1 MONTH OF
FREE
READING

at
www.ForgottenBooks.com

By purchasing this book you are eligible for one month membership to ForgottenBooks.com, giving you unlimited access to our entire collection of over 700,000 titles via our web site and mobile apps.

To claim your free month visit: www.forgottenbooks.com/free620125

ISBN 978-0-267-23367-0
PIBN 10620125

Allgemeine

Encyklopädie der Wissenschaften und Künste.

Ü̶̶

Allgemeine

Encyklopädie der Wissenschaften und Künste.

Allgemeine

Encyklopädie

der

Wissenschaften und Künste

in alphabetischer Folge

von genannten Schriftstellern bearbeitet

und herausgegeben von

J. S. Ersch und J. G. Gruber.

Mit Kupfern und Charten.

Erste Section.

A — G.

Herausgegeben von

Hermann Brockhaus.

Achtundneunzigster Theil.

GUSS-STAHL — GYMNASTIK.

Leipzig:

F. A. Brockhaus.

1880.

Allgemeine
Encyklopädie der Wissenschaften und Künste.
Erste Section.

A—G.

Achtundneunzigster Theil.
GUSS-STAHL — GYMNASTIK.

GUSS-STAHL.

GUSS-STAHL, acier fondu, cast steel, ist jene Sorte Stahl, welche theils durch Schmelzen von bereits fertigem (Roh-, Puddel-, Glüh- oder Cement-) Stahl, theils durch Umwandlung von Roh- oder Schmiedeeisen in solcher Weise verfertigt wird, daß der daraus entstehende Stahl bei der Bereitung selbst als geschmolzene Masse auftritt. Die ganze heutige Eisenindustrie nimmt ihren Ausgangspunkt von dem Roheisen des Hohofens, von dem sich das Schmiedeeisen ableitet, und Stahl im allgemeinen kann sowol aus dem einen als aus dem andern erzeugt werden. Die alte Ausbringungsmethode in kleinen Öfen ergab stets ein mehr oder weniger stahlartiges Eisen; bei reinen Erzen, mit viel Aufwand an Kohlen, Zeit und Opfern an Abfall läßt sich selbst ein guter, wenn auch nicht sehr harter Stahl auf diesem directen Wege erzeugen. Darum kannte man auch schon im Alterthum den Stahl und seinen Unterschied von weichem Eisen sehr wohl; man wußte ihn zu verarbeiten und zu härten, wenn man auch von seiner Natur und Entstehung sich nicht Rechenschaft geben konnte. Heutzutage ist diese ganze alte Kleinindustrie, die sich zu der gegenwärtigen etwa verhält wie die simple Hausweberei zum Maschinenwebstuhl, im Untergehen begriffen und fristet sich nur in Ländern, wo der moderne Betrieb seinen Fuß noch nicht hingesetzt hat. Während aber unsere unter Leitung der Naturwissenschaften großgewordene Technik mit Stahl und Eisen ganz anders, selbstbewußter und großartiger manipuliren gelernt hat als frühere Zeiten, ist zwar die Theorie des Stahles noch nicht zum Abschlusse gekommen, aber doch durch vielerlei darauf bezügliche Erfahrungen unter feste Gesichtspunkte gebracht. Im allgemeinen steht die Stahlbereitung auf einer niedrigern Stufe der Ausbildung als die Stabeisenfabrication.

Die vorzüglichsten Hauptgruppen der Stahlgewinnung haben sich in der Nähe sehr reiner leichtflüssiger Eisenerze, in den Centralalpen, in Steyermark und Kärnten, an der Sieg, Mosel, Saar u. s. w., in der Nähe des Stahlberges bei Müsen, im thüringer Wald u. a. gebildet, und da leztere nur vortheilhaft mit vegetabilischen Brennmaterialien verarbeitet werden können, so ist ihre Production durch die Größe des Hilfsquellen, welche die benachbarten Wälder liefern, beschränkt. In England und von da aus in anderen Ländern ist die

Stahlerzeugung nur unnatürlich heimisch geworden, indem man dort auf Umwegen durch complicirte Manipulationen aus dem reinsten Stabeisen ein billigeres Product darstellt als in Steyermark und Siegen.

Es gibt zwei Hauptarten des Stahls: weichen und harten oder gehärteten Stahl. Der gewöhnliche weiche Stahl wird in harten umgeändert, wenn man ihn aus dem glühenden Zustande schnell in den erkalteten übergehen läßt. Je größer der Temperaturunterschied dieser beiden Zustände ist, und je schneller der Stahl denselben durchläuft, eine desto größere Härte wird hervorgebracht. Das Härten des Stahls geschieht meist auf die Weise, daß man denselben, mehr oder weniger stark glühend, in eine mehr oder weniger kalte Flüssigkeit taucht. Weißglühender Stahl in kaltes Quecksilber gebracht, erhält einen Härtegrad, welcher dem des weißen Roheisens nahe steht. Wählt man statt Quecksilber Wasser, so wird er, trotzdem dies schneller verdunstet, doch weniger schnell abgekühlt. Wasser, in welchem Salze aufgelöst sind, bringt, zum Ablöschen des glühenden Stahls angewendet, eine etwas größere Härte hervor als reines Wasser. Ebenso geben alle Säuren, z. B. Scheidewasser, eine stärkere Härtung als gewöhnliches Wasser. Alle Öle und fettige Substanzen geben geringere Härtegrade als Wasser. Stahl, welcher im weißglühenden Zustande in Wasser, Quecksilber oder anderen Flüssigkeiten abgelöscht wurde, heißt glashart und kann nur zu gewissen Zwecken gebraucht werden.

Je nach der Darstellungsweise unterscheidet man ferner folgende Stahlarten: 1) Roh- oder Schmelzstahl, durch theilweise Entkohlung des Roheisens erzeugt, seltener direct durch Schmelzung von Erzen; 2) Cement- oder Brennstahl, durch anhaltendes Glühen von Stabeisen mit kohligen Substanzen dargestellt. Beide Sorten werden, um sie homogener zu machen, entweder unter Streckwerken weiter behandelt (Gärb- oder raffinirter Stahl), oder auch durch Umschmelzen (Gußstahl). Letzteres Verfahren liefert ein vollkommeneres Product. Durch wiederholtes Schweißen und Gärben wird der Stahl weicher und zuletzt in Stabeisen umgewandelt, und zwar Cementstahl früher als Rohstahl. Seine Schweißbarkeit hängt von dem Kohlenstoffgehalt ab; je höher dieser steigt, um so mehr geht die Schweiß-

1

barkeit verloren. Durch Legirung des Stahls mit manchen Metallen entstehen Stahlsorten, welche wegen der dadurch erzeugten guten Eigenschaften besonders geschätzt sind, als: Chromstahl, Meteorstahl, Gold-, Silber- und Platinstahl. Nimmt eine Stahlsorte an der polirten Stelle, mit verdünnten Säuren behandelt, blumenartige Zeichnungen an, so nennt man dieselbe Damascenerstahl, acier damassé, Damascus steel, weil diese Stahlsorte, der früheren Meinung zufolge, zuerst aus Damaskus in Syrien in den Handel gekommen ist. Es existiren überhaupt eine Menge Benennungen von Stahl, welche sich ohne Vortheil für die Wissenschaft ins Unendliche vermehren. Allein guter Stahl ist stets nur durch folgende Kennzeichen charakterisirt: bei ganz feinem und gleichmäßigem Korne und gleichmäßiger Farbe nimmt er durch Abkühlen in einer wässerigen Flüssigkeit in Dunkelrothglühhitze die größte und gleichmäßigste Hitze an und erhält auf dem Bruche eine Rose; ferner verliert er beim höchsten Anlaufgrade am wenigsten von seiner Härte und läßt sich, ohne Brüche und Risse zu erhalten, beim Schmieden am besten schweißen.

Das vollkommenste Mittel, den Stahl als durchaus gleichartige Masse darzustellen, ist und bleibt Schmelzung desselben, wodurch das entsteht, was man Gußstahl nennt. Ein so beschränktes Feld noch vor 20 und 25 Jahren die Fabrication und Benutzung des Gußstahls hatte, so bedeutend hat doch dieselbe neuerlich durch die Fabrications-Methoden angenommen, zu denen hauptsächlich die von Bessemer, Chenot und Uchatius zu rechnen sind. Es ist mehrfach von Chemikern vorgeschlagen, durch Erhitzen von Stabeisen mit Kohle bis zum Schmelzen oder durch Zusammenschmelzen von Stabeisen und Roheisen Gußstahl zu erzeugen. Man ging hierbei auf den echt ostindischen oder persischen, durch seine Härte und Güte berühmten, vorzüglich zu Säbelklingen angewendeten Stahl, Wooz genannt, zurück, der neben Kohlenstoff nur geringe Mengen fremder Metalle (Nickel, Wolfram, Mangan) beigemengt enthält, in Ostindien aus sandförmigem Magneteisenstein dargestellt wird und ein specif. Gewicht von 7,727 bei 17° C. hat. Allein der Proceß ist sehr kostbar, als auf diese Weise nur geringe Quantitäten, die allerdings einen sehr gleichartigen Stahl liefern, geschmolzen werden. Weit häufiger stellt man den Gußstahl aus schon vorhandenen Verbindungen des Eisens und Kohlenstoffs dar, weil dazu einestheils eine geringere Temperatur erforderlich ist und dann ein Product erfolgt, dessen Eigenschaft genugsam vorher bestimmt werden kann. Huntsmann war der erste, welcher 1740 eine Gußstahlfabrik zu Handsworth bei Sheffield einrichtete. Er hatte anfangs zum Theil mit Erzeugung der in der Metallurgie angewandten höchsten Temperatur, zum Theil aber auch mit dem Vorurtheil der Consumenten zu kämpfen, bis sich herausstellte, daß der Gußstahl besser sei als der früher aus Deutschland bezogene raffinirte Rohstahl. Ein zweites sich aufthuendes Etablissement liefert den Marshallstahl. Sowol Rohstahl als Cementstahl eignen sich zur Gußstahlfabrication,

wenn man nur zweckmäßige Auswahl des umzuschmelzenden Stahls trifft, damit ein Gußstahl von erwünschter Beschaffenheit erfolge. Je kohlenstoffreicher er wird, desto schwieriger läßt er sich demnächst schweißen. Zuweilen schweißt Cementstahl sehr leicht, während daraus dargestellter Gußstahl nur schwierig geschweißt werden kann. Die Güte des Stahls hängt von dem Grade der Schweißbarkeit ab, da, je geringer die Qualität, desto leichter und vollständiger und mit desto weniger Nachtheil für den Stahl selbst die Schweißung erfolgt. Zeigt der Stahl nach dem Schweißen bei einer Weiterverarbeitung unter dem Hammer noch ein gutes Korn im Bruche, wol gar die Eigenschaften eines durch Feuer nicht angegriffenen, so besitzt er alle Eigenschaften eines guten Stahls. Der geschmolzene Stahl hat auf dem rauhen, feinkörnigen Bruche eine graue Farbe ohne allen Stich ins Blaue und ist mit kleinen runden Löchern von schillernder Oberfläche übersät. Um ihn gleichartig zu machen, werden die Stahlbarren unter Walzen oder Hämmern ausgereckt und so raffinirter Gußstahl gebildet. Handelt es sich um die Fabrication wohlfeiler, nicht die größte Reinheit in Anspruch nehmender Gattungen in großen Massen, also zur Herstellung des sogenannten zähen Gußstahls, Massengußstahls oder Maschinengußstahls, welcher wenig Kohlenstoff enthält und deshalb für zu härtende Gegenstände sich nicht eignet, aber als Stellvertreter des Schmiedeeisens bei Anfertigung schwerer Maschinenbestandtheile, als Triebwellen, große Kolbenstangen, Radkränze und Scheibenräder für Eisenbahnfuhrwerke u. s. w., sowie zu Eisenbahnschienen, Kanonen, Thurmglocken und Dampfkesselblechen gebraucht wird, so geschieht die gewöhnliche Umwandlung von Roh- oder Schmiedeeisen, bei der, wie schon erwähnt, der entstehende Stahl als geschmolzene Masse auftritt.

Die ersten Gußstahlfabricanten hatten lange Zeit und bis ins laufende Jahrhundert mit Fabricationsund äußeren Schwierigkeiten zu kämpfen. Bis dahin war Steyermark und Kärnten fast monopolisirte Stahllieferanten, als plötzlich vor etwa 25 Jahren F. Krupp in Essen, später Meyer in Bochum mit neuen Fortschritten auftraten, die alle Fachleute in Staunen setzten. Namentlich war es ersterem gelungen, den Gußstahl in Stöcken von nie geahnter Größe und untadelhaft gleichförmiger Beschaffenheit herzustellen. Die Producte waren nicht bloße Gußstücke, sondern sie konnten auch in allen Fällen mittels Dampfhämmern sehr eindringlich überschmiedet werden. Krupp schuf die Möglichkeit, dies werthvolle Material in vielen Fällen mit großem Vortheil anzuwenden, wo man bisher mit Guß- und Schmiedeeisen auskommen oder die kostbare Bronze benutzen mußte. Die ganze Technik, der Maschinenbauer, der Baumeister, der Artillerist vorzüglich mußten das höchste Interesse haben, ein so werthvolles Material wie den Gußstahl in ihr Bereich ziehen zu können. Und so haben wir in Deutschland eine Anzahl Fabriken, die sich durch ihre Leistungen vortheilhaft auszeichnen, und zwar ist das Kohlenbecken an der Ruhr der Hauptsitz der Gußstahlerzeugung und Krupp der Matador aller Fabrikanten, sowol was die Ausdehnung des Geschäfts als die innere Güte seiner Producte betrifft. Der Gußstahl dieser Anstalt, welche mit ihren verschiedenen Anlagen die enorme Grundfläche von 700 preuß. Morgen bedeckt, gegen 8000 Arbeiter beschäftigt, ist jetzt umgeschmolzener Bessemer-Stahl, zu dessen Herstellung 13 Birnen vorhanden sind. (Siehe hierüber weiter unten.) Nicht weniger als 413 zum Theil riesenhafte und eine Menge kleiner Dampfmaschinen, welche zusammen eine Kraft von circa 16,900 Pferden liefern; 77 Dampfhämmer im Gewicht von 4300 Ctr., 1063 Arbeitsmaschinen, Walzwerke, Dreh- und Schleifbänke, Hobel-, Frais- und Bohrmaschinen sind in Thätigkeit. Der hierzu nöthige Dampf wird von 298 Dampfkesseln erzeugt, welche binnen 24 Stunden einen Kohlenaufwand von 4400 Ctr. verlangen und in dieser Zeit 170,000 Kubikfuß Wasser verdampfen. Ein Hammer von 1000 Ctr. Gewicht ist jetzt der größte der Welt; er hat einen Hub von mehr als 3 Meter und ruht auf einem Fundamente, welches aus 30,000 Ctr. Gußeisen besteht. Das Anlagekapital für diesen einzigen Dampfhammer wird auf 1,800,000 Mark veranschlagt. Fr. Krupp producirte im J. 1870 über 1,300,000 Ctr. Gußstahl.

In der Artillerie brachte das Krupp'sche Etablissement bekanntlich eine große Umwälzung hervor. Die Unverwüstlichkeit des Gußstahls für Geschützrohre stellte denselben hoch über jedes andere Material. Ein Rohr aus der so kostbaren Bronze hält kaum mehr als 800 Schüsse aus; eine 12pfündige Granatkanone aus Gußstahl zeigte sich nach 3000 Schüssen noch völlig frei von jeder Abnutzung. Das größte Gußstahlkanon, welche aus diesem Etablissement hervorging, hatte ein Gewicht von 500 Ctr., war in der Seele 288 Millimeter und für Kugeln von 6 Ctr. bestimmt; sie war für Rußland bestellt. Als Krupp 1851 auf der londoner Industrieausstellung mit seinen Geschützrohren, mit Stahlblöcken bis zu 45 Ctr. u. s. w. erschien, war er der Einzige, welcher damals eine in Gußstahlsache ertheilte Auszeichnung empfing. Als er 1862 wieder erschien, hatte er seine Leistungen gegen früher auf das Zehnfache gesteigert. Nachthun konnte man es ihm weder in England noch anderswo. Auf der londoner Ausstellung von 1862 befand sich von Krupp ein massiver, gußstählerner Cylinder von 20,000 Kilogr. Schwere, 2 Meter hoch und 110 Centim. im Durchmesser in dem Zustande, wie er aus dem Gusse hervorgegangen war, ohne ausgeschmiedet oder mit Werkzeugen bearbeitet worden zu sein. Derselbe wurde im kalten Zustande, nachdem er etwas angesägt worden, unter dem Dampfhammer mit Schlägen von 1000 Centiger Wucht, deren er über 100 aushielt, so lange bearbeitet, bis er mitten durchbrochen war. Durch die Bruchflächen sollte vor Augen gelegt werden, wie die Fabrik ihren Stoff so vollkommen beherrscht, daß bereits der Rohguß rein, dicht und blasenfrei ist, das nachfolgende Schmieden also nicht die Verdichtung von Blasen und Poren zum Zweck hat. Ein ähnlicher vierkantiger Block von 4000 Kilogr.

Schwere, in der einen Hälfte roh gelassen, in der andern ausgeschmiedet, wurde der ganzen Länge nach durchbrochen. Auf der pariser Ausstellung von 1867 trat Krupp mit einem Gußstahlblock von 40,000 Kilogr. Gewicht auf. Diesem Erzeugniß der Gußstahltechnik entsprachen die neben ihm ausgestellten, von welchen die große Kanone von 50,000 Kilogr. Schwere die ganze Welt von sich reden machte.

Als Proben großer Blöcke aus Gußstahl wurden von Fr. Krupp ausgestellt auf den internationalen Ausstellungen in

London 1851 ein Block von			2250 Kilogr.
Paris 1855	"	"	10,000 "
London 1862	"	"	20,000 "
Paris 1867	"	"	40,000 "
Wien 1873	"	"	52,500 "

Außer der Krupp'schen Fabrik zu Essen zeichnet sich auch die von Meyer in Bochum durch ungewöhnliche Leistungen aus. Dieselbe hat sich neben der Herstellung von Axen und Rädern für Eisenbahnen und vorzüglichen Stahlblechen besonders auf den Guß von Glocken verlegt und macht durch ihr Erzeugniß die theuren Glocken aus Bronze mit großem Vortheil entbehrlich, denn sie berechnet das Kilogr. ihres Gusses nur mit 1,3 Mark, bei Glocken über 350 Kilogr. nur mit 1,2 Mark. Die Güte der Glocken, ihre Haltbarkeit, ihr reiner, kräftiger, weittragender Ton haben bereits 1855 auf der pariser Ausstellung volle Anerkennung gefunden.

Die größte Aufmerksamkeit und Bedeutung bei der Stahlfabrication hat die im J. 1855 von dem englischen Techniker Bessemer gemachte Beobachtung hervorgerufen, daß wenn man Roheisen, namentlich das graphitreiche graue Roheisen, in der Weißglühhitze schmilzt, und in das geschmolzene Metall einen kräftigen atmosphärischen Luftstrom hineinpreßt, sich der Sauerstoff der Luft unter sehr heftiger Einwirkung und Steigerung der Temperatur mit dem Kohlenstoff des Eisens zu entweichenden Kohlenoxydgas verbindet, das Eisen in wenigen Minuten theilweise oder fast vollständig entkohlt und in Stahl oder Schmiedeeisen umwandelt. Zugleich mit dem Kohlenstoff oxydirt sich auch das im Roheisen enthaltene Silicium, während dagegen vorhandener Phosphor und Schwefel im entstandenen Stahl oder Schmiedeeisen zurückbleiben, und da diese Stoffe die Beschaffenheit der genannten Producte zum Nachtheil verändern, so muß hiernach zu diesem Processe (zum Bessemern) ein von Phosphor oder Schwefel möglichst freies Roheisen verwendet werden. Mit großer Energie suchte Bessemer seine Beobachtung in die Praxis überzuführen und baute sich in Sheffield einen besondern Ofen zu diesem Zwecke. Da jedoch seine ersten Leistungen den gehegten Erwartungen nicht entsprachen, so hatte Bessemer mit großen Schwierigkeiten zu kämpfen, bis im J. 1858 F. Göranson zu Högbo bei Gefle in Schweden zu diesem praktischen Versuche mit Erfolg ausführte. Dann stellte auch das Atlaswerk John Brown und Comp. in Sheffield im J. 1860 einen, später noch einen zweiten Bessemerofen auf und so brach

1*

fich nach und nach die Erfindung mit immer wachsender Schnelligkeit Bahn. Die Vortheile des Bessemerprocesses gegenüber der alten Methode der Stahlfabrication und Einfrischerei sind ganz außerordentliche und die Ersparnisse an Zeit, Arbeit und Brennstoffe sind enorm, abgesehen davon, daß beim Bessemern Stücke vom größten Gewicht direct gegossen und fast ohne Verlust unter dem Hammer und den Walzen vollendet werden können. Nach Ueberwindung vieler technischen Schwierigkeiten haben sich die Bessemer'schen Entdeckungen sehr werthvoll für die Industrie erwiesen und haben in England, Schweden, Belgien, Frankreich, Deutschland einen großen Aufschwung der Stahlproduction herbeigeführt. Die Benutzung der atmosphärischen Luft bildet die Grundlage des Bessemer-Processes, welcher auch kurz das Bessemern genannt wird, sowie der auf diesem Wege erzeugte Bessemer-Stahl, acier Bessemer, Bessemer steel, Bessemer metal, nach seinem Erfinder den Namen trägt. Das Wesentliche bei diesem Processe besteht darin, daß man graues Roheisen geschmolzen in einen eisernen, mit feuerfestem Material (Ganister) gefütterten Behälter gibt und hier — mittels eines kraftvollen Gebläses — einen vielfach zertheilten Strom atmosphärischer Luft von 1,5 Atm. Pressung in ähnlicher Weise durchtreibt, wie Gase durch Wasser geleitet werden, wenn man sie davon absorbiren lassen will. Der Sauerstoff der Luft verbrennt hierbei schnell den Kohlenstoff des Roheisens, das Silicium u. s. w., aber auch zugleich einen beträchtlichen Theil des Eisens selbst, wobei ein so hoher Hitzegrad sich entwickelt, daß ohne äußere Nachheizung der Stahl flüssig bleibt.

Statt der zuerst für das Bessemern angewandten Schachtöfen gebraucht man jetzt allgemein sogen. Birnen, gußeiserne bauchige, eiförmige Hohlgefäße, äußerlich etwa 3,6 Meter Länge und 2,4 Meter größten Durchmesser; innerlich beträgt letzterer etwa 2 Meter. Am obern Ende ist ein weiter, etwas schräg angesetzter Hals; unten sind in das thönerne Futter 7 Thonglieder von je 450 Milm. Länge und 80 Milm. Dicke eingelassen, welche zusammen 49 der Länge nach durchgehende Löcher, jedes 10 bis 12 Milm. weit enthalten. Dieses untere Ende ist durch ein Rohr mit dem Cylindergebläse in Verbindung gesetzt, zu dessen Betrieb eine Dampfmaschine von 200—400 Pferdestärke dient, und welches sonach 49 Luftstrahlen in das Gefäß treibt. Letzteres hängt auf zwei Zapfen, deren Mittellinien mit der verlängerten Queraxe des eiförmigen (birnenförmigen) Körpers zusammenfallen, im Gleichgewichte, läßt sich aber durch ein Räderwerk um diese Axe drehen, unbeschadet der fortdauernden Luftzuführung. Nachdem das Innere mittels Coksfeuer, von dem gewaltigen Windstrome angefacht, zum Weißglühen erhißt ist, wird durch Umstürzen das Brennmaterial ausgeschüttet, das Gefäß sofort wieder aufgerichtet, und aus einem in der Nähe befindlichen Schmelzofen das Roheisen (100 Ctr.) mittels einer Rinne eingelassen. Von vollendeter Füllung an wird noch etwa 15 Minuten lang geblasen, binnen welcher Zeit unter Ausstoßung einer großen Flamme und zahlloser Funken die Entkohlung des Eisens vor sich geht. Sodann gibt man Stahlabfälle oder eine gewisse Menge geschmolzenen weißen Roheisens (Spiegeleisen) hinzu, bewirkt dessen Vermischung mit dem übrigen Inhalte durch kurzes Hin- und Herneigen des Gefäßes und stürzt dasselbe dann langsam, um das Product — meistens 90 Ctr. — in einen großen Kessel auszugießen, von wo es — durch Ausziehen eines Pfropfens im Kesselboden — in gußeiserne Formen (Coquillen) abgelassen wird. So stellt man Stahlblöde (Ingots) von 1 Meter Länge bei 300 Milm. Breite und Dicke dar, deren jeder etwa 13 Ctr. schwer ist, zuweilen noch größer bis zu 30 Ctr. Der Gewichtsverlust, den das graue Roheisen bei diesem Processe erleidet, beträgt 10—20 Proc. Zur sicheren Erkennung der erfolgten Entkohlung des Eisens bedient man sich mit Vortheil des Spectroskops, durch welches man die Flamme des Converters beobachtet. Auch pflegt man Schlackenproben zu nehmen und die herausgeschleuderten Stahlkügelchen auf ihre Hämmerbarkeit zu prüfen.

Die Verwerthung der Bessemerstahl-Abfälle, die sich in vielen Eisenbahnwerkstätten oft massenhaft ansammeln, durch Zusammenschweißen ist durch E. Wheeler in Philadelphia dadurch herbeigeführt, daß er Stahlabfälle zu Packeten vereinigt, die er mit einem möglichst luftdicht angefertigten Mantel von Stabeisen umgibt. Auf diese Weise werden Abfälle leicht geschweißt und zu Schienen, Stäben oder Platten von jeder beliebigen Form und von besserem Güte und Gleichartigkeit ausgewalzt wie die aus dem ursprünglichen Guß fabricirten.

Während man längere Zeit den Bessemer-Gußstahl nicht für alle Zwecke als brauchbar betrachtete und den sogenannten Tiegel-Gußstahl (geschmolzen in einem sehr stark ziehenden, mit Cofs geheizten Windofen) als unersetzbar betrachtete, macht sich in neuester Zeit mehr und mehr ein Umschwung in dieser Annahme geltend. Die meisten im Handel vorkommenden Stahlsorten gehören jetzt dem Bessemergußstahle an; alle früheren stahlbereitungsmethoden werden nur für ganz specielle Zwecke eine Verwendung erlangen. In England, Frankreich und Belgien sind die Vorurtheile gegen den Bessemergußstahl längst überwunden. In Frankreich wurden die Chassepot-Gewehre für die Armee ausschließlich aus Bessemergußstahl, besonders solchem von den Werken von Petin und Godet fabricirt; in Belgien hat das Bessemer-Werk der Gesellschaft John Cockerill den Tiegelgußstahl für die Gewehrfabrication (besonders der Albini-Gewehre) gänzlich verdrängt. In England kennt man Axen und Bandagen für Locomotiven und Tender kaum noch in einem anderen Material als im Bessemergußstahl, und die London- und North-Western-Bahn besitzt sogar zu Creme ihr eigenes Bessemer-Werk mit einer jährlichen Production von circa 16,000 Tonnen Bandagen, Axen, Schmiedestücken und Schienen. Schweden und Oesterreich sind für die Stahlindustrie durch ihr gutes Eisen begünstigt;

allein Oesterreich namentlich bevorzugt noch vielfach den Tiegelgußstahl. Man kann die Jahresproduction von Bessemergußstahl auf 10 Millionen Ctr. annehmen, wovon auf England allein ⅔ fallen. Die gewalzten Bleche bilden eigentlich ein ganz neues Material, das die Eigenschaften des Kupfers und Messings bei viel größerer Wohlfeilheit besitzt. Es läßt sich im kalten Zustande biegen, stanzen, auf der Drehbank drücken u. s. w., dient mit großem Vortheil zu Kochgeschirren, Schalen, Lampentheilen u. dergl. und spielt bereits als Dampfkesselblech eine wichtige Rolle. Ebenso gewinnen die zum Schiffbau bestimmten Platten aus Bessemergußstahl immer mehr an Bedeutung und außerordentlicher Haltbarkeit.

Ueber die Anwendung der Spectralanalyse bei Bereitung von Bessemerstahl, sowie über die während des Bessemerprocesses entweichenden Gase sind von A. v. Lichtenfels, Roscoe und Snelus mehrere interessante Beobachtungen und Mittheilungen gemacht, welche die Erscheinungen in den verschiedenen Stadien des Processes mit freiem Auge und mit Hilfe des Spectroskopes betreffen. Die hieraus gewonnenen Analysen haben ergeben, daß in der ersten Periode des Blasens Kohlensäure gebildet wird mit wenig oder gar keinem Kohlenoxyd, während in der letzten Periode Kohlenoxyd entsteht mit nur Spuren von Kohlensäure. Das Spectrum der Bessemerflamme gleicht überhaupt mehr einem Kohlenwasserstoffspectrum als einem einfachen Kohlenstoffspectrum. Snelus macht darauf aufmerksam, das aus dem Converter entwickende Gas durch einfache Mechanismen zu sammeln, unter einen Dampfkessel zu leiten und auf diese Weise zu verwerthen.

Die Anwendung des Wolfram zur Stahlfabrication datirt seit 1856 und ist von Jacob in Wien eingeführt, indem er das Wolframerz aus den Zinngruben zu Zinnwald auf dem böhmisch-sächsischen Erzgebirge zu einer Legirung des Stahls verfuchte. Ein Zusatz von 5 Proc. Wolfram erhöhte die Härte und Festigkeit des Stahls. Im J. 1866 empfahl Le Cohlen, das beim Bessemerproceß in die Birne entkohlte graue Roheisen zum Behufe der Umwandlung in Stahl anstatt mit Spiegeleisen mit einem wolframhaltigen Roheisen zu versetzen, wodurch man Wolfram-Bessemerstahl erhalte, der sich gut härte, gut schmiedbar und walzbar ist und sich daher namentlich zu Eisenbahnschienen, Feuerstahlplatten und Blechen eignet. Doch hat diese Stahlsorte keinen erheblichen Eingang gefunden.

Bou anderen Gußstahl-Legirungen verdient der sogen. Silberstahl, silver-steel, silver-combined-steel Erwähnung. Der gewöhnliche Gußstahl gewinnt nämlich an Güte für den Gebrauch zu feinen Schneidewerkzengen, wenn er mit sehr wenig, etwa 1/500 Silber zusammenschmilzt. Auch andere Metalle sollen dem Stahle zugeschmolzen denselben im bemerkbaren Grade verbessern. Eine Mischung dieser Art ist z. B. der Nickelstahl oder Meteorstahl. Auch die Legirungen mit kleinen Antheilen von Mangan, Chrom, Titan werden hierher gerechnet, wenngleich die Erfolge oft zweifelhafter Natur sind.

Zur Fabrication des besten Werkzeugstahls hat man es lange für zweckmäßig befunden, das beste schwedische Roheisen zu benutzen, und nachdem es durch den Bessemerproceß in Stahl verwandelt ist, den flüssigen Stahl in Wasser zu gießen und dann das abgeschreckte Metall in einem Tiegel umzuschmelzen. Die schwedische Eiseninduftrie hat überhaupt, durch ihr vorzügliches Naturproduct begünstigt, eine größere Entwickelung durch die Bessemer'sche Methode erfahren; der Verbrauch in Schweden selbst ist jedoch gering, wenngleich hervorzuheben bleibt, daß das Bessemer'sche Verfahren in Schweden ein hohes Stadium erlangte.

Die Hauptgattungen des Gußstahls, von denen es allerdings wieder viele Abänderungen gibt, sind: Axenstahl zu Locomotiv- und Eisenbahnwagen-Axen, zu Geschützen, Cürassen, Gewehrläufen, Schwungradwellen u. s. w. Man kann diese Gattung so weich herstellen, daß sie, weißwarm gemacht und im kalten Wasser gelöscht, nicht die geringste Härte annimmt. Schweißbärer Gußstahl für Werkzeuge zum Bearbeiten von Holz, Horn, Stein u. f. w.; zum Anschweißen an eiserne Maschinentheile, zu Gezähen, zum Verstählen großer Flächen, als Gerabführungen für Maschinen, zu großen Erdbohrern u. f. w.; Federstahl zu Federn aller Art, hauptsächlich für Eisenbahn- und gewöhnliche Wagen; Werkzeugstahl, unter dem Namen englischer oder Gußstahl am besten bekannt, also zu allen feineren und solchen Werkzeugen, welche zu Bearbeitung von harten Metallen und harten Steinarten benutzt werden; Walzenstahl, zu gehärteten Walzen, zu Münz- und Metallenstempeln u. dergl.; naturharter Stahl zu großen Kaliber- und Glättwalzen für Eisenwerke, Zinkwerke, zu Scherenmessern, mit denen Metalle im glühenden Zustande geschnitten werden.

Die Gußstahlfabrication nach dem Verfahren von Chenot, wie solches in Frankreich ausgeübt wurde, besteht wesentlich darin, daß die reducirten und mehr oder weniger zugleich gekohlten Eisenerze von dem überschüssigen Kohlenpulver durch Siebe abgesondert, sodann in einer Quetschvorrichtung, ähnlich einer Sandquetsche bei den Eisengießereien, zerkleinert werden. Das Meiste von den Erzen wird hierbei sehr fein, aber ein Theil bleibt als zusammengefrittete metallische Graupen in gröberen Partien. Jede dieser, durch Siebe getrennten wird für sich mit etwas Braunstein- und Kohlenpulver gemengt, in kleine cylindrische Stücke gepreßt, sodann in Tiegeln zu Gußstahl geschmolzen. Chenot ist somit von den gewöhnlichen Wegen zur Darstellung des Gußstahls ganz und gar abgegangen und hat sich direct zu den Eisenerzen gewendet, indem er sie unter solchen Umständen reducirte, daß ein ganz reines und fein fein zertheiltes, also zur Verbindung mit Kohlenstoff besonders geeignetes Eisen erhalten wird. Es ist das Verfahren nur auf sehr reiche und reine Erze, namentlich auf Eisenglanz und Magneteisenstein, wie sie besonders in Schweden, Spanien und auf der Insel Elba gefunden werden, anwendbar, mit einer Massenproduction kaum verträglich. Der in neuester Zeit hierauf beruhende Proceß von W. Siemens ist noch wesentlich im Stadium des Versuchs.

Die Idee, Roheisen mit Eisenoxyden bei entsprechender Hitze zu verschmelzen und dadurch Stahl zu erzeugen, ist schon 1722 von Reaumur, dem Entdecker des bämmerbaren Gußeisens, in einer Schrift ausgesprochen. Die Umwandlung des Roheisens in Gußstahl durch Eisenoxyde wurde von Uchatius in neuerer Zeit wieder aufgenommen, indem er der Ansicht war, daß die Kleinheit der zur Stahlbereitung verwendeten Roheisenstücke von entschiedenem Einflusse auf die Qualität des erzeugten Stahles sei. Sein Proceß begann damit, weißes Roheisen in kleingekörntem Zustande mit gepulverten möglichst reinen Eisenerzen (Rotheisenstein, Spatheisenstein und Magneteisenstein) zu vermengen und zu schmelzen, und erlangte hauptsächlich auch in Schweden einen besonderen Ruf (Uchatius-Stahl). Ein gleiches Aufsehen machte der besonders in Frankreich von Martin erzeugte Gußstahl, der sich jedoch von dem Uchatius'schen Methode hauptsächlich nur dadurch unterscheidet, daß die Schmelzung des Stahls nicht in Tiegeln, sondern in einem Gasofen mit Siemens'schen Wärme-Regeneratoren ausgeführt und der Proceß dadurch bedeutend billiger wird. Der Martin'sche Gußstahl wird hauptsächlich für Gewehrläufe benutzt.

Natürlich werden viele dieser Methoden niemals die große Bedeutung gewinnen, welche der Bessemerproceß bereits gewonnen hat. Derselbe ist betreffs seiner Ausführung von Jahr zu Jahr verbessert worden, und eine der interessantesten Vervollkommnungen betrifft in der Ausführung des Bessemerns unter Hochdruck. Damit der Converter einem höheren inneren Drucke von 2 bis 3 Atmosphären zu widerstehen vermag, constructirte Bessemer denselben zu diesem Zwecke von größerer Stärke und läßt alle Falze und Fugen desselben möglichst dicht vernieten und verstreichen; der Oeffnung des Converters gibt er eine vorzugsweise kreisförmige, anstatt ovaler Gestalt. Diese Oeffnung wird auch enger gemacht als bei den gewöhnlichen Umwandlungsgefäßen und mit einem einfachen Ringe aus gut gebrannten, feuerfestem Thon (oder auch ein Gemenge von Thon und Graphit) gefüttert. Dadurch, daß der Stahl unter hohem Druck gegossen werden kann, gelingt es, die zahlreichen Zellen, oder sogen. Wespennester zu beseitigen, welche beim Guß größerer Stahlmassen leicht entstehen.

Literatur s. die Artikel Gussarbeiten und Gusseisen.   *(C. Reinwarth.)*

GUSTAV I. (Wasa), König von Schweden, 1523 bis 1560. Dieses ist der Name des großen Mannes, welcher den Grund zu der politischen Bedeutung Schwedens während der drei ersten Jahrhunderte der neueren Geschichte gelegt und zugleich in diesem Theile des skandinavischen Nordens die Reformation der Kirche zur Durchführung gebracht hat. Die Möglichkeit aber, daß der hochbegabte jugendliche Abkömmling eines immerhin bedeutenden, aber nicht aus königlichem Blute stammenden Geschlechtes der gewaltige Führer seines Volkes, endlich der Gründer einer neuen fürstlichen Dynastie wurde, beruhte in den eigenthümlichen politischen Verhältnissen, wie sie für Schweden aus den Folgen der sogenannten Calmarischen Union sich entwickelt hatten.

Bekanntlich hatte sich die Calmarische Union, der Staatsvertrag vom 20. Juli 1397, durch welchen Schweden, Norwegen und Dänemark zu einem locker gefügten Staatenbunde unter der herrschenden Leitung der dänischen Krone zusammengefaßt wurden, in Schweden niemals einer besonderen Popularität erfreut. Vielmehr war die große Mehrheit der schwedischen Machtelemente in Klerus, Adel und Volk stets darauf bedacht gewesen, gegenüber der als Fremdherrschaft bitter empfundenen Hoheit der zu Kopenhagen regierenden Könige das alterthümliche Recht und die Selbständigkeit Schwedens in möglichst weitem Umfange zurückzugewinnen. Diese Bemühungen waren von wachsendem Erfolge begleitet in dem letzten Viertel des 15. Jahrh., seitdem auf die Stadt Stockholm und die Dalekarlier gestützt die tüchtige Sten Sture der Aeltere (seit dem 1. Mai 1471) als schwedischer Reichsverweser waltete. Es war eigentlich nur noch das Interesse eines mächtigen Theiles der Aristokratie und des höhern Klerus, was die (1483 formell noch einmal erneuerte) Union noch zusammenhielt; und die Bemühungen der dänischen Könige Johann (starb 1512) und Christian II., seines Sohnes und Nachfolgers, in Schweden mit Waffengewalt nachhaltig festen Fuß zu fassen, ziehen in Schweden selbst wiederholt den Bürgerkrieg für und wider verschiedene Reichsverweser des Namens Sture nach sich.

Als Sten Sture am 13. Dec. 1503 gestorben war, folgte ihm als Reichsverweser seit dem 21. Jan. 1504 Swante Sture, kein Verwandter, sondern seines alten Waffengefährten Nils Sture Sohn, unter dessen Leitung die Feindseligkeiten gegen die dänische Suprematie einen sehr acuten Charakter annahmen, nicht ohne daß sich jedoch auch eine starke dänisch gesinnte Friedenspartei gezeigt hätte. Dieser Gegensatz zwischen den Schweden und der dänischen Unionskrone erreichte eine weltgeschichtlich bedeutsame Höhe, als schnell nach einander zuerst (2. Jan.) 1512 Swante Sture, und dann (21. Febr. 1513) König Johann von Dänemark starben. Des Reichsverwesers Sohn und Nachfolger Sten Sture der jüngere fand sich in Schweden nicht nur einer mächtigen Adelspartei gegenüber, er erkannte auch klar, daß der neue König von Dänemark, Johann's Sohn Christian II., ein zu blutiger Tyrannei gestimmter, furchtbar gewaltsamer Mensch, aber bei seiner hohen Begabung, bei großer Schlauheit und grimmiger Energie ein höchst gefährlicher Gegner war. Christian suchte zunächst während mehrerer Jahre durch Unterhandlungen nicht nur den Frieden mit den Schweden zu erhalten, sondern auch dieses Volk zu bestimmen, ihm die Huldigung zu leisten. Inzwischen brach über inneren Conflicten in Schweden der Krieg wieder aus. Der Erzbischof Gustav Trolle in Upsala, der aus einer Familie stammte, die durch große Besitzungen in Dänemarl an die Union gebunden und seit Alters den Sture feindlich gesinnt war, persönlich ein unversöhnlicher Hasser, war 1516 mit dem jungen Reichsverweser in bewaffneten Conflict gerathen. Nun setzte sich der Erzbischof heimlich mit Christian II. in Verbindung, rief 1517 die dänische Flotte nach der schwedischen Küste, die aber nichts ausrichtete. Daraufhin erklärte ihn ein Reichstag zu Arboga einstimmig seines Amtes für verlustig, und sein Schloß Stäket im Mälar-See wurde geschleift. Nun eilte Christian II. selbst zu Trolle's Befreiung nach Schweden und landete 1518 in der Nähe von Stockholm, wurde aber am 22. Juli 1518 bei der Kirche von Brännkirka durch Sten Sture aufs Haupt geschlagen. Jetzt erklärte sich Christian II. bereit, mit den Schweden Friedensunterhandlungen anzuknüpfen. Da die Schweden Christian's treulose Art fürchteten, so litten sie nicht, daß Sten Sture sich auf die dänische Flotte begab; wohl aber sollten nun für die Zeit, wo der dänische König am Lande verweilen würde, sechs angesehene Schweden als Geiseln auf die feindliche Flotte geschickt werden. Kaum aber hatten sich die Geiseln in dänische Hand begeben, so segelte die Flotte mit ihnen als Gefangenen nach Kopenhagen ab. Und nun lehrte Christian II. kirchliche Waffen gegen Schweden: Der abgesetzte Erzbischof Trolle hatte in Rom Beschwerde gegen Sten Sture geführt; jetzt wurde ein geistliches Gericht in Dänemark niedergesetzt, Sten Sture nebst seinen Anhängern in den Bann gethan, Schweden mit dem Interdict belegt, Christian II. aber mit Vollziehung des Strafurtheils betraut. Während des J. 1519 stellte er gewaltige Rüstungen an, Geld theils in Dänemark erpreßt, theils von dem verschwägerten brüsseler Hofe erhoben, von Frankreich Schiffe und Hilfstruppen bezogen, aus Dänemark Kriegsvolk aller Art gesammelt, Söldner in Schottland, Brandenburg und Preußen geworben. Zu Anfange des J. 1520 fiel das dänische Heer unter Otto Krumpe, der überall den päpstlichen Bannspruch an den Kirchen anschlagen ließ, in Schweden ein. Sten Sture wurde bei Bogesund in Westgothland geschlagen und verwundet; und als er zu Strengnäs erfuhr, daß die Dänen mit Hilfe eines Verräthers bei dem Walde Tiveden einen neuen Sieg erlangt hatte und schon gegen Upland marschirten — da ist der tapfere Sture, der nun eilends nach Stockholm flüchtete, auf dem Eise des Mälar-Sees am 3. Febr. 1520 auf seinem Schlitten gestorben. Nun löste sich aller Zusammenhang auf. Der Adel kam nicht zur Wahl eines neuen Reichsverwesers. Das tapfere, aber führerlose Landvolk wurde durch die fremden Truppen leicht aus dem Felde geschlagen. Nur Sture's Witwe, Christina Gyllenstierna, vertheidigte energisch das feste Stockholm. Als endlich ein Herrentag zu Upsala mit Krumpe einen Vertrag geschlossen hatte, und Christian II. als schwedischer König unter der Bedingung anerkannt worden war, daß er nach Schwedens Gesetzen, dem Calmarischen Vertrage entsprechend, regieren, endlich aber allgemeine Amnestie aussprechen sollte, und Christian II. dieses Alles anerkannte, auch Gustav Trolle wieder als Erzbischof installirt worden war, da erlosch allmälig jeder bewaffnete Widerstand. Nun ließ sich auch Sture's Witwe bestimmen, obwol wider Willen der Bürgerschaft, Stockholm zu übergeben (7. Sept.), und nun konnte Christian II. hier am 4. Nov. 1520 gekrönt werden; seine Zusage bestätigte er nochmals durch Eid und Sakrament.

Vier Tage nachher brach der furchtbare Dänenkönig in schrecklicher Weise sein Wort. Unter starker Mitwirkung seines Günstlings Dietrich Slaghök begann er am 8. Nov. 1520 die Strafe wegen der an Gustav Trolle angeblich verübten Frevel zu vollziehen; in Wahrheit sollte die Kraft Schwedens blutig gebrochen werden. Kurz gesagt, auf Grund eines summarischen Verfahrens wurden sofort zwei Bischöfe, dreizehn Ritter und Reichsräthe (unter ihnen Gustav Wasa's Vater), der Bürgermeister und die Rathsherren von Stockholm, wie auch zahlreiche Bürger enthauptet, ihre Häuser geplündert, ihre weiblichen Angehörigen geschändert. Zwei Tage lang setzte der König das Morden fort, ließ auch Sture's Leiche verbrennen. Die treulosen Hinrichtungen sollten als Bestrafung gebannter Ketzer gelten. Unter Verübung der infamsten Grausamkeiten, denen zusammen 600 Opfer fielen, verließ Christian II. endlich zu Anfang des J. 1521 das unglückliche Land. Schlösser und Vogteien wurden an Ausländer verliehen; zwei Geistliche, die bei jenen Greueln dem Könige zu Seite gestanden hatten, erhielten den Platz der ermordeten Bischöfe, Beldenak von Odense den Sitz zu Sfara, jener (holländische oder westfälische) Slaghök den zu Strengnäs. Dieser wurde zugleich königl. Statthalter, der mit Galgen und Rad regierte, ein Bruder Heinrich Commandant der Hauptstadt. Schon aber befand sich der Bluträcher für solche Frevel, für solche Schmach im Lande, es war Gustav Wasa.

Gustav Wasa war der Abkömmling eines alten schwedischen Adelsgeschlechts. Der bei uns geläufige Name Wasa, der übrigens weder von ihm noch von seinen Vorfahren geführt wurde, ist lediglich von dem Wappen hergenommen. (Wasa bedeutet eigentlich ein Faschinenbündel, und erst seit Gustav dessen schwarze Farbe mit der gelben vertauschte, galt es für eine Garbe.) Der älteste bekannte Schwede dieses Hauses war der Ritter Kettil Karlsson, 1322—1330 Mitglied des Reichsrathes. Hochbedeutend wurde die Familie während des 15. Jahrh. durch den mächtigen Reichstruchseß Christer Nilsson, dessen Sohn Johann Christersson zuerst von der Unionspartei zu der schwedischen Nationalpartei übertrat und Brita, die Schwester des Reichsverwesers Sten Sture des ältern, heirathete. Sein Sohn, der Reichsrath Erik Johansson, in seiner Jugend wegen seiner stürmischen Heftigkeit gefürchtet, in ältern Jahren als ein „lustiger und kurzweiliger Herr" bekannt, heirathete Cecilia, Tochter des Måns Carlsson zu Eka. Diese Dame gebar ihm als ältesten Sohn am 12. Mai 1496 auf dem Landgute Lindholm in Roslagen (in Upland) den Gustav Eriksson, denselben, mit dem wir uns nun näher zu beschäftigen haben. Seine Bildung erhielt er zunächst seit 1509 auf der Schule zu Upsala. Im J. 1514 zog ihn Sten Sture der jüngere an seinen Hof; höhere Ausbildung erhielt er durch Henning Gadd, den gelehrten Bischof von Linköping. Bald auch fand er Gelegenheit, seine kriegerische Tüchtigkeit zu bewähren. Bereits unter seinen Genossen durch seine Tapferkeit, seine Beredsamkeit und seinen frohen Sinn beliebt, theilte er 1517 den Sieg über Trolle's dänische Hilfstruppen bei Dufwenäs und trug in dem Gefechte bei Brännkyrka am 22. Juli 1518 die Hauptfahne der Schweden. Aber er befand sich auch unter den schwedischen Geiseln, die Christian II. gleich nach dieser Schlacht verrätherischerweise nach Dänemark abführen ließ.

Gustav Erikson wurde durch den treulosen Tyraan der Aufsicht des Herrn Erik Bauer, seines Verwandten, Lehnsherrn auf Schloß Kallö im nördlichen Jütland, übergeben, wo er etwa ein Jahr lang in erträglicher Gefangenschaft zubrachte. Als aber der patriotische Jüngling im Spätsommer 1519 von den kolossalen Rüstungen Christian's II. gegen Schweden hörte, entwich er in Bauernkleidern, um nach Schweden zu gelangen. Zunächst erreichte er Flensburg, trat hier bei deutschen Viehhändlern, die Ochsen aus Jütland geholt hatten, als Knecht in Dienst und erreichte am letzten Sept. 1519 die mächtige Hansastadt Lübeck, wo ihm der Bürgermeister Niklas Broms Schutz gewährte, und wo er mit den mächtigen Hanseaten, die durchaus keine Ursache hatten, gegen die dänische Regierung freundlich gesinnt zu sein, wichtige Verbindungen anknüpfte. Aber erst nach sieben Monaten konnte er auf einem Kauffahrteischiffe aus Warnemünde im Mai 1520 nach Schweden gelangen, wo sich damals nur noch Calmar und Stockholm gegen die Dänen hielten. Sein Versuch, Calmar, wohin er von der Halbinsel Stensö (31. Mai) sich begab, zu halten, scheiterte an der Muthlosigkeit der Bürger und an der verrätherischen Gesinnung der geworbenen deutschen Besatzung. Bei der Muth- und Haltlosigkeit des Volkes konnte er weder in Småland noch sonst irgendwo festen Fuß fassen. Bereits durch Christian II., der auf seinen Kopf einen Preis setzte, bedroht, kam er nach mancherlei Gefahren endlich im September 1520 völlig mittellos nach Södermannland auf das Gut Täma zu seinem Schwager Joachim Brahe, den er vergeblich beschwor, der Ladung zu Christian's II. Krönung nach Stockholm nicht zu folgen.

Endlich hatte sich Gustav nach seinem väterlichen Gute Räfsnäs begeben, wo er längere Zeit in Verborgenheit lebte, und wo ihm sein Freund, der in dem Kloster von Mariafred lebende alte Erzbischof Jakob Ulfson, alle nöthigen politischen Nachrichten mittheilte. Als aber in sein Asyl die furchtbare Nachricht drang von dem schrecklichen stockholmer Blutbade, dem so viele der Gustav's Verwandten, der eigene Vater Erikson's und der Schwager darunter, zum Opfer gefallen waren, mußte er abermals die Flucht ergreifen und sich vor den dänischen Henkern, die ihn jetzt ausdauernd verfolgten, nach den westlichen Grenzen Schwedens retten. Gustav floh in die Thäler an den norwegischen Gebirgen, die von

den Dalekarlen (Thalmännern) bewohnt wurden, einem Stamme, der seine einfachen Sitten, seine Freiheitsliebe, Ehrlichkeit und Gastfreiheit in altgermanischer Weise bewahrt hatte. Längere Zeit konnte Erikson nur mit Mühe unter einer Reihe höchst merkwürdiger Abenteuer vor Verfolgung und Verrath sich retten. Seine ersten Versuche aber, um Weihnachten 1520 namentlich zu Mora die Thalbauern zum Kampfe gegen die Fremdherrschaft zu entflammen, scheiterten, sobald er seine Wanderschaft aus dem östlichen nach dem westlichen Dalekarlien fortsetzen mußte.

Als aber um Neujahr 1521 aus Stockholm genauere Kunde über das blutige Wüthen der Dänen nach Dalekarlien kam; als düstere Gerüchte von den schlimmen Absichten Christian's II. gegen Schweden sich verbreiteten, und man erfuhr, daß die große Silbersteuer zur Bezahlung der Kriegsleute mit Strenge erhoben werden sollte: da wurden die Thalbauern unruhig. Sie riefen Gustav zurück, der eben im Begriffe stand, aus dem Dorfe Sälen in dem Kirchspiele Lima sich über das Gebirge nach Norwegen zu begeben. Nun kehrte Gustav nach Mora zurück, wo ihn die mächtigsten Bauern aus allen Kirchspielen der Thallande an den beiden Armen der Dal-Elf aus eigener Befugniß zum Reichsverweser, „zum Herrn und Hauptmann ihrer und der Gemeinden des schwedischen Reiches" wählten. Mit nur 200 Mann warf sich Gustav jetzt auf Fahlun (Februar 1521), griff den mächtigen Bergvogt Christoph Olsson an, nahm ihn gefangen, bemächtigte sich der hier aufgehäuften Krongelder und ließ diese und die Güter der hier geringen Beimischung der Silber schlagen, theilen. Bald gewann er auch die Bergleute dieser Gegend für seine Sache. Dann eilte er nach Gestrikland, dessen Kirchspiele ihm zu Gefte Treue schwuren, während bereits seine Thalmännern unter Peter Svensson zu Widerboda ein Heer von 6000 Mann unter Gustav Trolle an der Dal-Elf bei den Brunnbäcks-Fähre in die Flucht schlugen. Nun machte Gustav Hedemora zu seinem Hauptquartiere, ließ hier Nothmünzen aus Kupfer schlagen, begann sein Volk militärisch zu discipliniren, lehrte die Thalmännern in geschlossenen Gliedern fechten und gab ihnen bessere Waffen, allerdings noch immer nur Pfeile und lange Schwerter. Gegen Ende April 1521 ging Gustav, mit den beiden erprobten Feldhauptleuten Lars Olafson und Lars Erikson, etwa 15,000—20,000 Mann stark, südwärts, erklärte noch vor Anbruch des Mai in aller Form an Christian II. den Krieg und schlug am 29. April die Truppen des auf Schloß Westeräs commandirenden Statthalters Dietrich Slaghök aufs Haupt, eroberte auch sofort die Stadt am Fuße der Citadelle. Nun gingen von Christian's Truppen viele schwedische Officiere und gediente Soldaten zu ihm über, und die Erhebung des Volkes gegen die Fremdherrschaft griff in den verschiedensten Provinzen des Südens reißend um sich. Bald sah sich Gustav in der Lage, seine Truppen theilen, und auf verschiedenen Punkten arbeiten zu können; überall wurden die von den

Dänen besetzten Schlösser blokirt. Jetzt störte es nicht mehr, daß Erikson die Dalekarlier zur Ernte nach Hause beurlauben mußte. Und nun fiel auch Upsala in die Hand des Befreiers.

Die Entscheidung konnte jedoch nur der Besitz von Stockholm geben, dessen Belagerung Gustav gegen den 24. Juni 1521 begann. Sie hat volle zwei Jahre gedauert. Die dänischen Truppen in der Stadt waren nicht stark genug, um den Schweden in offenem Felde die Spitze bieten zu können, aber doch auch wieder zu zahlreich, um einer Erhebung der Einwohner erliegen zu müssen. Da ferner die Befreiungsarmee keine Flotte zur Verfügung hatte, so konnte Christian II. zur See durch seinen kühnen und energischen Admiral Sören (Severin) Norby Truppen und Proviant nach Belieben in die belagerte Stadt werfen. Trotzdem unternahm Gustav das schwierige Werk. Was auch sonst diesen Befreiungskrieg so schwer machte: der Mangel an eigentlichen Soldaten; die Nothwendigkeit, mit aufgebotenen Bauern, deren Haufen einander ablösten und dabei wegen häuslicher Sorgen und Noth zuweilen gänzlich ausblieben, die Blokade und Aushungerung der zahlreichen, durch Christian's II. Truppen besetzten Schlösser zu betreiben — das erreichte seinen Höhepunkt bei der Belagerung von Stockholm, die allerdings nur von einem Manne wie Gustav Wasa mit seiner zähen Ausdauer und seinem standhaften Muthe glücklich zu Ende geführt werden konnte.

Während die Hauptkraft der schwedischen Befreiungsarmee vor der starken Hauptstadt lange gefesselt lag, machte Gustav entschiedene politische Fortschritte. Im August berief er einen Herrentag nach Wadstena, wo ihn (da er die Annahme der Krone noch ablehnte) ein großer Theil des Adels (24. Aug.) in aller Form als Reichsverweser anerkannte, ihm Treue und Gehorsam schwur. Nun konnte Gustav allerdings seine neue Herrschaft schnell südwärts bis über Smaland hinaus ausbreiten und sogar mit bedeutendem Erfolge auch die Eroberung von Finnland in Angriff nehmen. Im Frühlinge 1522 waren nur noch Åbo, Calmar und Stockholm in dänischer Hand. Aber während Christian's II. Nachgier der nach der stockholmer Henkerscene sammt vielen anderen schwedischen Damen nach Kopenhagen abgeführten Mutter und Schwester Gustav's in einem scheußlichen Kerker einen kläglichen Tod bereitete; während noch manche Schweden adeliger und bürgerlicher Abkunft unter dem Henkerschwerte oder als Flüchtlinge fielen, machte die erhebliche Verstärkung, die Norby nach dem Mälar-See geführt hatte, es möglich, daß die Dänen in Stockholm durch große Ausfälle am 7., 8. und 13. April 1522 die schwedische Belagerungsarmee aus allen ihren Stellungen vertrieben. Auch bei Åbo hatten die Schweden in dieser Zeit entschieden Unglück. Aber schon im Juni 1522 hatte Gustav die schwedische Hauptstadt wieder eingeschlossen, und erhielt nun endlich auch auf Grund erfolgreicher Unterhandlungen mit Lübeck bei dieser mächtigen Hansestadt zur Unterstützung zehn wohlausgerüstete Kriegsschiffe und

900 Mann Landtruppen, zu denen sich auch, durch des jungen Helden schon begründeten Kriegsruhm gelockt, mehrere deutsche Ritter gesellten. Freilich ließen sich die Lübecker, die mit starkem politischem Egoismus ihren unmittelbaren Vortheil und ihre merkantilen Interessen viel bestimmter im Auge hatten als Gustav's Sache, ihre Hilfe sehr theuer bezahlen, und wurden durch ihre Laubheit auch Anlaß, daß der Admiral Norby im October 1522 bei einem unglücklichen Versuche, Stockholm wieder zu entsetzen, dem Verderben entrinnen konnte. Indessen vermochte Gustav allmälig doch Stockholm immer enger durch seine Linien einzuschnüren, sogar den Hafen durch Ketten zu sperren, endlich die Belagerten in arge Hungersnoth zu bringen. Da nun auch - Christian II. durch seine politische Vielgeschäftigkeit, endlich auch durch seine unaufhörlichen inneren Händel in Dänemark selbst die Möglichkeit einbüßte, seine Sache in Schweden nachdrücklich zu vertheidigen, schließlich aber bei völlig unhaltbar gewordener Stellung vor dem durch den jütischen Adel als Gegenkönig aufgestellten Herzog Friedrich (I.) von Schleswig-Holstein, seinem Oheim, weichen und am 20. April 1523 Kopenhagen als Flüchtling verlassen mußte, so sank die dänische Macht in Schweden nun rasch zusammen. Am 27. Mai fiel die Stadt Calmar, am 7. Juli auch deren Citadelle. Stockholm hatte schon am 20. Juni capitulirt: die Besatzung und alle Anhänger Christian's II. hatten freien Abzug mit Waffen und Eigenthum erlangt. Am 23. Juni hielt Gustav hier seinen Einzug. Auch Finnland wurde noch vor Ablauf dieses Jahres vollständig gewonnen.

Die künftige staatsrechtliche Stellung Schwedens und Gustav's war schon vor der Eroberung von Stockholm gesichert worden. Auf die Kunde von der Vertreibung Christian's II. als Dänemark trat zu Strengnäs der schwedische Reichstag zusammen. Das Volk forderte als künftige Bürgschaft nationaler Unabhängigkeit die Wiederaufrichtung einer selbständigen schwedischen Krone, während ein großer Theil des Adels und des Prälatenstandes, die unter der schlaffen Herrschaft der Unionskönige erhebliche Vortheile gewonnen hatten, nur mit Widerstreben in eine neue Königswahl willigte. Dabei konnte nur Gustav Wasa in Frage kommen, der denn auch, obwohl die inneren Schwierigkeiten und die äußere Lage, namentlich die drückende Abhängigkeit von Lübeck, ihm schwere Bedenken bereiteten, die Wahl annahm, die am 7. Juni 1523 auf ihn fiel. Nun wurden auch die Ansprüche des neuen dänischen Königs Friedrich I. auf die schwedische Krone einfach abgelehnt, damit die Calmarische Union für immer aufgelöst.

Die junge schwedische Krone war zunächst in erheblicher Weise von Lübeck abhängig. Gustav war dieser Stadt 68,681 Mark für Kriegsbedürfnisse und 8689 Mark für baare Vorschüsse schuldig. Außer Staube zu zahlen, mußte er sich dafür verpflichten: den Hansestädten im Nothfalle mit Schiffen und Truppen zu helfen, ohne Lübecks Willen mit Dänemark keinen Vertrag zu schließen; den Schaden zu ersetzen, den Christian II. etwa aus Rachsucht den Lübeckern oder Danzigern an-

2

thun möchte; den Hansestädten die ausschließliche Handelsfreiheit in ganz Schweden ohne Zoll und andere Abgaben, auch Stapelgerechtigkeit und Niederlagen in allen Seehäfen zu bewilligen; seinen fremden Kaufleuten irgend eine Niederlassung in Schweden zu gestatten, ja sogar den Schweden selbst jeden anderen Handel als mit den Hansestädten zu untersagen. Da nun Lübeck auch mit Friedrich I. von Dänemark auf sehr gutem Fuße stand, und für Schweden Alles zu fürchten war, falls Lübeck etwa den Dänen bei einem Angriffe auf das junge Reich sich anschloß, so mußte hier eine Ausgleichung gesucht werden. Dieselbe wurde dadurch erleichtert, daß beide Könige noch immer die Restaurationsversuche Christian's II. zu fürchten hatten, dessen Admiral Norby die Insel Gothland behauptete, und dessen Verbindungen noch immer nach allen Ländern des skandinavischen Nordens sich ausdehnten, während er selbst in Holland und Friesland zum Kriege rüstete. Da war es Lübecks Vermittelung, unter welcher Gustav und Friedrich am 1. Sept. 1524 den Receß zu Malmö schlossen, durch den die Calmarische Union für immer beseitigt, „ewiger Friede" zwischen beiden Königen geschlossen, Schonen und Blekingen aber bei Dänemark belassen wurden.

Nun wurde es Gustav's I. Riesenaufgabe, die arme und machtlose schwedische Krone mit der nöthigen Macht auszustatten, die Anarchie der adeligen Magnaten, des übermächtigen Klerus, des energisch demokratischen, der Steuerzahlung feindlichen Bauernstandes zu überwinden, zugleich aber und nebst der Erneuerung des Staates die Kirche im Sinne der ihm persönlich als nothwendig erscheinenden lutherischen Reformation neu zu organisiren. Diese Arbeit und der Kampf mit den über solche Thätigkeit wider ihn sich erhebenden Elementen wurde nun die Aufgabe seines Lebens. Dafür brachte Gustav eine imponirende äußerliche Persönlichkeit, ein gewinnendes Wesen, eine höchst glückliche Gewandtheit und Begabung als Redner, und einen scharfen und klaren verständigen Geist mit. Gustav ging überall mit Vorsicht und Behutsamkeit, mit unermüdlicher Geduld, mit durchdringender Klugheit zu Werke, der im entscheidenden Augenblicke die durchschlagende Kraft zur Seite stand. Mit zäher Kraft und rastloser Arbeit drang er auf das Ziel vor, das er mit klarem Blicke aufgefaßt hatte; „seine Bahn war nicht die Bahn glanzvoller Thaten", sagt Geijer, „aber sein Leben selbst war eine Großthat".

Religiöse, politische und finanzielle Motive wirkten zusammen, um König Gustav auf die Seite der lutherischen Reformation zu drängen, während auf der anderen Seite gerade das religiöse Element in seinen Neugestaltungen sehr wesentlich die Waffen der Priester schärfte, die wiederholt bei den Aufständen gegen seine Herrschaft im Hintergrunde standen. Bei der drückenden Armuth der Krone Schwedens; bei der Armuth des Landes, dem damals eigener Handel und eigener Gewerbfleiß noch fast vollständig abging; bei der großen Schwierigkeit und politischen Gefahr, die den Versuchen,

Adel und Bauern zu besteuern, entgegenstanden, blieb an sich kaum etwas Anderes übrig, als für die drückenden Bedürfnisse des Staates den reichen Klerus und dessen Güter in Anspruch zu nehmen. War nun Gustav ohnehin persönlich der Reformation zugethan, so entband ihn die dänische Haltung des Klerus während der letzten großen Katastrophe auch mancher schonenden Rücksicht. Nur daß der König keineswegs (zu gewaltsamem Umsturz geneigt war, und mit Festigkeit der radicalen Richtung widerstand, die (wie damals in Deutschland) auch in Schweden neben der reformatorischen Strömung sich in den Vordergrund drängte.

Unter solchen Umständen war der Weg des jungen Königs begreiflicherweise höchst dornig und mühevoll. Nach der dogmatischen Seite hin höchst schonend und vorsichtig, ließ Gustav zunächst die lutherische Lehre durch ihre eigene Kraft sich ausbreiten. Zwei Brüder, Olaus und Laurentius Petri (Peterson), Söhne eines Schmieds zu Oerebro, die in Wittenberg Luther's Zuhörer gewesen und 1519 nach der Heimath zurückgekehrt waren, predigten bereits mit energischer Kühnheit in Luther's Sinne. Gustav aber, der selbst mit Luther in Correspondenz stand, gewährte ihnen gegen alle Angriffe des römischen Episkopats Schutz, ernannte den Olaus zum Prediger und Stadtschreiber in Stockholm, den Laurentius zum Professor in Upsala, während sein ebenfalls lutherisch gesinnter Kanzler Laurentius Andreä (Anderson) die heilige Schrift übersetzte und ihren verbreiten ließ. Nirgends aber wurde in der religiösen Frage Zwang angewendet oder zugelassen. Diese Haltung des Königs und der Fortschritt der Lutheraner, deren einer Führer Olaus 1525 endlich auch zur Ehe schritt, erregte aber bei römisch gesinnten Priestern und Laien, namentlich auch bei Gustav's früheren Freunden, den dalekarlischen Bauern, allmälig erheblichen Unwillen. Und so erzeugte sich, genährt durch die starke Besteuerung, namentlich der Bischöfe und Klöster, und durch die tiefen Eingriffe in die materiellen Güter der Kirche, zu denen der König sich andauernd genöthigt sah, jene bedenkliche Temperatur, aus welcher bis zum J. 1543 mehrere höchst gefährliche Empörungen hervorgingen — zumal es dem anarchischen, unruhigen, zur Unbeständigkeit neigenden Sinne der adeligen wie der demokratischen Machthaber dieser Tage gar nicht gefallen wollte, daß Gustav nicht blos der Befreier, sondern auch im schweren Ernste der Herr Schwedens sein wollte. Schwere Calamitäten des Reiches durch Mißwachs, Hungersnoth und Seuchen gaben den Unzufriedenen Waffen genug in die Hand. Die Unterdrückung der Meutereien wurde immer mit großer Klugheit und wenn nöthig mit gewaltiger Energie vollzogen; aber von wildem Wüthen gegen die betörten Massen war dabei keine Rede.

Der höchst gefährliche Aufstand der steuerfeindlichen Thalbauern und Norrländer zu Anfange des J. 1527, an dessen Spitze ein angeblicher Abkömmling Sten Sture's, in Wahrheit ein Bauernsohn unehelicher Abkunft, stand, war noch nicht völlig überwunden, als Gustav auf den 16. Juni 1527 nach Westeräs jenen Reichstag berief, der für Schwedens Zukunft epochemachend geworden ist. Außer dem Adel und Klerus waren jetzt auch Bürger und Bauern beinahe aus allen Theilen des Reiches berufen worden, dazu 14 Bergleute. Gustav's Vorschläge, die sich auf die traurige Lage des Reiches stützten. — er schilderte die Neigung des Volkes zu Empörungen bei jeder Reform, die Uebermacht des geistlichen Grundbesitzes, wehrte den Vorwurf ab, daß er die Kirche und ihre Lehrer unterdrücken wolle, — Gustav's Reformvorschläge fanden anfangs zähen Widerstand. Namentlich der energische und hochbegabte Bischof Brask von Linköping und der älteste im Rathe, der Reichshofmeister Thure Jönsson, widerstrebten mit höchster Zähigkeit allen Veränderungen, vor allem den gegen die bis dahin bestehende Art der kirchlichen Verhältnisse gerichteten. Da erklärte Gustav in energischer Rede seinen Rücktritt von der Krone. Und als nun von den unteren Ständen die Bewegung zu seinen Gunsten ausging, der sich dann auch Adel und Klerus fügen mußten, entschloß sich Gustav erst nach wiederholten Bitten des Reichstages, die Herrschaft noch länger zu führen. Endlich schloß man am 24. Juni 1527 den sogenannten „Westeräser Receß", welcher die monarchische Staatsordnung und die lutherische Reformation in Schweden begründet hat. Die wesentlichen Grundzüge desselben waren: „Alle Stände haben die gemeinsame Verpflichtung, jedem Aufruhr zu widerstehen, ihn zu bestrafen, und die gegenwärtige Regierung gegen innere und äußere Feinde zu vertheidigen. Der König ist berechtigt, die Schlösser und Schanzen der Bischöfe sich anzueignen, die Einkünfte der letzteren, sowie jene der Domkirchen und Kanonifer zu bestimmen, die bisher an die Bischöfe erlegten Strafgelder zu erheben und selbst über die Klöster zu verfügen. Dem Adel steht das Recht zu, alles Gut und Eigenthum, das seit 1454 an die Kirchen und Klöster gekommen ist, wieder an sich zu nehmen, sofern der Erbe durch zwölf Männer Eidschwur sein Anrecht beweisen kann. Die Prediger sollen das reine und lautere Gotteswort frei verkündigen, und das Evangelium in allen christlichen Schulen gelesen werden".

Auf Grund dieser Beschlüsse konnte Gustav allmälig tief eingreifende Reformen durchführen. Als Bischof Brask unwillig Schweden verlassen hatte, der dalekarlische Aufstand gebändigt, Gustav's Krönung (in Anfang 1528) vollzogen war, konnte nach der materiellen wie nach der geistigen Seite hin die kirchliche Neugestaltung vollführt werden. Auf einer Kirchenversammlung zu Orebro wurden die Mittel erwogen, wie man gute Prediger bilden und dem Volke die religiösen Wahrheiten verkündigen sollte. Wer sich von der alten Geistlichkeit geneigt und brauchbar erwies, wurde im Predigtamte erhalten. Die Bischöfe, die sich bei neuer Ordnung anschlossen, blieben Reichsstände und Obere der Kirche, jedoch abhängig von der Krone und beschränkt durch Consistorien, auf welche die episkopalen Befugnisse großentheils übertragen wurden. Erster lutherischer Erzbischof von Upsala wurde (1531—1573) jener Laurentius Petri.

Nichtsdestoweniger dauerte es sehr lange, bis die letzten Aufstände gegen die neue Ordnung der Dinge ausgetobt hatten. An die politische und sociale Unzufriedenheit hing sich immer wieder der tückische Ruf, der König „wolle den christlichen Glauben unterdrücken". In Westgothland und Småland, wo die zur Tilgung der Reichsschuld erhobenen Steuern bei den Bauern tiefe Unzufriedenheit erzeugten, entflammte jener schroffe päpstlich gesinnte Magnat und „Lagmann", Thure Jönsson, zur Zeit selbst königlicher Statthalter dieser Provinz, 1529 einen gewaltigen Aufstand, der sich, durch die Mönche gefördert, durch Bischof Magnus von Skara und viele Edelleute unterstützt, momentan sehr gefährlich anließ. Als jedoch die übrigen Provinzen der Krone treu blieben und Gustav's Gewandtheit die Empörung fast ohne Kampf zu entwaffnen verstand, blieb dem alten Thure Jönsson und dem Bischof Magnus nichts übrig, als nach Dänemark zu entweichen. Als nachher Gustav zur endlichen Abzahlung der Schuld an Lübeck einen Theil der Glocken im Lande verkaufen, wie auch die in den Kirchenkisten vorgefundenen, irgend entbehrlichen Vorräthe an Gold und Silber ausnützen ließ, gab dieses Verfahren den Anstoß zu einer neuen Empörung in Dalekarlien, im Frühlinge 1531. Hier mußte Gustav momentan nachgeben, weil in derselben Zeit Christian II. mit Thure Jönsson und anderen Flüchtlingen zu einem großen Einbruche in Norwegen und Schweden rüstete, den er dann im Spätjahre 1531 wirklich ausführte. Als aber nach der Landung zu Opslo in Norwegen und dem Abfall dieses Landes zu seinem alten Herrn die Agitationen der kühnen Angreifer in Schweden im Stillen doch ihre Wirkung verfehlten; als Christian durch Dänen und Lübecker seine Flotte verloren und sich selbst (1. Juli 1532) den Dänen als Gefangener ergeben hatte, konnte Gustav in seinem Lande endlich auch dem unerträglich gewordenen Uebermuth der Dalekarlier durch kühnes Zugreifen für immer ein Ende machen. Doch hatte es dann mit acht Hinrichtungen sein Bewenden.

Nachher sah Gustav sich genöthigt, die Unabhängigkeit seines Reiches gegen Lübeck zu vertheidigen, dessen ihm aus den Dänen feindliche Demokratie seit 1533 Schweden bedrohte und ihn selbst durch seinen eigenen Schwager, den Grafen Johann von Hoya, als König ersetzen wollte. Dieser Krieg wurde seit 1534 im südlichen Schweden und zu Wasser mit furchtbarer Erbitterung geführt, und endigte 1536 zum Nachtheile der Lübecker, welche ihre alten Vorrechte in Schweden seit diesem Mißerfolge nicht länger zu behaupten vermochten. Gustav seinerseits mußte seit 1537 noch einmal die Waffen ergreifen, um die furchtbare socialdemokratische Empörung der Bauern im südlichen Schweden zu bändigen, welche nach dem Vorbilde der dänischen Bauern in Schonen, namentlich in Småland gegen den Adel unerhörte Rache- und Greuelthaten verübten und 1542 unter Nils Dade bis 10,000 Mann stark, alles Volk in West- und Ostgothland und in Södermannland zur Erhebung fortrissen. Zu dem Hasse gegen den harten Adel kam hier auch priesterliche Aufhetzung und directe Feind-

2*

schaft gegen das Haus Wasa, endlich selbst Verbindungen mit allen flüchtigen Schweden, ja selbst mit dem Hofe des Kaisers Karl V. Nur mit höchster Mühe konnte im Sommer 1543 diese furchtbare Empörung niedergeworfen werden.

Seit dieser Katastrophe traten endlich für Gustav I. ruhigere Zeiten ein, wie denn auch nachmals die zweite Hälfte seiner Regierung in der Erinnerung der Schweden als eine vorzugsweise glückliche und glänzende Periode ihrer Geschichte galt. Trotzdem war sie für Gustav mühevoll genug. Sie ist aber dadurch charakteristisch, daß er einerseits seine politische Schöpfung zur Vollendung zu bringen vermochte, andererseits mit aller Kraft auf den verschiedensten Gebieten in grundlegender Weise großartig für die Landescultur zu wirken die Zeit fand.

In erster Reihe also wurde es bedeutungsvoll, daß Gustav es erzielte, statt der ewigen verderblichen Königswahlen für das Reich die Erblichkeit seiner Dynastie zu erzielen. Hatte er schon auf dem Reichstage zu Derebro (4. Jan. 1540) es erzielt, daß Adel und Klerus seine Söhne Erich und Johann als rechtmäßige Erben des Reichs anerkannten, so setzte er (13. Jan. 1544) auf dem großen Reichstage zu Westeräs es durch, daß alle Stände die von ihm festgestellte „Erbvereinigung" annahmen, welche die Thronfolge nach dem Erstgeburtsrechte unter den männlichen Erben des Königs bestimmte. Damals huldigten auch die Stände dem Prinzen Erich feierlich als Kronprinz. Gustav's Testamentsordnung erkannten die Stände auf dem Reichstage zu Strehgnäs 1547 an, auf welchem der Klerus bereits wieder vollzählig erschien, jetzt überwiegend protestantisch, nicht mehr blos durch Bischöfe, sondern auch durch Pfarrer aus Stadt und Land vertreten. Hatte Gustav anfangs sein Fürstenrecht von Gott und dem Volke hergeleitet, so betonte er jetzt wesentlich die göttliche Gnade und Allmacht als die Quelle seiner königlichen Gerechtsame. Dominirt also jetzt der absolutistische Zug, so erkannte Gustav andererseits wieder seine Verantwortlichkeit an, indem er durch fortlaufende öffentliche abgelegte Rechenschaft und Bekanntmachung seiner Regierungshandlungen sowol auf den Reichstagen, wie auch vor großen jährlichen Versammlungen des Volkes verschiedener Provinzen der politischen Macht des Volkes offen huldigte. Vorherrschend ist dabei überall in den Beziehungen zu dem Volke wie zu den großen Beamten die Tendenz des Königs, seine Persönlichkeit ganz und voll einzugreifen. Seine Macht war dabei in consequentem Steigen begriffen. Die Gewinnung sehr ansehnlicher Grundbesitzungen für die Krone in allen Theilen des Landes, namentlich durch Occupation der Kirchengüter (so besonders seit 1543), — unter sehr reichlicher Besoldung des höheren und des niederen Klerus — der die allmälig verschwindenden Klöster; die wirksame Beanspruchung der Gerechtsame der Krone aus Allmendewaldungen, Seen, Flüsse, Fischereien, Bergwerke, gab ihm allmälig sehr bedeutende Mittel in die Hand. Wurde nun mit der zunehmenden Sicherheit seiner königlichen Stellung

seine Haltung immer edler, freier und würdiger; tritt der „demagogische" wie der despotische Zug der schweren Nothzeit seines Lebens, wie auch die schlimme Neigung, in höchster Noth Manches zu versprechen, was hernach nicht gehalten werden sollte, mit der endlich erzielten Sicherheit des Reiches und der Krone immer mehr zurück; so that Gustav nun wieder mit Aufgebot aller seiner Mittel und seines Vermögens Großes, um den Wohlstand des Reiches zu heben. Dabei wirthschaftete er doch so sparsam, daß er bei seinem Tode einen sehr bedeutenden Schatz zurücklassen konnte. Die sorgsame Pflege und der rationelle Betrieb der Landwirthschaft beschäftigten ihn bis zu seinem Tode. Er ist der Schöpfer des schwedischen Cameralwesens geworden, und für den Bergbau machte in Schweden seine Regierung geradezu Epoche. Den Handel suchte Gustav allseitig zu fördern; er suchte Schweden der allzu festen Umschlingung durch die Hanseaten zu entziehen, ermöglichte directe Verbindungen mit Holland, Lissabon, Spanien, Frankreich und England. Die politische Allianz (1542) mit Frankreich wurde 1559 durch einen Handelsvertrag ergänzt; mit den Niederlanden sind 1526 und 1551, mit England 1551 Handelsverträge geschlossen worden. Auch in Rußland ermöglichte er 1537 den schwedischen Kaufleuten freien Handel. Waren manche seiner Maßregeln in dieser Richtung drückend und verfehlt, so zeigte wiederum die Gründung der Handelsstädte Helsingfors in Finnland 1550, Elfsborgs (Ny-Lödöse) an der Nordsee seine wohlmeinende Rastlosigkeit. Uebertraf er durch die Intelligenz, mit welcher er in der „Ordinanz" vom J. 1557 für Stockholm die Vorschriften für Ordnung und Reinlichkeit entwarf, die meisten seiner Zeitgenossen, so war er andererseits rastlos bemüht um die Hebung der Gewerbthätigkeit und die Pflege der Landstraßen in seinem Reiche. Dabei wurde der höchste Werth auf die Steigerung der Wehrkraft des Landes gelegt; gegen Ende der Regierung Gustav's belief sich die einheimische, durch jährlichen Sold unterhaltene, schnell verfügbare Kriegsmacht des Königs auf 12,934 Mann Fußvolk und 1379 Reiter, nebst 549 Mann zu Fuß und 296 Reitern der deutschen Garde. Gleiche Aufmerksamkeit schenkte Gustav der Flotte. Das höchste Interesse endlich widmete er dem niederen wie dem höheren Unterrichte und (persönlich selbst aufrichtig fromm, sauber und sittenrein wie er war) der sittlichen Disciplinirung des neu erwachsenden protestantischen Klerus. Sein Hof endlich war eine tüchtige Bildungsschule des jungen Adels.

Obwol seit 1544 Schwedens Verhältniß zu Dänemark bedeutend frostiger geworden war als zuvor, namentlich weil in Kopenhagen noch immer die alten Calmarischen Velleitäten genährt wurden, so blieb Schweden unter Gustav doch nach dieser Seite hin in Frieden. Dagegen mußte der alternde König 1554 wieder zu den Waffen greifen, um Uebergriffe der Russen nach Finnland, und zwar auf Seite der lappländischen Provinz abzuwehren. Nur daß dieser Krieg von beiden Parteien überwiegend durch gegenseitige Verheerungen geführt wurde. Endlich wurde zu Moskau am 2. April 1557 auf vierzig Jahre Frieden geschlossen. Die streitige Grenze ist drei Jahre später durch besondere Bevollmächtigte berichtigt worden.

Sehr heiter waren die letzten Jahre des großen Mannes nicht. Denn einerseits sah er mit scharfem Blicke in der Zukunft gefährliche Schwierigkeiten auf der russischen und baltischen Seite emporwachsen; andererseits machte ihm schwere Sorge das tiefe Zerwürfniß zwischen seinen beiden ältesten Söhnen Erik und Johann. Gustav war dreimal vermählt. Zuerst seit 1532 mit der Prinzessin *Katharina*, Tochter des Herzogs Magnus von Sachsen-Lauenburg (Schwester der damaligen Königin von Dänemark); ihr Sohn Erik (geb. 13. Dec. 1533) besaß bei außerordentlicher Begabung den launenhaften Trotz und Starrsinn der Mutter, und des Vaters Hauptfehler, eine unter Umständen furchtbar auflodernde Heftigkeit. Als zwei Jahre nach Erik's Geburt die junge Königin starb, heirathete Gustav 1536 Fräulein *Margarethe Lejonhufvud*, Tochter des bei dem stockholmer Blutbad hingerichteten Reichsraths Erik Abrahamsson zu Loholm, eine ausgezeichnete Dame, von welcher der König fünf Söhne und fünf Töchter hatte. (Von diesen sind als Kinder zwei Söhne und zwei Töchter gestorben.) Als auch Margarethe 1551 starb, heirathete Gustav ein Jahr später in dritter Ehe ihre Nichte, die junge *Katharine Stenbock*, Tochter des Reichsrathes und (seit 1554) Reichsmarschalls Gustav Olsson zu Torpe und der Brita Lejonhufvud, die ihm aber den Verlust Margarethens nicht zu ersetzen vermochte. Von Gustav's Söhnen erreichten außer Erik noch drei andere das männliche Alter. Margarethens ältester Sohn *Johann*, Gustav's Liebling, war nicht minder begabt als Erik, aber in bedenklicher Weise herrsch- und länderbegierig. Neben Magnus und Karl nennen wir dann die älteste Tochter *Katharine*, welche 1559 die Gattin des Grafen Edzard II. von Ostfriesland wurde. *Cecilia* heirathete 1564 den damals in schwedischen Diensten stehenden Markgrafen Christoph von Baden, *Anna* 1562 den Pfalzgrafen Georg Johann zu Veldenz, (und aus der dritten Ehe) *Sofia* 1568 den Herzog Magnus III. von Sachsen-Lauenburg, und Elisabeth 1581 den Herzog Christopher von Mecklenburg.

Da Gustav schwere Bedenken dagegen hatte, sein gesammtes Reich ausschließlich in die gefährliche Hand des Kronprinzen Erik zu geben, so griff er zu dem gewagten Mittel, alle seine Söhne mächtig zu machen, also zu einer Ländertheilung, deren ihm sicher einleuchtende Gefahren zu ermäßigen er wieder durch andere Bestimmungen sich bemühte. Er bestimmte daher seinen jüngeren Söhnen den Besitz erblicher Herzogthümer, aber unter der Suzeränetät des ältesten, des Kronprinzen Erik. Johann sollte Finnland erhalten, mit dem er schon seit 1556 belehnt war, Magnus Ostergötland, Karl endlich Södermannland mit Nerike und Wermland.

König Gustav I. erkrankte am 24. April 1560 zu Juleta in Södermannland sehr heftig am Fieber. Er wurde nicht wieder vollständig hergestellt, sondern legte sich nach Abhaltung seines letzten Reichs-

tages (25. Juni in Stockholm) am 14. Aug. auf sein Sterbebett, und verschied am 29. Sept. 1560. Am 21. Dec. desselben Jahres ist er in der Domkirche zu Upsala beigesetzt worden. (Vergl. *Geijer*, Geschichte Schwedens; übersetzt von Leffler, Hamburg 1834, namentlich Band II. *Archenholz*, Geschichte Gustav Wasa's, Königs von Schweden. 2 Bde. Tübingen 1801. *Fryxell*, Leben und Thaten Gustav's I. Wasa, deutsch von Ekendahl. Neustadt a. d. O. 1831, und *Allen*, De tre nordiske Rigers Historie under Hans, Christiern den Andern, Frederik de Foerste, Gustav Vase etc. 1497—1536 (Vol. I.—V.). Kopenhagen 1864—1872.)

(*Gustav Friedrich Hertzberg*.)

GUSTAV II. ADOLF [1]), König von Schweden, geb. 1594, gest. 1632.

I. **Vorgänger in der Regierung.** Die staunenswerthen Erfolge, durch welche das verhältnißmäßig kurze Leben Gustav Adolf's, dieses bedeutendsten und ruhmreichsten Schwedenkönigs, ausgezeichnet ist, erklären sich zwar zu einem Theile aus deffen persönlichen Eigenschaften, zum andern aber aus dem, was seine Vorfahren in der Regierung gewesen sind und geleistet haben. Er ist ein Sproß des mit hohen Gaben, namentlich mit großer Intelligenz und Energie, aber auch mit starker, oft rücksichtsloser absolutistischer Neigung ausgestatteten Hauses Wasa, welches 1523 mit seinem Großvater Gustav I., vorher Gustav Erikson (oder Erichson), auf den Thron des Landes sich erhob. Einerseits bestrebt, die äußere Machtstellung und Selbständigkeit Schwedens zu heben, was vielfach gelang, namentlich durch die Auflösung der Calmarischen Union und die dadurch erzielte größere Unabhängigkeit von dem bisher dominirenden Dänemark, sowie durch das erweiterte Handels-Dominium Maris Baltici und durch die Verstärkung von Heer und Kriegsflotte, setzte er im Innern, meist auf ziemlich gewaltsamem Wege, aber von der starken Partei der Männer der Zukunft unterstützt, kräftige Aenderungen durch, indem er einestheils die lutherische Reformation, als deren entschiedener Anhänger er starb, im ganzen Reiche, freilich oft ziemlich gewaltthätig, einführte und dadurch nicht bloß die Abhängigkeit von der römischen Hierarchie beseitigte, sondern auch, als Frucht der Einziehung von Klöstern und anderen kirchlichen Einrichtungen, pecuniäre Mittel gewann, anderntheils den Einfluß der Adelsgeschlechter auf die Regierung brach und bei dem Reichstage zu Westeräs 1544 die Erblichkeit des Königthums herstellte. Während der fünfziger Jahre näher in die Frage nach der

---

1) Man findet verschiedene Schreibweisen beider Namen; während der neuste Biograph, G. Droysen (in Halle) sein Werk "Gustaf Adolf" (1. Bd. 1868 bei Veit u. Comp. in Leipzig, 2. Bd. 1870 ebenda, 1. Auflage; 1869 2. Auflage des 1. Bandes) nennt, schreibt sein Hauptvorgänger A. T. Gfrörer "Gustav Adolf". Andere competiren "Gustav Adolf". Der König selbst schrieb sich wol meist, wenn lateinisch, "Gustavus Adolphus". Bei schwedischen Schriftstellern findet man in der Regel "Gustaf II. Adolf", aber auch Gustav Adolph, z. B. in Sveriges historia under Gustav II. Adolphs regering von Abr. Cronholm.

Beherrschung der Ostsee und des Beuteantheils an dem verfallenden Livland hineingezogen, ernannte er noch bei Lebzeiten seinen Sohn aus erster Ehe Erich XIV. zum Nachfolger auf dem schwedischen Throne und Johann, einen Sohn aus der zweiten Ehe zum Herzoge von Finnland. Beide trugen wesentlich dazu bei, daß die zwei Ostseeküstenländer Reval und Esthland sich an Schweden anschlossen. Die anderen beiden Söhne von der zweiten Gemahlin, Magnus und Karl, setzte er, den einen als Herzog von Ostgothland, den anderen als Herzog von Südermannland mit Nerike und Wermland, ein, jedoch ohne die Souveränität, welche bei Schweden blieb. Er starb am 29. Sept. 1560.

Erich XIV. herrschte anfangs mit Kraft und Einsicht, hob den Handel und die Schiffahrt, das Heer und besonders die Flotte, die Gewerbe und die Wissenschaften, die Verwaltung und die Rechtspflege zu neuer Höhe, und war in seinen Kämpfen mit auswärtigen Mächten nicht unglücklich; aber ein hereinbrechender Wahnsinn ließ ihn eine Reihe von Greuelthaten begehen, welche dahin führten, daß seine beiden Brüder Johann und Karl im Bunde mit einander ihn 1568 stürzten, worauf Johann als König von Schweden ihn 1577 im Gefängniß vergiften ließ. Erich hatte besonders das mit Polen verbündete Dänemark bekämpft und über beide Mächte erfolgreiche Siege davon getragen; unter Johann III., welcher 1580 heimlich zum Papstthume zurücktrat und der katholischen Hierarchie wieder zur Macht verhalf, 1570 Gothland und die schwedischen Ansprüche auf Schonen, Halland und Blekingen an Dänemark abtreten mußte, erfolgte Rückschritt auf Rückschritt, sodaß eine allgemeine Empörung nahe war, welcher nur sein 1592 erfolgter Tod vorbeugte. Als sein Sohn Sigismund, welcher offen den Katholicismus bekannte, und sich 1587 zum Könige von Polen hatte wählen lassen, wobei er indeß das Versprechen gab, in Schweden die protestantische Kirche aufrecht zu erhalten, den Anspruch erhob, nach des Vaters Tode dessen Nachfolger in dem jetzt schwer erschütterten schwedischen Reiche zu werden, traf er auf den Haß des in seiner Mehrheit entschieden protestantischen Volkes, welches sich mit den Jesuiten und dem Papste verbündeten Polenkönig kräftig zurückwies. Die Reichsstände errichteten zunächst ein Interregnum, indem sie den Herzog Karl von Südermannland zum Reichsverweser wählten und ihm vor allen die Bedingung anferlegten, die Augsburgische Confession als das herrschende Bekenntniß zu erhalten. Nichtsdestoweniger kam 1594 Sigismund von Polen herbei, nahm die Wahlcapitulation an und gelobte namentlich die eben genannte kirchliche Verpflichtung. Es gelang ihm, sich auf den Thron seines Vaters zu setzen; da er aber sofort sein Gelübde brach und die katholische Religion mit allen Mitteln, List und Gewalt, herzustellen unternahm, so erregte er bald einen Sturm des Abscheus; Herzog Karl von Südermannland, der Vater Gustav II. Adolf's, stellte sich 1602 an die Spitze der Opposition und ward 1604 zum Könige erhoben. Als solcher (Karl IX.) ein kräftiger und feuriger Charakter, aber ohne die noth-

wendige Klugheit und ohne die gehörige Ausdauer, gründete er von neuem die lutherische Kirche auf festeren Grundlagen, wandte gegen den vielfach widerstrebenden Adel zum Theil sehr harte Mittel, namentlich grausame Hinrichtungen, an, hob den Bergbau auf eine höhere Stufe und hatte die Genugthuung, noch kurz vor seinem Tode, welcher 1611 am 30. Oct. a. St. erfolgte, im Kriege gegen Polen, Dänemark und Rußland seine Waffen nach mehreren Niederlagen siegreiche Erfolge davon tragen zu sehen[2]).

II. Geburt. Erziehung. Unterricht. Die Geburt, auf dem Schlosse zu Stockholm, erfolgte am 9. December alten, Julianischen, Stiles (am 19. December neuen, Gregorianischen, Stiles) 1594 früh 8 Uhr. Nach der Bestimmung des Vaters und der Mutter, einer Prinzessin Christina von Holstein, empfing er bei der Taufe seine beiden Namen, deren einer, Gustavus, sich durch Buchstabenversetzung in Augustus umbilden läßt, und deshalb die Vorhersage großer Thaten erzeugte[3]), wie er andererseits von dem Großvater entlehnt war, dessen Andenken er ehren sollte. Zu seinem Haupt-Lehrer und Erzieher ließ der Vater durch die Stände (Auctoritate ordinum regni) unter anderen den demokratisch gesinnten Johann Skytte wählen, welcher damals Secretär der Reichskanzlei war, sich durch Studium und neunjähriges Reisen im Auslande eine vielseitige Bildung gewonnen hatte, von welchem man behaupten wollte, daß er ein natürlicher Bruder seines Zöglings sei[4]). Mit großer Gewissenhaftigkeit und tiefem Ernste faßte dieser, dessen Specialunterrichtsgegenstände das Latein, die schwedische Geschichte und die Gesetzkunde waren, seine Aufgabe auf und an[m] entwarf einen Plan für die Art und Weise, wie ein angehender Fürst seine Studien einzurichten habe[5]). Neben Skytte fungirten als Lehrer des Prinzen hauptsächlich zwei Ausländer, wie man denn damals, auch vorher und nachher, zur Förderung von Schule, Wissenschaft, Kunst, Technik u. s. w. so viele Fremde wie möglich nach Schweden zog; der eine derselben war Helmer[6]) von Mörner, ein Brandenburger, ebenfalls ein viel gereister und sehr gebildeter Mann, der andere aus der aus Frankreich stammenden Graf de la Gardie, welchem die Unterweisung in den militärischen Wissenschaften und Uebungen oblag[7]). Nach des Vaters Tode stand der Jüngling unter sechs von diesem eingesetzten Vormündern, deren einer der elf Jahre ältere Axel Oxenstierna[8]) war, ein Mann, welcher den demokratischen Einflüssen Skytte's auf das junge Gemüth siegreich entgegentrat[9]).

---

2) Meist nach Droysen I, 6 fg. 3) Ebenda S. 58. 4) Erik Gustav Geijer (Prof. in Upsala), Swenska Folkets Hist. III, 19. 5) Mittheilungen aus dem Plane siehe bei Cronholm (Schwede), Sweriges Historia under Gustav II. Adolphs regering I, S. 19. 6) Auch Cronholm; Geijer nennt ihn Otto. 7) Droysen I, 56. 8) So schreibt den Namen A. T. Gfrörer in seinem Buche: Gustav Adolph, König von Schweden und seine Zeit. Stuttgart bei Adolph Krabbe, 1. Aufl. 1837, 2. Aufl. 1845, 3. Aufl. 1852, welche von und durchgängig benutzt worden ist. Droysen's Orthographie ist „Orenstiern. 9) Wie Gfrörer behauptet.

III. Wissenschaftliche Neigungen und Leistungen. Geistige Fähigkeit und religiöse Stimmung. Ein sehr starker Trieb nach Bildung in Wissenschaften und Künsten war den Wasa's schon in ihrem ersten Repräsentanten eigen, und zwar unter der engsten Wechselwirkung zwischen diesen geistigen Machtmitteln und der Begünstigung der kirchlichen Reformation. Ein sehr wissensdurstiger und gebildeter Mann, hatte Gustav Wasa nach verschiedenen Richtungen hin die wissenschaftlichen Studien gepflegt und sich im Besonderen mit Eifer eine ungewöhnliche theologische Bildung angeeignet, welche auch auf seine Söhne überging. Unter diesen war Erich ein geistig hervorragender Monarch, welcher nach allen Seiten hin die Wissenschaften und Künste zu heben suchte. Noch befähigter zeigte sich Johann, welcher mit Vorliebe die Musik cultivirte. Ihn übertraf an Talent vielleicht noch sein Sohn Sigismund. Weniger auf wissenschaftliche und künstlerische Ausbildung, desto mehr aber auf das Praktische richtete sich der Sinn Karl's IX; dennoch versuchte auch er sich in Literis; er schrieb eine Geschichte Schwedens, welche freilich wenig Werth hat, sowie seine eigene Vita in lateinischen Versen, denen indeß der dichterische Schwung abgeht. Um so gelehrter war seine Gemahlin Christina, eine große Bücherfreundin, und seine Tochter Maria Elisabeth, welche ihre literarischen Hilfsmittel aus Deutschland zu beziehen liebte. Nur die Theologie trieb auch Karl IX. mit großem Eifer; er verfaßte der „Nützlichkeit" wegen geistliche Lieder sowie eine Anzahl von Gebeten und wagte sich selbst an die Niederschreibung eines Religions-Katechismus; außerdem veröffentlichte er Broschüren über theologische Streitfragen, welche freilich meist nur Excerpte aus den alten Kirchenlehrern, Luther und Melanchthon waren [10].

Alle seine Vorfahren überragte an wissenschaftlicher Gesammtbildung unser Gustav Adolf. Abgesehen von den militärischen und verwandten Studien, in welchen er Meister war, erwarb er sich besonders eine umfassende sprachliche Fertigkeit; außer der Muttersprache handhabte er, fast so geläufig wie diese, bereits im 12. Jahre [11] die deutsche, die lateinische, die holländische, die französische und die italienische; auch verstand er etwas Polnisch und Moskowitisch. Nach der Angabe seines neuesten Biographen [12] lernte der Prinz schon in seiner Jugend außer schwedisch sieben Sprachen verstehen und meist auch sprechen, nämlich Lateinisch, Deutsch, Holländisch, Italienisch, Russisch, Polnisch und Griechisch. Daß er sich in der deutschen Sprache später gewandt auszudrücken wußte, geht aus seinen Feldzügen in Deutschland hervor, wo er mit Deutschen sehr viele Unterredungen in ihrer Sprache hatte; aber er besaß diese Kunst auch schon früher, wie aus den Aufzeichnungen in seinem Tagebuche über eine 1620 in Berlin angehörte Predigt hervorgeht [13]. Ohne eine weitgehende Kenntniß und

Uebung der deutschen Sprache wurde er eines der vorzüglichsten Mittel seiner großen Erfolge 1630 bis 1632 entbehrt haben. Lateinische Wörter und Redewendungen verflocht er sehr häufig in seine mündlichen und schriftlichen deutschen und schwedischen Ausdrücke. Während er den Xenophon in der Ursprache las, liebte er unter den neueren Schriftstellern hauptsächlich den Hugo Grotius, dessen Schriften, zum Theil Holländisch, meist Lateinisch verfaßt, namentlich das Buch: De jure belli et pacis, er selbst auf seinen Feldzügen bei sich führte [14]; man fand letzteres in seinem Zelte nach der Schlacht bei Lützen. Was wir an lateinischen Niederschreibungen von ihm kennen, darf als ein ganz passabler Stil gelten, wenn auch als ein aus verschiedenen Elementen zusammengesetzter. — Auch als Schriftsteller aufzutreten, fand die ungeheuer vielfach thätige Geist des großen Mannes noch Zeit; man besitzt von ihm namentlich eine Geschichte seines Hauses, welche mit großer Schärfe des Urtheils, in knapper Sachlichkeit und mit vornehmer Ruhe verfaßt ist [15].

Zwar theilt Gustav Adolf mit den Zeitgenossen die Gewohnheit, seiner mündlichen wie besonders seiner schriftlichen Ausdrucksweise in der schwedischen und deutschen Sprache viele Bestandtheile aus anderen Sprachen, namentlich der lateinischen und französischen, beizumischen; aber hiervon abgesehen, oder vielleicht vielmehr dieses Element mit eingerechnet, ist er Meister in der Kunst einer gewandten, oft witzigen, bilder- oder blumenreichen, auch nicht selten kräftigen, kernigen, sentenziösen, treffenden Rede. So schreibt er einmal 1620: „Wenn Sigismund von Polen den Schnupfen nicht hat, so wird er wol riechen können, daß ich occasiones nicht werde passiren lassen" [16]; den preußischen Abgesandten sagte er am Anfange des Juli 1620: „Er wolle eine Katze bauen, die um sich kratzen werde und sie ja oder nein sagen lehren; wenn sie nicht fügten, so wolle er ihnen rechtschaffen in die Wolle greifen".

Die Größe der Sorgfalt, mit welcher der Vater den Sohn auszubilden bestrebt war, wurde noch weit überragt von der Höhe der Geistestalente und des willenskräftigen Eifers, mit welchem dieser den Wissenschaften und Künsten oblag, überhaupt aber seine Pläne und Ziele auffaßte, wozu eine unermüdliche Arbeitskraft kam. Schon als Knabe und später als Jüngling zeigte er einen außerordentlichen Wissensdrang; von seinem 18. Lebensjahre heißt es bei einem Chronisten: „Hy is een liefhebber aller Konsten ende wetenschappen" [17]. Vor allem zogen ihn, bereits in den jüngsten Jahren, die militärischen Studien und die kriegerischen Dinge an; mit Begeisterung hörte er als Knabe von den tapferen Thaten der Niederländer; erst sechs Jahre alt ging er schon mit dem Vater hinüber auf den Kriegsschauplatz in Finnland; im 17. Lebensjahre bei der Uebertragung des Oberbefehls für den Kampf

---

10) Droysen I, 54—56. 11) Diese Altersbestimmung gibt Gfrörer S. 41. 12) Droysen I, 56—57. 13) Gfrörer S. 92.

14) Droysen I, 56 und 57. 15) Ebenda I, 57. 16) Ebenda I, 140. 17) In Baudart's Aufzeichnungen zum Jahre 1612, bei Droysen I, 56.

gegen Rußland, was ihm freilich damals noch verweigert ward [18]).

Unerschöpflich in der Auffindung von kühnen Hilfs-mitteln, fruchtbaren Gedanken, gewandten Antworten, wirksamen Ausreden und Auswegen, auch in verzweifelten Lagen, wußte sich Gustav Adolf doch vor Ueberstürzungen und unzeitigen nachtheiligen Ausbrüchen des Unwillens und des Zornes zu hüten; außerordentlich stark in der Selbstbeherrschung, übte er oft eine Geduld, welche an einem so lebhaften, beweglichen Geiste in Staunen setzt; wie heiß auch seine Phantasie, sein Willenstrieb, seine Thatenlust waren, so wußte er sie doch, beispielsweise der zögernden Unentschlossenheit Anderer gegenüber, welche einen zur Verzweiflung oder Desperation treiben konnten, durch laute Ueberlegung und kühle Geduld zu zügeln; sein berechnender Verstand ging ihm nie mit einem unbändigen Eifer durch. Mit wunderbarer Rasch-heit erkannte und ergriff er die Mittel zur Bewäl-tigung auch der schlimmsten Verwickelungen und der verzweifeltesten Situationen; und hatte er einen Beschluß gefaßt, so führte er ihn auch mit Consequenz, Zähig-keit, Energie aus und forderte dazu von seinen Unter-gebenen unbedingte Hingabe an die gegebenen Befehle, wobei sie nicht nach den Gründen zu fragen hatten. Hierbei war es, wo sich oft an ihm jener strenge, ver-schlossene, unnahbare Ernst zeigte, in welchem er auch seiner nächsten Umgebung als ein Räthsel erschien. Wenn doch hin und wieder die immer neuen Gedanken, die immer höher fliegenden Pläne bedenklich zu werden drohten, so fand dieser impetus ingenii, wie ihn Oxen-stierna nannte, an diesem stets besonnenen Manne einen Hemmschuh, welcher freilich zuweilen nur mit Mühe den rollenden Wagen aufzuhalten vermochte. Wie er-zählt wird [19]), sagte Gustav Adolf einmal zu seinem Kanzler: „Tu nimis frigidus semper cunctis in negotiis currenti moram injicis", worauf dieser ant-wortete: „at ego nisi hoc frigore calorem tuum subinde restringerem, totus olim conflagrasses."

Der kräftige Wille und der männliche Ernst waren indessen nicht ohne die Milderung sanfter, weicher Ge-müthsempfindungen; ein Freund der Musik und des Gesanges, besonders der einfachen Sangesweise und der süßen, träumerischen Melodien, spielte er, besonders in der ersteren Hälfte seines Lebens, oft gern und treff-lich auf der Laute, welcher er mit Vorliebe melancholische Töne entlockte [20]), vielleicht daß hierbei gewisse Herzens-neigungen mitwirkten.

Der Vater, welcher ohne Beeinträchtigung seiner nüchternen Verständigkeit von dem jungen Prinzen eine hohe Meinung hatte und viel erwartete, suchte indessen nicht blos die wissenschaftlichen und technischen Fähigkeiten auszubilden; er wandte auch hohen Fleiß auf dessen sittliche und religiöse Erziehung. Zu diesem Zwecke setzte er mit großer Sorgfalt eigenhändig einen „Denk-

zettel" auf, worin er ihn unter Anderem ermahnt: „Vor Allen fürchte Gott, ehre Vater und Mutter, beweise Deinen Geschwistern brüderliche Zuneigung, liebe die treuen Diener Deines Vaters, sei gnädig gegen Deine Unter-thanen, strafe das Böse, liebe das Gute und Milde, traue Allen wohl, doch nach Maßgabe, und lerne erst die Personen leunen, wache über dem Gesetz ohne An-sehen der Person, kränke keines Menschen wohlerworbene Privilegien, insoweit sie mit dem Gesetz übereinstimmen, schmälere Deinen fürstlichen Unterhalt nicht, ohne mit der Bedingung, daß die, denen es zu Gute kommt, dessen eingedenk sein mögen, woher sie es bekommen haben" [21]). Selbst nach dem Urtheile von Historikern, welche [22]) in seiner kirchlichen Sinnesweise nur ein Mittel für poli-tische Pläne sehen zu müssen glauben, zeichnete sich Gustav Adolf durch persönliche religiöse, kirchliche Frömmigkeit aus, ohne ein confessioneller oder dogmatistrender Theolog zu sein. Ein ausgeprägter Theist, zeigte er überall ein hohes Gottvertrauen; aber christologisch erscheint er nur selten; man hört ihn weit öfter den Namen Gottes als den Namen Christi oder Jesu aussprechen. Wie die Herzogin Sophie von Pommern schreibt, „betete er sehr fleißig"; und wie er selbst fromm gestimmt war, so wollte er auch fromme Unterthanen, im Besonderen ein gottes-fürchtiges Heer haben. Für dieses verfaßte er mit eigener Hand ein Morgen- und ein Abendgebet, außer welchem er auch ein Gesang- und Liederbuch an die Soldaten vertheilte. Die Truppen wurden auf ihren Märschen von Geistlichen begleitet, welche zum Oefteren Andachten administrirten; sein treuer Hofprediger Dr. Fabricius, welcher bei den Kriegszügen meist an seiner Seite war, hielt, wenn möglich, vor der Schlacht einen feierlichen Gottesdienst.

Wenngleich diese sittlichen Vorschriften und diese religiösen Stimmungen für ihn keine Hinderungsgründe waren, zahlreiche Bestechungen, Spionagen und andere diplomatische Künste, wie Versicherungen und Zusagen, anzuwenden, welche er unter allen Umständen zu halten nicht die Absicht hatte, oder welche anders gemeint waren, als der Empfänger sie aufzufassen ein Recht haben oder die Ansicht haben sollte, wobei sich der Diplomat, wenn auch nicht auf den allgemeinen Usus und die Nothwendigkeit solcher Mittel, doch zur Noth auf Bedingungen und Um-stände berufen konnte, welche beiderseits vorausgesetzt wer-den mußten: so geht man offenbar zu weit, wenn man [22]) behauptet, Gustav Adolf habe „unter der Maske religiösen Eifers" schrankenlosen Ehrgeiz geborgen. Zwar ohne starken Ehrgeiz war Gustav Adolf nicht und konnte oder durfte er nicht sein; denn es ist ein Unrecht zu insinuiren, daß die religiöse Gesinnung, mit der es ihm stets ein hoher Ernst war, ihm nur als heuchlerischer Vorwand gedient habe. Gerade über diese Seite im sittlichen Charakter unsers Helden zu urtheilen, wird der spätere Verlauf unserer Darstellung hinreichenden Stoff bieten.

---

18) Droysen I. 58. 19) Moser in dem Patriot. Archiv V, 8; nach Droysen I, 60. 20) Geijer III, 94; dazu Droysen I, 61.

21) Droysen I, 57, nach der Bibliotheca histor. Suo-Gothica etc. af C. G. Warmholts VII, S. 2 und 3. 22) So Droysen I, 60. 23) So Gförer S. 897.

IV. Körperliche Eigenschaften. Eine kräftige leibliche Gesundheit darf bei Gustav Adolf schon deshalb vorausgesetzt werden, weil es ihm ohne dieselbe unmöglich gewesen sein würde, den fast ununterbrochenen Kriegsstrapazen gegenüber Stand zu halten, für welche er sich, wie in der Jugend, so später, auf alle Weise abzuhärten suchte. Als er einst als König am Fieber litt, bekämpfte er dasselbe mit Erfolg dadurch, daß er mit dem jungen Grafen Per Brahe, wie dieser erzählt [24]), Contra focht oder schlug. Nach einem Berichte des kaiserlichen Ministers Grafen Franz Christoph von Khevenhiller [25]) pflegte der König, um sich nicht zu verweichlichen, nicht in „Kammern", sondern auf seinem Schiffe zu schlafen, wenn er in dessen Nähe war [26]). Die Persönlichkeit des jungen, damals einundzwanzig Jahre alten Monarchen schildern die Mitglieder einer 1615 nach Stockholm abgeordneten niederländischen Gesandtschaft in den folgenden Worten [27]): „Der König ist schlank von Gestalt, (körperlich) wohl gebildet, hat weißliche Gesichtsfarbe, längliches Gesicht, lichtes Haar und etwas ins Gelbe spielenden Bart"; sie fügen hinzu: „auch ist er voll Muthes gegen den Feind, aber nicht rachgierig, sondern gutherzig, dabei klug von Verstand, wachsam, thätig, insbesondere bereit und liebenswürdig im Umgange mit Jedermann." Wie von anderer Seite [28]) hinzugefügt wird, war er von Statur so groß, daß er den längsten seiner Landsleute noch überragte, dabei breitschultrig, von weißer Gesichtsfarbe, hellblondem Haar, von langsamen Bewegungen, welche in späteren Jahren zunahmen, als er corpulent wurde. Eine fernere Schilderung [29]) hebt an dem Könige hervor: sehr große, aber kurzsichtige Augen, ernsten und doch milden Gesichtsausdruck, gebogene Nase, weiße Hautfarbe, blondes, fast goldfarbiges Haar, schönes Ebenmaß der Glieder; in den letzten Tagen seines Lebens sei er etwas zu stark beleibt geworden, sodaß man für ihn kaum ein geeignetes Pferd habe finden können. Der Exkönig Friedrich von Böhmen berichtete im März 1632 an seine Gemahlin aus dem Lager Gustav Adolfs bei und in Nürnberg, daß derselbe, obwol „bien gras", doch zu Fuß die Umwallung der Stadt besichtigt habe. Die in Deutschland weit verbreiteten Portraits zeigen den König wol übereinstimmend mit einem etwas länglichen Gesicht, mit etwas spitzem Kinn, mit einem Bart auf der Oberlippe und einem Henry Quatre. Mit diesen Schilderungen, und zwar aus den letzten Lebensjahren, stimmen diejenigen metallenen Standbilder überein; welche der Verfasser dieser Zeilen 1871 in Stockholm und Götheborg (hier 1875 zum 2. Male) gesehen hat, und zu Pferde, hier zu Fuß. Jenes ist im J. 1773 errichtet, dieses 1849, von Fogelberg modellirt. Beide sind überlebensgroß. Das götheborger

ger zeigt sehr martialische, fast etwas grobe Gesichtszüge [30]).

V. Weitere Ausbildung vor und zu dem Regierungsantritte. Bereits vom 10. Jahre ab ließ der Vater den Kronprinzen an staatlichen Berathungen und Gesandtschaftsaudienzen Theil nehmen, wobei er hin und wieder an ihn Fragen richtete, welche er zu beantworten hatte [31]). Nachdem derselbe 1609 zum Großfürsten von Finnland und zum Herzoge von Esthland ernannt worden war [32]), hatte er im März 1610, als sein Vater den Kronprinzen an den König von Dänemark, welcher ihn in den zwölfjährigen Waffenstillstand von 1609 nicht eingeschlossen, an der Gicht schwer krank darnieder lag, statt dessen, erst 16 Jahre alt, mit dem niederländischen Gesandten Cornelis Haga zu verhandeln, wobei er sich außerordentlich ruhig und verschämlich bewies [33]). Im Jahre 1615 schrieb die damalige niederländische Gesandtschaft von Stockholm nach Hanse voller Verwunderung über die Gewandtheit, Klarheit und Sicherheit, womit der junge König, auch ohne Beisein des Reichskanzlers Orenstirn, die Verhandlungen führe. Im November 1610 hielt er als Kronprinz in Vertretung des kranken Vaters, welcher nicht mehr im Zusammenhange reden konnte, Angesichts des drohenden Kriegs mit Dänemark eine Ansprache an die in Oerebro versammelten Stände, diese erste dieser Art in seinem Leben. Kurz zuvor hatte ihn der Vater nach Kopenhagen gesandt, um dort mit König Christian IV. zu verhandeln; aber der Oberbefehl im Kriege gegen Rußland, um welchen er gebeten, ward ihm verweigert. Bei Vollendung des 16. Lebensjahres, im December 1610, erhielt er den Degen [34]) und eilte sofort auf den Kriegsschauplatz nach Dänemark, wo er, zum Theil in selbständigem Commando, kühne Handstreiche ausführte, indem er z. B. an der Spitze einer Reiterschar die dänische Feste Christianopel in Schouen nahm und im October 1611 die Insel Oeland zurückeroberte [35]), sich aber auch, für einen Thronfolger fast zu unvorsichtig, großen Gefahren preisgab. Auch als er, noch ganz jung, die Belagerung von Pskow leitete, nahm er seine Stellung fast in unmittelbarer Nähe als Feinde in den Approchen bei den Geschützen und wagte sich im Recognosciren ganz nahe an die feindlichen Streitkräfte hinan [36]).

VI. Liebesverhältnisse. Vermählung. Kinder. Ehe sich Gustav Adolf mit der brandenburgischen Prinzessin vermählte, fühlte sich sein Herz mächtig zu der mit körperlicher Schönheit und Geistesvorzügen ausgestatteten

---

24) Droysen I, 61. 25) In den später noch oft zu erwähnenden Annales Ferdinandei, Regensburg 1640 fg. in 9 Bänden, dann Leipzig 1716—1726 in 12 Bänden; bei Droysen I. 61. 26) Ebenfalls bei Droysen I, 61. 27) Bei Geijer III, 92; bei Gfrörer S. 71. 28) Droysen I, 61. 29) Bei Gfrörer S. 890, zum Theil nach Rühs, Geschichte Schwedens, 5 Bde., Halle 1804—1814.

A. Encykl. d. W. u. K. Erste Section. XCVIII.

30) Ein Exemplar von demjenigen Portrait des großen Königs („Gustav II. Adolf"), welches nach den besten Original-Bildnissen der königl. Bibliothek zu Stockholm hergestellt ist (mit der großen weißen Spitzenkrause) und dort für das treffendste gilt, verdankt Verf. der Güte der Frl. A. H. in Stockholm. Die Physiognomie desselben, offenbar aus den letzten Lebensjahren, zeigt neben dem energischen Ernste (harter Nase) auffallend viel Ruhe und Resignation, fast Phlegma. 31) Droysen I, 58. 32) Gfrörer S. 44. 33) Droysen I, 63—67. 34) So Droysen I, 59. Nach Gfrörer S. 44 geschah dies 1611 im Frühjahre. 35) So nach Gfrörer S. 44. 36) Droysen I, 59.

3

Ebba Brahe in Stockholm, einer Tochter des Reichsdrosten Grafen Magnus Brahe, hingezogen. Man
kennt mehrere Briefe, welche er namentlich aus dem
Feldzuge in Rußland an sie richtete, und aus welchen,
in Verbindung mit anderen Beweisen, hervorgeht, daß
er die Absicht hatte, sie zu seiner Gemahlin zu erheben;
in einem derselben, welcher vom 20. Sept. 1614
datirt ist, ebenfalls aus Rußland, schreibt er an sie
unter Anderem [37]: „Ich danke der göttlichen Vorsehung,
daß mir der Ruhm zu Theil ward, in Eurer Gunst
meine Feinde überwinden zu helfen". Auch entstanden
in dieser Zeit einige an sie gerichtete oder auf sie bezügliche Liebeslieder. Aber vor Allem arbeitete seine Mutter
Christine gegen diese Verbindung und ergriff jedes Mittel, um beide Herzen von einander zu trennen. Als
1616 die schöne Margaretha Cabeljau, Tochter eines
reichen nach Schweden übergesiedelten Niederländers, dem
jungen Könige einen Sohn gebar, Gustav Gustavson,
welchen der Vater später zum Grafen von Wasaborg
erhob, soll die Königin Mutter dieses Ereigniß dahin
ausgebeutet haben, daß es ihr gelang, die Ebba Brahe
gegen Gustav Adolf aufzubringen und zu erbittern; sie
heirathete 1618 den tüchtigen Feldherrn Grafen Jacob de la Gardie, welcher in Gustav Adolf's Diensten stand [38].

Es ist selbstverständlich, daß viele Rücksichten für
die Vermählung mit einer Tochter aus angesehenem,
regierendem Fürstenhause sich geltend machten. Schon
in der ersten Hälfte des Jahres 1615 wechselte die Königin Mutter über die Verbindung ihres Sohnes mit der
Prinzessin Marie Eleonore, einer Tochter des Kurfürsten Johann Sigismund von Brandenburg [39],
Briefe mit dem Landgrafen Moritz von Hessen, welchem
sie unter Anderem am 10. Juli desselben Jahres meldete,
wie sie mit Gottes Hilfe wünsche, daß ihr Sohn, dessen
Neigung zu der Ebba Brahe geschwunden sei, eine Ehe
mit Marie Eleonore eingehe. Aber Gustav Adolf war
damals mit anderen Dingen, namentlich mit dem
russischen Kriege, beschäftigt und gab vor der brandenburgischen Prinzessin noch durchaus der Brahe den Vorzug; Falkenberg schreibt unterm 17. Febr. [40] 1616:
„Seine unaussprechliche Liebe und Lust zum Kriege
macht, daß er (jetzt) von keiner Heirath hören will".
Aber noch in diesem Jahre legte sich ihm, wenn nicht
anders erreichbar, die durch eine Vermählung zu erzie-
lende Verbindung mit Brandenburg zur Hebung seiner
Macht sehr nahe; er sandte daher im Frühjahre von 1616
den Hieronymus Birkholz, einen Brandenburger, nach
Berlin, um dieses Band, zunächst dasjenige der politischen
Hülfsleistung, anzuknüpfen [41]. Im Frühjahre 1617
ging auf Gustav Adolf's Veranlassung der Oberst Hans

Georg von Arnim zum Kurfürsten Johann Sigismund;
aber dieser machte Bedenken geltend, welche daher genommen waren, daß er wegen des Herzogthums Preußen
Lehensmann von Polen, dem Gegner Schwedens, sei.
Hierdurch nicht zurückgeschreckt, beauftragte Gustav Adolf
im Januar 1618 seinen Schwager, den Pfalzgrafen
Johann Casimir von Zweibrücken, welcher damals von
Schweden nach Deutschland reiste, am berliner Hofe
zu erforschen, wie man dort jetzt über die Vermählung
dächte. Die Brandenburger machten
noch immer Schwierigkeiten, wie man unter Anderem
aus den Briefen Johann Casimir's vom 24. Mai
und vom 20. Sept. 1618 ersieht. Zwar Marie
Eleonore und ihr Vater zeigten sich jetzt der Verbindung
geneigt; aber die Räthe und die übrigen Mitglieder des
Hofes widerstrebten noch immer, während die Niederländer das Project begünstigten [42]. Da reiste — wie
Andere erzählen [43] — Gustav Adolf selbst mit Orenstiern und einigen wenigen Vertrauten am Anfange des
August 1618 nach Berlin, um Marie Eleonore persönlich
zu sehen, und ernstliche Bewerbungen
einzuleiten, da er Neigung zu der schönen Prinzessin faßte. Aber,
wie geheim man auch damals die Sache betrieb, der König
Sigismund von Polen erhielt davon Kenntniß und
suchte sie mit allen Mitteln zu hintertreiben; als Eleonore's Vater am Ende des Jahres 1619 gestorben war,
wandte er sich an dessen Sohn und Nachfolger, Eleonore's Bruder, Georg Wilhelm, mit seinen Abmahnungen
und Drohungen, und dieser, welcher der Vermählung
nicht abgeneigt war, hielt ihn mit widersprechenden
Antworten, unter Anderem mit der in Aussicht gestellten
Verzögerung, hin. Wie der neueste Biograph Gustav
Adolf's [44] berichtet, verhielt sich die Sache etwas anders;
ihm zufolge reiste der König im Juli 1619 Gustav
Horn nach Berlin, um seinen eignen ersten Besuch daselbst sowie die in Rede stehende persönliche Bewerbung
anzumelden. Man zeigte sich den Absichten Horn's
gegenüber in Berlin wenig entgegenkommend; man fürchtete in Berlin, daß im Falle der Heirath der König
Sigismund von Polen dem neuen brandenburgischen
Kurfürsten die Belehnung mit Preußen verweigern würde.
Die Sache gerieth wieder ins Stocken, und Gustav Adolf
reiste zunächst nicht nach Berlin. Als Zwischenfall wird
(von Gfrörer, S. 93 u. 94, nicht von Droysen) angeführt, daß man den jungen Könige schon früher Anträge von der Kurpfalz her gemacht habe, sodaß er
1620, etwa im Mai, incognito nach Heidelberg reiste,
um die ev. Braut, Katharina, eine Schwester des Kurfürsten, zu sehen; eine weitere Folge aber, als daß Gustav
Adolf im Juli 1620 wieder nach Stockholm zurückgekommen, habe das Anerbieten des Ministers Rusdorf
nicht gehabt. Doch wurden die Fäden zwischen Berlin

---

37) In schwedischer Sprache. 38) Diese Mittheilungen
finden sich bei Gfrörer S. 71 und 72; Droysen erwähnt die
Sache mehr beiläufig. 39) Stenzel, Preußische Geschichte I,
420. 40) Wo bei Droysen ein Datum angezeigt ist,
dürfte in der Regel der alte Kalender zu verstehen sein. 41)
Droysen I, 99—102.

42) Ebenda I, 102—104. 43) Gfrörer S. 90—93.
Droysen erzählt von dieser Reise nichts, und man darf sie bezweifeln. 44) Droysen I, 178—182. — Ueber diese Heiraths-
angelegenheit existirt eine bei Droysen erwähnte besondere Schrift
von Hammarstrand.

und Stockholm nicht abgeschnitten; im Mai 1620 unternahm Gustav Adolf endlich die erste[45] Reise zur Brautschau, wo er sich etliche Wochen[46] und namentlich Eleonore's Mutter für den Plan gewann; freilich Georg Wilhelm wünschte die Vermählung bis dahin vertagt, wo er mit Preußen belehnt sein würde[47]). Aber die Sache kam noch in dem Jahre 1620 zu Staube, worauf[48]) Gustav Adolf seinen Reichskanzler nach Berlin sandte, hauptsächlich um mit der Mutter der Braut die Ehecontracte abzuschließen; er sollte die Sache in aller Weise beschleunigen und namentlich keine Schwierigkeiten wegen der Aussteuer erheben. Diese fiel in der That so dürftig aus, daß Gustav Adolf hierüber später bittere Bemerkungen machte. In Ermangelung der älterlichen Mitgift übernahm Schweden die Ausstattung; diese bestand hauptsächlich in den Einkünften von den Städten Linköping und Ekesjö, sowie in mehreren Kronhöfen, deren jährlicher Reinertrag sich auf 40,000 Thaler (wol schwedisch) belief, wozu noch ein jährliches Spielgeld von 4000 Thalern kam. Die durch eine schwedische Flotte abgeholte Braut landete in Begleitung ihrer Mutter und eines armseligen Gefolges am 7. Oct. 1620 in Calmar, wo der König sie empfing. Am 25. Nov. desselben Jahres erfolgte der Einzug in Stockholm, gleich darauf die Vermählung, im Anfange von 1621 die Krönung der Königin.

Die schöne, aber geistig beschränkte, dabei eigensinnige und stolze Eleonore führte mit Gustav Adolf im Ganzen eine glückliche Ehe; sie hing an ihm in großer Liebe, und obgleich er ihr keinen Grund zur Eifersucht gegeben haben soll, wie er sie denn mit zarter Rücksicht auf ihre Eigenthümlichkeiten behandelte, so konnte sie doch nie die Trennung von ihm lange ertragen, und oft reiste sie ihm sehr ungelegen mitten im Kriege nach. Bemerkenswerth ist, daß der König, als er 1630 zum deutschen Kriege aufbrach, sie für den Fall seines Todes von der Theilnahme an der Erziehung des Thronerben Christine und von der vormundschaftlichen Regierung ausschloß. — Als Gustav Adolf 1621 von Elfsnabben aus seinen damaligen Kriegszug antrat, und seine Gemahlin (mit ihrer Mutter, ihrer Schwiegermutter, und Bruder Karl Philipp) ihn bis dorthin begleitete, wurde sie in Folge des Trennungsschmerzes so unwohl, daß sie an demselben Tage, wo er zu Schiffe stieg, eine todte Tochter gebar. Das am 16. Oct. 1623 geborene Kind, ebenfalls eine Tochter, starb bereits am 21. Sept. 1624. Die am 8. Dec. 1626 geborene Tochter Christine ist das einzige legitime Kind, welches

Gustav Adolf hinterließ. Ein Sohn ist ihm, so viel uns bekannt, in seiner Ehe mit Eleonore von Brandenburg nicht geboren worden.

VII. Thronbesteigung. Lage Schwedens bei und kurz nach derselben. Erste Regierungsjahre. Als Karl IX. 60 Jahre alt, am 30. Oct. a. St. 1611 zu Nyköping gestorben war[49]), kam die Succesionsordnung zur Geltung, durch welche 1604 die Stände bei dessen Erhebung zum erblichen Könige zwar dem ältesten Sohne Gustav Adolf die Nachfolge zugesprochen, zugleich aber auch sehr scharfe Bedingungen für die Regierung festgestellt hatten; darnach sollte unter Anderem jeder Erbfürst, welcher eine nicht lutherische Frau nehmen würde, sein Erbrecht verwirken; Jeder, der den lutherischen Glauben ändern würde, auch der regierende Fürst, sollte das Land verlassen und seine Güter in demselben verlieren; Schweden sollte nie zugleich mit einem anderen Reiche von einem und demselben Fürsten regiert werden[50]). Nach der Verfügung des väterlichen Testaments stand Gustav Adolf bis nach vollendetem 18. Lebensjahre unter der Vormundschaft seiner Mutter und des Herzogs Johann (welcher später sich mit der Schwester Gustav Adolf's, Maria Elisabeth, vermählte), und beiden waren noch sechs Reichsrathsmitglieder als Vormünder beigegeben, unter ihnen Drenstiern; bis zum 24. Jahre sollte der junge König noch gemeinsam mit diesen acht Beiständen regieren[51]). Aber schon unterm 17. Dec. a. St. 1611 ließ zugleich mit Herzog Johann, welcher hierbei wiederholt seine feierliche Verzichtleistung auf die schwedische Krone aussprach, die Königin Mutter dem Reichstage die Mittheilung zugehen: sie wünsche, daß dieser ihren Sohn für mündig erklären möge, was denn auch alsbald geschah[52]). Kurz nach seinem deßfallsigen Regierungsantritte gelobte der König in dem seinem Reichstage zu Nyköping ausgestellten Urkunde: Er wolle das Reich bei der evangelischen Religion und der bestehenden Lehre bewahren; die Uebung einer anderen Religion solle weder heimlich noch öffentlich gestattet, jeder Andersgläubige von allen Aemtern ausgeschlossen, ihm jedoch, besonders wenn er in Kriegsdienste trete, der Aufenthalt im Reiche gestattet sein, so lange er für seinen Glauben keine Propaganda mache; der König wolle die königliche Familie, den Reichsrath, alle übrigen Stände, besonders den Adel, in Ehren halten, alle Privilegien des Herrenstandes, mithin besonders die Befreiung von den gewöhnlichen Steuern, beschützen, die Aemter nur mit Schweden, namentlich aus dem Adel, besetzen, keine Eingriffe in den Gang der Justiz thun, Niemanden sein Amt ohne Recht und Urtel nehmen, ohne Einwilligung des Herzogs Johann, des Reichsrathes und der Stände keine Gesetze abschaffen oder einführen, keinen Krieg beginnen, keinen Frieden, kein Bündniß schließen; es solle fürder keine Steuer ohne Genehmigung des Reichsrathes (?Reichstages?) aus-

---

45) So Droysen I, 178—182. Gfrörer (S. 90—93) läßt dies die zweite Reise sein und verlegt sie auf den April 1620. Was den Monat anbetrifft, so könnte Droysen den neuen, Gfrörer den alten Kalender meinen. Der letztere läßt den König von dem Pfalzgrafen Johann Casimir (auf dieser „zweiten" Reise) begleitet sein. 46) So Gfrörer. 47) Nach Droysen. 48) So nach Gfrörer S. 94 und 95, welcher nähere Quellen angibt. Droysen sagt nur, daß Drenstiern 1620 die Braut nach Schweden geholt habe, wo in demselben Jahre noch die Hochzeit gefeiert worden sei.

49) Gfrörer, welcher hier meist nach Geijer erzählt, S. 40. 50) Droysen I, 49. 53. 51) Gfrörer S. 45. 46. 52) Ebenda.

3*

geschrieben und das Land nicht mehr mit so vielen Reichstagen wie bisher beläftigt werden. Die meisten dieser
Bestimmungen hatten den Zweck, besonders den Adel
zu gewinnen, dessen Macht und Privilegien durch Karl
und dessen Vorgänger stark beschränkt worden waren,
sodaß dieser Stand von einer großen Mißstimmung beherrscht wurde. Vermöge derselben Capitulation räumte
Gustav Adolf den Bischöfen die Vollmacht wieder ein,
priesterliche Weihen zu ertheilen und Pfarreien mit Einwilligung der Patrone zu besetzen; auch sollte kein Geistlicher ohne Verurtheilung durch die Bischöfe und die
Domcapitel entsetzt, überhaupt Niemand — was unter
Karl IX. oft geschehen war — auf bloße Anklage hin
verhaftet und seiner Güter beraubt werden. Beim
Schlusse dieses Reichstages empfing Gustav Adolf dessen
Huldigung, worauf er unterm 1. Jan. 1612 den erst
29 Jahre alten Oxenstierna zu seinem Reichskanzler
ernannte [53]. Selten hat ein König eine so treffliche
Wahl getroffen; selten sind der Herrscher und der oberste
Reichsbeamte so ein Herz und eine Seele in vollem
gegenseitigem Vertrauen gewesen; in allen Verwaltungs-
fragen holte Gustav Adolf den Rath Oxenstiern's ein,
und selten trat dieser einem Plane seines Königs definitiv entgegen. Es konnte nicht fehlen, daß, seit 1613,
Skytte's Einfluß bei Hofe mehr und mehr abnahm; doch
verstieß ihn Gustav Adolf keineswegs, sondern verwendete den erfahrenen, verschlagenen Mann auch ferner zu
wichtigen Posten, wie zum Statthalter von Finnland [54].
Im October 1617 wurde Gustav Adolf durch den Erzbischof gekrönt und leistete den Volke den Eid, welcher
andererseits ihm durch die Erbfürsten, seine beiden Brüder
Philipp und Johann, sowie durch die Reichsräthe, die
Stände, Beamten u. s. w. geleistet wurde [55].

Wie glatt und günstig auch immer diese Schritte
sich vollzogen, so fand Gustav Adolf dennoch bei seinem
Regierungsantritte sich in große Schwierigkeiten verwickelt.
Im Innern des Landes boten sich endlose Verlegenheiten
und Sorgen dar, weitgreifende Verarmung, Hungersnoth, allgemeine Sehnsucht nach Frieden, besonders mit
den Dänen, welche in Schweden immer weiter, bis Westgothland, siegreich vordrangen, sodaß der König trotz
seiner starken Kriegslust nothgedrungen ein Abkommen
mit ihnen suchte [56]. Auch Rußland und Polen gegenüber standen sich Schweden in einer schwierigen Lage.
Zwar hatte Gustav Adolf's Feldherr, der tüchtige de la
Gardie, in Rußland so bedeutende militärische und
politische Erfolge davon getragen, daß er den Plan an-
regte und stark befürwortete, den Sohn seines Königs,
Karl Philipp, auf den Zarenthron zu erheben; aber diese
Aussicht war mehr bestechend als wirklich vortheilhaft
für Schweden; denn durch die Verwickelungen der russischen
Krone mußten sich die Verwickelungen mit Polen steigern
und neue mit anderen Mächten entstehen, während zu
befürchten stand, daß ein schwedischer Prinz sich nur mit
Mühe als Beherrscher Rußlands halten werde. Im

Besondern widerstrebte Karl Philipp's Mutter, zumal
die für Schweden günstig gestimmte russische Partei
unter Anderem zur Bedingung machte, daß der neue
Zar die griechisch-katholische Religion annehmen sollte;
aber auch Gustav Adolf selbst [57] war dem ganzen Pro-
jeet nicht günstig gestimmt und erstrebte eine andere vor-
theilhafte Ausnützung der dort augenblicklich günstigen
Sachlage, worüber er unterm 18. Juni 1613 von Stockholm aus seinen Commissaren entsprechende Instructionen
gab. Bald indeß gewann in Rußland die nationale
Partei wieder mehr Einfluß und Kraft, und Michael
Romanov gelangte auf den Thron der Zaren. Die
russischen Heere drangen jetzt siegreich gegen die schwedischen Truppen im Lande vor, und diese erlitten jetzt
fast nur Niederlagen, namentlich am 14. Juni 1614
bei Staraja Ruß. Doch wandte sich dort noch in demselben Jahre das Glück wieder den schwedischen Waffen
zu; de la Gardie eroberte die Schanze bei Staraja Ruß
zurück; Ewert Horn begann die Belagerung von Gdow,
welches bald darauf Gustav Adolf selbst eroberte; andere
Siege, und zwar über mehrere Kosakenhaufen, trug sein
General Hans Munßen davon [58].

VIII. Allgemeine Verwaltung und Verfassung. Reichsrath. Reichsstände. Nebenli-
nien und Lehen. Mutter Gustav Adolf's. Nachdem noch unter Karl IX. die Verwaltungsbehörden ziemlich einfach gewesen waren, sodaß z. B. die Landbezirke
von Vögten regiert wurden, welche unter dem königlichen
Geheimschreiber standen und aus Mißtrauen gegen den
Adel meist aus den niederen Classen hervorgingen, richtete Gustav Adolf ein weit mehr gegliedertes Beamten-
thum ein, in welchem eine Stufe durch die andere controlirt und zur Thätigkeit angespornt wurde. Ueber die
Vögte setzte er Landeshauptmänner oder Kreishauptleute,
und diese wurden, jedoch unabhängig von ihnen, Land-
schreiber und Landkämmerer an die Seite gestellt. Der
Kreishauptmann war angewiesen, in jedem Maimonate
die Vögte seines Bezirks vor sich und den Kämmerer zu
bescheiden, um ihnen Rechenschaft abzufordern; in der
Mitte des Sommers leistete er die vorgelegten Quittungen
mit anderen Belagstücken an die königliche Rechnungskammer zu Stockholm abzuliefern, welche seit 1623 über
Einnahmen und Ausgaben ein Reichshauptbuch führte.
Die Kreishauptleute sollten in der Regel nur drei Jahre
lang ihr Amt verwalten, und jeder von ihnen hatte
jährlich zur Zeit des Dreikönigstages in Stockholm Rechenschaft abzulegen [59].

Schon seit längerer Zeit stand zwischen dem Könige
und den Ständen (dem Reichstage) der Reichsrath,
welcher, ein Gegengewicht gegen fürstlichen Absolutismus
und aus den Häuptern der großen Adelsgeschlechter zusammengesetzt, von Alters her das Recht hatte und
übte, mit dem als Ersten ihres Gleichen betrachteten

---

53) Ebenda S. 46 und 47, nach Geijer.   54) Ebenda
S. 43.   55) Ebenda S. 89.   56) Droysen I, 73.

57) Die für ihn maßgebenden Rücksichten finden sich aus-
führlich erörtert bei Hallenberg, Svea Rikes Historia under
Konung Gustav Adolf III.   58) Droysen I, 82—85.   59)
Geijer III, 67 fg.

Könige alle wichtigen Reichsangelegenheiten zu berathen. Nachdem die Macht dieser Körperschaft bereits durch Gustav I. Wasa und dann durch Karl IX. vielfach geschwächt worden war, gab zwar Gustav II. Adolf auf dem Reichstage zu Nyköping das Versprechen, nichts Wichtiges ohne denselben zu thun und das freie Urtheil seiner Mitglieder nicht zu hindern; allein er wußte diese Instanz mehr und mehr zu umgehen und wirkungslos zu machen, indem er nach und nach fünf höchste Regierungscollegien (Ministerien) errichtete: für Justiz, Landheer, Kriegsmarine, Kanzlei- und Rechnungswesen. Jedes derselben bestand aus einem durch den König ernannten Präses, dem mehrere Beisitzer, ebenfalls aus königlicher Ernennung, zur Seite standen oder untergeben waren, und zwar meist mit hoher Besoldung, sodaß er dadurch manchen unzufriedenen Adeligen gewann. An der Spitze des Justizamtes stand der Reichsdrost, dem Kriegswesen stand der Reichsmarschall vor, dem Rechnungshofe der Schatzmeister, der Kanzlei der Reichskanzler, dem Seewesen der Reichsadmiral. Uebrigens reservirte sich Gustav Adolf für sämmtliche fünf Behörden, deren Vorsitz er an bisherige Mitglieder des Reichsrathes vertheilte, wodurch dessen Mißstimmung ungefährlicher gemacht wurde, die letzte Entscheidung; auch übertrug er nicht selten Verrichtungen, welche eigentlich zu dem Ressort des einen oder des anderen Collegiums gehören sollten, an andere Personen. Wenn auch daneben der alte Reichsrath fortbestand, so hatte er doch nur noch wenig zu thun und eine geringe Geltung, und der König war demnach, zunächst wenigstens in der Verwaltung, ein absoluter Herr; aber auch in der Gesetzgebung incl. Besteuerung setzte Gustav Adolf wol ohne Ausnahme seinen persönlichen Willen durch; denn, wie wir später sehen werden, auch der Reichstag, obwol er ihn tief oft um Gutachten, Rath, Zustimmung ersuchte, oft in Dingen, wo es verfassungsmäßig kaum erforderlich war, aber wegen der Mitverantwortlichkeit für ihn erwünscht war, ging fast stets auf seine Pläne und Ansichten ein, wenn auch sehr oft mit einem Zwar und — Aber [60]). Bis zu seinem Regierungsantritte verhandelten der König und die Reichstag resp. die vier Stände der Ritterschaft, der Priesterschaft, der Städte und der Bauernschaft meist von Fall zu Fall, je nach Bedürfniß, in gegenseitigen Compromissen, wobei kein verfassungsmäßig geregeltes Verhältniß der beiden Factoren, höchstens ein gewisses Herkommen, bestand. Beim Beginne des Reichstages von 1617 legte nun den König den zu Orebro versammelten Ständen eine neue Reichstagsordnung vor, welche schon am 24. Jan. desselben Jahres verlesen und angenommen wurde. Kraft derselben verzichteten die Stände auffälliger Weise auf das Recht der Vorschläge, welches von jetzt ab allein der König besaß; jeder Stand berathschlage für sich, worauf eine Verständigung aller vier versucht ward; einigten sie sich nicht, so stand die Entscheidung dem Könige; nur wenn sie einstimmig waren, vermochten sie etwas auch gegen den König durchzusetzen, welchem

übrigens viele Mittel zur Seite standen, auf die einzelnen Stände einzuwirken [61]); die Städte hatten ihre Vertretung bei dem Reichstage in den Bürgermeistern, und diese waren vom Könige abhängig [62]); auf den Bauernstand wurde, obwol er die schwersten Lasten trug, oft sehr wenig Rücksicht genommen; dem Adel winkten die besten Aemter in Heer, Marine und sonstiger Verwaltung.

Das Jahr 1617 brachte in Verbindung mit der Krönung auch eine Neuordnung der staatsrechtlichen Verhältnisse seines Bruders und seines Vetters. Beide beanspruchten so bedeutende Sonderrechte, daß Gustav Adolf sie im Interesse des Reichsganzen und der Reichseinheit nicht glaubte bewilligen zu dürfen, wie pietätvoll er auch sonst stets gegen seine Anverwandten handelte. Herzog Johann, sein Vetter, fügte sich nach kurzem Widerstreben; nicht so sein Bruder Karl Philipp, welchen besonders die Mutter antrieb, unmäßige Forderungen für seine Selbständigkeit zu machen. Dieser wollte sich, wie früher auch Johann, namentlich die Einberufung des adeligen Aufgebotes vorbehalten und andere Reservatrechte sichern. Aber beide wurden dahin gebracht, zu geloben, daß sie die schwedischen Gesetze auch in ihren Herzogthümern ausführen, die allgemeinen Steuern erheben, alle königlichen Verordnungen publiciren wollten. Die Befugniß, über alle Rechtsfälle in ihren Nebenlanden zu entscheiden, schlug Gustav Adolf beiden Erbfürsten ab und räumte ihnen nur so viel ein, daß sie über Vergehen gegen ihre eigene Person und ihre Diener in den Fürstenthümern aburtheilen durften, aber Staatsverbrechen wurden dem stockholmer Hofgerichte vorbehalten, und auch wegen der anderen Vergehen sollte die Appellation an den König freistehen. Dagegen behielten die Herzöge die innere Verwaltung, welche freilich unter Johann noch schlecht genug war, besonders in der gesegneten Provinz Ostgothland, wo bei Johann's Lebzeiten die Ordnung zerfiel und Armuth einriß, zumal die Hofleute des Herzogs das Land bedrückten, und dieser sich fast gar nicht um die Verwaltung bekümmerte. Unter Karl Philipp ging es zwar ordentlicher zu; aber hier dominirte dessen und Gustav Adolf's habsüchtige, eigennützige und eigensinnige Mutter, welche im Namen ihres Sohnes Handelsverbote erließ, die Durchfuhr von Eisen untersagte, Schmuggel und andere Dinge trieb [63]). Zum Glück starb Herzog Johann, zugleich mit seiner Gattin, schon 1619 [64]), und so fiel Ostgothland an die Krone Schweden voll zurück [65]). Als Gustav Adolf sich 1621 von Livland gegen Kurland wendete und die beiden Herzöge und Brüder Wilhelm und Friedrich aufforderte, diese Länder von ihm zur Lehen zu nehmen, dessen sie sich weigerten, worauf er Mitau und einige kleinere Orte wegnahm, geschah es, daß er bei der Rückkehr nach Stockholm im Beginn des Winters von 1621 auf 1622 seinem schon in Riga erkrankten Bruder Herzog Karl Philipp in Narwa zurücklassen mußte, wo derselbe, kaum 21 Jahre alt, bald darauf, 1622, starb, tief

---

60) Rühs S. 212 und 213. — Geijer III, 67 fg.

61) Rühs S. 214. 62) Geijer III, 41. 63) Rühs S. 212. 64) Nach Andern 1618. 65) Droysen I, 178.

betrauert von dem Könige, welcher in einem noch erhaltenen Aufsatze seine Klagen über den Verlust des talentvollen und tapferen Bruders aussprach. Nach dessen Tode wurde kein Lehen wieder ausgegeben [66]), und das ganze Reich war somit wieder unter Gustav Adolf vereinigt [67]). Aber noch bereitete ihm seine zank- und habsüchtige Mutter viel Noth und Verlegenheit; im Jahre 1624 gab sie dem Staate ein Anlehen, für dessen Zinsen ihr alle Krongefälle der ganzen Provinz Nerike verpfändet werden mußten; zum Zwecke eines anderen Darlehens, im Betrage von 50,000 Reichsthalern, bedang sie sich 12 Procent, obgleich sie das Kapital in Kupfer gezahlt hatte [68]). Ihr Tod, welcher am 8· Dec. 1625 erfolgte, war daher für den König ebenfalls ein mehrfach günstiges Ereigniß; dennoch bewahrte er ihr auch nach dem Tode diejenige hohe kindliche Verehrung, welche er ihr stets im Leben gezollt hatte [69]).

IX. Lage und Verfassung des Adels. Gustav Adolf fand bei seiner Thronbesteigung insofern eine schwierige Stellung zum Adel vor, als derselbe durch seinen Vater sehr hart behandelt worden war; doch suchte dieser noch sterbend eine Versöhnung mit dem immer noch mächtigen Stande anzubahnen, indem er zu Vormündern seines Sohnes meist Adelige ernannte. Zwar bestätigte Gustav Adolf die Adelsprivilegien 1611 auf dem Reichstage zu Nyköping in den wesentlichen Stücken, aber trotzdem wurde er 1612 im Kriege gegen Dänemark von den noch nicht versöhnten Gliedern dieses Standes nur lau unterstützt. Es erfolgte daher unterm Januar 1613 eine dahin lautende königliche Erklärung: „Dieweil der Adel Schwedens sammt den übrigen Ständen des Reichs unser Haus zur königlichen Würde erhob und jüngst uns selbst zum Herrscher erkor, haben wir demselben zu große Privilegien gegeben wie kaum vor uns ein König von Schweden. Gleichwol mußten wir wahrnehmen, daß ein Theil der Adeligen diese Wohlthaten nicht anerkannt, sondern die zugestandenen Privilegien mißbraucht hat, vorzüglich in der letzten Kriegszeit. Die Herren mögen daher wissen, daß der König zurücknehmen kann, was er gegeben, und daß ihm zukommt zu bestimmen, wie die Privilegien verstanden werden müssen, damit nicht Jeder dieselben deute und drehe, wie ihm beliebt. Obgleich in denselben steht, daß steuerfreie Güter der Krone nicht zufallen dürfen, so lange der Edelmann keinen feindlichen Schild gegen den König erhebt, so gilt doch das schwedische Gesetz, kraft dessen die Steuerfreiheit der adeligen Güter mit dem Augenblicke aufhört, wo der Besitzer den Roßdienst nicht leistet, weshalb diejenigen vom Adel, welche im dänischen Kriege nicht mitgewesen sind, noch ihren Pflichten gegen den Staat genügt, sondern sich zu Hause verkrochen haben, von Rechtswegen ihre adelige Freiheit verlieren sollten". Es wird in dieser Proclamation ferner gerügt, daß der Adel nicht nur innerhalb der gesetzlichen Freimeile um die Herrenhöfe, sondern auch auf

Lehenhöfen seine Bauern von den Postfuhren, von der Herberge und anderen öffentlichen Lasten entbinde; daß er so viele Rittersitze erbaue, als ihm gut dünke, und für dieselben die gleiche Freiheit beanspruche wie für die Herrenhöfe, welche er selbst bewohne, daß er somit dem Kriegsaufgebote eine Menge von Leuten entziehe; daß, während Haus und Hof des Adels in den Städten von allen bürgerlichen Lasten befreit seien, manche Adelige in eigener Person oder durch Andere bürgerliche Gewerbe betreiben, ja Kneipen und lüderliche Häuser halten; daß sie ihre Zollfreiheit für eigene oder fremde Rechnung in unerlaubten Handelsgeschäften ausbeuten u. s. w. Indessen scheint der König die hier ausgesprochenen Drohungen nicht verwirklicht zu haben, besonders weil jetzt ein neuer Krieg mit Rußland im Anzuge war [70]), und Kriege pflegten ihm Veranlassung zu geben, den Adel zu beschäftigen und zu botiren. Trotzdem hielt er den Adel, dem er freilich nach wie vor nach unten hin Manches durch die Finger sah, namentlich die Bedrückung der Bauern, nach oben hin scharf in Zucht und Zaum und auf diesem Zwecke wandte er namentlich auch das Divide et impera an. Als die Ritterschaft ihn um die Erlaubniß gebeten hatte, zum Zwecke gesellschaftlicher Feierlichkeiten und der Errichtung einer Ritterakademie in Stockholm ein Ritterhaus zu errichten, ertheilte er zwar hierzu 1626 seine Genehmigung und schenkte dazu auch einen Platz und Baumaterialien, aber gleichzeitig erließ er die Ritterhausordnung, welche vom 6. Juni dieses Jahres datirt. Durch dieselbe wird der bisher fast unterschiedslose Adel in drei Classen getheilt: 1) die Grafen und Freiherren, 2) diejenigen, deren Ahnen einmal im Reichsrathe gesessen, 3) den übrigen (niederen) Adel. Der Rang der alten Geschlechter ist hier durch das Loos, derjenige der neueren durch die Zeit der Erhebung in den Adelsstand bestimmt. Jeder neue Edelmann mußte sich fortan in Ritterhaufe einschreiben lassen, widrigenfalls er kein Stimmrecht besaß; jede einzelne Adelsfamilie durfte im Reichstage nur eine Stimme führen, welche durch den Sprecher abgegeben wurde; als beschlossen galt, wofür sich mindestens zwei Classen erklärten. Aus königlicher Ernennung ging der Landtagsmarschall hervor, welcher mit großer Vollmacht die Versammlung leitete und das Recht besaß, Edelleute aus der 3. Classe in die 2. und aus der 2. in die 3. Classe zu versetzen [71]). Graf Peter Brahe sagte 1636 im Reichsrathe: „Gustav Adolf war ein heroischer Herr und von solcher Gemüthsart, daß er, um Andere zu dämpfen und seine Macht zu vergrößern, gern die Hand an die Privilegien anderer Leute legte", und Jacob de la Gardie in demselben Jahre: „Es lag in des verstorbenen Königs Natur, seine eigene Hoheit zu mehren und die Rechte Anderer zu stützen" [72]). Nicht selten machte Gustav Adolf Gebrauch von seinem Rechte, Niedere in den Adelstand zu erheben, wobei sie sich schriftlich verpflichten mußten, allen königlichen Befehlen zu gehorchen; die Bauern er-

---

66) Geijer III, 114. 67) Droysen I, 178. 68) Geijer III, 54. 69) Gfrörer S. 49.

70) Gfrörer S. 55 und 56, nach Geijer III, 22 fg. 71) Ebenda S. 119, nach Geijer III, 29. 72) Geijer III, 28.

hoben zuweilen Klage über die Vermehrung des Adels [73]). Wie schon bemerkt, belohnte Gustav Adolf den Adel für seine Kriegsdienste nach Möglichkeit mit hohen Militärchargen und anderen Aemtern, mit Beuteantheilen, Lehen und Ehrenauszeichnungen; dazu hatte unter ihm dieser Stand manche gesetzliche Privilegien; er durfte nur durch Seinesgleichen gerichtet werden, hatte die Gerichtsbarkeit über seine Bauern und Grundholden, welchen der König nur mit Einwilligung des Grundherrn Steuern auferlegen durfte, und zwar nur halb so viel als den andern; es war dem Adel erlaubt, seine Producte zollfrei ins Ausland zu verkaufen, aber nicht erlaubt, im Lande Kleinhandel zu treiben; außerdem standen ihm Jagd- und Fischereigerechtsame sowie die Freiheit zu, in fremde Länder zu gehen und dort Kriegsdienste zu nehmen; die in den Städten wohnenden Edelleute, welche hier kein Gewerbe trieben, brauchten keine Communalsteuern zu zahlen; der Adel überhaupt wurde von Gustav Adolf mit regelmäßigen Steuern meist verschont, wofür er je nach Befinden außerordentliche Geldcontributionen bewilligte. Im Jahre 1622 wurde das Gesetz erlassen, wonach jeder Adelige, welcher keine adelige Frau heirathete, aus dem Adelstande ausgestoßen sein sollte [74]).

X. Lage des Bauernstandes und der Landleute. Zustände in den Städten. Auf den meisten Bauern lastete zur Zeit Gustav Adolf's außer den schweren Leistungen für die Rekrutirung und für die Staatssteuern ein starker Druck von Seiten des Adels, indem derselbe seine Grundholden nicht selten von Haus und Hof vertrieb, um ihre Aecker, Wiesen und Weiden zu neuen Edelhöfen zusammenzulegen oder größere Complexe aus ihnen herzustellen, oder indem er ihre Steuern und Fronden willkürlich häufte. Auf den Reichstage vermochte der Bauernstand nur selten etwas für sich durchzusetzen, da er von den übrigen drei Ständen fast immer überstimmt wurde. Am schlimmsten war diese Bedrückung in Finnland, sehr schlimm auch in Dalekarlien, wo die Bauern einmal daran waren, den Adel wegen der hohen Abgaben an ihn niederzumetzeln. Auch in anderen Landestheilen und zu anderen Zeiten während der Regierung Gustav Adolf's steigerte sich der Mißmuth der Landleute oft bis zu Tumulten und Aufständen, oder sie suchten der steigenden Verarmung und dem schweren Elende ihrer Lage durch Auswanderung zu entgehen; aber auch dieser Ausweg wurde ihnen bei hoher Strafe verwehrt. Bemerkenswerth ist, daß besonders dem Kanzler Oxenstierna nachgesagt wird, seine Bauern hart bedrückt und die Lage des platten Landes überhaupt nach Gustav Adolf's Tode noch mehr verschlimmert zu haben [75]). — Obgleich der König, besonders in den ersten Jahren seiner Regierung, bei der Sorge für die Wohlfahrt des gesammten Reiches auch der Städte zu heben suchte, ihrer sechzehn bis zu seinem Tode theils neu begründete, unter ihnen das wieder aufgebaute Göteborg,

theils reorganisirte, so kam doch auch die Bürgerschaft bei den fortwährenden, das Land erschöpfenden Kriegen zu keinem Wohlstande, woran freilich auch der Luxus einen großen Theil der Schuld trägt; in dem Reichstagsabschiede von 1617 heißt es: „Daß die Bürger in Schweden Bettler sind, kommt daher, weil dieselben so verschwenderisch leben in Essen, Kleidern und Wohnung" [76]). — Weitere Ausführungen über die Zustände auf dem platten Lande und in den wenig zahlreichen, meist kleinen Städten werden sich in den nachfolgenden Abschnitten bieten.

XI. Staatliche Besteuerung, Aceise, Verzollung. Bei der großen Geldarmuth des Landes beliefen sich die Abgaben nur auf absolut geringe Beträge; im Jahre 1604 zahlten an monatlichen Steuern die Städte Stockholm 175, Neylöböse 83, Söderköping 70, Norköping 70, Calmar 70, Gefle 52, Abo 50, Nyköping 35, Linköping 35, Wadstena 35, Jönköping 35, Elfening und mehrere andere sogar nur 5 Reichsthaler. Dennoch suchte sich Gustav Adolf für seine unaufhörlichen kriegerischen Unternehmungen immer neue Steuerquellen zu eröffnen; im Jahre 1620 berief er Vertreter des Adels, gewisser Städte und die Bischöfe nach Stockholm und führte mit deren Hilfe damals das sogenannte Viehgeld, eine Besteuerung der landwirthschaftlichen Thiere nach Häuptern, ein, zunächst auf zwei Jahre, und zwar in Verbindung einer neuen Aussaat-Steuer; die Kron- und Schatzbauern hatten den vollen, die Adelsbauern nur den halben Betrag zu entrichten; dem Adel ward diese Steuer ganz erlassen; die Geistlichen und die Städte fanden sich mit einer Geldbewilligung ab. Es folgten bald neue Auflagen, deren Druck immer härter auf dem Lande, besonders dem Bauern, lastete [77]). Das Jahr 1622 brachte mit Bewilligung des Reichstages den sogenannten kleinen Zoll, eine Art Accise von den täglichen, nothwendigen Lebensbedürfnissen, besonders den Nahrungsmitteln; alle Städte und selbst die kleinen Marktflecken wurden mit hohen Staketen, Thoren und Zollhäusern umgeben, zahlreiche Steuerbeamte angestellt; kein Bürger durfte ferner, wie bisher, in seinem Hanse backen, brauen, schlachten u. s. w., dies mußte von jetzt ab in öffentlichen Backhäusern u. s. s. geschehen; aber der Adel blieb von dieser Last frei [78]). Es entstanden hierüber besonders unter dem Bauern Aufstände, man riß Zollthore nieder, verbrannte Zollhäuser, z. B. 1623; die Behörden schritten scharf ein, und die Leute waren selbst Hinrichtungen [79]). Im Jahre 1624 verdoppelten auf des Königs Antrag die Stände das Viehgeld [80]). Von dem Reichstage des Jahres 1625 forderte und erlangte Gustav Adolf eine allgemeine Mahlsteuer, d. h. den neunten Theil vom Geldwerthe alles zur Mühle gebrachten Getreides, wobei auch der Adel und die Geistlichkeit herangezogen wurden; um Unterschleife zu ver-

73) Ebenda III. 15. 16.   74) Gfrörer S. 116, nach Geijer III, 53.   75) Geijer III, 49; Rühs S. 281; Gfrörer S. 110. 118.

76) Geijer III, 64. 65.   77) Ebenda III, 49 fg.; Gfrörer S. 107. 108.   78) Gfrörer S. 108, nach Geijer III, 39, und Rühs S. 229.   79) Geijer III, 45.   80) Gfrörer S. 108.

hindern, wurden alle irgend wie überflüssigen oder nicht nothwendigen kleinen Bach-, Wind- und Roßmühlen, zuletzt auch die Handmühlen des kleinen Mannes weggenommen. Aber hierdurch entstanden neue Empörungen, namentlich als Gustav Adolf in Deutschland weilte, so daß er die Handmühlen wieder frei gab; aber seitdem brachte die Mahlsteuer jährlich nur 50,000 Reichsthaler [81]). Als daher der König im December 1627 einen allgemeinen Reichstag nach Stockholm berief, war seine erste und Hauptforderung wieder — Geld, und die Stände, welche ihm fast ohne Ausnahme zu Willen waren, bewilligten eine Kopfsteuer, welche an die Stelle des mehrerwähnten Mühlengeschosses treten sollte. Da aber diese neue Quelle nicht genug Geldmittel lieferte, überwies Gustav Adolf den Alleinhandel mit Salz der Krone und versprach dabei, diese Waare den Unterthanen stets billig zu liefern. Weil nun aber der Gehässigkeit des Staatsmonopols an und für sich auch eine Menge von neuen Beamten, Magazinen u. s. w. im Gefolge war, so entstand ein so allgemeiner Mißmuth im Lande, daß der König sich schon 1629 gezwungen sah, den Salzhandel wieder frei zu geben, und zwar gegen eine Steuer von 2 Thalern für die Tonne [82]). Aber auch das erwähnte Kopfgeld erregte große Unzufriedenheit; im Frühjahre von 1628 empörten sich in Westgothland mehrere Bezirke und verweigerten die Zahlung. Hiervon benachrichtigt, schrieb Gustav Adolf in die Heimath: Die Widerspenstigkeit der Bauern rühre von dem unzeitigen „Schnurren und Pochen" der Steuerbeamten her; dieselben sollten, „da das Volk an sich willig und gut" sei, „ihr barbarisches Verfahren mit Hieb und Schlag einstellen oder aber bestraft werden"; im Nothfalle möge man Kriegsvolk, doch nicht aus derselben Landschaft, gegen Aufrührer anwenden. Erst im Sommer 1628 beruhigten sich die Bauern wieder, besonders dadurch, daß der König öffentlich erklärte, der Kampf in Preußen werde zur Vertheidigung der lutherischen Religion geführt [83]). Vor und zu dem Zuge nach Deutschland ward eine besondere Kriegssteuer eingeführt.

XII. Staatsfinanzen. Einnahmen. Ausgaben. Anleihen. Schulden.

Als Gustav Adolf 1611 den Thron bestieg, fand er leere Kassen, bedeutende Schulden und andere Finanzschwierigkeiten vor; zwar wurden neue Anleihen versucht, aber die Krone hatte wenig Credit. Bei den reichen Niederländern nahm man Geld zu 6¼ Procent auf; bei inländischen Anleihen mußte man bis 10, selbst bis 12 Procent zahlen, und außerdem sehr starke Unterpfänder geben, unter anderen Krongüter, Bergwerke, Theile von Provinzen, selbst ganze Provinzen. Noch weit nachtheiliger war, daß die Krone, um Geld zu schaffen, viele ihrer Domänen, Gefälle u. s. w. verkaufte; da nur der Adel solche Güter erwerben durfte, so wurden sie steuerfrei und gingen auch in dieser Hinsicht für den Staat verloren [84]). Im Jahre

1620 beliefen sich die gesammten Staats- oder Kroneinkünfte, von welchen außer dem Heere, der Flotte, den Beamten u. s. f. auch starke Apanagen bestritten werden mußten, nur auf 1 Mill. 280,000 Thaler à 1½ rheinischen Gulden [85]). Für die ersten oder Ausrüstungskosten der 1630 nach Deutschland zu unternehmenden Expedition sollten flüssig gemacht werden 429,145 Reichsthaler aus Grundgefällen, 202,781 aus einer Anleihe für den König, 1711 Schiffspfund Kupfer, 12,000 Tonnen Getreide, welche man aus dem Verkaufe von Krongütern berechnete, und 3646 Schiffslasten finnisches Getreide; aber diese Summen wurden nur zum Theil vereinnahmt [86]). Im Verlaufe des ganzen Jahres 1630 hatte Schweden eine Staatseinnahme von 12 Mill. 192,391 Reichsthalern und eine Ausgabe von 13 Mill. 72,071, mithin ein Deficit von nur 939,680; dabei aber besaß — wenn man als Maßstab die Thatsache anlegen darf, daß der Preis von 1 Tonne Korn, welche 1870·15 Reichsthaler kostete, damals nur 2 Reichsthaler war — das Geld einen fast achtmal höheren Werth. Während im genannten Jahre (1630) die Staatsschulden um 1 Mill. R.-Thlr. wuchsen, erforderte dasselbe für Kriegskosten 9 Mill. 535,624. Da die Fortsetzung des Kriegs 1630 und ferner meist auf Kosten Deutschlands erfolgte, so belief sich 1631 das schwedische Kriegsbudget nur auf 5 Mill. 568,407, 1632 sogar nur auf 2 Mill. 220,198 Reichsthaler [87]). Nach der Schlacht bei Lützen hatte der Pfalzgraf Johann Casimir, welcher die Heeresfinanzen verwaltete, 8 Tonnen Goldes baar aufgespart, freilich zum größten Theil in Folge der schweren Contributionen, welche meist von den deutschen Städten aufgebracht worden waren [88]).

XIII. Land- und Waldwirthschaft. Bergbau. Gewerbe. Fabrication.

Da Schonen noch nicht zu Schweden gehörte, so war der Ackerbau, im Besonderen die Getreideproduction, unbedeutend; was von dem weiten felsigen Terrain mit einer, meist dünnen Erd- oder Moorschicht bedeckt war, diente größtentheils zur Weide für mäßig gutes Vieh [89]); von nennenswerthen Fortschritten in Ackerbau und Viehzucht oder von desfallsigen Maßnahmen der Regierung unter Gustav Adolf dürfte mit wenigen Ausnahmen kaum etwas zu registriren sein. Als Jahre des Mißwachses sind 1621,1623 und 1630 verzeichnet [1]). Die letzten Jahre des Königs brachten meist gute Ernten. Oxenstierna berechnete 1631, daß Schweden damals jährlich 7000 Schiffslasten Getreide zur Ausfuhr übrig hatte [2]). Kurz vor dem Beginn des großen Feldzuges nach Deutschland besaßen Schweden und Finnland zusammen nur 1½ Mill. Einwohner [3]). Zwar gab es sehr viel Wald; aber das Holz war insofern wenig

81) Ebenda S. 108. 109. Droysen II, 71. 72, welcher von einer Heranziehung der Geistlichen nichts erwähnt. 82) Rühs S. 227. 83) Geijer III, 49 fg. 84) Ebenda III, 54.

85) Ebenda III, 52. 86) Gfrörer S. 637, nach Geijer III, 173. 87) Droysen II, 72. 88) Rühs S. 229. 89) Diese Zustände herrschten im Wesentlichen noch jetzt, wie sich der Verf. dieser Zeiten bei seinen Reisen durch Schweden 1871 und 1875 überzeugt hat. 1) Geijer III, 53, Note 1. 2) Rühs S. 227 und 228. 3) Droysen II, 71.

werthvoll, als damals ein Export desselben noch nicht stattfand.

Eine große Fürsorge wandte Gustav Adolf dem Bergbau zu, besonders der Gewinnung und Zubereitung resp. Verarbeitung der Metalle, von denen in Schweden schon damals namentlich Eisen, Kupfer und Silber gefördert wurden. Zu diesem Zwecke berief seine Regierung viele Ausländer, vorzugsweise Deutsche und Niederländer, unter den letzteren namentlich den berühmten Ludwig v. Geer, welcher den schwedischen Bergbau zu hoher Entwicklung brachte und ein in Schweden noch gegenwärtig blühendes Adelsgeschlecht begründete. In seiner späteren Regierungszeit errichtete Gustav Adolf ein besonderes Bergamt, welches sich nach dessen Tode in einem Berichte an seine Tochter Christine unter Anderem dahin aussprach[4]): „Gustav, welcher nicht nur im Kriegswesen, sondern auch in der Kunst der Staatsverwaltung unter den Fürsten seines Jahrhunderts nicht seines Gleichen hatte, sah mit Verdruß, daß die Bergwerke nicht so ausgebeutet würden, wie sie sollten, indem man die Metalle roh ausführte, welche dann die deutschen Städte um geringen Preis erhandelten und verarbeitet wieder theuer an das verkauften. Deshalb hat Seine Majestät räthlich gefunden, das Garmachen von Kupfer, allerlei Hammerschmieden, Gewerbe und Factoreien errichten zu lassen. Darauf als die Kriege mehr und mehr seine Zeit in Anspruch nahmen, verordnete S. Maj. den Oberst Siegroth zum Berghauptmann und gab ihm als Bergmeister Jörg Griesbach, als Schreiber Jost Frank bei. Später als S. Maj. nach Deutschland gekommen, hat er dem Reichsrath Befehl ertheilt, ein vollständiges Bergamt einzurichten, welches diesen Sachen vorstehen sollte". Es ist selbstverständlich, daß der kriegerische Monarch vor Allem die Fabrication von Waffen im eigenen Lande förderte; zu diesem Zwecke gründete er zu Arboga und Finspäng, später zu Jönköping, Norrköping und Söderhamm, Gewehrfabriken, welche Musketen und Radschlößern, Pistolen, Klingen, Harnische u. s. w. lieferten. Auch auf dem platten Lande wurden von Bauern, welche man Rohrschmiede nannte, Musketen, Piken, selbst Harnische geschmiedet und als Steuern an die Krone abgegeben. Für Kanonen vom 48-Pfünder bis herab zum 1-Pfünder bestanden die Stückgießereien in Stockholm und Finspäng; Pulver, jedoch nicht hinlänglich für den Bedarf, lieferten Mühlen zu Nacka und Wällinge; 26 Salpeterwerke bestanden zu einer gewissen Zeit im ganzen Reiche[5]).

Zum Zwecke der besseren Production und Fabrication von Schafwolle und daraus gewebten Zeugen und zum Ersatze der schlechten hartwolligen Thiere ließ Gustav Adolf, wie schon sein Vater Karl IX., Mutterschafe und Zuchtwidder aus Deutschland kommen, namentlich für mehrere seiner Güter. Von hier aus suchte er dieselben auch bei den Bauern und anderen Landwirthen einzuführen; den Landleuten in Westgothland wurde bei Herrschaftsstrafe befohlen, ihre schwedischen

Böcke gegen deutsche zu vertauschen, welche ein Pächter zu verschreiben den Auftrag hatte. Die erste schwedische Schafwollfabrik entstand 1612 in Upsala, ging aber bald wieder ein; später wurden mit Hilfe königlicher Geldvorschüsse neue, meist durch deutsche Meister, in Jönköping, Nyköping, Calmar, Arboga und Kongsör angelegt[6]). — Die erste Papiermühle errichtete man 1612, und zwar in Upsala. Die Lumpen dazu sollten kraft eines Privilegiums, welches Gustav Adolf dem dortigen Unternehmer ertheilte, im ganzen Reiche gesammelt und unentgeltlich an ihr abgeliefert werden; dafür übernahm der Meister, ein Ausländer, die Verpflichtung, schwedische Lehrlinge in seiner Kunst zu unterweisen[7]). — Da auch für Bier bedeutende Geldsummen ins Ausland gingen, vorzugsweise nach Danzig, den pommerschen Städten und England, so suchte der König die Bierbrauereien seines Landes zu heben und bewilligte mehreren Brauern und Mälzern Steuerfreiheit auf eine Reihe von Jahren; 1615 erhielten Ausländer derartige Privilegien zur Errichtung von Brauereien nach danziger und englischer Methode[8]).

Ueber die Geschicklichkeit der Schweden im Gewerbefleiß und in den technischen Arbeiten sagt der 1626 erstattete Bericht eines Flamänders aus Antwerpen[9]), welchen Jahre vorher das Land bereist hatte: „Das schwedische Reich hat vielen Vortheil vor anderen Ländern durch Seehäfen, Bauholz, Lebensmittel, Arbeitslohn, Kupfer, Eisen, Stahl, Pech, Theer, Geschütz und anderen Kriegsbedarf. Die Einwohner sind ein abgehärtetes Volk, welches Hitze und Kälte ertragen kann, dabei keck, behende, gelehrig. Zwar wird an seinen Waaren in Leinwand, Tuch, Sayan, Boy u. s. w. wenig im Lande verfertigt, theils darum, weil es an Betrieb und den nöthigen Stoffen gebricht, theils weil man keine Auswege hat, die Stoffe zu verkaufen. An Verstand und Geschick dagegen ist keine Noth; die Bauern sind tüchtig zu jedem Handwerke; sie zimmern, schreinern, schmieden, backen, brauen, weben, färben, machen Schuhe und Kleider, wobei sie es allen Nationen in Europa zuvorthun, da in anderen Ländern fast Niemand sich unterfängt, ein Handwerk zu treiben, das er nicht (zunftmäßig) gelernt hat. Frauen und Töchter machen schöne Sachen mit Weben, Nähen und anderen lustigen Künsten, woraus erhellt, daß sie gar verständig und sinnreich sind. Wohl wahr, daß sie nicht zu der Vollkommenheit gelangen, welche in anderen Ländern erreicht wird, wo man immer bei Einem Handwerk bleibt und darin ausharrt lange Zeit von Mann zu Mann, von Vater auf Sohn".

XIV. Verkehr und dessen Wege. Handel. Indem wir bei den Geschichtschreibern keine Aufzeichnungen über Gustav Adolf's Thätigkeit für Straßen und Kanäle finden, sehen wir ihn um so eifriger bestrebt, den inneren und auswärtigen Handel zu heben und — in der damaligen Weise der mannichfaltigen Beschränkun-

---

4) Bei Geijer III, 64.   5) Ebenda III, 62.
6) Ebenda III, 61.   7) Rühs S. 287.   8) Ebenda.
9) Bei Geijer III, 59.

gen und Unterschiede — anzuregen. Das Jahr 1614
brachte eine Handelsordnung mit den nachstehenden Bestimmungen [10]: Ausländischen Kaufleuten ist der Handel nur gestattet in den Städten Stockholm, Calmar,
Göteborg, Söderköping, Norrköping, Nyköping, Westerwik, Telge, Gefle, Abo, Wiborg und Reval, auch nicht
in deren nächster Umgebung. Andere fremde Ankömmlinge dürfen in den genannten Städten nur aus den
Schiffen und im Großen verkaufen; auch dürfen sie sich
in Schweden höchstens sechs Wochen lang aufhalten.
Jedem schwedischen Unterthan ist es bei Strafe verboten, mit fremdem Gelde und auf Rechnung von Ausländern den Verkehr zu treiben. Den nördlich von Stockholm
belegenen norrländischen und finnländischen Städten ist
zwar die auswärtige Schiffahrt erlaubt; doch dürfen die
Städte Hudwickswall und Hernösand sowie zwei andere
keine Lebensmittel und keine Pelzwaaren verschicken. Der
Großhandel in den Norrlanden steht nur den Hafen-
städten zu; Landhandel ist ihnen streng untersagt. Dagegen haben die Landstädte, welchen der Großhandel
zur See verboten ist, ausschließlich das Recht, die Berg-
werksdistricte und das platte Land mit ihren Bedürfnissen
zu versorgen. Kein stockholmer Bürger darf mit einem
Bergmann handeln, selbst nicht auf Jahrmärkten, sondern
die Bürger der Landstädte sollen die Zwischenhändler
machen. Dem Adel und seinen Dienern, welche sich in
den Landstädten aufhalten, ist jedes bürgerliche Gewerbe
verboten, wenn sie nicht die bürgerlichen Lasten übernehmen. Auf dem platten Lande dürfen keine Kaufleute
wohnen oder Handel treiben. Durch diese künstlichen
Anordnungen sollten zwar die Inländer vor den Ausländern, die man andererseits doch auch wieder gern
haben wollte zu begünstigte, die Einwohner vor der
zu starken Ausbeutung durch die Großhändler, die kleinen
Gewerbsleute vor Anderen, jeder Stand vor dem anderen geschützt werden; aber es stellten sich bald so große
Uebelstände heraus, daß auf den Reichstagen zu Oerebro
und Stockholm im Jahre 1617 nicht blos die großen
Hafenplätze, sondern auch die kleinen Küsten- und Landstädte eine verzweifelte Opposition dagegen erhoben, und
die Regierung sich genöthigt sah, viele Punkte dieser
Handelsordnung abzuändern. Ein Hauptaugenmerk
richtete Gustav Adolf unausgesetzt auf den Handel mit
dem Auslande; seine Gesandten erhielten daher neben
ihren politischen Instructionen oft auch den Auftrag,
Handelswege aufzufinden, Handelsbeziehungen anzuknüpfen und hierüber Bericht zu erstatten; nach Venedig
sandte er einen Special-Agenten, um dort die Zulassung
schwedischer Waaren zu erwirken [11]). Da unter den
auswärtigen Ländern die Niederlande den wichtigsten
Handel mit Schweben unterhielten, und Gustav Adolf
in ihnen das maßgebende Vorbild für die Handelsthätig-
keit erblickte, so schloß er, freilich in dringender Beziehung
zu den politischen Verhältnissen, 1614 mit den Generalstaaten einen Vertrag, kraft dessen beide Theile sich ver-

pflichteten, den gegenseitigen Handel zu begünstigen und
Widersachern hierin keinen Vorschub zu leisten; doch be-
hielten sich die Niederländer den freien Verkehr mit
Riga und anderen Ostseestädten vor, welche damals im
Besitze der Gegner Schwedens waren [12]). Während die
Bürger der einheimischen Seestädte von jeder Einquar-
tierung befreit wurden, falls sie ihre Schiffahrt bis in die
Nordsee ausdehnten, berief man fremde Kaufleute nach
Schweden oder erleichterte ihnen deren Aufenthalt in
demselben. Bereits 1615 erließ der König die Statuten
für eine von ihm mit Eifer angestrebte allgemeine
Handelsgesellschaft, zunächst mit Privilegien auf
10 Jahre; jeder Schwede hatte das Recht eine Einlage
zu machen, doch nicht unter 100 Thaler; für das erste
Jahr wurde eine Dividende von 12 Procent zugesichert;
die Gesellschaft sollte befugt sein, in allen schwedischen
Städten Niederlagen halten zu dürfen und mit dem
Adel und den Bürgerschaften, aber nicht mit dem Land-
volke, en gros zu handeln; von keinem Importe sollte
sie während der ersten 3 Jahre Zölle oder Steuern
entrichten; das Hauptcomptoir befand sich in Stockholm.
Die Compagnie kam wirklich zu Stande und begann
ihre Operationen, freilich in einer Weise, bei welcher sie
bald die ganze Metallausfuhr des Landes an sich riß
und schwere Unterschleife beging, wozu Gustav Adolf
lange schwieg, weil sie ihm in seiner Finanznoth Geld vor-
streckte; da aber die Beschwerden der Bergleute (Gruben-
besitzer) und der städtischen Bürger immer lauter wurden, so
mußte der König sie 1628 für aufgehoben erklären [13]).
Im Jahre 1619 hatte er, um Handel und Verkehr zu
beleben, den Reichsständen die Errichtung einer Bank
empfohlen, was indessen unterblieb [14]). Wenige Jahre
später, 1624, machte der Flamänder Wilhelm Usselinz
den Vorschlag, eine schwedische Gesellschaft für den
Handel mit Amerika zu gründen, welche auch 1627
insofern zu Stande kam, als Gustav Adolf am 1. Oct.
d. J. das Privilegien-Statut unterzeichnete. Sie erhielt
das ausschließliche Recht, jenseit der Straße von Gibraltar Handel zu treiben; alle Schweden und Ausländer
durften an ihr Theil nehmen; Ausländer, welche mindestens 25,000 Thaler einlegten, und nach Schweden
zogen, erhielten Abgabenfreiheit; für jede eingeschossene
Summe von 100,000 Thalern sollte ein Director erwählt werden; gewählt werden zu diesem Amte durfte
indeß nur, wer mindestens 2000 Thaler einlegte, und
Wähler durfte nur sein, wer eine Einlage von mindestens
1000 Thalern machte; die Krone versprach eine Einlage
von 400,000 Thalern; an Zöllen sollte die Gesellschaft
nur 4% vom Werthe der eingeführten Waaren zahlen;
auch durfte sie im Namen des Königs Verträge mit
anderen Mächten abschließen, Colonien anlegen und
andere Veranstaltungen treffen; Hauptsitz sollte Gothenburg (Göteborg) sein. Zwar wurden zu den Zwecke
viele Mittel, auch die Veröffentlichung von Flugschriften,
aufgewendet; aber die Sache kam nur mühsam und

---

10) Gfrörer S. 80 und 81, nach Rühs S. 289. 11)
Rühs S. 297.

12) Ebenda S. 296. 13) Ebenda S. 298 fg. 14) Ebenda
S. 292.

unvollständig zur Ausführung [15]). Als am Ende des Jahres 1630 ein schwerer Geldmangel wie in den Reichskassen, so in der Kriegskasse des Königs herrschte, wurde von gewissen Seiten der Rath ertheilt, den gesammten Getreidehandel des Landes in ein königliches Monopol umzuwandeln; Gustav Adolf wollte anfangs nicht darauf eingehen, weil er große Unterschleife durch die Beamten und andere verderbliche Folgen fürchtete; nachdem jedoch auch Oxenstierna sich dafür erklärt hatte, ließ er es geschehen [16]).

XV. Justizpflege. Da Gustav Adolf bald den Mangel von obersten Gerichten empfand, so setzte er in der im Frühjahre von 1614 dem Reichstage zu Orebro zur Begutachtung vorgelegten und von demselben gutgeheißenen Proceßordnung fest, daß, weil der König nicht immer persönlich an der Rechtsfindung und Rechtsprechung (in letzter Instanz) Theil nehmen könne, baldigst ein Hofgericht für Schweden in Stockholm zu errichten sei, bestehend aus 14 Personen, nämlich dem Reichsdrosten als Präsidenten, einem adeligen Vicepräsidenten, 4 Reichsräthen, 4 adeligen und 4 gelehrten Beisitzern. Nachdem die feierliche Installirung dieser Behörde (auch das Swea-Hofgericht genannt) am 19. Mai a. St. 1614 auf dem königlichen Schlosse zu Stockholm stattgefunden hatte, wurde 1623 ein entsprechendes Collegium für Finnland in Abo eingesetzt. Fortan konnte Jeder von den königlichen Bezirksgerichten und den adeligen Patrimonialgerichten an eins von den beiden Obergerichten appelliren; auch wurden die Untergerichte angewiesen, jährlich ihre Urtheilsbücher an jene Obergerichte einzureichen, was freilich oft deshalb nicht geschah, weil viele Untergerichte das ganze Jahr hindurch nicht ein Urtel zu fällen hatten. Bisher war bei diesen Vieles mündlich verhandelt worden; jetzt mußte Alles schriftlich geschehen, ebenso bei den Hofgerichten [17]), deren Berathungen nicht öffentlich waren. Obgleich diese letzteren in Function traten, so hörte doch damit die alte Gewohnheit nicht auf, wonach Unterthanen neben Beschwerden auch Streitsachen an den König zu dessen persönlicher Entscheidung brachten, nur daß dieselbe jetzt beschränkt und in den ersten Jahren Mancher durch das Hofgericht bestraft wurde, weil er den König als Querulant belästigt hatte. Eine spätere königliche Verordnung stellte es den Parteien unter gewissen Bedingungen frei, eine Revision durch den König nachzusuchen, was diesen sehr oft veranlaßte, in den Gang der Justiz einzugreifen. Wer Gewaltthat befürchtete, erhielt nach wie vor einen Schutzbrief des Königs, wer schwierige Forderungen eintreiben wollte, einen Mahnbrief desselben an den Schuldner. Uebrigens waren Majestätsverbrechen und sonstige Klagen, welche Leib und Leben betrafen, von der Zuständigkeit der Hofgerichte ausgenommen; dieselben durften hierüber nur Bericht an den König erstatten, und dieser traf die Entscheidung. — Dem Landrechte, welches sein Vater zum Zwecke der Codification und der Weiter-

bildung der Gesetzgebung erlassen hatte, fügte Gustav Adolf 1618 ein Stadtrecht hinzu [18]).

Mit der größten Strenge hielt der König auf unparteiische und gerechte Justiz. In den von Arkenholz gesammelten Acten [19]) wird zum Beweise hierfür folgender Fall angeführt. Gustav Adolf hatte mit einem schwedischen Edelmanne wegen eines Gutes einen Proceß; als derselbe vor dem Hofgericht in Stockholm entschieden werden sollte, begab er sich selbst in die Sitzung; die Richter wollten bei seinem Eintreten sich erheben, aber er hieß sie sitzen bleiben und sagte: „Ihr müsset euch erinnern, daß ihr das höchste Tribunal des Landes seid und in diesem Augenblicke vergesset, wer ich bin; nur euer Gewissen soll bei dem Urtheile sprechen, welches ihr zu fällen im Begriffe seid". Der Gerichtshof entschied für den Edelmann, gegen den König; dieser schwieg, forderte aber die Acten ein, nach deren Durchsicht er sich von der Richtigkeit des Spruches überzeugte und die Richter lobte. Indeß verfuhren die Gerichte, auch das stockholmer Obergericht, nicht immer rechtlich und unbestechlich; aber wenn der König dies erfuhr oder gegründeten Verdacht hatte, regte sich in ihm der ganze Zorn seines Rechtsgefühles. In dem Protokolle des stockholmer Swea-Hofgerichtes vom 5. Nov. 1618 findet sich der auf Befehl des Königs eingetragene Vermerk [20]): „Se. Maj. ermahnen den königlichen Gerichtshof, keiner Partei willfährig zu urtheilen; sollte einer der Richter zu Gunsten des Königs oder irgend eines Anderen das Recht beugen, so wisse derselbe, daß es Sr. Maj. Absicht ist, den ungerechten Richter schinden, seine Haut auf den Richterstuhl, seine Ohren an den Pranger nageln zu lassen."

Von einer wesentlichen Reform des Gefängnißwesens und der Polizei unter Gustav Adolf ist uns nichts bekannt. Doch gründete er in Stockholm ein Zwangs-Arbeitshaus, in welchem neben 100 ältern kleinen Kindern kleinen Bettler und Landstreicher zum Spinnen und Weben von allerhand Stoffen und Zengen angehalten wurden. Gegen einen Vorschuß von der Krone hatte der Vorsteher der unter die Oberaufsicht des Stadtraths gestellten Anstalt deren Kosten zu bestreiten, wofür er die gefertigten Waaren zollfrei verkaufen und die Rohstoffe dazu zollfrei einführen durfte [21]).

XVI. Unterrichtswesen an der Universität, den Gymnasien und anderen Schulen. Als Gustav Adolf den Thron bestieg, fand er das gesammte Unterrichtswesen, welches unter der Oberaufsicht der Bischöfe stand, in einem so zurückgebliebenen Zustande, daß er bald zu dem Entschlusse von Reformen kam und dasselbe durch ein neu zu errichtendes Consistorium zu erheben beabsichtigte. Namentlich war die Universität Upsala unter Karl IX. sehr gesunken, zumal sie der großen Spaltung zwischen den beiden Professoren Rudbeck und Messenius und ihrer Parteien preisgegeben

15) Gfrörer S. 186 und 187, nach Rühs S. 299. 16) Ebenda S. 638, nach Rühs S. 227. 17) Geijer III, 73.

18) Gfrörer S. 85. 19) Histoire de Gustave Adolphe (von Mauvillon) S. 43. 20) Geijer III, 72. Auch von Drohsen angeführt I, 61. 21) Rühs S. 287.

war [22]). Messenius verging sich so weit, daß er die ihm anhangenden Studenten nicht blos zu Insulten gegen die andere Partei aufhetzte, sondern auch sogar Rudbeck zum Zweikampfe herausforderte, ein geistlicher Herr den anderen! Hierüber in hohem Grade aufgebracht, schrieb der König an die Universität [23]): „Wenn ich nicht den Werth der Wissenschaft aus eigener Erfahrung wüßte, so würde ich mich gar nicht um eine Anstalt bekümmern, deren Lehrer so ganz ihres Berufes vergessen". Messenius hatte seinen Collegen einen „ Esel " gescholten, und dieser erklärte jenen ebenfalls für ein solches Thier, wenn er einen unpunktirten hebräischen Text nicht lesen könne. Die beiden Kampfhähne wurden 1614 vor eine Commission von Reichsräthen und Bischöfen nach Stockholm geladen und von der Universität dadurch entfernt, daß man Messenius zum Historiographen des Reichs und zum Beisitzer des Hofgerichts, Rudbeck zum Hofprediger, dann zum Bischofe von Westerås ernannte [24]). In einer Zuschrift an die Bischöfe als der Oberschulbehörde vom Jahre 1620 sagte Gustav Adolf: Die Universität und die Schulen überhaupt befänden sich in einer so kläglichen Verfassung, daß es wenige Männer gäbe, welche geschickt zum Predigtamte wären, gar keine zu weltlichen Aemtern; die Magistratspersonen in den Städten seien in dem Grade ungelehrt, daß sie nicht einmal ihren Namen schreiben könnten; der Privatfleiß der Universitätsstudenten finde sich durch Armuth, der Unterricht auf der Anstalt durch zu viele Ferien gehemmt. Da alle Lehrer Geistliche seien, so stehe es mit dem Unterrichte in der Religion noch einigermaßen erträglich; aber die Professoren verständen nichts von Allem, was zur Regierung und zum bürgerlichen Leben gehöre; daraus entstehe ein höchst drückender Mangel an Beamten; die Bischöfe sollten daher Vorschläge machen, wie viele neue königliche Schulen und Gymnasien zu errichten seien, wie man die Bettelgänge der Schüler an den Dörfern abzuschaffen habe; auch wurden sie zu einem Gutachten über die Hospitäler aufgefordert, welche bisher von den königlichen Zuschuß betrogen worden seien; die Armen würden schlechter als die Hunde behandelt [25]). Die hierauf ertheilte Antwort der Bischöfe nennt Geijer [26]) wunderlich und einfältig. — Eine durchgreifende Reorganisation und bedeutende neue Geldausstattung empfing die Universität Upsala durch einen königlichen Erlaß von 1625, in Folge dessen Gustav Adolf ihr sämmtliche Güter des Wasahauses, 350 Bauernhöfe, mit Ausnahme der Herrschaft Lindholm, schenkte; auch fügte er die Kronzehnten mehrerer Kirchspiele in Westmannland und Hellsingland hinzu. Die Zahl der Professoren oder ordentlichen Lehrer ward auf 17 festgestellt, nämlich 4 für die Theologie, 2 für die Rechte, 2 für die Medicin, 3 für die Mathematik, 6 für die verschiedenen Fächer der philosophischen Facultät. Jedem von ihnen ward ein festes Jahrgehalt angewiesen: dem ersten Professor der Theologie 600, den zwei folgenden

je 500, dem vierten 400, den juristischen Professoren je 500, den medicinischen und mathematischen je 400, den übrigen je 350 schwedische Thaler. Außerdem erhielten die Theologen kirchliche Pfründen, die übrigen Professoren je 1 Bauernhof mit seinen Einkünften. Zur Unterstützung von 64 Studenten bewilligte der König jährlich 2500 Thaler, außerdem 3250 für Freitische. Seine Mutter gab ein Kapital von 50,000 Thalern her zur Unterhaltung von 30 armen Studenten; mehrere andere wohlhabende Familien machten ähnliche Zuwendungen [27]).

Auch den Mittelschulen wandte Gustav Adolf seine Fürsorge zu; indem er die Domschulen bob, reformirte und gründete er auch mehrere Gymnasien. Das erste von den in Schweden neu errichteten Gymnasien war 1620 das zu Westerås; 1626 folgte das zu Strengnäs, 1628 das zu Linköping; für Finnland war schon 1618 das zu Wiborg gestiftet worden; ein zweites gründete er dort 1628 zu Abo [28]). — Ueber den Stand der Elementarschulen unter Gustav Adolf wissen wir keine Mittheilungen zu machen.

XVII. Lutherisches Landeskirchenregiment. Katholische Kirche. Nachdem Johann III. und Karl IX. die Besetzung der protestantischen Pfarreien den Bischöfen genommen und sich selbst dieses Recht beigelegt hatten, forderten sie dadurch beeinträchtigten und sehr mißgestimmten Prälaten bei Gustav Adolf's Thronbesteigung die frühere Befugniß zurück, eine Forderung, welche dieser auch 1613 bewilligte. Doch suchte er dafür in anderer Weise das Kirchenregiment in gewissen Stücken den Bischöfen zu entziehen und auf die Krone zu übertragen. In dieser Absicht schlug er 1623 den Bischöfen die Errichtung eines Consistorium vor, gelegt bestehen sollte aus 6 Geistlichen, nämlich dem Erzbischofe von Upsala, den Bischöfen von Westerås und Strengnäs, ferner dem königlichen Hofprediger, dem ersten Professor der Theologie zu Upsala und dem Hauptpfarrer von Stockholm, außerdem aus 6 Laien, nämlich dem Reichsdrosten, 2 Abgeordneten des Reichstages und 3 des Hofgerichts. Jährlich einmal unter dem wöchentlich wechselnden Vorsitze des Reichsdrosten und des Erzbischofs versammelt, sollte dasselbe in allen Beschwerden über die Domcapitel, über Bischöfe und Geistliche, eine Revision der Kirchenordnung vornehmen und dem Könige zur Genehmigung überreichen, die oberste Aufsicht über alle Geistliche führen, desgleichen über die Universität, alle mittlere und niedere Schulen, Spitäler und Waisenhäuser. Die Nothwendigkeit der projectirten neuen Behörde begründete Gustav Adolf besonders durch den Hinweis auf die öfteren Streitigkeiten zwischen den Bischöfen und Gemeinden bei der Besetzung der Pfarrämtern, wofür man eine unparteiische Entscheidungsinstanz haben müsse, die viele Gemeinden bei der ihnen durch Bischöfe aufgedrängten Geistlichen Klage führten; ferner galte es, auf diese Weise wirksamer als bisher die

---

22) Geijer III, 78 fg.   23) Ebenda.   24) Ebenda S. 79 und 102.   25) Gfrörer S. 125 und 126.   26) III, 80.

27) Geijer III, 80 fg. — Rühs S. 267 fg.   28) Gfrörer S. 127.

Schulen, Waisenhäuser u. s. w. in Ordnung zu halten, die reine Lehre zu bewahren [29]). Ein so zusammengesetztes Consistorium gab in der That dem Könige einen starken Einfluß den Bischöfen gegenüber in die Hand, da er auf die 6 weltlichen Mitglieder und seinen Hofprediger zählen durfte; aber eben deßhalb erklärten auf dem Reichstage von 1624 die Bischöfe: der Vorschlag vermenge Geistliches und Weltliches und nur ihnen komme es zu, die Kirche zu regieren [30]). Da dieser Plan gescheitert war, so legte Gustav Adolf auf dem Reichstage von 1624 einen neuen vor. Ihm zufolge sollte das zu errichtende Consistorium keine Bischöfe in sich enthalten, weil deren Abwesenheit von den Sprengeln sehr nachtheilig sei, sondern lediglich aus 5 anderen Geistlichen bestehen, nämlich 3 Hofpredigern, einem geeigneten Professor der Theologie in Upsala und dem Oberpfarrer von Stockholm. Zwar fehlten hierbei die Nichtgeistlichen; aber eine solche Behörde würde dem Könige noch mehr Einfluß eingeräumt haben als die Ausführung des früheren Planes; denn die 3 Hofprediger und die Professoren der Theologie in Upsala gingen aus seiner Ernennung hervor. Die Bischöfe lehnten abermals ab; der König war darüber sehr unwillig und drohte den Bischöfen sogar mit einer Citation vor das Hofgericht; aber diese verharrten bei ihrer Weigerung und Gustav Adolf starb, ohne ein Consistorium durchgesetzt zu haben [31]). Uebrigens hütete er sich, gegen die lutherischen Landesgeistlichen mit Gewalt vorzugehen; vielmehr suchte er sich mit ihnen nach Möglichkeit in gutem Einvernehmen zu halten, da er mit ihrer Hilfe sehr Vieles durchsetzte; andererseits zeigten sich die Geistlichen ihm gegenüber meist gefügig, auch die Bischöfe, welche ja von seiner Wahl abhingen. Vor dem Reichstage zu Stockholm im Jahre 1645 that der Reichskanzler Graf de la Gardie den Ausspruch: „Unser verstorbener König Gustav Adolf erhielt stets die Geistlichkeit bei guter Laune; er behandelte sie gleichsam als Volkstribunen" [32]).

Im Frühjahre von 1627 erneuerte Gustav Adolf die schon vorher mehrfach gegebenen Verordnungen, kraft deren die aus anderen Ländern vertriebenen Protestanten, von welchen er besonders deutsche und böhmische Exulanten im Auge hatte, Zuflucht und Aufnahme in seinem Reiche finden sollten, wo ihnen für die ersten Jahre Abgabenfreiheit bewilligt war [33]).

Von Katholiken war Schweden schon früher gesäubert worden, und diese Intoleranz setzte sich auch unter Gustav Adolf fort, besonders deßhalb, weil katholische Elemente wegen der Verbindung mit Sigismund von Polen gefährlich waren. Doch hielten sich im Lande trotzdem katholisirende Lutheraner oder geheime Katholiken auf, wie der Professor Messenius von Upsala, der beschuldigt wurde, den Plänen der feindlichen Emigranten, wol auch des eben genannten Polenkönigs, Vorschub zu

leisten, und obgleich man eigentliche Beweise hierfür nicht aufstellen konnte, so erfolgte doch 1615 seine Verhaftung und Abführung ins Gefängniß, wo er 1634 starb [34]). Im Jahre 1618 verordnete der Reichstag von Oerebro, daß die Strafe des Hochverrathes alle Schweden treffen sollte, welche auswärtige katholische Schulen besuchen und dann im Inlande den Versuch machen würden, den katholischen Glauben zu verbreiten. Drei Studenten, Georg Berf, Zacharias Anthelius und Nicolaus Campanius, waren im Auslande katholisch geworden und dann nach Schweden zurückgekehrt, wo sie nach Ablegung des lutherischen Bekenntnisses Aemter übernahmen. Da sie später als ihren Beichtvater im Geheimen einen Jesuiten herbeiriefen, so wurden sie verhaftet und einem peinlichen Verhöre unterworfen, welches ihnen das Geständniß erpressen sollte, daß noch andere Kryptokatholiken im Lande wären, was sie leugneten. Zwischen die Wahl der Todesstrafe und der Abschwörung des katholischen Bekenntnisses gestellt, wählten sie die erstere, und 1624 erfolgte ihre Enthauptung [35]).

XVIII. Rekrutirung des Landheeres. Wie eifrig und energisch auch der König allen Zweigen der Landesverwaltung seine Thätigkeit zuwandte, sein größter Eifer und seine höchste Energie waren der Schöpfung und Erhaltung der Armee und der Flotte gewidmet. Mit allen Mitteln strebte er dahin, ein möglich großes und tüchtiges stehendes Heer zu schaffen und zu diesem Zwecke namentlich die überkommene Ergänzung der Streitmacht auf einen anderen Fuß zu bringen, sicherer und ausgiebiger zu machen. Ehe er dazu gelangte, hatte jeder District eine sogenannte Fahne zu stellen, deren Mannschaft im Anfange seiner Regierung außerordentlich wechselte, zwischen 300 und 600 Köpfen [36]). Nicht selten wirkte jedoch auch die Pest sehr vermindernd auf den Ersatz des Heeres ein, namentlich von 1620 bis 1622, wo man in Südschweden und Finnland die Aushebungen zum Theil ganz einstellen mußte und, um nur einige Soldaten zu gewinnen, funfzehnjährige Knaben preßte. Im Jahre 1623 starben in Stockholm gegen 20,000 Menschen an dieser Seuche, und der Hof zog sich aus der Residenz zurück. Wiederum wüthete das Uebel, namentlich in Stockholm 1625, 1629 und 1630, wo der Hof von Neuem fortging [37]). Am stärksten wurde durch die Aushebung, welche meist nach der Kopfzahl erfolgte, der Bauernstand betroffen. Für den Krieg in Preußen (gegen Polen) lieferte die erste derartige Rekrutirung im ganzen Reiche 15,000, die zweite 12,000 Mann, jede der nachfolgenden immer weniger, zumal die Leute sich ihr durch alle Mittel zu entziehen suchten. Aus diesen Gründen und weil die Krone nicht Höfe genug für die ausgedienten und dienstunbrauchbaren Soldaten besaß, ferner weil diese Ländereien kein zusammenhängendes Territorium bildeten, auch die so auf Lehnhöfen angesiedelten Soldaten unter keiner militäri-

29) Gfrörer S. 121 und 122, nach Geijer III, 74 fg. 30) Ebenda S. 122. 123. 31) Ebenda S. 123. 32) Ebenda S. 114, nach Geijer III, 48. 33) Joh. Loccenius, Historia Suecana, Frankfurt 1676, S. 555.

34) Geijer III, 79 und 102. 35) Baazius, Inventar. ecclesiae Saeo-Gothorum, Linköping 1642, p. 739 seq. 36) Droysen II, 72. 37) Gfrörer S. 116.

schen Aufsicht von Officieren standen, reiste in dem Geiste
des Königs mehr und mehr der großartig angelegte
Plan, alle Bauernschaften dahin zu bewegen, daß sie
nach einem gesetzlich fest bestimmten Verhältniß auf eine
gewisse Strecke steuerbaren Landes je 1 Soldaten zu
stellen übernähmen, welchen sie im Frieden zu ernähren
hätten, und welcher der Aufsicht von Officieren, als
Nutznießern von Kronhöfen, unterstehen sollte. Im
Frühjahre von 1625 trat er mit diesen Vorschlägen vor
den in Stockholm versammelten Reichstag [38]). Hiernach
sollen alle Einwohner des platten Landes, welche Grundeigenthum besitzen, sich verpflichten zusammen 80,000
Mann Landwehr, die sogenannte Indelta-Armee, zu
stellen, deren Ernährung im Frieden die Gemeinden durch
Gewährung von Haus und Hof, Feld, Gespann u. s. w.
übernehmen. Jeder Hof liefert wenigstens 1 Soldaten,
welcher durch die Bauern verköstigt werden muß, aber
dafür, wenn er keinen Dienst thut, seinem Ernährer bei
der Arbeit hilft. Diese Landwehrsoldaten bleiben, wenn
sie nicht zu auswärtigen Kriegen verwendet werden, in
den Dörfern oder Höfen zerstreut, und werden nur zu
den Uebungen zusammengezogen. Sold wird ihnen, so
lange sie im Reiche sind, nicht gezahlt. Bricht aber ein
Krieg aus, zu welchem sie eingezogen werden, so übernimmt der Staat deren Besoldung aus den gewöhnlichen
Einkünften der Krone sowie ev. aus dem Ertrage der
etwa neu durch die Stände bewilligten Auflagen. Als
Ergänzung für die zum regelmäßigen Kriegsdienste versammelte Landwehr (welche dann die Linie bildet) stellen
die Gemeinden eine gleiche Zahl von Mannschaften, so
daß die Zahl der im Lande disponiblen Soldaten sich
stets gleichbleibt. Zur Durchführung dieser Absichten
wandte der König vor den damaligen Ständen seine
ganze Auctorität und Beredsamkeit auf: Der Adel finde
in den 500 neuen Officierstellen reichen Lohn; dem
Bauernstande werde die Noth der immer wiederkehrenden
Aushebungen erspart; dem Priesterstande ein starker
Schutz gegen die Gefahren von Seiten des Papstes gewährt, dem Bürgerstande eine vermehrte Consumtion
seiner Waaren geboten, wofür ein Beispiel in den niederländischen Städten vorliege, deren Flor sich besonders
durch das dortige stehende Heer gehoben habe; aber der
Plan kam trotzdem damals nicht zur allgemeinen Verwirklichung; nur einzelne Bauernschaften schlossen auf
seiner Grundlage mit der Krone einen Vertrag, sodaß
sie nun von den früheren Rekrutirungen verschont blieben.
Erst dem Könige Karl XI. gelang es die Indelta- (ein-
getheilte) Armee vollständig aufzurichten, wie sie 1875
als eine höchst unzweckmäßig gewordene Einrichtung
noch bestand [39]).

Im Jahre 1627, wo der Herrenstand oder Adel

auf das Privilegium verzichtete, kraft dessen seine Grundholden nicht wie die Schatz- oder Kronbauern bei den Aushebungen von je 10, sondern erst von 20 Manu je 1
Soldaten zu stellen hatten, sodaß von nun ab auch sie
jenen gleichgestellt wurden, erschien, hauptsächlich zum
Zwecke des liefländischen Krieges, eine königliche Verordnung, welche die nachfolgenden Bestimmungen enthielt.
Zunächst legt der Pfarrer mit Hilfe des Waibels und
der Sechsmänner des Kirchspiels ein Verzeichniß aller
Mannsleute von 15 Jahren und darüber an, für dessen
Richtigkeit die Genannten verantwortlich sind, und bei
welchem der Bezirksrichter wie der Bezirksvoigt die Aufsicht führen. Dann ruft der Pfarrer am Sonntage vor
der Aushebung durch eine Abkündigung von der Kanzel
die Bauernschaft unter der Ermahnung zusammen, daß
an dem bezeichneten Tage mit dem Geistlichen, den Hof-
dienern, den Officieren und Gemeinen (den bereits früher
Ausgehobenen, welche augenblicklich zu Hause sind), mit den
Schreibern, Voigten, Waibeln und Gerichtsdienern Jedermann sich einfinde. Ist der Tag erschienen, so setzt sich
zuerst das aus 12 Bauern bestehende Kirchspielsgericht
oder Nämb; die Aushebungscommissare des Königs lassen
ihre Vollmachten vorlesen, fragen darauf an, ob alle
zugegen seien, und empfangen aus des Pfarrers Händen
die Verzeichnisse; sodann werden die aushebungspflichti-
gen Bauersleute in Rotten von je 10 Mann eingetheilt,
und aus jeder Rotte ist 1 Mann zu rechnen, wofür
folgende Regeln gelten. Der aus jeder Rotte Auszu-
wählende muß frisch und gesund, stark von Gliedern
und, so viel man sehen kann, muthigen Herzens, 18 bis
30 Jahre alt sein. Sind Knechte in der Rotte, so werden diese vor den Bauernsöhnen ausgehoben, doch so,
daß der Sohn von Aeltern, welche bereits einen Sohn
im Dienste des Heeres haben, oder gar einen vor dem
Feinde verloren, verschont bleibt, wenn anders Rath zu
finden ist. Auch soll die Beschaffenheit der Höfe in
Betracht gezogen werden, der Gestalt, daß wer einen
großen Hof besitzt, vor dem kleineren Bauer bei der
Auswahl geschont werden soll. Die Commissare haben
sowol die Gegenwärtigen als auch die Abwesenden nach
dem pfarramtlichen Register zu zählen; wird Einer ver-
steckt gehalten, so büßen für ihn der Pfarrer, der Nämb
und der Waibel, und der Versteckte wird als Landstreicher
angeschrieben. Von der Aushebung ist Niemand frei,
außer dem Hof- und Dienstgesinde des Adels (mit diesem
selbst) sowie dem nöthigen Diener der ländlichen und
städtischen Geistlichen (mit diesen selbst). In Berg- und
Salpeterwerken, in Gewehrfabriken und Schiffswerften
soll nur das überflüssige Volk der Rekrutirung unterworfen sein, und auf dem platten Lande sollen alle
Neubauern nach Möglichkeit geschont werden. Landstreicher kommen nicht in die Rotte, sondern werden für
sich ausgehoben. Nur wer seine bürgerliche Ehre verloren hat, offenkundige Verbrecher, Mörder, Todtschläger,
Ehebrecher, sind vom Heeresdienste ausgeschlossen. —
Wie auf dem Lande Soldaten, so werden in den (See-)
Städten Matrosen ausgehoben, wozu die Personalver-
zeichnisse von den Beamten, dem Bürgermeister und dem

38) Geijer III, 50 fg. — Rühs S. 135. 242. — Mauvillon, Hist. de G. A. 94. — Bei Gfrörer S. 115, wo die
gesammte Einwohnerzahl von Schweden und Finnland zu „kaum“
2 Millionen angegeben ist.   39) Gfrörer S. 115, nach Geijer III, 51 fg.

Rath aufgestellt werden [40]). Man sieht aus diesen und anderen Verordnungen, wie sehr Gustav Adolf darauf bedacht war, das Gehässige der Rekrutengestellung so viel wie möglich auf die populären Schultern der Geistlichen, des Räuds und anderer Gemeinde-Organe zu legen. Dennoch blieb das Ersatzgeschäft eine den Leuten ziemlich verhaßte Sache, zumal die Dienstpflicht in Heer wie Flotte unter Gustav Adolf der Regel nach 20 Jahre dauerte, und wiederholt entstanden aus ihm Aufstände, welche nicht selten blutig verliefen [41]).

Etwas anders, freilich nur für die eine Aushebung im Winter von 1630 auf 1631, findet sich die Angelegenheit bei Droysen [42]) dargestellt. Hiernach kündigten die Prediger Tag und Ort der Conscription (von der Kanzel) ab, wozu sich die ganze männliche Bevölkerung zwischen 15 und 60 Jahren districtsweise versammelte. Dienstpflichtig von ihnen waren alle, welche keine eigene Wohnung hatten und für Lohn arbeiteten; die übrigen wurden, soweit sie nicht vom Kriegsdienste frei waren, in Rotten von je 10 Mann abgetheilt, und aus jeder Rotte zwischen 18 und 30 Jahren nahm man 1 Mann, aber so, daß Hofbesitzer, deren Einkünfte zum Unterhalte der Armee und der Flotte beizutragen hatten, ferner die Arbeiter in den Bergwerken und Salpeterbrüchen, die Colonisten und alle privilegirten Personen (Adel, Geistlichkeit, Beamte u. s. w.) nach Möglichkeit verschont bleiben sollten. Söhne von Bauern, welche bereits einen Sohn beim Heere (und in der Flotte) hatten, ebenso die, welche allein einen großen Hof verwalteten, wurden freigelassen. Die Einstellung der Mannschaften erfolgte erst, nachdem noch eine Superrevision stattgefunden hatte.

Um die Zahl der Soldaten und Matrosen zu ergänzen, bediente man sich außerdem je nach Bedürfniß der Werbungen von Ausländern resp. im Auslande; auch gewann das schwedische Heer nach einer siegreichen Schlacht nicht selten dadurch Mannschaften, daß viele von den geschlagenen Feinden freiwillig eintraten, wogegen freilich auch nach einer verlorenen Schlacht das Gegentheil geschah; Gefangene wurden oft in großer Zahl gewaltsam den schwedischen Regimentern einverleibt.

XIX. Kleidung und Uniformirung des Heeres. Nachdem bis dahin jeder ausgehobene oder geworbene oder sonstwie gewonnene Mann in seiner mitgebrachten Kleidung, oft in einem ganz schlechten Bauernkittel, den Heeresdienst verrichtet hatte, führte Gustav Adolf 1613 zunächst für die Garde eine gleichmäßige Bekleidung ein. Ein weiterer Schritt auf diesem Wege war die 1621 erlassene königliche Vorschrift, wonach jeder Soldat sich statt der langen Jacken und Kittel einen passenden Anzug verschaffen sollte, um im Auslande nicht verlacht zu werden [43]). Nach einer anderen Darstellung sindet Gustav Adolf in dem genannten Jahre den Soldaten vor, sich dienstliche, militärische Anzüge zu beschaffen, und erst 1632 trifft man bei der schwedischen Armee auf

Anfänge von eigentlichen Uniformen [44]). — Wiederum eine andere Angabe meldet, daß der König 1622 befohlen habe, jedes Regiment oder jede Compagnie sollte gleich gekleidet sein; aber auch dieser Befehl sei noch später nicht streng ausgeführt gewesen; denn z. B. 1626 habe man von den schwedischen Soldaten als von „unansehnlichen Bauernknechten in schlechten Kleidern" gesprochen. — Wenn man [45]) gewisse schwedische Regimenter oft nach der Farbe bezeichnet findet, z. B. das Ehrenreuter'sche als das rothe, das Wigthum'sche als das alte blaue, das Winkel'sche als das (einfach) blaue, das Teuffel'sche als das gelbe, das Hebron'sche als das grüne, das pommersche als das weiße, die drei hanseatischen als die schwarzen, so rührt diese Bezeichnung nicht von der Montur, sondern von den Farben der Fahnen her. — Uebrigens lag den Bauernschaften ob, die ausgehobenen Mannschaften zu bekleiden, wozu die Steuer des Rottenpfennigs oder des Rottengeldes erhoben wurde. Einen Theil dieses Geldes erhielt der Ausgehobene, welcher sich dafür Kleider und Untergewehr zu schaffen hatte; für den anderen Theil lieferte der Befehlshaber des Regiments oder das Kriegsamt die übrigen Waffen [46]). — Sehr erfolgreich für die militärischen Operationen war es, daß Gustav Adolf seinen Soldaten, namentlich seit 1630, Pelze, wollene Handschuhe, Pelzstiefeln und dergleichen schaffte, wodurch er zum Schrecken seiner Feinde, welche hierauf nicht vorbereitet waren, in den Stand gesetzt wurde, zwei Winterfeldzüge zu unternehmen [47]).

XX. Eintheilung und Bewaffnung der Infanterie. Deren Officiere und andere Chargen. Nachdem der König 1621 die Stärke eines Regimentes auf 1176 Mann herabgesetzt hatte, erfolgte 1623 eine weitere Normirung auf 1200 Mann, indem er je der 8 Compagnien aus 150 Mann bildete, welche in Rotten zu je 6 Mann zerfielen; je 4 Compagnien machten eine „Schwadron" (= Bataillon) aus und je 2 (kleine, eigentliche) Regimenter 1 „großes" Regiment. Bei den geworbenen Ausländern hatte 1 Compagnie meist nur die Stärke von 120 Mann [48]). Für die Zurüstung zu dem Kriegszuge von 1630 besaß jedes Regiment einen Stab von 19 Personen, an deren Spitze der Oberst stand. Ihm folgten ein Oberstlieutenant, 1 Major (Wachtmeister), 1 Regimentsquartiermeister, 1 Regimentschreiber, 1 Regimentsbarbier (Doctor und Apotheker), 1 Regimentsprofoß, 1 Regiments-(oder) Prediger, je 3 niedere Regimentsbarbiere, Regimentsprofose und Regimentsprediger, 1 Rechtswaibel und 1 Rechtschreiber. Außerdem befanden sich in jeder Compagnie 18 „Officiere", nämlich je 1 Capitain, 1 Lieutenant, 1 Fähnrich, 2 Sergeanten, 1 Musterschreiber (= Feldwebel), 1 Fourier, 1 Rüstmeister, 6 Corporale, 2 Trommelschläger, 4 Musterknechte [49]). Jede Compagnie

40) Ebenda S. 112. 113. 41) Ebenda S. 114. 117. 42) II, 84. 85. 43) So Droysen II, 76.

44) Gfrörer S. 83. 45) So berichtet Droysen II, 75. 76, in der Armeerüstungen für 1630. 46) Rühs S. 241. 47) Droysen II, 76. 48) Ebenda II, 72. 73. 49) Ebenda II, 75. Wir geben die Einzelzahlen, wie oben, wieder, obwol sie weder mit dem Begriffe eines Officiers zu stimmen scheinen, noch auch mit der Gesammtziffer übereinstimmen.

setzte sich bei dem Feldzuge von 1630 in ihren Haupt-
bestandtheilen aus 75 Musketieren und 59 Pikenieren
zusammen, neben welchen sie früher auch kleine Abtheilungen leichten Fußvolkes hatte, wie Schlittschuhläufer,
Bogenschützen und Andere[50]). „Bogenknechte", mithin
Soldaten mit Bogen und Pfeil, und zwar einheimische,
werden in einem Schreiben Gustav Adolf's vom 26. April
1627 erwähnt[51]). Stets darauf bedacht, die Beweglichkeit der Soldaten so viel wie möglich zu steigern,
beseitigte der König seit 1626 die Gabel, auf welche der
Infanterist beim Schießen sein schweres Gewehr stützen
mußte, und dieses selbst erhielt von jetzt ab ein leichteres
Gewicht. Im letzten Polenkriege führte er für die Infanterie die „Schweinsfeder" ein, d. i. eine Stange mit
einer langen Eisenspitze, welche der anrückenden Cavaleire
gegenüber schräg in die Erde gestützt wurde. Im deutschen Kriege jedoch kam diese schwerfällige Waffe meist
nur noch bei Verschanzungen zur Anwendung. Seitdem
verlor auch der Harnisch der Musketiere sein früheres
schweres Gewicht, und als Hauptwaffe wurde bei diesen
Soldaten statt des Speeres (resp. der Pike) die Muskete
eingeführt. Diese bestand anfangs aus dem Lunten-
gewehr, welches, obgleich bei Regenwetter unbrauchbar,
früher der Flintenbüchse vorgezogen ward, weil deren
Schloß zu oft versagte; aber seit 1630 hatte man mehr
Schloßgewehre als Luntengewehre. Zu der Expedition
für 1630 trugen die Officiere Partisan und Degen,
oft nur einen Degen[52]). — Wenn erwähnt wird[53]),
daß Gustav Adolf seine Infanterie nur 6 Mann hoch
aufstellte, nämlich zum Treffen, so ist dies, wie wir später
sehen werden, nur mit Ausnahme zu verstehen. — Die
im Jahre 1624 vorhandene Zahl der brauchbaren Fußsoldaten berechnete sich auf 40,000 Mann[54]).

XXI. Rekrutirung, Eintheilung, Ausrüstung der Cavalerie. Officiere und andere
Chargen. Es war eine uralte Verpflichtung des Adels,
im königlichen Heere Reiterdienste zu leisten, wogegen
er von den übrigen Abgaben befreit war. Nachdem die
von Gustav Adolf 1612 zu Nyköping genehmigten Privilegien des Herrenstandes festgesetzt hatten, daß von 400
Mark (= 266 schwedischen Speciesthalern) adeliger Bodenrente ein Roß mit einem gut bewehrten Reiter gestellt
werden müsse[55]), bewilligte der König 1622 eine Erleichterung dieser Last, indem er nur noch für 500 Thaler
Einkommen ein Roß (mit Reiter) verlangte[56]); Edelleute, welche keine so hohen Einkünfte hatten, sollten sich
je zu 2, höchstens zu 3 vereinigen, um einen Reiter mit
dem Pferde zu leisten. Im Allgemeinen galt jeder Edelmann für einen geborenen Soldaten; war er zu arm, um
auch nur antheilsweise Roß und Mann zu stellen, so
wurde erwartet, daß er in des Königs Soldkriegsdienste
thue, sei es als Officier, sei es als Gemeiner oder
sonstwie. Im Jahre 1626 suchte Gustav Adolf an den
Statthalter von Estland: „Die Edelleute, welche nicht

reich genug sind, für ihre Güter zu reiten, sollen in des
Königs Leibfahne eintreten. Keiner darf sich des Dien-
stes entheben." Da der Roßdienst des Adels kostspielig
war, so wurde er sehr unvollkommen geleistet, worüber
fort und fort sich Klagen hören ließen. Um die Lücke
auszufüllen, hatte Karl IX. in den Provinzen sogenannte
Landreiter aufgestellt, welche für ihre Dienste die Nut-
nießung von Grundeigenthum der Krone empfingen,
eine Einrichtung, welche unter Gustav Adolf fortbestand.
Die Gesammtstärke der Landreiterfahnen belief sich 1624
auf 3500 Mann[57]). Die größte Zahl der Cavaleristen
(in Kriegsjahren) wurde geworben, und ein Cornet
(Fahne) solcher Reiter pflegte 125 Pferde stark zu sein,
während 150 Landreiter zu 1 Cornet gehörten[58]). —
Bei der Zurüstung für den Krieg in Deutschland war
einem Cavalerieregimente ein Stab von 6 Officieren
zugetheilt, welcher aus 1 Oberst, 1 Oberstlieutenant,
1 Major, 1 Regimentsquartiermeister, 1 Regimentsschreiber
und 1 Regimentsbarbier (Arzt) bestand. Je 1 Cornet
hielt 1 Capitain mit 4 Pferden, 1 Lieutenant, 1 Fähnrich,
jeden mit 3 Pferden, 4 Corporäle mit je 1 Pferde,
1 Fourier mit 2 Pferden, 1 Musterschreiber, 1 Prediger,
1 Profoß, 1 Barbier, 1 Hufschmied, 2 Trompeter, jeden
mit 1 Pferde. Indem hierzu 102 Gemeine mit je
1 Pferde kamen, so zählte das Cornet zusammen 115
(? 119) Mann mit 125 Pferden[59]). In derselben Zeit
setzte sich die Cavalerie meist aus Küraßsieren zusammen,
welche Küraß, Schienen u. s. w. sammt Schwert und
2 Pistolen führten. An die Stelle der früher zahlreicheren
Arkebusier, welche von ihrer Bewaffnung nach Kara-
biniers oder Bandelierreiter hießen, waren um 1630
(schon seit 1611) durch Gustav Adolf, welcher bei der Cavalerie die Schutzwaffen ganz eingehen lassen wollte, meist
Dragoner getreten, d. h. berittene gemachte Musketiere
und Pikeniere ohne Reitstiefeln und Sporen[60]).
Wenn auch die Kaiserlichen und die Ligisten meist
stärkere Pferde als die Schweden hatten, so wurde doch
dieser Vortheil wiederum mehr als aufgewogen durch
die zu schwerfällige Bewaffnung, wie der Infanteristen,
welche zumeist aus Musketieren und Pikenieren bestanden,
so der Cavaleristen, von denen die sehr zahlreichen
Küraßsiere — neben berittenen Schützen, Dragonern und
Kroaten — eine außerordentlich schwere Rüstung zu
tragen hatten[61]). Von der zu starken Aufstellung der
Soldaten im Treffen durch Tilly und von den durch
Wallenstein bei Lützen zu massenhaft formirten Quarré's
wird weiter unten, an den entsprechenden Zeitpunkten,
die Rede sein. — Im Interesse einer größeren Beweglichkeit duldete Gustav Adolf weniger Beipferde als die
kaiserlichen und ligistischen Heerführer.

XXII. Artillerie, namentlich Kanonen. Ge-
niewesen. Auch die Artillerie in den Heeren Tilly's
und Wallenstein's stand der schwedischen bedeutend
nach; vor Allem waren die Geschütze für den Gebrauch

50) Ebenda II, 73. 74.   51) Geijer III, 123.   52)
Droysen II, 73 und 74.   53) Bei Gfrörer.   54) Geijer
III, 60.   55) Ebenda II, 21.   56) Ebenda III, 27, Note 1.
57) Ebenda III, 60.   58) Droysen II, 73.   59) Ebenda
II, 75.   60) Ebenda II, 74. 75.   61) Gfrörer S. 779 fg.,
nach Francheville, Histoire des dernières campagnes de Gustave
Adolphe, Berlin 1772, S. 247 fg.

im Felde zu schwer; die meisten schossen 24-pfündige
Kugeln; viele brauchten 20 und mehr Pferde, sodaß
Tilly nie mehr als 28 mit sich führte; wo sie am Beginn
der Schlacht aufgefahren wurden, da blieben sie meist
bis zum Ende stehen; Wallenstein vermehrte ihre Zahl.
Dagegen hatte Gustav Adolf gerade auf die Ausbildung
dieser Waffe, welche 1630 unter dem Oberst Lenhard
Torstenson stand, sein Genie verwandt, hauptsächlich
dadurch, daß er die Kanonen so leicht wie möglich construirte, wodurch er in den Stand gesetzt war, eine größere
Zahl als die Ligisten und Kaiserlichen für den offenen
Kampf zu verwenden. Schon seit 1615 führte er neben
den schweren auch leichte Feldkanonen von Eisen ein,
welche durch ein Pferd oder durch 2 bis 3 Mann transportirt werden konnten. Nach einer anderen Darstellung
sind die leichteren resp. fürzeren Feldkanonen erst 1624
bei den Schweden in Gebrauch gekommen, und zwar
auf Anrathen des deutschen Geschützobersten von Siegroth. Vielleicht sind damit die sofort zu erwähnenden
Regimentsstücke gemeint. Eine besondere Einrichtung
war es, daß Gustav Adolf jedem Regimente ein, später
zwei sogenannte Regimentsstücke beigab, was auch von
anderen Nationen nachgeahmt wurde. Es waren dies
eiserne Vierpfünder, deren Pulvergewicht nur den dritten
Theil des Kugelgewichtes betrug. Während die Kaiserlichen das Pulver mittels einer Schaufel in das Rohr
schütteten, bedienten sich die Schweden einer ganz dünnen
gedrehten Holzbüchse (Cartouche), an welche die Kugel
mittels Eisendrahtes befestigt war[62]. Der kaiserliche
Minister Fr. Chr. von Khevenhiller sagt von ihnen[63]:
„Der König hatte eine Menge kleiner Regimentsstücke,
mit denen er so geschwind zu schießen wußte, daß er
wol achtmal feuerte, ehe ein Musketier sechsmal zum
Schusse kam." Bedeutender als die früheren war die
artilleristische Reform vom Jahre 1624. Bis dahin
hatte Schweden zur seine Feldarmee und seine Befestigungen 3 Classen von Geschützen: das Festungsgeschütz als das schwerste, das Schiffsgeschütz und die
Feldstücke als die leichtesten. Ein 24-pfündiges Festungsgeschütz (Rohr) wog 20, ein 12-pfündiges Festungsstück
nur 9, ein 12-pfündiges Festungsgeschütz 10, Feldstücke
von demselben Kaliber wogen nur 6 und 4 Schiffspfund.
Die Festungskanonen bestanden meist aus Doppelkar-
thaunen wie ganzen Karthaunen und erforderten zum
Transport à Stück 36 Pferde. Die schwersten Feldkanonen waren die 24-pfündigen halben Karthaunen;
außerdem hatte man zu diesem Zwecke 12-, 6-, 3- und
2-Pfünder, welche auch Feldschlangen, doppelte und
einfache Falconets u. s. w. hießen; Mörser wurden selten
gebraucht. Auch die halben Karthaunen waren sehr
schwerfällig; sie hatten ein 12 Fuß langes Rohr und erforderten 24, die Feldschlangen 16 Pferde. Nach dem
Jahre 1624 durch den oben erwähnten Hans Heinrich

von Siegroth ausgeführten Probeschießen befahl der
König, daß alle untauglichen Rohre in neue fürzere
umgegossen werden sollten. — Wie der Gewährsmann
berichtet, welchem wir meist in erster Linie folgen[64],
kamen bei den Schweden unter Gustav Adolf auch die
sogenannten ledernen Kanonen in Gebrauch, welche
balb nach der Mitte der zwanziger Jahre durch den
Obersten Melchior v. Wurmbrandt construirt wurden.
Die Seele derselben war durch ein sehr dünnes Kupferrohr gebildet; dieses umgab man mit eisernen Schienen,
welche durch eiserne Ringe zusammengehalten wurden;
als weitere Hülle wickelte man um diesen Metallkörper
mit Mastir oder anderem Kitt getränkte Tane in mehreren Lagen; das Ganze wurde mit hartem Leder überzogen, welches man oft bemalte oder gar (wol nur zum
Theil) vergoldete. Das kupferne Zündloch war, weil es
sich leicht zu stark erhitzte, zum Ein- und Ausschrauben
eingerichtet; als Lafetten dienten zwei leichte Planken.
Zwar konnten diese Geschütze von 3 Mann transportirt
werden; aber wegen ihrer schnellen Erhitzung vertrugen
sie nur eine schwache Ladung, und auch bei dieser mußte
man sie nach 10 bis 12 Schüssen abfühlen. Im Jahre
1627 hatte Gustav Adolf 14 solcher Kanonen im Gebrauche; er wandte sie auch noch 1628 und 1629 im
polnischen Kriege an; aber im deutschen Kriege spielten
sie eine sehr untergeordnete Rolle, und nach der Schlacht
bei Breitenfeld scheinen sie gänzlich außer Gebrauch gesetzt worden zu sein[65]. Nach einer anderen Erzählung[66] hat der in den schwedischen Kriegsdienste übergetretene
faiserliche Officier Melchior v. Wurmbrandt von dieser
seiner Erfindung 6 Stück mit vor Wormdit gebracht
und sie hier im October 1627 zum ersten Male im Feuer
verwendet. Die Seele war hiernach aus einem perga-
mentbilden Kupferrohr gebildet, dieses von eisernen Bändern, Stricken und Leinwandstreifen umschlungen, das
Ganze mit Leder überzogen. Zwei Mann konnten ein
solches Rohr sammt den Lafetten fortbringen. Im Uebrigen stimmt diese Relation mit der obigen überein[67].
Selbst ein ausgezeichneter Ingenieur, der diese
hauptsächlich von den Niederländern erlernte Kunst oft
mitten im Gefecht durch eigenes Handanlegen übte,
verwendete Gustav Adolf auf die Ausbildung eines tüchtigen Geniecorps viel Fleiß und Sorgfalt. An seinem
in Deutschland operirenden Heere bewunderte man stau-
nend die „kunstreichen Minire, Ingenieure, Mathematici,
Werkmeister, Feuerwerker", und in seinen Briefen sind
sehr häufig Ingenieure erwähnt, vor Anderen Franz
von Traytor, der „General von der Fortification"[68],
und Porticus, welcher 1631 den Befehl empfing, Frankfurt a. d. O. zu befestigen. Obgleich das schwedische
Heer seine besonderen Abtheilungen für das Genie

---

62) Droysen II, 77. 78. 63) Annal. Ferdin. XI, 1290.
— Eine andere uns vorliegende Darstellung schreibt die Einführung
der „leichten eisernen" Kanonen mit fertigen Patronen bei den
Schweden dem Schotten Hamilton zu.

64) Droysen II, 78. 79. 65) Gewisse Schriftsteller geben
das Jahr 1631 als den Termin der definitiven Abschaffung an.
66) Gfrörer S. 148. 67) Verf. dieser Zeilen hat aus deutschem Volksmunde die Aeußerung gehört, die Schweden hätten im
dreißigjährigen Kriege aus „Butterfässern" geschossen. Vielleicht
sind darunter die „ledernen" Kanonen zu verstehen. 68) J. B.
an Erich Andersson, d. d. 7. Juli 1631.

5

hatte, z. B. ein Corps (oder mehrere) von Minirern, so wurden doch alle Truppen auf Fortifications- und Pontonarbeiten eingeübt, sodaß zuweilen selbst die Artilleristen Brücken schlagen mußten. Hierdurch gelang es den Schweden, Plätze und andere Oertlichkeiten mit einer unglaublichen Schnelligkeit zu befestigen, wofür der König unter Umständen stets selbst die genauesten Anweisungen ertheilte. — Von der Anlage bedeutender Festungswerke im eigenen Lande ist uns nichts bekannt.

XXIII. *Kriegsmarine.* Da die kriegerischen Unternehmungen meist überseeische, die Küsten Schwedens wie der bekämpften Staaten sehr ausgedehnt, die Seehandelsinteressen für ihn von vorwiegender Bedeutung waren, so ließ es sich Gustav Adolf in hohem Grade angelegen sein, eine zahlreiche und tüchtige Kriegsflotte zu haben. Da während der deutschen Expedition oft „Ständeschiffe" erwähnt werden, d. i. unzweifelhaft solche, welche eigens von den Ständen beschafft und ausgerüstet waren, so wird man die übrigen als königliche bezeichnen dürfen; doch trifft man auch auf die hiervon unterschiedene Bezeichnung von „Frachtschiffen". Unter den eigentlichen Orlogsschiffen (Kriegsschiffen zum Kampfe) war 1630 der Merkur das Admiralschiff oder wenigstens das größeste, mit 32 Kupfer- und Eisenstücken vom 24- bis zum 3-pfündigen Kaliber armirt. Die Andromeda führte 18, der Apollo 20, der Westerwik 26, der Regenbogen 13, der Storch 12, der Schwarze Hund 8, der Pelikan 20, der Papagei 10, der Delphin 12 Geschütze. Zwölfpfündige Kupferstücke hatten nur die 5 zuerst genannten Fahrzeuge; der Apollo aber außer ihnen noch 2, der Regenbogen 1 48-pfündiges Sturmstück, während der Merkur, die Andromeda, der Westerwik und der Pelikan je 2 24-pfündige Sturmstücke führten. Ueber die zur Ueberfahrt nach Deutschland 1630 verwendeten Schiffe liegt im stockholmer Arkiv [69]) eine Liste vor, welche außer den oben genannten Schiffen noch 27 angibt, welche ohne Zweifel kleinere waren, aber wol auch Orlogsschiffe. Außerdem hatte der König noch viele andere von geringerer Tragfähigkeit und zu anderen Zwecken, namentlich zum Transport, wie Struzzen, glatte Flußschiffe, Galeeren, Jachten, Boote oder Lodger. Ein Verzeichniß in dem genannten Arkiv [70]) vom Jahre 1632 enthält die Namen von 54 Orlogsschiffen, von denen 30 durch Capitaine, 16 durch Lieutenants geführt wurden. Die Besatzung der größten Fahrzeuge war 160, 140 und 114 Mann; eine bedeutende Zahl hatte deren 83, 68, 55, 48 u. s. f. Auf den Struzzen und Galeeren befanden sich in der Regel 12, auf den Jachten 7, auf den Lodgern je 1 Mann [71]). — Als Gustav Adolf 1630 nach Deutschland aufbrach, zählte seine Kriegsflotte 5 Admirale, nämlich Erich Ryning, Erich Hansson, Simon Stywert, Hans Haufson und Hans Klerk, außerdem 2 Majore, 26 Capitaine, 25 Lieutenants, 49 Schiffer, 39 Steuerleute, 25 Constabler, 22 Struzzenschiffer, 5 Prie-

ster [72]). Man wird diesem Personal auch Aerzte, Schmiede, Zimmerleute und Andere zuzählen müssen.

XXIV. *Obere Heerführer und andere Offiiere. Kanzleien. Sanitätswesen. Naturalverpflegung und Löhnung. Kriegsartikel und Kriegsgerichte. Disciplin. Gottesdienst für Landheer und Flotte.*

Unter dem Könige als dem Oberstcommandirenden standen zunächst der Reichsmarschall für das Landheer und der Reichsabmiral für die Marine. Wer ein Heer im Felde selbständig commandirte, führte den Titel eines Generalfeldobersten oder eines Feldherrn resp. eines Generalfeldherrn. Erst dann folgte der Rang eines Feldmarschalls, welchen nur wenige Officiere bekleideten, im Jahre 1623 nur zwei, nämlich der „Feldherr" Jacob de la Gardie und Hermann Wrangel. Kurz vor dem Feldzuge von 1630 ernannte der König Gustav Horn zum Feldmarschall, Ake Tott und Johann Baner zu „Generälen". Nach 1623 traten hinzu ein Feldmajor oder Generalfeldmajor resp. Generalfeldwachtmeister, wozu als erster der Graf Bernhard von Thure ernannt wurde, welcher mit einem geworbenen Regiment aus Holland nach Schweden kam. In weiterer Abstufung und unten folgten die Obersten, deren Mehrzahl von der Pike auf gedient hatte, und die Oberstlieutenants. Im Jahre 1626 hatte Schweden nur 15 Obersten und 19 Oberstlieutenants. Nicht lange vor der Expedition nach Deutschland errichtete Gustav Adolf einen Generalstab, dessen Chef der „Generalmajor für des Königs Armee" war, zuerst Kniphausen, dann Baudißin. Außerdem gab es einen Artillerie-General und den Posten eines Obersten über die Artillerie, wozu der König vor dem Beginne des Feldzuges von 1630 den erst 27jährigen, aber höchst begabten Torstenson berief. Nicht selten beförderte er gemeine Soldaten zu Officieren und stattete sie zur Behauptung ihres Standes mit Geld aus [73]).

Da der König bei seinen Heereszügen eine außerordentlich starke und vielseitige diplomatische und anderweitige Correspondenz führte, so folgten ihm mehrere Kanzleien, von denen man eine schwedische, eine deutsche und eine lateinische findet; auch läßt sich annehmen, daß ebenso für die niederländische, englische, französische Sprache gesorgt war. Obgleich Gustav Adolf selbst mit enormem Fleiße Vieles selbst schrieb, so vermochte er doch nicht Alles zu bewältigen, was an hohe Adressen anging, sodaß er es durch Andere besorgen lassen mußte, namentlich durch Lars Grubbe, welchem als einem sehr vertrauten Kanzleipräsidenten selbst Briefe von sehr wichtigem Inhalte an hochstehende Personen diktirt [74]).

Wie Gustav Adolf als der erste Herrscher von Schweden dem Medicinalwesen des ganzen Reiches überhaupt eine durchgreifende Sorgfalt zuwendete, so ließ er es hierin speciell für Heer und Flotte nicht fehlen,

---

69) I. Nr. 113.   70) III. Nr. 1086.   71) Drohsen II, 80.   72) Ebenda.   73) Ebenda II, 81, zum Theil nach der „Relation von der königlich schwedischen Armee".   74) Ebenda II, 83.

denen er die vorher nicht vorhandenen „Barbiere" (Feld-schere) gab. Im deutschen Kriege ließ er auch besondere Militärlazarethe anlegen, von denen bei den früheren Kriegen kaum die Rede ist [75].

Zur Verpflegung der Truppen in der Heimath war als oberste Instanz ein Kammerrath angestellt; im Felde sorgten hierfür die Generalproviantmeister oder Commissäre, welche meist aus den Mitgliedern des Kammerrathes genommen wurden. Die von ihnen den Regimentern gelieferten Bedürfnisse wurden innerhalb derselben durch den Generalwachtmeister vertheilt, welcher zugleich die Aufsicht über die Ordnung oder die Polizei im Lager hatte und deshalb auch „Generalgewaltiger" hieß. Außerdem sorgten für Lebensmittel Marketender oder solche Leute, welche für Krambuden im Lager u. f. w concessionirt waren [76].

Nachdem Karl IX. den Anfang dazu gemacht hatte, dem ausgehobenen Landreiter zum Unterhalte je den 8. Theil eines Kronhofes schatzfrei zuzuweisen, dehnte Gustav Adolf diese Maßregel auf weitere Truppentheile aus. Aber nicht blos Gemeine, auch Ober- und Unterofficiere, Corporäle, Feldpriester, Regimentsschreiber, Profoße empfingen Anweisungen auf dergleichen Höfe, deren Nutznießung sie nach beendigtem Feldzuge antraten. Die Geldbesoldung während eines Krieges wurde selbstverständlich von der Krone geleistet [77], oft freilich bei dem Mangel an Mitteln sehr unregelmäßig oder lange Zeit hindurch gar nicht, sodaß aus der Unzufriedenheit der Mannschaften u. f. f. nicht selten die schwersten Verlegenheiten entstanden, worauf wir weiter unten näher zurückkommen werden. — Im deutschen Kriege erhielt bei der Infanterie der Oberst monatlich 184, der Oberstlieutenant 80, der Oberstwachtmeister 61, der Regimentsquartiermeister 50, ein Hauptmann 25, ein Lieutenant 20, ein Fähnrich 30, ein Feldwebel 9, der Führer, der Quartiermeister und der Musterschreiber je 7, ein Trommler und Pfeifer je 4, jeder Corporal 6, jeder Rottmeister 5, jeder Gefreite 4, jeder Gemeine 3½, jeder Ueberzählige je 3, jeder Regimentsgeistliche 18, jeder Wundarzt 12, jeder Profoß 12, der Regimentsschreiber 18, der Scharfrichter 7 Thaler schwedisch [78]. Der Monatssold der Cavalerie war in derselben Zeit für einen Rittmeister der geworbenen Dragoner 100, für einen Lieutenant 40, für einen Fähnrich 30, für einen Corporal 20, für einen Gemeinen 15 solcher Thaler [79]. — Diese vielfach sehr hohen Geldlöhne lassen sich vielleicht auch dadurch erklären, daß, wie z. B. die Kriegsartikel von 1621 bestimmen, jeder Soldat bei einem Feldzuge seine Frau mit sich führen durfte, was vielleicht deshalb erlaubt war, um den Ausschweifungen entgegenzuwirken und so viel wie möglich für Küche, Kleidung, Reinlichkeit und andere Bequemlichkeiten der Mannschaften zu sorgen.

Die in den wesentlichsten Punkten auch später noch geltenden Kriegsartikel resp. Bestimmungen über die Kriegsgerichte hat Gustav Adolf im Juli 1621 zu Elsnabben eigenhändig niedergeschrieben; ihr Inhalt ist in Kürze folgender [80]: Der König ist als „Gottes Bevollmächtigter auf Erden" der höchste Richter im Kriege und im Frieden. Diese Gewalt übt er aus durch Obergerichte und Untergerichte; im Obergerichte führt der Reichsmarschall und in seiner Abwesenheit der Feldmarschall den Vorsitz; Mitglieder sind der Feldmarschall, der General des Geschützes, der Feldwachtmeister (Generalmajor), der General der Reiterei, der Feldquartiermeister, die Musterungsherren, auch sämmtliche Obersten aller Regimenter. Im Regimentsgericht (Untergericht) ist Wortführer (Vorsitzender) der Oberst oder bei seiner Verhinderung der Oberstlieutenant. Die Beisitzer werden durch das ganze Regiment gewählt, und zwar 2 Hauptleute, 2 Lieutenants, 2 Fähnriche, 2 Feldwebel und 2 Führer. Eine ähnliche Einrichtung besteht bei den Cavalerieregimentern. Im Obergericht ist Ankläger der Generalprofoß, welcher Jeden verhaften kann, bei den Regimentsgerichten der Regimentsprofoß. Vor das Obergericht gehören alle Staats- und größeren Verbrechen, sowie Berufungen von den Untergerichten in Civilsachen. Strafarten sind Einsperrung, Entsetzung, Hängen, u. f. w.; die Prügelstrafe ist verboten. — Wenn auch Wallenstein in vielen Stücken, z. B. im Falle des directen Ungehorsams und der Feigheit, sehr harte Strafen, wie Galgen und Rad, anwandte, so herrschte doch in anderen eine schlimme Indisciplin; Gemeine und Officiere waren von Raubsucht förmlich besessen; ein Schwarm von lüderlichen Dirnen folgte dem Heere, und mit viel besser stand es bei den Truppen Tilly's. Dagegen hielt Gustav Adolf weit strenger auf Mannszucht, und die sehr harten Kriegsartikel [81] kamen meist zur unnachsichtigen Anwendung, wie bei Gemeinen, so bei Officieren [82]. Doch werden wir auch Perioden kennen lernen, wo selbst die schwedische Disciplin viel zu wünschen ließ.

Ohne Zweifel lag eine Kraft der Ordnung und der Menschlichkeit, wie der Aufopferung und des Muthes in der Sorge, welche Gustav Adolf dem gottesdienstlichen Bedürfnissen und Pflichten in Heer und Flotte widmete. Persönlich durchaus religiös und gottesfürchtig gestimmt, führte er hier wie dort die Militärprediger ein, welche das Heer auf seinen Zügen begleiteten und Morgen- wie Abendandachten hielten. Besondere gottesdienstliche Feiern pflegten Regimenter- oder Compagnien-Weise einer Schlacht oder sonst einer ernstlichen Action vorauf zugehen, wobei die Officiere mit ihm neben den Gemeinen niederknieten. Aus diesen und ähnlichen Anlässen verordnete er besondere Bet- und Bußtage für das Heer wie für das Land. An die Soldaten ließ er ein Gebet- und Gesangbuch unter dem Titel „Etliche Gebete" vertheilen [83].

---

75) Ebenda II, 84. '76) Ebenda II, 81. 77) Geijer III, 51. 78) Gfrörer S. 797, nach einer Angabe des Lords Rhea in dem Leben Gustav II. Adolf's von Harte, Anhang S. 63 fg. 79) Ebenda, nach Rühs S. 244.

80) Gfrörer S. 96 und 97, nach Geijer III, 104 fg. 81) Unter Anderem abgedruckt bei Heilmann, Das Kriegswesen der Kaiserlichen und Schweden, S. 221 fg. 82) Droysen II, 82. 83) Ebenda II, 82 und 83.

Ueber den Eifer und den Erfolg, womit Gustav Adolf die militärischen Streitkräfte ausbildete, lassen wir statt anderer gleichzeitigen Zeugnisse zunächst den „Rapport der (niederländischen) Legatie naar Zweden en Moscovii 84)" aus den Jahren 1615 und 1616 reden. Es lägen, hieß es da, in Schweden 9 neue große Kriegsschiffe auf dem Stapel, und das Landheer sei auf die Stärke von 40,000 Mann gebracht. Da gab es ein neues, großes, nach niederländischem Vorbilde eingerichtetes Magazin von grobem Geschütz und von Waffen aller Art. Der junge König habe die Gesandtschaft ersucht, bei den Hochmögenden zu veranlassen, daß man ihm den Controleur Monier mit Ingenieuren, Kanonieren, Feuerwerkern u. s. w. sende, da er sein Kriegswesen im Geiste Oraniens einrichten wolle. Wie derselbe Bericht aussagt, ließ Gustav Adolf ein nach seiner eigenen Erfindung construirtes grobes(?) Geschütz probiren, dessen Rohr nur 22 Pfund wog und doch Geschosse von 20 Pfund warf; er habe hinzugefügt, daß er das Geschütz noch leichter zu machen gedenke. Dieselbe Bewunderung über das erfinderische und organisatorische militärische Genie des Königs sprechen die Arma Suecica aus, ein Buch, welches noch zu seinen Lebzeiten in erster Auflage erschien. Es heißt hier in der 6. Ausgabe 85): „Es sind wol jetziger Zeit seines Gleichen in Kriegserfahrung in der Christenheit nicht viel zu finden" 86).

XXV. Politische Beziehungen und diplomatische Verhandlungen mit den Niederlanden, England, Frankreich, Siebenbürgen und anderen Staaten. Gustav Adolf entwickelte auf diesem Gebiete, namentlich während seiner kriegerischen Operationen gegen Dänemark, Rußland, Polen, die Kaiserlichen und die Ligisten, eine höchst rührige und folgenreiche Thätigkeit, welche bei einer ausführlichen Darstellung seiner Regierung mit Fug und Recht die besondere Zusammenfassung nach den oben bezeichneten Gruppen beanspruchen kann; wir werden sie jedoch, besonders um Wiederholungen zu vermeiden, den nachfolgenden Abschnitten an den geeigneten Stellen einverleiben.

XXVI. Kämpfe und andere Beziehungen mit Dänemark. Bereits früher auf gespanntem Fuße mit seinem Nachbar und in kriegerische Unternehmungen gegen ihn verwickelt, wozu hauptsächlich der Sundzoll und im Allgemeinen die Frage der Ostseeherrschaft Veranlassung gab, rüstete König Christian IV. 1609 von Neuem gegen Schweden, sodaß auch dieses seine Gegenmaßregeln treffen mußte. Da aber König Karl IX. schwer gichtkrank darniederlag und noch zusammenhängend zu sprechen vermochte, so beauftragte er 1610 seinen Sohn, die erforderlichen Verhandlungen mit den in Oerebro versammelten Ständen zu führen. Allein diese wollten anfangs auf den Rath Gustav Adolf's, den Kampf wieder aufzunehmen, nicht eingehen. Karl ent-

brannte hierüber in heftigem Zorne und nannte sie sogar Verräther. Endlich willigte der Reichstag in den Krieg 87), und dieser begann 1611, indem Christian unterm 4. April seine Kriegserklärung erließ, von Schonen aus, welches damals dänisch war, in Schweden einrückte und im Mai desselben Jahres Calmar eroberte. Jacob von England, die Niederlande, welche unter Gustav Adolf, wie schon früher, in einem sehr sympathischen Verhältnisse zu Schweden standen, selbst Sigismund von Polen, welcher dadurch bei den Schweden wieder populär und ihr König werden wollte, bemüheten sich bei Dänemark um die Vermittelung des Friedens; aber Christian ließ sich zunächst nicht dafür gewinnen und hielt an der spanischen Politik fest 88). Gustav Adolf, welcher gegen das Ende des Januars (a. St.) 1612 sich zu den Schanzen bei Ryßby begab, traf am 11. Febr. auf dem Eise des (Sees) Widsjö mit einem stärkeren dänischen Heere zusammen und wurde von diesem geschlagen. Indem er mit vielen Anderen, welche ertranken, durch das Eis einbrach, kamen ihm noch rechtzeitig für seine Rettung der Kammerjunker Peter Brahe und der Reiter Thomas Larsson zur Hilfe. Aus Dankbarkeit schenkte Gustav Adolf dem letzteren den Bauernhof Igelstadt im Kirchspiele Romfertuna, welchen dessen Nachkommen noch in der Mitte des 19. Jahrh. besaßen 89). Der Krieg nahm seinen Fortgang, wobei sich der mit den Wasas noch immer nicht ausgesöhnte Adel meist sehr säumig zeigte, während die Bauern nur so williger Hilfe leisteten. Die Lage für Schweden war sehr kritisch; zwei dänische Heere standen im Reiche, das eine unter König Christian's eigener Führung, mit der Absicht, Westgothland, das andere unter General Gerd Ranzow, mit dem Plane Småland, Ostgothland und Oeland zu verzehren. Im Mai 1612 fiel nach 19 tägiger Belagerung Elfsborg an der Nordsee, darauf die Feste Gullberg. Als sich jetzt Gustav Adolf zunächst gegen Christian wandte, mußte dieser die von ihm besetzten, aber äußerst ausgehungerten Gegenden verlassen; auch Ranzow, welcher im Osten Oeland und fast ganz Småland erobert hatte und Jönköping bedrohte, zog sich zurück, als Gustav Adolf in Eilmärschen gegen ihn anrückte 90). Allein der Dänenkönig gab auch jetzt noch nicht den Kampf auf; im Beginn des Herbstes 1612 erschien er mit einer Flotte vor dem festen Schlosse Waxholm, 2 Meilen von Stockholm, und die viel schwächere schwedische Kriegsmarine vermochte keinen wirksamen Widerstand zu leisten. Da eilte Gustav Adolf mit dem Landheere von Jönköping herbei; aber ehe er ankam, zogen sich die Dänen unverrichteter Sache zurück 91).

Vor diesen Waffenerfolgen hatte sich Gustav Adolf in seiner Bedrängniß nach verschiedenen Seiten hin um Hilfe gewandt, unter Anderem bei den Hanseaten und den Norwegern, welche letzteren trotz ihrer Antipathie gegen Dänemark nichts Wirksames für ihn unter-

---

84) Bei Dreede, Nederland en Zweden. 85) S. 39. 86) Droysen I, 59 und 60.

87) Ebenda I, 67—71. 88) Ebenda S. 71—73. 89) Geijer S. 50. 90) Ebenda S. 51 und 52. 91) Ebenda S. 52, nach Geijer.

nahmen [92]). Mehr Erfolg hatten seine diplomatischen Bemühungen bei den Niederländern, welchen, wie ihm, besonders der von Dänemark mit spanischer Hilfe aufrecht erhaltene lästige Sundzoll ein Dorn im Auge war, sodaß sie deshalb auch mit Lübeck und anderen hanseatischen Städten unterhandelten. Im J. 1612 sandte Gustav Adolf den gewandten Jacob van Dyck nach dem Haag, und die Niederländer versprachen ihm, mehr privatim als officiell, ihre Unterstützung an Geld, woran es ihm am meisten mangelte, an Munition und Mannschaften. Die Vermittelung übernahmen besonders angesehene niederländische Kaufleute [93]), vor allen der in Schweden ansässige reiche Handelsherr Abraham Kabeljauw (Kabeljau), mit dessen Tochter, wie oben erwähnt, Gustav Adolf ein intimes Verhältniß hatte [94]). Endlich, besonders unter englischer Vermittelung, kam der Friede, welchen nicht blos der schwedische Reichsrath, sondern auch Oxenstiern befürwortete, am 26. Jan. zu Knäröd, einem Kirchdorfe in Halland, zu Stande. Kraft desselben wurde, als eine Fortsetzung der schon längst fast nur noch theoretisch bestehenden Calmarischen Union, die oberste Führung der drei Kronen Schweden, Norwegen und Dänemark dieser letzteren auch ferner zugesprochen, aber unter der ausdrücklichen Bedingung, daß dadurch für Dänemark kein Besitzanspruch auf Schweden begründet werde. Die Dänen gaben die wichtigsten, den Schweden abgenommenen Festungen heraus, sollten aber so lange, bis Schweden 1 Mill. Reichsthaler als Kriegskosten bezahlt haben würde, resp. auf 6 Jahre, Elfsborg als Pfand behalten. Diese Summe war für das sehr arme Schweden eine fast unerschwingliche Leistung; indeß wurde sie, wenn auch unter ungeheuren Anstrengungen, zu rechter Zeit abgezahlt [95]). — An die Generalstaaten, welche sich während des schwedisch-dänischen Kriegs mehr und mehr dem stockholmer Cabinet genähert hatten, schickte Gustav Adolf von Neuem seinen Jacob van Dyck, und zwischen beiden Mächten kam es am 5. April 1614 zu einem Vertrage, welcher zunächst nur die Bedeutung einer Defensiv-Alliance hatte, hauptsächlich zum Schutze der gegenseitigen Handelsschifffahrt [96]).

Da Dänemark an maritimen Streitkräften, an Geld und anderen Mitteln dem schwedischen Reiche überlegen war, so suchte Gustav Adolf, auch wegen seiner anderweitigen Pläne, 1615 mit diesem seinem Nachbar in Freundschaft und Frieden zu leben, und beide Monarchen tranken, nach der durch Skyte bewirkten Vorverständigung hierüber, im Mai desselben Jahres Brüderschaft. Aber auch andere Mächte, und zwar zu Ungunsten Schwedens, bewarben sich um Dänemarks Wohlwollen, unter ihnen Polen, für welches indessen dieses protestantische Land keine Sympathien hatte. Auch Spanien

und Oesterreich hatten noch 1618 ein Interesse daran, durch Dänemark, namentlich mittels des in seinen Händen befindlichen Sundzolles, den Handel der mit Schweden eng befreundeten Holländer auf der Ostsee niederzuhalten, während Gustav Adolf den genannten Zoll zu umgehen suchte. Die genannten beiden Mächte legten daher dem Könige Christian bei dessen damaligem Bestreben, seine Söhne mit der Administratur säcularisirter deutscher Bisthümer auszustatten und, in Verbindung hiermit, die Elb- und Wesermündung in seine Hände zu bekommen, weshalb er unter Anderem, zum Nachtheil der Generalstaaten, 1619 Glückstadt anlegte, keine wesentlichen offenen Hindernisse in den Weg [97]). Obgleich Christian IV. sich 1618 durch England bestimmen ließ, Elfsborg, welches er große Lust hatte, für sich zu behalten, herauszugeben und mit Gustav Adolf im Februar 1619 zu Halmstadt eine persönliche Zusammenkunft hatte [98]), so kam es doch zu keiner cordialen Annäherung zwischen beiden, da zwischen ihnen zu viele widerstreitende Interessen lagen. Als im Mai 1624 die zur Grenzregulirung u. s. w. zwischen Dänemark und Schweden ernannten Commissare zusammentraten, instruirte Gustav Adolf die seinigen dahin, daß sie billige Forderungen stellen, aber, wenn man sich darauf eingehen wollte, zum Krieg an Dänemark erklären sollten. Man konnte sich nicht verständigen, und beide Mächte rüsteten sich zum Kampfe; endlich wurde doch noch ein dahin gehendes Uebereinkommen geschlossen: Beide Mächte haben im Sunde Zollfreiheit; kein Schiff darf daselbst einer unbilligen Durchsuchung unterworfen werden; den Könige von Schweden steht es frei, durch den Sund Kriegsbedürfnisse zu führen; aber er hat vorher davon Anzeige zu machen [99]).

Als trotzdem bald darauf Dänemark und Schweden wieder in ernstliche Mißhelligkeiten geriethen, erbot sich Frankreich, dessen Staatskanzler Richelieu Schweden nur zu seinen Plänen gegen Oesterreich gebrauchen wollte, zu dem Versuche der Aussöhnung; König Ludwig XIII. schrieb deshalb unterm 21. Oct. 1624 an Gustav Adolf: Er höre mit Bedauern von dem nahen Ausbruche des Kriegs zwischen Dänemark und Schweden und sei bereit, die Friedensvermittelung zu übernehmen. Im Anfange des Jahres 1625 traf der französische Gesandte des Hayes in Dänemark ein und ging bald wiederholt auf kurze Zeit nach Stockholm, wo man ihm gegenüber sich über Dänemarks geheime Verbindungen mit Polen und andere feindselige Schritte beklagte. Am 20. Jan. desselben Jahres kam als schwedischer Gesandter Gabriel Oxenstiern, ein Bruder des Reichskanzlers, nach Kopenhagen und hielt dem Könige Christian sein Verhalten gegen Schweden vor, indem er hinzufügte, Gustav Adolf wünsche Freundschaft mit Dänemark und wolle die dänisch-polnischen Intriguen vorerst nur als Gerüchte gelten lassen. Nachdem Christian noch im Januar nach Stockholm hatte mittheilen lassen, es sei nur leeres Ge-

92) Ebenda S. 50 und 51. 93) Nach Breede, Niederland in Zweden, S. 111 fg. 94) Droysen I, 74 fg. 95) Ebenda S. 73 und 74. — Geförer S. 53 und 54 läßt auch Calmar auf die 6 Jahre als Pfand in Dänemarks Händen. 96) Droysen I, 75 fg.

97) Ebenda I, 104—109. 98) Ebenda I, 118. 99) Geförer S. 129. — Droysen schweigt hierüber.

rede, daß er mit Polen gegen Schweden conspirire, erklärte Gustav Adolf sofort, daß er auf die französische Vermittelung gern eingehe. Aber Dänemark wich der Mediation aus, hierin besonders durch England bestimmt, und stellte sogar Soldatenwerbungen an, welche, wie Christian sagte, nicht gegen Schweden, sondern zur Restitution der deutschen evangelischen Fürsten unternommen würden. Christian hatte die Absicht, statt Schwedens den, wie er hoffte, siegreichen Kampf gegen den Kaiser aufzunehmen; er täuschte hierin einerseits Oesterreich, andererseits den König von Schweden, welcher jetzt glaubte, Dänemark habe sich seiner Politik angeschlossen[99a]). Christian zog in der That gegen den Kaiser und seine Verbündeten ins Feld, war aber unglücklich; Mansfeld wurde am 15. April 1626 an der Dessauer Brücke und Christian IV. den 27. Aug. desselben Jahres bei Lutter am Barenberge durch Tilly geschlagen. Schon nach der ersteren Niederlage wandten sich Christian und der Kurfürst Georg Wilhelm von Brandenburg Hilfe suchend an Gustav Adolf. Dieser verspürte jetzt keine Lust, für Dänemark die Kastanien aus dem Feuer zu holen, und dem kurfürstlichen Abgesandten Winterfeld sagte er: er werde direct nach seiner Wahl in Preußen einrücken, da man ja noch immer keine Anstalten zu einem anderen Einmarsche für ihn getroffen habe[1]). Als Gustav Adolf 1630 den Feldzug nach Deutschland unternahm, um seinerseits die Bekämpfung des Kaisers und der Liga zu beginnen, steigerte sich Dänemarks eifersüchtige Abneigung gegen Schweden, dessen Unternehmungen es mehrfache Hindernisse in den Weg legte, im October 1632 selbst dadurch, daß es neue Kriegsrüstungen aufnahm[2]), besonders Werbungen, vielleicht um sich den Spaniern anzuschließen, welche damit umgingen, den Kampf gegen die Niederlande einzustellen. Gustav Adolf erhielt nicht nur von diesen Rüstungen Kunde, sondern auch davon, daß Dänemark im Geheimen mit Kursachsen und Hessen verhandelte[3]). — Was sonst noch für die Beziehungen zwischen Schweden und Dänemark von Bedeutung ist, wird anderwärts seine Erwähnung finden.

XXVII. Kämpfe und andere Beziehungen mit Rußland. Als Karl IX. am 30. Oct. (a. St.) 1611 starb, hatte sein Heer unter Jacob de la Gardie im Kriege gegen Rußland, mit welchem er noch am 28. Febr. 1609 ein Bündniß gegen Polen eingegangen war, so bedeutende Vortheile errungen, daß dieser Feldherr in der von ihm besetzten Stadt Nowgorod einer einflußreichen Partei der Russen den Vorschlag machte, Gustav Adolfs Bruder Philipp zum Zaren zu wählen, was bei den Ständen zu Nowgorod in der That mehrfachen Anklang fand, sodaß eine russische Gesandtschaft nach Stockholm ging, um im Jahre 1612 über diesen Plan mit Gustav Adolf zu verhandeln. Dieser hatte indeß gewichtige Bedenken dagegen, namentlich in der

Erwägung, daß, wenn Philipp die Zarenkrone annähme, die eroberten Provinzen an Rußland zurückgegeben werden müßten; da er aber einen Entschluß zuförderst nicht aussprechen wollte, so hielt er die russischen Deputirten unter „täuschenden" Vorwänden in Stockholm zurück[4]), und sein Bruder reiste, wie es schien, um seine Geneigtheit an den Tag zu legen, erst am 18. Juni (a. St.) 1613 von Stockholm ab, um drei Wochen für seine Ankunft in Wiborg zu brauchen, nachdem die Russen bereits am Ende des Februars in demselben Jahre Michael Romanow zu ihrem Zaren erwählt hatten. Jacob de la Gardie, welcher unterdessen neue Eroberungen gemacht hatte, reichte, weil Gustav Adolf auf seinen mit Eifer verfolgten Plan nicht einging, seine Entlassung ein, und die Stände von Nowgorod erklärten jetzt (erst?), daß sie keinen Schweden zum Herrscher haben wollten[5]). Der Krieg in Rußland wurde fortgesetzt, aber zum Verdrusse und unter der Mißbilligung der meisten Schweden. Zur Entkräftung der ihm gemachten Vorwürfe, daß er den Krieg zu sehr um seiner selbstwillen liebe, erklärte der König im Begin des Jahres 1614 vor dem Reichstage zu Oerebro: Zwar sei der ihm von Natur innewohnende Hang zum Soldatenleben durch den unglücklichen Kampf mit Dänemark ausgerottet — was keineswegs der Fall war'—; indeß könne man doch jetzt den Krieg in Rußland nicht unter jeder Bedingung beendigen. Die Stände stellten, wie fast immer, die Entscheidung seiner Weisheit anheim[6]). Jadem Gustav Adolf nach dem Beginne des Jahres 1614 seinen Bruder, den Herzog Philipp, von Wiborg zurückberief, setzte er selbst mit einem Heere nach Liefland über, wo unterdessen das schwedische Heer, dessen Commando de la Gardie fortführte, in mancherlei Bedrängnisse gerathen war; die Hauptmacht hielt zwar Nowgorod noch, zeigte sich aber entmuthigt durch den Mangel an den nöthigen Bedürfnissen und wurde durch ein russisches Heer bedroht. Doch gelang es dem trefflichen Feldherrn de la Gardie, durch seinen Angriff am 14. Juli (a. St.) 1614 die Russen aus ihren Positionen bei Staraja Russa und Bronitz zu vertreiben, und Gustav Adolf selbst begann jetzt die Belagerung von Gdow, welches sich nach zwei Stürmen am 10. Sept. 1614 ergab. Der König ging hierauf mit de la Gardie nach Schweden zurück und ließ als Oberbefehlshaber in Nowgorod Ewert Horn zurück, welcher den Auftrag hatte, mit dem Zaren Romanow über den Frieden zu verhandeln. Da aber dieser die hohen Forderungen nicht annahm, welche man ihm stellte[7]), so kehrte Gustav Adolf zugleich mit de la Gardie und einem Heere am Ende des Juni 1615 nach dem russischen Schauplatze zurück. Während er die Stadt Pleskow am Peipussee belagerte, wo zum schweren Verluste für ihn und das Heer der tüchtige Ewert Horn beim Ausfalle der Russen den Tod fand, versuchten auswärtige Mächte, besonders England durch seinen Gesandten Merrick (oder Merich), den

---

99a) Droysen I, 221—224. 1) Ebenda I, 275 und 276.
2) Gustav Adolf's Schreiben an Oxenstiern vom 7. Oct. 1632.
3) Droysen II, 646.

4) Gfrörer S. 61—64. 5) Ebenda S. 64 und 65. 6) Ebenda S. 65. 7) Ebenda S 65 und 66.

Frieden zu vermitteln, doch vorerst ohne Erfolg. Im September 1615 schritt Gustav Adolf zu einem Sturme auf Pleskow; aber dieser wurde abgeschlagen, und noch im September zog der König ab, nicht ohne schwere Sorgen wegen der herrschenden Seuchen unter seinen Truppen, welche außerdem in Folge rückständigen Soldes unzufrieden waren, sodaß er sein Silberzeug in die Münze schickte[8]). Schon vorher hatten die Niederlande und England auf das Zustandekommen eines friedlichen Ausgleiches zwischen Schweden und Rußland hinzuwirken gesucht, erstere auf Gustav Adolf's Wunsch, welcher zu diesem Zwecke im Sommer von 1615 den Jacob van Dyck nach dem Haag abordnete. Von hier aus ging bald darauf über Stockholm eine Gesandtschaft nach Rußland ab, wo jedoch der englische Agent Merich[9]), obgleich auch er das Interesse des Friedensschlusses vertrat, ihr allerhand Schwierigkeiten in den Weg legte, weil er eine Beeinträchtigung der Handelsprivilegien seines Landes durch die Generalstaaten befürchtete. Auch Gustav Adolf selbst zeigte sich unnachgiebig; er wollte zwar auch den Frieden, zugleich aber womöglich alle Eroberungen behalten[10]); unterm 26. April 1616 schrieb er von Abo aus an seine Mutter und an den Reichsrath: Man dürfe Kerholm, Nöteborg, Iwangorod und andere Positionen nicht in den Händen der Russen lassen, weil dieselben die Schlüssel zu Finnland und Liefland seien, und durch sie Rußland von der Ostsee abgesperrt werde[11]). Um dies zu erreichen, stachelte er, etwa am Beginn des Herbstes 1616, die nogaischen Tataren und die Kosacken zum Einfalle in Rußland auf[12]); andererseits arbeitete Sigismund von Polen bei Spanien, Dänemark, dem Kaiser dahin, den Friedensschluß zwischen Schweden und Rußland zu verhindern[13]). Trotzdem traten zu diesem Zwecke die beiderseitigen Abgeordneten am 4. Oct. 1616 in dem Dorfe Stolbowa zwischen den Städten Tichwin und Ladoga zusammen[14]); aber ihre Unterhandlungen zogen sich, namentlich bei dem störenden Einflusse der Sigismund'schen Intriguen, lange resultatlos hin. Endlich, unterm 27. Febr. 1617, kam es in dem genannten Dorfe zur Unterzeichnung durch die Specialbevollmächtigten. Darnach erhielt, wie die eine Relation lautet[15]), Schweden die Festungen Nöteborg, Jama, Koporie und Iwangorod, ferner den Titel von Ingermanland und Karelien, sowie anderwärts[16]) berichtet wird, bestanden die gegenseitigen Stipulationen in Folgendem: Schweden, welches von dem Zaren M. Fedorowitsch anerkannt wird, tritt an Rußland Gro߬ nowgorod, Starajarussa, Porkow, Ladoga, Gdow und das Gebiet von Somero ab; dagegen gibt Rußland an Schweden heraus Iwangorod, Jama, Koporie, Nöteborg mit den dazu gehörigen Gebieten; Kerholm bleibt bei Schweden; der Zar entsagt allen Ansprüchen auf Lief-

land und zahlt 20,000 Rubel; es findet ein gegenseitiger freier Handelsverkehr statt; beide Mächte verpflichten sich, den Polen keinen Beistand zu leisten. Indem Gustav Adolf vor dem Reichstage im Frühjahre 1617 die Vortheile des Friedensschlusses aus einander setzte, hob er besonders hervor, daß nun das mächtige Rußland von der Ostsee abgeschlossen und das Raubnest Kerholm ihren Händen entwunden sei[17]). Zwar hatte Jacob de la Gardie als schwedischer Hauptbevollmächtigter diese Errungenschaften auf dem Papiere herbeigeführt; aber die thatsächliche Ordnung der Verhältnisse fand noch vier Jahre hindurch allerhand Schwierigkeiten, namentlich an der definitiven Feststellung mancher Grenzen, wie des kerholmer Lehens, an der Anerkennung von Titulaturen und an anderen Anstößen[18]).

XXVIII. **Kämpfe und andere Beziehungen mit Polen. Unternehmungen in Preußen.** Die Polen hatten 1586 zu ihrem Könige den katholischen, einen Sohn König Johann's, Sigismund, erwählt, welcher fortan nicht blos nach der schwedischen Krone trachtete, sondern auch die russische gewinnen wollte, nachdem 1598 Fedor, der letzte Herrscher aus dem Hause Rurik, gestorben war. Um diesen Plan zu vereiteln, schloß Rußland unterm 28. Febr. 1609, wie erwähnt, ein Bündniß mit König Karl IX. von Schweden, welcher noch in demselben Jahre ein kleines, aber tapferes Heer unter Jacob de la Gardie dorthin abrücken ließ. Moskau wurde durch diesen entsetzt und Sigismund zurückgedrängt; aber da die Russen dem schwedischen Heere gegenüber wortbrüchig wurden, so zog sich dieses zurück, um jedoch später wieder vorzudringen; am 2. Mai 1611 nahm de la Gardie Kerholm, am 17. Juli desselben Jahres Nowgorod ein[19]). Als Karl IX. gestorben war, setzte Sigismund seine Intriguen zur Erlangung des schwedischen Thrones auch unter Gustav Adolf fort; unter Anderem richtete auf seinen Antrieb der polnische Senat an den schwedischen Reichsrath die Aufforderung, das Joch, welches Karl IX. besonders dem Adel auferlegt habe, jetzt abzuschütteln und zum Gehorsam gegen seinen rechtmäßigen König Sigismund zurückzukehren. Sigismund selbst schrieb in diesem Sinne an den Herzog Johann; als ausgewanderte schwedische Adelige reizten in Finnland und von hier aus das Volk zum Abfalle von Gustav Adolf auf; Sigismund wendete sich selbst an Jacob de la Gardie und suchte ihn zum Verräther an seinem Herrn zu machen[20]). Spanien, Oesterreich, Dänemark wurden bearbeitet, um den Plan ausführen zu helfen. Gustav Adolf hatte damals Grund, den von seinem Vater mit Polen geführten Krieg nicht wieder aufzunehmen, und erneuerte 1612 den abgeschlossenen Waffenstillstand zunächst bis zum 1. Oct. 1613, dann bis zum Ende des Januars 1614[21]), worauf abermalige

---

8) Ebenda S. 66 und 67.   9) So schreibt ihn Droysen.
10) Droysen I, 85 fg.   11) Gfrörer S. 67, nach Geijer
III, 96.   12) Ebenda.   13) Ebenda S. 74.   14) Ebenda
S. 67. Ebenso Droysen I, 85 fg.   15) Droysen I, 85 fg.
16) Gfrörer S. 67 und 68.

17) Droysen I, 85—91. — Gfrörer S. 69.   18)
Gfrörer S. 68 und 69.   19) Droysen I, 32—34; 78—82.
20) Gfrörer S. 73.   21) Geijer III, 100.

Verlängerungen desselben erfolgten [22]), hauptsächlich weil beide Theile in einen Kampf mit Rußland verwickelt waren. Um abtrünnig gewordene Kräfte wieder zu gewinnen, bewilligte, etwa im Beginn des Jahres 1616, Gustav Adolf vielen landesflüchtigen Adeligen, welche bei Sigismund oder von dessen Unterstützung lebten, um gegen ihn zu agitiren, Amnestie und Heimkehr, gab den meisten die confiscirten Güter zurück und stellte mehrere derselben in schwedischen Aemtern an [23]). Die Hauptforderung, welche Gustav Adolf an Sigismund stellte, war, daß er formell auf die schwedische Krone Verzicht leisten sollte; aber der Polenkönig ging hierauf nicht nur nicht ein, sondern arbeitete durch Flugschriften, durch Verbindungen mit Spanien, Oesterreich, Dänemark fort und fort an der Erreichung seines Zieles, wobei ihm besonders die Jesuiten ihre Dienste leisteten, sodaß eine Waffenentscheidung fast unvermeidlich war [24]). Freilich lag Schweden an tiefer Erschöpfung, namentlich im Geldpunkte, darnieder; aber selbst der in Oerebro versammelte Reichstag, welchem der König diese Nothwendigkeit persönlich darlegte, verfprach ihm hierzu seine Beihilfe, indem er gleichzeitig jeden Katholiken, welcher sich binnen 3 Monaten noch im Lande blicken laffen würde, für einen Reichsfeind erklärte. Auch bewilligten damals die Stände eine besondere Reichssteuer; bei Niederländern und deutschen Kaufleuten in Schweden wurde eine Anleihe aufgenommen; der Kriegsoberst Nicolaus Stjernskjöld sollte in Holland 1200 Soldaten, 300 Matrosen und 10 Steuerleute werben; mit Brandenburg-Preußen suchte Gustav Adolf ein Bündniß zu schließen, wozu die Niederländer behülflich waren, indem sie dorthin 1617 den greisen Bürgermeister Stricke sandten, welcher zugleich für ihre Handelsinteressen wirken sollte, namentlich zur Umgehung des Sundzolles auf vorhandenen und zu erweiternden Kanälen [25]).

Wieder waren es damals (1617) Skytte und van Dyck, diese treuen, unermüblichen, gewandten Diener Gustav Adolf's, welche die Mission übernahmen, bei den Engländern und Niederländern Hilfe gegen Polen zu suchen. König Jacob von England, welchem die Idee eines protestantischen Generalbundes vorschwebte, zeigte oder erklärte wenigstens sich geneigt, nur sollte namentlich auch Dänemark eingeschlossen sein; aber wie gewöhnlich konnte er auch jetzt zu keinem rechten Entschlusse, noch weniger zu einer energischen That sich ermannen. Bei den Niederländern fand Schweden nicht mehr die frühere Bereitwilligkeit; das Land war in die Parteiungen der orthodoxen, von den Oraniern gestützten Gomaristen und der freier, und, wie man ihnen vorwarf, antioranisch gesinnten Remonstranten oder Anti-Gomaristen gespalten, von denen nur die letzteren, Oldenbarneveld mit Hugo Grotius und Anderen an der Spitze, für Schweden warme Sympathien und ein Bündniß hatten, weshalb Schweden schon im März 1617 van Dyck an die Generalstaaten ein Unterstützungsgesuch gerichtet und darin namentlich

hervorgehoben hatte, daß sie mit Schweden verbündet am sichersten den Ostseehandel sich erhalten und ihre Grenzen vertheidigen würden, hielt Skytte am 6. Nov. (a. St.) in demselben Jahre vor den hochmögenden Herren eine große Bewerbungsrede, worin er darauf hinwies, daß Spaniens Absicht sei, eine katholische Universalmonarchie aufzurichten, welche dem niederländischen Handel schweren Schaden anfügen werde. Am 21. desselben Monats trat er mit demselben Anliegen und Nachdruck von Neuem vor den Generalstaaten auf; bald folgte an derselben Stelle eine dritte, noch glänzendere und eindringlichere Rede, worin er die Versammelten um ihre Hilfe beschwor. Wenn gleich die Niederländer das ihnen jetzt selbst von Polen angetragene Bündniß von der Hand wiesen, so gingen sie doch auch auf Schwedens Anerbietungen nicht ein; bei ihnen wüthete mit voller Heftigkeit der Parteikampf zwischen Gomaristen und Arminianern, als deffen Opfer bald darauf Oldenbarneveld's Haupt fallen sollte [26]).

Eine günstige Wendung andererseits trat 1618 dadurch für Gustav Adolf ein, daß der Statthalter des Herzogs Wilhelm von Kurland, Waldemar Fahrenbach, sich erbot, die von ihm besetzte kleine Feste Dünaburg an Schweden auszuliefern, während Fahrenbach für Schweden Pernau und Salis in Liefland eroberte, aber nur um bald darauf von Neuem zum Verräther zu werden; er spielte den Polen Dünaburg in die Hände und trieb in Verbindung mit dem polnischen Heerführer Radziwil die Schweden aus den Schanzen vor Riga, worauf im Herbste desselben Jahres Estland von den Polen mit Feuer und Schwert verheert wurde. Da aber schon im Sommer die Tataren einen gefährlichen Einfall gemacht hatten, so schloß der polnische Reichstag, und zwar diesmal ohne Zustimmung Sigismund's, welchem er damals sehr wenig hold war, mit den Schweden zu Michaelis 1618 einen Waffenstillstand, welcher bis dahin 1620 währen sollte [27]). Kurz vor dem Ablaufe, am 20. Sept. 1620, erlitt Polen bei Jaffy durch die Türken eine schwere Niederlage und wünschte dringend eine Verlängerung; es traten in diesem Zwecke beiderseitige Commissare zusammen; die schwedischen forderten als Bedingungen, daß ganz Estland mit Reval, Narwa, Wesenberg, Wittenstein, Wik und anderen Gebieten an Schweden abgetreten werden sollte; daß Sigismund zwar berechtigt sein sollte, den schwedischen Königstitel zu führen, aber nicht irgendwelche Ansprüche darauf zu stützen; dagegen erklärte sich Gustav Adolf bereit, den Waffen 10 Jahre lang ruhen zu laffen und Pernau an Polen herauszugeben. Obgleich Jacob von England seine guten, aber schwächlichen Dienste anbot, und auch Brandenburg

---

22) Droysen I, 91—94.   23) Gfrörer S. 73 und 74.
24) Droysen I, 94—97.   25) Ebenda I, 97—99.

26) Ebenda I, 109—117.   27) Gfrörer S. 76—78. —
Nach Droysen I, 183—185, von Martini bis Martini.

zu vermitteln suchte, so kam doch keine Waffenruhe zu Stande [28], und Gustav Adolf, welcher in dieser Zeit sich ergiebigere Steuern und ein schlagfertigeres, stärkeres stehendes Heer schuf, rüstete zur Wiederaufnahme des Kampfes [29]). Während des Juli 1621 versammelte er in Elfsnabben 9 Regimenter zu Fuß und 10 Fahnen Reiter, zusammen 16,000 Mann, welche in 158 Fahrzeugen nach der Küste bei Riga übergesetzt werden sollten [30]). Die Ausschiffung erfolgte vom 1. bis 4. Aug. 1621 bei Dünaburg. Nachdem sich bei kurzer Gegenwehr die Feste Dünamünde ergeben hatte, zog Gustav Adolf sofort gegen Riga, die zwar meist lutherische, aber durch Handelsinteressen an Polen gewiesene Hauptstadt von Liefland (Livland nach Droysen). Sofort begann die Belagerung, am 13. Aug., wobei der König nicht selten, die Schaufel und die Haue in der Hand, persönlich mithalf. Die dreimalige Aufforderung, sich zu ergeben, war fruchtlos, und so erfolgte die Beschießung, zum Theil mit glühenden Kugeln. Zwar führte Radziwil zum Entsatze 10,000 Mann zu Fuß und 4000 Mann zu Roß herbei, wagte aber nicht die Schweden anzugreifen und zog wieder ab. Da der erste und zweite Sturm mißlang, so begannen dalekarlische Bergleute Gänge unter die Stadt zu graben; am 11. Sept. waren die Festungswerke an 3 Stellen unterminirt, und an demselben Tage wurde, mit einer erneuerten Aufforderung an den Rath, sich zu ergeben, das Bombardement wieder aufgenommen. Der Rath erklärte sich jetzt zur Oeffnung der Thore bereit; Gustav Adolf bestätigte der Stadt alle Privilegien und räumte ihr sogar das Recht ein, zur polnischen Herrschaft zurückzukehren, wenn binnen 3 Jahren Friede geschlossen sein würde; am 16 Sept., einem Sonntage, zog er in die Stadt ein, welche von den Jesuiten geräumt worden [31]).

Gustav Adolf kehrte nach Schweden zurück und suchte von hier aus im Frühjahre 1622 mit Polen einen Frieden oder mindestens einen Waffenstillstand abzuschließen. Da dies nicht gelang, begab er sich im Juni desselben Jahres wieder zu seinem Heere in Livland, wo er zunächst vergeblich Mietau zurückzuerobern versuchte und dann mit Radziwil persönlich, sowie mit dem polnischen Reichsrathe über eine Beilegung der streitigen Punkte unterhandelte [32]). Man einigte sich über einen Waffenstillstand, welcher vorerst bis 1624 laufen sollte; aber Sigismund versagte seine Bestätigung und setzte die Feindseligkeiten fort; im Frühjahre von 1623 ging er selbst nach Danzig, preßte hier Matrosen und legte Beschlag auf alle Schiffe im Hafen [33]). Da erschien am 30. Juni desselben Jahres Gustav Adolf mit 20 Kriegsschiffen auf der Rhede der Stadt und sandte am 1. Juli einen Trompeter an den Rath wie an Sigismund mit der Anfrage, ob jener den Waffenstillstand

halten und ob dieser Feindseligkeiten gegen ihn zulassen wolle. Der Stadtrath suchte in seiner Verlegenheit dem abwesenden Oberlehensherrn gegenüber auszuweichen; um ihm eine Antwort abzunöthigen, ließ Gustav Adolf ohne Verzug zwei aus Spanien kommende Kauffahrer festnehmen. Jetzt begab sich zu dem Könige auf dessen Schiff der Stadtschreiber Wenzel Mittendorf mit der Erklärung, daß Danzig gegen ihn etwas Feindseliges nicht unternehmen werde. Ja es kam so weit, daß beide Könige sich gegenseitig Grüße sandten. Gustav Adolf überzeugte sich, daß Sigismund hier keine ihm gefährlichen Rüstungen betrieb, daß somit der Waffenstillstand factisch bestehe, und kehrte bereits am 9. Juli nach Schweden zurück. Im nächsten Jahre, 1624, wollte zwar Sigismund den Kampf gegen Gustav Adolf wieder aufnehmen; aber der polnische Reichstag gab seine Zustimmung nicht, und der Waffenstillstand ward bis 1625 ausgedehnt [34]). Bei dessen Ablauf, am 17. Juni 1625, segelte Gustav Adolf mit 6 Regimentern zu Fuß und 6 Fahnen zu Roß auf 76 Fahrzeugen von Sandhamm nach Liefland und stieg am 2. Juli bei Riga ans Ufer. Von Finnland her sollten Gustav Horn und Jacob de la Gardie gegen Dorpat heranrücken. Am 15. Juli ergab sich dem Könige die Feste Kokenhausen an der Düna, am 18. desselben Monats Seelburg, am 26. Aug. die Feste Birze, am 17. Sept. in Folge eines Sturmes Bauske, dann Mietau durch Capitulation. Da Horn und de la Gardie Dorpat am 16. Aug. eingenommen hatten, so war jetzt ganz Liefland in der Gewalt der Schweden. Als der Winter, welcher dem schwedischen Heere viele Beschwerden verursachte, herannahete, ging Gustav Adolf bereitwillig auf das ihm im November von den Polen gemachte Anerbieten eines Waffenstillstandes ein. Die Unterhandlungen waren indeß fruchtlos, sobald Gustav Adolf dem schwedischen Heerführer Sapieha entgegenrückte, welchen er am 7. Jan. 1626 bei dem Dorfe Wallhof in Kurland schlug. Erst jetzt kam es zu einer Waffenruhe, welche bis zum 21. Mai 1626 dauern sollte. Nachdem Gustav Adolf in Kurland Militärcolonien angelegt, viele dortige Güter an Officiere und Andere verschenkt, de la Gardie zum Statthalter eingesetzt hatte, reiste er im März seiner sehnlich harrenden Gemahlin nach Reval entgegen und begab sich mit ihr nach Stockholm [35]).

Am 15. Juni 1626 bestieg der König in Stockholm mit 13 Regimentern zu Fuß und 9 Fahnen Reitern die aus 150 Segeln bestehende Flotte und fuhr mit ihr ab. Niemand wußte wohin. Am 26. desselben Monats erschien das Geschwader vor Pillau, welches als Lehen von Polen preußisch war und als solches dem Schwager Gustav Adolfs, dem Kurfürsten von Brandenburg, gehörte. Die ihm erscheinenden Abgeordneten aus Pillau baten, er möge von einer Landung abstehen; die Polen hätten Grund zu klagen, daß der Kurfürst mit dem schwedischen Könige im geheimen Einverständniß sich befinde. Gustav Adolf erklärte den Abgeordneten,

---

28) Droysen I, 183—185. 29) Ebenda I, 178. 30) Gfrörer S. 96. 31) Ebenda S. 99. 100. — Dazu Droysen I, 185, welcher sich bei diesen Ereignissen sehr kurz faßt. 32) Geijer III, 114. 33) Gfrörer S. 101. — Nach Droysen I, 185. 186 hat Gustav Adolf 1622 mit Sigismund einen Waffenstillstand geschlossen.

34) Gfrörer S. 101—104. 35) Gfrörer S. 105 und 106, nach Geijer III, 115 fg., und Rühs S. 135 fg.

6

daß er gegen Polen nur einstweilen einen Stützpunkt haben müsse — ein Zweck, zu dessen Erreichung wol auch eine Landung bei Riga geführt haben würde, welches freilich viel weiter nördlich lag, während seine Pläne wol eine südliche Richtung hatten. Der König fügte hinzu, daß er seinem Schwager keine Handbreit Landes nehmen wolle. Obgleich die Preußen wiederholt ihn ersuchten, bei ihnen nicht zu landen, so that er dies dennoch und besetzte Pillau am 28. Juni ohne Widerstand. Bald rückte er weiter in Preußen vor und bemächtigte sich auch anderer Orte, wie Braunsbergs und Frauenburgs; immer wieder baten die preußischen Stäube um seinen Abzug; aber jetzt wies er sie sogar hart ab und fügte hinzu, er sei ja als ihr Glaubensgenosse ihnen zur Hülfe gekommen [36]). Dem Kurfürsten von Brandenburg bot er Neutralität an; aber dieser ging aus Rücksicht auf Polen nicht darauf ein; als er sich deshalb an die preußischen Stände wandte, wurde sie ihm [37]) von diesen bewilligt [38]). Räthselhafte Vorgänge, bei welchen wir keine sichere Antwort auf die Frage haben, wie sich im Grunde der Kurfürst von Brandenburg dazu verhielt und in welcher Weise er etwa im Voraus mit Gustav Adolf eine Abmachung getroffen. Mit dem 1. Juli (a. St., welcher hier wol überall zu verstehen ist) erschien der schwedische Admiral Gyldenhelm mit 9 Kriegsschiffen auf der Rhede von Danzig, wo 400 Schweden das Kloster Oliva überfielen und wegnahmen; die Zölle von den aus- und eingehenden Schiffen eigneten sich schwedische Beamte an, und Gustav Adolf forderte Danzig auf, seine Truppen einzulassen [39]). Wie schon erwähnt, drang er selbst mit seiner Heeresabtheilung von Pillau aus weiter vor, freilich ohne irgend welchen erheblichen militärischen Widerstand zu finden. Am 4. Juli rückte er vor Elbing und forderte Einlaß; am folgenden Tage übergab sich ihm die Stadt, und er legte 1300 Mann Besatzung hinein. Von hier ging sein Zug gegen Marienburg; die Stadt ergab sich ihm am 8. Juli, das Schloß am folgenden Tage [40]). Der 12. Juli lieferte ihm Dirschau in die Hände; bald darauf besetzte er Stargard, Putzig und andere Städte [41]), sodaß er binnen Kurzem die ganze Küste bis Pommern inne hatte. Wo den Lutheranern die Kirchen genommen worden waren, wurden sie ihnen wieder übergeben. Georg Wilhelm, dessen einflußreicher Minister Graf Schwarzenberg gut kaiserlich gesinnt war, zeigte sich hierüber — nach Droysen — persönlich bitter böse; aber viele seiner Räthe, vielleicht die meisten, begünstigten Gustav Adolf's Vorgehen. Der Kurfürst erklärte: er wolle es mit dem Kaiser halten — denn diesem galt ja offenbar das wider Gustav Adolf loszuschlagen; es sei besser mit Ehren gestorben, als mit Schanden gelebt. Seinem Schwager ließ der Kurfürst sagen: er solle Pillau zurückgeben und gegen

Polen nicht feindlich vorgehen. Da Gustav Adolf ablehnend antwortete, so entschloß sich Georg Wilhelm, ihm mit Heeresmacht entgegen zu rücken [42]).

Etwa im August 1626, noch vor der Schlacht bei Lutter, wandte sich Christian IV. von Dänemark mit dem Ersuchen an Gustav Adolf, derselbe möge nach Schlesien vordringen und sich mit dem Fürsten Bethlen Gabor von Siebenbürgen verbünden. Allein Gustav Adolf lehnte dies ab und wandte sich gegen die Polen [43]), welche in der Stärke von 4000 Mann regulärer Truppen, denen eine große Zahl von Kosacken beigegeben waren, unter der Führung des von einem großen Hofstaate begleiteten Königs Sigismund heranrückten. Nachdem Dirschau von den Schweden fester verschanzt worden war, verließ Gustav Adolf am 11. Sept. diese Stadt, um die Polen anzugreifen, welche jetzt die Belagerung von Mewe aufhoben und sich zurückzogen. Selbe Theile zeigten sich indeß zu einem friedlichen Ausgleiche geneigt, und am 12. Oct. traten die gegenseitigen Commissare zusammen, aber freilich unter einem so steifen Ceremoniell, daß keine Macht selbst in der geringfügigsten Form sich etwas vergeben wollte. Am 16. Oct. rückten die Polen mit ihren Forderungen heraus: Gustav Adolf behält den schwedischen Thron bis an sein Lebensende, worauf derselbe an Sigismund oder dessen Söhne fällt; Gustav Adolf's Kinder erhalten nach dessen Tode Südermannland zum ewigen Besitz; Schweden tritt nicht nur sofort Estland, Karelien, Liesland und alle anderen Eroberungen an Polen ab, sondern zahlt auch, so lange Gustav Adolf lebt, an Sigismund jährlich 100,000 Thaler Tribut [44]). Diesen lächerlichen Ansprüchen gegenüber standen die sehr bedeutenden Erfolge der schwedischen Waffen; Gustav Adolf hatte in Preußen 17 Städte eingenommen [45]), freilich meist unter Beihülfe dieser selbst, sofern sie wegen ihres protestantischen Glaubens unter Sigismund bedrückt gewesen waren, vielleicht auch deshalb, weil, wie gewisse Schriftsteller [46]) behaupten, der ganze modus procedendi vorher zwischen Gustav Adolf einerseits, dem Kurfürsten von Brandenburg und den preußischen Ständen andererseits vorher verabredet worden war. Ehe Gustav Adolf noch 1626 nach Schweden zurückreiste und als civilen Generalgouverneur seinen Kanzler Oxenstierna einsetzte [47]), übernahm der sonst sehr tüchtige, aber etwas bequeme Graf Jacob de la Garbie den Oberbefehl über das zurückgelassene schwedische Heer. Dieses erlitt nicht nur mehrere Unfälle, sondern hatte auch den fähigen polnischen Heerführer Koniecpolski sich gegenüber, welcher den Gegner namentlich durch Streifparteien sehr beunruhigte. In seine Hände fiel unter Anderem das Städtchen Wormditt, dessen schwedischer Commandant wegen seiner Pflichtwidrigkeit durch ein Kriegsgericht in Marienburg zum Tode verurtheilt

36) So Droysen. 37) So Gfrörer. 38) Droysen I, 276—279. — Gfrörer S. 130 und 131. 39) Ebenda. S. 131 und 132. 40) Ebenda S. 131. 41) Gfrörer S. 131 läßt ihn erst Stargard und darauf Dirschau wegnehmen.

42) Droysen I, 280—282. 43) Ebenda I, 282 und 283. 44) Gfrörer S. 132—134. 45) Aus einem Briefe Gustav Adolf's an Oxenstierna, in den Lettres et mémoires de Gustave Adolphe, publiées par Grimoard, Paris 1790, p. 18. 46) 3. B. der polnische Bischof Piasecki in seinem Chronicon, p. 389 seq. 47) Droysen I, 282. 283.

wurde[48]). Nachdem de la Gardie seinen König lange ohne Antwort gelassen, endlich aber an ihn einen Brief gerichtet hatte, worin er den Vorschlag machte, durch die Abtretung einiger kurländischen Festungen, namentlich Birzen's und Bauske's, einen Waffenstillstand von den Polen zu erlangen, schrieb ihm Gustav Adolf unterm 11. Jan. 1627: „Es wundert uns, daß wir seit dem 16. Oct. nichts von Euch gehört. Wenn es Euch lieb ist, unserer Ungnade auszuweichen, so müßt ihr Birzen und Bauske uns zu Handen halten, welche beide Plätze von größerer Wichtigkeit sind, als Ihr vielleicht denken möget"[49]). De la Gardie antwortete bald darauf mit einem Siege über die Polen bei Wenden.

Im Januar 1627 traf Georg Wilhelm von Brandenburg mit 4000 Mann zu Fuß und 600 Reitern in Preußen ein, angeblich weil er den im Jahre vorher von den preußischen Ständen mit Schweden geschlossenen Neutralitätsvertrag mißbilligte, in der That aber, weil Polen ihn drängte, für sein Lehen doch etwas zu thun. Zu ihm nach Marienwerder kam Koniecpolski mit der Forderung, daß die mitgebrachten brandenburgischen Soldaten in das polnische Heer eintreten sollten. Dies lehnte der Kurfürst ab, erklärte jedoch, daß er sich im Uebrigen auf Polens Seite stellen werde, während Königsberg die Zusage der Neutralität wiederholte. Gleichzeitig wurde Georg Wilhelm von dem kaiserlichen Specialgesandten Grafen Dohna dahin bearbeitet, daß er vor Allem Pillau von den Schweden zurückfordern oder mit Gewalt wieder in seine Gewalt bringen sollte[50]). Um den Krieg kräftiger als bisher fortzusetzen, berief Gustav Adolf im Frühjahre von 1627 einen Reichstag, auf welchem er neue Aushebungen und Steuern in einem Maße forderte, daß sich starker Unwille im Lande, besonders bei den Bauern, regte, welcher bis zu revolutionären Bewegungen, ja in Dalekarlien bis zu einem offenen Aufstande emporwuchs, an dessen Spitze ein Schneider stand. Zwar verfuhr Gustav Adolf diesen Erscheinungen gegenüber nach Möglichkeit mit kluger Vorsicht; aber in Dalekarlien mußte Gewalt gebraucht werden; mehrere Anstifter wurden hingerichtet, andere verbannt. Am Ende des März 1627 aus seiner bisherigen Stellung aufbrechend, berannte Koniecpolski, hauptsächlich um dadurch dem blokirten Danzig Luft zu machen, die von 400 Schweden unter General Horn besetzte Feste Putzig. Die Angegriffenen wehrten sich tapfer; da aber der Hunger mit anderen Uebeln sich einstellte, und die Hilfe ausblieb, so capitulirte Horn am 2. April unter freiem Abzuge[51]). In demselben Monate gelang es dem polnischen Befehlshaber, in Hammerstein die für Schweden durch die Obersten Teufel und Streif geworbenen 1500 Mecklenburger zur Ergebung und zum Eintritte in seine Armee zu nöthigen[52]).

Am 4. Mai 1627 segelte Gustav Adolf mit neuen Mannschaften[53]) von Elfsnabben in Schweden ab, und traf am 8. desselben Monats bei Pillau ein[54]), lagerte sich seinem Schwager, dem Kurfürsten von Brandenburg, gegenüber bei Lochstädt, wo sich dieser verschanzt hatte, und zwar so nahe, daß die beiderseitigen Schildwachen mit einander sprechen konnten[55]). Sofort sandte der König Abgeordnete an den Kurfürsten, welcher, wie von anderer Seite[56]) bemerkt wird, in der Stimmung war, mit Gustav Adolf in gutem Einvernehmen zu sein, aber durch den Kaiser hart gedrängt wurde, Pillau zurückzufordern. Nach Ablauf der von Gustav Adolf gestellten 24stündigen Bedenkzeit kam zwischen beiden am 12. Mai ein bis Michaelis 1627 berechneter Vertrag zu Staube, kraft dessen der Kurfürst versprach, gegen Pillau nichts zu unternehmen, Lochstädt nicht zu befestigen und in der Umgegend keine Truppen zusammenzuziehen, wogegen Gustav Adolf sich verpflichtete, in das brandenburgische Preußen nicht mehr Soldaten zu legen, als zum Schutze Pillaus und seiner Schanzen nöthig sei. Das Abkommen war für die Schweden höchst günstig; nicht nur behielten sie Pillau, welches Gustav Adolf noch stärker befestigen ließ, auch waren dadurch die Schweden rückenfrei und hatten eine ungehinderte Verbindung mit Dirschau wie mit anderen Plätzen[57]). Nachdem in der Mitte des Mai die schwedische Flotte unter dem Reichsadmiral Karl Gyldenfelm auf der danziger Rhede angekommen war und sich zur Blokade gegen die Stadt aufgestellt hatte, rückte von der Landseite Gustav Adolf herbei und richtete in der Nacht zum 25. Mai einen Angriff auf die Schanze bei Käsemark, welcher abgeschlagen ward. Bald darauf zog er der Stadt Braunsberg mit 7000 Mann und 10 Kanonen zur Hilfe; als er aber ankam, waren die Polen bereits abgezogen. Am 2. Juli griff Gustav Adolf die Schanze bei Käsemark von Neuem an und brachte binnen Kurzem deren Besatzung zum Abzuge, sodaß er nun die ganze Weichsel bis Danzig in seinen Händen hatte[58]).

Unterdessen waren, durch Danzig veranlaßt, im Mai drei niederländische Gesandte auf der Rhede vor der Stadt angekommen; von hier begaben sie sich zum Kanzler Oxenstierna und dann zu Gustav Adolf ins Lager bei Dirschau, welcher ihnen am 1. Juni Audienz gewährte. Ihr weiterer Weg führte sie über Danzig nach Warschau zum Könige Sigismund, welcher ihnen den schriftlichen Bescheid gab, daß er an ihren friedlichen Absichten keinen Zweifel hege, aber nicht weiter auf die Sache einging[59]). Gustav Adolf hatte sich den Niederländern gegenüber zum Frieden mit Polen bereit erklärt; aber der spanischen und österreichischen Politik, namentlich dem kaiserlichen General Wallenstein, welcher bereits im März desselben Jahres darauf hinarbeitete, lag nichts

48) Gfrörer S. 137. — Dazu Lengnich, Geschichte von Preußen seit dem J. 1606, Danzig 1721, S. 197. 49) Geijer III, 121. 50) Gfrörer S. 140. — Dazu Lengnich S. 199. 51) Lengnich S. 198. 52) Ebenda.

53) Nach Gfrörer S. 140 mit 6000 Mann. 54) Droysen I, 300. — Gfrörer S. 140. 55) Grimoard, Lettres et mémoires de G. A., p. 21. 56) Geijer III, 128. 57) So bei Gfrörer S. 140 und 141, welchem die kürzeren Angaben bei Droysen I, 300 und 301, nicht widersprechen. 58) Gfrörer S. 141. 142. 59) Ebenda S. 145. 146. — Dazu Droysen I, 302.

C*

an einem Friedensschlusse zwischen Polen und Gustav Adolf, von welchem man fürchtete, daß er dann den Dänen zur Hilfe kommen würde, und Sigismund war ohne Zweifel mit diesem Plane einverstanden. Auch Georg Wilhelm meldete dem Könige von Schweden, er könne sich den Polen — unter denen übrigens Gustav Adolf eine starke Partei auf seiner Seite hatte — nicht feindlich entgegenstellen, forderte von den Schweden den pillauer Zoll zurück, und schickte zur Vereinigung mit der polnischen, wie es schien, eine Armee ab [60]). Diese Wendung in dem Verhalten Georg Wilhelm's wurde unter Anderem dadurch herbeigeführt, daß am 2. Juli Mewe in die Hände Koniecpolski's fiel, welcher der schwedischen Besatzung freien Abzug gestattete. Als jetzt von Berlin des Kurfürsten Silbergeschirr und Jagdhunde im Hafen von Pillau ankamen, befahl Gustav Adolf, sie mit Beschlag zu belegen [61]). Am 12. Juli brach er mit einer Heeresabtheilung nach dem Herzogthume Preußen auf und schickte den Grafen Thurn mit 11 Schwadronen voraus, um die in der Richtung nach dem polnischen Lager abmarschirenden Brandenburger aufzuhalten, welche er selbst in der Frühe des 17. Juli bei Mewingen erreichte, wo sie Thurn umzingelt hatte. Sie ergaben sich, ohne einen Schuß zu thun, zur Zahl 1800 Mann zu Fuß und 4 Schwadronen, lauter schöne Leute, wie Gustav Adolf an seinen Reichsrath schrieb [62]). Das Geschütz, die Fahnen, alle Officiere, 2 Compagnien zu Fuß und 2 Schwadronen wurden an den Kurfürsten zurückgeschickt; 1200 Mann zu Fuß und 200 Reiter mußten in die schwedische Armee eintreten. Einige Tage später sandte der König seinen Geheimschreiber nach Königsberg, wo er bei dem Kurfürsten über dessen Vertragsbruch Klage führen und die Stadt bei der Treue erhalten sollte. Gleichzeitig trafen dort polnische Abgeordnete ein, welche das Gegentheil zu erwirken suchten. Der Rath gab ihnen eine ausweichende Antwort, während Georg Wilhelm sein Versprechen erneuerte, den Polen gegen Gustav Adolf Hilfe zu leisten, was thatsächlich zu thun wol kein Ernst war. Als Gustav Adolf für diesen Fall ihm Drohungen entgegenhielt, verpflichtete er sich, jeder Verbindung mit Polen zu entsagen [63]). Der hierauf bezügliche Tractat wurde im October 1627 erneuert [64]).

Am 7. Aug. 1627 führte Gustav Adolf seine ganze Reiterei aus dem Lager von Dirschau heraus und stellte sie den Polen gegenüber in Schlachtordnung auf; es kam zu einem nicht sehr ernstlichen Treffen, in welchem die Polen im Nachtheile blieben. Als Tags darauf Gustav Adolf dem Feinde wiederum ein Treffen anbot, kam dieser gar nicht aus seinem Lager heraus, welches jetzt die Schweden zu beschießen und zu stürmen begannen. Als hierbei der König eine Abtheilung seiner Musketiere zum Sturme gegen ein Dorf vorführte und die polnische Stellung mit Hilfe eines Fernglases

Augenschein nahm, traf ihn eine feindliche Musketenkugel, welche über dem einen Schulterblatt, 2 Zoll von der Kehle entfernt, nach der rechten Seite hin eindrang und im Rückgrat sitzen blieb. Er commandirte zum Rückzuge, mußte aber bald vom Pferde steigen, und der Kanzler Orenstierna brachte ihn in einem Wagen nach Dirschau. Die Wunde erwies sich zwar nicht als gefährlich, und nach einer Woche war der Verwundete fast gänzlich wieder hergestellt; aber der Vortheil des Tages ging für die Schweden verloren [65]). Unter der Mitwirkung der von den reisenden niederländischen Gesandten und bei den ziemlich flaugeführten kriegerischen Operationen kam man endlich schwedischer und polnischer Seits überein, am 26. Aug. 1627 in einem Orte zwischen beiden Lagern zu unterhandeln. Die beiderseitigen Commissare, unter den schwedischen Orenstierna, traten wirklich zusammen; aber sofort entstanden allerhand Bedenklichkeiten, formelle und andere Streitfragen; so wollten z. B. die Polen nicht dulden, daß Gustav Adolf „König von Schweden" genannt wurde. Auch war es dem Polenkönige Sigismund, welchen Spanien und Oesterreich zur Fortsetzung des Kampfes antrieben, kein Ernst mit dem Frieden; von Spanien wurden ihm große Versprechungen gemacht, welche freilich sich nicht erfüllten; Oesterreich schickte ihm im August ein Hilfscorps von etlichen tausend Mann. Nachdem sich so die Unterhandlungen zerschlagen hatten [66]), brach Gustav Adolf im Anfange des Octobers 1627 mit einem Theile seines Heeres und 12 Kanonen aus dem Lager von Dirschau auf, um zunächst Wormditt (oder Wormbitt — nach Droysen) zurückzuerobern. Koniecpolski machte zwar einen Versuch, den Ort zu entsetzen, wurde aber durch den Feldmarschall Hermann Wrangel daran verhindert, und die Stadt capitulirte unter freiem Abzuge der Besatzung [67]). Gustav Adolf unternahm bald darauf noch einige andere Operationen, namentlich gegen Guttstadt, welches er ebenfalls in seine Gewalt brachte, und kehrte schon um die Mitte des Octobers vor Pillau nach Schweden zurück [68]), nachdem er in Elbing den Neutralitäts-Vertrag mit dem Herzogthume Preußen auf weitere sechs Monate verlängert hatte [69]). Unterdessen war von den blokirten Danzigern eine kleine Kriegsflotte von 9 Schiffen ausgerüstet worden, deren Führung sie dem Dänen Arend Dickmann anvertrauten. Dieser verließ am 18. Nov. 1627 den Hafen von Danzig und überfiel zwei Schiffe des schwedischen Admirals Niclas Sternskjöld, dessen anderen vier Schiffe vier Meilen entfernt waren. Das schwedische Admiralschiff fiel den Danzigern in die Hände, Sternskjöld erlag einer Kugel und 66 Mann von der Besatzung wurden gefangen.

---

60) Droysen I, 302—304.   61) Gfrörer, nach Lengnich S. 203.   62) Lettres de G. A., p. 34.   63) Gfrörer S. 142. 143.   64) Droysen I, 302—304.

65) Nach einem von Orenstierna unterm 15. Aug. 1627 erstatteten Berichte, in den Lettres de G. A. p. 36 seq., und einem Briefe Gustav Adolf's selbst vom 14. Aug. 1627 an den Pfalzgrafen, bei Geijer III, 126 fg., nach Gfrörer.   66) Gfrörer S. 146 und 147, nach Lengnich und Piasecki.   67) Gfrörer S. 147 und 148.   68) Droysen I, 310, welcher weit weniger ausführlich als Gfrörer diesen Krieg behandelt.   69) Lettres de G. A., p. 44; Lengnich S. 211.

Als der Capitän des anderen schwedischen Schiffes sah, daß er sicher übermannt werden würde, zündete er die Pulverkammer an und flog mit der ganzen Bemannung in die Luft [70]). Bald darauf wurden zwischen Schweden und Polen neue Friedensverhandlungen angeknüpft; im Beginn des Jahres 1628 traten die gegenseitigen Abgeordneten im Dorfe Honigfeld bei Marienburg zusammen; aber sofort wiederholten sich auch die früheren Einleitungs-Zänkereien; die Polen protestirten unter Anderem dagegen, daß von Seiten der Schweden ihrem Sigismund nicht der Titel eines Königs von Schweden beigelegt wurde. Da Orenstiern es für besser hielt, die Kaiserlichen in Polen zu bekämpfen als sie nach Schweden kommen zu lassen, und Gustav Adolf einen Waffenstillstand nur unter der Bedingung eingehen wollte, daß während desselben alle eroberten Orte in Preußen und Polen ihm verbleiben sollten, weil „die „Päpstlichen" bereits mehrere Häfen an der Ostsee occupirt hätten [71]), so verliefen die Conferenzen wiederum resultatlos.

Am 12. Mai 1628 (a. St.) führte eine Flotte den König mit frischen Truppen aus Schweden nach Pillau über, wo er landete, um sich am 19. nach Höft zu begeben; die eigentlichen Kriegsoperationen konnten aber wegen des hinderlichen Wetters erst in der Mitte des Juni beginnen. Nachdem das schwedische Heer sich bei Dirschau gesammelt hatte, brach Gustav Adolf mit am 14. d. M. von hier auf, um die Polen von Meve zu verdrängen. Der Zug seiner 60 Compagnien zu Fuß, und 53 Schwadronen, denen auch Geschütz beigegeben war, ging über Marienburg. Er fand indessen die Stellung des Feindes bei Meve zu stark, kehrte deshalb von hier wieder um und lagerte am 26. Juni unvermuthet zwischen Danzig und Weichselmünde. Gegen letztere Stadt ging er mit 1 Regiment zu Fuß vor und beschoß die dort auf der Weichsel liegenden polnischen Schiffe, von denen zwei in Brand geriethen, während die übrigen nach Danzig entkamen. Nach Verlauf von einigen Tagen rückte Gustav Adolf mit 2000 Mann in den danziger Werder ein, fand sich aber durch langwierigen Regen um allen Erfolges verhindert [72]). Erst am 9. Aug. 1628 war es ihm möglich, aus der Gegend von Marienburg mit einer Armee von 15,000 Mann, nämlich 10 Regimentern zu Fuß, 60 Schwadronen Cavalerie, 18 metallenen und 22 (?) ledernen Kanonen, wieder vorzurücken, und zwar in der Richtung auf Marienwerder, wo eine kurbrandenburgische Besatzung lag. Als Gustav Adolf diese aufforderte, ihn mit dem Heere durchzulassen, erfolgte eine abschlägliche Antwort, worauf Gustav Adolf sofort mit der Beschießung und den weiteren Vorbereitungen für den Angriff begann. Die Kurbrandenburger besannen sich nicht lange und gestatteten den freien Durchzug [73]). Als jetzt Gustav Adolf über Garnsee nach dem Ossaflusse vorrückte, verließ der polnische Heerführer Koniecpolski seine Stellung vor

Meve, marschirte mit seinen 8000 Mann in der Richtung auf Graudenz und lagerte sich den Schweden gegenüber auf dem linken Ufer der Ossa, wo sich die beiden Heere mehrere Tage hindurch beobachteten. Am 21. Aug. setzte Gustav Adolf mit seiner ganzen Heeresmacht über die Ossa und bot den Polen eine Schlacht an; aber diese blieben in ihrer stark verschanzten Position. Während unterdessen, ebenfalls im August, der Feldmarschall Hermann Wrangel vergeblich versucht hatte, Meve zu nehmen, gelang es dem Grafen Thurn, Neuenburg zu überrumpeln, wo er reiche Beute fand [74]). Am 17. Sept. erschien das Hauptheer unter Gustav Adolf's Führung vor Straßburg; am 19. ging eine Abtheilung desselben über eine von ihm geschlagene Brücke und schloß die Stadt von der Südseite ein; bereits am 21. waren die Belagerungsarbeiten bis unter die Mauern des Schlosses vorgerückt. Da erschien zum Entsatze am Morgen des 22. das polnische Heer unter Koniecpolski, ohne jedoch einen Angriff auf die Schweden zu unternehmen. Nachdem am 23. in Folge der gesprungenen Minen die Vorderseite des Schlosses eingestürzt war, capitulirte am 24. die Besatzung der Stadt unter freiem Abzuge. Erst jetzt, am folgenden Tage, griff Koniecpolski das verschanzte schwedische Heer an, wurde aber zurückgeworfen; am 26. ließ er den Commandanten von Straßburg, obgleich derselbe seine Schuldigkeit gethan, kriegsrechtlich enthaupten [75]). Mit dem 30. Sept. trat Gustav Adolf seinen Zug nach der Meeresküste an, wobei der vorausgesandte Oberst Baudissin das Unglück hatte, am 13. Oct. (n. St.) als Führer der Vorhut von den Polen geschlagen, verwundet und gefangen zu werden. Die am nächsten Tage (4./14. Oct.) erfolgte Einnahme des Städtchens Osterode durch Gustav Adolf schloß den Feldzug des J. 1628 ab; das schwedische Heer bezog die Winterquartiere, am 10. Nov. begab sich am 12./22. Oct. nach Pillau zur und er bald nach Schweden heimkehrte [76]).

Schon im Sommer des Jahres 1628 tauchten neue Versuche zum Friedensschlusse zwischen Schweden und Polen auf, aber nur, um stets sofort wieder resultatlos zu verlaufen; am 10. Nov. trafen im Dorfe Honigfeld zu diesem Zwecke wiederum neue gegenseitige Commissäre zusammen, nachdem sich hierum bei dem Könige Sigismund besonders die preußischen Stände bemüht hatten. Auch diesmal erhob Sigismund Titulaturzänkereien; seine Abgeordneten gestanden zwar Gustav Adolf den Namen eines „Königs von Schweden" zu, aber sie fügten hinzu: „ohne Nachtheil für Sigismund's Erbrecht auf Schweden." Orenstiern begriff sofort, daß die Polen den Frieden nicht ernstlich wollten, und so zerschlugen sich die Verhandlungen gleich am ersten Tage [77]).

Der Feldzug des Jahres 1628 gegen Polen resp. in Preußen entbehrte der großen, glänzenden Actionen, besonders weil der polnische Heerführer Koniecpolski den entscheidenden Kämpfen auswich; aber er war nichts

70) Gfrörer S. 148; nach Lengnich S. 212.   71) Droysen I, 310—312.   72) Gfrörer S. 151 und 152.   73) Ebenda S. 152 und 153.   74) Ebenda S. 153.   75) Ebenda S. 154.   76) Ebenda S. 155 und 156.   77) Gfrörer, nach Lengnich S. 219 fg. Droysen II, 5 und 6.

desto weniger sehr aufreibend für beide Theile und höchst verderblich namentlich für Preußen. Gustav Adolf schrieb unterm 13. Oct. 1628 an seinen Reichskanzler: „Der Feind kämpft mit einer neuen Kunst, treibt Vieh und Leute weg, flieht aber die Schlacht wie das Feuer" [78]). Zum Theil aus Erbitterung über diese polnische Kriegsführung und über das Verhalten des Königs Sigismund, mit welchem er, um sich gegen die katholisch-kaiserliche Macht in Deutschland zu wenden, gern einen billigen Frieden geschlossen hätte, ließ auch Gustav Adolf die Plünderung seiner Truppen nicht nur häufig zu, sondern gab auch dazu hier und dort Befehl, wie man aus seinem Tagebuche ersieht. Es hatte dieses sein Vorgehen, wofür er sich auf Wallenstein's Beispiel berief, unter Anderem die Absicht, den Frieden zu erzwingen. Städte und Dörfer wurden zahlreich zu Ruinen, die Felder arg verwüstet. Ueberall entstand Mangel, wie im polnischen, so im schwedischen Heere. Da hierzu ein naßkaltes Wetter kam, so entstanden unter der Bevölkerung wie in den beiden Armeen schlimme Krankheiten. In einem Briefe vom 10. Sept. 1628 erzählt Salvius [79]): „Officiere, welche 30 Jahre gedient, wissen nie von einem solchen Zustande unseres (des schwedischen) Heeres. Der Abgang beträgt allbereits über 5000 Mann, seit wir von der Ossa fortgezogen, und unsere Schweden reißen noch täglich aus. Die Fremden (Soldaten) sind so unwillig, daß man nur Meutereien zu erwarten hat, und wir besitzen keine Mittel, um sie willig zu machen. Der König hat nichts in Preußen unternehmen können, aus Furcht deutscherseits. Im Lande ist Alles elend; keine guten Quartiere, vier Häuser auf 1 Regiment; die Wege sind so schlecht, daß man des Tages keine halbe Meile mit den Stücken fortkommen kann. Der Feind haut nach und schneidet alle Zufuhr ab." Unter den vielen Opfern der Krankheiten befand sich auch der jugendliche Graf Franz Thure, welcher am 4. Oct. zu Straßburg den Masern erlag [80]).

Wie die schwedischen Kriegsunternehmungen in Polen und Preußen das weitere Ziel verfolgten, den Kaiser und überhaupt die katholische Partei zu bekämpfen, von welcher Sigismund mehrfache active und directe Unterstützung erhielt, so versuchte Gustav Adolf wiederholt, namentlich 1628 und 1629, den Fürsten Bethlen Gabor von Siebenbürgen als seinen thätigen Bundesgenossen gegen den Kaiser, und somit auch gegen Polen, heranzuziehen; auch versprach ihm der Fürst seine Theilnahme durch den Einmarsch in Schlesien; aber er starb im November 1629 [81]), und der für die kaiserliche Macht sehr bedrohliche Plan kam auch unter seinem Nachfolger ebenso wenig zur Ausführung als der vielfach schon versuchte Friedensschluß mit Polen vor dem Jahre 1629, sodaß der Krieg hier wieder aufgenommen wurde. Bereits im Januar 1629 beschloß der wiederum als Statthalter in Preußen eingesetzte Kanzler Orenstierna, die Besatzung von Straßburg, welche an Lebensmitteln

und Kriegsmunition Mangel litt und durch die Polen hart bedrängt wurde, zu verstärken und mit neuen Lebensmitteln zu versehen; zugleich sollte das in Ostrobe zurückgelassene schwere Geschütz nach Elbing zurückgeführt werden. Hierbei war es für die Schweden ein günstiger Umstand, daß der einzige fähige polnische General, Koniecpolski, während seiner Abwesenheit zum Reichstage in Warschau, den Oberbefehl über seine Truppen dem Castellan Potowski übertragen hatte. Die Führung der schwedischen Expedition wurde dem Feldmarschall Hermann Wrangel anvertraut; dieser hatte unter seinem Commando etwa 6000 Mann, welche sich zusammensetzten aus Truppen des Rheingrafen, der Obersten Etholy, Zachar. Pauli, Baudissin, Streif, Teufel (welcher unterdessen aus der polnischen Gefangenschaft wieder frei gekommen war), Hans Wrangel, Ramsay, Behnen, Oppelen, Muscampt, Ehrenreuter, Root und Axel Lillia. Nachdem diese verschiedenen Abtheilungen sich vereinigt hatten, brachen sie am 29. Jan. 1629 auf, die Vorhut unter dem Rheingrafen, und gelangten, von Kosaken umschwärmt, am Abend des 31. nach Lautenburg. Der Weitermarsch des folgenden Tages führte an das feindliche Heer heran, welches sich an der Bramza unter dem unfähigen Potowski aufgestellt hatte. Die Schweden griffen ihn hier sofort am 2. Febr. bei dem Dorfe Zaporowa unweit der Stadt Gorzno an und schlugen ihn. Er verlor von 4000 Mann, welche zum Gefecht gekommen waren, 2000 Gefangene und 1000 Todte, während der schwedische Verlust sich auf die geringe Zahl von 46 Todten bezifferte [82]). Hermann Wrangel setzte von Gorzno, dessen Namen das Treffen des 2. Febr. trägt, seinen Marsch unverweilt fort und traf am 3. in der Frühe glücklich zu Straßburg ein, wo er 1000 Mann nebst den erforderlichen Proviant zurückließ. In der Hoffnung eines ebenso glücklichen Gelingens hatte er zugleich den vorher einen Handstreich gegen Thorn beschlossen, wo er am Mittage des 6. Febr. ankam. Sofort drangen die Schweden über die Erdwerke in die äußere Stadt ein, wobei ein Brand viele Häuser verzehrte. Aber die innere Stadt entweder durch Gewalt oder durch Unterhandlungen mit dem Rathe zu nehmen mislang, und so zogen die Schweden am 8. und 9. Febr. wieder ab [83]). Jetzt gab der polnische Reichstag die von Sigismund längst ersehnte Bewilligung zur Mithilfe eines durch Wallenstein schon wiederholt angebotenen auswärtigen Heeres von 10,000 Mann [84]). Um diesen Hilfstruppen Zeit zum Anmarsche zu geben, suchten die Polen bei den Schweden einen Waffenstillstand nach, welcher ihnen unter Vermittelung von Seiten des Kurfürsten Georg Wilhelm durch Orenstierna auf die Zeit vom 8. März bis zum 1. Juni 1629 bewilligt wurde [85]).

78) Gfrörer, nach Geijer III, 131.   79) Geijer III, 131.   80) Gfrörer S. 156.   81) Droysen II, 68—70.

82) So Lengnich S. 223, welcher aus preuß. und poln. Archiven schöpft, und dessen Angaben mit dem schwedischen Tagebuche übereinstimmen. — Dazu die kurzen Bemerkungen bei Droysen II, 6. — Ausführlicher bei Gfrörer S. 157—161.   83) Gfrörer S. 161. 162.   84) Piasecki, Chronic. p. 406.   85) Lengnich S. 225.

Das Commando dieser von Wallenstein gestellten Heeresabtheilung, welche sich am Ende des März in Neustettin sammelte, wurde dem protestantischen brandenburgischen Edelmanne Johann Georg von Arnim aus dem Hause Boitzenburg übergeben, einem biegsamen und schmiegsamen, äußerlich sehr frommen Manne, welcher in langer Zeit vielen Herren gedient hatte, bis 1619 auch dem Könige Gustav Adolf, später dem Kaiser, dessen Dienst er verlassen mußte, weil man Verdacht hatte, daß er mit dem Kurfürsten von Brandenburg unter einer Decke spielte. Als er jetzt die kaiserlichen Hilfstruppen führte, wurde er nicht direct unter den Oberbefehl Koniecpolski's gestellt, sodaß die nöthige Einheit in den Unternehmungen beider Führer fehlte [85a]), wozu noch die Langsamkeit in der Ausrüstung und zum Abmarsche kam, sodaß Wallenstein wiederholt zur Eile antrieb. Nichtsdestoweniger war diese Diversion für Gustav Adolf, welcher im Einverständniß mit den Niederländern je eher je lieber den Krieg nach Deutschland verlegen wollte, höchst unerwünscht, weil er sich nun wiederum gegen Polen wenden mußte [86]). Unterm 23. Mai gab er Bjelke Befehl, wegen des Zuges der Kaiserlichen nach Polen bei Wallenstein anzufragen und Aufklärung zu fordern. Die ausweichende Antwort desselben vom 29. Juni lautete dahin: Die nach Polen entlassenen Truppen seien ihres Eides gegen den Kaiser entbunden und ihnen polnische Kriegsdienste gestattet worden; er habe keine Macht, sie zurückzurufen. Man verhandelte noch später über die Angelegenheit hin und her, ohne daß dadurch in den Ereignissen eine andere Wendung eintrat [87]).

Zur Wiederaufnahme des Kampfes in Polen und Preußen landete Gustav Adolf am 21. Mai 1629 mit 13 Schiffen, auf welchen er 3 Regimenter und Proviant aus Schweden mitbrachte, in Pillau [88]) und bezog mit einem Theile des Heeres ein Lager bei Marienburg, während der Feldmarschall Hermann Wrangel von seiner Stellung zwischen Riesenburg und Marienwerder das brandenburgische Preußen decken sollte. Am 10. Juni brach der König von Marienburg auf und stieß zu Wrangel. In derselben Zeit rückte Arnim mit seinen 10,000 Mann bei Graudenz zu dem polnischen Generalfeldmarschall Koniecpolski heran, zwar selbander, um ihm demüthigende Bedingungen für die Mitaction gestellt wurden. Am 16. Juni brach, um den Feinden entgegenzugehen, Wrangel mit einem Theile seiner Armee auf, und am 17. folgte ihm der König mit der seinigen, ebenfalls am rechten Ufer der Liebe in der Richtung auf das Dorf Honigfeld. Bei diesem Zuge erlitt die schwedische Nachhut unter dem Rheingrafen eine empfindliche Niederlage und verlor unter Anderem 10 lederne Kanonen. Als Gustav Adolf den Angegriffenen zur Hilfe eilte, gerieth er der Art mitten in das Kampfgewühl, daß bereits zwei feindliche Reiter ihn ergriffen hatten, um ihn gefangen zu nehmen; in dieser Gefahr schoß

der Schwede Erich Soop den einen vom Pferde und der König war gerettet [89]). Noch an demselben Orte und an demselben Tage, dem 17. Juni, traf schwedische Verstärkung ein, und die Gegner wurden geworfen [90]). Nach diesem Zusammentreffen bezog Gustav Adolf ein Lager bei Marienburg; die Polen und die Kaiserlichen lagerten sich ihm gegenüber bei Groß-Mausdorf, wo sie von allen Zufuhren abgeschnitten waren, sodaß unter ihnen bald Hunger und Seuchen ausbrachen, und die Kaiserlichen, theilweise zu den früheren Feinden; massenhaft desertirten, wogegen sich die Schweden auf der Nogat verproviantiren konnten und sich durch einige von Jacob de la Gardie aus Livland zugeführte Regimenter sowie durch Truppen aus Deutschland, England und von anderwärts verstärkten. Dazu kam, daß in Polen eine starke Partei für Gustav Adolf, gegen Sigismund war, welcher fortwährend an Geldmangel litt, und daß sich im polnischen Heere immer stärkere Vorwürfe gegen Arnim, als gegen einen absichtlichen Zauderer und einen gefährlichen Verräther, erhoben. Der Mann forderte jetzt von Wallenstein, mit welchem er trotzdem ferner in Verbindung blieb, seine Entlassung und erhielt dieselbe [91]). Am 15. Juli machten die Polen unter Koniecpolski einen Angriff auf das schwedische Lager bei Marienburg, wurden aber am folgenden Tage durch Gustav Adolf zurückgewiesen; als sie dann am 9. Aug., besonders um dem herrschenden Mangel an Lebensmitteln abzuhelfen, in ein geliegtes Werder einfielen, mußten sie sich vor den herbeieilenden Schweden ebenfalls zurückziehen, worauf sie nach weiteren Verlusten in der Mitte des Augusts in Graudenz Zuflucht suchten [92]).

Da es jetzt um Polen und Sigismund sehr mißlich stand, so waren sie zu dem Entschlusse, den Krieg zu beendigen, um so geneigter, als Frankreich und England sich bei ihnen wie die Schweden dringend für den Frieden verwendeten, welcher freilich nicht im schwedischen Interesse lag. Richelieu sandte den erfahrenen und gewandten Baron Charnacé im Juli 1629 auf den Kriegsschauplatz; im September traf der englische Gesandte Thomas Roe ein. Auch die brandenburgischen Abgesandten arbeiteten entschieden in dieser Richtung. Am 9. Aug. hatten die Commissäre Schwedens und Polens, unter ihnen A. Oxenstierna, auf dem Vorwerke Altmark (Starygrod) bei Stumm [93]) die erste Unterredung, wiederum nicht ohne die früheren lächerlichen Zänkereien und Bedenken in Betreff des Ceremoniells; kein Theil wollte vor dem anderen sich etwas vergeben, keiner den ersten Gruß darbringen. Endlich am 6. Sept. a. St. (nach Gfrörer; am 26. nach Droysen) kam es zum Abschlusse eines sechsjährigen Waffenstillstandes, worüber

85a) Gfrörer S. 162—165. 86) Droysen II, 12—14. 87) Ebenda II, 17—19. 88) Lengnich S. 226.

89) Diese Episode wird von Gfrörer erwähnt. Droysen theilt über sie nichts mit. 90) Arnim's Bericht an Wallenstein, abgedruckt in den Annales der Khevenhiller XI, 810 fg. — Gfrörer S. 165—167, im Uebrigen mit Droysen II, 19 übereinstimmend. 91) Droysen II, 19 und 20. — Gfrörer S. 167 und 168. Beide ohne Widerspruch gegen einander. 92) Gfrörer S. 168. 169. 93) So schreibt Gfrörer. Bei Droysen heißt der Ort Stuhm.

die nachstehende Urlaube [94]) aufgenommen wurde: Schweden gibt Mietau an den Herzog von Kurland zurück, an Polen (in Preußen) Straßburg, Dirschau, den danziger Werder, Gutstadt, Wormditt, Melsack, Frauenburg, doch ohne dessen Hafen und mit dem Vorbehalte, daß weder Frauenburg noch ein anderer Ort in dessen Nähe befestigt und daß allen Schweden freier Durchzug durch das frauenburger Gebiet gestattet werde. Dagegen behält Schweden Alles, was es in Livland erobert hat, desgleichen in Preußen die Städte Braunsberg, Tolkemit, Elbing, den fischauer Werber, einen großen Theil des großen Werders, ein Stück der danziger Nehrung von Stegen bis Pillau und letztere Stadt selbst. Dem Kurfürsten von Brandenburg werden die Städte Marienburg und Stum (Stuhm), der Rest des großen Werders und das danziger Höft in Versaß oder Sequester gegeben, jedoch nur für die Zeit des Waffenstillstandes [95]), resp. der Art, daß der Kurfürst, wenn kein dauernder Friede zu Staube kommt, einen Monat vor Ablauf der gegenwärtigen Waffenruhe Alles in gutem Zustande der Krone Schweden zurückerstattet. Zur Gewähr dafür erhält Gustav Adolf von dem Kurfürsten Fischhausen, Lochstädt, einen Theil des Gebietes von Schaken, die kurische Nehrung und die Stadt Memel. Der König von Polen soll gegen die abgetretenen Gebiete nichts Feindliches unternehmen; die Einwohner der Städte und Oerter, welche an Polen zurückgegeben werden, müssen im Besitze ihrer Privilegien, ihrer bürgerlichen und religiösen Freiheiten geschützt, auch darf kein Proceß gegen solche erhoben werden, welche während des Kriegs die schwedische Partei ergriffen hatten. In den Städten bleiben die Kirchengeräthschaften, die Urkunden und Schulbücher, die Kanonen, Büchsen und Waffen, wie sie sind. Beide Theile führen ihre Kriegsvölker aus Preußen ab und lassen nur die nöthigen Besatzungen zurück. Handel und Verkehr zu Wasser und zu Lande sind frei; kein neuer Zoll darf angelegt werden. Die Gefangenen kommen gegenseitig zur Auswechselung. Beide Theile werden ihre Waffen gegen einen Dritten vereinigen, wenn der eine etwa angreifen oder hindern würde. Die Bundesgenossen beider Contrahenten können an dem Uebereinkommen Theil nehmen, wenn sie sich binnen sechs Monaten dafür erklären. Endlich verspricht man sich gegenseitig, den Waffenstillstand in einen dauernden Frieden umzuwandeln. Der polnische Reichstag nahm den Tractat im November 1629 an. — Danzig schloß, vornehmlich unter englischer Vermittelung [96]), mit Schweden unterm 8. Febr. 1630 eine besondere Uebereinkunft, worin bestimmt war [97]), daß von den Hafenzöllen, welche sich auf 5½ Proc. des Werthes von allen aus- und eingehenden Waaren beliefen, die Krone Schweden sieben, die Stadt vier Elftel erhalten sollte, und der Magistrat derselben sich verpflichtete, weder auf eigene Rechnung

Seerüstungen gegen Schweden zu unternehmen, noch fremde Rüstungen in seinem Hafen zu dulden. Diese Stipulation sicherte dem Könige von Schweden, welchem der Zoll von Pillau seit 1627 eine jährliche Summe von 500,000 Thalern abwarf, eine bedeutende Einnahme [98]). Der Vertrag, welcher für Polen sehr nachtheilig war, sicherte dem Könige von Schweden auch den Vortheil, daß er den Kurfürsten von Brandenburg durch einen Antheil an der Beute in sein Interesse zog, und nun, mochte er wollen oder nicht, an sich gefesselt hatte, um ihn nach Befinden gegen Polen zu verwenden, obgleich derselbe bei dem Vertrage als eine Art Null behandelt worden war, zumal Schweden den Krieg zum Theil in seinem Lande und auf dessen Kosten geführt hatte. König Sigismund starb, der Bigotterie und den Jesuiten wie der Wollust ergeben, in der Liebe zur Alchymie, aber ohne die Liebe seiner Unterthanen, nach einer ruhmlosen Regierung von 45 Jahren am 20./30. April 1632 [99]).

Noch vor dem Abschlusse des Waffenstillstandes, am 3. Sept. 1629, brach Gustav Adolf mit einem Theile seines Heeres von Elbing auf, indem er den größeren Theil im Lager vor Marienburg zurückließ; am 5. ging er nach Pillau; am 14. segelte er von hier nach Schweden heim, nachdem er zuvor in Fischhausen - seinem Schwager, dem Kurfürsten von Brandenburg, welcher ihm mehrere Theile seines Landes abgetreten, ein stattliches Bankett gegeben [1]) und als Gouverneur der in Polen und Preußen neu gewonnenen Theile seines Reiches den Kanzler Oxenstiern zurückgelassen hatte [2]).

XXIX. Antecedentien, Versuche der Einmischung, Vorbereitungen zum Kriege in Deutschland.

Karl IX. hatte in dem für seinen Sohn Gustav Adolf hinterlassenen Testamente diesem empfohlen, mit den evangelischen Fürsten Deutschlands Freundschaft zu halten [3]), und dem neuen Herrscher Schwedens lag sicherlich nicht wenig an einem solchen Verhältniß zu seinen Glaubensgenossen in Deutschland; als aber im Frühjahre 1614 der Kurfürst Friedrich V. von der Pfalz ihn einlud, dem gegen den Kaiser geschlossenen Bunde evangelischer deutscher Fürsten beizutreten, beschränkte er sich darauf, einen allgemeinen Beitrag in Schweden zum 6. Mai a. St. anzuordnen [4]), theils weil er anderweit in Anspruch genommen war, theils vielleicht, weil er keine hohe Meinung von der Energie Friedrich's und seiner Bundesgenossen hatte. Doch war er klug genug, gute Beziehungen zur deutschen Union zu unterhalten, um, wenn möglich, sich ihrer Hilfe gegen Polen zu bedienen, wofür um 1617 namentlich der Pfalzgraf Johann Casimir thätig war. Nach dem Ausbruche des 30jährigen Krieges (1618) wandte sich Friedrich von der Pfalz, welcher im October 1619 als König von Böhmen in Prag eingezogen war, wiederum an Gustav Adolf,

---

94) Abgedruckt bei Lengnich S. 163 fg.   95) So lautet der Vorbehalt bei Droysen.   96) Droysen II, 25.   97) Nach Lengnich S. 234.

98) Nach Geijer III, 152.   99) Gfrörer S. 169—172. — Droysen II, 20—25.   1) Gfrörer S. 172.   2) Droysen II, 26.   3) Geijer III, 353.   4) Ebenda III, 137.

diesmal mit der Bitte um seinen activen Beistand gegen Oesterreich und Polen. Gustav Adolf ging hierauf zunächst insofern ein, als er nach Prag Johann Rutgens abordnete, dessen Instruction vom 30. Nov. 1619 datirt. Dieser hatte außerdem noch weitere Aufträge, unter Anderem den, unterwegs in Dänemark Jemanden für Geld zu bestimmen, daß er von dort Berichte in Stockholm abstattete, ferner in Hamburg um einen Vorschuß von 19,000 Thalern zu bitten; auch sollte er in Kursachsen horchen, wie es dort stände, und den Kurfürsten auf die dem Evangelium erwachsenden Gefahren seines Bundes mit den Jesuiten-Mächten aufmerksam machen. Was Gustav Adolf später so oft wiederholt hat, das that er schon jetzt: er ermahnte die evangelischen deutschen Fürsten dringend zu der Einigkeit unter einander, an welcher sie es nach wie vor in beklagenswerther Weise fehlen ließen; unter der Voraussetzung derselben war es schon damals seine ernste Absicht, mit Böhmen eine wirksame Alliance einzugehen[5]). Noch im December 1619 (oder im Januar 1620), als Rutgens soeben nach Deutschland abgereist war, ging ein directer Antrag des Königs Friedrich von Böhmen auf ein Bündniß mit Schweden bei Gustav Adolf ein, und dieser war jetzt entschlossen, den deutschen Protestanten thätig zu helfen; aber sie sollten ihn — was er auch später so oft betont und gefordert hat — direct dazu auffordern, damit er einen hinreichenden Grund zum Eingreifen hätte. Aber immer wieder trat die traurige deutsche Uneinigkeit dazwischen, über welche schon damals Gustav Adolf sehr ungehalten war. Obgleich kein gemeinsamer Antrag ihm entgegenkam, so wollte er dennoch seine Hilfe bringen, wenn man ihm nur sonst genehme Bedingungen böte. Am 14. März kam der Pfalzgraf Johann Casimir als Friedrich's von Böhmen Abgesandter in Stockholm an und trug am folgenden Tage dem König die Bitte seines Auftraggebers um Beistand vor. Wegen der angedeuteten Sachlage in Deutschland schlug zwar Gustav Adolf am 4. April die directe Hilfe ab, erbot sich aber, unter Umständen eine Diversion gegen Polen zu machen, um sie von Schlesien abzuziehen. Um dennoch den Böhmen sofort einen Beweis seiner Theilnahme zu geben, versprach er ihnen am 22. April 8 Kanonen (2 Karthaunen, 2 halbe Karthaunen, 2 Feldschlangen und 2 halbe Feldschlangen) und für jede derselben 500 Kugeln. Dafür bedang er sich aus, daß ihm Friedrich ev. gegen Polen helfe, mit diesem nicht ohne Schwedens Genehmigung Frieden schließe und Ungarn, Siebenbürgen und die deutsche Union in das zu schließende Bündniß mit aufnehme. Der von seinen deutschen Glaubens- und Bundesgenossen, sowie von seinem ewig schwankenden und unschlüssigen Schwiegervater, König Jacob von England, matt unterstützte und nie gewachsene Friedrich von Böhmen verlor durch die prager Schlacht am 8. Nov. seine neue Krone, und Gustav Adolf vermochte jetzt für

den mit dem Spott Europa's bedeckten Flüchtling, dessen Kur 1623 durch den Kaiser an Baiern übertragen wurde, nichts zu thun. Als im Anfange von 1621 König Christian von Dänemark an England, Schweden, die Niederlande, die niedersächsischen Kreisfürsten, Brandenburg und andere Mächte zum Behufe eines großen Bundes gegen Oesterreich, Spanien und deren Freunde das Ersuchen richtete, in Segeberg einen Congreß zu halten, lehnte Gustav Adolf zwar nicht den mittelbaren, aber den unmittelbaren, activen Beitritt ab und sandte zu der Zusammenkunft in Segeberg (März 1621) keinen Bevollmächtigten[6]).

Dennoch verlor Gustav Adolf seinen Plan, dem Kaiser und seinen katholischen Verbündeten mit Heeresmacht entgegenzutreten, keineswegs aus den Augen; vielmehr trat er der Ausführung desselben je näher und näher, und der Exkönig von Böhmen drängte ihn hierzu durch wiederholte Anträge, um wenigstens die Kur wieder zu gewinnen. Indem Gustav Adolf hierauf, als auf eine Handhabe zur Bekämpfung des Kaisers, einging, sandte er unter Anderem 1623 Johann Rutgens als Vertrauensmann an die niederländischen Generalstaaten, wobei er die Ansicht aussprach, daß der Kriegsschauplatz zunächst an die schlesisch-mährische Grenze verlegt werde, wo er den Kampf aufzunehmen gesonnen sei; hierzu möchten die Generalstaaten ihm 50,000 Imperials bewilligen, denen gegenüber er bereits ein starkes Heer mit einer entsprechenden Flotte in Bereitschaft hatte. Als im Herbste von 1623 Camerarius als Gesandter Friedrich's von der Pfalz nach Stockholm kam, wurde er von dem Könige sehr gut aufgenommen, und dieser erklärte bald darauf, im Anfange des Jahres 1624, er sei dazu vorbereitet und gewillt — selbstverständlich unter Bedingungen —, die Pfalz wieder zu erobern[7]). Dem gleichen Zwecke dienten die durch Gustav Adolf mit dem Herzoge Adolf Friedrich von Mecklenburg gepflogenen Unterhandlungen und die demselben zum Behufe des Widerstandes gegen die katholischen Mächte unterbreiteten Vorschläge. Im November 1623 schrieb er diesem Fürsten unter Anderem: „Aber, daß Euer Liebden wissen mögen, daß ernstlich ich den Wunsch habe, Gott zu fördert, meinem Vaterlande und dann dem gemeinen evangelischen Wesen zu dienen, und daß der liebe Gott dem Königreich Schweden die Mittel gegeben hat, dem nothleidenden Wesen beizuspringen, so soll dieser mein Vorschlag, so ich der Länge nach itzo E. L. thun will, gleich sein einem remedio gegen alles das, was ich in diesen actionibus zu repraehendiere, denn wer was will tadeln, der muß was besseres anzugeben wissen, fürchte aber, die Germanica consilia werden solches nicht zulassen"[8]). Als in demselben Jahre (1623)

---

5) Droysen I, 121—137, wo die damalige Sachlage in Deutschland, auch abgesehen von den Beziehungen zu Schweden, ausführlich dargestellt ist.

6) Ebenda I, 137—167, wo weit mehr von anderen Mächten als von Schweden die Rede ist. — Vergl. die kleine Schrift von J. Goll, Der Convent von Segeberg, Prag 1875. 7) Ebenda I, 187—189. 8) Aus den 1861 in Stockholm von Styffe edirten „Konung Gustav II. Adolfs Skrifter", welche bei Droysen nicht benutzt, auch nicht genannt sind.

der Großfürst Fedorowitsch die Schwester der Königin von Schweden, Katharina von Brandenburg, zu seiner Gemahlin begehrte und sich deshalb an deren Schwager, Gustav Adolf, wandte, begünstigte dieser den Plan, indem er damit die Hoffnung verband, die Russen gegen Sigismund von Polen geführt zu sehen und so die eigene Hand für Deutschland frei zu bekommen[9]). Auch mit Frankreich und England pflog er seit 1623 Unterhandlungen zum Zwecke eines Einmarsches in das deutsche Reich gegen die kaiserliche, die ligistische und die spanische Macht; aber hierzu mußte er vorher seine linke Flanke decken, d. i. gegen Polen gesichert sein, weshalb er, wie wir oben gesehen haben, zum Frieden oder Waffenstillstande mit Sigismund unter mäßigen Bedingungen wiederholt die Hand bot[10]). Jacob von England hatte zu Anfange des J. 1624 seine Bedenken, auf Gustav Adolf's Pläne zur Rückeroberung der Pfalz einzugehen, weil er Dänemarks schwedenfeindliche Stellung berücksichtigte. Indessen erklärte sich auch König Christian für den Bund der evangelischen Mächte und den Kampf gegen Oesterreich; aber der dänische Reichsrath verwarf den Krieg gegen den deutschen Kaiser, und so lehnte auch Christian im Juli 1624 die Theilnahme an diesem Unternehmen ab[11]). Im August desselben Jahres stellte sich Spens als Abgesandter des Königs Jacob von England bei Gustav Adolf mit dem Auftrage ein, die Maßregeln zur Restituirung der Pfalz näher zu ordnen. Noch in demselben Monate erklärte sich Gustav Adolf dazu bereit und sprach sich dafür aus, daß zu diesem Zwecke ein umfassender, wirksamer Bund organisirt werden müßte; alle evangelischen Mächte sollten sich einerseits unter einander, andererseits mit Frankreich (diesem Hauptwidersacher Habsburgs), Savoyen, Venetien und anderen katholischen antikaiserlichen Staaten einigen. Er selbst wollte sich mit Heeresmacht direct gegen den Kaiser wenden und zwar von Polen her; die anderen Bundesgenossen sollten an anderen Stellen angreifen; er getraue sich, so fügte er hinzu, in solchem Bunde etwas „Furchtbares" auszurichten; aber er verhehle sich auch die Gefahren des Unternehmens nicht, z. B. die Feindschaft Dänemarks; diese und ähnliche Bedenken habe man erst zu beseitigen, ehe man losschlage, wozu er übrigens große Lust zeigte[12]). Der Plan schien seiner Ausführung von einer anderen Seite her näher gebracht zu werden, als der Kurfürst von Brandenburg, durch die heranrückenden Kaiserlichen gedängstigt, durch die Absendung Bellin's nach Stockholm im September 1624 seinen Schwager um die Abschließung eines Schutzbündnisses ersuchte. Gustav Adolf erklärte dem Abgesandten: Da die Gefahr immer mehr wachse, daß die noch nicht besiegten evangelischen Mächte durch Habsburg und seine Verbündeten einzeln niedergeworfen würden und dann Schweden selbst an die Reihe kommen werde, so wolle er in den von seinem Schwager vorgeschlagenen Bund eintreten und dessen Directorium

übernehmen, sofern die anderen evangelischen Mächte ihn dazu aufforderten. Unverweilt und schnell, mit sicherem Blicke und entschiedenen Formen setzte Gustav Adolf, der einzige Fähige unter den Evangelischen, welcher der Führung gewachsen war, und sich unter keiner Bedingung einer anderen Führung unterordnen wollte oder durfte, sollte anders der Plan gelingen, die Dispositionen für die Ausführung fest. Aber Georg Wilhelm machte die nörgelnde Bedingung, daß Gustav Adolf seinen Zug nicht durch Preußen nehmen, sondern den Feind direct in Deutschland angreifen sollte. Um nur zu einem Ziele zu gelangen, ging Gustav Adolf hierauf ein, doch unter gewissen nothwendigen Bedingungen, unter anderen der, daß er der Wesermündung sicher sein müsse. Im October ging Bellin mit diesen Unterhandlungs-Resultaten nach Berlin zurück[13]).

Wie eifrig, aber auch mit welch klarer Anschauung von den zum Gelingen erforderlichen Bedingungen Gustav Adolf damals das Unternehmen gegen den Kaiser und für die Evangelischen in Deutschland sowie für sein eigenes nothwendiges und bei dem großen Einsatze selbstverständliches Interesse betrieb, beweist ferner ein von ihm unterm 12. Oct. 1624 an den Herzog Adolf Friedrich von Mecklenburg gerichteter Brief[14]), worin es heißt: „Demnach daß ich in meiner Resolution mich möge wissen darnach zu schicken, dann ob schon ich nichts heilsameres befinde, als daß man der päpstlichen Gewalt bei Zeiten vorbauen soll, so ist doch mir nichts zu thun ohne E. L. und der anderen Ost- und Nordsee angrenzenden Herren und Städte Zustimmen und Bewilligung. Dann ich meine Hülfe viel zu lieb dazu habe und mein Volk noch viel lieber, als daß ich sie umsonst spendieren und wagen sollte (wie dann geschehen müßte, wann ich mich mit England embarquiren würde) wider den Willen der obermähnten. Gleichwohl hab ich kein klein Interesse daran, daß die Papisten keinen Fuß an die Ost- und Nordsee bekommen mögen, welches gewißlich geschehen wird, wenn dies procedere [, so] ist in Deutschland ist, eine Continuation gewinnen würde, dann aber durch Zusammensetzung der Könige, Kurfürsten und Städte der evangelischen und reformirten Religion mächtig und durch Gottes Gnade gewißlich könnte gewehret werden, zu welchem dann ich nicht geringe Lust hätte, wann es nur E. L. und mehr angrenzenden gefallen möchte"[15]). Immer und immer wieder trieb der feurige und energische König, welcher auch Rußland gegen Polen ins Feld führen suchte, die über alle Vorstellung schlaffen, zaghaften, uneinigen deutschen evangelischen Fürsten und Städte zur endlichen vereinten und kräftigen Action an, und noch im October 1624 richteten Oxenstiern und Andere im Auftrage Gustav Adolf's an sie zahlreiche Briefe mit dieser Aufforderung oder mit dem bezüglichen Dispositionen. Schon vor

9) So meint Gfrörer S. 403. 10) Ebenda S. 102. 103.
11) Droysen I, 189—193. 12) Ebenda 193—197.

13) Ebenda I, 198—201. 14) Derselbe ist ohne Zweifel deutsch geschrieben, und wir haben es hier, wie oben, mit einer Uebersetzung zu thun. 15) Styffe, Konung Gustav II. Adolfs Skrifter.

diesem Zeitpunkte hatte sich mit dem Gesuche um ein Bündniß der Administrator des Stifts Magdeburg, freilich ein ziemlich machtloser und unzuverlässiger Mann, an Gustav Adolf mit dem Versprechen gewandt, die Bewegung im Magdeburgischen noch während des Herbstes 1624 mit den Waffen in der Hand zu beginnen[16]. Am Ende des Jahres 1624 — sowie am Anfange des folgenden — war Gustav Adolf unter den von ihm an den Bund gestellten Bedingungen bereit loszuschlagen, und es waren durch ihn alle einzelnett Punkte des Planes festgestellt, zu dessen anfänglichen Operationen sowie zur Sicherstellung für sich er die Häfen von Wismar und Bremen forderte. So lange es nöthig sein würde, versprach er ein Heer zu stellen und zu halten von 12 Regimentern zu Fuß (zu 8 Compagnien, jede zu 148 Mann), von 2000 Mann zu Roß, halb Kürassiere, halb leichte Reiterei, und die erforderliche Artillerie. Weitere 24 Infanterie-Regimenter, 6000 Mann Cavalerie und andere Truppen sollten durch seine Verbündeten aufgebracht, von England Subsidien gezahlt werden. Für die Kriegführung, als deren Schauplatz Deutschland bestimmt war, verlangte er das oberste Commando[17].

Mit diesen Combinationen war aber König Christian von Dänemark nichts weniger als einverstanden. Sein Sohn Friedrich hatte Ende 1621 die Coadjutorei des Erzstifts Bremen, 1622 diejenige von Verden, 1623 das Bisthum Verden, 1624 das Bisthum Halberstadt erhalten. Schon im Juli 1624 erklärte Christian vor seinen Reichsräthen, daß er seinen Nachbar Gustav Adolf in der Ostsee durchaus nicht wolle mächtiger werden lassen, als er schon sei; indem er jetzt den großen Plan eines Bundes mit Gustav Adolf an der Spitze erfuhr, trat er demselben feindlich entgegen und im Herbste (1624) mit Polen in geheime Unterhandlungen gegen Schweden, obgleich er mit diesen vorher Frieden gemacht hatte. Ein großer Bund evangelischer Mächte gegen die auch ihm drohenden Gefahren, namentlich gegen den in Niedersachsen ein- und auf Holstein und Dänemark vordringenden siegreichen Tilly, war ihm schon ganz recht; aber er wollte ihn selbst bilden und leiten; auf keinen Fall sollte Gustav Adolf das Directorium führen[18]. Es wurde zwischen den einzelnen Mächten hin und her verhandelt, namentlich in London zwischen Spens, dem schwedischen Agenten, Bellin, dem brandenburgischen und Rußdorf, dem Vertrauensmanne Friedrich's von der Pfalz, dem Schwiegersohne von Jacob, Könige von England[19], wie am Ende von 1624, so am Anfange von 1625. Jacob war von dem lebhaften Wunsche beseelt, seinen Schwiegersohn in die Pfalz wieder eingesetzt zu sehen; der Durchführung dieses Planes legte er sammt seinen Agenten und Räthen, Conway, Buckingham, Anstruther u. a., ein so starkes Hinundherschwanken, eine solche Unent-

schlossenheit, ein so auffälliges Tergiversiren an den Tag, daß man diese Erbärmlichkeit nahezu als betrügerische Zweizüngigkeit bezeichnen kann. Innerhalb eines kurzen Zeitraumes, etwa der ersten drei Monate von 1625, erklärte er sich für die Ausübung des Directoriums in dem projectirten Bunde durch Schweden, durch Dänemark und durch beide zugleich[20]. Er selbst hatte wenig Lust, für seinen Schwiegersohn ein wirkliches Opfer zu bringen; seine Meinung war, daß andere die Kastanien aus dem Feuer holen sollten, und da seine Gemahlin eine Schwester Christian's war, so hegte er sicherlich den Wunsch, daß der Oberbefehl an Dänemark übertragen würde. Auch machte er zur Bedingung, daß Frankreich mitwirken sollte, dessen Theilnahme, als einer katholischen Macht, Gustav Adolf nicht als opportun betrachtete. Aber gerade der französischen Diplomatie, welche Richelieu leitete, war viel daran gelegen, einen mächtigen Bund gegen den Kaiser zu Stande zu bringen, und sie erbot sich, zunächst für 2 Jahre, jährlich 1 Mill. Livres zu zahlen; dafür beanspruchte Ludwig XIII. im Vereine mit England, die politische Direction zu haben und im Falle eines günstigen Kriegserfolges zu entscheiden, welcher Beuteantheil jedem deutschen Fürsten oder Bundesgenossen zufallen sollte[21]. Die Generalstaaten der Niederlande befürworteten den Plan, daß Dänemark und Schweden gesondert, jenes in Niederdeutschland, dieses in Schlesien, operiren sollten; aber auch dieser Vorschlag scheiterte an Christian's Eifersucht, durch welche jetzt (im Beginn des J. 1625) Gustav Adolf sich veranlaßt fand, Gabriel Oxenstierna, den Bruder des Reichskanzlers, an die Höfe der evangelischen Fürsten zur Warnung vor den Dänen zu senden[22]. Etwa im März 1625 bestand für Gustav Adolf kein Zweifel mehr darüber, daß er bei der Action gegen Oesterreich, zunächst zur Wiedergewinnung der Pfalz, von England und Dänemark auf die Seite geschoben werden sollte, und ohne die Oberleitung zu haben, wollte er sich durchaus daran nicht betheiligen; aber immerhin erklärte er unter Bedingungen sich bereit für die Mithilfe. In einem Briefe vom 24. März an Christian sprach er sich dahin aus: es freue ihn, daß Christian entschlossen sei, der von Oesterreich und der Liga drohenden Gefahr entgegenzutreten; die Polen wolle er seinerseits von einem Angriffe abhalten; ja er sei sogar entschlossen, den Dänen direct Beistand zu leisten, eine Erklärung Gustav Adolf's, welche dem Dänenkönige ganz unerwartet kam und ihn in Angst setzte. Dennoch aber deshalb schrieb er unterm 12. April an den Kurfürsten von Brandenburg: er wolle sein Heer dem schwedischen Könige zur Führung überlassen — was dieser, wie er calculirte, nicht wohl annehmen würde —, oder unter Umständen am Rheine operiren, während Gustav Adolf ein Gleiches in Schlesien thun sollte. Bei den sich weiter spinnenden trostlosen Hinundherverhandlungen machte Gustav Adolf

16) Droysen I, 201—204. 17) Ebenda 204—207. — Dazu Gfrörer S. 403—405. 18) Ebenda S. 207—211. 19) Gfrörer S. 403—405.

20) Droysen I, 211—219. 21) Gfrörer S. 403—405. — Droysen I, 219—221. 22) Gfrörer S. 406, nach Rühs S. 144.

7*

jetzt den Vorschlag, das Kriegstheater zu theilen; er selbst wollte 16 Regimenter Infanterie und 3000 Reiter ins Feld stellen; doch müsse man an ihn im Voraus gewisse Subsidiengelder zahlen, und Danzig, welches freilich erst erobert werden mußte, sein Stützpunkt an der Küste sein; auch setzte er den Juli 1625 als letzten Termin zum gemeinsamen Loßschlagen fest [23].

Obgleich der dänische Reichsrath sich im Februar 1625 gegen ein kriegerisches Vorgehen wider den Kaiser erklärte, so rüstete Christian dennoch zum Feldzuge und reiste im März zu dem von ihm als Kreisobersten nach Lauenburg ausgeschriebenen niedersächsischen Kreistage, wo er sich gegen die von Schweden angetragene active Mithilfe im Kampfe erklärte und zum Kreisobersten gemacht wurde [24]. Aber wiederum zögerte er mit dem Loßschlagen, indem er den Kaiser zur Rückgabe der Pfalz durch gütliche Mittel zu bestimmen suchte; endlich, als dies vergeblich war, begann er neben Mansfeld den kläglichen Feldzug gegen Tilly, welcher noch im Jahre 1625 ebenso kläglich endete [25]. Unterdessen hatten schon vorher England und andere Mächte für den 20. April (a. St.) 1625 nach dem Haag eine Zusammenkunft ihrer Agenten verabredet. Hier hatte Gustav Adolfs Resident, Adolf Rutgers, die Weisung, unter der Hand in erster Linie dahin zu wirken, daß die einheitliche Oberleitung an Schweden übertragen würde; wo nicht, so sollte er erklären, daß sein König auf die Zweitheilung des Kriegs zwischen Schweden und Dänemark einzugehen bereit sei. Zwar kam die haager Convention nicht zu Stande; trotzdem erbot sich Gustav Adolf noch im Mai, die getrennte Kriegsoperation anzunehmen, und stellte hierzu seine Pläne zur Verfügung. Die weiteren Verhandlungen zeigten ihm, daß man seine Mitwirkung ablehnte; König Christian wollte durchaus die alleinige Oberleitung in die Hand bekommen. Gustav Adolf trat unter solchen Umständen entschlossen von jeder directen Theilnahme zurück und wandte sich gegen Polen, wo er nach seiner Landung bei Riga im Juli 1625 erobernd vordrang, nicht ohne dadurch Dänemarks linke Flanke thatsächlich gegen Oesterreich und die Liga zu decken [26]. Während der voraufgehenden Monate waren besonders die mit Spanien engagirten niederländischen Generalstaaten thätig, um, namentlich im Mai, eine starke Union gegen Spanien und seine Verbündeten, den Kaiser und die Liga, zu Stande zu bringen; in der Ueberzeugung, daß Dänemark nicht siegreich sein würde, sandten sie ihren Agenten Voßbergen nach Livland zu Gustav Adolf, welcher ihnen im August 1625 die Zusage gab, daß er sich nach siegreich beendetem Kriege in Polen an dem Kampfe gegen Oesterreich betheiligen werde [27]. Diese Betheiligung war und blieb nach wie vor sein Herzenswunsch und sein hauptsächlichstes Lebensziel, wofür die nachstehenden Schreiben ein weiteres Zeugniß ablegen. Unterm 8. Oct. (wahrschein-

lich a. St.) 1625 sprach er sich in einem Briefe an den Herzog Adolf Friedrich von Mecklenburg unter Anderem dahin aus: „Dann mögen C. L. sich versichern, daß ich das allgemeine Interesse dergestalt apprähendiere, daß ich meine Mittel und mein Leben (wann es Gott also gefiele) zu spendieren keine Scheu trage, C. L. treulich vermahnend, daß sie durch die Gefahr sich nicht schrecken lassen, etwas einzugehen, so C. L. und dero Posterität schädlich sein könnte, dann der liebe Gott, der oft durch geringe Mittel geholfen hat, lebet noch, der kann und wird wohl Rath schaffen. Sonsten habe ich mich mit C. L. Gesandten gediscourieret von Divertirung des deutschen Krieges in Polen, welches wohl ein Mittel wäre Deutschland in Ruhe zu bringen, wann es nur von Vielen wollte verstanden werden. Dann wie vor diesem die deutsche Kriege durch Frankreich in Italia transferieret worden, also könnte wohl auch der Krieg in Polen getransferieret werden, und wann ich möchte die Gestalt assistieret werden, daß der Krieg durch Polen in Schlesien möchte geführet werden, sollte der Herre v. Friedland und Tilly und wer sie mehr wären, wohl aus dem niedersächsischen Kreis retirieren müssen". Das einzige Mittel, „Papstthum und Tyrannei von uns abzuwenden," sei, „wenn etwas Bündiges könnte geschlossen werden zwischen den angrenzenden Potentaten der Ostsee" [28]. In demselben Monate (October 1625) schrieb Gustav Adolf von Riga aus an seinen Schwager den Pfalzgrafen Johann Casimir, nachdem Wallenstein in den niedersächsischen Kreis eingerückt war: „Meiner ist man nun nicht bedürftig, halte auch nicht dafür, daß ich mit Nutzen in Deutschland etwas verrichten kann; der Herr v. Friedland und Tilly und wer sie mehr wären, wohl aus dem niedersächsischen Kreis retirieren müßten". Das einzige Mittel ... bis mir etwas Noth herandringen wolle, bar doch Gott gnädig vor sei". Der Pfalzgraf möge trösten an allen Orten, wo es wohl aufgenommen werde, und ihnen (den zu Tröstenden) sagen, „daß dieser Krieg (gegen Polen) mich nicht so sehr engagiret, daß ich nicht Mittel wissen sollte, dem Gemeinen Dienste zu thun, wann nur das erfolgen wollte, so ich oftmal vorgeschlagen" (nämlich die Vereinigung der Evangelischen in Deutschland und seine Herbeirufung als des Oberstcommandirenden) [29]. Nachdem am 9. Dec. 1625 England und die Niederlande mit Dänemark ein Bündniß geschlossen hatten, um letzteres gegen den Kaiser zu unterstützen, sandten die drei Mächte noch in demselben Monate den Cameratius an Gustav Adolf, um ihn zum Beitritte einzuladen; aber dieser lehnte in seiner gerechtfertigten Mißstimmung gegen England, welches ihn in auffälligster Weise zurückgesetzt und ihm den unfähigen Christian vorgezogen hatte, den Beitritt ab [30]. Andererseits aber knüpfte er noch 1625 mit Greifswald an, welchem er versprach, in irgend einer Noth zu helfen, wenn die Stadt es wünschen sollte [31].

Seinem Verhängniß und seinem Ehrgeize hingegeben, zog Christian IV. 1626 gegen die Kaiserlichen ins Feld;

23) Droysen I, 224—234.   24) Ebenda I, 224—228.
25) Ebenda I, 265—268.   26) Ebenda I, 234—237.   27) Ebenda I, 237—240.

28) Styffe, Konung Gustav II. Adolfs Skrifter, 1861.
29) Ebenda.   30) Droysen I, 249—254.   31) Geijer III, 146.

neben ihm kämpften Mansfeld's wilde Horden, denen
Wallenstein am 15. April bei Dessau eine schwere
Niederlage beibrachte. Christian selbst wurde am 27. Aug.
(a. St.) bei Lutter am Barenberge durch Tilly aufs
Haupt geschlagen. Keine Macht war jetzt im Staube, die
Sieger aufzuhalten, außer Schweden, auf welches sich die
Blicke und die Wünsche der meisten Evangelischen in Deutsch-
land, wenn nicht aller, richteten, nur daß sie sich noch
immer nicht zur vereinten Herbeirufung des einzigen
Retters entschließen konnten, dessen Eingreifen die katholische Partei mehr wie je fürchtete, zumal derselbe gleichzeitig in Polen sehr große Erfolge hatte. Und in der
That ging der siegreiche König bereits im April 1626
mit dem Plane um, welcher damals dem preußischen
Landtage in Graudenz bekannt war, zwischen dem dänischen und Mansfeld'schen Heere hindurch auf das
Centrum der kaiserlichen Macht loszugehen, ein Plan,
welchen er ebenfalls schon im April dem Dänenkönige
mittheilte, und welchen namentlich Wallenstein als bestehend voraussetzte [32]). Nicht übertrieben, sondern den
traurigen Thatsachen und noch traurigeren Charakteren
der meisten deutschen evangelischen Machthaber vollkommen entsprechend ist, was Gustav Adolf in einem
vom 11. Dec. 1626 aus Stockholm an den Herzog
Adolf von Mecklenburg schreibt: „Schließlich, was das allgemeine Wesen betrifft, davon kann ich nichts mehr dis-
couriren, denn es nu so böse ist, daß es ärger nicht
groß werden kann, daun die Zeiten seind kommen, daß
das Zeitliche dem Ewigen vorgezogen wird, und das
man heute gelästert hat, loben man morgen, und des
Freund man gestern war, des Feind ist man heute,
welches von sich gebähret, daß wenig gefunden werden,
die beständige Resolution in ihren selbst eigenen Sachen
fassen können, dann sie nicht wissen, ob sie lutherisch,
oder ob sie päpstisch, ob sie kaiserlich oder ob sie dänisch,
ob sie endlich frei oder slawfen sein wollen" [32]). In
einem späteren, vom April 1627 datirten Schreiben an
denselben mecklenburgischen Herzog [34]) spricht Gustav
Adolf das Vertrauen aus, daß derselbe sein Land nicht
wolle in der „Papisten" Hände kommen lassen: „Zu
E. L. soll derhalben mein Rath sein, daß er beständig
bleibe auf der party Seite, so vor der (für die) wahre
Kirche Gottes streitet, und obschon die gegenwärtige
Directoren übel prociediren mögen, so ist doch wohl
Rath zu finden", nämlich durch die Berufung und das
Einschreiten des Briefschreibers. Aber noch nicht konnten
oder wollten die hart Bedrängten nach diesem einzigen
Rettungsanker greifen. Im Juli und August 1627
rückten die beiden Heere der Kaiserlichen unter Wallen-
stein und der Ligisten unter Tilly näher gegen den
Norden heran, wobei der Kurfürst von Brandenburg
dem Friedländer jeden Vorschub — wol aus Angst —
leistete; Christian IV. war im September auf seine In-

sein zurückgetrieben und die Kaiserlichen drangen in
Jütland ein, sodaß jetzt auch Schweden bedroht war [35]),
und Wallenstein sich darauf gefaßt hielt, Gustav Adolf
heranrücken zu sehen [36]). Der siegreiche kaiserliche Heerführer konnte um so mehr, als dies nicht geschah, sich
mit dem Plane eines Dominium maris Baltici für
Oesterreich und eines Herzogthums Mecklenburg für
seine eigene Person beschäftigen. Andere gaben dem
Kaiser den Rath, Hamburg, Bremen, Stralsund und
andere Plätze zu nehmen, Dänemark einstweilen zu
schmeicheln und gegen Schweden vorzugehen oder auch
ihm zunächst Freundschaft zu heucheln, vor Allem aber
des Sundes und der norddeutschen Seestädte sich zu bemächtigen; so namentlich des Kaisers Beichtvater Lammermann in einer Broschüre [37]). Bei dieser günstigen Lage
der kaiserlichen Waffen begannen selbst die katholischen
Ligisten, mit Baiern an der Spitze, Angst für sich zu
empfinden, und forderten deßhalb eine Verminderung
des Wallenstein'schen Heeres, wenn sie bereit sein sollten,
des Kaisers Sohn (Ferdinand III.) zum römischen Könige
zu wählen, eine Forderung, welche auch 1628 wiederholt
wurde, wobei Frankreich, ein principieller Gegner Habsburgs, das Feuer der Zwietracht nach Möglichkeit schürte.
Allein statt vermindert zu werden, wurde das Heer Wallenstein's vermehrt [38]). Unter solchen Umständen sandte
Gustav Adolf bereits im Sommer von 1627 seinen Obersten Peter Baner mit einer vom 6. Juli aus Elbing
datirten Instruction [39]) nach Norddeutschland, um die
dortigen Fürsten und Städte für ein Bündniß mit
Schweden zu stimmen; namentlich sollte er Rostock und
Wismar bewegen, bei dem Herandringen Wallenstein's
und Tilly's schwedische Besatzungen einzunehmen. Als
aber durch Wallenstein's neue Siege die Sachlage sich
veränderte, rief er Baner zurück und gab dem Obersten
Duval, welcher Wismar besetzen sollte, Gegenbefehl,
„weil — so schrieb der König unterm 17. Sept. 1627
an den Pfalzgrafen Johann Casimir [40]) — die
Sachen in Deutschland sich sehr verändert haben und
wir nun nicht mehr gesonnen sind, uns in dieses deutsche
Wesen einzulassen" [41]).

Die gemeinsame Gefahr, in welcher jetzt die beiden
sonst so feindseligen Könige von Dänemark und Schweden sich sahen, bewirkte jetzt, daß sie sich gegenseitig an-
näherten. Unterm 15. Oct. 1627 setzte Christian für
die nach Stockholm bestimmten Abgeordneten Fries und
Tott eine Instruction des Inhaltes auf: Sie haben dem
Könige Gustav Adolf Glück zu wünschen zu der Genesung von seinen im preußischen Feldzuge erhaltenen
Wunden, ihm über die gefährliche, durch die Papisten
bereitete gemeinsame Lage, auch in Betreff der deutschen
Seestädte, zu orientiren, ihm die Bitte mit Hülfe mit
der Versicherung vorzutragen, daß Dänemark seinerseits alle mögliche Unterstützung leisten würde, im Be-

---

32) Dröysen I, 269—275.　33) Konung Gustav II.
Adolfs Skrifter, edirt von Styffe — die letzten der hier ange-
führten Worte finden sich auch bei Dröysen II, 296.　34)
Ebenda.

35) Dröysen I, 284—287.　36) Ebenda I, 300.　37)
Ebenda I, 288—293.　38) Ebenda II, 92 und 98.　39)
Geijer III, 143, welcher dieselbe meisterhaft nennt.　40) Ebenda
III, 144.　41) Gfrörer S. 149. 150.

sonderen nachzusuchen, daß eine schwedische Flotte ausgerüstet werde, mit welcher eine dänische, niederländische und englische gemeinsam operiren soll [42]). Gustav Adolf ging auf diese Vorschläge ein und schrieb auf seiner Rückreise von Pillau nach Stockholm von Calmaresund aus unterm 21. Oct. an Christian [43]): Die Kaiserlichen, Ligisten und deren Parteigenossen, welche dem Könige von Dänemark die Admiralität imperii Romani angetragen und proponirt, daß derselbe statt der Kriegskosten den Sund abtreten sollte, hätten auch ihm, dem Könige von Schweden, Anträge gemacht, nämlich sich mit ihnen gegen Dänemark zu verbünden, mit Polen einen ewigen Frieden zu machen, Livland und Preußen für immer zu behalten u. s. w., freilich nur zu dem Zwecke, die Vereinigung Schwedens und Dänemarks zu hintertreiben; darum sei es die Pflicht beider, während des bevorstehenden Winters sich gemeinsam über die Vertheidigung der Ostsee und andere Interessen zu berathen. Um dieselbe Zeit gingen im Auftrage Gustav Adolf's der geheime Hofrath Rasch und Karl Bauer nach Dänemark, wo sie dessen König aufforderten, zur Errichtung einer Allianz einen Bevollmächtigten nach Stockholm zu entsenden. Christian sah in der Noth keine andere Hilfe und ging auf die Vorschläge ein [44]). Unterm 2. Dec. 1627 ertheilte er seinen Specialgesandten Fries und Tott eine neue Instruction; in dieser, welche die Gefahr für den Ostseehandel besonders betonte, war unter Anderem die Forderung gestellt, man dürfe nicht gegen alle „Päpstliche", namentlich nicht gegen Frankreich, das zu schließende Bündniß richten, außerdem den Bevollmächtigten die Weisung ertheilt, daß sie, falls Gustav Adolf auf die Frage nach dem Dominium maris Baltici käme, sich mit dem Mangel an Instruction hierüber entschuldigen sollten, auch bemerklich machten, daß Dänemark gegen Danzig keine Offensivhilfe leisten könne [45]).

Aber auch für Gustav Adolf selbst nahm die kaiserliche Politik mehr und mehr eine drohende Wendung; in einem Briefe vom 6. Nov. 1627 an Oxenstiern setzt er mit vollem Bewußtsein die darin liegenden Gefahren aus einander, daß die Kaiserlichen nach Jütland vorgedrungen waren, und spricht sich darüber aus, daß es für ihn nicht mehr zu vermeiden sei, in diesen Krieg verwickelt zu werden. Nachdem er durch ein Patent vom 11. Nov. desselben Jahres allen verfolgten Evangelischen, besonders aus Deutschland, sein Reich als eine Zufluchtsstätte geöffnet hatte, berief er im December die Stände zu einem Ausschuß für „heimliche Angelegenheiten" [46]). Dem kaiserlichen Feldherrn Wallenstein, welcher vor Allem seine Pläne in Betreff Mecklenburgs verfolgte, lag damals seinerseits daran, vorerst noch nicht mit den schwedischen Waffen zusammenzustoßen, ein Interesse, welches augenblicklich auch auf Gustav Adolf's Seite vorlag. Es kam daher schon im November 1627, zu

beiderseitigen Verhandlungen, deren Initiative von der einen oder anderen Seite nicht genau zu ermitteln ist [47]). Trotz derselben sandte Wallenstein gleichzeitig eine bedeutende Truppenmacht unter Arnim dem Könige Sigismund von Polen zur Hilfe, um die Schweden dort weiter festzuhalten; auch gab er noch Ende 1627 seinem General Arnim Befehl, alle schwedischen Schiffe in seinem Bereiche zu verbrennen und eine eigene Flotte zu sammeln, wozu auch der Kaiser Weisungen ertheilte [48]). Freilich pflogen beide Theile die Unterhandlungen mit dem bestimmten Bewußtsein, daß dieselben nur den Zweck hatten, sich gegenseitig hinzuhalten und zu überlisten, bis an ihre Stelle die Waffenentscheidung treten würde. Unter dem 11./21. Nov. 1627 schrieb Wallenstein, welcher mit allen Mitteln darnach strebte, Herzog von Mecklenburg zu werden, an Arnim [49]): „Aus des Herren (Arnim's) letztem Schreiben ersehe ich, daß der König von Schweden damit umgeht, ein Bündniß mit dem Kaiser zu machen. Nun ist solches schon in vorigen Jahre durch den Obersten Fahrenberg vorgeschlagen worden; warum aber nicht weiter unterhandelt worden, weiß ich nicht. Meine Meinung ist, daß man mit ihm sich in alle Wege einlassen sollte." Etwas weiter fährt er fort: „Der Schwede will Dänemark auf der anderen Seite angreifen und die zu Dänemark gehörigen Oerter, so an Schweden stoßen; einnehmen, wie auch Norwegen. Ich vermeine, daß der Kaiser keine Schwierigkeiten machen und den Frieden zwischen Polen und Schweden zu Staube bringen wird. Denn Seine Majestät kann Rußland als höchstes Haupt der Christenheit nicht dulden, daß in dem nächst an uns gränzenden Königreiche (Polen) ein solcher Krieg länger dauere, in welchen Türken, Tartaren, Moskowiter und andere die Rube der Christenheit störende Leute hineingezogen werden." In einem bald darauf, am 14./24. Nov. ebenfalls an Arnim gerichteten Briefe heißt es: „den Fürsten (Arnim) sehe auf alle Weise, daß die Sache mit dem Schweden kann angestellt werden...... Den Schweden will ich gern zum Freunde haben, aber nur, daß er so mächtig wird, denn amor et dominium non patitur socium; doch die Unterhandlung muß in allweg gehen" [50]). Schon den folgenden Tag richtete Wallenstein an Arnim ein neues Schreiben, worin es unter Anderem heißt: „Was den schwedischen Handel anbetrifft, so sehe der Herr, daß die Sache vorwärts rückt, und berichte mir darüber aufs eheste. Heute schreibe ich Ihrer kaiserlichen Majestät, daß der Schwede mit uns zu tractiren angefangen und daß ich ihn aufgefordert habe, billige Bedingungen vorzuschlagen" [51]). Gustav Adolf verfolgte durch diese Unterhandlungen zunächst den Zweck, den Krieg mit Polen, dessen er herzlich satt war, zu beendigen, und machte Miene, seine Waffen gegen Dänemark zu wenden, ein Manöver, über

42) Droysen I, 314 fg.   43) Bei Geijer III, 142.
44) Droysen I, 314—316.   45) Ebenda I, 316. 317.   46)
Ebenda I, 312.

47) Nach Gfrörer machte wahrscheinlicher Weise Gustav Adolf
den Anfang.   48) Droysen I, 305—309.   49) Förster,
Wallenstein's Briefe I, 143. Nr. 76.   50) Ebenda I, 152. Nr. 81,
ebenfalls bei Gfrörer S. 524.   51) Gfrörer S. 523 und 524.

welches Wallenstein unterm 26. Nov. an Arnim schreibt: „Ich sehe wohl, daß der Schwede eine Zwickmühle haben will.... Aus der Beilage kann der Herr (Arnim) ersehen, was mir Jhro Majestät schreibt wegen der Friedensunterhandlungen, so zwischen den Polen und Schweden vorgehen. Ich wollte, daß man es nicht gethan hätte, aber unsere Herren bei Hofe sind eben gar zu furchtsam..... Der Herr sehe, daß die schwedischen Schiffe sofort verbrannt werden, denn je ärmer der Schwede und je kraftloser er ist, desto besser für uns; doch muß die Unterhandlung (mit Schweden) fortbetrieben werden, wobei jedoch immer zu bedenken: Trau, schau, wem?" [52]). Ein vom 30. Nov. (n. St.) an den Feldmarschall Arnim gerichteter Brief sagt unter Anderem: „Der Schwede sucht unsere Freundschaft nicht aus redlicher Absicht, sondern nothgedrungen, daher müssen wir ihn mit schönen Worten bedienen, denn an den Werken bezweifle ich, daß er sich hoch um uns annehmen wird" [53]). Judem daher Wallenstein ferner beim Kaiser den Vorschlag machte, daß Schweden an der Eroberung Norwegens — welche Gustav Adolf wol nie ernstlich beabsichtigte — nicht gehindert werden sollte, meinte er das nicht aufrichtig oder glaubte nicht an diesen Plan; er wollte damit nur auf den König von Dänemark wirken, um diesen, was auch gelang, so geneigter zum Frieden zu machen [54]). Ebenso wenig wie Wallenstein durch Gustav Adolf, ließ sich dieser durch jenen täuschen, sondern traf im Winter von 1627 auf 1628 seine weiteren Maßregeln für den Fall des Losschlagens [55]). Wie Wallenstein trotz der Unterhandlungen den Polen eine ansehnliche Truppenmacht schickte, so übermächte Gustav Adolf noch an Ende des Jahres 1627 dem von Wallenstein bedrohten Stralsund Waffen und Munition. Als Arnim in der Eigenschaft eines von Wallenstein Beauftragten im Januar 1628 mit dieser Stadt Unterhandlungen zur Uebergabe anknüpfte, forderte er unter Anderem die Auslieferung von 8 schwedischen Feldstücken, welche daselbst soeben angekommen wären [56]).

So befand sich also Gustav Adolf thatsächlich im Kampfe gegen den Kaiser, wenn auch nicht in der directen Weise, welche nur noch eine Frage der Zeit war. Als er in der Voraussicht dessen, was kommen würde und sollte, den Ausschuß der vier Reichsstände berief, erklärte dieser am 12. Jan. 1628 seine Bereitwilligkeit, bei so großer Gefahr Leben und Gut gern darzubringen [57]). Auch Wallenstein sistirte seine nordwärts gerichteten kriegerischen Operationen keineswegs; im Februar 1628 machte er durch Arnim verstärkte Versuche, Stralsund zu nehmen; aber Gustav Adolf gab diese Feste, welche er für höchst wichtig hielt, die Versicherung, daß er zu ihrer thatkräftigen Unterstützung auch ferner entschlossen sei. Indem er im März dieses Versprechen wiederholte, forderte er

bei der immer mehr steigenden Gefahr gleichzeitig den König Christian IV. von Dänemark auf, sich mit ihm zur Hilfe für die Stralsunder zu verbünden. Aber der Dänenkönig zauderte und lehnte noch im März die Theilnahme ab [58]). Und doch hatte derselbe seinem schwedischen Nachbar, welcher mit Eifer darauf eingegangen war [59]), schon vorher Anerbietungen für ein gemeinsames Vorgehen mit den Waffen gemacht, dabei freilich auch die kleinlichsten Bedenken zu Tage gebracht. Gustav Adolf hatte versprochen, ihm 8 Kriegsschiffe zu senden, und zwar mit der Bedingung, daß Schweden Truppen und Munition durch den Sund führen dürfte, sowie daß die Danzigfahrer, wenn sie ohne Geleitschein betroffen würden, confiscirt werden sollten. Hiergegen erhob Christian unter Anderem das Bedenken, daß man sich durch diese Maßregel die Franzosen, Engländer und Niederländer zu Feinden machen würde. Doch kam das Bündniß zwischen Dänemark und Schweden gegen den Kaiser endlich zu Staube und wurde von Christian am 19., von Gustav Adolf am 28. April ratificirt [60]). Einen Einblick in die Pläne des letzteren zur damaligen Zeit gewährt unter Anderem ein vom 1. April 1628 datirter, an seinen Reichskanzler gerichteter Brief [61]), welcher es ausspricht: man müsse den Kaiser in Polen angreifen, und diese (Gustav Adolf's) Friedensverhandlungen mit dieser Macht hätten nur den Zweck, Zeit zu gewinnen [62]). Wie an einer früheren Stelle bereits erwähnt ist, ließ Gustav Adolf durch seinen Abgesandten Straßburger 1628 den Fürsten Bethlen Gabor von Siebenbürgen auffordern, seine Waffen gegen den Kaiser zu wenden. Vor Allem kam es dem Könige darauf an, in Deutschland zuverlässige Verbündete und feste Stützpunkte zu gewinnen, ein Plan, welcher noch immer nicht nach Wunsch gelingen wollte. Seine Aufforderung, mit ihm gemeinsame Sache gegen den Kaiser zu machen, welche er unterm 30. April durch den Rath Ludwig Rasch an die Hanseaten richtete, welchen sich damals der Kaiser als Protector und Gönner anbot, wiederholte er im Juni 1628 insbesondere für Lübeck, aber ohne sichtbaren Erfolg [63]). Eine gelegenere Handhabe zur Anknüpfung solcher Beziehungen bot ihm Stralsund. Als die durch Wallenstein damals hart bedrängten Bürger dieser Stadt nach Danzig schickten, um von dort Pulver zu holen, schrieb Gustav Adolf, welcher dies erfuhr, unterm 6. Mai 1628 vom Bord seines Schiffes bei Landsort an den Rath derselben einen Brief [64]), dessen wesentlicher Inhalt sich dahin zusammenfaßt: Es thue ihm Leid, daß sie sich in ihrer Noth nicht sofort an ihn gewandt hätten; um ihnen ein kleines Zeugniß seiner wohlwollenden Gesinnung zu geben, übersende er ihnen eine Last Pulver und ermahne sie herzlich, in Vertheidigung ihrer Freiheit und Religion treulich auszuharren;

52) Ebenda S. 524. 525, nach Wallenstein's Briefen von Förster. 53) Ebenda, nach denselben Briefen I, 159. Nr. 89. 54) Ebenda S. 524. 525. 55) Drohsen I, 309. 56) Förster S. 149. 150. 57) Drohsen I, 312 und 313, nach Geijer III, 150.

58) Ebenda I, 331—333. 59) Nach Gustav Adolf's Briefen bei Cronholm. 60) Drohsen I, 318. 319. 61) Gedruckt in Handlingar rörande Skandinaviens Historia I, 153, benutzt von Geijer und Cronholm. 62) Drohsen I, 313. 314. 63) Ebenda I, 344—346. 64) Abgedruckt bei Förster, Wallenstein's Briefe I, 280.

löane er fonst mit etwas dienen, so möchten sie stets seiner Hilfe versichert sein. Der Hofjunker (Hofrath?) Georg Borchard (auch Burchard?), welcher zugleich den Auftrag hatte, den Rath von Stralsund dahin zu bearbeiten, daß er schwedische Besatzung verlange, traf mit diesem Briefe und der ihn begleitenden Pulversendung am 17. Mai [65]) glücklich in der von den Kaiserlichen belagerten Stadt ein, und 14 Tage später kam eine neue Hilfsgabe Gustav Adolf's, bestehend in 100 Tonnen Pulver, 6 Kanonen und 100 Ochsen [66]). Was der König so oft schon vergeblich erstrebt hatte, nämlich von Deutschland aus durch legitime und sichere Auctoritäten berufen oder wenigstens um Hilfe angegangen zu werden, wurde jetzt erreicht; die Stralsunder ließen ihn durch Abgeordnete, welche zu Pfingsten bei ihm in Marienburg eintrafen, um seine sofortige weitere thätige Beihilfe bitten, und diese auf das Bereitwilligste zu gewähren, lag für ihn ebenso sehr in dem Interesse der Vertheidigung seines eigenen Landes gegen den immer siegreicheren Kaiser. Die Obersten Fritz Roslabin und Duval erhielten Befehl, sofort mit 600 Mann nach Stralsund abzusegeln. Unterm 12. Juli 1628 (n. St.) schrieb Gustav Adolf an seinen Reichsrath: Wenn Stralsund in die Hände der Kaiserlichen falle, so komme auch Schweden an die Reihe; er habe deshalb 600 Mann und Ammunition nach Stralsund geschickt. Wenige Tage später, am 25. Juni a. St., schloß sein Secretär Philipp Sattler mit und in Stralsund ein Vertheidigungs-Bündniß, welches am 22. Juli vom Könige in Dirschau ratificirt ward, das erste feste derartige Band, welches sich zwischen ihm und Deutschland knüpfte. Zwar standen in dem Vertrage die Worte: Stralsund verbleibe für immer bei der Krone Schweden [67]); indeß machte der Rath hierzu den Vorbehalt, daß jener Ausdruck nur die bundesgenossenschaftliche Treue bedeuten sollte. Zur weiteren Ausdehnung enthielt das Uebereinkommen die Bestimmung, daß Stralsund auch die übrigen Hansestädte in die Verbindung mit Schweden zu ziehen sich bestreben sollte. Bereits am Ende des Juni ging Gustav Adolf mit dem Plane um, bei Stralsund mit einer größeren Truppenmacht nach Deutschland überzusetzen. Aber andererseits bot damals Wallenstein alle Mittel auf, die Stadt in seine Gewalt zu bekommen, wogegen, noch im Juni, nebst Dänemark Schweden ihr neue Unterstützung sandte. Am 27. Juli erschien Wallenstein selbst vor ihren Wällen, um abwechselnd durch Sturmangriffe und gütliche Verhandlungen die Feste zu bezwingen. Schon war, im Fall, der Rath nahe daran, die Stadt ihm zu übergeben, nachdem bei dem Sturme der Kaiserlichen am 28. Juli a. St. (8. Juli n. St.) Duval gefangen und Roslabin tödlich verwundet worden waren: da langte dänische Hilfe an, und am (16. oder) 17. und 18. Juli führten Oberst Leslie und Oberst Graf Nils Brahe über 2000 Mann frischer schwedischer Truppen herbei. Am 24. Juli zog Wallenstein unverrichteter Sache ab [68]), während Leslie (nach) Gfrörer: Lesley) und Brahe in der Stadt blieben. Christian von Dänemark hatte ihr seine Hilfe ohne Zweifel in der Absicht gesandt, um sie seinerseits in die Gewalt zu bekommen, und ließ ihr deshalb noch am 9./19. und 10./20. Juli neue Kriegsmittel zuführen; aber eben auch, um diesen Plan zu vereiteln, zeigte sich Gustav Adolf mit seinem Beistande um so bereitwilliger und thätiger, und als dieser in Stralsund die Vorhand gewonnen hatte, Wallenstein aber abgezogen war, ließ sich Dänemark mit dem Kaiser auf Unterhandlungen wegen eines Friedens ein, welcher in Lübeck abgeschlossen werden sollte [69]). Doch ging Christian auf einen am 17. Sept. 1628 mit Schweden abgeschlossenen und von Gustav Adolf am 26. Oct. desselben Jahres zu Elbing genehmigten Vertrag ein, kraft dessen von da ab Stralsund schwedische Besatzung behalten und unter schwedischem Militär-Oberbefehl stehen sollte. Noch vor Michaelis waren in diese Stadt, wo Gustav Adolf auf deutschem Boden den ersten festen Fuß faßte, 4000 Schweden zu Fuß mit 1000 Reitern und sonstigem Kriegsmaterial eingerückt [70]).

Wallenstein, welcher auf diesem Punkte des diplomatischen und Kriegs-Theaters überwunden worden war, zeigte sich gegen Gustav Adolf wegen der von diesem den Stralsundern geleisteten Hilfe im höchsten Grade erzürnt; aus mehreren im September 1628 an Arnim gerichteten Briefen [71]) kann man abnehmen, daß er damals über einen Plane zum Verderben Gustav Adolf's brütete, sei es, eine Schiffe verbrennen, sei es, ihn umbringen zu lassen [72]). Er hatte nicht blos Stralsund fahren lassen müssen; er sah jetzt auch seine Pläne zur Gewinnung der Hanseaten für die katholischen Mächte scheitern; am 24. Sept. 1628 zeigte der hanseatische Convent dem Könige von Schweden an, daß er das angebotene spanische Bündniß abgelehnt habe [73]). Die Freundschaftsversicherungen des Kaisers fanden hier immer weniger Gehör, er sah solcher Sympathien bildete sich vielmehr in Hamburg und anderen Städten der Hansa, wie Lübeck und Bremen, und besonders 1629, eine schwedische Partei gegen die Kaiserlichen, wofür namentlich viele Flugblätter wirkten [74]). Da sich nach dieser Seite hin die Aussichten für einen erfolgreichen Kampf gegen die katholischen Mächte steigerten, so verfolgte Gustav Adolf diesen Plan mit um so nachhaltigerem Eifer, und verhandelte hierüber im Winter von 1628 auf 1629 eingehend mit seinem Kanzler. Beide erkannten die Nothwendigkeit eines kriegerischen Conflictes mit dem Kaiser; aber es fragte sich, ob man aggressiv vorgehen oder sich defensiv verhalten sollte, zumal Schweden an Mitteln sehr erschöpft war. Orenstiern sprach sich zunächst für die Defensive in Deutsch-

65) So Gfrörer; Droysen läßt ihn — dem Hofrath Burchard — erst am 18. Mai in Stralsund ankommen, vielleicht landen. 66) Nach Gfrörer. 67) So Geijer III, 148 fg.

68) Droysen I, 333—341. — Gfrörer S. 151 und 152; dazu S. 505; zum Theil nach Bober, Geschichte der Belagerung Stralsunds S. 190 fg. 69) Droysen I, 354—356. 70) Ebenda I, 341 und 342. 71) In Wallenstein's Briefen von Förster. 72) So Gfrörer S. 514—516. 73) Droysen I, 346. 74) Ebenda II, 101 und 102.

land und für die Offensive in und von Polen her aus, während der König, welcher den Zoll in Pillau bis zu jährlich 500,000 Thalern für seine Einnahmen gesteigert hatte, die umgekehrte Ansicht vertrat und diese seinem Reichsrathe plausibel zu machen suchte, nachdem er am 15. Dec. 1628 aus Preußen nach Stockholm zurückgekehrt war [75]). Auch nach außen hin war Gustav Adolf in dieser Richtung unabläßig thätig. Er hatte unter Anderem, wie früher angeführt worden ist, mit dem Fürsten Bethlen Gabor von Siebenbürgen Verhandlungen angeknüpft; von dort schrieb ihm am Anfange des Jahres 1629 sein Specialgesandter Oberst Waldemar Farensbach: Bethlen Gabor hoffe im Sommer dieses Jahres dem Könige in Schlesien die Hand zu reichen, und der Fürst schickte einige Zeit darauf seinen Bevollmächtigten Boncibai mit weiteren Aufträgen in das schwedische Lager nach Preußen; aber am 5. Nov. 1629 starb Bethlen Gabor, und Gustav Adolf konnte nun von dieser Seite her keine Unterstützung mehr erwarten [76]).

Wichtiger und folgenreicher war seine damalige Stellung zu den lübecker Friedensverhandlungen. Um als (ehemaliger) Bundesgenosse Dänemarks an diesen Theil zu nehmen, saubte er im Januar 1629 mehrere Abgeordnete, unter ihnen die Reichsräthe Gabriel Orenstiern und Johann Sparre mit dem Secretär Dr. Johann Salvius, nach Lübeck, wo im Anfange die ligistischen Vertreter (Tilly's) deren Zulassung kein Hinderniß entgegensetzten, während Wallenstein und der Kaiser sich ihrer Theilnahme widersetzten und im März auch die Tilly'schen Abgeordneten für diesen Widerspruch gewannen [77]). Den Niederländern, welche dem Könige von Dänemark dringend von dem Friedensschlusse mit dem Kaiser und seinen Verbündeten abriethen, schloß sich auch Gustav Adolf an, welcher seinen Nachbar deshalb um eine persönliche Zusammenkunft bat. Diese fand, während der lübecker Congreß noch tagte, am 20. Febr. 1629 (a. St.) auf dem Priesterhofe zu Ulfsbeck in Småland (Schweden) an der Grenze Schonens statt. Hierüber erzählt Gustav Adolf selbst in einem Briefe an seinen Reichskanzler von demselben Datum [78]): „Gegessen ist wenig worden, aber viel schlechter Wein getrunken, der noch dazu gefroren gewesen war. Von Seiten des Königs (Christian IV.) gab es keine andere Proposition als um zwei oder drei Schiffe, nicht weil sie von Nöthen, sondern ad augendam famam. Ich proponirte vier Punkte." Diese letzteren liefen im Wesentlichen darauf hinaus, daß beide zum Kriege gegen den Kaiser sich verbinden sollten. Christian fragte den König Gustav Adolf, warum er (Gustav Adolf) sich denn in die deutschen Händel mischen wollte, und fügte hinzu, daß seine (Christian's) Bedingungen, von denen er nicht abgehen könnte, dem Kaiser bereits übermittelt wären. „Als ich das sah — so schließt Gustav Adolf seinen Brief an A. Orenstiern — dankte ich Gott, daß ich schweigen durfte und ließ ihn wieder so passiren" [79]).

Anderwärts [80]) wird hinzugefügt, Christian habe in der Trunkenheit die Aeußerung gethan: Wenn Gustav Adolf eine Expedition nach Deutschland unternehme, werde er (Christian) in dessen Abwesenheit Schweden angreifen, eine Aeußerung, welche Gustav Adolf durch Christian's Maitresse, Christina Munk, eine in schwedischem Solde stehende Person, erfahren habe; Hamburg sei in Folge dessen durch Gustav Adolf aufgemuntert worden, sich den Forderungen Dänemarks zu widersetzen, und habe der dänischen Flotte eine Niederlage beigebracht [81]). Da Gustav Adolf an seinem Grenznachbar keinen Verbündeten fand, sah er sich im Wesentlichen auf die eigenen Hilfsmittel angewiesen; er stellte seinen Reichsräthen vor, wie „der Kaiser und die Päpstlichen" immer näher rückten, um das Dominium maris Baltici in die Hände zu bekommen, und wie der Angreifende stets sei; der Reichsrath ging, wie auch sonst fast stets, im Beginne des Frühjahres von 1629 auf des Königs Pläne ein, und diese gipfelten in einer Landung auf deutschem Boden [82]).

Unterdessen vollzogen sich im Innern von Deutschland Ereignisse, durch welche Schweden zum Theil in eine günstigere Position, in das wachsende Recht des Eingreifens und in eine verstärkte Hoffnung des Gelingens versetzt wurde. Die Ligisten, welche schon längst mit Wallenstein's auch gegen sie rücksichtslosem Vorgehen unzufrieden waren, hielten im Februar 1629 zu Heidelberg einen Convent, auf welchem sie wiederholt eine Verminderung der kaiserlichen Armee forderten und es aussprachen, daß sie im Weigerungsfalle gegen den Kaiser mit den Waffen einschreiten würden. Um sie und andere katholische Mächte Deutschlands zu befriedigen und für die Wahl seines Sohnes zum künftigen Kaiser zu gewinnen, gab Ferdinand gegen den Rath Wallenstein's das am 6. März 1629 publicirte einschneidende Restitutionsedict, kraft dessen die Evangelischen alle reichsunmittelbaren Stifter und sämmtliche seit dem passauer Vertrage eingezogenen geistlichen Güter zurückgeben sollten, und der Religionsfriede nur für die Bekenner der Confessio Augustana Invariata gelten sollte. Durch die Strenge, die Habgier, den Verfolgungsgeist, womit man das Edict auszuführen begann, wurden die Noth, die Verzweiflung und der Haß der Evangelischen auf das Höchste gesteigert, und mehr wie je richteten viele derselben ihre Augen auf Schweden als auf diejenige Macht, welche allein Rettung bringen könnte. Wenn behauptet wird [83]), „daß Gustav Adolf bei seinen Verhandlungen mit seinem Reichsrathe und den zum Reichstag versammelten Ständen die Rettung der um ihrer kirchlichen Richtung willen verfolgten Evangelischen in Deutschland auch nicht einmal als Grund für den zu unternehmenden Krieg angibt" und zwar mit dem Hinzufügen: Es sei ihm gelegen gewesen, daß sie zu ihm als Retter schrieen; „nicht einmal einen Anlaß zum

75) Ebenda II, 7—10.   76) Ebenda II, 68—70.   77) Ebenda I, 356—360.   78) Bei Geijer III, 156.   79) So die Darstellung bei Droysen I, 364—366.

80) Gfrörer S. 591, nach Geijer III, 157 und 163, und Rühs S. 148.   81) Gfrörer ebenda.   82) Droysen II, 10 und 11.   83) Ebenda II, 93—97.

Kriege" habe er „in der Pflicht für die bedrängten Evangelischen", wol aber ein Mittel zum Siege erblickt: so muß daran erinnert werden, einmal daß es sehr zweifelhaft ist, ob einem solchen Urtheile die volle Kenntniß aller Aeußerungen des Königs vor dem Reichsrathe und den Reichsständen zu Grunde liege; dann daß man sagen darf, Gustav Adolf habe ja die Hilfe um des Glaubens willen als ganz selbstverständlich angesehen; ferner daß derselbe durch zahlreiche andere Aussprüche die Religion als Motiv, wenn auch nicht als ausschließliches, hingestellt hat, wofür unsere vorausgehende und nachfolgende Darstellung hinreichend viele Beispiele gibt. Wenn übrigens die Verpflichtung, den Evangelischen zu helfen, für ihn ein Mittel zum Siege gewesen sein soll, so muß sie eo ipso auch einen „Anlaß zum Kriege" gegeben haben.

Von den auswärtigen Mächten waren es nach wie vor die Generalstaaten der Niederlande, mit welchen Gustav Adolf auf freundschaftlichem Fuße stand und von welchen er Beistand gegen den Kaiser erwarten konnte. Mit ihnen unterhandelte er im Februar und März 1629, sowie noch später, über die Verlängerung des 1614 mit ihnen geschlossenen Bündnisses, welches er jetzt in einem defensiven und eventualiter offensiven umzugestalten wünschte, wenn man durch friedliche Mittel die Restitution der evangelischen Fürsten und Städte in Deutschland vom Kaiser nicht erlangen könne. Aber auf eine solche Verpflichtung wollten die Niederländer jetzt nicht eingehen, weil sie augenblicklich mit Spanien genug zu thun hatten und den Kaiser nicht reizen wollten, wol auch Gustav Adolf's Machtvergrößerung nicht gern sahen [84]. Allerhand Schwierigkeiten und verwickelte Verhältnisse hatte Gustav Adolf den Dänen gegenüber zu tragen. Etwa im März erhöhete er den Zoll auf der von ihm occupirten Insel Ruben den Zoll; ohne den Besitz derselben hatte Stralsund für ihn keinen Vortheil; und doch stand die Insel unter dänischer Hoheit [85]. Diese und andere widersprechende Interessen kreuzten sich fort und fort bei den damaligen Friedensunterhandlungen Dänemarks zu Lübeck mit dem Kaiser, wobei dessen Politik den König von Schweden fern zu halten und anderweit zu beschäftigen suchte. Im Beginne des Frühjahres 1629 beorderte Wallenstein ein Corps nach Polen und trieb es zur Eile an, um den Schweden dort verstärkte Arbeit zu geben und sie von einem Einmarsche in Deutschland, zu welchem auch die Niederländer dringend riethen, abzuhalten [86]; andererseits arbeitete er bei dem Kaiser unablässig darauf hin, daß dieser ohne Schwedens Mitwirkung in Lübeck mit Dänemark um jeden Preis Frieden schließen sollte; aber Dänemark forderte eine Zeitlang Schwedens Zulassung zu den Verhandlungen, wobei es durch Frankreich unterstützt oder wozu es vielmehr durch Richelieu angehalten wurde, welcher ein für Habsburg nachtheiliges Resultat herbeizuführen suchte [87]. Unterdessen war Gustav Adolf

eifrig bemüht, andere Bundesgenossen zu gewinnen namentlich die mächtigeren deutschen Fürsten unter den Evangelischen. So wandte er sich im April, und später wiederholt, an den mächtigsten derselben, an den Kurfürsten Johann Georg von Sachsen, sowie an andere, mit der wiederholten Versicherung, daß er nur Gottes Ehre, des Reiches Libertät und der armen Niedergedrückten Erledigung wolle; aber vergeblich. Nur einer von diesen evangelischen Fürsten hatte aufrichtige Sympathie für Schweden und wollte rücksichtslos dessen Hilfe, der Landgraf Wilhelm von Hessen-Cassel, welcher freilich mit dieser Politik noch nicht öffentlich auftreten konnte, weil er in seiner Lage hierzu viel zu schwach und gefährdet war [88].

Selbst mit seinen Hauptgegnern, mit Tilly und Wallenstein, knüpfte Gustav Adolf Unterhandlungen an, wenn auch nicht in der Ueberzeugung, daß diese und der Kaiser auf seine Vorschläge eingehen würden, sondern wol nur in der Absicht, Zeit zu gewinnen. Mit den von ihm formulirten Sätzen und mit der Frage, ob man auf diesen Grundlagen verhandeln wolle, sandte er im April 1629 seinen Beauftragten, Sten Bjelke, zu den beiden Feldherren. Die von ihm zum Behufe der Beilegung der obschwebenden Verwickelungen gestellten Bedingungen waren folgende: 1) Alle kaiserlichen Truppen werden aus den zwei sächsischen Kreisen zurückgezogen. 2) Es sind alle Befestigungen zu zerstören, welche von beiden Theilen während des Krieges dort angelegt worden sind. 3) An der ganzen Nord- und Ostseeküste darf keine kaiserliche Besatzung bleiben. 4) Alle deutschen Häfen werden frei, wie sie vor dem Kriege gewesen sind. 5) Es darf keine neue Kriegsflotte gebaut werden; die bereits gebauten sind aufzulösen. 5) Der König von Dänemark erhält Alles zurück, was er vor dem Kampfe besessen hat. 6) Die dänischen und deutschen Erzbisthümer (und Bisthümer) werden unter das Urtheil (die Entscheidung) der Kurfürsten und der Stände des römischen Reichs gestellt. 7) Der König von Dänemark entläßt sein ganzes Heer. 8) Alle Stände der zwei sächsischen Kreise werden in den Status ante bellum restituirt, mithin die Herzöge von Pommern, Mecklenburg, Holstein, die Grafen von Oldenburg und Ostfriesland; ebenso die Städte. 9) Vergehen gegen den Kaiser werden nach dem Urtheil der Kurfürsten und der übrigen Reichsstände mit Geld gestraft. 10) Für die Herzöge von Mecklenburg übernimmt zu ihrer baldigsten Wiedereinsetzung der König von Schweden die Garantie eines Sühngeldes. 11) Aus Stralsund wird die schwedische Besatzung zurückgezogen; die Stadt erhält ihre alten Freiheiten und Privilegien zurück, dazu eine Kriegskosten-Entschädigung. 12) Dem Könige von Schweden wird seine den Stralsundern geleistete Hilfe mit Geld nachgetragen. 13) Der Kaiser soll dem Polenkönige gegen Schweden nicht ferner beistehen. 14) Die Gefangenen werden gegenseitig ohne Lösegeld ausgeliefert. 15) Es wird eine allgemeine Amnestie ge-

---

84) Ebenda II, 52 fg.   85) Ebenda II, 59.   86) Ebenda II, 12—14; 17—19.   87) Ebenda I, 360—364.

88) Ebenda II, 215 fg.

währt und ein allgemeiner Friede zwischen dem Kaiser, den Königen von Dänemark und Schweden wie den zwei sächsischen Kreisen geschlossen. 16) Die Könige von England und Frankreich, der Fürst von Sieben-bürgen, die Generalstaaten sind in diesen Frieden einge-schlossen. Es verstand sich von selbst, daß die Empfänger diese Vorschläge, in welchen übrigens von dem Restitu-tions-Edicte nicht die Rede ist, kaum als ernstlich ge-meint aufgenommen haben würden. Gleichzeitig ent-sandte Gustav Adolf an das Collegium der Kurfürsten einen Brief und ließ ihnen sagen: Zwinge man ihn zum Kriege, so wolle er ihn führen. Schon war Bjelke mit diesen Aufträgen in der Tasche bis Kopenhagen ge-kommen, als Gustav Adolf, welcher jetzt alle seine Kräfte gegen Polen verwenden mußte, ihn zurückrief [89]. Die Correspondenz, welche er von hier aus durch Bjelke mit Wallenstein wegen der von diesem den Polen zur Hülfe geschickten 10,000 Mann unter Arnim führte, ist bereits früher erwähnt worden, wir wiederholen hier, daß er die abfertigende Antwort Wallenstein's vom 8. Juli 1629 unterm 29. Juli dem Kurfürsten von Brandenburg und unterm 13. Sept. dem Kurfürsten von Sachsen mit dem Hinzufügen übermittelte: er habe mit dem Kaiser, durch welchen die evangelische Religion vielfach ausgerottet worden sei, Friede gesucht; aber man habe ihn feindlich behandelt, ja beschimpft [90]. Diese Erklärung, welche Gustav Adolf später als Grund seines Feldzuges um 1630 öfter wiederholt hat, bezog sich auf die Friedens-verhandlungen zu Lübeck, wohin er zur Theilnahme seinen Gesandten Dr. Salvius abordnete. Als man diesen hier nicht annahm, ging dessen Secretär Lev-hausen dorthin und übergab die schwedischen Propositionen, welche unberücksichtigt blieben [91]. Christian von Däne-mark schloß somit ohne Schwedens Zulassung am 12./22. Mai (Gfrörer) oder 2./12. Mai (Droysen) mit dem Kaiser einen Frieden, welcher ihm die verlorenen Länder zurückgab und nicht einmal die Bezahlung der Kriegs-kosten auferlegte [92]. Oesterreich wollte; vorzugsweise auf Wallenstein's Drängen, sobald wie möglich mit Dänemark in Ordnung kommen, um sich desto stärker gegen Schweden wenden zu können, und diesem die Hülfe des Nachbars entziehen. Bald nach dem Friedens-schlusse, unterm 23. Mai, schrieb Gustav Adolf an Christian IV., daß auch er Friede mit dem Kaiser wünsche, „soweit man ihn zufrieden, auch die Ostsee in einer realen Sicherheit vor einer Gefahr bleiben lasse"; aber sicherlich wußte er andererseits, daß die Dänenkönig ihm nach wie vor ungünstig gesinnt war und jetzt die Hoff-nung hegte, bei einer etwaigen Vermittelung zwischen Schweden und Oesterreich jenen sein Gewicht fühlen zu lassen [93].

Zwar stand Gustav Adolf nicht ohne auswärtige Helfer da; aber theils war ihm deren Hülfe nicht ge-legen, wie Frankreichs, theils nicht stark und entschei-

bend genug, wie der Generalstaaten. Die gelegensten Bundesgenossen wider den Kaiser mußten ihm die evan-gelischen Fürsten und Städte Deutschlands sein; er wandte sich daher, wie schon früher, seit dem Mai 1629 wiederholt an seinen Schwager, den Kurfürsten Georg Wilhelm von Brandenburg; aber dieser schrieb ebenso oft zurück: man möge ihn ja nicht zu einem Bündniß gegen den Kaiser heranzuziehen suchen [94]. Gustav Adolf sah sich deshalb auch jetzt hauptsächlich auf seine eigenen Hilfsquellen, auf seine Person und auf sein Land angewiesen. Am Ende des Maimonates entsandte er als ein Actenstück voll feuriger Sprache und kriege-rischen Geistes von Elbing aus die Niederschrift seiner damaligen Erwägungen und Pläne an die schwedischen Reichsstände, denen sie am 12. Juni übergeben wurde: Man solle die heilige Sache des Vaterlandes über alle kleinlichen Bedenken setzen; das Evangelium sei in Ge-fahr [95]; es gelte, den Glauben zu vertheidigen, dessen allgemeine Ausrottung durch den Kaiser ins Werk ge-setzt sei; die Schaar der Verfolgten irre elend in der Welt umher; wer das sehe, dem blute das Herz; in den Händen der Päpstler seien bereits Rostock, Wismar, Stettin, Wolgast, Colberg, Greifswald und andere Häfen der Ostsee, sowie Rügen; der Feind wolle auch nach Schweden herüber. — Obgleich damals in Stockholm eine Pest wüthete und das Land durch die vielen Kriege äußerst erschöpft war, so sprachen die Stände dennoch dem Könige ihre freudige Zustimmung aus. Sofort, unterm 19. Juni, stellte Gustav Adolf seine Forderungen in concreto: Die Kopf- und Viehsteuer sollte auf einige Jahre weiter geleistet, die Errichtung einer neuen Flotte neben der bereits vorhandenen königlichen ausge-führt werden; von den Städten seien 16 Kriegs-schiffe ausgerüstet; Priester und Adel müßten ein Gleiches thun; mehrere reiche Leute möchten sich zur Fertigstellung eines weiteren Schiffes durch freiwillige Gaben zusammen-thun. Obgleich der König im Reiche nicht anwesend, sondern auf dem Kriegsschauplatze in Preußen abwesend war, so bewilligten noch die Stände, deren Reichstag am 29. Juni schloß, alle seine Forderungen, auch eine neue Rekrutirung für 2 Jahre [96]. Wie es der Ge-wandtheit und Beredsamkeit des Königs gelang, die im Reichstage keineswegs mangelnden Bedenken zu ent-kräften, so wußte er in gleich sieghafter Weise die wider-strebenden Elemente des Reichsrathes zu beschwich-tigen [97]; dieser faßte unterm 29. Juni a. St. oder 9. Juli n. St. den Beschluß [98]: „Sie ersuchen den König, daß er, sofern es möglich sein sollte, die Sache (mit dem Kaiser) in Güte beilegen, auch gewünschte

89) Ebenda II, 14—17.　90) Ebenda II, 17—19.　91) Gfrörer S. 513 und 514.　92) Droysen I, 366. — Gfrö-rer S. 513 und 514.　93) Droysen II, 127 und 128.

94) Ebenda II, 223.　95) Droysen behauptet hierzu S. 27: der König habe an dieser Stelle zum ersten(?) Male auf die Religionsgefahr hingewiesen.　96) Ebenda II, 26—31.　97) Droysen berichtet über dessen Verhandlungen, sowie über die fol-gende Correspondenz Gustav Adolf's mit A. Oxenstierna nichts. 98) Gfrörer, nach Chemnitz, Der Deutsche Krieg, Stettin 1646, I, 24, und nach Geijer (Geschichte von Schweden) III, 158. — Liegt hier etwa eine Verwechselung des „Reichsrathes" mit dem „Reichstage" vor?

Sicherheit ohne Waffen und Blutvergießen zu erlangen, kein billiges Mittel ausschlagen möchte. Indessen, da man vernehmen müsse, was Gestalt die Kaiserlichen ohne allen Anlaß den schwedischen Abgeordneten Zutritt zu der lübeck'schen Friedensverhandlung spöttisch verweigert, auch hernach ein ganzes Kriegsheer wider Schweden nach Preußen geschickt hätten, und von Tag zu Tag stärker zu See rüsteten: als möge der König sich zu Wasser und zu Land gefaßt halten und die Last des Krieges lieber auf des Feindes Gebiet wälzen, als dieselbe in seines eigenen Reiches Grenzen erwarten. Ihrerseits wollten sie, wie es getreuen und gehorsamen Unterthanen zieme, mit aller Freudigkeit, gutem Willen und Eintracht dem Könige unter die Arme greifen und das Werk nach ihrer äußersten Macht ausführen helfen." Bei der Masse des Volkes, welches die Hauptlast zu tragen hatte, ohne derartige Gewinne, wie die vielen Leuten aus den höheren Classen in Aussicht standen, war ein Angriffskrieg gegen Oesterreich und die Liga selbstverständlich sehr unpopulär; aber auf sie wurde die geringste Rücksicht genommen, und Gustav Adolf wußte auch hier in seinem Sinne einzuwirken. Im Sommer 1629 frug der König den Kanzler Oxenstierna um seine Meinung, und dieser antwortete [99]: „Wenn ich die Schwäche unserer Hilfsmittel und die Stärke unserer Feinde in Erwägung ziehe, so kann ich unmöglich einen Angriffskrieg billigen. . . . . Und womit soll ein so wichtiger Krieg bestritten werden? . . . . . Schweden allein kann so große Kosten nicht aufbringen. . . . . Vortheilhafter würde es nach meinem Erachten sein, wenn wir so lange warteten, bis wir vom Kaiser angegriffen würden." Auch später noch gab Oxenstierna sein Urtheil dahin ab [1]), der deutsche Krieg sei mehr das Werk eines begeisterten Gedankens als reifer Ueberlegung gewesen, womit wol nur die Initiative des Angriffs gemeint sein kann, da zu dem Kampfe der Abrechnung alle Präcedentien auf beiden Seiten hindrängten, falls nicht Gustav Adolf Stralsund und alle in Deutschland wie an der Ostseeküste gewonnenen Positionen und Sympathien, die Früchte eines ganzen Lebens, ohne Ersatz hingeben wollte. Der König antwortete dem Reichskanzler [2]: Er bedauve, daß er seinen geliebten Unterthanen keine Erleichterung der Steuerlast bringen könne, aber er hoffe Unterstützung besonders von den Hansestädten und von vielen deutschen Fürsten, welche den Kaiser zu demüthigen trachteten; Dänemark habe ein gleiches Interesse der Abwehr des Kaisers von der Ostsee; zwar der König von hier freilich werde, wenn Schweden Unglück haben sollte, den Waffenstillstand brechen; Preußen brauche wegen der bei ihm herrschenden Hungersnoth nicht vertheidigt zu werden; man müsse sich nicht auf die Defensive beschränken; diese sei — und das war sicherlich eine gerechtfertigte und staatsmännische Taktik, welche er auch sonst zu oft zu seinen Gunsten befolgt hatte — schwieriger als ein

Angriff auf den Feind; man habe ja in Deutschland schon Stralsund, und von da aus könne man günstig operiren; man dürfe „nicht nach englischer Weise" handeln, d. h. „die Zeit mit Gerede und Gesandtschaften verderben"; „mit den Waffen in der Hand müsse man sich mit dem Kaiser zu vergleichen" suchen. Ein Commentar zu dieser Erklärung des Königs, welche sicherlich ganz seinen Ansichten entsprach, lag in dem Umstande, daß Wallenstein damals sich bemühete, auf der Ostsee eine Kriegsflotte zusammenzubringen [3]). Uebrigens war Gustav Adolf auch nach anderen Seiten hin thätig, um sich auf den Schlag vorzubereiten. Bereits früher stand in (fortgesetzten?) Unterhandlungen mit der protestantische Landgraf Wilhelm von Hessen, welcher im Sommer 1629 in den Niederlanden mit dem schwedischen Obersten Dietrich von Falkenberg zusammentraf [4]). Ueberall im Auslande, wo man dies unternehmen durfte, waren schwedische Werber thätig; Kniphausen und Spens warben in England und Schottland; schon im Juni 1629 kam Oberst Morton mit 2 angeworbenen schottischen Regimentern in Schweden an, während man in den Niederlanden auf diesem Wege nur wenige Mannschaften zusammenbrachte; dagegen gelang es, viele abgedankte Brandenburger, Danziger und Polen in Dienst zu nehmen; das Heer in Preußen brachte Oxenstiern von 12,000 auf 21,000 Mann. So verfügte Gustav Adolf schon damals, neben den 3000 Mann auf der Flotte, über nominell 76,000 Kämpfer, von denen 43,000 nationale waren [5]).

Während er durch Frankreich von Neuem bearbeitet wurde, mit Polen Friede zu machen und seine Waffen gegen den Kaiser zu wenden, und zu diesem Zwecke Richelieu den Baron Charnacé im Juli 1629 zu ihm auf den dortigen Kriegsschauplatz sandte [6]), hatte er immer noch mit der sehr ungewissen, ja drohenden Haltung Dänemarks für den Fall eines Zuges nach Deutschland zu rechnen. Als im Juni 1629 Christian's IV. Gemahlin, Christiana Munk, welche ihm zur linken Hand angetraut war, in dem ehelichen Conflicte wegen der Maitresse des Königs, Wibeke, nach Schweden fliehen wollte, schrieb Gustav Adolf unterm 25. dieses Monats aus Marienburg an seinen Residenten Johann Fegräus in Kopenhagen, man möge diese Flucht verhindern, und zwar aus Rücksichten, welche er wegen seiner Pläne für Deutschland gegen Christian nehmen zu müssen glaubte. Aber dieser ließ sich hierdurch nicht aus seiner feindseligen, eifersüchtigen Stimmung gegen Schweden bringen und erklärte dem Fegräus geradezu, er werde Schweden überfallen, wenn Gustav Adolf einen Zug nach Deutschland unternehme [7]). Später einmal, etwa im Januar 1630, sagte Christian dem niederländischen Agenten, er müsse den König von Schweden hindern, einen zu großen Einfluß der der

---

99) Gfrörer, aus *Mauvillon*, Histoire de G. A., p. 204, nach den Arkenholz'schen Staatspapieren.   1) Gfrörer, nach Geijer III, 154.   2) Ebenda, nach Mauvillon a. a. O.

3) Gfrörer S. 581 und 582.   4) Ebenda S. 635 und 636, nach Rommel, Neuere Geschichte von Hessen IV, 80 fg.   5) Droysen II, 85.   6) Ebenda II, 20 fg.   7) Brief des Fegräus an Gustav Adolf vom 18. Aug. 1629.

Ostsee zu gewinnen⁸). In der That hatte Gustav Adolf hier bereits Positionen gewonnen, welche Dänemark gegenüber nicht ganz leicht ins Gewicht fielen, wie Stralsund und den Zoll bei der unter dänischer Hoheit stehenden Insel Ruden, welche Christian ebendeshalb stark befestigen wollte; er schrieb in diesem Sinne unterm 18. Aug. 1629 an seinen Reichsrath, aber dieser widerrieth einen solchen Conflict mit Schweden⁹). Im Sommer kam es zwischen der schwedischen Besatzung von Stralsund mehrere Male zu Scharmützeln mit den Kaiserlichen, wobei jene meist Sieger blieben¹⁰).

Die Kaiserlichen waren nicht ohne große Befürchtung vor dem Herannahen des sieggewohnten nordischen Helden, namentlich Wallenstein, welcher im Juni 1629 die Belagerung von Magdeburg begonnen hatte, um sie im September desselben Jahres wieder aufzuheben, nicht ohne die damals wiederholte Aeußerung: seine Feinde warteten auf den Schweden, "wie die Juden auf ihren Messias"¹¹). Ohne Zweifel sehnten mehr und mehr evangelische Deutsche die schwedische Hilfe herbei; aber gerade die vornehmsten Häupter wollten ihm hierzu die Hand nicht bieten, obgleich er sie immer von Neuem aufforderte. Am Beginn des Septembers 1629 hatte er seinen Secretär Philipp Sattler an den Kurfürsten Johann Georg von Sachsen gesandt; diesem schrieb im Brief vom 13. desselben Monats, nachdem Gustav Adolf schon vorher dieselben Aufforderungen wiederholt an ihn gerichtet hatte. Der träge, furchtsame Mann ließ alle diese Botschaften unbeantwortet; endlich kam von ihm und den übrigen Kurfürsten am Ausgange des Septembers bei Gustav Adolf ein Collectivschreiben mit verneinendem Bescheide an¹²). Wenn Gustav Adolf unter dem 20. Sept. an seinen Kanzler schreibt, er sei "noch nicht völlig resolvirt, ob er die deutsche Expedition auf sich nehmen oder auf eine andere Zeit einen Kaiser einen baldigen Vertrag eingehen solle", so sehen wir hierin nur die momentane Sistirung eines lange gehegten Planes, auf welchen Alles, nicht am wenigsten des Königs kriegerischer Unternehmungsgeist, hindrängte, und zwar in Folge der augenblicklichen Ablehnung der deutschen Kurfürsten, aber keineswegs, wie Droysen behauptet¹³), eine "noch" ganz "ernst" gemeinte Absicht, einen "friedlichen Ausgleich" mit dem Kaiser zu suchen.

Wie Gfrörer¹⁴) mittheilt, brachte Gustav Adolf die Frage der Expedition nach Deutschland am Beginn des Octobers 1629 vor seinen Reichsrath, wo diesem Plane nicht nur der Reichskanzler Oxenstierna, sondern auch dessen politischer Gegner Johann Skytte widerstrebt habe; von letzterem wurde betont, daß die protestantischen Reichsstände in Deutschland selbst bei einem glücklichen Fortgange der schwedischen Waffen sich aus Furcht vor dem Kaiser doch nicht an den Sieger anschließen würden. Aber, so fügt diese Mittheilung hinzu, man habe in Schweden die lutherischen deutschen Fürsten als reine Nullen angesehen und vor ihnen auch nicht den mindesten Respect gehabt. Am Beginn des Novembers (wol nach dem neuen Kalender), so fährt Gfrörer¹⁵) fort, versammelte der König, welcher nicht wagte, die hohen Kosten und Opfer eines Angriffskrieges gegen den Kaiser von den Reichsständen, beziehungsweise dem Lande, zu fordern, die ihm ergebenen Mitglieder des Reichsrathes um sich, welche meist seine besoldeten Beamten waren, um durch sie die Stimmung im Lande zu Gunsten des Unternehmens zu lenken, und hielt ihnen folgenden Vortrag¹⁶):

„Ihr erinnert euch, daß ich öfters vorausgesagt, der Krieg in Deutschland würde nicht eher endigen, (als) bis auch Schweden darein verwickelt sein werde. Was ich voraussah, ist im vergangenen Sommer geschehen. Ein kaiserlicher Feldmarschall [Arnim] ist mit einem ansehnlichen Heerhaufen nach Preußen gezogen und hat uns in solche Noth gebracht, daß wir gewiß unterlegen wären, wenn uns die göttliche Vorsehung nicht auf besondere Weise geschützt hätte. Ich meinerseits erinnere mich, daß ihr mir oft gerathen habt, dem Kriege entgegenzugehen, ehe er sich unsern Grenzen nähert. Wir stehen im Begriff, diesen Rath zu befolgen, da die Könige von Frankreich und England mit ein Bündniß wider den Kaiser antragen und unsere entscheidende Antwort erwarten. Ehe wir uns jedoch in etwas einlassen, haben wir es für dienlich erachtet, euch um euer Gutachten zu befragen, damit man, wenn der Erfolg unseren Erwartungen nicht entspricht, was Gott verhüten möge, nicht wider uns murre, die Regierung tadele und mit dem Ueberspielen und Vermessenheit beschuldige. Ich will euch daher die Sache, um die es sich handelt, so kurz als möglich vortragen. Es ist unleugbar, daß wir mit dem Kaiser bereits in offenen Kampf verwickelt sind. Somit fragt es sich blos, welches die beste Art sei, diesen Krieg zu führen. Sollen wir uns auf die Vertheidigung beschränken, unsere Küste zu beschützen suchen, oder sollen wir mit dem größten Theile unserer Macht den Kaiser in Deutschland angreifen? Dies muß der Gegenstand euerer Berathung sein". Nachdem die Vertrauensmänner hierüber zu Rathe gegangen waren, faßten sie ein vom 3./13. Nov. datirtes Gutachten ab, worin sie zunächst die Gründe zusammenstellten, welche gegen das Unternehmen sprachen, dann aber diejenigen, welche dafür geltend gemacht werden konnten. Schließlich baten sie den König, sobald wie möglich mit so vielen Streitkräften, als nur immer zusammenzubringen wären, den Zug zu unternehmen. Unterschrieben wurde das Schriftstück von den Reichsräthen Magnus, Brahe, Gabriel Oxenstierna, Johann Sparre, Abraham

---

8) Droysen II, 58 und 59. 9) Ebenda S. 59 und 60. 10) Ebenda II, 139. 11) Ebenda II, 108—109. 12) Ebenda II, 215—218. 13) Ebenda II, 128. 129. 14) S. 582 und 583, nach Geijer (Gesch. v. Schweden) III, 158 fg.

15) S. 584 und 585. 16) Diesen entnimmt Gfrörer aus Arkenholz, Staatspapiere, bei Mauvillon, Hist. de G. A., p. 210. Trotz der Anführungszeichen wird man schwerlich die volle wörtliche Wiedergabe vor sich haben.

Brahe, Clas Horn, Mat. Soop, Carl Carlson Gyllenjelm, Johann Skytte und Peter Baner [17].

Nach der Darstellung bei Droysen [18] war es der 27. Oct. — wol alten Stils — 1629, an welchem zu Upsala der König den versammelten Reichsräthen (es sind wol alle Reichsräthe gemeint) vorstellte: Er sei zu dem Zuge gegen den Kaiser bereit; doch müsse man die schwere Sache noch einmal erwägen; England und Frankreich böten ihm ihr Bündniß an; er frage die Versammelten, ob sie Defensive oder Offensive wollten. Schweden sei jetzt sehr arm an Menschen für das Heer. Indem man alle möglichen Fälle berieth, erklärte Gabriel Gustav Orenstiern: Keine Defensive! Hinüber nach Deutschland! Für den Offensivkrieg betonte man den starken Haß des Kaisers gegen Schweden und dessen Plan, alle Evangelischen auszurotten; greife man an, so werde die Ostsee dadurch am besten geschützt; man dürfe die evangelischen Fürsten Deutschlands nicht in der Verzweiflung lassen, welche zu noch Schlimmerem führe; der König habe die Pflicht, seine dortigen Verbündeten und Religions-Verwandten nicht zu verlassen. Am 3. Nov. stimmten die „Stände" (Räthe?) ab, zuerst Graf Abraham Brahe für die Offensive (und so wol alle folgenden). Der König erwiderte: Auch er sei für den Angriff, den man kühn unternehmen müsse; freilich selbst im Glücksfalle werde manche Schwierigkeit entstehen, zumal man nur geringe Mittel besitze; er selbst suche für seine Person keinen weiteren Ruhm, da er dessen genug habe: „Ich sehe, daß ich selber keine Ruhe mehr zu erwarten habe als die ewige Ruhe." Droysen, welcher hier nicht leugnen kann, daß es sich damals besonders um die Religion handelte, fügt hinzu: Gustav Adolf habe nach späteren Erklärungen den Krieg hauptsächlich wegen der Sicherung der schwedischen Grenzen, der Ostsee und seiner deutschen Küsten unternommen.

Bei der Schwäche seiner eigenen Mittel mußte die Könige viel daran gelegen sein, durch auswärtige, namentlich protestantische, Mächte unterstützt zu werden. Die Generalstaaten der Niederlande erklärten sich zwar im October und November 1629, wie Frankreich, welches sich mehr aufdrängte, als es von Gustav Adolf gesucht wurde, dazu bereit, ihm nach gewissen Seiten hin freie Hand zu machen, sagten aber keine positive Unterstützung zu [19]. Im November kam, wie Droysen bemerkt [20], Richelieu's Abgesandter, Baron Charnacé, nach Stockholm zum Könige, welcher mit ihm keine

17) Ebenfalls nach Arkenholz, aus Mauvillon, p. 211. 18) II, 31—38. 19) Droysen II, 42. — Anderwärts II, 52—58, sagt derselbe, von den Generalstaaten seien im Herbste 1629 Subsidien in Aussicht gestellt worden. Andere wollen wissen, Gustav Adolf habe sich ihnen gegenüber erboten, gegen monatliche Zahlung von 100,000 Gulden 26,000 Mann nach Deutschland zu führen, aber man habe ihm keinen Erfolg zugetraut; später jedoch seien ihm Gelder von den Generalstaaten nicht blos, sondern auch von England und Frankreich gezahlt worden, wie dies seine Tochter Christine später ausgesprochen habe, nach den Mémoires concernant Christine III, 18. 20) II, 42—46.

festen Verabredungen oder Abmachungen traf, aber seinen Agenten Camerarius im Haag beauftragte, die weiteren Verhandlungen mit Frankreich zu führen, wozu er ihm unterm 10. Dec. Instructionen übersandte; in diesen beanspruchte Gustav Adolf von Frankreich Geld und eine Flotte, deren Befehl ihm zu unterstellen sei, da er das Directorium auf dem Kriegsschauplatze führen müsse. Noch schärfer als Droysen hebt Gfrörer [21] hervor, daß die Initiative von Charnacé ausgegangen sei, daß dieser den König habe bestimmen wollen, Frankreichs Hilfe zu begehren, daß aber der König seiner Würde nichts vergeben und den Franzosen kalt empfangen habe. — Zwar hatte Schweden in Deutschland schon längst Verbündete oder solche, welche seine Hilfe mit Sehnsucht herbeiwünschten und mit allen Mitteln herbeizurufen suchten; aber es waren bisher nur schwache Kräfte und Stützen, wie der landlose Friedrich von der Pfalz. Auch Christian Wilhelm, um in sein Erzstift Magdeburg und in das Stift Halberstadt wieder eingesetzt zu werden, wandte sich, wie an andere antikaiserliche Mächte, so an Schweden. Gustav Adolf ging auf seine Bitte gern ein, beantwortete aber dessen Vorschläge am Ende des October 1629 besonders mit dem Rathe, er möge für seine Sache vorher andere Mächte, besonders protestantische, gewinnen; dann wolle auch er das Seine beitragen für die „communis libertatis restituta." Der flüchtige Administrator begab sich hierauf persönlich nach Stockholm, wo er im December mit dem Könige verhandelte [22]. In einem vom 11. Dec. 1629 datirten Briefe an den magdeburgischen Kaufmann Pöpping sprach sich Gustav Adolf dahin aus, daß es sein Plan sei, mit einer Armee nach Deutschland zu kommen; es gelte seinem eigenen Reiche sowie der deutschen Freiheit; er rathe, daß die Magdeburger sich mit Christian Wilhelm verbünden möchten [23]. Indeß besaß Gustav Adolf, wenn auch nicht als Souverain, in Deutschland schon seit längerer Zeit einen festen Punkt, nämlich Stralsund, dessen schwedische Mitbesatzung in den letzten Monaten von 1629 sich auf 3000 bis 4000 Mann belief. Der Kaiser forderte wiederholt die Zurückziehung dieser Truppen; aber der schwedische Reichskanzler ließ ihm sagen, vorher müßten die kaiserlichen Truppen Pommern verlassen [24]. Nach Anderen [25] hat Gustav Adolf die schwedische Garnison dieser Stadt während des Winters von 1629 auf 1630 bis zu 9000 Mann gebracht, wahrscheinlich eine zu hohe Ziffer. Da schon 1629 spanische Kriegsschiffe auf der Ostsee kreuzten und hier schwedische und hanseatische Kauffahrer aufbrachten, so verstärkte Gustav Adolf seinerseits die dort operirende schwedische Kriegsmarine und ließ durch dieselbe Rostock, Wismar und andere in Wallenstein's Gewalt befindliche Seestädte blokiren; bereits durch ein Edict vom 22. Oct. 1629 verbot er die Segelation nach diesen Plätzen [26].

21) S. 593. 22) Droysen II, 113—115. — Dazu Gfrörer S. 617, und Chemnitz I, 74 fg. 23) Ebenda II, 120 und 121. 24) Ebenda II, 139. 25) Gfrörer S. 569, nach Khevenhiller XI, 783. 26) Droysen II, 97—100.

Unter der Form einer Schiffbaucompagnie zur Hebung des Handels hatte er auf dem Reichstage 1629 von den Städten 40 große, mit Kanonen armirte Schiffe gefordert, wofür er monatliche Zinsen und anderes Entgelt versprach; aber die Städte theilten mit dem übrigen Lande, welches wie sie durch die vorausgehenden Kriege äußerst erschöpft war, die Abneigung gegen einen neuen und suchten sich diesem Opfer zu entziehen; endlich willigten sie doch in den Bau von 16 guten Schiffen zu je 100 bis 150 Last und je 12 bis 16 Kanonen und versprachen, daß Alles noch vor dem Ende des Jahres 1629 fertig sein sollte. Aber dieses kam heran, und noch hatte man kein einziges der Fahrzeuge vollendet. Als deshalb der König die Städte vor den Reichsrath berief, baten sie unterm 9.(19.) Dec. um Nachsicht und versprachen, die Schiffe bis zum Mai 1630 fertig zu stellen [27]. Außerdem rüstete man in dem laufenden Winter nach anderen Seiten hin mit allen Kräften und emsiger Thätigkeit, beispielsweise in den zahlreichen Salpeterwerken, deren es in Westgothland allein 7 gab, ebenso in der Schwefelfabrik von Dylta und den Pulverwerken von Naka und Wätinge. Es wurden für die 576 Musketiere eines Regimentes im Monat 2880 Pfund Kraut (Pulver), d. h. 50 Schuß, pro Mann gerechnet, dazu 8 Schiffspfund Blei und 12 Schiffspfund Lunten; die große Fabrik zu Arboga lieferte Harnische, Sturmhauben, Partisanen, Piken, Spaten, Haden u. s. w. Jedem Regimente wurden zuertheilt: 575 Musketen und Bandeliere, 432 Harnische, Kragen und Piken für die Pikeniere, für das ganze Regiment 1008 Sturmhauben und Säbel, dazu 48 Partisanen für 3 Officiere und 3 Unterofficiere in jeder Compagnie und 3 Trommere (Trommeln) [28]. Dazu kamen energisch betriebene Anwerbungen im Auslande, besonders in Norddeutschland, wofür Hamburg der Hauptsammelpunkt war, und neben den eifrigen schwedischen Agenten Morgan, Rasch, Svensson und anderen die Zorn wie der Verzweiflung über das Restitutionsedict Tausende von Männern dem nordischen Retter zuführte, sodaß in Hamburg schon 1629 ganze Regimenter geworben wurden. Der Anfang des Jahres 1630 würde, abgesehen von den Wettereinflüssen, einen günstigen Zeitpunkt zum Losschlagen Schwedens gegen Kaiser Ferdinand II. geboten haben, weil diesem der Krieg in Italien schwere Sorgen und Verlegenheiten bereitete [29]; aber immer noch fehlte dem Könige ein sicherer und hinreichender Halt an auswärtigen Bundesgenossen, namentlich an festen Anknüpfungspunkten in Deutschland, wo gerade die mächtigsten protestantischen Fürsten seine Hilfe ablehnten. Im Januar 1630 empfing Baron Charnacé von seinem Könige (auf Richelieu's Rath) zur Fortsetzung der Verhandlungen mit Schweden neue Instructionen. Hierin spricht sich Ludwig dahin aus: Er wünsche dringend, daß Gustav Adolf mit einer Armee in Deutschland einfalle, und wolle ihm für die Dauer des Krieges jährlich

600,000 Livres als Subsidien zahlen; aber er mache zur Bedingung, daß die katholische Liga nicht beunruhigt werde, und daß Baiern die Kur der Pfalz behalte, Einschränkungen, welche für Gustav Adolf kaum inne zu halten waren, da man voraussehen konnte, daß Baiern als das Haupt der Liga sich dem Angriffe der Schweden auf Deutschland ebenso wie der Kaiser widersetzen und daß England seine Hilfe gänzlich versagen würde, wenn die pfälzische Kur bei Baiern bleiben sollte. Erst mehrere Wochen später hatte Charnacé eine persönliche Zusammenkunft mit dem Könige, dem er Frankreichs Willfährigkeit zur Bundesgenossenschaft gegen den Kaiser mündlich darlegte. Ihm gegenüber hob der König die Schwierigkeiten hervor, welche er in Deutschland finden werde; der Kurfürst von Sachsen habe an ihn geschrieben, daß er sich ihm, wenn er käme, selbst mit Waffengewalt widersetzen würde, und ebenso werde die Liga verfahren, ein vollständig begründetes Bedenken, welches dennoch der Franzose ihm auszureden versuchte. Zwar wurde ein definitives Resultat nicht erzielt; aber Gustav Adolf brach die Verhandlungen mit Frankreich nicht ab [30]. Im Beginne des März bewilligte Charnacé unter gewissen Bedingungen für den Kriegsfall eine monatliche Geldunterstützung von 3 Tonnen Goldes, mithin eine sehr geringfügige Summe [31]; obgleich Gustav Adolf hierauf nicht einging, so ließ er doch den Faden der Anknüpfung mit Frankreich nicht fallen. Unterm 17./27. März schrieb Gustav Adolf an seinen Reichskanzler: „Die Ursache, warum Wir dieses Mal mit Charnacé zu Westerås nicht haben eins werden können, ist, daß Wir nicht für gut gefunden, Uns dreier Tonnen Goldes wegen der Willkür des Königs in Frankreich zu unterwerfen" (Geijer III, 162, Note 3). Dies wird durch Richelieu selbst (in seinen Mémoires VI, 413) durch die Worte bestätigt: „Der schwedische König stürzte sich in den deutschen Krieg, ohne französischer Hilfe versichert zu sein." Die Verhandlungen wurden im April weiter geführt; aber es zeigten sich neue Anstöße, indem z. B. Frankreich die Zulassung von Katholiken an denjenigen Orten in Deutschland forderte, wo Alles protestantisch war, was seine großen Bedenken hatte [32]. Gustav Adolf hatte schon längst erkannt, daß dem egoistischen Interesse Frankreichs und Richelieu's nur darauf ankomme, den Kaiser zu schwächen, keineswegs aber, den Protestanten zu helfen. Wir vervollständigen diese Verhandlungen zwischen Schweden und Frankreich aus Gfrörer [33] dahin, daß die Zusammenkunft Gustav Adolfs mit Charnacé zu Westerås in der Mitte des März statt-

---

[27] Gfrörer S. 589, nach Rühs S. 299.   [28] Droysen II, 84.   [29] Ebenda I, 126.

[30] Ebenda II, 46—49.   [31] Nach den Mémoires von Richelieu VI, 410 fg. — [32] Droysen II, 49—52. Es wird hier auf das Urtheil des Schweden Russdorf, in seinen Mémoires II, 720 fg., verwiesen: Frankreich wolle Schweden gegen den Kaiser treiben und verspreche deshalb sehr viel; aber es zögere mit der Ausführung und wolle noch selbst die Finger nicht verbrennen; sobald es sehe, daß die Sache der Protestanten große Fortschritte mache, würde es sich auf die Seite der Kaiserlichen schlagen. [33] S. 593. 594, nach den Mémoires von Richelieu VI, 398 fg.; VI, 402. 403.

fand, daß der französische Agent dem Könige sagte, in
Deutschland warte Alles auf ihn, und er werde den
Kaiser leicht besiegen, daß aber der König ihn nicht
blos auf den Widerstand Sachsens und der Liga, sondern im Besonderen auch des Grafen Tilly verwies.

Mit den Generalstaaten der Niederlande stand zwar
Gustav Adolf damals, wie früher, auf dem Fuße des
vertrauensvollen und durch Glaubensverwandtschaft gestützten Einvernehmens; aber eine starke active Beihilfe
hatte er von dieser Seite nicht zu erwarten. England
war ein lauer, unentschlossener Verbündeter, welcher
nichts opfern wollte und nur die schwedischen Werbungen
zuließ, weil das der Krone nichts kostete. Bloß Bethlen
Gabor von Siebenbürgen zeigte sich als energischer, zu
großen Opfern entschlossener Bundesgenosse, auf welchen
Gustav Adolf rechnen konnte [34]; aber ehe er seine Hilfe
bringen konnte, starb er. Dagegen ließ Christian IV.
von Dänemark, dieser scheelsüchtige, mißtrauische Nachbar
und Rivale Schwedens, seit dem Anfange des Jahres
1630 stark rüsten und fuhr damit noch im März fort,
wie man allgemein sagte, gegen Schweden und dessen
wachsenden Einfluß [35]. Andererseits hatte Schweden
viele Sympathien in den Hansestädten, welche mit Grund
befürchten mußten, daß auch ihnen dasjenige Loos be-
vorstünde, welches Wallenstein den Mecklenburgern bereitet hatte; Gustav Adolf unterließ es daher auch nicht,
die dortige ihm günstige Stimmung zu erhalten und zu
steigern, namentlich durch eifrige und gewandte Agenten,
zumal hier das zu finden war, was er vor Allem
brauchte, Geld. Er wurde von hier aus fleißig und
pünktlich auf dem Laufenden erhalten über alle wichtigen
Vorgänge, namentlich über die im Januar 1630 zu
Hamburg angebahnte Vereinigung der Hanseaten, worüber in Verbindung mit dem Gerüchte, daß man glaube,
Schweden werde demnächst bei Neustadt ein Corps an
das Ufer setzen, unterm 15. d. Mts. Menzel nach Stockholm berichtete [36]. Im Februar sandte der König zu
dem Hanseatentage nach Hamburg seine Agenten Christoph Ludwig Rasch und Andreas Svensson, welche den
Versammelten vortragen sollten: Er wünsche den Frieden mit seinem Nachbar, auch mit dem Kaiser; schlüge
aber dieser ein billiges Uebereinkommen ab, so müsse
derselbe die Verantwortung tragen, und im Falle des
Kampfes wolle Schweden mit seiner Macht den verbündeten Städten zur Hilfe kommen; letztere gaben etwa
im März dem Könige das Versprechen, ihn beim Ausbruche des Krieges mit Geld zu unterstützen und sich
selbst in Vertheidigungszustand zu setzen [37]. Laut einer
Instruction vom 13. April 1630 hatte Svensson im Besonderen den Auftrag, die Städte Hamburg, Lübeck, Bremen, Lüneburg, Stettin und andere, die Fürsten von
Mecklenburg, Pommern, Lüneburg und andere dahin zu
bearbeiten, daß sie den König schriftlich ersuchten, zu
ihrer Hilfe mit einem Heere nach Deutschland zu kommen,
eine Bitte, auf welche, als auf einen legitimen Grund,

er ein ganz besonderes Gewicht legte. Svensson war
angewiesen, den Genannten große Versprechungen zu
machen, namentlich bedeutende Privilegien für den Ostseehandel in Aussicht zu stellen [38]. Ohne die Reserve,
welche Andere sich auferlegten, verhandelte Christian
Wilhelm, der vertriebene Administrator von Magdeburg,
weil er nichts zu verlieren hatte, von Neuem mit Gustav
Adolf, dem er, etwa schon im Januar 1630, das Versprechen gab, für ihn und zum Zwecke seiner eigenen
Wiedereinsetzung, 13,000 Mann anzuwerben, wozu der
König die Geldmittel hergeben sollte. Gustav Adolf
ging aber auf diese Bedingungen für das zweifelhafte
und abenteuerliche Unternehmen nicht ein, obgleich er
ihm einige Geldmittel in Aussicht stellte und den später
an Christian Wilhelm abgeordneten Agenten Stalmann
beauftragte, sich mit den benachbarten Fürsten in Verbindung zu setzen und ihnen die Zusicherung zu geben,
daß sie, wenn sie mit Christian Wilhelm losschlügen, in
keinem Falle ohne thätige Hilfe Schwedens bleiben sollten [39]. Obgleich Johann Georg von Sachsen erklärt
hatte, er werde Schwedens Einmarsch in Deutschland
mit Gewalt zurückweisen, so wurde er dennoch im März
1630 auf Gustav Adolf's Veranlassung durch Christian
an Christian Wilhelm angegangen, dem Bunde gegen den Kaiser
beizutreten. Wie zu erwarten stand, lehnte dieser Fürst
den Antrag ab, und zwar am Ende des Juli 1630.
Wieder wurden neue Versuche in dieser Richtung gemacht; Christian Wilhelm's Secretär Meyer begab sich
deshalb am 12. Juli nach Dresden; aber Johann Georg
antwortete abermals mit Nein. Unterm 31. Juli schrieb
an ihn seine Schwester, die verwitwete Herzogin Sophie
von Pommern: Gustav Adolf komme, um die evangelischen Glaubensgenossen zu retten, nicht um deutsches
Gebiet zu nehmen. Andere versuchten es ebenfalls auf
anderem Wege, aber Alles vergeblich [40]. Wenn übrigens
auch noch damals die protestantischen Häupter in Deutschland nicht auf ein Bündniß mit Schweden eingehen
wollten, so darf man, abgesehen von ihrer persönlichen
Schwäche, nicht vergessen, daß sie, selbst ohne starke active Kriegsmacht, sich in der Gewalt oder Umgebung
der großen und siegreichen Heere Wallenstein's und
Tilly's sowie in einem gewissen Solidarität mit den
katholischen Kurfürsten dem Kaiser gegenüber befanden,
und somit gerechtes Bedenken tragen durften, dem deutschen Haupte mit einer Kriegserklärung entgegenzutreten,
zumal sie zu geistes- und charakterschwach waren, zu
begreifen, daß die Reihe der Unterdrückung auch an
sie kommen werde. Diese Furcht vor dem Kaiser und
der katholischen Partei ließ auch sie so weit gehen, daß
sie in ihrem früher erwähnten Collectivschreiben an
Gustav Adolf dessen den königlichen Titel beigelegten
unterließen, was für den so Degradirten eine Beleidigung

34) Droysen II, 68.   35) Ebenda II, 67.   36) Ebenda
II, 110.   37) Ebenda II, 115. 116.

38) Ebenda II, 102. 103.   39) Ebenda II, 116—118. —
Vergl. auch über die Verhandlungen, welche Gustav Adolf 1629
bis 1630 mit Magdeburg führte, Otto Guericke's von J. W.
Hoffmann herausgegebene „Gesch. der Belagerung, Eroberung
und Zerstörung Magdeburgs.''   40) Droysen II, 219—223.

war. Hierüber sprach sich der König in einem Briefe vom 7./17. April 1630 dahin aus: Entweder aus Vorsatz — und so war es — oder aus Versehen hätten die deutschen Kurfürsten in ihrem letzten Schreiben an ihn den königlichen Titel ausgelassen, welchen er nur Gott, seinem Degen und seiner gerechten Sache verdanke; man könne es ihm nun nicht übel auslegen, wenn er sein Recht durch andere Mittel als durch vergebliche Unterhandlungen zu erlangen suche[41].

So sah sich denn Gustav Adolf bei der sicheren Aussicht auf ein nahes, unvermeidliches, bewaffnetes Zusammentreffen mit den Kaiserlichen immer wieder auf sich selbst und auf sein Land angewiesen und unterließ keine darauf abzielende Vorbereitung, so weit sie ihm möglich war. Im Januar begannen schwedische Ingenieure, Stralsund stärker zu befestigen, und um diese Position noch widerstandsfähiger zu machen, trug man sich mit dem Plane, das gegenüberliegende, von den Kaiserlichen besetzte und stark befestigte Rügen zu erobern. Die Grundstücke der Insel gehörten meist der Stadt Stralsund, aber die Oberhoheit hatte Pommern, von dessen Ständen für Dänemark durch Geld zu erwerben suchte. Um dies zu verhindern, schlugen die schwedischen Befehlshaber in Stralsund ihrem Könige vor, die Insel durch Vertreibung der Kaiserlichen zu besetzen; Gustav Adolf gab in der Mitte des Februar hierzu seine Zustimmung, in der Mitte des März begannen die schwedischen Angriffe von Stralsund aus, und im April war die Insel fast ganz erobert. So Droysen[42]. Wie Gfrörer[43] erzählt, bot der Grundherr Rügens, der Herzog Bogislav von Pommern, auf kaiserliche Veranlassung die Insel gegen eine hohe Summe dem Könige von Dänemark zum Kaufe an; aber ehe die Verhandlungen zum Abschlusse kamen, erschien auf der Insel der schwedische Befehlshaber Lesley und vertrieb die Kaiserlichen bis zum Ende des März fast von allen Punkten, sodaß sie nur noch 2 Schanzen behielten; aber auch aus diesen mußten sie im Juni weichen.

In eine eigenthümliche Beleuchtung treten durch diese Vorgänge die Vorschläge, welche Gustav Adolf zum Behufe einer friedlichen Vermittelung, besonders in der Angelegenheit der mecklenburgischen und pommerschen Herzöge, mit dem Kaiser machte, welcher zu diesem Zwecke seine Abgeordneten mit den Schweden und denjenigen anderer betheiligter Mächte am 1. April 1630 in Danzig zusammenkommen lassen sollte. Die schwedischen Bedingungen hierzu datiren bereits vom 26. Dec. 1629. Als diese durch Fegräus, den Abgesandten Gustav Adolfs, dem Könige Christian IV. von Dänemark vorgelegt wurden, machte dieser allerlei Einwendungen dagegen, unter Anderem — und zwar mit vollem Grunde, daß der Kaiser sie nicht annehmen werde, und fügte unverhohlen hinzu: dem Könige Gustav Adolf sei es um den Frieden mit dem Kaiser kein Ernst. Dies geschah

im März, wenn nicht schon im Januar 1630[44]. Gleichzeitig unterhandelte Christian im Geheimen mit Wallenstein, und der Kaiser willigte vorläufig, um Zeit zu gewinnen, in die Restitution der mecklenburgischen Herzöge, was dem Dänenkönige ganz recht war, da er vor Allem Schweden in der Ostsee beschränken und jetzt, im März, sogar diesem seinem Nachbar den Krieg erklären wollte, was aber seine Stände verweigerten[45]. Wenngleich die schwedischen Kriegsrüstungen im Beginne des Frühlings 1630 nahezu vollendet, die Concentrirungen der Truppen, von denen ein großer Theil bei Stralsund landen sollte[46], im Gange, die Verlegenheiten des Kaisers groß waren, so machte doch Gustav Adolf noch jetzt einen Versuch zu friedlicher Auseinandersetzung mit dem letzteren, wie Droysen[47] sagt, „alles Ernstes", und schrieb unter Anderem am 17. und 25. März in diesem Sinne an seinen Reichskanzler. Aber er machte dabei solche Bedingungen, daß Ferdinand II. im Ernste nicht darauf eingehen konnte, obgleich er die Verhandlungen, um Zeit zu gewinnen, nicht von der Hand wies[48]. Man kann im Urtheile Droysen's beistimmen, der König habe nach so vielen Kriegen für sein Land endlich Ruhe gewünscht, aber in noch höherem Grade ist wol das begründet, was derselbe Historiker unmittelbar hinzufügt, nämlich Gustav Adolf habe gehofft, durch seine Transactionen mit dem Kaiser die fremden Mächte, welche sich auf einen Krieg Schwedens in Deutschland Rechnung machten, durch solche Verhandlungen zu lebhafterem Interesse, zu thätigerer Theilnahme für diesen Kampf, wenn er trotzdem doch zum Ausbruche kommen sollte, aufzustacheln. „Sie sollten erkennen", sagt Droysen, „daß er von ihnen gar nicht ohne oder schlecht unterstützt, nicht daran beule, so ohne Weiteres einen Krieg zu beginnen, der ihnen so sehr erwünscht war. Er hatte sich deshalb beeilt, nachdem kaiserlicher Seits in die Tractation gewilligt war, an die Generalstaaten, an England und an Frankreich, an letzteres den Lars Nilsson, zu schicken. Er traf in seinem Friedenswunsche mit seinen Reichsständen zusammen; doch seien letztere mit ihm darin einig gewesen, „unter dem Helm" zu verhandeln und den Krieg zu beginnen, wenn die Verhandlungen scheiterten. Thatsache ist indeß, daß Gustav Adolf ohne alle wesentliche active Unterstützung von Seiten der genannten auswärtigen Mächte in den Kampf eintrat, und demnach anzunehmen, daß damals der König sich bestimmt bewußt war, es werde schließlich sehr bald zum Kriege kommen, und er müsse angreifen, um die besten Chancen für sich zu haben. Als kaiserlicher Abgeordneter fand sich im April zwar Dohna ein; aber er wiegelte hier gegen Schweden der Art, daß dieses einen anderen Ort wünschte, worauf jedoch Dänemark nicht einging[49]. Das ganze Congreß-Project trug von

<hr />

41) Gfrörer, nach Lontorp, Acta publica IV, 77; Geijer III, 172, Note 2.   42) II, 140—142.   43) S. 597, nach Chemnitz I, 43 fg. und Geijer III, 157, Note 1.

44) Aus Droysen's Anführungen, welche wir referiren, läßt sich die Chronologie nicht mit Sicherheit feststellen.   45) Droysen II, 129—134.   46) Ebenda II, 86. 87.   47) II, 134. 135.   48) Vergl. Gfrörer S. 592. 593.   49) Droysen II, 135—138.

vorn herein den Keim des Mißerfolges in sich, und die kaiserliche Partei war ohne Zweifel nicht weniger überzeugt und gewillt, daß die Entscheidung in den Waffen zu suchen sei.

XXX. Zug nach Deutschland und Kämpfe in Deutschland. Anordnungen daselbst. Diplomatische Verhandlungen mit anderen Mächten.

Als die letzten Würfel der Entscheidung gefallen waren, gab nach der Darstellung Droysen's [50]), welche wir an erster Stelle vorführen, der König dem versammelten Reichstage, dessen Schluß vom 14. Mai 1630 datirt, einen Ueberblick über die Sachlage, und die Stände ertheilten durchaus ihre Zustimmung zu dem Offensivkriege, wie sie ihm andererseits bezeugten, daß er alle friedlichen Mittel versucht habe. Diejenige Sitzung des Reichstages, in welcher Gustav Adolf feierlich von ihm Abschied nahm, wurde am 19. Mai gehalten. Nachdem ihm hier Dr. Salvius den zustimmenden Beschluß der Stände vorgelesen hatte, ergriff er das Wort und sagte: Er danke Allen für die Bewilligung dessen, was zur Sicherung und zum Nutzen des Reiches diene; sie möchten willig und gehorsam ihre Zusage halten. Wohl wisse er, wie beschwerlich im Besonderen die Aushebung der Mannschaften sei; aber ein König in Feindes Lande habe, wie man schon erfahren, viele Vortheile. Dann fügte er hinzu [51]): „Da aber vielleicht Mancher sich einbilden möchte, daß ich diesen Krieg ohne Ursach unternehme, so rufe ich Gott den Allwissenden, in dessen Angesicht ich hier sitze, zum Zeugen an, daß ich das nicht aus eigenem Gefallen oder aus Kriegslust thue, sondern daß ich dazu seit Jahren gereizt und gezwungen werde. Denn die Kaiserlichen haben uns auf jede Weise beleidigt, zu Lübeck, durch den polnischen Succurs. Unsere hochbedrängten Nachbarn haben uns angerufen; weit abgelegene Könige haben uns zu diesem Kriege aufgefordert, vor Allen die unterdrückten Religionsverwandten von dem päpstlichen Joche zu befreien. Wir hoffen, daß es mit Gottes Gnade geschehen kann. Und da es gewöhnlich geschieht, daß der Krug so lange zum Wasser gehet, bis er bricht, so wird es auch mir endlich ergehen, daß ich, der ich bei so manchen Gelegenheiten und Gefahren für Schwedens Wohlfahrt mein Blut vergossen habe, bisher aber durch Gottes gnädigen Beistand am Leben geblieben bin, es zuletzt doch lassen muß. Deshalb will ich vor meiner Abreise dies Mal alle anwesenden und abwesenden Unterthanen und Stände Schwedens dem allerhöchsten Gott anbefohlen haben, wünschend, daß wir uns nach diesem elenden und mühseligen Leben, wenn es Gott gefällt, bei ihm wiederfinden und begegnen mögen im himmlischen und unvergänglichen Leben". Nach diesen Worten wandte er sich an die einzelnen Stände und befahl sie dem Schutze des Allmächtigen, indem er jedem besondern Segenswünsche hinterließ, auch möge man „Gottes heiliges Wort unverfälscht wahren".

Hiervon abweichend und ausführlicher ist der Bericht, welchen Gfrörer [52]) gibt. Darnach berief der König im Mai diejenigen Mitglieder der Reichsstände, welche nahe wohnten und auf deren Zustimmung er rechnete, nach Stockholm, von welchem er am 19./29. Mai Abschied nahm, um es nie wieder zu sehen. Nachdem er an dem genannten Tage von den anwesenden Reichsständen seiner Tochter Christine als künftiger Regentin für den Fall seines Todes den Eid der Treue hatte schwören und dieselbe als Thronfolgerin von Neuem hatte bestätigen lassen, erfolgte die feierliche Vorlesung seines letzten Willens, in welchem er dem Reichsrathe die wichtigsten Staatsgeschäfte übertrug. Hierauf umarmte er seine Tochter und empfahl sie dem Vertrauen der Stände unter einer großen allseitigen Gemüthsbewegung, gegen deren Gewalt er selbst nach Fassung ringen mußte [53]). Als letzter Act folgte eine Anrede von Seiten des Königs: Er danke den Ständen für ihre Sorge um die Sicherheit des Reichs. „Niemand glaube, daß ich mich in diesen neuen Krieg leichtsinniger Weise und ohne gute Gründe stürze. Ich rufe den allmächtigen Gott, in dessen Gegenwart ich rede, zum Zeugen auf, daß ich nicht aus Vergnügen fechte. Man hat mich vielmehr wiederholt dazu gezwungen. Der Kaiser hat mich in der Person meines Gesandten aufs Tiefste beleidigt; er verfolgt meine Feinden Vorschub, verfolgt meine Glaubensbrüder, die deutschen Protestanten, welche unter dem Joche des Papstes seufzen und hilfeflehende Hände nach uns ausstrecken. Wenn es Gott gefällt, soll ihnen diese Hilfe zu Theil werden. Ich kenne die Gefahren, denen mein Leben ausgesetzt sein wird. Je öfter ich mich denselben bloßstelle, desto weniger darf ich hoffen, ihnen in die Länge zu entgehen. Zwar hat mich die göttliche Vorsehung bisher wunderbar behütet; aber ich werde endlich doch in der Vertheidigung des Vaterlandes sterben. Deshalb empfehle ich Euch alle, auch ich von hinnen scheide, dem Schutze des Allmächtigen; ich flehe ihn an, seinen zeitlichen und ewigen Segen auszuschütten, damit wir uns nach diesem kurzen Erdenleben in der Ewigkeit wiedersehen mögen. An Euch, meine Reichsräthe, wende ich mich zunächst; Gott erleuchte Euch, daß Ihr fortfahren möget, Eurem hohen Berufe würdig und zum Wohlgefallen des Höchsten obzuliegen, daß einst von allen unseren Handlungen Rechenschaft fordern wird; er erfülle Euch mit Weisheit in der Führung Eures Amtes. Euch, tapferer Adel, empfehle ich dem göttlichen Schutze; zeigt Euch immerdar als würdige Enkel jener alten Gothen, deren Ruhm einst so hell strahlte, wenn er auch jetzt bei den fremden Nationen in Vergessenheit gerathen ist; beweiset künftig denselben Muth, von dem Ihr während meiner Regierung schon so viele Proben abgelegt habt, und seiet versichert, daß Ehre und jeder andere Lohn der Tugend

---

50) II, 147. 148.   51) Unser Gewährsmann (Droysen) gibt hier die Quelle nicht an, welcher er diese verba ipsissima entnommen.

52) S. 597 und 598, aus dem französischen Texte Mauvillon's, Hist. de G. A., p. 216. Er bemerkt hierbei, daß Rühs S. 150 melde, wo der schwedische Originaltext gedruckt zu finden sei.   53) Nach Rühs S. 150.

Euch nicht entgehen wird. Euch, Ihr Diener der Kirche, ermahne ich zur Eintracht und Verträglichkeit; schärfet meinem Volke, dessen Herz Ihr besitzet, jede geistliche und bürgerliche Tugend ein, und haltet es an zum Gehorsam gegen die Obrigkeit; gebet durch unsträflichen und frommen Wandel ein Vorbild der Sittenreinheit, die Ihr prediget; fahret fort, die reine Lehre des Evangeliums zu verkündigen; hütet Euch vor Hochmuth und Geiz; seiet mitleidig, demüthig und bescheiden; dadurch werdet Ihr Eure Gemeinden in Frieden erhalten. Euch, Ihr Abgeordneten des Bürger- und Bauernstandes, wünsche ich, daß Gott die Arbeit Eurer Hände segnen, Eure Felder fruchtbar machen, Eure Scheunen mit Gütern füllen möge. Ich sende für alle abwesende wie gegenwärtige Unterthanen dieses Reiches die aufrichtigsten Wünsche zu Gott empor. Ich rufe Euch mein herzliches Lebewohl zu, vielleicht auf immer! Vielleicht sehen wir uns zum letzten Male!" Diesen Worten [54]) folgte ein tiefes Ergriffensein und ein lautes Schluchzen der Anwesenden, worauf Gustav Adolf zum Schlusse aus Psalm 90, 13—17 betete: „Herr, lehre Dich doch wieder zu uns...... ja das Werk unserer Hände wolle er fördern."

Der König begab sich unmittelbar darauf nach Elsnabben, wo sich die Truppen zur Einschiffung versammelt hatten. Hierher kam eine pommersche Deputation mit der Bitte: er möge nicht in Pommern landen und dieses nicht zur sedes belli machen, weil dasselbe bereits ganz ausgesogen sei. Die Antwort Gustav Adolfs, auf welchen ein solches Ansinnen einen sehr niederschlagenden Eindruck machen mußte, zeigte sich: Pommern sei bisher gegen ihn feindselig gesinnt gewesen; er frage, ob man nun ihm beistehen wolle. Da die Deputirten seinen Entschluß nicht ändern konnten, so baten sie ihn, daß er ihnen wenigstens Neutralität zu gestehen möchte. Darauf folgte die Entgegnung: Er unternehme den Krieg nicht bloß zur Restitution seiner Freunde und Verwandten, sondern auch um seiner eigenen Sicherheit willen, und dazu müsse er zunächst Pommern besetzen [55]). Vor der Abfahrt besorgte der König noch manche andere Geschäfte mit Auswärtigen und für das eigene Reich. Unter Anderem schrieb im Mai 1630 an ihn Christian Wilhelm, der Erbminister von Magdeburg, zugleich im Auftrage einer zahlreichen dortigen Partei; Gustav Adolf gab ihm den Rath, jetzt mit seinen Plänen hervorzutreten, zumal das schwedische Heer im Begriff sei, nach Deutschland überzusetzen [56]). Nach der Darstellung Gfrörer's [57]) erschien kurz vor

der Abfahrt des Königs bei diesem als Abgesandter Christian Wilhelm's Johann Stalmann und erbat sich für seinen Auftraggeber, welcher in diesem Falle ein großes Heer, bis zu 20,000 Mann, auf die Beine zu bringen versprach, eine Summe Geldes. Dieses selbst zwar gab Gustav Adolf nicht; übernahm aber die Bürgschaft für eine Anleihe von 100,000 Thalern, wenn der Erbminister dieselbe aufbringen könne. Die schwedische Kriegskasse mußte bei ihrer Dürftigkeit jede Ausgabe sparen und war auf jede mögliche Einnahme bedacht, ein Zustand, welcher sich erst seit dem Zuge nach dem Main und Rhein zum Besseren wendete. Wie Gfrörer [58]) berichtet, mußte in der ersten Zeit des deutschen Krieges der König selbst die Rolle des Obermarketenders für Wein, Bier und andere Bedürfnisse in seinem Heere übernehmen. Um sich Geld zu verschaffen, legte er durch Erlaß vom 20. Mai a. St. 1630 plötzlich Beschlag auf die ziemlich bedeutenden Baarvorrath der seit 1627 im Betriebe befindlichen amerikanischen Handelscompagnie, indem er erklärte [59]), es sei rathsam, das Baargeld dieser Gesellschaft mit demjenigen der neu errichteten Schiffbaugesellschaft auf so lange zu vereinigen, bis die Umstände einen gesonderten Betrieb der ersteren erlauben würden. Er sah sich zu diesem Schritte, welcher Unwillen, Schrecken und Verzweiflung in vielen Gemüthern hervorrief, dadurch veranlaßt, daß es ihm noch damals an den nothwendigsten Geldmitteln gebrach, und viele Einkünfte, auf welche gerechnet sein mochte, ausblieben. Hierüber unterhandelte er noch vor der Abfahrt ununterbrochen mit dem Ausschusse der Stände, welche indeß auch kein Geld mehr hatten; noch am 9./19. Juni richtete er in dieser Angelegenheit an sie ein Schreiben [60]).

Die oberste Verwaltung Schwedens für die Zeit seiner Abwesenheit übertrug der König dem Pfalzgrafen Johann Casimir; dieser sollte sich zugleich mit dem Reichsrathe, den zurückbleibenden Generalen, dem Feldherrn Grafen Jacob de la Gardie und dem Feldmarschall Hermann Wrangel des Reiches Wohl und Sicherheit angelegen sein lassen und außerdem im Besonderen ein wachsames Auge auf Dänemark haben. Ihnen sowie auch dem Kammerrathe Claus Flemming und dem Factor Martin Wewetzer gab er eingehende Instructionen; diejenige für Johann Casimir datirt vom 27. Mai aus Stockholm [61]), welches mithin Gustav Adolf nach dem 19. d. Mts. doch noch einmal wieder gesehen hat; diejenigen für die Anderen folgten bis zum 5. Juni [62]). — Als Alles zur Einschiffung bereit war, erließ Gustav Adolf noch einmal einen Abschiedsgruß, worin er, unter Beiseitsetzung aller politischer Erwägungen, in religiöser Stimmung nur die kirchlichen Motive betonte. Es herrsche, sagt er hier, jetzt eine allgemeine Verfolgung

54) Wir können nicht entscheiden, welche von den beiden Relationen die richtigere sei. Als ganz wörtlich wird auch die richtigere nicht zu nehmen sein, und selbst dem Sinne nach läßt sich Einiges bezweifeln, z. B. die Kürze der Ansprache an die zwei letzten Stände und ob der König eine solche Strafpredigt dem Priesterstande gehalten habe. Auch fällt auf, daß er den Namen Christi nicht genannt und seiner Gemahlin mit keiner Silbe gedacht haben soll. 55) Droysen II, 148. 149. — Gfrörer sagt, daß es eine Deputation der Herzog von Pommern gewesen sei, dem Gustav Adolf bei der Antwort den Vorwurf der Zaghaftigkeit gemacht habe. 56) Droysen II, 118. 119. 57) S. 618.

58) S. 589. 590. 59) Nach Rühs S. 299. 60) Nach Geijer III, 40. — Droysen berührt die Angelegenheit der Handelscompagnie nicht, während Gfrörer über die Reichsregierung absente rege schweigt. 61) Im dortigen Arkiv I, Nr. 60. 62) Droysen II, 87 und 88.

9*

gegen Gotts Kirche und sein reines, alleinseligmachendes Wort; der Feind wolle das Christenthum ausrotten und das freie Regiment umstoßen. Dem gegenüber sei selber bei den Verfolgten keine Einigkeit, wie man sie bei den Feinden sehe. „Da nun die erste und vornehmste Ursache zu solchem Unglück unsere Sünden und Missethaten sind, ... so wird Jeder ermahnt, durch innerliche Buße zur Versöhnung des göttlichen Zornes mitzuhelfen." Hierzu verordnete er drei feierliche Bußtage im ganzen Reiche, und zwar auf den 23. Juli, 20. Aug. und 17. Sept. 1630 [63]). So Droysen. Nach Gfrörer [64]) sind diese Bußtage für die ersten Freitage der genannten drei Monate 1630 und in den nachfolgenden Jahren, wo man sie noch lange nach des Königs Tode gehalten habe, angesetzt worden.

Die 28 Fregatten und vielen anderen, kleineren Transportschiffe, welche das Heer mit seinem Bedarf an Waffen, Geschützen, Kugeln, Pulver, Schanzzeug u. s. w. nach Deutschland überführen sollten, waren am Ende des Mai in der Lage, von Elfsnabben aus in See zu stechen [65]); die auf ihnen eingeschifften Truppen beliefen sich auf nicht mehr als 13,000 Mann [66]), denen im Laufe des Jahres 1630 noch weitere 2300 aus Schweden, 2800 aus Finnland, 2000 aus Livland, 13,000 aus Preußen, 6000 aus Stralsund folgten. Bald nach der ersten Landung standen 40,000 Mann auf deutschem Boden. In Schweden blieben 16,000, in Finnland 6500, in den Ostseeprovinzen 5000, in Preußen 7600 zurück [67]). Als an einem der letzten Maitage die Flotte ihre Anker bei Elfsnabben lichtete, um auszulaufen, wurde sie durch widrigen Wind 3 Wochen lang zurückgehalten; als endlich am 17. Juni (a. St.) dieses Hinderniß aufhörte, begann noch am Nachmittage desselben Tages das Auslaufen aus den Scheeren. Als aber noch am 18. der Wind wieder von Süden her wehete, mußte man laviren, und so kam die Flotte am 19. bis zur Nordspitze der Insel Oeland, wo man zur Sammlung der einzelnen Schiffe und zur weiteren Provianteinnahme vor Anker ging. Nachdem am 20. die Fahrt fortgesetzt worden war, gelangte man am 24. bis zur Höhe von Peerd und bekam dann zwischen den Inseln Rügen und Usedom die Küste in Sicht [68]). Am 26. ertheilte der König Befehl, auf Usedom außerhalb der Peenemündung vor Anker und ans Land zu gehen, und noch am Abende desselben Tages begann auf flachen Booten [69]) die Ausschiffung, zunächst der Infanterie. Die Landung geschah nicht, wie vielfach irrthümlich berichtet wird, auf der Insel Rügen, auch nicht auf der kleinen Insel Ruden vor der Peenemündung, obgleich diese wol mit bezeigt

worden sein kann, sondern im Wesentlichen auf der Insel Usedom an der Mündung der Peene. In einem Briefe vom 29. Juni 1630 schreibt Gustav Adolf selbst wörtlich: „Wir sind glücklich angekommen und haben ohne Widerstand auf Usedom gelandet" [70]). Auf einem der drei ersten Boote, welche nach dem Lande ruderten, befand sich der König; als er aus demselben auf das Land sprang, verfehlte er das Bret und verletzte sich, jedoch nur unbedeutend, an dem einen Knie [71]). Sofort, nachdem er den deutschen Boden berührt hatte, fiel er auf seine Kniee nieder und dankte dem Himmel für die glückliche Fahrt in einem Gebete, dessen wörtlichen Tenor einige Schriftsteller [72]) keunen wollen [73]), worauf er eigenhändig einen Spaten ergriff, um Erde zur Vertheidigung aufzuwerfen und seinen Soldaten ein gutes Beispiel für diese Sicherheitsmaßregel zu geben [74]). Da kein Feind sich sehen ließ, so ging die Ausschiffung ungehindert vor sich, und am 28. Juni hatten die meisten Truppen das Land betreten; doch war noch am 30. die Landung nicht ganz bis zum Ende geführt [75]).

Eine Kriegserklärung gegen den Kaiser oder gegen sonst einen Feind erließ Gustav Adolf nicht, als er den deutschen Boden betrat; er betrachtete den Kampf bereits dadurch eröffnet, daß der Kaiser 1629 ein Heer unter Arnim gegen ihn ins Feld gestellt hatte; andererseits war von den Schweden Stralsund, eine deutsche Stadt, schon vorher besetzt worden. Statt dessen ließ er unter dem Titel „Ursachen, wodurch der König von Schweden, Gustav Adolf, endlich gezwungen mit einem Kriegsheer auf der deutschen Boden zu begeben", in lateinischer und deutscher Sprache ein für ganz Europa bestimmtes Manifest verbreiten [76]). Der Inhalt dieses sehr langen Actenstückes ist in Kürze folgender [77]). Dem Könige gönnen die Nachbarn den Frieden nicht, welchen er aufrichtig sucht. Er hat lange die deutschen Hilferufe nicht berücksichtigt; aber der deutsche Feind hat seine Bitten hartnäckig zurückgewiesen. Die Kaiserlichen haben seinen Brief an Bethlen Gabor aufgefangen, und erbrochen und die Boten mißhandelt. Der Kaiser hat den Frieden zwischen Schweden und Polen heimlich hintertrieben; derselbe hat zweimal, 1627 und 1629, zur Unterstützung Sigismund's von Polen offen Heere abgeschickt, hat die ihm zu Hülfe eilenden schwedischen Schiffe und Waaren mit Beschlag belegt. Der Kaiser hat Stralsund zu einem Seeräuber-

63) Ebenda II, 149. 150. 64) Nach Chemnitz I, 49. 65) Gfrörer S. 599. 66) So Droysen. Nach Gfrörer, S. 590, waren es 92 Fahnen zu Fuß und 16 zu Pferd, eine Fahne zwischen 100 und 200 Mann. — Geijer III, 163, vermuthet, daß die ganze Zahl sich auf 15,000 Mann stellte. 67) Droysen II, 149. 150. 68) Nach Gfrörer, S. 599, tobte am 24. Juni ein heftiges Gewitter, als Gustav Adolf vor der Peenemündung ankam. 69) Nach Gfrörer, S. 599, für je 200 Mann und 2 Geschütze.

70) Ebenda, nach Geijer III, 168, Note 1. 71) Droysen II, 150—152. 72) 3. B. Khevenhiller XI, 1305 fg. 73) So Gfrörer S. 599, welcher an das Niederfallen und das Gebet glaubt. — Droysen erwähnt davon nichts. 74) So Gfrörer S. 599, wovon Droysen ebenfalls nichts weiß oder sagt. 75) Droysen II, 152. 76) Abgedruckt z. B. bei Londorp, Acta publica IV, 73 seq., und bei Khevenhiller, Annales Ferdin. XI, 1290 seq. 77) Nach Gfrörer S. 602 und 603. — Droysen erwähnt es nicht.

neſt machen wollen. Man hat des Königs nach Lübeck abgeordneten Gesandten schimpflich behandelt. Der Kaiser hat für Deutschland das Restitutionsedict erlassen, um dadurch die deutschen Fürsten und Stände zu unterdrücken [77a]; er hat neuerdings alle Friedensvorschläge verworfen. Dagegen muß eine Genugthuung durch die Waffen gesucht werden. Der König hat nur die Absicht, sich selbst zu schützen und die frühere Freiheit im deutschen Reiche herzustellen [78].

Wie bereits angedeutet, war es sofort bei und nach der Landung die erste Sorge des Königs, um gegen jeben Ueberfall und Angriff des Feindes, von welchem sich indeß außer einigen Kroaten Niemand in der Nähe befand, sicher zu sein, Erdverschanzungen aufzuwerfen, eine Praxis, welche er überall anwendete und anwenden ließ, wo seine Truppen im Vordringen oder Zurückgehen eine irgendwie wichtige Position eingenommen hatten; sie war in jenem Momente um so mehr geboten, als Gustav Adolf mit einem Heere landete, dessen geringe Stärke er zu verbergen suchte [79]. Einige Tage darauf ließ er im Lager unter Trommelschlag ausrufen, daß keiner seiner Soldaten, bei Todesstrafe, sich unterstehen sollte, ein Haus abzubrechen oder anzuzünden, den Einwohnern unter irgend einem Vorwande ihr Eigenthum zu rauben oder auch sie nur zu beleidigen [80]. Wenn er gehofft hatte, auf der Insel Usedom Proviant zu finden, so sah er sich hierin getäuscht; auch blieben die Vorräthe aus, welche Stralsund hatte zur Stelle schaffen sollen, und was man aus Schweden mitgenommen hatte, war auf der Flotte und auf der Fahrt verzehrt worden, sodaß sich der König mit seinem Heere schon nach wenigen Tagen in einer höchst mislichen Lage befand; er gab seinen Klagen hierüber Ausdruck in einem Briefe an Johann Skytte, welchem er zum Vorwurfe machte, daß er ihm nur 4000 Tonnen Brod zur Verfügung gestellt habe; es ergingen deshalb dringende Weisungen an den Kanzler Orenstiern in Preußen sowie an den Reichsrath in Schweden, sofort und eiligst Mundvorrath zu übersenden [81]. Zwar hatte er sich durch die Eroberung der Insel Rügen, welche noch im Juni sein dortiger Heerführer Leslie ausführte, die rechte Flanke gedeckt und nöthigenfalls einen festen nahen Rückzugspunkt gesichert [82]; aber im Uebrigen brachte ihm gerade das protestantische Deutschland keinen ermuthigenden Empfang entgegen: außer Stralsund, welches sich zu seiner Ankunft festlich bereitete, rührte sich keine andere Stadt, kein Fürst, kein Kreisstand, um ihn willkommen zu heißen oder ihm Hilfe zu leisten; nur schüchtern wagte man es hier und dort, ihm seine Sympathien auszubrücken; das Entgegenkommen der land-

machtlosen Herzöge von Pommern bestand in dem Anliegen, sie wieder einzusetzen [83]. Indessen sollte ihm von anderer Seite Hilfe geleistet werden; sehr bald nach seiner Ankunft in Deutschland, noch im Juli, bot ihm Frankreich durch Charnacé Geldsubsidien an; da aber der Franzose forderte, daß in dem abzuschließenden Vertrage der Name des Königs von Frankreich dem Namen des Königs von Schweden vorangestellt würde, und zwar in beiden Exemplaren, so lehnte Gustav Adolf mit der Erklärung, daß ein König seiner Würde nichts vergeben dürfe, das Geld ab, wie willkommen es ihm auch sonst sein mußte, und schrieb dem Könige von Frankreich, er möge ihn nicht ferner mit Anerbietung belästigen [84].

Dagegen gestaltete sich des Königs Lage dem Kaiser und der Liga gegenüber höchst vortheilhaft; das kaiserliche Heer, welches unter dem Italiener Torquato Conti an der Ostsee, in Brandenburg und Pommern stand, war in einzelnen Abtheilungen über dieses weite Gebiet zerstreut, sondern auch, meist von unfähigen, beutegierigen Officieren geführt und verpflegt, undisciplinirt und in einer keineswegs kriegslustigen Stimmung [86]. Im politischen Lager der deutschen Gegner Gustav Adolfs herrschte der ärgste Zwiespalt; nicht blos die protestantischen, sondern auch, und fast in noch höherem Grade, die katholischen Fürsten, Städte und Stände haßten den übermüthigen, allgewaltigen, kaiserlichen Feldherrn Wallenstein, welcher gegen sie auf das Rücksichtsloseste verfuhr; gerade in der Zeit, als Gustav Adolf den deutschen Boden betrat, zum Fürsten- oder Reichstage zu Regensburg mit dem Kaiser versammelt, drangen sie, voran Maximilian von Baiern, das Haupt der Liga, mit allem Nachdruck in diesen, den Friedländer zu entlassen, und da Ferdinand begreiflicher Weise zögerte, so artete die Mißstimmung zwischen ihm und dem Baiernherzoge zu einer fast bitteren Feindschaft aus, welche namentlich durch Richelieu geschürt wurde. Man geht aber zu weit, wenn man behauptet [86], Kaiser Ferdinand sei freilich ohne Verabredung mit ihm, ein stiller Bundesgenosse Gustav Adolfs bei dessen Landung gegen Maximilian gewesen. Gustav Adolf habe seine geheimen Sympathien gelenkt und auf sie gerechnet.

Nachdem der König am 28. und 29. Juni auf Recognoscirung ausgeritten war, rückte er am folgenden Tage mit der ganzen Cavalerie und 4000 Musketieren vor die kaiserliche Schanze bei Wolgast, wohin die Besatzung ohne Gegenwehr floh. Mit dem 1. Juli gingen 3000 Mann zu Fuß und 2500 Reiter unter seiner Führung weiter nach dem Süden vor, und als sie sich vor den Schanzen zwischen Usedom und Wollin zeigten, retirirten die dort aufgestellten Kaiserlichen ohne Schwertstreich nach Wollin. Gustav Adolf ließ seine Soldaten sofort auf Booten über die Swine setzen und folgte ihnen bis an die Divenow. Aber auch von hier flohen die Feinde, sowie aus Cammin, und der König war nun im unbestrittenen Besitze der Odermündungen, der Inseln

---

77a) Wenn es auffällt, daß die den Glaubensgenossen zu leistende Hilfe nicht erwähnt ist, so liegt der Grund vielleicht in der Rücksicht auf die mit dem Kaiser damals habernden Ligisten und auf Frankreich. 78) Droysen II, 153. 79) Geijer III, 163. — Gfrörer, S. 599 und 600, läßt die erste Landung und die erste Verschanzung schon am 25. Juni (a. St.) geschehen. 80) Gfrörer S. 600. 81) Droysen II, 152. 153. 82) Ebenda II, 142. 143.

83) Ebenda II, 155. 156. 84) Ebenda II, 254. 255. 85) Gfrörer S. 604. 86) Ebenda S. 577.

Usedom, Wollin und Rügen [87]). Vor Allem kann es ihm jetzt darauf an, Stettin in seine Gewalt zu bringen. Nachdem er das Commando auf Wollin an Leslie, dasjenige auf Usedom an Lars Kagg übergeben hatte, begab er sich am 5. Juli nach der Südspitze der Insel Usedom, und das Gros der Truppen rückte nach; am 8. desselben Monats waren hier 74 Compagnien mit 8723 Mann beisammen. Wiederum erschien bei ihm eine pommersche Deputation, und zwar mit der Bitte um Neutralität, welche er selbstverständlich nicht gewähren konnte. Am 9. Juli schifften sich die Soldaten ein und am 10. (ebenfalls a. St.) gingen sie auf 51 Fahrzeugen unter Segel. Man fuhr quer über das große Haff auf die Oder zu, und noch an demselben Tage des Nachmittags kamen die Schweden unterhalb Stettins an, wo ein Theil sofort an das Land stieg [88]), mit ihm der König, um die Stadt zu recognosciren. Alsbald kamen aus derselben sehr viele Leute ins schwedische Lager heraus; Gustav Adolf unterhielt sich mit ihnen auf das Leutseligste und sagte ihnen unter Anderem, daß er gekommen sei, um die reine augsburgische Religion erhalten zu helfen. Noch an demselben Tage schickte der in Stettin commandirende pommersche Oberst Damitz einen Trompeter an den König, dem er die Drohung überbrachte, er werde Feuer geben, wenn die Schweden näher kämen. Gustav Adolf ließ ihm sagen, er möge selbst an ihm herauskommen. Damitz that es sofort, und Gustav Adolf zeigte ihm die „Schlüssel," die er bei sich habe, um sich den Eintritt nöthigenfalls selbst zu öffnen. Damitz und seine Begleiter sprachen nun zwar keine Drohung mehr aus, aber sie baten den König, er möge um die Stadt, welche bis dahin noch keine Kaiserlichen eingelassen hatte, herumgehen. Der Tag war noch nicht zu Ende, als Herzog Bogislav selbst zum Könige herausgefahren kam. Mit ihm errichtete dieser einen Tractat, worin er unter Anderem versprach, ihn wieder mit voller voriger Gewalt in sein Herzogthum einzusetzen, jedoch unter gewissen Bedingungen, beispielsweise und hauptsächlich, daß freie commercia zwischen Schweden und Pommern stattfinden sollten und daß, wenn der Herzog ohne Ordnung der Succession stürbe, Gustav Adolf das Land so lange sequestriren sollte, bis eine sichere Succession aufgerichtet wäre. Sofort rückten schwedische Truppen in Stettin ein, und Oberst Damitz trat mit seinen Soldaten in des Königs Dienste. Am 11.(21.) Juli kam Gustav Adolf selbst in die Stadt, hörte eine Predigt und speiste beim Herzoge [89]). Mit dieser Darstellung Droysen's stimmt Gfrörer im Wesentlichen überein, nur daß er aus der Unterredung Gustav Adolf's mit Bogislav bei deren erstem Zusammentreffen einige Aeußerungen beider Seiten anführt, wie daß Bogislav allerhand furchtsame Einwendungen gemacht, die Bitte um Neutralität wieder-

holt, und Gustav Adolf ihm geantwortet habe: Wer nicht mit mir ist, der ist wider mich [90]). — Ausführlicher als Droysen theilt Gfrörer [91]) den zwischen Gustav Adolf und Bogislav abgeschlossenen Vertrag mit, welcher 1631 durch die pommerschen Landstände bestätigt und nach des Königs Absicht die Einleitung dazu geworben sei, daß Schweden später einen Theil von Pommern an sich brächte. 1) Schweden und Pommern errichten unter sich auf ewige Zeiten ein Freundschafts- und Schutzbündniß, 2) zunächst zur gemeinsamen Vertheidigung gegen ihre Feinde. 3) Der Herzog bleibt in seinem früheren politischen Verhältniß zum deutschen Reiche. 4) (Haupt-)Zweck ist die Aufrechthaltung des weltlichen und geistlichen Friedens und die Befreiung Pommerns von seinen schweren Drangsalen. 5) Der König gibt dem Herzoge alle eroberten Plätze zurück; Stralsund behält seine Privilegien und sein Bündniß mit Schweden. 6) Das lutherische Bisthum Cammin bleibt in statu quo und behält namentlich die freie Wahl seines Capitels. 7) Von beiden Contrahenten thut keiner etwas ohne Mitwissen und Mitwirken des anderen. 8) Jede andere christliche Macht kann ihrem Bündniß beitreten. 9) Dieses wird durch nichts präjudicirt. 10) Jedes Bundesmitglied steht dem anderen gegen etwaige Feinde bei. 11) Die Schweden genießen in Pommern die Pommern in Schweden das Bürgerrecht. 13) Etwaige Streitigkeiten werden nach Maßgabe des stettiner Tractates von 1570 beigelegt. Im 14. Artikel heißt es: „Sollte der Herzog von Pommern ohne männliche Nachkommen das Zeitliche segnen [92]), ehe und bevor der Kurfürst von Brandenburg, als muthmaßlicher Erbnachfolger, diese Vereinigung bestätigt und das Herzogthum eingelöst hätte [93]), oder sollte dem Kurfürsten die Nachfolge von Pommern bestritten werden, so nimmt Se. Majestät von Schweden für sich und seine Nachfolger das Recht in Anspruch, die Landschaft Pommern so lange in Pfand behalten zu dürfen, bis die streitige Erbfolge ausgeglichen und alle Kriegskosten an die Krone Schweden zurückerstattet wären", wozu jedoch von Pommern selbst kein Heller bezahlt werden soll [94]).

In seiner Furcht und Herzensangst über das, was er den ins Reich einbrechenden Schweden eingeräumt hatte, richtete der schwache Pommernherzog alsbald einen Entschuldigungsbrief an den Kaiser, bei welchem freilich seine Gründe keine Gnade fanden [95]). Nach Gfrörer [96]) datirt dieser Brief vom 14.(24.) Juli und enthält neben dem Hinweise auf den plötzlichen und unvermutheten Einfall der Schweden und neben den Klagen über das gräßliche Hausen der Soldaten Conti's in Pommern die Versicherung, daß der Herzog zwar nicht anders habe handeln können, aber dem Reiche unwandelbar treu

87) Droysen II, 153—155. — Gfrörer S. 605. 606. 88) Ebenda II, 156—158. — Gfrörer S. 606, nach Chemnitz. I, 60, und Khevenhiller XI, 1309 sq. 89) Droysen II, 158—161.

90) S. 605—608. 91) S. 609 und 610, aber ohne Quellenangabe. 92) Er war damals 50 Jahre alt. 93) Gemäß eines früheren Erbverbrüderungsvertrages. 94) Hierdurch sollte die künftige Ablösung der Pfandschaft erschwert werden. 95) Droysen II, 161—163. 96) Dieser fußt hierbei auf Khevenhiller XI, 1321.

leiben wolle. Gustav Adolf selbst hatte unterm 11.(21.) Juli aus dem Feldlager bei Stettin, um den scharfen Eindruck seines Einfalles in Deutschland abzustumpfen, an seinen Reichskanzler geschrieben, er hoffe auf gütliche Beilegung mit dem Kaiser[97], welcher diese Hoffnung und diese Absicht unmöglich theilen konnte. In Bezug hierauf, sowie auf die in Danzig beabsichtigten Verhandlungen, welche für Schweden gar nicht zu Stande gekommen waren, schrieb der König am 13.(23.) Sept. 1630 an den Kurfürsten von Brandenburg einen Brief, worüber Droysen die kaum gerechtfertigte Ansicht ausspricht[98]): „Mit gutem Gewissen konnte Gustav Adolf mit Rückblick auf diesen Verlauf des danziger Tages sagen: er hätte den Frieden gewünscht, seine Schuld sei es nicht, daß es nicht dazu gekommen, sondern vielmehr Unbilligkeit, Ausflüchte und listige Praktiken derjenigen, welche alle von uns vorgeschlagenen (für den Kaiser freilich ganz unannehmbaren) Mittel theils ganz nubilliger Weise verworfen, theils verspottet, also daß wir uns in unserer Hoffnung ganz betrogen gefunden". Zwar hatte Wallenstein das Eingreifen Gustav Adolf's und dessen Feldherrntalente nie unterschätzt und mit einer gewissen Bangigkeit dem Auftreten Schwedens auf deutschem Boden entgegengesehen; aber sein Einfluß war jetzt gebrochen, und in den übrigen kaiserlichen Kreisen sprach man selbst nach der Landung Gustav Adolf's noch sehr verächtlich von dessen Macht[99]); bei Ferdinand bestand kaum ein anderer Gedanke, als durch den Sieg, keineswegs aber durch die Annahme ihrer Bedingungen, mit den Schweden fertig zu werden. — Andererseits verhandelte Gustav Adolf im Juli 1630, sowie später, mit dem Kurfürsten Georg Wilhelm von Brandenburg, welcher ihn mittels der mündlichen Mittheilungen seines Abgeordneten, des Herrn v. Wilmersdorf, durchaus zum Frieden mit dem Kaiser zu bestimmen suchte. Ihm ließ durch dieselbe Mittelsperson der König sagen: Ob denn Georg Wilhelm nicht wisse, daß der Kaiser schließlich auch in Brandenburg die evangelische Religion ausrotten werde; der Herzog von Pommern, welcher nichts weiter verbrochen, als daß er „ein Bierchen in Ruhe getrunken", sei verjagt worden; er selbst (Gustav Adolf) könne nun nicht mehr zurück; Georg Wilhelm möge doch endlich „die Augen aufmachen; qui se fait brébis, le loup le mange; er müsse sich entweder als Freund oder Feind erklären; wolle er es mit dem Teufel halten, so müsse er mit ihm fechten; tertium non dabitur, deß seid gewiß"; „wollte Gott, daß ein Mauritius (Moriz von Sachsen) da wäre"[1]). Georg Wilhelm hatte es freilich schon erfahren, wie ihm von seinem nordischen Schwager, wenn auch mit vorläufiger, sanfter Gewalt, Pillau genommen worden war.

Neben diesen Verhandlungen versäumte der kriegs-

erfahrene König keinen Augenblick, um seine erste militärische Position so stark als möglich zu machen, physisch wie moralisch. Indem er, um die Deutschen zu gewinnen, auf die strengste Mannszucht bei seinen Soldaten hielt, wofür er die Officiere nachdrücklich verantwortlich machte, bewog er die Stadt Stettin und das Herzogthum Pommern, je 50,000 Thaler zur Unterhaltung seines Heeres zu zahlen und von allen Lands- und Wasserzöllen 3½ Proc. für schwedische Rechnung abzutreten. Nach Stettin wurden 4000 Mann schwedischer Besatzung gelegt; aber sie durften, um diese nicht zu belästigen, nicht bei den Bürgern Quartier nehmen, sondern mußten in Zeiten campiren, während Gustav Adolf selbst an Bord eines seiner Schiffe schlief. Der Herzog Bogislav versprach, ihm alle Plätze seines Landes zu öffnen und für ihn einige Regimenter zu werben. An dem auf den 10.(20.) Juli folgenden Sonntage hörte der König drei Predigten und Tags darauf unterhandelte er mit den herzoglichen Beamten über die Vervollständigung der Befestigung Stettins, wozu die Bürger Geld hergaben. Die schwedischen Soldaten und stettiner Einwohner arbeiteten hieran mit so wunderbarer Schnelligkeit und Gewandtheit bei Tag und Nacht, daß die (Erd-)Werke bereits am 14.(24.) Juli im Wesentlichen fertig waren. Am 22. Juli kam Teuffel mit dem Gros der schwedischen Cavalerie in dem Lager bei Stettin an; am 23. dess. Mts. (a. St.) war für die schwedische Armee Bettag[2]). Schwere Sorgen bereitete dem König fort und fort der Geldmangel; unterm 31. Juli resp. 10. Aug. meldete er aus Stettin seinem Reichsrathe: „Ihr wisset, daß Wir, seit Wir unser Reich verließen, von da kein Geld trotz Unserer Anordnung empfingen; auch hier haben Wir keine Beisteuer zu erwarten, weil Wir dem Herzoge von Pommern bei Staat und Regierung wie früher zu verbleiben verwilligen mußten"[3]). Ein Brief des Königs, welchen er unterm 3.(13.) Sept. aus Stettin in seine Heimath sandte, enthält folgende Stelle: „Wir haben trotz aller Befehle und Ermahnungen noch wenig oder keine Hilfe aus Schweden erhalten. Obgleich wir jetzt durch Einnahme dieser Stadt einigen Beistand bekommen, sind doch unsere Ausgaben so übermäßig groß, daß es wenig verschlägt, da wir jeben 10. Tag allein zum Unterhalte des Fußvolks über 30,000 Reichsthaler bedürfen"[4]).

Schon am 13.(23.) Juli war Oberst Damitz, nachdem er mit seinem Regimente in schwedische Dienste getreten, von Stettin gegen Stargard ausgerückt, wo er am folgenden Tage ankam. Er drang sofort in die Stadt ein, vertrieb die von Dufour befehligte kaiserliche Besatzung und fand einen willkommenen Vorrath von 4000 Scheffeln Korn und 1817 Tonnen Mehl sowie mehrere Kanonen[5]). Bald nachher — es ist von den Berichterstatter[6]) kein Tag angegeben und dieser läßt

* 97) Droysen II, 138. 98) Ebenda S. 138. 139. 99) Ebenda II, 163. 1) Ebenda II, 223—228. Das Zwiegespräch zwischen Gustav Adolf und v. Wilmersdorf, welches dieser wahrscheinlich sofort niedergeschrieben hat, ist hier ausführlich mitgetheilt.

2) Gfrörer, nach Khevenhiller XI, 1313, 1320; Chemnitz I, 71. — Droysen II, 163—165. 3) Gfrörer, nach Geijer, III, 173, Note. 4) Ebenda. 5) Ebenda S. 613, nach Chemnitz I, 68 fg. 6) Ebenfalls Gfrörer S. 614 und

sich nur mit Schwierigkeit in die übrige feststehende Chronologie eingliedern — unternahm Gustav Adolf eine Recognoscirung in der Richtung auf Garz mit 70 Dragonern; aber hierbei wurde er unvermuthet von einer Uebermacht feindlicher Reiter angegriffen, denen als Conti's geheimer Agent ein katholischer Officier im schwedischen Lager, mit Namen Quint oder Quintin oder de Ponte (Andere nennen ihn noch anders), den Ausritt des Königs verrathen hatte. Gustav Adolf gerieth in die höchste Lebensgefahr, aus welcher ihn 200 heransprengende Reiter befreiten. Quint floh noch an demselben Tage aus dem schwedischen in das kaiserliche Lager. Indem man hier oder in Stettin seinen Namen an den Galgen heftete, zog man wegen Verdachtes der Mitwissenschaft und der Beihilfe einen ebenfalls in schwedischen Diensten stehenden Hauptmann, den Italiener Joh. Baptista (Giovanni Battista?), ein, welcher nach abgelegtem Geständniß gehängt wurde. — Um Front und Flanken zu erweitern, ließ Gustav Adolf auch andere Abtheilungen seines Heeres ausrücken, während die Kaiserlichen viele ihrer Kräfte in einem Lager bei Garz zusammenzogen, wo am Beginn des Augusts etwa 13,000 Mann standen. Um diese Zeit wurden Anclam und Stolpe ohne Widerstand von ihnen geräumt; die Stadt Wolgast kam schon am 28. Juli in die Gewalt der vom General-Major Knyphausen geführten Schweden, am 15.(25.) Aug. auch das dortige Schloß[7]), nachdem sich die Besatzung unter Hauptmann Schlechter tapfer gewehrt hatte[8]).

Während im August, als einziger deutscher Fürst von einiger Macht, der junge, ritterliche Landgraf Wilhelm von Hessen-Cassel, mit Gustav Adolf aus aufrichtiger Sympathie und mit entschiedenem Willen Verhandlungen anknüpfte[9]), schwankte der Kurfürst Georg Wilhelm mit seinen Räthen noch hin und her. Bei der Zusammenkunft der von ihm berufenen Notabeln des Landes vom 5. bis 12. Aug. stimmten er und die meisten derselben gegen eine Verbindung mit Schweden; sie wollten die „Devotion" gegen den Kaiser bewahren und wünschten ein Bündniß mit dem Kurfürsten von Sachsen, welcher in noch höherem Grade unter der Furcht vor dem Kaiser stand[10]). Um so eifriger bewies sich fort und fort der Erzadministrator Christian Wilhelm von Magdeburg für die Verbindung mit dem Könige, um durch dessen Hilfe die verlorene Gewalt wieder zu gewinnen. Schon im Juli 1630 meldete Gustav Adolf's Abgesandter, Stalmann, bei seiner persönlichen Anwesenheit den Magdeburgern, daß sein König

„zum Schutze der deutschen Libertät in Gewissens- und weltlichen Sachen" sich mit einem Heere nach Deutschland begeben werde. Mit ihm zugleich (nach Gfrörer am 27. Juli a. St.) war, anfangs heimlich, Christian Wilhelm in die Stadt gekommen. Am 1. Aug. fand eine Berathung der verschiedenen Auctoritäten darüber statt, ob man jetzt für Gustav Adolf mit den Waffen auftreten sollte oder nicht; Viele waren dafür, Andere dagegen; Christian Wilhelm, welcher ebenfalls zugegen war, rieth dringend zum sofortigen Anschlusse und zur Einräumung eines so wichtigen Elbpasses an die Schweden. Selbstverständlich sprach dafür auch Stalmann, welcher hervorhob, daß es gelte, die evangelische Freiheit zu retten. Man beschloß ein Bündniß mit Gustav Adolf, und etwa am 6. Aug. (a. St.) hatte Christian die Stadt in seiner Gewalt. In großer Eile entsandte ihm zur Hilfe der König seinen Obersten Dietrich von Falkenberg, dessen Instructionen aus Stettin vom 16.(26.) Aug. datiren, zugleich mit dem Auftrage, unterwegs in Lübeck und Hamburg Geld aufzunehmen; auch ging Gustav Adolf, wie man aus seinen Briefen an A. Drenstiern vom 17. und 18. Aug. (a. St.) ersieht, mit dem Plane um, den Magdeburgern Soldaten zu schicken. Der Aufstand brach los, und bald hatte Christian Wilhelm bis Halle und nach anderen Richtungen, freilich ohne nennenswerthen Widerstand, viel Terrain gewonnen; aber er besaß wegen seines eitlen und willkürlichen Wesens keine allgemeinen Sympathien, und außerdem fehlte ihm das Geld; in der Mitte des Septembers zogen größere kaiserliche Heeresabtheilungen heran, und bald war Christian Wilhelm wieder auf die Stadt Magdeburg beschränkt[11]).

Auch der Kaiser und der König traten[12]) mit einander in Correspondenz; ersterer richtete unterm 8./18. Aug. von Regensburg aus, wo er mit den Kurfürsten berieth, an letzteren einen Brief, worin er diesem, welchen er, um den königlichen Titel nicht zu brauchen, nur mit „Euer Liebden" anredet, vorhält, daß er ohne Grund und Veranlassung in das deutsche Reich eingefallen sei[13]). Gustav Adolf antwortete dem Kaiser, welchen er auch nur mit „Euer Liebden" anredet: die Schuld des Krieges trage der Kaiser[14]).

Nach der Darstellung bei Droysen verzögerten die deutschen Kurfürsten, an welche sich Gustav Adolf gewandt hatte, längere Zeit hindurch ihre Antwort oder ließen ihm nur nichtssagende Erwiderungen zukommen; als sie endlich unterm 13. Aug. 1630 ein Collectivschreiben an ihn richteten, erklärten sie in demselben: sie sähen keinen Grund zu seinem Vorgehen gegen das Reich,) in welches Schweden sich nicht einzumischen habe; darum möge er die Waffen niederlegen. Auch der Kaiser rich-

---

615, wobei er sich auf mehrere Quellen, z. B. das Theatrum Europaeum II, 245 und den „Soldat Suédois" von 1634, stützt, und was sehr mißlich ist, aus diesen die Erzählung zusammensetzt. Chemnitz — ebenso Droysen — erzählen von dem Ueberfalle nichts; doch berichtet jener, daß Quint den König habe ermorden wollen. Der Hergang muß als zweifelhaft dahingestellt bleiben, und Gfrörer selbst will die Wahrheit nicht verbürgen.

7) Droysen II, 166—171.   8) Gfrörer S. 615. 616, nach Chemnitz I, 72.   9) Droysen II, 365.   10) Ebenda II, 230. 231.

11) Ebenda II, 123—125; II, 175—185.   12) Nach der Mittheilung Gfrörer's. — Droysen berichtet nichts über diese beiden Briefe.   13) Der Brief steht nach Gfrörer im Auszuge bei Khevenhiller XI, 1163, in extenso bei Senkenberg, Gesch. des Deutschen Reichs V, 704 fg.   14) Gfrörer nach Khevenhiller XI, 1166.

tete in diesem Sinne damals an Gustav Adolf einen Brief, worin er es wie die Kurfürsten vermied, ihn als König anzureden. Gustav Adolf sandte den kaiserlichen Brief unerbrochen zurück [15]). — Derselbe 13. Aug. (wol a. St.) hat indeß für die damalige und spätere Zeit eine andere, viel wichtigere Bedeutung; an demselben nämlich erklärte Kaiser Ferdinand bei dem Kurfürstentage zu Regensburg — es waren nur die katholischen Würdenträger anwesend — seine Bereitwilligkeit, die Entlassung des den Ligisten und katholischen Kurfürsten schon längst äußerst verhaßten Wallenstein zu genehmigen, wozu er sich endlich auch deshalb entschloß, um durch dieses Opfer die Wahl seines Sohnes zum römischen Könige zu erlaufen und die Liga zum Vorgehen gegen Gustav Adolf williger zu machen. Im September mußte Wallenstein das Obercommando abgeben, und es erfolgte eine bedeutende Reduction des kaiserlichen Heeres, aus welchem sehr viele Soldaten sich bei den Schweden anwerben ließen. An Wallenstein's Stelle trat der 71jährige Tilly, welcher dem Feldherrntalente des Königs von Schweden auch deshalb weniger als jener gewachsen war, weil er unter der zweifachen Directive von Wien und München stand [16]).

Beim Schlusse des Monats August oder in den nächsten Tagen rückte der schwedische Generalmajor Knyphausen (Knipphausen) vor Greifswald, konnte aber hier nichts ausrichten. Gleichzeitig sandte er eine kleine Abtheilung von 140 Mann gegen Pasewalk, wo sie ohne Schwierigkeit einrückte, aber noch im September kam eine stärkere kaiserliche Macht herbei, welche die Stadt wieder nahm, dieselbe einäscherte und die schwedische Besatzung nebst vielen Einwohnern grausam niedermachte [17]). Der König selbst traf jetzt für die in der Richtung gegen Pommern beabsichtigten Operationen zunächst die Disposition, daß er einen Theil der Truppen unter dem Oberbefehle Horn's in dem Lager von Stettin zurückließ [18]). Nach Anderen [19]) blieb für Stettin als Obercommandant Oberst Teufel zurück. Der König, welcher mit 3000 Mann, zu denen bald noch mehr Truppen stoßen sollten, am 4. Sept. (a. St.) von Stettin aufgebrochen war, kam am 7. bei Wolgast an; aber schon hier erhoben sich gegen ihn viele Schwierigkeiten, namentlich Mangel an Schiffen und Munition, Krankheiten und an Undisciplin grenzende Mißstimmung unter den Truppen, dazu in Mecklenburg eine widrige Volksstimmung und Unlust zum Helfen. Nur Stralsund, wo der König am 9. Sept. [20]) zu Schiffe ankam, brachte ihm allgemeine Sympathien entgegen [21]). Unterdessen hatten die Kaiserlichen am 6. Sept. (a. St.) einen Angriff auf das Lager bei Stettin gemacht, wurden aber

zurückgewiesen worden [22]). Von Stralsund aus beantwortete Gustav Adolf unter dem 13.(23.) Sept. das Collectivschreiben der deutschen Kurfürsten: Er führe keinen Krieg gegen das römische Reich — den er in der That schon begonnen hatte — oder die Kurfürsten, sondern gegen die, welche im trüben Wasser fischen wollten; er begehre Satisfaction für die ihm durch den Kaiser zugefügte Beleidigung. Als bald darauf ein neuer Brief des Kaisers an den König ankam, wurde er von diesem trotz der ihm abermals verweigerten vollen Titulatur dennoch angenommen und dahin beantwortet: Er (Gustav Adolf) habe stets den Frieden gewollt [er konnte nur den durch siegreichen Krieg errungenen oder auf der Grundlage seiner Bedingungen errichteten Frieden meinen]; jetzt könne er die Waffen nicht aus der Hand legen; wolle der Kaiser verhandeln, so müsse er (Gustav Adolf) vor Allem die Restitution der vertriebenen deutschen Fürsten und die Sicherheit Schwedens auf der Ostsee sich ausbedingen. In Ribnitz, von wo aus am Ende des Septembers diese Zuschrift an den Kaiser datirt, schrieb der König auch an seinen Kanzler Oxenstiern und den schwedischen Reichsrath: Oesterreich wolle die evangelische Religion in Deutschland ausrotten, und das sei nicht mehr zurück. In dem vom 2. Nov. 1630 datirten Erwiderung meinte der Kanzler, daß dem Kaiser jetzt gegebenen friedlichen Versprechungen seien nur hinhaltende Täuschungen [23]). Auch mit Frankreich führte Gustav Adolf damals eine Correspondenz fort, indem er von Stralsund aus an dessen König unterm 17.(27.) Sept. [24]) schrieb: „Obwol die Frage wegen des Titels an sich unbedeutend ist, so die weder zur Verminderung noch zur Vergrößerung der Macht beider Kronen beiträgt, so sind wir doch überzeugt, daß einem Könige die Pflicht obliegt, nichts zu vernachlässigen, was seine hohe Würde betrifft. Ehe wollten wir die Unterhandlungen abbrechen, als daß wir zum Nachtheile dieses Amtes, das wir von Gott und unsern Vorfahren empfangen haben, das Geringste geschehen ließen". Ebenso vergeblich unterhandelte Gustav Adolf noch im September, wie im August und später im October, um den Zweck, sie auf seine Seite herüberzuziehen, mit den Kurfürsten von Sachsen und Brandenburg, welche immer noch glaubten, der von ihnen wiederholt darum gebetene Kaiser werbe seine Restitutionsedict zurückziehen, was er ihnen rund abschlug [25]).

Wiederum also lag Alles in der Entscheidung durch die Waffen. Nachdem die nachrückenden schwedischen Truppen, circa 4800 Mann zu Fuß und 1450 Reiter, am 15. Sept. (a. St.) vor Stralsund angekommen waren, beschloß der König, Mecklenburg anzugreifen und für seine Vettern zurückzuerobern; zunächst sollte Greifswald genommen werden, und zu diesem Zwecke erfolgte die Einschiffung von Soldaten. Aber dem Angriffe von der

15) II, 239. 240.   16) Droysen II, 232—237.   17) Gfrörer S. 616 nach Chemnitz I, 80 und Theatr. Europ. II, 246 seq. — Dazu Droysen II, 171—175.   18) Droysen II, 186. 187.   19) Gfrörer, nach einem Briefe des Königs vom 7./17. Sept. aus Wolgast an Oxenstierna, in den Lettres de G. A., p. 132.   20) Nach Gfrörer, welchet sich auf Chemnitz I, 80 beruft, am 10./20. Vielleicht stieg Gustav Adolf erst an diesem Tage ans Land.   21) Droysen II, 186. 187.

A.Encykl. d. W. u. K. Erste Section. XCVIII.

22) Ebenda II, 192, nach dem Arma Suecica VI, 52.   23) Ebenda II, 240—243.   24) So Gfrörer S. 641 und 642, nach Dumont, Traités V, b, 615.   25) Droysen II, 242—249.

Seeseite stellten sich widrige Winde und kalte Regen der Art entgegen, daß die Soldaten zahlreich erkrankten und besonders die Cavalerie sehr zu leiden hatte. Die Seeerpedition wurde daher aufgegeben und der Angriff von der Landseite unternommen, wozu Horn unterm 20. Sept. (a. St.) neue Instructionen empfing, und am 22. das Heer wieder ausgeschifft wurde. In der Nacht vom 26. auf den 27. Sept. überschritt der König die Grenze von Mecklenburg bei der von den Kaiserlichen besetzten Stadt Ribnitz. Schon am 27. (a. St.) fiel dieser Platz nebst der dabei befindlichen Redoute den Schweden in die Hände[26]. Nach den näheren Zeitangaben bei Gfrörer[27] schiffte sich der König am 14./24. Sept. mit seinen Truppen bei Stralsund wieder ein, um Mecklenburg, zunächst Rostock und Wismar, anzugreifen; aber die erwähnten elementaren Ereignisse hielten die Flotte in ihren Operationen bis zum 21. Sept. (a. St. oder 1. Oct. n. St.) auf. Mit den wieder gelandeten Truppen marschirte Gustav Adolf demnächst auf das Städtchen Dammgarten an der Recknitz zwischen Pommern und Mecklenburg, wo er den befestigten Thurm nahm. Am folgenden Tage bemächtigte er sich der mecklenburgischen Stadt Ribnitz. Folgen wir nun weiter der Darstellung bei Droysen[28], so erließ der König sofort nach Ueberschreitung der Grenze Mecklenburgs, nach Einigen unterm 18. Sept. 1630, nach Anderen später, ein Mandat an die Bewohner dieses Landes, worin er ihre gesinnungslose, unfreundliche Haltung stark tadelte und ihnen zum Vorwurfe machte, daß sie ihre Herzöge im Stiche gelassen hätten; er wolle sich deren annehmen und „als ein Glied der evangelischen Kirche" auf die Conservation der alleinseligmachenden Religion ein wachsames Auge haben"; sie möchten sich jetzt mit ihm zur Hilfe verbünden; andernfalls werde er sie „als Meineidige, Treulose und von ihrer Obrigkeit Abtrünnige mit Feuer und Schwert ärger als die Widerwärtigen selbst verfolgen und zu bestrafen wissen." Eine ähnliche Drohung erging gleichzeitig im Besonderen an Rostock.

Während der König in Ribnitz verweilte, traf er nach der Darstellung Gfrörer's[29] schon hier Vorbereitungen für den Feldzug des Jahres 1631, indem er den Plan faßte, fünf Heere aufzustellen, obgleich er sich die großen Schwierigkeiten desselben nicht verhehlte. Auch wurden jetzt durch den kurbrandenburgischen Kanzler Grafen Schwarzenberg, einen dem Kaiser ergebenen Mann, welchen Gfrörer die Absicht beimißt, eine mächtige protestantische Liga wie gegen den Kaiser, so gegen Schweden zu bilden, Unterhandlungen mit dem in Ribnitz verweilenden Könige eröffnet, indem hierher Abgesandte des Kurfürsten kamen, um für dessen Länder

Neutralität nachzusuchen. Wenn Gustav Adolf diese gewährte, so war vorauszusehen, daß auch andere deutsche Fürsten dieselbe Bitte stellten; der König versprach daher die Neutralität unter der Bedingung, daß der Kurfürst entweder ihm und dem Kaiser alle Städte und Pässe öffne oder sperre.. Der Gewährsmann dieser Relation, Gfrörer[30], behauptet, daß Gustav Adolf durch seine Spione den Grafen bei dem Kurfürsten anzuschwärzen, zugleich aber auch zu gewinnen suchte, was nicht gelungen sei. — Nachdem der König bis zum 22. Oct. (a. St.) in Ribnitz, einem wichtigen, nach Mecklenburg führenden Passe verweilt hatte, ging er mit den ihn begleitenden Truppen, welche am 15. deff. Mts. eine Stärke von nur 3100 Mann hatten, weiter vor, um die Umgebung zu sichern und Befestigungen anzulegen[31]. Es war für ihn ein wesentlicher Nachtheil, daß un diese Zeit die Erhebung des Herzogs von Lauenburg an der unteren Elbe mißglückte; er mußte daher sein Vorhaben dorthin und nach Mecklenburg aufgeben, zumal der Winter sehr nahe war, und suchte nun einestheils gute Winterquartiere zu sichern, anderntheils Magdeburg die versprochene Hilfe zu bringen. Seine nächste Absicht war jetzt, sobald wie möglich Gartz anzugreifen und zu nehmen, womit auch Horn[32] und Oberst Teuffel einverstanden waren[33]. Um die militärische Vertheidigung Magdeburgs zu leiten, war hier, von Gustav Adolf eigens dazu bestimmt und abgesandt, als verkleideter Kaufmann am 19. Oct. 1630 der schwedische Oberst Dietrich von Falkenberg, ein sehr tüchtiger Mann, angelangt. Indem er einen baldigen Entsatz durch den König versprach, brachte er eine bessere Ordnung und einen kräftigeren Geist in das Kriegsdepartement der Stadt. Sofort ließ er unter heroischer Anspannung der Thätigkeit neue Befestigungen anlegen, besonders auf dem Rothen Horn, und gewann zu das allseitige Vertrauen als eines vorzüglichen Commandanten, dem bald für seine „Soldatesta" viel fremdes Volk zulief[34]. — Ebenfalls noch im October, am Ende des Monats, wurden schwedischer Seits Gegenmaßregeln getroffen, um die Kaiserlichen an dem Entsatze von Colberg in Pommern zu hindern, welches von dem königlichen Oberst Sperreuter cernirt gehalten wurde. Zu diesem Zwecke rückte Gustav Horn gegen die Stadt vor und traf am 11. Nov. bei dem Dorfe Stoltenberg auf den Feind, wo er mit diesem wegen des Nebels einen nicht glücklichen Zusammenstoß hatte. Dennoch wurden die Kaiserlichen und Horn ging nach Stettin zurück[35].

Als Gustav Adolf in Stralsund verweilte, erschien vor ihm am 23. Oct. a. St. (am 2. Nov. n. St.) 1630 als Abgesandter des Landgrafen Wilhelm von Hessen

26) Ebenda II, 187—191.   27) S. 619—621, meist nach Chemnitz und Khevenhiller. 28) II, 191. 29) S. 640, nach einem Briefe vom 1./11. Oct. an seinen Kanzler aus den Lettres de G. A., p. 134 sqq. — Auch Droysen II, 262—265 sagt auf Grund eines Briefes von ihm d. d. 8. Oct. a. St. an seinen Reichskanzler, daß Gustav Adolf am Beginn des Octobers hochstiegende Pläne — fünf Armeen mit mehr als 100,000 Mann gehabt, von ihnen aber durch Orenstiern herabgestimmt worden sei.

30) S. 633 nach den Mémoires de Richelieu VI, 341. — Richelieu hält hier den Grafen für einen treuen Diener seines Herrn; derselbe sei den Kaiserlichen ebenso verhaßt gewesen wie den Schweden. 31) Droysen II, 191 und 192. 32) In einem Briefe vom 30. Oct. 33) Droysen II, 198—201. 34) Ebenda II, 307—310. 35) Ebenda II, 192—198. — Hierzu Gfrörer S. 624 und 625, wo der Generalmajor Knipphausen als Horn's Unterfeldherr angeführt ist.

Hermann Wolf und machte im Namen seines Herrn die Eröffnung: Dieser könne jetzt den Kaiserlichen und der Liga nur die zwei Hauptfesten Ziegenhain und Cassel verschließen, wolle sie aber den Schweden öffnen; später gedenke der Landgraf dem Könige Soldaten zuzuführen, wofür dieser ihm zum vollen status ante verhelfen wolle. Gustav Adolf forderte, daß der Landgraf ihm ungesäumt thätige Hilfe leiste, was indeß Wolf nicht sofort versprechen konnte. Doch kam es noch am 9./19. Nov. zu einem vorläufigen Bündniß, kraft dessen Wilhelm versprach, auch andere Fürsten und Stände, namentlich die von Weimar, Würtemberg, Nürnberg, Frankfurt a. M. u. a., zu dem Bunde heranzuziehen. Dagegen bedang sich der König die unbedingte Oberleitung der Kriegsoperationen und die Aufnahme seiner Soldaten in die Plätze der Verbündeten aus, welche zusammen mindestens 10,000 Mann stellen sollten, wogegen er sie in alle Rechte und Freiheiten wieder einsetzen helfen wollte; was sie im Gebiete der Liga erobern würden, sollte ihnen verbleiben. Indessen wurde Wilhelm an der Durchführung seines Planes für jetzt durch den Anmarsch des kaiserlichen Feldherrn Grafen Johann von Nassau-Siegen verhindert und trat bald dem leipziger Convente bei; erst im August 1631 vermochte er sich dem Könige in Werben fest anzuschließen [36]).

Noch am Ende des Jahres 1630 gedachte Gustav Adolf, wie erwähnt, einen starken Schlag gegen die Kaiserlichen zu führen, welche damals in Pommern und den angrenzenden Ländern ihre Existenz unter traurigen Verhältnissen fristeten, namentlich in und bei Garz. Der Höchstcommandirende derselben, Graf Schaumburg, meldete im November und December 1630, sowie im Januar 1631, wiederholt dem Grafen Tilly: Die Soldaten befänden sich, da die Gegend gänzlich ausgesogen, im Zustande des halben Verhungerns und der Zerlumptheit; die Pferde seien vor Hunger zum Umfallen; man müsse die Fourage weit herholen und daher das Heer zerstreuen; dazu herrsche eine grimmige Kälte; er müsse dringend um Hilfe bitten [37]). Einem solchen Feinde gegenüber, aber auch selbst theils vor großen Verlegenheiten, brach der König am 12. Nov. (a. St.) von Stralsund auf und langte am 21. im Lager vor Stettin an, wo die weiteren Dispositionen getroffen und ausgeführt wurden, um ihm den beabsichtigten Schlag zu führen. Im Anfange des Decembers hielt er mit seinen höheren Officieren, besonders Horn, Baudissin, Kniphausen [38]), zu Gollnow einen Kriegsrath; als Oberbefehlshaber in Stettin ließ er Baner zurück. Seine damalige Stimmung war, wie aus einem vom 4. Dec. 1630 aus Gollnow an den Kanzler Oxenstiern [39]) gerichteten

Briefe [40]) hervorgeht, wenngleich entschlossen und todesmuthig, so doch auch nicht weniger düster und voll von trüben Ahnungen, zum Theil eine Wirkung seiner ehr schwachen äußeren Mittel, des Mangels an Tüchtigkeit bei vielen seiner Beamten und des ihm in Deutschland von Seiten der mächtigsten evangelischen Fürsten entgegengebrachten Mißtrauens, wobei er indeß vor Allem durch Gottvertrauen sich stärkte [41]). Ausführlichere Mittheilungen aus diesem denkwürdigen Document gibt Gfrörer [42]): „Mein lieber Kanzler, ich habe Euer Gutachten über die Kriegsunternehmungen für das nächste Jahr erhalten und betrachte es als einen neuen Beweis Eurer Treue gegen mich und das Vaterland..... Es wäre zu wünschen, daß ich viele solche Diener hätte, welche die Staatsgeschäfte mit demselben Geschick und derselben Redlichkeit wie Ihr zu betreiben verstünden; viel besser würde es dann um das Wohl des Vaterlandes stehen; allein der allmächtige Gott theilt seine Gaben verschieden aus, und die Menschen sind der Erbsünde wegen großen Fehlern unterworfen, welche Erfahrung ich an meinen eigenen Dienern machen muß. Manche derselben besorgen die anvertrauten Geschäfte so schlecht, daß ich oft an dem glücklichen Ausgange verzweifeln möchte, woferne uns Gott nicht in der Noth, wo keine menschliche Hilfe ausreicht, auf wunderbare Weise beisteht..... Bemühet Euch besonders, Euren Vorschlag in Betreff des Kornhandels zur Reise zu bringen; denn Euer Rath gilt mir mehr als der aller Uebrigen. Ich hatte den Plan, mir durch das Getreidegesetz Geld zu verschaffen, bereits aufgegeben, weil ich sowol weil ich Vortheile übersah, welche mir daraus erwachsen könnten, als weil ich Niemand kannte, von dem ich nicht fürchten müßte, daß er das Mehl für sich behalten und die Kleie übrig lassen werde..... Ich stehe zu Gott, der mir bisher seinen Segen, wiewohl mit manchen Leiden vermischt, schenkte, daß er uns ferner gnädig sei und unserer gerechten Sache, zu seines allerheiligsten Namens Ehre, zum Frieden seiner heiligen Kirche und zu unserem zeitlichen und ewigen Heile, den Sieg verleihe. Ich würde Euch unsere ganze Lage schildern, und noch das Zustand meiner Hand gestattete, welche noch von den zu Dirschau erhaltenen Wunden erstarrt ist..... Obwol nun die Gerechtigkeit und die gute Sache auf unserer Seite stehet, so ist doch der Sünde wegen der Ausgang des Krieges ungewiß; auch darf man nicht auf das Leben eines Menschen rechnen. Daher ermahne und beschwöre ich Euch, den Muth nicht sinken zu lassen, wenn nicht Alles nach Wunsch gehen sollte..... Ich habe den Staat und seine Unterthanen geliebt und geehrt; ich habe für sie meine Ruhe, mein Vermögen, mein Blut aufgeopfert, und in dieser Welt nichts Anderes gesucht als die Erfüllung der Pflichten des Standes, in welchem mich Gott geboren werden ließ. Sollte mir etwas

---

36) So Gfrörer S. 636 und 637 nach Rommel's Neuerer Gesch. von Hessen IV, 89 fg., 102 fg.; und Chemnitz I, 87 und Senkenberg V, 707 fg. — Damit stimmt im Allgemeinen überein Droysen II, 365—388. 37) Droysen II, 204—206. 38) Man findet eine verschiedene Schreibweise dieses Namens. 39) Wir schreiben diesen Namen hier einmal schwedisch.

40) Unter Anderem abgedruckt in De la Gardiska Archivet XI, 62 und 63. 41) Droysen II, 201—204. 42) S. 638, nach den Lettres de G. A., p. 144 seq. — Bei Geijer III, 174 findet sich ein Auszug.

10*

Menschliches begegnen, so verdienen die Meinigen sowol meinetwegen als auch aus anderen Gründen Eurer sorgsamen Theilnahme. Es sind blos zwei Frauen, eine Mutter ohne Rath und eine junge unerzogene Tochter. Beide sind unglücklich, wenn sie selbst regieren, und von Gefahren bedroht, wenn sie regiert werden. Die natürliche Zärtlichkeit eines Gemahls, eines Vaters macht, daß ich mich frei ausspreche über diese Dinge gegen Euch, die Ihr ein Werkzeug seid, das mir Gott geschenkt hat" u. s. w.

Zwar erhielt der König zu seinem Unternehmen im December 1630 aus Preußen neue Truppen und englische Subsidiengelder, nach Spanheim 60,000 Pfund Sterling [43]; aber wenigstens noch kurz vorher, im November, herrschte in seinen Kassen ein drückender Geldmangel und deshalb unter den Soldaten eine unzufriedene Stimmung. Hierüber berichtete der oben erwähnte Specialgesandte Wilhelm's von Hessen, Hermann Wolf, aus dem schwedischen Lager [44]: „Wegen des Geldmangels hält König Gustav Adolf den Soldaten, denen übrigens an Commißbrod, Schuhen und Kleidern nichts abgeht, sehr Vieles zu gut, sobald nur keine Klagen von Seiten der Bürger wegen begangenen Unfugs einlaufen; er zieht den Hut vor ihnen ab, er nennt sie Brüder, ermahnt sie wegen mangelnder Zahlung zur Geduld, verspricht ihnen, wenn sie männlich fechten, gute Quartiere, läßt sich von ihnen duzen und, wenns hoch kommt, Herr König heißen, hört es auch wol an, wenn sie sagen, daß es mit dem Dickkopf und dem Schmeerbauch nichts als Aufschneiderei sei, begegnet ihnen darauf mit Lachen und Scherzen. Ich habe aber auch von den Soldaten selbst gehört, daß, wenn sie nur Brod und Schuhe hätten, sie solchen tapferen und siegreichen König nicht verlassen könnten." Indessen stand es, nach einem Berichte Grubbe's, des Secretärs von Gustav Adolf, vom Anfange des Decembers um die Fourage, Kleidung (Winterpelze), Ernährung der damals bei Stettin sich concentrirenden Schweden weit besser als um die Kaiserlichen bei Garz und in der Umgegend, wo sie haufenweise desertirten. Die bei Damm zum Angriff versammelte königliche Armee zählte am 23. Dec. etwa 8000 Mann zu Fuß, 6000 Pferde, 10 halbe Karthaunen, jede mit 24 Pferden, und mehreren kleinen Feldstücken (nach Gfrörer 12 Regimenter zu Fuß und 85 Cornets Reiter). Am folgenden Tage brach Gustav Adolf mit ihr auf in der Richtung nach Greisenhagen, theils zu Lande, theils zu Wasser auf der Oder, und erreichte diese Stadt noch am Abende. Sofort am 1. Christtage, nachdem eine Andacht gehalten worden war (Gfrörer berichtet von einer solchen, welche am 23. Dec. oder vorher stattgefunden habe), beschoß man (nach Gfrörer aus 80 Stücken) die Stadt und legte Bresche in die schwachen Mauern. Noch an demselben Tage setzte sich der König an die Spitze eines Theiles von seinem Fußvolk und lief Sturm; zweimal soll dieser

zurückgeworfen worden und erst beim dritten Male gelungen sein. Der kaiserliche Commandant Don Capua floh mit dem größten Theile seiner Officiere und Maunschaften (nach Gfrörer durch das westliche Thor), ward aber mit vielen Anderen gefangen, und zwar noch am 1. Weihnachtstage. Die Verluste der Schweben waren gering, diejenigen der Kaiserlichen dagegen sehr bebentend [45].

Bereits am 26. Dec. rückte Gustav Adolf weiter vor, und an demselben Tage noch verließen die Kaiserlichen den Brückenkopf bei Marwitz, worauf sich die Schweben ohne Schwertstreich der dortigen Brücke bemächtigten und am 27. Dec. vor der Stadt Garz erschienen, aus welcher die kaiserliche Besatzung unter Graf Schaumburg bereits abgezogen war, nachdem sie dieselbe bis auf circa 40 Häuser niedergebrannt hatte. Die in Piritz (Droysen: Pyritz) garnisonirenden 1400 kaiserlichen Reiter machten sich jetzt auch aus dem Staube und begaben sich auf das Gebiet des Kurfürsten von Brandenburg, meist nach Frankfurt und Küstrin [46]. Mit großer Freude meldete der König diese Erfolge seinem Feldmarschall (Horn) und seinem Reichskanzler in einem Briefe vom 29. Dec. (a. St.); denn er hatte jetzt, mit Ausnahme Greifswalds und Colbergs, fast ganz Pommern und die Neumark in seiner Gewalt; dieses Glück, so fügte er hinzu, verbanke er Gott, und nun wolle er schnell weiter vorrücken, auch um Magdeburg Hilfe zu bringen, wo der Administrator Christian Wilhelm schwere Mißgriffe that, mit dem Magistrate nicht einig und namentlich ohne Geld war. Während man jetzt in Wien aus seiner früheren Nichtachtung zu großen Schrecken erwachte, entstand im protestantischen Deutschland überall großer Jubel und starkes Vertrauen zu den Könige [47]. — Nach seiner Flucht aus Garz hatte Graf Schaumburg, welcher als Commandirender an der Ostsee an Conti's Stelle getreten war, an Tilly einen kläglichen Brief geschrieben [48]: Er habe kaum noch 4000 Pferde und 8000 zu Fuß, nur wenig Pulver, nur 2 halbe Karthaunen, 2 Quartierschlangen und 8 kleine Stücke, aber keine Pferde zur Bespannung; es herrsche bei großer Kälte eine traurige Hungersnoth und tägliche Desertion; Tilly möge schleunige Hilfe senden [49]. Da endlich, am Ende des Decembers, brach dieser von der Weser auf; am 30. deff. Mts. (a. St.) war er in Halberstadt, 4 Tage später in Calbe, wo er den Fall von Greifenhagen und Garz erfuhr; am 5. Jan. 1631 passirte er bei Dessau die Elbe und stand am 6. in Treuenbriezen; von hier rückte er weiter gegen Frankfurt a. d. O. vor [50], wo er noch im Januar eintraf, um an diesem Platze einige Zeit still zu liegen. Aber auch

43) Gfrörer S. 626. 44) Cornba S. 638 nach Rommel, Neuere Gesch. von Hessen IV 10, f Note.

45) Droysen II, 206—208. — Dazu Gfrörer S. 627, nach Chemnitz I, 94b und Khevenhiller XI, 1352, mit dem Hinzufügen, daß die nicht gefangenen Kaiserlichen sich nach Garz (Garth) retteten. 46) Gfrörer S. 628 nach Chemnitz I, 95; Theatr. Europ. II, 262; Khevenhiller XI, 1353. 47) Droysen II, 208—211. 48) Nach Khevenhiller XI, 1353 fg. 49) Gfrörer S. 628—630. 50) Droysen II, 262 fg.

Gustav Adolf operirte unterdessen dergestalt, als ob Tilly gar nicht an der Oder wäre, und als ob Maximilian von Baiern die Schweden gar nicht bedrohte [51]).

Hätte der Baiernherzog zu rechter Zeit Maßregeln getroffen, um im Verein mit den Kaiserlichen den Schweden an der untern Oder entgegenzutreten, so würde ein wesentlicher Erfolg vielleicht oder wahrscheinlich erzielt worden sein; aber Maximilian war damals noch von großer Abneigung gegen den Kaiser erfüllt und schenkte wol den französischen Versicherungen, daß Gustav Adolf gegen ihn nichts unternehmen werde, zu viel Glauben. Als Tilly unterm 9. Jan. (n. St.) 1631 nach München berichtet hatte, „der Schwede sei nunmehr als offenbarer Feind mit 16,000 Mann losgebrochen und habe Greifenhagen weggenommen", erhielt er von dem Herzoge die Weisung, den Schweden aus dem Wege zu gehen; auch noch unterm 19./29. Jan. befahl ihm dieser, nichts zu wagen, und am 4./14. Febr. wurde ihm durch seinen Herrn aufgegeben, von dem Heere 6000 Mann dem Grafen Pappenheim bei Magdeburg zur Hilfe zu senden, sodaß Tilly mit dem Reste seiner Truppen nicht im Stande war, gegen Gustav Adolf etwas zu unternehmen [52]). Am 5.(15.) desselben Monats brach er mit dem größten Theile seiner Truppen, circa 15,000 Mann, nebst 26 Geschützen, von Frankfurt auf, wo er nur 1500 Mann zurückließ, und marschirte in der Richtung auf Brandenburg ab. Von Frankfurt aus hatte er [53]) auf Georg Wilhelm dahin einzuwirken gesucht, daß dieser die Schweden von seinem Lande abhalten und mit dem Kaiser einen Neutralitätsvertrag schließen sollte. Als deshalb der Kurfürst seinen Kanzler Grafen Schwarzenberg an den König absandte, erklärte dieser: Georg Wilhelm müsse sich vielmehr ihm anschließen und im Besonderen Küstrin öffnen; dann wolle er ihm die Rückgabe aller seiner Besitzungen verbürgen, Jülich und Cleve, ja auch Pommern nach dem Tode des Herzogs Bogislav zuwenden. Indem der Kanzler seinem Herrn den Rath gab, hierauf nicht einzugehen, wandte sich Tilly, vielleicht um auf G. Wilhelm eine Pression auszuüben, von Neubrandenburg weiter ins Mecklenburgische, wodurch Max von Baiern die bisher gegen Schweden beobachtete thatsächliche Neutralität aufgab und sich gegen Frankreichs Bestreben dem Kaiser wieder näherte [54]). Dennoch ließ er seinen Obergeneral ohne die nöthigen Gelder, und dieser bat deshalb unterm 12.(22.) März um seine Entlassung [55]). Das fruchtete etwas; unterm 9.(19.) März sandte man ihm zur Bezahlung des Soldes 200,000 Gulden, jedoch mit dem Bedeuten, daß noch nichts zu wagen [56]). Als Tilly in Brandenburg erfuhr, daß Frankfurt in die Hände Gustav Adolfs gefallen sei, gerieth er förmlich außer Fassung, stand ganz rathlos da, und blieb eine Zeitlang unthätig bei Brandenburg und Berlin liegen [57]).

Bereits am Anfange des Decembers 1630 hatte Gustav Adolf seinen Rath Martin Chemnitz an den Kurfürsten von Sachsen gesandt, um diesen zum Anschlusse zu bewegen und unterm 30. d. Mts. in einem Briefe ihm vorgehalten, daß er das rechte Werkzeug zur Wiederherstellung des Religionsfriedens sei, weßhalb er sich an ihn (Gustav Adolf) anschließen möge, worauf der unentschlossene Mann mit Ausflüchten antwortete [58]). Der Abgesandte hatte bei ihm erst im Beginne des Februars zu Torgau eine Audienz, wo er demselben besonders die kirchlichen Zustände vorhielt; der Kurfürst erwiderte, daß eine Antwort vom leipziger Convente ertheilt werden würde [59]). Nachdem Johann Georg mit Georg Wilhelm und anderen protestantischen Fürsten conferirt hatte, schrieb er unterm 29. Dec. (a. St.) einen Convent nach Leipzig auf den 6. Febr. 1631 aus [60]). In einer Audienz am 2. Jan. 1631 bei Gustav Adolf erklärte der kurbrandenburgische Kanzler Götze: sein Herr könne ihm den Paß durch Küstrin nicht gestatten, worauf der König erwiderte: er müsse nicht blos die Passage durch Küstrin, sondern diese Festung selbst haben. Da eröffnete ihm Götze: sein Herr wolle ihm an Küstrin vorbeilassen, worauf Gustav Adolf: man habe ja diesen Paß so oft schon den Kaiserlichen geöffnet. Der Kurfürst bat den König, er möge ja doch bedenken, wie er mit dem Kaiser verfeinden dürfe, und wie schlimm es ihm ergehen würde, wenn den Schweden ein Unglück begegne; er sei indeß nicht anders sein könne, so wolle er ihm den Paß und Repaß von Küstrin gestatten; aber er (Gustav Adolf) solle ihm nichts entwenden und Alles restituiren [61]).

Als der König am Ende des Decembers 1630 und im Januar 1631 sich zu Bärwalde, nördlich von Küstrin, aufhielt, erschien bei ihm wiederum als Abgesandter Frankreichs der Baron Charnacé, um die früheren resultatlosen Verhandlungen zum Zwecke eines Bündnisses wieder aufzunehmen, wozu Richelieu namentlich Geld anbot [62]), das diesmal nicht mit der Bedingung der Verweigerung des königlichen Titels, indeß noch mit der Forderung, daß in beiden Vertragsurkunden der Name des Königs von Frankreich vorangestellt würde. Da Gustav Adolf diese Zumuthung zurückwies, so setzte man in dem einen Documente den Namen des französischen, in dem anderen den Namen des schwedischen Königs zuerst [63]). „Charnacé — so heißt es bei Richelieu [64]) — machte große Anstrengungen, um zu bewirken, daß Gustav Adolf der katholischen Liga und dem Herzoge von Baiern eine umfassende Neutralität bewilligte; allein der König gewährte nicht einmal mehr das, was er im vorausgehenden Jahre zu bewilligen bereit gewesen war; denn das Glück schwedischer Waffen hatte seinen Muth ge-

51) Gfrörer nach Chemnitz I, 125, b und den Mémoires von Richelieu VI, 1589. 52) Ebenda S. 675 fg. 53) Richelieu, Mémoires VI, 540. 54) Gfrörer S. 657—658. 55) Derselbe nach Westenrieder VIII, 177. 56) So derselbe S. 675—677.

57) Droysen II, 287. 288. 58) Ebenda II, 253. 254. 59) Ebenda II, 290. 291. 60) Gfrörer S. 660. 61) Droysen II, 250—253. 62) Richelieu, Mémoires VI, 580 seq. 63) Gfrörer S. 641. 642. 64) Mémoires VI, 531.

hoben; doch ging er Bedingungen ein, mit welchen der Herzog von Baiern sich hätte begnügen (?) können". Auch nach Abschluß des Vertrages suchte Charnacé den Herzog zu bewegen, daß er gegen Schweden Neutralität beobachtete, während der Kaiser und Tilly mit Gustav Adolf über einen Waffenstillstand verhandelten, um Zeit zu gewinnen; hiergegen aber wirkte Charnacé mit allen Mitteln, weil vor Allem der Kaiser gedemüthigt werden sollte [65]. Der am 13.(23.) Jan. 1631 zwischen Frankreich und Schweden zu Bärwalde abgeschlossene Vertrag hatte folgenden Inhalt: 1) Der Zweck ist, „die gemeinsamen Freunde zu schützen, die Sicherheit der Ostsee und des Oceans, die Freiheit des Handels, die Rechte der unterdrückten oder bedrängten Stände des heil. römischen Reichs wiederherzustellen....., überhaupt Alles wieder in den Stand zu setzen, in welchem es vor Ausbruch des deutschen Krieges gewesen ist". 2) Dies soll durch bewaffnete Hand geschehen. 3) Gustav Adolf führt 30,000 Mann zu Fuß und 6000 Reiter nach Deutschland und unterhält sie auf seine Kosten. Frankreich zahlt an ihn jährlich eine Million Livres, je am 15. Mai und am 15. Nov. 4) Freie gegenseitige Werbungen. 5) Gegenseitige Auslieferung von Verbrechern und Ausreißern. 6) An allen eroberten Orten verfährt Gustav Adolf nach den Reichssatzungen, darf aber die katholische Religion, wo er sie vorfindet, nicht abändern. 7) Andere Stände und Fürsten können dem Bunde beitreten. 8) Mit dem Herzoge von Baiern und der katholischen Liga soll Freundschaft oder Neutralität gehalten werden, sofern dieselben ein Gleiches thun wollen. 9) Ein Friede wird gemeinsam durch alle Glieder des Bundes geschlossen. 10) Der Bund gilt auf 5 Jahre; er soll aber verlängert werden, wenn bis dahin kein sicherer Friede zu Stande kommt. 11) Das Jahr 1630 soll auch schon als Bundesjahr gelten, und zahlt Frankreich für dieses 300,000 Livres nach. — Neutralität mit der Liga resp. Baiern war nicht möglich, weil Art. 1 die Restitution in den früheren Zustand forderte, folglich Maximilian gezwungen werden sollte, die Pfalz und dem Kurhute wieder herauszugeben [66]. — Charnacé wünschte, daß der Vertrag fürs Erste geheim gehalten würde; aber Gustav Adolf ließ ihn durch den Druck sofort veröffentlichen [67]. Ein anderer Conflict ergab sich gleich darauf dadurch, daß Gustav Adolf durch die Hugenotten in Paris erfuhr, Charnacé habe Vollmacht gehabt, für 1630 750,000 und für jedes folgende Jahr 1 Mill. 200,000 bis 1 Mill. 300,000 Livres zu bewilligen. Der König hielt ihm dies entrüstet vor, aber dieser wußte sich herauszulügen [68].

Während G. Horn mit dem Oberbefehle über Pommern und die Neumark zurückblieb, und nachdem das Belagerungsheer vor Colberg verstärkt worden war, zog der König am 23. Jan. (a. St.) bei Damm 16,000 Mann zusammen, rückte mit 7—8000 Mann Infanterie und 4000 Reitern [69] am 28. dess. Mts. bei Stettin über die Oder, drang in die Uckermark ein, nahm noch im Januar Prenzlow und erschien am 1.(11.) Febr. vor Neubrandenburg, von wo die Kaiserlichen unter Oberst Marazin nach der Begrüßung durch einige schwedische Kugeln freien Abzug mit der strengen Bedingung erhielten, unterwegs sich jeder Plünderung zu entschlagen [70]. Von hier rückte der König auf Treptow, welches ohne Mühe genommen wurde, dann gegen das Schloß Loitz, wo der kaiserliche Oberst Peralta schwur, er wollte ein Hundsfott sein, wenn er sich nicht bis auf den letzten Blutstropfen wehrte; aber kaum hatte er die Schweden gesehen, als er ohne Widerstand capitulirte [71]. Von hier rückte der König vor Demmin, wo zwei kaiserliche Regimenter unter dem geizigen und räuberischen Herzoge Savelli standen und griff am 13. Febr. (a. St.) diesen Platz an. Hinter der Stadt befand sich in einem Sumpfe ein festes Schloß, zu welchem nur ein schmaler Damm führte; da aber Frost herrschte, so vermochten die Schweden Kanonen auch das Eis zu bringen; Oberst Teuffel unternahm einen erfolgreichen Sturm auf die Außenwerke der Stadt, und Knipphausen griff das Schloß an, aus welchem die Besatzung entfloh, und zwar zu dem benachbarten Thurme, wo sie sich ergab. Jetzt capitulirte auch der in Demmin commandirende Savelli und zog am 15.(25.) Febr. ab, worauf er sich, obgleich Tilly's zuvider, nach der mittleren Elbe wandte. Obgleich Tilly vom Kaiser strenge Bestrafung des feigen und ungehorsamen Mannes forderte, so erhielt derselbe doch die kaiserliche Verzeihung [72]. Wie Savelli, ging Tilly, worauf bis zum 5. Febr. (a. St.) in und bei Frankfurt still und unthätig gelegen hatte, mit seiner Armee westwärts und wandte sich um den 1. März gegen Neubrandenburg [73].

Unterdessen versuchten die Häupter der deutschen protestantischen Fürsten sich unter einander zu verbünden, um sowol den Kaiserlichen als auch den Schweden gegenüber eine unabhängige Stellung zu gewinnen. Ueber ihre persönliche Fähigkeit für die Ausführung eines solchen Planes schreibt Adler Salvius, welcher damals im schwedischen Auftrage verschiedene deutsche Höfe besuchte, unterm 20./30. Jan. 1631 an den Reichsrath in Stockholm: „Die deutschen Fürsten (selbstverständlich mit Ausnahmen, wie der Herzog von Weimar und einiger anderer) sind weichliche, außer dem Kriege in gemächlichem Wohlleben erzogene Herren, die selbst keine Soldaten sind, auch keine Soldaten in ihrem Rathe haben, sondern einen Schwarm von Beamten,

65) Gfrörer S. 644. 645, mit Berufung auf Richelieu's Mémoires VI, 533.   66) Bei demselben. — Der Text findet sich in deutscher Uebersetzung unter Anderen auch bei Londorp IV, 129. — Mit der Gfrörer'schen stimmt die kürzere Angabe des Vertrages bei Droysen II, 255 und 256.   67) Richelieu, Mémoires VI, 538.   68) Ebenda VI, 535 seq.

69) Droysen II, 265. — Gfrörer S. 646.   70) Droysen II, 265. 266. — Gfrörer S. 646 und 647, nach Chemnitz I, 118.   71) Gfrörer S. 647.   72) So Gfrörer. Mit ihm stimmt im Wesentlichen Droysen II, 266—268 überein, nur daß dieser die Besatzung, mit Ausnahme der Officiere, in schwedische Dienste treten läßt.   73) Droysen II, 271—273.

Schreibern, Juristen, Leute, die alles mit dem römischen Rechte ausmachen wollen, auch da, wo blos das Recht der Kanonen entscheiden kann. Solch Schreiberwesen ist allhier in deutschen Landen das gemeine Uebel". Nachdem Kurfürst Johann Georg von Sachsen unterm 29. Dec. 1630 dazu eingeladen, erschienen am Beginn des Februars 1631 die deutschen evangelischen Fürsten sehr zahlreich zu dem leipziger Convente, um hauptsächlich die Religions-Gravamina zu berathen. Der genannte Kurfürst empfahl ihnen, in unterthäniger Devotion gegen den Kaiser zu verharren, worauf die meisten Berufenen sehr willig eingingen, sodaß bei ihnen eine sehr friedfertige Stimmung herrschte, welche sich in weinseligen Banketten aussprach. Als mehrere Stände (wie die zwei Brüder Bernhard und Wilhelm von Weimar) darauf drangen, daß man, besonders zur Beseitigung des Religions-Edictes, energisch vorgehen sollte, rieth der hin und her schwankende Johann Georg wieder davon ab. Der Convent, welcher mit dem 2. April 1631 schloß, reichte dennoch eine etwas drohende Beschwerde an den Kaiser ein; aber dieser wies sie entschieden zurück und forderte die Auflösung des Bundes [74]. Um auf die Versammelten einzuwirken, sandte Gustav Adolf den Grafen Philipp Reinhard von Solms nach Leipzig, wo er ihnen am 21. Febr. sein Anliegen vortrug: Sie möchten, wenn sie sich dem Könige öffentlich und direct anzuschließen Bedenken trügen, sich unter einander in Kriegsverfassung setzen, ev. ihm Pässe und Repässe einräumen, zur Noth ihn direct unterstützen. Als man diese Anträge ablehnte, machte Solms im März neue Versuche zur Gewinnung des Bundes, und jetzt gab der Kurfürst von Sachsen am 28. März (a. St.) die Zusage, er wolle — unter Cautelen — auf des Königs Wünsche eingehen. Indeß schließt man ihm nur den „guten Willen" zur Verfügung und meinte immer noch, beim Kaiser durch allerunterthänigste Bitten zum Ziele zu kommen und im Kampfe zwischen den beiden Mächten neutral bleiben zu können [76]. Nach der Darstellung Gfrörer's [76], welcher den Convent am 10./20. Febr. eröffnet und am 3./13. April geschlossen sein läßt, hielt Gustav Adolf während desselben in Leipzig geheime Agenten, unter ihnen Chemnitz [77].

Während der König nach dem 15. Febr. (a. St.) für sein Heer, welches von Ribnitz über Demmin, Treptow, Prenzlow, die Oder, Schwedt u. s. w. eine lange Frontstellung inne hielt, eine Ruhepause eintreten ließ [78], sollte Baner Greifswald nehmen; aber der entschlossene und kühne kaiserliche Commandant Oberst Perusi schlug die Uebergabe rund ab und vertheidigte tapfer seine Feste [79]. Dagegen capitulirte (nach Gfrörer aus Man-

gel an Lebensmitteln) am 27. Febr. das von dem schwedischen Oberst Boëtius belagerte Colberg; am 2. März a. St. zog die kaiserliche Besatzung ab und ging zum Theil nach Landsberg. Die Schweden fanden 40 (nach Gfrörer, S. 651 und 652, 54) Geschütze, über 200 (nach Gfrörer 400) Tonnen „Kraut" (Pulver) und andere Vorräthe [80]. Nach Gfrörer wurde ein Theil der unter dem Commandanten Franz von Moers stehenden Besatzung gezwungen, in schwedische Dienste zu treten. Da Falkenberg in Magdeburg dem Mißtrauen der städtischen Behörden, der säumigen Verpflegung, dem unfähigen Administrator gegenüber mit seinen 3000 Mann regulärer Truppen einen schweren Stand hatte und vom Feinde hart bedrängt wurde [81], so unterhielt Gustav Adolf mit ihm und dem Administrator besonders damals eine sehr lebhafte Correspondenz, und wiederholte immer von Neuem, man möge nur standhaft ausharren, er werde kommen und helfen; leider würden durch die Kurfürsten von Brandenburg und Sachsen diesem Vorhaben gar viele Schwierigkeiten in den Weg gelegt [82]. Auch die Landstände von Pommern bereiteten ihm Verdrießlichkeiten; der Schweden müde, drangen sie an Ende des Februar in den König, sein Heer aus Pommern hinwegzuführen, weil es zu viel Unfug verübe. Gustav Adolf begab sich persönlich nach Stettin und stellte ihnen vor, daß, wenn er ginge, die Kaiserlichen kämen. Nach längeren Verhandlungen genehmigte er das ständische Anerbieten, selbst ein Heer von 10,000 Mann zu werben und das Land zu vertheidigen, und versprach abzuziehen, wenn diese Truppen beisammen sein würden [83].

Auf Befehl des Königs, welcher jetzt die Operationen im Felde wieder aufnahm, rückte Horn mit der Spitze seiner Armee am 5. März a. St. durch Stettin, und setzte sich zunächst in Friedland fest, wo er am 8. anlangte. Gustav Adolf selbst traf, von Pasewalk anmarschirend, am 8. in Angermünde ein. Während Baudissin mit seinem Cavalerie-Regimente in Prenzlau blieb, hatte „General" Torstenson Artillerie, Munition, Brückenmaterial und andern Bedarf herbeizuschaffen. Unterdessen zog Tilly, welcher am 12. März in Stargard war, in weitem Bogen gegen Neubrandenburg heran, welches er sofort zweimal 24 Stunden heftig bombardirte. Hier commandirte Kniphausen, welchem der König durch einen Boten auf alle Fälle Hilfe versprach; aber der entscheidende Brief wurde durch die Kaiserlichen aufgefangen. Vergeblich suchte sich Kniphausen in der schwachen Festung zu halten; sie fiel durch Sturm in die Hände der Kaiserlichen, welche bei der Einnahme durch Morden und Plündern furchtbar hausten, sodaß die meisten schwedischen Soldaten ihren Tod fanden. Kniphausen fiel mit einigen wenigen Officieren dem Feinde lebend in die Hände. Dennoch benutzte Tilly, an welchen der energische Pappenheim von seiner Be-

74) Ebenda II, 291—294.   75) Ebenda II, 294—296.
76) S. 660 fg. Dem Kurfürsten von Sachsen wird hier nachgesagt, daß er fast täglich sich im merseburger Bier betrunken und unter dem Einflusse seines Hofpredigers Hoë von Hoënegg und seines Feldmarschalls Arnim, eines vom Kaiser bezahlten Mannes, gestanden habe.   77) Vom Grafen Solms weiß er nichts.   78) Droysen II, 269. 270.   79) Gfrörer S. 650. 651.

80) Droysen II, 273. 274.   81) Ebenda II, 316. 317.
82) Ebenda II, 321—323.   83) Gfrörer S. 655. 656 nach mehreren Quellen.   Droysen sagt hierüber nichts.

lagerungsarmee vor Magdeburg ein Regiment nach dem anderen widerwillig hatte abgeben müssen, diesen Sieg nicht, sondern verfiel in ein unentschlossenes Zaubersystem [84]). Nach Gfrörer's [85]) Darstellung erschien Tilly, nachdem Tages zuvor die schwedische Besatzung in dem erstürmten Schloß Felsberg niedergehauen worden war, am 4./14. März vor Neubrandenburg, einer nur schwach ummauerten, von 2000 Schweden unter Knipphausen (so schreibt Gfrörer) besetzten Stadt, welche ohne Kanonen war. Da ein Eilbote Gustav Adolf's, welcher ihm aufgab, sich zurückzuziehen, durch die Kaiserlichen aufgehoben worden war, so glaubte Knipphausen sich halten zu müssen und schlug drei feindliche Stürme tapfer zurück; aber bei dem vierten am 9./19. März drangen die Kaiserlichen ein und hieben Alles nieder; Knipphausen hatte sich mit seiner Frau, einer Tochter und einem Sohne in das Rathhaus geworfen, und hier wurde er mit ihnen sowie mit 60 Fußknechten gefangen, die einzigen Schweden, welche mit dem Leben davon kamen. Tilly vermochte seine Absicht, Horn von dem Könige zu trennen, nicht durchzusetzen. Indem Gustav Adolf an Horn Befehl gab, sich in einem befestigten Lager bei Anclam zu setzen, zog er selbst, um Neubrandenburg zur Hilfe zu kommen, seine Truppen bei Passewalk (so schreibt Gfrörer) zusammen. Tilly verließ, ohne Demmin zu entsetzen, am 13./23. März Neubrandenburg und dessen Umgegend, wahrscheinlich auf Weisung von Seiten Maximilian's, und marschirte in der Richtung auf Magdeburg ab. — Halten wir uns wieder an die Erzählung bei Droysen [86]), so verließ Tilly am 14. März a. St. Neubrandenburg, während Gustav Adolf, welcher dessen Rückzug nicht vermuthete, seinen „Feldmarschall" Horn nach Lödnig beordert und dessen Lager bei Schwedt stärker befestigen sollte. Unterdessen war Tilly bei seinem Marsche am 21. März a. St. bis Neuruppin gelangt, am 24. bis Brandenburg, von wo er auf Magdeburg zurückging.

Von Schwedt aus erließ der König im März (1631) ein „Abhortatorium" an seine Officiere, daß sie „ihre Soldateska in Disciplin halten" sollten; es sei ihm zu Ohren gekommen, wie je mehr die Insolenz, sonderlich bei den Reitern, so groß werde, „daß das Land mit Raub, Plünderung und allerhand Gewaltthat ganz erfüllet, die Salvaguardien ohne Scheu violiret, Kirchen und Schulen öffentlich spoliret, das Weibsvolk genothzüchtiget und nichts, was bisher an dem Feinde getadelt worden, unterlassen werde." Jeder, der nur einen Blutstropfen Redlichkeit in sich habe, könne leicht ermessen, wie tief ihm das zu Herzen gehe, „daß durch dergleichen abscheuliche Proceduren eines oder des anderen leichtfertigen Vogels die ganze Armee consistent, die schwedische, bisher gerühmte Disciplin beschmuzt und er selbst bei Freunden und Feinden anrüchig gemacht werde." Sofort nach diesem Erlasse wurden die rheingräflichen Reiter füsilirt, welche die Schule zu Joachimsthal ge-

plündert hatten [87]). Wie Gfrörer [88]) erwähnt, gab der König damals (im März) eine Quartierordnung des Inhalts: Bei Todesstrafe soll sich kein Soldat an Kirchen, Schulen, Spitälern, Geistlichen vergreifen, sie bequartiren oder den Gottesdienst stören; der Einwohner hat dem Soldaten nur Wohnung, Lagerstätte, Holz, Licht, Essig, Salz zu geben; das Uebrige muß bezahlt werden; die Officiere haben durchaus nichts über die Gebühr zu beanspruchen; Pferde, Führer, Zehrung dürfen von den Bauern nur gegen einen königlichen Schein gefordert; jeder unbefugt umherstreifende Soldat kann von den Einwohnern mit Gewalt arretirt und zur Bestrafung in die nächste Garnison abgeführt werden, ebenso im Falle von Gewaltthätigkeiten; kein Soldat darf einen Einwohner mißhandeln, kein Officier Zölle auf Wadrenfuhren und dergleichen legen u. s. w. Obgleich der König streng über diese Verordnung wachte, und nicht selten die Uebertreter vor seinen Augen aufknüpfen oder erschießen ließ, so konnte er doch nicht allen Uebelthaten steuern.

Gegen das Ende des März beschloß Gustav Adolf, um Tilly von Magdeburg abzuziehen, welches jetzt schon durch Pappenheim hart bedrängt wurde, einen Vorstoß gegen Frankfurt a. d. O.; indem er Horn als Obercommandirenden zurückließ, setzte er sich am 27. März mit 14,000 Mann in Bewegung. Generallieutenant Baudissin führte die Cavalerie der Avantgarde, der König folgte mit der Infanterie und der Artillerie und am 2. April (a. St.) stand er vor Frankfurt. Gleichzeitig bewog er den in Cüstrin commandirenden brandenburgischen Obersten Kracht, diesen Paß ihm zu verstatten [90]). Wie Droysen [91]) berichtet, verließ Gustav Adolf das Lager bei „Schwedt" schon am 25. März a. St. und rückte auf dem einen Ufer gegen Frankfurt vor, während Horn auf dem anderen mit den Schiffbrücken in derselben Richtung marschirte, und das schwere Geschütz auf der Oder transportirt wurde. Unterwegs wurden nach derselben Angabe Fürstenwalde und Zeddenik genommen, die Besatzung derselben meist niedergehauen, weil man den Kroaten, denen man auch fast meist keinen Pardon gab. — Bereits am 3. April a. St. griff der König Frankfurt an, welches von 4000 bis 6000 Kaiserlichen unter Feldmarschall Tiefenbach besetzt war, und noch an Abende desselben Tages erfolgte die Einnahme, wobei an 1700 Kaiserliche, unter ihnen der Oberstzeugmeister Schaumburg, ihren Tod fanden, während an 1000 gefangen wurden. Zur Siegesbeute gehörten 70 Last Pulver, viele Kanonen, eine große Menge Proviant. Der König erlaubte seinen Soldaten, welche nur einen geringen Verlust gehabt hatten, die Plünderung, welche die ganze Nacht hindurch dauerte. Den

<hr />

84) Droysen II, 274—279.   85) S. 661 und 662.
86) II, 279—281.

87) Ebenda II, 282.   88) S. 653. 654 nach Chemnitz I, 123. — Droysen sagt davon nichts, wenn nicht das vorher genannte „Abhortatorium" ein Theil davon ist.   89) Droysen II, 317—319.   90) Ebenda II, 281—283.   91) S. 662 und 663 nach Khevenhiller XI, 1771 und 1773; Chemnitz I, 129, a.

Sieg meldete er sofort nach vielen Seiten hin, namentlich mit dem Ausdrucke großer Freude seinem Reichskanzler, welchem er schrieb, jetzt stehe ihm das heil. römische Reich zur Hilfe für die unterdrückten „Religionsverwandten" offen, sowie nach Magdeburg. Am 7. April stand er bei Landsberg, wo an demselben Tage Horn mit seiner Heeresabtheilung eintraf [92]. Hiervon in wesentlichen Stücken abweichend und ausführlicher wird diese Katastrophe von Gfrörer erzählt. Darnach [93] erschien der König vor Frankfurt am 2./12. April, wo Tages zuvor Schaumburg durch den „Feldmarschall" Tiefenbach ersetzt worden war, und sich circa 8000 Kaiserliche befanden. Tiefenbach ließ die Vorstädte niederbrennen und ein lebhaftes Feuer gegen die Schweden eröffnen; aber diese gruben sich trotzdem in der Nacht vom 2. auf den 3. schnell ein. In der Frühe des 3. hielten sie einen Gottesdienst und brachten dann ihre Stücke in die Batterien, wobei Gustav Adolf selbst Hand anlegte. Schon am Mittage des 3. rückten die schwedischen Laufgräben bis nahe an das gubener Thor hinan, wo schnell eine Batterie von 12 groben Geschützen hergestellt wurde. Binnen Kurzem mußten hier die Kaiserlichen aus den Außenwerken flüchten, und nun begann die Beschießung des dortigen Thorthurmes. Während derselben erstieg der aus Pegau in Sachsen gebürtige Lieutenant Andreas Uner mit 100 Mann mittelst Leitern den Wall; mehrere Regimenter (?) folgten ihm auf diesem Wege, andere von anderer Seite; man öffnete von innen das gubener Thor, durch welches schwedische Cavalerie in die Stadt sprengte. Die Kaiserlichen drängten sich jetzt alle mit ihren Geschützen, Wagen u. s. w. nach der Oderbrücke, wo ein furchtbares Gedränge entstand und die Flüchtigen bald kaum noch vorwärts konnten. Die Schweden richteten hierher ein vernichtendes Feuer, und vor der Brücke entstand ein furchtbares Gemetzel; viele Kaiserliche stürzten sich in die Oder. Sie verloren an diesem Tage (3. April a. St.) 7 Regimenter zu Fuß und 1 zu Pferd, alle ihre Geschütze (21), 24 Fahnen, 900 Ctr. Pulver, und eine große Menge von Kugeln und Blei. Der Bitte um Pardon antworteten die Schweden mit dem Zurufe: „Neubrandenburgisch Quartier"! Neben circa 2000 Gefallenen büßten die Geschlagenen etwa 800 Gefangene ein. Da die dreistündige Plünderung, welche der König gestattete, von manchen Soldaten übertrieben ward, so ließ er etliche derselben aufknüpfen. Von den erbeuteten Getreidevorräthen wurde ein Theil unter die hungernden Bürger Frankfurts vertheilt.

Als Gustav Adolf in Erfahrung brachte, daß Tilly gegen Frankfurt im Anzuge sei, ließ er diese Stadt in Eile so gut, als es ging, zur Vertheidigung in Stand setzen; aber der ligistische Oberfeldherr wandte sich, als er den Fall dieses Platzes hörte, von Jüterbogk aus wieder westwärts [94]. Der König ließ 14,000 Mann

zu Frankfurt und marschirte mit 2000 Mann gegen Landsberg an der Warthe, wo 3000 Kaiserliche als Besatzung standen; 300 von ihnen hielten unter dem Oberstwachtmeister Philipp Kratz jun. die dabei liegende Kuhschanze besetzt. In der Nacht vom 14./24. zum 15./25. April überschritt Gustav Adolf mit 200 Musketieren und 200 Reitern die Warthe, um sich zwischen der Kuhschanze und der Stadt festzusetzen, und noch in derselben Nacht stürmte er von der einen Seite die Schanze, während dieselbe auch von der anderen angegriffen ward. Kratz eilte herbei, fiel aber sofort durch eine Kugel, und die Kuhschanze ergab sich auf Gnade und Ungnade. Am 16./26. April bat die Stadt um Capitulation, welche ihr in der Weise gewährt ward, daß die Besatzung in vollen Ehren mit 4 Kanonen und mit dem Versprechen abzog, innerhalb der nächsten 8 Monate nicht gegen die Schweden zu dienen [95]. Nach Droysen's [96] kurzer Relation standen die Könige, mit welchem sich am 15. April Baner vereinigte, in Landsberg 4000 Kaiserliche gegenüber.

Der Fall von Frankfurt und Landsberg wirkte wie ein Donnerschlag auf das katholische Deutschland, besonders auf dessen Soldaten; viele derselben wollten nicht mehr fechten, anders meuterten sogar, zumal es ihnen an regelmäßiger Bezahlung, an Kleidung und anderem Bedarf mangelte [97]. Aber auch die Armee Gustav Adolfs, wie eifrig er jetzt Alles daran zu setzen suchte, um Magdeburg Hilfe zu bringen, hatte mit sehr ungureichenden Lebensmitteln zu kämpfen; besonders die Reiterei war durch den Futtermangel und die Strapazen stark heruntergekommen und der feindlichen nicht gewachsen; die Pommern leisteten nur lässig ihre Contributionen. In einem unterm 5. Mai 1631 von Berlin aus an A. Drenstiern gerichteten Briefe klagt der König: Der Zustand des Heeres verschlimmere sich von Tage zu Tage; er könne die Soldaten nicht hinreichend befriedigen und müsse daher ihnen manche Excesse nachsehen; an jetzt 5 zu befürchten; von Schweden habe er noch „keinen Pfennig" erhalten, und oft besitze er nicht einen Thaler; dazu komme die unentschiedene und drohende Haltung der Kurfürsten von Sachsen und Brandenburg. Dennoch begann er seinen Weitermarsch; am 17. April (a. St.) noch in Landsberg, war er bereits am 21. in Küstrin, wo er die ersten umfassenden Maßregeln für die Expedition nach Magdeburg traf, während Horn Pommern und die Neumark besetzt halten und sein Hauptquartier in Küstrin haben sollte. Als Gustav Adolf noch in dieser Stadt weilte, kam zu ihm der von dem brandenburger Kurfürsten abgesandte Kanzler Göße, dem er mittheilte, daß der leipziger Convent der Evangelischen ihm die Geneigtheit ausgesprochen habe, sich mit ihm zu vereinigen, freilich unter dem Hinzufügen, daß jeder Stand sein imperium à part haben solle; dagegen forderte der König, daß die Kriegsleitung in eine Hand gelegt werden müsse. — Jetzt erst war der

92) Droysen II, 283—287. 93) S. 263—265, zum Theil nach Chemnitz I, 131, a. 94) Gfrörer. S. 679, nach Chemnitz I, 132, b. 95) Ebenda S. 665 und 667, nach Chemnitz I, 133. 96) II, 288 und 289. 97) Droysen II, 289 und 290.

Kurfürst von Brandenburg geneigt, den Schweden den Paß und Repaß durch Küstrin einzuräumen, welches dem Feinde verweigert sein sollte. Aber Gustav Adolf erklärte: Wenn er dem evangelischen Wesen weiter hilfreich sein sollte, so müßte er Küstrin und Spandau förmlich eingeräumt erhalten mit einer eigenen Besatzung. Unterm 24. April meldete er seinem Reichskanzler: Brandenburg sei jetzt dem Kaiser entfremdet und ihm zugeneigt, und Sachsen könne nun auch kaum anders handeln. In Frankfurt setzte er die Transactionen mit den brandenburgischen Gesandten fort, denen er erklärte, daß, da die Lage Magdeburgs keinen Aufschub dulde, er sofort seinen Marsch dorthin richten werde[98]. In der That wuchs dort die Gefahr und die Entmuthigung der Bürger mehr und mehr; am 21. April (a. St.) mußte Falkenberg dem Feinde die Zollschanze und andere Werke preisgeben[99]; am 25. sah er sich genöthigt, die Sudenburg niederzubrennen, wozu der Rath seine Einwilligung gab, ebenso bald darauf die Neustadt, um seine wenigen regulären Truppen, 2000 Mann zu Fuß und 250 Reiter, besser zu concentriren. Am 24. hatte Tilly die Stadt in sehr dringlicher Weise zur Ergebung aufgefordert, weil er den Anmarsch Gustav Adolf's fürchtete; man antwortete ihm, daß man bereit sei, mit ihm darüber unter Bedingungen zu verhandeln, und so wurden wieder einige Tage gewonnen[1]. Während dieses Monates sandten Falkenberg, der Rath und der Administrator zahlreiche Briefe mit den dringendsten Hilfegesuche an den König, welcher, durch die beiden Kurfürsten aufgehalten, sich in der peinlichsten Lage befand und unter Anderem sich einmal dahin äußerte, daß er sich abmartere, um Magdeburg Hilfe zu bringen. Die städtischen Geistlichen ermahnten ihn zum standhaften Ausharren[2].

Der König — so berichtet Droysen[3] weiter, welcher zum 1. Mai (a. St.) alle seine disponiblen Truppen nach der Gegend von Köpenik beorderte, schickte noch an demselben Tage den Grafen Ortenburg nach Berlin zu den Kurfürsten, an welchen er die Forderung stellte, ihm Küstrin einzuräumen. Noch vor Ablauf des Tages kam der Graf zum Könige nach Köpenik zurück, und zwar mit dem Bescheide des Kurfürsten, daß er Küstrin nicht hergebe, jedoch zu weiteren Verhandlungen erbötig sei. Hierzu entsandte Gustav Adolf seinen Feldmarschall Horn mit dem Dr. Steinberg nach Berlin, wo auch sie mit den kurfürstlichen Commissaren eine resultatlose Zusammenkunft hatten; denn der Kurfürst wollte, wie sie sagten, Küstrin und die Festung Spandau mit seinen eigenen Truppen besetzt halten; doch sollte die „Stadt" Spandau den Schweden überlassen werden; ja der Kurfürst wollte ihnen auch die Festung öffnen, wenn sie deren in Folge einer Niederlage oder Verfolgung benöthigt wären, was dem Könige nicht genügte. Endlich trafen sich nach einer Verabredung der

Kurfürst und Gustav Adolf am 3. Mai (a. St.) persönlich in einem kleinen Walde unweit Berlins. Auch hier kamen beide zu seinem erwünschten Ergebniß; doch begab sich, der Einladung dazu folgend, der König noch an demselben Tage zu seinem Schwager nach dessen Schloß in Berlin, wo am 4. Mai beide mit einander conferirten, während die schwedischen Truppen vor den Thoren der Stadt campirten[4]. Der fortgesetzten Weigerung Georg Wilhelm's, die gestellten Forderungen zu erfüllen, setzte jetzt Gustav Adolf die Erklärung entgegen, daß, wenn ihm keine „Totalconjunction" bewilligt werde, er ihn und sein Land als Feind behandeln müsse. In dieser Zwangslage machte der Kurfürst, welcher ohne kaiserliche Hilfe und zu schwach war, Gewalt mit Gewalt zu vertreiben, wesentliche Concessionen; aber die Festung Spandau wollte er durchaus nicht ausliefern, eine Bedingung, auf welcher der König fest bestand. Endlich gab Georg Wilhelm auch hierin nach, und Horn erhielt den Auftrag, die Besetzung auszuführen. An den Kaiser richtete der Kurfürst sofort ein Schreiben, worin er sich durch den Drang der Noth entschuldigte, welche ihn habe Dilatoria suchen lassen. Nachdem der König am 5. Mai (a. St.) von Berlin aufgebrochen war, um Magdeburg zu entsetzen, gelangte er am 8. bis Potsdam; aber sein Heer war in einer mißlichen Verfassung, da es namentlich an Proviant fehlte und daher die Soldaten eine mürrische Stimmung zeigten; dazu kam, daß Georg Wilhelm noch immer zögerte, den Schweden Küstrin einzuräumen[5].

Die erwähnten Vorgänge gestalten sich nach der Darstellung Gfrörer's vielfach anders, und macht dieser manche nicht unwichtige Mittheilungen, welche sich bei Droysen nicht finden, ohne darum als unrichtig gelten zu müssen. Hiernach rückte Gustav Adolf, als die vorausgehenden Verhandlungen nicht zum Ziele führten, am 3./13. Mai mit 3 Schwadronen Cavalerie, 1000 Mann zu Fuß und 5 Kanonen nach Berlin, wo nur in die unmittelbare Nähe, wo Gustav Adolf seinem Schwager in dem oben erwähnten Wäldchen erklärte: er habe die Kaiserlichen aus dem größten Theile von Brandenburg vertrieben und werde sie nicht zurückkehren lassen; dafür fordere er nun seinen Dank, wofür er die strengste Mannszucht halten werde; falle Magdeburg, so sei Alles verloren, und der Krieg werde dann auch in die Mark getragen werden. Nach etlichen Minuten erwiderte Georg Wilhelm, er könne Spandau und Küstrin ihm nicht übergeben. Als aber der König sofort nach Köpenik unkehren wollte, um sein Heer herbeizuholen, baten ihn die kurfürstlichen Frauen zu bleiben. Er ließ sich dazu bestimmen, und ging mit seinen 1000 Musketieren (an demselben Tage) nach Berlin, wo er übernachtete[6]. Erst hier, während das schwedische Heer näher an

---

98) Ebenda II, 297—300. 99) Ebenda II, 320. 321. 1) Ebenda II, 325—329. 2) Ebenda II, 324. 3) Ebenda II, 300 und 301.

4) Droysen weiß nichts davon zu erzählen, daß deren Kanonen damals auf die Stadt gerichtet gewesen seien. Die ganze Armee in dieser Stellung war Drohung genug. 5) Droysen II, 301—303. 6) S. 683 und 684 ohne allen Quellennachweis.

Berlin heranrückte, am 4.(14.) Mai, Abends 9 Uhr, bewilligte der Kurfürst die Einräumung Küstrins und Spandaus, über welche er sich jedoch die Hoheitsrechte vorbehielt. Der König versprach, Spandau sofort zurückzugeben, wenn Magdeburg entsetzt, die Elbe geschlossen sei und er keinen Rückzug zu befürchten habe. Bei diesem kritischen Wendepunkte entfloh der kurfürstliche Minister Schwarzenberg aus Berlin [7]. Sofort marschirte der König nach Spandau, welches Oberst Axel Lilia als Commandant mit 1000 Mann besetzte; am 6./16. Mai rückten die Schweden bis Potsdam vor. Von hier konnte zwar Gustav Adolf direct auf Magdeburg marschiren; aber er schlug einen Umweg ein, deshalb weil, wie er es in einer Rechtfertigungsschrift nach dem Falle Magdeburgs aussprach, die Mark ihm keinen Unterhalt gewährt haben würde. Durch die höchst gefährdete Lage Magdeburgs wollte er, wie Gfrörer hinzufügt, den Kurfürsten von Sachsen zum Bündniß mit sich nöthigen, wozu er ihm Vorschläge machte, indem er seinen Marsch in der Richtung auf Wittenberg fortsetzte. Aber Johann Georg wies Gustav Adolfs Anträge rund ab und erklärte, daß er dadurch den Zorn des Kaisers auf sein Haupt lade, sowie daß er seine Soldaten selbst brauche, weil jetzt ein italienisches Heer nach Deutschland vorrücke; auch könne er den Schweden den Marsch durch sein Land nicht gestatten, weil dieses so zum Kriegsschauplatze werde; ebensowenig könne er ihnen Zufuhren an Proviant u. s. w. gewähren. Da er seinen Sohn zum künftigen Administrator von Magdeburg hatte wählen lassen, so versprach Gustav Adolf, um ihn zu gewinnen, daß er dahin mitwirken wolle, dem Gewählten zu dieser Stellung thatsächlich zu verhelfen; aber auch hierdurch ließ sich der Kurfürst nicht bewegen [8]. — Offenbar zuverlässiger und richtiger [9] ist die von Droysen über diese Verhandlungen mit Kursachsen gegebene Erzählung [10]. Hiernach hatte Gustav Adolf eine an den Kurfürsten gerichtete Bitte um Beitritt immer und immer wiederholt, beispielsweise nach der Einnahme von Frankfurt: Er möge doch diese Gelegenheit benutzen, „das Vaterland aus den langwierigen Leibes- und Seelen-Drangsalen zu retten"; es gelte „der Wohlfahrt des evangelischen Wesens"; hierzu sei es die höchste Zeit, Magdeburg in der äußersten Noth und der Fall dieser Stadt für Kursachsen selbst das schwerste Verderben; darum möge der Kurfürst seine Armee zu der schwedischen stoßen lassen. Wie Gustav Adolf diese Vorstellungen bei Johann Georg unter Anderem durch Arnim hatte machen lassen, so wiederholte er sie bald darauf durch den Oberst Taube: Vor allem sei Magdeburg zu retten; der König wolle ja gern diese Stadt nur dem Kurfürsten und seinem Sohne liefern; aber dazu müsse er den Paß von Wittenberg haben. Noch am 8. Mai (a. St.) harrte Gustav Adolf in Potsdam mit

Schmerzen vergeblich auf eine Antwort. Da er keine Zeit weiter verlieren wollte, so entsandte er am 9. den Oberst Nikolaus Borde zum Kurfürsten nach Torgau, wo er am Abende dieses Tages ankam. Unter dem Einflusse eines am damaligen Hoflager daselbst anwesenden kaiserlichen Gesandten theilte am 10. Mai (a. St.) der Kurfürst dem Oberst Taube endlich seine Entschließung mit, und zwar eine abschlägliche: Er sei mit seinen Rüstungen noch nicht fertig, wolle sein Land nicht zur sedes belli machen, habe Pflichten gegen den Kaiser u. s. w. Aber Gustav Adolf machte neue Versuche; er sandte, ohne noch das Schicksal von Magdeburg erfahren zu haben, den Oberst Taube mit einem vom 12. Mai (a. St.) datirten Briefe hinter dem nach Dresden zurückkehrenden Kurfürsten her, indem er diesem erklärte: Das Zögern Sachsens bewirke, daß Magdeburg nicht entsetzt werden könne und in die allerhöchste Gefahr gerathe; die Schuld treffe den Kurfürsten; aber auch wenn dieses Geschick sich erfülle, wolle er (Gustav Adolf) der unterdrückten christlichen Religion seine Hülfe bringen. Als jetzt der König den Fall Magdeburgs erfuhr, war sein nächster Entschluß, sich nach der Oder zurückzuziehen.

Unterdessen hatten die Kaiserlichen und Ligisten Alles aufgeboten, um Magdeburg zu bezwingen. Wie Gfrörer angibt [11], hatte Pappenheim dem schwedischen Oberst Dietrich von Falkenberg ein hohes Amt im kaiserlichen Heere, den Grafentitel und 40,000 Rthlr. anbieten lassen, wenn er ihm die Stadt ausliefern wollte; aber Falkenberg ließ ihm sagen: „Wenn er einen Schelmen und Verräther finden wollte, so möge er diesen nicht bei ihm, sondern in seinem eigenen Busen suchen". Wie Droysen berichtet [12], befahl im Anfange des Mai der Kaiser dem Tilly von Magdeburg ab und den Erblanden zur Hülfe zu ziehen; allein Tilly sowie Pappenheim und der gesammte Kriegsrath des Belagerungsheeres widersetzten sich und schrieben dem Kaiser: erst müsse man mit Magdeburg fertig werden. Da man Gustav Adolf im Anzuge wußte, so ward beschlossen, eine letzte Kraftanstrengung zu machen; das Bombardement aus allen verfügbaren Geschützen begann nach Droysen am 7. Mai (a. St.) und dauerte ohne Unterbrechung drei Tage. Der unermüdliche Pappenheim brachte die Stadt mit seinen Laufgräben immer näher; er drang so von der Neustadt her bis an die Fosse brave vor, ebenso gegen das Hornwerk am Krökenthore, während in Magdeburg es an Hülfe zu mangeln anfing. Als Tilly am 8. Mai sein Ultimatum in die Stadt gesandt hatte, beschloß am folgenden Tage der Rath, mit ihm in Unterhandlungen zu treten. Am Nachmittage desselben Tages schwieg das Feuer der Belagerer; vielleicht meldete man ihm, daß der König im Anmarsch sei; andererseits aber wußte er durch Zuträger, wie mißlich es um die Belagerten stand, und daher beschloß er den Sturm für den Morgen des 10. Mai (a. St.). Man sagt, in der Stadt befindliche Parteigänger der Belagerer hätten Steine über die Wälle

7) S. 684, auch ohne nähere Quellenangabe.   8) S. 685 und 686, ebenfalls ohne weiteren Nachweis.   9) Abgesehen von dem hier geleisteten Quellennachweise.   10) Droysen II, 305 —307.

11) S. 686 und 687, nach Chemnitz I, 149.   Droysen sagt hiervon nichts.   12) II, 319 und 320.

hinaus geworfen und diesen Zettel mit dem Rathe und der Aufforderung angeheftet, Tilly möge in dieser Zeit den Angriff ausführen [13]).

Früh 4 Uhr am 10. Mai (a. St.), einem Diens-tage [14]), versammelten sich in dem einen Saale des Rath-hauses der Rath, der Ausschuß und die Viertelsherren, in einem anderen die Räthe des Administrators, Stal-mann und Falkenberg, welcher für die Nacht angeordnet hatte, daß die Posten auf den Wällen wohl besetzt bleiben sollten. Von der ersteren Versammlung wurden der Bürgermeister Kühlewein, der Stadtsyndicus Denhardt, Konrad Gerhold und Otto Guerike (der spätere Bürger-meister) an Falkenberg abgeordnet, um die Uebergabe mit ihm zu ordnen; aber Falkenberg widersetzte sich standhaft mit der Vertröstung, daß Gustav Adolf jede Stunde erwartet werde. Da traf auf dem Rathhause die Nachricht ein, daß die Kaiserlichen stark heranrückten, ehe dem Tilly ein Bescheid mitgetheilt worden war. Sofort eilte Falkenberg aus dem Rathhause; als Gue-rike es verließ, fand er bereits Kroaten in der Stadt. Ein Theil der Besatzung hatte sich seiner Gewohnheit gemäß früh 5 Uhr von den Posten auf den Wällen u. s. w. hinwegbegeben, was bisher gefahrlos geschehen war. Früh gegen 7 Uhr begann der Sturm; zuerst drang Pappenheim heran, und zwar die Elbe, wo bald die Kroaten hereinbrachen, und Gue-rike auf sie stieß, sowie an der Fosse braye. Das hier postirte kleine Häuflein vom Falkenberg'schen Regi-ment weicht zurück, und der Feind bemächtigt sich schnell des neustädter Walles. Falkenberg eilt mit dem Regi-ment des Oberstlieutenants Trost nach der Hohen Pforte und wirft hier den Feind zurück. Indem der Kampf, schon in der Stadt, hin und her wogt, „scheint" Pappen-heim den Befehl gegeben zu haben, etliche Häuser anzu-zünden, um die Vertheidiger beim Löschen zu beschäftigen. Im ungleichen Kampfe fallen Falkenberg und Trost, und nun weichen die Belagerten hier zurück. Auch die An-strengungen anderer Führer sind vergeblich, namentlich des Obersten Ußler, der sein Regiment herbeiführt, und des Hauptmanns Schmidt; der Administrator wird ver-wundet und gefangen. Andere feindliche Haufen dringen ein, von der neustädter Seite Mansfeld mit den Seini-gen. Magdeburg ist verloren; es steht in hellen Flammen, die bei dem entstehenden Winde fast die ganze Stadt ver-zehren; nur wenige Gebäude blieben stehen, unter ihnen der Dom. Es folgt ein unmenschliches Plündern, Morden, Schänden. Wodurch der Brand entstanden sei, kann nicht mit Sicherheit gesagt werden; Einige be-haupten, daß die That von den Magdeburgern selbst, Andere, daß sie von Falkenberg ausgegangen sei, auf dessen Rath man Pulverminen gelegt und angezündet habe, da man gesehen, daß keine Vertheidigung mehr helfe. Wieder Andere geben dem Pappenheim oder dem Tilly die Schuld [15]).

So Droysen nach seinen Quellen. Hiermit stimmt im Wesentlichen Gfrörer überein, jedoch mit einigen Zusätzen. Darnach leistete Tilly dem stürmenden Pappen-heim aus Eifersucht in den ersten Stunden keine Hilfe und kam erst früh 10 Uhr mit den Seinigen herbei; ja Pappenheim behaupte in einem vom 5./15. Aug. 1631 aus Tangermünde an den Kaiser gerichteten Briefe [16]), Tilly habe ihn beim Sturme opfern wollen, weil er ihm in der höchsten Gefahr Hilfe versagt, sodaß an 1000 seiner besten Soldaten diesem schändlichen Verrathe zum Opfer gefallen seien; der Kaiser möge den Schuldigen, Tilly, dafür zur Verantwortung ziehen. Hierfür habe sich — fügt Gfrörer bei — Pappenheim an Tilly bei Leipzig gerächt. — Als eine Episode aus den Schreckens-stunden des Plünderns, Mordens und anderer Thaten führt Gfrörer die Schilderung eines Augenzeugen an, des magdeburgischen Predigers Christoph Thadänus von der Katharinen-Kirche [17]). Ihn und seine Familie rettete unter tausend Gefahren ein feindlicher Oberst, ein Ita-liener oder Spanier, der sich aber aus Geldgier die Rettung Stück für Stück durch Geld, Schmucksachen u. s. w., die er herauspreßte, bezahlt machte. Weber Tilly noch Pappenheim zeigte sich persönlich grausam; ersterer dürfte den Brand um so weniger angestiftet haben, als ein zerstörtes Magdeburg ihm weit mehr nachtheilig als vortheilhaft sein mußte [18]). — Wittich schreibt zu der Ansicht, daß Falkenberg, aber ohne irgend welche Mit-schuld Gustav Adolf's, die Stadt, zunächst das Rathhaus, habe anzünden lassen, als er gesehen, daß der Feind nicht mehr zu bewältigen sei; doch spricht er daneben von der Möglichkeit, daß wol die Magdeburger selbst aus Verzweiflung ihre Stadt angezündet haben; auch nimmt er an, daß Falkenberg nicht durch kaiserliche Sol-daten, sondern durch die kaiserliche Partei in der Stadt getödtet worden sei; doch bestreitet er, daß ein Verrath von dieser Seite die Stadt den Feinden in die Hände geliefert habe; aber es ist erwiesen, daß Alemann und Kühlewein mit dem Belagerer in Verbindung standen. — Pappenheim leitet in einem späteren Berichte den Brand aus den Minensprengungen her. — L. v. Ranke meint, daß wol Falkenberg den Braud angelegt und vorbereitet habe. — Albert Heising (Protestant) bekämpft wie Gfrö-rer die vorher fast allein herrschende Ansicht bei den protestantischen Schriftstellern, daß Tilly die Schuld der Zerstörung trage [19]). — Der Oesterreicher, Prof. Heller zu Melk, sucht zu zeigen, daß Magdeburg gegen den Willen Tilly's zerstört worden sei, und daß dieser keine Freude an der Zerstörung gehabt habe [20]).

13) Ebenda II, 329—332. 14) Nach Gfrörer. 15) Droysen II, 332—335.

16) Abgedruckt in Wallenstein's Briefen bei Förster II, 91 fg. 17) Das zerstörte und wieder auferstehte Magdeburg, gedruckt 1727. 18) So Gfrörer S. 690 fg. 19) „Magdeburg nicht durch Tilly zerstört" und „Die Politik Gustav Adolf's" (dieser sei fast nur in politischer Absicht nach Deutschland gekommen), 2. Aufl. 1854. 20) In einem Program vom J. 1867. Documente aus der Zeit unmittelbar nach der Katastrophe sprechen sich verschieden aus; der Brief eines gewissen Andrees Willen vom 13./28. Mai aus Braunschweig an Willem Nohrmann in Bremen (Blätter für Handel u. s. w. zur Magd. Zeitung, 1876, Nr. 27) sagt, die Stadt sei „zum Theil von den Einwohnern, auch zum Theil von des Feindes Volk in Brand gesteckt" worden.

Der Fall Magdeburgs erregte bei der katholischen Partei großen Jubel, bei der evangelischen einen ebenso lauten Jammer, zugleich aber auch heftige Anklagen gegen Gustav Adolf, welchem anfangs die Hauptschuld des Unglückes beigemessen ward. Zu seiner Rechtfertigung veröffentlichte er eine „Apologie", worin er erklärte, daß er zur Rettung Alles gethan habe, aber daran verhindert worden sei, namentlich durch die Kurfürsten von Brandenburg und Sachsen, von denen er nicht gewußt, „ob sie Freund oder Feind" [21]. Wie Gfrörer [22], nach welchem Gustav Adolf zu schwach an Truppen war, um den vereinten Heeren von Tilly und Pappenheim bei Magdeburg eine Schlacht anzubieten, aus diesem Documente hinzufügt, klagte der König auch die Magdeburger der Indolenz und des Geizes an. — Wäre die Annahme nicht gestattet, daß Gustav Adolf geglaubt habe, die Stadt werde sich noch eine längere Zeit halten, so könnte man ihn kaum von der Mitschuld frei sprechen; zum mindesten nimmt es Wunder, daß er von Spandau aus den großen Umweg einschlug und daß er nicht, um Tilly und Pappenheim abzuziehen, sofort heranrückte, auch wenn er keine Schlacht liefern wollte oder konnte. Die feindlichen Generäle würden Angesichts einer auch nur schwachen schwedischen Heeresmacht den Sturm nicht gewagt haben, und vor. Brandenburg oder Sachsen brauchte sich Gustav Adolf sicherlich nicht zu fürchten.

Schon vor dem 10. Mai (a. St.) traf der kaiserliche Abgesandte Hegenmüller bei dem Kurfürsten von Sachsen ein, welchen er um die Vermittelung eines friedlichen Abkommens mit Gustav Adolf ersuchen sollte. Nach dem Falle Magdeburgs wendete sich Johann Georg wieder fast gänzlich dem Kaiser zu, welchem er durch Hegenmüller Neutralität zusagte. Hierauf gab der Kaiser unterm 13. Mai (a. St.) dem Tilly Vollmacht, mit dem Kurfürsten weiter zu verhandeln, und zugleich den Rath, gegen das schwedische Heer näher zu rücken; aber Tilly marschirte in der entgegengesetzten Richtung von Magdeburg ab [23]. Anfangs war er unentschlossen, wohin er sich wenden sollte, wie er unterm 16./26. Mai an den Kurfürsten von Baiern schrieb. Einen starken Unwillen hierüber legte der entschlossene Pappenheim an den Tag, und gab ihm unter Anderem einen Ausdruck in einem Briefe vom 16. Juni n. St. an Wallenstein sowie in einem solchen aus Thüringen vom 2. Juli (n. St.) an Maximilian, welchem er klagte, daß man den Sieg nicht ausnutze [24]. Gfrörer bemerkt hierzu, daß sich Baiern durch Frankreich habe verleiten lassen, damals mit Schweden über Neutralität zu verhandeln [25]. Statt energisch zu handeln, blieb Tilly einige Wochen bei Magdeburg stehen, indem er um Verstärkung nachsuchte und in mehreren Berichten, vom 3., 16., 18. Juni (n. St.), an Maximilian über das Elend seiner Truppen klagte, was ihn zwinge, sich nach Thüringen zurückzuziehen. Gegen das Ende des Mai brach er auf; am

29. (a. St.) war er in Aschersleben, 8 Tage später in Oldisleben an der Unstrut, in der Mitte des Juni zu Mühlhausen [26].

Auch des Königs Heer litt damals großen Mangel, und da Magdeburg verloren war, Brandenburg wie Sachsen zweideutig, so faßte er zunächst den Entschluß, sich an die Oderlinie zurückzuziehen und erließ deshalb nähere Verhaltungsbefehle nach Frankfurt an Horn, welcher über ein ziemlich schwaches Heer verfügte und sich den Kaiserlichen gegenüber in keiner geringen Gefahr befand; allein diese dachten mehr ans Plündern als ans Schlagen, und so schob Horn im Juni seine Tête bis Crossen vor. Da sich Gustav Adolf durch Tilly nicht angegriffen sah, so erbot er sich jetzt, dem Kurfürsten von Brandenburg Spandau herauszugeben; aber Georg Wilhelm ließ die Festung zunächst in des Königs Hand und bat ihn um seinen Schutz. Dieses Gefühl der Furcht benutzend, drang nun Gustav Adolf in ihn, eine förmliche Waffenverbrüderung mit ihm zu schließen. Aber das war nun wieder dem Kurfürsten zu viel, welcher hoffen mochte, daß ihm der Kaiser Neutralität bewilligen würde; seine Antwort an Gustav Adolf lautete daher: Er könne sich von den übrigen Evangelischen nicht trennen; Gustav Adolf solle zwar das allgemeine Kriegsdirectorium haben, aber er selbst wolle die Verfügung über seine Festungen und Truppen behalten; auch müsse er sich vorerst mit dem Kurfürsten von Sachsen benehmen; bleibe der König, so wolle er ihm im Nothfalle Beistand leisten. Als am 20. Mai (a. St.) Georg Wilhelm persönlich zu Gustav Adolf in dessen Lager kam, machte dieser ihm alle mögliche Concessionen; aber auf der militärischen Oberleitung bestand er nach wie vor ganz nachdrücklich. Da trat nun seinerseits der Kurfürst von mehreren seiner Einräumungen zurück und zeigte sich wieder viel abgeneigter zu einem Bündniß. Der König gerieth hierüber in eine sehr bittere Stimmung, wie sich diese z. B. in seinen Briefen an Horn vom 27. und 31. Mai (a. St.) ausspricht [27].

Unterdessen, bereits im Mai, so berichtet Gfrörer [28], ging der Kurfürst Maximilian von Baiern mit Frankreich ein Bündniß ein: Frankreich stellt ihm 11,000 Mann zur Hilfe gegen feindliche Angriffe und ev. Geld zur Verfügung; umgekehrt verspricht Baiern 4000 Mann, und der Preis ist die Behauptung des pfälzischen Kur. Der Tractat wurde durch Maximilian am 8., durch den König Ludwig am 30. Mai (n. St.) unterzeichnet. Als Baiern nach der Schlacht von Breitenfeld Frankreichs Hilfe gegen Schweden beanspruchte, erwiderte Richelieu: Man habe ja nur ein Schutzbündniß auf so lange geschlossen, als Baiern nicht angegriffen würde; der Angriff sei von Tilly ausgegangen. — Am Ende des Mai oder am Anfange des Juni berief Maximilian die Mitglieder der Liga zu einem Convente nach Dünkelsbühl,

21) Droysen II, 339—341.   22) S. 699. 700, nach Khevenhiller XI, 1813 fg.   23) Droysen II, 376—378.   24) Ebenda II, 362 und 363.   25) S. 700.

26) Droysen II, 364 und 365. — Dazu Gfrörer S. 705, nach Westenrieder, Beiträge VIII, 180 unten.   27) Droysen II, 341—346; 355 und 356.   28) S. 801. — Droysen erwähnt hiervon nichts.

wo man beschloß, das Restitutions-Edict mit seinen Consequenzen durchaus aufrecht zu erhalten und das Heer mit 11,000 Mann zu verstärken [29]. — Andererseits verhandelten in der Mitte des Mai 1631 der Landgraf Wilhelm von Hessen-Cassel und der Herzog Wilhelm von Weimar durch Abgesandte bei oder in Spandau mit Gustav Adolf, welchem sie sich jetzt näher anschlossen [30]. — Durch Beschluß vom 31. Mai bewilligte die niederländischen Generalstaaten dem Könige für die folgenden Monate Juli, August und September je 50,000 Gulden Subsidien, durch einen zweiten Beschluß vom 4. Dec. 1631 weitere 100,000 Gulden. Die erste dieser Geldsendungen traf etwa im August 1631 bei Gustav Adolf ein [31], und da auch Frankreich einiges Geld hergab, so kam der König um diese Zeit aus seiner Geldnoth heraus und konnte namentlich seinen Soldaten wieder einen regelmäßigen Sold zahlen [32].

Im Beginn des Juni ließ Gustav Adolf dem Kurfürsten von Brandenburg sagen, er wünsche ihn zu sprechen und sich von ihm zu verabschieden; Georg Wilhelm stellte als Antwort die Bitte an ihn, seine Armee, durch welche man bereits sehr viel gelitten habe, aus Brandenburg zu entfernen und gegen den Feind zu führen. Indem der König sich anschickte, persönlich nach der Oder zu gehen und an der Havel seinen General Baner einstweilen mit dem Heere zurückzulassen, machte er noch einen Versuch, den Kurfürsten endlich zu dem erwünschten Entschlusse zu bringen; er theilte ihm am 5. Juni mit: Er wolle Spandau zurückgeben, aber sofort solle der Kurfürst erklären, ob er auf seiner oder des Kaisers Seite stehen wolle; sei bis zum 7. Juni keine Antwort eingetroffen, so werde er annehmen, daß der Kurfürst sich entschlossen habe, sein Feind zu sein. Die Antwort traf am genannten Tage ein und lautete etwas nachgiebiger als zuvor: Der König möge ihm Neutralität einräumen, zugleich aber auch ihn sicher stellen; er möge Spandau herausgeben, damit es nicht scheine, als wolle er sich in den Besitz der brandenburgischen Festungen setzen. Am 8. Juni schrieb der König dem Kurfürsten: er wolle ihm an folgendem Tage Spandau wieder herausgeben und seines Weges gehen, aber ihn nun auch als seinen Feind betrachten. Wirklich brach Gustav Adolf am 9. Juni mit seinem Heere auf, und Spandau wurde geräumt; aber der Zug des schwedischen Heeres ging gegen Berlin. Da kam ihm als Beauftragter der kurfürstlichen sächsische Feldmarschall Arnim mit der Bitte entgegen, in den brandenburgischen Ländern zu bleiben. Zunächst schlug ihm Gustav Adolf diese Bitte mit der Erklärung ab, daß die vorausgegangenen Verhandlungen ihn allzusehr verdrossen hätten. Die schwedischen Heeresabtheilungen rückten ohne Aufenthalt immer massenhafter vor Berlin, und die Kanonen richteten sich gegen die Stadt. Als

jetzt Gustav Adolf noch einmal Resolution von dem Kurfürsten forderte, sandte dieser zu ihm Kurt Bertram v. Pfuel hinaus, dessen Anträge jedoch der König schroff abwies. Unter dem Drucke dieser Lage fuhren die Kurfürstin, alle fürstlichen Frauen und Fräulein hinaus in das schwedische Lager und baten den König, gegen Berlin nichts Feindliches zu unternehmen. Am Nachmittage (des 9. Juni) kam Georg Wilhelm selbst herbei und bewilligte nun alle Forderungen. Der König begab sich noch an demselben Tage mit dem Kurfürsten als dessen Gast nach Berlin, und am folgenden Tage unterzeichneten beide den dahin lautenden Vertrag: Gustav Adolf behält das Besatzungsrecht von Spandau während des ganzen Krieges sowie den freien Paß durch Küstrin, wohin er nöthigenfalls auch Soldaten legen darf; nach dem Kriege werden beide Plätze wieder abgetreten. Der König, welchen dieser Erfolg in die glücklichste Stimmung versetzte, kam den folgenden Tag wieder nach Berlin, wo man nun mit einander gastirte und zechte. Als während der folgenden Nacht im schwedischen Lager eine starke Kanonade laut ward [zum Zwecke des Scheines für Andere, als sei der Kurfürst gezwungen — wollte nicht, sondern zum Zwecke des Freudenausdruckes], erschrak zwar anfangs die Stadt; aber man faßte sich bald wieder, und den nächsten Morgen strömten die Berliner, welche als Evangelische schon längst für den König entschiedene Sympathie im Herzen trugen, zahlreich in das schwedische Lager hinaus, um ihrem Jubel Ausdruck zu geben. Auch der Kurfürst kam an demselben Tage zum Könige heraus, und kehrte mit einem tüchtigen Rausche nach Berlin zurück [33]. — Hiermit stimmt im Wesentlichen Gfrörer [34], nur daß er den auf die Stadt gerichteten Kanonen noch einen königlichen Trompeter hinzufügt, welcher augenblickliche Oeffnung der Thore fordert, widrigenfalls man sie gewaltsam öffnen werde, als man sich so zum herbeikommenden Damen die verwittwete Pfalzgräfin-Mutter stellt und aus dem Vertrage, welchen er auf den 11./21. Juni verlegt, noch folgende Punkte anführt: So oft und lange der König Küstrin besetzt, stehen unter seinem Commando auch die dortigen brandenburgischen Truppen; der Kurfürst darf auch seiner an dem leipziger Convente festhalten; Brandenburg zahlt monatlich an Schweden 30,000 Rthlr. Ferner berichtet Gfrörer [35]: Bei den schwedischen Freudenschüssen, welche er auf den Morgen des 12./22. Juni verlegt, habe man vergessen, aus vielen Kanonen die scharfen Patronen zu entfernen, sodaß 40 Kugeln in die Stadt flogen und im Schlosse wie in den benachbarten Häusern einschlugen, jedoch ohne Menschen zu beschädigen; es sei von Manchen [36] behauptet worden, diese scharfen Schüsse wären von dem Kurfürsten bestellt worden, dem es darauf angekommen, sich bei dem Kaiser durch die Zwangslage zu entschuldigen, wie er denn unterm 25. Juni (a. St.) an diesen geschriebenen

29) Gfrörer S. 680, nach Chemnitz I, 411, b.; 30) Ebenda S. 700 und 701. 31) Ebenda S. 722 nach Lontorp, Acta publica IV, 215. 32) Ebenda.

33) Droysen II, 346—353. 34) S. 701—705, nach Chemnitz I, 170, a und b, und Khevenhiller XI, 1824 fg. 35) Ebenda. 36) So von Khevenhiller XI, 1824 fg.

habe, er sei durch die schwedischen Kanonen zu dem Bündniß genöthigt worden. Nach Gfrörer's Meinung [37] hat damals der Kurfürst den König „gehaßt aus voller Seele." Auch Droysen führt ausdrücklich an, daß Georg Wilhelm sofort ein Entschuldigungsschreiben des Inhaltes an den Kaiser richtete: Er habe sich, von diesem verlassen, aus Noth mit Gustav Adolf verbünden müssen; aber es sei dies kein Bündniß gegen den Kaiser. Dieser nahm das Schreiben nicht an und wiederholte seine Mahnung, sich mit dem Feinde nicht einzulassen. Gleichzeitig bat Georg Wilhelm den Kurfürsten von Sachsen, ihm und eventuell dem Könige von Schweden Hilfe zu leisten [38].

Im Anfange des Juni (a. St.) begannen sich die Kaiserlichen an der pommerschen Küste lebhaft zu regen, aber noch mehr die ihnen dort gegenüberstehenden Schweden unter Ake Tott, welcher in der Nacht vom 12. auf den 13. Juni (a. St.) mit seinen Approchen gegen das Mühlenthor von Greifswald vorging. Bereits am 15. capitulirte die Stadt, deren tapferer Commandant Perusi gefallen war. Zum Lohne für die tapfere That wurde Tott von seinem Könige zum General-Feldmarschall ernannt [39]; in der 2. Hälfte des Juli eroberte er, mit Ausnahme von Rostock, Wismar und Dömiß, ganz Mecklenburg, dessen Herzöge im August unter Gustav Adolfs Beistein wieder eingesetzt wurden [40].

Der König begab sich, nur von einem kleinen Gefolge begleitet, schon am 12. Juni (a. St.) nach Stettin und von hier nach Greifswald; am 23. traf er wieder in Spandau ein. In dieser Zeit hatte er große Bedenken, ob er nicht, statt des Vormarsches gegen Tilly, besser thäte, in der nun errungenen festen Defensivstellung zwischen Warthe, Oder, Spree, Havel und Elbe zu verbleiben, zumal Dänemark wieder eine drohende Haltung einnahm, und zu einem Offensivkriege gegen die Kaiserlichen es an Truppen, Geld, Nahrung und Munition fehlte; aus Schweden vermochte man ihm fast gar nichts zu senden, und Frankreich zögerte mit der Zahlung seiner Subsidien. Am 28. Juni meldete Gustav Adolf seinem Reichskanzler: Er sei in der furchtbarsten Lage; man möge ihm ja Unterstützung, namentlich Geld und Truppen, schicken; man sei geworbenen deutschen Truppen liefen fast immer wieder halb ebenso viele fort. Unter diesen Umständen, so fügt Droysen hinzu, dachte er wol ernstlich daran, sich wieder gänzlich nach Schweden zurückzuziehen [41]. — Aus Pommern und Mecklenburg nach der Mark Brandenburg zurückgekehrt, hielt Gustav Adolf am 26. Juni (a. St.) bei Alt-Brandenburg Heerschau; am 28. brach er mit 2000 auserlesenen Musketieren und fast der ganzen Reiterei — nach Droysen mit 1000 Musketieren und 3000 Reitern und zwar erst am 29. Juni (a. St.) — von hier nach der Elbe auf und gelangte am 29. — nach Droysen am 30. — bis

Jerichow. Am 1.(11.) Juli setzte ein kleiner Theil der Infanterie von Jerichow auf das linke Elbufer über, wo das Schloß von Tangermünde und die Stadt genommen wurden; am 3.(13.) war die Schiffbrücke fertig, und über diese ging jetzt der König mit dem übrigen Fußvolk, der Cavalerie und den Geschützen nach dem linken Ufer der Elbe, wo bald Stendal und Arneburg, am 9./19. Havelberg in schwedische Hände fielen. Bei Werben wurde ein verschanztes Lager errichtet und bezogen, wohin am 12. der König aufbrach, um sich zunächst hier mit seinem Heere festzusetzen, welches, durch viele Garnisonen geschwächt, damals nur 11,000 Mann (nach Gfrörer) stark war [42]. — Unterdessen waren, im Frühlinge, wie später noch im Sommer 1631, die englischen Diplomaten bemüht, den Kaiser zur Wiedereinsetzung Friedrich's in die pfälzische Kurwürde zu bewegen und versprachen ihm sogar für diesen Fall ihre Hilfe gegen Schweden [43].

Als Tilly sich nach Thüringen wandte, hatte er vor Allem die Absicht, den Landgrafen Wilhelm von Hessen-Cassel wegen seines Bündnisses mit Schweden zu züchtigen; er stellte deshalb an ihn das Ultimatum, sich dem Kaiser zu ergeben und dessen Heere seine Festungen zu überliefern. Diese Zumuthung wies der Landgraf kühn zurück, und doch unternahm Tilly gegen ihn nichts Ernstliches, während Pappenheim fort und fort zu energischen Kriegsoperationen antrieb. Nach langem Zaudern, wobei zwei Monate in unbegreiflicher Weise verloren gingen, entschloß sich Tilly endlich, den Schweden an der Elbe entgegenzutreten, um sie erschien er am 17. Juli (a. St.) in Wolmirstedt bei Magdeburg. Auf der anderen Seite begab sich Gustav Adolf am 15. desselben Monats (a. St.) zu seiner Cavalerie bei Werben; am 17. rückte er dem sich nähernden Feinde entgegen; schon bei dem Dorfe Burgstall wurde das kaiserliche Cavalerie-Regiment Montecuculi fast gänzlich aufgerieben, während die beiden anderen Reiterregimenter Bernstein und Holk sich zur Flucht wandten, wobei der Oberst Bernstein fiel. Die Schweden verloren in diesem Gefecht wenige Leute, unter ihnen den jungen Pfalzgrafen, welcher seinen Tod fand. Gustav Adolf zog sich hierauf zunächst nach Stendal zurück [44]. — Nach der Darstellung bei Gfrörer, welcher für die damalige Zeit dem Kaiser die Absicht zuschreibt, die Liga zu vernichten [45], traf Tilly am 15./25. Juli in Magdeburg ein, und verließ Gustav Adolf am folgenden Tage mit drei Abtheilungen das Lager von Werben, worauf er drei kaiserliche Regimenter der Art schlug, daß sie an 1000 Mann verloren [46]. Mit der Hauptmacht, etwa 15,000 Mann zu Fuß und 7000 zu Pferd, hatte Tilly am 21. Juli (a. St.) sein Hauptquartier zu Tangermünde; von hier aus griff er am 26. das schwedische Lager bei Werben an, wurde aber zurückgeschlagen, und die Schweden gingen nun ihrerseits durch einen Ausfall in die günstige Lage wieder zur Offensive über, wobei sich besonders Generallieutenant Baudissin und Herzog Bern-

---

37) S. 704 und 705. 38) Droysen II, 353 und 354. 39) Ebenda II, 356 und 357. 40) Ebenda II, 357 und 358. Dazu Gfrörer S. 707 und 708; S. 718 und 719. 41) Droysen II, 358—360.

42) Gfrörer S. 710—713. Droysen II, 361. 43) Ebenda II, 470 und 471. 44) Ebenda II, 368—372. 45) Gfrörer S. 727. 46) Ebenda S. 713—715.

harb von Weimar auszeichneten, welchen letzteren Gustav Adolf deshalb zum Obersten seines Leibregimentes zu Pferd machte, nachdem derselbe erst kurz vorher bei Werben sich den Schweden angeschlossen hatte. (Gfrörer, S. 725, nach Röse, Bernhard von Weimar I, 153 fg.) Am 29. Juli zog sich Tilly nach Tangermünde zurück und ging dann weiter nach dem Süden [47]. — Nach Gfrörer unternahm Tilly den Angriff auf das Lager bei Werben in der Nacht vom 27. auf den 28. Juli a. St., um blutig abgeschlagen zu werden, und fand am 28. ein neuer Kampf zwischen beiden Heeren statt, worauf Tilly, in dessen Armee viel Mangel an Nahrungsmitteln und schlimme Desertion herrschte, am 29. nach Tangermünde abzog, wo er unentschlossen stehen blieb, bis er am 11./21. Aug. in der Richtung nach Wolmirstedt marschirte [48]. Auch Gustav Adolf hatte in und bei Werben mit schwerem Mangel, namentlich an Geld, zu kämpfen; in einem Briefe vom 18./28. Juli an A. Oxenstierna, sowie in einem späteren, welchen er an denselben schrieb, beklagt er sich darüber, daß man sich durch Plündern helfen müsse [49].

Unterdeß war in der Mitte des Juli des Königs Gemahlin mit etlichen Tausend Mann frischer Truppen bei Wolgast gelandet; auch der Engländer Marquis von Hamilton führte um dieselbe Zeit dem schwedischen Heere neue Truppen zu, welche er in seinem Vaterlande geworben hatte, nachdem von seiner Seite mit Gustav Adolf am 31. Mai 1630 a. St. ein dahin lautender Vertrag geschlossen worden war, daß er auf eigene Kosten 6000 Mann zusammenbringen wolle. Wirklich erschien er am 26. Juli 1631 mit dieser Anzahl von Mannschaften an der Peenemündung; aber diese englischen und schottischen Söldner, unter welchen Hamilton keine Disciplin zu halten wußte, schmolzen sehr schnell zusammen, und später ging der noch vorhandene Rest mit seinem Führer nach England zurück [50].

Schon geraume Zeit vorher hatte Gustav Adolf seine geheimen Correspondenzen und Verhandlungen mit Wallenstein wieder aufgenommen, im Mai, Juni und Juli 1631; etwa im Juli ließ er an ihn ein Schreiben gelangen, dessen Erfolg war, daß Wallenstein den Ueberbringer beauftragte, dem Könige mündlich zu sagen, daß er sich zu gelegener Zeit vom Kaiser zu ihm wenden werde; aber zuvor müsse der König sich mit Kursachsen verbünden, gegen Tilly losgehen, Rostock, Wismar, Demmin einnehmen und dann ihm 10,000 bis 12,000 Mann unter Thurn zuschicken. Als Raschin diese Aeußerung Wallenstein's dem Könige überbracht hatte, ließ dieser ihm antworten, dies sei auch seine Meinung; er wolle ihm unter Umständen 12,000 Mann senden und ihn zum Vicekönige von Böhmen machen [51]. — Nach anderer Seite hin unterhandelte der König mit Kursachsen,

welches bei seiner schwankenden Neutralität zwischen der weichenden kaiserlichen und der siegenden schwedischen Macht in eine immer mislichere Lage gerieth. Als Unterhändler trat damals wieder der kursächsische General-Feldmarschall von Arnim auf, ein Mann, der bei steif lutherischem Confessionalismus nach einander in schwedische, polnische, kaiserliche und kursächsische Kriegsdienste getreten war und, ohne Anschluß an Gustav Adolf, eine eigene deutsch-protestantische Liga zusammenbringen wollte. Unterm 5. Juli a. St. hatte Gustav Adolf an ihn geschrieben: Er hoffe, daß der Kurfürst von Sachsen, um die Freiheit der evangelischen Religion zu erhalten und aus anderer Interessen willen, sich ihm anschließen werde; in einem weiteren Schreiben vom 20. Juli (a. St.) aus Werben wandte sich der König abermals an diesen Mann: Der Kurfürst möge doch endlich zu ihm übertreten; für denselben wolle er (Gustav Adolf) Magdeburg wieder erobern; ja er erbot sich, mit seiner Armee Deutschland ganz zu verlassen, wenn der Kurfürst es also wünsche und allein fertig zu werden hoffe, wozu er ihm 6000 Mann zurücklassen wolle [52].

Die bereits früher, wie erwähnt, eingeleiteten Verhandlungen des Königs mit dem Landgrafen Wilhelm von Hessen-Cassel, welcher inzwischen ein bedeutendes Heer zusammengebracht hatte, führten zu dem unterm 12./22. Aug. (nach Droysen II, 375, am Ende des Juli) zu Werben zwischen beiden abgeschlossenen Schutz- und Trutz-Vertrage, welcher später als Muster für ähnliche Bündnisse diente. Der Inhalt ist folgender. Gustav Adolf nimmt den Landgrafen gegen alle Feinde in Schutz, hat das Obercommando über dessen Streitkräfte, benutzt die Festungen und alle Kriegsmittel desselben, bis der Zweck erreicht ist; der Landgraf unterstützt ihn mit allen Hülfsmitteln und stellt im Besondern demselben auf Verlangen sein Heer zur Verfügung; alle Kosten werden aus einer gemeinschaftlichen Kasse bestritten; in Hessen errichtet Schweden für sich Werbeplätze; was der Landgraf in Feindes Land erobert, behält er für sich und wird in diesem Besitze durch den König geschützt; auch kann der Landgraf andere Fürsten und Städte in das Bündniß aufnehmen. — Der Landgraf begann bereits im August, vereint mit dem Herzoge Bernhard von Weimar, welchen Gustav Adolf mit Geldern zur Werbung von Soldaten versehen hatte, die kriegerischen Operationen, und als Tilly ihn wegen des mit Schweden geschlossenen Bündnisses für einen Rebellen wider den Kaiser erklärt und zu seiner Bestrafung den Grafen Otto Heinrich Fugger mit einer Heeresabtheilung beordert hatte, gelang es ihm ohne große Anstrengung, diesen zurückzuschlagen [53].

Nach der Darstellung bei Gfrörer befand sich damals Tilly in einer sehr mislichen Lage, theils wegen der Stellung Gustav Adolf's bei Werben, theils wegen

---

47) Droysen II, 374 und 375. 48) Gfrörer S. 715—718. 49) Ebenda S. 721 und 722, nach Geiser III, 187. 50) Gfrörer S. 719 und 720, zum Theil nach Chemnitz I, 186, b. — Droysen berichtet hierüber nichts. 51) Droysen II, 417—420.

52) Chemnitz II, 386—390. 53) Gfrörer S. 723—725, nach Londorp, Acta publica IV, 216 seq., Chemnitz I, 194, a und 198, und Röse, Bernh. v. Weimar I, 153 fg. — Droysen (welcher sich hierüber kurz faßt) II, 375 und 380.

des jetzt offenen Kampfes der Regenten von Hessen und Weimar gegen ihn, theils wegen der gefährlichen, drohenden Neutralität Kursachsens, theils wegen der von Frankreich beobachteten Haltung, theils wegen seiner eigenen Doppelstellung als des Oberfeldherrn, welcher Weisungen vom Kaiser und zugleich von Maximilian empfing. Nachdem er bis zum 18./28. Aug. in Wolmirstädt verweilt hatte, marschirte er an diesem Tage nach Eisleben weiter[54]), wo Graf Egon von Fürstenberg mit einem großen Theile des bei Mantua verwendeten Wallenstein'schen Heeres, etwa 17,000 Mann stark, zu ihm stieß[55]), und auch Aldringer, mit 8000 Mann aus Italien heranziehend, sich mit ihm zu vereinigen suchte[56]). Von einer anderen Seite rückte Tiefenbach aus Schlesien gegen Kursachsen herbei. Mit dieser vereinten Macht sollte Tilly nach des Kaisers Willen die Schweden oder Kursachsen angreifen, was auch Pappenheim's Absicht war. Es wäre für Tilly ein Leichtes gewesen, mit dem circa 18,000 Mann starken und wenig widerstandsfähigen Heere Kursachsens, welches bis zum 21.(31.) Aug. bei Leipzig stand, in kurzer Zeit fertig zu werden; aber er fand sich in diesem Plane vielleicht durch Weisungen von Seiten Maximilian's behindert[57]). Am 14./24. Aug. ließ er durch Abgesandte den in Merseburg verweilenden Kurfürsten von Sachsen auffordern, sein Heer mit dem kaiserlichen und ligistischen zu vereinigen, ihm sein Land zu öffnen, seinem Heere Lebensmittel zu liefern, worauf Johann Georg am folgenden Tage einen abschläglichen Bescheid gab. Tilly zog hierauf am 4. Sept. (wol n. St.) auf Halle, von wo aus er den Kurfürsten nochmals aufforderte, sich mit ihm in Güte zu vereinigen. Als der Stiftshauptmann von Merseburg die verlangten Mundvorräthe verweigerte, rückte auf Tilly's Befehl Pappenheim mit 6000 Mann und 8 Stücken heran, zwang den Stiftshauptmann zur Capitulation und führte durch seine geldgierigen Soldaten bei Merseburg, in kursächsischem Gebiete, plündern und brennen[58]), sodaß sich jetzt Sachsen durch die Kaiserlichen und Ligisten feindlich behandelt sah[59]).

Folgen wir für diese kritische Zeit den Berichte Droysen's, — so herrschte während des Juli und des August, zum Theil schon vorher, in ganz Deutschland eine starke Spannung der Gemüther darüber, wie sich Kursachsen entscheiden würde; es erschien eine große Menge von Flugschriften, welche zum Theil dringend den Anschluß an die Schweden forderten, den Neutralität oder Defensive nur zum Schaden der Evangelischen gereiche, zum Theil die Neutralität, zum Theil ein Bündniß mit dem Kaiser riethen[60]). Noch vor der Mitte des August ließ Tilly sein Heer von Tangermünde abziehen, und am 18. a. St. langte er in Eisleben an, um einen

Druck auf Kursachsen auszuüben[61]), von dessen Regenten jetzt Tilly'sche und kaiserliche Commissare forderten, daß er ihnen sein Heer zur Verfügung stelle und Contribution n leiste. Sofort schickte Johann Georg, in dessen Gebiet Tilly'sche Schaaren Einfälle machten, an Gustav Adolf nach Brandenburg einen Trompeter, am 20. Aug. hinter diesem her den Grafen Vitzthum, welcher jetzt dem Könige meldete, daß sein Herr sich mit ihm verbinden wolle. Gleichzeitig zog der Kurfürst seine Truppen bei Leipzig zusammen und führte sie über Eilenburg nach Torgau[62]). Da jetzt in Kursachsen eine entschiedene Wendung eintrat, so eilte seinerseits Gustav Adolf am 14. Aug. (a. St.) von Werben nach Rathenow zu Horn, indem er Baudissin und Teuffel in Werben zurückließ, und führte sein Heer näher an die sächsische Grenze heran. Er selbst rückte mit 5000 Mann sofort auf Wittenberg; Baner und Teuffel sollten folgen, Horn und seine Heeresabtheilung sich nach Schlesien in Bewegung setzen. Nachdem der König am 23. Aug. (a. St.) in Wittenberg, am 24. in Coswig angelangt war, hatte er Tilly den rechten Flügel der Sachsen gewonnen[63]). Noch versuchte der Kaiser in mehreren an denselben gesandten Briefen den Kurfürsten zu einem entschiedenen Bündniß mit sich zu bewegen[64]), was auch Tilly durch dringende Vorstellungen that. Am Ende des August (a. St.) rückte dieser über Halle näher an das Kursächsische heran, nahm am 26. Aug. Merseburg mit Accord und setzte sich zwischen Halle und Merseburg in einem Lager fest, von wo aus die kursächsischen und andere Länder gebrandschatzt wurden. Da endlich schloß am 1. (nach Anderen am 2.) Sept. a. St. Johann Georg mit Gustav Adolf ein Bündniß: Beide wollten wie Ein Mann gegen den Feind zusammenstehen; die sächsische Armee sollte, so lange die Gefahr dauerte, mit der schwedischen vereinigt sein; in der Bestimmung der Operationen hatte Gustav Adolf die Oberleitung; der Kurfürst wollte ihm seine Pässe öffnen, Fourage und anderen Bedarf liefern u. s. w.[66]).

Von dieser Darlegung der Ereignisse bei Droysen weicht diejenige bei Gfrörer in wesentlichen Stücken ab und erzählt, freilich in nicht ganz glaubhafter Weise, Dinge, welche dort nicht zu finden sind. Darnach brach auf kurfürstlichen Befehl vom 22. Aug. a. St. die sächsische Armee von Leipzig auf, die Infanterie voran, die Cavalerie mit 8 Stücken in der Nachhut, und bezog bei Torgau ein befestigtes Lager[66]). Gleichzeitig sandte Johann Georg seinen Feldmarschall Arnim nach Altbrandenburg zu Gustav Adolf, um von diesem Hilfe zu erflehen. An die Abgesandten richtete der König folgende Anrede (welche wol schwerlich weder von dem Redenden noch von den Angeredeten dem großen Publicum mitgetheilt worden ist): Der Kurfürst ist selbst Schuld an seiner Noth; jetzt sucht er mich; er hätte mich früher suchen sollen; ich kann einem Fürsten nicht ver-

---

54) Nach Khevenhiller XI, 1698. 55) Nach Chemnitz I, 200, b. 56) Förster, Wallenstein's Briefe II, 99. 57) Gfrörer S. 727—730. 58) Nach Khevenhiller XI, 1698 und Chemnitz I, 201. 59) Gfrörer S. 730 und 731. 60) Droysen II, 380—386, wo sich Excerpte aus mehreren derselben finden.

61) Ebenda II, 380. 62) Ebenda II, 391 und 392. 63) Ebenda II, 392 und 393. 64) Ebenda II, 378 und 379. 65) Ebenda II, 393—395. 66) Nach Chemnitz I, 201, a.

trauen, deffen Räth= an den Kaifer verkauft find, und der mich wieder verlaffen wird, fobald ihm der Kaifer fchmeichelt. — Trotzdem kam, fo erzählt Gfrörer weiter, Arnim noch zweimal zum Könige im Auftrage feines Fürften, indem er deffen Bitte dringend wiederholte und günftige Bedingungen bot. Jetzt forderte Guftav Adolf die Feftung Wittenberg, den Sohn des Kurfürften als Geifel, einen dreimonatlichen Sold für fein Heer, die Auslieferung der Verräther [67]). Johann Georg war in Allem bereit und gab dem Könige bei einem perfönlichen Befuche in deffen Lager am 26. Aug. a. St. feine Zu= fage, wobei Guftav Adolf nur noch einen einmonatlichen Sold für feine Soldaten begehrte [68]). Sofort (Gfrörer fagt hier nicht, an welchem Tage) fchloffen beide das Bündniß, deffen Bedingungen wie oben bei Droyfen an= gegeben find. Nach Spanhemius [69]) wurde auch ein geheimer Artikel vereinbart [70]).

Folgen wir zunächft weiter der Erzählung Gfrö= rer's, fo hielt Guftav Adolf am 1.(11.) Sept. 1631 Heerfchau über feine 13,000 Mann zu Fuß und 8850 zu Roß [71]) und marfchirte nach Wittenberg, wo er mit den beiden Kurfürften von Sachfen und von Branden= burg zufammentraf [72]); am 3.(13.) zog er über die dor= tige Elbbrücke und am 4.(14.) rückte er nach Düben vor. Noch am 3.(13.) fchrieb Johann Georg an Tilly [73]): Er fei dem Kaifer ftets treu gewefen, dafür aber fchlecht behandelt worden; trotzdem habe er noch Vertrauen zu feinem „lieben Kaifer“; aber von Tilly werde fein Land hart heimgefucht. Indem das kurfächfifche Heer fich mit dem fchwedifchen bei Düben vereinigte, hielt hier Guftav Adolf mit den beiden Kurfürften und feinen Generalen Kriegsrath, deffen Verhandlungen Chemnitz wiffen will; Guftav Adolf habe erklärt, man müffe vor= fichtig fein und keine Schlacht wagen; aber von Johann Georg fei erwidert worden, man müffe eine fchnelle Ent= fcheidung herbeiführen, und nöthigenfalls werde er mit feinem Heere, welches nach Gfrörer wohlgenährt und gut bekleidet war, allein auf Tilly losgehen (?); da habe denn der König in eine Schlacht gewilligt, vor deren Beginn der Kurfürft von Brandenburg nach Ber= lin zurückreifte [74]).

Nach Droyfen nahmen diefe Ereigniffe folgenden Verlauf. Sofort nachdem unterm 1. (oder 2.) Sept. a. St. das Bündniß abgefchloffen war, trafen die zwei Herrfcher die Beftimmung, daß die beiderfeitigen Heere fich in und bei Düben vereinigen follten. Das Gros der fchwedifchen Armee paffirte am 3.(13.) Sept. die wittenberger Elbbrücke und langte am 5.(15.) in und bei Düben an, an welchem Tage fich hier auch die Kur= fürften von Sachfen und Brandenburg einfanden. Die fächfifche Armee war in 6 Regimentern Infanterie und

6 Regimentern Cavalerie 16,000 bis 20,000 Mann ftark, die fchwedifche zählte 20,150 zu Fuß und 7500 zu Roß. Anfangs widerrieth (vielleicht nur forfchend) Guftav Adolf das Wagniß einer Feldfchlacht; da aber Johann Georg auf ihr beftand, fo ging er mit Freuden darauf ein. Am 6. Sept. (a. St.) rückten beide Armeen von Düben bis Wolkau (Wölkau) vor und blieben am 7. dort ftehen [75]).

Unterdeffen war Tilly am 30. Aug. (a. St.) mit einer Heeresabtheilung vor Leipzig erfchienen, von deffen Behörden er Proviant und andere Conceffionen forderte. Da die Stadt, welche befeftigt war, fich deffen weigerte, führte er feine ganze Armee heran und lagerte fich mit derfelben in und bei den Dörfern Wahren, Möckern und Gohlis. Die Leipziger entfchloffen fich zur bewaffneten Gegenwehr und brannten zu diefem Zwecke am 4. Sept. die Vorftädte nieder. Noch an demfelben Tage ließ Tilly die Stadt bombardiren, welche ihrofeldo ebenfalls mit Kanonen antwortete. Als am 5. Sept. Tilly fie noch einmal zur Uebergabe aufforderte, erfolgte die Capi= tulation, zumal man in ihr von der Nähe des fchwedifch= fächfifchen Heeres nichts wußte. Die Stadt mußte fich dazu bequemen, 400,000 Gulden an Contribution zu zahlen und eine kaiferliche Befatzung aufzunehmen, wäh= rend die fächfifchen Truppen mit allen Ehren ausrückten, wie denn überhaupt Tilly hierbei nicht hart verfuhr. Am 6. Sept. (a. St.) zog derfelbe mit 3000 Mann ein. So Droyfen [76]). Hiermit ftimmt Gfrörer, welcher als militärifchen Commandanten der Stadt Hans von der Pforten nennt, im Wefentlichen überein, nur daß er die Pleißenburg erft am 7.(17.) Sept. capituliren läßt, nachdem die Stadt fich bereits am 5.(15.) ergeben [77]).

Die Schlacht bei Breitenfeld, durch welche jetzt eine entfcheidende Wendung herbeigeführt wurde, legt fich nach dem Berichte Droyfen's in folgenden Momenten dar. Als Tilly am 6. Sept. (a. St.) in Leipzig hörte, daß die feindlichen Armeen bereits ganz nahe herangerückt wäre, führte er die feinige, welche zwifchen 30,000 und 40,000 Mann ftark, alfo fchwächer als jene war, fofort auf die Höhen vor den Dörfern Podelwitz und Göpfchelwitz, die Front nach Norden gewendet. Den rechten Flügel com= mandirte Graf=Fürftenberg, den linken Graf Pappen= heim, beide vornehmlich mit Cavalerie verfehen; den fpeciellen Oberbefehl über das Centrum hatte Tilly; vor der Front war, wie damals üblich, die „Batterie“ auf= gepflanzt. In der Frühe des 7.(17.) Sept. brach das fchwedifch=fächfifche Heer aus feinen Bivouacs auf und ftellte fich vor dem feindlichen in Schlachtordnung. Auf dem rechten Flügel und im Centrum ftanden die Schwe= den, 19,100 Mann Infanterie und 7700 Mann Cavalerie; den linken Flügel nahmen, in einer abgefonderten Stel= lung, die Sachfen ein, etwa 19,000 Mann, fodaß die gefammte fchwedifch=fächfifche Streitmacht an 46,000 Streiter zählte [78]).

---

67) Ebenfalls nach Chemnitz I, 201, a und b. 68) Nach dem Soldat Suédois p. 94 seq.; S. Puffendorf, 'De Rebus Sue- cicis, Lib. III, §. 27; Mauvillon p. 264. 69) Im Soldat Suédois p. 96. 70) Gfrörer S. 731—734. 71) Nach Chemnitz I, 203, a. 72) Nach dem Soldat Suédois p. 96. 73) Nach Lontorp, Acta publica IV, 206, b. 74) Gfrörer S. 734—736.

75) Droyfen II, 395—397. 76) II, 397—399. 77) Gfrörer S. 731, nach Chemnitz I, 202, b. 78) Droyfen II, 399—401.

Bei der von Tilly gehandhabten (spanischen) Kampfweise war es auch diesmal darauf abgesehen, mit großen comparten Infanteriemassen in gewaltiger Tiefaufstellung vorzurücken, mithin durch deren Schwergewicht auf den Feind zu wirken, und dann die Cavalerie ebenfalls in starken geschlossenen Phalangen eingreifen zu lassen. Dieser Taktik gemäß war das Centrum des Tilly'schen Heeres meist aus schwerfälligen Infanterie-Carré's gebildet, von denen nur die vordersten Reihen ihre ebenso langsamen Schüsse abgeben konnten, da der Infanterist sein Gewehr auf eine Gabel stützte und zu jedem Schusse 99 Griffe brauchte. An derselben Schwerfälligkeit litt die kaiserliche und ligistische Artillerie. Dagegen war auf Gustav Adolf's Seite die möglich größte Beweglichkeit maßgebend, wie im schnellen Manövriren, so im schnellen Feuern. Die Harnische waren hier leichter, den Musketieren fast ganz abgenommen, die Gewehre von geringerem Gewichte und deren Gabein ganz beseitigt; auch bediente man sich hier vielfach der Feuerschlösser statt der Lunten; neben den schweren Geschützen wirkten auch viele leichte. Ferner verstand es Gustav Adolf, die Massen mehr zu gliedern; mit kleineren Infanterie-Abtheilungen ließ er kleinere Cavalerie-Abtheilungen zusammenwirken; letztere brachen — nach Umständen — hinter Infanterie hervor und zogen sich nach Befinden hinter deren Schutz zurück. Die Infanterie des schwedischen Centrums war in Brigaden zu je 1224 Mann eingetheilt; als Hauptstützen jeder Brigade dienten drei Pikenier-Abtheilungen; eine an der Spitze, zwei in der Basis oder Hauptlinie; zwischen der Spitze und der Basis stand eine kleine Musketier-Abtheilung, und drei solche befanden sich auch in der Basis zur Seite der Pikeniere, nämlich eine in der Mitte und zwei auf den Flügeln:

Pikeniere		
Musketiere		

Musketiere	Pikeniere	Musketiere	Pikeniere	Musketiere

Die Musketiere deployirten nach Befinden vor der Front und griffen den Feind in aufgelösten Schwärmen an, wobei die Gewehrgriffe, auch bei der übrigen Infanterie, viel weniger zahlreich und einfacher waren, mithin die Schüsse schneller abgegeben wurden als bei den Feinden. Da Gustav Adolf die Tiefe der Aufstellung von sechs auf drei Glieder reducirt hatte, so kam auch hierdurch der einzelne Mann zu einer mehr selbstthätigen und kühner Action freier Kräfte als bei den Kaiserlichen, wo die Aufstellung der Infanterie 10 Mann tief war, sodaß bei weitem nicht so viele Soldaten, als da standen, zugleich feuern konnten. In der schwedischen Infanterie gab das erste Glied knieend, das zweite und dritte stehend seine Schüsse ab. Gustav Adolf verwandte, wie er dies in der breitenfelder Schlacht that, bei seiner Aufstellung der Mannschaften viel leichter als Tilly ein zweites Treffen zu formiren [79]).

Die Kaiserlichen, deren Feldgeschrei „Jesus Maria" war, trugen ein weißes, die Schweden ein grünes Abzeichen mit der Loosung: „In Gottes Namen" (nach Anderen: „Gott mit uns"). Da die Schweden den Feinden gegenüber, welche auf den Höhen standen, anfangs die Sonne wie den Wind und Staub im Gesicht hatten, so zog Gustav Adolf seine ganze Armee zunächst ein Stück nach Rechts (wol unter einer Schwenkung) und gewann so den Kaiserlichen den halben Wind ab. Die eigentliche Schlacht begann Mittags zwischen ein und zwei Uhr, indem der linke kaiserliche Flügel gegen die Schweden vorging. Da hierdurch Pappenheim's Reiter zu weit von ihrem Centrum abkamen, so benuzte Gustav Adolf sofort diesen Fehler und sandte den Angegriffenen Verstärkung, wodurch die Angreifer in die Flucht geschlagen wurden. Mit dem Centrum ging inzwischen Tilly zunächst gegen die kriegsungeübten Sachsen vor, welche sehr bald wichen, wodurch auch ein Theil der Schweden mit fortgerissen wurde. Der Kurfürst machte sich bei dieser Wendung schnell aus dem Staube und erst in Eilenburg Halt. Als jetzt Tilly sich gegen den linken Flügel der Schweden wandte, um ihn aufzurollen, führte Horn mit demselben rasch eine Schwenkung aus und machte gegen die Andringenden Front. Der König kam mit den Brigaden Vitzthum und Hebron zur Hilfe, und es entstand hier ein furchtbarer Kampf, in welchem sich kaiserlicherseits Fürstenberg's Reiter sehr tapfer hielten. Hierher ritte nun, Horn an der Spitze, die ostgothische Cavalerie; die kaiserlichen Infanterie-Massen wichen zurück, die Schweden drängten nach und gewannen nicht blos die sächsischen Kanonen wieder, sondern nahmen auch die kaiserliche Batterie. Am Abende hatten die Schweden über den arg zerrütteten Feind einen vollkommenen Sieg davongetragen; nur vier kaiserliche Regimenter gingen intact aus der Schlacht hervor. Die Schweden sollen an diesem Tage nur 2100 Todte und Verwundete gehabt, die Kaiserlichen aber 10,000 bis 12,000 Mann verloren haben, wol mit Einrechnung der vielen Gefangenen, welche meist schwedischen Regimentern einverleibt wurden. Am schwersten war die kaiserliche Infanterie decimirt; ganze Regimenter lagen todt auf dem Schlachtfelde, wie das Holstein'sche. Von Officieren fielen auf schwedischer Seite die Obersten Teuffel, Kalenbach und Hall, auf kaiserlicher und ligistischer unter Anderen der Artillerie-General Schönberg, der General-Major Erwitte, der Oberst Baumgarten. Tilly selbst trug mehrere Wunden davon und verlor fast seine ganze Artillerie, nämlich 26 Stücke, unter ihnen viele halbe Karthaunen, ferner seinen Proviant und Munition, eine Menge von Karren, auch circa 90 Fahnen und Cornets. Da der Sieg fast nur durch die schwedische Cavalerie und durch die zwei erwähnten Brigaden (von sieben) gewonnen worden war, die Sachsen aber gleich beim ersten Anprall des Feindes das Weite gesucht hatten, so muß hierin ein Beweis für die große Ueberlegenheit der schwedischen Taktik über die feindliche erblickt werden [80]).

---

79) Ebenda II, 401—404.

80) Ebenda II, 404—408. Auch hier in dem Bestreben, nur actenmäßig oder archivalisch Berichtetes wiederzugeben.

12*

Von der Erzählung bei Droysen weicht diejenige bei Gfrörer in nicht unwesentlichen Punkten ab, wie sie auch mehr bestimmte — ob auch überall ganz sichere? — Einzelheiten bringt. Nachdem — so heißt es hier — die vereinigte Armee der Schweden und Sachsen am 6.(16.) Sept. von Düben abmarschirt war und der König noch an demselben Tage „Klein-Wolcka" als Nachtquartier erreicht hatte, hielt er noch an demselben Abende vor den Heerführern eine Anrede, welche Chemnitz wörtlich anführt[81]), und worin unter Anderem gesagt worden sei: Der Streit gelte der allein seligmachenden Kirche[82]). — Tilly, welcher noch am 7.(17.) Sept. früh bei Leipzig mit Verschanzungen beschäftigt war, schien eine Entscheidungsschlacht nicht wagen zu wollen; aber diese wurde besonders von den jüngeren Officieren und von dem ungestümen Pappenheim gefordert, welcher auch sofort am Morgen dieses Tages mit 2000 Reitern die Schweden angriff, aber bald so bedrängt wurde, daß er noch 2000 verlangte, worüber Tilly im Zorne ausrief[83]): „Dieser Mensch wird mich noch um Ehre und guten Namen, den Kaiser aber um Land und Leute bringen" (?). Die 2000 Reiter wurden abgeschickt, jedoch mit dem Befehle, daß sich Pappenheim sofort zurückziehen sollte; dieser hatte sich aber bereits so stark engagirt, daß Tilly mit dem Gros des Heeres nachrücken durfte, mit dem Gros des Heeres nachzurücken[84]).

, Desselben Tages früh brach Gustav Adolf mit seinen Truppen von Klein-Wolcka auf, und diese trafen zunächst auf Pappenheim, sobald sie sich nur mit großen Schwierigkeiten am Loberbache aufstellen konnten. Indem der König das Heer zwischen den Dörfern Podelwitz und Göpschelwitz in Linie brachte, war ihm der starke Wind und Staub höchst hinderlich; mehrere Male suchte er den Wind zu gewinnen; aber es gelang ihm erst am Ende[85]). Die Schlachtordnung für die Schweden bot die nachstehend verzeichnete Gestalt[86]). Es waren 2 Treffen formirt, jedes mit einer Reserve, in 4 Linien; im 1. Treffen standen mit geringen Zwischenräumen: 1) 8 Fahnen finnische Reiter, 2) 180 Musketiere und Baner's Regiment, 3) 12 Fahnen Reiter von Tott, 4) 180 Musketier von Baner, 5) 8 Fahnen westgothische Reiter, unter Soop, 6) 180 Musketiere von Baner, 7) 8 Fahnen von Hall's Regiment, 8) 4 Fahnen ostgothische Reiter, 9) 4 Compagnien Fußvolk von Axell Lilia, 10) 4 Fahnen Fußvolk von Oxenstierna, 11) ebenso viele vom Regiment Hasauer, 12) das königliche Leibregiment zu Fuß unter Oberst Teuffel, 13) 4 Compagnien Musketiere vom Regiment Hall, 14) ebenso viele vom Regiment Hohendorf, 15) das Winkel'sche Regiment, 16) 2 Fahnen Reiter vom Regiment des

Feldmarschalls Gustav Horn, 17) 5 Fahnen Reiter von Calenbach, 18) 360 Musketiere, 19) 5 Fahnen Reiter von Calenbach, 20) 280 Musketiere von Oxenstierna, 21) 3 Fahnen Reiter vom Regiment Baudissin, 22) 300 Musketier von Erich Hand. Hinter diesem 1. Treffen waren als Reserve aufgestellt 260 Musketiere vom Regiment Hamilton, 5 Fahnen Reiter von des Königs Leibregiment unter Oberst Uslar, 350 Musketiere Ramsay und das Regiment des Rheingrafen[87]). Das 2. schwedische Treffen wird von Khevenhiller in derselben genauen Weise beschrieben wie das erste. Vor dem 1. Treffen war das grobe Geschütz postirt; außerdem hatte jede (?) Abtheilung kleine, lederne (mehrere?) Kanonen. Den rechten Flügel commandirte Johann Baner, den linken Feldmarschall Gustav Horn, das Centrum Teuffel; der König selbst hielt sich hauptsächlich zur Disposition gegen Pappenheim, weil er diesen am meisten fürchtete; namentlich im Anfange verweilte er bei seinem rechten Flügel; er ritt einen Schimmel, trug einen ledernen Koller und einen weißen Hut mit einer grünen Feder. — Die ebenfalls in zwei Treffen formirten Sachsen, welche sich bis zum Dorfe Göpschelwitz ausdehnten, umfaßten, außer der Artillerie, 5 Regimenter Cavalerie und 6 Regimenter Infanterie und wurden von dem Feldmarschall Arnim commandirt[88]).

Die Aufstellung der Kaiserlichen erstreckte sich vom Dorfe Seehausen bis zum Dorfe Breitenfeld, 18 Regimenter zu Pferd, 2 Regimenter Kroaten, 1 Regiment Dragoner, 17 Regimenter zu Fuß, in eine Linie formirt. Auf dem rechten Flügel, den Sachsen gegenüber, commandirte Graf Fürstenberg, auf dem linken Pappenheim; im Centrum hielt Tilly; das grobe Geschütz war vor der Front aufgepflanzt, links von Seehausen. — Nach Chemnitz hielt Tilly vor dem Beginn der Schlacht „an das Heer", an seine 30,000 Mann, eine Anrede, welche wenig glaubhaft klingt[89]).

Nach einer von Mittag bis 2 Uhr dauernden Kanonade nahm die Schlacht ihren eigentlichen Anfang, wobei Pappenheim mit seiner (an Zahl und Stärke der Pferde) überlegenen Reiterei die Schweden zu überflügeln suchte; allein ihr konnte seine Infanterie nicht schnell genug folgen, und andererseits stellte sich in trefflich gelungener Bewegung mit ihren leicht beweglichen Kanonen die schwedische Reserve rasch entgegen und hielt den Stoß hart kämpfend aus, während das 1. schwedische Treffen noch ohne Arbeit da stand. Der angreifende rechte kaiserl. Flügel litt außerordentlich, und namentlich wurde das Holstein'sche Fußregiment nach tapferer Gegenwehr fast ganz vernichtet. Dem (ersten) Cavalerie-Angriffe Fürstenberg's hielten die Reiter und die Artillerie der Sachsen eine Zeitlang Stand; als aber Tilly mit einem Theile der übrigen Armee eingriff, begab sich hier bald Alles auf die Flucht, in welcher auch schwedische Fuhrknechte sich bis Düben fortreißen ließen. Den hierdurch bedrohten linken Flügel der Schweden verstärkte Gustav Adolf durch die herbei-

---

81) Woher entnommen? 82) Gfrörer S. 636 und 637. 83) Nach Khevenhiller XI, 1875. 84) Gfrörer S. 737—739. 85) Nach Mauvillon, Lettres de G. A., p. 200. 86) Nach Khevenhiller XI, 1870 fg. Sehr auffällig hierbei bemerkt man die zerstückelte Vertheilung der Regimenter, die Nichtnennung von Pikenieren, die Unbestimmtheit darüber, ob man es mit Infanterie oder Cavalerie zu thun habe, die genaue Zahlenangabe über viele Abtheilungen.

87) Gfrörer S. 739 und 740. 88) Ebenda S. 740 und 741. 89) Ebenda S. 741 und 742.

rückende Reserve, und nun entstand hier ein gewaltiges Ringen Mann bei Mann, wobei den Schweden die leichteren Gewehre und die beweglicheren Kanonen trefflich zu statten kamen, während die schweren kaiserlichen Geschütze wenig zur Wirkung gelangen konnten. Zuerst wich an dieser Stelle Tilly's Reiterei, dann auch das Fußvolk. Da unterdessen Baner den linken kaiserlichen Flügel geschlagen hatte, so begann der allgemeine Rückzug des Tilly'schen Heeres. Hierbei kam der „lange Frit", ein Rittmeister vom Regiment des Rheingrafen, dem Tilly so nahe, daß er ihn beinahe mit der Hand erfaßte, als er durch den Herzog Rudolf Max von Sachsen-Lauenburg vom Pferde geschossen ward. Der hart gefährdete kaiserliche Oberfeldherr begab sich in das Carré etlicher tapferer Veteranen, bis die Nacht den Kampf beendete. An 9000 Todte bedeckten das Schlachtfeld, unter ihnen 700 (nur?) Schweden, 2000 (so viel?) Sachsen, die Uebrigen „Katholiken" (?); außerdem hatten die Besiegten, von denen Pappenheim bis zuletzt aushielt, ihr ganzes Geschütz verloren, nämlich 27 schwere Kanonen, dazu circa 100 Fahnen und Standarten. Von schwedischen höheren Officieren fanden außer Teuffel, Hall und Calenbach auch Aberfaß und Damit ihren Tod. Gustav Adolf blieb mit einem Theile seiner Truppen die Nacht über auf dem Schlachtfelde[90].

Durch den Erfolg der Schlacht von Breitenfeld, welche überall ungeheure Sensation machte, wurde Gustav Adolf in Deutschland ungemein populär; eine Menge von Flugblättern priesen und verherrlichten ihn; andere brachten Spottlieder auf die Kaiserlichen[91]. Sehr viele Soldaten aus der Armee der Liga und des Kaisers, welcher letztere nach Gfrörer über die Niederlage Maximilian's — die ja aber doch auch seine eigene war — gefreut haben soll, nahmen in der schwedischen Armee Dienste, sodaß diese jetzt stärker war als je zuvor[92].

Tilly, welcher noch am 7.(17.) Sept. bis unter die Mauern von Leipzig verfolgt ward, floh mit seiner Armee, deren aufgelöster Zustand, wie er dies selbst in seinen Berichten sagt, ein trauriges Bild bot, in größter Eile an der Saale abwärts. Nachdem er am 10. a. St. in Halberstadt angelangt war, wo er sich zum Zwecke der Sammlung einige Tage aufhielt, marschirte er in das Hildesheimische, wo sich Pappenheim wieder mit ihm vereinigte. Am 23. Sept. a. St. passirte er bei Corvey die Weser und nahm turcölnische Völker auf. Da er hier vernahm, daß ihm Gustav Adolf nicht folge, beschloß er, sich in das Hessische zu wenden, zum großen Schrecken des Herzogs Wilhelm, wie dieser in einem Schreiben vom 2. Oct. klagt. Als im Anfange dieses Monats bei Fritzlar die Generale Altringer und Fugger zu ihm gestoßen waren, sollen hier unter seinem Ober-

befehl wieder 18,000 Mann zu Fuß, 182 Cornets Reiter und 26 Geschütze vereinigt gewesen sein. Nachdem er seinen Marsch über Fulda nach Würzburg, um dieses zu entsetzen, gerichtet hatte, traf unterwegs in der Gegend von Miltenberg Herzog Karl von Lothringen mit 12,000 Mann bei ihm ein[93]. Mit diesen Angaben stimmt im Wesentlichen Gfrörer überein, nur daß derselbe in der Lage zu sein glaubt, für diese verschiedenen Etappen bestimmte Tage aus seiner Hauptquelle anzugeben: für den Aufbruch von Fritzlar den 12., von Fulda den 19., für die Ankunft des Herzogs Karl von Lothringen den 22. Oct. n. St. Auch fügt er hinzu, daß ihm, obgleich von da ab sein Heer 40,000 Mann stark gewesen, Maximilian untersagt habe, eine Schlacht zu wagen[94].

Für Wallenstein war die Katastrophe von Breitenfeld eine Genugthuung der Schadenfreude; sofort nach derselben äußerte er, unter Schmähungen gegen den kaiserlichen Beichtvater Lammermann, auf die Jesuiten und deren Partei, bei einem Spaziergange zu Prag gegen seinen Vertrauten Raschin: Diese Niederlage, welche eine Schmach für Tilly sei, komme ihm erwünscht; er selbst wolle dem Kaiser und dem König von Spanien zu Nichte-machen helfen und werde das ihm vom Kaiser wieder angebotene Commando nicht annehmen; gleichviel, wie der Kaiser gegen ihn gesonnen sei, wenn nur König Gustav Adolf ihm gewogen bleibe[95]. In der That wandte sich Ferdinand nach seiner Niederlage mit dem Ersuchen, den Oberbefehl wieder anzunehmen, an den Friedländer, mit welchem er nach seiner Enthebung in freundschaftlichem Verkehr geblieben war und an dessen Rehabilitation er schon früher gedacht hatte, hierin besonders durch Pappenheim's dringenden Rath bestärkt. Im Anfange gab Wallenstein kühl ablehnende Antworten, zumal er sich mit Gustav Adolf schon längst in geheime Verhandlungen eingelassen hatte. Nebenher gingen des Kaisers Versuche, durch friedliche Mittel Kursachsen wieder zu sich herüberzuziehen[96]. Im October bat Ferdinand den Wallenstein, dessen Beziehungen zu Gustav Adolf er damals nicht kannte, daß er durch Arnim einen friedlichen Vergleich mit Sachsen vermitteln möchte. Der angerufene Retter zögerte dem Kaiser gegenüber, da er erst die weiteren Erfolge seiner Correspondenz mit dem Könige von Schweden abwarten wollte, an welchen er nach Schleusingen, wo dieser damals verweilte, gegen das Ende des Septembers (a. St.) Raschin abgesandt hatte, um ihm sagen zu lassen, daß er, wenn er die 12,000 Schweden habe, sich Böhmens, Mährens und Schlesiens bemächtigen wolle. Seinerseits aber fühlte Gustav Adolf jetzt das Bedenken, ob er sich mit einem Mann einlassen dürfe, welcher an jenem Kaiser zum Verräther werden wollte, mit einem verschlossenen, düsteren, unberechenbaren Geiste, welcher früher aus rücksichtsloser Selbstsucht so hart an der Ostsee und anderwärts

90) Gfrörer S. 742—746, nach Chemnitz I, 211, b; Khevenhiller XI, 1873—1874; Soldat Saédols p. 105. — Wir haben auch hier auf die Anführung gewisser Einzelheiten der älteren (Gfrörer'schen) Darstellung nicht verzichten wollen; viele derselben sind, wenn auch bei Droysen nicht erwähnt, sicherlich thatsächlich und nicht aus der Luft gegriffen. 91) Droysen II, 408—411. 92) Gfrörer S. 747, nach Chemnitz I, 213, b.

93) Droysen II, 450 und 451. 94) Gfrörer S. 761—763, meist nach Khevenhiller XI, 1884. 95) Droysen II, 420 und 421. 96) Ebenda II, 411—415.

GUSTAV II. (ADOLF)

Von der Erzählung bei Droysen
bei Gfrörer in nicht unwesentlichen
sie auch mehr bestimmte — ob
sicherere? — Einzelheiten bringt. Na
es hier — die vereinigte Armee
Sachsen am 6.(16.) Sept. von Dü
und der König noch an demselben T
als Nachtquartier erreicht hatte, hi
ben Abende vor den Heerführer
Chemnitz wörtlich anführt [81]),
rem gesagt worden sei: Der
seligmachenden Kirche [82]). —
7.(17.) Sept. früh bei Leipzig
schäftigt war, schien eine
wagen zu wollen; aber diese
jüngeren Officieren und vor
heim gefordert, welcher auc
Tages mit 2000 Reitern
bald so bedrängt wurde,
worüber Tilly im Zorne
wird mich noch um Ehr
aber um Land und Leut
wurden abgeschickt, i
Pappenheim sofort z
aber bereits so stark
durfte, mit dem Gro.
Desselben Tag
seinen Truppen von
zunächst auf Papp
Schwierigkeiten a
dem der König l
witz und Göphd
starke Wind u
suchte er den P
erst am Ende
den bot die
waren 2 Tr
4 Linien; l
räumen; l
ketiere un
von Tott
westgoth
Bauer,
ostgoth
Lillia
eben
Leib
pa
vi
N

man t
von Piken
terie oder G
viele Abts

e tragen,
anbe des
em König-
lichen und
je sich ihm
e Unruhen,
r vergossen,
Rechenschaft
Ihr glaubt;
chten sich ja
geschehen u. f.
er Kriegslast
in Kursachsen
n [12]).

nben Schilde-
in einer magi-
vom 3. Juni
)nungen, wel-
Glaubwürdig-
velche sich die
n unrichtigen
der Verlauf
(a. St.) durch
e den Deputirten
daß sie seiner
t [2], Proviant u.
f [6 eine beson-
m dort Näher
t behörden ant-
te Quartier und
t der schwedische
Stadt Erfurt
chsen bat, diese
ff be Deputation
chtet hatte, mit
r, dieselbe Bitte
t b auf der Ein-
wobei er ver-
vilegien, Rech-
r luß der katho-
a zischen Dienern
d i werde er bei
treffen, da fie
e der Ligisten
m Verschonung
mals ablehnte,

und doch wiederholten jene ihr Anliegen. Hierauf verabschiedete sich von ihnen der König mit der Erklärung: Ich weiß wohl, daß ihr mich in der Stadt gern habet; deshalb werde er schon vor seiner Ankunft und vor ihrer Rückkehr ein Commando Soldaten in die Stadt schicken. Hierauf die Deputirten (mit denen der König große Geduld hatte): Ja, Sr. Majestät Anwesenheit sei den Erfurtern angenehm; aber zur Sicherung seiner Person und zur Besetzung der Posten und Thore habe man Stadtsoldaten. Da sagte Gustav Adolf ihnen: Er lasse sich für die Sicherung eines Ortes durch Besatzung nichts vorschreiben und recitirte dabei den lateinischen Pentameter: „Alterius non sit, qui suus esse potest"; die Deputirten hätten sich in Betreff der Garnison mit dem Bescheide des Raths halb wieder einzustellen. Dieser machte nach der Rückkunft der Deputation dem kurmainzischen Commissar A. Schmind sofort Mittheilung und erhielt von ihm den Rath, die Garnison ohne weitere Widerrede einzunehmen. Als die Deputirten bei der Ueberbringung ihres Auftrages den schwedischen Commissar S. Haußner am Mittage desselben Tages in der Nähe der Stadt trafen, meldete ihnen dieser, daß eine Abtheilung Reiter sofort in die Stadt einrücken werde; ein hoher schwedischer Offizier forderte die Besetzung der Thore durch seine Truppen nebst der Ueberweisung der Schlüssel zu denselben. Hiergegen wandten die Abgeordneten der Stadt ein, daß sie über die Schlüssel nicht zu verfügen hätten, und baten, daß man hiervon abstehen möge; aber der Herzog von Weimar, welcher sich mit den Seinigen bereits innerhalb der Stadt befand, bestand darauf und erklärte, daß er nicht eher vom Pferde steigen werde, als bis die Auslieferung geschehen sein würde. Die Stadtbehörden fügten sich und schickten nach den verschiedenen Schlüsselinhabern, erinnerten aber immer wieder an die Erhaltung ihrer Privilegien u. s. w., sowie an die Wahrung der kurmainzischen Interessen (um sich nach dieser Seite hin zu salviren); aber letzteres wurde von den inzwischen eintreffenden königlichen Räthen am 21. Sept. nicht zugestanden. Endlich kamen die Steuer mit den Thorschlüsseln an und stellten die sechs mit ihnen gefüllten Körbe in der „Großen Stube" der „Hohen Lilie" am Markte (gegenwärtig Gasthof am Friedrich-Wilhelms-Platze) vor die schwedischen Herren hin. Dies geschah am 21. Sept. a. St., einem Mittwoch. Nachmittags gegen 3 Uhr am 22. traf der König selbst mit Gefolge in Erfurt ein und wurde von den Vornehmsten der Stadt empfangen, welche ihm ihre Lage vorstellten und unter Anderem erwähnten, daß Erfurt während des gegenwärtigen Krieges sehr viel schon gelitten, sich aber stets in aller „Niederträchtigkeit" (Zurückgezogenheit) verhalten habe. Gustav Adolf antwortete sehr gnädig, fügte aber hinzu: Die Erfurter seien ja Bürger, denen es gebühre, für die Freiheit Gut und Blut einzusetzen sie sollten ihren wehrhaften Vorfahren nachahmen zur Vertheidigung ihrer evangelischen Freiheit; um größeres Unheil abzuwenden, möge man nicht säumig sein. Gleich darauf ging der König in das Petri-Kloster, wo er sich

XI, 1..
Suédois p ..
p. 387
.153 — 7.7
gestalt Def 2..
Herrn, Herr
zum ersten..
König. Bü..
überbare Bere
Chdruck: ..
XXIV. 2..

ldat Suédois p.
na Arkenholz,
ich Chemnitz I,
Jahrhafftiger wol-
e Durchlauchtigsten
Adolphi..., am
r Stadt Erfurde
gegenannter Stadt
Rathsmeisters und
Debefindum (zu
urch die K. Bibl.

gehauſt hatte. Unterm 21. Oct. 1631 (wol a. St.) ſchrieb in Guſtav Adolf's Auftrage Thurn an Raſchin: Der König vermöge jetzt dem Wallenſtein kaum 1500 Mann zu ſenden [97].

Während der Kurfürſt von Sachſen mit der wieder geſammelten Armee vor Leipzig rückte und dieſe ſeine Stadt am 12.(22.) Sept. durch Capitulation zurück- eroberte, wobei alle kaiſerliche Officiere ſich gefangen geben mußten [98], eilte Guſtav Adolf nach Merſeburg und von hier nach Halle, welches ſich am 11. Sept. a. St. ergab, worauf am folgenden Tage auch die dortige Moritzburg in ſeine Hände fiel [99]. Bei Merſeburg wurde eine Schar Kaiſerlicher faſt ganz vernichtet, am 9.(19.) bemächtigten ſich die Schweden dieſer Stadt; von den Hallenſern ließ ſich der König huldigen und den Eid der Treue ſchwören — ein principiell wichtiger Act, von welchem Droyſen nichts weiß. Als Statthalter im Erzſtift Magdeburg ſetzte er zu Halle den Fürſten Ludwig von Anhalt zum Lohne dafür ein, daß mit ihm damals dort das Haus Anhalt ein Schutz- und Hilfs- bündniß ſchloß — wovon Droyſen wiederum ſchweigt [1]. Von Halle aus, ſo berichtet Droyſen, forderte unterm 13.(23.) Sept. der König den Kurfürſten von Sachſen auf, zu ihm zu kommen, um in ſeiner Gemeinſchaft dar- über zu berathen, „wie der Sieg zu geſammtem Beſten und zu völliger Wiederherſtellung des evangeliſchen Weſens weiter zu verfolgen ſei". Als Johann Georg nach Halle kam, proponirte ihm Guſtav Adolf als zweckmäßigſte demnächſtige Maßregel, daß die kurſächſiſche Armee unter ihrem Feldmarſchall Arnim gegen die kaiſer- lichen Lande vorrücke; er ſelbſt wolle nach Süddeutſch- land ſich wenden, vielleicht, um Frankreich näher zu ſein, vielleicht aus anderen Gründen. Dazu kam, daß mit Wallenſtein verabredet worden war (dieſer ſollte mit Hilfe eines Heeres von 12,000 Schweden reſp. ſäch- ſiſchen, jetzt diſponiblen Armee gegen den Kaiſer einen Aufſtand in Böhmen beginnen und von da aus weiter gegen Wien in die kaiſerlichen Erblande vorbringen, wo ſich viel Zündſtoff zum Abfalle vom Kaiſer aufgehäuft hatte. Der Kurfürſt verſtand ſich dazu, den Feldzug gegen Böhmen, Schleſien und weiter zu unternehmen [2]. Ueber die damalige politiſche Lage reflectirend, fügt Droyſen hinzu, Guſtav Adolf, welchem ſich durch den Sieg bei Breitenfeld neue Perſpectiven eröffneten und neue Aufgaben ſtellten, namentlich zur Herſtellung des rechten Gleichgewichtes in Deutſchland, wo er ſeine confeſ- ſionellen Bekehrungen beabſichtigt habe, und zur Sicherung ſeines Reiches wie der ſchwediſchen Oſtſeeherrſchaft, ſei damals nicht gemeint geweſen, das Haus der Habs- burger auszurotten [gegen welches gleichwol Wallenſtein mit den Sachſen und einem ſchwediſchen Heere vorgehen ſollte!]; aber das Verhängniß habe ihn auf andere Bah- nen als diejenige ſeiner damaligen Abſicht fortgeriſſen [3].

Bereits — ſo fährt Droyſen fort — in der Mitte des Septembers (a. St.) diſponirte der König ſeine weiteren Operationen für die Aufſtellung von drei Armeen und ſandte nach allen Seiten Ordres; Tott ſollte zunächſt auf Bremen marſchiren, Bauer auf Halber- ſtadt gegen Tilly; er ſelbſt wollte mit der Royal-Armee von Erfurt aus über den thüringer Wald zur Werra, weiter nach Franken und zum Main ziehen [4]. Gfrörer legt ſchon bereits für die erſten Tage nach dem 7.(17.) Sept. die Abſicht bei, am Main bis zum Rhein vor- zudringen, mithin die ſogenannte „Pfaffenſtraße" (der geiſtlichen Herrſchaften) zu wählen, weil hier etwas zu holen geweſen ſei, und Guſtav Adolf den Kaiſer nicht habe aufs Aeußerſte treiben wollen [welch letzterer Grund ſchwerlich maßgebend geweſen ſein dürfte] [5]. Nachdem Guſtav Adolf — nach Droyſen — am 17. Sept. (a. St.) von Halle in der Richtung auf Erfurt abmarſchirt war, kamen ihm unterwegs Abgeſandte dieſer kurmain- ziſchen Stadt in Neubingen entgegen und hatten am 21. bei ihm Audienz, in welcher ſie ihn baten, daß er die Stadt mit einer Beſatzung verſchonen möge, wogegen ſie ſich erboten, Proviant und Quartier zu geben. Die Antwort war freundlich, fügte aber hinzu, daß er für die Beſatzung ſelbſt ſorgen müſſe, da der Kurfürſt von Mainz ſein Feind ſei. Noch an demſelben Tage erſchien mit etlichen Reitern der Herzog Wilhelm von Erfurt, welches ihm ohne Gegenwehr Einlaß gab und die Schlüſſel der Thore auslieferte. Am Nachmittage des 23. kam der König ſelbſt in die Stadt unter feierlichem Aufzuge; aber es iſt, wie Droyſen behauptet, eine Er- findung des Theatrum Europaeum, der Phantaſie von Chemnitz und Anderen, daß er am 24. eine lange Rede, die ſie mittheilen, gehalten haben ſoll. Es kam zu einem Vergleiche, kraft deſſen Guſtav Adolf verſprach, die Stadt bei ihren Privilegien und Freiheiten zu ſchützen, ſeine Garniſon bei guter Disciplin zu erhalten u. ſ. w. Er- furt ſeinerſeits gelobte, dem Könige treu zu ſein, eine ſchwediſche Beſatzung einzunehmen, ſich weiter befeſtigen zu laſſen, die Papiſten auszuweiſen u. ſ. w. Hier war es auch, wo Guſtav Adolf (definitiv) die Allianz mit den vier weimariſchen Fürſten ſchloß, mit den Brüdern Wilhelm, Albrecht, Ernſt und Bernhard; dem regierenden, Wilhelm, übergab er den militäriſchen Oberbefehl für die in Thüringen zu errichtende Armee. Den Grafen von Löwenſtein ernannte er zum Commandanten von Erfurt [6]. — Gfrörer läßt am 17. Sept. a. St. den Herzog Wilhelm von Weimar mit einem Regiment Küraſſieren vor der Stadt eintreffen [7], den König am folgenden Tage die oben erwähnte Rede an die Magi- ſtrat und die Zunftvorſteher halten [8], in dem Vergleiche die Stadt allen Verbindungen mit Kurmainz entſagen, nicht blos dem Könige, ſondern auch dem kurfürſtlich ſächſiſchen Hauſe „Treue ſchwören", 1500 Mann Beſatzung einnehmen, von Sachſen die

97) Ebenda II, 421 u. 422 und II, 503—507. 98) Gfrörer S. 748 u. 749, nach Chemnitz I, 215 fg. 99) Droyſen II, 322 u. 323. 1) Gfrörer S. 747 u. 748. 2) Droyſen II, 425—427. 3) Ebenda II, 423 u. 424. Die hier aufgeführten Gegenſätze erſcheinen uns nicht recht klar und thatſächlich begründet.

4) Ebenda II, 428 und 429. 5) Gfrörer S. 750 und 751. 6) Droyſen 430—432. 7) Nach Khevenhiller XI, 1879. 8) Nach Chemnitz I, 222 fg.

Koſten für die Erweiterung der Feſtungswerke tragen, eine kurſächſiſche Kanzlei neben dem Fortbeſtande des magiſtratualen Regimes errichtet werden [9], dem König das Verſprechen geben, die katholiſchen Geiſtlichen und Mönche zu ſchützen, aber die Jeſuiten, welche ſich ihm zu Füßen warfen, hart anreden [10]: „Für die Unruhen, die Ihr angezettelt, für das Blut, welches Ihr vergoſſen, werdet Ihr dereinſt vor Gottes Throne Rechenſchaft ablegen müſſen; ich kenne Euch mehr, als Ihr glaubt; Eure Abſichten ſind böſe“ u. ſ. w.; ſie möchten ſich ja ruhig verhalten; dann ſolle ihnen nichts geſchehen u. ſ. w., die evangeliſchen Geiſtlichen von jeder Kriegslaſt befreien [11], das Geſchenk, welches er an Kurſachſen überwieſen, nur als einen Köder hinwerfen [12]).

Vielfach abweichend von den vorſtehenden Schilderungen ſind dieſe erfurter Tage dargeſtellt in einer magiſtratualen Druckſchrift der Stadt Erfurt vom 3. Juni 1634 [12a]). Nach dieſen amtlichen Aufzeichnungen, welchen man in den weſentlichen Punkten die Glaubwürdigkeit nicht wird beſtreiten wollen, und welche ſich die ausdrückliche Aufgabe ſtellen, mehrfachen unrichtigen Veröffentlichungen entgegenzutreten, war der Verlauf folgender. Der König ließ am 19. Sept. (a. St.) durch ſeinen General-Commiſſar S. Häußner den Deputirten Erfurts ſagen: Er ſinne der Stadt an, daß ſie ſeiner Armee bei dem Durchzuge gute Quartiere, Proviant u. dergl. verſchaffen möge; ſie ſolle nächſtens eine beſondere Deputation nach Weimar ſchicken, um dort Näheres zu erfahren. Als die erfurter Stadtbehörden antworteten, daß man in den Dorfſchaften Quartier und Munvorrath beſchaffen wolle, meldete der ſchwediſche Commiſſar auch eine „Garniſon“ für die Stadt Erfurt an. Indem man den Kurfürſten von Sachſen bat, dieſe Garniſon abzuwenden, trug die betreffende Deputation dem Könige bei Leubingen, wo er übernachtet hatte, mit dem Bemerken, daß die Mainziſch wären, die Bitte perſönlich vor. Aber Guſtav Adolf beſtand auf der Einlegung einer Beſatzung und verſprach, die Stadt bei allen Freiheiten, Privilegien, Rechten, Beſitzungen zu erhalten, unter Einſchluß der katholiſchen Bewohner; indeſſen mit den kurmainziſchen Dienern (Beamten) und den katholiſchen Geiſtlichen werde er bei ſeiner Ankunft ein beſonderes Abkommen treffen, da ſie bisher dem ihm offen feindſeligen Bunde der Ligiſten angehört. Wieder baten die Deputirten um Verſchonung mit einer Garniſon, was der König abermals ablehnte,

und doch wiederholten jene ihr Anliegen. Hierauf verabſchiedete ſich von ihnen der König mit der Erklärung: Ich weiß wohl, daß ihr mich in der Stadt gern habet; deshalb werde er ſchon vor ſeiner Ankunft und vor ihrer Rückkehr ein Commando Soldaten in die Stadt ſchicken. Hierauf die Deputirten (mit denen der König große Geduld hatte): Ja, Sr. Majeſtät Anweſenheit ſei den Erfurtern angenehm; aber zur Sicherung ſeiner Perſon und zur Beſetzung der Poſten und Thore habe man Stadtſoldaten. Da ſagte Guſtav Adolf ihnen: Er laſſe ſich für die Sicherung eines Ortes durch Beſatzung nichts vorſchreiben und recitirte dabei den lateiniſchen Pentameter: „Alterius non ſit, qui ſuus eſſe poteſt“; die Deputirten hätten ſich in Betreff der Garniſon mit dem Beſcheide des Raths bald wieder einzuſtellen. Dieſer machte nach der Rückkunft der Deputation dem kurmainziſchen Commiſſar A. Schmind ſofort Mittheilung und erhielt von ihm den Rath, die Garniſon ohne weitere Widerrede einzunehmen. Als die Deputirten bei der Ueberbringung ihres Auftrages den ſchwediſchen Commiſſar S. Häußner am Mittage deſſelben Tages in der Nähe der Stadt trafen, meldete ihnen dieſer, daß eine Abtheilung Reiter ſofort in die Stadt einrücken werde; ein hoher ſchwediſcher Officier forderte die Beſetzung der Thore durch ſeine Truppen nebſt der Ueberweiſung der Schlüſſel zu denſelben. Hiergegen wandten die Abgeordneten der Stadt ein, daß ſie über die Schlüſſel nicht zu verfügen hätten, und baten, daß man hiervon abſtehen möge; aber der Herzog von Weimar, welcher ſich mit den Seinigen bereits innerhalb der Stadt befand, beſtand darauf und erklärte, daß er nicht eher vom Pferde ſteigen werde, als bis die Auslieferung geſchehen ſein würde. Die Stadtbehörden fügten ſich und ſchickten nach den verſchiedenen Schlüſſelinhabern, erinnerten aber immer wieder an die Erhaltung ihrer Privilegien u. ſ. w., ſowie an die Wahrung der kurmainziſchen Intereſſen (um ſich nach dieſer Seite hin zu ſalviren); aber letzteres wurde von den inzwiſchen eintreffenden königlichen Räthen am 21. Sept. nicht zugeſtanden. Endlich kamen die Diener mit den Thorſchlüſſeln an und ſtellten die ſechs mit ihnen gefüllten Körbe in der „Großen Stube“ der „Hohen Lilie“ am Markte (gegenwärtig Gaſthof am Friedrich-Wilhelms-Platze) vor die ſchwediſchen Herren hin. Dies geſchah am 21. Sept. a. St., einem Mittwoch. Nachmittags gegen 3 Uhr am 22. traf der König ſelbſt mit Gefolge in Erfurt ein und wurde von den Vornehmſten der Stadt empfangen, welche ihm ihre Lage vorſtellten und unter Anderem erwähnten, daß Erfurt während des gegenwärtigen Krieges ſehr viel ſchon gelitten, ſich aber ſtets in aller „Niederträchtigkeit“ (Zurückgezogenheit) verhalten habe. Guſtav Adolf antwortete ſehr gnädig, fügte aber hinzu: Die Erfurter ſeien ja Bürger, denen es gebühre, für die Freiheit Gut und Blut einzuſetzen und für Vertheidigung ihrer evangeliſchen Freiheit; um größeres Unheil abzuwenden, möge man nicht ſäumig ſein. Gleich darauf ging der König in das Petri-Kloſter, wo er ſich

9) Nach Khevenhiller XI, 1880 und Soldat Suédois p. 119 fg. 10) Nach Soldat Suédois p. 118 fg. und Arkenholz, Staatspapiere, bei Mauvillon p. 387. 11) Nach Chemnitz I, 127, b. 12) Gfrörer S. 753—757. 12a) Wahrhaftiger wolgegründeter Bericht. Welcher geſtalt Deß Weyland Durchlauchtigſten Großmächtigſten Fürſten und Herrn, Herrn Guſtavi Adolphi..., am 22. Sept. des Jahrs 1631 zum erſtenmahl in der Stadt Erffurdt angelangt: was zwiſchen J. Königl. Mayt. und theilsgenannten Stadt abgehandelt..... Auff ſonderbare Anordnung des Rathmeiſters und Raht gedachter Stadt. — Gedruckt durch F. M. Dedefindum (zu Erfurt). Im Jahr MDCXXXIV. (Dem Verf. durch die K. Bibl. in Erfurt zur Verfügung geſtellt.)

mit deſſen Abte und zwei Jeſuiten, unter ihnen dem Rector Dr. Joh. Bettingen, unterredete. Letzterer „ſoll" ſpäter des Königs „hochvernünftige, chriſtliche Rede" ſehr gerühmt haben. Am 23. Sept. (a. St.) übergaben ſämmtliche katholiſche Geiſtliche dem Könige ihre Reverſe und gelobten ihm an Eidesſtatt Treue und Gehorſam, worauf er noch an dem nämlichen Tage die Stadt umritt und dem Stadtbaumeiſter Weiſungen für neu anzulegende Befeſtigungswerke ertheilte. Zum Sonnabende, dem 24. Sept., auf Nachmittags drei Uhr, lud er ſn ſich in die „Große Stube" der „Hohen Lilie", ſeinem Hauptquartier, die Mitglieder der fünf Räthe ſowie die Vormünder der Viertel, der Handwerker und der Gemeinden und hielt an ſie „eine recht majeſtätiſche, ſehr zierliche und denkwürdige Anrede (in deutſcher Sprache), ſo ſich über eine halbe Stunde erſtreckt". Von ihr ſind „ohngefähr" folgende Worte „behalten und aufgezeichnet" worden. Er bezeuge vor Gott, daß er nach Deutſchland nicht gekommen ſei, um „Eroberungen zu machen, ſondern um ſeinen „Blutsfreunden und Glaubensgenoſſen" in ihrem „jämmerlichen" Zuſtande zur Vertheidigung ihres „wahren chriſtlichen Glaubensbekenntniſſes" zu helfen. Der „liebe Gott" habe ihn „ohnzweifelhaft hierzu berufen" und ihm bisher Muth und Sieg verliehen. Schon habe er in vielen deutſchen Ländern „das evangeliſche gemeine Weſen und die daran hangende politiſche Freiheit auf einen beſſeren und feſten Fuß geſetzt". Zur Fortführung dieſes Werkes — wobei er das evangeliſche Deutſchland mit einem Schiffe auf ſturmbewegter See verglich — müſſen Alle mithelfen, nicht blos Einige, während Andere die Hände in den Schoos legen. Er ſetze ihnen große Gefahren aus, gehe ihnen aber Gott vertrauend entgegen, und „achte ich mich dann vor Gott glücklich, wenn mein Herr Chriſtus mich ſo viel würdiget und mir die Gnade gibt, daß ich um ſeines Namens willen leibe." Auch die Erfurter müßten ihn hierbei thatkräftig helfen, damit ſie nicht wieder zu den Menſchenſatzungen gezwungen würden, mit Geld und Leuten. Man werde hierzu unter ſeiner Anleitung vielleicht eine Acciſe und andere Nothmittel anwenden. „Ich bitte euch um die bluttriefenden Wunden unſers Herrn Jeſu Chriſti willen, daß ihr dies hohe Werk, daran eure eigene, der Eurigen und eurer Nachkommen ewige und zeitliche Wohlfahrt gelegen iſt.... recht erwägen wollet." Eine Garniſon von ſeinen Truppen müſſe er ſchon um der Erfurter (Evangeliſchen) ſelbſt willen in die Stadt legen, zumal in der Viele wohnten, denen „nicht wohl zu trauen" ſei; aber er werde ſie thunlich bald zurückziehen. Uebrigens ſolle gute Disciplin gehalten werden; freilich habe er jetzt viel undisciplinirtes Volk, beſonders Ueberläufer von den feindlichen Heeren, die er noch nicht ſobald zurecht bringen könne; aber die Erfurter ſollten nur ſolche Soldaten, welche ſich gewaltthätig an Einwohnern vergreifen würden, ohne Rückfrage bei ihm greifen und gerichtlich abſtrafen laſſen; er werde deshalb nicht ungnädig ſein, ſondern ſich vielmehr freuen. „Ohne Garniſon könnt ihr nicht ſein, und ſteht nunmehr zu eurer Willkühr, ob

ihr Schafe oder Wölfe darin haben wollet." Er ermahne ſie, daß ſie ihre Stadt in noch beſſeren Vertheidigungsſtand ſetzen möchten; ihre Rechte, ihren Handel werde er zu mehren ſuchen. Im Bunde mit ihm könne die Stadt „gar wohl" in ihren „uralten Stand der vorigen Freiheit [Unabhängigkeit von Kurmainz — und Kurſachſen?] geſetzt" und zu einer „libera republica" gemacht werden. Es käme nun darauf an, daß ſein Verſicherungsbrief und ihre Reverſalen eheſtens feſtgeſtellt würden. Auch wolle er ſeine „herzliebe Gemahlin" nach Erfurt kommen laſſen, wo ſie eine Zeitlang bleiben werde. — Nachdem der regierende Rathsmeiſter ſich bedankt und zugeſagt hatte, frug der König die Anweſenden, ob ſie mit dem Allen einverſtanden wären, was ſie einſtimmig bejahten. Der hierauf gegebene königliche Verſicherungsbrief enthielt für die Stadt (mit Ausnahme des Kurfürſten von Mainz, ſeiner Beamten und der katholiſchen Geiſtlichen — bis auf Weiteres) folgende Zuſagen: 1) Der König läßt die Stadt bei allen berechtigten Freiheiten und Beſitzungen. 2) Er ſchützt ſie nach Möglichkeit gegen Jedermann. 3) Die Garniſon bleibt nur ſo lange, als es die ratio belli u. ſ. w. erfordert. 4) Es ſoll gute Disciplin gehalten werden..... 5) Die Stadt wird bei künftigen Friedensunterhandlungen mit eingeſchloſſen.... Die Reverſalen der Stadt enthalten neben anderen folgende Punkte: 1) Die angebotene königliche Gnade wird angenommen. 2) Die Stadt wird dem Könige und ſeinen Rechtsnachfolgern, ſo lange dieſer „Religions-Krieg" währt, treu (verbunden) ſein. 3) Sie wird ſich gegen des Königs Feinde nach Möglichkeit vertheidigen. 4) Nichts zu ſeinem Schaden thun, u. ſ. w. [12b]). Nachdem des Schriftſtücke gleich vollzogen worden waren, ging Guſtav Adolf am Montage, dem 26. Sept., früh zwiſchen 8 und 9 Uhr mit ſeinem Heere in der Richtung nach Arnſtadt ab; dabei ließ er einen ſeiner Soldaten, welcher das Haus eines Katholiken in Erfurt geplündert hatte, auf dem Markte öffentlich hängen. Der Graf Ludw. v. Löwenſtein blieb mit einer Beſatzung von 3225 Mann ſchwediſcher Truppen in der Stadt zurück.

Die dem Könige damals zur Verfügung ſtehenden Truppen ſetzten ſich aus den nachſtehend genannten Abtheilungen zuſammen [13]): 1) Die Royal-Armee mit einer effectiven Stärke von 18,070 Mann Infanterie, 600 Dragonern und 7550 Mann Cavalerie. Er hoffte, dieſelbe um 10,050 Mann Infanterie und 7500 Mann Cavalerie zu vermehren. 2) Unter Baner ſtanden effectiv 4050 Mann Feldtruppen, welche durch 5875 Mann verſtärkt werden ſollten. Dazu gehörten 3580 Mann Beſatzungstruppen, welche der König demnächſt um 2650 Mann vermehrt zu ſehen hoffte. 3) Tott commandirte 5450 Mann Feldtruppen, außerdem das mecklenburgiſche

---

12b) Von Kurſachſen u. ſ. f. iſt in keiner Weiſe die Rede. Doch ſind bie hier nur paſſim bezeichneten verzeichneten Grundſätze wahrſcheinlich bald zu mehr concreten Einzelheiten ausgeſtaltet worden. 13) Droyſen II, 432 und 433 nach einer offic. Liſte im ſchwediſchen Archiv III, 914.

Corps, welches auf 8100 Mann geschätzt wurde, sowie die Garnisonen in Pommern, Landsberg und Frankfurt a. d. O., zusammen 10,795 Mann. Diese Heeresabtheilung sollte verstärkt werden durch die erwarteten 6000 Niederländer, durch niedersächsische Werbungen von 4800 Mann und durch andere Regimenter, welche zusammen auf 8400 Mann berechnet waren, sowie durch 3500 Cavaleristen aus Schweden. 4) Hinzu trat das hessische Heer mit 10,000 Mann, zu denen noch 6 Regimenter mit 7200 Mann geworben werden sollten, und die durch den Herzog von Weimar zu errichtende Armee in Stärke von 11,500 Mann. Es stand demnach damals dem Könige eine thatsächliche Streitmacht von circa 68,000 Mann zu Gebote, welche verdoppelt werden sollte, ungerechnet die kursächsischen und die brandenburgischen Truppen.

Am 26. Sept. (a. St.) 1631 brach das schwedische Heer in zwei Colonnen von Erfurt auf; die eine (unter Baudissin — nach Gfrörer) in der Richtung auf Gotha, die andere unter dem Könige auf Arnstadt, wo dieser am 27. sein Hauptquartier hatte. Von hier ging er über Ilmenau nach Schleusingen, wo er am 28. auf dem Schlosse Quartier nahm. Die Einwohner waren mit der Disciplin der schwedischen Soldaten bei dem dreitägigen Marsche über den thüringer Wald sehr zufrieden; Handel und Wandel gingen flott und ungestört; in Coburg kostete eine Kuh 1—2, ein Scheffel Korn 1 Thaler. Bei dem An- und Einmarsche der Schweden, besonders nachdem die zu Würzburg gehörige feste Königshofen sich am 30. Sept. (a. St.) ergeben hatte, verbreitete sich in den Bisthümern Würzburg und Bamberg ein so gewaltiger Schrecken, daß viele Bewohner flüchteten [14]. Indem am Anfange des Octobers (etwa am 1.(11.) von Gustav Adolf ein Schreiben an die fränkischen Reichsstände des Inhalts erlassen wurde: der Zweck seiner Landung in Deutschland sei die Befreiung seiner Glaubensverwandten, darum solle man sich ihm offen anschließen, besetzen die schwedischen Truppen ohne Schwertstreich die Stadt Schweinfurt und rückten von hier gegen die Stadt Würzburg vor, wo der Fürstbischof Franz geflohen war. Unter der Leitung des Königs wurde am 3. Oct. [15] die Vorstadt ohne große Mühe eingenommen, und am 4. ergab sich die Stadt selbst. Aus ihr hatten sich mit der Besatzung viele Einwohner, namentlich Mönche, in das feste Schloß Marienberg begeben, gegen welches der König sofort mit Beschießung, Approchen und anderen Mitteln vorging. Als am 8. Oct. (a. St.) die Breschebatterie fertig und in Thätigkeit gesetzt worden war, unternahmen die Schweden noch an demselben Tage einen Sturm, durch welchen sie in die Feste eindrangen. Man fand hier reiche Vorräthe an Waffen, Munition, Geld, Pretiosen, Büchern, Lebensmitteln, Wein, unter ihm den vortreff-

lichen Jahrgang von 1624. Die sehr bedeutende bischöfliche Bücher- und Handschriften-Sammlung sowie die werthvollen Bibliotheken der Universität und des Jesuiten-Collegiums ließ Gustav Adolf nach Schweden schaffen, um sie der Universität Upsala zu schenken. Seinen Soldaten gestattete er, dem damaligen Brauche gemäß, die Plünderung der Stadt, welcher eine Brandschatzung von 80,000 Thalern auferlegt und eine stärkere Befestigung gegeben ward. Ein gewaltiger Panik verbreitete sich weiter längs der "Pfaffenstraße," namentlich im Erzbisthum Mainz, wo man Werbungen ausschrieb und, statt des schon hohen Betrages von 6 bis 8 Thalern, jedem "Knecht" ein Handgeld von 12 bis 15 Reichsthalern versprach [16]. — Gfrörer berichtet, daß sich bei Stadt Würzburg am 5.(15.) Oct. ergeben und die Festung am 7.(17.) erstürmt worden sei, wobei die Schweden in ihrer Wuth Alles niedergemacht hätten [17]; unter der Beute führt er auch 30 Geschütze auf; der König habe das Meiste unter seine Soldaten vertheilt [18].

Als der König in Würzburg weilte, kamen zu ihm am 14. Oct. (a. St.) der Herzog Georg von Lüneburg, welchem er die Errichtung einiger Regimenter aufgab, sowie am 15. (a. St.) Abgesandte des Herzogs von Würtemberg, welcher seine thätige Beihülfe versprach, sobald Gustav Adolf seinem Lande etwas näher gekommen sein würde. Auch verhandelte der König mit Nürnberg und mit dem Markgrafen Christian von Brandenburg in Bayreuth, wohin schon vorher schwedische Commissare, unter ihnen Martin Chemnitz, vorausgesandt worden waren. Während Christian sich ohne Weiteres mit den Schweden verband, versuchte der Kaufmannsgeist der Nürnberger Neutralität zu gewinnen, aber die Schweden antworteten: Entweder Freund oder Feind! Unter diesen Umständen bequemten sich die Nürnberger endlich am 18. Oct. (a. St.) zum vollen Anschlusse an Gustav Adolf. Zu einem gleichen gegenseitigen Schutz- und Trutz-Bündnisse kam es in Würzburg am 23. Oct. (a. St.) mit den übrigen fränkischen evangelischen Fürsten, Ständen und Städten, nachdem sie sämmtlich zum Beitritte aufgefordert worden waren [19]. — Nach Gfrörer's Erzählung sandte der König bald nach der breitenfelder Schlacht Martin Chemnitz und den Rittmeister Relinger voraus nach Bayreuth und Nürnberg; Relinger habe auf dieselbe Weise Ulm und Straßburg gewonnen, und ebenso seien es "demagogische" Mittel gewesen, wodurch es Gustav Adolf, besonders unter Mithilfe der lutherischen Geistlichen, verstanden habe, die übrigen kleinen Fürsten und Reichsstädte zu sich herüber zu ziehen [20]; während er sich von ihnen Subsidien an Geld und Mannschaft habe geben lassen, sei ihnen versprochen worden, daß sie auf Kosten der Liga vergrößert werden

14) Ebenda II, 433 und 484. 15) Der 30. Oct. ist offenbar ein Druckfehler.

16) Droysen II, 434—438. 17) Nach Chemnitz I, 232 fg. und Soldat Suédois p. 130 und 181. 18) Nach Harte I, 708; Khevenhiller XI, 1883. — So Gfrörer S. 757 fg. 19) Droysen II, 439—443. 20) Gfrörer S. 751—758, nach Chemnitz I, 217, b; Murr, Beiträge S. 40.

sollten [21]; auch der Bischof von Bamberg habe mit ihm unterhandelt, jedoch nur um Zeit zu gewinnen [22]). .

Für das Bisthum Würzburg richtete Gustav Adolf noch im October eine neue, durchgreifende Verwaltung ein; namentlich ließ er sich huldigen, und machte sich selbst dadurch zum Landesherrn, als welcher er jedoch nur bis dahin gelten wollte, wo ein sicherer Friede hergestellt sein würde; in dieselbe Stellung zu sich versetzte er durch das Mandat vom 24. Oct. (a. St.) das Herzogthum Franken. Das nähere Verfahren für die Erbhuldigung seiner neuen „Unterthanen" schrieb ein weiteres Mandat vom 26. Oct. (a. St.) vor; jedoch sollte dieser Zustand nur gelten bis zu einer anderweitigen Ordnung der Dinge und deren „Uebergabe" an andere Gewalten. In Würzburg wurden die katholischen Kirchengüter mit Beschlag belegt, die abgesetzten evangelischen Geistlichen und Lehrer wieder eingesetzt. Im Besonderen installirte der König eine Rentenkammer für das Bisthum Würzburg und das Herzogthum Franken, um alle Steuern, Zinsen, Gefälle u. s. w. einzunehmen und zu verrechnen. Dazu laut ein Kriegsraths-Collegium, mit dem Grafen Kraft von Hohenlohe und dem Grafen von Gleichen, als dem königlich schwedischen General-Statthalter und Obercommandanten des fränkischen Kreises, an der Spitze. An mehrere seiner Getreuen schenkte Gustav Adolf Grund und Boden sowie andere Werthgegenstände, an Officiere Klöster und dergleichen. Doch bedachte er mit diesen Schenkungen besonders Eingeborene, welche ihm bereits vorher ergeben gewesen waren. Zwar nannte er die neue Besitzung „Unser Herzogthum Franken" und Würzburg „Unsere Haupt- und Residenz-Stadt;" aber er wiederholte und betonte ausdrücklich, daß diese Zustände nicht definitiv sein sollten. Noch von Würzburg aus forderte er die drei Kurfürsten von Mainz, Cöln und Trier auf, sich ihm in Güte zu fügen; Neutralität könne er in keinem Falle bewilligen; jeder derselben müsse monatlich 40,000 Reichsthaler an Contribution zahlen, Proviant und anderen Bedarf liefern, ihm alle Pässe öffnen, einige Festungen einräumen, den evangelischen Cultus in ihren Gebieten ungehindert gestatten, alle den Protestanten genommenen Güter restituiren; wo nicht, so müsse und werde er sie mit Feuer und Schwert zwingen [23]). — Gfrörer fügt dem Vorstehenden aus seinen Quellen hinzu: der König habe von Würzburg aus eine Proclamation des Inhalts erlassen, daß er nicht gekommen sei, um die deutsche Freiheit zu retten; durch das Wohlleben in diesem reichen Lande (eine Kuh kostete 1 Thlr.) sei die Disciplin bei den Schweden gelockert worden, andererseits aber auch viel Zulauf zu deren Regimentern gewesen [24]).

Als Tilly's Heer sich dem Main näherte, zog ihm

Gustav Adolf am 23. Oct. (a. St.) mit 3000 bis 4000 Reitern und 2000 Musketieren entgegen, hieb bei Nacht in die feindlichen Quartiere ein, hieb nieder, was sich nicht flüchten konnte oder gefangen gab, und kehrte mit der Beute nach Würzburg zurück. Darüber erschreckt wagte sich Tilly nicht näher heran, sondern zog in südlicher Richtung weiter [25]). Vom Könige dazu beordert, marschirte Oberstlieutenant Hubald vom blauen Regiment am 31. Oct. (a. St.) gegen Hanau, welches er schon am 1. Nov. nahm; in ähnlicher Weise ergaben sich bald darauf andere dortige Städte den Schweden. Von einer am 2. Nov. (a. St.) gegen Ochsenfurt unternommenen Expedition nach Würzburg zurückgekehrt, brach von hier am 9. Nov. der König mit dem Hauptheere auf, indem er zum 4000 bis 5000 Mann zu Fuß und 1500 bis 2000 Mann zu Roß als Besatzung für das Würzburgische und Fränkische zurückließ; am 12. wurde durch die Vorhut Aschaffenburg genommen, am 15. Steinheim besetzt, das Alles ohne nennenswerthe feindliche Gegenwehr. Noch am 15. Nov. zog der König in Hanau ein und nahm sein Nachtquartier in Offenbach, wo eine Deputation der Stadt Frankfurt zu ihm kam und mit ihm ein gegenseitiges Hilfs- und Schutzbündniß schloß. Am 17. Nov. zog Gustav Adolf durch Sachsenhausen, über den Main, durch Frankfurt bis Höchst, von wo er sich am 20. (a. St.), einem Sonntage, mit einem kleinen Gefolge nach Frankfurt zurückbegab, um hier an demselben Tage einem von ihm angeordneten evangelischen Gottesdienste beizuwohnen. Hier war es auch, wo er schon unterm 19. dess. Mts. mit dem Landgrafen Georg von Hessen-Darmstadt, „vielleicht der traurigsten unter den traurigen Erscheinungen damaliger Reichsfürsten", einem Schwiegersohne des Kurfürsten von Sachsen, einen sehr milden Vergleich einging, wonach der Landgraf einstweilen mit Kriegssteuer, Durchzug, Einquartierung u. s. w. verschont bleiben und den Schweden für die Dauer des Krieges nur die Festung Rüsselsheim öffnen sollte [26]). Gfrörer läßt nach seinen Quellen den König am 6.(16.) Nov. von Würzburg nach Aschaffenburg aufbrechen, die Frankfurter von dem Abschlusse des Bündnisses um Neutralität betteln, den König am 7.(17.) durch Frankfurt nach Höchst ziehen, und Wilhelm von Hessen-Darmstadt, welcher, wie Gustav Adolf gewußt, im kaiserlichen Solde gestanden, zu ihm gestoßen sei, während der Kurfürst von Mainz die Flucht ergriffen habe [27]).

Unterdessen zog Tilly mit Sengen und Brennen durch Franken und kam den 10.(20.) Nov. in Ansbach an, während sich Pappenheim, gegen ihn mißgestimmt, ins Westfälische gewendet hatte. Am 18. Nov. a. St. rückte Tilly gegen Nürnberg heran, von welchem er Geld und Proviant nahm; aber Graf Solms, welcher hier commandirte, setzte Gewalt entgegen, und Tilly wagte nichts zu erzwingen, weil seine Soldaten „wie Schnee zergingen", überhaupt sich in einem jämmerlichen

---

21) Nach Chemnitz I, 235. 22) Gfrörer S. 764, nach Chemnitz I, S. 237, b und Khevenhiller XI, 1884 fg. 23) Droysen II, 443—449. 24) Gfrörer S. 757 fg., nach Scharold, Gesch. der schwedischen Zwischenregierung im Fürstenthum Würzburg, 1842, Heft I, S. 59 fg.; Khevenhiller XI, 1884; Geijer III, 199.

25) Droysen II, 451. — Gfrörer sagt von dieser Episode nichts. 26) Droysen II, 451—454. 27) Gfrörer S. 765—767.

Zuſtande befanden, wie er dem Kurfürſten von Baiern wiederholt, ſchon im October, klagte. Sehr eilig zog er von Nürnberg kurz nach dem 10.(20.) Nov. ab; ein Theil ſeines Heeres nahm die Richtung nach Böhmen, ein anderer, bei welchem er ſelbſt blieb, die Richtung nach Donauwörth [28]). — Gfrörer verlegt dieſe Marſche Tilly's in eine weſentlich ſpätere Zeit; darnach kam er, durch Maximilian von Baiern gerufen, am 10.(20.) Nov. in Ansbach an und marſchirte dann nach Gunzenhauſen, wo er bis zum 18.(28.) ſtehen blieb. Hier nahm Pappenheim, der ſich mit ihm ſtets gezankt, von ihm Abſchied, um nach Weſtfalen zu ziehen [29]). Am 18.(28.) rückte Tilly gegen Nürnberg, welches ſich widerſetzte, und da ein verrätheriſcher Conſtabler am 23. Nov. a. St. den ganzen Pulvervorrath des Heeres, 125 Ctr., zum Exploiren brachte, auch die Soldaten wegen des rückſtändigen Soldes ſehr auffäſſig waren, ſo zog er auf den oben angegebenen Wegen eilig wieder ab [30]).

Folgen wir nun wieder der Darſtellung Droyſen's, ſo hatte ſich zu Höchſt der Landgraf Wilhelm von Heſſen-Darmſtadt und ſein etwa 8000 Mann effectiv ſtarkes Heer mit dem ſchwediſchen vereinigt. Indem jetzt Guſtav Adolf bei Höchſt eine Schiffbrücke über den Main ſchlagen ließ, traf der Kurfürſt von Mainz Vertheidigungs-Anſtalten und übergab ſeine Hauptſtadt zur Vertheidigung an circa 2000 Spanier, während er ſich mit ſeiner Perſon nach Cöln aus dem Staube machte. Indem Guſtav Adolf zunächſt die Umgegend in Contribution nahm, welche eine reiche Ausbeute ergab, und ſich mit der Hauptarmee in Caſtel, Mainz gegenüber, feſtſetzte, erhielt er die Nachricht, daß Tilly im Anmarſche gegen Nürnberg begriffen ſei [31]). Sofort beſchloß er, dieſer Stadt zur Hilfe zu kommen und nöthigen Falles eine Schlacht zu liefern, wie er unterm 28. Nov. [32]) aus Höchſt an Joh. Baner ſchrieb; am 29. (n. St.) brach er von Mainz her und zog zunächſt durch Frankfurt, wo er mit den dortigen Behörden den vorher mündlich verabredeten Vergleich in einen ſchriftlichen Vertrag zur gegenſeitigen Kriegshilfe fixirte. Als er dann vernahm, daß Tilly von Nürnberg wieder abmarſchirt ſei, ging er nicht weiter vor, ſondern diſponirte zunächſt ſo, daß vorerſt Horn in Franken eine ſtarke Armee bilden ſollte, ſei es zum Succurs für ihn, ſei es für Kurſachſen [33]).

Während des Novembers ſchickte, wie Gfrörer berichtet, Richelieu den Baron Charnacé wieder nach München, um den Kurfürſten Maximilian dahin zu beſtimmen, daß er ſich für die Liga ein Neutralitäts-Bündniß mit Guſtav Adolf ſchlöſſe, und ſeinen Schwager, den Marquis von Brézé, an den König mit der Inſinuation, dieſer möge das Elſaß nicht berühren, weil Frankreich vorhabe, dieſes für ſich zu nehmen. Allein Guſtav

Adolf erklärte [34]), er werde nicht dulden, daß von Deutſchland ein Stück losgeriſſen werde. Zwar wollte er Baiern die Neutralität gewähren, ſtellte aber dafür ſehr hohe Bedingungen; und ſo hatten die Verhandlungen keinen Erfolg [35]). Droyſen verlegt dieſelben, wie wir weiter unten ſehen werden, in eine ſpätere Zeit.

Unterdeſſen war das dem kaiſerlichen anfangs ſehr überlegene kurſächſiſche Heer in Böhmen eingedrungen, wo es im November Prag, im December Eger einnahm, aber der Sieg wurde nur in lahmer Weiſe weiter verfolgt, und namentlich Feldmarſchall Arnim zeigte keine Luſt zu energiſchem Vorgehen; dieſer ſoll, wie man ſagt, hauptſächlich auf Wallenſtein's Wunſch in Böhmen eingerückt ſein, damit ſo eine Preſſion auf den wiener Hof ausgeübt werde; Arnim verfuhr mit größter Schonung gegen den prager Palaſt Wallenſtein's und unterhandelte mit dieſem auch während des Feldzugs, ſelbſt in perſönlicher Correſpondenz mit Vorwiſſen des Kurfürſten; ja es iſt ſehr wahrſcheinlich, daß Arnim am Beginne des J. 1632 ein ihm von Wallenſtein angebotenes Geldgeſchenk, man ſagt von 50,000 Reichsthalern, angenommen habe [36]). Gfrörer ſetzt die Einnahme Prags durch die Sachſen, deſſen Kurfürſt auf etliche Tage dorthin gekommen ſei, auf den 1.(11.) Nov. 1631 [37]).

Am 1. Dec. (a. St.) brach Guſtav Adolf mit ſeinem Heere, welches weit mehr als das kaiſerliche an eine Campagne im harten Winter gewöhnt war, von Frankfurt und ſeiner Umgebung auf und rückte durch das Darmſtädtiſche in der Richtung auf Heidelberg vor. Am 3. Dec. wurde Gernsheim durch Accord eingenommen, am 7. die ſpaniſche Beſatzung aus dem Accord am Rheine, Oppenheim, belegenen Schanze vertrieben, am 8. die Stadt Oppenheim genommen und das dortige Schloß beſtürmt. Es war dies der erſte gewaltſame Angriff auf die ſpaniſche Heeresmacht, gegen welche Guſtav Adolf bisher keinen ſolchen Schritt gewagt hatte. Die Gründe für dieſe ernſte Wendung der Dinge legte er in einem unterm 31. Dec. an den ſchwediſchen Reichsrath gerichteten Memorial dar: Indem er hierzu durch ſeine eigene Sicherung gezwungen worden ſei, frage er an, ob man dieſes Vorgehen als Bruch des Friedens mit Spanien anſehen wolle oder nicht; ob er ſich dieſer Macht gegenüber neutral oder feindlich verhalten ſolle, beſonders aus Rückſichten auf die Oſtſee; man könne durch friedliche Beziehung zu Spanien dieſe vielleicht gegen Frankreich brauchen. Andererſeits, wenn man die Spanier in der Pfalz angreife, gewinne man England, deſſen Freundſchaft werthvoller ſei als die ſpaniſche; den jetzt verhandele er mit England über ein Bündniß. Auch werde er in dieſem Falle durch die Niederlande mehr als bisher unterſtützt werden. Uebrigens ſei ja auch Frankreich gegen Spaniens Pläne. In der erſt vom 30. April 1632 datirten Antwort an den König, welcher die Frage thatſächlich ſchon entſchieden

28) Droyſen II, 455 und 456. 29) Nach Chemnitz I, 242. 30) Gfrörer S. 769, zum Theil nach Khevenhiller XI, 1902 fg. 31) Droyſen II, 454 und 455. 32) Es iſt der neue Kalender gemeint, während Droyſen ſonſt meiſt nach dem alten rechnet. 33) Droyſen II, 456 und 457.

34) Nach Khevenhiller XII, 337. 35) Gfrörer S. 801—804. 36) Droyſen II, 561—563. 37) Gfrörer S. 775—778.

13*

hatte, stimmte ihm, wie fast stets, der Reichsrath bei; doch möge mit der Kriegserklärung an Spanien temporisirt werden; es sei der Anschluß Dänemarks an Spanien zu fürchten und von England wie von den Niederlanden eine kräftige Unterstützung nicht zu erwarten. Gustav Adolf erließ zunächst keine Kriegserklärung gegen Spanien[38]. — Von dieser Correspondenz zwischen dem Könige und seinem Reichsrathe werden bei Gfrörer keine Nachrichten gegeben, dagegen einige von Droysen nicht erwähnte Einzelheiten über den Zug der Schweden gegen Heidelberg erwähnt. Hiernach fuhr der König am 6.(16.) Dec. mit nur drei Begleitern bei Oppenheim über den Rhein nach dem linken Ufer, um die dortige Stellung der Spanier zu recognosciren. Als am folgenden Tage 300 Mann Schweden ebendahin übersetzten, wurden sie von 1000 spanischen Kürassieren angegriffen, gegen welche sie indeß Stand hielten, bis Hilfe anlangte[39]. Es kamen immer mehr Schweden hinzu, und beim ersten Anlaufe wurde Oppenheim, dann auch das dortige Schloß genommen, worin 500 Spanier über die Klinge springen mußten[40]. Nachdem der König von seinem Zuge nach Heidelberg zurückgekehrt war, begann er am 11. Dec. (a. St.) 1631 den ernstlichen Angriff gegen Mainz; schon am 12. (a. St.) accordirte die spanische Besatzung und am folgenden Tage ging sie mit Sack und Pack und mit den Fahnen ab; aber die Kanonen, viel Munition und Anderes wurden im Stiche gelassen, und viele Soldaten nahmen schwedische Dienste. Die Bürgerschaft mußte 80,000, die katholische Stadtgeistlichkeit 81,000 Reichsthaler Brandschatzung zahlen, eine sehr drückende Steuer, da die Stadt durch die Spanier bereits fast ganz ausgeplündert war. Der König setzte neue Behörden ein, zum Theil die alten anders zusammen: ein Regierungs-Collegium, ein königl. schwedisches Landhofgericht für Appellsachen, einen Kriegsrath, dem er selbst präsidirte, eine Rentenkammer. Obgleich er in kirchlichen Dingen wenig änderte, so ging er doch besonders scharf gegen die Jesuiten vor; von den 81,000 Thalern, welche der katholischen Geistlichkeit auferlegt wurden, sollten sie 41,000 zahlen, und da sie erklärten, daß sie nichts besäßen, so jagte er die noch anwesenden aus der Stadt fort. In Mainz, wo Gustav Adolf sein Winterquartier nahm, genoß seine Armee eine sehr gute Verpflegung[41]. — Gfrörer läßt den König am 9.(19.) Dec. vor Mainz erscheinen, am 13.(23.) den Commandanten Philipp de Sylva sich zur Capitulation bereit erklären und mit 2000 Mann abziehen, den Schweden 80 Geschütze, 120 Tonnen Pulver, große Vorräthe an Getreide, Wein u. s. w. in die Hände fallen, den König sofort im Dome evangelischen Gottesdienst anordnen[42].

Im December 1631, und schon im November, hegte Gustav Adolf, wie Droysen mittheilt, die Gedanken eines allgemeinen Friedens mit dem Kaiser und seinen übrigen Gegnern, da ein solcher für ihn, der auf der Höhe seiner Siegeserfolge stand, nur ein günstiges Ergebniß liefern konnte. Auf dasselbe Ziel hin arbeitete damals der Landgraf Georg von Hessen-Darmstadt, welcher im Besonderen auch seinen Schwiegervater, den Kurfürsten Johann Georg von Sachsen, obgleich dessen Heer die genannten Erfolge in Böhmen gewonnen hatte, hierfür günstig zu stimmen suchte. Der König, welcher seinen damaligen Neigungen zu einem Generalfrieden unter Anderem in einem aus Mainz datirten Schreiben vom 14. Dec. (a. St.) an seinen Reichsrath in Schweden Ausdruck gab, hatte den Kurfürsten von Sachsen bereits unterm 7. Nov. (a. St.) 1631 über dessen Meinung hierüber befragt. Dieser sandte an den König nach Mainz im December (a. St.) seinen Rittmeister Friedrich Wilhelm Bißthum, welchem Gustav Adolf andeutete, daß er einen Theil der eroberten Lande zu behalten gedenke[43]. Der Umfang der Könige in Besitz genommenen oder mit ihm verbündeten Territorien vergrößerte sich nach Gfrörer zu der Weihnachtszeit 1631 noch um ein Bedeutendes; es verbündeten sich damals mit ihm unter Anderem die Städte Speier und Worms; am 29. Dec. (a. St.) überrumpelte Bernhard von Weimar die Stadt Mannheim[44]. Schon am 14.(24.) Dec. hatte sich in Franken Mergentheim an G. Horn ergeben, welcher hier viele Vorräthe fand; am 21.(31.) desselben Monats erklärte sich der kaiserl. Commandant von Heilbronn zur Uebergabe bereit, und am folgenden Tage, wo die Capitulation stattfand, zogen hier Horn's Truppen ein, welche durch viele Ueberläufer an Zahl wuchsen[45].

Die schwedischen und die mit Schweden verbündeten Heerestheile hatten am Ende des J. 1631 die nachbenannte Stärke:		Diese Heerestheile sollten für den Feldzug von 1632 auf folgende Zahlen gebracht werden:
Die Royal-Armee in Mainz	18,821 Mann	auf 46,717 Mann
die fränkische unter Horn .	8,280 „	„ 29,655
die des Landgrafen v. Hessen	8,000 „	„ 18,400
die herzogl. mecklenburgische .	3,900 „	„ 11,100
die niedersächsische unter Tott	13,000 „	„ 20,850
die magdeburg. unter Baner	12,237 „	„ 39,196
die herzogl. weimarische . . .	4,000 „	„ 8,500
Garnison-Truppen	10,416 „	„ 13,150
dazu die Besatzung von Erfurt	2,545 „	„ 4,825.

Der Effectivbestand, welcher sich damals auf mehr als 63,700 Mann Infanterie und auf circa 16,000 Mann Cavalerie bezifferte, sollte auf circa 153,000 Mann Infanterie und circa 43,500 Mann Cavalerie gebracht werden[46].

---

38) Droysen II, 457—461. 39) Nach Chemnitz I, 243 und Khevenhiller XI, 1903. 40) Gfrörer S. 769. 41) Droysen II, 461—463. 42) Gfrörer S. 769 fg., nach Chemnitz I, 245, a, und Khevenhiller XI, 1905.

43) Droysen II, 496—503. 44) Gfrörer S. 771, nach Chemnitz I, 245, b, und Khevenhiller XI, 1905. 45) Ebenda S. 771—773, nach Chemnitz I, 247 fg. 46) So Droysen II, 464—466, nach dem stockholmer Arkiv I, No. 410.

In der Verfügung über eine so starke Kriegsmacht und in der Aussicht auf deren gewaltige Vergrößerung hielt der König während des Winters von 1631 auf 1632 einen glänzenden Hof zu Mainz und Frankfurt, wohin damals außer seiner Gemahlin und seinem Reichskanzler Oxenstiern auch zahllose Fürsten, Diplomaten, Bittsteller u. s. w. wallfahrteten, sodaß hier die Fäden der großen europäischen Politik in Gustav Adolf's Händen zusammenliefen. Es wurden eine Menge von vorher nur mündlich verabredeten oder vorläufig abgeschlossenen Verträgen und Bündnissen definitiv ratificirt, z. B. mit dem Herzoge Ulrich von Braunschweig und mit der Stadt Braunschweig, mit den Herzögen von Mecklenburg, mit den Städten Lübeck, Lüneburg, Bremen; mit anderen Fürsten und Städten wurde unterhandelt. England verhielt sich noch sehr flau und übte wenig Einfluß, obgleich es Hamilton's Werbungen für Schweden zugelassen hatte. Auch der vertriebene Pfalzgraf Friedrich fand sich ein [47]). — Wie Gfrörer urtheilt, fruchtete das Anliegen dieses zuletzt genannten, von dem englischen Gesandten Vane eifrig unterstützten Bittstellers, welcher dem Könige auch später (bis zu seinem am 19.[29.] Nov. 1632 in Mainz erfolgten Tode) fast überall hin folgte und mit dem Ersuchen seiner Restitution in der Pfalz stets in den Ohren lag, deßhalb weil Gustav Adolf das schöne Land selbst in Besitz zu nehmen beabsichtigte [48]). Nach demselben Schriftsteller unterhandelte damals der König auch mit dem Kurfürsten von Mainz und wollte ihm die Wiedereinsetzung sammt dem Frieden unter folgenden Bedingungen gewähren: Aufhebung des Restitutions-Edictes, Zurückgabe des Kurhutes von Baiern an Friedrich; Wahl Gustav Adolf's zum römischen Könige u. s. w. Diese Bedingungen, aber ohne die Wahl Gustav Adolf's zum römischen Könige, theile, sagt Gfrörer, auch Richelieu in seinen Memoiren [49]) mit [50]).

Eine besondere Wichtigkeit beanspruchen diejenigen Verhandlungen, welche im October 1631 und im Januar 1632 zwischen Frankreich und Schweden einerseits und zwischen Frankreich und der Liga andererseits, sowie zwischen dieser und dem Kaiser gepflogen wurden. Wir führen sie nach der eingehenden und actenmäßigen Darstellung Droysen's vor. Es war dem Cardinal Richelieu gar nicht genehm, daß Gustav Adolf nach der Schlacht von Breitenfeld erobernd in die Länder der Liga einrücke, weil er diese, um sie von Oesterreich zu trennen, in die Neutralität bringen wollte. In diesem Sinne setzte er während des Decembers 1631 seine Transactionen mit Baiern fort; dabei lag ihm gar nichts an Gustav Adolf und dem Protestantismus; beide sollten ihm nur als Mittel gegen Oesterreich-Spanien dienen. Indem Maximilian von Baiern noch im December geneigt war, auf die von Frankreich vorgeschla-

gene Neutralität mit Schweden einzugehen, berief er zur weiteren Berathung hierüber die Generale Tilly und Aldringer nach Donauwörth; beide erklärten, daß ihre Streitkräfte jetzt zu schwach wären, um gegen Gustav Adolf etwas auszurichten, also entschloß sich Maximilian am Ende des Decembers zur Neutralität, welche durch den Baron Charnacé, Richelieu's Agenten, unterhandelt ward [51]). Im Anfange des Januars (n. St.) 1632 wurden die übrigen katholisch-geistlichen Kurfürsten und dann andere katholische Bischöfe eingeladen, sich diesem Plane anzuschließen; sie erklärten binnen Kurzem, auf Frankreichs Vermittelung eingehen zu wollen. Obgleich der Kaiser sich entschieden gegen die so durch Frankreich angestrebte Neutralität aussprach, so beschlossen dennoch am 4. Jan. (n. St.) 1632 die zu Ingolstadt versammelten Ligisten, auf die Sache einzugehen, wobei es nun freilich darauf ankam, daß Richelieu den König bewegen sollte, ihnen die von ihm besetzten Gebietstheile u. s. w. zurückzugeben [52]).

Am 22. Dec. (a. St.) 1631 kam der französische Botschafter de l'Isle nach Mainz zu Gustav Adolf, dem er vorstellte, es widerspreche seiner Allianz mit Frankreich, daß er die Länder der Liga angegriffen habe. Der König erwiderte: er sei geneigt, mit Baiern und dessen Verbündeten eine Neutralität einzugehen, wenn sie von aller Feindschaft gegen ihn abständen, den Kaiser nicht weiter unterstützten und ihre Truppen abnankten. Als hierauf am 30. Dec. (a. St.) Baron Charnacé in Mainz dem Könige den von Maximilian verfaßten Neutralitäts-Entwurf vorlegte, fügte er mündlich hinzu, daß Gustav Adolf zunächst Alles, was er den Ligisten abgenommen, zu restituiren habe, eine Forderung, welche zurückgewiesen ward. Gustav Adolf traute den Versprechungen der Ligisten nicht, Neutralität wollte er wollen; aber er war gezwungen, die Franzosen nicht vor den Kopf zu stoßen, indem er seinerseits die Neutralität nicht annehmen zu wollen erklärt hätte. Er wußte recht wohl, wie eifersüchtig Frankreich war seinem siegreichen Vordringen bis an und über den Rhein gegenüber, wo es selbst Eroberungen machen und behaupten wollte [53]). Indem es zwischen beiden Mächten zu sehr schroffen Erklärungen kam, soll unter Anderem Gustav Adolf geäußert haben: Der König von Frankreich sei ihm ja trotz des Versprechens nicht zur Hülfe gekommen und habe ihm allein die Last aufgehalst; er möge mit seiner Armee hingehen, wohin er wolle, "so mag er zusehen, daß er meiner Armee nicht zu nahe komme oder er muß ein Rencontre mit mir halten". Uebrigens war Frankreich damals durch innere Zerwürfnisse zu sehr in Anspruch genommen, als daß es nach außen hin kräftig auftreten konnte. Die Ligisten suchte Richelieu wiederholt einzureden, daß es Gustav Adolf nicht auf sie, sondern allein auf den Kaiser abgesehen habe [54]).

In der Person des Marquis de Brézé, eines Schwagers vom Cardinal Richelieu, kam in Mainz am 6. Jan.

---

47) Ebenda II, 469 und 470. 48) Gfrörer S. 808.
49) VII, 45. 50) Gfrörer sagt S. 806 bei dieser Gelegenheit: „Zu viele Beweise liegen vor, daß Gustav nach der deutschen Kaiserkrone strebte."

51) Droysen II, 473—479. 52) Ebenda II, 479—482.
53) Ebenda II, 482—486. 54) Ebenda II, 486 und 487.

(wol a. St.) 1632 ein neuer französischer Unterhändler an und hatte am 8. mit dem Baron Charnacé Audienz bei dem Könige, welcher durchaus nicht darauf eingehen wollte, den Ligisten jetzt etwas zurückzugeben; er kenne diese aus aufgefangenen Briefen; Maximilian wünsche nur Zeit für Rüstungen zu gewinnen; ihm und seinen Verbündeten könne keine Neutralität zugestanden werden. Doch legte er am 9. Jan. den französischen Gesandten die von ihm für die Neutralität zu gewährenden Bedingungen schriftlich vor: Die katholischen Conföderirten stehen von jeder Feindschaft gegen Schweden ab, ziehen alle ihre Truppen aus den evangelischen Ländern zurück, restituiren ihnen alles Abgenommene, reduciren ihr Heer auf 10,000 bis 12,000 Mann, welche zerstreut garnisoniren sollen, unterstützen den Kaiser in keiner Weise. Dagegen will Gustav Adolf den „Herzog" (nicht „Kurfürsten") von Baiern oder sonst ein Mitglied der Liga, dessen Territorien noch nicht erobert sind, nicht angreifen, ihnen, mit Ausnahme des Bischofs von Bamberg, keine Kriegslasten auflegen; alle den Ligisten vor dem in der Unterpfalz gehörigen Plätze, Speier ausgenommen, sollen ihnen restituirt werden. Die übrigen Plätze bleiben bis zum allgemeinen Friedensschlusse in Schwedens Händen; Handel und Wandel zwischen Evangelischen und Katholischen sind ungehindert; die Gefangenen werden gegenseitig ausgeliefert; der König von Frankreich übernimmt die Garantie dafür, daß die Neutralität von den Ligisten gehalten wird; thun sie dies nicht, so schreitet der König mit den Waffen rücksichtslos ein⁵⁵). Beide Bevollmächtigte weigerten sich anfangs, die vorgelegten Bedingungen zu unterschreiben, da Frankreich den Ligisten weit bessere in Aussicht gestellt hatte; als sie erklärten, daß sie Vollmacht besäßen zu unterhandeln und abzuschließen, erwiderte Gustav Adolf: „So unterschreibt oder ziehet hin und saget Eurem Könige, daß er den Weg wieder suche, den er diesem Land gefunden." Indem sie noch am 9. Jan. des Königs Entwurf unterschrieben und gut hießen, fügten sie in Bezug auf den Hauptpunkt bei: „Promittimus igitur christianissimi Regis Domini nostri [nomine], ejus regiam Majestatem certo perfecturam, ut talia Evangelicorum Principum et statuum jure belli capta loca restitui debeant, ac si vigore pactorum Neutralitatis id ipsum esset promissum, exceptis iis tamen locis, qui (?quae) antehac Ducis Bavariae in utroque Palatinatu fuerant." Auf die Bitten der Franzosen bewilligte der König eine vierzehntägige Waffenruhe unter folgenden Bedingungen⁵⁶): Pappenheim verläßt sofort das westfälische und magdeburgische Gebiet; Baiern und die übrigen Ligisten ziehen weiter ihre Truppen aus Böhmen zurück; der König stellt in dieser Zeit, mit Ausnahme der im Gange befindlichen Blokirungen und Belagerungen, alle Feindseligkeiten gegen die Ligisten ein; aber die Blokirten und Belagerten können während dieses Zeitraums capituliren und frei

abziehen⁵⁷). — Auf die in dieser Weise durch Frankreich vermittelten Vorschläge wollte der Kurfürst von Cöln anfangs nicht eingehen; aber die Noth zwang ihn sehr bald zu deren Annahme. Was Baiern betrifft, so erzählen, wie Droysen sagt, die bisher gedruckten Berichte, dessen Herzog habe sich dazu ebenfalls bereit erklärt; aber diesem Darsteller vorliegende Original-Documente, z. B. ein solches vom 8. Febr. 1632 aus Cöln, sagen ausdrücklich, er habe diese Bedingungen entschieden verworfen und erklärt, Mainz, Würzburg, Bamberg müßten durchaus zurückgegeben und er in seiner kurfürstlichen Würde auf Lebenszeit bestätigt werden. Als Frankreich jetzt vorschlug, daß die Ligisten auf Grund der etwas gemilderten Bedingungen vom 9. Jan. weiter verhandeln sollten, bestand Maximilian, erzürnt über diese Wendung der französischen Diplomatie, im Wesentlichen auf seinen Forderungen, und Gustav Adolf mußte sich selbst sagen, daß derselbe schon um der Ehre willen die seinigen nicht annehmen konnte⁵⁸). Es wurde mithin wiederum viel leeres Stroh gedroschen.

Auch der kursächsischen Politik gegenüber mußte sich der König sicher stellen. Als unterm 6. Jan. (a. St.) 1632 der schwedische Resident in Dresden an Gustav Adolf berichtete, daß dort Viele wären, welche es lieber mit Oesterreich als mit Schweden hielten, sandte der König den Grafen Solms nach Dresden, wo der Kurfürst diesem gegenüber seine zweideutige Rolle fortzuspielen suchte. Aber einem Hauptgegner Arnim's, dem Obersten Hofkirch, gelang es; der Briefe abzufangen, welche Arnim mit dem Wallenstein'schen Obersten Sparre wechselte, und worin Wallenstein volle Vollmacht, um den Preis der Aufhebung des Restitutions-Edictes gab der herausgaben der eingezogenen Güter mit Sachsen Frieden zu schließen; in den drei Briefen mahnt Arnim den Sparre, er möge ihm doch solche compromittirende Briefe nicht schreiben. Die aufgefangenen Briefe wurden von Solms dem Kurfürsten und von diesem dem Arnim vorgelegt, welcher betheuerte, daß er solche Briefe nicht veranlaßt habe, im Uebrigen aber fehnlichst den Frieden wünsche. Indessen gestattete der Kurfürst seinem Feldmarschall, mit Wallenstein weiter zu verhandeln, unbekümmert darum, daß er dadurch den Vertrag mit Gustav Adolf verletzte und dem Kaiser die evangelische Sache opferte. Und dabei gab er unterm 24. April (?) 1632 dem Grafen Solms eine dahin gehende schriftliche Resolution: Er (der Kurfürst) wolle in den pilsener Kreis einrücken, wohin auch der König mit seinem Heere kommen möge, damit sie dem Feinde gemeinsam begegnen könnten⁵⁹)!

Während der Verhandlungen über die Neutralität im Januar 1632 fiel den Schweden ein von Maximilian an Pappenheim gerichteter Brief in die Hände, worin jener diesem den Befehl zusandte, sobald als möglich eine Diversion nach Niedersachsen auszuführen, wozu er auf seinen (des Kurfürsten) Namen 100,000 Thaler

---

55) Ebenda II, 488 und 489. 56) Nach einem vom 10. Jan. 1632 aus Höchst datirten Briefe Gustav Adolf's an Horn. 57) Droysen II, 490, 58) Ebenda II, 491—493. 59) Ebenda II, 563—567.

aufnehmen follte. Obgleich dies ein Bruch des Waffen-
ftillftandes war, zumal Pappenheim wirklich vorging, fo
bewilligte Guftav Adolf dennoch auf Frankreichs Anbringen eine Verlängerung der Waffenruhe auf acht
Tage, welche indeß zu keinem Ziele führte; denn in
diefer Zeit liefen bei Maximilian Briefe von dem Kurfürften von Cöln mit dem Datum des 4. Febr. (n. St.)
und von Kurmainz ein, welche, wenn auch in gewun-
dener Sprache, fich gegen die von Schweden geftellten
Bedingungen erklärten. Gleichzeitig empfing, mit dem
Datum des 3. Jan. (a. St.), Maximilian ein Schreiben
aus Rom, worin es hieß: Man habe dort fagen gehört,
er ftrebe nach der deutfchen Kaiferwürde, ftehe zum größten Schaden des orthodoxen Glaubens mit Guftav Adolf
in geheimen Unterhandlungen, und wolle fogar dazu behülflich fein, daß dem Kaifer Böhmen geraubt würde.
Der Angeklagte fchrieb fofort an den Papft, daß man
ihm Solcherlei mit dem größten Unrecht nachrede, und
begann noch vor Ablauf des achttägigen Waffenftillftan-
des mit der Wiederaufnahme der Kriegsrüftungen. Im
März forderte er die zu Mundelsheim verfammelten
fchwäbifchen ligiftifchen Genoffen zu eifriger Mitwirkung
hierfür auf. Aber diefe, wie die geiftlichen Kurfürften,
zeigten eine fo geringe Energie zu diefem Zwecke, daß
die Liga jetzt zerfiel, woran die franzöfifchen Machinationen eine Hauptfchuld trugen [60].

Schon im December 1631 und im Januar 1632
machte Öfterreich wiederholte Verfuche, den Kurfürften
von Sachfen von Schweden ab und zu fich herüber zu
ziehen, während auch Dänemark für einen folchen Frieden gegen Schweden arbeitete und Frankreich bemüht
war, dem Könige durch Doppelzüngigkeit Hemmfchuhe
anzulegen, wie behauptet wird, felbft durch das Anerbieten, man wolle ihn zum deutfchen Könige erheben, eine
Abficht, welche nach einer fehr unwahrfcheinlichen Annahme Guftav Adolf damals felbft geäußert haben foll.
Obgleich Sachfen fich fort und fort fehr geneigt zum
Frieden mit Öfterreich zeigte, fo ging doch Guftav
Adolf hierauf nicht ein; am 25. Febr. 1632 erklärte er
indeß den bei ihm verfammelten deutfchen Fürften: er
könne durch einen Accord fehr leicht mit dem Kaifer
fertig werden und nach Schweden zurückkehren; aber was
folle dann aus den deutfchen Proteftanten und ihrer
Religion werden [61]? Bei dem Convente zu Torgau,
welchen vom 16. bis 29. Febr. (a. St.) 1632 der Kurfürft von Sachfen mit dem Kurfürften von Brandenburg
hielt, erwies fich erfterer als ftark beeinflußt durch den
Kaifer, Wallenftein, Dänemark und Frankreich; feine
Abficht war hier, ohne Schweden ein Separatbündniß
mit Brandenburg und dem Frieden mit dem Kaifer zu
fchließen. Als die brandenburgifchen Räthe erklärten,
an Schweden feftzuhalten zu wollen, fchlugen die fächfifchen
vor, mittels einer geringen Geldabfindung Guftav Adolf
aus Deutfchland zu entfernen, wobei fie thaten, als ob
ftünde gar kein zwifchen Sachfen und Schweden einge-
gangener Vertrag, und als ob man feiner gar nicht mehr

bedürfte. Die Brandenburger weigerten fich, den Sachfen
auf folchen erbärmlichen Wegen zu folgen [62]).

Auf dem Kriegstheater hatte fich unterdeffen die
Aenderung vollzogen, daß die fchwedifche Kriegsmacht,
die Haupt- oder Royal-Armee unter dem Könige, in
getrennten Corps unabhängig von einander operirte.
In Pommern griff Alke Tott am 25. Aug. (a. St.) 1631
die warnemünder Schanze an und bemächtigte fich ihrer;
als der in der benachbarten Stadt Roftock commandirende
„tapfere" kaiferliche Oberftwachtmeifter Viermond den
Ausgang der Schlacht bei Breitenfeld erfuhr, ging er
mit Tott eine Capitulation ein und zog am 6.(16.) Oct.
mit feinen 2500 Soldaten unter klingendem Spiel, mit
wehenden Fahnen, brennenden Lunten und drei Kanonen
ab [63]. Alke Tott wandte fich jetzt gegen die letzte in
Mecklenburg noch von den Kaiferlichen befetzte Feste,
gegen Wismar, deffen „tapferer" Befehlshaber, Oberft
Gramm, ebenfalls capitulirte und am 12.(22.) Jan.
1632 mit 2500 Mann abzog. Die Abziehenden wurden unterwegs von den Schweden angegriffen und meift
zum Eintritte in deren Armee gezwungen. Ebenfo capitulirte Dömig, welches von den abziehenden kaiferlichen Oberftlieutenant Straube den 19.(29.) Dec. 1631
an den fchwedifchen Oberft Lohaufen übergeben worden
war [64]. — Nachdem die unter Baner ftehende fchwedifche Armee, welche Magdeburg blokirt hielt, am Anfange
des Novembers (a. St.) 1631 Wansleben mit Calbe
genommen, begann der kaiferliche Commandant Wolf
von Mansfeld in Magdeburg mit Baner zu unterhandeln, als ihm Pappenheim zu Hülfe kam, welcher indeß
fich hier nicht halten zu können glaubte und am 8.(18.)
Jan. 1632 abzog. Nach etlichen Tagen befetzten die
Schweden Magdeburg, aus deffen Trümmerhaufen jetzt
unter Guftav Adolf's Beihülfe wieder einige Neubauten
fich erhoben [65]. So weit nach Gfrörer. — Nach der
weiteren von Droyfen gegebenen Schilderung der krie-
gerifchen Ereigniffe, infofern namentlich Pappenheim daran
betheiligt ift, wandte fich diefer entfchloffene, rafche und
geniale Feldherr von Magdeburg ins Weftfälifche, wo er
den fchwedifchen Befehlshaber Kagg hart bedrängte.
Der König wollte den General Alke Tott, welcher
nach der Einnahme von Wismar u. f. w. Stade zu belagern unternommen hatte, dorthin zur Hülfe zu ziehen.
Aber trotz des ausdrücklichen Befehles von feinem Könige, trotz aller anderen dringenden Aufforderungen blieb
Tott im Bremifchen ftehen, etwa im April 1632. Ueberhaupt handelten damals Guftav Adolf's Generale und
Oberften auf dem nördlichen Kriegsfchauplatze nicht in
Einigkeit, vielmehr willkürlich und eigennützig. Als
fich jetzt Pappenheim auf den „trägen" Tott warf, begehrte diefer beim Könige feinen Abfchied, aber diefer
gab ihm auf, den Oberbefehl zu behalten und energifch

---

60) Ebenda II, 493—496.   61) Ebenda II, 508—513.

62) Ebenda II, 559—561.   63) Gfrörer S. 773 und
774, nach Chemnitz I, 251 und 252.   64) Ebenda S. 774, nach
Chemnitz I, 254 und 255, b. — Droyfen berührt diefe Vorgänge in Mecklenburg nur fehr kurz II, 288 fg.   65) Gfrörer
S. 774 und 775, nach Chemnitz I, 252, 253 und 288, b.

zu fechten. Statt deffen verließ Tott, freilich durch Krankheit geschwächt, feine Truppen, deren Commando Baudiffin übernahm, welcher fich in der Mitte des Juni 1632 zu Hildesheim mit dem Herzoge Georg von Lüneburg vereinigte. Hierher eilte nun Pappenheim, welcher am 29. Jant (wol a. St.) den Morßberg bei Hildesheim einnahm. Dann zog er nach dem Rheine, ohne die Weifungen feines Kriegsherrn, des Kurfürsten von Baiern, zu achten, welcher ihn im Juli beorderte, ihm zur Hülfe zu kommen. Herzog Georg von Lüneburg rückte nun mit dem Generalmajor Lohaufen zu der am 7. Aug. (a. St.) unternommenen Belagerung von Wolfenbüttel ab, während Baudiffin mit 7000 bis 8000 Mann in das Weftfälische zog, wo er Paderborn zu belagern angefangen hatte, als Pappenheim wieder heranfam. Vor diefem weichend, zog fich Baudiffin nach dem Weferpaffe bei Höxter zurück und ging dann nach Heffen. Als Pappenheim am 29. Sept. 1632 die Feftung Hildesheim in feine Gewalt gebracht hatte, marfchirte Herzog Georg von Lüneburg dem Kurfürften von Sachfen zur Hülfe und ftellte fich mit feiner Armee bei Wittenberg und Torgau auf [66]).

Unterdeffen hatte der fchwedifche Oberbefehlshaber in Franken, Horn, feine Angriffe auf Bamberg gerichtet, welches er durch Accord einnahm, wie Droyfen [67]) berichtet. Gfrörer [68]) läßt die Schweben am 1.(11.) Febr. vor Bamberg anfommen und diefes am folgenden Tage fich ergeben; trotz des verrätherifchen Benehmens der Bürger habe Horn feine Plünderung geftattet, gegen Rath, Geiftliche, Mönche feine Gewaltthätigkeit geübt. Nach der Darftellung deffelben Autors [69]) feßte fich auf die Bitte des Bifchofs von Bamberg und die Weifung Maximilian's von Baiern noch vor der Mitte des Februar Tilly in Bewegung, nahm Aldorf, Lauf und andere Orte und rückte gegen Nürnberg heran, zunächft bis Forchheim. Dem bedrohten Horn follte auf Guftav Adolf's Befehl Bernhard von Weimar zur Hülfe kommen; aber diefer leiftete keine Folge, um fich nicht unter den fchwedifchen Feldherrn zu ftellen [70]). Am 28. Febr. (a. St.) zeigten fich die erften Tilly'fchen Reiter vor Bamberg; Horn glaubte die Stadt nicht behaupten zu können und zog mit Verluft ab. — Folgen wir der Erzählung Droyfen's, fo hatte zwar Horn die Abficht, die Stadt zu halten, welche er deshalb befeftigen ließ; aber nicht wenige feiner Officiere zeigten fich läffig und ungeübt; es traten nachtheilige Mißverftändniffe ein; viele Truppen waren nicht an den Feind zu bringen, und nur Horn's perfönliche Fähigkeit und Tapferkeit ließ den Ort einige Zeit halten; am 9. und 10. März (n. St.) verließ er ihn, und Tilly rückte nach, um fich ihm am 14. deffelben Monats vor Haßfurt entgegenzuftellen. Horn nahm keine Schlacht an, fondern zog fich auf Schweinfurt zurück [71]).

Als der König, welcher am 22. Febr. (wol a. St.) Kreuznach erftürmte und dann andere Ortfchaften in feine Gewalt brachte, während er Mainz befeftigen ließ, den Rückzug Horn's von Bamberg erfuhr, befchloß er, ihm fofort zur Hülfe zu eilen. Die Civilregierung von Mainz und Umgebung übertrug er feinem Kanzler Oxenftiern, das dortige militärifche Commando dem Pfalzgrafen Chriftian von Birkenfeld und dem Herzoge Bernhard von Weimar, wie er auch andere Beamte einfeßte, welchen er die Weifung ertheilte, daß fie den katholifchen Gottesdienft durchaus nicht hindern follten, falls man fonft fich gehorfam zeigen würde. Am 1. März (a. St.) 1632 war Guftav Adolf in Frankfurt; am 5. März (a. St.) brach er von Höchft auf in der Richtung nach Afchaffenburg und machte am 8. in Lohr Rafttag. Nachdem er die Nürnberger und Schweinfurter ermahnt, ftandhaft auf feiner Seite auszuharren, und hinzugefügt, er werde ihnen fchnell zur Hülfe kommen und das der chriftlichen Kirche angethane Unrecht rächen, traf er, bei Schweinfurt mit Horn zufammen. Tilly war ihm ausgewichen und hatte fich nach der Oberpfalz gewandt, fo rückte denn Guftav Adolf in der Richtung nach der Donau weiter vor; am 11. März (wol a. St.) ftaub er in Kißingen, wo er bis zum 14. blieb [72]). — Sein Abmarfch von Maing geftattete den Franzofen am Rheine, befonders auf deffen linkem Ufer, freieren Raum, fodaß fie jeßt hier weiter um fich griffen, zumal der Kurfürft von Trier bei feiner Flucht vor den Schweden fich in den Schutz des Königs von Frankreich begeben hatte. Guftav Adolf konnte diefer damaligen Machtentfaltung der Franzofen nicht entgegentreten und gab unterm 14. März (wol n. St.) von Kißingen aus, fowie unterm 18. deffelben Monats feinem zurückbleibenden Kanzler dahinlautende Inftructionen, daß er die trierifche Neutralität und das franzöfifche Befaßungsrecht in den trierifchen Feftungen Coblenz, Ehrenbreitftein und Philippsburg nicht hindern, fondern anerkennen und bewilligen follte, falls es für Schweden nicht zu erlangen wäre; um dabei Zeit und Vortheile zu gewinnen, möge er die Verhandlungen in die Länge ziehen und dem franzöfifchen Gefandten anfehnliche Präfente geben. Stand fomit der König damals mit Frankreich auf fehr gefpanntem Fuße, fo hoffte er andererfeits, daß durch die franzöfifchen Fortfchritte Spaniens Eiferfucht zunehmen würde, ein Gedanke, welchem er in einem unterm 18. Mai 1632 von Augsburg datirten, an Oxenftiern gerichteten Briefe Ausdruck gab. In der That befeßten die Spanier, welche von den mit ihnen Kurfürften entzweiten Domherren herbeigerufen wurden, fchon am Ende des März 1632 die Feftung Coblenz, ehe die Franzofen herbekamen [73]).

Gfrörer läßt den König am 3.(13.) März von Mainz aufbrechen, am 6.(16.) zu Afchaffenburg Mufterung halten über 12 Regimenter zu Fuß und 6000 Reiter, am 9.(19.) zu Gelnhaufen weiterziehen, am 12.(22.) bei Kißingen Horn fich mit ihm vereinigen, fobaß

---

66) Droyfen II, 638—641.   67) Ebenda II, 522 fg.
68) S. 812. 813.   69) Ebenda S. 813. 814, nach Chemniß
I, 299 fg. und Khevenhiller XII; 96.   70) Nach Röfe,
Bernh. v. Weimar I, 161.   71) Droyfen II, 522—526.

72) Ebenda II, 326—329.   73) Ebenda II, 608. 609.

die ganze Armee jetzt 30,000 Mann zählte, etliche Tage darauf auch Baner und Wilhelm von Weimar mit 10,000 Mann herbeikommen und am 20.(30.); Gustav Adolf mit der Hauptmacht in Fürth einziehen [74]. — Folgen wir ferner der Darstellung bei Droysen, so brach Tilly, dem Könige ausweichend, mit seiner Armee am 14. März (a. St.) von Bamberg auf und marschirte zunächst nach Forchheim; an demselben Tage setzte sich das schwedische Heer in der Richtung auf Nürnberg in Bewegung. Um die Zeit des 20. März, an welchem die Armeen des Königs und Horn's bei Fürth Rendezvous hielten, ertheilte Gustav Adolf dem Kanzler Oxenstiern den Auftrag, den Herzog Max von Baiern, wenn er etwa mit Friedens- oder anderen Anträgen hervorträte, temporisirend hinzuhalten. Unter großem Pomp und Jubel, unter vielen Freudenthränen der Einwohner hielt der König, dessen „heroische Person" gewaltig imponirte, am 21. März (a. St.) früh 10 Uhr seinen Einzug in Nürnberg; hier richtete er an die städtischen Auctoritäten eine Ansprache, deren Inhalt jedoch nicht mehr genau angegeben werden kann. Nachdem die Stadt sich mit ihm von Neuem zu gegenseitiger Hülfe, besonders zur Erhaltung des „evangelischen Wesens", verbündet, fand ein gemeinsames Mittagsmahl statt, worauf Gustav Adolf noch an demselben Tage in das Lager seiner Truppen zurückkehrte [75]. — Gfrörer weiß außerdem, daß man an dem genannten Tage dem Könige, an dessen Seite der Exkönig Friedrich von Böhmen ritt, prächtige Geschenke überreichte, namentlich eine Himmels- und eine Erdkugel, beide von Silber und vergoldet, und daß der König am 30. März der Stadt das Eigenthum der deutschherrlichen Güter schenkte, welche auf ihrem Gebiete lagen; auch theilt er wörtlich die Anrede mit, welche Gustav Adolf beim Einzuge an den Rath hielt: Man solle der evangelischen Sache und ihm treu bleiben; Papst, Kaiser u. A. seien darauf aus, die evangelische Religion zu vertilgen; aber Gott habe ihn zu ihrem Schutze berufen u. s. w. [76].

Sofort nach dem 14. März (a. St.), wie Droysen berichtet, rückte Gustav Adolf in Eilmärschen weiter südwärts vor und stand am 26. vor Donauwörth, welches vom 26. bis 28. bombardirt wurde; da Tilly nicht zur Hülfe kam, so floh am 27. die baierische Besatzung und die Schweden zogen in die Stadt ein, deren zahlreiche protestantische Einwohner zu Ostern das erste Mal wieder ihren Gottesdienst halten konnten. Maximilian drang jetzt auf eine Schlacht und begab sich deshalb nach Ingolstadt zu Tilly; aber dieser, Aldringer und andere Befehlshaber riethen ab, weil man zu schwach sei und erst die Ankunft Wallenstein's abwarten müsse [77]. Unterdessen stand der König nicht müßig da; er besetzte mehrere Ortschaften an der Donau, wo man gute Vorräthe für Menschen und Pferde fand, sodaß die schwedische Armee wieder eine reichliche Verpflegung hatte; ihr Gros bezog zwischen der Donau und dem Lech zu Nordheim ein Feldlager; zwei Stunden davon, bei der Feste Rain, auf dem rechten Lechufer, standen hinter starken Verschanzungen die Feinde. Nachdem der König in der Frühe des 3. April (a. St.) auf eine Recognoscirung ausgeritten war, wobei er mit einem feindlichen Vorposten tollkühner Weise ein Gespräch anknüpfte, dessen Folgen für ihn leicht hätten tödtlich werden können, ließ er in der Nacht vom 4. auf den 5. April oberhalb Rain unter dem Feuer des Feindes eine Schiffbrücke über den Lech schlagen und durch 300 seiner Finnländer einen Brückenkopf aufwerfen. Am 5. überschritt, unterstützt durch ein furchtbares Feuer der Kanonen, das Gros der schwedischen Armee die Brücke und es begann sofort die Schlacht, in deren Verlaufe Tilly durch einen Schuß an einem Beine schwer verwundet ward; Maximilian, welcher das Commando selbst übernahm, gab Befehl zum Rückzuge nach Ingolstadt und nahm den verwundeten Tilly mit. Als die Schweden den Brief auffingen, worin ein Chirurg requirirt wurde, befahl Gustav Adolf, daß man den Boten weiter ziehen lassen sollte; aber ehe der Chirurg eintraf, war Tilly bereits gestorben, am Nachmittage des 20. April zwischen 4 und 5 Uhr [78]. Als weitere Einzelheiten fügt Gfrörer hinzu, daß der König beim Bau der Brücke und bei dem Marsche über dieselbe 72 Geschütze feuern ließ, denen Tilly nirgends eine wenig Artillerie entgegengesetzen hatte; daß dem Tilly eine Falkonetkugel das linke Bein über dem Knie zerschmetterte; daß auch der Zweitcommandirende auf baierischer Seite, Aldringer, verwundet ward, und zwar am Kopfe; daß Tilly am 20.(30.) April, 73 Jahre alt, in der „Gegend von Regensburg" auf der Lippe verschied [79].

Schon vorher, etwa im März 1632, erhob sich von Neuem gegen Frankreich der mit dieser Macht auf feindlichem Fuße lebende Herzog von Lothringen im Einverständnisse mit den Spaniern, dem Kaiser, dem Herzoge Maximilian von Baiern, wegen dessen die Kaiserlichen machten im Elsaß und in der Pfalz bedeutende Fortschritte; in der Mitte des April rückte der spanische General Graf von Embben am Main vorbei gegen Süden, um sich mit den Kaiserlichen zu vereinigen, und eroberte unterwegs mehrere Plätze. Hierauf erschienen die Spanier vor Speier, wo eine schwedische Besatzung unter Oberst Horned lag, welcher nach kurzer Gegenwehr capitulirte. Hierüber im höchsten Grade erzürnt, wollte Gustav Adolf dem Obersten den Kopf vor die Füße legen lassen, wie er in einem von München d. d. 10. Mai 1632 datirten Briefe an Oxenstiern schreibt. Das Vorrücken der Spanier war der Grund, daß er sich jetzt gegen Schwaben wandte [80].

---

74) Gfrörer S. 814. 815, nach Khevenhiller XII. 97. 99 und 116, und Chemnitz I, 303, b. 75) Droysen II, 529—533. 76) Gfrörer S. 816 und 817, nach Murr S. 48 und 49, die Anrede nach Chemnitz I, 305, b fg. 77) Droysen II, 533—535.

78) Ebenda II, 536—539. — Schon im Februar 1632 hatte sich durch Abgeordnete die Stadt Ulm mit Gustav Adolf verbündet, welcher ihr den Oberst Sir Patrif Ruthwen sandte. Ebenda II, 535. 536. 79) Gfrörer S. 820—822, nach Chemnitz I, 311 u. a. Berichterstattern. 80) Droysen II, 609—611.

Am 7. April (a. St.) ließ der König das Gros der Armee [81] den Lech überschreiten, besetzte Rain und gelangte bereits am 8. in die Nähe von Augsburg. Unter Anderem wurde hierbei Neuburg, die Residenz des Pfalzgrafen gleichen Namens, occupirt und zu bedeutenden Lieferungen angehalten. Nachdem oberhalb und unterhalb Lechhausens Schiffbrücken geschlagen worden waren, sandte Gustav Adolf einen Trompeter mit einem wohlmeinenden Schreiben des Inhaltes nach Augsburg: Die Stadt habe zu seinem großen Staunen [als ob sie es hätte hindern können!] Feinde bei sich aufgenommen; doch wolle er Gnade für Recht ergehen lassen; sie möge die Feinde sofort ausweisen; schlage man diese Gnade ab, so werde er die Stadt tractiren, wie sie es verdient habe; man möge aber „ungesäumt kategorisch‟ antworten. Dies thaten Pfleger, Bürgermeister und Rath durch die Erklärung: Sie hätten an eine Gegenwehr gegen Tilly's Macht nicht denken können; die Einnahme habe aus Schuldigkeit gegen den Kaiser geschehen müssen; auch eine schwedische Garnison würden sie einlassen haben; in ihrer Macht stehe es nicht, die jetzige Besatzung auszuweisen. Auch die früheren, abgesetzten evangelischen Rathsherren schrieben am 9. April (a. St.) in diesem Sinne an den König und baten ihn, er möge der gegenwärtigen Garnison einen billigen Abzug gewähren, was von Gustav Adolf auch zugestanden ward. Indem am 10. April Deputirte der Stadt mit Commissarien der Schweden in deren Lager verhandelten, wobei den evangelischen eine freundliche, den katholischen eine „schlechte Vertröstung‟ gegeben wurde, zog die feindliche Garnison mit Sack und Pack in vollen Ehren ab und eine schwedische ein. Einer Deputation der Evangelischen, welche den folgenden Tag sich zum Könige begab, erklärte dieser, daß die Mitglieder des jetzigen katholischen Rathes, sowie die übrigen katholischen Beamten entfernt und alle (1629) abgesetzten Evangelischen in ihre Aemter wieder eingesetzt werden müßten; im Uebrigen forderte er von der Stadt, daß sie eine schwedische Garnison aufzunehmen, eigene Truppen zu unterhalten, monatlich 30,000 Reichsthaler als Contribution zu zahlen und ihre Befestigungswerke in besseren Stand zu setzen habe; mit besonderem Nachdrucke bestand er auf dem gänzlichen Ausschlusse aller Katholiken aus den städtischen Aemtern, um an dem Ersatze durch Evangelische eine sichere Garantie der Treue zu haben. Am 12. April (a. St.) wurde bei einer Zusammenberufung sämmtlicher Bürger den katholischen Rathsherren und Beamten ihre Entlassung angekündigt, ein aus 15 Evangelischen bestehender Rath eingesetzt und ein körperlicher Huldigungseid abgefordert. Hiergegen machte indeß die Stadt Einwendungen, indem sie fürchtete, dadurch ihre Reichsfreiheit zu verlieren. Der König antwortete: Es sei nicht seine Absicht, die Stadt unter seine Botmäßigkeit zu bringen, da sie reichsfrei bleiben solle; er heische nur einen „Assecuranzeid‟. Als

am 13. desselben Monats die Bürgerschaft von Neuem versammelt wurde, widersetzte sich Niemand mehr dem geforderten Eide, und am 14. hielt Gustav Adolf seinen feierlichen Einzug. Sofort begab er sich zu einem festlichen Gottesdienste in die Annenkirche, wo sein Hofprediger Fabricius eine (deutsche) Predigt über Psalm 12, 6 hielt. Nachdem er noch an demselben Tage sein Quartier in den prächtigen Fugger'schen Häusern genommen hatte, leistete in seiner Gegenwart die Bürgerschaft den mehrerwähnten Eid, worauf man ihm mehrere kostbare Geschenke verehrte. Noch am Abend des 14. April verließ er die Stadt wieder und ritt in das Lager zurück. Schon am nächsten Tage kam er wieder in die Stadt, wo die Vertragspunkte näher geordnet wurden und die volle Zustimmung hierzu von Seiten Augsburgs erfolgte, wogegen der König seinerseits versprach, die Stadt bei ihren Freiheiten, Privilegien, Herkommen u. s. w. zu erhalten und von der monatlichen Contribution 10,000 Reichsthaler erließ. Die hierauf bezüglichen Reverse wurden am 19. April gegenseitig formell ausgestellt, nachdem der König am 17. mehrere Evangelische in das Patriciat erhoben hatte, um die Besetzung aller Rathsstellen möglich zu machen [82]. — Bei Gfrörer findet sich die Bemerkung, daß die Stadt dem Könige „wie ihrem natürlichen Herrn‟ gehuldigt habe [83]. Doch war der Zweck des Eides keineswegs die Einverleibung in das schwedische Reich.

Bereits am 16.(26.) April begann der Weiter- und Abmarsch des schwedischen Heeres von Lechhausen, voran Horn mit der Cavalerie. Nachdem man sich am 18.(28.) überzeugt hatte, daß die ganze Macht des Feindes auf dem linken Ufer der Donau bei Ingolstadt versammelt sei, ritt der König am 20.(30.) von Neuem auf eine Recognoscirung aus, wobei ihm ein Pferd unter dem Leibe erschossen wurde. Am Nachmittage desselben Tages fiel an erster Seite der Markgraf Christian von Baden. Die baierische Armee unter ihrem Herzoge Maximilian wich einer Hauptschlacht aus und nahm ihren Marsch in der Richtung auf Wallenstein, welchen der Herzog schon oft und mehrere gebeten hatte, mit seinem neu errichteten Heere herbeizukommen. Während Gustav Adolf sich anschickte, Ingolstadt zu belagern, wurde Horn dem abziehenden Gegner nachgesandt. Indem am Abend des 21. April (a. St.) der König den Brückenkopf von Ingolstadt erstürmte und am folgenden Tage Horn Neustadt einnahm, kam ein französischer Agent, Etienne, mit Anträgen Maximilian's auf Neutralität in das schwedische Hauptlager; diesem sagte Gustav Adolf wiederholt ins Gesicht, er sei nur gekommen, ihn zu betrügen; auch der Baier um die volle Wahrheit um. Als Etienne dennoch weiter drängte, erwiderte der König: Wenn der Kurfürst (?) von Baiern nicht bis morgen (21. April) accordirt habe, werde er anfangen, in seinem Lande brennen, plündern und morden zu lassen. Der Franzose spielte jetzt den Trumpf der Erklärung aus, daß sein König mit Maximilian in guter Correspondenz stehe und

81) Nach einer vorhergehenden Angabe Droysen's ging das Gros der Armee schon am 5. über die Brücke.

82) Droysen II, 539—548.   83) Gfrörer S. 824.

deſſen Neutralität wünſche; aber Guſtav Adolf überbot ihn durch die Erwiderung, daß er es geſchehen laſſen könne, wenn Frankreich dem Baier 40,000 Mann ſende, und daß es ihm gleichgelte, mit welcher Nation er fechte; der Türke ſei auch noch ſein guter Freund [84]). — Gfrörer läßt am 20.(30.) April im ſchwediſchen Lager den König eine „von allen Geſchichtſchreibern" mitgetheilte Rede halten, in welcher er von den Neidern ſeiner Waffen und von der Verdächtigung ſpricht, daß er den Krieg nicht zur Rettung Deutſchlands, ſondern aus Eigennuß führe, die Betheuerung hinzufügt, daß er nur gekommen ſei, um „der Tyrannei des Hauſes Oeſterreich Einhalt zu thun", über die ihn drückenden vielen Geldſchulden klagt u. ſ. w. [85]). Droyſen erwähnt dieſe Rede nicht einmal als eine apokryphe. Die Erſcheinung Etienne's, des franzöſiſchen Geſandten am münchener Hofe, in Guſtav Adolf's Lager vor Ingolſtadt ſeßt Gfrörer ebenfalls auf den 20.(30.) April, wobei er unter Anderem den König im Zorne ſo weit gehen läßt, den Baiernherzog eine „Laus" zu nennen [86]).

Der weitere Verlauf der ſchwediſchen Kriegsoperationen iſt weſentlich durch das Wiederauftreten Wallenſtein's bedingt. Wie Droyſen ſich hierüber ausläßt, erklärte ſich der ſtolze Friedländer auf die wiederholten und immer dringenderen Bitten des Kaiſers im December 1631 nach langem Zögern und allerhand Einwendungen, um deſto mehr Bedingungen vorſchreiben zu können, endlich bereit, den Oberbefehl über die kaiſerlichen Heere von Neuem zu übernehmen, aber zunächſt nur proviſoriſch auf drei Monate. Ferdinand war in der Lage, den einzigen Retter in der Noth bitten zu müſſen, daß derſelbe das Commando auch weiter behalten möge, obgleich er hierbei die Bedingungen bis zu einem unerhörten Grade ſteigerte, ſodaß der Kaiſer ganz von ihm abhängig wurde. Aber mit um ſo größerer Energie brachte Wallenſtein vermöge ſeines außerordentlichen organiſatoriſchen Talentes bis zum April 1632 in Mähren ein neues Heer zuſammen, mit welchem er während dieſes Monats in die Action eintrat und durch Böhmen gegen Sachſen aufbrach. In ſchmachvoller Flucht wichen die abgeriſſenen, verwilderten, durch ihr Verhalten den Böhmen verhaßten, ſächſiſchen Truppen vor dem kaiſerlichen Generaliſſimus [87]). Nach der ausführlicheren Darſtellung bei Gfrörer ſandte der Kaiſer ſchon im Detober 1631 den Freiherrn von Queſtenberg mit der Bitte um Wiederannahme des Obercommando's an Wallenſtein, welcher zunächſt ablehnend antwortete, da er hörte, daß er unter den König von Ungarn geſtellt werden ſollte [88]). Da richtete Ferdinand [wann?] einen eigenhändigen ſtehenblichen Brief an Wallenſtein [89]), welcher jetzt aus dem zum Theil durch die Sachſen eroberten Böhmen nach Znaim in Mähren ſich begab und dem

Kaiſer ſagen ließ, daß er hier weitere Anträge erwartete; auf dieſe ging er erſt im Januar 1632 ein, aber in Folge ſeines beleidigten Stolzes unter den demüthigendſten Vorſchriften für den Kaiſer [90]). Jeßt erſt warb Wallenſtein, und zwar mit bewunderungswürdigem Erfolge, ein neues Heer; er bot einem guten Fußknechte allerdings koloſſalen Vermögen große Summen her, bis 25 Thaler Handgeld und gab aus ſeinem eigenen, während zu dieſem Zwecke in den kaiſerlichen Ländern neue, hohe Kriegsſteuern ausgeſchrieben wurden, und die Patrioten wie die auswärtigen Anhänger Oeſterreichs, von denen faſt nur der Papſt Urban VIII. eine Ausnahme machte, bedeutende Opfer brachten. Wallenſtein hatte zwar bereits eine unerhörte Gewalt in den Händen, unter Anderem die Ernennung aller Officiere; dennoch beſtand er — ſcheinbar — immer noch darauf, mit dem Ende des März den Oberbefehl des von ihm neu geſchaffenen Heeres niederzulegen. Ferdinand richtete eine Bitte nach der anderen an ihn, daß er ihn behalten möchte, worauf Wallenſtein endlich einging, aber unter der Gewährung von Forderungen, welche ihn nahezu zum factiſchen Kaiſer machten; unter Anderem bedang er ſich aus das Oberlehensrecht über alle Länder, welche er erobern würde, faſt die ausſchließliche Befugniß aller Beſtrafungen und Belohnungen, die Zuſicherung Mecklenburgs und Anderes [91]). Bereits ſeit dem Februar läßt Gfrörer Wallenſtein die Sachſen aus Böhmen vertreiben [92]).

Gleichzeitig ſuchte der Kaiſer ſeine tief darnieder liegenden Macht durch Allianzen aufzuhelfen. Unterm 14. Febr. (n. St.) ſchloß er in Wien ein Bündniß mit Spanien; auch die italieniſchen Fürſten und Republiken war er beſtrebt zu gewinnen; aber nur Florenz und Modena zeigten ſich geneigt dazu; Papſt Urban VIII. lehnte im April mit dem Bemerken ab, daß Guſtav Adolf ja beide Religionen beſchüße; Polen und die Schweiz gaben ebenfalls eine abſchlägliche Antwort. Während Spanien durch Frankreich verhindert wurde, dem Kaiſer zu helfen, rückten, durch Schweden veranlaßt, türkiſche Truppen gegen die Grenze Ungarns vor; die Liga war zerſprengt; doch wandte ſich noch im Februar 1632 Baiern wieder von den Verhandlungen mit Schweden ab. und dem Kaiſer, reſp. Wallenſtein zu [93]).

Als der König, etwa am 22. April (a. St.) 1632, erfuhr, daß Wallenſtein mit 20,000 Mann im Anmarſche ſei, mußte er entweder ihm entgegengehen oder ihn nach Sachſen abziehen, deſſen Wankelmuth ihm hinreichend bekannt war; er beſchloß, dem Baiernlande ſtärker zuzuſeßen, um den neuen Gegner mit ſeiner ganzen Macht herbeizuziehen. Nachdem er deshalb die Belagerung von Ingolſtadt aufgehoben am 24. April (a. St.) von hier aus rief Horn zu ſich heran. Dieſer nahm am 27. deſſelben Monats Landshut, während auch Freiſing capitulirte. Beide Orte lieferten der ſchwedi-

---

84) Droyſen II, 549—553. 85) Gfrörer S. 825, nach Chemniß I, 315 fg. 86) Ebenda S. 829. 830 unter Berufung auf die damals gedruckten Flugſchriften, in welchen dies mitgetheilt werde. 87) Droyſen II, 516—518 88) Nach Khevenhiller XI, 1951. 89) Nach Förſter, Wallenſtein's Briefe II, 187 fg.

90) Nach demſelben II, 188 und nach Khevenhiller X, 1951. 91) Gfrörer S. 837—844. 92) Ebenda S. 845. 93) Droyſen II, 513—516.

14*

schen Armee reiche Vorräthe. Da änderte der König seinen Plan, auf München zu marschiren, weil die Berichte seines Gesandten aus Dresden über den Kurfürsten, welcher sich in der drohenden Gefahr befand, auf des Kaisers Seite hinüber zu treten, immer bedenklicher lauteten, und faßte den Entschluß, nach Kursachsen vorzurücken, während Bauer mit einem Corps in Baiern bleiben und Horn dem Reichskanzler am Rheine zu Hilfe kommen sollte. Aber als es jetzt den Anschein gewann, als ob Wallenstein mit seiner ganzen Macht für den Baiernherzog herbeikommen wollte, marschirte Gustav Adolf doch mit seinem ungetheilten Heere gegen München, dessen Magistrat von Maximilian Weisung erhielt, sich ganz dem französischen Residenten Etienne anzuvertrauen. Dieser ging dem Könige bis Freising entgegen und bat ihn für München um Schonung, was jedoch abgelehnt wurde. Auch begab sich zu dem anrückenden Monarchen eine münchener Deputation, welche, da die Schweden bereits ganz in der Nähe standen, alle Forderungen. einräumte, unter Anderem eine hohe Brandschatzung, für welche 44 Geiseln gestellt werden mußten. Sofort nach diesen Verhandlungen hielt Gustav Adolf seinen Einzug in München, man weiß nicht genau, ob am 6. oder 7. oder 9. Mai (a. St.). Er fand hier sehr bedeutende Hilfsmittel, namentlich viel Kriegsmunition und eine große Anzahl vergrabener Kanonenrohre, im Ganzen 119 Geschütze. Da sich aber jetzt am Bodensee und anderwärts massenhaft die Landleute erhoben, die Schweden angriffen, wo sie konnten, todtschlugen, besonders in Schwaben, so brach Gustav Adolf, indem er Bauer in München zurückließ, gegen diese Feinde auf, und befand sich bei diesem Zuge in der Pfingstzeit zu Augsburg. Doch mußte er die Fortsetzung seines Marsches aufgeben, weil von Kursachsen her schlimme Nachrichten einliefen [94]).

Wie Gfrörer berichtet, wandte sich Max von Baiern, als er Ingolstadt verließ, gegen Regensburg, welches er durch List und Gewalt in seine Hände brachte und nach seinem Einzuge am 23. April (a. St.) für die bewiesene schwedenfreundliche Gesinnung hart strafte [95]). Nach demselben Schriftsteller verhandelten um dieselbe Zeit im Lager vor Ingolstadt Abgesandte des Königs von Dänemark mit Gustav Adolf, welchem sie ihre Vermittelung zum Frieden anboten; Gustav Adolf aber forderte, daß vorher alle protestantischen Stände des deutschen Reiches gegen des Kaisers Eingriffe gesichert werden müßten [96]). Am 7.(17.) Mai läßt Gfrörer, nach der Einnahme von Moosbach, Freising und anderen Plätzen, welche sich durch hohe Geldsummen von der Plünderung loskauften, den König vor München, von wo sehr viele Leute flüchteten, erscheinen und am Mittage desselben Tages mit Friedrich von der Pfalz seinen Einzug halten, wobei und worauf er die strengste Mannszucht geltend machte [97]). Am folgenden Tage, so wird

hier weiter erzählt, verrieth man ihm, daß die zu den vorgefundenen leeren Lafetten gehörigen Kanonenrohre unter der Erde vergraben lägen (was auch Droysen. berichtet). Indem er ausrief: „Surgite a mortuis et venite ad judicium", ließ er sofort nachgraben, und man fand 140 Rohre, unter ihnen 82 sehr große, 12 besonders schöne, die sogenannten zwölf Apostel; außerdem kamen z. B. gute neue Soldatenröcke zum Vorschein. Den baierischen Bauern, welche die Stücke aus der Erde hoben, zeigte er mit eigener Hand, wie man die Hebel ansetzen müsse, und gab ihnen eine Hand voll Dukaten. Außerdem werden an dieser Stelle noch manche andere Dinge über den Aufenthalt des Königs in München erzählt, wie daß er habe mit dem Rector der Jesuiten über die lutherische Abendmahlslehre in lateinischer Sprache disputirt, Heerschau gehalten, Geld unter die Leute werfen, aber auch von der Stadt sich eine Contribution von 300,000 Thalern zahlen lassen [98]).

Indem jetzt Max von Baiern, welcher sich in Regensburg festgesetzt hatte, mit dringenden Bitten um Hilfe den früher gehaßten Wallenstein anging, und dieser, die Sachsen vor sich hertreibend, binnen Kurzem Böhmen zurückeroberte, wobei er am 5.(15.) Mai in Prag einrückte und im Briefwechsel mit dem sächsischen Heerführer Arnim stand [99]), gerieth Gustav Adolf, besonders durch die Haltung Kursachsens, in eine kritische Lage, welche in ihm zeitweilig den Gedanken an einen Friedensschluß aufkommen ließ. Als — nach der Darstellung bei Droysen — am 5. Mai (a. St.) sein Abgeordneter Solms sich von dem Kurfürsten von Sachsen verabschiedete, gab dieser ihm eine zweite Resolution mit auf den Weg, worin er aussprach: Er habe Grund, auf die Friedenstractate mit dem Kaiser einzugehen, und werbe dahin wirken, daß der König eine Satisfaction (Abfindung) erhalte. Dieser hatte zwar schon früher Kenntniß von dem erhalten, was am kursächsischen Hofe vorging, besonders vermöge der Treulosigkeit Arnim's, wie man dies z. B. aus einem Briefe vom 4. Mai (a. St.) an Oxenstiern ersieht, glaubte aber damals noch, daß Arnim mit dem Wissen und Willen seines Souverains handle. Indem er unter diesen Umständen wünschte, sich mit seiner Armee den kursächsischen Landen zu nähern, beauftragte er Solms, den Kurfürsten in dem Bündniß mit ihm zu befestigen und nöthigenfalls, wenn es ja zum Bruche käme, die zuverlässigen sächsischen Officiere, wie Hofkirch, Taube u. a., mit ihren Regimentern dem schwedischen Heere zuzuführen. Unterm 3. Mai (a. St.) hatte der König an Solms nach Dresden einen ferneren Brief des Inhaltes gerichtet: Solms solle dem Kurfürsten mittheilen, daß er (Gustav Adolf) mit einem starken Heere sich Kursachsen nähere, weil dieses in Gefahr sei; am 18. Mai wolle und werde er bei Nürnberg stehen; bis er komme, solle

94) Ebenda II, 553—559. 95) Gfrörer S. 826. 96) Ebenda S. 827, nach Chemnitz I, 318 fg. 97) Ebenda S. 831, nach Chemnitz I, 322 und Khevenhiller XII, 141 fg.

98) Ebenda S. 831—833, nach dem Soldat Suédois p. 425, nach Khevenhiller XII, 142. 143 u. a; Quellen. 99) Bis hierher nach Gfrörer S. 837, 845, 846; das Weitere nach Droysen.

der Kurfürst sich in der Defensive halten und brauche nur 5000 Mann geworbener Truppen nebst 10,000 Mann Landvolk und etlichen Tausend Reitern an der schlesischen Grenze unter Oberst Schwalbach zurückzulassen. Ein Schreiben ähnlichen Inhalts, worin er besonders betonte, daß er die drohenden Gefahren von ihm abwenden wolle, ebenfalls vom 3. Mai (a. St.), sandte Gustav Adolf an den Kurfürsten [1].

Bevor des Königs Briefe vom 3.(13.) Mai in Dresden ankamen, hatte sich um 7.(17.) der kaiserliche Oberst Sparre bei Arnim eingefunden, um ihn unter überschwänglichen Versprechungen zu einer Unterredung mit Wallenstein nach Radoniz einzuladen. Arnim begab sich mit Wissen und Willen des Kurfürsten dorthin, und bei der Besprechung daselbst am 11.(21.) sagte ihm Wallenstein: Er (Wallenstein) habe unbegrenzte Vollmacht zur Unterhandlung und zum Abschlusse eines Friedens, welcher allen in denselben eingeschlossenen Parteien Land und Leute, Ehre und Hoheit, sowie vollkommenen Posseß der geistlichen Güter, sowol der vor, als auch nach dem passauer Vertrage eingezogenen, verbürgen sollte; auch werde der Kaiser das Restitutions-Edict aufheben; man möge auch Kurbrandenburg zur Annahme des Friedens bewegen; nur wegen des Verdachtes, in welchem er bei den „Jesuiten" stehe, müsse er unterdessen den Krieg zum Scheine fortsetzen. In einem Briefe vom 13.(23.) Mai, welchen er dem Arnim nachsandte, und welcher zur Vorlage an den Kurfürsten bestimmt war, wiederholte er alle diese Punkte, fügte aber im Besondern hinzu, es gelte einem kaiserlich-sächsischen Separatfrieden zu dem Zwecke, den gemeinsamen, unversöhnlichen Feind Gustav Adolf zu vertreiben [2]. Mit Eifer setzte der Friedländer durch Arnim als Vermittler seine Bemühungen fort, den Kurfürsten von Schweden ab und zu sich herüber zu ziehen, zugleich aber in milden Formen, weil er von dessen gleichzeitigen Verhandlungen mit dem Könige Kenntniß hatte. Unterm 9.(19.) Mai bat er Arnim um eine neue Unterredung, auf welche dieser einging, und hierbei sagte er ihm: „So lieb mir mein Seelenheil ist, so lieb wird mir sein, wenn ich dem allgemeinen Wesen dienen kann, insonderheit Kursachsen." Dabei entschuldigte er sich zugleich wegen der Einnahme Prags, welche er um des Kaisers willen habe ausführen müssen; doch möge der Kurfürst selbst den Frieden diciren. Als dieser denn doch von dem Entschlusse zurücktrat, an Schweden zum Verräther zu werden, verließ Arnim die sächsischen Dienste [3].

Inzwischen nämlich, etwa um den 23. Mai (n. St.), war Wallenstein auf Prag marschirt, welches er mit leichter Mühe in seine Gewalt brachte, und die Sachsen wichen ohne ernstlichen Widerstand bis Pirna zurück. Als bei dieser Lage der Sache des Königs Briefe vom 3. und 4. Mai (a. St.) aus Moosbach in Dresden ankamen, blieb Solms deßhalb noch in der sächsischen

Residenz und machte neue Vorstellungen bei dem Kurfürsten, welcher sich in arger Klemme befand, namentlich da Prag bereits in Wallenstein's Händen war [5]), und er (der Kurfürst) sich gänzlich der Willkür desselben preisgegeben sah, wenn er jetzt das schwedische Bündniß verließ. Seine dem Solms am 15. Mai (a. St.) ertheilte Antwort lautete dahin: Er lasse sich den Anmarsch der schwedischen Armee auf Eger gefallen; aber Gustav Adolf möge wohl bedenken, daß der egersche Kreis fast ganz ausgesogen sei; übrigens wisse er (der Kurfürst) nicht, wie es ihm möglich sein sollte, seine Armee, welche damals bei Leitmeriz stand, mit der schwedischen zu vereinigen; doch wolle er hierüber weitere Mittheilungen machen. Der Forderung des Königs, daß er das Obercommando führe, wich die Antwort aus. Mit dieser begab sich Solms auf den Weg zu seinem Könige, erhielt aber von diesem unterwegs die Weisung, nach Dresden zurückzukehren, wo er am 9. Juni (a. St.) wieder eine Audienz beim Kurfürsten hatte [6]).

Unterdessen, in den ersten Hälfte des Maimonates, war bei dem Könige, welcher sich bereits seit längerer Zeit mit dem Gedanken an einen Friedensschluß trug, als Antwort auf dessen Anfrage das vom 26. März a. St. (1632) batirte Gutachten des schwedischen Reichsrathes eingelaufen. Dieses stellte als Bedingungen eines abzuschließenden Friedens nachstehende Punkte auf: 1) Es muß überall, wo sie vor dem Kriege bestanden hat, die „reine, echte Religion" in sicherer Ausübung sein. 2) Es sind die Kurfürsten, Fürsten, Herren und Stände, sowie alle Exulanten, in den status quo vor dem Kriege wieder einzusetzen. 3) Der König bestimmt den Ort der Friedens-Unterhandlungen. 4) Schweden empfängt eine Kriegskosten-Entschädigung, resp. besetzt bis zur geleisteten vollen Zahlung derselben als Unterpfand gewisse Gebiete und Plätze. 5) Die Evangelischen schließen und Schweden eine feste Allianz gegen zufünftige Gefahren. 6) Im Falle eines Krieges, welchen dieser Bund unternimmt, ist dem Könige das Obercommando anzubieten. 7) Um an Schweden den gebührenden Dank abzustatten und es für seine bisherigen Aufwand zu entschädigen, werden ihm Pommern mit den Seestädten und Häfen, sowie auch Wismar, Stadt und Hafen, abgetreten. Brandenburg könne man in Schleswig, Kursachsen etwa durch Böhmen oder die zwei Lausitzen entschädigen, Hessen und Weimar sollen durch kaiserliches Gebiet einen Zuwachs erhalten. Außerdem werden Privilegien für den schwedischen Handel in den Städten und auf den Flüssen Deutschlands sowie andere Dinge gefordert [7]). Wie Gfrörer berichtet, verhandelte man 4.(14.) Juni ab ein Ausschuß der schwedischen Reichsstände weiter über die Frage, ob der König den Krieg fortsetzen oder Frieden schließen sollte, was den abgefarteten Zweck gehabt habe, die schwedischen Evangelischen in Deutschland zum Bündniß mit Schweden zu treiben. Da gleichzeitig Dänemark verdächtige Bewegungen machte, so richtete

---

1) Droysen II, 567—569.   2) Ebenda II, 569—571.
3) Ebenda II, 573. 574.   4) Gfrörer setzt die Einnahme Prags auf den 5.(15.) Mai.

5) Nach Obigem aber erst nach dem 13.(23.) Mai.   6) Droysen II, 571—573.   7) Ebenda II, 576—578.

Gustav Adolf ein scharfes Schreiben an Christian IV., welcher hierauf versprach, Ruhe zu halten [8]).

In die schwierigste Lage kam Gustav Adolf dem wankenden, schwachmüthigen Kurfürsten von Sachsen gegenüber, namentlich durch dessen Antwort vom 15.(25.) Mai, welche er bei seinem Vormarsche gegen die aufgestandenen Bauern in Schwaben erhielt. Wollte er den Sachsen, deren Heer nach den Berichten von Solms 18,000 Mann Fußvolk und 8000 Mann Cavalerie stark war, zur Hilfe ziehen, so mußte er es mit einer sehr starken Macht thun, wogegen das große Bedenken bestand, daß die Erute noch nicht heran war; andererseits durfte und sollte auch Süddeutschland nicht aufgegeben werden. Unterm 23. Mai a. St. schrieb der König an den Kurfürsten von Sachsen: er könne jetzt nicht dorthin marschiren; das sächsische Heer sei stark genug, sich selbst zu wehren; doch werde er im Nothfalle gegen Wallenstein heranrücken. Auch er (Gustav Adolf) wünsche einen redlichen Frieden; aber der Kurfürst möge wohl in Acht nehmen, daß dieser zum allgemeinen Besten aller Evangelischen gereiche; um hierüber weiter zu verhandeln, habe er den Pfalzgrafen August von Sulzbach an ihn abgeordnet [9]). Dieser traf am Anfange des Juni (a. St.) in Dresden bei Johann Georg ein, dem er die nachstehenden Eröffnungen machte. Der König werde, wenn die Noth es erfordere, zur Hilfe kommen; übrigens wünsche auch er sehr den Frieden; er habe Siege genug erfochten; das evangelische Wesen sei wieder aufgerichtet, und er könne deshalb auf Dank hoffen. Es sei ihm leicht möglich, mit dem Kaiser einen Separatfrieden zu schließen; aber zuvor sollten sich die Evangelischen fest verbünden zu einem Corpus Evangelicorum; dazu sei freilich Zeit erforderlich, sowie ein Conventstag, welchem der König und der Kurfürst von Sachsen die Fundamente zum Abschluß unterbreiten würden; vor Allem sei es Noth, zusammenzuhalten. Der Kurfürst möge nichts übereilen und nichts ohne sein Wissen und ohne seinen Willen thun, dabei aber immerhin mit Wallenstein unterhandeln, freilich nur dilatorisch; denn der Feind beabsichtige nur Zeit zu gewinnen, um dem Kurfürsten die Waffen aus der Hand zu winden und die Evangelischen zu trennen. Wolle aber dennoch der Kurfürst schon jetzt Frieden machen, so solle er sagen, ob einen universellen unter Allen oder einen speciellen mit dem Kaiser oder sonst Jemandem. Indessen erwarte der König, daß er sich nicht auf einen Particular-Frieden einlassen werde. Uebrigens stehe ihm, dem Könige, gegen viele säumige, ja feindselige Evangelische das jus belli zur Seite, welches er nach Umständen anwenden könne. — Für das Corpus Evangelicorum — so ließ Gustav Adolf dem Kurfürsten weiter sagen — müsse ein „absolutes Directorium" bestehen, welches entweder dem Könige oder einem deutschen Fürsten zu übertragen sei, und welches die Pflicht habe, seine, des Königs, Ansprüche zu befriedigen. — Der Begleiter des Pfalzgrafen, der würtembergische Kanzler Löffler, deutete bei dem

Kurfürsten an: Gustav Adolf fordere als Entschädigung Pommern, doch so, daß es deutsches Reichsland bleibe; gehe man hierauf nicht ein, so werde er später größere Ansprüche machen. — Auf diese Eröffnungen gab der Kurfürst seiner Gewohnheit gemäß ziemlich spät die vom 9. Juli 1632 (a. St.) datirte Resolution: Es sei ganz recht, dem Könige eine Satisfaction zu gewähren; man wünsche in Dresden einen christlichen Universalfrieden, freie Ausübung des augsburgischen Bekenntnisses, Restitution aller vor und nach dem passauer Vertrage eingezogenen geistlichen Güter. Ueber den Vorschlag eines Corpus Evangelicorum sagte die kurfürstliche Antwort keine Silbe. — Zeigte somit Johann Georg unverkennbar die Absicht, den Krieg friedlich zu beendigen, so ließ damals auch der Kurfürst von Brandenburg Aeußerungen seiner Friedensneigungen laut werden [10]).

Auf seinem Zuge gegen die aufständischen Landleute und deren militairischen Succurs hatte Gustav Adolf erst eine kurze Strecke zurückgelegt und eine Nacht in Memmingen angebracht, als er die Kunde von der Einnahme Prags durch Wallenstein und dessen weiterem Vordringen erhielt [11]), was in Verbindung mit anderen Wendungen der Ereignisse ihn dahin bestimmte, dem schwankenden Kurfürsten von Sachsen zur Hilfe zu kommen und ihn von einem drohenden Separatfrieden zurückzuhalten. Sofort kehrte er „per Post" nach München um, eilte nach Donauwörth, wo er am 2. Juni a. St. anlangte, beorderte Baner mit dessen Truppen aus München zu sich und traf andere Vorkehrungen zu dem Marsche nach Sachsen, während Baner und Bernhard von Weimar dazu bestimmt wurden, in Baiern und Schwaben zurückzubleiben und namentlich Augsburg zu decken. Am 4. Juni a. St. brach er von Donauwörth auf und nahm seinen Weitermarsch an Weißenburg vorbei, welches kurz vorher der Oberst Kraz durch einen Bruch des Accordes aus schwedischer Gewalt in die feinige gebracht hatte. Als der König am 8. Juni a. St. sein Hauptquartier in Fürth hatte, zählte die von ihm geführte Armee 9855 Mann Infanterie, 500 Dragoner und 8138 Mann Cavalerie, wobei die Artillerie mit einbegriffen ist [12]), Von hier ließ er mit der Nachricht über sein gegenwärtiges Vorhaben durch Abgeordnete der Stadt Nürnberg sagen: Er sei zum Abschlusse eines sicheren Friedens geneigt, doch so, daß ihm Satisfaction werde; namentlich unter Anderem das Hoheitsrecht und die Lehenschaft in den von ihm eroberten Ländern; Würzburg, Mainz und andere Landestheile gedenke er zu behalten; indessen wolle er sich hierüber noch mit den Nürnbergern und anderen Bundesgenossen berathen. Die ausweichende Antwort der Stadt lautete dahin, daß sie für sich nichts thun könne. Am 9. Juni (a. St.) sagte der König zu etlichen Rathsherren, welche er Nürnberg zu sich nach Fürth kommen ließ: Indem auch ihm höchstes Ziel der Friede sei, liege ihm vor Allem an

---

8) Gfrörer S. 709. 710.   9) Droysen II, 575. 576.

10) Ebenda II, 578—582.   11) Vergl. seinen vom 2. Juni (a. St.) aus Donauwörth datirten Brief.   12) Droysen II, 583—585.

der Sicherstelluug der Evangelischen, und für diesen Zweck möge man zu einem Corpus Evangelicorum zusammentreten; als Preis seiner Hülfe müsse er Pommern haben; zur Erreichung des Hauptzweckes möge sich Nürnberg mit ihm verbünden; ihm sei besonders an den Städten, wenig an den Kurfürsten gelegen; wollten sie ihn zum Verbündeten haben, so sollten sie wissen, daß er ebenso gut Teufel als Jesuiten austreiben könne [13]). Der folgende Tag brachte den Bescheid der nürnberger Auctoritäten: Sie wären in allen Punkten seiner Ansicht, nur nicht darin, daß er sich unter Fernhaltung der Fürsten lediglich mit den Städten verbünden wollte; auch dürfe kein Separatfrieden geschlossen werden. Indem Gustav Adolf in seiner Erwiderung bei dem Postulate eines Corpus Evangelicorum mit freiwilligem Beitritt stehen blieb, sprach er die Zuversicht aus, daß Weimar und Hessen ohne Zweifel sich diesem Bunde beigesellen würden, was auch von Würtemberg und dem Markgrafen Christian zu erwarten sei. Hierauf folgten an demselben Tage zu Nürnberg eine festliche Mittagstafel und ein Ball, wobei der König den ersten Tanz mit der jüngsten Tochter des ältesten Rathsherrn ausführte und noch öfter sich recht lustig an dem Reigen betheiligte. Indem er zum Abende nach dem Lager bei Fürth wieder hinausfuhr, blieben seine Bevollmächtigten Sattler und Chemnitz in Nürnberg zurück, um mit den Vertretern der Stadt weiter zu verhandeln und sich von ihnen schriftliche Resolution zu holen. Bei dieser Unterredung sagte Sattler: Wenn Gustav Adolf zum römischen Könige oder zum Kaiser gewählt werden sollte, so würde er die bisher übliche Capitulation nimmer annehmen und beschwören — eine Aeußerung, welche des Königs Secretär vielleicht ohne Auftrag that. Uebrigens stand, wie Droysen sagt, die Absicht des Königs fest, das Haupt des Corpus Evangelicorum und deutsch-evangelischer Reichsstand zu werden, sowie sich in den Besitz Pommerns zu setzen. Hatte er ein wohl erworbenes Recht auf solche Entschädigung, so konnten sich damals die deutschen Protestanten ohne ihn als Stütze und Haupt der Katholiken und Kaiserlichen gegenüber nicht halten [14]).

Nach Gfrörer's Referat sollen des Königs Geheimschreiber Chemnitz und Sattler bereits am 9.(19.) Juni dem Magistrate ungefähr obige Propositionen gemacht, die damit verbundenen Fragen gestellt und hinzugefügt haben, daß ihr Herr nicht beabsichtige die deutsche Verfassung zu ändern; auch läßt Gfrörer noch am Abende desselben Tages den König nach Nürnberg sich begeben und hier mit den drei Patriciern Christoph Fürer, G. Chr. Volkamer und G. Richter ein Gespräch führen, in welchem er unter Anderem geäußert: Die alte deutsche Verfassung tauge nicht mehr [mithin im Widerspruche mit seinen Geheimschreibern]; des Kaisers Friedensanträge seien Täuschereien; Deutschland müsse ein taugliches Haupt haben; gegen Johann Georg als solchen werde er nichts [sic!] einwenden [und doch sollen an

demselben Tage kurz vorher Chemnitz und Sattler dem Magistrate gesagt haben: Der König traue dem Kurfürsten von Sachsen nicht mehr]; Georg Wilhelm von Brandenburg verdiene kein Vertrauen; die Evangelischen möchten unter sich ein Haupt wählen oder sich an Schweden anschließen; er fordere keine Unterthanenpflicht von ihnen, nur ein treues Bündniß; als Entschädigung beanspruche er nicht Land und Leute, sondern nur Geld; indeß sei es billig, daß er Mainz, Würzburg und andere papistische Besitzungen [also doch Land und Leute!] für sich behalte u. s. w. Die drei Nürnberger hätten ihm hierauf geantwortet: Das tauglichste Haupt sei Gustav Adolf selbst, und ihm gebühre eine Entschädigung in Geld. Als der König — so fügt Gfrörer hinzu — am folgenden Tage das Gespräch mit ihnen fortsetzte, verlangte er sofortigen Anschluß Nürnbergs an ihn, wiederholte die früheren Erklärungen, äußerte unter Anderem, daß es ihm genüge, wenn nur die Städte treulich zu ihm hielten, bezeichnete eine allgemeine Berathung aller evangelischen Stände für zwecklos u. s. f. Am 11.(21.) sei durch die Bevollmächtigten der Stadt den beiden Geheimschreibern der schriftliche Entwurf zu einem Bündniß mit dem Könige übergeben worden, aber unter der Bedingung, daß dieses nur für die Dauer des Krieges gelten solle. Als die beiderseitigen Beauftragten hierüber weiter verhandelt, habe Sattler unter Anderem gesagt: Wenn Gustav Adolf mit der Zeit zum deutschen Könige oder Kaiser gewählt werden sollte, so würde er Veränderungen in der deutschen Reichsverfassung einführen, die Jesuiten vertreiben, gegen Frankreichs Ansprüche sich zu wehren wissen [15]).

Noch am 9. Juni a. St. hatte Gustav Adolf — wie Droysen berichtet — die Absicht, von Fürth direct nach Kursachsen zu marschiren, als er in Erfahrung brachte, daß Maximilian mit seinen Truppen Baiern verlassen habe, um mit Wallenstein zu vereinigen, welcher von Eger her sich nähere. Um diese Vereinigung zu hindern, event. die Baiern vorher aufzusuchen und in schlagen, brach er am Morgen des 11. Juni a. St., eines Montages, mit seinem Heere von Fürth auf und besetzte am 15. a. St. Vilseck. Hier wurde ihm noch an demselben Tage gemeldet, daß die Avantgarde der baierischen und der Wallenstein'schen Armee sich am 14. in Weiden vereinigt hätten. Hierüber in hohem Grade betroffen, gerieth er zum ersten Male in die Unsicherheit des Handelns und gab so die Initiative aus der Hand. Anfangs wollte er nach Sachsen ziehen, aber nach etlichen Tagen beschloß er, stehen zu bleiben und möglichst viele Truppen heranzuziehen; aber die Gegend bei Herbruck war zu einer solchen Concentration ganz ungeeignet, weil ausgeplündert und arm. Inzwischen lag freilich auch Wallenstein unthätig bei Eger. In dieser Lage gab durch den einzelnen Truppen-Abtheilungen

---

13) Ebenda II, 585—588. 14) Ebenda II, 588—590.

15) Gfrörer S. 850—855, zum Theil nach Breyer, Beiträge zur Geschichte des dreißigjährigen Krieges S. 207 fg. — Man muß Gfrörer zugeben, daß hieraus Gustav Adolf's Absicht, deutscher Kaiser zu werden, deutlich hervorgehe.

Weisung, nach Nürnberg zu marschiren, welches schleunigst stärker befestigt werden sollte. Am 19. Juni a. St. begab er sich selbst in die Nähe dieser Stadt und umritt sie sofort, um die projectirten Werke anlegen zu lassen. Mit dem folgenden Tage brach sein Heer von Heröbruck auf, und am 23. traf dessen Hauptcorps bei Nürnberg ein, wo man bereits an den Verschanzungen arbeitete. Mit erstaunlicher Schnelligkeit wurden Wälle aufgeworfen, Gräben gezogen, Pallisaden gesetzt, Kanonen eingestellt, man sagt 300, alle auf Rädern. Die für den König begeisterten Nürnberger brachten alle möglichen Opfer, stellten aus sich eine Miliz von etwa 3000 Mann, dazu zwei von den Obersten Leubelfingen und Schlammersdorf geworbene Regimenter zu 3000 und zu 1800 Mann. Zwar wurden die vor der Stadt liegenden Schweden aus dieser reichlich mit Lebensmitteln versorgt; aber bald stiegen die Preise derselben und die Soldaten begingen Excesse. Aus Anlaß derselben „soll" der König an den am 29. Juli versammelten Officieren gesagt haben: „Mir ist so wehe bei Euch, daß ich in meinem Königreiche lieber die Säue hüten will, als mit einer so verkehrten Nation umzugehen gedenke" [16].

Ausführlicheres über diese Zustände im schwedischen Heere weiß Gfrörer zu berichten. Hiernach waren damals besonders die höheren deutschen Adeligen in dem Gefolge des Königs mit diesem unzufrieden, weil sie sich in ihrer Habsucht getäuscht sahen und nicht sowie die Kaiserlichen Schätze zusammenrauben durften, ließen es an pünktlichem Gehorsam fehlen, erlaubten den Soldaten je mehr und mehr Excesse, plünderten die Landleute, welche sich nach der Stadt geflüchtet hatten. Diese höheren deutschen Officiere berief Gustav Adolf am 29. Juni a. St. vor sein Zelt und hielt an sie eine donnernde Anrede: „Ihr Fürsten, Ihr Grafen, Ihr Herren, Ihr Edelleute, Ihr seid es, welche die größte Untreue am eigenen Vaterlande erweisen. Ihr zerstöret, verderbet, verheeret dasselbe. Ihr Obersten, Ihr Officiere von höchsten bis zum niedrigsten, keinen ausgenommen [?], Ihr seid diejenigen, welche stehlen und rauben; ja Ihr bestehlet eure eigenen Glaubensgenossen..... Ihr seid Frevler und Verbrecher an den guten Gesetzen und meinen Geboten. Ihr seid Schuld daran, daß man öffentlich sagt: „Der König, unser Freund, thut uns mehr Schaden als unsere Feinde." Er habe Alles mit ihnen getheilt; wären sie ihm gehorsam gewesen, so hätte er alle eroberten Länder an sie vertheilt [?]. Sollten sie sich gegen ihn empören, so würde er sie in Stücke hauen lassen. Er bitte sie „um der Barmherzigkeit Gottes willen", daß sie Mannszucht halten möchten; ihr Muth und ihre Tapferkeit sei ja untadelhaft. „Mir ist so wehe unter Euch, daß es mich verdrießt, mit einer so verkehrten Nation umzugehen" [17]. — Ueber die Creig-

nisse am Rheine, wo die Franzosen mit den Spaniern fochten, theilt Gfrörer aus den Tagen des Juni mit, daß am 13.(23.) Horn mit 10,000 Mann von Mainz aufbrach und Coblenz einschloß, von wo am 21. die Spanier abzogen, worauf er diese Stadt den Franzosen übergab, um dann nach der Weisung des Reichskanzlers Oxenstierna, seines Schwiegervaters, nach dem Oberrheine, speciell nach der Pfalz, gegen die Spanier sich zu wenden. Jetzt gelangte an Oxenstierna des Königs Befehl, mit allen verfügbaren Truppen zu ihm nach Nürnberg herbeizurücken; dieselbe Ordre erging an die übrigen schwedischen Anführer, an den Landgrafen von Hessen-Cassel, Herzog Wilhelm von Weimar, General Baudißin und andere [18]. Auch läßt Gfrörer etwa während des Juni als Abgesandten der gegen den Kaiser aufständischen Bauern in Oesterreich ob der Enns den Hofgutsbesitzer Thomas Ecklehner in das Lager bei Nürnberg zu dem Könige kommen, welcher demselben etwas Geld und das Versprechen eines Hilfsheeres mit auf den Rückweg gab. Am Anfange des Augusts brach dort die Empörung aus [19]. — Wie Droysen erzählt, war von dem Könige der Generalfeldmarschall Horn gegen die Spanier am Rheine gesandt worden, wo er in der Mitte des Juli Coblenz aus der Hand der Spanier nahm, um es den Franzosen einzuräumen, mit welchen die Schweden kurz vorher in ein besseres Einvernehmen getreten waren. Horn machte bald dort weitere Fortschritte, als ihm Gustav Adolf die Weisung zugehen ließ, zu ihm nach Nürnberg heranzurücken; indessen blieb er an der Mosel und in der Pfalz, wo er auch in den folgenden Monaten glücklich operirte [20].

Als Wallenstein — so lautet die Darstellung bei Droysen — von der rückgängigen Bewegung Gustav Adolf's Kunde erhalten hatte, folgte er ihm von Eger über Weiden, Amberg, Sulzbach. Von der zuletzt genannten Stadt brach er am 25. Juni a. St. auf und am 30. vereinigte er sich zwischen Lauterhofen, Sulzbach und Neumarkt mit War von Baiern. Beider Heer hatte damals zusammen eine Stärke von 60,000 bis 80,000 Mann. Der gemeinsame Marsch ging weiter gegen Nürnberg [21], und hier bei den Dörfern Stein und Zirndorf [22] schlug Wallenstein, welchen die Schweden vergeblich hieran zu hindern suchten, ein Lager auf, welches binnen drei Tagen fertig war, und zwar am linken Ufer der Rednitz, im Westen und Süden von Nürnberg; von Norden nach Süden im Allgemeinen sich erstreckend, hatte die nach Osten und Norden, gegen

nicht bedenken oder gar von mir setzen wollet, soll dennoch die ganze Christenheit erfahren, daß ich mein Leben für Euch als ein christlicher König und der ich den Befehl meines Gottes verrichte, auf dem Plaße lassen will."

16) Droysen II, 590—602. 17) Gfrörer S. 857. 858, nach Khevenhiller XII, 158 fg. — In Konung Gustav II. Adolfs Skrifter von Stösse wird aus der Rede folgende Stelle angeführt: „Und wann Ihr auch Gottes vergessen und Eure Ehre

18) Ebenda S. 862, nach Chemnitz I, 350. 357ᵃ. 162ᵇ. 19) Ebenda S. 855. 856. 20) Droysen II, 611. 612. 21) Gfrörer S. 859 erzählt nach Chemnitz I, 354 und Khevenhiller XII, 157, daß bei dem Anmarsche der Kaiserlichen der schwedische Oberst Taupabel große Verluste erlitt und gefangen wurde. 22) Gfrörer, ebenda, nennt die beiden Dörfer Stein und Dombach.

Nürnberg, gerichtete Seite eine besondere Stärke. Fast täglich gab es nun zwischen beiden Heeren Plänkeleien oder etwas bedeutendere, jedoch auf lange hin keine entscheidenden Kämpfe. Am 27. Juli (a. St.) nahmen die Kaiserlichen die nürnbergische Feste Lichtenau; aber am 30. brachte der schwedische Oberst Taupadel Freystadt und mit ihm eine große kaiserliche Proviantcolonne in seine Gewalt. Zwar sandte Wallenstein sofort Hilfe; aber die Schweden blieben in einem hitzigen Gefecht wiederum Sieger, nahmen den General Sparre gefangen und brachten die Beute in Sicherheit 23). — Nach der Darstellung bei Gfrörer, welcher den schwedischen Oberst Taupadel und andere gefangene schwedische Officiere durch Wallenstein an Gustav Adolf abgesandt werden läßt, um scheinbar Unterhandlungen anzuknüpfen, zog der König selbst mit 1000 Mann dem Taupadel zur Hilfe, wobei die geschlagenen Kaiserlichen an 600 Todte verloren 24).

Die beiden Lager wollten sich einander aushungern und zum Weichen bringen, und in der That stellte sich seit der Mitte, besonders seit dem Ende des Juli (a. St.) auf beiden Seiten der Hunger mit seinen Folgen ein, zumal in Nürnberg, wohin sich viele Landleute mit ihrem Vieh geflüchtet hatten. Zwar arbeiteten 138 Bäckereien; aber sie konnten die hinreichende Menge von Brod fördern; schon begannen Menschen, Pferde und andere Thiere am Hunger zu sterben. Um der täglich steigenden Theuerung eine Schranke zu setzen, stellte der Rath eine Taxe fest: für 1 Simra Korn (Roggen) 12, Weizen 15, Hafer 15, Hirse 18, Linsen und Wicken 12 Gulden. Die Krankheiten und Sterbefälle wuchsen immer stärker; es fehlte an Todtengräbern; die auf den Straßen liegenden Leichen verbreiteten einen furchtbaren Pestgeruch; Raub- und Plünderung nahmen überhand. Die Noth riß auch im schwedischen Lager ein; es fielen über 4000 Pferde, zumal ein großer Wassermangel herrschte. In ähnlicher Weise litt das Wallenstein'sche Lager fast an allen Bedürfnissen, namentlich an Brod schon in der ersten Hälfte des Juli, sodaß die Sterblichkeit bedenklich wuchs 25). Wie Gfrörer hinzufügt, fehlte es in Nürnberg, wo man fast täglich Gottesdienst, oft einen Bußtag, hielt, und die Bürger fortfuhren, Soldatendienste zu leisten, besonders an Mühlen zum Mahlen des reichlich vorhandenen Getreides 26). Nach demselben Schriftsteller brach am 22. Juli a. St. im schwedischen Lager eine Meuterei aus, indem die Soldaten sich weigerten zu marschiren, wenn sie nicht den rückständigen Sold empfingen, sodaß der König bei den Nürnbergern Geld borgte 27).

Trotzdem blieb Gustav Adolf zunächst unthätig vor Nürnberg stehen, weil er, wie er sich in seinem von 21. Juli a. St. aus dieser Stadt datirten Briefe 28) ausspricht, auf den von ihm befohlenen Zuzug der Truppen Oxenstiern's, Baner's, des Landgrafen Wilhelm und anderer wartete 29). Indessen änderte er seinen Plan, als Wallenstein von Nürnberg nach Schwabach abzog, und befahl dem Oxenstiern, auf Würzburg zu marschiren; mit ihm sollte sich Baner von Augsburg und Ulm her vereinigen. Aber die schwedischen Truppen in Schwaben hatten Unglück; der Feldzeugmeister Kratz, von rebellischen Bauernhaufen unterstützt, war in der Mitte des Juli bis Augsburg vorgedrungen; auch Herzog Bernhard von Weimar sah sich durch andringende feindliche Truppen verhindert, zum Könige zu stoßen; noch am 20. Juli a. St. stand er in Füßen und Baner in Dietfurt. Inzwischen war Oxenstiern's Vorhut am 12. Juli a. St. in Würzburg angelangt, und am 13. traf er selbst mit 7000 Mann hier ein, wo am 18. die etwas über 4000 Mann zählenden Streitkräfte des Landgrafen von Hessen, während Tags zuvor Herzog Wilhelm bis Hildburghausen vorbrang, und auch kursächsische Truppen im Anzuge waren. Da sich Oxenstiern verstärkt sah, ging er mit dem Beginne des August zur Offensive über 30). Doch stimmte der König seiner Ansicht, den Feind vor der Ankunft sämmtlicher erwarteter Truppen anzugreifen, nicht bei; wie er unterm 1. Aug. a. St. an Oxenstiern schrieb, wollte er erst alle Streitkräfte concentriren; es handele sich besonders darum, dem Feinde die Lebensmittel abzuschneiden; Oxenstiern solle sich vor seiner Vereinigung mit ihm womöglich nicht zum Schlagen nöthigen lassen, ein Rath, welchen dieser befolgte. Herzog Wilhelm traf an der Spitze seiner Heeresabtheilung am 6. und 7. Aug. a. St. mit dem Reichskanzler in Kitzingen zusammen, nachdem bereits am 5. Baner und Bernhard aus Schwaben diese Vereinigung bewerkstelligt hatten. Jetzt gab der König dem Reichskanzler Weisung, sobald wie möglich nach Nürnberg heranzurücken, aber mit der größten Vorsicht. Oxenstiern war bereits am 7. Aug. a. St. von Kitzingen aufgebrochen; am 9. gelangte er bis Windsheim, wo an demselben Tage auch Baner und Herzog Wilhelm mit ihren Corps eintrafen. Nachdem hier am 10. und 11. Rast gehalten worden war, gelangte ein Befehl des Königs an, schnell heran zu rücken und zunächst auf Bruck zu marschiren; ihm zu Folge brach Oxenstiern sofort auf und erreichte am 13. Aug. a. St. Neustadt, worauf er bei Bruck Halt machte und im Lager abstecke. Nachdem somit die geplante Vereinigung in der Nähe von Nürnberg vollzogen war, bestand bei der hier concentrirte schwedische Macht aus 20,000 Mann Royaltruppen (13,000 zu Fuß und 7000 zu Roß, die Artillerie u. s. w. eingegriffen), aus 13,000 Mann, welche mit Oxenstiern gekommen waren, aus 4000 Mann landgräflicher Truppen, aus 6000 Mann vom Herzoge Wilhelm und 5000 Kursachsen, zusammen aus 47,000 Mann 31). — Gfrörer läßt den Herzog Bernhard von Weimar vom Bodensee her, wo er bei den Gefechten mit den aufständischen Landleuten bis nach Tyrol vorgedrungen sei, während Baner gleich-

---

23) Droysen II, 608—605. 24) Gfrörer S. 859. 860. nach Chemniz I, 858b und I, 860 fg., und Khevenhiller XII, 162 fg. — 25) Ebenda II, 605—607. 26) Gfrörer S. 850. 27) Ebenda S. 859. 860. 28) Handlingar I, 161.

29) Droysen II, 607. 608. 30) Ebenda II, 613—615. 31) Ebenda II, 615—619.

A. Encykl. d. W. u. K. Erste Section. XCVIII.

15

zeitig bei Frieberg und in dessen Umgebung operirte, mit Mißmuth dem Befehle des Königs zum Heranmarsche Folge leisten und am 9.(19.) Aug. bei Windsheim mit Orenstierna zusammentreffen, wo Baner kurz vorher angelangt sei. Am 14.(24.) habe Orenstiern Bruck, eine Meile unter Nürnberg, erreicht, sodaß jetzt das schwedische Heer, gegen dessen Vereinigung Wallenstein nichts unternommen habe, an 50,000 Mann stark gewesen sei ³²). — Wie Gustav Adolf seine Generale nach Nürnberg herbeirief, so beorderte, ebenfalls nach Gfrörer, auch Wallenstein den Grafen Pappenheim aus Westfalen hierher; aber dieser machte Gegenvorstellungen und blieb am Niederrheine, wo er unter Anderem am 7.(17.) Aug. einen heldenhaften, aber erfolglosen Sturm gegen Maftricht unternahm ³³).

Zu Kursachsen hatte Wallenstein bei seinem Zuge gegen Gustav Adolf nur wenige Truppen zurückgelassen, mit welchen die Sachsen unter Arnim leicht fertig wurden. Als aber aus Böhmen der kaiserliche Befehlshaber Marabas mit einem Corps herankam, zogen sich die Sachsen, welche gegen Zittau anrückten, am 11.(21.) Juli auf Liegnitz zurück. Am 1.(11.) Aug. setzte sich das schwedische Corps unter Duval von Schwiebus aus in Bewegung und vereinigte sich bei Züllichau mit den von Oberst Kötteritz geführten Brandenburgern. Beide trafen am 8.(18.) bei Glogau mit den Sachsen unter Arnim zusammen, sodaß jetzt ein Heer von 16,000 Mann ihr vereinigt war, durch welches der Feind am 9.(19.) bei Steinau, am 17.(27.) bei Breslau geworfen ward ³⁴). Wie Gfrörer hervorhebt, wurde hierbei Duval (so schreibt er den schwedischen „Oberst“) von Arnim unter elenden Entschuldigungen nicht gehörig unterstützt ³⁵). Um den Kaiserlichen in Sachsen zur Hilfe zu kommen, wurde durch Wallenstein von Bamberg aus mit 6000 Mann Holke abgeschickt, dessen Avantgarde am 13.(23.) Aug. vor Zwickau ankam. Nachdem diese Stadt etliche Tage darauf in seine Hände gefallen war, zog er unter unmenschlichem Hausen ins Meißnische, am 23. Aug. a. St. stand er bei Chemnitz, einige Wochen später bei Dresden. Als Wallenstein sein Lager bei Nürnberg verlassen hatte, sandte er den Holke'schen Banden eine weitere Heeresabtheilung von 10,000 bis 12,000 Mann unter dem Feldzeugmeister Gallas nach; beide Corps vereinigten sich am Anfange des Octobers a. St. bei Freiberg, welches demnächst von ihnen genommen wurde, worauf auch andere Städte, wie Meißen, dasselbe Schicksal theilten ³⁶).

Hatte Wallenstein, worüber ein allgemeines Staunen herrschte, nichts unternommen, um die Concentration der feindlichen Streitkräfte zu hindern, so rührte er sich auch nicht, als dieselbe vollzogen war. Für Gustav Adolf gestaltete sich die Inactivität um so bedenklicher,

als er nur noch auf wenige Tage Proviant besaß. Daher verließen die schwedischen Truppen am 21.(31.) Aug. die beiden Lager bei Nürnberg und bei Bruck, vereinigten sich bei Kleinreut und nahmen dem Wallenstein'schen Lager gegenüber an der Rednitz Aufstellung in Schlachtordnung. Aber auch da noch blieb Wallenstein unbeweglich in seiner Position; es kam nur zu kleinen Scharmützeln, bei deren einem Baner verwundet wurde. Auch als Gustav Adolf am 22. Aug. a. St. das Lager Wallenstein's zu beschießen begann, erzielte er keine Erfolge. In der Nacht vom 22. zum 23. a. St. marschirten die Schweden in aller Stille nach der nördlichen Richtung, um dem feindlichen Lager an der schwächeren, der westlichen Seite, beizukommen, und warfen hier am 23. Verschanzungen auf, wobei sie durch den Feind in keiner Weise gestört wurden. Indem der König zur Forcirung der Wallenstein'schen Stellung sofort mit Laufgräben und anderen Annäherungsarbeiten vorging, meldeten ihm Ueberläufer, daß Wallenstein's Heer im Abmarsche begriffen sei; aber dieß bestätigte sich nicht, und so beschloß er, den Feind unverweilt anzugreifen. Es war am 24. Aug., als die Schweden, mit grünen Zweigen an den Hüten versehen, gegen die Nordseite des feindlichen Lagers anstürmten. Bald entbrannte ein mörderischer Kampf, welcher besonders der „Alten Veste“ galt und bei welchem die kaiserlichen Generale Jacob Fugger und Albobrandini fielen. Immer von Neuem rückten schwedische Soldaten todesmuthig an; dreimal nahmen sie den Burgstall; dreimal warf Aldringer sie wieder heraus. Nachdem das furchtbare Ringen 12 Stunden lang gewährt hatte und am Abend ein Regen eingetreten war, ließ der König seine ermatteten Krieger vom Angriffe abstehen. Bereits am Morgen des 25. Aug. a. St. rückte er wieder anstürmend vor, und zwar vom Walde aus; aber auch diesmal wurden seine Soldaten nach hartem Kampfe zurückgeschlagen. Der König setzte sich wieder in der Nähe von Nürnberg, bei Fürth, fest, indem er sich sofort eifrig und stark verschanzte ³⁷).

Es ist wahrscheinlich, daß Gustav Adolf schon vor diesem Kampfe wieder geheime Unterhandlungen mit Wallenstein angeknüpft hatte; wie später bei dem Verhöre über Wallenstein's Verrath an dem Kaiser ein Trzka'scher Forstmeister mit Namen Klufak aussagte, trug der König im Anfange des Jahres 1632 dem Wallenstein den Oberbefehl über die kursächsische Armee an, was Wallenstein mit dem Bemerken abgelehnt habe: Gustav Adolf sei ein Filz ³⁸). In der Zeit seines ersten Aufenthaltes zu Nürnberg ließ Gustav Adolf durch Bubna dem kaiserlichen Generalissimus sagen, er wünsche (neue) Verhandlungen mit ihm, und gab dabei zugleich das Versprechen, ihm zur Erlangung der böhmischen Krone behilflich zu sein, worauf indessen Wallenstein nicht einging. Noch im Juli äußerte dieser zu dem gefangenen Rittmeister Reichel, er wünsche zwischen Gustav Adolf,

32) S. 868. 869, nach Röse, Bernhard von Weimar I, 162 fg. 33) Ebenda S. 862. 863, nach dem Soldat Suédois p. 549 und nach Harte, Leben Gustav's II, 427. 34) Droysen II, 634. 635. 35) Gfrörer S. 865, nach Chemnitz I, 409 fg.; 415 fg.; 427. 36) Droysen II, 635. 636.

37) Ebenda II, 619—623. 38) Mitgetheilt von Hurter in dessen Werk: „Wallenstein“ S. 120, aus den „Untersuchungs- und Confiscationsacten im Archive der (wiener) Hofkanzlei“.

den er sehr schätze, und dem Kaiser einen heilsamen Frieden. Wenige Tage nach dem 24. Aug. a. St. sandte der König den gefangenen kaiserlichen Generalwachtmeister Sparre zum Zwecke der Auswechselung von Gefangenen und zur Anknüpfung von Friedenstractaten an Wallenstein, welchem er sogar eine persönliche Zusammenkunft anbieten ließ. Dieser antwortete, daß er erst Instructionen von dem Kaiser haben müsse, an welchen er deshalb sofort unterm 1. Sept. a. St. ein Schreiben richtete. Während Gustav Adolf seine friedlichen Absichten auch dem Kanzler Oxenstiern, dem Kurfürsten von Sachsen und Anderen mittheilte, zauderte der Kaiser, welcher erst unterm 31. Oct. von Wien aus antwortete, aber sehr hohe Bedingungen stellte [38a].

Unterdessen war der Mangel im schwedischen Heere bei Fürth immer bedenklicher geworden; die Soldaten erhielten oft fünf Tage lang kein Stück Brod, und die Pferde mußten fast noch schlimmer hungern. Auch in dem Lager Wallenstein's herrschte eine fast gleiche Noth, aber er blieb ruhig liegen, ein Räthsel für den König und für Andere. Da entschloß sich endlich Gustav Adolf, um „den Fuchs aus dem Loche zu kriegen," zum Abzuge, ließ in Nürnberg unter Kniphausen und Oxenstiern 5000 Mann zurück, sandte am 7. Sept. a. St. an Wallenstein „ein Cartel, anderen Tages mit ihm zu schlagen", marschirte am 8. an dessen Verschanzungen vorbei und schoß hinein. Aber Wallenstein rührte sich abermals nicht. Dies bewog den König, noch am 8. Sept. a. St. mit seinem Heere weiter zu ziehen, zunächst auf Weinsheim, dann nach Neustadt an der Aisch. Von hier brach er am 13. nach Windsheim auf, wo sonderbarer Weise eine tatarische Gesandtschaft ankam, um den berühmten Helden zu sehen und zu beglückwünschen. Wallenstein hatte einige wenige Tage länger ausgehalten, was für ihn ein großer Gewinn war. Erst am 12. Sept. a. St. verließ er sein Lager und marschirte, indem er fast alle Dörfer um Nürnberg in Brand stecken ließ, durch Fürth auf Bruck [39]. Nach Gfrörer zündete Wallenstein am 13.(23.) Sept. beim Abzuge auch sein eigenes Lager an [40].

Als der König in Windsheim am 16.(26.) Sept. hörte, daß Wallenstein ebenfalls sich in Bewegung gesetzt hatte, war seine schwierige Lage um nichts gebessert. Was thun? Er disponirte die Theilung seines Heeres und beschloß mit einem Corps desselben in die kaiserlichen Erblande einzufallen und den zum Aufstande vorbereiteten evangelisch gesinnten Bauern in Oberenns zu Hilfe zu kommen, nachdem er ihnen eine solche schon früher in Aussicht gestellt hatte. Dann werde Wallenstein — so rechnete er — umkehren und zur Deckung Wiens herbeimarschiren müssen. Wie oben erwähnt, hatten die oberösterreichischen Bauern, welche namentlich durch den lutherischen Prädicanten Jacob Greimbl in der Hoffnung auf die Hilfe des Schwedenkönigs revolutionirt wurden, bereits früher zu demselben ihren Berufsgenossen

Eklehner abgesandt, dem Gustav Adolf erklärte: wenn Hilfe noth sei, sollten sie sich wieder an ihn wenden. Als Eklehner jetzt zum zweiten Male bei dem Könige eintraf, erhielt er eine vom 1. Sept. a. St. aus Fürth datirte schriftliche Erklärung, worin der König sein ev. Versprechen erneuerte, und auf dieses gestützt, griffen die Bauern von Oberenns zum Aufstande gegen den Kaiser [41]. Aber auch den Kursachsen sollte Hilfe gebracht werden, und für diesen Zug bestimmte Gustav Adolf 5230 Mann zu Fuß mit 2180 zu Roß. Er selbst wollte mit 6850 Fußsoldaten und 4290 Reitern nach der Donau gegen Oesterreich aufbrechen. In der Nacht vom 17. zum 18. Sept. a. St. hatte er eine geheime Unterredung mit seinem Kanzler Oxenstiern, welcher die Ausführung dieses Planes dringend anrieth [42] und auch später noch dafür stimmte. Aber der König, welcher seit den erfolglosen, langen Tagen von Nürnberg in ein verhängnißvolles Schwanken gerathen war, kam von dieser Absicht wieder zurück, und faßte jetzt den Entschluß, einen Zug in der Richtung auf den Bodensee zu unternehmen. Zu diesem Zwecke verfügte er die Uebergabe eines Theiles der Royal-Armee an die Herzöge von Weimar, zunächst allein an den Herzog Bernhard [43]; mit diesen Truppen sollten sie nach dem Norden, unter Bedingung der Unterstützung Kursachsens, abrücken. Außerdem sollte der General-Major Ruthwen mit 10,000 Mann die Positionen an der Donau und am Lech halten, General-Lieutenant Baudißin mit den rheinischen und hessischen Streitkräften Pappenheim denselben am Rheine und der Weser obseriren, Herzog Georg von Lüneburg die niedersächsischen und braunschweigischen Gebiete bewahren, der Kanzler Oxenstiern [44] mit Kniphausen von Nürnberg nach Niedersachsen gehen [45].

Am 21. Sept. a. St. brach Gustav Adolf mit seinem Corps von Windsheim auf, stand am 24. in Nördlingen und überschritt am folgenden Tage die Donau bei Donauwörth, wo er sich aufhielt, bis, indem sein Oberst Mitschefal am 26. Aug. a. St. vermöge einer „leichtfertigen" Capitulation die Festung Rain der Baiern übergab. Höchst aufgebracht hierüber, ließ ihn der König vor ein Kriegsgericht stellen, welches ihn zum Tode verurtheilte; seine Enthauptung, „zum Exempel" für Andere, erfolgte am 5. Oct. a. St. Da die Armee einen Umweg machen mußte, so gelangte sie erst am 29. Sept. a. St. mit dem Hauptquartier nach Oberndorf; dann rückte der König vor Rain, welches sofort capitulirte. Da jetzt von Oxenstiern die Meldung einlief, daß Wallenstein auf Bamberg marschire, und ordnete Baudißin die weitere, daß Pappenheim gegen Hessen anrücke, so hielt der König auf seinem Zuge zu Neuburg inne, wo er sich noch am 5. Oct. a. St. befand. Wäh-

38a) Droysen II, 623—626. 39) Ebenda II, 626—628. 40) Gfrörer S. 871.

41) Droysen II, 628—631. 42) Oxenstiern's Brief aus Nürnberg an den König vom 4. Oct. (a. St.). 43) Vergl. sein unterm 21. Sept. (a. St.) von Windsheim an die beiden Herzöge gerichtetes Memorial. 44) Vergl. des Königs Instruction hierzu vom 29. Sept. (a. St.). 45) Droysen II, 631—633.

15*

rend er deßhalb die nöthigen Weisungen an Herzog
Bernhard von Weimar ergehen ließ, stellte sich heraus,
daß Wallenstein gegen Kursachsen anrückte⁴⁶). Der
König wollte ihm folgen, wogegen Orenstiern ihm wiederholt dringend rieth, den Zug in die kaiserlichen Erblande zu unternehmen, wodurch Wallenstein, um diesen
zur Hilfe zu eilen, nothwendiger Weise von Kursachsen
abgezogen werden müsse⁴⁷); aber Gustav Adolf wollte
seinem Verbündeten, welcher ihn flehentlich darum bat,
direct Beistand leisten und hielt seinen Rückzug durch
Wallenstein's jetzige Bewegung für bedroht; auch glaubte
er wahrzunehmen, daß die großen auswärtigen Mächte,
welche bisher auf seiner Seite gestanden, ihn aufgeben
oder nur noch flau unterstützen wollten⁴⁸).

Unterdessen war Wallenstein mit dem kaiserlich-baie-
rischen Heere von Nürnberg und Bamberg her auf Coburg marschirt, wo sich der Kurfürst von Baiern, froh
darüber, daß er nicht mehr unter den Fannen des eigen-
willigen und trotzigen Oberbefehlshabers stehen durfte,
mit seinen Truppen von ihm trennte, um dem eigenen
Lande gegen den Schwedenkönig zur Hilfe zu kommen.
Wallenstein nahm die Stadt, aber nicht die Feste Coburg
und marschirte, weil Herzog Bernhard von Weimar sich
ihm näherte, in der Richtung nach Osten weiter. Ueber
Hof ziehend, stand am 10. Oct. a. St. sein Vortrab in
Plauen; von hier ging Wallenstein nach Altenburg, wo
sich Holke und Gallas mit ihm vereinigten. Sein Hauptcorps legte sich vor Leipzig, welches er am 18. Oct. a.
St. aufforderte, sich sammt der Pleißenburg zu ergeben.
Nachdem eine abschlägliche Antwort erfolgt war, so
wiederholte am nächsten Tage Wallenstein seine Aufforderung, welche von Neuem abgelehnt wurde. Da
rückte am 21.(31.) Oct. Feldmarschall Holke mit Infanterie und Artillerie heran, nahm die innere Stadt, beschoß die innere Stadt. Da auch die dritte, unter
furchtbaren Drohungen wiederholte Aufforderung zur Ergebung zurückgewiesen wurde, so begann noch am Abende
des 21.(31.) Oct. das förmliche Bombardement. Am folgenden Tage capitulirte die Stadt mittels Accordes und
die Kaiserlichen zogen ein, um sofort die Belagerung
der Pleißenburg zu eröffnen, welche Wallenstein am
23. Oct. bombardiren ließ. Nachdem sie sich am nächsten
Tage ergeben hatte, vertheilten sich die kaiserlichen Truppen
in weitem Kreise um die Stadt⁴⁹). — Zufolge der
Darstellung in Gfrörer's Buche war es der schwedische
Oberst Taupadel, welcher die Feste Coburg gegen die
ganze feindliche Macht behauptete, während schon am
5.(15.) Oct. Maximilian sich von Wallenstein losmachte,
um zunächst, an Nürnberg vorbei, auf Regensburg zu
marschiren⁵⁰). Die Leipziger kauften sich gegen 50,000
Thaler von der Plünderung frei. Wie derselbe Schriftsteller weiter berichtet, hatte Wallenstein dem Grafen
Pappenheim schon vorher angewiesen, zu ihm heranzu-

ziehen; dieser machte hiergegen Einwendungen, um in
Niedersachsen selbständig weiter zu operiren; indeß leistete
er doch Folge und traf am Ende des Octobers in Merseburg ein. Bernhard von Weimar wollte mit seinem
schwachen Heere diese Vereinigung hindern, aber Gustav
Adolf untersagte ihm ernstlich dieses Wagniß⁵¹), und
so marschirte der tapfere Feldherr, hierüber mißmuthig,
am 21.(31.) Oct. nach Arnstadt, wo er mit der Erklärung, daß er nicht als schwedischer Diener, sondern als
Reichsfürst behandelt sein wollte, den Befehl in Gustav
Adolf's Hand niederlegte, dem es jedoch gelang, ihn zu
beschwichtigen⁵²). Nach Droysen ist Wallenstein's Befehl an Pappenheim, zu ihm heranzurücken und einen
Elbpaß zu besetzen, unterm 4.(14.) Oct. aus Coburg
datirt, und zog der Gerufene (dessen Gegenvorstellungen
nicht erwähnt sind) durch die goldene Aue nach Merseburg,
worauf er sich bei Leipzig mit Wallenstein vereinigte⁵³).

Nachdem der König sich entschlossen hatte, nordwärts zu ziehen, fertigte er, mit der Weisung, sich mit
ihm in Erfurt zu vereinigen, an die Führer der detachir-
ten Corps die betreffenden Befehle aus, unterm 5. Oct.
a. St. an den Landgrafen Wilhelm, an Baudissin, aus
Nördlingen an den Herzog Bernhard unterm 11.(21.)
desselben Monats; er wollte, wie er sich in seinem Briefe
vom 5.(15.) Oct. an Orenstiern ausdrückt, dem Wallenstein „eins beizubringen suchen“. Nachdem er am
8.(18.) mit seinem Heere aufgebrochen war⁵⁴) und in
Schwaben resp. an der Donau den Pfalzgrafen Christian
von Birkenfeld mit 4 Brigaden und 3000 Reitern zurückgelassen hatte, hauptsächlich um Maximilian von Baiern
an dem Succurs für Wallenstein zu hindern, stand er
am 10.(20.) mit seinem Hauptquartier in Nördlingen.
Während das Gros der Armee über Dinkelsbühl auf
Rothenburg marschirte, wo es sich am 17.(27.) Oct. befand, eilte Gustav Adolf am 12.(22.) nach Nürnberg,
wo er die erforderlichen Verabredungen mit seinem Kanzler traf, welcher die schwierige Aufgabe lösen sollte,
Oberdeutschland in der Hand zu behalten. Derselbe
sollte seinen Sitz in Ulm nehmen, wie der König bereits
unterm 7.(17.) Oct. in diesem Sinne an ihn geschrieben
hatte. Orenstiern erhielt den Auftrag, die Vertreter der
schwäbisch-fränkischen und der beiden rheinischen Kreise
nach Ulm zu einem Reichstage zu berufen und sie hier
zur Lossagung von dem Kaiser zu bewegen, damit sie
sich in Gustav Adolf's „Direction und Protection“ begeben möchten. Die Ausführung dieses Planes legte
der König näher dar in dem Memorial, welches er
unterm 24. Oct. a. St. von Arnstadt⁵⁵) an Orenstiern
richtete. Hieruach ertheilt dieser die Weisung, dahin zu
wirken, daß in den vier genannten Kreisen eine „Accise“
auf Wein, Oel, Brod, Fleisch u. s. w. gelegt und manche

46) Ebenda II, 633. 634.   47) So in einem vom 7. Oct.
(a. St.) aus Nürnberg datirten Briefe.   48) Droysen II, 643.
644.   49) Ebenda II, 636—638.   50) Nach Chemnitz I,
425 fg. und Röse, Bernh. v. Weimar I, 173 fg.

51) Nach Röse, Bernh. v. Weimar I, 174.   52) Gfrörer S. 872—874.   53) Droysen II, 642.   54) Nach Gfrörer S. 874 geschah der Aufbruch an diesem Tage von Neuenburg
an der Donau.   55) Nach demselben S. 874 trafen in Arnstadt am 23. Oct. fg. (a. St.) die herbeigerufenen Heerführer mit
ihren Truppen bei ihm ein.

andere, kaum ausführbare Anordnung getroffen werden sollte. Auch andere Dinge, wie die Ankunft der Königin in Erfurt, weisen nach Droysen's Urtheile darauf hin, daß der König damals vor sehr entscheidenden Schritten stand, vielleicht auch mit dem ernstlichen Gedanken an seinen nahen Tod. Hatte er doch mit Orenstiern in Nürnberg auch über den Fall Rücksprache genommen, daß die Regierung an seine minderjährige Tochter Christine käme, wozu der Kanzler eine „Verordnung über Staat und Regierung des Reichs" entwerfen sollte. Näheres hierüber findet sich in Orenstiern's unterm 14. Nov. a. St. 1632 aus Frankfurt a. M. an den schwedischen Reichsrath gerichteten Briefe [56]) und in dessen Memorial an Grubbe d. d. Erfurt den 5. Der. 1632 [57]). — Wie Gfrörer anführt, kam Orenstiern nach Arnstadt und sah hier seinen König zum letzten Male [58]).

Bereits im September, besonders bald nach den Tagen von Nürnberg, wo er an Wallenstein's Festigkeit scheiterte, noch mehr im October hatte sich beim Könige die alte entschiedene Zuversichtlichkeit gemindert; er fühlte sich den Schwierigkeiten gegenüber, besonders in Mitteldeutschland, nicht mehr so ebenbürtig und gewachsen wie früher; die Sachlage wies ihn überwiegend darauf hin, seinen Actionsschauplatz wieder in Norddeutschland zu suchen und an die Defensive für Schweden zu deuten, wie er es denn auch damals aussprach, daß er dem Vaterlande „näher" sein müsse; nur wollte er wol vorher noch die Scharte vom 24. und 25. Aug. a. St. auswetzen [59]). Dazu kam sein damaliges vielfach mißliches Verhältniß zu einigen bisher mit ihm mehr oder weniger verbündeten auswärtigen Mächten. Erneuerte Sorgen verursachte ihm unter Anderem in jenen Tagen die Haltung Frankreichs, welches hauptsächlich durch ihn zu seiner einflußreichen Stellung am Rheine, namentlich zu dem Besitze der wichtigen trierischen Rheinfestungen gelangt war. In seinem unterm 30. Oct. a. St. aus Buttstädt an Orenstiern gerichteten Briefe weist er diesen an, Frankreich gegenüber „vorzugeben," es sei ihm höchst unerwünscht und verderblich, wenn die Franzosen Philippsburg belagern würden, was man freilich nicht hindern könne. Uebrigens zögerte damals Frankreich mit der Zahlung seiner in dem Vertrage von Bärwalde zugesagten Subsidien [60]).

Sehr unbehaglich fühlte sich der König auch in seinem Verhältniß zu den Engländern, obgleich diese immer nur wünschten und darauf rechneten, daß er den vertriebenen Friedrich wieder als Kurfürst in die Pfalz einsetzen sollte, wozu sie thatsächlich fast gar keine Hilfe leisteten. Zwar hatte der englische Gesandte Vane, eine klägliche Erscheinung, den Auftrag, bei Gustav Adolf die Wiedereinsetzung Friedrich's unaufhörlich zu solicitiren und wegen eines besonderen schwedisch-englischen Vertrages hierfür zu unterhandeln, wie dies z. B. schon im April 1632 geschehen war; aber die englische Diplomatie

machte fort und fort Schwierigkeiten in Betreff der Hilfsgelder und wollte sich nicht gegen Spanien erklären. Vane wich den bestimmten Forderungen Gustav Adolf's immer und immer aus; dennoch reiste er ihm überall nach und lag ihm in den Ohren, z. B. im Juli 1632. Nachdem im Beginn des Augusts beide Mächte die gegenseitigen Unterhandlungen abgebrochen hatten, sandte Gustav Adolf am Ende dieses Monats von Fürth aus den Marquis Hamilton mit dem Auftrage nach England, dort neue Truppen zu werben, was dessen Regierung bis dahin gestattet hatte, und bei König Karl die Verhandlungen wieder anzuknüpfen. Während dieser Zeit und schon früher folgte der Erkurfürst Friedrich dem Könige von Schweden auf Tritt und Schritt mit seinen Bitten um Restitution, wobei er sich stets die besten Quartiere zu verschaffen wußte, so in Nürnberg, in Augsburg, in München. Der König zögerte mit ernstlichen Unternehmungen für ihn schon deßhalb, um auf England eine Pression zur vorherigen Unterstützung auszuüben. Im Uebrigen klagte auch Friedrich über Vane, daß er sich stolz, übermüthig und herrisch benehme. Allerdings war es Gustav Adolf's Absicht, den Erkurfürsten wieder einzusetzen, wozu förmlich niedergeschriebene Entwürfe gemacht wurden, etwa im September 1632 [61]); aber Friedrich fand die Bedingungen hierfür zu hart, zumal er ja bereits so viel geleistet hatte! Im Anfange des Octobers a. St. sandte Friedrich an den König einen Brief, worin er bald zu immer weder Geduld mit dem Bittsteller, weil er es mit England nicht verderben wollte. Wie lästig auch diese Querelen für Gustav Adolf waren, so hatte er doch immer weder Geduld mit dem Bittsteller, weil er es mit England nicht verderben wollte. In dem unterm 28. Oct. a. St. aus Arnstadt datirten Antwort auf den erwähnten Brief Friedrich's heißt es: Sein (Friedrich's) Schreiben befreunde ihn sehr; er (Gustav Adolf) verlange nur, was nothwendig sei, weiter nichts, als daß er (Friedrich) „freie Religions-Uebung in seinen [Friedrich's] Ländern verstatte, ihn [Gustav Adolf] als seinen benefactorem anerkenne und die ihm wiedergegebenen Lande von Niemandem anders als von ihm recognoscire, ihm seiner beständigen Treue und Holdschaft, auch einer solchen Freundschaft versichere, die durch keinerlei Respect und Absehen auf Freunde und durch keinerlei Bündniß mit jemand Anderem wandelbar gemacht werden könnte; denn ihm liege ja die Last der Restitution ob" [62]).

Ebenso waren Gustav Adolf's Beziehungen zu den Niederlanden damals für ihn wenig befriedigend. Die Generalstaaten hatten ihm vom Anfange an, mit seiner Landung in Deutschland, nur ein laues Interesse entgegengebracht; etwas näher traten sie ihm dadurch, daß sie ihn um Truppenhilfe für die Belagerung von Maastricht ersuchten, wobei es jedoch zwischen beiden zu sehr peinlichen Erörterungen über das dafür zu gewährende Geldentschädigung kam [63]). Jetzt, im October, sah der

---

56) Handlingar XXIV, 231.   57) Ebenda XXIV, 249. — Droysen II, 654—656.   58) Gfrörer S. 875.   59) Droysen II, 653. 654.   60) Ebenda II, 645. 646.

61) Vergl. Moser, Patriotisches Archiv VI, 179 fg.   62) Droysen II, 646—653.   63) Vergl. hierüber die Berichte des Camerarius vom 5. Aug. und 25. Oct. (a. St.) 1632.

König von Neuem, daß die Niederländer auf dem Wege waren, ihm wegen des daurigen Zolles, eines Hauptmittels zur Ostseeherrschaft, entgegenzutreten [64], was ihn um so besorgter machte, als eine einflußreiche Partei in den Niederlanden auf einen Friedensschluß mit Spanien hinarbeitete. Deßhalb beauftragte er [65] seinen Gesandten L. Camerarius im Haag, gegen ein solches Separatabkommen feierlich zu protestiren und ev. damit zu drohen, daß dann auch er die gemeinsame Sache verlassen und mit dem Kaiser einen Separatfrieden schließen werde, was ihm nicht schwer fallen könne [66].

Kursachsens Staatslenker spielten nach wie vor die traurige Rolle, nur in der Noth mit halber Freundschaft zu dem einzig möglichen Retter der evangelischen Sache zu stehen. Nachdem Gustav Adolf unterm 14. Oct. a. St. an den Kurfürsten geschrieben hatte: er werde ihm zur Hilfe kommen, und daher möge der Kurfürst seine Armee in concentrirter Stellung bereit halten, bat er ihn unterm 26. desselben Monats von Arnstadt aus: er möge von seinen Truppen so viele wie möglich nach Naumburg senden. Als der König in Naumburg angekommen war, meldete er seinem Bundesgenossen in Dresden, von dessen Heere noch nichts zu sehen war, diese Ankunft in einem Briefe vom 2. Nov. a. St., und zwar mit dem erneuerten Begehren, daß die kursächsischen Truppen so bald und so zahlreich wie möglich an der Saale eintreffen möchten. Schon nach zwei Tagen, am 4. Nov. a. St., wiederholte Gustav Adolf in einem ebenfalls von Naumburg datirten Schreiben an den Kurfürsten die Meldung, daß er zu seiner Hilfe an Ort und Stelle sei; vor Allem komme es nun darauf an, daß sich mit seinem Heere das sächsische vereinige; bis dieses eingetroffen sein werde, wolle er an der Saale halten. Hierher beorderte der König gleichzeitig die Truppen des Herzogs Georg von Lüneburg, welcher auf das Eiligste kommen sollte. Das Gros der kursächsischen Armee stand in der Mitte des Octobers unter Arnim noch in Schlesien, von wo dieser trotz der Befehle seines Landesherrn herbeizukommen fort und fort zögerte. Endlich kam er näher, aber nur mit wenigen Soldaten, und war am 26. Oct. a. St. in Dresden, wo er den Kurfürsten von der Verbindung mit Gustav Adolf abzuziehen suchte. Von hier reiste er am 2. Nov. a. St. wieder zu seinem Heere nach Schlesien, während Johann Georg kleinliche Formalitäten zur Hauptsache stempelte und den Ernst der Lage nicht zu fühlen schien. Noch am 3.(13.) Nov. berieth man in Dresden, was denn eigentlich zu thun sei, zumal Arnim die Erklärung gegeben hatte, daß er nur ein paar Regimenter entbehren und hersenden könne. Da der König unaufhaltsam drängte, so entschloß man sich in Dresden, ihm „einiges Volk" zu schicken. Unterm 6.(16.) Nov. schrieb als Antwort auf die vielen Briefe der Kurfürst endlich an den König, und erging sich dabei in allerlei Entschuldigungen

und Windungen; das Hauptcorps stehe in Schlesien; die übrigen Truppen brauche man in Sachsen; doch sollten zwei Regimenter zu Roß mit dem Herzoge Georg von Lüneburg zu dem Könige abmarschiren. Es bestand somit das ganze sächsische Hilfsheer aus 1500 Mann; aber ehe diese Macht auch nur sich in Bewegung setzte, war der Würfel der Entscheidung bereits gefallen [67]! — Gfrörer schreibt, daß Arnim den 28. Oct. a. St. in Dresden eingetroffen sei, und spricht es unumwunden aus, daß der in Einverständnisse mit seinem Feldmarschall handelnde Kurfürst dem Könige zugemuthet habe, ihm zu helfen, ohne den Willen zu haben, eine Gegenhilfe zu leisten [68]. Es fehlt nicht viel an der Annahme, daß dieser Plan zwischen Johann Georg und Wallenstein verabredet worden sei.

Wie bereits angedeutet, begab sich — nach Droysen's Darstellung — der König von Nürnberg, wo er mit Dreußiern Berathungen gepflogen hatte, zu seiner Armee, welche über Schweinfurt und Schleusingen nordwärts marschirte und von hier aus 22. Oct. a. St. weiter vorrückte. In der folgenden Nacht wurde der thüringer Wald überstiegen und am 23. war der König in Arnstadt, wo er binnen kurzer Zeit eine unglaubliche Arbeit in Briefen, Depeschen und anderen Anordnungen entwickelte. Am 26. Oct. brach man von hier nach Erfurt auf, wo der König unter Anderem von seiner herbeigeeilten Gemahlin Abschied nahm, um sie lebend nicht wieder sehen zu sollen. Nach etlichen Tagen der Rast und der Rastlosigkeit zog Gustav Adolf von dieser Stadt weiter, zunächst bis Buttstädt, in dem festen Entschlusse, dem Feinde eine Schlacht zu liefern. Von Buttstädt schrieb er am 30. Oct. a. St. an Steinberg: „Ich vertraue fest zu Gott, dessen Gnade und Beistand er in meinen Wegen gespürt; seine göttliche Allmacht werde wie bisher seine Waffen segnen". In der Frühe des 31. Oct. a. St. ging er mit der Cavalerie bei dem Dorfe Altenburg (Almerich) durch die Saale, während die Infanterie auf der Brücke bei Kösen diesen Fluß überschritt; am Mittage desselben Tages zog das gesammte Heer vor das Jakobsthal bei Naumburg und setzte sich hier in einem sofort befestigten Lager, um in dieser Position die kursächsische Armee zu erwarten [69]. — Gemäß der Gfrörer'schen Aufzeichnungen hielt der König bei Naumburg eine Musterung seiner Truppen, deren Zahl sich nur auf 20,000 Mann belief [70]. Von seinem Aufenthalte in Erfurt wird hier berichtet: Nachdem seine Gemahlin ihn auf dem Markte (welchem?) begrüßt, habe er mit ihr und Herzog Ernst von Weimar in Hast ein Abendessen eingenommen, in der folgenden Nacht mit Depeschen u. s. w. gearbeitet, am 29. Oct. a. St. in der Ahnung seines Todes von seiner Gemahlin zärtlich Abschied genommen. Am 1.(11.) Nov. läßt Gfrörer den König die Stadt Naumburg erreichen; als hier das Volk sich vor ihm als seinem Retter in Freude und

64) Vergl. Gustav Adolf's Schreiben vom 7.(17.) Oct. an Oxenstiern.　65) Vergl. sein Schreiben vom 24. Oct. (a. St.) aus Arnstadt an L. Camerarius.　66) Droysen II, 644. 645.

67) Ebenda II, 658—662.　68) Gfrörer S. 876, zum Theil nach Chemnitz I, 457.　69) Droysen II, 666—668. 70) Nach Geijer III, 220 fg. und Chemnitz I, 436.

Verehrung auf die Kniee geworfen, sei dem edlen Gefühle seines Herzens ein Widerwille dagegen gekommen, daß diese Leute, wie er sagte, ihn als „einen Gott verehrten" [71]. Hier wollte er sieben bleiben, bis Herzog Georg von Lüneburg und das sächsische Heer eingetroffen sein würden; aber dieses blieb aus und jener gehorchte nicht, sondern führte im geheimen Einverständniß mit dem Kurfürsten von Sachsen seine Truppen zu diesem nach Torgau, wo kein sächsisches Heer stand [72].

Wie Gustav Adolf, so suchte auch Wallenstein jetzt die irgend erreichbare Zahl von Streitkräften an sich zu ziehen; aber sein Kriegsrath erklärte sich gegen einen Angriff auf die Schweden; zunächst und vor Allem wollte man deren Vereinigung mit der sächsischen Armee verhindern. Als der König am 5.(15.) Nov. hörte, daß Wallenstein's Heer sich getheilt habe und von Weißenfels auf Lützen zurückgegangen sei, folgte er ihm mit seiner gesammten Streitmacht in Schlachtordnung [73]. — Aus Gfrörer's Erzählung fügen wir die nachstehenden Angaben bei. Als Gustav Adolf bereits in Erfurt angekommen war, machte auch Wallenstein die Absicht, diese Stadt zu besetzen, da er von der Ankunft der Schweden daselbst noch nichts wußte und, als man ihm diese meldete, nicht glauben wollte, daß sie so schnell marschirt wären; ebenso erging es ihm mit Naumburg. Er wandte sich deshalb nach Weißenfels, wo Pappenheim sich von ihm trennen wollte, um zu selbständigen Actionen nach dem Rheine (Cöln) zurückzukehren. Wallenstein entließ ihn mit einigen Truppen, zunächst aber nur bis Halle, und wandte sich am 4.(14.) Nov. von Weißenfels gen Lützen. Noch an demselben Tage erfuhr Gustav Adolf in Naumburg aus einem aufgefangenen Briefe diese Züge Wallenstein's und Pappenheim's; sofort berieth er sich mit Bernhard von Weimar und Kniphausen, ob eine Schlacht zu wagen sei; letzterer gab den Rath, daß man vorher erst die Ankunft der kursächsischen Truppen abwarten sollte. Da der König Meldung erhielt, daß Wallenstein unbesorgt (?) bei Lützen stehe, beschloß er, ihn anzugreifen, und brach am 5.(15.) Nov. von Naumburg auf. Als Wallenstein hiervon Nachricht erhielt, schickte er sofort nach Pappenheim, um diesen herbeizurufen. Der König marschirte zunächst nach Weißenfeld und ging von hier auf Lützen vor [74].

Wir lassen wieder Droysen [75] erzählen. Hiernach sammelte Wallenstein auf die Kunde von dem Anmarsche der Schweden in der Nacht zum 6.(16.) Nov. seine Truppen bei Lützen, wo der Feldmarschall Holke sie zur Schlacht ordnete, während Pappenheim zur schleunigen Herbeikunft von Halle aufgefordert wurde. Dem Feinde gegenüber (im Süden) stellte Gustav Adolf sein Heer, dessen numerische Stärke sich ebenso wenig ermitteln

läßt wie diejenige der Kaiserlichen, in zwei Treffen geordnet auf. Es standen im Centrum jedes Treffens vier halbe Brigaden, auf den beiden Flügeln des ersten Reitergeschwader, je zwei durch eine Abtheilung Musketire von einander getrennt; auf den Flügeln des 2. Treffens befand sich nur Cavalerie. In die Schlachtlinie unmittelbar vor den Kaiserlichen schwenkten die Schweden so ein, daß vor ihrem linken Flügel die Stadt Lützen lag und der rechte sich an den Floßgraben lehnte. Um an den Feind heranzukommen, hatten sie die durch Lützen nach Leipzig führende Straße zu überschreiten, welche sich nördlich vor ihrer Front hinzog. Die Hauptentscheidung fiel dem rechten Flügel zu, dessen Commando deshalb der König selbst führte; der Feind sollte nach Westen hin geworfen werden und dann die ganze schwedische Armee eine Front nach Osten (?) gewinnen. Das starke Artilleriefeuer, womit sie von den Kaiserlichen begrüßt wurden, begann auch bald von der schwedischen Seite. Gegen Mittag waren die Schweden unmittelbar am Feinde, und nun wogte bei der zähen Tapferkeit, welche hüben und drüben den Sieg zu erringen suchte, der wüthende Kampf hin und her, am härtesten für den rechten Flügel der Schweden. Hier wurden die Kaiserlichen aus ihren Laufgräben herausgeworfen und weit von ihren Batterien zurückgedrängt, sodaß sie sich bereits von ihrer Rückzugslinie auf Leipzig abgedrängt sahen. Schon brachte ihr linker Flügel seine Bagage hinter das Centrum, als hier der von Halle herbeieilende Pappenheim mit seiner Reiterei in die Lücke einrückte; aber er hatte das Unglück, bald nach seiner Theilnahme an der Schlacht tödlich verwundet zu werden, sodaß seine Regimenter in Unordnung geriethen. Siegreich drangen die Schweden weiter vor, als ein Nebel einfiel, welcher die ferneren Operationen unsicher machte. Jetzt eilte Octavio Piccolomini mit seinem und dem Göße'schen Reiterregimente, Infanterie in den Flanken, den Weichenden zur Hülfe, und es entbrannten neue heftige Kämpfe; Piccolomini wurde zwar verwundet, blieb aber an der Spitze seiner Schar. Von der anderen Seite stürmten das gelbe und das blaue schwedische Reiterregiment herbei, wurden aber zersprengt und zurückgeworfen. Indem Gustav Adolf persönlich ein neues Regiment herbeiführte, gerieth dieses wegen des Nebels aus einander; es kam zum Handgemenge, wobei der König, zum Tode verwundet, vom Pferde stürzte. Hierdurch zu neuer Wuth entflammt, setzten die Schweden unter Bernhard von Weimar und Kniphausen den Kampf bis zum Abende fort, welcher demselben ein Ende machte. Gesiegt hatte die Kaiserlichen; aber beide hatten schwer gelitten. Die Kaiserlichen zogen sich aus Ermattung und Mangel an Proviant unter Zurücklassung mehrerer Geschütze, welche ohne Bespannung waren, noch in der Nacht auf Leipzig zurück; aber die Schweden, welche das Schlachtfeld behaupteten, vermochten nicht ihnen den Rückzug zu verlegen. Am folgenden Tage gingen sie auf Weißenfels zurück.

Ausführlicheres stellt Gfrörer, zum Theil nicht in Uebereinstimmung mit Droysen, aus seinen Quellen zu-

---

71) Nach Geijer III, 221. 72) Gfrörer S. 875. 73) Droysen II, 662. 663. 74) Gfrörer S. 877. 878. 75) Droysen II, 663—665. Die Darstellung ist hier nur kurz; ausführlicher ist sie in dem Aufsatze desselben Gelehrten: Die Schlacht bei Lützen, in den Forschungen zur Deutschen Geschichte. Vergl. auch Bincke: Die Schlacht bei Lützen am 6. Nov. 1632. Berlin 1832.

fammen. Ihm zufolge war Wallenstein, als er sich bei Lützen den Schweden zur Schlacht stellte, durch deren Anrücken allem Anscheine nach überrascht, weil er die einzelnen Truppentheile nicht recht zur Hand hatte, so daß man während der ganzen Nacht zum 6.(16.) Nov. an der Aufstellung des Heeres, an Gräben mit Brust= wehren, namentlich zu beiden Seiten der nach Leipzig führenden Landstraße, und anderen Defensivmaßregeln arbeitete. Während der rechte Flügel sich auf Lützen stützte, bildeten einige massige Vierecke von Infanterie, mit Vorsprüngen an den Ecken, das Centrum, vor wel= chem 7 Kanonen standen, und Piccolomini's Küraffiere vorzugsweise den linken Flügel, deffen äußerstes Ende ebenso wie dasjenige des linken Kroaten einnahmen. Die Mehrzahl der Geschütze war am rechten Flügel, bei den Windmühlen, aufgestellt. Wie die Schweden, so waren auch die Kaiserlichen in 2 Treffen geordnet. Wallenstein's Angabe in einem nach der Schlacht an den Kaiser erstatteten Berichte, wonach er vor Pappen= heim's Ankunft nur 12,000 Mann beisammen gehabt haben will, ist unrichtig; er hatte mehr, und nachdem der Genannte eingetroffen war, mochten den Schweden im Ganzen circa 25,000 Streiter gegenüberstehen [76]. — Von Südwest rückten die Schweden heran und stellten sich vor dem Feinde so auf, daß ihr rechter Flügel von dem Floßgraben durchschnitten war, und zwar in 2 Treffen, deren Mitte 8 Brigaden Fußvolk umfaßte. Auf dem rechten Flügel commandirte der König, und zwar über die 6 national=schwedischen Reiterregimenter: das fin= nische, das westgothische, das södermannländische, das upplländische, das ostgothische und das smaländische, während im 2. Treffen 6 deutsche Regimenter standen. Den linken Flügel, welcher ebenfalls in 2 Linien formirt war und namentlich 12 Reiterabtheilungen enthielt, be= fehligte Herzog Bernhard von Weimar. Zwischen den Reitergruppen waren Haufen von je 50 bis 100 Mus= ketieren aufgestellt. Hinter dem Centrum standen als Reserve 1 Regiment zu Fuß unter dem Schotten Hender= son und 1 Regiment zu Pferd unter Ohm. Vor jeder Brigade des Centrums befanden sich 5 Geschütze; auf jedem Flügel bedienten die Musketiere deren 40 von kleinem Kaliber. Die 1. Linie des Fußvolkes im Centrum wurde von Nils Brahe, das 2. Treffen von Knipphausen (so schreibt Gfrörer den Namen) befehligt. Das gesammte schwedische Heer belief sich etwa auf 20,000 Mann [77].

Am Morgen des 6.(16.) Nov. lag auf der Gegend ein dichter Nebel, welcher sich erst 11 Uhr Mittags zer= theilte. Im schwedischen Lager wurde eine Frühandacht gehalten; die Trompeter bliesen die Melodie "Ein' feste Burg ist unser Gott"; der König (persönlich?) stimmte das Lied an: "Verzage nicht, du Häuflein klein," nach Anderen: "Jesus Christus, unser Heiland." Da ihm der Harnisch seit der Verwundung bei Dirschau läftig war, so bediente er sich deffen nicht, sondern zog nur einen Tuchrock nebft einem Lederwams (Koller) an, und

stieg ohne Frühstück zu Pferde [78]. So ritt er hierauf durch die Reihen und hielt an jede Nation eine besondere Anrede. Als Losung wurde schwedischerseits "Gott mit uns", auf der kaiserlichen Seite "Jesus, Maria" ausgegeben. Nachdem der König mit dem Aufblicke zum Himmel die Worte gesprochen: "Nun wollen wir in Gottes Namen dran; Jesu, Jesu, Jesu, laß uns heute zur Ehre deines Namens streiten," schwang er das Schwert über seinem Haupte und commandirte vor= wärts [79]. In seiner Nähe waren der Herzog Franz Albert von Sachsen=Lauenburg, der Hofmarschall Kreils= heim, der Kammerherr Truchseß, mehrere Officiere als Adjutanten, der Edelknabe August Leubelfing aus Nürn= berg und 2 Reitknechte. Als Wallenstein die feind= liche Armee angreifen sah, ließ er die Stadt Lützen in Brand stecken, um an dieser Stelle nicht umgangen zu werden [80]. Indem Herzog Bernhard mit dem linken Flügel gegen die Windmühlen und das befestigte Müller= haus, die Fußbrigaden des Centrums gegen die Land= straße und die Batterie der 7 feindlichen Kanonen an= rückten, ging gleichzeitig unter des Königs Führung die Cavalerie des rechten Flügels vor. Am Graben ange= kommen, stußten die Reiter; als aber Gustav Adolf hinübergesetzt war, folgten sie ihm rasch nach und hieben auf Piccolomini's Küraffiere und Kroaten ein. Unter= dessen drang das Fußvolk des Centrums über die Grä= ben vor, nahm die Batterie der 7 Geschütze, richtete sie gegen den Feind und brachte 2 große Vierecke deffelben in Unordnung. Da rückte hier kaiserliche Reserve mit Cavalerie heran, eroberte die 7 Kanonen von den er= matteten Schweden zurück und warf diese wieder über die Landstraße. Als der König diese Wendung wahr= nahm, stellte er sich an die Spitze des smaländischen Reiterregimentes, deffen Oberst Friedrich Stenback soeben verwundet hinweg getragen worden war. Da ihm, dem kühn Voranreitenden, die Smaländer nicht sofort mit gleicher Schnelligkeit folgen konnten, und der Nebel wie= der dichter ward, so gerieth Gustav Adolf mit wenigen Begleitern unter die feindlichen Küraffiere; sein Pferd wurde durch den Hals geschossen; ein zweiter Schuß zer= schmetterte dem Könige das linke Armbein (Schlüffel= bein?); er bat den Herzog von Lauenburg, ihn hinweg= zubringen, als er einen neuen Schuß erhielt, und zwar in den Rücken; er fiel vom Pferde, und dieses schleppte ihn ein Stück am Steigbügel fort. Der Kammerherr Truchseß sah diesen Schuß von einem kaiserlichen Offi= ciere abfeuern, welchen gleich darauf der Kammerherr des Herzogs von Lauenburg, Luckau, niederschoß. Der Herzog von Lauenburg und die übrigen Begleiter des Königs flohen jetzt; von den beiden Reitknechten lag einer todt, der andere verwundet am Boden. Nur der achtzehnjährige Leubelfing, welcher einige Tage darauf in Naumburg seinen Wunden erlag, blieb an der Seite des Königs und erklärte sich Zeugen auf seinem Sterbe=

76) Gfrörer S. 878 und 879, mit Anführung Geijer's III, 226 fg.   77) Gfrörer S. 879.   78) Wie Khevenhiller XII, 197 erzählt, war er an diesem Tage nicht so vertrauensvoll wie sonft.   79) Ebenda S. 879. 880. 80) Ebenda S. 880. 881.

lager: Als der König vom Pferde gefallen, sei er
(Leubelfing) von dem seinigen gesprungen, um es dem
Verwundeten anzubieten; dieser habe auch beide Hände
nach ihm ausgestreckt; allein er (Leubelfing) habe den
schweren Herrn nicht vom Boden aufzuheben vermocht;
dann seien kaiserliche Küraßiere herbeigekommen und
hätten ihn (Leubelfing) gefragt, wer der Verwundete
wäre; er selbst (Leubelfing) habe es nicht sagen wollen,
aber der König selbst habe sich zu erkennen gegeben;
darauf sei dieser von einem der Küraßiere durch den
Kopf geschossen worden. Die Feinde plünderten den
König bis aufs Hemd aus, ebenso den schwer verwundeten Edelknaben, welchen sie für todt liegen ließen[81].

Auch Bernhard von Weimar bestand auf dem linken
Flügel einen harten, blutigen Kampf; er hatte hier aus
den Gärten um Lützen die feindlichen Musketiere vertrieben, das Müllerhaus genommen und stürmte nun an
den Windmühlen die Batterie der 14 Geschütze, welche
mit der Infanterie ein mörderisches Feuer gaben; da
wurde er im Rücken von Isolani's Reitern angegriffen
und seine Truppen kamen ins Schwanken, denen indeß
Reserven zur Hilfe eilten, sodaß wieder Festigkeit in ihre
Reihen kam. Als Bernhard hier den Tod des Königs
durch den Kammerherrn Truchseß erfuhr, übergab er
gemäß einer vorher getroffenen Verfügung des Gefallenen,
welche ihn für den Fall seines Todes zum Oberbefehlshaber bestimmte, das Commando des linken Flügels dem
Grafen Nils Brahe und eilte mit der Nachricht von des
Königs Tode zu Knipphausen, welcher sich zum Rückzuge
bereit erklärte; aber Bernhard erwiderte: man dürfe nur
sterben oder siegen. Sofort eilte er zum rechten Flügel
und stellte sich an die Spitze des smaländischen Reiterregimentes, dessen Oberst er mit dem Degen durchbohrte,
entweder weil er mit seinen Reitern dem Könige nicht
schnell genug gefolgt war oder weil er nicht gehorchen
wollte. Auch auf dieser Seite war des Königs Tod
bald bekannt geworden; sein blutbespritztes Pferd raunte
die Front entlang. Wuth und Rache schnaubend stürzten
sich die Schweden vom rechten Flügel wieder auf den
Feind gegen die Landstraße. Die ganze Reiterei des
linken kaiserlichen Flügels wurde geworfen und die großen
Infanterie - Vierecke geriethen aus einander; mehrere
Pulverwagen der Kaiserlichen flogen in die Luft und
vermehrten die Verwirrung; ganze Reitergeschwader flüchteten in der Richtung nach Leipzig; die Schweden erstürmten die Batterien an den Windmühlen[82].

Da traf von Halle her, welches es geplündert hatte,
Pappenheim mit seinen Reitern auf dem Schlachtfelde
ein und warf sich auf den rechten Flügel der schwedischen
Armee entgegen; zwar wurde er bald, durch zwei Kugeln
tödtlich verwundet, hinweggetragen; aber Wallenstein
vermochte jetzt seine Truppen wieder etwas zu sammeln
und zu ordnen, und noch einmal wurden die Schweden
über die Landstraße zurückgeworfen; hier aber hielten sie
trotz der furchtbaren Angriffe der Kaiserlichen Stand;
schwer litten namentlich die Fußbrigaden des Grafen

Nils Brahe und des Obersten Winkler; ersterer erhielt
eine Wunde am Knie, welche einen tödtlichen Ausgang
haben sollte; das ganze gelbe Regiment lag nach einer
halben Stunde in der Ordnung seiner Aufstellung bei
den Waffen todt am Boden[83]; mehrere Feldzeichen, selbst
die königliche Leibfahne, gingen verloren[84]. Doch stand
in dieser Zeit Knipphausen mit seinen Reserven noch
intact (?) auf dem Schlachtfelde. Als kurz vor dem
Sonnenuntergange sich der Nebel auf eine halbe Stunde
zerstreute, rückte das zweite schwedische Treffen vor, und
die Landstraße ward von ihm zum 2. Male überschritten.
Jetzt ließ Wallenstein zum Rückzuge blasen und rückte
noch Pappenheim's Fußvolk an, aber es wurde in den
Rückzug mit fortgerissen. Kein Heer hatte — nach
Khevenhiller — ganz gesiegt; keins war ganz besiegt[85]. Beide Heere sollen an Ort und Stelle zusammen circa 9000 Todte verloren haben. Spät in der
Nacht vom 6.(16.) zum 7.(17.) Nov. kam Wallenstein
in Leipzig an. Hier starb, eben so alt wie Gustav Adolf,
welcher ihn unter allen seinen Gegnern am höchsten
schätzte, in der Frühe des 7.(17.) Nov. auf der Pleißenburg Graf Pappenheim, ein vollendeter Soldat, ein
uneigennütziger Heerführer, der Abgott seiner Untergebenen. Noch kurz vor seinem Hinscheiden „erheiterte
sich" sein Geist, als er erfuhr, daß Gustav Adolf gefallen sei[86]. — Droysen bemerkt, daß überall im
evangelischen Deutschland, wo man es tief empfand, daß
die zusammenhaltende Kraft mit ihm geschieden sei, für
den gefallenen Helden Trauergottesdienste gefeiert wurden; auch der Papst hielt für ihn eine Trauermesse, weil
er allein der Uebermacht Habsburgs einen Damm setzen
konnte[87].

Wie Gfrörer weiter berichtet, wurde die Leiche des
Königs, nackt ausgezogen, von Pferdehufen zertreten,
mit dem Gesicht auf der Erde liegend gefunden[88]. Man
brachte sie zunächst in das Dorf Meuchen, wo sie nach
einer Aufzeichnung in der Familie des dortigen Lehrers
während der Nacht vom 6.(16.) zum 7.(17.) Nov. durch
mehrere Officiere und Reiter in die Kirche vor dem
Altare niedergelegt und sofort, weil von Wunden entstellt,
geöffnet ward. Nachdem der Schulmeister einen Gottesdienst und ein Officier eine Rede gehalten, begrub man
einen Theil der Eingeweide in der Kirche, und trug den
Leichnam in ein benachbartes Haus; hier legte man ihn
auf einem Tische nieder, der noch jetzt gezeigt wird.
Der Lehrer, welcher zugleich Schreiner war, zimmerte
einen Sarg, in welchem man denselben nach Weißenfels
brachte. Des Königs schwer verwundeter Reitknecht
Jacob Erichson, welcher in dem Gefolge war und bis
zu seiner Heilung in dem Dorfe Meuchen blieb, versuchte
später mit Hilfe von dreizehn dortigen Landleuten einen
großen Stein an die Stelle zu wälzen, wo Gustav Adolf ge-

---

81) Ebenda S. 881. 882.   82) Ebenda S. 882. 883.
K. Encykl. d. W. u. K. Erste Section. XCVIII.

83) Diese sehr unglaubhafte Angabe findet sich bei Khevenhiller XII, 193.   84) Gfrörer S. 883. 884.   85) Ebenda
S. 884.   86) Ebenda S. 884. 885, besonders nach Harte II,
536.   87) Droysen II, 665.   88) Nach Geijer III, 239.

16

reich, Frankreich u. s. w. für die betreffenden Zeitabschnitte, sowie namentlich des dreißigjährigen Krieges, z. B. von Chr. G. von Murr: Beiträge zur Geschichte des dreißigjährigen Krieges 1790; Flathe's oben angeführtes Buch; ferner Menzel's Geschichte des dreißigjährigen Krieges in Deutschland, 3 Bde., Breslau 1835—39; K. A. Müller's Forschungen auf dem Gebiete der neueren Geschichte, Dresden 1838—41; Barthold's (eines parteiischen Katholiken) Geschichte des großen deutschen Krieges vom Tode Gustav Adolf's ab, 2 Bde., Stuttgart 1841—43; Breyer's Beiträge zur Geschichte des dreißigjährigen Krieges; K. G. Helbig's Gustav Adolf und die Kurfürsten von Sachsen und Brandenburg, Leipzig 1854.

Bei der Bearbeitung der vorstehenden Biographie Gustav Adolf's haben wir, wie die Anmerkungen zeigen, vorzugsweise die Darstellung Droysen's und — in zweiter Linie — Gfrörer's zu Rathe gezogen, die erstere als die bisher zuverlässigste und umfassendste Bearbeitung aus den primären Quellen, die letztere als die bisher fleißigste und vollständigste Zusammenstellung aus den secundären Quellen, zumal Droysen Manches nicht berührt, was er in den Archiven nicht gefunden hat, was aber trotzdem und deshalb als historisch nicht verworfen werden kann. Wo beide nicht übereinstimmen, haben wir in der Regel dem Urtheile von Droysen den Vorzug gegeben. (*J. Hasemann.*)

GUSTAV III., König von Schweden, 1771—1792. Dieser interessante Mann war der älteste Sohn Adolf Friedrich's, Herzogs von Holstein-Gottorp, der als Nachfolger Friedrich's I. im J. 1751 den schwedischen Thron bestieg, und einer hohenzollernschen Prinzessin, der Schwester Friedrich's des Großen von Preußen, Luise Ulrike. Prinz Gustav ist am 24. Jan. 1746 geboren worden. Er erschien schon als Knabe in den jungen Jahren geistig überaus lebhaft und regsam; in seinem Charakter lag bei ungemeiner Begabung vom Anfange an eine eigenthümliche Doppelseite: auf der einen Seite ein Zug von bewunderungswürdiger, edler Größe, auf der anderen dagegen die Neigung zu bedenklicher Eitelkeit, Unwahrheit, ja unter Umständen selbst Niedrigkeit. Zunächst entwickelten sich die bedeutenden Gaben, mit denen der junge Prinz ausgestattet war, unter der Leitung seiner Erzieher, der Reichsräthe Grafen Tessin und (seit 1753) Karl Scheffer, schnell und kräftig. Gustav's scharfer Verstand, Sinn für politische Verhältnisse, eindringliche und gewinnende Beredtsamkeit machten sich bald bemerkbar. Das schwedische Volk, dem er schon dadurch lieb und werth war, weil er seit Karl XII. wieder der erste in Schweden selbst geborene und erzogene Prinz, gewann er durch seine anziehende Erscheinung, durch seine Freundlichkeit, Milde und Leutseligkeit. Aber in diesem jungen Fürstensohne schlummerten Eigenschaften, welche mit der zur Zeit bestehenden Staatsordnung in Schweden sich nicht vertrugen. Schweden war während der ersten Hälfte des 18. Jahrh. einer kräftigen monarchischen Regierung vollständig entwöhnt worden. In diesem Lande dominirten jetzt die Stände und der Reichsrath; das Schwergewicht der Gewalt ruhte in den Hän-

ben des zahlreichen und mächtigen Adels, aber der Adel selbst zerfiel wieder in zwei einander feindliche Parteien, die sogenannten Hüte und Mützen. Die Mützen waren der Krone besonders unbequem, weil sie im Innern knappe Sparsamkeit zu ihrer Losung gemacht hatten, nur das gerade Nützliche und Nothwendige zulassen wollten, während die Hüte freigebig und lebensfroh auftraten, Geschmack an Aufwand, Üppigkeit und Vergnügungen fanden. In Sachen der auswärtigen Politik hielten die Mützen zu Rußland, die Hüte zu Frankreich. Obwol nun beide Parteien mehr und mehr dahin trieben, die Macht der Krone möglichst eng einzuschränken, konnte sich noch allenfalls zwischen den Hüten und dem Hofe ein Verhältniß ausbilden. Zunächst aber hatte die Uebermacht der Aristokratie gerade unter Adolf Friedrich's Regierung der Krone mehrere höchst empfindliche Demüthigungen zugefügt, die weniger der milde und nachgiebige König, als seine hochbegabte, herrschsüchtige, von dem Geiste ihres gewaltigen Bruders angehauchte Königin überaus bitter empfand.

Prinz Gustav nun, ehrgeizig und thatendurstig wie er war, besaß verschiedene Eigenschaften seiner stolzen Mutter (mit der er in reiferen Jahren schnell genug zerfiel) und seines großen Oheims. Geistreich wie schmackvoll wie beide, hatte er von der Mutter die Liebe zu den Wissenschaften und Künsten, zu Pracht und Lustbarkeiten, zu dem äußeren Glanze der Majestät; wie sein Oheim überaus klug, politisch begabt, in geistlichen Dingen freidenkend, theilte er mit der Mutter die mächtige Herrschbegierde und die Neigung zur unbeschränkten Gewalt. Sobald er heranreifte, arbeitete er mit allen seinen Mitteln dahin, einst einen seiner persönlichen Macht günstigen Umschwung herbeizuführen.

Als auf dem Reichstage 1765 die Partei der Mützen den Sieg für sich gewonnen hatte, schloß sich nicht nur eine der Krone geneigte Hofpartei, sondern auch die Partei der Hüte mehr an, — es galt jetzt, die königlichen Rechte zu erweitern, die durch die Mützen immer erheblicher beschränkt wurden. Gustav seinerseits wußte jetzt ebenso klug und kräftig für sein Haus zu arbeiten. Im Reichsrath vertrat er die Ansichten seines Vaters; vor Allem aber wußte er sich zum Vertreter der Interessen sehr zahlreicher Beamten zu machen, namentlich auch den Bürgermeister von Stockholm, Sebaldt, 1765 Sprecher des Bürgerstandes, für sich zu gewinnen. Außerdem bereiste er die Bergwerksbezirke, hörte die Klagen und Beschwerden über die zur Zeit herrschende Nahrungslosigkeit, die zu einer Menge von Insolvenzerklärungen geführt hatte, mit Bereitwilligkeit an, und versprach Hülfe. Ganz besonders kam es dem beredten Kronprinzen damals und später zu statten, daß er der schwedischen Sprache vollkommen mächtig war, welche sein Vater und dessen Vorgänger nicht verstanden. Endlich forderte Adolf Friedrich, von den Hüten und dem Gesandten Frankreichs unterstützt, und durch Gustav's Beirath geleitet, im J. 1768 eine Versammlung der Reichsstände, um durch diese eine Veränderung der Verfassung zu erzielen. Als der Reichsrath sich weigerte, nöthigte ihn Adolf Friedrich zur Nachgiebigkeit, indem er die

Herrschaft niederlegte. Da nun alle Behörden, auch der Rath von Stockholm, erklärten, durch den Rücktritt des Königs außer Thätigkeit gesetzt zu sein, überdem auch mehrere Officiere unter diesen Umständen Bedenken wegen der Treue ihrer Soldaten äußerten, so mußte der Reichsrath sich entschließen, die Reichsstände auf den 19. April 1769 nach Norköping zu berufen. Diesmal gingen die Hoffnungen des Hofes nur erst theilweise in Erfüllung. Allerdings gelang es, den bisherigen Reichsrath zu verdrängen und zu stürzen; aber die zu Gunsten der königlichen Gewalt beantragten Veränderungen wurden schließlich doch abgelehnt. Man mußte vorläufig damit zufrieden sein, daß die Gegner des Hofes nur noch 457 gegen 431 Stimmen für sich gehabt hatten, und daß die Stände des Klerus, der Bürger und Bauern sich nicht mehr als sichere Stützen für den Adel zeigten.

Alles Weitere blieb dem Kronprinzen Gustav vorbehalten, der nun sich mit Frankreich in Verbindung setzte, um mit Hilfe dieser damals in Schweden höchst einflußreichen Macht die erwünschte Veränderung zu Gunsten einer größeren Machtfülle der schwedischen Krone durchzusetzen. Bereits war der auswärtige Minister in Paris, der Herzog von Choiseul, dafür gewonnen, dem schwedischen Hofe erhebliche Geldmittel zur Verfügung zu stellen und auf die französische Partei im schwedischen Reichstage zu Gunsten des Hofes zu wirken. Als inzwischen Choiseul gestürzt und durch den Herzog von Aiguillon ersetzt worden war, trat Gustav mit seinem jüngsten Bruder Friedrich Adolf, im J. 1770 die Reise nach Paris und Versailles an. Hier imponirte dem stolzen Prinzen die vollendete absolutistische Form der Herrschaft in hohem Grade. Gänzlich für seine Pläne gewonnen, bewilligte Frankreich dem Kronprinzen die allmälige Abzahlung von zwölf Millionen Francs, die es seit dem siebenjährigen Kriege noch an Schweden schuldete. Gustav selbst sollte einen Theil des Geldes mit nach Stockholm bringen. Außerdem wurde ihm als Rathgeber der Ritter Vergennes zugetheilt, der im Juni 1771 als französischer Gesandter nach Stockholm kam.

Inzwischen starb König Adolf Friedrich am 12. Febr. 1771. Als Gustav, nunmehr selbst König von Schweden, nach Stockholm zurückgekehrt war, ging er sofort mit äußerster Schlauheit an die Durchführung des Planes, mit Hilfe der Bürger und Bauern, wie auch der jüngeren Officiere, die herrschende Adelsaristokratie zu stürzen. Gustav operirte dabei mit einer seltenen Geschicklichkeit. Während er auf der einen Seite das Volk durch seine frische Offenheit und Leutseligkeit bezauberte, täuschte er auf der anderen die Stände mit äußerster List und wiegte den Adel in volle Sicherheit ein. Auf dem ersten Reichstage mahnte er überall zur Einigkeit, während die einzelnen Stände gegen den Adel grollten, und während die wieder zur Majorität gelangten Mützen ihre Macht zu einer gehässigen Verfolgung der Hüte mißbrauchten, die unter dem Einflusse des französischen Gesandten dadurch mehr und mehr auf die Seite des Hofes gedrängt wurden. Dabei versäumte Gustav nicht,

in aller Stille durch seine Agenten das Mißtrauen des Volkes gegen die Stände und deren Treiben schüren zu lassen. Ein durch mehrere schlechte Ernten im Lande entstandener Getreidemangel, der das Volk verstimmte, wurde mit Geschick benutzt, um den Nothstand der durch die Stände verschuldeten unordentlichen Verwaltung zur Last zu legen. Gustav machte inzwischen die Stände vollkommen sicher. Er unterschrieb sogar unbedenklich und ohne Einspruch die von den Ständen geforderte neue „Versicherungsacte" vom 4. März 1772, welche die Stände nach achtmonatlicher Zänkerei ihm vorlegten, — obwol sie ihm eigentlich alle Macht entzog. Als dann die prachtvolle Krönung erfolgt war, zog sich Gustav auf sein Landgut Eckholmsund zurück, lebte hier anscheinend so wenig um die noch fortdauernden Arbeiten der Stände, daß ihm dieses Verfahren selbst den Tadel des Reichstags zuzog. Darüber machte aber die Zersetzung immer stärkere Fortschritte. Die Einwirkung des französischen Gesandten auf die Hüte war so stark, daß viele derselben, die den Mützen unversöhnlich grollten, ohne sich doch dem Hofe anzuschließen zu wollen oder auf dessen Kraft noch zu zählen, einfach den Reichstag räumten. So stand zur Zeit auf dem Reichstage die Partei der Mützen übermächtig da. Neben ihr kam bei der Entwaffnung der Hüte nur noch in Betracht die Partei des Generals Pechlin, eines als tüchtiger Heerführer, mehr noch als Intriguant der schlauesten Art bekannten Mannes, die sich 1760 von den Mützen abgezweigt hatte, und die nur durch ihre Beziehung zu Gustav bedeutende, ziemlich zahlreiche Hofpartei.

Während Gustav nun durch persönliche Liebenswürdigkeit die Bedenken weitaus der meisten Führer der zur Zeit dominirenden Adelsgruppe beschwichtigte und einschläferte, wußte er mit Glück immer zahlreichere Officiere auf seine Seite zu ziehen. Der bedeutendste derselben war der Oberst Sprengtporten, der mehr als 150 Officiere auf seine Seite zog und dadurch dem Könige den bestimmenden Einfluß auf die Besatzung der Hauptstadt verschaffte, während Gustav formell in seiner Macht noch immer so beschränkt war, daß er nicht einmal einem Garderegimente nach seinem Willen Befehle ertheilen konnte. Gustav gewann aber sehr viele der Männer, die sich ihm jetzt anschlossen, auch durch die Erklärung, daß die projectirten Veränderungen der Verfassung nur die Abstellung von Mißbräuchen und die Abschaffung von Unordnungen bezweckten; er deutete selbst an, nur auf einige Jahre einen Versuch mit seiner Reform machen zu wollen, worauf es den Ständen freistehen sollte, die von ihm eingeführten Veränderungen beizubehalten oder wieder abzustellen. Nach sechs Jahren, so versprach es Gustav dem Oberst Sprengtporten, sollten die Stände entscheiden, ob sich von den neuen Einrichtungen bewährt habe und demgemäß dem Grundsatze einverleibt werden könne. Kurz darauf hatte nichts, daß der Argwohn des Reichstags den Oberst dann nach Finnland versetzte; gerade dort sollte er nun für Gustav eine wichtige Rolle spielen.

cher das Geschick Deutschlands in seiner Hand hielt; warum sollte und durfte er in dieser Lage den Gedanken von sich weisen, auch formell der oberste Herr zu sein? Er, der allein der kaiserlich=katholischen Macht gewachsen war und die damaligen traurigen Gestalten der größeren evangelischen Herren in Deutschland um mehr denn eines Hauptes Länge überragte. Es ist wahr, kein irgendwie durch sein Territorium bedeutender Fürst, kein Bund von Fürsten, Städten u. s. w. hat ihn herbeigerufen; aber Millionen von Evangelischen, deren Regenten meist der elendesten Particular=Politik verfallen waren, haben ihn herbeigesehnt, und wenn er hier und da sich huldigen ließ, oder andere Acte souverainer Hoheit vollzog, so proclamirte er sich hierdurch noch lange nicht zum deut= schen oder evangelisch=deutschen Kaiser; die eroberten Städte und unterworfenen Länder mußten doch, wenn auch nur provisorisch, an ein einheitliches Haupt ge= bunden, sie konnten doch nicht von ihm an den Kaiser oder an charakterlose Schwächlinge als ihre Oberherren gewiesen werden. Hätten die evangelischen Deutschen etwa einen der Kurfürsten zum Haupte des Bundes er= wählt, welchen er zustande bringen wollte, so würde er sich auch mit der Rolle eines Protectors, für welchen außer ihm Niemand zur Verfügung stand, begnügt haben. Uebrigens liegen seit den bitteren Tagen von Nürnberg mancherlei Anzeigen vor, daß ihm die Lust, das Haupt solcher Verbündeter zu sein, geschwunden und er mehr und mehr darauf bedacht war, als den= jenigen Preis, welchen seine mächtige und wirksame Hilfe verdient hatte, einige Provinzen des deutschen Reiches an der Ostsee, welche dem früheren Verbande um so mehr verbleiben konnten, als er dadurch zu einem mit= bestimmenden, freilich auswärtigen Reichsfürsten wurde, in Empfang und Besitz zu nehmen.

XXXII. Zur Literatur.

Es ist hier nicht unsere Aufgabe, ein vollständiges Verzeichniß und eine in die Einzelheiten eingehende Kri= tik der Archive, Urkunden, Geschichtswerke u. s. w. zu geben, welche Stoff für die Biographie Gustav Adolf's bieten; wir beschränken uns auf die Anführung der wichtigeren literarischen Erscheinungen und stellen dieselbe in nationale Gruppen zusammen.

1) Schwedische Gruppe. Ph. B. Chemnitz (auch Chemnitz geschrieben): Der königlich schwedische in Deutschland geführte Krieg, 2 Bde. Stuttgart 1648— 52. Der Verfasser, ein Deutscher, später in schwedischen Diensten, von Gustav Adolf mehrfach zu diplomatischen Sendungen verwendet, besonders in Deutschland, ist in der Lage, Selbsterlebtes zu erzählen und von Vielem eine sehr genaue Kenntniß zu haben. Auch lobt G. Droysen wiederholt seine archivalisch treue Darstellung. Aber er verschweigt Manches, was der schwedischen Sache nachtheilig ist, schreibt von seinem Standpunkte aus mit einer Parteirücksicht, welche der Seite der Feinde Schwe= dens und der katholischen Confession nicht voll gerecht wird und hat, wie sich Gfrörer ausdrückt, viel dazu bei= getragen, den König als überwiegend von religiösen Motiven erfüllt, als einen protestantischen Heiligen oder

Theologen darzustellen. Er legt demselben beispielsweise oft Reden in den Mund, deren Sinn vielleicht selten beanstandet, deren Wortlaut aber oft kaum so gelautet haben kann, wie er verzeichnet ist, als ob jedesmal ein Stenograph ihn niedergeschrieben hätte. Von seinen 6 Büchern sind nur 2 gedruckt. — Dalin, Geschichte von Schweden, unter diesem Titel deutsch in 4 Bänden, Greifswald 1756—64. Die neueren Schriftsteller neh= men auf dieses Werk selten Bezug. — A. Fryxell (schwed. Professor): Berättelser ur svenska historien (Berichte aus der schwed. Gesch.); Band 1—10. Stockholm 1823— 43, 21 Bde. 1856. Sehr populär, lebendig und fleißig. Als ein Theil dieses Werkes erschien nach der 2. Auf= lage in deutscher Uebersetzung von T. Homberg: Leben Gustav II. Adolf's, 2 Bde., Leipzig 1842 und 43. — E. G. Geijer (Professor in Upsala): Svenska folkes historia, Bd. 1—3, Oerebro 1832—36, deutsch von Leffler, Hamburg 1832—36, in 3 Bden. Kurz, zuver= lässig aus sicheren Quellen. — A. Cronholm, Sveriges historia under Gustav II. Adolphs regering, in mehreren Bänden. Das Werk ist fleißig zusammenge= stellt aus Archiven, auch aus deutschen, von denen in= deß das dresdener und das münchener nur flüchtig be= nutzt sind. Dasselbe ist deutsch erschienen von H. Helms, 1. Bd., Leipzig, als: Gustav II. Adolf in Deutschland, in neuester Zeit. — Styffe (in Upsala): Konung Gustav II. Adolfs Skrifter, Stockholm 1861. Von G. Droysen nicht benutzt. (Gfrörer erwähnt ein Tage= buch Gustav Adolf's vom J. 1628.) — H. Forsell, Sveriges inre historia från Gustaf den Förste, Stockholm 1869. Enthält den ersten tüchtigen Versuch zu einer eingehenden und umfassenden Darstellung der speciellen Verwaltungsgeschichte Schwedens. — Ham= marstrand's Werk über Gustav Adolf, nach Forschun= gen in deutschen und anderen Archiven. — Außerdem erwähnen wir kurz die Werke aus der früheren Zeit: Relation von der königl. schwedischen Armee aus den Jahren 1630 bis 1632, ferner die Arma Suecica, deren 1. Aufl. noch zur Zeit Gustav Adolf's erschien, und: Soldat Suédois. — Andere literarische Nachweise, welche wir hier nicht wieder hervorheben, haben ihren Platz in den Anmerkungen gefunden, wie die reichhaltigen mehr= bändigen Mémoires des Schweden Rusdorf, die Acten= stücke von Arkenholz, die fleißige Afhandling om Krigsmarkens von H. Hamilton, die Historia Suecana (Frankfurt 1676) von Joh. Loccenius, die Bibliotheca historica Suo=Gothica von C. G. Warmholz u. a.

2) Deutsch=protestantische Gruppe. Rühs: Geschichte Schwedens, Halle 1804—14 in 5 Bdn. — Graf F. J. H. von Soben († 1831): Gustav Adolf's Heer in Süddeutschland. — Rango: Gustav Adolf der Große, Leipzig 1824. — Röse: Her= zog Bernhard der Große von Sachsen=Weimar, 2 Bde.; Weimar 1828 und 29. — Fr. Förster: Briefe Wallen= stein's, 3 Bde., Berlin 1828—29. — Derselbe: Bio= graphie Wallenstein's, Potsdam 1834. — Derselbe: Wallenstein's Proceß, Leipzig 1844. — L. Flathe: Gustav Adolf und der dreißigjährige Krieg, 4 Bde.; Leipzig

1839—42. — Sparfeld: Gustav Adolf, Leipzig 1844. — C. B. König: Gustav Adolf, König von Schweden, 1844. — A. F. Gfrörer: Gustav Adolf, König von Schweden und seine Zeit, 1. Ausgabe 1837, 2. Ausg. 1845, 3. Ausg. 1853, Leipzig 1. Bd. Der Verf., dessen Quellen nicht die Archive, sondern vorzugsweise Chemnitz und Khevenhiller, seine dem Umfange ihrer Werke nach ausführlichsten Vorgänger auf der deutsch-protestantischen und der deutsch-katholischen Seite, sind, deren Referate er ohne Quellenkritik combinirt, anerkennt zwar an dem König in ausgiebiger Weise dessen große Eigenschaften, zeigt aber (er wurde später Katholik) andererseits eine starke Sympathie für die Kaiserlichen und die Katholiken, weiß an der protestantischen Partei Vieles auszusetzen und in herber Weise deren Darstellung als Subelei u. s. f. zu tadeln, bedauert die Schwächung der Kaisermacht, bezeichnet den König als einen einbrechenden Abenteurer und Räuber, der ganz offenbar nach der deutschen Kaiserkrone gestrebt habe und erweist sich oft als ein nörgelnder Hypochonder, der mit sich selbst in Widerspruch tritt. So z. B. soll ihm zufolge Wallenstein des Kaisers Wohl und des Reiches Einheit gewollt und kein Verräther an jenem gewesen sein; andererseits aber behauptet er, daß, wenn Gustav Adolf Leben und Gewalt behalten hätte, Deutschland in eine fürchterliche Militärdespotie verfallen wäre. Dennoch hat das Buch als eine fleißige Arbeit, als reichhaltige, gesichtete und im Ganzen besonnene Compilation der ihm vorliegenden Materialien einen unbestreitbaren Werth. — G. Droysen (Professor in Halle): Gustav Adolf, 1. Band, Leipzig 1868 (2. Aufl. 1869), 2. Bd. ebenda 1870. Das Werk ruht überwiegend auf sorgfältigen Studien der Archive zu Stockholm, Dresden, München u. s. w. sowie anderer Urkunden und gibt im Wesentlichen das wieder, was in ihnen sich findet. Doch werden hier und da auch andere Materialien verwendet, z. B. Flugschriften aus der Zeit Gustav Adolfs, sodaß man nicht sagen kann, es würde als historische Wahrheit nur das gelten lassen oder reproduciren, was im strengsten Sinne urkundlich ist. Auch die mündliche Ueberlieferung, welche sich später schriftlich firirte, kann der Wahrheit entsprechen, selbst wenn die betreffende eigentliche Urkunde bestätigt wird. Uebrigens erklärt Droysen ausdrücklich (1. Bd. S. VII); er wolle keine Biographie des Königs schreiben, sondern eine Reihe von Verhältnissen darlegen, in welche er eingegriffen habe, seine europäische, seine welthistorische Stellung. Zwar habe Gustav Adolf die evangelische Kirche in Deutschland thatsächlich gerettet; aber es sei unhistorisch zu sagen, daß er den Zug nach Deutschland zu diesem Zwecke unternommen habe; vielmehr sei dessen Auftreten ein durchaus nur von politischen Motiven geleitetes gewesen; er habe ein großes skandinavisches Reich, dessen Haupt er sein wollte, mit der Domination der Ostsee angestrebt, und weil durch die Kaiserlichen diese seine Ostseebeherrschung in Gefahr gerathen, so sei er nach Deutschland herüber gekommen. — Man ist bei der Lectüre des Werkes nicht selten in der Ungewißheit, ob bei der Angabe eines Tagesdatums der alte oder neue Kalender gemeint sei. — Schon vor

Droysen edirte Alb. Heifing seine Politik Gustav Adolf's, 2. Aufl. 1854, worin der Gedanke durchgeführt ist, daß der König nur politische Zwecke verfolgt habe. — K. Wittich (Professor in Jena): Magdeburg, Gustav Adolf und Tilly, 1. Bd. Berlin 1874, 1. Bd., 1. Hälfte (Quellen enthaltend), ebenda 1874. Das Werk, welches die bisher gründlichste Darstellung von dem Falle Magdeburgs bringt (worüber früher Bensen u. A. in besonderen Arbeiten geschrieben haben), tritt dem Buche von Droysen mehrfach corrigirend gegenüber, namentlich in Hinsicht auf dessen Urtheil über die nur politischen Motive Gustav Adolf's.

3) Deutsch-katholisch-kaiserliche Gruppe. Graf Fr. Chr. von Khevenhiller (kaiserl. Minister): Annales Ferdinandei, 9 Bde., Regensburg 1640 fg., 2. Aufl. in 12 Bden., Leipzig 1716—26. Ein tüchtiges, fleißiges Werk, nicht parteiisch befangen gegen die Protestanten, von Droysen mehrfach benutzt. — Die Schriften über Wallenstein von Freiherrn von Aretin, Regensburg 1846, von Hurter (Convertit vom Protestantismus zum Katholicismus), welcher auch über Ferdinand II. geschrieben hat, von Palacky, von Dubik. — D. Klopp (Protestant mit entschieden katholisch-kaiserlicher Gesinnung): Tilly und der dreißigjährige Krieg, 2 Bde., 1861. Dem Verf. zufolge ist Magdeburg nicht durch Tilly zerstört, wol aber planmäßig der Vernichtung durch Gustav Adolf geopfert worden, welcher dem Kriege erst einen religiösen Charakter gegeben habe. — Ebenfalls eine parteiische Streitschrift ist die von Hüllmann (vor 1845) verfaßte Biographie des Königs.

4) Französische, englische, niederländische Gruppe. Cardinal Richelieu, Mémoires, herausgegeben von Petitot, historisch nicht ganz treu und zuverlässig. — Francheville, Histoire des dernières campagnes de Gustave Adolphe, Berlin 1772. — J. Mauvillon (in Deutschland lebender, 1794 gestorbener Franzose): Histoire de Gustave Adolphe. — Grimoard, Lettres et mémoires de Gustave Adolphe, Paris 1790. — E. de Parieu, Histoire de Gustave Adolphe, Paris 1815, nicht sehr eingehend, etwas parteiisch für die Gegner des Königs. — W. Harte, History of Gustavus Adolphus, 2 Bde., London 1749, 2. Aufl. 1763, deutsch von Böhme, Leipzig 1761, auch von Martini. Nach dem Stande der bis dahin gewonnenen Resultate ein mit Fleiß gearbeitetes Werk, welches jedoch manchen Irrthum enthält. — S. R. Gardiner, The thirty years war 1618—1648. — Derselbe: Letters relating to the mission of Sir Thomas Roe to Gustavus Adolphus 1629—30, Loudon 1874. Stimmt der Ansicht Droysen's, daß Gustav Adolf nicht aus religiösen Gründen nach Deutschland gekommen sei, nicht bei. — F. van Aitzema (niederländischer Staatsmann, Gesandter u. s. w. zur Zeit Gustav Adolf's): Saken van staat en oonlogh in ende omtrent de vereenigte Nederlanden, 14 Bde., Haag 1657—71, 2. Ausg. ebenda 1669—72. Reichhaltig und zuverlässig.

5) Im Uebrigen. Hierher gehören unter Anderem die literarischen Bearbeitungen der Geschichte von Norwegen, Dänemark, Rußland, Polen, Preußen, Oester-

fallen war; aber man vermochte ihn wegen seiner
Schwere nicht bis dahin zu bringen. Als in Weißenfels
der dortige Apotheker Casparus die Leiche einbalsamirte,
zählte er dabei laut eines amtlichen Berichtes neun
Wunden. Die tief betrübte, untröstliche Königin wollte
sich gar nicht von dem (sehr großen) Herzen, das man
herausgenommen hatte, und von dem Leichnam trennen;
ersteres ließ sie in eine goldene Kapsel legen. Von
Weißenfels wurde die Leiche nach Wittenberg geführt,
wo sie eine Nacht in der Schloßkirche stand, von hier
nach Wolgast, im folgenden Sommer durch den Reichs-
Admiral Gyllenjelm nach Nyköping. Erst am 21. Juni
1634 fand sie zu Stockholm in der Ritterholmskirche,
welche der König schon bei Lebzeiten zu seiner Ruhestätte
erkoren hatte, ihre feierliche Beisetzung [89]). In Wien
zeigt man den blutbefleckten Lederkoller des Königs.

Im December 1632 entstand das Gerücht, der Herzog Franz von Lauenburg habe den König verrätherisch
erschossen. Man kann, bemerkt Gfrörer, als Grund
dafür geltend machen, daß er ein charakterloser Mann
war [90]); auch floh er nach des Königs Tode und trat
bald darauf in kursächsische, dann in kaiserliche Dienste;
aber nur weil er Gustav Adolf's Sache für verloren
hielt. In den Proceß gegen Wallenstein verwickelt,
würde er — fährt Gfrörer fort — freigelassen worden
sein, wenn er des Königs Mörder gewesen wäre [seine
That, die er doch schon wegen des öffentlichen Urtheils
der Welt, und weil sie für ihn ein Brandmal sein mußte,
nicht offenbaren durste, und welche an seiner etwaigen
Mitschuld bei der Wallenstein'schen Verschwörung nichts
geändert haben würde]; aber er war in diesem Processe
auf den Tod angeklagt und saß ein ganzes Jahr im
Gefängniß. Aus diesem entlassen, trat er wieder in des
Kaisers Heer ein [welchem ein solcher feiger Mörder
doch sicherlich nicht zur Ehre gereichen konnte], nachdem
er die lutherische Religion mit der katholischen vertauscht
hatte. Positive Beweise für des Herzogs Unschuld an
des Königs Tode ergeben sich aus einem Briefe von
dem Vater des Edelknaben Leubelfing [91]); der Brief,
welcher die Aussage des Sohnes enthält, erwähnt mit
einmal, daß Franz von Lauenburg in dem Gefolge des
Königs gewesen sei, als dieser seinen Tod fand. Auf
keinen Fall kann der Herzog dem Könige alle die neun
Wunden beigebracht haben, welche in einem amtlichen
Berichte des Adler Salvius an den schwedischen Reichsrath [92]) bezeugt sind; es müßte ja der Mörder — fügt
Gfrörer als einen höchst ungeschickten Beweis für die
Unschuld des Lauenburgers hinzu, — wenn er den König
getödtet hätte, ihn auch ausgeplündert haben [93]). Hätte

der Herzog auf den König geschossen, so müßte dies von
den übrigen Personen des Gefolges gesehen worden sein,
und diese wurden an ihm sofort die Execution vollzogen
haben [94]).

XXXI. Urtheile über die Beweggründe des
Königs zu dem Zuge nach Deutschland und über
seine dabei gehegten Pläne.

Hierauf hat im Laufe der Zeit die Einseitigkeit des
Standpunktes je nach Confession und Nationalität sowie
des Gesichtspunktes je nach vorwiegender Betonung der
einen oder anderen Erscheinung einen um so verschiede-
neren Einfluß gehabt, je weniger der jähe Tod des
Königs selbst gestattet hat, eine einigermaßen ab-
schließende Antwort auf die angeregten Fragen zu geben.
Während die meisten katholisch und kaiserlich gesinnten
Schriftsteller geneigt sind, bei ihm nur politische, kriegerische Motive vorauszusetzen, sehen viele Protestanten
nur den von rein religiösen Gefühlen bestimmten evangelischen Glaubenshelden, eine Auffassung, welche besonders im evangelischen Deutschland bis zu dem Erscheinen
der Werke von Gfrörer und Droysen vorgeherrscht hat.
Wie Gfrörer urtheilt, hat der „Drang nach kriegerischem Ruhme", „ein durch den Schimmer religiöser
Ideen erfüllter Geist der Eroberung" den König nach
Deutschland geführt; die Beleidigung seiner Gesandten
durch den Congreß zu Lübeck, die Vertreibung der Herzöge von Mecklenburg, seiner Verwandten, und andere
Gründe hätten ihm dazu nur einen „Vorwand" gegeben [95]): Nach ihm hat Gustav Adolf ganz „offenbar"
nach der deutschen Kaiserkrone gestrebt; Niemand (?) hat
ihn gerufen; „wie ein Räuber ist er in unser Reich
eingebrochen"; ein Unrecht, welches er dadurch hätte
sühnen können, wenn er die deutsche Nation geeinigt
hätte; er war „ein hergelaufener königlicher Abenteurer",
die deutsche Nation aber damals nicht so „dumm, wie
theologische Sudler sie darstellen, um sich ihm für kirchliche Redensarten in den Kopf zu werfen" [96]). Das
Streben Gustav Adolf's nach der deutschen Kaiserkrone
gehe besonders daraus hervor, daß er von deutschen
Fürsten u. s. w. Lehenseide gefordert habe [97]). — Schon
H. Leo legt dem Könige vorwiegend politische Motive
unter; die Pläne, welche Gustav Adolf verfolgte, haben
Werth nur, wenn man sie von einem isolirt schwedischen
Standpunkte aus betrachtet [98]). Ebenso G. Droysen,
welcher den Ausspruch thut: „Nicht daß für die Ent-
widlung der reinen Lehre Gustav Adolf's Eingreifen in
die deutschen Angelegenheiten entscheidend gewesen ist,
bestreite ich; aber ich bestreite, daß er zu Nutz und
Frommen des kirchlichen Lebens und der Glaubensfrei-
heit in sie hat eingreifen wollen. Ich behaupte, daß
ihn Gründe durchaus politischer Natur zur Verwendung
auch dieses Mittels bewogen, gezwungen haben". Ferner:
„Nicht einmal einen Anlaß zum Kriege erblickte er in der

89) Gfrörer S. 886. 887. — Droysen berichtet über die
Auffindung der Leiche, deren Einbalsamirung, Bestattung u. s. w. in
seinem großen Buche nichts. 90) Aus bloßer Charakterlosigkeit
läßt sich aber doch ein solcher Mord nicht erklären. — Andererseits
hat man die vorausgesetzte That als einen Act der Rache dafür
bezeichnet, daß der Herzog als Page bei der Tafel durch Gustav
Adolf eine Ohrfeige empfangen habe. Der Verf. 91) Wie
dies zuerst Murr in seinen Beiträgen zur Gesch. des dreißigjährigen
Krieges S. 121 fg. dargethan hat. 92) Bei Geijer III, 240.
93) Gfrörer S. 887—889.

94) Der Verf. 95) Gfrörer S. 580. 581. 96) Ebenda
S. 891. 97) Ebenda S. 806—812. — Der vorher schon katholisirende Gfrörer wurde bekanntlich vor seinem Tode Katholik.
98) Im 3. Bde. seiner Universalgeschichte.

Pflicht für die bedrängten Evangelischen"; aber er habe diese Bedrängniß, den Ruf nach ihm von Deutschland her, als ein opportunes Mittel zum Kriege und Siege benutzt [99]). Die Nachwelt habe mit immer größerer Zuversicht, unter immer stärkeren Ausschmückungen weiter erzählt: er sei in Deutschland erschienen, um die evangelische Lehre zu retten und zu beschützen; er habe die evangelischen Deutschen einigen und sich zu ihrem Kaiser machen wollen; aber in Wahrheit seien von ihm „andere Ziele" verfolgt worden. Lange nach Gustav Adolf's Tode habe der Kanzler Oxenstiern zu Bengt Oxenstiern gesagt [1]): „König Gustav Adolf wollte die Ostseeküste haben; sein Gedanke ging darauf, dermaleinst Kaiser von Skandinavien zu werden, und dieses Reich sollte Schweden, Norwegen, Dänemark bis zum Großen Belt und die Ostseeländer umfassen; in diesem Zwecke schloß er zuerst mit Dänemark Frieden, so günstig, wie man ihn damals nur zu erhalten vermochte, und darauf wegen der Ostseeküste mit Rußland. Den Polen nahm er die Ostseeküste und die Flußmündungen durch die einträglichen Zölle. Dann griff er den römischen Kaiser an und forderte als Kriegsentschädigung von den protestantischen Fürsten, denen dafür katholische Gebiete gegeben werden sollten, Pommern und Mecklenburg. Auch Dänemark sollte bis zum Großen Belt verkleinert und Norwegen (?) unser werden." So wollte dieser große König ein unabhängiges Reich gründen. Daß er aber, wie die Rede geht, deutscher Kaiser werden wollte, ist nicht wahr" [2]). Derselbe Reichskanzler sagte 1644 vor dem schwedischen Reichsrathe [3]): Gustav Adolf habe „kurz vor seinem Tode mit Seufzen bekannt, daß er nichts Anderes wünsche, als Gott möge ihn von hinnen nehmen, dieweil er einen Krieg mit seinen Freunden ihrer großen Untreue wegen voraussehe; ein solcher Kampf schmerze ihn um so mehr, da er die Welt die wahre Ursache desselben [eben die Untreue] nicht errathen werde". — Ein anderer Zeitgenosse des Königs, der englische Gesandte bei ihm, Thomas Roe, schrieb im Februar 1630 an den ehemaligen Pfalzgrafen Friedrich: „Dieser König hat feierlich versprochen, daß er die Waffen nicht ablegen will, bevor er ein Wort für Euer Majestät in Deutschland gesprochen hat, und in seinem Entschlusse wird der Thatendrang mit der Klugheit wetteifern; denn er hegt unermeßliche Pläne, und ist das passendste Werkzeug Gottes, durch welches er in Europa Thaten thun kann. Certainly ambit fortunam Caesaris; he thinks the ship cannot sinke that carries him and doth thus oblige prosperity" [4]).

Für seine Ansicht, Gustav Adolf habe nur politische Zwecke verfolgt und hierzu die Religion als Mittel gebraucht, darf sich in der That Droysen auf manche Thatsachen und Umstände berufen, unter Anderem auf des

Königs zähe, kühle, berechnende Natur, auf den Mangel an Fanatismus gegen die katholische Kirche, auf die Absichten des Kaisers (1629), sich an der Nordsee festzusetzen, auf die vorhergehenden schwedischen Eroberungen, welche sämmtlich den Ostsee-Ländern angehörten, auf die Thatsache, daß der König für den Zug nach Deutschland seinem Reichsrathe und Reichstage gegenüber sich nicht ein einziges Mal (?) auf die Pflicht und Absicht berufen habe, den bedrängten Evangelischen in Deutschland Hilfe zu leisten; aber wenn er ihm gar keine kirchlich-religiösen Pläne zuschreibt, wenn er leugnet, der König sei nach Deutschland gekommen, um die evangelische Kirche und seine evangelischen Glaubensgenossen gegen die kaiserliche Partei, die Liga, die Jesuiten zu vertheidigen, welche sicherlich ihre Siege, wenn möglich, auch zur Ausrottung des Protestantismus im Norden auszunutzen gedachten, so ist er, der eine große Menge von Erklärungen aus des Königs Munde und Feder für dessen Absicht, aus lauterer Theilnahme des Herzens den gefährdeten Glaubensgenossen zur Hilfe zu kommen und das evangelische Wesen wieder aufzurichten, objectiv genug reproducirt, in der bedenklichen Lage, einverstanden — oder der Heuchelei. — Im Gegensatze gegen G. Droysen ist es unter den Neueren besonders Wittich, welcher den aufrichtigen religiösen Charakter Gustav Adolf's betont und den von ihm den deutschen Protestanten geleistete Hilfe als eine Herzenssache, als einen Plan für sich zu erweisen sucht.

Faßt man die Eigenthümlichkeit der Wasa's, das ihnen innewohnende, auch zu Abenteuerlichkeiten ausartende Streben der Expansion nach außen, ins Auge; begreift man Gustav Adolf's Kämpfe gegen Dänemark, Rußland, Polen als eben diesen Thatendrang; vergißt man nicht, daß es hierin siegreich und glücklich war, so wird man bei unbefangenem Urtheile auch nicht leugnen können, daß seine unternehmende kriegslustige Natur einen sehr starken Antheil an dem Zuge nach Deutschland hat. Aber das schließt keineswegs den damit leicht zu verbindenden Plan aus, in ernstlich religiöser Theilnahme den Glaubensgenossen Hilfe zu bringen. Indessen erscheint auch uns als das Prius, als das Vorwiegende die politische Absicht, die kriegerische Kraft zum Siege gegen den mächtigsten Herrscher und zur Machterweiterung Schwedens zu verwenden, sodaß dieses womöglich alle Küsten der Ostsee umfassen sollte, wobei der Name eines skandinavischen „Kaisers" den König wenig gekümmert haben dürfte. Aber die Pläne ändern sich mit den Erfolgen und den Jahren. Als Gustav Adolf in Deutschland, wohin er, von den größeren evangelischen Fürsten gerufen sein wollte, ohne von ihnen gerufen zu werden, sodaß er andere Ursache suchte, wie er eigentlich kaum vorhandene — Beschimpfung durch den lübecker Congreß, über Kaiser und Liga entschiedene Siege davongetragen hatte, war er und fühlte er sich als das thatsächliche Haupt der Evangelischen, als der Mann, wel-

16*

---

99) Droysen I. VIII. und II, 93—97. 1) Nach Handlingar II, 101. 2) Droysen II, 666. 3) Geijer III, 296. 4) Aus Gardiner's 1874 in London erschienenen Letters relating to the mission of Sir Thomas Roe to Gustavus Adolphus 1629—1630.

Als Alles geordnet, als auch die Regimenter in den Provinzen durch Agenten des Königs für die Bewegung bearbeitet waren, wurden die Rollen angemessen vertheilt. Die Brüder des Königs, die sich unter verschiedenen Vorwänden in den Provinzen Schonen und Oftgothland aufhielten, Karl, der Herzog von Södermannland, und Friedrich Adolf, der Herzog von Oftgothland, sollten in jenen Landschaften, Sprengtporten in Finnland die Bewegung leiten, deren Entscheidung und Abschluß in Stockholm dem Könige selbst zufiel. Endlich kamen die Dinge in Fluß. Ein ergebener Anhänger des Königs, der Hauptmann Hellichius, eröffnete Abends am 11. Aug. 1772 in der Festung Christianstadt die Unruhen durch ein Manifest, wodurch die Truppen aufgerufen wurden, sich gegen die Stände zu erheben. Ein Officier entfloh verabredetermaßen zu dem Herzog Karl, und auf seine Aufforderung sammelte dieser die benachbarten Regimenter in Schonen, angeblich um den Aufruhr zu dämpfen, und blokirte die meuterische Festung. Den Verdacht, den diese Nachrichten in der Hauptstadt bei den Mützen natürlich erweckten, wußte Gustav noch einmal durch vollendete Kunst der Verstellung zu beschwichtigen. Er hatte inzwischen auch die Sympathie der Bürgermiliz der Hauptstadt gewonnen und zog mit ihr auf den Streifwachen, die der Reichsrath anordnete, durch die Straßen; seine Vertrauten gewannen ihm auch die Garde und die Artillerie.

Als nun aber der Reichsrath sich anschickte, Truppen nach Stockholm zu ziehen, als Herzog Karl den Befehl erhielt, von ihm gesammelten Regimenter einem anderen Befehlshaber zu überlassen; als Gustav erkannte, daß die klügeren seiner Gegner seinen Plan wohl durchschauten, da beschloß er, nicht länger mehr zu zaudern. Am 19. Aug. 1772 sollte es zur Entscheidung kommen. Der Reichsrath war schon früh versammelt wegen der wachsenden Erregung in der Hauptstadt. Gustav aber, der bereits die fremden Gesandten im Schlosse versammelt hatte, begab sich in die hohe Senatsversammlung. Und als man ihm hier offen den Verdacht aussprach, daß die Unruhe im Lande von ihm herrühre, ihn aufforderte einen Brief zu verlesen, den er in der letzten Nacht von seinem Bruder Karl erhalten hatte, — und als auf seine Ablehnung dieser ungebührlichen Forderung einige Reichsräthe es für nothwendig erklärten, sich seiner Person zu versichern, da legte Gustav zornig die Hand an den Degen, verließ rasch die noch unentschlossene Versammlung und eilte nach dem Zeughause, wo die Garde aufgestellt war. Hier redete er die Soldaten freundlich an und begab sich dann, in Begleitung mehrerer ihm ergebener Officiere, wieder nach dem Schlosse, wo sich inzwischen die aufziehende und die abziehende Wache versammelt hatte. Nun berief der König sämmtliche Officiere in die Wachtstube, schilderte ihnen mit seiner feurigen Beredtsamkeit die schlimme Lage des Landes, die Nothwendigkeit, die übermäßige Gewalt der Aristokratie zu brechen, und seine Absicht, „die alte Ordnung und Freiheit wie zur Zeit des großen Gustav Adolf dem Lande wiederzugeben." Zwei ausgenommen, schlossen sich

alle Officiere dem muthvollen, mit klarer Sicherheit und ruhiger Entschlossenheit auftretenden Manne an; bald band er als Erkennungszeichen für sich und seine Anhänger in dieser Krisis ein weißes Tuch um seinen linken Arm: ein Beispiel, dem alle Anwesenden folgten. Die draußen versammelten Truppen folgten nun sofort der Aufforderung des Königs, mit ihm zu gehen, und nun gewann Gustav, — während der Reichsrath in seinem Sitzungssaale durch seine Truppen bewacht wurde — schnell auch die auf dem Nordermarkte aufgestellten Abtheilungen, wie auch die Artillerie im Zeughofe. Die Bemühungen des Reichsrathes ergebenen Gouverneurs oder Oberstatthalters der Hauptstadt, des Generals Rudbeck, die Truppen bei der Treue für den Reichsrath zu erhalten, scheiterten vollständig. Das Volk hörte überall mit Begeisterung Gustav zu, als er durch die Straßen ritt und versicherte, nur um das Vaterland zu retten habe er sich erhoben. Schnell genug schwuren ihm die städtischen Behörden auf dem Rathhause, die Verwaltungsbehörden, wie auch auf dem Schiffholm die Admiralität Treue und Gehorsam. Da Gustav so vorsichtig gewesen war, sich nicht nur der auswärtigen Botschafter zu versichern, sondern auch sofort die Thore der Hauptstadt sperren zu lassen, so drang zunächst keine Kunde von der Bewegung in Stockholm auf das Land. So konnte man auch den im Anmarsche befindlichen, durch den Reichsrath herbeigerufenen Bataillonen Upland und Södermannland mit Erfolg den Befehl zugehen lassen, sofort umzukehren; nur ihr Chef, der Oberstlieutenant Cederström, eine eifrige Mütze, ward nach Stockholm gerufen und hier festgehalten. Die gesammte Bewegung war ohne das geringste Blutvergießen verlaufen.

Am anderen Tage leisteten dem Könige alle Kriegs- und Civilbeamten den Eid der Treue und des Gehorsams. Ebenso leistete die Bürgerschaft von Stockholm, die der Aristokratie nur wenig hold war und dem Könige bis zu seinem Ende vorzugsweise treu ergeben geblieben ist, auf einem großen Platze den von ihr geforderten Eid. Nun aber galt es, die Reichsstände zur Annahme der von Gustav vorgeschlagenen neuen Verfassungszustände zu gewinnen. Die Stände wurden daher auf den 21. Aug. zusammenberufen, unter der Drohung, daß jeder Ausbleibende als Verräther am Reiche angesehen und bestraft werden würde. Am Tage der Versammlung aber wurden das Schloß, der Reichssaal, das Ritterhaus, mit Truppen und Geschützen umstellt. Nun hielt Gustav eine feurige Anrede, in welcher er alle bisher in Schwedens Regierung entwickelten Mißstände mit brennenden Farben schilderte. Nicht die Freiheit wolle er antasten, nicht nach Alleinherrschaft strebe er, nur die Tyrannei solle abgeschafft, die Zügellosigkeit und Willkür beseitigt, an Stelle des aristokratischen Despotismus eine gemäßigte Monarchie, wie sie unter Gustav Adolf und bis 1680 bestanden, hergestellt, das Volk in den Stand gesetzt werden, durch Freigebung alles gesetzmäßigen Erwerbes, durch unparteiische Justizpflege, durch sorgfältige Pflege der allgemeinen Wohlfahrt, durch Erhaltung des Friedens ein glückliches Dasein zu gewinnen. Die neue Verfassung aber gewährte dem Könige freie Verfügung über die Streitkräfte des Reichs zu Wasser und zu Lande, über das Staatsvermögen, über alle Staats- und Kriegsämter. Die Krone erhielt das Recht, Frieden und Bündnisse zu schließen und einen Vertheidigungskrieg zu führen. Zu einem Angriffskriege dagegen sollte die Zustimmung der Stände nöthig sein. Die Zusammenberufung der Stände lag seit dieser Zeit in der Hand des Königs; in ihren Zusammenkünften sollten sie nur über die Vorlagen berathen, die ihnen die Krone machen würde. Der Reichsrath blieb dem Könige verpflichtet; seine Meinung war fortan nicht mehr entscheidend, nur noch berathend.

Unter den obwaltenden Umständen blieb dem Reichstage nur übrig, diesen Entwurf einfach anzunehmen, dann den von Gustav geforderten Eid abzulegen. Am 9. Sept. wurden die Stände entlassen.

Gustav's Brüder nahmen nun in den verschiedenen Provinzen des Reichs den Einwohnern und den Truppen den Eid der Treue ab auf die neue Verfassung. Der König selbst vollzog in dem nächsten Winter unter den populärsten Formen die bei den schwedischen Königen althergebrachte Riksgata oder „inländische Reichsreise". Alle Schweden, die ihn bei der Revolution des 19. Aug. 1772 unterstützt hatten, erhielten glänzende Belohnungen. Die alten Parteinamen der Hüte und Mützen sollten nicht mehr gebraucht werden. Die weiße Armbinde dagegen wurde zum schwedischen Heereszeichen erklärt. Die Eintracht suchte Gustav durch große Milde zu erzielen. Niemand wurde bestraft, die Verhafteten erhielten ihre Freiheit zurück, die meisten Staatsdiener blieben in ihren Aemtern, auch ein Theil der früheren Reichsräthe wurde wieder in den neuen Reichsrath aufgenommen, den Gustav jetzt selbst zusammensetzte.

Die neue Herrschaft suchte Gustav in allem Ernste zur höchsten Wohlfahrt seines Reiches zu führen. Das erste Jahr derselben erschien in der That auch als mustergiltig. Allmälig aber machten sich die gewöhnlichen Schattenseiten des persönlichen Regiments geltend. Die bedenklichen Züge in Gustav's Sinnesweise und Charakter blieben auf die Dauer nicht verborgen. Für die Regierung kann es allerdings nicht zum Schaden, daß Gustav in seinem Privatleben unter Umständen nicht eben sittlich auftrat; auch nicht, daß er (wie in noch weit höherem Grade bei dem für das damals bedenklich verirrten Freimaurerei mit Leidenschaft ergebener Bruder, Herzog Karl) der Mystik des damaligen freimaurerischen Wesens sich hingab. Gustav schuf zunächst eine Menge vortrefflicher Einrichtungen. Er ordnete das zerrüttete Geldwesen, er rief Krankenhäuser, Hospitäler, Waisenhäuser ins Leben und stellte 24 Stadtärzte an. Er schaffte die Tortur ab, überwachte mit Eifer die Verwaltung der Justiz, er kümmerte sich mit Eifer um die Verbesserung der Zustände der Provinz Finnland; durch seine Bemühungen hoben sich Handel, Gewerbfleiß, Ackerbau; zur Hebung des Bergbaues und des besseren Vertriebes seiner Producte gedachte Gustav durch Anlegung von Kanälen einen bequemeren und leichteren

Verkehr zu schaffen. Ebenso wurde der Wehrkraft des Reiches zu Wasser und zu Lande eine besondere Aufmerksamkeit gewidmet. Nun aber zeigte es sich allmälig, daß Gustav's Wesen zu unruhig war, um überall das Wachsthum seiner neuen Schöpfungen abzuwarten. Er wollte zu schnell überall Erfolge sehen und gewinnen. Ehe das Begonnene vollendet war, ging er nicht selten in seiner rastlosen Weise wieder zu neuen Unternehmungen über. Vieles blieb daher in den ersten Stadien liegen, nur Weniges wurde solide zu Ende geführt. Dabei entwickelte sich nicht zum Vortheile des Landes ein gewisser theatralischer Zug des Königs. Bei seiner Prachtliebe bildete er unter Ueberlastung des Reichs seinen glänzenden und lebensvollen Hof nach französischem Muster, zeigte überhaupt eine nicht unbedenkliche Vorliebe für glänzende Aeußerlichkeiten. Es gehörte zu den seltsamen Widersprüchen in seiner Natur, daß derselbe König, der die schwedische Kunst, Wissenschaft und Bühne mit höchstem Eifer pflegte; der selbst zahlreiche Schauspiele zur Bildung einer volksthümlichen Bühne schrieb; der endlich eine schwedische Akademie ins Leben rief, doch mit auszeichnender Vorliebe französische Sprache und Literatur cultivirte, seiner Akademie in Stockholm völlig französische Formen verlieh. Die deutsche Sprache dagegen war ihm, dem Sohne eines deutschen Fürsten, nach seinem eigenen Ausdrucke „verhaßt wie der Tabak".

Schlimmer wirkte die allmälig im Lande wider ihn sich entwickelnde Verstimmung. Zunächst verdarb es Gustav mit dem gemeinen Mann, namentlich auf dem Lande. Das Verbot des Branntweins, um bei seinen nationalökonomischen Grundsätzen dem Volke die Kosten für die Einfuhr des dazu nöthigen fremden Korns zu ersparen, ließ sich nicht wirklich erhalten. Nun aber sollte (1775) die Branntweinbrennerei zum Regal, zum Monopol der Krone gemacht werden. Die damit verbundene widerwärtige Aufpasserei erbitterte die Bauern in hohem Grade; in Dalekarlien brach darüber sogar ein böser Aufruhr aus.

Allmälig erwachte aber auch wieder die Gegnerschaft des Adels. Der Reichstag 1778 zeigte noch keine Opposition; aber schon zeigten sich Mißverständnisse. Die Freundschaft zwischen Gustav und dem Oberst Sprengtporten, der damals seinen Abschied nahm, ging in harten Mißtönen zu Ende. Noch mehr aber verstimmte es in Schweden, daß Gustav trotz der Ebbe in den Finanzen, und trotz der fatalen Miserenten, die sich 1783 bis 1786 wiederholten, das Reich verließ, und 1783 und 1784 kostspielige Reisen nach Italien und Frankreich machte. Die Folge war, daß auf dem Reichstage 1786 die allgemeine Mißstimmung in auffälliger Weise zur Geltung kam und beinahe alle Vorschläge der Krone abgelehnt wurden. Nun lenkte Gustav allerdings ein, hob das Branntweinmonopol auf, suchte die drei unteren Stände in verschiedener Weise wieder zu gewinnen. Aber der Versuch, den Adel zu schwächen, indem er die alte Einrichtung reactivirte, welche durch Gruppirung des Adels in Herren (Grafen, Freiherren), Ritter und Knappen

das Uebergewicht des zahlreichen niederen Adels ab=
schwächen sollte, verfehlte seinen Zweck vollständig.
    Die Katastrophe Gustav's leitete sich ein, als
der König endlich im J. 1788 einen Krieg gegen Ruß=
land begann: Es lag allerdings für den ehrgeizigen
schwedischen König nahe genug, die nächste passende Ge=
legenheit zu ergreifen, um die erdrückende Uebermacht
des gewaltigen Nachbars abzuschwächen. Nun hatte
Rußland sich seit 1787 in einen schwierigen Krieg mit
der Pforte eingelassen, durch welchen die russischen Streit=
kräfte in großem Umfange an der Südgrenze des gewal=
tigen Reichs in Anspruch genommen waren. Nun be=
stand seit 1739 zwischen den Höfen von Stockholm und
Stambul ein Schutzbündniß gegen Rußland. Um aber
gegenüber den Bestimmungen seiner eigenen Verfassung,
die den König nur zur Führung eines Vertheidigungs=
krieges ohne vorgängige Zustimmung der Stände er=
mächtigte, sich in Sachen des projectirten Russenkrieges
zu decken, suchte Gustav die russische Regierung in das
schlimmste Licht zu stellen. Er behauptete, der russische
Gesandte, Graf Rasumowsky, nähre die Zwietracht in
Schweden, und die kaiserliche Regierung verrathe ihm zu
deutlich ihre Absichten auf Finnland. Richtig war zu=
nächst nur, daß die russische Politik, als Gustav's Pläne
sich demaskirten, mit gewohnter Klugheit die Kunst ent=
wickelte, den Erisapfel unter ihre Gegner zu werfen.
Als Gustav (23. Juni 1788) sich nach Finnland einge=
schifft hatte, als am 29. Juni die Feindseligkeiten eröffnet
waren, erließ Katharina II. ein Manifest, worin sie die
Schweden daran erinnerte, daß der König ohne Zu=
stimmung der Reichsstände von Rechtswegen einen An=
griffskrieg nicht eröffnen dürfe. So gefährlich in dem
Augenblicke der Eröffnung des Krieges die Lage der
Russen und namentlich der Hauptstadt St. Petersburg
auch war, die Schlauheit der russischen Politik that ihre
Wirkung, — sie vereitelte für 1788 den Schweden
alle Vortheile, die sie aus der Ueberraschung leicht hätten
ziehen können.
    Gustav war in diesen Krieg mit hochfliegenden
Hoffnungen gezogen. Aber die Seeschlacht, welche sein
Bruder, Herzog Karl, am 17. Juli 1788 bei der Insel
Hogland der von dem Engländer Greigh befehligten rus=
sischen Ostseeflotte lieferte, blieb unentschieden. Nachher
aber nöthigte Greigh seinen Gegner, sich nach dem Hafen
von Sweaborg zurückzuziehen, wo die schwedische Flotte
dann für den Rest des Jahres unthätig liegen blieb.
Zu Lande machte Gustav, der ohnehin durch sein thea=
tralisches Auftreten den Soldaten mißfiel, den Fehler,
anstatt energisch gegen St. Petersburg vorzugehen und
die zur Erhebung gestimmten Esthländer zu insurgiren, sich
bei der Belagerung der kleinen russischen Festungen auf der
russischen Grenze aufhielt. Als er seinen angeblichen Ge=
schütz beim Angriff auf Frederikshamm versuchte, kam
eine bei der Verstimmung des Adels schnell entzündete,
durch russische Intriguen genährte, Meuterei in der
Armee zum Ausbruch. Am 9. Aug. erklärten die höheren
Officiere den befohlenen Sturm auf Frederikshamm für
zu gefährlich, die Soldaten ihrerseits weigerten sich, ohne

den Befehl der Officiere zu fechten. Mehr aber, am
12. Aug. 1788 vereinigten sich die höheren Officiere auf
des Barons Armfelt Gute Anjala zu dem sogenannten
Anjala=Bunde, erklärten den Krieg, weil ohne Zustim=
mung der Stände begonnen, für verfassungswidrig, unter=
handelten sogar eigenmächtig mit Rußland über einen
Waffenstillstand. Gustav's Lage wurde wahrhaft ver=
zweifelt, als nun auch Dänemark, Rußlands Bundes=
genosse, kraft der bestehenden Verträge vom J. 1773,
am 19. Aug. den Krieg erklärte, und nun von Norwegen
aus 12,000 Dänen in Schweden einfielen.
    In dieser Nothlage erwachte aber Gustav's Genie.
Er eilte so schnell als möglich nach Stockholm, um
bei dem Volke Hilfe gegen die meuterischen Officiere,
gegen den Adel und das Ausland zu suchen. Die Bürger
der Hauptstadt fand er wie immer ihm treu ergeben;
hier erfolgten die stärksten Demonstrationen gegen die
Haltung der Officiere in Finnland. Die Bürgerschaft
bewaffnete sich und übernahm die Bewachung ihrer Stadt.
Gustav aber eilte nach Dalekarlien, wo sich nun,
durch seine feurige Beredtsamkeit hingerissen, die tapferen
Bauern in noch aufgiebigerer Weise für ihn erhoben
(14. Sept.), wie einst ihre Vorfahren für Gustav Wasa.
Diese Provinz stellte ihm 6000 Freiwillige und riß durch
ihr Beispiel die anderen Landschaften mit sich fort.
Oberst (Freiherr Moritz) Armfeld, einer der vertrautesten
Anhänger Gustav's, organisirte diese patriotischen Auf=
gebote zu neuen Regimentern, deren Officiere die Amt=
leute waren, und die nur die weiße Armbinde als Ab=
zeichen trugen. Gustav selbst eilte so schnell als möglich
nach Finnland, schwer gefährdete Gothenburg,
dessen Uebergabe an die Dänen durch einen schlechten
Commandanten, er noch bei Zeiten zu verhindern ver=
mochte. Dann aber half ihm die Verbindung mit Eng=
land und Preußen, denen damals Rußlands erobernder
Krieg gegen die Pforte höchst widerwärtig war, aus der
dänischen Noth heraus. Der Druck beider Mächte auf
den Hof zu Kopenhagen wirkte so nützlich, daß Däne=
mark unter dem 8. Oct. 1788 mit Gustav einen längeren
Waffenstillstand schloß und seine Truppen nach Norwegen
zurückbrachte.
    Nun berief Gustav von Gothenburg aus auf den
26. Jan. 1789 einen neuen Reichstag nach Stockholm.
Die Stimmung des Volkes war so entschieden für den
Krieg mit Rußland und gegen die meuterischen Adel,
daß der König jetzt, auf die drei unteren Stände und
auf die stockholmer Bürger gestützt, einen entscheiden=
den Schlag gegen die Aristokratie führen konnte. Die
Stände waren höchst entschieden für die energische Fort=
setzung des Kriegs bis zur Gewinnung eines ehrenvollen
Friedens; sie verstanden sich neben Uebernahme aller
Schulden zu einer neuen sehr erheblichen Geldbewilligung.
Dann ließ Gustav am 20. Febr. durch die stockholmer
Bürger=Cavalerie die höhsten seiner Gegner unter dem
Adel und die Führer des Anjala=Bundes verhaften, und
des Ungehorsams, der Verrätherei und des Aufruhrs
anklagen, und brachte am 21. Febr. bei dem Reichstage
eine neue „Vereinigungs= und Sicherheitsacte“

ein, die nur gegen den heftigsten Widerspruch des Adels endlich durchgesetzt wurde. Die drei unteren Stände erhielten jetzt verschiedene der Vorrechte des Adels, Zulässigkeit zu jedem Amte, Sicherstellung gegen Haft (sobald es sich nicht um Verbrechen handelte), und unbeschränktes Recht des Erwerbes liegender Gründe. Dagegen wurde jetzt der Reichsrath abgeschafft und an seiner Stelle ein höchster Gerichtshof und ein die verschiedenen Zweige der Verwaltung umfassender „Vorbereitungsausschuß" eingesetzt, in welchem der Krone zwei Stimmen zufielen, und Adelige und Unadelige zur Hälfte sitzen sollten. Die Krone erhielt das Recht, auch Angriffskriege ohne vorgängige Anfrage bei den Ständen zu unternehmen. Am 28. April 1789 schloß dieser Reichstag. Obwol von den finnischen Officieren nur der Oberst Hästsko mit dem Leben büßte, einige andere verbannt wurden, verfolgte die erbitterte Aristokratie den König nunmehr mit unversöhnlichem Hasse.

Nun eilte Gustav im Juni nach Finnland, um den Krieg gegen die Russen mit Energie zu erneuern. Aber das Jahr 1789 brachte ihm noch nicht die erhofften Erfolge. Eine Hauptschlacht zur See zwischen Herzog Karl und dem russischen Admiral Tschitschagow (26. Juli 1789) in den Gewässern zwischen Bornholm und Gothland blieb unentschieden. Allein die russische „Scheerenflotte" unter dem Prinzen von Nassau besiegte die schwedische Scheerenflotte zweimal, 24. Aug. bei Frederikshamm und 1. Sept. bei Högfors, wo auch die schwedische Landmacht mit Nachtheil kämpfte.

Nun ging Gustav im Frühlinge 1790 selbst zur Flotte. Während sein Landheer bei Kärnakoski (15. April) und Walkiala (29. April) mit Glück focht, schlug er mit seiner Scheerenflotte am 15. Mai unter den Kanonen von Frederikshamm die Russen ziemlich vollständig. Aber Herzog Karl litt mit seiner Flotte im Kampfe mit der russischen Kriegsflotte bei Reval (14. Mai) sehr erheblich, und konnte nachher (3. bis 6. Juni) in heißer Seeschlacht bei Kronstadt nicht hindern, daß die Flotte von Reval sich mit der russischen Hauptflotte bei Kronstadt vereinigte. Und nun sahen sich Gustav und Karl durch eine große russische Uebermacht unter Kruse, Tschitschagow und Nassau in der Bucht bei Wiborg in gefahrvoller Weise blokirt. Mit großartigem Heldenmuthe erzwang sich endlich der tapfere König am 3. Juli 1790 den Ausbruch zu See aus der gefahrvollen Umklammerung, verlor dabei freilich auch 7 Linienschiffe, 3 Fregatten, 31 Scheerenschiffe und 7000 Mann. Als ihn nun aber Prinz Nassau mit seiner Scheerenflotte bei Swenstasund (9. Juli) angriff, erfocht Gustav einen glorreichen Sieg. Die Russen hatten 55 Schiffe und 14,000 Mann verloren. Nun bot ihr die Kaiserin Katharina II. die Hand zum Frieden, der auf den status quo ante bellum am 14. Aug. 1790 zu Werelä am Kymmeneflusse geschlossen wurde.

Der neue Kriegsruhm konnte jedoch Niemanden über die schwere Belastung des Landes mit Schulden täuschen. Grollte der rachsüchtige Adel unversöhnlich, so wuchs auch sonst in Schweden die Verstimmung, als nun Gustav sich anschickte, die schwedische Kraft gegen die französische Revolution aufzubieten. Er hatte sich im Mai 1791 nach Aachen begeben, um das Toben des französischen Vulkans in größerer Nähe zu beobachten, und kam auf den Gedanken, in Verbindung mit Preußen, Oesterreich und Rußland die Macht des Königs Ludwig XVI. herzustellen. Mit seiner alten Gegnerin Katharina II. von Rußland wurde am 19. Oct. 1791 eine Allianz zu diesem Zwecke abgeschlossen, während des Winters mit den bourbonischen Prinzen und anderen französischen Royalisten lebhaft correspondirt. Aber der nach Gefte auf den 23. Jan. 1792 berufene Reichstag, der das Finanzwesen ordnete, versagte sich ihm. Es war genug, daß die Stände zur Tilgung der durch den letzten Krieg entstandenen Schulden (34 Millionen) einen Termin von zehn Jahren bestimmt hatten. Die Garantie für eine neue Anleihe von 10 Millionen, die bei Rußland zur Ausführung „gewisser Pläne" gemacht werden sollten, lehnten die Stände einmüthig ab. Unwillig entließ Gustav am 24. Febr. den Reichstag.

Die durch diese neuen „Frictionen" erzeugte allgemeine Aufregung brachte aber einen schnöden Mordplan zur Reife, mit welchem sich ein Theil der am tiefsten erbitterten Aristokratie, angeregt durch die blutigen Thaten in Frankreich, neuerdings trug. Die trotzige Standhaftigkeit des Mannes, der nachher den Mord vollzog (und, wie man in Schweden vielfach glaubte, die geheime Compromittirung des Herzogs Karl von Södermannland bei diesem Frevel, der dann die höchst eigenthümliche Art der schlaffen Untersuchung entsprochen haben soll), hat es unmöglich gemacht, volles Licht über die Vorgeschichte dieses Verbrechens zu gewinnen. Als der versteckte Rädelsführer des Complottes galt der zweiundsiebzigjährige General Pechlin; mit ihm verbunden sich die Grafen Horn und Ribbing, der Freiherr Bjelke, der Oberstlieutenant Liljehorn, und mehrere Andere, Gustav zu beseitigen und alsdann die von ihm eingeführte Staatsverfassung wieder umzustürzen. Als Werkzeug erbot sich ihnen Jakob von Anckarström, ein früherer Gardecapitain, durch ungerechte Behandlung persönlich gegen Gustav erbittert. Ein roher Mensch voller Rachsucht getrieben, und bei fanatischer Willensstärke von rücksichtsloser Thatkraft erfüllt. Es gelang dem Mörder endlich, auf einem Maskenballe in dem stockholmer Opernhause in der Nacht vom 16. zum 17. März 1792 den König durch einen Pistolenschuß in den Rücken tödtlich zu verwunden. Gustav, der erst am 29. März starb, fand noch die Möglichkeit, alle Verhältnisse zu ordnen. Sein minorenner Sohn, Gustav IV. wurde als Nachfolger proclamirt, Armfeld Oberstatthalter in Stockholm, Herzog Karl von Södermannland Regent bis zur Volljährigkeit Gustav's IV. Anckarström wurde drei Tage nach einander grausam mit Ruthen gepeitscht (eine Strafe, mit der in Schweden damals bei politischen Processen selbst vornehme Damen bedroht werden konnten), dann am 29. April 1792 ent-

17*

häuptet. Bjelke hatte sich vergiftet, Pechlin wurde auf der Festung Warburg eingekerkert, Horn, Ribbing und Liljehorn des Landes verwiesen.

Gustav's Schriften „Oeuvres politiques, littéraires et dramatiques" edirte Dechaux; 5 Bände, Paris 1805; deutsch im Auszuge von Rühs, 3 Bände, Berlin 1805—1808. Die Papiere des Königs, welche auf seinen Befehl (wie es freilich heißt, nicht ohne einige Aussonderungen unter der Regentschaft des Herzogs Karl) auf der Universitätsbibliothek zu Upsala funfzig Jahre lang verschlossen deponirt blieben, hatte am 29. März 1842 Professor Geijer zu eröffnen. Gegen Ende desselben Jahres übergab der Kammerherr Nils Tersmeden derselben Universitätsbibliothek noch eine große Sammlung ungedruckter Sachen über Gustav's Regierung. Geijer, Konung Gustaf III.: s efterlemnade och femtio år efter hans död öppnade papper, 3 Bände, Upsala 1843 — 1845; deutsch von Creplin, 3 Bände, Hamburg 1843 — 1846. Fryxell, Gustaf III. och statsbvälsningen. 1872 (Bd. 42 der „Berättelser ar Svenska Historien". Stockholm 1873.

(Gustav Friedrich Hertzberg.)

GUSTAV IV. (ADOLF), König von Schweden, 1792 bis 1809, war der Sohn des Königs Gustav III., den ihm seine Gemahlin, die dänische Prinzessin Sofia Magdalena, am 1. Nov. 1778 geboren hatte. Noch minderjährig wurde der jugendliche Prinz bei dem vorzeitigen Tode seines Vaters (29. März 1792) zwar als König proclamirt; vorläufig aber führte sein Oheim, Herzog Karl von Södermannland, die Regentschaft. Das Verhältniß zwischen dem Regenten und dem jungen Thronerben war ein sehr schlechtes. Herzog Karl und sein mächtiger Günstling und Minister, Baron Reuterholm, beide im Innersten ihres Wesens von alter Abneigung gegen Gustav III. erfüllt, zeigten diese zur Zeit ihrer Macht in höchst rücksichtsloser Weise. Es kam dazu, daß Herzog Karl, der offenbar in seiner wilden Herrschsucht selbst nach der Krone trachtete, seinen Neffen so ungeschickt als möglich behandelte. Die wüthende Verfolgung der Freunde des Freiherrn Moritz von Armfeld, eines der nächsten Vertrauten des Königs Gustav III. — dem nachgesagt wurde, er habe als schwedischer Gesandter in Neapel ein Complott zum Sturze der Regentschaft geschmiedet, verstimmte wie alle Welt, so auch den jungen König. Die Aechtung Armfeld's, die Mißhandlung seiner Geliebten, der jungen Hofdame Gräfin Magdalena Rudenskjöld (die am Pranger ausgestellt und für zwei Jahre als „Magdalena Carlstochter" in das Spinnhaus gesperrt, und nur mit Mühe vor öffentlicher Auspeitschung gerettet wurde) im J. 1794, erregte weithin die übelste Nachrede; auch bei der Bürgerschaft Stockholms, wo bereits die Ideen der französischen Revolution Wurzel zu schlagen anfingen. Sicher war es, daß der jugendliche Thronerbe entschlossen war, seit dem Momente seiner Thronbesteigung (1. Nov. 1796), mit Allem energisch aufzuräumen, was nur irgend mit der Regentschaft seines Oheims zusammenhing.

Der junge König hatte viele vortreffliche Eigenschaften, leider aber auch einige andere, die ihm in einer Zeit wie die, in der er zur Herrschaft kam, höchst verderblich werden mußten. Gustav IV. war keineswegs ohne Talente, er besaß eine große natürliche Herzensgüte, er war in seltenem Grade wahrheitsliebend, treu, zuverlässig, in allen Stücken ein Mann von Wort, dabei streng sittlich in seiner Lebensführung. Die äußere Haltung des Prinzen war bis zur wirklichen Uebernahme der Regierung kalt, einsilbig und spröde gewesen, und in Schweben erinnerte man sich wohl, daß auch Karl XII. in seiner Jugend dieses Benehmen eingehalten, nachher aber höchst bedeutsame Eigenschaften entfaltet hatte. Leider theilte jedoch Gustav IV. mit diesem ungestümen Soldaten nur den Starrsinn, wie er von seinem Vater hatte. Der Kronprinz war von seinem Vater, der ihn nach Rousseau's Grundsätzen entwickelt sehen wollte, zu fester Beharrlichkeit geschult worden, — sie gestaltete sich bei Gustav IV. zu eigensinniger Unbeugsamkeit. Zu allem Unheil verband sich damit bei dem jungen fürstlichen Herrn ein legitimistischer Stolz und ein absoluter Mangel an politischer Klugheit. Die Folge war dann, daß die bei diesem Könige in idealer Schärfe ausgebildete Principientreue, die ihn unter seiner Verbindung von dem für gut erkannten Wege abgehen ließ, ihn unter den Wirren dieses revolutionären Zeitalters in Conflicte stürzte, die durchzufechten ihm schließlich die Mittel fehlten. Die Entschlossenheit in seinen Grundsätzen erfuhr bereits vor seinem Regierungsantritte die Kaiserin Katharina II. von Rußland in ihrer für die stolze „Semiramis des Nordens" sehr unangenehmen Weise. Es lag in dem Interesse ihrer Politik, den jungen stattlichen Prinzen mit ihrer Enkelin, der jugendlich schönen Großfürstin Alexandra Paulowna, vermählt zu sehen. Gustav war nach St. Petersburg eingeladen worden, wo er am 23. Aug. 1796 ankam, und zeigte sich sehr geneigt, auf die Verbindung mit der anmuthigen Prinzessin einzugehen. Alles war in Ordnung, das Verlöbniß sollte am 21. Sept. am Hofe feierlich bekannt gemacht werden. Da scheiterte die ganze Sache zum Leidwesen aller Betheiligten an der russischen Forderung, daß die junge Großfürstin, die auch als Königin von Schweden der griechischen Kirche angehören würde, in Stockholm eine Kapelle und Priesterschaft dieses Glaubens haben sollte. Gustav aber, der seines Vaters „philosophische" Richtung und gedankenlosen Indifferentismus nicht theilte, vielmehr mit reinem Schweden in strengem Lutherthume sich zusammenfand, der auch wol die bedenkliche politische Tragweite einer solchen Concession an das erobernde anatolische Kirchenthum unter russischer Flagge- fürchtete, zeigte sich in ruhiger Entschlossenheit so unnachgiebig, daß die Verlobung aufgegeben werden mußte.

Als Gustav IV. am 1. Nov. 1796 die Regierung endlich wirklich selbst antrat, ließ er sich auf dem Reichstage zu Norköping die Souverainetät in der Art bestätigen, wie sie sein Vater zuletzt besessen hatte. Gegen die zur Zeit der Regentschaft seines Oheims Karl verfolgte Art der Verwaltung aber ſtellte er ſich bleibend in principiellen Gegenſatz, wie auch deſſen Lieblings= miniſter Reuterholm in voller Ungnade aus ſeinen Aemtern entfernt wurde. Nicht lange nachher ſchloß Guſtav die eheliche Verbindung mit einer vortrefflichen Frau, nämlich mit der Prinzeſſin Friederike von Baden (31. Oct. 1797), der Schwägerin des ruſſiſchen Kaiſers Alexander I. und des nachmaligen Königs Maximilian I. von Baiern.

Bei der Sinnesweiſe dieſes Königs war ihm die Richtung ſeiner inneren wie ſeiner auswärtigen Politik nothwendig vorgezeichnet. Dieſelbe beſtand in dem con= ſequenten Gegenſatze — in ſeinem Lande gegen alle Regungen, die als revolutionär angeſehen wurden, auch wenn es ſich nur um die Ablehnung des einfachen Ab= ſolutismus handelte, für die auswärtige Staats= leitung aber gegen das revolutionäre Frankreich. Da= durch war die Annäherung an Rußland von ſelbſt gegeben. Doch dauerte es lange, bis es zu ernſtlichen Conflicten mit Frankreich kam, während materielle In= tereſſen anderer Art, wie ſie durch die Kriege dieſes Zeit= alters in den Vordergrund getrieben wurden, ihn auch mit England in Conflict brachten. England hatte näm= lich das Recht, auch die Schiffe neutraler Mächte nach „Kriegscontrebande" zu durchſuchen, ſchließlich bis zu der anmaßlichen Höhe ausgebeutet, daß ſeit 1798 ſelbſt ſolche Kauffahrer durchſucht, reſp. gekapert wurden, die ſich in Begleitung von Kriegsſchiffen ihrer Flagge be= fanden. Solche Gewaltthaten erfuhren 1798 und 1799 mehrere ſchwediſche und däniſche Schiffe. Unter dieſen Um= ſtänden entſchloß ſich Guſtav IV., der auch 1799 ſich ſehr bereit zeigte, zu Gunſten der Integrität des deutſchen Reiches an den Kämpfen gegen Frankreich ſich zu bethei= ligen, mit Paul I. von Rußland, Preußen und Däne= mark zur Abwehr der engliſchen Uebergriffe den Vertrag der „bewaffneten Neutralität" von 1780 herzuſtellen. Eine Reiſe nach St. Petersburg im Herbſte 1799 hatte den Abſchluß eines Defenſivbundes mit Kaiſer Paul auf acht Jahre zur Folge. Als dann am 4. Sept. 1800 drei engliſche Kriegsſchiffe auf der Höhe von Barcelona eine ſchwediſche Galiotte occupirt, mit engliſchen Mannſchaften beſetzt, und unter dem Schutze der ſchwediſchen neutralen Flagge zwei ſpaniſche Fregatten im Hafen von Barcelona überfallen hatten, eilte Guſtav wieder nach St. Peters= burg, ſchloß hier am 16. Dec. einen Vertrag mit Paul, nach welchem ein bewaffnetes Staatsgeleite die von ihm begleiteten Kauffahrer gegen Durchſuchung ſicher ſtellen ſollte, und beide Mächte darin einander gegen Gewalt= thätigkeit beizuſtehen und ein vereintes Geſchwader in der Oſtſee zu ſammeln ſich verſprachen. Als auch Preußen (18. Dec.) und Dänemark (16. Jan. 1801) der Con= vention beigetreten waren, erwiderte England dieſe Schritte (14. Jan. 1801) durch Erlaß eines Embargo auf alle ruſſiſchen, ſchwediſchen und däniſchen Schiffe; in Weſtindien ſollten die däniſchen Inſeln und die ſchwediſche Inſel St. Barthélemy weggenommen werden. Als nun England auch in der Oſtſee mit Feindſeligkeiten, zunächſt gegen Dänemark Ernſt machte, ließ Guſtav allerdings

in Karlskrona 7 Linienſchiffe und 3 Fregatten rüſten. Aber die Rüſtungen waren noch nicht fertig, die Bat= terien im Sunde noch unbrauchbar und unfertig, als eine engliſche Flotte gegen Ende März 1801 dieſe Meerenge paſſirte. Dänemark mußte alſo den Kampf allein be= ſtehen. Als dann Paul I. inzwiſchen am 24. März in Karlskrona 7 einen Nachfolger erhalten hatte, traten unter Rußlands Vorgange ſeit Mitte Mai friedlichere Be= ziehungen zu England ein, die in dem weſentlich nach Englands Wünſche abgeſchloſſenen Vertrage vom 17. Juni ihren endgiltigen Ausdruck fanden. Bis 1802 traten, obwol nur widerwillig, auch Dänemark und Schweden dieſer Convention bei, durch welche (das Embargo war ſchon früher aufgehoben worden) Schweden die Inſel Barthélemy zurückerhielt.

In der folgenden Zeit richtete ſich die Spitze von Guſtav's IV. Politik immer beſtimmter gegen Frank= reich. Nachdem er noch die Stadt Wismar für 1,200,000 Thaler an Mecklenburg verkauft hatte, begab er ſich im Juli 1803 zu geringer Freude des ſchwediſchen Volkes auf eine Reiſe nach Deutſchland, und zwar nach Karls= ruhe. Er wollte den Kaiſer und die deutſchen Reichs= fürſten für die phantaſtiſche Idee gewinnen, die Bour= bonen wieder anſtatt des damaligen „Erſten Conſuls" an die Spitze Frankreichs zu ſtellen. Er befand ſich noch in der badiſchen Reſidenz, als Napoleon Bonaparte jenen ſchauderhaften Gewaltſtreich verübte, um 15. März 1804 den Herzog von Enghien mit Gewalt auf badi= ſchem Gebiete zu Ettenheim feſtnehmen und nach Vin= cennes ſchleppen ließ, um ihn dort am 21. März ermorden zu laſſen. Als Guſtav IV. von Enghien's Entführung hörte, ſchickte er ſofort zur Reitung des Prinzen den Oberſten Tawaſt, ſeinen Adjutanten, nach Paris, der aber zu ſpät kam, um noch Etwas auszu= richten. Nun legte der König Trauer an, wie Alexan= der I., und übergab (14. Mai) bei dem regensburger Reichstage eine nachdrückliche Note. Dieſes Auftreten Guſtav's hatte natürlich den entſchiedenen Bruch mit Frankreich, und ſeinen immer innigeren Anſchluß an Rußland und England zur Folge. Der Krieg zwiſchen ihm und Napoleon wurde zunächſt nur einſeitig durch die Feder geführt; am 14. Aug. 1804 ließ Napoleon ihn im „Moniteur" mit einem ſeiner bekannten giftigen Schmähartikel angreifen. Guſtav erwiderte (7. Sept.) durch eine Note an den franzöſiſchen Geſandten in Stock= holm, durch welche die diplomatiſchen Beziehungen zu Frankreich als aufgehoben erklärt wurden. Nun verbot der König die Einführung franzöſiſcher Zeitungen in Schweden. Im Herbſte begab er ſich nach Stralſund, zog mehrere Regimenter nach dieſem Platze, der ſtark (18. Dec.) und Dänemark (16. Jan. 1801) der Con= land; er erhielt 60,000 Pfund Sterl., wofür die Werke von Stralſund verſtärkt und dieſe Stadt für die Briten als Stapel= und Waffenplatz eingerichtet werden ſollte. Am 14. Jan. 1805 wurde die Allianz mit Rußland ge= ſchloſſen, am 31. Aug. deſſ. Jahres mit England verabredet, daß 12,000 Schweden an dem Continentalkriege gegen Frankreich theilnehmen ſollten.

Als nun in Folge der politischen Ereignisse des J. 1805 Preußen sich durch Napoleon dahin treiben ließ, unter dem 1. April 1806 das damals britische Hannover in Besitz zu nehmen, blieb Gustav IV. als Englands Alliirter mit seiner Armee trotzig in dem damals zu Hannover gehörigen Lauenburg stehen. Es kam bei Seedorf am Smalensee (23. April 1806) zu einem unblutigen Gefechte, nach welchem sich der König zurückzog, nun aber die preußische Küste blokiren ließ und sogar befahl, die preußischen Hafenstädte zu beschießen. Hatte er doch auch schon dem preußischen Hofe den schwarzen Adlerorden zurückgeschickt, als auch Napoleon damit bekleidet worden war. Als nachher der Krieg zwischen Frankreich und Preußen ausbrach, war Gustav nach Stockholm zurückgekehrt und hielt seine schwedischen Besitzungen zur Unzeit so schwach besetzt, daß von hier aus im entscheidenden Augenblicke nichts auszurichten war. Denn zu der Zeit, als nachher die französische Armee in Folge der Schlacht von Eylau sich momentan in schwieriger Lage befand, und eine Diversion von Schwedisch-Pommern her bedeutsam hätte wirken können, war die hier stehende schwedische Macht so schwach, daß der General von Essen, der sie befehligte, mit dem Marschall Mortier (18. April 1807) einen Waffenstillstand abschließen mußte. Edel, aber starrsinnig zur Unzeit, verwarf er auch jetzt alle Anträge Napoleon's, dessen schlaue Staatskunst dem schwedischen Könige jetzt ein vortheilhaftes Bündniß gegen Rußland antrug. Ganz im Gegentheil kündigte Gustav am 2. Juli 1807 plötzlich den Waffenstillstand auf, wies nachher sogar nach dem stister Frieden die Vermittelung zurück, die im Hinblicke auf Napoleon's Zorn Preußen und Rußland ihm nun anboten, klammerte sich fest an England, und konnte nun nicht hindern, daß die Franzosen am 20. Aug. 1807 Stralsund, am 7. Sept. Rügen eroberten.

Zu seinem Unheil verdarb er es nun auch mit Rußland. Wie früher den schwarzen Adlerorden an Preußen, so schickte er jetzt den St. Andreasorden an Alexander I. zurück, weil diese Auszeichnung auch an Napoleon verliehen worden war. Nun hatte bei der zu Tilsit zwischen Frankreich und Rußland plötzlich neu begründeten Freundschaft Napoleon mit gewohnter tückischer List die Russen auf das schwedische Finnland als auf ein bequemes Beutestück aufmerksam gemacht. Da nun im weiteren Verlaufe der Dinge der König von Schweden die Theilnahme an der Verschließung der Ostsee gegen die Engländer bis zum allgemeinen Seefrieden ablehnte, und vor Allem erst die Entfernung der französischen Truppen von den baltischen Küsten und die Wiedereröffnung der deutschen Häfen für Englands Handel mit bestimmten Worten forderte, so kam es endlich (10. Febr. 1808) zum Ausbruche des Krieges zwischen Schweden und Rußland. Am 21. Febr. 1808 überschritten 60,000 Russen unter General Buxhöwden die finnische Grenze; eine vielverheißende Proclamation an die Finnen (die indessen treu zu Schweden hielten), und eine Aufforderung an die schwedischen Soldaten, ihre Fahnen zu verlassen, gingen den russischen Waffen voran. Dar-

über entrüstet ließ Gustav den russischen Gesandten Alopäus, da man ihn auch geheimer Umtriebe verdächtigte, gefangen setzen. Kaum hatten die Russen die Stadt Lowisa genommen, so erklärte auch Dänemark den Krieg. Den Vorwand gab Gustav's Bündniß mit England, dem Feinde Dänemarks. Der Kronprinz Friedrich (der bald nachher, 13. März 1808, als Friedrich VI. König wurde) wollte, auf seine Freundschaft mit Frankreich gestützt, Schonen erobern. Der Gedanke allerdings, mit Hilfe einer französischen Armee unter Bernadotte hier vorzugehen, mußte aufgegeben werden, weil dessen Hauptmasse, die spanischen Truppen unter dem Marquis della Romana, im August 1808 Gelegenheit fanden, mit Hilfe einer englischen Flotte nach Spanien zum Kampfe gegen die Franzosen zu entweichen, gegen welche damals das spanische Volk sich erhoben hatte. Dagegen wurde in Norwegen unter dem ausgezeichneten Statthalter, Prinz Christian August von Holstein-Augustenburg, stark gegen Schweden gerüstet. Gegen Norwegen schickte nun Gustav IV. den General Armfeld; weil aber die am 18. Mai zu seiner Hilfe unter General Moore bei Gothenburg gelandeten 12,000 Engländer und Hannoveraner, die in Norwegen sehr am Platze gewesen wären, die aber Gustav in Finnland gebrauchen wollte, wozu Moore nicht ermächtigt war, am 3. Juli wieder nach England absegelten, so konnte Armfeld mit 12,000 Mann gegen 30,000 Norweger und Dänen nichts ausrichten und mußte sich bald auf die schwedische Grenze zurückziehen.

Unendlich schlimmer aber sah es in Finnland aus. Bald nach dem Einmarsche der Russen war das Geschwader von Abo, 40 Schiffe, verloren gegangen, der Admiral hatte sie übereilt in Brand gesteckt. Die finnische Flotte hatte nach Uleaborg zurückweichen müssen. Die kolossale Festung Sweaborg, das nordische Gibraltar, wurde durch den verrätherischen Vertrag des Viceadmirals Cronstedt (6. April), der bald nachher in russische Dienste trat, mit dem besten Theile der Scheerenflotte und die Russen übergeben, die nun Finnland für vereinigt mit ihrem Reiche erklärten und von den Einwohnern die Huldigung forderten. Dennoch hielten sich die schwedischen Truppen mit Hilfe der Finnen unter dem ausgezeichneten General Adlerkreuz und unter Klinspor ausgezeichnet und trieben die Russen Schritt für Schritt zurück. Weil aber die starken in Schonen unter Toll gesparten Reserven zur Unzeit zurückgehalten wurden, und bald darauf die Russen, die den Krieg jetzt mit scheußlicher Barbarei zu führen begonnen hatten, in Kamenskoi einen hochbegabten Führer erhielten, so kehrte allmälig das Glück zu den russischen Waffen zurück. Seit Anfang September 1808 schnellte die Schale der Schweden immer höher empor; endlich mußte selbst der treffliche Adlerkreuz weichen und am 30. Nov. zu Olkioki Waffenstillstand schließen. Finnland wurde bis zum Kemi bei Torneo von den Schweden geräumt. Es war für Schweden auf immer verloren.

Unter diesen Umständen hatte Gustav IV. alle verständige Haltung verloren. Es fehlte nicht viel, so hätte er sich auch mit seinen britischen Freunden überworfen. Das englische Kabinet hatte ihm die nach dem erfurter Congreß von Alexander und Napoleon eingegangenen Friedensanträge mitgetheilt, und suchte ihn zur Aussöhnung mit Rußland und Dänemark zu stimmen. Gustav antwortete darauf mit dem thörichten Befehle, auf alle zur Zeit in schwedischen Häfen befindlichen englischen Kauffahrteischiffe Beschlag zu legen und den an den Küsten kreuzenden Kriegsschiffen dieser Macht keine Lootsen mehr verabfolgen zu lassen. Doch wurde diese Thorheit wenigstens bald wieder abgestellt. Ein neuer Subsidienvertrag wurde mit England geschlossen; nur daß England sich nicht gestimmt fühlte, dem Könige von Schweden zur Wiedereroberung Finnlands behilflich zu sein.

Alle weiteren Unternehmungen Gustav's wurden aber durch seinen jähen Sturz vereitelt. Die Verstimmung des schwedischen Volkes über die innere Unordnung, über die Unfälle in den auswärtigen Kriegen, über die Kopflosigkeit der höchsten Staatsleitung hatte den höchsten Grad erreicht. Aber während das Volk in seiner schlichten, treuen, biederen Art schwerlich so leicht an einen Aufstand gedacht haben würde, erwuchs bei dem Adel allmälig der Gedanke an eine gewaltsame Thronveränderung. Der schwedische Adel hatte es nicht vergessen, daß er erst durch Gustav III. von seiner fast republikanischen Machtstellung gestürzt worden war; bei einem großen Theile der höheren Aristokratie war Gustav IV. niemals populär gewesen. Und während gerade in diesen Kreisen und in einem Theile der abeligen Beamtenschaft die französischen Ideen in auffallender Weise Boden gewonnen, hatte es Gustav IV. unter nun auch mit der Armee verdorben. Die letzten Unglücksfälle in Finnland hatten den König schwer erschüttert, er maß alle Schuld seinen Generalen und Officieren bei. Nach einem Gefechte bei Helsingen, wo sich seine Garbe nicht gehalten haben sollte, löste Gustav einen Theil der Garderegimenter gänzlich auf; die anderen verloren ihre Fahnen und wurden im Range herabgesetzt. Nun griff der Geist der Meuterei schnell hinüber nach den höheren Kreisen auch der Armee. Es bildete sich ein Complott zum Sturze Gustav's IV.

Während bereits in Stockholm selbst unter den höchststehenden Männern des Reiches die Verschwörung im Gange war, setzte sich die gegen Norwegen aufgestellte Armee (nachdem sie sich versichert hatte, daß die dänischen Truppen inzwischen die schwedische Grenze nicht überschreiten würden) unter dem Oberstlieutenant Adlersparre aus Wärmland aus, 4000 Mann stark, gegen Stockholm im März 1809 in Marsch. Am 7. März 1809 warfen die Führer dieser Schar eine Proclamation ins Land, in welcher sie im Allgemeinen erklärten, der Noth des Landes abhelfen zu wollen. Auf die Nachricht von diesem Aufstande kehrte Gustav IV. aus dem Schlosse Haga (12. März) nach der Hauptstadt zurück. Noch war Adlersparre fünf Märsche von Stockholm entfernt. Gustav wollte sofort mit der starken Besatzung der Stadt nach Linköping marschiren, dort noch mehr Truppen an sich

ziehen, zuvor aber aus der Reichsbank (13. März) zwei Millionen Thaler entnehmen. Die Vorsteher der Bank nahmen Anstand, das Geld auszuliefern. Schon dachte Gustav daran, gegen die Bank Gewalt zu brauchen; da griffen die stockholmer Verschworenen am 13. März gewaltsam zu. Die Generale Adlerkreutz und Klinspor begaben sich zu Gustav, beschworen ihn, in der Hauptstadt zu bleiben und eine bessere Politik einzuschlagen. Als der König schroff und stolz sie abwies, kehrte Adlerkreutz mit dem Hofmarschall Silversparre und einer Anzahl von Officieren zurück, erklärte dem Könige, daß er ihn im Namen der Nation verhaften müsse. Gustav zog den Degen, wurde aber schnell entwaffnet, auch bei einem Fluchtversuche noch im Schlosse wieder eingeholt und dann sicher bewacht. Widerstand hat der unglückliche Fürst seitdem nicht mehr versucht.

Am Nachmittage desselben Tages machte bekannt der Herzog Karl von Södermannland, des Königs alter Oheim, bekannt, daß er einstweilen die Regentschaft übernommen habe. Gustav IV. wurde Nachts 1 Uhr nach Drottningholm, am 24. März nach Schloß Gripsholm geführt; seine Familie mußte einstweilen in Haga verweilen. Nun begann in Stockholm, wo die Armee Adlersparre's einrückte, ein lebhafter Kampf der Intriguen über die Neubesetzung des schwedischen Thrones. Allmälig drang die Partei des „Generals" Adlersparre durch, welche das bisherige schwedische Königshaus mit Ausnahme des alten Regenten Karl für immer verdrängt wissen wollte und ihr Auge auf den allerdings in jeder Hinsicht ausgezeichneten Prinzen Christian August von Holstein-Augustenburg gerichtet hatte. Es war umsonst, daß Gustav IV. am 29. März 1809 von Gripsholm aus zu Gunsten seines Sohnes dem Throne entsagte. Der am 1. Mai neu zusammentretende Reichstag erklärte am 10. Mai Gustav IV. und seine Erben für immer des Thrones verlustig. Schweden angebend, so wurde eine neue Verfassung bearbeitet, durch welche die königliche Gewalt sehr erhebliche Einschränkungen erfuhr. Nach ihrer Vollendung wurde am 6. Juni der alte Herzog Karl von Södermannland in aller Form unter dem Namen Karl XIII. zum neuen König proclamirt. Derselbe erhob den Prinzen Christian August von Holstein-Augustenburg am 18. Juli zu seinem Adoptivsohne und zum Kronprinzen von Schweden, schloß am 17. Sept. den Frieden zu Frederikshamm mit Rußland, wodurch dieses Reich Finnland und Westbothnien bis zum Flusse Tornea und einen Theil der Alandsinseln erhielt. Am 10. Dec. 1809 wurde mit Dänemark Frieden geschlossen, am 6. Jan. 1810 erhielt das Reich aus französischer Hand das schwedische Pommern zurück.

Gustav IV. wurde am 6. Dec. 1809 aus Gripsholm entlassen, nach Karlskrona geleitet, hier eingeschifft; er siedelte mit seiner Familie nach Baden über, dann nach der Schweiz, wo er zu Basel unter dem Namen eines „Grafen von Gottorp" lebte. Auf Karl's XIII. Antrag setzten ihm die schwedischen Stände ein jährliches Einkommen von 66,666 Thalern aus, auch sein Privatvermögen, das seiner Gemahlin und seines Sohnes, verblieb ihm. Im J. 1824 wurden statt der Rente und zur Abfindung für sonstige Forderungen für die vertriebene königliche Familie schwedischerseits 721,419 Thaler ausgezahlt. Trotzdem lebte Gustav IV. bis zu seinem Tode in dürftigen Verhältnissen, da er die Annahme dieser Pension und die Unterstützung durch seine Verwandten für seine Person consequent ablehnte. Gustav hatte sich bald nach der Ankunft in Basel von seiner Familie getrennt, hatte 1810 St. Petersburg, 1811 London besucht, ließ sich auch 1812 von seiner edeln Frau, die nichts gegen ihn verschuldet hatte, scheiden, und nahm im November 1814 bei dem wiener Congresse (natürlich ohne Erfolg) den schwedischen Thron für seinen Sohn in Anspruch. Zuletzt nannte er sich „Oberst Gustafsson", wurde 1818 Bürger in Basel, lebte 1827—1829 in Leipzig, ging dann nach Holland, lebte später in Aachen, und starb am 17. Febr. 1837 zu St. Gallen in der Schweiz. — Von Gustav's IV. Kindern, die durch ihre Mutter (gest. 25. Sept. 1826 zu Lausanne) trefflich erzogen wurden, heirathete die älteste Tochter Sofie Wilhelmine 1819 den Großherzog Leopold von Baden und starb 7. Juli 1865, die jüngste Cäcilie 1831 den Großherzog Paul Friedrich August von Oldenburg und starb 27. Jan. 1844. Sein einziger Sohn Gustav (geb. 9. Nov. 1799) wurde österreichischer Feldmarschalllieutenant, erhielt am 5. Mai 1829 den Titel eines Prinzen von Wasa, und heirathete 1830 die Prinzessin Luise von Baden, Tochter des Großherzogs Karl Ludwig Friedrich von Baden und der Stefanie, Adoptivtochter Napoleon's I. Diese Dame starb am 19. Juli 1854. Sie war die Mutter der (geb. 5. Aug. 1833) gegenwärtigen Königin Carola von Sachsen. Prinz Wasa seinerseits ist in der Nacht vom 4. zum 5. Aug. 1877 zu Pillnitz gestorben.

(Gustav Friedrich Hertzberg.)

GUSTAV (Samuel Leopold), Pfalzgraf bei Rhein, Sohn Adolf Johann's I. von Eva Elisabetha Brahe, geb. 1670, s. Pfalz, Geschichte.

GUSTAV-ADOLFS-VEREIN, der. Vollständige statutenmäßige gegenwärtige Bezeichnung: „Evangelischer Verein der Gustav-Adolf-Stiftung".

Waren schon früher durch evangelische Deutsche zum Behufe der materiellen Unterstützung von Glaubensgenossen Vereine gegründet oder geplant worden[1], so gelangten sie doch zu keiner irgendwie erheblichen Bedeutung, und erst dem Gustav-Adolfs-Vereine sollte es vorbehalten bleiben, diesen Gedanken mit einem bis jetzt steigenden Erfolge zu verwirklichen.

Zur Feier der Erinnerung an den Tod Gustav Adolf's fand sich am 6. Nov. 1832 in Lützen eine große Zahl von Verehrern, namentlich aus Leipzig, zusammen, welche sich im Festzuge nach dem Schwedensteine begaben und hier einer gottesdienstlichen Andacht beiwohnten. Bei dem darauf folgenden Festmahle in Lützen an demselben Tage kam, vornehmlich durch den Superintendent

Großmann von Leipzig, die Errichtung eines größeren und würdigeren Denkmales zur Sprache, sei es, daß der granitene Schwedenstein zu einem Würfel (Großmann) umgearbeitet, sei es, daß ein Bau von Eisen errichtet würde. Großmann, welcher schon damals weiter gehende Gedanken hegte, sammelte an Ort und Stelle zunächst Geld für den Granitwürfel, zu dessen Herstellung auch ein lützener Comité unterm 25. Nov. eine Aufforderung erließ. Etwa gleichzeitig trat der Kaufmann Schild aus Leipzig, angeregt durch ähnliche Vorgänge in England, mit dem öffentlichen Vorschlage einer Sechsersammlung durch das ganze evangelische Deutschland auf. Zur weiteren Verfolgung der Angelegenheit trat in Leipzig ein Ausschuß zusammen, welcher aus Großmann, den Archidiakonen an den beiden Hauptkirchen St. Thomä und Nicolai in Leipzig, Bauer und Goldhorn, dem Stadtrathe Junghans und den Kaufleuten Lampe und Schild ebenda bestand. Diese veröffentlichten im leipziger „Tageblatte" am 9. Dec. einen von Bauer verfaßten und vom 8. d. M. datirten Aufruf, worin sie ihre protestantischen Mitbürger in Deutschland baten, Geldspenden darzubringen, namentlich für die Schild'sche Sechsersammlung, „für eine Anstalt zur brüderlicher Unterstützung bedrängter Glaubensgenossen und zur Erleichterung der Noth, in welche durch die Erschütterung der Zeit und andere Umstände protestantische Gemeinden in und außer Deutschland mit ihrem kirchlichen Leben gerathen sind, wenn sie im eigenen Vaterlande keine ausreichende Hülfe finden, wie dies nicht selten bei neu entstehenden Gemeinden der Fall zu sein pflegt"[2]). Die Anregung zu diesem Plane war von Großmann ausgegangen, welcher sich hierüber in einem an den Pfarrer Heinze zu Priesnitz bei Naumburg a. d. S. unterm 30. Jan. 1854 gerichteten Briefe folgendermaßen ausspricht: „Das Beste, was etwa an mein Leben sich anknüpft, ist eine Gabe von oben, ein Gnadengeschenk der göttlichen Führung, nämlich der Gedanke zur Gründung des Gustav-Adolfs-Vereins. Ohne das Referat über die Klagen und Beschwerden, welche die Lostrennung der böhmisch-evangelischen Gemeinde von dem königlich sächsischen Flecken Brambach im Voigtlande, wohin jene Gemeinde eingepfarrt war, veranlaßte Beschwerden der Ephorie Oelsnitz, die ich in unserem Consistorio hier (Leipzig) vorzutragen hatte — es war im Sommer 1832 — wäre ich vielleicht nie darauf gekommen"[3]). — Den Ueberschuß der Schild'schen Sechsersammlung, welche 1832 und 1833 in und bei Leipzig an 1000 Thlr., ebenso viel in und bei Dresden einbrachte[4]), empfing

---

[1] K. Zimmermann (Werk. des Aufrufs von 1841): Gesch. des Gustav-Adolfs-Vereins, 1877, S. 9—17.

[2] Artikel „Gustav-Adolfs-Verein" von K. Zimmermann in Herzog's Real-Encyklopädie für protestantische Theologie und Kirche. Stuttgart und Hamburg bei Rud. Besser, 5. Bd., S. 419. 420. — „Die fünfundzwanzigste Jahresversammlung des Leipziger Hauptvereins zum Evangelischen Verein der Gustav-Adolfs-Stiftung, gehalten zu Freiberg am 20. und 21. August 1872, vom Subdiaconus Dr. phil. Stephan an der Thomaskirche zu Leipzig. Leipzig bei G. Kreysing, 1872, S. 15 und 16. 3) Wissenschaftliche Beilage der Leipziger Zeitung vom 22. Nov. 1857. — Vergl. meinen Artikel in dieser Encyklopädie über Th. G. L. Großmann. 4) Riese im Boten des Gustav-Adolfs-Vereins aus Thüringen.

Großmann auf sein Ansuchen zur Unterstützung bedürftiger protestantischer Gemeinden, von denen Fleißen das erste Pflegekind des neuen Vereins ward. Nach Andren[5]) ist die erste Gabe des Vereines, und zwar am 13. Jan. 1833, mit 50 Gulden der evangelischen Gemeinde Karlshuld in Baiern überreicht worden, worauf unterm 21. Aug. desselben Jahres dem armen evangelischen Pfarrer Westenitz in Böhmen 16 Thlr. geschenkt wurden. Es konnte nicht fehlen, daß der Verein von katholischer Seite als propagandistisch und aggressiv, was er durchaus nicht war, angefeindet wurde; aber es fehlte auch nicht an Katholiken, welche ihm Geldmittel überwiesen. Eine Landescollecte im Königreich Sachsen ergab eine Beihilfe von 2200 Thlrn.[6]).

Im J. 1833 bildete sich auch zu Dresden unter dem Vorsitze des dortigen Hofpredigers Käuffer ein Ausschuß für die Vereinszwecke. Derselbe trat mit dem leipziger in Verbindung, und beide entwarfen zum Ersatz des leipziger ein neues Statut. Hiernach sollten die gesammelten Gelder in Staatspapieren oder Hypothesen angelegt, aber (§. 4) nur die Zinsen verwendet werden; der Geldfonds wird (§. 7) ausschließlich durch den leipziger Ausschuß verwaltet, wobei das Rechnungsjahr vom 6. Nov. bis dahin läuft; in der Bestimmung über die Verwendung der Unterstützungen wechseln beide Ausschüsse Jahr um Jahr ab. Können beide Vereine sich über einen Punkt nicht verständigen, so entscheidet ein Schiedsgericht von drei Männern, von denen je einer durch die beiden Vereine, der dritte durch das königlich sächsische Cultusministerium ernannt wird. Sollten sich, wie vorausgesetzt wird, Zweigvereine bilden, so werden sie als solche für den Fall anerkannt, daß sie 500 Thlr. oder mehr einnehmen, über deren Zinsenverwendung sie selbst verfügen. — Dieses gemeinsame Statut wurde unterm 4. Oct. 1834 durch die königlich sächsische Regierung genehmigt[7]); aber die gehegte Erwartung, daß eine größere Anzahl von Vereinen sich bilden würde, ging zunächst nicht in Erfüllung; nur ein solcher, und zwar 1833 in Altenburg, kam zur Gründung und zum Anschlusse. Dieser sandte 150 Thlr.; aus einer Sammlung in Meißen kamen 48, aus anderen Orten zusammen 42 Thlr., sodaß mit Hinzurechnung der unterdeß vereinnahmten Zinsen die Stiftung am 6. Nov. 1834 ein Vermögen von 4434 Thlrn. besaß[8]).

Nach der Berechnung einer Urkunde im Central-Bureau des Gustav-Adolfs-Vereins zu Leipzig[9]) wurden in den zwei Rechnungsjahren 1832 bis 1834 zwei Gemeinden mit zusammen 50 Thlrn. 10 Sgr. unterstützt. Einer anderen Zusammenstellung[10]) zufolge sind 1834

im Ganzen 130 Thlr. zur Verwendung gekommen, und zwar für vier Gemeinden in Oesterreich, wo sich die Noth als am dringendsten herausstellte.

Indem während des Rechnungsjahres 1834 auf 1835 vier Gemeinden mit 130 Thlrn. unterstützt wurden[11]), wandte sich in demselben Jahre (1835) der König an Schweden Karl XIV. Johann von Schweden, welcher von 1836 ab eine, besonders durch den 1839 verstorbenen Erzbischof Wallin geförderte allgemeine Haus- und Kirchencollecte für das gesammte Reich anordnete. Dieselbe brachte im ersten Jahre dem Vereine 2547 Thlr. ein, sodaß sein Kapitalvermögen auf 9475 Thlr. stieg[12]); sie wurde sechs Jahre hindurch fortgesetzt und hatte ein Gesammtergebniß von 10,441 Thlrn. Im Rechnungsjahre 1835 auf 1836 konnte die Stiftung 4 Gemeinden zusammen mit 164 Thlrn. unterstützen[13]). Eine unterm 16. Aug. 1836 an König Friedrich Wilhelm III. von Preußen gerichtete Bitte hatte den Erfolg, daß der Monarch unterm 30. Sept. 100 Thlr. übersandte[14]). — Von der am 6. Nov. 1837 vollzogenen Enthüllung des über dem Schwedensteine bei Lützen errichteten eisernen Denkmales, bei welcher Bischof Dräseke die Festrede hielt, konnte man einen Aufschwung der Vereinssache hoffen; aber noch immer flossen neue Geldquellen nur spärlich; die Festcollecte vom 6. Nov. 1837 brachte 29 Thlr. ein; der altenburger Verein schickte 20 Thlr.[15]). — Das Rechnungsjahr vom 6. Nov. 1836 bis dahin 1837 brachte für 6 Gemeinden eine Unterstützung von 161 Thlrn.[16]). — Im J. „1838" (es ist wol das Rechnungsjahr von 6. Nov. 1838 gemeint) kamen in und außer Deutschland nur 90 Thlr. ein, sodaß noch immer die Unterstützungen — Jassy in der Moldau und Krabschiz in Böhmen — nur mäßig sein konnten[17]). Nach unserer angegebenen Quelle[18]) sind im J. 1837 auf 1838 nur 2 Gemeinden, und zwar zusammen mit 148 Thlrn., bedacht worden. — Eine Zunahme der Hilfsmittel brachte die 1839 im Königreich Sachsen begangene Reformationsfeier, indem hier 1700 Thlr. gesammelt wurden, wozu Leipzig allein 1500 beisteuerte; auch kam im Laufe dieses Jahres der oben erwähnte erste Collectenbeitrag aus Schweden mit 2547 Thlrn. an. Vom 6. Nov. 1838 bis dahin 1839 konnten an 8 Gemeinden zusammen 232 (nach Niese 230) Thlr. versendet werden[19]). Im Rechnungsjahre bis zum 6. Nov. 1840 wurden 6 Gemeinden mit 350 Thlrn. unterstützt[20]).

Hatte die leipzig-dresdner Stiftung trotz der anf-

---

5) Derselbe ebenda.   6) Derselbe ebenda.   7) R. Zimmermann in dem angeführten art. von Herzog's Encykl. S. 420.   8) Niese im „Boten des Gustav-Adolfs-Vereins aus Thüringen".   9) „Allgemeine Angelegenheiten der Gustav-Adolfs-Stiftung", Vol. A., werden dem Verf. durch Herrn Bevollmächtigten Dr. Zenker und Herrn Buchhalter Jubisch an Ort und Stelle gütigst zur Abschrift gestattet worden ist.   10) Niese, „Die ersten Thaten der Gustav-Adolfs-Stiftung" S. 6 und 7.

11) „Allgemeine Angelegenheiten (Note 9)".   12) Niese, „Die ersten Thaten des Gustav-Adolfs-Vereins" (ohne Jahreszahl) S. 8.   13) „Allgemeine Angelegenheiten."   14) Niese, „Die ersten Thaten der Gustav-Adolfs-Stiftung" S. 7.   15) Derselbe, „Die weiteren Thaten der Gustav-Adolfs-Stiftung" (aus dem „Boten des Gustav-Adolfs-Vereins aus Thüringen", ohne Jahreszahl) S. 4.   16) „Allgemeine Angelegenheiten."   17) Niese, „Die weiteren Thaten" u. f. w. S. 4.   18) „Allgemeine Angelegenheiten."   19) „Allgemeine Angelegenheiten."   20) Niese, „Die weiteren Thaten" u. f. w. S. 4.   20) „Allgemeine Angelegenheiten."

gewandten Mühe, namentlich der jährlich veröffentlichten Berichte, bisher nur einen sehr mäßigen Erfolg, so sollte derselbe vom J. 1841 ab zu immer glänzenderen Resultaten sich gestalten. Unterm 31. Oct. (am Reformationsfeste) 1841 erließ der darmstädtische Hofprediger Karl Zimmermann in der darmstädtischen „Allgemeinen Kirchen-Zeitung" einen umfangreichen, aber kräftigen und warmen „Aufruf an die protestantische Welt", worin er ein ergreifendes Bild von den nothleidenden und den mannichfaltigsten Verfuchungen zum Abfall ausgesetzten evangelischen Gemeinden entwarf und seine Glaubensgenossen zum Zwecke der Gründung eines „Vereins für die Unterstützung hilfsbedürftiger protestantischer Gemeinden" mit begeisterten Worten ins Gewissen redete [21]. Den Gedanken hierzu hatte der Urheber, wie er selbst mehrfach erklärt hat [22], schon 1839 bei der Lectüre eines Artikels gefaßt, welcher in dem pariser „Univers" zu der Stiftung eines „Oeuvre du Catholicisme pour la conservation de la foi en Europe" aufforderte. Von dem seit 9 Jahren in Leipzig und Dresden bestehenden Vereine war in dem Aufrufe nicht die Rede. Zimmermann erklärte hierauf — was er später öfter wiederholt hat, — daß ihm — wie den schweizer Legrand im Anfange seines Unternehmens — das Bestehen deffelben damals „gänzlich unbekannt" gewesen sei; zwar habe die darmstädtische Zeitung früher „einmal" einen Bericht über ihn gebracht; aber er sei ja in die Redaction derselben erst am 1. Juli 1841 eingetreten [22]. Die Nichterwähnung mußte besonders in Leipzig und Dresden Verwunderung hervorrufen; dennoch fragten diese Vereine bei Zimmermann an, ob er sich mit ihnen vereinigen wollte, worauf er zunächst ausweichend antwortete. Dies erzeugte bei den Leipzigern und Dresdenern eine nicht geringe Mißstimmung, welche andererseits ihre Nahrung aus der thatsächlichen Priorität zog. Indeß rieth namentlich Großmann zur Versöhnlichkeit und Vereinigung, und man knüpfte mit Darmstadt wieder an. Aber noch entschloß sich Zimmermann, welcher allerdings bereits weit größere Erfolge aufzuweisen hatte, nicht zum gemeinsamen Wirken. Endlich aber verständigte und vereinigte man sich, namentlich bei einer Versammlung am 16. Sept. 1842 in der Aula der Universität zu Leipzig [24]. Hatten die Sachsen das Recht der Erstgeburt für sich, so brachte erst Zimmermann das Element kräftiger Lebensfähigkeit herzu, namentlich dadurch, daß er an die Stelle der verfehlten Bestimmung, wonach nur

die Zinsen der gesammelten Gelder zur Verwendung kommen sollten, die andere setzte, daß Alles, was eingenommen werde (mit selbstverständlicher Ausnahme der Legate), auch zur sofortigen Ausgabe komme. Wie Zimmermann später über die Angelegenheit dachte, geht unter Anderem daraus hervor, daß er den Vorsitz des gemeinsamen Vereines willig an Großmann überließ, über deffen Sarge er es am 2. Juli 1857 rückhaltlos aussprach, daß derselbe „den Gedanken angeregt" habe, „dem Heldenkönige .... ein lebendiges Denkmal zu setzen", sowie daß Großmann „der Gründer des Gustav-Adolfs-Vereines" sei.

Der ältere (sächsische) Verein hatte bis 1841 nur wenige Gemeinden, die ersten in Oesterreich, Baiern, Moldau, Ungarn, Elsaß, unterstützen können, und zwar mit geringen Mitteln, obgleich die Gesuche sich progressiv mehrten; sein Kapitalstock betrug am 6. Nov. 1841 nur erst 12,850 Thlr. [25]; vom 6. Nov. 1840 bis dahin 1841 empfingen von ihm 7 Gemeinden den Gesammtbetrag von 429 Thlrn. [26]; von jetzt ab aber wuchs die Theilnahme für die gemeinsame Sache zu einer ungeahnten Stärke; von allen Seiten liefen Zustimmungserklärungen an Zimmermann ein. Nachdem am 2. März 1842 in Frankfurt a. M. ein Verein — der erste seit Zimmermann's Aufrufe — gegründet worden war, entwarf und genehmigte der darmstädtische seine Statuten am 18. Juli deffelben Jahres zu Offenbach, wohin die Darmstädter eine Versammlung ausgeschrieben hatten [27]. Um die Verbindung der Sachsen und Hessen näher zu begründen, fand am 16. Sept. 1842 in der Universitäts-Aula zu Leipzig unter Großmann's Vorsitze eine Zusammenkunft statt, an welcher sich 395 Männer betheiligten. Auf Grund einer vorgängigen Verständigung zwischen Großmann-Leipzig und Kauffer-Dresden einer-, und Zimmermann-Darmstadt andererseits wurde ein Statutenentwurf vorgelegt und bis auf Weiteres genehmigt. Hiernach sollten 3 Hauptvereine bestehen: Leipzig, Dresden und Darmstadt, welche im jährlichen Directorium (vom 6. Nov. bis dahin) abzuwechseln hätten. Sich etwa bildende Zweigvereine sollten je nach Lage der Sache von einem der 3 Hauptvereine dependiren; zum ständigen Sitze der Centralkasse wurde Leipzig bestimmt. Nach §. 8 sollte die Jahreseinnahme jedes Vereins, nach Abzug der Verwaltungskosten, in 2 Dritteln in die Centralkasse eingezahlt und zu 1 Drittel von dem Vereine selbst verwendet werden, doch so, daß das 1. Drittel kapitalisirt wird, während die beiden anderen zu sofortigen Unterstützungen dienen, ebenso die Zinsen des ersten. Die meisten Anwesenden stimmten schon jetzt dafür, daß Leipzig nicht blos die centrale Kassenverwaltung, sondern überhaupt die Oberleitung haben sollte, wohin der Statuten-Entwurf abgeändert wurde. Als Name wurde „Evangelischer Verein der Gustav-Adolf-Stiftung" adoptirt [28]. Wie im Jahre darauf zu Frank-

[21] Karl Zimmermann (Verf. des Aufrufes): „Geschichte des Gustav-Adolfs-Vereins", 1877, wo das Schriftstück in extenso wieder abgedruckt ist. Wir verdanken die Einsicht in die ersten Bogen dieser (im Buchhandel noch nicht erschienenen) Schrift der freundlichen Vermittelung der Herren Dr. Zenker und Jubisch vom Leipziger Centralbureau. [22] Ebenda S. 76. — Auch in dessen Artikel über den Gustav-Adolfs-Verein in Herzog's Encykl. V, 420. [23] Derselbe in dem „Rheinisch-Westfäl. Gustav-Adolfs-Blatte" von 1873, Nr. 7, sowie in seiner Gesch. des Gustav-Adolfs-Vereins von 1877. [24] Diese Darstellung entnehmen wir dem Berichte des Subdiaconus Dr. Suppe über die freiberger Versammlung des sächs. Gustav-Adolfs-Vereins vom 20. und 21. Aug. 1872, S. 17—19.

[25] K. Zimmermann in Herzog's Encykl. V, 420. [26] „Allgem. Angelegenheiten." [27] K. Zimmermann, Gesch. des Gustav-Adolfs-Vereins, 1877, S. 43. [28] Derselbe ebenda S. 44—47, und in Herzog's Encykl. V, 20. 421.

furt a. M., so wurde schon jetzt zu Leipzig die Heraus-
gabe eines eigenen Vereinsblattes unter dem Namen
„Bote des evangelischen Vereins der Gustav-Adolf-
Stiftung" beschlossen.

Der Versammlung in Leipzig folgte bald die Gründung mehrerer Vereine (resp. Hauptvereine, welchen Namen sie später führten); wir nennen, abgesehen von der
Schweiz, wo der baseler Pfarrer Legrand bei einer
Predigerconferenz den ersten kräftigen Anstoß gab [29]
und de Wette eifrig dafür wirkte, Cöthen (20. Sept. 1842),
Darmstadt (eigentliche Stiftung am 2. Nov. 1842), Kiel
(23. Nov. 1842). — Im Rechnungs-Jahre vom 6. Nov.
1841 bis dahin 1842, wo das Kapital auf 15,654 Thlr.
angewachsen war [30], wurden 523 an 8 Gemeinden,
sämmtlich in Oesterreich, vertheilt [31]).

Die im Jahre vorher durch die Zusammenkunft in
der leipziger Universitäts-Aula geplante constituirende
Versammlung fand am 21. und 22. Sept. 1843 unter
Großmann's Vorsitze zu Frankfurt a. M. statt und wurde
durch einen Gottesdienst in der Paulskirche, bei welchem
Consistorial-Rath Friedrich die Predigt hielt, unter Anwesenheit von 22 Abgeordneten zur Vertretung von 29
Vereinen, in der dortigen deutsch-reformirten Kirche abgehalten. Auch waren von analogen deutschen und außerdeutschen Vereinen, deren damals auf Anregung des Pfarrers Legrand bereits acht in der Schweiz sich gebildet hatten,
während andere in Preußen bestanden, Deputirte anwesend, welche zu dem deutschen Unternehmen zwar nicht
in das Verhältniß der Unterordnung, aber der freundschaftlichen Verbindung traten, indem sie namentlich die
gesammelten Gelder nach eigener Bestimmung zu verwalten und zu vertheilen beabsichtigten. Indem man
den Namen des Vereines wiederholt dahin feststellte, daß
„Evangelischer Verein der Gustav-Adolf-!Stiftung"
heißen sollte, wurden die in Leipzig vorberathenen
Statuten unter einigen Abänderungen am 22. Sept.
definitiv angenommen. Der erste Satz dieser Gründungs-
Urkunde lautete dahin: „Der evangelische Verein der
Gustav-Adolf-Stiftung ist eine Vereinigung aller derjenigen Glieder der evangelisch-protestantischen Kirche,
welchen die Noth ihrer Brüder, die der Mittel des kirchlichen Lebens entbehren und deshalb in Gefahr sind, der
Kirche verloren zu gehen, zu Herzen geht und hat also,
eingedenk des apostolischen Wortes: „Lasset uns Gutes
thun an Jedermann, allermeist aber an des Glaubens
Genossen", zum Zweck, die Noth dieser Glaubensgenossen
in und außer Deutschland, sofern sie im eigenen Vaterlande ausreichende Hilfe nicht erlangen können, mit allen
Kräften zu heben." Nach §. 2 umfaßt der Verein „lutherische, reformirte und unirte, sowie solche Gemeinden,
die [wie die Waldenser] ihre Uebereinstimmung mit der
evangelischen Kirche sonst glaubhaft nachweisen können."
Laut §. 5 gliedert sich das Gesammtwerk, dessen
Centralvorstand seinen Sitz in Leipzig behält, in Zweig-

oder Hilfs- und Hauptvereine. Für jedes kleinere Land
sowie für jede Provinz eines größeren ward ein Hauptverein, an welchen sich die Hilfs- oder Diöcesan- oder
Zweig-Vereine anschließen, in Aussicht genommen, und
als Mittel das, was an Kapitalzinsen, jährlichen Mit-
gliederbeiträgen, kirchlichen Collecten, Legaten u. s. w.
einkommen würde. Auch können sich, wie §. 9 ausspricht, Zweigvereine unter Umständen unmittelbar an
den Centralvorstand anschließen. Der §. 11 bestimmt,
daß jeder Verein ein Drittel seiner Einnahme selbständig
verwendet (verwenden kann), während er das zweite dem
Centralvorstande mit der Bezeichnung seiner Verwendung
übersendet; das dritte wird ebenfalls an den Central-
vorstand eingeschickt, welcher darüber nach seinem Befinden zwei Drittel die Versendung
besorgt. Jedesmal am 6. Nov., bis wohin das Rechnungsjahr läuft, legt der Centralvorstand Rechnung ab
und erstattet über die sonstigen Angelegenheiten Bericht.
Die Zahl der Mitglieder des Centralvorstandes wurde
auf 18 bestimmt, von welchen 9 in Leipzig wohnhaft
sein sollten. Nach §. 24 hatte mindestens in jedem
3. Jahre eine Hauptversammlung stattzufinden und jeder
Hauptverein das Recht, sich dabei durch Abgeordnete
vertreten zu lassen. Großmann (Vater) erhielt das
Präsidium im Centralvorstande, welchem der alte (leip-
zig-dresdener) Vorstand am 6. Nov. 1843 seine Kasse
und sein Archiv übergab [32]).

Die frankfurter Versammlung erwies sich als ein
neuer, kräftiger Impuls für die Interessen der Stiftung,
deren auch nicht ohne Kampf und Anfechtung. Während man katholischerseits Gegenwirkungen versuchte, zugleich aber auch sich zu erhöhter Forderung seines
eigenen Vereinswesens angespornt fühlte, fand das evangelische Werk selbst bei Evangelischen dem Anfang,
welchen es beanspruchen konnte; ein General-Superintendent in Thüringen tadelte dasselbe wegen politischer
und pietistischer Tendenzen; die evangelische Kirchen-
Zeitung Hengstenberg's in Berlin erklärte es für confessionslos und weltförmig; auch war im Interesse eines
größeren Erfolges zu bedauern, daß die preußische Regierung den Anschluß ihrer zu gleichem Zwecke gegründeten
Vereine an den Gesammtverein nicht gestattete, um sie
in ihrer Hand zu behalten [33]). Aber die Vereinssache
machte, wie erwähnt, gerade 1843 Fortschritte wie in
keinem früheren Jahre; es wurden, so viel uns bekannt,
1843 folgende Hauptvereine gegründet: am 3. März der
zu Dessau, am 8. Mai der zu Neustrelitz, am 31. Mai
der zu Göttingen, am 14. Juni der zu Wiesbaden, am
23. Aug. in der zu Heidelberg, am 18. Oct. der zu Stuttgart, am 6. Nov. der zu Osnabrück, am 29. Nov. der
zu Halle a. S., am 8. Dec. der zu Breslau, in
demselben Jahre der zu Düsseldorf für die Rhein-

---

29) Derselbe in Herzog's Encykl. V, 420.   30) Niese,
„Die weiteren Thaten" u. s. w. S. 8.   31) „Allgem. Angelegenheiten."

32) K. Zimmermann, Gustav-Adolfs-Verein in Herzog's
Encykl. V, 421. — Derselbe, Gesch. des Gustav-Adolfs-Vereins
von 1877, S. 55—63.   33) W. Beyschlag, „Der Gustav-
adolfsverein im ersten Vierteljahrhundert seines Bestehens", Halle
a. d. S. 1870, S. 11 fg.

Provinz und Westfalen, der zu Coburg. Am Ende von 1843 zählte man in ganz Deutschland an 80 Haupt- und andere Vereine [34]). Es wurde namentlich auch versucht, in England Theilnahme hervorzurufen; aber diese ist bis jetzt (1877) nur sehr gering geblieben. So weit das Central-Bureau Kenntniß hiervon erlangte, kamen im Rechnungsjahre 1842 auf 1843 3596 Thlr. zur Verwendung für 22 Gemeinden [36]). Wenn eine andere Angabe die Einnahmen dieses Rechnungsjahres mit 8969 Thlrn. bei 675 Thlrn. Verwaltungskosten ansetzt, so sind hierin selbstverständlich auch die für Legate geschenkten Gelder einbegriffen [36]). An Kapitalvermögen, mit Einschluß der Legate, waren am 6. Nov. 1843 16,220 Thlr., nach Anderen [37]) 20,000 vorhanden.

Nachdem die von dem Hauptvereine Frankfurt a. M. den evangelischen Gemeinden zu Passau und Unteraltenbernheim in Baiern zugesandten Gaben durch die dortige Regierung unter der Verwarnung, man solle kein Geld wieder schicken, widrigenfalls man es mit Beschlag belegen werde, zurückgesandt worden waren, erschien die vom 10. Febr. 1844 datirte, durch den Minister von Abel contrasignirte Cabinets-Ordre König Ludwig's I. mit den wesentlichen Inhalte: Der Gustav-Adolf-Verein sei schon seinem Namen nach eine „Parteiverbindung", wodurch „Gegenvereine" hervorgerufen und der „kirchliche Friede" in Deutschland gestört werden könnte; bei der Versammlung in Halle a. d. S. am 29. Nov. 1843 sei es offen ausgesprochen worden, man wolle die protestantische Kirche „gegenüber der katholischen Kirche" vertreten; der Verein sei „mit der staatsrechtlichen und gesetzlichen Organisation und Stellung der protestantischen Kirche in Baiern nicht zu vereinigen", er müsse daher für Baiern „auf das Entschiedenste zurückgewiesen" werden, und sei den baierischen Protestanten „jeder Verkehr" mit ihm zu verbieten, und zwar „bei namhafter Strafe". Hieraus folgt, daß für Baiern auch jede Gründung und Existenz von Gustav-Adolf-Vereinen untersagt war. Es wurden mehrere Versuche gemacht, den König zur Aufhebung des Verbotes zu bewegen, und selbst Katholiken, wie Professor Hug, in der „Zeitschrift für katholische Theologie", mißbilligten das baierische Verbot. Namentlich richtete der Central-Vorstand in Leipzig eine Vorstellung an den König [38]), ebenso das königlich sächsische Cultusministerium, aber vergeblich; ebenso fruchtlos blieb das sehr ausführliche, warme, beredte, kräftige, freimüthige, fast etwas derbe Promemoria, mit welchem K. Zimmermann [39]) sich unterm 31. März 1844 an Ludwig I. wandte: Die Angelegenheit sei dem Könige „in einem

falschen Lichte dargestellt" worden, die Stiftung weder eine Demonstration gegen die katholische Kirche noch propagandistisch, sondern nur ein Hilfsverein für arme Evangelische; aus Baiern werde der lyoner katholischen Propagation de la foi jährlich viel Geld übermittelt, und diese habe propagandistische Zwecke; bestünden doch auch in Deutschland katholische Vereine, ohne daß dadurch der Friede und die Einigkeit im Vaterlande gestört werde. Der Minister von Abel theilte mit, daß man den Verein in Baiern zulassen werde, wenn er seinen Namen ändere, eine Forderung, welche bei der stuttgarter Hauptversammlung 1845 reiflich erwogen, aber einstimmig abgelehnt wurde [40]). Als in Baiern ein katholischer Anti-Gustav-Adolfs-Verein geplant ward, trat ihm der König ebenfalls mit einem Verbote entgegen. — Außer den genannten Vorstellungen wurden durch die Maßregel viele Proteste, wie der des protestantischen baierischen Grafen von Giech, und Streitschriften, wie diejenige des Professors H. F. Jacobson [41]), hervorgerufen.

Was einstweilen in und für Baiern verloren ging, wurde auf der anderen Seite reichlich gewonnen. Vor Allem ist hierbei der Cabinets-Ordre König Friedrich Wilhelm's IV. von Preußen zu gedenken, in welcher er es unterm 14. Febr. 1844 aussprach: Er freue sich über die Stiftung und deren Wirksamkeit; könne er auch aus Rücksicht auf die anderen Souveräne das angebotene Protectorat des Gesammtvereines nicht übernehmen, so erkläre er sich doch hiermit zum Protector der innerhalb Preußens bestehenden Vereine, deren Verbindung mit der Stiftsdirection in Leipzig aufrecht erhalten bleiben müsse [42]). „Ich gebe mich — so heißt es weiter — der schönen Hoffnung hin, daß über diesem guten Werke sich Alle freudig zur Eintracht des Handelns verbinden werden, welche zur Einigkeit in der Auffassung und Lehrart der Glaubenswahrheiten verknüpft zu wollen ein ungerechtes Bemühen wäre, und daß keine der reinen Parteien, welche in diesem Augenblicke innerhalb der protestantisch-evangelischen Kirche um den Ruhm, „die christlichste zu sein," kämpfen, es wollen wird, die Schmach auf sich zu laden', Zwietracht in ein Unternehmen zu bringen, welches das evangelische Bekenntniß ehren wird und den Zweck verfolgt, unzähligen Gemeinden, zumal in fremden und fernen Ländern, die spendende Bruderhand der Glaubensgenossen unseres Vaterlandes fühlbar zu machen." Unter dem 15. desselben Monats richtete im Auftrage des Königs der Cultusminister Eichhorn an die katholischen Landesbischöfe ein Schreiben, welches — nicht ohne eine Art von Entschuldigung — darlegen sollte, daß eine Aggression gegen die katholische Kirche in keiner Weise beabsichtigt sei. Noch in demselben Jahre verlieh der König von Hannover noch in seinem Lande begründeten und noch zu begründenden Gustav-Adolfs-Vereinen die

---

34) Wobei die kleineren außer Rechnung geblieben sein dürften. 35) „Allgem. Angelegenheiten." 36) Es ist überhaupt mislich, mit einiger Sicherheit die jährlichen Einnahmen festzustellen zu wollen; weil man Sicherheit bietet als pecuniärer Maßstab das Verwendungs-Conto. 37) Niese, „Die weiteren Thaten des Gustav-Adolfs-Vereins" S. 12. Hiernach sollen im Rechnungsjahre 1843. 45,432 Thlr. vereinnahmt und 48 Gemeinden unterstützt worden sein. 38) K. Zimmermann in Herzog's Encll. V 421. 39) Derselbe in seiner Gesch. des Gustav-Adolfs-Vereins von 1877, S. 74—83.

40) Ebenda S. 83. 41) „Das Verbot der Gustav-Adolfs-Stiftung und die [1838 befohlene] Kniebeugung der Protestanten in Bayern", 1844. 42) Die für Preußen angeordnete besondere Central-Direction blieb nur kurze Zeit über in Wirksamkeit, da sehr bald der volle Anschluß an Leipzig erfolgte.

landesherrliche Bestätigung und das Corporationsrecht. Dasselbe thaten mit sympathischen Erklärungen der König von Würtemberg, der Großherzog von Hessen und andere deutsche Fürsten und Regierungen. König Oskar von Schweden übersandte bei seinem Regierungs-Antritte unterm 4. Mai 1844 an den Central-Vorstand in Leipzig ein theilnahmvolles Antwortschreiben.

Im Laufe des Jahres 1844 wurden, zum Theil als Reaction gegen die Maßregeln in Baiern, außerordentlich viele neue Vereine gegründet, so (von den größeren resp. Hauptvereinen) am 23. Jan. der zu (für) Bernburg, am 7. Febr. der zu Königsberg in Ostpreußen, am 26. Febr. der zu Bremen, am 19. März (resp. 8. Mai) der zu Hamburg (welcher sich sofort an die leipziger Centralstelle anschloß), in demselben Monate (März) (resp. am 7. Aug.) der zu Berlin (aus Anregung durch Bischof Neander, Prof. Marheineke, mehrere andere Geistliche, Stadtverordnete u. s. w., mit der Absicht, sich sobald wie möglich an Leipzig anzuschließen, und ohne einen Vertreter der Orthodoxen im Vorstande), am 24. Mai der zu Bückeburg, am 1. Juni der zu Detmold, am 25. Juni der zu Danzig, am 26. Juni der zu Hannover, am 10. Juli der zu Cassel (am 10. Aug. 1853 von Neuem aufgerichtet), am 17. Juli der zu Lübeck, am 8. Sept. der zu Oldenburg, außerdem der zu Bonn unter Prof. Nitsch (wo man sich sofort unbedingt an Leipzig anschließen wollte), der zu Barmen (welcher damals diesen Anschluß nicht wollte), Arolsen, Aurich, Güstrow, Braunschweig, Posen, Rudolstadt, Sondershausen, Stettin, Frankenhausen[43]. — Bei den schweizerischen Vereinen, welche mit der leipziger Central-Direction keine organische, sondern nur eine Freundschafts- und Geschäftsverbindung eingingen, wirkte nach wie vor besonders Legrand in Basel[44]. Bis 1844 hatte sich an die deutsche Stiftung überhaupt noch kein außerdeutscher Verein gliedlich angeschlossen.

Eine nur vorübergehende, locale Hemmung erfuhr das große Werk 1844 in Leipzig, wo Großmann in Verbindung mit 13 anderen Geistlichen (gegen 2) für die Confirmation statt des vor 40 Jahren durch Rosenmüller rationalistisch modernisirten Glaubensbekenntnisses das apostolische herstellte und viel dafür wirkte, daß der lutherische Katechismus in den Schulen wieder gebraucht wurde. Es entstand, besonders wegen des Apostolicums, in der Stadt eine heftige Bewegung gegen Großmann (welcher Superintendent war); fast die ganze Bürgerschaft, mit dem Magistrate und den Stadtverordneten, ergriff Partei wider ihn, und mehrere bisherige Freunde zogen sich vom Gustav-Adolf-Verein zurück. Auch an Zimmermann in Darmstadt, welcher dort dahin einem gemäßigten (biblischen) Rationalismus gehuldigt hatte, wollte man damals eine Schwenkung zum positiveren Christenthume bemerken.

Bei der 3. Hauptversammlung, welche am 9. und

11. Sept. 1844[45]) unter Beisein schweizerischer und niederländischer Vereins-Freunde zu Göttingen stattfand, war das Hauptergebniß der volle Anschluß aller preußischen Vereine an den Central-Vorstand in Leipzig, welcher von jetzt ab aus 24 Mitgliedern bestand. Unter anderen Mittheilungen war auch die, daß sich bereits über 150 Haupt- und Zweigvereine (in Abhängigkeit von der Centraldirection zu Leipzig) gebildet hätten[46]). Unterm 18. Oct. 1844 schrieb König Friedrich Wilhelm IV. an den Central-Vorstand, als Antwort auf dessen Schreiben vom 11. Sept. (an welchem Tage nach einer und vorliegenden Angabe die Anschluß-Erklärung der preußischen Vereine in Göttingen erfolgt war), um demselben seine Genugthuung über diese Wendung auszudrücken, wobei er der Erwartung Ausdruck gab, daß der Verein sich auf „positivem Grunde" halten werde; auch übersandte er einen bedeutenden Geldbeitrag. Hatte der Monarch die Stiftung als ein „gutes Werk" bezeichnet, so nannte Hengstenberg dieselbe in demselben Jahre eine „große Lüge", eine von der Hyperorthodoxie eingegebene Beschuldigung, gegen welche besonders K. Zimmermann auftrat.

Während des Verwaltungsjahres bis zum 6. Nov. 1844 wurden von dem Gesammtvereine, soweit der Central-Vorstand Kenntniß davon hatte, 24,259 Thlr. an 58 Gemeinden vertheilt[47]).

Hatten sich die vorausgehenden drei Hauptversammlungen vornehmlich mit der Organisation beschäftigt, so war die vierte, welche am 2. und 3. Sept. 1845 mit 58 verordneten Abgeordneten unter Großmann's Vorsitze in Stuttgart tagte, durch die zahlreichen von außerdeutschen Ländern anwesenden bittenden und begrüßenden Gäste aus dem Elsaß, der Schweiz, Frankreich, Belgien, Ungarn, Siebenbürgen, Rußland, Portugal, Africa, Ostindien, aber auch durch die außerordentlich gesteigerten Ansprüche bemerkenswerth, welche von nothleidenden Gemeinden erhoben wurden. Nachdem bereits unterm 9. Juli desselben Jahres der Central-Vorstand es abgelehnt hatte, die deutsch-katholischen Gemeinden zu unterstützen, welche troß ihrer abfälligen Kritik der bestehenden evangelischen Landeskirchen als unfreier, mangelhafter Existenzen, dennoch man sich deshalb nicht anschloß, dennoch von ihnen Geldgaben heischten, erklärte sich mit dieser Weigerung die stuttgarter General-Versammlung einverstanden, wie auch, als ein Mittel für die Zulassung in Baiern, eine Namensänderung einstimmig verwarf[48]). Als neu eingetretene Hauptvereine wurden Weimar, Oldenburg, Schwarzburg, Reuß-Schleiz u. s. w. proclamirt, und zugleich die Synode der Protestanten in Belgien als Hauptverein Brüssel-Antwerpen anerkannt. Von den 1845 neu gegründeten Hauptvereinen sind

---

[43] Aus K. Zimmermann's Gesch. des Gustav-Adolfs-Vereins vom J. 1877. [44] Seine Schrift „Die kirchliche Noth unserer protestantischen Glaubensgenossen", erschien 1844.

[45] So nach den „Allgem. Angelegenheiten." Anderwärts findet man den 10. und 11. Sept. [46] K. Zimmermann in Herzog's Encykl. V, 421. — Niese („Die weiteren Thaten" S. 12), gibt für diesen Zeitpunkt 81 Haupt- und 333 Zweigvereine an. [47] „Allgem. Angelegenheiten." [48] K. Zimmermann in Herzog's Encykl. V, 421.

beispielsweise zu nennen Münster (Januar), Weimar (21. April), Gotha (19. Aug.). Im Juli dieses Jahres erklärte die österreichische Regierung, daß der Verein innerhalb ihres Bereiches unter gewissen Bedingungen thätig sein dürfte, verbot aber namentlich Geldsammlungen für seine Zwecke. — Im Rechnungsjahre bis zum 6. Nov. 1845 kamen 42,685 Thlr. zur Verwendung für 65 Gemeinden [49].

Eine schwere Krisis hatte die Stiftung 1846 zu bestehen. Als einer seiner Vertreter für die Hauptversammlung dieses Jahres war von dem königsberger Hauptvereine [50] der frühere Divisionsprediger Rupp gewählt worden, welcher sich als Prediger der dortigen, von der Landeskirche ausgeschiedenen freien Gemeinde angeschlossen hatte. Als die fünfte Generalversammlung, zu welcher 67 Deputirte erschienen waren, am 7., 8. und 9. Sept. dieses Jahres in Berlin tagte, erklärten sich in einer Vorberathung am 7. von den 12 anwesenden Centralvorstandes 10, unter ihnen Großmann sen. und Zimmermann, auf Grund des früher von uns genannten Paragraphen im Statut, welcher als Bedingung der Mitgliedschaft „Uebereinstimmung mit der evangelischen Kirche" fordert, gegen Rupp's Zulassung. Da er auf eine an ihn gerichtete bittweise Vorstellung, daß er freiwillig verzichten möge, ablehnend antwortete, so wurde die Angelegenheit an demselben Tage der Generalversammlung vorgelegt, bei welcher der Centralvorstand selbst machte oder andeutete, daß unter der evangelischen Kirche die Landeskirche zu verstehen sei, daß man durch die Zulassung Rupp's den protestantischen Fürsten und Regierungen gegenüber in Schwierigkeiten gerathen würde; auf der anderen Seite, welche diesen praktischen Verhältnissen weniger Rechnung trug, betonte man, daß die weitherzige Auslegung des Statuts Platz greifen müsse. Bei der Abstimmung (noch am 7. Sept.) erklärten sich von den anwesenden 56 Abgeordneten nach einer stürmischen Debatte 28 (nach Anderen 27) für die Ausschließung und 28 für die Zulassung; aber jene repräsentirten 39, diese nur 32 Stimmen, und somit war Rupp zurückgewiesen, eine Entscheidung, welche auch in Betreff Uhlich's gültig sein mußte. Auf der ganzen Linie des Gesammtvereines sowie außerhalb desselben entbrannte ein heftiger Kampf; indem mehrere Mitglieder, welche den berliner Beschluß mißbilligten, austraten, traten noch mehrere in der Absicht bei, für Rupp zu demonstriren und, wenn möglich, seine Wiederzulassung zu bewirken. Andere ließen sich deshalb aufnehmen, um ihre Billigung für den gefaßten Beschluß an den Tag zu legen und Rupp's Zulassung zu hindern; wiederum Andere, wie in Berlin und Königsberg, thaten sich zu „kirchlichen" oder sonst besonderen Gustav-Adolfs-Vereinen zusammen, welche indeß in

dieser Haltung nicht lange bestanden, sondern meist bald in den Gesammtverein aufgingen. In Mecklenburg und anderwärts bildeten sich aus denselben Motiven und mit demselben Erfolge sogenannte „lutherische Gotteskästen." Der güstrower Hauptverein und seine 6 Zweigvereine lösten sich ganz auf. Es erschienen 1846 und 1847 eine Menge von Streitschriften für und wider, namentlich von F. Beckhaus, L. Bonnet, Bornemann, F. Fischer, Geffken, K. Großmann (jun.), Haupt, Howard, Hupfeld, Jonas, Läncker, Lampe, Liebe, Lück, Mallet, Meyer, Mehring, Nitzsch, Schäfer, Schwarz, Sander, Theile, Thieme, Ullmann, Voigt, de Wette, Wieseler u. A. [51]. Indeß hatte sich schon bei der Hauptversammlung des Jahres 1847 die Aufregung der Art gelegt, daß beide Seiten sich wieder friedlich die Hände reichten, zumal nach wie vor, wie im Gesammtvereine, so im Centralvorstande, wie bei den Laten, so bei den Geistlichen, welche Mitglieder waren, die liberale, weitherzige theologisch-kirchliche Anschauung gegen den engherzigen Orthodoxismus durchaus vorherrschte. — Im Uebrigen hatte die berliner Hauptversammlung, bei welcher die deutsche Länder mit Ausnahme von Oesterreich und Baiern vertreten waren, die Freude zu vernehmen, daß die Vereinssache während des letzten Jahres stark gewachsen war, und daß bis dahin 134 Gemeinden mit circa 66,000 Thlru. hatten bedacht werden können [52]. Zur Anerkennung gelangten durch sie die Hauptvereine Coburg-Gotha und Meiningen. König Friedrich Wilhelm IV. empfing eine Deputation der Versammlung und zog sie zur Tafel. — Seit 1846 entwirft der Central-Vorstand einen Unterstützungsplan, in welchem er den Hauptvereinen, später auch den Frauenvereinen, bestimmte Gemeinden zur Berücksichtigung empfiehlt, um der Cumulation wie dem Mangel an Gaben für einzelne vorzubeugen. — Unterstützt wurden im Rechnungsjahre bis zum 6. Nov. 1846 133 Gemeinden mit 66,291 Thlrn. [53].

Die Hauptversammlung am 21. und 22. Sept. 1847 zu Darmstadt, welcher Zimmermann präsidirte, brachte fast alle Mitglieder des Gesammtvereins, namentlich die 74 Abgeordneten der vertretenen Hauptvereine (dazu 10 Vertreter von nicht angeschlossenen Vereinen), das allgemeine Bedürfniß nach Versöhnung in der Rupp'schen Angelegenheit entgegen; Niemand wollte, daß die segensreiche Aufgabe darunter ferner leiden sollte. Um die hierin noch bestehenden Differenzen auszugleichen, wurde durch die Versammlung (70 Deputirte) eine Commission gewählt, bestehend einerseits aus dem Grafen von Schwerin-Putzar, dem geheimen Rathe Jonas und dem Professor Dittenberger, andererseits aus dem Oberhofprediger Grüneisen, dem Pastor König und dem Ober-Appellations-Gerichts-Rathe Evers, denen der Domherr und Superintendent Großmann zugesellt ward. Diese sieben hatten bei dem Beschluß, daß, wenn auch die Vollmacht eines Abgeordneten sich als richtig erweise,

---

49) „Allgem. Angelegenheiten." 50) Derselbe hatte (nach der von de Wette verfaßten Streitschrift) zu den 25,130 Thlrn. der Jahreseinnahme der Centralkasse vom J. 1843 auf 1844 nur 160 Thlr. beigetragen. Indeß ist dieser Umstand von keiner Seite als Ausschließungsgrund geltend gemacht worden.

51) K. Zimmermann in seiner Gesch. des Gustav-Adolfs-Vereins vom J. 1877, S. 92. — 52) Derselbe in Herzog's Encykl. V, 422. 53) „Allgem. Angelegenheiten."

doch der Hauptversammlung zustehen sollte, denselben wegen mangelnder Mitglieds-Eigenschaft für unzulässig zu erklären; indeß sollte eine solche Resolution, nach Anhörung des abordnenden Hauptvereins, immer erst durch die nächste Hauptversammlung erfolgen dürfen. Die Generalversammlung stimmte dem am 22. Sept. mit großer Mehrheit bei und somit der Ausschließung Rupp's zu. Außerdem wurde durch den Central-Vorstand den Versammelten, welche als neue Hauptvereine Homburg und Reuß j. L. anerkannten, die Mittheilung gemacht, daß augenblicklich 41 Haupt- und 628 Zweigvereine vorhanden seien [54]). Der Großherzog lud eine Deputation zur Tafel. Auch kam wol schon der Gedanke in Anregung, demnächst bei jeder Hauptversammlung eine sogenannte große Liebesgabe zu verwenden, wozu der Central-Vorstand drei besonders bedürftige Gemeinden namhaft macht und durch einen Referenten befürworten läßt, worauf die Abgeordneten eine auswählen, nachdem hierzu die Gaben des Central-Vorstandes, der Haupt-Vereine, sowie ev. von Zweig- und Frauen-Vereinen, angemeldet worden sind [55]). — Im Rechnungsjahre 1846 auf 1847 wurden 165 Gemeinden mit 68,783 Thlrn. (baar) unterstützt [56]).

Eine starke Hemmung der Vereinsthätigkeit traf 1848 ein, wo die gewaltige politisch-sociale Bewegung viele Gemüther und Mitglieder dem Stiftungszwecke entfremdete, wie sie überhaupt die kirchlichen Interessen in den Hintergrund drängte. Es ist uns indeß kein Hauptverein bekannt, welcher in diesem Jahre eingegangen wäre; ja man hatte die Genugthuung, daß ein solcher, der zu Speier, am 24. Oct. gegründet wurde. Zwar fiel die Einnahme des Jahres auf 37,000 Thlr., aber die vorhandenen Mittel reichten hin, um mehrere Kirchen u. s. w. zur Vollendung zu bringen [57]). Eine General-Versammlung fand 1848 nicht statt. Zur Vertheilung durch den Gesammtverein, soweit es ermittelt ist, kamen im Rechnungsjahre vom 6. Nov. 1847 bis dahin 1848 34,865 Thlr., und zwar an 125 Gemeinden [58]).

Wie 1848, so schieden auch 1849 manche frei religiöse und radicale Elemente aus dem Vereine, wogegen andere von mehr positiver Richtung eintraten; auch flossen die Beiträge und sonstigen Gaben noch in einer sehr verminderten Weise, sodaß für die neue Rechnung bis zur Hauptversammlung in Breslau nur circa 21,000 Thlr. vereinnahmt wurden. Auch diese Versammlung, welche am 28. und 29. Aug. in Breslau unter Zimmermann's Leitung tagte, war wegen der dort und anderwärts herrschenden Cholera, der politischen Unruhen und der Entlegenheit nur schwach (von 33

Deputirten) besucht, während weit mehr Gemeinden als früher — 730 — sich bittend an den Verein wandten, zum Theil mit sehr dringenden Bitten, neben ihnen auch eine freie Gemeinde, welche kraft der früheren Beschlüsse abgewiesen werden mußte. Allein man verlor den Muth nicht und konnte noch immer sehr wirksame Beihülfen gewähren. Auch erschien in demselben Jahre die vom 12. Sept. datirte Verordnung des Königs Maximilian II. von Baiern, durch welche dieses Land sich dem gemeinsamen Werke öffnete; sofort schlossen sich dem Central-Vorstande drei baierische Hauptvereine an [59]). Der Abschluß der Jahresrechnung bis zum 6. Nov. 1849 wies 159 unterstützte Gemeinden mit einer Gesammtgabe von 45,834 Thlrn. nach [60]), wovon die Centralkasse als ihr Drittel 12,623 verwendet hatte [61]).

Zwar hatte Hengstenberg, welchem hierin viele Starr-Orthodoxe in ihrer Abneigung gegen den Verein beistimmten, auf diesen in dem Vorworte zu seiner Kirchenzeitung für 1850 das Schriftwort angewendet: „Alle Pflanzen, die mein himmlischer Vater nicht gepflanzet, die werden ausgereutet", indem er meinte, die geschwächte Betheiligung von 1848 und besonders von 1849 sei das Zeichen eines nahen Endes; aber seine Weissagung sollte sehr bald zu Schanden werden, namentlich durch die Ergebnisse der am 25. und 26. Sept. 1850 zu Eisenach unter Großmann tagenden 8. General-Versammlung, zu welcher von 32 Hauptvereinen 45 Abgeordnete und 5 Vertreter von anderen Gemeinden erschienen. Man erfuhr hier zwar, daß die Bittgesuche sich abermals gemehrt hatten, namentlich aus Baiern, indem deren 976 vorlagen; aber es wurde gleichzeitig auch constatirt, daß die gesunkenen Kräfte sich wieder wesentlich belebt hatten. Die an die Hauptversammlung gebrachte Frage, ob der Gustav-Adolf-Verein sich mit der sogenannten „Inneren Mission" (welche damals fast ausschließlich in „orthodoxen" und „pietistischen" Kreisen gepflegt wurde — nach damaligen „liberalen" Anschauungen) in Verbindung setzen solle, wurde von der Mehrheit dahin beantwortet, daß es zweckmäßiger sein dürfte, wenn beide Vereine, sich gegenseitig ergänzten, ohne näheren formellen Anschluß neben einander beständen. Der Beschluß, in geeigneten Fällen Reiseprediger auszusenden, ist, soviel wir wissen, für die Folgezeit von keiner eingreifenden Wirkung gewesen, desto mehr ein anderer, welcher dahin ging, daß die Versammlung jedesmal eine „große Liebesgabe" ertheilen solle, wie dies nach den bereits oben (zum Jahre 1847) angedeuteten Maßnahmen zum ersten Male 1851 thatsächlich geschah, und zwar nicht blos durch die General-Versammlung, sondern auch durch die einzelnen Haupt-Vereine, sofern sie von diesem Rechte Gebrauch machen wollten. Eine erhebende Nachfeier beging diese Hauptversammlung auf der benachbarten Wartburg, von wo aus sie einen, von K. Zimmermann verfaßten, erneuerten Aufruf an die

---

54) K. Zimmermann in Herzog's Encykl. V, 422. 55) „Fliegendes Blatt" des Central-Vorstandes Nr. 54 vom 3. 1876. 56) „Allgem. Angelegenheiten." 57) K. Zimmermann in Herzog's Encykl. V, 422. Es gehen, wie fast zu jedem Jahre, so auch zum J. 1848 durch politische und andere Blätter eine Menge von unrichtigen, mindestens sehr mißverstandenen und mißverständlichen Zahlen, namentlich über die Einnahmen; viele dieser Referate begehen den Irrthum, als „Einnahme" zu bezeichnen, was Ausgabe ist. 58) „Allgem. Angelegenheiten."

59) K. Zimmermann in Herzog's Encykl. V, 422. 423. 60) „Allgem. Angelegenheiten." 61) Derselbe in seiner Gesch. des Gustav-Adolfs-Vereins (1877) S. 116. 117.

evangelische Christenheit erließ. Das Rechnungsjahr 1849 auf 1850 wies 179 unterstützte Gemeinden und eine ihnen gewährte Gesammtgabe von 44,129 Thlrn. nach [62]), wovon die Centralkasse als ihr „Drittel" 11,953 zur Verwendung brachte [63]).

Die 9. Hauptversammlung, am 23. und 24. Sept. 1851 in Hamburg, wo wiederum Großmann den Vorsitz führte, und wohin 39 Hauptvereine ihre Vertreter entsandt hatten, entrollte von Neuem das Bild der alten Noth, welche wol auch manchmal in etwas übertriebener Klage sich aussprach, um den Säckel des Vereins zu öffnen. Berechtigt war die Klage darüber, daß einige Vereine schlaff geworden waren; aber andererseits durfte man sich auch des Zuwachses erfreuen; so wurde namentlich Ansbach in Baiern am 21. Aug. desselben Jahres gegründet, als Hauptverein anerkannt. Die erste gemeinsame Unterstützung, welche später die „große Liebesgabe" hieß, wurde mit 3247 Thlrn. der Gemeinde in Laibach zugesprochen [64]). Der Bericht des Central-Vorstandes erklärte 300 Gemeinden für unterstützungsbedürftig. —. Noch ist das Jahr 1851 für die Stiftung darum sehr wichtig, weil in seinem Laufe, zunächst in Berlin aus einem Kreise musikalischer Freundinnen derselben, die ersten Frauenvereine entstanden, welche dort zum besten des Vereins Concerte veranstalteten. Dieselben haben später, besonders für die Schulen in der Diaspora, für die Confirmanden, für die innere Ausstattung der Vereinskirchen und der Pfarrhäuser, sehr Bedeutendes geleistet. Die Rechnung für 1850 auf 1851 weist an Gesammtunterstützung, wovon 14,006 auf das Drittel der Centralkasse entfallen [65]), 47,219 Thlr. nach, und zwar für 218 Gemeinden [66]).

Die in Wiesbaden vom 7. bis 9. Sept. 1852 unter Großmann's Präsidium tagende Hauptversammlung, bei welcher sich 40 Hauptvereine vertreten ließen, und außerdem 9 Abgeordnete von anderen Vereinen und Gemeinden erschienen waren, unterschied sich von den früheren unter Anderem dadurch, daß nicht mehr blos wie sonst an jedem Vereinstage ein Gottesdienst mit Predigt oder Ansprache gehalten wurde, was später bis jetzt (1877) stets stattgefunden hat. Von zahlreichen deutschen und außerdeutschen Gemeinden wurden durch beredte Vertreter wiederum sehr lebhafte Bilder der herrschenden Noth vorgeführt. Die gemeinsame Unterstützung fiel mit 4244 Thlrn. der Gemeinde Wels in Oberösterreich zu. Als neuer berechtigter Hauptverein wurde durch die Generalversammlung derjenige in Speier für Pfalzbaiern anerkannt [67]). Zum Theil unter dem Einflusse des Versammlungsortes zeigten die Tage von Wiesbaden einen überwiegend freisinnigen, mild rationalistischen

Charakter, im Gegensatze zu der damaligen stark reactionären politischen und kirchlichen Stimmung bei vielen Fürsten und Regierungen, denen der Verein wegen dieser Haltung des „demokratischen" Majoritäts- und Wahlprincips nicht sehr sympathisch war; im November erfuhr er unter Anderem ein mißbilligendes Urtheil von Seiten des königlich sächsischen Ministeriums, welches ihm „Ostentation" vorwarf. Trotzdem erfreute sich derselbe wiederum eines bedeutenden Zuwachses von Vereinen, Mitgliedern und Gaben. Eine erhöhete Theilnahme zeigte beispielsweise das Großherzogthum Baden; Bukarest gründete einen Zweigverein; an neu errichteten Kirchen kamen unter wesentlicher Mithilfe der Stiftung während des Jahres 1852 9 zur Einweihung. Verwendet wurden im Rechnungs-Jahre bis zum 6. Nov. 1852 für 238 Gemeinden 58,202 Thlr. [68]), wovon die Centralkasse 15,446 beisteuerte [69]). Als kapitalisirt während dieses Jahres finden wir 31,682 Thlr. notirt.

Die Tage des 6. bis 8. Sept. 1853 führten zur 11. Hauptversammlung in Coburg, wo Großmann wiederum präsidirte, unter den 451 Theilnehmern 62 Abgeordnete von Hauptvereinen, außerdem 8 Vertreter anderer Vereine und Gemeinden zusammen. Wiederum konnte eine Steigerung der Vereinsthätigkeit verkündet werden; in Holland hatten sich die ersten Gustav-Adolfs-Vereine mit dem Hauptsitze in Leyden und unter theilweisem Anschluß an Leipzig gebildet; Jonas aus Berlin meldete die Gründung eines dortigen Frauenvereines an; auch anderwärts waren solche entstanden. Die Beiträge einzelner vielfach stark angewachsener Hauptvereine bis auf 10,903 Thaler (2000 mehr als 1852); verhältnißmäßig das Meiste brachten das Königreich Sachsen (über 11,000 Thlr.) und Frankfurt a. M. zusammen. Die Hauptgabe mit 4336 Thlrn. wurde am 2. Tage der Gemeinde Dülmen-Haltern in Westfalen zuerkannt. Vom 6. Nov. 1852 bis dahin 1853 kamen an 275 Gemeinden, von denen 102 außerdeutsche waren, 67,244 Thlr. zur Verwendung [70]), wovon 19,597 den Antheil der Centralkasse bildeten [71]). Nach anderen uns vorliegenden Angaben fiel in dem Rechnungsjahre bis zum 7. Sept. 1853 67,244 Thlr. (über 9000 mehr als im Vorjahre) vereinnahmt und bis zum October desselben Jahres 30,000 Thlr. als eisernes Kapital zurückgelegt worden. Zur Einweihung kamen 1853 4 Kirchen [73]).

Die 12. Generalversammlung, zu welcher sich 60 Abgeordnete von Hauptvereinen und 6 Vertreter anderer Vereine und Gemeinden eingefunden hatten, tagte unter Zimmermann's Vorsitze (und, wie seit den letzten Jahren üblich, mit je einem Gottesdienste an jedem der 3 Tage) am 5., 6. und 7. Sept. 1854 zu Braunschweig, wo der von Howard verfaßte Bericht des Centralvorstandes verlesen ward. Dieser vermochte wiederum erfreuliche Fort-

---

[62] „Allgem. Angelegenheiten." Bei den hier verzeichneten Summen rechnen wir das, was einen halben Thaler oder darüber beträgt, stets für einen vollen. — [63] K. Zimmermann in seiner Geschichte des Gustav-Adolfs-Vereins vom J. 1877, S. 116. 117. [64] Derselbe in Herzog's Encykl. V, 423. [65] Derselbe in seiner Gesch. des Gustav-Adolfs-Vereins (vom J. 1877) S. 116. 117. [66] „Allgem. Angelegenheiten." — [67] K. Zimmermann in Herzog's Encykl. V, 423.

[68] „Allgem. Angelegenheiten." [69] K. Zimmermann in seiner Gesch. des Gustav-Adolfs-Vereins (vom J. 1877) S. 116. 117. [70] „Allgem. Angelegenheiten." [71] K. Zimmermann in seiner Gesch. des Gustav-Adolfs-Vereins (vom J. 1877) S. 116. 117. [73] Derselbe in Herzog's Encykl. V, 423.

schritte im abgelaufenen Jahre zur Kenntniß zu bringen, namentlich in Holland, dessen Vereine zu der deutschen Central-Stiftung ungefähr in dieselbe Verbrüderung getreten waren wie die kirchlichen protestantischen Hilfsvereine der Schweiz zu ihrem Vorvereine in Basel. Auch Schweden erschien 1854 mit einem, zu Gothenburg gegründeten, Gustav-Adolfs-Vereine auf der Bühne. Die gemeinsame große Liebesgabe wurde von den zu Braunschweig vereinigten Abgeordneten mit 4696 Thlrn. der Gemeinde Passau überwiesen [74]. Das Rechnungsjahr bis zum 6. Nov. 1854 weist eine an 290 Gemeinden vertheilte Gesammt-Unterstützungs-Summe von 77,218 Thlrn. auf [75], wovon auf die Central-Kasse 22,861 kommen [76].

Zur 13. Hauptversammlung war Heidelberg gewählt worden, wo am 11., 12. und 13. Sept. 1855 unter Zimmermann's Präsidium, mit 4 maligem Gottesdienste, bei Anwesenheit von 60 Vereinsdeputirten und 15 Vertretern anderer Vereine und Gemeinden, abermals eine wesentliche Steigerung der trotz der damaligen Reaction in freiem evangelischen Geiste blühenden Vereinsthätigkeit zum Ausdrucke kam. Howard's Bericht durfte die Neugründung vieler, namentlich Frauen-Vereine, das Wiederaufleben der Hauptvereine Cassel und Dessau, den (freien) Anschluß des Vereines Gothenburg und andere erfreuliche Thatsachen melden. Aber in starker Zunahme waren auch diejenigen Gemeinden begriffen, welche schriftlich oder durch anwesende Vertreter ihre Hilfsbedürftigkeit in ergreifender Weise schilderten. Die große Liebesgabe ward mit 7800 rhein. Gulden der Gemeinde Bingen am Rheine zu Theil [77]. In Heidelberg war es, wo Professor Lange von Bonn in einer Predigt das geflügelte Wort sprach, daß Gustav Adolf in der Stiftung seine verlorene Tochter Christine wiedergefunden. Im Rechnungsjahre vom 6. Nov. 1854 auf 1855 kamen 83,255 Thlr., von denen die Centralkasse 25,965 beisteuerte [78], für 324 Gemeinden zur Verwendung [79].

Bei der 14. Generalversammlung am 2., 3. und 4. Sept. 1856 zu Bremen, wo dieselbe mit erhebenden Feier der Enthüllung und Weihe eines Standbildes für Gustav Adolf beiwohnte, führte Großmann mit altgewohnter jugendlicher Frische und gewandter Klugheit den Vorsitz. Ein Bürger aus Bremen schenkte 2000 Thaler. Die große Liebesgabe empfing die Gemeinde Laaz. Hatten bis dahin mehrere Vereine, z. B. der badische Hauptverein, wieder einen Aufschwung genommen, so traten im J. 1856 neue hinzu, unter anderen der am 2. Juni 1856 in Stockholm gegründete, ferner in Holstein, Brandenburg, Rheinland, Hessen, Baiern, zu

Wittenberg. Als Zimmermann seinen Artikel in Herzog's Encyklopädie (1856) [80] zum Abdruck brachte, bestand der Gesammtverein aus 46 Haupt-Vereinen mit circa 1000 Zweigvereinen, deren Wirksamkeit sich auf alle fünf Welttheile erstreckte; das Kapitalvermögen bezifferte sich in 35,000 Thlrn.; theils ganz, theils durch Mithilfe aus den Mitteln der Stiftung waren bis dahin über 40 evangelische Kirchen und Bethäuser, außerdem viele Pfarrwohnungen, Schulhäuser errichtet, zahlreiche Dotationen gemacht, heilige Geräthe geschenkt worden u. s. w. — An 379 Gemeinden wurden während des Rechnungsjahres bis zum 6. Nov. 1856 zusammen 96,453 Thlr. vertheilt [81], unter ihnen 26,222 aus der leipziger Centralkasse [82].

Im J. 1857 hatte die Stiftung den Tod ihres vieljährigen Vorsitzenden zu beklagen: am 29. Juni starb, in dem Alter von 73½ Jahren, zu Leipzig der hochverdiente erste Hauptgründer Superintendent Ch. G. L. Großmann; ihm folgte im Präsidium bis 1874 der Geh. Kirchenrath G. K. H. Hoffmann ebenda. Die Centralversammlung dieses Jahres wurde vom 31. Aug. bis 2. Sept. in Cassel abgehalten, wo die große Liebesgabe der Gemeinde Deutz bei Cöln zufiel. Die Rechnungs-Periode vom 6. Nov. 1856 bis dahin 1857 weist als Gesammtausgabe zur Unterstützung für 379 Gemeinden, 224 deutsche und 155 außerdeutsche, 107,666 Thlr. auf [83], wozu die Centralkasse 32,967 beitrug [84]. Am Ende des Jahres empfing die Stiftung von dem Oberamtmann Schlochwerder das bedeutende Legat von 30,000 Thlrn. Bis zur casseler Generalversammlung hatte laut des Berichtes der Gesammtverein circa 900,000 Thlr. für 850 Gemeinden aufgewendet und über 100 Kirchen und Schulen errichtet resp. zu ihrer Errichtung beigetragen. Diesen Erfolgen gegenüber hatte es wenig auf sich, daß die Stiftung noch immer selbst von evangelischer Seite angefeindet wurde, namentlich in dem durch Herrn von Nathusius redigirten „Volksblatte für Stadt und Land", welches in einem Aufsaße vom 31. Oct. 1857 nicht blos von „Gustav-Adolfs-Schwärmerei" sprach, sondern auch forderte, der Verein solle seinen „schmählichen Namen" ablegen, welcher für das patriotische Gefühl und für Rom eine gröbliche Verletzung sei, und einen „anständigeren" annehmen. Der schwedische König habe im Solde Frankreichs gestanden und die Landung in Deutschland mit Vorwissen des Papstes ausgeführt — also zu Gunsten des dem Volksblatte so theuren katholischen Frankreich und des von ihm so zärtlich befürworteten Papstes!

Bei der 16. Generalversammlung, welche vom 24. bis 26. Aug. 1858 in Leipzig tagte, konnte wiederum ein erhebliches allseitiges Wachsthum berichtet werden; namentlich hatten sich wieder viele Zweigvereine gebildet, so in Ostpreußen 7, in Holstein 16, in Kurhessen 2, in

---

74) Derselbe ebenda. Außerdem sind (wie zu anderen Jahren) die Flieg. Blätter des Central-Vorst., die Berichte des Haupt-Vereins Halle a. d. S. und andere Quellen von uns benutzt worden. 75) „Allgem. Angelegenheiten." 76) K. Zimmermann in seiner Gesch. des Gustav-Adolfs-Vereine (1877) S. 116. 117. 77) Derselbe in Herzog's Encykl. V, 423. 78) Derselbe, Gesch. des Gustav-Adolfs-Vereine (1877) S. 116. 117. 79) „Allgem. Angelegenheiten."

80) V, 424. 81) „Allgem. Angelegenheiten." 82) K. Zimmermann in seiner Gesch. des Gustav-Adolfs-Vereine (1877) S. 116. 117. 83) „Allgem. Angelegenheiten." 84) K. Zimmermann, Gesch. des Gustav-Adolfs-Vereine (1877) S. 116. 117.

K. Encykl. d. W. u. K. Erste Section. XCVIII.

19

Brandenburg 4, in Oldenburg 7 u. f. w. Aber noch war es troß aller Bemühungen von Seiten des Central-Vorſtandes nicht gelungen zu bewirken, daß ſich in Oeſterreich, wo man die überſandten Hilfsgelder zuließ, Vereine bilden durften. Die Hauptgabe mit 4450 Thlrn. wurde durch die leipziger Verſammlung der Gemeinde Schwarzwald überwieſen. Im Rechnungsjahre vom 6. Nov. 1857 bis dahin 1858 kamen für 492 Gemein-den 134,782 Thlr. zur Vertheilung [85]), hiervon 36,290 aus der Centralkaſſe [86]). Somit war jeßt die erſte Million Thaler ſeit dem Beſtehen der Stiftung erfüllt [87]).

Obgleich für das Jahr 1859 die Hauptverſammlung wegen der Nachwirkungen des Kampfes zwiſchen Frank-reich-Italien und Oeſterreich, beſonders wegen der heftig wogenden deutſchen Bundes-Reform-Frage ausfiel, ſo entfalteten doch die meiſten Guſtav-Adolfs-Vereine ein reges Leben, beiſpielsweiſe der märkiſche in Berlin, wo unter der Leitung von Männern wie Jonas, Sydow u. a. eine Kettenlotterie 15,857 Thlr. einbrachte. Auch hatte man die Genugthuung, daß der Kaiſer von Oeſter-reich unterm 14. Aug. 1859 für die deutſch-ſlaviſchen Länder ſeiner Monarchie Sammlungen für Vereinszwecke geſtattete. Zur Vertheilung an 533 Gemeinden kamen im Rechnungsjahre vom 6. Nov. 1858 bis dahin 1859 161,017 Thlr. [88]), zu denen die Centralkaſſe 36,149 con-tribuirte [89]).

Die 17. Generalverſammlung fand unter Hoffmann's Vorſiße vom 28. bis 30. Aug. 1860 in Ulm ſtatt, wo zwar einige Hauptvereine als wenig wirkſam bezeichnet werden mußten, wie der von Hannover, deſſen Jahres-beitrag bis dahin ſich nur auf 1453 Thlr. belief, eine Wirkung des der Vereinsſache abgeneigten ſtarrer Lutherthums, im Uebrigen jedoch ſehr erfreuliche That-ſachen Gegenſtand des Berichtes waren, wie daß ſich im leßten Jahre 23 neue Zweigvereine und 13 Frauen-vereine gebildet hatten. Ein Wohlthäter (Hermann) ſchenkte den Betrag von 10,000 Thlrn. als Legat. In der Gemeinde Hammelbach im Odenwalde einigten ſich die Kinder, von jedem Korbe der durch ſie geſpflückten Heidelbeeren 1 Kreuzer an den Verein abzugeben. Die Hauptgabe von 4947 Thlrn. wurde der Gemeinde Kro-nach in Oberfranken zugeſprochen. Das Ergebniß des Rechnungsjahres bis zum 6. Nov. 1860 war eine Ver-theilung von 157,629 Thlrn. an 557 Gemeinden, wo-von 339 in Deutſchland [90]); hierzu trug die Central-kaſſe 37,424 bei [91]).

War es im cisleithaniſchen Oeſterreich (das trans-leithaniſche wurde anders behandelt) ſeit Kurzem erlaubt worden, für Guſtav-Adolfs-Vereins-Zwecke Geld zu ſammeln, und zwar jährlich zweimal, während die An-nahme von auswärtigen Vereinsgaben den Evangeliſchen

nie verſagt worden war, ſo brachte das Proteſtanten-Patent vom 8. April 1861 einen neuen Fortſchritt; un-term 18. deſſelben Monats wurde den Evangeliſchen die ſtaatliche Genehmigung zu Theil, Vereine dieſer Art zu begründen und mit der Centralſtelle zu Leipzig in orga-niſche Verbindung zu treten. Es bildeten ſich noch wäh-rend des Jahres 1861 in den durch den Reichsrath vertretenen Ländern zwei Hauptvereine, einer zu Wien (unterm 15. Aug.) unter ſpecieller miniſterieller Erlaub-niß vom Cube des Juli und einer zu Mediaſch in Siebenbürgen; beide wurden von der 1861er Hauptver-ſammlung als ſolche anerkannt [92]). — Zu der eben er-wähnten Generalverſammlung, welche vom 27. bis zum 29. Aug. deſſelben Jahres in Hannover ſtattfand, hatte König Georg eingeladen, welcher indeß wegen einer Er-krankung ihr nicht beiwohnen konnte. Wie ſeit mehre-ren Jahren, ſo wurden auch hier wieder drei Predigten gehalten, was indeß, gleich dem Verleſen des Haupt-be-richtes, wiederum von vielen Theilnehmern, wenn nicht von den meiſten, als zu zeitraubend empfunden ward. Die Bürgerſchaft von Hannover bezeugte eine ſehr ſtarke Sympathie [93]) und lieferte neue Mitglieder. Es wurde mitgetheilt, daß im leßten Rechnungsjahre (1859 auf 1860) 14 Kirchen und Kapellen, unter ihnen zu Liſſabon und zu Montreal in Canada, eingeweiht, 10 Schulen und 2 Pfarrhäuſer vollendet, zu 7 Kirchen die Grundſteine gelegt, in dem Jahre bis zur Verſammlung 34 neue Gemeinden, dazu 18 (nach An-deren 27) neue Frauenvereine (bis dahin überhaupt 98) gegründet worden ſeien. Noch aber müſſe man, wie der Hauptbericht ſagt, ſo weit es ſich überſehen laſſe, dazu helfen, daß — für lebensfähige Gemeinden — 123 Kir-chen, 97 Schulen, 61 Pfarrhäuſer neu errichtet würden; noch waren von den bisher unterſtüßten Gemeinden 139 mit circa 200,000 Thlrn. Schulden belaſtet. Frei-lich war auch eine entſprechende Anzahl von drängenden Bittſtellern in Hannover anweſend, während Andere ihre Dankopfer barbrachten oder lebensvolle Schilderungen von dem Wachsthume der Evangeliſation entwarfen. Im Beſonderen richtete ſich damals der Blick des Verei-nes auf Frankreich und auf Mähren, wo z. B. viele evangeliſche Geiſtliche noch ganz armſelig, einzelne nur mit 50 Gulden jährlich, dotirt waren. Der Paſtor Koch aus Eger in Böhmen bat um einen jährlichen Zuſchuß von 120 Thalern für einen Lehrer; man gab ihm das Doppelte. Die große Liebesgabe, 5005 Thaler, über-wies die Verſammlung der Gemeinde Gruppe in Oſt-preußen [94]). Noch iſt das Jahr 1861 dadurch bemerkens-werth, daß am 14. Dec. der erſte akademiſche Guſtav-Adolfs-Verein durch Studenten, und zwar in Göttingen,

---

85) „Allgem. Angelegenheiten.“   86) K. Zimmermann, Geſch. des Guſtav-Adolfs-Vereins (1877) S. 116. 117.   87) Bericht des Central-Vorſt. pro 1875 S. 25.   88) „Allgem. Angelegenheiten.“ 89) K. Zimmermann, Geſch. des Guſtav-Adolfs-Vereins (1877) S. 116. 117.   90) „Allgem. Angelegen-heiten.“   91) K. Zimmermann, Geſch. des Guſtav-Adolfs-Vereins (1877) S. 116. 117.

92) Die ungariſchen Vereine hatten ſich bis dahin der deut-ſchen Stiftung nicht angeſchloſſen.   93) Die ſich vorher anmel-denden auswärtigen Theilnehmer pflegen bei den Einwohnern der Städte, wo die Generalverſammlungen tagen, gaſtliche Aufnahme zu finden.   94) Bericht des Central-Vorſtandes. — Bericht des Predigers Schweder aus Berlin in der dortigen „Proteſtantiſchen Kirchen-Zeitung“, 1861, Nr. 36.

entstand [95]). Im Rechnungsjahre vom 6. Nov. 1860 bis dahin 1861 sind für 578 Gemeinden 165,404 Thlr. verwendet worden [96]), davon 47,255 aus der Central-Kasse [97]).

Zur 19. Hauptversammlung am 26., 27. und 28. Aug. 1862 war Nürnberg gewählt worden, wo man mittheilen konnte, daß sich in dem letzten Jahre bis dahin 16 neue Zweigvereine gebildet hätten, daß die Zahl der Frauenvereine (welche im letzten Jahre 11,000 Thlr. zusammengebracht) 112 sei, daß mehrere Geschenke, unter ihnen ein solches aus Böhmen mit 6000 Gulden, angemeldet seien, daß der eiserne Kapitalstock 58,870 Thlr. betrage, daß im letzten Jahre 19 Kirchen eingeweiht, 10 im Bau genommen, 10 Schulen vollendet und zu 15 neuen die Grundsteine gelegt worden seien. Die Hauptliebesgabe empfing mit 5050 Thlrn. die Gemeinde Salzburg. Der österreichische Minister gab dem Hauptvereine Wien die Erlaubniß, die nächstjährige Generalversammlung dorthin einladen zu dürfen; man zog es indeß vor, hierzu Lübeck zu wählen. Vom 6. Nov. 1861 bis dahin 1862 wurden 616 Gemeinden mit 183,419 Thlrn. unterstützt [98]), wozu die Central-Kasse 43,026 beisteuerte [99]). Unter den 616 Gemeinden waren 346 in Deutschland, welche 101,557, 128 in Oesterreich-Ungarn, welche 54,380, 43 in Preußisch-Polen, welche 6882, 23 in Frankreich, welche 8628 Thlr. empfingen, 11 in der Türkei, 8 in den Niederlanden, 6 in der Schweiz, 5 in Italien, 4 in Amerika, 3 in Belgien, 2 in Portugal, 2 in Rußland u. s. w. Es wurden in dieser Zeit 15 Kirchen eingeweiht, 8 Schulen eingerichtet.

Das Jahr 1863, in welchem er am 12. Febr. den baierischen Grafen und Reichsrath F. F. K. von Giech, Mitglied- bis Generalvorstandes, durch den Tod verlor, sah der Gustav-Adolfs-Verein viele seiner Mitglieder und Frenube, jedoch nicht so zahlreich wie in den letzten Jahren vorher, am 1., 2. und 3. Sept. zur 20. Generalversammlung wieder unter dem Vorsitze des Ober-Kirchenraths Hoffmann in Lübeck vereinigt, wo Beyschlag aus Halle und Baur aus Hamburg je eine Predigt hielten. Wenn man hierbei auch einerseits constatiren mußte, daß der Eifer in der Rheinprovinz jüngst nachgelassen habe, in Pommern noch nie sehr rege gewesen sei, daß das nahe Mecklenburg nur sehr wenige Theilnehmer gesandt, in Schleswig gar keinen Verein besitze (der confessionell-lutherische Kliefoth Ober-kirchenraths-Präsident), so konnte doch andererseits der Bericht mittheilen, daß im verflossenen Rechnungs-Jahre 48 neue Zweigvereine und 18 neue Frauenvereine entstanden seien, mithin die Gesammtzahl jener circa 1200, dieser circa 140 bis 150 betrage, ferner daß in demselben Zeit (Nov. 1861 bis dahin 1862) der Stiftung

12,651 Thlr. in Legaten zugeflossen. Eine Wohlthäterin in Leipzig hatte für eine Schule in Ungarn 5000 Gulden bewilligt. Der Gemeinde Czaslau in Böhmen wurde mit 5000 Thlrn. die große Liebesgabe zugewiesen. Zur Verwendung kamen im Rechnungs-Jahre vom 6. Nov. 1862 bis dahin 1863 für 670 Gemeinden 179,130 Thlr. [1]), wozu die Centralkasse 44,737 beisteuerte [2]). Es wurden in dieser Zeit unter Anderem 15 neue Kirchen und 8 neue Schulen eingeweiht. Als ein Hauptbedürfniß stellte sich die Erhöhung der Pfarrgehälter in Böhmen und Mähren heraus.

Im J. 1864, wo eine Hauptversammlung wegen des deutsch-dänischen Krieges nicht stattfand, hatte die Stiftung eine so hohe Einnahme wie noch nie, sobald im Rechnungsjahre bis zum 6. Nov. 1864 an 723 Gemeinden 195,635 Thlr. vertheilt werden konnten [3]), 44,731 hiervon aus der Centralkasse [4]). An Stelle der Generalversammlung ertheilte der Central-Vorstand mit 5200 Thlrn. die große Liebesgabe der Gemeinde Klagenfurt, sowie er auch, unter Beihilfe von anderen Seiten, für die Erhöhung der Pfarrdotationen in Böhmen und Mähren eine Stiftung zu Staube brachte, deren Verwaltung nicht in die Hände des staatsbureaukratischen Ober-Kirchen-Rathes zu Wien gelegt wurde. An Legaten kamen im Rechnungsjahre 1863 auf 1864 26,300 Thlr. ein, darunter eins von 10,000 Thlrn. Bis dahin ist von 1858 auf 1859, mithin nach 6 Jahren, wurde die 2. Million Thaler vertheilt [5]). Es entstanden in dieser Zeit 17 Zweigvereine, 1 Bezirksverein, 17 Frauenvereine. Unter den 723 unterstützten Gemeinden waren 400 in Deutschland, 206 in Oesterreich-Ungarn, 43 in Preußisch-Polen, 27 in Frankreich, 17 in der Türkei, 10 in Belgien, 7 in den Niederlanden, 6 in Nordamerika, 4 in der Schweiz, 4 in Portugal, 3 in Italien. Geweiht wurden 21 neue Kirchen und Betsäle, zu denen die Stiftung beigesteuert hatte.

Zu der 21. Generalversammlung, welche vom 5. bis 7. Sept. 1865 unter dem Präsidium von Hoffmann in Dresden tagte, meldeten sich 40 Redner; am 7. hielt Dekan Gerock von Stuttgart eine geist- und schwungvolle Predigt; die Kirchencollecten bei den drei Gottesdiensten brachten 650 Thlr. ein; 21 neue Kirchen, zu welchen die Stiftung Beiträge gab, wurden als im Bau begriffen bezeichnet. Die Hauptliebesgabe fiel der Gemeinde Haigerloch in Hohenzollern zu. Wenn auch vom November 1864 bis dahin 1865 die Einnahmen nicht ganz die Höhe des Vorjahres erreichte, so zeigte sich doch nach anderen Seiten hin ein erhöhtes Interesse, namentlich von 1864 auf 1865 2964 Thlr., dazu der dortige eigentliche Haupt-Verein 3000. Im Rechnungsjahre vom 6. Nov. 1864 bis dahin 1865 wurden 699

95) Beyschlag (Der Gustav-Adolfs-Verein im ersten Viertel-jahrhundert) verlegt die Entstehung der Studenten-Vereine in das J. 1862. 96) „Allgem. Angelegenheiten." 97) K. Zimmermann in der Gesch. des Gustav-Adolfs-Vereins (1877) S. 116. 117. 98) „Allgem. Angelegenheiten." 99) K. Zimmermann in der Gesch. des Gustav-Adolfs-Vereins (1877) S. 116, 117.

1) „Allgem. Angelegenheiten." 2) K. Zimmermann in seiner Gesch. des Gustav-Adolfs-Vereins (1877) S. 116. 117. 3) „Allgem. Angelegenheiten". 4) K. Zimmermann, Gesch. des Gustav-Adolfs-Vereins (1877) S. 116. 117. 5) Bericht des Central-Vorstandes pro 1875 S. 25.

19*

Gemeinden mit 186,923 Thlrn. unterstützt[6]); der Beitrag der Central-Kasse hierzu bestand in 49,662 Thlrn.[7]).

Der deutsche Krieg im J. 1866 verminderte abermals die Gesammteinnahme gegen das Vorjahr, was indeß zum Theil nur an der verspäteten Einsendung der Gelber lag. Doch zeigte sich bei einigen Vereinen ein Wachsthum der Spenden, wie bei dem hannöverschen Hauptvereine, welchem außerdem die Erbschaft des Fräulein Kohle in der Hauptstadt Hannover mit 10,000 Thlrn. zufiel[8]). Der Gesammtverein umfaßte im November 1866 1117 Zweigvereine, 247 Frauenvereine, 9 selbständige und auswärtige Vereine mit 50 Zweigvereinen und 5 Frauenvereinen, ferner 10 (nach anderen Angaben 11) akademische Vereine. Eine Hauptversammlung wurde 1866 wegen des Krieges nicht gehalten, trotzdem aber die sogenannte große Liebesgabe verwendet, welche diesmal der Gemeinde Reichenberg in Böhmen zu Theil ward. Das Rechnungsjahr vom 6. Nov. 1865 bis zum 6. Nov. 1866 vertheilte an 800 Gemeinden 177,227 Thlr.[9]), wozu die Centralkasse ihren Antheil mit 39,806 gab[10]). Zu der Gesammtsumme steuerten die Frauenvereine 24,390 Thlr., circa 6000 mehr als im Vorjahre. Der Betrag der Legate war im November 1866 auf circa 170,000 Thlr. angewachsen. Im Rechnungsjahre bis dahin wurden unterstützt 441 Gemeinden in Deutschland mit 97,237 Thlrn., 91 in Böhmen, Mähren, Oesterreichisch-Schlesien, Galizien mit 25,373, 60 in Ungarn und Kroatien mit 8750, 46 in Ober- und Unter-Oesterreich, Kärnthen, Steiermark, Krain, Istrien, Tyrol und Vorarlberg mit 12,834, 43 in Siebenbürgen mit 2935, 37 in Preußisch-Polen mit 5265, 30 in Frankreich mit 9306, 14 in der Türkei, den Donau-Provinzen und in der Levante mit 5515, 9 in Belgien mit 1832, 6 in Amerika mit 1639 u. s. w. In derselben Zeit wurden unter Beihilfe der Stiftung 19 Kirchen eingeweiht, im Bau waren 23 Kirchen, 8 Schulen, 6 Pfarrhäuser[11]).

Die 22. Hauptversammlung, welche große Theilnahme fand, hatte ihren Sitz zu Worms vom 27. bis 29. Aug. 1867 und wandte die große Liebesgabe der Gemeinde Paderborn zu. Das Rechnungsjahr vom 6. Nov. 1866 bis dahin weist mit Einschluß von 8 in Amerika 783 unterstützte Gemeinden nach, welche zusammen 175,198 Thlr. empfingen[12]); hierzu contribuirte die Centralkasse 41,853, die Frauenvereine 19,900 (baar). Eingeweiht resp. vollendet durch die Hilfe oder Beihilfe der Stiftung wurden in dieser Zeit 22 Kirchen und Betsäle, 12 Schulen[13] u. s. w.

Neue Noth und neue Sorge verursachten seit 1868 dem Vereine die evangelischen Schulen in Oesterreich,

wo das Gesetz vom 25. Mai die kirchliche Aufsicht der Schulen auf den Religions-Unterricht beschränkte und die bisher confessionellen Schulen zu „öffentlichen" d. i. thatsächlich in den meisten Fällen zu katholischen machte; sie konnten zwar als besondere kirchliche Schulen fortbestehen, aber in diesem Falle zwang sie das Volksschulgesetz vom 14. Mai 1869, auf alle Beiträge aus Staats-, Landes- und Gemeinde-Mitteln, sowie aus dem Normal-Schul-Fonds zu verzichten und außerdem doch die höheren Etats für Besoldung u. s. w. anzuwenden. Die 23. General-Versammlung, welche die große Gabe der Gemeinde Schtroße in Posen zusprach, tagte vom 25. bis zum 27. Aug. 1868 in Halberstadt. Es wurde hier mitgetheilt, daß die Stiftung — wol laut Abschluß pro 6. Nov. 1867 — 1134 Zweigvereine, 248 Frauenvereine, 10 akademische Vereine umfasse, neben welchen in loserer Verbindung mit der Centralstelle 9 selbständige Vereine mit 50 Zweig- und 5 Frauen-Vereinen bestanden. Neu entstanden 1867 und 1869 23 Zweigvereine und 29 Frauenvereine, unter ihnen 10 in Schleswig. Die Mittel waren gegen die Vorjahre bedeutend gewachsen, nämlich auf eine Einnahme von 207,801 Thlrn., ohne die Sammlungen der Frauenvereine, von denen bis dahin die beiden berliner 20,000 und 13,000 Thlr. aufgebracht hatten. Dazu kamen 79 Legate, zum Theil sehr bedeutende, wie das des Frhrn. von Diergardt mit circa 180,000 Thlrn., zum Theil selbst von Katholiken. Es konnten im Rechnungsjahre vom 6. Nov. 1867 auf 1868 an 904 Gemeinden 194,185 Thlr. zur Verwendung kommen[14]), wovon 43,634 aus der Central-Kasse flossen[15]). Unterstützt wurden in Deutschland 384 Gemeinden mit 89,377 Thlrn., in Frankreich 39 mit 10,103, in der Türkei und den Donauländern 16 mit 5194, in den Niederlanden 16 mit 2250, in Amerika 12 mit 2464, in Belgien 8 mit 1820, in der Schweiz 6 mit 1204, in Rußland 5 mit 505, in Ungarn 4 mit 1162, in Portugal 1 mit 700, in Spanien 1 mit 500 u. s. w. Nächst Deutschland empfing wiederum Oesterreich die stärksten Beihilfen. Zur Einweihung kamen 1867 auf 1868 41 Kirchen und Kapellen und zu 23 neuen wurde der Grundstein gelegt; an Pfarrhäusern wurden vollendet und eingerichtet 26, an Schulen 35.

Im Laufe des Jahres 1869 wurde ein Gustav-Adolfs-Verein in Venedig gegründet, zu welchem später gleiche Vereinigungen in Florenz und in Genua hinzutraten. Die Gustav-Adolfs-Vereine für die deutsch-slavischen Länder Oesterreichs hielten ihre 7. General-Versammlung am 1. Aug. 1869; sie zählten 49,000 Mitglieder, übten eine jährliche Einnahme von 14,000 Gulden und halfen in dem damals abgelaufenen Rechnungs-Jahre 5 neue Kirchen und 12 neue Schulen errichten. Die schweizerischen Gustav-Adolfs-Vereine traten am 4. und 5. Oct. 1869 in St. Gallen zur damaligen General-Conferenz zusammen, wobei die Haupt-Liebes-Gabe mit

6) „Allgem. Angelegenheiten." 7) K. Zimmermann, Gesch. des Gustav-Adolfs-Vereins (1877) S. 116. 117. 8) Berliner „Protestantische Kirchen-Zeitung," 1866, S. 937. 9) „Allgem. Angelegenheiten." 10) K. Zimmermann, Gesch. des Gustav-Adolfs-Vereins (1877) S. 116. 117. 11) Bericht des Central-Vorstandes. 12) „Allgem. Angelegenheiten." 13) Bericht des Central-Vorstandes.

14) „Allgem. Angelegenheiten." — Ebenso im Berichte des Central-Vorstandes pro 1875 S. 25. 15) K. Zimmermann, Gesch. des Gustav-Adolfs-Vereins (1877) S. 116. 117.

2950 Francs den 600 oltener Protestanten zugesprochen warb. Die 24. Hauptversammlung der deutschen Stiftung tagte am 17., 18. und 19. Aug. 1869, wiederum unter Hoffmann's Vorsitz, zu Bayreuth. Obgleich eine von den Predigten Kahnis aus Leipzig hielt und die Liturgien meist nach lutherischem Ritus eingerichtet waren, so betheiligte sich doch kein Mitglied der lutherisch-orthodoxen theologischen Facultät der Landesuniversität Erlangen. Der großen Liebesgabe mit 5300 Thlrn. hatte sich diesmal Madrid zu erfreuen, welches zusammen 12,494 empfing. Zur Verwendung für 905 Gemeinden kamen im Rechnungs-Jahre 1868 auf 1869 183,027 Thlr. [16]), hiervon 45,206 aus der Central-Kasse [17]), sodaß von 1864 auf 1865 bis 1868 auf 1869 die dritte Million Thlr. sich erfüllte. Seit ihrem Bestehen bis November 1869 hatte die Stiftung an 1997 Gemeinden und Institute zusammen 3 Mill. 8906 Thlr. vertheilt [18]). Unter den 905 Gemeinden resp. Instituten waren 502 deutsche, 297 österreichische und 106 andere.

Für das Jahr 1870 kam wegen des deutsch-französischen Krieges die General-Versammlung in Wegfall; die große Liebesgabe wurde durch den Centralvorstand der Gemeinde Gmunden in Oberösterreich zugesprochen. Vom 6. Nov. 1869 bis dahin 1870 gelangten 181,659 Thlr. zur Vertheilung an 954 Gemeinden [19]); 43,713 hiervon flossen aus der Central-Kasse [20]). Während derselben Zeit fielen der Stiftung und ihren Zwecken an Vermächtnissen und Geschenken 68,000 Thlr. zu. Die 25. Hauptversammlung tagte vom 22. bis 24. Aug. 1871 in Stettin und ertheilte die große Liebesgabe der evangelischen Gemeinde zu Lyon. Die Gesammtsumme der im Rechnungsjahre vom 6. Nov. 1870 bis dahin 1871 "verwilligten" Unterstützungen betrug 206,547 Thlr. (2487 (?) mehr als im Vorjahre) [21]); versendet wurden 202,152 Thlr. Nach Abzug einiger schon im Vorjahre gesammelten, aber erst im letzten Jahre vertheilten Summen ergab sich, daß aus den Einnahmen des Rechnungs-Jahres 1870/71 circa 8000 Thlr. mehr als 1869/70 verwendet worden sind. Trotz dieser Steigerung sind dem Central-Vorstande von Seiten der Hauptvereine 1561 Thlr. weniger zur Verfügung gestellt worden als im Vorjahre und circa 12,200 Thlr. weniger, als nach den Statuten hätte geschehen sollen, ein Verfahren, welches für die Function des Central-Vorstandes wie für die ganze Organisation der Stiftung sehr ernste Bedenken haben mußte. Auch war immer noch zu beklagen, daß einige Frauen- und Zweigvereine keine oder nur mangelhafte Mittheilungen über den Betrag und die Verwendung ihrer direct vertheilten Gaben machten. Es folgt hieraus, daß [auch in früheren Jahren] die

wirklich verwendete Gesammtsumme größer gewesen ist, als oben angegeben. Die Zahl der unterstützten Gemeinden und Institute war 1870 auf 1871 1017. Namentlich hatte die traurige Lage der evangelischen Schulen in Oesterreich große Opfer gefordert, und der Bericht (1872 in Speier durch Prof. Fricke-Leipzig vorgetragen) hob hervor, daß dieselbe solche weiter fordern werde. Es sei aber auch hier hinzugefügt, wie die Versammlung von wiener Gustav-Adolfs-Hauptvereins es 1871 aussprach, daß die große österreichische evangelische Diaspora erst durch die Stiftung, wenn auch zum eigentlichen Gefühle ihrer Noth, so doch auch andererseits besonders zum Bewußtsein der Zusammengehörigkeit ihrer Glieder wie der Solidarität mit den nicht-österreichischen Protestanten erwacht und zu regerem Leben erweckt worden sei. — Im Vereins-Jahre vom 6. Nov. 1870 bis dahin 1871 sind mit Hilfe der Stiftung 65 Kirchen und Kapellen vollendet resp. eingeweiht worden, unter ihnen die deutsch-evangelische Grabeskapelle zu Jerusalem und die erste deutsch-evangelische Kirche in Rom, ferner 20 Pfarrhäuser und 56 Schulen, unter denen namentlich die österreichischen wegen ihrer hilflosen Stellung dem Vereine schmerzlich am Herzen lagen. In demselben Rechnungs-Jahre wurde der Grundstein gelegt zu Kirchen und Kapellen in 27, zu Pfarrhäusern in 14, zu Schulen in 22 Gemeinden. Zugleich berechnete man (freilich nur sehr unmaßgeblich und eventuell), daß es gelte, noch 182 Kirchen und Kapellen, 148 Schulen, 83 Pfarrhäuser zu errichten und — auszustatten, wozu außerdem viele Reparaturen in Aussicht ständen. Während derselben Zeit fielen dem Vereine oder dessen Zwecken 163,000 Thlr. an Vermächtnissen und Geschenken zu, nämlich in 185 Fällen dem Vereine selbst, in 85 ohne dessen Vermittelung, und bildeten 51 49 neue Zweige, resp. Orts- und Frauen-Vereine, während 9 alte sich auflösten. Leider mußte noch immer constatirt werden, daß viele confessionelle evangelische Geistliche dem Vereine entgegenarbeiteten [22]). Zu den Unterstützungen des Rechnungs-Jahres bis zum 6. Nov. 1871 trug die Centralkasse 43,794 Thlr. bei [23]).

Die 26. Hauptversammlung fand am 27., 28. und 29. Aug. 1872 zu Speier statt, und zwar unter einer so starken Betheiligung von Seiten der Ortseinwohner, wie man dies noch nie gesehen hatte; außerdem waren circa 350 Gäste anwesend. Die Predigt am 28. Aug. hielt der Hofprediger Gerok von Stuttgart; am 29. hörte man die Vorträge, Bittgesuche, Dankesvoten u. s. w. an. Das große Liebeswerk mit 5280 Thlrn. sprach die Versammlung, welche, wie gewöhnlich, am Abende des ersten Tages (27. Aug.) eine nicht öffentliche Sitzung des Central-Vorstandes und der Abgeordneten der Hauptvereine hatte und den Deputirten resp. Vorsitzenden des Central-Vorstandes

---

16) Nach Prof. Fricke's Bericht vom J. 1870 und nach den "Allgem. Angelegenheiten." 17) K. Zimmermann, Gesch. des Gustav-Adolfs-Vereins (1877) S. 116. 117. 18) Fricke's Bericht von 1870. — Bericht pro 1875 S. 25. 19) "Allgem. Angelegenheiten." 20) K. Zimmermann, Gesch. des Gustav-Adolfs-Vereins (1877) S. 116. 117. 21) Man findet angewärts die Angabe, daß diese 206,547 Thlr. "vereinnahmt" worden seien, davon 20,289 durch die Frauenvereine.

22) W. Felgenträger, in dem "Boten des Gustav-Adolfs-Vereins für die Provinz Sachsen", Sept. 1872, Nr. 9, auf Grund des von Prof. Fricke bei der Hauptversammlung zu Speier am 28. Aug. 1872 vorgetragenen Berichtes. 23) K. Zimmermann, Geschichte des Gustav-Adolfs-Vereins (1877) S. 116. 117.

Geheimen Kirchenrath Hoffmann zum Präsidenten wählte, der evangelischen Gemeinde zu Schroda in Posen zu. — Im Rechnungsjahre 1871 auf 1872 (6. Nov.) empfingen 1118 Gemeinden, soweit es sich ermitteln ließ, zusammen eine Unterstützung von 205,032 Thlrn. [24], wozu die Centralkasse 44,999 beitrug [25]. — Im April 1872 legte K. Zimmermann mit den Aemtern in Darmstadt auch seine Functionen für den Gustav-Adolfs-Verein nieder. — Der Curiosität wegen sei noch erwähnt, daß in dem zu Agram erscheinenden ultramontan-katholischen Blatte „Biene und Wespe" unterm 29. Dec. 1872 ein Artikel erschien, worin es z. B. hieß: Die Mitglieder des Gustav-Adolfs-Vereins seien „mit aller Religion auf den Hund gekommen" und hätten „nicht einmal" den Glauben „an die Existenz Gottes"; von ihnen würden „die wohlfeilen Bibeln ins Land geschickt" u. s. f. in diesem Blödsinn.

Die von Hoffmann zum letzten Male geleitete 27. Hauptversammlung, welche am 3., 4. und 5. Sept. 1873 in Cassel stattfand und die große Liebesgabe im Betrage von 9150 österreichischen Gulden der evangelischen Gemeinde Kolomea in Galizien zuwandte, mußte es wiederum als die schwerste Sorge und Aufgabe der Stiftung empfinden, für die durch die neue Gesetzgebung hart betroffenen Schulen in Oesterreich Hilfe zu schaffen; ähnliche Zustände waren aber auch neuerdings in Preußen und im Großherzogthum Hessen geschaffen worden. Während des Rechnungsjahres vom 6. Nov. 1872 bis dahin 1873 wurden für 1132 Gemeinden 209,590 Thlr. verwendet [26], wobei der Antheil der Centralkasse 49,617 betrug [27]. An Legaten wurden während derselben Zeit der Centralstelle 23, den Hauptvereinen 28 überwiesen [28].

Zur 28. Generalversammlung pro 1874 war (in Cassel) Stuttgart gewählt worden, wo dieselbe vom 22. bis 24. Sept. unter dem Vorsitze des Prof. Baur von Leipzig tagte, und zwar sehr zahlreich; das Verzeichniss vom 24. Sept. zählte 1483 Theilnehmer, selbstverständlich meist aus Würtemberg, bezugsweise Stuttgart. Wiederum traten mit lebendigen Schilderungen und eindringlichen Bitten viele Redner aus der Ferne auf, wie Pastor Meyer aus Lyon, Pastor Fliedner aus Madrid, ein Geistlicher aus Brasilien und andere, namentlich aus Oesterreich. Da der nach Dresden berufene Geh. Kirchen-Rath C. F. Hoffmann, welcher von 1857 bis zum Frühjahre 1874 Vorsitzender des Central-Vorstandes und von 1858 bis 1873 Leiter der Hauptversammlungen gewesen, dem Centralvorstande ausschied, so wurde bei der stuttgarter Zusammenkunft Pastor von Criegern aus Leipzig von den Deputirten einstimmig zum Mitgliede des Centralvorstandes gewählt, während Prof. Fride von ebenda (1868 von den sächsischen

Orthodoxen als zu freisinnig angefeindet) den Vorsitz übernahm. Für die Ueberweisung der großen Liebesgabe, im Betrage von 5400 Thalern, an die Gemeinde Gurzno in Westpreußen erklärte sich die Mehrheit der Abgeordneten-Stimmen (49). Das materielle Hauptresultat des Rechnungs-Jahres vom 6. Nov. 1873 bis dahin 1874 war eine Verwendung von 231,343 Thlrn. an 1184 Gemeinden [29]; der Beitrag der Centralkasse hierzu war 51,080 Thlr. [30]. Die Summe aller Verwendungen bis dahin seit dem Bestehen der Stiftung belief sich für 2498 Gemeinden — außer mancher der Centralstelle nicht bekannt gewordenen directen Gabe von Zweig-, Frauen- und anderen Vereinen — auf 4 Mill. 12,676 Thlr.; mithin hatte die vierte Million nur die Zeit von 1869 auf 1873 bis 1874 gebraucht, um voll zu werden. Den höchsten Beitrag zur Central-Kasse für das Rechnungsjahr bis zum 6. Nov. 1874 lieferte von allen 43 vorhandenen Hauptvereinen der württembergische, nämlich fast 36,000 rhein. Gulden, während zu der Haupteinnahme, soweit der Central-Vorstand hiervon Kenntniß hatte, die Frauenvereine, mit Zuhilfenahme von Bazaren, Kettenlotterien und anderen Mitteln, in dieser Zeit 35,439 Thlr. beisteuerten [31]. In derselben Zeit gingen dem Central-Vorstande 14, 21 Hauptvereinen 63 Legate zu [32]. Gleichzeitig entstanden neu 37 Zweigvereine und 33 Frauen- sowie Kindervereine, während 6 Zweigvereine und 1 Kinderverein sich auflösten [33]. Ein armer Häusler in Schwepnitz bei Dresden sparte 52 Wochen hindurch je 2 Pfennige zum Geschenk für die Stiftung [34]. Auch wurde von mancher anderen rührenden Gabe Mittheilung gemacht. Aber trotz dieser reichlichen Einnahmen blieb noch immer sehr viel zu thun, und fortgehend stellten sich neue Bedürfnisse heraus. Die von dem Central-Vorstande in Pflege genommenen Gemeinden hatten im Abschluß der Rechnung für 1874, soweit es sich übersehen ließ, noch für 796,661 Thlr. Schulden [35]. — In den fünf Jahren von 1869/70 bis 1873/74 haben im jährlichen Durchschnitt verwendet die Hauptvereine Düsseldorf (mit 10 berechtigten Vertretern bei den Haupt-Versammlungen) 18,574 Thlr., Stuttgart (mit 9 Vertretern) 17,108, Berlin (mit 8 Vertretern) 14,248, Breslau (mit 7 Vertretern) 11,749, Leipzig (mit 7 Vertretern) 11,666, Münster (mit 6 Vertretern) 10,478 u. so fort in absteigender Folge [36]. — Noch ist zu erwähnen, daß Stiftung 1874 den Anfang mit Lehrerdotationen, besonders für Böhmen, machte, sowie daß in demselben Jahre der mehrgenannte Pfarrer Legrand in Basel starb.

Unter Prof. Fricke's von Leipzig Vorsitze tagte die

---

24) „Allgem. Angelegenheiten." 25) K. Zimmermann, Gesch. des Gustav-Adolfs-Vereins (1877) S. 116. 117. 26) „Allgem. Angelegenheiten" und Bericht des Central-Vorstandes von 1874. 27) K. Zimmermann, Gesch. des Gustav-Adolfs-Vereins (1877) S. 116. 117. 28) Bericht des Schriftführers Pastor v. Criegern pro 1875 resp. 1874 S. 12.

29) „Allgem. Angelegenheiten", resp. Bericht des Central-Vorstandes pro 1875 S. 25. 30) K. Zimmermann, Gesch. des Gustav-Adolfs-Vereins (1877) S. 116. 117. 31) Aus dem durch Pastor v. Criegern bei der Hauptversammlung von 1875 erstatteten Bericht. 32) Ebenda S. 42. 33) Ebenda S. 52. 34) Ebenda. 35) Ebenda. 36) Bericht des Central-Vorstandes über die Hauptversammlung in Erfurt 1876 S. 7.

29. General-Versammlung vom (23.) 24. bis 26. Aug. 1875 in Potsdam, wo am 24. der verstärkte Central-Vorstand vor dem deutschen Kaiser Wilhelm, welcher auch am Festmahle des 25. Theil nahm, und vor der Kaiserin Augusta eine Audienz hatte. Auch war es der 25. Sept., wo, in dem Alter von 67 Jahren, zu Dresden der frühere langjährige Präsident des Central-Vorstandes und der General-Versammlungen, der dortige Ober-Consistorial-Rath Prof. C. F. Hoffmann starb [37]). Am Nachmittage des 24. setzte sich der Festzug nach der Haupt- und Garnison-Kirche in Bewegung, wo Probst Brückner die Predigt hielt, und wiederholte sich unter Glockengeläut am folgenden Tage, dessen Predigt Prof. Baur von Leipzig übernommen hatte. Unter anderen Mittheilungen, namentlich denjenigen über unterstützte und hilfesuchende (1107) Gemeinden, befanden sich auch die, daß nach der damaligen Kenntniß des Central-Bureaus 1207 Zweig-, 380 Frauen-, 10 selbständige Vereine mit 83 Zweig- und 6 Frauen-Vereinen, ferner 8 Studenten-Vereine vorhanden waren. Als neu entstanden 1874/75 wurden 17 Zweigvereine, 14 Frauenvereine, 1 Studentenverein bezeichnet. In Bezug auf die Pflichten des Haupt-vereine erinnert der Bericht an die oft verspätete Einsendung der Gelder, wodurch unerwünschte Lücken in der Rechnungsablage entstehen, während er hinsichtlich ihrer Rechte die Beschlüsse der 1875er Hauptversammlung hervorhebt, daß jeder derselben mindestens 1 Abgeordneten zur Haupt-Versammlung entsenden kann; verwendet er im durchschnittlichen Jahresminimum (5 Jahre) 2000 Thlr., so hat er das Recht auf einen zweiten; auf jede weitere 2000 Thlr. kann er wieder je einen Deputirten ernennen: ein Stimmenverhältniß, welches von der damaligen Versammlung der Abgeordneten neu dahin bestimmt wurde, daß die Festtellung dieser Einzelzahlen durch den Central-Vorstand zu erfolgen habe und zwar von fünf zu fünf Jahren. Vorher war das Stimmenverhältniß von der Zahl der protestantischen Einwohner in dem betreffenden Lande resp. Provinz abhängig. Auch setzte man als Abschluß der Rechnung für die Zukunft den 31. Dec. fest. Die Hauptliebesgabe wurde am 26. Aug. mit 16,390 Mark, denen der brandenburgische (märkische) Verein zu Berlin noch mindestens 10,000 hinzufügen wollte, der Gemeinde Hohenbach in Oesterreichisch-Galizien zugesprochen; die beiden anderen Gemeinden, welche neben dieser zur Auswahl vorgeschlagen worden waren, Ueberruhr bei Essen und Langenschwarz in Kurhessen, empfingen zusammen eine außerordentliche Beihilfe von 7818 Mark. Die Einnahme des Rechnungsjahres vom 6. Nov. 1874 bis dahin 1875 setzten sich aus den nachfolgenden Positionen zusammen: 1) Bestand aus der vorjährigen Rechnung 16,924 Mark 4 Pfge.; 2) Sammlungen der Haupt-, Zweig-, Frauen- und Hilfs-Vereine 308,672 Mark 80 Pfge.; 3) verschiedene Gaben 1171 Mark 55 Pfge.; 4) Legate und Stiftungen, a) zum Kapitalisiren 7436 Mark, b) zur soforigen Verwendung 306 Mark 53 Pfge.; 5) Kapitalzinsen 14,826 Mark 76 Pfge.; 6) Zinsenertrag von Stiftungen mit besonderer Bestimmung 4144 Mark 74 Pfge.; 7) Zinsen, Discont und Agio 3982 Mark 73 Pfge.; 8) ausgeloste und verkaufte Werthpapiere 14,142 Mark 90 Pfge., Summe 371,608 Mark 5 Pfge. [38]). Einer freundlichen Mittheilung von Seiten der Herren Vorsteher im Centralbureau (1877) verdanken wir den Nachweis, daß am 6. Nov. 1875 als eiserner Kapitalfonds beim Central-Vorstande vorhanden waren: 1) an Kapitalconto (aus der alten Stiftung, neuere Legate, Schenkungen u. f. w.) 336,401 Mark, 2) die Hermann'sche Stiftung mit 42,600 Mark, 3) die Voigt'sche Stiftung mit 7311 Mark, Sa. 386,313 Mark. Anderwärts finden wir die Angabe, daß der Betrag des am 6. Nov. 1875 unter der Verwaltung des Central-Vorstandes sich befindenden Kapitalvermögens (mit Einschluß der Legate) 336,401 Mark umfaßt haben soll, sowie daß von 1832 bis dahin als Legate 291,235 Mark in die Central-Kasse geflossen sind [39]). — Im Rechnungs-Jahre vom 6. Nov. 1874 auf 1875 wurden von dem Gesammt-Vereine für 1106 Gemeinden 697,527 Mark verwendet [40]), hiervon 160,993 durch den Antheil der Central-Kasse [41]). Dazu kommen als vereinnahmt in derselben Zeit 53 Legate mit zusammen 35,500 Mark. Die Ausgaben der Central-Kasse vom 6. Nov. 1874 bis dahin 1875 waren: 1) An Unterstützungen 315,253 Mark 42 Pfge.; 2) Kosten für Drucksachen, Druckschriften, Inserate, Buchbinderlöhne, Salaire, Porto, Bureau-Aufwand, Reisespesen 22,007 Mark 59 Pfge. (wovon durch die Vereine 3459 Mark 75 Pfge. wiedererstattet wurden, sodaß schließlich nur 18,547 Mark 84 Pfge. in Ausgabe kommen); 3) Hypotheken-Anlagen 24,000 Mark [42]). Unter obigen 697,527 Mark der an Gemeinden, Anstalten und einzelne Personen versendeten resp. verwendeten Gelder befanden sich auch 3082 Mark 84 Pfge. als Werth von Naturalien-Spenden. Von dieser Hauptsumme sind 315,253 Mark 42 Pfge. durch den Central-Vorstand, 382,274 Mark 29 Pfge. direct durch die verschiedenen Unter-Vereine versendet worden [43]). Während in diesem Jahre (1874/75) nur 29 Gemeinden als nicht mehr unterstützungsbedürftig aus der Pflege der Stiftung entlassen werden konnten, wurden mit Hilfe derselben vollendet und in Gebrauch genommen 35 Kirchen und Betsäle, 18 Schulen, 17 Pfarrhäuser, neu in Bau genommen 20 Kirchen, 12 Schulbauten. Aber noch immer standen außerdem auf der Registrande der Desiderien und anerkannten Bedürfnisse — abgesehen von nothwendigen Reparaturen — als neu zu schaffen 153 Kirchen resp. Betsäle, 117 Schulen (besonders in Oesterreich), 73 Pfarrhäuser; noch hatten als Pfleglinge der Vereine 310 Gemeinden eine Schuldenlast von zusammen

---

37) Bericht des Central-Vorstandes pro 1875 S. 25.

38) Die Einzelheiten sind entnommen aus der gedruckten Handschrift „Rechnungsablage" des Central-Vorstandes. 39) K. Zimmermann, Gesch. des Gustav-Adolfs-Vereins (1877) S. 122. 123. 40) Allgem. Angelegenheiten." 41) K. Zimmermann, Gesch. des Gustav-Adolfs-Vereins (1877) S. 116. 117. 42) Aus der in Note 38 genannten „Rechnungsablage." 43) Aus derselben.

2,630,809 Mark [44]). In der Zeit des Bestehens der Stiftung von 1832 bis 6. Nov. 1875 sind im Ganzen — soweit die Ermittelung der Centralstelle reicht; thatsächlich belaufen sich die Gaben auf eine höhere Summe, sicherlich auf 13 Millionen — 2558 Gemeinden mit 12,735,554 Mark 51 Pfgen. unterstützt worden, nämlich 862 in Preußen, 531 im übrigen Deutschland, 471 in Oesterreich diesseit der Leitha, 364 in Oesterreich jenseit der Leitha, 330 in allen übrigen Ländern zusammen, nämlich 100 in Frankreich, 48 in Holland, 25 in der Schweiz, 22 in Belgien, 19 in Italien, 17 in Rußland, 17 in Algerien, 16 in Nordamerika, 16 in Rumänien, 12 in Brasilien, 9 in der asiatischen Türkei, 6 in der europäischen Türkei, 4 in Spanien, 3 in Serbien, je 2 in Aegypten, Portugal, Großbritannien, Australien, je 1 in Luxemburg und Afrika [45]). — Die Registrande des Centralbureaus in Leipzig enthält an eingegangenen Nummern pro 1850: 930, pro 1855: 1151, pro 1860: 2200, pro 1865: 2299, pro 1870: 2511, pro 1875: 3750, an ausgegangenen pro 1850: 923, pro 1855: 1052, pro 1860: 1826, pro 1865: 1803, pro 1870: 1479, pro 1875: 2259.

Die 30. Hauptversammlung hatte 1876 ihren Sitz zu Erfurt, dessen Special- oder Zweigverein sich bisher stets außerordentlich thätig und hilfreich erwiesen, und zwar an den Tagen des 12., 13. und 14. Sept., von denen, wie gewöhnlich, der erste für die geschlossene Versammlung des Central-Vorstandes und der Abgeordneten der Hauptvereine, der zweite für die öffentliche berathende und mittheilende, der dritte für die beschließende Zusammenkunft unter Fricke's Vorsitze bestimmt war. Die Ergänzungswahl der alle drei Jahre ausscheidenden Drittel der 24 Vorstandsmitglieder (von welchen 9 in Leipzig und 15 in dem anderen Vereinsgebiete wohnhaft sein müssen) vollzog sich am dritten Versammlungstage. Zur Verwendung der großen Liebesgabe, für welche diesmal 16,783 Mark zur Verfügung standen, hatte nach der bisherigen Uebung der Central-Vorstand drei Gemeinden vorgeschlagen, nämlich Groß-Jeziory in Posen, Iglau in Mähren und Innsbruck in Tyrol; die Versammlung der Abgeordneten entschied sich am 14. Sept. mit 95 von 118 Stimmen für Innsbruck; die beiden anderen Gemeinden erhielten zusammen 3500 Mark. Auch in Erfurt waren, wie bei den früheren General-Versammlungen, schöne und reichliche Gaben auf Altarleuchtern u. s. w. ausgestellt, welche die Bestimmung hatten, gewissen Gemeinden überreicht zu werden. Abgesehen von den Predigten, deren in Erfurt zwei gehalten wurden, empfand man es hier wiederum, daß die Begrüßungen und der Vortrag des Hauptberichtes zu viel Zeit in Anspruch nahmen, sowie daß hier die lange Reihe der, wenn auch immerhin in Einzelnen kurzen und höchst interessanten Vorträge der Bittsteller aus der Diaspora durch ihre Summe etwas ermüdend wirkte [46]). Am

6. Nov. 1876 bestanden 43 solche Hauptvereine, welche dem Gesammtvereine an- und eingegliedert waren, nämlich: 1) Anhalt, 2) Großherzogthum Baden, 3) Königreich Baiern in Ansbach, 4) desgleichen in Speier, 5) Herzogthum Braunschweig, 6) Freie Stadt Hamburg, 7) Großherzogthum Hessen-Darmstadt, 9) Fürstenthum Lippe-Detmold, 10) Freie Stadt Lübeck, 11) Großherzogthum Mecklenburg-Strelitz, 12) Wien, 13) Siebenbürgen, 14) Großherzogthum Oldenburg, 15) preußische Provinz Brandenburg, 16) Schlesien, 17) Pommern, 18) Preußen, 19) Sachsen, 20) Rheinland, 21) Westfalen, 22) Posen, 23) Hessen-Nassau in Cassel, 24) Frankfurt a. M., 25) in Stadt Hannover, 26) in Göttingen, 27) in Osnabrück, 28) in Aurich, 29) Schleswig-Holstein in Kiel, 30) Wiesbaden für Nassau, 31) Reuß ä. L., 32) Reuß j. L., 33) Dresden, 34) Leipzig, 35) Altenburg, 36) Coburg-Gotha, 37) Meiningen-Hildburghausen, 38) Weimar, 39) Lippe-Schaumburg, 40) Schwarzburg-Rudolstadt, 41) Schwarzburg-Sondershausen, 42) Waldeck, 43) Würtemberg. Noch immer hielt sich schon seit längerer Zeit Mecklenburg-Schwerin und verschlossen, ebenso Dänemark und — mit wenigen Ausnahmen — England. Auch ist bisher in Nordamerika der Art nichts geschehen, während Elsaß, Ungarn, Rußland, wenn auch unter anderem Namen, die Sache in die Hand genommen. Die Frauen-Vereine haben sich, wie vor wie nach hauptsächlich für die Ausstattung der Kirchen und Confirmanden-Anstalten, für die Pflege der Wittwen und Waisen von Geistlichen und Lehrern in der Diaspora thätig erwiesen, während der Gesammtverein, namentlich der Central-Vorstand, als neue, recht bedürftige Pfleglinge seit den letzten Jahren die österreichischen Schulen im Auge hatte, um dieselben vor dem Untergange in dem katholischen Schul- und Kirchenwesen zu bewahren. Die Verwendung der Central-Kasse für dieselben waren: 1870: 10,684 Mark für 96, 1871: 15,772 Mark für 147, 1872: 17,165 Mark für 214, 1873: 14,216 Mark für 182, 1874: 15,760 Mark für 182, 1875: 15,175 Mark für 154, 1876: 14,425 Mark für 161.

Nachdem am 12. Juli 1877 zu Darmstadt der zweite Gründer des Vereins, K. Zimmermann, gestorben war, tagte am 5. Sept. und am folgenden Datum, wo der Festgottesdienst in der Paulskirche stattfand, die 31. Hauptversammlung mit etwa 550 Theilnehmern unter dem Vorsitze des Professers Fricke von Leipzig zu Frankfurt a. M. Laut der der gemachten Mittheilungen waren im Rechnungsjahre bis zum 6. Nov. 1876 an 1149 Gemeinden und Institute 739,344 Mark verausgabt worden, sodaß bis dahin die Gesammtsumme der seit 1832 vertheilten Hilfsgelder sich auf die Summe von 13,474,890 Mark belief, an welcher 2617 evangelische Gemeinden und Anstalten participirten. Innerhalb des Jahres vom 6. Nov. 1875 bis dahin 1876 fielen an Legaten dem Central-Vorstande 28,052, dem ganzen Vereine (mit Inbegriff aller Einzelvereine) in 70 Fällen 102,973 Mark zu. Während derselben 12 Monate bildeten sich neu 15 Zweigvereine, 1 Studentenverein, 18

44) W. Felgenträger S. 348. 349.   45) „Rechnungsablage." — „Bericht" des Central-Vorstandes zur Hauptversammlung von 1876.   46) W. Felgenträger S. 350 fg.

Frauenvereine, sobaß die Stiftung am 6. Nov. 1876, unter Berücksichtigung der gleichzeitig aufgelösten Vereinigungen, aus 43 Hauptvereinen (wie 1875), 1055 Zweigvereinen, 9 Studentenvereinen und 362 Frauenvereinen bestand. Vollendet wurden durch Beihilfe der Stiftung in dem Rechnungsjahre bis zum 6. Nov. 1876 34 Kirchen und Betsäle, 27 Schulen, 17 Pfarrhäuser. Die große Liebesgabe, in Höhe von 16,990 Mark, wurde durch die frankfurter Versammlung der Gemeinde Donaueschingen in Baden zugesprochen; die beiden nächsten größeren Gaben mit zusammen 4150 Mark, denen der Central-Vorstand 2400 Mark beifügte, empfingen die Gemeinden Kastel-Kostheim und Kalk bei Cöln a. R. Es fehlte wiederum nicht an lebhaften Schilderungen der bei evangelischen Gemeinden in Italien, Spanien, der Türkei und anderwärts noch obwaltenden Bedürftigkeit.

Die deutsche evangelische resp. lutherische und reformirte Kirche hat bis jetzt kein größeres und umfassenderes freies Einigungs- und Liebeswerk aufzuweisen als den Gustav-Adolfs-Verein, welcher consequent jedem Streben, gegen die katholische Kirche zu polemisiren oder Propaganda zu machen, fern geblieben ist. Seine segensreiche Wirksamkeit, welche sich durch manche Krisen bis zu dem jetzigen Stadium, der ruhigen Geschäftsmäßigkeit, hindurchgearbeitet und gleichzeitig gegen früher einen mehr kirchlichen Charakter angenommen hat, ruht nicht blos in den materiellen Gaben, durch welche hilfsbedürftige Gemeinden, Anstalten, Personen unterstützt und vor dem Untergange bewahrt werden, sondern auch in dem geistigen Elemente einer innigen Verbindung aller Glieder der evangelischen Kirche, welche in seinen Bereich als gebende und empfangende gezogen sind oder werden. Wenn durch seine Thätigkeit in einem vorher kaum geahnten Nothstände zur Erkenntniß gekommen sind, so hat sich doch andererseits dadurch auch ein früher nicht vorhandenes festes Band der Zusammengehörigkeit gebildet, und zwar nicht auf dem Grunde und unter der Bedingung eines engherzigen Wort-Confessionalismus, sondern in der Kraft eines weitherzigen evangelischen Glaubens, welcher vornehmlich in der Liebe thätig ist. Als biblische Hauptmottos dürfen betrachtet werden: „Als wir denn nun Zeit haben, so lasset uns Gutes thun an Jedermann, allermeist aber an des Glaubens Genossen"; „nehmet euch der Heiligen Nothdurft an"; „wohlzuthun und mitzutheilen, das vergesset nicht; denn solche Opfer gefallen Gott wohl". Wenn auch die Stiftung sich streng davon fern hält, politische Zwecke zu verfolgen, so ergibt sich doch von selbst und nothwendiger Weise aus ihrer Wirksamkeit auch eine Stärkung des deutsch-nationalen Bewußtseins. Es kann von manchen Bauten des Vereins, insbesondere von Kirchenbauten in der Diaspora, beispielsweise in Oesterreich, gesagt werden, daß sie im Verhältniß zu Kirchen solcher Gemeinden im Inlande, welche durch den Verein nie eine Unterstützung empfingen, während ihre Gemeinden zu den Unterstützungen beitrugen, sehr kostspielig und glänzend angelegt sind, aber es darf hierbei nicht vergessen werden, daß man neben die meist sehr ansehnlichen

katholischen Gotteshäuser keine durch Armseligkeit gedrückte evangelische in stellen genügenden Grund hat.

Aus der Literatur über und den literarischen Förderungsmitteln für den Verein haben wir bereits in den Noten mehrere Druckschriften genannt; wir stellen sie hier mit anderen zusammen.

Den ersten Platz behauptet der „Bericht", welcher jährlich vom Central-Vorstande resp. dem Central-Bureau in Leipzig herausgegeben wird. Von derselben Stelle redigirt, erscheinen etwa seit 1843, nach jeder Hauptversammlung über diese wie über die Hauptereignisse des abgelaufenen Jahres, die „Fliegenden (Roth- und Hilfs-) Blätter", aber auch unter Umständen bei anderen Anlässen. Die 9. Nummer brachte der Central-Kasse 3100 Thlr. ein. — Seit dem 1. Oct. 1843 wurde bei Leske in Darmstadt, seit 1862 bei Zernin ebenda, von 1844 bis 1872 unter Mitredaction von Großmann jun., von K. Zimmermann sen. in Darmstadt der „Bote des evangelischen Vereins der Gustav-Adolf-Stiftung", herausgegeben; auch kurzhin der „Darmstädter Bote" genannt. Ebenfalls Werke K. Zimmermann's sen. sind „Bauten des Gustav-Adolfs-Vereins in Bild und Geschicht", wovon 1875 der 2. Band erschien, ferner „Der Gustav-Adolfs-Verein im Großherzogthum Hessen"; ferner mehrere Hefte unter dem Titel: „Nehmet Euch der Heiligen Nothdurft an", wovon 1875 das 6. vorlag; ferner eine Karte mit dem Titel: „Das Arbeitsfeld des Gustav-Adolf's-Vereins" ; ferner (gegenwärtig noch nicht im Buchhandel) eine umfassende Geschichte des Vereins, welche von seinem Sohne vollendet und herausgegeben wird. — Von 1854 an jetzt (1877) hat Ritter einen „Gustav-Adolf's-Kalender" in Darmstadt erscheinen lassen. — Ein Werk mit demselben Titel gab seit 1859, ebenfalls in Darmstadt, Kromm heraus und betitelte dasselbe von 1864 bis 1866 als „Jahrbuch für Freunde des Gustav-Adolf's-Vereins". — Eine Geschichte des Vereins hat in den funfziger Jahren der Verein für Verbreitung wohlfeiler Volksschriften in Zwickau drucken lassen. — Kurz zusammengefaßt ist die Wirksamkeit des Vereins bis 1870 in W. Beyschlag's (Halle a. d. S.) „Der Gustavadolfverein im ersten Vierteljahrhundert seines Bestehens", Halle a. d. S. bei G. E. Barthel, 1870. — Auch die Hauptvereine lassen in der Regel jährlich einen Bericht über ihre Thätigkeit sowie über die Hauptmomente im Leben des Gesammtvereins drucken, und neben ihnen erscheinen periodische Veröffentlichungen aus deren Kreisen. Wir führen folgende an: „Jahresbericht des schleswig-holsteinischen Hauptvereins" (der Gustav-Adolf's-Stiftung), redigirt von Prof. Thaulow seit 1843. — „Gustav-Adolf-Blätter im Landdrosteibezirke Osnabrück", seit 1846 redigirt von Wübbel. — Ebenfalls seit 1846 erschien der „Gustav-Adolfs-Bote für die Provinz Preußen", herausgegeben von Voigdt. — Der „Thüringer Gustav-Adolfs-Bote" wurde 1848 von Schmidt gegründet und später von Tröbst in Weimar fortgesetzt. — „Mittheilungen für Freunde des Gustav-Adolf's-Vereins in Schlesien" kamen seit 1849 unter der Redaction von Weingärtner

20

heraus. — „Der Märkische Bote" wurde 1851 von Bellermann in Berlin begonnen und später heraus- gegeben von Schweber, Hentschel, Kießling und Rogge. — Vor 1857 wurden die „Mittheilungen für Freunde des Gustav-Adolf's-Vereins in der Rhein- provinz" ausgegeben. Wir finden sie auch als „Rhein- preußische Mittheilungen" u. s. w. bezeichnet. Das „Rheinisch-Westfälische Gustav-Adolfs-Blatt" redigirte seit 1857 Engelbert; dann stand es unter der Re- daction von Bleibtreu und Hirsch, später unter der- jenigen von Stursberg in Düsseldorf.—Den „Pommern- schen Gustav-Adolfs-Boten" begründete 1859 Alberti; später führte ihn Spohn in Stettin weiter. — In und für Würtemberg erschienen von 1862 bis 1873 „Mit- theilungen", von 1873 ab an ihrer Statt „Blätter des Gustav-Adolfs-Vereins für Würtemberg", edirt von Lauxmann. — Ein „Gustav-Adolfs-Bote für die Provinz Sachsen" erscheint seit 1870 in Halle. — Das Entstehungsjahr der „Monatsberichte aus dem Gustav- Adolfs-Verein" in Oldenburg vermögen wir nicht an- zugeben; sie wurden anfangs von Greverus, dann von Nielsen redigirt. — Außer diesen Druckwerken sind in Deutschland viele andere erschienen oder erscheinen noch gegenwärtig, vielleicht im Verhältniß zu den Lesern zu viele. — Das entsprechende Hauptblatt in Oesterreich führt (1875) den Titel: „Halte, was Du hast". — Seit dem J. 1872 erscheint zu Leyden in den Nieder- landen „Gustaaf Adolf. Tafereelen en Berichten nit de Geschiedenis der Protestantsche Kerk in onze Dagen". _(J. Hasemann.)_

GUSTAVIA (Gustaf), Hauptstadt der ursprüng- lich französischen, im J. 1784 den Schweden abgetretene Insel St. Bartholomäus oder St. Barthélimy (schwedisch Set Barthélemy), liegt in Br. 17° 53', L. 62° 52' westl. Greenw., an der Südwestküste der Insel und an dem durch eine breite Bucht gebildeten Hafen Le Carénage, wo sie ein inneres Becken umzieht, welches durch eine am Südende der Bucht weit vortretende breite Land- zunge eingeschlossen wird.

Le Carénage ist ein guter, geräumiger Hafen mit vorzüglichem Ankergrunde auf feinem Sand und See- gras und in einer von 7—1 Faden allmälig abnehmen- den Tiefe, wo Schiffe jeder Größe gegen alle Winde geschützt liegen, ausgenommen gegen Nordwestwind. Gegen letzteren ist der Hafen offen, und in der Orkan- zeit, wenn der Wind aus diesem Striche weht, wirft sich eine schwere See ein, in welcher Schiffe oft scheitern. Der Zugang zum Hafen ist schwierig wegen der dem- selben vorliegenden Reihe der Kleininseln La Baleine, Syndare, Les Saintes und mehreren kleinern, wegen der vielen, theilweise vom Wasser verborgenen oder nur bis an die Oberfläche des Wassers emporragenden Klippen, und wegen der verwirrenden, plötzlich aus dem (an 1000 Fuß) hohen Innern hervorstoßenden Gegenwinde, besonders für die Passage für größere Schiffe gefährlich. Im innern Becken ist nur 1 Faden Tiefe, größere Schiffe liegen nördlich von der Stadt in 6—7 Faden Wasser. Le Carénage ist übrigens der einzige Hafen in

Set Barthélemy, dessen Küsten fast überall, vor allem an der Nordseite, von einer Menge Klippen umsetzt und höchst gefährlich sind. Der Zugang zum Hafen wird vertheidigt vom Fort Gustaf, am Hauptlande nördlich von Gustavia, Fort Oscar auf der Nordwestspitze der Landzunge, Fort Kart am Südostanfange der Land- zunge.

Gustavia ist ein Freihafen. Die Ausfuhr besteht hauptsächlich in Tabak, Droguen, Lignum Vitä, Cassava und Kalkstein. Es fehlt der Stadt an Trinkwasser, da die Insel weder Quellen noch fließende Gewässer hat und nur von dem Regenwasser der Cisternen abhängt, weßhalb Trinkwasser von den umliegenden Inseln impor- tirt wird. Gustavia hat an 800 Häuser und an 10,000 Einwohner. Die Bevölkerung ist eine sehr gemischte und besteht aus Negern, Schweden, Engländern, Fran- zosen, Dänen, Amerikanern. Während der französischen Kriegszeit am Anfange des Jahrhunderts hatte Gustavia, da es fast der einzige neutrale Hafen in Westindien war, ein sehr lebhaftes Geschäft und hob sich in Wohlstand; seitdem ist es wieder in Verfall gerathen.

(W. Bentheim.)

GUSTAVIA, eine von Linné dem Könige von Schweden Gustav III., dem Protector der Wissenschaften gewidmete Gattung der Myrtaceen mit folgenden Merk- malen: Kelchröhre kreiselförmig, über dem Fruchtknoten 4—6fächerig, vieleig, kaum verlängert, in den Kelch übergehend. Kelch oberständig, entweder schmal, unge- theilt oder undeutlich vierlappig oder sechstheilig, stehen- bleibend. Kronblätter 6—8, groß, fast gleichlang. Staub- gefäße sehr zahlreich, mehrreihig, am Grunde frugförmig verwachsen, nach oben frei; Staubfäden linealisch, immer einwärts gekrümmt, an der Spitze ein wenig breiter, abgestutzt, kappenförmig; Staubbeutel linealisch, am Grunde befestigt, fast vierfächerig, an der Spitze zweifurchig oder zweilöcherig. Griffel sehr kurz, meist kegelförmig; Narbe 4—6furchig. Beere faserig, klappenlos, vom Kelche ge- krönt oder genabelt. Samen wenige in jedem Fache, eiförmig, von einer dicken, lederartigen Schale umgeben, an der dicken, langen, gefalteten, dem Säulchen ange- hefteten Nabelwarze hängend. Samenkeim eiweißlos, Keimblätter groß, fleischig, etwas ungleich, flach-gewölbt; Würzelchen stumpf, kaum hervortretend, dem Nabel zu- gewandt.

Die hierher gehörigen Arten wachsen in Amerika; es sind Bäume mit wechselständigen, großen, sehr oft unpunktirten, gesägten Blättern, einblüthigen, fast dolbig stehenden, in der Mitte von zwei Deckblättern begleite- ten und daselbst langgestielten Blüthenstielen und großen Blüthen.

Folgende Arten sind aus dieser Gattung bekannt:

A. Kelch fast ganzrandig oder nur sehr undeut- lich-vierlappig; Staubbeutel an der Spitze zweifurchig.

1) G. augusta _Linné._ Blätter sitzend, lanzettlich oder länglich-lanzettlich, lang zugespitzt, am Grunde all- mälig verschmälert, scharf gesägt, kahl, nicht punktirt, netzaderig, gerippt; Blüthenstiele kräftig, in der Mitte von zwei kleinen Deckblättchen begleitet, nebst dem Frucht-

fnoten sehr dünn weichhaarig; Kelch schmal, fast ganz= randig; Staubbeutel an der Spitze zweifurchig; Griffel kurz, kegelförmig; Narbe stumpf, undeutlich=gelappt; Beere kugelig=kreisförmig, am Scheitel abgestutzt. Hier= her gehört **G. meizocarpa** *Gaertner*.

Die Pflanze ändert ab:

α) guianensis *Berg* mit flachen, glänzenden, bei= derseits erhaben=gerippten Blättern. Hierher gehören **G. augusta** *Linné*, Pirigara tetrapetala *Aublet*, Gustavia urceolata *Poiteau* und **G. tetrapetala** *Raeuschel*.

β) brasiliensis *Berg* mit papierartigen, glanzlosen, oberseits kaum gerippten Blättern. Hierher gehört **G. insignis** Willdenow herb.

γ) verrucosa *Martius*. Blüthenstiele, Fruchtknoten, Kronblätter auf der Außenseite warzig.

δ) conferta *Berg*, schlanker, Blätter kleiner, papier= artig; Blüthenstiele kürzer als die Knospen. Hierher gehört **G. conferta** Spruce herb.

ε) calycaris *Berg*. Kelch deutlich vierlappig, Lap= pen abgerundet=eiförmig. Hierher gehört **G. fastuosa** Spruce herb.

Diese Art kommt in Venezuela, Guiana und Bra= silien vor.

2) **G. Poeppigiana** *Berg*. Holz nicht stinkend; Blät= ter spatelig, stumpf oder kurzstumpf=zugespitzt, am Grunde lang verschmälert, geschweift=gesägt, kahl, unpunktirt, netzaderig und gerippt; Blüthenstiele endständig, zu meh= reren, in der Mitte von zwei Deckblättern begleitet; Fruchtknoten glatt, sehr kaum sammethaarig; Kelch un= getheilt; Staubbeutel an der Spitze zweifurchig; Beere fast kugelig, kahl.

Die Pflanze ändert ab:

α) opaca *Berg* mit kurzgestielten, häutigen, glanz= losen Blättern.

β) nitens *Berg* mit sitzenden, papierartigen, schwach= glänzenden Blättern.

γ) rigida *Berg* mit fast sitzenden, starren Blättern.

In Brasilien.

3) **G. longifolia** *Poeppig*. Blätter papierartig, sitzend, spatelig, am oberen Ende stumpf bespitzt, schwach gesägt, glanzlos, oberseits glänzend; sehr zahlreich und fein punktirt, unterseits weichhaarig, gerippt; Blüthen= stiele 1—4blüthig, aus dem Stamme oder den unteren Blattachseln entspringend; Kelch sehr stumpf=3—4 lap= pig; Beere kugelig, 3—4 fächerig, 3—4samig.

In Brasilien.

4) **G. pubescens** *Ruiz*. Blätter papierartig, spa= telig, stumpf, plötzlich kurz zugespitzt, gesägt, glanzlos, oberseits mit Ausnahme der Nerven kahl, unterseits weichhaarig, gerippt. — Blätter 32½ Zoll lang, über der Mitte 7 Zoll breit, am Grunde 10 Linien breit mit beiderseits verdickten, fein filzigen Mittelnerven; Blü= then groß; Kronblätter eiförmig=länglich, lederartig, 2— 2½ Zoll lang, 15—17 Linien breit.

Bei Guayaquil in Ecuador.

5) **G. angustifolia** *Bentham*. Blätter sitzend, häutig, schmal verkehrt=länglich, zugespitzt, am Grunde lang verschmälert, nach vorn entfernt gesägt, von einer sehr kleinen, spärlichen Behaarung etwas rauh, undeut= lich durchscheinend=punktirt, gerippt; Blüthenstiele meh= rere, endständig, filzig=weichhaarig, in der Mitte von zwei Deckblättchen begleitet; Fruchtknoten glatt, fein filzig; Kelch ungetheilt. — Blätter 1—1½ Fuß lang, oben 2—4 Zoll breit; Blüthenstiele 1 Zoll lang, von einem breit lanzettlichen, spitzen, fast knorpeligen, 4—5 Linien langen Deckblatte gestützt; Kronblätter 6, selten 7, außen filzig=weichhaarig, stumpf, die äußern eiförmig, die in= nern länglich.

In Columbia.

6) **G. Ruiziana** *Berg*. Blätter gestielt, papierartig, verkehrt=lanzettlich, zugespitzt, am Grunde lang ver= schmälert, schwach gesägt, nicht punktirt, oberseits kahl, unterseits weichhaarig, gerippt; Blüthenstiele mehrere, schwach filzig, über der Mitte mit zwei kleinen Deck= blättchen besetzt; Fruchtknoten glatt, schwach filzig; Kelch schwach=4lappig, sein filzig. — Aeste dick, mit runze= liger, korkiger Rinde bedeckt. Blätter an einem kräftigen, 16 Linien langen Stiele, Blattfläche 19 Zoll lang, oben 3 Zoll breit. Blüthenstiele 2—2½ Zoll lang, starr, über der Mitte mit zwei kleinen Deckblättchen besetzt.

Bei Guayaquil in Ecuador.

7) **G. superba** *Berg*. Blätter gestielt, häutig, zuletzt fast papierartig, verkehrt=lanzettlich oder länglich= lanzettlich, zugespitzt, in den Blattstiel allmälig verschmä= lert, entfernt= und scharfgesägt, kahl, gerippt, dünn netz= aderig; Blüthenstiele doldig, weichhaarig, in der Mitte mit zwei kleinen Deckblättchen besetzt; Fruchtknoten glatt, sammethaarig; Kelch ungetheilt. — Ein Baum mit ge= ruchlosem Holze und kahlen Aestchen; Blätter zerstreut, beiderseits fast gleichfarbig, 1—2 Fuß lang, oben 3—5 Zoll breit; Blattstiel kräftig, 1—3 Zoll lang. Blüthen= stiele 2 Zoll lang, in der Mitte mit zwei einander gegenüberstehenden Deckblättchen besetzt. Kronblätter acht, verkehrt=länglich, zwei Zoll lang. Hierher gehört Piri= gara superba *Humboldt, Bonpland* und *Kunth*.

In Neu=Granada in der Nähe von Turbaco.

8) **G. speciosa** *De Candolle*. Blätter gestielt, lederartig, verkehrt=länglich oder länglich=lanzettlich, zu= gespitzt, am Grunde keilförmig, fast ganzrandig, ober= seits klein= und zahlreich eingedrückt=punktirt, unterseits gerippt und sehr dünn netzaderig; Blüthenstiele aus den Aesten und dem Stamme entspringend, sammethaarig; Fruchtknoten glatt, sammethaarig; Kelch fast ganzrandig, sammethaarig; Staubbeutel an der Spitze zweifurchig; Narbe sechsfurchig. — Ein 12—18 Fuß hoher Baum mit zerstreuten Blättern, deren Stiele ¾—1½ Zoll lang, deren Flächen ¾—1 Fuß lang und 2½—4 Zoll breit sind. Die Blüthenstiele sind 8—14 Linien lang, in der Mitte mit 2 länglichen, 5 Linien langen, später abfälligen Deckblättern besetzt. Blüthen ansehnlich, wohl= riechend. Fruchtknoten mit einer ziemlich kahlen Scheibe begrenzt. Kronblätter sechs, verkehrt=länglich, 2½ Zoll lang. Hierher gehört Pirigara speciosa *Humboldt, Bonpland* und *Kunth*.

Bei Mariquita in Neu=Granada.

20*

9) G. dubia *Berg*. Blätter gestielt, papierartig, länglich oder länglich-lanzettlich, an beiden Enden verschmälert, in der Mitte schwach gesägt, kahl, nicht punktirt, netzaderig-gerippt; Blüthenstiele in der Mitte mit zwei kleinen Deckblättchen besetzt; Beere glatt, sehr dünn sammethaarig. — Blattstiel 4—6 Linien lang; Blattfläche 7½—8½ Zoll lang, 30—33 Linien breit; Mittelnerv auf der Oberseite flach, auf der Unterseite verdickt, Adern dünn, etwas abstehend, oberseits schwächer, unterseits stärker hervortretend; Fruchtstiel 1½ Zoll lang; Beere 16 Linien im Durchmesser. Hierher gehören Lecythis dubia *Humboldt, Bonpland* und *Kunth* und Lecythis elliptica *Willdenow*.

Am Magdalenenflusse.

B. Kelch sechstheilig; Staubbeutel an der Spitze mit zwei Löchern aufspringend.

10) G. brasiliana *De Candolle*. Blätter gestielt, häutig, länglich oder eiförmig-länglich, zurückgekrümmt-zugespitzt, am Grunde keilförmig, fein gesägt, kahl, netzaderig; Blüthenstiele 5—6, endständig, einblüthig, vierkantig, so lang als die Knospen; Fruchtknoten sechsflügelig, sammethaarig; Kelchblätter sechs, blattartig, eiförmig, spitz, dünn sammethaarig, zuletzt verlängert; Staubbeutel mit zwei Löchern sich öffnend; Beere kugelig, sechsrippig, 2—5fächerig. — Ein 25—30 Fuß hoher Baum mit an den Spitzen der stielrunden Aestchen gehäuften, oberseits glänzend grünen, unterseits etwas blasseren Blättern, deren Stiele 3—7 Linien lang, deren Flächen 4—8 Linien lang und 16—36 Linien breit sind; Blüthenstiele 8—10 Linien lang, am Grunde mit einem etwas zusammengefalteten, verkehrt-eiförmigen, spitzen Deckblättchen gestützt und über der Mitte mit zwei eiförmigen, gekielten, spitzen, gegenüberstehenden, 2—3 Linien langen Deckblättchen besetzt; Kelchblätter 3 Linien lang und breit; Kronblätter 6, verkehrt-eiförmig-länglich, ein wenig concav, weiß, 12—20 Linien lang. Die Pflanze ändert übrigens mit schmalen und breiten, dünneren und steiferen Blättern und kleineren und größeren Blüthen ab.

In Brasilien.

11) G. fastuosa *Willdenow*. Blätter dünn papierartig, verkehrt-länglich oder verkehrt-eiförmig-länglich, zugespitzt, am Grunde allmälig in den Blattstiel lang herablaufend, nach vorn gesägt, ganz kahl, glänzend, netzaderig, unterseits gerippt; Blüthenstiele endständig, länger als die Knospen, unter den Deckblättern 6—7rippig; Fruchtknoten sehr dünn weichhaarig, 6—7flügelig, Flügel wellenförmig; Kelchblätter 6—7, dick, breitelg-eiförmig, innen zweikielig; Narbe sechsfurchig; Beere gedrückt-kugelig, geflügelt, vom Kelche gekrönt.

Die Pflanze ändert ab:

α) angustisepala *Berg* mit an den Rändern eingerollten, rinnenförmigen Kelchblättern. Hierher gehören Pirigara hexapetala *Aublet* und Gustavia hexapetala *Smith*.

β) latisepala *Berg* mit flachen Kelchblättern. Hierher gehört G. pterocarpa *Poiteau*.

In Guiana.

(*Garcke*.)

GUSTAVSBERG (auch Gustafsberg), Badeanstalt an der Westküste Schwedens, im Bohus Län an einem tiefen Meerbusen, eine Meile von Uddevalla entfernt, besitzt eisenhaltige Quellen, die von den Einwohnern und den Bewohnern der nächsten Umgebung benutzt werden. Seit 1793 besteht dort ein größeres Badehaus. Eine daselbst gegründete Anstalt zur Bereitung künstlicher Mineralwässer vermochte sich nicht zu erhalten. In neuerer Zeit ist Gustafsberg aber als Seebad mehr in Aufnahme gekommen. Der Ort ist gegen scharfe Winde geschützt und erfreut sich deshalb einer milden und angenehmen Luft. Die Temperatur des Seewassers pflegt im Juli und August 16—18° C. zu betragen. Auch der Meerschlamm findet medicinische Anwendung. Durch zahlreiche Wohnungen für Badegäste, durch Parkanlagen und sonstige Annehmlichkeiten empfiehlt sich Gustafsberg als Seebad. (*Fr. Wilh. Theile*.)

GUSTAVSVÄRN, Festung im finnischen Gouvernement Nyland, auf der vorspringenden Landzunge Hangö-Udd an der Südwestecke von Finnland gebaut, am Ausgange des finnischen Meerbusens in die Ostsee, 49 Kilometer unter den Städtchen Elends. Eine Eisenbahn führt von dem nahen Landungsplatze Hangö nach Gyvinge, einer Station der Linie Helsingfors-St. Petersburg. Bei Gustavsvärn siegte Peter der Große am 27. Juli 1714 über die schwedische Flotte.

(*Otto Delitsch*.)

GÜSTEN, in alter Zeit auch Gusten oder Gusten genannt, Stadt im herzoglich anhaltischen Kreise Bernburg, 8 Kilometer westlich von dieser Stadt und 63 Meter über dem Meere an der Wipper gelegen, 1871 mit 2761 Einwohnern, darunter 32 Katholiken und 28 Juden, 1875 mit 2809 Einwohnern (einschließlich die Domäne und das Rittergut). Güsten hat eine schöne Kirche und ein Hospital, Post- und Telegraphenamt; die Einwohner beschäftigen sich mit Ackerbau und Obstbau; in der Umgegend sind Braunkohlengruben und Zuckerfabriken. Bei Güsten kreuzen sich die Eisenbahnen Berlin-Wetzlar und Wegeleben-Köthen der Magdeburg-Halberstädter Bahn; eine dritte Bahn führt von Güsten über Staßfurt nach Schönebeck. Ehemals war Güsten der Sitz des Amtes Warmsdorf; im Schloß Warmsdorf, 3 Kilometer SW. von Güsten, hielt sich oft Fürst Ernst der Fromme auf. Das Wappen der Stadt, in alter Zeit das askanische, ist ein ganzer aufsteigender gekrönter Bär in einem Thore. (*Otto Delitsch*.)

GÜSTROW, Stadt im wendischen Kreise des Großherzogthums Mecklenburg-Schwerin, in wiesenreicher Gegend an der schiffbaren Nebel, die sich in die Warnow ergießt und unweit des Sumpf-Sees, an der Lübeck-Stettiner Eisenbahn (der Bahnhof 7,8 Meter über der Ostsee), 1810 mit 5789, 1871 mit 10,575 (darunter 214 Juden), 1875 einschließlich Amtsfreiheit mit 10,923 Einwohnern. Güstrow ist Vorderstadt des Kreises, Sitz eines großherzoglichen Justizkanzlei, eines vereinigten Civil- und Patrimonialgerichts und des Domanialamts für die Aemter Güstrow (16,8 ☐Meilen, 1871 mit 21,112 Einwohnern) und Rossewitz (0,95 ☐Meile mit

1272 Einwohnern); es hat ein Hauptsteueramt, eine Forstinspection, ein Post- und Telegraphenamt, ein Gymnasium (Domschule) seit 1553, eine Realschule, eine Gewerbeschule, eine Bürgerschule und 4 andere Schulen, eine Volksbank. Von Gebäuden sind zu nennen: das Schloß, 1555 an Stelle des ältern Schlosses (aus dem 13. Jahrh.) erbaut, 1556—1695 Residenz der Herzöge von Mecklenburg-Güstrow, jetzt als Landesarbeitshaus benutzt; die Domkirche der heil. Cäcilia, aus dem 13. Jahrh., 72 Meter lang, 31 Meter breit, mit stumpfem 49 Meter hohem Thurm und dem Marmordenkmal des Fürsten Borwin II.; die Pfarrkirche, aus dem 16. Jahrh., mit vorzüglicher Orgel; die heil. Geistkirche (sämmtliche Kirchen evangelisch-lutherisch); das stattliche Rathhaus aus dem 16. Jahrh., das Gebäude der Justizkanzlei, das Schauspielhaus. Das ehemalige Franziskanerkloster auf dem Kirchhof ist 1553 säkularisirt worden. — Güstrow ist Mittelpunkt des mecklenburgischen Binnenhandels, hat bedeutende Woll- und Viehmärkte, Wollmagazin, jährliche Thierschau und Pferderennen, ansehnliche Brauerei (das Bier war früher als „Kiesenaß" oder „Knisenaß" berühmt), Cigarren- und Tabaksfabriken, eine Eisengießerei und Maschinenfabrik, Licht- und Seifenfabrikation, Lohgerbereien, zahlreiche Oel- und Kornmühlen, eine Gasanstalt. Güstrow war schon im Anfange des 12. Jahrh. ein wichtiger Ort. 1219 wurde es Residenz des Fürsten Heinrich Borwin II., 1220 (1222) erhielt es das schwerinische Stadtrecht, 1226 das Domherrncollegium; eine neue Stadt wurde bald angelegt, aber schon 1248 unter Fürst Nikolot wieder weggerissen; man erweiterte nun die alte Stadt, welche 4 Thore und 4 Plätze erhielt und sich im Laufe der Zeit durch Vorstädte vergrößerte. 1556 bis 1695 war Güstrow Hauptort der von Herzog Ulrich gegründeten Linie Mecklenburg-Güstrow; 1628 wurde es von den Kaiserlichen besetzt und war fast ein Jahr lang Wallenstein's Residenz; 1697 wurde es von Herzog Friedrich Wilhelm von Mecklenburg eingenommen, doch behaupteten die Schweden das Schloß. Güstrow ist Geburtsort der Schriftstellerin Fanny Tarnow (1783—1862). — Das Herzogthum Güstrow oder der Wendische Kreis umfaßt 95 □Meilen oder 5231 □Kilometer, 1871 mit 184,036 Einwohnern, von denen 65,561 in den 18 Städten, 56,417 in den Domanialbezirken, 61,091 auf dem Gebiete der ritterschaftlichen Güter, 967 auf den städtischen Gütern wohnten; 1856 hatte die Bewohnerzahl 191,243 betragen. *(Otto Delitsch.)*

GUT. Als altsprachliche Formen finden sich nach F. L. K. Weigand[1] im Gothischen goths, im Althochdeutschen guot oder kuot, im Angelsächsischen gôd, im Altnordischen gôd. Bei E. G. Graff[2] sind auch gôd als gothisch, guat, gnot, côt als althochdeutsch aufgeführt, anderwärts koat, guot, gout. Nach M. Lexer[3] erscheint im Mittelhochdeutschen guot (adj.), im Mittel-

deutschen gût, gôt, z. B. in König Rother, 5145. 71. 76 u. a. O., als Comparativ statt besser auch guoter, resp. gûter, wofür die von Wackernagel herausgegebenen Altdeutschen Predigten und Gebete, 46,169, sowie das von Fr. K. Köpke edirte Passional (1852), 293, 8, angeführt werden. — Hoch hinauf in die germanische Sprachgeschichte reicht als Form des Comparativs besser, was von dem frühzeitig veralteten bass (althochdeutsch pass) kommt. Indeß hat auch besser hier und da in der alten Sprache die Positivbedeutung gut, wie in besserung, sofern man das Wort als Gutwerden faßt, in busse und büssen als gutmachen. — Für die Etymologie oder Ableitung aus älteren indogermanischen resp. anderen Wurzeln bestehen nur Muthmaßungen, keine begründeten Thesen. M. Lexer[4] fragt, ob das gothische god mit gute von einem starken Zeitwort, gidan, verbinden, herkomme. — Es liegt nahe, das Eigenschaftswort gut mit dem Hauptworte Gott etymologisch in Verbindung zu setzen, sofern Gott κατ' ἐξοχήν der Gute oder das höchste Gut ist. Im Gothischen bezeichnet der guth den wahren, das gud einen falschen Gott, eine Unterscheidung, welche sich auch im Angelsächsischen findet. Althochdeutsch ist ther cot der wahre, thas abgot der falsche Gott[5].

Der Gebrauch des Wortes in seiner Bedeutung während der alten und mittleren deutschen Sprachzeit ist wesentlich derselbe wie in der neueren und neuesten; man wandte es an auf Personen und Sachen im Sinne von brav, tauglich, tüchtig, passend, brauchbar, hochgestellt, vornehm, aber auch manchmal in einer Bedeutung, welche sich in der heutigen Sprache der Wissenschaft und des Volksmundes nicht mehr daran knüpft. So führt M. Lexer[6] an: gute knehte (Knechte), ritterbürtige aus dem Sachsenspiegel[7]; guote liute als angesehene, ehrenhafte Leute aus der Hartmann von Aue Gregorius[8], sowie aus dem Sachsenspiegel, 2, 29, aber auch der guote suntaere = der gute, d. i. bußfertige Sünder, aus Hartmann's Gregorius[9], sowie die guote liute aus den Nibelungen, 1001, 2, im Sinne der siechen, kranken Leute, oder gûde lûde aus dem Leben der heil. Elisabeth[10]. Derselbe fügt hinzu, daß es in Deutschland an manchen Orten sogenannte gutleuthäuser, gutleutehäuser, gab und noch gibt. In Hinsicht der Verbindung von guot mit sancte verweist er auf die Denkmäler deutscher Poesie und Prosa aus dem 8. bis 12. Jahrhundert[11]. Mit darauf folgendem Dativ, im persönlich subjectiven Sinne, hatte nach Lerer in der alten Zeit gut die Bedeutung von freundlich, gnädig, behülflich, wofür z. B. aus Eraclius[12] die Stelle angeführt wird: wilt du mir nû gnot sîn. Nach demselben Lexikographen

1) Wörterbuch der deutschen Synonymen, 1. Band, 1843, Nr. 870, S. 575. 2) Althochdeutscher Sprachschatz, 1834 fg., 4. Bd., S. 154. 3) Mittelhochdeutsches Handwörterbuch, Bd. I, 1869—72, S. 1121.

4) Ebenda. 5) Weigand im angeführten Wörterbuch, 1. Bd., Nr. 38, S. 18. 6) Im oben citirten Handwörterbuche, I, 1121. 7) Herausgegeben v. Weiske, 3. Aufl. 2, 66. 8) Ausgabe v. Lachmann und Reich, 3107. 9) 6. 10) Ausgabe v. Rieger, 1868, 4217. 11) Ausgabe v. Müllenhoff und Scherer, 1864, 421 fg. 12) Ausgabe von Maßmann, 1842. 3168.

kam damals auch die Verbindung vor: ez guot tuon = die Sache, welche man vor hat, besonders zum Kampfe, gut machen, wofür er auf die Nibelungen, Gudrun, Biterolf und Dietleib [13], sowie auf Parzival verweist. — Nach Graff [14] findet sich gut im Althochdeutschen auch als fromm und gütigkeit als Frömmigkeit [15].

Wenn es sich um die Feststellung des Begriffs oder die Definition im Allgemeinen, speciell für den gegenwärtigen Sprachgebrauch handelt, so ist zunächst der Gegensatz, die negative Determination mitbestimmend, wie sie allgemein in dem Eigenschaftsworte schlecht, speciell in böse vorliegt, welches vorzugsweise für die moralische resp. sittlich-religiöse Qualität gebraucht wird, während das Adjectivum oder Adverbium übel als Gegentheil von wohl hier kaum in Betracht kommt. Doch wird böse nicht immer von der moralischen Schlechtigkeit gebraucht; man wendet es auch auf Dinge an, bei welchen es sich hierum keineswegs handelt, wie in der Redeweise: „Die Sache ist schon sehr weit böse“, d. i. von dem guten, gehörigen, rechten Staube entfernt. Am treffendsten wird man mit Weigand [16] sagen, daß gut im weitesten Sinne oder allgemein die nöthige Vollkommenheit in Bezug auf den Zweck eines Dinges oder die darauf gerichtete Wirkung (bei Personen) bezeichne. Stellt man diese Definition dahin, daß gut dasjenige sei, was schlechthin der nöthigen Vollkommenheit hinsichtlich des Zweckes oder der Realisation der mit der Sache oder der Person gesetzten Idee entspreche, so wird man vielleicht noch sicherer dem Fehler entgehen, gut als identisch mit vollkommen in Anspruch zu nehmen; denn vollkommen, als höchste Vollendung des Zweckes resp. der Idee, ist etwas anderes als gut, welches als einfacher, allgemeiner Ausdruck an sich, wenn der Zusammenhang nicht nothwendig darauf führt, die Vollkommenheit, als letzte Potenz von gut, nicht darstellt. Ein als gut bezeichneter Mensch oder Wein soll darum nicht den in allen Stücken vollkommenen freien bezeichnen. Gut ist die für den (bestimmten) Zweck eben hinreichende, genügende Vollkommenheit oder — negativ — die Abwesenheit wesentlicher Mängel. — Wenn in weiteren Versuchen, das Wort gut durch einen äquivalenten Komplex anderer Wörter zu ersetzen, gut dasjenige genannt wird, was die gehörigen Eigenschaften besitzt, b. h. diejenigen, „welche es haben soll“ [17], so dürfte dies mehr die Definition von recht sein, deren Begriffsbestimmung wol ziemlich allgemein dahin fixirt ist, daß es das sei, was so ist, wie es sein soll, und zwar nicht aus dem Gesichtspunkte des Zweckes, sondern des Gesetzes, der ab initio gesetzten Bestimmung, während das Gute wesentlich eine Bestimmung a fine in sich trägt.

Wie dies Weigand [18] besonders hervorhebt, hat gut auch die specielle Bedeutung von gütig, in welcher es von dem Verhalten einer Person gegen eine andere ausgesagt wird, indem die erstere die Vollkommenheit der letzteren fördert. Während gut im Sinne von gütig diese Eigenschaft nur im Allgemeinen bezeichnet, verbindet gütig, wie das durch die Endung ig angezeigt ist, damit das Geneigtsein. Ein gütiger Mensch ist also derjenige, welcher die Vollkommenheit, das Beste eines andern aus Neigung oder gern befördert. Wenn derselbe Auctor [19] hinzufügt: ein von dem Diener gut genannter Herr sei ein solcher, der ihn nicht hart-behandelt, aber ein als gütig bezeichneter ein solcher, der ihn gern, aus Neigung nicht hart behandelt, sondern ihm Manches nachsieht, so möchte wol in gut (wie in gütig) nicht blos jenes negative Moment, sondern auch das positive des Wohlthuns enthalten sein, obgleich immerhin das negative vorwiegen dürfte. Gut ist in diesem Falle wol mehr ein allgemein ausgedrückter Grad der bezeichneten Neigung oder Eigenschaft, welche durch gütig als stärkerer, höherer Grad ausgedrückt werden soll. — Gütig wird nur Personen, gut auch Sachen beigelegt, und zwar ebenfalls in der Bedeutung von wohlthuend, angenehm, wie wenn Jemand in der warmen Ofen sagt: „er meint's mit mir gut“, wobei freilich eine Personification im Spiele ist. — Wie „gut“ und „gütig“, ebenso — fährt Weigand [20] fort — unterscheiden sich auch Güte (i. gothisch gôdei, althochdeutsch guotî (kuotî) und Gütigkeit; Güte ist eine Eigenschaft von Personen und Sachen, Gütigkeit nur von Personen. Güte bezeichnet im Allgemeinen die einer Sache — aber nicht einer Person — beigelegte zweckentsprechende Vollkommenheit; wird sie von einer Person ausgesagt, so bedeutet sie deren Gütigkeit im Sinne von gütig, bezw. von gut, wie dies oben dargelegt wurde. Indeß verbindet der Sprachgebrauch die Güte nicht mit jedem Dinge, sondern nur mit gewissen Dingen; man spricht zwar von der Güte des Weines (wie überhaupt materieller Früchte, Producte u. s. w.), aber schwerlich von einer Güte der Schule, der Kirche u. s. w., obgleich eine „gute Schule“ u. s. f. sehr häufig angewandte Redeweisen sind. — Der Bedeutung von gütig, geneigt, zugethan gehören im gegenwärtigen Volksmunde verschiedene Ausdrücke an, jeder mit einer eigenthümlichen Modification, wie: sei so gut, und gib mir, sage mir u. s. w.; sei wieder gut (freundlich, versöhnt) mit mir = sei nicht mehr böse (zornig); er hat mir wieder gute (versöhnliche, abbittende, bittende) Worte gegeben, wohin auch die sehr oft, als eine Art von Sprichwort gebrauchte Phrase gehört: ein gutes Wort findet eine gute Stätte.

Unter den Synonymen, zu welchen in der eben ausgeführten Weise auch „gütig“ gehört, ist oben bereits auf „recht“ hingedeutet, aber auch der Unterschied hervorgehoben worden, welcher selten als solcher sich ganz formell darlegt, wie in der lutherischen Uebersetzung von 5 Mose 6, 18: „Thue, was recht und gut ist.“ Hauptsächlich aber ist hier „wohl“ zu nennen, welches nach Weigand [21] bedeutet „angenehme Empfindungen habend

13) Ausgabe v. O. Jänike, im 1. Bande des deutschen Heldenbuche, 1866.   14) Althochdeutscher Sprachschatz, IV, 157 fg.   15) Ebenda 167.   16) Wörterbuch der Synon., 1. Bd., 1843, S. 575.   17) 3. B. in der biblischen Hand-Concordanz von Büchner, 8. Aufl. 1850 v. C. L. Heubner, S. 673.   18) Wörterbuch der Synon., I, 574. 575.

19) Ebenda I, Nr. 870.   20) Ebenda.   21) Ebenda I, 575.

oder wirkend", als Gegensatz von übel [auch von wehe]. Ein Haus, so exemplificirt derselbe, kann gut sein, d. h. die nöthige Vollkommenheit besitzen, aber es kann nicht wohl sein; die Rose riecht gut, d. h. sie hat die nothwendige Vollkommenheit des Geruchs; sie riecht wohl, d. h. sie wirkt durch ihren Geruch angenehm auf unsere Empfindung. Daher sagt man: Wohlgeruch, Wohlgefühl, aber nicht Gutgeruch, Gutgefühl. Außerdem kommt gut als Beiwort und als Nebenwort vor, wohl nur als Nebenwort; man sagt sowol:. der gute Mensch, als auch: der Mensch ist gut; man sagt: die Kinder sind wohl, aber nicht: die wohlen Kinder. — Je nach Umständen wird gut als Adjectivum und Adverbium nach unseren obigen Andeutungen auch durch angenehm, passend, tauglich, nützlich, genug (z. B. es ist schon gut, nämlich mit oder an dem, was du redest; du brauchst nicht weiter zu reden, wobei auf die Redeweise „kurz und gut" verwiesen werden darf) u. s. f. vertreten resp. promiscue mit ihnen gebraucht, obgleich es sich als der weiteste, allgemeinste Ausdruck mit ihnen nie vollständig dect.

Ueber die Ableitungswörter, von denen wir im Obigen gütig, welchem gütlich an die Seite tritt, Güte, Gütigkeit aufgeführt haben, sofern sie in den früheren deutschen Dialekten erscheinen, sind die Wörterbücher von Graff, Lexer u. A. zu vergleichen. Von ihnen so wie von den damaligen Composita führt unter anderen Lexer [22] für das Mittelhochdeutsche an: guote = Güte; guoten = gut sein; guoten tac = Mittwoch, auch = Montag; guotlich = gütig; guotlos = arm; guottat = gute That, gutes Werk; gnot-taeter = Wohlthäter; gnot-willio = gutwillig. Für die Derivata und Composita in den älteren — wie neueren — baierischen Mundarten verweisen wir besonders auf J. A. Schmeller's bekanntes Werk [23].

Es ist in Betracht seiner Bedeutung selbstverständlich, daß gut in der heutigen deutschen Sprache — wie in deren früheren Stadien — einen großen Reichthum, wenn auch nicht an einfachen Derivaten, so doch an Zusammensetzungen mit anderen Eigenschaftswörtern, mit Zeit= und Hauptwörtern, entwickelt. — Abgesehen von begütigen und vergütigen und vergütigen, setzt sich gut mit nur wenigen Hauptwörtern zu einem Hauptworte zusammen, wie Gutachten, Guthaben, Gutthat. Das zuletzt genannte, welches nicht eben häufig gebraucht wird, ist ein Synonymum zu dem viel öfter angewandten Wohlthat. Die Gutthat (schon bei Notker zu Ps. 67, 10) unterscheidet sich von der Wohlthat wie gut und wohl, wofür Weigand [24] aus Schiller die nachstehenden Aussprüche heranzieht: „Gott lohn' euch eure Gutthat" (Tell IV, 1) und: „Warum dasselbe Landesrecht umgehen, wenn es mir Wohlthat — wofür nicht „Gutthat" stehen könne — werden kann?" (Maria St. I, 7.) — Mit Eigenschaftswörtern verbunden, tritt auf in gutartig, gutgesinnt, gutherzig, gutmüthig, gutthätig, gut-

willig. Das zuletzt aufgeführte braucht der Volksmund gewöhnlich in der Bedeutung von freiwillig. — Aus der Zusammensetzung und Zusammenstellung mit Zeitwörtern entstehen: begutachten = beurtheilen, ob etwas gut sei oder nicht; guthaben, was ebenso wie das Hauptwort Guthaben hauptsächlich von einem pekuniären Saldo zu Gunsten Jemandes gebraucht wird; gut dünken oder deuchten, wovon ersteres mehr von geistiger, letzteres mehr von körperlicher Empfindung gebraucht wird; zu Gute halten = Jemandem etwas Böses als gut. auf die Rechnung setzen; gut heißen = billigen, wobei jenes mehr den allgemeinen Begriff: es sei so, wie es seiner Bestimmung nach sein soll, bezeichnet, dieses die Vollkommenheit mehr hervorhebt; zu Gute kommen = Jemandem als Vortheil, Gewinn, Nutzen angerechnet werden; gut machen, nicht blos in dem allgemeinen Sinne von: etwas vollkommen zweckentsprechend ausrichten, sondern auch in der speciellen Bedeutung von: plus machen = Ueberschuß erzielen, wobei auch hinzuweisen ist auf den Ausdruck: etwas wieder gut machen, was man vorher schlecht oder zum Schaden Jemandes gethan hat; gut. sagen = erklären, daß man sich für Jemanden resp. dessen Schuld verbindlich macht und sie auf sich nimmt, wenn er sie nicht abträgt, oder daß man für ihn Bürge sein, für ihn haften wolle. Wenn bei diesem „gut sagen" der Ton auf gut fällt, so ruht er bei einem anderen „gut sagen" auf „sagen", z. B. in der Redeweise: der Reiche hat gut sagen zu dem Armen, daß er sich einen Rock kaufen soll — er fühlt es nicht, welch schlimme, schwere Sache es für den Armen sei, dies zu thun. Ferner gehören hierher: für etwas gut sein, und zwar nicht blos in der allgemeinen Bedeutung: zu etwas förderlich, nützlich sein, sondern auch in dem besonderen Sinne von: für etwas resp. für Jemanden oder dessen Verbindlichkeit haften, was auch in einer schriftlichen Erklärung gilt, etwa in der Formel: gut für 100 Mark. Die in derselben ausgedrückte Aequivalenz erscheint auch in der Redewendung: daß ist so gut, d. i. so viel, als ob, z. B. wenn es heißt: du schweigst; das ist so gut, oder = ist so zutrimmt. Die in den Worten: sei so gut und sage mir, gib mir u. s. f. niedergelegte Bitte resp. die Ausfrage: er war so gut und ..... gehört zu der bei gütig zur Sprache gebrachten Modification von gut. Es ist hier ebenfalls die Phrase: guter Dinge sein zu rubriciren und an den biblischen Ausspruch (Matth. 17, 4) zu erinnern: hier ist gut sein. Eine andere Verbalverbindung mit gut ist: Jemandem etwas gut schreiben, d. h. als sein Guthaben ausdrücklich anrechnen. Der weitere Ausdruck: gut thun tritt in mehrfachen Wendungen und Anwendungen auf; man braucht ihn für gut handeln im Allgemeinen, nicht für: Gutes thun), und zwar zumeist in der populären Sprache, z. B. von einem Sohne, welcher durch ein gutes Leben seinen findlichen Gehorsam beweist, namentlich in der Negative: er hat nicht gut gethan oder: er ist ein „Thunichtgut" = er führt sich sittlich schlecht auf. Hiermit darf der weitere Ausdruck des gemeinen Lebens verbunden werden: sich etwas zu Gute thun, wofür man auch sagt: sich eine Güte thun = sich etwas Angenehmes zuwenden,

22) Mittelhochdeutsches Handwörterbuch I, 1122 fg. 23) Baierisches Wörterbuch I, 963 fg. 24) Wörterbuch der Synon. I, 575.

namentlich für das physische Gefühl. Verschieden hiervon ist es, wenn man sagt: er thut sich darauf etwas zu Gut, d. h. er legt sich im Rühmen oder Selbstgefühle einer That, einer Eigenschaft u. s. w. das Merkmal einer gewissen Vollkommenheit bei und schmeichelt damit in angenehmer Weise seiner Empfindung. — Schließlich dürfen hier Zusammenstellungen wie die Grüße: guten Morgen, guten Tag, guten Abend, gute Nacht (nämlich wünsche ich), ferner die Zurufe oder Grüße: Gut Freund! (einer Wache gegenüber, von welcher man angerufen ist) und Gut Heil! (im Turnerleben) [25], sowie der gute Montag (Erntefest) und die Phrase: gute (gütige, versöhnliche) Worte geben eine Stelle finden.

In der Form des Hauptwortes erscheint gut zunächst als der Gute — der gute, d. i. sittlich vollkommene Mensch, welcher indeß als solcher unter irdischen Bedingungen diese Idee nicht adäquat zu realisiren vermag, indem ihm stets Unvollkommenheiten anhaften; er ist deshalb nur der relativ Gute im Unterschiede und im Gegensatze zu dem Bösen oder Schlechten. Der absolut Gute ist nur Gott, von welchem Christus bei Marc. 10, 18 spricht: Niemand ist gut, denn nur Einer, Gott (οὐδεὶς ἀγαϑός, εἰ μὴ εἷς, ὁ ϑεός). Die neutrale Form, das Gute, hat besonders seit und nach Kant in dem wissenschaftlichen und populären Bewußtsein dadurch eine Bedeutung gewonnen, daß es neben dem Wahren (Wissenschaft) und Schönen (Kunst) als eins der drei Ideale, nämlich das sittlich-religiöse, oder als eins der drei Komplexe des höheren geistigen Lebens aufgestellt worden ist.

Das Gut (Mehrzahl: die Güter) als etwas dem Menschen specifisch Gutes, Werthes, seine Vollkommenheit, sein Wohl Förderndes und Begründendes, als sein derartiges Besitzthum, ist auch der älteren deutschen Sprache nicht fremd. Nach M. Lexer [26] führen wir an: varnde guot = fahrendes Gut, fahrende, bewegliche Habe, in dem Satze: „diu liebe hât ir varnde guot geteilet, so dass ich den schaden hân", aus des Minnesangs Frühling [27]; ferner: „ez sint ouch die dâ lîhent ûf geltende guot" aus Berthold von Regensburg [28]; ferner: „sie sullen auf ir aigen guot (auf ihre Kosten) einen sundern briester haben und ausrichten" aus den Urkunden der Benediktinerabtei U. L. Fr. zu den Schotten in Wien, 1158—1418 [29]. — In dieser materiellen Bedeutung behauptet das Wort auch gegenwärtig einen sehr weitgreifenden Sprachgebrauch, namentlich in der Verbindung „Hab' und Gut", und zur Bezeichnung einer Grundbesitzung, welche man kurzweg „ein Gut" nennt. Daher die Verbindungen: Rittergut, Bauergut, Freigut, Restgut u. s. w. Man spricht aber auch von „unrechtem" Gut, namentlich in dem Ausdrucke: „unrecht Gut gedeihet nicht", sodaß hier die ursprüngliche Rich-

tung auf eine die Vollkommenheit fördernd Eigenschaft verloren gegangen und nur das Moment des Besitz- oder Eigenthums, des Vermögens übrig geblieben ist.

Im Gegensatze zu den materiellen Gütern tritt schließlich das ideelle, geistige Gut hervor, hauptsächlich durch die Bezeichnung des höchsten Gutes, des summum bonum, des finis bonorum, und zwar vorzugsweise als das zu erstrebende Ziel des ethischen, geistigen Menschen, aber auch als der zu realisirende höchste materielle Genuß, wobei indeß vorausgesetzt ist, daß er eo ipso mit dem ideellen Bedingung oder Mitbedingung sei. Wenn von dem griechischen Philosophen Sokrates die innige Vereinigung der ἀρετή mit der εὐδαιμονία als das höchste Gut faßte, so war es Platon, welcher wie ein anderer griechischer Philosoph dasselbe von einem objectiven Standpunkte aus betrachtete. Er gibt dessen Darstellung hauptsächlich in seinem Philebos und mutatis mutandis in seiner Republik (für welche er die Gerechtigkeit als das summum bonum in Anspruch nimmt); ihm ist die Herrschaft des νοῦς, der Philosophie die Realisirung dieser höchsten Idee. Aristoteles, bei welchem der Tugendbegriff vorherrscht, setzt das summum bonum in die Glückseligkeit (εὐδαιμονία) des Einzelnen, aber nicht im epikuräischen Sinne, sondern so, daß es ihm ist ζωὴ τελείας ἐνέργεια κατ' ἀρετὴν τελείαν, die Verwirklichung eines vollkommnen Lebens durch vollkommne Tugend. Während bei Aristoteles mehr der Einzelne als Subject in den Vordergrund tritt, hat Platon mehr die Gesammtheit der Bürger im Auge. Anderntheils bildete sich aus der sokratischen Ethik durch Antisthenes die Moral der Cyniker aus, welche unter Verachtung aller Speculation die Tugend als Weg zum höchsten Gute in der Entbehrung, in der Unabhängigkeit von äußeren Einflüssen und in dem Leben nach der Natur suchte, um Gott ähnlich zu werden. Dagegen lehrten die etwa gleichzeitig unter Aristipp's Führung, auftauchenden Cyrenaiker, daß die Lust das höchste Gut sei, welches man durch praktisch-moralische Thätigkeit zu erstreben habe. Dem Epikuros und seiner Schule galt als höchste Aufgabe, als Streben nach dem summum bonum, die in passiver, schmerzloser, ungestörter, beharrlicher Gemüthsstimmung genossene Lust, hauptsächlich in philosophischer Speculation und moralischen Tugenden. Indem Zeno und seine Stoiker, zu welchen von den Römern Seneca, Epictetus und Marcus Aurelius Antoninus gehörten, die allgemeine Vernunft oder das Naturgesetz für die Quelle der Sittlichkeit erklärten und den Menschen verpflichteten, in harmonischer Lebensweise nach der göttlichen Vollkommenheit, nach dem unerschütterlichen Gleichmuth, der Ataraxie, zu streben, lehrten sie diese Tugend als das höchste Gut, um zu dem Staube der Glückseligkeit zu gelangen. Cicero schrieb im Sinne der Stoiker und Akademiker sein eklektisches Werk de finibus bonorum et malorum.

Daß in den stärksten Gegensatz zur heidnischen Philosophie und deren Ethik sich stellende Christenthum unterläßt es, ein „summum bonum" als solches für Denken und Handeln in seinen Lehrsätzen oder Symbolen

25) Bei beiden Ausdrücken liegt das, was das Eigenschaftswort „gut" aussagt, schön an sich in dem Hauptworte; beide, Freund wie Heil, können nicht anders als gut sein. 26) Mittelhochd. Handwörterbuch I, 1122. — 27) Edirt von Lachmann und Haupt, 1857, 155, 16. 28) Edirt v. F. Pfeiffer, I. Bd., 1862, 437, 29. 29) Edirt v. Hauswirth, 1859.

zu formuliren, obgleich es thatsächlich nicht ohne dasselbe ist und sein kann. Will man ein solches in ausdrücklicher Bezeichnung aufstellen, so kann man es einestheils als die erstrebte jenseitige ewige Glückseligkeit in der Anschauung Gottes, in der vollendeten Liebesgemeinschaft mit ihm und Christus, oder als das Reich Gottes (Himmelreich) im Hinblick auf Christi Ausspruch bei Matth. 6, 33 („trachtet am Ersten nach dem Reiche Gottes und seiner Gerechtigkeit"), anderntheils (objectiv) als Gott selbst bezeichnen, wie dies z. B. in dem Liede: „Sei Lob und Ehr dem höchsten Gut" zum Ausdrucke kommt. Es ist vorzugsweise die unio mystica des Christen mit Gott, welche als das Ziel jenes subjectiven, freilich vielfach quietistischen und beschaulichen Strebens mit dem summum bonum der classisch-heidnischen Philosophen in Parallele gestellt werden darf. Sofern innerhalb des Gebietes der neueren Philosophie von einem höchsten Gute die Rede sein soll, bestimmt sich der Weg zu demselben bei Kant und Fichte durch die praktischen Forderungen der Pflichtenlehre und es selbst als Erfüllung dieser Forderungen, während bei Hegel, wie bei Spinoza, die theoretische Thätigkeit des Geistes, das Erkennen des Absoluten, in den Vordergrund tritt. Unter den neueren Theologen ist es besonders Schleiermacher [30], welcher dieses Object der Ethik in seinem Begriffe näher und fest zu begründen und fruchtbar zu machen sich bestrebt hat. Indem er zum Unterschiede von anderen Auffassungen den religiösen oder speculativen Begriff des Wortes referirt, nach welchem oft selbst das höchstes Gut für den Menschen bezeichnet werde, kritisirt er denselben als einen uneigentlichen Ausdruck, für welchen man besser zu sagen habe: Liebe von Gott, Erkenntniß von Gott oder Leitung, Fürsorge, Gnade Gottes, oder mystisch: Genuß Gottes, oder aber es komme dabei auf einen abjectivischen Gebrauch hinaus, wonach Gott das höchste Gute sei. Im ethischen Sinne, welcher bereits von den alten classischen Philosophen mit dem Worte verbunden wurde (finis bonorum), bildet nach ihm das höchste Gut einen der drei systematischen Grundbegriffe der ganzen Ethik, zusammen mit Pflicht und Tugend. Ist die Pflicht die an das Subject gestellte Anforderung der sittlichen Handlungsweise, Tugend die sittliche Kraft und Festigkeit im Subjecte, so gibt das höchste Gut etwas Objectives, das Ziel des sittlichen Handelns, das Product der sittlichen Gesammtthätigkeit, welches insofern auch wieder als Princip an den Anfang der Ethik gestellt werden kann, weil durch das Ziel die Auffassung der Pflicht und der Anforderung an die Tugend bedingt ist. So stellt Schleiermacher in seinem Streben nach einem objectiven, systematischen, allumfassenden, organisatorischen Princip für die Ethik dieses in dem „höchsten Gute" auf, welches nicht blos auf den einzelnen Menschen bezogen werden dürfe, sondern vollständig geschaut werden könne nur in der Gesammtheit des menschlichen Geschlechtes, nämlich — im Anschluß an Platon — als die in solcher Totalität und

unter den irdischen Bedingungen lebende Vernunft. Von diesem Gesichtspunkte aus wird nun durch ihn mit Zuziehung der individuellen und universellen Natur einerseits der anbildenden (organisirenden) und symbolisirenden (darstellenden) Vernunftthätigkeit, andererseits das ganze Gebiet der Ethik umschrieben. Für die Kritik der früheren Auffassungsweisen hebt er die nachstehenden Unterschiede hervor: 1) Des Einzelnen und des Allgemeinen, wie dies bei Platon und Aristoteles zu Tage, bei Epikuros und der Stoa am meisten auseinandertrete. 2) Damit zusammenhängend der Unterschied des Subjectiven und Objectiven, nach welchem das höchste Gut bald als ein Zustand des Menschen, sei es epikuräische Lust, sei es stoische Ataraxie, bald als ein Product der menschlichen Gesammtthätigkeit, als Ziel des menschlichen Geschlechtes erfaßt werde. 3) Dies führt zu dem Gegensatze der Systeme der Lust und der Thätigkeit, nach welchem das höchste Gut einestheils im Genuß, anderntheils in dem Product des sittlichen Handelns, sei es in, sei es außer dem Subjerte, gefunden werde. Endlich kann 4) die Thätigkeit vorherrschend in die theoretische (Spinoza, Hegel) oder vorherrschend in die praktische Seite gesetzt werden. — „Auf christlich-theologischem Boden — so schließt Beck im Sinne Schleiermacher's den Aufsatz — ist das höchste Gut das Reich Gottes, welches Alles in sich vereinigt, die individuelle und die universelle, die theokratische („Gott schauen") und praktische Seite, die sittliche Thätigkeit mit ihrem Product, Thätigkeit und Genuß, Weg und Ziel. Der Weg ist, daß Alle mit einander und Jeder in sich das Kommen des Reichs befördere. Das Ziel ist, daß das Reich Gottes zu ihnen komme als das Himmelreich, und zwar zu dem Einzelnen als Seligkeit, zur Gesammtheit damit, daß Gott Alles in Allem sei." — Zur Literatur werden ebenda angeführt Schleiermacher's „Ethische Abhandlungen" (im Philosophischen Nachlaß, II, 12. 13.) und dessen „Kritik der bisherigen Sittenlehre", ferner Twesten's „Ethik" und Hegel's „Geschichte der Philosophie" II. — Ein größeres Werk, welches die specielle Darstellung des höchsten Gutes zum Inhalte hätte, ist uns, außer P. F. Boost's „Eubios oder über das höchste Gut", Heidelberg 1818, nicht bekannt. (J. Hasemann.)

GUT. I. Begriff und Eintheilungen. — Mit der Bezeichnung Gut, Plural Güter, verknüpfen sich sehr verschiedenartige Begriffe. Man gebraucht darunter zunächst Alles, was als Mittel zum allgemeinen und individuellen Wohle angesehen werden kann, wie Gesundheit und Leben, Ehre und Freiheit, Recht und Eigenthum u. s. w.; sodann im ethischen Sinne Alles, was die Wohlfahrt des Menschen befördert, wie denn auch das Christenthum zwischen leiblichen (irdischen, zeitlichen) und geistigen (himmlischen, ewigen) Gütern unterscheidet und das Verhältniß derselben zu einander dahin bestimmt, daß man sich den ewigen Gütern trachten, die zeitlichen aber von Gott erwarten und für das ewig-dahingeben soll, im volkswirthschaftlichen Sinne endlich bezeichnet man mit Gut alles das, was allgemein anerkannt und brauchbar ist als Mittel für die Befriedigung eines wahren menschlichen Bedürfnisses. Hiernach erscheint der

---

30) Wir folgen hier meist der Darlegung von S. Beck in der Real-Encyklopädie für protestantische Wissenschaft und Kirche von Herzog, 5. Bd., 1856, unter dem Artikel: Gut, das höchste.

Begriff eines Gutes als abhängig von dem Wechsel der letztern und der Kenntniß der entsprechenden Befriedigungsmittel. Denn jeder Mensch, auch der einfachste Naturmensch, hat eine Menge von Bedürfnissen, welche er soviel als möglich zu befriedigen sucht, mögen sie nun allgemeine oder individuelle, geistige oder materielle, wesentliche oder nicht wesentliche, natürliche oder künstliche, Nothwendigkeits-, Annehmlichkeits-, oder Luxusbedürfnisse sein. Wie sich hieraus ergibt, ist der Güterbegriff ein wesentlich relativer. An sich ist kein Ding ein Gut; es wird dies erst, sobald es als zu einem menschlichen Gebrauche tauglich erkannt wird. Der Kreis der Güterwelt ist deshalb auch nicht begrenzt und kann es nie sein; fortwährend wird in ihn Einzelnes aufgenommen, Anderes von ihm ausgeschieden. Viele Dinge, welche einst mit Recht als Güter bezeichnet wurden, sind es gegenwärtig nicht mehr; andere hinwieder, welche wir heute noch nicht als solche betrachten dürfen, können und müssen es werden, sobald man ihre Brauchbarkeit für menschliche Zwecke entdeckt und beachtet. Eben diese allgemeine Brauchbarkeit eines Gutes nennen wir seinen Werth im weitern Sinne, im Gegensatz zum Werthe im engern Sinne, unter dem wir den Grad seiner Brauchbarkeit mit Rücksicht auf andere Güter, das Maß seiner Nützlichkeit und Tauglichkeit verstehen. Jedes Gut muß sonach einen Werth haben, denn sonst wäre es kein Gut, und Werth ist die charakteristische Eigenschaft der Dinge, durch welche allein sie zu Gütern erhoben werden können.

Ebenso wie der Begriff ist auch die Eintheilung der Güter eine sehr verschiedene. Ihrer Natur nach unterscheidet man zunächst zwischen materiellen und immateriellen Gütern. Unter den erstern versteht man alle diejenigen, welche einen sinnlich wahrnehmbaren Körper besitzen, wie Naturerzeugnisse, organische und unorganische Stoffe, Grundstücke, Waldungen, Fossilien, Werkzeuge, Verkehrsmittel, Geld u. s. w.; zu den immateriellen oder unkörperlichen Gütern dagegen gehören persönliche Dienstleistungen, z. B. Unterricht, Schutz, Heilung, ferner persönliche Eigenschaften, z. B. Kunstfertigkeit, Gelehrsamkeit, und endlich gewisse verkehrsfähige sogenannte Socialgüter, z. B. Privilegien, Patente, Monopole, Servituten, Firma u. s. w. Obwol diese immateriellen Güter nicht inventarisirt, taxirt oder angesammelt werden können, so sind sie doch volkswirthschaftlich schon um deswillen hier mit in Betracht zu ziehen, weil sie sich in gewisser Hinsicht als wirkliche Tauschobjecte darstellen.

Faßt man die Art und Weise ins Auge, in welcher die Güter uns zu dienen vermögen, so kann man solche von unmittelbarem und solche von mittelbarem Werthe unterscheiden. Den erstern haben diejenigen Güter, welche selbst zur Befriedigung unserer Bedürfnisse beizutragen, den letztern diejenigen, welche diese Befriedigung nur zu vermitteln bestimmt sind. Diese Vermittelung kann theils in der Weise stattfinden, daß die betreffenden Güter als Hilfsmittel und Werkzeuge für die Herstellung oder Erwerbung anderer Güter dienen, theils so, daß sie das Opfer bilden, welches für eine solche Herstellung oder Erwerbung gebracht werden muß. Und zwar tritt letzterer

Fall wieder in doppelter Weise ein: entweder nämlich so, daß die Güter für die Herstellung anderer Güter selbst verzehrt werden, wie z. B. Wasser und Kohlen bei der Herstellung von Dampfkraft, die Saat bei der Erzielung von Früchten u. s. w., oder so, daß sie nur an Dritte abgetreten werden, um von diesen als Aequivalent andere Güter irgendwelcher Art zu erlangen. Diese Fähigkeit, sie gegen andere Güter auszutauschen, bezeichnet man als Tauschwerth. Man hat dafür auch wol den Ausdruck indirecter Werth gebraucht, derselbe ist indessen insofern ungenau, als der Tausch nur eine Art der mittelbaren Verwendung der Güter. Manche bezeichnen übrigens die Güter von unmittelbarem Werthe kurzweg als Genußmittel, die von mittelbarem Werthe aber als Productions- und Erwerbsmittel. Außerdem kann man mit Rücksicht auf die verschiedenen Bedürfnisse der Menschen die Güter auch in allgemeine und individuelle, wesentliche und unwesentliche, in Nothwendigkeits-, Annehmlichkeits- und Luxusgüter trennen, ohne daß jedoch diesen Eintheilungen eine tiefere wissenschaftliche Bedeutung zu Grunde läge.

Nach der Einwirkung, welche die Verwendung der Güter auf ihren Fortbestand äußert, lassen sich Nutzungs-, Abnutzungs- und Vernutzungsgüter unterscheiden, je nachdem dieselben durch den Gebrauch gar nicht, oder nur allmälig, oder sofort zerstört werden, beziehentlich ihre fernere Brauchbarkeit einbüßen. Güter der letztern Art bedürfen, um fortdauernd verwendbar zu bleiben, einer fortwährenden Erneuerung; bei denen der zweiten ist eine solche Erneuerung nur nach mehrfachem Gebrauche nöthig und kann häufig in partieller Weise in der Form der Ausbesserung, Nachbesserung u. s. w. erfolgen. Die Nutzungsgüter dagegen bedürfen einer Erneuerung nicht, sondern nehmen nur etwa eine Sorge der Erhaltung oder Aufbewahrung in Anspruch. Uebrigens können Güter, die ihrer schließlichen Bestimmung nach zu den Nutzungs- oder Abnutzungsgütern gehören, doch für den Einzelnen Vernutzungsgüter werden, dafern der Gebrauch, den er davon zu machen beabsichtigt, in ihrer Entäußerung gegen andere Güter besteht; man denke z. B. an das Geld.

Eine weitere Eintheilung der Güter ist diejenige in aneignungsfähige und nicht aneignungsfähige. Ueber die letztern läßt sich kein Eigenthumsrecht erwerben und sie sind in der Regel jeder menschlichen Einwirkung entzogen. Es gehören dahin z. B. die Luft, das Sonnenlicht, das offene Meer u. s. w. Die aneignungsfähigen Güter dagegen vermögen unbedingt in das Eigenthum und den Besitz der Menschen überzugehen. Endlich unterscheidet man auch veräußerliche und unveräußerliche Güter, je nachdem sie durch Kauf und Verkauf übertragen werden können oder nicht. Zu den unveräußerlichen Gütern gehören alle nicht aneignungsfähigen, sowie diejenigen Güter, welche durch menschliche Bestimmungen dem Verkehre entzogen sind, wie Staats-, Kron- und Corporationsgüter, öffentliche Sammlungen, Kirchengeräthe u. s. w., diese jedoch nur so lange, als jene Bestimmungen nicht aufgehoben werden.

Verkehr. Vermögen. Kapital. — Dem wechsel=
seitigen menschlichen Ergänzungs= und Unterstützungs=
bedürfniß geschieht Genüge durch einen ununterbrochenen
Ein= und Austausch der Güter und Leistungen; das
hierdurch hervorgebrachte sociale Lebensverhältniß aber,
das lebendige Netz von Beziehungen, welche Bedürfniß
und Leistung fortwährend knüpfen und lösen, nennen wir
den Verkehr. Man unterscheidet zwischen geistig= mora=
lischem und realem Verkehr, je nachdem demselben
geistige und sittliche Güter zu Grunde liegen oder auf
der einen oder auf beiden Seiten Sachgüter Gegenstand
des Tausches sind. Wie dem Verkehre überhaupt, so
dient namentlich seiner realen Erscheinungsform das
Princip der Entgeltlichkeit zur Basis. Wie aber einer=
seits nicht alle Güter dem Verkehre unterworfen werden
können, so ist andererseits eine Loslösung des wirth=
schaftlichen Lebens von materiellen, sachlichen, abschätz=
baren Gütern undenkbar. Die Volkswirthschaft beachtet
deshalb vorzugsweise diejenigen Güter, welche des realen
Verkehrs fähig sind oder ihn wenigstens fördern können.
Diese Güter sind die wirthschaftlichen. oder, soweit sie in
den ausschließlichen Besitz eines Individuums übergegeben
vermögen, Besitzgüter. Die Gesammtheit aller wirthschaft=
lichen Güter oder aller zur Befriedigung menschlicher
Bedürfnisse brauchbaren und verkehrsfähigen
Dinge, welche sich im Besitz einer Person befinden, bildet
das Vermögen derselben. Erscheint das Maß eines
Vermögens in Bezug sowol auf die sittlichen und ver=
nünftigen Zwecke seines Inhabers, als auch auf andere
in ähnlicher Lage befindliche Besitzer als außergewöhnlich
groß, so spricht man von Reichthum, der sich hiernach
als ein lediglich relativer Begriff darstellt. Sämmtliche
Besitzgüter endlich zerfallen in zwei Hauptklassen. Die
erste wird von denjenigen Gütern gebildet, welche bestimmt
sind, zur Befriedigung der wirthschaftlichen Bedürfnisse
des Besitzers verwendet zu werden, und die man als
Verbrauchsvorrath bezeichnet. Die andere Klasse bilden
diejenigen Güter, welche die Bestimmung haben, in ihrem
Werthe dauernd erhalten zu werden, und nur durch die
Nutzungen, welche sie gewähren, zu dienen; man nennt
sie Kapital. Sollen die Nutzungen unmittelbar genossen
werden, so liegt Nutzkapital vor; Erwerbskapital dagegen,
wenn die Nutzungen nur mittelbar dem Besitzer zu Gute
kommen sollen. Dies kann entweder so stattfinden, daß
das Kapital gegen ein Entgelt verliehen, oder so, daß
dasselbe zur Production anderer Güter verwendet wird.
(Leihkapital, Productivkapital.) Hinsichtlich des letztern
unterscheidet man wiederum stehendes und umlaufendes
Kapital, je nachdem bei der Production nur die Nutzung
verzehrt wird, es selbst aber in seiner Substanz bestehen
bleibt, oder aber das Kapital bildende Gut zu Grunde
oder wenigstens für den Besitzer verloren geht und nur
in seinem Werthe durch das damit erzeugte oder er=
worbene Gut ersetzt wird.

Werth. Gebrauchswerth. Tauschwerth. Wie
schon oben ausgeführt wurde, muß jedes Gut Werth im
weitern Sinne des Wortes besitzen, d. h. zur Befriedigung
menschlicher Bedürfnisse anerkannt tauglich sein und des=

halb von einem engern oder einem weitern Kreise von
Menschen geschätzt werden. Mit Beziehung auf die=
jenigen Menschen, welche das Gut unmittelbar gebrauchen
wollen, nennt man diesen Werth den Gebrauchswerth
und unterscheidet denselben, je nachdem die Güter un=
mittelbar Bedürfnisse befriedigen oder aber zur Erzeugung
anderer Güter dienen, in Genußwerth und Productions=
werth. So haben z. B. Nahrungsmittel und Kleider
für denjenigen, der sie verbraucht, Genußwerth, Werkzeuge
und Rohstoffe zur Fabrikation dagegen Productionswerth.
Ferner hat man diejenigen Dinge, welche Genußwerth
besitzen, in solche, welchen Verzehrungswerth, und in
solche, welchen Benutzungswerth beigelegt wird, unter=
schieden, je nachdem sie, wie Nahrungsmittel, schnell con=
sumirt, oder, wie Möbel, langsamer vernutzt werden.
Je allgemeiner und dringender die Bedürfnisse sind, welche
ein Gut befriedigt, je schwerer man es entbehren kann,
je zahlreichern Zwecken es zu dienen vermag und je voll=
ständiger, sicherer, angenehmer und dauernder die Be=
friedigung stattfindet, desto höher ist der Gebrauchswerth
dieses Gutes. Daß übrigens der Gebrauchswerth kein
unveränderlicher ist, ergibt sich schon daraus, daß Güter
sogar ganz aufhören können, Güter zu sein. Wohl zu
unterscheiden von dem Gattungswerth ist der Tauschwerth,
der den einzelnen Gütern durch den Verkehr beigelegt
wird. Keinen Tauschwerth besitzen die nicht aneignungs=
fähigen sowie diejenigen Güter, welche wegen ihres
reichlichen Vorhandenseins in der Natur mit geringer
Mühe und unentgeltlich erworben werden können. Zwar
setzt jeder Tauschwerth einen Gebrauchswerth voraus,
jedoch bestimmt letzterer niemals die Höhe des erstern;
es haben vielmehr häufig Güter von höchstem Gebrauchs=
werthe doch nur einen relativ geringen Tauschwerth,
und zwar namentlich dann, wenn dieselben und ohne
Schwierigkeiten in Masse hervorgebracht werden können.
Andererseits ist Gütern von nur geringem Gebrauchs=
werthe oft ein sehr hoher Tauschwerth eigen, man denke
z. B. an Diamanten, Perlen u. s. w. Die Schwankungen
endlich, denen der Tauschwerth unterliegt, werden bedingt
durch die größere oder geringere Schwierigkeit der Pro=
duction der Güter einer= und ihres Erwerbs andererseits.

II. Güterentstehung, insbesondere Güter=
erzeugung. Aus der vorstehenden Definition des
Werthbegriffes ergibt sich eine dreifache Möglichkeit der
Entstehung von Gütern. Einmal nämlich kann die Ur=
sache auf Seiten des Werthobjectes liegen. Es können
Gegenstände neu entstehen, die als irgendwelchen
Zwecken dienlich erkannt werden, oder schon bestehende
Gegenstände eine Veränderung erfahren, welche ihnen
Brauchbarkeit verleiht oder ihre Brauchbarkeit erhöht.
Zweitens können neue Werthe hervorgehen aus einer
Veränderung des Subjects. Dasselbe kann einestheils
neue Bedürfnisse empfinden, infolge deren die zu ihrer
Befriedigung tauglichen Gegenstände Bedeutung oder
erhöhte Bedeutung für dasselbe erhalten; anderntheils
kann es die Erkenntniß der für seine Zwecke dienlichen
Mittel und seine Kraft, über dieselben zu verfügen, er=
weitern und hierdurch dahin geführt werden, den Kreis

21*

der Gegenstände, welche es als Güter betrachtet, weiter
zu ziehen, beziehentlich die schon als solche geschätzten Güter
noch höher zu schätzen. Drittens endlich kann durch
eine Veränderung des Verhältnisses zwischen dem schätzen-
den Subjecte und dem geschätzten Objecte letzteres dem
Bedürfnisse nähergebracht werden und dadurch an Werth
gewinnen. Die Erzeugung neuer, nutzbarer Stoffe durch
die schaffende Kraft der Natur sowie die Verarbeitung
dieser Stoffe zu nützlichen Waaren möge dem ersten, die
gesteigerte Würdigung wissenschaftlicher und künstlicher
Schätze bei höher entwickelter geistiger Bildung oder die
höhere Schätzung von Kohlenlägern seit Entdeckung der
Dampfkraft dem zweiten, die Wertherhöhung endlich,
welche Natur- und Kunstproducte erfahren, indem sie
durch die sogenannten occupirenden Gewerbe oder durch
den Handel der Verfügung der Consumenten näher gebracht werden, dem dritten Falle als Beleg dienen.
Jeder Fortschritt der Civilisation hat eine Erweiterung
des Bereichs der Güter nach allen diesen Richtungen hin
zur unmittelbaren Folge; von besonders wichtigem Einflusse aber auf diese stetige Ausdehnung und Erfüllung
der Güterwelt sind einmal die Sicherung des Rechtsschutzes und sodann die Entwickelung eines geregelten
Tauschverkehrs.

Ein wesentlicher Unterschied bei der Entfaltung der
Güterwelt zeigt sich darin, daß ein Theil der Güter ohne
Zuthun oder wenigstens ohne beabsichtigtes Zuthun der
Menschen entsteht, während ein anderer Theil absichtlicher
menschlicher Thätigkeit, der Arbeit, seine Entstehung ver-
dankt. Im ersten Falle spricht man von spontaner
Güterentstehung, im letztern von Gütererzeugung oder
Production. Je weiter der Mensch auf der Bahn der
Cultur vorwärts schreitet, desto mehr tritt die Quantität
der spontan entstandenen Güter vor den Erzeugnissen
seiner Arbeit in den Hintergrund, und zwar macht sich
diese seine productive Thätigkeit auf allen jenen drei
Wegen geltend, auf welchen überhaupt Güter und Werthe
entstehen können.

Die allen natürlichen Dingen innewohnenden Tendenzen der Veränderung, die man gewöhnlich als Naturkräfte bezeichnet, sind für die menschliche Wirthschaft
von durchgreifender und stetig zunehmender Bedeutung.
Es sind in dieser Beziehung hauptsächlich zu unterscheiden:

1) Kräfte, die der Mensch beliebig hervorrufen,
controliren und wieder außer Wirksamkeit setzen kann
und solche, bei denen dies nicht der Fall ist. Den für
die wirthschaftliche Entwickelung wichtigsten Fortschritt
in der Beherrschung der Naturkraft bildet bekanntlich
die Gewinnung des Feuers. Je vollständiger die Herrschaft des Menschen über diese Naturkräfte ist, desto
höhere Bedeutung haben sie für ihn, wie denn z. B. die
überwiegende Wichtigkeit, welche in neuern Zeiten die
Dampfkraft gegenüber allen andern Bewegungskräften
mit Ausnahme der thierischen gewonnen hat, gerade
hierin ihre Hauptursache findet. Je schwieriger eine
Naturkraft in der Art und den Voraussetzungen ihrer
Wirksamkeit zu erkennen ist, desto später wird sie in die
Gestaltung der menschlichen Wirthschaft eingreifen. Wenn

nichtsdestoweniger auch manche Naturkräfte, über die der
Mensch keine oder nur eine ungenügende Gewalt hat,
schon frühzeitig auf seine Wirthschaft bestimmend einwirken, z. B. die Kraft des Windes und des Wassers,
so erklärt sich das aus einem anderweiten hier in Betracht
kommenden Momente, nämlich aus der größern oder
geringern Leichtigkeit der Verwendung dieser Kräfte, die
ihre Hereinziehung in den menschlichen Wirthschaftsplan
begünstigt.

2) Kräfte, die in mechanischer, chemischer oder
physiologischer Weise wirken. Während die mechanisch
wirkenden Kräfte gleicher Art mit der menschlichen Arbeitskraft und letztere in vielen Beziehungen zu ersetzen bestimmt sind, aus welchem Grunde auch ihre Benutzung für die Gütererzeugung erst in vergleichsweise
späterer Zeit Bedeutung gewinnt, sind die Leistungen der
chemischen und physiologischen Naturkräfte in der Production von denen der Natur durchaus verschieden
und wie mit diesen so auch unter einander größtentheils
nicht vergleichbar. Kräfte dieser beiden Arten werden
schon in den frühesten Anfängen productiver Thätigkeit
wirksam, jedoch nur bei der Minderzahl derselben; auch war
ihre Nutzbarmachung für die Wirthschaft lange Zeit lediglich Sache des Zufalls.

3) Kräfte, die von Einzelnen nicht appropriirbar,
doch in Verbindung mit ganzen Ländern auftreten (Klima,
Wind, Meeresströmungen · u. s. w.), mit appropriir-
baren Grundstücken verbundene Kräfte, Kräfte, welche
durch die Anwendung beweglicher appropriirbarer Körper
hervortreten. Die Vorzüge der verschiedenen Länder an
den beiden erstern bestimmen vorzugsweise die Art und
Weise der internationalen Arbeitstheilung; dagegen haben
die durch Anwendung beweglicher appropriirbarer Körper
hervortretenden Kräfte hierauf um so weniger Einfluß,
je leichter die betreffenden Elemente der Krafterzeugung
versendbar sind und je gleichmäßiger sie unter verschiedenen
äußern Umständen wirksam bleiben. Außerdem tritt die
wirthschaftliche Wichtigkeit dieser Unterscheidung auch
darin hervor, daß die Leistungen der ersten Klasse von
Kräften einen Tauschwerth zu erlangen unfähig sind,
während die der beiden letzten Klassen als Nutzungen
von Besitzgütern Tauschobjecte zu werden vermögen.

Die Naturkräfte allein sind nun aber ohnmächtig
ohne die wirthschaftliche Arbeit; erst indem der Mensch
jene Kräfte heranzieht und sich ihrer Unterstützung bedient,
vermögen sie die Gütererzeugung zu fördern. Die Arbeit,
und zwar sowol geistige wie körperliche, ist die Grundlage aller Gütererzeugung; selbst diejenigen freiwilligen
Naturgaben, welche sich zur sofortigen Consumtion ohne
jede vorhergehende Umgestaltung darbieten, müssen doch
mindestens occupirt werden, nachdem sie infolge einer
geistigen Thätigkeit des Menschen als taugliche Mittel
zur Befriedigung eines Bedürfnisses erkannt und anerkannt worden sind. Insofern die Existenz der Menschen
durch eine Befriedigung mindestens ihrer Nothwendigkeitsbedürfnisse bedingt wird, sind die von der Arbeit abhängig, sie auch um deswillen nicht von sich abweisen
können, weil sie ihnen durch ihre Natur geboten wird,

weßhalb man mit Recht den Menschen als das arbeitende Thier bezeichnet, dessen freie, durch geistige Einflüsse bestimmte Arbeit sich schon in ihren Grundzügen von der durch den Instinct geregelten, ewig gleichförmigen Thätigkeit gewisser Wohnungen bauender und Vorräthe ansammelnder Thiere unterscheidet. Eben durch die Arbeit hat sich der Mensch von der niedrigen Stufe seiner Kindheitsperiode langsam, aber stetig erhoben; gibt er die Arbeit auf, so fällt er schnell in den Zustand der Uncultur und der Barbarei zurück. Und was von den Individuen gilt, das leidet auch auf ganze Völker Anwendung. In demselben Maße, wie ein Volk in seiner wirthschaftlichen Thätigkeit nachläßt, verschlechtert sich sein Culturzustand; untergehende Nationen produciren stets wenig und mangelhaft. Umgekehrt, je höher die Cultur eines Volkes gestiegen ist, desto mehr wird die Arbeit geehrt und die Unthätigkeit Einzelner von den Arbeitsamen als unmoralisch verachtet.

Weist hiernach allerdings schon die Natur den Menschen auf die Arbeit hin, so steht doch seine Arbeitslust immerhin in Wechselwirkung mit dem Grade des Nutzens, den ihm seine Thätigkeit gewährt. Ist dieser Nutzen unbedeutend, so wird auch seine Arbeitslust nur gering sein. Wer einen mehr oder weniger erheblichen Theil der an sich schon mäßigen Früchte der Arbeit an Andere abgeben muß, ebenso wer durch seine Arbeit nicht einmal so viel gewinnt, als zur Befriedigung der unentbehrlichsten Lebensbedürfnisse erforderlich ist, der wird wenig Arbeitslust an den Tag legen; je reichlicher dagegen der Antheil bemessen ist, welcher dem Arbeiter vom Producte seiner Thätigkeit zu Gute kommt, je leichter namentlich sich ihm die Möglichkeit zu capitalisiren bietet, desto eifriger wird er zu produciren bestrebt sein. Lohnende Arbeit reizt mehr als jedes andere Moment zu verstärkter Production an und steigert daher die Arbeitslust und die Arbeitskraft des Arbeiters wirksamer, als wenn ihm vom Unternehmer ein angemessener Stücklohn oder eine bestimmte Quote des Gewinnes bewilligt wird. Selbstverständlich ist auch hier der öffentliche Rechtszustand von wesentlichem Einflusse, denn nur wer die Früchte seiner Thätigkeit unverkürzt und in Sicherheit genießen kann, wird Arbeitslust an den Tag legen, wogegen langdauernde Kriege, ja selbst allzu hochgeschraubte Steuern stets nachtheilig und hemmend auf den Gewerbfleiß und die Gütererzeugung einwirken.

Neben der Benutzung der Naturkräfte und ihrer Verwerthung durch wirthschaftliche Arbeit ist hier noch auf die Verwendung des Kapitals bei der Production einzugehen. Die productive Bedeutung des Kapitals beruht darauf, daß von seinem Vorhandensein die Möglichkeit einer planmäßig gegliederten und ununterbrochen ineinandergreifenden Arbeit, einer ausgedehnteren Benutzung der Naturkräfte und einer zweckmäßigen Einrichtung der Consumtion größtentheils abhängig. Hierzu kommt, daß es, indem es seine Besitzer durch den von ihm gewährten Ertrag ganz oder theilweise der Sorge für den Erwerb der Lebensnothdurft überhebt, hierdurch die Gelegenheit eröffnet, auch die höheren Arbeitskräfte im Volke in geeigneter Weise auszubilden. Eine regelmäßige und zuverlässige Entstehung und Vermehrung der Kapitalien, die hiernach für die gesammte Volkswirthschaft von größter Wichtigkeit ist, darf aber nur dann erwartet werden, wenn eine Bevölkerung sich aus freien Stücken entschließt, das Maß ihrer Consumtion dauernd unter dem ihrer Production zu halten, mit andern Worten: zu sparen. Der Fleiß bringt die Güter hervor, die Sparsamkeit verwandelt sie in Kapital. Wilde Stämme entbehren des Sparsamkeitstriebes fast gänzlich, indessen entwickelt sich derselbe in der Regel doch schon in der ersten Jugendzeit der Völker mit Naturnothwendigkeit und steigert sich allmälig mehr und mehr, bis er den Höhepunkt, den wir bei den civilisirtesten Nationen wahrnehmen, erreicht hat. Die Gründe für diese Erscheinung liegen darin, daß einmal in den frühesten Zeiten das Bedürfniß der Kapitalansammlung behufs Beförderung der Production nicht sehr stark gefühlt wird, daß ferner die herrschende große Rechtsunsicherheit oder das gänzliche Fehlen eines Rechtsschutzes das Bestreben einer Vermehrung des Kapitals als mehr oder weniger nutzlos erscheinen läßt, sowie endlich, daß nomadisch lebende Stämme um deswillen nicht wohl bedeutendes Kapital bilden können, weil solches ihre Umzüge zu stark beschweren würde. Sobald sie sich aber festgesetzt haben, und das Eigenthum und dessen Schutz allmälig in seine vollen Rechte tritt, nimmt die Kapitalbildung in immer steigenden Aufschwung. Namentlich unsere gegenwärtige Periode zeichnet sich durch das Bestreben aus, die Kapitalbildung und damit die Möglichkeit einer stetigen Erweiterung der Production in jeder Weise zu fördern. Am zweckmäßigsten geschieht dies dadurch, daß man die vorhandenen Kapitalien möglichst fruchtbar zu machen sucht. Wer spart, d. h. um sich ein Gut behufs fernerweiter Production zu erhalten, auf dessen Genuß verzichtet, der will sein erspartes Kapital nicht nur conserviren, sondern auch einen dauernden Ertrag von ihm erzielen. Um letzteres zu ermöglichen, ist es von Wichtigkeit, daß Gelegenheit geboten wird, auch kleinere Kapitalien, welche nicht so leicht wie große productiv gemacht werden können, anzusammeln und nutzbringend anzulegen; denn gerade diese kleinern Kapitalien werden durch ihre große Menge für die Volkswirthschaft sehr beachtenswerth. Eben hierauf gründet sich die Bedeutung der Sparkassen und ähnlicher Institute unserer Zeit. Der Vorwurf, daß der Spartrieb aus dem Principe des Egoismus hervorgehe, ist hinfällig. Allerdings denkt der Sparende zunächst an sich selbst, indem er durch entsprechende Kapitalbildung seine Zukunft zu sichern und die ihm durch Alter, Krankheit oder Arbeitsunfähigkeit drohende Gefahr des Mangels zu beseitigen bestrebt ist; allein hiermit erfüllt der Sparende lediglich eine natürliche Pflicht, und zwar nicht nur gegen sich selbst, sondern zugleich gegen diejenigen, mit denen er durch Familienbande verknüpft ist. Die Continuität seiner Persönlichkeit und seines Geschlechtes ist ihm zum Bewußtsein gekommen, sein Horizont hat sich in die Zukunft hinein erweitert. Je gesicherter daher das Recht des Einzelnen ist, nach seinem Tode das ersparte Kapital auf andere übergehen zu lassen, desto eifriger wird er sich die Kapitalbildung angelegen sein lassen und es ist daher nicht zu bezweifeln, daß die Durchführung der von manchen Socialisten befürworteten Aufhebung des Erbrechts der Entstehung und Vermehrung des Kapitals außerordentlich nachtheilig sein würde. Schließlich möge hier noch auf folgenden Gesichtspunkt hingewiesen werden. Die bei weitem meisten Güter, welche als Kapital dienen, sind einer mehr oder minder raschen Zerstörung ausgesetzt, sodaß der vorhandene Gesammtvorrath nur durch fortwährende Nachbesserungen und Ergänzungen, also durch fortwährende Sparsamkeit in seinem Bestande erhalten werden kann. Hiernach erscheint die Befürchtung, ein allzu großes Kapital werde auf die Gütererzeugung nachtheilig einwirken, als ausgeschlossen, vielmehr ist die ökonomische Vortheilhaftigkeit der fortgesetzten Ansammlung von Kapital eine unbegrenzte. Niemals wird weder für die Menschheit im Ganzen noch für ein einzelnes Volk ein Zeitpunkt eintreten, wo die Zurücklegung weiterer Ersparnisse überflüssig oder gar schädlich wäre; und wenn Reichthum manche Völker verdorben hat, so ist das nicht geschehen, weil der Reichthum zu groß, sondern weil die sittliche Kraft derjenigen, in deren Händen seine Verwendung lag, zu gering war. Allerdings wird es nicht selten vorkommen, daß ein einzelnes Gut überreich produrirt worden ist, und daß für den über das Bedürfniß hinausgehenden Rest sich keine Nachfrage mehr findet. In diesem Falle wird sich die Production dieses Gutes vermindern müssen und deshalb neues Kapital nicht mehr verwenden können. Aber die Arbeitskräfte, welche dadurch frei werden, gehen nach und nach auf andere Productionszweige, welche noch der Erweiterung bedürfen, über. Solche Productionszweige wird es aber immer geben, da nicht nur das vorhandene Kapital fortwährend umgestaltet werden muß, sondern auch die menschlichen Bedürfnisse keineswegs stehen bleiben, vielmehr sich fortwährend modificiren bez. erhöhen. Ist aber ein Productionszweig vorhanden, der der Ausdehnung noch fähig ist, so bedarf er nicht nur der Arbeitskräfte, sondern auch, zur Beförderung ihrer Wirksamkeit, des Kapitals.

Die Benutzung sowol der Natur in ihren Stoffen und Kräften wie auch des Kapitals bei der Production ist die Veranlassung geworden, Natur, Arbeit und Kapital parallelisirend als die drei Factoren der Gütererzeugung zu bezeichnen. Diese Auffassungsweise ist aber nur in der Lehre von der Vertheilung der Güter berechtigt, aus der sie ursprünglich stammt; in der Lehre von der Production ist sie die Ursache mannichfacher Verwirrung geworden. Das eigentliche productive Element ist die Arbeit, und nur die Arbeit, weil in ihr allein der menschliche Wille sich verwirklicht; Natur und Kapital lassen nur Güter entstehen, aber sie erzeugen deren keine. Bei der Production haben sie nichts zu thun, als die Aufgabe der Arbeit zu bestimmen und zu erleichtern; es ist hier daher auch nichts über das sogenannte Zusammenwirken der drei Productionsfactoren hinzuzufügen.

In unserer bisherigen Ausführung ist die Güter-erzeugung immer als eine auf Hervorbringung neuer Güter oder Werthe gerichtete Thätigkeit aufgefaßt worden. Aber neben jener offenen, positiven Production statuiren Manche auch noch eine latente, negative, worunter sie diejenige Thätigkeit verstehen, welche den Zweck hat, die bereits vorhandenen Güter vor Beschädigung und Vernichtung zu schützen, sei es nun, daß denselben von Naturkräften oder von Menschen Gefahren drohen. Dieser Schutz wird z. B. durch Errichtung von Mauern oder Ziehung von Gräben um Grundstücke, durch Herstellung einer guten Polizei, durch Begründung von Feuerlöschanstalten, Leuchtthürmen und Lootseninstituten in Seehäfen, durch Dämme an übertretenden Strömen, durch starke Organisation der Landesvertheidigung u. s. w. erzielt. Allerdings sind derartige Einrichtungen, indem sie gefährdete Güter erhalten, außerordentlich nützlich; wenn es aber auch für den Stand des Nationalvermögens nahezu gleich ist, ob ein bestimmtes Gut neu producirt oder aber vor der ihm drohenden Zerstörung bewahrt wird, so kann man doch die letztere Thätigkeit nicht wohl eine productive nennen. Auch der Umstand, daß bei der sogenannten latenten Production ebenso wie bei der eigentlichen offenen die Arbeit das bewegende Element ist, welche auch hier die Naturkräfte zu ihrer Unterstützung heranzieht und zur vollen Entfaltung ihrer Macht der Hilfe des Kapitals bedarf, kann nicht in Betracht kommen gegenüber der Thatsache, daß sich in allen übrigen Punkten diese latente Production von der patenten oder positiven Gütererzeugung wesentlich unterscheidet. Zunächst nämlich ist es klar, daß bei ersterer das Maß des Erfolgs der Thätigkeit noch schwieriger zu bestimmen ist als bei letzterer. Was in einer Wirthschaft innerhalb einer bestimmten Periode neu hervorgebracht worden ist, liegt meistens offen zu Tage; was sie eingebüßt haben würde ohne die auf Erhaltung ihres Vermögens verwendete Sorgfalt, ist fast immer unmöglich zu sagen. Bei der positiven Production ferner genügt es in der Regel, wenn sie den eintretenden Bedürfnissen nachfolgt oder mit ihnen gleichen Schritt hält; die negative dagegen würde damit meistens zu spät kommen; sie muß ihnen in Voraus begegnen. Weil aber das kommende Bedürfniß viel unbestimmter und schwieriger zu erkennen ist, als das gegenwärtige, so hat auch hier in Frage kommende Thätigkeit einen wesentlich verschiedenen Charakter. Bei der positiven Production gilt es vor Allem, sich möglichst zu concentriren, bei der negativen kommt es vorzugsweise auf eine allseitige Umsicht an. Endlich sind von den Uebeln, die den Wohlstand gefährden, verhältnißmäßig nur wenige so stetiger und gleichförmiger Art, daß es möglich zu concentriren oder lohnend ist, dauernde, auf gemeinsame Benutzung berechnete Anstalten zu ihrer Bekämpfung zu errichten; das Bedürfniß hat der in der Regel ein individuelles Gepräge, und während für die Versorgung mit Gütern die natürliche Entwickelung dahin geht, den Einzelnen immer mehr auf den Verkehr anzuweisen, wird die Conservirung des Vermögens fast immer Sache der einzelnen Wirthschaft bleiben. Wo sich aber ausnahmsweise gewisse Vereinigungen zur Bewahrung des Vermögens nöthig erweisen, wie z. B. die Genossenschaften zu Errichtung bez. Erhaltung von Deichen gegen drohende Ueberschwemmungen, da sind dieselben nicht bloße Verkehrsverbindungen, sondern wirkliche Gemeinschaften, und weil ihr Zweck ein dauernder ist, so tragen sie selbst einen dauernden Charakter.

III. Gütervertheilung. Die Regel ist, daß Niemand ausschließlich für sich producirt, daß vielmehr jeder Producent zunächst die Bedürfnisse Anderer ins Auge faßt, um durch den Austausch seiner Erzeugnisse gegen andere diejenigen zahlreichen Güter zu erhalten, welche er nicht selbst herstellt, deren er aber zur Befriedigung seiner eigenen Bedürfnisse benöthigt ist. Je höher sich die socialen Verhältnisse eines Volkes entwickelt haben, in desto stärkerem Maße theilen sich die einzelnen Glieder desselben in die der Gesammtheit obliegende Güterproduction; um so vielseitiger sind aber auch die Beziehungen, welche zwischen ihnen durch den Verkehr entstehen und um so nothwendiger wird es, sie richtig zu erfassen. Die Art und Weise, in welcher die neuentstehenden Güter in diejenigen Hände übergehen, in denen sie ihre Verwendung erhalten sollen, wird von der Volkswirthschaftslehre unter der Bezeichnung der Lehre von der Gütervertheilung im weitern Sinne erörtert. Diese aber pflegt man in die beiden Abtheilungen der Darstellung des Güterumlaufs und der Lehre von der Gütervertheilung im engern Sinne zu zerlegen, indem sich die betreffenden Erscheinungen von einem doppelten Gesichtspunkte aus betrachten lassen. Einmal nämlich kann man, indem man vorzugsweise die Bestimmung der Güter für die Consumtion im Auge hat, fragen: Wie geschieht es, daß die Güter aus dem Besitze ihrer ursprünglichen Producenten, welche meistens nicht die Absicht haben, sie selbst zu gebrauchen, denjenigen angeführt werden, deren Bedürfnissen sie entsprechen, und wovon hängt es ab, daß diese Aufgabe in größerer oder geringerer Vollkommenheit gelöst wird? Welcher sachlichen und persönlichen Hülfsmittel bedient sich die Volkswirthschaft zu diesem Zwecke, und wonach richtet sich das Maß der relativen Opfer, welche der Consument bringen muß, um sich die Befriedigung seiner verschiedenen Bedürfnisse zu sichern? Endlich aber, sobald man den Werth der hergestellten Producte als dasjenige Object auffaßt, aus welchem die Producenten ihre Belohnung für die dargebrachten Opfer empfangen müssen, drängt sich noch die fernerweite Frage auf: nach welchen Gesetzen richtet sich die Bildung der Antheile, in welche dieser Werth zerfallen muß, um die verschiedenen Elemente, welche bei der Production mitgewirkt haben, zu entschädigen?

A. Güterumlauf. Der Lehre vom Güterumlauf liegt zunächst die Darstellung der innern Veranlassungen ob, durch welche die einzelnen Wirthschaften dazu getrieben werden, ihre Isolirtheit aufzugeben, und in einen regelmäßigen Verkehr mit einander zu treten. Wie schon bemerkt, motivirt sich die Gütercirculation dadurch, daß kein Mensch alle die Güter, deren er bedarf, selbst zu erzeugen im Stande ist, daß er sich daher nach dem Principe der Arbeitstheilung auf einzelne Güterarten beschränkt, in denselben mehr, als er für sich bedarf, producirt und den so erzielten mehr oder minder beträchtlichen Ueberschuß an Andere abtritt, um von denselben durch Austausch diejenigen Güter, welche sie ihrerseits hervorbringen, zu erhalten. Die Scheidung des Volkes nach Berufsarten und Ständen, der Gegensatz zwischen der Ackerbau und Viehzucht treibenden Landbevölkerung und der vorwiegend industriellen Stadtbevölkerung, die in Klima, Bodenerzeugnissen, Sitten und Cultur hervortretenden Verschiedenheiten der einzelnen Länder und ihrer Bewohner sind die Hauptursachen des Güterumlaufs, welcher sich ursprünglich nur im engen Kreise der Stämme bewegte, nach und nach aber den größten Theil aller bewohnten Gebiete der Erde sich unterworfen hat.

Bei der Frage der Circulationsfähigkeit der Güter tritt namentlich die rechtliche und thatsächliche Verschiedenheit der Behandlung des beweglichen und des unbeweglichen Eigenthums hervor. Die unbeweglichen Güter sind offenbar am wenigsten umlaufsfähig, sodann diejenigen beweglichen, deren Transport von einem Orte zum andern bedeutende Schwierigkeiten bietet. Aber nicht von der Beweglichkeit allein hängt die größere oder geringere Circulationsfähigkeit ab, sondern es kommen hier noch manche andere Momente in Betracht. So finden z. B. Güter, welche zur Befriedigung der Nothwendigkeitsbedürfnisse dienen und deshalb von Vielen gesucht werden, weit leichter und sicherer Abnehmer, als solche, welche nur von Wenigen als Luxusartikel erworben zu werden pflegen. Ebenso wirken auch die Gleichmäßigkeit und allgemeine Bekanntheit des Gebrauchs- und Tauschwerthes der Güter, die größere Leichtigkeit, mit welcher sie dauernd conservirt werden können, der im Verhältniß zu Gewicht und Umfang höhere Werth u. s. w. zu Gunsten einer größern Umlaufsfähigkeit ein. Das ohne Zweifel circulationsfähigste Gut ist das Geld, weil es alle vorgenannten Eigenschaften der sich umlaufenden Güter in hohem Grade besitzt. Uebrigens ist die Circulationsfähigkeit bei den einzelnen Völkern je nach der höhern oder niedrigern Culturstufe, die sie einnehmen, sehr verschieden, d. h. auf jener stets größer als auf dieser, wobei die Gleichartigkeit der Verkehrsverhältnisse und die Verbesserung der Transportmittel wesentlich mitwirken. In der ältesten Periode der Menschheit, wo der Verkehr noch von geringer Bedeutung ist, produciren die Individuen die Güter, deren sie bedürfen, größtentheils selbst und beziehen die übrigen aus ihrer nächsten Umgebung. Sobald jedoch die Production steigt, hebt sich zugleich der Verkehr und wird der Umlaufskreis der Güter ein immer ausgedehnterer. Waaren von ursprünglich geringer Circulationsfähigkeit werden in demselben Grade immer umlaufsfähiger, je mehr sie in größeren Quantitäten erzeugt werden und je mehr infolge dessen ihr Tauschwerth sinkt. Was aber den Güterumlauf noch mehr fördert, ist, daß sich alsbald Mittelspersonen finden, welche es sich zur Aufgabe machen, die Waaren den Producenten abzunehmen und den Consumenten zuzuführen, die Auswahl zu erleichtern, die Entfernungen aufzuheben oder doch abzukürzen. Höhere Stufen der wirthschaftlichen Cultur sind ohne Kaufleute nicht denkbar, denn letztere wirken nicht nur direct auf den Güterumlauf ein, sondern auch indirect dadurch, daß sie durch den vermehrten Absatz, welchen sie den Producenten verschaffen, die Gütererzeugung fördern und zugleich in die richtigen Bahnen lenken. Das weitaus wichtigste Moment endlich, welches den Güterumlauf in den vorgeschrittenern wirthschaftlichen Perioden der Menschheit erleichtert und belebt, ist die Befreiung von allen jenen Beschränkungen, welche man in frühern Zeiten in Verkennung der Verkehrsverhältnisse feststellte. Monopole, Privilegien, Marktrechte, Zunftgerechtigkeiten, Preisfestsetzungen durch den Staat, Zinsbeschränkungen, Prohibitiv- und Schutzzölle u. s. w. hemmen, wie die Production, so auch den Güterumlauf, welch' letzterer sich erst dann frei und regelmäßig zu gestalten vermag, wenn die freie Concurrenz alle bei der Volkswirthschaft thätigen Kräfte entfesselt und dieselben beengenden Schranken möglichst beseitigt. Thatsächlich ist denn auch dieses Princip der freien Concurrenz in neuerer Zeit von den vornehmsten und maßgebendsten Culturstaaten als das relativ richtigste anerkannt und in mehr oder weniger ausgedehntem Umfange praktisch realisirt worden; und wenn seit einigen Jahren namentlich in Deutschland Symptome einer entgegengesetzten Strömung sich bemerkbar gemacht haben und mit immer größerer, zum Theil leidenschaftlicher Entschiedenheit auf gewisse nothwendige Grenzen, welche äußere Verhältnisse wie die innere Natur der Dinge der Wirksamkeit dieses Princips stecken, hingewiesen worden ist, so darf andererseits nicht verschwiegen werden, daß die wider die gegenwärtig herrschenden wirthschaftlichen Grundsätze und Zustände erhobenen Bedenken einmal eine unverkennbare Hinneigung zur verfänglichen Logik des post hoc propter hoc verrathen, und daß zweitens die geltend gemachten Einwendungen bis auf Weiteres als großentheils unbegründete und des Beweises noch bedürftige zu bezeichnen sind. Den Anspruch auf absolute Wahrheit vermag freilich kein menschliches System zu erheben; und so muß es auch an dieser Stelle eine offene Frage zur Zukunft dahingestellt bleiben, ob und nach welchen Richtungen hin weitere Erfahrungen die Nothwendigkeit eingreifender Beschränkungen der gegenwärtig in der innern wie in der äußern Wirthschaftspolitik herrschenden freiheitlichen Grundsätze bedingen werden.

Der Güterumlauf ist insofern von der Production abhängig, als sie ihm diejenigen Waaren liefert, welche er in Bewegung setzt; außerdem aber wird der leichtere Absatz der Producte davon beeinflußt, ob die Gütererzeugung groß und vielseitig ist und dem Bedürfnisse entspricht. Güter können nur gegen Güter ausgetauscht werden; sobald daher ein Productionszweig leidet oder zu Grunde geht, zieht dies eine Einschränkung des Güterumlaufs im Allgemeinen nach sich. Ueberschwemmungen, Kriege, erdrückende Steuerlasten u. s. w. sind nach dieser Richtung hin von größtem Einfluß. Eine Missernte z. B. hat, weil sie die Tauschmittel einer zahlreichen Menschenklasse vermindert, und zugleich durch Erhöhung der Getreidepreise Andere zur Einschränkung ihrer Consumtion nöthigt, regelmäßig eine Stockung in einer Reihe anderweiter Erwerbszweige und damit eine Verminderung des Verkehrs zur Folge; umgekehrt vermehrt eine gute Ernte die Production und den Güterumlauf. Ein derartiges Ereigniß aber wirkt nicht allein auf ein einzelnes Volk, sondern mehr oder weniger auf alle Völker ein, welche mit jenen in wirthschaftlichen Beziehungen stehen und an seinem Gedeihen interessirt sind.

Die vorstehenden Betrachtungen führen mit innerer Nothwendigkeit zur Lehre von dem vergleichsweisen Werthe der Güter, d. h. zur Lehre vom Tauschwerthe und Preise. Unter dem Preise einer Waare versteht man ihren Tauschwerth, ausgedrückt in dem Quantum einer bestimmten andern Waare, welche dafür eingetauscht werden kann. Eben wegen seiner Relativität kann dieser vergleichsweise Werth nicht für alle Güter gleichzeitig steigen oder fallen. Eine Tauschwerthsteigerung eines Theiles der Güter enthält eben damit unmittelbar eine Tauschwerthsverminderung aller übrigen Güter. Anlangend sodann die Ursachen, von denen die relative Werthstellung der Güter abhängt, so ergibt sich als der nächste Bestimmungsgrund das Verhältniß zwischen Nachfrage und Angebot der einzelnen Güterarten, und zwar in der Weise, daß der Tauschwerth derselben um den Punkt sich dreht, wo die Nachfrage, welche mit der Höhe des Tauschwerthes ab-, und das Angebot, welches mit derselben zunimmt, sich gegenseitig decken. Hier aber entsteht nun die Frage, welche Umstände die Stärke dieser beiden Momente bestimmen, ihnen eine größere oder geringere Stetigkeit oder Veränderlichkeit ertheilen, und wie sich insbesondere die Höhe des Tauschwerthes selbst in dieser Beziehung verhält. Auf Seiten der Nachfrage kommt dabei namentlich die Intensität und Verbreitetheit des Bedürfnisses, welchem die Güter dienen, also der abstracte Gattungswerth der letztern, und die Zahlungsfähigkeit der Begehrer, d. h. die Größe ihrer Productivität, in Betracht; auf Seiten des Angebotes dagegen ist die Schwierigkeit der Herstellung der Güter das entscheidende Moment. Diese aber kann theils in der natürlichen Seltenheit sei es des betreffenden Gutes selbst, sei es gewisser Elemente, die für seine Herstellung erforderlich sind, begründet sein, theils auch kann jene Schwierigkeit auf den Opfern an Gütern, Nutzungen und persönlichen Anstrengungen beruhen, welche die Herstellung der Güter erheischt und welche man mit dem allgemeinen Namen der Productionskosten bezeichnet. Hiernach zerfallen alle Tauschgüter in drei Hauptklassen: in solche, deren Menge absolut beschränkt ist, ferner in solche, die sich zwar beliebig, über einen gewissen Punkt hinaus, aber nur zunehmenden Productionskosten vermehren lassen und endlich in solche, die zu einem bestimmten fast gleich bleibenden Productionsaufwande beliebig vermehrbar sind. Der Tauschwerth der Güter der ersten Kategorie richtet sich nach den oben bezeichneten Momenten, welche die Nachfrage bestimmen; bei der zweiten Art der Güter hängt der Tauschwerth von den Kosten ab, welche aufgewendet werden mußten, um das Angebot über denjenigen Punkt hinaus zu erweitern, bei welchem dieses unter den gegebenen Verhältnissen die Nachfrage deckt; bei der dritten Abtheilung der Güter endlich wird der Tauschwerth durch den Kostensatz bestimmt. Hiermit findet sich dann die Wirthschaftslehre auf eine Analyse der Productionskosten hingedrängt, mit dieser aber befindet sie sich schon innerhalb der Lehre von der Gütervertheilung im engern Sinne. Die Productionskosten lösen sich nämlich einestheils in die bei der Production verzehrten Güter, anderntheils in die auf dieselbe verwendeten Leistungen des Unternehmers, Kapitalnutzungen und Arbeitsanstrengungen auf. Indem aber die Analyse hinsichtlich der erstern weiter und weiter fortgesetzt wird, ergeben sich als die ihren Werth bestimmenden Bestandtheile ebenfalls nur Leistungen der Unternehmer, Kapitalnutzungen und Arbeitsanstrengungen, sobald schließlich die Gesammtheit der Productionskosten auf diese drei Bestandtheile hinausläuft. Die unmittelbar sich anschließende Aufgabe besteht daher in der Ermittelung der Gesetze, nach welchen sich die Höhe der Entschädigung für die letztern bestimmt. Eine solche Ermittelung aber bildet zugleich die Lösung der wesentlichsten Probleme, mit denen sich die Lehre von der nunmehr zu erörternden Gütervertheilung im engern Sinne zu beschäftigen hat.

B. Gütervertheilung im engern Sinne.
Den Ausgangspunkt für diese Lehre bildet die Betrachtung des Einkommens in seinem Gegensatze zum Vermögensstamm, mag dieser nun Nutzstamm oder Erwerbsstamm sein. Unter Einnahmen versteht man alle Güter, welche während eines gewissen Zeitabschnittes dem Vermögen zufließen, unter Einkommen hingegen begreift man alle diejenigen Einnahmen, welche aus einer wirthschaftlichen Thätigkeit entspringen. Das Einkommen setzt sich zusammen aus den Resultaten der Arbeitsthätigkeit und aus den Nutzungen der wirthschaftlichen Güter, welche das Vermögen ausmachen. Nicht zum Einkommen gehören daher diejenigen Einnahmen, welche, wie z. B. Lotteriegewinnste, Erbschaften u. s. w., nicht Entschädigungen für der Gesellschaft geleistete Dienste sind und aus diesem Grunde hier überhaupt nicht in Betracht kommen. Wie die Theile des Einkommens verwendet werden, ob sie unmittelbar oder ob sie mittelbar durch Eintausch gegen andere Güter consumirt werden, ist gleichgültig; wohl aber würde der Producent, der sein gesammtes Einkommen verbrauchen wollte, unwirthschaftlich verfahren. Denn dieses gesammte Einkommen, welches man auch wol das rohe Einkommen nennt, enthält Productionskosten, welche abgezogen werden müssen und das zur Consumtion verbleibende sogenannte reine Einkommen übrig lassen. Unter dem freien Einkommen endlich wird man denjenigen Theil des reinen Einkommens verstehen, welcher nach Befriedigung der unentbehrlichen Bedürfnisse des Producenten übrig bleibt und zu eventueller Kapitalanlage verwendbar ist.

Wenn nach Vorstehendem das Einkommen sich als der Entgelt darstellt, welcher der Wirthschaft des Einzelnen für irgend einen der Gesellschaft geleisteten Dienst zufließt, so ergibt sich im Anschlusse an die Betrachtungen, welche die Productionslehre und die Lehre vom Güterumlauf anzustellen hatte, nunmehr ein doppelter Gesichtspunkt: einmal, daß die Regelung dieses Entgelts in Folge der normalen gesellschaftlichen Entwickelung immer seltener durch den Machtspruch einer äußern Gewalt, immer häufiger durch die freie und insbesondere von der Ausbildung der Concurrenz in ihrer Freiheit und Regelmäßigkeit mehr und mehr geschützte Vereinbarung der unmittelbar Betheiligten erfolgt; sodann, daß die Ueberlieferung der neuerzeugten Producte an den Verkehr und die Empfangnahme der Gegenwerthe zunehmend mehr durch die Unternehmer geschieht. Die Unternehmer erscheinen daher als diejenigen Factoren, an die der Hauptsache nach das neuerworbene Gut zunächst übergeht, und deren Aufgabe es ist, nach Absonderung desjenigen Theiles, welcher die für die Production gemachte Consumtion ersetzt, den Rest, das sogenannte reine Einkommen, an die verschiedenen bei der Production Betheiligten zu vertheilen.

Aus der bisherigen Darstellung ergibt sich, daß, faßt man den gesammten Rohertrag einer Unternehmung nach Abschluß einer bestimmten Wirthschaftsperiode ins Auge, derselbe sich volkswirthschaftlich in den Ersatz der bei der Production zu Grunde gegangenen Werthe und in den Reinertrag auflöst. Da von letzterem der Unternehmer dem Kapitalisten und den Arbeitern die ihnen gebührende Entschädigung bezahlen und selbst das seinige beziehen muß, so ergeben sich drei Antheile, in welche der Reinertrag zerfällt: der des Unternehmers oder der Gewinn, der des Kapitalisten oder der Zins und der des Arbeiters oder der Lohn. Nimmt man vorläufig an, daß für diese dreifache Entschädigung ein gewisser Durchschnittsbetrag festzustehe, so wird keine Unternehmung auf die Dauer fortgesetzt werden können, wenn sie diesen Betrag nicht abzuwerfen vermag, und umgekehrt würde ein darüber hinausgehender Reinertrag zu einer Vermehrung oder Erweiterung der Unternehmungen führen, bis mit dem vermehrten Angebote der betreffenden Producte deren Werth sich soweit verminderte, daß dadurch der Reinertrag wieder auf das allgemeine Niveau herabgedrückt wäre. Die Voraussetzung dabei ist freilich die, daß das Ergreifen und Aufgeben der verschiedenen Unternehmungen und Ab- und Zuwenden der Kapitalien und Arbeitskräfte nur durch die Schwierigkeit der productiven Aufgaben bedingt, die Ausgleichung nicht durch irgend eine sei es natürliche, sei es künstlich hervorgerufene absolute und relative Seltenheit der Productionselemente verhindert wird. Es fragt sich daher zunächst, nach welchen Gesichtspunkten unter der gedachten Voraussetzung die absolute Höhe der drei Erwerbsantheile sich bestimmt.

Was zuvörderst den Unternehmergewinn anlangt, so ist darunter nicht der gesammte Nettogewinn, den ein solcher durch Abrechnung alles desjenigen, was zweifelhaft unter die weiter unten zu erörternden Gesichtspunkte des Kapitalzinses, des Arbeitslohnes und der von

R. Encykl. d. W. u. K. Erste Section. XCVIII.

22

Manchen angenommenen sogenannten Grundrente fällt. Benutzt der Unternehmer eigene Grundstücke und Kapitalien, so steht ihm dafür genau dieselbe Entschädigung zu, welche ein Anderer, von dem jene Grundstücke gepachtet, jene Kapitalien entlehnt worden wären, erhalten würde. Ebenso hat er auf Arbeitslohn Anspruch, sei es nun, daß er, wie Bauern, Handwerker, kleinere Kaufleute und Fabrikanten, persönlich mitarbeitet, sei es, daß er die Rechnung, die Kasse, die Correspondenz führt, die Arbeiten anordnet und beaufsichtigt oder überhaupt den ganzen Geschäftsbetrieb leitet. Denn da er alle diese Arbeiten einem Dritten, welcher dafür entschädigt werden müßte, übertragen könnte, so gebührt ihm aus diesem Grunde dasjenige, was jene Person für ihre Leistungen erhalten würde. Ferner aber muß aus dem Reingewinn des Betriebes noch derjenige Betrag ausgeschieden werden, welcher etwaige Verluste, die ja bei jeder dauernden Production unvermeidlich sind, decken soll, und der als Asfecuranzprämie aufzufassen ist. Der hiernach endlich verbleibende Rest, der Ueberschuß über die ausbedungene oder landesüblich in Ansatz gebrachte Vergeltung aller zusammenwirkenden Productivkräfte, gehört dem Unternehmer dafür, daß er wirklich die Idee des Geschäftsbetriebes faßte und durchführte und daß er ferner sich den mit jedem Unternehmen untrennbar verbundenen Sorgen und Verantwortlichkeiten unterzog. Allein auch dieser Unternehmergewinn ist zuletzt, obwol er sich dadurch vom Arbeitslohn unterscheidet, daß er nicht ausbedungen werden kann, doch auch blos Arbeitslohn, der Arbeitslohn des Unternehmers, der mit seiner ganzen Persönlichkeit, seinen technischen und ethischen Eigenschaften, seinen Kenntnissen, seinem Ruf u. s. w. sich an der Production betheiligt. Es ergibt sich dies schon daraus, daß der Unternehmergewinn denselben Gesetzen, wie der Arbeitslohn unterliegt, und daß der Unternehmer, wenn nicht ganz, so doch wenigstens theilweise durch einen besoldeten Beamten ersetzen werden kann. Die Höhe des Unternehmergewinnes stellt sich übrigens außerordentlich verschieden. In allen kleineren Betrieben, wie beim Ackerbau, Handwerk und Kleinhandel, ist er nur gering, einmal wegen der vorhandenen großen Concurrenz, sodann aber auch um deswillen, weil von dem Unternehmer keine außergewöhnlichen Leistungen gefordert werden. Er steigt progressiv mit der Größe des verwendeten Kapitals, theils weil mit demselben auch die Unternehmungen an Bedeutung gewinnen und große Unternehmungen an Arbeitslohn und Kapitalzins zu sparen pflegen, theils weil die Concurrenz nun mehr und mehr schwindet. Wenn dessenungeachtet der von kleineren Unternehmern erzielte Procentsatz des Verdienstes sich höher stellt als derjenige der größern, so erklärt sich dies daraus, weil erstere zwar nur geringen Unternehmergewinn, aber verhältnißmäßig mehr selbstverdienten Arbeitslohn in demselben liegen haben. Im Allgemeinen sinkt bei fortschreitender wirthschaftlicher Cultur der Unternehmerlohn infolge der wachsenden Concurrenz allmälig mehr und mehr; allein infolge der günstigen Stellung, welche der Unternehmer

den Besitzern der von ihm entlehnten Productivkräfte und den Consumenten gegenüber einnimmt, bleibt er immerhin so bedeutend, daß er sich als die Quelle der meisten sich weiterhin erzeugenden Reichthümer darstellt. Auf der andern Seite freilich reizt er zu anderweiten gewagteren Unternehmungen und Speculationen und führt hierdurch häufig zum wirthschaftlichen Rückgange und zur Verarmung, womit die bekannte Thatsache zusammenhängt, daß verhältnißmäßig nur sehr wenig Unternehmungen sich dauernd zu behaupten und entsprechenden Unternehmerlohn zu gewähren vermögen.

Als der zweite von den in Rede stehenden drei Erwerbsantheilen ist hier der Kapitalzins zu behandeln. Die Ansammlung von Kapital findet hauptsächlich mit Rücksicht darauf statt, daß dasselbe, bei der Gütererzeugung verwendet, eine dauernde Nutzung gewährt. Diese Nutzung nennen wir Zins, bezeichnen sie aber gewöhnlich bei stehenden Kapitalien als Miethe oder Miethzins, bei umlaufenden als Interessen. Um einen Maßstab für die Berechnung, ob ein Zins als hoch oder niedrig anzusehen ist, zu gewinnen, pflegt man ihn in der Regel für ein Jahr festzustellen und zu ermitteln, welchen Procentsatz des Kapitalwerthes er beträgt. Dieser Procentsatz ist der Zinsfuß, und zwar gilt als landesüblicher derjenige Zinsfuß, zu welchem Geld unter gewöhnlichen Umständen sicher und leicht ausgeliehen wird. Häufig ist der landesübliche Zinsfuß durch die Gesetzgebung normirt worden, in welchem Falle er nicht überschritten werden darf, gleichzeitig aber dann als der Maximalsatz des Zinses erscheint, der über den mittlern, usuellen hinausgehen kann.

Der wirklich erzielte Zins ist in der Regel nicht der reine und muß, will man den letztern kennen lernen, reducirt werden. Im Miethzins liegt gewöhnlich nicht nur die Entschädigung für die Nutzung, sondern auch für die Abnutzung des Kapitals und in den Interessen ebenso häufig die Entschädigung für das Risico, welches der Darleiher, der sein Kapital verlieren kann, auf sich nimmt. Am wirklich reinen Zins steht bei Geldkapitalien der Zins, welcher dem landesüblichen Zinsfuße entspricht. Arbeitet ein Unternehmer mit eigenem Kapital, so wird sich die Feststellung des Zinses um deswillen sehr schwierig gestalten, weil in diesem Falle der gesammte Gewinn, ohne daß sich ein bestimmter Anhalt bietet, auf Kapitalzins, Arbeitslohn vertheilt werden muß, und außerdem noch der Unternehmergewinn, von dem bereits gesprochen wurde, Berücksichtigung fordert. In der Regel wird hier der Zins, den andere Producenten bewilligen müssen, und den daher der Unternehmer für das eigene Kapital billigerweise fordern darf, in Anschlag zu bringen sein. Uebrigens hängt der Zins auch von Angebot und Nachfrage ab. Ist die Nachfrage nach Kapital stärker als das Angebot, so wird sich der Zins auf Kosten des Arbeitslohnes und des Unternehmergewinnes hoch stellen; ist sie schwächer, niedrig. Nur darf die Nachfrage einerfalls nicht so hoch steigen, daß der Unternehmer leer ausgeht, letzternfalls nicht so weit sinken, daß der Kapitalist es vorzieht, sein Kapital zu confumiren, oder, wenn es sich um Geldkapitalien handelt, bis auf günstigere Zeiten zur freien Verfügung im Kasten zu behalten.

Infolge der Vermittelung von Angebot und Nachfrage innerhalb desselben volkswirthschaftlichen Gebietes ist dem Zinsfuße der Kapitalien das Bestreben eigenthümlich, sich für alle noch so abweichenden Productionszweige auf gleiche Höhe zu setzen. Es erklärt sich dies aus dem Umstande, weil das Kapital, sobald es in einem Productionszweige höhern Zins abwirft, sich demselben sofort zuwendet und durch massenhaftes Angebot den Zinsfuß herabdrückt. Selbstverständlich gilt dies nur vom reinen Zins; der rohe, welcher Entschädigung für Abnutzung des Kapitals und Verlust und Risico einschließt, kann, je nachdem diese Entschädigung höher oder niedriger normirt werden muß, bei den verschiedenen Verwendungsarten des Kapitals starke Abweichungen ergeben. Ausnahmen von der aufgestellten Regel finden nur da statt, wo durch gesetzliche Bestimmungen oder andere Umstände der schnelle Uebergang des Kapitals von einem Productionszweige zum andern irgendwie behindert ist, da hier Angebot und Nachfrage nicht frei zu wirken vermögen. Solche Hindernisse können z. B. auch dem allgemein gleichen Weltzinsfuße entgegen, welcher nur deshalb sich nicht herstellen kann, weil Kapital aus einem volkswirthschaftlichen Gebiete nur selten und in verhältnißmäßig geringem Maße in das andere hinüberfließt.

Zeigt sich in einem wirthschaftlichen Betriebe ein ungewöhnlich hoher Zins und ist derselbe nicht, wie bereits erwähnt, durch eine Entschädigung für Abnutzung und Verbrauch des Kapitals gerechtfertigt, so wird er entweder durch Privilegien und Monopole hervorgebracht, wie dies z. B. bei Bankinstituten, Eisenbahnen u. s. w. der Fall ist, oder es kann diese Erscheinung auch in dem Umstande ihren Grund haben, daß ein Kapital nur auf kurze Zeit zur Benutzung abgetreten wird. Hier nimmt der Entleiher es nur dann, wenn er es infolge von seinem wirthschaftlichen Betriebe besonders günstigen Verhältnissen verwenden will, wenn es also für ihn einen außerordentlichen Werth besitzt, in Anspruch, der Darleiher aber läuft Gefahr, nach erfolgter Zurückgabe sein Kapital einige Zeit unbenutzt liegen lassen zu müssen. Solchenfalls kann daher der Entleiher den höhern Zins, welchen der Darleiher als Entschädigung für sein Risico fordert, unbedenklich gewähren.

Wenn nach Vorstehendem Angebot und Nachfrage auf den Preis für die Benutzung des Kapitals wesentlich einwirken, so erklärt sich dies einfach aus dem Umstande, daß ja auch das Kapital sich lediglich als eine Waare darstellt, für welche im Verkehre im Ganzen und Großen die gleichen Regeln gelten, wie für jede andere. Auch bei ihm kommt der Gebrauchswerth und die Zahlungsfähigkeit der Abnehmer bei der Nachfrage in Betracht. Treten der Bildung von Kapitalien irgendwelche Hindernisse entgegen, wie es z. B. bei Völkern auf niedriger Culturstufe und in Zeiten großer Rechtsunsicherheit der Fall ist, so muß der Zins selbst dann sich hoch stellen,

wenn der Begehr kein sehr großer ist; umgekehrt pflegt er mit dem Steigen der Cultur und der Consolidirung friedlicher Zustände mehr und mehr zu sinken. Aber auch die Zunahme der Bevölkerung ist von wesentlichem Einflusse auf die Höhe des Zinsfußes. Erfolgt sie rascher als die Kapitalzunahme, so steigert sie den Zins, weil sie gewöhnlich den Bedarf an Kapital vermehrt; wächst dagegen das Kapital schneller als die Bevölkerung, so tritt die umgekehrte Erscheinung ein.

Die häufig angestellten Versuche, den Zins ganz aufzuheben oder doch den Zinsfuß gesetzlich zu reguliren, haben sich regelmäßig als unausführbar oder wenigstens als nachtheilig erwiesen; man hat daher in neuerer Zeit die Zins- und Wuchergesetze immer allgemeiner verworfen und mit Recht die Feststellung des Zinses den natürlichen Gesetzen des wirthschaftlichen Verkehres überlassen. Denn was zunächst das gänzliche Verbot des Zinsnehmens betrifft, so müßte dasselbe, falls es überhaupt consequent durchführbar wäre, die Kapitalbildung auf ein Minimum herabdrücken und somit, da fortan jeder Unternehmer nur mit eigenem Kapital arbeiten könnte, die Production außerordentlich vermindern. Ungefähr von demselben Nachtheile würde die strenge Festhaltung eines gesetzlichen Zinsmaximums, wenn es niedrig normirt würde, begleitet sein. Die Zins- und Wuchergesetze erklären sich nur dann, wenn man sie als Erzeugnisse von Zeiten, welche nur sehr eingeschränkte und namentlich local begrenzte wirthschaftliche Betriebe kannten, ins Auge faßt; sie stehen in dieser Hinsicht auf gleicher Stufe mit dem Zunftzwange, der Fesselung der Menschen an die Scholle und andern, ähnlichen Einrichtungen derselben volkswirthschaftlich tief stehenden Periode.

Auch die juristische Anschauung hat sich in neuerer Zeit immer einmüthiger zu der Annahme geneigt, daß Wuchergesetze, insofern sie nicht gegen den betrügerischen Wucher gerichtet sind, weder aus legislativpolitischen, noch aus rechtsphilosophischen Gründen sich rechtfertigen lassen. Anlangend den civilrechtlichen Gesichtspunkt, so wird die für die Ueberschreitung einer Zinstare etwa angedrohte Nichtigkeit sich regelmäßig in so vielen Fällen des modernen Geschäftsverkehres als geradezu illusorisch erweisen, daß durch die Festhaltung derselben im Uebrigen eine bedenkliche Anomalie des Rechtszustandes und eine gefährliche Unsicherheit für den geschäftlichen Verkehr entsteht, ganz zu geschweigen der aus der Schwierigkeit des Beweises der Ueberschreitung sich ergebenden civilproceßualistischen Bedenken gegen die Zinstare. Vom Standpunkte des Strafrechts aber ist hervorzuheben, daß die Feststellung des Thatbestandes des Zinswuchers beinahe unmöglich ist, daß sie den unlösbarsten Zweifeln im Thor und Thür öffnet, und daß sie durch die liegenden Misgriffen in der Rechtsprechung durch die Wuchergesetze selbst zur häufigste Gelegenheit gegeben wird. Zu Gunsten der Wuchergesetze pflegte man früher wol auch die Rücksicht auf die gefürchtete allgemeine Erhöhung des Zinsfußes und auf den armen Schuldner geltend zu machen. Man sagte: werde der Zins ganz frei gegeben, so werde er bis ins Unendliche steigen; wie aber solle sich der Arme Geld verschaffen, wenn nicht den Forderungen der Gläubiger eine Schranke gesetzt werde? Ob eine allgemeine Erhöhung des Zinsfußes an und für sich als ein wirthschaftliches Uebel zu betrachten sei, ist bekanntlich eine hier nicht weiter zu erörternde Streitfrage; allein erfahrungsmäßig ist eben nirgends jene gefürchtete Erhöhung die Folge der Aufhebung der Wuchergesetze gewesen. Im Gegentheil ist hier und da insolge der letzten der Zinsfuß durchschnittlich herabgegangen, genau so, wie die Brodpreise herabzugehen pflegen insolge der Aufhebung der Bäckertaxe und der Beschränkungen des Bäckergewerbes. Das Bestreben aber, dem armen Creditbedürftigen durch Wuchergesetze Schutz vor hohen Zinsansprüchen zu gewähren, ist völlig widersinnig. Nicht mit Unrecht hat man gesagt, die Wuchergesetze verdienen diesen Namen, weil sie Gesetze seien, welche den Wucher erzeugen. Wollte man jenes Ziel erreichen, so müßte man auch die Mittel haben, Kapitalisten zu zwingen, ihre Kapitalien überhaupt auszuleihen. Wer Geld nöthig hat, um zu existiren oder um nicht zahlungsunfähig zu werden, nimmt es um jeden Preis; ohne Wuchergesetze wird er es bekommen zu dem Preise, welchen die Concurrenz eben festgestellt hat, und welcher dem Grade seiner persönlichen Garantien entspricht. Wenn da, wo die Wuchergesetze noch in Kraft stehen, der Kapitalist diesen angemessenen Zinsfuß fordern wollte, so würde er oftmals das Gesetz übertreten, das Gewissenlose thut es auch, aber er fordert noch eine Versicherungsprämie für die Gefahr der Strafe. So erzeugt das Wuchergesetz den Wucher. Es gibt tausenderlei Arten, wie man die Wuchergesetze umgehen kann, und jede dieser Umgehungen drückt den Creditbedürftigen tiefer darnieder, als es selbst der höchste im freien Miethhandel mit Kapitalien zur Erscheinung kommende, offen vereinbarte Zinsfuß vermöchte — ganz zu geschweigen der Entsittlichung, der Gesetzesmißachtung, der Verkümmerung des Creditverkehres, welche nothwendige Folgen der Wuchergesetze sind. Endlich hat sich auch der oft gehörte Einwand, daß Wuchergesetze der Verschwendung steuerten und deshalb wohlthätig wirkten, erfahrungsmäßig als völlig unbegründet erweisen. Verschwender durch Maximaltaxen am schlechten Gebrauche des Kapitals hindern zu wollen, ist schon aus dem Grunde widersinnig, weil sich dieselben ja auf den verschiedensten andern Wegen, z. B. durch Kaufen und Verkaufen zu Grunde richten können. Soll der Staat sie hieran hindern, so muß er sie unter Curatel stellen; jedenfalls ist nicht einzusehen, warum gerade der eine Weg des Borgens ihnen gesetzlich versperrt werden soll, wodurch sie vielleicht nur zu einem höhern Zinsfuße getrieben und damit desto schneller dem Ruin zugeführt würden. Nach alle dem kann es schließlich nicht zweifelhaft sein, daß die seit 1867 auch von der deutschen Gesetzgebung eingeschlagene Bahn einer gänzlichen Beseitigung der Zins- und Wuchergesetze als die principiell allein richtige bezeichnet werden muß und daß die im Gegensatze zu dieser Richtung in neuester Zeit wieder hervorgetretenen, auf eine mehr oder weniger verschämte

Wiedereinführung solcher Beschränkungen abzielenden retrograden Bestrebungen weniger in der wirthschaftlichen Vernunft als vielmehr in gewissen socialpolitischen Partei-Bestleitäten ihre zweifelhafte Begründung finden.

Die nämlichen Ursachen, wie beim Zinse, wirken auch beim Miethpreise der Arbeit, dem Arbeitslohne, auf Gleichmäßigkeit hin; mit andern Worten, auch der Lohn der verschiedenen Arbeiten muß im Verhältniß ihrer Productionskosten ein verschiedener sein. Der Arbeitsermiether zahlt diesen Miethpreis als Gewerbsunternehmer aus dem Rohertrage seiner Unternehmung; für den, welcher den Lohn für geleistete Gewerbsarbeit erhält, ist derselbe Arbeits- und Kapitalrente, - letzteres selbst da, wo der Arbeiter nicht mit eigenen Werkzeugen, Roh- und Hülfsstoffen und dergleichen arbeitet; denn es gehören schon Kapitalaufwände dazu, um sich arbeitsfähig zu erhalten. Ermiethet man Arbeit nicht zu gewerblichen, sondern zu persönlichen Genußzwecken, so ist der Lohn aus dem retuen Einkommen zu bestreiten; für den Arbeitermiether bleibt das Verhältniß das nämliche, er empfängt im Lohne stets Arbeits- und Kapitalrente. Je nach Verschiedenheit der fraglichen Arbeiten und Dienstleistungen wird der Lohn bald Arbeitslohn schlechtweg, bald Gage, Gehalt, Sold, Honorar, Gebühr u. s. w. genannt; alle diese Bezeichnungen aber drücken den Miethpreis für Arbeit in eben dem Sinne aus, wie der Gesindelohn, der Tage- oder Stücklohn in den verschiedenen Gewerben. Hinsichtlich der Güter, in denen der Lohn gezahlt wird, unterscheidet man Natural- und Geldlohn; hinsichtlich der Lohnberechnung Zeit-, Stück- oder Verdung- und Antheilslohnung. Die Auslohnung der Arbeiter in Naturalien, welche vorzugsweise im landwirthschaftlichen Gewerbe vorkommt, hat manche Vorzüge. Nur muß sie nicht ausschließlich angewendet werden, weil sonst der Arbeiter genöthigt wird, einen Theil seines Lohnes zu veräußern, um diejenigen Bedürfnisse zu befriedigen, welche nicht schon durch die Bestandtheile des Lohnes befriedigt werden können. Ferner müssen die Naturalien, welche die Stelle des Geldlohnes vertreten sollen, auf Grund vorheriger Verständigung zu gewissen Durchschnittspreisen angenommen werden. Dem Unternehmer wird diese Art der Lohnzahlung namentlich dann willkommen sein, wenn sie ihm eine sichere Absatzgelegenheit für einen Theil seiner Erzeugnisse darbietet; der Arbeiter aber wird dadurch vor den gerade ihm besonders fühlbaren Einflüssen plötzlicher Preissteigerung der unentbehrlichsten Lebensbedürfnisse bewahrt. Andererseits freilich hat die Naturallohnung auch große Schattenseiten. Für den Arbeitgeber insofern, als sie meistens eine complicirte Buchführung und eine schwierige Controle veranlaßt und ihn zwingt, von den fraglichen Naturalien fortwährend größere Vorräthe zu halten. Auch wird, wer in naturæ lohnt, immer mit großem Mißtrauen seitens der Arbeiter zu kämpfen haben und vielfach ungerechtfertigter Vorwürfen von dieser Seite ausgesetzt sein. Der Arbeiter hinwieder, der durch Vertrag gehalten ist, gewisse Theile seines Lohnes in Naturalien anzunehmen, wird häufig davon mehr, als er bedarf, annehmen und den Ueberschuß vielleicht mit Verlust verkaufen müssen; auch ist er dem Irrthum und der Uebervortheilung entweder seitens des Arbeitgebers selbst oder seitens dessen Untergebenen ausgesetzt. Offenbar überwiegen diese Nachtheile weit die mit der Naturallöhnung verbundenen Vorzüge; dennoch ist letztere für allen Miethhandel mit Arbeit auf der Tauschhandelsstufe unumgänglich und wenigstens eine theilweise Naturallöhnung für gewisse Arbeiter, wie z. B. Dienstboten, Soldaten, Matrosen u. s. w. nicht füglich zu entbehren.

Die Zeitlohnarbeit ist oft selbst bei im Uebrigen hochentwickelter Cultur noch mehr verbreitet, als die Stücklohn-, Verdung- oder Accordarbeit. Am häufigsten tritt sie in der Landwirthschaft auf, wo die Lohnarbeit meist aus den Frohndiensten hervorgegangen ist und wo allerdings manche Verrichtungen zur Anwendung der Accordlohnung nicht geeignet sind. Für den Zeitarbeiter gehört ein hoher Grad von Rechtlichkeit, Arbeitslust und Anhänglichkeit an den Arbeitgeber dazu, um der Versuchung zur Trägheit und leichtfertiger Arbeit, welche darin liegt, daß für wenige und schlechte Arbeit derselbe Lohn wie für viele und gute gezahlt wird, zu widerstehen. Trotz des hiernach in der Zeitlohnarbeit liegenden entsittlichenden Elements wird sie bei einer Reihe von Arbeiten nie zu entbehren sein, bei solchen nämlich, deren Ergebniß sich nicht wohl in Leistungseinheiten eintheilen läßt. Jedenfalls aber kann der Kreis der Verrichtungen, bei welchen die Accordarbeit ihrer Natur nach ausgeschlossen ist, durch Ueberlegung und Berechnung ziemlich eng gezogen werden. Daß die Accordarbeit nur bei solchen Verrichtungen eingeführt werden könne, die eine besonders große Sorgfalt und Aufmerksamkeit nicht beanspruchen und die in Bezug auf ihre Qualität bequem controlirt werden können, ist eine irrthümliche Voraussetzung. Denn bei derartigen Verrichtungen gewährt die Accordarbeit nur noch überdies den Vortheil, daß sie dem Unternehmer Aufsichtskosten erspart. Die Beaufsichtigung von Accordarbeiten ist unter allen Umständen leichter als die von Tagelohnarbeiten, denn sie hat nicht auf die Quantität der Leistung, sondern nur auf deren Qualität zu achten. Wer dagegen Tagelöhner beaufsichtigt, muß sein Augenmerk auf beide Momente richten, da bei diesen Arbeitern die Neigung zu leichtfertigen Leistungen meist ebenso stark hervortritt wie bei Accordarbeitern.

Die Gewährung eines Antheils am Ertrage der Unternehmung (Antheilsarbeit, Gewinnbetheiligung) ist als besondere Art der Löhnung namentlich bei kaufmännischen Gewerben unter der Bezeichnung „Tantième" vielfach in Uebung, findet jedoch in neuerer Zeit auch den eigentlichen Arbeitern in Fabriken u. s. w. gegenüber immer häufigere Anwendung. Der diesem Systeme zu Grunde liegende Gedanke ist gesund und richtig, obschon sich für seine Anwendung eine einfache Formel und ein überall nachahmenswerthes Modell nicht aufstellen läßt. Es müssen vielmehr die verschiedensten Formen und Einrichtungen mit einander in Concurrenz treten, um die Löhnungsmethoden immer vollkommener zu machen: Gewinnbetheiligung mit Antheil am Geschäft, Gewinnbetheiligung ohne solchen Antheil, Prämienvergütungen, Versicherungslöhne, Hülfskassenbeiträge u. s. w. Hiernach erscheinen, zum Zwecke einer glücklichen Durchführung des Antheilsystems insbesondere folgende Grundsätze beachtenswerth. Zunächst muß die Gewinnbetheiligung so eingerichtet sein, daß daraus in der Praxis wirklich eine möglichst vollständige Solidarität und Interessengemeinschaft zwischen dem Unternehmer und den Gehülfen, zwischen dem Kapital und der Arbeit hervorgeht. Sodann ist die Lohnfrage möglichst getrennt von der Antheilsfrage zu behandeln, namentlich sollten die Löhne nicht von den Gewinnen abhängig sein, sondern den allgemeinen Veränderungen des Arbeitsmarktes unterworfen bleiben. Ferner sind bei der Berechnung der Antheile die kaufmännischen und die industriellen Seiten des Betriebes sorgfältig aus einander zu halten und die Leistungen der Arbeit, des Kapitals und der Unternehmer-Einsicht in ihrem gegenseitigen Verhältnisse gehörig zu berücksichtigen. Weiter erscheint es rathsam, die Gewinnantheile nach der Höhe der verdienten Gehalte oder Löhne und nur in besondern Fällen auch nach der Dienstzeit im Geschäfte zu bemessen. Ueberhaupt muß es als leitender Grundsatz sein, die Gewinnantheile so reichlich als möglich zu berechnen, und dieselben nicht auf einen Betrag herabzusetzen, der die Betheiligten gleichgültig läßt. Des Fernern muß die Zulassung zum Gewinne sich auf die größtmögliche Zahl der Arbeitnehmer erstrecken, im Voraus regulirt und der Willkür des Unternehmers vollständig entrückt sein. Die fällig gewordenen Gewinnantheile aber sind der sofortigen Verzehrung zu entziehen und zinstragend anzulegen, dergestalt, daß die Arbeiter erst nach einer Reihe von Jahren oder nur in außerordentlichen Fällen, wie z. B. bei Familienereignissen, Arbeitslosigkeit oder zum Ankaufe eines eigenen Hauses über den Gewinn verfügen dürfen. Endlich soll ein Hauptzweck des Antheilsystems in der Ansammlung eines bestimmten Kapitals für jeden einzelnen Arbeiter bestehen, damit auf diese Weise allmälig alle Lohnempfänger zu zinserhebenden Miteigenthümern des wachsenden Nationalvermögens emporgehoben werden. Je rascher dieser Zweck, die Arbeiter zu Kapitalbesitzern zu machen, erreicht wird, um so eher wird das vielfach herrschende Mißtrauen zwischen Arbeitgeber und Arbeitnehmer schwinden. Dieses Mißtrauen aber sollte billigerweise von denjenigen, die im Kampfe ums Dasein die Stärkern sind, zuerst überwunden werden.

Angemessen oder gewerbsmäßig nennt man den Lohn für gewerbliche Arbeiten oder Dienstleistungen, wenn er dem Theile des Rohertrages der Unternehmung entspricht, welchen der Unternehmer der fraglichen Arbeit oder Leistung zu danken hat. Bei solchen vermietheten Arbeiten, welche nicht zum Gewerbsbetriebe verwandt werden, gibt entweder die Vergleichung mit analogen Gewerbsarbeiten oder Leistungen das Kriterium für die Angemessenheit der Benutzungspreise ab, oder aber es muß zur Beurtheilung derselben auf andere Umstände

Rücksicht genommen werden. Alle Löhne haben die Tendenz, sich dem angemessenen oder gewerbsmäßigen Satze zu nähern. Sinken sie unter denselben, so steigt die Nachfrage, denn alsdann gibt die Unternehmung Gewinne, welche zu neuen gleichartigen Unternehmungen anreizen; steigen sie dagegen über jenen Satz, so tritt das Angebot in verstärktem Maße auf. Dieses Gesetz kommt nur da voll zur Erscheinung, wo nicht künstliche Hindernisse das Angebot erschweren oder die Nachfrage unbefriedigt lassen; gerade aus diesem Grunde aber ist im Interesse der Angemessenheit der Löhne unbeschränkte Arbeits- und Niederlassungsfreiheit als allein richtiges Princip hinzustellen. Bisweilen freilich scheint das Gesetz auch bei voller Freiheit zu versagen. In manchen Gewerbszweigen bleiben die Löhne oft längere Zeit unter-gewerbsmäßig, ohne daß sich das Arbeitsangebot dadurch abschrecken ließe. Allein dies erklärt sich in der Regel aus dem Umstande, daß die Unternehmer ein natürliches Monopol haben und die Arbeiter häufig mehr von der Gewohnheit als von dem Drange des Vorwärtskommens beherrscht werden. Würde hier der Lohn so niedrig werden, daß er die Arbeiter dauernd zur Dürftigkeit zwänge, so würde dies mit der Zeit zur Folge haben, daß die Arbeiterbevölkerung leistungsunfähig würde und durch Zeugung sich zu vermehren aufhörte, welchenfalls die Unternehmer dann entweder die Unternehmung aufgeben oder aber sich schließlich doch zur Bewilligung höherer Löhne herbeilassen müßten. Umgekehrt halten sich manche Löhne längere Zeit hindurch auf beträchtlicher Höhe, ohne ein stärkeres Arbeitsangebot hervorzurufen, eine Erscheinung, die meistens darauf zurückzuführen ist, daß die fragliche Leistung seltene oder nur durch langjährige Uebung zu erlangende Kräfte erfordert, oder aber daß sie eine besondere Neigung und Liebhaberei voraussetzt.

Die Verschiedenheit der angemessenen Mittelsätze, denen die Löhne infolge der Concurrenz sich zu nähern die Tendenz haben, wird bedingt durch die Verschiedenheit der Roherträge, welche die Unternehmer durch die fraglichen Arbeiten erzielen; da, wo es sich nicht um gewerbliche Leistungen und nicht um Erträge handelt, sind jene Mittelsätze je nach dem Werthe der Leistungen verschieden. Die Ursachen, welche in einigen Arbeitszweigen den Lohn höher stellen, als in andern, lassen sich auf drei Kategorien zurückführen: zunächst seltene persönliche Erfordernisse der Arbeit, sodann mit der Arbeit verbundenes großes wirthschaftliches Risico, endlich besondere persönliche Unannehmlichkeiten der Arbeit. Wo es sich um Lohnarbeiten in Gewerbsunternehmungen handelt, muß der Unternehmer im Rohertrage seiner Unternehmung, sobald jene Ursachen lohnerhöhend wirken, auch höhere Entschädigung beziehen, und selbst wo er sie bezieht, zwingt ihn wiederum, die höhern Löhne zu zahlen. Wollte er sich versagen, so würde das Angebot sich vermindern.

Aus den soeben hervorgehobenen drei Ursachen sind auch die Löhne für die sogenannte gemeine Lohnarbeit sehr verschieden. Wäre das Gesetz Ricardo's richtig,

wonach „der natürliche Preis der Arbeit der ist, welcher die Arbeiter in den Stand setzt, zu existiren und ihr Geschlecht fortzupflanzen", und wonach der wirkliche Lohn der gewöhnlichen Handarbeit zwar nie dauernd unter diesen natürlichen Preis sinken, aber auch nie dauernd über denselben sich erheben kann, so würden jene Verschiedenheiten der Lohnsätze in einer und derselben Gegend schon nicht möglich sein, da ja das Existenzminimum immer das gleiche ist. Uebrigens ist mit jenem in neuerer Zeit vielfach zu Gunsten einer socialistischen Erhebung des Arbeiterstandes ausgebeutete sogenannte „ehernen Naturgesetze" auch wenig genug gesagt, da die Frage, was denn nun eigentlich zu den unentbehrlichen Lebensbedürfnissen der arbeitenden Klassen zu rechnen sei, durchaus relativ und je nach Verschiedenheit der Nationalität, des Klimas, der Sitten, der intellectuellen Entwickelung u. s. w. verschieden zu beantworten ist. Insbesondere steigert die wachsende Bildung überall das Maß dieser „nothwendigen Lebensbedürfnisse", und ein größerer und mannichfaltigerer Güterengenuß wird erst zur Gewohnheit und dann zur Lebensbedingung.

Ueber die Frage, ob den Arbeitern das Recht zugestanden werden könne, durch massenweise verabredetes Einstellen der Arbeit (sogenannte Strike) die Erzwingung einer Lohnerhöhung zu versuchen, ist in früherer Zeit viel gestritten worden; heute wird kein Einsichtiger die Berechtigung dazu leugnen. Vorausgesetzt, daß die feiernden Arbeiter sich weder Vertragsbrüche noch gar Verbrechen zu Schulden kommen lassen, sprechen auf höherer Culturstufe alle Ausschlag gebenden Gründe der Vernunft wie der positiven Gesetzgebung durchaus für Nichteinmischung des Staates. Denn wo jeder Einzelne kündigen darf, ist sicherlich kein Rechtsgrund ersindlich, weshalb nicht Alle zugleich sollten kündigen und dann von Neuem contrahiren dürfen. Wollte man die Strikes der Arbeitnehmer gesetzlich verbieten, dann müßte man consequenter Weise auch die stillschweigenden Lohnvereinbarungen der Arbeitgeber unter Verbot stellen. Eine andere Frage ist die, ob die notorisch die Strikes den Arbeitern selbst bisweilen mehr schaden als nützen; allein dies kann kein Grund sein, sie zu verbieten. Bisweilen nützen sie ihnen auch unmittelbar. Schon der Umstand, daß Strikes nicht verboten sind, treibt die Arbeitgeber an, gewerbsmäßige Löhne zu zahlen, auch wo ihnen der Concurrenz günstig zu sein scheint.

Obrigkeitliche Lohntaxen sind oft, und zwar nicht nur in außerordentlichen Zeitläuften, selbst für die gewöhnliche Arbeit bald zu Gunsten der Arbeitgeber, bald zu Gunsten der Arbeiter aufgestellt und aufrecht zu erhalten versucht worden. Es ist überflüssig, auf die Gefahren und Inconvenienzen solcher Maßregeln hinzuweisen. Selbst daß aus wohlfahrtspolizeilichen Gründen ausnahmsweise die Aufstellung solcher Lohntaxen zweckmäßig sei, muß bezweifelt werden. Durch das Gebot der Veröffentlichung der Preistaxen läßt sich da, wo die Lohntaxen noch am hartnäckigsten vertheidigt werden (beim Droschken-, Dienstmann-, Fremdenführerwesen) das erwünschte Ziel ohne wesentlichen Eingriff in die

Freiheitsphäre des Arbeitsanbieters in der Regel viel besser erreichen.

Zum Schlusse muß hier noch auf den Begriff der sogenannten Grundrente eingegangen und deren wahre Bedeutung festgestellt werden.

Jedes bewirthschaftete Grundstück wird erst durch darauf verwendete Arbeit und darin angelegtes Kapital ertragsfähig gemacht. Rechnet man von dem gewöhnlichen Ertrage des Grundstückes die landesüblichen Zinsen des aufgewendeten Kapitals und die Arbeitslöhne ab, so wird in vielen Fällen ein Ueberschuß bleiben. Dieser Ueberschuß wird der Kürze wegen immerhin als Grundrente bezeichnet werden können, obwol er seinem Wesen nach weiter nichts ist als Kapitalgewinn, der sofort in seine richtigen Verhältnisse zurückgeführt wird, sobald man annimmt, daß ein höherer Zinsfuß als der landesübliche erreicht worden ist. Dennoch nimmt noch gegenwärtig die überwiegende Mehrzahl der Oekonomisten an, daß außer der Arbeit auch die Natur Tauschwerthe hervorbringe, in der Meinung, daß die unentgeltlichen Naturkräfte im Boden über das Product der Arbeit und des Kapitals hinaus einen Tauschwerthbetrag abwerfen, welchen sie den Namen Grundrente oder Bodenrente beilegen. Auf die unhaltbare Basis dieser Lehre von der Bodenrente haben die Wortführer der Socialisten und Communisten vielfach ihre Angriffe gerichtet und aus den Consequenzen dieser Theorie ihre Systeme zu rechtfertigen gesucht. Wäre es nämlich in Wahrheit begründet, daß die unentgeltlichen Naturkräfte im Grund und Boden Werthe erzeugten und somit einen selbständigen Betrag von Werthen über den Ertrag der zur Bebauung des Bodens verwandten Summe von Werthen über Arbeit und Kapital abwürfen, so befänden sich die Eigenthümer des Grund und Bodens in der That im Besitze eines Privilegiums vor ihren ungünstiger situirten Mitmenschen, und die Anerkennung des Grundeigenthums als eines Monopols wäre damit gegeben. Allein die Nichtigkeit der Grundrente im Sinne eines Bodenertrags, der aus einer andern Quelle als der Arbeit in Verbindung mit dem Kapital herrührte, wird schon durch die Verschiedenheit des Preises der Bauplätze bewiesen. Hieraus aber ergibt sich, daß der Werth und Ertrag der Grundstücke sich nach der größern oder geringern Entfernung vom Markte richtet. Der Grund und Boden theilt die Eigenschaften jeder andern Waare; er hat wie jede Waare seinen Preis, ist wie jede Waare auf ein gewisses Quantum beschränkt, und die Höhe seines Preises richtet sich nach dem Gesetz von Angebot und Nachfrage. Zwischen dem Grund und Boden einerseits und den Gebrauchsgütern andererseits herrscht im Allgemeinen eine Wechselwirkung, die vollkommene Gegenseitigkeit bedingt. Der Preis und die Rente des Grundstücks steigt mit der Nähe und Größe des Marktes, weil bei angebautem Feld die Früchte weniger Transportkosten erfordern, in verkauft zu werden, weil die Düngstoffe leichter zu haben sind, weil Milchwirthschaft getrieben werden kann, weil Werkzeuge und andere Hülfsmittel besser zur Hand sind u. s. w., und weil auf der andern Seite bei Grundstücken, auf denen

Gebäude stehen, die Möglichkeit, gute Geschäfte zu machen, mit der Nähe des Marktes sich vermehrt. Mit einem Worte, es liegt das Steigen des Preises und der Rente der Grundstücke im Verhältnisse zur Nähe des Marktes in der Verminderung der Transportkosten. Dies aber haben die Grundstücke mit der Arbeit gemein. Auch der Lohn der Arbeit steigt mit der Nähe des Marktes. Vermehrung der Bevölkerung und Fortschritt in der Civilisation, wo eine Generation auf den Schultern der andern stehend mit je mächtigeren Hülfsmitteln zu je höherer materieller und geistiger Blüthe emporstrebt, erhöhen gleichmäßig den Ertrag der Grundstücke und der Arbeit. Möglich, daß der Einzelne oft sehr wenig Antheil hat an dem allgemeinen Aufblühen, allein letzteres ist im Ganzen doch nur ein Product der Gesammtthätigkeit eines Volkes. Das Steigen des Ertrags der Grundstücke ist nicht das Steigen einer — nicht vorhandenen — Grundrente, sondern ein Anwachsen des Kapitals in Gestalt von Unternehmergewinn. Aber auch abgesehen von alle dem, die Theorie der Grundrente hätte, selbst wenn sie richtig wäre, doch so lange keine praktische Existenz, als es noch uncultivirten Boden auf der Erde gibt, der in das Bereich von Angebot und Nachfrage gezogen werden kann. Wäre einmal die ganze Erde wie ein Garten bebaut, wären alle Mittel der Menschen- und Maschinenarbeit, des Kapitals, der Wissenschaft, welche sämmtlich die Bodencultur verbessern und die Production erhöhen können, erschöpft, dann erst würde die Theorie der Bodenrente, wenn sie überhaupt richtig wäre, in Frage kommen. Allein gerade dann ist sie an sich nicht möglich, weil ein weiterer Mehrertrag des Bodens nicht mehr denkbar ist. Aller Ertrag desselben bis zu einem solchen Culminationspunkte ist aber lediglich ein Product der Arbeit in Verbindung mit dem Kapitale. Alle Vortheile, welche die Güte des Bodens und die Lage der Grundstücke gewähren, sind in einer solchen Epoche längst abgeschätzt und durch Kapital bezahlt worden. Von da an kann die Natur nichts Neues mehr bieten, es müßte denn eine Erdumwälzung eintreten. Faßt man also die beiden Endpunkte der Cultur ins Auge, so gibt es im Anfange der Besiedelung eines Landes keine Grundrente, weil ein jeder noch genug angebautes Land neben an finden kann; und es gibt keine zu der Zeit, wo aller Boden in Privateigenthum übergegangen ist und einen bestimmten Kapitalpreis repräsentirt. Wenn für die Annahme, daß die Zwischenzeit eine Ausnahme bilde, auch nicht der Schein eines Grundes vorliegt, so darf damit der Beweis, daß die sogenannte Grundrente sich von jeder Seite der Betrachtung aus in Kapitalgewinn auflöst, für erbracht gelten.

(*Albrecht Just.*)

GUTACHTEN (gerichtsärztliches) heißt im Allgemeinen ein auf einen concreten Fall bezügliches, von einer richterlichen Behörde abverlangtes Sachverständigenurtheil, welches von einem angestellten Staats- oder Gerichtsarzte oder Physikus, unter Umständen aber auch von einem für diesen besonderen Fall beauftragten Arzte abgegeben wird.

Die schriftlichen gerichtsärztlichen Gutachten pflegen vor allem aus von den Gerichten verlangt zu werden, wenn bei unnatürlichen Todesarten ein Sachverständiger über die Todesursache, über die den Tod bewirkende Persönlichkeit, über die Antecedentien des Todten u. dgl. dem Richter Aufklärung verschaffen soll. In formaler Beziehung kann man an einem schriftlichen, den angenommenen Namen entsprechenden Gutachten vier Haupttheile unterscheiden, die man früherhin gern mit besonderen Namen bezeichnete:

a) Species facti oder die Aufzählung der wesentlichen Thatsachen, die aus jenen über den concreten Fall geführten Untersuchungsacten überhaupt, speciell aber aus dem die regelrechte Untersuchung der Leiche oder der Leichentheile verzeichnenden Obductionsprotokolle, oder eigentlich aus dem hieraus zu formulirenden Obductionsberichte sich ergeben. Dem bei der Untersuchung der Leiche vom Gerichtsarzte dictirten Obductionsprotokolle ist übrigens manchmal bereits ein vorläufiges oder summarisches Gutachten beigefügt, indem mit kurzen Worten, aber ohne weitere wissenschaftliche Motivirung ein bestimmtes Sachverständigen-Urtheil über den Fall ausgesprochen wird, wodurch unter Umständen dem Richter eine wünschenswerthe Handhabe für die fernere Behandlung des Falles in der Voruntersuchung geliefert werden kann. Er kann dadurch veranlaßt werden, die Untersuchung nun gänzlich fallen zu lassen, wenn etwa der anfangs gehegte Verdacht eines gewaltsamen Todes durch die Obduction vollständig beseitigt wurde, oder er kann auch umgekehrt dadurch eine Aufforderung bekommen, die Untersuchung energisch weiter fortzuführen.

b) Propositio oder die Vorführung jener Fragstücke, worüber der Richter im vorliegenden Falle vom sachverständigen Gerichtsarzte Aufschluß verlangt. Der Gerichtsarzt wird sich selbst die Propositio aufstellen, falls der Richter nicht speciell eine solche ertheilte, sondern den Fall nur im Allgemeinen der Beurtheilung anheimgab.

c) Dispositio oder das rationale Paralleisiren der in der Species facti verzeichneten Thatsachen mit den vom Richter selbst vorgelegten oder subsidiarisch vom Gerichtsarzte aufgestellten Fragstücken. Die hierbei sich ergebenden Resultate müssen in einfacher Weise durch wissenschaftliche Gründe gestützt werden. Das vordem ganz gebräuchliche Verfahren, die einzelnen Behauptungen durch Citate aus Schriftstellern, die als Autoritäten gelten oder gelten sollen, zu erhärten, kommt immer mehr in Abnahme, und mit vollem Rechte; die unter staatlicher Garantie erfolgte Anstellung des Gerichtsarztes muß dem Richter schon genugsame Autorität sein. In dieser Beziehung scheint selbst Casper noch zu weit zu gehen, wenn er in Handbuche der gerichtlichen Medicin den Satz aufstellt: Gerichtsärzte, die in ihrer Stellung noch nicht Gelegenheit gehabt haben, sich ein volles Vertrauen in ihrem Forum zu erwerben, werden wohlthun, durch Citate aus Autorität genießenden Schriftstellern ihre Behauptungen zu belegen. — Unschwer begreift man, daß in der vom Richter ausgehenden Proposition auch Fragen enthalten sein können und in der

That vielfach vorkommen, zu deren gewissenhafter Beantwortung in der Species facti ausreichende Thatsachen nicht enthalten sind. In solchem Falle wird der Gerichtsarzt kein Bedenken tragen dürfen, mit Bestimmtheit zu erklären, daß eine entscheidende Antwort auf jene Frage nicht ertheilt werden könne, oder daß dieselbe nur mit mehr oder weniger Wahrscheinlichkeit in dieser oder jener Weise eine Beantwortung gestatte.

d) Judicium medico-forense, d. h. die zusammengedrängte, aber scharf formulirte Zusammenstellung der durch die Disposition erlangten Ergebnisse.

Im Eingange und am Schlusse eines solchen gerichtsärztlichen Gutachtens machte sich ehedem ein schleppender Curialstil breit. Im Eingange wurde auf die vorausgegangene, an bestimmten Orte und zwar in Gegenwart der Gerichtsdeputation vorgenommene Obduction u. s. w. ausdrücklich hingewiesen, am Schlusse aber wurde die Versicherung beigefügt, daß das Gutachten nach bestem Wissen und Gewissen und nach den Grundsätzen der gerichtlichen Arzneiwissenschaft abgefaßt sei. Es genügt aber vollkommen, wenn der Eingang des Gutachtens etwa lautet: In der Untersuchungssache wider N. N. ermangeln die Unterzeichneten nicht, im Nachstehenden den unterm xten erforderten Obductionsbericht ergebenst zu erstatten. Den Schluß des Gutachtens bildet einfach die Unterschrift des Gerichtsarztes und des abjungirten Gerichtswundarztes, weshalb denn auch im Gutachten selbst der begutachtenden Persönlichkeit immer in Pluralis Erwähnung geschieht. Im Falle der Nichtübereinstimmung beider Medicinal-Personen erstattet der Gerichtsarzt das Gutachten mit seiner Namensunterschrift und der Gerichtswundarzt gibt seine abweichende Ansicht in einem Separat-Gutachten kund.

Bei anderen schriftlichen gerichtsärztlichen Gutachten besteht in der Beziehung ein Unterschied, daß ein unter richterlicher Leitung abgefaßtes Obductionsprotokoll nicht vorliegt, der Gerichtsarzt vielmehr nach ergangener Aufforderung des Gerichts die Untersuchung zur Herstellung der Species facti für sich allein vornimmt. So gestaltet sich die Sache bei einer Menge von Untersuchungen, wo civilrechtliche oder selbst polizeiliche Fragen in Betracht kommen, z. B. über Geisteskrankheit, über Körperbeschädigung, über stattgehabte Geburt und dgl. Die formelle Einrichtung eines derartigen Gutachtens ist aber wesentlich die nämliche, abgerechnet, daß meistens der Gerichtsarzt allein, ohne Zuziehung des Gerichtswundarztes, mit dessen Abfassung betraut ist.

Außerdem hat der Gerichtsarzt noch mündliche gerichtsärztliche Gutachten abzugeben, und zwar zunächst in jenen Fällen, wo in einem Gerichtstermine über ärztliche oder naturwissenschaftliche Gegenstände, die beim vorliegenden Falle in Frage sind, ein Sachverständigenurtheil zu erbringen ist. Seit Einführung des mündlichen und öffentlichen Verfahrens werden außerdem die Gerichtsärzte auch berufen, um ein bereits schriftlich abgegebenes Gutachten nochmals mündlich vor dem Richtercollegium oder vor dem Schwurgerichte zu wiederholen. Für diese mündlichen Gutachten stellt Casper im Hand-

buche der gerichtlichen Medicin mit Recht folgende Forderungen: Man spreche möglichst kurz, möglichst bestimmt
und möglichst (für den Laien) verständlich. Ein Berufen
auf Autoritäten ist beim mündlichen Gutachten gleich
wenig am Platze wie beim schriftlichen Gutachten.
(*Fr. Wilh. Theile.*)

GUTEDEL (Junker, Muskateller, Chasselos,
Notre Dâme, Muscaden), eine aus der Champagne
stammende Traubensorte, gehört zur ersten Klasse zweiter
Ordnung der Weintrauben mit lockerem Kamm, kleinen
Nebenästen und runden Beeren. Sie gibt einen mittel-
mäßig guten Wein. Die wichtigsten Varietäten sind:

1) Schwarzer Muskatgutedel (blauer,
schwarzer Gutedel) gehört zu den besten Tafeltrauben
und unterscheidet sich von dem rothen Gutedel durch
wollige Endspitzen an den jungen Trieben, stärkeres
Wachsthum des Stockes, großen schwarzblauen Beeren,
die in ganz reifem Zustande festes Fleisch und einen
etwas muscirten Geschmack haben. Die Traube ist von
mittler Größe, rundbeerig, dunkelblau, reift im October
und hält sich lange. Der Stock verlangt einen kräftigen
Boden und eine geschützte Lage, womöglich am Spalier,
treibt stark ins Holz, ist etwas empfindlich in der Blüthe,
muß lang geschnitten werden und trägt dann reichlich.

2) Rother Gutedel, rother Junker, rother
Krachmost, Chasselos rouge, als Tafeltraube allgemein beliebt, wozu sich der Stock auch wegen seiner
Fruchtbarkeit, wegen der angenehmen Farbe, der Süßig-
keit und Haltbarkeit der Traube sehr empfiehlt. Die
Traube ist locker, ästig, selten dicht, der Traubenstiel
lang, dünn, etwas röthlich angelaufen; die Beerenstiele
sind kurz, dünn, nach oben dick und warzig, die Beeren
rund, roth, violett beduftet, dünnhäutig, saftig, von
süßem Geschmack und enthalten zwei Kerne. Die Frucht
reift Anfangs October und hält sich lange. Der Stock
treibt schwach und erfordert einen kurzen Schnitt, meist
auf Zapfen. Die Reben sind kurz, dunkelbraun, eng-
knotig und oft gestreift. Die Tragbarkeit tritt erst mit
dem sechsten Jahre ein. Er verlangt einen kräftigen
Boden und öftere Düngung, kurzen Schnitt, gedeiht fast
in jeder Lage und trägt sehr reichlich.

3) Königsgutedel, Königsedel, Chasselos
Royal, Chasselos du Roi, stammt aus Frankreich und
wurde erst in neuerer Zeit in Deutschland angepflanzt.
Er unterscheidet sich von dem rothen Gutedel durch die
dunkelrothen, blaubedufteten, rothfleischigen Beeren, die
sich, gleich nach der Blüthe roth färben, sowie durch die
mehr lockeren Trauben. Diese sind groß, zottig, wie die
des weißen Gutedels und haben mit diese kleinere Beeren, die sehr süß werden. Die Haut der Beeren ist
krachend, das Fleisch mild und wohlschmeckend, eben
so gut wie das des rothen Gutedels. Die Beeren sind
rund, dunkelroth, blau beduftet und haben unten einen
erhabenen Stempelpunkt mit grüner Einfassung. Die
Frucht reift Anfangs October. Der Stock treibt stark
und macht viel Klammern, das Holz ist rothbraun, das
Blatt dunkelgrün, ins Röthliche übergehend, die Blatt-
stiele sind roth, sowie sich überhaupt alles an dem Stocke

durch die rothe Farbe auszeichnet. Er kommt fast in
jeder Lage und bei guter Erziehungsart nach kurzent
Schnitt gut fort, ist ziemlich dauerhaft in der Blüthe
und trägt reichlich.

4) Weißer Gutedel, weißer Junker, Schön-
edel, Chasselos blanc, eine allgemein bekannte gute
Tafeltraube, stammt aus Frankreich, wo sie sehr verbreitet ist. Auch in Deutschland wird sie häufig, besonders in Gärten gezogen. Die Traube ist locker, ästig,
bisweilen dicht und einfach, länglich und bekommt, wenn
zur Blüthezeit Regen eintritt, viel kleine Beeren, die aber
sehr süß werden. Der Traubenstiel ist lang, dünn und
roth, die Beerenstielchen sind dünn, kurz, nach oben verdickt und warzig, die Beeren rund, bei gedrängten Trauben länglich, grüngelb, braun gefleckt, dünnhäutig, hell,
durchsichtig, großnarbig, fein punktirt und mit weißem
Dufte überzogen. Das Fleisch ist zart, saftig und von
süßem, gewürzhaftem Geschmack. Jede Beere enthält
zwei Körner. Die Frucht reift im October. Der Stock
wächst kräftig und treibt lange, röthlichbraune, gestreifte
und punktirte Reben. Bei guter Lage und nahrhaftem,
kräftigem Boden trägt er sehr reichlich. Da er in der
Blüthe, welche später als bei anderen Traubensorten
eintritt, nicht empfindlich ist, so kann man meist auf eine
gute Ernte rechnen. Er verlangt kurzen Schnitt, hauptsächlich auf Zapfen, und eignet sich besonders zur Bekleidung der Spaliere und Lauben, sowie auch zu Pyramiden auf Rabatten. Er verdient hauptsächlich als Tafeltraube häufige Anpflanzung.

5) Geschlitzblätteriger Gutedel, Peter-
silientraube, dem weißen Gutedel ziemlich gleich, hat
jedoch einen etwas schwächeren Stock, dünneres Holz,
lockere Trauben und tief bis auf die Blattrippe geschlitzte
Blätter. Die Schnitt geschieht auf Zapfen.

6) Krachgutedel, Krachmost, Chasselos cro-
gnant, hat seinen Namen von dem harten Fleische der
Beeren erhalten, welches beim Zerbeißen unter den Zähnen kracht. Die Traube ist gewöhnlich größer und hat
vollkommenere Beeren als die Traube des weißen Gutedels. Die Traube ist groß und hat hartfleischige, ge-
würzhafte Beeren, die beim Druck leicht platzen. Sie
reift im October mit dem weißen Gutedel zugleich. Der
Stock treibt stark, verlangt einen kräftigen Boden und
eine gute Lage, sowol am Spalier als im Weinberge,
ist in der Blüthe dauerhaft und trägt sehr reichlich.
Er liefert die sogenannten Markgräfler Weine, welche
sehr beliebt sind. Als Tafeltraube ist der Krachgutedel
wegen seines angenehmen, süßen und harten Fleisches,
seiner Fruchtbarkeit, seiner frühen Reife und Haltbarkeit wegen allgemein beliebt und verdient häufige Anpflanzung.

7) Pariser Gutedel, Chasselos de Fontaine-
blau, stammt aus der Umgegend von Paris, wohin die
Traube sehr häufig zu Markte gebracht wird und sehr
beliebt ist. In neuerer Zeit wird sie auch in den deutschen Gärten viel gezogen. Die Traube unterscheidet sich
von der des weißen Gutedel durch weißgelblichere, etwas
hartfleischige, süße, fein muscirt schmeckende Beeren. Der

A. Encykl. d. W. u. K. Erste Section. XCVIII.

23

Stock verlangt geschützten Standort und etwas kurzen Schnitt. In der Blüthe ist er dauerhaft, deshalb meist fruchtbar und liefert große, frühzeitig reifende Trauben, die sich lange halten. Er verdient als Tafeltraube häufige Anpflanzung.

8) **Muskatgutedel**, Chasselas musqué. Der Stock unterscheidet sich von dem des weißen Gutedel durch einen etwas schwächeren Trieb, die Trauben durch hartfleischigere, gelbe Beeren, welche einen äußerst feinen Muskatellergeschmack, besonders bei guter Lage und günstiger Witterung annehmen, der aber in schlechten und nassen Jahren oft ganz fehlt. Die Frucht reift Anfangs October und gehört zu den besten Tafeltrauben. Der Stock verlangt eine geschützte Lage, kräftigen Boden und kurzen Schnitt; er ist etwas empfindlich in der Blüthe, am geeigneten Standorte ziemlich dauerhaft und sehr fruchtbar, weshalb er häufige Anpflanzung verdient.

9) **Früher Gutedel, Diamantgutedel, Perltraube.** Die Traube ist groß, oben breit, zweiästig, locker, nach unten spitz zulaufend, der Traubenstiel kurz und warzig, der Beerenstiel kurz und dick. Die Beeren, deren gewöhnlich 20 — 30 an einem großen Kamme sitzen, sind sehr groß, rund, weißgrün, grau bedustet, mit sichtbaren Adern durchzogen, durchsichtig, bei vollkommener Reife braungefleckt und enthalten meist nur einen Kern. Das Fleisch ist markig, vollsaftig und von vorzüglich feinem delicatem Geschmack. Die Frucht reift Anfangs September, oft schon Ende August. Der Stock wächst kräftig, das Holz ist stark, dick, gelenkig, markig, braunroth gestreift und punktirt. Er verdient in Gärten an geschützten Mauern die häufigste Anpflanzung.

(*William Löbe.*)

GUTENBERG (Johannes Gänsfleisch zu),[1] Erfinder, nicht der Buchdruckerkunst, auch nicht der beweglichen Lettern, wie meist in den geschichtlichen Werken angegeben wird, sondern der gegossenen Typen, allerdings zum Zweck des Buchdrucks, war zu Anfang des 15. Jahrh. in Mainz geboren, als jüngerer Sohn des Patriciers Frilo Gänsfleisch und der Elsa zu Gutenberg. Der Name derer von Gutenberg kommt in Mainz schon 1289, Elsa von Gutenberg noch 1457, Johann von Gutenberg noch 1529 in Urkunden vor. Der hier in Frage kommende Johannes oder Henne Gutenberg ward zum Unterschied von seinem Namensvetter Henne Gänsfleisch dem Alten, der von 1436—49 in mainzer Urkunden erwähnt wird, auch der Jüngere genannt. Jahr und Tag seiner Geburt sind nicht bekannt, doch kann man aus einer Urkunde von 1430 schließen, daß er gegen Ende des ersten Decenniums des 15. Jahrh. (vor 1410) geboren ist; er kann nämlich 1430 noch nicht mündig (d. i. 21 Jahre alt) gewesen sein, da seine Mutter aus jener Urkunde einen Theil seiner Erbschaft für ihn regelte. In einer andern Urkunde von demselben Jahre wird er

als „nicht inländig", d. h. nicht auf mainzer Gebiet anwesend erwähnt. Im Jahre 1434 finden wir ihn in Straßburg, wo er im Kloster Arbogast wohnt. Die ersten Nachrichten von seiner industriellen Thätigkeit gibt das Protokoll des großen Raths zu Straßburg über die Aussagen von 14 Zeugen in einem Proceß des Georg Dritzehn gegen Johann von Gutenberg vom J. 1439. Nach demselben kam „etliche Jahre vor", spätestens 1435, ein gewisser Andreas Dritzehn zu Gutenberg, um bei ihm „Steine poliren" (schleifen) zu lernen. Ferner wird angegeben, daß der Goldschmied Hans Dünne zu Straßburg 1436 mit dem, „was zum Drucken gehört", ungefähr 100 Gulden an Gutenberg verdiente. Endlich geht aus dem Protokoll hervor, daß Gutenberg mit dem Richter Hans Riffe, Voigt zu Lichtenau, ein Abkommen getroffen hatte, um, wie später gezeigt werden wird, Spiegel anzufertigen, aus deren Verkauf bei der im J. 1439 in Aachen stattfindensollenden, aber erst 1440 wirklich stattfindenden Wallfahrt ein beträchtlicher Gewinn zu erwarten war. Die Genossenschaft traten dann noch Andreas Dritzehn und Andreas Heilmann bei, in der Weise, daß letztere beiden zusammen ¼, Riffe ¼ und Gutenberg ½ des Ertrages erhalten sollten. Der Vertrag wurde 1438 auf fünf Jahre, also bis 1443 verlängert, führte aber, als Andreas Dritzehn, von dem unter anderen erwähnt wird, daß er bei seinen Arbeiten eine „Presse" angewendet habe, bald darauf starb, zu einem Proceß mit dessen Bruder Georg, der zu Gunsten Gutenberg's ausfiel. Die in dem Protokoll vorkommenden Ausdrücke: „was zum Drucken gehört", „Formen", „Presse" sind vielfach dahin ausgelegt worden, daß sich Gutenberg schon hier in Straßburg mit der Buchdruckerkunst beschäftigt habe, aber ganz mit Unrecht, da die von den Genossen betriebene Industrie auch in dem Processe genannt wird. Dem urkundlich beglaubigten Thatsachen in den Zeugenaussagen Gewalt anzuthun, kann man nämlich nur behaupten, daß sie Metallarbeit trieben, bei der Blei verwendet wurde. Dieses brauchte man aber in jener Zeit zur Anfertigung von Spiegeln. Im „Speculum naturale" des Vincentius Bellovacensis (um 1240) heißt es: „inter omnia melius est speculum ex vitro et plumbo. Quando superfunditur vitro calido, efficitur altera parte terminatum valde radiosum". Und in der „Perspectiva communis" von Pecham: „specula consueta vitrea sunt plumbo obducta". Die Beschäftigung mit Metallarbeit wird auch dadurch bestätigt, daß nicht lange vor Weihnachten des J. 1438, vor Heilmanns Augen, alle von Andreas Dritzehn und Gutenberg benutzten Formen bei dem letztern eingeschmolzen wurden. Im Mittelalter waren nur Handspiegel von runder Form üblich, deren Glas mit einer Unterlage von Blei oder Zinn in eine Tafel, die zur Einrahmung diente, oder seltener in eine von zwei Tafeln eingefügt wurde, die zusammen ein verschließbares, flaches Kästchen bildeten. Die Rahmen der Kästchen waren von Holz oder Elfenbein und mit Bildwerk verziert. Zum Aufdruck des letzten diente die Presse, ein von Sahspach angefertigtes primitives

---

„Ding", das aus vier Stücken bestand und mit zwei Wirbelchen zusammengehalten wurde; sie war zuletzt spurlos verschwunden[2]. Weitere Urkunden beweisen, daß Gutenberg bis zum J. 1444 in Straßburg war; nach dem dortigen „Helbelingzollbuch" zahlte er am 12. März des genannten Jahres Weinzoll, und wird in dieser Notiz als Constofler, d. h. als Bürger, der nicht einer Handwerkszunft angehört, erwähnt. Eine Urkunde (Schuldverschreibung) von 1442 war mit Gutenbergs Sigel versehen[3]. Allein troß allen Ringens und Käm-pfens hatten die straßburger Unternehmungen nicht den gewünschten Erfolg, und wir finden Gutenberg 1448 wieder in Mainz, wo er durch Vermittelung von Arnold Gelthuß ein Darlehen von 150 Gold-Gulden empfängt. Wo er in den J. 1444—48 war, und womit er sich in dieser Zeit beschäftigte, ist nicht bekannt.

Nicht bekannt ist auch, wie er auf die Idee gekommen ist, bewegliche Typen durch Guß herzustellen, aber vorbe-reitet war er zu einer solchen Erfindung aufs Beste. Er stand in Berührung mit Goldschmieden; seine Familie, die mainzer Gänsfleische, gehörten schon von Altersher zu den geldprägenden Münzgenossen; er war mit Hand-habung des Metallgusses und wol auch mit der Gravir-kunst gehörig vertraut. Die mechanische Vervielfältigung brauchte er nicht zu erfinden, sie war schon Jahrhunderte lang vorhanden (besonders im Zeugdruck) und zu seiner Zeit im Gewerbe der Briefdrucker, bei Anfertigung von Spielkarten, Heiligenbildern, äußerst primitiven Schul-büchern, u. a. stark im Gange, wobei Pressen angewendet wurden. Der Beweis also, daß Schriften mechanisch hergestellt werden konnten, war erbracht. Allein man konnte nur nicht mit den bisherigen unwesentlichen Mitteln die Zahl der damaligen schweren Folianten ver-mehren; sie mußten immer noch abgeschrieben werden, waren daher unverhältnißmäßig theuer und befriedigten auch ihrer geringen Zahl halber wenig das mehr und mehr unter dem Einfluß der Humanisten immer allgemeiner erwachende Lesebedürfniß.

Für den Buchdruck mußte etwas ganz Neues ge-schaffen werden. Gutenberg war der Mann dazu; er war nicht in der Zunft befangen, nicht in dem hölzernen Verfahren der Briefdrucker verstmpelt (ganz unhistorisch ist es, ihn selbst zu einem Briefdrucker machen zu wollen, dafür findet sich in den Urkunden auch der geringste Anhalt), dagegen ein geübter Metallarbeiter und zu-gleich durch seine verschuldeten Verhältnisse gezwungen, auf materiellen Gewinn zu achten und ihn zu suchen. Er ersann das Neue, und begann es auch gleich 1450 energisch in Anwendung zu bringen. Dazu brauchte er einen vorschießenden Kapitalisten, den er in dem mainzer Bürger Johann Fust fand. Im August des genannten

Jahres schloß Gutenberg mit diesem einen rein finanziellen schriftlichen Vertrag ab, wornach ihm Fust 800 Gulden in Gold gegen 6% Zinsen lieh. Als hypothefarisches Pfand galt dafür das von Gutenberg herzustellende „Ge-züge", d. i. Gezeuge, Schriftwerk, Geräth u. s. w. Außer-dem sollte Fust dem Gutenberg jährlich 300 Gulden für Kosten, und auch Gesindelohn, Hauszins, Pergament, Papier, Tinte u. s. w. auslegen. Im December 1452 bat Fust von neuem 800 Gulden vorgeschossen, die Gutenberg nachher verrechnen sollte. Der Ertrag des Unternehmens, erst zu Gutenbergs eigenem Nußen, sollte jetzt beiden gemeinsam sein, und Fust trat aus dem Ver-hältniß eines Darleihers in das Verhältniß eines finan-ziellen Associés Gutenbergs, während dieser nach wie vor der eigentliche Techniker und Geschäftsführer blieb. Diese wichtigen Thatsachen stehen historisch durchaus fest.

Das erste gedruckte Buch war ein 27zeiliger Donat (eine kleine lateinische Grammatik), wahrscheinlich vom J. 1451, von dem sich noch zu Paris ein Bruchstück er-halten hat. Dann sind Abdrücke von einem Ablaßbrief bekannt, den Papst Nicolaus V. für drei Jahre vom Mai 1452 bis Mai 1455 erlassen hatte. Die noch vorhandenen Abzüge nach den auf den Exemplaren stehenden Daten vom 25. Nov. 1454 bis 30. April 1455 (den lezten Tag, an dem der Atlas galt) beweisen, daß Gutenberg wenigstens bereits zweierlei Schriftgattungen anwendete. Noch zwei andere um ihn gedruckte Flugschriften sind bekannt. Doch sind solche Sachen offenbar nur nebenbei hergestellt worden. Neben ihnen ging ein Riesenwerk der Vollendung entgegen: die Bibel (Biblia vulgata latina). Doch kommen hier zwischen zwei Ausgaben in Frage, von denen noch nicht genau ermittelt ist, welche wirklich die erste war. Im Allgemeinen nimmt man an, daß die sogenannte 36zeilige Bibel war (sie ist Gutenbergs, nicht Pfisters Werk), bei der jede Spalte der vollen Seite 36 volle Linien zählt. Sie umfaßt 881 Blätter oder 1764 zweispaltige Seiten, zumeist in Lagen von 10 Bogen und ist meist in 3 Bände gebunden. Ihr folgte dann die 42zeilige Bibel in 2 Bänden. Aus der Thatsache, daß die italienischen Drucker zu Ende des 14. Jahrh. bei Folioausgaben 300 Exemplare für eine geeignete Anfinge hielten, läßt sich als sicher annehmen, daß Guten-berg eine zu geringe Auflage gedruckt hatte, die daher finanziell kein günstiges Resultat brachte. Fust ward um seine Einlage besorgt und verklagte Gutenberg unter Präsentirung einer Forderung von 2026 Gulden, und Gutenberg, der sich bei der Schlußverhandlung nicht stellte, ward in contumaciam verurtheilt, und die Ge-schäftsverbindung mit Fust hatte damit ein Ende. Wie sie auseinander gekommen, läßt sich urkundlich nicht feststellen. Aus der typologischen Bibliographie erhellt die 36zeilige Bibel Gutenbergs Eigenthum blieben, dagegen aber die der 42zeiligen Bibel und des wahrscheinlich damals schon vorbereiteten Psalterium's von dem Gläubiger Fust zurück-behalten wurden.

Nach den erzielten Erfolgen war es für Gutenberg

---

2) Vielleicht ist das „Ding" auch nur eine eigenthümliche Gießform gewesen, die man als Geheimniß bewahren wollte, wäh-rend man sich mit der Presse doch weiter zu thun brauchte, da Pressen ja schon in damaliger Zeit bekannt waren. 3) Schnee-gans, Das Sigel Gutenberg's (in Lempertz's Bilderheften für Ge-schichte des Buchhandels, 1858, Tafel 1).

nicht schwer, einen neuen Kapitalisten und Gläubiger zu finden; es war „der stadt Mentz (Mainz) pfaff und jurist" Dr. Humery. Gutenberg fertigte ganz neue Typen an und druckte damit zunächst (um 1459) zwei kleinere undatirte Schriften von Matthaeus de Cracovia („Tractatus rationis et conscientiae") und Thomas de Aquino („Summa de articulis fidei"). Außerdem brachte er mit diesen Typen in wenig Jahren die berühmte 1. Ausgabe des „Catholicon" des Johannes Balbus aus Genua (373 zweispaltige und eng gedruckte Blätter) zu Stande, worin sich am Schluß die denkwürdigen Worte Gutenbergs finden: „Altissimi praesidio, cujus nutu infantium linguae fiunt dissertae, quique munero saepe parvulis revelat, quod sapientibus celat. Hic liber egregius, Catholicon, dominicae incarnationis anni MCCCCLX alma in urbe Moguntia nationis inclitae germanicae, quam dei clementiae tam alto ingenio, lumine donoque gratuito, ceteris terrarum nationibus praeferre, illustrareque dignatus est non calami, stili aut pennae suffragio, sed mira patronarum formarumque concordiae proportione et modulo, impressus atque confectus est. Hinc tibi, sancte pater, nato cum flamine sacro, laus et honor domino trino tributaur et uno ecclesiae laude libro hoc catholice plaude qui laudare piam semper non linque Mariam Deo gratias". Der Name Gutenbergs kommt darin nicht vor; tragisch ist es, daß er nicht in der Lnge war, sich selbst als den Erfinder zu nennen. Wir wissen nicht, in wie weit ihn die uns nicht vollständig bekannten Bedingungen seines neuen Compagnons daran hinderten, doch abgesehen davon und von dem feindseligen Verhältniß zu der Concurrenzfirma Fust und Schöffer, drohte ihm sogar noch nach einer vorhandenen Urkunde von Straßburg als Beschlagnahme seines Vermögens, wenn er die Erzeugnisse seiner Presse durch den Aufdruck seines Namens als sein Eigenthum bezeichnet hätte. Darin ist der reale Grund zu suchen, daß er seinen Namen verschwieg, nicht aber in dem landläufigen Ausreden, daß er als Edelmann von Geburt nicht öffentlich eine mechanische Kunst ausüben durfte (van Praet) oder daß er aus Bescheidenheit geschwiegen hätte (Schaab), oder daß er sich durch die typographischen Leistungen Schöffers übertroffen und verdunkelt gesehen habe (Wetter).

Im Ganzen weist die typographische Thätigkeit Gutenbergs 8 Typen auf: 1) die Donattype, in der die 36zeilige Bibel, ein 27- und 30zeiliger Donat, die „Mahnung wider die Türken" (das erste gedruckte Buch mit einer Jahreszahl, 1454), der lateinische Kalender (ein Einblattdruck von 39 Zeilen, Ende 1456) gedruckt sind; 2) die Bibeltype in der 42zeiligen Bibel und im 35zeiligen Donat; 3) u. 4) die Ablaßtype in zwei Gattungen; 5) u. 6) die Psaltertype, ebenfalls in zwei Gattungen, im Psalterium von Fust und Schöffer, 14. Aug. 1457; 7) die Katholikontype im „Tractatus rationis et conscientiae;" „Summa de articulis fidei", „Catholicon", dem Ablaßbrief (Mainz 1461);

„Vocabularium ex quo" (Eltville, 1467—69); 8) die Kalendertype, im lateinischen Kalender (Mainz, Ende 1459), „Dialogus super libertate ecclesiastica", „(Es) ist noit, dass dicke und viele concilia werden" (Mainz, 24 Quart-Blätter), „Speculum sacerdotum", „Tractatus de celebratione missarum in dioecesi Moguntiana" (Mainz vor 1463, 30 Quart-Blätter).

Das Jahr 1462 setzte der Thätigkeit Gutenbergs in Mainz ein Ende. Die Stadt wurde nämlich in einer Fehde gegen den abgesetzten Bischof Diether vom Grafen Adolph von Nassau in der Nacht vom 27.—28. Oct. überrumpelt und geplündert. Viele Bürger wurden dabei erschlagen, die übrigen ohne Hab und Gut aus der Stadt gewiesen, und Mainz ward aus einer freien Reichsstadt ein Bischofsstz und verlor seine Privilegien. Handel und Gewerbe sanken nieder, an eine Fortsetzung der Buchdruckerei war nicht zu denken, und die Gehülfen wanderten aus.

Die Gehülfen Gutenbergs sind aus dem mainzer Proceß 1455 bekannt geworden; sie entstammten meist dem Clerus, weil sich vorzüglich dieser mit der Vervielfältigung der Bücher, durch Abschreiben, beschäftigte und daher am besten im Stande war, die Typographie zu würdigen. Die beim Proceß genannten Gehülfen sind: 1) Heinrich Keffer, er kommt 1473 als Buchdrucker in Nürnberg vor. 2) Berthold (Ruppol) von Hanau, ging nach der mainzer Katastrophe nach Basel. 3) Johann Neumeister von Straßburg, druckte 1470 in Foligno Leonardi Aretini de bello italico (vergl. Hain 1558) u. a. 4) Peter Schöffer von Gernsheim, war 1449 Bücherabschreiber an der Universität in Paris, nach seiner Rückkehr, urkundlich vor 1455, Gehülfe in Gutenbergs erster Officin, bewähnt sich schon als industrielles Talent mit Fust, und gründete mit diesem nach der Entfernung Gutenbergs durch den erwähnten Proceß eine neue Firma Fust und Schöffer, bei der die Kunst zum Geschäft ward. Schöffer ward auch der Schwiegersohn Fusts. Die unbestreitbar von ihm stammenden Typen sind: die Durandustype (1459), die Clemenstype (1460), die Corpustype (1468), die schwabacher Schrift (1483); er starb Anfang des J. 1503. Was auch Schöffer zur Verbesserung, Verschönerung, praktischerer Handhabung der Typographie gethan haben möge, erfunden hat er sie nicht. Seine Wirksamkeit beginnt erst nach der vollendeten That der Erfindung und kann zeigt sich in den Nachschriften seiner Drucke, daß er das wirklich Neue der Typographie lange Zeit nicht einmal begriff; ihm als Schönschreiber und Rubricator war sie lange nur eine neue Art des Schreibens, bis ihn das Nachwort Gutenbergs im Catholicon entflammte. 5) Johann Mentel aus Schlettstadt, starb 1478, war ursprünglich Schönschreiber, dann Gehülfe bei Gutenberg während der ersten Druckerei, später der erste Buchdrucker zu Straßburg. 6) Albrecht Pfister, ursprünglich Xylograph, später Buchdrucker in Bamberg; er schmückte zuerst seine mit Holzschnitten aus. 7) Heinrich Bechtermünze (gest. im Juli 1467). 8) Nikolas Bechtermünze. 9) Wigand Spieß von Ortenberg.

Gutenbergs typographischer Apparat kam 1465 nach Eltville. Die eben genannten beiden Bechtermünze, aus dem mainzer Stadtadel stammend und Verwandte Gutenbergs, hatten bei ihm die Kunst erlernt, und Gutenberg überließ ihnen sogar seine Typen zum Gebrauch. Nachdem Heinrich Bechtermünze gestorben war, trat der unter 9) genannte Patricier Wigand Spieß an seine Stelle ein. Sie druckten das „Vocabularium ex quo" (165 Quart-Blätter, 1467, wiederholt 1469, 1472, 1477). Nach dem Tode Nikolas Bechtermünze's kam das Material an die Brüderschaft des gemeinsamen Lebens (fratres vitae communis), den nach ihrer Kopfbedeckung sogenannten „Kogelherren" zu Marienthal im Rheingau (sie druckten 1474 das „Psalterium et Breviarium Moguntiense"). Von diesem ward es 1508 an Friedrich Hewmann aus Nürnberg, Buchdrucker im Kirschgarten zu Mainz, verkauft.

Am 17. Jan. 1465 ward Gutenberg von seinem Fürsten Adolph von Nassau zu Eltville in Ruhestand versetzt, d. h. von demselben als lebenslänglicher Hofdienstmann angenommen. Das betreffende Decret bestimmt, daß Gutenberg jährlich die Hofkleidung der Edelen und für sein Haus 20 Malter Korn und 2 Fuder Wein steuerfrei erhalten sollte, dagegen wird ihm Wachtdienst, Einschätzung u. s. w. auf immer erlassen. Am Hofe hatte er freien Tisch und Futter für die Pferde, war also materieller Sorgen enthoben. Der Fürst sah sich zu diesem Schritt veranlaßt „durch den angenehmen und willigen Dienst, den sein lieber, getreuer Gutenberg ihm und seinem Stift geleistet". Eine Anerkennung seiner Erfindung darf man darin wol nicht sehen. Woher aber bei dem Meister die Ruhe, während seine Schüler emsig fortarbeiteten? Die psychologische Erklärung liegt eben in der Meisterschaft; ihm war die Erfindung Selbstzweck; ihr opferte er seine ganzen Kräfte, sein Vermögen und die vielen Anleihen. Durch den Zwischenfall mit Fust gestört, aber nicht gebrochen, machte er eine Schwenkung und erstürmte von neuem den Gipfel. Nach Abdruck der Schlußworte im „Catholicon" konnte er mit der innern Befriedigung des Genius sagen: Es ist vollbracht! Die geschäftliche Ausbeutung der Erfindung war nicht mehr seine Sache, diese überließ er andern. Er sah aber seine Kunst sich ausbreiten und aufblühen durch seine unmittelbaren Schüler zu Mainz, Strasburg, Bamberg, Eltville und mehr noch durch die Zöglinge der betriebsamen und durchaus geschäftsmäßigen Fust-Schöffer'schen Officin zu Mainz, wie Ulrich Zell in Cöln, Conrad Schweinchen und Arnold Pannartz in Subiaco; Nikolaus Jenson in Venedig, der zuerst die Antiqua einführte u. a.

Gutenberg starb unverheiratet und kinderlos zu Anfang des J. 1468, und wurde nach der Sitte der mainzer Patricier in der Kirche des Dominicanerklosters zu Mainz begraben. Sein mit dem Wappen der Gänsfleische versehenes Grab befand sich unter der Kanzel. Das Kloster brannte 1793 ab, 1875 auch die an seiner Stelle errichtete Fruchthalle. Das Todtenbuch) des

Klosters ist aber 1876 von K. G. Bockenheimer wieder aufgefunden worden [4].

Ein urkundlich vorhandener Revers des Dr. Humery beweist, daß diesem die zweite Druckerei Gutenbergs verpfändet war wie die erste dem Fust. Er bekennt wenige Tage nach dem Tode Gutenbergs einen von demselben hinterlassenen Vorrath an Formen, Buchstaben und Werkzeugen durch den Bischof Adolph erhalten zu haben, und verpflichtet sich, sie nur in Mainz in Anwendung zu bringen, oder beim Verkauf einem mainzer Bürger die Vorhand zu lassen. Gegen Fust und Schöffer wagte sich aber wol niemand aufzutreten, und so ging der ganze topographische Nachlaß in den definitiven Besitz Bechtermünzes in Eltville über, der ihn schon zu Lebzeiten Gutenbergs zum Nießbrauch gehabt hatte.

Obgleich die Erfindung Gutenbergs zu Mainz durch eine ihm feindselige Firma ausgebeutet wurde, ferner sein Name auf keinem seiner Druckwerke genannt ist, und die seine Urheberschaft beweisenden, blos geschriebenen, Documente zerstreut und verborgen waren, so wird doch schon in der ältesten gedruckten Nachricht, die überhaupt einen Erfinder nennt, Gutenberg als solcher bezeichnet. Es ist in Joh. Phil. de Lignamine „Chronica summorum pontificum imperatorumque ab anno 1316—1469" (Rom 1474 und 1476). Ulrich Zell in Cöln bestätigt dies 1499 ebenfalls und gibt das Jahr der Erfindung 1450 an. In demselben Jahre nennt Peter Vergilius in Venedig (De inventoribus rerum) Peter (d. i. Schöffer) als Erfinder, berichtigt aber den Irrthum in der Ausgabe von 1517. In lateinischen Lobgedichten feierten Gutenberg als „impressoriae artis inventorem primum" 1494 zwei heidelberger Professoren (Wernher und Joh. Herbst), sowie 1499 Wimpfeling, der Reformator des lateinischen Unterrichts. Ivo Wittig feiert ihn 1504, nicht wie gewöhnlich angenommen wird 1507 [5]), im Hofe zum Gutenberg einen Denkstein, auf dem er bezeichnet wird als „qui primus omnium litteras aere imprimendas invenit". In der Widmung seiner deutschen Ausgabe des Livius läßt derselbe Wittig Johann Schöffer, den Sohn Peter Schöffers, 1505 dem Kaiser Maximilian gegenüber bekennen, Johann Gutenberg habe in J. 1450 die Buchdruckerkunst erfunden, erst seit dem 16. und 17. Jahrh. entstand in Folge unwissenschaftlicher und tendenziöser Geschichtsforschung, Fälschung von Urkunden, unrichtigen technischen Ansichten Streit über den Ort der Erfindung (ernstlicher Concurrenz machten eigentlich nur Strasburg und Haarlem) und die Person des Erfinders (das sollte Schöffer, bald Fust, bald Mentel in Strasburg, Coster in Haarlem, Pamfilo Castaldi in Feltre u. a. gewesen sein). Die Person Gutenbergs selbst ward mythisch,

4) K. G. Bockenheimer, Gutenberg's Grabstätte. Mainz 1876. 5) E. Bockenheimer a. a. O.

ı. B. wurde er oft mit Fust zu Einer Person gemacht. Nach einer czechischen Chronik sollte er als Jan Stästni (b. i. Johannes Faustns) aus Kutenberg in Böhmen stammen, dann nach Mainz gekommen sein, hier die Buchdruckerkunst erfunden, aber sich Johannes Kutenbergensis (Gutenberg) genannt haben[6]. Andere ließen ihn in Straßburg geboren sein, aber ebenfalls in Mainz die Buchdruckerkunst erfinden. Diese Meinung vertritt ı. B. Wetter; nach ihm soll Gutenberg 1450 die hölzernen Lettern erfunden haben, 1452 die gegossenen Matrizen, woraus er wie Löffel Buchstaben gegossen und mit ihnen 1452—62 gedruckt habe, endlich habe Schöffer 1453 die geschlagenen Matrizen erfunden, aber bis 1456 verheimlicht[7]. Schöpflin macht sich wieder eine andere Arbeitstheilung zurecht, wobei er zugleich den drei Städten, die hauptsächlich auf die Erfindung Anspruch machen, gerecht zu werden sucht: Coster habe in Haarlem den Tafeldruck erfunden, Gutenberg in Straßburg (um 1440) die beweglichen hölzernen und gefeilten kupfernen Lettern, Schöffer in Mainz die gegossenen Lettern[8]. Nach diesen Verschiedenheiten kann man die Geschichtschreiber und Forscher der Prototypographie in förmliche Serten eintheilen, und von der Linde stellt sarkastisch deren 11 (orthodore Trinitarier, Faustianer, Schöfferianer, phantastische Trinitarier, Bruderschaft der Holzhacker u. s. w.) auf. Mit dem 18. Jahrh. hat zwar eine exactere Forschung begonnen, allein die Märchen und Irrthümer zogen sich doch noch weit ins 19. Jahrh. hinein. Ein 1876 erschienenes Buch steht noch auf dem Standpunkte der „orthodoxen Trinitarier"[9]. Wirklich historischen Boden hat erst von der Linde in seinem am Schlusse des Artikels genannten und hier als Quelle benutzten monumentalen Werke über Gutenberg geschaffen, womit die bei ihm ausführlich angegebene frühere Literatur über Gutenberg und die Prototypographie vielfach antiquirt wird.

Einer speciellen Erörterung bedürfen noch die falschen technischen Auffassungen, welche die geschichtliche Darstellung beeinflußten. Vor allem machte man sich nicht klar, was eigentlich zu erfinden war. Gewöhnlich sagte man: die Buchdruckerkunst. Dieser Begriff ist aber zu allgemein; versteht man nämlich darunter, daß Bilder oder Text in einem Buche nicht geschrieben, sondern von irgend einer Form abgedruckt sind, so datirt, wie oben bemerkt, die Erfindung schon von weit früherer Ze: (die ersten Erfinder des Druckes waren bekanntlich d: Chinesen um 900 n. Chr.). Das wesentliche Momer ist auch nicht die Beweglichkeit der Typen. Die Ide davon hat schon Cicero ausgesprochen[10] und Quintilia erzählt von Buchstaben aus Elfenbein, Cedernholz un Buchsbaum, die den Kindern zum Spielen gegebe wurden[11]. Ja in China hat sogar ein Eisenschmied Namens Pisching, um 1041—48 wirklich beweglich Lettern (Hopan) erfunden und mit ihnen gedruckt; di Typen bestanden aus seinem gehärtetem Thon, wurden { einer eisernen Form zwischen Metallplatten zusammengestellt, die Abstände zwischen den Typen durch erweichte Wachs, Harz oder Kalk, der dann verhärtete, ausgefüll und der Druck erfolgte mittels der Bürste. Etwas we Wichtigeres war zu erfinden: Die metallene, g goffene Type dadurch, daß die Buchstaben zuerst al Stempel geschnitten, dann als Matrize geschlagen un endlich als Type gegossen wurden. Die Erfindung de Beweglichkeit der Lettern bedeutet in einem hellen Kopf, di Erfindung der gegossenen Typen ein technisches Geni Sie müssen in Bezug auf das Ebenmaß ihres Kegel vollständig genau sein, müssen in einem genauen geome trischen Gleichheit zu einander stehen, denn wenn di Typen einer bestimmten Gattung nur um ein Geringe größer oder kleiner sind als die übrigen desselben Gusse so werden sämmtliche bei der Zusammensetzung die Folge dieses Mangels empfinden. Die Unregelmäßigkeit in de Linie, anfänglich kaum bemerkbar, kommt schon in de mehr zu, sodaß zuletzt die Typen wirr durcheinande stehen und der Satz ganz ungleich wird. Damit fäll auch die Annahme, die Prototypographen hätten zuer Holztypen angewendet; es ist technisch unmöglich, selb mit Hülfe der feinsten Instrumente, Holztypen diese un erläßliche Gleichheit des Kegels zu geben. Man hat sie zu jener Annahme durch die Holztypen verleiten lassen die manchmal in Druckereien an einem Faben aufgereih hängen, und hie und da einzeln im Satze verwende werden. Aber zu behaupten (wie geschehen ist), daß Seiten, ja sogar Riesenwerke wie die 36zeilige und 42 zeilige Bibel, und ein typographisches Prachtwerk, wi das Theuerdank von 1517, seien mit Holztypen gedruckt worden, ist absurd. Also die Erfindung des Letterngusse: ist es, die Gutenberg beigelegt werden muß, nicht meh und nicht weniger; was daran verbessert, verschönert veredelt worden ist durch Beihülfe anderer „nach de That", das gehört nicht mehr zur Geschichte der Er findung der Typographie, sondern zur Geschichte de Typographie, und in der leztern ist Fust der erste „Druck herr", d. i. Kapitalist, der den Druck von Büchern mi gegossenen Lettern geschäftlich ausbeutete, und sei Schwiegersohn Schöffer der erste eifrige Buchdrucker, im pressor, excusor, librarius, typographus, aber Er finder der Typographie sind sie eben so wenig, wie irgen

· 6) Diese Ansicht vertrat in neuerer Zeit bes. K. A. Vinařický, in Květy 1845, ferner findet sie sich in Ch. Winarický, Jean Gutenberg, né en 1412 a Kuttenberg en Boheme. Trad. par J. de Caro. Bruxelles 1847; vgl. Serapeum XI, 1850, S. 209—254. Daß aber die Ansicht in Böhmen selbst nicht Wurzel gefaßt hat, zeigt die Schlußbemerkung im Artikel Gutenberg. (verfaßt von J. Malý) im „Slovník Naučný" (czech. Conversations-Lexikon, Band 3. Prag 1863): „Domnění některých, kteří z Gutenberga chtejí udělati Čecha, z Kutné Hory rodilého, nemá nižádného podstatného základu" (die Meinung einiger, die aus Gutenberg einen in Kutenberg geborenen Czechen machen wollten, entbehrt durchaus jeder sachlichen Unterlage). 7) J. Wetter, Kritische Geschichte der Erfindung der Buchdruckerkunst u. s. w. Marburg 1836. 8) J. D. Schöpflini Vindiciae typographicae. Argentorati 1760. 9) A. von Holstein, Gutenberg, Fust und Schöffer. Erfindung des Drucks mit beweglichen Buchstaben. Darmstadt 1876.

10) De natura Deorum II, cap. 50. 11) Instit. orat I, I, 26.

ein moderner Geschäftsmann oder Buchdrucker, der die Kunst in ihrer vollendetsten Form ausbeutet oder ausübt.

Das erste Säcularfest der Typographie wurde in richtiger Erkenntniß ihrer Bedeutung für die Verbreitung der Reformation, aber unter zu Grundlegung eines falschen Erfindungsjahres, 24. Juni 1540 von Luther's Buchdrucker Hans Lufft und seinen Genossen in Wittenberg gefeiert. Bei der zweiten Säcularfeier war die Betheiligung schon allgemeiner, und Leipzig hatte den Vortritt, doch war die Buchdruckerkunst überhaupt durch den dreißigjährigen Krieg sehr gesunken. Noch allgemeiner war die Jubelfeier 1740, wobei silberne und kupferne Denkmünzen geschlagen wurden und eine Menge Festschriften erschienen. Inzwischen war in Mainz selbst Gutenberg gänzlich in Vergessenheit gekommen; man hielt Dietrich Gresmund, geb. 1477 (!), für den Erfinder der Typographie und hatte die ersten Drucke verschleudert und verwahrlost. Als man dann in neuerer Zeit Gutenberg wieder gerecht wurde, kamen immer die Anregungen von außen. 1798 beschloß eine Versammlung von Astronomen, die Erfindung der Typographie durch ein neues Emblem der Himmelskarte einzuverleiben [12]). Am 6. April 1804, unter französischer Herrschaft, beschloß eine Gesellschaft von „vierzig" zu Mainz auf Anregung des Präfecten Jeanbon St. André eine Medaille von 240 frcs. Goldwerth für die beste Lobrede auf Gutenberg auszusetzen, ferner ein Monument zu seinem Andenken in Mainz zu errichten, zu dem ganz Europa beitragen sollte. Napoleon verordnete 1. Oct. 1804 die Errichtung eines großen Gutenberg-Platzes in der Nähe der Domprobstei. Keines dieser drei Projecte kam jedoch zur Ausführung. 1814 regte der Neapolitaner Gio. Batt. Micheletti die Errichtung eines Denkmals an [13]). Erst die haarlemer Jubelfeier 1823 rüttelte die Geburtsstadt Gutenbergs auf. Die Casino-Gesellschaft gab ihrem neuerbauten Hause wieder den ursprünglichen Namen zum Gutenberg, der mit goldener Lapidarschrift über den Einfahrtsthor angebracht wurde. Am 24. Oct. 1824 folgte ein Denkstein mit Inschrift im Garten. Im Hofe stiftete der Kunstverein ein von Joseph Schell verfertigtes Standbild von Sandstein. Dann kamen noch Denksteine von Privaten: Christian Lautern, dem Zuckerbäcker, Joseph Dieffenbach (beide 1825) und dem Tünchermeister Karl Barth (1828). Am 14. Aug. 1836 [14]) kam das von Thorwaldsen modellirte, vom Erozatier in Paris in Erz gegossene Standbild Gutenbergs zu Staube. Derselbe hält in der linken Hand ein Buch, in der herabhängenden Rechten eine Anzahl Typen. Die Aufschriften des Sockels sind von Ottfried Müller verfaßt [15]). Die Basreliefs stellen

Gutenberg dar, wie er dem erstaunten Fust eine Type zeigt, dann einen fertigen Bogen liest, während ein Gehülfe druckt. Eine Denkmünze unter Thorwaldsens Leitung von Lorenz in Rom gravirt, in Berlin in Gold, Silber, Neugold und Bronze geprägt, sowie eine zweite, in Silber und Bronze, vom Hofgraveur I. I. Reuß in Augsburg, sind mit den in der Anmerkung angeführten Inschriften der Statue versehen. Strasburg besitzt einen Gutenberg-Platz, auf dem am 24. Juni 1840 ein Standbild Gutenbergs, modellirt von David, gegossen von Soyer und Ingé zu Paris, errichtet wurde. Gutenbergs Brustbild in Bronze befand sich vor 1830 über der Thür der Heiß'schen Buchdruckerei in Strasburg. Auch strasburger Denkmünzen sind vorhanden. Das Project einer Statue, die Gutenberg in der Bibliothek royale zu Paris errichtet werden sollte, findet sich bei Duverger abgebildet [16]). Der Incunabelnsaal der l. öffentlichen Bibliothek zu St. Petersburg trägt die Inschrift: Incunabula artis typographicae. Johannis Gutenbergi Moguntini, inventoris, nomen perite nequit [17]). Ein Gutenbergdenkmal besitzt auch Frankfurt a. M. Es wurde nach dem Entwurf von Launiß 1857 auf dem Roßplatze als Brunnengruppe errichtet und besteht aus den Standbildern Gutenbergs, Fusts und Schöffers, mit Medaillons, Wappen u. s. w. am Fußgestell.

Die 4. Säcularfeier ward 1840 an zahlreichen Orten Deutschlands, sowie auch in Kopenhagen, Christiania, Stockholm, Paris gefeiert. Es erschien wieder eine Menge Festschriften, Albums, Geschichten der Buchdruckerkunst, unter andern die „Geschichte der Buchdruckerkunst" von K. Falkenstein (Leipzig 1840), die sich aber mehr durch ihre typographische Ausstattung als durch innern Gehalt auszeichnet; gegründet wurden eine Zeitschrift „Gutenberg, Hausfreund für gebildete Familien" von N. Büchner (1840 October bis December, Leipzig), ein „Gutenberg-Archiv, Sammlung für Kunde der deutschen Vorzeit", herausgegeben von D. F. H. Schönhuth, Nr. 1 (Eanstatt 1840), Nr. 2 (1842), ein Gutenbergfonds zu Berlin zum Besten alter und schwacher Buchdrucker [18]), eine Gutenbergstiftung für Freunde des göttlichen Wortes [19]). Es wurde schon erwähnt, daß das J. 1440 als Erfindungsjahr der Typographie auf einer falschen Voraussetzung beruht, und die bisherigen Jubelfeste im J. 40 jedes Jahrhunderts waren thatsächliche Zeugnisse für Strasburg als Erfindungsort. Verläßt man den Boden der Sage und stellt sich auf feste historische Thatsachen, so hat die künftige, 5. Jubelfeier nicht 1940, sondern 1950 stattzufinden, der es auch überlassen bleibt, ein

---

12) Astronom. Jahrbücher für das J. 1801. Berlin 1798. S. 235—39. 13) Pesagi scienl. sull arte della stampa. Aquila 1840. 14) Dieses ungeschichtliche Jahr beruht auf einer Angabe von K. A. Schaab, Das Jahr 1436 Erfindungsjahr der Buchdruckerkunst. Mainz 1837. 15) Auf der Vorderseite: JOHANNEM GENSFLEISCH | DE GUTENBERG | PATRICIUM MOGUNTINUM | AERE PER TOTAM EVROPAM COLLATO | POSUERUNT CIVES | MDCCCXXXVII. Auf der Rückseite: ARTEM QUAE GRAECOS LATUIT LATVITQUE LA-

TINOS | GERMANI SOLLERS EXTUDIT INGENIUM | NUNC QUIDQUID VETERES SAPIUNT SAPIUNTQUE RECENTES | NON SIBI SED POPULIS OMNIBUS ID SAPIUNT.

16) (E. Duverger), Histoire de l'invention de l'imprimerie par les monuments. Paris 1840. 17) Ch. R. Minzloff, Souvenir de la Bibliothèque imperiale publique à St. Petersbourg. Leipzig 1863. 18) (Karl Unger), Flüchtige Blick auf die letzten vierzig Jahre des 4. Jahrh. der Buchdruckerkunst. Zum Besten bedürftiger Buchdrucker. Berlin 1840. 19) Protestantisches Kirchen- und Schulblatt für Elsaß. Jahrg. 1840.

großartiges, von aller Kleinigkeitskrämerei freies Guten-
berg-Monument zu errichten, an dem es eigentlich immer
noch mangelt.

Die Jubelfeste gaben Gelegenheit, Gutenberg
poetisch zu verherrlichen, in Liedern, Festspielen, Cantaten
u. dgl. Ein großes Oratorium „Gutenberg", gedichtet
von Giesebrecht, componirt von Dr. Löwe in Stettin,
ward 14. Aug. 1837 zu Mainz aufgeführt. Prof. N.
Müller verfaßte eine „Ode an Gutenberg" (Mainz
1824), Charlotte Birch-Pfeiffer: „Gutenberg. Ein
Originalschauspiel in 3 Abtheilungen" (Berlin 1836;
3. Abth. 2. Aufl. 1840), Paul Stein: „Johannes Gutenberg. Ein kulturhistorischer Roman" (3 Bde. Leipzig
1861).

Ein Portrait Gutenbergs (Phantasiebild) enthält
Thevet, „Vie et portraits des hommes illustres"
(Paris 1854). Ein Oelgemälde von ihm befand sich in
der strasburger Bibliothek; es war aber übermalt, weil
Gutenberg darauf als Mainzer dargestellt war, und ist
1870 beim Bombardement von Strasburg mit verbrannt.
Drugulin gibt in seiner „Portrait-Galerie" unter Nr.
8148—8154 sechs verschiedene Portraits von Gutenberg an.

Quelle: A. v. d. Linde, „Gutenberg, Geschichte
und Erdichtung aus den Quellen nachgewiesen." (Stuttgart 1876). (T. Poch.)

GUTENZELL, Guttenzell, ehemals auch Gut-
tencel, Gotteszell, Godeszell (latein. Dona Cella
oder Gutenozella) katholisches Pfarrdorf im Oberamt
Biberach des würtembergischen Donaukreises, an der Roth
und 15 Kilometer östlich von Biberach, mit 600 Ein-
wohnen, Pfarrkirche, Schloß, eine Bierbrauerei. —
Das Schloß war ehedem eine Cistercienserabtei, um 1230,
nach Andern im Jahre 1240 von zwei Gräfinnen von
Schlüsselberg zu Ehren der Heiligen Cosmas und Da-
mianus gegründet, wobei in wunderbarer Weise der Plan,
das Kloster auf dem Berge zu bauen, vereitelt worden
sein soll. Rudolf I. stattete 1283 dieses Frauenkloster
mit großen Rechten und Freiheiten aus, die Grafen von
Aicheim schenkten ihm reiche Güter; die Aebtissin war
zwar nicht gefürstet, aber sie war deutscher Reichsstand
und hatte Sitz und Stimme auf der schwäbischen Prä-
latenbank. Ihr Titel war: „Die hochwürdige Frau Aebtissin und Frau des heiligen römischen Reiches freien
adeligen Stiftes und Gotteshauses Gutenzell". In den
blühendsten Zeiten konnte das Kloster 200 Standes-
personen erhalten, durch Feuer und Krieg kam es aber
herunter, sodaß es schließlich nur noch für 8 Conventua-
linnen und 10 Klosterjungfrauen Platz gewährte. Im
J. 1803 wurde das Stift säcularisirt und den Grafen
Törring als Entschädigung für Gransfeld gegeben, 1806
aber dem würtembergischen Landeshoheit unterworfen.

(Otto Delitsch.)

GUTE WERKE. Dieser ethische, in demselben
entsprechenden Sinne auch auf anderen Gebieten [1] vor-

kommende Begriff hat seine hervorragende, so zu sagen
technisch-wissenschaftliche Bedeutung, und zwar meist in
der Form des Pluralis und in Verbindung mit dogmatischen Vorstellungen, vorwiegend innerhalb des Christenthums und seiner religiös-kirchlichen Literatur, speciell in
dem Kapitel über die Heilsordnung, noch specieller in
demjenigen über die Rechtfertigung gefunden. Ihren
Gegensatz bilden hier böse Werke, z. B. Joh. 3, 19 (πονηρὰ
ἔργα); 7, 7; oder Werke des Fleisches z. B. Galat. 5, 19;
oder Werke der Finsterniß, z. B. Röm. 13, 12. Es handelt sich hauptsächlich, um die Begriffsbestimmung der
guten Werke, in noch höherem Grade um die Frage, in
welchem Causalnexus sie neben dem Glauben oder ihm
gegenüber zu der Rechtfertigung resp. der Seligkeit stehen.
In seiner äußersten Zuschärfung lautet das Problem dahin,
ob gute Werke zur Seligkeit nöthig seien oder nicht oder
gar schädlich.

Im alten Testamente ist der wörtliche Ausdruck
des „guten Werkes" oder der „guten Werke" als der
moralischen, Gott wohlgefälligen Handlung des Menschen
wenig gebräuchlich, indem er hier durch andere Wendungen
vertreten wird, namentlich durch das Halten der göttlichen
Gebote und Rechte, welchem z. B. Ps. 19, 12 ein „großer
Lohn" verheißen ist. Was Luther zu Sir. 17, 18 durch
„gute Werke" übersetzt hat, gibt de Wette durch „Güte"
wieder. — Für das neue Testament kommen zunächst
die Aussprüche Christi, beziehungsweise die vier Evangelien in Betracht. In bestimmtester Weise wird hier
der Glaube, speciell der Glaube an Jesus Christus als
den verheißenen Messias und Gottes Sohn als die Bedingung der Seligkeit, der Erlösung, des ewigen Lebens
hingestellt, wie Marc. 16, 16: „wer da glaubt und getauft
wird, der wird gerettet (selig) werden; wer aber nicht
glaubt, der wird verdammt werden"; oder Joh. 3, 15. 16:
„auf daß Jeder, der an ihn (den Sohn) glaubt, nicht
verloren werde, sondern das ewige Leben habe" denn also
hat Gott die Welt geliebt, daß er seinen eingebornen Sohn
dahingegeben, auf daß Jeder, der an ihn glaubt, nicht
verloren werde, sondern das ewige Leben habe". Es gehören hierher ferner die wiederholten Aussprüche Christi:
„dein Glaube hat dir geholfen". Aber andererseits läßt
Christus die Vergebung der Sünden, die Seligkeit aus
der werkthätigen Liebe, also aus guten Werken hervorfließen, wie
wenn er Luc. 7, 47 von der Sünderin sagt: „Ihr werden
viele Sünden vergeben werden; denn sie hat viel geliebt" [2], ein Ausspruch, welcher von Seiten der katholischen
Werkgerechtigkeit als eine Instanz gegen die protestantische
Glaubensgerechtigkeit verwendet worden ist. Indessen
machte letztere gegen dieses Argument wiederum V. 50
in demselben Kapitel geltend: „Dein Glaube hat dir ge-

---

1) So finden sich z. B. bei Xenophon, Cyrop. I. 5, 11:
Καλὰ κἀγαθὰ ἔργα. Für die allgemeine Bedeutung, wie wenn

ein Buch, eine Uhr u. s. w. ein „gutes Werk" genannt wird, sei
auf den Artikel: „gut" zu verweisen. Ein Werk an sich kann entweder ein Gewirktes oder ein Wirken, nicht einen Zustand, eine
Gesinnung bedeuten.

2) Es mag hier an Matth. 26, 10 erinnert werden, wo Christus spricht: Was bekümmert ihr das Weib? Sie hat ein gut
Werk (nach Luther: καλὸν ἔργον) an mir gethan.

holfen." Als Wesen resp. causa efficiens des ewigen oder seligen Lebens von Seiten des Menschen erscheint Joh. 17, 3 die Erkenntniß Gottes und seines Gesandten: „Das ist aber das ewige Leben, daß sie Dich, der Du allein wahrer Gott bist, und den Du gesandt hast, Jesum Christum, erkennen." Zwar kann man gegen die Verdienstlichkeit der guten Werke Christi Ausspruch Luk. 17, 10 anziehen: „Wenn ihr Alles gethan habt, was euch befohlen ist, so sprechet: Wir sind unnütze Knechte; wir haben (nur) gethan, was wir zu thun schuldig waren;" aber der Inhalt dieses Thuns kann als die nur äußerliche Erfüllung des Befehles, welcher der innere Beweggrund der selbsteigenen Liebe fehlt, aufgefaßt werden, und es ist fraglich, ob ein solches Thun den guten Werken zuzurechnen sei, zu welchen Christus die Seinigen z. B. Matth. 5, 16 auffordert: „So leuchte euer Licht vor den Menschen, daß sie eure guten Werke (καλὰ ἔργα) sehen," und für welche er ihnen ausdrücklich „Lohn" verheißt, wenn sie aus innerlich guter Absicht, nicht aus scheinheiligen Beweggründen hervorgehen, wie Matth. 6, 1: „Hütet euch davor, eure Gerechtigkeit (Almosen und andere gute Werke) vor den Leuten zu üben, um von ihnen gesehen zu werden; wo nicht, so habt ihr keinen Lohn bei eurem Vater im Himmel.' Die Eingangsworte der Bergpredigt, Matth. 5, 1—12, enthalten die unzweifelhafte Verheißung eines Lohnes (μισθός, V. 12) wie für gute moralische Gesinnungen, so für gute moralische Thaten und Duldungen, ebenso das Wort Christi Luk. 6, 35: „Liebet eure Feinde und thut ihnen wohl und leihet, indem ihr nichts dafür hoffet, so wird euer Lohn groß und ihr werdet Söhne des Höchsten sein." Denselben Sinn haben die Stellen Matth. 16, 27: „dann wird er (Christus, wenn er wieder erscheint) einem Jeden vergelten nach seiner That (πρᾶξις)"; Marc. 10, 17 ff., wo Christus einen Mann, der ihn fragt, was er thun müsse, um das ewige Leben zu ererben, darauf hinweist, daß er Gottes Gebote zu halten habe; Joh. 5, 29: „es werden hervorgehen (aus den Gräbern) die Guten, die das Gute (τὰ ἀγαθά) gethan haben, zur Auferstehung des Lebens."

Wenn sonach in den Evangelien als subjective Bedingung des ewigen Lebens ebenso der Glaube wie das gute Werk gefordert werden, ohne daß diese beiden in ihrer Stellung zu einander näher definirt sind, und wenn ferner vorzugsweise den guten Werke die Seligkeit als Lohn oder Vergeltung in Aussicht gestellt ist[3]), so bietet sich in den übrigen Schriften des N. T., noch abgesehen von denen des Paulus und des Jakobus, im Wesentlichen dieselbe Darlegung und Lehre. Act. 16, 31 erklären Paulus und Silas dem Gefängnißwärter: „Glaube an den Herrn Jesum Christum, so wirst du und dein Haus gerettet (selig) werden." Hebr. 11, 6 heißt es: „ohne Glaube ist es unmöglich, (Gott) wohlzugefallen," worauf eine Menge Beispiele von der Kraft des Glaubens folgen, aber nicht des Glaubens an Christus, sondern

des Glaubens von Juden an Gott. Andererseits werden gute Werke nicht blos mit Lob erwähnt, wie Act. 9, 36: „Tabitha (eine Christin in Joppe) war voll guter Werke (ἀγαθῶν ἔργων) und Almosen", welche hier neben jenen besonders hervorgehoben sind, sondern es wird auch fleißig ermahnt, solche zu thun,' beziehungsweise einen guten, sittlichen Lebenswandel zu führen, wie 1 Petri 2, 11. 12: „Geliebte, ich ermahne....., daß ihr euch enthaltet von fleischlichen Lüsten....., indem ihr euren Wandel unter den Heiden gut führet, damit sie darin, worin sie euch als Uebelthäter verlästern, vermöge der guten Werke (καλῶν ἔργων), wenn sie dieselben sehen, Gott preisen"; oder Hebr. 10, 24: „lasset uns auf einander Acht haben, daß wir uns anreizen zur Liebe und zu guten Werken" (καλῶν ἔργων); oder Hebr. 13, 21: „(Gott) gründe euch in allem guten Werk" (ἔργῳ ἀγαθῷ). Wer solche Werke thut, dem ist die Seligkeit als Lohn versprochen. Apokal. 22, 12: „Siehe, ich (Christus) komme bald und mein Lohn mit mir, zu geben einem Jeden, je nach dem sein Werk sein wird"; ebenda V. 14: „Selig sind die, welche seine (Gottes) Gebote thun." Wenn der erste Johannisbrief, welcher den Glauben an Christum als Quell der Wiedergeburt betont, Kap. 5, V. 11 das ewige Leben als ein Geschenk Gottes bezeichnet, so wird dasselbe Hebr. 6, 10 als eine Folge seiner Gerechtigkeit hingestellt.

Für die unter dem Namen des Paulus vorhandenen Sendschreiben ist hinsichtlich des Verhältnisses der Werke, und zwar zunächst des Gesetzes, zu dem Glauben namentlich der Begriff der Rechtfertigung, der Gerechterklärung des Sünders vor oder durch Gott maßgebend, und zwar in innigster Verbindung mit der Gnade Gottes um des Opfertodes Christi willen, als die alleinigen objectiven (außerhalb des Menschen liegenden) Quelle der Erlösung und der Seligkeit. Eine Hauptbelegstelle hierfür ist Rom. 3, 23—28: „Alle haben gesündigt und ermangeln des Ruhmes bei Gott und werden gerechtfertigt umsonst durch seine Gnade mittels der Erlösung in Christo Jesu, welchen Gott dargestellt als Sühnopfer, mittels des Glaubens, durch sein Blut, zum Erweise seiner Gerechtigkeit wegen der Nachsicht Gottes, zum Erweise seiner Gerechtigkeit in der jetzigen Zeit, daß er gerecht sei und die, welche an Jesum Christum glauben, rechtfertige. Wo bleibt nun das Rühmen? Es ist ausgeschlossen. Durch welches Gesetz? Durch das der Werke? Nein! Sondern durch das Gesetz des Glaubens. Denn wir halten dafür, daß der Mensch durch den Glauben gerechtfertigt wird ohne des Gesetzes Werke"[4]). Und vorher V. 20: „Aus Gesetzes Werken wird kein Fleisch vor ihm (Gott) gerechtfertigt werden; denn durch Gesetz kommt Erkenntniß der Sünde." Dazu Galat. 2, 16: wir wissen, daß der Mensch nicht gerechtfertigt wird durch Gesetzes-Werke, sondern durch den

---

3) Der Begriff eines Gnadenlohns findet z. B. bei Matth. 20, 14 an dem „ich will" eine Rechtfertigung, aber hinwiederum in dem „übereingekommen" V. 13 ein Bedenken.

A. Encykl. d. W. u. K. Erste Section. XCVIII.

4) Luther setzte hier das Wort „allein" in seine deutsche Uebersetzung. Obgleich es im Urtexte fehlt, so liegt es doch in dessen Sinn und Zusammenhange; sofern es zwar nicht die Gnade Gottes, Christi Tod und andere objective causae, aber das Verdienst der Gesetzeswerke ausschließt.

24

Glauben an Jesum Christum; auch wir haben an Jesum Christum geglaubt, auf daß wir gerechtfertigt würden durch den Glauben an Christum und nicht durch Gesetzes-Werke." Wenn hier die Werke des Gesetzes, und zwar des jüdischen resp. des alttestamentlichen, mit Entschiedenheit und ausdrücklich als subjective causae der Rechtfertigung verworfen werden und diese nur dem Glauben an Christus zugeschrieben wird, so spricht Paulus anderwärts auch den Werten überhaupt diese Eigenschaft ab, wie Ephes. 2, 8—10: „durch die Gnade seid ihr gerettet (selig) mittels des Glaubens, und zwar nicht von euch selber, Gottes Geschenk ist es [5]), nicht durch Werke, auf daß nicht Jemand sich rühme. Denn sein Gemächt sind wir, geschaffen in Christo Jesu zu guten Werken, welche Gott vorher bestimmt hat, daß wir darin wandeln." Ebenso Röm. 11, 6: „Wenn aber aus Gnade (die Auswahl zur Seligkeit geschieht), dann nicht mehr von der Werke, denn sonst ist die Gnade nicht mehr Gnade. Wenn aber um der Werke willen, so ist es nicht mehr Gnade; denn sonst ist das Werk nicht mehr Werk". Dem Wortlaute nach wird auch der Glaube an Gott als rechtfertigend hingestellt, Röm. 4, 3—5: „Abraham aber glaubte Gott, und es ward ihm zur Gerechtigkeit gerechnet (nach 1 Mos. 15, 6). Dem aber, der mit Werken umgeht, wird der Lohn nicht gerechnet aus Gnade, sondern aus Schuldigkeit; dem aber, der nicht mit Werken umgehet, sondern glaubet an den, welcher den Gottlosen rechtfertigt, wird sein Glaube zur Gerechtigkeit gerechnet." Indeß kann eingewandt werden, daß in dem Glauben an Gott implicite der Glaube an Christus enthalten sei.

Erwägt man, daß in diesen und in anderen parallelen Stellen nicht von „guten" Werken die Rede ist, und daß Paulus aus der Polemik gegen die jüdische Gesetzes- oder Werkgerechtigkeit heraus redet, so liegt die Voraussetzung nahe, daß er unter dem einfach als Werk bezeichneten Thun die jüdischen Gesetzeswerke im Auge und im Sinne gehabt habe. Ist Christus der alleinige Mittler, mithin das Christenthum in seiner specifischen Eigenthümlichkeit festzuhalten, so muß das Gesetz der Juden als Vermittler der Seligkeit ausgeschlossen werden, und dies thut Paulus bis zu der Schärfe des Ausspruches, daß alles, was nicht aus dem Glauben kommt, Sünde sei (Röm. 14, 23).

Obgleich die Paulinischen Schriften an keiner Stelle den Versuch machen, eine zusammenfassende begriffliche Definition des Glaubens zu geben, auch nicht die besonderen Glaubens an Christus [6]), so bieten sie doch hierzu die hinreichenden Elemente, zunächst und selbstverständlich die innere, auf Auctorität, nicht nothwendig auf persönlicher innlicher Wahrnehmung, im letzten Grunde auf Inspiration durch den heiligen Geist oder Gott beruhende Ueberzeugung, daß Jesus Christus der verheißene Messias, der einzige Mittler des Heiles, der eingeborene, sündlose Sohn Gottes sei, welcher durch sein Leiden und Leben

---

5) Mithin ist auch der Glaube ein Gnadengeschenk.   6) Nach Hebr. 11, 1 ist Glaube im Allgemeinen „Zuversicht des, was man hofft, Ueberzeugung von Dingen, die man nicht sieht".

---

die Sünde von den Menschen in dem durch Gott angenommenen Opfer aufgehoben, in Gerechtigkeit und Seligkeit umgewandelt habe, eine Ueberzeugung, welche zugleich und an sich die widerstandlose Hingabe in das Leiden und Leben des Erlösers ist, sobald dieser in dem Menschen eine volle Gestalt gewinnt und der Mensch sich mit ihm zu einer heiligen und heiligenden Gemeinschaft zusammenschließt, welche zugleich die Gemeinschaft mit Gott, die Kindschaft bei Gott ist. Da aber der Glaube schwach sein und als solcher die Gewißheit der Erlösung nicht geben kann, so beruht diese, welche Gott nach der absoluten Gnadenwahl (Röm. Kap. 9—11) ertheilt, im einzelnen Falle auf der singulären, persönlich empfangenen Inspiration.

Eine weitere nothwendige Ergänzung des seligmachenden und rechtfertigenden Glaubens ist nach Paulus vornehmlich die Liebe, von welcher Galat. 5, 6 gesagt wird: „in Christo Jesu gilt weder Beschneidung noch Vorhaut, sondern Glaube, der durch Liebe thätig ist." Ein Glaube ohne die Liebe als des Gesetzes Erfüllung, Röm. 13, 10, kann die Erlösung nicht wirken; er ist ein todter Glaube. Ja Paulus geht zu dem Ausspruche 1 Kor. 13, 2 fort: „wenn ich allen Glauben habe, um Berge zu versetzen, habe aber keine Liebe, so bin ich nichts", und V. 13 ebenda stellt er die Liebe — welche den Nächsten ebenso wie Gott und Christus umfaßt — als eine größere Macht über den Glauben und die Hoffnung. Die von ihm hier und anderwärts gepriesene Liebe ist aber in seinem Geiste nicht blos die opferwillige, mit dem höchsten Wohlgefallen verbundene Hingabe als Stimmung oder innere Gesinnung, sondern auch zugleich die ausübende That, die gute That, das gute Werk, welches vornehmlich die Gebote, das Gesetz Gottes, mit Einschluß der Wohlthätigkeit (der ἔργα ἀγαθά, z. B. 2 Kor. 9, 8), zur Erfüllung zu bringen sich bestrebt. Daher seine Zuversicht 2 Kor. 9, 8: „Gott aber vermag jede Gnade euch reichlich zu erweisen, damit ihr, in Allem allezeit Genüge habend, reich seiet zu allerlei gutem Werk" (ἔργον ἀγαθόν); daher sein Wunsch 2 Thessal. 2, 17: Christus und Gott tröste euere Herzen und befestige euch in jedem guten Werke und Worte" (ἔργῳ καὶ λόγῳ ἀγαθῷ). Daher auch seine vielfachen dringenden Vermahnungen zu guten Werken, wie Eph. 2, 10: wir sind geschaffen in Christo Jesu „zu guten Werken" (ἔργοις ἀγαθοῖς); Kol. 1, 10: die Christen sollen wandeln „in jedem guten Werke (ἔργῳ ἀγαθῷ) fruchtbringend;" 1 Timoth. 6, 8: Timotheus soll die Reichen ermahnen, „Gutes zu thun und in guten Werken reich zu sein" (ἀγαθοεργεῖν καὶ πλουτεῖν ἐν ἔργοις καλοῖς); 2 Timoth. 3, 17: der Mann Gottes soll sein „ausgerüstet zu jedem guten Werke" (ἔργον ἀγαθόν); Tit. 1, 16: „sie legen das Bekenntniß ab Gott zu kennen; aber mit den Werken verleugnen sie ihn, indem sie ein Greuel und ungehorsam sind und zu jedem guten Werke (ἔργον ἀγαθόν) untüchtig"; ebenda 2, 7: „über Allem erweise dich als ein Vorbild guter Werke" (καλῶν ἔργων); ebenda 2, 14: „Welcher (Christus) sich für uns gegeben hat, damit er uns von jeder Ungesetzlichkeit erlöste und sich selbst ein eigenes Volk reinigte, eifrig zu guten Werken" (καλῶν ἔργων); ebenda 3, 1: Titus soll die Christen ermahnen, "zu jedem guten Werke (ἔργον ἀγαθόν) bereit zu sein"; ebenda V. 8: Solches sollst du bekräftigen, "damit die, welche an Gott gläubig geworden sind, sich befleißigen, gute Werke (καλῶν ἔργων) zu verrichten." Selbst rechtfertigende Kraft wird der That des Gesetzes zugeschrieben, Röm. 2, 13: "Nicht die Hörer des Gesetzes sind bei (vor) Gott gerecht, sondern die Thäter des Gesetzes werden gerechtfertigt werden." Freilich wie wenig ein Christ im Leben hienieden den vollen rechten, starken Glauben hat, ebenso wenig eignet ihm nach Paulus die vollkommene That des Gesetzes, der Liebe, weil alle Menschen Sünder sind (Röm. 3, 23).

Obgleich der Apostel deshalb anderwärts die Erlösung und die Seligkeit als eine Gabe der absoluten Gnade Gottes hinstellt, so läßt er doch auch eine Vergeltung, einen Lohn der guten Werke, selbstverständlich nicht losgelöst vom Glauben, und damit eine Verdienstlichkeit desselben zu, wie Röm. 2, 6. 7: "welcher (Gott) einem Jeden bezahlen wird nach seinen Werken, denen, welche durch Standhaftigkeit in gutem Werke (ἔργον ἀγαθόν) nach Herrlichkeit und Ehre und Unvergänglichkeit streben, ewiges Leben"; 1 Kor. 3, 8: "ein Jeder wird seinen Lohn (μισθόν) empfangen nach seiner Arbeit (κόπον); ebenda V. 14: "wenn Jemandes Werk bestehen wird, das er darauf gebauet hat, so wird er Lohn empfangen"; 2 Kor. 5, 10: "wir alle müssen erscheinen vor dem Richterstuhle Christi, damit ein Jeder vergolten empfange das bei Leibes Leben Gethane, je nachdem er gehandelt hat, es sei Gutes oder Böses." Wenn Verdienenwollen so viel ist als Erstreben durch die That der Gebote, des Gesetzes, der Liebe, so läßt sich gegen eine solche Verdienstlichkeit kaum etwas einwenden, und wenn Paulus dieses Streben innerhalb des Glaubens ebenso stark betont als die freie Gnade Gottes, so kommt auch die beste Harmonistik nicht über diesen Synergismus des Menschen und Gottes hinweg wie er in dem N. T. auch anderwärts unverkennbar vorliegt. Will der "Gnadenlohn" beiden seiner Bestandtheile gleich gerecht werden, so ist er eine contradictio in adjecto; will er die Gnade vorwalten lassen, so hebt diese den Lohn auf. An dieser Sachlage wird auch dadurch nichts geändert, wenn man den Lohn als die Folge der von Gott gewollten Welt- und Lebensordnung setzt. Faßt man alle Lehrbestimmungen in den Paulinischen Briefen zusammen, so ist das Resultat keineswegs dieses, daß der Mensch »allein« durch den Glauben gerechtfertigt und selig werde, es sei denn, daß man die That der Gebote, des göttlichen Gesetzes, der Liebe als integrirendes Moment des Glaubens faßt; aber die Initiative geht bei Paulus unzweifelhaft von dem Glauben als solchem aus. Hierher gehören 1 Thess. 1, 3 und 2 Thess. 1, 11, wo Paulus vom ἔργον der πίστις redet, und zwar als einem Werk der Christen.

Es ist der von den (guten) Werken losgelöste Glaube, welchem die Polemik bei Jakobus gilt, wie er sie Kap. 2, V. 14—26 ausspricht: "Was nützet es, meine Brüder, wenn Jemand sagt, er habe Glauben, aber keine Werke hat? Es kann doch nicht der Glaube selig machen? Wenn nun ein Bruder oder eine Schwester nackend oder bloß wäre und Mangel an der täglichen Nahrung litte, und Jemand unter euch spräche zu ihnen: Gehet in Frieden, wärmet und sättiget euch, ihr gäbet ihnen aber nicht, was zur Leibes Nothdurft gehört, was nützet das? Also ist auch der Glaube, wenn er keine Werke hat, an und für sich todt. Aber (einem Solchen) wird Jemand sagen: Du hast Glauben, ich aber habe Werke; beweise mir deinen Glauben ohne deine Werke; ich aber will dir aus meinen Werken meinen Glauben beweisen. Du glaubst, daß Gott Einer sei; du thust wohl daran; auch die bösen Geister glauben und schaudern. Willst du aber wissen, leerer Mensch, daß der Glaube ohne Werke todt ist? Wurde nicht Abraham, unser Vater, durch Werke gerechtfertigt, da er Isaak, seinen Sohn, auf dem Opferaltare darbrachte? Stehest du, daß der Glaube zu seinen Werken mitwirkte und durch die Werke der Glaube vollkommen ward? Und so wurde die Schrift erfüllet, welche sagt: Abraham aber glaubte Gott, und es ward ihm zur Gerechtigkeit gerechnet, und er ward Freund Gottes genannt. Ihr sehet, daß durch Werke der Mensch gerechtfertigt wird und nicht durch den Glauben allein. Gleicherweise aber auch wurde die Hure Rahab durch Werke gerechtfertigt, da sie die Kundschafter aufgenommen und auf einem andern Wege fortgebracht. Denn gleichwie der Leib ohne Geist todt ist, also ist auch der Glaube ohne Werke todt"[7]). Wenn Jakobus hier die Rechtfertigung "allein" aus dem (einseitigen) Glauben ausdrücklich verwirft, so ist dem Sinne nach offenbar auch die Rechtfertigung "allein" aus den Werken zurückgewiesen.

In der ersten Zeit nach den Aposteln, beziehungsweise in der Periode der apostolischen Väter, erfuhr die Materie von dem Glauben und den (guten) Werken in ihrem Verhältniß zu einander und zur Rechtfertigung oder Erlösung resp. Seligkeit keine weitere wesentliche Ausbildung; wenn man auch die Seligkeit u. s. w. vorwiegend durch den Glauben bedingt sein ließ, und zwar in der theoretischen Lehre, ohne freilich den Glauben dogmatisch näher zu firiren, indem man ihn in der Bestimmtheit oder Unbestimmtheit aufnahm, wie er durch das N. T. überliefert war, so setzte man doch auch hier die vielfach das (gute) Werk als Bedingung oder als eine Mitbedingung von der Art, daß hieraus für viele Christen eine merkliche Hinneigung zur Werkheiligkeit vermöge gewisser Riten, Gebräuche und Uebungen erwuchs[8]). Hierzu trug nicht wenig bei dem Alten Testamente und dem Gesetz feindliche, phantastische Speculation des Gnosticismus bei, eine verflüchtigende, theoretisirende Tendenz den Gegensatz, die Auffassung des Christenthums als der Praxis der Gesetzlichkeit, wachrief[9]).

---

7) Das Correlat zu dem todten Glauben sind die "todten Werke", Hebr. 6, 1; 9, 14, und deren Gegensatz, die Früchte des Geistes, Gal. 5, 22, unter welchen Paulus hier auch den Glauben begreift. 8) K. R. Hagenbach, Lehrbuch der Dogmengeschichte, 3. Aufl., 1858, §. 70. — Thomasius, Christi Person und Werk III, 2. S. 211 fg. 9) J. H. F. Beyer, in der Real-Encyklopädie.

24*

Wie die apostolischen Väter, so trennen im Allgemeinen die Kirchenväter der nachfolgenden Zeit den Glauben noch nicht von der inneren sittlichen Umwandlung und den daraus hervorgehenden guten Werken, indem sie wesentlich ihm die Rechtfertigung zuschreiben. Wenn sie neben dem Glauben ausdrücklich bona opera, Bethätigung der Liebe u. s. w. fordern, so stellen sie sich dieselben durchaus nicht unabhängig vom Glauben vor, sondern als nothwendig aus ihm, sofern er ein lebendiger sei, hervorgehend. Insofern postuliren sie gute Werke ausdrücklich als Bedingung der Seligkeit und empfehlen einzelne derselben, namentlich Almosen, auch Fasten, als besonders heilskräftig; so Barnabas, Clemens von Alexandrien, Cyprianus, Lactantius [10]). Aber indem hierdurch das äußere Thun gegen die innere Gesinnung in den Vordergrund gestellt wurde, verlor diese an Werth und Wirkung. Ja, einzelne Väter, wie Hermas, Origenes und Cyprianus, bildeten die Meinung aus, der Christ könne mehr als seine Pflicht thun, er vermöge zu dem, was Gott im Sittengesetz vorgeschrieben, noch etwas hinzuzufügen und sich dadurch ein besonderes Verdienst zu erwerben, welches den Werth eines überschüssigen oder überflüssigen guten Werkes habe [11]). Der weitere Verlauf der Kirchengeschichte zeigt, wie man mehr und mehr den Glauben als ein bloßes Fürwahrhalten faßte, sodaß die guten Werke sich als etwas für sich Bestehendes von ihm bedenklich ablösten und immer vorwiegender als die zur Seligkeit geforderte Bedingung sich geltend machten, um die Natur von opera operata (blos äußerliches Thun) anzunehmen. Cyrillus von Jerusalem (Catech. IV, §. 2) lehrt, daß die christliche Religion aus zwei Theilen bestehe, aus Rechtgläubigkeit und guten Werken, jedoch mit dem Hinzufügen, daß Eins ohne das Andere Gott nicht wohlgefällig sei [12]).

Indem die Pelagianer in ihrer Opposition gegen die Tertullianische Richtung, nach welcher die menschliche Natur vermöge des Sündenfalles als gänzlich verderbt und zu jedem Guten, zur Erfüllung der göttlichen Gebote, zum Glauben aus eigener Initiative unfähig erachtet wurde, mit der These auftraten, der Mensch sei nicht in dem Grade verderbt, daß er nicht vermöge der Freiheit seiner Entschließung und das Böse, so das Gute wählen könne, stellten sie unter diesen Gesichtspunkt auch den Glauben und die guten Werke, als welche sie nicht blos die kirchlich vorgeschriebenen oder als ganz besonders heilsam empfohlenen Uebungen, sondern auch die innere moralische, durch Liebesthaten wirksame Gesinnung hervorhoben. Diese Tugend müsse, um Werth zu haben, von dem freien Willen ausgehen, welcher dann durch die göttliche Gnade unterstützt werde, sodaß der Mensch nicht der Prädestination entweder zum Sünder oder zum Erlösten unterworfen sei. Wie dem Menschen die Sünde

nicht angerechnet werden könne, wenn sie unvermeidlich sei, so müsse die freie sittliche That, in welcher man es bis zur Sündlosigkeit bringen könne, neben dem Glauben als eine der subjectiven Bedingungen für die Seligkeit gelten [13]).

Hiergegen erhob sich, an die Lehrsätze des Paulus anknüpfend und sie weiter bildend, vor allen Anderen mit wirksamer, scharfer Polemik der Afrikaner Augustinus; in dessen Schriften besonders die Auffassung der Erbsünde, als der Ursache zu der ganz verderbten und des Guten wie des Glaubens, auch des freien Willens, unfähigen Menschennatur, wie des göttlichen Willens, als der unbedingten Gnadenwahl und Vorherbestimmung entweder zur Seligkeit oder zur Verdammniß, mithin auch — wenigstens in naheliegender Consequenz — zum Guten wie zur Sünde, sich als maßgebend erweist. Ohne den Glauben, welchen er in eine fides, quae creditur, und in eine fides, quae creditur, scheidet, und zwar vorzugsweise als des Glaubens, auch des freien Willens, unfähigen wählten gestorben sei, können selbst sehr gute Werke keine heilswirkende Kraft haben, während dem Glauben, auch wenn ihm nur einige gute Werke zur Seite stehen, diese rechtfertigende Wirkung beiwohne [14]). „Wir schließen", sagt er [15]), „daß kein Mensch fromm wird durch Gebot eines guten Lebens, sondern durch den Glauben Jesu Christi", oder: „Ein rechtes, gutes Werk kann Niemand thun als nur der, welcher zuvor selbst gerecht, fromm und gut sei. Gerechtigkeit aber erlangen wir allein aus dem Glauben"; ein gutes Werk in dem Menschen könne nur durch die Gnade Gottes gewirkt werden, sodaß jede Lohnverdienstlichkeit ausgeschlossen sei. Besonders in Folge der Augustinischen Gegenwirkung, welcher sich, wenn auch nicht so scharf und schroff, auch andere Kirchenlehrer, wie Ambrosius [16]), anschlossen, wurden die Pelagianer durch die meisten Synoden und andere kirchliche Maßregeln verdammt. — An die Stelle des Pelagianismus trat der Semipelagianismus, welcher die Gnade Gottes und den freien Willen als Mittel für die Ausübung des Guten durch den Menschen ins Gleichgewicht setzte. Obgleich auch officiell verpönt wurde, namentlich 529 auf der Synode zu Oranges, so erlangte er doch in der katholischen Kirche mehr und mehr die Herrschaft, zumeist für die ethische und Cultuspraxis der Menge, und führte immer stärker zu der Vorstellung, daß durch gute Werke, namentlich der sogenannten Heiligen, ein besonderes Verdienst vor Gott erworben werden könne [17]).

Unter der Herrschaft der Scholastik drang die echte Paulinische Lehre vom rechtfertigenden Glauben, als einer innigen Hingabe des ganzen Herzens, namentlich seines Herzens, in die Gemeinschaft mit Christo, wenig in die Volksmassen ein; die Rechenschaft davon ersetzte sich meist

---

klopädie für protestantische Wissenschaft und Kirche, von Herzog, Bd. 17, 1863, S. 697.
10) J. C. L. Gieseler, Lehrbuch der Kirchengeschichte, Bd. 6 (Dogmengeschichte, herausgeg. von E. R. Redepenning), 1855, S. 208. 209. — 11) Ebenda S. 209. 12) Ebenda S. 388.

13) Ebenda S. 399 fg. 14) Contra duas epistolas Pelagianorum III, c. 5. — De Trinitate XIII, c. 20. Dazu Gieseler, Kirchengeschichte VI, 387—389. 15) De spiritu et litera. 16) „Durch sein eigenes Thun", sagt dieser unter anderm, „wird niemand gerecht". 17) Gieseler, Kirchengeschichte VI, 401. 402.

durch die Uebung der kirchlich vorgeschriebenen opera, wobei die Wissenden voraussetzten, daß die Menge wenigstens der fides implicita nicht entbehre. Die Kirchenlehrer hielten fast allgemein an der aus dem N. T. überlieferten fides justificans fest, betonten sie als ein nothwendiges Hauptstück und nahmen im Uebrigen an, daß aus ihr die guten Werke von selbst folgten [18]). Aber nach ihrer Darstellung erscheint der Glaube vorzugsweise nur von der Seite des Fürwahrhaltens, der Annahme der kirchlichen Dogmen, was man die fides informis nannte. Da die Masse des Volkes in diesen Dogmen um so weniger eine religiöse Wirkung und Befriedigung finden konnte, als sie von ihnen nur eine sehr geringe und oberflächliche Kenntniß hatte, so setzte sie das Wesen des christlichen Lebens vorwiegend in die Praxis der kirchlichen Vorschriften, der κατ' ἐξοχήν sogenannten bona opera, welcher der Wissenschaft ebenfalls die Bedeutung und den Namen der fides, nämlich der fides formata, scil. caritate, beilegte, und das um so mehr, als sie hierin eine fest erkennbare und bestimmte, concrete Bedingung für die Erlösung von den Sünden fand. — Anselmus von Canterbury, welchen man den Begründer der Scholastik nennen darf, bestrebte sich, nur Paulinismus in der Form des Augustinismus zu lehren und stellte die für sein System maßgebende These auf: fides antecedit intellectum, somit folgerecht auch das Thun, die guten Werke des Christen, sobald er sich an den opera operata, welche den lebendigen Glauben verdrängten, nicht mitschuldig gemacht hat. Auch Thomas von Aquinum, welchem gegenüber Scotus mehr semipelagianisch dachte, ist in der Lehre von der Gnade Augustiner; aber er faßte nicht blos den Glauben als eine von dem Christen geübte Tugend, und zwar als die erste und oberste, was zum Pelagianischen oder mindestens semipelagianischen Standpunkte führen mußte [19]), sondern er unterschied auch [20]) das durch Glaube, gute Werke u. s. w. gewonnene meritum e condigno oder meritum condigni, welches nur Christo zukomme, vom meritum e congruo oder meritum congrui, auf welches der Mensch beschränkt oder angewiesen sei, so daß er durch sich selbst die Seligkeit nicht verdienen könne, diese vielmehr das zugerechnete Verdienst Christi sei. Wenngleich nun diese Instanz festgehalten wurde, so blieb doch immer eine Art von Verdienst oder thätiger Mitwirkung auf Seiten des Menschen bestehen. — Diese und andere damit zusammenhängende Unterscheidungen hatte schon Petrus Lombardus gelehrt und dadurch zu der später ganz äußerlichen Praxis der bona opera hingeleitet. Er unterscheidet in Betreff des Verhältnisses der guten Werke zu dem Glauben und beider zur Rechtfertigung und Seligkeit [21]) das credere Deum, credere Deo und credere in Deum (bezw. Christum) und erklärt das letzte als credendo amare, credendo in eum ire, „per hanc fidem jus-

tificatur impius, ut deinde ipsa fides incipiat per dilectionem operari. Ea enim sola bona opera dicenda sunt, quae fiunt per dilectionem Dei. Ipsa enim dilectio opus fidei (1 Thessal. 1, 3; 2 Thessal. 1, 11) dicitur.“ Von diesem Glauben unterscheidet er denjenigen Glauben, welcher bloße Erkenntniß ist, und nennt ihn die fides informis, wogegen derjenige Glaube, welcher durch die Liebe thätig ist, den Namen der fides formata führt; und zwar gibt die Tugend der caritas der fides die forma (Gestalt). Somit ist der Glaube nicht sowol die Quelle aller Tugenden, als vielmehr selbst eine Tugend, nämlich die erste der drei theologischen Tugenden, deren beide anderen die spes und die caritas sind. Ihnen schließen sich die vier virtutes cardinales oder principales oder morales an, nämlich justitia, fortitudo, prudentia und temperantia [22]).

Mit der allgemeinen mittelalterlichen Potenzirung der von Menschen vollbrachten guten Werke in Wechselwirkung steht die von Thomas Aquinas [23]) und anderen Scholastikern aufgestellte Unterscheidung zwischen den praecepta und den consilia evangelica, sei es, daß jene Praxis hauptsächlich aus dieser wissenschaftlichen Theorie hervorging, wie der Causalnexus meist dargestellt zu werden pflegt, sei es, daß, wie es so oft auf anderen analogen Gebieten geschehen ist, die Theorie als nachfolgende Rechtfertigung der thatsächlich überwiegend schon vorhandenen Praxis auftrat. Indem man neben die praecepta als den jedem Christen auferlegten Sitten- und rituellen Geboten noch besondere, kirchliche Thätigkeiten oder Uebungen, wie Almosen, Fasten, Ehelosigkeit u. s. w. aufstellte und sie empfahl, mußte diesen von dem Bewußtsein des Volkes ein ausnehmend hoher Werth beigelegt werden, und es entstand hieraus die immer stärker entwickelte Annahme, daß, wer solche Tugenden übe, opera supererogativa oder supererogationis verrichte, deren überschüssiges Verdienst Anderen zu gut komme oder zu gut gerechnet werde. Wenn dadurch die Verehrung der Heiligen immer höher, bis zur Anbetung, steigerte, so wuchs gleichzeitig, im Zusammenhange damit, das Ablaßwesen und mancher andere Mißbrauch mit dem Heiligen: So hatten nun neben Christus auch unzählige Menschen ihre opera meritoria im extravagantesten Sinne des Wortes.

Doch erhoben sich gegen diese unevangelischen, antipaulinischen Auswüchse auch noch im Mittelalter kräftige Stimmen, wie diejenige des Alanus ab Insulis, welcher überhaupt die Verdienstlichkeit guter Werke bestritt, indem er unter Anderem lehrte: „Meritum nostrum apud Deum non est proprie meritum, sed solutio debiti . . . .; non meremur proprie; ergo quod dabitur a Deo, non erit proprie merces, sed gratia“ [24]). Bernhard von Clairvaux schreibt: „Es ist noth und du mußt erst glauben, daß du Vergebung der Sünden nicht haben könnest, denn allein durch Gottes Gnade,

18) Hagenbach, Dogmengeschichte, 3. Aufl. S. 442. 19) Summa, P. II, 2, quaest. 4, art. 7. 20) Ebenda 1. quaest. 114, art. 4. 21) Sentent. III, dist. 23.

22) Nach Gieseler, Kirchengeschichte VI, 525. 23) Summa P. II, qu. 108, art. 4. 24) Contra haereticos sui temporis II, 18.

und dann, daß du auch sonst darnach kein gutes Werk haben und thun könnest, wenn Gott dir's nicht gibt; endlich, daß du das ewige Leben durch keine Werke zu verdienen vermögest."

Nachdem hier,u die Reformatoren vor der Reformation die Wege geebnet, war es besonders Luther, welcher mit der ganzen Kraft seines Lebens der kirchlichen Werkheiligkeit entgegentrat, und wie schon erwähnt, wenn auch nicht mit formellem Recht, zu Röm. 3, 28 das Wörtchen „allein" in seine Uebersetzung einstellte, was er z. B. auch zu Galat. 2, 16 hätte thun können, aber unterließ, eine That, welche ihm bekanntlich immer wieder von Neuem als eine ungeheure „Fälschung" vorgehalten worden ist. Daß nur der Glaube den Sünder rechtfertige, kein gutes Werk, das er thue, ist der Grundton seiner reformatorischen Stimme; er hat, wenn er von den opera bona spricht, hauptsächlich die in der Kirche bis dahin als besonders verdienstlich geltenden opera operata im Auge und im Sinne; aber ihm gelten auch die besten Werke der besten Liebe nicht als rechtfertigend oder verdienstlich. So sagt er in den schmalkaldischen Artikeln: „Von diesem Artikel kann man nicht weichen oder nachgeben, es falle Himmel und Erde, oder was nicht bleiben will. Act. 4, 12; Jes. 53, 5. Und auf diesem Artikel stehet Alles, was wir wider den Papst, Teufel und Welt lehren und leben" [25]. Die guten Werke seien keine Ursach zur Rechtfertigung, sondern können dieser erst nachfolgen [26]. An einer anderen Stelle [27] schreibt er: „So ist der Glaube ein göttlich Werk in uns, das uns verwandelt und neu gebieret aus Gott und tödtet den alten Adam, und macht ganz andere Menschen von Herzen, Muth, Sinn und Kräften, und bringet den heiligen Geist mit sich. O, es ist ein lebendig, geschäftig, thätig, mächtig Ding um den Glauben, daß es unmöglich, daß er nicht ohne Unterlaß sollte Gutes wirken. Er fraget auch nicht, ob gute Werke zu thun sind, sondern, ehe man fraget, hat er sie gethan, ist immer im Thun. Wer aber nicht solche Werke thut, der ist ein glaubloser Mensch, tappet und siehet um sich nach dem Glauben und guten Werken, und weiß weder, was Glauben oder gute Werke sein, wälschet und schwatzet doch viel Worte vom Glauben und guten Werken. Glaube ist eine lebendige, erwogene Zuversicht auf Gottes Gnade, so gewiß, daß er tausendmal darüber stürbe, und solche Zuversicht und Erkenntniß machet fröhlich, trotzig und lustig gegen Gott und alle Kreaturen, welches der heilige Geist thut im Glauben, daher der Mensch ohne Zwang willig und lustig wird, Jedermann Gutes zu thun, Jedermann zu dienen, allerlei zu leiden, Gott zu Lieb und Lob, der ihm solche Gnade erzeiget hat, also, daß unmöglich ist, Werk vom Glauben zu scheiden, ja so unmöglich, als Brennen und Leuchten vom Feuer mag geschieden werden." Ein weiteres Zeugniß von ihm lautet [28]: „Gute, fromme Werke nimmermehr einen guten frommen Mann, sondern ein guter, frommer Mann macht gute, fromme Werke. Nun ist's offenbar, daß die Früchte tragen nicht den Baum, so wachsen auch die Bäume nicht auf den Früchten, sondern wiederum, die Bäume tragen die Frucht." Luther konnte immerhin zugeben, daß die Werke der aus dem Glauben stammenden Liebe, welche vor Allem von seinen Widersachern, mit triumphirender Berufung auf Jakobus und Paulus (1 Kor. 13), gegen ihn geltend gemacht wurde, ihrerseits zur Seligkeit beitragen; aber auf keine Weise wollte er einräumen, daß sie eine Kraft zur Rechtfertigung haben, und besonders darum war ihm das Sendschreiben des Jakobus eine „stroherne Epistel."

Eine kurze, bündige Zusammenfassung dessen, was die Evangelischen der katholischen Kirche gegenüber gemeinsam als ihre Lehre von dem Glauben und den Werken hinstellten, enthält zunächst die von Melanchthon verfaßte, 1530 dem Kaiser überreichte Confessio Augustana (invariata), deren 4. Artikel [29] es ausspricht: „Weiter wird (von uns) gelehrt, daß wir Vergebung der Sünden und Gerechtigkeit vor Gott nicht erlangen mögen durch unser Verdienst, Werke und Genugthun, sondern daß wir Vergebung der Sünden bekommen und vor Gott gerecht werden aus Gnaden um Christi willen durch den Glauben, so wir glauben, daß Christus für uns gelitten hat, und daß uns um seinetwillen die Sünde vergeben und ewiges Leben geschenkt wird." Etwas ausführlicher läßt sich der 20. Artikel [30] darüber aus. „Den Unsern wird mit Unrecht aufgelegt (vorgeworfen), daß sie gute Werke verbieten"; man habe sich nur gegen die „unnöthigen Werke" erklärt, wie Rosenkränze, Heiligendienst, Mönchwerden, Wallfahrten, gesetzte Fasten, Feier, Brüderschaften und dergleichen. Auch von Seiten der Gegner (Katholiken) sei vor Kurzem angefangen worden zu lehren, daß man aus Glauben und Werken gerecht werden nicht mehr, wie früher, blos aus Werken. Wer durch Werke meint selig zu werden oder Gnade zu verdienen, der verachtet Christum und sucht einen andern Weg. Glauben heißt nicht, geschichtliche Thatsachen für wahr halten, sondern Zuversicht zu Gott haben. Unsere Lehre vom Glauben verbietet keineswegs gute Werke, vielmehr lehrt sie, daß man gute Werke thun soll; aber außerhalb des Glaubens und Christi, ist menschliche Natur und Vermögen viel zu schwach, gute Werke zu thun, Gott anzurufen" u. f. w. Nach Artik. 6 sind gute Werke insofern nothwendig, als sie dem Glauben folgen oder aus ihm hervorgehen müssen. Im 12. Artik. erscheinen sie als „fructus poenitentiae."

Eine Widerlegung des Augsburgischen Bekenntnisses versuchten katholische Theologen in der Confutatio, welche wie in anderen streitigen Punkten, so auch in dem Locus über Werke zwar die überkommene scholastische Lehre, wie die Unterscheidung der fides informis und der fides formata und des meritum congrui (des zur Noth-

---

25) In dem Artikel von der Rechtfertigung allein aus dem Glauben. 26) Ebenda Thl. III, Art. 13. 27) Vorrede zu seiner Auslegung des Briefes an die Römer. 28) Werke, Halle'sche Ausgabe XIX, 1222. 29) Von der Rechtfertigung. 30) Vom Glauben und von den guten Werken. Wir citiren nach der deutschen Ausgabe des evangelischen Bücher-Vereins in Berlin, 1851.

hinreichenden Verdienstes auf Seiten des Menschen) von dem meritum condigni (dem vollen Verdienste), nach Möglichkeit aufrecht erhielt, aber nicht ohne Milderung und unter Zuhilfenahme der für den Werth der bona opera sprechenden neutestamentlichen Beweisstellen. Zur Kritik dieses Schriftstückes schrieb Melanchthon seine Apologie, in welcher weit eingehender und ausführlicher als dies in der Confessio Augustana und anderen bisherigen Kundgebungen der Evangelischen geschehen war, unter anderen auch die Streitfrage in Betreff der guten Werke behandelt ist.

Wiederholt erklärt Melanchthon in seiner Vertheidigungsschrift, welche wir in Betreff des Verhältnisses der Werke zum Glauben und beider zur Rechtfertigung und Beseitigung zu analysiren versuchen, es sei die ausdrückliche Forderung seiner Glaubensgenossen, daß der Christ gute Werke thun müsse, d. i. solche, bei denen das Herz sei, nicht opera operata; er gibt ohne Weiteres zu, "daß Gott fordert und haben will ein . . . . . außerlich ehrbares Leben", und daß man "um des Gebotes Gottes willen" verbunden sei, besonders "diejenigen guten Werke zu üben, welche in den zehn Geboten gefordert werden." Wenn die Confutatio geltend gemacht hatte, daß Paulus unter den Gesetzeswerken die jüdischen Cerimonien, aber nicht andere tugendhafte Werke verstanden habe, so setzt dem Melanchthon entgegen, der Apostel schließe als rechtfertigend auch "alle anderen Werke" aus, wofur er sich auf Ephes. 2 beruft: "Ohne Verdienst, aus Gnaden, gratis seid ihr selig geworden, οὐκ ἐξ ἔργων." Gegen die auch in der Apologie ausgesprochene Behauptung, es sei nur eine äußerliche Frömmigkeit, was unter den guten Werken von den katholischen Theologen gelehrt werde, betonten diese nachdrücklich, daß von ihnen die Werke der wahren Liebe gemeint seien. Melanchthon gibt seinerseits selbstverständlich zu, daß es Werke der Liebe zu Gott u. s. w. gebe, daß vor allen anderen diese gut zu nennen seien; aber wenn nun die Gegner, unter Berufung auf gewisse Schriftstellen, wie sie dies in ihrer Polemik ausgiebig thaten, die Liebe als eine von Gott zur Seligkeit geforderte Bedingung hervorhoben, so erwiderte er: Liebe üben, gute Werke thun, das Gesetz halten, könne der Christ erst dann, wenn er vorher durch den Glauben gerecht worden sei; dazu gehöre Christus und der heil. Geist, welcher letztere erst durch den Glauben komme [31]). Daß der Sünder durch den heiligen Geist wiedergeboren sei, "müssen unsere besten guten Werke . . . . . sündliche und verdammte Werke vor Gott sein", und so lange man nur Gottes Zorn fühle, könne man Gott nicht wahrhaft lieben; dies geschehe erst dann, wenn man seiner Gnade gewiß geworden. Uebrigens lehre ja auch die heil. Schrift, daß Niemand das Gesetz vollkommen erfüllen könne, wogegen die Widersacher das Pauluswort einwandten, daß ja eben die Liebe des Gesetzes Erfüllung sei, und um dieser Liebe oder ihrer Werke willen mache der Glaube den Sünder gerecht vor Gott. Die volle rechte Liebe zu

Gott, so erwidert die Apologie, kann von Niemand (so lange er nicht wiedergeboren ist) geübt werden und kommt erst, wenn man der Sündenvergebung gewiß geworden ist. Von dem Zustande vor dieser reip. vor der Rechtfertigung sagt sie: "Quum haereant in natura hominis (welche durch die Erbsünde ganz unfähig zu allem Guten geworden sei) contemptus Dei, dubitatio de verbo Dei, de minis et promissionibus, vere peccant homines, etiam quum honesta opera faciunt (wie die Helden, welche es nicht weiter bringen können) sine Spiritu sancto, quia faciunt ea impio corde juxta illud: quicquid non est e fide, peccatum est." So lange der Sünder unter dem Zorne Gottes stehe, welcher erst durch die Rechtfertigung hinweggenommen werde, und so lange daher ein erschrecktes Gewissen noch vor Gott stehe, könne kein Funken von Liebe zu Gott im Herzen wohnen, könne seine Gesetzeserfüllung die Vergebung verdienen. — Die Confutatio führt weiter besonders 1 Kor. 13, 2 (den ohne Liebe unwirksamen Glauben) ins Treffen, um zu erweisen, daß die (Nächsten=) Liebe eine rechtfertigende Macht besitze. Darauf antwortet Melanchthon ebenfalls mit der Verneinung; denn zur Rechtfertigung gehöre, daß wir etwas erlangen, wodurch Gottes Zorn gestillt und das Gewissen vor Gott zufrieden werde; dies könne nur durch den Glauben geschehen, welcher Christum und Gottes Zusage erfasse; kein Mensch sei Gott um seiner Tugend, um der Liebe oder um Gottes willen angenehm. Daher der Schluß: "Non accepimus remissionem peccatorum neque per dilectionem neque propter dilectionem nostram, sed propter Christum sola fide;" oder: "Allein durch den Glauben an Christum (andererwärts: an Gott), nicht durch die Liebe, nicht um der Liebe oder der Werke willen erlangen wir Vergebung der Sünden, obwol die Liebe folgt, wo der Glaube ist."

Um den gegnerischen Hinweis auf diejenigen Schriftstellen zu entkräften, in welchen von einem Lohne der Verdienste der Werke die Rede ist, argumentirt die Apologie in folgender Weise: Dem ewigen Leben werde deshalb ein Lohn genannt, weil dadurch vergolten werden sollen die . . . jenen Trübsale und die Werke der Liebe, obgleich wir es dadurch nicht verdient haben; es gebe auch ein nicht schuldiges Vergelten, und sofern dieses uns zu Theil werde, sei es ein Gnadenlohn — womit freilich der Begriff eines Lohnes im eigentlichen Sinne des Wortes aufgehoben und denjenigen Schriftstellen, welche den Lohn aus der Gerechtigkeit Gottes kommen lassen, eine Genüge nicht gethan war. Damit denn doch der offenbar biblische Lohnbegriff nicht geleugnet werde, gibt ihm Melanchthon die Auslegung: Gute Werke seien in der That "meritoria", aber nicht in dem Sinne, daß sie die Vergebung der Sünden verdienen oder vor Gott gerecht machen; sie gefallen Gott nur an denen, welchen die Sünden bereits vergeben sind. "Darum schließen wir die Werke durch das Wort "sola" (scil. fide) nicht also aus, daß sie nicht folgen sollten, sondern daß Vertrauen auf Verdienst, auf Werke, das schließen wir aus und sagen, sie verdienen nicht Vergebung der Sünden." Käme — wie die Apologie den Schriftbeweis durch einen psycho-

---

31) Nach Galat. 3. Freilich nach andern Schriftstellen kommt der Glaube durch den heil. Geist.

logischen Erfahrungsgrund unterstützt — die Sündenvergebung aus unserem Verdienste, so wäre sie ungewiß, weil wir nie wissen können, ob wir genug Verdienst haben. Hiergegen konnten die katholischen Theologen einwerfen, daß man ja auch nicht sicher sei, ob der Glaube stark genug sei, zumal die heil. Schrift es ausspreche, daß derselbe schwach sein könne und somit dieser Gewißheit ermangele. Indem Melanchthon einen Wachsthum im Glauben statuirt, welcher nicht dadurch fromm und gerecht mache, weil er ein köstliches Ding sei, sondern weil er die Gnade erfasse und empfange, gibt er wenigstens für den Anfang dessen Schwäche zu, und es ist somit der Zeitmoment, in welchem die Erlösungsgewißheit eintritt, eine Sache der inneren subjectiven Erfahrung. Uebrigens machte auch die Confutatio die Concession, daß Gott durch gute Werke nicht gezwungen werde, Gnade oder Lohn zu geben; aber sie behauptete, daß es so der Proceß in der von ihm gesetzten unabänderlichen Ordnung sei. Durch diese und ähnliche Thesen, so wirft Melanchthon ein, komme die göttliche Gnade nicht zu ihrem vollen Rechte, wie denn bei den Gegnern überhaupt ein Schweigen darüber beobachtet werde, daß der Mensch allein aus Gnaden selig werde, und zwar durch den Glauben daran, daß Christus für ihn gestorben sei.

Könne Jemand, wie dies vom Gegenpart gelehrt werde, ohne das ausschließliche Mittel des Glaubens — sofern es sich um die Bedingung auf Seiten des Sünders handelt — vor Gott heilig, fromm u. s. w. werden, durch die natürliche Vernunft und die guten Werke, so falle das Christenthum mit der heidnischen Weisheit, mit der Aristotelischen Philosophie zusammen; zwischen beiden sei dann kein Unterschied mehr und Christus nur ein Morallehrer. Wenn somit Christi Blut und Tod, wodurch die Sünde „bezahlt" werde, in dieser ihrer specifischen Wirkung geleugnet werde, so müsse man sagen, daß sie, wie Christus selbst, im Grunde zur Erlösung überflüssig seien, eine starke objectiv-logische Position, auf welche die Apologie wiederholt zurückkommt. Diese Dignität Christi werde aufgehoben, wenn die Gerechtigkeit, Erlösung, Beseligung wesentlich durch gute Werke oder — was denselben gleichgesetzt wird — durch Vernunft gewonnen werde. Die bona opera, welche freilich eine Forderung von Seiten Gottes seien, können nur die Bedeutung haben, bethätigende Zeugnisse des Glaubens zu sein. Es werde — so führt Melanchthon weiter aus — von den Widersachern nur so viel zugegeben, daß uns Christus die prima gratia oder die Neigung gebracht habe, nun um so mehr Gott zu lieben in guten Werken, ein habitus, welcher durch unsere opera praecedentia verdient werden müsse. Wohl werde von ihnen neben den Werken auch Glaube gelehrt, aber nur als Kenntniß, als Wissen von geschichtlichen Dingen, von Christi Leben und Worten; der wahre, rechtfertigende (Paulinische) Glaube sei „die Gewißheit oder das gewisse starke Vertrauen im Herzen, da ich mit ganzem Herzen die Zusage Gottes für gewiß und wahr halte, durch welche mir angeboten wird, ohne mein Verdienst, Vergebung der Sünde, Gnade und alles Heil durch den Mittler Christum." „Der

Glaube ist . . . . . nicht mein Thun und mein Schenken noch Geben, nicht mein Werk noch Bereiten."

Faßt man das, was die Apologie gegen die Thesen der „Päpstler" von den guten Werken und dem Glauben, für ihre Lehre von den hierher gehörigen Momenten der Heilsordnung geltend macht, kurz zusammen, so reducirt es sich wesentlich auf drei Gründe: 1) die innere Erfahrung (subjectiv-psychologischer Grund), 2) die Nothwendigkeit, Christi Verdienst als specifisch und wesentlich festzuhalten (logisch-historischer Grund), 3) die Darlegung bei Paulus (Auctoritäts-Grund). Den dritten Punkt sucht sie indeß auch durch andere Schriftstellen zu verstärken, selbst durch alttestamentliche; nicht blos Abraham, sondern auch David, die Propheten und Andere werden von ihr als solche hingestellt, welche es aussprechen, daß sie nur durch den Glauben, nicht durch Werke gerecht werden, eine Argumentation, gegen welche von den Confutanten die im A. T., besonders in vielen Psalmen, überwiegend hervortretende Werkheiligkeit als Einwand gebraucht werden durfte. Den stärksten auctoritativen Grund unternahmen die Gegner der Evangelischen dem Ausspruche des Jakobus, daß der Mensch nicht allein aus dem Glauben, sondern (auch) aus den Werken vor Gott gerechtfertigt werde. Um denselben zu entkräften, postulirt die Apologie Melanchthon's zunächst im Allgemeinen, daß man zum richtigen Verständniß derjenigen Schriftstellen, welche von rechtfertigenden Werken handeln, stets den Glauben hinzudenken und damit verbinden müsse; was im Besondern Jakobus betrifft, welcher sich nicht im Widerspruche mit Paulus befinde, so sei zu erwidern, daß derselbe von keinem Verdienen der Versöhnung durch Werke spreche, sondern nur von solchen Menschen, welche bereits durch Christus gerechtfertigt worden seien. Es wird zugestanden werden müssen, daß solche Wendung der These des Jakobus nur auf dem Wege geht. Indeß kann hier auf solche mit ähnliche in der Apologie wie in der Confutation zu Tage tretende Mängel, namentlich den usus promiscuus von Rechtfertigung, Erlösung, Seligkeit, die nicht an gehöriger Stelle geltend gemachte Unterscheidung dieser Begriffe und ihrer Momente, das nicht immer genau bezeichnete Object des Glaubens und der Liebe, nicht allzu eingegangen werden, da es sich für unsere Darlegung nicht sowol um eine Kritik als vielmehr um eine historische Relation handelt.

Nachdem Melanchthon bereits in seinen Visitationsartikeln von 1527 vor dem Mißverständniß der Rechtfertigung allein aus dem Glauben gewarnt hatte, als ob gute Werke ganz überflüssig wären, betonte er in der Ausgabe seiner Loci (Glaubenslehre) von 1535 ausdrücklich die Nothwendigkeit wahrhaft guter Werke, nicht in dem Sinne ihrer Verdienstlichkeit, was er entschieden verwarf, sondern in dem Sinne, daß sie Wirkungen des Glaubens seien. „Obedientia nostra", h. e. justitia bonae conscientiae seu operum, quae Deus nobis praecepit, necessario sequi debet reconciliationem. Non datur vita aeterna propter dignitatem bonorum operum, sed gratis propter Christum. [Der eigentliche Gegensatz wäre: propter fidem oder auch e fide.]

Et tamen bona opera ita necessaria sunt ad vitam aeternam [beatam müßte es eigentlich heißen], quia sequi reconciliationem necessario debent" [32]. „Requiruntur autem non solum externa civilia opera, sed etiam spirituales motus, timor Dei, fiducia, invocatio, dilectio et similes motus", nicht weil sie dem Gesetze Genüge leisten, sondern weil sie Gott gefallen. Was Melanchthon hiermit ausgesprochen hatte, formulirte Caspar Cruziger zu der These: „bona opera non quidem esse causam efficientem salutis, sed tamen causam, sine qua non", und als deshalb Nic. Amsdorf gegen Melanchthon bei Luther vorstellig wurde und ihn aufzuregen suchte, mißbilligte dieser zwar die Formel und somit obigen Satz bei Melanchthon, anerkannte aber ihre Absicht [33]. Sie fand trotzdem Aufnahme in dem zum semipelagianischen Synergismus hinneigenden Interim, aber auch vielfach Mißdeutung im katholischen, antievangelischen Sinne [34].

Nachdem der wittenberger Theologe Georg Major, welcher am Interim mitgearbeitet hatte, in Folge eines Angriffes von Seiten Amsdorfs im Jahre 1552 wiederholt die Nothwendigkeit guter Werke ausgesprochen hatte, erklärte 1553 die theologische Facultät daselbst, daß dieser Ausdruck zu Mißverständnissen führe, nicht aber, daß er schlechthin irrig sei. In der betreffenden Sententia von Melanchthon heißt es: „Quum dicitur: nova obedientia est necessaria ad salutem, Papistae intelligunt, bona opera esse meritum salutis. Haec propositio falsa est; ideo illum modum loquendi mitto. Et tamen dici usitatum est: nova obedientia est necessaria, non ut meritum, sed necessitate causae formalis, ut quum dico: paries albedine necessario est albus. — Necessarium autem significat: coactione exortum aut ordinatum immutabili ordine [scil. divino]." Dem Senate von Nordhausen gab er unterm 13. Jan. 1553 den Rath, daß die Prediger sich des Ausdruckes: „gute Werke seien zur Seligkeit nothwendig", enthalten sollten, weil man daraus folgern könne, daß sie ein Verdienst wären. Man müsse die zweifache Nothwendigkeit unterscheiden: Folge eines Zwanges und Folge einer unabänderlichen göttlichen Ordnung. Gute Werke seien die nothwendige Folge des Glaubens, „nicht blos äußerliche Thaten, sondern auch im Herzen Reu, Anrufung, guter Vorsatz, Daußsagung, Geduld, welche Tugenden sind Früchte des Geistes". Major selbst erklärte 1553 [35]: die Werke seien erforderlich „nicht um die Seligkeit zu erlangen, sondern um die Seligkeit zu behalten und nicht wiederum zu verlieren, also hoch von Nöthen, daß, da (wenn) du sie nicht thust, es ein gewisses Zeichen ist, daß dein Glaube todt und falsch, gefärbt und eine erdichtete Opinion ist" [36]. Obgleich er 1558 [37] seine Rechtgläubigkeit nach-

wies und mit dem Erbieten schloß: „dieses Wort: gute Werke sind zur Seligkeit vonnöthen, von wegen der falschen Deutung nicht mehr zu gebrauchen, wie ich mich denn deren schon etliche Jahre enthalten", so forderten seine Gegner dennoch einen förmlichen Widerruf. Za Andreas Musculus, Professor zu Frankfurt a. d. O., ein Anhänger Agricola's und heftiger Gegner Melanchthon's, sagte 1558 in einer Rede: „Die da lehren, man müsse gute Werke thun, die gehören zum Teufel samt Allen, die ihnen folgen", wodurch er sich in einen Streit mit seinem dortigen Amtsgenossen Prätorius verwickelte [38]. Von Amsdorf, welcher sich besonders darauf stützte, daß durch die guten Werke die Rechtfertigung allein aus dem Glauben verleugnet werde, erschien 1559 die Schrift: „Daß die Propositio: gute Werke sind zur Seligkeit schädlich, eine rechte christliche Propositio sei", wie er später auch behauptete, daß die Wissenschaft zur Seligkeit schädlich sei [39]. So weit konnte sich die Polemik gegen einen Mann (Major) verirren, welcher schon 1552 es ausdrücklich ausgesprochen und später wiederholt hatte: „Daß dennoch solche gute Werke das nicht wissen oder verdienen können oder mögen, daß uns die Sünde vergeben, die Gerechtigkeit zugerechnet, der heil. Geist und das ewige Leben gegeben werden; denn solche herrliche, himmlische Güter sind uns allein durch den Tod unseres einigen Mittlers und Heilandes Jesu Christi erworben und müssen allein durch den Glauben empfangen werden; dennoch müssen auch gute Werke, nicht als Verdienst, sondern als schuldiger Gehorsam gegen Gott vorhanden sein."

Was aus der Polemik mit den Evangelischen und dem Streben, die katholische Kirchenlehre neu zu sanctioniren, sich als Resultat des Tridentinischen Concils [40] in Betreff der guten Werke und der damit in Verbindung stehenden dogmatischen Materien ergab, ist vorzugsweise in der Sessio VI. vom 13. Jan. 1547, und zwar in dem Decretum de justificatione, welche sehr eingehend behandelt wird, enthalten. Nachdem in Kap. V. und VI. die praeparatio zur Rechtfertigung beschrieben ist, heißt es in Kap. VII.: „Hanc dispositionem seu praeparationem (welche ist die excitatio divinae gratiae, der auditus, der Glaube an die Wahrheit der göttlichen Offenbarung u. s. f.) justificatio ipsa consequitur, quae non est sola peccatorum remissio sed et sanctificatio et renovatio interioris hominis per voluntariam susceptionem gratiae et donorum, unde homo ex injusto fit justus et ex inimico amicus, ut sit haeres secundum spem vitae aeternae." (Nach der altprotestantischen Lehre gehören sanctificatio und renovatio nicht zur justificatio, welche außerdem nicht ein Gerechtwerden, sondern ein Fürgerechterklären durch

32) In der Apologie und anderwärts heißt es, daß die Werke der Rechtfertigung resp. dem Glauben folgen. 33) Gieseler, Kirchengeschichte III, 2. S. 194 fg. 34) Hase, Kirchengeschichte, 8. Aufl. 1858, S. 415. 35) In seinem „Sermon". 36) Gieseler, Kirchengeschichte III, 2. S. 213. 214. 37) In dem „Bekenntniß von dem Artikel der Justification".

38) Hierüber schrieb Th. Wald 1786 seine Dissertatio: „Controversia de bonorum operum necessitate inter Musculum et Praetorium agitata." 39) Hase, Kirchengeschichte, 8. Aufl. 1858, S. 415. 416. 40) Wir citiren nach den „Libri symbolici ecclesiae catholicae", von Frid. Wilh. Streitwolf und Rud. Ernst Klener, Tom. I. Editio pretii minoris. Göttingen 1846.

Gott ist). Die causae hierzu sind mancherlei, unter ihnen als meritoria Christus, welcher dem Menschen durch sein Leiden die justificatio „meruit.“ Seine merita nobis communicantur, und durch dieselben empfangen wir den Glauben, welcher ohne Hoffnung und Liebe Niemanden zu einem lebendigen Gliede in Christi Gemeinschaft macht. Ohne Werke sei der Glaube todt, wie die heil. Schrift lehre, Jakob. 2, 17. 20; Galat. 5, 6; 6, 15; Matth. 19, 17. — Kap. VIII. fügt hinzu: „Quum vero apostolus dicit (Röm. 3, 24. 28), justificari hominem per fidem et gratis, ea verba in eo sensu intelligenda sunt, quem perpetuus ecclesiae catholicae consensus tenuit et expressit, ut scilicet per fidem ideo justificari dicamur, quia fides est humanae salutis initium, fundamentum et radix omnis justificationis, sine qua impossibile est placere Deo et ad filiorum ejus consortium pervenire, gratis autem justificari ideo dicamur, quia nihil eorum, quae justificationem praecedunt, sive opera, ipsam justificationem promeretur“, unter Hinweis auf Röm. 11, 6 [41]). Dennoch werden in Kap. IX. diejenigen haeretici und schismatici verworfen, welche die inanem fiduciam lehren, daß man vermöge des bloßen Glaubens der Rechtfertigung sicher sein könne.

Kap. X. sagt „de acceptae justificationis incremento“: „Sic ergo justificati et amici Dei ac domestici facti, euntes de virtute in virtutem, renovantur, ut Apostolus inquit, de die in diem, hoc est, mortificando membra carnis suae et exhibendo ea arma justitiae in sanctificationem, per observationem mandatorum Dei et ecclesiae, in ipsa justitia per Christum gratiam [? gratis] accepta, cooperante fide bonis operibus, crescunt atque magis justificantur [42]), sicut scriptum est“, wofür Offenb. 22, 11 angezogen wird. Die Beobachtung der Gebote, „nota bene auch der kirchlichen, sei nothwendig und möglich, wie in Kap. XI. zu erweisen versucht wird, wo es heißt: „Itaque nemo in sola fide blandiri debet, putans, fide sola se haeredem esse constitutum haereditatemque consecuturum, etiamsi Christo non compatiatur.“

Von den Verdammungs-Canones des 16. Kapitels verdienen besonders die nachstehenden hervorgehoben zu werden. Canon I.: „Si quis dixerit, hominem suis operibus, quae vel per humanae naturae vires vel per legis doctrinam fiant, absque divina per Jesum Christum gratia posse justificari coram Deo: anathema sit.“ Canon IX.: „Si quis dixerit, sola fide impium justificari, ita ut intelligat, nihil aliud requiri, quod ad justificationis gratiam consequendam [nämlich in homine] cooperetur, et nulla ex parte necesse esse, eum suae voluntatis motu praeparari

atque disponi: anathema sit“ [43]). Canon XII.: „Si quis dixerit, fidem justificantem nihil aliud esse, quam fiduciam divinae misericordiae peccata remittentis propter Christum, vel eam fiduciam solam esse, qua justificemur: anathema sit.“ Canon XIII.: „Si quis dixerit, omni homini ad remissionem peccatorum assequendam necessarium esse, ut credat certo et absque ulla haesitatione propriae infirmitatis et indispositionis peccata sibi esse remissa: anathema sit.“ Canon XIV.: „Si quis dixerit, hominem a peccatis absolvi ac justificari ex eo, quod se absolvi ac justificari certo credat, aut neminem esse justificatum, nisi qui credat, se esse justificatum, et hac sola fide absolutionem et justificationem perfici: anathema sit“ [44]). Canon XX.: „Si quis hominem justificatum et quantumlibet perfectum dixerit non teneri ad observationem mandatorum Dei et ecclesiae [45]), sed tantum ad credendum, quasi vero evangelium sit nuda et absoluta promissio vitae aeternae sine conditione observationis mandatorum, anathema sit.“ Canon XXIV.: „Si quis dixerit, justitiam acceptam non conservari atque etiam non augeri coram Deo per bona opera, sed opera ipsa fructus solummodo et signa esse justificationis adeptae (sic!), non autem ipsius augendae causam, anathema sit“ [46]). Canon XXVI.: „Si quis dixerit, justos non debere pro bonis operibus, quae in Deo fuerint facta, expectare et sperate aeternam retributionem a Deo per ejus misericordiam et Jesu Christi meritum, si bene agendo et divina mandata custodiendo usque in finem perseveraverint: anathema sit.“ Canon XXXI.: „Si quis dixerit, justificatum peccare, dum intuitu [47]) aeternae mercedis bene operatur: anathema sit.“ Canon XXXII.: „Si quis dixerit, hominis justificati bona opera ita esse dona Dei, ut non sint etiam bona ipsius justificati merita, aut ipsum justificatum bonis operibus, quae ab eo per Dei gratiam et Jesu Christi meritum, cujus vivum membrum est, fiunt, non vero mereri augmentam gratiae, vitam aeternam et ipsius vitae aeternae, si tamen in gratia decesserit, consecutionem atque etiam gloriae augmentum, anathema sit.“ Somit sind also die guten Werke zwar einerseits Gnadenwirkungen Gottes, aber auch — im directesten Widerspruche gegen die Reformatoren — an sich zur Erlangung des Wachsthums n der Rechtfertigung und der Seligkeit wirklich verdienstlich. Canon XXXIII.: „Si quis dixerit, per

---

41) Dafür können aber die opera subsequentia hinsichtlich der ewigen Seligkeit meritoria sein. 42) Sehr beachtenswerth ist, daß der Glaube als zu den Werken mithelfend — nicht umgekehrt — und die justificatio, statt als ein einmaliger Act, als etwas hingestellt wird, was des Wachsthums fähig sein soll.

43) Die Opera sind hier nicht genannt, aber gemeint. 44) Mit andern Worten: die bloße subjective Ueberzeugung oder Gewißheit reiche nicht hin. Dieselbe würde, wenn hinreichend, die Vermittelung durch die Kirche resp. die Hierarchie überflüssig machen. 45) Diese Unterscheidung der mandata Dei und der mandata ecclesiae kann bedeuten, daß die Kirche berechtigt sei, den in der heil. Schrift erwähnten Geboten andere beizufügen. 46) Die Rechtfertigung soll mithin des Wachsthums durch gute Werke fähig sein. Indeß bestreitet sie nach dem Tridentinum auch die Sanctificatio und renovatio in sich. 47) Mit der Rücksicht und Absicht, den Lohn zu erlangen.

hanc doctrinam catholicam de justificatione a sancta synodo hoc praesenti decreto expressam aliqua ex parte gloriae Dei vel meritis Jesu Christi, domini nostri, derogari et non potius veritatem fidei nostrae, Dei denique ac Jesu Christi gloriam illustrari: anathema sit."

Die Synode spricht es also wiederholt deutlich aus, daß die guten Werke, namentlich auch die kirchlich empfohlenen oder befohlenen, für das Wachsthum der Rechtfertigung und für die Erlangung des seligen Lebens zu dem Glauben mitwirken müssen, daß ihnen mithin ein entschiedenes und mitentscheidendes Verdienst zukommt, daß sie keine bloßen Zeugnisse des Glaubens sind. Es ist aber hierbei zu beachten, daß nach der Tridentinischen Auffassung dem Sünder die Gerechtigkeit durch Gott nicht sowol als ein juridischer Act zugesprochen, sondern infundirt wird; sie steht dem Sünder bei, daß er durch eigenes Mitthun das ewige Leben gewinnt. Gegen diese Darstellung, welche sich fleißig auf Schriftstellen beruft, wie auf Dan. 4, 24; Tob. 4. 11; Weish. 10, 17; Luk. 2, 41; 1 Petr. 1, 10; Hebr. 6, 10; Joh. 14, 6; Matth. 10, 38; 16, 24; 1 Joh. 3, 6, bemerkt Chemnitz [48]: „Fingunt ideo, infundi qualitatem seu habitum caritatis, non ut prima illa gratia habeamus salutem et vitam aeternam, sed ut illa gratia adjuti possimus nostris bonis operibus ipsi nobis promereri vitam aeternam." Gemäß der von der Synode geforderten Vorbereitung müssen gewisse gute Werke selbst der Rechtfertigung vorhergehen; je mehr der Mensch dies thut, desto mehr wird er von Gott begnadigt [49]).

In dem auf Befehl des Papstes Pius V. herausgegebenen Catechismus Romanus, einer Anweisung für die Priester zur Lehrmethode, ist auf das Verhältniß der guten Werke zum Glauben, zur Rechtfertigung und Seligkeit nicht ausführlich eingegangen. In der Pars III. De decalogo lautet die 5. Frage: „Tenentur ne omnes homines necessario ad legis observationem? worauf unter Anderem geantwortet wird: „Praeterea ad eandem rem persuadendam plurimum valebit, si explicabitur, necessario legi obtemperandum esse, praesertim quum nostris temporibus non defuerint, qui, sive facilis, sive difficilis sit lex, ad salutem tamen nequaquam necessariam esse, impie et magno ipsorum malo dicere non veriti sunt." Der Priester soll, mit Rücksicht auf 1 Kor. 7, 19 und Gal. 6, 15 darauf hinweisen, „non praeputium, non circumcisionem quidquam esse, sed observationem mandatorum Dei." Hinzugefügt wird: „Etsi justificari potest homo et ex impio fieri pius, antequam singula (alle) legis praecepta externis actionibus impleat; tamen fieri non potest, ut, qui per aetatem ratione uti queat, ex impio fiat justus, nisi animum habeat paratum ad omnia praecepta Dei servanda."

Zwar findet sich in den Decreten der Tridentiner Kirchenversammlung wie in späteren officiellen Auslas-

fungen der katholischen Hierarchie keine Festsetzung über die opera supererogationis; aber die Praxis und die nicht widerrufene Doctrin älterer auctoritativer Aussprüche setzen voraus, daß die Kirche an den bona opera der Heiligen und Märtyrer, welche durch Beobachtung der Consilia evangelica mehr geleistet haben, als für ihre eigene Seligkeit nothwendig ist, einen solchen Thesaurus besitze, und daß aus diesem Ueberschusse denen, welche nicht genug leisten, vom Papste vermöge des Ablasses u. f. w. mitgetheilt werden dürfe [50]). — Weder den Decreten der Tridentiner Synode noch dem Catechismus Romanus kann ein hinreichender Grund entnommen werden, daß die katholische Kirche opera operata, d. h. äußerliche Handlungen, ohne Glaube und Liebe, als werthvoll oder verdienstlich bezeichne.

Hatte die katholische Kirche in dem Concile von Trident nicht ohne das durchgehende Bestreben, in Uebereinstimmung mit der heil. Schrift zu sein und offenbare Auswüchse oder Mißbräuche abzuthun, d. i. nicht ohne Einfluß der reformatorischen Kritik, ihre Thesen aufgestellt, eine Richtung, in welcher viele ihrer späteren Theologen, wie Görres, Möhler u. A. fortarbeiteten, so suchte auch die deutschprotestantische Kirche in der mit Sorgfalt redigirten, 1577 beendeten Formula Concordiae frühere Unebenheiten auszugleichen und Unbestimmtes näher zu bestimmen, aber unter Festhaltung des Paulinisch-lutherischen Hauptsatzes von der justificatio nicht aus Werken, sondern allein aus dem Glauben. Sie polemisirt nicht blos gegen die katholische Auffassung, sondern auch gegen mancherlei Irrlehren innerhalb ihrer eignen Kirche. Wiederholt wird, namentlich in der Solida declaratio [51]), die Lehre von „Papisten" und des Tridentiner Concils verworfen, besonders der Satz, „daß der Glaube nur im Anfange (vermöge der prima gratia) die Gerechtigkeit und Seligkeit ergreife und dann sein Amt den Werken übergebe, daß dieselbigen hierfür den Glauben, die empfangene Gerechtigkeit und Seligkeit erhalten (conservare) müßten." Ausführlich wird von der Verbindlichkeit zu guten Werken gehandelt, welche der gläubige Christ nicht aus Furcht vor Strafe, wie ein Sklave, sondern aus Liebe zu der Gerechtigkeit leiste, wie ein Sohn solchen Gehorsam den Aeltern zu leisten pflegt. In Kap. IV. heißt es, die Evangelischen seien darin einig, „daß es Gottes Wille, Ordnung und Befehl sei, daß die Gläubigen in guten Werken wandeln sollen, und daß rechtschaffene Werke nicht die seien, welche ein Jeder, wenn auch in guter Meinung, selbst erdenkt, oder welche nach Menschensatzungen geschehen, sondern solche, welche Gott selbst in seinem Wort vorgeschrieben und befohlen hat; daß auch

---

48) Examen Concil. Trident., ed. Francof., T. I, 1596, p. 152. 49) Vergl. Marheinefe, Christliche Symbolik S. 151.

50) K. G. Bretschneider, Systematische Entwickelung aller in der Dogmatik vorkommenden Begriffe, 3. Aufl., 1825, S. 682, 683, unter Anführung der Loci theologici von Chemnitz, P. II, p. 109. — G. A. Gumlich, Kurzgefaßte christliche Symbolik, 1878, S. 47. — Der Name der opera supererogationis stammt aus dem Vulgatatexte zu Luk. 10, 35. 51) Wir citiren meist nach dem deutschen Texte in der Ausgabe der Bekenntnißschriften der evangelisch-lutherischen Kirche durch den evangelischen Bücher-Verein, Berlin 1851.

25*

rechtschaffene gute Werke nicht aus eignen natürlichen Kräften, sondern (erst) dann geschehen, wenn die Person durch den Glauben mit Gott versöhnt und durch den heil. Geist verneuert oder, wie Paulus Eph. 2, 10 redet, in Christo Jesu neu geschaffen wird zu guten Werken." Hinzugefügt wird nach Röm. 14, 23 (Alles, was nicht aus dem Glauben kommt, ist Sünde): die Werke, „welche von Ungläubigen und Unbekehrten geschehen oder gefordert werden, obgleich sie vor der Welt löblich, dazu auch von Gott in dieser Welt mit zeitlichen Gütern belohnt werden", seien, „weil sie nicht aus dem rechten Glauben kommen, vor Gott Sünde und unrein um der verderbten Natur willen, und weil die Person nicht mit Gott versöhnt" sei. — „Was belanget Nothwendigkeit oder Freiwilligkeit der guten Werke, ist offenbar, daß in der Augsburgischen Confession und derselben Apologie gebraucht und wiederholt werden diese Reden, daß gute Werke nöthig seien. Item daß es nöthig sei, gute Werke zu thun, welche auch nothwendig dem Glauben und der Versöhnung folgen sollen. Item [52]), daß wir nothwendig gute Werke, so Gott geboten, thun sollen und thun müssen." Diese Nothwendigkeit sei in Gottes Ordnung, Willen und Befehl nach der heil. Schrift (z. B. Röm. 13, 5; 1 Kor. 9, 16; Act. 5, 29; Joh. 15, 12; 1 Joh. 4, 21) enthalten. Aber in einem und demselben Herzen können zugleich nicht wohnen rechter Glaube und böser Vorsaß, in Sünden zu verharren; Niemand könne wahren Glauben, Gerechtigkeit und Seligkeit haben, wenn er als ein fauler Baum keine guten Früchte bringe. Nur müsse der Begriff des Zwanges davon fern gehalten werden, weil daraus Scheinheiligkeit, ein Scheinwerk sich ergebe. Immer wieder sei daran zu erinnern, daß die Werke nicht in den Artikel von der Rechtfertigung und Seligmachung gehören. Paulus habe „Alles allein der Gnade Gottes und dem Verdienste Christi zugeschrieben." Dabei müsse als eine falsche Lehre verworfen werden, wenn Manche meinten: Es könne der Glaube und die empfangene Gerechtigkeit und Seligkeit durch keine, auch muthwillige und vorsäßliche Sünde oder böse Werke verloren werden, wofür auf mehrere Stellen der heil. Schrift (z. B. 1 Kor. 6, 9. 10: Oder wisset ihr nicht, daß Ungerechte das Reich Gottes nicht ererben werden? Lasset euch nicht irre führen! Weder der Hurer, noch Gößendiener, noch Ehebrecher, noch Weichlinge, noch Knabenschänder, noch Diebe, noch Habsüchtige, noch Trunkenbolde, noch Schmäher, noch Räuber werden das Reich Gottes ererben) verwiesen wird. An einer anderen Stelle des 4. Kapitels „von guten Werken" heißt es, namentlich gegenüber dem in der protestantischen Kirche entstandenen Streite über die Behauptungen, daß gute Werke zur Seligkeit „nothwendig" seien, daß es unmöglich (als Verdienst) felig zu werden, daß Niemand je ohne gute Werke felig geworden, daß gute Werke zur Seligkeit „schädlich" seien: Wir glauben und bekennen, „daß gute Werke dem wahrhaftigen Glauben, wann derselbe nicht ein todter, sondern ein lebendiger Glaube ist, gewißlich und unzweifelhaft

folgen." Dann: Wenn es sich um die Seligkeit handele, so müsse man die Seligkeit aus dem Artikel von der Rechtfertigung vor Gott gänzlich ausschließen, doch seien alle Christen, besonders die Wiedergeborenen, „schuldig, gute Werke zu thun", und insofern dürfe man von einer Nothwendigkeit derselben reden, nur nicht von einem Zwange durch das Gesetz, weil sie aus freiwilligem Geiste zu leisten seien. Dieser „Affirmativa" folgt die „Negativa": „Demnach verwerfen und verdammen wir die Weise zu reden, wenn gelehret und geschrieben wird, daß gute Werke zur Seligkeit schädlich seien. Man müsse die Leute ernstlich zu guten Werken vermahnen und ihnen sagen, wie nöthig es sei, daß sie zur Anzeigung ihres Glaubens und Dankbarkeit bei Gott sich in guten Werken üben", obgleich man dadurch die Seligkeit keineswegs verdiene. An einer anderen Stelle des 4. Artikels wird die Negation der Nothwendigkeit guter Werke zur Seligkeit durch den Hinweis darauf begründet, daß ja selbst die Gerechtfertigten in diesem Leben ein ganz vorwurfsfrei handeln, und daß, wenn ihre Werke wirklich gut seien, dies nur in Folge der göttlichen Gnadenwirkung geschehe [53]).

Indem von der Concordienformel die Rechtfertigung als die durch Gott um Christi willen aus Gnaden gethane, allein durch den Glauben zu ergreifende Freisprechung des Sünders von der Strafe gefaßt und von dieser justificatio die Heiligung als ein (logisch) späterer Act geschieden wird, muß gute Werke erst durch die Rechtfertigung resp. nach derselben möglich; es heißt in diesem Sinne: es sei nothwendig, daß die Person schon vorher (vor der Uebung guter Werke) Gott gefalle, und zwar blos um Christi willen. Hierüber läßt sich unter Anderem der Artikel „von der Gerechtigkeit des Glaubens vor Gott" dahin aus: „Wir glauben, lehren und bekennen, daß obwol vorgehende (vorhergehende) Reu und nachfolgende gute Werke nicht in den Artikel von der Rechtfertigung vor Gott gehören; jedoch soll nicht ein solcher Glaube gedichtet werden, welcher bei und neben einem bösen Vorsaß zu sündigen und wider das Gewissen zu handeln, sein und bleiben könnte; sondern nachdem der Mensch durch den Glauben gerechtfertigt worden, alsdann ist ein wahrhaftiger, lebendiger Glaube durch die Liebe thätig, Gal. 5, 6. Also daß die guten Werke dem gerechtmachenden Glauben allezeit folgen und bei demselben, da er denn nimmer allein ist, sondern allezeit Liebe und Hoffnung bei sich hat" [54]). Der tertius usus legis fügt

---

52) Mithin eine dreifache Nothwendigkeit.

53) Ein scharfes logisches Bewußtsein begreift den von der Form. Conc. gemachten Unterschied zwischen den Antithesen: gute Werke seien einestheils nothwendig, anderntheils (als Verdienst) nicht; aber für das populäre Bewußtsein kann derselbe sehr unbegreiflich erscheinen. 54) Oder wie es an einer anderen Stelle heißt: „quia connexa inseparabiliter fides et opera", wonach auch die leßtern zu dem locus der justificatio gerechnet werden können.

hinzu: Nicht Wiedergeborene leisten zwar dem Gesetze auch Gehorsam; aber sie thun es gezwungen; die an Christum wahrhaft Gläubigen, die Wiedergeborenen, leisten mit freiem und freiwilligem Geiste (libero et spontaneo spiritu) einen solchen Gehorsam, wie ihn anders keine auch noch so strenge Drohungen des Gesetzes erzwingen könnten. Nur als Wiedergeborener hat der Christ ein liberum arbitrium, sodaß er das Gute wirklich „will."

Hinsichtlich der Majoristischen Streitigkeiten, welche oben bereits kurz erwähnt sind, erklärt die Solida decla-ratio: „Was die Proposition belanget, daß gute Werke zur Seligkeit schädlich sein sollten, erklären wir uns deutlich also. Wenn Jemand die guten Werke in den Artikel der Rechtfertigung ziehen, seine Gerechtigkeit oder das Vertrauen der Seligkeit darauf setzen, damit die Gnade Gottes verdienen und dadurch selig werden wollte: Hierauf sagen nicht wir, sondern Paulus sagt selbst und wieder-holt es zum dritten Mal, Phil. 3, 7. 8. 9, daß einem sol-chen Menschen seine Werke nicht allein unnütlich und hinderlich, sondern schädlich seien. Es ist aber die Schuld nicht der guten Werke an ihnen selbst, sondern des falschen Vertrauens, so wider dies ausgedrückte (ausdrückliche) Wort Gottes auf die Werke gesetzet wird. Aber hieraus folget keineswegs, daß man simpliciter und also bloß dahin sagen solle: Gute Werke sind den Gläubigen zu oder an ihrer Seligkeit schädlich; denn in den Gläubigen sind gute Werke, wenn sie propter veras causas et ad bonos fines, daß ist der Meinung geschehen, wie sie Gott von den Wiedergeborenen erfordert, Anzeigung der Selig-keit, Phil. I, 11. „Wie denn Gottes Wille und ausdrücklicher Befehl ist, daß die Gläubigen gute Werke thun sollen, welche der heil. Geist wirket in den Gläubigen, die ihm (sich) auch Gott um Christi willen gefallen lässet, ihnen herrliche Belohnung in diesem und künftigen Leben ver-heißet." — Die Verdienst- und Lohnfrage wird von der Formula concordiae ganz im Sinne der Apologie be-antwortet.

Zwar gelten noch immer in den von Luther aus-gehenden protestantischen Landeskirchen die Bestimmungen der reformatorischen Zeit mit Einschluß der Concordien-formel als officiell; aber bereits mit dem Auftauchen der Spenerschen Richtung verloren die Controversen über die guten Werke an ihrer Bedeutung und Schärfe; man stellte der ängstlich distinguirenden Orthodoxie den leben-digen Glauben entgegen, und obgleich selbst im pietistischen Sinne das blutige Verdienst und die absolute Gnade Gottes stark betonte, so schloß er doch eo ipso die bona opera ohne alle Restriction, mit Ausnahme der äußeren Lohnverdienstlichkeit, als eine Nothwendigkeit ein[55]. Wäh-rend Leibniz, welcher die katholische und die protestantische Kirche zu uniren suchte, den Streit über die Rechtfertigung allein aus dem Glauben für einen bloßen Wortstreit er-klärte, hielten zwar die strengen Lutheraner, wie Büchner und Heubner[56], welche gute Werke insofern für noth-wendig erklärten, „als damit der Glaube bewiesen und

das von Gott aus Gnaden geschenkte selige Erbe durch gottloses Wesen nicht verscherzt werde", die altprotestan-tischen Begriffe nach Möglichkeit aufrecht; aber viele scharfe Bestimmungen, wie daß der Mensch aus eigner natürlicher Kraft und Vernunft die von Gott geforderten guten Werke nicht thun könne, sondern dazu durch den heil. Geist erneuert werden müsse, wurden durch andere Theologen abgeschwächt oder überhaupt aus der Rechnung fortge-lassen. Nach Buddeus sind bona opera „actiones regenitorum cum lege divina convenientes et ex vera fide profectae, quibus suum erga Deum amo-rem animumque gratum et studium gloriam ejus promovendi demonstrant", nach Baumgarten „ac-tiones propter Deum perpetratae", nach Reinhard „actiones hominis vere credentis a studio religioni christianae obtemperandi profectae." Man wies zwar bis in das rationalistische Lager hinein die causa meri-toria zurück, behauptete aber thatsächlich je mehr und mehr die causa efficiens, oder ließ dieselbe wenigstens zu. Da der Rationalismus das meritum des stell-vertretenden Todes Christi aufgab, so wurde von ihm die Nachfolge Christi in wahrhaft sittlicher Gesinnung und That um so nachdrücklicher geltend gemacht, als für ihn die orthodoxe Rechtfertigung nach anderen Seiten hin keine Bedeutung mehr hatte. Man leugnete nicht, daß Glaube und gute Werke zur Seligkeit dieses und des zukünftigen Lebens zusammenzuwirken haben, aber der Accent wurde auf die letzteren, auf die Tugend, gelegt, welche man um ihrer selbst willen üben müsse, und somit trat eine Annäherung an den Katholicismus ein. Auf keinen Fall durfte man behaupten, daß der Mensch zu seiner Befestigung absolut nichts thun könne. Die unter dem Einflusse Schleiermachers stehende neuere Theo-logie stellt den Glauben in dem umfassenden Sinne der innigsten Gemeinschaft mit Christus dar, sodaß er mit dem christlichen Leben überhaupt zusammenfällt und die guten Werke in sich schließt, mithin die früheren Streit-fragen verschwinden; indem die Nothwendigkeit der guten Werke zur Seligkeit sich von selbst ergibt, zumal die hei-lige Schrift so nachdrücklichste und wiederholt darauf hinweist, daß der Mensch nach seinen Werken gerichtet werden solle und dasselbe Gewicht auf den Glauben legt. Was der Glaube einerseits dogmatisch ist, das ist er andererseits moralisch, die innere Gesinnung, welche aus freiem Entschluß und Willen unter dem Antriebe des heil. Geistes das thut, was dem Gläubigen als Gottes Wille bewußt ist, da er durch Christus in Gott und durch sein Gewissen an ihn gebunden lebt. Indem die neuere Theologie in der Richtung dieser Vermittelungen die innere glaubens- und überzeugungstreue ethische Gesinnung zum subjectiven Fundamente des Heils macht, trennt sie die Heiligung, resp. die Selbstheiligung nicht mehr in dem Grade wie die altprotestantische Orthodoxie von der Rechtfertigung, deren juridische Begriffsbestimmung deshalb für sie aufhört von derselben Erheblichkeit zu sein[57]).

55) Vergl. z. B. Spener's Evangelische Glaubensgerechtig-keit, 1684.   56) Hand-Concordanz, 8. Aufl. 1850, S. 1408.

57) So im Wesentlichen der Artikel von J. H. F. Beyer über gute Werke in Herzog's Real-Encyklopädie.

Da somit das Hauptgewicht, nach der subjectiven Seite, in der inneren Gesinnung liegt, deren bloße äußere Erscheinung die guten Werke sind, womit auch der Anspruch derselben auf eine eigene Verdienstlichkeit, sowie das Bedürfniß eines Nachweises für ihre Nothwendigkeit schwindet, so verlieren sie für diese theologisch-religiöse Bildungsstufe das Interesse eines ausführlichen, oder auch selbst besonderen locus in der Dogmatik oder Ethik. — Im Gegensatze zur theologischen Dogmatik, auch der streng Lutherischen, hat übrigens das protestantische Volksbewußtsein auf seiner unwissenschaftlichen Stufe nie unterlassen, gewissen guten Werken, wie kirchlichen Geldopfern, in Hinsicht auf Sündenerlösung und Seligkeit eine Verdienstlichkeit beizumessen und diese namentlich in der Theilnahme am Gottesdienste zu suchen und zu finden.

Von den kleineren protestantischen Kirchengemeinschaften in Deutschland sei hier das erste Böhmische Glaubensbekenntniß der dortigen Evangelischen vom J. 1535 erwähnt. Im 7. Artik. wird gelehrt, „daß diejenigen, welche allein durch Gottes Gnade und den Glauben an Christum gerechtfertigt sind, gute Werke, welche Gott vorschreibt, thun sollen"; aber es dürfe nicht geglaubt werden, daß durch sie „Rechtfertigung, Seligkeit oder Vergebung der Sünden" erlangt werde. Gute Werke sollen deshalb gethan werden, damit man dadurch den Glauben „bewahre"; denn sie seien sichere Beweise des lebendigen Glaubens und seiner Frucht; durch sie werde „die Berufung fest und gewiß" gemacht; um ihretwillen gebe Gott „einen reichlicheren Lohn." „Die im Glauben vollbrachten Werke also gefallen Gott und haben ihren Lohn in diesem und jenem Leben." Man soll aber unterscheiden gute Werke, welche von Gott, und solche, welche von Menschen vorgeschrieben werden, und immer bedenken, daß Niemand die von Gott gebotenen vollkommen üben könne. — In demselben Sinne ist auch das zweite Böhmische Glaubensbekenntniß von 1575 gehalten, wo es in dem 10. Artikel heißt: „Sechstens sollen wir gute Werke thun, um die große und überreiche Belohnung Gottes zu erlangen, welche Gott der Herr unseren guten Werken nicht wegen ihrer eignen Würdigkeit und Vollkommenheit, sondern um Christi willen, deren Glieder wir sind, aus Gnaden verheißen."

Die reformirte Kirche ging zwar, wie die Lutherische, in Zwingli hauptsächlich von der Polemik gegen die katholische Werkheiligkeit aus und verwarf ebenso entschieden die Verdienstlichkeit der guten Werke an sich und noch mehr der opera operata; aber die vorwiegend praktisch-ethische, weniger dogmatische Tendenz ließ gegen den allein rechtfertigenden Glauben das moralische Handeln, die wirklich guten, aus gottwohlgefälliger Gesinnung hervorgehenden Werke mehr in den Grade, wie bei der Lutherischen Richtung, für die Rechtfertigung zurücktreten. Die wichtigsten Controversen dreheten sich, besonders seit dem Eingreifen Calvin's, um die von diesem Reformator in den Vordergrund gestellte absolute Gnadenwahl Gottes, welcher gegenüber das Thun des Christen als irrelevant erscheinen mußte, obgleich eine streng ethische, selbst ganz puritanische Richtung dem theoretisch geleug-

neten Werthe aller Werke praktisch corrigirend oder ergänzend an die Seite trat. In dem 22. von seinen „Siebenundsechzig Artikeln" erklärte Zwingli 1523, „daß Christus unsere Gerechtigkeit ist, woraus wir ermessen, daß unsere Werke so viel gut sind, so viel sie Christi sind, so viel sie aber unser, nicht recht, nicht gut sind", ferner im 24., „daß ein jeder Christ zu den Werken, die Gott nicht geboten hat, unverbunden ist." In der von Zwingli 1531 an König Franz I. von Frankreich gerichteten „Erklärung des christlichen Glaubens" schreibt er unter Anderem: die Quelle der guten Werke müsse der Glaube sein; wenn er fehle, seien sie verwerflich; Alles, was nicht aus dem Glauben komme, sei Sünde; guten Werken komme keine Verdienstlichkeit zu. „Wenn unsere Werke die Seligkeit verdienten, so wäre der Tod Christi nicht nöthig gewesen"; „die ewige Seligkeit kommt allein durch die Gnade und Liebe Gottes." Wenn die Schrift von dem Lohne guter Werke rede, so meine sie „ein freies Geschenk." Der Christ sei indeß verbunden, gute Werke zu thun, was von den Reformirten ernstlich gelehrt werde. — Die „zweite helvetische Confession", um 1566 von Bullinger verfaßt und von vielen Schweizern als eine hohe Autorität geachtet[58], spricht sich dahin aus: „Obgleich wir also mit dem Apostel lehren, daß der Mensch gerechtfertigt werde durch den Glauben an Christum, und nicht durch gute Werke, so verwerfen oder verwerfen wir doch die guten Werke nicht, da wir wissen, daß der Mensch durch den Glauben weder geschaffen noch wiedergeboren ist, damit er unthätig sei, sondern vielmehr, damit er ohne Aufhören thue, was gut und nützlich ist." „Wir verdammen mithin alle die, welche die guten Werke verachten und die alberne Rede führen, daß sie nicht der Mühe werth und unnütz seien; Gott lohne die guten Werke; aber der Christ habe durch sie kein Verdienst; es sei ein Gnadenlohn, wie Augustin sage."

Der heidelberger Katechismus stellt als 60. Frage auf: „Wie bist du gerecht vor Gott?" und antwortet: „Allein durch wahren Glauben in Christum Jesum." „Gott schenkt ohne all mein Verdienst aus lauter Gnaden mir die vollkommene Genugthuung, Rechtfertigung und Heiligkeit Christi" und „rechnet sie mir zu." Die 62. Frage lautet: „Warum können aber unsere guten Werke nicht die Gerechtigkeit vor Gott oder ein Stück derselben sein?" Antwort: „Darum, daß die Gerechtigkeit, welche vor Gottes Gericht bestehen soll, durchaus vollkommen und dem göttlichen Gesetz ganz gleichförmig sein muß, und aber auch unsere besten Werke in diesem Leben alle unvollkommen und mit Sünden befleckt sind." Die Antwort auf die 63. Frage lautet: „Die Belohnung geschieht nicht aus Verdienst, sondern aus Gnade."

Das Remonstrantische Bekenntniß äußert sich über die guten Werke, welche es zu klassificiren sucht[59],

---

58) Die reformirten Bekenntnisse, namentlich in der Schweiz, haben nicht dieselbe normative Auctorität erlangt, wie etwa die Lutherischen für ihre Kirche. — Wir folgen bei deren Anführung meist den 1847 von G. G. A. Böckel herausgegebenen „Bekenntnißschriften der evangelisch-reformirten Kirche". 59) Eine einge-

unter Anderem in folgender Weise [60]): „Von den guten
Werken sind einige allen Christen gemein, andere beson=
derem Berufe eigen. Der Inhalt derjenigen, welche allen
Christen gleich ohne Unterschied vorgeschrieben sind, kann
unter diese drei Hauptstücke begriffen werden. 1) Liebe
Gottes und des Nächsten, welche in dem Sittengesetze,
wie es von Jesus Christus ausgelegt ist, ganz enthalten
ist; 2) Leitung und Verleugnung unser selbst; 3) fortwäh=
rendes Gebet zu Gott und Danksagung für empfangene
Wohlthaten" [61]). Weiter [62]) wird gelehrt, daß die Be=
obachtung der zehn Gebote, beziehungsweise der guten
Werke „zur Erlangung der ewigen Seligkeit gleich noth=
wendig" sind. Menschengebote, auch kirchliche, verdienen
den Namen „der wahrhaft guten Werke" nicht; sie sind
oft der rechten Gottesverehrung und der wahren Fröm=
migkeit „schädlich."

Das 1. Lehrstück der Dortrechter Synode (von
1619), welche dem rationalisirenden Arminianismus und
Socinianismus scharf entgegentritt, erklärt in Art. 4 (und
anderwärts) vor Allem, daß der Sünder durch den
Glauben gerettet und selig werde, und nach Art. 5 ist
der Glaube an Jesum Christum ein freies Geschenk Gottes
(dessen unbedingte Gnadenwahl oder Vorherbestimmung
entweder zur ewigen Seligkeit oder zur ewigen Verdamm=
niß im Calvinischen Sinne festgehalten wird). Der Art. 4
in dem Kapitel über die „Verwerfung der Irrthümer"
zum 1. Lehrstück betont nach Eph. 2, daß der Sünder
„aus Gnade" „durch den heiligen Geist", „nicht durch
Werke" selig werde, „damit sich Niemand rühme." Im
5. Lehrstück sagt Art. 2, daß „auch den besten Werken
der Heiligen Gebrechen aufleben", und Art. 12 ebenda,
daß die „Gewißheit der Beharrlichkeit" die Gläubigen
antreibe „zur ernsten und anhaltenden Uebung in Dank=
barkeit und guten Werken." — Die gegen die Dortrechter
Beschlüsse eingereichte „Remonstranz" der Arminianer,
welche sich besonders an der scharf durchgeführte absolute
Gnadenwahl stießen, da diese die Christen von der Fröm=
migkeit, bezugsweise den wirklich guten Werken abführe,
um ihn entweder fleischlich sicher zu machen oder zur Ver=
zweiflung zu bringen, stellt als ihre Doctrin auf: „Nur
dem an Jesum Christum Glaubenden werde Vergebung
der Sünde zu Theil; „alle guten Thaten und Wirkungen"
müssen „der Gnade Gottes in Christo zugeschrieben wer=
den"; aber die Gnade ist nicht unwiderstehlich. Es han=
delte sich indeß bei diesem Einspruche weniger um die
guten Werke als um die Zurückweisung der Gewissens=
zwangsmittel, wie man sie durch formulirte Bekenntnisse
herzustellen suche; man müsse hauptsächlich auf die heil.
Schrift als dem Fundamente der christlichen Heilslehre
fußen und auf „das Praktische der christlichen Frömmigkeit
hinarbeiten, nicht auf haarscharfe Fassung der „Schick=
salsvorherbestimmung."

Das unter König Eduard verfaßte, dann in die 39

Artikel zusammengezogene, auf einer Versammlung des
Klerus zu London 1562 angenommene und 1571 durch
das Parlament für den Klerus verbindlich erklärte Eng=
lische Glaubensbekenntniß stellt in Art. 11 den
Canon auf: „Nur wegen des Verdienstes unseres Herrn
und Heilandes Jesu Christi gelten wir durch den Glauben,
nicht wegen unserer Werke und Verdienste, als gerecht
vor Gott"; wir „werden nur durch den Glauben gerecht=
fertigt." „Die guten Werke, — fügt Art. 12 hinzu —
welche Früchte des Glaubens sind und den Gerechtfertigten
folgen, sind, obgleich sie unsere Sünde nicht auslilgen
können und nicht gelten als Sünde (Art. 13), und überflüssige
Werke (opera supererogativa) sind eine „Anmaßung
und Gottlosigkeit" (Art. 14). — Das Englisch=purita=
nische Glaubensbekenntniß bestimmt in dem Ab=
schnitte von der Rechtfertigung, §. 1: „Diejenigen, welche
Gott kräftlich berufen hat, die rechtfertigt er auch, nicht
daß er sie mit Gerechtigkeit anthut, sondern daß er ihnen
ihre Sünde vergibt und ihre Person für gerecht hält und
annimmt, und dasselbe nicht wegen eines Dinges, welches
in ihnen gewirkt oder von ihnen gethan ist, sondern allein
um Christi willen, also daß er ihnen nicht den Glauben
an sich selbst (d. h. das Werk des Glaubens) oder irgend
anderen evangelischen Gehorsam, sondern den Gehorsam
und die Genugthuung Christi als Gerechtigkeit anrechnet,
und sie ihn und seine Gerechtigkeit durch den Glauben
annehmen und darauf vertrauen, welchen Glauben sie
nicht von sich selbst haben, es ist eine Gabe Gottes."
„Gute Werke sind — nach Kap. 16 — allein diejenigen,
welche Gott in seinem heiligen Worte befohlen hat, und
nicht diejenigen, welche außer Befehl desselben von Men=
schen entweder aus blindem Eifer oder unter irgend einem
Vorwande guter Absicht erdichtet sind" [63]). „Diese guten
Werke, im Gehorsam gegen Gottes Befehl gethan, sind
Früchte und Zeugnisse eines wahren und lebendigen
Glaubens, und durch dieselben bezeugen die Gläubigen
ihre Dankbarkeit." Dann: „Ihre (der Gläubigen) Fähig=
keit, gute Werke zu thun, ist durchaus nicht von ihnen
selbst, sondern ganz und gar von dem Geiste Christi, und
damit sie dazu tüchtig sein mögen, so ist von Nöthen,
daß neben den schon empfangenen Gaben derselbe heil.
Geist in ihnen wirke beides, das Wollen und Thun,
nach seinem Wohlgefallen. Doch sollen sie darauf nicht
nachlässig werden, als wären sie nicht verbunden, gute
Werke zu verrichten, es sei denn, daß sie besonderer Weise
vom heil. Geiste dazu berufen würden, sondern sie sind ver=
pflichtet, zu erwecken die Gabe Gottes, welche in ihnen ist."
Dann §. 5: „Wir können auch mit unseren besten Werken

---

henbe Classification vermißt man fast in der gesammten bisher be=
rücksichtigten Literatur.

60) Kap. 12.   61) Man fragt, warum die Liebe zu Christo
nicht erwähnt sei.   62) Kap. 15.

63) Hier wie anderwärts werden als Beweise stets Bibelstellen
angeführt.

die Vergebung der Sünden und das ewige Leben bei Gott nicht verdienen." §. 6: „Nichtsdestoweniger, da die Personen der Gläubigen durch Christum angenehm sind, so sind auch ihre guten Werke angenehm in demselben, nicht als wenn sie in diesem Leben ganz untadelhaft und unsträflich wären vor Gottes Angesicht, sondern daß Gott, sie anschauend in seinem Sohne, sich gefallen läßt anzunehmen und zu vergelten das, was aufrichtig ist, wiewol es mit Schwachheit und Unvollkommenheit umgeben." Hiermit übereinstimmend lehrt auch der puritanische Katechismus. — Man sieht, daß hier noch stärker als in der streng lutherischen Auffassung allerhand Cautelen angewandt sind, um den Werth der guten Werke keinesfalls zu hoch zu veranschlagen.

Das erste schottische Bekenntniß von 1560 sagt in Art. 13, „daß die Ursache der guten Werke nicht unser freier Wille sei, sondern unseres Herrn Jesu Geist, Joh. 3, 6, welcher, durch den wahren Glauben in unseren Herzen wohnend, solche gute Werke hervorbringt, indem er den Sünder zur Liebe für die Heiligung wiedergebäre. In Art. 14, wo als die Gott wohlgefälligen Werke die Beobachtungen der 10 Gebote genannt sind, heißt es weiter: „Deßhalb behaupten wir, daß nur diejenigen gute Werke seien, welche im Glauben dem Befehle Gottes gemäß geschehen." Aber Niemand, so fügt Art. 15 hinzu, dürfe sich der Verdienstlichkeit seiner Werke rühmen. — Das zweite schottische Bekenntniß von 1581 verwirft ausdrücklich die katholische Kirchenlehre von der Rechtfertigung aus den Werken, das opus operatum und die überpflichtigen (überverdienstlichen) Werke.

Die Lehre der griechischen Kirche stellt zwar die Rechtgläubigkeit als Bedingung zur Seligkeit nachdrücklich in den Vordergrund, fordert aber wie die römisch-katholische die cooperatio bonorum operum cum fide als ebenso nothwendig und nimmt einen durch die Hierarchie zu vermittelnden Schatz von überverdienstlichen Werken der Heiligen an.

„Fromme" Werke (opera pia) haben im Unterschiede von den allgemein gefaßten „guten" Werken die singuläre Bedeutung kirchlicher Werke, wie es z. B. Legate für Messen, Geschenke zur Ausschmückung heiliger Stätten sind und zwar nicht blos im katholischen, sondern auch im protestantischen Sprachgebrauche.

Die Literatur über „gute Werke" ist unter diesem speciellen und ausschließlichen Titel weder durch große noch durch kleine besondere Druckwerke numerisch reich vertreten; man hat diese Materie vorzugsweise in den sehr zahlreichen Schriften über die Rechtfertigung, bezugsweise über die Heilsordnung zu suchen. Außerdem gehören hierher die Lehrbücher über die Dogmatik, die Dogmengeschichte, die Symbolik, die Ethik, die Kirchengeschichte sowie die Commentare über die bezüglichen Bibelstellen. Außer dem bereits in den Noten berücksichtigten literarischen Apparate führen wir noch folgende Druckschriften an: Selneker, De justificatione hominis coram Deo et de bonis operibus, Lips. 1570; B. Holtzfuß, De necessitate bonorum operum, Francof. a. M. 1701; M. Weber, De discrimine legitime et bene, recte

et honeste factorum in libris N. T. vulgo neglecto. Viteb. 1792; Th. Erskine. Essay on faith and its connection with good works, Edinb. 1829, 2 Bde., französisch mit einer Vorrede der Herzogin v. Broglie, geb. v. Staël, aus dem Französischen deutsch von G. Krieger, mit Vorrede von A. Hahn, Leipz. 1829.

(*J. Hasemann.*)

GÜTERGEMEINSCHAFT. I. Allgemeine.

Die Einführung einer allgemeinen Gütergemeinschaft entweder unter der ganzen cultivirten Menschheit überhaupt, oder doch wenigstens unter der Gesammtheit der Angehörigen eines bestimmten Staates ist ein Gedanke, dessen Ursprung den geschichtlichen Ueberlieferungen zufolge bis in die frühesten Perioden menschlicher Entwickelung hinaufreicht. Unzählige Male ist die Verwirklichung dieser Idee von an sich wohlmeinenden, aber mehr oder weniger unklaren oder fanatischen Köpfen als die allein heilbringende Panacee für die Gebrechen der menschlichen Gesellschaft hingestellt, hin und wieder ist ihre Durchführung wenigstens in kleinern Kreisen versucht worden; aber erst dem gegenwärtigen, seit dem Beginn der großen französischen Revolution zu datirenden Jahrhundert war die Erscheinung einer erneuten Wiederaufnahme des communistischen Gedankens und des nachdrücklichen Drängens zu mehr oder weniger modificirter Realisirung in der Praxis vorbehalten.

Daß zahllose Mißstände und Uebel durch eine unverhältnißmäßig ungleiche Vertheilung des Vermögens hervorgerufen werden, ist nicht zu verkennen. Während der blinde Zufall der Geburt oder die Laune des Glücks oft enorme Reichthümer in die Hand eines einzelnen Menschen legt, der entweder die Fähigkeit oder den guten Willen nicht besitzt, dieselben auf eine ebenso wol der Gesammtheit seiner Mitbürger als ihm selbst ersprießliche Weise zu benutzen, sehen wir häufig talentvolle, redliche, für die Wohlfahrt ihrer Mitmenschen begeisterte Männer aus Mangel an Vermögensmitteln an der Ausführung ihrer besten Entwürfe, ja sogar an der Erlangung der erforderlichen geistigen Ausbildung gehindert. Selbst die Mehrzahl der Verbrechen entspringt der Noth und dem Elend, und so erscheint denn das Bestreben, allen diesen Mißständen kurzerhand durch Bildung einer einen möglichst weiten Kreis von Menschen umfassenden Vermögensgemeinschaft zu begegnen, durch welche der Mangel der Einen mit dem Ueberfluß der Andern in der Gesellschaft ausgeglichen würde, nicht nur als ein menschlich erkläriches, sondern als ein an sich beachtenswerthes und keinesfalls unedles. Tritt man aber den realen Verhältnissen näher, faßt man namentlich die näher oder ferner liegenden Consequenzen jener Bestrebungen ins Auge, so drängt sich bald genug die Ueberzeugung auf, daß die communistische Lehre in allen ihren Schattirungen auf dem völligen Verkennen der Vorbedingungen eines jeden socialen Verhältnisses unter civilisirten Menschen beruht. Je wesentlicher für den Besitz materieller Mittel für den Einzelnen ist, je unentbehrlicher das Sondereigenthum für ferneres materielles wie geistiges Emporschwingen, um so verderblichere Folgen müßte für das Individuum wie für die Gesammtheit die Einführung einer allgemeinen Gütergemeinschaft, wenn sie überhaupt möglich wäre, nach sich ziehen.

Der Communismus, indem er den Begriff des privaten Eigenthums aufhebt und an dessen Stelle die Vermögensgemeinschaft aller Staatsangehörigen setzt, in der Art, daß zu dem Gesammtvermögen Jeder mit den Producten seiner Arbeit beitragen und dafür mit allen Uebrigen gleichen Antheil an diesem Vermögen erhalten soll, stellt sich als die letzte und größte Consequenz des Socialismus, d. h. desjenigen politisch-ökonomischen Systems dar, welches die Rang- und Vermögensunterschiede in der Gesellschaft als der Gleichberechtigung aller Menschen widersprechend betrachtet und deren Ausgleichung dadurch herbeizuführen strebt, daß es nur die durch eigene Arbeit gewonnenen Güter als rechtmäßigen Besitz gelten lassen will und Jedem für gleiche Arbeit gleichen Vortheil zuerkennt. Hervorgerufen durch den schon oben berührten Zwiespalt, welcher Arme und Reiche von einander trennt, besonders aber durch die mehr und mehr anschwellende Masse des Proletariats, das ohne genügenden Besitz nicht im Stande ist, eine selbstständige Existenz zu erringen, vermeint der Communismus durch Aufstellung dieses auf die Idee der Gleichberechtigung sich stützenden, den jetzigen Principien der Gesellschaft geradezu entgegengesetzten, weil den wesentlichen Inhalt des gegenwärtig geltenden Privatrechts verleugnenden Systems die Mißstände der Lage der unteren Volksklassen beseitigen zu können. Während also der Communismus in Uebertreibung des demokratischen Gleichheitsprincips den reinen Schema des Nebeneinanderbestehens der Einzelnen die Vertheilung der Güter und allgemeine Gleichheit fordert, sucht der Socialismus, welcher ursprünglich nur durch eine Vertheilung von Besitz, Arbeit und Erwerb, d. h. durch eine Umgestaltung des bisherigen Verhältnisses zwischen den vornehmsten Factoren der Production, der Arbeit und dem Kapital, eine Reform des socialen Lebens erstrebte, in neuerer Zeit zunächst den Gedanken einer Alleinherrschaft der Arbeit im Güterleben der Gesellschaft zu verwirklichen, in seinen Consequenzen aber läuft er mit dem Communismus auf Eins hinaus. Der Communismus, der offene sowol wie der in Socialismus sich verhüllende, ist die Negation des persönlichen Eigenthums, und kann daher mit diesem nicht coexistiren; der Begriff des Eigenthums schließt das Recht Anderer an demselben Objecte aus, und wenn auch eine wirthschaftlich irgend ersprießliche Verwaltung des staatlichen Collectiveigenthums möglich wäre – die Erfahrung lehrt freilich das Gegentheil – so höbe dieselbe doch jedenfalls die individuelle Freiheit im Wesentlichen auf und widerstreitet daher unserer gesammten auf letztere gegründeten Civilisation. Wie aber nun eben diese individuelle Freiheit als die unerläßliche Voraussetzung einer gedeihlichen Entwickelung der menschlichen Arbeit erscheint, so ist auch das freie Privateigenthum Grundbedingung für die fortschreitende Entwickelung der productiven Kräfte des Menschen. Dennoch treten, wenn nicht rechtzeitig Gesetzgebung und Staatsleitung mit den

geeigneten rettenden Mitteln einschreiten, gerade auf der höchsten Stufe der Volksentwickelung häufig Erscheinungen zu Tage, welche mit dieser Wahrheit im diametralen Widerspruche stehen. Die Geschichte zeigt uns einen beständig sich fortbewegenden und stets sich erneuernden Antagonismus zwischen positivem Rechtszustand und communistischen Bestrebungen, entstanden auf wirthschaftlichem wie auf politischem Gebiete durch die Unterbrechung der Stufenleiter der bürgerlichen Gesellschaft, durch den Mangel eines die breite Kluft zwischen Reich und Arm überbrückenden Mittelstandes, durch Mißverhältnisse in der Arbeitstheilung, namentlich infolge von Uebervölkerung, durch das öffentliche Rechtsgefühl erschütternde Revolutionen, in welchen den Massen zu sehr geschmeichelt und infolge deren die Ansprüche derselben geweckt und gesteigert werden, vollends aber, wenn schließlich noch aus solchen Stürmen eine Staatsverfassung hervorgeht, welche auf der Theorie von der sogenannten Volkssouveränität beruht. Solche Zustände sind die natürlichen Erzeuger und Nährer des Communismus, und communistische Ideen der verschiedensten Formen daher eben so alt wie die wirthschaftliche Ungleichheit der Menschen.

Wenn das Ziel des Communismus eine mehr oder minder schroff durchgeführte Gütergemeinschaft hinausläuft, so darf doch nicht jede auf Herstellung einer solchen gerichtete Bestrebung, die uns im Verlaufe der Geschichte entgegentritt, als Communismus im materialistischen Sinne des Wortes bezeichnet werden. Es hat zu den verschiedensten Zeiten Gesetzgeber, Religionslehrer und Philosophen gegeben, die vor einem hohen sittlichen Standpunkte aus das Privateigenthum verwarfen und die Gemeinschaft des irdischen Vermögens nicht auf das gleiche Recht des Genusses, sondern auf die gleiche Pflicht der Entbehrung basirten. Der primitive Zustand, in welchem der Gedanke des Privateigenthums sich noch nicht auf das Grundeigenthum ausgedehnt hat, läßt sich vollends nicht als ein communistischer bezeichnen. Zu Zeiten, in welchen es nur Naturalwirthschaft gab, war die von Moses gebotene neue Vertheilung des gesammten Grundbesitzes in jedem Jubeljahr, unter Aufhebung aller inzwischen stattgehabten Verkäufe, nichts Anderes als eine dem damaligen jüdischen Volke angepaßte communistische Maßregel in obigem Sinne. Die alten Spartaner hatten, wenigstens für sich, den herrschenden Stamm, eine Reihe communistischer Einrichtungen, unter denen hier namentlich an die gemeinsamen Mahle erinnert werden mag, und auch in Athen führte die zunehmende Demokratisirung des Staates eine gewisse Gütergemeinschaft ein, von der nur die Sklaven ausgeschlossen waren, wie denn überhaupt die antike Anschauung von der Unselbstständigkeit und Rechtlosigkeit des Einzelnen gegenüber dem Staate die Einführung von mehr oder minder communistisch gefärbten Institutionen wesentlich begünstigte. Unter den griechischen Philosophen, die jedoch nur von wesentlich politischen Standpunkte zu communistischen Lehren gelangten, wollte der Chalcedonier Phaleas durch gleiche Erziehung und durch gewisse Maßregeln bei der Verheirathung, wonach der Reiche Mitgift geben, aber keine annehmen sollte, die möglichste Gleichheit des Grundbesitzes erhalten wissen. Hippodamos von Milet theilte seinen Staat von 10,000 Bürgern in die drei Klassen der Handwerker, Ackerbauer und Krieger, und ebenso sollte das Staatsgebiet in drei Theile zerfallen: den heiligen zur Bestreitung des Aufwandes für den Götterdienst, den öffentlichen zur Ernährung der Krieger, endlich den privaten für die Ackerbauer. Die Republik Platon's bestand nach seiner Dreigliederung der Menschennatur in Wissenden, darum Gesetzgebenden und Herrschenden, in Kriegern und endlich in Gemeinen oder Ackerbauern und Handwerkern. Aehnlich wie im neuern St. Simonismus, sollte der Staat den Stand und für jede Person den Kreis ihrer Thätigkeit bestimmen. Hiermit aber war das individuelle Eigenthum aufgehoben; die Ackerbauer bearbeiten den Allen gemeinschaftlichen Boden, die Früchte werden unter Alle vertheilt. Auch die Frauen sind gemeinschaftlich und werden gleich den Sklaven noch als Sache behandelt. In seinem Werke über die Gesetze jedoch verlangt Platon für jeden Einzelnen so viel Besitz, daß er ein sittliches Leben führen könne, und gestattet eine Vermehrung des beweglichen Vermögens bis aufs Fünffache. Damit nähert er sich den Ansichten des Aristoteles, der das mittelmäßigen Besitz eines Jeden für das Beste erklärte, der das persönliche Eigenthum und darum auch seine Unterschiede nicht aufgehoben wissen wollte, aber doch eine gemeinschaftliche Benutzung, wie in Sparta, noch für zweckmäßig hielt. Erwähnt sei schließlich noch, daß auch der Philosoph Epikuros mit seinen Schülern eine Vermögensgemeinschaft hatte, und daß auch das Leben in dem Pythagoräischen Bunde auf dieses Princip gegründet und ausgeführt war. Allein allen diesen Theorien und Einrichtungen gegenüber ist nicht außer Acht zu lassen, daß ihre Existenz begründet war auf der Basis des griechischen Volkslebens, dem die Verrichtung der niedrigen Dienste durch einen zahlreichen Sklavenstand als etwas Selbstverständliches und von der Natur Gegebenes galt.

Auch durch die Geschichte des Orients zieht sich, im Zusammenhange mit einer eigenthümlichen religiösen Weltanschauung, seit den ältesten Zeiten eine lange Reihe von communistischen Lehren, von Begründungen separatistischer Communistenvereine und von gewaltsamen Versuchen zu Umgestaltung der Gesellschaft in diesem Sinne. Da man das aus der Entzweiung des Geistes mit sich selbst entsprungene Böse noch nicht vom sinnlichen Uebel unterschied, machte man die Materie zum Sitz und Quell des Bösen, und versinnlichte sich den irrig aufgefaßten Gegensatz des Guten und des Bösen in der Vorstellung eines Kampfes zwischen Göttern des Lichtes und der Finsterniß, zwischen Ormuzd und Ahriman, oder unter sonstigen Namen und Bildern. Traten nun die schlimmen Folgen der einseitig vorherrschenden Sinnlichkeit augenfälliger zu Tage, so stellten sich ihnen Einzelne mit der Verachtung aller Materie entgegen. Diese Opposition offenbarte sich dann entweder in der quietistischen Verzichtleistung auf materiellen Besitz, oder in der strengern Askese einer Abtödtung des Fleisches und einer directen Besitzesfeindschaft. Da aber gleichwol das Leben mit unauflöslichen Banden an die Materie gebunden bleibt, zugleich aber die in der Opposition gegen den Besitz Befindlichen sich gerade in der Gemeinschaftlichkeit dieser Richtung zusammenfinden mußten, so entstanden bald auch Gemeinschaften, deren Mitglieder, unter Verwerfung des Privatbesitzes, eine mehr oder minder strenge Enthaltsamkeit und die Beschränkung des Genusses auf ein kärgliches Maß sich zur gegenseitigen Pflicht machten. Hiermit aber ging das quietistische und asketische Weltterthum in die sociale Opposition des asketischen Communismus über. Der Buddhaismus, diese älteste orientalische Form des Protestantismus, liefert für Vorstehendes den bündigsten Beweis; aber beinahe schon eben so früh hatten die asiatisch-asketischen Ansichten bei den Juden Eingang gefunden und auch bei diesem Volke entstanden gegen Ende der alten Geschichte asketische Genossenschaften. In der Sekte der Therapeuten am ägyptischen See Möris lebte zwar jeder Einzelne in seiner Zelle; aber am Sabbath hatten sie doch ihre gemeinschaftlichen kärglichen Liebesmahle und für Alle galt das Gebot der Eholosigkeit, des strengen Fastens und der dürftigen Nahrung. Ein jüngerer Zweig dieser Sekte waren die Essener in Palästina; in ihrem hierarchisch streng und vielfach abgestuften Orden galt gleichfalls das Dogma, daß das Fleisch das Gefängniß des Geistes, der Quell des Bösen sei; darum mußte jeder Eintretende sein Vermögen der Gemeinschaft übergeben, während das täglich Erworbene noch am Abend in die gemeinschaftliche Ordenskasse, welche die Mittel zur Bestreitung der Bedürfnisse im Ganzen wie den Einzelnen hergab, abzuliefern war.

Mit der Blüthezeit des Essenerthums und der Ausbildung des schon oben berührten neuplatonischen Pythagorismus fiel die erste Entfaltung des Christenthums zusammen. Schon frühzeitig hat man sich bemüht, dieses aus dem Essenismus herzuleiten und als eine Verallgemeinerung des letztern aufzufassen. In neuerer Zeit geschah dies auch von Seiten einiger Communisten. Allein das allen Völkern gepredigte Christenthum, mit seiner Lehre von der brüderlichen Gleichheit, mit seiner Opposition gegen die den freien Genuß und die freie Benutzung der materiellen Welt noch vielfach beschränkende mosaische Religion, war seinem Wesen nach ganz verschieden vom Essenismus und seinen asketischen Lebensregeln. Mit dem Princip eines Gottes der Liebe, welcher der Schöpfer des Menschengeistes und der sinnlichen Welt der Menschen ist, bleibt die Forderung, daß die Sinnlichkeit dem Geiste zum Opfer gebracht werde, schlechthin unvereinbar. Damit ist also auch der asketische und überhaupt jeder allgemeine und zwingende Communismus unverträglich, weil dieser für Viele doch wieder zum asketischen werden muß und weil sich die Liebe nicht blos im Trennen und Verbinden, sondern auch im Lösen und Befreien bethätigt. Die Worte der Schrift: „Es ist ein Geist, aber die Gaben sind mancherlei", weisen deutlich genug darauf hin, daß nach dem

Sinne der christlichen Lehre die Individualität keineswegs einer abstracten Gleichheit geopfert werden soll. Es waren also nur sehr unvollständige historische Andeutungen oder willkürlich generalisirte Stellen von ganz concreter Bedeutung (namentlich gehört dahin die oftcitirte Stelle der Apostelgeschichte 2, 42 und 44 — 46), wodurch man das Christenthum zu einer communistischen Doctrin umschaffen wollte, während doch in ungähligen andern Stellen das persönliche Eigenthum, die Begriffe von Tausch, Kauf, Lohn u. s. w. entschieden anerkannt sind. Gleichwol ist nicht zu leugnen, daß das Christenthum mit dem Grundsatze der Liebe ein ausgleichendes socialistisches Princip aufgestellt hat, das zur fortschreitenden Bewältigung des Gegensatzes von arm und reich auffordert und das die Gesetzgebung unserer sogenannten christlichen Staaten noch lange nicht genug durchdrungen hat.

Erscheint hiernach die Lehre Christi selbst keineswegs als geeignete und unmittelbare Quelle für communistische Doctrinen, so ist doch andererseits so viel wahr, daß das Christenthum wenigstens indirect zu solchen Bestrebungen Anlaß geboten hat. Ein wirklich communistischer Geist lebte in jenen Gemeinschaften, zu denen sich seit dem 4. Jahrh. die nordafrikanischen Anachoreten zusammenschaarten. Um jene Zeit sammelte Pachomius die christlichen Einsiedler in größern Gebäuden, unterwarf ihr asketisches Leben einer festen Organisation und bestimmte sie zu geordneter gemeinschaftlicher Thätigkeit. Auf diese Weise bildete sich das Anachoretenleben zum Mönchthume um. Aehnliche geistliche Communistenvereine entstanden im Abendlande durch Augustinus, Hieronymus, Cassianus und Benedict von Nursia, die Begründer des occidentalischen Klosterwesens. Alle diese Vereinigungen hielten sich jedoch nur so lange in Ansehen, als ihr Gemeinschaft vom asketischen Geiste durchdrungen war, und mit dem steigenden Reichthume der Klöster sank daher auch ihre sittliche Bedeutung. Während seit dem 11. Jahrh. eine Reform des Mönchswesens, besonders durch Bernhard von Clairvaux begann, erhoben sich neue socialistische und communistische Bestrebungen unter den Laien; es bildeten sich unter ihnen religiöse Secten, welche sich zu in apostolischer Einfachheit und Armuth lebenden Verbindungen zusammenschlossen und streng asketischen Grundsätzen huldigten. In diese Kategorie gehörten die sogenannten Humiliaten, die sich zu freiwilliger Armuth, Keuschheit und strengem Fasten verpflichteten, außer ihrer Kleidung keinerlei Eigenthum besaßen und in religiöser Gemeinschaft lebten. Ihnen ähnlich waren die in Beginn des 13. Jahrh. zuerst in den Niederlanden hervortretenden Begharden, Vereine unverheiratheter Männer, meist Weber und andere Handwerker, die unter einem Meister in gemeinschaftlichen Häusern lebten und sich mit Andachtsübungen, Handarbeit und Liebeswerken beschäftigten. Eine noch größere Verbreitung hatten schon seit dem 11. Jahrh. die im Volke sehr beliebten weiblichen Beguinenvereine erhalten. Alle diese Laienvereine zeichneten sich dadurch vor den geistlichen Genossenschaften aus, daß sie in der Regel Armuth und Enthaltsamkeit

als Forderungen ihrer Gemeinschaft aufstellten, weshalb sie auch mehr ein socialistisches als ein communistisches Gepräge trugen. Diese Natur wurde auch beibehalten, als im 13. Jahrh. aus diesen Laienvereinen sich die großen Bettelorden entwickelten, welche der socialistischen Richtung wieder den kirchlichen Charakter aufprägten und die Laienverbrüderungen selbst mehr in den Hintergrund drängten. Diese Bettelorden waren nicht auf gemeinschaftliches Besitzthum, sondern auf Armuth und Bettelerwerb gegründet, sowie auf Heiligung durch Ertödtung der Fleischeslust und des verführerischen Reichthums. Eine jüngere Art communistischer Vereinigungen waren die Brüder und Schwestern des freien Geistes, eine Secte, die zuerst in Paris auftauchte. Ohne asketische Uebungen wollten sie den reinen Urzustand vor dem Sündenfalle durch Aufhebung der in der ursprünglich gleichen Menschheit durch das Gesetz entstandenen Unterschiede wiederherstellen. Staat, Kirche, Gesellschaft mit allen Ständen und Gliederungen wurden negirt, Obrigkeit, bürgerliche Ordnung, Privatbesitz, Familie und Ehe als unsittlich oder sündhaft verworfen. In ihrer Spitze lief also diese Lehre auf Gütergemeinschaft der Güter und der Weiber hinaus. Selbst verhüllende Kleider galten als Abweichung von Natur und Unschuld, und in verborgenen Zusammenkünften (Paradiesen) sprachen in „heiligen Nächten" nackte Prediger vor Männern und Frauen für freie Geschlechtsvereinigung. Seit Ende des 13. und Anfang des 14. Jahrh. verbreitete sich diese Secte unter verschiedenen Namen über Frankreich, Italien und Deutschland. Namentlich kam im Hussitenkriege eine ähnliche Verbindung, die der Adamiten, zum Vorschein, welche die Weibergemeinschaft cultivirten, bald aber vom Hussitengeneral Ziska vertilgt wurden. Besonders fruchtbar an socialistischen und communistischen Gedanken war das 16. Jahrh., das Zeitalter der Erneuerung des christlichen Lebens in der Reformation; ihre Höhepunkte erreichten sie in Deutschland in der Gesellschaft der himmlischen Propheten, welche Gütergemeinschaft, Vielweiberei und Abschaffung aller Obrigkeit lehrten, hauptsächlich aber in der Richtung Thomas Münzers und der Wiedertäufer, welche 1534 unter Johann Bockold von Leyden in der Stadt Münster absolute Gütergemeinschaft und gemeinsame Mahlzeiten einführten, bald aber gewaltsam unterdrückt wurden. Versprengte Anhänger dieses wiedertäuferischen Communismus gab es übrigens später noch in den Niederlanden, wo sie sich durch Menno Simonis, David Jorris und Coppin aufs Neue nach Deutschland und Frankreich verbreiteten. In ähnlicher Weise traten in Genf die von Calvin bekämpften Libertiner und in Holland und England die Familisten auf, und noch heute enthält die Verfassung der Herrenhuter zahlreiche communistische Elemente. Endlich haben in den letzten Jahrhunderten einzelne Schriftsteller, indem sie ihrer Phantasie den Zügel schießen ließen, wie Thomas Morus, dessen „Utopia" 1516 erschien, und später Campanella in seiner „Civitas solis" einen vollkommen veränderten Gesellschaftszustand im socialistisch-communistischen Sinne

26*

erträumt. Ihnen reiht sich ein französischer Autor, Morelly, an, dessen Schriften „Prince", „Basiliade" und „Code de la nature" sämmtlich um die Mitte des vorigen Jahrhunderts erschienen.

In Gegensatze zu den im Vorstehenden geschilderten philosophisch-religiös-communistischen Doctrinen, denen ein gewisser idealer Zug nicht abzusprechen ist, trägt der Communismus im engern Wortsinne, speziell der moderne Communismus, einen durchaus materialistischen Charakter; er hat nur den physischen Genuß im Auge, will diesen vermehren und gleichmäßiger vertheilen. Von vereinzelten communistischen Bewegungen in dieser Bedeutung weiß die Geschichte der verschiedensten Epochen zu berichten. Schon gegen Ende des 6. Jahrh. vor Christus erzwangen, wie Plutarch erzählt, zu Megara in Griechenland die Armen den Zutritt bei den Reichen und freie Bewirthung, sowie die Rückgabe der für entliehene Kapitalien gezahlten Zinsen. Im alten Rom bot das festgeschlossene Gefüge der Republik wenigstens anfänglich keine geeignete Handhabe für communistische Bestrebungen; erst die Vernichtung des italischen Bauernstandes und das Anschwellen des hauptstädtischen Proletariats führten in den letzten Jahrhunderten des Freistaates zu gesetzlich firirten Getreidespenden und Ackervertheilungen. Diese agrarische Bewegung in Rom aber war mit communistischen Elementen zeitweilig stark durchsetzt, und C. Gracchus insbesondere war ein Mann, der bei der Verfolgung an sich berechtigter Ziele vor den verwerflichsten Mitteln nicht zurückschreckte und die niedrigsten Leidenschaften der großen Masse zu wilden Ausbrüchen aufregte. Ebenso muß die spätere Verschwörung des Catilina unzweifelhaft als ein communistisches Unternehmen bezeichnet werden, nicht minder der Aufstand des Dolabella. Der Ausgang des Mittelalters endlich wird durch eine Reihe von Bewegungen gekennzeichnet, in denen der Bauernstand seine Lage zu verbessern bestrebt war und dabei vielfach zu Feindseligkeiten gegen das Eigenthum vorschritt; insbesondere gehören hierher die Jacquerie in Frankreich, der Aufstand des Jack Cade in England und endlich der deutsche Bauernkrieg, welch' letzterer allerdings zunächst nur die Abschaffung des Feudaldrucks, weiterhin aber doch auch die vollständige Beseitigung des Unterschiedes zwischen Arm und Reich anstrebte.

Eine weit andauerndere und intensivere materialistisch-communistische Bewegung, als die vorstehend skizzirten, datirt nun aber seit dem Ende des vorigen Jahrhunderts, mit andern Worten, seit der großen französischen Revolution.

Nach ihrem ersten äußerlichen Verlaufe schien die französische Revolution nur gegen das geltende öffentliche Recht gerichtet zu sein, und es war die in sich selbst noch nicht bestimmt materialistische Masse des dritten Standes, die sich den staatsrechtlich privilegirten Klassen der Gesellschaft entgegenstellte. Da aber die Revolution die historisch gewordene Ungleichheit aus dem Standpunkte einer abstracten Freiheit und Gleichheit bekämpfte, so enthielt sie schon ursprünglich den Keim zu

einer Reihe von Evolutionen, die nach und nach gegen jede Art der Ungleichheit in allen Kreisen des gesellschaftlichen Lebens zum Vorschein kommen mußten. Durch Steigerung in der Geltendmachung ihres Princips war die große Masse der Ungebildeten und Nichtbesitzenden, der geistig und leiblich Armen, in der Zeit der Schreckensregierung factisch zur Herrschaft und verfassungsmäßig zur wesentlichen Anerkennung ihrer politischen Rechtsgleichheit mit den übrigen Theilen der Nation gelangt, bis sie durch die beginnende Reaction und in deren Folge durch die Verfassung von 1795 diese Gleichheit wieder verlor. Während sich aber aus der allgemeinen Nivellirung wieder die verschiedenen Stellungen der Einzelnen erhoben, bildete sich in den untern Klassen, nachdem diese die Gleichheit eine Zeit lang wirklich genossen hatten, das bittere Gefühl abermaliger Zurücksetzung zur vollen Schärfe aus. So entwickelte sich ein Proletariat, das in der kaum sich wieder beruhigenden Gesellschaft mit Bewußtsein nicht blos der neuen Staatsform entgegentrat, sondern auch dem früher im Princip unantastbar gebliebenen Privatrechte, auf dem die Anerkennung von Unterschieden beruhte, die fortan als rechts- und vernunftwidrig beseitigt werden sollten. Durch Babeuf fand der neufranzösische Communismus ein Organ und seinen ersten, sehr bestimmten Ausdruck. In der Zeitschrift „La tribune du peuple" und in der bei geheimen Namen der „Société des égaux" führenden Pantheonsgesellschaft predigten Babeuf und seine Genossen die äußersten Consequenzen des Gleichheitsprincips, die vollkommene Gleichheit des Besitzes und die Aufhebung alles persönlichen Eigenthums. Nach Auflösung der Gesellschaft gründete Babeuf ein geheimes Directorium, worin die neuen Sociallehren in ihrer negativen Richtung weiter ausgebildet und zugleich die Mittel für eine gewaltsame Umwälzung der Gesellschaft vorbereitet wurden. Durch Verbindung mit der republikanischen Partei von 1793 gewann die Verschwörung einen solchen Umfang, daß man auf einen baldigen Ausbruch bedacht war. Ein von Babeuf selbst ausgearbeitetes, im April 1796 in der Hauptstadt vertheiltes Manifest sprach namentlich die folgenden communistischen Grundsätze aus: Die Natur hat jedem Menschen ein gleiches Recht auf den Genuß aller Güter gegeben, und die Vertheidigung der durch die Schlechten und Starken so oft angegriffenen Gleichheit ist der Zweck der Gesellschaft; Niemand kann sich, ohne Verbrechen, der Arbeit entziehen; Arbeiten und Genüsse müssen gemeinsam sein; in einer wahren Gesellschaft darf es weder Arme noch Reiche geben; die Reichen, die nicht den Ueberfluß zu Gunsten der Bedürftigen entfalten wollen, sind Feinde des Volkes; Niemand kann durch Anhäufung von Mitteln den Andern das für sein Glück nothwendigen Unterhaltes berauben; der Unterricht muß gemeinsam sein. In welchem Sinne man aber diese so ganz allgemein gehaltenen Grundsätze anzuwenden gedachte, darüber gab Buonarotti, ein Mitverschworener Babeuf's, in einer später bekannt gemachten Schrift nähere Auskunft. Ohne Bedenken leugnete man alle Resultate der früheren Geschichte, da die urkräftige Menschheit durch eigenes, inneres Leben alle historischen Entwickelungen und Errungenschaften leicht zu ersetzen vermöge. Man wollte keine eigentliche Regierung und keinen Staat, keine Kirche, kein Eigenthum, keine Wissenschaften und keine höhere Bildung mehr. Weil man die Landwirthschaft und die nothwendigsten Fertigkeiten für die wahren Ernährerinnen erklärte, so hielt man dafür, daß alle Menschen nach dem Naturgesetze berufen seien, sie zu üben, und daß alle großen Städte, als ein Zeichen der Krankheit des öffentlichen Lebens, zerstört werden müßten. Um sodann die geistige Nivellirung durchzuführen und zu erhalten, wollte man die Bildung durch völlig gleiche Erziehung auf ein dürftiges Normalmaß von Lesen, Schreiben und Rechnen, von Kenntniß der Gesetzgebung, Geschichte, Geographie und Statistik der Republik beschränkt haben. Die strengste Censur sollte die ganze Bewegung der Presse innerhalb der engen Sphäre dieser republikanischen Principien festhalten und jeder Uebertretung die härteste Strafe folgen. Endlich sollte zur Verhütung jeder materiellen Ungleichheit des Besitzes und Genusses als einzige Behörde eine Theilungsobrigkeit für Magazinirung, Circulation und tägliche Vertheilung der Producte bestehen. Am 10. Mai 1796 wurde die Conspiration durch Verhaftung sämmtlicher Rädelsführer vereitelt, und wie weit sich auch ihre Verzweigungen ausgedehnt hatten, so erhob sich doch keine Stimme zu ihren Gunsten. Babeuf und sein Genosse Darthé endeten 24. Mai 1797 auf dem Blutgerüste, die hervorragendsten übrigen Mitschuldigen wurden deportirt und die communistische Bewegung war hiermit bis auf Weiteres unterdrückt.

Zum richtigen Verständniß des Babeuf'schen Unternehmens und damit des neufranzösischen Communismus überhaupt sei hier auf die Thatsache hingewiesen, daß schon mehrere Jahre vor der großen Revolution der Franzose Brissot in seinen 1780 erschienenen „Recherches philosophiques sur le droit de propriété" das Eigenthum zu einer bloßen Einbildung herabzusetzen gesucht und den Hunger als das einzige Anrecht auf Eigenthum hingestellt hatte. Auch ist nicht außer Acht zu lassen, daß gerade um jene Zeit zweierlei Umstände zusammentrafen, welche communistische Bestrebungen erzeugen und nähren mußten: zunächst die Wendung, welche die staatswissenschaftliche Theorie genommen hatte, seit durch J. J. Rousseau die Lehre von der Gleichheit der Menschen verkündet worden; sodann der Umschwung in der Technik durch die Einführung der Dampfmaschine. Ein neuer Lebensinhalt erzeugt sich aus dem frischen geistigen und wissenschaftlichen, sittlichen und ökonomischen Streben der Völker. Die Befreiung der Individualität von einer Unzahl lästiger Schrauken ist zugleich eine gewaltige Vermehrung der productiven Kraft. Das Bewußtsein, auf sich selbst zu stehen, erzeugt neues Leben, eine gesteigerte geistige und ökonomische Production und Productivität. Erfindung drängt sich an Erfindung. Die Maschine stellt sich neben das Werkzeug, das Fabrikwesen neben das Handwerk; die Theilung der Arbeit verhundertfacht die Leistungsfähigkeit, neue Natur-

kräfte treten in den Dienst der Menschen und übernehmen die rein mechanischen Leistungen. Mit der Production nehmen der Handel und die Verkehrsmittel neue, nie dagewesene Dimensionen an. Von den rechtlichen Formen, welche bisher den Verkehr regelten, muß eine nach der andern fallen; auf der freien Bewegung der Individuen beruht die immer wachsende Steigerung der Production. Die Zünfte mit ihren Meisterrechten, die Monopole und Schutzzölle, die Zehnten und Bodenbelastungen, die Beschränkungen des Grundverkehrs sind in der Hauptsache lauter Rechtsformen, welche einer untergegangenen Wirthschaftsperiode angehören; sie verschwinden als nutzlos und hemmend mehr und mehr. Die mittelalterliche Wirthschaftswelt ruhte auf festen Rechtsnormen, mit denen das viel complicirtere moderne Wirthschaftsleben besonders in seinen Anfängen unverträglich war; seine Basis ist die freie Bewegung der Individualität und die möglichst unbeschränkte Concurrenz. In dem tausendfach verschlungenen Proceß der Production ist der Einzelne in Allem seiner eigenen Kraft überlassen, ob er nun sinken oder steigen mag. Das Handwerk mit seinen familienartigen, sittlichen Beziehungen zwischen Meister, Gesellen und Lehrling wird mehr und mehr zurückgedrängt. Die heutige Production weist vielfach auf den Groß- und Fabrikbetrieb hin; nur er erlaubt gehörige Arbeitstheilung, gehörige Verwerthung der Naturkräfte und Maschinen, gehörige Ausnutzung aller Materialien, gehörige Benutzung der kaufmännischen Conjuncturen und der technischen Fortschritte; nur er gibt auch zugleich großen Credit. Die Arbeitskräfte, welche die Fabrik in Masse braucht, müssen eine andere sociale und ökonomische Stellung einnehmen, als der frühere Handwerksgeselle. Wo einem Tage zum andern auf Arbeit gehörige Arbeit angewiesen, kämpft der Fabrikarbeiter um diesen. Die erste Wirkung dieser Umschwungen war eine für den Arbeiterstand ungünstige; die ersten Segnungen der Concurrenz genoß der Unternehmer, welcher in den Stand gesetzt wurde, die Arbeitslöhne herabzudrücken, und zwar genau zu derselben Zeit, da die französische Revolution das Bewußtsein von der natürlichen Gleichberechtigung aller Menschen verbreitete.

Die starke Hand Kaiser Napoleons I. hielt in Frankreich alle Versuche einer neuen gewaltsamen Umänderung der bestehenden wirthschaftlichen Verhältnisse nieder, und während der Gang der industriellen Entwickelung die Lage der Arbeiter mehr und mehr verschlechterte, scheiterte jeder Versuch, eine Verbesserung derselben auf dem Wege des politischen Fortschrittes herbeizuführen. Aber trotz dieser äußern Ruhe der communistischen Bewegung entwickelten sich schon unter dem ersten Kaiserreiche und mehr noch unter der Restauration in fast unbemerkter Stille socialistische Lehren, die von Neuem an die Principien der Revolution anknüpften. Die Systeme Fourier's und Saint-Simons gewannen eine bestimmtere Gestalt. Saint Simon fand zuerst Anhang. Ausgehend von der Wahrnehmung, daß das Wohlbefinden vielfach von der Arbeit abhängt, in der Wirklichkeit aber vom zufälligen Besitze bedingt wird, gelangte er zu dem Satze, daß allein der Gewerbfleiß die Gesellschaft fördere, daß also die gewerbthätigen Arbeiter die nützlichsten Glieder der Gesellschaft seien und daß dem zufolge ihnen die Herrschaft im Staate gebühre. Gab Saint-Simon dem mit schwärmerischer Gluth aufgefaßten Gedanken keine nüchterne, Mittel und Wege anweisende, Ausführung, sondern hielt er sich vorwiegend in anregenden Allgemeinheiten, so dachte sich Fourier, der einsame Träumer, einen Idealzustand aus, den er bestimmt ins Einzelne ausführte und breitete sich bald in anscheinend philosophischen Erörterungen, bald in ungebundenen Schilderungen aus, um die Frage, wie Arbeit und Genuß zu gestalten seien, in seiner Weise zu beantworten. Indem jedoch die Julirevolution diesen Lehren gestattete, offener hervorzutreten, erlag bald der bereits in sich gespaltene Saint-Simonismus mehr dem Gewichte seiner eigenen Thorheiten, als den Maßregeln und Verfolgungen der Regierung, während die Lehre Fourier's in langsamerem Fortschritte sich läuterte und erst nach später erlangter größerer Ausbreitung mehr und mehr an Bedeutung verlor. Ueberhaupt war zunächst die wesentlich politische Julirevolution auch der Ausgangspunkt einer blos politischen Bewegung. Eine demokratische Partei stellte sich der neuen Dynastie und der staatsrechtlich bevorzugten Bourgeoisie entgegen, bis die Republikaner 1834 in den Straßen wie in der Kammer besiegt wurden und nun in der bisherigen Opposition selbst der Gegensatz von demokratischer Bourgeoisie und von Proletariat hervortrat. Durch die Niederlage der Republikaner wurde der revolutionäre Theil der untern Volksmasse von seinen meisten bisherigen Führern getrennt. In dieser auf sich selbst zurückgeworfenen Masse ward aber, unter der fortdauernden Herrschaft des Princips einer abstracten Gleichheit, unter dem Einflusse der materiellen Noth und dem Gefühle der Zurücksetzung gegen die reichern und vornehmern Klassen je eher eine Lehre ausgebrütet, die sich wesentlich verneinend gegen alles Bestehende zeigte und sich hauptsächlich wieder, wie 1796, gegen das persönliche Eigenthum richtete. Dabei konnte es nicht fehlen, daß, ungeachtet der Spaltung zwischen dieser communistischen und der blos republikanischen Partei, doch einzelne Gebildetere sich den Proletariern näher anschlossen und den unter ihnen gährenden Ansichten einen bestimmten Ausdruck verliehen. Aufs Deutlichste ergab sich schon aus der von Barbès und Blanqui geleiteten Empörung von 1839, daß der revolutionäre „peuple" die Republik nur noch als Mittel wolle, um durch den Umsturz der Verfassung eine Neugestaltung des Eigenthums herbeizuführen.

Fast gleichzeitig mit der ebengedachten materialistisch-communistischen Erhebung gab Lamennais, dem später Cabet auf dieser Bahn folgte, die besondere Veranlassung, daß man aus der christlichen Liebe ein Recht der Armen auf Theilnahme am Besitze ableitete, sodaß eine Zeit lang die communistischen Schriften ihre Behauptungen nicht selten mit Bibelstellen belegten. Louis Blanc, in Opposition gegen das System der freien Concurrenz, die für das Volk ein System der Vernichtung, für die

Bourgeoisie eine Ursache des Ruins werde, entwickelte seine Ideen über die „Organisation der Arbeit", um namentlich den industriellen Arbeitern eine glücklichere Lage zu sichern. Die Hauptaufgabe der zu organisirenden Arbeit sollte sein, die tödtende Concurrenz durch die Concurrenz selbst verschwinden zu lassen. Der Staat, als der größte Kapitalist, müsse sich der Industrie bemächtigen und durch gleichmäßige Vertheilung der Arbeit jedem Arbeiter den gebührenden Lohn für seine Arbeit sichern. Diese Staatsindustrie muß aber eine rein demokratische Einrichtung erhalten, bei welcher Jeder nach Maßgabe seines Verdienstes und seiner Arbeit berechtigt wird; in der Forderung der Errichtung von Nationalwerkstätten gipfelt Blanc's Lehre. Endlich veröffentlichte Proudhon im J. 1840 sein mit großem Scharfsinn und tiefer Gelehrsamkeit geschriebenes Werk: „Qu'est-ce que la propriété?" ein Buch, von dem man nicht mit Unrecht gesagt hat, daß es die Rechtfertigung des Eigenthums aus den bisherigen Gründen unmöglich und eben darum eine tiefere Begründung desselben, als seither geschehen, nothwendig gemacht habe. In dem angeführten Werke sowol wie in der Definition „Confessions d'un révolutionaire" bestritt dieser Schriftsteller mit schonungsloser, durchweg verneinender Kritik alle bisherigen Schulen und Doctrinen des Communismus wie des Socialismus. Der Grundgedanke, von dem Proudhon bei seiner Beurtheilung der gesellschaftlichen Zustände ausgeht, ist der, daß die Ausdehnung und Entwickelung des Privateigenthums nicht denkbar sei ohne die Aneignung fremden Besitzes und ohne die fortschreitende Entwerthung der Arbeitskraft. Dieser Gedanke, auf seine Spitze getrieben, hat in die bekannte Definition: Eigenthum ist Diebstahl. In der Kritik der socialistischen Systeme weist Proudhon hauptsächlich den Widerspruch nach, in welchem sie zu dem Rechte der persönlichen Selbstbestimmung stehen. Diese aber ist ihm die erste und letzte Forderung an die vernunftgemäße Gesellschaft, welche eben deshalb nur als freiwillige Vereinigung zu bestimmten Zwecken gedacht werden kann. Daher vermag er auch den Staat in dem bisherigen Sinne nicht als berechtigt anzuerkennen, denn er beruht auf Zwang, und Proudhon's Ideal ist daher ganz folgerichtig die Aufhebung jeder Herrschaft, d. i. die Anarchie. Uebrigens eignete sich um dieselbe Zeit der Communismus auch aus dem scheinbaren Saint-Simonismus manche Bruchstücke an und eine proletarische Journalistik sowie eine proletarische Lyrik halfen an ihrem Theile, den Gegensatz des „peuple" gegen die mittlern und höhern Klassen mehr und mehr zum Bewußtsein zu bringen. Den wirksamsten und unmittelbarsten Einfluß aber hatte die Verbreitung der schon oben erwähnten, von Buonarotti in Brüssel herausgegebenen und lange Zeit wenig beachteten Geschichte der Babeuf'schen Verschwörung. Diese Schrift machte ungeheure Propaganda unter den seit dem Siege der Regierung im J. 1834 über die „republikanische Gesellschaft der Menschenrechte" in Gefangenschaft gehaltenen Mitgliedern dieser Verbindung, die nun zum großen Theil als Babouvisten die Kerker verließen und nach wiederholt mißlungenen Versuchen den Hebel zum Umsturze der Monarchie im Communismus gefunden zu haben glaubten. Die erneuerte Lehre Babeuf's verbreitete sich mit reißender Schnelligkeit auch im Proletariate. Zugleich trat die schon lange keimende Spaltung zwischen der communistischen und der alten republikanischen Partei immer schärfer zu Tage. Die communistische Fraction brachte es im J. 1837 zu einem ersten öffentlichen Organe, dem „Moniteur républicain", der sich sofort mit blutdürstiger Gleichmacherei an die rohesten Leidenschaften und Gelüste des Pöbels wandte. Etwas gemäßigter hielt sich eine andere Zeitschrift, der „Homme libre", die auch auf nähere Darstellung und Begründung der Babeuf'schen Lehre einging. Auf eine sociale Umwälzung in dieser Richtung, jedoch ohne ein bestimmteres Ziel, war es auch bei jenem aus der „Gesellschaft der Jahreszeiten" hervorgegangenen Aufstande vom 12. Mai 1839 abgesehen, dessen bereits oben gedacht wurde. Der auf offener Straße überwundene Communismus hatte sich, indem er seine Tollkühnheit büßte, zugleich in seiner Schwäche gezeigt. Nur noch in vereinzelten Attentaten kam er zum Vorschein, oder er zog sich in geheime Gesellschaften zurück, um sich vorerst als Doctrin in verschiedener Weise auszuprägen. So hielten sich die „Travailleurs égalitaires" noch an den Babouvismus, in mancher Beziehung ihn auf die äußerste Spitze treibend. Was sie predigten, war die Verkündung des nackten Materialismus, weil es das unveränderliche Gesetz der Natur sei; die Aufhebung der einzelnen Familie, weil sie die Zersplitterung der Zuneigungen erzeuge; die Beseitigung der Ehe, weil es ein ungerechtes Gesetz sei, welches das Fleisch als persönliches Eigenthum setze; die Zerstörung der Städte, weil sie als Mittelpunkte der Beherrschung und der Laster erscheinen u. s. w. Besondere Beachtung seitens dieser egalitären Forderungen fand die in den letzten Jahrzehnten mächtig gewordene Industrie, während Babeuf selbst noch bei dem Gedanken der Landwirthschaft, als der einzigen Basis des Nationalreichthums, stehen geblieben war. Jenes Aeußerste der Verneinung, das sich sogar auf die Institutionen der Ehe und der Familie bezog, widerstand jedoch dem größern Theile der Proletarier selbst, und erzeugte bei ihnen eine Partei der Reformisten, die, aus den gebildetern Elementen der Arbeiter bestehend, weder eine formelle Verbindung noch eine doctrinäre Schule bildeten. Dieselben gründeten sich 1840 im „Atélier" ein eigenes Organ; allein der Charakter dieser reformistischen Partei war und blieb eine gewisse Unentschiedenheit. Uebereinstimmend war sie jedoch darin, daß auch sie die Ungleichheit der socialen Verhältnisse als fortdauernde Quelle der Unzufriedenheit und Herabwürdigung anerkannte, der die bloße Gleichheit nicht abhelfen könne, sondern nur die „Gemeinsamkeit der Arbeit und die weise Vertheilung der gemeinschaftlichen Erzeugnisse, sowie die Gemeinschaft der Erziehung und eine Modification der Familie zur Vernichtung des Kastengeistes, jedoch ohne Vermischung der Geschlechter und ohne Aufhebung der Vaterschaft".

Ein bestimmteres und im Gegensatz zu den Rasereien der égalitaires zugleich ein humaneres Gepräge erhielt dagegen der französische Communismus durch Cabet, der zur friedlichen Propaganda auf dem Wege der Lehre und Ueberzeugung eine rastlose literarische Thätigkeit entfaltete und infolge dessen von der weitaus großen Mehrzahl der französischen Communisten als geistiges Oberhaupt betrachtet wurde. Es war im J. 1840, als zunächst Cabet's bedeutendstes Werk: „Voyage en Icarie" an die Oeffentlichkeit trat. Im Anschluß an dieses bildete sich im Proletariate eine dritte und bald sehr zahlreiche Partei, die der Communisten im engern Sinne, oder, wie sie sich nannten, der icarischen Communisten. Ihre Propaganda hatten sie in sogenannten „Cours Icariens" in abendlichen Zusammenkünften von je etwa 20 Arbeitern zur Vorlesung und Besprechung. Diese Versammlungen standen unter sich im Verkehr und breiteten sich bald über alle Fabrikstädte Frankreichs aus. Die Grundzüge seiner Lehre faßte Cabet selbst in einem vielverbreiteten communistischen Glaubensbekenntnisse zusammen. An die Spitze stellt er den Glauben an einen wohlthätigen Urgrund aller Dinge. Ueber die und die Familie und ihm die dem Verhältnisse der Geschlechter und der Kinder zu den Aeltern angemessene Form der persönlichen Gemeinschaft. Er erklärt die sociale und politische Ungleichheit, insbesondere das Eigenthumsrecht und die Veräußerlichkeit, für die Quelle aller Laster der Reichen und Armen, für den unseligsten aller Irrthümer. Deshalb fordert er, ohne in der monarchischen Staatsform die einzige Quelle des Unglücks zu finden, daß das aristokratische System, d. i. die sociale und politische Ungleichheit, durch die Demokratie, d. i. die Gleichheit nach beiden Richtungen hin, ersetzt werde. Cabet will Gütergemeinschaft, Gleichheit der Rechte und Pflichten, Gleichheit der Arbeit und des Genusses bis zur Grenze der Möglichkeit. Das Nationalgebiet soll daher als gemeinschaftliches Besitzthum nach den Bestimmungen der Gesellschaft verwaltet, von den Bürgern bebaut und alle Producte sollen eingesammelt und vertheilt werden. In gleicher Weise will er die Industrie in allen Zweigen als eine einzige sociale betrachtet und einer gemeinsamen Leitung unterworfen wissen. Die Basis dieser Gemeinschaft ist ihm eine gemeinschaftliche allgemeine Elementarerziehung. Er glaubt an eine höhere Entwickelung der schönen Künste in diesem Systeme der Gütergemeinschaft. Uebrigens soll seine sociale Umgestaltung nur auf dem Wege der Belehrung und Ueberzeugung, durch die Zustimmung Aller oder doch der großen Mehrheit bewerkstelligt werden. Darum soll die bestehende Generation weder ihres Eigenthums beraubt noch zur Arbeit gezwungen werden, indem das System der Gütergemeinschaft erst für das durch Reform darauf vorbereitete zukünftige Geschlecht verbindlich sein dürfe. Ueberdies müsse eine parlamentarische und Wahl-Reform der socialen nothwendig vorausgehen, wobei ein Uebergangsstaatsrecht einzuführen sei, mit Anerkennung des Princips der Gleichheit und der beständigen Tendenz einer allmäligen Verminderung der Ungleichheiten des Eigenthumsrechtes, durch Beseitigung der testamentarischen wie der collateralen Intestat-Erbfolge, durch Progressivsteuern, Einführung von Associationen und theilweisen Gemeinschaften, Organisation der Arbeit, Ordnung des Arbeitslohnes und gemeinsame und freie Erziehung.

Von Frankreich aus verzweigte sich der Communismus zunächst in einzelne belgische und spanische Fabrikstädte. Auch blieb er nicht ohne Einfluß auf die freilich von andern geschichtlichen Prämissen ausgegangene Entwickelung der Ansichten und den Gang der Dinge in England, wovon weiter unten die Rede sein wird. Endlich fand schon vor der Februar-Revolution von 1848 die communistische Lehre, jedoch nur als ikarischer Communismus im Elsaß und in manchen Gegenden der Schweiz unter den dortigen deutschen Handwerkern einigen Anhang. Auch ließen schon in den Vierziger Jahren einige in Deutschland entdeckte und zur Untersuchung gezogene geheime Verbindungen socialistische und communistische Anklänge gewahren. Die ebengedachten pariser Februar-Revolution selbst aber trug gleich in ihrem ersten Entstehen ein stark socialistisches Gepräge. Der Wahlspruch: Liberté, Egalité, Fraternité, mit dem alle Decrete der sich constituirenden Republik signirt wurden, enthielt in den beiden letzten Worten scheinbar Alles, was die Socialisten bis dahin gehofft hatten. Die Regierung selbst, in der viele Socialisten Aufnahme fanden, konnte dem Andringen auf Verwirklichung der socialistischen Ideen und Pläne nicht widerstehen. Es entstanden die schon früher von Blanc geforderten Nationalwerkstätten, aber freilich mit einem Erfolge, der das Unpraktische aller dieser socialistischen Theorien von Neuem bewies. Neben den Socialisten erhoben aber bald die eigentlichen Communisten ihr Haupt und gewannen im Proletariat großen Anhang. Beide vereinigten sich mit einander im Juni-Aufstande von 1848. Die Unterdrückung desselben durch Cavaignac und der darauf gemachte Proceß zerstreute zwar für eine Zeit lang die Häupter beider Richtungen, von denen sich viele nach England begaben, doch hörte hiermit die Herrschaft communistischer und socialistischer Doctrinen in den untern Volksschichten Frankreichs keineswegs auf. So wurde noch 1850 eine fast über ganz Südfrankreich verbreitete socialistische Verschwörung entdeckt, die zu Beziers ihren Mittelpunkt hatte; wichtige Ermittelungen über eine geheime Gesellschaft „Nemesis" wurden in Paris gemacht, deren Mitglieder unversöhnlichen Haß gegen alle tyrannische Reaction und gegen die Ausbeutung der Menschen durch Menschen, dagegen Vertheidigung der unveränderlichen Rechte der Freiheit, Gleichheit und Brüderlichkeit gegen Alle und Jede schwuren. Als mit Ludwig Napoleon eine auf eine wachsame und energische Polizei sich stützende Regierung ans Ruder kam, nachdem zuvor mit dem Staatsstreiche die gefährlichsten Elemente unschädlich gemacht waren, verschwanden derartige Bestrebungen vom Schauplatze; daß aber nicht erneute Versuche, sie zur Geltung zu bringen, unternommen wurden, dafür sorgte der neue Machthaber einerseits, und nicht ohne Glück, durch eine eigenthümliche, aller-

dings oft nur scheinbare Versöhnungspolitik gegenüber dem Proletariate, anderntheils aber durch Förderung der materiellen Lage der Arbeiter, die bei der großartigen Entwickelung, welche Handel und Industrie seit Mitte des gegenwärtigen Jahrhunderts nahmen, sich einer immer steigenden Verbesserung ihrer äußern Verhältnisse zu erfreuen hatten. Mit der veränderten Sachlage aber, welche 1870 der deutsch-französische Krieg und der Sturz Napoleons III. brachte, trat abermals eine Wandlung zum schlimmsten ein; der niemals vernichtete Brennstoff flammte aufs Neue im französischen Proletariate auf im Aufstande der Commune von Paris (März — Mai 1871), in welchem communistische Projecte, abstracte Reformideen und wilde Leidenschaften der hauptstädtischen Volksmasse zum Ausbruche kamen. Die im Communeaufstande entfesselten Geister wurden durch die Waffengewalt Mac Mahon's gebändigt; daß aber nach wie vor in Frankreich das communistische Feuer unter der Asche weiter fortglimmt, beweisen zahlreiche Symptome, von denen hier nur beispielsweise an die im Frühjahre 1879 zu Bordeaux erfolgte Wahl Blanqui's zum Deputirten erinnert sein mag.

Ganz unabhängig vom neufranzösischen Communismus begann in England die praktisch-communistische Bewegung erst im gegenwärtigen Jahrhundert mit dem socialistischen Versuche Robert Owen's, der sich in der Baumwollenspinnerei von New-Lanark der bedrängten Lage der dortigen Arbeiter annahm. Durch die dabei erzielten Erfolge ermuthigt, veröffentlichte Owen im J. 1812 sein System: „New views of society", wonach der Mensch, weil er von Natur weder gut noch böse sei, sondern das Eine wie das Andere erst durch die Umgebung und Umstände werde, unzurechnungsfähig ist (moralische Nichtverantwortlichkeit des Individuums), daher weder belohnt noch bestraft, sondern nur mit Wohlwollen behandelt werden darf. Absolute Gleichheit der Rechte wie der Pflichten muß eingeführt werden; eine Ueberordnung und ein Vorzug des Einen über und vor dem Andern, auch durch Kapital und Intelligenz, ist zu verwerfen. Soweit fand Owen's System in England Anklang; als er indeß mit der Kirche, ja mit der Religion brach, mußte er seine Heimath verlassen und gründete nun in Nordamerika die Colonie New-Harmony, die, solange Geld reichte, sich in blühendem Zustande befand, später aber (im J. 1826) sich auflöste. Inzwischen hatten seine Schüler, die sogenannten Oweniten, in seinem Geiste fortgewirkt, namentlich durch Abram Combe zu Orbiton bei Edinburgh eine Colonie ins Leben gerufen, die in der gemäßigter Communismus eingeführt war, die jedoch schon mit seinem Tode (1827) wieder zerfiel. Owen selbst, der um dieselbe Zeit nach England zurückkehrte, wirkte nunmehr besonders für die Organisation der Arbeitervereine, gründete die National Labour equitable Exchange, wo für Arbeit Zettel ausgegeben wurden und gegen diese Zettel Lebensbedürfnisse eingetauscht werden konnten; allein auch dieser Verein war nur von kurzem Bestande. Später trat er in Manchester an die Spitze der Community friendly Society, die eine auf Communismus gegründete Gemeinschaft erstrebte. Aus den Owen'schen Arbeitervereinen gingen die sogenannten Chartisten hervor, die namentlich im J. 1848 gegenüber dem Clerus, den Grundbesitzern und den großen Kapitalisten, welche im Besitze des Nationalvermögens und wegen ihrer ausschließlichen Wählbarkeit ins Parlament zugleich die Gesetzgeber und Steuerausschreiber sind, eine Volkscharte und dadurch die Theilnahme an den Volksrechten und überhaupt eine gänzliche Umgestaltung der socialen Verhältnisse erstrebten. Allein das besonnene Beispiel, welches 1843 die sogenannten Pioniere von Rochdale (zwölf sich vergesellschaftende Flanellweber) gaben, regte mehr und mehr zur Nachfolge an; gegenwärtig bestehen in England mehr denn 30 Arbeitervereine, welche Fabriken angelegt haben. Manche Fabrikbesitzer aber haben zum Theil infolge des gegebenen Anstoßes in sehr umfassender Weise die Fürsorge für ihre Arbeiter übernommen und für letztere Schulen, Krankenhäuser, Unterhaltungssäle, Bibliotheken u. s. w. eingerichtet. Ohne Zweifel stand in England der Communismus während der eben erwähnten Chartistenbewegung von 1848 auf dem Gipfel seiner Bedeutung; an vereinzelten Kundgebungen nach dieser Richtung hin kann es in einem Lande mit so ausgedehnter Freiheit auch in der Gegenwart nicht fehlen, allein gegenüber den Bestrebungen der zahlreichen Arbeitervereine, die ihr Ziel auf friedlichem Wege verfolgen, sind diese Symptome ohne eine tiefere Bedeutung. Auch in Nordamerika, wohin von England und andern europäischen Ländern aus die Samenkörner der verschiedensten communistischen Parteien getragen wurden, haben dieselben bei den in den Vereinigten Staaten bestehenden politischen Verhältnissen einen irgend beachtenswerthen Einfluß auf die dortigen socialen Zustände nicht zu erringen vermocht.

Während die gezeigtermaßen diejenige Phase der communistischen Bewegung, in welcher die französischen Ideen überwogen, schon in dem Beginn der Herrschaft Napoleons III. ihr Ende erreicht hatte, und seitdem in Frankreich die öffentliche Agitation auf lange hinaus zurücktrat, hatte das J. 1848 auch in andern Ländern mehr oder weniger lebhafte Arbeiterbestrebungen zur Folge gehabt. Vom Chartismus, der, eine echt communistische Erscheinung, in England seine Fahne entrollte, war bereits die Rede; aber auch in Berlin hatte im Juni 1848 eine Arbeiterversammlung mit communistischen Grundsätzen getagt, und die revolutionären Elemente hatten sich kennen gelernt. Hiermit war der Grund zu der Internationale, dieser gegenwärtig fast alle continentalen Länder umfassenden communistischen Verbindung, gelegt; der Anstoß aber, wodurch die Bewegung wieder in helle Flammen ausbrach, ging von Deutschland aus. Schon seit Anfang der Vierziger Jahre hatten die französischen Ideen in Deutschland Wurzel geschlagen. Von der Schweiz aus richteten Weitling und August Becker ihre Angriffe gegen Eigenthum und Erbrecht. Friedrich Engels veröffentlichte einige Jahre später sein Werk: „Die Lage der arbeitenden Klassen in England" und vereinigte sich 1849 mit Karl Marx zu einem Manifeste der communistischen

K. Encykl. v. W. u. K. Erste Section. XCVIII.

Partei. Praktisch trat der Communismus während der J. 1848 und 1849 in verschiedenen deutschen Städten als Theilungsgelüste auf und auch einzelne Versuche zu communistischen Geheimbünden mochten besonders seit dem Niedergange der Bewegung nicht fehlen. Dabei behandelten die Arbeitervereine in öffentlichen Versammlungen die „Arbeiterfrage", wobei die Debatten in der Regel auf die Forderung der Staatshülfe hinausliefen. Trotz ihrer unmittelbaren Ergebnißlosigkeit sollte indessen die sociale Bewegung von 1848 für die deutschen Verhältnisse nicht ohne Folgen bleiben. Die communistisch-socialistischen Ausbrüche und Forderungen führten den bedrohten Mittelstand den alten Regierungsparteien zu, die hierdurch den Muth und die Kraft erhielten, wieder ans Staatsruder zu treten und das Werk der allgemeinen politischen Reaction zu beginnen. Andererseits aber hatte die Bewegung im kleinen Handwerkerstande Keime gesunder Bestrebungen erweckt, die, auf dem mißbräuchlich so genannten Principe der Selbsthülfe fußend, unter Anleitung von Schulze-Delitzsch während des nächstfolgenden Jahrzehnts zu einer großen Entfaltung des Genossenschaftswesens für wirthschaftliche, gewerbliche und namentlich Bildungszwecke unter den Arbeitern und Handwerkern führten. Zugleich unterstützten mit dem Wiedererwachen des politischen Lebens in Deutschland seit Ende der Fünfziger Jahre die Reformparteien jene Bestrebungen durch ihre Wirksamkeit für Gewerbefreiheit, Freizügigkeit und Beseitigung aller politischen Fesseln, die bis dahin die freie Thätigkeit des Arbeiterstandes hinderten. Trotz der hierdurch erzielten günstigen Erfolge bildete sich unter den Arbeitern aufs Neue eine Partei, die ihre Tendenz wieder auf das politische Gebiet richtete und die Einführung des allgemeinen Wahlrechtes als das nächste Ziel des Arbeiters bezeichnete, um hierdurch die Macht zur Durchführung der Staatshülfe, als das einzigen Mittels zur Hebung des Standes, zu erlangen. Das Auftreten Ferdinand Lassalle's warf das Programm, welches diese Forderungen enthielt, in die Bewegung im J. 1863, und es bildete sich nun zunächst die Partei des Allgemeinen deutschen Arbeitervereins unter dem Präsidium des Stifters. Nach Lassalle's Tode (1864) gerieth der Verein unter die demnächst rasch auf einander folgenden Führern mehr und mehr in Verfall, bis 1867 der Advocat von Schweitzer aus Frankfurt a. M. zum Präsidenten gewählt wurde. Erst mit dieser Wahl wurde der Verein der vorhergehenden Lethargie entrissen, theils weil von Schweitzer, der schon 1865 die in Berlin erscheinende Zeitschrift „Der Socialdemokrat" begründet hatte, sich als ein überaus fähiger Agitator erwies, theils weil inzwischen durch die Gründung des Norddeutschen Bundes die Idee des allgemeinen Wahlrechts, nach welchem Lassalle gestrebt hatte, verwirklicht war. Im constituirenden Reichstage des Norddeutschen Bundes wie in jedem der folgenden Reichstage war die communistische Partei vertreten. Es traten aber nunmehr auch die in ihr bestehenden Spaltungen zu Tage, die in folgende drei Richtungen auseinandergingen: 1) Die eigentlichen Lassalleaner, als deren Repräsentant von

27

Schweizer zu betrachten war. 2) Die Anhänger der Gräfin Hatzfeld, der Freundin Lassalle's, welche Richtung jedoch schon 1869 infolge fortgesetzter persönlicher Streitigkeiten und Spaltungen ein ziemlich klägliches Ende nahm. Daneben trat nun aber 3) eine Partei auf, welche das Princip der Internationalität in den Vordergrund und dem Lassalleanismus sich feindlich gegenüberstellte: die sogenannten Eisenacher. Lassalle hatte die theoretische Begründung seiner Lehre von Marx entlehnt, die Unzufriedenheit desselben aber dadurch erregt, daß er ihn nicht, wenigstens nicht mit dem gebührenden Nachdruck, als den ursprünglichen Autor bezeichnet hatte. Abgesehen von diesem persönlichen Anlasse des Haders waren aber in der Lassalle'schen Agitation zwei Punkte vorhanden, die Marx entschieden tadelte. Zunächst hielt letzterer an Stelle der streng·centralisirten dictatorischen Verfassung, welche Lassalle eingeführt hatte, eine mehr föderale Gestaltung für angemessen. Sodann war Lassalle ein Anhänger der nationalen Einigung Deutschlands, und auch sein Nachfolger von Schweitzer handelte entschieden in seinem Geiste, wenn er von dem Reiche die Förderung der Arbeiterinteressen erwartete. Marx dagegen ist auch in politischer Beziehung Föderalist und hat dem neuerstandenen Deutschen Reiche stets die glühendste Feindschaft entgegengetragen. Am 1. Juli 1871 legte von Schweitzer das Präsidium nieder und wurde bald nachher als „Verräther" aus dem Vereine ausgestoßen; ein irgend stichhaltiger Beweis seiner angeblichen Verrätherei ist jedoch niemals erbracht worden, und die Bedeutung der auf ihn folgenden Führer der Lassalle'schen Partei reichte nicht entfernt an den von von Schweitzer geübten Einfluß heran. Die sogenannte Eisenacher Partei dagegen wurde von Hanse aus von zwei befähigten Männern, dem Schriftsteller Wilhelm Liebknecht und dem Drechsler August Bebel geleitet, deren Einfluß in fortdauerndem Steigen blieb. Ihr Hauptorgan war der 1869 gegründete, in Leipzig erscheinende „Volksstaat", der später in den „Vorwärts" umgetauft wurde, wie denn überhaupt Leipzig als der Centralsitz der internationalen Eisenacher, Berlin aber als der Mittelpunkt der immerhin noch deutschnationalen Lassalleaner zu betrachten war. Als sich jedoch im Mai 1875 schließlich die beiden bis dahin feindlichen Gruppen auf dem Congreß zu Gotha versöhnten und mit einander verschmolzen, traten die Lassalleschen Ideen völlig in den Hintergrund, und der Lassalleanismus kann seitdem nur noch als eine Episode in der Geschichte der communistischen Bewegung in Deutschland betrachtet werden. Wie sehr übrigens die communistisch·socialistischen Ideen während des gegenwärtigen Jahrzehnts innerhalb des deutschen Reiches an Boden gewonnen hatten, das beweisen namentlich die Reichstagswahlen von 1877, bei denen auf die socialistischen Candidaten etwa $\frac{1}{2}$ Million Stimmen entfielen, und wodurch die Ziffer der dieser Partei angehörigen Reichstagsmitglieder bis auf 12 stieg. Gleichwol ist die Befürchtung, daß die Partei es jemals im Reichstage zu einer irgend in Betracht kommenden Minorität bringen sollte, als durchaus grundlos zurückzuweisen und das in Folge der ruchlosen Attentate auf

ben Kaiser Wilhelm unter dem 22.·Oct. 1878 in Kraft getretene sogenannte Socialistengesetz hat der communistischen Agitation in Vereinen und Presse vorläufig den durch die Lage der Dinge gebotenen, wirksamen Einhalt gethan.

Wenn der eigentliche geistige Ausgangspunkt der deutschen Communistenpartei hiernach in der seinerzeit auch von Lassalle verwertheten schriftstellerischen Thätigkeit von Karl Marx und namentlich in dessen zuerst 1867 erschienenen wissenschaftlichen Hauptwerke „Das Kapital, Kritik der politischen Oekonomie" zu suchen ist, und wenn man insofern die seit 1863 ins Leben gerufene Phase des Communismus als die deutsche bezeichnen kann,—so hat sich dieselbe, ihrem internationalen Charakter getreu, von Deutschland aus nach den meisten übrigen europäisch·continentalen Ländern zu verzweigen und dort ihren eine Art von Herrschaft zu erringen gewußt. In der·Schweiz bestehen socialistische Vereinigungen der verschiedensten Arten; allein obwol sie vom Staate unbehelligt blieben, sind sie dennoch zu keinem Grade von Gefährlichkeit vorgeschritten, leiden vielmehr an augenscheinlicher Zerfahrenheit. In Belgien wurde schon seit den Dreißiger Jahren von Frankreich aus für Communismus und Socialismus stark gewirkt, besonders wurden mehrere Journale dieser Richtung gegründet, die jedoch sämmtlich bald wieder eingingen. 1845 hielt Considerant in Brüssel Vorträge über das System Fourier's, aber zur Ausführung seiner·Ideen bot sich bei den praktisch·nüchternen Bewohnern des Landes keine Gelegenheit. Dagegen·hat·allerdings in neuester Zeit die Internationale unter den unzufriedenen und durch zahlreiche fremde Elemente zersetzten belgischen Arbeiterwelt großen Anhang gefunden, wie noch die jüngsten Strikes von 1876 deutlich genug beweisen. Gleichwol hat die politische Verfassung des Landes, insbesondere der hohe Census, bisher verhindert, daß die dortige Arbeiterpartei sich zur Geltung bringe. In Oesterreich ist es in den letzten Jahren wiederholt zu Communistenprocessen gekommen, doch sind die österreichischen Arbeiter im Allgemeinen noch zu ungebildet, als daß die socialistische Presse Boden gewinnen könnte. Auch in Spanien finden Aufstände und Verschwörungen aller Art ein günstiges Feld, und so ist es auch in diesem Lande der Internationale· gelungen, Wurzel zu fassen, doch hat ihre Thätigkeit hier die Neigung, auf das rein politische Gebiet hinüberzuspielen. Dasselbe gilt von Italien, wo übrigens schon bei den Bewegungen der Vierziger Jahre auch communistische Umtriebe zu Grunde lagen, gegen die Papst Pius IX. in der Encyklica vom 9. Decbr. 1849 einzuschreiten sich veranlaßt sah. In · den skandinavischen Staaten dagegen sind die Bedingungen für eine communistische Agitation nicht gegeben, dieselbe ist dort nur künstlich durch politische Parteibestrebungen importirt worden. Endlich ist hier mit kurzen Worten noch einer in Rußland weitverbreiteten Richtung zu gedeuten, die man den Agrarcommunismus nennt, die jedoch nur aus den eigenthümlichen Zuständen des Zarenreiches zu erklären ist und mit dem Communismus im westeuropäischen Sinne wenig oder nichts gemein hat. Ein Industrieproletariat existirt bekanntlich in Rußland nicht, und der neuerdings in den Vordergrund der russischen Ereignisse getretene geheimnißvolle Bund der sogenannten Nihilisten, einer mit Revolver, Dolch und Brandfackel operirenden, weitverzweigten und bis in die höchsten Kreise der russischen Gesellschaft hinaufreichenden Verschwörung, deren Thätigkeit in den beiden Attentaten auf den Zaren Alexander vom J. 1879 gipfelte, ist seiner Organisation wie seinen Zielen nach etwas so specifisch Russisches und eben deshalb dem nichtrussischen Beobachter so durchaus Fernstehendes, daß aus allen diesen Gründen über diese jüngste, ins Slawische übersetzte, Erscheinungsform des communistischen Gedankens hier füglich hinweggegangen werden mag, und dies um so mehr, als einerseits die Frage, ob der russische Nihilismus überhaupt mit der westeuropäischen Internationale in irgendwelcher Fühlung steht, mindestens als sehr zweifelhaft erscheint, andererseits aber durch die in neuester Zeit seitens der russischen Regierung gegen die nihilistische Partei ergriffenen energischen Maßregeln deren Bestrebungen bis auf Weiteres, vielleicht für immer, brach gelegt sein dürften.

Kehren wir nach diesem Seitenblick auf jungrussische Zustände zu den germanischen und romanischen Staaten Europa's zurück, so unterliegt es kaum einem Zweifel, daß die radical-communistische Richtung hier vielleicht noch auf längere Zeit hinaus ihre Anhänger finden wird. Daß sie in außerordentlichen Zeiten zu schweren Gefahren für Staat und Gesellschaft führen kann, ist gleichfalls nicht zu bestreiten; daß sie friedlicher und freiheitlicher Entwickelung im Innern der Staaten aber ist, wie namentlich die Geschichte des englischen Chartismus lehrt, das „rothe Gespenst" auf die Dauer nicht zu fürchten. Denn nun und nimmer ist die Gütergemeinschaft als die ursprünglichste und natürlichste Wirthschaftsform, wie die hervorragendsten Vertreter dieser Lehre behauptet haben. Wo die Natur das zum Leben des Menschen Nöthige in viel reicherem Maße als die vorhandene Bevölkerung bedarf, da bleibt selbstverständlich ein großer Theil jener Naturschätze vollkommen unbenutzt. Was die Menschen consumiren, hört unbedingt auf, Gemeingut zu sein, auch wenn es früher gewesen wäre, und was nach jener Voraussetzung übrig bleibt, das kann auch nicht Gemeingut genannt werden, sondern ist blos Niemandes Eigenthum. Mit letzterem darf Jedermann thun, was er will, mit letzterem nicht, weil er dadurch Rechte Anderer verletzen würde. Das Vorhandensein solcher ist aber mit der Annahme des Urzustandes unvereinbar, setzt Organisation und Leitung voraus, und diese wiederum ist schwieriger und künstlicher, wenn sie sich auf alle und jede Benutzung erstrecken muß, wie es die Gütergemeinschaft verlangt, als wenn, wie beim Sondereigenthum, sich mit der Abgrenzung der Benutzungssphären und Entscheidung darüber entstehender Streitfälle zu beschäftigen ist. Insofern stellt sich also der Communismus als die künstlichste aller Wirthschaftsformen dar. Künstlicher müssen freilich die Lebensbe-

ziehungen, die staatlichen Einrichtungen und die wirthschaftlichen Gestaltungen mit der Zeit werden; es ist das eine nothwendige Folge der höhern Cultur, der Vervielfältigung der menschlichen Zwecke und der Vervollkommnung der Mittel, sie zu erreichen. Sonach könnte es scheinen, als sei der Communismus, wenn nicht der Urzustand — was ihm nur bei denjenigen zum Lobe gereichen würde, die diesen für den menschlich vollkommensten, nicht für den rohesten halten — so doch vielleicht diejenige Form des wirthschaftlichen Zusammenlebens, mit welcher die höchste Blüthe der Cultur verbunden sei. In gewisser Beschränkung ist dies auch zuzugeben, insoweit nämlich, als der Fortschritt der Humanität immer höhere Ziele steckt, welche durch vereinzelte Thätigkeit nicht erreicht werden können. In diesem Falle muß gesellschaftliches Zusammenwirken eintreten, aber nicht gerade nothwendig das Staatsgesellschaft. Es ist sogar in vieler Beziehung besser, wenn auf dem Wege der freien Vereinigung zu diesem oder jenem bestimmten Zwecke das Erforderliche geschieht. Die Organisation, die Wahl der leitenden Persönlichkeiten u. s. w. kann sich dann den besondern Bedürfnisse genauer anpassen. Das ganze Unternehmen wird weniger berührt von den Erschütterungen, das politische Staatsleben ausgesetzt ist, weniger gefährdet durch Versuche, sie den obwaltenden Staatsinteressen unterzuordnen, beziehentlich dem eigentlichen Zwecke zu entfremden. Vorauszusetzen ist allerdings, daß die Volksnatur solcher besondern Vereinigungen und der damit verbundenen freiwilligen Selbstbelastung fähig, daß das außerpolitische Leben wirklich von der Herrschaft des politischen frei ist. Sicherlich wäre es nicht zum Vortheil der Humanität gewesen, wenn alle höhern Lebenszwecke unter Beschränkung der Staatsaufgabe auf das Militärische und Polizeiliche der freien Thätigkeit einer im Ganzen ungebildeten und unverständigen Masse anheimgestellt gewesen wäre, und ebenso wenig könnte die Heuchelei einer formellen Unabhängigkeit des Treibens auf außerpolitischem Gebiete bei factisch vorhandener Beherrschung desselben durch politische Interessen der Gesundheit des staatlichen Lebens frommen.

Das richtige Maß desjenigen, was der Gemeingüte und zum Gemeinziele der politischen Gesellschaft im Staate (oder auch in der Gemeinde) zu machen ist, läßt sich daher — selbst die Möglichkeit einer sichern Trennung der nothwendigen Zwecke von den blos nützlichen und angenehmen vorausgesetzt — nicht ohne Rücksicht auf die Culturstufe und sonstige besondere Verhältnisse feststellen. Wohl aber gilt im Allgemeinen der Grundsatz: daß um zu unbedenklicher zum Gegenstande einer Art von officiellem Communismus gemacht werden kann, was einer Consumtion durch die Einzelnen nicht unterworfen ist, zur Befürchtung eines Mißverhältnisses zwischen Vorrath und Bedarf oder zu Streitigkeiten über die Größe des Antheils keine Veranlassung giebt. Hierher gehört die Darbietung von Bildungsmitteln aller Art, vor Allem, zur idealen Verschönerung des Lebens gehört und dessen Besitz früher thatsächliches Privilegium der Großen war, während gegenwärtig der Genuß öffent-

27*

licher Museen u. s. w. Jedermann zugänglich ist. Auch die lebhafter hervortretende Sorge für die elementaren Vorbedingungen der öffentlichen Gesundheit, meist verbunden mit Bestrebungen für Verschönerung (Anlegung von Parks, Errichtung monumentaler Bauten, die jetzt ebenfalls vorwiegend im öffentlichen Interesse und zu öffentlichem Gebrauche geschieht), ingleichen die Wahrnehmung der Bequemlichkeit des öffentlichen Verkehrs (Straßen- und Brückenbau u. s. w.) gehört hierher. Letzterer Gesichtspunkt berührt übrigens schon das Gebiet der Production, deren Förderung durch solche den Gebrauch ohne Verbrauch gestattende Mittel sicherlich nicht als eine Ueberschreitung der der politischen Gesellschaft gesteckten Aufgabe angesehen werden kann. Anders steht es mit der Betheiligung an der Production selbst. Hier erhebt sich die wichtige Frage über die Zulässigkeit von Staatsgewerben, die nur in dem Maße unbestritten zu sein pflegt, als die betreffende Thätigkeit weniger als Gewerbsunternehmen, denn als Institution zum öffentlichen Nutzen, wie z. B. die Post, angesehen wird. Der Staatsgewerbebetrieb wird daher auch in diesen Fällen von seinen Vertheidigern als besonders motivirte Ausnahme, das Gegentheil aber als Regel hingestellt. Der Communismus als Princip hingegen kehrt nicht nur dies um, sondern er begnügt sich nicht einmal mit dem Erwerb auf gemeinschaftliche Rechnung, wobei der Gewinn nachher an die Miteigenthümer vertheilt wird, wie es z. B. in Actiengesellschaften oder Productivgenossenschaften geschieht, und wie es der Socialismus zur allgemeinen Regel erheben möchte. In consequenter Aufhebung des Sondereigenthums muß der Communismus auch die materielle Consumtion direct aus dem gemeinschaftlichen Vorrathe bestreiten lassen, also einer Regulirung unterwerfen, welche die Unfreiheit noch viel weiter treibt, als es der zur militärisch regierten Arbeitscaserne verwandelte Staat thun würde. Vernichtet letzterer das isolirte Geschäft, so erheischt der Communismus die Aufhebung des Sonderhaushaltes, und fast naturgemäß erscheint dann auch die Beseitigung der Familie, deren sittliche Bande nach Wegfall der wirthschaftlichen ohnehin bedeutend an Stärke verlieren, und wo sie fortbestehen durch Erhaltung persönlicher Vorliebe und Zuneigung ein dem gleichheitlichen Gemeinsinne, an den hier so starke Ansprüche gestellt werden, sehr gefährliches Element großziehen. Der Communismus verfährt daher blos consequent, wenn er in letzter Linie auch gegen die Ehe, als ein Hauptbollwerk der bisherigen gesellschaftlichen Einrichtungen, seine Angriffe richtet und nicht nur den rechtlichen Schutz der Ehe zu beseitigen, sondern selbst die freiwillige Neigung dazu systematisch auszurotten und durch einen gesetzlich sanctionirten Zustand der schmutzigsten Corruption zu ersetzen bestrebt ist.

Ganz abgesehen vom wirthschaftlichen Zusammenhange der Dinge macht nur dieser Perspective jedes bessere Gefühl Halt und gibt unwillkürlich mindestens dem Zweifel Raum, ob nicht schließlich ein doctrinäres System, statt zur verheißenen Verbesserung, vielmehr zur allgemeinen Verschlechterung führen und die versprochene

Gleichstellung Aller nicht durch Einsetzung der „Enterbten" in den Mitgenuß menschlichen Glückes, sondern durch gänzliche Vernichtung dieses Gegenstandes der Ungleichheit, also durch Generalisirung des Elends bewirken werde. Und so ist es in der That. Sowol in der Production wie in der Consumtion hat die Zweckmäßigkeit der Gemeinschaft ihre bestimmten Schranken. Schon den einzelnen wirthschaftlichen Unternehmungen sind natürliche Grenzen ihrer Ausdehnungsfähigkeit gezogen, deren Ueberschreitung nicht zur Vermehrung, sondern zur Verminderung des Nutzens führt. Beim Ackerbau namentlich, der doch stets das Fundament der Volkswirthschaft sein muß, ist diese Grenze weniger elastisch und die Unzweckmäßigkeit übergroßer Güter notorisch. Es ist ferner bekannt, daß viele industrielle Unternehmungen, die von Einzelnen mit Erfolg betrieben werden, im Gemeinbesitz, z. B. durch Actienunternehmungen u. s. w. nicht prosperiren, weil die Umständlichkeit und Schwerfälligkeit der Verwaltung die Energie des Betriebes lähmt, und den Gewinn mit unfruchtbaren Spesen belastet. Diese Schwerfälligkeit aber ist unvermeidlich, wenn der nominelle Gemeinbesitz nicht durch Wegfall aller Controle und Einwirkung der Mitbesitzer zum factischen Alleineigenthum des Dirigenten werden soll, dessen Willkür nicht einmal durch das Selbstinteresse des gewöhnlichen Eigenthümers, der eventuell die Folgen seiner Wirthschaft zu tragen hat, gezügelt wird. Es ist ferner in dieser Wirthschaftsweise noch lange nicht alle Schwächen der communistischen Production vereinigt. Die letztere macht die Arbeiter unentlastbar und kann doch den Sporn des Eigeninteresses nur nach einem im umgekehrten Verhältnisse der Zahl der Theilnehmer wachsenden Maße zur Arbeit bringen. Die bloße Autorität, selbst der gewaltthätige Zwang ist aber, wie der geringe Ertrag der Sclavenwirthschaft beweist, kein genügender Sporn zur Arbeit. Hieraus erklärt es sich, wenn verschiedene communistische Systeme zu noch anderweiten Triebfedern, wie zum Ehrgeiz, zur Frömmigkeit u. s. w. ihre Zuflucht haben nehmen müssen. Namentlich die Wirkung der Frömmigkeit ist im Gebiete der communistischen Wirthschaft vielfach praktisch erprobt worden; immer aber war das Resultat in dem letzten Falle, die ganze Gluth des gegebenen Enthusiasmus und das Vorhandensein ausgezeichneter organisatorischer Talente an der Spitze vorausgesetzt, eben nur die Existenz des Unternehmers. Um zu weiterem Gedeihen fortzuschreiten, müßte man zuvor die Gütergemeinschaft aufheben. Des schwärmerischen Fourier „Phalangen" sind an ihrer Phantasterei im Keime zu Grunde gegangen, und die Cabetistischen nach dem Vorbilde der „Voyage en Icarie" unternommenen Ansiedelungen in Amerika haben dort ebensowenig Glück gemacht, wie die nüchternen Robert Owen's in New-Harmony. Der Grundzug der menschlichen Natur, überall, wo das Selbstinteresse und das damit eng zusammenhängende Familien-Interesse wegfällt, möglichst wenig zu thun und möglichst viel zu genießen, läßt sich schlechterdings nicht verleugnen, um wenigstens in einem Lande, wo Jeder, der auf eigenen Füßen zu stehen vermag, verhältnißmäßig leichter als anderswo Gelegenheit dazu finden kann, und wo die von dem Staude der „Arbeiterfrage" herrührende Veranlassung, nach neuen Gestaltungen der Gesellschaft zu suchen, welche in den Hauptculturländern der alten Welt dem Communismus oder wenigstens dem Socialismus Vorschub leisten, nicht in gleichem Grade vorhanden ist.

Historisch betrachtet, hat der Communismus immer in Zeiten verworrener und unbefriedigender Lagen der Gesellschaft auf der Tagesordnung gestanden. So beim Verfall der classischen Staaten des Alterthums, so am Ausgange des Mittelalters, wo er sich mit den kirchlichen und politischen Reformideen zu mischen suchte, so endlich namentlich im 19. Jahrh. durch die Entwickelung der Industrie, welche die unerledigte Klassenfrage des „vierten Standes" zu einer vorher nie gekannten Bedeutung gebracht hat. Ohne Frage ist auch der moderne Socialismus in einigen seiner Erscheinungsformen eine revolutionäre Macht, und namentlich die internationale Socialdemokratie unserer Tage, deren Mittelpunkt gegenwärtig Deutschland ist, und die auf den gewaltsamen Umsturz der bestehenden politischen und gesellschaftlichen Verhältnisse ausgeht, trägt unverkennbare Symptome der Neigung, gelegentlich in den nackten Communismus umzuschlagen, in sich. Allein daneben gibt es doch auch socialconservative, socialreligiöse, socialpolitische Richtungen, welche das Ziel einer mehr oder weniger tiefgreifenden Umgestaltung der Gesellschaft auf durchaus friedlichem Wege unter Anerkennung des Staates und der Familie als sittlicher Mächte erreichen zu können meinen. Speciell Deutschland anlangend, so haben hier von den als „Kathedersocialisten" bezeichneten Gelehrten einige die Bezeichnung des Socialismus für ihre Bestrebungen ausdrücklich acceptirt und so dieses Wort zu Ehren gebracht. Da nun auch vielfach der Schutzzoll, das Staatseisenbahnwesen u. dgl. mit Recht oder Unrecht als socialistische Gedanken bezeichnet worden sind, so kann man den Socialismus keineswegs so unbedingt als eine culturfeindliche und absolut verderbliche Erscheinung brandmarken, wie dies bezüglich des Communismus, welcher in seinen letzten Zielen die Vernichtung von Staat, Gesellschaft und Familie bedeutet, zu geschehen hat; sondern wenn vorhin die unser gegenwärtiges Jahrhundert bewegende Klassenfrage des „vierten Standes" als eine noch unerledigte bezeichnet werden mußte, so liegt eben hierin die Begründung und Rechtfertigung socialistischer Reformbestrebungen in diesem Sinne. (S. „Socialismus".)

Eine Geschichte des Communismus ist noch nicht geschrieben. Vergl. L. Stein, Der Socialismus und Communismus des heutigen Frankreichs. (2. Auflage, Leipzig 1848 und Nachtrag.) — Rudolf Meyer, Der Emancipationskampf des vierten Standes. (Berlin 1873 und fg.) — Jäger, Geschichte der socialen Bewegung und des Socialismus in Frankreich, Speier 1876.

II. Gütergemeinschaft innerhalb der Gemeinde. Wenn nach Vorstehendem das Institut der allgemeinen Gütergemeinschaft, d. i. der Gütergemeinschaft in der Anwendung auf ganze Völker sich allerorten und jeder Zeit als praktisch unausführbar erwiesen hat, so findet sich gleichwol der communistische Gedanke bis zu einem gewissen Grate und in der Beschränkung auf bestimmte engere Kreise mannichfach wirklich durchgeführt. In erster Linie gehört die Gütergemeinschaft in den Gemeinden hierher, deren vornehmste Erscheinungsformen wenigstens hier zu berühren sind.

Der gesammte Gemeindeverband der russischen Bauern beruht, was den sämmtlichen Grundbesitz und seine Nutzung betrifft, auf einem ausgesprochenen Communismus. Mit wahrhaft socialistischem Bande umfaßt die russische Dorfgemeinde, der „Mir", ihre sämmtlichen Angehörigen; jede Art von Autonomie des einzelnen Individuums ist ausgeschlossen. Die Feldmark in ihrem ganzen Umfange ist nicht Eigenthum der Einzelnen, sondern Collectivbesitz der Gemeinde als solcher. Jedes lebende männliche Gemeindemitglied hat Anspruch auf den ganz gleichen Antheil an allen Nutzungen des Bodens. Jeder neugeborene Knabe hat diesen Anspruch von seiner Geburt an, sein Vater macht denselben geltend; dagegen fällt der jedes Todten sofort wieder der Gemeinschaft zu. Ein Vererben nach occidentalischen, d. h. römisch-rechtlichen Begriffen findet nicht statt. Waldungen, Weiden, Jagd und Fischerei bleiben, wie Luft und Wasser, völlig ungetheilt; Aecker und Wiesen werden unter sämmtliche männliche Ortsangehörige vertheilt, meist verloost; für Nachkommende wird in der Regel ein Stück Reserveland bereit gehalten. Ursprünglich fand die Theilung alle Jahre oder wenigstens alle drei Jahre statt, und in einigen Gegenden Rußlands hat sich dieser alte Brauch erhalten. Gegenwärtig jedoch ist die Theilungsepoche in den verschiedenen Regionen des Reiches verschieden. An manchen Orten findet sie alle sechs, an andern alle zwölf oder fünfzehn Jahre statt, am häufigsten alle neun Jahre. Bei jeder allgemeinen Volkszählung ist die Neuvertheilung überall obligatorisch. Gleichwol haben diese allgemeinen Aufheilungen niemals in bestimmten Intervallen stattgefunden; seit 1719 gab es deren zehn, die letzte datirt von J. 1857. Neuerdings hat sich nun freilich dieser strict durchgeführte Gemeinde-Communismus insofern eine Modification gefallen lassen müssen, als bei der Aufhebung der Leibeigenschaft im J. 1861 dem Grundherrn das ausschließliche Eigenthum an Wiesen und Wäldern zuerkannt wurde, was jedoch als eine Ungerechtigkeit und zugleich als ein Fehler vom volkswirthschaftlichen Gesichtspunkte aus bezeichnet werden muß; denn da man die althergebrachten Gemeinschaften beibehielt, so sollten man ihnen auch nach wie vor alles dasjenige belassen sollen, was sie zu einer angemessenen Existenz bedurfte. Dadurch, daß man dem „Mir" Wald und Wiese nahm und dieselben bei lezterem überwies, hat man den russischen Bauer von letzterem abhängig gemacht und hiermit die Erfolge der Emancipation wenigstens zum Theil in Frage gestellt. Ueber den wirthschaftlichen Werth dieses russischen Systems gleich-

mäßiger Nutzung (natürlich auch damit verknüpfter gleich=
mäßiger und solidarischer Haftung für Steuern und
Abgaben) sind die Meinungen getheilt; ein eigentliches
ländliches Proletariat kann bei den erwähnten Einrich=
tungen wol kaum entstehen, ebensowenig aber dürfte
ein Aufschwung und eine rationelle Entwickelung des
Ackerbaus durch gedachten Collectivismus gefördert werden,
vielmehr scheint derselbe als der Ausdruck des noch nicht
überall völlig consolidirten Uebergangs der russischen Land=
bevölkerung vom Nomadenleben zum seßhaften Ackerbau
aufgefaßt werden zu müssen.

Eine der russischen einigermaßen verwandte Art
der Gemeinschaft findet sich häufig auch bei den Völkern
germanischen Stammes in den aus den alten Markge=
nossenschaften hervorgegangenen sogenannten Allmenden,
besonders Weiden, die noch gegenwärtig in manchen
Gegenden Deutschlands, mehr aber noch in der deutschen
Schweiz zu Recht bestehen. Ihre Entstehung läßt sich
wol am einfachsten folgendermaßen erklären. Ein
Volksstamm drang erobernd in ein Territorium ein;
Land und Leute wurden nach den Begriffen einer halb=
barbarischen Zeit unmittelbares Eigenthum der Sieger. Die
weniger rohen Stämme unter ihnen beraubten die unter=
worfenen Eingeborenen wol nicht unbedingt alles Eigen=
thums, sondern sie machten dieselben zu ihren Leibeigenen,
denen sie einen kleinen Theil ihrer Felder, Knechte und
Höfe übrigließen. Die Gesammtheit der Beute ward
nun getheilt. Der Anführer und nach ihm die Ausge=
zeichnetsten des Stammes mochten, jeder für sich allein,
einen besondern Theil ziehen, d. i. loosen. In der Folge
wenigstens ebenso die Geistlichkeit. Den großen Rest
aber besaß die Gesammtheit der Sieger gemeinsam.
Auch sie zwar theilte sich wieder in die erbeuteten Vor=
räthe, Geräthschaften u. s. w., die Masse des Grundeigen=
thums dagegen blieb ungetheilt. Eine solche Einrichtung
war ohnehin alterthümlich bei den Germanen, wie denn
schon Cäsar und Tacitus berichten, daß bei den einzelnen
Stämmen dieses Volkes bereits in jener frühen Zeit die
Ländereien alljährlich verloost worden seien. Viele Jahr=
hunderte lang dauerte diese Institution, wenn auch mit
einzelnen Modificationen, fort, und so trifft man bis
auf den heutigen Tag in vielen deutschen Gemeinden
mehr oder weniger ausgedehnte Allmenden, d. i. zum
gemeinschaftlichen Genusse der Einwohner bestimmte,
namentlich aus Wald und Wiese bestehende Gemeinde=
gründe, im engern Sinne Güter, welche den Bewohnern
eines bestimmten Ortes entweder ohne alle Entschädigung
oder doch gegen geringe Vergütung, häufig sogar steuer=
frei, entweder auf bestimmte Zeit oder höchstens auf die
Lebensdauer des Nutznießers, und niemals mit der Mög=
lichkeit der Uebertragung auf die Nachkommen überlassen
werden, dergestalt, daß nach Ablauf der vorgesetzten Frist
oder nach erfolgtem Ableben des Berechtigten das vacant
gewordene Allmendstück an die Gemeinde zurückfällt,
jedoch nicht, um unmittelbar zu ihrem Vortheile verwaltet,
sondern von Neuem an denjenigen Bürger verliehen
zu werden, welcher nach seinem Bürgeralter der Nächste
und noch mit keinem Antheile versehen ist. In welch'

hohem Grade übrigens der Gedanke eines Collectiveigen=
thums der Gemeinde an Grund und Boden noch im
Wirthschafts= und Rechtsleben der Gegenwart lebendig
ist, das beweist das Beispiel des vornehmsten deutschen
Staates, Preußens. Während in dessen östlichen Pro=
vinzen die nutzbare Bodenfläche sich fast ganz in den
Händen von Privaten oder des Staates selber befinden,
stehen im Rheinland noch heute mehr als 16 Proc.
im Collectivbesitz der Gemeinden, in Westfalen wenigstens
immer noch 3½ Proc. Ja in den Regierungsbezirken
Trier und Coblenz befinden sich gegenwärtig noch 27,
beziehentlich 30 Proc. des Grund und Bodens der länd=
lichen Gemeindebezirke in ungetheilter Gemeinschaft. Be=
sonders zahlreich sind außerdem die Allmenden noch jetzt
in Süddeutschland und, wie schon oben bemerkt, in der
Schweiz vertreten; in andern deutschen Gebieten hat man
sie während des laufenden Jahrhunderts auf de
der Gesetzgebung durch die sogenannten Gem
theilungen beseitigt und in freies Sondereigenthum der
Interessenten umgewandelt. Von Deutschland abgesehen,
finden sich endlich auch in andern europäischen Ländern
germanischer Race, wie namentlich in Scandinavien,
Holland und Belgien, noch jetzt mehr oder weniger be=
grenzte und dem Anschein nach auch hier im Absterben
begriffene Ueberbleibsel der in Rede stehenden ursprüng=
lichen Agrarverfassung der Gemeinden, während dieselbe
in den Staaten romanischer Zunge bis auf wenige und
vereinzelte Spuren heute als vollständig verschwunden
zu betrachten ist.

Die Abwägung des Für und Wider bei dieser hoch=
wichtigen Frage gehört zu den schwierigsten Problemen
der Socialpolitik, dessen Lösung einer durch weitere prak=
tische Erfahrungen gereiften näheren oder fernern Zukunft
anheimgestellt werden muß. Wie die Dinge augenblicklich
liegen, pflegen zu Gunsten der Aufrechterhaltung des
Allmendenwesens und somit gegen ihre Auftheilung zu
freiem Privateigenthum der Gemeindegenossen namentlich
folgende Gründe hervorgehoben zu werden. Was zunächst
den Einfluß der Allmende auf die Gemeindeverwaltung
und das Gemeindeleben betrifft, so ist nicht zu verkennen,
daß ein beträchtlicher Grundbesitz die Befriedigung der
öffentlichen Bedürfnisse in hohem Grade erleichtert und
die Schaffung und Ausstattung gemeinnütziger Anstalten
möglich macht, deren Herstellung anderwärts, wo der
gesammte communale Haushalt auf Steuern beruht, mit
Schwierigkeiten verknüpft ist. Beim Eintreten außeror=
deutlicher Bedürfnisse, deren Befriedigung auch den Nach=
kommen zu Gute kommt, wie Schulen, Weg= und
Brückenbauten, Brunnenanlagen und dgl. bieten die
Gemeindegüter einen sichern Rückhalt, und wenn die
Aufnahme eines Kapitals nicht zu umgehen ist, ein viel
willkommeneres Unterpfand für die Erlangung eines billigen
Zinsfußes, als die solidarische Haftpflicht der Ortsan=
gehörigen. Auch erleichtern die Allmenden die Aufbringung
des laufenden Bedarfs der Gemeinde. Die Beschaffung
baarer Mittel durch Steuern hat in bäuerlichen Gemein=
wesen, wo sich das Leben noch vorwiegend in dem
Rahmen der Naturalwirthschaft bewegt, nicht geringe

Schwierigkeiten; eine Auflage auf die Allmendloose ist ganz geeignet, diese zu erleichtern, denn dieselbe wird kaum als Steuer empfunden, da der weit über das Maß der zu zahlenden Summe empfangene Gegenwerth Jedem klar vor Augen tritt, und die Gemeinde es außerdem ganz in ihrer Hand hat, durch Uebernahme dazu geeigneter Theile der Allmenden in eigene Verwaltung ihre Einnahmen zu erhöhen. Ferner behält die Gemeinde durch den Besitz größerer Grundflächen einen wesentlichen Einfluß auf die landwirthschaftlich zweckmäßige Gestaltung der gesammten Gemarkung. Sie kann ungeeignete Felddistricte zu Wald anlegen, bessere Waldflächen zu Feld ausstocken, Entsumpfungen und Bewässerungsarbeiten vornehmen. Ebenso erleichtern die Allmenden die in stark parcellirten Fluren oft so schwer durchzuführende Consolidation; die Gemeinde kann hier einen großen Theil der Kosten übernehmen und das Land für Wege und dgl. hergeben. Des Weitern sichern die Allmenden, weil sie das Interesse aller Einzelnen mit dem der Gesammtheit vereinigen, ein kräftiges, inneres Gemeindeleben, indem sie den Gemeinsinn und die Theilnahme an den öffentlichen Angelegenheiten um so mehr anregen, je klarer jeder bei der richtigen Erledigung derselben seinen eigenen Vortheil erkennt. Endlich aber wird — last not least — auf die Bedeutung des ländlichen Collectivbesitzes für jedes einzelne Gemeindemitglied hingewiesen. Die Allmenden, so behaupten die Vertheidiger des Instituts, sichern dem wirthschaftlich Schwachen eine von der Habgier der Concurrenz unberührte Beisteuer zu seiner Existenz; sie mildern den Unterschied zwischen Reich und Arm; sie lassen Niemanden auf dieser Welt überflüssig erscheinen; sie sind keine demoralisirende Armenunterstützung, denn sie nöthigen den Empfänger zur Arbeit; sie mildern die Sorgen des Alters u. s. w.

Dem gegenüber wird von den Gegnern des Agrar-Collectivismus geltend gemacht, daß die Bodencultur in ihrer höchsten Blüthe überall durch freies Eigenthum bedingt und die ganze Culturgeschichte nichts Anderes ist, als die Erzählung, wie das ursprünglich gemeinschaftliche im Laufe der Zeit mehr und mehr in freies Sondereigenthum übergegangen ist. Immer hat mit der Zunahme der Civilisation die Theilung der Gemeinheiten gleichen Schritt gehalten. Der beständige Wechsel der Allmendstücke läßt nicht zu, daß auf die Cultur derselben Kapitalien oder auch nur derjenige Fleiß und diejenige Sorgfalt verwendet werden, welche jeder Eigenthümer gern auf den in seinem Privatbesitz stehenden Grund und Boden verwendet. Auf der andern Seite erlangen aber auch die Gemeinden keinen Vortheil damit, weil die Allmenden nirgends eine mit ihrem wirklichen Werthe im richtigen Verhältniß stehendes Einkommen liefern, im Gegentheil an manchen Orten sogar noch eine unmittelbare Zubuße erheischen, um sie ganz unentgeltlich abgegeben werden, die Steuern und selbst gewisse Unterhaltungskosten zu decken. Die gesammte Natur der Gemeindeverfassung, alle Gesetze über die Beitragspflichtigkeit werden durch das Allmendwesen verkehrt; in jeder Gemeinde bildet sich eine besondere Allmendgemeinde,

die sogenannte Realgemeinde, welche gar oft die herrschende wird und das allgemeine Beste dem Vortheile einzelner Bevorrechteter unterordnet. Ferner haben die Allmenden für die betreffenden Gemeinden den Nachtheil, daß sich viele arbeitsscheue Menschen aus andern Ortschaften dahin ziehen, welche nur die Anwartschaft auf einen künftigen Allmendbesitz im Auge haben, wogegen bei anderer Einrichtung die Cultur wesentlich gewinnen und die Bevölkerung sich auf eine naturgemäße und ungezwungene Art emporschwingen würde. Denn es unterliegt keinem Zweifel, daß durch Erhöhung der Cultur, durch Vermehrung der Producte mehr Reiche und mehr Arme ernährt werden. Wo aber dem Menschen nicht durch bleibenden Besitz für sich und die Seinigen die Früchte seines Fleißes gesichert sind, kann die Cultur sich über eine niedere Stufe nie erheben. Nur dem eigenen Boden wendet er alle Sorgfalt zu; diesen Boden innern Gehalt so zu verbessern, daß die kleinste Fläche zum höchstmöglichen Ertrage befähigt werde, ist sein Bestreben, während der Gedanke, für Andere zu arbeiten, ihn selbst nur wenig erhebt und ihn das undankbare Wirken nicht beginnen läßt. Außer den unschätzbaren allgemeinen Vortheilen der Auflösung solcher Gemeinheiten werden damit auch noch zahlreiche besondere erlangt; eine Quelle vielfältiger Streitigkeiten, Anfeindungen und Reclamationen wird verstopft, das Gemeindevermögen aber durchaus nicht geschmälert, indem die Ueberlassung zu Privateigenthum aus einem ablösbaren Grundzins ein unantastbares Vermögen und einfachere Verwaltung verschafft. So, wie die Allmenden bestehen, sind sie ein Zwitterding; man kann darin weder ein Privat- noch ein reines Gemeindeeigenthum erkennen, weder der Besitzer noch die Eigenthümer können frei darüber verfügen, Grund und Boden ist mit einer der lästigsten Servituten belastet, welche ihn dem Handel, dem Credit und der freien Cultur entzieht; auf ihm ruht ein perpetuirliches Fideicommiß; jedes Loos geht nach dem Tode seines Besitzers auf einen schon substituirten Erben über, welcher der Familie des erstern gänzlich fremd ist. Dort, wo der Austausch in Erledigungsfällen stattfindet, ist das Uebel noch ärger, denn die schlechtesten Gründe werden immer den jüngern Bürgern zu Theil, welche natürlich keinen besondern Fleiß auf deren Cultur verwenden, sondern nur auf den Fall warten, dieselben gegen bessere vertauschen zu können. Wenn das Allmendwesen gut ist, so muß es die Probe bestehen, daß es mit Nutzen und Vortheil des Staates und der Gemeinde aus allgemeinem Gesetz werden könne. Eine solche Prüfung aber vermag diese Einrichtung nicht auszuhalten; nur das Princip des freien Eigenthums kann sich zum allgemeinen Gesetz erheben, nur unter ihm kann die Cultur und der Wohlstand des Staates den höchsten Grad der Vollkommenheit erreichen.

Solchergestalt also stehen noch gegenwärtig die Ansichten über die wirthschaftlichen Vorzüge oder Nachtheile des beregten Institutes einander schroff gegenüber. Wie man sieht, ist die Aufrechterhaltung beziehentlich möglichste Generalisirung des im Allmendwesen liegenden

Gedankens ein socialistisches Princip, wogegen sich die gründliche Beseitigung dieser Einrichtung als ein Postulat der liberalen Oekonomie darstellt. Von der Entscheidung der Vorfrage, ob und welches von diesen beiden antipodischen Wirthschaftssystemen in Zukunft den Sieg über das andere davonzutragen bestimmt ist, wird das endgültige Schicksal der noch jetzt fortbestehenden Allmenden abhängig sein. Vergl. Emile de Laveleye, Das Ureigenthum, herausgegeben von Karl Bücher, Leipzig 1879 (F. A. Brockhaus).

III. Gütergemeinschaft innerhalb der Familie. Wie der Staat aus den Gemeinden, so setzt sich die Gemeinde aus den Familien zusammen; innerhalb der Familie aber erscheint, so weit die Kenntniß der Geschichte zurückreicht, die Gütergemeinschaft als der eigentliche Urtypus des Eigenthums. Bei manchen culturell weniger entwickelten Völkern hat sich diese patriarchalisch-ursprüngliche Erscheinungsform menschlicher Wirthschaft im engern Kreise der Familie bis auf die Gegenwart herunter lebendig erhalten; bei den meisten, und so namentlich bei allen maßgebenden Culturvölkern des europäischen Occidents, ist sie durch den Entwickelungsgang der modernen Oekonomie, durch die sich anfänglich der Naturwirthschaft mehr und mehr verdrängende Geldwirthschaft, nicht am wenigsten endlich durch das Hereindringen des jedwedem Vermögenscollectivismus feindlichen, einem unbedingten Individualismus huldigenden römischen Rechts mehr oder weniger lahm gelegt und die einstmalige Gütergemeinschaft der Familie in freies Privateigenthum des Familienhauptes mit eventuellem Successionsrechte der Erben umgewandelt worden. Gleichwol finden sich vereinzelte Spuren des ursprünglichen Zustandes, und zwar insbesondere bei den Völkern germanischer Race, noch heute.

Noch in der primitiven Gesellschaft des deutschen Mittelalters concentrirte sich fast die gesammte sociale Ordnung in der Familie. Das Haus hat seinen besondern Cultus, seine besondern Gesetze, seine Rechtsprechung, seine Regierung. Die Familie als solche erscheint als Gesammteigenthümerin des Grund und Bodens. Sie ist in der That eine dauernde Genossenschaft, in welcher sich das Stammgut von Generation zu Generation überträgt; über ein zum Familienvermögen gehöriges Grundstück einseitig und ohne zuvor eingeholte Einwilligung der nächsten männlichen Erben zu verfügen, ist dem Familienhaupte untersagt. Testamente sind unbekannt, da jeder frühen Culturstufe der Gedanke unerfindlich ist, daß der Wille eines Menschen noch seinem Tode die Zueignung eines Besitzes bestimmen kann, dessen Uebertragung in der patriarchalischen Genossenschaft durch die geheiligte Autorität der Gewohnheit geregelt ist; selbst später noch, nach Einführung des Testamentes, kann der Testator zunächst nur über dasjenige frei verfügen, was er erworben, nicht über das, was er seinen Vorfahren ererbt hat. Das Stammgut erscheint als das vererbliche Product aufgesammelter Arbeit der Familie, das er übertragen muß, wie er es empfangen hat; bei seinen Lebzeiten hat er das Familiengut mehr als Man-

datar, denn als unbeschränkter Eigenthümer zu verwalten und die gezogenen Früchte nicht im eigenen, sondern im Gesammtinteresse des Hauses und seiner einzelnen Glieder zu verwenden. Veräußert das Familienhaupt ein Grundstück ohne Zustimmung der Erben, so ist die Veräußerung null und nichtig, und die nächsten Erben sind berechtigt, das Gut unter der Fiction des eingetretenen Erbfalles vom Erwerber wieder abzuholen. Das Rechtsmittel, wodurch diese Reclamation geltend gemacht wurde, war die Unterwindungsklage, die sich freilich später zu einem bloßen Retractrechte, d. h. der Befugniß der Erben, in das vom Familienhaupte mit einem Fremden abgeschlossene Kaufgeschäft gegen Erstattung des Kaufpreises als Nähergelter einzutreten, abschwächte. Das römische Recht hat diesem ursprünglichen und noch das ganze Mittelalter beherrschenden Zustande fast überall in Deutschland ein Ende gemacht; nur in den Instituten der noch hin und wieder vorkommenden Erbgüter städtischer Patriziergeschlechter, der Stammgüter des Landadels, sowie endlich namentlich der Familienfideicommisse und Majorate, dieser aristokratischen Erscheinungsformen des alten Gesammteigenthums der Familie an Grund und Boden, hat die halbverwitterte Wurzel unter dem Wechsel der Zeiten neue lebensvolle Keime hervorgebracht, welche auch in der Gegenwart ein obschon vielfach mit Mißgunst angesehenes Bestehen haben.

Tritt uns bei der rechtlich meistens verschwundenen und höchstens noch moralisch nachwirkenden Gütergemeinschaft in der gesammten Familie der communistische Gedanke je nach der größern oder geringern Anzahl der Familienglieder noch als auf breiterer oder schmälerer Basis ruhend entgegen, so erscheint er im Institute der ehelichen Gütergemeinschaft als auf den beurbar engsten Kreis wirthschaftlicher Beziehung, das Verhältniß zwischen Mann und Frau zurückgeführt. Alle Argumente, die, sei es mit mehr sei es mit weniger Recht, gegen das Princip des Collectiveigenthums in der Gemeinde, ja selbst noch gegen das Gesammteigenthum der Familie an Grund und Boden angeführt werden können und angeführt zu werden pflegen, vermögen bezüglich der Gütergemeinschaft unter Ehegatten nichts zu entscheiden. Hier waltet ein anderes Fundamentalverhältniß ob. Der Eintritt des Menschen in den allgemeinen Staats- und ebenso in den Gemeindeverband ist ihm nur Mittel zur Erreichung anderer höherer Zwecke; die Verbindung ist eine höchst beschränkte, von ihm gerade nur um deswillen eingegangen, damit er sich in der unendlichen Mehrzahl der Lebensverhältnisse desto freier und selbstständiger bewegen könne. Ganz anders in der Ehe. Hier erscheint die Verbindung als Selbstzweck. Eben aus diesem Grunde ist sie, abweichend von der im Staats- und Gemeindeverbande, eine durchaus innige, alle Lebensverhältnisse beider Theile wahrhaft umfassende. Bei einer Vereinigung aber, welche gemeinsames Tragen und Genießen aller Wechselfälle des Lebens als Vorbedingung aufstellt, erscheint die Gemeinschaft auch bezüglich des Geldvermögens als eine natürliche Folge der Hauptsache, der Verbindung selbst. Aber auch vom staatswirthschaftlichen Standpunkte aus liegt kein Grund vor, der ehelichen Gütergemeinschaft entgegenzutreten. Hier, wo es sich um nicht mehr als zwei aufs Innigste mit einander verbundene Theilhaber handelt, macht sich nicht, wie beim Communismus auf breiterer und breitester Grundlage, die Rücksicht geltend, daß jeder Einzelne deuten könnte, die Früchte seines Fleißes mit einer größern oder geringern Menge anderer ihm mehr oder weniger fremder Personen theilen zu müssen, oder ihnen die Folgen seiner Trägheit und seiner Mißwirthschaft aufbürden zu dürfen. Vortheil wie Nachtheil trifft hier immer den Urheber, sowol unmittelbar in seiner Person selbst, als auch in den Personen derjenigen, die ihm in der Regel und naturgemäß die Theuersten sind, in Gatten und Kindern. Ein schroffes Getrennthalten der Vermögensverhältnisse der Gatten kann offenbar um so weniger zum innern Glück der Ehen und damit zum Wohle des Staates gereichen, als es die Innigkeit des ehelichen Lebens aufs Tiefste verletzen muß, wenn jeden Augenblick die kalte und gehässige Berechnung des Geldvortheils geweckt und hervorgerufen wird. Gleiches Ertragen der Mühen des Lebens, gemeinsames, wenn auch der Form nach verschiedenes Schaffen und Wirken, gemeinsames Streben nach einem Ziele, möglichst inniges geistiges wie körperliches Verbundensein — wie wäre alles dies natur- und vernunftgemäß in Einklang zu bringen mit dem gänzlichen Ausschließen des einen Theiles vom Ertrage der in der Hauptsache gemeinsamen Arbeit und Ersparung!

So naturgemäß hiernach der Grundsatz der ehelichen Gütergemeinschaft erscheint, so war er dennoch den Völkern des Alterthums, die in dem Weibe nur ein dem Manne wesentlich untergeordnetes Geschöpf erblickten, völlig unbekannt. Selbst die Gesetzgebung der Römer, eines Volkes, das durchaus der Monogamie huldigte, kannte die Gütergemeinschaft unter Ehegatten nicht. In der alten strengen Manusehe wurde der Mann Eigenthümer des gesammten Vermögens der Frau, während in der später aufkommenden freiern Eheform das sogenannte Dotalsystem zur Ausbildung gelangte, dessen Hauptwirkungen darin bestanden, den Nutzen und Ertrag der dos, d. i. des Heirathsgutes der Frau, dem Manne als Beitrag zu den Bedürfnissen der Ehe zu überlassen, wobei jedoch diese Dotalgüter für unveräußerlich erklärt wurden, sodaß die Frau bei Auflösung der Ehe dieselben ungeschmälert zurückerhielt, indeß ihr während der Ehe schon die freie Verfügung über den nicht dotal gewordenen Theil ihres Vermögens, die sogenannten Paraphernalgüter, zustand. Mit der Reception des römischen Rechts gelangte dieses römische Dotalsystem, das man auch wol als das System „des gezweiten Gutes" zu bezeichnen pflegte, im Mittelalter im gesammten europäischen Westen zu fast allgemeiner Verbreitung; ja man nahm es in einzelnen Gegenden so unbedingt an, daß jede abweichende Bestimmung in Eheverträgen ausdrücklich und unbedingt verboten war.

Die Reaction gegen den Individualismus des

Römerthums blieb nicht aus. Eine höhere und edlere Anschauung als bei dem herrschenden Volke des Alterthums machte sich bei den germanischen Stämmen geltend. Der Mann ist seines Weibes Haupt, aber das Weib steht nicht, wie bei den Römern, in der Abhängigkeit einer „Haustochter", es ist die Genossin seines Rechts und im Innern der Haushaltung selbständig. Das Vermögen der Frau fällt infolge der Ehe allerdings von selbst in die Hand des Mannes, aber nicht in sein bleibendes Eigenthum; es einigt sich mit dem seinigen zur Benutzung für den Zweck und die Dauer der ehelichen Genossenschaft. Mit Trennung der Ehe trennt sich auch das vereinigte Vermögen, und das Recht der Frau fällt aus der Hand des Mannes frei an sie zurück. Es war eine bloße Gütervereinigung, die sich gebildet hatte, nicht eigentlich eine Gütergemeinschaft, obwol man es in der Regel so nannte. Bei der Mehrzahl der Völker germanischen Stammes, obwol sie allmälig das römische Recht im Allgemeinen ebenfalls annahmen, erhielt sich denn auch das System einer solchen verschiedenen Modification als normales Recht, freilich vorzugsweise nur in den untern Schichten der Nation, während diese an sich so naturgemäße Einrichtung mit den eigenthümlichen Verhältnissen des Adels ebensowenig wie das Princip der gleichen Erbberechtigung aller Kinder einer und derselben Familie in Einklang zu bringen war. Um so allgemeiner war dagegen diese Institution bei dem freien Bürgerstande, zumal in den gewerbefleißigen und wohlhabenden Reichsstädten des Mittelalters, verbreitet.

Indem an dieser Stelle nunmehr auf eine nähere Erörterung der einzelnen Arten der ehelichen Gütergemeinschaft wenigstens in ihren Grundzügen eingegangen ist, muß zunächst die Bemerkung vorausgeschickt werden, daß nach dem Vernunftrechte allerdings unbestreitbar den beim Eheabschlusse Betheiligten die freie Verfügung über ihr gegenwärtiges und künftiges Eigenthum zugestanden werden muß, sofern kein bestehendes Recht dadurch verletzt wird. Denn die persönlichen Verhältnisse der Einzelnen gestalten sich oft so mannichfach von einander abweichend, daß ein allgemeines Gesetz hier nie als einzige und unabänderliche Norm aufgestellt werden kann, ohne zu einer unter Umständen unerträglichen Härte zu führen und von vorn herein eine durch das Staatswohl durchaus nicht geforderte, dem Wohle der Einzelnen aber nicht selten grundverderbliche Beschränkung der freien Verfügung des Bürgers über sein wohlerworbenes Eigenthum auszusprechen. Dagegen aber muß der Staat allerdings in gesetzlicher Form eine feste Richtschnur aufstellen, welche für diejenigen Fälle maßgebend ist, in denen es die Ehegatten unterlassen haben, rechtzeitig und vertragsmäßig ausdrückliche Bestimmungen über ihre ehelichen Vermögensverhältnisse zu treffen. Selbstverständlich muß diese gesetzliche Norm den Sitten, den Eigenthümlichkeiten und besonders dem Culturgrade des Volkes in der Art gemäß sein, daß sie für alle gewöhnlichen Fälle paßt

28

und den Abschluß besonderer, mehr oder weniger abweichender Verträge allenthalben überflüssig macht, wo nicht ausnahmsweise eigenthümliche Familienverhältnisse obwalten. Als Regel festzuhalten ist, daß angesichts des Culturzustandes der Gegenwart, in welchem die Naturrechte der Frauen eine so unendlich höhere Anerkennung finden, als in der Vorzeit, das römische Dotalsystem dem deutschrechtlichen Grundsatze der Gütergemeinschaft gegenüber eigentlich kaum noch zur Frage kommen kann, obschon nicht geleugnet werden soll, daß auch ersteres, indem es das Vermögen der Frau besser sichert, in einzelnen Fällen nicht ganz ohne Vorzüge ist.

Die eheliche Gütergemeinschaft der deutschen Rechtsanschauung stellt sich entweder als eine allgemeine oder aber als eine particuläre dar. Die erstere begreift, wie schon der Name besagt, sämmtliche Güter, das ganze Vermögen ohne Ausnahme, sowol das in die Ehe eingebrachte, als das während derselben erworbene. Das deutsche Recht, welches hier von dem Gedanken ausgeht, daß die beiderseitigen Gatten in der Ehe sich zu einer Art von moralischer Einheit ergänzen („Mann und Weib sind nur ein Leib"), gesteht keinem der Gatten das Recht der freien Verfügung auch nur über den kleinsten Theil der gemeinsamen Gütermasse zu; nicht einmal testiren kann der eine Ehegatte ohne die ausdrückliche Zustimmung des andern. Im Gegensatze zu dieser allgemeinen beschränkt sich die particuläre Gütergemeinschaft auf einzelne Theile des Eigenthums der Eheleute, z. B. auf ihr Mobiliarvermögen, oder, was das Gewöhnlichste ist, auf die während der Ehe gemachten Ersparungen, die sogenannte eheliche Errungenschaft. Das Verhältniß beider Arten zu einander anlangend, so empfiehlt sich die allgemeine Gütergemeinschaft allerdings insofern, als sie beide Ehegatten in ihrer Vermögenslage einander kurzweg und vollständig gleichstellt. Auf der andern Seite jedoch sprechen sehr triftige und unsers Erachtens überwiegende Gründe gegen dieses System; denn nur zu häufig wird dadurch eine Art Beraubung des einen Ehegatten zum Vortheil des andern mit höchst verderblichen Folgen herbeigeführt; außerdem aber ist nicht zu verkennen, daß auf diesem Wege auch das naturrechtlich so tief begründete Erbschaftsnäherrecht der eigenen Verwandten auf den von der gemeinsamen Familie herstammenden Theil des Vermögens arg verletzt wird. Hiernach scheint das Princip der Gütergemeinschaft der Regel nach vorbehältlich spezieller durch besondere Verhältnisse motivirter Ehepacten auf die eheliche Errungenschaft, zu der wir jedoch im Einklange mit den meisten Gesetzgebungen auch den gesammten Nutzertrag des Einbringungs und vorbehaltenen Gutes zu rechnen geneigt sind, beschränkt werden zu müssen. Es soll keine unbedingte Gütergemeinschaft, sondern blos eine unlösbare Gütervereinigung sein. Hierdurch aber wird keine billige Rücksicht verletzt; es erhält nicht Jemand das Recht, über ein Vermögen frei zu schalten, welches Andere, ihm Fremde, zuvor mühsam erworben hatten. Nur was beide Eheleute durch gemeinsamen Fleiß, gemeinsame Sparsamkeit erworben, bleibt unbedingtes Gemeingut. Dieses war auch die Güterge-

meinschaft in ihrer ursprünglichen Gestalt; eine Einrichtung, so einfach, so zweck und naturgemäß, daß es schwer zu begreifen ist, wie die andern von zahllosen verderblichen Folgen begleiteten Arten irgendwo als Landesrecht zur Herrschaft gelangen konnten. Unserer Ansicht nach liefen somit die aufzustellenden gesetzlichen Normen, sofern nicht in Eheverträgen abweichende Specialitäten beliebt werden wollten, auf Folgendes hinaus: 1) Jeder der beiden Gatten bleibt im Besitze seines vor dem Eheabschlusse besessenen Immobiliar und Mobiliarvermögens, unbeschadet der Nießbrauchs und Verwaltungsrechte des Mannes. 2) Vom Tage des Eheabschlusses an beginnt dagegen die Gütergemeinschaft, jedoch beschränkt auf die während der Ehe erlangte Errungenschaft. 3) In diese Errungenschaft fallen nun aber nicht nur die Zinsen und Erträgnisse des privaten Vermögens ohne Ausnahme, sondern überhaupt Alles, was nicht als schon vor der Ehe von den Betheiligten besessen nachgewiesen werden kann. — Hieran würden wir noch eine weitere, die Frage der Gütergemeinschaft freilich nicht unmittelbar betreffende, wohl aber den Gegenstand in der Hauptsache berührende Bestimmung reihen, nämlich die: der überlebende Ehegatte hat (vorbehaltlich einer angemessenen Aussteuer für die etwaigen Kinder aus dieser Ehe) den Genuß des gesammten Vermögens des Vorverstorbenen bis zu seinem Tode oder bis zur Wiederverheirathung, worauf sodann erst die gewöhnlichen Bestimmungen über die Erbfolge in Kraft treten. —

Die Abhandlung, die nur die vorliegende, eine kurz skizzirte Darstellung und Würdigung des communistischen Gedankens in seinen verschiedensten Erscheinungsformen geben will, würde äußerlich als unvollständig betrachtet werden müssen, gedächten wir nicht zum Schlusse noch zweier eigenthümlicher Spielarten der Gütergemeinschaft, die unträglichen Spuren zufolge in näherer oder entfernterer Vorzeit in den verschiedensten Gebieten der europäischen Culturgemeinschaft zu allgemeinerer Sitte und Recht bestanden haben müssen, gegenwärtig aber fast überall verschwunden sind und nur noch sporadisch, gleichsam als die letzten Reminiscenzen einer erloschenen Wirthschafts und Culturform, sich in die Neuzeit herübergerettet haben. Es sind dies einmal die noch heute bestehenden sogenannten Hauscommunionen der Südslaven und sodann die vielleicht noch jetzt hin und wieder vorkommenden sogenannten Geraiden im südlichen Deutschland. Wie die südslavischen Hauscommunionen den wirthschaftlichen Uebergang von der Gütergemeinschaft in der Familie zur Gütergemeinschaft in der Gemeinde ausdrücken und sich hiernach die im Communionsverbande stehenden Mitglieder des Hauses als eine Art von wirthschaftlicher Gemeinde im engern Sinne darstellen, so erscheinen die deutschen Geraiden, wenn man sie analog als das ökonomische Mittelglied zwischen der Gütergemeinschaft in der Gemeinde und der Richtung des Staates hin; die Gesammtheit der in der Geraide vereinigten Ortschaften repräsentirt wirthschaftlich einen Staat im Staate. Wie also die Hauscommunionen eine Erweiterung des Familien, so enthalten die Geraiden eine Ausdehnung des Gemeinde-gedankens im Sinne gemeinsamer und ungetheilter Wirthschaft.

Betreffs dieser bereits so gut wie abgestorbenen deutschen Geraiden genügen wenige kurze Bemerkungen. Man versteht darunter die Nutzung gewisser Weiden oder Waldungen, die einer Mehrzahl von Ortschaften gemein-schaftlich zukommt. Noch vor wenigen Jahrzehenten fanden sich derartige Complere im untern Elsaß sowie im bairischen Rheinkreise in ziemlich bedeutender Menge. Obschon die bei solchen Gemeinschaften betheiligten Ort-schaften vor der französischen Revolution häufig ganz verschiedenen, oft sogar einander befehdenden Staaten und Städtchen angehörten, so hatte doch das Beharren des Landvolkes beim Althergebrachten und noch weit mehr die Naturwüchsigkeit und der Nutzen der Selbst-regierung und Selbstverwaltung ein so festes Band ge-schlungen, daß, ungeachtet zahlloser Streitigkeiten unter den Betheiligten selbst, diese beinahe ohne alle Einmischung der Regierungen die Verwaltung durchaus selbst führten, ihre polizeilichen und oben die allgemeinern ökonomischen Anordnungen selbst trafen und sogar eine eigene Juris-diction in ihren sogenannten Ruggerichten ausübten, ja daß es noch bis tief in unser gegenwärtiges Jahr-hundert hinein ungemein schwer hielt, eine Auftheilung dieser Waldungen oder Weidegründe als privates Eigen-thum unter die einzelnen berechtigten Gemeinden ân Stande zu bringen. Wirthschaftlich hingegen scheinen die Geraiden wol überall von höchst zweifelhaftem Werthe gewesen zu sein. Schon in frühern, vergleichs-weise noch viel holzreichern Zeiten waren die gemeinsam benützten Waldungen ungemein heruntergekommen, und die wenigen kleinern Districte derselben, in denen nur die Einwohner eines einzigen Ortes zur Nutzung be-rechtigt waren, sollen sich stets sehr vortheilhaft von den Geraide-Wüstenein unterschieden haben.

Anders als mit diesen, jetzt wol überall in Deutsch-land so gut wie verschwundenen, Geraiden verhält es sich mit den obengedachten Hauscommunionen der Kroa-ten, Serben u. s. w., die noch heute bei den Stämmen südslavischer Race mehr oder weniger in Blüthe stehen und die Grundlage der gesammten dortigen Wirthschaft darstellen. Bei dieser aus grauer Vorzeit herrührenden Institution erscheint als die sociale Einheit, gleichsam als die bürgerliche Corporation, welche das Land besitzt, die Hausgemeinschaft, d. h. die Vereinigung der Ab-kömmlinge desselben Stammvaters, welche dasselbe Haus oder denselben Hof bewohnen, gemeinsam arbeiten und die Producte der ländlichen Arbeit gemeinsam verzehren. Diese Vereinigung heißt im Slavischen „Druzina, Druz-tvo oder Zabruga", was etwa unserm deutschen Ausdruck „Genossenschaft" entspricht. Das Haupt der Familie ist der „Gospodar". Er wird von den Mitgliedern der Communion gewählt, häufiger noch von seinem Vor-gänger ernannt. Der Gospodar leitet die gemeinsamen Angelegenheiten; er kauft und verkauft die Producte im Namen der Genossenschaft, wie etwa der Director einer Actiengesellschaft. Er ordnet die auszuführenden Arbeiten

an, jedoch im Einverständnisse mit den Seinigen, welche jedesmal zur Berathung zusammentreten, sobald es sich um wichtigere Angelegenheiten handelt. Er vertritt die Communion in ihren Geschäften mit Dritten und in ihren Beziehungen zum Staate; er schlichtet häusliche Streitigkeiten; er ist der Vormund der Minderjährigen. Der Gospodar hat die ausübende, die Hausgenossen üben die gesetzgebende Gewalt. Fühlt der Hausvater, daß seine Kräfte abnehmen, so legt er freiwillig seine Befugnisse nieder; sein Nachfolger ist nicht immer der älteste, sondern derjenige unter den Söhnen oder den übrigen männlichen Hausangehörigen, welcher am meisten fähig erscheint, die gemeinsamen Angelegenheiten zu ver-walten. Die Ehefrau des Gospodars, oder eine andere dazu bestimmte Frau aus der Familie, die „Domatschica", besorgt die Haushaltung, überwacht die Erziehung der Mädchen und hat bei Verheirathungen derselben die ent-scheidende Stimme. Jede solche Hausgemeinschaft besteht aus 10—20 Personen, ausnahmsweise trifft man jedoch auch solche mit 50—60 Mitgliedern. Gleichwol sind dieselben nie so zahlreich, um ein Dorf zu bilden; denn wenn es auch Dörfer gibt, in welchen sämmtliche Ein-wohner denselben Namen führen, so bilden letztere trotz-dem regelmäßig verschiedene Zadrugas. Gewöhnlich finden sich drei Generationen unter einem und demselben Dache vereinigt: die Großältern, welche sich zur Ruhe gesetzt haben, die Söhne, welche die Arbeit leisten und von denen einer das Amt des Gospodars verwaltet; und endlich die Enkel in verschiedenem Lebensalter. Sollte eine Familie zu zahlreich werden, so theilt sie sich und bildet zwei getrennte Gemeinschaften. Allzu frühzeitige Verheirathungen sind selten. Viele junge Leute gehen auch zur Arbeit in die Städte, treten in die Armee oder oben widmen sich dem Staatsdienste. Sie behalten indessen das Recht, ihre Stelle in der Hausge-meinschaft wieder einzunehmen, so lange sie nicht irgendwo sonst ein festes Unterkommen gefunden haben. Die Mädchen gehen, wenn sie sich verheirathen, in die Fa-milie ihres Mannes über. Zuweilen jedoch wird, wenn an Arbeitskräften fehlt, auch der Schwiegersohn in die Gemeinschaft aufgenommen, der dann alle Rechte eines geborenen Mitgliedes erhält. Jede Familie pro-ducirt fast Alles selbst, was ihre übrigens sehr geringen und einfachen Bedürfnisse erfordern. Sie verkauft das überflüssige Vieh und kauft dafür die unentbehrlichen Industriegegenstände. Die Erzeugnisse der Landwirthschaft werden gemeinschaftlich verbraucht oder unter die Einzel-familien vertheilt; der Ertrag der industriellen Arbeit hingegen fällt dem Einzelnen zu. Jedes Individuum kann sich auf diese Weise ein kleines Sondergut erwerben und hierfür einige Stück Vieh anschaffen, die mit der gemeinschaftlichen Heerde auf die Weide gehen; Privat-eigenthum giebt es also auch hier vorhanden, nur noch in seiner Anwendung auf Grund und Boden, der das ge-meinschaftliche und ungetheilte Eigenthum der Hausge-nossenschaft bleibt. Stirbt ein Mitglied, so findet eine Erbfolge nur in die beweglichen Güter desselben statt, seine Kinder haben das Anrecht auf einen Theil des

28*

Ertrages des Grundbesitzes, nicht kraft eines Erbrechtes, sondern auf Grund eines persönlichen Rechtes. Nicht weil sie an Stelle des Verstorbenen getreten sind, sondern weil sie mit den andern in der Wirthschaft auf dem gemeinsamen Eigenthum arbeiten, nehmen sie Theil am Genusse des Ertrages. Keiner kann über einen Theil des Bodens durch Schenkung oder Testament verfügen, weil keiner alleiniger Eigenthümer desselben ist, vielmehr wirthschaftlich jeder nur als ein Nutznießer erscheint. Nur in dem Falle, wenn die Familie sich auf zwei Augen reducirt sieht, kann der letzte Uebrigbleibende nach Belieben über das Eigenthum verfügen. Wer das gemeinsame Haus verläßt, um sich endgültig anderwärts niederzulassen, verliert der Communion gegenüber alle seine Rechte. Das Mädchen, welches sich verheirathet, empfängt eine Mitgift je nach dem Vermögen der Familie, aber sie kann keinen Theil des Erbeigenthums in Anspruch nehmen. Denn dieses Erbeigenthum ist, wie anderwärts das Majorat, die breite Grundlage, auf welche sich die Fortdauer der Familie stützt und welches daher nicht gemindert oder getheilt werden darf. Die Witwe erhält ihren Unterhalt weiter, aber sie muß dafür arbeiten. Wenn sie sich wieder verheirathet, scheidet sie aus der Gemeinschaft aus und hat nur ein Recht auf angemessene Mitgift. Dasjenige Familienglied endlich, welches am meisten dazu beigetragen hat, den Reichthum der Zadruga zu vermehren, kann, falls es dieselbe verläßt, einen größeren Antheil von der genossenschaftlichen Habe beanspruchen.

Die mannichfachen Vorzüge, welche diesem südslavischen Institut der Hauscommunionen anhaften, sind billigerweise nicht zu verkennen. Es sind Vorzüge von vorwiegend ethischer Natur, insofern namentlich dadurch das Bewußtsein der Solidarität der Communionsgenossen auch über den engbegrenzten Kreis der eigentlichen Familie hinaus geträftigt und fort und fort rege erhalten wird. Ebenso muß angesichts der bei den südslavischen Volksstämmen thatsächlich herrschenden Zustände zugegeben werden, daß die alle abendländische Wirthschaft und Cultur mehr und mehr bedrohende Gefahr des Pauperismus in jenen Gebieten, wenn nicht als vollständig ausgeschlossen, so doch bislang vergleichsweise als sehr in den Hintergrund gedrängt erscheint. Auf der andern Seite jedoch ist nicht außer Augen zu lassen, daß die gesammten Lebensverhältnisse jener Völker sich noch heute entweder durchaus oder wenigstens vorwiegend auf den engen Rahmen der Naturalwirthschaft und damit auf die primitivste Stufe menschlichen Verkehrs beschränken. Je mehr auch jene halbcultivirten Gebiete zwischen Donau und Adria wohl oder übel sich modernen abendländischen Wirthschaftsformen erschließen und der westeuropäischen Culturgemeinschaft sich nähern, um so rascher werden menschlichen Ermessen nach auch diese slavischen Hauscommunionen, an denen schon jetzt der Wurm der Neuzeit nagt, dem Verfall und der schließlichen Auflösung entgegenreifen. — Vergl. Laveleye, Das Ureigenthum (s. oben); außerdem Utiešenović, Die Hauscommunionen der Südslaven. (Wien 1859.)

(Albrecht Just.)

GÜTERSLOH, Stadt im Regierungsbezirk Minden der preußischen Provinz Westfalen, Kreis Wiedenbrück, zur Herrschaft Rheda gehörig, an der Dalke, 1871 mit 4300 Einwohnern, darunter 384 Katholiken und 76 Juden, 1875 mit 4496 Einwohnern, mit einer gothischen evangelischen Hauptkirche von 1861 und einer katholischen Pfarrkirche, einem 1851 gegründeten evangelischen Gymnasium. Gütersloh hat eine Gerichtscommission, ein Post- und Telegraphenamt, einen Bahnhof der Cöln-Mindener-Eisenbahn, 94 Meter über dem Meere; die Industrie beschäftigt sich mit Fabrication von Seidenzeugen, mechanischer Baumwollweberei, Brauerei, Spiritusbrennerei, Stärke-, Licht- und Seifenfabrication; die Stadt treibt bedeutenden Handel mit feinen Gespinsten, Schinken, Speck, Butter, Pumpernickel. Die Landgemeinde Gütersloh, das Amt gleichen Namens bildend, besteht aus den Bauerschaften Blankenhagen, Nordhorn, Spexard, Parenstädt mit zerstreut liegenden Höfen und zählte 1875: 2850 Bewohner. *(Otto Delitsch.)*

GUTHNICKIA, eine von Regel dem Apotheker Guthnick in Bern gewidmete Gattung der Gasneraceen mit folgenden Merkmalen: Der Kelch hat eine mit dem Fruchtknoten verwachsene Röhre und einen fünftheiligen Saum. Die Blumenkrone hat eine nach dem Schlunde zu aufgeblasene Röhre, am Grunde einen stumpfen, angeblasenen Sporn und einen unregelmäßig fünflappigen Saum. Die vier Staubgefäße sind zweimächtig, auch ist ein Rudement eines fünften Staubfadens vorhanden. Der Ring ist perigynisch, dick, ungetheilt, die Narbe kopfförmig, herabgedrückt.

Zu dieser Gattung gehört nur eine Art: Guthnickia mimuliflora *Regel*. Die ganze Pflanze ist steifhaarig, der Stengel aufrecht, zwei Fuß hoch, ästig; Blätter gegenüberstehend, gestielt, breit eiförmig, zugespitzt, grob-gesägt; Blüthen achselständig, einzeln, kaum so lang als das Blatt; Blattstiel mit 2—3 lanzettlichen Deckblättern versehen; Kelchzipfel lanzettlich; Blumenkrone röhrig, fast rachenförmig, die Röhre 1½ Zoll lang, außen gelblich, innen purpurroth, gestreift, am Schlunde aufgeblasen, die Saumzipfel sind mennigroth, stumpf, die beiden obern kleiner, die seitlichen zurückgebogen. Die Blumen gleichen denen von Mimulus cardinalis, wie dies der Speciesname auch andeutet. Als Synonyme gehören wahrscheinlich Achimenes atrosanguinea *Host* und A. foliosa *Morren* hierher.

Das Vaterland dieser Art ist Mexico. *(Garcke.)*

GUTIEREZ, Name mehrerer spanischer Künstler. — Manoel Gutierez war ein Bildhauer, dessen Werke sich in den Kirchen der Jesuiten und barfüßigen Karmeliter zu Madrid befanden, in der erstgenannten vier Engel auf dem Hochaltar, in der andern die Statuen des Propheten Elias und des Johannes Baptista. Er starb, 50 Jahre alt, im J. 1687. — Jean Simon Gutierez, geboren in Sevilla um 1644, gest. daselbst 1705, war Maler und Schüler des Murillo, dessen Colorit er treffend nachzuahmen verstand. Doch ist seine Zeichnung schwach. Im J. 1664 gehörte er zu den Gründern der Akademie in Sevilla. In seiner Vaterstadt hinterließ er viele Bilder, doch dürften viele in den Unruhen verschollen sein. — Eugenio Gutierez de Torices, ein Mönch, der sich mit der Wachsbildnerei beschäftigte. Er war in Palacios de Benejal geboren und starb 1700. — Francisco Gutierez, im 18. Jahrh. lebend, war Bildhauer. Eine Statue der heil. Alcantara hat Salvador Carmona 1775 gestochen. Von seiner Hand ist auch im Prado zu Madrid die marmorne Göttin des Kybelenspringbrunnens.

(*Wessely.*)

GUTIERREZIA, eine Pflanzengattung der Compositen und zwar der Senecioideen, schon von Lagasca aufgestellt, aber erst in neuerer Zeit durch Torrey und Gray begründet. Das Blüthenköpfchen dieser Arten ist vielblüthig, verschiedenehig, die Strahlblüthen sind zungenförmig, weiblich, die Scheibenblüthen röhrig, zweigeschlechtig. Die dachziegelig sich deckenden Schuppen des Hüllkelchs sind an der Spitze zurückgebogen. Der Blüthenboden ist narbig, gezähnt-spreublätterig; der Federkelch spreublätterig, vielblätterig.

Folgende Arten sind aus dieser Gattung bekannt:

1) G. californica *Torrey* und *Gray.* Stengel stielrund, an der Spitze fast rispig; Blätter linealisch, spitz, am Grunde verschmälert und schwach gewimpert, flach, ziemlich dick; Rispe traubig, wenigköpfig, Köpfchen eiförmig, die 8—10 Zungenblüthen sind ein wenig länger als der Hüllkelch; an Scheibenblüthen sind 8—10 vorhanden. Hierher gehört Brachyris californica *De Candolle.*

In Californien einheimisch.

2) G. Euthamiae *Torrey* und *Gray.* Stengel zahlreich, berandet-kantig und rauh; Blätter genähert, schmal-linealisch, ganzrandig, punktirt, eng; Blumenstrauß gabelspaltig, gleichhoch; die fünf Strahlblüthen sind ungefähr so lang als der Hüllkelch; an Scheibenblüthen sind fünf vorhanden. Hierher gehören Brachyris Euthamiae *Nuttall,* Brachyris Euthamiae *Sprengel* und Solidago Sarothrae *Pursh.*

An trockenen Hügeln in der Nähe des Missouri in Nordamerika.

3) G. texana *Torrey* und *Gray.* Stengel 1½-2 Fuß hoch, spärlich beblättert; untere Blätter einen Zoll lang, 1½ Linie breit, die obersten weit kleiner; Spreuschuppen des Federkelchs sehr kurz, schuppenförmig, nicht linealisch; Blüthen gelb.

Hierher gehören als Synonyme Hemiachyris texana *De Candolle* und Brachyris microcephala *Hooker* (nicht *De Candolle*).

In Texas.

4) G. sphaerocephala *Asa Gray.* Niedrig, ausgebreitet-ästig, Aestchen ziemlich groß, einzeln stehende Blüthenköpfe tragend; Blätter linealisch, einnervig, Stengelblätter stumpf, nach dem Grunde zu verschmälert; Hüllkelch halbkreisrund, kaum gestielt; Zungenblüthen 10—12, linealisch-länglich; zwweigeschlechtige Blüthen ungefähr 30; die jungen Achänen kreisförmig, seidigwollig, die Scheiben- und Strahlblüthen mit gleichförmigen, aus 5—6 eiförmigen, sehr kurzen, mehr oder

weniger kronartig-verwachsenen Spreublättchen gebildetem Federkelche versehen.

In Mexico.

Aus der Gattung auszuschließen ist:

Gutierrezia Lindheimeriana *Scheele* = Brachyris dracunculoides *De Candolle.* (*Garcke.*)

GUTSANSCHLAG ist eine Beschreibung aller zu einem Landgute gehörenden Grundstücke, Gerechtigkeiten, Einkünfte, Lasten u. s. w. Solche Anschläge werden zu verschiedenen Zwecken gefertigt, und davon erhalten sie auch ihre besondere Benennung, z. B. Kauf-, Pacht-, Bauanschlag u. s. w. Es gibt öffentliche und Privatgutsanschläge. Jene zerfallen in gerichtliche und andere öffentliche Anschläge, je nachdem sie entweder von einer Justizbehörde oder einer anderen Landesbehörde, z. B. der Domänenkammer, angeordnet und unter der Leitung eines Mitgliedes des Collegiums oder eines besonders dazu ernannten Commissars verfertigt werden. Die von den Domänenkammern formirten Anschläge gründen sich meist auf gewisse, festgesetzte Kammerprincipien; die Privatgutsanschläge werden dagegen nach Willkür der Privatpersonen, besonders da, wo man den Güterhandel gleichsam als Gewerbe betreibt, selten mit der erforderlichen Genauigkeit, Richtigkeit und Zuverlässigkeit verfaßt. Unter den mancherlei Formen von Privatanschlägen, nach welchen verkauft, verpachtet, verpfändet u. s. w. werden soll, ist es übrigens in juristischer Hinsicht nothwendig, die Gutsbeschreibungen, Ertrags- und Grundanschläge (s. b.) von einander zu unterscheiden.

Die Gutsbeschreibung enthält überhaupt eine Darstellung von der Lage, Annehmlichkeit, Bequemlichkeit der Grundstücke, Gerechtigkeiten, Gewerben und von der bisherigen Bewirthschaftungsweise eines Gutes, und dieser Beschreibung ist meist ein Grund- und Ertragsanschlag beigefügt. In dem Ertrags- oder Hofungsanschlage wird der Fruchtertrag in Centnern und Scheffel nach einem Durchschnitt mehrerer Jahre unter Abzug des Bestellungs- und Ernteaufwandes berechnet. In der gleichen Privatgutsbeschreibungen und Ertragsanschlägen pflegt Alles hineinzukommen, was nur irgend eine Revenue darbieten kann, und dabei werden meist noch alle Wirthschaftskosten auf das möglichst Niedrigste in Bausch und Bogen angesetzt, die Einnahmen dagegen auf das Höchste angegeben. Gewöhnlich wird noch hinzugefügt, daß die Aecker und Wiesen bedeutender Verbesserungen fähig wären, die stehenden Einkünfte wesentlich erhöht werden könnten, Holz zum Verkauf vorhanden, zur Anlage einträglicher Anstalten die beste Gelegenheit vorhanden sei u. s. w. Solche Beschreibungen und Umfangsanschläge haben den Zweck, entfernten Kauf- oder Pachtlustigen eine vorläufige Idee von der Beschaffenheit des feilstehenden Gutes beizubringen und ihre Aufmerksamkeit auf dieselben oder angenehmen Eigenschaften desselben zu leuken. Sie verdienen natürlich im Allgemeinen kein volles Vertrauen, und sie sind oft, besonders da, wo durch öftere Wiederveräußerungen ein wahres Agiotiren mit den Landgütern getrieben wird, der Köder, wodurch sorglose Kauf= oder Pachtlustige angelockt und gefangen werden. Gewöhnlich formirt sie der Eigenthümer oder er läßt sie durch Freunde oder Rathgeber machen, welche dabei ihren individuellen Einsichten oder Schriftstellern folgen. Die unter Aufsicht öffentlicher Behörden formir= ten Anschläge machen in der Regel eine Ausnahme, und man muß ihnen mehr Genauigkeit und Zuverlässigkeit äntrauen, da der Ertrag meist nach einem billigen Durch= schnittspreise oder nach anderen ökonomisch richtigen Prin= cipien berechnet ist. Die Ertragsanschläge erfordern um so mehr die genaueste und sorgfältigste Untersuchung, als sie der Verkäufer oder Verpachter nicht zu garantiren braucht, wenn er sich dazu nicht besonders verpflichtet oder wenn er dabei nicht mit betrüglicher Absicht gehan= delt hat. Der Ertrag und Nutzen eines Gutes hängt zum Theil von den Vermögensumständen, den öko= nomischen Kenntnissen und Einrichtungen des Land= wirths, noch mehr aber von unabwendbaren Natur= ereignissen, der Witterung, und nebenbei von glücklichen oder unglücklichen Conjuncturen und politischen Ereig= nissen ab. Eine Ertragsberechnung bleibt deshalb stets ungewiß und muß es der Natur der Sache nach stets bleiben, und eben deshalb kann die Auswerfung des Er= trags von dem Käufer oder Pachter in der Regel weder rechtlich gefordert werden, noch die Grundlage einer ge= richtlichen Entschädigungsklage sein, wenngleich der Um= fangsanschlag dem Käufer oder Pachter vor dem wirk= lichen Abschlusse des Contractes zur Instruction mitge= theilt ist[1].

Nicht leicht ist es, einen richtigen Hufungsanschlag zu machen, nicht leicht aber auch, einen solchen Anschlag auf seine Wahrheit zu prüfen. Die Anfertigung eines Hu= fungsanschlages kommt nur dem tüchtigen, in jeder Hin= sicht erfahrenen Landwirthe oder einem praktischen Ca= meralisten zu, der tüchtige landwirthschaftliche Kenntnisse mit den übrigen Erfordernissen verbindet. Werden Hufungsanschläge von anderen Leuten angefertigt, so laufen dieselben fast immer auf Schwindelei und Plusmacherei hinaus, was sowol für den Verkäufer oder Verpachter als für den Käufer oder Pachter schädlich ist. Falsch ist stets ein Hufungs= anschlag, einer über die Hälfte des richtigen wahren Werthes gefertigt ist; er verräth Mangel an Sachkennt= niß, oder es liegt ihm absichtliche Täuschung zum Grunde. Ist ein Gut verpachtet, und werden darin die Ein= nahmen richtig dargelegt, dann können Hufungsanschläge weniger täuschend für den Nichtsachkenner angefertigt werden, als wenn das Gut nicht verpachtet ist, voraus= gesetzt, daß kein Scheinpacht vorhanden ist. Wer ein Gut kaufen oder pachten will, muß sich allerdings einen Hufungsanschlag vorlegen lassen, um das Gut kennen zu lernen. Aus diesem Anschlage erhält er aber immer nur eine oberflächliche Kenntniß, und er muß deshalb an Ort und Stelle Alles selbst genau untersuchen, um den wahren Werth herauszufinden. Der Hufungs= anschlag muß übrigens durch den Grundanschlag gerecht=

fertigt werden; sie müssen beide übereinstimmen, wenn sie richtig sein sollen[2].   (*William Löbe*.)

GUTSCHMID (Christian Gotthelf, Freiherr von), kurfürstlich sächsischer Cabinets=Minister ward 12. Dec. 1721 zu Köhren (richtiger Kahren) bei Kottbus in der Niederlausitz als Sohn des Predigers Christoph Friedrich Gutschmid geboren. Seine Mutter Katharina war eine Tochter des Senators Johann Greißenhagen in Kottbus. Durch Privatunterricht unter der Leitung seines Vaters vorgebildet, bezog er im April 1740 die Universität Halle und studirte anfänglich Theologie unter Baumgarten; zugleich gab er Unterricht in den Anstalten des Waisenhauses. Da sich jedoch zeigte, daß das Pre= digen seiner Gesundheit nachtheilig war[1], so widmete er sich gleichzeitig juristischen Studien unter Ludwig Just Henning Böhmer und Heineccius, und übte sich nach Abschluß derselben beim Amtmann Richter in Dahme in praktischem Arbeiten ein. Nachdem er hierauf einige Zeit im Aelternhause verbracht hatte, ging er als Führer des nachhärlgen Geheimen Rath und Geheimen Finanzrath Victor Karl von Bieth nach Leipzig und wurde hier 15. Mai 1748 inscribirt, im darauf folgenden Jahre disputirte er „de modo succedendi ab intestato", ward 1750 als Advocat immatriculirt und in demselben Jahre zum Doctor beider Rechte promovirt. In der zu diesem Zwecke verfaßten Inauguraldissertation „De fa= vore commerciorum" tritt er für das Mercantilsystem ein, dessen Vorzüge sich kaum nach dem siebenjährigen Kriege an Sachsen selbst bewährten. Zugleich begann er Vorlesungen an der Universität zu halten und er= langte bald als Oberhofgerichts= und Consistorialadvocat eine ansehnliche Praxis. In den Jahren 1751 und 1752 vertheidigte er wieder zwei handelsrechtliche Dissertationen: „Jura mercatorum in exigendis usuris ex mora in solvendo mercedium pretio facta" (im October 1752) und „Mercaturae legum ferendarum auxilio juvan= dae ratio salutaris" (1752), ferner gab er eine ver= mehrte und verbesserte Auflage von Jul. Bernh. von Rohrs „Vorrath von auserlesenen Contracten" (Leipzig, 1754)[2] heraus. Die ihm ebenfalls zugeschriebene Schrift: „De praerogativa ordinis inter legatos" (Leipzig 1755), über welche Friedrich Wilhelm Ferber 31. Dec. 1755 unter Gutschmid's Vorsitz disputirte, scheint doch des erstern Arbeit zu sein, denn es findet sich am Schluß derselben folgende Bemerkung: „Auctori Prae= ses. Reddo, amice Ferbere, quem mihi tradidisti, scriptum a te librum. Tuus est. Ita enim ostensis principiis et indicatis industriae subsidiis usus es,

----

[1] Hagemann, Landwirthschaftsrecht.

[2] Munz, Vorsichtsmaßregeln für Güterkäufer u. s. w.
[1] Nach einer andern Quelle (Teller, s. den Artikel) wäre der Grund des Uebergangs eine Differenz mit Prof. Baumgarten gewesen, die Gutschmid in dem Fortkommen im Bran= denburgischen besorgt gemacht habe. Teller verknüpft damit zu= gleich den Uebergang von Halle nach Leipzig, was ist aber jeden= falls ein Irrthum, da Gutschmid wirklich schon in Halle Jurisprudenz studirte und diese Studien später in Leipzig nur zum Abschluß brachte. [2] Die Schrift bildet eigentlich den 3. Theil zu Rohr's Haushaltungsrecht. 2 Thle. Leipzig 1734, 38.

ut a me nihil addi potuerit. Non indigebas me emendatore, nec indigebis propugnatore. Adero, quia jubes, comes laudumque tuarum testis". Im J. 1756 wurde ihm als Nachfolger Gebauer's und Hommel's die Professur des Lehnrechts übertragen; er trat sie mit einer Rede: „De institutis feudalibus reipublicae firmamentis" an und lud dazu durch ein Programm ein: „De feudis omnibus jure propriorum omni ex parte censendis nisi mutatio rationis feudorum communis speciatim demonstretur". Diese Schriften sowie die Arbeiten, die er als Consulent der Leipziger Kramerinnung, wozu er inzwischen auch ernannt worden war, angefertigt hatte, lenkten die Aufmerksamkeit der Oberbehörden auf ihn und eröffneten ihm den Zugang zu höhern Würden. Schon im J. 1758 ward er als Hof- und Justizienrath, auch Geh. Referendar nach Dresden berufen und als solcher zu verschiedenen Missionen nach München, Augsburg und Warschau verwendet. 1762 ward er Geh. Archivar und Mitglied der Restaurationscommission, die die Mittel erwägen und vorbereiten sollte, um das durch den siebenjährigen Krieg hart mitgenommene Land nach Herstellung des Friedens wieder zu heben und besonders Gutschmid's Einwirken trug zum glücklichen Erfolg derselben bei. Die Commission bestand außer ihm aus dem Conferenzminister von Fritsch, dem Generalaccisdirector von Heringen, dem Minister von Wurmb, dem Vicekammerpräsident Lindemann, dem Kanzler von Voigt, dem Obersteuerdirector von Rischwitz und dem Schriftsteller und Obersteuersecretär Rabener als Protokollführer [3]). Ihre Arbeiten dauerten vom Mai 1762 bis November 1763 und umfaßten in 19 Actenbänden gutachtliche Vorschläge über alle Zweige der Staatsverwaltung. Gleichzeitig mit dem ebengenannten, damals noch Geheimenrath von Fritsch ward Gutschmid 1763 beordert, an den Friedensverhandlungen in Hubertusburg theilzunehmen. In demselben Jahre ernannte ihn der Rath der Stadt Leipzig, laut Protokoll vom 4. Febr., zum Bürgermeister dieser Stadt, welches Amt er bis 1771 beibehielt (allerdings nicht als sogenannter regierender Bürgermeister; es gab damals in Leipzig gewöhnlich mehrere Bürgermeister gleichzeitig, die in der Hauptfunction wechselten und einander gegenseitig vertraten), obgleich er schon zu Ende eben jenes Jahres (1763) zum Geheimen Assistenzrath befördert und zum Lehrer des nachmaligen Kurfürsten, spätern Königs Friedrich August nach Dresden berufen wurde; er unterrichtete denselben vorwiegend in den Staats- und Rechtswissenschaften. Zugleich nahm er nun an allen innern und äußern Landesangelegenheiten den wichtigsten Antheil und erhielt vom Kurfürsten Friedrich Christian den Auftrag, ein „eigenes, deutliches und vollständiges, in guter Ordnung und richtigem Zusammenhange abgefaßtes" Gesetzbuch zu entwerfen. Wie weit er damit gekommen ist, ist unbekannt, da nichts von diesen Ar-

beiten ins Publicum gelangte, und nach dem Tode Gutschmid's seine sämmtlichen Papiere, die nur irgendwie auf öffentliche Angelegenheiten Bezug hatten, sofort ans Geheime Cabinet abgegeben werden mußten. Dennoch ist diese Thätigkeit nicht ohne gute Folgen für das Land geblieben. Auf eines der Gutachten, die die Justizcollegien zu Dresden zum Zweck jenes Gesetzbuchs abgegeben hatten, ward die Tortur abgeschafft; dieß sowie dann folgende andere Verbesserungen im Criminalverfahren sind namentlich auch dem kräftigen Eingreifen Gutschmid's zu danken. 1766 ward er Vicekanzler der Landesregierung, 1768 entwarf er als Mitglied einer bezüglichen Commission einen allgemeinen Finanzplan für Kursachsen, der die durch die Verschwendungen der früheren Zeit und den Krieg arg zerrütteten Finanzen ordnen sollte [4]). Die getroffenen Maßregeln erwiesen sich von der besten Wirkung, und brachten das Land wieder zu Wohlstand und Blüthe, sodaß es weder durch die drückende Theuerung in den Jahren 1771 und 72 noch durch den bairischen Erbfolgekrieg 1778 und den spätern deutschen Krieg erschüttert wurde. Die in Angelegenheiten der bairischen Erbfolge kursächsischerseits verfaßten Deductionen: „Ihro kurfürstliche Durchlaucht zu Sachsen rechtsbegründete Ansprüche an die bairische Allodialverlassenschaft" (Mit Beilagen. Dresden 1775) und „Beantwortung des kurpfälzischen Widerspruchs gegen Ihro kurfürstl. Durchlaucht zu Sachsen u. s. w." (Dresden 1779) sind zwar ursprünglich von Gutschmid verfaßt, aber von seiner Hand doch so verändert und verbessert worden, daß von der ersten Bearbeitung wenig geblieben ist, und man sie also füglich auch zu seinen Schriften zählen kann. In Anerkennung seiner Verdienste ward Gutschmid 1769 während der Anwesenheit des Kaisers Josephs II. in Dresden in den Reichsfreiherrnstand erhoben; das Adelsdiplom ist vom 20. Oct. 1769 [5]). An seinem (Gutschmid's) Geburtstag, im December 1770 ernannte ihn sein früherer mit dankbarer Pietät an ihm hängender Schüler, Kurfürst Friedrich August, zum Conferenzminister und Wirklichen Geheimenrath mit Sitz und Stimme im Geheimen Conslilium [6]).

3) E. Gretschel, Geschichte des sächs. Volkes und Staates. Fortgesetzt von Prof. Friedr. Bülau (3 Bde. Leipzig 1841—53), 3. Band, S. 145.

4) Die Commission bestand aus den Directorien sämmtlicher damaliger Landescollegien, welche Landeseinkünfte zu verwalten hatten, und es waren ihr außer Gutschmid der Geh. Assistenz-Rath von Hoffmann und der Accisrath Sternickel zugeordnet. Den Impuls zu ihrer Begründung hatte Gutschmid selbst durch seine „Unmaßgeblichen Vorschläge zu einem Generalfinanzplan für Kursachsen" gegeben; sie zeigten, wie schlimm die Dinge standen, denn es bestand ein Deficit von jährlich fast 300,000 Rthlrn. 5) Folgendes Wappen wurde für die Familie angenommen: In Silber ein aus blauem Schildesfuß schräg links hervorgreifender, im Einbogengelenk gekrümmter geharnischter Arm, welcher in der Faust einen grünen Kranz hält. Freiherrnkrone und zwei gekrönte Helme mit blausilbernen Decken. Aus dem ersten geht der geharnischte Arm mit dem Kreuz hervor, der zweite trägt einen von Blau und Silber schräg einwärts getheilten offenen Adlerflug. Schildhalter: zwei auswärts stehende silberne Panther. 6) Im Intimatrescript (vom 24. Dec. 1770), durch das diese Beförderung allen kursächs. Landes-Collegien zur Kenntniß gebracht wurde, werden die Verdienste Gutschmid's warm hervorgehoben. Den Wortlaut gibt Graf Hohenthal (s. am Schluß des Artikels) S. 40.

Nach dieser Ernennung legte Gutschmid 'sein Bürgermeisteramt in Leipzig nieder. Kurz darauf wurde ihm zugleich das Directorium der Oberrechnungsdeputation übertragen, auf das er jedoch dann später (1789) resignirte. Im J. 1790 erfolgte seine Ernennung zum Geh. Cabinetsminister und Staatssecretär der inländischen Angelegenheiten. Dadurch änderte sich in seinen Verhältnissen eigentlich nur wenig: er trat aus dem Geheimen Consilium aus und übernahm beständigen Vortrag beim Kurfürsten, ferner signirte er jetzt officiell die allerhöchste Entschließung mit seinem Namen, was früher nicht geschah, soviel Antheil er auch schon an solchen Entschließungen genommen hatte. Seine Person und staatsmännische Wirksamkeit wurden durch den panegyrischen Nachruf charakterisirt, der ihm „nicht von Verwandten, nicht von Zeitungsschreibern, sondern officiell" nach seinem Tode in der Leipziger Zeitung (1799, 4. Stück) gewidmet wurde: „Durch seine gründliche Gelehrsamkeit, ausgebreitete Kenntnisse und Erfahrungen, bewährte Rechtschaffenheit, unverbrüchlichste Treue und Devotion gegen seinen Landesherrn, und durch sein rastloses Streben um das Wohl des Landes erwarb er sich die ausgezeichnetste Gnade und das Vertrauen Sr. Kurfürstlichen Durchlaucht wie die Liebe und Verehrung seiner Zeitgenossen"... Speciell muß noch erwähnt werden, daß seinen Initiativen oder doch vornehmlichen Unterstützung zu verdanken sind die durch das Generale vom 27. Sept. 1777 angeordnete Einsendung von Proceßtabellen, die viel zur Beschleunigung der Rechtspflege beitrugen, ferner die Justiz-Visitationen, dann bei den kurfürstlichen Aemtern die Trennung der Justiz von der Verwaltung, die Firirung der Gehalte beim Amtspersonal, die Errichtung zweier Senate in der Landesregierung und im Appellationsgericht, die Errichtung eines General-Kriegscollegiums, die Veranstaltung von Revisionen an den Universitäten und Fürstenschulen u. a.

Ausländische Ehrenbezeigungen und Geldgeschenke pflegte Gutschmid nicht anzunehmen, nur der russische St. Andreasorden, der ihm 1796 verliehen wurde, machte davon eine Ausnahme, und einmal ein Geldgeschenk von Seiten Oesterreichs. Der Kaiser Leopold von Oesterreich schenkte ihm nämlich beim Congreß in Pillnitz, 25.—27. Aug. 1791, 1000 Dukaten [7]. Gutschmid nahm sie mit

Vorwissen und Zustimmung des Kurfürsten an, ergänzte die Summe aus eigenen Mitteln auf 3000 Thaler Species, und übergab sie, mit Urkunde vom 28. Aug. 1791, dem kurfürstlichen Kirchenrath und Oberconsistorium als sogenannte österreichische Stiftung zu Stipendien für Söhne evangelischer Geistlicher aus den österr. Erblanden, die auf sächs. Universitäten studiren.

Gutschmid war von mittlerer Statur und kräftigem Körperbau, der ihn alle Anstrengungen fast bis zu Ende seines Lebens ertragen ließ. Ein beliebter Ausspruch von ihm war: „Arbeiten oder sterben". Ein anderer solcher Ausspruch, den er namentlich seinen Enkelkindern oft wiederholte, wenn sie fröhlich um ihn herum, auch in seinem Arbeitszimmer, spielten, war: „Seid fromm, fleißig und fröhlich". Im October 1798 fing er an ernstlich zu kränkeln und starb am 30. Dec. desselben Jahres an einem Schlagfluß. Vermählt hatte er sich am 29. April 1753 mit Karoline Marie Wilhelmine Müller, Tochter des Kammerconsulenten Johann Wilhelm Müller in Leipzig und dessen Gattin Marie, geb. Teßmerin. Vier seiner Söhne starben in der Kindheit, von fünf andern war der älteste, Christian Friedrich, Stiftskanzler in Merseburg (starb 23. Nov. 1813), der zweite, Gottlieb August, Geh. Kriegsrath (starb 1815), der dritte, Wilhelm, Conferenzminister und Präsident des Geheimen Finanzcollegiums (starb 4. Febr. 1830), der vierte, Siegmund, Generallieutenant (starb zu Pulawy 7. Juni oder 2. Juli 1812), der fünfte, Georg Adolf, Berghauptmann in Freiberg (starb 1. Febr. 1825). Die Uneigennützigkeit Gutschmid's und sein stets auf das Wohl des Ganzen gerichteter Sinn hatten ihn nicht dazu kommen lassen, sich ein Vermögen zu erwerben, das in seinem Besitz befindliche Rittergut Klein-Wolmsdorf bei Radeberg war ein freies Vermächtniß des am 4. Jan. 1776 verstorbenen Geh. Kämmerers Schlötter. Mit Rücksicht auf seine außerordentlichen Verdienste bewilligte daher der Kurfürst seiner hinterlassenen Witwe eine Pension von 2000 Thalern jährlich und bis zu deren Ableben (sie starb 19. Juni 1801 zu Klein-Wolmsdorf im Alter von 69 Jahren) ihrer unverheiratheten Tochter Karoline Auguste bis zu deren Versorgung

7) Gretschel a. a. O., S. 241. Dort ist auch Ursache und Verlauf des Congresses erzählt, und da man daraus einen Schluß auf den Grund der Schenkung ziehen kann, so sei hier das Wesentliche angegeben: Die Decrete der französischen Nationalversammlung (1789) berührten vielfach auch die Rechte deutscher Reichsstände, ihrer Vasallen und Unterthanen in den ehemaligen deutschen Reichsprovinzen. Man versuchte mancherlei Ausgleiche und Vermittelungen, wobei namentlich Kursachsen immer zur Mäßigung und Vorsicht rieth, und verständigte sich endlich dahin, so den Verträgen zu halten.... Nach der Flucht Ludwig's XVI. beschlossen jedoch Kaiser Leopold von Oesterreich und König Friedrich Wilhelm II. von Preußen ernste gemeinsame Schritte zu thun, und es ward am 25. Juli 1791 zu Wien ein Präliminarvertrag unterzeichnet, in welchem der Abschluß einer Defensiv-Allianz zwischen Oesterreich und Preußen beschlossen wurde, und zu der man unter andern auch den Kurfürsten von Sachsen einladen wollte beizu-

treten. „Karoline hat von dieser Ehre keinen Gebrauch gemacht, konnte aber freilich nichts einwenden, als ihm der Kaiser und der König durch eigenhändige Briefe anzeigten, daß sie am 25. Aug. 1791 in Pillnitz zusammen und zwei Tage dort zubringen würden. Wenn der Kaiser (4. Aug.) dem Kurfürsten darin zugleich ankündigte, daß sein Gesandter, Graf Hartig, ihm im Vertrauen die jüngsten Verhandlungen mittheilen werde, so gab der Kurfürst in seiner dankenden Antwort (9. Aug.) doch nicht ohne Feinheit zu erkennen, in welchem Sinne er diese Verhandlungen gepflogen wünsche: in dem Der Ruhe nämlich und des europäischen Friedens. Die Zusammenkunft konnte er nicht hindern, und in der That trafen der Kaiser und der König am 25. Aug. in Pillnitz ein.... Der Kurfürst hat an den Beschlüssen dort keinen Antheil, weder durch Beistimmung, noch durch Unterzeichnung Antheil genommen und blieb diesen Conferenzen ganz fremd.... Am 26. kamen die Monarchen nach Dresden.... Der Kaiser reiste schon in der ersten Stunde des 27. wieder ab, und das Gutschmid 1000 Dukaten.... Ueberhaupt sollen sie von den hohen Gästen zurückgelassenen Geschenke 47,000 Thaler betragen haben." (S. 220—21.)

(sie starb unvermählt) einen Gnadengehalt von 500 Thalern jährlich. Von zwei andern Töchtern war die älteste, Marie, vermählt an den Amtshauptmann von Sperling in Balgstedt, die andere, Friederike, an den Geh. Kriegsrath von Zanthier. Im J. 1878 lebten nachfolgende Urenkel des Cabinetsministers, und zwar 1) Enkelsöhne Christian Friedrichs: Gotthelf Paul Freiherr von Gutschmid geb. 6. Juli 1822, Senior der Familie, Hofmarschall Sr. königl. Hoheit des Prinzen Georg von Sachsen, Kammerherr, Kreisdirector a. D. u. s. w.; dessen Bruder Heinrich Julius, geb. 12. Juli 1826, Rechtsanwalt zu Dresden. 2) Enkelsohn Siegmund's: Alfred Freiherr von Gutschmid, geb. 1. Juli 1831, Prof. der Geschichte in Königsberg i. Pr. 3) Enkelsohn Wilhelms: Felix Freih. von Gutschmid, geb. 10. Oct. 1843, Legationssecretär der kaiserl. deutschen Gesandtschaft zu Yeddo in Japan.

Eine biographische Skizze des Ahnherrn verfaßte zuerst Teller u. d. T. „Beitrag zur Lebensgeschichte des kursächs. Kabinetsministers Freiherrn von Gutschmid", in „Geschichte und Politik. Herausgegeben von Karl Ludw. von Woltmann". Jahrg. 1801. 1. Stück, S. 1—12 (Berlin). Der Verfasser sagt darin von sich, Gutschmid sei sein Gönner gewesen, zuerst in Leipzig, dann in Dresden, habe ihn aber immer mehr wegen seiner Kenntnisse in den biblischen Grundsprachen geschätzt, als daß er seine Fortschritte im theolog. Fach gebilligt hätte; Gutschmid habe eine aufgeklärte, männliche Religionsansicht besessen, aber sich eine gewisse Grenze gezogen, über die er nicht hinausgegangen sei. Teller ist hiernach offenbar der seinerzeit berühmte berliner Propst und Rationalist Dr. Wilhelm Abraham Teller (starb 9. Dec. 1804), doch ist seine Schrift weder genau noch erschöpfend. Leptern Ansprüchen genügt besser die Abhandlung „Christian Gotthelf Freih. von Gutschmid, kurfürstl. sächs. Kabinetsminister" im „Nekrolog auf das J. 1798. Gesammelt von Friedr. Schlichtegroll". 9. Jahrg. 2. Band S. 161—200. (Gotha 1803.) Dieselbe erschien auch als Separatschrift mit einem besondern Vorwort von Fr. Schlichtegroll: „Lebensbeschreibung des Kursächs. Geh. Kabinetsministers Freiherrn von Gutschmid" (Gotha 1803. 68 S.) Ihr nicht genannter Verfasser ist nach Oettinger's „Bibliographie biographique" (2 vols. Bruxelles 1854) der Ober-Consistorial-Vicepräsident Peter Karl Wilhelm Graf von Hohenthal, welche Angabe durch ein handschriftlich ergänztes und im Besitz der Familie befindliches Exemplar des Buches bestätigt wird, jedoch mit der Beschränkung, daß der Theil über das private und Familienleben (S. 52—63) von einer Tochter Gutschmid's, Friederike, geliefert wurde. Als Verfasser der „Ode bei Gutschmid's Grab" im Nachtrage ist in demselben Exemplar Prof. Messerschmidt in Altenburg handschriftlich nachgetragen.   (T. Pech.)

GUTSHERRLICHKEIT. Die dem Mittelalter entstammenden Rechte des Gutsherrn sind in Deutschland keineswegs überall dieselben, sondern je nach der Verschiedenheit der bäuerlichen Zustände in ihrem Umfange und Inhalte von einander abweichend. Sie bestehen

aus mannichfachen einzelnen Berechtigungen des verschiedensten Ursprungs (Vogtei, Vorbehalt bei Verleihungen, Reste der Leibeigenschaft, Vertrag u. s. w.) und der verschiedensten rechtlichen Natur. Ihr Zusammenhang ist ein historischer und ihre Einheit liegt vorwiegend in der eigenthümlichen socialen und ökonomischen Idee, welche durch diese Verbindung Gestalt erhält. Daher hebt es den Begriff der Gutsherrlichkeit nicht auf, wenn die einen oder andern dieser Rechte fehlen; gleichzeitig aber dient ihre Aufzählung an dieser Stelle auch zur correlaten Charakteristik der bäuerlichen Gutsverhältnisse.

In der Regel hat der Gutsherr das Recht auf vertragsmäßige Abgaben und Reallasten, besonders Dienste, Zinsen und Zehnten, auch standen ihm in manchen Gegenden noch vor Kurzem die außerordentlichen Mittel zur eigenmächtigen Geltendmachung dieser Rechte, als Dienstzwang und außergerichtliche Auspfändung des Grundholden wegen rückständiger Leistungen und Abgaben zu. Häufig gesellten sich hierzu noch mannichfache anderweite Berechtigungen, welche, aus der ehemaligen Leibeigenschaft der Bauern herrührend, sich in der Gestalt von Reallastrechten noch heutzutage hier und da erhalten haben.

Unter Grund- oder Reallasten im weitern Sinne begreift man alle Leistungen (Dienste, Natural- oder Geldabgaben), welche auf bestimmten Grundstücken oder Grundbesitzungen haften und von jedem Besitzer derselben, in der Regel ohne Rücksicht auf dessen persönliche Eigenschaft, zu entrichten sind. In dieser weitern Bedeutung gehören dazu auch Leistungen aus öffentlichen Rechtsverhältnissen an den Staat, die Gemeinde, desgleichen die behufs Herstellung und Unterhaltung von Dämmen und Deichen, Entwässerungsanlagen und Schleußen auf den dadurch geschützten und verbesserten Grundstücken einer Flußniederung unzertrennbar ruhende Deichlast. Schon mit weniger Grund zählt man dazu auch wol die ehemaligen, durch das deutsche Gewerbeordnung vom 21. Juni 1869 vom 1. Jan. 1873 an beseitigten sogenannten Zwangs- und Bannrechte, d. h. die einer bestimmten oder juristischen Person zustehende Befugniß, die Grundbesitzer oder Einwohner gewisser Bezirke zur Anschaffung oder Zubereitung bestimmter Lebensbedürfnisse aus einem der berechtigten Kaufs- und Betriebsstätten zu zwingen und dieselbe ihnen anderswo zu untersagen.

Im engern und eigentlichen Sinne dagegen versteht man unter Reallasten nur die dem Gebiete des Privatrechts angehörigen Verbindlichkeiten gewisser Grundbesitzer als solcher zu einem Thun, Geben oder Leisten. Hierdurch unterscheiden sie sich von den Dienstbarkeiten oder Servituten, als welche das dienende Grundstück stets nur zu einem Unterlassen oder zu einem Dulden verpflichten.

Der dem Besitze eines bestimmten Grundstücks oder Grundbesitzes anhaftenden und somit realen Verbindlichkeit steht das Forderungsrecht eines Berechtigten gegen den Besitzer des verhafteten Grundstücks gegenüber. Es gehört indessen nicht zum Wesen eines Reallastrechtes, daß dasselbe auch seinerseits nothwendig mit einem berechtigten Grundstück verbunden sein müsse; vielmehr kann das Recht auch einer bestimmten physischen oder juristischen Person an sich zustehen. Auch sind von diesen Grund- oder Realrechten die sogenannten Realgewerbegerechtigkeiten zu unterscheiden, welche mit der früher in Deutschland bestandenen Gewerbeverfassung zusammenhängen und unter denen man sie an ein bestimmtes Grundstück geknüpfte Befugniß, ein bestimmtes Gewerbe, z. B. als Apotheker, Gastwirth, Fleischer, Bäcker, Barbier u. s. w. zu betreiben, versteht. Von den oben gedachten Bannrechten unterscheiden sich diese Realgewerberechte namentlich dadurch, daß ihnen das Kriterium der Ausschließlichkeit der fraglichen Gewerbebefugniß fehlt, doch ist ihnen durch die deutsche Gewerbeordnung wenigstens die Möglichkeit der Neubegründung für die Zukunft abgeschnitten worden.

In überwiegender Mehrzahl kommen die Reallasten als Leistungen und Abgaben ebensowol des freien wie des unfreien Bauernstandes vor, sonach bei bäuerlichen Stellen und Grundstücken, welche zu Eigenthums-, Lehn- zu erblichen oder nichterblichen Nießbrauchs-Rechten, oder unter der Form von Pacht oder von Leib- und Zeitgewinn besessen werden. Wie bereits angedeutet, geht ihr sehr verschiedenartiger Ursprung zum Theil auf die einer ehemaligen Gesellschaftsverfassung entstammende Leibeigenschaft und Erbunterthänigkeit, auf die Guts- und Gerichtsherrlichkeit, auf die Vogtei und obrigkeitliche Amtsgewalt, oder auch auf das Parochialverhältniß und kirchliche Patronatrecht zurück. Zu einem andern Theile sind die Reallasten Gegenleistungen für unzbare Rechte, Grundgerechtigkeiten und Dienste, größentheils aber, auch ohne Nachweis eines speciellen Rechtstitels (Verjährung, Observanz, Vertrag u. f. w.) als Preis und Bedingung einer ursprünglichen Verleihung nutzbarer Grundstücke oder Rechte aufzufassen. Auf diese Verschiedenheit der Entstehungsgründe der Reallasten gründet sich denn auch die verschiedene Behandlung derselben in den einzelnen Agrar- und Ablösungsgesetzgebungen und ihre bald entgeltliche bald unentgeltliche Aufhebung. Bei der unendlichen Mannichfaltigkeit der unter den verschiedensten provinziellen und localen Benennungen vorkommenden Rechte beziehentlich Verpflichtungen dieser Art und ihres demgemäß auch sehr abweichenden und oft schwer zu erkennenden Ursprungs, würde deren erschöpfende Aufzählung und nähere Beschreibung über den der vorliegenden Abhandlung zu Gebote stehenden Raum weit hinausgehen, und können daher hier von den ablösbaren; d. h. nicht ohne Entschädigung weggefallenen, Reallasten nur die wichtigeren, nämlich die Frohnden oder Dienste, sodann die Zehnten, ferner die Laudemien und endlich der Erbpachtscanon nähere Erörterung finden.

Was zunächst die Frohnden (bäuerliche Dienste, Scharwerk, Robot) anlangt, so versteht man darunter in der allgemeinern Bedeutung des Wortes alle solche persönlichen Dienste, welche im Rechts- oder Verwaltungswege erzwungen werden können, hingegen nicht, wie bei persönlich freien Dienstboten und Lohnarbeitern, auf einem freiwilligen und vorübergehenden Vertragsver-

hältnisse zwischen dem Miether und Vermiether der Arbeitskräfte beruhen. Die Frohnden dienen entweder zu öffentlichen Zwecken des Gemeinwesens, des Staates (Landsfolge) oder einer Gemeindecorporation (Gemeindefolge), wie z. B. die Kriegs- und Transportfuhren zur Weiterschaffung von Militaireffecten, Beamten, auch Verbrechern und Kranken, zum Bau und zur Unterhaltung öffentlicher Straßen und Wege, namentlich auch von Schutzdeichen; oder sie dienen zum Nutzen von Privatpersonen, besonders von Gutsherren, obwol sie zum Theil, wie z. B. die Herbeiholung des Gerichtshalters und ähnliche Pflichten aus dem ursprünglich öffentlichen Verhältnisse der Gerichtspflege, oder wie die Jagddienste zum Zwecke der Ausrottung schädlicher wilder Thiere aus den Bedürfnissen der Sicherheitspolizei, oder wie die Burg- und Baudienste aus der Landsfolge zur Erbauung und Erhaltung von Festungen und Burgen in deutschen Grenzmarken und zum Schutze gegen äußere Feinde entstanden, nicht, wie später im Mittelalter die Jagdfrohnden meist nur zur Befriedigung einer Passion der Fürsten und des Adels, oder wie die Baudienste zur Herstellung und Reparatur der gutsherrlichen Wohn- und Wirthschaftsgebäude bestimmt waren. Die Frohnden im engern, rein privatrechtlichen Sinne, d. i. die gutsherrlichen oder Herren-Frohnden, haben theils häusliche und andere, blos der Person des Berechtigten nützliche, theils wirthschaftliche Dienstleistungen zum Gegenstande, wie Bestellung und Aberntung der Aecker und Wiesen, Besorgung des Viehes, Einschlagen von Klafterholz u. s. w. Sowol die öffentlichen wie die privatrechtlichen Frohndiensten lagen in der Regel nur dem Bauernstande ob, meist als Reallasten der bäuerlichen Besitzungen, zuweilen aber auch als persönliche Pflichten aller, selbst der besitzlosen Dorsbewohner, wie z. B. bei Gemeindefrohnden beim Wegebau, oder deren Herrenfrohnden (Boten-, Jagd-, Spinn- oder Erntedienste), welche aus ihrem Verhältnisse zur Guts- und Gerichtsherrlichkeit und ortsobrigkeitlichen Polizei, aus der Leibeigenschaft und Erbunterthänigkeit hergeleitet wurden. Die Frohnden waren theils Gespann-, theils Handdienste, erstere je nach der Art und Größe der gespannfähigen Besitzungen oder nach der Zugviehhaltung sich bestimmend. Hiernach sowie nach dem Umfange der bäuerlichen Stellen, von einer, von zwei, drei, vier Hufen richtete sich häufig die Bezeichnung der Besitzungen als Vier- Drei- Zwei- auch Spitzbauer. Der im Fortschritte der gesellschaftlichen Zustände sehr herabgesunkene wirthschaftliche Werth dieser Frohndienste rechtfertigte bei der Ablösung die geringere Schätzung derselben und einen, je nach den örtlichen Verhältnissen mehr oder weniger erheblichen Abzug (gewöhnlich die Hälfte bis zu einem Sechstel) von dem gemeinen Verkehrspreise freier Arbeitskräfte. Der unentgeltliche Wegfall der Frohnden aber ist jedenfalls dann gerechtfertigt, wenn sie entweder dem Berechtigten gar keinen Nutzen mehr gewähren, oder als persönliche Leistungen, wie als Reallasten auf die durch die neuere Staatsentwickelung überlebten und beseitigten Verhältnisse der Leibeigenschaft und Erbunterthänigkeit sowie der Lehns-, Guts-, Schutz- oder Gerichtsherrlichkeit zurückzuführen sind. Unter diesem letztern Gesichtspunkte sind in manchen Ländern alle Naturaldienste behandelt und daher sämmtliche Frohnden unentgeltlich aufgehoben worden; die Gesetzgebung anderer Staaten hingegen hat nur den Gesindezwangsdienst und die Zwangsdienste der beständlosen Einwohner, sodann die Jagdfrohnden, die Dienste zur Bewachung gutsherrlicher Gebäude und Grundstücke wie zu den persönlichen Bedürfnissen der Gutsherrschaft und ihrer Beamten, und zwar lediglich gegen Wegfall etwaiger Gegenleistungen, ohne Entschädigung beseitigt, während nach der Mehrzahl der deutschen Ablösungsgesetze andere Frohnden als Reallasten der bäuerlichen Besitzungen, beziehentlich als nutzbare Realrechte der Rittergüter und sonstiger Frohndienstberechtigter nur für ablösbar erklärt wurden. Dabei sind jedoch alle Staats- und Gemeindefrohnden, Deichlasten, Leistungen zur Erbauung und Unterhaltung von Kirchen, Pfarr- und Schulgebäuden, soweit leztere nicht als Gegenleistung einer ablösbaren Reallast erscheinen, von der Aufhebung überhaupt ausgenommen worden. Als ganz besonders dringend aber stellte sich das volkswirthschaftliche Bedürfniß einer Beseitigung der gutsherrlichen oder Herren-Frohnden dar. So lange ein solcher Frohndienst bestand, konnte sich der Uebergang aus der mittelalterlichen Natural- in die moderne Geldwirthschaft nicht vollziehen. Dieser Uebergang aber ist die unausweichliche Folge der steigenden Intelligenz und erhöhten technischen Gewerbsbildung, wie die Voraussetzung der nutzbaren Anwendung des angesammelten Kapitals auf den Landbau. Ein rationeller Betrieb der Landwirthschaft verlangt freie Arbeitskräfte. Eine tüchtige Bestellung der Gutswirthschaft, ein mit der ganzen gesellschaftlichen und ökonomischen Entwickelung Schritt haltender landwirthschaftlicher Gewerbsbetrieb wäre unmöglich bei dem schlechten Ackerwerkzeug und dem elenden Gespannvieh von Fröhnern, sowie bei deren sehr natürlicher, sprichwörtlich gewordener Faulheit und Nachlässigkeit, wogegen sich die in freiwilligem Vertrag und Accord geleisteten Dienste freier Arbeiter sich als unendlich erfolgreicher und eben darum auch wohlfeiler erweisen.

Im Gegensatze zu den Frohnden, als einem seiner Entstehung- und Natur nach rein weltlichen Institute stellen sich die Zehnten, wenigstens was ihren Ursprung betrifft, als eine Einrichtung der Kirche dar. Denn von Hause aus beruhten sie auf der mosaischen Gesetzgebung und hieran anknüpfenden Beschlüssen kirchlicher Synoden, schon frühzeitig jedoch wurden sie auch von den Fürsten, demnächst auch von den Gutsherren und andern Laien erworben. Die Zehnten bestehen zuweilen in einem größern, zuweilen auch in einem geringern Anspruch des Berechtigten als auf genau den zehnten Theil des Ertrags des zehntpflichtigen Grundstücks und sind entweder als sogenannter Sackzehnt in bestimmte Getreidemaße fixirt, oder als Blut- und Fleischzehnt von der Aufzucht des Viehes, oder endlich als Naturalzehnt von den geernteten Früchten, hier aber als Kleinzehnt von den Garten-, als Großzehnt von den Feldfrüchten und zwar vom Rohertrage des Grundstücks abzugeben, wovon in der Regel

nur Neubruch und Rodeland, wenigstens zeitweise, befreit sind. In der Regel betragen sie weit mehr als den zehnten Theil, mitunter sogar mehr als die Hälfte des gewonnenen Reinertrages. Mehr als alle andern Reallasten hindern sie daher die Cultur und die Steigerung der Production von Grund und Boden, weil die darauf verwandten größern Arbeitskräfte und Kapitalien mit den daraus erzielten Ertragsverbesserungen, wie der infolge rationeller Veränderungen des Wirthschaftssystems sorgfältigere Anbau werthvoller Handelsgewächse, Gartenfrüchte u. s. w., stets gleichzeitig und zwar ohne Ersatz oder Gegenleistung dem Zehntberechtigten zu gute kommen. Erfahrungsmäßig pflegen dieselben denn auch aus diesem Grunde zu unterbleiben.

Aehnliches gilt von den sogenannten Procentlaudemien (Lehnwaare), welche bisweilen bei jeder Besitzveränderung in herrschender oder dienender Hand, auch im Erbgange, meistens jedoch nur bei verkaufsweiser Veräußerung an Fremde vom Werthe und Preise der Grundstücke an den Gutsherrn abzuführen sind und deren Höhe sich in der Regel auf zwei, häufig aber auch auf fünf, zehn oder noch mehr Procent des Kaufpreises beläuft. Wie sehr durch solche Laudemien der Verkehr mit Grundstücken erschwert und wie auf diese Weise bei mehrmaligem Besitzwechsel innerhalb weniger Generationen der ganze Werth der betreffenden Grundstücke immer wieder von Neuem zu Gunsten der Kasse der Berechtigten verschlungen wird, ist einleuchtend. Zum Theil waren diese Laudemien als Ausflüsse und Nutzungen der Civilgerichtsbarkeit eingeführt worden, auch tragen sie keineswegs immer den Charakter von Reallasten, sondern erscheinen häufig als bloße persönliche Verpflichtungen des Grundholden.

Auch das dem getheilten Eigenthum beim Erbzins ähnliche, der römischen Emphyteuse nachgebildete Erbpachtsverhältniß beschränkt den Erbpächter in der freien Verfügung und Cultur. Außerdem aber legt es ihm einen in der Regel nach Verhältniß des Nutzungsertrages der Erbpachtgerechtigkeit vorbehaltenen Canon in Geld oder Früchten auf, der insbesondere alsdann als höchst culturschädlich erscheint, wenn er periodisch nach erneuerter Abschätzung des erhöhten Ertrages gesteigert werden darf. Endlich aber beschränken auch alle andern in der Form der verschiedengestalteten Grundzinsen und Abgaben an den Grundherrn vorkommenden Reallasten mehr oder weniger die freie Bewirthschaftung und Benutzung der belasteten Grundstücke und damit den Aufschwung der Cultur im Allgemeinen. Ueberdies greifen sie in die allgemeine bürgerliche und Verkehrs-Freiheit ein und begründen unfreiwillige Abhängigkeits- und Verpflichtungsverhältnisse der einen Mitglieder des Staatsverbandes gegen die andern, weshalb die gesetzliche Ablösung auch der nicht unentgeltlich aufgehobenen Reallasten oder Realrechte als ein unabweisbares Postulat einer gesunden Volkswirthschaft erscheint. — Ueber das dem Gutsherrn zustehende Recht, den Grundholden nach vorhergegangenem Expulsionsprocesse in gewissen Fällen, so namentlich wegen rückständiger Abgaben und Leistungen,

des Gutes zu entsetzen, vergleiche den Artikel Ab=
meierung.

Wenn in Vorstehendem der wesentliche Inhalt der
unter den correlaten Begriffen der Gutsherrlichkeit und
Gutspflichtigkeit zusammengefaßten Rechte und Verbind=
lichkeiten erörtert wurde, so erscheint nunmehr noch eine
kurze Darstellung der äußern historischen Entstehung und
Entwickelung des jenen Begriffen zu Grunde liegenden
Gedankens als geboten. Die nachstehende Andeutung
der in dieser Beziehung wichtigsten Gesichtspunkte möge
genügen.

Schon im Eingange dieses Artikels wurde darauf
hingewiesen, daß der Ursprung und die Ausbildung der
gutsherrlichen und bäuerlichen Verhältnisse durchaus nicht
blos auf der Gewalt über Leibeigene und Hörige sowie
auf den dem Leibherrn über diese zustehenden Eigenge=
richten beruhe, sondern eben so wohl auch auf der eigen=
thümlichen kauf=, lehn= oder pfandweisen Erwerbung der
vormals zu den sehr nutzbaren Rechten gehörigen, ur=
sprünglich königlichen oder landesfürstlichen Gerichtsbarkeit
seitens der zum Schutze der Eingesessenen bestellten
landesherrlichen Vögte oder auch seitens der dem Fürsten
als Oberlehnsherrn zu besonderer Treue und Kriegshülfe
verpflichteten Besitzer größerer Güter und Herrschaften.
Zu letztern aber gehörten auch Bischöfe, Prälaten, Klöster
und Stifter. Vorwiegend in dieser Civil= oder Cen=
gerichtsbarkeit, seltener im Blutbanne, war die obrig=
keitliche Gewalt und Polizei und wenigstens ein Auf=
sichtsrecht über die Gemeinden und deren nächste Organe
eingeschlossen. Aus der Gerichts= und Polizeiherrlichkeit
aber entsprang das Subjectionsverhältniß der Einwohner
des von der landesherrlichen Gerichts= und Amtsver=
waltung befreiten Bezirkes oder Ortes (Immunität) als
Hintersassen und Unterthanen zum unmittelbaren Eigen=
thümer dieser Rechte von selbst. Die sich stets wieder=
holende Finanzbedrängniß der Fürsten begünstigte nun
aber die Erwerbung auch anderer öffentlicher Rechte, so
der Burg= und Baudienste, der Zehnten und Zinsen,
selbst gewisser Steuern oder Reden. Allmälig dehnten
sich in vielen Territorien dergleichen fortan als Rechte
des Privateigenthums behandelte Erwerbungen über alle
bäuerlichen Besitzungen und Bewohner ganzer abgeschlossener
Ortsgemarkungen aus. Indem sodann bei der Ausbildung
des Ständewesens die politisch mundtodten Hintersassen
von ihren Guts= und Gerichtsherren auf den Landtagen
repräsentirt wurden, vertraten letztere den Landes= und
Oberlehnsherrn gegenüber und im Kampfe mit deren
wachsender Macht vor Allem ihre eigenen Interessen und
Vorrechte. Hierbei benutzten sie bei jeder Gelegenheit
die finanzielle Bedrängniß oder die Kriegsnoth der
Landesherren und die aus diesen Gründen geforderte
Bewilligung von Geldhülfen zu ihrer eigenen Befreiung
von den öffentlichen Landeslasten, gleichzeitig aber auch
zur Befestigung ihrer Privilegien und zur Erweiterung
ihrer nutzbaren gutsherrlichen Rechte auf Kosten der Hinter=
sassen, wobei wiederum das erweiterte guts=, gerichts=
und polizeiherrliche Verhältniß als Motiv und Quelle
diente. Mit der Zersplitterung und Entäußerung jener

landesherrlichen Rechte war also zugleich auch der alten
bäuerlichen Gemeinfreiheit von Person und Eigenthum
der Hintersassen die Axt an die Wurzel gelegt. Auch
entstand häufig da, wo die Markgenossen zum Schutze
ihres Gesammteigenthums an Wald und Weide die
Leitung und Hegung des Markgerichts mit der Hütungs=
und Forstpolizei und der daraus entspringenden Bestrafung
der Forstfrevel einem mächtigern „Mark= und Waldherrn"
erblich übertragen hatten, aus dieser Amtsgewalt ein
Wild= und Forstbann und ein Obereigenthum des
Schutzherrn über die gemeinschaftliche Mark nebst einem
ausschließlichen Jagdrechte. Die Antheile am Gesammt=
eigenthum, gleichviel ob freier oder unfreier Markgenossen,
wurden hier und da zu einzelnen Dienstbarkeits= und
Nutzungsrechten im Sinne römischrechtlicher Servituten
eingeschränkt. Des Fernern kam die seit dem 12. Jahrh.
sich vollziehende Einführung der Regalitätsrechte (Berg=
bau, Ströme, Flüsse u. s. w.), welche man als vor=
behaltene Nutzungs=, daher vom Eigenthum an Grund
und Boden abgesonderte Hoheitsrechte betrachtete, auch
den Vasallen und Ständen zu gute. Im Kampfe mit
der noch schwachen Gewalt der Oberlehns= und Landes=
herren und in Vertheidigung ihres vollkommenen Eigen=
thums errangen sie wenigstens für sich wie über die
Hintersassen innerhalb der orts= und gutsherrlichen Be=
zirke das Recht auf die niedern Regalien, so auf Be=
nutzung und Verwerthung der fließenden Gewässer durch
Fischerei, Anlegung und Concessionirung von Wasser=
und Windmühlen (auch „der Wind" gehörte der Guts=
herrschaft), auf die geringern mineralischen Producte des
Bergbaues, sowie auf die niedere und mittlere Jagd.
Allen Grund und Boden, der in keines Andern privatem
Besitz war, nahm der Gutsherr als Zubehör des allein
ihm zu Dorfrecht verbliebenen echten Eigenthums,
als Grundherrschaft in Anspruch. So stand seit dem
13. Jahrh. der Ritterschaft, der demnächst die ihr
gleichberechtigte Geistlichkeit concurrirte, ein politisch recht=
und waffenloser Bauernstand gegenüber, der gleichzeitig
die freien und unfreien Hintersassen umfaßte; mehr und
mehr löste das unmittelbare Band der Unterordnung
der letztern zum Landesherrn, dessen Vasallen zu Guts=
und damit eigenen kleinen Territorialherren erstarkten.
Die Ritterschaft hatte sich zu einer bald nur der adeligen
Geburt zugänglichen Corporation zusammengeschlossen
und dieser Adel nahm das ausschließliche Recht zum
Besitze von Ritterlehen und Vasallengütern in Anspruch,
gleichzeitig aber auch die Befreiung von andern öffent=
lichen Lasten und Landsteuern gegen Leistung des Waffen=
und Ritterdienstes. Dieses ursprünglich persönliche, bald
aber mit dem Ritterhufen, hier und da auch mit andern
Besitzungen verbundene und damit dingliche Recht wußte
der Adel auch dann noch weiter fort zu behaupten, als
der einst so drückende Ritterdienst infolge der Umwand=
lung des Krieges= und Heereswesens von selbst erlosch
und sich zur bloßen Pflicht der Haltung von Ritter=
pferden abschwächte. Endlich aber vollendeten die Nach=
wirkungen des dreißigjährigen Krieges, die hierdurch
bedingte Erweiterung der gutsherrlichen Polizeigewalt

und der Erbunterthänigkeit die allgemeine Ausbildung der gutsherrlich-bäuerlichen Verhältnisse, wie dieselben unter ähnlichen Formen in Frankreich bis zur Revolution, in Deutschland aber bis zur Agrargesetzgebung des 19. Jahrh. fortbestanden haben. Einen Rechtsschutz des Bauernstandes gewährte der Grundsatz der gemeinen deutschen Landesverfassung, daß die bäuerlichen Stellen als selbständige Besitzungen zu erhalten seien, nicht zum Rittergutsareal eingezogen und in ihrem Nutzungsbestande nicht beeinträchtigt, daß daher auch deren Dienste und Abgaben nicht erhöht oder erschwert werden durften. Doch blieb dieser Grundsatz in nur wenigen größeren Territorien anerkannt und in Geltung. In Brandenburg, in Hannover, in Westfalen z. B. wurde derselbe seit dem 16. Jahrh. und zwar im eigenen Interesse der wachsenden Staatsmacht an der Steuer- und Leistungsfähigkeit des Bauernstandes, doch in stetem Kampfe mit Ritterschaft und Ständen, durchgeführt; in andern Territorien dagegen, wie z. B. in Mecklenburg, in Pommern vor der Hohenzollern'schen Herrschaft, erlag der Bauernstand dem Mangel eines gleichen landesherrlichen Schutzes. — Bei den Rittergütern traten während des 17. und 18. Jahrh. an die Stelle der Ritterdienste in einigen deutschen Ländern sehr mäßige Geldabgaben (Donativ- und Präsent- oder Lehnpferdegelder, Lehncanon), wobei zugleich der Lehnsverband mit der Oberlehnsherrlichkeit der Landesherren und deren Ausflüssen (Heimfall, Taxen) wegfielen.

Bemerkenswerth ist es, daß im Gegensatze zu Deutschland in England die Entstehung und Befestigung solcher gutsherrlichen und bäuerlichen Verhältnisse schon seit der normannischen Eroberung entgegengewirkt wurde. Die von Wilhelm dem Eroberer seinen normannischen Großen wie den Bischöfen zugetheilten Ritterlehne, theils aus Grundstücken, theils aus Rechten und Einkünften bestehend, bildeten keine geschlossenen Gutsbezirke; die Aftervasallen wurden von der Krone unmittelbar in Treue und Eid genommen; die Rittergüter blieben den gemeinen Staatssteuern und öffentlichen Lasten unterworfen; die Theilbarkeit der Rittergüter war bereits unter der Herrschaft der Tudors ausgesprochen und ihre Allodification wurde mit der Aufhebung des schon früher an Stelle des Ritterdienstes eingeführten Schildgeldes vollendet. Insbesondere aber wirkte das seit Jahrhunderten in England bestehende Institut der von der Krone ernannten Friedensrichter einer eigentlichen Patrimonialgerichtsbarkeit entgegen. In Deutschland ließ dagegen die Aufhebung gerade dieser Patrimonialgerichtsbarkeit und Polizei, der ursprünglichen Quelle der Gutsherrlichkeit und ihrer Ausflüsse, am längsten auf sich warten. Im Großherzogthum Baden erfolgte sie 1813, in Baiern und Oesterreich 1848, in Preußen, wo sie freilich schon 1808 beabsichtigt war, erst 1849, hier sogar ohne die gleichzeitige Beseitigung der gutsherrlichen Polizei, die vielmehr 1856 ausdrücklich wiederhergestellt wurde. Auch die übrigen deutschen Staaten von Bedeutung gingen im Laufe des gegenwärtigen Jahrhunderts, und zwar namentlich seit dem Bewegungsjahre 1848, mit der

allmäligen Aufhebung dieses einem entschwundenen Zeitalter entstammenden Institutes vor und das Gerichtsverfassungsgesetz für das deutsche Reich vom 27. Jan. 1877 hat demselben durch die Bestimmung, daß alle Gerichte Staatsgerichte sein müssen und keinerlei Privatgerichtsbarkeiten mehr stattfinden dürfen, auch theoretisch für immer ein Ende gemacht.

Zum Schlusse bedarf es noch der Erwähnung des mit der Kirchenverfassung zusammenhängenden Patronatsrechtes, welches infolge Stiftung und Unterhaltung neuer Kirchen oder Pfarren, sei es von geistlichen Instituten oder von Laien, erworben wird. Das Laienpatronat wurde ursprünglich als persönliches Eigenthum der Familie des Stifters betrachtet und vererbt. Gegenwärtig ist es in den ländlichen Gemeinden, insbesondere in protestantischen Gebieten, in der Regel mit Grundbesitzungen und zwar vorzugsweise mit Rittergütern verbunden. Dasselbe enthält einerseits das Vogtei- oder Schutzrecht über die ihm unterstehenden Kirchen oder Pfarren, auch das Präsentations- oder Wahlrecht der Pfarrer, mitunter auch das Recht auf den Zehnten, anderseits aber die Verpflichtung zur Erhaltung der Kirchen- oder Pfarrgebäude. Hierzu haben indessen häufig die bäuerlichen Gemeinden oder Besitzer mit Spann- und Handdiensten, auch wol mit Geldbeiträgen, je nach provinziell verschiedenen Maßstäben zu contribuiren. Wo die Kirchenbaupflicht ganz oder theilweise auf dem Zehnten ruht, kommt sie als eine Gegenleistung für das Zehntrecht zugleich mit diesem zur Ablösung. Allein auch dieses Patronatsrecht, als Zubehör eines bevorrechteten Gutes, ist nicht vereinbar mit dem modernen Selbstbestimmungs- und Wahlrechte wenigstens der evangelischen Kirchengemeinden und mit der ihnen entsprechenden Presbyterial- und Synodalverfassung, und erscheint daher eine gesetzliche Beseitigung, insoweit dieselbe nicht bereits erfolgt ist, als ein unabweisbares Postulat der Zukunft. Das Zehntrecht aber, gleichviel ob dasselbe einer geistlichen Institute oder einem Laien, einer Person und Familie oder einem Gute zusteht, muß jedenfalls gesetzlich ablösbar sein. — Vergl. Gutspflichtigkeit, Adel, Bauer u. A. — *(Albrecht Just.)*

GUTSMUTHS (Johann Christoph Friedrich)[1]. Geboren am 9. Aug. 1759 zu Quedlinburg, empfing er die Erziehung und den Unterricht anfangs im älterlichen Hause, später auf dem dortigen Gymnasium, wo Rambach, Meinecke und Herclt zu seinen Lehrern gehörten. Veranlaßt durch die tüchtigen Kenntnisse, die frühe Geistesreife und die Charakterfestigkeit des jungen Mannes, übergab ihm der dortige Leibarzt Ritter seine fünf Kinder, vier Söhne und eine Tochter, zur privaten häuslichen Unterweisung, eine Stellung, welche sich bald zu einem sehr innigen Verhältniß mit dieser Familie gestalten und für seine Zukunft mitentscheidend werden sollte. Einer von diesen Schülern war der spätere berühmte

---

[1] Die Schreibweise „Gutsmuths" oder „Guts-Muths", welche man vielfach findet, ist unrichtig. Jede der beiden Silben hat einen großen Anfangsbuchstaben.

Geograph Karl Ritter, an dessen Namen sich für GutsMuths viele angenehme Erinnerungen knüpften. Dessen Vater war durch die Leistungen seines Hauslehrers so befriedigt, daß er, als dieser 1779 das Gymnasium verließ, mit ihm dessen Rückkehr nach Vollendung der Universitätsstudien in sein Haus verabredete. — In dem genannten Jahre bezog GutsMuths die Universität Halle, wo er als Berufsstudium die Theologie wählte, aber neben dieser vorzugsweise auch der Pädagogik oblag. Nach Vollendung dieser Studienzeit begab er sich zur Einlösung seines Wortes 1782 wieder in das Ritter-sche Haus, wo er, auch nachdem bald darauf sein Principal gestorben war, noch einige Zeit verweilte; obgleich dessen Witwe erklärte, daß sie außer Staube sei, ihm das bisher gewährte Gehalt fortzuzahlen²).

Nachdem der Leibarzt Ritter gestorben war, hatte Salzmann im J. 1784 seine Erziehungs- und Unterrichtsanstalt in Schnepfenthal bei Gotha errichtet. Er nahm sich hierbei vor, als ersten Zögling einen begabten Knaben unentgeltlich aufzunehmen, und erwählte hierzu; durch ein Zeitungsblatt auf die verwaisten Ritter'schen Kinder aufmerksam gemacht, den damals im sechsten Lebensjahre stehenden Karl. GutsMuths begleitete den Knaben nebst einem älteren Bruder desselben und deren Mutter nach Schnepfenthal, dessen Director nicht blos Karl's älteren Bruder bei sich behielt, sondern auch gegen GutsMuths, welchen er sofort als einen achtbaren, höchst tüchtigen Mann erkannte und lieben lernte, den Wunsch aussprach, daß er als Erzieher und Lehrer in sein Institut eintreten möchte. Der junge Mann, für dessen Auge eine solche Stellung die angenehmste Perspective bot, und welcher weit mehr zum Pädagogen als zum Theologen veranlagt war, ging auf das sehr ehrenvolle Anerbieten ohne Zögern ein. Er übernahm 1785 den Unterricht in einigen Fächern, unter anderem in der Gymnastik, als deren Lehrer er seit 1786 ausschließlich fungirte. Seit 1797 bewohnte er, mit einer Seitenverwandten Salzmann's verheirathet, ein eigenes freundliches Wohnhaus im nahen Dorfe Ibenhain, wo er in traulichem, selbstgeschaffenem Kreise die Zeit, welche ihm sein Lehramt und seine literarische Thätigkeit übrig ließen, der Leitung seiner zahlreichen Familie, der Pflege seines Blumengartens, der Veredelung seiner Obstbäume, der Abwartung seines Bienenstandes, der Beschäftigung an der Drechselbank und anderen Erholungen widmete.

Von Ibenhain kam GutsMuths täglich zweimal nach Schnepfenthal, vormittags von 11—12 Uhr zum Turnen, nachmittags von 2—4 Uhr zum Unterricht in den Klassen, worauf er während der Sommerzeit zwischen 4 und 5 Uhr die Zöglinge nach den Teichen bei Reinhardsbrunn zum Baden führte und mittels der Badestange (Schwimmstange) das Schwimmen lehrte. Nachdem er 1835 sein fünfzigjähriges Amtsjubiläum gefeiert und in den letzten Jahren den Gang nach Schnepfenthal täglich nur noch einmal gemacht, gab er seit 1837 den Unterricht an der Anstalt gänzlich auf und starb, nahezu 80 Jahre alt, zu Ibenhain am 21. Mai 1839. — Zu seiner hundertjährigen Geburtstagserinnerung, am 9. Aug. 1859, fand in Schnepfenthal vormittags ein Turnen und nachmittags eine fröhliche Turnfahrt nach den benachbarten Bergen statt³). — Eine auch im Äußern Achtung gebietende Persönlichkeit, erhielt sich GutsMuths fast ununterbrochen bei guter Gesundheit, da er bei einem rüstigen Körper eine einfache, naturgemäße Lebensweise führte und sich einer zwar unterbrochenen, aber geregelten Thätigkeit befleißigte⁴).

Was ihn zu einem hervorragenden Pädagogen machte, war nicht blos seine für das Auge des Schülers würdevolle, biedere, einfach persönliche Erscheinung, sondern auch seine geistige Begabung, besonders nach den Seiten des Willens und der Intelligenz, seine Interesse, seine liebevolle Hingabe an die Jugend. Indem er jeden einzelnen Schüler nach seiner Individualität mit scharfem Blicke zu beurtheilen wußte, ließ er je nach Umständen Strenge und Energie, aber auch Nachsicht und Milde walten, und vermied so den schweren Fehler vieler Lehrer und Erzieher, alle Schüler nach einer Schablone zu behandeln. Dabei war er von der einseitigen Aufgabe, nur eine verstandesmäßige Bildung zu ertheilen und die Köpfe mit bloßem Memorirstoff zu füllen, so weit entfernt, daß er mit klarem Bewußtsein und unablässigem praktischen Streben das Ziel verfolgte, den Menschen allseitig und gleichmäßig nach Leib und Seele auszubilden, seine Kräfte harmonisch zu entwickeln, der Jugend in einem gesunden Körper eine gesunde Seele zu erhalten, sie in „frohem, lustigem Muthe" aufwachsen zu lassen. Hierdurch erwies er sich als einen energischen Gegner der zu seiner Zeit vielfach geübten Lehr- und Erziehungsgewohnheit, die Schule und das Haus zu einer geistigen Zwangs- und Unterdrückungsanstalt zu machen, die Jugend körperlich zu verweichlichen und eitles theoretisches Wissen, unpraktische Stubengelehrsamkeit als ein Ideal hinzustellen. „Laßt uns doch" — sagt er —, nicht allein dafür sorgen, daß der Mensch etwas Tüchtiges lerne, sondern vor Allem dafür, daß er etwas Tüchtiges werde"⁵). — Diesen Grundsätzen entsprach die wohldurchdachte, gründliche technische Methode, vermöge welcher er mit erfinderischem Geiste, unter Berücksichtigung der geeigneten Stationen im Unterrichte seine didaktischen Sätze durch entsprechende Anschauungen, Bilder u. dergl. unterstützte, das Gehörte oder Gelernte bildlich oder in anderer Weise darstellen lehrte, mit den Zöglingen kleine wissenschaftliche Ausflüge machte, nicht ohne daß er selbst ununterbrochen mit der Schaffung solcher Versinnlichungsmittel beschäftigt war⁶).

Wie originell und schöpferisch auch auf diesen Gebieten auch immerhin GutsMuths wirkte, so stand er doch nicht ohne von außen empfangene Antriebe, nicht abgelöst von

---

2) Artikel „GutsMuths" von Salzmann (Director der Erziehungs-Anstalt zu Schnepfenthal) in der Encyklopädie des gesammten Erziehungs- und Unterrichtswesens von K. A. Schmid, 3. Bd., 1862, Gotha, bei R. Besser, S. 162.

3) Ebenda S. 163, 165, 166.   4) Ebenda S. 165.   5) Ebenda.   6) Ebenda S. 164.

dem Einflusse derjenigen pädagogischen Richtung da, welche noch vor ihm denselben Weg betreten hatte. Es läßt sich annehmen, daß nicht blos Rousseau's Emil, sondern auch die Wirksamkeit Pestalozzi's, welcher als Pädagog etwas früher auftrat, befruchtend auf seinen Geist wirkten. Andererseits war, ebenfalls schon vor ihm, ziemlich gleichzeitig mit Pestalozzi, unter Basedow in Dessau, von wo ja auch Schnepfenthal ausging, die philanthropische Erziehungs- und Unterrichtsweise praktisch und literarisch ins Leben getreten und hatte, wenn auch mehr in überschwänglicher, phantastischer Weise, im Wesentlichen diejenigen Grundsätze geltend gemacht, welche wir GutsMuths, aber in einem weit mehr verständigen, praktischen Sinne, verfolgen sehen.

Eine sehr ausgebreitete und fruchtbare pädagogische Thätigkeit entwickelte er durch die „Bibliothek für Pädagogik, Schulwesen und die gesammte pädagogische Literatur Deutschlands", eine Zeitschrift, welche er von 1800 bis 1820 herausgab, und worin er unter anderem als scharfer Recensent und Kritiker auftrat, wie diese Richtung auch in dem Schriftchen „Reise nach Böhmen" sich documentirt, worin er Seitenhiebe nach rechts und links austheilt[7]. — Seine schriftliche Ausdrucks- oder Sprechweise, auf welche, wie auf sein intellectuelles Geisteswesen in der Darstellung durch das Wort, der zu seiner Zeit in hoher Blüthe stehenden Wieland, welchen er den „unvergleichlichen" nennt, influirt haben dürfte, ohne daß er dessen etwas lockeren ethischen Anschauungen theilte, zeigt sich lebhaft, poetisch, bilderreich, gern in Vergleichen arbeitend, mitunter auch etwas sprunghaft, abrupt, aber nicht, wie es damals von gewisser Seite ein- und durchzuführen versucht wurde, als ängstlichen pedantischen Sprachpurismus, wie er denn oft fremdsprachliche Ausdrücke anwendet, welche ins deutsche nicht ersetzt werden konnten, z. B. Affert, Universität, Gymnastik. Wir werden nachher, um die eigenthümliche Färbung seiner Diction zur Selbstdarstellung zu bringen, einige solche ipsissima exemplificirend reden lassen.

Für die Darstellung seiner einzelnen pädagogischen Leistungen in Praxis und Literatur beginnen wir mit derjenigen, in welcher er vor Allem Meister war, mit der Gymnastik, welche er keineswegs als eine bloße physische Körperübung ins Auge faßte, sondern als ein integrirendes Glied in der gesammten Erziehung, auch als ein Mittel für Geist, Gemüth und Willen zur Anwendung brachte. In diesem Sinne, nicht ohne eingehendes Studium der alten griechischen Gymnastik, an welche er in jenen Schriften wiederholt erinnert, wollte und sollte er für das Ende des 18. Jahrhunderts der Hauptbegründer einer wissenschaftlich gerechtfertigten, technisch weit ausgebildeten deutschen Gymnastik, besonders für die Jugend, werden, einer Gymnastik, welche seit Hieronymus Mercurialis (starb 1606) für Deutschland fast ganz vergessen und ver-

loren gegangen war[8]. GutsMuths nahm das Turnen keineswegs als eine nur und zuerst durch ihn erfundene pädagogische Disciplin in Anspruch; er spricht es ausdrücklich aus[9], er habe die Gymnastik, wie sie, „in ihren ersten ungeregelten Anfängen" von Dessau stammte", wo Salzmann zuvor gewesen, in Schnepfenthal vorgefunden. „Ob dort" — fügt er hinzu — „Basedow oder sonst Jemand den Gedanken gefaßt hatte, die Körpererziehung der Griechen ein wenig in Anwendung zu bringen, ist mir unbekannt." Etwa gleichzeitig mit ihm bearbeitete Vieth in Dessau diesen Zweig der Pädagogik literarisch im 2. Theile seiner „Encyklopädie der Leibesübungen", 1795, welche GutsMuths selbst nicht vergißt rühmend zu erwähnen, indem er dazu bemerkt, daß dieses Werk „mit trefflicher Sachkenntniß und Bücherkenntniß zugleich" geschrieben sei[10]; aber diese Bearbeitung des Turnens erschien etwas später als das entsprechende Werk von GutsMuths, dessen Wirksamkeit nicht blos theoretisch war, wie dies bei Vieth überwiegend der Fall gewesen sein dürfte, sondern vor Allem auch praktisch bald ein ausgedehntes Feld sich eroberte.

Als GutsMuths in Schnepfenthal sein Lehramt mit der Hauptaufgabe, die Gymnastik der Zöglinge zu leiten, 1785 antrat, fand er daselbst, wie gesagt, erst einige wenige und unsystematische Anfänge vor; „man belustigte sich", wie er selbst sagt, „täglich mit fünf Uebungen, aus denen sich nach und nach die deutsche Gymnastik entwickelte"[11]. Salzmann, so erzählt er weiter, führte ihn bei der Einweisung in sein Turnerlehramt nach dem etwa einen Büchsenschuß östlich von den jetzigen Hauptgebäuden der Erziehungsanstalt gelegene Laubwäldchen, die Hard genannt, und wies mit den Worten: „dies ist unsere Gymnastik" auf einen geräumigen, ebenen, halb von Buchen beschatteten, halb freien Platz hin, welcher, obgleich hierin trefflich geeignet, doch erst durch GutsMuths das wurde, was er werden sollte, ein wohlausgestatteter Musterplatz für das Turnen. Der junge Lehrer versah ihn bald mit den erforderlichen Vorrichtungen zu den mancherlei Uebungen, wie sie mit sorgfältiger Rücksicht auf die Ausbildung der einzelnen Theile des Körpers von ihm erst erdacht, geprüft und in ein vollständiges System gebracht wurden. „Ich erkannte", schreibt er, „die Bedeutung dieser Uebungen; was ich aus dem uralten Schutte, aus den geschichtlichen Resten des früheren und späteren Alterthums ausgrub, was das Nachsinnen und zuweilen der Zufall an die Hand gaben, wurde hier nach und nach zu Tage gefördert zum heiteren Versuche. So mehrten sich die Hauptübungen, spalteten sich bald so, bald so in neue Gestaltungen und Aufgaben und traten unter die oft nicht leicht auszumittelnden Regeln. So entstand nach sieben Jahren in der ersten Ausgabe meiner Gymnastik (1793) die erste neue Bearbeitung eines längst vergessenen und nur noch in ge-

---

7) Ebenda S. 165.

8) A. H. Niemeyer, Grundsätze der Erziehung und des Unterrichts, 6. Aufl. 1810, III, 375; dazu I, 68 fg. 9) In dem Vorbericht (ohne Paginirung) zu seinem „Turnbuche für die Söhne des Vaterlands", 1817. 10) Ebenda. 11) Ebenda.

schichtlichen Andeutungen vorhandenen Gegenstandes" [12]. Der Titel dieses Werkes, welches bei 697 Seiten auch „Kupfer und Risse" enthält, lautet vollständig: „Gymnastik für die Jugend, enthaltend eine praktische Anweisung zu Leibesübungen. Ein Beitrag zur nöthigsten Verbesserung der Erziehung." Im Hinblicke auf diese seine „erziehliche Gymnastik" äußerte er sich später [13] dahin: er habe mit jenem Werke zu diesem Zweige „die Bahn gebrochen" und seit 1804 dieselbe „mehr geebnet."

„Indessen" — so lassen wir ihn bei seinem Rückblicke auf die Zeit nach 1793 resp. 1794 weiter selbst berichten [14] — „arbeitete ich in Schnepfenthal immer weiter. Jederzeit gewährten mir 40 bis 60 jugendliche Theilnehmer aus dem In- und Auslande ein herrliches Feld zum Beobachten. Ich wollte, ich mußte der Sache näher auf den Grund, nicht blos um ihrer selbst, sondern auch um ihrer heimlichen Widersacher willen. Zweyerlei faßte ich von jetzt an beynah zehn Jahre lang genau in's Auge; die Wirkung der Uebungen auf jeden einzelnen Knaben und Jüngling und die weitere Ausbildung der Uebungen selbst. Ueber jedes wurde besonderes Buch gehalten. So sicherten sich meine Erfahrungen, und so mehrten sich nicht blos die Uebungen mit ihren Stufen und Aufgaben, sondern die Natur einer jeden wurde genauer erforscht und Regel nach Regel gefunden. Auf diesem Wege entstand die zweyte, fast ganz umgearbeitete Ausgabe meines Buches 1804." Jn extenso lautet der Titel dieser 2. Auflage, welche sich, bei nur noch 528 und VIII Seiten mit 12 Tafeln, als sehr umgearbeitet und vermehrt ankündigt: „Gymnastik für die Jugend, enthaltend eine praktische Anweisung zu Leibesübungen. Ein Beitrag zur nöthigen Verbesserung der körperlichen Erziehung von GutsMuths, fürstlich neuwiedischchem Hofrathe und Mitarbeiter an der Erziehungsanstalt zu Schnepfenthal. Schnepfenthal in der Buchhandlung der Erziehungs-Anstalt." Eine dritte Auflage, nach dem Tode des Verfassers, erschien 1847 von F. W. Klumpp. Von diesem Werke sagt GutsMuths selbst in der Vorrede zur 2. Auflage, daß es sein soll „Erinnerung an ein altes physisches Stärkungsmittel, das allen Nationen, selbst den hochcultivirten Griechen, einst so nützlich war; Einsicht in die Sache und weise Verflechtung jenes Mittels in die ohne Zweifel zu schlaffe, weichliche Erziehung." Man darf sagen, daß GutsMuths in dieser 2. Ausgabe seines Haupt- und Meisterwerkes das System der gymnastischen Uebungen zu einer so hohen Vollendung erhoben hat, daß er seinen Nachfolgern wenig hinzuzufügen übrig gelassen. Selbst die von Schweden ausgehende, dort lange eingeführte; auf die organischen Gesetze des menschlichen Gliederbaus gegründete und berechnete, in Deutschland von denen, welche das Lehrbuch von GutsMuths nie gelesen, als neu gepriesene Gymnastik enthält kaum etwas, was nicht schon von GutsMuths ebenso gut und gründ-

lich gesagt worden wäre, wie dies kein geringerer Turner als M. Kloß ausspricht [15].

Will man sich Rechenschaft geben von den Erfolgen, welche GutsMuths als Früchte seines Strebens bereits in den ersten Jahren erntete, so darf man sich diese nicht blos aus dem inneren Gehalte des eben genannten Buches erklären, welches in die französische, englische, dänische Sprache übersetzt worden ist; man muß auch seine persönlichen Gaben als eines die Turnkunst übenden Lehrers in Rechnung setzen, wie er durch sein Commandowort das Turnen zu einer munteren und fröhlichen Uebung zu beleben, die Tüchtigsten zu Vorturnern zu wählen oder durch Prämien zu belohnen wußte [16]. Indem er so, wissenschaftlich und praktisch, in den Kreis der Jugenderziehung eine Disciplin eingliederte, welche als ein nothwendiges und heilsame Element den ganzen Menschen ins Auge faßt, wurde ihm in steigendem Grade hohe Anerkennung zu Theil; wegen dieser nicht blos hieß; man that an vielen Orten, in Schulen und selbst in volksthümlichen Vereinen, das nach, was er vorgethan hatte. Es wurden nach und nach immer mehr Turnplätze errichtet, wie in Deutschland, so außerhalb desselben. Sein Turnplatz in Schnepfenthal diente je mehr und mehr als Vorbild für andere, die man einrichtete. Im Laufe der Jahre trugen je mehr und mehr seine unmittelbaren Schüler die Gymnastik in die Nähe und in die Ferne. Es entstand durch ihn eine ganze Literatur von gymnastischen Lehrbüchern, ein weitverzweigtes Geschlecht von Turnlehrern und Turnern nach seiner Methode [17].

Lassen wir ihn hiervon wieder selber reden [18]: „In- und Ausländer, Aeltern und Erzieher, Leute jedes Standes fanden sich fast täglich bei den hiesigen Uebungen (in Schnepfenthal) ein und nahmen die Anschauung mit. Nicht blos mein bescheidener Wunsch wurde erfüllt von sehr vielen Familien und einzelnen Anstalten; in Dänemark fing man an, die Gymnastik als Volkssache zu betrachten. Dem hochherzigen Kronprinzen und damaligen Regenten dieses Staates (jetzigem Könige — 1817), der die Fesseln der Leibeigenschaft und der Sklaverei in Norden und Süden zerbrach, hatte ich mein Buch [über pädagogische Gymnastik] gewidmet; hingerissen von seinem herrlichen Thun, glaubte ich, er werde eine kräftigere Erziehung begünstigen. Von der Zeit an entstanden daselbst mehr und mehr gymnastische Anstalten. Nach der kopenhagener Zeitung Dagen, Stück 171 des J. 1803, war ihre Zahl schon auf 14 gewachsen, und es hatten an denselben in den letzten 4 bis 5 Jahren ungefähr 3000 junge Menschen Theil genommen. Aus den Seminarien ging die Sache in die Landschulen, und nach den öffentlichen Blättern hat die Regierung den Befehl ertheilt, daß bei jeder Landschule ein Platz von 1200 Geviertellen für die

---

12) Salzmann in Schmid's Encyklopädie III, 162. 163. 13) Im J. 1817 im Vorberichte zu seinem „Turnbuche für die Söhne des Vaterlands". 14) Ebenda.

15) „Zur Erinnerung an GutsMuths und seine Schriften", in dem „Jahrbuche für Turnkunst", 1859. S. 251—273, wo GutsMuths' Methode sorgfältig dargestellt ist. 16) Salzmann in Schmid's Encyklopädie III, 166. · 17) Ebenda III, 163. — 18 Im „Vorberichte" seines „Turnbuchs für die Söhne des Vaterlands", 1817.

Leibesübungen eingeräumt werden sollen [soll]. Von Dänemark aus ist, wie ich höre, der Anfang im benachbarten Schweden gemacht." — Ferner [19]: Um diese Zeit —
1804 — eröffnete der wackere Karl Roux, ein Mann
von regem Eifer für die Sache und genauer Kenntniß
derselben, zu Erlangen eine gymnastische Anstalt. Sie war
die erste auf einer deutschen Hochschule und besteht noch
jetzt. Sie fand bald Widersacher in diesem und jenem
jungen Meister der Gelartheit, es scheint jedoch, daß die
großen Lehren, welche die neueste Zeit [vor 1817] gegeben, ihnen das Mundwerk beruhigt haben. Mich selbst
trieb damals der schöne Erfolg in Dänemark mehr als
je, die Sache als Volksangelegenheit zu betrachten und
für sie eine deutsche Regierung zu gewinnen. Die große
Strebsamkeit der preußischen in Sachen der Volkserziehung
machte die Wahl sehr leicht. Gleich nach dem Abdruck
übergab ich mein Buch [20] dem damaligen Staatsmini-
ster und Chef des geistlichen Departements . . . . . mit
den Worten: So viel scheint mir gewiß, daß man bei
der Bildung des Menschen nicht bloß sein geistiges Wesen, sondern auch seinen physischen Theil im Auge behalten müsse, um das Ebenmaß der geistigen und leiblichen Kräfte so viel als immer möglich aufrecht zu
erhalten. Vermöge dieses Grundsatzes, der sich schwerlich
entkräften lassen möchte, ist besonders der veredelte Theil
des Volks der Gegenstand meines Buchs (ich dachte, daß
von diesem billiger Weise die Veredlung herabsteigen
solle). Eben deshalb sollten alle höheren Bildungsanstalten
und ganz besonders unsere Universitäten (von diesen
stammen ja die Geistlichen in den Dörfern und Städten
als Lehrer) der Leibesübungen nicht entbehren. Allen
übrigen Volksklassen aber liegt der Grund der Gymnastik
noch weit näher, gerade darum, weil ihr Körper zum
Dienste des Staats unter mannichfaltigen Anwendungen
vorzüglich erforderlich ist. Obenan steht in dieser Hinsicht
der Krieger. Es ist ohne Mühe einzusehen, daß solche
Truppen, die im Besitz mannichfaltiger Körperfertigkeiten
sind, in tausend Fällen ungleich brauchbarer sein würden,
als solche, die auf einige Handgriffe beschränkt sind u. s. w.
Die Antwort des Ministers in der Hauptsache lautete
dahin: „Körperliche Fertigkeiten und Uebungen der Jugend sind ein wesentliches Stück in meinem National-
Erziehungsplane."

Den hier ausgesprochenen Gedanken einer Turnkunst
zu militärischen Zwecken verwirklichte der strebsame Patriot unter dem Einflusse der großen kriegerischen Ereignisse seit 1806 in seinem megenannten „Turnbuche
für die Söhne des Vaterlandes", welches, den
Fürsten und dem Volke des deutschen Bundes gewidmet,
300 Seiten stark und mit 4 Kupfertafeln versehen, von
einem Pränumerantenverzeichniß bekleidet, 1817 bei Gebrüder Wilmans in Frankfurt a. M. erschien. Es sind
hier die Turnübungen eingetheilt in 1) das Gehen und
Laufen; 2) das Springen, welchem eine besonders ausführliche Behandlung gewidmet ist; 3) das Waghalten,

worunter auch das Stelzengehen und das Schlittschuhlaufen begriffen werden; 4) das Klimmen und Steigen;
5) das Ringen; 6) das Werfen und Schießen; 7) die
Uebungen der Biegsamkeit des Körpers; 8) das Schwimmen; 9) Sinnübungen [21]. In diesem Werke, so äußert
sich Salzmann, welches sich als der Ausdruck der bereits
im Sinken begriffenen Begeisterung der Freiheitskriege
charakterisirt, verfolgt GutsMuths den Zweck, daß die
Gymnastik für das von dem französischen Drucke befreite
Deutschland durch das ganze Vaterland gaumäßig organisirt und ein Mittel werden soll, eine kräftige, kriegs-
tüchtige Jugend zu erziehen, welche im Stande sei, die
wiedergewonnene Freiheit und alle patriotischen Güter
gegen jeden Feind zu vertheidigen. Wie begeistert er
immerhin diese Idee darlegte, so fand sie doch bei der
damaligen Stimmung der Höfe und des Volkes nicht
den gewünschten Anklang. — Im nächsten Jahre, 1818,
ließ GutsMuths, ebenfalls bei Gebrüder Wilmans in
Frankfurt a. M., 182 Seiten stark, den „Katechismus
der Turnkunst oder kürzer Abriß der deutschen Gymnastik, ein Leitfaden für Lehrer und Schüler" erscheinen
und er unter anderem mit den Bemerken einleitete:
„Einige Freunde des Turnwesens forderten mich auf zur
Herausgabe eines kürzeren Abrisses. So entstand dieser
Katechismus als Leitfaden zu dem, was im Turnbuche
ausführlich aufgestellt worden."

Noch in demselben Jahre (1818) sollte GutsMuths
die bittere Erfahrung machen, daß in Preußen alle Turnplätze, weil politisch als Demagogenherde verdächtig, geschlossen, Jahn und andere Turner verhaftet oder obrig-
keitlich verfehmt wurden. Zwar hielt er sich, wie von
jedem oppositionellen Parteitreiben, so von dem excentrischen Wesen Jahn's, von dessen Deutschthümelei und
Urgermanisiren fern und frei, wie denn sein ganzer
Charakter stets dem Edlen zu- und dem Gemeinen abgeneigt war; aber, abgesehen vom Turnen, konnten seine
persönlichen und literarischen Bestrebungen für Einführung von Volksfesten, wenngleich in durchaus veredelter Form, Männern wie Kotzebue, welche auch hierin
antimonarchische Tendenzen suchten, nur zuwider sein. Als
er beispielsweise in dem „Vorberichte" zu seinem „Turnbuche für die Söhne des Vaterlandes" ausspricht [22],
daß „stehende Heere" den Gefahren gegenüber, welche
dem Vaterlande drohen, „nicht mehr ausreichen", sodaß
man alle Jünglinge und Männer wehrhaft machen müsse,
damit man die stehenden Heere nicht „bis zur allgemeinen Bedrückung zu vermehren" brauche, kam aus
einem warmen patriotischen Herzen und war in keiner
Weise antimonarchisch gemeint, konnte aber in diesem
Sinne gedeutet werden. Indeß blieb GutsMuths, welcher ja auch nie preußischer Unterthan war, persönlich
von Untersuchung, Verhaftung und anderen politischen
Maßregeln bis an sein Lebensende verschont, obgleich er
sich über Jahn wiederholt sehr anerkennend und lobend

---

19) Ebenda.   20) Die 2. Auflage von 1804.
A. Encykl. d. W. u. K. Erste Section. XCVIII.

21) Unter den mancherlei Gerüsten findet sich auf den Kupfertafeln der Barren nicht.   22) Nach unserer Zählung auf S. XV.
30

geäußert hatte. Es heißt z. B. in dem „Turnbuche für die Söhne des Vaterlandes"[23]: „Was aber damals (1804) unmöglich wurde, gelang späterhin dem kräftigen Jahn[24]. Er trug 1810 die wiedererweckte Gymnastik nach Berlin. Wie in der Natur vor einem Donnerwetter, so hatte sich im kräftigen Volk der Preußen der Gewitterstoff durch gewaltsame Reibung gesammelt; dem Wackeren fügte sich die glückliche Stunde; ihm gebührt das große Verdienst der unmittelbaren Einführung der gymnastischen Uebungen, denen er den Namen Turnübungen gab, in die zweyte Stadt des deutschen Landes und dann dadurch in viele andere Orte." In dem guten Bewußtsein seiner eigenen Priorität. konnte Gutsmuths die sensationelle und mit mehr Eclat verbundene Thätigkeit Jahn's neidlos anerkennen, aber eben diese Bescheidenheit, dieses stillere Wirken ist vielfach der Grund geworden, die großen oder vielmehr größeren Verdienste des Schnepfenthaler Pädagogen für gering zu achten. Wenn man Jahn, so bemerkt Spieß, einer der bedeutendsten Turnlehrer der Neuzeit, den Vater der deutschen Turnkunst nennt, so sollte man billiger Weise auch den Groß- und Erzvater derselben, Gutsmuths, nicht vergessen[25].

In Verbindung mit dem Turnen und im Anschluß an dasselbe pflegte Gutsmuths als gemüthlicher Jugendfreund das Spiel, aber nicht das Kartenspiel, gegen welches er seine entschiedene Abneigung ausspricht, sondern die Bewegungsspiele, namentlich im Freien. Mit großem Fleiße sammelte, sichtete und ordnete er hierzu das Material, welches er auch literarisch verarbeitete, indem er 1796 das Buch herausgab: „Spiele zur Uebung und Erholung des Körpers und Geistes, für die Jugend, ihre Erzieher und alle Freunde unschuldiger Jugendfreuden, gesammelt und praktisch bearbeitet." Noch bei Lebzeiten des Verfassers trat eine vierte (1802) Auflage ins Leben; nach seinem Tode erschien eine vierte 1845 in Stuttgart von Hoffmann, durchgesehen und neu eingeführt von Klumpp, VII und 360 Seiten mit 4 Tafeln. In der Vorrede zur 3. Auflage erklärt sich der Verfasser über Zweck und Inhalt unter anderem dahin: „Dieses Buch enthält Spiele für die Jugend; aber es ist nicht für die Jugend [zur Lectüre] geschrieben, sondern für ihre Aeltern, Erzieher und Freunde. Daher nicht nur Beschreibungen, sondern auch Beurtheilungen der einzelnen Spiele; daher die Blicke auf das alte Griechenland als historische Erläuterungen und als angenehme Erinnerungen an ein liebenswürdiges Volk". Und in der That, er versteht es, ein reiches historisches Material nicht blos aus den Schriften der Griechen und Römer, sondern auch aus anderen Gebieten, selbst aus demjenigen der christlichen Kirchenväter, darzubieten. „Seit Tranquillus Suetonius", heißt es hier in der Vorrede von 1796, „der ein für uns verlorenes Buch über die Spiele der Griechen schrieb, hat man unglaublich viel Bücher über Spiele abgefaßt. Dennoch übergebe ich hier

dem Publicum das meinige; aber freilich mit der Ueberzeugung, daß es für den beabsichtigten Gebrauch besser, zweckmäßiger und systematischer als die bisherigen sei. Alle Bücher über Spiele zerfallen in zwei Klassen; sie sind entweder philologisch-historisch, wie die schätzbaren kleinen Werke des Meursius, Bulengerus, Heyde, und kommen folglich hier gar nicht in Betracht; oder sie sind in praktischer Hinsicht geschrieben, um in gesellschaftlichen Kreisen darnach zu spielen. Ich kenne davon eine ansehnliche Menge, aber kein einziges, das mit gehöriger Auswahl, nach einem bestimmten Zwecke, für bestimmte Subjecte, mit geläutertem Geschmack, und durchdachter Schätzung des Werthes jedes einzelnen Spiels, nach einem nur etwas gründlichen Systeme abgefaßt wäre. Daher sind alle diese Bücher auf gut Glück gleichsam zusammengewürfelt, theils entsetzlich schlecht; nicht nur geschmacklos, sondern oft pöbelhaft, unsittlich, voll Zweideutigkeiten und Zoten." „Wenn", so spricht sich der Verfasser in der Vorrede zur 3. Auflage aus, „das größte Geheimniß der Erziehung darin besteht, daß die Uebungen des Geistes und Körpers sich gegenseitig zur Erholung dienen: so sind Spiele, besonders Bewegungsspiele, sowie Leibesübungen überhaupt, unentbehrliche Sachen." Salzmann urtheilt hierüber[26]: Die Mannichfaltigkeit und angenehme Beschreibung der aufgeführten Spiele sowol, als der Hinweis auf den praktischen Nutzen, welchen sie bei gehöriger Anordnung und Leitung haben können, macht dieses Buch für den Erzieher und selbst für den Turnlehrer zu einem ebenso interessanten als belehrenden pädagogischen Hilfsmittel. Bei der erweiterten praktischen Bedeutung, die sie durch Gutsmuths bekommen, fallen sie ganz mit unter den Gesichtspunkt der Gymnastik und dienen demselben Zwecke. Was die Gymnastik für den großen Turnplatz war, das wurden diese Spiele für den Familienkreis und die Privaterziehung.

Als Zugabe zu seiner Gymnastik gab Gutsmuths, Weimar 1798, ein „Lehrbuch der Schwimmkunst" heraus, welches 1833 in zweiter Auflage erschien[27].

Indem er, wozu ihn seine praktische Neigung und Geschicklichkeit außerordentlich befähigten, den theologischen Unterricht an der Drehbank u. s. w. leitete, legte er die hierin gewonnenen Resultate des Nachdenkens, der Erfahrung, der Anweisung in dem Buche über „Mechanische Nebenbeschäftigungen für Jünglinge und Männer" nieder, welches zu Altenburg 1801 in erster, zu Leipzig 1816 in zweiter Auflage erschien und vielfache Benutzung auch außerhalb des engeren Kreises seiner Schüler fand[28].

Mit nicht geringerem Erfolge unterrichtete er an der Anstalt zu Schnepfenthal in der Geographie, welche durch ihn als feinem Theile als pädagogische und wissenschaftliche Disciplin aus dem früheren Niveau zu einem wesentlich höheren emporgehoben worden ist, indem er, anknüpfend an die von Pestalozzi und seinen Schülern, wie Tobler und Henning, geübte Methode, an die Stelle

23) Im Vorbericht dazu. 24) Er nennt ihn anderwärts den „braven". 25) Nach Salzmann in Schmid's Encyklopädie III, 163.

26) Ebenda S. 164. 27) Ebenda S. 163. 28) Ebenda S. 165.

der gehäuften ſtatiſtiſchen Zahlen und Namen die concrete Anſchauung, die lebendige Beſchreibung der natürlichen Verhältniſſe von Land und Leuten in gründlicher, naturgemäßer Methode ſetzte, und, ſelbſt ein geübter Zeichner, die Schüler Karten entwerfen oder nachzeichnen ließ. Auf dieſen Grundſätzen fußend, ließ er in zwei Abtheilungen, Leipzig 1810, in erſter Auflage ſein „Handbuch der Geographie" erſcheinen, welches 1825 und 1826 zum zweiten Male herauskam. Im J. 1819 edirte er den „Abriß der Erdbeſchreibung" (Leipzig), welcher 1839 die dritte Auflage erlebte, dazu, und zwar für den Lehrer, Leipzig 1835, eine „Methodik der Geographie." Mit Haſſel, Cannabich, Gaspari, Ukert und Anderen verband er ſich zur Herausgabe des bisher in Deutſchland an Umfang noch nicht übertroffenen „Vollſtändigen Handbuchs der neueſten Erdbeſchreibung", welches bei ſeiner Vollendung 1827, 27 Bände umfaßte, und für welches er Braſilien bearbeitete. Für das mit J. A. Jacobi gemeinſchaftlich herausgegebene Werk „Deutſches Land und Deutſches Volk" übernahm er den 1. Theil: „Deutſches Volk", Gotha 1820 in zwei Bänden, an welchem man nicht mit Unrecht den Ausdrucksweiſe Jacobi's accommodirten zu dichteriſchen Stil getadelt hat[29]). Ein Glanzpunkt in ſeinem Leben und ein Stolz für ſeine geographiſche Thätigkeit iſt, wie ſchon angedeutet, ſein hochberühmter Schüler, der große Geograph Karl Ritter, welcher ſeinem verdienten Lehrer auch ſpäter in perſönlicher Freundſchaft und gleichartigem Streben verbunden blieb. Außer ihm dürfen als ſeine Schüler noch genannt werden die berühmten Reiſenden Graf Görz und Alexander Ziegler[30]).

(J. Haſemann.)

GUTSPFLICHTIGKEIT. Gutsherrlichkeit und Gutspflichtigkeit erſcheinen im Weſentlichen als correlate, d. h. ſich gegenſeitig bedingende und ergänzende Begriffe, dergeſtalt, daß die Darſtellung des einen nicht füglich bewirkt werden kann ohne gleichzeitige fortlaufende Bezugnahme auf den andern. Nachdem daher in dem Artikel Gutsherrlichkeit (ſ. d.) das Weſen und der Inhalt zugleich auch der Gutspflichtigkeit ihre Würdigung beziehentlich Erledigung gefunden haben, erſcheint ein nochmaliges Zurückgreifen auf die in Rede ſtehende Lehre an dieſer Stelle als überflüſſig; wohl aber wird hier ein näheres Eingehen auf den modernen Begriff der Ablöſung, d. h. des Loskaufs von auf Grund und Boden radicirten oder auch von blos perſönlichen Laſten, bis die auf die neueſten Zeiten herunter auf gewiſſen Klaſſen, vorzüglich auf jener der gutspflichtigen Bauern ruhten, am Platze ſein, und dies um ſo mehr, als in den einſchlägigen Abhandlungen der früheren Theile des vorliegenden Werkes eine nähere Erörterung der neueren Agrargeſetzgebung im Allgemeinen, ſowie der Ablöſung der gutsherrlichen Rechte im Beſondern nicht gegeben iſt und aus zeitlichen Gründen auch nicht gegeben werden konnte.

29) Ebenda S. 164. 165. 30) Ebenda S. 164.

Daß im Verlaufe des Mittelalters eine Unzahl bäuerlicher Laſten auf die Schultern der allmälig zur Leibeigenſchaft herabgedrückten Colonen gelegt wurde, iſt unter Gutsherrlichkeit bereits des Nähern dargethan worden. Eine ſervile Jurisprudenz verlieh allen dieſen, wenn auch blos thatſächlich durch die Macht der einen und die wehrloſe Schwäche der andern Seite aufgekommenen Belaſtungen gleichmäßig den Charakter von Rechten und die Geſetzgebung, indem ſie bereitwillig Rechtsdictungen an die Stelle des wahren Rechts ſetzte und den Ergebniſſen factiſcher Gewalt den Stempel der Gerechtigkeit aufprägte, übertrug die Bedrückung der früheren Geſchlechter wie ein ſich fortwährend erneuerndes Erbe auf die jeweilig nachfolgenden. Erſt im gegenwärtigen Jahrhundert hat man vom Standpunkte einer rationellen Volkswirthſchaft wie von dem des wiedererwachten vernünftigen Rechts aus die Verwerflichkeit der weitaus meiſten jener Laſten und damit auch der demſelben entſprechenden Berechtigungen erkannt, und in Folge dieſer Erkenntniß erklang der Ruf nach Abſchaffung ſolcher aus dem Mittelalter herrührenden Bedrückungen immer vernehmlicher durch alle civiliſirten Länder unſers Erdtheils. Freiheit des Grund und Bodens und perſönliche Freiheit der gutspflichtigen Colonen wurde die Loſung aller verſtändigen Volkswirthe wie aller ſich dem Zeitgeiſte nicht verſchließenden Menſchenfreunde.

Die Frage: auf welche Art und Weiſe die Abſchaffung ſtattfinden und ſomit die gedoppelte Freiheit des Bodens und der Colonen hergeſtellt werden ſolle, ließ ſich verſchieden beantworten. Frankreich, dem nach dieſer Richtung hin der Ruhm der Initiative gebührt, löſte dieſe Aufgabe im Wege eines fortgreifenden Machtſpruchs: durch die Revolution von 1789 wurden alle diejenigen bäuerlichen Laſten, die keinen andern Boden hatten, als eine rein poſitive und zugleich dem Rechte oder dem Gemeinwohle widerſprechende Einſetzung, wie Herrenfrohnden, Zehnten und die vielnamigen Feudalund zwingherrſchaftlichen Rechte, durch den ſouveränen Nationalwillen ohne alle und jede Entſchädigung abgeſchafft, gleichzeitig jedoch mit gewiſſenhafter Schonung derjenigen Gerechtſame, welche, weil auf dem Boden des eigentlichen Privatrechts wurzelnd, wie Zinſen und Gülten, der Staatsgeſetzgebung unantaſtbar erſchienen und daher nur durch billigen Loskauf von Seiten der Beſchwerten getilgt werden ſollten. Dieſe Unterſcheidung war ebenſo gerecht wie billig; gerecht inſofern, als die letztgedachte Gerechtſame, als hiſtoriſch begründetes Recht erſcheinend, von ihren Inhabern bona fide erworben und demnach, wie jedes andere wohlerworbene Eigenthum, heilig waren; billig aber inſofern, als infolge der Ablöſung das Grundeigenthum des Berechtigten, auf welches jene Gerechtſame radicirt waren, an Werth unſtreitig verlor, während der Verpflichtete durch ſeine Befreiung von jenen Laſten erheblich gewann. In Deutſchland hatte zwar ſchon Kaiſer Joſeph II. für ſeine öſterreichiſchen Erblande die Frohnden und die den Ackerbau drückenden Laſten theils beſchränkt, theils deren Verwandlung in eine Geldrente angeordnet. Aber erſt von der Stein-Harden-

30*

berg'schen Landesculturgesetzgebung in Preußen datirt das große Befreiungswerk, welches seitdem Schritt für Schritt auf den Zustand lossteuerte, dessen die Gegenwart sich zu erfreuen hat, und in welchem von drückenden Real-lasten der bäuerlichen Bevölkerung nirgends mehr in Deutschland die Rede sein kann. Die Ablösungsgesetz-gebung ging davon aus, daß abzulösen, d. h. gegen Ent-schädigung zu beseitigen seien nur solche Lasten, die sich vom Standpunkte der Berechtigten aus als wohlerworbene Rechte darstellen. Die Schwierigkeit der Aufgabe bestand nun darin, einmal diese rechtliche Natur zu untersuchen, sodann aber die angemessene Entschädigung und die zweckmäßigste Form der Entschädigungsleistung zu er-mitteln. Die Beantwortung der ersten Frage wurde in Deutschland durch gründliche rechtshistorische Studien gefördert; bei der Lösung der zweiten Aufgabe aber kam es dem Gesetzgeber zu statten, daß mathematische Ge-nauigkeit in der Entschädigungsbemessung weder von den Berechtigten, noch auch von den Verpflichteten gefordert wurde, und daß beide Theile in der Regel sehr bald den Segen einer, wenn auch mit erheblichen augenblick-lichen Opfern verbundenen Befreiung schätzen lernten. Die Entschädigungsleistung wurde meist zwar sehr sorg-fältig, aber doch so normirt, daß sie dem Verpflichteten nicht unerschwinglich war. Wo man, wie es in der Regel geschah, den Reinertrag der abzulösenden Lasten als Maßstab der Entschädigungssumme annahm, ließ man selbstverständlich nicht außer Acht, daß Frohndienste quantitativ wie qualitativ freiwillig übernommenen und bezahlten Leistungen keineswegs gleich zu setzen sind, daß die Ertragsfähigkeit des Bodens bei weniger sorgfältiger Bearbeitung und Düngung sich mindert, daß die Natural-zinsen und Gülten selten in guter Qualität entrichtet werden, daß der Druck der Lehngeldsberechtigungen die Verpflichteten verführt hat, denselben auf dem Wege der List zu vermindern, daß die Ausübung manches Rechts, so gerechtfertigt sie auch dem Buchstaben des Gesetzes nach sein mochte, durch die Macht der Sitte bereits unmöglich geworden war, und daß endlich die den Verpflichteten oft zu gewährenden Gegenleistungen den Werth der ab-zulösenden Lasten verringerten. In manchen Ländern, namentlich in England und in einem Theile der Schweiz, ist die Ablösung hauptsächlich durch Abtretung von Grund und Boden, in andern ausschließlich durch Kapitalzahlung oder Uebernahme einer jährlich zu entrichtenden Ablösungs-rente bewerkstelligt, oder es ist auch wol der Garbenzehnt nur in eine Rente an Körnern verwandelt worden, wo-bei die Wahl zwischen diesen verschiedenen Ablösungs-arten meist den Verpflichteten überlassen blieb. Zugleich trug man dafür Sorge, daß, wo Land abgetreten wurde, der Grundbesitz durch Zusammenlegung der Grundstücke arrondirt und hierdurch der Wirthschaftsbetrieb erleichtert, daß aber, wo Kapital- oder Rentenzahlung stipulirt war, durch Errichtung von Rentenbanken und Creditkassen unter Aufsicht und Garantie des Staates den Berech-tigten die Möglichkeit, das gesammte Ablösungskapital sofort ausgezahlt zu erhalten, den Verpflichteten dagegen die Aussicht auf allmälige Deckung der auf ihren Grund-

stücken haftenden Ablösungsrenten im Wege der Amorti-sation verschafft würde. Zur Vereinbarung zwischen Berechtigten und Verpflichteten sowie zur Festsetzung der Ablösungssumme wurden in der Regel besondere Ab-lösungscommissionen, bestehend aus Gerichts- und Ver-waltungsbeamten. oder sonstigen Sachverständigen, ein-gesetzt. In allen Fällen muß der Werth der abzulösenden Last für den Berechtigten festgestellt werden. Ist dies geschehen, so kann ermittelt werden, welchen jährlichen Ertragswerth die Grund und Boden nach Abzug der Last für den Besitzer noch hat und hiernach die wirkliche Theilung des Grundstücks erfolgen. Indeß wird dieses Verfahren im Allgemeinen, weil es den Pflichtigen be-nachtheiligt, mit vollem Fug als ungerecht betrachtet und ist deshalb nur dann in Anwendung gekommen, wenn die Berechtigten großen Einfluß auf die Gesetzgebung auszuüben vermochten. Wird dem Berechtigten als Entschädigung ein Kapital gewährt, so ist der durch-schnittliche Jahreswerth der Last mit Rücksicht auf einen gesetzlich zu fixirenden Zinsfuß mit einer Reihe von Jahren zu multipliciren, und so das Entschädigungskapital zu ermitteln. Der dem Berechtigten günstigste Zinsfuß, welcher bisher angenommen zu werden pflegte, war 4%, sodaß der Pflichtige den 25fachen Betrag des Jahreswerthes zu zahlen hatte. Häufiger tritt mit Recht die Entschä-digung mit dem 20- und 18fachen Betrage auf, indeß kommt auch namentlich da, wo der Charakter der Last als privatrechtlicher nicht ganz feststeht, der 16-, 15- und 14fache Betrag vor. Sind die Leistungen nicht jährliche, sondern nur bei bestimmten Anlässen, z. B. Verkäufen, vorkommende, so ist, dafern sie nicht über-haupt ohne Entschädigung aufgehoben werden, die durch-schnittliche Zahl der Fälle im Jahrhundert zu ermitteln und hiernach der Jahreswerth behufs der Kapitalisirung festzustellen. Der Ablösung unterworfen sind aber alle Grundrenten oder ständigen Abgaben in Geld, Naturalien u. s. w., insofern sie auf einem dinglichen Rechtsverhält-nisse beruhen; Zehnten aller Art (mit Ausnahme jedoch des sogenannten Neubruchszehntens), Lehnsrecognitionen oder Abgaben, welche bei Eigenthumsveränderungen von Immobilien und was solchen gleichsteht, als sogenanntes Laudemium, Lehngeld, Handlohn u. s. w. zu entrichten sind; Spann- und Handfrohnden, welche auf Grund von Gesetzen und Verträgen oder anderen Rechtstiteln zu leisten sind; Hutungs- und Waldbefugnisse; Berechti-gungen zum Gras-, Schilf- und Rasenholen in fremden Waldungen und auf fremden Grundstücken; Berechtigung, auf fremden Grundstücken nach Fossilien zu graben. Ohne Entschädigung dagegen wurden aufge-hoben: das Obereigenthum des Lehnsherrn und die lediglich aus demselben entspringenden, besonders die Sterbfalls-Rechte; das Obereigenthum des Guts-, Grund-und Erbzinsherrn; das ganz- oder gutsherrliche Heim-fallrecht an Grundstücken und Gerechtsamen jeder Art; die Vorkaufs-, Näher- und Retractrechte, soweit sie nicht auf Vertrag oder letztwilliger Verfügung beruhen; alle Abgaben und Leistungen der nicht Angesessenen an die bisherige Guts-, Grund- oder Gerichtsherrschaft, soweit ie aus diesem Verhältniß herzuleiten sind und nicht auf Verträgen beruhen; die Patrimonialgerichtsbarkeit und die unter verschiedenen Namen vorkommenden Leistungen zur Uebertragung der Lasten der Patrimonialgerichtsbarkeit; die Jagd auf fremdem Grund und Boden und die in Beziehung auf die Jagd obliegenden Dienste und Leistungen, — diese jedoch nicht überall unentgeltlich; alle aus den guts-, schutz- und grundherrlichen Rechten abgeleiteten Leistungen, welche, ohne zum öffentlichen Steuereinkommen zu gehören, die Natur der Steuern haben. Ueberdies in vielen Staaten noch: das Eigenthumsrecht des Erbverpächters; die auf Grundstücken haftende Verpflichtung, gegen den in der betreffenden Gegend üblichen Tagelohn zu arbeiten; das Recht, einen Antheil oder ein einzelnes Stück aus einer Hinterlassenschaft vermöge guts- oder gerichtsherrlichen Rechts fordern zu dürfen; alle Dienste zu persönlichen Bedürfnissen der Gutsherrschaft und ihrer Beamten sowie alle Abgaben zur Ausstattung der Güter bei Taufen von Familiengliedern des Gutsherrn; alle Abgaben für die Erlaubniß, auf eigenem Grund und Boden gewisse Bierarten halten zu dürfen; dagegen auch alle dem Berechtigten für diese Leistungen obliegenden Gegenleistungen. Zu leugnen ist übrigens nicht, daß manche Gesetzgebungen in der unentgeltlichen Aufhebung zu weit gegangen sind. Um schließlich nochmals auf die Ablösung zurückzukommen, so ist es selbstverständlich, daß aus innern Gründen von einer solchen ausgeschlossen sind: alle öffentlichen Lasten mit Einschluß der Gemeindelasten, Abgaben und Dienste; Abgaben und Leistungen, die aus dem Kirchen- und Schulverbande entspringen; Leistungen, welche für den Genuß von Regalien entrichtet werden; Lasten, die sich auf eine Deich- oder sonstige Societät beziehen, endlich die meisten der römischrechtlichen Grundgerechtigkeiten oder Servituten.

Daß der preußische Staat es war, der zu Anfang des gegenwärtigen Jahrhunderts nach der Katastrophe von Jena den Reigen jener Befreiungsacte in Deutschland eröffnete, denen wir heute die völlige Freiheit des bäuerlichen Gewerbes verdanken, ist schon weiter oben erwähnt worden. Das preußische Edict vom 9. Oct. 1807, betreffend den erleichterten Besitz und den freien Gebrauch des Grundeigenthums sowie die persönlichen Verhältnisse der Landbewohner, bildet die Grundlage dieser Verordnungen. Hervorgegangen, wie es im Eingange heißt, aus der Erwägung, „daß die vorhandenen Beschränkungen theils im Besitze und Genusse des Grundeigenthums, theils in den persönlichen Verhältnissen des Landarbeiters der Wiederherstellung der Cultur eine große Kraft entziehen", erklärte das Edict sämmtliche Bewohner des Staates zum eigenthümlichen Besitze unbeweglichen Gutes aller Art für befähigt, hob die Gutsunterthänigkeit für ewige Zeiten auf und erleichterte den Grundeigenthümern jede mit dem Staats- und Privatinteresse verträgliche Disposition. Unmittelbar mit diesem Gesetze in Verbindung stehen die Verordnungen vom 4. Febr. 1808, vom 27. März 1809 und vom 9. Jan. 1810, welche für die einzelnen Provinzen des preußischen Staates die im Gesetze versprochenen Instructionen. für die Zusammenziehung bäuerlicher Grundstücke enthielten und dazu bestimmt waren, die zu große Verminderung der Bauernstellen möglichst zu verhüten; ferner das Publicandum vom 24. Oct. 1810, welches verschiedene, über die Aufhebung der Gutsunterthänigkeit entstandene Zweifel beseitigt. Die im Edict vom 9. Oct. 1807 gegebenen Verheißungen wurden sodann im Einzelnen durch das Edict vom 14. Sept. 1811 wegen Beförderung der Landescultur, und das weitere Edict vom gleichen Tage, betreffend die Regulirung der gutsherrlichen und der bäuerlichen Verhältnisse, verwirklicht; das eigentliche Grundgesetz für die preußische Ablösung aber ist die Gemeinheitstheilungs- und Ablösungsordnung vom 7. Juni 1821. Zur Ausführung dieser Geschäfte wurden neun Generalcommissionen und acht Revisionscollegia eingesetzt, den erstern Behörden aber Specialcommissionen, aus Technikern und richterlichen Beamten bestehend, zur Erledigung der Geschäfte an Ort und Stelle beigegeben. Das Gesetz vom 2. März 1850 endlich hatte die Aufgabe, das Ablösungsverfahren in einigen Punkten neu zu regeln, insbesondere zu beschleunigen. Da nämlich in Preußen mit der Ablösung der Reallasten immer zugleich die Zusammenlegung der Grundstücke (dort Separation genannt) Hand in Hand geht, so war es nicht zu verwundern, daß dort die Ablösung nicht ganz so schnell von statten ging wie in andern Staaten, welche damit zum Theil erheblich später begannen. Denn nur zögernd, zum Theil erst durch die revolutionären Bewegungen der Jahre 1830 und 1848 gezwungen, packten auch sie in der Lage, die mit der preußischen Landesculturgesetzgebung gemachten Erfahrungen zu benutzen, folgten die kleineren deutschen Staaten der von Preußen ergriffenen Initiative. In Baiern wurde der Grundsatz der Ablösung allerdings schon durch die Verfassungsurkunde von 1818, in Würtemberg und Baden durch die von 1819, in Hessen-Darmstadt durch die von 1820, in Braunschweig durch die von 1823, in Hessen-Cassel und dem Königreich Sachsen dagegen erst durch das von 1831 ausgesprochen und durch besondere Ablösungsgesetze (z. B. in Baden durch das von 1831, im Königreich Sachsen durch das von 1832) zur Ausführung gebracht. Nur in Hannover that man augenblickliche Rückschritte, indem man die frühern, zur französischen Zeit hierüber getroffenen Maßregeln, ja selbst die Privatcontracte durch neue Gesetze 1814 und 1815 aufhob; allein auch hier lenkte man durch abändernde Bestimmungen seit 1822 in den frühern Weg wieder ein. Gleichwol war das Ablösungsverfahren ein so langsames, der Umfang der gesetzlichen Ablösungspflicht ein so geringer, die gesetzlich festgestellte Entschädigung eine so hohe und der Betrag der mit der Ablösung verbundenen Kosten ein so bedeutender, daß im Ganzen nur wenige Ablösungen erfolgten. Das Drückende dieser Lasten schien jedoch in neuerer Zeit noch dadurch erhöht, daß während der langen Friedensjahre der Werth des Grundbesitzes rasch gestiegen war und deshalb von den verpflichteten Grundstücken in allen

Fällen, wo die Grundlast in Entrichtung eines Antheils des jeweiligen Werthes des pflichtigen Grundstücks bestand, oft ziemlich große Summen entrichtet werden mußten; daß ferner, was in früheren Zeiten jene Leistungen weniger fühlbar gemacht hatte, das patriarchalische Verhältniß zwischen Berechtigten und Verpflichteten, größtentheils verschwunden war, daß z. B. namentlich der Schutz nirgends mehr vom Gutsherrn, sondern überall blos vom Staate gewährt wurde. Unter diesen und ähnlichen Erwägungen wurde denn ganz besonders lebhaft seit dem Bewegungsjahre 1848 die Ablösung der noch bestehenden Grundlasten überall in Deutschland von den Verpflichteten nicht minder wie von der öffentlichen Meinung verlangt und zur Ausführung gebracht. Gegenwärtig kann sie in Deutschland als vollendet betrachtet werden, zwar unter mancherlei Beeinträchtigungen der Berechtigten, aber immerhin in der Hauptsache der Gerechtigkeit entsprechend, und mit dem großen Erfolge, daß der Bauer freier Grundeigenthümer und Staatsbürger geworden ist und den Preis hierfür zum größten Theil selbst bezahlt hat. Von dem ihm geschenkten Werthebetrage hat einen Theil der Staat, so namentlich in Sachsen und Würtemberg, zugelegt; ein anderer Theil mußte unentgeltlich aufgegeben werden, weil ihm Mißbrauch zu Grunde lag; wieder um einen Theil, z. B. in Preußen um den Werth des Obereigenthums, wurden die Berechtigten verkürzt. — In Oesterreich, wo die Ablösungsgesetzgebung durch das am 4. März 1849 gleichzeitig mit der octroyirten Reichsverfassung veröffentlichte Entlastungspatent (in weiterer Ausführung beziehentlich Abänderung des Gesetzes vom 7. Sept. 1848) eine besondere Gestaltung erhielt, ist die Grundentlastung bis jetzt noch nicht zum endgültigen Abschlusse gelangt. In Frankreich und Spanien dagegen ist dasselbe Ergebniß wie in Deutschland erzielt worden, jedoch fast gänzlich ohne Entschädigung durch die Belasteten, im Wege bloßer Gewalt, durch Revolution und erfolgreiche Rechtsablung auch der durch die Revolutionsgesetze anerkannten Abgaben und Leistungen; speciell in Spanien wurden die Zehnten ohne Entgelt durch Beschluß der Cortes vom 29. Juli 1837 aufgehoben. In Großbritannien wurden seit 1836 die Zehnten durch die Gesetzgebung meist in feste Renten verwandelt, wo das die ruhenden Lasten bestehen viele noch fort; es hat sich hier jedoch im Verlaufe der letzten drei Jahrhunderte die Auseinandersetzung zwischen Gutsherren und Unterthanen in entgegengesetzter Weise vollzogen, wie auf dem europäischen Festlande, insofern der englische Gutsherr meist zum freien Eigenthümer aufstieg, der Bauer hingegen zum bloßen Zeitpächter, allerdings mit voller staatsbürgerlicher Freiheit, herabsank. Endlich ist hier, als des in neuester Zeit weitaus großartigsten Actes der ablösungsweisen Befreiung des Grundbesitzes von den auf ihm ruhenden Lasten und der bäuerlichen Bevölkerung von drückenden Zwangsverhältnissen, der durch kaiserliches Manifest vom J. 1861 verfügten Emancipation der Leibeigenen in Rußland zu gedenken, ein Werk, welches jetzt als der Hauptsache nach abgeschlossen betrachtet werden kann. Daß übrigens die im Vorstehen-

den gezeichnete Art und Weise, wie in den verschiedenen Ländern der Großgrundbesitz und der kleinbäuerliche Stand auseinandergesetzt wurden, das Schicksal des früheren Adels endgültig besiegelt und damit auch auf die Staatsverfassung und die gesellschaftlichen Verhältnisse überhaupt entscheidend zurückgewirkt hat, mag hier blos nebenbei angedeutet werden. — Vergl. Judeich, „Die Grundentlastung in Deutschland". Leipzig 1863.
(Albrecht Just.)

GUTTALUS, ein Fluß im europäischen Sarmatien, nur von Plinius hist. nat. IV, 28 erwähnt. Die Weichsel kann es nicht sein, da diese stets Vistula genannt wird. Wol aber könnte es die Pregel sein, was mehrere neuere Geographen angenommen haben. Ueber diese Regionen hatten die alten Geographen nur beschränkte Kenntnisse.
(Krause.)

GUTTA-PERCHA, plastisches Gummi, eine dem Kautschuk in vieler Beziehung ähnliche und sehr werthvolle Substanz, welche aus dem Milchsafte eines in die Familie der Sapoten gehörigen, Isonandra Gutta genannten, an den Ufern der Meerenge von Malacca, Borneo, Singapore und den Wäldern der Inseln des östlichen Archipelagus wachsenden, sehr mächtigen Baumes gewonnen wird. Derselbe erreicht eine Höhe von 14—24 Meter, der Stamm einen Durchmesser von 1,—2 Meter; er wächst meist in angeschwemmten Lande am Fuße von Hügeln; die jüngeren Zweige sind röthlich, reich behaart; Stiel rund; Blätter abwechselnd fast lederartig, verkehrt eiförmig, ganzrandig, kurz zugespitzt, an der Basis in einen langen dünnen Stiel auslaufend, fiederig geadert mit gedrängten parallelen horizontal abstehenden Adern, oben grün, unten goldglänzend. Die Blüthen sind gelb, winkelständig, in Büscheln, etwas überhängend, gestielt; die Stiele sehr kurz, einblüthig. Kelch fast eirund-glockenförmig; Krone fast kapförmig, mit kurzer, kaum den Kelch überragenden Röhre. Die Frucht ist von dem Kelche unterstützt, harte *sei*, fast kugelförmige, sechsfächerige Beeren, von deren Fächern vier keine Frucht ansetzen und undeutlich zwei, aber fruchtbar und einsamig sind. Die Samen sind im innern Winkel des Fachs angeheftet. Auch in anderen Pflanzengattungen, wenn auch in geringen Quantitäten, kommt Gutta-Percha vor, als in der Gruppe Euphorbiaceen: Commiphora madascacariensis. Madagaskar. — Euphorbia picta. Südamerika. Das Holz des Baumes ist weich, schwammig und enthält Längs-Höhlungen, die mit Gutta-Percha gefüllt, braune Streifen bilden und deshalb als Nutzholz nicht verwendbar ist.

Ein anderes der Gutta-Percha sehr ähnliches Product ist die Balata, die aus dem Milchsafte eines zur Familie der Sapoten gehörenden in Britisch-Guiana wachsenden Baumes (Bully-tree; Sapota *Mülleri Bleek*) gewonnen wird, dessen Holz von den Eingeborenen zu Bauten, die Milch aber als Genußmittel so lange benutzt wurde, bis man die vortrefflichen Eigenschaften dieses Saftes im eingetrockneten Zustande erkannte. Während die Gutta-Percha schon in den vierziger Jahren bekannt wurde, kam die Balata erst Ende der funfziger

Jahre dieses Jahrhunderts nach Europa. Den Malaien war die Gutta-Percha seit langer Zeit bekannt; sie verwendeten sie zu Heften und Griffen für Messer und Waffen, Artstielen u. dergl.

Der Schotte William Montgomerie, der als Arzt der Residenschaft zu Singapore auf der malaischen Halbinsel fungirte, und Joze d'Almeida, der dieselbe Niederlassung längere Zeit bewohnt hatte, beanspruchen das Verdienst, die Gutta-Percha im J. 1843 zunächst in England eingeführt zu haben, indem sie Proben derselben der königlich asiatischen Gesellschaft vorlegten. Montgomerie war es zunächst, der den Werth der Substanz erkannte und sie in Gebrauch brachte. Im J. 1844 wurden zum ersten Mal versuchsweise 100 Kilogr. von Singapore nach Europa geschickt. In den ersten 4 Jahren betrug die exportirte Gutta-Perchamasse 1,812,000 Kilogr., zu welcher Menge mehr als 180,000 Bäume gefällt wurden, was allerdings einer rücksichtslosen Verwüstung derselben gleich kam. Man begnügte sich nicht damit, die Bäume anzuzapfen, sondern schlug die ganzen Bäume nieder, schälte die Rinde ab, sammelte den Saft und goß ihn in flache, aus Platanenblättern gebildete Tröge, man vernichtete ein 50—100 jähriges Wachsthum, um augenblicklich einen einträglichen Verdienst zu haben um so mehr, als der Begehr nach Gummi stieg. Sehr bald kam aber die in England etablirte Gutta-Percha-Handelsgesellschaft dahinter, wie eine solche unrationelle Behandlung die spätere Gewinnung schädige und strebte daher mit Vorsicht dahin, nur das Anzapfen der Bäume zu befördern und das Fällen derselben zu verhindern.

Zur Gewinnung der Gutta-Percha dient in neuerer Zeit folgendes Verfahren. Der Saft des Baumes circulirt in Gefäßen, deren Lage noch schwarze, längslaufende Linien auf dem Holz angedeutet wird, zwischen der Rinde und dem holzigen Theil des Stammes. Um den Saft zu erhalten, pflegte man früher die ausgewachsenen Bäume an der Wurzel abzuhauen; man machte dann in bestimmten Entfernungen ringförmige Einschnitte in die Rinde und stellte ein Gefäß darunter, um den sofort aus jedem frischen Einschnitt hervorquellenden Milchsaft aufzusammeln. Allein gegenwärtig wird in Indien, auf Java, Borneo, Sumatra und Singapore etwa ein Meter über dem Boden in die Rinde des Baumes ein horizontaler Kreisschnitt und oben aus hoch nach oben hin ein verticaler Einschnitt gemacht, dem nach unten zu mehrere schiefe Einschnitte angefügt werden. Der Saft entquillt sofort und wird in Cocusnußschalen oder anderen Gefäßen gesammelt. Der Saft coagulirt wenige Minuten, nachdem er gesammelt ist. Ehe man das rohe Gummi ganz erhärten läßt, wird es mit den Händen in feste längliche Massen meistens von Weibern geknetet. In solchem compacten Zustande in Stücken von 10—20 Kilogr. im Gewichte kommt die rohe Gutta-Percha in den Handel. Sie ist in ihren besten Sorten lichtgrau mit einem Stich ins Röthliche oder Gelbliche, z. B. die Sorte Pabang. Geringe Sorten enthalten Sand, Rindentheile und eine rothe färbende,

in Wasser lösliche Substanz oft in beträchtlicher Menge eingeschlossen, z. B. Sorte Kloum, von denen sie vor ihrer Verwendung befreit werden müssen. Es werden hierzu Walzen angewendet, die bis zu Dreiviertel in Wasser tauchen, das in einem sie umgebenden Kessel bis nahe zur Siedehitze durch Dampf geheizt wird. Dadurch erweicht die Gutta-Percha und die fremden Bestandtheile werden bei dem häufigen Durchwalzen theils ausgepreßt, theils ausgeschlemmt und ausgelaugt. Die so erhaltene Masse wird häufig noch weiter gereinigt durch starkes Pressen, worauf die einzelnen Stücke und Fäden vereinigt, gut abgetrocknet, in eine durch Dampf geheizte Knetmaschine gebracht werden, wo sich die Masse zu einem homogenen Teig verbindet und sich jeder beliebigen Form leicht fügt.

Die auf diese Weise möglichst gereinigte Gutta-Percha besitzt eine braune Farbe, die im Innern bald etwas heller, bald etwas dunkler erscheint und weißlichbraun ist. Man kann sie leicht im reinen Zustande erhalten, wenn man die rohe oder verarbeitete Gutta-Percha in Chloroform, Schwefelkohlenstoff oder Benzol löst, die trübe braune Flüssigkeit unter einer Glasglocke filtrirt und sie dann in einer flachen Schale freiwillig verdunsten läßt. Nach dem Austrocknen bleibt in dem Gefäße eine dünne Haut, die reine Gutta-Percha zurück, die leicht abzulösen ist, wenn man das Gefäß einige Minuten lang in kaltes Wasser eintaucht und dieses mit dem Inhalte in Berührung kommen läßt. So gereinigt ist die Gutta-Percha sehr licht, in dünnen Blättern durchscheinend, in dickeren Platten aber undurchsichtig; sie ist geschmacklos, fühlt sich fettig an und hat namentlich in der Wärme einen eigenthümlich lederartigen Geruch. Die Darstellung von Gutta-Percha-Platten und Tafeln geschieht, indem die noch warme Masse in einem Streckapparat, der durch zwei über einander befindliche polirte Stahlwalzen und eine unter der Walze befindliche polirte Stahlplatte gebildet ist, gebracht wird. Die Streckwalzen lassen sich nach Belieben näher oder weiter stellen, sodaß man mit derselben Maschine die stärksten, zu Treibriemen und dergl. bestimmten Platten und die feinsten Blätter darstellen kann.

Zu den physikalischen Eigenschaften der Gutta-Percha gehört ihre geringe Porosität; sie ist leicht schneidbar. Bei gewöhnlicher Temperatur ist sie lederartig zähe, wohl biegsam, aber sehr gering elastisch. Sie ist bei 45° C. teigig und läßt sich unter Anwendung eines starken Druckes kneten; zwischen 55—60° C. wird sie plastisch und läßt sich leicht in Fäden, Platten, Röhren u. s. w. ausziehen. Sie wird durch Reiben elektrisch und ist ein schlechter Leiter der Elektricität und Wärme. Beim Reiben wird sie negativ elektrisch; im trockenen Zustande ist sie ein ebenso guter Isolator wie Schellack. An der Luft erleidet die Gutta-Percha eine eigenthümliche Veränderung, die auf einer Absorption von Sauerstoff beruht. Unter Wasser, besonders Seewasser, hält sie sich am besten. Abwechselndes Befeuchten und Trocknen, namentlich am Sonnenlicht, hat eine schnelle Zerstörung zur Folge, indem sie brüchig, zerreiblich, harzig wird; sie nimmt dabei an Gewicht zu, ebenso an Löslichkeit in Alkohol und verdünnten Alkalilösungen. Die käufliche Gutta-Percha enthält dieses Oxydations-Product bis zu 15 Procent in Gestalt eines weichen Harzes; ihre Zusammensetzung ist: Reine Gutta 79,70 in 100 Theilen; weiches Harz 15,10; vegetabilische Faser 2,18; Feuchtigkeit 2,50 und Asche 0,82. Eine alte, durch Einwirkung der Luft u. s. w. brüchig gewordene Gutta-Percha läßt sich durch Erweichen in warmem Wasser und Umkneten für sehr untergeordnete Anwendungen wohl wieder nutzbar machen; aber sehr bald wird sie wieder rissig und unbrauchbar. Eine mechanisch gereinigte und in Blöcke geformte Gutta-Percha hat ein specifisches Gewicht=0,966; nach andern ist dasselbe = 0,979. Die durchschnittliche Dichtigkeit der käuflichen Gutta-Percha ist 0,973.

Ueber die Bestandtheile der Gutta-Percha hat man folgende Zusammensetzung: Kohlenstoff 86,36; Wasserstoff 12,18; Sauerstoff 1,49; sie ist daher ebenso wie der Kautschuk ein Kohlenwasserstoff und ist sehr wahrscheinlich mit demselben isomer. Nach Payen (Journ. für prakt. Chemie 57 S. 152) enthält die käufliche Gutta-Percha drei Bestandtheile, die in ihren Eigenschaften ziemlich verschieden sind. Er bezeichnet sie als: reine Gutta mit 78—82 Procent, Alban 14—16 Procent und Fluavil 4—6 Procent; außerdem etwas Fett, flüchtiges Oel, Farbstoff und Salze. Reine Gutta widersteht vollkommen der Einwirkung des Alkohols. Alban ist eine weiße krystallinische, die Körner einhüllende Substanz; Fluavil ist das gelbe Harz, welches in kaltem Alkohol leicht löslich ist. Wasser entzieht der rohen Gutta-Percha eine organische Säure und eine extractartige Substanz; sie widersteht vollkommen den meisten Lösungsmitteln; ätzende Alkalien greifen sie nicht an, ebensowenig Ammoniak und verdünnte, nicht oxydirende Mineralsäuren. Schwefelsäure (Vitriolöl) färbt sich in Berührung mit Gutta-Percha allmälig rothbraun, sie quillt daraus auf und bildet eine schleimige Masse; beim Erwärmen tritt sofort Schwärzung der Säure ein; die Gutta-Percha wird unter Entwicklung von schwefliger Säure und Abscheidung von Kohle gänzlich zerstört. Ammoniak läßt die Gutta-Percha unverändert, was bei andern Gummiarten nicht der Fall ist.

Wie schon oben erwähnt ist die Balata ein der Gutta-Percha sehr ähnliches Product, bildet als Handelswaare große Klumpen, ist röthlich weiß bis braunröthlich, geschmacklos und riecht erwärmt wie Gutta-Percha. Von Luft befreit beträgt ihre Dichte 1,044; sie ist elastischer als Gutta-Percha, fast ebenso gut schneidbar und wird bei 49° C. plastisch. Erwärmt läßt sie sich weniger gut als Gutta-Percha kneten, preßt sich nicht so bequem in verschiedene Formen, und nähert sich in dieser Beziehung mehr dem Kautschuk. Gegen Lösungsmittel verhält sie sich wie Gutta-Percha. Roh und ungeknetet ist sie ein Haufwerk kleiner Kügelchen; durchgeknetet oder gepreßt zeigt sie sich ähnlich den Structurverhältnissen der Gutta-Percha, und wird daher häufig als deren Ersatzmittel in Vorschlag gebracht.

Die gewöhnlichen Ersatzmittel für Gutta-Percha sind nicht selten Compositionen aus Verbindungen und Mischungen der Gutta-Percha mit andern Substanzen, als Colophonium, Pech oder Asphalt, Harzöl, Kalkhydrat, Wasser und Thon, die bei bestimmten Hitzegraden stark umgerührt, später geknetet und durch ein Walzwerk vollkommen gleichmäßig gemacht werden. Die Compositions-Substanzen sollen die Gutta-Percha in ihren Hauptanwendungen, namentlich in der Fabrication von wasserdichten Stoffen ersetzen; sie können ebenfalls in Formen gepreßt werden, um Vasen und mannichfaltige Verzierungen darzustellen. Bei der großen Anzahl der verschiedenen, mit der Gutta-Percha oft absichtlich vermischten Substanzen ist es sehr schwer, was als Verfälschung und was als ein gesetzlich erlaubter Zusatz zu betrachten ist. Die Producenten mischen dem Rohmaterial nicht selten Verunreinigungen bei, um ihr Gewicht zu erhöhen. So werden häufig Steine, Erde u. s. w. in die Blöcke geknetet, deren Erkennung aber durch die Schneidemesser leicht ist; ungleich schwieriger ist jedoch die Erkennung und Entfernung anderer Harze von geringem Werthe. Der Haupthandel solcher verfälschter Gutta-Percha ist in den Händen der Chinesen, welche dieselbe mit dem werthlosen Saft des Getah Malabeöga genannten Baumes, den sie von Palembang importiren, vermischen. Die Getah ist ebenfalls ein eingedickter Milchsaft; allein die mit ihm verfälschte Gutta-Percha hat eine lose Textur, eine mehr graue Farbe und einen andern Geruch als die echte Gutta-Percha. Im Allgemeinen aber kommen Fälschungen der Gutta-Percha nur bei dem Rohprodukte vor, da bei der Reinigung sich alle zur Gutta nicht gehörige Stoffe absondern.

Zu den vielen Eigenschaften, welche die Gutta-Percha mit dem Kautschuk gemein hat, gehört auch die eigenthümliche Veränderung, die sie durch Behandlung mit Schwefel oder dessen Verbindungen (Vulkanisiren der Gutta-Percha) erleidet. Sie bleibt dadurch in der Kälte weich und geschmeidig; in der Wärme wird sie nicht mehr klebrig, hat aber nach dem Vulkanisiren ihre Plasticität verloren, und bei einem Ueberschuß an Schwefel leidet ihre Güte. Sie wird durch das Vulkanisiren so verändert, daß sie nachher den Einfluß der Lösungsmittel widersteht. Die Materialien, der Schwefel u. s. w., werden gewöhnlich mit der weichen Gutta-Percha in der Knetmaschine oder zwischen Walzen innig vermischt; sie wird dadurch nicht verändert, ihre Erhärtung tritt erst bei der nachfolgenden Erhitzung ein. Allein die bei der Verarbeitung vorkommenden Abfälle können nur sehr schwer durch erneuertes Aufweichen wieder nutzbar gemacht werden, was für den Fabricanten bei der Verwendung vulkanischer Gutta stets mit Nachtheil verbunden ist. Die Entschwefelung vulkanisirter Gutta-Percha ist bis jetzt noch ein Problem.

Die Verwendung der Gutta-Percha ist eine sehr mannichfaltige, bedingt aber namentlich folgende Eigenschaften: Ihr Vermögen, erweicht, sich in jede beliebige Form pressen zu lassen und nach dem Erkalten diese Form beizubehalten. Ihre Undurchdringlichkeit für Wasser und andere Flüssigkeiten. Ihre Widerstandsfähigseit gegen den Einfluß der meisten Lösungsmittel, der ätzenden Wirkung der meisten Säuren und Alkalien, ihr Isolationsvermögen als Nichtleiter der Elektricität, in welcher Hinsicht sie bis jetzt von keiner andern Substanz übertroffen wird. Ihre außerordentliche Plasticität, die es möglich macht, die feinsten Eindrücke eines Stempels oder einer Form anzunehmen. Endlich: Ihre große Dauerhaftigkeit und geringe Vergänglichkeit bei gewöhnlicher Temperatur. — Mischungen von Gutta-Percha mit Kautschuk sind selten, da reine Gutta höher im Preise ist als gewöhnlicher Kautschuk. Dagegen verträgt Balata besser die Mischung und Bearbeitung mit Kautschuk. Lösungen von Gutta-Percha werden zum Wasserdichtmachen der Stoffe seltener verwendet, wohl aber solche von Balata. Man bringt indeß von dem Material nur so viel auf die Gewebe, daß die Stärke des Ueberzugs nur die eines Bogens Seidenpapier ist.

Eine große Verwendbarkeit hat die Gutta-Percha zu technischen Zwecken. Wegen ihrer Unveränderlichkeit in feuchter Luft, wo Leder leicht stockt, findet sie mit großem Vortheil Anwendung zu Treibriemen für Maschinen, hauptsächlich für Aufzüge in Fabriken. Eine der ausgebreitetsten Anwendung besteht in der Anfertigung von Röhren für Wasserleitungen, Speiseröhren für Locomotiven, Pumpenstiefeln, Schiffspumpen, Hebern in Bergwerken, Saug- und Vertheilungsröhren für Feuer- und Gartenspritzen, Waschmaschinen. Die Anfertigung der Röhren geschieht ganz auf die Weise der Drainröhren-Fabrikation. Hohle Gegenstände werden durch Pressen in Formen dargestellt. Massive Sachen werden mit Hülfe eines Preßapparates erzeugt, und sehr schätzenswerth ist die Verwendung zum Abformen von Holzschnitten und die Verwendung in der Buchdruckerpresse als Typen. Eine wichtige Bedeutung hat die Gutta-Percha-Industrie, die sich in neuerer und neuester Zeit auf Schnüre, Feuereimer, Schuhsohlen, Peitschen, Spazierstöcke, Messerhefte, Dosen, Bilderrahmen, Blumentöpfe, Teller und Gegenstände allerlei Art erstreckt, in der Verwendung als Umhüllung der Drähte der elektrischen Telegraphen, welche in die Erde gelegt oder durch das Meer geführt werden. Die Umkleidung des Metalldrahts wird hier auf ähnliche Weise ausgeführt, wie die Darstellung der Gutta-Percharöhren. Zum Schutze gegen äußere mechanische Verletzungen wird das Ganze mit Spiralen von starkem Eisen- oder Stahldraht umgeben. Das große atlantische Kabel, welches die alte und neue Welt verbindet, besteht aus 7 Drähten, 6 um einen herumgelegt. Der so um einander geflochtene Draht enthält drei Ueberzüge von bester gereinigter Gutta-Percha. Den äußern Schutz bilden 18 Stränge aus verzinktem Draht, jeder mit 5 Strängen aus weißem Manilahanf umwickelt. Ferner findet die Gutta-Percha eine nützliche Anwendung in der Galvanoplastik, indem sie in die kleinsten Vertiefungen des zu copirenden Gegenstandes eindringt und die geringsten Erhabenheiten desselben mit absoluter Schärfe wiedergibt. Die feinsten guillochirten Stahlplatten für den Druck des Papiergeldes lassen sich auf diese Weise copiren und durch ein einfaches

A. Encykl. d. W. u. K. Erste Section. XCVIII.

Verfahren zum Druck in der Buchdruckerpresse herrichten. Auch für den Naturselbstdruck ist Gutta-Percha das vortrefflichste Material. Dünn ausgewalzte Gutta-Percha ist sogenanntes Gutta-Percha-Papier, das als Verbandmittel empfohlen wird. Das Färben der Gutta-Percha-Fabrikate ist weiter nichts, als ein Bestreichen oder Bemalen der Oberfläche derselben mit durchsichtigen Farben, die durch Vermischung mit trocknenden Oelen dargestellt werden. *(C. Reinwarth.)*

GUTTA-PERCHA (medicinisch). Die ungewöhnlichen physikalischen Eigenschaften dieses Körpers, nämlich in Wasser bei Temperaturen von 50—60° R. Weichheit, Biegsamkeit, Dehnbarkeit zu erlangen, bei nachfolgender Abkühlung aber binnen weniger Minuten in der vorher erlangten Form wiederum fest und starr zu werden, konnten nicht verfehlen, denselben alsbald nach seinem Bekanntwerden der chirurgischen Verwendung zuzuführen. Bereits 1846 empfahl Lyell in England die Guttapercha zur Anfertigung enganliegender Schienen, deren sich Smee bereits mehrmals bei Fracturen bedient hatte; auch zur Anfertigung biegsamer Katheter sollte sich dieselbe eignen. Selbstverständlich sollte die Substanz, wie sie roh im Handel vorkommt, erst durch Ausscheidung der erdigen und der anhängenden fremden vegetabilischen Beimengungen für die chirurgische Benutzung zubereitet werden. Lorinser (Oesterr. Wochenschr. 1847, Nr. 21) empfahl Bougies und Pessarien aus Guttapercha, und theilte bereits zwei Fälle (Fractur am Kopfe des Humerus und Fractur beider Unterschenkel) mit, wo statt des damals üblichen Kleisterverbandes die kapselförmige Anlegung von Guttaperchastreifen um die Gliedmaßen mit bestem Erfolge in Anwendung gekommen war. Die Behandlung der Beinbrüche mittels einfacher Guttaperchaschienen, ohne alle andere Verbandstücke, wurde bann 1849 und 1850 vom Professor Burow in Königsberg (Schmidt's Jahrbücher der Medicin LXI, p. 228 und LXV, p. 122), gestützt auf zahlreiche von ihm behandelte Fälle, eindringlich empfohlen. Die etwa vier Zoll breiten und die Länge des Gliedmaßenabschnittes entsprechenden Streifen werden in einem Blechkasten mit kochendem Wasser übergossen, um sie biegsam zu machen. Ist die Biegsamkeit derselben an allen Stellen gleichmäßig entwickelt, dann wird das heiße Wasser abgegossen, und man läßt eine leichte Abkühlung eintreten, damit die Streifen oder Tafeln an der Applicationsstelle kein schmerzhaftes Brennen verursachen und nach erfolgter Anlegung rascher in der gewünschten Form erstarren. Nach vorgängiger Coaptation wird solche Streifen derart aufgelegt, daß zwischen ihnen die Haut 1 bis 2 Finger breit unbedeckt bleibt. Hierauf wird noch eine Flanellbinde um den geschienten Theil gelegt und 24 Stunden liegen gelassen; dann sind die Guttaperchaschienen vollständig erhärtet, sodaß sie die angenommene Form unverändert beibehalten. Sie werden aber durch Bänder festgehalten. Während der Heilungsperiode können die Schienen wiederholt abgenommen, gereinigt und wieder angelegt werden. Nach Burow soll dieser Guttaperchaverband vor anderen Ver-

- 31

banbarten ben Borzug haben, baß er bie Heilung offenbar fördert und beschleunigt, weil es nie zu Collußwucherungen, überhaupt aber nicht zur Bildung eines sogenannten provisorischen Collus kommt, was nach ihm davon herrührt, daß die Circulation dabei weniger gehemmt ist, als bei anderen Verbandarten. Dabei ist dieser Verband ungemein bequem für die Kranken; selbst solche mit Unterschenkelfracturen konnten ohne Nachtheil schon in der ersten Woche das Bett verlassen und sich auf einem Stuhle niederlassen. Auch sind die Kosten des Guttaperchaverbandes keine besonders hohen: für eine Oberschenkelfractur berechnete Burow bei dem damaligen Preise der Guttapercha diese Kosten auf etwa 2 Thaler. — Für die nach ungeheilten Fracturen zurückbleibenden Pseudarthrosen glaubte Burow das Anlegen von Guttaperchaschienen als ein ganz geeignetes Unterstützungsmittel in Vorschlag bringen zu dürfen.

Gleichwol hat sich der Guttaperchaverband, in Burow's Weise angelegt, weniger Anhänger zu erfreuen gehabt; der verstanden sich die Chirurgen dazu, Schienen von Guttapercha statt Pappschienen zu nehmen, dabei die erweichte Guttapercha vor der angefeuchteten Pappe den Vorzug der schnelleren Erstarrung hat. Ueberhaupt aber wurde die Guttapercha durch den alsbald in den Vordergrund tretenden Gipsverband zurückgedrängt. Indessen empfahl Regimentsarzt Dürr in Stuttgart im J. 1860 den sogenannten Schalenverband aus Guttapercha an Stelle des Gipsverbandes für die Militärchirurgie, und nach den im Feldzuge von 1866 gemachten Erfahrungen verharrte derselbe bei dieser Anpreisung. Als besondere Vortheile rühmte er das rasche Erweichen und Erstarren der Guttapercha, das genaue Anschmiegen im erweichten und die kräftige Unterstützung im erstarrten Zustande, die Bequemlichkeit und das schmerzlose Liegen für den Kranken, den leichten Transport der Guttaperchaverbände im Kriege und ihre Unabhängigkeit von Witterungsveränderungen. Die größere Kostspieligkeit dieses Verbandmittels erachtet Dürr nur theilweise begründet, da die gebrauchten Schienen durch Einschmelzen aufs neue brauchbar gemacht werden können. Statt roher Guttapercha oder gewalzter präparirter Schienen benutzt derselbe eine Mischung aus 10 Theilen Guttapercha, 4 Theilen Schweinefett und 3 Theilen weißem Fichtenharze, die schneller erweicht und erstarrt, nicht einschrumpft, durch Umschmelzen immer wieder neu wird und auch etwas wohlfeiler ist. Diese genannte Masse wird in einem Kessel bis zum Flüssigwerden geschmolzen und dann in einen mit nasser Leinwand ausgelegten Rahmen von der nöthigen Länge und Breite eingegossen. Die Dicke der Schienen braucht ein paar Linien nicht zu überschreiten. Der Schalenverband wird aus zwei in Leinwand eingeschlagenen, dem Gliede angepaßten Schienen, mit oder ohne Wattenunterlage, hergestellt; die Schienen, durch einen freien Zwischenraum von einander geschieden, werden durch elastische Binden, durch Bänder, Riemen u. dgl. befestigt. Beim Verbinden braucht immer nur die eine Schale abgenommen zu werden, während das Glied in der anderen Schale ruht. Bei

Unterschenkelfracturen wird eine vordere und eine hintere Schiene angelegt, und das Glied lagert auf einem Spreukissen; bei Complication mit Wunden, namentlich an der vorderen Fläche, genügt eine hintere Schiene, worin das Glied wie in einem Gusse ruht. Beim Kniescheibenbruche lagert das Glied auf einem Planum adscendens und das Knie wird mit einer handbreiten Guttaperchaschiene bedeckt, welche von der Mitte des Oberschenkels bis zur Mitte des Unterschenkels reicht. — Im Ganzen jedoch hat die Chirurgie den Guttaperchaverband bei Fracturen fallen lassen, nur bei Fracturen kleiner Kinder greift man wol noch dazu wegen seiner Leichtigkeit und wegen der leichten Abnehmbarkeit bei stattgefundener Verunreinigung.

Ferner wurde der Guttaperchaverband alsbald von W. Lyon und von Burow für die Behandlung des Klumpfußes empfohlen. Lyon gab folgende Beschreibung seines Verfahrens. Nach subcutaner Durchschneidung der Achillessehne wird die Wunde wie gewöhnlich mit einem Heftpflaster bedeckt, und Fuß und Unterschenkel werden von den Zehen bis zum Knie mit einer gewöhnlichen Rollbinde eingewickelt. Nun wird ein dünner zollbreiter und gehörig langer Guttaperchastreifen in heißem Wasser erweicht, mit einem Handtuche abgetrocknet und nach Art einer gewöhnlichen Rollbinde von den Zehen bis zum Knie um das Glied gewickelt, wobei die einzelnen Touren mit der Hand fest und gleichmäßig gegen einander gedrückt werden. Nach dieser Einwickelung wird der Unterschenkel gefaßt, der Fuß durch sanftes Drehen in die normale Stellung gebracht und darin bis zur Erstarrung der Guttapercha festgehalten, die man durch Application kalten Wassers beschleunigt. Nach Verlauf einiger Tage wird der Verband abgenommen und ganz in der nämlichen Weise mit einer neuer dafür angelegt, und in dieser Weise wird fortgefahren, bis der Fuß allmälig seine normale Stellung wiedererlangt. In anderer Weise verfuhr Burow. Nachdem alle spannenden Sehnen durchschnitten waren, wurde ein Stück Guttapercha durch heißes Wasser erweicht, annähernd in die Form gebracht, die es nach dem Erkalten behalten sollte und an der inneren Seite des operirten Fußes so angelegt, daß es die ganze Sohle, den äußeren Fußrand, die Ferse, die innere Hälfte des Fußrückens und den unteren Theil des Unterschenkels von innen her bedeckte. War dann mittels einer schmalen Rollbinde von feinem Flanell die noch weiche Schiene gegen Fuß und Unterschenkel durch eine Spica adscendens angedrückt, so wurde der Fuß möglichst in die normale Stellung gebracht und durch kaltes Wasser wurde die Erstarrung der Guttapercha in dieser Stellung herbeigeführt. Die feucht gewordene Binde wurde hierauf durch eine trockne ersetzt. Am nächsten Tage wurde der ganze Verband abgenommen, der Fuß gereinigt, die innere Fläche der schuhartigen Schiene mit kaltem Wasser ausgewaschen, nach vorgängiger Beschneidung der Ränder aber von neuem angelegt und mit einer Binde umwickelt. In gleicher Weise wurde der Verband täglich abgenommen und neu angelegt, bis der Fuß die richtige Stellung bleibend behielt.

Burow hat ferner auch Guttaperchaplatten als Deck-mittel bei Nabelbrüchen und bei Skoliosen angewendet.

Sehr bald kamen dann Sonden und Katheter von Guttapercha in Gebrauch. Dieselben hatten vor den In-strumenten aus Kautschuk den Vorzug grösserer Wohl-feilheit, indem z. B. die besonders gerühmten pariser Katheter aus der Fabrik von Cabirol zu .5 bis 6 Francs das Dutzend käuflich waren. Auch rühmte man den Guttaperchainstrumenten nach, dass sie durch Berührung des Urins und Schleims weniger angegriffen würden, als jene aus Kautschuk, auch dass sie bei längerem Ge-brauche weniger leicht an der Oberfläche abschilferten. Dagegen beobachteten Hawkins, Güterbock und Andere schon bald nach der Einführung dieser Fabrikate, dass dieselben beim Ein- und Ausführen leicht brechen. Der erfahrene Ivanchich in Wien, der bei Cabirol'schen Ka-theter sehr in Schutz nahm, musste doch zugestehen, dass einzelne darunter gefunden werden, die brüchig sind, weil sie entweder zu sehr ausstrockneten, oder weil ihnen das centrale Feder fehlte. Da nun überdies Kautschufsonden für die Erweiterung von Stricturen entschieden den Vor-zug verdienen, so hat man allmälig die Benutzung der Guttapercha für diesen Theil der chirurgischen Technik aufgeben müssen.

Maunoury beschäftigte sich mit der Verwendung der Guttapercha beim Aetzverfahren. Wenn man z. B. ein Gemenge von 2 Theilen Chlorzink und 1 Theil Guttapercha in einer Porzellanschale über der Spiritus-flamme erhitzt, so erhält man ein Präparat, das mit Consistenz Biegsamkeit verbindet, sich beliebig formen lässt, leicht an die zu äzenden Stellen gebracht werden kann, und vermöge seiner Porosität das Ausschwitzen der Aetzsubstanz auf das betreffende Gewebe gestattet. Derartige mit Guttapercha zubereitete Aetzmittel hat auch Boys de Loury mit Erfolg auf Geschwüre am Gebär-mutterhalse applicirt.

Bereits 1849 empfahl Ritchie einen Uterinhalter mit elastischem Guttaperchapessarium, und ein Pessarium aus Guttapercha mit einem Drahtstrickwerke wurde 1864 von W. O. Priestley angepriesen. In neuerer Zeit aber werden vielfach hufeisen- oder ringförmige Pessarien von Guttapercha benützt.

Nur als Curiosität ist zu erwähnen, dass man auch Stethoskope aus Guttapercha angefertigt hat.

Guttapercha ist löslich in Schwefelkohlenstoff, in Chloroform, in den rectificirten Oelen von Terpentin, Harz, Theer. Werden solche Lösungen in dünner Schicht aufgestrichen, so verflüchtigt sich das lösende Monstruum, und der aufgelöste Stoff bleibt als erhär-tende Schicht zurück. So konnte man alsbald nach Ein-führung der Guttapercha darauf kommen, die Schwefel-kohlenstoff-Solution zum Ueberstreichen des Gesichts von Leichen zu empfehlen, deren Gesichtszüge aus dem einen oder dem anderen Grunde längere Zeit kenntlich bleiben sollten, und die nämliche Lösung empfahl man dann auch statt Collodium zum Ueberstreichen und Verkleben von Wunden. Auch empfahl Ellefsen diese Lösung zur Com-pression von Hodengeschwülsten. Wegen der grossen Flüch-

tigkeit des Schwefelkohlenstoffes muss dieselbe mit einem Spatel etwas dicker aufgestrichen werden; nach 1 bis 2 Minuten bildet die Guttapercha einen dünnen, festen, anhaftenden Ueberzug. Nach 3 bis 4 Tagen wird der Anstrich wiederholt.

Man hat ferner mit Chloroform-Solution (1 Theil Guttapercha auf 6 Theile Chloroform) chronische Haut-ausschläge, nässende wie trockene, bestrichen, und die gleiche Lösung auf skrofulöse, antheitische, varitöse Ge-schwüre gestrichen, um den Luftzutritt davon abzuhalten. Bei Varicocele hat man endlich angerathen, den gegen den Bauchring erhobenen Hoden wiederholt mit einer Chloroform-Solution zu bestreichen, bis der erhärtende Guttapercharückstand eine förmliche Kapsel um den Hoden und einen Theil des Samenstranges bildet.

(Fr. Wilh. Theile.)

GUTTA ROSACEA (s. rosea, jetzt allgemein als Acne rosacea bezeichnet), im Deutschen als Kupfer-handel oder Rothnase bekannt, ist ein das Gesicht befallendes Hautleiden, welches in der Systematik der Hautkrankheiten von Willan und Bateman in der Ord-nung der Knoten und Tuberkel gehört. Wenn diese Knoten als dunkelrothe, fleischige, warzenähnliche Er-habenheiten auftreten, die nur langsam und unvoll-kommen an den Spitzen eitern, so werden sie als Finnen, als Varus oder Jonthus (franz. Bouton) bezeichnet, und in dem Systeme der genannten englischen Derma-tologen repräsentiren sie die Gattung *Acne*. Die als Acne rosacea bezeichnete Art nun pflegt von der Spitze der Nase auszugehen, weiterhin über die ganze Nase fortzuschreiten, aber auch wol auf die Backen, auf das ganze Gesicht mit Einschluss der Stirn und bis zum Kinn herab sich auszubreiten. Zuerst erscheint die Haut an diesen Stellen nur roth, dabei dichter, fester, derber; es zeigen sich darin netzartige Verzweigungen der ausge-dehnten Hautvenen; dazwischen erheben sich einzelne Knötchen, unvollkommene Pusteln, welche den Umfang der Nase vermehren, im weiteren Verlaufe der Krank-heit theilweise sich abschuppen, theilweise hart und unver-ändert bleiben, oder auch an der Spitze eitern und mit einem Schorfe bedeckt werden. Des Morgens sind die Knötchen mehr blass, stärker livid geröthet treten sie her-vor nach dem Essen, nach dem Genusse von Spirituosen, nach körperlichen Anstrengungen, namentlich bei Feuer-arbeitern, die das Gesicht dem offenen Feuer zukehren. Die Entartung der Haut geht endlich so weit, dass sie rauh, wulstig, gefärbt erscheint, durch Einschnitte gleich-sam in mehrere Abtheilungen zerfällt. Eine ziemlich drastische Darstellung der Formveränderungen der Nase durch die Gutta rosacea lieferte Sennert: Sumunt tubercula ista interdum incrementum, ut facies in-aequalis et horrida evadat, et nasus valde augeatur. Vixit superiori adhuc anno, non procul a Dresda, vir, cui hoc malo affecto nasus ita incrementum sumsit, ut eum in legendo impediret; quod malum ipsum eo adegit, ut anno 1629 particulas quasdam de naso sibi amputari curaret. (Pract. med. Lib. V, Pars 1, Cap. 51.)

31*

Dieses Gesichtsleiden kommt nicht leicht in der Jugendzeit vor, wenn nicht etwa eine ererbte Anlage dazu besteht; erst im 4. und 5. Decennium, oder selbst noch später, pflegen die Individuen davon befallen zu werden. In England, in Deutschland, überhaupt im Norden kommt es häufiger vor, als in südlichen Gegenden. Es hängt offenbar mit Störungen in den Digestionsorganen zusammen; besonders häufig kommt es bei Individuen vor, die viel Wein, besonders sauern, trinken, und an Magensäure leiden.

Die Behandlung der Gutta rosacea hat im Ganzen nicht gerade sehr glänzende Resultate aufzuweisen, weil es gewöhnlich sehr schwer fällt, der ersten Indiration, nämlich der Abhaltung der ätiologischen Schädlichkeiten, vollständig zu genügen. Einfache vegetabilische Kost, wässeriges Getränk, leichte Abführmittel, in ähnlicher Weise wirkende Badekuren sind als innere Mittel am Platze. Anthony Todd Thomson, der Herausgeber von Bateman's Hautkrankheiten, legt besonderen Werth auf den innerlichen Gebrauch des Liquor Potassae, nur müsse man stärkere Dosen geben, allmälig selbst bis zu 60 bis 80 Tropfen, dreimal täglich, steigen; am besten sei es, ihn in einer Emulsion von bitteren Mandeln zu verabreichen. Andere haben die Species lignorum, Actimonialien und Mercurialien, Graphit, Schwefelmittel, Arsenik gegeben. Piderit ließ ein starkes und copiöses Decoctum Salviae nehmen; Heim gab Liquor saponis stabiati mit Tinct. Colocynthidis; Alibert rühmte Pillen aus Calomel, Schwefel und Extr. Fumariae.

Aeußerlich passen Waschungen und Fomentationen mit schleimigen oder mild adstringirenden Substanzen, verdünnte spirituöse oder essighaltige Waschmittel, mit oder ohne Zusatz von Plumbum aceticum, Alaun u. dergl. Unter Umständen können aber auch stärkere Adstringentia in Anwendung kommen. Man hat ferner Waschungen mit den verschiedenen natürlichen Schwefelwässern, mit Borax, mit Kali carbonicum, selbst mit Höllenstein empfohlen, desgleichen Salben mit Jodschwefel, mit Glycerin und Theer, mit Chlorjodquecksilber. Die in England viel benutzte Gowland's Lotion scheint eine Auflösung von Quecksilbersublimat in einer Emulsion zu sein. Die im Hôpital St. Louis in Paris früherhin vielfach benutzte Eau rouge war ebenfalls eine Lösung von Quecksilbersublimat. Biett ging selbst soweit, Dampfdouchen auf die leidenden Theile des Gesichts zu empfehlen. *(Fr. Wilh. Theile.)*

GUTTENBERG (Karl Gottlieb), Kupferstecher, geboren zu Wöhrd bei Nürnberg 1743, gestorben zu Paris 1792. Obgleich als Sohn eines Handlangers in niedrigem Stande geboren, empfand er doch frühzeitig Liebe zur Kunst. Den ersten Unterricht darin erhielt er in der Zeichenschule und wurde dann in Basel unter Mechel zum Kupferstecher ausgebildet. Nach Paris übersiedelt, ließ er sich anfangs zu kleineren Illustrationen gebrauchen, bis er mit Wille bekannt und dessen Schüler wurde. Hier wurde er zu einem tüchtigen Künstler herangebildet, der seinen eigenen Weg

ging und durch zahlreiche und bemerkenswerthe Werke der modernen Kupferstecherkunst die Wege zur Vollkommenheit anbahnte. J. S. Klauber, Th. Falkeisen und sein Bruder Heinrich waren seine Schüler. Guttenberg muß auch Reisen unternommen haben, obgleich seine Biographen darüber nichts mittheilen, denn er stach nach eigenen Zeichnungen die Häfen von Brügge und Ostende und einige italienische Landschaften. Füeßly läßt ihn nach Nürnberg zurückkehren und daselbst vor 1796 sterben, was sicheren Quellen zufolge irrig ist. Sein Bruder hat mit aller Bestimmtheit Paris als seinen Sterbeort und 1792 als sein Sterbejahr angegeben. — In seinen Blättern wußte er Feinheit mit Kraft, Freiheit mit Glanz zu paaren; er handhabte den Grabstichel ebenso sicher wie die Radirnadel und seine radirten Landschaften und Unterätzungen sind mit den gestochenen Figuren und der Vollendung so innig verschmolzen, daß das Kunstwerk wie aus einem Gusse erscheint. Zu seinen vorzüglichsten und geschätztesten Leistungen gehören die Blätter, welche er für Saint-Non's Voyage pittoresque du royaume de Naples stach, ferner die Einzelblätter: Die Aufhebung der Klöster in Oesterreich und Kaiser Joseph II., nach L. Defrance, ein sehr interessantes Blatt, wie auch die allegorische Vorstellung der durch den Import auf den Thee veranlaßten Unruhen in Nordamerika. Nach Silbern älterer Künstler stach er das schmollende Kind nach J. B. Greuze, den Chemiker nach F. Mieris, einen flämischen Tanz nach P. van Mol, eine Abendgesellschaft nach Rembrandt. Auch das Bildniß der Kaiserin Katharina II. von Rußland nach Rotari, Wilhelm Tell nach Füeßly, der Tod des Generals Wolf nach B. West und mehrere Blätter nach Vernet, Robert (der feuerspeiende Vesuv) und de Seve sind bemerkenswerth. Sein Werk ist ziemlich reichhaltig und die Hauptblätter zieren die Mappen der feinsten Kunstkenner. *(Wessely.)*

GUTTENBERG (Heinrich), Kupferstecher und Bruder des vorigen, geboren zu Nürnberg 1749, gestorben ebenda 1818. Während sein älterer Bruder stets vorwärts schreitend ohne Umwege und große Lebensschicksale zum Ziele und Künstlerruhme gelangte, mußte er mehr verschiedenen verunglückten Lebenswindungen erst durch Noth auf den rechten Weg getrieben werden. Nachdem er gleichfalls in der Schule des Preißler den ersten Zeichenunterricht genossen hatte und sich um 1765 für die Kupferstecherei entschied, kam er zu einem mittelmäßigen Kupferstecher in die Lehre, von dem er zwar nach drei Jahren einen Lehrbrief, aber keine Weihe der Kunst erhielt. Auf diesen Lehrbrief war Heinrich nun sehr stolz und glaubte gleich nach Paris gehen zu müssen, wo die Anerkennung nicht fehlen werde. Sein Bruder, der sich seiner liebevoll annahm, fand gleich die schwache Seite seiner Kunst, die im Zeichnen ungeübte Hand heraus und suchte das Fehlende durch Unterricht ihm beizubringen. Aber der leidige Lehrbrief machte den Schüler blind für seine Schwäche und trieb ihn sogar von seinem wohlmeinenden Bruder fort. Als er dann auf sich selbst angewiesen nicht vorwärts kam, öffnete ihm die selbstverschuldete Noth die Augen und reuig kehrte er zu seinem Bruder zurück; doch wurde er nicht früher aufgenommen, bis der Lehrbrief dem Feuer überantwortet war. Nun traten seine Fortschritte stets sichtbarer zu Tage; auch unter Wille's Anleitung arbeitete er eine Zeitlang und bildete sich auf diese Art zum tüchtigen Künstler aus. Im J. 1791 unternahm er eine Reise nach Italien, lehrte jedoch bei der Nachricht der Erkrankung seines Bruders zurück, den er indessen nicht mehr am Leben traf. Nach Ludwig's XVI. Hinrichtung 1793 verließ er Paris und lehrte nach Nürnberg zurück. Hier errichtete er eine Schule, aus welcher die geschätzten Künstler A. Reindel, Fr. Geißler und Wolfsheimer hervorgingen, wodurch die neuere nürnbergische Kupferstecherschule begründet wurde. Vom J. 1803—16 hielt sich der Künstler abermals in Paris auf, da seine Kunst daselbst viel Beschäftigung fand. Im letztgenannten Jahre kehrte er in seine Vaterstadt zurück, wo er zwei Jahre später starb. Der Künstler war sehr thätig für viele Prachtwerke, so für das Musée Napoleon, Florenz, für das Galeriewerk von Choiseul und andere. Im ersteren Werke sind seine drei Blätter, die Kreuzabnahme nach Rubens, Karl V. nach van Dyck und das Porträt Rembrandt's herrliche Kunstwerke. Ferner sind zu nennen eine büßende Magdalena nach Cigoli, der Bürgermeister nach Rembrandt, die Bauern nach Zorgh, die Darstellung im Tempel nach Fra Bartolommeo, der heil. Johannes und eine heil. Familie nach Raphael, mehrere Blätter nach C. W. E. Dietrich, Rousseau's letzte Worte nach J. M. Moreau und andere mehr. Er war im Landschaftlichen wie im Figürlichen gleich gewandt und daß er fleißig war und ihm die Arbeit flink von statten ging, beweist die große Anzahl von Blättern, die er hinterlassen hat. (*Wessely.*)

GUTTENSTEIN, GUTENSTEIN, malerisch gelegener Marktflecken im Bezirk Neustadt des Erzherzogthums Niederösterreich, im Ober-Piestingthale 520 Meter hoch gelegen, 12 Kilometer NNO. vom Schneeberg, ein gewerbfleißiger Ort mit 1880 Einwohnern, mehreren Eisen- und Kupferhämmern, Kupferwalzwerf, Hammerund Zeugschmieden, Drahtziehereien, zahlreichen Sägemühlen und Lohstampfen. In der Umgegend sind viele Kohlenbrennereien, Terpentin- und Theerschweelereien; Guttenstein treibt starken Handel mit Holzkohlen, Bauund Brennholz. Von Leobersdorf führt eine Zweig-Eisenbahn der niederösterreichischen Südwestbahn im Piestingthale aufwärts bis Guttenstein, 33 Kilom. lang; thalaufwärts ist der Engpaß Steinapiesting theilweise so schmal, daß auf lange Strecke das Wasser überbrückt ist. Auf dem kahlen Schloßberge ist eine Burgruine, wo mehrere Habsburger ihren Sitz hatten und im J. 1330 Friedrich der Schöne starb. Das neue Schloß des Grafen Hoyos hat einen schönen Park. Am Mariahilfberg steht ein 1662 erbautes Servitenkloster mit weiter Aussicht auf das Gebirge; zahlreiche Wallfahrten werden dahin unternommen, vom sogenannten Friedenstempel hat man ein elffaches Echo. Auf dem Friedhofe ist die Grabstätte von Ferdinand Raimund. — Guttenstein ist Sitz eines Bezirksgerichts und eines Steueramts. Der Fremdenbesuch im Sommer ist sehr lebhaft geworden. Vergl.

J. C. Wagner, Wanderung nach Gutenstein, Wien 1863. — Newald, Geschichte von Gutenstein, Wien 1870. (*Otto Delitsch.*)

GUTTENTAG, poln. Dobrozin, Stadt im preußischen Schlesien, Regierungsbezirk Oppeln, Kreis Lublinitz, 6 Kilom. vom Bahnhof Mischline der rechten Oberufer-Bahn (Linie Kreuzburg-Vossowska), 1871 mit 2347 Einwohnern (darunter 150 Evangelischen und 260 Juden), 1875 mit 2334 Einwohnern, Gerichtscommission, Schloß, einer evangelischen und zwei katholischen Kirchen, Postund Telegraphenamt, einem Hochofen, Leinweberei und Brauerei. Das gleichnamige Gut, zu welchem das Schloß gehört, war einst Eigenthum der Edlen von Saroßki und ist jetzt im Besitze des Herzogs von Braunschweig; es umfaßt einen Waldcomplex von 5800 Hektaren und hat, als eigene Gemeinde Schloß Guttentag, 560 Einwohner; das naheliegende Dorf Ellgut-Guttentag hat 650 Einwohner, Eisenhammer, Pochwerk und eine große Spiritusfabrik. (*Otto Delitsch.*)

GUTTI, GUMMI GUTTI s. **GUTTAE** (Gummi Cambogiae, Cambogium, Gummi Gamba, Gummigutt) ist ein an der Luft erhärteter, in Hinterindien gesammelter Milchsaft. Die beste Sorte desselben ist das Röhrengutti (pipe G.), rinnen- oder stangenförmige Stücke, oder auch runde Cylinder, die in der Mitte mit einem Loche versehen sind; als etwas geringere Sorte gilt das Kuchen- und Klumpengutti (cade and lump G.); die geringste Sorte, das gemeine Gutti (coarse G.) ist ein aus erdigen Beimischungen verunreinigtes Kuchengutti.

Gummigutt ist äußerlich dunkelgelbbraun, mit einem feinen gelben Pulver bestäubt, innen ziemlich gleichfarbig braun bis safrangelb, undurchsichtig und nur an den kaum dünner Splitter durchscheinend, sehr trocken, leichtbrüchig und zerreiblich, auf dem Bauche flachmuschelig und glänzend, geruchlos und beim Erwärmen einen eigenthümlichen Geruch entwickelnd. Der Geschmack desselben ist Anfangs unmerklich, bei längerem Kauen scharf, schwach kratzend, zuletzt süßlich und dabei hinterläßt es ein Gefühl von Trockenheit im Munde. Sein specifisches Gewicht ist 1,207. Beim Befeuchten oder Lecken bekommt die Oberfläche der Guttistücke eine lebhaft gelbe Farbe. Gummigutti bildet mit Wasser eine gelbe milchende Flüssigkeit, und im Weingeist löst es sich bis auf einen geringen Rückstand.

Nach seiner chemischen Zusammensetzung gehört es zu den Gummiharzen. Braconnot (1808) fand in der besten Sorte 80 Pct. Harz und 20 Pct. Gummi; John (1813) 89—90 Pct. Harz und 9½—10½ Pct. Gummi.

Das Gummigutt, seit dem Anfange des 17. Jahrh. in Europa gebräuchlich, entstammt ohne Zweifel mehreren Gewächsen aus der Familie der Guttiferae. Man nennt namentlich die Gattung Garcinia (Hebradendron *Graham*), welche durch die Arten mangostana — cambogia — zeylanica — morella — kydia — cochinchinensis — pictoria im indischen Archipel, auf Malaffa, Malabar, Ceylon, in Siam, in Cochinchina, auf den Moluken vertreten ist.

Das am meisten geschätzte Gutti siamense soll im Königreiche Siam dadurch gewonnen werden, daß der gelbe Milchsaft, der aus der Rinde der betreffenden Bäume oder auch aus abgebrochenen Zweigelchen in Tropfen (guttae) abfließt, auf Blättern oder in Cocosnußschalen aufgefangen, in irdenen Gefäßen aber zur Trocknung gebracht und geformt wird.

Weniger geschätzt ist das Gutti ceylonicum, das in Malabar und Ceylon gesammelt wird, und durch eine mehr braune Färbung sich unterscheidet, eben ist das in Mysore von Garcinia pictoria *Roxb.* gesammelte Gutti mysorense, worin man gleichwol 77—80 Pct. Harz und 14 Pct. Gummi gefunden hat.

Ein unechtes Gutti americanum wird von mehreren Arten Vismia gewonnen, Sträuchern und Bäumen, die in Südamerika, namentlich in Guyana und Cayenne, vorkommen.

Gummigutt wird als Malerfarbe benutzt. Nach Scoffern läßt sich der Farbestoff daraus durch Aether ausziehen; wird dann dieser ätherischen Solution etwa 1/20 Wasser zugesetzt, so läßt sich der Aether vollständig überdestilliren, und der zurückbleibende gelbe Farbestoff (Guttisäure) gibt mit Kalk einen gelben, mit Eisenoxyd einen schön braunen für Delmalerei benutzbaren Farbestoff. Von Lackirern wird Gummigutt zur Bereitung eines Goldfirnisses verwendet. Außerdem ist dasselbe als ein zwar kräftiges, im Ganzen jedoch nicht gerade häufig angewendetes Arzneimittel im Gebrauche.

Auf die äußere Haut applicirt, auch wenn diese der Epidermis beraubt ist, ruft Gummigutt keine besondere Wirkung hervor. Wird es zu 0,06—0,2 Gramm innerlich genommen, so erfolgen wässerige Entleerungen, und gleichzeitig wird auch wol die Harnausscheidung vermehrt. Große Gaben erzeugen Würgen und Brechdurchfall, und die Reizung des Darmes kann bis zur Enteritis ansteigen. Durch andauernde Verabreichung steigert sich aber auch wol die Toleranz, sodaß man das Mittel Wassersüchtigen zuletzt in Grammdosen hat geben können.

Gutti wird bisweilen als Drasticum gegeben zu 0,12 bis 0,3 Gramm, gewöhnlich in Verbindung mit Jalappe, Aloe, Calomel, Salzen, zumeist noch bei Geisteskranken, wo der torpide Zustand zur Anwendung stärkerer Mittel auffordert. Die abführenden Pillen von Morison, von Morride, von Cauvin enthalten Gummigutt.

Häufiger findet es sich in hydropischen Zuständen, selbst bei Brustwassersucht Anwendung wegen seiner diuretischen Wirkung. Bei Kranken dieser Art wirken bisweilen selbst größere Gaben von 0,3 Gramm und darüber noch nicht auf den Stuhl, dagegen augenscheinlich auf die Diurese.

Ferner hat man größere Dosen von Gummigutt Bandwurmkranken gegeben, nachdem bereits andere Wurmmittel wie Radix filicis, Semina cinae vorausgeschickt waren. Die bekannten Bandwurmmittel von Beck, Ettmüller, Herrenschwandt, Mathieu, Ruffer, Schmidt enthalten Gummigutt.

Bei sogenannten Unterleibsstockungen haben einzelne Aerzte der für solche Fälle passenden Resolventia, wie Extr. Chelidonii, Rheum, Fel tauri u. s. w. auch noch kleine Dosen Gummigutt zugesetzt.

Man gibt Gummigutt am besten in Pulver-, Pillen-, Latwergenform. Da die diuretische Wirkung durch Alkalien besser aufgeschlossen zu werden scheint, so hat man Hydropischen wol 0,6 Gutti auf 30,0 Liquor kali carbonici, theelöffelweise zu nehmen, verordnet. Früher benutzte man auch eine Tinctura gutti alkalina (1 Gutti, 2 Kali carb., 24 Spir. vini), desgleichen eine Tinctura gutti ammoniata, sowie einen Sapo gummi gutti.　　　　　　　　　　　(*Fr. Wilh. Theile.*)

GUTTIFEREN. Mit diesem Namen belegte Anton Lorenz von Jussieu eine Pflanzenfamilie, welche De Candolle in diesem Umfange annahm, während Endlicher denselben zur Bezeichnung einer Klasse anwandte, welche die Dipterocarpeen, Chlaenaceen, Ternstroemiaceen, Clusiaceen, Marcyraviaceen, Hypericineen, Elatineen, Reaumuriaceen und Tamariscineen umfaßt. In der neuesten Bearbeitung der Pflanzengattungen von Bentham und Hooker ist jedoch die Familie der Guttiferen wiederhergestellt und durch folgende Merkmale charakterisirt: Blüthen regelmäßig, zweihäufig, vielehig oder seltener zweigeschlechtig; Kelchblätter 2—6, seltener in größerer Zahl, dachziegelig sich deckend oder paarweise kreuzständig, bisweilen von einigen Paaren kreuzständiger Deckblätter umgeben. Kronblätter 2—6, seltener mehr, unterständig, stark dachziegelig sich deckend oder gedreht, seltener paarweise kreuzständig und sehr selten oder fast klappige. Männliche Blüthen: Staubgefäße zahlreich, sehr selten in geringer Anzahl, unterständig, Staubfäden oft dick und kurz, frei oder verschieden verwachsen, bisweilen auch in so viele Bündel, als Kronblätter vorhanden, getheilt, sehr selten lang fadenförmig. Staubbeutel außen oder seltener innen anhängend oder seltener zweiständig, an der Masse sitzend oder eingesenkt. Fruchtknoten ganz fehlend oder rudimentair oder etwas mehr entwickelt. Weibliche und zweigeschlechtige Blüthen: Staubgefäße den Fruchtknoten umgebend, oft in bestimmter Zahl und weniger verwachsen als die Staubgefäße der männlichen Blüthe. Fruchtknoten 2- bis vielfächerig, seltener einfächerig; Eichen in den Fächern 1 bis viele, dem Centralwinkel angeheftet oder aus dem Grunde aufrecht. Narben so viele als Fruchtknotenfächer, theils liegend oder fast sitzend, strahlend oder in eine schildförmige Narbe verwachsen, theils an der Spitze des verlängerten Griffels schildförmig-verwachsen oder in kurze Zipfel getheilt oder sehr selten linealisch und fadenförmig. Frucht in der Regel fleischig-lederartig, bisweilen nicht aufspringend, beeren- oder steinfruchtartig, bisweilen klappig- und scheidewandspaltig- aufspringend. Samen bid, oft mit einem Mantel versehen, von einer dünnen lederartigen oder seltener schwammigen Schale umgeben; Eiweiß fehlend, Samenkeim den Samen ausfüllend, bisweilen mit dickem Würzelchen und kleinen schuppenförmigen oder ganz undeutlichen Keimblättern, bisweilen mit zwei sich kaum trennenden Keimblättern und sehr kurzem Würzelchen.

Hierher gehören Bäume oder Sträucher mit harzigem, oft gelbem oder grünlichem Safte, gegenüberstehenden, bisweilen kreuzständigen, seltener quirlförmigen, lederartigen, oft sehr großen, meist einfachen und ganzrandigen, nebenblattlosen Blättern und end- oder achselständigen, bisweilen einzeln oder büschelig stehenden, bisweilen in wenigblüthigen Trugdolden oder dreigabeligen Rispen geordneten, gelben oder rosenrothen Blüthen.

Die Familie zerfällt in fünf Abtheilungen:

Erste Abtheilung. Clusieen Bentham und Hooker.

Narben getrennt, sitzend oder fast sitzend, oft schildförmig, auf dem Scheitel des Fruchtknotens strahlend. Kapsel (bisweilen fleischig) zuletzt fachspaltig-aufspringend; das kantig-geflügelte, Placenten tragende Säulchen mit den Klappen nicht zusammenhängend. Samenkeim mit einem sehr großen, fleischigen Würzelchen; Keimblätter sehr klein, schuppenförmig, bisweilen ganz undeutlich.

Sämmtliche Arten dieser Abtheilung finden sich im tropischen Amerika.

A. Fruchtknotenfächer 2- bis vieleiig.

1. Clusia Linné.

Blüthen zweihäusig oder vielehig. Kelchblätter 4—6, kreisrund, paarweise kreuzständig oder dachziegelig. Kronblätter 4—9, verkehrt-eiförmig oder länglich, dachziegelig oder gedreht. Männliche Blüthe: Staubgefäße zahlreich, bald sämmtlich in eine kugelige sitzende Masse oder in ein erhabenes Säulchen verwachsen mit eingesenkten Staubbeuteln, bald die inneren oder äußeren verwachsen und unfruchtbar oder die Staubbeutel der äußeren oder inneren Staubfäden sind frei oder sämmtliche Staubbeutel sind frei und die Staubfäden in eine Masse verwachsen oder doch nur auf eine kurze Strecke frei. Staubbeutel 2- bis vielfächerig, verschieden aufspringend. Das Rudiment des Griffels fehlt entweder ganz oder ist von den Staubgefäßen eingeschlossen oder ragt auch hervor. Weibliche Blüthe: Staubgefäße 5 bis viele, frei oder verwachsen. Fruchtknoten 5—10 fächerig; Narben strahlend, sitzend oder auf kurzen, dicken Griffeln, getrennt oder ein wenig verwachsen; Eichen in den Fächern zahlreich, fast horizontal. Kapsel dick, lederartig oder fleischig, scheidewandspaltig-aufspringend, Klappen von dem kantig-flügeligen Säulchen getrennt. Samen in der Regel zahlreich, nicht groß, mit einem Mantel versehen.

Aus dieser Gattung sind ungefähr 60 im tropischen und subtropischen Amerika wachsende Arten bekannt. Bäume und Sträucher mit lederartigen, außer der kräftigen Mittelrippe nervenlosen oder dünn fiedernervigen Blättern; großen, einzeln oder zu wenigen an der Spitze der Äste stehenden oder mit kleinen in Rispen stehenden Blüthen und mit Deckblättern unter den Kelchen.

2. Renggeria Meisner.

Blüthen zweihäusig. Kelchblätter fünf, kreisrund, von kreuzständigen Deckblättern umgeben. Kronblätter fünf, länglich, dachziegelig. Männliche Blüthe: Staubgefäße zehn, Staubfäden dick, in eine kurze Scheibe verwachsen, Staubbeutel auf dem Rücken angewachsen oder etwas eingesenkt, in einen meist zweireihigen Ring geordnet, Fächer getrennt, schief, mit einem linealischen Loche oder einer kurzen Spalte aufspringend. Weibliche Blüthe: Staubgefäße 5—6, dick, frei. Fruchtknoten fünffächerig, Fächer vieleiig; Narben auf kurzen, dicken Griffeln, in einen kurzen oder halbkreisrunden Kegel verwachsen. Kapsel fachspaltig-fünflappig. Samen mit Mantel.

Diese Gattung ist nur in zwei im tropischen Amerika einheimischen Arten vertreten und unterscheidet sich von Clusia durch die bestimmte Zahl der Staubgefäße und von Rengifa durch die in eine Masse verwachsenen, nicht freien Staubfäden.

3. Rengifa Poeppig und Endlicher.

Blüthen zweihäusig. Kelchblätter fünf, kreisrund, dachziegelig, von vielen Deckblättern umgeben. Kronblätter fünf, dachziegelig. Männliche Blüthe: Staubgefäße 5—10, Staubfäden auf eine kurze Strecke frei, an der Spitze des kurzen Säulchens horizontal abstehend, Staubbeutelfächer getrennt, in einer Ritze aufspringend. Weibliche Blüthe: Staubgefäße fünf, getrennt, Fruchtknoten fünffächerig, Narben getrennt, scheibenförmig, Eichen in jedem Fache zwei bis vier, übereinanderstehend, aufsteigend. Kapsel eiförmig, gefurcht, fleischig, scheidewandspaltig-fünflappig, von den in ein Horn zusammenneigenden Narben gekrönt. Samen in den Fächern 3—4.

Nur wenige, im tropischen Amerika einheimische Arten von der Tracht einer Clusia mit kleinen, in endständigen, fast trugdoldigen Rispen stehenden Blüthen sind aus dieser Gattung, zu welcher Quapoya Aublet und Xanthe Schreber gehören, bekannt.

4. Havetia Humboldt, Bonpland und Kunth.

Blüthen zweihäusig. Kelchblätter vier, kreisrund, kreuzständig. Kronblätter vier, kreuzständig. Männliche Blüthe: Staubgefäße vier, in eine dicke, fleischige Scheibe verwachsen; Staubbeutel vier, am Scheitel eingefügt, dreifächerig, Fächer getrennt, die einzelnen mit einer Klappe von der inneren Seite aufspringend. Weibliche Blüthe: Staubgefäße vier, in ein Näpfchen verwachsen. Fruchtknoten vierfächerig, Narben auf dem Scheitel sitzend; Eichen in jedem Fache 2—4, die oberen hängend, die unteren aufsteigend. Kapsel scheidewandspaltig-vierklappig. Samen mit einem Mantel.

Aus dieser Gattung ist nur eine in Neu-Granada einheimische Art, ein in der Tracht mit Clusia übereinstimmender Baum mit kleinen, in endständigen Rispen stehenden Blüthen bekannt.

5. Pilosperma Planchon und Triana.

Blüthen getrennten Geschlechts. Männliche Blüthen unbekannt. Weibliche Blüthen: Kelchblätter vier, kreuzständig. Kronblätter gleichfalls vier und kreuzständig, Scheibe näpfchenförmig, außen vielstreifig. Fruchtknoten 5—6fächerig, Narben groß, sitzend, schildförmig. Kapsel

5—6fächerig; Samen in den Fächern meist zwei, hängend, von einem gefalteten, kammartigen Mantel umgeben.

Bisher nur durch eine in Neu-Granada einheimische Art, ein großer Baum mit mäßig großen, in endständigen, dreigabeligen, fast trugdoldigen Rispen stehenden Blüthen vertreten.

6. Havetiopsis *Planchon* und *Triana*.

Blüthen zweihäusig. Kelch- und Kronblätter vier, kreuzständig. Männliche Blüthe: Staubgefäße 4, 8 oder 12 fast frei oder am Grunde verwachsen, Staubfäden kurz, Staubbeutel aufrecht, an seitlichen Ritzen aufspringend. Weibliche Blüthe: Staubgefäße 4 oder 8, Fruchtknoten vierfächerig; Griffel sehr kurz, Narben scheibenförmig, klein; Eichen in den Fächern zu 4—8, horizontal oder aufsteigend. Kapsel fleischig, vierfächerig. Samen von dem Mantel mehr oder weniger eingehüllt.

Aus dieser Gattung sind acht, im tropischen Amerika einheimische Arten mit kleinen, in endständigen, dreigabeligen Rispen stehenden Blüthen bekannt.

7. Clusiella *Planchon* und *Triana*.

Blüthen getrennten Geschlechts. Männliche Blüthe unbekannt. Weibliche Blüthe: Kelchblätter fünf, dachziegelig. Kronblätter fünf, größer, schief, die äußeren bisweilen gehört und gedreht. Staubgefäße zahlreich, in ein Näpfchen verwachsen. Fruchtknoten fünffächerig; Narben ein wenig hervorragend; Eichen in den Fächern zahlreich, fast horizontal hängend. Frucht unbekannt.

Aus dieser Gattung kennt man nur eine in Neu-Granada wachsende Art, einen fast kletternden Strauch mit schlanken gabelspaltigen Aesten, zugespitzten, netzaderigen Blättern und kurzem, endständigem oder in den obersten Achseln stehendem Blüthenstande.

B. Fruchtknotenfächer eineiig.

8. Balboá *Planchon* und *Triana*.

Blüthen zweihäusig. Kelchblätter vier, kreuzständig. Kronblätter meist vier, verschieden dachziegelig. Männliche Blüthe: Staubgefäße 5—6; Staubfäden weit verwachsen, oben auf eine kurze Strecke frei; Staubbeutel aufrecht, eiförmig, Fächer, in einer Längsritze nach innen zu aufspringend. Weibliche Blüthe: Frucht fleischig, vierfächerig, von vier scheibenförmigen Narben gekrönt, Samen in den Fächern einzeln, in einem breiten Nabel gegenläufig, von dem häutig-fleischigen, auf dem Rücken geschlitzten Mantel eingehüllt.

Diese Gattung ist nur durch eine im tropischen Amerika einheimische Art vertreten, ein schwacher Baum mit lockeren, stielrunden Aesten, ziemlich dickhäutigen Blättern und kleinen, in lockeren, schlanken, dreigabeligen Rispen stehenden Blüthen.

9. Chrysochlamys *Poeppig* und *Endlicher*.

Blüthen vielehig oder zweihäusig. Kelchblätter 4,—5, kreisrund, dachziegelig sich deckend. Kronblätter 4—9, dachziegelig sich deckend. Männliche Blüthe: Staub-

gefäße zahlreich, im Mittelpunkte der Blüthe gehäuft, bald alle fruchtbar, frei oder embrüderig, bald die inneren ohne Bentel und in eine Masse verwachsen; Staubbeutel klein, zweifächerig, Fächer schief, seitlich oder nach innen aufspringend. Zweigeschlechtige Blüthe: Staubgefäße zahlreich, frei oder in einen außen zahlreiche Beutel tragenden Becher verwachsen, die meisten leer. Fruchtknoten 4—5fächerig; Narben strahlend, angewachsen, an der Spitze frei; Eichen über dem Grunde des Faches einzeln, doppelläufig, aufsteigend. Kapsel fleischig mit fünf scheidewandspaltigen Klappen aufspringend. Samen in den Fächern einzeln, an einem breiten Nabel sitzend, doppelläufig, von einem häutig-fleischigen, auf dem Rücken gespaltenen Mantel eingehüllt.

Mit dieser Gattung sind auch Tovomitopsis *Planchon* und *Triana*, Bertolonia *Sprengel* und Commirhea *Miers* zu verbinden; sie ist ungefähr durch zwölf im tropischen Amerika einheimische Arten vertreten.

10. Tovomita *Aublet*.

Blüthen zweihäusig oder vielehig. Kelchblätter 2 oder 4. Kronblätter 4—10, dachziegelig sich deckend, oft paarweise gereiht. Staubgefäße zahlreich, Staubfäden frei, starr-linealisch-pfriemlich, an der Spitze verschmälert; Staubbeutel endständig, zweifächerig, öfters sehr klein. Fruchtknoten 4- (seltener 5-)fächerig; Narben getrennt, dick, fast sitzend oder auf kurzen Griffeln; Eichen in den Fächern einzeln, doppelläufig, aufsteigend. Kapsel fleischig, zuletzt klappig-aufspringend. Samen ohne Mantel, von einer fleischigen Schale umgeben.

Zu dieser Gattung gehören ungefähr zwanzig, im tropischen Amerika einheimische Arten, Bäume oder Sträucher mit fiedernervigen, bald lederartigen und undurchsichtigen, bald häutigen und von durchscheinenden Längslinien durchzogenen Blättern, meist kleinen, in Trugdolden oder Rispen stehenden Blüthen und verkehrteiförmig-länglichen oder birnförmigen Früchten.

Zweite Abtheilung. Moronobeen *Bentham* und *Hooker*.

Griffel verlängert, an der Spitze fünfspaltig. Beere nicht aufspringend. Samenkeim mit dem Samen gleichförmig, ungetheilt; Keimblätter fehlend. Blüthenstand endständig.

A. Kelchblätter klein. Kronblätter aufrecht, zusammengerollt.

11. Symphonia *Linné* (Sohn).

Blüthen zweigeschlechtig. Kelchblätter fünf, dachziegelig sich deckend. Kronblätter fünf, größer als der Kelch, tugelig zusammengerollt. Staubfadenröhre an der Spitze fünflappig, unter derselben mit 3—4 linealischen, parallel angewachsenen Staubbeuteln. Fruchtknoten von der Staubfadenröhre eingeschlossen, fünffächerig; Griffel lang, an der Spitze strahlig-fünflappig, Lappen an der Spitze mit kleinen Narben; Eichen in den Fächern zahlreich. Beere tugelig oder eiförmig, nicht aufspringend. Samen wenige, bisweilen einzeln, dick, von einer dünnen, aderigen Schale umgeben.

Fünf Arten dieser Gattung, mit welcher Chrysopia *Thouars* verbunden werden muß, wachsen auf Madagascar, eine im tropischen Amerika, alle bestehen aus Bäumen oder Sträuchern mit dünn lederartigen, einnervigen Blättern und ziemlich großen, oft scharlachrothen, endständigen, fast doldig-rispigen oder selten einzelnen Blüthen.

12. Montrouzeria *Pancher.*

Blüthen zweigeschlechtig. Kelchblätter fünf, dachziegelig sich deckend. Kronblätter fünf, größer als der Kelch, kugelig zusammengerollt. Staubgefäße fünfbrüderig; Bündel oft mit ebenso vielen abwechselnden Drüsen, an der Spitze mit 8—10 linealischen, freien, außen aufspringenden Staubbeuteln. Fruchtknoten kegelförmig, fünffächerig; Griffel kurz, fünftheilig, mit zurückgekrümmten, an der Spitze von kleinen Narben begleiteten Lappen. Eichen in den Fächern zahlreich, der plattenartigen Placente eingefügt. Kapsel nicht aufspringend, fünffächerig. Samen wenige, aufsteigend, von einer häutigen, aderigen Schale umgeben.

Aus dieser Gattung sind nur drei, in Neu-Caledonien einheimische Arten mit gegenüberstehenden oder quirlständigen, lederartigen, fiedernervigen Blättern und großen, purpurrothen, an der Spitze der Aestchen einzeln stehenden, sitzenden oder gestielten Blüthen bekannt.

13. Moronobea *Aublet.*

Blüthen zweigeschlechtig. Kelchblätter fünf, dachziegelig sich deckend. Kronblätter fünf, viel größer als der Kelch, in eine eiförmige Blumenkrone dicht zusammengedrängt. Staubgefäße sehr kurz-fünfbrüderig, dem inneren Rande der außen undeutlich fünflappigen Scheibe eingefügt, Bündel in 5—6 lange, spiralig gedrehte, fast vom Grunde mit Staubbeuteln besetzt. Fäden getheilt. Fruchtknoten fünffächerig, Griffel lang, an der Spitze strahlig-fünflappig, Lappen an der Spitze mit kleinen Narben; Eichen in der Mitte des Faches wenige. Beere fleischig-holzig, zugespitzt, nicht aufspringend. Samen durch Fehlschlagen in den Fächern einzeln.

Diese Gattung ist nur in einer, in tropischen Amerika einheimischen Art vertreten.

14. Platonia *Martius.*

Blüthen zweigeschlechtig. Kelchblätter fünf, dachziegelig sich deckend. Kronblätter fünf, viel größer als der Kelch, in eine eiförmige Blumenkrone dicht zusammengerollt. Staubgefäße fünfbrüderig, unter der unterständigen fünflappigen Scheibe eingefügt; Bündel in zahlreiche, fadenförmige, mit Staubbeuteln besetzte Fäden getheilt. Fruchtknoten fünffächerig, Griffel lang, an der Spitze strahlig-fünfspaltig, Lappen pfriemlich, an der Spitze mit kleinen Narben; Eichen wenige, in der Mitte des Faches. Beere fleischig, nicht aufspringend, fünffächerig. Samen in den Fächern einzeln.

Aus dieser Gattung kennt man zwei, im tropischen Amerika einheimische Arten, große Bäume mit lederartigen Blättern, ansehnlichen, rosenrothen, einzelnen, endständigen Blüthen und eßbaren Beeren.

B. Kelchblätter kronblattartig, allmälig in die Kronblätter übergehend.

15. Pentadesma *Sabine.*

Blüthen zweigeschlechtig. Kelchblätter dachziegelig sich deckend, in die Kronblätter allmälig übergehend. Staubgefäße sehr kurz fünfbrüderig, einer etwas erhabenen Scheibe eingefügt; Bündel in zahlreiche linealisch-fadenförmige, über der Mitte außen mit Beuteln besetzte Fäden getheilt. Fruchtknoten fünffächerig; Griffel lang, an der Spitze strahlig-fünflappig; Eichen wenige in der Mitte des Fachs. Beere fleischig, nicht aufspringend, Samen in den Fächern einzeln.

Diese Gattung ist nur in einer in der tropischen Amerika einheimischen Art vertreten.

Dritte Abtheilung. Garcinieen *Bentham* **und** *Hooker.*

Fruchtknotenfächer eineiig. Narbe sitzend oder auf einem sehr kurzen Stielchen, schildförmig, ungetheilt oder strahlig-gelappt. Beere nicht aufspringend. Samenkeim mit dem Samen gleichförmig, ungetheilt; Keimblätter fehlend oder sehr klein. Blüthenstiele einzeln oder büschelig, einblüthig oder der Blüthenstand sehr selten ästig.

16. Garcinia *Linné.*

Blüthen vielehig. Kelchblätter vier, kreuzständig. Kronblätter vier, dachziegelig sich deckend. Männliche Blüthe: Staubgefäße zahlreich, frei oder in eine ungetheilte oder vierlappige Masse verwachsen oder um das Griffelrudiment vierbrüderig; Staubbeutel sitzend oder auf dem Staubfaden stehend und aufrecht, zweifächerig, in Ritzen oder Löchern aufspringend, seltener vierfächerig oder schildförmig und mit einer freirunden Ritze aufspringend. Zweigeschlechtige oder weibliche Blüthe: Staubgefäße 8 bis viele, frei oder verschieden verwachsen. Fruchtknoten 2—12fächerig; Narbe breit schildförmig, ungetheilt oder strahlig-lappig, glatt oder oberwärts höckrig und runzlig. Eichen in den Fächern einzeln, aufrecht oder seitlich angeheftet. Beere rindig. Samen in einen mantelartigen Brei eingehüllt.

Von den 36 bekannten Arten dieser Gattung, mit welcher Cambogia *Linné*, Mangostana *Gärtner*, Brindonia *Thouars*, Oxycarpus *Loureiro*, Hebradendron *Graham*, Discostigma *Hasskarl*, Terpnophyllum *Thwaites* und Rhinostigma *Miquel* zu vereinigen sind, gehören 7 dem tropischen Afrika, die übrigen dem tropischen Asien an.

17. Xanthochymus *Roxburgh.*

Blüthen vielehig. Kelch- und Kronblätter fünf, dachziegelig sich deckend. Männliche Blüthe: die fünf Staubfadenbündel verlängert, an der Spitze mit wenigen Beuteln, einer fleischigen, gefalteten Scheibe eingefügt; Staubbeutel kurz, zweifächerig, der Länge nach aufspringend. Zweigeschlechtige Blüthe: die fünf Staubfadenbündel wechseln mit ebenso vielen Drüsen ab. Fruchtknoten 3—5fächerig, Narbe fast sitzend, schildförmig, ungetheilt oder strahlig 3—5theilig; Eichen in den Fächern einzeln, seitlich angeheftet. Beere nicht auf-

ſpringend. Samen in einen mantelartigen Brei einge=
hüllt. Samenkeim dickfleiſchig; Keimblätter ſehr klein.

Dieſe Gattung iſt mit Garcinia ſehr nahe ver=
wandt und faſt nur durch die Zahl der Blüthentheile
davon unterſchieden; es ſind übrigens nur drei im tro=
piſchen Aſien einheimiſche Arten aus derſelben bekannt.

18. Rheedia Linné.

Blüthen vielebig=zweihäuſig. Kelchblätter zwei, am
Grunde oft verwachſen, an der Spitze dachziegelig oder
an der einen Seite klappig. Kronblätter vier, kreuz=
ſtändig=dachziegelig. Männliche Blüthe: Staubgefäße
zahlreich, frei, an der Spitze der dick=fleiſchigen, halb=
kugeligen Scheibe eingefügt, frei; Staubbeutel klein, zwei=
fächerig, der Länge nach aufſpringend. Weibliche Blüthe:
Staubgefäße um die Scheibe meiſt einreihig. Frucht=
knoten auf der Scheibe ſtehend, 3= (ſeltener 4—5=)fächerig;
Narbe ſchildförmig=ausgebreitet, faſt ſitzend; Eichen in den
Fächern einzeln, aufrecht oder ſeitlich angeheftet. Beere
rindig, nicht aufſpringend, durch die ſchwindenden Scheide=
wände einfächerig, 1—5ſamig. Samen eiförmig oder
länglich, von einer dünnen, glatten, aderigen oder run=
zeligen Schale umgeben und von dem mantelartigen Brei
eingehüllt.

Die Arten dieſer Gattung, zu welcher Verticillaria
Ruiz und Pavon, Chloromyron Persoon und Lam=
ptophyllum Miers gehören, ſtimmen in der Tracht
mit Garcinia überein und wachſen meiſt im tropiſchen
Amerika.

19. Ochrocarpus Petit Thouars.

Blüthen vielebig=zweihäuſig. Männliche Blüthe un=
bekannt. Weibliche Blüthe: Kelch vor der Blüthe ge=
ſchloſſen, in zwei klappige Blätter getheilt. Kronblätter
unbekannt. Staubgefäße zahlreich, unter dem Frucht=
knoten in einer Reihe ſtehend, am Grunde verwachſen
und frei. Staubbeutel zweifächerig, jederſeits in einer
ſeitlichen Ritze aufſpringend, mehr oder weniger leer.
Fruchtknoten 4—6fächerig, von einer dicken, gebuckelten,
ſitzenden, geſchweift=4—6lappigen Narbe gekrönt; Eichen
in den Fächern einzeln, dem innern Winkel angefügt,
aufſteigend. Beere wenigſamig. Samen von einem mantel=
artigen Brei eingehüllt.

Hierher gehören vier in Madagascar einheimiſche
Arten mit gegenüberſtehenden oder zu drei quirlig ſtehen=
den Blättern und achſelſtändigen, kurz geſtielten, drei=
gabeligen Trugdolden.

**Vierte Abtheilung. Calophylleen Bentham
und Hooker.**

Griffel lang, ungetheilt; Narbe ſchildförmig oder an
der Spitze ſpitz=viertheilig; Eichen im ganzen Frucht=
knoten 1, 2 oder 4, aufrecht. Frucht fleiſchig, ſeltener auf=
ſpringend. Keimblätter dick=fleiſchig, zuſammengedrückt
oder theilbar; Würzelchen ſehr kurz.

20. Calophyllum Linné.

Blüthen vielebig. Kelchblätter und Kronblätter zu=
ſammen 4—12, in zwei bis drei Reihen dachziegelig
ſtehend. Staubgefäße zahlreich, frei oder kaum am
Grunde verwachſen, Staubfäden kurz fadenförmig, Staub=

beutel aufrecht, eiförmig oder länglich, zweifächerig, der
Länge nach aufſpringend. Fruchtknoten einfächerig; Griffel
ziemlich lang, Narbe ſchildförmig; Eichen 1, aufrecht.
Steinfrucht nicht aufſpringend, Steinſchale kruſtig. Samen
aufrecht, eiförmig oder kugelig, von einer bald dünnen,
bald ſchwammig=verdickten Schale umgeben.

Aus dieſer Gattung, zu der Apoterium Blume
gehört, ſind 25 Arten bekannt, von denen 3 oder 4 im
tropiſchen Amerika, die übrigen im tropiſchen Aſien wach=
ſen und lederartige, glänzende Blätter und achſel= oder
endſtändige, trugdolbig=breiſpaltige Riſpen haben.

21. Kayea Wallich.

Blüthen zweigeſchlechtig. Kelchblätter und Kron=
blätter vier. Staubgefäße zahlreich, frei oder kaum am
Grunde verwachſen, Staubfäden lang, fadenförmig; Staub=
beutel klein, faſt kugelig, zweifächerig, der Länge nach
aufſpringend. Fruchtknoten zweifächerig; Griffel lang,
an der Spitze kurz= und ſpitz=vierſpaltig; Eichen vier,
aufrecht. Frucht fleiſchig, faſt ſteinfruchtartig, nicht auf=
ſpringend. Samen 1—4, dick, von einer dünnkruſtigen
Schale umgeben.

Dieſe Gattung iſt durch vier, im tropiſchen Aſien
einheimiſche Arten mit länglichen, ſehr dünn fiedernervi=
gen Blättern und theils kleinen im tropiſchen Aſien wach=
reichen, in endſtändigen Riſpen ſtehenden, theils großen,
einzeln ſtehenden Blüthen vertreten.

22. Mesua Linné.

Blüthen zweigeſchlechtig. Kelch= und Kronblätter
vier. Staubgefäße zahlreich, frei oder ganz am Grunde
verwachſen; Staubfäden fadenförmig, Staubbeutel auf=
recht, länglich, zweifächerig, der Länge nach aufſpringend.
Fruchtknoten einfächerig; Griffel verlängert; Narbe ſchild=
förmig; Eichen in den Fächern zwei, aufrecht, Frucht
fleiſchig=holzig, durch die ſchwindende Scheidewand ein=
fächerig, zuletzt in vier Klappen aufſpringend. Samen
1—4, ohne Mantel, mit einer zerbrechlichen Schale.

Aus dieſer Gattung kennt man nur drei im tropi=
ſchen Aſien wachſende Arten, Sträucher oder Bäume mit
ſehr dünn= und gehäuft=fiedernervigen Blättern, achſel=
ſtändigen, einzelnen, großen Blüthen und außen oft ſehr
dünn geſtreiften Kapſelklappen.

23. Mammea Linné.

Blüthen vielebig. Kelch vor der Blüthe geſchloſſen,
ſpäter in zwei klappige Blätter getheilt. Kronblätter
4—6. Staubgefäße zahlreich, frei oder ganz am Grunde
verwachſen, Staubfäden fadenförmig; Staubbeutel auf=
recht, länglich, zweifächerig, der Länge nach aufſpringend.
Fruchtknoten in zwei zweieiige oder viereiige Fächer
getheilt; Griffel kurz, Narbe ſchildförmig, ganzrandig oder
breit=vierlappig. Steinfrucht nicht aufſpringend, 1—4=
ſamig. Same groß.

Zu dieſer Gattung gehört auch Calysaccion Wight.
Von den fünf bekannten Arten wächſt nur eine im tro=
piſchen Amerika, eine im tropiſchen Afrika und drei im
tropiſchen Aſien oder Madagascar.

Fünfte Abtheilung. Quiineen Bentham und Hooker.

Fruchtknotenfächer zweieilig. Griffel frei, fadenförmig.

Beere nicht aufspringend. Keimblätter dick, getrennt. Würzelchen sehr klein.

24. Quiina *Aublet.*

Blüthen vielehig. Kelchblätter 4—5, dachziegelig sich deckend. Kronblätter 4, 5' oder 8, dachziegelig sich deckend. Staubgefäße zahlreich, frei oder ganz am Grunde verwachsen. Staubfäden fadenförmig; Staubbeutel klein, kugelig-zweiknöpfig; Fächer in einer Ritze aufspringend. Fruchtknoten 2—3 fächerig, Griffel 2—3, getrennt, linealisch, an der Spitze mit Narben; Eichen in den Fächern zu zwei, aufsteigend. Frucht beerenartig, 1—4samig. Samen eiförmig oder kugelig, filzig.

Aus dieser Gattung sind ungefähr 12 in tropischen Amerika einheimische, strauch- oder baumartige, bisweilen kletternde Arten mit gegenüberstehenden oder quirlständigen, ganzrandigen, gezähnten oder gefiederten Blättern, schmalen, starren Nebenblättern und kleinen, in kurzen, achsel- oder endständigen, traubigen Rispen stehenden Blüthen bekannt. *(Garcke.)*

GUTTSTADT, Stadt in der preußischen Provinz Ostpreußen, Regierungsbezirk Königsberg, Kreis Heilsberg, im alten Ermeland, an der Alle, hatte 1871: 4241 Einwohner, darunter 350 Evangelische und 180 Juden, 1875 dagegen 4352 Einwohner, eine evangelische und zwei katholische Kirchen, darunter den majestätischen alten Dom, ist Sitz einer Gerichtscommission und eines Hauptsteueramtes; ingleichen hat es Post- und Telegraphenamt und eine Reichsbank-Agentur. Die Stadt hat viel Feldbesitz und Waldungen (im Ganzen ein Areal von 2034 Hektaren), doch auch einige Industrie in Flachsbereitung und Seifenfabrikation; die Vieh- und Pferdemärkte sind sehr besucht. Bei Guttstadt fand am 6. Juni 1807 ein heftiges Treffen zwischen Russen und Franzosen statt, in welchem die Russen das Feld behaupten. Der guttstädter Forst im NO. der Stadt ist Staatseigenthum und wird durch die Oberförsterei Wichertshof und die Unterförstereien Waldhaus, Schmolainen und Zweinischen verwaltet. *(Otto Delitsch.)*

GUTTURALLAUT. Der Art und Weise, wie die Elemente der menschlichen Sprache, die Laute, welche in der Schriftsprache durch Buchstabenzeichen vor Augen gestellt und in den Respirationsorganen erzeugt werden, scheinen in frühester Zeit die Inder bereits in erfolgreicher Weise nachgeforscht zu haben. Die griechische und römische Welt hat der Physiologie der Sprachlaute im Ganzen nur wenig Aufmerksamkeit zugewendet, und die Araber stehen in dieser Beziehung über Griechen und Römern; das abendländische Mittelalter hat gar keine phonetischen Studien aufzuweisen. Wenn jedoch der spanische Benedictinermönch Pietro Ponce, der im J. 1584 zu Oña gestorben ist, als Erfinder des Taubstummen-Unterrichts gepriesen wird, so muß bei ihm doch wol eine genauere Kenntniß der Physiologie der Lautlehre angenommen werden. Das älteste Werk über den Taubstummen-Unterricht von Juan Pablo Bonet (Reduction de las letras y arte para enseñar a hablar los mudos. Madrid 1620) enthält auch eine physio-

logische Darstellung der Lautlehre der spanischen Sprache: die Stellung der Mundtheile beim Hervorbringen der einzelnen Laute wird darin auf 15 Seiten genau beschrieben.

Eine mehr extensive Gestaltung erhielt die physiologische Lautlehre durch den gelehrten englischen Bischof Johann Wallis, der seiner im J. 1653 zuerst erschienenen englischen Grammatik einen Tractatus grammatico-physicus de loquela vorsetzte, worin nicht blos auf jene englische Sprache, sondern auch auf Lateinisch, Griechisch, Hebräisch, Arabisch, Persisch, Deutsch, Französisch, Cymrisch und Gälisch Rücksicht genommen wurde. Die Voreale sowol wie die Consonanten theilt Wallis in drei Reihen, die er als Literae gutturales, palatinae und labiales bezeichnet. Bei Erzeugung der gutturalen Laute sollen die hinter der Mundhöhle gelegenen Theile wesentlichen Antheil haben. Aus der Abtheilung der Consonanten zählt Wallis folgende den Gutturallauten zu: K, G, Ch, das Ghaf der Perser, Jot, H, N nasale. Seitdem ist es allgemein gebräuchlich geworden, alle jene Laute, die nach rückwärts von der Mittelzunge gebildet werden sollen, als Gutturallaute zu bezeichnen. Ist es doch z. B. jedem die Schweiz Besuchenden geläufig geworden, im scharf markirten Hervortreten der Gutturallaute, namentlich des Ch, eine Eigenthümlichkeit des deutsch-schweizerischen Idioms zu finden. In den systematischen Zusammenstellungen der Sprachlaute, die seit Wallis bis auf die Jetztzeit herab veröffentlicht worden sind, ist auch meistens den Gutturallauten, die von Manchen wol als Pharyngallaute bezeichnet wurden, ein Platz zu Theil geworden; so in der Rubricirung der Consonanten der französischen Sprache durch Court de Gebelin (1757); so bei Purkinje (1836), so bei Alexander John Ellis (Essentials of Phonetics, 1849); so bei Max Müller (The languages of the seat of war in the east. 1855). Lepsius (Das allgemeine linguistische Alphabet. Berlin 1855), der ein allgemeines Alphabet aufzustellen suchte, benutzar für die Transcription aus fremden Sprachen, hat die Gutturallaute auch aufgenommen; denn die Consonanten ordnet derselbe in sieben Reihen, die er als Faucales, Gutturales, Palutales, Cerebrales, Linguales, Dentales, Labiales bezeichnet.

Gegen die Gutturallaute oder Gutturalbuchstaben in dem angeführten Sinne erklärt sich aber neuerer Zeit Ernst Brücke (Grundzüge der Physiologie und Systematik der Sprachlaute für Linguisten und Taubstummenlehrer. Wien 1856), da das Wort Guttur keineswegs die Gegend zwischen Zunge und Gaumensegel bezeichnet, falls nicht blos der andere Theil des Halses darunter verstanden werden soll, sondern ein inneres Organ, ist dieses der Kehlkopf oder der Kehlkopf mitsammt der Luftröhre. Gutturallaute (Gutturales verae) sind demnach für Brücke identisch mit den eigentlichen Kehlkopfslauten. Indem beim Ausathmen die elastischen Stimmbänder, durch welche die Stimmritze des Kehlkopfes begrenzt wird, in Schwingungen versetzt werden, entsteht ein Ton durch verschiedenartige Gestaltung des von der Stimmritze bis zur Lippenöffnung sich erstreckenden Kanals, bekommt dieser

32*

Ton zuweilen einen specifischen Charakter, und er wird als einer der drei Fundamentalvocale (L, A, U) oder als ein dazwischen gelegener variabeler Zwischenvocal vom Gehörorgane empfunden. Außerdem werden aber auch noch im Kehlkopfe, ebenfalls in der Stimmritze, die sogenannten tönenden Consonanten erzeugt, wohin Brücke die Laute B, D, G, W, weiches S, Jot, R, M, N, N nasale rechnet, sowie das Ha oder Hha der Araber, das niedersächsische Kehlkopf-R, das Ain der Araber. Dagegen will Merkel (Anthropophonik. Leipzig 1856) nur die sogenannten Halbvocale (L, M, N, R, W, Jot) als gutturale tönende Sprachlaute gelten lassen, und B, D, G, weiches S als weiche Explosivlaute davon abtrennen.
(Fr. Wilh. Theile.)

GUTZKOW (Karl Ferdinand) wurde am 17. März 1811 in Berlin geboren. Er stammte, wie er uns selbst in seinem, höchst frisch und anziehend geschriebenen Buche „Aus der Knabenzeit", Frankfurt am Main 1852, S. 36 mittheilt, „vaterseits aus dem fernsesten, «hambüchenen», plumpberusenen Pommerland. Alle Vorvordern waren arm, aber gelehrt und selbst lehrend. Eine ununterbrochene Reihenfolge zeigt dies alte Pommergeschlecht bald entartet zu Gerichtsschreibern, bald zu Schullehrern und Küstern, stattlichen, armuths- und kindergesegneten Lebensumständen! Der Großvater war Anfangs Patrimonialgerichtsschreiber in erster Zeit, wo zu den erlaubten Justizmitteln der ländlichen Gerechtigkeitspflege noch ein großes, dem Kinde oft geschildertes Faß gehörte, in dessen einem Boden ein Loch geschnitten war, groß genug, um den Kopf des Inquisiten durchzulassen, während die Beine durch zwei entsprechende Löcher im andern Boden hinlänglich Kraft zur langsamen Bewegung, somit in einer Art von Zwangsjacke, behielten." Wegen seiner schönen Handschrift und „ob schwächlicher Gesundheit" war er dann Schullehrer geworden. „Der Brave starb, wie Schullehrer sterben. Den Kindern ließ er ein liebevolles Andenken und das Elend der Ihrigen. Den Großvater überlebten eine kranke, bettlägerige Witwe und zwei unmündige, kräftige, des Vaters «schwächliche Gesundheit» nicht documentirende Knaben. August und Karl rangirten als Schulmeisterswaisen geradezu mit den Vögeln unter dem Himmel und mit den Lilien auf dem Felde. — Ein Invalid Friedrich's des Großen, dem das Gnadenbrod einer Lehrerstelle die Schulranzen der benachbarten Dorfjugend zuzutragen durften, hatte doch noch seine Pension für einen bei Leuthen verstümmelten Fuß; aber ein Schulmeister, so von der Schreiberbank seines Wissens und wirklichen Könnens wegen weggenommen, ein wirklicher calligraphischer Dorfgelehrter hinterläßt seinen Kindern Regen und Schnee, Sturm und «Schlack»-wetter, Zittern und Frieren auf der Haibe, wenn sie die Reih' herum bei vermöglichen und milden Bauersleuten die Kost bekommen und wandern müssen Tag für Tag aus von Lödeniz nach Klempenow, von Klempenow nach Dortenwalde, pochen müssen an Gehöft und Amthaus und Jägerhütte und Müllerhof, und Abends, wenn ihnen die Engel durch das Herz guter Leute noch für die ewiglich ans Bett gebannte Mutter zulangen Brot, gedörrtes

Obst, doch wieder damit weit, weit nach Hause zurücktrollen müssen." Der ältere Bruder wurde erst Schneider, dann Bedienter. Gutzkow's Vater lernte als Maurer, als ihm aber das eine Auge von aufspritzendem Kall halb geblendet wurde, empfahl ihn sein Bruder, der seine Leidenschaft für Pferde kannte, als Reitknecht dem Grafen Brühl, der ihn dann seinem Zögling, dem Prinzen Wilhelm empfahl. Dieser, „ein gemüthlicher und bei den traurigen zurückgezogenen Verhältnissen, in denen der in der Geschichte gewürdigte Vater die eigene königliche Familie zu leben zwang, in Bescheidenheit aufwachsender Jüngling, gewöhnte sich so an den ersten Pfleger seines neuen Marställe, den jungen pommerschen Dorfsohn, daß sie lebenslang sich nicht wieder aus dem Auge verloren. Die ersten selbständigen Reisen nach Böhmen, Sachsen, Schlesien, den Feldzug von 1806, den Rückzug und den Aufenthalt in Königsberg, die Freiheitskriege und nach ihnen noch manches Jahr des Friedens und des gerüsteten Manövers hielten Herr und Diener, der Eine in Gnaden, der Andre in Treuen zusammen. Welche Fülle von Erlebnissen, deren Erzählung und winterabendlich hundertfach wiederholte Darstellung die Phantasie des Kindes mit allen Zaubern der Fremde und den buntesten Lebensbeziehungen erfüllte. — Napoleon, oft vom Vater in unmittelbarer Nähe gesehen, stand leibhaftig vor dem Knaben, der ihn wie den Teufel haßte. — Das ganze Leid der königlichen Familie lebte in dem mitfühlenden Manne fast wie ein persönliches. Diese Diener der „unglücklichen" d. h. gedemüthigten Großen sahen die Thränen der Königin Louise wirklich fließen, sahen die Zurücksetzung auch wirklich ihren Herrschaften angethan." Ueber die Geburt des Vaters äußert sich Gutzkow ebenda S. 14: „Der Vater des Kindes nahm die glänzende «sociale Position» eines ersten Bereiters Sr. Hoheit des Prinzen Wilhelm von Preußen ein. Bettelstolz, befangen in den Vorurtheilen jener zwischen den Gattungen des Hochmuthes, müßte den Erzähler, wenn er ihn besäße, bestimmen, den ersten Leibbereiter eines königlichen Prinzen etwas ins Stallmeisterhafte hinüberzutuschen, aus einem zwar nicht reitenden, aber doch immer nachreitenden Knappen halb und halb einen Ritter zu machen. Doch begnügt er sich, nur gegen den Stallknecht oder den Jokey schlechthin Einspruch zu thun. Und dem Roß zu dienen, hebt es nicht denselben Menschen, der den Menschen dienen sich viel tiefer erniedrigt"[1]

Und nun die Localität seiner Kindheit. Gutzkow bemüht sich mit Erfolg in dem schon erwähnten Buche zu beweisen, daß auch der Boden des alten Berlin auf eine kindliche Phantasie Eindrücke der mannichfaltigsten und anregendsten Art machen kann, daß auch dort ein Stück Romantik sich abspielt. Der Marstall des Prinzen

---

[1] In den „Rittern vom Geiste", 1. Aufl. I, 321, sagt Gutzkow von einem Rafally, der aus einem jüdischen Rouf erst ein „Pferdekenner", dann ein Pferdehändler und zuletzt Errichter einer Reitschule geworden war: „Das Pferd ist auch darin ein so edles Thier, daß es fast alles adelt, was mit ihm umgeht. Ein Bedienter mag sich höher dünken als ein Bereiter. Mehr Muth und männliche Entschlossenheit, mehr Charakterstärke findet sich gewiß bei letzterm."

Wilhelm war in einem Seitenflügel des jetzigen Univer-
sitätsgebäudes. „Die innern Höfe", sagt er S. 8,
„die Pluvien [? Impluvien] dieses Tempels, die lau-
schigen Mysterien innerhalb dieser vier Straßen, unzu-
gänglich allen Neugierigen, von den Kastellanen mit
Rohrstöcken, den königlichen Leibkutschern mit Peitschen,
den Wachtmeistern mit dem Sarras streng gehütet . .
da gab es zu schauen, zu lauschen, zu schleichen, zu
naschen, zu wühlen und zu spielen! Dies Chaos war
ohne Zweifel dem Kinde wichtiger als die academischen
Säle, wo Schleiermacher über Plato, Wilken über die
Kreuzzüge las, oder Gottfried Schadow neu angekommene
Vespasianische Badewannen mit seiner kostbaren, aller-
weltbekannten Hausverstandslogik auch balneologisch vom
Standpunkte antiker Unbequemlichkeit musterte. Hier
zeichneten wohl die künftigen Düsseldorfer, Hübner,
Hopfgarten, später Bendemann, Sohn, Hildebrandt als
kleine Studienclassiker nach Gipsabgüssen, dort wurden
eben von Italien Gemäldekisten zur Kunstausstellung
ausgepackt und das Campagna-Romana-Stroh wie ge-
meines pommersches oder ukermärker Stroh behandelt;
hier ordnete man die Bücher der Akademiker oder zog
von der Presse ein neues Werk von W. von Humboldt
über die Kawisprache, in deren vom gelehrtesten Setzer
leise vor sich hin buchstabirte Gurgellaute sich das Roß-
wiehern einer Reitschulbahn für die Garde-Cavalerie
mischte; dort krächzten um die Himmelsflügel der Bode-
schen Sternwarte Schaaren von Raben, die der vergoldete
blitzhelle Glanz des großen Globus ebenso, wie der
Leichengeruch von der grauenvollen Anatomie an ver-
lockte . . und zwischen allen diesen Offenbarungen einer
geistigen Welt das rücksichtsloseste Schmettern der Trompeten, die Signale und Ablösungen von einer der Mittelstraße gegenüber gelegenen Wache, das Wiehern und
Kollern und Kettenrasseln von Hunderten von Pferden,
die durch Trommelschlag und Pistolenschüsse an krieg-
rischen Lärm gewöhnt wurden . . Sollte man glauben,
daß hier, wo es manchmal war wie auf dem offenen
Markte oder der wogenden See, dennoch von einem Kinde
still geträumt werden konnte, daß hier auf kleinen Garten-
plätzen, auf grünen Rasenbänken, in Lauben von wildem
Wein, durchmischt mit türkischer Bohnenblüthe, hinter
Fenstern mit Terrassen von Goldlack, Levkoien, Astern,
hinter großen Kästen mit rother Kresse, die ihre zinnober-
rothen, beizenduftenden Blüthen an Bindfaden bis hoch
über die Fensterrahmen rankten, eine stille, nur auf sich
selbst lauschende Kinderseligkeit durchlebt werden konnte?
Dies war ein Tempel der Musen, ein Stall, und doch
das grüne Feld und der einsame, stillfriedliche Wald. —
Es war hier Alles, Alles Idyll. Die reizendste Lockung
der Natur in diesem stillen Seitenhof. Die Wohnung
des so bevorzugten Selbstherrschers vom allerhöchsten
Wagenbock lag mit jenem schattigen, früchteschweren
Nußbaum, unter dem eine grüngestrichene Bank der aller-
höchst Geduldigsten zur Ruhe einlud, so lauschig, so ver-
steckt, so malerisch, so bückt gelehnt an einen großen pitto-
resken Thurm, von dessen kleinen eisengegitterten Fenstern
oft mit Sehnsucht hinuntergeblickt wurde, wie ein Claude

Lorrain oder, wenn die königlichen Wägen begossen wurden, und das Wasser durch die Landschaft rieselte, wie
ein krystallheller, najadenbegeisterter Ruisdael."
Prinz Wilhelm hatte als zehnter Pathe bei Gutzkow's
Taufe sich einschreiben lassen, ein ansehnliches Geld-
geschenk verehrt und, als Gutzkow's Mutter in Folge der
Entbindung erkrankte, sie durch seinen Leibarzt heilen,
durch seinen Burgunder stärken und von seinem Tische
speisen lassen. — Aus den Befreiungskriegen war der
Vater etwas verwildert zurückgekehrt. Als aber sein
schöner Kriegskamerad und „Stallbruder" Dorsch sich
erhängte, ging er in sich und ward religiös, ohne darum
ein Kopfhänger zu werden. Er trat aus seiner bisherigen
Stellung und erhielt einen kleinen Beamtenposten im
Kriegsministerium des Generals von Boyen. Im Ganzen
war seine Erziehung eine vernünftige, ohne strenge Aufsicht. Eine schöne Gabe, lebhaft, besonders Lebensereig-
nisse, zu erzählen, kam seinem Sohne zu gute, der auf
diese Weise in seiner frühesten Kindheit die Schlachten
und Abenteuer der Befreiungskriege noch einmal im Geiste
mitmachte. Im Alter von sieben Jahren ward er in eine
achtbare „Klippschule" an der dorotheenstädtischen Kirche
zu einem Lehrer Schubert geführt, dessen er dankbar erwähnt, ebenso eines milden, ein wenig frömmelnden
Hülfslehrers Gädite, der die Schule verließ, um als
Missionar über Meer zu gehen. Gutzkow's älterer Bruder war Soldat bei der Artillerie und lag alle zwei Jahre
in Spandau, wo er von Zeit zu Zeit von der Familie
besucht wurde. Die sonntäglichen Ausflüge dahin durch
den Thiergarten über Charlottenburg und Abends zurück
waren frohe Tage für den Knaben und verschafften ihm,
wie überhaupt der Verkehr mit seinem Bruder, Einblicke
in das Soldatenleben. Oder es wurde des Vaters
Bruder in Schönhausen, dem Lustschlosse der Prinzen
Wilhelm, dessen Bedienter jener war, aufgesucht und die
Naturschönheiten dieses Landsitzes bewundert. Ab und
zu fehlte auch nicht der Genuß eines für Erwachsene bestimmten Vergnügens, wie der Besuch der Oper und des
Schauspielhauses, zuerst aber der Puppenkomödie in einer
„Tabagie". Auch bekam er Gelegenheit, seine kindlichen
dramatischen Neigungen noch in activerer Weise zu bethätigen. In seinem Hause wohnte ein Maler, dessen
Sohn sein Gespiele, dessen Tochter der Gegenstand seiner
kindlichen Neigung wurde. Dieser bezog später ein eignes
Haus in der Behrenstraße. Hier verkehrte nun Gutzkow
täglich, lernte hier den Reiz häuslichen Comforts und
feiner Sitte kennen und durfte mit den Kindern desselben
Theater spielen. „Die Figuren hatten sich die Knaben
meist selber zu coloriren, aufzukleben, mit Drähten zu
versehen. Ein chinesisches Schattenspiel hinter einem öl-
getränkten Rahmen wurde sonntagabendlich aufgeführt.
Der «König von Kinderland» hieß das barocke Drama,
zu dem die Knaben Text und Figuren geliefert erhielten
und im Komödienspielen das Mögliche leisteten." (S. 249.)
Diese Herrlichkeit nahm ein Ende, als der Maler eine
Stelle in Rußland erhielt. Mit heißen Thränen blickte
der Knabe dem scheidenden Jugendfreunde nach. Seine
Aeltern, um ihn einigermaßen zu entschädigen, bezogen

nun eine größere Wohnung, die sie bezahlen mußten, statt der bisherigen engen Dienstwohnung. „Sie wagten das Unglaubliche, sie gaben den Knaben sogar in eine lateinische Schule. Eine neue Welt öffnete sich; ein neues Leben begann. In der Osterwoche wurde der düstre Thurm in der Akademie verlassen und dicht an den alten Schadow'schen Ziethen gezogen. Nach Ostern führte der Vater seinen Sohn zum Rector Zimmermann vom Friedrichswerder'schen Gymnasium. Nach dem Abschied von seinem geliebten Freunde war der Knabe noch in allen Nerven so erschüttert, so im Innersten wie erweicht, daß er die Ermahnungen des kleinen, runden, wohlgenährten, seltsamen, komischberufenen, aber warm empfindenden Mannes, des eigenthümlichsten Pedanten mit der großen Nase und dem verwickelten Periodenbau gleich beim ersten seiner sanften Worte mit ausbrechendem Weinen aufnahm". Einige zerstreute Bemerkungen über seine Schul- und Universitätszeit führen wir unter dem Texte an[2]).

2) Gesammelte Werke IX, S. 327: „Ich habe auf der Schule Plato, Demosthenes und Tacitus gelesen; allein nur den Tacitus verstand ich völlig, den erstern zum Theil, den mittleren gar nicht. An wem lag die Schuld? Nicht an der Auswahl des Schriftstellers, nicht an meiner Fassungskraft, sondern an dem Unterricht jenes Lehrers, der sie so schlecht zu erklären wußte".
XII, S. 8: „Er (König Ludwig Philipp von Frankreich) ähnelt meinem alten berliner Professor der Mathematik. Er ist todt und hieß Benkendorf. Benkendorf war aber freundlicher. Er rechnete immer nur mit der Kreide an der Schultafel, nicht in seinem Ausgabe- und Einnahmebuch und starb aus Gram über seine zerrütteten Finanzen".
X, S. 158: „Ein dritter ist Pietist und trotz eines jugendlich hübschen Aussehens in dem Grade, daß er während der Vorlesungen nie die Augen aufschlägt, sondern sich in das Holz des Katheders mit seinen Blicken einsaugt, wahrscheinlich um nicht zu erschrecken, wenn, seinen orthodoxen Behauptungen gegenüber, ihn die Wände so kahl und zweifelnd anblicken sollten. Dieser Professor heißt Hengstenberg. Da ist ein Andrer, — als ich ihn erstenmal sah, erschrak ich vor seinem übernweltlichen Aussehen. Eine heilige Sabbatruhe lag auf ihm, so zu beglückter Gottesfriede, daß ich mich zweifelnd fragen mußte: «Er ist wirklich ein getaufter Jude?» Er war es in der That, er war von dem Idealismus der christlichen Religion überwältigt worden und schmiegte sich an die poetische Erscheinung Christi mit der Innigkeit eines Johannes an. Er vernachlässigte sich selbst und den Umgang mit der Welt, auß Liebe zu dem großen Religionsstifter, den er nicht anders als: oder Herr, der Heiland, der Meister, mit orientalischem Dufte dieser Wörter nannte. Man konnte nicht sagen, daß er combinatorisches Talent für die Bereicherung der theologischen Wissenschaft selbst hatte, allein, was ihn den Studenten so lieb machte, war dieser innig versöhnende Parallelismus des Wissens und Glaubens bei ihm, die Ineinanderwirkung der christlichen Gesinnung mit der christlichen Erkenntniß und die praktische Abgrenzung, die er dem Wissenschaften gerade für den nöthigen Bedarf zu geben wußte. Während es bei gelehrten Theologen so schwierig war, ihre, fast einen weltlichen Character tragende theologische Wissenschaft sogleich mit dem spätern geistlichen Berufe auszugleichen, fand man bei ihm alles zusammen, den Text und die Melodie. Seine Forschungen klangen immer in das geistliche Leben hinein, in den meisten streitigen Fällen, wo Gründe der Kritik und der Geschichte entschieden sollten, machte er das Herz und das religiöse Bedürfniß zum Schiedsrichter derselben. Trotz der vielen komischen Züge, die ein Mann enthielte, welcher im Leben von der Gesellschaft seine Idee hatte, trotz der vielen Anekdoten, die auf Rechnung seiner Leichtgläubigkeit und Ungefäßlichkeit umliefen, hingen die Theologen alle mit der größten Liebe

Eine vortreffliche Schilderung der ersteren gibt er uns in der Ersten vollständigen Gesammtausgabe 1873, I, S. 195 fg. Sie dauerte von 1821—1829. Die Universitätszeit beschreibt er in der Skizze: „Das Kastanienwäldchen in Berlin" in den „Lebensbildern" II, S. 45 fg. Vgl. in M. Stempel, „Die Literatur. Monatshefte für Dichtkunst und Kritik" I, S. 49—62: Johannes Pröls, „Karl Gutzkow als Berliner Student. Ein Abschnitt seiner Biographie."

Der Patriotismus war Gutzkow als Knaben zuerst in dem Hanse der oben erwähnten Malers in der Person eines andern Knaben, eines Polen, Namens Willusch, entgegengetreten, der einst bei Tische, als von den Polen und ihrem „verschuldeten" Geschick die Rede war, eine Gabel ergriff und mit Verzweiflung rief: „O ich möchte stechen diese Gabel in die Brust, wenn ihr beschimpft mein Vaterland"! „Die Andern lachten und wehrten den Knaben, der später bei Ostrolenka kämpfte. — Dem deutschen Gespielen aber blieb Willusch's Drohung unvergeßlich. Sich erstechen um sein Vaterland! Untergehen um eine Idee! Heilighalten etwas Ver-

an ihm; er war ihnen das sichtbare Vorbild der Möglichkeit, sich in Glaubensfachen mit Heiterkeit beruhigen zu können; sein unauslöschliche heitere Lächeln war der Abglanz einer Ueberzeugung, die überwunden hatte und gegen alle Zweifel Stich hielt. Und dies alles mußte um so mehr als unverfälschte Wahrheit erscheinen, als in ihm die schwierige Aufgabe einer radicalen Bekehrung, einer Bekehrung vom Judenthum bis zum Glauben an Christuß gelöst schien. Das ist August Neander".

Unterhaltungen am häuslichen Herd, 1854, II, Nr 26: „Er schütternd war mir die Nachricht, daß der Philosoph Beneke von der Universität plötzlich vermißt wurde und wahrscheinlich sich entleibt hat. Jetzt kam zur Sprache, daß dieser redliche Forscher, sich in der Erfahrungsseelenkunde einen Namen erworben und besonders auf dem Gebiete der Pädagogik einen nützlichen Einfluß gehabt hat, seit länger als zwanzig Jahren nicht endlich ordentlicher Professor werden konnte und sich mit einem jährlichen Gehalte von 200 Thalern begnügen mußte! Zweihundert Thaler jährlich für einen Denker, während es hier Geistliche gibt, die es auf jährlich 5000 Thaler bringen! Beneke war ein Opfer des Ehrtriebes, der hier noch zuweilen einen Menschen ergreift, mit auf der allgemeinen Bahn des Schwindels gehen zu wollen. Seine Vorträge waren etwas ängstlich, seine Perioden allzu gewissenhaft, sein System knüpfte wieder an Hume und Kant an, er ging über die endlichen Bedingungen unsers Denkens nicht tollkühn in die Unendlichkeit; was sind Kennzeichen einer solchen altbackenen Solidität in einer Stadt wie Berlin, wo nur die glänzende Phrase, der tollsinnige Witz und Spirit, das Fecke Paradoxon und jener doctrinäre Schwindel etwas gilt, den Hegel aufbrachte. Hegel, der Jahre lang die trivialsten Köpfe, die nur in seiner Tonart zu reden wußten, über die es verstanden, ihrem sogenannten Denken eine praktische Anwendung auf beliebte Religions- und Staatsauffassungen zu geben, zu ordentlichen Professoren beförderten konnte!"

Gesammelte Werke IV, S. 28: „Ich habe selbst zu den Füßen Hegel's gesessen und in einunstlerischen Vortrage seiner Lehre einen für die entscheidende Wirkung eines göttinger Professors noch heute weiten Umriße, diese ungeheuren Contouren seiner Kategorien auf die Gymnastik der Seele haben. Hegel's concrete Methode, das materielle Füllsel seiner leeren Begriffsschemen machte seine Philosophie zu einem Surrogat der Erziehung, das weder von der psychologischen noch mathematisch-scholastischen Methode anderer Lehrer erreicht wird".

spottetes! — Schauer der glühendsten Ideen-Ahnungen überrieselten das Herz. Diese heroische Hingebung eines Kindes an das Schicksal Polens schloß einen geheimen Bund mit der wachsenden eignen Erregung für öffentliche Dinge". (Knabenzeit, S. 300.) Jetzt als berliner Student ward er während der pariser Revolution im Juli 1830 durch einen Zufall Lehrer des ebenso geistreichen als gewissenlosen St. Marc Girardin, damals eines jungen Professors vom pariser Collège Louis le Grand, der in Berlin die Schuleinrichtungen des preußischen Staates studiren sollte, aber seit dem Ausbruch der Revolution nur für die öffentlichen Angelegenheiten in Paris Sinn hatte und für sein ihm täglich zugesandtes Journal des Débats, an dem er Mitarbeiter war. Sein Beispiel regte auch Gutzkow mächtig an, mit der Feder sich an den öffentlichen Angelegenheiten zu betheiligen. Während dieses Dranges gewann er eine goldene Preismedaille von 25 Ducaten an Werth für eine Abhandlung de diis fatalibus, "aber es war dies eine vergebliche Lockung zu einem Leben zurück, das sich auf die Vorbereitungen zum Examen allein begründen sollte. Nur noch auf die anbrechende große Zeit war sein Sinnen gerichtet, auf häusliches Arbeiten, Lesen, Excerpiren, Selbstversuchen im Schreiben, lyrisches und dramatisches Dichten. Unregelmäßiger wurden die Collegia, die er «belegt» hatte, besucht. Bücher, Zeitschriften ersetzten das ermattende Studium der Brotwissenschaften". Er fing an, ein „Forum der Journalliteratur" (1831) noch als Student zu schreiben, welches zwar rasch genug wieder einging, ihm aber die Theilnahme Wolfgang Menzels in Stuttgart verschaffte, den er darin als Kritiker verherrlicht hatte. Es folgten dann die anonym erschienenen „Briefe eines Narren an eine Närrin", Hamburg 1832. Ueber dieses Buch äußert er sich selbst in der Vorrede zu den Gesammelten Werken, Frankfurt a. M. 1845, III, S. 3: es sei so sehr unter dem Eindruck der damaligen Zeitumstände, ja sogar der kleinen Tageschronik entstanden, "daß es jetzt nach allen Seiten hin unverständlich erscheinen würde. Diese Briefe waren verworren wie jene Zeit selbst. Von tausend Neuerungen hatte man nur die Ahnungen, und auch diese konnten sich nur kämpfend geltend machen. Für die Confusion eines Kopfes, der sich durch eine Masse von Widersprüchen hindurch zu arbeiten suchte, konnte keine bessere Form gewählt werden als die der selbsteingestandenen irr- und wirrsinnigen Gedankensprünge. Was Kunst an dem Buche scheinen konnte, war in der That Natur. Es fehlte der Feder noch jeder Fluß. Ueberall mußte sie stocken, ja was ihr am meisten im Wege lag, das waren die schon gesammelten kleinen Reichthümer des Nachdenkens, diese kleinen Schätze von Abstractionen und Erfahrungen, die der damals zwanzigjährige Autor um jeden Preis anbringen und mittheilen wollte, selbst auf die Gefahr hin, seinen Mangel an innerer Einheit und einer ihn selbst aufgegangenen Klarheit seiner Gedanken zu verrathen". Auch nahm er in diese Sammlung nur Bruchstücke jener „Briefe" auf.

In Heidelberg, 1832, sattelte Gutzkow um und wurde Jurist, „nicht aus Gedankenlosigkeit oder innerer Haltlosigkeit, sondern mit dem von frühster Kindheit angestrebten Ziele: Vervollkomme Dich nach Kräften! Die reifere Jünglingszeit machte noch die besondere Devise daraus: Hebe Dich, soviel Du kannst, in Führung der neuzeitlichen Waffen! Der Constitutionalismus, ein im damaligen Preußen verpöntes Strebeziel der Politik hatte im Lande Baden seine festesten Wurzeln geschlagen. Schon ging der eigentliche Drang des Gemüths über die Schranken der Schule und der academischen Disciplin hinaus. Es war die Zeit und das noch ungelichtete Chaos ihrer Forderungen, das mächtige Wehen und Rauschen in den neuen Luftströmungen, die über die Menschheit hinwegzogen, es war das deutlich vernehmbare Läuten einer zur Zeit noch unsichtbaren neuen Kirche des freien Geistes, das die Jünglingsseele fast nur noch allein erfüllte". (Rückblicke, S. 7.) Obgleich er noch immer daran dachte, Gymnasiallehrer zu werden und sich auch 1833 um eine solche Stelle bewarb [3]) und schriftliche Prüfungsarbeiten einreichte, so hatte er doch den inzwischen erschienenen Roman „Maha Guru. Geschichte eines Gottes" (2 Bde., Stuttgart, 1833, wieder abgedruckt in den Gesammelten Werken V, 1845) verfaßt. Er war zu München im Sommer 1833 geschrieben worden. „Es hat diesem Roman", sagt er in dem Vorwort zur neuen Ausgabe, „bei seinem ersten Erscheinen geschadet, daß man in ihm eine Tendenz vermuthete, die nicht in ihm lag. Die Einen nannten ihn einen philosophischen Roman, der nach dem Vorgange Voltaire's und der Schriftsteller des vorigen Jahrhunderts irgend eine Wahrheit, irgend eine moralische Thatsache zu allegorischer Anschauung bringen sollte. Die Andern nahmen ihn für eine directe Satire auf europäische Verhältnisse, auf unsere Religions- und Sittenbegriffe, besonders auf Christen- und Priesterthum und Theokratie. — Auf die Gefahr eigener Benachtheiligung muß ich den Autor erklären, daß keine ursprüngliche Idee eine poetische Uranschauung gewesen ist. Immer angeregt vom Zusammenhange der Welt mit Gott, verfolgt von einer oft quälenden Unruhe, sich in Gott und göttliche Dinge zu versenken, oft beglückt von einem milden Hauche der Gläubigkeit, viel öfter aber noch zerrissen von Zweifeln und ergrimmt über die irdischen Entstellungen des Ewigen, erfaßte er mit Liebe den Gedanken, in profaner Weise die Incarnation Gottes in einem Menschen zu schildern. Da ist dieses sonderbare Institut des Dalai Lama in Asien, diese göttliche Anbetung eines Menschen, dieser verkörperte aufgelöste Widerspruch zwischen dem Diesseits und dem Jenseits! Wer kann sich in diese Möglichkeit hineindenken, hineinfühlen? Wer kann begreifen, daß ein Mensch sich göttliche Ehre erweisen läßt? Ist dieser Mensch der Betrüger oder ein Wahnsinniger? Glaubt er an sich ebenso, wie eine

3) „Auf dem Actentische des Schulraths Otto Schulz, gewöhnlich Lynceus genannt, weil der treffliche Grammatiker nur Ein Auge hatte, mußten sich lange die schriftlichen Prüfungsarbeiten des Schulamtscandidaten Gutzkow umhergetrieben haben". — Rückblicke, S. 9.

Nation an ihn glaubt? Wie muß das sein in jenem sonderbaren Lande, wo sogar das merkwürdige Institut der Vielmännerei, d. h. der Ehe eines Weibes mit einem ganzen Bruderstamme herrscht? Aus solchen Träumereien entstand die Idee dieses Romans. — Die Grundidee seines Gedichtes ist eine metaphysische, und die satirischen Streiflichter, die dabei auf Europa, auf Priesterherrschaft, Theokratien, Mönchthum, Jesuitismus, auf unsere gesellschaftlichen Institutionen, ja sogar auf enge Begriffe von der Liebe fallen, ergeben sich nur zufällig aus einer weiteren, einer umfassenderen Tendenz, die — das will der Verfasser nicht in Abrede stellen, — vielleicht nicht gelöst wurde." Etwas mehr satirische Tendenz, als Gutzkow hier einräumt, werden wir übrigens dem Romane doch zuschreiben müssen, da ja schon der Ort, wo er ihn schrieb, und die Vergleichung des Katholicismus mit dem Buddhismus führte, der jenem im Aeußern ja so ähnlich ist. Daß Gutzkow mit den großen religiösen Fragen seiner Zeit und seines Volkes stets Fühlung behielt, beweist einer seiner letzten Romane „Der Zauberer von Rom". Auch ist der Erfolg seines „Maha Guru" jedenfalls zum Theil auf Rechnung jener satirischen Anspielungen zu setzen, die man in dem Romane suchte und fand.

Durch den Erfolg dieses Romans ermuthigt, zog er seine Bewerbung um eine Lehrerstelle zurück. Schon vorher im Winter 1831 hatte er literarische Verbindungen mit Süddeutschland anzuknüpfen gesucht, besonders mit Cotta in Stuttgart, für dessen „Morgenblatt" er Aufsätze, besonders Novellen, lieferte, unter denen „Der Sabbucäer von Amsterdam" (Gesammelte Werke 1846, XI, S. 99 fg., Gesammtausgabe von 1873, 1. Serie IV, S. 3 fg.) später von ihm zu dem berühmten Drama „Uriel Acosta" (1847) verarbeitet wurde. Von Stuttgart aus bereiste er Oberitalien und Oesterreich. Die Beschreibung dieser Reise ließ er 1835 mit jenen Erzählungen aus dem „Morgenblatt" in 2 Bdn. unter dem Titel „Soireen" zusammendrucken. [Vergl. „Der jüngste Anacharsis". Reisebriefe an zwei Schwestern in Stuttgart (1832). Gesammtausgabe von 1873, 1. Serie XI, S. 3 fg.] In München setzte er 1833 die in Heidelberg begonnenen juristischen und cameralistischen Studien fort. Seinen münchener Aufenthalt schildert er in den „Rückblicken" S. 82 fg. Dann ging er wieder nach Stuttgart, wohin ihn Wolfgang Menzel, den er damals als Kritiker vor allen schätzte, gezogen hatte, um ihn in der Herausgabe des „Literaturblattes", einer Beilage zum Cotta'schen „Morgenblatte", zu unterstützen. Menzel bedurfte jetzt dieser Unterstützung, da er für die Stadt Wahlingen in die würtembergische Kammer gewählt worden war; Gutzkow's „Maha Guru" hatte ihm imponirt, und er hatte öffentlich erklärt, daß der junge Dichter vereinige in der Vorzüge der Tieck'schen und der Steffens'schen Darstellung; Gutzkow seinerseits hatte Menzel's „Die deutsche Literatur" als 17jähriger Knabe schon mit Entzücken gelesen. Abwechselnd in Berlin, Leipzig und Hamburg verweilend, schrieb er auch für die augsburger „Allgemeine Zeitung", besonders Charakteristiken hochgestellter politischer Zeit-

genossen, die er dann unter dem Titel „Oeffentliche Charaktere", Hamburg 1835, zusammendrucken ließ. (Gesammelte Werke 1845, Bd. II, Gesammtausgabe von 1873, 1. Serie, Bd. IX.) Vorher hatte er 2 Bde. „Novellen" 1834 in Hamburg erscheinen lassen (Gesammelte Werke 1846, Bd. XI: „Novellenbuch": „Der Prinz von Madagascar", „Der Sabbucäer von Amsterdam", „Die Königin der Nacht", „Die Wellenbraut", „Die Selbsttaufe"; Gesammtausgabe von 1873, 1. Serie, Bd. II—IV: „Kleine Romane und Erzählungen", darunter außer den obigen: „Das Johannisfeuer", „Der Bärwolf", „Der Emporblic", „Eine Phantasieliebe", „Die Nihilisten", „Die Curstauben", „Das Stelldichein", „König Franz in Fontainebleau", „Die Diakonissin", „Schauspieler vom hamburger Berge", „Jean Jacques", „Arabella" letztere zuerst gedruckt in A. Lewald's „Bad-Almanach" 1836, S. 55 fg.)

Das Bündniß mit Menzel lockerte sich, zunächst auf die Anmahnungen literarischer Freunde hin, sodann weil ihm Menzel die Aeußerung in einer Vorrede, worin er scherzend den Gedanken ausführte, „daß jeder Schriftsteller, am Schreibtisch sitzend, an eine bestimmte Persönlichkeit denke", übel nahm: „Wolfgang Menzel schreibt keine Zeile, ohne zu denken, was wol Paulus in Heidelberg dazu sagen würde". Er ging 1835 nach Frankfurt a. M., wo er sich mit Duller zur Herausgabe des „Phönix" verband, zu welchem Gutzkow das „Literaturblatt" schrieb. Da er hierin mit derselben Rücksichtslosigkeit auftrat, die er von Menzel gelernt hatte, erbitterte er diesen noch mehr, und als nun seine berüchigte Vorrede zu Schleiermacher's „Briefen über Fr. Schlegel's Lucinde" erschien, durch welche Gutzkow zuerst den Haß der Geistlichkeit auf sich zog, benutzte Menzel die nächste Gelegenheit, um ihn sammt seinen literarischen Gesinnungsgenossen, von Wienbarg in der Widmung seiner „Aesthetischer Feldzüge", Hamburg 1834 zuerst sogenannten „Jungen Deutschland", beim Frankfurter Bundestage zu denunciren. Es war das Erscheinen von Gutzkow's Roman „Wally, die Zweiflerin", einer zweiten, noch etwas mehr vergeistigten Schlegel'schen „Lucinde", worin der „Emancipation des Fleisches" das Wort geredet wurde, welches Menzel die willkommene Handhabe zu seiner Denunciation bot. Wally geht an religiösen Zweifeln zu Grunde. Die innere Genesis des Romans erzählt Gutzkow in den „Rückblicken" S. 140 fg.: „Das Leben Jesu" von Strauß war erschienen. Es erregte einen Sturm — der Entrüstung nicht nur in der theologischen, sondern in der ganzen gebildeten Welt. Und auch außerhalb Deutschlands. Die Stimmen, die für den jungen Stifter Repetenten auftraten, waren zu zählen. Daß damals Strauß noch ein ausgesprochener Hegelianer war, schadete ihm. Daß das Buch wurde darum verschlungen und zum Sauerteig für Deutschlands geistige Gährungen, die dazu gehörte darum nicht. Die mythischen Parallelen und den messianischen Weissagungen der Juden überhaupt, machte eine Menge anderer Dinge in Staat und Kirche, in Wissenschaft und Leben zu Mythen. Bei alledem war selbst der Vernunftglaube in

Betreff der Person Christi nicht gewonnen. Der Mythen-Christus verging in Nichts, in Nebel; es hätten nur einige Stellen bei Tacitus und Josephus zu fehlen brauchen, und selbst die Kreuzigung Christi würde nach dem damaligen Strauß ein mythisches Gebilde aus orientalischen Parallelen (etwa zum Tod des Prometheus, zum Opfer Abrahams) geworden sein. Das befriedigte nicht. Man hatte selbst in den aufgeklärtesten Kreisen das Bedürfniß eines historischen Christus, eines edlen, sittenreinen, begeisterten Menschen, eines Märtyrers, der auch dem Neologen interessant und ehrwürdig blieb. Diese Stimmung ließ mich auf die [von Lessing herausgegebenen] «Wolfenbüttler Fragmente» zurückkommen." Er beabsichtigte einen Auszug von einigen Bogen aus denselben zu veröffentlichen ,aber sein Verleger Campe hatte nicht den Muth dazu. „So erhielt ich diesen Auszug aus den «Wolfenbüttler Fragmenten» von ihm zurück. Es war in einem Augenblick, wo ich einem Vorfall träumerisch nachhing, der mir in einer Gesellschaft bei dem Arzt Clemens begegnet war. Ein junges Mädchen, dessen heitere Laune, blühende Wangenfarbe mich schon öfters angezogen hatte, kam bei zufälliger Berührung der theologischen Streitigkeiten des Tages und der Christusfrage in eine Aufregung, die mich erschreckte. Mit beiden Händen abwehrend, die Augen weit aufgerissen, rief sie mir entgegen: «Davon reden Sie nicht! An all das nur zu denken macht wahnsinnig!» Mich hatten diese Worte um so mehr erschüttert, als ich eine Neigung in mir fühlte, mich der jungen Dame zu nähern. Dieser letztere Schritt wurde später auch gethan und wieder zurückgethan. Nur jenes Wort verhallte nicht und gestaltete sich zu einer verhängnisvollen Einheit mit Campe's Muthlosigkeit. Die Probe auf Zustände, in welche die Menschheit fallen würde, auch wenn sie aufhörte zu glauben, was im Katechismus steht, wurde mein ständiges Grübeln. — Mein mannheimer Freund, der junge neue Verleger, drängte um ein Buch, womit er debutiren konnte. In frühen sommerlichen Morgenstunden schrieb ich ihm eines. Um den Kern jenes Auszugs aus den «Wolfenbüttler Fragmenten» entstand „Wally, die Zweiflerin». Lebensfroh, poetisch gestimmt, wie wir beide waren, hatte ich auf seinen Wunsch sogar einen weiblichen Charakter hereingezogen ,der vollständig, die Dame verherrlichend, nach dem Leben gezeichnet war". Der Roman wurde später von Gutzkow umgearbeitet in „Vergangene Tage" (Gesammelte Werke 1852, Bd. XIII, Gesammtausgabe von 1873, 1. Serie IV, S. 229 fg., in ersterer Ausgabe mit dem Sendschreiben des Kirchenraths Paulus in Heidelberg an den Verfasser, 1836) und seine „Appellation an den gesunden Menschenverstand. Letztes Wort in einer literarischen Streitfrage", 1835, wieder beigegeben. Auch erschien um jene Zeit, 1835 in Stuttgart, sein barockes Drama „Nero", umgearbeitet 1845 (Gesammelte Werke I, S. 101 fg.), womit er schildern wollte „den von der Griechentum bis auf unsere Tage noch unentschiedenen Kampf des Schönen mit dem Guten" oder, wie er in den „Rückblicken" S. 80 fg. das Problem auffaßt: „Daß die Musik nicht veredle, stand mir schon lange fest. Die Ausübung derselben, wenn diese gelingen soll, erfordert

Anstrengungen, die eine Menge anderer geistiger und selbst der einfachsten Seelenthätigkeiten vollständig in Ruhestand versetzen. — Spätere Beispiele der Incongruenz zwischen dem musikalischen Wissen oder Können und den Gesetzen der Selbstbeschränkung hat die Epoche der Zukunftsmusik in Fülle gebracht. Aus alledem ergab sich mir, daß Nero, der Citharöde, der Schauspieler und Sänger zugleich, ein schlagendes Beispiel für die ungleiche Vertheilung der Gaben des Genius in demselben Menschen war. — «Ironien des Satan» nannte ich schon lange Gegensätze dieser Art und hatte bereits in Stuttgart den Plan, unter gleichem Titel ein Buch zu schreiben. Nur Hauff's «Memoiren des Satan», die viel Glück gemacht hatten, verhinderten mich an der Ausführung. Eine satanische Ironie erschien mir z. B. jener Billaud Varennes, jener Gottesleugner der französischen Schreckenszeit, der dem Beil der Guillotine entrann, glücklich nach Amerika entkam, dort unter die Wilden gerieth und von diesen, er, der Atheist — als Gott verehrt wurde! Durch die Kunst, Vögel auszustopfen, war er ihnen als zweiter Schöpfer erschienen. Eine Ironie des Teufels wurde mir auch die Pflege der Kunst ohne charakterveredelnde Weihe, der Uebergang des frommen Sinnes in die Gewalt herrschsüchtiger Heuchelei. Die mildeste Form, wie sich Nero erklären ließ, war die, daß sein Handeln, sein Brennen und Morden für Eruptionen eines bewußtlosen Traumwandels genommen wird, während sein Geist nur wach war, wenn er dichtete, sang oder die Andromeda (doch wo! sprechen?) spielte. Konnte er sich bei seinem öffentlichen Auftreten in Rom, bei seinen Gastspielreisen nach Griechenland als Künstler selbst genügen (und seine letzten Worte waren: «Welch ein Künstler geht mit mir zu Grunde!»), so hatte er in jenem Augenblick der Kunstweihe doch die Aufforderung, dem Edelsten nachzuleben, nachzuahmen, in einem ahnungsvollen Klang der Töne, dem Schmerzensschrei der betrogenen Liebe, die Aufforderung, dem Edelmuth der Heroen und Götter seinen ganzen Menschen zu weihen! — Und doch trat er die Menschheit, nachdem diese applaudirt hatte, mit Füßen! Das ist der Virtuose! Das ist das schaudervolle Zerrbild des Künstlers — die Ironie des Satans! Auch der Dichter, der ein Trauerspiel schreibt und dabei selbst seine Thräne vergießt, erschien mir eine Ironie Satans. Unwahrheit im Können und Fühlen des Prinzen auf eine originelle Weise zu gestalten". Zur Ausführung des Planes hatte ihn Charlotte Birch-Pfeiffer in München 1833 ermuntert, und einzelne Szenen waren vorher im „Morgenblatt" erschienen. — In dem ersten Bande von Lewald's „Theaterrevue" erschien um diese Zeit Gutzkow's dramatische Phantasie „Hamlet in Wittenberg" (Gesammelte Werke 1845 I, S. 233 fg.), welche den Versuch machte, den Trübsinn des dänischen Prinzen auf eine originelle Weise durch eine psychologisch-ethische Katastrophe zu motiviren. Die Folge der Menzel'schen Denunciation war eine dreimonatliche Gefängnißstrafe, wozu ihn das badische Hofgericht verurtheilte, und die er im November 1835 in Mannheim antrat, sowie das Verbot der Schriften des „Jungen Deutschlands" von Seiten des frankfurter

Bundestages. „Die Entfernung vom Tummelplatz einer so wüsten Polemik (Menzel's), wie sie nicht enden zu wollen schien, war dem Verfasser inzwischen ein wahrer Trost, eine wahre Erquickung geworden. Er hörte die Thür seines Gefängnisses hinter sich mit dem Gefühle zuschlagen, das ein Verbrecher empfinden mag, wenn ihn die Strafe für kleine Fehler von vielleicht schon überlegten größeren abhielt, oder das ein Held empfinden muß, wenn er in der Schlacht, die er verloren, sogleich auch unter-geht". (Gesammelte Werke 1852, XIII, S. XVIII.) Den ersten Monat seiner Gefangenschaft wurden ihm keine Bücher verabreicht; gerade um so mehr drängte es ihn zu eigener schriftstellerischen Production. Rache an seinem Denuncianten Menzel zu nehmen, war das erste natür-liche Gefühl, welches ihm die Feder in die Hand drückte: er schrieb gegen Menzels geistlosen „Geist der Geschichte" sein „Zur Philosophie der Geschichte" (Hamburg 1836; Gesammelte Werke IV, S. 3 fg., unter dem Titel: „Phi-losophie der That und des Ereignisses") und gegen dessen Goethe-Verketzerung, wodurch er sich so berüchtigt gemacht hat, sein: „Goethe im Wendepunkt zweier Jahrhunderte". (Berlin 1836; Gesammelte Werke 1852, IV, S. 155 fg.) Eine heitere Episode aus seiner Gefangenschaft, seine Be-kanntschaft mit dem auf einen Tag eingesperrten berühm-ten Schauspieler Döring und dessen liebenswürdiger Gattin erzählt er uns unter dem Titel „Zwei Gefangene" in seinen Lebenserinnerungen „Die schöneren Stunden" 2. Aufl. S. 291 fg. — Nach seiner Freilassung verhei-rathete er sich, trotz seiner unsichern Stellung und trotz der auffallenden Schilderung, die Menzel von seinem Privatleben gegeben hatte, zu Frankfurt a. M. Er ver-weilte dort mehrere Jahre, in seinem Fortkommen viel-fach durch die Censur und die Verbote des Bundestags gehemmt. Eine Schilderung seines damaligen Lebens gibt er uns in den „Rückblicken" S. 5 fg.: „Es war im Jahre 1837 und im wunderschönen Monat Mai. Gerade wollte ich meinen Erstgeborenen taufen lassen. Doch so hatten damals bie vom Bundestage und von Preußen ausgegangenen Verbote meiner Schriften, sowol der erschienenen als der noch erschienenden, zur Verwerthung meiner Feder gehemmt, daß ich im Augenblick — nicht einmal die Mittel besaß, dem feierlichen Acte der Haustaufe die Gäste- eine Stunde in traulichen Kreise festzuhalten. Der «Glänzenbleber» Gustav Kühne's stand 1837 in Frankfurt a. M. des Morgens um 5 Uhr. auf und dictirte bis 7 Uhr ein Buch, das sich bei so systematischer, vom Bundestagsgesandten Nagler in Frank-furt a. M. (siehe den Briefwechsel desselben mit seinem Secretär Kelchner) geleiteter Verfolgung ich Uebersetzung aus dem Englischen des Bulwer ankündigen mußte [4].

Um 8 Uhr mußte der «Glänzenbleber» in einer Druckerei erscheinen, die eine lediglich aus seiner Tasche bezahlte, nicht den achtzigsten Theil der Kosten deckende «Frank-furter Börsenzeitung» herstellen sollte und dabei nur Lehr-jungen zu verwenden hatte, welche in jedem Worte drei Buchstabenfehler machten, sobald der Redacteur zugleich ein wahrer Sklave im Correctordienste war. — Der Abend gehörte dem Beiblatt- «Telegraph», als welcher sich später, wo die Börsenzeitung eingegangen war, in Gestalt eines selbständigen belletristischen Blattes erhalten hat, dies aber ebenfalls zwei Jahre lang nur durch die Mittel erreichen konnte, die sich der Redacteur vom Munde abbarbte." Nicht blos die «Frankfurter Börsen-zeitung» war an der Censur gescheitert, sondern auch die Herausgabe einer «Deutschen Revue», zu der er sich mit Wienbarg geeinigt hatte, wurde im Entstehen unterdrückt. So siedelte er denn, um jenes Beiblatt zum «Phöniz» unter dem Titel «Telegraph für Deutschland» als selbst-ständiges Blatt fortzusetzen, im J. 1838, der freieren Censurverhältnisse wegen, nach Hamburg über, nachdem er vorher noch seine bis dahin erschienenen Aufsätze, mit zum Theil gleichfalls gegen Menzel gerichteter Polemik, gesammelt herausgegeben hatte unter dem Titel „Beiträge zur Geschichte der neuesten Literatur" (2 Bde., Stuttgart 1836. Neue wohlfeile Ausgabe 1839) und „Götter, Helden, Don Quixote") (Hamburg 1838). — Das Interesse für die cölner religiösen Wirren entlockte ihm die gegen Görres gerichtete Streitschrift: „Die rothe Mütze und die Kapuze. Zum Verständniß des Görres-schen Athanasius", Hamburg 1838. [Gesammtausgabe von 1873, 1. Serie, X, S. 73 fg.] Endlich gab er auch noch ein „Skizzenbuch" heraus (Kassel 1839).

In demselben Jahre veröffentlichte er auch, bisher durch Censurverhältnisse daran gehindert, seinen Roman „Seraphine" (Hamburg 1838), auf den, als Dar-stellung von Zuständen, er in seinen autobiographischen Werken öfter zurückkommt. In der Vorbemerkung zum zweiten Druck (Gesammelte Werke 1845, III, S. 59 fg., Gesammtausgabe von 1873, 1. Serie, II, 327 fg.) sagt er (Gesammelte Werke III, 4): „Seraphine wurde theils im October 1835, theils im Winter 1836 geschrieben. Ich habe hier nur Druckfehler, Unklarheiten und stilistische Nachlässigkeiten der ersten Ausgabe verbessert, im Uebri-

bedacht sein, dem Buche, das in zwölf Heften ausgegeben wurde, auch wirklich eine englische Färbung zu leihen, wobei ich mir Bul-wer's «England und die Engländer» zum Muster nahm. — In der vorliegenden neuen Ausgabe und vollständen Ueberarbeitung habe ich das englische Gewand abzustreifen versucht. Diese Aufgabe war nicht leicht. Ich habe versucht, für die beispielsweisen englischen Charaktere, die ich zur Belebung der Räsonnements erfand, deutsche hinzustellen, habe aber den Vorsprung, den ich für die Charakteristik bei einem so originellen und wunderlichen Volke hatte, wie die Engländer ist, in der Uebertragung auf deutsche Verhältnisse oft schmerzlich vermißt. Auch die bevorzugte Anknüpfung der Erör-terungen an England hat sich ganz unterdrücken." Er gab der neuen Bearbeitung den Titel „Säcularbilder", Gesammtausgabe von 1873, VIII, mit dem Zusatz: „Anfänge und Ziele des Jahr-hunderts".

4) Gesammelte Werke 1846, IX, S. VII: „Es erschien unter dem Titel: «Bulwer's Zeitgenossen». [Genauer: „Die Zeitge-nossen. Ihre Schicksale, ihre Tendenzen; ihre großen Charaktere. Aus dem Englischen des E. L. Bulwer." 2 Bände. Stuttgart 1837.] — „Die schützende. Devise eines ausländischen Schrift-stellers durfte freilich- kein bloßes Aushängeschild sein. Die Ver-folger würden ein Titelblatt leicht durchschaut haben. Ich mußte

5) Der Titel nach Goethe's: „Götter, Helden und Wieland".

gen aber diesen Erguß ungekünstelter Empfindungen in alter Form gelassen. Manche dialektische Spitzfindigkeit, besonders in den Gesprächen, wolle man einer Zeit zu Gute halten, die sich vor zehn Jahren mit speculativen Zweifeln und mit Anfang, Mittel und Ende des Denkens abmühte. Zur bloßen Unterhaltung konnte ein Erguß unmittelbarer Eingebungen des eignen innersten Menschen nicht bestimmt sein, ja der Verfasser verschmähte sogar absichtlich, dem üblichen Romanenidealismus nachzustreben. Doch ist der Troß gegen die überlieferte Schöntuerei in dieser Gattung von Dichtungen ihm theuer zu stehen gekommen. Die große Lesewelt ist von dem, was in dem Buche Wirklichkeit sein sollte, mannichfach verletzt worden, Seraphine erschien zu bizarr, zu abenteuerlich, zu unschön sogar. Wo der Verfasser im Streben nach Natur zu weit ging, hat er etwas gemildert, sonst aber den Charakter des Factischen seiner Dichtung um so mehr gelassen, als wir durch die „Dorfpoesie" und was dahin einschlägt, jetzt vorbereiteter sind, solche realistische Schilderungen zu verstehen und zu genießen." Und in den „Rückblicken" berichtet er (S. 18): „Der erste Theil meiner „Seraphine" ist selbsterlebt. Die dort geschilderte Beklagenswerthe hieß Leopoldine Spohn." Ein anderer Roman, den er um diese Zeit gleichfalls veröffentlichte, „Blasedow und seine Söhne" (3 Bde, Stuttgart 1838—1839; Gesammelte Werke 1845, Bd. VII—VIII; Gesammtausgabe von 1873, 1. Serie, Bd. V—VI), schon im Titel an Basedow's verkehrte Erziehungsmethode erinnernd, schildert in, an Jean Paul gemahnender, humoristischer Weise, die Leiden eines Dorfpfarrers, zum Theil nach eigenen Erlebnissen. Und wollen wir hier zugleich, um die Darstellung seiner dramatischen Thätigkeit später nicht zu unterbrechen, „Börne's Leben" erwähnen (Hamburg 1840; Gesammelte Werke 1845, Bd. VI). Die neue Ausgabe in den Gesammelten Werken ist „gegen das frühere thatsächliche Material so reich vermehrt, mit ungedruckten Briefen Börne's und mannichfachen Erinnerungen seiner ihm im Leben nahegestandenen Verehrer so reich ausgestattet, daß sie dadurch an und für sich schon ein neues Interesse erhalten hat."

Abgesehen von dem bizarren „Nero" (wiederholt im 20. Bändchen der „Dramatischen Werke; vollständige neu umgearbeitete Auflage," Leipzig 1863) und „Hamlet in Wittenberg" hatte sich Gutzkow bisher noch nicht im Drama versucht. Jetzt betrat er auch dieses Gebiet, auf welchem seiner viele Lorbeeren, aber auch bittere Enttäuschungen harrten. Er veröffentlichte zunächst das Drama „König Saul" (Hamburg 1838), von dem er in den „Rückblicken" S. 27 fg. sagt: „es gehörte noch ganz den Einflüssen des Zeitalters der Ironie und Satire an, wie man wol am besten die Zeit der Tieck'schen Suprematie bezeichnen würde. Diese Zeit hat im Wesentlichen bis 1840 gedauert. Saul kämpfte mit den Philistern. Mit Philistern! Da kann der Tieckianer nicht widerstehen, zwei Fürsten «Flach» und «Oberflach» einzuführen, wie nur in Tieck's ernsten Dramen das Pathos des nicht einmal recht ernst gemeinten Ernstes allzuschnell aus der Rolle zu fallen pflegt." Sein zweites Drama „Richard

Savage oder der Sohn einer Mutter" erschien zuerst in Franck's „Taschenbuch dramatischer Originalien", 1841, S. 279 fg.: „Zum ersten Mal aufgeführt auf dem Nationaltheater in Frankfurt a. M. den 15. Juli 1839." Diese erste Aufführung, der Gutzkow beiwohnte (er war seiner Gattin von Hamburg nach Frankfurt nachgereist), schildert er in spannender Weise in den „Rückblicken" S. 233 fg. (Gutzkow's dramatische Werke, I, 1. 3. Auflage, Leipzig 1850, neue Ausgabe 1862. Bd. VII), „Der Inhalt," sagt er in der neuen Ausgabe, in welcher er bedeutende, nicht bloß stilistische Veränderungen vornahm, S. 94, „weicht nicht eben von den historischen Daten ab, wie sie sich in Johnson's Leben des englischen Dichter über Richard Savage finden. Die Hartherzigkeit der Lady Macclesfield hat manche Bearbeitung, im Roman und in Drama, in englischer und französischer Sprache, veranlaßt. Nur das Talent des früh verkommenen Sohnes, der einer Reihe so vieler ähnlicher Erscheinungen der englischen Literatur des vorigen Jahrhunderts angehört, war an sich geringer, als für die Voraussetzungen eines ihn betreffenden Dramas, das fesseln sollte, anzunehmen geboten". In den „Rückblicken" fährt Gutzkow nach der oben angeführten Stelle fort: „Das zweite Drama «Richard Savage» machte schon glücklicher seinen Weg. Es führte mich in die Bretterwelt ein, die Bretterwelt vor und hinter den Lampen, vor und hinter die Coulissen. Doch erst mit dem dritten Versuch „Werner oder Herz und Welt" gewann ich mir die Gunst der Menge. Hier hatte ich den Stoff aus mir selbst entlehnt, aus meinem eigenen Leben. Es war nicht das von Gustav Schlesier gemeinte «Herzblut», nicht die Heinrich Heine'sche Actualität, was ich wiedergab; es war etwas Besseres und ein reiner Zufall, daß ich, der ich nie an die Leserinnen der Leihbibliothek, nie an die Voraussetzungen der gespannt sein müssenden Blasirtheit gedacht hatte, diesmal das traf, was die Hörer auf der Bühne verlangen. Zu dem genialen Schauspieler Baison in Hamburg hatte ich gesagt: «Kürzlich war ich in Berlin. Ich besuchte den Vater eines Mädchens, das ich vor Jahren liebte. Ich wurde gütig von ihm aufgenommen. Die Angebetete, die zu meiner Beglückung nichts hatte wagen wollen, die sich nicht hatte entschließen können, sich für mich zu bekennen, hat dennoch alle Bewerbungen, die sie reichlich empfing, abgelehnt. Ich gestehe Ihnen bei aller Achtung vor meiner Gattin, daß ich vor dem Vater der ehemaligen Geliebten, einer edlen idealen Mannesnatur, mit Erschütterung stand, ja daß ich noch jetzt zuweilen über dies Verfehlthaben eines Zuges meines Herzens vor Schmerz und Wehmuth» — doch ich will nicht fortfahren in einem Tone, der vielleicht nur posthume Berechtigung hat. Ich verweise auf jenes Schauspiel, das ich aufs eifrigste Zureden des Freund gewordenen in wenigen Tagen schrieb. Die rigoristische Tendenz unserer Zeit hat auch dies Drama, wie so viele andere meiner Charaktere und Erfindungen, vom Standpunkt der neu eingeführten poetischen Criminalgerichtbarkeit, einem der ungerechtesten ästhetischen Standpunkte, die es nur giebt, beurtheilen muß er nicht z. B. aus dem Vicar of Wakefield eine einzige Erbärmlichkeit machen?) verworfen und damit die Nerven, welche Stricken gleichen, als maßgebend für die Literatur des 19. Jahrhunderts bezeichnet, nicht die empfindsamen oder «kranken». Aber das Erzeugniß Eurer «Molluskenseele» zündete in Hamburg in solchem Grade, daß es eine Reihe von gefüllten Vorstellungen rasch hintereinander erlebte." In den Anmerkungen der neuen Ausgabe III, S. 99 berichtet er: „In den früheren Ausgaben erschien dies Schauspiel in der abenteuerlichen Gestalt einer doppelten Abfassung der beiden letzten Acte. Die Möglichkeit einer solchen Unschlüssigkeit (die sich jedoch bei Goethe's gesammten dramatischen Arbeiten findet) wolle man dem Neuling zu Gute halten, dem bei Aufführung dieses Werks eine, er darf wol sagen, enthusiastische Aufnahme der vier ersten Acte und des Gedankenganges der ganzen aus seinem Innern geflossenen Arbeit entgegenkam. Man bestürmte ihn um eine andere Führung der Fabel, um eine andere Lösung am Schluß; für den Einen sollte nicht dies, für den Andern nicht jenes beibehalten bleiben. Auf dem lebhaften, in seinen Meinungsäußerungen wenig zurückhaltenden Gebiete Hamburgs, auf dessen Stadttheater «Werner» zum ersten Mal am 21. Febr. 1840 gegeben wurde, verlor in solchem Andrang der Urtheile der Autor fast die Besinnung." Ein Lustspiel „Die Schule der Reichen" (1841) fiel in Hamburg durch, weil man es für eine Persiflage dortiger Zustände hielt, während es in Wien an demselben Tage mit Beifall gegeben wurde. Vgl. Rückblicke, S. 258 fg. 263: „Praktisch hatte ich den guten Gedanken, den Inhalt meines Stückes, die einfache Fabel, aufs Papier zu setzen und die gelesenste hamburger Zeitung zu ersuchen, dies Referat des Ideenganges ohne Lob oder Tadel abzudrucken. Dies geschah; der Inhalt schien Unparteiischen nicht unverständig; der Artikel ging in andere Zeitungen über." Die Gattin des russischen Generalconsuls, Tochter des russischen Gesandten, forderte ihn, um ihn zu trösten, auf, den nächsten Tag zu ihrem Gatten zu Tisch zu kommen. „Ich folgte der Einladung und erlebte, daß mein hamburger Schicksal der «Schule der Reichen» der Anlaß zu einer durchgreifenden Neugestaltung meiner Lebensbeziehungen werden sollte. Ich lernte die höhere Gesellschaft kennen, Diplomaten, die in späteren Jahren an die ersten Gesandtschaftsstellen Europa's kamen, Senatoren, Bürgermeister, durchreisende Staatsmänner, berühmte Gelehrte." Von seinem folgenden Trauerspiele „Patkul" (1841) sagt er in dem Vorwort zur dritten Auflage, wiederholt in der neuen Ausgabe 1862, IX, S. 86 fg.: „Als der Verfasser zu «Patkul» die Materialien suchte, baute sich ihm ein anderes Werk auf, als später für die Darstellung erschienen ist. Er mußte fühlen, daß das tragische Pathos seines Helden, die völkerrechtswidrige Auslieferung eines Gesandten, ein passives war, Mitleiden erregend, aber keine Erhebung gewährend. Diese Erhebung, fühlte er, mußte anderswoher angelegt werden. Er fand, daß die handelnde Berechtigung seines Helden zur Tragödie in seiner erster Mission nach Schweden lag. Wie diese mit dem Schlusse in Sachsen verbinden und jene abenteuerliche Zeit des über-

all in Europa reisenden und gegen die Schweden anreizenden Patkul in die geschlossenen Grenzen eines Dramas dringen? Er fühlte das Bedürfniß, das innere Leben seines Helden dem Zuschauer ebenso vorzuführen wie sein äußeres. Patkul war von einem gewissen religiösen Ernste, der sogar zu der damals durch Zinzendorf und Spener erweckten pietistischen Schule hinneigte. — In solche und ähnliche Charakterzüge meines Helden verlor ich mich mit Vorliebe und hatte ein Recht, eine Persönlichkeit, die bei allen Hülfsmitteln, sich über die Erbärmlichkeit der damaligen Politik zu erheben, sich dennoch aus einem persönlich-idealen Interesse mit ihr befaßte und an ihr zu Grunde ging, eine tragische zu nennen. Mit diesen Voraussetzungen ging ich ans Werk und stellte Patkul wie einen Demokraten am Hofe, einen theologischen Träumer in den Wirren der Politik dar. Diese erste Bewältigung des zersplitterten und durch seine epische Breite spröden Stoffs muß den praktischen Bühnenanforderungen wenig nachgekommen sein. — So hab' ich für die Bühne eigentlich nur einen gedrängten Auszug dessen gegeben, was ich geben wollte und im ersten Manuscript gegeben hatte. Zusammenhängender ist nun in dieser Fassung Alles, ganz ich verkenne nicht, daß der Zusammenhang ein mehr äußerlicher als innerer ist." Das folgende Jahr, 1842, brachte das dreiactige Schauspiel „Der dreizehnte November", neue Ausgabe XIV, dem er in den späteren Ausgaben eine straffere Motivirung gab. Im J. 1844 erschienen das Schauspiel . „Ein weißes Blatt" (neue Ausgabe VI), geschrieben 1842 und später durchaus umgearbeitet, und sein Meisterwerk im historischen Lustspiel „Zopf und Schwert", zu dem er den Stoff in den Memoiren der Markgräfin Wilhelmine von Baireuth gefunden hatte (neue Ausgabe Bd. II, Gesammtausgabe 2. Serie, 1. Bändchen), und welches er zum Theil auf seiner italienischen Reise 1843 in Mailand schrieb. Das folgende Trauerspiel „Pugatscheff" (1846) fand gleichfalls, seines politischen Inhalts wegen, Schwierigkeiten bei der Aufführung, über die er sich in der neuen Ausgabe IV, S. 156 äußert: „An den Censurrücksichten, die 1845 noch schwer auf deutscher Literatur und Bühne lasteten, mußte die erste Abfassung des vorstehenden, hiermit in durchaus neuer Gestalt wiedergegebenen Dramas zunächst scheitern. Die Ermordung Peter's des Dritten von Rußland, Katharinen's zweideutige Stellung zur Palastrevolution des J. 1762, die Theilung Polens — solchen Stoffen gehörte die damalige Bühne nicht, wenigstens nicht die der großen Hoftheater, wo in einer Prosceniumsloge gerade ein Orloff, mit Ordensbändern und Sternen geschmückt, als Flügeladjutant Sr. Majestät des Kaisers Nikolaus anwesend sein und sich über die düstere Erinnerung an seine Ahnen erfolgreich beschweren konnte. Doch machten Stuttgart und Cassel von diesem Verhängniß deutscher Autoren eine rühmliche Ausnahme; für die erstere Bühne um so anerkennenswerther, als sonst daselbst die russischen Verwandtschaften des Königshauses maßgebend zu sein pflegen." Das folgende Jahr 1847 brachte wieder zwei seiner berühmtesten Werke, das Lustspiel „Das Urbild des Tartüffe" und das Trauerspiel „Uriel Acosta". Ueber ersteres äußert er sich in der Anmerkung zur neuen Ausgabe 1862, I, S. 110: „Aus den Intriguen, welche die erste Aufführung des «Tartüffe» von Molière verhindern sollten, einen neuen «Tartüffe» zu bilden, hatte schon Goldoni versucht. Ohne diesen Vorausgang zu kennen las ich unter den hundert Lustspielen und Possen des verwandlungsreichen Venetianers das betreffende Stück erst da, als meine Arbeit bereits vielfach gegeben war. Der Richtung seiner Zeit und den strengen Theatergesetzen eines Jahrhunderts gemäß, wo in Rom die Frauenrollen noch von Männern gespielt wurden, hielt sich Goldoni, ohne die Heuchelei im Lichte seiner Zeit schärfer auszuführen, an die enge Familiensphäre, in welcher sich der Scheinheilige bei Molière bewegt. Seine Wiedergabe der Molière'schen Fabel scheint mir ziemlich frostig zu sein. — Vorstehendes Lustspiel wurde im Sommer 1844 geschrieben und nahm seine nächste Veranlassung aus dem Geist und den Kämpfen der damaligen Zeit. Am Bundestage, in Oesterreich, in Sachsen, in Preußen waren die Bücher-, Zeitungs- und Dramenverbote an der Tagesordnung. Rücksichtslos gingen die polizeilichen Maßnahmen über die Lebensinteressen der Autoren hinweg. Eine kalte, mumienhaft vertrocknete Praxis der Censurbehörden kümmerte sich um keine Bitte, um keine Versicherung über die Harmlosigkeit der ihnen vorgelegten Erfindungen; namentlich herrschte in Preußen eine Koterie von höhern Polizei- und Regierungsbeamten, deren oberster Chef, Tschoppe, an seinen fixen, man könnte sagen, Alba-Ideen wahnsinnig war, ehe man ihn ins Irrenhaus brachte. — Die historischen Thatsachen, die ich der somit erklärlichen Anwendung des facit indignatio versum in diesem Lustspiel zu Grunde legte, machten, da die eigentliche Absicht anderswo lag, keinen Anspruch auf besondere historische Treue. Noch war damals das Molière zugeschriebene Wort: Monsieur le président ne veut pas, qu'on le joue! nicht für apokryph erklärt worden. Der Präsident, den Molière nur gemeint haben konnte, war Guillaume de Lamoignon, der damalige Chef der ausübenden Gerechtigkeit in Frankreich. Dieser Name kommt in den ersten Anfängen der französischen Revolution vor, wo ein Lamoignon Justizminister war, ein Achselträger; ich nahm den Urgroßvater, wie ihn als möglicherweise gewesen jene Anekdote hinstellte." —

Von Gutzkow's Trauerspiel „Uriel Acosta" vermag ich nicht so günstig zu urtheilen, als man nach den scenischen Erfolgen dieses Stückes erwarten sollte. Mir scheinen diese mehr auf den Charakter des Ben Akiba[6]) als auf dem Hauptcharakter zu beruhen, der mir zu weiblich verschwommen ist und diesem „Otterngezücht" gegenüber keine Haltung wahrt. Wie dem auch sei, Gutzkow hatte ein Recht, auf die Erfolge des Stückes stolz zu sein. Er sagt in seinen „Rückblicken" über die Entstehung desselben (S. 289): „Auch die neue Arbeit, die ich im Winter von 1845 auf 1846 in Paris schrieb,

durfte sich keinen Erfolg versprechen, da religiöse Bedenken der Censur noch über die politischen gingen. Aber zu sehr zog mich der Stoff an bei Durchsicht einer meiner alten Novellen: Der Sadducäer von Amsterdam. Der Buchhändler Löning und sein mir nicht minder wohlwollender Geschäftsgenosse Rütten hatten eine Sammlung meiner zerstreuten Schriften unternommen. Es galt, mit dem Bleistift in der Hand die Auswüchse einer zu großen Jugendlichkeit zu tilgen, zusammenzuziehen, Unklarheiten aufzuhellen. Darüber fiel mir die scenische Steigerung jenes Stoffes auf, und mit einem fertigen Scenarium zu «Uriel Acosta» suchte ich mir den stillsten und zugleich anregendsten Platz aus, den es in Europa für geistige Arbeiten nur geben kann. Dies ist kein anderer als Paris."

Liebäugeln mit Frankreich, obgleich Gutzkow sich energisch gegen diese Anschuldigung wehrt, läßt sich kein „Jungen Deutschland" nicht absprechen. Paris war das Ziel ihrer Sehnsucht, freilich unter damaligen Umständen in Deutschland sehr begreiflich. Nicht ihnen, sondern Deutschland gereicht dies zum Vorwurf. Gutzkow ging zum ersten Mal 1842 nach Paris und verwerthete diese Reise literarisch in seinen „Briefen aus Paris", 2 Bde., Leipzig 1842 (Gesammelte Werke 1846, Bd. XII, Gesammtausgabe von 1873, 1. Serie VII, S. 47). Im Vorwort zu der neuesten Anfinge bemerkt er, „die Briefe seien zu einer Zeit erschienen, wo Louis Philippe, König der Franzosen, noch an deutsche Schriftsteller, wie spätere Veröffentlichungen bewiesen haben, Jahrespensionen zahlte. Heinrich Heine bezog eine solche. Es könnte mich daher nicht Wunder nehmen, daß ein Buch, das pariser Zustände schilderte, und worin weder über die Dauer der Julidynastie besonders Tröstliches, noch über Heinrich Heine überhaupt etwas angenehm zu lesen war, von Paris aus aufs Schmählichste, ja systematisch herabgesetzt wurde." Diese pariser Reise sowie die Neigung zur dramatischen Production bewog ihn, die Redaction des „Telegraphen" in andere Hände übergehen zu lassen. Die wichtigsten Artikel dieser Zeitschrift gab er später unter dem Titel „Vermischte Schriften" (4 Bde., Leipzig 1842—52) und „Aus der Zeit und dem Leben" (Leipzig 1846) heraus. Da mit der Redaction jener Zeitschrift auch der Grund seines Aufenthaltes in Hamburg wegfiel, so ging er 1842, da Hamburg noch durch den berühmten Brand verwüstet wurde, nach der Heimath seiner Frau, Frankfurt a. M., zurück, wo er die ischen bei „Uriel Acosta" erwähnte Sammlung seiner Schriften, 13 Bände, 1845—1852, herausgab. Im J. 1843 unternahm er eine größere Reise nach Italien, und 1845 nach Wien und dem Salzkammergute, Tyrol und den Lombardei. Die Eindrücke derselben schilderte er in mehreren Aufsätzen, wie: „Eine Reise nach Italien", (Gesammtausgabe von 1873, 1. Serie XI, S. 67 fg. „Wiener Eindrücke" (Gesammelte Werke 1845, III, S. 269 fg., Gesammtausgabe von 1873, XI, S. 145 fg). Auch verwertete er die Eindrücke der italienischen Reise später zum Theil zu seinem großen culturhistorischen Roman „Der Zauberer von Rom". Während der österreichischen Reise verfaßte

---

6) Ben heißt bekanntlich: Sohn; es ist daher unstatthaft, daß Gutzkow den Namen oft in „Akiba" abkürzt.

er die Streitschrift: „Friedrich von Hurter, k. k. Hofrath und Historiograph" (Gesammelte Werke VI, S. 317 fg., Gesammtausgabe von 1873, 1. Serie IX, S. 377 fg.), 1846 ging er wieder nach Paris und schrieb seine „Pariser Eindrücke" (Gesammelte Werke XII, S. 385 fg., Gesammtausgabe von 1873, 1. Serie XI, S. 345 fg.). Darauf folgte er 1847 einem Rufe nach Dresden, wo er dritthalb Jahre lang am Hoftheater die früher von Tieck versehene Stelle eines Dramaturgen bekleidete. Die Kämpfe, die er in dieser Stellung zu bestehen hatte, hat er uns in seinen „Lebensbildern", Stuttgart 1874, II, S. 192 fg., und in den „Rückblicken" S. 295 fg. geschildert. Daß er nicht im Frieden daraus scheiden würde, war bei der Eigenthümlichkeit der Stellung und bei Gutzkow's Charakter vorauszusehen.

Hatte die Julirevolution von 1830 Gutzkow zu seiner journalistischen Thätigkeit begeistert, hatte er auch in seinen Meisterdramen dem Genius der Zeit vielfach als Herold gedient, so sollte die Revolution von 1848, deren Märztage er selbst auf einer Urlaubsreise in Berlin mit erlebte (über seine Betheiligung daran vgl. „Rückblicke" S. 332 fg.), seinem Genius den höchsten Aufschwung verleihen, dessen er fähig war. Wir treten damit ein in die Welt der „Ritter vom Geiste". Dieser classische Roman sichert am meisten und für immer Gutzkow's Anspruch auf Unsterblichkeit. Er erschien zuerst in 9 Bänden in Leipzig 1850—1852, 5. Aufl. Berlin 1869. An Max Ring schreibt Gutzkow aus Dresden, den 31. Mai 1851: „Die Novelle hat ein Sujet nöthig, sie ist nur das Sujet: der dreibändige Roman auch noch; aber der neunbändige braucht nur einen Mühlbach, damit die Räder gehen, weiter nichts. Eugen Sue hat auch kein eigentliches Erzählungssujet, das man in einem Feuilleton referiren kann. Ja, ein edleres Muster zu nehmen, kann man den Stoff des Don Quixote, den Stoff des Wilhelm Meister erzählen? — Die Charaktere, die Situationen, die Ideen sind hier das Sujet, das Leben in einer bestimmten prismatischen Beleuchtung, das ist der Stoff — und nur anfangen: «Es war einmal ein verschrobener Junker, der auf dem Lande vom Ritterthum träumte» u. s. w. Erzählen läßt sich von meinem Buche gar nichts, man muß es lesen und — kaufen. Der äußere Hebel, der das Ganze in Bewegung setzt, die Räder, vor denen der Leser die Reise macht, ist eine dumme Geschichte von zwei Pastorssöhnen, die u. s. w. Den Grundgedanken des Buches finden Sie in den Scenen des ersten und zweiten Bandes schon angedeutet, wo Schlurk vom «Reubunde» [7] selbst die Veranlassung nimmt auf die Templerei zu kommen, und wo Dankmar beim Abschiednehmen von Ackermann, im Walde bedauert, daß es kein Kennzeichen Gleichgesinnter gäbe, kurz, seine Religion, Symbolik, Cultus, Priesterherrschaft des Geistes, woraus dann in den folgenden Bänden der Bund der Ritter vom Geiste erwächst, eine chimärische, romanhafte Idee, die aber auf einem Bedürfniß beruht" [8]. Wie sich er-

warten ließ, trat er übrigens auch mit der Feder unmittelbar in den Kampf für Deutschlands Wiedergeburt ein. Er schrieb: „Ansprache an die Berliner", „Deutschland am Vorabend seines Falles oder seiner Größe", Jena 1848; Gesammtausgabe von 1873, 1. Serie, X, S. 191 fg., und die historische Tragödie „Wullenweber", deren Entstehung und Inhalt er in der neuen Ausgabe Bd. XVII—XVIII, S. 224 so schildert: „Die vortreffliche Abhandlung über Wullenweber von F. W. Barthold, einem Historiker, der im Verknüpfen des Anekdotischen mit allgemeinen historischen Gesichtspunkten und in der Pflege des Anekdotischen wie des Universellen eine gleich große Meisterschaft besitzt, hat mich vielleicht in ihrem lebendigen Stile, ihrer geschmackvollen Hervorhebung interessanter Lichtpunkte des Details verführt, diesen Charakter für dramatischen zu halten, als durch seine näheren Bedingungen zutraf. Ein entschlossener kräftiger Geist rafft zum letzten Mal die Kraft der sinkenden Hansa zusammen und wagt zu einem, unter und neben ihm schon durchwühlten Boden einen Kampf mit den Kronen des Nordens, den wir im J. 1848 nach dem Waffenstillstande von Malmö kaum noch begreifen! Die Persönlichkeit ist eine kraftvolle, ihr Unternehmen ein gewagtes, ihr Untergang ein tragischer. Zum Helden des Dramas im höhern Stil fehlt allein Wullenweber die Schuld; denn will man auch einen solchen Kampf mit drei Kronen für seine Ueberhebung nennen, zu konnten doch, um ihn auszuführen und durch Gewalt oder List zum Ziele zu führen, die mannichfachsten unmoralischen Waffen nicht fehlen, die im politischen Verkehr gäng und gäbe sind, und dieser sich bedienend, mußten auch wider Natur und Neigung, mußte Jürgen Wullenweber der tragischen Nemesis verfallen. Bei einem gänzlichen Mangel von biographischen Daten intimerer, menschlicherer Natur konnten diese allgemeinen historischen zwar nicht genügen, ihm Ansprüche auf die schönste Ehrenrettung der Geschichte zu geben, die der tragischen Muse. — Als einen neuen Reiz zur dramatischen Behandlung dieses Gegenstandes ergab sich, daß ein junger Kriegsknecht, der lübische Stadthauptmann Marcus Meyer, früher seines Zeichens ein Hufschmied, dann sich vom Landsknecht zum Führer von Soldtruppen aufschwingend, neben Wullenweber mit den abenteuerlichsten Lebensmomenten stand. An bedeutenden historischen Fernsichten, auf Luther und die Geschichte der nordischen Reiche, fehlte es eben so wenig. Zur Charakteristik vieler zeitgenössischen Persönlichkeiten und zur eigenen Erfindung solcher, die das Zeichen der Wahrscheinlichkeit an sich trugen, bot sich reiche Gelegenheit. — Dennoch gesteht der Verfasser zu, daß die unter seiner Hand zu Stande gekommene Arbeit zurückgeblieben sein mag hinter der Begeisterung, die er für seinen Stoff in sich trug." Nachdem er dann einige gewichtige Ausstellungen gemacht, gesteht er doch, „daß er von dem vorstehenden Drama eine patriotische Befriedigung des Lesers

---

7) Dem Treubund. 8) „Ueber Land und Meer" 1879, Nr. 18. — Vgl. A. Jung, „Briefe über Gutzkow's Ritter vom Geiste", Leipzig 1856.

erwartet und es besonders auch zur Belebung des Vertrauens der deutschen Nation auf sich selbst veröffentlicht."
Auch die funfziger Jahre waren nicht fruchtlos an
dramatischen Werken. 1852 erschien das beliebte Lust-
spiel „Der Königsleutenant", nach einer Erzählung in
Goethe's „Wahrheit und Dichtung", von dem Gutzkow
in der neuen Auflage 1862, IV, S. 120 berichtet: „Das
vorstehende Drama sollte ein Festspiel für Frankfurt a.
M. sein. Dort auch schrieb es der Verfasser in den
Mai- und Junitagen 1849 in aufgeregter Stimmung.
Unter den Fenstern seiner Wohnung zogen Tag für Tag
die Kanonen gegen den badischen Aufstand vorüber.
Der Stoff sollte dem Schreibenden Ermuthigung bringen.
In der Haltung des alten Goethe findet sich der Druck des
Gemüths wieder." Eine andere psychische Erscheinung in
dem deutschen Volksleben, die Auswanderungssucht nach
Amerika als eine Folge der Reaction der funfziger Jahre,
beleuchtet er in unübertrefflicher Weise in „Liesli", einer
Perle unserer dramatischen Literatur, der die Kritik bis
jetzt noch nicht genug gerecht geworden ist. Eine Zeitungs-
nachricht im Schwäbischen Mercur, daß ein Schmidt
in Herrenberg seine Frau erstach, weil sie ihm nicht
nach Amerika folgen wollte, eine That, die von ihm
unmittelbar darauf durch Selbstmord gesühnt wurde, gab
Gutzkow die erste Anregung zu dem Stück (neue Ausgabe
Bd. XVI). Ihm folgte 1853 „Philipp und Perez",
später „Antonio Perez" betitelt (neue Ausgabe 1863, Bd.
XII), worin Gutzkow nicht gerade zu seinem Vortheil
einen Wettkampf mit Schiller's Genius einging. Das
J. 1854 brachte die Dramatisirung einer Novelle „Die
Selbsttaufe", unter dem Titel „Ottfried" (neue Ausgabe
Bd. XIII), das folgende J. 1855 das Lustspiel „Lenz
und Söhne", später betitelt: „Die Komödie der Besse-
rungen"⁹), neue Ausgabe Bd. XV, mit der nachträglichen
Bemerkung: „Vielleicht sind die Zeitumstände günstiger
geworden, um die Arbeit ins Bühnenleben treten zu
lassen. Die Macht der „Innern Missions-Vereine" hat
seit Friedrich Wilhelm's IV. Tode wol nachgelassen."
Dem Misbrauch in diesen Vereinen hatte er auch schon
in seinen „Rittern vom Geiste" arg mitgespielt. Endlich
erschien 1856 noch das historische Charakterbild „Lorbeer
und Myrte" (neue Ausgabe Bd. XIX), ein Künstler-
drama wie „Savage", „Das Urbild des Tartüffe", und
„Der Königsleutenant". Im Princip freilich scheint diese
Dichtungsgattung nicht empfehlenswerth; der Dichter
muß gezwungen werden, aus sich heraus zu gehen, um
nicht in Schilderung seines Gleichen sich selbst zu beräu-
cheln. Ferner erschien in diesem Jahre das Schauspiel
„Ella Rose", nach den Memoiren einer englischen Schau-
spielerin (Neue Ausgabe Bd. XI). „Eine werthe Freundin,
Therese von Bacheracht, wurde vom Verfasser vor Jahren
auf diesen Stoff aufmerksam gemacht; sie arbeitete ihn
nach einem Grundriß aus, der ihr von mir mitgetheilt
wurde. Damals verlegte ich den Stoff in das vorige
Jahrhundert und ließ für Kemble Garrick, für Tailsourd

9) Der Titel nach Shakespeare's „Komödie der Irrungen".

Sheridan auftreten. Im Nachlaß der liebenswürdigen,
ihren Freunden unvergeßlichen Frau, die vor einigen
Jahren auf der Insel Java gestorben ist, wird sich diese
Ausarbeitung finden. Da sie nicht erschienen ist, glaubte
sich der Verfasser berechtigt, sein Eigenthum zurückzu-
nehmen. Den frühern Plan gestaltete er jetzt noch mehr
nach seiner eigenen Weise und fand eine Verlegung in
die neueste Zeit für rathsamer" (S. 115). In diesen
Jahren erschienen auch die Novellen „Die Diakonissin"
(Frankfurt 1855) und „Die kleine Narrenwelt", 3 Bde.,
(Frankfurt 1856). Vom October 1852 bis Ende 1862
gab er auch die populäre Wochenschrift „Unterhaltungen
am häuslichen Herd" heraus, die später unter die Redaction seines Freundes Karl Frenzel kam. Im J. 1858
machte er wieder eine größere Reise nach Italien, um
aufs Neue Materialien zu seinem zweiten großen culturhistorischen Roman zu sammeln, der dann in 9 Bänden,
Leipzig 1859—1861, erschien unter dem Titel „Der Zauberer von Rom"; dieser Titel erscheint seinem Inhalte
nicht sehr angemessen, ja man kann sich des Gedankens
nicht erwehren, jener Klingsohr, der besonders in den
ersten Bänden eine bedeutende Rolle spielt, sei von Gutzkow anfänglich dazu bestimmt gewesen, jener „Zauberer
von Rom" zu werden. Gelegentlich einer Vertheidigung
in den „Unterhaltungen", Neue Folge V, S. 492 fg.
gegen die Beschuldigung, die ihm als Manuscript eingesandten Memoiren der Baronin von Grabenreuth in
unerlaubter Weise zu diesem Roman ausgebeutet zu
haben, erfahren wir, daß er schon seit 1851 Materialien
dazu sammelte, und daß ihm folgende Idee vorschwebte:
„Aus der Anschauung zweier an einem stillen Altar
sich gegenüber stehender und langsam sich verzehrender
Kerzen entstand die Grundanschauung des Ganzen, deren
Versorm ich beim Wachsen des Materials aufgab. Ein
Priester und eine Priesterin waren die Helden des
neuen Culturbildes, das ich versuchen wollte. — Angelika,
später Paula, nannte ich das Princip, das ich mir von
vornherein als das der Ekstase definirte. Eine ekstatische
Jungfrau, eine Seherin, eine Traumrednerin, eine zweite
Hildegard, eine idealisirte Nonne von Dülmen, Die
„rothe Erde", das Münsterland der Schauplatz¹⁰). Die
Seherin, eine Gräfin, sollte entwickelt werden von ihren
zartesten Anfängen, ihrem Kindesleben an. Dies
Kindesleben mußte seiner Natur nach schon den Keim
einer träumerischen Lebensentwickelung hegen. Das Kind
Paula mußte krank sein."

Das Jahr 1859 brachte für Gutzkow eine neue Anregung durch das Schiller-Fest und die daran sich knüpfende Schiller-Stiftung, für welche er in mannichfacher
und regster Weise thätig war. Infolge dieser Thätigkeit

10) Wodurch er zugleich Gelegenheit bekam den Erzbischof von
Cöln, v. Droste-Bischering, zu schildern, dessen Absetzung 1837 ihn
mächtig erregt hatte. Vgl. seine Aufsätze: „Die Absetzung des Erzbischofs von Cöln und die Hermes'sche Lehre", 1837, und „Streifzüge in der Cölner Sache", 1838, in Gesammtausgabe von 1873, X,
S. 40 fg. — Vgl. „Eine kritische Studie über Gutzkow's Zauberei
von Rom", Göttingen 1862.

wurde er 1862 zum Generalsecretär der Schiller-Stiftung ernannt und siedelte von Dresden nach Weimar über. Hier begannen die Zerwürfnisse von neuem, in die ihn einerseits seine rastlose, stets aufgeregte Natur stürzte, und die ihrerseits wieder dazu beitrugen, seine gereizte Stimmung zu steigern. So trat denn auf einer Reise im J. 1864 die Katastrophe von Friedberg ein, in der er in Geistesumnachtung sich selbst zu entleiben versuchte. Ein längerer Aufenthalt in der Heilanstalt Gilgenberg bei Baireuth stellte ihn indeß von seiner Geisteskrankheit wieder her; es regte sich die Theilnahme seiner Zeitgenossen, deren Rauheit er diese Katastrophe mit zuschrieb, die Theater gaben Benefizvorstellungen seiner Dramen, und die Errichtung eines Gutzkow-Fonds bewies ihm, daß er seine Zeitgenossen zu hart beurtheilt hatte. Nach seiner Genesung schrieb er aus Vevay, vom 21. März 1866 [11]): „So Entsetzliches, wie man an mir erlebte, hätte wol, wer mich je lieb gehabt, auch wer mich haßte, nicht erwartet. Mir selber war ich wie verloren gegangen. Ich fasse diese Wendung meines Lebens nicht und schaudere, wenn ich mir Alles objectivire und erlebte: So nimmst du dich nun der Welt gegenüber aus! Ich fliehe, wie Sie wohl denken können, solch «Erörtern meines Schattens», wie Richard sagt. Die Materialien fehlen mir noch, um diese Tortur in dem ganzen Umfange anzustellen, den mir mein Verhängniß zugedacht hat. Das sehe ich wohl, so elend, so vernichtet, wie ich mir in jener Heilanstalt vorkam, wohin man mich gegeben, darf ich mich nicht nennen; denn nach und nach erhalte ich so viel Beweise versöhnter Gesinnung. Im Allgemeinen lebe ich aber doch noch wie in der Luft und weiß noch nicht, wie ich wieder zu den alten Bedingungen der Erde zurückkehren werde... Der Geisteszustand, den mich fast ein Jahr beherrschte, läßt sich schildern. Ich lebte unter Voraussetzungen, die für mich eine unabänderliche Realität gewonnen hatten, Voraussetzungen so düsterer und verworrener Art, daß sich davon mit wenigen Worten keine Beschreibung geben läßt."

Dort in Vevay am genfer See lebte er nach seiner Genesung ein Jahr lang, und verfolgte mit Theilnahme den Verlauf des deutschen Krieges von 1866 (vgl. den Aufsatz „Nach dem Frieden von Nicolsburg", Gesammtausgabe von 1873, 1. Serie X, S. 365 fg.), ging dann nach Kesselstadt bei Hanau, blieb einen Sommer in Bregenz und siedelte 1869 nach Berlin über. Seine schriftstellerische Thätigkeit nahm er mit ungeschwächtem Eifer nach seiner Genesung wieder auf, doch zu so weit umfassenden, der Zeit an den Puls fühlenden Planen wie „Die Ritter vom Geiste" brachte er es nicht mehr. Von seinem Roman „Hohenschwangau" (5 Bde, Leipzig 1868) schrieb er an M. Ring: „Ich kenne die Mißstände meiner Arbeit, aber die lieblose Beurtheilung, die man ihr hat angedeihen lassen, verdiente sie nicht. Ich glaube, Ihrer Anzeige, so wohlwollend sie gemeint ist, zu entnehmen, daß

sie unter dem Druck jener Verurtheilung geschrieben wurde. Nicht daß Sie nicht vollkommen selbständig wären, es bleibt aber immer mißlich, einen locus conclamatus wieder zu Ehren zu bringen" [12]). So war denn die Unzufriedenheit mit der Aufnahme seiner Werke und in Folge davon die Zerfallenheit mit sich selbst wieder da. Ein Product dieser Mißstimmung war die Sammlung seiner Aphorismen „Vom Baum der Erkenntniß", über welche er an Max Ring schreibt: „Es sind die Resultate tiefschmerzlicher Erfahrungen. Doch die Früchte meiner bittersten Stunden behielt ich für mich. Eine gewisse heitere Freudigkeit durfte nicht fehlen, wenn man wagte, auch Andere in seinen eignen Lebenskreis zu ziehen." Ueber die Kritik seines Romans: „Die Söhne Pestalozzi's" (3 Bde., Berlin 1870) kam es zwischen ihm und Ring zum Bruch. Die großen Ereignisse des Jahres 1870 ließen auch ihn natürlich keineswegs unberührt. Er schrieb: „Das Duell wegen Ems. Gedanken über den Frieden." 1. und 2. Auflage, Berlin 1870, und „Aus dem Elsaß", 1871. (Gesammtausgabe von 1873, 1. Serie X, S. 372 fg.) In seinem höchst lesenswerthen Roman „Fritz Ellrodt", (3 Bde., Jena 1872) schildert er die Misère deutscher Kleinstaaterei. Seine autobiographischen Werke habe ich als meine Quellen bei Gelegenheit schon erwähnt. Autobiographische Skizzen, verbunden mit Novellen vereinigte er zu der Sammlung „Lebensbilder" (3 Bde., 2. Auflage, Stuttgart 1874). Eine ähnliche Sammlung „Die schönern Stunden" war in Stuttgart 1869 erschienen. Eine schöne Novelle aus den „Unterhaltungen": „Ein Mädchen aus dem Volke" erschien auch einzeln. Ebenso: „Der Wärwolf. Historische Erzählung", Wien 1871. Den „Zauberer von Rom" ließ er 1872 in vierter Auflage, in vier Bände zusammengezogen, erscheinen. „Die neuen Serapionsbrüder" (3 Bde., Breslau 1877) behandeln Herzensconflicte in Erinnerungen aus der heitern Leben. Auch auf dem Gebiete des Dramas versuchte er sich in dieser letzten Periode seines Lebens, ohne wesentlichen Erfolg. Er schrieb den in Mannheim zur Aufführung gekommenen dramatischen Versuch: „Der Westfälische Friede", ferner das am berliner Hoftheater 1872 aufgeführte Stück: „Der Gefangene von Metz", endlich „Dschingiskhan, Lustspiel in einem Aufzug", Wien 1876.

Ruhelos wie seine Arbeitskraft und Arbeitslust, wie schon das ewige Umschreiben selbst seiner besten Schöpfungen beweist, war auch sein Leben; in der letzten Zeit hielt er es nie lange an demselben Orte aus. Noch mehrere seiner Reisen, auch aus früheren Jahren, wären zu verzeichnen gewesen. Man findet sie jetzt in der Gesammtausgabe von 1873, 1. Serie Bd. VII und XI, zusammengestellt. Auf einer derselben ward ihm 1875 vom leipziger Schiller-Verein im Bunde mit den deutschen Genossenschaft deutscher Autoren und Componisten eine Ovation in Form eines Festmahls gewidmet. Eine

---

11) Namenlose Blätter III, S. 126; abgedruckt aus der „Deutschen Zeitung".

12) Vgl. E. Zabel, „K. Gutzkow's hinterlassener Roman" in den „Blättern für literarische Unterhaltung" 1880, S. 277 fg.

neue Ausgabe seiner Werke bei Costenoble in Jena (1. Serie, Bd. I—XII) beschäftigte ihn in den letzten Jahren in Wieblingen bei Heidelberg. Durch E. Kuh's Veröffentlichung von Hebbel's Tagebuch in seiner Biographie Hebbel's fühlte er sich so empört, daß er (es war seine letzte literarische That) seinen ganzen Groll in einer Streitschrift ausschüttete: „Dionysius Longinus oder: über den ästhetischen Schwulst in der neuern deutschen Literatur", die er im Verlag seines Sohnes Emil (seine erste Gattin war ihm 1848 gestorben) in Stuttgart 1878 erscheinen ließ.

Schon lange hatte er an Schlaflosigkeit gelitten und sich zum Einschläfern narkotischer Mittel, besonders des Chloralhydrats bedient. Im Herbst 1877 war er nach Sachsenhausen bei Frankfurt a. M. gezogen, wo sein ältester Sohn wohnte. In der Nacht vom 15. zum 16. December hatte er, um seine gewohnten Chloralpulver zu nehmen, Licht angezündet und das Schwefelholz auf die Decke geworfen, die dadurch in Brand gerieth. So endigte dieses merkwürdige Leben wahrscheinlich durch Erstickung[13].

Die Revolutionen von 1830 und 1848 bezeichnen den Ausgangspunkt und den Höhepunkt von Gutzkow's literarischer Bedeutung. Er ist der Classiker dieser Periode — aber diese Periode war freilich keine classische.

(Robert Boxberger.)

GÜTZKOW (Gutzkow, Gützkau, latein. Gutzcovia), Stadt in der preußischen Provinz Pommern, Regierungsbezirk Stralsund, Kreis Greifswald, am Swinower Bach unweit der Penne, -1871 mit 1981, 1875 mit 2042 (einschließlich das dichtanliegende Gut Wieck 2179) Einwohnern; war Hauptort einer uralten Grafschaft, welche Greifswald, Loiz, Eldena umfaßte. Graf Micislaw wurde durch Otto von Bamberg in Usedom getauft und baute in Gützkow eine Kirche. Die Grafschaft fiel nach Johannes des Jüngern Tode als erledigtes Lehen an Herzog Bogislaw X. von Pommern. Das Schloß wurde 1386 von den Stralsundern zerstört, und das Städtchen verlor seitdem an Bedeutung.

(Otto Delitsch.)

GÜTZLAFF (Karl Friedrich August), ein durch seine unermüdeten Anstrengungen um die Einführung des evangelischen Christenthums in China wohlverdienter deutscher Missionar und namhafter Sinolog, wurde am 8. Juli 1803 in der zwölf Stunden südöstlich von Stettin gelegenen Kreisstadt Pyritz in der preußischen Provinz Pommern als der einzige Sohn des Bürgers und Schneidermeisters Johann Jakob Gützlaff geboren. Die erste Erziehung des Knaben leitete seine einfache, aber treffliche Mutter; doch hatte er kaum das vierte Lebensjahr erreicht, als ihm diese durch den Tod entrissen wurde, ein Verlust, welcher durch eine baldige zweite Verheirathung seines Vaters zum Theil ersetzt wurde: die junge Frau erwies sich gegen den Knaben liebreich wie eine zweite Mutter und dieser schloß sich ihr mit kindlichem Vertrauen an. Aber auch sie starb schon kurze Zeit darauf. Als sich sein Vater nicht lange nachher zum dritten Mal verheirathete, wurde das Loos des Knaben ein trauriges. Von schwächlicher Leibesbeschaffenheit und zurückhaltend in seinem Wesen, vermochte er die Liebe dieser zweiten Stiefmutter nicht zu erringen, von deren Härte er acht Jahre lang viel zu leiden hatte. An die Stelle des kindlichen Frohsinns trat daher bei ihm ein krankhafter Trübsinn, welcher seinen Geist frühzeitig reifte und ihn auch in seinem spätern Leben anhing. Der erste Unterricht des befähigten Knaben beschränkte sich in den damaligen Kriegsnöthen, von welchen auch seine Heimat schwer heimgesucht wurde, auf die gewöhnlichen Elementargegenstände; indeß was denselben an systematischer Durchführung abging, ersetzte seine Lernbegierde und seine leicht erregbare Phantasie in vollem Maße. Als er darauf in die Oberschule seiner Vaterstadt überging, trat besonders seine reiche Begabung für das Sprachstudium zu Tage; auch für Mathematik und Geschichte zeigte er gute Anlagen und empfahl sich überhaupt den Lehrern durch Fleiß und einen für sein Alter nicht gewöhnlichen Ernst.

Schon von früh auf entwickelte sich in dem kleinen Gützlaff die ausgesprochene Neigung, einmal Prediger und Glaubensbote zu werden. Diese besondere Vorliebe für den Stand eines Geistlichen mochte wol in dem Umstande ihre erste Begründung gefunden haben, daß in der Vaterstadt des Knaben mehrere historische Denkmäler aus der Zeit der wendischen Christenbekehrungen vorhanden sind und in dankbarer Erinnerung gepflegt werden. Bischof Otto von Bamberg hatte nämlich zufolge Aufforderung des Polenherzogs Boleslaw das Werk der Bekehrung der heidnischen Pommern in die Hand genommen. Um Pfingsten des J. 1124 kam er mit seinem Gefolge nach der Stadt Pyriz, dem damaligen Schlosse Pirissa (Piriscum, Peris) und taufte daselbst mit seinen Gehülfen in wenigen Tagen 7000 Menschen. Noch heutigen Tages zeigt man in der Nähe der Altstadt Pyriz einen von alten Linden beschatteten Wiesenauell, den die Sage als den „Ottobrunnen" bezeichnet; auch ein Kirchlein errichtete der Bischof zu Pyriz und legte damit den Grund zn dem ersten christlichen Gotteshause. Diese geschichtlichen Erinnerungen, in Verbindung mit einer tiefen Sehnsucht, ferne Länder und Welttheile zu sehen, die Sitten und Sprachen ihrer Bewohner kennen zu lernen, veranlaßten den Knaben, sich die Thätigkeit eines christlichen Sendboten, welcher den heidnischen Völkern das Christenthum überbringen sollte, als das

13) Karl Frenzel in Westermann's Monatsheften, April 1879, S. 34. — Vgl. noch über ihn: Rudolf von Gottschall, „Karl Gutzkow. Ein literarisches Charakterbild", in: Unsere Zeit. Neue Folge XV, S. 401 fg. — R. Goedeke, „Karl Gutzkow" in: Die Gegenwart XVI, Nr. 51. S. 394 fg. (eine Selbstschilderung Gutzkow's für Goedeke's „Grundriß" enthaltend). — „Karl Gutzkow", 8 Artikel in der Beilage zur augsburger „Allgemeinen Zeitung", 1879, Nr. 213—243 (von Adolf Stern, wiederholt in dessen „Zur Literatur der Gegenwart. Bilder und Studien." Leipzig 1880. S. 129 fg. — Eine ausführliche Biographie Karl Gutzkow's wird von Johannes Pröls beabsichtigt.

höchste Lebensziel in bezaubernden Farben auszumalen. Der Herzenswunsch des Knaben sollte jedoch vorerst nicht in Erfüllung gehen. Sein durch die Kriegslasten und die Unsicherheit des Erwerbs mittellos gewordener Vater vermochte solchem Streben keine Unterstützung zu gewähren; so brachte er seinen kaum dreizehnjährigen Sohn, nach erfolgter Confirmation, nach Stettin zu einem entfernten Verwandten, dem Gürtlermeister Gollnisch in der Schulstraße, in die Lehre, wo er dessen Gewerbe als künftigen Lebensberuf erlernen sollte. Im Anfang erfaßte der kleine Gützlaff sein Handwerk, wie es überhaupt mit allem, was ihm neu und unbekannt war, zu geschehen pflegte, mit allem Eifer und voller Hingebung, sodaß er in dem bescheidenen Gewerbe bald Zufriedenstellendes leistete. Die kleinlichen Plackereien und Mühseligkeiten des Handwerkerlebens trugen jedoch bald wesentlich dazu bei, ihm sein nur aufgezwungenes Geschäft gründlich zu verleiden, umsomehr als sein unersättlicher Geist nach anderer Nahrung begehrte, als ihm das Gürtlerhandwerk bieten konnte. Das vielbewegte Leben der Hafenstadt Stettin mit den wechselvollen Erscheinungen fremder Nationalitäten; öftere Ausflüge an freien Tagen nach dem Haff und der Seeküste, von welchen er tiefgehende Eindrücke mit in seine trübe Werkstätte zurückbrachte; die Leichtigkeit, mit welcher er diese und andere auf ihn einwirkende Lebensvorgänge in sich verarbeitete und zu verlockenden Bildern zusammenzustellen wußte, regten seine Einbildungskraft in ungewöhnlichem Grade auf. Als ihm dazu noch mehrere Missionsschriften in die Hände geriethen und er im J. 1818 einer zündenden Missionspredigt anwohnte, stand sein Entschluß fest: er wollte bei der ersten Gelegenheit sein Gürtlerhandwerkzeug bei Seite werfen und Missionar werden. Doch schien anfangs dazu wenig Aussicht vorhanden zu sein. Indessen setzte Gützlaff mit einem Jugendfreund, einem Gymnasiasten, dem Sohne des Predigers Heydenreich, die wissenschaftlichen Studien fort und machte auch mehrere Versuche in der Poesie. Da sollte dem jugendlich heißen Gemüthe die Hülfe von ganz unerwarteter Seite kommen.

König Friedrich Wilhelm III. von Preußen sollte auf einer Rundreise durch die erst wenige Jahre vorher von den Kriegswirren befreiten, nunmehr neu aufnehmenden Provinzen seines Reichs im J. 1820 auch Stettin berühren. Die Kunde davon hatte sich bald in der Stadt verbreitet und auf dieses Ereigniß bauten die beiden Jünglinge einen Plan auf: Gützlaff verfertigte in beider Namen ein Bewillkommnungsgedicht und überreichte es dem Könige, als dieser nach beendigter Revue über die pommerschen Truppen eben in den Wagen steigen wollte. Das bescheidene Machwerk, nach Versmaß und Reim eine kindliche Arbeit, dem Gedankeninhalte nach aber reich an edlen Gefühlen und sinnig, ließ den Monarchen das Talent des siebzehnjährigen Jünglings und seine Befähigung zu einem höheren Studium erkennen. Doch verging längere Zeit, ehe dieser selbst etwas Näheres über sein Schicksal erfuhr, während durch

eine königliche Ordre für den höheren Unterricht des jungen Heydenreich ausreichend gesorgt ward, bis endlich Friedrich Wilhelm, durch einen Bericht des Missionars Rheinius in Indien, welcher aus der Missionsschule des Predigers Jänike zu Berlin hervorgegangen war, auf diese Anstalt aufmerksam geworden, derselben durch reichliche Beiträge seine Unterstützung zu Theil werden ließ und ihr zugleich den damaligen achtzehn Jahre alten Gützlaff als Zögling übergab. Der ehrwürdige Prediger Jänike, welcher seit zwanzig Jahren schon manchen Heidenboten gebildet und in die verschiedenen Welttheile hinausgesandt hatte, war von dieser Ueberweisung nicht sehr erbaut: er fürchtete, der neue Schüler besitze nicht die erforderlichen Eigenschaften zu einem Missionar und war überhaupt der Ansicht, das Missionswesen müsse Sache freier gläubiger Vereine bleiben und vertrage keine Beeinflussung von oben herab. Gleichwol konnte er der königlichen Anordnung nicht widerstreben; er brachte aber Gützlaff, da seine Anstalt vollbesetzt war, in einer achtbaren Familie, Namens Ebner, in der Wilhelmstraße 21, unter, wo dieser auch bald einen neuen Zögling vom Rhein, den späteren Missionar Reichardt, als Stubengenossen erhielt.

Gützlaff nahm seine Studien mit allem Eifer wieder auf; er that dies jedoch zugleich mit einer Hast, einer Gluth des Ehrgeizes, welche seiner ruhigen und harmonischen Durchbildung nur hinderlich sein konnte. Alles, was seine Kenntnisse nur irgendwie zu bereichern vermochte, wurde von ihm eifrigst erfaßt, und die außerordentliche Regsamkeit seines Geistes ermöglichte es ihm, in kurzer Zeit diejenige Formenbildung sich anzueignen, welche für gewöhnlich allein nur das Ergebniß langjährigen classischen Studiums ist. Ueber dieses Ringen nach Wissen ließ indeß Gützlaff anfangs den eigentlichen Zweck seines Berufs als Missionar außer Acht, nämlich: die innere christliche Sammlung. Doch wurde er von seinem Freunde und Stubengenossen Reichardt bei einer ernsten Gelegenheit zur vollen Erkenntniß gebracht und eine alle ihm Nahestehenden erfreuende Gemüthsveränderung in ihm bewirkt, welche nicht lange nachher durch eine gefährliche Krankheit, die ihn dem Tode nahe brachte, nur noch mehr und dauernd befestigt wurde.

Nach seinem Austritte aus Jänike's Anstalt in Berlin zu Ostern 1823 wurde Gützlaff noch im Juni desselben Jahres in das Seminar der niederländischen Missionsgesellschaft zu Rotterdam überwiesen. Vor seiner Abreise richtete er jedoch an seinen hohen Gönner, den König Friedrich Wilhelm III., ein ehrerbietiges Dankschreiben, worin er zugleich einen kurzen Bericht über seine gemachten Studien und sein künftiges Ziel gab. Mit einer huldvollen Antwort wurden ihm darauf einige Friedrichsd'or als Geschenk und Reisegeld eingehändigt. Im Seminar zu Rotterdam sollte sich Gützlaff besonders zum Missionar unter den Battas auf Sumatra vorbereiten. Diese auf den höchsten Bergrücken der Insel Sumatra wohnenden rohen oder verzerrt cultivirten Urstämme, meist dem Dämonendienst ergeben und mit

schauerlichen Sitten, waren ein bis dahin gänzlich un=
unterworfenes Volk, welches früher eine höhere Stufe
der Cultur eingenommen zu haben scheint. Die Battas
besitzen ein einfaches Alphabet und eine Silbenschrift,
auch etliche Bücher und bestimmte Gesetze, „Adat"
(Habad) genannt. Sie sind Kannibalen, jedoch nur an
Kriegsgefangenen und Verbrechern, außerdem zeigen sie
sich gastfreundlich und gerechtigkeitsliebend. Zäh im Wider=
stande gegen den unter den Malaien auf Sumatra vor=
herrschenden Islam, haben sie sich in neuerer Zeit zum
großen Theil den Holländern freiwillig unterworfen.
Diese Thatsachen regten die Phantasie Gützlaff's nur
noch mehr an und trieben ihn während seines Aufent=
halts zu Rotterdam zum eifrigsten Studium der Batta=
sprache, soweit sie damals schon bekannt war. Um sich
jedoch die Hülfsmittel zur Erlernung dieser, sowie der
malaischen und chinesischen Sprache zu verschaffen, mußte
er zuvor Reisen nach Paris und London unternehmen,
wodurch zugleich die Einrichtung des englischen Missions=
wesens ihm genau bekannt wurde. Nach dreijährigem
Verweilen zu Rotterdam sandte die niederländische Mis=
sionsgesellschaft im August 1826 Gützlaff mit drei anderen
Missionaren nach Batavia und Java, wo er im Januar
1827 anlangte. Von hier aus sollte er nach kurzem
Aufenthalt in das Battaland auf Sumatra abgehen.
Allein die zu jener Zeit dort herrschenden kriegerischen=
Zustände hielten ihn zunächst von seiner Reise zurück
und er nahm seinen einstweiligen Wohnsitz zu Parappatan
bei Batavia, wo er besonders in dem Hause und der
Familie des londoner Missionars Medhurst die freund=
lichste Aufnahme fand, was von den Holländern, an
welche Gützlaff von Rotterdam aus mit Briefen gewiesen
war, nicht eben gewährt werden konnte. Hier und in der
Umgegend Batavias wirkte er während eines Zeitraumes
von zwei Jahren als Missionar mit gutem Erfolg. Zwar
ging er zu Ende des J. 1827 auch nach dem an der
Ostküste von Sumatra, in südöstlicher Richtung von
Singapore gelegenen Fort Rhio (Riouw) auf der gleich=
namigen Insel, einem Hafenplatze mit lebhaftem Verkehr
an der großen Handelsstraße des malaischen Archipels,
und stand dem dort wirkenden Missionar Wentinck fast
ein Jahr lang kräftig und mit Aufopferung zur Seite,
doch kehrte er darauf wieder nach Parappatan zurück,
als er, nach mehreren anstrengenden Versuchen, in das
Innere Sumatras vorzudringen, durch die unübersteig=
lichen Schwierigkeiten davon zurückgebracht wurde und
außerdem in den tiefer gelegenen Küstenstrichen zu seinem
Schmerze erkennen mußte, wie wenig erfolgreich seine
Bemühungen zur Bekehrung der Battas sich erwiesen.
An einem Tage war es ihm nach langen Mühen Gützlaff
gelungen, eine kleine Anzahl Männer, Frauen und Kinder
um sich in einem Thale zu versammeln. Ruhig hörten
sie den begeisterten Worten des Missionars zu. Als
Gützlaff geendigt hatte, trat ein älterer Manu mit weißen
Haaren vor und fragte, auf die Bibel, welche dieser in
der Hand hielt, zeigend: „Kann uns dieses Buch gesund
und reich machen? Kann es uns Speise und Trank,

Wohnung und Kleidung geben"? Als Gützlaff erwiderte,
das könne es allerdings nicht, doch gewähre es ganz
andere Nahrung, erwiderte der Batta: „Nun, das thun
unsere Adat auch, wir wollen bei ihnen bleiben". Seit=
dem war Gützlaff nicht mehr im Staube, nur zwei
Battas um sich zu versammeln. Damals gelangte in ihm
der Lieblingsplan seines Lebens zur Reife, nämlich in
das noch ganz verschlossene, höher civilisirte China ein=
zudringen und seinen Bewohnern das Christenthum zu
predigen. Zu diesem Zwecke mußte er sich indeß mit
der Sprache und Lebensweise der Chinesen ausreichender
vertraut machen, und dazu bot sich ihm auf Java gute
Gelegenheit.

Vor dem J. 1811 war auf Java an die Begrün=
dung einer ständigen Mission noch nicht gedacht worden:
die holländische Regierung hatte sich gegen alle derartige
Versuche bis dahin stets feindlich erwiesen, obwol sie
nicht hindern konnte, daß schon früher Vereinzeltes an
den Eingeborenen geschah. Als jedoch von diesem Zeit=
punkte an die Insel auf einige Jahre in die Hände der
Engländer gelangte, kamen unter dem ausgezeichneten
Generalgouverneur Raffles die ersten anerkannten Missio=
nare dahin. Bei der wiederholten Besitznahme Javas
durch die Holländer im J. 1815 befanden sich die
Missionen bereits im vollen Gange, sodaß die holländische
Regierung deren Wirken, welches zugleich von der nieder=
ländischen Missionsgesellschaft unterstützt und verstärkt
wurde, nicht mehr unterdrücken konnte, so bereit sie sich
auch dazu fühlte. Als Gützlaff auf Java weilte, war
daher durch den Missionar Medhurst schon viel für die
Verbreitung des Christenthums geschehen, besonders in
dem Dorfe Depok in der Nähe von Batavia, wo mehrere
Hundert eingeborener Christen lebten, deren Väter schon
lange vorher das Christenthum angenommen hatten.
Auch gibt es auf Java viele Abkömmlinge von einge=
borenen Christen, die sogenannten „Altgäste", welche in
Glaubenssachen eine eigenthümliche, seltsame Art ange=
nommen haben und deren, mit eingeborenen Frauen er=
zeugten Kinder, die „Lipplappen", ebenfalls für Christen
gelten. Medhurst hatte schon im J. 1822, nach manchen
Bemühungen, von der holländischen Regierung volle
Freiheit zur Predigt und Bücherverbreitung erhalten; auch
hatte er, um seinen Nachfolgern das Werk ihrer Missions=
thätigkeit möglichst zu erleichtern, ein javanisches Wörter=
buch angelegt. Dieser auf dem oft so mühseligen und
gefahrvollen Gebiete des Missionswesens unermüdliche
Mann war es denn auch, welcher Gützlaff die Gelegen=
heit verschaffte, mit Chinesen zu verkehren und ihre
Sprache zu stubiren, was bei dem Umstande, daß sich
damals zu Batavia unter einer Bevölkerung von 54,000
Seelen allein fast 15,000 Chinesen aller Stände befanden,
nicht schwer war. Allerdings bietet die chinesische Sprache
an sich schon dem Schwierigkeiten genug. Als die einzige
von allen alten Sprachen, welche noch heute gesprochen
wird und deren Verbreitung an das Wunderbare grenzt,
unterscheidet sich dabei die Schriftsprache von der ge=
sprochenen Sprache vollständig. Die Charaktere der

34*

erfteren find Zeichen gleich unferen Zahlen. Es gab deren urfprünglich 240, welche indeß, durch Verbindung, in den chinefifchen Wörterbüchern auf 44,000 angewachfen find, obwol von diefen 6—10,000 für das gewöhnliche Leben ausreichen. Die gefprochene Sprache befteht aus 450 einfilbigen Lanten, welche fich durch den feinen Unterfchied der Betonung bis auf 1600 vervielfältigen. Die Grammatik ift höchft unvollkommen; fie unterfcheidet nicht zwifchen Verbum und Subftantiv und kennt die Beugung nicht. Accent und Stellung müffen alles ausmachen. Dazu tritt noch der befonders erfchwerende Umftand, daß die chinefifche Sprache, foweit fie im Munde des Volkes lebt, in unzählige Mundarten zerfällt, wie vielleicht keine andere der Welt. Gegenüber diefen enormen Schwierigkeiten bei Aneignung des Chinefifchen, über welche fich Gützlaff in einem Briefe nach Deutfchland felbft anfangs klagend äußert: „Von den Schwierigkeiten derfelben kann fich nur derjenige einen Begriff machen, welcher einen Anfang in der Erlernung derfelben gemacht hat. Wenn Gott mir nicht auf eine außerordentliche Weife hilft, fo werde ich das Loos der meiften Miffionare haben, welche das Wort des Lebens in diefer fchweren Sprache zwar fchriftlich, aber nicht mündlich mittheilen können“, erwies er fich jedoch in feiner vollen Energie und Ausdauer, und bald hatte er es darin zu einer bemerkenswerthen Fertigkeit gebracht. Auch ergriff er alle Mittel, welche fich ihm zur Erreichung feines Zweckes boten, ohne Scheu. So verkehrte er tagtäglich mit mehreren gebrechlichen Chinefen, welche er unter einer Breterhütte untergebracht hatte, und redete mit ihnen ihre heimatliche Sprache; ferner befuchte er die chinefifchen Schulen wie ein Schulkind, ging in die Kaufläden und ließ fich mit den Leuten in Gefpräche ein, theils um fich felbft zu unterrichten, theils um in feinem Berufe als Miffionar das Evangelium zu predigen. Mit feiner ihm eigenen hingebenden Liebe verfchaffte er fich allenthalben aufmerkfame Zuhörer, und er brachte es bald dahin, in chinefifcher Sprache Predigten halten zu können.

Von Java aus begab fich Gützlaff mit dem englifchen Miffionar Tomlin um die Mitte des J. 1828 nach Bangkok in Siam, wo er bis zum J. 1831 blieb. Bangkok, ein zweites Venedig, mitten im Waffer zu beiden Seiten des Menam erbaut, ift der Mittelpunkt des chinefifchen Handels in Siam. Die 300,000 Einwohner zählende Stadt ift mehr als zur Hälfte von Chinefen bewohnt, unter welchen Gützlaff viele Freunde und Anhänger gewann. Ueberhaupt waren er und Tomlin die erften Miffionare, welche fich etwas länger in Bangkok aufhielten. Der Zweck diefes Aufenthalts war für Gützlaff zunächft die Erlernung des Siamefifchen, dann die Erweiterung feiner Kenntniffe im Chinefifchen und die Angewöhnung der Lebensweife der herweifenden Chinefen. Die Siamefen felbft zeigten fich dagegen für alle Bekehrungsverfuche gänzlich ftumpf und unempfindlich. Es ging unter ihnen die Sage, eine abendländifche Religion werde den Buddhismus zu welchem fie fich bekennen, ftürzen, und wenn auch die Furcht vor diefem

Ereigniß allmälig fchwand, fo blieb doch bei diefem überaus genußfüchtigen Volke kein Raum für eine erfolgreiche Miffionsthätigkeit übrig. Gleichwol wirkte Gützlaff unausgefetzt als Miffionar und machte zugleich feine nicht unbeträchtlichen medicinifchen Kenntniffe geltend, indem er als Arzt auftrat. Mit Beihülfe einiger gelehrter Siamefen überfetzte er das Neue Teftament und. die hiftorifchen Bücher des Alten Teftaments in das Siamefifche und verfaßte eine fiamefifche Grammatik; auch fand er in Bangkok Gelegenheit, die Sprache der Laos und das Kambodji zu lernen und Bibelftücke in diefelben zu überfetzen.

Hier in Siam verheirathete fich Gützlaff mit Mary Newell, einer reichen Engländerin, wodurch er in den Stand gefetzt wurde, fich von der niederländifchen Miffionsgefellfchaft, einer engeren Verbindlichkeiten knüpfte, welche aber die Arbeit unter den Chinefen als ausfichtslos aufgegeben hatte, gänzlich frei zu machen und feinen eifrigften Plan, feine Miffionsthätigkeit, unbehindert von feiner äußeren Feffeln, nach China felbft zu erftrecken, in das Werk zu fetzen. In diefem Vorhaben wurde er von feiner Gattin, einer eifrigen Freundin der Miffionsfache, welche gleich ihm im Umgange mit den Chinefen deren Sprache gründlich erlernt hatte, auf das Thätigfte unterftützt. Sie ftudirte unter anderem auch die kambodjifche Sprache und fchrieb ein cochin-chinefifches Wörterbuch, welches fie bis zum Buchftaben R fertig brachte. Doch ehe Gützlaff fein großes Unternehmen zur Ausführung bringen konnte, entriß ihm das neidifche Gefchick ihre Frau und fein einziges Kind durch einen plötzlichen Tod. Ihn felbft führte eine fchwere Krankheit bis an den Rand des Grabes. Diefe fchweren Schickfalsfchläge vermochten indeß nicht, die Thatkraft eines Mannes wie Gützlaff niederzubeugen: kaum wiederhergeftellt, fühlte er fich durch diefe Prüfungen nur noch mehr beftärkt in feinem Vorhaben, und er trat feine denkwürdigen Reifen längs der Küften des chinefifchen Reiches an.

Wenn es für einen Miffionar, zur Erreichung eines irgendwie nennenswerthen Erfolges, das erfte Erforderniß ift, fich vor dem Bekehrungsverfuche alter Culturvölker zum Chriftenthum nach deren geiftigen, moralifchen und phyfifchen Bedürfniffen zu richten und zu bilden, alle Gänge und Windungen diefer Cultur, den Glauben und den Aberglauben, die politifchen wie die bürgerlichen Verhältniffe genau kennen zu lernen, fo befaß Gützlaff diefes Erforderniß in hohem Grade. Obwol erft achtundzwanzig Jahre alt, war er doch in feinem Aeußern, feinem Auftreten, feiner Lebensweife ganz Chinefe geworden. Er führte den Namen „Schiki“ und unterzeichnete fich in chinefifchen Schriften ftets „Gneßan“, d. i. Chinefenfreund. So ausgerüftet zu dem vielgewagten Unternehmen und durch das von feiner verftorbenen Gattin ererbte Vermögen mit Mitteln reichlich verfehen, kam ihm im J. 1831 eine Aufforderung fehr gelegen, welche einer feiner chinefifchen Handelsfreunde an ihn richtete, ihn auf feiner Dfchunke auf einer Reife nach dem nördlichen Küftengebiete Chinas, nach Tien-tfin am

Pay-ho, zu begleiten. Gützlaff nahm diese günstige Ge-legenheit mit Freuden wahr und ging mit seinem Freunde im Juni desselben Jahres unter Segel. Von Bangkok aus segelte die Dschunke zuerst nach der Insel Namo, östlich von Canton, auf welcher Fahrt Gützlaff mehrmals in äußerster Lebensgefahr schwebte, nicht allein von Seite der Küstenbewohner, welche sich meistens feindlich erwiesen, sondern auch von Seite der eigenen Matrosen, die in seinen schweren Bücherkisten werthvolle Gegenstände, be-sonders Gold und Silber vermutheten. Doch unerschrocken entging er allen drohenden Gefahren, überall wirkte er muthig als Glaubensbote, bis er endlich die rührige Handelsstadt Tien-tsin, die Hafenstadt der Residenz Peking, an der Verbindung des großen Kanals und des Pay-ho, erreichte. Hier traf er alsbald bei seiner An-kunft mehrere chinesische Kaufleute, deren nähere Be-kanntschaft er schon in Batavia und Bangkok gemacht hatte. Sie begrüßten ihn freundlich und wünschten ihm Glück, daß er sich nun mit seinem Missionswerke unter den Schutz des Kaisers, des „Sohnes vom Himmel" stellen wolle. Da diesen Chinesen überdies Gützlaff's Kenntnisse als Missionsarzt bekannt waren, so strömten bald Kranke von allen Seiten herbei, welche seinen me-dicinischen Anordnungen bereitwillig Folge leisteten. Ein reicher und angesehener Kaufmann in Tien-tsin nahm ihn gastlich in sein Haus auf und bewirthete ihn auf das Freigebigste, während zugleich die Neugierde viele Chinesen herbeilockte, sodaß das Haus kaum mehr leer von ihnen wurde. Nach einem vierwöchentlichen Auf-enthalte in dieser Hafenstadt, welchen Gützlaff seine Missionszwecke nicht unbenutzt vorübergehen ließ, fuhr er auf der Dschunke seines Handelsfreundes noch längs der Gestade der Mandschurei hin und, nach einem halben Jahre abenteuerlicher und kühner Fahrten, kam er am 13. Dec. 1831 nach Macao zurück, wo ihn der englische Missionar Morrison mit offenen Armen aufnahm.

Morrison ist der eigentliche Begründer der evange-lischen Mission in China. Am 5. Jan. 1782 zu Button-Green in Northumberland geboren, war er schon in London durch einen Chinesen in dessen Sprache etwas gefördert worden, kam darauf in die Dienste der londoner Mission im J. 1807 nach Macao, begab sich indeß, weil die Portugiesen, wie die Engländer, von seiner Ankunft nichts weniger als erbaut waren, indem sie nicht ohne Grund Mißhelligkeiten mit der chinesischen Regierung befürchteten, nach Canton, um im Verborgenen dort Chinesisch zu treiben, bis ihn die Vorsicht schon ein Jahr darauf wieder nach Macao zurücktrieb. Nur heimlich und wie auf Schleichwegen konnte sich daher die Mission bewegen. Dies ging fünfunddreißig Jahre lang fort, bis endlich im J. 1842 durch den Frieden von Nanking der Mission eine freiere Bewegung gestattet wurde. Während jener für die evangelische Missionsthätigkeit überaus schweren Zeit war Morrison, dessen Name bald überallhin einen guten Klang hatte, der einzige Mis-sionar in China gewesen, welcher durch Erfassen der chinesischen Sprache, für welche fast noch kein Hülfsmittel vorhanden und welche so unbekannt war, daß man im

J. 1792 für eine nach Peking bestimmte englische Ge-sandtschaft erst nach vielen Nachforschungen in Paris, Rom und Neapel einen Dolmetscher finden konnte, den Grund zu den spätern Arbeiten legte.

Gützlaff's außerordentliche Fertigkeit, mit welcher er das Chinesische schrieb und sprach; der Umstand, daß sein ganzes Wesen so sehr das Gepräge eines echten Sohnes des Jao und Schun angenommen hatte, daß ihn die Chinesen gewöhnlich wie einen Landsmann begrüßten, brachte damals einige speculative englische Kaufleute auf den Gedanken, sich einen seltenen Mann so enger zu verbinden und für ihre Zwecke zu gewinnen. Gützlaff ließ sich bewegen, nach einem zehnwöchentlichen Aufent-halt in Macao, im Februar 1832 auf einem englischen Schiffe, der Ostindischen Compagnie gehörig, als Dol-metscher, Arzt und Prediger eine Anstellung anzunehmen, wobei er jedoch nichts weniger beabsichtigte, als seine Missionsthätigkeit außer Augen zu lassen. Das Schiff sollte die Seeprovinzen, ferner Korea, Japan und die Lieu-Khieu-Inseln erforschen und die Zuneigung der Eingeborenen an allen Orten zu erwerben suchen. Zwar hatte die chinesische Polizei allenthalben die strengsten Befehle ergehen lassen, die erscheinenden fremden Schiffe am Landen zu hindern; allein zu einem ernstlichen Widerstande zeigte sie sich überall zu feig: so konnten die Engländer, wo sie wollten, an das Land gehen und ihren wenig ehrbaren Schmuggelhandel mit Waaren allerlei Art, besonders aber mit Opium, betreiben. Güt-laff ward an allen Küstenpunkten freundlich aufgenommen, vertheilte chinesische Bücher christlichen Inhalts und heilte Kranke, wo sich ihm Gelegenheit dazu bot. Nirgends hatte er besondere Zeichen der Feindschaft seitens der chinesischen Bevölkerung zu erfahren, ja selbst Beamte drückten ihm gegenüber mehrmals ihr Bedauern aus, so strenge Befehle erhalten zu haben. Indeß, auf der kleinen Insel Amoy, in der Mündung des Drachenflusses, geschah es doch, daß diejenigen, welche von Gützlaff Bücher angenommen hatten, mit dem Bambus und dem Halsblock bestraft wurden. Noch eine dritte und vierte Reise unternahm Gützlaff während der Jahre 1832 und 1833 die Küste entlang; die erste auf einem mit Opium beladenen englischen Schnellsegler, die andere auf einem Handelsschiffe in Begleitung eines amerikanischen Mis-sionars. Die Berichte darüber, welche er im J. 1833 im Verein mit Lindsay dem englischen Parlamente vor-legte, sind von allseitigem und dauerndem Interesse. („Report of proceedings on a voyage to the nor-thern ports of China in the ship Lord Amherst".)

Bei allen Vortheilen, welche der Handelswelt Eng-lands aus diesen Expeditionen erwuchsen, fehlte es jedoch nicht an gewichtigen Stimmen, welche diese „Flibustier-unternehmungen" mißbilligten und in der Presse in scharfen Worten tadelten. Manche wollten auch auf Gützlaff den Vorwurf gelegt wissen, daß er, als evan-gelischer Glaubensbote, sich zu solchen bedenklichen Handelsoperationen als Dolmetscher habe verwenden lassen. Allein bei Gützlaff stand der Zweck höher als das Mittel, so wenig sich auch dieses Axiom mit der evangelischen Moral vertragen zu wollen scheint. Gütz= laff mußte sich wol dieses sich ihm bietenden, wenn auch zweifelhaften Mittels bedienen, wollte er seinen Hauptzweck, in China einzudringen und mit der inlän= dischen Bevölkerung in Verkehr zu treten, nicht bei Seite setzen. Gewinnsucht lag seinem Charakter gänzlich fern, abgesehen von dem bedeutenden Vermögen, das er zu jener Zeit sein eigen nennen konnte.

Trotz aller günstigen Erfolge konnte es Gützlaff gleichwol nicht wagen, sich an irgend einem Orte dauernd niederzulassen. Der damals in China herrschende Kaiser, Tao=kuang, hatte vom Jahre 1834 an allen Handel mit den „fremden Teufeln" unter Androhung der härtesten Strafen verboten. Die in das „himmlische" Reich eingeführten Bücher und Schriften wurden als schmutzige, entartete Werke bezeichnet, welche die Bar= baren unter dem Deckmantel der Tugend einschmuggeln wollten, um das chinesische Volk zu verderben. So kam es auch, daß Gützlaff's Gefährte, der chinesische Missionar Leang=afa, welcher durch Morrison's Mitar= beiter, dem Missionar Milne, ordinirt worden war, sich im =eigenen Lande nicht mehr sicher fühlte und bis zu einer bessern Zeit vorerst nach Malakka ging. Malakka, wo der Missionar Morrison im J. 1817 ein anglo =chi= nesisches Collegium gegründet hatte, war überhaupt schon seit längerer Zeit die Zufluchtsstätte für christliche Chi= nesen, welche um ihres Glaubens willen aus China ver= trieben wurden. Gützlaff selbst blieb aber vom Jahre 1834 bis 1837 ungehindert in Macao und Canton, von wo aus er auch Singapore, die „Löwenstadt", zeit= weise besuchte und dort das Evangelium predigte. Unter seinem Einflusse und der amerikanischen Missionare erstand in Macao die „Gesellschaft zur Verbreitung nützlicher Kenntnisse in China", welche sich die Heraus= gabe von Büchern aller Art zur Aufgabe setzte; auch wurde die Zeitschrift „Das Chinesische Magazin" ge= gründet, während die „Morrison'sche Erziehungs= Ge= sellschaft" die Gründung von chinesischen Schulen für beide Geschlechter eifrig betrieb. Ungeachtet aller ent= gegenstehenden und wiederholt erlassenen Verbote der chinesischen Regierung erschien eine verbesserte Ausgabe des Neuen Testaments und im J. 1838 kam durch Güt= laff die „Aerztliche Mission für China" zu Stande, welche in ihren Krankenhäusern im Verlauf weniger Jahre über zehntausend Kranke aufnahm und behandelte. Daneben hatte Gützlaff eine besondere Schule gestiftet und war außerdem unablässig bestrebt, ins Innere des Landes vorzudringen, bei welcher Gelegenheit ihm sogar in einer Stadt der Provinz Fu=kiang (Fokien) das Bürgerrecht ertheilt wurde.

Schon im J. 1834 war Gützlaff zu Macao eine zweite Ehe eingegangen, indem er sich mit Miß Anstell verheirathe, einer Engländerin, welche ihm, wie seine erste Gattin, eine treue Gehülfin warb. Unermüdlich in seinem Streben, auch Japan zu bereisen, hatte er auch bereits im J. 1831 die Gelegenheit wahrgenommen, welche ihm der Untergang eines japanischen Schiffes bot, von drei schiffbrüchigen japanischen Matrosen ihre Sprache

zu erlernen. Darauf verfaßte er mit Hülfe des von dem Missionar Medhurst in Batavia angelegten japa= nischen Wörterbuchs im J. 1836 den ersten Tractat in dieser Sprache, dem er verschiedene andere folgen ließ und welche er mit einem Kostenaufwande von 20,000 Dollars in der von ihm bereits im April 1833 zu Canton errichteten Druckerei zum Druck brachte. Dies alles bewog Gützlaff, zu Ende des J. 1837 den Versuch zu machen, in Japan einzudringen. Doch als er von den Lieu=Khieu=Inseln aus mit den englischen Missio= naren Parker und Williams das Land bei der Haupt= stadt Yeddo betreten wollte, wurden sie mit Kanonen= schüssen am Landen gehindert und das Fahrzeug, welches zugleich die zum Christenthum bekehrten schiffbrüchigen Japaner in ihr Vaterland zurückbringen sollte, mußte endlich unverrichteter Sache wieder nach Macao zurück= kehren.

Die immer weiter Dimensionen annehmende Feind= schaft zwischen den Engländern und den Chinesen hemmte hier die Thätigkeit Gützlaff's in bedeutendem Maße; doch selbst seine Anstellung als erster chinesischer Secretär der englischen Gesandtschaft zu Canton, zu welcher Stellung er kurz nach Morrison's Tode im J. 1834 aufrückte, vermochte seine Missionsarbeiten völlig zu unter= brechen noch zu lähmen, wenn ihm auch nicht gestattet war, die Evangelisirung der östlichen Asien weiter zu betreiben, als es mit den Handelsinteressen und dem politischen Getriebe Großbritanniens im Einklang stand. Bei Ausbruch des englisch=chinesischen Krieges im An= fang des J. 1839, den man zutreffend genug den „Opiumkrieg" benannt hat, mußte Gützlaff mit seiner Familie nach den Philippinen flüchten. Im Verlauf des Krieges die Engländer die für den Handel so wichtige Insel Tschusan eroberten, predigte er dort das Evangelium und wurde sogar, nach Einnahme der Küstenstadt Ning=po auf dem der Insel Tschusan gegen= überliegenden Festlande, Statthalter daselbst, wobei ihm zur Fortsetzung seines Missionswerks Gelegenheit genug geboten war. Bei den im J. 1842 zu Nanking, dem „Hofe des Südens", stattfindenden Friedensverhand= lungen zwischen England und China wirkte Gützlaff wesentlich mit, wobei ihm seine gründlichen Kenntnisse von Land und Volk wohl zu statten kamen. Nach Ab= schluß des Friedenstractats überreichte er jedem der kaiser= lich chinesischen Bevollmächtigten ein Exemplar des Neuen Testaments, welches diese zwar etwas verblüfft, aber doch bereitwillig annahmen. Darauf lebte Gützlaff noch ein ganzes Jahr lang als englischer Civilverwalter auf Tschusan, da diese Insel so lange als Unterpfand von den Engländern besetzt blieb. Erst im Monat November 1843 kehrte er nach Victoria auf Hong=kong zurück.

Auf die in Europa und Amerika widerhallende Kunde von dem Toleranz=Edict des Kaisers vom 28. Dec. 1844 und daß „China nunmehr offen" sei, gab es kaum eine Missionsgesellschaft, welche nicht an dem großen Werke der Bekehrung des chinesischen Volks hätte theilnehmen wollen. Scharen von Missionaren zogen nach den durch den Frieden von Nanking eröffneten Freihäfen Canton, Amoy, Futscheu, Ning-po und Schanghai, sowie nach der Insel Hongkong am Ostende der Tigerbai, welche den Engländern von der Regierung in China neben der bedeutenden Kriegskostenentschädigung förmlich abgetreten worden war. Allein wenn auch an allen diesen Orten die Missionsarbeiten ziemlich ungestört vor sich gehen konnten, in das Innere des Landes selbst war es den Fremden versagt einzudringen. Nur eine Tagereise weit war es ihnen gestattet, landeinwärts zu gehen. So schien trotz allem für China nur wenig von Bedeutung geschehen zu können, außer was etwa durch Verbreitung von Missionsschriften, welche infolge der Lesesucht der Chinesen aller Stände immerhin den Weg in das Innere fanden, zu erreichen möglich war. Kam es doch vor, daß auf der vor Canton gelegenen Insel Honam Missionare von der erbitterten Bevölkerung beinahe durch Steinwürfe getödtet worden wären, so nahe dies auch dem Freihafen war.

Diese seinen weitaussehenden Plänen gesetzten Schranken konnten indeß Gützlaff nicht abhalten, einen großartigen Entschluß zu fassen, um tiefer und sicherer in das chinesische Reich hineinzuwirken, nämlich den: durch zum Christenthum bekehrte Chinesen das Werk fortsetzen zu lassen. Er erkannte vollkommen, daß bei der übergroßen Abneigung des Volkes gegen alles Fremde und bei dessen altherkömmlicher Abgeschlossenheit gegen andere Nationen, über welche es sich weit erhaben dünkte, nur durch Chinesen selbst die Bekehrung Chinas allmälig gelingen könne, daß aber dazu die Vorbereitungen von langer Hand her getroffen werden müßten, sollten nicht alle Versuche, das gesteckte Ziel zu erreichen, erfolglos bleiben. So rieth er unter anderem dem unternehmenden Missionare von der erbitterten Bevölkerung beinahe maßregel an, sich in Kleidung und Sitten ganz dem chinesischen Volke anzubequemen, was bei vielen auch wirklich bis auf den Zopf geschah. Auch gründete Gützlaff den sogenannten „Chinesischen Verein", dessen Mittelpunkt Hong-kong sein sollte und dem er als erste Aufgabe stellte: zum Christenthum bekehrte Chinesen zu brauchbaren Gehülfen und Reisepredigern heranzubilden, um sie später in ihrem Berufe mit Erfolg in das Innere des Landes senden zu können. Diese sollten dann ihre Schüler und Jünger mit zurückbringen, um sie gleichfalls zu Predigern des Christenthums auszubilden. Den Zweck des Vereins gibt Gützlaff in einem , an die denkschen Christen" gerichteten Briefe folgendermaßen an: „Die Erfahrung lehrt uns, daß Ausländer nie im Stande sein werden, ganz China mit dem Evangelium bekannt zu machen, sowol um der Größe des Landes willen als aus anderen Gründen. Es ist daher nöthig, die Eingeborenen dazu anzuhalten, daß sie nicht blos das Wort Gottes predigen, sondern auch selbst die nöthigen Mittel für ihren Unterhalt aufzubringen suchen. Edle Selbstaufopferung ist zur Verbreitung des ewigen Wortes ein unerläßliches Erfordernis. Zu diesem Zwecke wurde der „Chinesische Verein" gestiftet und unterscheidet sich von anderen Gesellschaften dadurch, daß er keine

bestimmte Unterstützung und Einnahmen hat, sondern ganz den Herrn muß walten lassen und bei aller Unmacht und Armuth das ganze China als sein Arbeitsfeld betrachtet, soweit der Heiland die Mitglieder desselben dazu gebrauchen will. Die anderen Gesellschaften sind für die Hafenstädte. Der Verein bietet jeder andern Gesellschaft hülfreiche Hand und ist bereit, einer jeden, die es wünscht, seine besten Arbeiter in Dienst zu geben, will aber doch immer ein Ganzes bleiben, denn es ist wol der Mühe werth, daß ein Volk, welches reichlich den dritten Theil der Menschheit ausmacht, auf einen Verein rechnen kann, der sich ganz seinem Dienst widmet und durchaus blos für diesen Zweck arbeitet. Unser Hauptgeschäft ist die Predigt des Wortes Gottes an Orten, wo nie der Name des Erlösers gehört wurde; überall: im Freien, auf Märkten, in Tempeln und öffentlichen Gebäuden, wo sich nur Zuhörer einfinden. Die Mitglieder wissen von keiner Confession, halten das Wort Gottes für Richtschnur und Regel und sind mit den verschiedenartigen Ansichten in der Christenheit ganz unbekannt. Die Zahl der Arbeiter, jetzt etwa 53, ist immer im Wachsen u. s. w.".

Es konnte gegenüber den von Gützlaff gemachten Anstrengungen und seinen dabei gebrachten Opfern kaum fehlen, daß sich ein günstiges Resultat zeigte; wirklich stieg auch die Zahl solcher Prediger bald bis auf mehrere Hundert und der Verein erstreckte seine Thätigkeit allmälig fast über sämmtliche Provinzen des himmlischen Reichs, selbst bis in die Hauptstadt Peking hinein. Zu diesem für die kurze Zeit der Missionsthätigkeit kaum im Verhältniß stehenden günstigen Ergebnisse trug der Umstand wesentlich bei, daß Gützlaff noch von Batavia und später von Hongkong her mit vielen höheren chinesischen Beamten nähere Bekanntschaft hatte, so auch mit dem vielvermögenden Generalgouverneur Kijing. Diesem ihm besonders gewogenen Beamten übergab Gützlaff eine Uebersetzung des Neuen Testaments, sowie andere chinesische Schriften christlichen Inhalts, damit er sie zu näherer Untersuchung und Prüfung nach Peking sende. Kijing erfüllte das ihm gestellte Ansuchen mit aller Treue. Bald auch erschien eine kaiserliche Erklärung, worin gesagt war, daß die von dem Generalgouverneur Kijing zur Prüfung eingesandten Bücher und Schriften nichts Schädliches enthielten, daß darin zur Tugend ermahnt würde und die in ihnen enthaltenen Religionslehren fortan im chinesischen Reiche erlaubt sein sollten. Das war mehr als Gützlaff in seinen kühnsten Träumen erhofft hatte. Die eingehenden Berichte über Gützlaff's Thätigkeit aus jener Zeit und das Wirken des „Chinesischen Vereins" lieferte das „Calwer Missionsblatt" von Dr. Barth in regelmäßigen Beiträgen. Diese auch für die Geschichte und Staatenkunde des östlichen Asien wichtigen Schreiben sind gesammelt und unter der „Chinesischen Stiftung zu Kassel" veröffentlicht worden. („Saëhan's d. i. Karl Gützlaff's chinesische Berichte von der Mitte d. J. 1841 bis zum Schlusse d. J. 1846", Kassel 1850.)

Auf Grund der erwähnten kaiserlichen Erklärung

und in der vollbewußten Erkenntniß, daß das Eisen zu schmieden sei, so lange es heiß ist, sandte der „Chinesische Verein" von Hongkong aus den chinesischen Lehrer Lin Tsiün alsbald nach Peking, wo er freundliche Aufnahme fand und von den Stadtbehörden die Erlaubniß zu ungestörter Vertheilung seiner Missionsschriften und Bücher erhielt. Dieser ermuthigende Versuch fand allseitige Unterstützung, nicht zum geringsten Theil aus Deutschland, wo durch die chinesische Stiftung zu Kassel, dann auch durch die rheinische und basler Missionsgesellschaft manches zur Förderung des begonnenen Werkes geleistet ward, wie jene Gesellschaften denn auch dem „Chinesischen Verein" in Hongkong mehrere Missionare sandten. So sandte die basler Missionsgesellschaft im October 1846 zwei Missionare ab, Theodor Hamberg aus Stockholm in Schweden und Rudolf Lechler aus Adelberg in Würtemberg, welche mit den barmer Missionaren Köster und Genähr über Marseille, Alexandrien, das Rothe Meer und Bombay am 19. März 1847 in Hongkong ankamen. Der erste persönliche Eindruck war auf beiden Seiten ein sehr günstiger. Die jungen Ankömmlinge bewunderten den unablässigen Arbeitseifer Gützlaff's und dieser war ganz zufrieden mit ihrer Bescheidenheit und selbstverleugnenden Hingabe ans Werk. Die ihnen im chinesischen Stadttheile Hongkong angewiesene Wohnung bestand allerdings nur aus zwei steinernen Wänden, sonst war sie ganz von Holz erbaut, auch besaßen sie darin blos einige Räume: in den übrigen wohnte allerlei chinesisches „Gesindel", und überall „starrte" es von Schmuz. Als ihr Haar lang genug war, um zu einem Zopf geflochten zu werden, unterwarfen sie sich auch dieser Procedur, ließen das Vorderhaupt ganz abrasiren und legten den anfangs beschwerlichen Zopf an, wie sie sich denn auch bald in chinesischer Kleidung bewegen lernten. Auch mit dem Sprachstudium ging es voran, und die zum Verein gehörigen Prediger gefielen ihnen ganz gut. Wie sich daher Gützlaff in allen seinen Briefen über die ihm aus Deutschland zugesandten Brüder günstig äußerte, ebenso anerkennend lautete das deren Urtheil in ihren Berichten an ihre Missionsgesellschaften. So schrieb Hamberg, daß es schwer zu verstehen sei, wie der „liebe Gützlaff" alles thun könne, was ihm obliege. Nur mit der ihm eigenen Kürze, Einfachheit, Ordnung und unermüdlichen Thätigkeit könne er soviel leisten, woran Hamberg dann eine ins gehende Beschreibung seiner Lebensweise knüpfte. In diesem guten Einvernehmen blieben die Dinge bis zur Mitte des J. 1847. Hamberg und Lechler begaben sich von Hongkong nun auf kürzere Ausflüge auf das Land und in das Innere der Insel, je von ein paar der auf Rechnung der basler Mission übernommenen eingeborenen Prediger (im Ganzen zwölf) begleitet. Allein die Lichtseiten des schweren und entbehrungsreichen chinesischen Bekehrungswerkes waren bisher viel zu grell hervorgetreten, als daß nicht nach dem physikalischen Gesetze die Schattenseiten desselben sich um so dunkler erweisen mußten. Die deutschen Missionare hatten sich unter anderem dem Glauben hingegeben, der „Chinesische

Verein" sei eine freiwillig zur Ausbreitung des Christenthums zusammengetretene Gesellschaft selbständiger christlicher Männer, unter welchen Gützlaff blos die Stellung eines hervorragenden Mitgliedes einnehme. Nun wurde es ihnen erst offenbar, daß der Verein nur an der Person Gützlaff's hing und allein durch das von ihm herbeigeschaffte Geld, sowie durch seine überlegene Geisteskraft zusammengehalten wurde. Auch erkannten sie bald, daß die eingeborenen Predigtgehülfen bei weitem das nicht waren, was man von ihnen erwartet hatte. Anstatt an ihnen tüchtig durchgebildete, glaubenstreue und sittlich-reine Mitarbeiter zu finden, mußten sie die Erfahrung machen, daß jene Männer zum großen Theil die für christliche Sendboten erforderlichen Eigenschaften nicht besaßen. Es war ihnen daher für die Dauer unmöglich, sich mit denselben zu identificiren; sie beschränkten sich zunächst auf die Beaufsichtigung und Förderung der besseren christlichen Chinesen, und als ihnen auch dieses nicht gelingen wollte, zogen sie sich vom „Chinesischen Verein", nach dreivierteljähriger Theilnahme an seinen Zwecken, ganz zurück.

Dem ruhigen, unbefangenen Beobachter aller dieser Vorgänge im fernen Osten, -an den äußersten Grenzen des chinesischen Reichs, drängt sich hier unwillkürlich die Frage auf, ob wol eine von den deutschen, besonders den basler Missionaren gemachten Wahrnehmungen über die Untauglichkeit und theilweise Verderbtheit der zu Predigtgehülfen erwählten Chinesen, sowie die später daran geknüpften Schlüsse über Gützlaff's allzu vertrauensvolles Vorgehen innerhalb der Thätigkeit des „Chinesischen Vereins", sich in sämmtlichen Beziehungen auf unleugbare Thatsachen stützten, oder nicht etwa menschliche Schwächen, von welchen ja auch der Edelste und Frömmste nicht frei zu nennen ist, ihren Antheil hatten an der strengen und rückhaltlosen Beurtheilung der Missionsthätigkeit Gützlaff's? Vielleicht ist es einer späteren Zeit, der es ja so oft gelingt, das Licht vom Dunkel, das Falsche vom Wahren zu scheiden, vorbehalten, auch darüber völlige Klarheit zu verbreiten. Bis heute ist dies jedoch noch nicht geschehen. Unmöglich aber konnte man erwarten, daß jene, vielfach den unteren Ständen entnommenen Männer und Jünglinge, mit Annahme des Christenthums und nach erfolgter Taufe, sofort auch alle, ihnen von Jugend auf überkommenen Vorurtheile und Fehler mit einem Schlage ablegen würden. Wenn hierin der allzu großen Leichtgläubigkeit Gützlaff's ein Vorwurf zu machen ist, so muß die deutschen Missionare, sowie die Gesellschaften, welche sie in voller Kenntniß der chinesischen Volkszustände zur Unterstützung des „Chinesischen Vereins" absandten, mindestens der gleiche Vorwurf treffen. Auch diese Combination nicht in Betracht gezogen. Der Einwurf, daß Gützlaff in seiner „überschwänglichen" Weise die Zustände im chinesischen Missionswerke anders dargestellt habe, als sie in der That sich erwiesen, kann um so weniger als schlagend angesehen werden, als, nach dem eigenen Geständniß der basler Missionsgesellschaft, diese sich zur Absendung der Missionare besonders erst dadurch hatte bestimmen lassen, weil „Rom durch die (5) offenen Thore mehr als 60 seiner Sendboten habe bereits eingehen lassen". — Erst auf diese Erwägung hin waren die zwei Missionare Hamberg und Lechler nach China abgegangen, zunächst mit der Weisung, sich an Gützlaff anzuschließen, und mit dem Auftrage, eine fürs erste noch kleine Anzahl seiner eingeborenen Predigtgehülfen auf die Missionskasse zu übernehmen. (Basler Miss.-Magaz., März 1875.)

Gegen die Mitte des J. 1849 hatte Gützlaff den Entschluß gefaßt, Europa zu bereisen. Er wollte dort durch sein persönliches Auftreten eine größere Theilnahme für sein Missionswerk und namentlich für den vielfach bedrängten „Chinesischen Verein" erregen, wobei er der sicheren Erwartung lebte, daß sich ihm die nöthigen größeren Kräfte an Mitarbeitern, sowol Männern wie Frauen, und reichliche Geldmittel leicht bieten würden. Um aber den „Chinesischen Verein" in seiner Fortentwickelung nicht zu hemmen, stellte er an den Missionar Hamberg das Ansuchen, während der Dauer seiner Abwesenheit die Leitung des Vereins zu übernehmen. Hamberg wollte, bevor er zusagte, vorerst die Ermächtigung dazu seitens der basler Missionsgesellschaft einholen, und als diese erklärte, Gützlaff möge sich deshalb selbst nach Basel wenden, that dieser die nöthigen Schritte. Doch ehe noch die diesbezüglichen Verhandlungen zu Ende geführt waren, reiste Gützlaff am 1. Oct. 1849 von Hongkong nach England ab und Hamberg trat an seine Stelle als interimistischer Leiter des Vereins. Wiederholt sei darauf hingewiesen, daß Missionar Hamberg schon Ende des J. 1847 aus dem Vereine geschieden war. Er hatte die Leitung des Vereins aus folgenden Gründen übernommen: 1) weil er hoffte, den Verein durch seine Verwaltung nicht nur zu erhalten, sondern auch zu fördern, 2) weil er erwartete, Gützlaff werde nach einem Jahre, mit den nöthigen Geldmitteln und Gehülfen zur Fortsetzung des Werkes versehen, zurückkommen, endlich 3) weil er sich im Gebrauche des Chinesischen noch sehr schwach fühlte, dadurch in die Lage versetzt wurde, fast alle Dialekte Chinas sprechen zu hören und in allen zu sprechen.

Hamberg hatte seinerzeit den Verein verlassen, weil er, wie er unter dem 15. Sept. 1849 unter anderem an das basler Comité schreibt, einsah, daß viel Oberflächliches und Scheinbares mit wenig Realität da war; nicht weil es so war, sondern weil er nichts thun konnte, um dem Uebel abzuhelfen, da keinem Rathe kein Gehör gegeben wurde und seine Theilnahme am Verein nur als eine Billigung der Vereinszustände und der Schritte Gützlaff's hätte betrachtet werden müssen. — Nun stand er an der Spitze des Vereins mit unbeschränkten Vollmachten und zwar für einen Zeitraum von mindestens einem vollen Jahre: er hatte daher Gelegenheit genug zu zeigen, was er für das Vereinswohl thun könne. Allein es erwies sich bald, daß er aller Ehrbarkeit der Gesinnung Gützlaff nicht zu ersetzen vermochte. An Gützlaff's Person allein hing, wie bereits erwähnt, das Wohl und Wehe

des Vereins; er war dessen Seele, mit ihm mußte er steigen oder fallen.

Es ist von Interesse, die Vorwürfe zu lesen, welche in Hamberg's Berichten über das ganze Wesen und Treiben des „Chinesischen Vereins", während er dessen Leitung in Händen hatte, erhoben werden und worauf sich alle späteren Angriffe gegen Gützlaff stützen. So stellte es sich heraus, daß mehrere der eingeborenen Predigtgehülfen „Opiumraucher" waren; dann kam angeblich ein Mitglied nach dem andern zu Hamberg und bekannte, daß er „Gott und Menschen betrogen", seine „Tagebücher erfunden", in manchen Fällen sogar „Namen, Herkunft und Wohnort falsch angegeben" und überhaupt blos zum „Schein", nie in Wirklichkeit missionirt habe. Für Hamberg war nun das, was bisher noch als „ungelöstes Räthsel" dagestanden hatte, — „klar". — „Möglich ist es ja", setzt der in gereiztem Tone schreibende Berichterstatter im Missions-Magazin, April 1875, hinzu, „daß er hierbei nicht immer den zartesten Takt und zuweilen etwas leidenschaftliche Stimmung walten ließ, aber im Ganzen erwarb er sich das Verdienst, wesentliche Misbräuche abgestellt, schlechte Subjecte entfernt und die Zurückgebliebenen fleißig unterrichtet zu haben». Und auf Seite 163: „Kurz, der «Chinesische Verein» war wirklich, wie die basler und barmer Brüder schon längst gefürchtet, eine «Seifenblase», welche bei der ersten Berührung durch eine etwas festere Hand.— zerplatzte":

Inzwischen war Gützlaff acht Wochen nach seiner Abreise von Hongkong, nach dreiundzwanzigjähriger Abwesenheit von Europa, in Southampton ans Laub gestiegen und reiste sofort weiter nach London, wo er viele Bekanntschaften anknüpfte und alte erneuerte. Er predigte in den Kirchen fast aller evangelischen Bekenntnisse, zugleich aber begegnete er schon einer erwachsenden Opposition gegen seine Bestrebungen für das chinesische Missionswerk. Indessen gelang es ihm doch, einen chinesischen Verein in London zu Staube zu bringen, auch trat eine Anzahl Damen zusammen mit der Absicht, Lehrerinnen nach China auszusenden. Darauf durchreiste er ganz England und Irland und war schon auf dem Wege nach Schottland, als sich ihm die Nothwendigkeit aufdrängte, auch andere Länder zu besuchen. Ende März 1850 verließ Gützlaff daher England und schiffte sich nach Holland ein. Waren schon in England seine Erwartungen weit übertroffen worden, so war dies in Holland noch in gesteigertem Maße der Fall: die Theilnahme am chinesischen Missionswerke, erwies sich als eine allgemeine. Die Königin, selbst Prediger boten sich zu Missionaren an, doch fehlte es auch hier an Gegnern des Werkes nicht. Von Holland aus Belgien ging Gützlaff nach Deutschland, welches er nach allen Richtungen durchzog. Wie dort, grünhete er auch im deutschen Vaterlande überall Vereine, unter welche er die Provinzen Chinas als Gebiete der Missionsthätigkeit vertheilte. Die

Königin von Preußen übernahm den Vorsitz des Frauen-
vereins zu Berlin, und die berliner Missionsgesellschaft
bestimmte sogleich den begabten Missionar Neumann mit
seiner Frau, um Gützlaff auf seiner Rückreise nach Hongkong zu begleiten. (Neumann ist indessen erst nach
Gützlaff, und zwar am 30. Oct. 1850, von London aus
abgesegelt und am 27. März 1851 in Victoria auf
Hongkong angelangt.) Auch in seiner Vaterstadt Pyritz,
wo ihm von Seiten der Bürgerschaft der herzlichste Empfang bereitet und ihm das Ehrenbürgerrecht ertheilt
wurde, predigte Gützlaff und zwar am festlich geschmückten
Ottobrunnen unter großem Zudrang von nah und fern;
auch gründete er dort einen Verein für chinesische Mission,
wie es überhaupt fast keine Provinz, kein Land in
Deutschland gab, in welchen Gützlaff trotz aller von
seinen Gegnern betriebenen Anfeindungen nicht Missions-
vereine für China zu Stande gebracht hätte. Bis zu
welchem Grade von Animosität sich aber diese Anfeindungen steigerten, beweist ein tadelndes, öffentlich aus-
gesprochenes Urtheil des Pfarrers Langhans in Bern,
worüber sich im basler Missions-Magazin 1865, S. 29
eine kurze Notiz findet. Langhans sagt darin: „Die von
eitelster Selbstverblendung erfüllten Berichte Gaëhan's
(d. i. Gützlaff's), von welchem urtheilsfähige Personen
bei seinem Besuche in Deutschland 1850 geradezu den
Eindruck bekamen, er müsse an einer Geistesstörung leiden
u. s. w."

Im Aufang des Monats October 1850 kehrte endlich Gützlaff, nachdem der unermüdlich thätige Mann
auch noch Polen, Rußland, Schweden, Dänemark,
Oesterreich, die Schweiz, Südfrankreich und Norditalien
durchflogen hatte, über Aegypten, das Rothe Meer und
den Indischen-Ocean nach China zurück und landete am
20. Jan. des J. 1851 auf der Insel Hongkong. Der
ihm hier bereitete Empfang war ein rührender, doch
nur zu bald mußte er zu seinem Schmerze erfahren,
was sich während seiner fünfzehnmonatigen Abwesenheit
zum Nachtheil des „Chinesischen Vereins" zugetragen.
Die englische Bibelgesellschaft hatte fernere Mitwirkung und Unterstützung versagt; die Verkündigung
des Evangeliums unter den Chinesen hatte in der Nähe
wie in der Ferne so gut wie aufgehört. — Gützlaff pro-
testirte sofort gegen alles, was Hamberg als einstweiliger
Leiter des Vereins in seiner Abwesenheit vollzogen hatte.
Anfangs wiederholt an die Spitze getreten, trat er von
der Oberleitung wieder zurück und legte die Untersuchung
der gegen ihn erhobenen Anklagen in die Hand des
englischen Predigers Dr. Thomson. Er selbst belebte
durch seine zuverlässliches und unerschüttertes Auftreten
wiederum den Muth mehrerer chinesischer Predigtgehülfen,
sodaß diese ihre früheren Bekenntnisse als erzwungen
erklärten und sie widerriefen; er unternahm die gefährlichsten Wanderungen und suchte das Bekehrungswerk
in die früheren Geleise zu bringen. Allein diese übergroßen Anstrengungen, von denen Missionar Neumann
erzählt, er, der frische, rüstige Jüngling, habe es darin
kaum dem schon leidenden Manne gleich thun können,
warfen Gützlaff gegen Ende Juli desselben Jahres auf

das Krankenbett: die außergewöhnliche Kraft des starken,
rüstigen Mannes war gebrochen. Ein heftiges Fieber,
in Verbindung mit rheumatischer Gicht, welche zuletzt
die Wassersucht herbeiführte, bereiteten ihm große Schmerzen, größer noch war wol der Kummer seines Herzens
über die Verdächtigungen, welche sich besonders von
Seiten der Freunde und Genossen im Missionswerke,
nicht allein gegen die Art seines Wirkens, sondern auch
gegen seine Gesinnung und seinen christlichen Charakter
erhoben. Gützlaff starb am 9. August 1851, im neun-
undvierzigsten Lebensjahre, in Hongkong im Frieden,
nachdem er noch allen ausdrücklich verziehen hatte, von
denen er sich gekränkt glaubte. Noch am Abend desselben
Tages um 5½ Uhr bewegte sich der feierliche Leichenzug
dem ziemlich entfernten Friedhofe zu. Alle hohen Beamten der basler Missionsgesellschaft und der Gouverneur an der
Spitze, nahmen Theil an dem feierlichen Begräbniß;
außer den Deutschen und Engländern folgten eine große
Schar von Chinesen und Japanesen. Nach der englischen Grabliturgie hielt der rheinische Missionar Genähr
in chinesischer Sprache, im Punti-Dialekt, eine Ansprache
an die versammelten Chinesen; zum Schluß stimmte ein
Chor chinesischer Jünglinge einen Trauergesang an.

Schon zu Gützlaff's Lebzeiten hatte sich über den
„Chinesischen Verein", welchen nach dessen Abscheiden
noch eine Zeitlang der Missionar Neumann im Namen
des „Berliner Hauptvereins für China" leitete, der aber
infolge der immerwiederkehrenden Enttäuschungen bald
ganz aufgelöst wurde, sowie über Hamberg's Antheil an
dessen traurigem Schicksal, ein heftiger Federkrieg erhoben,
welcher auch noch lange nachher fortgeführt wurde, aber
bei der gegenseitigen Erregtheit zu keiner Klärung der
Thatsachen führen konnte. Allerdings ist im Jahresbericht der basler Missionsgesellschaft für das J. 1850-
51 zu lesen: „Die Krise, in welcher unsere Mission in
China sich befand, ist nunmehr glücklich beendigt"; indeß
wird wol mit der Behauptung nicht zuviel gesagt sein,
daß mit der Beendigung jener Krise nicht auch zugleich
die Frage über Gützlaff's Verdienste aus der Welt geschafft sei. Eines ist es besonders, was zu dieser Ansicht
hinleitet: es ist die Art und Weise, wie das basler
Missions-Magazin gegenüber Gützlaff und seinem Wirken
in China sich später stellt. So befindet sich im Oc-
toberheft des Jahrgangs 1866, bei Gelegenheit der Besprechung der z. Werdau in Sachsen erschienenen
„Blätter für die Mission. Zwei Jahrgänge 1864—65",
folgender Passus: „So bedauern wir, daß Gützlaff noch
immer der Apostel Chinas genannt wird. Das Mißlingen seiner großen Pläne ist doch zu augenfällig, als
daß von seiner Wirksamkeit mehr viel die Rede sein
könnte. Man thut besser, die Fehler unsers Landsmanns
mit dem „Mantel christlicher Liebe" zu bedecken, als
durch solches Lob die Kritik herauszufordern". — Es ist
dies dasselbe basler Missions-Magazin, welches in seinem
Jahrgange 1859, Seite 451, sich über Gützlaff folgendermaßen äußert: „Auch ist seine Wirksamkeit in China
von so hoher Bedeutung für die chinesische Mission geworden, daß mit derselben sein Name für alle Zeiten

wird verknüpft bleiben". Und an einer andern Stelle, in einem „die Entwickelung der chriftlichen Missionen in China" betreffenden Auffaße: „Nachdem die chinesische Mission über 25 Jahre ihre vorbereitenden Arbeiten in den Colonien Chinas und im Süden des Mutterlandes gethan u. f. w., da seßte der kühne und gewandte; für Christum brennende Missionar Güßlaff Europa in Erstaunen, indem er durch eine Reihenfolge von Reisen, während denen er Wochen lang in den Städten des chinesischen Reichs lebte und mit Großen und Kleinen offen verkehrte, bald gefürchtet, bald geachtet, aber nie mit Schmach ausgestoßen — die alte Sage von der gänzlichen Verschloffenheit Chinas thatfächlich als eine Fabel erwies".

Wie befänftigend dagegen klingt der Inhalt eines Artikels im „Missions-Freund" Nr. 25. 26. — 1851, unter Redaction des Paftors Fr. Ahlfeld an der Nicolaikirche zu Leipzig! Nach Schilderung des Zuges, welcher Güßlaff's Leiche nach dem stillen Friedhofe auf Hongkong brachte, und nach Erzählung seiner letzten Lebenstage und Stunden, werden hier die gegen Güßlaff erhobenen Vorwürfe und Beschuldigungen mit „wahrhaft chriftlicher Milde" abgewogen, ohne Missstimmung, ohne Vorurtheil, und es neigt sich stets die Wagschale sehr zu Gunsten des vielfach verkannten Missionars Güßlaff. Es werden darin seine Mängel, seine Gebrechen nicht beschönigt, aber auch seine Leistungen im vollen Maße anerkannt. Und so soll es sein! Ueber das Grab hinaus darf keine Unversöhnlichkeit walten.

China ist heutzutage kein verschloffenes Land mehr. Das „Reich der Mitte" mußte jedoch, bevor es zu diesem erfreulichen Ende kam, manche folgenschwere Wandelung durchmachen. Als der Kaiser Tao-kuang im Monat Februar 1850 ftarb, folgte ihm sein neunundzwanzigjähriger Sohn, Hien-fung, ein entschiedener Feind des nach allen Seiten vorschreitenden Christenthums und jenen Verkehrs mit den rothen Barbaren. Alsbald nach seiner Thronbesteigung seßte er an die Stelle aller jener Beamten, welche den Frieden von Nanking mitunterzeichnet hatten, echte Söhne seines Reichs, und es begann sofort eine allgemeine Verfolgung gegen die Christen, namentlich gegen die in China vielvertretenen katholischen Missionare. Der im Innern des unermeßlichen Gebietes wüthende blutige Rebellenkrieg erregte das Misstrauen der chinesischen Beamten nur noch mehr, und als eines Tages Mandarinen ein chinesisches Fahrzeug wegnahmen, welches unter englischer Flagge segelte, und den energisch dagegen protestirenden englischen Conful schnöde behandelten und mit seiner Beschwerde abwiesen, kam es infolge des schroffen Verhaltens des Obercommissars Yeh von Kwangtung (Canton) zu einem zweiten chinesischen Kriege, an welchem, außer den Engländern, bald auch die Franzosen, ebenso wie Nordamerika und Rußland theilnahmen. Anfangs waren nur Canton und seine Vorstädte der Schauplaß des Kampfes, als aber im J. 1857 Lord Elgin mit einer ansehnlichen Kriegsmacht heranzog, welche nur durch den Aufstand der Sepoys in Indien so lange zurückgehalten worden war, ward

die Stadt Canton in wenigen Tagen erobert, wobei den Engländern auch der Obercommissar Yeh in die Hände fiel. Dieses Missgeschick bewegte indeß den Hof von Peking noch keineswegs zur Nachgiebigkeit. So fuhr denn die vereinigte Flotte nach der Bai von Petscheli, nahm ungeachtet des heftigen Kanonenfeuers alle Festungen und Werke an der Küfte, drang in den Pay-ho gewaltsam ein, und die fremden Barbaren standen balb vor Tien-tfin, nur 35 Stunden von Peking entfernt. Da erft brach der Troß des Kaisers, welcher durch den Vertrag von Tien-tfin, im Monat Juli 1858, der gesondert mit Rußland und Nordamerika, dann mit England und Frankreich abgeschloffen wurde, dem Handel noch weitere Hafenpläße an den chinesischen Küften öffnete. Ferner sollten die Unterthanen der vier Kriegsmächte für die Zukunft das Land ungehindert durchreisen und sich überall ansiedeln dürfen; auch sollten deren Consuln auf gleicher Rangftufe mit den Bevollmächtigten ihrer Staaten stehen und in Peking Gesandte residiren, namentlich sollte aber den Christen jeglichen Bekenntnisses freie Religionsübung gewährleistet sein.

Dem größten Theile der Chinesen behagte diese Neuerung keineswegs. Manche Mandarinen thaten, als ob der Frieden, weil mit Gewalt erzwungen, für sie gar nicht vorhanden wäre. So wurde das Schiff, welches im J. 1859 den englischen Gesandten nach Peking bringen sollte, auf dem Pay-ho vom Lande aus heftig beschoffen und in den Grund gebohrt, was die Erneuerung des Krieges zur nothwendigen Folge hatte. Englische und französische Truppen rückten vereint im J. 1860 bis Peking vor, der Kaiser entfloh, aber seine Sommerresidenz wurde der Plünderung preisgegeben und verbrannt. Tief gedemüthigt, ließ der jugendliche Kaiser den neuen Frieden von seinem Bruder am 24. Oct. 1860 unterzeichnen. Er selbst starb schon im August 1861, erst neunundzwanzig Jahre alt, worauf sein neunjähriger Sohn, Tung-chih, unter Vormundschaft seines Oheims Kung den Thron Chinas bestieg. Seitdem sind die Thore dieses Reiches allen Fremden geöffnet, Handelsverträge mit den amerikanischen und europäischen Staaten wurden abgeschloffen; mit Deutschland regelt ein Vertrag vom J. 1861 den Verkehr, und ein dauernder Friede scheint die fremdartigen Nationen zu verbinden. Unter dem neuen Kaiser Tfai-tien (Kuangfü), welcher seit dem J. 1875 zur Regierung gelangte, ziehen Gesandtschaften nach den fernften Ländern und Welttheilen hinaus, Eisenbahnen werden angelegt, Telegraphen find in Wirksamkeit, englische und deutsche Schulen und Universitäten erstehen an verschiedenen Orten, und China ift somit in die Reihe der neueren Culturstaaten endgültig eingetreten. Ebenso steht Japan, welches die erften Spatenstiche der europäischen Pioniere mit Kanonenschüffen erwiderte, gegenwärtig an der Spiße der Civilisation im östlichen Asien. — Wer wollte gegenüber diesen überwältigenden geschichtlichen Thatsachen, die dem Insblebentreten noch vor vierzig Jahren als eine hoffnungslose Träumerei behandelt wurde, den Antheil kleinlich bemessen oder gar leugnen, welchen Güßlaff's unermüdete Missionsthätigkeit an dem Eintreten dieser mächtigen Reiche in die Arena der Cultur genommen hat?

Es sei hier des Urtheils Erwähnung gethan, welches der englische Geistliche Moncrief, der mit dem Missionar Neumann an Gützlaff's Sterbelager stand und ihn als Seelsorger besuchte, über dessen Charakter und Streben öffentlich an den Tag legte. „Eine Liebe", sagt dieser glaubwürdige Mann, „die sich durch nichts erschüttern ließ, war der Hauptzug in seinem Charakter. Fortwährende Gebetsübung war seine Tagesarbeit. Er bildete sich nicht ein, daß er die Heiden bekehre, der Herr sollte es thun um der Gebete der Gläubigen willen. Wenn die Neubekehrten strauchelten, betete er um so inniger für sie. In seinem Standesamte als Dolmetscher zwischen Engländern und Chinesen war er überaus pünktlich. Aber alle Zeit, welche ihm übrig blieb, gehörte den Heiden. Täglich unterrichtete er drei Klassen chinesischer Bekehrter, und daneben predigte er täglich hin und wieder. Freudig steuerte er von seiner eigenen Habe zu dem Werke der Mission bei. Wenn Verluste kamen, sagte er: „Gottes Werk darf darunter nicht leiden". Wenn alle äußeren Hülfsquellen zu versiegen schienen, dann ersetzte seine Börse den Mangel. Er hatte den Entschluß gefaßt, nun sein Standesamt ganz aufzugeben, sich ganz der Mission zu widmen und sie auf seine eigenen Kosten zu betreiben". Gützlaff's Plan, China durch eingeborene Christen zu bekehren, billigte Moncrief ganz und gar, wenn er auch über Einzelheiten in der Ausführung nicht seiner Ansicht war. Nach dem Urtheil dieses Geistlichen war Gützlaff's Hauptirrthum darin bestanden, daß er von seinen Leuten zu viel erwartet, zu viel geglaubt hat. Sein Versuch, der, bis zu seinem Tode fortgeführte, die chinesische Nation in ihrer Gesammtheit mit dem Evangelium zu durchbringen, ist der triumphhafteste gewesen, der je gemacht worden ist. Einst wird der Name: Gützlaff als ein großes Licht in der Missionswelt leuchten, würdig des Ruhmes, welchen man jenem Zeugenvolke der Wahrheit zollt, das nie zweifelte. an der Ausbreitung der Kirche Christi auf Erden. — Das sind die Worte und Gedanken jenes Engländers.

Schließlich und zur Abrundung des Bildes von Gützlaff möge hier der Auszug einer Rede folgen, welche der General-Superintendent u. s. w. Dr. Hoffmann am 29. Mai 1861 bei der Missions-Conferenz zu Berlin im Namen des evangelischen Missions-Vereins für China gehalten hat. Nachdem der Redner von der Thätigkeit Morrison's und Leang-afa's gesprochen, fuhr er fort: „Ein dritter Faden, der uns gleichfalls zeigt, es geht nichts verloren in dem Geduldswerke der Mission, ist Gützlaff. Schon 1827 ist er aus dem rotterdam'schen Missions-Institut nach den östlichen Gewässern gekommen, und hat auf die Insel Rhio und dort herum gearbeitet, sich in die Sprache und in das Wesen der Chinesen hineingelebt, und wir wissen, daß er von 1832 an, an den Küsten hin und her reisend, und später bei mehr dauerndem Aufenthalt in China gearbeitet hat. Dieser Faden aber läuft fort bis zur Gründung der Missionsvereine

für China in Deutschland, und bis zu dem, was sowohl von Seiten der alten Missionsgesellschaften in Basel und Barmen als auch von Schweden und Holland her in China gethan wurde. Daher arbeiten jetzt, während im J. 1830 nur erst eine Missionsgesellschaft, die londoner, in der Person Morrison's und später Milne's und Medhurst's auf dem Plane stand, 21 Missionsgesellschaften in China; und rechnet man hinzu, was unter den ausgewanderten Chinesen auf Borneo und Malakka unternommen worden ist, so haben bis jetzt 213 evangelische Missionare an China gearbeitet, von denen 181 im eigentlichen China gestanden haben oder noch stehen. Das Meiste von diesem allem ist aber angeregt durch Gützlaff's Schriften und Arbeit. Andere kamen nach, herbeigezogen durch sein Reden und sein Rufen, und, was er auch immer in Beziehung auf die Methode, die er verfolgte, Bitteres erfahren hat, welche Täuschungen schmerzlicher Art ihm auch mögen begegnet sein, und welche Hoffnungen er vielleicht zu schnell erregt haben mag, die nachher nicht in Erfüllung gingen, — das alles ändert nichts an dem Zeugniß, daß er es gewesen ist, der jetzt einen großen Theil der evangelischen Welt ins Feld gestellt hat für die chinesische Mission". („Evangelischer Reichsbote", 1861, 11. Jahrgang Nr. 8.)

Was Gützlaff's literarische Thätigkeit anlangt, so ist diese der Natur der Sache nach so umfangreich, daß darauf verzichtet werden muß, die Zahl seiner Werke und Abhandlungen nur annähernd anzugeben. Theils in chinesischer, theils in englischer, holländischer und deutscher Sprache geschrieben, bewegen sie sich auf allen Gebieten des staatlichen und culturellen Wissens, wobei selbstverständlich das Christenthum stets die Folie bildet. Aber auch in lateinischer Sprache schrieb er, so z. B. „Das Leben Christi"; im Siamesischen: die Uebersetzung des N.-Testaments, die Psalmen, des Lebens Christi und der biblischen Geschichte; in der Sprache Kambodjas: das N.-Testament nebst den Psalmen; dann: English-Siamese dictionary; English-Cambodjan dictionary; English-Laos dictionary; ferner vollendete er das von seiner ersten Gattin begonnene: Complete dictionary Cochinchinese-English and English-Cochinchinese. Als seine schätzenswerthesten Werke müssen jedoch angesehen werden: „Geschiedenis der uitbreiding van Christus Koningryk o. Aarde, sedert de dagen der Kerkhervorming tot den tegenwoordigen tyd; inzonderheid met betrekking tot de Zendelingen en Zendelings-Genootschappen" (2 Bde., Rotterdam 1828); „Verslag van een driejarig verblyf in Siam, en van eene ryze langs de kust van China naar Mantschurija" (Rotterdam 1833); „Ueber meinen Aufenthalt in Siam und Reise an der Küste Chinas" (Calw 1833); „Journal of three voyages along the coast of China in 1831, 1832 and 1833" (herausgegeben von Ellis, London 1834; deutsch, Basel 1835); „China opened, or a display of the topography, history etc. of the Chinese empire" (2 Bde., London 1838); „Chinesische Berichte, 1841—1846"; „Geschichte des chinesischen

Reichs von den ältesten Zeiten bis auf den Frieden von Nanling. Herausgegeben von Karl Friedrich Neumann" (Stuttgart und Tübingen 1847); „Die Mission in China. Vorträge, gehalten in Berlin" (Berlin 1850); „The life of Tao-kuang, late Emperor of China, with memoirs of the Court of Peking" (London 1851; deutsch, Leipzig 1852). Ferner gab Gützlaff im J. 1834 sein bekanntes Tagebuch über seine drei Reisen an den Küsten Chinas heraus; außerdem verfaßte er verschiedene Abhandlungen in den Denkschriften der königlichen Asiatischen Gesellschaft zu London („Transactions of the Royal Asiatic Society", III, 2), dann im Chinesischen: die „Wissenschaftliche Chinesische Monatsschrift"; eine Geschichte Englands; eine Geschichte der Juden; eine allgemeine Weltgeschichte und Erdbeschreibung; über den Handel; eine kurze Darstellung des englischen Reichs und seiner Bewohner, sowie mehrere kleinere Sachen. Im Japanischen: die Uebersetzung des N.-Testaments, des ersten Buchs Moses, zweier Tractate und einige wissenschaftliche Broschüren. In der „Hongkong-Gazette" hatte Gützlaff die chinesische Abtheilung ganz übernommen, und endlich schrieb er bis zum J. 1842 für das „Chinesische Archiv".

Quellen: Blumhart, „Handbuch der Missionsgeschichte und Missionsgeographie" (2 Bde., Calw 1863); — Basler „Evangelisches Missions-Magazin", neue Folge, Jahrgänge III, X und XIX; — C. Christoph Gottlieb Schmidt, „Lebensbeschreibungen merkwürdiger evangelischer Missionare" (2 Bde., Leipzig 1846); — Tractat Nr. 162 des Hauptvereins für christliche Erbauungsschriften (Berlin 1851); — Der Missions-Freund, Jahrgänge 1846—47 und 1851—52; — Evangelischer Reichsbote, Jahrgänge 1851—62; — Die Gegenwart, 4. Band, Leipzig 1850; — Chronik von Pyriß, bearbeitet von Gustav Karpowsky. (Pyriß 1855).
(Ferd. Moesch.)

GÜTZLAFFIA, eine von Hance aufgestellte Gattung der Acanthaceen, mit folgenden Merkmalen: Kelch regelmäßig, fünfspaltig, Zipfel schmal; Blumenkrone aus langer, gekrümmter Röhre glockig mit gleichem fünftheiligem Saume, dessen Zipfel eiförmig und stumpf sind. Die beiden Staubgefäße sind fast eingeschlossen, die Staubbeutel eiförmig, zweifächerig, die Fächer parallel, gleich, unbegrannt. Griffel aus dem bärtigen Schlunde hervorragend, an der Spitze einwärtsgekrümmt; Narbe einfach, pfriemlich, Kapsel länglich, fast vierkantig, zweifächerig, viersamig, fachspaltig-zweiklappig, Klappen in der Mitte die Scheidewände tragend. Samen kreisrund, zusammengedrückt.

Aus dieser Gattung ist nur eine auf der Insel Hongkong wachsende Art, Gützlaffia aprica Hance, bekannt, ein Halbstrauch mit fast niederliegendem, vierkantigem, etwas rauhem Stengel, aufrechten Aesten, elliptischen, am Grunde in den kurzen Blattstiel verschmälerten, ganzrandigen, rippig-genervten, etwas runzeligen, oberseits und am Rande rauhen, unterseits dicht grauen Blättern, sitzenden, 5—8blüthigen Büscheln und

lanzettlichen, etwas filzigen, gewimperten, den Kelch kaum überragenden Deckblättern.
(Garcke.)

Guyana, Land in Südamerika, s. am Ende des Buchstaben G.

GUYARD (Laurent), französischer Bildhauer, geb. zu Chaumont am 12. Juli 1723, gest. zu Carrara am 31. Mai 1788. Den ersten Kunstunterricht erhielt er bei einem mittelmäßigen Maler Lallier, doch entschied er sich bald für die Plastik. Im Atelier des Ornamentbildhauers Landsmann konnte er nicht viel lernen und so entschied er sich, nach Paris zu übersiedeln, wo er Schüler des jüngeren Boucharbon wurde und solche Fortschritte machte, daß er 1750 den großen Preis der Sculptur gewann. Vorzüglich zog ihn der Bau des Pferdekörpers an und er studirte fleißig die Anatomie desselben. Durch ein gelungenes und allgemein gepriesenes Modell zur Reiterstatue Ludwig's XV. zog er sich den Neid und die Feindschaft seines Lehrers zu, der ihn sogar zwang, sein Modell zu zertrümmern. Um seinem Feinde aus dem Wege zu gehen, reiste er nach Rom, wo er meisterhaft mehrere Antiken im Auftrage copirte; so den Apollo im Belvedere, den Gladiator und andere. Durch eine Frau von selbstmörderischen Absichten geheilt, erhielt er einen Ruf nach Paris. Hier kam er 1767 an und führte eine Statue des ruhenden Mars aus, um in die Akademie aufgenommen zu werden, aber Künstlerneid verlegte ihm den Weg. Friedrich der Große und der Herzog von Parma wußten den Künstler zu schätzen, beide riefen ihn an ihren Hof. Der Künstler fühlte sich nach Italien hingezogen, wo er denn auch mit Ehren überhäuft wurde; die Akademien von Parma, Bologna und Padua zählten ihn zu ihrem Mitgliede. Für den Isth von Clairvaux vollendete er 1783 ein Modell zu einem heil. Bernhard, das er in Marmor ausführen sollte; doch hinderte ihn der Tod an der Vollendung des Werkes, das sich bereits im Entwurfe allgemeiner Anerkennung erfreut hatte.

S. Campori. Ticozzi. Emile-Folibois, Notice sur Laurent Guyard, 1841.
(J. E. Wessely.)

GUY DE CHAULIAC (Guido de Cauliaco), ein gegen den Ausgang des Mittelalters lebender Chirurg, wurde in dem Dorfe Chauliac im Bezirke Gevaudan, an der Grenze der Auvergne, geboren, am Schlusse des 13. Jahrh., oder ganz zu Anfang des 14. Jahrh. Guy widmete sich dem Studium der Medicin in Montpellier. Raimond von Molières, Peter von Toulouse, Peter von Horlac oder Aurilhac und Meister Barthélemi oder Berthomieu (im gedruckten Werke Bertrucius oder Bertran genannt) bezeichnet er als seine Lehrer. Von Bertrucius gibt er selbst an, daß derselbe Anatomie lehrte und sogar einen menschlichen Leichnam dazu benutzte. Ein in Montpellier thätiger Lehrer konnte damit nicht genennt sein, denn hier wurden erst gegen das J. 1490 menschliche Leichen zum Studium der Anatomie verwendet, und nimmt man deshalb an, daß Guy auch die damals berühmte Universität Bologna besucht hat, wo ein Bertrucius Lehrer der Anatomie war.

Nachdem er an mehreren Orten als Arzt thätig

gewesen war, am längsten aber in Lyon, trat er beim
Papste Clemens VI. in Dienste, der seinen Sitz in
Avignon hatte. Dies muß spätestens ums J. 1348 geschehen sein. Wahrscheinlich war er auch bei dessen Nachfolger Innocenz VI. in Diensten, und Urban V., der
im J. 1362 den päpstlichen Stuhl einnahm, ernannte
seinen Landsmann Guy zum Kaplan, Kämmerer und
Leibarzte. Schon im folgenden J. 1363 machte Guy
seine alsbald berühmt gewordene Chirurgie bekannt, die
im J. 1490 (andere nennen das J. 1470) zum erstenmal in Druck kam. Wie lange er die Bekanntmachung
dieses Werkes noch überlebt hat, ist nicht bekannt.

Man findet noch verschiedene Manuscripte von Guy's
Chirurgie in lateinischer sowol als französischer Sprache
und selbst im Languedoc-Patois des Verfassers. Nach
Dezcineris unterscheiden sich die lateinischen Manuscripte
und Drucke von den französischen Manuscripten, insofern
die letzteren genauer und vollständiger sind und dabei
weniger modernisirt erscheinen. Der ursprüngliche Text
des Verfassers, falls er noch vorhanden ist, würde demnach wol eher unter den französischen Manuscripten zu
suchen sein. Nun ist aber in der päpstlichen Bibliothek,
unter den spanischen und provenzalischen Autoren, unter
Nr. 4804 durch Lacurne de Sainte Palaye ein Manuscript aufgefunden worden, das sich durch Correctheit
vor allen Manuscripten von Guy's Chirurgie auszeichnet: dasselbe ist aber im Languedoc-Patois abgefaßt.
Sollte dieses Manuscript etwa Guy's Autographon sein,
zu dessen Erwerbung und Einverleibung in der päpstlichen Büchersammlung die Stellung des Verfassers zum
päpstlichen Stuhle und die anerkannte Vortrefflichkeit des
Werkes wol Veranlassung geben konnte?

Guy von Chauliac, der mit gründlicher Gelehrsamkeit ein gesundes Urtheil verband, der zu seinem chirurgischen Handeln immer durch vernünftige Indicationen
sich bestimmen ließ, wurde Reformator der bisher dominirenden italienischen Chirurgie, nicht nur für Frankreich,
sondern für ganz Europa, da sein classisches Werk in die
verschiedensten Sprachen übersetzt wurde. Die Wichtigkeit der Anatomie für die Chirurgie erkennt er zur Genüge dadurch an, daß er seiner Schrift einen kurzen
Abriß der Anatomie vorausschickt. Er erklärt dann ausdrücklich, daß seinen Anweisungen eine eklektische Benutzung der früheren chirurgischen Darstellungen zu Grunde
liegt, und hält er sich namentlich an Galenus, Driba-
sius, Paulus Aegineta, Rhazes, Avicenna, Albucasis,
und unter den neueren an Roger von Parma und an
Roland von Parma. Alle wichtigeren chirurgischen Kapitel werden abgehandelt; nur den Steinschnitt, das
Staarstechen, die Embryulcie, überläßt er den fahrenden
Meistern, denen jene Specialitäten damals zufielen. Er
empfiehlt bei gewöhnlichen entzündlichen Geschwülsten
Blutentziehung und Diät, weiterhin allgemeine und örtliche Repercussiva gelinderer Art, außerdem schmerzstillende
und besänftigende Mittel, wozu sich besonders Rosenöl
und Bilsenkraut eignen sollen. Bei Kopfverletzungen mit
Fractur der Schädelknochen soll das Trepan in Anwendung kommen. Fisteln will er mit der Compressivbinde

behandeln, oder auch operiren. Die Wahl des Ortes für
den vorzunehmenden Aderlaß bestimmt sich nach dem
Grade der Krankheit; eine falsche Ansicht über die Vertheilung der Gefäße hat Veranlassung dazu gegeben,
daß man das eine oder das andere Gefäß ausschließlich
zu öffnen empfahl. Der wahre Krebs und der Hoden-
bruch bei alten Leuten sind beide unheilbar, und Betrüger
sind jene Aerzte, welche diese beiden Krankheiten heilen
zu können vorgeben. Die gefürchtete Amputation der
Gliedmaßen will Guy durch die unblutige Abnahme ersetzen: die mit Pechpflaster umwickelte Extremität wird
im Gelenke so lange eingeschnürt, bis der abgestorbene
Theil abfällt. Guy zählt durchaus nicht zu den kühnen
Chirurgen, vielmehr hat man ihm einen Vorwurf daraus
gemacht, daß er nicht mit genugsamer Entschlossenheit
den Instrumentenapparat zur Anwendung brachte.

Die Chirurgie von Guy von Chauliac erschien unter
dem Titel: Chirurgiae tractatus septem; cum antido-
tario. Venet. apud Octav. Scotum. 1490. Fol. — Ib.
1519. — Ib. apud Juntas. 1546. Ferner: Chirurgiae
tractatus septem. Lugduni 1518. 4. — Ib. 1559. 8.
— Ib. 1569. 8. — Ib. 1572. 8. — Ib. cum notis
Laurentii Joubert. 1585. 4. Ferner erschien: La
grande Chirurgie, traduit par Laurent Joubert. 1578
oder 1579. Dieser französischen Ausgabe reihten sich
dann andere in den Jahren 1580, 1585, 1592, 1599, 1611,
1615, 1619, 1632, 1641, 1643, 1657, 1679, 1692 in
Lyon, Ronen, Tournon, Venedig und anderwärts erschienene französische Texte an, zum Theil noch ausgestattet mit den Annotations par Isaac Joubert.

Mehrfach sind auch in Frankreich Auszüge aus
Guy's Chirurgie erschienen, die man unter Bezugnahme
auf Guy's Namen als Guidon de Chirurgie, als
Fleurs de Guidon und in ähnlicher Weise bezeichnete.
                              (Fr. Wilh. Theile.)

Guyenne, alte Provinz Frankreichs, s. am Ende
des Buchstaben G.

GUYON (Jeanne Marie Bouvier de la Motte-)
wurde am 13. April 1648 Abends vor Ostern zu Montaogis in der Provinz Orléans von reichen adeligen Aeltern geboren. Ihr Vater, Claude Bouvier, Herr de la
Motte-Vergoville, verwaltete das Amt eines Berichter-
statters über die bei Hofe einlaufenden Bittschriften.
Verfrüht zur Welt gekommen, schien das Kind kaum
lebensfähig zu sein und war daher in den folgenden
Jahren fortwährend schwächlich und oft von lebensgefährlichen Krankheiten befallen. Vorübergehend vertraute
der Vater das kaum 2½ jährige Töchterchen dem Ur-
sulinerinnenconvent zu Montaogis, hernach einem benachbarten Benedictinerinnenkloster zur Pflege und Erziehung
an, in welchem letzteren die Kleine bereits ein sehr reges
und reiches geistiges Leben kund gab, das ganz besonders
dem religiösen Interesse zugewandt war. Hernach verlebte das Kind mehrere Jahre im älterlichen Hause, wo
dasselbe indessen von der Mutter sehr vernachlässigt
wurde, weshalb der Vater die siebenjährige Tochter
wieder in das Ursulinerinnenkloster brachte. Hier trat
die Neigung des Kindes zu ascetischen Uebungen, aber

auch die wunderbare geistige Begabung desselben bereits in überraschender Weise hervor. Zwei Jahre später nahm der Vater das Kind wieder zu sich; aber auch diesmal war der Aufenthalt desselben im älterlichen Hause nicht von langer Dauer. Die Superiorin des Dominikanerinnenklosters, welche an der vielversprechenden Erscheinung des Kindes Freude fand, überredete den Vater, ihr dasselbe zur ferneren Ausbildung zu überlassen. Jeanne Marie wanderte daher abermals in ein Kloster, wo sie acht Monate blieb. Hier sah sie zum erstenmal die heilige Schrift, die sie mit dem größten Eifer las. Da indessen ihre Erziehung in dem Kloster vollständig vernachlässigt wurde, so rief der Vater die Tochter aus demselben zurück und übergab sie wieder dem Ursulinerinnenkloster, wo sie die Zeit von Ostern bis Pfingsten zubrachte, um sich für ihre erste Communion vorzubereiten. In das älterliche Haus zurückgekehrt, lernte sie hier die Schriften des Franz von Sales und der Frau von Chantal kennen, aus denen sie eine Ahnung davon gewann, daß es ein Beten gebe, von dem sie noch nichts wisse. Alle Gelübde und guten Werke, die sie im Buche der Frau von Chantal verzeichnet fand, begann sie mechanisch nachzuahmen. Wie diese z. B. mit einem glühenden Eisen den Namen Jesu sich auf die Brust eingebrannt hatte, so nahm sie ein Stück Papier, zeichnete auf dasselbe mit großen Schriftzügen den Namen Jesu, faßte das Papier mit Bändern ein und nähete es sich mit einer Nadel an vier Enden auf die Brust, auf der sie es so lange trug, als es hielt.

Von der Mutter war sie eben damals in die Gesellschaft eingeführt, wo sie aber auch sofort von dem schwersten Mißgeschick ihres Lebens betroffen wurde. Noch im sechzehnten Lebensjahre stehend, wurde sie nämlich am 28. Jan. 1664, ohne ihr Wissen, einem reichen Bewerber um ihre Hand, dem 38 Jahre alten Herrn Jaques de la Motte-Guyon, durch ihren Vater verlobt. Erst wenige Tage vor der Hochzeit sah sie den Bräutigam. Nach derselben erfaßte sie sofort die tiefste Jammer darüber, daß sie die so lange gehegte Hoffnung, einst Religiose zu werden, sich nun selbst verscherzt habe. Dazu kam, daß in dem Hanse des Herrn de la Motte ein durchaus weltliches Treiben herrschte, und daß die zanksüchtige und geizige Schwiegermutter sie auf das Schändlichste mishandelte. Ein junger Franziskaner, den sie in dem Hause ihres Vaters kennen lernte, und der die unglückliche, nach dem Frieden mit sich selbst ringende Frau ermahnt hatte, den Frieden Gottes und die Gemeinschaft mit Gott nicht außer sich, sondern in den Tiefen ihres eigenen Herzens zu suchen, gab ihr allerdings zu der eigenthümlichen späteren Entwickelung ihres religiösen Lebens die erste Anregung; aber einstweilen ging doch der innere Wandel der Frau in dem trüben Dämmerlichte selbstgemachten Märtyrerthums fort. Sie zerfleischte sich mit Dornen, geißelte sich bis aufs Blut, fastete über die Maßen, legte sich einen Gürtel mit eisernen Stacheln an, brach allen Verkehr mit der Welt ab und lebte ausschließlich dem Gebet. Dadurch wurde sie alsbald der Leute Spott, und in ihrem Hause

mußte sie jetzt nicht nur den Haß und die Bosheit der Schwiegermutter, sondern auch den Hohn ihrer Dienstleute in gesteigertem Maße ertragen.

Durch den Franziskaner lernte die junge Frau einige Zeit nachher eine Dame kennen, welche dieser als eine der größten Dienerinnen Gottes bezeichnete. Es war dies die Mutter Priorin der Benedictinerinnen zu Paris, Genoveva Granger, durch deren Vermittelung sie in Paris mit dem hochgefeierten Mystiker-Bertot in Verkehr kam. Von da an begann die tiefe Mystik des inneren Lebens der jungen Dame sich charakteristisch zu entwickeln. Am Vorabend des Magdalenentages 1672 (in welchem Jahre sie durch den Tod ihres Vaters in die tiefste Trauer versetzt war) vollzog sie auf ihrem Zimmer einen Act, durch welchen sie sich dem Jesuskinde feierlichst verlobte. Sie selbst setzte eine darauf bezügliche Urkunde auf, und seitdem (es war dieses im Jahre vor dem Tode ihres Gatten) nannte sie den Erlöser ihren divin époux.

Indessen trat gerade damals in dem inneren Leben eine Veränderung ein, die ihr unsägliches Leid bereitete; sie fühlte sich von Gott geradezu verlassen. Dieser Zustand des tiefsten inneren Elendes dauerte fast volle sieben Jahre. Allerdings erneuerte sie Jahr für Jahr ihre mit dem Erlöser eingegangene Verbindung und setzte ihre geistlichen Uebungen unermüdlich fort; aber ihr inneres Gebetsleben war gänzlich erstorben.

In dieser Zeit, im Sommer 1676, starb ihr Gatte, den sie bis zum letzten Athemzuge mit treuester Liebe gepflegt hatte. Die junge Witwe, welche fünf Kindern das Leben gegeben, war damals 28 Jahre alt. Sie fühlte sich ohne allen Trost. Im J. 1680 zog sie für einige Zeit nach Paris, wo sie mit dem Superior der Barnabiten zu Thonon am Genfer See, Père la Combe, bekannt wurde. Die Begegnung mit dem tief innerlich frommen Manne war für ihr ganzes späteres Leben entscheidend. Lacombe ging in liebevollster Weise auf ihre Seelenleiden ein, suchte ihr klar zu machen, daß sie gerade in ihren jetzigen Erfahrungen einen Beweis der Liebe und Treue Gottes, der sie durch Leiden zu sich ziehen wolle, zu erkennen habe, — und mit Einem Schlage war das innere mystische Leben der erregbaren jungen Frau wiedergekehrt. Es war ihr, als habe sie jetzt erst einen Gottesfrieden in sich aufgenommen, den sie früher noch gar nicht gekannt hatte. Gleichzeitig glaubte sich Frau von Guyon aus allerlei wunderbaren Vorkommnissen zu überzeugen, daß Gott sie zu seinem Dienste nach Genf rufe, namentlich als der in Paris anwesende Bischof von Genf, d'Aranthon, ihr erzählte, daß daselbst bereits eine Vereinigung von Damen bestehe, welche die Erziehung protestantischer Töchter und bereits bekehrter Neukatholikinnen im katholischen Glauben zur Aufgabe gemacht, und welche die Absicht habe, sich in dem benachbarten Sey niederzulassen, wo sie als Vorsteherin dieser Congregation ein erwünschtes Arbeitsfeld finden könnte.

Mit innerem Jubel rüstete sich daher Frau von

Guyon zur Reise nach Genf, wohin sie sich von Gott selbst berufen glaubte, um diese Metropole protestantischer Ketzerei zum wahren Glauben zurückzuführen zu helfen.

Mit ihrem kleinsten Töchterchen und zwei Dienerinnen kam sie im Sommer 1681 nach Ger, wo Bischof d'Aranthon ihr zu ihrer Unterstützung sofort den Pater Lacombe zusandte; derselbe war von da an ihr eigentlicher Seelenführer. Ihr Töchterchen übergab sie den Ursulinerinnen zu Thonon zur Erziehung, während sie selbst, um sich für ihren neuen Beruf zu weihen, das Gelübde immerwährender Keuschheit, Armuth und Obedienz gegen Gott und die Kirche zum Zweck vollkommener Verherrlichung des armen Jesuskindes ablegte.

Indessen den innern Frieden, auf welchen sie gehofft, fand sie in Ger doch nicht. Das bigotte Leben der Damen war ihr widerwärtig, vor den von den Neubekehrten geleisteten Abschwörungen hatte sie ein wahres Grauen, und die geheimen Machinationen und Intriguen, welche sie in dem Hause wahrnahm, machten ihr das ganze Institut verächtlich. Die Damen zu Ger merkten die Verstimmung und forderten jetzt ebenso wie der Bischof um so gebieterischer, daß sie den Rest ihres Vermögens dem Hause als Eigenthum zuwenden und an die Spitze desselben treten solle. Beides wies Frau von Guyon zurück, worauf dieselbe auch sofort den glühendsten Haß des Bischofs wie der Damen zu Ger zu erfahren hatte. Man beschuldigte sie sogar des schändlichsten Umganges mit Lacombe, und selbst in Thonon, wohin sie floh, sah sie sich von Haß und Verleumdung verfolgt. Da ihr einziger Trost, der Pater Lacombe, damals von dem Bischof von Verceil als geistlicher Rath berufen wurde, welchem Rufe derselbe folgte, so konnte auch in Thonon ihres Bleibens nicht mehr sein. Sie zog zu der ihr befreundeten Marquise de Prunai nach Turin, von da nach Grenoble, dann nach Marseille und begab sich hierauf, um zu ihrer Freundin nach Turin zurückzukehren, über Nizza, Savona, Genua und Alessandria nach Verceil, wo sie zuvor den Pater Lacombe zu sehen wünschte.

Hier machte die fromme Dame auf den Bischof von Verceil, der von derselben schon viel gehört hatte, einen so gewaltigen Eindruck, daß derselbe den Entschluß faßte, auf welchen Frau von Guyon bereitwilligst einging, sie an die Spitze einer in Verceil zu begründenden Damencongregation zu stellen. Allein Frau von Guyon wurde von schwerem Siechthum befallen, weshalb ihr die Aerzte eine Luftveränderung anriethen; und da um dieselbe Zeit Lacombe nach Paris berufen wurde, so reiste sie gleichzeitig mit demselben (im Sommer 1686) nach Paris.

Hier jedoch zog sich über beiden alsbald ein schweres, verderbendrohendes Wetter zusammen. Die religiösen Ideen Lacombe's waren bekannt geworden; man fand, daß dieselben mit den Lehrsätzen des spanischen Priesters Molinos, welche soeben als quietistische Ketzerei in Rom verdammt worden waren, die auffallendste Aehnlichkeit hatten. Lacombe wurde daher bei dem König als Anhänger des Molinos denuncirt und sofort erst in

Klosterhaft genommen und hernach in die Bastille abgeführt (October 1687). In der öffentlichen Meinung stand Lacombe bereits als überführter Ketzer da, was für Frau von Guyon die Folge hatte, daß nun auch sie als der Irrlehre verdächtig erschien. Kaum hatte sich dieses Gerücht verbreitet, als auch über ihren Wandel, insbesondere über ihre Beziehungen zu Lacombe, die ungeheuerlichsten Gerüchte in Umlauf kamen. Auch sie wurde daher bei dem König als Anhängerin des Molinos mit dem Angeben angeschwärzt, daß sie gesetzwidrige, verführerische Versammlungen halte, weshalb eine königliche Ordre sie sofort in ein Kloster einzusperren befahl. Am 29. Jan. 1688 wurde sie in das Kloster Maison de la visitation des Faubourg St. Antoine abgeführt. Die Unglückliche betheuerte ihre Unschuld und ihren rückhaltlosen Gehorsam gegen die Autorität der Kirche, für die sie ihr Leben zu opfern jederzeit bereit sei; allein alle ihre Betheuerungen waren umsonst und sie mußte die Qual der strengsten Haft ertragen, bis Frau von Maintenon auf sie aufmerksam wurde und bei dem König die Freilassung derselben aus dem Kloster erwirkte.

In den nächstfolgenden Jahren (1688—1694) lebte Frau von Guyon theils zu Paris, theils bei ihrer verheiratheten Tochter; von Paris kam sie oft nach St. Cyr, wo sie in dem Erziehungsinstitut der Frau von Maintenon sehr bald der Gegenstand der Bewunderung und Verehrung wurde. Ihre Auffassung und Darstellung religiöser Ideen war geistreich und originell; ihr Leben erschien bereits einigermaßen im Schimmer des Märtyrerthums. Dieses und die Liebenswürdigkeit ihres ganzen Wesens veranlaßten es daher, daß sie bald bei dem Mittelpunkt aller geselligen Interessen war. Mit Bewunderung sah schon damals der fromme und geistreiche Abbé Fenelon an ihr hinauf.

Indessen die Tage der Ruhe, deren Frau von Guyon sich jetzt erfreute, waren gezählt. Ihr Verkehr mit den Damen in St. Cyr hatte unter denselben eine religiöse Erregung veranlaßt, wegen deren Frau von Maintenon einige Geistliche, welche sie ihr Vertrauen besaßen, befragte. Hierbei wurde nun der letzteren klar gemacht, daß die Ideen, welche Frau von Guyon vertrete, nothwendig die Auflösung alles kirchlich-religiösen Lebens und somit aller festen religiösen Sitte und Ordnung zur Folge haben müßten. Frau von Guyon wurde daher bedeutet, daß sie ihre Besuche in St. Cyr für die Folge einstellen möchte. Schlimmer aber noch als dieses war es, daß der angesehenste Kirchenmann des ganzen Königreichs, der gelehrte Bischof Bossuet von Meaux, damals öffentlich auf die Seite der Gegner trat. Die fromme, von einem wunderbar innern Leben erfüllte geistvolle Dame hatte in den letzten Jahren viel geschriftstellert und Bossuet, der anfangs das Auftreten derselben mit Interesse beobachtet, hatte einige ihrer Schriften gelesen, den Inhalt derselben aber höchst bedenklich gefunden. Die Nachricht von dem ungünstigen Urtheil des Bischofs Bossuet über die Schriften der Frau von Guyon verbreitete sich rasch in allen derselben feindlich gesinnten Kreisen und brachte alsbald den Sturm der leidenschaftlichsten Erregung gegen sie zum Ausbruch. Die Unglückliche, welche von den schändlichen Gerüchten hörte, welche abermals über sie coursirten, veranlaßte es daher selbst, daß Frau von Maintenon eine Commission gelehrter Theologen mit der Prüfung ihrer Schriften betraute. Bei der Zusammensetzung der Commission war man gegen Frau von Guyon nicht unbillig verfahren: man hatte in dieselbe außer dem Bischof Bossuet den keineswegs gegen sie eingenommenen Bischof Noailles von Chalons und einen intimen Freund Fenelon's, den Superior des Klosters St. Sülpice, Abbé Tronson, gewählt.

Die Verhandlungen der Commission fanden zu Issy statt, woher sie die Conferenzen von Issy genannt wurden. Noch ehe sie zum Abschluß gekommen waren, veröffentlichten der Erzbischof Harley von Paris und andere Bischöfe des Königreichs, im Herbst 1694, Mandate, worin die Schriften der Frau von Guyon verdammt wurden, während die Conferenz zu Issy aus diesen Schriften 30 Sätze als Irrlehren heraushob. Fenelon, der (eben auf den erzbischöflichen Stuhl von Cambray erhoben) schließlich noch zu den Conferenzen von Issy hinzugezogen wurde, fügte zwar zu den 30 Artikeln 4 dieselben mildernden articles explicatifs hinzu, unterzeichnete sie, am 10. März 1695, auch die ersteren. Das Urtheil war also gesprochen. Frau von Guyon unterwarf sich demselben, indem sie, am 15. April 1695, den ihr auferlegten Widerruf der verurtheilten Sätze schriftlich declarirte, worauf ihr Bossuet, am 1. Juli 1695, ein Certificat über ihre gut katholische Gläubigkeit und Gesinnung ausstellte.

Frau von Guyon, sich nunmehr als vollkommen gerechtfertigt ansehend, suchte von jetzt an in Paris ihre religiösen Ideen in allen ihr zugänglichen Kreisen zu verbreiten und in denselben auf Erweckung innerer Frömmigkeit hinzuwirken. Kaum aber hatte man dieses erfahren, so wurde ihr zur Last gelegt, daß sie trotz ihres Widerrufes wiederum für ihre Kezereien Propaganda zu machen suche, daß sie gesetzwidrige Versammlungen halte u. s. w. und am 27. Dez. 1695 wurde sie daher verhaftet und in das Gefängniß von Vincennes, später von da in die Bastille abgeführt. — Im folgenden Jahre wurde ihr gestattet, die Bastille gegen ein weibliches Ordenshaus zu vertauschen, wo sie aber ebenso strenge Haft wie in der Bastille zu ertragen hatte. Erst im Jahre 1701 oder 1702 wurde sie aus derselben entlassen. Sie lebte noch 15 Jahre als das Muster einer Christin in aller Stille und Gottseligkeit, anfangs in Diziers bei Blois, wohin sie verwiesen war, hernach in Blois, von wo aus sie den lebhaftesten Verkehr mit ihren Anhängern und Verehrern in Frankreich, Deutschland, Holland und England unterhielt. — Nach dreimonatlicher schwerer Krankheit starb sie am 9. Juni 1717 zu Blois, im 70. Jahre ihres Lebens.

Aber die Schwingungen, welche sie im religiösen Leben ihrer Zeit hervorgerufen hatte, bewegten sich gerade seit ihrem Tode in immer weiteren und immer

tiefer gehenden Kreisen durch Frankreich und alle umliegenden Lande hin. Es gab damals Unzählige in Frankreich, welche die von Frau von Guyon verkündete Lehre, daß der Christ in vollkommen passiver Contemplation zum „nackten" Glauben, der auch ohne alle Hoffnung auf Gnade in Gott ruhe und zur „uninteressirten Liebe", die Gott lediglich um seiner selbstwillen, nicht aber wegen seiner Güte gegen die Menschen liebe, hinstreben müsse, daß er beten müsse, nicht um von Gott irgend etwas, z. B. Vergebung der Sünden, zu erbitten, sondern um sich an Gott willenlos hinzugeben; daß das vollendete Gebet, das stille Gebet, das Leben und Ruhen in Gott ohne Worte wie ohne Wille sei; daß der Mensch, wenn er zu diesem Ruhen in Gott, zur wahren Gelassenheit gekommen sei, in sich keine Sünde mehr habe, — als die Grundwahrheiten des Evangeliums vertraten, und sich in der Pflege und Ausübung dieser Ueberzeugung auf das Engste an einander schlossen. Die Schriften der Frau von Guyon erlangten daher rasch die weiteste Verbreitung. Unter denselben wurde am meisten die von ihr während ihrer Haft aufgesetzte Selbstbiographie (La vie de Mad. Guyon, écrite par elle même) gelesen, auch ihre, 20 Bände umfassende, mystische Auslegung der ganzen heiligen Schrift (Cöln 1713—1715) war in den Händen Vieler zu finden. Am meisten Aufsehen erregten aber ihre Schriften: Moyen court et très facile pour l'oraison (Lyon 1688—1690). Le Cantique des Cantiques, interpreté selon le sens mystique (Grenoble 1685; Lyon 1688). Les torrens spirituels (Cöln 1704). Außerdem schrieb sie: Recueil de Poesies spirituelles (Amsterd. 1689). — Lettres chretiennes et spirituelles (Cöln 1717). — L'âme amante de son Dieu (Cöln 1716) und ihre „Justification", welche von Fenelon herausgegeben wurde. — Eine vollständige Ausgabe ihrer Werke wurde von ihrem begeisterten Verehrer zu Lausanne, dem Prediger Jean Philippe Dutoit — Membrini zu Paris 1790 veranstaltet. Ein Theil ihrer Schriften ist außerdem in deutschen und englischen Uebersetzungen verbreitet worden. — Eine vollständigere Darstellung ihres Lebens und der Wirksamkeit der merkwürdigen Frau bereite ich vor.

(*H. Heppe.*)

GUYON (Richard de Baufre, Graf), nachmals Churschid Pascha, ungarischer Revolutionsgeneral, stammt aus einer im 17. Jahrh. aus Frankreich nach England ausgewanderten Familie und ward am 31. März 1813 zu Walcot bei Bath als Sohn eines Marinecapitäns (nach andern Viceadmirals) geboren. Er trat 1828 in die britische Legion in Portugal und nahm an der Expedition gegen Don Miguel theil. Nach Auflösung dieser Legion trat er 1832 in österreichische Militärdienste, avancirte in einem Husarenregiment zum Oberlieutenant und Adjutant des Generals Splenyi, mit dessen Tochter er sich 1838 vermählte. Darauf nahm er seinen Abschied und verlebte einige Jahre in Zurückgezogenheit. Später pachtete er das Kameralgut Csata unweit Gran und war als tollkühner Reiter und Sportsman ersten Ranges

befannt. Levitſchnigg*) charafteriſirt ihn als „waghalſi=
gen Reiter, daher Kedveneʒ der Dollunanys, d. i. Lieb=
ling der Huſaren; er war ein Demjaniſch in kleiner Aus=
gabe mit engliſchem Phlegma, wie dieſer prächtig, wenn
er fremde Diſpoſitionen erhalten, gleichmüthig im Glück
wie auf der Retraite. Seine Rolle: Soldatenglück; ſeine
Parole: better luck an other time." Beim Ausbruch
der Unruhen im Juli 1848 bot Guyon dem ungariſchen
Kriegsminiſterium ſeine Dienſte an, und ward von dieſem
zum Major und Commandanten des zweiten peſter Frei=
willigen=Bataillons ernannt. In dieſer Stellung machte
er den Zug gegen den Banus Jellachich und ſpäter den
zum Entſatz Wiens unter General Moga mit. Im
Treffen bei Schwechat, 30. Oct., war er der einzige
ungariſche Führer, der durch Tapferkeit und Kaltblütigkeit
die Ehre des Honveds rettete, denn ſein Bataillon war
das einzige, das nicht die Flucht ergriff. Dreimal ging
er mit Bajonnetangriff gegen die Kroaten vor, wobei
ihm ein Pferd unter dem Leibe getödtet wurde, und
nahm mit Sturm das Dorf Mainsworth ein. Für
dieſe That wurde er zum Oberſten ernannt, commandirte
aber dann, dem Armeecorps Görgey's beigegeben, im
November minder glücklich gegen den über Trentſchin
eingedrungenen öſterreichiſchen General Simuniſch. Hier
zeigte ſich das Eigenthümliche ſeiner Kriegführung, die
ſich in einem waghalſigen Drauslosgehen und in höchſter
Bravour äußerte, ohne daß ihm jedoch die Regeln
wiſſenſchaftlicher Kriegführung bekannt geweſen wären.
Er konnte daher trotz numeriſcher Ueberlegenheit ſeiner
Truppen und anderer ihn begünſtigender Umſtände über
das kleine Häuflein Oeſterreicher (3—4000 Mann) keinen
Vortheil erringen, und nicht einmal deren Rückzug nach
Mähren ernſthaft beunruhigen. Nicht minder mißlich
war der Ausgang des Treffens bei Tyrnau (23. Dec.
1848). General Simuniſch rückte gegen die Stadt an,
welche gar keine Vertheidigungsanſtalten getroffen hatte,
bis Guyon einzog, Barrikaden errichtete, worauf ſich ein
mörderiſcher Kampf entſpann, der mit Guyon's Rückzug
hinter die Waag endigte, nachdem er den dritten Theil
ſeiner Leute verloren. Den Rückzug Görgey's von
Ofen und deſſen weitere Operationen gegen die Bergſtädte
commandirte Guyon mit ſeinem Armeecorps die Avant=
garde. Hierbei ließ er ſich in Iglo abermals von einer
öſterreichiſchen Abtheilung überfallen und bedeutende Ver=
luſte zufügen, rächte ſich aber glänzend durch die einige
Tage ſpäter (5. Febr. 1849) von ihm ausgeführte Er=
ſtürmung des Paſſes Branicʒko, der von einer Brigade
des Schlick'ſchen Corps vertheidigt wurde. Dadurch ward
Schlick zum Aufgeben von Eperies und Kaſchau und
zum Rückzug auf Rima und Szombath genöthigt.
Guyon zum General ernannt. In der Schlacht
bei Kapolna nahm er wie faſt alle Diviſionäre Görgey's
nur geringen Antheil an den Kämpfen und ward am
Abend des zweiten Schlachttages zur Deckung des Rückzu=

*) Koſſuth und ſeine Bannerſchaft. Peſt 1850, Bd. I, S. 90.

ges von Kereʒʒend verwendet. Als ſich die ungariſche Armee,
Anfang März 1849, hinter der Theiß wieder vereinigt hatte,
loderte die glimmende Zwietracht unter den ungariſchen
Führern hell empor, ſo namentlich zwiſchen Görgey und
Dembinsky. Guyon, ein reiner Patriot, argwöhnte
Görgey's ehrgeizige Pläne und nahm daher für Dembinsky
Partei, in Folge deſſen ihn Görgey von der Armee ent=
fernte und der Regierung zur Diſpoſition ſtellte. Dieſe
ernannte ihn zum Feſtungscommandanten von Komorn.
Ueberall von feindlichen Colonnen abgeſchnitten, irrte er
verkleidet im Lande umher, ohne den Ort ſeiner Be=
ſtimmung erreichen zu können. Er ſchloß ſich endlich
Klapka's Corps an, das im April zur Entſetzung von
Komorn herbeieilte, wohnte der Schlacht von Sarlo
bei und ſetzte ſich nach derſelben an die Spitze einer
Huſarenſchwadron, mit der er die noch ſtehende feindliche
Cernirungslinie durchbrach und als der Erſte der bangen
Feſtungsmannſchaft den nahenden Erſatz verkündete.
Einige Tage ſpäter, als ſich am 26. April zwiſchen den
Oeſterreichern und den Ungarn der Kampf bei Acs ent=
ſpann, machte Guyon an der Spitze von vier Bataillonen
einen Ausfall aus Komorn, und trug weſentlich dazu bei,
daß die Oeſterreicher den Kampf abbrachen. Ende Mai
ward Guyon durch Klapka im Commando von Komorn
abberufen, was ihn dermaßen erbitterte, daß er nach
Debreczin eilte und von Koſſuth den Abſchied forderte.
Dieſer wußte ihn jedoch zu beſchwichtigen und ſtellte ihn,
nach Perczel's Abberufung, bei der Südarmee unter dem
Commando Vetter's an, in deſſen Rücken er eine Reſerve=
armee formirte. Mit dieſer belagerte er vom 14. Juni
bis 2. Juli und eroberte ſchließlich die Feſtung Arad.
Mit der Armee Kmety's vereinigt, trug er hierauf in der
Schlacht bei Hegyes das Seinige dazu bei, den Banus
aufs Haupt zu ſchlagen, warf Vorräthe und Munition
in die Feſtung Peterwardein, und hauſte, wie ſeine
Gegner erzählen, mörderiſch unter den Serben der dortigen
Gegend. Beim Angriff, den er am 24. Juli auf Moſorin
machte, ward er von dem ſerbiſchen General Knitſchanin
zurückgeworfen. Er vereinigte nun ſein Corps mit dem
von Meſzaros, Dembinsky und Deſewffy und focht die
Entſcheidungskämpfe bei Szöreg, 5. Aug., und Temesvár,
9. Aug., mit, welche mit der Niederlage Ungarns endigten.
Auf den Rath Koſſuth's dirigirte er darauf die italieniſche
und polniſche Legion nach Orſova, wodurch er Koſſuth's
und ſeiner Flucht auf türkiſchen Boden deckte; zuletzt
ging auch er dahin über. Guyon war unſtreitig
einer der tapferſten und kühnſten Generale im ungariſchen
Heere, und die Soldaten folgten mit Begeiſterung ſeinem
glänzenden Beiſpiel, obgleich er das Ungariſche nur ge=
brochen ſprach. Sein Feldherrntalent dagegen war unbe=
deutend; Görgey nannte ihn geradezu „unfähig zu einem
höhern Commando", obgleich er ſeiner Tapferkeit volle
Anerkennung zollte. — In der Türkei fand Guyon eine
glänzende Aufnahme. Ohne zum Iſlam übertreten zu
müſſen, ward er zum Paſcha ernannt und trat unter dem
Namen Churſchid Paſcha in die türkiſche Armee ein.
Als ſolcher commandirte er einige Jahre in Damaskus,

dann in Aleppo, wo er 1850 den Aufstand der alttürkischen Partei unterdrückte. Im russisch-türkischen Kriege 1854 ward er Chef des Generalstabes bei der Kaukasusarmee. An seiner Seite befanden sich mehrere ungarische und polnische Offiziere, deren einige den Islam angenommen hatten, wie Guyon's Schwager Splenyi (Haider-Ali Pascha), der polnische Oberst Bystrzonowski (Aslon Pascha), Graf Branicki, Stein, Kmety (Ismail Pascha) u. A. Doch diese Menge fremder Elemente wirkte auf die Kriegsoperationen mehr verwirrend als nützlich ein, zumal da sich auch der Oberbefehl in den Händen eines unfähigen Mannes, Achmed Pascha, befand. Namentlich tadelte man Guyon's herrisches Benehmen, das ihn allgemein sehr unbeliebt machte. Er ward bald abberufen und durch den englischen Oberst Williams, der sich durch seine glänzende Vertheidigung von Kars bekannt machte, ersetzt und spielte auf dem Kriegsschauplatz weiter keine bedeutende Rolle. In der Türkei traten seinem Wirken zwei wesentliche Hindernisse entgegen, nämlich daß er Ausländer und Christ war. Er lenkte dadurch die Eifersucht der türkischen Befehlshaber auf sich, und nur seine englische Abstammung schützte ihn vor schlimmen Folgen. Er starb am 12. Oct. 1856 zu Konstantinopel und wurde nach anglikanischem Ritus auf dem protestantischen Kirchhof zu Pera begraben. Seine Kämpfe beschrieb A. Ringlake: „Patriot and Hero. General de Guyon on the battle-fields of Hungary and Asia.“ London 1856.

Quellen: Männer der Zeit 1. Serie. Leipzig 1860. — Wurzbach, Biograph. Lexikon des Kaiserthums Oesterreich. 6. Band. Wien 1860. — Nouvelle Biographie Générale. Publié par MM. Firmin Didot Frères sous la direction de M. le D. Hoefer. Tom. 22. Paris 1858. (T. Pech.)

GUYONIA, eine von Naudin aufgestellte Gattung der Melastomaceen mit folgenden Merkmalen: Blumen fünftheilig; Kelchzähne spitz, so lang als die glockenförmige Röhre; Kronblätter eiförmig-lanzettlich; Staubgefäße zehn, gleichgroß, Staubbeutel breit eiförmig und fast kreisrund, stumpf, an der Spitze mit einem kaum bemerkbaren Loche aufspringend, Mittelband unter den Fächern ziemlich lang verlängert und fast gerade und nicht vom Staubfaden getrennt; Fruchtknoten nur an der Spitze frei, fast kugelig, fünffächerig; Griffel schwanenhalsförmig, Narbe kopfförmig; Frucht unbekannt, aber höchst wahrscheinlich kapselartig; Eichen löffelförmig.

Hierher gehört nur eine in Senegambien einheimische Art, Guyonia tenella *Naudin*, eine zarte, kahle Pflanze mit niedergestreckten und aufsteigenden, wurzelnden Stengeln, kleinen, gestielten, breit rhombisch-eiförmigen, stumpflichen, am Grunde verschmälerten, feingesägten Blättern, und wenigen, einzeln stehenden, kleinen, rosenrothen Blüthen. (*Garcke.*)

GUYTON-MORVEAU (Louis Bernard), angesehener Chemiker, war am 4. Jan. 1737 zu Dijon geboren. Er wandte sich zunächst dem Berufe des Vaters

zu, der Rechtslehrer war, und bereits 1755 wurde er, nach erlangtem Altersdispens, Avocat général beim Parlamente von Dijon. Frühzeitig machte er sich durch einen dichterischen Versuch bekannt, jedoch mit besonderer Vorliebe widmete er die Mußestunden, welche ihm die juristische Thätigkeit übrig ließ, dem Studium der Naturkunde, namentlich der Chemie und Physik. Als Mitglied und Kanzler der Académie de Dijon gelang es ihm 1774, die burgundischen Stände zur Errichtung von Lehrstühlen für Chemie, Mineralogie und Materia medica zu bestimmen, und er selbst übernahm die chemischen Vorträge. Ueberhaupt aber war es seinem Eifer zu verdanken, daß in der Provinz Burgund ein eigenes wissenschaftliches Streben sich Bahn brach. Freilich gerieth er dabei mit seinen juristischen Collegen in ein mehr oder weniger gespanntes Verhältniß, sodaß er sich im J. 1782 bewogen fand, seine Demission als activer Avocat général zu nehmen. Von da an lebte er theilweise in Dijon, theilweise in Paris, wodurch ihm mehr Gelegenheit wurde, sich als Chemiker Geltung zu verschaffen.

Im J. 1791 wurde er in seinem Departement zum Deputirten der Assemblée législative erwählt, und ebenso erhielt er wiederum einen Sitz im Convent, wo er in den Reihen der Bergpartei Platz nahm, stets mit den Exaltirtesten ging, und demgemäß auch für den Tod Ludwig's XVI. stimmte, nachdem er sich in einem besonderen Pamphlet (Opinion dans l'affaire de Louis XVI. Paris 1793) über die Königsfrage hatte vernehmen lassen. Er wurde 1793 Mitglied des Comité de Défense générale und des Comité de .salut public, in welcher letzteren Stellung er sich um die Rettung von einigen Gelehrten verdient gemacht haben soll. Bereits in Dijon hatte sich Guyton-Morveau mit der praktischen Ausführung der Luftfahrt beschäftigt, und so richteten sich jetzt von Neuem die Gedanken auf die Luftschiffahrt, die ihm als ein die Wohlfahrt des Vaterlandes förderndes Mittel schien verwerthet werden zu können. Er machte darüber eine Eingabe an die französische Regierung und diese decretirte die Errichtung eines Corps von Aérostiers militaires, das bei der Armee Verwendung finden sollte. Guyton wurde mit den nöthigen Vorbereitungen und Zurüstungen in Meudon betraut und dann der Nordarmee als Commissar zugewiesen. Wirklich wurden bei der Schlacht von Fleurus Luftballons zur Erforschung der feindlichen Stellungen in Anwendung gezogen; jedoch ohne irgend einen Nutzen, was dann zur Folge hatte, daß man die ganze Einrichtung wiederum fallen ließ. Mit besserem Erfolge widmete sich Guyton um diese Zeit der Salpeter- und Pulverfabrikation.

Nach dem 9. Thermidor wurde Guyton wiederum Mitglied des Comité de salut public, und er gehörte auch dem Rath der Fünfhundert an, wobei er Gelegenheit fand, der Verbesserung der Finanzen und der inneren Schiffahrt seinen fördernden Einfluß zuzuwenden. Er bethätigte sich ferner bei der Errichtung der École polytechnique und war 11 Jahre hindurch als Lehrer und

36*

Director an derselben thätig. Als Administrateur des monnaies, von 1800—1814, betheiligte er sich auch an der Einführung des neuen Münzsystems.

Im J. 1798 verheirathete sich Guyton mit der verwitweten Claudine Poullet, die ihm schon früher, als sie noch Gattin eines Akademikers in Dijon war, bei der Uebersetzung deutscher wissenschaftlicher Werke, z. B. von Scheele's chemischen Abhandlungen, von Werner's Charakteristik der Fossilien, behülflich gewesen war. Während des Kaiserreichs wurde er baronisirt. Mit der Rückkehr der Bourbonen wurde er seines Amtes an der Münze verlustig; er überlebte aber diese Katastrophe nur kurze Zeit und starb bereits am 2. Jan. 1816.

Guyton zählt allerdings nicht zu den chemischen Koryphäen, doch hat er zahlreiche und geschätzte Arbeiten in den verschiedensten Journalen damaliger Zeit und in den Mémoires de l'Institut (gleich bei der Begründung des Institut im J. 1796 wurde er Membre de l'Institut) niedergelegt. Schon im J. 1773 gab er ein Verfahren an, um das Acidum muriaticum hyperoxygenatum, d. h. Chlorgas zu entwickeln, und verwendete es zur Desinfection der Todtengruft in der Kathedrale von Dijon und der Gefängnisse dieser Stadt, die Fumigations Guytonianae (Guyton-Morveau's Räucherungen) sind aber seitdem in der Materia medica eingebürgert. Ausserdem hat Guyton durch seine bereits 1782 erfolgten Vorschläge zu einer methodischen chemischen Nomenclatur Veranlassung dazu gegeben, dass sich Lavoisier mit Guyton und anderen Chemikern vereinigte, um die alsbald angenommene Lavoisier'sche chemische Nomenclatur zur Geltung zu bringen.

Als besondere Schriften sind von Guyton-Morveau erschienen:

Le rat iconoclaste, ou le jesuit croqué. Poème héro-comique en vers et en six chants. Paris 1763. 12. Ib. 1810. 8. — Mémoire sur l'éducation publique. Paris 1764. 12. — Digressions académiques, ou essais sur quelques sujets de physique, de chimie et d'histoire naturelle. Dijon et Paris 1772. 12. — Défense de la volatilité du phlogistique. 1772. — Nouveau moyen de purifier absolument et en très-peu de temps une masse d'air infectée. Dijon 1773. 8. — Discours publics et Eloges, auxquels on a joint une lettre où l'auteur développe le plan annoncé dans l'un de ses discours pour réformer la jurisprudence. 3 vol. Paris 1775—1782. 12. — Instruction sur le mortier du Loriot. Dijon 1775. 8. — Mémoire sur l'utilité d'un cours de chymie dans la ville de Dijon. Dijon 1775. 4. — Eléments de Chymie théorique et pratique rédigés dans un nouvel ordre, pour servir aux cours publics de l'Académie de Dijon. Dijon 1776 et 1777. 3 vol. 12. — Mémoire sur les dénominations chimiques, la nécessité d'en perfectionner le système, les règles pour y parvenir, suivi d'un tableau d'une nomenclature chimique. Dijon 1782. 8. — Description de l'aérostat de l'Académie de Dijon, contenant le détail des procédés, la théorie des operations, les dessins des machines etc. Dijon et Paris 1784. 8. — Plaidoyers sur plusieurs questions de droit. Dijon 1785. 4. — Dictionnaire de Chimie (pour l'Encyclopédie methodique). Paris 1787. 4. (Guyton erhielt dafür den Preis, den die Académie des Sciences jährlich für das nützlichste Buch zuzuerkennen hatte.) — Traité des moyens de desinfecter l'air, d'éviter la contagion ou d'en arrêter les effets. 1801. 8. 3. Ed. 1805. (Abhandlung von den Mitteln, die Luft zu reinigen, der Ansteckung zuvorzukommen u. s. w. Uebersetzt von C. H. Pfaff. Kopenhagen 1802.) — Rapport fait à l'Institut sur la restauration du tableau de Raphael connu sous le nom de la Vierge de Foligno. 1802. 4. (In diesem Berichte, an dessen Inhalt Vincent, Tannay und Berthollet mitbetheiligt sind, finden sich Mittheilungen über die von älteren und neueren Malern benutzten Farbestoffe.)

(Fr. Wilh. Theile.)

Guzerate, brit.-indische Division, s. am Ende des Buchstaben G.

Guzman (Dominicus von), Stifter des Dominikanerordens, s. den Art. Dominikaner.

GUZMÁN, berühmtes spanisches Geschlecht, wahrscheinlich gothischen Ursprungs. Als erster dieses Namens wird Alvarez Dias de Guzman genannt, der 1068 gelebt hat und von ihm wird der Stammbaum bis zu seinem Erlöschen im Ende des 18. Jahrh. fortgeführt. Es gingen aus ihm hervor die Fürsten zu Medina Sidonia, die Fürsten zu Medina de las Torres und St. Lucar, die Markgrafen zu Azdales, Monte Alegre Cacaça, Magrena, Cardena, Palacios, die Grafen zu Niebla, Olivarez, Orgaz, Teballab u. a. — Ein Guzman (A. M.) that sich in der französischen Revolution hervor. Er war 1752 in Granada geboren, kam 1781 nach Frankreich, diente einige Jahre in der republikanischen Armee, war dann in Paris einer der thätigsten Hebertisten und Communeagenten. Als der Sicherheitsausschuss beschlossen hatte, die ganze Partei niederzuschlagen, ward Guzman mit andern Genossen verhaftet, verurtheilt und am 5. April 1794 auf dem Revolutionsplatze hingerichtet.

(T. Pech.)

GUZMAN (Alfonso Perez de), genannt El Bueno (der Getreue), berühmter spanischer Feldherr, ward 1258[1]) zu Leon als natürlicher Sohn Pedro Guzman's, Gouverneurs von Andalusien, geboren. Seine Mutter war ein Edelfräulein Doña Teresa Ruiz de Castro. Als achtzehnjähriger Jüngling nahm er an der Schlacht gegen die Sarazenen bei Jaen theil, und zeichnete sich dabei nicht blos durch grosse Tapferkeit aus, sondern hatte auch das Glück, den Mauren Abn Comat, den Günstling des aus Afrika herbeigerufenen Königs von Fez, Abn Jucef (oder Juffuff) gefangen zu nehmen, was wesentlich zur

1) Budeus giebt als Geburtstag den 23. Jan. 1256 an. „Allg. histor. Lex." (Leipzig 1730.) II, 705.

Beendigung des Krieges beitrug. Man entschloß sich nämlich nun beiderseits zu Verhandlungen und Guzman wußte es durch den Einfluß Comat's, der inzwischen sein Freund geworden war, dahin zu bringen, daß mit dem König von Fez ein Waffenstillstand auf zwei Jahre abgeschlossen wurde. Zur Feier des Erfolges ward zu Sevilla in Gegenwart des Hofes ein Turnier veranstaltet, bei dem Guzman ebenfalls wieder den Preis der Tapferkeit errang. Er wurde jedoch bei dieser Gelegenheit von seinem Bruder Don Juan Ramirez de Guzman, der später seinem Vater in der Herrschaft von Toval folgte, seiner unehelichen Geburt halber öffentlich und vor dem König verspottet, und da der König die Partei des Spötters nahm, so beschloß Alfonso Guzman Spanien zu verlassen. Er verkaufte alles, was er besaß, und ging mit einigen Freunden und Dienern, zusammen 30 an der Zahl, 1276 zunächst nach Algeciras, wo sich Abn Jucef befand, sowie dann mit diesem nach Afrika hinüber. Diesem hatte er sich verpflichtet in allen Unternehmungen zu dienen außer gegen Castilien und überhaupt gegen Christen. Jucef nahm ihn und seine Begleitung aufs freundlichste auf und gab ihm gleich in Algeciras den Befehl über alle in seinem Heere befindlichen Christen. Guzman's erstes Unternehmen in Afrika war gegen die zinspflichtigen Araber gerichtet, die nie ohne Zwang ihren Zins zahlten, und damals gerade ihrer Menge halber so kühn geworden waren, daß sie dem König mit dem Raube seiner Krone drohten. Er zog gegen sie mit 1600 Christen und einigen Mauren, die sich ihm angeschlossen hatten, schlug die Feinde mit empfindlichen Verlusten in ihre Zelte zurück und jagte ihnen einen solchen Schrecken ein, daß ihre Priester ins christliche Lager kamen, nicht nur den schuldigen Tribut zahlten, sondern auch den Sieger mit Geschenken überhäuften, damit er ihnen gestatte, im Lande wohnen zu bleiben. König Jucef überließ ihm für diese That einen Jahrestribut, den dieser sofort unter seine Leute vertheilte. Auch durch seine Klugheit und anderweitigen guten Eigenschaften wußte er sich dem König nützlich zu machen, sodaß er dessen volles Vertrauen und einen außerordentlichen Einfluß an seinem Hofe besaß. Der Ruf seiner Macht drang auch nach Castilien, wo sich König Alfons X. oder der Weise (derselbe, der damals Guzman beim Turnier so schwer beleidigt hatte) in harter Bedrängniß befand seinem Sohne Sancho gegenüber, der ihn vom Throne stoßen wollte. Seine Lage war um so schlimmer, als das Unternehmen des Sohnes offene Sympathien im Lande fand, während sich der König dieselben durch verfehlte Regierungsmaßregeln, Verschlechterung der Münze, unglückliche Speculation auf die deutsche Kaiserkrone, Aenderung der Erbfolgeordnung u. a. verscherzt hatte. Im Moment der Gefahr sah er sich also verlassen, sowol von seiner Familie wie von seinen Bundesgenossen, und schon wollte er aus Gram sein Vaterland verlassen und sich auf einem bereits gerüsteten schwarzen Schiffe den Wellen preisgeben, als er sich an Guzman erinnerte und nachfolgenden denkwürdigen Brief an denselben schrieb:

„Vetter Don Alfonso Perez de Guzman, mein Kummer ist groß und wird weithin gesehen werden, weil es einen Hochgestellten traf. Und weil er mich getroffen, der ich Freund der ganzen Welt war, wird auch die ganze Welt mein Unglück erfahren, und die Sorge, die mein Sohn mit Hülfe meiner Freunde und meiner Bischöfe wider Recht und Gesetz über mich gebracht hat. Denn statt zum Frieden zu reden, haben sie nicht geheim noch im Verborgenen, sondern offenbar viel Böses gestiftet. Ich finde keine Zuflucht in meinem Lande, finde auch keine Schirmer und Helfer, während ich doch solches nicht an ihnen verdiente, sondern mich alles Guten zu ihnen versah, sowie ich ihnen stets erwiesen. Und weil ich in meinem Lande den vermisse, der mir dienen und beistehen könne, muß ich ihn in der Fremde suchen; weil mich Castilien verläßt, so wird es kein Unrecht sein, daß ich in Benamarin Freunde suche. Da meine Söhne meine Feinde wurden, wird mirs niemand übel auslegen, daß ich meine Feinde als Söhne betrachte: sie sind Feinde nach dem Glauben, aber nicht nach der Gesinnung: und ein solcher ist der gute König Abn Jucef, den ich sehr liebe und hochschätze; er wird mich nicht verlassen noch verachten, weil er mein Verbündeter und Befriedeter ist. Ich weiß aber, wie nahe Ihr ihm angehört, wie sehr er Euch liebt, und mit wieviel Grund, und wie auch alles auf Euren Rath thun wird. Denkt nicht an vergangene Dinge, sondern an die Gegenwart; erwägt, wer Ihr seid, von welchem Geschlecht Ihr angehört und wieviel ich Euch späterhin Gutes erweisen kann. Und wenn ich nicht vermöchte, so wird Eure gute That es Euch lohnen, denn wer das Gute thut, dem geht es nie verloren. Um so vieler Gründe willen, mein Vetter Alfonso Perez de Guzman, erwirkt soviel bei Eurem Herrn und seinem Freunde, daß er auf meine kostbare Krone, die ich besitze, und die reichen Steine, die darin enthalten sind, mir leihe, was er für sie befinden wird: und wenn Ihr vermöchtet mir seine Hülfe zu sichern, hindert sie nicht, wie ich Euch denn vertraue, daß Ihr das nicht thun werdet, vielmehr meine, daß alle gute Freundschaft, die Euer Herr mir noch vielleicht erweist, von Gott kommen werde. Die Hand Gottes des Allmächtigen sei über Euch: gegeben zu Sevilla im dreißigsten Jahre meiner Regierung und dem ersten meines Unglücks. Ich, der König (1282)".

Dieser Brief, ein Muster von Beredsamkeit und eine ergreifende Lehre für Fürsten und Menschen, ist zugleich literarisch und sprachgeschichtlich von Bedeutung als ein frühes Denkmal spanischer Prosa [2].

Guzman war versöhnt durch diesen Brief, er übergab den frühern Verdruß und wußte zunächst König Jucef zu bewegen, daß er ihm dieser, gegen Zurückbehaltung der Krone, 60,000 goldene Dublonen gab, die er dem bedrängten König nach Sevilla überbrachte. Er ward hier mit den größten Ehren aufgenommen, und erhielt außer andern Beweisen von Dankbarkeit vom König eine

---

2) Ticknor, Geschichte der schönen Literatur Spaniens, I, 33.

ihres Reichthums und ihrer Schönheit halber viel umworbenes Edelfräulein von Sevilla, Doña Maria Alfonso Coronel, zur Frau, sowie dazu die Stadt Alcalá de Gazules als Hochzeitsgeschenk. Wenige Tage nach der Hochzeit begab sich Guzman nach Afrika zurück und brachte nun in Begleitung Jucefs die versprochenen Hülfstruppen, bestehend aus einem großen Haufen leichter Reiterei. Die Verbündeten rückten gegen Cordova, wo sich der Infant Sancho befand. Gütliche Verhandlungen, die Jucef zunächst anknüpfte, waren erfolglos, ja es war ein Wunder, daß die Gesandtschaft, die dieserhalb unter Leitung von Guzman nach Cordova gegangen war, mit dem Leben davon kam, da die Sarazenen vorzeitig, schon während der Verhandlung, die Feindseligleiten begonnen hatten. Der militärische Erfolg fiel nicht glänzend aus; die Sarazenen führten Andalusien und die Mancha verwüstet, und kehrten mit Beute beladen zurück, ohne jedoch für ihren Verbündeten etwas Nennenswerthes erreicht zu haben. Dazu kamen Misstrauen und Reibereien zwischen Mauren und Christen, sodaß zuletzt König Alfons wieder nach Sevilla und Jucef nach Algeciras sowie von da in seine Staaten nach Afrika zurückkehrte. Letzterem schloß sich auch Guzman mit seiner Gemahlin an, die in Fez mit aller Ehrerbietung aufgenommen wurde.

Es begannen nun wieder die Streitigkeiten mit den Grenznachbarn; Guzman führte sie alle mit Tapferkeit und Klugheit zu einem glücklichen Ende und erweiterte das Reich Jucefs sehr beträchtlich. Am glänzendsten waren seine beiden Siege bei Marocco und sein Zug gegen Segelmessa. Der Ruhm seiner Thaten erfüllte nicht blos Afrika und Spanien, sondern drang sogar nach Italien zum Papste, der an Guzman und seine Kampfgenossen eine Zuschrift voll schwungvoller Redewendungen und Lobeserhebungen sandte. Mit dem Ruhme häuften sich auch Guzman's Reichthümer; sie waren so groß, daß beide Gatten den Neid und die Habsucht der Berbern zu fürchten begannen. Auch hatten sie Neider in nächster Nähe des Königs selbst, nämlich an seinem Sohne Jacob und einem seiner Neffen Amir, sodaß zu erwarten stand, daß die Freundschaft und Gunst, deren sie jetzt genossen, werde sich nach des Königs Tode in Feindschaft und Haß verwandeln. Guzman suchte sich daher durch List aus den Verhältnissen herauszuziehen. Die Gatten nahmen den Schein an, als ob sie uneinig geworden wären und nicht mehr zusammen leben könnten. Der alte König ließ sich dadurch täuschen, und begünstigte die Trennung, sodaß sich Doña Maria Coronel mit den Kindern und dem größten Theil der erworbenen Schätze zurück nach Spanien begab. Als bald darauf Jucef starb, folgte sein Sohn Abu Jacob in der Herrschaft von Fez, und es trat alles das ein, was Guzman vorausgesehen hatte. Jacob begann ihn auf alle mögliche Weise anzufeinden, und hätte ihn gern gestürzt, wenn er sich nicht vor einem Volksaufstand gefürchtet hätte, da das Volk Guzman sehr liebte und bewunderte. Es hatte sich ein förmlicher Mythus um seine Person gebildet, und in die damalige Zeit verlegen auch die

Chronisten den abenteuerlichen Kampf, den Guzman mit einer ungeheuren Schlange, die Fez und seine Umgegend verwüstete, bestanden haben soll. Jacob griff daher zur List, er wollte es so einrichten, daß Guzman im Kampfe gegen die Araber falle, allein dieser wußte sich durch eine Gegenlist aus der Schlinge zu ziehen, war aber nun ernstlich bedacht, mit den Seinigen nach Spanien überzugehen. Unter dem Vorgeben, die Küste gegen die Angriffe der Castilier zu schützen, rückte er bis an die Bucht von Tanger vor, wo ihn verabredetermaßen eine castilische Galeere erwartete und mit seinen Gefährten, etwa 1000 Mann, nach Spanien hinüberführte; er zog 1291 in Sevilla im Triumph ein.

Alfons X. war inzwischen gestorben und Sancho ihm auf dem Throne gefolgt. Guzman bot demselben seine Dienste an, die bereitwilligst angenommen wurden. Zugleich kaufte er mit den in Afrika erworbenen Reichthümern die Lehnsherrschaft San Lucar de Barrameda. Ein Seesieg über die Berbern und die Auskunft, die Guzman über ihre Machtverhältnisse zu ertheilen vermochte, ließ den Zeitpunkt günstig erscheinen, ihnen auch Tarifa wegzunehmen und damit das Haupteingangsthor, durch das die Afrikaner nach Spanien einzudringen pflegten, zu schließen. Guzman beschaffte das dazu nöthige Geld, griff Tarifa mit den Truppen des Königs zu Land und zur See an und nahm es nach einer sechsmonatlichen Belagerung und muthvollen Vertheidigung von Seiten der Sarazenen mit Sturm ein. Nachdem darauf die Vertheidigung des Platzes auf ein Jahr der Ordensmeister von Calatrava übernommen hatte, begab sich Guzman nach Sevilla, wo er sich, damals 46 Jahre alt, einem etwas weichlichen Leben hingab; unter anderem hatte er mit einem dortigen Edelfräulein eine Tochter, die den Namen Teresa Alfonso de Guzman erhielt. Doch fand er bald wieder Gelegenheit zu ernstem Thaten. Jenes Jahr der Vertheidigung von Tarifa war abgelaufen, ohne daß sich ein Ersatzmann für deren Fortsetzung gefunden hätte. Da erbot sich Guzman dazu und zwar für die Hälfte der Kosten, die der König bisher hatte aufwenden müssen. Er begab sich mit seiner Familie nach Tarifa, ließ die Mauern ausbessern, versorgte die Burg mit Proviant und schloß sich in dieselbe ein, ohne zu ahnen, welche harte Prüfung er bald zu bestehen haben werde. Wie Sancho seinen Vater hatte enthronen wollen, so erging es jetzt ihm selbst von Seiten seines Bruders Don Juan. Nach wiederholten, jedoch erfolglosen Aufständen verband sich dieser endlich mit dem König von Marocco, Abu Jacob, der ihm mit 5000 Manu leichter Reiterei zur Belagerung von Tarifa entsandte. Don Juan ging energisch ans Werk, doch konnte er weder mit Gewalt noch List etwas ausrichten: Da nahm er zur Grausamkeit seine Zuflucht. Guzman hatte ihm seinen ältesten Sohn übergeben, daß er ihn nach Portugal überbringe, wohin zunächst Don Juan vor Sancho fliehend sich begab, allein statt ihn dort zu lassen, hatte er ihn nach Afrika und von da zur Belagerung von Tarifa mitgenommen. Jetzt nahm er diesen Knaben, führte ihn gefesselt aus dem Zelt vor die

Augen seines Vaters und rief diesem zu: er werde den Knaben vor seinem Angesicht tödten, wenn ihm die Festung nicht sofort übergeben werde. Guzman war durch diese Worte und die Wehklagen des Knaben zwar zu Thränen gerührt, doch faßte er sich bald wieder und rief entrüstet über eine solche feige Drohung: „Ich habe meinen Sohn nicht gezeugt, daß er gegen mein Vaterland wirke, vielmehr zeugte ich meinem Vaterlande einen Sohn, damit er gegen alle Feinde desselben stehe. Wenn Don Juan ihm wirklich den Tod gibt, mir wird er Ruhm verleihen, meinem Kinde das ewige Leben, und sich selbst ewige Schande auf Erden und ewige Verdammniß nach dem Tode. Und damit ihr alle sehet, wie weit ich entfernt bin, die Stadt zu übergeben, und meinen Eid zu brechen, so werfe ich hier mein Schwert hin, wenn Euch vielleicht eine Waffe fehlt, Eure Unthat zu vollbringen". Damit schleuderte er sein Schwert wirklich ins feindliche Lager, ging dann in die Burg zurück und setzte sich ruhig mit seiner Gemahlin zu Tisch, ohne sich von dem Vorgefallenen etwas merken zu lassen. Unterdessen hatte Don Juan, von der Hartnäckigkeit Guzman's aufs äußerste gereizt, den Knaben wirklich enthaupten lassen. Auf das dadurch entstandene Wehgeschrei der Augenzeugen in der Burg kam Guzman heraus, und als er sich von der Ursache überzeugt hatte, ging er wieder zurück, setzte sich ruhig an den Tisch und sagte: „ich fürchtete, die Feinde seien in die Stadt gedrungen". Die Mutter, der das Ereigniß nicht verborgen blieb, starb bald darauf vor Schmerz. Nach sechsmonatlichen vergeblichen Bemühungen mußte Don Juan endlich die Belagerung aufgeben (1294). Guzman erhielt für diese That vom König den Beinamen El Bueno (der Gute, Getreue), ward mit Gnaden und Gunstbezeigungen überschüttet und erhielt für sich und seine Nachkommen als Schenkung alles Küstenland von Andalusien zwischen der Mündung des Ouadalquivir und Guadalete. Im Wappen führte er seit dieser Zeit einen Cavalier mit einem Dolch in der Hand auf rother Fahne stehend und mit der Devise: „Mas pesa el rey que la sangre" („Mehr wiegt der König als das Blut", Worte, die er beim Anblick seines ermordeten Sohnes zu Tarifa gesprochen haben soll). Die That besang später Lope de Vega in prächtigen Versen, auch ward sie zweimal dramatisirt: das erstemal von Velez de Guevara (um 1620) und dann von Moratin dem Jüngern (1773) [3].

Nach dem Tode Sancho's kam Verwirrung über das Reich, Guzman hielt jedoch treu zur Königin Mutter, Doña Maria, die zur Regentin für den minderjährigen Ferdinand IV. eingesetzt war, und vertheidigte Andalusien gegen die Einfälle von Portugal und Granada her. Auch hielt er auf eigene Faust das von ihm mit so großen Opfern vor der Eroberung bewahrte Tarifa fest, als die Regierung schon wieder diesen Platz den Mauren preisgeben wollte. Als mit der Volljährigkeit Ferdinand's IV. wieder Ruhe im Innern eingetreten war, erklärte

dieser sofort den Mauren den Krieg und belagerte Algeciras. Zugleich sandte er Guzman mit dem Erzbischof von Sevilla und Juan Nuñez nach Gibraltar, um auch diesen Platz anzugreifen. Der Widerstand war heftig, doch nöthigte Guzman durch Errichtung eines Thurmes, der die Mauer überragte, endlich die Belagerten zur Capitulation. Dieß war der letzte große Dienst, den er seinem Vaterlande erwies. Kurze Zeit darauf ward er auf einem Streifzuge im Gebirge Gaucin oder Gausin, den er auf Befehl des Königs unternahm, um die benachbarten, das Lager von Algeciras beunruhigenden maurischen Horden zu züchtigen, von einem Pfeile an der Seite verwundet und starb wenige Augenblicke darauf am 9. Sept.[4]) 1309. Sein Leichnam ward zuerst ins königliche Lager, von da auf dem Guadalquivir nach Sevilla gebracht, und bei dieser Stadt in dem von Guzman selbst errichteten Münster des heiligen Isidor del Campo beigesetzt. Vergl. „Don Manuel Josef Quintana, Vidas de Espagnoles celebres" (2 Bde. Paris 1827 u. ö.); dasselbe deutsch u. d. T.: „Lebensbeschreibungen berühmter Spanier von Don Manuel Josef Quintana, übersetzt durch Wolf Grafen v. Baudissin" (Berlin 1857). Letztere Uebersetzung diente für die vorstehende Abhandlung vorwiegend als Quelle.

Guzman ist der Ahnherr der Grafen von Niebla, Fürsten von Medina Sidonia, welches Geschlecht gegen Ende des 18. Jahrh. erlosch. Ihm entstammten viele berühmte Krieger, wie Heinrich (gest. 1492), der sich im Krieg von Granada 1484 auszeichnete, und sein Sohn Heinrich, der sich 1497 der Stadt Melilla in Afrika bemächtigte. Demselben ward von Ferdinand V. Gibraltar genommen, das früher in den Besitz der Familie gelangt war. Vergeblich suchte er es durch eine Revolution wieder zu erlangen und starb in Ungnade gefallen 1508. Sein Sohn, Heinrich, setzte die Revolution fort, verwüstete Andalusien, floh zuletzt nach Portugal, allein kam 1514 nach Spanien zurück, nachdem ihn der König begnadigt hatte. Alfonso, der Bruder des Vorigen, war Ritter von Alcantara und gleich ausgezeichnet als Krieger wie als Gelehrter. Viele seiner Dichtungen sind in den Romanceros enthalten. — Weitere Dichter und Schriftsteller dieses Geschlechts sind namentlich Fernando Perez (s. d.) und Fernando Nuñez de Guzman (s. d.). Francisco de Guzman, in der 2. Hälfte des 16. Jahrh., ist bekannt durch seine „Triumfos morales" (Sevilla, 1581), die eine Nachahmung von Petrarca's „Trionfi" sind. Juan de Guzman, Zeitgenosse Philipp's II., verfaßte eine „Rhetorica" (Alcala, 1590), die in 14 Einladungen (combites) zu Festen getheilt ist. — Als Maler zeichneten sich aus zwei Pedro's; der eine, mit dem Beinamen El Coxo (der Hinkende, vielleicht aber auch nach seinem Meister Cora so genannt), geb. um 1557, war Leibmaler Königs Philipp III., der andere stand im Dienst Philipp's V. Beide sind berühmt durch Schärfe der Zeichnung und

3) Ticknor, a. a. O. I, 660; II, 401.

4) Budeus a. a. O.

lebhaften Ausdruck der Figuren. — Auch zwei bemerkenswerthe Frauen entstammten diesem Geschlecht Dona Ana
oder Louise de Guzman (f. d.) und Leonora de
Guzman (f. d.)   (T. Pech.)

GUZMAN (Fernando Perez de), spanischer
Dichter und Chronist, Lehnherr von Batras, um 1400
geboren, war der Sohn des Großnotars und Provinzial-
kanzlers von Andalusien, Pedro Suarez de Guzman,
und der Doña Elvira de Ayala, der Schwester des
Kanzlers Ayala. Nach Empfang einer ritterlichen Erziehung ward er berühmt am literarischen Hofe des
Königs Johann von Castilien und nahm bald eine
Stellung im Rathe des Königs bald in der Armee ein.
Als der Connetable Alvarez de Lima eine Expedition
gegen die Mauren von Granada veranstaltete, schloß er
sich derselben an, an der Spitze eines Truppencorps,
das er auf eigene Kosten ausgerüstet hatte, und nahm
1431 an der Schlacht von Higueruela theil. Aber seine
Verwandtschaft mit dem Bischof von Palencia, unter
dessen Befehlen er diente, brachte ihn in den Verdacht,
daß er mit dem Prälaten gegen den Connetable zu
Gunsten der Pläne von Aragonien und Navarra und
gegen die Interessen des Königs conspirire. Er ward deshalb verhaftet [*]), doch auf die Fürbitte eines seiner mächtigsten Freunde wieder freigelassen. Seitdem verlor er
aber allen Geschmack am öffentlichen Leben, zog sich auf
seinen Stammsitz Batras zurück und widmete sich hier
ausschließlich der Poesie, Philosophie und Geschichte. Er
starb daselbst um 1470.

Sein längstes und vielleicht wichtigstes Gedicht ist:
„Lovres de los claros Varones de España" („Lob
der großen Männer Spaniens"), eine Art Chronik, welche
aus 409 achtzeiligen Stanzen besteht, denen noch 102
gereimte Sprichwörter hinzugefügt sind. Am berühmtesten
sind seine 700 Couplets über die Art gut zu leben („Las
sentias coplas de bien vivir"). Ferner hat er in 63
Stanzen die vier Haupttugenden („Coronacion de las
cuatras virtudes cardinales") und in 100 die sieben
Werke der Barmherzigkeit besungen. Endlich sind auch
noch Hymnen in den verschiedenen Liedersammlungen
von ihm vorhanden.

Weit besser als die Poesie ist seine Prosa. Obenan
steht seine Antheilnahme an der Chronik Johannes' II.
(„Cronica del señor Don Juan Segundo deste
nombre, rey de Castilla". Logrono 1517 u. öfter).
Sie war das Werk mehrerer Verfasser und ist zu verschiedenen Zeiten geschrieben. Das erste Drittel (bis
1420) verfaßte Alvar Garcia, später setzte sie Juan de
Mena, Juan Rodriguez u. a. fort. Zuletzt wurde sie
Guzman übertragen, der ihr einen präcisen Gehalt, sowie
eine angemessene äußere Form gab (1450). Sie enthält
eine große Menge wichtiger Originalbriefe und Urkunden,
um derentwillen sowie wegen der bei der Zusammenstellung gebrauchten Vorsicht sie für unbedingt zuverlässiger gehalten worden ist als jede andere ihr voran-

gegangene castilische Chronik. Vorher und nachher hat
sich Guzman noch mit einem andern Werk beschäftigt:
„Las generationes y semblanzas o obras de los
excellentes reyes de España D. Entico el Tercero
e D. Juan el Segundo, y de los venerables prelados
y notables cavalleros, que en los tiempos de estos
reyes fueron" („Geschlechtsfolgen und Bildnisse u. s.
w."). Es erschien zuerst 1512 als Theil einer spanischen
Bearbeitung von Johann Colonna's Mare Historiarum,
die vielleicht auch von Guzman herrührt, und umfaßt
in 34 Abschnitten Lebensskizzen berühmter Geschlechter
und Männer jener Zeit. Diese Schrift ist von männlicher Haltung und stellenweise voll kräftiger und eigenthümlicher Gedanken; zuweilen zeigt sich einiger Mißmuth, der sich im Tadel der Laster der Zeit äußert,
häufiger aber noch erscheint ein Gefühl der Ehrlichkeit
und Gerechtigkeit, das ihr sehr zur Ehre gereicht.

Quelle: Ticknor, „Geschichte der schönen Literatur in
Spanien". Deutsch von Nikolaus Heinr. Julius. (N. A.
2 Bde. und 1 Supplementband. Leipzig 1867). (T. Pech.)

GUZMAN (Fernando Nuñez de), lateinisch
Nonnius Pincianus genannt, berühmter spanischer Rhetor,
ist zu Valladolid (dem alten Pincium) im J. 1488 geboren. Sein Vater war daselbst königl. Oberintendant
der Einnahmen. Er bildete sich unter Elio Antonio de
Lebrixa, lateinisch Nebrissensis genannt, einem eleganten
Latinisten und gewandten Grammatiker, aus, besuchte
dann die Universität Bologna und studirte mit großem
Erfolg die griechische Sprache. Gleichzeitig erwarb er
sich in Italien mit großen Kosten eine bedeutende Anzahl
griechischer Werke und brachte sie nach Spanien. In der
Folge überredete er für die vom Cardinal Ximenez veranstaltete Polyglottenbibel einen großen Theil der Sep-
tuaginta ins Lateinische. Darauf nahm er an der von
demselben Cardinal gegründeten und mit reichen Mitteln
ausgestatteten Universität Alcala de Henares einen Lehr-
stuhl ein, siedelte jedoch bald nach Salamanca über und
lehrte hier griechische Grammatik. In seiner Rhetorik erklärte
und commentirte er die Naturgeschichte des Plinius und
Seneca den Philosophen. Aus seiner Schule gingen
hervor der Historiker Zurita, der Cardinal von Mendoca
und viele andere Celebritäten. Guzman starb 1552, nachdem er seine reiche Bibliothek der Universität Salamanca
und sein Vermögen den Armen vermacht, sowie bestimmt
hatte, daß auf sein Grabmal die Worte gesetzt werden:
„Maximum vitae bonum mors". Er schrieb: „Anna-
tationes in Senecae philosophi opera" (Vened.
1536). — „Observationes in Pomponium Melam"
(Salamanca 1543). — „Observationes in loca obscura et depravata Historiae Naturalis Plinii" etc.
(Salamanca, 1544 u. ö.). — „Glosa sobre las obras de
Juan de Mena" (Sevilla 1528 u. ö.). — „Refranes
y proverbios glosados" (Salamanca 1555). (T. Pech.)

GUZMAN (Dona Ana oder Louise de), Königin
und Regentin von Portugal, Tochter Johann Perez' de
Guzman, Fürsten von Medina Sidonia, geft. 1666, trug
viel dazu bei, daß ihr Gemahl Johann von Braganza
auf den portugiesischen Thron erhoben wurde (1640)

---

[*]) Nouvelle Biographie Générale. (Paris 1858.) XXII, 975.

und trieb zu gleicher Zeit ihren Bruder, den Fürsten von Medina Sidonia, an, Andalusien zu insurgiren. Nach dem Tode ihres Gemahls übernahm Dona Guzman 1656 die Regentschaft, setzte mit Festigkeit den Kampf mit Spanien fort, und es gelang ihr die Unabhängigkeit Portugals zu sichern, dessen Krone auf ihren ältesten Sohn überging. Durch das Betragen des letztern mit Schmerz erfüllt, zog sie sich ins Kloster zurück und starb daselbst. Als ihr Gemahl schwankte, ob er der Einladung des portugiesischen Adels folgen und die Krone nehmen, oder den Befehlen des spanischen Hofes gehorchen und nach Madrid gehen sollte, sagte ihm diese Frau, die ganz den Muth und die Entschiedenheit ihres erlauchten Ahnherrn besaß: „Mein Lieber, wenn du nach Madrid gehst, so rennst du in den Tod; gehst du nach Lissabon, so rennst du ins Verderben. Ein ruhmvoller Tod in der Heimat ist besser als ein schimpflicher Tod in Spanien". (*T. Pech.*)

GUZMAN oder GUSMAN (Leonora de), Gräfin von Medina Sidonia, geb. um 1310 oder 1312, verheirathete sich sehr jung an Juan de Velasco. Sie scheint schon Witwe gewesen zu sein, als sie 1330 der König von Castilien Alfons XI., genannt der Rächer, erblickte, und von ihrer Schönheit überrascht wurde. Leonora wurde hierauf seine Maitresse und übte einen solchen Einfluß aus, daß sich die Königin, Maria von Portugal, zurückgesetzt und an ihrem eigenen Hofe in eine untergeordnete Rolle gedrängt sah. Zwanzig Jahre wußte sich Leonora in dieser Stellung zu erhalten, doch trat auf einmal eine Aenderung ein, als Alfons XI. am 26. März 1350 im Lager vor Gibraltar an der Pest starb. Leonora, die mit im Lager gewesen war, wollte die Leiche des Königs nach Sevilla begleiten, wo sich die Königin und ihr Sohn, der Thronfolger Pedro, dem man alsbald den Beinamen des Grausamen gab, befanden. Doch änderte sie ihren Entschluß und schloß sich in der ihr selbst gehörigen Stadt Medina Sidonia ein. Es war dies einer der festesten Plätze Andalusiens; gleichwol hielt sie es nicht für klug hier zu bleiben. Auf die Nachricht, daß Albuquerque mit Truppen heranrücke, begab sie sich nach Sevilla, um dem neuen König vorzustellen, von dem sie eine großmüthige Behandlung erhoffte. Allein Pedro folgte seiner grausamen Natur und der Rachbegierde seiner Mutter und ließ die Maitresse seines Vaters ins Gefängniß setzen. Man führte sie später nach Talavera im Königreich Toledo über, wo Almeida Gouverneur war, der bald darauf den Befehl empfing, Leonora tödten zu lassen (im J. 1350). Sie hatte von Alfons fünf Söhne: Henriquez, Graf von Trastamare, der in der Folge den castillischen Thron bestieg, Tello, Graf von Biscaya, Sancho, Juan und Pedro. Irrthümlich hat man auch Don Fabrik oder Federic, den Pedro der Grausame mit eigener Hand tödtete, zu ihren Söhnen gezählt. Er war aber ebenso wie Pedro ein Sohn Alfons' XI. und der Maria von Portugal, also ein Vollbruder des Königs. (*T. Pech.*)

GUZMANNIA, eine von Ruiz und Pavon nach dem Spanier A. Guzman benannte Gattung der Bromeliaceen mit folgenden Merkmalen: Aeußere Zipfel der freien sechstheiligen Blüthenhülle kelchartig, gleich groß, am Grunde zusammenhängend, spiralig gedreht, innere kronblattartig, unten zarter und in eine Röhre zusammenneigend, an der Spitze fester, aufrecht, am Grunde innen nackt. Die sechs Staubgefäße sind unterständig, die Fäden kleben an die inneren Zipfel der Blüthenhülle und zwar an ihrem Grunde an, nach oben sind sie breiter und an der Spitze verwachsen; die Staubbeutel sind auf dem Rücken befestigt, an beiden Enden spitz und cylinderartig verwachsen. Der Fruchtknoten ist frei, dreifächerig. Die zahlreichen Eichen stehen in dem Centralwinkel der Fächer in zwei Reihen, sie sind gegenläufig, aufsteigend. Der Griffel ist fadenförmig, die drei Narben sind linealisch, kurz, aufrecht. Die Kapsel ist knorpelig, länglich-cylinderisch, dreifächerig; die Klappen verdoppeln sich nach der Loslösung der Innenfrucht und sind dann oder gedreht. Die zahlreichen, länglichen, zugespitzten Samen steigen aus dem Grunde der Scheidewände aufrecht empor.

Aus dieser Gattung sind drei Arten bekannt:

1) G. erythrolepis *A. Brongniart.* Laubblätter aufrecht, mit einigen Längsfalten versehen, lang gedehnt, stumpf mit kurzem Spitzchen, glattrandig, hellgrün, glänzend, an den Rändern bei einigen Blättern hell leberbraun, verwaschen gefärbt, über 1 Fuß lang, 2 Zoll breit, die Herzblätter etwas kürzer; Stamm sehr dünn, von den Blättern ganz bedeckt; Schaft mit hell leberfarbigen Deckblättern dicht besetzt; Blüthenstand walzig-keulenförmig, durch dicht anliegende, lebhaft blutrothe, eiförmige, in eine grüne Spitze endigende Deckblätter gebildet, 4½ Zoll hoch, über 1½ Zoll breit; Blüthen zwischen den Deckblättern einzeln erscheinend, bald verwelkend, aufrecht, rein weiß; Kronzipfel aufrecht, stumpf, dem Deckblatte anliegend; der Schaft wird von den Laubblättern weit überragt und ist überhaupt wenig sichtbar.

Auf der Insel Cuba.

2) G. tricolor *Ruiz* und *Pavon.* Pflanze kaum einen Fuß hoch, mit zahlreichen Blättern, welche alle steif aufrecht stehen, ganz unbewehrt, glatt, glänzend, hellgrün, in der Mitte einen halben Zoll breit, am Grunde bauchig sind und mit den spitzen Enden bisweilen überhängen! Der Blüthenschaft erhebt sich steif aufrecht und ragt mit dem fünf Zoll hohen Blüthenstande über die Blätter weit hervor. Die Deckblätter sind am Schaft und Blüthenstande steif aufrecht, etwas bauchig, anliegend, 1½ Zoll lang und ¾ Zoll breit; in der Mitte nimmt der Blüthenstand eine schwach keulenförmige Gestalt an und endet in eine stumpf runde Spitze. Die Farbe der Deckblätter ist sehr verschieden, an der Spitze des Blüthenstandes lebhaft sammetartig-hochroth, dann folgen zwei Reihen lebhaft hellvioletter Deckblätter und endlich stehen sich bis auf den Grund lebhaft hellgrüne, mit dreiten Längslinien gezierte, am Rande violett verwaschene Deckblätter.

In Peru.

3) G. sympaganthera *Beer.* Laubblätter einen Zoll breit, nur gegen unten allmälig an Breite zunehmend und zwar bis 1½ Zoll, zwei Fuß lang, spitz, lebhaft

37

hellbläulich grün, ganz unbewehrt, glatt, glänzend; Schaft mit fahlgelblichen aufrechten Deckblättern besetzt, mit dem sechs Zoll hohen Blüthenstaude über einen Fuß· hoch; Deckblätter am Blüthenstande dachziegelig, gegen das Ende eine schwache Keule bildend, am Gipfel hell gleich mäßig feuerroth, die übrigen hellgrün, mit einigen dunkeln Längsstreifen und am Rande, besonders die Spitze wein roth bemalt; die zwischen den Deckblättern kaum vor tretenden rein weißen Blüthen sind keulenförmig. Hier her gehört Pourretia sympaganthera *Ruiz* und *Pavon.*

(Garcke.)

Gwaliot, Maharattenstaat, s. am Ende des Buch staben G.

GWALTHER (Rudolf), auch GUALTHER, ein gelehrter, reformirter Theolog, geboren zu Zürich am 2. Oct. 1519. Nachdem er den ersten Unterricht zu Zürich erhalten hatte, wurde er im neunten Jahre nach dem Kloster Kappel gesandt, wo bei dessen Reformation eine Schule war errichtet worden, in welcher der nachherige zürcherische Antistes, Heinrich Bullinger, lehrte. Drei Jahre später, als Bullinger nach Zwingli's Tod (1531) zum Vorsteher der zürcherischen Kirche berufen wurde, nahm ihn derselbe in sein Haus auf. Die glücklichen Anlagen und der geordnete Fleiß des Knaben, der seinen Vater schon vor seiner Geburt verloren hatte, erwarben ihm an Bullinger einen wahren Vater. Nach einem Aufenthalt von drei Jahren bei demselben begab er sich, um seine Studien fortzusetzen, nach Lausanne, und nach dem er 1537 mit einem Engländer eine Reise, die vier Monate dauerte, nach England gemacht hatte, nach Mar burg und empfahl sich überall so gut, daß ihm der Land graf Philipp von Hessen seinen zu dem Reichstag zu Regensburg 1541 abgeordneten Theologen als Schreiber zugab. Er kam dort auch in Berührung mit Melanch thon, Bucer und andern protestantischen Theologen. Kaum hierauf nach Zürich zurückgekehrt, wurde er zum Lehrer an der lateinischen Schule und zum Pfarrer an einer benachbarten Filialgemeinde gewählt. Schon im folgenden Jahre (1542) wurde ihm die Leutpriesterstelle an der Hauptkirche übertragen. Allein da in denselben Tagen der Pfarrer an der St. Peterskirche, Leo Judä, starb, so wurde Gwalther, der während Leo's Krankheit einige Mal für ihn gepredigt hatte, von der Gemeinde ein stimmig zu dessen Nachfolger gewählt. Diese Stelle be kleidete er während 33 Jahren mit ungetheiltem Beifall. Er hatte sich 1541 mit der Tochter des Reformators Zwingli vermählt, nach deren Tod er im J. 1565 eine Tochter des frühern Bürgermeisters von Konstanz, Tho mas Blarer, heirathete, der nach Unterdrückung der Re formation in seiner Vaterstadt sich hatte flüchten müssen. Gewaltiges Aufsehen erregte Gwalther im J. 1546 durch fünf Predigten, die er unter dem Titel: Antichristus, sive Homiliæ V. de novissimis temporibus et anti christo (Tiguri 1546. 8) herausgab, und worin er zu beweisen versuchte, daß der wahre Antichrist niemand an ders als der Papst selbst sei. Noch im nämlichen Jahre erschien die Schrift deutsch: „Beweis, daß der Papst zu Rom der Antichrist sei." Sie wurde auch ins Fran

zösische und Italienische übersetzt und stark verbreitet. Am heftigsten war die Erbitterung darüber in den katho lischen Orten der Eidgenossenschaft. Sie erklärten die Schrift für einen Bruch des Landfriedens und verlang ten, jedoch vergeblich, Gwalther's Verbannung. Auch wurde ein Mordanschlag gegen ihn gemacht, der aber durch eine Warnung, die er vorher erhielt, vereitelt wurde. Im J. 1575 starb Heinrich Bullinger, Zwingli's Nachfolger als Vorsteher der zürcherischen Kirche. Er hatte in seinem an die Regierung gerichteten letzten Willen Gwalther zum Nachfolger empfohlen, und der Große Rath folgte einstimmig dem Rath. Beinahe neun Jahre bekleidete Gwalther diese Stelle, die nicht sowol als Bre digeramt als vielmehr durch den Verkehr und die Cor respondenz mit so vielen auswärtigen reformirten Kirchen damals eine erdrückende Last von Geschäften verursachte. Mit gewohnter Gewissenhaftigkeit trug er dieselbe, bei der schon früher durch eine langwierige Krankheit die unter grabenen Kräfte den Dienst versagten. Zugleich trat ein auffallendes Erlöschen seiner Geisteskräfte ein, sodaß er im J. 1584 in Ruhestand versetzt wurde. Er starb dann im December 1586. Seine unermüdliche Thätigkeit be weist die große Menge der von ihm herausgegebenen Schriften. In seiner Predigtweise hielt er sich nicht an einzelne ausgewählte Textverse, sondern behandelte ganze Bücher, der heiligen Schrift der Ordnung nach, was seine Predigten sehr beliebt machte, sodaß viele in andere Sprachen übersetzt wurden. Besonders waren sie auch in den reformirten französischen Kirchen beliebt. Schon in seinem 22. Jahre gab er eine lateinische Uebersetzung von Pollux Onomasticon heraus (Basil. 1541. 8). Er sagt indessen später in einem Briefe, er schäme sich derselben, theils weil er viele Fehler gemacht habe, theils weil die Correctur in seiner Abwesenheit sehr schlecht besorgt worden sei. Im folgenden Jahre erschien von ihm: Versio latina et præfatio in Joh. Cantacuze num (Basil. 1543. fol.). — Theodoreti de Provi dentia sermones X (Tiguri 1546). — Im J. 1553 erschienen von ihm zu Basel Anmerkungen zu mehreren Reden des Cicero unter dem erdichteten Namen Cœlius lus, Dynaterius. Ferner Epigrammatum græcorum Centuriæ II (Tiguri 1548· 8). Auch durch poetische Versuche machte er sich bekannt. Dahin gehören neben Lobgedichten auf verstorbene vorzügliche Männer: Mono machia Davidis & Goliathi und Nabal, comoedia sacra (Tiguri 1549. 8). — Argumenta in omnia Sacræ scripturæ capita, elegiaco carmine conscripta (Tiguri 1543. fol.). Von Zwingli's deutschen Schriften hat Gwalther einen großen Theil ins Lateinische übersetzt, und eine Ausgabe von dessen sämmtlichen Werken ver anstaltet (Tiguri 1545. 4 Tom. fol.), und eine zweite Auflage 1581. 3 Tom. fol. Vorausgeht Gwalther's auch besonders (1545) abgedruckte Apologia pro Zwing lio et operum ejusdem editione. — Gwalther be schäftigte sich ferner mit einer deutschen Uebersetzung der heiligen Schrift, von welcher nach seinem Tode das erste Buch Mosis (1593. 8) und die Psalmen (1628) mit seinen Anmerkungen herausgegeben wurden. Neben obigen mehr in feine früheren Jahre fallenden Arbeiten hat man von ihm eine fehr große Menge zum Theil auch von ihm felbft ins Lateinifche überfetzter Predigten, in welchen eine bedeutende Anzahl von Büchern der Bibel vollftändig abgehandelt werden. Ein jedoch lange nicht vollftändiges Verzeichniß findet man in Contadi Gessneri Bibliotheca amplificata per J. J. Frisium. 1583, und in Leu's „Helvet. Lexikon". — Die Stadtbibliothek in Zürich bewahrt eine von ihm 1538 verfertigte Schrift auf, welche beweift, wie richtig der neunzehnjährige Jüngling fchon die damaligen Verhältniffe in der Eidgenoffenfchaft beurtheilte. Der Titel ift: De Helvetiæ origine, incremento, gloria, statu præsenti, quibus cansis e statu felicissimo ad miserrimum pervenerint, quibus artibus cum Deo in gratiam redire possint, libri tres. 1538. Nach einer Ueberficht der Entftehung des eidgenöffifchen Bundes und feiner Freiheitskämpfe weift er im zweiten Buche nach, daß die damalige Parteiung und Zerrüttung vorzüglich durch die fremden Beftechungen und durch die Theilnahme an den italienifchen Kriegen fei verurfacht worden, und ertheilt dann im dritten Buche Vorfchläge zur Herftellung eines beffern Zuftandes. Die Freimüthigkeit, welche in dem Buche herrfcht, fcheint deffen Druck verhindert zu haben.

(Escher.)

Gwillimja *Rottler* ift mit Magnolia identifch.

GYALAR, Dorf in Siebenbürgen, im Comitat Hunyad, 8 Kilometer SW. von Vaida-Hunyad und nahe bei dem Bergwerksort Gorasdia, mit 1101 Einwohnern, den ergiebigften Eifengruben Siebenbürgens (das Gebirge enthält mächtige Lager von Brauneifenftein) und mehreren Hammerwerken. (*Otto Delitsch*.)

GYALLA, O-GYALLA, d. i. Alt-Gyalla, Dorf im ungarifchen Comitat Komorn, 13 Kilometer nördlich von diefer Stadt am linken Thalrande der Neutra und an der Eifenbahn Komorn-Neutra, hat 2057 flovenifche, meift katholifche Bewohner, zwei Caftelle und viel Weinbau. Herr Konkoly von Thege hat hier eine Privatfternwarte errichtet, bis dahin die einzige Sternwarte Ungarns. (*Otto Delitsch*.)

GYARUS, eine oft erwähnte Felfeninfel des ägäifchen Meeres, in weftlicher Richtung von Andrus 62 m. pass. entfernt, befonders von römifchen Autoren genannt, weil hierher öfters römifche Verbannte verwiefen wurden. Cicero hat auf derfelben auf feiner Reife nach Kleinafien verweilt (Epist. ad Att. V, 12). Tacitus (Annal. III, 70) nennt die Infel inmitem et sine cultu hominum. Dies find die Worte des Kaifers Tiberius gegen die Anficht des Pifo (c. 68) ipsum in insulam Gyarum relegandum. In einem fpäteren Falle follte nach dem Urtheile des Gallus Afinius der einer Verfchwörung gegen den Kaifer befchuldigte Vibius Serenus nach Gyarus, oder auf die Infel Donufa gebracht werden. Der Kaifer Tiberius antwortete egenam utramque insulam aquae, dandos vitae usus, cui vita concederetur (Annal. IV, 30). Die Infel galt alfo als unwirthlich und wafferarm. Sie hat noch gegenwärtig weder Wald noch Landcultur, vielleicht ein

wenig Weinbau, wo der Felfen mit Erdreich bedeckt ift. Fifchereibetrieb war der einzige Nahrungszweig des kleinen Dorfes, welches Strabon hier gefunden hat. Diefes Dörflein (κώμιον) hatte 150 Drachmen Steuer zu zahlen. Deshalb reife ein Fifcher als Gefandter mit dem Strabon von hier ab, um eine Erleichterung bei dem Kaifer Octavianus Auguftus herbeizuführen. Strabon X, 5, 485 ed. Casaub. Die Dichter Ovid und Juvenal erwähnen diefe Infel nur flüchtig (*Ovid.* Met. VII, 471: et Gyaros, nitidaeque ferax Pepatethus olivae). Juvenal X, 170 nennt die Infel Gyara (ut Gyarae clausus scopulis parvaque Seripho). Diefe Infel war jedenfalls urfprünglich eine vulkanifche Erhebung und wird daher von Petronius (Satyricon p. 212, Francof. 1621) die hohe genannt (hac alta Gyaro ligavit, illac constanti Myconae dedit tenendam), an welche von der einen Seite die einft fchwimmende Infel Delos befeftigt worden fei. Nach der Angabe des Plinius hist. nat. IV, 23 hatte die Infel 12 röm. Meilen (m. p.) im Umfange und aus dem Dorfe des Strabon hat er eine Stadt gemacht (cum oppido). Vielleicht war aus dem Dorfe bis zur Zeit des Plinius ein kleines Städtchen geworden, wozu fchon die römifchen Erulanten etwas beitragen konnten. Die vornehmen Römer, welche hierher verbannt würden, waren niemals ganz mittellos. Nach Plinius VIII, 43 follen einft die Mäufe in folcher Maffe auf der Infel gehauft haben, daß die Bewohner entwichen und die Mäufe felbft das Eifen benagten, wie Theophraft gemeldet hatte (Plin. VIII, 82). Einen befonderen Ruf erhielt die Infel durch den Philofoph Mufonius, ein Stoifer, unter Nero's Regierung hierher verbannt worden war. Diefe Jünglinge kamen aus den griechifchen Städten, um feine Vorträge zu hören. Auch hatte er eine Quelle mit fchönem Waffer entdeckt, welche den Aufenthalt auf felbft ganz erträglich machte. Daher ift es leicht möglich, daß zur Zeit des älteren Plinius die Infel wirklich eine Stadt erhalten hatte. Die Infel wird übrigens auch von Dio Caffius, Philoftratus, Virgilius und Statius erwähnt. Daß hier keine Alterthümer gefunden, fonnte Profefch von Often dem Piloten feines Schiffes, mit welchem er an der Infel vorüberfuhr, wol glauben (Bd. II der Erinnerungen aus dem Orient, S. 200). Im Falle jedoch Abgefchiebene auf der Infel begraben wurden, würden fich auch Alterthümer finden. Gegenwärtig wird die Infel von den Bewohnern und von den der umliegenden Infeln Ghiura, auch Jura genannt (das letzte ift nur die Ausfprache von Ghiura).

(*J. H. Krause*.)

GYERGYÓ-SZENT MIKLÓS, Gyö Szt. Miklos, hübfchgebauter Marktflecken in der breiten, aderund weidereichen Ebene der obern Maros, im fiebenbürgifchen Comitat Cfik, 732 Meter über dem Meere, mit 5645 meift armenifchen Bewohnern, Sitz eines königl. Gerichtshofs und zweier Stuhlrichter, eines Steuer-, eines Forft- und eines Poftamtes; anfehnlich ift der Handel mit Vieh, Holz und Holzwaaren. Die benachbarten Dörfer Gyergyó-Alfalu, 7 Kilometer gegen

37 *

SW., mit 3041 Einwohnern und Gyergyó-Remete, 14 Kilometer gegen NW., mit 3859 Einwohnern, liegen beide an der Maros in fruchtbarer Aue.

(*Otto Delitsch.*)

GYGAEUS LACUS, ein im Alterthume berühmter See (nach Sickler's Ableitung des Wortes Ueberschwemmungssee) in der Nähe von Sardes, innerhalb der Flußgebiete des Hermus und Hyllus, welcher See bereits dem homerischen Epos bekannt war (Il. XX, 390 seq.: γενεὴ δὲ τοί ἐσϑ᾽ ἐπὶ λίμνῃ Γυγαίῃ, ὅϑι τοι τέμενος πατρώϊόν ἐστιν). Herodot I, 93 nennt ihn λίμνη μεγάλη, τὴν λέγουσι Λυδοὶ ἀείναον εἶναι, καλέεται δὲ αὕτη Γυγαίη. Daneben war das große pyramidenartige Denkmal des Alyattes, Vaters des Krösus, errichtet, welches Herodot l. c. als ἔργον πολλὸν μέγιστον bezeichnet und als die einzige wichtige Sehenswürdigkeit in Lydien betrachtet. In der Nähe des Sees befand sich überhaupt die Nekropolis der Residenz Sardes. Später hatte der See den Namen Coloë erhalten, und gegenwärtig wird er See von Mermere genannt. Vgl. Chandler, Reisen in Kleinasien S. 368; Richter's Wallfahrten im Morgenlande S. 510; Prokesch von Osten, Erinnerungen aus Aegypten und Kleinasien Bd. III, S. 161 fg. Ueber die Ableitung des Namens aus dem Phönizischen: Sickler, Allgem. Geogr. Thl. II, S. 322. Nach Herodot l. c., welcher berichtet, daß die Lydier den See als λίμνη ἀείναος betrachteten, muß derselbe seine eigenen stark strömenden Quellen haben. (*Krause.*)

GYGES, Gründer der lydischen Königsdynastie der Mermnaden; vergl. *Herodot.* I, 14. Die Quellen, welche uns in Betreff seiner Geschichte zu Gebote stehen, sind theils hellenische, theils assyrische. Nicht aus den Berichten seines eigenen Volkes kennen wir ihn, sondern nur aus den gleichzeitigen der Assyrer und den weit späteren der Hellenen, und letztere Berichte unterscheiden sich wieder, je nachdem der hellenische oder der assyrische Quelle schöpfende Berichterstatter einerseits der Sagenbildung, andererseits einer künstlichen Zeitberechnung mehr oder weniger Raum gewährt hat. Nach Nikol. Damasc. (in Fragm. hist. Graec. ed. *C. Müller*, III, S. 382) nahm bereits der Sohn des gleichnamigen Urgroßvaters, des nachherigen Königs Gyges am Hofe des älteren Ardys in Lydien, eine sehr hervorragende Stellung ein, und auf jenen älteren Gyges bezieht sich noch Fr. 63 des Nikol. Damasc. (bei *Müller* III, 396), wo ein Melas τοῦ Γύγου γαμβρός erwähnt wird. Der Sohn dieses älteren Gyges hieß Daskylos, welchem der König Ardys so großen Einfluß verliehen hatte, daß sein Sohn Adyattes befürchtete, jener könne sich des Thrones bemächtigen wollen, und ihn deshalb durch Mord aus dem Wege räumte. Seine schwangere Gemahlin flüchtete nach Phrygien, und gebar daselbst einen Sohn, den sie nach seinem Vater wieder Daskylos nannte. Vergeblich erklärte Ardys die Mörder seines Günstlings für vogelfrei, und drohte ihnen den Tod, — vergeblich ward der jüngere Daskylos eingeladen, nach Sardes zurückzukehren, um den Tod des Vaters an den Mördern zu rächen. Statt aber darauf einzugehen, glaubte er den Nachstellungen

der lydischen Herakliden ausweichen zu müssen, und flüchtete weiter in die Gegend von Sinope. Dort wurde ihm von einer syrischen Frau sein Sohn Gyges geboren. Wie Nikol. Damasc., so nennt auch *Herodot.* I, 8. den Gyges einen Sohn des Daskylos. Aber von diesem Punkte aus sind die Erzählungen beider Schriftsteller ganz wesentlich verschieden. Nach dem weiteren Berichte des ersteren, dessen ἱστορίαι wenige Jahre vor Christi Geburt abgefaßt sein werden, lebte in Sardes ein Oheim des jüngeren Daskylos, namens Ardys, und dieser hat den genannt wird, seinen Neffen Daskylos zurückberufen und adoptiren zu dürfen. Auch jetzt folgte Daskylos dieser Einladung nicht; doch schickte er seinen damals etwa achtzehnjährigen Sohn Gyges, welchen Ardys darauf adoptirte. Gyges wird geschildert als ein schöner und kriegstüchtiger Jüngling, der sich durch seine Kunst im Reiten und in der Waffenführung vor seinen Altersgenossen auszeichnete. Der König fand Gefallen an ihm, und nahm ihn unter seine Leibwache (δορυφόροι) auf. Bis hierher könnte man den Bericht des Nikolaos als eine Ergänzung der Erzählung des Herodotos ansehen, nach welcher gleichfalls der letzte lydische Heraklidenkönig den Gyges unter seine δορυφόροι aufnahm und ihm seine Gunst schenkte (cf. I, 8). Darin aber tritt ein sehr bemerkenswerther Unterschied zu Tage, daß jener letzte Heraklidenkönig bei Herodotos Kandaules, bei Nikolaos dagegen Sadyattes genannt wird. An den keineswegs lange nachher eintretenden Dynastiewechsel knüpfte die Sage verschiedenartige ausschmückende Darstellungen an. Nicht unglaubwürdig erscheint es, wenn Nikol. Damasc. berichtet, der König habe gegen Gyges Verdacht gefaßt, daß dieser gefährlichem Ehrgeize nachhängen möge. Da nun Gyges aber seine Veranlassung gab, mit offener Gewalt gegen ihn zu verfahren, so übertrug der König ihm mehrere gefahrvolle Unternehmungen in der Erwartung, Gyges werde dabei seinen Tod finden. Alle diese Abenteuer bestand der letztere jedoch siegreich, und gewann noch mehr die Bewunderung und Zuneigung des Königs, welcher ihm beträchtlichen Grundbesitz schenkte. Gerade dadurch aber ward der Neid einflußreicher Männer rege: namentlich ein gewisser Lixos suchte den König von neuem gegen jenen zu reizen, indem er an die frühere Feindschaft der beiderseitigen Väter erinnerte; ja des beabsichtigten Königsmordes klagte Lixos in verstellter Raserei ihn vor allem Volke an. Alle diese Versuche, Gehör beim König zu verschaffen, verliefen erfolglos. Gehör fand König erst eine schwerere Anklage, für deren Berechtigung mindestens große Wahrscheinlichkeit spricht, wenn man die Charakterschilderungen des Gyges bei hellenischen Schriftstellern im allgemeinen als zutreffend betrachten darf. Wie andere asiatische Fürsten soll auch er regen Drang zur Befriedigung geschlechtlicher Lüste gehabt haben. Der König beabsichtigte nämlich, Tudo, die Tochter des Königs Arnossos von Mysien, zu heirathen, und beauftragte Gyges, dieselbe aus dem Hause ihres Vaters abzuholen. Unterwegs machte Gyges der Königstochter unzüchtige Anträge, ward aber mit Entrüſtung zurückgewieſen. In Sardes angekommen, beklagte ſich Tudo über die ihr zugemuthete Schmach, und reizte dadurch den König zu ſo heftigem Zorne, daß er ſchwer, den Gyges am nächſten Tage tödten laſſen zu wollen. Dieſer durch eine Sklavin von der drohenden Gefahr in Kenntniß geſetzt, benutzte die Nacht, um ſeine Freunde zahlreich zu den Waffen zu rufen, und erinnerte daran, wie ſein Großvater Daskylos in anerkannt verbrecheriſcher Weiſe durch Mord ſeinen Tod gefunden habe. An der Spitze einer bewaffneten Schar drang er in den Palaſt, und tödtete den ſchlafenden König. Am andern Morgen beſchied er — anſcheinend im Namen des Königs — ſeine Freunde und Feinde in den Palaſt, ließ einige der leztern tödten, und ſöhnte ſich mit andern aus. Dann berief er ohne langen Aufſchub eine Volksverſammlung, in welcher er ſeine Thronbeſteigung bekannt machte. Anfänglich erregte das lebhaften Widerſpruch; dann folgten Unterhandlungen und endlich die Uebereinkunft, das Orakel zu Delphi möge entſcheiden. — Herodot I, 8 fg. und 91, weicht von dieſer Darſtellung nicht unweſentlich ab. Seine Erzählung iſt weit romantiſcher und weniger glaublich. Nach dieſer ſoll der lezte ſogenannte Heraklidenkönig Lydiens, Kandaules, eine Gemahlin gehabt haben, mit deren Schönheit er in unvernünftigſter Weiſe geprahlt habe: ſo habe er ſelbſt ſeinen Lanzenträger Gyges veranlaßt, dieſelbe nackt zu ſehen, um ihn von ihrer Schönheit zu überzeugen. Dieſe ſchmachvolle Bloßſtellung ſei von der Frau bemerkt worden, und habe ihr Veranlaſſung gegeben, den Schimpf an ihrem Gemahl zu rächen. Zu dieſem Zwecke habe ſie den Gyges zu ſich beſchieden, und ihm die Alternative geſtellt, entweder ſelbſt mit ſeinem Leben den Frevel zu büßen, oder den Kandaules zu tödten. Gyges habe das leztere gewählt, und ſo durch die Frau den Beſitz des Thrones erhalten. Vergl. J. Ph. Krebs, Quaedam ex familiari interpretat. Herodoti ad I, 6 sq., 12 sq. (Wiesbaden 1826) u. a. Auch nach Herodotos ging dieſer gewaltſame Thronwechſel nicht ohne aufrühreriſche Bewegungen von ſtatten; auch ſeiner Darſtellung zufolge ſoll einen förmlichen Aufſtand ein delphiſcher Schiedsſpruch beſchwichtigt haben, nachdem die ſtreitenden Parteien übereingekommen ſeien, die Entſcheidung dem delphiſchen Apollon anheimzugeben. Die Pythia habe ſich darauf in einem für Gyges günſtigen Sinne ausgeſprochen, dann jedoch hinzugefügt, daß die Rache für den geſchehenen Heraklidenmord den fünften Nachkommen des Gyges treffen werde; cf. Herodot I, 13: ἐς τὸν πέμπτον ἀπόγονον Γύγεω. Herodotos rechnet dabei den Gyges als den erſten dieſer ἀπόγονοι mit. Thatſächlich daſſelbe, aber in modernerer Ausdrucksweiſe ſagt Nikol. Damasc. in den Worten: ὅτι τοῖς Ἡρακλείδαις εἰς πέμπτην γενεὰν ἥκοι τίσις παρὰ τῶν Μερμναδῶν. Der Name der Frau, welche zufällig oder abſichtlich die Veranlaſſung zur Thronerhebung des Gyges geweſen war und ſeine Gemahlin wurde, wird verſchieden angegeben. Schwerlich richtig iſt es, wenn ſie Nyſia genannt wird; cf. Hephaest. ap. Phot. biblioth. p. 190 b. Müller in ſeinen Bemerkungen zu Nikol. Damasc. (Fragm. hist. Graec. III, p. 384) nimmt auf

dieſe Stelle Bezug, wo außerdem erwähnt wird, daß andere Schriftſteller dieſer Frau den Namen Tudo oder Klytia oder Habro zuſchreiben. Nyſia und vielleicht auch Klytia iſt allem Anſchein nach eine falſche Lesart oder Ueberlieferung für Μύσα; dieſe Frau war aus Myſien gebürtig, und wie Herodotos begnügten ſich auch andere Schriftſteller dieſelbe als Μύσα zu bezeichnen. Unter den beiden übrigen Namen Habro und Tudo hielt Nikol. Damasc. den lezteren für glaubwürdiger, und für deſſen Echtheit darf man vielleicht auf ſeinen etruskiſchen Unklang einiges Gewicht legen. — Nach der Darſtellung des Nikolaos von Damaskos nahm Gyges an ſeinen frühern Feinden nicht ſogleich Rache (namentlich an Lixos), und ſpäter gab er die Rachegedanken ganz auf. — Zum Märchen ausgebildet erſcheint die Sage bei Plat. de republ. II, 3, wo es heißt, Gyges habe als Hirte lebend in einer Höhle an einem Leichnam einen Ring gefunden, an welchem er die Kraft entdeckte, ſeinen Träger unſichtbar zu machen, ſobald er den Stein deſſelben einwärts lehrte. Mit Hülfe dieſer Beſchaffenheit des Ringes habe er die Umarmungen der Königin genoſſen, und mit deren Einverſtändniß den König getödtet und den Thron beſtiegen. Allen dieſen Sagenformen ſteht als die wahrſcheinlich zuverläſſigſte Ueberlieferung diejenige bei Plutarch., Quaestt. Graec. p. 301 sq. Sylb. gegenüber. Dieſe erzählt, Gyges habe ſich gegen Kandaules empört, unterſtützt durch Hülfstruppen aus Myſalſa, und in dieſem Kampfe ſei Kandaules umgekommen. Die Zeitſtellung des Gyges läßt ſich nur dann mit einiger Sicherheit nachweiſen, wenn man die chronologiſchen Nachrichten über die geſammte Mermnadendynaſtie dabei mitberückſichtigt. Abgeſehen von den älteren Bearbeitungen dieſer Aufgabe iſt hervorzuheben H. Gelzer's fleißiger Aufſatz: „Das Zeitalter des Gyges" im Rhein. Muſ. für Philol. neue Folge **XXX**, S. 230 fg., worin das geſammte einſchlägige Quellenmaterial behandelt wird. Der Unterzeichnete muß ſich verſagen, an dieſer Stelle auf den ganzen Inhalt dieſer Abhandlung einzugehen, indem er ſich darauf beſchränkt, als Gelzer's Reſultat anzugeben, daß Gyges 687 vor Chr. auf den Thron gelangt ſei, und bis 652 regiert habe. In anſprechender Weiſe behandelt auch Duncker dieſe Frage in ſeiner Geſchichte des Alterth. (Ausg. 4. Bd. II, S. 430 und 433), wo dieſe Regierungsperiode 689—654 vor Chr. datirt wird. Außerdem hat Haigh (in der Zeitſchr. für Aegypt. Spr. und Alterth. 1869, 5 und 1872, 126) dafür ſich ausgeſprochen, daß die Regierung des Gyges in die Jahre 682 —647 zu ſetzen ſei. Unabhängig von dieſen Datirungen iſt Folgendes zu berückſichtigen. Bei Herodotos im Anfange des erſten Buches ſtellt ſich folgende Liſte der Mermnadenkönige zuſammen: Gyges regierte 38 Jahre, Ardys 49, Sadyattes 12, Alyattes 57, Kroiſos 14; alle fünf hätten demnach 170 Jahre regiert; eine Jahresſumme, die dem Betrage von 5 γενεαί + 3 Jahren nach der Rechnungsweiſe des Schriftſtellers faſt ganz genau entſpricht. Geradezu willkürlich erfunden ſcheinen jene einzelnen Zahlen nicht zu ſein, und zwar um ſo weniger, da ſie mit der Geſammtſumme der 5 γενεαί um 3 Jahre in ganz bewußter Weise nicht genau übereinstimmen [1]. Fragt man aber, an welcher Stelle Herodotos diese Königsreihe mit der hellenischen Geschichte in Verbindung setze, so ist die Anknüpfung im Besuche des Solon am Hofe des Kroisos zu suchen. Die Worte des Herodotos zwingen uns da zu der Annahme, daß Solon in Sardes gewesen sein müsse innerhalb der 10 Jahre seiner Selbst-verbannung, welche der Einführung seiner Verfassung in Athen folgte (vergl. I, 29 fg.). Fiele nun nach gewöhn-licher Annahme seine Gesetzgebung in das J. 594 vor Chr., so würde Solon's Anwesenheit in Lydien spätestens 584 und der Sturz des Kroisos spätestens 570 zu setzen sein. Damit könnte allenfalls auch zusammenpassen, daß Solon, ehe er nach Sardes kam, in Aegypten gewesen sein soll, wo damals Amasis regiert habe; vergl. Herodot. I, 30. Wenn nämlich die Unterwerfung Aegyptens durch Kambyses im J. 525 vor Chr. erfolgt ist, und Amasis seine vierunddvierzigjährige Regierung 6 Monate früher im J. 526 beschloß (cf. III, 10), so konnte er im J. 570 eben-den Thron bestiegen haben, als Solon in Aegypten war. Könnte man hiernach annehmen, daß Herodotos den Sturz des lydischen Reiches auf Ol. 50, 3 = 570 vor Chr. angesetzt haben möge, so würde seinen Zahlen entsprechend die Thronbesteigung des Gyges Ol. 10, 1 = 740 vor Chr. zu datiren sein. Daß jedoch diese Datirung unrichtig sein müsse, erweisen andere Quellen unwider-leglich. Selbst griechische-Zeugnisse reichen dazu schon aus, welche zeigen, daß der chronologische Ansatz des Herodotos von obigen Daten dennoch abweicht und an chronologischem Widerspruche leidet. Daß eine ganz ge-naue Datirung kaum thunlich sein dürfte, scheint der Halikarnassier Dionysios angenommen zu haben, der sich für diese Zeitbestimmung einer vielleicht nur runden Zahl bedient. Derselbe sagt in der Schrift de Thucyd. cha-ract. c. 5: „ἀρξάμενος οὖν ἀπὸ τῆς τῶν Λυδῶν δυ-ναστείας μέχρι τοῦ Περσικοῦ πολέμου κατεβίβασε τὴν ἱστορίαν, πάσας τὰς ἐν τοῖς τεσσαράκοντα καὶ διακο-σίοις ἔτεσι γενομένας πράξεις ἐπιφανεῖς Ἑλλήνων τε καὶ βαρβάρων μιᾷ συντάξει περιλαβών" (ed. Reisk. VI, p 820) und im Briefe an Pompejus c. 3: ʻΗρό-δοτος δὲ ἀπὸ τῆς Λυδῶν βασιλείας ἀρξάμενος καὶ μέχρι τῆς Κροίσου καταβὰς, ἐπὶ Κῦρον εὐθέως τὴν καταλύσαντα τὴν Κροίσου ἀρχὴν μεταβαίνει διεξελθών τε πράξεις Ἑλλήνων καὶ βαρβάρων ἔτεσιν ὁμοῦ δια-κοσίοις καὶ εἴκοσι γενομένας etc. Für denselben Zeit-raum geben beide Stellen einen verschiedenen Betrag von Jahren an, und streng genommen entsprechen beide Zah-len nicht allen eigenen Datirungen des Herodotos. Als die zuletzt erwähnte Thatsache seines Werkes hat man

die Eroberung von Sestos anzusehen [2], welche in den Frühling des J. 478 zu setzen ist. Von da an zurück-gerechnet würden 240 Jahre die Thronbesteigung des Gyges auf 718 vor Chr., 220 dagegen auf 698 vor Chr. bringen. Scaliger (ad Eusebium p. 774) hat empfohlen, an beiden Stellen die kleinere Zahl zu schreiben, durch die für Gyges die Zeitstellung 698 — 662 gewonnen würde. Vergl. Creuzer, Hist. Graec. ant. fragm. p. 200. Nicht unerwähnt darf man hier lassen, daß die größere Zahl 240 allem Anschein nach auf die Zeitrechnung des He-rodotos dennoch besser passe, als die kleinere 220: denn wenn man von 718 vor Chr. den herodoteischen Ge-sammtbetrag der Dynastie des Gyges = 170. abzieht, so ergibt sich 548 als das Jahr ihres Sturzes, also dasselbe J. 14 des Kyros, welches Synkellos bezeugt, und dasselbe Jahr der Ol. 58, welches Bacchus bei Solinus (ed. Mommsen, p. 30, 13: „denique cum olympiade octava et quinquagesima victor Cyrus intrasset Sardis") angibt, und dieselbe Ol. 58 ist durch die Excerpta Lat. barbari bezeugt. Diese Zahl 548 vor Chr. gewinnt für Herodotos um so mehr Glaubwürdigkeit, da das genannte Jahr doch nur etwa 100 Jahre vor die Abfassungszeit des herodoteischen Werkes fällt, d. h. in eine Zeit, an welche zuverlässige Erinnerung schwerlich schon erloschen sein konnte, da wenigstens Söhne von Augenzeugen des Hinsinkens der lydischen Macht damals noch gelebt haben werden, und in eine Zeit, für welche Herodotos wenig-stens in Betreff der ägyptischen Geschichte (II, 154) volle Genauigkeit in Anspruch nimmt. Daraufhin darf man als die hier in Betracht kommenden Data des Herodotos folgende aufstellen:

718 Thronbesteigung des Gyges,
572 Solon's Gesetzgebung (!),
570—563 Solon bei Amasis,
562 Thronbesteigung des Kroisos und Solon's Ankunft in Sardes,
548 Sturz des Kroisos.

Der in der kleineren Zahl 220 liegende Fehler ist am leichtesten darauf zurückzuführen, daß im Urcodex ein halbverwischtes M gestanden haben mag, welches der Abschreiber irrthümlich zu K ergänzte. Nicht so werthlos, wie Gelzer (S. 243) meint, sind die Angaben der pa-rischen Chronik zur Geschichte des Alyattes und Kroisos, obgleich der Stein bedauerliche Schäden erlitten hat. Der betreffende Theil der Inschrift lautet:

J. 50: — — ἀφ᾽ οὗ Α(λυάττη)ς Λυδ(ῶν) ἐβα) σι-λευς (εν ἔτη

J. 51: ΗΗΗΔ)ΔΔΔΙ ἄρχοντος Ἀθήνησι Ἀ-ριστοκλέους (ετη

J. 56: — — ἀφ᾽ οὗ Κροῖσος (ἐξ) Ἀσίας (εἰς) Δελφό(υ)ς ἀ(πέστειλεν)

J. 57: (ετη ΗΗΗΔΔΔΔΙΙ ἄρχοντος Ἀθήνη-σι(ν Εὐθ)υδήμου: Ἀφ᾽ οὗ Κῦρος ὁ

---

1) Wie in der Stelle I, 13 Kroisos als der πέμπτος ἀπόγονος des Gyges erscheint, so wird der letztere in der entsprechenden Stelle I, 91 als der πέμπτος γονεὺς des Kroisos bezeichnet. Nach letz-terer Stelle soll die delphische Priesterin ausdrücklich darauf hinge-wiesen haben, daß dieser Ueberschuß von 3 Zahlen eine dem delphi-schen Gotte zu dankende Gnadenfrist gewesen sei; länger habe der Gott das Geschick nicht aufhalten können.

2) Diese Eroberung, nicht aber die Schlacht bei Mykale er-scheint bei Herodotos als Abschluß des Perserkrieges. Danach ist Gelzer (S. 242, Note 5) zu berichtigen.

Περσῶν βασιλεὺς Σάρδεις ἔλαβε, καὶ
Κροῖσον ὑπὸ (Πυθίης σφαλέντα ἐξώ-
γρησεν ἔτη ΗΗΠΔΔΠΙΙΙ ἄρχοντος Ἀθήνησι) — — etc.

Die hervorgehobenen Theile der Inschrift find erhalten, und darin finden sich die Schlüsse von 2 Datumzahlen und 2 Archontennamen, von denen der letztere Euthydemos durch eine Stelle bei *Diog. Laërt.* I, 68 für Ol. 56, 1 sicher gestellt ist. Dadurch wird aber auch die obige Ergänzung der zweiten Datumzahl sicher gestellt, und damit in zweiter Linie auch die Ergänzung der ersten Zahl. Wir ersehen daraus, daß diese Chronik zu den Quellen gehört, welche dem Alyattes eine Regierungsdauer von 49 Jahren, also der ganzen Mermnadendynastie eine Dauer von entweder 153 oder 141 Jahren beilegen. Nimmt man erstere Gesammtzahl an, so kommt die Thronbesteigung des Gyges auf 694 vor Chr., dagegen bei Annahme der letzteren auf 682 zu stehen. Der Tod des Gyges wäre in ersterem Falle 658, in letzterem 646 zu setzen.

Daß *Herodot.* I, 12 den Jambendichter Archilochos in die Zeit setzte, in welcher Gyges auf den Thron gelangte, gewährt nur geringen chronologischen Aufschluß, da die Lebenszeit dieses Dichters ebenfalls verschieden angesetzt wird, bald als Zeitgenosse des Romulus, bald um Ol. 23. Uebrigens erklärt Bernhardy dieses herodoteische Citat wol mit Recht für verdächtig. Fast dritthalb Jahrhunderte nach Herodotos schrieb der Dichter Euphorion im Werk περὶ Ἀλευάδων, aus welchem *Klem. Alex.* stromat. I, p. 389 Sylb. die Notiz aufbewahrt hat, Gyges habe ἀπὸ τῆς ὀκτωκαιδεκάτης ὀλυμπιάδος von der Ol. 18 = 708 vor Chr. an regiert. Während hier Ol. 18 als Anfangspunkt der Regierung des Gyges erscheint, wird sie an anderer Stelle als Endpunkt derselben bezeichnet. *Plinius* (hist. nat. **XXXV**, 34) nennt den Kandaules als *rex Lydiae Heraclidarum novissimus*, welcher ein Zeitgenosse des Romulus gewesen sei, indem er hinzufügt: „*duo enim et vicesima olympiade interiit Candaules aut (ut quidam tradunt) eodem anno, quo Romulus.*" Hier find 3 verschiedene Datirungen des Gyges verzeichnet, die sich in unsere Zeitrechnung so einfügen würden:

Thronbesteigung u. Tod
Dat. b b. Plinius 755 od. 753 . 717 v. Chr.,
Dat. a b. Plinius 746 od. 744 u. 708 „
Euphorion . . . 708 „ u. 672 od. 670.

Diese Data dürften sich aber wol auf 2 reduciren; denn dem Klemens Alex. ist hier vielleicht dieselbe Ungenauigkeit vorzuwerfen, vermöge deren er (strom. I, p. 403) nicht nur den Uebergang Alexander's nach Asien, sondern auch dessen Tod in das Archontatjahr des Euänetos setzt. Vielleicht ist also das Datum a des Plinius mit dem des Euphorion identisch.

Diesen zum christlichen alexandrinischen Rechnungen stehen gegenüber die der christlichen Chronographen, neben denen man den *Κανὼν βασιλέων* des Ptolemäos füglich zu Hülfe herbeiziehen kann. Ohne hier auf die scharfsinnige, aber doch nicht recht überzeugende Würdigung der Nach-

richten und Daten jener Chronographen durch Gelzer einzugehen, möge ein von ihm unabhängiger Weg zu möglichst genauer Zeitbestimmung auf Grund dieser Quellen eingeschlagen werden. Nach *Synkell.* chronogr. p. 237, A entsprach J. 6 des Dareios I dem J. 46 nach J. 1 des Kyros und nach der Stelle ebend. p. 240, D J. 20 des Dareios I dem J. 60 nach J. 1 des Kyros. Da nun nach p. 208, B dem Kambyses acht Regierungsjahre beigelegt werden, so ergibt sich

J. 33 seit J. 1 des Kyros = J. 1 des Kambyses und
J. 41. „ „ „ = J. 1 des Dareios I.

Nach dem ptolemäischen Kanon entspricht J. 1 dieses Dareios fast ganz genau dem J. 521 vor Chr., und danach würde man 561 vor Chr. als J. 1 des Kyros finden. Wenig weicht davon *Diod. Sic.* IX, 23 ab, indem er die Thronbesteigung des Kyros Ol. 55, 1 = 560 vor Chr. [3]) ansetzt. Da aber nach *Synkell.* p. 240. A der Sturz des lydischen Reiches im J. 15 des Kyros erfolgt sein soll, so hätte derselbe im J. 547 vor Chr. (resp. 548) stattgefunden. Selbstverständlich ist von dieser Zahl in erster Linie mit der bei Synkellos sich ergebenden Gesammtzahl der Dauer des Mermnadenreiches 153 zurückzurechnen, wodurch die Thronbesteigung des Gyges auf 700 (resp. 699), sein Tod auf 664 (resp. 663) rücken würde.

Aus obigen Darlegungen ersieht man, wie stark die uns erhaltenen Geschichtsquellen der classischen Völker in Betreff der Regierungszeit des Gyges schwanken. Es läßt sich für seine Thronbesteigung und seinen Tod folgende vergleichende Liste aufstellen:

Thronbesteig.	Tod		
755 (753)	717	v. Chr.	Plinius, Angabe b.
746 (744)	708	„	Plinius, Angabe a.
740 (?)	702	„	Herodotos?
731	696 (? 4)	„	Series regum sec. Arm.
718	680	„	Herodotos (nach Dionysios)
708	672 (670)	„	Euphorion.
700	664	„	Synkellos, Euseb. Armen., Hieronymus.
699	663	„	Diodor. Sic.
694 (682)	658 (646)	„	Chron. Parium.

Unter solchen Umständen ist es sehr erwünscht, daß in den assyrischen Keilinschriften sich Erwähnungen über die letzte Regierungszeit des Gyges gefunden haben, die nicht mit allen hellenischen Quellen im Widerspruche stehen.

Bekannt find 3 Inschriften, welche sich auf die Regierungsgeschichte des Asurbanipal beziehen, und zugleich in Bezug auf Gyges einigen Aufschluß geben. Für officiell (vergl. *Smith*, Assyr. discov. p. 377) [4]) gilt die

---

3) Dafür würde auch das χρονογραφεῖον σύντομον (in Euseb. ed. Schoene I, append. p. 92) zeugen, welches J. 15 des Kyros angibt. 4) Die Inschrift B ist mindestens ebenso officiell, und beide geben Anlaß, ihre chronologische Zuverlässigkeit in einigen Zweifel zu ziehen. Darum kann es durchaus nicht als genügend erwiesen gelten, wenn Gelzer in Betreff der Inschriften A, B, C (auf S. 237 seines Aufsatzes) aus der Nichterwähnung von Thatsachen auf frühere oder spätere Abfassung derselben schließt. Obgleich A später verfaßt sein soll, als B, so stehen doch in B manche Thatsachen, die in A fehlen, und zwar zum Theil in anderer Reihen-

ausführliche Inschrift eines zehnseitigen Cylinders, welchen Loftus im Nordpalaste zu Kojundschik gefunden hatte. Der Text allein ist abgedruckt bei *Rawlins.*, Cun. inscr. III, Tf. 17 — 26 und (mit Uebersetzung) in *G. Smith*, Hist. of Asurbanipal, S. 3 fg. Uebersetzungen hat Smith außerdem in den Records of the past, I, S. 55 fg. und in den Assyr. discov. S. 319 fg. gegeben; Theile haben Rawlinson, Oppert u. A. übersetzt. Die zweite Stelle nimmt die Inschrift eines achtseitigen Cylinders ein, welche nicht nur bei *Rawl.*, Cun. inscr. III, Tf. 30 — 34, sondern auch mit Uebersetzung bei *Smith*, Asurbanipal S. 10 fg. nachgelesen werden kann. Erstern Cylinder hat Smith mit A, letztern mit B bezeichnet. Außerdem kommt noch eine Thontafelinschrift (bei Smith mit K, 2675 bezeichnet) in Betracht, welche hier mit C bezeichnet werden möge, und größtentheils auch bei *Rawl.*, Cun. inscr. III, Tf. 28 f. veröffentlicht ist. Die Inschriften A und B enthalten zahlreiche unlesbar gewordene Stellen, aber genügend gut erhalten ist der den Gyges betreffende Bericht. In A wird auf Col. 3, 3. 5 fg. erzählt, Gugu von Luddi habe einen Traum gehabt, daß der Gott Asur ihm rathe, die Oberherrschaft Asurbanipal's anzuerkennen. Am darauf folgenden Tage habe er an ihn Gesandte geschickt, um seine Freundschaft zu erbitten, und seit diesem Huldigungstage habe er glücklich gegen Gimirrai (Kimmerier) gekämpft. Er habe aus der Masse der gefangenen Kimmerier 2 Häuptlinge in Fesseln nach Ninive geschickt. Von Z. 24 an wird weiter erzählt, Gugu habe nachher aufgehört, Gesandte und Geschenke zur Huldigung zu schicken, und habe auf seine eigene Macht vertraut. Er habe den Pisamilki von Aegypten in seiner Empörung gegen Assyrien unterstützt. Dann sei im Kampfe gegen die Kimmerier gefallen, und noch während der Regierung seines Sohnes (Arsu?)[5] hätten die letztern ihre Verheerungszüge in Lydien fortgesetzt. Dieser ganze Bericht faßt offenbar die politischen Beziehungen Assyriens mit Lydien im Verlaufe von mehreren Jahren zusammen. Derselbe ist zwischen den dritten und vierten Kriegszug eingeschoben, zwischen denen ganz füglich eine mehrjährige Zwischenzeit angenommen werden darf, und zwar um so füglicher, da in demselben Zeitraum noch mehrere andere Thatsachen gesetzt sind. Der dritte Kriegszug war gegen den König Bahal von Tyros gerichtet gewesen (Col. II, Z. 84) und der vierte gegen Ahseri von Mannai (Col. III, Z. 43), und aus Col. II, Z. 103 ergibt sich, daß Asurbanipal unterdessen nach Aluve zurückgekehrt war. Wegen der Demüthigung von Tyros aber erfaßte die benachbarten Könige Furcht vor der assyrischen Macht (cf. B, col. II, Z. 63 fg.). Jakinlu von Arvad und Mugallu von Tubal schickten Huldigungsgesandt-

schaften nach Ninive (A, II, 98 u. 104; B, II, 64 fg.; C, Revers, 27 fg.); ebenso Sandusarmi von Kiluhi (Kilikien[6]); cf. A, II, 110). In dieselbe Zeit nun wird doch wol auch die Huldigungsgesandtschaft des Gyges und die Uebersendung der gefangenen kimmerischen Häuptlinge gehören. Wie aber daran der wahrscheinlich bald erfolgte Wiederabfall und der Tod des Gyges angefügt sind, so ist dasselbe in Betreff des Jakinlu der Fall, indem in A, II, 116 fg. dessen Tod erzählt wird, sowie die Thronerhebung seines Sohnes durch den assyrischen Großkönig. Vor dem Kriegszug nach Mannai, welchen die Inschr. A als den vierten bezeichnet, schiebt die Inschr. B noch einen frühern gegen Tanbai von Karbat ein (cf. B, III, 5 fg. u. C, Revers, 6 fg.). Jedenfalls nicht lange wirkte der Schrecken vor den anfänglichen Siegen Asurbanipal's nach, da schon Tanbai einen Angriffskrieg gewagt hatte, und nach dem Kriege gegen Ahseri der König Urtaki von Elam in assyrische Gebiete eindrang. Dieser Krieg gegen Elam füllte die letzte Regierungszeit des Urtaki, die ganze Regierungsdauer des Tiumman und den Anfang des Ummanigas aus, und erst zur Zeit des Ummanigas scheint der mehrjährige Aufstand des Saulmugina in Babylon ausgebrochen zu sein, welcher im Z. 647 zu Ende ging. Der Kriegszug dieses Jahres, welchen Inschr. A als den sechsten bezeichnet, scheint Inschr. B als den neunten zu rechnen. — Da nun dem Eponymenkanon zufolge Asurbanipal den assyrischen Thron im Jahre 668 vor Chr. bestiegen hat, und die Inschrift A für 21 Jahre (d. h. 668 — 647) sechs Feldzüge rechnet, von denen die beiden letzten als mehrjährige Kriege aufzufassen sind, so steht es zunächst fest, daß Gyges das Jahr 668 vor Chr. noch überlebt haben muß; seinen Tod darf man den assyrischen Quellen zufolge annähernd um 660 ansetzen. — Zweier Thatsachen bedeuten dann noch die erwähnten Keilinschriften, welche hervorgehoben zu werden verdienen: 1) Gyges fand im Kampfe gegen die Kimmerier seinen Tod, nachdem er ihnen längere Zeit erfolgreichen Widerstand geleistet hatte; und 2) Gyges stand mit Psamtik von Aegypten in Verbindung, als dieser das Land von der assyrischen Herrschaft befreite. Was die erstere Angabe anlangt, legt Duncker (Gesch. d. Alterth. II, 433) Gewicht auf die Nachricht, daß die Kimmerier 100 Jahre in Antandros Sitze gehabt hätten, ehe sie von Alyattes vertrieben wurden: wenn demnach Alyattes bis 563 regierte, so fällt die Besitznahme von Antandros noch in die Zeit des Gyges. Jedenfalls dürfte Herodot I, 15 ungenau sein, der die Raubzüge der Kimmerier erst unter Ardys beginnen läßt.

---

folge. Die Beweiskraft, welche Gelzer dieser angeblichen Reihe C, B, A beilegt, bleibt noch erst zu begründen.

5) In Z. 36 scheint der Name des Nachfolgers des Gyges gefunden zu haben; doch ist für die Form Ardusu kein genügender Raum. Nur der Anfang der Keilgruppe ar entspricht wesentlich derjenigen auf der Schrifttafel in Schrader's assyr.-babylon. Keilschriften; dann folgt die Silbe su.

6) Zu erinnern ist hier an eine Stelle bei *Strab.* XIV, p. 672, wo einer Siegesstele der Sardanapal bei Anchiale in Kilikien mit einer Inschrift in assyrischen Schriftzügen gedacht wird. Dieser Sardanapal ist aber schwerlich mit Asurbanipal zu identificiren, da der letztere in seiner Inschrift A nur einer Huldigungsgesandtschaft, nicht eines Kriegszuges nach Kilikien gedenkt. Die erste Erwähnung dieses Landes in assyrischen Königsinschriften findet sich in der Inschrift des Salmanassar bei *Rawlins.*, Cun. inscr. III, Taf. 7, col. 1, Z. 53. Dann folgen wiederholte Erwähnungen in den Inschriften des Sargina und seiner Nachfolger.

Die Thronbesteigung des Psamtik fand dem Herodotos zufolge 670, nach den Apißiteln genauer 663 vor Chr. statt. Also beide Zeitparalelen bestätigen die Zuverlässigkeit der assyrischen Zeitansätze. Vergleicht man mit diesem Ergebnisse aber die Ansätze der hellenischen Quellen, so ersehen wir, daß streng genommen nur das aus der Parischen Chronik sich ergebende Datum für den Tod des Gyges so gut wie genau damit übereinstimmt; wir haben demnach die Thronbesteigung des Gyges 694 und seinen Tod 658 vor Chr. anzusetzen. Von seinen Thaten und Lebensverhältnissen wird nicht viel überliefert. Anfangs waren die Beziehungen des Gyges zu den Hellenen freundlicher Natur, und namentlich die äolischen Nachbarn zu Mylassa sollen seine Thronbesteigung kräftig unterstützt haben. Dem delphischen Heiligthume zeigte er sich dankbar, indem er reiche Weihgeschenke, silberne und goldene, namentlich 6 goldene Mischkrüge im Gewichte von 30 Talenten, nach Delphi schickte, wo sie im sogenannten Schatzhause des Korinther aufbewahrt wurden: cf. *Herodot.* I, 14. Herodotos fügt bei, Gyges sei nächst dem phrygischen Könige Midas der erste Barbarenkönig gewesen, dem jenes Heiligthum so kostbare Geschenke verdankte. Der etwa 120 Jahre später lebende Phanias (bei *Athen.* VI, p. 231) sowie Theopompos im 40. Buche der Philippika erklären den Gyges geradezu für den Ersten, welcher silberne und goldene[7] Geschenke nach Delphi geweiht habe. Daher mag es gekommen sein, daß der Reichthum des Gyges in Hellas sprichwörtlich war: vergl. Fragm. hist. Graec. ed. *Creuzer,* S. 203 f. u. *Creuzer,* Melett. I, p. 72, not. 28. In freundlichen Beziehungen also stand Gyges mit äolischen Hellenen in Kleinasien und im Ankämern oder (vielleicht richtiger) kretischen Doriern in Delphi. Einen scharfen Gegensatz dazu bildete dann sein feindliches Auftreten gegen die kleinasiatischen Ionier. Nur von ionischen Städten wissen wir, daß Gyges dieselben angegriffen habe. Doch scheinen diese Kriege auch nicht in seine erste Regierungszeit zu gehören, da Strabon (XIII, p. 590) berichtet, Gyges habe den Milesiern die Ansiedelung zu Abydos auf seinem Gebiete gestattet. Dunker (Gesch. d. Alt. II, 431) gibt an, Gyges habe diese hellespontische Landschaft erst erobert, und citirt dafür die angegebene Stelle des Strabon, wo jedoch Gyges nur als Beherrscher, nicht als Eroberer derselben erscheint[8]. Vielleicht war es wirklich, wie erzählt wird, eine zufällige Thatsache, welche die Veranlassung zur Verfeindung mit den ionischen Städten gab. Eine der nächsten ionischen Nachbarstädte war Magnesia, und diese Stadt soll den Gyges zu einem Rachekriege gereizt haben. *Nicol. Damasc.* VII (in Fragm. hist. Graec. ed. *Creuzer,* p. 202 ob. ed. *C. Müller,* III, p. 395 f.) erzählt, der Dichter und Musiker Magnes aus Smyrna, ein Liebling des Königs, sei bei einer Gelegenheit von den Magnesiern in gewaltthätiger Weise beschimpft

worden, weil er in seinem Lobgedichte auf die Amazonenkämpfe der Heldenthaten ihrer Vorfahren nicht gedacht hatte. Darüber schwer entrüstet habe Gyges die Stadt angegriffen und erobert, und habe den Sieg nach der Rückkehr in Sardes durch festliche Spiele gefeiert. Daß sich vielfache Zweifel an diese Erzählung knüpfen, führt Müller in den Anmerkungen zu der erwähnten Stelle (S. 396) aus. Dieser Angriff und Sieg kann aber ganz füglich andere ionische Städte veranlaßt haben, zu Gunsten der verbündeten Stadt die Waffen zu ergreifen. Der Kämpfe gegen Miletos und Smyrna gedenken *Herodot.* I, 14 und *Paus.* IV, 21, 5 u. IX, 29, 4, sowie der Eroberung von Kolophon *Herodot.* l. l. und *Nicol. Damasc.* ed. *Orelli,* p. 51 fg. Große kriegerische Erfolge aber scheint Gyges doch nicht erkämpft zu haben: von Unterwerfung von Smyrna (welches sich mit zäher Tapferkeit vertheidigte) und Miletos verlautet nichts, und die Eroberung von Kolophon beschränkte sich auf die untere Stadt, während die Burg im Besitze der Vertheidiger blieb. Darum gewinnt der Bericht bei *Athen.* p. 526, Gyges habe nun mit Kolophon Freundschaft geschlossen, große Wahrscheinlichkeit: An diese Kämpfe, welche für das lydische Reich einen Besorgniß erregenden Charakter kaum gehabt haben können, reihten sich die gefährlicheren gegen die Kimmerier. Schon vor der Thronbesteigung des Asurbanipal, also schon vor 668 waren die Kimmerier auf ihrer Wanderung nach Süden aufgetreten; schon Asur ad ibbin hatte einen Heerhaufen derselben unter Tiußua zurückgeschlagen, und dieser hatte sich dann westwärts nach Kleinasien[9] gewandt. Die Annahme liegt daher sehr nahe, daß Gyges ebenfalls um 668 den Kampf gegen die kimmerischen Raubscharen habe aufnehmen müssen. Damit stimmt der Wortlaut der assyrischen Inschriften sehr gut überein. Inschr. A, col. 3, 3-15 fg.- Inschr. B, col. 3, 3. 1 fg. und besonders Inschr. C, Revers, 3. 20 fg. zeigen, daß der Krieg gegen diese Eindringlinge schon längere Zeit fortgedauert hatte, als Gyges die Gesandtschaft nach Ninive schickte; seitdem, heißt es, wurden Erfolge erfochten, und gefangene feindliche Häuptlinge konnten nach Ninive geschickt werden. Gegen das J. 658 aber erschienen größere Massen von Kimmeriern in Lydien eingebrungen (in um im Kampfe gegen diese fand Gyges seinen Tod (vergl. Inschr. A, col. 3, 3. 33 fg.). — Die hellenischen Sagen stellen den Gyges als den geschlechtlichen Sinneslüstern in hohem Grade ergeben dar. Dafür zeugen fast alle Sagen über seine Thronbesteigung, und unter die Charakterzüge dieser Art gehört es, wenn Klearchos im ersten Buche seiner Ἐρωτικά (bei *Athen.* XIII, p. 573) erzählt, Gyges habe seiner Geliebten Lydia — oder nach Schweighäuser's Conjectur Menalia — bei ihren Lebzeiten die Herrschaft im Reiche überlassen, und nach ihrem Tode ihr einen Grabhügel errichtet so hoch, daß derselbe von allen Punkten innerhalb des Tmologebietes zu sehen gewesen wäre. Sein Sohn Ardys (*Herodot.* I, 15) oder vielleicht Arsu war sein

---

7) Der Ausbeutung von Goldbergwerken zwischen Atarneus und Pergamos durch Gyges gedenkt Strab. XIV, p. 680. 8) Er konnte wol als Gemahl der mythischen Gemahlin seines Vorgängers durch Erbschaft in den Besitz Mysiens gelangt sein.

9) Vergl. *Smith,* Assyria, p. 130. Der Beleg findet sich in *Rawlinson's* Cun. inser. I, Taf. 45, Col. 2, 3. 6 fg.

K. Encykl. d. W. u. K. Erste Section. XCVIII.

38

Nachfolger auf dem lydischen Throne. — Zu erwähnen sind schließlich noch zwei andere Gyges: a) bei *Herodot.* III, 122 u. V, 121 Gyges als Vater eines Myrsos, der in einen karischen Hinterhalt fiel und erschlagen wurde, und b) ein Lydier Gyges, dem *Plin.* hist. nat. VII, 57 irrthümlich die Erfindung der Malerei in Aegypten zuschreibt. *(H. Brandes.)*

Gylfaginning, der Name für den mythologischen Theil der Jüngern oder Snorri'schen Edda, s. den Artikel Edda.

' GYLLENBORG, eine in der Politik und Literatur berühmte schwedische Adelsfamilie. Sie stammt von Johann Wolimhaus her, der 1620 Bürgermeister zu Königsfee in Thüringen war. Sein Sohn Simon Wolimhaus kam 1624 nach Schweden und ließ sich in Upsala als Apotheker nieder. Des letztern zwei Söhne wurden Reichsräthe und in den Grafenstand erhoben, der eine, Anders, unter dem Namen Leyonstedt, der andere, Jakob, unter dem Namen Gyllenborg. — Dieser Jakob Gyllenborg ward am 8. März 1648 geboren, machte in jungen Jahren eine weite Reise ins Ausland, trat dann in die Kammerrevision ein, wo er 1674 zum Commissar und 2 Jahre später zum Assessor befördert wurde. Dann wurde er mit der Aushebung neuer Regimenter und der Revision der Garben beauftragt, sowie wegen des dabei entwickelten Eifers 1680 unter dem Namen Gyllenborg geadelt und auf mehrere Jahre in den Reichsrathsausschuß gewählt, der sich mit den Mißbräuchen befassen sollte, die sich in der Verwaltung der Banken eingeschlichen hatten. Die Geschicklichkeit, die er hierbei entwickelte, gab Veranlassung, daß man ihn zum Mitglied der Reductionscommission ernannte, die den Zweck hatte, alle der Krone in früherer Zeit vom Adel und der Geistlichkeit entrissenen Güter wieder zurückzufordern. Dies ging natürlich nicht ohne vielfache Willkür und Ungerechtigkeiten ab, die in erster Linie auf Gyllenborg fallen, doch muß man ihm anderseits auch alle Verdienste dieser Commission zuerkennen. Er zeichnete sich durch eine außerordentliche Arbeitskraft und Talent aus, und suchte nach Erledigung der Reductionsarbeiten in der Verwaltung Ordnung herzustellen, sowie manches andere Nützliche auszuführen. Selbst auf den Gang der Reichstagsverhandlungen übte er einen großen Einfluß aus. Er wurde dadurch der Liebling König Karl's XI., zumal da er auch mit dessen Ansichten vollkommen übereinstimmte. Letzteres zeigte sich besonders auf dem Reichstage von 1689, wo Gyllenborg einer der eifrigsten Parteigänger des Königs war. Zur Belohnung dafür wurde er zum Landeshauptmann von Upsala ernannt, mit Stockholm belehnt, und dem Freiherrntitel beschenkt. Zu Reichstage 1693 ward Gyllenborg Landmarschall und zwei Jahre darauf zum Graf und Rath des Königs ernannt. Eine glaubwürdige Sage berichtet, der König habe später, als er auf seinem qualvollen Todtenbette lag, Gyllenborg rufen lassen, und ihm harte Vorwürfe gemacht: er und seine Genossen in der Reductionscommission sollten es vor dem Richterstuhle Gottes verantworten, zu welcher Härte sie seine Regierung verleitet hätten.

Daß aber der Reductionseifer Gyllenborg's nicht auf Eigennutz beruhte, geht am besten daraus hervor, daß er im Gegensatz zu vielen seiner Genossen nach seinem Tode kein Vermögen hinterließ. In seinen jüngern Jahren beschäftigte er sich mit Poesie, und hat verschiedene Gelegenheitsgedichte verfaßt, die in der von P. Hanselli herausgegebenen Sammlung älterer Dichterwerke (Samlade Vitterhetsarbeten af sv. författare från Stjernhjelm till Dalin. Utg. af P. Hanselli. Upsala. Erscheint seit 1863 bandweise) enthalten sind. Er starb am 11. März 1701. — Olaf Gyllenborg, Sohn des Vorigen, geb. zu Stockholm am 21. Aug. 1676, studirte in Upsala und war dort 1696 rector illustris, darauf wurde er königl. Kammerherr und 1712 zum Richter in Westgothland ernannt. 1718 verwaltete er das Arboga-Län, zog sich aber bereits im nächsten Jahre wieder nach Westgothland zurück. 1725 ward er Landshauptmann des Elfsborgs-Län und schließlich Oberamtmann in Nyköping, wo er am 28. Mai 1737 starb. Er versuchte sich in der schönen Literatur und hinterließ verschiedene Gedichte und Lieder, die in Carlesen's (Samling af utvalde Svenska Rim og Dikter. Stockholm 1733—38) und Sahlstedt's (Samling af Verser paa Svenska. 4 Bde. 1751—53) Sammlungen, sowie der neuen mehr vervollständigten Hanselli's aufgenommen sind. Dieselben zeichnen sich im allgemeinen durch einen gefälligen Versbau und eine liebenswürdige Genialität aus. Besonders ist dies der Fall bei einem Liebesliede an eine hochgestellte Dame, das man mit Recht als sein Meisterwerk bezeichnet. Der Geschmack der Zeit an moralisch-satirischen Wißblättern verleitete ihn endlich zum Aufhören des schwedischen „Argus" (1735) eine neue ähnliche Zeitschrift „Skuggan af den döda Argus" („Schatten des todten Argus") wöчentlich herauszugeben, allein seine Arbeit blieb den berühmten Vorgänger gegenüber sehr weit zurück. Gyllenborg's zarte lyrische Natur eignete sich nicht zu dem für ein solches Unternehmen nothwendigen didaktischen Straffton, noch vermochte sein aus dem innersten Herzen kommender idealer Schaffensdrang zu bloßem äußern Scherz herabzusinken. Außerdem gab er noch heraus: „En gudfruktig och en ogudaktig menniskas olika tankar om evigheten" („Eines gottesfürchtigen und gottlosen Menschen ungleiche Gedanken über die Ewigkeit", 1709). — Andere Personen dieses Namens folgen in den nächsten Artikeln. *(T. Pech.)*

GYLLENBORG (Karl Graf von), schwedischer Staatsmann und Schriftsteller, Bruder des im vorigen Artikel zuletzt erwähnten Olaf Gyllenborg. Er ward am 11. März 1679 zu Upsala geboren, studirte auf der Universität seiner Vaterstadt, zeichnete sich schon damals durch ein seltenes Rednertalent aus und war ein Jahr lang rector illustris. Nachdem er hierauf einige Zeit in der königlichen Kanzlei gearbeitet hatte, begab er sich zum schwedischen Gesandten nach Livland, und wurde dort als Adjutant des Generals, spätern Feldmarschalls C. G. Mörner verwendet. Hier entfaltete er ein solches Talent zu diplomatischen Geschäften, daß er 1703 als Secretär zur schwedischen Gesandtschaft nach London gesandt wurde und nach dem Tode seines Chefs Leyencrona 1710 zum Residenten und 1715 zum bevollmächtigten Minister ernannt wurde. In die Görtz'schen Pläne gegen die hannoversche Thronfolge in England verwickelt, wurde er 1717 von der englischen Regierung verhaftet und auf die Festung Plymouth internirt. Nach einem halben Jahre wurde er zwar wieder in Freiheit gesetzt, doch verließ er bald darauf England und kam im August 1717 nach Schweden. Hier ward er 1718 zum Secretär bei der Handelsexpedition ernannt und nebst Görtz an den Friedensverhandlungen mit Rußland auf Aland abgesandt. Als nach Karl's XII. Tode die Verhandlungen abgebrochen wurden, ward er 1719 Hofkanzler und nahm als schwedischer Delegirter am Congreß in Braunschweig theil. Mit seiner Ernennung zum Reichsrath 1723 betrat er die Bahn, die seinen Namen so eng mit der schwedischen Geschichte verbindet. Er ward Führer der sogenannten Hutpartei, deren Bestreben es war, die von den Russen genommenen Provinzen wieder zu erobern, und als solcher unerbittlicher Nebenbuhler Arvid Horn's, des Führers der Mützenpartei. Im Reichstage von 1739 gelang es ihm die letztere zu unterdrücken, worauf er dann selbst die Stelle Horn's als Kanzleipräsident einnahm. Als öffentliche Person war Gyllenborg geschmeidig und ränkesüchtig; er hatte seine politische Schule in England durchgemacht, und besaß fast alle guten und schlechten Eigenschaften der damaligen englischen Staatsmänner. Dagegen verdient seine Liebe zu Kunst und Wissenschaft volle Anerkennung; er war selbst poetisch thätig, und wirkte als Kanzler der Universität Lund (1728) und später in gleicher Stellung an der Gustav'schen Hochschule zu Upsala (1739) viel Gutes. Viele ausgezeichnete Männer jener Zeit, wie Linnée u. a., verdankten ihm Ermunterung und Unterstützung, und er wurde als wirklicher Mäcen von seinen Schützlingen mit Recht: „Lärdomens gyllene Borg" (der Gelehrten goldene Burg) genannt. Seinem Äeußern nach war eine schöne Erscheinung, von hohem Wuchs, würdevoll, vielleicht etwas zu hochmüthiger Haltung, doch konnte er, wenn er wollte, im Umgange auch sehr verbindlich sein. In London vermählte er sich mit einer reichen Witwe aus der Torypartei, Mrs. Sara Wright, die ihn stark in seiner politischen Thätigkeit beeinflußte. Im 60. Lebensjahre fing er an hinfällig zu werden und konnte seine Geschäfte nicht mehr ohne Unterstützung erledigen. Er starb am 9. Dec. 1746. Neben verschiedenen politischen Broschüren, wie „New discoveries of the dangers of Popery" (1714); „Crise du Nord ou réflexions sur la politique du Czar" etc. (1717); „Efterrättelser om regimentsförandringer i Svea Rike år 1719".verfaßte er den „Svenska Sprättköken" („der Schwedische Stutzer", ein Lustspiel, 1737); „Lyckönskan till Kon.-Carl XII. öfver segern vid Narva" („Glückwunsch an Karl XII. wegen des Sieges bei Narva"); „Tal. vid riksdagarna 1739—43" („Reichstagsreden 1739—43"), sowie als Uebersetzung aus dem Englischen: „En bättrad villhjerna" („Ein curirter Schwärmer". Eine Komödie) und „Andromache eller ett ömt modershjerta" („Andromache oder ein zartes Mutterherz". Eine Tragödie). Seine sämmtlichen schönwissenschaftlichen Schriften sind in Hanselli's Sammlung (Upsala 1863 u. folg. Jahre) herausgegeben worden. — Johann Gyllenborg, Bruder des Vorigen, ward geboren am 29. Sept. 1682 zu Upsala. Er studirte einige Zeit auf der dortigen Universität, war, wie sein Bruder, rector illustris derselben, trat aber dann 1701 in die Armee ein und begann seine Carrière als Cornet im Dragonerregiment der ehemaligen Provinz Uplaub unter den Befehlen.des tapfern Generals Adam Ludwig Lewenhaupt, dem er als Adjutant im Siege bei Gemauerthof (1705) und der Niederlage bei Liesna (1708) beigegeben war. Bei der noch schwerern Niederlage bei Pultawa (1709) entkam er zwar den russischen Gefangenschaft, mußte sich aber dann später doch am Dnjepr ergeben. Er wurde mit seinen Kameraden zunächst nach Moskau geführt, mußte dort mit ihnen beim Triumphzug des Zaren als Decoration dienen, ward dann nach Simbirsk und von dort nach Selikamsk in Sibirien geschickt. Bei den Friedensverhandlungen auf Aland kam der Auslieferung der Gefangenen gar nicht zur Sprache; erst auf Verwendung seines Bruders Karl empfing Gyllenborg endlich die Freiheit und kehrte 1719 in sein Vaterland zurück. Hier wurde er sofort zum Generaladjutanten ernannt, brachte es aber zunächst nicht weiter als zum Oberstlieutenant eines ostgothischen Infanterieregiments. Als jedoch 1739 sein Bruder Karl zur Macht gelangte, änderte sich auch seine Stellung; er wurde zum Reichsrath ernannt und drei Jahre später 1742 zum Kanzler der Universität Lund. Er starb zu Stockholm am 23. Mai 1752. — Friedrich Gyllenborg, Bruder des Vorigen, ward am 22. Juli 1698 geboren. Er verlor frühzeitig Vater und Mutter und ward darauf vom ältern Bruder erzogen. Auch war er durch ein Mißgeschick am Körper geschädigt. Im J. 1750 wurde er Präsident des Bergwerkscollegiums, gehörte natürlich, wie sein Bruder, politisch zur Hutpartei, war ein Freund der Wissenschaften, besonders der Bergwissenschaft und überließ sein Haus zur Begründung der Akademie der Wissenschaften (1739). Er starb am 25. Aug. 1759. (T. Pech.)

GYLLENBORG (Henning Adolf), schwedischer Diplomat, Vetter des im vorigen Artikel zuletzt genannten Friedrich Gyllenborg und Sohn des Majors Anders Gyllenborg, ward am 13. Juni 1713 zu Lindstad in Upland geboren. Er widmete sich den Wissenschaften, zuerst in Upsala, wo er 1731 der letzte rector illustris war, dann in Lund, begab sich darauf auf eine Reise ins Ausland, während welcher er (1734) zum Kammerherrn am schwedischen Hofe ernannt wurde. Nach seiner Rückkehr ward er in verschiedener Weise im Civildienst verwendet, und 1739 in einer geheimen Mission an den schwedischen Botschafter, Grafen Tessin in Paris, gesandt. Um nicht die Aufmerksamkeit auf sich zu lenken, nannte er sich Anders Berg, trat in ein kaufmännisches Comptoir ein, und setzte unter dieser Maske sein Spiel mit

38*

dem Gesandten fort. Während des Krieges 1741 folgte er dem Feldmarschall Grafen Lewenhaupt als Geschäfts-secretär nach Finland, und ward im folgenden Jahre nach St. Petersburg gesandt, um die Friedensverhand-lungen mit dem russischen Hofe zu fördern. Der Sturm von Mißbilligungen, der die leitenden Personen und Theilnehmer am finnischen Kriege traf, erstreckte sich auch auf Gyllenborg, und obgleich er durch eine kräftige Rede im Reichsrath der Nothwendigkeit, sich zu recht-fertigen, entzog, war doch der Unwille gegen ihn so groß, daß er aus Furcht ermordet zu werden, kaum wagte unter starker Bedeckung sein Haus zu verlassen. Im J. 1743 ward er zum Herzog von Holstein gesandt, der damals in Hamburg residirte, um mit ihm über die Wahl seines Sohnes zum schwedischen Thronfolger zu verhandeln. Von hier begab er sich nach Berlin, und unterstützte dort den Grafen Tessin beim Abschluß des Ehecontractes zwischen dem neuen Thronfolger und der Prinzessin Louise Ulrike, zu deren dienstthuenden Kammer-herrn er ernannt wurde. Nach seiner Rückkehr nach Schweden erhielt er den Titel eines Oberintendanten, 1747 den Rang und die Würde eines Hofkanzlers. 1751 wurde er zum Landmarschall befördert, mußte sich aber krankheits halber oft vertreten lassen. 1756 ward er Hofkanzler und in demselben Jahre im Herbst Reichsrath, 1759 Ritter des Seraphin-Ordens. 1761 trat er mit Fortbezug des halben Gehalts als Pension aus dem Staatsdienste und starb zu Stockholm am 19. Nov. 1775. Er war auch ein Förderer der Wissenschaft und der Literatur, und zeichnete sich besonders durch unge-wöhnliche Sprachkenntnisse aus. *(T. Pech.)*

GYLLENBORG (Gustav Friedrich), schwe-discher Dichter, Vetter des Vorigen und Sohn des Reichs-raths Johann Gyllenborg, ward am 6. Dec. 1731 auf dem Majorat Strömsbro in Oestergötland geboren: Er studirte theils in Upsala, theils in Lund, an welcher letztern Universität er der letzte rector illustris war. Bald darauf ward er als Kanzlist zu den Justizrevisionen herzugezogen, 1751 zum Registrator, 1762 zum Kammer-rath, 1774 zum Kanzleirath ernannt. Um ihn in die Staatsbeamtencarrière einzuführen, ward er zum Bank-bevollmächtigten erwählt, und war darauf Directions-mitglied der Zahlenlotterie. Mit seinem Freunde Gustav Philipp Creutz gehörte er zu dem literarischen Zirkel, der sich um „die Hirtin und Norden", Frau Norden-sohst, gebildet hatte, und ist einer der hervorragendsten Dichter Schwedens. Seine Arbeiten zeichnen sich durch kunstvolle Darstellung, sowie Klarheit in Gedanken und Bildern aus. Am gelungensten sind seine „Årstiderna" („Jahreszeiten"), die sich in Stil und Reinheit mit Oxenstierna's Idyllen messen können. Ferner verfaßte er: „Menniskans nöjen och elende" („Menschenglück und Elend"); „Afskedet fram ungdomen" („Abschied von der Jugend"); „Ode äfver själens styrka" („Ode über die Stärke der Seele"); „Fabler" („Fa-beln") u. a. Sein großes Heldengedicht; „Taget ever Bält" („Zug über den Belt") ist eine mißglückte Nach-bildung von Voltaire's Henriade, aber insofern bemerkens-

werth, als es das erste wirkliche, im antiken Versmaß verfaßte Epos in der schwedischen Literatur ist. Auch im Drama versuchte sich Gyllenborg, doch mit wenig Glück. Seinen Schauspielen „Birger Jarl", „Sune Jarl", „Det nya Herrskapet" („die neue Herrschaft") mangelt es sehr an dramatischem Leben, innerer Moti-virung und natürlicher Entwickelung; sie schleppen sich im Gleise des französischen Kothurns fort. Seine älteste kleine Arbeit war zuerst in „Våra Försök" („Unsere Versuche") und „Vitterhetsarbeten" („Literarische Ar-beiten") mitgetheilt und später erschienen mehrere Gedichte in den „Vitterhetsarbeten af Creutz och Gyllen-borg" („Literarische Arbeiten von Creutz und Gyllen-borg". Stockholm 1795; 2. Aufl. 1812). Gyllenborg starb zu Stockholm am 30. März 1808. Die schwedische Akademie der Wissenschaften, deren gründendes Mitglied er war, errichtete ihm in der Kirche zur heiligen Klara in Stockholm ein von Byström modellirtes Denkmal. — Johann Henning Gyllenborg, Neffe des Vorigen und Sohn des Landhauptmanns Grafen Jacob Johann Gyllenborg, ward am 21. Aug. 1756 geboren. 1783—94 war er Richter in Blekinge, zog sich darauf ins Privat-leben zurück, gehörte später als Reichstagsmitglied zur Opposition und starb am 6. Juni 1830. — Graf Frederik Gyllenborg, Vetter des Vorigen und Sohn des Assessors Grafen Gustav Adolf Gyllenborg, ward am 10. Dec. 1767 geboren. Er trat früh ins Militär ein, ward Fähnrich im upländischen Regiment, septe 1782 seine Studien in Upsala fort, verließ dann die Militärcarrière und trat in die Justizrevisionen ein. 1782 ward er Assessor am schwedischen Hofgericht, zwei Jahre später Revisionssecretär und Generalauditeur, 1796 Verwalter des Justizkanzleramts, 1809 Justizrath und in den folgenden Jahren an Stelle des Grafen Wachtmeister Justizminister, welche Stellung er bis zu seinem Tode, am 18. Aug. 1829, inne hatte.

Quelle für die ganze Familie Gyllenborg: *Herm. Hofberg*, „Svenskt Biografiskt Handlexikon", 2 Bde. Stockholm 1876. *(T. Pech.)*

GYMNASIARCHEN (γυμνασίαρχης, γυμνα-σίαρχος, gymnasiarchus, gymnasiarcha) waren die höchste Aufsichtsbehörde der gymnastischen Uebungen in den Gymnasien und Palästren, sowie die Spiele und Wettkämpfe auf den Schauplätzen der Feste in den ein-zelnen griechischen Staaten, ebenso wie die Hellanodiken in den großen olympischen Festspielen für ganz Griechen-land. Zu Athen waren die amtlichen Functionen der Gymnasiarchen eine der Staatsleistungen (λειτουργίαι), zu welchen natürlich nur die Staatsbürger mit großem Besitz herangezogen werden konnten, da ihnen die gesamm-ten damit verbundenen Aufwand zu bestreiten hatten, ebenso wie die Choregen die Kosten für Herstellung, Unterhaltung und Ausrüstung der Chöre, der Musiker, Sänger und Schauspieler in und außer dem Theater, die Trierarchen die Kosten für die Besorgung und Aus-rüstung der Kriegsschiffe. Die attischen Redner, ins-besondere Demosthenes, gewähren reichhaltiges Material zur Beurtheilung dieser großen Staatsleistungen, da bald in diefer halb in jener Beziehung Anlage und Vertheidigung eintraten und die gerichtlichen Verhandlungen oft fehr lange Reden herbeiführten. Perfönlich war ihr Erfcheinen in den Uebungsplätzen nicht gerade nöthig, da die Lehrer der gymnaftifchen Uebungen in den Gymnafien und Palästren, die Gymnaften, Aleipten, Pädotriben, fpäter auch noch die Sophroniften und Kosmeten, ein hinreichendes Auffichtsperfonal bildeten. Doch mochten die Gymnafiarchen von Zeit zu Zeit in den Uebungsplätzen als Zufchauer eintreten, um fich von den Leiftungen der Epheben und der Thätigkeit ihrer Lehrer zu überzeugen. Die Hauptfache blieb der Aufwand, welchen fie zu beftreiten hatten. Hierin beftand ihre Anerkennung und ihre politifche Ehre von Seiten des Volks. Die Ausstattung der Gymnafien mit allen nöthigen Gegenständen, z. B. dem Salböle, dem feinen Staube, womit fich befonders die eingeölten Ringer zu beftreuen hatten, die Ausrüstung zum Fackellaufe u. f. w. gehörten zur Leiftung der Gymnafiarchen [1]. In Athen war die Gymnafiarchie jedenfalls von höherer Bedeutung als in anderen griechifchen Staaten, von welchen wol nur die größeren eine Gymnafiarchie aufzuweifen hatten. Vor dem peloponnefifchen Kriege war diefelbe gewiß anderer Art als nach demfelben und wiederum anderer Art während der römifchen Kaiferzeit, wo der ehemalige Glanz des gefammten griechifchen Staatslebens zu erblaffen begonnen hatte. Ob die Gymnafiarchen in Athen blos Liturgen oder wirkliche Staatsbeamte waren, läßt fich nicht genau ermitteln. Böckh hat diefelben (Staatsh. der Athen. I, 481, Ausg. I. I, 604, Ausg. II) wie es fcheint, mehr für Liturgen gehalten. Bereits vor Beendigung des peloponnefifchen Krieges founte die Gymnafiarchie fchon nach dem achtzehnten Lebensjahre übernommen werden. Früher fcheint ein höheres Alter nöthig gewefen zu fein, fowie der Choregos laut der Gefetze des Solon über 40 Jahre alt fein mußte. Reiche, glanzliebende und freigebige Gymnafiarchen thaten oft mehr als fie fchuldig waren. Ein wichtiger Theil ihrer Function und ihres Aufwandes mochte fich auf die gymnifchen Spiele, die Aufzüge der Epheben, den Fackellauf während der Feier der großen Panathenäen beziehen. Während diefer Festfeier fand eine Beköftigung der Epheben in den Gymnafien statt, wozu der Aufwand den Leiftungen der Gymnafiarchen anheimfiel. Den Gymnafiarchen lag auch die Pflicht ob, verfchiedene heilige Opfer zu beforgen. So wenigftens dem Gymnafiarchen zu Elis, welcher dem Aetolos auf deffen Grabmal ein Todtenopfer zu beforgen hatte [2]. Daher erfcheint der Gymnafiarch bisweilen auch mit der Würde eines ἀρχιερεύς [3]. Die Hauptfache aber blieb doch, daß er während der Dauer feiner Function der eigentliche Gymnafialmagiftrat war und er in diefen An-

gelegenheiten die höchfte Instanz bildete. Der mächtige Feldherr und Triumvir M. Antonius trug fein Bedenken, während feines Aufenthaltes zu Athen die Würde eines Gymnafiarchen zu übernehmen, das griechifche ἱμάτιον und weiße Schuhe zu tragen [4]. Wunderbar genug lautet die Angabe des Demofthenes, daß Athen (zu feiner Zeit nämlich) jährlich über fechzig Choregen, Gymnafiarchen und Heftiatoren gehabt habe, welche regelmäßige Liturgien leifteten [5]. Laut einer Infchrift im Corp. infcr. Graec. exiftirten zur Zeit des Kaifers Hadrianus zu Athen nicht blos Gymnafiarchen für die Epheben, fondern auch noch befondere Gymnafiarchen für die Knaben, mit dem Zufatze τῷ Ἑρμῇ, woraus man wol folgern darf, daß fich die Gymnafiarchen für die Knaben und die Hermäen, ein gymnafifches Jugendfest, bezogen [6]. Wie Aefchines berichtet, hatte bereits Solon die Gymnafiarchen für die Aufficht und strenge Zucht während der Feier der Hermäen verantwortlich gemacht [7]. So war es ihm auch geftattet, Philofophen und Sophiften aus den Gymnafien zu entfernen, fobald er Beweife erhielt, daß folche keinen heilfamen Einfluß auf die Jugend in den Uebungsplätzen ausübten. So befahl ein Gymnafiarch dem Prodikos, das Gymnafion zu verlaffen, weil er nicht Geeignetes und Unziemendes mit den Jünglingen fpreche [8]. Man hat ihm auch das Recht beigelegt, einen Stock zu führen und Diener (Pedelle) zur Vollziehung feiner Befehle vor fich hergehen zu laffen. Wahrfcheinlich gehörte dies einer fpäteren Zeit an und mochte auch nicht überall ftattfinden [9].

Dies möge zur Charakteriftik der Gymnafiarchen hinreichen, obwol noch gar viele Einzelheiten beigebracht werden könnten. Ausführlicher ist hierüber in der Gymnaftik und Agoniftik der Hellenen gehandelt worden [10]. Hier will ich nur noch bemerken, daß Gymnafiarchen bisweilen in den Darftellungen auf griechifcher bemalter Thongefäße erfcheinen, angethan mit einem Mantel und gymnaftifchen Epheben oder Athleten gegenüberftehend. Wenigftens find diefelben von den Archäologen für Gymnafiarchen gehalten worden [11].

(J. H. Krause.)

GYMNASIUM (γυμνάσιον). Im Alterthum treten unter den baulichen Anlagen, welche für die gymnaftifchen Uebungen hergeftellt wurden, diejenigen, welche als γυμνάσια bezeichnet wurden, als die ftattlichften und groß-

1) Xenoph., Staat der Athen. I, 18: γυμνασιαρχοῦσιν οἱ πλούσιοι, — ὁ δε δῆμος γυμνασιαρχεῖται. Ueber ihre ethifche Oberauffilcht Plutarch., Amator. c. 9, 10: ἀργνοῦς γὰρ (οἱ γυμνασίαρχοι) ἰσχυρῶς τῶν ἐφήβων καὶ προσάγουσι τὸν νοῦν σφόδρα τοῖς ὑπ᾽ αὐτῶν πραττομένοις. Vgl. c. 12. 2) Paufan, V, 4, 2. 3) Corpus infcr. Graec. ed. Boeckh N. 2007.

4) Plutarch., Anton. c. 33.   5) Demofth. gegen Leptines p. 462, 463 ed. R.   6) Corp. infcr. Gr. ed. Boeckh N. 108, p. 148—151.   7) Aefchines gegen Timarch. §. 12.   8) Eryxias (Platon. oper. Tom. VIII, p. 399, a). Diogenes Laert. VI, 90. p. 358 (ed. Meib.) erzählt noch Schlimmeres in Beziehung auf den Philofophen Krates: ἐν Θήβαις ὑπὸ τοῦ γυμνασιάρχου μαστιγωθεὶς (οἱ δὲ ἐν Κορίνθῳ ὑπὸ Εὐθυκράτους) καὶ ἑλκόμενος τοῦ ποδὸς κτλ.   9) Ich habe hierüber in meiner Gymnaftik und Agoniftik der Hell. I, 196, Anmerk. 30 verfchiedene Belege beigebracht.   10) Thl. I, Bd. I, S. 181—204.   11) So auf einem bemalten Thongefäße, welches in den Annali d. inftit. d. corrisp. archeol. Nouv. ser. Tom. IV (Tom. XXIX d. tuttala serie) S. 179 fg. erflärt worden ift.

artigſten hervor, während diejenigen, welche den Namen Palaestrae führten, größtentheils geringern Umfang hatten, obwol ausnahmsweiſe einige derſelben ebenfalls anſehnliche Bauwerke waren, wie die palaestra Neapolitana. Von den Gymnaſien ſind beſonders in den Ruinen griechiſcher Städte Kleinaſiens noch ſtattliche Ueberreſte vorhanden, welche den Umfang derſelben bezeugen. Im Verlaufe des ſechſten und fünften Jahrhunderts v. Chr. hatte jede nur irgend bedeutende Stadt ihr Gymnaſium aufzuweiſen, größere Städte wie Athen ſogar zwei und drei. Kleine Städte mochten ſich wol oft genug mit einer Paläſtra begnügen. Die Paläſtra waren auch oft nur Privatanſtalten, welchen ein Pädotribe vorſtand. Seitdem die Gymnaſtik als τέχνη, ἐπιστήμη ihre höchſte Ausbildung erhalten hatte, mußte ſich in jeder Stadt wenigſtens ein Gymnaſium befinden. Daneben konnten noch mehrere Paläſtra exiſtiren. Zunächſt mußte eine zur Anlegung eines Gymnaſiums geeignete Localität ermittelt werden, womöglich in anmuthiger Umgebung mit reiner Luft, an einem Fluſſe oder Flüßchen, an einer Quelle oder am Meere, woraus hervorgeht, daß die meiſten Gymnaſien nicht innerhalb der Stadt, wie Al. Hirt angenommen, ſondern außerhalb derſelben aufgeführt wurden. Innerhalb der Städte laſſen ſich nur wenige nachweiſen, wie das zu Sikyon in der Nähe des Marktes (Pauſan. II, 10, 1), welches Kleinias auf eigene Koſten habe herſtellen laſſen, damit hier die Epheben in gymnaſtiſchen Uebungen unterrichtet würden (Pauſ. II, 10, 6); viele außerhalb der Städte, welche gewöhnlich in anmuthiger Lage mit ſchattigen Baumreihen, insbeſondere mit Platanen und Buſchwerk ausgeſtattet waren. Man befolgte hier ein ähnliches Princip, wie in Beziehung auf die Asklepeia, die nach dem mythiſchen Ahnherrn der Asklepiaden benannten Heilanſtalten, welche bald in ſchattigen Hainen, bald auf Anhöhen mit reiner Luft und anmuthiger Ausſicht angelegt wurden. Innerhalb der Stadt befanden ſich (wie ſchon bemerkt) das Gymnaſium zu Sikyon, das zu Megalopolis und das ſpäter errichtete Ptolemäon zu Athen. Außerhalb der eigentlichen Ringmauern lagen die drei alten Gymnaſien zu Athen, das Lykeion, die Akademie, der Kynoſarges, zu Megara, zu Theben, zu Epheſos, zu Argos (Kylabaris), zu Korinth (das Kraneion) u. a. Zu Platon's Zeit umfaßte ein vollſtändiges Gymnaſium alle nur irgendwie erforderlichen Beſtandtheile, z. B. das ἐφηβεῖον, das ἀποδυτήριον, das ἐλαιοθήσιον, das κονιστήριον, das Βαλανεῖον (λουτρὰ, λουτρῶνες), das πυριατήριον, das σφαιριστήριον, außerhalb ξυστοί, δρόμος κατάστεγος, die αὐλὴ ἔξω (ἐν τῷ αἰθρίῳ). Das Stadion für die Wettläufer konnte mit dem Gymnaſium vereinigt oder auch in einiger Entfernung von dieſem angelegt ſein. Der Hippodromos für das Wettrennen der roßbeſpannten Wagen war ſtets vom Stadion getrennt, da dieſer einen größeren Raum erforderte. Die Reihenfolge und Conſtruction der genannten einzelnen Abtheilungen zu Platon's Zeit läßt ſich mit Beſtimmtheit nicht angeben, da Platon dieſelben ſämmtlich nur gelegentlich erwähnt hat, ohne die Be

ſchreibung eines Gymnaſiums mittheilen zu wollen [1]. Es bleibt uns daher nur der flüchtige Grundriß des ſpäteren Architekten Vitruvius übrig, welcher die Einrichtung einer griechiſchen Paläſtra beſchreiben wollte, jedoch nicht vollſtändig genug iſt. Auch hatte er zugleich eine römiſche Paläſtra im Auge, deren er mehrere täglich ſchauen konnte. Er hat folgenden Grundriß gegeben: Die Periſtylia (d. h. die mit Säulen ausgeſtatteten oder von Säulen getragenen porticus, Hallen, Gänge) ſollen, mögen ſie in ihrer Geſammtheit ein Quadrat oder ein Oblongum bilden, einen Umfang von zwei Stadien haben, aus drei einfachen und einem doppelten gegen Mittag gelegenen Säulengange beſtehen, damit kein Regen und kein ſtürmiſcher Wind in den inneren Theil (d. h. in den inneren zweiten Säulengang) eindringen können. Die drei erſtgenannten einfachen Säulengänge ſollen geräumige Säle mit Sitzen haben, damit ſich hier Philoſophen, Rhetoren und andere Freunde der Wiſſenſchaften aufhalten und behaglich unterhalten können (Platon gewährt in vielen Dialogen Beweiſe). Der doppelte Säulengang dagegen ſoll in ſeiner Mitte ein ephebeum (d. h. der ſpecielle Aufenthaltsort für die Gymnaſtik treibenden Epheben), einen geräumigen Saal mit Sitzen, um den dritten Theil länger als breit, mit einem coryceum (zur Uebung mit dem Korykos), mit einem anſtoßenden conisterium auf der rechten Seite, dieſem zunächſt einen Raum zum kalten Bade (λουτρόν) in dem einen Winkel des Porticus enthalten. Auf der linken Seite des Ephebeum ſoll das elaeothesium (behufs der Einölung), hiernächſt das Abkühlungszimmer (frigidarium) ſich befinden, von welchem aus man in das Heizzimmer (propnigeum) in der anderen Ecke dieſes Säulenganges gelangen könne. Dann ſoll dem frigidarium gegenüber nach dem Innern hin das gewölbte Schwitzzimmer (concamerata sudatio) angebracht werden, und zwar doppelt ſo lang als breit mit einem trockenen Schwißbade (laconicum) in einem der Winkel. Die bisher genannten Räume zuſammengenommen machen die eine Hälfte der palaestra des Vitruvius aus, welcher ſich vorzüglich das Gymnaſium zu Neapolis (palaestra Neapolitana) zum Muſter genommen haben ſoll [2]. Die zweite Hälfte ſollen drei Hallen oder Säulen

1) Vergl. Plat., Lys. c. 9, p. 206, e. Euthyd. c. 2, p. 272, e. 273, a. Theaet. c. 2, p. 144, b. Phaedr. p. 227, a. b. Aristoph., Nub. 1045. Xenoph., Oecon. c. 9, p. 15, de rep. Ath. II, 10. Beiläufig möge hier noch bemerkt werden, daß Cicero in ſeinen rhetoriſchen und philoſophiſchen Schriften die gymnasia der Griechen als die Verſammlungs- und Unterhaltungsplätze der Philoſophen hier oft erwähnt, wie: de oratore I, 13; de divinat. I, 5. Paradox. praef. bezeichnet er die Akademie zu Athen als Nobilissimum orbis terrarum gymnasium. Man könnte viele Stellen aus Cicero's Schriften aufbringen, in welchen die gymnasia Graecorum erwähnt werden. 2) Plinius h. n. XII, 3, berichtet von dem Dionyſius (Siciliae tyrannus), daß er zuerſt die Platane nach Rhegium (in urbem transtulit eas, domus suae miraculum, ubi postea factum gymnasium) verpflanzt habe, wo ſpäter ein Gymnaſium erbaut worden ſei. Alle griechiſchen Colonialſtädte in Großgriechenland und auf Sicilien hatten ihre ſtattlichen Gymnaſien.

gänge bilden, von welchen die eine gerade denen entgegenstößt, welche sich aus dem beschriebenen Peristilium heraußbegeben, die beiden übrigen sollen rechts und links liegen und ein Stabium (stadiatae) in der Länge betragen. Der eine ganze Mitternacht gelegene soll ein doppelter sein und die größte Breite enthalten. Die einfachen Säulengänge sollen zehn Fuß breite Seitenwege haben, die Mitte soll zwölf Fuß breit sein und zwei Fuß tiefer liegen als die Seitenwege, damit die Zuschauer auf den letzteren nicht von den nackten, mit Oel eingeriebenen Agonisten berührt und ihre Kleider befleckt werden können. Diese Säulengänge wurden von den Griechen ξυστοί genannt, und in diesen bedeckten Räumen übten sich nach der Angabe des Vitruvius die Athleten während des Winters und überhaupt bei rauher Witterung [3]. Zu unterscheiden von den ξυστοί sind die Xysta. Diese aus Gängen und mit Estrich belegten Ruheplätzen bestehend sollen zwischen Platanen und Buschwerk innerhalb jener beiden Säulengänge angelegt werden. Nach den genannten aus zwei Theilen bestehenden Räumen soll als dritter Theil der ganzen Palästra das Stabium folgen und so eingerichtet sein, daß hier eine große Menge von Menschen die Wettkämpfe schauen könne. Vitruvius hat nun in seinem Grundrisse zwei zu einem vollständigen Gymnasium gehörende Räume unerwähnt gelassen, das apodyterium (das Aus- und Ankleidezimmer) und das sphaesisterium (der Raum zum Ballspiel). Beide Räume waren jedoch nicht so unbedingt nothwendig, da das apodyterium mit dem elaeothesium vereinigt sein konnte, das Ballspiel dagegen in einem der ξυστοι am bequemsten gehalten werden konnte. Man hat hierüber verschiedene Erklärungen, d. h. nur Hypothesen, mitgetheilt, welche ich in der Gymnastik und Agonistik beleuchtet habe, und welche hier nicht wiederholt werden sollen [4]. Vielleicht hatte die palaestra Neapolitana, das Normalschema des Vitruvius, jene beiden Räume nicht aufzuweisen. Natürlich müssen in den zahlreichen Gymnasien und Palästren der vielen Städte in Altgriechenland, in Kleinasien, in den griechischen Städten Unteritaliens und Sicilliens mannichfache Differenzen vorgekommen sein, sowie auch in der späteren Zeit einzelne Theile des Gymnasiums andere Bezeichnungen erhalten haben mochten. So wird in der späteren Zeit ein Raum, in welchem vorzüglich Knaben ihre Uebungen getrieben zu haben scheinen, ceroma (κήρωμα) genannt. Plutarch und Plinius führen dasselbe neben der Palästra auf und nach Arnobius war das ceroma dem Mercurius als dem Gotte der Palästra gewidmet [5]. Lukianos erwähnt

das ὄρυγμα als den mit Sand gefüllten tieferliegenden Raum, in welchem Ringer, Faustkämpfer und Pankratiasten sich herumtummelten [6]. Auch das Wort σκάμμα (von σκάπτω) wird als Bezeichnung des Raumes erwähnt, wo die Athleten ihren Uebungen oblagen, wahrscheinlich derselbe zwei Fuß tiefer liegende Theil eines der Säulengänge, welcher bereits oben näher bezeichnet worden ist. Da jedoch σκάμμα als offener Raum betrachtet wird, so ist wol richtiger einen etwas tiefer liegenden Raum im Stabium zu verstehen. Diese Stelle könnte nur hinter der Zielsäule, wo die Wettläufer anlangten, gelegen haben. Aus den meisten Stellen der Alten läßt sich folgern, daß hier insbesondere die schweren Uebungen der Athleten getrieben wurden und auch in den großen Festspielen hier ihre Wettkämpfe zur Ausführung gelangten. J. Chrysostomus hat dieses Wort in der Bedeutung von Kampfplatz der Athleten überhaupt gebraucht, wobei er nicht sowol die Vorübungen als die wirklichen Productionen vor den Zuschauern während der großen panegyrischen Feste im Sinne gehabt zu haben scheint [7].

Die Zahl schauwürdiger Gymnasien in Altgriechenland, in Kleinasien, in Großgriechenland und Sicilien war laut der Berichte der Alten groß. Im alten Griechenland hatten Athen, Theben, Korinth, Argos ansehnliche Bauwerke dieser Art. Das zu Argos führte den Namen Kylabaris, das zu Korinth hieß Kraneion und war außerdem durch den Aufenthalt des Diogenes von Sinope daselbst zur Berühmtheit gelangt. Unter den Städten Kleinasiens hatten Ephesos, Smyrna, Tralles, Klazomenä, Nicäa, Sinope, Alexandria Troas, Aphrodisias in Karien, Mllet, Antiochia, Laodikeia ihre ansehnlichen Gymnasien. Von einigen sind noch beträchtliche Ueberreste vorhanden, welche ihren ehemaligen Umfang bezeugen, sowie auch die alten Autoren, namentlich Strabon und Pausanias, viele derselben erwähnt, einige auch genauer beschrieben haben. Auch Alexandria in Aegypten und Nicopolis hatten ihre ansehnlichen Uebungsplätze. Die griechisch gebildeten syrisch-makedonischen Könige, die Seleuciden, hatten in mehreren Städten ihres Reichs Gymnasien hergestellt. Auch wollten sie solche in Jerusalem einrichten lassen, welchen Bestrebungen die tapferen Makkabäer ein Ziel setzten. Auch die milesische Colonie Olbia (Olbiopolis, Miletopolis) im entfernten Norden unter scythischem Himmel hatte ihr Gymnasium. Zu Sparta und auf der Insel Kreta führten die Uebungsplätze den Namen Dromos (δρόμος). Zu Sparta bestand der große Dromos, dessen Eingang die Statuen der

---

3) Vitruv. V, c. 11. Auch bei den Thermen und großen öffentlichen Bädern befanden sich ähnliche Säulenhallen für die gymnastischen Uebungen der Epheben und Athleten, dabei auch große Baumalleen. Vergl. Magazin für das Ausland 1841, Nr. 127, S. 505. Τὰ τῶν ξυστῶν ἄλση zu Ephesos erwähnt Philostratos VIII, 26, 366 (ed. Olear.). Ueber das Gymnasium und das Stabium zu Ephesos vgl. Ernst Curtius, Ephesos, ein Vortrag S. 24 (Berlin 1874). 4) Bd. I, S. 102 fg. 5) Plutarch., Tom. VIII, p. 159. Symp. II, 4. Plinius h. n. XXXV, 2, 3. Arnob. adv. gent. III, 23. Martial. IV, 19. XI, 48.

6) Lukian., Anach. c. 2. 7) Chrysost., de nom. mut. p. 834, vol. V, ed. Par. 1636: οὐχ ὁρᾶτε τοὺς Ὀλυμπιακοὺς ἀθλητὰς εἰς μέσον τοῦ θεάτρου ἑστῶτας ἐν μεσημβρίᾳ μέσῃ καυθέντας ὑπὸ καμίνου, τὸ σκάμμασι, καὶ γυμνῷ τῷ σώματι τὴν ἀκτῖνα δεχομένους; κτλ. Vergl. Homil. de resurrec. p. 424, 25. Tom. II, ed. Montf. und Serm. in epist. Paul. ad Rom. XII, 7. p. 53. Galenus, χοτρὸν ἰατρίν. ἢ γυμν. c. 43: ποῦ γὰρ Ἱπποκράτης εἰσῆλθεν εἰς σκάμμα, ποῦ δὲ εἰς πάλαιστραν; weit mehr Belege habe ich in der Gymnastik und Agonistik, Bd. I, 106, Nct. 2 zusammengestellt.

Dioskuren (Διόσκουροι Ἀφετήριοι) schmückten, aus mehreren Abtheilungen, welche von Pausanias γυμνάσια genannt worden sind [8]). Die bedeutenden Städte Groß- griechenlands und Siciliens, wie Syrakusä, Agrigentum, Neapolis, Tarentum, Katana, Kroton u. s. w. waren natürlich mit Gymnasien ausgestattet, da hier überall die Gymnastik zur Blüthe gelangt war und aus diesen Städten Sieger in den großen periodischen Festspielen hervorgegangen waren, welche ihre Vorübungen in diesen Gymnasien gehalten hatten. Zu Rom waren während der Kaiserzeit gymnasia hergestellt worden, während die altrepublikanische Zeit solche nicht lanute und nicht wünschte. Nero ließ (815 u. c.) ein vollständiges Gym- nasium herstellen und einweihen und gewährte das dazu nöthige Oel [9]). Dasselbe Gymnasium wurde später durch einen Blitzstrahl in Flammen gesetzt und zerstört und das eherne Bildniß des Nero zu einer unförmlichen Erzmasse geschmolzen [10]). Während der späteren Kaiserzeit, unter Hadrianus und den Antoninen und weiterhin, hatten die Athleten, welche Herculanei genannt wurden, verschiedene Privilegien und Vorrechte, auch ein besonderes Gym- nasium mit einem Berathungs-Zimmer. Ebenso hatten sie zu ihrem Culte einen eigenen Tempel und ein beson- deres Archiv (tabularium). Sie bildeten eine Gilde, welche großes Ansehen hatte und bei Festspielen die erste Rolle spielten. Der Xystarchus war ihr Vorsteher, wel- cher auch den Titel Archiereus (Ἀρχιερεὺς) führte, weil er zugleich Opferpriester dieser synodos war [11]). Das Gymnasium des Hadrianus erwähnt Dio Cassius, ebenso ein anderes, welches Sura Licinius, dem Hadrianus reicher und intimer Freund, hatte erbauen lassen [12]).

Ueberreste von alten Gymnasien sind mehrere von Reisenden in Kleinasien aufgefunden worden. So hat Edward Falkener einen Grundriß vom Gymnasium und von dem Stadium zu Ephesos mitgetheilt, dessen Ueber- reste er selbst betrachtet hatte [13]). Ueber das prächtige Gymnasium zu Smyrna hat insbesondere Aristides ge- handelt. Es umfaßte zugleich einen Tempel des Aeskle- pios [14]). Ich habe in der Gymnastik und Agonistik der Hellenen Bd. II, Taf. II zwei Grundrisse beigebracht, den ersteren vom Gymnasium zu Ephesus, den zweiten vom Gymnasium zu Alexandria Troas, beide nach den Abbildungen in den Alterthümern von Jonien C. VII, pl. 40. 54. Von besonderer Wichtigkeit waren in den Gymnasien die Quellen und Brunnen [15]), theils um den daselbst befindlichen Bäder mit Wasser zu versorgen,

theils um den Baumwuchs um das Gymnasium zu unterstützen [16]). Die Bewässerung der Akademie zu Athen galt für ein großes Verdienst des Kimon [17]). So wird in einer Inschrift aus der Zeit des Philippus Aridäus unter verschiedenen auf Gymnasien bezügliche Anlagen in Mylasa auch die κρήνη ἡ ἐκχέουσα τὸ ὕδωρ εἰς τὴν παλαίστραν erwähnt [18]). Wie Pausanias die Ab- theilungen des großen Dromos zu Sparta γυμνάσια nennt [19]), so bezeichnet Epiktratēs bei Athenäos die Ab- theilungen der Akademie zu Athen als γυμνάσια [20]).

(J. H. Krause.)

GYMNASIUM (der Neuzeit). Dieser Name ist von den griechischen Bildungsstätten für Leibesübungen im Laufe der letzten Jahrhunderte auf die Anstalten übertragen, welche die geistige Bildung pflegen und fördern. Dieß findet seine Erklärung darin, daß schon bei den Hellenen in den Gymnasien besonders die Philosophen Unterricht zu er- theilen pflegten, weil dort Jünglinge und Männer sich zusammenfanden. In der Akademie, einem der Gymna- sien Athens, lehrte Platon seine Schüler, in dem Lykeion Aristoteles, in dem Kynosarges die cynische Schule; durch die Wahl dieser Namen aus dem clas- sischen Alterthum hat man den Schulen die Weihe einer idealen Vergangenheit gegeben. Aber es hat lange gedauert, ehe es dazu kam. Selbst der Name σχολή, schola bedeutet zunächst nur die Muße, dann was einer in der Muße schreibt oder mündlich erörtert, schließlich den Ort, wo wissenschaftliche Erörterungen angestellt wer- den. Die ersten Spuren dieses Gebrauchs finden sich etwa bei Aristoteles, dann bei Plutarch und besonders bei Dio- genes Laertios. Die Römer übernahmen das Wort in dem schon Theophrast dem Fremdworte (Lucil. sat. XXVIII, 14). Es wird seit Cicero allgemein, aber zunächst nur in der Bedeutung einer gelehrten Unterhaltung, eines wissenschaftlichen Vortrages, schließlich zur Bezeichnung des Orts [1]), wo philosophi, grammatici, rhetores lehren. Viel früher galt bei den Römern der Name ludus, der von den öffentlichen Spielen auf den Ort übertragen

16) Vgl. Theophrast., hist. plant. I, 7, 4. 17) Vgl. Chr. Petersen, Das Gymnasium der Griechen S. 40 (Hamb. 1858). 18) Corp. inscr. Graec. ed. Boeckh, N. 2692. Vergl. die Ab- handlung der Gesellsch. der Gesellsch. zu Göttingen, Bd. VIII, 2, S. 180, 1860. 19) Athenaeus II, 54, 59 (p. 109 ed. Stereot.). Πανασήγνειοι γὰρ ἰδὼν ἀγίλην μειρακίων ἐν γυμνασίοις Ἀκα- δημίας. — Eine specielle Specialschrift über das Gymnasium der Griechen nach seiner baulichen Einrichtung (Hamburg 1858) wurde mir von dem damaligen Professor und Rector Chr. Petersen als Geschenk übermittelt. Er hat derselben auch einen Grundriß bei- gegeben. S. 30 wird bemerkt, „daß die Anlage der Gymnasien im Wesentlichen überall dieselbe war". Allein die Localitäten, die vorhandenen Mittel, die Ansichten der Baumeister, die geringere oder größere Einwohnerzahl gestatteten gewiß nicht überall einen und denselben Bauplan, und manche nicht dringend nothwendigen Räume mochten bei geringen Mitteln ganz wegfallen. 20) Euripid., Androm. v. 600 nennt die spartanischen Laufbahnen δρόμους.

---

8) Pausan. III, 14, 6. 7. Das Gymnasium zu Smyrna nennt Philostr., Vit. Polem. I, 25, 3, p. 534 und I, 25, 9, p. 541 (Olear.) τὸ κατὰ τὴν Ἀσίαν μεγαλοπρεπέστατον. 9) Tacit., Annal. XIV, 47. 10) Tacit., Annal. XV, c. 22. 11) Ihre Zunft ist eine σύνοδος ξυστικὴ τῶν περὶ τὸν Ἡρακλέα ἀθλητῶν ἱερονίκων στεφανειτῶν. Octavius Falconer, ad inscript. athlet. n. XVI, p. 2317. 2332. 2339. 12) Dion. Cass. LXVIII, c. 15. LXIX, c. 4. 13) Ephesus and the temple of Diana p. 88. 98 (London 1862). 14) Aristides XXIII, ἱερῶν λόγος A, p. 449, vol. I, ed. Dindorf (τῷ ἱερῷ τοῦ Ἀσκληπιοῦ τοῦ ἐν τῷ γυμνασίῳ). 15) Vergl. Ernst Curtius, Griechische Quell- und Brunnen- inschriften, S. 180.

1) Auson. XXXII, 6 Graio nomine schola dicta est, iusta laboriferis tribuantur ut otia Musis. Festus: scholae dicuntur non ab otio et vacatione, sed quod ceteris rebus Omissis liberalibus studiis vacare debent pueri.

wird, wo man die Kräfte des Körpers und Geistes übt. Die Bezeichnung des ludi magister können wir aus Cicero herleiten (de orat. I, 13, 56; II, 5, 21). Inzwischen verschwand dieser Name und schola überwog; scholasticus wird ein Gelehrter und wol seit Petronius auch ein Schüler. Das Mittelalter kennt nur diesen Namen, gebraucht ihn aber nicht blos für die Lehranstalten in Kloster- und Domschulen, sondern auch für eine einzelne Section (schola latina, graeca, sacra), nennt die Lehrer scholastici (später auch lectores) und die Schüler scholares. Mit der Renaissance tritt auch der Name gymnasium wieder auf, zunächst nur zur Bezeichnung der Universitäten, wenn nicht sowol die Corporation der Lehrer und Studirenden (universitas), sondern die wissenschaftliche Thätigkeit bezeichnet werden sollte. So im 15. und noch im 16. Jahrh. allgemein, am längsten in Italien. Höchstens nannte man solche Schulen, welche über das gewöhnliche Ziel etwas hinausgingen und durch acroamatischen Vortrag sich den Universitäten näherten, gymnasia und speciell gymnasia academica. So Nürnberg, Hamburg, Lübeck, Bremen, Eisleben, das Elisabetanum in Breslau. Aus manchen dieser Schulen haben sich Universitäten entwickelt, wie 1578 Altorf aus der Schule in Nürnberg, aus dem gymnasium illustre Christiano-Ernestinum in Baireuth Erlangen, aus dem gymnasium illustre in Mitau Dorpat.

Für die Mehrzahl der Unterrichtsanstalten behielt man im 16. Jahrh. den Namen schola und bezeichnete höchstens den Kreis der Lehrgegenstände durch den Zusatz trivialis. Im J. 1512 schrieb J. Wimpfeling de proba institutione puerorum in trivialibus et adolescentum in universalibus gymnasiis (Hagenau 1514). Auf das Trivium beschränkte der Unterricht, also auf Grammatik, Rhetorik und Dialektik wie im Mittelalter. Schon Melanchthon gebrauchte den Namen lateinische Schule, der berechtigt ist einmal durch den Gegensatz der deutschen Schulen, die seit dem Ausgange des Mittelalters für Schreiben, für den Unterricht der Mädchen, 1528 in Braunschweig als deutsche Jungen- und Jungfrauen-Schulen eingerichtet sind, sodann weil das Lateinische der Mittelpunkt des Unterrichts war und diese Sprache zur zweiten Muttersprache werden sollte. Daneben findet sich besonders im Süden Deutschlands der Name Poetenschulen oder Poeterei, weil der Humanismus auf die Pflege der lateinischen Dichtkunst großes Gewicht legte und von dem Rector und Conrector verlangt wurde, daß er „ein ziemlicher Poet" sei. Von Würtemberg aus kam der Name Particularschule und in die sächsische Schulordnung von 1580, bei dem man nicht an Sonder-, an kleine Schulen denken darf, sondern eher an den Gegensatz von studium generale, welcher den Universitäten zugefallen war. Jetzt hat wol nur ein einziges vollständiges Gymnasium den Namen, unter welchem es errichtet wurde, beibehalten, die lateinische Schule (Hauptschule) in Halle. Dagegen ist es allgemein Sitte geworden diejenigen Schulen lateinische oder gar Lateinschulen zu nennen, welche blos die untern Klassen eines

Gymnasiums haben. So die fünf untern Klassen der Studienanstalten Baierns, welche außerdem noch als isolirte Schulen ohne die vier Gymnasialklassen vollständig an vielen Orten bestehen, aber auch nur mit 2 oder 3 Klassen als unvollständige sich finden. Die bunteste Mannigfaltigkeit kleiner und kleinster Lateinschulen ist in Würtemberg und in den Amtsstädten der baden-durlachischen Lande, welche neuerdings in höhere Bürgerschulen verwandelt sind. Wenn J. Camerarius überhaupt vier Namen anführt, schola, palaestra, academia und lyceum, so lassen sich die beiden mittlern Namen nicht nachweisen, wohl aber Lyceum mit sehr schwankendem Gebrauch. In Baiern hat man damit Anstalten bezeichnet, welche namentlich den Katholiken die philosophische und sogar auch die theologische Facultät ersetzen, ja 1824 setzte man dort überall an die Spitze der Gymnasialklassen eine Lyceallasse, welche für die philosophischen Vorbereitungsstudien bestimmt war, also eine Uebergangsstufe vom Gymnasium zur Universität bildete, hob sie aber 1830 wieder auf. In den katholischen Cantonen der Schweiz schließt sich hieran die sechsklassige Gymnasium ein Lyceum mit 2 Klassen, welche die Universität ersetzen. In Baden hießen sonst die vollständigen höhern Schulen mit 6 Klassen und neunjährigem Cursus, welche allein zur Universität vorbereiteten, Lyceen; die fünfklassigen mit siebenjährigem Cursus, Gymnasien; aber seit dem 11. Juni 1872 sind dafür die Namen Gymnasium und Progymnasium angeordnet. In Sachsen hatten ehemals denselben Namen mehrere städtische Schulen, die zugleich für das bürgerliche Leben und den Beruf des Schullehrers ausbildeten. Auch das städtische Gymnasium in Hannover (jetzt getheilt) hat den Namen Lyceum behalten und daneben besteht seit 1875 ein Kaiser-Wilhelms-Gymnasium königlichen Patronats. Würtemberg hat jetzt noch sechs Lyceen, die den Progymnasien jetzt zu achten sind und gleiche Berechtigungen haben. Ein Lyceum in Eisenberg (Herzogthum Altenburg) ist 1871 zum Progymnasium und 1875 zum Gymnasium erhoben. Napoleon I. hatte den humanistischen Staats-Lehranstalten den Namen lycées (nom emprunté à l'antiquité) gegeben und die Italiener haben denselben von dort überkommen. In dem Reichslande Elsaß-Lothringen hat man 4 Lyceen und 6 Gymnasien errichtet. Ebenso mannigfaltig ist der Gebrauch des Namens Pädagogium. Im Mittelalter nannte man so die Pensionate der Bursen, nacher die höhern Schulen in Marburg (1527), in Göttingen (1542. 1586), in Gandersheim (1571) und nach diesem eine für die höhern Stände bestimmte Schule in den Fränckischen Anstalten zu Halle, von welchen er auf die mit Pensionaten verbundenen Schulen (Züllichau, Kloster U. L. Frauen in Magdeburg, Risby, Putbus, Ilfeld) übertragen ist. In Basel haben die obersten, unmittelbar zum Uebergange auf die Universität vorbereitenden Klassen des humanistischen Gymnasiums diesen Namen. Andere Länder haben ihn aufgegeben, wie Baden und Nassau; in Schweden ist er noch für Schulen kleiner Städte mit ein oder zwei Lehrern üblich. In Mecklenburg hat Güstrow noch eine Domschule (die preußischen der Provinz Sachsen und Schleswig haben sich in Domgymnasien umgewandelt) und Wismar eine große Stadtschule, wol mit Rücksicht auf die längere Schulzeit, nicht als Gegensatz zu der kleinen d. h. Elementarschule. Collegium heißt nur ein Gymnasium in Königsberg (Preußen). Die Fürsten- und Landesschulen Sachsens (1543), von denen Pforte an Preußen gekommen ist, die niedern Seminarien Würtembergs unterscheiden sich nicht von den übrigen höhern Schulanstalten, haben nur nicht den vollständigen Lehrcursus. Die Ritterakademien haben denselben, behaupteten jedoch lange Zeit den Charakter einer exclusiven Standesschule, sind aber davon immer mehr zurückgekommen. Der Name gelehrte Schule oder gar Gelehrtenschule läßt sich dadurch entschuldigen, daß man Gelehrsamkeit mit höherer Bildung gleichstellte. Der Name Mittelschule wird sehr verschieden genommen. In Würtemberg und Preußen nennt man so die über das gewöhnliche Niveau gehobenen Stadtschulen, welche zwischen der Volksschule und der Realschule stehen; in Oesterreich faßt man Gymnasien und Realschulen damit zusammen; in Baiern hat man im Gegensatz zu den Realschulen die Studienanstalten gelehrte Mittelschulen genannt und seit 1869 ist der Name beliebt für die von Hofmann in Berlin vorgeschlagenen Schulen, die mit vollendetem 15. oder doch im 16. Lebensjahre die Berechtigung zu dem freiwilligen einjährigen Militärdienst gewähren und damit den Realschulen und Gymnasien eine Erleichterung des Ballastes bringen sollen. — In außerdeutschen Ländern finden wir in Belgien Athenäen, in den Niederlanden lateinische Schulen, in der Schweiz Cantonschulen, in Frankreich und Italien lycées und collèges (ital. ginnasi), in England high schools, grammar schools, colleges, in Skandinavien Lärowerk d. i. gelehrte Schulen. Verbalschule im Gegensatz zu Realschule war ein müßiger Einfall, der unbeachtet geblieben ist.

In Deutschland ist der Name Gymnasium immer allgemeiner geworden und daneben Progymnasium für die unvollständigen Schulen, welche einen verschiedenartig gestalteten Unterbau zu jenen bieten. Schon in der ersten Hälfte des 18. Jahrh. kam jener Name auf für diejenigen Schulen[2], „welche den Universitäten am nächsten kommen und in welchen die Jugend zu den akademischen Studien zubereitet wird"; in der zweiten sprach man schon von Trivialschulen und Gymnasien. In Oesterreich hatte man unter der Herrschaft jesuitischer Einrichtungen studia inferiora, Grammatikal- und Humanitäts-Klassen, die Vorsteher derselben hießen Studienpräfecten, aber bereits 1775 ist dort von Gymnasialstudien die Rede und seit dem Anfange dieses Jahrhunderts wird der Name Gymnasium üblich. Preußen ist nachgefolgt, denn erst eine Ministerial-Verfügung des Ministers von Schuckmann vom 12. Nov. 1812 verordnete, daß fortan alle die

ganz verschiedenartig benannten Anstalten, welche das Recht hatten ihre Schüler zur Universität zu entlassen, amtlich den Namen Gymnasium führen sollten. In einigen norddeutschen Ländern folgte man dem Beispiele Preußens, andere gingen auch hierin ihren eigenen Weg und dachten zunächst nicht daran ihre Schulen nach preußischem Vorgange umzutaufen. Die Annexionen des J. 1866 erweiterten das preußische Staatsgebiet und die Stiftung des Norddeutschen Bundes veranlaßte auch auf diesem geistigen Gebiete das Streben nach festerer Einigung[3]. Im Januar 1868 traten Vertreter von 19 deutschen Staaten in Berlin zusammen und einigten sich über verschiedene Beschlüsse, welche die Organisation und die Berechtigungen regelten, schließlich auch 1868 im December die Bildung einer Bundes-Schul-Commission herbeiführten, der es besonders oblag die Schulen darauf hin zu prüfen, ob ihnen das Recht Zeugnisse für den Freiwilligendienst zu ertheilen zugestanden werden könne. Die Gleichstellung der Zeugnisse der anerkannten Schulen war ein bedeutsamer Schritt. Als nun das neue Reich begründet war und 1871 eine Reichs-Schul-Commission zusammentrat, folgten weitere Schritte zunächst in Bezug auf die allgemeine Gültigkeit der Reifezeugnisse und auf die Prüfung der Lehramts-Candidaten. Das wieder erworbene Reichsland trat in den Verband deutscher Gymnasien, obschon die alte Verbindung mit Frankreich eigenthümliche Einrichtungen bedingte und die Haltung der Bevölkerung in ihren Parteien große Schwierigkeiten bereitete und noch bereitet.

Die Verfassung des deutschen Reichs hat ausdrücklich vermieden über Einwirkungen auf das geistige Leben des Volks, also auch über Schulen und Universitäten Bestimmungen zu treffen und dadurch eine Verschiedenheit trotz der Einheit im Wesentlichen erhalten, welche sich Jahrhunderte hindurch sich segensreich erwiesen hat. In dem alten Reiche gab es zahlreiche Schulordnungen für Länder und Städte, welche doch in den Grundzügen wesentlich übereinstimmen nicht blos in den evangelischen, sondern auch in den katholischen Ländern, für welche meist die ratio et institutio societatis Jesu seit 1599 maßgebend war. In jenen sind Melanchthon und Joh. Sturm die Führer gewesen; die deutsche Reformation hat Humanismus und Christianismus vereinigt. Von jenem ist der sogenannte sächsische Schulplan 1527 ausgearbeitet, der in die norddeutschen Kirchenordnungen übergegangen ist und seine Vorläufer hat in den Bestimmungen für Eisleben 1525 und für Nürnberg 1526. Die straßburger Schule Sturm's hat mehr im Südwesten Nachahmung gefunden. Im 16. Jahrh. sind von Wichtigkeit die Ordnungen in Würtemberg von 1559, welche bei der sächsischen von 1580 zu Grunde gelegt[3a]) das 17. Jahrh. brachte 1615 die kurpfälzische, 1618 die

---

2) Rector Albrecht in einem Progr. von Frankfurt a. M. 1747. In Preußen 1713 eine Metordnung über die Klassifikal-Gymnasien der Reformirten, 1735 eine andere über die lateinischen Schulen. ...

3) Wiese in Schmid's Encykl., Art.: Deutsches Reich, II[2], S. 21; das höhere Schulwesen in Preußen II, S. 2; III, S. 6. 3a) Daneben die Anordnungen von Micylius (Wolzer) in Frankfurt a. M., H. Wolf in Augsburg 1558 und 1576, für Gandersheim 1571, Brieg 1579, Nordhausen 1583, Stralsund 1591.

hessische von Landgraf Moritz[3b]; das 18. die Instructionen für die Franckischen Anstalten in Halle, 1737 die Schulordnung für die braunschweig-lüneburgischen Lande, an welcher J. M. Gesner betheiligt war, und 1773 die sächsischen Schulordnungen, zu deren Abfassung J. A. Ernesti zugezogen ist. Mit dieser schließt Vormbaum's Werk: „Die evangelischen Schulordnungen" in 3 Bänden (Gütersloh 1860—64), welches trotz seines Umfangs weder vollständig (das war auch nicht die Absicht) noch überall correct ist. — Seit der Reformation hatte die Staatsgewalt die Organisation des höhern Schulwesens im ganzen Lande festgestellt; es war dies in den Schulordnungen geschehen, in denen hauptsächlich die innern Verhältnisse, Lehrplan, Lehrmittel, Prüfungen u. dergl. geregelt wurden. Deshalb waren dafür die Namen Reglement (Baden 1803, in Preußen für die Prüfungen), Regulativ (1847 in Sachsen und 1848 in Holstein und Schleswig), sogar Normativ (1806 in Baiern) angewendet. Aber man drängte doch namentlich seit der Einführung der Landesverfassungen vielfach auf gesetzliche Regelung, auf den Erlaß von Schulgesetzen, die natürlich alle für die Jugendbildung bestimmten Anstalten von den Elementarschulen bis zu den Universitäten und den höhern Fachschulen umfassen und selbst Bestimmungen über Privatschulen enthalten müssen. Es wird angemessen sein hier einen kurzen Ueberblick nach den Ländern zu geben[3c]. Seit dem Herbste 1872 erscheint von Keller eine deutsche Schulgesetz-Sammlung, welche als Central-Organ für das gesammte Schulwesen im Deutschen Reiche, in Deutsch-Oesterreich und in der Schweiz natürlich auch die Gymnasien beachtet.

Preußen ist das einzige Land ohne ein allgemeines Schulgesetz, ohne eine gesetzliche Verfassung für die Gymnasien. Seit 1817 wartet man sich mit der Erledigung dieser Angelegenheit[4]; auch nachdem Art. 26 der Verfassungsurkunde ein das ganze Unterrichtswesen umfassendes Gesetz in Aussicht gestellt hatte, ist man nicht über Versuche und Entwürfe der verschiedenen Ministerien (v. Ladenberg, v. Bethmann-Hollweg) hinausgekommen bis auf die Mühler'schen von 1869; über Falk's und dessen Nachfolgers Absichten (wenn o. Puttkammer dergleichen schon haben sollte) sind nur unsichere Nachrichten in die Oeffentlichkeit gedrungen. Man hat sich dort mit Verordnungen begnügt und in diesen sichere Grundlagen geschaffen. Für die Heranbildung eines tüchtigen Lehrerstandes war gesorgt durch das Edict wegen Prüfung der Candidaten (1810, 1831 und 1866); das von den Gymnasien zu erreichende Ziel war festgestellt in den Reglements für die Maturitätsprüfung (1812.

1834. 1866), endlich ist 1837 eine Art von Normalplan aufgestellt, in welchem die den einzelnen Lehrfächern zuzuweisende Stundenzahl tabellarisch angegeben ist, die 1856 einige Modificationen erfahren hat[5]. — In Sachsen ist erst 1829 eine Maturitätsprüfung angeordnet, 1833 der Entwurf eines Gesetzes über die Organisation der Gelehrtenschulen zu Stande ohne Erfolg vorgelegt und seitdem der Weg der Verordnungen betreten. Im J. 1847 erschien das Regulativ für die Gelehrtenschulen als ein provisorisches, blieb aber in Geltung bis 1870; endlich folgte 1876 das Gesetz über Gymnasien, Realschulen und Seminarien und dazu am 29. Jan. 1877 eine Verordnung, welche am 1. April jenes Jahres in Kraft getreten ist. — Das Königreich Baiern ist an gesetzlichen Bestimmungen überaus reich. Auf das Normativ von 1808, im Werk Niethammer's, sind zuletzt die Ordnungen von 1824, von 1829, welcher ein von Fr. Thiersch ausgearbeiteter Plan zu Grunde lag, und 1854 (mit den Modificationen zusammengestellt von Seibel, Bamberg 1864), endlich das Gesetz vom 20. Aug. 1874, welches den deutschen Einrichtungen auch in der Bestimmung der Schulzeit mehr folgt. — Würtemberg, das im 16. Jahrh. rühmlich vorgegangen war, hat sich mit zahlreichen Instructionen und Verordnungen begnügt. Der 1848 erschienene Lehrplan, ein Werk G. Schwab's, ist nicht ins Leben getreten; jüngst hat man sich wenigstens in Betreff der Cursusdauer, der Reifeprüfung, der Anforderungen an die Lehrer u. f. w. den Bestimmungen des neuen Reichs angeschlossen. — In Baden hat die Verschiedenheit der Landestheile auch die verschiedenartigsten Schuleinrichtungen zur Folge gehabt. Seit 1830 haben sich die Kammern vielfach mit diesen Fragen beschäftigt. Es erfolgte 1836 eine Verordnung über das Gelehrtenschulwesen und 1837 ein Lehrplan und die Schulordnung[7]; die jetzige Organisation beruht auf einer landesherrlichen Verordnung vom 1. Oct. und den Ministerialverordnungen vom 2. Oct. 1869 und 11. Juni 1872. — In dem Großherzogthum Hessen ist 1871 ein Lehrplan für die Gymnasien vereinbart. — Die beiden Mecklenburg (Schwerin und Strelitz) haben keine Einheit der Einrichtung. Die wissenschaftliche Prüfungscommission für Lehramts-Candidaten hat nur für Schwerin Geltung. In Strelitz gibt es ein Publicandum für die Maturitätsprüfung vom 8. Aug. 1831. Ebenso fehlt es in den übrigen Ländern an einer gemeinsamen gesetzlichen Ordnung, obschon überall Prüfungscommissionen eingerichtet sind. Waldeck und Lippe haben mit Preußen besondere Verträge über die Verwaltung abgeschlossen. Die Reichslande haben eine den preußischen Einrichtungen im Aeußerlichen ziemlich entsprechende Ordnung erhalten, sie weicht aber in dem Lehrplane wesentlich ab. Hierher gehört die Verord-

3b) 1619 die weimarische, 1561 eine hessische.   3c) Die Encyklopädie des gesammten Erziehungs- und Unterrichtswesens von K. A. Schmid (Gotha 1859—1878 in elf Bänden, und in zweiter etweiterter Auflage seit 1876 für die vier ersten Bände) gibt von jedem Lande genaue statistische und geschichtliche Darstellungen.   4) Die Gesetzgebung auf dem Gebiete des Unterrichtswesens in Preußen, vom J. 1817—1868. Actenstücke und Erläuterungen. Berlin 1869. 4.

5) Wiese, Verordnungen und Gesetze, in 2 Bänden (Berlin 1867. 1868).   6) Die Schwankungen macht A. L. Roth klar: Das Gymnasial-Schulwesen in Baiern zwischen den J. 1824—1843.   7) Das höhere und niedere Studienwesen im Großherzogthum Baden. Konstanz 1846.

nung über die Abiturienten-Prüfung vom 6. Juni 1872 und das Unterrichtsgesetz vom 12. Febr. 1873 nebst der Ausführungsverordnung vom 10. Juli 1871[8]). Die bereits 1866 vollzogenen Annexionen machen es überflüssig noch besonders der in Preußen einverleibten Länder zu gedenken, obschon einige derselben recht gute Einrichtungen hatten (die auf die Reifeprüfung bezüglichen find in der Provinz Hannover noch in Geltung), und Nassau, das aus 24 Territorien auf dem Wiener Congreß vereinigt ist, schon um deswillen eine umfassende gesetzgeberische Thätigkeit verlangte und auch seit 1817 bis 1863 in verschiedenen Edicten sehr zweckmäßig übte.

Außer Deutschland kommt zunächst Oesterreich in Betracht, wo nach der Aufhebung des Jesuiten-Ordens 1773 das Unterrichtswesen in die Hände des Staats kam und 1775 (durch die Piaristen), 1805 und 1819 Lehrpläne für die höhern Schulen veröffentlicht wurden, die zuletzt immer mehr von dem übrigen Deutschland geistig abgesperrt waren. Das sturmbewegte Jahr 1848 stürzte das Metternich'sche System. Am 16. Sept. 1849 erschien der Entwurf zur Organisation der Gymnasien und Realschulen, durch welchen eine völlige Neugestaltung des Gymnasialunterrichts eingeleitet wurde. Aus der gemeinsamen Thätigkeit von Exner und Bonitz, welche noch einige Schulmänner herangezogen hatten, ist dieses Werk hervorgegangen, das 1851 für alle kaiserlichen Länder Gesetzkraft erlangt hat. An Widerstand hat es besonders bei der Aristokratie und dem Klerus nicht gefehlt, auch fehlte es anfangs an befähigten Lehrern; die Hast, früh Früchte zu sehen, verdarb auch Manches und der häufige Wechsel der Minister mit verschiedenen Ansichten war nicht gerade förderlich[9]). Inzwischen sind zahlreiche neue Gymnasien errichtet und die Lehranstalten der Orden immer mehr säcularisirt. Jener Entwurf wurde 1852 auch für Ungarn eingeführt, aber 1860, als man die Trennung für das Königreich erlangt hatte, beseitigte man ihn sofort und versuchte sich seit 1867 in verschiedenen Organisationen, die bald nach französischer Schablone, bald nach schweizerischer und preußischer Form gemacht wurden, endlich zu einem Flickwerk derart wurden, daß verständige Männer sich nach der österreichischen gern zurücksehnen. Die Entfernung der Jesuiten aus Frankreich wird dieselben in großer Anzahl nach Ungarn führen und ihnen dann den höhern Unterricht bald in die Hand liefern. — In Frankreich hat Napoleon I. durch die Gründung der université 1806 das ganze Unterrichtswesen centralisirt und uniformirt und namentlich eine hierarchische Gliederung des Lehrkörpers geschaffen, welche mehr den politischen Zwecken des Kaiserreichs als der Förderung der Bildung

diente. Unter der Restauration wurden keine wesentlichen Aenderungen vorgenommen. Die Julimonarchie mit den berühmten Unterrichtsministern ordnete mehr die äußern Verhältnisse gesetzlich, so 1833 das enseignement secondaire[10]). Unter dem zweiten Kaiserreich hoffte 1852 Fortoul durch die Bifurcation nach lettres und sciences Gewinn für die exacten Wissenschaften, aber schädigte sie nicht minder als die classischen Studien. Erst Durny hat diese Scheidung 1863 beseitigt und 1865 Realschulen (enseignement secondaire spécial) geschaffen. Die neue Republik hat durch Jules Simon manche Mängel 1872 aufgehoben, aber 1875 den Unterricht wieder factisch in die Hände des Klerus gegeben, dessen Einfluß Ferry 1880 zu beseitigen ernstlich bemüht ist. Ob sein Plan, die höhern Anstalten in drei Stufen für 10 Jahre zu zerlegen, auf deren jeder ein abgeschlossener Unterricht ertheilt werden soll und zwar in den vier Jahren der obersten Stufe mit Uebergewicht des Griechischen, durchgeführt werden wird, ist abzuwarten. — Belgien mit dem Grundsatze seiner Verfassung: l'enseignement est libre, toute mesure préventive est interdite, hat durch sein Gesetz über enseignement moyen vom 1. Juni 1850 zwar in den Athenäen und Communalanstalten Schulen unter die Aufsicht des Staats geschaffen, in denen die Theilung in enseignement des humanités und enseign. professionel feine Partie zu rechter Blüthe gelangen läßt, daneben aber auch Anstalten der Bischöfe und religiösen Congregationen, namentlich stark besuchte Jesuiten-Gymnasien zulassen müssen. Seit 1878 bemüht sich ein liberales Ministerium um Reformen, die auch von den Professoren der Schulen und Universitäten eifrig unterstützt werden. — In Italien waren bei der Einigung des gesammten Königreichs höchstens in dem lombardisch-venetianischen Königreiche durch die österreichischen Behörden und in Toscana erträgliche Zustände; am 10. Oct. 1867 erschienen istruzioni e programmi per l'insegnamento delle lettere nei licei e nei ginnasi, die alles nach französischem Muster modeln. Darauf hat sich vielfach das Verlangen geregt deutschen Vorbildern zu folgen und Minister Bonghi war auf dem Wege diesem Verlangen zu entsprechen, aber das Herrschen der kleinlichen und persönlichen Parteikämpfen und dem dadurch bedingten häufigen Ministerwechsel ist überhaupt dort auf feste Zustände nicht so bald zu rechnen. — Von den zwei übrigen Ländern romanischer Bevölkerung, von Spanien und Portugal, läßt sich wenig sagen. Dort hat der Normalplan für die Segenda enseñanza die classischen Studien auf ihren einfachsten Ausdruck zurückgeführt, den griechischen Unterricht ignorirt, auch vom lateinischen vielfach dispensirt, weil man die jungen Spanier vor allem ihr eigenes Vaterland eine Hülfsmittel kennen lehren möchte. Hier war schon 1759 der höhere Unterricht durch die Vertreibung der Jesuiten säcularisirt, aber erst die constitutionelle Regierung hat am 20. Sept. 1844 die

8) Die Verwaltung des höhern Unterrichts in Elsaß-Lothringen. Straßburg 1879. 9) Ad. Ficker: Die österreichischen Mittelschulen von 1850—74. in der statistischen Monatsschrift 1875. Heft 1; derf.: Geschichte, Organisation und Statistik des höhern Unterrichtswesens. Linz 1873. Ad. Beer und Fr. Hochegger: Die Fortschritte des Unterrichtswesens in den Culturstaaten Europa's. 1. Bd. (Frankreich und Oesterreich) 1867; 2. Bd. 1. Abthl. 1868 (Rußland und Belgien); 2. Abthl. (die Schweiz).

10) L. Hahn: Das Unterrichtswesen in Frankreich. Breslau 1848.

Anstalten als Lyceen, Collegien und Privatgymnasien geordnet, mit denen meist auch Handelsabtheilungen verbunden sind, aber eine innere Hebung und Festigung des Unterrichts noch nicht erreichen können. — In der Schweiz herrscht bei der Souveränitätssucht der einzelnen Cantone große Mannigfaltigkeit, die noch durch die Verschiedenheit der Confession und der Sprache vermehrt wird. Mit Ausnahme von Glarus, Uri und Niedwalden haben alle Cantone höhere Schulen, die meist in eine classische und eine realistische Abtheilung zerfallen, jene heißt Gymnasium oder Collegium, diese Industrie-, Gewerbe-, Real- oder scientifische Schule. — Die Niederlande haben durch königl. Ordonanz vom 2. August 1815 eine Organisation erhalten, welche die lateinischen Schulen in die engste Verbindung mit den Universitätsstudien setzte[11]. Da es sich jede Stadt zur Ehre rechnete eine lateinische Schule zu haben, war ihre Zahl sehr groß, aber auch ihr Umfang sehr verschieden (an einzelnen außer dem Rector kein zweiter Lehrer). Im J. 1843 sind neben den 33 lateinischen Schulen provisorische und definitive Gymnasien mit lateinischen und gewerblichen Abtheilungen, 1863 auch Realschulen eingerichtet. Im J. 1869 ist der zweiten Kammer der Generalstaaten ein Entwurf zur Reform der Gymnasien, Athenäen (das amsterdamer ist 1877 zur Universität erhoben) und Universitäten vorgelegt. — In Dänemark haben 1850 die höheren Schulen eine neue Gestalt erhalten; ihnen ist das examen artium b. h. die Maturitätsprüfung übertragen, die seit 1805 die Professoren der Universität abgehalten hatten. Durch das Gesetz vom 1. April 1871 und die näheren Bestimmungen vom 9. August wurde in dem Unterrichte die Bifurcation in einer sprachlich-historischen und einer mathematisch-naturwissenschaftlichen Abtheilung eingeführt; damit war auch die Vorschrift eines Normalplanes geboten, für welchen die Jahre bis 1875 noch frei gegeben wurden[12]. Auf Island besteht seit Anfang dieses Jahrhunderts eine lateinische Schule in Reykjavik mit einem sechsjährigen Cursus. — Die schwedischen Schulen waren zunächst auf den Unterricht künftiger Geistlichen berechnet und daher überwiegend lateinisch, dann traten die Realien mehr hervor, besonders seit dem Anfange dieses Jahrhunderts. Im J. 1820 schied man gelehrte und ungelehrte Schulen und es bedurfte wiederholter Anregung von Seiten des Reichstags, ehe am 6. Juli 1849 die Bürgerschule und die gelehrte Schule zu einer zusammenhängenden Anstalt in zwei Ordnungen vereinigt wurden. Das neue Schulgesetz von 1856 machte die Sache durch Begünstigung des Encyklopädismus noch schlimmer, sodaß man sich 1859 genöthigt sah die Dispensationen von den alten Sprachen und die Ausdehnung des Fachlehrersystems zu beschränken. — In Norwegen ist der Normalplan vom 30. Dec. 1858 nach den Berathungen des Storthing in dem Gesetz vom 17. Juni 1869 wesentlich geändert.

Man hat Mittelschulen, welche theils zu den Gymnasien vorbereiten, theils für die unmittelbar in das Leben eintretenden Schüler eine abgeschlossene Bildung gewähren. Die Gymnasien sind theils Latein-, theils Realgymnasien, die in einem dreijährigen Cursus zur Universität und zu technischen Lehranstalten vorbilden. — In Großbritannien und Irland gibt es kein Schulgesetz, keine Beaufsichtigung durch den Staat, keinen gemeinsamen Lehrplan. Die grammar schools zerfallen in die alten, in der Regel mit Alumnaten verbundener Anstalten und die mehr an unsere Gymnasien erinnernden freien Lehranstalten[13]. Die ersteren sind alle in den Händen der Hochkirche und haben allein die Aufgabe für Oxford und Cambridge vorzubereiten; sie sind nur den Söhnen reicher Familien wegen der hohen Kosten zugänglich. Winchester (1387), Eton (1441), Westminster (1560), Rugby (1567), Harrow (1571), die Karthäuser-Schule (1611) und in London die Tagschulen St. Paul (1509) und merchant taylors school (1561) haben eine lange, ruhmvolle Geschichte und deshalb auch große Anhänglichkeit an alte Einrichtungen. Erst in neuerer Zeit haben neben den alten Sprachen andere Unterrichtsgegenstände, namentlich Mathematik Eingang gefunden, leider auch die Rücksicht auf die Examina. Die neuen Schulen, welche meist der Privatindustrie Einzelner oder Actiengesellschaften ihre Begründung verdanken und durch die Bedürfnisse der Dissenter hervorgerufen sind, haben in der Regel eine Realabtheilung. Schottland hat seine high schools, pflegt aber auch in den bourgh schools die alten Sprachen, wenigstens Latein. Im J. 1872 sind die Elementarschulen abgesondert. In Irland muß die dubliner Universität und die Queens colleges den Mangel an Mittelschulen ersetzen; seit 1878 hat man es hier angefangen zu reformiren. — In Rußland[14] kann man erst spät, seit dem Anfange dieses Jahrhunderts von Gymnasien reden, im achtzehnten gab es in dem großen Reiche nur drei. Unter Alexander I. sollten sie für die Universität vorbereiten, aber auch die für einen wohlerzogenen Menschen nothwendigen Kenntnisse geben. Inzwischen wurden sie besonders vom Adel verschmäht, weil „sogar die Kinder von Soldaten" dahin gingen und die Lehrer meist aus den untern Klassen des Bürgerthums stammten. Die Anordnungen eines Uwarow (1811) bewährten sich nicht. Im J. 1828 wurde ein neues Statut erlassen, durch welches die beiden alten Sprachen zu größerer Geltung gelangten; man brauchte neun Jahre, um diese Reorganisation zu vollenden. Im J. 1849 wurde das Griechische für überflüssig erklärt, weil die Beschäftigung mit den Schriftstellern die Jugend vom Geiste des Christen-

---

11) L. Müller, Geschichte der classischen Philologie in den Niederlanden, S. 180. 12) Michelsen in Schmid's Encyklopädie I², S. 1052.

13) Wiese, Deutsche Briefe über englische Erziehung. Berlin 1850 und 1877. Voigt, Mittheilungen über das Unterrichtswesen Englands und Schottlands, S. 115—155; 260—301. *Demogeot et Montucci*, Rapport de l'enseignement secondaire en Angleterre et en Écosse. Paris 1858. 4. Korell in Masius' Jahrb. der Pädagogik 1877, S. 65—83; 121—136. C. Schöll in Schmid's Encyklopädie III², S. 1080. 14) G. Schmid in seines Vaters Encyklopädie IX, S. 35.

thums entfremde. Unter der Regierung Alexander's II. ist eine neue Regelung vorgenommen, zuerst in dem Statut von 1864, sodann seit 1866 durch den Minister Tolstoi, der 1880 durch Saburow ersetzt ist. Jener hat das Gymnasialgesetz 1871, das Realschulstatut 1872 nicht ohne Mitwirkung deutscher Schulmänner erlassen und für die Lehrerbildung neben den Universitäten durch besondere Anstalten in Petersburg 1867, Njeschni 1875 und Leipzig 1873 gesorgt, deren Zöglinge für dreijährigen Unterricht sich zu sechs Dienstjahren verpflichten. Die classischen Sprachen sollen die Grundlage der wissenschaftlichen Bildung werden, wie in den übrigen Culturstaaten Europas. Die Gymnasien in den Ostseeprovinzen sind von den zahlreichen Veränderungen in den übrigen Rußland verschont geblieben und haben den wissenschaftlichen Charakter als Vorbildungsanstalten für die Universität bewahrt. Auch in Finnland läßt der Kaiser eigenthümliche, den deutschen sich mehr anschließende Einrichtungen bestehen. — In Griechenland ist das höhere Schulwesen durch Verordnung vom 31. Dec. 1837 geordnet; es gibt hellenische Schulen, in denen diejenigen Schüler vorgebildet werden, welche auf den Gymnasien sich zu Universitätsstudien befähigen wollen. — Nordamerika hat in seinen höhern Schulen nichts Originelles; es hat die englischen Einrichtungen der grammar und high schools übertragen und auch die colleges als Vertreter der Universitäten angenommen. Die meist aus Stiftungen hervorgegangenen Universitäten entsprechen diesem Namen nicht; daher abgesondert von John Hokpins university schließt Theologie grundsätzlich aus, auch Jurisprudenz und Medicin, weil Baltimore dafür bereits besondere Schulen hat. — In der argentinischen Republik Südamerikas leiten besonders deutsche Lehrer den Unterricht an drei collejios nacionales, aber die Organisation liegen französische Einrichtungen zu Grunde. — Japan schickt seine Studirende auf deutsche Universitäten, beruft deutsche Gelehrte und bemüht sich deutsche Bildung einzuführen.

In den früheren Jahrhunderten konnte über die Aufgabe der Gymnasien kein Zweifel sein, zumal da seit der Reformation die Universitäten allmählich aufgehört hatten in ihren Bursen Knaben für die akademischen Vorlesungen selbst vorzubereiten. Schon Luther und Melanchthon erinnern daran, daß Leute aufgezogen werden müssen „geschickt zu lehren und sonst zu regieren", und noch bestimmter Trotzendorf 1546 „daß die Knaben gerüstet werden darnach in hohen Facultäten zu studiren"; ähnlich H. Wolf 1557 in der deliberatio: ut tenuiores civium liberi elementis pietatis, atriusque linguae, artium liberalium et philosophiae hic perceptis maturiore aetate in academias ablegati studia et mores suos absque privati praeceptoris opera moderari gubernare possint. Diesen rein praktisch aufgefaßten Zweck änderte Sturm in die sapiens atque eloquens pietas und forderte dazu rerum cognitio et orationis puritas et ornatus, legte aber, mit ihm die Jesuiten, dabei auf die lateinische Darstellung das Hauptgewicht. In

dessen trat die rerum cognitio noch sehr zurück. Erst bei den Franzosen haben Rabelais und Montaigne, bei den Engländern Locke und Milton, bei uns Amos Comenius den sogenannten Realien mehr Eingang verschafft. Anfangs behandelte man sie sehr beiläufig, wie die hallischen Pietisten als Recreation. Aber in Halle tritt zuerst der Name Realschule auf und die Gedanke die exacten Wissenschaften im Interesse der Nützlichkeit auch in der Schule zu verwerthen fand besonders bei den Praktikern Auslang, als Friedrich der Große der deutschen Cultur eine vorherrschende Richtung auf Gewerbefleiß gegeben hatte. Der Philanthropinismus Basedow's [14a], durch Rousseau angeregt und durch den Minister von Zedlitz begünstigt, machte mit seinen Anstalten Fiasco; der große preußische König hielt an den alten Sprachen fest, obgleich er selbst seine Kenntniß der Alten fast nur aus französischen Uebersetzungen gewonnen hatte. In gleichem Sinne haben die Philologen Gesner, Ernesti und F. A. Wolf gewirkt und namentlich die beiden letztern dem tumultuarischen Treiben des Philanthropinismus entgegengearbeitet. Dürftig ist die Bestimmung Ernesti's (1773): Die Schulen sind in der Absicht gestiftet, damit die Jugend darin zum wahren Christenthum, zu gründlicher und nützlicher Gelehrsamkeit und zu guten Sitten angeführt und dadurch selbst wahrhaft glücklich, auch dem Vaterlande brauchbar werde [15]. Am meisten hat für die Sicherstellung des Humanismus in den Gymnasien gewirkt F. A. Wolf dadurch, daß er die Alterthumswissenschaft begründete und einen eigenen Lehrerstand abgesondert von dem vor ihm allgemein herrschenden Theologen ins Leben gerufen hat. Nach seinen Grundsätzen sind zunächst die preußischen Gymnasien eingerichtet, freilich nicht ohne ein Uebermaß von Lehrgegenständen und nicht ohne Uebertreibungen in einzelnen, wie in dem bisher sehr vernachlässigten Griechischen. Einem preußischen Ministerium ist es vorbehalten gewesen, ihm die Unchristlichkeit der Gymnasien zuzuschieben und die Trennung der Philologie von der Theologie als eine Frucht des Revolutionszeitalters zu bezeichnen [16]. Wolf hat das Gymnasium „eine geistige Ringerschule, geadelt durch Studium der Alten" genannt und doch practisch die Pädagogik bezeichnet als disciplina modum et rationem praecipiens, qua hominis in ambigua aetate constituti indoles ac vires fingi, excitari, ali atque accommodari debeant ad humanum et civile munus recte fungendum, oder an einer andern Stelle ad varia

---

[14a] Vgl. meinen Art. „Philanthropinismus" in dieser Encykl. III. Bd. XXII, S. 270. 15) Wenig abweichend von A. H. Francke, der bei einer guten Erziehung vier Dinge hauptsächlich ins Auge faßt, daß die Jugend einen guten Grund lege in der wahren Gottseligkeit, in nöthigen Wissenschaften, in einer geschickten Beredsamkeit und in äußerlich wohlanständigen Sitten. 16) Ellers' Wanderung durch's Leben Bd. IV, S. 171. In Süddeutschland ist Roth als der Führer derjenigen zu betrachten, welche das Werk Wolf's in seiner Eigenthümlichkeit zerstört wissen wollen (Kleine Schriften I, S. 396—405 und in der Gymnasialpädagogik); unter den Süddeutschen hat ihn Unt. Baumstark F. A. W. und die Gelehrtenschulen (Leipzig 1864) in Schutz genommen.

vitae munera recte fungenda. Dadurch ist die rein menschliche Bildung aller Geistes- und Gemüthskräfte zu einer schönen Harmonie des innern und äußern Menschen vorangestellt, dadurch den Lehrgegenständen sichere Bedeutung als Bildungsmittel gegeben und die Forderung formaler Bildung gestellt. Die einseitige Durchführung dieses Princips jedoch verlangte eine Ergänzung, weil das Deutsche, die Geschichte und namentlich die exacten Wissenschaften ihre Ansprüche geltend machten und der Bildung des Bürgerstandes durch die Gymnasien nicht genügt schien. Die Realschulen wurden ins Leben gerufen.

Die nur auf Bedürfnisse des praktischen Lebens berechnete Einrichtung des Ober-Diaconus Semler in Halle in der mathematischen und mechanischen Schule (1706) kommt hier nicht in Betracht, wohl aber die durch Hecker 1747 in Berlin gestiftete Realschule, die lange Zeit allein stand, dann aber seit dem Anfange dieses Jahrhunderts einige Nachfolge fand. Die Einrichtung jener Hecker'schen Realschule durch Spilleke 1822 und die vorläufige Instruction für die an den höhern Bürgerschulen anzuordnenden Entlassungsprüfungen vom J. 1832 gab diesen ein sicheres Ziel und wurde die Veranlassung zu zahlreichen neuen Anstalten, an deren Errichtung sich der Staat nicht betheiligte. Im J. 1859 erschien in Preußen die Unterrichts- und Prüfungsordnung der Realschulen, durch welche Wiese das Werk seines Schwiegervaters Spilleke sicherte und namentlich die Realschulen erster Ordnung mit den Gymnasien gleichstellte. Damit schien die ruhige Entwickelung beider Arten von Anstalten herbeigeführt und der Dualismus in die „höhere Bildung" versprechenden Anstalten gerechtfertigt. Denn dies war das Stichwort geworden, so verschiedenes man auch darunter sich dachte. Erst griff ein Arzt Lorinser die Gymnasien an 1836, weil sie durch Vielheit der Lehrgegenstände die Gesundheit der Jugend schwächten und zugleich das geistige Interesse minderten; eine Masse von Schriften blieb ohne Ergebniß [17]. Ebenso wenig hat der Angriff wegen Unchristlichkeit geschadet; ein einziges „christliches Gymnasium" in Gütersloh (1851) hat sich halb den übrigen in seiner Einrichtung angeschlossen. Von localem Patriotismus eingegeben waren die Angriffe von Fr. Thiersch auf den preußischen Encyklopädismus und die hochgespannten Anforderungen bei der Reifeprüfung und das Drängen Roth's auf einen christlichen Princip getragenen Humanismus im Sinne Melanchthon's. Das einseitige Ueberwiegen der grammatikalisch-kritischen Behandlung der Schriftsteller, welche sich bei manchen Schülern G. Hermann's besonders in Sachsen fand, veranlaßte H. Köchly seit 1845 (einige andere hatten vor ihm Gleiches erstrebt) zu einer lebhaften Agitation gegen die Anforderungen formaler Bildung und veranlaßten ihn ein sogenanntes historisches Princip in den Vordergrund zu

stellen, nach welchem die Schüler die Schriftsteller und ihre Zeit durch die Schriften derselben kennen lernen sollten. Namentlich das Latein-Schreiben und Sprechen sollte aufhören. In Zürich (1859) und in Heidelberg (1868) ist er theilweise auf diese Liebhaberei aus seiner Jugendzeit zurückgekommen. Im Jahre 1848 mit seinem Sturm und Drang regten sich auf dem Gebiete der höheren Schulen neue Reformbestrebungen [18]. Im Interesse der Einheit höherer Bildung glaubte man eine Anstalt mit auseinander gehenden Lehrplänen für humanistische und realistische Bildung von Tertia ab (Bifurcation) einrichten zu können; im deutschen Norden dachte man an ein Gesammt-Gymnasium mit den modernen Sprachen als Anfang und successiver Nachfolge der alten Sprachen, aber nur in Leipzig hat man diesen Gedanken an einer Privat-Anstalt durchzuführen versucht, ohne zu guten Ergebnissen zu gelangen. Die Bildung des neuen Reiches hat den alten Gedanken von der Einheit der Schulen wieder erweckt und besonders in jugendlichen Köpfen seltsame Pläne hervorgerufen. Noch mehr ist dies geschehen durch die Ansprüche, welche die Realschulen erheben [19]. Die Eitelkeit der Städte hatte in der Hoffnung auf Berechtigungen im Staatsdienste diese Schulen zu einer längeren Ausdehnung der Schulzeit und damit zu erhöhtem Kostenaufwande für Lehrkräfte und Lehrmittel gebracht, der sich bei ten in der Regel schwach besuchten Prima und der geringen Anzahl solcher Schüler, welche die Reifeprüfung machten, nicht leicht aufbringen ließ. Bis Ober-Secunda hielt die Schule zum einjährigen Militärdienste vollgepfropfte Klassen, aber gerade auf dem Gipfel der Schule wurde es öde. Daher kamen seit den sechziger Jahren zahlreiche Bittschriften an das preußische Abgeordnetenhaus, in welchen weitere Berechtigungen verlangt wurden. Nachdem die vollständige Gleichstellung mit den Gymnasien erlangt war, die Universitätsstudien allein ausgenommen, fing man an auch in Bezug auf diese weitere Berechtigungen zu verlangen, obgleich in der Prüfungsordnung von 1859 die Realschulen nur zu denjenigen Berufsarten allgemeinwissenschaftliche Vorbildung zu gewähren haben, für welche Universitätsstudien nicht erforderlich sind. Die lebhafte Erörterung der Frage führte zu einer Verfügung des preußischen Unterrichtsministers von Mühler vom 7. Dec. 1870, in welcher die Berechtigung zur Inscription bei der philosophischen Facultät ertheilt wird [20] und ebenso nach Absolvirung des Trienniums die Zulassung zum Staatsexamen in den Fächern der Mathematik, der Naturwissenschaften und der neuen Sprachen, jedoch mit Beschränkung der Anstellungsfähigkeit auf Real- und höhere Bürgerschulen unter Anerkennung eines Vorzugs für die, welche an-Gymnasien

---

17) Nur Wurzbach in dem biographischen Lexikon erzählt, der Aufsatz über die Gesundheit habe die Reform der preußischen Gymnasien und die Beseitigung der ärgsten Missbräuche zur Folge gehabt.

18) Mützell, Zeitschrift für Gymnasial-Wesen, Bd. IV, S. 817. 19) Wiese, Das höhere Schulwesen in Preußen, Bd. II, S. 31; III, S. 33. 20) Es konnte dies um so weniger Anstoß finden, weil auch Pharmaceuten, Landwirthschaftler (Agronomen!), feministisch gebildete Pädagogen Zulaß haben.

eine gründlichere grammatische Bildung erworben haben[21]). Aber bei diesen Errungenschaften glaubte man sich nicht beruhigen zu können. Da inzwischen die Forderung für alle Fächer akademischer Studien zu weit zu gehen schien, wurde zunächst die Zulassung der Realschulabiturienten zum Studium der Medicin das Feldgeschrei in zahlreichen kleinen Schriften und in agitatorischen Versammlungen. Die preußische Regierung hat die medicinischen Facultäten und die Aerzte-Vereine zu Gutachten aufgefordert; die Gutachten der letzteren sind fast sämmtlich zu Ungunsten der Realschulen ausgefallen. Während bisher mehr die städtischen Behörden aus finanziellen Gründen für größere Rechte der Realschulen aufgetreten waren, stellten sich jetzt die Realschul-Directoren an die Spitze der Bewegung, gründeten einen Verein, wählten Ausschüsse, veranstalteten Geldsammlungen, suchten sogar die politischen Wahlen in ihrem Interesse zu beeinflussen. Die Duisburger Realschule, welche hauptsächlich die Agitation betreibt, hat von dem Reichstage, dem Bundesrathe, mittelbar von den preußischen Abgeordneten und der akademischen Facultäten eine Abänderung der Prüfungsordnung für Aerzte (1869) verlangt, um dadurch den Realschulen die Berechtigung zum Studium der Medicin zu verschaffen[22]). Zunächst ohne Erfolg, weil immer auf das zu erwartende Unterrichtsgesetz hingewiesen wird; aber da diese Erwartung in Preußen sobald nicht erfüllt werden kann, wird man im Wege der Verordnung auf eine weitere Organisation der Realschule hinarbeiten, die drei untern Klassen (zwei scheinen mir genug) beider Arten von Anstalten in Bezug auf Lehrgegenstände und Leistungen gleichstellen und dem lateinischen Unterrichte in allen Klassen eine größere Ausdehnung geben, vielleicht sogar Griechisch einführen. Den Mehrleistungen der Städte werden neue Berechtigungen entsprechen, welche der Staat den Realschulen verleiht. Dadurch rückte die Realschule wieder einen guten Schritt näher an das Gymnasium und entfernte sich viele Schritte von ihrer ursprünglichen Aufgabe für das bürgerliche Leben vorzubereiten; vielleicht kehrt sie nachher zu den alten Real- oder höhern Bürgerschulen zurück, die ohne staatliche Privilegien ihre Aufgabe erfüllt haben.

Weil die Besorgniß, daß der Dualismus in dem höhern Unterrichte einen Riß in unserer nationalen Bildung herbeiführen werde, noch immer fortdauert, drängt sich neuerdings die Einheitsschule wieder hervor. Auf der einen Seite will man das Gymnasium nur als alleinige wissenschaftliche Vorbildungsanstalt zulassen und einige Reformen vornehmen, um die Realschule entbehrlich zu machen, andererseits haben vereinzelte Stimmen die Realschule für die wahre und einzige höhere Bildungsanstalt, für die eigentliche Schule der Zukunft erklärt, in welcher allein der nationale Gedanke seine rechte Gestalt gewonnen habe. Jene Vertreter des Gymnasiums begnügen sich wohl mit einer Revision des Lehrplans im Interesse der Naturwissenschaften, wie Du Bois-Reymond[23]) in einem Vortrage 1877, dessen Forderung in den Worten gipfelt „Kegelschnitte. Kein griechisches Scriptum mehr". Das erstere leisten schon jetzt viele Gymnasien, das andere ist unannehmbar. Andere glauben den Anforderungen der Gegenwart gerecht zu werden, wenn sie an dem Gymnasium eine Bifurcation d. h. die Trennung in einen gymnasialen und einen realen Coetus (entweder von Unter-Tertia an, oder von Ober-Secunda oder gar erst von Prima) eintreten lassen, sogar eine Trifurcation nach dem altclassischen, mathematisch-naturwissenschaftlichen und dem neu-sprachlichen Unterrichte hin. Noch andere kehren zu der Priorität der neuern Sprachen vor den alten zurück. Die Vertreter der Realschule finden das Heil in dem Realgymnasium (auch wol Oberschule genannt), die einzige höhere Schule für allgemeine Bildung werden soll. Da soll das Latein verkürzt, das Griechische bevorzugt und als Vorkufe genommen werden, die französischen Aufsätze als die beste Vorbereitung zu dem tiefere Pflege finden[24]). Oder man träumt von einer Nationalschule, welche, gegründet auf wissenschaftliche und künstlerische Leistungen des eigenen Volks, das Fremde nur in zweiter Linie, insoweit es zur Vergleichung mit dem Einheimischen erforderlich ist, als Lehrstoff heranzieht[25]). Ich halte fest an der Trennung beider Arten von Schulen. So lange die idealistischen Grundlagen unserer Cultur bleiben, wird die Bildung durch das classische Alterthum als die beste Vorbereitung für die tiefere Auffassung aller Lebenszweige angesehen werden. Wem dazu die Mittel abgehen, der mag bei den positiven Wissenschaften stehen bleiben und bei den Nachbarvölkern Umschau halten und auf dem Boden des Vaterlandes gründlich heimisch werden. Einen Riß unter den gebildeten Klassen fürchte ich nicht. Der Lehrplan des Kadettencorps ist durch kaiserlichen Befehl mit dem Lehrplan der Realschule I. Ordnung in Uebereinstimmung gebracht, unser Offizierstand wird also in Zukunft Realschulbildung erhalten. Auch in andern Lebensverhältnissen läßt sich eine Trennung nicht nachweisen.

Diese Abschweifung war nothwendig, um auf die Bestimmung des Gymnasiums zurück zu kommen, das wir

21) Das sächsische Ministerium hat im Mai 1873 dieselbe Vergünstigung gewährt. 22) Konr. Friedländer, Die Zulassung der Realschul-Abiturienten zum Studium der Medicin, Hamburg 1878; H. Seeger, Mittheilungen über den Stand der Realschulfrage, Programm von Güstrow 1880; W. Winkler unter demselben Titel in dem Programm von Bützow 1880.

23) Gegen diese Behauptung, daß die Geschichte der Naturwissenschaften die eigentliche Geschichte der Menschheit sei, ist mit Recht Einspruch erhoben. Gegen seine Forderung sprachen Süddeutsche besonders, so ein bairischer Lehrer in der Augsb. Allg. Zeitung 1878. Nr. 190 und der würtembergische Prälat Schmid in der Abschiedsrede: „Die modernen Gymnasialreformen" vom 27. Sept. 1878. Der Chemiker A. Kekulé, Die Principien des höhern Unterrichts und die Reform der Gymnasien, Bonn 1878. Lothar Meyer, Die Zukunft der deutschen Hochschulen und ihre Vorbildungsanstalten, Breslau 1878. 24) So Ed. v. Hartmann zur Reform des höhern Schulwesens, Berlin 1875; ähnlich G. Weck, Das deutsche Gymnasium, Ratibor 1874; Herm. Fechner, Gelehrsamkeit oder Bildung, Breslau 1879; W. Nohl, Ein neuer Schulorganismus, Neuwied 1877. 25) Deddigen, Die nationale Reform unserer höhern Lehranstalten, Essen und Leipzig, 1880.

vorher als eine Vorbereitungsanstalt zur Universität aufgefaßt sahen. Obgleich in dieser Beziehung jüngst den Realschulen einige Zugeständnisse unter manchen Cautelen gemacht sind, wird man doch für die Gymnasien dieses Ziel festhalten können. Es ist dies vielfach in den Erörterungen einzelner Gelehrten geschehen, wie von K. L. Roth, der die lateinische Schule seiner Heimath als eine Elementarschule für das Gymnasium, die ganze gelehrte Schule als eine Elementaranstalt für die Universität betrachtet; von C. Peter, ein Vorschlag zur Reform unserer Gymnasien, Jena 1874; von Tycho Mommsen in den preuß. Jahrbüchern Bd. 14, S. 149; Kramer in Schmid's Encykl. Bd. III², S. 101; Hirzel, Gymnasialpädagog. S. 3, selbst von Köchly (Verm. Blätter III, S. 235), obgleich dieser neben die Vorbildung für die einzelnen Fachstudien noch eine allgemeine Menschenbildung setzt, welche im Sommer 1848 in christlich-nationaler, im Winter desselben Jahres in menschlich-volksthümlicher Richtung erzielt werden sollte. Auch die gesetzlichen Bestimmungen halten das Ziel fest. So heißt es in den sächsischen Gesetz §. 1: „Gymnasien sind diejenigen höhern Unterrichtsanstalten, welche zu dem selbständigen Studium der Wissenschaften durch allseitige humanistische, insbesondere altclassische Bildung in formeller und materieller Hinsicht die erforderliche Vorbereitung gewähren", wobei ebenso wohl auf die Bildung der Kräfte des Geistes als auf den Erwerb positiver Kenntnisse hingewiesen ist. In der Bairischen Ordnung §. 1: „Die gelehrten Mittelschulen (Studienanstalten) haben den Zweck der männlichen Jugend die Grundlagen höherer allgemeiner Bildung und die Vorbereitung zu selbständigem wissenschaftlichen Studium zu gewähren und sie zu religiös-sittlicher Tüchtigkeit zu erziehen[26]". Der Erreichung dieses Zweckes dienen außer den Mitteln religiös-sittlicher Erziehung hauptsächlich das Studium der Sprachen und der Litteratur des classischen Alterthums, sowie die Kenntniß und Pflege der deutschen Muttersprache." Der preußische Entwurf von 1869 sagt §. 103: „Die höhern Schulen haben die gemeinsame Bestimmung der männlichen Jugend die Grundlagen wissenschaftlicher Bildung zu gewähren und ihre sittliche Kraft zu entwickeln. Im Besondern haben die Gymnasien für die Universitätsstudien, die Realschulen für praktische Berufszwecke und für die höhern technischen Fachschulen vorzubereiten." Der Ausdruck „Entwickelung der sittlichen Kraft" soll die Pflege des religiösen und patriotischen Sinnes der Jugend in sich schließen; ihr dient auch die körperliche Ausbildung durch den Turnunterricht. Entlehnt ist dieser Ausdruck aus dem badischen Gesetz, das in §. 1. 2. denselben Gedanken etwas ausführlicher ausspricht. Bündiger, aber nur im engsten faßt das Gesetz für Anhalt §. 56: „Die obern Klassen

der humanistischen Gymnasien sind vorzugsweise bestimmt künftigen Gelehrten die für ihre dereinstigen Facultätsstudien nöthige classische Vorbildung zu geben", oder das Unterrichtsgesetz für den Canton Zürich §. 166: „Der Zweck des Gymnasiums ist vorzugsweise, durch die Mittel der altclassischen Studien den Grund zur wissenschaftlichen Ausbildung der Schüler zu legen, insbesondere ihnen die zum Besuch der Hochschule nothwendigen Vorkenntnisse zu verschaffen." Auch der österreichische Organisations-Entwurf bestimmt §. 1: „Zweck des Gymnasiums ist eine höhere allgemeine Bildung unter wesentlicher Benutzung der alten Sprachen und ihrer Litteratur zu geben und hierdurch zugleich für das Universitätsstudium vorzubereiten." Gegen die Annahme eines solchen Zweckes glaubte man sich noch 1848 erklären zu müssen. Damals sagte Mützell[27]: „Es ist ein Irrthum, wenn man das Gymnasium dadurch charakterisiren zu können glaubt, daß man es nur als die allgemeine Vorbereitungsanstalt zu allen wissenschaftlichen Studien bezeichnet. Es ist ebenso sicher und wichtig, daß das Gymnasium zu einer tiefern Auffassung des nationalen Lebens und seiner Besonderheit und in seinem Zusammenhange mit der Gesammtentwickelung des Menschengeschlechts vorbilden soll." Steffenhagen setzte die allgemeine Aufgabe darein, allgemeine höhere Volksbildung bei der Jugend zu vermitteln, also nur auf die Anforderungen des modernen Lebens Rücksicht zu nehmen. Ja er fand den Gedanken einer Vorbildung für die Universität mit Schroffheit zurück und vindicirte dem Gymnasium eine in sich abgeschlossene höhere Bildung, die Wiese[28] wenigstens eine relativ abgeschlossene nennt.

Die Definitionen des Gymnasiums sind zum Theil wenig befriedigend. So bei A. Ferd. Bernhardi, der doch ein Schüler F. A. Wolf's war: Gymnasium ist die Unterrichtsanstalt, welche vorzugsweise auf die Ausbildung der erkennbaren Thätigkeit gerichtet, die Jugend für die im Volke-unterschiedenen Stände vorbereitet. Dies hat Schmidt in seiner Gymnasialpädagogik breit umschrieben, „die Schule für denjenigen Theil der Nation, der durch Kenntniß und Handhabung der Menschheitsgesetze vorführend und leitend in die Entwickelung des Staats und durch Kenntniß und Handhabung der Naturgesetze in die Weiterentwickelung des praktischen Lebens eingreifen will", schließlich wird ihm das Vorbereitungsschule zum selbstbewußten Kennen und Können. Daraus hat Thaulow allerdings kürzer eine Elementarschule des allgemeinen oder leitenden Standes gemacht. Dabei nimmt er den von Schleiermacher entlehnten „leitenden Stand" nicht etwa mit dem auf Universitäten gebildeten Beamtenstande identisch, sondern findet bergleichen auf dem Lande, in dem Gewerbe, in der Industrie, im Zoll- und Postfache, in dem Militär. Dies ist zu weit ausgedehnt und bringt Conflicte mit der Realschule; statt des von Kramer

---

[26] Früher war die tiefere Erkenntniß und Bewahrung des Christenthums betont; dies ist abgeändert, weil die Pflege christlicher Gesinnung nicht ausschließlich Aufgabe dieser Schulen ist und außerdem die Entwickelung des Staatslebens Gleichberechtigung aller Glaubensbekenntnisse herbeigeführt hat.

[27] Zeitschrift für Gymnasial-Wesen, Bd. III, S. 874 (pädag. Skizzen S. 57); Giesebrecht a. a. O. Bd. X, S. 74. [28] In Gelzer's protest. Monatsbl. II, S. 306.

fehr gelobten Ausdrucks „Elementarschule" hätte er beffer Vorschule gefagt oder Vorbereitungsschule, der längft in Gebrauch ift. Nach Deinhardt foll das Gymnafium die Bildungsanftalt der theoretischen Stände fein und die Bildungsftoffe geben, die zu weiterer Entwickelung der theoretischen Bildung auf der Univerfität und zur tüchtigen Betreibung ihres praktischen Lebensberufes gleichmäßig nothwendig find. Lattmann nennt das Gymnafium die Schule der alten claffischen Bildung, die lateinisch-griechische Humanitätsschule und betrachtet, um die Mathematik als Lehrgegenftand zu erhalten, diefelbe wunderlich genug als einen integrirenden Beftandtheil der claffischen Studien. Für die leitenden Stände Schleiermacher's hat Herzog [29] das Wort φύλακες gewählt, „kundige, wehrfähige Hüter der höchften Kleinodien, welche die Völker befigen, der von den Altvordern herübergenommenen Schäge des Wiffens und der Sitte, Confervatoren der aus dem Alterthum überlieferten wichtigften Denkmäler, Dolmetscher jener uralten Weisheit und Sprache, von welcher unfere Cultur ausgegangen ift und in welcher auch die Urkunden der chriftlichen Religion verfaßt find. Diefes Geschlecht der φύλακες wird gebildet dadurch, daß man fie hinführt zu den Urquellen felbft, daß man fie lehrt aus dem reinen Borne felbft zu schöpfen, in welchem der Geift der vergangenen Zeiten noch lebt und dargeftellt ift. Diefer reine Quell ift die Sprache derfelben. — Es ift nöthig, daß unter den gebildeten Leitern der Völker eine Phalanx von jenen Confervatoren vorhanden fei. — Die Pflanzftätten zur Heranbildung und Erziehung folcher Confervatoren find die Gymnafien." Das läßt fich in schlichteren Worten fagen laffen, um die Rückficht auf die geschichtliche Entwickelung unferer Bildung, die aus dem claffischen Alterthum ftammt, zur Geltung zu bringen und der Bildungshierarchie einen Ausdruck zu geben, in welcher der Studirte weiß, daß er einmal an der Quelle gefeffen hat und er keinen Claffiker mehr liest.

Aus den drei Haufen des Melanchthonschen Schulplans, welche das mittelalterliche Trivium der Grammatik, Rhetorik und Dialektik repräfentiren, find erft 4, 5, schließlich 6 Gymnafialklaffen hervorgegangen (bei Joh. Sturm waren es 9), die man jetzt in Deutschland als eine einheitliche Anftalt betrachtet. Man unterscheidet höchftens untere, mittlere und obere Klaffen und zwar in Preußen je 2, in Sachfen je 3, weil wol mit Rückficht auf das Militärgefetz die Unter-Secunda noch zu den mittlern Klaffen gerechnet wird: Oefterreich hat je 4 Klaffen für das Unter- und für das Obergymnafium und darum auch nur eine Schulzeit von 8 Jahren. Jene Scheidung ift durch das Gefetz der Altersentwickelung und die dadurch bedingte Verschiedenheit des Lehrverfahrens und der Disciplin gerechtfertigt, obschon phyfisch zwei Stufen genügen könnten. Man bezeichnete befonders im Süden die Klaffen fo, daß die unterfte die erfte war (jetzt nur noch in Baiern); im Norden heißt die oberfte Klaffe Prima, die unterfte Sexta. Auch in Frankreich

zählt man von der sixième zur seconde hinauf und baut darauf als Reft der jefuitischen Grammatikal- und Humanitäts-Klaffen die classe de rhetorique und de philosophie. In den alten Schulen Englands heißt die oberfte Klaffe sixtform, wenn auch, wie in Rugby und Eton, mehr Klaffen vorhanden find. Hirzel tadelt diefes Fefthalten an den 6 Klaffen und will von der Prima ab für jeden Jahrescurfus befondere Namen, wie man fonft in Halle bis Nona und Decima zählte.

In Betreff der Dauer der Schulzeit herrscht große Verschiedenheit. Im deutschen Reiche find feit April 1874 allgemein 9 Jahre feftgefetzt, auch Baiern und das Großherzogthum Heffen haben fich angeschloffen. Acht Jahre find in Oefterreich, Rußland und einigen Cantonen der Schweiz, andere begnügen fich mit 7 oder 6. Sechs Jahre haben auch die belgischen Athenäen und die niederländischen Schulen, aber die Knaben treten dort fpäter ein als bei uns. Bei diefer Schulzeit find als Regel einjährige Lehrcurfe angenommen. In Preußen war dies, 1837 für die drei untern Klaffen angeordnet, während zweijährige für die obern Klaffen beftehen, freilich nicht überall in zwei fubordinirte Abtheilungen, weil dies die Finanzen nicht zulaffen. Damit ift es gegeben, daß auch die Verfetzung nur einmal im Jahre ftattfinden kann [30], denn halbjährige Lehrcurfe mit gleicher Verfetzung dürften doch halbjährige Verfetzungen gefährden bei manchen Schülern gefährden. Um der Härte zu begegnen, welche darin liegt, daß ein zurückgebliebener Schüler noch ein ganzes Jahr in derfelben Klaffe verweilen muß und dadurch in der Freudigkeit des Strebens gehindert verbittert und verbummelt, hat man trotz der Jahrescurfe doch halbjährige Verfetzungen beibehalten und deshalb die Penfa fo vertheilt, daß fie in einem Halbjahr vollendet, im nächften nur wiederholt werden. Das wird fich in den wiffenschaftlichen Fächern schwer machen laffen. Deshalb ift diefe Einrichtung auf die drei untern Klaffen beschränkt. Für fehr zahlreiche Gymnafien dagegen find Wechfel-Coetus empfohlen, wobei halbjährlich die Schüler, welche in dem Ofter-Coetus nicht fortkommen, in den Herbft-Coetus verfetzt werden und umgekehrt. Natürlich muß dann das ganze Penfum durchgenommen werden. Aber leider ftellt es fich heraus, daß diefes Schieben meift zu früh im Auge gefaßt wird und, da es meift mittelmäßige Schüler betrifft, diefen das Fortkommen fehr erschwert. Sie müffen fich in die Perfönlichkeit des neuen Lehrers hineinfinden, treten in eine schon einheitlichen zufammengefaßte Klaffe als läftiges Element ein und werden als Nachzügler auch von dem Lehrer nicht mit befonderer Theilnahme empfangen. Die Wechfelcoetus find ein mechanisches Auskunftsmittel fehr bedenklicher Art. Dagegen ift es vollkommen gerechtfertigt, daß ein Schüler, der nach zwei Jahren das Klaffenziel nicht erreicht, von der Schule entfernt wird. Diefe Fragen würden ganz überflüffig fein, wenn man zu dem Grund-

---

29) Gymnaftalpädagog. S. 15.

30) Wehrmann in Schmid's Encykl. Bd. IX, S. 662.

ſaße zurückkehrte, daß nach Abſolvirung des Curſus die ganze Klaſſe zuſammen aufrücken müſſe. So war es bei den Jeſuiten, wo auch derſelbe Lehrer durch die drei Grammatikalklaſſen aufſtieg, ſo iſt es allgemeine Sitte in den franzöſiſchen Lyceen. Auch die Theorie hat dieſem Grundſaße gehuldigt, wie Graff einmal den Vorſchlag gemacht hat[31]), alle Verſeßungen abzuſchaffen und die alljährlich eintretenden Knaben zur unterſten Stufe durch denſelben Lehrer bis zum Schulziele ohne Unterbrechung führen zu laſſen. Ohne die Verſeßungen aber würde den Schülern viel Aufmunterung und Anſpornung fehlen; auch die Einwirkung verſchiedenartiger Lehrer iſt hoch anzuſchlagen. — Ueber die Frage, ob Klaſſen- oder Fachſyſtem zu befolgen ſei, iſt man jeßt nicht mehr in Zweifel. Das erſtere, wonach die Schüler gleichartiger Vorbildung den Unterricht aller Lehrgegenſtände in der gleichen Schülergruppe empfangen, hat die Ueberlieferung und den innern Werth für ſich. Es entſpricht der Aufgabe der Gymnaſien eine möglichſt gleichmäßige Bildung zu gewähren; es hat ſein entſchiedenes Gute, wenn dahin geſtrebt wird, daß keiner in ſeinem Fache zurückbleibt; auch für Zucht und Ordnung hat es ſich als zuträglich bewährt. Zu weit ausgedehnt hat man es in einigen ſüdlichen Ländern und in Dänemark, in welchen jeder Lehrer in ſeiner Klaſſe allen Unterricht ertheilt und ſomit aus dem Klaſſenſyſtem ein Klaſſenlehrerſyſtem geworden iſt. Die techniſchen Fächer, Schreiben, Zeichnen, Singen, Turnen, ebenſo Mathematik und Naturwiſſenſchaft, in vielen Ländern auch Religion und Franzöſiſch werden Fachlehrern übertragen. Aber dies iſt verſchieden von dem Fachſyſtem, welches A. H. Francke in ſeinen halliſchen Anſtalten eingeführt hat; nach dieſem wurde der Schüler in den verſchiedenen Lehrgegenſtänden verſchiedenen Klaſſen, wie ſie gerade ſeinen Kenntniſſen entſprachen, überwieſen. Um dies zu ermöglichen, mußten die Gegenſtände in den einzelnen Klaſſen gleichzeitig in gleicher Stundenzahl gelehrt werden, es mußte jeder Lehrer in allen Fächern unterrichten, in Mathematik, Religion und Franzöſiſch. Die geſchloſſenen Anſtalten erleichterten dieſe Einrichtung, die ſich in Halle bis in die dreißiger Jahre dieſes Jahrhunderts erhalten hat. Jüngſt hat ein Schulmann[32]) etwa zur Löſung des Conflicts zwiſchen den Sprachen und der Mathematik beſondere Curſe für den mathematiſchen Unterricht einzurichten empfohlen.

Das Schuljahr wird noch immer in zwei Hälften, Oſter- und Michaelis-, Sommer- und Winter-Halbjahr und in vier Quartale getheilt, weil man ſich in Deutſchland von den kirchlichen Jahre nicht losmachen kann. Der Norden beginnt zu Oſtern und hat dadurch den Vortheil, daß der beſte Theil der Arbeitszeit in den Winter und an das Ende des Curſus fällt und die Nachtheile der leidigen Sommer- und Herbſtferien ausgeglichen werden.

Vor lauter Ruhe- und Feiertagen kommt der Schüler dabei nicht zum anhaltenden Lernen. Deshalb bricht ſich auch bei uns der Gedanke immer mehr Bahn, daß der Anfang des Schuljahres in den Anfang des bürgerlichen Jahres zu verlegen und daſſelbe in zwei durch die Hauptferien geſchiedene Semeſter zu theilen ſei. Dann wird die Beweglichkeit des Oſterfeſtes weniger Ungleichmäßigkeit herbeiführen und beide Semeſter erhalten an den günſtigen Winterszeit gleichen Antheil. Die Univerſitäten müſſen vorangehen, obgleich es ſich bei dieſen erſt an zweiter Stelle um den Anfangstermin, zuerſt um die Einführung von Jahrescurſen handelt. In England, Dänemark, Schweden und Norwegen, auch in Frankreich beachtet man das Kirchenjahr nicht; in Rußland beginnt das Schuljahr mit dem Anfange des Jahres. — An dieſen Anfangstermin knüpft ſich naturgemäß die Aufnahme neuer Schüler[33]), die an ein beſtimmtes Alter und gewiſſe Vorkenntniſſe gebunden ſein muß. Im deutſchen Reich ſoll die Aufnahme ſeit 1874 nicht vor vollendeten neunten Lebensjahre[34]) erfolgen. Daſſelbe war ſchon vorher in einzelnen Ländern, auch in Oeſterreich angeordnet, während in andern das vollendete zehnte Jahr beſtimmt war, in Würtemberg ſchon das achte. Ein ängſtliches Feſthalten an Jahr und Datum iſt hier nicht angebracht, namentlich bei förperlich geſunden und gut beanlagten Knaben. Iſt die Aufnahme an ein beſtimmtes Alter gebunden, ſo müßte dies conſequenter Weiſe auch bei der Aufnahme in andere Klaſſen geſchehen und überhaupt ein Normalalter für jede derſelben angeſeßt werden, wie dies in einigen Ländern wirklich geſchehen iſt. Das iſt ſehr bedeutlich, weil mancher ὀψιμαθής noch ein großer Gelehrter geworden iſt. — Ueber die zu verlangenden Kenntniſſe herrſcht eine große Verſchiedenheit; man ſollte ſich begnügen die zu verlangen, welche ein Knabe dieſes Alters in einer guten Volksſchule erlangt haben kann. Eine Prüfung iſt deshalb erforderlich, wenn die Knaben auf einer andersartigen Lehranſtalt oder durch Privatunterricht vorgebildet ſind. Eine preußiſche Verordnung vom 30. Juni 1876 hebt für alle, welche von andern Gymnaſien kommen, dieſe Prüfung auf. Das iſt eine Forderung der Gerechtigkeit und entſpricht der Achtung, welche die einzelnen Anſtalten einander ſchuldig ſind, aber auch eine Pflicht der Billigkeit gegen die, welche aus zwingenden Gründen (Verſeßung von Beamten u. dergl.) den Wohnort und die Schule zu wechſeln genöthigt ſind. Ungleichmäßigfeiten in Betreff der Penſa, des Beginnes des Schuljahres, der Dauer der Curſe werden ſich ausgleichen laſſen, dieſer nicht allzuſchwer ins Gewicht fallen. Ganz wegfallen werden dieſe Prüfungen da, wo mit den Gymnaſien beſondere Vorſchulen verbunden ſind, die ſich ſeit höchſtens 40 Jahren beſonders in Preußen zahlreich gebildet haben und ſeit 1864 als integrirende Theile

---

31) Vgl. Herbart's Werke XI, S. 267. Auch Joachim Günther, Das Schulweſen im proteſtantiſchen Staate S. 272 will von einer Verſeßung nach Leiſtungen und Fähigkeiten nichts wiſſen. 32) Eilers, Meine Wanderung II, S. 174.

33) Firnhaber in Schmid's Encykl. I², S. 267. 34) Paldamus in Schmid's Encykl. X, S. 192 findet das zu früh und hält eine Verkürzung um ein oder zwei Jahre für zweckmäßig.

40*

der Schule eingefügt sind. Diese haben dadurch den Vortheil gleichmäßig vorbereitete Schüler in die Serta aufzunehmen und entsprechen auch da einem Bedürfniß, wo wohlhabende Leute ihre Kinder nicht in die meistens überfüllten Elementarschulen schicken wollen [35]). Geben jedoch diese eine genügende Vorbildung, so sind die besondern Schulen entbehrlich, ja nachtheilig, weil sie den Elementarschulen die pecuniären Mittel und die Kinder der wohlhabenderen Volksklasse entziehen und die Entscheidung über den Bildungsgang der Knaben in eine zu frühe Zeit verlegen.

In Betreff der Unterrichtsgegenstände hat sich in diesem Jahrhundert eine festere Ansicht gebildet, nachdem man über das zu erreichende Ziel sich mehr geeinigt hatte. Wollte man die Bedeutung der Wissenschaft an sich oder ihren Werth fürs Leben ins Auge fassen, so müßte Physik und Chemie den ersten Platz einnehmen, aber wir werden eher die Ausbildung der geistigen Kräfte und die Kenntnisse, welche zur Betreibung wissenschaftlicher Studien erforderlich sind, beachten. Da bildet den Mittelpunkt das Studium der beiden alten Sprachen und die Kenntniß der altclassischen Litteratur [36]). Die Reformation hat sich dieses Schatzes für die Bildung der Jugend bemächtigt und noch heute halten wir daran fest, weil wir damit etwas geben, was den Verstand schärft, die Vernunft erleuchtet, die Phantasie regelt, das Gemüth veredelt [37]). Die Sprache als solche fällt in das Gebiet des Verstandes und übt durch das Erlernen zugleich das Gedächtniß, nach ihren rhetorischen und ästhetischen Darstellungsmitteln fällt sie in das Gebiet der Phantasie und durch den Inhalt der Schriftwerke fördert sie Verstand, Phantasie und Gemüth gleich ausdrücklich. Dazu kommt, daß die moderne Bildung in den Studien des Alterthums wurzelt und von den Anschauungen desselben vielfach bestimmt ist. Die Disciplinen der Universität sind von geschichtlichen Principien getragen, ihre Pflege ist ohne classischen Sprachen nicht möglich. Der lateinischen Sprache wird der Vorrang zugestanden [38]), weil der Unterricht in derselben eine praktische Logik für das Knabenalter, das geeignetste Mittel zur Schärfung des Denkens ist. Diese von ihren Anfangen an grammatisch gebildete Sprache zeichnet sich durch Klarheit, Bestimmtheit, Einfachheit und Folgerichtigkeit aus; sie ist grammatisch sorgfältiger bearbeitet und daher haben alle Abendländer an dem Latein Grammatik gelernt. Es ist das Mittelglied zwischen der antiken und modernen Welt. Bei der Lectüre handelt es sich zunächst um die Litteratur des Volkes, das für die Entwickelung späterer europäischer Bildung maßgebend geworden ist, mittelbar aber um die gesammte wissenschaftliche Litteratur bis in unser Jahrhundert, und die lateinische Sprache die Trägerin einer Weltlitteratur gewesen ist wie keine andere. Die Grie-

chen haben größere Meisterwerke, auf ihrer Litteratur beruht die römische, aber der geschichtliche Zusammenhang unseres ganzen Bildungslebens verweist uns auf Rom und darum lassen wir auch unsere Jugend in den Lehrjahren der Gymnasien denselben Lehrgang der Cultur verfolgen. Die Priorität des Griechischen, seit dem fünfzehnten Jahrhundert im Privatunterricht manchmal versucht, haben 1791 Gedike, 1801 Herbart, 1812 besonders Franz Paßow eifrig verfochten [39]) und von dem letzteren ist sie in Jenkau bei Danzig auch praktisch durchgeführt. Die preußischen Behörden lehnten dies in dem Organisationsplane 1816 nicht ab, aber jener ideale Plan mußte der Reaction weichen und wurde ad acta geschrieben. Im J. 1849 tauchte derselbe Plan wieder auf [40]) und Wagner, der Naturphilosoph, Meyer, E. von Hartmann (Gegenwart 1875, Nr. 1), Thaulow u. a. haben ihn vertheidigt. In Frankreich haben besonders Beulé in dem Buche Auguste, sa famille, ses amis, nicht ohne scharfe Hiebe auf das empire, und Baron von Eichthal, in England 1871 Moris dasselbe gefordert und sogar in Rußland wird die rechtgläubige Kirche und die Verbindung mit der griechischen Welt für die Superiorität des Griechischen geltend gemacht. Man kann höchstens beiden Sprachen gleiche Rechte zuerkennen oder eine größere Berücksichtigung der Lectüre in den obersten Klassen verlangen [41]). Jedenfalls darf man den griechischen Unterricht nicht facultativ machen und in liberaler Weise davon dispensiren.

Neben die beiden alten Sprachen tritt eine moderne Sprache; bisweilen wegen der Grenznachbarschaft oder wegen des Zusammenwohnens zweier Nationalitäten auch zwei. Das Letztere führt zu Polnisch, Lithauisch, Wendisch (Lausitz), Ober- zu Dänisch, Holländisch, Italienisch (Tyrol und Schweiz), Czechisch (Böhmen). Für die allgemeine deutsche Schuleinrichtung können nur Französisch und Englisch in Betracht kommen; man schwankt darüber nicht blos nach Localen verhältnissen. In der Regel wird der französischen Sprache der Vorzug gegeben, weil sie nothwendiger und nützlicher sei, dazu viel schwieriger als Englisch, klar im Ausdruck, das allgemeine Vereinigungsmittel der isolirten Nationen, endlich auch eine reichere Abwechselung in der Litteratur darbiete. Seit dem Ausgange des 17. Jahrh. erscheint dieser Unterricht auf deutschen Schulen, wurde besonders auf dem Französischen Pädagogium in Halle gepflegt und allmälig für den geselligen Verkehr der vornehmen Welt verbreitet. Nach den Freiheitskriegen fürchtete man davon antinationale Bestrebungen, 1848 in gleicher Weise und noch 1875 hat Laas [42]) die Besorgniß ausgesprochen, daß

35) Auf der berliner October=Conferenz hat Klix S. 102 den Besuch obligatorisch machen wollen, allein sein Antrag ist abgelehnt. 36) Döderlein, Reden I, S. 79. 37) Schraber in Schmid's Encykl. I², S. 736. 38) Eckstein in Schmid's Encykl. XI, S. 559.

39) Noch früher Gesner (Isagog. I, p. 158), auch F. A. Wolf (Arnoldt II, S. 136), der aber später zurücktrat (Consil. schol. 110), Herbart (pädag. Schriften I, S. 76), Paßow, Verm. Schriften S. 1—99. 40) Herm. Schmid in Mützell's Zeitschrift für Gymn.=Wesen, Bd. III, S. 208. 41) Bäumlein u. Schmid in der Encykl. Bd. III², S. 67. 42) Gymnasium und Realschule, Berlin 1875, dagegen Glaumig, Der französische Schulunterricht und das nationale Interesse, Nördlingen 1872. Ueber Zeit und Methode des französischen Unterrichts in den Verhandlungen der Directoren der Provinz Sachsen 1877, S. 31. 243.

in der gegenwärtigen Ausdehnung dieses Unterrichts Gefahren für die nationale Selbständigkeit und sittliche Integrität liegen. Wenn immer wieder die Wichtigkeit für das praktische Leben betont wird, wenn sogar in einer preußischen Verfügung steht, die französische Sprache verdanke ihre Erhebung zu einem Gegenstande des öffentlichen Unterrichts nicht ihrer innern Vortrefflichkeit und der bildenden Kraft ihres Baues, sondern der Rücksicht auf ihre Nützlichkeit für das weitere praktische Leben, so muß man gegen solche utilitarische Auffassung Verwahrung einlegen. Was wir für den lebendigen Verkehr mit den Franzosen und die Umgangssprache brauchen, das kann die Schule nicht lehren, wohl aber lege ich einen Werth auf das Erlernen einer romanischen Sprache, die schon bei der Erwerbung einer guten Aussprache die Sprachwerkzeuge biegsam und geschmeidig macht, die durch die Formenklarheit und Wortfolge bildet und in den obern Klassen besonders, aber auch schon vorher durch Anknüpfungen an das Latein vielfache Uebung bietet. Will man aber etwas erreichen [43]), so darf der Unterricht nicht erst in Tertia, oder in Quarta begonnen werden, sondern muß in Quinta anfangen, obschon es mißlich ist in jeder der drei untern Klassen eine neue Sprache zu beginnen. An geeigneten Lehrern wird bald kein Mangel mehr sein.

Der Unterricht in der deutschen Sprache hat keine lange Geschichte in den Gymnasien, weil allein lateinisch gelernt, gelesen, geschrieben und gesprochen wurde. Radtke im Anfange des siebenzehnten Jahrhunderts verlangte Deutsch als Unterrichtssprache und begann damit den grammatischen Unterricht. Die Franckeschen Anstalten behandelten deutsche Oratorie und legten auf deutsche Reden und Briefe Gewicht. Gesner deutet schon auf die Lectüre deutscher Classiker hin, die nicht über die Gottschedische Schule hinausgehen, denn vor Klopstock hat er Abscheu. Gottsched und Meußen haben den grammatischen Unterricht gefördert. Aber man ging nicht darüber hinaus, daß die Knaben das Deutsch gut reden und fehlerlos schreiben lernen, legte ihnen höchstens die besten Werke der Nationalschriftsteller vor und lehrte sogar Litteraturgeschichte an einzelnen Proben. Seit den vierziger Jahren dieses Jahrhunderts ist eine rapide Entwickelung gefolgt, die sich an die Namen von Günther, Hiecke, Wackernagel, R. von Raumer, Heiland, Schraber, Laas, Osterwald und Dietrich knüpft und die zuerst zu den übertriebensten Ansprüchen besonders bei Hiecke und Laas geführt hat. Richtiger und angemessener Gebrauch der Muttersprache, einige Einsicht in die geschichtliche Entwickelung derselben, Kenntniß der Classiker und dadurch Einführung in das Geistesleben der Nation werden die unabweisbaren Ansprüche sein, welche über den propädeutischen Charakter der Schule nicht hinausgehen dürfen. In Betreff der Ausführung herrscht große Verschiedenheit der Ansichten. Die orthographische Frage ist

jetzt durch die Regierungen im Interesse der Schulen entschieden; man hofft von hier aus das phonetische Princip weiter zur Geltung zu bringen. Von einem eigentlich grammatischen Unterrichte sehen manche Theoretiker ab; man will ihn überflüssig und schädlich genannt und sich dabei auf J. Grimm berufen. Geht derselbe Hand in Hand mit dem Unterrichte in den fremden Sprachen, verbindet er sich hauptsächlich mit dem Lateinischen, beschränkt er sich auf gelegentliche Bemerkungen, die nur nicht vorwiegend an die Lectüre anzuknüpfen sind, so wird er noch manchem nicht zu einem systematischen. Nur das Mittelhochdeutsche wird zu lehren sein, um das Verständniß der Nibelungen und Walther's von der Vogelweide zu erleichtern, denn darüber hinaus sollte die Schullectüre sich nicht erstrecken. Diese bildet überhaupt den Mittelpunkt des Unterrichts; an sie knüpft sich alle systematische Belehrung über Rhetorik, Stilistik, Metrik, Poetik und Litteraturgeschichte an. In den obersten Klassen sind einige neuere Schriften eingehender zu behandeln, nicht blos um das Verständniß derselben zu erleichtern, sondern um überhaupt Anleitung zu einer sorgfältigen Lectüre zu geben. Klopstock, Lessing und an ihnen angeschlossen Herder, Goethe und Schiller bieten hier reichen Stoff sowol in den dichterischen als auch in den prosaischen Schriften. Für die Sprechübungen bietet jede Unterrichtsstunde Gelegenheit, sofern von Lehrern und Schülern Alles richtig, klar und schön gesprochen wird. Die sogenannten freien Vorträge sind in der Regel nur memorirte Aufsätze und deßhalb als Uebung des Gedächtnisses und als Mittel um die Befangenheit und Scheu der Jugend zu bekämpfen empfehlenswerth.

Die hebräische Sprache wurde im 16. und 17. Jahrh. nur an wenigen Orten und in sehr elementarer Weise gelehrt. Die hallischen Pietisten haben diesen Unterricht etwas mehr beachtet. Erst 1795 ist in Preußen verfügt, daß alle diejenigen, welche Theologie (später kam Philologie dazu) studiren wollen, zu gründlicher Erlernung des Hebräischen ernstlich angehalten werden sollen. Auf den Schulen Würtembergs begann man damit sehr früh (mit Knaben von 11 Jahren) und stellte die höchsten Anforderungen, weil dort die Vorbildung der Theologen im Vordergrunde stand. Nachdem die preußischen Behörden 1837 erklärt hatten, daß das Hebräische als Vorbereitung zu einem bestimmten Facultätsstudium dem Zwecke des Gymnasiums fremd sei, verhandelte man (besonders 1848) lebhaft, ob dieser Unterricht nicht ganz zu beseitigen sei [44]) und ist bis 1876 wiederholt auf die Entfernung desselben zurückgekommen. Auffallend könnte es erscheinen, daß die Würtemberger und Badener für Beibehaltung, die Norddeutschen für Entfernung sich ausgesprochen haben. Die Erhaltung ist nur ein Zugeständniß an die Theologen, weil die elementaren Uebungen leichter auf der Schule vorgenommen und ohne Kenntniß der Sprache exege-

---

43) Das Französische ist auf vielen Gymnasien das Aschenbrödel, nicht blos in Oesterreich.

44) Nestle in Schmid's Encykl. III², S. 314—349. Die Verhandlungen der 18. westfälischen Directoren-Conferenz (1873. S. 45) und der vierten schlesischen (1876. S. 47) sind dabei übersehen, ebenso die beiläufigen der zweiten sächsischen (1877. S. 235).

tische Vorlesungen auf der Universität nicht gehört werden können. Aber noch immer benutzen nicht einmal alle künftigen Theologen diesen Unterricht und holen die Erlernung auf der Universität nach. Zu viel behauptet ist es, daß jeder evangelische Christ im Staube sein müsse den Originaltext des alten Testaments zu vergleichen, daß der Historiker, selbst der Jurist es nicht entbehren könne oder gar, daß die Sprache als Repräsentantin der morgenländischen Cultur gelten könne. Facultativ ist der Unterricht überall und damit für den eigentlichen Zweck der Schule entbehrlich erklärt.

In Betreff des Religionsunterrichts sind die Ansichten sehr getheilt. Die Einen sagen, er bilde den Höhepunkt des Unterrichts, den Herzpunkt aller Schuldisciplinen, Andere wollen gar nichts von ihm wissen. Die Schulen des Mittelalters waren kirchlich; in der Zeit der Reformation trat er zurück, weil fleißige Theilnahme an dem Gottesdienste, Wiederholung der Predigten, Erklärung der Perikopen, Memoriren von Sprüchen und Psalmen Ersatz boten. Die lutherische Orthodoxie benutzte darauf dogmatische Compendien. Erst durch den Pietismus kam Kenntniß der Bibel und biblischer Geschichten in die Schule, vorher waren dieselben nur in lateinischer Bearbeitung für den Unterricht in dieser Sprache verwerthet. In der Aufklärungsepoche gewann der Rationalismus die Oberhand, den nicht allein das Eichhorn'sche Ministerium und die Hegel'sche Philosophie, sondern auch ein besonderer evangelischer Schulverein entgegenarbeitete, welcher das biblische Christenthum auf allen Gebieten des Unterrichts zur Geltung bringen wollte. An sich, scheint es, ist das Gymnasium confessionslos, weil alle Confessionen und Secten in demselben unterrichtet werden; in paritätischen Schulen überläßt man die Sorge für die Minderheit den Religionsgesellschaften oder den Aeltern. Aber selbst ernste Männer wollen diesen Unterricht beseitigen[45]), wie Schleiermacher und Schwartz, oder ihn mit der Confirmation (bei den Katholiken mit der ersten Communion) oder mit dem vollendeten 15. Lebensjahre abschließen. Die kirchlichen Bewegungen der Neuzeit haben den preußischen Minister 1872 veranlaßt zunächst während des Confirmandenunterrichts, zu allgemein Dispensation zu gestatten, wenn ein genügender Ersatz dafür nachgewiesen ist. In Bremen hat man ihn einfach gestrichen[46]), anderwärts Beschränkung verlangt[47]). Die berliner October-Conferenzen haben sich dafür ausgesprochen, daß er obligatorisch bleiben müsse. Die Religion hat einerseits eine Geschichte, andererseits ist sie ein Inbegriff von Dogmen. Die Religionsstunde soll keine Erbauungsstunde sein, sondern die Schüler durch Ernst, Gründlichkeit und Wärme belehren, anregen und gewinnen. Darum nimmt der Unterricht in den höheren Klassen eine mehr dem Wissenschaftlichen zugewandte Richtung, um ein auf genauem Wissen beruhendes Bewußtsein zu bilden. Ob der Unterricht durch Theologen ertheilt wird, was in manchen Ländern Vorschrift ist, auch bei den Katholiken durch die missio canonica von Seiten des Bischofs verlangt wird, ist nicht gleichgültig, weil den kirchlichen Oberbehörden auf diesem Gebiete eine Mitwirkung zuerkannt ist.

Mit der Geschichte ist bis in die jüngste Zeit die Geographie verbunden worden; beide sollten, wie man sagte, Hand in Hand gehen, aber die ebenbürtige Schwester blieb vernachlässigt und die geographischen Kenntnisse waren besonders in den obern Klassen gering. Seit Karl Ritter zählt man sie nicht mehr zu den historisch-philologischen Fächern, sondern zu den naturwissenschaftlichen Disciplinen; nach dem Vorgange Leipzigs 1871 sind auf den meisten Universitäten ordentliche Professuren dafür eingerichtet und von gehörig vorgebildeten Fachlehrern hofft man Besserung. Es wird sogar der Name unangemessen genannt und dafür Erdkunde vorgeschlagen[48]). Um das Ziel, eine anschauliche Kenntniß von der Erdoberfläche, eine genaue von den wichtigsten Erdstellen und von ihrem Einfluß auf die Entwicklung des Menschengeschlechts, zu erreichen, ist eine Ausdehnung durch alle Klassen, Uebung im Kartenlesen, freihändiges Kartenzeichnen von Seiten des Lehrers an der Wandtafel und ebenso von der Hand der Schüler verlangt und die Hauptvermittelung in das Auge, nicht in das Ohr gelegt. Schon die sogenannte Heimathskunde soll nur die Grundbegriffe anschaulich machen und auf Spaziergängen beleben, aber nicht in eine Spezial-Topographie auslaufen, sondern alsbald zu den außereuropäischen Ländern übergehen.

Der geschichtliche Unterricht verlangt in dem Gymnasium, welches den historischen Sinn bilden soll, besondere Aufmerksamkeit, hat aber erst seit dem Ende des 16. Jahrh. und dann im Anfange des vorigen Jahrhunderts durch Cellarius und Freyer mehr Berücksichtigung gefunden. Carrion's Weltmonarchien gaben die Eintheilung. Man kam nicht über vereinzelte Notizen hinaus, so lange die Geschichtschreibung selbst nicht zu einer ihrem Entwicklung gediehen war. Das ist mit dem Wachsen des politischen Sinnes geschehen. Der westfälische Lehrplan mit seinem biographischen, ethnographischen und welthistorischen Cursus und damit in einer dreimaligen Behandlung des Lehrstoffes ist lange maßgebend geblieben. Davon ist man überall abgekommen, zumal man in Preußen glaubt, in den beiden untersten Klassen sich mit biblischer Geschichten zu Rande zu kommen. Freilich nicht ohne Bedenken vieler Lehrer. An Stelle der Dictate ist jetzt wol überall ein Leitfaden getreten, der die Mitte hält zwischen der chronologischen Tabelle und der besonders von C. Peter 1849 empfohlenen Lectüre von Quellen und quellenmäßigen Darstellungen. Bei der Behandlung der alten Geschichte wird sich das von Herbst, Baumeister und Weldner herausgegebene historische Quellenbuch für

---

45) In England hat man keine dogmatische Unterweisung, keine Religionsstunden in unserem Sinne, was Wiese, Briefe Bd. II, Br. 13, sehr tadelt. 46) So auch der Verfasser der Briefe über nationale Erziehung S. 104. 47) Im neuen Reich 1873 S. 739.

48) Kirchhoff in Schmid's Encykl. II⁵, S. 896. Verhandlungen der zweiten sächsischen Directoren-Conferenz 1877, S. 1—30, 205—242.

jene weitgehende Forderung verwerthen laſſen. Die Geſchichte des Mittelalters und der Neuzeit in der Prima muß jetzt bis zum Jahre 1871 fortgeführt werden, weil die alten Begrenzungen mit der franzöſiſchen Revolution oder mit den Befreiungskriegen gerade die Behandlung der Siegesjahre und die Begründung des neuen Reichs ausſchließen würden. Es braucht nicht moraliſirt oder gar politiſirt zu werden, um Phantaſie und Gemüth im nationalen Intereſſe anzuregen. — In den Rahmen dieſes Unterrichts werden ſich Cultur-, Litteratur- und Kunſtgeſchichte bringen laſſen, für die man beſonderen Unterricht verlangt hat. Pieper hat wiederholt die chriſtliche Kunſt betont, andere allgemein Kunſtgeſchichte [44]) entweder gelegentlich (und das läßt ſich hören), oder in beſonderm Unterrichte. Dies leßtere iſt nicht allein unnöthig, ſondern auch bedenklich und nach mancher Richtung hin ſchädlich, weil der Hang zu abſprechender Oberflächlichkeit dadurch genährt wird. K.L. Roth verlangt, wenn auch nur facultativ, römiſche Staatsalterthümer, griechiſche nicht; die ſyſtematiſche Behandlung dieſer Diſciplin gehört auf die Univerſität. Auch die Mythologie kann ohne archäologiſche Studien nicht fruchtbar betrieben werden.

Weil Arithmetik und Geometrie in den Kreis des Quadrivium fielen, wurden ſie in den Trivialſchulen anfangs gar nicht beachtet, dann kam ſpärlich arithmetiſcher Unterricht in die oberen Klaſſen und daneben-Geometrie nach Euclid. Erſt im 18. Jahrh. tritt eine praktiſche Verwerthung beim Feldmeſſen und bei der Baukunſt hinzu. Seit dem Anfange dieſes Jahrhunderts iſt die Mathematik zur Anerkennung ihrer pädagogiſchen Wichtigkeit gelangt, aber bald auch wegen der Ausdehnung, welche man ihr giebt, bedenklich erſchienen. Die Philologen bedauerten die Jugend wegen des für ſo lange Zeit und ſo große Kraft geringen Gewinns; ſie ſagten [50]) wol, die beſten Mathematiker unter den Schülern ſeien ſtumpf für die übrigen Diſciplinen und wiederum milder ausgedrückt: lebhafte Knaben bringe man in der Mathematik, wo Verſtand und Urtheilskraft thätig ſein müßten, oft mit allen Mitteln der Güte und der Strenge keinen Schritt vorwärts, dagegen machen Knaben, die träumeriſch ausſehen, oft überraſchende Fortſchritte in der Mathematik, während ihnen in den Sprachen alles bunt und wirre durcheinander laufe. Man ſpricht auch wol von einer ziemlich allgemeinen Abneigung gegen die Mathematik und bringt deshalb auf Beſchränkung. Es würde thöricht ſein ihr um ſolcher Thatſachen willen die Bedeutung für das Gymnaſium abzuſprechen. Für Beſtimmtheit, Klarheit und ſcharfe Entwickelung des Denkens gewährt ſie eine Ergänzung des ſprachlichen Unterrichts, läßt aber auch

eine Menge poſitiver Kenntniſſe gewinnen, welche anderweitige Kenntniſſe begründen. Sie gewährt die Möglichkeit in ihrem feſtgeſchloſſenen und kunſtvollen Aufbau das Weſen einer Wiſſenſchaft, eines Syſtems zu zeigen, ſie iſt eine verkörperte Logik, wenn nur der Lehrer die Selbſtthätigkeit der Schüler in Anſpruch nimmt: μηδεὶς ἀγεωμέτρητος εἰςερχέτω hieß es bei den Hellenen; bei uns hat man (Roth) ſogar daran gedacht den Unterricht facultativ zu machen.

Die Anerkennung, welche die Mathematik beſißt, haben die Naturwiſſenſchaften (Naturbeſchreibung und Naturlehre) ſpäter, in einigen Ländern noch gar nicht errungen. Die Jeſuiten und Pietiſten behandelten ſie als Recreation, ſpäter machte man die materiellen Vortheile geltend, welche einige Facultäten für ihr Fachſtudium davon haben, oder die Bedeutung für ſogenannte allgemeine Bildung, damit man ſich durch die Unwiſſenheit auf dieſen Gebieten keine Blöße gebe. Aber dieſer utilitariſche Geſichtspunkt darf nicht ins Auge gefaßt werden. Neben dem Edelſten, was der Menſchengeiſt geſchaffen hat, iſt das Größte, was aus Gottes Hand gekommen iſt, die Natur, nicht zu überſehen. Sodann nimmt dieſer Lehrgegenſtand zunächſt die Beobachtung in Anſpruch, welche uns die Körperwelt auffchließt; bei der Naturlehre wird durch die inductive Methode Anſchauung und formale Bildung, zugleich gefördert. Sie hat für das ſcharfe Denken noch vor der Mathematik die ſinnliche Wahrnehmung voraus. Will man das Gebiet umfaſſen, ſo darf der Unterricht nicht erſt in den mittlern oder obern Klaſſen beginnen werden, weil gerade der Knabe an Zoologie und Botanik ein beſonderes Intereſſe nimmt und dieſes durch Excurſionen zum Einſammeln von Pflanzen und Inſecten erhöht wird.

Was in der philoſophiſchen Propädeutik gelehrt wird, faßt mehrere Diſciplinen zuſammen, von denen nur die dialectica, die Logik, ein Jahrhunderten gelehrt wurde; es iſt jeßt nur ein kümmerlicher Reſt des alten Trivium, der ſeit 1825 in Preußen zu angeordnet wurde, wo ein geeigneter Lehrer ſich fand, 1837 allgemein. Davon iſt man zurückgekommen und hat die beſondern Lehrſtunden beſeitigt. In Sachſen hat man dies trefflich begründet mit den Worten „weil dieſer Unterricht mehr den Univerſitäts- als den Gymnaſial-Studien angehört, auch, nicht ſelten eine geeignete Perſönlichkeit zu Ertheilung dieſes Unterrichts im Lehrercollegium fehlt". Die Begründung der Nothwendigkeit dadurch, daß der Schüler alle Thätigkeiten und Geſeße des Geiſtes, die er vereinzelt kennen gelernt habe, auch an und für ſich und herausgehoben aus dem Stoffe, an dem ſie ihm zuerſt entgegengetreten ſind, kennen lernen müſſe, wiegt nicht ſchwer, weil das Gymnaſium überhaupt keine Wiſſenſchaft lehren ſoll.

Von den techniſchen Fertigkeiten haben Schreiben, Zeichnen und Geſang ihre Berechtigung. Iſt auch das regelmäßige Schreiben bereits in der Volksſchule geübt, ſo iſt es doch in den untern Klaſſen des Gymnaſiums fortzuſeßen und zu dem gefälligen und fließenden auszubilden. — Der Unterricht im Zeichnen ſoll den Sinn für

---

49) Reichensberger in den berliner October-Conferenzen S. 83. 126; Schlie in einem Schulprogramm 1875; Springer im Neuen Reich 1875. II, S. 32; Menge, Gymnaſium und Kunſt, Eiſenach 1877; Hübner-Trams, Die bildende Kunſt in Gymn.-Unterricht, Progr. von Charlottenburg 1880. An Hilfsmitteln iſt jeßt kein Mangel, auch da wo kein Muſeum zur Hand iſt. 50) Wolf bei Körte Bd. II, S. 256; Eilers, Meine Wanderung Bd. II, S. 173.

das Schöne wecken, also den Geschmack bilden, aber das geschieht nicht sofort und am wenigsten bei den Knaben, auf die sich in der Regel dieser Unterricht beschränkt. Zeichnen lernen heißt zunächst sehen lernen, denn das Auge muß erst geschärft werden für das Charakteristische einer Form und für das Unterscheidende in verwandten Formen und das geschieht am sichersten durch das Nachahmen des Angeschauten. In der neuern Zeit ist man mehr zu einer strengen Methode gekommen und hat dadurch den bildenden Werth des Zeichnens richtiger erkannt; selbst äußerlich ist durch angemessene Anlage und Einrichtung der Lehrzimmer jetzt besser gesorgt. — Wie dort für das Auge und dessen Ausbildung gesorgt wird, so für die etwas schwierigere des Ohres im Gesang. Die Christenheit hat ihn zu allen Zeiten auch in der Schule gepflegt; nur im vorigen Jahrhundert übersah man eine Zeitlang seine Bedeutung, jetzt ist sie allgemein anerkannt. Wir brauchen den Gesang (abgesehen von der Kirche) in der Schule bei allen Andachten und Festen, auf dem Turnplatze, bei Spaziergängen und Gelagen. Jedoch nicht blos das Bedürfniß rechtfertigt die fleißige Uebung, auch Stimme und Gehör wird dadurch von Kindheit an gebildet, eine reine und richtige Aussprache erleichtert und die Bildung für das Schöne wird darin erreicht, daß wir die großen Werke der Musiker ebenso verstehen lernen wie die der Dichter. — Das Turnen nöthigt zu geordneter Leibesbewegung und Uebung, diese erstreckt sich auf alle Gliedmaßen und gewöhnt daneben an Ordnung, Aufmerksamkeit und Anstand. Die Schule stand diesen Interessen lange gleichgültig oder auch feindlich gegenüber, bis in Deutschland Guts-Muths die moderne Gymnastik, Jahn das Turnen eingeführt hat. Unter den deutschen Ländern hat besonders Preußen und Sachsen die Ausbildung der Lehrer beachtet, Würtemberg und Oesterreich sind gefolgt; das Schulturnen als Bildungsmittel für Geist und Körper hat Spieß, als Vorbildung für die Wehrhaftigkeit Stürenburg gut behandelt. — Es besteht in einigen Ländern (in Baiern seit 1854, in Oesterreich seit 1861, in Sachsen seit 1873) ein facultativer Unterricht in der Stenographie; Sachsen ist der einzige Staat, welcher für die Pflege derselben durch Errichtung einer besondern Staatsanstalt direct eingetreten ist, in Preußen wehrt man sie noch immer ab. Die Gründe, welche dagegen vorgeführt werden, widerlegt mit großer Wärme Autenrieth[51]) und hält sich andererseits bei der Empfehlung frei von den Uebertreibungen, durch welche diese Schrift zur Schrift des ganzen deutschen Volks (confequenter Weise auch anderer) gemacht und deshalb die Currentschrift schon aus der Volksschule verdrängt werden soll.

Das sind die Lehrgegenstände, an denen ein erheblicher Abzug nicht gemacht werden kann. Und doch wird diese Vielzahl nicht blos von Aerzten, wie Lorinser, angeklagt, sondern auch von Gelehrten und selbst Schulmännern, welche die Erschlaffung des jugendlichen Geistes daraus herleiten. Verminderung der wöchentlichen Stun-

---

51) Art. Stenographie in Schmid's Encykl. Bd. IX, S. 163.

benzahl etwa auf 24 war das nächstliegende, daran knüpfte sich naturgemäß eine Verminderung der Unterrichtsgegenstände, aber das ließ sich so leicht nicht machen. Daher wendete man sich an die Methode und sprach in den fünfziger Jahren allgemein von Concentration. Die Meisten nahmen dieselbe rein äußerlich und glaubten durch Beseitigung oder Beschneidung der Gegenstände, welche vorzugsweise die Receptivität fordern, alles zu erreichen. Andere suchten sie als innere Concentration des Unterrichts in einer Beschränkung des Lehrstoffs, z. B. in der Mathematik, oder auch in einer Concentration der Lehrkraft in der Art, daß einem Lehrer die wichtigsten Gegenstände einer Klasse übertragen und damit das Verzetteln des Unterrichts an viele Lehrer vermieden würde, oder daß derselbe Lehrer eine Klasse durch zwei oder durch drei untere oder gar durch alle Klassen fortführt, wobei man ganz übersieht, daß es nicht wünschenswerth erscheint manchem Lehrer die Schüler lange zu überlassen. Endlich dachte man auch an eine Concentration der Schüler in ihrer Lernkraft, etwa in der Art, daß man in einem Halbjahr (oder auch in der einen Hälfte der Woche) nur Griechisch, in der andern Lateinisch lehrt, in der einen nur Dichter, in der andern Prosaiker liest, manche Disciplinen in zwei Stunden hintereinander oder in den unmittelbar auf einander folgenden Wochentagen behandelt und daß man manche Lehrgegenstände vor der Prima abschließt. Practica est multiplex. Jetzt ist der Ruf allgemein geworden, daß durch die gesteigerten Ansprüche an die Schüler in Zahl der häuslichen Arbeiten gewachsen und damit eine Ueberbürdung eingetreten sei, welche die Elasticität des Geistes verkümmere und die Freudigkeit des Lernens störe. Die Verhandlungen ärztlicher Vereine, der Parlamente in Preußen und Sachsen, Klagen der Aeltern, Verordnungen der Behörden (Preußen 1875, Sachsen 1876) haben die Aufmerksamkeit darauf gelenkt und die Schulmänner vielfach darüber verhandelt, wie die westfälischen Directoren 1872, der der Provinz Sachsen 1877, der Wiener Verein Mittelschule und andere Kreise z. B. in Leipzig 1877, in Rendsburg 1879. Es handelt sich jedoch dabei nicht allein um die Gymnasien, sondern fast mehr noch um die Realschulen und die höheren Mädchenschulen, nicht um eine Abänderung der Lehrverfassung, sondern um das richtige Maß der häuslichen Arbeiten und um Mißgriffe der Lehrer, auf deren mangelhafte Fachbildung allein von Manchen der Grund dieser Klagen zurückgeführt wird. Die allgemeine Richtung der Zeit auf die materiellen Interessen, die Genußsucht und Verweichlichung der Jugend, das Fehlen des Zusammenwirkens von Schule und Haus, das Hasten der Aeltern ihre Kinder rasch zu dem Ziele zu führen und sollte dieses auch nur die Berechtigung zu dem einjährigen freiwilligen Militärdienste sein, die schwächere Gesundheit trotz aller Sorge für dieselbe, Mangel an Begabung, ungenügende Vorbereitung der Knaben — Alles wirkt zusammen und so können wir behaupten, daß die Ziele der Schule ohne Ueberbürdung erreichbar sind und daß die Möglichkeit einer freien Privatthätigkeit keineswegs ausgeschlossen ist. Eher fürchte ich für die Grundlage der claſſiſchen Bildung auf den Gymnaſien von dem Ueberwiegen der Linguiſtik über die Philologie, überhaupt von dem Specialiſiren in den einzelnen wiſſenſchaftlichen Fächern, das auf der Univerſität ſeine Berechtigung hat bei den Gelehrten, bei dem Studirenden aber, der Gymnaſiallehrer zu werden beabſichtigt, höchſtens Mittel zum Zweck, nicht Zweck ſein darf.

Da die allgemeine Pädagogik zur Bildung dieſer Lehrer nicht ausreicht, hat man eine beſondere Gymnaſial-Pädagogik bearbeitet, welchen Namen Zn haben L. Döderlein mit Unrecht beanſprucht hat. Man muß für dieſe Theorie bis zu den italieniſchen Humaniſten zurückgehen, von denen Vergerio, Vegio, Filelfo, Batiſta Guarino, Enea Silvio Erziehung und Unterricht in der Regel im Anſchluſſe an Quintilian behandelt haben; in Deutſchland ſind ihnen Agricola, Wimpfeling, Hegendorf und beſonders Erasmus gefolgt, denen eine nationale Entwickelung des Unterrichts mehr am Herzen lag, und mit ihnen gleichzeitig der Spanier Juan Luis de Vives aus Valencia. Seit der Reformation kommen zunächſt Melanchthon und Zwingli (1523) in Betracht, den bedeutenſten Platz aber nimmt Joh. Sturm in Straßburg ein, der nicht blos ein ſeltenes organiſatoriſches Talent beſeſſen, ſondern auch durch pädagogiſche Schriften ſeit 1538 weithin gewirkt hat[52]. An ihn ſchließen ſich die Würtemberger Michael Toxites (1538) und Nicodemus Friſchlin. Unabhängiger ſind die Norddeutſchen Joach. Camerarius in Leipzig (1551) und Michael Neander in Jlfeld mit dem Bedenken an einen guten Herrn und Freund (1580)[53]. Dagegen iſt von Sturm beeinflußt der Franzoſe Pierre de Ramée und die Jeſuiten, deren Theoretiker Francesco Sacchini und Joseph Jouvency dem ſiebzehnten Jahrhundert angehören, wie für die Benedictiner Jean Mabillon 1691 traité des études monastiques herausgab. In demſelben Jahrhundert traten die Didaktiker Wolfgang Rahfe (Ratichius), deſſen Methode Joh. Rhenius von Oſchatz verbreitete, und Amos Comenius, deſſen opera didactica (1667) vier Folianten füllen. Einflußreich wurde Charles Rollin (geſt. 1741), deſſen berühmtes Werk de la manière d'enseigner et d'étudier les belles lettres ſeit 1725 in Frankreich, Holland und Deutſchland oft gedruckt und bei uns den Gelehrten, wie Geßner und von Friedrich dem Großen ſehr hoch geſtellt iſt. Die Pietiſten haben mehr in der Praxis als in der Theorie geleiſtet, nur Voſkerodt in Gotha iſt zu nennen. Im achtzehnten Jahrhundert traten beſonders die aus der Wirkſamkeit in der Schule hervorgegangenen Philologen hervor: J. Matth. Geßner in Göttingen, J. A. Erneſti in Leipzig und F. A. Wolf in Halle. Geßner's institutiones rei scholasticae (Jena 1715), ſeine Erſtlingsarbeit, ſind als Compendium für Vorträge in einem pädagogiſchen Seminar zu Jena beſtimmt; ſeine reichen Erfahrungen liegen zerſtreut in der braunſchweigiſch-lüneburgiſchen Schulordnung (1737), in den Vor-

reben der Ausgaben z. B. des Livius, in einigen Schulprogrammen, in den Vorleſungen über die isagoge und in den Vorſchlägen zur Verbeſſerung des Schulweſens[54]. Aehnlich hat Erneſti[55] ſeine Anſichten in der Widmung der Cicero-Ausgabe, in der narratio de Gesnero, in Schulſchriften niedergelegt und die Anwendung in der ſächſiſchen Schulordnung 1773 gemacht. Wolf, als Nachfolger eines philanthropiſtiſchen Pädagogen 1783 an die Univerſität Halle berufen, wollte mehr Lehrer als Schriftſteller ſein, hat aber in den kleinen Schriften vielfach das bildatiſche Element hervorgehoben[56]) und in ſeinem Seminar gute Lehrer gebildet. Als der Realismus zur Bildung beſonderer Lehranſtalten in größerem Umfange geführt hatte, ſchrieb Niethammer „Der Streit des Philanthropismus und Humanismus" (1801), die erſte ſachkundige Gegenüberſtellung beider Principien. Eine Sammlung der Programme und Reden von A. F. Bernhardi enthalten die Anſichten deſſelben über Organiſation der gelehrten Schulen (1818). Fr. Thierſch hat in dem Werke über gelehrte Schulen (1826 — 29 in 3 Bbn.) gleichſam den Prodromus ſeiner Mitwirkung bei der Organiſation der bairiſchen Anſtalten gegeben und in der Schrift über den gegenwärtigen Zuſtand des öffentlichen Unterrichts in den weſtlichen Staaten von Deutſchland, in Holland, Frankreich und Belgien (ſeit 1838 in 3 Bbn.) nicht blos manche Uebelſtände freimüthig hervorgehoben, ſondern auch die ideale Bildung gegenüber der materiellen Richtung hoch gehalten. In ſeinem Geiſte haben ſeine Schüler gewirkt, zuerſt L. Döderlein in Erlangen, von deſſen Bänden von Reden und Aufſätzen ſeit 1843 als „Beiträge zur Gymnaſialpädagogik" bezeichnet werden. Gegen Thierſch F. W. Klumpp: die gelehrten Schulen nach den Grundſätzen des wahren Humanismus und den Anforderungen der Zeit (1829, 1830). Die eigentlich hierher gehörenden Schriften beginnen mit dem Buche des Hegelianers Joh. Deinhardt: Der Gymnaſialunterricht nach den wiſſenſchaftlichen Forderungen der Gegenwart (1837); es bietet eine Conſtruction des Gymnaſiums als einheitliches Ganzes, die durch die Terminologie oft unklar wird. Im J. 1841 folgte in noch abſtracterer und mehr an die Ausdrucksweiſe angelehnten Form von Al. Kapp eine Gymnaſialpädagogik im Grundriſſe; 1848 ließ er, durch die Neugeſtaltung des Staatslebens veranlaßt, Fragmente einer neuen Bearbeitung erſcheinen. Die Gymnaſialpädagogik im Grundriſſe (1858) ſoll als Grundlage für akademiſche Vorleſungen dienen; auch er ergeht ſich in Hegel'ſchen Speculationen. K. Schmidt (Köthen 1857) hat die Anthropologie zur Grundlage der Pädagogik ge-

---

52) Sie ſind vereinigt in der institutio litterata, Torunii 1586, in einer Sammlung von Halbauer (Jena 1730) und in dem erſten Bande der Schulordnungen von Wormbaum. 53) Jüngſt abgedr. bei Wormbaum I, S. 746.

54) Kleine deutſche Schriften, Göttingen 1756, S. 253—379. Vgl. Eckſtein in dieſer Encyklopädie Bd. 64, S. 279, in Schmid's Encykl. II², S. 1087 und in einem Leipziger Programm von 1869; Sauppe's Vortrag (1856), abgedruckt in den weimariſchen Schulreden S. 57. 55) Eckſtein in dieſer Encyklopädie und in Schmid's Encyklopädie II², S. 270. 56) Consilia scholastica von Körte (Quedlinb. und Leipzig 1831). Kleine Schriften, herausgegeben von Bernhardy (2 Bbe. 1869); Arnoldt, W., in ſeinem Verhältniß zum Schulweſen und zur Pädagogik (1861 und 1862, 2 Bbe.).

macht. Aus den Vorlesungen, in welchen K. Fr. Nägelsbach aus seiner Erfahrung Winke zunächst für die Studirenden seiner Heimath geben wollte, ist die Gymnasial-Pädagogik von G. Autenrieth (zuerst 1863) zusammengestellt. Ein Würtemberger von Geburt ist K. L. Roth als Rector der Studienanstalt in Nürnberg den baierischen Gelehrten nahe getreten, ist dann in sein Vaterland zurückgekehrt und hat theils in den kleinen Schriften pädagogischen und biographischen Inhalts (1857, 2 Bde.), theils in einer besondern Gymnasialpädagogik (1865 und 1874) seiner Unzufriedenheit mit den gegenwärtigen Zuständen der Schulen scharfen Ausdruck gegeben und die Rückkehr zu der Einfachheit der alten Einrichtungen, etwa Melanchthon's, gefordert. Fr. Rieß gibt in den pädagogischen Briefen (1867) seine Ansichten über die Aufgabe des Gymnasiums nach den Anschauungen, welche Nitzsch 1827—52 als Professor in Kiel und bei seiner Aufsicht über das schleswig-holsteinische Gymnasialwesen zur Geltung gebracht hatte. Wilh. Schrader's Erziehungs- und Unterrichtslehre für Gymnasien und Realschulen (1868—1876 in drei Auflagen) ist eine Codification der besten und bewährtesten Ansichten auf diesem Gebiete, eine Frucht der gründlichsten Kenntnisse und der reichsten Erfahrung. Die neueste Schrift desselben „Die Verfassung der höheren Schulen" (1879) hebt manche preußische Einrichtungen sehr hervor; nur der religiöse und politische Zustand befriedigt den ernsten und besonnenen Mann, der keineswegs ein Reactionär ist, sehr wenig. Andreas Wilhelm, Praktische Pädagogik der Mittelschulen (1870), hat vielleicht für österreichische Lehrer einigen Werth. Für die Süddeutschen sind vorzüglich Karl Hirzei's Vorlesungen über Gymnasial-Pädagogik zu erwähnen, die er 1867—73 in Tübingen gehalten hat und die nach seinem Tode von dem Sohne 1876 herausgegeben worden sind. Lübker's Grundzüge der Erziehung und Bildung (1866) und Piderit, „Zur Gymnasialpädagogik" (1877) geben nur einzelne Abhandlungen ohne innern Zusammenhang. *(Fr. A. Eckstein.)*

GYMNASTES (γυμναστής, gymnasta) als Lehrer der Gymnastik, wird besonders in Beziehung auf den Unterricht der Epheben und der Athleten in den Gymnasien erwähnt. Aus dem Urtheile des Galenos läßt sich folgern, daß er mehr der theoretische Lehrer der gymnastischen Uebungen war, der Pädotribe mehr der praktische. Indessen ist diese Unterscheidung nicht überall ganz streng festgehalten worden. Galenos vergleicht den γυμναστής mit einem Arzte, den Pädotriben dagegen mit einem Koche, Brobbäcker oder Baumeister unterer Ordnung, welche ihr Handwerk wohl verstehen und praktisch ausführen können, ohne theoretische Kenntnisse über Natur und Wesen und den letzten Zweck desselben gründlich zu besitzen [1]. In den Dialogen des Plato tritt eine solche Unterscheidung zwar nicht so scharf hervor, dennoch hat er eine ähnliche Ansicht gehabt. So erwähnt er nur die γυμναστική, wo er den Gesammt-

zweck der Leibesübungen und ihr allgemeines Ziel beurtheilt und dieselbe der ἰατρική und μουσική parallel stellt, nicht von der παιδοτριβική, obwol er den Pädotriben einige Stufen höher ansetzt als Galenos [2]. Ja in einer Stelle stellt er den παιδοτρίβης dem γυμναστής ziemlich gleich [3]. Natürlich wird ein bewährter Pädotribe danach gestrebt haben, dieselbe Geltung zu gewinnen, welche dem γυμναστής zu Theil wurde. Je nach den verschiedenen Staaten und Zeiten mochten sich die Differenzen behaupten oder auch völlig ausgleichen. Auf Inschriften der späteren Zeit kommt der Pädotribe auch in Beziehung zu den Epheben vor. Ueberhaupt erscheint auf den späteren Steinschriften fast nur der Pädotribe, nicht der Gymnastes [4]. Dagegen kommt der γυμναστής besonders als Lehrer der Athleten vor und begleitet dieselben zu den Schauplätzen der großen periodischen Festspiele, wo gesetzlich noch specielle Vorübungen stattfanden [5]. Die Pherenike, auch Kallipateira genannt, Mutter des jungen Rhodiers Peisirrhodos, eines Enkels des in ganz Hellas berühmten Athleten Diagoras, hatte sich als γυμναστής gekleidet und war mit ihrem Sohne, welcher in den Kampfspielen auftreten wollte, nach Olympia gekommen und hatte ihn hier noch in den gesetzlichen Vorübungen unterwiesen. Sie wurde entdeckt und hätte nach den olympischen Gesetzen von einem benachbarten Felsen herabgestürzt werden müssen, wurde aber aus Achtung gegen den Diagoras und seine siegbekränzten Söhne und Enkel freigesprochen [6]. Dies wurde Veranlassung zu dem Gesetze, daß von nun an alle Gymnasten völlig entkleidet, ebenso wie die Athleten selbst, den Kampfspielen beiwohnen sollten [7]. Zu Olympia mußten die Gymnasten vor der Bildsäule des Zeus Ὅρκιος einen Eid ablegen, daß sie keine unerlaubte Handlung zu Gunsten ihrer auftretenden Schüler begehen würden [8]. Neben den Gymnasten waren aber auch die Aleipten, die Sophronisten und während der späteren Zeit die auf Inschriften oft genannten Kosmeten in den Gymnasien anwesend. Daher bleibt es eine schwierige Aufgabe, in den zahlreichen Darstellungen gymnastischer und agonistischer Scenen auf den bemalten altgriechischen Thongefäßen, den γυμναστής, den Aleiptes, den Sophronisten und den Pädotriben von einander genau zu unterscheiden. Nur Wahrscheinlichkeit als Ziel vorzüglich für den γυμναστής und παιδοτρίβης. Der Tarentiner Ikkos, welcher zu Olympia den Siegeskranz im Pentathlon gewonnen hatte und dann Lehrer der gymnastischen Uebungen wurde, ist von Pausanias (VI, 10, 2) als der vortrefflichste Gymnastes (γυμναστής ἄριστος τῶν ἐφ' αὑτοῦ) seiner Zeit bezeichnet worden. *(J. H. Krause.)*

---

1) Galen. ad Thrasybul. πότερον ἰατρ. ἢ γυμναστ. c. 43. De valetudine tuenda II, 12.

2) Platon. Gorg. c. 4, p. 450, a. b. c. 79, p. 517, a. 518, a. 520, b. c. Gesetze III, p. 684, d stellt er die γυμναστική und ἰατροί zusammen. Allein auch der παιδοτριβής erscheint bisweilen neben dem ἰατρός. 3) Gorgias c. 7, p. 452, c. d. 4) Vergl. Archiv de missions scientifiques Ser. III, tom. I, livraes. I, p. 129 (Par. 1873). 5) Aelian., var. hist. II, 6. Dazu Perizonius. Pausan. VI, 7, 1. V, 6, 5. Aelian., l. c. X, 1. 6) Pausan. l. c. Aelian. l. c. 7) Pausan. V, 6, 5. 8) Pausan. V, 242.

GYMNASTIK oder TURNKUNST (Geschichte der) von den ältesten Zeiten bis auf die Gegenwart.

Erste Periode, vom heroischen Zeitalter bis zur Gründung und Blüthe der großen olympischen Festspiele.

K. 1. Die frühesten Völker des Orients gestatten uns in Beziehung auf wirkliche Leibesübungen keine Beurtheilung, da sie uns weder schriftliche Urkunden hinterlassen haben, noch die neuentdeckten Stein- und Erzgebilde deutliche Spuren von gymnastischen Uebungen verrathen, während kriegerische Scenen oft genug vorkommen, wie auf den von A. H. Layard in den Ruinen von Niniveh aufgefundenen Alabaster-Platten [1]. Ebenso Jagdübungen mit gewaltigen Bogen, namentlich Löwenjagden [2]. Es bleiben daher nur einige Schlüsse durch Analogien gestattet. Wie sich zu allen Zeiten Knaben und Jünglinge auf dem Lande und in Städten, welchen Gymnastik und Turnkunst noch unbekannte Bestrebungen geblieben sind, doch gern gegenseitig ihre Kraft messend, mit einander herumtummeln, so mögen doch wol auch die jungen rüstigen Männer unter den Kindern des Menschengeschlechts, den frühesten Völkerschaften, gern im Spiel und zur Lust ihre Kraft geprüft haben, ohne an eigentliche gymnastische Künste auch nur zu denken. Sobald aber Feste begangen wurden, konnten doch wol Spiele mit und ohne Waffen einen Theil der festlichen Unterhaltung bilden. Abgesehen hiervon haben jene Ursprößlinge der Völker vollauf Leibesbewegung, da die Beschaffung der unentbehrlichen Lebensbedürfnisse, die Herstellung und Erhaltung ihres Obdachs, dann Jagd und Viehzucht, endlich der Ackerbau mit allen Zweigen der Landwirthschaft vielfache Bewegung des Leibes zur Bedingung machten. Von Urbeginn des Menschengeschlechts ab hatte natürlich der Stärke eine höhere Geltung als der Schwache. Die Stärke des Armes erhebt über andere in Zeiten, in welchen Gesetz und Recht noch keine mächtigen Vertreter und Beschützer haben. Der Starke erhebt sich leicht zum Herrn des Schwächeren, der die riesenhaft Große sich leicht den Kleineren unterwirft. Ob die Würdigung dieses Verhältnisses schon bei den frühesten Völkern des Orients einige körperliche Kraftübungen herbeigeführt habe, können wir nicht beurtheilen. Im heroischen Zeitalter der griechischen Welt hatte dies bereits seine Bedeutung. Sobald die Poesie sich entfaltet und jene Völker endlich ein Epos erhalten, bilden stets starke Helden, namentlich die vermeintlichen Göttersöhne, welchen nichts zu widerstehen vermag, in der Regel den Mittelpunkt desselben. So z. B. auch der herrliche Held Karna, ein Sonnensohn, und sein Gegner Ardschuna im indischen Epos Mahabharata. So Herakles, der Sohn des Zeus, im Kampfe mit seinen Gegnern, bei Achilleus und Hektor im homerischen Epos. So die Dioskuren Polydeukes und Kastor, so Aeneas und Turnus in Virgil's Heldengedicht. Dasselbe wiederholt sich in späteren Epopeen. Als Held

dieser Art erscheinen der viel besungene Roland, welcher 778 in Roncevalles durch die siegreichen Araber seinen Tod fand, ebenso später Tancred und Salabin in Tasso's befreitem Jerusalem, wohin auch Richard Löwenherz und Heinrich der Löwe gerechnet werden können. Ohne Helden mit starkem Arme und kriegerischer Gewandtheit würde jedes Epos seines schönsten Schmuckes entbehren. Jugend und Schönheit allein ohne Heldenstärke und Rittermuth würden einen gleichen mächtigen Reiz nicht hervorzaubern. Nur im Verein mit dem Heldenarme und der todesmuthigen Ritterlichkeit werden jene Eigenschaften zu anziehenden Factoren. Im Bereiche des Mythos treten die gewaltigsten Helden freilich nur als Göttersöhne auf die Bühne ihrer Thaten, wie Herakles, Theseus, die Dioskuren, Achilleus, Aeneas, als deren Erzeuger und Erzeugerinnen Zeus und Poseidon, Thetis und Aphrodite betrachtet wurden. Von Nymphen waren viele Heroen entsprossen, welche aber im Kampfe mit den Söhnen mächtigerer Gottheiten diesen erliegen müssen. Daß die so böhen Erzeugern überkommene göttliche Urkraft sich vorzüglich in körperlicher Stärke manifestirte, darf wol als Beweis gelten, daß dieselbe bei den frühesten Völkern in höchster Geltung gestanden hat. Weisheit, Klugheit, Schlauheit, lange Lebenserfahrung gelten stets als die nächstfolgenden Factoren [3]. Wir ersehen dies im homerischen Epos aus Nestor's Reden, in welchen er sich keineswegs seiner Weisheit rühmt, sondern nur seine Stärke und Thaten kriegerischer Tapferkeit, welche er in seiner Jugend ausgeführt hat, hervorhebt. So rühmt sich Odysseus weniger seiner überlegenen Schlauheit als seiner Heldenthaten, welche er mit starkem Arme vollbracht hat. So zeigt er den Phäaken nur seine überlegene Stärke im weiten Discuswurfe und rühmt seine Tapferkeit im Getümmel des Kriegs, ohne auf seine bewährte Klugheit Gewicht zu legen. Ganz natürlich! Klugheit und Schlauheit ohne männliche Kraft und ohne kriegerischen Muth kann auch ein Weib besitzen, ohne zu großen Thaten berufen zu sein. So erscheint der assyrische Nimrod nur als ein gewaltiger Jäger und Kriegsheld. Von Weisheit desselben ist keine Rede. Ebenso der rüstige Jagdheros Meleager bei den Griechen [4].

---

[3] Pindar, Nem. I, 31 seq.:

πράσσει γὰρ ἔργῳ μὲν σθένος,
βουλαῖσι δὲ φρήν, ἐσσόμενον προϊδεῖν
συγγενὲς οἷς ἕπεται.

[4] So heißt es in der Orphischen Argonautic. V. 809—811 von dem Jason:

τοῖσι δ' ἄρ' ἐν πάντεσσι μετέπρεπεν δῖος Ἰήσων
Ἥρῃ γὰρ πέρι πάμπαν ἐτίετο, καὶ οἱ ἐδωκεν
κάλλος τε μέγεθός τε καὶ ἠνορέην ὑπίδοπλον.

Also nur Schönheit, Größe und männliche Tapferkeit gewährte ihm die von ihm verehrte Hera. Von Weisheit ist hierbei nicht die Rede. Und noch in der geschichtlichen Zeit tauchen Beispiele derselben Würdigung der körperlichen Stärke auf. Der Kleonäer Timanthes, welcher zu Olympia im Pankration gesiegt hatte, prüfte täglich seine Kraft an dem Aufspannen eines großen Bogens. Als er endlich den Bogen nicht mehr zu spannen vermochte, errichtete er einen Holzstoß, zündete diesen an und warf sich als ein unnützes Möbel in die Flammen. Pausan. VI, β, 3.

41*

---

[1] Vergl. Layard, Niniveh und Babylon, deutsch von J. Th. Zenker, Taf. XII. und XIII. [2] Layard, Niniveh und seine Ueberreste, deutsch von Meißner, Leipzig 1854, Taf. XII.

Aehnlich ist das Verhältniß in Beziehung auf die Riesengestalten in der mythischen Urzeit der Völker, von welchen abenteuerliche Sagen und Traditionen auf die späteren Generationen übergegangen waren. Riesige Männer hatte der Mythus vieler Völker aufzuweisen. Daß solche vereinzelt hier und da existirt haben, läßt sich um so weniger bezweifeln, als auch während der geschichtlichen Zeit solche, wenn auch nur einzeln und selten, in verschiedenen Ländern auftauchen. Die griechische Mythenwelt hatte ihre Giganten und Cyklopen, den ungestümen Typhäus (auch Typhon genannt) anzuweisen und das homerische Epos hat seinen Polyphemos als ungeheuren Riesen mit einem einzigen Auge ausgemalt, gegen welchen Odysseus und seine Genossen nur als Zwerge erscheinen. Die Kundschafter, welche Moses von der Wüste aus gegen Mittag aussendet, um das Land zu erforschen, melden ihm, daß sie daselbst auch Riesen, Enak's Kinder, gefunden haben: „Ein groß hoch Volk, die Kinder Enakim, wer kann wider die Kinder Enak's bestehen" [5]? Goliath und Simson werden ebenfalls als Männer von hoher Gestalt mit entsprechender Leibeskraft dargestellt. Im homerischen Epos erscheinen zwar Aias, Achilleus, Hektor nicht gerade als Riesen, doch aber als hochgewachsene Helden, gegen welche der kleinere Diomedes bedeutend abfällt, obgleich er nicht weniger als jene durch Heldenmuth und Tapferkeit sich hervorthut. Unter Völkerschaften und Menschenklassen, welche von frühester Jugend ab in der freien Natur mit starker Bewegung aufwachsen, sind stets einige Riesengestalten gefunden worden, und werden solche niemals gänzlich fehlen. Ein solcher war z. B. der rohe und ungeschlachte Kaiser Maximinus, welcher in Thracien als Hüter der Heerden aufgewachsen wegen seiner Größe und Stärke (διὰ μέγεθος καὶ ἰσχὺν σώματος) in das Kriegsheer aufgenommen, von Stufe zu Stufe aufsteigend nach und nach Höchstcommandirender und endlich durch einen Gewaltstreich Herrscher des römischen Reichs geworden war [6].

Nachdem nun aber die frühesten Völker begonnen hatten, mit einander Krieg zu führen, mußten einige Vorübungen im Gebrauche der Waffen eintreten, und in diesen allein bestanden wol Jahrhunderte hindurch die Leibesübungen, soweit von solchen außer der täglichen körperlichen Arbeit zu anderen Zwecken die Rede sein konnte. Diese Waffenübungen waren freilich von weit geringerer Bedeutung als die der Kriegsmänner unserer Tage. Mit dem wuchtigen Speer geschickt umzugehen, ihn regelrecht abzuwerfen, mit dem Bogen sich vertraut zu machen, mit dem Pfeile sicher zu treffen,

waren die ersten und wichtigsten Bedingungen. Das homerische Epos erwähnt in beider Beziehung Helden von außerordentlicher Geschicklichkeit, Sicherheit und Kraftäußerung, wie Meriones, Odysseus und Teukros im Bogenschusse, Achilleus, Aias, Diomedes im Speerwurfe. Auch schon vor dem Kriege gegen Ilion hatten sich Helden in beiden Leistungen ausgezeichnet, wie Herakles, besonders im Bogenschusse, wie noch mehrere andere. Curytos im Bogenschusse wohl geübt hatte hierin den Herakles unterrichtet [7]. Natürlich erlangte, wie zu allen Zeiten, der eine je nach seiner körperlichen Anlage, Kraft und Gewandtheit größere Virtuosität als der andere und gewann dadurch höhere Geltung.

K. 2. Die eigentlichen kunstfertig getriebenen gymnastischen Uebungen traten bei den Völkern Vorderasiens und in Aegypten nicht früher ein als die griechische Cultur zu ihnen gebracht worden war. Die weit verbreiteten griechischen Ansiedlungen und Colonialstädte hatten aber gleich mit ihrer Gründung dieselben von dem Mutterlande mitgenommen. Die überaus zahlreichen ägyptischen Sculpturarbeiten und Malereien veranschaulichen mannigfache Leibesübungen, deren Entstehungsperiode bei dem hohen Alter ägyptischer Cultur überhaupt ich gegenwärtig nicht definitio zu bestimmen wage. Wie die zahlreichen ägyptischen Denkmäler überhaupt eine überaus vielfache, bald ruhig gemessene, bald in starker Bewegung begriffene, bald alltägliche, bald festliche Thätigkeit der Personen darstellen, so auch zahlreiche Gruppen der mannigfachsten Figuren, welche in verschiedenen Uebungsarten begriffen sind. Am vielfachsten ist der Ringkampf in den verschiedensten Situationen veranschaulicht worden. Diese Ringer erscheinen sowol stehend als liegend. Unter diesen Uebungsarten bemerkt man auch solche, welche bei den Griechen nicht unter den eigentlichen Uebungen aufgeführt worden sind. Vielleicht sollen in diesen letzteren nur Spiele vorgestellt werden. In dem großen Werke von Ippolito Rosellini sind viele Folioseiten mit solchen Figuren angefüllt [8]. Daß diese zahlreichen Figuren nicht den ältesten Perioden angehören, darf man wol annehmen. Vielleicht gehören sie dem Zeitalter Alexander's des Großen und der auf ihn folgenden Ptolemäer an, nachdem die griechische Cultur in Aegypten vielseitigen Eingang und außer der Gymnastik günstige Aufnahme gefunden hatte [9]. Doch berichtet Diodoros, daß bereits Sesostris (vom Diodor genannt Σεσόωσις) und

---

5) Moses IV, 13, 34. V, 9, 2. 6) Herodian. VI, 8, 1 seq. Der vor mehreren Jahren verstorbene Portier der Pinakothek in München war über sieben Fuß hoch und man mußte hoch aufblicken, wenn man mit ihm sprechen wollte. Im J. 1830 war derselbe in Halle während eines Jahrmarktes für Geld gezeigt worden. Im J. 1842 habe ich oft mit ihm in München gesprochen, da ich fast täglich die Pinakothek besuchte. Vielleicht war er ebenso wie Maximinus als Hirtenknabe im Freien aufgewachsen.

7) Apollodor. II, c. 4, §. 9. 8) J. Monumenti dell' Egitto e della Nubia Tom. II (Monumenti civili), Pisa 1834. Fol. Taf. N. CXI—CXV. In dem noch glänzenderen Werke von Lepsius vol. I—12, welches 12 Folianten Blätter mit Abbildungen (Hieroglyphen) enthält, habe ich bisher diese gymnastischen Darstellungen nicht entdecken können. 9) In Rosellini's Werke vol. II sind auch noch Taf. CXVII, CXVIII, CXIX, mit Figuren dieser Art ausgestattet. Orchestische und palästrische Vorstellungen in Malereien der Grabdenkmäler s. ibid. Tav. XCIV—CIV. In Aegypten waren auch die orchestischen und gymnastischen Schaukünstler sehr beliebt. Bei den Aegyptern mußten aber alle diese Vorstellungen rein ägyptische Gestalt und Farbe erhalten, wenn sie populär und beliebt werden sollten.

die mit ihm an einem und demselben Tage geborenen Knaben im Wettlaufe geübt wurden, um, einst geschickte Kriegsmänner zu werden. Dies hatte der Vater des Sesostris so angeordnet [10]).

Betrachten wir auch nur oberflächlich die das noch ungebundene naturwüchsige Leben der Hellenen in der ältesten Zeit durchströmenden und belebenden Geistesrichtungen, so werden wir leicht als die vorherrschende diejenige finden, welche auf männliche Stärke und Thatkraft gerichtet war und welche bald genug auf Prüfung dieser Vollkraft durch Wettkämpfe in Festspielen ausging. Mögen auch bei anderen Völkern verwandte Richtungen nicht völlig gemangelt haben, so ist doch ein solches Streben bei keinem mit solchem Bewußtsein und mit so anhaltender Consequenz zur allgemeinen Geltung gebracht worden, wie bei den Hellenen in allen ihren Staaten und Städten. Freilich hatte auch kein anderes Volk eine so gewaltige heroische, wenn auch immerhin mythische Vorzeit, ein so poetisch drastisches Heldenthum, hinter sich, wie das hellenische, welches die später hinzutretende Poesie, besonders die homerische, mit der olympischen menschlich gestalteten Götterwelt in vielfache Berührung, oft genug in die engste Verbindung gebracht hat. Die rüstige und rührige Athene, Tochter des Zeus, beschirmt überall ihre stattlichen Lieblinge, den Achilleus, den Odysseus, den Diomedes, den Achilleus als den unbesiegbaren, den Odysseus als den verschlagensten, obwol auch er die Stärke seiner Glieder mehrfach bewährt hat, in den zehnjährigen Kämpfen vor Ilion, bei den Festspielen der Phäaken und zuletzt im Kampfe mit dem Iros um das Bettlerrecht im eigenen Hause, wo die Freier dem frechen Iros Unheil verkündigen, als sie des Odysseus mächtige Hüften und Hinterviertel wahrnehmen (οἵην ἐκ ῥακέων ὁ γέρων ἐπιγουνίδα φαίνει, Od. XVIII, 73). Diomedes ist weit kleiner als Achilleus und Aias, aber nicht weniger muthig und tapfer. Nestor ist das Urbild eines klugen Greises von vieljähriger Erfahrung. Dennoch tummelt er sich noch mit seinen Kampfgenossen auf dem Schlachtfelde herum. Die großen Thaten der Heroen werden im homerischen Epos oft genug von göttlichen Mächten unterstützt, nicht selten sogar gegen die Satzungen menschlicher Gerechtigkeit. So ist der Untergang des herrlichen Vaterlandsvertheidigers Hektor durch Achilleus eigentlich nicht dessen Werk, sondern wird durch den unwiderstehlichen Beistand der Athene herbeigeführt, wie dies im bezeichneten Epos ergreifend ausgemalt ist. Der heroische Hellenismus sollte hier nun einmal als das siegende Element hervortreten. Als der gefeiertste Heros der Heroenwelt tritt uns aber Herakles entgegen als Symbol unverwüstlicher männlicher Kraft. Und dennoch vermochte er die rüstigen Molioniden, welche seine Mannschaft bereits wacker zurückgeschlagen hatten, nur durch einen Hinterhalt zu bewältigen und umzubringen. Sie waren die stattlichen Sprößlinge des Aktor und der Molione [11]).

Auch die gewaltigsten Helben finden in der Heroenwelt stets ebenbürtige Gegner. Es fehlte nirgends an kampfrüstigen Helden. Solche waren Kastor und Polydeukes, Idas und Meleagros, Peleus und Theseus, Nauplios und Amphidamas, Koronos und Menoitios, Kaineus und Jason und noch viele andere, welche den letztgenannten auf seiner kühnen Fahrt nach Kolchis begleiteten, um das goldene Vlies zu holen. Daß in jener Zeit gar viele rüstige, kraftsprühende Helben geblüht haben, kann wol keinem Zweifel unterliegen, wie reichhaltig auch die schmuckreiche Ausstattung durch die Poesie sein möge, welche nun einmal eines farbenreichen Schmuckes bedarf, um im vollen Frühlingsgewande zu erscheinen. Wenn also die Einsetzung der olympischen und anderer periodischer Festspiele und Wettkämpfe von Späteren bereits dem mythisch heroischen Zeitalter zugeschrieben worden ist, so kann dies nicht auffallen, obwol jene Wettkämpfe mit den weit reichhaltigeren der geschichtlichen Zeit nicht verglichen werden können. Die meisten jener Wettkämpfe, welche in der Heroen-Zeit stattgefunden haben sollen, waren zu Ehren und zum Andenken eines Dynasten, eines Stadtgründers oder irgend eines Cultur-Heros gefeiert worden und waren somit sogenannte Leichenspiele. Wie die olympischen, so wurden auch in ganz ähnlicher Beziehung die pythischen, nemeischen und isthmischen Festspiele gegründet. So weiß im homerischen Epos der hochbejahrte Nestor von Wettkämpfen zu berichten, an welchen er selbst in seiner Jugend Theil genommen und Siege gewonnen hatte. Auch bildeten Wettkämpfe überall, den Mittelpunkt von Festlichkeiten, welche zu Ehren einer Gottheit veranstaltet wurden. Wenn demnach Herakles als erster Gründer der olympischen Spiele durch spätere Sage und Dichtung herrlich worden ist, so war eben der einmal eingetretenen und immer weiter ausgebildeten Richtung entsprechend, diesem Epos, dem gewaltigen Sprößling des Götterkönigs, alles Große, Hervorragende und Schöne der Heroenzeit beizulegen.

R. 3. Bevor wir nun nach diesen allgemeinen Bemerkungen über den Orient und das Heroen-Zeitalter der Griechen zu den gymnastischen Uebungsweisen und Kampfspielen im homerischen Epos übergehen, mögen hier die Angaben späterer Dichter und Mythographen in Betracht gezogen werden, welche auch bereits den vorhomerischen Helben Auszeichnung in gymnischen und ritterlichen Wettkämpfen beilegen: wie den Herakles, dem Polydeukes, sowie rüstigen Jungfrauen, der Atalante, der Hippodameia, während andere, wie Theseus, Peleus, Idas, Meleager und viele andere Heroen mehr unbesiegbare Stärke im Waffenspiel des Kriegs befunden. Doch werden auch diese und noch andere als Theilnehmer an festlichen Spielen aufgeführt [12]). In den Wett-

---

10) *Diodor.* libr. I, c. 53. Mir ist nicht bekannt geworden, ob Herr Lepsius bereits einen Commentar zu seinen 12 Folianten mit Abbildungen geliefert hat oder nicht. Jedenfalls würden hier auch Erklärungen über das Zeitalter jener Uebungsarten vorkommen müssen.

11) *Pausan.* V, 2, 1. VIII, 14, 6.   12) Seine Theilnahme an Festspielen bekundet Herakles bei Euripid., Alcest. B.

spielen, welche Akastos zu Ehren seines abgeschiedenen Vaters Pelias veranstaltete, siegte im Sprunge oder im Wettlaufe Amphiaraos, im Speerwurfe Meleagros[13]). Danaos soll seine Töchter den Freiern als Siegespreise in gymnischen Wettkämpfen hingestellt haben[14]). Aristides läßt den frühesten gymnischen Agon zu Eleusis in Attika stattfinden[15]). Auch Nestor gedenkt, wie bereits bemerkt wurde, der ritterlichen Kampfspiele in seiner Jugend[16]). Einzelne Wettkämpfe dieser Art sind von Dichtern mit lebhaften Farben malerisch ausgeschmückt worden. So soll Herakles den Ringkampf mit Antäus, dem Sprößlinge der Göa, welchem seine Mutter immer frische Kraft anführte, bestanden und diesen möglich besiegt haben[17]). Ebenso läßt ihn Hesiod den Kyknos, Sohn des Ares, bewältigen[17a]). Am schönsten ist der Ringkampf des Dioskuren und Argonautenfahrers Polydeukes mit dem Bebryker Herrscher Amykos von späteren Dichtern, insbesondere von Theocritos und Apollonios von Rhodos, bilderreich ausgeschmückt worden[18]). Die Hippodameia und die Atalante hat der Mythos als hervorragende Wettkämpferinnen, jene im Wagenrennen, diese im Wettlaufe, dargestellt[19]). Doch genug über diese vorhomerischen mythischen Leistungen, für welche uns keine historische Bürgschaft geboten wird.

Die von Homeros beschriebenen Wettkämpfe der griechischen Heroen vor Ilion entbehren zwar auch der geschichtlichen Bestätigung, doch lassen sie sich immerhin als ein annehmbares Spiegelbild jenes heroischen Zeitalters betrachten, in welchem eben glänzende Auszeichnung des Mannes nur in vielseitiger Kampfrüstigkeit bestand, während andere hervorragende Eigenschaften in zweiter und dritter Linie ihre Geltung behaupten. Die von jenem Heroen zu Ehren des durch Hektor gefallenen Patroklos aufgeführten Wettspiele zeigen uns noch keine zur wirklichen Kunst ausgebildete Gymnastik und Agonistik, doch können dieselben als Vorspiel, als erstes Stadium betrachtet werden. Das homerische Epos kennt die Bezeichnung $\gamma\nu\mu\nu\alpha\sigma\tau\iota\varkappa\dot{\eta}$ (sc. $\tau\acute{\varepsilon}\chi\nu\eta$ oder auch $\ddot{\alpha}\sigma\varkappa\eta\sigma\iota\varsigma$) ebenso wenig, als die später so wichtigen und großartigen

baulichen Anlagen, die Gymnasien, Palästren, Stadien, Hippodromoi, ebenso wenig als das die gymnastischen Uebungen überwachende, lehrende, leitende Personal, wie die Gymnasiarchen, Sophronisten, Gymnasten, Pädotriben, Aleipten. Auch die vier großen Festspiele der Hellenen kommen in diesem Epos noch nicht zur Sprache, sowie auch die $\dot{\varepsilon}\varkappa\varepsilon\chi\varepsilon\iota\varrho\dot{\iota}\alpha$, der Gottesfrieden während des Festmonats der großen Olympia, die Kampfrichter und Kampfgesetze nirgends erwähnt worden sind. Dies könnte wol auch mit zu einem Anhalte zur Bestimmung des Alters der homerischen Poesie gebraucht werden. Mit den gemischten und ritterlichen Wettkämpfen sind im bezeichneten Epos auch rein kriegerische Waffenspiele verbunden, wie das mit dem Speerwurfe und mit dem Bogenschuß. Der lebensgefährliche Speerkampf, Mann gegen Mann, wird von Aias und Diomedes begonnen. Nachdem Aias den Schild des Diomedes durchbohrt, ohne jedoch die vom Panzer ($\Theta\acute{\omega}\varrho\eta\xi$) geschützte Haut des Körpers zu erreichen, sucht Diomedes den Hals des Aias oberhalb der gewaltigen undurchdringbaren Schildes mit der Spitze des Speeres zu treffen, als diesem gefährlichen Manöver plötzlich Einhalt gethan und dann beide mit gleichen Preisen decorirt wurden[20]). Der Kampfplatz für alle diese Wettspiele ist eine freie große Fläche mit den nöthigen Abmarkungen[21]). Die später übliche Einölung des Leibes behufs der gymnischen Wettkämpfe wird hier noch nicht erwähnt. Dieselbe gehörte später unabweislich zur $\gamma\nu\mu\nu\alpha\sigma\tau\iota\varkappa\dot{\eta}$.

Die Nacktheit des Leibes, die spätere Hauptbedingung der gymnischen Uebungen, war wenigstens im Ringen und im Faustkampfe soweit eingeführt worden, daß man sich die Lenden mit einem kurzen, einer Scherpe, umgürtete, wie dies auch noch in der ersten Periode der großen olympischen Festspiele gebräuchlich war. Wahrscheinlich war die Nacktheit deshalb für nöthig erachtet, weil die Kleider des heroischen Zeitalters einen solchen Kampf ganz unthunlich machten, theils aber auch um die Glieder des Gegners kräftiger fassen und festhalten und den Zuschauern ein genaues Beurtheilung der Manipulationen ermöglichen zu können. Denn abgesehen vom Baden war völlige Nacktheit dem heroischen Zeitalter eigentlich etwas Fremdartiges. Daher wurde in der ersten vierzehn Olympiaden bei den Wettspielen der großen Olympien das Perizoma noch um die Lenden gewunden, bevor der Kampf begann. Erst mit der fünfzehnten Olympiade trat die völlige Nacktheit ein, womit dann bald die das Classische der Glieder erhöhende Einölung und die darauf folgende Bestreuung mit feinem Staube beliebt wurden. Alles, was das homerische Epos in Beziehung auf die Heroen-Agonistik darbietet, konnte nur wirklichen Thatsachen entnommen,

---

1029 seq. Euripides, Hyppolit. V. 1016 läßt den Hippolytas sprechen: $\dot{\varepsilon}\gamma\dot{\omega}$ δ᾽ $\dot{\alpha}\gamma\tilde{\omega}\nu\alpha\varsigma$ $\mu\dot{\varepsilon}\nu$ $\varkappa\varrho\alpha\tau\varepsilon\tilde{\iota}\nu$ '$E\lambda\lambda\eta\nu\iota\varkappa o\dot{\nu}\varsigma$ $\pi\varrho\tilde{\omega}\tau o\varsigma$ $\vartheta\acute{\varepsilon}\lambda o\iota\mu$᾽ $\ddot{\alpha}\nu$ $\dot{\varepsilon}\nu$ $\pi\acute{o}\lambda\varepsilon\iota$ $\delta\dot{\varepsilon}$ $\delta\varepsilon\acute{\nu}\tau\varepsilon\varrho o\varsigma$ $\sigma\dot{\nu}\nu$ $\tau o\tilde{\iota}\varsigma$ $\dot{\alpha}\varrho\acute{\iota}\sigma\tau o\iota\varsigma$ $\varepsilon\dot{\nu}\tau\nu\chi\varepsilon\tilde{\iota}\nu$ $\dot{\alpha}\varepsilon\dot{\iota}$ $\varphi\acute{\iota}\lambda o\iota\varsigma$. 13) Stesichoros in den $\tilde{\alpha}\vartheta\lambda\alpha$ p. IX, ed. Suchfort. 14) Apollodor. II, 1, 5, 12. 15) Aristides, '$E\lambda\varepsilon\nu\sigma\acute{\iota}\nu\iota o\varsigma$ XIX, p. 417 (ed. Dind. vol. I). 16) Iliad. XI, 699 seq. 17) Dieser Ringkampf ist besonders von späteren Dichtern ausgeschmückt worden. Derselbe scheint auch in Gemälden dargestellt worden zu sein (vgl. Philostr. Imag. II, 21), worüber jüngst Rud. Stephani in d. Compte-rendu de la Commission imperiale archeologique pour l'annee 1867, p. 1—30 (Petersb. 1868) gehandelt und im Ailas dazu eine von zwei Seiten veranschaulichte Ringergruppe hierauf bezogen hat. Dies bleibt freilich zweifelhaft. Denn der Sieg konnte nach dem Mythos nur dadurch gewonnen werden, daß Herakles den Antäus von der Erde emporhob und so lange mit seinen starken Armen zusammendrückte, bis er sein Leben aushauchte. So hebt auf einer Gemme (gleichviel ob antik oder modern) Herakles den Antäus hoch empor. Die Lehrer des Herakles in gymnischen und ritterlichen Uebungen hat Apollodoros II, 4, 9 aufgeführt. 18) Theocrit. Idyll. XIV, 53 seq. Apollon. Rh., Argonaut. II, 67 seq. Apollodoros I, 9, 20. 19) Pausan. e, e. 14—16. Ovid. Met. libr. X, v. 560 seq.

20) Iliad. XXIII, 811 seq. Ein anmuthiges Bild der homerischen Wettkämpfe hat auch Euripides, Iphigenia in Aulide V. 206—290 entworfen, wo er den Achilleus als $\tau\dot{o}\nu$ $\dot{\iota}\omega\acute{\alpha}\nu\varepsilon\iota o\nu$ $\tau\varepsilon$ $\pi\acute{o}\delta o\iota\nu$ $\lambda\alpha\iota\psi\eta\varrho o\delta\varrho\acute{o}\mu o\nu$ '$A\chi\iota\lambda\tilde{\eta}\alpha$ $\varkappa\tau\lambda$. bezeichnet. 21) Ich habe hierüber in meiner Gymnastik und Agonist. der Hellenen, Thl. I, Bd. 1, S. 147 fg. und S. 561 fg. gehandelt.

nicht aus der Phantasie geschöpft werden. Frühere Sänger mochten dem Dichter bereits beträchtlichen Stoff dargeboten haben. Wir verlassen jedoch vorläufig die homerisch-heroische Agonistik, um bei der Darstellung der einzelnen Uebungen und Kampfarten in der späteren Zeit dieselbe in ihren Einzelnheiten mit zu berühren, und gehen nun sofort zu den großen Festspielen, den Olympien, Pythien, Nemeen und Isthmien, über, in welchen sich die Gesammtsumme der hellenischen Agonistik concentrirt hatte und welcher eine anhaltende propädeutische Gymnastik in den Uebungsanstalten der einzelnen Städte vorausgehen mußte, um zu einem so großartigen Schauturnen zu befähigen. Wir können diese vier großen Festspiele, und auch nur die olympischen, jedoch nur summarisch behandeln, da eine erschöpfende Erörterung mit Beleuchtung zahlloser Einzelnheiten zu maſſenhaft ausfallen würde.

K. 4. Als die vier großen Festspiele der Hellenen ihre geschichtliche Einsetzung gefunden hatten, war das rein pädagogische Element in der Gymnastik noch wenig oder gar nicht zur Geltung gekommen. Das eristische oder agonistische Element, der reine Wettkampf, wie bereits im homerischen Epos, die Ehre des Siegs, standen im Vordergrunde, mußten aber doch der Natur der Sache nach bald dahinführen, daß die zur agonistischen Befähigung vorbereitende Gymnastik zur wirklichen Kunst ausgebildet und in den Gymnasien und Paläſtren durch ein leitendes und unterrichtendes Perſonal unter der Oberaufsicht eines von der Staatsbehörde dazu erkorenen Gymnaſiarchen, in der späteren Zeit durch einen Kosmeten, in möglichster Weise gefördert wurde. Schon daraus, daß dieses Personal immer größer wurde, wie uns zahlreiche griechische Inſchriften belehren, geht hervor, daß man bald genug erkannt hatte, von welcher Wichtigkeit die gymnaſtiſchen Uebungen für die Geſundheit, Erſtarkung, Elaſticität und überhaupt für kernhafte Tüchtigkeit des Mannes ſei. Zu gleicher Zeit begann man nun auch um ſo mehr das diätetische und das pädagogische Ziel im Auge zu behalten. Schon Solon ſcheint dieſes Ziel als das bedeutendſte erkannt zu haben, wie man aus mehreren ſeiner Geſetze folgern darf, möge auch immerhin Lukianos in ſeinem Dialog Anacharſis s. περὶ γυμνασίον, Solon's Denkweiſe und Urtheile dem Scythen Anacharſis gegenüber rhetoriſch und äſthetiſch in ſeiner Weiſe ausgeſchmückt haben [22].

Allein das eriſtiſche Element, die ſtarke Neigung zu den ἄμιλλαι, dem gegenſeitigen Meſſen der Kraft und Gewandtheit ſowie der durch Uebung gewonnenen Fertigkeit, lag zu ſtark in der Natur des Hellenen, als daß es vor dem diätetiſchen und pädagogiſchen Zwecke hätte zurücktreten ſollen. Dazu kam die innige Freude an

glänzenden Feſtlichkeiten aller Art, wozu vor allem der vielſeitige heitere Göttercult hinreichende Veranlaſſung darbot. So waren während allgemeiner Feſtlichkeiten große und kleinere Kampfſpiele entſtanden, deren Mittelpunkt und Glanzſeite ſie endlich bilden ſollten. Die Agoniſtik blieb dann ſtets das belebende Element aller größeren Feſte, insbeſondere der vier großen panegyriſchen, theils pentaeterſchen, theils trieteriſchen, ſowie in gleicher Weiſe der großen Feſte einzelner Staaten, wie der großen und kleinen Panathenäen zu Athen, der Gymnopädien zu Sparta, der Heräen zu Argos, der pentaeteriſchen Eleutherien zu Platäa und vieler anderen in anderen Staaten [23].

Die vier großen panegyriſchen Feſtſpiele, die Olympien, Pythien, Nemeen und Iſthmien, hatten laut ſpäterer Tradition eine doppelte Entſtehungsurkunde, eine rein mythiſche Legende und eine rein hiſtoriſche Tradition, welche letztere Jahrhunderte ſpäter datirt als die erſtere fabelhafte, wie uns die griechiſchen Autoren melden. Die nach modernſter kritiſcher Beurtheilung rein mythiſche Legende, in Sage und Glauben der Hellenen fortlebend und noch von ſpäteren Griechen, wie von dem altgläubigen Pauſanias, oft wiederholte Ueberlieferung hat die erſte Einſetzung jener großen Volksfeſte in eine Mythenzeit zurückgeführt, für deren chronologiſche Abſchätzung uns ein ſicherer Maßſtab mangelt. Jene Mythenwelt erſcheint zwar nicht in ſolcher Weiſe phantaſtiſch, wie die der alten Inder, oder der altnordiſchen Völker Europas, bringt aber doch Götter, Götterſpröſslinge, bringt Göttinnen, Heroen und Menſchen in vielſache Berührung und berichtet über Begebenheiten, welche der ſichtenden Vernunft ſpäterer Jahrhunderte nur als kindliche Phantaſiegebilde erſcheinen konnten. Allein dennoch dürfen wir als möglich, vielleicht als wahrſcheinlich angeben, daß bereits in jenem heroiſchen Zeitalter der Grund zu den ſpäteren Feſtſpielen gelegt, oder die Einleitung dazu herbeigeführt worden iſt. Denn das heroiſche Zeitalter kann anfangs doch eine heitere Entwickelung, ein heiteres Daſein entfaltet haben, bis endlich dieſes durch große und kleine Kriege, durch Wanderungen, unruhiger oder bedrängter, nach neuen Wohnſitzen ſtrebender Stämme getrübt und verdunkelt worden iſt.

Eine erſte Weihe, ein heiterer Anfang jener großen Feſtſpiele, wenigſtens der Olympien, konnte immerhin ſchon früh, entweder vor oder nach dem gemeinſchaftlichen Heerzuge der Griechen gegen Ilion, eingetreten ſein. Spätere Tempel-, Prieſter- und Cultus-Legenden wollten Licht in dieſes Dunkel bringen, den uralten Urſprung beſtätigen. Legenden dieſer Art wurden von den Prieſtern für wirkliche Traditionen ausgegeben, um Inſtituten ein vollwichtiges Anſehen zu verleihen. So ſoll erſtens der ältere idäiſche, und ſpäter nochmals der argiviſch-thebaniſche Herakles bereits die Feier der Olympia eingeſetzt haben. Wir vermögen es nicht zu entſcheiden, ob dieſe Legenden nur ſpätere Fiktionen ſind oder ob ſie auf einer wirklichen Tradition beruhen. Wäre das

---

[22] Hier möge zugleich bemerkt werden, daß Solon in ſeinem Geſpräch mit Kroiſos den Kleobis und Biton, welche ihre Mutter, eine Prieſterin der Juno zu Argos, auf einem Wagen zum Tempel gebracht hatten, als εὐ̓λογ. ἀ̓θλοφόροι bezeichnet. Sie hatten alſo Kampfpreiſe errungen, wo, wann und in welcher Kampfart, läßt ſich aus dieſer einfachen Bezeichnung nicht errathen.

[23] Ueber die letztgenannten vgl. Plutarch, Ariſtid. c. 21.

letztere der Fall gewesen, so bleibt doch soviel gewiß, daß im
Gedränge der folgenden Ereignisse jene ersten Festlichkeiten
wieder eingegangen und einer völligen Vergessenheit an-
heimgefallen waren, bis endlich in günstigeren Zeitverhält-
nissen Jahrhunderte später das Andenken an dieselben erneuert oder dieselben ohne Erinnerung an Vergangenes
neu eingesetzt wurden. Der altgläubige Pausanias zweifelt nicht an einer früheren Feier durch Herakles. Das
homerische Epos zeigt freilich ebenso wenig als die didak-
tische Poesie des Hesiodos eine Spur von jenen uralten
Festlichkeiten. Die genaue Beschreibung der erwähnten
Kampfspiele im homerischen Epos gestattet aber doch die
Folgerung, daß solche Wettkämpfe schon Jahrhunderte
vor Homer's Zeitalter geübt und daß auch schon andere
wichtige Ereignisse durch ähnliche Festspiele verherrlicht
worden waren. Wie sollte es dem Dichter möglich geworden sein, zum erstenmal ein so ausführliches Gemälde von den verschiedenen Kampfspielen zu entwerfen,
wenn nicht schon lange vor ihm solche stattgefunden
hätten? So haben ja auch einzelne Heroen nach irgend
einer ausgezeichneten körperlichen Befähigung Prädicate
erhalten, wie der schnellfüßige Achilleus. Daneben
steht im homerischen Epos auch die Orchestik bereits auf
einer hohen Stufe der Ausbildung, und Odysseus kann
die Meisterschaft der leichtfüßigen Phäaken in dieser
Kunst nicht genug bewundern. Sie bewegen ihre Füße
im Tanze mit solcher Gewandtheit und Fertigkeit, daß
ihnen die Augen des Zuschauers kaum folgen können.

So erwähnt Homer auch bereits bildliche Darstellungen, welche Chortänze veranschaulichen. Ebenso
gedenkt Hesiod bei einer Vermählungsfeier des Chortei-
gens unter Phormingen-Getön auf dem Schilde des
Herakles [24]. Hieraus darf man folgern, daß die ersten
Anfänge der Orchestik Jahrhunderte vor Entstehung
jener Dichtwerke eingetreten waren. Wo sollten die
Dichter ihre Vorstellungen hergenommen haben? Alles
dieses deutet auf ein frühzeitiges Streben nach kräftiger
Entwicklung und harmonischer Ausbildung des Leibes,
wenn in letzterer Beziehung auch weniger ein selbstbe-
wußtes als ein instinktartiges Gefühl zur Uebung hindrängte. Wenn bereits im homerisch-heroischen Zeitalter
einerseits ein kraftvoller, thatkräftiger, gewandter und
schöner Leib, andererseits Humanität, freundliche Gefälligkeit und Klugheit das zu erstrebende Ideal des freien
Mannes bilden, im Gegensatz zur unansehnlichen oder häß-
lichen Gestalt und zur abstoßenden Grobheit eines ἄχροος,
παλίγκοτος, ὑπέρβιος, so hat auch das homerische Epos
seinen Helden den Maßstab ihrer Bedeutung nach diesen
beiden Seiten hin gegeben. Der hochbetagte erfahrene Nestor
ist das Symbol der Klugheit, Odysseus das der Schlauheit, Achilleus und Aias das der Stärke und Schnellfüßigkeit, Nireus das der Schönheit ohne hervorragende Stärke.

Im kriegerischen Thun und Treiben der Heroen erhoben
aber nur Leibesstärke und Gewandtheit, sowie die durch
Uebung gewonnene Fertigkeit im Gebrauche der Waffen
auf die höchste Stufe männlicher Geltung. Nestor und
Odysseus wiegen mit ihrer Erfahrung und Klugheit den
Achilleus nicht auf, welchem Aias zwar an körperlicher
Stärke und kriegerischem Muthe gleichsteht, aber nicht
an Gewandtheit, Schnellfüßigkeit und schöner Gestalt.
Der schöne Nireus, welchem jene großen Eigenschaften
mangeln, hat neben jenen großen Heroen keine Geltung,
noch weit weniger freilich der häßliche Maulheld Ther-
sites [25], oder als der vom troischen Lager aus abge-
schickte nächtliche Kundschafter Dolon [26], welcher jedoch
neben seiner Häßlichkeit eine gute Eigenschaft, die Schnellfüßigkeit (εἶδος μὲν ἔην κακός, ἀλλὰ ποδώκης) aufzuweisen hatte. Diomedes ist zwar nicht hoch gewachsen,
wie Achilleus und Aias, doch beeinträchtigt seine kleine
Gestalt seinen Kriegsruhm nicht, da er sich stets als
einen der kühnsten Vorkämpfer in der Schlacht zeigt
und vor keinem der tapfersten Feinde, selbst nicht vor
dem Hektor, auch nicht vor dem Kriegsgotte Ares zurückweicht. Natürlich steht ihm in letzterer Beziehung
die Athene zur Seite, sonst hätte er doch dem Ares erliegen müssen [27].

Wie bereits angegeben worden ist, führten alte
eleische Priesterfagen, welche uns Pausanias aufbewahrt
hat, die erste völlig ins mythische Dunkel gehüllte olympische Festfeier auf den idäischen Herakles als ihrem
Gründer zurück, die zweite ebenfalls mythische Einsetzung
auf den argivisch-thebanischen Herakles, den Amphitryo-
niden. Dieser letztere habe nach Besiegung des Augeas,
Dynasten von Elis, den festlichen Agon angeordnet, ihm
auch bereits die pentaeterische Zeitbestimmung gegeben,
den olympischen Kampfplatz bereits mit wilden Oelbäu-
men (κότινος, ἀγριέλαιος) geschmückt, welche er aus dem
Lande der Hyperboreer gebracht, auch bereits die Bekränzung der Sieger eingeführt. Alles dieses haben dann
spätere Dichter, wie Pindar, Redner wie Lysias, Mythographen, wie Apollodoros, wozu auch Pausanias gezählt
werden kann, dann die späteren Rhetoren so dargestellt
und ausgeschmückt, als sei hier keineswegs von Fabeln,
sondern von unzweifelhaften Thatsachen die Rede [28].

---

24) *Hesiod, 'Aen.* 280 seq. Die Frage über den Autor und
die Zeit der Entstehung dieses poema wollen wir hier nicht in Betracht ziehen. Man kann hierüber in den auf den Hesiod sich beziehenden Schriften von Ferd. Ranke und Märckscheffel genügende
Auskunft erhalten.

25) Il. II, 246 seq. 26) Il. X, 316 seq. 27) Il.
V, 855. 28) *Pindar*, Ol. II, 3. 4. III, 21. VI, 69. XI,
26. 45. *Dionys. Halic., Analog* p. 92 (ed. Sylb.) Tom. II, p.
520 R. *Pausan.* V, 7, 4. 14. 4. *Apollodor.* II, 7, 2, 5, 6.
Mehr Beweisstellen habe ich Olympia S. 29 fg. Anmerk. 6 fg.
beigebracht. In Beziehung auf den Einfluß dieser Festspiele auf
das Gesammtleben der Hellenen hat Jam. Millingen, peint. ant. d.
vases Grecs (Rom. 1817, Fol.) p. 1 gut bemerkt: On peut compter
parmi les plus belles institutions des anciens les jeux solen-
nels etablis dans divers environs de la Grèce, mais particuliè-
rement à Olympie. Ces réunions, auxquelles les peuples de
la Confédération Hellénique pouvait seuls prendre part, en leur
inspirant les sentiments d'une bienveillance réciproque, eurent
les plus heureux effets sur la civilisation. Elles contribuèrent
aussi puissamment à developper cet esprit d'émulation et cet
amour de la gloire, qui porta les Grecs à dessi grands ex-
ploits, et leur fit acquérir tous les gentes de supériorité.

Nachdem nun aber im Verlaufe der folgenden kriege=
rischen Ereignisse und Wanderungen der hellenischen
Stämme dieses Fest eingegangen und völlig in Ver=
gessenheit gekommen, begann endlich eine Erneuerung
durch Oxylos, und später eine neue geschichtliche Ein=
setzung durch Jphitos, womit die ununterbrochene Feier
anhebt und bis zur 293. Olympiade fortgesetzt wurde.
Geringfügige Störungen waren wol oft genug vorge=
kommen, jedoch ohne nachhaltige schlimme Folgen. Die
pentaëterischen Festlichkeiten waren nun zu wichtig ge=
worden und zu großartig, als daß sie gänzlich hätten
eingehen können.

Erst unter Theodosius dem Großen, einem strengen
Christen, wurde das heidnische Fest gänzlich eingestellt,
da dasselbe dem Geiste der christlichen Religion nicht
entsprach und außerdem viele neue kirchliche Feste ganz
anderer Art eingeführt worden waren. Ohnehin moch=
ten die Olympien in den letzten Perioden nicht mehr
mit dem früheren Glanze begangen worden sein. Erst
mit der 28. Olympiade, 108 Jahre nach der erneuerten
Einführung des Agons, hatte man begonnen die olym=
pische Panegyris als chronologisches Merkmal, als Zeit=
rechnung, mit der Bezeichnung Ὀλυμπιάδες zu betrachten,
welche soweit hellenische Cultur und Sprache sich aus=
gebreitet hatten, allgemein angenommen und von grie=
chischen Historikern in ihren geschichtlichen Werken ge=
braucht wurde. So stets von dem Siculer Diodoros.
Selbst römische Autoren haben bisweilen die Olympiaden
noch zur näheren Bestimmung der Zeitperioden in An=
wendung gebracht, wie z. B. noch Livius und der ältere
Plinius. Mehrere der griechischen Historiker haben die
Zeitperioden sogar nur nach den Siegern im olympischen
Wettlaufe, d. h. im einfachen Stadium, als der frühesten
Art der Wettkämpfe, berechnet, ohne sich auf keiner
anderen Art der Zeitrechnung, wozu ebenfalls noch Dio=
doros als Beispiel aufzuführen ist.

K. 5. Ein Hauptverdienst des Jphitos bestand zu=
gleich in der Festkräung des Gottesfriedens (ἐκεχειρία),
das heißt in der Einstellung aller gegenseitigen Feind=
seligkeiten und Fehden zwischen den griechischen Staaten
und Stämmen während des Festmonats, welcher Gottes=
friede während der späteren Zeit freilich mehrmals ver=
letzt wurde, indem gegenseitige Erbitterung einen zu hohen
Grad erreicht hatte. Zugleich sollte das Gebiet der
Eleier, welchen der Schauplatz der Festlichkeiten, die
Ebene Olympia, angehörte, als unverletzbar betrachtet
werden, von welchem jedes Waffengeräusch fern zu hal=
ten sei [29]. Die Ἐκεχειρία war auch personificirt und
den Jphitos bekränzend im Tempel des olympischen Zeus
in dem zur olympischen Ebene gehörenden heiligen Haine
Altis aufgestellt worden. Als Urkunde befand sich der
Inhalt der Ekecheiria in kreisförmiger Schrift auf dem
Diskos des Jphitos, welchen noch Pausanias in dem ge=
nannten Tempel gesehen hat [30]. Diese monatliche

Waffenruhe war für die hellenischen Staaten ein heil=
sames Institut, weil während dieser Zeit ein friedlicher
Vergleich eintreten konnte. Durch die Friedensherolde
(σπονδοφόροι) der Eleier wurde der Beginn des heiligen
Monats (ἱερομηνία) zunächst in ihrem eigenen Lande,
und gleich darauf in den übrigen hellenischen Staaten
verkündigt, und mit dem ersten Tage desselben konnten
sich die abgeordneten Θεωροί, die Agonisten mit ihren
gymnastischen Lehrern und Freunden, die Zuschauer nach
dem Schauplatze der Festspiele begeben, ohne irgend eine
feindliche Begegnung zu befürchten. Der Gottesfrieden
durfte in keiner Beziehung verletzt werden. Das Gesetz,
welches überhaupt in den agonistischen Festspielen der
Hellenen seine Geltung hatte, wurde um so strenger bei
der Feier der Olympien beobachtet, daß nämlich nur
freie Männer, keine Sklaven, als Agonisten auftreten
sollten, ja daß die letzteren überhaupt den Schauplatz
der agonistischen Festlichkeiten zu betreten kein Recht hatten,
wenn auch im Verlaufe der Zeit in der letzteren Hin=
sicht die Sache weniger streng genommen werden mochte.
In Beziehung auf das weibliche Geschlecht soll es nach
dem Berichte des Pausanias nur den Jungfrauen ge=
stattet worden sein, den Festlichkeiten beizuwohnen und
den Agon mit anzuschauen. Ehefrauen sollten den Al=
pheios nicht überschreiten, mithin dem Schauplatz der
Wettkämpfe fern bleiben. Im Uebertretungsfalle drohte
ihnen die Strafe von dem benachbarten typäischen Felsen
herabgestürzt zu werden. Dazu ist es jedenfalls niemals
gekommen. Die Gefahr, in welche einst die Kallipateira
von Rhodos gerieth, werden wir weiter unten berühren.
Vernünftiger und deshalb wahrscheinlicher wird wol die
Annahme bleiben, daß vom Schauen den Kampfspiele
der nackten Athleten sowol Frauen als Jungfrauen fern
gehalten wurden, daß man ihnen aber vergönnte, den
verschiedenartigen Roßwettrennen sowie den übrigen
Festlichkeiten beizuwohnen. Auch dazu werden sich stets
nur wenige eingefunden haben, da die Hitze und das
Gedränge bei dem Feste sehr lästig werden konnte [31].

Laut der Tradition bestand der olympische Agon
im Anfange nur im Wettlaufen, daher auch die Sieger
im Wettlaufe zur näheren Bestimmung der Zeit, der
Olympiaden dienten. Nach und nach wurden die ver=
schiedenen anderen Kampfarten hinzugefügt. Der ago=
nistische Bestandtheil des Festes nahm also anfangs nur
einen Tag in Anspruch, später mehrere, mindestens
zwei Tage. In der sieben und dreißigsten Olympiade
wurden die Wettkämpfe der Knaben hinzugefügt, welche
nun laut der Angabe Plutarch's stets den Wettkämpfen
der Männer vorausgingen [32]. In der Reihenfolge der
sämmtlichen Kampfarten und in der Anordnung der ge=
sammten agonistischen Bestandtheile fanden im Verlaufe

---

29) *Polybios* IV, c. 73. 30) *Pausan.* V, 20, 1. *Phlegon*
περὶ Ὀλυμπίων p. 136.

K. Encykl. d. W. u. K. Erste Section. **XCVIII.**

31) Uebrigens war auch noch eine bestimmte Linie als Grenze
gezogen, welche sie nicht überschreiten durften. Allein das Sitten=
gesetz übte in dieser Beziehung doch wol eine stärkere Macht aus
als in der modernen Weltordnung, in welcher dem weiblichen Ge=
schlechte der Zutritt zu jedem, auch dem frivolsten Schaugepränge
gestattet ist. 32) *Plutarch*, Sympos. II, 5. 1.

42

der Olympiaden vielfache Abänderungen statt. In den großen pythischen Spielen wurde jedem einzelnen Männerwettkampfe eben derselbe Knabenwettkampf vorausgeschickt, also der Ringkampf der Knaben dem Ringkampfe der Männer. Zu Olympia waren das Ringen, der Faustkampf, das Pankration Sache eines und desselben Tages. Die verschiedenen Arten des Roßwettrennens waren damals dem folgenden Tage zugewiesen worden. Die Losung und Zusammenstellung der zu den Festspielen eingetroffenen Agonisten war in jeder Kampfart eine andere und je nach der größeren oder geringeren Zahl der eingetroffenen Athleten einfacher oder auch complicirter [33]).

K. G. Das Kampfrichter-Amt übten die Hellanodiken (Ἑλλανοδίκαι), welche aus den angesehensten Geschlechtern der Eleier gewählt wurden. In den ersten Olympiaden waren zwei ausreichend, später traten neun in dieses Richteramt ein, und in der 108. Olympiade war die Zahl derselben auf zehn gestiegen, welche Zahl noch zur Zeit des Pausanias bestand [34]). Im Anfange wurde die Wahl derselben durch das Los entschieden. Wahrscheinlich wurde auch noch späterhin aus jeder Phyle je einer durch das Los dazu erkoren. Ihr Ansehen war groß und sie galten stets für unbestechlich. Doch sind Anklagen vorgekommen (Pausan. VI, 2, 4). Die Kampfgesetze wurden wenigstens streng beobachtet. Als Ol. 102 der Hellanodike Pyrrhos mit seinem Gespann den Siegeskranz gewonnen hatte, wurde das Gesetz publicirt, daß fortan kein Hellanodike mit seinen Kampfrossen zugelassen werden sollte [35]). Wollte er durchaus mit seinem Gespann am Wettrennen theilnehmen, so mußte er jedenfalls zuvor sein Amt niederlegen. Ihre Function bezog sich auf die Anordnung der gesammten Festlichkeiten, ganz vorzüglich aber auf die Entscheidung des Sieges und die Ertheilung des Siegeskranzes. Vor dem Beginn der Wettkämpfe mußten die angekommenen und angemeldeten Agonisten vor den Hellanodiken beweisen, daß sie Hellenen und freie Bürger eines Staates seien, ja nach der Angabe des Themistios mußten sie Vater und Mutter nennen und gleichsam einen ehrbaren Stammbaum ihres Geschlechtes aufführen können, bevor sie zu den Wettkämpfen zugelassen wurden [36]). In Beziehung auf ihre agonistische Befähigung hatten die angemeldeten Agonisten darzuthun, daß von ihnen die gesetzlichen Vorübungen (προγυμνάσματα) zehn Monate lang durchgemacht worden seien. Dies gehörte zur προκρισις und mußte eidlich erhärtet werden. Der Eid wurde im Buleuterion zu Olympia vor der Statue des Zeus Horkios abgelegt. Vor derselben Statue mußten auch diejenigen, welche die Kampffähigkeit der angemeldeten Knaben zu beurtheilen hatten, einen Eid ablegen, daß sie ohne Bestechung verfahren und gerecht richten

wollten [37]). Zu alte Knaben mit großer Körperstärke wurden nicht zugelassen, aber ebenso wenig zu junge, im Fall sie sich nicht etwa durch einen kräftigen Körperbau und besonders durch stark ausgebildete Glieder auszeichneten.

Die Kampfgesetze wurden mit aller Strenge geltend gemacht. Agonisten, welche durch unerlaubte Mittel zum Siege gelangt waren, konnte der Siegeskranz verweigert werden. Jede Bestechung, jedes Uebereinkommen, jede Erkaufung des Sieges des einen Agonisten von dem anderen war streng verboten [38]). Fälle dieser Art sind mehrmals vorgekommen. So hatte z. B. in der 192. Olympiade der Eleier Damonicus, welcher seinen Sohn Polyktor mit dem Siegeskranze im Ringkampfe der Knaben geschmückt zu sehen wünschte, dessen Antagonisten, dem Sohne des Sosandros gleichen Namens aus Smyrna Geld gespendet, um jenem den Sieg zu überlassen. Als dies kund geworden, wurden die Väter beider jungen Ringer zu einer Geldbuße verurtheilt. Strafgelder dieser Art pflegte man auf kleine Zeusstatuen zu verwenden (Ζάνες genannt), welche mit warnenden Aufschriften versehen im Bereiche der heiligen Altis aufgestellt wurden [39]). — Jeder auftretende Agonist mußte durch die gesetzlichen Uebungen in den Stand gesetzt worden sein, diejenige Kampfart, für welche er in das Verzeichniß (λεύκωμα) eingetragen worden war, auszuführen, gleichviel ob er dann von einem stärkeren oder geübteren Gegner bewältigt wurde oder ob er den Kranz gewann. Vor seinem Antagonisten durfte er zurückschrecken, auch wenn dessen persönliche Erscheinung noch so imponirend war. Doch stand es ihm frei, nach dem ersten Gange diesem den Sieg zu überlassen, wenn er einsah, daß die Fortsetzung des Kampfes erfolglos bleiben würde. Auch konnte 'er unter Umständen gleich ohne einen Versuch gemacht zu haben zurücktreten. Einst hatte sich der Alexandriner Serapion, ein Pankratiast, aus Furcht vor seinem gewaltigen Gegner aus dem Staube gemacht, weshalb er zu einer Geldbuße verurtheilt wurde [40]). Abgesehen von den allgemeinen Kampfgesetzen hatte jede Art des Wettkampfes wieder ihre besonderen Gesetze. So war im Ringkampfe jedes Stoßen und Schlagen verboten, ebenso das Würgen und Hemmung der Respiration. Dagegen war im Faustkampfe jedes Anpacken und Festhalten untersa~t. Dies war nur im Ringkampfe und im Pankration, jenes nur im Faustkampfe gestattet. War im Ringen der Antagonist dreimal niedergeworfen worden, so war hierdurch der Sieg entschieden und der Kampf durfte nicht weiter fortgesetzt werden. Denn sonst wäre der Kampfart endlos geworden, was die Zeit und die Humanität gegen den Besiegten nicht gestattete. Sowol im Ringen als im Faustkampf war es gegen den νόμος ἐναγώνιος vom Ausschlagen mit den Füßen oder gar von den Zähnen Gebrauch zu machen. Alles

33) Vergl. was ich Olympia S. 109—124 bereits mitgetheilt habe. 34) Pausan. V, 9, 4. 5. 16, 2. VI, 3, 3. 35) Pausan. VI, 1, 2. 36) Themist., Βασανιστ. Orat. XXI, p. 303 (ed. Dindorf). 37) Pausan. V, 24, 2. Vergl. Aristides, Oratio κοινή ἀπολογ. p. 159 (sub finem). 38) Aristides περὶ ὁμονοίας p. 781, Tom. I, Orat. 42 (ed. Dindorf). 39) Pausan. V, 21, 2 seq. 40) Pausan. V, 21, 6. Vergl. VI, 20, 5. 23, 3.

Wilde, Thierische sollte fern gehalten werden. Im Wettlaufe und im Roßwettrennen war jede Anwendung einer List, jede Berückung der Concurrenten streng untersagt. Der Sieg ohne Kampf (ἀκονιτί, d. h. ohne Staub) konnte auf mehrfache Weise gewonnen werden, z. B. wenn der bereits designirte Antagonist zu spät (οὐκ ἐν τὸν εἰρημένον καιρὸν, οὐ κατὰ προθεσμίαν) oder gar nicht auf dem Kampfplatze erschien. So wurde einst der Alexandriner Heracleides ἀκονιτί bekränzt, weil sein eingeschriebener Gegner nicht zur bestimmten Zeit eingetroffen war. Aufschub war auch ohnehin bei der großen Zahl verschiedener Kampfarten, welche innerhalb der gesetzlichen Zeit durchgemacht werden sollten, nicht möglich [41]. So konnte ein schon vielfach bekränzter gewaltiger Athlet seinen durchs Loos ihm zu Theil gewordenen Gegner wol auch vom Beginn des Wettkampfes abschrecken. Dann wurde ihm ohne Kampf der Siegeskranz zuerkannt. Umgekehrt war es der Fall, daß der gewaltigste der Athleten, Theagenes, welcher sich zum Faustkampfe und zum Pankration an einem und demselben Tage hatte einschreiben lassen, im Faustkampfe mit dem ihm gewachsenen rüstigen Euthymos bereits so erschöpft war, daß er auf das Pankration verzichten mußte. So wurde dann der Siegeskranz ἀκονιτί dem zum Pankration mit dem Theagenes eingetragenen Mantineier Dromeus zu Theil [42].

K. 7. Ohne nun noch weiter in der Beleuchtung der großen pentaterischen Olympia fortzufahren, bemerken wir hier nur noch, daß in vielen hellenischen Staaten kleinere Festspiele begangen wurden, welchen man den Namen Olympia verliehen hatte. So zu Aega in Makedonien, zu Alexandria in Aegypten, zu Anazarbus in Cilicien, zu Antiochia am Orontes (im Haine Daphne), zu Attalia in Pamphylien, zu Dium in Makedonien, zu Ephesos, Kyzikos, zu Magnesia, zu Neapolis, zu Nicäa, zu Nicopolis in Epirus, zu Olympos in Thessalien, zu Pergamon in Mysien, zu Side in Pamphylien, zu Smyrna, zu Tarsos, zu Taba, zu Tessalonike, zu Thyatira und zu Tralles in Lydien, zu Tyros in Phönizien [43]. Viele Feste dieses Namens hatten keine große Bedeutung, die glänzendsten unter allen waren die im Haine Daphne bei Antiochia begangen, welche daher auch am häufigsten, namentlich von den späteren griechischen Autoren, wie Libanius, erwähnt worden sind [44]. Am großartigsten wurden diese Olympien unter Antiochos Epiphanes begangen, welche Feier von Athenäos beschrieben worden ist [45]. Alle diese Feste waren mit gymnischen (und ritterlichen) Wettkämpfen verbunden. Die letzteren jedoch mögen nur mit den wichtigsten vereinigt worden sein.

Wie die großen Olympien, so wurde auch die früheste Einsetzung und Feier der großen Pythien, Nemeen und Isthmien in das mythisch-heroische Zeitalter zurückgeführt, sodaß die geschichtliche Einsetzung oder angebliche Wiederherstellung erst nach Verlauf von Jahrhunderten erfolgte. In den großen Pythien waren die musikalischen Wettkämpfe von gleicher Wichtigkeit als die gymnischen und ritterlichen. In den Nemeen und Isthmien war dies nicht der Fall. Die vier großen panegyrischen Festspiele bildeten zusammen die περίοδος, eine erst später mit der Ausbildung der Athletik aufgekommene Bezeichnung, und diejenigen Agonisten, welche in diesen sämmtlichen vier Festspielen Siege gewonnen hatten, wurden Periodoniken genannt, eine besonders auf Stein-Inschriften oft vorkommende Bezeichnung, und hatten natürlich auf diesem Gebiete das Höchste, einen unbeschreiblichen Ruhm, erreicht.

K. 8. Die zahlreichen agonistischen Festspiele wurden durch die ihnen beigegebenen Prädicate in verschiedene Arten abgetheilt, größtentheils nach dem bei den Siegern verliehenen Kampfpreise. Prädicate dieser Art waren für die großen allgemeinen Festspiele z. B. ἀγῶνες στεφανῖται, φυλλοφόροι, φυλλῖται, ἱεροί, μεγάλοι, περιοδικοί. Die Scholiasten erwähnen oft ἀσφίρας und χρηματίτας ἀγῶνας, in welchen keine Kränze, sondern Werthpreise an die Sieger vertheilt wurden. Allein wir finden auch viele andere Prädicate. So wird ein ἀμφορίτης ἀγών erwähnt, in welchem die Sieger als Preise mit köstlichem Oel gefüllte Amphorä empfingen [46]. Die Θεμάτικοι ἀγῶνες bezeichnen ebenfalls Kampfspiele, in welchen den Siegern Werthpreise gespendet wurden [47]. Die ἀγῶνες ἐπιτάφιοι bezeichnen jene Kampfspiele, welche zu Ehren eines abgeschiedenen und verdienten Mannes abgehalten wurden, wie die zu Ehren des Patroklos im homerischen Epos [48]. Die ἀγῶνες ἱππικοί sind die Festspiele mit roßbespannten Wagen, auch mit einzelnen Rossen. Die ἀγῶνες ὁπλιτικοί sind Kampfspiele mit kriegerischen Waffen, wenigstens mit Schild und Speer [49]. Wo Feste begangen wurden, machte sich gewöhnlich auch die Agonistik geltend, wenn auch nicht, wie in den großen panegyrischen Festen, in ihrer Gesammtheit, so doch wenigstens in irgend einer Abtheilung derselben.

K. 9. Bevor wir nun weiter in Betrachtung der weitverzweigten agonistischen und athletischen Bestrebungen fortfahren, wollen wir zunächst das athletische, das pädagogische, und zugleich das ästhetische Element beleuchten, welche dreifache Standpunkt als wichtiges Ziel der gymnastischen Uebungen den Griechen seit den Perserkriegen von Jahr zu Jahr klarer vor die Augen trat.

41) Mehr hierüber habe ich bereits in „Olympia" S. 153 (Wien 1838) vorgetragen. 42) *Pausan.* VI, 11, 2. 43) Ausführlicher habe ich hierüber „Olympia" S. 202—235 gehandelt. 44) Vergl. *Strabon* XVI, 2, 750. *Libanius* vol. I, p. 6, 12, 94. Dann Μονῳδία ἐπὶ τῷ ἐν Δάφνῃ ναῷ p. 333, Tom. III und an vielen anderen Stellen. S. meine Olympia S. 209, Not. 19. 45) *Athenäos* V, 22, p. 194 seq.

46) Vergl. Schol. ad *Pindar.* Ol. VII, p. 70. *Spankem.* ad *Morell.* Epist. I, p. 56. *Apollon. Rhod.* IV, 1770. seq. 47) Vergl. was ich Olympia S. 8 fg., Anmerk. 4. 5 mitgetheilt habe. 48) Olympia S. 13, Anmerk. 15. 49) Die ἀγῶνες ὁπλιτικοί waren allerdings meist kriegerisch, doch kommen sie oft genug vor, wie schon im homerischen Epos. *Virgil.* Georg. II, 530 seq. läßt solche sogar unter den Hirten eintreten: pecorisque magistris velocis iaculi certamina ponit in ulmo, corporaque agresti nudant praedura palaestra.

42*

Der diätetische Vortheil konnte alltäglich von jedem beobachtenden und denkenden Hellenen erkannt werden, sofern der Knabe, der Jüngling, welcher der Gymnastik oblag, kräftiger, stärker, blühender aussah, als gewöhnlich der, welcher sich damit nicht befaßte [50]). Daher die griechischen Aerzte seit Hippokrates die gymnastischen Uebungen mit in das Bereich ihrer Heilmethoden zogen und oft mit dem besten Erfolg. Am meisten haben die späteren methodischen Aerzte, namentlich Galenos, die diätetischen Vortheile der gymnastischen Uebungen allseitig erörtert. Sie haben zugleich Beispiele von schwächlichen, kränklichen jungen Menschen aufgeführt, welche durch die Gymnastik eine solche Stärke erreichten, daß sie endlich als rüstige Agonisten in den großen Festspielen mit Siegeskränzen geschmückt wurden. Auch Pausanias hat mehrere berühmte Athleten erwähnt, welche in ihrer Jugend schwächlich oder an einzelnen Theilen des Körpers gelähmt waren und durch die Gymnastik nicht blos wieder hergestellt, sondern auch in den großen Festspielen als Sieger bekränzt wurden, wie der Eleier Hysmon [51]). Namentlich wurden oft gichtartige Lähmungen einzelner Glieder des Leibes durch anhaltend getriebene gymnastische Uebungen glücklich beseitigt. — Das erste Werk, welches nach Wiederherstellung der Wissenschaften über die Gymnastik der Griechen erschien, war insbesondere vom diätetischen Standpunkte ausgegangen und hat sich auf die Urtheile der alten Aerzte gestützt. Der Verfasser, Hieronymus Mercurialis, welcher im 16. Jahrh. blühte, war ein gelehrter Arzt, welcher sich viel mit den Schriften der alten griechischen Aerzte beschäftigt hatte. Sein Product hat sechs Auflagen erlebt, ist aber gegenwärtig völlig veraltet und nur noch gelehrten Aerzten und wenigen Alterthumsforschern bekannt. Er hatte sein Werk dem Kaiser Maximilianus II. gewidmet. Die vierte Auflage erschien 1601. Faber's Agonisticon hat mehr nach das athletische Gebiet im Auge gehabt und hat den Mercurialis als benjenigen gepriesen, welcher zuerst Kenntnisse über die Gymnastik der Alten verbreitet habe. Mercurialis dagegen hat den Verfasser des Agonisticon, Peter Faber, als eruditissimus Galliae ocellus bezeichnet, ein allerdings verdientes Prädicat. Peter Faber war weit gelehrter als Mercurialis [52]). Ueber die ausgeartete diätetische Lebens-

weise der Athleten während der späteren Zeit hat Philostratos in der erwähnten fragmentarischen Schrift περὶ γυμναστικῆς so Manches zusammengestellt, was größtentheils auch Galenus und andere Aerzte der späteren Zeit hierüber berichtet und ihren Tadel hierüber kund gegeben haben [53]). Auch in seinen übrigen Schriften ist Philostratos oft auf das Gebiet der Gymnastik und Agonistik zurückgekommen und hat uns lehrreiche Bemerkungen hinterlassen [54]). — Das pädagogische Element war zwar keinem gebildeten Griechen völlig unbekannt, zum klaren Verständniß wurde es jedoch erst durch die Philosophen, insbesondere durch Platon und Aristoteles gebracht. Die früheren ionischen Philosophen haben sich hierüber wenig oder gar nicht ausgesprochen, vielleicht weil sich dieses alles von selbst verstand und sie keine Veranlassung hatten, dieses Thema zu behandeln. Uebrigens war auch zur Zeit der älteren ionischen Philosophen, wie des Thales und des Anaximandros, die Gymnastik noch nicht in das Stadium ihrer höchsten Blüthe eingetreten. Aus Aristophanes zählt die gymnastischen Regeln zu den nothwendigen Verhaltungsregeln zur Pflege und Stärkung der Gesundheit [54a]). Die griechischen Tragiker und Komiker haben ebenso wie die Lyriker die Gymnastik und Agonistik bald in dieser bald in jener Beziehung berührt, natürlich nur beiläufig und kurz, wie die zahlreichen übrigen Lebensverhältnisse. Aus Aristophanes allein schon würde sich eine beträchtliche Zahl von Aussprüchen und Wendungen, welche die Gymnastik betreffen, aufführen lassen. So läßt er die von Gesundheit und Kraft strotzende Lakonerin Lampito der ihre Stärke und Blüthe bewundernden Lysistrata antworten:

$$\gamma\upsilon\mu\nu\dot{\alpha}\delta\delta o\mu\alpha\iota \ \gamma\alpha \ \kappa\alpha\grave{\iota} \ \pi o\tau\grave{\iota} \ \pi\upsilon\gamma\grave{\alpha}\nu \ \ddot{\alpha}\lambda\lambda o\mu\alpha\iota \ ^{55}).$$

50) *Plato*, Theagenes p. 129 a: ἐγὼ δὲ, κἂν μὴ μέλλω νικᾶν, γυμνασάμενός γε τοῦτον τὸν χρόνον ὠφελήθησομαι, τοῦτα εἰπὼν ἥκεις. *Euripides*, Electr. V. 528 von Orestes: ὁ μὲν παλαίστραις ἀνδρὸς εὐγενοῦς τραφείς. 51) Pausan. VI, 3. 4. Einem von Philostratos erwähnten Siege diente gerade die gelähmte Seite des Körpers dazu, im Ringkampfe den Siegeskranz zu gewinnen. Philostratos περὶ γυμναστικῆς p. 2 seq. (ed. *C. L. Kayser*). Dieses Fragment von einer größeren Schrift des Philostratos ist seil der Ausgabe von Kayser noch dreimal theils edirt, theils erklärt und übersetzt worden: 1) Philostrate sur la gymnastique avec traduit françoise par Mynas, Paris 1858; 2) Philostrate sur la gymnastique, texte Grec, publ. Chr. *Daremberg*, Paris 1858; 3) Cobet, C. G., De Philostrati libello περὶ γυμναστικῆς recens reperto, Lugd. Bat. 1859. 52) Die später erschienene Medicina gymnastica von Francisco Fuller erlebte ebenso wie die Gymnastica des Mercurialis sechs oder noch mehr Auf-

lagen. Eine deutsche Uebersetzung nach der 6. Auflage ist 1750 zu Lemgo gedruckt worden. Neuerdings (1852) ist eine Kinesiatrik die gymnastische Heilmethode oder die Herstellung durch Bewegung vom Schreber (in Leipzig) ans Licht getreten. Wir dürfen hieraus wol folgern, daß unter allen die Gymnastik empfehlenden Gesichtspunkten der diätetische die höchste Bedeutung damals behauptet hat und stets behaupten wird. Denn was könnte dem Menschen wichtiger sein als die Gesundheit. Freilich wird unter denjenigen Menschenklassen, welche ihre Existenzmittel durch tägliche anstrengende körperliche Arbeit erringen, die Gymnastik stets weniger Anklang finden können, erstens weil die tagtäglich hinreichende Bewegung haben, zweitens weil ihr Tagewerk ihnen keine Zeit dazu übrig läßt. Selbst die Kinder dieser arbeitenden Klassen werden schon früh zur Arbeit angehalten, sobald sie die Elementarschule verlassen haben und mögen daher wol nur selten Lust zur Gymnastik haben.

53) Philostrat. περὶ γυμναστικῆς c. 2, p. 10 seq. (ed. Kayser). Dasselbe Fragment ist später noch von zwei anderen Gelehrten, von dem einen mit Commentar und Uebersetzung herausgegeben worden. 54) S. z. B. in d. Vita des Apollonios von Tyana IV, c. 27, p. 146 (ed. Kayser), wo der Spartaner erwähnt und bemerkt, daß sie zu seiner Zeit weiblich geworden seien. 54a) Gnomici poetae Graeci, nova editio recog. G. H. Schaeferi, p. 64 (Lips. 1826). 55) Aristoph. Lysistr. V, 79—86. — D. Müller Dor. II, 299 hat bemerkt: „Die Erziehung der Jugend (παιδεία) in den altdorischen Staaten Kreta und Sparta war, wie man auch sonst darüber urtheilen möge, in ihres kunstreicher Organismus, worauf schon die große Anzahl verschiedener Klassen von Knaben und Jünglingen führt. Denn da die Sonderung der-

Auch die attischen Redner fanden oft Veranlassung, die Gymnastik und Agonistik in irgend einer Beziehung zu erwähnen, insbesondere die Gymnasiarchen und Pädotriben. Der Redner Aeschines, welcher den stolzen Gang eines seiner Gegner bezeichnen wollte, warf ihm von der Rednerbühne herab vor, daß er sich in die Brust werfe und die Nase hochtrage, wie einer, der aus der Palästra komme und' mit dem Ringerstaube vertraut geworden sei [56]). Was läßt sich aus diesem seltsamen Vorwurfe in einem Staate und zu einer Zeit, wo die Gymnastik ihre höchste Blüthe erreicht hatte, folgern? Doch wol, daß die Gymnastik die Haltung des Leibes und den Gang zu veredeln vermochte. — Das in der Gymnastik wurzelnde ästhetische Element zur sichtbaren Erscheinung zu bringen, hatte die Kunstbildung der Griechen übernommen. Tausende von Statuen und Reliefgebilden in Erz und Marmor vermochten den Einfluß der Gymnastik auf die harmonische Durchbildung der Körperformen, auf die naturgemäße Abrundung der Glieder, auf die Schönheit ;der ganzen körperlichen Erscheinung zu veranschaulichen. Die Gymnastik besitzt ohne Zweifel die Fähigkeit aus dem männlichen Sprößlinge im elastischen Knaben- und Jünglingsalter gleichsam eine plastische Gestalt herauszubilden, welche von Beschäftigungen in anderen Lebensverhältnissen ohne Gymnastik nicht so leicht zu Stande gebracht werden kann [57]). Der junge Landmann, Handwerker, Taglöhner, wie der Zimmermann, Schmied, Maurer, Stellmacher werden allerdings auch ohne Gymnastik durch ihr anstrengendes Tagewerk stark und kräftig werden können; edlen Anstand, leichte Beweglichkeit, anmuthige harmonische Formen werden diese Beschäftigungen doch nicht so leicht hervorzaubern können, es müßte denn von Natur eine ganz vorzügliche Anlage dazu vorhanden sein, wie dies allerdings bisweilen vorkommt. Gewöhnlich aber zeigen diejenigen, welche tagtäglich schwere Arbeit verrichten, auch einen schwerfälligen Gang und eine unbeholfene, mehr oder weniger plumpe Haltung des Leibes.

K. 10. Unter den griechischen Philosophen hat Platon das heilsame, das pädagogische und ästhetische Element, überhaupt die Unentbehrlichkeit der Gymnastik am vielseitigsten beleuchtet, während Aristoteles alles dieses zwar nicht unbeachtet gelassen, als Naturhistoriker aber vorzüglich das Wesen der verschiedenen Arten von der Bewegung sowie das diätetische Element als Bedingung des Wohlseins, der ὑγίεια, hervorgehoben hat [58]). Er

hatte ja außerdem große Aerzte hinter sich und die überall das diätetische Heilsame in den gymnastischen Uebungen wahrnehmenden Pädotriben, Gymnasten, Aleipten, Jatraleipten, Sophronisten waren schon längst in das Bereich des die Gymnastik der Knaben und Epheben leitenden Personals eingetreten, welches im Verlaufe der Zeit immer zahlreicher wurde. Bevor wir nun Platon's Ansichten noch etwas weiter in Betracht ziehen, möge ein ästhetisch-philosophisches Urtheil von O. H. Jäger vorausgeschickt werden. Derselbe bemerkt: „Es hat sich uns die Gymnastik in diesem Abschnitte gezeigt als Befähigung und Nöthigung zu sinnlicher Kunstdarstellung des ganzen Menschen; darin liegt ihre Grenze und ihr Wesen. Diese Grenze hat sie auch in den Blüthezeiten des Hellenismus und am reinsten in den dorischen Staaten von Hellas eingehalten; aber es war dies mehr eine Folge des bewundernswürdigen feinen Gefühls, mit welchem der Hellene hierin unbewußt das Rechte getroffen und festgehalten, als die That des klar erkennenden und frei erfassenden Geistes. Der Hellene war und blieb sich seines Lebensprincips nur halb bewußt auch der Bedeutung seiner Gymnastik nur halb bewußt und darin lag für die Gymnastik der Keim des Verfalls. Es ist der Gymnastik als der freibewußten Kunstschöpfung des Leibes durchaus wesentlich und nothwendig, daß ihre Grundlage in jener freien, aus völliger Trennung beider Elemente hervorgegangenen und vom bewußten Geiste festgehaltenen Harmonie zwischen Natur und Geist bestehe: das freie Bewußtsein dieser Harmonie muß der Anfang zu der gesammten ästhetischen Erziehung des Menschen sein; aber der Verwirklichung der Harmonie schaffen und wirken; dieses freie Bewußtsein aber fehlte den Hellenen, weil seine innere Harmonie nicht vollständig aus innerem Berufe hervorgegangen und vom Geiste vermittelt war, sondern ihm mehr als eine glückliche Gabe des Himmels innewohnte und darin die Gymnastik erzeugte; das, was der von der Gymnastik beabsichtigte Kunstschöpfungsproceß erst schaffen sollte, war, wenn auch nicht als vollendete äußere Thatsache, so doch im Principe schon als Grundlage desselben unbewußt vorhanden, und, da nun der Entwicklungsgang des freien bewußten Geistes auf Lösung alles Unbewußten im Menschen und auf Vermittelung aller seiner Lebensgrundlagen gerichtet ist, so mußte von diesem Entwicklungsgang im Verlaufe der hellenischen Geschichte jene unbewußte unvermittelte naturwüchsige Grundlage des gesammten Hellenenthums, und somit auch die Gymnastik, die hierauf ·beruhte, zersetzt und vernichtet werden. Darin liegt die Unzulänglichkeit des antiken Standpunktes und des Verderbens des ganzen Hellenenthums und somit auch ·seiner Gymnastik" u. s. w. [59]). In dieser philosophischen Auffassung

---

selben gewiß nicht zwecklos war, so ist vorauszusetzen, daß jede von ihnen irgendworin auf eine andere Weise behandelt wurde und eine andere Stufe der geistigen oder körperlichen Ausbildung war." Er hätte hier auch der weiblichen Gymnastik gedenken sollen.

56) Aeschines gegen Timarch §. 132. 57) Platon, Gorgias p. 45 setzt der κομμωτική (d. h. der Kunst, den Körper durch äußerliche Aufpuzung, Schminke u. s. w. zu verleihen) die edle γυμναστική entgegen. Jene statte ich Leib mit erborgter, diese dagegen mit natürlicher Schönheit aus. 58) Aristotelis Fragm. p. 105, N. XXXVII (ed. Aem. Heitz, Paris 1869): διαιρεῖται ἡ κίνησις εἰς τρία· ἔστι γὰρ αὐτῆς ἡ μὲν κατὰ τόπον, ἡ δὲ κατὰ ἀλλοίωσιν, ἡ δὲ αὐτὴ καθ᾽ ἑαυτήν ἡ κί-

νησις. Nun folgt die Anwendung auf verschiedene körperliche Uebungsarten.

59) O. H. Jäger· Die Gymnastik der Hellenen· ein Versuch zur geschichtlich-philosophischen Begründung einer ästhetischen Nationalerziehung, Eßlingen 1850, S. 168 fg. Der damals noch jugendliche Verfasser hat in dieser akademischen Preisschrift meine

mag immerhin viel Wahres liegen, obwol sich mancher Widerspruch darin entdecken läßt, namentlich in Beziehung auf den Mangel eines freien Bewußtseins. Der Verfall der Gymnastik, wenn überhaupt von einem solchen geredet werden kann, ging jedoch weit mehr aus dem politischen Verfall schon nach Alexander's Zeit, noch mehr aber seit dem Beginn der römischen Herrschaft über Griechenland hervor. Nichtsdestoweniger hat sich die Gymnastik, sowie die großen agonistischen Festspiele, namentlich die großen Olympien, bis zum Untergange des polytheistischen Cultes und bis zum Aufgange und alleiniger staatlicher Geltung der christlichen Religion behauptet. Vorher war ein Verfall oder ein gänzliches Aufhören des gymnastischen und agonistischen Elements bei den Griechen nicht eingetreten, wie die überaus zahlreichen und oft sehr umfangreichen agonistischen Steinschriften sowol vor als aus der späteren römischen Kaiserzeit hinreichend bezeugen können und müssen. Vielmehr waren die athletischen Gilden, ihre Privilegien, Immunitäten, die Unterhaltung oder Belohnung der Sieger aus Staats- oder Stadt-Mitteln u. s. w. erst in dieser späteren Zeit recht zur Blüthe gelangt. Dieses Gildenwesen war der altclassischen Zeit fremd geblieben und hatte erst in den späteren Jahrhunderten sich auszubilden begonnen, und zwar nicht allein in Beziehung auf die Athletik, sondern auch auf die Musik. Die Mitglieder musikalischer Gilden traten ebenso in öffentlichen Wettkämpfen bei den Festspielen auf wie die Mitglieder der athletischen. Dieses Zunftwesen scheint sehr spät, vielleicht erst mit dem Untergange des weströmischen Reichs völlig erloschen zu sein. Wie ein gänzlicher Verfall der Gymnastik und Agonistik mit dem Aufblühen des byzantinisch-christlichen Reichs eingetreten ist, ebenso stand es mit dem Verfall der bildenden Kunst, welche unter den späteren römischen Kaisern nie ganz erloschen war. Nur große Meister waren nicht mehr zu finden. In geringeren Kunstzweigen wurde stets noch vieles producirt. Nur die ideale Meisterschaft der altclassischen Zeit wollte nicht wieder erblühen, sowie auch kein Pindar, kein Sophokles, kein Thucydides, kein Demosthenes zum zweitenmal auf die Bühne des Lebens getreten sind. Wir kehren nun zu Platon's Ansichten zurück, wollen uns aber nur mit den wichtigsten begnügen. Platon allein schon kann die von Jäger angenommene Ansicht von dem Unbewußten der Griechen, dem Mangel eines freien Bewußtseins über die Bedeutung und Wirkung der Gymnastik, widerlegen. Und dem Aristoteles war ein vollständiges actives Bewußtsein in allen menschlichen Angelegenheiten eigen. Und was Lukianos dem Solon in den Mund legt, bezeugt das klarste Bewußtsein von allem, was die Gymnastik zu leisten vermochte.

K. 11. Die Hauptlehren Platon's sind in seinen Büchern über den Staat und über die Gesetze enthalten.

Gymnastik und Agonistik der Hellenen (Leipzig 1841) vielfach benußt, jedoch in ästhetisch-philosophischer Beziehung so manches ihm allein angehörende Urtheil beigebracht.

Vor allem anderen will er die gymnastischen Uebungen getrieben sehen, um rüstige Wehrmänner zum Schutz und Schirm des Staats heranzubilden. Selbst das weibliche Geschlecht soll an den Uebungen, namentlich im Wettlaufe, theilnehmen, besonders die Jungfrauen vom 18. bis zum 20. Jahre[60]), jedoch auch die Frauen ganz besonders, um gesunde Kinder zur Welt zu bringen. Denn das Kind bedürfe schon im Mutterleibe Bewegung, um zur vollständigen Entwicklung zu gelangen. Daß diese Ansicht der Wahrheit entspricht, kann man an den Ehefrauen der Tagelöhner abnehmen, welche gewöhnlich mit ihrem Ehemanne gemeinschaftlich bis zur Niederkunft schwere Arbeit verrichten und in der Regel kräftigere Kinder gebären als vornehme Damen, welche sich wenig oder nur leichte Bewegung machen. Dies sucht nun Platon auch noch dadurch zu erhärten, daß die Griechen junge Vögel, welche man zu Wettkämpfen stark und kräftig machen wollte (namentlich Hähne und Wachteln), mehrere Stadien weit mit sich herumtrugen, weil sie dies zu ihrem Gedeihen für ersprießlich hielten. Nach der Geburt nun soll den jungen Sprößlingen sofort Bewegung zu theil werden, natürlich nur eine passive durch die Ammen und Wärterinnen, mögen sie nun getragen, gewiegt oder geschaukelt werden[61]). Vom dritten bis zum sechsten Jahre sollen die Kinder sich bereits mit passenden Spielen befassen, wobei aber auch darauf zu achten sei, daß sie keine verkrümmten, sondern gerade Glieder (ὅπως ἀρίποδές τε καὶ ἀρτίχειρες πάντες τε καὶ πᾶσαι γιγνόμενοι) erhalten. Demnach hatte die Würdigung der Orthopädik schon damals begonnen. Die Zahl der Spiele bei den Griechen, um dies hier gleich zu erwähnen, muß nach und nach überaus groß geworden sein, bei weitem jedoch die meisten für ältere Knaben, Jünglinge und Männer geeignet als für Knaben vom dritten bis sechsten Lebensjahre. Bei diesen Spielen, bemerkt Platon, könne man gleich die verschiedenen Neigungen der Kinder beobachten und hieraus wichtige Folgerungen für die Befähigung zu einem künftigen speciellen Berufe ziehen. Was nun überhaupt das Verhältniß der Spiele zur Gymnastik betrifft, so hatten freilich viele mit der Gymnastik eigentlich nichts zu schaffen, sondern dienten mehr geselliger Belustigung, waren aber doch geeignet die Aufmerksamkeit zu fixiren und die geistige Thätigkeit zu üben. Dann wird von Platon hervorgehoben, daß die unwandelbare Stetigkeit in den

---

60) *Platon.* de republ. V, 466 seq. Legg. VIII, 833. 834: κόραις καὶ ἀνήβοις γυμναῖς, σταδίον καὶ δίαυλον καὶ ἐφίππιον καὶ δόλιχον. Ἐυripides, Andromach. v. 96 seq. von den Spartan. Jungfrauen: αἳ ξὺν νέοις, ἐξερημοῦσαι δόμους γυμνοῖσι μηροῖς καὶ πέπλοις ἀνειμένοις παλαίσθρας τ᾽, οὐκ ἀνασχετοὺς ἐμοί, κοινὰς ἔχουσι. 61) *Platon.* de legibus VII, 790 seq.: τὴν τιθήνησιν καὶ κίνησιν γιγνομένην ὅτι μάλιστα διὰ πάσης τε νυκτὸς καὶ ἡ μέρας, ὡς ἔστι ξύμφορος ἅπασι μὲν, οὐχ ἥκιστα δὲ τοῖς ὅτι νεωτάτοισι καὶ οἰκεῖν, εἰ δυνατὸν ἦν, οἷον ἀεὶ πλέοντας· ferner: οὐχ ἡσυχίαν αὐτοῖς προσφέρουσι, ἀλλὰ τοὐναντίον κίνησιν, ἐν ταῖς ἀγκάλαις ἀεὶ σείουσαι· Dann erwähnt er auch das Singen dazu als heilsam für die Kinder: ταύτη τῆ τῆς κινήσεως ἅμα χορεία καὶ μούση χρώμεναι.

Spielen der Kinder in der Folge von höchster Wichtigkeit sei für die unwandelbare Stetigkeit der Staatsverfassung. Gestatte man den Kindern die älteren Spiele
zu verachten und immer wieder neue vorzunehmen oder
in den älteren Spielen Neuerungen zu machen und ehre
man obendrein die Urheber solcher Neuerungen, so werden sie später als Männer ebenso mit den Gesetzen und
mit der Staatsverfassung verfahren (λανθάνειν γὰρ τῶν
νέων τὰ ἤθη μεθιστάντα καὶ ποιεῖν τὸ μὲν ἀρχαῖον
παρ᾽ αὐτοῖς ἄτιμον, τὸ δὲ νέον ἔντιμον, τούτον — —
οὐκ εἶναι ζημίαν μείζω πάσαις πόλεσι). Die jüngeren
Staatsbürger würden dann die alten bewährten νόμιμα
verachten und immer etwas Neues anstreben (τὸν τι
νέον ἀεὶ καινοτομοῦντα), was jedem Staate Verderben
bringt [62]). Wir haben die Wahrheit dieser Ansicht im
Jahre 1848 bestätigt gefunden. Ueberall bestand die Majorität in der Umsturzpartei mehr aus jungen hochfahren-
den unbesonnenen Männern, welche Lust hatten alles
Alte über den Haufen zu werfen, und doch gar nicht
im Stande gewesen wären, etwas Neues, Gediegenes,
Haltbares zur Beglückung der aus ihren altbewährten
Angeln geworfenen Staaten aufzubringen und durchzuführen.

§. 12. Merkwürdig ist, daß sich mehrere Knaben-
spiele von den ältesten Zeiten bis auf unsere Tage fast
unverändert erhalten haben. Dahin gehört z. B. das
Reiftreiben (κρικηλασία), ferner der κυνδαλισμός, d. h.
das geschickte Abwerfen eines zugespitzten Holzstabes oder
Stockes so, daß er sich in die Erde einspießt und einen
anderen bereits eingespießten Stab umwirft, welches
Spiel ich als Knabe und andere Knaben mit besonderem
Vergnügen getrieben habe. Es gehört dazu freilich ein
weicher Wiesen-, Garten- oder Ackerboden. Vor allen
anderen wurde aber das noch jetzt beliebte Ballspiel von
den Griechen und Römern vielseitig geübt. Nur dieses
letztere wollen wir hier etwas genauer betrachten, weil
in ihm besonders reicher Stoff liegt, nach anmuthiger
schöner Haltung in den Bewegungen des Körpers zu
streben und sich überhaupt einen sicheren Rhythmus anzueignen, was auch das Ziel der Palästra war. Man-
sika, die Tochter des Phäakenfürsten Alkinoos, begleitet
ihr Ballspiel mit Gesang und noch spät in der geschichtlichen Zeit übten in die Frauen auf der Phäaken-Insel
Corcyra in derselben Weise, wie bei Athenäus berichtet
wird [63]). So wurde auch zu Sparta und in Sikyon

das Ballspiel mit orchestisch-rhythmischen Bewegungen
getrieben. Es blieb keineswegs bloß ein Spiel der
Knaben und Epheben; sondern wurde fast überall auch
ein beliebtes Spiel der Männer. Daß man hierbei
überall nach paläistrischem Anstande und Gemessenheit der
Bewegungen strebte, erhellt aus sehr vielen Angaben [64]).
In Athen muß das Ballspiel in hoher Achtung gestanden haben, da hier die Bürger dem Karystier Ari-
stonikos wegen seines kunstvollen, mit den anmuthigsten
Bewegungen verbundenen Ballspiels; das Bürgerrecht
verliehen und Ehrenstatuen setzten [65]). Daß zu Sparta
das aus dem Ephebenalter heraustretenden Jünglinge mit
dem Prädicate σφαῖρες bezeichnet wurden, kann doch wol
nur auf die σφαῖρα, den Ball, bezogen werden. Auch
führt Eustathius Sparta unter denjenigen Staaten auf,
welche vorzüglich dem Ballspiele huldigten. Der Ball,
die σφαῖρα, begleitet überall den spielenden Knaben, wie
dies auch im Gebiete der Kunst dargestellt worden ist. So
hat im Bereiche der Kunstbildung selbst der noch jugendliche
Zeus seine σφαῖρα als Attribut erhalten [66]). Jedes
Gymnasium, jede Palästra, selbst die größeren Bäder
hatten sowol bei den Griechen als bei den Römern ihr
besonderes Sphaeristerium (σφαιριστήριον, auch kürzer
σφαίριστρα genannt) und ein Lehrer (σφαιριστικος) ertheilte im Ballspiele den Unterricht. Der Ball scheint
stets aus weichem Leder mit weicher Füllung hergestellt
worden zu sein. Das Leder war aus Stücken von verschiedenen Farben zusammengesetzt wie noch heutigen
Tages [67]). Man bemühte sich beim Absenden und Auffangen des Balles mit Eutrapelie, mit Geschick und Gewandtheit zu bewirken. Ueber die verschiedenen Arten
des Ballspiels in Beziehung auf zweckdienliche diätetische
Leibesbewegung haben einige der späteren Aerzte gehandelt. Die eine Art scheint in diesem, die andere in
jenem Staate beliebt gewesen zu sein. Was die Darstellung des Ballspiels in den Regionen der bildenden
Kunst betrifft, so könnte man sich wol wundern, daß die
so überaus zahlreichen und so mannigfachen antiken
Vasenbilder, welche so verschiedenartige veranschaulichen,
dasselbe entweder gar nicht oder doch höchst selten in
ihre Gemälde aufgenommen haben [68]). Ein Grund ist

---

[62]) *Platon.*, de legibus libr. VII, 797, a. b. 798, a. Daß
heiteres Spiel nothwendig ist zur Abwechselung, damit nicht anstrengende ununterbrochene Arbeit dem Körper und Geiste nachtheilig
werde, hat auch *Euripides*, Fragm. p. 493 (ed. *Musgr.*) bezeugt:
παίζων· μεταπολῆς γὰρ πόνων ἀεὶ φιλῶ. 63) *Odyss.* VI,
100 seq. VII, 370 seq. *Athenäus* I, 24, 6.

[64]) *Athen.* I, 15, 6: ἐφρόντιζον δὲ εὐρυθμίας οἱ σφαιρί-
ζοντες. Pollux IX, 107 erklärt σφαιριστικὸν εἶναι durch εὔρυθμον,
εὐσχήμονα εἶναι etc. *Cicero* de orat. I, 16, 73: Ut qui pila
ludunt, non utuntur in ipsa lusione artificio proprio palaestrae,
sed indicat ipse motus, dedicerintne palaestram an nesciant.
65) *Athen.* I, 34, p. 19, s. Andere Stellen habe ich in der Gymnastik und Agonistik der Hellenen I, S. 300, Anmerk. 3 beigebracht.
66) Vergl. C. A. Böttiger, Ideen zur Kunstgeschichte II, S.
10 fg. 67) Vergl. *Platon.*, Phaedon c. 59, wo die ϑοδεκάσκυ-
τον σφαίρα erwähnt werden. Er vergleicht nämlich die Erdarten
von verschiedenen Farben mit diesen buntfarbigen Lederbällen. Vergl.
Böttiger, Ideen zur Kunstgeschichte II, 10 fg. Als Knabe habe
ich noch oft diese großen Beutler große und kleine vielfarbige Lederbälle
feilboten und noch jetzt kann man solche im Kaufladen finden. 68)
Da ich jedoch nicht alle in den europäischen Musëen vorhandenen
bemalten Thongefäße, auch nicht sämmtliche Werke, welche Vasengemälde enthalten, vor Augen gehabt habe, so kann ich auch nicht
behaupten, daß gar keine Darstellungen dieser Art vorkommen. Nur

wenigstens darin zu finden, daß man lieber symbolische, allegorische, mysteriöse Scenen, festliche Weihen, Hochzeiten oder Brautwerbungen zur Darstellung wählte, als einfache Spiele oder alltägliche Beschäftigungen. Namen verschiedener Ballspielsarten haben uns die Alten mehrere überliefert, einige derselben auch etwas genauer beschrieben. Die specielle künstliche Ausbildung einiger Ballspielarten mochte der späteren Zeit angehören, sowie auch die Beschreibung derselben nur von den späteren Onomastikern, wie Pollux, von Lexicographen, wie Hesychius und Suidas, oder von Scholiasten, besonders von Eustathius, von späteren Aerzten, wie Antyllos, überliefert worden ist. Das mit dem Namen ἐπίσκυρος bezeichnete Ballspiel scheint zu den anmuthigsten gehört zu haben, indem hier zwei Reihen Spieler einander gegenüberstanden. In der frei gelassenen Mitte wurde eine Linie gezogen (σκῦρος) vermittels an einander gereihter Steine. Auf diese Linie wurde nun der Ball gelegt. Zwei andere Linien, je eine hinter jeder Reihe der Ballspieler, wurden in derselben Weise gezogen. Wer den bezeichneten Ball nun aufhob, warf ihn über die gegenüberstehende Reihe der Spielgenossen hinweg, welchen es nun oblag, ihn aufzufangen und wiederum den gegenüberstehenden zuzuwerfen. Dies wurde zugleich fortschreitend so oft wiederholt, bis die eine Partei die andere bis zu der hinter ihr bezeichneten Linie zurückgedrängt hatte. So hat wenigstens Pollux in seinem Onomasticon dieses Spiel beschrieben [69]. Beschreibungen dieser Art gewähren freilich noch kein vollständig anschauliches Bild. Diese Weise des Ballspiels scheint besonders in Sparta heimisch gewesen zu sein. Andere beliebte Spielarten, wie die mit φανίνδα, ἁρπαστόν und noch mit vielen anderen Namen bezeichneten wollen wir hier nicht näher in Betracht ziehen. Verschiedene Eintheilungen des Ballspiels hat Antyllos angegeben und dieselben nach der Größe des Balls unterschieden [70].

An die verschiedenen Ballspiele schließt sich noch eine besondere, mit jenen verwandte gymnastische Uebungsart an, nämlich das Spiel mit dem κώρυκος (κωρυκοβολία, κωρυκομαχία), einem rundlichen oder ovalen ledernen, ausgefüllten, einem großen Balle ähnlichen Sacke oder Schlauche, welcher im Koryketon an der Decke befestigt herabhing und hier hin und her geworfen wurde. Derselbe war mit Feigenkörnern oder auch mit Mehl oder Sand angefüllt und dem Alter sowie den Kräften derer, welche sich damit üben sollten, entsprechend eingerichtet. Man ließ ihn an dem Seile, womit er an der Decke befestigt worden war, soweit herabhängen, daß sein unteres Ende (κυθμήν) dem Nabel des Leibes des sich übenden parallel stand. Wer sich nun mit dem Korykos beschäftigen

wollte, faßte ihn mit beiden Händen, schob ihn anfangs gemächlich vorwärts und fing dann den zurückkehrenden mit vorgehaltenen flachen Händen auf. Dies wurde dann immer kräftiger und schneller vollbracht, bis man ihn endlich mit voller Gewalt fortstieß, worauf er mit voller Wucht zurückprallte. Man fing ihn dann mit den vor die Brust gehaltenen flachen Händen auf oder man streckte die Arme weit vor sich hin und ließ ihn auf die flachen Hände zurückprallen, oder man fing ihn mit den vor dem Rücken gehaltenen Händen auf. Die späteren methodischen Aerzte riethen diese Uebungsart in verschiedenen Fällen und zu diätetischen Zwecken an, auch gegen die unbequeme Dickleiblichkeit (πολυσαρκία). Am ausführlichsten hat Antyllos bei Oribasios über diese κωρυκοβολία gehandelt [71].

Ein anderes Spiel, welches noch gegenwärtig an breiten Wasserflächen geübt wird, hatte den Namen ἐποστρακισμός erhalten, welches darin bestand, daß man dünne Scherben oder flache, von den Wellen abgeschliffene Steinchen so über die Oberfläche eines Teiches, Meeres, Flusses hinwarf, daß diese von dem in leichter Schwingung sich schwebenden mehrmals flüchtig berührt und durch diese Berührung kreisförmige Wellen oder Bogen auf dem Gewässer hervorgebracht wurden. Hierbei kam es auf das geübte geschickte Abwerfen an, sofern der abgeworfene Gegenstand in möglichst horizontaler Richtung über den Wasserspiegel hinschweben mußte. Derjenige galt als Sieger, dessen Wurf am weitesten über den Wasserspiegel hinschwebte und denselben am häufigsten berührte [72]. Ein ebenso erheiterndes als heilsames Spiel bestand in der Schaukelübung, πέταυρον, auch πέτευρον genannt. Wahrscheinlich war dieses Spiel nicht sehr weit von unserer Schaukelübung verschieden. Nach Aelius Stilo bei Festus wurden die Spielenden πεταυρισταί, petauristae genannt, weil sie von unten nach oben gleichsam gegen die Luft (πρὸς ἀέρα oder πρὸς ἀύρας πέτονται) fliegen oder durch die Schaukel fortgeschnellt werden. Man hat verschiedene Ableitungen des Namens und verschiedene Erklärungen des Spiels versucht. Eine Schaukel bei dem ländlichen Dionysosfeste hat Virgilius beschrieben [73]. In antiken Vasengemälden kommen mehrere Schaukelscenen vor [74].

71) Oribasios VI, 33. Meine Gymnastik und Agonistik der Hellenen Bd. I, S. 313 fg. 72) Pollux IX, 119. Eustath. ad Il. 6¹, p. 1161, 35—38. Die genaueste Beschreibung gewährt Minucius Felix, Octavia p. 8. 73) Virgil. Georg. II, 389: oscilla ex alta suspendant mollia pinu. 74) In der Vasensammlung im Antiquarium des älteren Museums zu Berlin findet man ein antikes bemaltes Thongefäß mit einer interessanten Schaukelscene. Eine ähnliche Vorstellung gewährt das Vasenwerk von Millingen, ancient uned. monuments Ser. I, pl. 30. Wahrscheinlich soll auch ein Vasengemälde in Ch. Gerhard's antik. Bildwerken Cent. I, Taf. 54. 55 eine Scene dieser Art veranschaulichen. Taf. 53 ist ein Bret-Schaukelspiel dargestellt. Nach Gerhard's Ansicht sollten Schaukelspiele dieser Art zur Luftreinigung dienen. Richtiger könnte wol die Ansicht sein, daß ein solches Schaukelspiel heilsam auf die Lungen einwirken konnte, weil man mit jedem Athemzuge andere Luft einathmete. Das Spiel wird in den bezeichneten Vasenbildern von weiblichen Gestalten ausgeführt. Uebrigens kommt die

einmal erinnere ich mich, ballspielendes Personal auf antiken griechischen Gefäßen dargestellt gesehen zu haben.

69) Pollux IX, 104. Dazu die Interprett. §. 107. 70) Antyllos bei Oribasios VI, 32. Vergl. Athenaeos I, 14 fg. Galen. περὶ τοῦ διὰ μικρᾶς σφαίρας γυμνασίου c. 1 seq. und an andern Orten. Mehr Stellen habe ich in der Gymnastik und Agonistik der Hellenen I, 310. 311. Not. 2. 3. 4 angegeben.

Für kleinere Knaben waren die Spiele mit dem Trochos (Reif, τροχός gleich dem κρίκος, also die κρικηλασία) und dem Turbo (βέμβιξ) d. h. dem Kreisel, die beliebtesten und gewährten zugleich Bewegung [75]. Ob die noch gegenwärtig in Deutschland von Knaben und Mädchen getriebenen Reif- und Kreiselspiele ganz dieselben sind, welche bei den alten Griechen im Gebrauche waren, läßt sich weder beweisen noch widerlegen. Auch wir haben ja verschiedene Kreiselarten, z. B. die sogenannte Summesdorl oder der Summeskreisel, welcher sich an einer Schnur abrollt und ein starkes summendes Geräusch macht, ist ganz verschieden von dem kleinen pyramidenförmigen Kinderkreisel, welcher durch eine kleine Peitsche in Bewegung gesetzt und in stetiger Bewegung erhalten wird. Das Ostrakodspiel (ὀστράκου περιστροφή) war schon in der altclassischen Zeit beliebt und es kommen bei den Autoren oft metaphorische Anspielungen vor, welche sich auf dieses Spiel beziehen. Zu diesem einfachen Spiele diente ein Scherben, ὄστρακον, dessen innere Seite mit Pech bestrichen und ihrer schwarzen Farbe wegen νύξ, die äußere helle Seite aber ἡμέρα genannt wurde. Die Spielgenossen waren nun in zwei Theile getheilt, von welchem der eine sich die schwarze, der andere die helle Seite zueignete. In der Mitte beider Theile wurde nun eine Linie gezogen, worauf einer der Spielgenossen den bezeichneten Scherben mit den Worten νύξ ἡμέρα auf diese Linie warf. Dieser Wurf entschied von dem Sieg, welcher derjenigen Partei zu Theil wurde, deren Seite (ob die schwarze oder die helle des Scherbens) oben lag. Die dadurch besiegte Partei ergriff nun die Flucht und wurde von der siegenden verfolgt. Derjenige von den Fliehenden, welcher ergriffen wurde, mußte sich als Esel niedersetzen. So berichtet Pollux und der Scholiast zu Platon's Phädrus [76]. Nach der Angabe des Scholiasten mußten jedoch beide Theile von gleicher Zahl (ἰσαρίθμοι) sein, die eine sich gegen Morgen, die andere gegen Abend stellen, ein Spielgenosse sich zwischen beide setzen und das ὄστρακον in die Höhe werfen. Platon erwähnt an der bezeichneten Stelle des Phädrus das ὀστράκου μεταπεσόντος.

Als ein besonderes Spiel, worüber aber die alten Autoren keine Belehrung gewähren, erscheint auf bemalten Thongefäßen der Sammlung zu Neapel das Monraspielen, welches wahrscheinlich während der classischen Zeit

wenig oder gar nicht im Gebrauche war und der späteren Gräcität angehörte oder blos in einer Landschaft Aufnahme gefunden hatte, etwa in einigen Städten Siciliens. In den bezeichneten Vasengemälden sitzen zwei Personen einander gegenüber und die eine streckt den anderen einen langen horizontal gehaltenen Stab entgegen, als sollte die letztere damit gestoßen werden oder als sollte dieselbe den anderen den Stab zu entwinden streben [77].

§. 13. Wir wenden uns nun zur Entwickelung der einzelnen gymnastischen Uebungsarten, wie dieselben in den Gymnasien und Palästren, sowie agonistisch in den großen und kleineren Festspielen zur Ausführung gebracht wurden. Aus dem Einfachen entfaltete sich hier wie in anderen Verhältnissen das Vielfache, Vielseitige und Künstlerische [78]. So gingen aus dem einfachen Wettlaufe, der ältesten Uebungsart, welche zugleich einem Bedürfnisse dienen und den Eilboten, Hemerodromos bilden konnte, bald der Doppellauf, der Waffenlauf (δίαυλος und δίαυλος ὁπλίτης), und dann der Langlauf (δόλιχος) hervor [79]. So hat sich aus dem einfachen Ringkampfe das complicirte Pankration entwickelt, während das vielseitige Pentathlon mit dem Ringkampfe noch vier andere Uebungsarten, Wettlauf, Sprung, Diskos und Speerwurf, in Verbindung brächte. In den mannigfachen Sagen und dichterischen Traditionen über die altheroische, homerisch-heroische und die spätere noch nicht zuverlässig historische Zeit erscheint in den festlichen Kampfspielen fast überall der Wettlauf als erster Act, in welchem allein ausdauernde Schnelligkeit entscheidet, ohne mühselige und gefährliche Evolutionen, wie im Ringen und im Faustkampfe. Läut einer alten eleischen Priesterlegende hatte bereits der idäische Herakles, welcher unter der Herrschaft des Kronos mit seinen Brüdern, den Kureten von Kreta nach Olympia gekommen, hier Wettspiele eingesetzt, den Wettlauf angeordnet und dem Sieger bereits mit dem Oelzweige (κλάδῳ κοτίνου) bekränzt, welche Siegesdecoration auch während der langen Dauer der olympischen Olympiaden seine Geltung behauptete. Auch habe er bereits diese Festspiele mit dem Namen Olympia belegt. Mythen dieser Art wurden in der späteren Zeit wol nur deshalb als heilige Urkunden festgehalten, um die Entstehung des Festes in die früheste Zeit zurückzuführen, und ihm dadurch ein höheres Ansehen, die mythische Weihe zu verleihen. Bei der zweiten mythischen Anordnung der Spiele durch den Amphi-

---

Bezeichnung πεταυρίσται auch in der Bedeutung von Seiltänzer. vor. *Juvenal.* XIV, 265 seq.:

An magis oblectant animum iactata pelauro
Corpora, quique solet rectum descendere funem.

und *Manilius* V, 434: Corpora, quae valido saliunt excussa petauro. Eine Flügelgestalt auf einer stuhlartigen Schaukel, von einer weiblichen Gestalt mit ausgestreckten Armen aufgefangen und wieder abgestoßen, zeigt eine Abbildung in den Annali d. instit. di corr. archeol. Tom. XXIX, tav. M.

75) *Hesych.* v. p. 371, vol. (M. Schmidt): βεμβικίζει· ὁρμβεῖ, στρέφει· διωκεῖ· βεμβικος δίκην· ῥόμβου τρόπον. 76) *Pollux*, Onomast. IX, 111, 112. Schol. zu Platon's Phaedr. c. 40, p. 241, 6.

77) In der archäologischen Zeitung, herausg. von Hübner, Neue Folge Bd. IV, Jahrg. 29, Berlin 1874, Taf. 56 (zwei Abbildungen dieser Art). 78) Schon das einfache Gehen, Lustwandeln (βάδισις) galt für ein die Gesundheit förderndes Mittel. *Aristot.* Metaphys. II, c. 2: βάδισιν μὲν ὑγιείας ἕνεκα. 79) Eine theoretische Anordnung der verschiedenen Aßten des Wettlaufs hat *Platon.* de legibus VIII, 833, b. c. gegeben. Er hat besonders der Vorbereitung zum Kriege im Auge gehabt und läßt daher den Wettlauf den Waffenläufe beginnen. Er hat bei alledem die Anordnung in den großen Festspielen zum Muster genommen. 80) In einem Scholion zu Theocrit kommt eine Stelle über den Kranz des Herakles aus der weißen Pappel (λεύκη) vor. Ueber diese λεύκη vergl. *Pausan.* II, 10, 5. V, 13, 2.

K. Encykl. d. W. u. K. Erste Section. XCVIII.

43

tryoniden Herakles soll Kastor, Bruder des Polydeukes und der Helena, als Sieger im Wettlaufe bekränzt worden sein [81]. Nach Oxylos, welcher die Spiele zu Olympia ebenfalls begangen haben soll, erscheint endlich, wie bereits angegeben wurde, Iphitos als der geschichtliche Wiederhersteller derselben nach langer Unterbrechung, während welcher alles in Vergessenheit gerathen war. Seit dieser Restitution durch Iphitos blieb der Wettlauf lange die einzige Kampfart. Koroibos war der erste Sieger im Wettlaufe, dessen Name aufgezeichnet worden ist [82]. Auch Platon läßt in seiner Anordnung der Wettkämpfe den Stadiodromos zuerst auf die Kampfbahn treten [83]. Nach der Angabe des Eusthatios war Koroibos ein Koch gewesen, hatte keine gymnastische Schule durchgemacht, war also von Natur mit besonderer Schnellfüßigkeit begabt. Die Volkssage bezeichnete ihn zugleich als Sieger über einen Dämon, Ποινή genannt, welcher von Apollon den Argeiern ins Gebiet geschickt worden sein sollte. Daher auf seinem Grabmale diese That (Κόροιβος φονεύων τὴν Ποινήν) veranschaulicht worden war. Noch gegenwärtig existirt zu Olympia ein Grabdenkmal des Koroibos, von dessen Eröffnung vor einigen Decennien berichtet wurde. Auch auf dem Marktplatze zu Megara war ihm ein Grabmal errichtet worden und auch hier war er bildlich dargestellt φονεύων τὴν Ποινήν. Er hatte zuerst während des Wettlaufs zu Olympia das aus dem heroischen Zeitalter stammende περίζωμα um die Lenden fallen lassen, um seinen Lauf um so mehr zu beflügeln und hatte den Sieg gewonnen [83a]. — Die Sieger im olympischen Wettlaufe (στάδιον, σταδιοδρόμος) dienten nun fortwährend als chronologische Merkmale der Olympiaden, wie schon angegeben worden ist, theils wol deshalb, weil dieser Wettkampf als der früheste betrachtet wurde, theils deshalb, weil derselbe den Anfang, gleichsam die Einleitung zu den Festspielen bildete. — Zur Agonistik im Wettlaufe waren nur schlanke, hochbeinige junge Männer geeignet, daher solche bisweilen auch ohne lange Vorübungen Siege in den großen Festspielen gewannen. Schlanke hochbeinige Figuren finden wir in der That in den Gemälden der altgriechischen Thongefäße als im Wettlaufe begriffene Agonisten vielfach veranschaulicht. Zugleich bewegen sie

die Arme stark und gleichsam rhythmisch, als wären es Flügel, welche die Bewegung des Leibes unterstützen sollten [84], sowie der Vogel, Strauß, seine kurzen Flügel nicht zum Fluge, sondern nur zur Beförderung seines raschen Laufes gleichsam als Luftruder benutzt [85]. Der einfache Wettlauf der σταδιοδρόμοι, στάδιον, bisweilen auch einfach δρόμος genannt, erstreckte sich nur einmal vom Ablaufstande bis zum Ziele durch die nach dem Normalmaße nur 600 Fuß messende Laufbahn. Die Anstrengung war also nicht von Bedeutung und der Sieg beruhte auf größter Schnelligkeit, nicht auf langer Ausdauer. Um eben deshalb entwickelte sich auf dem Felde der Agonistik aus dieser einfachen Leistung bald genug eine verdoppelte und vervielfachte, der Doppellauf (δίαυλος) und der Dauerlauf (δόλιχος). Dazu kam endlich noch der Waffenlauf, wobei die Waffen jedoch nur in dem Schilde bestanden. — Wohlgeübte kraftvolle Wettläufer, ließen im Bewußtsein ihrer Ueberlegenheit andere Wettläufer oft ein Stück vorauslaufen, um sie dann nicht blos einzuholen, sondern auch noch zu überflügeln und zuerst am Ziele anzulangen [86]. Derselbe Aristides theilt dies angegeben, berichtet auch noch, daß die Zuschauer nicht die letzten der Wettläufer, sondern diejenigen, welche bereits dem Ziele nahe waren, durch ihre Zurufe noch mehr anfeuerten. Denn in Beziehung auf den Sieg der hintersten wurde die Hoffnung auf den Sieg sofort aufgegeben [87]. Auf den altgriechischen bemalten Thongefäßen erblicken wir am häufigsten vier Wettläufer zugleich. Wol mochte bisweilen die Zahl noch größer sein, wenigstens im einfachen Wettlaufe. Auf den Schauplätzen der Agonistik sowol als in den Palästra, wie schon verschiedenen Arten des Wettlaufes auch die Einölung des Leibes voraus, nachdem man den Leibe die Ueberzeugung gewonnen, hatte, daß dadurch bis Elasticität der Glieder gehoben, und zugleich der lästige Schweiß zurückgehalten wurde [88]. Bis zur 15. Olympiade waren die Lenden der Wettläufer noch mit einem Schurze umgürtet. Nach dem Berichte des Dio-

81) Diesen Mythencomplex bei Pausan. V, 1. 3. 7, 1—4. 8, 1. VIII, 21 in seiner Weise entwickelt. · 82) Pausan. IV, 4. 4. V, 7, 8. 1; 2. VIII, 26, 3. Plutarch, Sympos. V, 2. Euseb. Chron. I, 39. Schol. ad Pindar. I, p. 44, B. Faus. l. c.: καὶ ἀγώνισμα ἦν στάδιον μόνον. Und τότε δρόμον ἀρίσαν ἆθλα ἐτόη μόνον. Plutarch l. c.: τοῖς δ' Ὀλυμπίοις πάντα προσφύκη πλὴν τοῦ δρόμου γέγονε. Euseb. l. c.: τούτου γὰρ ἡγωνίζοντο μόνον τὸ ῾Ολ. ἀγ'. Die Geschichte der übrigen großen Festspiele, der Pythien, Nemeen und Isthmien soll hier nicht im Detail herbeigeführt werden. Auch in diesen Festspielen werden Wettläufer schon im heroischen Zeitalter erwähnt, wie Melanippos in den Nemeen bei der zweiten mythischen Feier derselben für die Epigonen, nachdem Adrastos mit seinen gegen Theben ausziehenden Kampfgenossen die Nemeen eingesetzt und zum erstenmal begangen hatte, wie Pausan X, 25, 3 gemeldet. 83) Platon, de legibus VIII, 833, a. b. 83ª) Pausan I, 43, 7. 44, 1.

84) Ueber die Bewegung der Arme und Hände während des Laufs Aristoteles περὶ ζώων πορείας c. 3 καὶ οἱ θέοντες θᾶττον θέουσι, παρασείοντες τὰς χεῖρας. Ich habe in meiner Gymnastik und Agonistik Taf. VI und VII mehrere Abbildungen aus antiken Vasengemälden beigegeben. Einige andere findet man im Mus. Etrusc. Gregor. II, tav. 42. 43. 85) Vgl. Aristoteles, de. part. animalium IV, c. 14. 86) Aristides XVI, Παναγηναϊκὸς ἐν Κυζίκῳ p. 388 seq. (ed. Dind. vol. I). 87) Aristides l. c. p. 899. 88) Der Lekythos war das Oelfläschchen und Salbgefäßchen, welches wir in antiken Vasenbildern über den Kampfscenen und Uebungen im Gymnasion, und in der Palästra oft an der Wand, hängend, abgebildet bemerken. Gestattlich oft in den bezeichneten Gemälden palästritische Epheben mit der Stlengis (Strigilis), und dem Lekythos, welche, beide zu den nothwendigsten Dingen in den Uebungsplätzen gehörten. Vgl. Konrad Levezow, Verzeichniß der antiken Denkmäler im Antiquarium des k. Museums zu Berlin. Galerie der Vasen S. 191. Postument XII, Nr. 878. Zwei Oelfläschchen dieser Art befindet noch das bezeichnete; Antiquarium zu Berlin. Vgl. E. H. Toellen, Leitfaden für die Sammlung antiker Metallarbeiten S. 37, Nr. 340. 341 (Berlin 1860). Ebendaselbst werden auch mehrere gymnastische Figuren mit der Stlengis aufgeführt. S. 16, Nr. 41. 42.

nysos von Halikarnassos soll zuerst; der Lakedämonier Akanthos im Wettlaufe zu Olympia bei der 15. Feier der Spiele den bis dahin üblichen Schurz (περίζωμα) abgeworfen und die Bahn in völliger Nacktheit durchlaufen haben[89]. Im Doppellaufe hatte man die Bahn zweimal zu durchmessen. Sobald der Diaulodromos das Ziel erreicht hatte, athmete er etwas freier auf, bog mit bedächtigem Schritte um das Ziel herum, um dann fofort mit frischer Kraft den Rücklauf zu vollenden[90]. Daher die Bezeichnung διαυλος vielfach metaphorisch gebraucht wurde. Pausanias, welcher die alte βουστρο-φηδόν-Schrift veranschaulichen wollte, vergleicht dieselbe mit dem Diaulos, weil man auch in jener Schreibweise die mene Zeile da begann, wo die vorhergehende beendigt worden war[91]. Der Diaulodromos lief aber nicht auf derselben Seite zurück, auf welcher er bis ans Ziel gekommen war, sondern auf der entgegengesetzten Seite, um der möglicher Weise eintretenden Begegnung anderer Wettläufer, welche später ans Ziel gelangten, auszuweichen. Kylon, welcher bekanntlich nach der Tyrannis strebte und dessen Statue auf der Akropolis aufgestellt war, hatte zu Olympia im Diaulos gesiegt. Pausanias hat es nicht begreifen können, warum ihm ein Ehrenstein aufgestellt worden und vermuthet, daß ihm diese Ehre aus drei Gründen widerfahren sei; erstens, weil er ein Mann von besonderer Schönheit gewesen sei, zweitens, weil er zu Olympia im Diaulos gesiegt und drittens, weil er eine Tochter des Theagenes, Herrschers von Megara, zur Gemahlin erhalten habe[92]. Die Kraftübung im Diaulos wurde aber bald noch dadurch gesteigert, daß derselbe mit einem Schilde ausgerüstet wurde, was besonders in Beziehung auf den Kriegsdienst geschehen ist, wie bereits aus Platon's Worten abzunehmen ist[93]. In der ältern Zeit sollen die Agonisten auch Helm und Beinschienen (κνημίδες) getragen haben, welche als zu lästig und die Elasticität des Leibes hemmend wieder weggelassen wurde. Der in den großen Festspielen aufgenommene δόλιχος erforderte nicht allein Schnelligkeit, sondern auch nachhaltige Ausdauer, wenn er mit Erfolg durchgeführt werden sollte. Die Zahl der auftretenden Dolichodromoi

war niemals sehr groß. Die Maßbestimmung im Dolichos wird schon von den Alten auf verschiedene Weise angegeben, was wol auf verschiedene Zeitperioden zu beziehen ist. Nach den Angaben des Scholiasten zu Aristophanes und des Tzetzes betrug der δόλιχος nur sieben Stadien, also das Siebenfache des einfachen Wettlaufs[94]. Wenn der Dolichos von Knaben und Epheben in der Palästra geübt wurde, was erst spät geschehen ist, so mochte die Zahl der Umläufe nur wenige Diauloi umfassen. Dagegen scheint der Dolichos in den großen Olympien entweder 12 oder 24 Stadien betragen zu haben, also entweder 12 einfache Stadien oder 12 Diauloi = 24 Stadien[95]. Daß der Dolichos in einer ungeheueren Leistung bestand, ergibt sich aus zahlreichen metaphorischen Wendungen und Ausdrücken, in welchen δόλιχος, τὸ δόλιχον das Endlose bezeichnet. Auch läßt sich dasselbe daraus folgern, daß berühmte δολιχοδρόμοι nach errungenem Siege und nach der Bekränzung sofort den Geist aushauchten, ebenso wie mancher Hemerodromos nach Vollendung seines gewaltigen Laufes. So berichtet Pausanias, daß der Dolichodromos Labas aus Sparta zu Olympia im Dolichos gesiegt und bald nach der Bekränzung verschieden sei[96]. Dasselbe Lebensende hat mancher Hemerodromos gefunden, wie der Plataier Euchidas, welcher an einem und demselben Tage den wol gegen tausend Stadien betragenden Gang von Plataiä nach Delphi und wieder zurück vollendet haben soll, um seinen Mitbürgern das heilige Feuer vom Altare Apollon's zu überbringen. Nachdem dies geschehen, sei er zusammengesunken und habe sein Leben ausgehaucht[97]. Ein Seitenstück hierzu hat uns Curtius in seinem Berichte über den jungen Makedonier Philippos hinterlassen. Als nämlich Alexandros mit seiner Reiterei im schnellsten Jagen zu Roß abgefallene Feinde verfolgte und stets die Pferde wechselte, waren die jungen edeln Makedonier, welche keine specielle Begleitung bildeten, vor Ermattung nicht im Stande ihm zu folgen und blieben nach und nach sämmtlich zurück, außer dem ge-

89) Dionys. Hal. Ant. Rom. VII, 67. 90) Man könnte wol das Vasenbild, welches ich in der Gymnastik Taf. VI, Fig. 13 beigegeben habe, auf die διαυλοδρόμος beziehen, da dieselben an der Zielsäule angelangt weniger start aufschritten. Doch könnte dasselbe auch bei dem Dolichos stattfinden. 91) Pausan. V, 17, 3. Plutarch. Demetr. c. 19. 92) Pausan. I, 28, 1. Euboteä aus Kyrene, Sieger, im olympischen Wettlaufe, hatte zuvor durch das libysche Orakel die Versicherung erhalten, daß er den Siegerkranz erringen würde. Dieser Zusage zufolge hatte er seine Siegerstatue vor dem Wettkampfe anfertigen lassen und dieselbe wurde an demselben Tage aufgestellt, an welchem er gesiegt hatte. Pausan. VI, 8, 2. Ein anderer Sieger hatte durch das delphische Orakel eine solche Zusage erhalten. Er fragte und ließ ebenfalls seine zuvor hergestellte Statue an dem Tage des Sieges zu Olympia aufstellen. 93) Wir haben die betreffende Stelle bereits oben angeführt. Pausan. V, 12, 7 erwähnt 25 Schilde im Tempel des Zeus zu Olympia für die Wettläufer im bewaffneten Diaulos: τοῖς ὁπλιτεύουσιν εἶναι φορήματα ἐς τὸν δρόμον.

94) Vergl. Suidas v. διαυλος. Der Schol. zu Aristoph. Av. No. 292: δολιχοδρόμοι δὲ οἱ ἑπτὰ σταδίους, δύο καὶ εἴκοσιδρόμοι. Tzetzes b. III, ch. 6: δόλιχος ἐπτάδρομος, τρεῖς γὰρ καμπτῆρας εἴχε καὶ τὸ καμπτήριον δόλιχον. 95) Zahlreiche Stellen hierzu aus alten Autoren; Lexicographen, Scholiasten habe ich bereits in der Gymnastik und Agonistik Thl. I, Bd. 1, S. 348 fg. Not. 13 fg. beigebracht, welche hier mit Platz finden können. J. Chrysostom. praef. ad Epist. ad Phil. p. 4: καὶ γάρ ὁ τρέχων, ἐὰν δέκα δολίχους δραμών τὸν ὕστερον ἀφῇ, τὸ πᾶν ἀπώλεσε. Lesen wir hier ἐὰν ἐνδέκα statt ἐὰν δέκα und nehmen an, daß Chrysostomos und Versehen statt διαυλος δόλιχος gesagt habe, so wird der Betrag 12 Diauloi = 24 Stadien umfassen. 96) Der gerade in Statuen dieser Art ausgezeichnete Myron hatte den Labas in einer Siegerstatue dargestellt, welche in einem Epigramm verewigt worden ist: ἄπους δ᾽ ἐπὶ ζείλεα ἀσθμα ἔμφανεν κοίλων ἐνδοθεν ἐν λαγόνων. Vgl. H. Brunn, Gesch. der griech. Künstler Th. I, S. 150. Ich habe in der Gymnastik I, S. 351 fg. Anmerk. noch mehrere ähnliche Epigrammata ausgehoben. 97) Plutarch, Aristid. c. 19—21. Die Έρμοδρομοι sind eben dieselben Bildonen, wie die Hemerodromoi. Vgl. Schol. ad Platon. Proteg. p. 335, e.

nannten Philippos. Dieser war fähig, 500 Stadien hindurch zu Fuß mit dem Roße Alexander's gleichen Schritt zu halten, ohne ihn zu verlaßen. Als man endlich in einem Walde angelangt war, in welchem sich die Feinde verborgen hatten, kam es zum Kampfe, in welchem Philippos durch seine ausdauernde Tapferkeit und Gewandtheit den Alexander schirmte. Nachdem nun endlich die Feinde die Flucht ergriffen hatten, trat in dem Körper des Philippos nach der unerhörten Anstrengung plötzliche Abspannung ein und der Schweiß entströmte seinen Gliedern in Maße. Da lehnte er sich an einen Baumstamm, brach aber bald darauf zusammen und wurde von den Armen Alexander's aufgefangen, in welchen sein letztes Lebensflämmchen sofort verlöschte. In der gewaltigen Aufregung hatte er nicht wahrgenommen, daß er durch seinen energischen Willen die menschliche Kraft weitaus überschritten und den letzten Tropfen derselben aufgewendet hatte [98]. Wenn durch fortgesetzte übermenschliche Anstrengung alle vorhandenen Kräfte aufgezehrt sind, tritt mit der plötzlichen Abspannung gewöhnlich zugleich der Todesschweiß ein und bald darauf der Tod selbst.

§. 14. Die Jahrhunderte hindurch weiter ausgebildete und gesteigerte Agonistik machte auch verschiedene Vorübungen zu diesen verschiedenen Arten des Wettlaufes nöthig, wie man sehr bemerkt, des Epictetus abnehmen darf [99]. Ebenso fand ein Unterschied in der Art der Einreibung, in den Nahrungsmitteln und dem gesammten diätetischen Verhalten statt. Alles wurde darauf berechnet, Leichtigkeit des Körpers zu bewirken, und dabei doch die Ausdauer und Schnelligkeit zu erhöhen. Daher der Wettläufer sich schon durch den Habitus seines Körpers von dem Ringer und Faustkämpfer unterschied [1]. Sowol der einfache als der Doppel und Langlauf wurden, wie schon bemerkt, ganz nackend ausgeführt, nachdem die Einreibung mit Oel vorausgegangen, um die Glieder möglichst elastisch zu machen. Den homerischen Agonisten war die Einreibung mit Oel noch nicht bekannt, ebenso wenig als die spätere völlige Nacktheit. Pollux hat auch eine besondere Fußbekleidung der Wettläufer erwähnt, die ἐνδρομίδες. Allein während der ganzen classischen Zeit kommt eine solche nirgends vor, und ebenso wenig ist eine Spur derselben an den Wettläufern auf den altgriechischen bemalten Thongefäßen zu bemerken. Zur Zeit des Pollux unter dem Kaiser Commodus scheinen solche ἐνδρομίδες auch nur hier und da im Gebrauche gewesen zu sein, ohne allgemeine Anwendung [2].

In den großen olympischen Spielen war Ol. 37 auch der einfache Wettlauf der Knaben aufgenommen worden, jedoch nicht der Diaulos und der Dolichos, welche dagegen in den großen Pythien auf der kissischen Ebene auch für die Knaben den Festspielen eingereiht worden waren [3]. Elis hatte mehr Knabensieger sowol im Wettläufe als in anderen Kampfarten aufzuweisen als ein anderer Staat Griechenlands. Der olympische Festjubel mochte hier auf das jugendliche Gemüth einen stärkeren Eindruck machen als anderwärts. In festlichen Localculten hatten noch verschiedene andere Arten des Wettlaufes ihre Geltung. Vor allem der Fackellauf zu Fuß und zu Roß, welcher auf attischen Inschriften oft erwähnt, insbesondere zu Athen beliebt war und in monbfoser Nacht zu Ehren der Feuergötter aufgeführt wurde. Die hierbei zu beobachtende Kunst bestand darin, die Fackel entweder bis zur Ankunft am Ziele oder bis zur Uebergabe an einen anderen brennend zu erhalten [4]. Altgriechische Vasenbilder veranschaulichen Fackelläufer in verschiedener Weise [5]. Zu Bellene wurde Dionysos Lampter durch ein Fackelfest mit dem Fackellaufe verehrt. Zu Ehren der Athene Hellotia wurde zu Korinth ein Fackelfest begangen. Zu Byzanz wurde am Feste Bosporia ein Fackellauf der Knaben abgehalten. Auf der Insel Syros fand ein Fackellauf am Feste Demetriia statt und zu Koressia auf der Insel Keos ein Fackellauf der Jüngeren (νεωτέρων) zu Ehren der Athene, wie Inschriften darthun. So fand diese Art des Wettlaufes noch an vielen anderen Orten bei irgend einem Feste, namentlich den zu Ehren der Licht oder Feuergottheiten, seine Würdigung [6]. — Ganz anderer Art war der festliche Weinrebenlauf, welcher z. B. von attischen Epheben am Feste der Athene Skiras im Anfange des Monats Pamepsion aufgeführt wurde. Die Epheben trugen mit Trauben behangene Reben und das Fest hatte den Namen ὀσχοφόρια erhalten. Dieser Wettlauf erstreckte sich vom Tempel des Dionysos bis zum Heiligthume der Athene Skiras im Demos Phaleron und dem Sieger wurde ein Kelch mit einem aus Wein, Honig, Käse, Mehl und Oel (πενταπλόα) zubereiteten Trank zu Theil. Die Läufer hießen σταφυλοδρόμοι [7].

die Hemerodromoi von solchen Gebrauch, sowie dieselben sonst auch als Fußbekleidung der Jäger vornehmen.

3) Pausan. V, 8, 3. X, 7, 3.   4) Platon, Staat I, 327, d. 328, δ. Pausan. I, 30, 2. Schol. zu Aristophan. Fröschen B. 131. Diogenes Laert. VI, 459, 12 (ed. Bekker). The collection inscriptions of ancient Greek in the British museum ed. C. T. Newton, Part. I (Attica) ed. E. L. Hicks (LXI), p. 111 (et N. XLII), Oxford 1874: ὁ δεῖνα Λαμπάδι νικήσας γυμνασιαρχῶν (ἀνέθηκεν). Hier werden überhaupt viele Inscriften, welche sich auf Gymnastik und Agonistik beziehen, aufgeführt.   5) Bergk. Tischbein, Coll. of engr. fr. anc. vas. vol. II, pl. 25.   6) Gerhard, Antike Bildwerke, Centur. I, 4; Tett p. 63. Hier sind die Fackelläufer mit einem Schild ausgestattet.   6) Pausan: VII, 27, 1. Athenäos, XV, 678. Böckh, Staatshaush. der Athener I, 496. Derselbe, Expl. ad Pindar. p. 216. O. Müller, Dorier. I, 398.   3 habe in der Gymnastik und Agonistik I, 1, S. 203—205 hierüber gehandelt.   7) Athenäos XI, 62, 495, e. f.

98) Curtius, de reb. gest. Alexandri Magni VIII, c. 2, p. 210 (ed. Manhem. 1823).   99) Epictet. Arriani III, 22: εἰ δολιχοδρόμος, τοιαύτη τροφή, τοιούτος περίπατος, τοιαύτη τρίψις, τοιαύτη γυμνασία· εἰ σταδιοδρόμος, πάντα ταῦτα ἀλλοῖα κτλ.

1) Platon, Hipp. maior. p. 295 (p. 86 ed. Stallbaum): Οὐκοῦν καὶ τὸ ὅλον σῶμα οὕτω λέγομεν καλὸν εἶναι, τὸ μὲν πρὸς δρόμον, τὸ δὲ πρὸς πάλην κτλ.   2) Pollucis Onomastic. III, 155: ἀθληταὶ δ' ἂν προσήκοιεν καὶ ἐνδρομίδες, οὗτω δ' ἐκαλοῦντο τὰ τῶν δρομέων ὑποδήματα. Vielleicht machten

In diätetischer Beziehung erwähnen die alten Aerzte noch zwei besondere Laufübungen, das ἐκπλεϑρίζειν und das πιτυλίζειν. Der erstere war ein Lauf vor- und rückwärts ohne sich umzudrehen, der letztere bestand darin, daß man auf den Fußspitzen einherschritt, während man die ausgestreckten Arme rasch bewegte, den einen vorwärts, den anderen rückwärts. Dieser letztere wurde an einer Mauer oder Wand entlang geübt, um sich sofort stützen zu können, wenn man in Gefahr war das Gleichgewicht zu verlieren. Aristoteles erwähnt außerdem noch eine specielle. Uebungsart, nämlich den Kniegang im Sande oder Staube der Palästra [8]. Der einfache Gang, das Lustwandeln, περίπατος, ambulatio, welchen die alten Aerzte oft erwähnen, hatte natürlich nur diätetische Zwecke, wie noch gegenwärtig. Derselbe galt als ein Hauptmittel zur Erhaltung der Gesundheit.

An keiner anderen Uebungsart nahmen auch die Jungfrauen so lebhaften Antheil als am Wettlaufe, besonders in den dorischen Staaten und ganz vorzüglich zu Sparta. Ebenso auch die eleischen Jungfrauen am Feste der Heräen, wobei sie in Abtheilungen nach dem Altersstufen gesondert wurden. Einen festlichen Wettlauf führten die elf Dionysiaden zu Sparta auf. In einer ähnlichen Weise trieben die Jungfrauen zu Kyrene, Sparta's & Tochterstaate, den Wettlauf [9]. Unter der Herrschaft des Domitianus fanden zu Rom auch Wettkämpfe der Jungfrauen im Wettlaufe statt, wie Dio Cassius berichtet [10].

§. 15. Bevor wir zu einer der folgenden gymnischen Uebungen und agonistischen Kampfarten übergehen, mögen hier noch einige der vorzüglichsten Wettläufer aus griechischen Staaten in den großen panegyrischen Festspielen erwähnt werden. Zahlreiche Sieger im Wettlaufe waren Kreter, Spartaner, Messenier und Krotoniaten. Die Kreter Sotades und Ergoteles waren die unübertroffenen Dolichodromoi ihrer Zeit. Die Spartaner Ladas und Anchionis (auch Chionis genannt) waren berühmte Sieger im Wettlaufe, Ladas auch im Dolichos. Acht Olympiaden (Ol. 4 bis 11) waren Messenier Sieger im olympischen Stadium, und Phanas, der berühmte Kriegsheld im messenischen Kriege gegen die Spartaner, hatte den Kranz im Dolichos gewonnen. Der Messenier Daikles, welcher in der siebenten Olympiade in Stadium zu Olympia gesiegt hatte, soll laut eines Orakelspruchs zuerst mit dem Kranze vom wilden Oelbaume (κότινος) geschmückt worden sein. Unter den Krotoniaten war Phayllos der berühmteste Wettläufer und zugleich ausgezeichneter Pentathlos. Er hatte in den großen Pythien zweimal im Pentathlon und einmal im Wettlaufe gesiegt und sich ganz besonders in der Ausführung des Sprunges (ἅλμα) und des Diskoswurfes

geschickt gezeigt. Noch glänzender war sein Name in ganz Hellas dadurch geworden, weil er als der einzige unter den Italioten mit einem Schiffe den Hellenen bei Salamis gegen die Perser zu Hülfe gekommen war. Die Krotoniaten Tisikrates und Astylos beherrschten als Sieger die olympische Laufbahn fünf Olympiaden (71— 75) hindurch. Nach der Angabe des Strabon waren in einer und derselben Olympiade die sieben ersten im olympischen Stadium Krotoniaten, was sich wol theils auf die verschiedenen Arten des Wettlaufes, theils darauf bezieht, daß die Sieger nach jeder τάξις nach dem ersten Wettlaufe abermals in die Schranken treten mußten, um den endlichen Sieg eines einzigen zu entscheiden. Auch der Himeräer Krison war ein stattlicher Wettläufer und wird von Platon ebenso wie Phayllos von Aristophanes sprichwörtlich aufgeführt [11]. Kaulonia, eine Colonie der Achäer in Italien, lieferte den rüstigen Wettläufer Dikon, welcher fünf Siege im Wettlaufe der pythischen, drei in dem der olympischen, drei in dem der isthmischen, vier im Stadium der nemeischen Spiele davon getragen hatte. Er gehörte demnach zu den berühmtesten Periodonikes. Der Lykier Hermogenes aus Xanthos siegte in drei Olympiaden achtmal im Wettlaufe und hatte daher den Beinamen Roß (ἵππος) erhalten. So hatte Polites aus Karien zu Olympia an einem und demselben Tage den Siegeskranz im einfachen Stadium, im Diaulos und im Dolichos errungen. Der Rhodier Leonidas blühte als stattlicher Agonist vier Olympiaden hindurch und gewann während dieser Zeit zwölf Siege im Wettlaufe. Philinos, der Sohn des Hegepolis aus Kos, zählte fünf olympische, vier pythische, vier nemeische und elf isthmische Siegeskränze im Wettlaufe. Der Thebaner Lasthenes, welcher einen Wettlauf mit einem Kampfrosse von Koroneia aus bis Theben annahm, trug den Sieg über das Roß davon. Der milesische Knabe Polymnestor, welcher Ol. 46 zu Olympia im Wettlaufe der Knaben siegte, vermochte fliehende Hasen einzuholen [12].

§. 16. Die gymnastischen Uebungen überhaupt wurden in leichte (κοῦφα γυμνάσια; ἀγωνίσματα, ἀϑλήματα) und in schwere (βαρέα) abgetheilt [13]. Der Wett-

---

496, a. XIV, 30, 631, f. *Plutarch*, Thes. c. 22. 23. *Pollux* IV, 53. Lexic. rhetor. in Bekkeri anecdot. Gr. I, p. 305.
8) *Galen.* de val. tuend. II, 10. *Antyllos* bei Oribassos VI, 14. und *Aristoteles* περὶ ζῴων πορείας c. 9. 9) Vgl. *Boeckh*, Explicat. ad Pindar. Ol. IX, p. 328. 10) *Dio Cass.* LXVII, c. 8.

11) *Platon*, Protagor. c. 65, p. 335 d. c. Gesetze VIII, p. 840 c. d., wol ebenfalls statt Κρίσσον zu setzen ist Krison. *Dionys. Halik.* VI, 1, 34. 49. VIII, 1. *Diodoros Sic.* XI, 1, Tom. I, p. 403 (ed. *Wesseling*). *Pausan.* VI, 9, 2. 13, 1. *Strabon* VI, 1, p. 262 (ed. *Casaub.*). *Africanus* bei *Eusebius* Χρονικ. I, 41; ἱστορ. εὐαγωγ. p. 318. 319. Die Statue des Krotoniaten Astylos war zu Olympia noch zur Zeit des älteren Plinius zu sehen. (*Leontinus*, qui fecit stadiodromon Astylon, qui Olympiae ostendit, XXXIV, 19, 4.) 12) *Diodor.* XII, 5, 23. 29. XV, 14. *Pausan.* VI, 3, 5. *Plutarch*, περὶ εὐθυμ. c. 12;' und περὶ τοῦ πότερον καὶ τοῦ φίλου, c. 16. Eine beträchtliche Anzahl von Beweisstellen habe ich bereits in der Gymnastik und Agonistik I, 1. S. 381. 382 Not. aufgezählt. *Philostratos*, περὶ γυμναστικῆς c. 2, p. 4 (ed. *Kayser*) bemerkt im Allgemeinen über die erstaunlichen Leistungen mancher Wettläufer: οἱ δ᾽ ὑπὲρ τάχους ἁμιλλόμενοι πρὸς ἵππους καὶ πτῶκας (πτῶξ) erklärt Hesych. v. p. 405, vol III, ed. *M. Schmidt*, durch λαγωός, vorher aber πτῶιξ durch λαγωοί, δορκάδες, ἔλαφοι, νεβροί). Ebendaselbst bemerkt Hesych.: ἠγωνίζοντο τε οἱ μὲν ὀκτὰ ὀλυμπιάδας, οἱ δὲ ἐννέα. 13) Pla-

lauf (δρόμος) an sich betrachtet gehörte insofern zu den leichteren Uebungsarten, als hier mehr die Schnelligkeit (ὀξύτης, τάχος) als eigentliche Stärke (ἰσχύς, ῥώμη) entschied, obwol ein beträchtlicher Grad von Ausdauer erfordert wurde. Daher der Wettlauf nicht blos in den Palästren und Gymnasien von Knaben und Epheben geübt wurde, sondern der agonistische Wettlauf der Knaben auch in den großen Olympien und in anderen panegyrischen Festspielen Aufnahme gefunden hatte. Zu den leichteren Uebungsarten gehörte auch der Sprung (ἅλμα), ebenso der Diskoswurf und der Abwurf des ἀκόντιον, weil sie eben für sich allein in einem einzelnen Acte bestanden und keine dauernde Anstrengung erforderten. Anders wurde das Verhältniß, wenn dieselben im Pentathlon sich vereinigten, in welchem Kraft, Schnelligkeit und Ausdauer erforderlich waren. Die schweren Uebungen zerfielen wiederum in einfache und zusammengesetzte. Die einfachen waren das Ringen und der Faustkampf, die zusammengesetzten das Pentathlon und das Pankration, in welchen beiden die Zusammensetzung wiederum verschiedenartig war. Im Pentathlon fand blos ein Aneinanderreihen statt, im Pankration eine Verschmelzung. Das Pentathlon bestand im Sprunge, im Wettlaufe, im Diskos- und Lanzenwurfe und im Ringkampfe. Der Sprung (ἅλμα) als einfacher Act bildete den Anfang und wurde in den großen Festspielen eben nur als Theil des Faustkampfes ausgeführt, nicht als einzelne, für sich bestehende Kampfart, für welche ein Siegeskranz ausgesetzt gewesen wäre. Dasselbe Verhältniß fand im Diskos- und Speerwurfe statt. Wir treten nun an eine genauere Betrachtung des Sprunges. Der Sprung ist unter allen gymnischen und agonistischen Operationen eigentlich die kürzeste und einfachste, erfordert aber unter allen die größte Elasticität der Glieder. Unter allen zum Katzengeschlechte gehörenden Raubthieren besitzt der Tiger die größte Sprungkraft, und derselbe erjaht seine Beute nicht anders als durch einen gewaltigen Sprung. Jede Muskel desselben ist von zäher Elasticität. Da nun in den öffentlichen großen Festspielen der Sprung nur als Theil des Pentathlons ausgeführt wurde, mußte natürlich der Pentathlos ein jugendlicher Mann von elastischer Beweglichkeit der Glieder sein. In der Palästra und im Gymnasium wurde natürlich die Uebung im Sprunge von Knaben und Epheben allein getrieben. Denn hier kam es ja nur auf Vorübungen an, wenn auch nicht gerade die agonistische Kunstfertigkeit eines Pentathlos beabsichtigt wurde. Fertigkeit im Sprunge und muthige Entschlossenheit einen kühnen Sprung rasch auszuführen, war ja in vielen Fällen wünschenswerth, ganz besonders aber während kriegerischer Feldzüge. Daher auch gegenwärtig in der militärischen Gymnastik (wenigstens im

preußischen Militär) Uebungen im Sprunge über irgend einen Gegenstand Aufnahme gefunden haben [14]). Ebenso hat man in der gegenwärtigen allgemeinen Turnkunst den Sprungübungen große Aufmerksamkeit zugewendet und es werden dieselben in sehr verschiedenen Arten ausgeführt [15]).

Das homerische Epos läßt die Helden vor Troja keine Uebungen im Sprunge ausführen, theils wol deshalb, weil jene Heroen hierin keine wichtige Leistung erkannten und die eigentliche Kunstgymnastik noch nicht eingetreten war, theils insbesondere deshalb, weil man die Zusammensetzung des Pentathlon noch nicht kannte. Natürlich konnte das ἅλμα erst seit der Einführung des aus fünf Kampfarten bestehenden Pentathlon zu einer beliebten Uebung werden. Die Halteren, Sprungträger, jene bleiernen Kolben (μολυβδίδες χειροπληθείς), welche während des Abspringens in den Händen gehalten wurden, waren gleichsam zur Stützung der Arme erst später hinzugetreten. Wir finden dieselben vielfach von alten Autoren der späteren Zeit, besonders von Lukianos erwähnt und in altgriechischen Vasengemälden in verschiedenen Formen veranschaulicht [16]). Platon hat das Sprungen als einer gymnastischen Uebung nicht gedacht, wohl aber Aristoteles in feiner Schrift über den Gang der Thiere, welcher zugleich die Halteren als zur Beförderung oder Verstärkung des Sprunges dienende Werkzeuge betrachtet [17]). Wir wollen also hier dieselben etwas genauer betrachten. Althellenische Bildwerke, besonders Vasengemälde, zeigen uns dieselben, wie schon bemerkt, in verschiedenen Formen in den Händen der Abspringenden, und die alten Autoren unterscheiden die älteren und die späteren Halteren. Pausanias hat die alterthümlichen Sprungträger (ἀλτῆρας ἀρχαίους) als Attribut älterer Siegerstatuen erwähnt, ohne dieselben genauer zu beschreiben [18]). An einem anderen Orte be-

---

14) *Lucian.* Anachars. c. 27: ἀλλὰ ὑπεράλλεσθαι τάφρον εἰ δέοι, ἢ εἴ τι ἄλλο ἐμπόδιον. — 15) Vergl. *Guts Muths*, Gymnastik für die Jugend S. 201—257. Desselben Turnbuch mit Abbildungen S. 46—122. — 16) *Lukianos*, Anach. s. περὶ γυμνασίων c. 27. — 17) *Aristotel.* περὶ ζώων πορείας c. 3: διο καὶ οἱ πένταθλοι ἄλλονται πλεῖον ἔχοντες τοὺς ἀλτῆρας ἢ μὴ ἔχοντες. *Philostrat.* περὶ γυμναστικῆς p. 16 (ed. *Kayser*): καὶ τῇ ἅλσει προσλαμβάνουσι (sc. τὸ ἅλμα). Er unterscheidet hier μακροὶ — τῶν ἀλτήρων und σφαιροειδεῖς. Die Stelle ist jedoch nicht vollständig. Der Herausgeber schreibt im Manuscr. statt ἅλσει gefunden zu haben. Pausanias braucht nur ἀλτῆρας, entfernt man VI, 3 4 von den Pentathlos Hysmon: ἔχει δὲ ἀλτῆρας ἀρχαίους. An einer andern Stelle wird die Statue eines thrakischen Menbäers erwähnt, welche ebenfalls die ἀλτῆρας ἀρχαίους als Attribut hatte, ohne welchem Grunde gewesen zu sein, wie Pauf. V, 27, 8 vermuthet. Aus welchem anderen Grunde aber der Künstler dieser Statue die alterthümlichen Halteren beigegeben hatte, ist von Pausanias nicht angegeben worden. Es bleibt daher immerhin wahrscheinlich, daß der Pentathlos Hysmon irgend einmal im Pentathlon gesiegt hatte. Dem Pausanias könnte schwerlich die große Laufbahn aller derer genau bekannt geworden sein, deren Statuen zu Olympia existirten. — Ein Halter aus Blei besindet sich unter den antiken Bronzegebilden im Antiquarium des älteren Museums zu Berlin Nr. 335, S. 37 in *Toelken's* Leitfaden für die Sammlung antiker Metallarbeiten,

ton, Gesetze VIII, p. 833, d. e. *Aristotel.* Πολ. VIII, 4. *Aeschines* gegen Ktesiph. §. 179 (ed. *Bette*). *Diodor.* IV, 14. *Dionys. Halic.* Ant. Rom. VII, 72. *Plutarch*, Sympos. VIII, 4, 4. *Pausan.* VI, 24, 1. *Lucian.* Anach. §. 24. Bei *Euripides*, Alcest. v. 1032 werden (in Beziehung auf Herakles die κούφα und die μείζονα (statt βαρέα) ἀθλήματα) unterschieden,

schreibt er aber doch die Halteren genauer, welche er nicht als alterthümliche bezeichnet. Sie gehörten demnach einer späteren Zeit an, als diejenigen, welche in zahlreichen Vasengemälden in kolbenförmiger Gestalt erscheinen. Die beiderseits kolbenförmigen waren demnach die älteren; in der Mitte, welche von der Hand erfaßt wurde, waren sie schwächer. Die von Pausanias genauer beschriebenen mit einem bogenförmigen Griffe finden wir ganz entsprechend in einem von Hamilton veranschaulichten Vasengemälde dargestellt [19]). Da die bei weitem meisten der altgriechischen Thongefäße im fünften und vierten Jahrhundert vor Chr. fabricirt und bemalt worden sind, und die kolbenförmigen Halteren in den Gemälden dieser Gefäße am häufigsten vorkommen, so läßt sich auch dadurch entscheiden, daß sie die älteren waren und zur Zeit der Vasenmaler vorzüglich gebraucht wurden. Das hamiltonische Gefäß mit Halteren, welche sich durch eine Handhabe auszeichnen, muß also später, etwa im dritten oder zweiten Jahrhundert vor Chr. entstanden sein. Dabei sind aber noch andere Erklärungsversuche gestattet. So könnte man z. B. annehmen, daß die Halteren mit Handhaben als bequemer tragbare in den Gymnasien und Palästren von den Epheben und Knaben, die beiderseits kolbenförmigen dagegen von den Athleten auf den Schauplätzen der Agonistik gebraucht worden seien. Ebenso könnte man vermuthen, daß die einen Halteren in diesem, die anderen in jenem Staate vorgezogen worden seien, worüber freilich die Alten nichts gemeldet haben. Aristoteles hat keine Unterscheidung angegeben. Natürlich legte ein Philosoph dieser Art auf solche Dinge kein Gewicht. Auch scheinen zu seiner Zeit nur die kolbenförmigen existirt zu haben. Daß dieselben gewöhnlich aus Blei bestanden, hat Lukianos in der angeführten Stelle bemerkt. Einiges Andere ist von Philostratos περὶ γυμναστικῆς angegeben worden [20]).

§. 17. Daß der Sprung der Pentathlen in den großen Festspielen unter Flötenspiel ausgeführt wurde,

bezeugen Pausanias und andere Auteren. Noch zur Zeit des Pausanias war dies gebräuchlich und in Beziehung auf die ältere Zeit wird dies in einem altgriechischen Vasengemälde veranschaulicht [21]). Der Mythenfreund Pausanias führt das αὔλημα τὸ Πυθικόν auf den Apollon zurück, welcher in der mythischen Feier der Olympien hier den Hermes und den Ares besiegt habe [21ᵃ]). Wahrscheinlich jedoch ist, daß diese Sitte nicht überall oder nicht zu jeder Zeit stattgefunden hat. Wo sie aber eingeführt war, mochte auch eine dazu besonders geeignete Melodie ihre Geltung behaupten. In den Gymnasien und Palästren fanden von Seiten der Epheben und Knaben verschiedenartige Sprungübungen statt, während in der Agonistik der Festspiele nur der Weitsprung zur Regel geworden war. Wer am weitesten gesprungen war, hatte in diesem ersten Acte des Pentathlons den Sieg gewonnen. In der genannten Uebungsanstalten sprangen die Knaben und Epheben entweder auf derselben Stelle verharrend gerade in die Höhe oder über eine mehrere Fuß hohe Stele oder irgend einen anderen Gegenstand hinweg, oder von einer Erhöhung nach einer tieferen Stelle oder auf geradem Boden in die Weite fort [22]). Hier kam es ja nur auf die Sprungübungen an. Auch in der neueren Turnkunst wird bekanntlich Spielen, sondern auch im Gymnasium und in der Palästra ging der Ausführung des Sprunges die Einreibung mit dem gymnastischen Oele voraus, um die Elasticität zu erhöhen. In den großen gymnischen Spielen war für den Pentathlos die Einölung ohnehin eine unerläßliche Bedingung, sofern er nach dem Sprunge auch noch den Wettlauf und den Ringkampf zu bestehen hatte, für welche Theile des Pentathlons die Einölung noch nöthiger war als für den Sprung. Sprungspiele verschiedener Art, wie die zu Sparta beliebte orcheitische Bibasis, welche von Frauen und Jungfrauen ausgeführt wurde, werden von den Alten mehrere erwähnt. Man schlug hierbei mit einem oder mit beiden Füßen so hoch nach hinten aus, bis man den eigenen Steiß berührte,

---

Berlin 1850. Auch findet man ebendaselbst schwere eherne Ringe, welche, wie es scheint, zu einem ähnlichen Zwecke gedient haben. Nr. 336. 337. 389 ibid. S. 37.

19) Tischbein, Hamilton's anc. vas. vol. IV, p. 41. Pausan. V, 26, 3: Ἀγὼν (der personificirte Wettkampf oder Kampfdämon) τε ἐν τοῖς ἀναθήμασί ἐστι τοῖς Σμικύθου φέρων ἀλτῆρας· οἱ δὲ ἀλτῆρες οὗτοι παρέχονται σχῆμα τοιόνδε· κύκλου παραμηκεστέρου καὶ οὐκ ἐς τὸ ἀκριβέστατον περιφεροῦς εἰσιν ἥμισυ· πεποιηνται δὲ ὡς καὶ τοὺς δακτύλους τῶν χειρῶν διιέναι κατάπερ δι' ὀχάνων ἀσπίδος. 20) Die ganze lückenhafte Stelle des Philostrat. c. 9, p. 16 (ed. Kayser) lautet: οἱ γὰρ νόμοι τὸ πήδημα χαλεπώτερον ἡγούμενοι τῶν ἐν ἀγῶνι, τῷ τε αὐλῷ προσεγείρουσι τὸν πηδῶντα· καὶ τῷ ἀλτῆρι προσελαφρύνουσι· πομπός τε γὰρ τῶν χειρῶν ἀσφαλής· καὶ τὸ βῆμα ἑδραῖον τε καὶ εὔσημον· οὐ γὰρ ξυγχωρεῖ διαμαρτεῖν τὸ πήδημα, ἣν μὴ ἀρτίως ἔχῃ τοῦ ἴχνους· γυμνάζουσι δὲ καὶ μείζους τῶν ἀλτῆρων ὤμους τε καὶ χεῖρας· οἱ δὲ σφαιροειδεῖς καὶ δακτύλους. Die ganze Darstellung bezieht sich mehr auf die Uebungen im Gymnasium und in der Palästra, als auf die Ausführung der Athleten in den großen Festspielen. Hier scheinen die μακροί die kolbenförmigen, die σφαιροειδεῖς die mit Handhaben zu bezeichnen.

21) Pausan. V, 7, 4. 17, 4: καθότι καὶ ἐφ' ἡμῶν ἐπὶ τῷ ἅλματι αὐλεῖν τῶν πενταθλων νομίζουσι. Vergl. VI, 14, 5. Philostrat. l. c. Taf. IX, Fig. 22 zu meiner Gymnastik und Agonistik der Hellenen, Tbl. I, Bl. 2. Der zu seiner Zeit berühmte Auleod Pythokritos hatte sechsmal zum Pentathlon die Flöte geblasen. Pausan. VI, 14, 4. 5. Bei den Athenäern fand auch zum Ringkampfe Flötenspiel statt, wie Plutarch περὶ μουσικῆς p. 1149. c. d. bezeugt. 21ᵃ) Pausan. V, 7, 4. 22) Seneca, Epist. 15: Cursus et cum aliquo pondere manus motae at saltus, vel ille, qui corpus in altum levat, vel ille qui in longum mittit, vel ille, ut ita dicam sallaris, aut contumeliosius ille, fallonius (der Wallersprung). Der keine Hochsprung wird von Lukian, Anach. c. 4 beschrieben (καὶ ἀναπηδῶσιν, ὥσπερ θέοντες, αἰεὶ τὸ αὐτὸ μένοντες, καὶ ἐς τὸ ἄνω συναλλόμενοι, λακτίζουσι τὸν ἀέρα; also im Emporischnellen auf derselben Stelle). 23) J. Chr. Fr. Guts Muths, Turnbuch S. 64 unterscheidet den Grabensprung, den Schlängelsprung, den Tiefsprung, den gemischten Sprung, den Sprung mit dem Stabe, den Hochsprung, den Weitsprung u. s. w.

was natürlich keine so leichte Sache ist, sondern Uebung erfordert [24]). Die diätetischen Aerzte der späteren Zeit berühren noch verschiedene Sprungweisen, welche auf Erhaltung oder Wiederherstellung der Gesundheit berechnet waren. Wir übergehen aber hier so manches minder Wichtige dieser Art und gehen zur Betrachtung des Ringkampfes über.

K. 18. Daß der Ringkampf (πάλη; παλαισμοσύνη, καταβληικινή) zu den frühesten Uebungsarten gehörte, läßt sich schon daraus folgern, daß überall Knaben und Jünglinge, selbst noch rüstige Männer, gern miteinander ringend ihre Kraft und Gewandtheit messen, daß sie im Scherz und oft genug auch im Ernst einander umfassen und niederzuwerfen streben. Lukianos hat den schlauen Hermes als besten Pädotriben und Lehrer im Ringkampfe bezeichnet, weil gerade in diesem Wettkampfe körperliche Kraft nicht allein entscheidend war, sondern auch Schlauheit, List und Kunstfertigkeit eine wichtige Rolle hatten [25]). Laut mythischer Kunde soll aber doch erst die jungfräuliche Palästra, die Tochter des Hermes, in Arkadien die πάλη erfunden haben und Autolykos, der Sohn des Hermes, soll dem noch jungen Herakles im Ringkampfe Unterricht ertheilt haben [26]). Platon hat den Antäos und den Kerkyon als die frühesten Ringer aufgeführt [27]). Nach Pausanias hat aber erst Theseus den Ringkampf auf bestimmte Regeln gebracht. Er hatte den gewaltthätigen Kerkyon, welcher jeden ankommenden Fremdling genöthigt haben soll, mit ihm zu ringen, bewältigt [27a]). Auch Herakles wurde in den Sagen der Eleier als gewaltiger Ringer gepriesen und soll in den von ihm angeordneten Olympien im Ringen und Pankration gesiegt haben [28]). Das homerische Epos läßt in den von Achilleus angestellten Kampfspielen den gewaltigen Telamonier Aias und den schlauen Odysseus mit einander im Ringkampfe losgehen. Sie stehen lange umschlungen, wie die vom Baumeister ineinander gefügten Balken und keiner vermag es den anderen zu Boden zu bringen, bis endlich doch die List des Odysseus siegt, und das Niederstürzen des weit stärkeren Helden

bewirkt [29]). Auch hatte er einst auf der Insel Lesbos den Ringkampf mit dem Philomeleides siegreich bestanden [30]). Auch die Phäaken sind dem Ringen nicht abhold, doch ihr Herrscher Alkinoos gesteht dem Odysseus offen, daß hierin ihre Stärke gerade nicht bestehe, ebenso wenig als im Faustkampfe [31]). Wie schon bemerkt, machen die homerischen Helden ebenso wenig als die Phäaken von der Einreibung mit Oel Gebrauch.

Wir verlassen hier das mythisch-heroische Zeitalter und gehen zu dem geschichtlichen über. In den Palästren und Gymnasien fand das Ringen der Knaben und Epheben natürlich unter stetiger Aufsicht der Pädotriben und Gymnasten statt, welche jede Ausschreitung zu verhindern, jede Aufwallung des Zornes zu beschwichtigen hatten und die jugendlichen Ringer nicht aus dem Gleise der gymnastischen Regeln kommen ließen. Hierbei wurden ihnen die Vorschriften der Kunst und des Anstandes beigebracht und gezeigt, was in beider Beziehung erlaubt und was nicht erlaubt sei. Am lehrreichsten für uns ist aber der gesetzlich normirte Ringkampf der Agonisten in den vier großen Festspielen, welcher auch auf die Vorübungen in der Palästra Rückschlüsse zu machen gestattet. Diejenigen Agonisten, welche z. B. in den großen Olympien zum Ringkampfe sich gemeldet hatten, wurden, schon am Tage vor den Wettkämpfen durch das Loos zusammengestellt, d. h. jeder Agonist erhielt durch das gezogene Loos seinen Gegner, mit welchem der erste Kampf durchgemacht werden mußte. Hatten sich z. B. acht Ringer eingefunden, so bildeten diese acht vier Paare, aus deren durchgemachten Ringkampfe vier Sieger hervorgingen. Diese vier Sieger bildeten nun wiederum zwei Paare, aus deren Wettkampfe natürlich zwei Sieger hervortraten. Diese hatten nun um den Siegeskranz den letzten Wettkampf zu bestehen. Waren nun aber neun Ringer als auftretende Agonisten angemeldet worden, so ergaben sich vier Paare und ein Ueberzähliger, welcher ἔφεδρος genannt wurde. Auch dieser wurde durch das Loos in seiner Rolle erforen. In diesem Falle hatte der letzte aus den vier Paaren hervorgehende Sieger nun auch noch den Kampf mit dem Ephedros aufzunehmen, wenn er zum Siegeskranze gelangen wollte. Der Ephedros, wörtlich der Lauernde, Abwartende, trat nun freilich mit frischer Kraft auf den Kampfplatz. Sein Loos galt demnach für ein glückliches, da es ihm bei gleicher Kraft, Gewandtheit und Kunstfertigkeit nicht schwer werden konnte, seinen durch Anstrengung bereits ermatteten Gegner zu bewältigen. Eine kurze Frist zur Erholung mochte diesem wol bewilligt werden. Daher gelang es dem ἔφεδρος nicht selten, dem bereits bewährten Sieger den Kranz zu entreißen. Vielmehr bewältigte

---

24) *Aristophan.*, Lysistr. v. 82 spricht eine lakonische Frau zu ihrer Freundin, welche die Fülle ihres Körpers und ihre Gesundheit bewundert:

γυμνάδδομαί γα καὶ ποτὶ πυγὰν ἅλλομαι.

Und bei *Pollux* IV, 14, 102 rühmt sich eine spartanische Siegerin in dieser Sprungweise, daß sie tausend Sprünge gemacht, wie niemals eine andere:

χίλιά ποκα Βιβάντι· πλεῖστα δὴ τῶν πή ποκα.

25) *Lukian,* deor. dial. XXVI, 2. *Arnobius* III, 23: curat Mercurius ceⷰma, pugilatibus et luctationibus praeest. Vgl. c. 32. 26) *Apollodor.* II, 4, 9: Hermes wollte deshalb auch bei *Theokrit.* Id. XXIV, 114 statt Ἀρπαλύκῳ lesen Αὐτολύκῳ, was sich allerdings als bessere Lesart empfiehlt. 27) Gesetze VII, 726 a—c: *Eustath.* ad Il. Ψ, 1327, 8 hat den Kerkyon als den Erfinder der παλαιστικὴ μηχανή betrachtet, was doch wol bedeuten soll, Erfinder eines mit Kunst getriebenen Ringens. 27a) *Pausan.* I, 39, 3, wo zugleich bemerkt wird: παλαισικὴν γὰρ εἶτε τέχνην Θησεὺς πρῶτος, καὶ πάλης κατέστη ὕστερον ἀπ᾽ ἐκείνου διδασκαλία. 28) *Pausan.* V, 8, 1.

29) Il. XXIII, 710—734. Aias hob den Odysseus leicht empor, Odysseus vermochte den Aias nur ein wenig vom Boden emporzuheben. Ein schönes Vasengemälde stellt gerade diese Scene dar, in welcher ein Agonist den Gegner vom Boden emporhebt: *Fiorelli,* Notizia di vasi dipinti, rinvenuti a Cuma nel 1856, posseduti da COnte di Siracusa, Napoli 1857, Tav. 16. 17. 30) *Odyss.* IV, 342—344. 31) *Odyss.* VIII, 103. 126. 246.

dieser gewöhnlich auch noch den Ephedros. War der letztere aber vielleicht noch stärker und geübter als der erstere, so mußte natürlich die Frucht der früheren Siege verloren gehen. Dieser letzte Entscheidungskampf wird demnach stets ein sehr heißer und hartnäckiger gewesen sein [32]. Wie im Ringkampfe, so fanden Lösung und Zusammenstellung auch im Faustkampfe und im Pankration statt.

War nun das erste Ringerpaar nach der durch das Loos bestimmten Reihenfolge auf den Kampfplatz getreten, so standen sich gewöhnlich beide Kämpfer einige Minuten ruhig gegenüber, sich mit den Augen messend und gleichsam zu erspähen suchend, wo und wie der Gegner seinen ersten Angriff machen würde. Der geübte Agonist nahm nun natürlich eine solche Haltung, in welcher er zunächst dem Gegner möglichst das Gleichgewicht zu halten vermochte. Die Füße auseinander gestellt, den ersteren vorwärts und ein wenig gebogen, um möglichst festen Stand zu erhalten, legte er nun die kampfrüstigen Arme aus, bog Hals und Haupt etwas zurück, gleichsam in die Schultern einwärts, wölbte so gewissermaßen den Oberleib, Schultern und Rücken (γυρώσας), reckte und schmälerte zugleich den Unterleib und näherte sich somit der Wespengestalt (σφηκώσας), faßte nun die zu erwartenden Bewegungen des Antagonisten scharf ins Auge und übte nun angreifend und abwehrend in jedem bewährten Ringerschema seine Kunstfertigkeit [33]. Nicht bloß jeden Angriff geschickt abzuwehren oder doch erfolglos zu machen, sondern auch dem Gegner jede Blöße (λαβή) abzulauschen und ihm selber feine darzubieten war eine der Hauptbedingungen des günstigen Erfolges [34].

Hierbei kam es oft weniger auf die Stärke, als vielmehr auf die durch vielseitige gymnische Uebung gewonnene Durchbildung an. Bei gleicher Gewandtheit und Kraft währte es daher oft lange, bevor der Eine den Anderen am ganzen Leibe erfassen und umschlingen konnte. War dies endlich zu Stande gebracht worden, so standen oft beide lange wie eingewurzelt, bevor der Eine den Anderen von der Stelle zu bewegen vermochte, wenn beide von gleicher Stärke und gleicher Kunstfertigkeit waren [35]. Dagegen konnten die Kampfgesetze nicht einschreiten. Schlagen war hierbei durchaus nicht gestattet, wol aber mußte das Schieben, Drängen, auch das Stoßen erlaubt sein, weil der Ringer einen prallen Angriff des Gegners oft durch einen Stoß (ὠθισμός) zu paralysiren sich genöthigt sah [36]. Ueberhaupt existirten in dieser Beziehung viele gesetzliche Vorschriften über Alles, was erlaubt, was anständig und schön, und was dieses nicht war [37]. Der Ringkampf hatte im Verlaufe der geschichtlichen Zeit die meisten Regeln erhalten [38]. Nicht jede Regel konnte während des oft langen Kampfes zur Anwendung kommen, sondern die Gelegenheit dazu mußte sich je nach der Evolution erst darbieten [39]. Außerdem ging dem mit dem Erfassen des Gegners begonnenen Wettkampfe bisweilen der ἀκροχειρισμός voraus, d. h. das gegenseitige Erfassen allein mit den Händen in fingern beider Hände, wobei auch nicht gar selten wohlgeübte und boshafte Agonisten ihrem Gegner einen Finger zerbrachen und ihn dadurch zwangen sich für besiegt zu erklären. Die Kampfgesetze in den großen panegyrischen Festspielen scheinen dies jedenfalls zu den unerlaubten Manipulationen gerechnet zu haben. Denn der Messenier Leontiskos aus Sicilien vermochte seine Gegner im Ringkampfe nur dadurch zu besiegen, daß er ihnen die Finger zerbrach (τὸ Λεοντίσκον καταβαλεῖν μὲν οὐκ ἐπίστασθαι τοὺς παλαίοντας, νικᾶν δὲ αὐτὸν κλῶντα τοὺς δακτύλους). Pausaniae VI, 4, 2 erwähnt nichts davon, daß dies seinen Sieg beeinträchtigt habe. Seine Siegerstatue war ein Werk des ausgezeichneten Bildhauers Pythagoras. Während die

---

[32] Ich habe zum erstenmal das Verhältniß des Ephedros mit seinem Gegner Olympia §. 13, p. 109 fg. richtig entwickelt, während alle früheren Erklärungsversuche völlig unrichtig waren, auch die Auslegung von A. Böckh in seinem Commentar zu Pind. Olymp. — Völlig unzulässig ist die Annahme von G. U. A. Wieth, Encykl. der Leibesübungen Th. I, S. 97: „Wer sein Gegner (nämlich des Ephedros) war, ist nicht ganz klar, vielleicht bot sich einer willkürlich an." Willkür hatte hier keinen Platz, alles wurde durch das Loos entschieden. Und da nur einer den Siegeskranz gewinnen konnte, so wäre ja der Wettkampf der ersten Ringerpaare fruchtlos gewesen. Der Gegner des Ephedros konnte nur derjenige sein, welcher als Sieger aus dem vorausgegangenen Wettkämpfen der auftgetretenen Ringerpaare hervorgetragen war. Nur deshalb wurde das Loos des Ephedros von den Alten einstimmig als ein glückliches bezeichnet. Zu den von in Olympia l. c. angegebenen Beweisstellen kann noch b. Schol. ad Euripid. Phoeniss. v. 1102 gefügt werden: ἐφεδρος γὰρ ὁ εὐτρεπισμένος, δύο τινῶν παλαιόντων, παλαίειν τῷ νικήσαντι. Dies war der Fall, wenn nur ein Ringerpaar und ein Dritter als Ephedros zum Ringkampfe sich gemeldet hatte. [33] Alles dieses läßt sich aus zahlreichen Stellen der Alten entnehmen, vieles auch von den erhaltenen Gebilden der antiken Kunst. Vergl. Heliador., Aethiopica X, p. 285 (ed. Basel. 1534) und IX, p. 308 (ed. Mitscherl.). Stat., Theb. VI, 831—900. Ovid., Met. IX, 33—61. VI, 206 seq. Lucan., Hel. civ. IV, 612. Quint., Smyrn. IV. 230 seq. Eustath. ad Il. Ψ, 1325, 62,—1327. Xenoph., Κυνγχ. X, 12: μὴ πολλῷ μέτρῳ διαβάντα ἢ ἐν πάλῃ. Vgl. Tischbein, Anc. vas. IV, 44. [34] Bei Plutarch, Symp. II, 4 wird die wird als τεχνικώτατον καὶ πανουργότατον der ἀθλημάτων bezeichnet. Vgl. Aristides, pro quattuor V, p. 131.

[35] Pollux, Onom. III 149 stellt folgende Bezeichnungen zusammen: οἱ δὲ παλαισταὶ βαρεῖς, στάσιμοι, μόνιμοι, ὅμιαι, ἀντερειδόμενοι, συμπληρόμενοι. Vgl. Lukian., Luc. s. asiu. c. 8—10. Das χειρονομεῖν fand hierbei auch statt. So ein Satyr als χειρονομῶν auf einer Gemme: Toelken, Berl. Gemmensammlung S. 199. Nr. 1043. [36] Plutarch, Symp. II, 5, 2: ὠθισμοῖς χρῆσθαι, πάλη ἡ συμπλοκῆς καὶ ὠθισμοῖ. Auch Lukian. Anach. c. 1 und c. 24 erwähnt die ὠθισμοῖ (ὠθισμοὶ καὶ περι — ὠθοῦντες τε ἀλλήλους — συνωθοῦν κάτω ἐς τὸν πηλόν, alles dieses in Beziehung auf den Ringkampf. [37] Plato, Gesetze VIII, 834 a. b: τοῦ καλῶς παλαίοντος ἔργον καὶ μὴ καλῶς κτλ. [38] Quintiliani inst. orat. XII, 2, 12: et ut palaestrici doctores illos quos nametōs vocant, non idcirco discentibus tradunt, ut iis omnibus, quos didicerant, in ipso luctando certamine utantur, sed ut copia illis, ex qua unum e ceterorum, cuius se occasio dederit, efficiant. [39] Quintiliani insti. orat. l. c. Unter nametōs fand hier wohl jedoch, sondern ὄνομα zu verstehen. Polyb. III, 81: Καθάπερ γὰρ ἐπὶ τῶν καὶ ἀνδρα καὶ ζυγὸν ἀγωνισμάτων, ὅτι τὸν μέλλοντα νικᾶν συνθεωρεῖν, πῶς δυνατὸν ἐφικέσθαι τοῦ σκοποῦ καὶ τί γυμνὸν ἢ ποῖον ὅπλον μέρος φαίνεται τῶν ἀνταγωνιστῶν.

ἀκροχειριζόμενοι die Stärke ihrer Hände und Finger prüften, war jede Art von Ausschlagen verpönt, wie man aus einer Stelle des Aristoteles folgern darf [40]). Daß aber dieses ἀκροχειρίζεσθαι nur zum Ringkampfe, keineswegs zum Faustkampfe gehörte, geht aus Platon's Worten hervor [41]). Die Mannigfaltigkeit der vorkommenden Schemata im Ringkampfe mochte auch vorzugsweise die Aufmerksamkeit der Zuschauer fesseln, jedenfalls mehr als in anderen Kampfarten, das Pankration ausgenommen. Pausanias hat den Kratinos aus Aegina in Achaia als den vortrefflichsten Ringer seiner Zeit bezeichnet, welcher den Ringkampf mit der höchsten Kunstfertigkeit ausgeführt habe [42]). Er war in Hellas, wie Pausanias berichtet, der schönste Jüngling seiner Zeit und siegte zu Olympia im Ringen der Knaben. Wie viel berechnete List hierbei vermochte, hat schon das homerische Epos in seiner Beschreibung des Ringkampfes des Odysseus mit dem weit stärkeren Aias gezeigt, welcher letztere durch die List des ersteren endlich zu Boden geworfen wird. Aias hebt nämlich den Odysseus vom Boden in die Höhe, während Odysseus ihn mit beiden Füßen in die Kniekehlen stößt, wodurch Aias niederstürzt und Odysseus zugleich mit ihm. Als nun Odysseus bei dem zweiten Gange den Aias erheben will, vermag er ihn nur ein wenig vom Boden abzuheben, brauchte aber nochmals dieselbe List, sodaß wiederum beide zu Boden fallen, wie bei dem ersten Falle, Aias unten und Odysseus oben. Nun soll ein dritter Gang stattfinden, welchen jedoch Achilleus abwehrt und beiden gleiche Preise zuerkennt [43]). Dem wohlgeübten Ringer waren natürlich noch viele andere listige Wendungen gestattet, ohne gegen specifische Kampfgesetze zu verstoßen. Entweder dasselbe oder wenigstens mit dem von Odysseus gebrauchten Schema verwandt war das während der geschichtlichen Zeit oft erwähnte ὑποσκελίζειν, welches wol in verschiedener Weise zur Ausführung kommen konnte [44]). Ein anderes verwandtes Schema bestand darin, daß der eine Fuß des Gegners plötzlich mit der Hand ergriffen und in die Höhe gezogen wurde, wodurch jener das Gleichgewicht verlor und rücklings zu Boden fiel. Dazu gehörte freilich große Kraft und war nur möglich, während der Gegner den einen Fuß in Bewegung setzte, um eine andere Stellung einzunehmen. Denn während des festen Standes beider Füße war dies nicht ausführbar. Einige antike Vasenbilder gewähren eine hinreichende Veranschaulichung dieses Schemas, obwol sich Gebilde dieser Art möglicher Weise auch auf das Pankration beziehen können [45]). Eine ähnliche Si-

tuation zweier Ringer zeigt eine Münze, wo aber der auf diese Weise angegriffene Antagonist seinen Gegner mit beiden Händen erfaßt, sodaß dieser natürlich zugleich mit ihn Boden fallen muß [46]). Auch wurde der Fuß des einen um den Schenkel des anderen geschlungen, wodurch ebenfalls das Niederwerfen bezweckt werden sollte. In diesem Kampfschema ist die bekannte Ringergruppe zu Florenz ausgeführt worden [47]), welche J. Winckelmann „für die laut mythischer Kunde gerade im Ringkampfe begriffenen Söhne der Niobe, als sie von den tödtlichen Pfeilen getroffen wurden", gehalten hat, besonders deshalb, weil dieses Symplegma ebenda und in derselben Zeit aufgefunden wurde, wie die übrigen plastischen Gebilde der Niobiden [48]). Auf pisidischen und pamphylischen Münzen kommen verwandte Ringergruppen vor [49]). — Besondere Arten des Angriffes im Beginn des Wettkampfes scheint das Wort δράσσειν zu bezeichnen [50]). Plutarch hat mehrere Bezeichnungen verschiedener Angriffe, Wendungen und Schemata der Ringenden aufgeführt: ἐπιβολαὶ καὶ ἕλξεις, ἐμβολαὶ, παρεμβολαί, συστάσεις, παραθέσεις [51]). Wäre uns ein vollständiges Werk über die Gymnastik von einem althellenischen Gymnasten, Pädotriben oder Aleiptes erhalten, an welchen es in alter Zeit nicht gefehlt hat, so müßten uns jene technischen Ausdrücke weit klarer und anschaulicher werden, als dies jetzt, beim Mangel an Vorstellungen im Allgemeinen gestattet sind ohne Bürgschaft für die Richtigkeit im Speciellen. Lukianos hat als besondere Schemata im Ringkampfe die ἀθισμοί, περιπλοκὴ und λυγισμοὶ aufgeführt [52]), ferner das ἄγχεσθαι καὶ ἐς ὕψος ἀναβαστάζεσθαι. Jedenfalls gehören auch die συμπλοκή, die συνάφεια, συναφὴ und κατοχὴ harten [53]). Die Zahl der verschiedenen Schemata war natürlich erst im Verlaufe der Zeit groß geworden, da fests neue hinzutraten. Selbst die uns noch erhaltenen Abbildungen zeigen sehr verschiedene Schemata, obgleich die Zahl dieser Gebilde zu den einst im Alterthume existirenden nur als eine sehr geringe betrachtet werden darf [54]). So sind auch ἀπά-

40) Aristotel., Eth. Nicomach. III, c. 1. §. 17. 41) Platon, Alcib. prior p. 131 (ed. Buttmann): τίσι χρή προσπαλαίειν, καὶ τίσιν ἀκροχειρίζεσθαι. 42) Pausan. VI, 3, 3. 43) Il. XXIII, 710—734, V. 726: κοψ' ὄπιθεν κώληπα τυχών ὑπέλυσε δὲ γυῖα. Das zweitemal V. 731: ἐν δὲ γόνυ γνάμψεν· ἐπὶ δὲ χθονὶ κάππεσον ἄμφω. 44) Polluc. Onom. III, 30. Galen., de val. tuend. II, 2. Plutarch, Fragm. 34, 29. Lucian, Anach. c. 24 (ὑποσκελίσας). 45) Monument. d. inst. archeol. II, p. 21. Fig. 10, b u. pl. 22, Fig. 8, b. Vgl. ein schönes Vasenbild dieser Art bei Fiorelli,

Notizia di vasi dipinti rinvenuti a Cuma nel 1856, Tav. 16. 17 (Napoli 1857). 46) Hunter, Numism. vet. Tab. VII, No. 19. 47) Galerie de Flor. vol. II, 15, 4. Vgl. Musée de Flor. p. David. Tom. III, l. 63. 48) Vgl. A. Fabroni, diss. sulla statue appart. alla favola di Niobe, Firenze 1779. Montfaucon, Diar. Ital. p. 139. Ein ähnliches Ringen „Symplegma" findet man im Mus. Blacas I, 2; und noch ein anderes bei Visconti, Mus. Pioclem. vol. V, p. 37. 49) Mionnet, Descr. d. med. ant. Grecq. et Rom. Tom. VII, p. 5, 57, 3. 6. Hunter, Num. vet. Tav. 48, 20. Münzen von Etenna Mionnet, Suppl. Tom. VII. 38 u. 61. Münzen von Selge mit Ringern ibid. Tom. VII, Suppl. n. 196—198. p. 133 fg. Auch Pinder, Münzen des f. Berl. Museums I, Fig. 8. 50) Pollux III, 155 hat wenigstens δράσσειν als Ringerschema angegeben. 51) Plutarch, Symp. II, 4. IV. procoem.: αἱ μὲν γὰρ παλαιότεραι ἐμβολαὶ καὶ ἕλξεις κονιορτοῦ δέονται· τοὺς παλαιστὰς δράμεν· ἀλλήλους ἐγκωλιζομένων καὶ περιλαμβανόντων. 52) Lukian, Anach. c. 24. 53) Hesych. v. Tom. II, p. 1042 (ed. Alb.): Προσβολή· τῶν ἀθλητῶν ἡ συναφὴ καὶ κατοχὴ καὶ ἡ ὁρμή. Bei Suidas aber hat προσβολή eine andere Bedeutung. 54) Vgl. die Annali del inst. di corr. archeolog. vol. 42, Tav. O (Rom. 1870); wo

γειν, ἀγκωνίζειν, ἀνατρέπειν, ἄγχειν, ἀποπνίγειν paläſtriſche Ausdrücke, durch welche beſondere Schemata und
Manipulationen im Ringkampfe bezeichnet werden [55]).
Ein Beiſpiel des ἀνατρέπειν gewährt ein plaſtiſches Gebilde in den Monumenti d. inst. di corrisp. archeol. [55a]).
Gewaltthätige Griffe bezeichnen das ἄγχειν und ἀποπνίγειν, das Erfaſſen des Halſes, das Würgen und Hemmen der Reſpiration, welches letztere die Kampfgeſetze
natürlich nicht geſtatteten. Dennoch iſt es in den großen
olympiſchen Feſtſpielen vorgekommen, daß im Kampfe
ergrimmte boshafte Ringer ihren hartnäckigen Gegner
auf ſolche Weiſe umbrachten. Der Siegeskranz wurde
dann nicht dieſem geſetzwidrigen Agoniſten, ſondern dem
Umgebrachten zu Theil. Auf einer Gemme erblicken wir
eine aus zwei im Kampfe begriffenen Knaben beſtehende
Ringergruppe, von welchen der eine den Hals des anderen mit den Armen feſt umſchlungen hält, der erſtere
auf dem rechten, der andere auf beiden Knien ruhend [55b]).
Auf dieſes Schema oder auf ein verwandtes mögen ſich
die Bezeichnungen ἀγκαλίζειν und ἀγκωνίζειν beziehen,
obwol noch andere Ringerweiſen dadurch angedeutet ſein
können. Verwandte Ringerſchemata werden auch noch
durch ἄμμα, ſφίγγειν, θλίβειν, κατέχειν bezeichnet [56]).
Die ἄμματα kommen ebenſo wol im Ringen als im
Pankration vor. Geſchickt und raſch ausgeführt konnten
ſie die Activität des Gegners bedeutend ſchwächen, daher
der geübte Ringer ſolchen möglichſt zuvorzukommen und
auszuweichen ſtrebte. Das ſτρέφειν und μεταστρέφειν
läßt ſich leichter erklären und beſtand jedenfalls darin,
daß der Ringer ſeinen Gegner durch einen plötzlichen
Ruck aus ſeiner Stellung brachte, indem er ihn gleichſam
umdrehte. Hierher gehört auch das πλαγιάζειν. In
allgemeiner Beziehung redet Ariſtophanes von den ſτρε-
βλοῖσι παλαίσμασι [56a]). Der Ausdruck μεσαγκρέλειν wird
von Heſychios durch μεσολαβεῖν erklärt und ſcheint ſich

auf ein Ringerſchema zu beziehen [57]). Nach dichteriſcher
und künſtleriſcher Darſtellung packte Herakles den Antäos mit beiden Armen in der Mitte des Leibes und
hob ihn empor. Der Ausdruck πτερνίζειν bezeichnete
entweder ein Treten mit der Ferſe des Gegners oder ein
Stoßen mit der eigenen Ferſe (λακτίζειν τῇ πτέρνῃ),
welches letztere wol das richtigere iſt. Auch wird von
Heſychius πτερνίζειν durch ἀπατᾷ erklärt [58]). Seltſamer
Weiſe wird ſogar das gegenſeitige widderartige Zuſammen-
ſtoßen mit der Stirn (συναράττειν τὰ μέτωπα) als
Ringerſchema genannt und Lukianos läßt von den Epheben zu Athen im Lykeion davon Gebrauch machen [59]).
Auch kommt dieſes ungefällige Schema in antiken Vaſen-
bildern vor [60]). Das παρακρούειν wird vom Etymologicum magnum als Ringerſchema erwähnt [61]). Vielleicht war es das von Plutarch als böotiſches Schema
angeführte, welches im Stoßen und raſchen Umdrehen
beſtand [62]). Das κλιμακίζεσθαι wird als ſpartaniſche
Ringerweiſe bezeichnet, wird aber auch den Fauſtkämpfern
(τοῖς πύκταις) zugeſchrieben. Sophokles erwähnt die
ἀμφίπλεκτον κλίμακος im Ringkampfe des Herakles mit
dem Achelous [63]). Das τραχηλίζειν, ein Ringerſchema,
wobei beſonders der Nacken in ſtarken Angriff genommen
wurde (καὶ ἀπὸ τραχήλου γυμνάζονται) wird von Xenophon ebenfalls auf die Spartaner bezogen [64]). Hierüber ſind verſchiedene Vorſtellungen geſtattet, jedoch ohne
ſichere Bürgſchaft für ihre Richtigkeit. Mehrere Stellen
deuten aber darauf hin, daß der Gegner hierdurch zu
Boden geworfen werden konnte [65]). - Neben
den allgemein gültigen Regeln des Ringkampfes ſcheinen

55) Pollux, Onom. IV, 155 braucht ἀγκωνίζειν als Bezeichnung eines Ringerſchema's. Hesych. v. erklärt ferner auch die
Bezeichnungen ἐπιγκωνίζεσθαι durch ἐπανάγεσθαι, welches jeden-
falls auch ein Ringerſchema angedeutet wird. 55ª) Monument.
II, 21, 10, b. Vgl. Visconti, Mus. Pioclem. T. V, tab. 37. Dio
Cass. LXXI. 1: ἀλλ' εἶθ' ὁπτίος τῷ ἀντων ἔπεσε, συναπείλ-
κετο τὸν ἀντίπαλον καὶ τοῖς ποσὶν ἐς τουπίσω ἀνεῤῥίπτει,
ὥσπερ ἐν πάλῃ, καὶ οὕτως ἐπάνωθεν αὐτοῦ ἐγίνετο. (Dies
von dem Kampfe der Römer mit den Jazygen auf dem Eiſe der
Donau.) 55b) Galerie de Flotence vol. II, livr. 29, tav. 3.
Ueber ähnliche Gemmen vgl. Winckelmann, Descr. d. pierr. gtav.
V, p. 456 seq. Flotence 1760. Man beziehen auch die Worte
des Aeschyl., Agamemn. v. 55 fg.
πολλὰ παλαίσματα καὶ γυιοβαρῆ
γόνατος κονίαισιν ἐριδομένου κτλ.
56) Lukian., Lucius s. Asinus c.10. Aristotel. Rhet. I, 5: ὁ
δὲ (συνάμενος) θλίβειν καὶ κατέχειν παλαιστικός. In Beziehung auf kunſtarchäolog. Angaben könnte hier vieles beigebracht
werden, wenn es erforderlich wäre. Vgl. b. Monumenti inediti d.
corr. archeolog. II, tav. 24, 1835. 56ª) Ariſtoph., Fröſche
V. 878.

57) Hesych. v. p. 95, Tom. III (ed. M. Schmidt) 58)
Hesych. v. erklärt πτερνίζειν durch ἀπατᾷ, πτερνισμον durch ἐπι-
βουλήν. Tom. II, p. 1070 (ed. Albert.) Plin. XXXIV, 6 erwähnt
nach hier in einer ſolchen Haltung gebildet worden ſein. 59) Lukian, Anach. c. 1: ἀθροῖς τε ἀλλήλους συντινάγοντες καὶ τὰ
μέτωπα συναράττουσι ὥσπερ οἱ κριοί. Auch Pollux l. c. erwähnt μετωπίζειν. In b. Compte-reudu de la commission imperiale archeolog. pour l'année 1867, Atlas Tab. I iſt ein Ringerpaar veranſchaulicht, von welchem der eine den anderen am Kopfe
gefaßt hat und niederhält. 60) Vgl. S. H. Müller, panathe-
näiſche Vaſen in b. Allg. Encyklopädie b. Wiſſenſch. und Künſte,
Sect. III, Bd. 10, S. 301. 61) Etym. Magn. p. 652, 49:
Παρακρούεται, ἀπατᾷ ἀπὸ μεταφορᾶς τῶν παλαιστῶν, οὐ
καταβαλλόντων, ἀλλ' ἐν ὥρᾳ παρακρουόντων ἢ ποδὶ ἢ χειρὶ
καὶ οὐ ῥιπτόντων. Vgl. Plutarch, Apophth. Lac. 241 (ed. Hutten.) 62) Plutarch, Sympos. II, 5, 2. 63) Sophokl, Trach.
p. 520. Der Scholiaſt zu dieſer Stelle erklärt die κλίμακος durch
ἐπαναβαίνειν, παρὰ ἄνω τι καὶ κάτω αὐτοὺς στρέφεσθαι ἐν
τῇ μάχῃ· ἔστι δὲ εἶδος παλαίσματος ἡ κλίμαξ. Suid. v. κλι-
μακίζειν erwähnt den Redner Deinarchos λέγων· οὗτος κλιμακίζει
τοὺς νόμους oder δὲ οὕτω νωχρῶς καὶ διαστρέψει. Photius v.
erklärt es durch σκελίζειν καὶ διαστρέφειν. 64) Xenoph., Staat
der Laſedämonier V, 9. Plutarch, Apophthegm. Lacon. divers.
N. 41 (VIII, 241. H. Moral II, p. 167. ed. Stereot.) τοῦ προ-
στραχηλίζοντος. Lukian., Lexiph. c. 5: ὁ δὲ τραχηλισμῷ καὶ
ὀρθοπάλῃ ἐχήρω. Noch viele andere Stellen habe ich in b. Gymnaſt.
und Agoniſt. der Hell. II, 1, p. 430, Note 3 beigebracht. 65)
Vgl. Philon, περὶ τῶν μετανομασθ. p. 25. περὶ ὀνείρων p. 163
αὐχενίζοντες ἐκτραχηλίζειν καὶ καταράττειν πρὸς τὸ ἔδαφος.
44*

einige Staaten noch ihre besonderen beliebten Schemata zu größerer Ausbildung gebracht zu haben, welche in anderen Staaten und Landschaften weniger Geltung hatten. Außer der böotischen und spartanischen Ringerweise wird auch die sicilische als eine besondere erwähnt und als ihr Urheber Orikadnos genannt, welcher zugleich besondere auf den Ringkampf sich beziehende Gesetze gegeben haben soll [66]). Daß auch in dem zu Athen getriebenen Ringkampfe specielle Schemata oder Manipulationen stattfanden, läßt sich aus manchen Andeutungen attischer Autoren folgern [67]). Zu Athen haben wir aber stets die Uebungen der Epheben in den Gymnasien und Palästren von den Wettkämpfen der Athleten in den großen Festspielen zu unterscheiden. In den Gymnasien und Palästren konnte wol das Improvisiren gestattet sein, keineswegs in den großen Wettkämpfen öffentlicher Spiele, wo die strengen Kampfrichter die Gesetze überwachten. Was Lukianos in seinem Dialog Anacharsis seu περὶ γυμνασίων mittheilt, bezieht sich auf die attischen Epheben, als deren Zuschauer Anacharsis und Solon dargestellt werden. Die thessalische Schlauheit und Verschlagenheit in Ringen oder auch in den gymnischen Wettkämpfen überhaupt hat Eustathlos erwähnt [68]). Außerdem zerfiel der Ringkampf in zwei Hauptabtheilungen, in den, welcher von den Ringern so lange als sie stehend kämpften, und in den, welcher von niedergefallenen und liegenden Ringern ausgeführt wurde, welcher letztere Act auch im Pankration stattfand. Beide Arten waren aber nicht etwa so von einander getrennt, daß die eine von diesem, die andere von jenem Ringerpaare vorgenommen wurde, vielmehr konnten beide Kampfarten in einem und demselben Wettkampfe eines einzigen Ringerpaares aufeinander folgen. War nämlich durch den stehenden Ringkampf noch keine Entscheidung des Sieges herbeigeführt worden und war endlich der eine von dem anderen niedergeworfen, jedoch von diesem zugleich mit zu Boden gezogen worden, so wurde der Kampf von den liegenden Ringern bis zur Entscheidung fortgesetzt. Die erstere Abtheilung wurde πάλη ὀρθή, ὀρθία, ὀρθοστάδην genannt, die letztere ἀλίνδησις, κύλισις, καταβλητική, lucta volutatoria, gleichsam ein wälzender Kampf, welcher jedoch weit seltener eintrat, als die letzte Entscheidung in der ersteren. Denn sobald ein Ringer einsah, daß er seinem stärkeren und geübteren Gegner nicht gewachsen war, zog er es gewöhnlich vor, von der Fortsetzung des Kampfes abzustehen (ἀπαγορεύειν). Und wenn auch hier der eine oder der andere oder beide zugleich zu Boden gefallen waren, erhoben sie sich doch möglichst schnell wieder zur Fortsetzung des Kampfes im Stehen. Auch scheint der Wettkampf liegender Ringer häufiger in den Gymnasien und Palästren

als auf den Schauplätzen der großen öffentlichen Festspiele vorgekommen zu sein. Die Wettkämpfer im homerischen Epos haben nur das stehende Ringen, nicht das liegende ausgeführt, welches letztere erst im Verlaufe der geschichtlichen Zeit mit der weiteren Ausbildung der Gymnastik und Agonistik eingetreten ist. Wenn ein elastischer und gewandter Agonist sich gerade im liegenden Ringkampfe mehr auszeichnete als im stehenden, so wird er darauf ausgegangen sein, den ersteren möglichst bald herbeizuführen, was die Kampfgesetze gestatteten [69]). Im stehenden Ringkampfe war eigentlich der Sieg entschieden, wenn ein Agonist seinen Gegner dreimal nacheinander zu Boden geworfen hatte, und eine weitere Fortsetzung des Wettkampfes war dann nicht gestattet. Hierauf scheinen sich die in der Palästrik üblichen Ausdrücke τριαγμός, τριακτήρ, τριακτος, τριάξαι, ἀποτριάξαι zu beziehen, obwol dieselben auch andere Verhältnisse bezeichnen [70]). In der immer weiter ausgebildeten Athletik der späteren Jahrhunderte strebte gewöhnlich der Ringer von Profession nicht sowol nach einer normalen harmonischen Ausbildung seines Körpers, als vielmehr nach Muskulatur, Corpulenz und Gewicht (ὄγκος καὶ βάρος τοῦ σώματος), um auch dadurch dem Gegner überlegen zu sein, ihm das Emporheben vom Boden zu erschweren, ihn durch sein eigenes Gewicht um so leichter niederdrücken zu können; welche körperliche Aufpolsterung bereits von Hippokrates und noch ausführlicher von Galenos getadelt und einer dauerhaften Gesundheit für nachtheilig erklärt worden ist [71]). Namentlich hat Galenos hervorgehoben, daß Athleten dieser Art apoplektischen Zufällen stark unterworfen seien und daß überhaupt diese förperliche Massenbildung der Natur völlig zuwiderlaufe [72]). Das Streben aber nach der großen Ehre und zugleich nach den materiellen Vortheilen des Siegeskranzes wog bei diesen Athleten stets schwerer als alle Rücksichten auf eine dauernde Gesundheit. Dagegen wurde im Ringkampfe der Knaben und Epheben in den Palästren und Gymnasien von den Pädotriben und Gymnasten besonders Elasticität, leichte und schnelle Beweglichkeit, symmetrische Gliederformen, keineswegs aber Ansatz von Muskulatur und Körpergewicht erstrebt. Im Gegentheil waren diese gymnastischen Uebungen vorzüglich darauf berechnet, alle über-

---

66) *Aelianos*, vas. histor. XI. 1: ὅτι Ὀρικαδμος πάλης ἐγένετο νομοθέτης, καθ' ἑαυτὸν ἐπινοήσας τὸν Σικελικὸν τρόπον καλούμενον παλαίειν. 67) So fragt bei *Aristophanes* Ritter V. 1238 Kleon den Wurfthändler:

ἐν παιδοτρίβου δὲ τίνα πάλην ἐμάνθανες;

68) *Eustath.* ad Iliad. B, p. 331, 18.

69) *Platon*, Hipp. p. 374, a. b. seq. 70) *Seneca*, de beneficiis V, 3: Luctator ter abiectus perdidit patmam. *Suid.* v. τριαχθῆναι λέγουσι οἱ παλαιστρικοὶ ὑπὲρ τοῦ πεσεῖν. Andere Stellen habe ich in der Gymnast. und Agonistik der Hell. I, 1, S. 424, Not. 6 angegeben. 71) *Hippocrat.* ἀφορισμοὶ 3, p. 1 (ed. *H. Th. Reinhold*), Athen 1868: Ἐν τοῖς γυμναστικοῖσιν αἱ ἐπ' ἄκρον εὐεξίαι σφαλεραί, ἢν ἐν τῷ ἐσχάτῳ ἔωσιν. Auch in altgriechischen Vasengemälden kommen einigemal corpulente Ringer vor. 72) *Galen.* πότος ἰατρ. c. 37. Ferner περὶ τοῦ διὰ μικρ. σφαίρ. γυμνάζ. c. 3. Προτρεπτικ. λόγ. c. 11. 12. *Statius*, Theb. VI, 875: venit arduus ille desuper oppressumque ingentis mole ruinae condidit. Vgl. *Pausan.* I, 39, 3. *Pollux* III, 149. Nach der Angabe des Pausanias hatte die Befestigung der Athleten lange in frischem Käse bestanden (VI, 7, 3): τέως δὲ τοῖς ἀθληταῖς τὰ σιτία τυρὸν ἐκ τῶν ταλάρων εἶναι, bis endlich der Stymphalier Dromeus die Fleischkost einzuführen begann.

flüffigen, durch Trägheit sich anhäufenden Säfte durch Anstrengung der Glieder und durch Schweiß abzuleiten oder gleichsam aufzuzehren, um den ganzen Körper leicht, gewandt, elastisch und zu jeder Thätigkeit fähig zu machen, wie dies Lukianos durch Solon dem Scythen Anacharsis gegenüber trefflich veranschaulichen läßt [73]. Die Regeln des Anstandes im Ringkampfe betreffend, sorgten in den Gymnasien und Paläftren die Pädo- triben, Gymnaften, Aleipten dafür, daß jede Unschiclich- keit vermieden, jede Bewegung mit Präcifion, Geschic und Grazie (nach der Sprache Jahn's mit Schic und Ziem) ausgeführt wurde. Besonders wurde in den attischen Uebungsanstalten hierauf viel Gewicht gelegt. Selbst auf den Schauplägen der großen Festspiele war es nicht selten der Fall, daß der Pädotribe, der Gym- naftes oder Aleiptes dem Agoniften, welchen sie unter- richtet hatten, zur Seite standen und auf dieses und jenes noch aufmerksam machten. Namentlich geschah dies in den Wettkämpfen der Knaben, nachdem auch diese in den großen Festspielen aufgenommen worden waren. Einst hatte sich die Kallipateira, auch Pherenike genannt, in männlicher Kleidung als Gymnaftes nach Olympia begeben, um ihrem Sohne Peifidoros, welcher als Agonift auftreten wollte, gegenwärtig zu sein. Als nun ihr Peifidoros den Sieg gewonnen hatte, sprang sie vom Entzücken fortgerissen über die Barrière des- jenigen Raumes, in welchem sich die anwesenden Gym- naften und Pädotriben aufhalten sollten. Bei diesem Ueberspringen bemerkte man, daß sie keine männliche, sondern eine weibliche Person sei. Sie hätte nun nach den Gesetzen bestraft werden müssen, wurde aber in Be- ziehung darauf, daß ihr Geschlecht, Vater und Brüder und Söhne viele olympische Sieger aufzuführen hatte, frei gesprochen. Sie war ja die Tochter des von Pindar besungenen, mit vielen Siegeskränzen geschmückten Dia- goras von Rhodos. Dagegen wurde nun ein Gesetz erlassen, daß die bei den Wettkämpfen anwesenden Gymnaften von dieser Zeit ab nur nackend erscheinen sollten [74].

§. 19. Einige der hellenischen Staaten sendeten mehrere Olympiaden hindurch die hervorragendsten Ringer auf die Schauplätze der großen Festspiele. So hatten die Krotoniaten ihren Milo aufzuweisen, welcher in allen Landen berühmt, selbst dem Perserkönige wohlbekannt, in allen vier großen Festspielen von der 62. Olympiade ab im Ringkampfe Kränze errungen [75]. Auch andere Staaten hatten ihre Koryphäen in dieser Kampfart, wie Paträ, aus welcher achäischen Stadt Chiton stammte. Derselbe hatte in den Olympien, Pythien, Nemeen und Isthmien Siegeskränze gewonnen und zwar mehr als einmal, zweimal zu Olympia, viermal in den Isthmien, dreimal zu Nemea, einmal in den Pythien [76]. Der Spartaner Hipposthenes siegte zu Olympia in sechs auf- einander folgenden Olympiaden (von Ol. 37 und 39 bis 43, also nur Ol. 38 abgerechnet) im Ringkampfe. Das vorgerückte Alter hatte demnach seine Kraft und Kunst- fertigkeit nicht geschwächt [77]. Ueberhaupt hatte Sparta viele Olympioniken aufzuweisen, und wunderbar genug auch viele plastische Künstler, welche Siegerstatuen lieferten [77]. Die stärkste Aufgabe war es jedoch, an einem und demselben Tage im Ringen und Pankra- tion,. oder im Faustkampfe und Pankration zu siegen. Beides ist namentlich zu Olympia von einigen aus- gezeichneten Athleten geleistet worden. Ein solcher war z. B. Protophanes aus Magnefia,' über deffen wunderbaren Körperbau Pausanias einige anatomische Bemerkungen gemacht hat [78]. Der Ringkampf bildete während der claffischen Zeit unstreitig das glänzendste Wettspiel der Kraft und Ausdauer, der Kunst und Ge- wandtheit. Für das Gebiet der plastischen Kunst war die Darstellung des Ringkampfes ohne Zweifel das fruchtbarste, aber auch das schwierigste Thema, weil stets zwei Agoniften im Kampfe begriffen zu veranschaulichen waren und doch nur eine Situation des vielseitigen Wettkampfes in Erz oder Marmor festgebannt werden konnte. Daher sich verhältnismäßig nur wenige Künst- ler zur Herstellung eines Ringersymplegma entschloffen haben mögen. Diese Aufgabe nähert sich einigermaßen der schwierigen Thema der Herstellung des Laokoon. Dagegen wurden einzelne Ringer für sich allein theils im Antritte des Kampfes, theils in der Situation, in welcher sie den Sieg errangen, oft genug in Erz und nur selten in Marmor veranschaulicht. So die auf den Schauplägen der großen Festspiele aufgestellten Sieger- statuen, welche kein Symplegma bildeten, sondern in

---

73) *Lukian*, Anach. s. περὶ γυμνασίαν c. 24.   74) *Pau-san.* V, 6, 5. Wenn ein jugendlicher wohlgeübter Ringer sich zu- gleich durch Schönheit auszeichnete, gewann er um so mehr die Gunst der Zuschauer. Ein Epigramm des Simonides (Poël. lyr. Graec. ed. *Bergk* [ed. II], p. 917 seq.) verherrlicht den Knaben- ringet Theognotos, welcher zu Olympia gesiegt hatte: παῖδα πα- λαισμοσύνης δεξιὸν ἡνίοχον, κάλλιστον μὲν ἰδεῖν, ἀθλεῖν οὐ χείρονα μορφῆς. Philostrat., Sen. Imagg. I, c. 4, p. 9 (ed. *Jacobs*): γραφεῖς μειράκιον, οὐ λευκὸν οὐδ᾽ ἐς τρυφήν, ἀλλ᾽ ἕ- τοιμον καὶ παλαίστρας πνέον. So wurde also in Gemälden der Erfolg der gymnastischen Uebungen veranschaulicht. Ringet mit der Eilengis und vor dem Abgesuß kommen auf Basen der altclaffi- schen Zeit gar oft vor. S. Annali d. cott. archeol. Tom. 42, tav. P. Tom. 34, tav. M.

75) *Pausan.* VI, 14, 2. *Africanus* bei *Euseb.* χρόν. I, 41. Ἑλλην. ὀλυμπ. (ed. *Scaliger*). *Diodor.* XII, 9, T, I, p. 488 (ed. *Wesseling*). Mehr Mittheilungen über die Leistungen des Milo habe ich in der Gymnaft. und Agonift d. Hell. I, 1, 433 fg. Anm. 8 bei- gebracht. Nach *Plinius*, h. n. XXXVII, 54 glaubte man, er habe einen Talisman bei sich getragen. Alectoria vocant in ventri- culis gallinacaeorum inventas, crystallina specie, magnitudine fabae: quibus Milonem Crotoniensem usum in certaminibus in- victum fuisse videri volunt. Eine große Anzahl verschiedener edeler Steine mit der Eigenschaft eines Talismans hat Marbodus libet lapidum aufgeführt. So §. 27 de gagathromeo: istius Alcides ope multa peticula vicit.   76) *Pausan.* VI, 4. 5. Vgl. *Krause*, Olympia S. 260. 327 fg.   77) *Pausan.* V, 8, 3. III, 13, 7. *Africanus* bei *Euseb.* χρόν. I. Ἑλλ. ὀλυμπ. p. 40. Meine Olympia S. 300 fg. Auf die spartanische Gymnaftik von Euotas bezieht sich *Euripid.*, Hel. v. 210 (γυμνάσιά τε δονακόεντος Εὐ- ρώτα, νεανίαν πόνοι).   78) *Pausan.* I, 35, 4: δεικνύμενοι τὸν νεκρὸν τάς πλευρὰς οὐκ ἔχοντα δεσσαέκα, ἀλλὰ οἱ συμ- φυὴς ἦν ὅσον ἀπ᾽ ὤμων ἐς τὰς ἐλαχίστας πλευρὰς καλουμένας δὲ ὑπὸ τῶν ἰατρῶν νόθας.

irgend einer besonderen Haltung dargestellt waren. Die Zahl solcher Siegerstatuen, welche allein im Haine Altis zu Olympia·im Verlaufe der Jahrhunderte ihre Stellung gefunden, muß erstaunlich groß gewesen sein, sobaß alles, was sich in diesem Gebiete bis auf unsere Zeit erhalten hat, nur als geringer Ueberrest erscheint. Myron müßte vor allen anderen dazu befähigt gewesen sein, vortreffliche Ringergruppen herzustellen, wie sich aus seinem ausgezeichneten Discobolos folgern läßt. Es ist jedoch kein specifisches Ringersymplegma von ihm bekannt geworden. Dagegen hatte er den Timanthes aus Kleona, welcher zu Olympia im Pankration bekränzt worden war, bildlich dargestellt. Auch werden Statuen delphinischer Pentathlen und Pankratiasten als von ihm gearbeitet erwähnt [79]. Polykleitos hatte einen Knabenringer, den Xenokles aus Mänalos, und einen Pentathlos, den Pythokles aus Elis plastisch hergestellt, wie Pausanias berichtet [80]. Ein Ringer oder auch Pankratiasten-Symplegma ist bereits oben erwähnt worden, wahrscheinlich Nachbildung eines Werkes von einem berühmten Meister, dessen Name uns nicht bekannt geworden. Pausanias meldet, daß auf dem bilderreichen Kasten des Kypselos Jason und Peleus als im Ringkampfe begriffen so abgebildet gewesen seien, daß beide im Kampfe sich das Gleichgewicht hielten [81]. In Herculanum wurden zwei Ringerstatuen aufgefunden in einer Haltung, in welcher die zum Wettkampfe angetretenen Ringer einander zu fassen streben. Ein sich übender Agonist, wahrscheinlich einen Ringer vorstellend, befindet sich unter den Marmorwerken des Antiken-Museums zu Dresden. Nachbildungen verschiedener Ringer-Schemata findet man besonders auf antiken geschnittenen Steinen [82]. Auch ist der Ringkampf oft auf Münzen veranschaulicht worden, wie wir bereits oben diesen bemerkt. Auf den antiken bemalten griechischen Thongefäßen treten uns ebenfalls Ringer entgegen. Auch kommt hier der Ringkampf eines nackten Mannes mit einer weiblichen Gestalt vor, welche letztere bloß mit dem Schamgürtel ausgestattet ist, wahrscheinlich ein aus dem mythischen oder heroischen Zeitalter entlehntes Thema [83]. Die Statue eines mächtigen Ringers mit enormer Muskulatur beschreibt der Epigrammendichter Christodoros, ohne den Namen desselben oder des Künstlers genauer anzugeben. Er weiß wenigstens nicht, ob dieselbe den Philo oder Philammon (spätere Athleten) oder den Milon darstellen sollte [84]. Nach der Angabe des Plinius hatte der Bildhauer Naukeros einen tief aufathmenden oder keuchenden Ringer (luctatorem anhelantem) hergestellt [85]. Auch

die ägyptischen Wandgebilde zeigen Ringer in verschiedenen Stellungen [86]. Ein äußerst lebendiges Ringerpaar hat man für die beiden von Virgil besungenen Ringer Dares und Entellus gehalten [87].

K. 20. Da wir nun das später zu beleuchtende Pentathlon mit seinen fünf Bestandtheilen im Auge behalten, zu welchem die drei bisher behandelten Kampfarten, Wettlauf, Sprung und Ringen gehörten, so schreiten wir sofort zu den zwei noch übrigen agonistischen Leistungen, dem Speerwurfe und dem Discuswurfe, welche im homerischen Epos als für sich bestehende Wettkämpfe aufgeführt werden [88], da ein Pentathlon noch ganz unbekannt war, in den späteren großen Festspielen dagegen nicht isolirt, sondern nur als Theile des Pentathlon vorkommen. Als für sich bestehende Wettkämpfe hatten dieselben hier keine Geltung gefunden. Dagegen konnten sie in den Gymnasien und Palästren auch für sich allein geübt werden. Der Diskoswurf reicht laut späterer Kunde der Dichter und Mythographen weit in die früheste Mythenwelt zurück. Apollon liebt und übt den Diskoswurf nicht weniger als Gesang und Saitenspiel, und zwar mit seinem Liebling Hyakinthos, welcher durch einen unglücklichen Wurf von ihm getödtet wird [89], eine um so auffallendere Mähr, da doch Apollon als der unfehlbare Bogenschütze verehrt wurde. Orion soll die Artemis zum Wettkampfe im Diskoswurfe aufgefordert haben. Perseus tödtete, wie der Mythos meldet, bei den Leichenspielen des Teutamias seinen Schwiegervater Akrisios ohne Absicht durch einen Diskoswurf, und wird zugleich als Erfinder des Diskos genannt. Dagegen tödtete Telamon seinen Bruder Phokos, weil er sich in den Kampfspielen vor Telamon und Peleus, seinen beiden Brüdern auszeichnete, absichtlich durch einen Wurf mit dem Diskos [90]. Diese seltsamen Mythen deuten wenigstens auf das Alter dieses Wettspieles, welches man wol über die Gebühr in die entlegenste Mythenzeit zurückführte. Bei der von Herakles angestellten Feier der Olympien wird Enikeus als Sieger im Diskoswurfe

<hr/>

79) *Pausan.* VI, 8, 3. *Plinius.* h. n. XXXIV, 57. Vgl. H. Brunn, Gesch. der griech. Künstler, Thl. I, S. 44. 80) *Pausan.* VI, 7, 3, 9, 1. Vgl. H. Brunn l. c. Thl. I, S. 214. 81) *Pausan.* V, 17, 4. 82) *Visconti*, Mus. Pioclem. Tom. I, t. A. IV, fig. 7. 83) *Ambrosch* in den Annali dell· instit. di corrisp. archeol. Tom. V, p. 78. 84) *Christodoros*, ἐκφρασις τῶν ἀγαλμάτων 228—240, in der Anthol. Graeci Pal. Tom. I, p. 47 (ed. *Jacobs*). Hier kommt z. B. vor: εὐρέας ἐσσηκώντο βραχίονες ἥντε πέτραι (V, 235 seq.). 85) *Plinius* XXXIV, 19, 19.

86) Description de l'Egypte Tom. VII, p. 191 seq. (ed. II). Die Abbild. Vol. IV, pl. 66, N. 1. Explication Tom. X, p. 436, Fig. 1. Champollion, Briefe aus Aegypten und Nubien, übers. von Gutsmu. S. 52 fg. *Rosellini*, i monumenti dell· Egitto e della Nubia, Pisa 1832—38, Tom. I—IV (Text); Abbildungen Fol. Tom. III, Part. 2 etc. Eine ganze Reihe von Tafeln enthalten gymnastische Darstellungen verschiedener Art. Ich habe die wichtigsten in meiner Gymnastik und Agonistik der Hellenen I, 1, Taf. XXV—XXVIII aufgenommen. Neben den gymnastischen Uebungen laufen Darstellungen verschiedener Spiele durcheinander. 87) Mus. Chiasamant. II, 21, 22. 88) *Athenäos* I, 16, p. 9 (von den Helden vor Ilion): καὶ τὴν ἐπιθυμίαν πληρώσαντες οἱ μὲν ἐξαίφνην ἐπὶ μελέτην ἀθλητικὴν, δίσκοισι τερπόμενοι καὶ αἰγανέαις, τῇ παιδιᾷ τὰ πρὸς σπουδὴν ἐκμελετῶντες κτλ. 89) *Euripid.* Hel. 1487. 88: ὃν ἐξαμιλλησάμενος τροχῷ τέρμονι δίσκου ἕκανε ποτḗος. 44. 92. Bei *Lukian*, dialog. deōr. XIV, 2 schiebt Apollon die Schuld auf den Zephyros, welcher sich ebenfalls in den Hyantinthos verliebt hatte, aber von ihm verschmäht worden sei. Darüber grollend habe er mit aller seiner Gewalt den vor Apoll abgeworfenen Diskos die Richtung nach dem Haupte des schönen Jünglings gegeben und diesen dadurch getödtet. 90) *Apollodor.* III, 12, §. 12. Vgl. L, 4, 3.

erwähnt⁹¹). Bei der ersten Einsetzung der großen Festspiele zu Nemea durch die unter Adrastos gegen Theben ausziehenden Arger erscheint Amphiaraos als Sieger im Diskosspiele. Auf dem Kasten des Kypselos, wo die Wettkämpfe zu Ehren des Akastos vorgestellt waren, erschien Eurybotos als Diskoswerfer. Pindar hat auch den Kastor und Polydeukes als wohlgeübte Diskosschwinger dargestellt⁹²). Im Heere der Griechen vor Troia übertraf Protesilaos alle Griechen im Diskoswurfe. Nachdem er aber zuerst unter den Helden das asiatische Ufer betreten, fiel er durch Hektor's Hand. Auf erhabenen Bildwerken haben daher die plastischen Künstler einen Diskos zu seinen Füßen angebracht⁹³). Nach dem Tode des Protesilaos war Polyboites im Heere der Achäer der bewährteste Diskoswerfer, welcher den eisernen schweren Solos, einst von dem gewaltigen Eetiou gebraucht, wie ein Schäfer seinen Hirtenstab, leicht handhabte und weit über die Marken der Kampfgenossen hinwegwarf⁹⁴). Bei Quintus Syrnäus wirft dagegen Aias den eisernen Solos weit hin, wie einen dürren Eichenast⁹⁵). Auch dem Diomedes macht der Diskoswurf Vergnügen⁹⁶). Das homerische Epos läßt auch von den Phäaken den Diskoswurf als eine bei ihnen beliebte Uebungsart zur Ausführung bringen. Allein der anwesende Odysseus mit seinem geübten Heldenarme übertrifft dieselben hierin bei weitem. So belustigen sich die Freier der Penelope mit dem Diskosspiele⁹⁷). Aus diesen zahlreichen Angaben über das Diskoswerfen in dem mythischen und heroischen Zeitalter erhellt wenigstens so viel, daß man demselben in der geschichtlichen Zeit eine hohe Wichtigkeit beilegte und daß diese Uebungsart in ähnlicher Weise beliebt war, wie etwa in neuerer Zeit das Abwerfen der Kugel auf der Kegelbahn, nur mit dem Unterschiede, daß dort mehr Kraft erforderte, und daß man den möglichst großen Weitwurf auszuführen strebte⁹⁸). Der Diskos der homerischen Helden vor Troia erscheint als runde volle eiserne Masse, Solos genannt, eine wirkliche Kugel, in deßen Beschreibung von der späteren linsenförmigen Gestalt noch keine Andeutung wahrzunehmen ist. Dieser Solos wird außerdem noch als αὐτοχόωνος bezeichnet, also als eine geschmolzene Masse. Achilleus bemerkt in Beziehung auf die Größe deßelben, daß er auf fünf Jahre hinreichenden Stoff zu wirthschaftlichen Geräthen abgeben würde, was auf Fortschritte in der Eisenfabrication deutet. Uebrigens wird auch sowol in der mythischen als in der geschichtlichen Zeit der Diskos aus Stein erwähnt. Das homerische Epos läßt die Wurfscheibe der Phäaken aus Stein bestehen und Pindar gedenkt ebenfalls der steinernen Diskoi⁹⁹). Während der geschichtlichen Zeit bestand der Diskos gewöhnlich aus Erz und hatte eine linsenförmige Gestalt, damit er bequemer und fester gefaßt und die Luftschichten um so leichter durchschneiden könne. Der älteste geschichtliche in Hellas allbekannte Diskos war der des Iphitos, welcher noch von Pausanias im Tempel des Zeus zu Olympia gesehen wurde. Derselbe enthielt mit eingegrabener Schrift die Gesetze des olympischen Gottesfriedens (ἐκεχειρία) und galt somit als Urkunde der olympischen Festlichkeiten. Die Schrift auf demselben bildete einen Kreis. Auch im Thesaurus der Sikyonier im heiligen Haine Altis zu Olympia befanden sich zur Zeit des Pausanias noch drei δίσκοι, welche bei dem Fünfkampfe in Anwendung kamen¹). Die Gestalt derselben wird hier nicht beschrieben. Disci dieser Art dienten bisweilen auch als κειμήλια, als Erinnerungs- oder Schaustücke²). Lukianos läßt den Solon dem Anacharsis gegenüber eine genauere Beschreibung des von den Epheben im Lykeion zu Athen gebrauchten Diskos geben. Derselbe bestand aus Erz, war rund und einem kleinen Schilde ähnlich, welcher jedoch weder Handhabe noch Riemen hat, schwer vom Gewicht und wegen seiner Glattheit schwer festzuhalten³). Für die gymnastischen Uebungen in Gymnasien und Palästren war jedenfalls je nach dem Personal Größe und Gewicht verschieden, damit jeder nach seiner Kraft einen seinem Alter wählen konnte. Dagegen mußten die δίσκοι für das Pentathlon in den großen öffentlichen Wettkämpfen von gleichem Stoffe, gleicher Größe und gleichem Gewicht und von gleicher Gestalt sein, damit Kraft und Geschicklichkeit des Agonisten nach gleichem Maße gemessen und der Sieg auf unparteiische Weise entschieden werden könnte⁴). Wahrscheinlich diente einer und derselbe Diskos zu dem Abwurfe aller angetretenen Pentathlen, zu der Ausführung des Wurfes noch von allen

---

91) *Pindar*, Olymp. XI, 7: μᾶκος δ' Ἐνικεὺς ἕδικε πέτρον χέρα κυκλώσαις ὑπὲρ ἁπάντων κτλ. 92) *Apollodor.* III, 6., 4. *Pausan.* V, 17, 4. *Pindar*, Isthm. I, 25. 93) *Philostrat,* Heroic. p. 676. 23. *Windelmann*, Gesch. der Kunst des Alterth. IV, 675 (ed. Meyer und Schulze). 94) Iliad. XXIII, 844 seq. 95) *Quint. Smyrn.* IV, 440 seq. 96) Iliad. XXIII, 826. 97) Odyss. IV, 626. VIII, 189. [XVII, 168. Athendos I, 24, 6. 98) Wenn *Philostratos*, περὶ γυμναστικῆς c. 3, den Diskoswurf zu den schweren Uebungsarten des Pentathlons gerechnet hat, wie die πάλη, dagegen den Sprung, das Lanzenwerfen, den Wettlauf zu den leichteren, so kann er sich nur auf die Schwere des Diskos bezogen haben, dessen geschickter Abwurf allerdings Kraft erforderte.

99) Odyss. VIII, 190 seq. (λίθος und λᾶς). *Pindar*, Isthm. I, 23 (λιθίνοις δίσκοις). 1) *Pausan.* V, 20, 1. VI, 19, 3. 2) Vergl. *Philostrat,* vit. Sophist. (vita Apollonii Tyanensis) III, 9, 57, wo ein silberner δίσκος im delphischen Tempel erwähnt wird, der darauf befindliche Aufschrift angegeben wird. Freilich werden auch nicht selten runde Teller und Schüsseln mit dem Worte δίσκος bezeichnet. 3) *Lukianos*, Anach. c. 27; womit *Statius*, Theb. VI, 671 seq. übereinstimmt. Weitere Belege gewährt meine Gymnastik u. Agonistik der Hellenen I, 1, S. 444, Not. 3. 4) Unter den antiken Bronzegebilden im Antiquarium des älteren Museums zu Berlin befindet sich noch ein Diskos 7½ Zoll im Durchmesser, mit einer eingravierten Figur auf jeder Seite, nämlich mit der Figur eines Jünglings, welcher sich mit Haltern übt, und auf der andern Seite mit der Figur eines Jünglings, welcher sich mit dem Speerwurfe befaßt. Dieser δίσκος wurde auf Aegina gefunden. Ebendaselbst bemerkt man noch einen anderen aus Blei bestehenden Diskos, welcher 8 Zoll im Durchmesser hat. Vergl. E. H. Toelken, Leitfaden für die Sammlung antiker Metallarbeiten, Berlin 1850, S. 37, Nr. 833. 834. Ebendaselbst werden auch mehrere Diskoswerfer erwähnt (S. 16, Nr. 36).

zugleich, sondern von einem nach dem anderen stattfand. Der Diskos für das Pentathlon der Knaben in den großen Festspielen war natürlich kleiner und leichter als der der Männer. Man suchte einst dem Pausanias einen Begriff von der Größe der Kniescheiben des Telamoniers Aias in dessen Grabmale beizubringen, indem man dieselben mit dem Diskos eines Knaben-Pentathlons verglich [5]). Kleiner konnte aber doch unmöglich ein solcher Knabendiskos sein, als etwa ein kleiner Desertteller. Diesem zufolge müßte Aias in der That eine Riesengestalt präsentirt haben. Auch in der neueren Turnkunst hatte man einst den Knabendiskos aufgenommen, welcher wol gegenwärtig durch die zahlreichen anderweitigen Uebungsarten verdrängt worden ist [6]). In den homerischen Wettkämpfen der Heroen wird der Diskoswurf blos nach abgelegtem Obergewande ausgeführt, da hier eine völlige Entkleidung nicht erforderlich erschien. In den großen Festspielen der geschichtlichen Zeit trat der Pentathlos seine Wettkämpfe, mithin auch den Diskoswurf nur nach vorausgegangener Einölung, mithin in völliger Nacktheit, an. Der Standort war eine Erhöhung und wurde mit dem Namen βαλβίς bezeichnet [7]). Der Pentathlos rieb dann zuvor die Hände mit Staub oder klarer Erde, um den glatten ehernen Diskos sicherer fassen und halten zu können. Bei dem Abwurfe beugte sich der Oberleib nach der rechten Seite hin etwas vor, und zugleich richtete sich der Kopf in soweit rechtshin, daß die Augen die linke Seite des Oberleibes gleichsam überblicken konnten. Der rechte, den Diskos schwingende Arm bewegte sich nun rückwärts bis nahe an die Höhe der rechten Schulter und machte dann mit aller Kraft in schneller Bewegung vorwärts einen Bogen, wodurch dem Diskos Richtung und Schwung aus der Tiefe in die Höhe gegeben wurde. Daher die Bezeichnung δίσκον ὑποφέρεσθαι [8]). Die Stellung und Haltung des Abwerfenden hat Lukianos ganz richtig bezeichnet [9]), und ziemlich auf dieselbe Weise Philostratos. Im Momente des Abwurfes ruhte der Schwerpunkt des Leibes auf dem etwas gebogenen und vorwärts gestellten rechten Fuße. Der Abwerfende folgte dann dem dahinschwebenden Diskos einen oder mehrere Schritte nach,

wie dies in ähnlicher Weise auf der Kegelbahn nach der abgeworfenen Kugel geschieht. Die hierbei gebrauchten Beschreibungen der Alten werden auch durch die Ueberreste antiker Kunstbildung unterstützt und bestätigt. Wir finden noch verschiedene Gebilde, welche theils den antretenden Diskobolos mit der Wurfscheibe in der Hand darstellen, theils solche, welche den Act der Ausführung des Wurfes veranschaulichen, theils solche, welche den Sieger im Diskoswurfe mit der Wurfscheibe in der einen und mit der Siegespalme in der anderen Hand vorführen. Einen antretenden Diskoswerfer hatte der Plastiker Naukydes geliefert, von welchem Original sich drei Copien erhalten haben [10]). Was die Plastiker in dieser Beziehung im Großen geschaffen hatten, wurde im Kleinen auf Gemmen und antiken Vasen nachgebildet, jedoch mit Abweichungen in Stellung und Haltung [11]). Unter den antiken Gebilden eines im Acte der Ausführung, d. h. im Augenblicke des Abwurfes begriffenen Diskobolos ragt unter allen anderen Myron's Meisterwerk hervor, von welchem sich zwar nicht das Original selbst, wohl aber acht mehr oder weniger gelungene Nachbildungen in ziemlich gutem Zustande erhalten haben. Die ganze Stellung und Haltung des Myronischen Werkes stimmt ziemlich genau mit den Beschreibungen des Lukianos, des Philostratos und des Quintilianus überein und man darf mit Sicherheit annehmen, daß demselben die Anschauung der Myronischen Schöpfung, sei es im Original oder in gelungenen Copien, zu Grunde gelegen hat. Wir bemerken hier, wie der Agonist mit vorgebeugtem Oberleibe sich ein wenig bückend (ἐπικεκυφότα), wie er zugleich Nacken und Haupt nach der rechten Seite hin wendet, sodaß er die linke Seite des Oberleibes überblicken kann (τὴν κεφαλὴν ἐπὶ δεξιὰ χρὴ κυρτοῦσθαι), wie seine Augen auf die den Diskos haltende Hand gerichtet sind (ἀπεστραμμένον εἰς τὴν δισκοφόρον), wie sein auf dem rechten Fuße, auf welchem der Schwerpunkt des Leibes ruht, eine kleine Beugung macht, eine stärkere dann mit dem linken, welcher gleichsam ruht, als würde er sich mit dem Abwurfe zugleich mit erheben (ἠρέμα ὀκλάζοντα τῷ ἑτέρῳ ἐοικότα ξυνανασστησαμένῳ μετὰ τῆς βολῆς), wie der rechte Arm die eherne Scheibe im halbkreisförmigen Bogen schwingt (οἷον ἀνιμῶντα) und wie der ganze rechte Theil des Leibes in angespannter Thätigkeit begriffen ist. Wir erkennen hier genau das, was Quintilianus durch distortum und elaboratum bezeichnet und was er mit dem Worte

5) *Pausan.* I, 35, 3. 6) *GutsMuths*, Gymnastik f. d. Jugend S. 422 fg. Die von ihm beschriebene Wurfscheibe für Jünglinge läßt er aus Eichenholz bestehen und 1 Fuß im Durchmesser, 2½ Zoll in der größten Stärke; d. h. in der Mitte, enthalten. Er meint Jünglinge von 15 und mehr Jahren. 7) *Philostrat.*, Sen. imagin. I, 24: βαλβὶς διακέχωσται μικρὰ καὶ ἀποχρῶσα ἑνὶ ἑστάναι κτλ. 8) Vgl. *Pollux* III, 151. Lukian. Anach. c. 27. *Philostrat.*, imag. I, 24. Der letztgenannte bezeichnet den so beschriebenen Diskoswerfer durch ἀνιμῶντα (b. h. als einen etwas aus der Tiefe in die Höhe ziehenden, richtenden). 9) *Lukian*, Philopseud. c. 18: μὲν τὸν διοικεύοντα, ἦν δ' ἐγώ, φῇς, τὸν ἐπικεκυφότα κατὰ τὸ σχῆμα τῆς ἀφέσεως ἀπεστραμμένον εἰς τὴν διοκοφόρον, ἠρέμα ὀκλάζοντα τῷ ἑτέρῳ, ἐοικότα ξυνανασστησομένῳ μετὰ τῆς βολῆς. *Philostrat.*, Sen. Imag. I, 24: τὸ δὲ σχῆμα τοῦ δίσκου ἀνέχοντος ἐξαλλάξαντα τὴν κεφαλὴν ἐπὶ δεξιὰ χρὴ κυρτοῦσθαι τοσοῦτον, ὅσον ὑποβλέπειν τὰ πλευρά, καὶ ῥίπτειν οἷον ἀνιμῶντα καὶ προσεμβάλλοντα τοῖς δεξιοῖς πᾶσι. Vergl. dazu *Heyne* und *Welcker*.

10) *E. Quir. Visconti*, Illustraz. di un discobol. descr. p. 53 seq. in der diss. ep. sopra la statue del discobolo d. Fr. Cancellieri, Rom. 1806. Mus. Piocl. Tom. III, 34, tav. 26. Die erste Copie wird als die aus der casa di Pierr. Vittori, die zweite als die der Villa Pincialta, die dritte, welcher vorzugsweise die bezeichnete Abhandlung gewidmet ist, als die auf der via Appia gefundene bezeichnet. 11) Vergl. dazu *Gerhards* Gymnastik und Agonistik der Hellenen I, 1, S. 452, Nr. 10—12. Die Abbildungen Taf. 13—15. Abbildungen gewährt auch die Description of the colect. of ancient marbles in the British Museum with engravings, Part. IX, plate XLII.

difficultas zusammenfaßt. Die in der Villa Palombara am Esquilin im J. 1781 aufgefundene Copie, von welcher wir eine treffliche sehr genaue Nachbildung des Myronischen Diskobolos vor uns haben, gleichviel ob der Urheber dieser Copie ein berühmter Plastiker war oder nicht, bleibt für unsere Darstellung das wichtigste Gebilde. Mit sorgsamer Genauigkeit hat er sein schwieriges Werk zu Stande gebracht. Auch auf den altgriechischen bemalten Thongefäßen und auf geschnittenen Steinen finden wir Myron's Werk nachgebildet, jedoch nirgends in vollständigem Einklange mit dem Originale, sondern mit verschiedenen Abweichungen. Die Vasenmaler und Gemmenschneider hatten nicht Lust, sich mit genauer exacter Nachahmung zu befassen. Der eine Theil der Stellung und Haltung ist leidlich nachgebildet, der andere weniger, ein dritter Theil gar nicht. Wir würden hier die goldene Linie überspringen, wollten wir alle Gebilde dieser Art mit Genauigkeit durchmustern [12]. Jene letztgenannten Techniker wollten überhaupt nur ein interessantes Bild veranschaulichen, nicht die genaue und treue Copie eines berühmten Originals [13].

Wie wir bereits angegeben haben, wurde in den öffentlichen großen Kampfspielen der Diskos nicht nach einem bestimmten Ziele, sondern mit der Absicht abgeworfen, die möglichst weite Entfernung zu erreichen, wobei es nöthig war, dem Wurfe die Richtung zu einem bestimmten Grad der Höhe zu geben, damit die Wurfscheibe nicht zu früh zu Boden falle [14]. Die Messung

der Entfernung bezeichnete die Stelle, wo der Diskos zuerst den Boden berührt hatte (ἐν πρώτῃ καταφορᾷ), nicht diejenige Stelle, wo er vom Boden abprallend und aufschnellend weiter gesprungen war [15]. Die letztere Stelle wurde nicht in Anschlag gebracht. Da nun bei dem Abwurfe des Diskos kein bestimmtes Ziel, sondern nur die größte Entfernung im Auge behalten wurde, so mußte natürlich die größte vorhandene Kraft dazu verwendet werden, und dies konnte schon dazu dienen, die Stärke und Spannkraft des Armes zu erhöhen, um im Kampfe mit dem Feinde den Speerwurf desto gesichter und kräftiger auszuführen.

Wenn die späteren griechischen Dichter und Mythographen aus der mythisch-heroischen Zeit viele hervorragende Diskoswerfer aufzuführen hatten, so beruhte dies eben nur darauf, daß in jenen frühen Perioden der Diskoswurf einen für sich bestehenden Wettkampf bildete, da das Pentathlon noch unbekannt war. In der geschichtlichen Zeit konnte dies nicht mehr der Fall sein, weil diese Kampfart nur als einzelner Act zum Pentathlon gehörte und daher die Auszeichnung im Diskoswurfe überhaupt dem Pentathlos anheimfiel. Natürlich haben sich viele Sieger im Pentathlon, auch im Diskoswurfe ausgezeichnet. In denjenigen Staaten, welche viele Sieger im Pentathlon aufzuweisen hatten, wurde auch der Diskoswurf mit Vorliebe geübt. In Sparta z. B. war derselbe ganz vorzüglich beliebt, wozu vielleicht die Volkssage von Apollon's Spiel mit Hyakinthos auf spartanischem Boden etwas beigetragen hat. In den großen Festspielen bewährten sich viele Spartiaten im Fünfkampfe. Auch in Athen stand die Uebung mit dem Diskos im hohen Ansehen, wie Solon's Gespräch mit Anacharsis bei Lukianos bekundet. In der milesischen Colonie Olbia, aus Voryssenis genannt, fand in dem Wettkampfe zu Ehren des Achilleus Pontarches auch der Diskoswurf statt [16]. Laut der Angabe des Philostratos trieb zur Zeit des Apollonios von Tyana auch ein indischer Herrscher Uebungen im Diskoswurfe unter dem Aksenion [17]. Auch den Römern gewährte der Diskoswurf ein erheiterndes Spiel [18]. Hierin fand allerdings eine weit stärkere Kraftprobe statt, als in dem leichten, bei den Römern beliebten Ballspiele, welches dagegen eine vielseitigere Bewegung und eine noch weit angenehmere Unterhaltung darbot. Die Wurfscheibe kommt selbst in der Märchenwelt vor. So wird ein fabelhaft romantisches Wurfscheibenspiel von

---

[12] Weit mehr als hier gestattet war, habe ich in der Gymnastik und Agonistik der Hellenen I, 1, S. 453 mitgetheilt und in den Abbildungen auch einiges beigefügt. *Plinius,* hist. nat. XXXV, c. 40, §. 40, führt auch einen Discobolus von der rhodischen Maler Tauriscus auf, ohne sich auf eine genauere Beschreibung einzulassen. — Ueber die plastische Thätigkeit Myron's überhaupt und über sein delisches Erz im Gegensatz zur äginetischen Bronzemischung des Polykleitos vgl. C. H. Böttiger, Andeutungen zu 24 Vorträgen über die Archäologie, Abtheil. I, Vorles. XXI, S. 129. fg. In der collezione de tutte le antichità nel Museo Naniano di Venezia, tav. 277 findet man eine Statue in einer solchen Haltung, daß man dieselbe für einen dem Diskos nachschauenden Discobolus halten möchte. Wenigstens paßt diese Haltung nicht zu einem Ringer oder zu einem Faustkämpfer. Ein Faustkämpfer müßte wenigstens an den Händen einige Spuren von Schlagriemen tragen, was hier nicht der Fall ist. Einen Diskoswerfer in seltsamer Stellung und Haltung, daneben ein Gymnastes oder Päotribe zeigt die Notizia dei vasi dipinti rinvenuti a Cumas nel 1856, publ. p. *Giuseppe Fiorelli,* Tav. XVIII (Napoli 1856, Fol.). Der Oberförster hat sich zu weit vorgebeugt, daß die Füße kaum noch den Schwerpunkt des Leibes behaupten zu können scheinen. Wol mögen auch manche durch die Gewalt des Abwurfs hingestürzt sein. [13] Diskoswerfer, auch Agonisten mit Halteren, dabei Flötenspieler, findet man auf den antiken bemalten Thongefäßen ziemlich oft. Vgl. die Annali dell' istit. archeol. vol. III (nuova serie) 1846; Imagg. tav. d'agg. L et M. Daneben auch Wettläufer, also jedenfalls auf die Darstellung des Pentathlons sich beziehend. Auch ist hier ein im Absprunge begriffener Agonist mit Halteren dargestellt. [14] *Lukian,* deOr. dial. XIV, 2: ἵνα μὲν ἀνέρρωψε, ὥσπερ εἰσόψομεν, τὸν δίσκον ἐς τὸ ἄνω. *Ovid.* Met. X, 178 seq.: ... aërias in altas misit et oppositas dissecti pondere nubes; beide Stellen beziehen sich auf den Wurf Apollon's, durch welchen Hyacinthus das Leben verlor. *Stat.* Th. VI, 678: sed coelum dextra

metitur, und 782: ille (discus) sublime petit. V. 70 von Hippomedon's Discus: longe super aemula signa consedit. Wieth II, 287 hat bemerkt: „Geworfene Körper durchlaufen ceteris patibus den größten Raum, wenn sie unter einem Winkel von 45° vom Horizonte aufwärts geworfen werden." [15] *Ovid,* Met. X, 182 läßt durch das Aufprallen des Discus den Hyacinthus tödten, nicht durch den Zephyr: Dura repercussum subiecit in aëra tellus, in vultus, Hyacinthe, tuos. [16] Vgl. A. Boeckh, Corp. inscr. Gr. n. 2076, dazu die Note p. 137. [17] *Philostrat.* vita sophistar. (vit. Apollon. Tyan.) II, 27, p. 79. [18] *Horat.* Carm. I, 8, 10. Sat. II, 2, 13. Art. poët.

Riesen ausgeführt in den Sagen von Wales erwähnt [19].

§. 21. Der Wurf mit dem Spieß, Speer oder mit der Lanze (ἀκόντιον, ἀκοντισμός) bildete ebenfalls einen Theil des Pentathlons, gehörte aber außerdem weit mehr den Kriegs- und Jagdübungen als der reinen Gymnastik ohne Waffen an. Allein die Operation in allen diesen Gebieten hatte einen gemeinsamen Ausgangspunkt. Kraftanstrengung und Sicherheit im Abwurfe war das Ziel im Pentathlon. Diese Wurf- und Stoßwaffe war vom homerischen Zeitalter ab verschiedener Art, wie schon die verschiedenen Bezeichnungen erkennen lassen (im homerischen Epos ἔγχος, μέλη, δόρυ, ἄκων, αἰγανέη, αἰχμή, später λόγχη, σάρισσα, ὑσσός, κοντός, ἀκόντιον). Ἔγχος scheint sich zur αἰγανέη verhalten zu haben, wie λόγχη zu ἀκόντιον, wie σάρισσα zu ὑσσός, wie hasta zu pilum. Mit zuverlässiger scharfer Präcision lassen sich jedoch diese Unterscheidungen nicht leicht durchführen, da in den verschiedenen Staaten je nach dem Landesdialekte dieselben Namen andere Bedeutung erhalten haben konnten. Wie αἰχμή, die Spitze, für die ganze Lanze gebraucht wird, so tritt auch in dem Prädicate eines Hauptwortes der Begriff der eisernen scharfen Spitze stärker hervor, wie im ἔγχος ὀξυόεν [20]. Nun könnte man fragen, welche Art des Wurfgeschosses in den Palästren und Gymnasien, und welche in den Wettkämpfen der Pentathlen in den großen Festspielen gebraucht werden sei. Die Wurfspieße der Knaben und Epheben in den bezeichneten Uebungsplätzen waren jedenfalls nicht von derselben Länge und Schwere als die der Athleten im Pentathlon der panegyrischen Festspiele, obwol auch hier eine Achilleus-Lanze, welche außer ihm nur noch der gewaltige Aias handhaben konnte, nicht in Anwendung gekommen ist. Denn es kam ja hier nur auf die weiteste Entfernung des Wurfes, nicht auf das Treffen und Durchbohren eines aufgestellten Gegenstandes an. Daß sich bereits im frühesten Zeitalter die Sprößlinge der alten Helden, welche zum Kampfe im Kriege vorbereitet werden sollten, wacker im Schwingen der Lanze geübt haben, versteht sich von selbst. Denn der mächtige Speer war ja die eigentliche Haupt- und Ehrenwaffe des Kriegers, wogegen Pfeil und Bogen nicht gleiche Geltung in Anspruch nehmen konnten. Selbst im friedlichen Verkehre, besonders auf der Reise, wurde die Lanze als nothwendiger Begleiter mitgeführt, um in jedem vorkommenden Falle seinen Mann stehen zu können [21]. Im homerischen Agou zu Ehren des Patroklos wird auch ein Lanzenwettkampf nicht auf Abwurf dieser Waffe, sondern auf Stoß angeordnet, zu

welchem lebensgefährlichen Acte der gewaltige hochgewachsene Aias und der zwar kleinere, aber kraftvolle und kühne Diomedes in die Schranken treten. Der Stoß des Aias durchbohrt den Schild des Diomedes, allein der Panzer (θώρηξ) schirmt den Leib. Diomedes aber geht nun arglistiger Weise damit um, seinen Stoß nicht auf den undurchdringlichen Schild des Aias, sondern oberhalb desselben nach dem Halse zu richten. Als man diese Gefahr bemerkte, wurde durch Achilleus sofort dem Kampfe ein Ende gemacht und beide empfingen gleiche Preise [22]. In den großen periodischen Festspielen fand nur der Abwurf statt, nicht der Stoßkampf, und auch der Abwurf nur im Pentathlon. Auf den attischen Uebungsplätzen wurde das Abwerfen des Akontion unter der Aufsicht des Pädotriben ausgeführt, wie Antiphon berichtet hat [23]. Natürlich war bei dieser spitzig schneidenden Waffe Vorsicht nöthig. Dennoch ist es vorgekommen, daß einer der anwesenden Epheben oder Knaben unvorsichtiger Weise in die Wurflinie getreten und getödtet worden ist. Der Redner Antiphon hat zu Gunsten des Urhebers eine Vertheidigungsrede gehalten, welche sich noch gegenwärtig unter seinen Reden befindet [24]. Obgleich nun in den großen panegyrischen Festspielen der Wettkampf mit dem Wurfspieße nur als Act des Pentathlons vorkam, so hatten doch einige Staaten in ihren speciellen agonistischen Spielen diese Kampfart auch für sich allein aufgenommen, wie Koressia, wo der ἀκοντισμός unter Aufsicht des Gymnasiarchon stattfand. In diesen Wettkämpfen traten jüngere und ältere Agonisten auf, die νεώτεροι, wahrscheinlich junge Männer, welche das Ephebenalter bereits überschritten hatten, und zweitens Knaben. Es wurden hierbei zwei Kampfpreise gestellt, ein größerer und ein geringerer (δευτερεῖον). Platon führt noch eine καταπάλταφεσία als eine vom ἀκοντισμός verschiedene Wurfübung vor, wobei auch das Treffen eines Preises erwähnt werden. Der κοντός (Speerstange oder Speer) wird dem Sieger als καταπαλταφέτης, der λόγχη (der große Speer) dem Sieger im ἀκοντισμός zu Theil. Zu dem Siegespreise im ἀκοντισμός gehörte auch noch der Helm (περικεφαλαίον) und außerdem Münzen. Ebenso für den καταπαλταφέτης. Die Siegespreise der Knaben bestanden in Fleischportionen [25]. Platon hatte in seinem Staatsorganismus den ἀκοντισμός als Vorübung zum Kriege sowol für die männliche als für das weibliche Geschlecht angeordnet, weil eben die geschickte Handhabung des Wurfspießes den wichtigsten Theil der πελταστικὴ, d. h. der

19) Jul. Rodenberg, ein Herbst in Wales, Land und Leute, Märchen und Lieder (Hannov. 1858) S. 148. 20) Vgl. Iliad. XIII, 595. 597. XIX, 361. 387. VII, 249. XXIII, 798. Noch viel andere Stellen habe ich in der Gymnast. und Agonistik der Hell. I, 1, 465, Note 1 beigebracht. Ueber ἔγχος ὀξυόεν vergl. Jahrb. für Philologie und Pädagogik 184, VII. Suppl.-Bd., Heft 4, S. 581. 21) Thukyd. I, 6: πᾶσα γὰρ ἡ Ἑλλὰς ἐσιδηροφόρει. — — καὶ ξυνήθη τὴν δίαιταν μεθ' ὅπλων ἐποιήσαντο.

22) Iliad. XXIII, 811—825. 23) Antiphon, φόνου ἄκουσ. p. 120 (ed. Steph. 1575; ed. Maetzner p. 39. 48). Vgl. Lukian, Anach. c. 25. 24) Antiphon, ἀπολογία φόνου ἀκουσίου p. 39 (ed. Maetzner: ὁ δὲ παῖς εἶπερ ἑστὼς φανερὸς ὑμῖν ἐστι μὴ βληθεὶς, ἑκουσίως ὑπὸ τὴν φορὰν τοῦ ἀκοντίου ὑπελθὼν ἔτι σαφεστέρους δηλοῦται διὰ τὴν αὑτοῦ ἁμαρτίαν ἀποθανών). 25) Vgl. Boeckh, Corp.-inscr. N. 2360, p. 287-288, vol. 1. Dazu die Noten. Bei Africanus Euseb. χρον. 1 Ell. ἄκουσ. von dem Agonisten Antenor: παγκράτιον, ἀκόντιον, περισσόκης, wo vielleicht ἀκόντιον das gesammte Pentathlon bezeichnen soll.

Kriegsweise mit leichteren Waffen bildete. Auch hat er besondere Lehrer zur Unterweisung hierin, die ἀκοντιστικοί, angeordnet. Diese Uebungen setzt Platon an die Stelle des von ihm verworfenen Pankration [26]). — Obgleich bei dieser Kampfart in den großen panegyrischen Festspielen der weiteste Wurf den Sieg entschied, wenn auch immerhin ein Ziel aufgestellt worden war, so konnte es doch in den festlichen Wettkämpfen einzelner Staaten vorkommen, daß man ein bestimmtes Ziel (τέρμα) aufstellte, welches erreicht, vielleicht auch getroffen werden sollte. Dennoch blieb nach aller Wahrscheinlichkeit auch hier nur derjenige Sieger, welcher ebenso wie im Diskoswurfe am weitesten über dasselbe hinausgeworfen hatte. Ob der abwerfende Agonist auch hier auf einer kleinen Erhöhung (Balbis) stand, wie der Diskoswerfer, wird nicht gemeldet. Die Stellung und Haltung im Momente des Abwurfs war hier natürlich eine andere als die des Diskobolos. Während der Diskos von unten herauf in bogenförmiger Richtung und Schwingung abgeworfen werden mußte, sollte der Wurfspieß nur eine horizontale Linie beschreiben, gleich dem vom Bogen abgesendeten Pfeil. Für beide Geschosse war die bogenförmige Richtung nicht anwendbar. Der angetretene Agonist hielt demnach in der hoch erhobenen Rechten den Wurfspieß wagerecht und horizontal dem rechten Ohre parallel, zog dann den Arm rückwärts und gab der Waffe einen kräftigen Abstoß. So hält wenigstens in den Gemälden der altgriechischen irdenen Thongefäße der angetretene Agonist den Arm mit dem abzuwerfenden Wurfspieß hoch dem Haupte parallel [27]. So bemerken wir einen Pentathlos auf einer volcentischen Vase aus Feoli's Sammlung, welcher seinen Wurfspieß in der Rechten wagerecht und horizontal dem Haupte parallel hält und eben im Begriff steht, denselben abzuwerfen. Der linke Arm wird unwillkürlich ebenfalls etwas höher gehalten und der Fuß fährt bei dem Abwerfen mit aus [28]). Gewiß war eine anhaltende Uebung erforderlich, um einen regelrechten geschickten Abwurf auszuführen. Sofern nun die Uebung im Speerwurfe zu den vorzüglichsten kriegerischen Vorbereitungen gehörte, so war dazu eine Unterweisung in der Kunst den schirmenden Schild in der Schlacht geschickt zu führen erforderlich, was im homerischen Epos oft genug sehr anschaulich dargestellt wird. Gewandtheit und Fertigkeit hierin schützte in den meisten Fällen gegen das feindliche

Wurfgeschoß. Zunächst strebte man der herannahenden feindlichen Waffe durch eine rasche Beugung des vom Schilde gedeckten Leibes oder auch durch einen schnellen Seitensprung auszuweichen. Flog der herannahende Speer hoch, sodaß er den Kopf treffen mußte, so bückte man sich schnell und verbarg Kopf und Brust hinter dem Schilde, sodaß das Geschoß darüber hinwegfliegen mußte, oder man hielt den deckenden Schild weit vor sich hin, damit, falls der Speer ihn auch durchbohren sollte, derselbe doch nicht den Brustharnisch erreichen, wenigstens nicht durchbrechen konnte. So Aeneas [29]). Ebenso Achilleus [30]). Ebenso Deiphobos und Hektor [31]). Kam der Speerwurf nicht von dem mächtigen Arme eines Achilleus oder Aias, so war man in den meisten Fällen gesichert [32]). Den Schild geschickt und behend bald auf diese bald auf jene Seite zu bewegen (νομᾶν) war eine Hauptbedingung kriegerischer Vorübungen [33]). So schritt man die Brust vom Panzer und Schilde, das Haupt vom Helme gedeckt gegen den Feind her [34]). Es mußte demnach einiger Unterricht in der richtigen Handhabung des Schildes vorausgegangen sein. Der gefährlichste Wurf war jedenfalls der nach dem Halse, weil hier schon eine geringe Verletzung den Tod bringen konnte, und weil der Θώρηξ nicht bis zum Halse hinaufreichte. Daher mußte durch die rasche Richtung des Schildes nach oben insbesondere auch der Hals gedeckt werden. Die von der Athene dem Achilleus ungerechter Weise zurückgebrachte Lanze durchbohrt endlich den entblößten Hals des Hektor und er stürzt tödlich getroffen nieder [35]). Dem ersten Wurfe des Achilleus war er durch eine gebende geschickte niederbückende Bewegung ausgewichen und der gewaltige Speer fuhr in den Boden.

Was der lange wuchtige Speer der Heroen im homerischen Epos, was die lange σάρισσα der makedonischen Phalanx, dasselbe war den Römern ihr kürzeres pilum, ein wirksames Wurfgeschoß, durch welches sie die halbe Welt eroberten, wie früher Alexander durch die σάρισσα seiner Phalanx halb Asien. Im geschickten Abwurfe des pilum waren die Kriegsmänner der römischen Legionen überaus geübt. Dasselbe hatte bei weitem nicht die Länge jener heroischen und makedonischen Lanze, war aber um so mehr zu einem sicheren

---

26) Platon, Gesetze VII, 793, a. b. (wo er auch den gleichmäßigen Gebrauch der linken wie der rechten Hand fordert). Vgl. VII, 813, c. 814, a. VIII, 854, a. b. 27) Vgl. Millin, peintur. de vas. ant. vol. I, pl. XIX. Vgl. pl. X. Siehe meine Abbildung in der Gymnastik und Agonistik I, 1, Taf. XV, Fig. 54. 28) Von dem Wurfe des Jagdspießes Xenoph., de venat. X, 11: ἐμπροσοῦν δὲ ὁ ποὺς ὁ μὲν ἀριστερὸς ἐπίσθω τῇ χειρὶ τῇ ὁμωνύμῳ· ὁ δὲ δεξιὸς σὺν ἑτέρα. Siehe meine Gymnast. I, 1, S. 471, Anmerk. 2. Ueber die Haltung bei dem Wurfe in der Turnkunst vgl. GutsMuth's Gymnastik für die Jugend S. 423 fg. Jahn, Turnkunst S. 118 fg. Hier werden aber außerdem der Kernwurf, der Bogenwurf und der Tiefwurf unterschieden (S. 120). Vgl. auch Werner, Gymnastik S. 420—423.

29) Iliad. XX, 278: Αἰνείας δ' ἔαλη καὶ ἀπὸ ἕθεν ἀσπίδ' ἀνέσχε δείσας. 30) Iliad. XX, 261; Πηλείδης δὲ σάκος μὲν ἀπὸ ἕο χειρὶ παχείῃ ἔσχετο ταρβήσας. 31) Iliad. XIII, 162 seq.: Δηίφοβος δὲ ἀσπίδα ταυρείην σχέθ' ἀπὸ ἕο, δείσας δὲ Συμῷ. Vgl. Iliad. VIII, 803 seq. 32) Iliad. VII, 254. 33) So spricht Hektor zum Aias Iliad. VII, 238 seq.: οἶδ' ἐπὶ δεξιά, οἶδ' ἐπ' ἀριστερὰ νωμῆσαι βῶν ἀζαλέην, τὸ μοί ἐστι ταλαύρινον πολεμίζειν. 34) Iliad. XIII, 158 von Deiphobos: κούφα ποσὶ προβιβὰς καὶ ὑπασπίδια προποδίζων. Iliad. XXI, 581: ἀλλ' ὅγ' ἄρ' ἀσπίδα πρόσθε σχόμενος πολεμίζειν Iliad. XXII, 274 seq.: καὶ τὸ μὲν ἄντα φάεινον ἀλεύατο φαίδιμος Ἕκτωρ, ἕζετο γὰρ προϊδών, τὸ δ' ὑπέρπατο χάλκεον ἔγχος, ἐν γαίῃ δ' ἐπάγη. 35) Iliad. XXII, 321 seq.: φαίνετο δ' ᾗ κληῖδες ἀπ' ὤμων αὐχέν' ἔχουσι λαυκάνιην, ἵνα τε ψυχῆς ὤκιστος ὄλεθρος, τῇ' ἐπὶ οἷ μεμαῶτ' ἔλασ' ἔγχεϊ δῖος Ἀχιλλεὺς ἀντικρὺ δ' ἁπαλοῖο δι' αὐχένος ἦλυθ' ἀκωκή.

Kernwurfe geeignet. Daher die makedonische Phalanx des Philippos und des Perseus von den wenigen römischen Legionen, welche den Kampf mit dem weit stärkeren Heere der genannten Könige aufnahmen, leicht besiegt werden konnte. Dagegen war das pilum gegen die mit Eisen bedeckten parthischen Reiter, κατάφρακτοι genannt, mit äußerst langen Lanzen, in der verhängnißvollen Schlacht, welche Crassus ihnen lieferte, nicht ausreichend, obwol später die Parther mehrmals von den Römern besiegt wurden, sowie Jahrhunderte später die an die Stelle der Parther getretenen Perser von den byzantinischen Kriegsheeren unter Belisarius. Wahrscheinlich hatte das römische pilum ursprünglich eine größere Länge gehabt, war aber immer zweckmäßiger eingerichtet worden, bis das spätere kurze pilum daraus hervorging. Im zweiten punischen Kriege hatte man gegen die vortreffliche Reiterei der Campaner kurze und schwache Spießchen (jacula) erfunden, deren jeder einen Reiter begleitende Fußgänger (veles) sieben trug und diese schnell nach einander auf den Feind warf, wodurch die stattliche campanische Reiterei besiegt wurde [36]. Auch diente bei den Römern der gewöhnliche Wurfspieß zu gymnastisch kriegerischen Vorübungen, und wer sich in sicherem Wurfe auszeichnen wollte, ließ sich auch wol von den hierin gut geübten Mauritaniern unterrichten. Der Kaiser Commodus hatte hierin so erstaunliche Fertigkeit gewonnen, daß er im sicher treffenden Wurfe seine mauritanischen Lehrer übertraf. Jeder Wurf von seiner Hand erlegte im Amphitheater einen Löwen, einen Panther, einen Strauß, ein zweites Geschoß war niemals nöthig [37]. Mehrere der alten Völker zeichneten sich durch die Sicherheit ihres Wurfes mit der Lanze aus. Außer den Mauritaniern werden von Strabo auch die Kabufier als ausgezeichnete Wurfspießschützen (ἀκοντισταὶ ἄριστοι) erwähnt [38].

In ästhetischer Beziehung hatte der Speerwurf sicherlich mehr Empfehlendes als so manche andere Uebungsart, sofern der Körper in gerader Haltung diesen Act mit allem Anstande vollbringen konnte. Was das Diätetische betrifft, so diente die Uebung hierin zur Stärkung der Brust und der Respirationsorgane. Auch konnte diese Uebung das Auge schärfen, besonders wenn nach einem bestimmten Ziele geworfen wurde. Als kriegerische Vorbereitung war dieselbe die wichtigste aller Leibesübungen, während dieselbe im Gebiete der reinen Gymnastik geringere Geltung hatte, als der Wettlauf, der Ringkampf, der Faustkampf, das Pankration. Nachdem wir nun über die fünf Bestandtheile gehandelt haben, aus welchen das Pentathlon zusammengesetzt war, gehen wir zur Erörterung über dieses selbst über.

K. 22. Der Fünfkampf (πένταθλον, πεντάεθλιον, quinquertium) war eine aus fünf auf einander folgenden, ganz verschiedenen gymnastischen Operationen bestehende Verbindung, welche nur insofern zusammengehörten, als nur ein Siegeskranz für sämmtliche Leistungen gespendet wurde. Wie man darauf gekommen, eine so seltsame Aufgabe zu stellen, läßt sich nicht mit Bestimmtheit angeben, da doch bereits viele ziemlich schwierige Kampfarten existirten, wie das Ringen, der Faustkampf und das aus beiden zusammengesetzte Pankration, welche die volle Kraft und Ausdauer eines Agonisten in Anspruch nehmen konnten. Die fünf Bestandtheile des Pentathlon, der Sprung, der Wettlauf, der Diskos und der Lanzenwurf sowie der Ringkampf mußten gesetzlich in einem Zuge an einem und demselben Tage ohne Unterbrechung durchgekämpft werden. Daher ein Sieger im Pentathlon in hohen Ehren stand und sein Sieg als eine glänzende Leistung betrachtet wurde. Dem homerisch heroischen Zeitalter war die Vereinigung so verschiedener Leistungen als eine einzige zusammengehörige Aufgabe noch völlig unbekannt [39], und selbst in den großen periodischen Festspielen verlief vor der Aufnahme desselben eine lange Reihe von Jahren. Zu Olympia wurde das Pentathlon der Männer in der 18., das nur einmal durchgeführte Pentathlon der Knaben in der 38. Olympiade aufgenommen. Ebenso hatte das Pentathlon in den großen panegyrischen Pythien auf der krissäischen Ebene, in den großen Panathenäen zu Athen, in dem Bereiche der festlichen Wettkämpfe der Phliuster Aufnahme gefunden, natürlich weit später als zu Olympia [40]. Sehr groß konnte die Anzahl der Agonisten, welche eine so complicirte Aufgabe zu lösen die Fähigkeit und die Lust hatten, wol niemals und nirgends sein, und diejenigen, welche sich für kräftig und fähig genug hielten, in diesem aus leichten und schwereren Kampfarten bestehenden Symplegma den Siegeskranz zu erstreben, mußten gewiß vielfache Vorübungen durchgemacht, namentlich in den kleineren Festspielen der einzelnen Staaten und Städte, an welchen es nirgends mangelte, bereits Proben ihrer Tüchtigkeit abgelegt haben. So mancher Pentathlos hätte überdies auch bereits in dem für sich bestehenden Wettlaufe und in dem für sich bestehenden Ringkampfe Siege davon getragen. Einige Staaten haben mehrere, mit Siegeskränzen in den großen Festspielen geschmückte, Pentathlen geliefert, andere dagegen gar keinen. Die schwierigste Aufgabe ist nun die Anordnung und Reihenfolge der fünf Bestandtheile in den großen Festspielen, wenigstens in den Olympien, zu entwickeln. Die größten Meister der philologischen Wissenschaft haben ihren Scharfsinn an diesem Thema versucht, z. B. Gottfried Hermann und August Böckh, der eine mit Widerspruch des anderen. Wir wollen einen Versuch der Ausgleichung machen. Die kritische Untersuchung der beiden großen Gelehrten ist von einer Stelle des Pindaros ausgegangen [41]. In dieser Stelle

39) Pindar, Isthm. I, 26: οὐ γὰρ ἦν πεντάεθλιον, ἀλλ' ἐφ' ἑκάστῳ ἔργματι κεῖτο τέλος. 40) Vergl. Aug. Mommsen, Heortologie S. 145. Gd. Pinder, über den Fünfkampf der Hellenen S. 10 fg. 41) Pindar, Nem. VII, 71 seq.:
ἀπομνύω
μὴ τέρμα προβὰς ἄκονθ' ὥτε χαλκοπάρᾳον ὅρσαι
θοὰν γλῶσσαν, ὃς ἐξέπεμψεν παλαισμάτων
αὐχένα καὶ σθένος ἀδίαντον, αἴθωνι πρὶν ἁλίῳ γυῖον ἐμπεσεῖν.

36) Livius XXVI, 4. 37) Herodian. I, 15, 2. 38) Herodian. l. c.; Strabon XI, 13, 523 (ed. Casaub.).

ist jedoch nur von einem Knaben-Pentathlon die Rede und zwar in den großen Kampfspielen zu Nemea. Aus Pindar's Worten erhellt nur soviel, daß der Ringkampf dieses Knaben-Pentathlons vor den heißen Sonnenstrahlen des Mittags durchgekämpft wurde. Für die Reihenfolge der einzelnen Kampfarten des Männer-Pentathlons in den großen olympischen, pythischen und nemeischen Spielen lassen sich eigentlich hieraus keine ganz zuverlässigen Folgerungen ziehen, theils weil nicht in allen vier großen panegyrischen Agonen die Kampfordnung und Reihenfolge eine und dieselbe war, theils weil im Verlaufe der Zeit so manche Abänderung eingetreten war. Dies haben die beiden großen Kritiker nicht genug in Anschlag gebracht. Gesetzt aber auch, daß in allen vier großen periodischen Festspielen im Männer- und im Knaben-Pentathlon eine und dieselbe Reihenfolge stattgefunden hätte, so würde dennoch die Stelle Pindar's zu wenig Entscheidendes darbieten, da hier nur zwei Kampfarten des Pentathlons erwähnt werden, das ἀκόντιον und der Ringkampf, und der Wurfspieß nur zur Vergleichung mit der schnellen Zunge oder raschen Rede, und da bei dem einen Paare der Wettkämpfer im Pentathlon der Kampf sich lange hinziehen konnte (wenigstens im Ringen), bevor eine Entscheidung eintrat, bei einem anderen Agonisten-Paare der Sieg schneller entschieden werden konnte, und aller Wahrscheinlichkeit nach nicht immer alle fünf Acte des Pentathlons durchgekämpft wurden und nach dem Siege in drei Acten, wie es scheint, der Kampf ein Ende hatte. Auch würde sich aus Pindar's Worten keine zuverlässige Folgerung in Beziehung auf die Tageszeit, in welcher das Pentathlon stattfinden sollte, ergeben, höchstens nur soviel, daß der Ringkampf vor dem Eintritt der sengenden Strahlen der Mittagssonne (ἄτων πρὶν ἁλίῳ γυίον ἐμπεσεῖν) vollendet wurde oder wenigstens bei rascher Entscheidung vollendet sein konnte.

In welche Tageszeit das Pentathlon fiel und welche Anordnung in Betreff der ihm vorausgehenden und nachfolgenden Wettkämpfe stattfand und ob es am ersten oder am zweiten Tage der Festspiele ausgeführt wurde, hat für uns eigentlich nur geringe Bedeutung, und außerdem wurden hierin bei der Zunahme der Zahl der verschiedenen Kampfarten durch Einführung neuer von Zeit zu Zeit Abänderungen nöthig. Auch wird sich am wenigsten behaupten lassen, daß in sämmtlichen vier großen periodischen Festspielen der Hellenen, in den großen Panathenäen zu Athen, in den Gymnapädien zu Sparta u. s. w. eine und dieselbe Anordnung und Reihenfolge eingeführt worden sei. Wir gehen also hier nur darauf aus, die wahrscheinlichste Reihenfolge zu ermitteln und die Frage zu beantworten, ob nothwendig alle fünf Acte des Pentathlons durchgekämpft werden mußten, um zum Siegeskranze zu gelangen. Vielfache Andeutungen

Dazu *A. Boeckh* ad Pind. Pyth. VIII, p. 317. ad Nem. 1. c. p. 542. *Dissen*, Expl. ad Pind. Nem. VII, p. 484; und in *Pindari editione* minore I, p. 271. *Gottfr. Hermann*, de Sogenis Aeginet. victoria quinquert. p. 10. 14. Lips. 1822.

der Alten, der Dichter und ihrer Scholiasten, sowie prosaischer Schriftsteller, lassen den Wettsprung (ἅλμα, πήδημα), welchen man auch als Weitsprung bezeichnen kann, als die erste in der Reihenfolge der fünf Kampfarten erscheinen. Außer den Angaben griechischer Autoren wird dasselbe auch durch die erhaltenen Ueberreste der bildenden Kunst bestätigt, wenigstens angedeutet, sofern die Sprunggewichte, die ἁλτήρες, denjenigen Statuen, welche Sieger im Pentathlon überhaupt veranschaulichen sollten, beigegeben worden sind. Ebenso deutet die Flötenmusik, während welcher der Sprung ausgeführt wurde, darauf hin, daß der Sprung der erste Act des Pentathlons war. Derselbe war gleichsam der einleitende Probeact und mußte somit an der Spitze des Fünfkampfes stehen. Auch liegt es ganz in der Natur der Sache, daß der Sprung die erste Kampfart bildete, da derselbe gleichsam als Feuerprobe der Elasticität diente, und diese gerade die Hauptbedingung zur glücklichen Durchführung des Pentathlons war. Der elastische Tiger und der elastische Panther stürzen sich niemals anders als durch einen gewaltigen Sprung auf ihre Beute. Der Sprung und der Wettlauf waren das Werk der Füße, der Diskos- und Speerwurf das Werk der Arme, das Ringen das Werk der Arme, Hände und des ganzen Körpers, das liegende Ringen das Werk der Hände und Füße. Daher waren wenigstens während der älteren Zeit zu Olympia der Sprung und der Wettlauf die zwei ersten, der Diskos- und der Langenwurf die beiden folgenden oder vorletzten, der Ringkampf aber als ein andauerndes, nicht so leicht zu Ende zu bringendes Werk, die letzte Kampfart gewesen sind. Dies wenigstens in denjenigen Olympiaden, in welche alle fünf Kampfarten durchgemacht werden mußten, was bei der Einführung des Pentathlons und dann eine Reihe von Jahren hindurch unfehlbar geschehen ist. Erst in der späteren Zeit, als die Anzahl der Kampfweisen sich gar sehr vergrößert hatte, wurde dies in so weit abgeändert, daß nicht mehr alle fünf Kampfspiele durchgemacht zu werden brauchten, um den Sieg zu entscheiden, was man aus verschiedenen Andeutungen folgern darf. Daß der Wettkampf mit dem Sprunge eröffnet wurde, hat Simonides in einem uns aufbewahrten Verse gezeigt, welcher als ein vortreffliches Meisterstück der poetischen Metrik betrachtet werden muß:

Ἅλμα, ποδωκείην· δίσκον, ἄκοντα, πάλην.

Dieser Vers zeigt nichts gesuchtes, erzwungenes, alles ist einfach und die Reihenfolge der fünf Kampfstheile spiegelt sich darin vollkommen ab. Das Metrum kann den Dichter nicht genöthigt haben, diese Wortfolge zu wählen, da ihm noch mehrere andere Bezeichnungen zu Gebote standen, z. B. für ἅλμα, πήδημα, für ποδωκείην, δρόμος, στάδιον u. s. w. (ὁλαλμα ist eine spätere Bezeichnung). Als ein im Versbau wohlgeübter Dichter hatte er gewiß nicht nöthig, lange nach den passenden Wortformen zu suchen, um sämmtliche fünf Acte in einen Vers in der gehörigen Reihenfolge zu bringen. Wer Ovid's unübertreffliche Kunst in dieser Beziehung kennt, wird auch die Kunstfertigkeit des Simonides begreifen. Alles, was außerdem noch zur Bestätigung, daß der Sprung der erste Act des Pentathlons gewesen ist, dienen kann, ist von mir in der Gymnastik und Agonistik der Hellenen beigebracht worden [42]).

Bis zur Zeit des Simonides wenigstens hatte also der Wettlauf (das einfache Stadium) die zweite Stelle im Pentathlon. Während der Sprung in einem einzelnen Acte, einem mit voller Kraft ausgeführten Abstoß der Füße von dem eingenommenen Standpunkte aus bestand, war der Wettlauf eine andauernde schnelle Bewegung der Füße durch das Stadium hindurch bis zum Ziele. Der Wettlauf folgte also auf den Sprung so lange, bis endlich eine neue Kampfordnung eingetreten war. Diese neue Kampfordnung, durch die Vermehrung der Wettkämpfe, welche viel Zeit in Anspruch nehmen mußten, herbeigeführt, gab die Veranlassung, daß man den Wettlauf im Pentathlon an die vierte Stelle sezte, sodaß nun die drei nur dem Pentathlon angehörenden, sonst nicht vorkommenden Bestandtheile, der Sprung, der Diskos- und der Lanzenwurf, vorausgingen, die beiden lezten Bestandtheile, welche mehr Zeit erforderten und auch außerhalb des Pentathlons von wohlgeübten Agonisten, von exacten Wettläufern und Ringern durchgeführt wurden, die vorlezte und lezte Stelle erhielten. Was war nun aber wol natürlicher, als daß, da die Zeit für sämmtliche Wettkämpfe nicht mehr ausreichen wollte, da wo dies thunlich war, Abkürzungen vorgenommen wurden. Und diese Abkürzungen beschränkten nun, wie es mir scheint, das Pentathlon auf die drei nur ihm allein angehörenden Wettkämpfe, mit Weglassung der beiden übrigen, welche ja ohnehin isolirt von solchen Agonisten, welche nur in dieser einen Leibesgart sich auszeichneten, zur Ausführung gelangten. Daß Abänderungen bei der Anordnung der sämmtlichen Wettkämpfe vorgenommen worden sind, hat Pausanias bezeugt, sowie auch, daß wegen der Vermehrung der Kampfarten endlich zehn und dann zwölf Hellanodiken als Kampfrichter eingetreten sind, von welchen aber drei auf das Pentathlon kamen [43]). Später aber hatten die Eleier im Kriege mit den Arkadern ein Stück Land mit vier Phylen verloren, sodaß nur acht Phylen übrig blieben und von dieser Zeit ab auch nur acht Hellanodiken gewählt wurden. So war einst dem Wettkampfe der Pankratiasten das Wagenrennen und das Pentathlon vorausgegangen, welche dann deshalb auf den folgenden Tag verlegt wurden, weil der Wettkampf der Pankratiasten sich bis in die Nacht hinein hingezogen hatte [44]). Ein anderer Beweggrund, das Pentathlon abzukürzen, konnte wol auch darin liegen, daß es gewiß oft Schwierigkeiten machte, den endlichen Sieg zu entscheiden, wenn alle fünf Bestandtheile durchgekämpft werden mußten, zumal wenn sich eine größere Zahl von Agonisten für das Pentathlon eingefunden hatte. Durch die

Abkürzung der fünf Acte auf drei konnte jedenfalls die Entscheidung bedeutend erleichtert werden. Wozu noch der Wettlauf und der Ringkampf, welche beiden ohnehin von Fachagonisten besser ausgeführt werden könnten? Daß nicht stets alle fünf Arte durchgemacht wurden, hat auch Aug. Böckh mit dem treffenden Instinct eines bewährten Alterthumsforschers angenommen, während der mehr in der Kritik der Sprachforschung sich bewährende G. Hermann behauptete, daß nothwendig stets alle fünf Bestandtheile durchgekämpft werden mußten, um über den Siegeskranz zu entscheiden. Wir haben bereits oben bemerkt, daß dies zur Zeit des Simonides und des Pindaros gewiß der Fall gewesen ist. Allein später geschah dies nicht mehr. Denn wie lange konnte sich allein der Ringkampf hinziehen, wenn zwei Agonisten von gleicher Stärke und gleicher Uebung in aller Kunstfertigkeit einander gegenüberstanden? Ein alter im Gebiete der Agonistik gewiß gut unterrichteter Scholiast berichtet ausdrücklich, daß die Pentathlen nicht durchaus alle fünf Kampfarten durchzumachen hatten, sondern daß schon drei von ihnen zur Entscheidung des Sieges hinreichten [45]). Auch im Gebiete der altgriechischen bemalten Thongefäße ist das Pentathlon durch die drei nur ihm angehörenden Bestandtheile, durch den Sprung mit den Halteren, durch Diskos- und Lanzenwurf, bisweilen auch nur durch zwei und sogar nur durch eine derselben veranschaulicht worden. Dies hat freilich insofern noch keine ausreichende Beweiskraft, als der Basenmaler das Pentathlon eben nur durch Agonisten mit den bezeichneten Attributen darstellen konnte, da der Wettlauf und der Ringkampf als selbständige, auch für sich allein ausgeführte Wettkämpfe, nicht dazu geeignet waren, gerade das Pentathlon anzudeuten. Nun lassen sich allerdings gegen die bisher entwickelte Ansicht einige Umstände anführen, welche für die Durchführung der sämmtlichen fünf Kampfacte zu sprechen scheinen, z. B. daß für das Pentathlon allein drei Hellanodiken als Kampfrichter fungirten, woraus man folgern könnte, daß die endliche Entscheidung über den Siegeskranz keine geringe Angelegenheit war, welche von einem einzigen Hellanodiken nicht abgemacht werden konnte. Ferner könnte man fragen, wozu waren überhaupt fünf Bestandtheile der Agonistik zu einer einzigen Aufgabe vereinigt worden, wenn dieselben nicht sämmtlich durchgekämpft werden sollten? Gegen das leztere ist aber zu bemerken, daß sie allerdings eine Reihe von Olympiaden durchgeführt wurden und daß man erst späterhin die Zeit nicht mehr ausreichte und daß man daher auf Abkürzung bedacht sein mußte. Was aber die drei Hellanodiken betrifft, so haben diese wol nur so lange ihr Richteramt ausgeübt, als zwölf Hellanodiken (und den zwölf Phylen) fungirten, welche Zahl später wieder auf acht reducirt wurde. Der Triagmos (τριάξαι, ἀποτριάξαι, τριακτήρ, τριακτός,

42) Bd. I, 1, 476—497. Auch die jüngste Monographie über d. Pentathlon von Eb. Pinder hat dem ἅλμα die erste Stelle angewiesen (S. 47 fg. 76. Berlin 1867). 43) Pausan. V, 9, 4. Cf. §. 2. 3. 44) Pausan. l. c. §. 3.

45) Schol. ad Aristidem ed. *Frommel*, p. 112: οὐχ ὅτι πάντες οἱ πένταθλοι πάντα νικῶσι· ἀρκεῖ γὰρ αὐτοῖς γ' (also drei) τῶν ε' (von fünf) πρὸς νίκην. Der Scholiast hatte dies gewiß älteren Autoren entnommen.

τοιοὶ περιεῖναι) ift in Beziehung auf das Pentathlon nicht von den älteren griechischen Autoren, sondern von den späteren erwähnt worden, weil eben in den früheren Olympiaden der Fünfkampf nach seiner Aufnahme in allen seinen Bestandtheilen durchgemacht wurde 46).

Wir haben nun noch die in der jüngsten Schrift über das Pentathlon entwickelte Ansicht zu beleuchten, in welcher ein neues System versucht und demnach ein vermeintliches neues Resultat gewonnen worden ist 47). Dem Verfasser hat die Veranlassung dazu eine Stelle in der theilweise, später ganz aufgefundenen Schrift des Philostratos περὶ γυμναστικῆς dargeboten. In dieser Stelle wird ein Wettkampf im Pentathlon aus der mythischen Zeit aufgeführt, in welchem die Argonauten als die Agonisten erscheinen. Daß weder die mythisch heroische vorhomerische Heldenzeit das Pentathlon kannte, haben wir bereits oben bemerkt. Dies thut aber, wie der Verfasser der bezeichneten Schrift angenommen hat, hier wenigstens nichts zur Sache. Denn Philostratos ging hierbei, wie er meint, von der Kampfordnung im Pentathlon seiner Zeit aus. In dieser Stelle des Philostratos erscheint nun Peleus als Sieger im Ringkampfe, welcher hier den letzten der fünf Bestandtheile des Pentathlons bildet. Peleus war aber keineswegs in den vier vorhergehenden Bestandtheilen Sieger gewesen, sondern der zweite, δεύτερος, d. h. er war von seinen Antagonisten überflügelt worden. Obgleich er aber nur der δεύτερος geblieben, wurde ihm dennoch der Sieg im Pentathlon zu Theil, weil er im letzten Acte, im Ringen, gesiegt hatte. Hierauf hat nun der Verfasser der bezeichneten Schrift folgende Ansicht gegründet. Für die vier ersten Kampfarten des Pentathlons war eine Normalleistung festgesetzt. Wer diese im ersten Acte erreicht hatte, gleichviel ob ihn ein anderer über die Normalleistung hinaus überflügelt, mithin besiegt hatte, wurde zum zweiten oder folgenden Wettkampfe zugelassen, war aber nicht als Sieger, sondern eben nur als der, welcher der Normalleistung genügt hatte, in den zweiten Kampf eingetreten. Welcher Agonist dagegen der ersten Normalleistung nicht entsprochen hatte, wurde zu den folgenden vier Kampfarten nicht zugelassen. Dies wurde in gleicher Weise bis zum fünften und letzten Kampfacte wiederholt. Dadurch mußte sich die Zahl der eingeschriebenen und auf dem Kampfplatze erschienenen Pentathlen nothwendig verringern, bis endlich zum Ringkampfe nur noch zwei Agonisten gegen einander in die Schranken traten, und allein der Sieg im Ringen entschied nun den Sieg für das Pentathlon überhaupt. Daraus würde folgen, daß, wenn ein Agonist auch in allen vier ersteren Kampfbestandtheilen seine Gegner besiegt hatte, aber im letzten Acte, im Ringen besiegt wurde, er dennoch den Sieg verloren hatte und seine vier ersten Siege fruchtlos errungen worden waren. Diese hier ins Kurze zusammengezogene Ansicht hat der genannte Verfasser nach allen Richtungen hin weiter ausgeführt und meint somit das bisherige Problem in Beziehung auf die Siegesentscheidung im Pentathlon vollkommen gelöst zu haben. Wie stark nun aber auch die Ueberzeugung ist, welche derselbe für die Richtigkeit seines Systems gewonnen hat, so lassen sich dennoch erstaunlich zahlreiche Einwendungen dagegen erheben. Erstens bleibt es doch auffallend, daß sich bei den zahlreichen alten Autoren, welche zwar über die Gymnastik der Griechen keine Schriften hinterlassen haben, dieselbe aber doch unzähligemal bald in dieser, bald in jener Beziehung berühren, keine einzige Andeutung eines so complicirten Herganges finden läßt. Zweitens lebte ja Philostratos der jüngere, welchem jene Schrift angehört, später unter Septimius Severus und bis zur Zeit des Philippus am Ende des zweiten und fast bis zur Mitte des dritten Jahrhunderts nach Chr., als die classische Blüthezeit der Gymnastik längst erloschen war, obwohl noch stets Gymnastik und Athletik getrieben wurden. Also für die frühere classische Zeit des Pentathlons und der gesammten Gymnastik kann die Angabe des späten Philostratos nichts Entscheidendes enthalten, zumal da in den Anordnungen der Wettkämpfe Veränderungen vorgenommen wurden. Und nun vollends eine Meldung aus dem mythischen Zeitalter, für welches die späteren Dichter, Mythographen und andere Schriftsteller, wie Philostratos, volle Freiheit hatten, ihre Angaben nach Belieben und Gutachten zu gestalten. Und genau genommen liegt in der Stelle des Philostratos weder die Andeutung eines bestimmten Systems noch eines specifischen Gesetzes für die Anordnung im Pentathlon. Dazu kommt, daß Jason als Kampfordner und Kampfrichter dem Peleus, welcher im Ringen gesiegt aus Gunst und Zuneigung (Πηλεῖ χαριζόμενος) den Siegespreis im Pentathlon ertheilt, daß heißt doch wol nichts anderes, als daß er die herkömmliche Praxis und gewohnte Norm, wenn überhaupt von einer solchen im mythischen Zeitalter die Rede sein könnte, nicht beachtete, sondern seiner Zuneigung freien Lauf ließ. Wo Gunst (das χαρίζεσθαι) entscheidet, hat ein bestimmtes Gesetz keine Geltung. Nur soviel läßt sich aus der Stelle des Philostratos entnehmen, daß der Ringkampf zu seiner Zeit wahrscheinlich den fünften und letzten Theil des Pentathlons gebildet hat. Vernünftiger Weise konnte doch nur derjenige Pentathlos den Siegespreis gewinnen, welcher in drei Kampfarten alle anderen überflügelt hatte, das heißt in der Mehrzahl von fünf, nicht derjenige, welcher nur in einem Acte, in dem letzten Siege Gegner überwunden hatte. Betrachten wir die Natur und die Bedingungen des Pentathlons genauer, so müssen wir sofort erkennen, daß hier das Ringen eigentlich der ...

---

46) *Pollux* III, 151: ἐπὶ δὲ πενταθλον τὸ νικῆσαι ἀποτριάξαι λέγουσιν. *Plutarch*, Sympos. IX, 2, 2: διὸ τοῖς τρισίν, ὥσπερ οἱ πένταθλοι, νικᾶσι καὶ νικᾷ. Schol. ad Aeschyl. Agam. v. 117: τριακτῆρος· νικητοῦ· ἐκ μεταφορᾶς τῶν ἐν τοῖς πεντάθλοιν ἀποτριαξάντων (Anecd. *Bekkeri* p. 438): ἐπὶ ἐλπίδι νίκης. Noch mehrere andere hierher gehörende Stellen find in meiner Gymnastik und Agonistik der Hellenen I, 1, S. 490, Note 30 angegeben worden. 47) Ed. *Pinder*, über den Fünfkampf der Hellenen (Berlin 1867) S. 71 fg. (System oder Zutheilung des Sieges im Pentathlon.)

wesentlichste Kampffact war, weil das Ringen außerhalb des Pentathlons zu den wichtigsten und spannendsten Kampfspielen gehörte und von solchen ausgeführt wurde, welche diesem allein oblagen und sich hierin auszeichneten. In Beziehung auf das Pentathlon aber konnte leicht der vortrefflichste Ringer der schlechteste Pentathlos sein. Denn das Wesentlichste im Pentathlos war Elasticität und leichte Beweglichkeit, die Gewandtheit, Fertigkeit im Sprunge, die Sicherheit und Fertigkeit im sicheren Wurfe des Diskos und des ἀκόντιον. Wer in diesen Leistungen nicht den Sieg gewonnen hatte, dem konnte das Uebergewicht im Ringen unmöglich den Siegeskranz einbringen. Denn dadurch wäre ja geradezu das Charakteristische im Pentathlon aufgehoben und ungültig gemacht worden. Was durch das Pentathlos der Vorübungen im Sprunge, im Diskos- und Lanzenwerfen genützt, wenn nicht durch die Fertigkeit in diesen drei gymnischen Uebungsarten, sondern durch das Ringen der Sieg entschieden werden sollte? In solchen Angelegenheiten hatten die Griechen ein zu feines Rechtsgefühl, als daß sie eine so ungerechte Vertheilung des Siegespreises hätten zulassen sollen. Und die olympischen Hellanodiken mußten durchaus mit Ueberlegung zu Werke gehen und nach Recht und Gerechtigkeit verfahren, wenn sie Popularität behaupten wollten. Ich wiederhole es, die drei nur dem Pentathlon angehörenden Bestandtheile, Sprung, Diskos- und Lanzenwerfen mußten für den Sieg entscheidend sein. Kam noch der Sieg im Wettlaufe, und endlich sogar noch im Ringen dazu, nun so war der Sieg um so vollständiger und rühmlicher, was wahrscheinlich mehr als ein Agonist geleistet haben wird. Uebrigens ist die Schrift des Philostratos nicht von so großer Wichtigkeit, wie es manchem Unkundigen wol erscheinen kann. Philostratos hatte viele Schriften verfaßt und so manche flüchtig hergestellt. Seine Schrift περὶ γυμναστικῆς enthält wenig oder gar nichts, was nicht bei den älteren griechischen Autoren und ganz besonders bei den späteren Aerzten, wie Galenos, anschaulicher und gründlicher gefunden würde. Die Schrift des Philostratos würde von höherer Wichtigkeit sein, wenn derselbe die Kampfgesetze und die Reihenfolge der Wettkämpfe in den vier großen periodischen Festspielen, die Institutionen und Bedingungen der gymnischen Agone in den Staaten und Städten Griechenlands überhaupt entwickelt hätte. Daß er die Kampfspiele der Argonauten auf der Insel Lemnos als ein wirkliches Ereigniß erwähnt, zeigt schon, daß ihm Mythisches und Geschichtliches gleich galt, und es kann überhaupt durch seine aufgefundene Schrift die wissenschaftliche Behandlung der Gymnastik und Agonistik keine neue Gestalt gewinnen. Und aus dem Siege des Peleus im Ringen unter den Argonauten Folgerungen für die Reihenfolge der Bestandtheile des Pentathlons zu ziehen, ist nicht gestattet. Da ist ja doch die Stelle des Plutarchos: δύο τοῖς τρισίν, ὥσπερ οἱ πένταθλοι, πηδοῦντι καὶ νικᾷ weit entscheidender dafür, daß der Pentathlos in den drei Bestandtheilen von fünf seine Ueberlegenheit gezeigt haben mußte, um den Siegespreis

zu erhalten [48]). Wer aber etwas anderes hier herausbringen und ein neues Pentathlossystem hervorzaubern will, ist in Gefahr Traumgebilde an die Stelle des Factischen zu setzen. Behauptungen, welche sich nur auf Angaben aus dem heroischen Zeitalter stützen, können keine feste Grundlage haben. In so problematischen Untersuchungen ist besonders das festzuhalten, was vernünftiger Weise geschehen mußte, nicht das, was möglicher Weise nach einem erkünstelten System geschehen konnte.

Wie bereits oben bemerkt worden ist, fand auch in den großen Panathenäen zu Athen ein Wettkampf der Knaben im Pentathlon statt. In einer Steinschrift von Thespiä, welche ein Verzeichniß der Sieger in dem thespischen Feste Erotidia (zu Thespiä befand sich bekanntlich das schönste, den Eros darstellende Marmorbild) aufführt, wo die παῖδες νεώτεροι, die παῖδες πρεσβύτεροι und die ἀγένειοι unterschieden werden, erschienen die ἀγένειοι als Sieger im Stadium (dem einfachen Wettlaufe) und auch im Pentathlon [49]). Die Zahl der Männersieger in den vier großen Festspielen war im Verlaufe der Jahrhunderte immerhin eine beträchtliche, was nicht zu bewundern ist, da ganz besonders ein Sieg im Pentathlon ein vollgültiges Zeugniß für allseitige körperliche Ausbildung ablegen konnte [50]). Drei der berühmtesten Sieger im Pentathlon waren der Krotoniate Phayllos und die beiden Eleier Gorgos und Stomios [51]).

Im Gebiete der bildenden Kunst der Griechen ist das Pentathlon am anschaulichsten in der altgriechischen Gefäßmalerei vorgeführt worden, da in diesen Gemälden der Raum es gestattete, mehrere Agonisten, den einen mit Halteren, den anderen mit dem Diskos, einen dritten mit dem Wurfspieß zusammenzustellen. Da nun aber der Sprung, der Diskos- und der Lanzen-Wurf zu Olympia und in den übrigen großen periodischen Festspielen eben nur als einzelne Bestandtheile des Pentathlons zur Ausführung gelangten, so konnten auch im Gebiete der Plastik ein Agonist mit Halteren, ein anderer mit dem Diskos, ein dritter mit dem ἀκόντιον Pentathlen vorstellen, d. h. Agonisten, welche in den großen periodischen Festspielen Siege im Pentathlon gewonnen

<hr>

48) *Plutarch*, Sympos. IX, 2.   49) *A. Boeckh*, Corp. inscr. Graec. N. 232, vol. I, p. 355. Hierüber habe ich ausführlicher in der Gymnastik und Agonistik der Hell. I, S. 266—271 gehandelt. Wie die Knaben (παῖδες) und Epheben unterschieden werden, so die παῖδες und νεανίσκοι bei *Polybios* IV, 20, 8. In der bezeichneten Steinschrift und in einer anderen bei *Boeckh* l. c. N. 1590 werden in den erwähnten Erotidia, auch die Wettkämpfe im Pentathlon τῶν ἀνδρῶν, ἀγενείων und παίδων aufgeführt. Ebenso in Festspielen zu Oropos (vgl. *Rangabe*, Inscr. N. 965) und zu Aphrodisiad (Corp. inscr. Graec. ed. *Boeckh* N. 2758).   50) Verzeichniße der Sieger in den großen periodischen Festspielen habe ich in der Olympien (Wien 1888) und in den Pythien, Nemeen und Isthmien (Leipzig 1841) beigegeben, unter welchen viele Sieger im Pentathlon sich befinden. Specielle Verzeichniße haben *Philipp*, de pentathlo (Berol. 1827) und *Ed. Pinder*, über den Fünfkampf der Hellenen (117 fg.) mitgetheilt.   51) Vgl. meine Olympia S. 293. 350 fg. 374.

hatten. Nun war es freilich auch möglich, daß Gebilde dieser blos Epheben aus der Palästra oder dem Gymnaßtum zur Anschauung brachten. Für Pentathlen sind aber die Figuren auf den irdenen bemalten Thongefäßen zu halten, sobald dieselben mit jenen drei Attributen, den Halteren, dem Diskos und dem Wurfspieße erscheinen. — Den Siegern im Pentathlon waren auf den Schauplätzen der großen Festspiele viele Ehrenstatuen gewidmet worden und Pausanias konnte noch viele derselben angeben, obwol gerade die vortrefflichsten Werke dieser Art längst entführt oder zertrümmert worden waren. Gewiß waren die Urheber solcher Statuen nicht überall berühmte Bildhauer. Auch weniger bedeutenden Meistern wurde die Herstellung solcher Statuen übertragen. Dieselben sollten ja mehr Denkmäler eines gewonnenen Sieges als vollendete Kunstwerke sein. Ich habe in den Abbildungen zu meiner Gymnastik und Agonistik der Hellenen mehrere Darstellungen aus verschiedenen Gebieten der Kunst aufgenommen (Tafel XIII. XIV. XV. XVI.) und dieselben im Texte erörtert. Hier ist es nicht gestattet, zu weitschichtig zu werden 52). Ein ausgezeichnetes plastisches Werk war der Pentathlos des Alkamenes, welchem man das Prädicat Enkrinomenos gegeben hatte 53). Natürlich war diese vollendete Schöpfung nicht ohne Nachbildungen geblieben. Auch im Gebiete der diätetischen Gymnastik war das Pentathlon von Wichtigkeit und von günstiger Einwirkung auf die Beschaffenheit und Gesundheit des Leibes. Galenos hat in dieser Beziehung das Pentathlon mehrmals erwähnt. Einen hinreichenden Beweis für den heilsamen Erfolg der Verbindung dieser verschiedenen Leibesübungen hat Pausanias in seinem Berichte über den Eleier Hysmon geliefert. Dieser war nämlich ein schwächlicher, von rheumatischen Leiden geplagter Knabe. Da begann er die Gymnastik als Heilmittel zu benutzen und wandte sich dem Pentathlon zu. Durch diese Uebungen erlangte er nicht nur seine Gesundheit wieder, sondern nach und nach auch eine große Kraft und wurde dann ein so bewährter Agonist, der eine zu Olympia, der andere zu Nemea zu Theil wurde. Pausanias sah noch seine Siegerstatue, welcher als Attribut des Pentathlons die alterthümlichen Sprungträger beigegeben waren 54). Sowol vom Pausanias als von den späteren methodischen Aerzten sind noch andere Beispiele dieser Art aufgeführt worden 55).

52) Mehr über alles dieses enthält meine Gymnastik und Agonistik der Hellenen I, 1, S. 476—497. Einiges hat auch Ed. Pinder in seiner Schrift S. 34 fg. beigebracht. Ich könnte hier noch so manches hinzufügen, wie die zwei auf das Pentathlon sich beziehenden Figuren auf dem bronzenen Diskos von Aegina, ein Springer mit dem Sprunge richten, ein Lanzenwerfer mit dem ἀγκυλιστὸν ἀκόντιον. Vgl. Wolf in den Annal. d. inst. di corr. arch. IV, p. 75, B. Auch O. Müller, Archäol. der Kunst, S. 78, 3 (ed. II). 53) Plinius h. n. XXXIV, 72. H. Brunn, Gesch. der griech. Künstler I, S. 237. 54) Pausan. VI, 3, 4. Er nennt die Halteren ἀρχαίους ἀλτῆρας. 55) Anderer Art ist der von Philostratos περὶ γυμναστικῆς p. 2 (ed. Kayser) aufgeführte Fall.

K. 23. Nachdem wir nun die fünf zum Pentathlon gehörenden Kampfarten und das Pentathlon selbst in Betracht gezogen haben, gehen wir zum Faustkampfe über, welcher zu den schweren Wettkämpfen gezählt wurde und zugleich der gefahrvollste, auch der am wenigsten ästhetisch schöne genannt werden kann. Gewiß dürfen wir alle bisher beleuchteten Uebungsarten als Spiele im Verhältniß zum Faustkampfe (πύξ, πυγμή, πυγμαχίη, πυκτοσύνη, πυκτεύω, πυκταλίζω) betrachtet werden, in welchem ein gewaltiger Faustschlag auf die eine oder andere Seite des Hauptes leicht tödtliche Folgen haben konnte. Das homerische Epos hat diesen Wettkampf bereits als den mühseligen (ἀλεγεινὴ) bezeichnet und dem Dichter mußte die Natur desselben hinreichend bekannt sein. Und es ist in der That zu bewundern, wie von den Griechen ein so grausamer Wettkampf in das Gebiet der heiteren Gymnastik aufgenommen werden konnte. Allein das eristische Element lag so tief in dem Charakter der Hellenen, daß ihm die gegenseitige Messung der Kraft, der Kunst und der todesmuthigen Schlagfertigkeit höher stand als ein gefahr- und harmlos hinfließendes Leben. War ja doch der Faustkampf noch lange nicht so gefahrvoll als der Kampf mit scharfen und spitzigen Mordwerkzeugen in der Schlacht. Und wie in der heißen Schlacht das Leben der Einzelnen nichts galt gegen den Ruhm patriotischer Tapferkeit und siegreicher Heimkehr, so galt im Faustkampfe die Verletzung des Leibes nichts gegen das hier obwaltende Princip einer tüchtigen Wehrhaftigkeit, und vollends nichts gegen den Ruhm des in den großen Festspielen errungenen Siegeskranzes. Bereits die vorhomerische Heroenwelt hat laut späterer Dichtung und Mythos den schrecklichen Faustkampf geübt, in welchem der besiegte Agonist todt oder in ein betäubter oder trunkener hinweggeführt oder hinweggetragen werden mußte. Im homerischen Epos tritt der Werkmeister Epeios zum Faustkampfe hervor, einen Gegner herausfordernd, welchem er droht die Haut zu zerreißen und die Knochen zu zerschlagen (ἄτιχον χρόα τε ῥήξω σὺν τ᾽ ὀστέ᾽ ἀράξω). Keiner hat Lust sich ihm gegenüber zu stellen, bis endlich Eurpalos durch die Ermuthigung des Diomedes bewogen den Kampf aufnimmt. Da währt es aber nicht lange und er erhält einen solchen Schlag von dem Epeios, daß seine Glieder zusammenbrechen, er wie ein Fisch am Gestade des Meeres zappelt. Epeios richtet ihn wieder auf und seine Genossen führen oder tragen ihn mit hängendem Haupte besinnungslos von dannen 56). Unter den vorhomerischen Agonisten lassen Mythos und Dichtung den Polydeukes als den unüberwindlichen Faustkämpfer auftreten, welcher den gewaltigen Amykos gar übel zurichtet, wie bereits oben bemerkt worden ist 57). Auch gedeiht das home-

56) Iliad. libr. XXIII, 667—699. 57) Auf der Ficoronischen Ciste ist dieser Faustkampf dargestellt worden und Emil Braun hat ein gelehrtes Werk über diese Ciste herausgegeben mit zahlreichen Abbildungen (Leipzig 1848, Fol.). Taf. II und V wird der besiegte Amykos an einem Baumstamme festgebunden.

rische Epos bereits der Bewaffnung der Fäuste mit Schlagriemen (er nennt sie ἱμάντας ἐυτμήτους βοὸς ἀγραυλοίο), woraus wir ganz besonders folgern dürfen, daß die gymnischen Uebungen lange vor Entstehung des Helden-Epos getrieben worden waren. Doch waren diese Schlagriemen noch lange nicht von so schrecklicher Art, wie die von Virgilius dem Entellus und Dares zugeschriebenen, zu welchen der Dichter natürlich die zu seiner Zeit übliche Faustarmatur der Athleten sich zum Vorbilde genommen hat [58]). Auch die hesiodischen Dichtung war der Faustkampf nicht unbekannt geblieben, sofern derselbe auf dem Schilde des Herakles unter den torentischen Gebilden erwähnt worden ist [59]). Ob wirklich Hesiodos oder ein anderer der Verfasser dieses didaktischen Gedichts war, können wir hier auf sich beruhen lassen. Bei den Uebungen der Knaben und Epheben in den Gymnasien und Palästren konnten natürlich so schroffe Faustarmaturen nicht in Anwendung kommen. Wahrscheinlich wurden anfangs gar keine, später jedenfalls nur unschädliche Faustgewinde gebraucht, vielleicht dieselben oder ähnliche, welche von Pausanias mit dem Worte μειλίχαι bezeichnet worden sind [60]). Auch in den großen panegyrischen Festspielen mochte anfangs nur von diesen μειλίχαι Gebrauch gemacht werden [61]). Pausanias erwähnt solche noch in einem Faustkampfe der nemeischen Spiele [62]). Bei den Etruskern war der Faustkampf ebenfalls ein beliebter Wettkampf und man bemerkt unter den Figuren etruskischer Spiegel nicht selten ein einfachen Schlagriemen bewaffnete Faustkämpfer [63]). Man steigerte aber bald den Schlag durch Verstärkungen von Stufe zu Stufe und derselbe sollte immer wuchtiger werden. Die Steigerung von dem einfachen zum complicirten zeigt sich in folgenden Ausdrücken: ἱμάντες, μειλίχαι, σπείραι βόειαι, σφαῖραι, μύρμηκες. Die drei letztgenannten Arten der Umwindung bildeten ein gefährliches Rüstzeug der Faust.

Da das homerische Epos bereits Faustgewinde kennt, so läßt sich annehmen, daß zur Zeit der Entstehung desselben der Faustkampf schon weit verbreitet und ausgebildet war. Spätere Dichter haben ihren Beschreibungen der ἱμάντες schon außerordentliche verstärkende Zuthaten gegeben [64]). Die Cestus, wie solche Virgil und andere römische Dichter beschrieben, waren dazu angethan, den Kopf eines Gegners schrecklich zuzurichten und zu durchlöchern [65]), und es ist nur zu bewundern, daß nicht viele ihren Tod gefunden haben, was bei alledem doch nur in äußerst seltenen Fällen vorgekommen zu sein scheint. Wenn ein Agonist die gewaltigen Schläge eines Gegners einigemal empfunden hatte, mochte er wol von der Fortsetzung des Kampfes abstehen und sich somit für besiegt erklären. Außerdem verstand es ein wohlgeübter Faustkämpfer, wie schon bemerkt, den Schlägen gewöhnlich auszuweichen oder mit der eigenen Faust zu pariren. Auch stürzte nicht selten der mit voller Wucht ausholende Faustkämpfer zu Boden, wenn seinem Schlage der Gegner geschickt auszubiegen vermochte.

Zu Olympia war der Faustkampf der Männer in der 23., der Faustkampf der Knaben in der 41. Olympiade eingeführt worden. Der erste Sieger in jenem war Onomastos, der erste Sieger in diesem der Sybarit Philetas [66]). Das homerische Epos läßt die Faustkämpfer bereits nackend in die Schranken treten, die jedoch mit einem Schurz (ζῶμα) umgürtet. Von der späteren Einreibung mit Oel ist hier ebenso wenig wie im Ringkampfe die Rede. Das ζῶμα war anfangs auch nur für die gymnischen Athleten in den olympischen Festspielen gebräuchlich, wurde aber später sowel im Faustkampfe als in allen übrigen Wettkämpfen weggelassen. Seiner Natur nach konnte der Faustkampf eigentlich nur im Gebiete der Athletik auf den Schauplätzen der großen Festspiele den weitesten Spielraum und die höchste Ausbildung finden, da hier die hohe Bedeutung des Siegeskranzes ein entsprechendes Aequivalent darbot und man in Rücksicht hierauf kein Bedenken trug, nöthigenfalls die entsetzlichsten Faustschläge über sich ergehen zu lassen. In ästhetischer und pädagogischer Beziehung konnte derselbe wenigstens nach unserer moderneren Anschauungsweise nichts Empfehlendes darbieten. Daß die Griechen hierüber aber anders dachten, zeigt

58) Iliad. XXIII, 684. Virgil, Aen. V, 401 seq. 59) Hesiod, Aspid. v. 302. 60) Daß anfangs keine Faustgewinde in Anwendung gekommen sind, könnte man vielleicht aus den Worten des Hesych. v. πίκολος (p. 338, vol. III, ed. Schmidt) folgern. 61) Der Scholiast zu Plat., Staat I, 338, b. e. gewährt folgende Beschreibung von einet noch gefahrlosen Faustarmatur: πυγμὴ τὸ πρὶν ἐσκευάζετο οὕτως· εἰς στροφίον, ὅ ἐστι στρόγγυλον ζανάριον, οἱ τέσσαρες τῶν δακτύλων ἐνεβιβάζοντο· καὶ ὑπερβάλλοι τοῦ στροφίου τοσοῦτο, ὅσον, εἰ συνάγοιντο, πὺξ εἶναι, ξυνίγοντο δὲ ὑπὸ σειράς, ἣν καθάπτει ζεῦγμα ἐφάζεργε ἐν τοῦ πήχεος. Einfache Schlagriemen dieser Art zeigen mehrere Faustkämpfer in den Gemälden altgriechischer Thongefäße. So auch etruskische Spiegel. Vergl. Lanzi, Notizie della scultura degli antichi, tav. 17 (Fiesole 1824). Einfache Faustriemen, welche jedoch den ganzen Vorderarm umwinden, f. Annali dell' instit. di corr. atcheol. vol. XLVI, tav.50. 62) Pausan. VIII, 40, 3: τοῖς δὲ πυκτεύουσιν οὐκ ἦν πω τηνικαῦτα ἱμὰς ὀξὺς ἐπὶ τὸ καρπῷ τῆς χειρὸς ἑκατέρας, ἀλλὰ ταῖς μειλίχαις ἔτι ἐπύκτευον, ὑπὸ τὸ κοῖλον ἔχοντες τῆς χειρός, ἵνα οἱ δάκτυλοι σφίσιν ἀπολείπωνται γυμνοί· αἱ δ᾽ ἐκ βοείας ἀμῆς ἱμάντες λεπτοὶ τρόπον τινὰ ἀρχαῖον πεπλεγμένοι δι᾽ ἀλλήλων ἦσαν αἱ μειλίχαι. Pausan. VI. 29, 3. ἐπὶ τὸ ἱμάντων τῶν μαλακωτέρων ταῖς πληγαῖς. 63) Vgl. Ed. Gerhard, Etrusk. Spiegel, Thl. II, Taf. 171 (Berlin 1845).

64) Vergl. Apollon. Rhod. II, 53 seq. Theocrit. XXII, 80 seq. Virgil, Aen. V, 404 seq. Propert. III, 12, 9. Statius, Theb. VI, 729 seq. 65) Die Anthologia Gr. Palat. (ed. Jacobs) hat uns viele Epigramma aufbewahrt, in welchen übel zugerichtete Faustkämpfer beschrieben werden. z. B. XI, 78, Tom. I, p. 344: κόσκινον (Sieb) ἡ κεφαλή σου Ἀπολλόφανες γεγένηται, — ἔντος ὑμυρίμκων τρυπήματα λοξά καὶ ὀρθά.

Ein anderer sagt von sich selbst: ἴσχον δ᾽ ἐν Πίσῃ μὲν ἓν ὠτίον· ἐν δὲ Πλαταιαῖς ἐν βλέφαρον, Πυθοῖ δ᾽ ἄπνοος ἐκφέρομοι.

Ein anderer Faustkämpfer nennt im Epigramm XII, Tom. II, p. 488: κερνυμένου αἵματι πολλᾦ. In meinet Gymnasit I, 1, 507 findet man noch mehr dieser Art. 66) Pausan. V, 8. 3. Ueber den Faustkampf der Knaben in den großen Nemeien und Isthmien Pausan. VI, 4, 6.

das Gespräch, welches Lukianos dem Solon mit dem Scythen Anacharsis in den Mund gelegt hat. Ebenso hat Platon dem Faustkampfe als einer vortrefflichen Vorübung für den Krieg seine Anerkennung gezollt, besonders deshalb, weil derselbe einen muthigen (εὔψυχον) Krieger bilde, welcher Mühsal und Anstrengung nicht scheue und vor den Waffen des Feindes nicht zurückbebe[67]). Daneben sollte auch darin Uebung gewonnen werden, mit rascher Gewandtheit jedem Schlage eines Gegners auszubeugen und denselben erfolglos zu machen. Der größte Ruhm war es, einen Sieg zu gewinnen, ohne selbst einen Schlag erhalten zu haben[68]). Wir werden weiterhin einen solchen Faustkämpfer zu erwähnen haben. Auch ungeübte Faustkämpfer konnten mitunter einen erfolgreichen Schlag ausführen[69]), für den Sieg aber war dies noch nicht entscheidend.

Die Losung und paarweise Zusammenstellung der für die großen Festspiele angemeldeten und eingeschriebenen Faustkämpfer erfolgte ganz auf dieselbe Weise, welche bei den Ringern und Pankratiasten stattfand. Laut der Darstellung späterer Dichter wurden im heroischen Zeitalter dem Faustkämpfer vor dem Antritt zum Kampfe von zwei Genossen oder Dienern die Schlagriemen um die Hände gewunden. In der geschichtlichen Zeit scheinen dies die sachverständigen Gymnasten, Pädotriben und Aleipten besorgt zu haben. In den Gemälden der antiken griechischen Thongefäße verrichten dies Geschäft die Agonisten selber, wie ich dies auf mehreren Gefäßen der münchner Vasensammlung bemerkt habe. Nachdem die Fäuste durch ihre Armatur schlagfertig geworden, suchte jeder der Agonisten zunächst einen günstigen Staub zu gewinnen[70]). Dann versuchte derselbe noch vor Beginn des Kampfes auch wol die Elasticität seiner Arme durch Ausschlagen in die Luft[71]). Auf dieselbe Weise trieben auch die Epheben in den attischen

Gymnasien und Palästren ihr Vorspiel zum Kampfe, besonders wol, wenn nicht sofort ihnen ein Antagonist entgegentrat. Dies war die πυγμῆς χειρονομία oder die σκιαμαχία, welcher Ausdruck dann auch auf die Spiegelfechterei in der Rede übertragen worden ist[72]). Eine eigenthümliche Methode kraftvoller, wohlgeübter und kunstverständiger Athleten bestand auch darin, daß sie im Beginn des Kampfes ruhig und fest ihre Arme auslegten, jeden Angriff des Gegners durch geschickte Bewegung abwendeten und unschädlich machten, dadurch den Gegner so lange ermüdeten, bis derselbe sich genöthigt sah abzustehen und jenem den Sieg zu überlassen. Dies vermochten freilich nur sehr wenige. Unbesiegbar in dieser Kunst war Melankomas, welcher, wie berichtet wird, zwei ganze Tage hindurch in derselben Stellung mit ausgelegten Armen auszuharren vermochte, ohne Spuren von Ermattung zu zeigen. Man konnte ihm nirgends einen Schlag beibringen und er war daher nicht durch Narben entstellt, wie so mancher andere Faustkämpfer, sondern am ganzen Leibe unversehrt wie ein Wettläufer. Er hielt es für den reinsten und rühmlichsten Sieg, den Siegeskranz ohne irgend eine Wunde am Körper errungen zu haben[73]). Die χειρονομία und die σκιαμαχία bildeten gleichsam das Vorspiel zum ernsten Kampfe mit Faustschlägen, während der ἀκροχειρισμός mehr dem Ringkampfe angehörte als dem Faustkampfe[74]). Außer dem Melankomas haben sich noch zwei andere Athleten in diesem Kampfschema ausgezeichnet. Krateros wird von Eustathios als kunstfertiger Athlet dieser Art erwähnt. Der Karystier Glaukos, ein berühmter Faustkämpfer, war ebenfalls in dieser Kampfweise erprobt und zeichnete sich durch Kunst aus, wie seine durch Glaukias ausgeführte Statue zu Olympia gesehen[75]). Unter den Agonisten im Faustkampfe der Knaben vermochte der junge Kleier Hippomaches zu Olympia drei Gegner nach einander durch Kunstfertigkeit zu bewältigen, ohne daß ihm auch nur ein Schlag hätte beigebracht werden können[76]). So führt auch Africanus bei Eusebius den Alexandriner Kleogenos als einen Periodoniken im Faustkampfe auf, welcher ohne jemals Wunden zu erhalten (ἀτραυματίσος) alle seine Siege gewonnen hatte[77]). Abgesehen von dieser nur wenigen eigenen Kunstfertigkeit bestand der Hauptact des Faustkampfes im Schlagen und Ausbeugen. Sobald der Faustkämpfer eine günstige Stellung und festen Stand gewonnen und zum ersten Schlage sich anschickte, erhob er sich mit vorwärts stre-

---

67) *Lukian*, Anch. s. περὶ γυμνασίων cap. 3. *Platon*, Gesetze, VIII, 830, b—e. Vgl. *Plutarch*, de profect. in virtut. c. 11. 68) Der Redner *Aristides* VI, εἰς Ἀσκληπιὸν p. 68 (ed. Dind. vol. I) erwähnt, daß selbst der Heilgott Asklepios einem Faustkämpfer im Traume angegeben habe, wie er auch den wackersten Gegner besiegen könne: ἀλλὰ καὶ σοφίσματα πυκτικὰ κύπτειν τινὶ τῶν ἐφ' ἡμῶν ἐγκαθνύδοντι προειπεῖν λέγεται τὸν θεὸν· οἷς ἔδει χρησάμενον καταβαλεῖν τινα τῶν πάνυ λαμπρῶν ἀνταγωνιστῶν. 69) *Aristot.* Metaph. I, c. 4: ἀλλ' οἷον ἐν ταῖς μάχαις οἱ ἀγώνιστοι ποιοῦσι. Καὶ γὰρ ἐκεῖνοι προσφερόμενοι τύπτουσι πολλάκις καλῶς πληγάς. Diese Worte können freilich auch auf den Kampf in einer solche Stellung bezogen werden, indeß bezieht sich auch auf den Faustkampf. 70) So z. B. Polydeukes vor dem Beginn des Kampfes mit dem großen und gewaltthätigen Amykos, welcher ersterer eine solche Stellung gewinnt, daß ihm die Sonnenstrahlen auf dem Rücken, jenem gerade in die Augen fallen. *Theocrit.* XXI, 84. *Apollon.* Rhod. II, 45. *Statius,* Theb. VI, 757. *Aeschines* gegen Ktesiphon §. 206 (ed. Bekker): ὥσπερ οὖν ἐν τοῖς γυμναίοις ἀγῶσι ὁρᾶτε τοὺς πύκτας περὶ τῆς στάσεως πρὸς ἀλλήλους διαγωνιζομένους κτλ. *Aristides* XIII, Panathenaic.: ὥσπερ οὖν οἱ πύκται περὶ τῆς στάσεως πρῶτον ἠγωνίσαντο. Ueber die Einwirkung der Sonne auf die Faustkämpfer überhaupt cf. *Cicero*, Brut. s. de clat. orat. c. 69. 71) *Apollon.* Rhod. l. c., dessen Darstellung der Sonne auf die Faustkämpfer nachgeahmt worden ist: ἄμφω χεῖρας ἕας πειραόμενος, εἰκπο ἑάλις, ὥς ποτ' ἐντραπελοι, μηδ' ἐκ πολέμου βαρύθωσιν.

72) *Lukian*, Hermot. §. 33: πρὸ τοῦ ἀγῶνος λακτίζοντα εἰς τὸν ἀέρα ἢ πὶξ κενὴ πληγή τινα καταφέροντα, ὡς τὸν ἀνταγωνιστὸν ἤδη βλέπων παίοντα. 73) *Dion*, Chrisostomos Melacaom. II, orat. 29, p. 341 (ed. Reiske), vol. I, und *Eustath.* ad Iliad. ψ, 1322, 29, welche dieselbe Nachricht wahrscheinlich aus Chrysostomos entnommen hat. 74) *Pausan.* VI, 10, l. 75) *Pausan.* VI, 10, 1: σκιαμαχοῦντος δὲ ὁ ἀνδριὰς παρέχεται σχῆμα, ὅτι ὁ Γλαῦκος ἦν ἐπιτηδειότατος τῶν εἰς χειρονομίαν πεφυκός. Vgl. *Eustath.* l. c. 76) *Pausan.* VI, 12, 3. Vgl. *Visconti*, Mus. Pio-Clem. Tom. V, pl. 35, p. 225 und die daselbst mitgetheilte Inschrift. 77) *African.* bei *Euseb.* χρον. I. Ἑλλ. ὀλ. p. 42 (in Beziehung auf die 185. Olympiade).

46*

denden Oberleibe, stand dann wenigstens mit einem Fuße auf den Zehen, um dem ausschlagenden Arme größeres Gewicht und stärkeren Nachdruck zu geben und zugleich etwas weiter zu reichen, wie dies die betreffenden Alten beschrieben haben[78]), oder er nahm mit auseinandergestellten Füßen einen möglichst festen Stand mit nur wenig vorwärts gebeugtem Oberleibe, wie dies in mehreren Gemälden antiker Vasen dargestellt worden ist[79]). Der Hals wurde gewöhnlich etwas zurückgebogen oder bald auf diese bald auf jene Seite gedreht, um ihn den Faustschlägen des Gegners möglichst zu entrücken, wie dies in den Gemälden der altgriechischen Thongefäße mehrmals dargestellt worden ist[80]). Beide Arme wurden nun regelrecht in Thätigkeit gesetzt, der rechte stets zum Ausschlagen gerüstet, der linke mehr die schützende Deckung des Hauptes bildend. So wie der rechte Arm zum Schlage ausholte, nahm der linke seine Haltung zum Schutze[81]). Denn wenn ein Schlag ausgeführt werden sollte, mußte sich der rechte Arm erst rückwärts bewegen und in diesem Momente das Haupt unbeschützt lassen, welches dann nur von dem linken Arme in Schutz genommen werden konnte. Natürlich fehlte es auch nicht an solchen Faustkämpfern, welche es durch anhaltende Uebung dahin gebracht hatten, den linken Arm ebenso gut als den rechten zum Ausschlagen brauchen zu können. Je nachdem es nun zweckmäßig erschien, zog der geübte Agonist die Brust gleichsam zusammen und ließ somit die Schultern um so stärker hervortreten, um gleichsam den Kopf in deren Mitte zu nehmen und besser zu schirmen. Auch wurde die Brust durch tiefes Aufathmen gleichsam erweitert, was bisweilen mit einem tiefen Stöhnen verbunden war, um auch dadurch momentan die Kraft zu steigern und den Schlag energischer auszuführen. Hatte nun der hitzige Entscheidungskampf begonnen, so war es Aufgabe des Agonisten in gleicher Weise Stärke und Gewandtheit zu zeigen, vor

seinem Schlage zurückzubeben, Kunst und Regel mit Bedacht in Anwendung zu bringen, von jeder erlaubten List, von jeder Täuschung Gebrauch zu machen, zugleich Anstand und Eurhythmie zu bewahren. Mit stetiger Besonnenheit und Umsicht mußte jeder günstige Augenblick, jede Blöße des Gegners benutzt, jeder Schlag desselben wo möglich erfolglos, wenigstens durch Abschwächung unschädlich gemacht werden. Spähend und abmessend mußten die Augen stets in Thätigkeit sein, um den günstigen Augenblick zum Angriff und zur Abwehr wahrzunehmen. Unbedachtes ungestümes Losstürmen war gegen die Regeln der agonistischen Kunst, wenn auch nicht gegen die Kampfgesetze und zeigte den noch rohen, nicht gehörig durchgebildeten Faustkämpfer. Denn dadurch konnte derselbe bald seine Kraft nutzlos erschöpfen, während der erfahrene kampfgeübte anfangs seine Kraft schonte und bloß durch geschickte rasche Wendungen den Schlägen des Gegners auszuweichen suchte. Hierbei spielten schlaue Scheinmanöver zur Täuschung des Gegners ihre Rolle. Den Schlägen des Gegners waren insbesondere die beiderseitigen Schläfe des Hauptes mit den Ohren, die Wangen mit den Zähnen, das Kinn, die Stirn und die Nase ausgesetzt. Ein Kernschlag auf die Wangen konnte den Zähnen schweren Verlust zufügen[82]). Als einst dem Kyrenäer Eurydamas von einem kraftvollen Antagonisten die Zähne größtentheils eingeschlagen worden waren, verschluckte er dieselben und gewann den Sieg, indem jener den Muth verlor, weil sein gewaltiger Schlag scheinbar so erfolglos geblieben war[83]). Bei Faustkämpfern, welche zahlreiche Siegeskränze gewonnen hatten, fand man die Ohren häufig zerquetscht, vernarbt, zernorpelt, und so konnten dieselben zum Wahrzeichen der von ihnen getriebenen Kampfart dienen[84]). Das sogenannte Pankratiasten = Ohr (ωτοκάταξις, ωτοθλαδίας, οὖς κλαστός) haben die antiken Bildhauer in gleicher Weise an Bildsäulen der Faustkämpfer und Pankratiasten veranschaulicht[85]). An den

78) *Virgil.*, Aen. V, 426: Constitit in digitos extemplo arrectus uterque. *Statius*, Theb. VI, 747: Suspensi coϑϱota plantis. *Quint. Smyrn.* IV, 346: ἐπ' ἀκροτάτοις δὲ πόδεσσι βαίνοντες. *Valer. Flacc.* IV, 267: semper et in digitis. Vergl. *Theocrit.* XXII, 90. *Antyll.* bei Oribas. VI, 29. *Plutarch*, Sol, c. 1. *Philo περὶ τῶν χηρουϐ.* p. 153, vol. I (ed. *Mangey*), .p. 229, vol. I (ed. *Sterect.*): τὸ δὲ συμβέβηκεν ἀϑλητῇ κυγμὴν ἢ παγκράτιον περὶ νίκης καὶ στεφανῶν ἀγωνιζόμενῳ· οὗτος μὲν οὖν τὰς ἐπιχειρουμένας πληγὰς ἑκάστης τῶν χειρῶν ἀποσείεται καὶ τὸν αὐχένα περιάγων ὧδε καὶ ἐκεῖσε τὸ μὴ τυφϑῆναι φυλάσσεται, πολλάκις δὲ καὶ δακτύλοις ποδῶν ἀκροϊς ἐπιβεβηκὼς πρὸς ὕψος αἴρεται ἑαυτον, ἢ στελεας καὶ συναγαγὼν ἐμπαλιν κατὰ κενοῦ φέρειν τὰς χεῖρας τὸν ἀντίπαλον ἠνάγκασε, σκιαμαχίᾳ τινὶ παραπλήσιον δρῶντα. 79) Mus. Blacas vol. I, pl. 2. In mehreren Gemälden dieser Art erblicken wir den einen Buß mit seiner ganzen Fläche fest auftretend, den andern nur auf den Zehen ruhend. Vergl: *Hamilt.*, anc. vas. ed. *Tischbein*, vol. I, pl. 56. 4) *Gerhard*, antik. Bildwerke, Cent. I, 1, Taf. 7. Musée de Clarac. pl.228, Fig. 362. Den festen Stand findet auch *Plutarch περὶ τοῦ ἑαυτὸν ἐπαινεῖν* c.5 an. 80) Vgl. *Hamilton*, anc. vas. ed. *Tischbein* I, 56. *Valerius Flacc.*, Argonaut. IV, 267: sempet cervice reducta. 81) Vgl. Museum Blacas I, 2. Musée de Clarac. 228. 362. *Hamilton* ed. *Tischbein* I, 56. Ich habe den Abbildungen zu meiner Gymnastik mehrere hierher gehörige Figuren beigegeben (Fig. 58. 59. 66. 67.).

82) Zum Beleg lassen sich viele Zeugnisse aufbringen: *Apollon. Rhod.* II, 785: χαμάδις δὲ οἱ ἦλαϚ' ὀδόντας. II, 85: καὶ γένοις κύπκων, βρυχῇ δ' ὑπέτελλεϚ' ὀδόντων ἄσπετος. *Theokrit*, II, 126: πυκνοὶ δ' ἀρϑϑρησαν ὀδόντες. *Galenos* κρατερπτ. λόγ. c. 11 bemerkt in Beziehung auf die Faustkämpfer: οἱ δὲ ὀδόντες ἄτε διασεισϑέμενοι πολλάκις, ἐπιλειπούσης ἐν τῷ χρόνῳ τῆς δυνάμεως αὐτοὺς ἑτοίμως ἐκπίπτουσι. Mehr Stellen habe ich in meiner Gymnastik und Agonistik der Hellenen I, S. 515, Note 15 aufgeführt. 83) *Aelian.*, var. hist. X, 19. *Cicero*, Tusc. II, 16: inde pugilis cestibus confusi ne ingemiscunt quidem. 84) *Plato* Gorg. c. 71, p. 516, a: τῶν τὰ ὦτα κατεαγότων. *Protag.* c. 80, p. 342 a, b: καὶ οἱ μὲν ὦτα τε κατάγνυνται. *Theokrit.* XXII, 45: σκληροῖσι τεϑλιγμένος, οὖατα πυγμαῖς. *Diogen. Laert.* V, 67, p. 308 (ed. *Maib.*) von dem Philosophen Lykon: γυμναστικώτατος ἐγένετο καὶ εὐέκτης τὸ σῶμα τήν τε πᾶσαν σχέσιν ἀϑλητικὴν ἐπιφαίνων, ἀτοϑλαδίας. Vgl. meine Gymnastik I, S. 516 seq. Note 18. 19. 85) *Pollux* II, 81: ἀμφώτιδες ἃ τιϑει Πλάτων ὁ φιλόσοφος· καὶ νέας (soviel als νεαρά) δὲ ἐπωτίδες ὠνομάζοντο καὶ ἀμφώτιδες. *Eustath.* ad Iliad. φ, 1324, 28: καὶ ἀμφώτιδες κατὰ Παυσανίαν, ἅς οἱ παλαισταὶ παρὰ ταῖς ὠσὶ εἶχον. Es treibt hier von den Uebungen in der Palästra, und παλαισταὶ scheint er in der allgemeinen Bedeutung von Agonisten genommen oder mit πυκταὶ verwechselt zu

Fauſtkämpfern in den Gemälden der antiken griechiſchen Thongefäße konnten ſo geringfügige Umſtände ſchon der Kleinheit der Figuren wegen nicht gut bemerklich gemacht werden, abgeſehen davon, daß die Vaſenmaler auf ſo ſpecielle Dinge dieſer Art zu verzichten pflegten. Im Verlaufe der ſpäteren Zeit hatte man laut der Berichte der Alten eine beſondere Art Ohrenbedeckung (ἀμφωτίδες) erfunden, um die ſo häufig malträtirten äußeren Gehörsorgane doch wenigſtens um etwas ſicherer zu ſtellen. Am meiſten mochten in der ſpäteren Zeit dieſelben bei den Vorübungen, beſonders bei den Uebungen der Knaben und Epheben in den Gymnaſien und Paläſtren zur Anwendung kommen, gewiß weit weniger oder gar nicht in den großen periodiſchen Feſtſpielen, in welchen das Streben nach dem Siegeskranze Schonung dieſer Art nicht geſtattete und gewiß den Zuſchauern lächerlich vorgekommen wäre.

Natürlich waren auch die Augen der Fauſtkämpfer in großer Gefahr und ſo manches mochte ausgeſchlagen, wenigſtens beſchädigt und der Sehkraft beraubt werden [86]). Uebrigens war ganz beſonders in dem gefahrvollen Fauſtkampfe alles das, was erlaubt und was nicht erlaubt war, durch beſtimmte Geſetze geordnet und feſtgeſetzt. So war das gegenſeitige Erfaſſen, was nur dem Ringkampfe angehörte, nicht geſtattet. Ebenſo war das Ausſchlagen, Treten, Stoßen mit den Füßen, was im Pankration vorkommen konnte, nicht erlaubt, wenigſtens gegen den Anſtand oder mit Jahn zu reden, gegen Schick und Ziem [87]). Auch mußte ſich ein wohlgeübter durchgebildeter Fauſtkämpfer mit gleicher Gewandtheit der linken wie der rechten Hand bedienen können, wenn er einem raſchen und verwegenen Gegner keine Blöße geben wollte. Auch in anderer Beziehung hat es Platon hervorgehoben, daß ein ἀμφιδέξιος von größerer Brauchbarkeit im praktiſchen Leben ſei, als derjenige, welcher ſich blos der einen, d. h. der rechten Hand zu bedienen fähig ſei [88]). Vermochte der Agoniſt, dem wohlberechneten Schlage des Gegners nicht raſch genug auszuweichen, ſo ſah er ſich entweder genöthigt, ihn mit einem Gegenſchlag zu pariren, oder ihn an den Ort ſeiner Beſtim-

haben. Clemens Alexandrinus, Paedag. VI, p. 198 (II, 6) nennt dieſe Ohrenſchirmer ἀντωτίδες und bezieht den Gebrauch derſelben auf die Uebungen der Knaben (παιδίων, ὡς μὴ τὰ ὦτα θραύοιτο φυσῶν κτλ.).

86) Vergl. Antholog. Palat. XI, 112, Tom. II, p. 353 (ed. Jacobs). Libanius, ὄρχησ. p. 394, Tom. III, B: καὶ παγκρατιαστὴς ἐν τῷ πόνῳ τὸν ὀφθαλμὸν ἐξεκόπη. Gewiß war dies im Fauſtkampfe mit dem ſchrecklichen Fauſtgewinde noch leichter möglich als im Pankration, in welchem der Ring- und der Fauſtkampf vereinigt waren, mithin die Fauſtarmatur nicht gebraucht werden konnte. 87) Lukian, Anach. c. 31, p. 434 (ed. Coray) begangen, hat daher Heliodor, Aethiop. X, c. 31, p. 484 (ed. Coray) begangen, welcher in ſeiner Beſchreibung des Ringkampfes die πληγή, das παίσσθαι anwendet und laſſen mag, was im Ringen nicht geſtattet war. Er hatte vielleicht das Pankration im Sinne, oder hat dieſes für identiſch mit dem Ringkampfe gehalten. 88) Platon's Geſetze VII, 795 b. e: καθάπερ γὰρ ὁ τελέως παγκρατίου ἠσκηκὼς ἢ πυγμὴν ἢ πάλην οὐκ ἀπὸ μὲν τῶν ἀριστερῶν ἀδύνατός ἐστι μάχεσθαι, χωλαίνει δὲ καὶ ἐφέλκεται πλημμελῶν, ὁπόταν αὐτόν τις μεταβιβάζων ἐπὶ θάτερα ἀναγκάζῃ διαπονεῖν.

mung gelangen zu laſſen, um ihn ſofort durch einen nicht minder kräftigen zu erwidern oder durch eine paläſtriſche Liſt unſchädlich zu machen, z. B. dem mit aller Kraft ausholenden und deshalb vorwärts gebeugten Gegner mit einer raſchen Wendung oder durch Niederducken auszuweichen, ſodaß derſelbe möglicher Weiſe durch ſeine eigene vorwärts ſtrebende Wucht zu Boden ſtürzte [89]). Dieſes Niederſtürzen konnte natürlich auch durch wiederholte betäubende Schläge bewirkt werden [90]). Eine lange Beſchreibung des Fauſtkampfes aus heroiſch-mythiſcher Zeit hat Statius gegeben. Dem gewaltigen Capaneus tritt hier der jugendliche Alcidamas gegenüber, welcher den Polydeukes zum Lehrer im Fauſtkampfe gehabt hatte. Capaneus iſt durch ſeine gewaltige Stärke überlegen und ſtürmt mit Ungeſtüm auf den Gegner los. Dieſer verſteht aber die Kunſt auszuweichen und jede Blöße des erſteren zu benutzen. Dennoch würde endlich der jugendliche Lakonier Alcidamas zu Grunde gegangen ſein, hätten nicht auf Adraſtus Erſuchen die Helden Tydeus und Hippomedon den gewaltigen Capaneus endlich mit Gewalt zurückgehalten und von weiterem Kampfe abzuſtehen gezwungen [91]). Wollte in ſo ſchlimmen Fällen ein ſchwächerer Athlet ſein Leben nicht gefährden und ſich bis zum Tode zuſammenhämmern laſſen, ſo blieb nichts übrig, als dem Gegner den Sieg zu überlaſſen und ſich für beſiegt zu erklären (ἀπαγορεύειν) [92]). Nicht nach allen Theilen des Leibes durfte geſchlagen werden, und wer dies nicht beachtete, verfiel der geſetzlichen Strafe, welche freilich im Verhältniß zum Sachverhalte mild genug war und nicht zur Criminallage mehr vorkommen konnte. Ein dieſer Beziehung merkwürdiger Fauſtkampf mit ſchlimmen Folgen, welcher in den großen nemeiſchen Feſtſpielen ſtattgefunden, iſt von Pauſanias etwas genauer beſchrieben worden [93]). Der Fauſtkampf zweier, an Kraft und Kunſtfertigkeit ſich wahrſcheinlich gleich ſtehender Athleten, ſchien ſein Ende zu erreichen und ſich bis in die Nacht hineinziehen zu wollen. Die beiden Fauſtkämpfer, Kreugas aus Epidamnos und Damorenos aus Syrafus, hatten endlich beide dahin überein, daß jeder ohne auszubeugen ſich dem Schlage des anderen bloßſtellen ſollte. Ihr Fauſtgewinde beſtand noch in den oben erwähnten μείλιχαι, aus welchen die Finger frei hervorragten. Kreugos führte nun zuerſt ſeinen Schlag nach dem Haupte des Damorenos aus. Dieſer erfuchte nun jenen die Hand hoch zu halten und Kreugas gehorchte, ohne Arges zu beſorgen. Da beging nun der wahrſcheinlich jähzornige und wuthentbrannte Damorenos den unerhörten Frevel, die geraden, aus dem μείλιχαι hervorragenden Finger, welche wahrſcheinlich auch noch

89) Virgil, Aen. V, 444—448:
ille ictum venientem a vertice velox
praevidit celerique elapsus corpore cessit.
Entellus vires in ventum effudit et ultro
ipse gravis, graviterque ad terram pondere vasto
concidit; etc.

90) Statius, Theb. VI, 791.   91) Statius, Theb. VI, 729—826. 92) Dieß wird von Pausanias V und VI mehrmals erwähnt. 93) Pausan. VIII, 40, 3.

mit langen Nägeln versehen waren, in die Weichen des Unterleibes seines Gegners hineinzustoßen, die Eingeweide zu erfassen, dieselben herauszuziehen und abzureißen, sodaß Kreugos, durch den langen Kampf ohnehin wol schon erschöpft, sofort seinen Geist aufgab. Die Kampfrichter thaten in Bezug auf diesen Frevel weiter nichts, als daß sie dem entseelten Kreugos den Siegeskranz ertheilten und den Damoxenos verjagten. Es ist nur zu bewundern, daß nicht sofort die Volksjustiz der Zuschauer eingetreten, Damoxenos gesteinigt, erschlagen oder aufgehängt worden ist. Allein die Zuschauer während der Festlichkeiten heiter gestimmt verhielten sich nach solchen Auftritten gewöhnlich passiv, beklagten das Geschehene wie der Chor in den attischen Tragödien, überließen aber alles Weitere den Kampfrichtern. Kreugos hätte aber gegen einen so hinterlistigen Antagonisten doch weit vorsichtiger sein sollen [94]. Ihm wurde der Siegerstatue errichtet, welche Pausanias noch gesehen hat. Eine ähnliche unerlaubte Handlung war einst in den großen olympischen Spielen vorgekommen. Der Astypaläer Kleomedes hatte nämlich seinen Gegner im Faustkampfe, den Epidaurier Ikkos durch einen ungesetzlichen verpönten Schlag absichtlich getödtet. Allein die Hellanodiken erklärten ihn des Sieges für verlustig. Aus Schmerz und Groll hierüber verfiel er in Wahnsinn [95]. Wahrscheinlich ist auch in diesem Falle dem Ikkos der Siegeskranz verliehen worden. Abgesehen von unerlaubten Excessen dieser Art mochte auch so mancher durch die gewaltige Erschütterung des Gehirns einige Wochen oder Monate nach dem Wettkampfe seinen Geist aufgeben oder blödsinnig werden [96]. Waren die Kräfte eines Faustkämpfer-Paares durch den lange sich hinziehenden Kampf vor der Entscheidung des Sieges völlig erschöpft, so war es ihnen gestattet zur Erholung und Sammlung frischer Kraft einen Ruhepunkt zu gönnen, während dessen sie sich trennten, den Schweiß abtrockneten und abwarteten, bis das Athmen wieder frei und ruhig von statten ging. Dann wurde das schreckliche Faustschlagen von neuem begonnen. Zog sich aber der Kampf bei gleicher Ausdauer, Kunst und Gewandtheit soweit in die Länge, daß kein Ende abzusehen war, so

soll man nach der Angabe des Pausanias bei Eustathius in der sogenannten κλίμαξ geschritten sein, welche darin bestanden, daß beide Agonisten festen Fußes auf ihrer Stelle stehen bleiben und die Schläge des Gegners unbehindert aufnehmen sollten, ohne irgendwie auszubeugen. Nur das Ausstrecken der Arme und Vorhalten der Hände (τῇ ποίᾳ τῶν χειρῶν ἐκτάσει) soll gestattet gewesen sein, doch wol um die gefährlichsten Stellen des Körpers einigermaßen zu schützen [96a]. Der Kampf konnte in der Regel nicht eher als beendigt betrachtet werden, als bis einer der Agonisten durch Ermattung oder durch den Schmerz der erhaltenen Wunden genöthigt oder von der allseitigen Ueberlegenheit seines Gegners überzeugt oder aus irgend einem anderen Grunde sich durch Emporheben der Hand für besiegt erklärte [97]. Aus diesem Grunde sollen zu Sparta der Faustkampf und das Pankration nicht geübt worden sein, damit die Spartiaten nicht daran gewöhnt würden, sich für besiegt zu erklären [98]. Nach der Darstellung auf dem Kasten des Kypselos wurde der Faustkampf in jener frühen Zeit unter Flötenmusik ausgeführt. Nach dem Berichte des Eratosthenes haben ihn auch die Tyrrhener unter Flötenspiel geübt [99]. — Man darf wol annehmen, daß auf den Uebungsplätzen, Gymnasien und Palästren, sowie in den Festspielen einzelner Staaten der Faustkampf auf verschiedene Weise getrieben wurde, und daß namentlich für die Knaben und Epheben gelindere Formen beliebt wurden.

Hierbei sollten sich aber doch Anstand und Eurythmie bewähren und eigentlich sollte kein Agonist durch zu nachtheilige Schläge beschädigt werden. Daher nicht nur in den Uebungsanstalten, sondern auch bei festlichen Wettkämpfen langehin Faustgewinde unschädlicher Art in Anwendung blieben. Daß der Faustkampf ebenso wie das Pankration eine brauchbare Vorübung für den Krieg war, läßt sich leicht begreifen, sofern derselbe an Ausdauer, Ertragung von Mühseligkeiten und Schmerzen gewöhnen konnte [1]. Auffallend genug aber ist es, daß der Arzt Aretäus den Faustkampf sogar in diätetischer Beziehung, namentlich gegen Schwindel und chronischen Kopfschmerz empfiehlt, über dessen Urtheil sich bereits der diätetische Arzt und Verfasser einer diätetischen Gymnastik Mercurialis, gewundert hat [2]. Selbst das ästhetische Princip im Faustkampfe hatte bei den Griechen einen zwar mythischen, doch vollwichtigen Gewährsmann, sofern selbst der Musenfreund Apollon in antiken Gebilden als Faustkämpfer erscheint [3]. Lukianos läßt Solon den

---

94) *Pausan.* l. c. bemerkt außerdem noch über den Damoxenos: ἐν τὰ συνεχόμενα ὑπ' αὐτοῦ ταῖς πληγαῖς ἐξελαύνουσι. Also hatte Damoxenos während Kreugos die Hand erhoben hatte, ihm nicht einen, sondern gegen die Uebereinkunft mehrere Schläge versetzt, und erst dann, als diese ebenfalls erfolglos geblieben waren, mit voller Wuth seinen abscheulichen Streich ausgeführt. 95) *Pausan.* VI, 9, 3. Oinomaos bei Euseb. Praepar. evang. V, 34, p. 230: πληγῇ μὴ παταξας τὸν ἀνταγωνιστὴν ἀνέσας τὴν πλευρὰν αὐτοῦ καὶ ἐμβαλὼν τὴν χεῖρα ἐλάβετο τοῦ πνεύματος. Hier wird also nicht von den Weichen des Unterleibes, sondern von der Seite (πλευρά), und nicht von den Eingeweiden, sondern von der Lunge gesprochen (πνεύματος). Vgl. Siebelis zu Pausanias l. c. Man könnte leicht vermuthen, daß hier bei Euseb. von diesen Ereignisse als von dem oben erwähnten zu Nemea die Rede sei. Allein die Verschiedenheit des Kampf- und des nemeischen Festspiele gestattet dies nicht. 96) Vgl. Schol. ad Pindar. Olymp. V, 34, p. 124 (ed. Boeckh).

96a) *Pausan.* VIII, 40, 3. Eustath. ad Iliad. ψ' p. 1324, 54—59. Dem Eustathius scheint noch eine andere Stelle des Pausanias bekannt gewesen zu sein, welche uns nicht erhalten worden ist. 97) *Plutarch*, Lykurg. c. 19. Lykurg verordnete, wie es hier heißt, nur solche Wettkämpfe, ἐν οἷς χείρ οὐκ ἀνατείνεται. 98) *Plutarch* l. c. Seneca, de beneficiis V, 3. 99) *Pausan.* V, 17, 4. Athenäos IV, 154, A. — 1) Vergl. Platon, Gesetze VII, 795, b. c. 2) Aretaeus, de morb. diut. curat. I, 2. Mercurialis, art. gymnast. V, 6, p. 247 (ed. VI). 3) Vergl. O. Müller, Archäol. der Kunst. §. 423, 3, S. 682 (2. Ausg.).

Fauſtkampf auch in pädagogiſcher Beziehung rühmen, nicht weniger als die übrigen gymnaſtiſchen Uebungsarten, weil eben dieſe Kampfart. Geduld, Ausdauer, Ertragung der Schmerzen und Mühseligkeiten erzeugen und beförbern könne, wie dies bereits in Hinſicht auf die Tüchtigkeit zum Kriege hervorgehoben worden iſt [4]). Von derſelben Anſicht mochte auch der ältere Cato ausgehen, welcher, wie Plutarchos berichtet, ſeinen Sohn ſelber im Fauſtkampfe unterrichtet hat [5]).

Diejenigen Athleten, welche ſich viele Olympiaden hindurch ausſchließlich im Fauſtkampfe auszeichneten, hatten natürlich ſtarke compacte Arme und ſteinharte Fäuſte erhalten, worüber die ſpäteren Epigrammendichter der Anthologia Palatina Graeca viel Wunderbares berichten konnten [6]).

Auch hatte die Sage ſeltſame Märchen mit den Schickſalen mancher Fauſtkämpfer verbunden, wie mit dem des Aſtypaläers Kleomedes, welcher im Fauſtkampfe den Jkkos getödtet, dann wahnſinnig geworden war, weil die Hellanodiken ihn des Siegeskranzes für verluſtig erklärt hatten. Nachdem er wie Simson die die Bedachung einer Schule tragende Säule umgriffen und dieſe Decke auf die Schüler herabgeſtürzt war, ſteinigten ihn die Aſtypaläer. Allein er entfloh in einen Tempel der Athene, verbarg ſich hier in einen Kaſten, deſſen Deckel er an ſich zog. Als die Aſtypaläer nicht vermochten den Deckel hinwegzunehmen, zerſchlugen ſie den Kaſten. Allein Kleomedes war in demſelben weder todt noch lebendig zu finden. So Pauſanias [6a]).

Einige Staaten zeichneten ſich vorzugsweiſe durch ihre zahlreichen ſiegbekränzten Fauſtkämpfer aus, wie die Inſeln Rhodos und Aegina, wie Arkabien und Elis im Peloponneſos, beſonders während der früheren Zeit, als Pindar auf dem Höhepunkt ſeiner dichteriſchen Schöpfungen zahlreiche Siegesgeſänge verfaßte. In den ſpäteren Jahrhunderten waren es wieder andere Staaten,

welche Sieger im Fauſtkampfe lieferten. Diagoras von Rhodos, ſeine Söhne und Enkel, waren zu Pindar's Zeit die berühmteſten Sieger in dieſer Kampfweiſe. Der Dichter hat das ganze Geſchlecht der Diagoriden in ſeinen Geſängen verherrlicht [7]). Die drei Söhne des Diagoras, Damagetos, Akuſilaos, und der berühmteſte unter ihnen, Dorieus, waren ſämmtlich ſiegbekränzte Agoniſten im Fauſtkampfe ſowie im Pankration. Ebenſo hatten die Enkel des Diagoras, von ſeinen Töchtern geboren, Eukles und Peiſidoros, Siege im Fauſtkampfe zu Olympia gewonnen. Dorieus hatte acht olympiſche, acht iſthmiſche, ſieben nemeiſche und einen pythiſchen Siegeskranz gewonnen [8]). Und dennoch hatten ihn ſeine großartigen und wunderbaren politiſchen Schickſale noch berühmter gemacht. Mit eigenen Schiffen hatte er während des langen peloponneſiſchen Krieges die Sache der Spartaner gegen Athen vertheidigt, wurde aber endlich von den attiſchen Trieren gefangen genommen. Die Athener gaben ihm aber ſeines hohen Ruhmes wegen die Freiheit zurück. Nachdem Rhodos von Sparta abgefallen war, ſoll er ſpäter von den Lakedämoniern gefangen genommen und zum Tode verurtheilt worden ſein, wie Androtion wenigſtens in ſeiner Atthis berichtet hatte [9]). Zu Olympia waren im Haine Altis die Siegerſtatuen der Diagoriden auf einem Platze zuſammengeſtellt [10]). Die Statue des Dorieus hatte Kallikles aus Megara hergeſtellt. Ein ähnlicher Ruhm war dem Lepreaten Alkainetos zu Theil geworden. Er ſelbſt hatte im Fauſtkampfe den Siegeskranz gewonnen, und ebenſo ſeine Söhne Hellanikos und Theantos in derſelben Kampfart [10a]).

Außer dem Diagoriden hatte Rhodos ſpäterhin auch noch andere bewährte Fauſtkämpfer geliefert. Wie die Siege der Diagoriden, ſo ſind von Pindar auch die ſiegbekränzten Fauſtkämpfer und Pankratiaſten von Aegina beſungen worden. Unter ihnen mochte Praxidamas als der hervorragendſte gelten, welcher im Fauſtkampfe einmal zu Olympia, fünfmal in den iſthmiſchen und dreimal in den großen Spielen den Siegeskranz gewonnen hatte. Die Siegerſtatue des Praxidamas und des Opuntiers Rhexibios, welche die erſten, welche zu Olympia aufgeſtellt worden ſind [11]). Die Landſchaft Elis, zu welcher Olympia, der Schauplatz der perſodiſchen Feſtſpiele, gehörte, hatte ebenfalls ſiegbekränzte Fauſtkämpfer aufzuweiſen. Einer der vorzüglichſten war Satyros, Sohn des Lyſianar, aus dem Geſchlechte der Jamiden, welches auch in anderer Beziehung ſich auszeichnete. Er zählte zwei olympiſche, zwei pythiſche und fünf nemeiſche Siege im Fauſtkampfe [12]). Seine Siegerſtatue war von dem berühmten attiſchen Bildhauer Sila-

4) *Lukianos*, Anach. c. 3. *Simonides* (Poet. lyr. Graec. ed. Bergk p. 918, Epigr. 154) verherrlicht den Knabenfauſtkämpfer Philon aus Corcyra, welcher zweimal zu Olympia geſiegt hatte. Ebenſo den jungen Rhodier Kadmylos, Sieger im Fauſtkampfe der großen Pythien. 5) *Plutarch*, Cat. maior. c. 20. 6) So VI, 256, Tom. I, p. 270 (ed. *Jacobs*). So Anthol. Planud. IV, 52, Tom. II, p. 640 (ed. *Jacobs*). Aehnliches hatte bereits *Theokrit.* XXII, 46 seq. von dem Amykos, Dynaſten der Bebryker, mit welchem Polydeukes den Fauſtkampf beſtand, ausgeſagt:

ſτήθεα δ᾽ ἐσφαίρωτο πελώρια καὶ πλατὺ νῶτον
σαρκὶ ſιδαρείῃ, ſφυρήλατος οἷα κολοσσός.

ἐν δὲ μύες ſτερεοῖσι βραχίοσιν ἄκρον ὑπ᾽ ὧμον
ἕσταſαν ἠΰτε πέτροι ὀλοίτροχοι κτλ.

Mehr hierüber habe ich in der Gymnaſtik und Agoniſtik der Hellenen I, 1; S. 527 fg., Note 9 mitgetheilt. Wie der Werkmeiſter Epeios im Homer. Ω≤ Iliad. XXIII, 665 fg. eine ſteinharte Fauſt hatte, ſo der römiſche Kaiſer Marius, welcher früher ein ſabeil ſeſtarius geweſen war. *Trebell. Pollio* (scripl. hist. Aug. II, p. 268, Lugd. B. 1671): nullius manus vel ad feriendum vel ad impellendum fortiores fuisse, quum in digitis nervos videretur habuisse non venas. Nam et carra venientia digito salutati repulisse dicitur et fortissimos quosque uno digito sic affixisse, ut quasi ligni vel ferri obtusioris ictu percussi dolerent. Multa duorum digitorum allisione contrivit etc. 6a) *Pausan.* VI, 9, 8.

7) Den Diagoras ſelbſt bezeichnet er Olymp. VII, 15 als εὐθυμάχαν πελώριον ἄνδρα. 8) *Pausan.* VI, 7, 1. 2. Thucyd. III, 8. 9) *Pausan.* VI, 7, 2. 10) *Pausan.* VI, 7, 1: ἐπὶ τῶν ᾽Ροδίων ἀθλητῶν ἀριθμὴ τὰς εἰκόνας, διαφόρων κατὰ τὸ ἐπεῖνον γένος: οἱ δὲ συνεχεῖς τε ἀλλήλοις καὶ ἐν κόσμῳ πεποιημένοι ἀνέκειντο. 10a) *Pausan.* VI, 7, 8. 11) *Pindar.* Nem. VI, 15 seq. Dazu b. Schol. Fernet Nem. III, IV, V—VIII. *Pausan.* VI, 18, 5. 12) *Pausan.* VI, 4, 8.

nion hergestellt worden. Außerdem stammten zu verschiedenen Zeiten einzelne Sieger im Faustkampfe aus
verschiedenen Ländern und Städten, welche den bisher
genannten Agonisten an Ruhm wenig nachstanden.
Die Stadt Naros auf der Insel Sicilien war eine
Colonie der Chalkidier (auf Euböa), hatte aber zur Zeit
des Pausanias keine Spuren ihrer ehemaligen Existenz
mehr aufzuweisen. Aus dieser Stadt stammte aber der
berühmte Faustkämpfer Tisandros, welcher vier olympische und vier pythische Siege in dieser Kampfart errungen hatte. Pausanias fand es daher bemerkenswerth,
daß jene Stadt längst verschwunden, ihr Name und
ihr Andenken aber durch den Tisandros bis auf die
spätesten Zeiten erhalten bleiben werde [13]). Derselbe
Tisandros könne auch in den großen Isthmien und
Nemeen gesiegt haben, da damals nicht alle Siege der
aufgetretenen Athleten von den Korinthiern und Argeiern
aufgezeichnet worden seien. Uebrigens existiren auch
noch einige Münzen der Stadt Naros. Von ähnlicher
Auszeichnung war der Periodonike Dikon und Kaulonia,
einer achäischen Colonie in Italien, welche im Kriege
der Römer mit dem epirotischen Könige Pyrrhos zu
Grunde gegangen. Ebenso Agesilaos aus Lusoi in Arkadien, von welcher Stadt zur Zeit des Pausanias keine
Spur mehr zu finden war [14]). Ein bewährter Held des
Faustkampfes war auch der epizephyrische Lokrer Euthymos aus Italien, welcher dreimal den olympischen
Siegeskranz errungen hatte (Ol. 74. 76. 77) und nach
dem Berichte des Pausanias einen merkwürdigen Kampf
mit einem Dämon siegreich bestanden haben soll. Ol. 75
wurde er aber von dem gewaltigen Theagenes von der
Insel Thasos im Faustkampfe besiegt. Theagenes hatte
sich für denselben Tag zum Faustkampfe und zum Pankration zugleich gemeldet. Die schwere Arbeit aber,
welche e mit dem kraftvollen und wohlgeübten Euthymos zu bestehen gehabt, bewirkte, daß er auf das Pankration verzichten mußte [15]). Theagenes war unstreitig
unter allen Athleten seiner Zeit in diesen beiden Kampfarten der hervorragendste. Er zählte im Faustkampfe
drei pythische, neun nemeische, zehn isthmische, zwei olympische Siege (einen im Faustkampfe 75 Ol., den zweiten
im Pankration Ol. 76). Ihm sollen überhaupt 1400
(nach Plutarch 1200) Siegeskränze zu Theil geworden
sein. Denn außer den vier großen periodischen hatte
jeder Staat noch kleinere Festspiele, in welchen theils
Siegeskränze, theils Werthpreise gewonnen werden
konnten. Nach seinem Tode wurde Theagenes gleich
einem Heros durch Opfer verehrt [16]). Als unüberwind-

lich im Faustkampfe wird ferner auch der Karystier
Glaukos erwähnt, welcher sein Haupt mit zahlreichen
Siegeskränzen zu schmücken vermochte und Periodonikenruhm errungen hatte [17]). Der Erythräer Epitherses hatte
zweimal Periodoniken-Kränze aufzuweisen. Timokreon
von Rhodos, zugleich Dichter, soll selbst vor dem Könige
der Perser seine Stärke im Faustkampfe gezeigt haben.
Philammon, ein Athener, besiegte mit jedem Auftreten
seine Antagonisten im Faustkampfe. Nikophon aus
Milet, ein Olympionike, wird von dem Epigrammendichter
Antipatros als ein gigantischer Held im Faustschlage bezeichnet, dessen Anblick sogar dem olympischen Zeus habe
Respect einflößen können [18]). Auch der Mitylenäer
Archippos hatte im Faustkampfe Periodonikenruhm ge-
wonnen [19]). Ebenso der Alexandriner Kleoxenos [20]).
Diese letzteren gehörten größtentheils der späteren Zeit an.

Von den Etruriern wissen wir, daß bei ihnen frühzeitig gymnische Wettkämpfe beliebt waren. Daß sie
aber die griechische Gymnastik und Agonistik in ihrem
ganzen Umfange aufgenommen hätten, läßt sich nicht
feststellen. Der Einfluß von Griechenland und den
griechischen Städten Unteritaliens her konnte freilich nicht
ausbleiben. Der Faustkampf war hier schon früh eine
beliebte gymnische Kampfweise. Daher schon Tarquinius
Priscus zur Feier der großen römischen Spiele (ludi
Romani magnique varie appellati) Faustkämpfer
(pugiles) aus Etrurien kommen ließ, wie Livius berichtet [21]). Zur Triumphfeier des Anicius nach Besiegung
der Illyrier wurden zu Rom Faustkämpfer, wahrscheinlich
ebenfalls aus Etrurien, unter Trompeten- und Posau-
nen-Klängen auf den Kampfplatz gebracht [22]). Während der späteren Zeit wurden zu Rom lateinische und
griechische Faustkämpfer unterschieden [23]). Daneben existirten auch wilde Boxer (caetervarii oppidani), welche
den Faustkampf ohne Kunst und Regel ausführten. C.
Caligula hatte ausgezeichnete afrikanische und campanische
Faustkämpfer zusammengebracht, um dadurch Mannigfaltigkeit in die ihm liebgewordenen Gladiatoren-Wett-
kämpfe zu bringen [24]). Zur Zeit des Kaisers Nero
wurden zu Patavium auch ludi cestici gehalten, deren
Einsetzung man auf Antenor zurückführte [25]). Auch noch
unter dem byzantinischen Kaiser Constantius fanden certamina pugilum statt, wie Ammianus Marcellinus berichtet [26]). Nach Strabon's Angabe wurden auch von
den Lusitanern Wettkämpfe im Faustkampfe aufgeführt [27]).

---

13) Pausan. VI, 12, 3. 14) Pausan. VI, 3, 5. Strabon
VI, 1, 261. Diodor. XI, 49. Pausan. VIII, 18, 2. 15) Pausan. VI, 6. 2. 3. 4. c. II, 1. 16) Pausan. VI, 6, 2. II, 1—3.
Plutarch., reipubl. gerend. praec. c. 15. Er soll schon als neunjähriger Knabe, als er aus der Schule nach Hause gegangen, auf
dem Marktplatze eine eherne Götterstatue auf die eine Schulter genommen und nach Hause getragen haben. Er wäre wahrscheinlich
getödtet worden, wenn nicht ein älterer Mann dies verhindert
hätte. Er mußte bloß die Statue wieder an ihren Ort tragen.

Pausan. VI, 11, 1. Auch hielt man ihn für einen Sohn des Herakles, welcher als φάσμα seiner Mutter beigewohnt habe.
17) Pausan. VI, 10. 1. Mehr hierüber habe ich Olympia
S. 292 mitgetheilt. 18) Pausan. VI, 15, 5. Eustath. ad Iliad.
ψ, p. 1324, 57 seq. Africanus bei Euseb. χρον. I. Ἑλλ. ἔλυμπ.
p. 42. Anthologo. Palatin. VI, n. 256, Tom. I, p. 270 (ed. Jacobs). 19) Pausan. VI, 15, 1. 20) Africanus bei Euseb.
l. c. - 21) Livius I, 35. Vergl. Dionys. Halicarn. Antiquit.
Rom. VI, 72. 22) Polybios XXX, 13, 11. 23) Sueton.,
August. c. 45. 24) Tacit., Annal. XVI, 21. Sueton., Calig.
c. 18. 25) Tacit., Annal. XVI, c. 21. 26) Ammianus Marcell.
XIV, 7, 3. 4. p. 20 (ed. Wagner). 27) Strab. III, 3, 155
(ed. Casaub.).

Ebenso bei den Indiern, wo Jungfrauen als Kampfpreise den Siegern gespendet wurden [28]).

Die Darstellungen im Gebiete der altgriechischen
Kunstbildung betreffend sind vorzugsweise die Vasengemälde belehrend, von welchen sich eine beträchtliche Zahl
auf den Faustkampf beziehen. Eine interessantere Belehrung würde uns freilich geboten werden, wenn die
zahlreichen ehrnen Statuen, welche auf den Schauplätzen
der großen panegyrischen Festspiele Sieger im Faustkampfe
veranschaulichten, erhalten worden wären. Hier würden
wir Faustkämpfer in der verschiedensten Haltung und
Stellung erblicken. Freilich hätten wir damit noch kein
sich gegenüberstehendes Faustkämpfer-Paar in ihrer vielseitigen Action vor uns. Solche active Gruppen zeigen
uns aber die Gemälde der antiken griechischen Thongefäße. Die vortrefflichsten Faustkämpferstatuen würde
sicherlich Myron geliefert haben, was wir aus der Stellung
seines berühmten Diskobolos folgern dürfen. Allein wir
wissen nichts davon, daß er solche wirklich geliefert habe.
Wol aber sind Pankratiasten von ihm hergestellt worden [28a]). Ich habe in den Abbildungen zur Gymnastik
und Agonistik der Hellenen I, 2. Tafel 17 und 18 elf
verschiedene Faustkämpferscenen beigebracht. Die meisten
sind verschiedenen Vasengemälden entnommen. Es
würde mich zu weit abführen, wollte ich hier die einzelnen Figuren nochmals speciell beleuchten und zugleich angeben, woher sie stammen. Es kommen darunter drastische
Gestalten vor, z. B. zwei im Kampfe begriffene Athleten,
welchen das Blut aus der Nase strömt. Auch findet
man in diesen Gemälden Andeutungen leichter Faustgewinde [29]).

In der neueren Turnkunst wird der Faustkampf
wol niemals zur Geltung gelangen können, da das
Princip des christlichen Staats- und Privatlebens die Beschädigung des Leibes und Gefährdung des Lebens,
welche von dem Faustkampfe nun einmal unzertrennlich
sind, nicht gestatten kann. Wie man in England das
wilde gefahrvolle Boxen so lange hat dulden können,
läßt sich kaum begreifen, da dieser wilde Kampf mit
entsetzlichen Schlägen auf das Haupt so manchem schon
den Tod gebracht hat [29a]). Neuerdings ist endlich die

Polizeimacht diesem Treiben entgegengetreten und es
kann nur noch im Geheimen an verborgenen Orten
stattfinden wie unsere Duelle. Daß der Faustkampf
auch bei wilden Völkern noch gegenwärtig im Gebrauche
ist und zwar anstatt des Duells, hat Azara in Beziehung
auf die Charruas mitgetheilt [30]).

Das Pankration.

K. 24. Im Pankration waren die zwei stärksten
gymnischen Leistungen zu einem Acte vereinigt, der
Ringkampf und der Faustkampf, und es war somit hier
das Erfassen, Umschlingen und das Schlagen nach Belieben gestattet. In den homerisch-heroischen Wettkämpfen
wird ein παγκράτιον nie erwähnt, und wenn spätere
Dichter, Mythographen und Scholiasten dasselbe dennoch
auf jene frühen Zeiten übertragen, so ist es eben nur
anachronistische Ausschmückung. So ist es ein Beweis,
daß die Batrachomyomachie um zwei Jahrhunderte später
entstanden ist als das homerische Epos, da eine von
ihrem Tode rühmt, sich auf das Pankration, den Ringkampf und den Wettlauf zu verstehen [31]). Diese Verschmelzung zweier Kampfarten zu einem Acte war nur
für starke rüstige Athleten geeignet. Daher bereits 32
Olympiaden vergangen waren, als endlich in der 33.
das Pankration unter die gymnischen Wettkämpfe aufgenommen wurde [32]). Diejenigen der Athleten, welche
sich zu Olympia zum Pankration angemeldet hatten,
mußten in den gesetzlichen Vorübungen ganz besonders
ihre Stärke und Gewandtheit bewährt haben, bevor ihnen
gestattet wurde, in den Wettkämpfen selbst aufzutreten.
Das Pankration der Knaben aber wurde sehr spät, erst
Ol. 145. zugelassen. Wenn im Pentathlon, abgesehen
von der erlangten Kunstfertigkeit, Elasticität und Agili-
tät die ersten Bedingungen des glücklichen Erfolges
waren, so waren im Pankration, ebenfalls abgesehen von
der wohlgeübten Kampffertigkeit, Kraft mit Ausdauer
die Hauptbedingung. Da aber die endliche Entscheidung
im Pankration konnte sich lange hinziehen, wenn zwei
gleiche Athleten den Kampfplatz betreten hatten. Daher
die Pankratiasten in der späteren Zeit auch πάμμαχοι
genannt wurden [33]). Durch die mannigfachsten offen-

---

28) Strab. XV, 1, 717. 28a) Vgl. H. Brunn. Gesch. d.
griech. Künstler, Thl. I, S. 144. 29) Ein in energischer Action
begriffenes, mit Schlagriemen bewaffnetes Faustkämpfer-Paar zeigt
auch ein etruskischer Spiegel im Vatican, von welchem Ed. Gerhard, Etrusk. Spiegel, Taf. CDIX eine Abbildung mitgetheilt
hat. Zwei andere im Kampfe begriffene pugiles mit Wehrriemen
bewaffnet findet man daselbst Thl. III, Abth. I, Taf. 6. Dagegen
Taf. 5 ibid. zwei junge gleichsam scherzende Faustkämpfer, oder
vielleicht solche, welche erst anfangen sich in solcher Kampfweise zu
versuchen. Ein anderer Faustkämpfer im Unterm Felde von Tafel 6
scheint den Kampf entweder schon bestanden zu haben oder zum
Antritt noch nicht geneigt zu sein. Ibid. Taf. CXXII und CXXIII
findet man den Lekythos und die Stlengis oder Strigilis veranschaulicht. 29a) „Gib's ihm, damit er keine Kartoffeln mehr
ißt", rief vor einigen Decennien einer der Zuschauer einem mächtigen Boxer zu, der seinen schwächeren Gegner schon gar schlimm
zugerichtet hatte. Er gab's ihm, und man mußte den Unglücklichen
fast wol vom Platze tragen.

30) Azara, Voyag. Tom. II, p. 16. Vgl. von Schelling,
Werke, Abth. II, Bd. I, S. 64, Anmerk. Wie Zeitungsnachrichten
melden, werden auch in verschiedenen Gegenden Rußlands, besonders
gegen die Mitte Augusts, nach althergebrachter Gewohnheit Faustkämpfe abgehalten, besonders im wladimirischen Gouvernement. Der
tüchtigste Faustkämpfer zu sein, ist hier rühmlich und ein solcher
wird auch von den Jungfrauen geehrt und bevorzugt. Der Faustkampf Einzelner wird aber hier leider oft zum Handgemenge ganzer
Gruppen, wobei nur diejenigen, welche einen steinharten Schädel
haben, gefahrlos davon kommen. 31) Batrachomyom. v. 95. 32)
Pausan. V, 8, 3. 33) Platon, Euthydem. c. 1, p. 271, e. d. Pollux
III, 150. Auf späteren Inschriften kommt die Bezeichnung πάμμαχοι häufig vor. Vgl. Oct. Falconer, Inscript. athlet. p. 2337.
2338 und p. 2319. 2320 (in Gruteri thesauro). Van Dale, diss.
VIII, p. 638. (Hier sotal auf einer Inschrift nach pammacho
auch noch pancratic.) Plutarch, reipubl. gerendae praec. c. 9
πάμμαχος ἀγών. Mehr Stellen habe ich in der Gymnastik l. c.
S. 536, Anmerk. 2 aufgeführt.

fiven und defensiven Bewegungen wurden alle Theile des Körpers in Anspruch genommen, Hände und Füße, Arme und Schenkel, Ellbogen und Knie, Nacken und Schultern. Kunst und Gewandtheit, Gewalt und List konnten mit einander wetteifern [34]. Besonders mußte sich der Pankratiast der linken Hand so gut bedienen können wie der rechten [35]. In Beziehung auf die lebendige Bewegung nennt daher der Redner Aeschines die übertriebene Action des Timarchus auf der Rednerbühne παγκρατιάζειν, im Gegensatz zur ruhigen würdevollen Haltung früherer Redner. Die mit seiner Rede verbundene Gesticulation überschritt demnach die Grenze des Anstandes, der würdigen Haltung des Redners [36].

Nach der von einem Scholiasten aufbewahrten Angabe des Aristoteles war es der akarnanische Agonist Leucarus, welcher das Pankration zuerst kunstgerecht getrieben habe [37]. Das Pankration wurde ebenso wie der Ringkampf ganz nackend geübt nach vorausgegangener Einölung des Körpers. Faustgewinde konnten hier keine Anwendung finden, weil das Greifen, Erfassen mit der ganzen Hand damit verbunden war. Daher die Faustschläge weniger gefährlich waren als im reinen Faustkampfe mit dem Schlagriemen. Das man aber dennoch die zerquetschten Athleten-Ohren Pankratiastenohren genannt hat, läßt sich wol daraus erklären, daß die meisten Pankratiasten zugleich tüchtige Faustkämpfer waren, abgesehen davon, daß auch schon mit der bloßen Faust die Ohren stark angegriffen werden konnten. Das Pankration konnte ebenso wie der einfache Ringkampf in zwei Acte sich theilen, in den stehenden und in den liegenden Kampf. Konnte der Sieg im stehenden Kampfe nicht entschieden werden und war endlich der eine Athlet niedergeworfen worden, so trat die κύλισις ein, d. h. der Kampf wurde von den liegenden Agonisten bis zur Entscheidung fortgesetzt. Dieser zweite Act des Kampfes war insofern der schlimmere, als leicht Verrenkungen dabei vorkommen konnten. Uebrigens scheint doch dieses liegende Kampfschema nur selten vorgekommen zu sein, und zwar seltener noch im einfachen Ringen als im Pankration. Gewöhnlich wurde der Sieg entschieden, bevor die κύλισις eintrat. Bildliche Darstellungen von dem Kampfe liegender Agonisten scheint die antike Kunst nicht hergestellt zu haben. Auch im Gebiete der altgriechischen Vasenmalerei ist mir kein Kampfschema dieser Art vorgekommen. Das Haupthaar betreffend waren die Pankratiasten, d. h. die Athleten in dieser Kampfart, gewöhnlich kurz geschoren [38].

um nicht in der Hitze des Kampfes von dem Gegner bei den Haaren gefaßt werden zu können. Außerdem aber wurde am Hinterhaupte ein kleiner Haarbüschel gelassen. Vielleicht war dies erst in der späteren Zeit Sitte geworden, und wahrscheinlich nicht überall. C. O. Visconti hat dieses Schema an einigen Pankratiasten-Statuen bemerkt, wie er versichert und auch eine Abbildung beigegeben [39]. — Die Losung und Zusammenstellung der Athleten im Pankration fand in derselben Weise statt wie im Ringen und Faustkampfe. Nicht selten hatten sich kraftvolle und kampfkundige Athleten zum Faustkampfe und zum Pankration oder zum Ringkampfe und Pankration zugleich, d. h. an einem und demselben Tage angemeldet und beide Leistungen auch siegreich durchgeführt. War aber der zweite Kampf wegen Erschöpfung in dem ersteren unmöglich geworden, so wurde von den Hellanodiken eine Strafe verhängt, weil eben in den Olympien alles auf unverbrüchlicher Erfüllung beruhen sollte. So mußte sich Theagenes von Thasus einer schweren Geldbuße unterwerfen, weil er nur im Faustkampfe seine Ankündigung erfüllt, aber nicht im Pankration. Er sollte ein Talent als Strafgeld für den belogenen olympischen Zeus, ein zweites Talent für den im Faustkampfe besiegten berühmten Faustkämpfer Euthymus (βλάβης τῆς ἐς Εὔθυμον), und außerdem sollte diesem noch eine Geldzahlung als Schadenersatz für den verlorenen Sieg gewährt werden. Es wurde nämlich angenommen, daß er durch seine großartige Ankündigung schon den Muth des Euthymus gebrochen, welcher bereits in der vorhergehenden Olympiade im Faustkampfe gesiegt hatte, und daß er seine gewaltige Kraft und Kunstfertigkeit aufgeboten, um diesen stattlichen Agonisten zu bewältigen. Ob er vielleicht auch noch ungesetzliche Mittel gebraucht habe, um zum Siege zu gelangen, läßt sich aus keiner Andeutung nachweisen [40]. War dies nicht der Fall, so muß diese dreifache Geldbuße äußerst hart erscheinen, da Theagenes doch nicht im voraus berechnen konnte, daß ihn der Kampf mit Euthymus so arg erschöpfen würde, daß er nicht mehr hinreichende Kraft behielte, um auch noch das Pankration durchzuführen. Aehnliche Fälle mögen wol höchst selten eingetreten sein. Dagegen ist es vorgekommen, daß ein Pankratiast aus Furcht vor einem gewaltigen Antagonisten sich aus dem Staube machte, weil er auf einen Sieg nicht rechnen konnte. So der Alexandriner Serapion Ol. 201. Derselbe wurde zu einer Geldbuße verurtheilt [41]. Ein anderer Fall war wieder, wenn ein bereits in das Verzeichniß der Agonisten eingetragener Athlet sich bis zu dem Anfange der Kampfspiele wieder entfernt hatte, was jedem erlaubt war, und dann aber sich verspätete und zur rechten Zeit eintraf. So der Faustkämpfer Apollonius Rhantis aus Alexandria. Er war, als die Wettkämpfe bereits begonnen, nicht gegen-

34) Auf Kühnheit, Stärke und List bezieht sich *Pindar*, Isthm. III, 63, B, in Beziehung auf den Thebäer Melissus, Sieger im Pankration:

θυμὸν ἐριβρεμετᾶν θηρῶ λεόντων

ἐν πόνῳ· μῆτιν δ᾽ ἀλώπηξ, αἰετοῦ ἅ, τ᾽ ἀναπιτναμένα.
ῥόμβον ἴσχει.

35) Vgl. *Platon*, Gesetze VII, 795, a. b. 36) *Aeschines* gegen Timarch. §. 26. 37) Scholiast ad Findat. Nem. III, 27, p. 442 (ed. *Boeckh*). 38) Eine Hauptstelle über das kurzgeschorene Haar der Athleten dieser Art *Lucian*, dial. meretr. V, 3: καὶ ἐν χρῷ ἀφθη αὐτῇ, καθάπερ οἱ σφόδρα ἀνδρώδεις τῶν ἀθλητῶν, ἀποκεκαρμένη.

39) Museum Pioclement. t. V, pl. 36, p. 226 seq. Vergl. *Inghirami*, Mon. Etrusch. Tom. VI, tab. A. 4. — In meiner Gymnastik Fig. 68. 40) *Pausan*. VI, 6, 2. Vergl. meine Gymnastik I, 542 und Olympia I, S. 147 fg. 41) *Pausan*. V, 21, 7.

wärtig (οὐκ ἐς τὸν εἰρημένον καιρὸν) und wurde deshalb, als er endlich erschien, von der Theilnahme ausgeschlossen. Er gab vor, er sei auf den cykladischen Inseln von widrigen Winden aufgehalten worden. Allein
der ihm durch das Loos zugetheilte Gegner, Heracleides
aus Alexandria, widerlegte seine Aussagen durch Beweise und so erhielt der letztgenannte den Siegeskranz
ohne Kampf (ἀκονιτί), was in solchen Fällen durch ein
Gesetz bestimmt worden war[42]). Die festgesetzte Zeit,
in welcher die angemeldeten Athleten gegenwärtig sein
mußten, hieß προθεσμία, und war nicht allein zu
Olympia, sondern auch in den Pythien und in anderen
Festspielen eingeführt[43]).

War man im Pankration handgemein geworden, so
wurde der Wettkampf ein äußerst lebendiger, indem
Hände und Füße in Bewegung gesetzt wurden und alle
im Ringen und Faustkampfe vorkommenden Griffe,
Schläge, Wendungen und Windungen vereinigt eintreten
mußten. Daher die Zuschauer gewiß an diesem vielseitigen Acte den lebhaftesten Antheil nahmen. Die Füße
übten ihre Thätigkeit nicht bloß im Unterschlagen, sondern auch im Ausschlagen. Ein vergleichendes Bild
von dieser vielseitigen Action hat Quintilianus gegeben[44]). Wurde der Kampf mit Ingrimm geführt, so
machte man selbst von den Zähnen Gebrauch, wie gemeldet wird, was freilich zum κακομαχεῖν gehörte und
vom νόμος ἐναγώνιος nicht gestattet wurde[45]). So
suchte man dem Antagonisten die Hände zu verdrehen,
zu verrenken (στρεβλοῦν), um ihre Action zu schwächen,
ihn bald auf diese bald auf jene Weise zu würgen
(ἄγχειν), den Hals mit den Händen zu erfassen, auch
wol zwischen die eigenen Schenkel zu bringen und zu-
sammenzupressen oder mit dem untergestämmten Arm
die Respiration zu hemmen, um den Gegner dadurch
zum ἀπαγορεύειν zu bewegen[46]), was bisweilen vorgekommen ist. Nach einer Bemerkung des Galenus hat
man wol annehmen, daß die Haltung der Hand, namentlich die Zusammenziehung oder Einbeugung der
Finger zur Faust, eine besondere, von der des Faust-
kämpfers verschiedene gewesen sei. Die Pankratiasten
sollen nämlich nicht mit völlig zusammengeballter Faust,
wie die Faustkämpfer, ausgeschlagen haben, sondern nur
mit halb geschlossener, sodaß sie zugleich den Gegner
erfassen, ziehen, drehen und wenden konnten, und Visconti hat auch wirklich dies an einer Statue nachgewiesen[47]). Wie der Ringer Leontiskos aus Messene in
Sicilien, so pflegte der Sikyonier Sostratos seinen Gegnern im Pankration die Finger zu zerbrechen und die-

selben dadurch zu zwingen, den weiteren Kampf aufzugeben. Er hatte daher das Prädicat Ἀκροχερσίτης erhalten. Die Kampfrichter und Kampfgesetze scheinen diese
malitiöse Kampfart nicht für unstatthaft gehalten zu haben.
Er hatte in den nemeischen und isthmischen Wettkämpfen
zusammen zwölf Siegeskränze gewonnen, in den olympischen drei und in den pythischen Festspielen zwei. Demnach
scheint diese schlimme Kampfart in allen vier großen
Festspielen gestattet worden zu sein. Pausanias erwähnt
kein verbietendes Gesetz[48]).

Man stürmte außerdem oft mit aller Gewalt an
den Gegner an (ἐνάλλεσθαι), um ihn zum Wanken, aus
seiner Stellung oder zum Fallen zu bringen. Der geübte
Antagonist mußte solchen Anprall jedoch unschädlich zu
machen, indem er selber einige Schritte zurückwich oder
eine Seitenbewegung machte oder einen gleich starken
Gegenstoß ausführte. Auch hatten sie sich bisweilen mit
den Armen und Füßen gegenseitig so fest umschlungen,
daß sie sich nicht zu rühren vermochten und ein Stillstand eintrat. Ebenso wurde bei gleicher Ermattung der
Kräfte der Kampf auf einige Minuten unterbrochen und
falls sich keiner für besiegt erklärte, wieder aufgenommen.
Die Erklärung, besiegt zu sein, erfolgte durch Aufhebung
der Hand, wie im Faustkampfe. Es konnte aber der
Fall eintreten, daß keine Hand frei war, dann mußte
die Erklärung durch Worte erfolgen.

Als heilsame diätetische Uebung wurde bisweilen in
den Uebungsplätzen nicht das stehende, sondern nur das
im Liegen bestehende Pankration geübt, sofern es dem
Körper eine vielseitige Bewegung möglich machte, ohne
durch das Stehen zu ermüden. So soll der König
Philipp von Makedonien mit dem Pankratiasten Mene-
getes sich auf diese Weise geübt haben[49]). Uebrigens
hatte das Pankration in diätetischer Beziehung keine hohe
Bedeutung. Doch hat Galenus, wie er selber berichtet,
krank gewordene Pankratiasten durch oder während der
regelmäßigen Fortsetzung ihrer Uebungsweise wieder hergestellt[50]). Plato hat das Pankration ganz aus seinem
Idealstaate entfernt und an dessen Stelle die Kampf-
übungen mit leichten Waffen gesetzt (πελταστική). Sein
Ziel war bloß die Vorübung zum Kriege, in welcher
Beziehung namentlich der liegende Ringkampf und das
liegende Pankration keine Geltung haben konnten, da-
der Angriff gegen den Feind nur ein stehender Kampf
sein kann[51]).

Wir wollen hier nur noch erwähnen, daß Pindar
mehre Pankratiasten durch Siegeslieder verherrlicht hat,
wie den Thebaner Melissos, den Aegineten Phylakides,

42) *Pausan.* V, 21, 5. 43) Vergl. *Plutarch.* Symp. VII,
5, 1. *Boeckh,* Corp. Inscr. Graec. N. 2741. Dazu die Not.
44) Instit. orat. II, 8. Vergl. *Aristophanes,* Εἰρήνη v. 896.
45) Vergl. *Lucian,* Demonax c. 9. *Philostrat.,* Imag. II, 6.
46) Vergl. *Philostrat. Senior,* Imag. II, 6. *Dion Chrysostom.,*
orat. VIII, vol. I (ed. *Reiske*). 47) *Galenus,* de motu muscul.
I, 6: εἰ δὲ ἕκαστος τῶν δακτύλων καμπτῇ, τὸ σχῆμα τῆς χειρὸς γένοιτο μάλιστα τοῖς ἐν παγκρατίῳ προτεταλμοὶς αὐτῇ
ὁμοίον. Vergl. *Mercurial.,* art. gymnast. II, 9, 109. *Visconti,*
Mus. P. Clem. V, pl. 36. S. meine Gymnastik Fig. 68.

48) *Pausan.* VI, 4, 1. 2. 49) *Plutarch,* Sympos. II, 4:
οὔτε γὰρ δρόμον, οὔτε πυγμὴν ἐν παλαίστραις διακονοῦσι;
ἀλλὰ πάλης καὶ παγκρατίου τὸ περὶ τὰς κυλίσεις. Vergl. *Po-
lyänus,* Strateg. IV, 2, 6. 50) *Galenus,* de valet. tuenda I, 12.
Uebrigens war Galenus keineswegs ein Lobredner des Athleten im
Pankration und Faustkampfe, ja er nennt ihre Leiber σώματα αισθρὰ
καὶ αἰσχρὰ ταῖς πληγαῖς. Vgl. dessen λόγ. προτρεπτικ. c. 11.
12. 36. 37. 41. 43. 45.46. 51) Plato, Gesetze VIII, 834.
Plutarch., Symp. II, 5, 1. 2.

den Thebaner Strepsiades, den Phylakides zweimal[52], den Aegineten Kleandros[53].

Eine hohe Ehre wurde denjenigen zu Theil, welche zu Olympia an einem und demselben Tage im Ringen und im Pankration den Siegeskranz gewonnen hatten. Sie erhielten das Prädicat Nachfolger des Herakles und wurden als solche gezählt. Laut der Tradition soll nämlich der Amphitryonide bei den von ihm selber veranstalteten olympischen Spielen diese Aufgabe gelöst haben. Erst in der 142. Olympiade vermochte der gewaltige Athlet Kapros aus Elis diese Aufgabe zu lösen und diesen Titel in Anspruch zu nehmen. Sein Doppelsieg wurde um so glänzender, als er im Ringkampfe den Olympioniken und den Pythioniken Päanius, im Pankration den Kleitomachus aus Theben bewältigte, welcher in den Isthmien an einem und demselben Tage einen dreifachen Sieg, im Ringen, Faustkampfe und Pankration gewonnen hatte. Solch' ein Doppelsieg, wie dem Kapros zu Theil geworden, mußte wol an die Leistung des Herakles mahnen, obgleich derselbe nur im eleischen Sagenkreise seine Geltung hatte[54]. Bei den folgenden Doppelsiegern zeigt sich in der Zahl ein Unterschied, weil Pausanias und Africanus auf verschiedene Weise zählen. Nach Pausanias war Kapros der erste nach Herakles, nach Africanus der zweite, also Herakles selber der erste. Nach Africanus war also der Rhodier Aristomenes der dritte nach Herakles (wahrscheinlich Ol. 156), der Magnesier Protophanes (Ol. 172) der vierte, der Alexandriner Straton (Ol. 178) der fünfte, der Alexandriner Marion (Ol. 182) der sechste, Aristeas aus Stratonikeia in Karien (Ol. 198) der siebente, Nikostratos aus Prymnessos in Phrygien (Ol. 204) der achte. Africanus hat seine Doppelsieger nur bis zur 249. Olympiade fortgeführt. Pausanias hat bis zum achten Doppelsieger, dem Nicostratus gelangt, welchen er als den siebenten aufgeführt hat[55].

Nicht weniger ruhmvoll als das Prädicat herrnlischer Doppelsieger war die Bezeichnung Periodonike. Ein Sieger in den großen heiligen Spielen überhaupt war ein Hieronike. Ein Sieger in allen vier heiligen Spielen, also in den Olympien, Pythien, Nemeen und Isthmien wurde Periodonike genannt, weil er die Periodos, d. h. den Siegesgang durch die sämmtlichen vier großen heiligen Festspiele durchgemacht hatte. Hierin vereinigte sich der höchste Athletenruhm und noch in der späteren Kaiserzeit übertrug ein περιοδονίκης an Ansehen die übrigen siegbekränzten Athleten. Die späteren griechischen Inschriften enthalten dieses Prädicat sehr oft. Nicht selten werden in solchen Inschriften auch diejenigen Athleten Periodoniken genannt, welche nur in einem oder wenigen der ἱεροὶ ἀγῶνες und außerdem in anderen Festspielen gesiegt hatten[56]. Daneben waren noch viele ähnliche Bezeichnungen in das Gebiet der späteren Agonistik gekommen, wie παράδοξος, πλειστονίκης. Auch bezeichnen περίοδος und περιοδικός oft dasselbe was περιοδονίκης, wie πένταθλος statt πενταθλονίκης. Prunkvolle Titel waren in den späteren agonistischen Inschriften herkömmlich, wie περίοδος τέλειος, ein vollendeter Periodonike, πρῶτος καὶ μόνος τῶν ἀπ᾽ αἰῶνος, ἅπτως, ἀμετάπτωτος[56a]. Man erfreute sich an dem aus der alten classischen Zeit herüberstrahlenden, von Pindar verherrlichten Siegesglanze, obwol eine Wiederkehr jener lebensfrischen Agonistik nicht möglich war. Sieger in den großen Festspielen werden bisweilen auch einfach στεφανῖται genannt, d. h. Bekränzte. Auch in der musikalischen Wettkämpfen war das Prädicat περιοδονίκης gebräuchlich geworden[57].

Hier möge nun noch mit einigen Worten bemerkt werden, daß außer den Uebungen in den Palästren und Gymnasien und außer den Productionen und den Schauplätzen der festlichen Agonistik auch diätetische Gymnastik in dem eigenen Wohnzimmer stattfand, zu welchem Zwecke nicht bloß die eigentlichen gymnastischen, sondern auch orchestische und Stimmen-Uebungen vorgenommen wurden, wie aus einer von Plutarch gemeldeten Mittheilung des Sokrates hervorgeht[58].

Der Bogenschuß gehörte eigentlich in das Bereich der kriegerischen Uebungen, und hatte als solche bereits im homerischen Epos hohe Geltung. Der Bogen war

---

52) Pindar, Isthm. IV. V. VI. 53) Pindar, Isthm. VII. 54) Pausan. V, 8, 1. VI, 15, 3. 21, 5. Ein Epigramm auf den dreifachen Sieg des Kleitomachus hat die Anthol. Tab. IX, 588. Tom. II, p. 209 (Jacobs) aufbewahrt. Derselbe war ein Sohn des Thebaners Hermokrates, Kapros der Sohn des Eleiers Pythagoras. Pausan. l. c. bemerkt: Κάπρῳ μὲν δὴ οὐκ ἄνευ μεγάλων πόνων καὶ ἰσχυρᾶς ταλαιπωρίας ἐγένοντο αἱ νῖκαι. Es ist ebenso zu bewundern, wie er zwei so ausgezeichnete Gegner bewältigen konnte, als zu beklagen, daß diese stattlichen Agonisten auf diese Weise um ihren früheren Siegesruhm gebracht wurden. Kapros hatte jedenfalls von früherer Jugend an seine ganze Kraft und Aufmerksamkeit nur der olympischen Athletik zugewendet und sich alle Regeln und Kunstgriffe angeeignet, was sie beiden von ihm Besiegten wol nicht in gleicher Weise gethan hatten. 55) Pausan. V, 21, 5. VIII, 23, 5. Africanus bei Euseb. χρόν. I. Ἑλλ. ὀλυμπ. p. 43. Vgl. Krause, Olympia S. 252 fg. Gymnastik I. S. 550 fg.

56) So in einer von der Revue archéologique nouv. ser. Année XV, N. 8, Aout 1874 aufgeführten Inschrift: M. Αὐρήλιον Θηλυμίτρην, πυθιονίκην, κοπετωλιονείκην, περιοδονίκην, παράδοξον etc. 56a) Bergi. Falconerii not. ad inscriptiones athleticas p. 2317. 2322 seq. 2332 seq. (in Gronov. thesaur.). Boeckh, Cotp. inscт. N. 406. 1364. 1427. 1428. 2723. Pollux. IV, 89. Mötmör. Arundel. inscr. XVI. Ueber den Begriff περίοδος Clemens Alexandr. protrepteric. p. 25: καὶ τοὺς ἀγῶνας ἐν βραχεῖ περιοδεύσομεν καὶ τὰς ἐπιτυμβίους ταύτας πανηγύρεις καταλύσομεν, Ἰσθμιά τε καὶ Νέμεα καὶ Πύθια καὶ τὰ ἐπὶ τούτοις Ὀλύμπια. Dion. Cass. LXIII, 10: περιοδονίκην, παντονίκην. Ausführlicher hat hierüber in der Gymnastif und Agonistif der Hellenen I. S. 552 fg. Note 1. 2 gehandelt. 57) Xenoph., Memor. III, 7, 1. Plutarch, reipublicae gerend. praecept. c. 27. Vergl. Krause, Olympia S. 8 fg. Anmerk. Oct. Falconerii inscr. athl. p. 2311. Faber, Agonistion II, 15, p. 1991. 1992 (in Gronov. thesaur.). 58) Plutarch, de morbo sanitate praecepta c. 15: ὁ μὲν γὰρ Σωκράτης ἔλεγεν, ὅτι τῷ κινούντι δι᾽ ὀρχήσεως αὐτὸν ἐπτάκλινος οἶκος ἱκανός ἐστι ἐγγυμνάζεσθαι· τῷ δὲ δι᾽ ᾠδῆς ἢ λόγου γυμνάσιον ἀποχὴ γυμναζομένων καὶ ἐστιατις καὶ κατακειμένῳ πᾶς τόπος παρέχει. Im folgenden wird davon abgerathen, Stimmübungen bei vollem Magen vorzunehmen.

ja die Hauptwaffe des Apollon und der Artemis und viele Helden des heroischen Zeitalters haben sich, wie Mythos und Dichtung melden, darin ausgezeichnet. Teukros, Meriones, Odysseus waren im Heere vor Troia wohlgeübte Bogenschützen. Auch Paris, Hektor's Bruder, war ein geübter Bogenschütze und sein Pfeil brachte dem stattlichen Achilleus den Tod. Den gewaltigen Bogen des Odysseus vermochte keiner der doch rüstigen und jugendlichen Freier zu spannen, bis er selber als Bettler gekommen war und zu ihrem Verderben zeigte, was er mit seiner Waffe vermochte. Im Bogenschusse fanden auch Wettkämpfe statt, wie schon unter den Helden vor Troia, so noch in den späteren Zeiten, und selbst bei ganz rohen Völkerschaften [59].

K. 25. Wir haben bisher die speciellen gymnastischen und agonistischen Kampfweisen betrachtet, in welchen die eigene unmittelbare Action des Leibes das entscheidende Element war. Wir gehen nun zu den ritterlichen Kampfarten über, welche auf den Schauplätzen der Festspiele schon frühzeitig mit jener in Verbindung traten. Bereits in den vom homerischen Epos besungenen Kampfspielen waren auch die ritterlichen vertreten und es bilden diese gleichsam die aristokratische Seite der gesammten Agonistik, sowie auch in unserer Zeit neben der Turnkunst das ritterliche Wettrennen abermals emporgeblüht ist. Dieses bildet jedoch nur einen Theil der antiken ritterlichen Kampfspiele, in welchen das Wagenrennen mit dem Zwiegespann, bei den $\dot{\iota}\pi\pi o\delta\rho o\mu\dot{\iota}\alpha\iota$, bei den Römern und in den römischen Provinzen die beliebten und vielgenannten Circenses, die Hauptsache waren. In den homerisch-heroischen Wettrennen spielen berühmte Rosse als Geschenke der Götter oder auf andere Weise ausgezeichnet, eine wichtige Rolle. Schon im homerischen Epos erscheint das Roßwettrennen als die vornehmere aristokratische Agonistik, ebenso in den Siegesgesängen des Pindar. Der stolze und reiche Alcibiades fand es daher seiner Würde nicht entsprechend, als gymnischer Agonist in den großen Festspielen Siegesruhm zu erstreben, wohl aber wandte er seine ganze Aufmerksamkeit dem Roßwettrennen mit prächtigen Gespannen zu und das $\dot{\iota}\pi\pi o\tau\rho o\phi\epsilon\tilde{\iota}\nu$, die Zucht stattlicher Kampfrosse, mochte einen beträchtlichen Theil seiner Besitzthümer verschlingen. Das $\dot{\iota}\pi\pi o\tau\rho o\phi\epsilon\tilde{\iota}\nu$ war nur Sache der mit Glücksgütern gesegneten ($\tau\tilde{\omega}\nu$ $\epsilon\dot{\upsilon}\delta\alpha\iota\mu o\nu\epsilon\sigma\tau\dot{\alpha}\tau\omega\nu$ $\xi\rho\gamma o\nu$). Wie Alcibiades, so dachte auch der noch glücklichere Alexander [60]. So nennt Aeschylus den roßbespannten Wagen $\ddot{\alpha}\gamma\alpha\lambda\mu\alpha$ $\tau\tilde{\eta}\varsigma$ $\dot{\upsilon}\pi\epsilon\rho\pi\lambda o\dot{\upsilon}\tau o\upsilon$ $\chi\lambda\iota\delta\tilde{\eta}\varsigma$ [61]. So schickten die Herrscher sicilischer Staaten, wie Hieron von Syrakus und Theron von Agrigent prächtige Gespanne nach Olympia und zu den pythischen Spielen, welche den Siegespreis gewannen und in den pindarischen Siegesgesängen verewigt worden sind [62]. Ebenso Kleisthenes von Sikyon.

andere aristokratische reiche Männer, wie der Kamarinäer Psaumis, der Syrakusier Agesias sind vom Pindar als Sieger im olympischen Roßwettrennen verherrlicht worden [63]. So Arkesilaos von Kyrene und Xenokrates von Agrigent, ebenso die Athenäer Kimon, Alkmäon und Megakles in den olympischen und pythischen Kampfspielen [64]. In den Rennen siegte der Athenäer Chromios im Wagenrennen, ebenfalls von Pindar besungen [65], ebenso der Thebäer Herodotus in den Isthmien [66], wie auch der bereits erwähnte Agrigentiner Xenokrates [67]. Daß Wettkämpfe im Wagenrennen in früher heroischer Zeit bereits hohe Geltung gewonnen, ging schon daraus hervor, daß Herrscher, Heroen und die Ersten und Hervorragendsten des Volkes nicht anders als auf roßbespannten Wagen in den Krieg auszogen. Noch als Waldung den Boden bedeckte, wo später das mächtige Theben seine sieben Thore und die große kadmische Burg zeigte, war Onchestus bereits Zenge von Roßwettrennen im Haine Poseidon's, bei welchem Rennen der Lenker der Rosse vom Wagen zu springen und dem Lauf neben den Rossen zu Fuß zu vollenden pflegte, wie spätere Dichtung dies dargestellt hat [68]. Als Apollon hier in der Nähe sein Heiligthum aufbauen wollte, räth ihm die Quellnymphe Tilphussa davon abzustehen und lieber auf Krissa's Gefilden sich niederzulassen und seinen Tempel zu gründen, da ihn hier der Huffschlag der flüchtigen Rosse stören und jeder lieber hier das Wettspiel der schnellfüßigen Kampfrosse als den Tempel schauen werde, am Parnassos werde er eine ruhige Verehrung finden [69]. Die spätere Poesie läßt mit dichterischer Ausstattung zahlreiche Wettkämpfe in Wagenrennen schon in der vorhomerischen Zeit zur Ausführung bringen. Manche Kampfspiele scheinen nur im Wagenrennen bestanden zu haben, wie die zu Ehren des Azan, des Sohnes des Arkas abgehaltenen [69a]. So soll schon Oinomaos den Bewerbern seiner Tochter Hippodamia dieselbe als Siegespreis im Wagenrennen aufgestellt haben [70]. Der alte Heros und Seher Amphiaraus siegte laut mythischer Kunde bei der ersten mythischen Feier der großen Nemeen, welche die gegen Theben ausziehenden Argeier unter Adrastus begingen, im Wagenrennen [71]. Der bewährteste Roß- und Wagentummler in der vorhomerischen Heldenwelt war Kastor, hierin ebenso ausgezeichnet, wie sein Bruder Polydeukes im Faustkampfe [72]. Den He-

59) Vgl. Strabon p. 771 ed. Casaub. (Tom. III, p. 322 ed. Kramer). 60) Isocrat. $\pi\epsilon\rho\grave{\iota}$ $\tau o\tilde{\upsilon}$ $\zeta\epsilon\dot{\upsilon}\gamma$. c. 14. Plutarch. Alexandr. c. 4. 61) Prometh. v. 466. Vgl. Philostrat., Apollonii Tyanens. VI, 11, p. 244. VIII, 7, 328 (ed. Olear.). 62) Pindar, Olymp. I. III. Pyth. I. II. III.

63) Pindar, Olymp. IV. V. VI. Vergl. Herodot VI, 125. 126. 64) Pindar, Pyth. V. VI. VII. 65) Nem. IX. — Herodot. VI, 103. 66) Pindar, Isthm. I. 67) Pindar, Isthm. II. 68) Hymnus auf Apollon. V. 228 fg. 262 fg. Schol. zu Pindar, Ol. III, 31, p. 96 (Boeckh). Die Tilphussa erwähnt auch Pindar (Fragment. XI, 108, p. 663 ed. Boeckh und Eustath. zu Od. $\varkappa'$ p. 1668, 7): $M\epsilon\lambda\iota\gamma\alpha\theta\grave{\epsilon}\varsigma$ $\dot{\alpha}\mu\beta\rho\dot{o}\sigma\iota o\nu$ $\ddot{\upsilon}\delta\omega\rho$ $T\iota\lambda\phi\dot{\omega}\sigma\sigma\alpha\varsigma$ $\dot{\alpha}\pi\grave{o}$ $\varkappa\alpha\lambda\lambda\iota\varkappa\rho\dot{\alpha}\nu o\upsilon$. 69) Hymnus auf Apollon V. 257 fg. 69a) Pausan. VIII, 4, 3. 70) Pindar, Ol. I, 88 seq. Pausan. V, 14, 5, 17. 4. Nach V, 10, 2 bestand schon bei Oinomaos selbst diesen Wettkampf in der Hippodromie, wie es im Tempel des Zeus zu Olympia ($\dot{\epsilon}\nu$ $\tau o\tilde{\iota}\varsigma$ $\dot{\alpha}\epsilon\tau o\tilde{\iota}\varsigma$) dargestellt worden war. 71) Apollodor. III, 6, 4. Statius, Theb. VI, 431. 72) Alcman, Fragm. 8 (3), p. 635 (Poet. lyr. Graec. ed. Bergk ed. II): $K\dot{\alpha}\sigma\tau\omega\rho$ $\tau\epsilon$ $\pi\dot{\omega}\lambda\omega\nu$ $\dot{\omega}\varkappa\dot{\epsilon}\omega\nu$ $\delta\mu\alpha\tau\tilde{\eta}\rho\epsilon\varsigma$, $'I\pi\pi\dot{o}\tau\alpha\iota$ $\sigma o\phi o\dot{\iota}$, $\varkappa\alpha\grave{\iota}$ Πo-

rafles läßt die Sage in dieser Kunst von seinem eigenen Vater Amphitryon unterrichten, welcher selber in den Kampffpielen der Argeier hierin Siege gewonnen hatte[73]. So erwähnt der bejahrte Nestor seine Leistungen im Wagenrennen bei den Leichenspielen zu Ehren des Amarynkeus[74]. In den homerischen Wettkämpfen zu Ehren des gefallenen Patroklos treten Eumelos, Diomedes, Menelaos, Antilochos und Meriones in die Schranken, um ihre Kunst im Wagenlenken und die Schnelligkeit ihrer Rosse zu zeigen. Die stattlichsten Rosse hat freilich der Kampfordner selber, der Pelide Achilleus, welche einst Poseidon dem Peleus verliehen. Allein ihm ziemt es nicht am Kampfe Theil zu nehmen[75]. Hesiodos beschreibt ein Wagenrennen, welches auf dem Schilde des Herakles bildlich dargestellt war[76]. — Die homerischen Wettrenner machen im Wettkampfe ebenso wie in der Feldschlacht von ihrem Zweigespann Gebrauch[77]. Im Wettkampfe sind sie aber ihre eigenen Wagenlenker, in der Feldschlacht steht ein ἡνίοχος neben ihnen, welcher ebenfalls kampffundig mit der einen Hand die Zügel, mit der anderen die Lanze hält[78]. In den Festspielen der heroischen Zeit geht das Wagenrennen allen übrigen Kampfweisen voran und die Sieger erhalten die ansehnlichsten Preise[79]. Welche Kenntniß, Umsicht und Gewandtheit der Wagenlenker zu bewähren hatte, vermögen wir aus den Rathschlägen zu folgern, welche Nestor seinem Sohne ertheilt. Daher Antilochus gar bald den Menelaus einholt und überflügelt, obgleich seine Kampfrosse nicht mit denen des Menelaus verglichen werden können. Meriones aber hatte nicht die nöthigsten Kenntniffe in dieser Kunst und seine Rosse machen sich wenig aus dem Siege, daher er der letzte von allen bleibt[80]. Ueberhaupt war ja die Insel Kreta, von welcher Meriones stammte, zur ἱπποτροφία geeignet, wie Platon bemerkt hat; man übte sich daselbst um so mehr im Wettlaufe[81]. Die homerische Rennbahn ist ein offenes freies Feld (λεῖος ἱππόδρομος) mit einer ebenen Fläche. Das Ziel der weitesten Entfernung vom Ablaufstande (τέρμα), um welches die Wettrenner herumzubeugen hatten, war ein altes Wahrzeichen (σῆμα), welches als νύσσα diente, ein dürrer aus dem Boden hervorragender Baumstummel, an welchen von zwei Seiten weiße Steine angelehnt wurden, um dieses Zeichen schon aus der Ferne zu erkennen. Achilleus zeigt diese νύσσα den fünf in die Schranken getretenen Wagenrennern in weiter Ferne (τηλόθεν ἐν λείῳ πεδίῳ). Der Ablaufstand befand sich am Gestade des Meeres und das bezeichnete Ziel in der Feldmarken des troischen Ge-

bietes. Die Rennbahn hatte daher einen großen Umfang und konnte daher auch nur einmal durchmessen werden, so nämlich, daß die fünf Zweigespanne wieder daselbst anlangen mußten, von welcher Stelle sie abgefahren waren[82]. Denn der πύματος δρόμος bezeichnet nicht etwa einen letzten Umlauf der gesammten Bahn, sondern nur den letzten Theil, die letzte Strecke der durchlaufenen Bahn, was sich aus dem Wortwechsel des Oiliden Aias mit dem Diomedes folgern läßt[83]. Hätten sie die Bahn mehr als einmal durchmessen, so hätte man auch die Reihenfolge mehr als einmal genau betrachten können. Bevor der Lauf der Rosse beginnt, stehen die Kampfwagen in geordneter Reihe (μεταστοιχεί) und erwarten das Signal. Der bejahrte Phönix wird als Beobachter aufgestellt (σκοπός), damit er den ganzen Hergang genau beobachte und wie ein ehrlicher Kampfrichter nach vollbrachtem Rennen die Wahrheit bezeuge[84]. Jeder soll in seinem Gleise bleiben, jede Hinterlist vermeiden und den Sieg ehrlich durch die Schnelligkeit seiner Rosse entscheiden lassen. Allein die Götter mischen sich in den Wettkampf. Apollon stößt dem Diomedes die μάστιξ aus der Hand. Allein Athene gibt dieselbe ihm wieder, flößt seinen Rossen neue Kraft ein und hülft ihm zum Siege, nachdem sie den Wagen des Eumelos beschädigt hat. Antilochus gewinnt durch Arglist den Sieg über das Gespann des Menelaus[85]. Den hierüber entstandenen Streit gleicht Achilleus aus. Der Dichter muß den Hergang in solchen ritterlichen Wettkämpfen genau gekannt haben, woraus sich ergibt, daß solche zu seiner Zeit stattfanden oder schon früher zur Ausführung gekommen waren.

In den vier großen panegyrischen Festspielen wurde das Roßwettrennen zwar nicht gleich in den ersten Festperioden eingeführt, da die große Zahl der rein gymnischen Wettkämpfe hinreichende Befriedigung gewährte. Doch wurde zu Olympia das Viergespann (δρόμος ἵππων τελείων) ausgewachsener Rosse (ἅρμα hat hier die Bedeutung von τέθριππον) von Ol. 25 aufgenommen. Seltsam genug, daß das Wettrennen mit dem Zweigespann erst in der 93. Olympiade in den großen olympischen Festspielen Aufnahme fand. Dieses Zweigespann (συνωρὶς ἵππων τελείων) hatte ebenfalls seine ausgewachsenen Rosse. Mit dem Viergespann traten besonders fürstliche Häupter, Dynasten, aristokratische reiche Männer in die Rennbahn, und zwar gewöhnlich in der Person eines Stellvertreters, eines erfahrenen, sachkundigen ἡνίοχος. Mit dem Zweigespann traten auch andere wohlhabende Männer auf die Bahn. Mit dem Zweigespann siegte mit der ersten Aufführung die Eleier Euagoras[86]. In der 99. Olympiade trat nun auch das Wettrennen junger Rosse der Fohlen (πῶλοι) hinzu, und zwar nur als Viergespann

Συδύκης κυάρός. Noch viele andere Fragmente (N. 3 seq. p. 634 seq.) Aßmann's beziehen sich auf Kastor und die Dioskuren überhaupt.

73) *Pindar*, Olymp. III, 39 seq. *Theocrit.* XXIV, 120. *Apollodor.* II, 4. 9. 74) Il. XXIII, 630 seq. 75) Il. XXIII, 277. 76) *Hesiod.*, Asp. v. 305 seq. 77) Il. XXIII, 304. 78) *Pausan.* V, 17, 4. 79) Il. XXIII, 273. 640. *Statius*, Theb. VI, 296. *Eustath.* ad Iliad. ψ′, p. 1320, 24. 80) Il. XXIII, 531. 81) Platon, Geseze I, 625, d. e.

82) Il. XXIII, 358. 364. 373. 374. 83) Vgl. die weitere Entwickelung in meiner Gymnastif I, S. 149 fg. 84) Il. XXIII, 360 seq. 85) Il. XXIII, 272—650. 86) *Pausan.* V, 8, 3. *Diodor.* XIII, 370. Africanus bei Euseb. χρον. I. Ἑλλ. ὀλ. p. 41.

(πώλων ἅρμα). Erst Ol. 128 wurde auch das Zweigespann der Fohlen (συνωρὶς πώλων) zu Olympia aufgenommen [87]). Im ersten Wettrennen mit dem Viergespann der Fohlen gewann der Spartaner Eybariades,
im ersten Wettrennen mit dem Zweigespann der Fohlen
die Belistiche, eine Macedonierin, den Siegeskranz [88]).
Früher als diese letzteren Arten des Wettrennens, Ol.
70, war bereits auf das Zweigespann (ἀπήνη) mit Maulthieren auf die olympische Rennbahn gebracht, doch bereits Ol. 84 wieder abgeschafft worden, weil es keinen
erfreulichen Anblick gewährte, auch aus früheren Perioden des Hellenismus keine Auctorität für sich hatte. Im
ersten Wettrennen dieser Art hatte der Thessalier Thersius
den Siegespreis gewonnen [89]). Das einfache Reiterrennen (κέλης, κάλπη, μόνιππος) wird weiter unten in
Betracht gezogen. Bevor wir nun aber weiter fortschreiten, müssen wir einen Blick auf den olympischen
Hippodromos werfen.

Der Schauplatz der großen olympischen Festspiele
war überhaupt mit großartigen Bauwerken, Anlagen,
Kunstwerken aller Art reich ausgestattet, ganz besonders
der heilige Hain Altis, in welchem zahllose Statuen
und andere Kunstwerke nach und nach hergestellt worden
waren. Der Hippodromos lag im östlichen Theile der
olympischen Ebene nördlich vom Alpheios, und der wichtigste am meisten mit Werken der Kunst ausgestattete
Theil desselben war der ἄφεσις, der Ablaufstand, in den
römischen Rennbahnen das oppidum mit der carceres.
Hier stellten sich nach vorausgegangener Losung die
Wagenrenner mit ihren Gespannen auf. Dieser Raum
bildete gleichsam die Vorhalle der Rennbahn und war
mit Altären ausgestattet, um vor dem Beginn des
Rennens die Gunst der Götter zu erflehen. Die Construction des Ablaufstandes muß eine wohl berechnete
gewesen sein, damit beim Abrennen keiner einen Vortheil
vor dem anderen voraus hatte und das Zusammen-
prallen der Wagen möglichst vermieden werden konnte.
Dies ist bis jetzt noch nicht mit Evidenz ermittelt, da keine
Ueberreste eines griechischen Ablaufstandes uns hierüber
belehren und der römische Circus keine ausreichende
Analogie gewährt. Der olympische Hippodromos hatte

eine etwas längere und eine kürzere Seite in der Länge.
Die längere bestand aus einem aufgeworfenen Wall
(οὔσης χώματος). Die Aphesis hatte 400 Fuß Länge
und die Gestalt einer Schiffsprora, hinten breit, vorn
schmal, an der Spitze mit einem Delphin. In diesem
Ablaufstande befanden sich die Schuppen, in welchen die
Wettrenner mit Wagen und Rossen aufgestellt waren
und das Zeichen zum Aufbruch erwarteten. Des wurde
durch einen hoch sich erhebenden Adler mit ausgebreiteten Fittichen gegeben. Von den Wagenreihen war ein
Seil ausgespannt. Sobald der Adler durch einen in
Bewegung gesetzten Mechanismus sich hoch emporhob,
sank das vorgezogene Seil und ebenso der Delphin an
der Spitze des Ablaufstandes [90]). Die schwierige Frage
ist nun, ob die zum Rennen aufgestellten Wagen bloß
auf der einen Hälfte des Ablaufstandes oder auf der
ganzen Breite, zweitens ob sie in gerader oder in schrä-
ger Linie postirt waren. Dies ist zur Streitfrage geworden. Waren die Wagen in gerader Linie aufgestellt,
so hatte der Wagenrenner, welcher auf der Seite stand,
wo sich hinten am Ende der Bahn die Zielsäule befand,
einen Vortheil, sofern er hinter der Zielsäule am nächsten kommen mußte. Dies konnte durch eine schiefe
Linie ausgeglichen werden. Zweitens ist kaum denkbar,
daß die sämmtlichen Wettrenner auf der ganzen Breite
der Aphesis aufgestellt wurden, weil dies gleich nach
dem Ablaufe Verwirrung bewirken konnte. Wahrscheinlich ist, daß sie nur auf derjenigen Seite, von welcher
der Wettkampf begann, aufgestellt waren. Alex. de la
Borde hat die Ansicht ausgestellt, daß man bei der Herstellung der Aphesis den Normalpunkt, d. h. denjenigen
Punkt, welcher zur Umkreisung der Zielsäule vor Allen
gestiftet sein mußte und nach welchem der Wagenlenker zu
streben hatte, in Betracht gezogen, und um für alle
gleiche Vortheile zu ermitteln, dem Ablaufstande eine
schiefe Linie gegeben habe. Dieser Ansicht trat auch
Aloys. Hirt bei und richtete seinen Grundriß nach derselben ein [91]). Dagegen sind Visconti und ihm bei-
stimmend Gottfried Hermann dieser Anschauung stark
entgegen getreten. Die schiefe Linie haben beide nicht
für annehmbar erklärt und außerdem die aufgestellten
Gespanne nur auf der einen Seite der Aphesis aufstellen lassen [92]). Es bleibt mißlich, sich apodiktisch für
die eine oder die andere Ansicht zu erklären, da beide
gleiche Vortheile und gleiche Nachtheile im Gefolge

87) *Pausan.* V, 8, 3. Statt Eybariades wird bei *Euseb.*
χρον. I. Ἑλλ. ὀλ. p. 41 von *Africanus* ein mehr lakonisch klin-
gender Name Eurybates genannt. In b. Ἰσσφ. συναγωγ. p. 324
ed. *Scaliger* wird aber Eybariades aufgeführt. 88) *Pausan.* l. c.
Vergl. meine Gymnastik und Agonistik I, S. 568 Das Fohlen
(πῶλος) wird sowol von den Dichtern als von den Prosaikern stets
vom ausgewachsenen Rosse (ἵππος τέλειος) unterschieden. Vergl.
Euripid., Hippol. v. 1132. *Heraclid.* v. 846. *Pausan.* V, 83.
89) *Pausan.* V, 9, 1. 2. V, 5, 2. 11, 3. *Herodot.* IV, 30. Der
Schol. zu Pindar, Ol. V, 6, p. 119 (ed. *Boeckh*): ἀπήνη δὲ
ἐστιν ἅρμα ἐξ ἡμιόνων ζευχθὲν· εὑλαμένον δὲ ἵππος ἀγωνίζεσθαι, Ἰσοδώρατος ἐπιτήδευσε καὶ ἡμιόνοις ἀγωνίζεσθαι.
Pausan. V, 9, 2: ἣν γὰρ δὴ ἀπήνη κατὰ τὴν συνωρίδα ἡμιό-
νους ἀνὶ ἵππων ἔχουσα: — Die Kampfwagen hatten einen geringen Umfang und waren leicht, beide geschickter mußte der Wagenlenker sein. Eine Abhandlung von *Gedoyn*: Recherches sur les
cOurses de chars, qui enlcroin en usage aux Jeux Olympiques
in dem Mem. de l'acad. des inscr. et bell. lettr. Tom XI, p.
511 seq.; p. 515 handelt er über die biga, συνωρίς, συνωρία.

90) *Pausan.* VI, 20, 7—10. 21, 1—4. Während der Kaiserzeit hatten viele größere asiatische Städte einen schönen Hippodromos. So z. B. Antiochia. Als diese Stadt durch ein entsetzliches
Erdbeben heimgesucht wurde, befand sich Trajanus in dem Hippodromos, wohin er aus dem Hause, in welchem er seine Wohnung
hatte, geflüchtet war. *Dio Cass.* LXVIII, 14, 25. 91) Hirt.
Gesch. der Baukunst, Bd. III (Lehre der Gebäude, S. 149). 92)
Visconti, Mus. Pioclem. Tom. V, tab. A, I, p. 81—83. *G. Her-
mann*, de hippodromo Olympico p. 388, Opuscul. Tom. VII.
Die jüngste Beurtheilung dieser Streitfrage ist in der Schrift von
Georg Graf Lehdorff, Hippodromos, Einiges über Pferde und
Rennen im griechischen Alterthum. Berlin 1876. Er bestreitet eben-
falls die von de la Borde und Al. Hirt angenommene schiefe
Linie.

haben. Es kommt uns hier auch nur wenig darauf an, welche Ansicht die richtigere ist und wir lassen deshalb diese Streitfrage auf sich beruhen. Wenn im römischen Circus nicht mehr als vier Wagenrenner nach den vier Farben zugleich den Wettkampf antreten konnten, so waren im olympischen Hippodromos weit mehr gestattet. Sophokles läßt in den Pythien zehn Wagen auf einmal ausfahren[93]), und gibt zugleich eine anschauliche Beschreibung von der Ausführung des Wettrennens, in welchem laut erdichteter Aussage Orestes seinen Tod gefunden haben sollte, um die Klytemnestra und ihren Gespons Aegistheus sicher zu machen, daß er nicht kommen und die Ermordung seines Vaters rächen werde. Aus dieser Beschreibung ersehen wir zugleich die Kunst und Vorsicht der Wagenlenker (ἡνίοχοι, ἁρμάτων ἐπιστάται, ἡνιοστρόφοι, ἁρματηλάται) und die stürmische Schnelligkeit der Rosse. Orestes aber kommt der Zielsäule zu nahe, durch das stürmische Anprallen zerbricht die Wagenaxe, er wird die Zügel in der Hand haltend vom Wagen herabgeschleudert und von den einherjagenden Rossen bis zum Tode fortgeschleift[94]). Aus der Beschreibung des Sophokles, in welcher ein Wagenrenner bereits den sechsten und siebenten Umlauf vollendet, geht hervor, daß die Rennbahn eine sehr große Länge nicht gehabt haben kann, da eine große Zahl von Umläufen durchgemacht werden mußte, bevor der Sieg entschieden wurde. Es mußte ja doch vor allen Dingen darauf Bedacht genommen werden, daß die Kampfrosse bis zur Entscheidung des Sieges ihre volle Kraft behaupten konnten, ohne zu ermatten. Weniger als zwei Stadien und mehr als vier Stadien Länge dürfen wir nicht annehmen. Die olympische Rennbahn hatte wahrscheinlich nur zwei Stadien in der Länge und etwas mehr als 400 Fuß in der Breite, sowie auch das Stadium des Ablaufstandes dieselbe Breite zeigte. Doch könnte die Breite auch 600 Fuß betragen haben, wofür wir freilich keine Belege aufzubringen haben. In den späteren Zeiten entstanden aber Rennbahnen von größerer Dimension, namentlich seitdem sie von Rom in die Provinzen übergegangen waren, d. h. jene Jagden und Kämpfe mit wilden Thieren, überall beliebt geworden waren, wie zu Antiochia, Alexandria, Byzanz. Einer der größten war der spätere byzantinisch-kaiserliche, in welchem die vier Farben der Wettrenner ihre besondere Geschichte haben[95]). Noch gegenwärtig besteht ein Theil desselben. Nach der Angabe von Ker Porter betrug die Länge ³/₄ einer engl. Meile[96]). Was nun die Ausführung des Wettrennens mit dem Viergespann betrifft, so läßt sich aus den vorhandenen Nachrichten nicht mit Sicherheit bestimmen, wie viele Kampfwagen zu Olympia die Bahn zugleich befahren konnten. Daß die Zahl derselben keine geringe war, läßt sich schon aus der Beschreibung des Ablaufstandes, welche Pausanias gegeben, abnehmen. Auch war wol die Zahl der angemeldeten und eingeschriebenen Viergespanne selten oder niemals größer, als zugleich zum Wettkampfe antreten konnten. Im entgegengesetzten Falle hätte ein zweites Rennen veranstaltet werden müssen, wozu die Zeit schwerlich ausreichte. Außerdem wurde auch eine strenge Prüfung der Kampfrosse vorausgeschickt und so manches Gespann mochte zurückgewiesen werden. — Nach der Darstellung Pindar's brachte Arkesilas von Kyrene in den großen Pythien seinen Wagen unter vierzig Wagenlenkern glücklich durch, ohne beschädigt worden zu sein[97]). Diese unerhörte Angabe läßt sich schwer begreifen, wenn man annehmen will, daß 40 Wagenlenker in einem und demselben Wettrennen aufgetreten seien. Zur Ausführung eines solchen Rennens würde eine Bahn von ungeheuerer Breite erforderlich gewesen sein. Man wird sich also wol genöthigt sehen, diese vierzig auf mehr als auf ein Wettrennen zu vertheilen, oder diese Angabe für ein poetisches Phantasiestück zu halten. Dagegen läßt sich gegen die zehn Gespanne, welche Sophokles in den Pythien auf der krissäischen Ebene zugleich auffahren läßt, nichts einwenden. Daß auch zu Olympia die Zahl der zugleich den Wettkampf beginnenden Gespanne keine geringe war, läßt sich auch ohne Beweise voraussehen, zumal da bei den verschiedenen Arten des Wettrennens an eine geringe Auffahrung einer und derselben Art gar nicht zu denken ist, sofern die Zeit dazu nicht ausreichte. Es können also wol je nach der Anmeldung acht, zehn, zwölf Gespanne zugleich die Bahn befahren haben[98]). Alcibiades sandte-einst sieben Gespanne auf einmal nach Olympia, welche natürlich das Wettrennen zugleich bestehen sollten. Mit dem einen Gespann hatte er den Sieg gewonnen. Für die übrigen erhielt er einen zweiten und einen vierten Preis erhalten. So nach Thucydides. Nach Isokrates aber hatte er den ersten, zweiten und dritten Preis errungen. Plutarch erwähnt die Angabe des Thucydides und gibt dann nicht den Isokrates, sondern den Euripides als Gewährsmann für den ersten, zweiten und dritten Preis an[99]). Der erste Preis be-

---

93) *Sophocles*, El. v. 701—760.   94) *Sophocles*, ib. 744 seq.: λανθάνει στήλην ἄκραν παίσας· ἔθραυσε δ᾽ ἄξονος μέσας χνόας κἀξ ἀντύγων ὀλισθὼν σὺν δ᾽ ἑλίσσεται τμητοῖς ἱμᾶσι τοῦ δὲ πίπτοντος πέδῳ πῶλοι διεσπάρησαν ἐς μέσον δρόμον κτλ. Von einem vorhergehenden Wagenlenker W. 720 seq.: κεῖνος δ᾽ ὑπ᾽ αὐτὴν ἐσχάτην στήλην ἔχων ἔχριμπτ᾽ ἀεὶ σύριγγα, φείδου τ᾽ αἰεὶ σειραῖον ἵππον, εἶργε τὸν προσκείμενον· καὶ πρὶν μὲν ὀρθοὶ πάντες ἕστασαν δίφροι κτλ. Dann aber collidirt einer auf sieben sechsten oder siebenten Rücklaufe mit einem anderen und nun folgt eine totale Verwirrung (W. 724 seq.). 95) Ueber diesen byzant. Hippodromos haben viele gehandelt. Vgl. Ker Porter, Reisen, Bd. II, 738 (deutsch, Weimar 1833); ganz besonders Jos. von Hammer, Constantinopolis und der Bosporus, Bd. I, S. 128 fg.

96) Ker Porter l. c.   97) *Pindar*, Pyth. V, 46 seq. 98) Die Herrscher von Syrakus, Agrigent, Kyrene, Macedonien u. s. w. sandten Gespanne nach Olympia, daßet es an glänzenden Siegeszeichen dieser Art niemals fehlen konnte. Themistokles soll einst die Gespanne des Hieron von Syrakus von der Theilnahme am Wettrennen zurückgewiesen haben, weil Hieron nicht am Kampfe gegen die Perser Theil genommen. *Aelian*, var. hist. IX, c. 5 (p. 97 ed. *Hercher*).   99) *Thucyd*. VI, 16. *Isocrates*, περὶ τοῦ ζεύγους c. 14. *Plutarch*, Alcib. c. 11. Die Stelle des Euripides: Σὺ δ᾽ ἀνείσομαι, ὦ Κλεινίου παῖ· καλὸν ἁ νίκα· κάλλιστον δο, ὃ μηδεὶς ἄλλος Ἑλλάνων, ἅρματι πρῶτα δραμεῖν

stand stets im Siegeskranze, der zweite und dritte vermuthlich in Werthpreisen, worüber mir keine Erwähnung vorgekommen ist. Auf den Rennbahnen zu Olympia und auf dem Isthmos hatten die ausgewachsenen Rosse (ἵπποι τέλειοι) die Bahn zwölfmal zu durchfahren (τέθριππα δυωδεκάδρομα, δωδέκατος δρόμος, δωδεκάγναμπτον τέρμα), woraus sich ergibt, daß die Länge der Bahn nicht unmäßig groß sein konnte. Wahrscheinlich hatte auch das viel später aufgenommene Zweigespann die zwölffache Umfahrt durchzumachen. Beweise dafür werden uns von den Alten nicht dargeboten. War nun das Signal zum Ablauf gegeben worden, so wurden die Rosse von dem bedächtigen und sachkundigen Wagenlenker anfangs nur mäßig angetrieben, dann mit jeder Umfahrt stärker theils durch helltönenden Zuruf (quantum clamore vocatur Eleus sonipes), theils durch den empfindlichen Stachel (κέντρον, μύωψ, μάστιξ) in Bewegung gesetzt, endlich auf jede Weise ins Feuer gesetzt, sobald durch die gewaltige Anstrengung der Schweiß von den Thieren herabströmte, der Schaum umherflog und der Staub in mächtige Wolken emporstieg [1]. Das Kampfspiel aber mußte auch schon selber, warum es sich handelte und was seine Schuldigkeit und sein Ruhm waren. Der Wagenlenker mußte sich an das Festtehen auf seinem kleinen Wagen gewöhnt haben, und wie stark ihm auch das Herz klopfte, mußte er stets die größte Umsicht bewahren. Er mußte seinen Vortheil jeden Augenblick schon aus der Ferne wahrnehmen und ganz besonders das Anprallen an den Wagen eines anderen Wettrenners und das Anstreifen an die Zielsäule (στήλη, νύσσα, καμπτήρ, τέρμα, καμπή) zu vermeiden streben. Er mußte die einzuhaltende Richtung mit Sicherheit verfolgen und sich durch nichts beirren lassen. Daß das Rennen die Richtung von der rechten Seite nach der linken hin nahm, darf man daraus folgern, daß man während der Umbeugung um die νύσσα das Roß auf der rechten Seite (δεξιὸν σειραῖον ἵππον) mehr anspornte, um das linken Seite dagegen zurückhielt, um den Bogen glücklich zurückzulegen. Je kürzer der Bogen gemacht wurde, desto mehr wurde der Raum abgekürzt und desto leichter konnte man einen Vorsprung gewinnen. Hierin zeigte sich eben die Meisterschaft des erfahrenen ἡνίοχος [2]. Der eine Wagenlenker konnte den anderen entweder absichtlich oder durch Tollkühnheit in große Gefahr bringen und auch wol den Untergang bereiten [3]. Indessen waren dies seltene Fälle, welchen der wohlge-

übte Wettrenner auszuweichen verstand. Sophokles hat ein zwar dem heroischen Zeitalter angehörendes, doch naturgetreues Gemälde von einem Wettrennen in den großen Pythien mitgetheilt, welchem seine Anschauung des Herganges in seinem eigenen Zeitalter zu Grunde liegt. Zwei Gespanne sind aneinander geprallt, ein vorwärts- und ein zurückfahrendes, und haben dadurch eine arge Verwirrung veranlaßt (πᾶν δ' ἐπίμπλατο ναυαγίων Κρισαῖον ἱππικῶν πέδον). Orestes, welchem dieses Ereigniß keinen Schaden gebracht hat, fährt zuletzt, spornt nun seine Rosse, überläßt dem linken die Zügel und dieses bringt nun den Wagen zu nahe an die Zielsäule (λανθάνει στήλην ἄκραν παίσας), wodurch die Büchse der Axe gebrochen, Orestes vom Wagen fällt, sich in die festgehaltenen Zügel verwickelt (σὺν δ' ἑλίσσεται τμητοῖς ἱμᾶσι) und so nun fortgeschleift wird, bis die Rosse angehalten und er entfesselt aufgehoben wird [4]. Auf dieses Wettrennen hat man eine Vasenzeichnung bezogen, in welcher höchstens die angestrengte Haltung des ἡνίοχος und der Vorsprung des Rosses im Augenblick an der Seite auf diesen oder einen ähnlichen gefahrvollen Moment in der Umkreisung des Zieles hindeuten können. Außerdem gewährt dieses Gemälde keinen sicheren Anhalt [5]. Man könnte mit gleichem Rechte noch mehrere andere Vasenbilder auf dieses Wettrennen beziehen [6]. Ein interessantes hierher gehörendes Vasenbild auf einer apulischen Amphora hat A. Feuerbach in folgender Weise beurtheilt: „Wir sehen ein Wettrennen in vier Quadrigen vorgestellt. Zwei der Pferde haben an der Hüfte, nach der bekannten Sitte der Alten, Zeichen eingebrannt, das eine ein Theta, wie es scheint, das andere einen Delphin darstellend. Die Deichseln der zweiräderigen Wagen sind in die Höhe gekrümmt, eine Eigenheit, welche man heut zu Tage noch an den ländlichen Fuhrwerken der Italiener bemerkt. Gelenkt werden die Wagen des Wettlaufes, wie die der Apobaten in dem Panathenäen-Relief des Par-

καὶ δεύτερα καὶ τρίτα, βῆναι δ' ἀπονητὶ τρὶς στεφθέντ' ἐλαίᾳ κάρυκι βοᾶν παραθοῦσαι. Euripid. Fragment. p. 495 ex recens. Sam. Musgrave Tom. II (Lips. 1779).

1) Il. XXIII, 384. 387. 390. 307. 308. Virgil, Georg. III, 106. 110. 111. Sophocl., El. 718. Euripid, Alcest. 216—220. Quint, Smyrn. IV, 511. 519. Pollux X, 53. 54. Silius, Ital. Pun. XVI, 326 seq. V, 339 seq. 2) Siegreiche Wagenlenker sehen man auf einem etruscischen Spiegel. Vergl. Ed. Gerhard, Etrusk. Spiegel Thl. IV, S. 71. Taf. CDIX, 3 (Paralipom. 370); Berl. 1867. 3) Liban., ὑπὲρ τῶν ὀρχ. p. 994, Tom. III. B. καὶ τὸν ἀντίζυγον ἡνίοχος ἀναστρέψας ἀπόλεσεν.

4) Sophokl., Electr. v. 680—764. Il. XXII, 162: ὡς δ' δτ' ἀεθλοφόροι περὶ τέρματα μώνυχες ἵπποι ῥίμφα μάλα τρωχῶσι. Aristoph., Fried. 904: περὶ ταῖσι κάμπαισις ἡνίοχος πεπτωκότες. Diodor. XIV, 109, p. 318 (ed. Wess.) von dem Kampfwagen des Dionysios zu Olympia, τῶν Διονυσίου τεθρίππων τὰ μὲν ἐκπεσεῖν ἐκ τοῦ δρόμου, τὰ δ' ἀλλήλοις ἐμπεσόντα συντριβῆναι. 5) Tischbein, Coll. var. II, pl. 27. 6) Vgl. Millin, Peintur. d. vas. ant. vol. II, pl. 72. Gerhard, antike Bildwerfe I, 4. 78. Annali dell' instit. di corr. arch. 1871, tav. I (Rom. 1871). Gemälde dieser Art gestatten keine sichere Beziehung auf. besondere Ereignisse, ebenso wenig als die zahllosen Vorstellungen dieser Art auf Münzen. Vortreffliche Darstellungen zeigen die Münzen in der Zeitschrift für Numismatik, herausgegeben von Alfred von Sallet, Bd. II, Heft 1, Tafel I. Die Darstellungen in Reliefgebilden können sich ebenso wohl auf die römischen Circenses- als auf die griechischen Wettrennen beziehen. Vgl. die Gazelle archeologique, publi. par J. de Witte et François Lenormant, année 11, pl. 10, Paris 1876. Der in den Annali di instit. di corr. archeol. Tom. 32, tav. B. Tom. 33, tav. B. kommen gar nicht vor. 4) viele Rennenmen von Z. über dem Circus Tom. 46, tav. M. L. M. tav. N. Tom. 43. Tom. 46, tav. H. I. Tom. 45, tav. E. F. Die Darstellung eines fürchterlichen Wettrennens im röm. Circus (wie die sieben Delphine andeuten) gewährt eine Abbildung in b. Annali etc. tav. N. Tom. 42.

thenon, von weiblichen, mit langen, wallenden, ärmellosen Chitonen bekleideten Figuren (diese weibliche Tracht dürfte doch wol noch nicht hinreichenden Grund gewähren, um gegen alle Sitte wirklich weibliche Wagenlenkerinnen anzunehmen). Die Rosse anzutreiben hält die Rechte statt der Geisel den Stab. Zur näheren Bezeichnung der Rennbahn dienen zwei ionische Säulen, welche jedoch keineswegs als Mehrzahl gelten, sondern vielmehr nur das eine Ziel der Bahn bedeuten, welches der Künstler um der Klarheit willen zu verdoppeln sich genöthigt sah. Denn was unserem Bilde ein erhöhetes Interesse und ein wahrhaft dramatisches Leben verleiht: es stellt einen der unglücklichen Wechselfälle vor, welche häufig genug auf jenen Tummelplätzen des Wettkampfes vorkommen mußten und dem Tragiker Sophokles Gelegenheit zu einer der schönsten Episoden gaben. Die beiden ersten Rennerinnen unseres Bildes haben, wie man sich denken muß, das Ziel, eine ionische Säule erreicht. Dieses wurde, weil beide Wagen nicht neben einander gezeichnet werden konnten, vor dem zweiten Wagen wiederholt. Aber während die erste Wagenlenkerin die Zügel schießen läßt, um im nächsten Moment in rascher und glücklicher Wendung die Säule zu umfliegen, hat sich von dem Viergespann ihrer natächsten und gefährlichsten Nebenbuhlerin eins der Pferde losgerissen, welches nun wild sich bäumend und wiehernd davonspringt. Erschrocken blickt die Lenkerin nach dem Flüchtlinge zurück, behält aber Fassung genug, um mit festen Armen den übrigen, noch in der Verfolgung ihrer Bahn begriffenen Rossen Halt zu gebieten. Die nächstfolgende, die dritte im Zuge, erblickt das scheue, gefährlich hemmende Pferd, und sucht, wie die zurückbewegte Rechte zeigt, rechtshin von der Bahn abzulenken, während die letzte freudigen Blickes, nur das Ziel im Auge behaltend (Jl. XXIII, 323 sq.) ihr den Vorsprung abzugewinnen sucht. Ob dieser Vorfall in irgend einem ominösen Verhältnisse zu den übrigen Bildern der Vase steht, mögen Andere entscheiden. Unser Bild bedarf dessen nicht, um als glückliche und geistvolle Darstellung eines dem bewegten Leben selbst abgelauschten Momentes jedes kunsterfahrene Auge zu ergötzen"[7]). Nach der jedesmaligen Umkreisung der gefahrvollen Zielsäule ertönte Trompetenklang, um Muth und Kraft im Manne und Rosse gleichsam von

neuem zu beleben und um zugleich Freude über die bestandene Gefahr kund zu geben. Der Wagenlenker (ἡνίοχος) war in der Regel ein stattlicher Jüngling oder jugendlicher freier Mann, gewöhnlich ein Freund des Gespann-Besitzers, welcher ebenfalls von dem Sieger oder von dem betreffenden Staate durch Belohnung oder Belobung ausgezeichnet wurde. Nur selten machte der Besitzer der Kampfrosse in eigener Person den Wagenlenker. Oft waren dieselben jedoch nicht einmal anwesend, sondern hatten blos die Kampfrosse mit dem ἡνίοχος abgeschickt. Daher hebt es Pindar in einem isthmischen Siegesgesange auf den Thebaner Herodotus als rühmlich hervor, daß er die Zügel der Rosse nicht durch fremde Hände geleitet habe[8]). Die spätere Zeit machte durch neue Erfindungen und Zusätze das agonistische Wagenrennen vielseitiger. In den attischen Festspielen, welche mit den großen und kleinen Panathenäen verbunden waren, finden wir viele neue Arten des Wettrennens aufgeführt, welche den früheren Perioden unbekannt waren. Dieß bezeugen die attischen Inschriften der späteren Zeit, aus welchen wir nur das, was das Wettrennen betrifft, herausheben. Diese Inschriften sind die von A. Böckh herausgegebene Peytionei'sche und von L. Roß mitgetheilte Museuminschrift, dann eine von L. Roß, welche Böckh und Franz veröffentlicht haben[9]). Der Anfang der hier beschriebenen ritterlichen Wettkämpfe wurde, wie es scheint, mit dem ἀποβάται (Abspringen) gemacht (ἡνίοχος ἐνβιβάζων, ἡνίοχος ξεύγει ἐνβιβάζων, ἀποβάτης). Hierauf folgt das Viergespann (ἅρματι διαυλον, ξεύγει διαυλον), welches die Rennbahn nur zweimal zu durchmessen hatte, daher Diaulos. Dagegen bezeichnet der Zusatz ἄκαμπτον das einfache Durchfahren der Bahn ohne Beugung um die Zielsäule. Dann folgt das Wettrennen ἵππω πολεμιστῇ διαυλον ἐνόπλιον, der bewaffnete Doppellauf mit dem ausgerüsteten Kriegsrosse. Hierauf folgte der Doppellauf mit demselben Kriegsrosse (ἵππω πολεμιστῇ διαυλον), dann ἵππω ἄκαμπτον das dem gewöhnlichen agonistischen Rosse die einfache Bahn durchmessend. Dann werden hier noch als specifische Wettrennen der Ritter ἵππω πολεμιστῇ ohne Beiwort, ἵππω διαυλον und ἵππω ἄγναμπτον aufgeführt. Ferner treten Viergespanne mit den Fohlen, Viergespanne mit ausgewachsenen Rossen (ἅρματι πωλικῇ, ἅρματι τελείῳ), Zweigespanne mit Fohlen, Zweigespanne mit ausgewachsenen Rossen (συνωρίδι πωλικῇ, συνωρίδι τελείῳ), einfaches Reiterrennen mit dem Fohlen, und mit dem ausgewachsenen Rosse (κέλητι πωλικῇ, κέλητι τελείῳ) auf die Rennbahn ein. Endlich werden noch sieben verschiedene Arten des Rennens angegeben, je nachdem die doppelte Bahnlänge ἵππῳ πολεμιστῇ oder ἅρματι πολεμιστηρίῳ (mit dem Kriegsrosse oder mit dem aus-

---

7) A. Feuerbach, die Sühnung des Orestes, Vasengemälde, im Kunstblatt 1841, Nr. 88, S. 366 fg. Wagenlenkerinnen sind in den großen Festspielen meines Wissens niemals aufgeführt, wol aber haben reiche Frauen Vier- oder Zweigespanne zum Wettrennen geschickt, welche aber nicht von ihnen selbst, sondern von einem kunstgeübten Wagenlenker (ἡνίοχος) geleitet wurden. Ein Vasengemälde (Hamilton, Anc. vas. v. Tischbein vol. II, pl. 28) führt eine Wagenlenkerin auf dem Viergespanne vor, welche als Siegerin an der Meta angelangt ist und eine Palme in der Hand hält. Man hat diese Zeichnung auf die Kynista, Schwester des Agesilaos bezogen, welche zu Olympia mit dem Viergespann siegte. Allein Pausanias VI, 1, 2, 8 berichtet, daß ihr olympischer Siegeswagen aus Erz neben ihrem eigenen Bildnisse auch das ihres Wagenlenkers gehabt habe. Schwerlich würden die Kampfrichter irgend einem weiblichen Agonisten in Person gestattet haben, an dem Wettrennen Theil zu nehmen.

8) Vgl. A. Boeckh, Expl. ad Pindar. Ol. VI, p. 136. 9) Vgl. die Annali dell' Instit. di corrisp. atch. I, 155, 5 seq. mit einer ausführlichen Erklärung von A. Boeckh. Dann Intelligenz-Blatt d. Hall. Allg. Lit.-Zeit. 1835, Juli; Arch. Bl. S. 268 fg. und S. 257 fg. Allg. Lit.-Zeit. l. c. S. 273 fg. Allg. Encykl. der Wissensch. und Kunst. Sect. III, Thl. 10, S. 282 fg.

gerüfteten Kriegswagen), oder mit dem Parade-Vier-
gespann (ζεύγει πομπικῷ) oder mit dem einfachen Viergespann (ζεύγει), oder mit dem Kriegszweigespann
(συνωρίδι πολεμιστηρίᾳ) oder mit dem einfachen Zweigespann (συνωρίδι) zurückgelegt wurde. Dann wird in
der Roß'schen Inschrift noch das Rennen ἵππῳ πολυ-
δρόμῳ (B. 36) und der Fackellauf zu Roß (λαμπάδι)
erwähnt. Gewiß waren diese so mannichfachen Arten
des Wettrennens nur nach und nach während glücklicher
Friedenszeiten eingetreten. In Zeiten des Kriegs und
des Unglücks mochten dieselben größtentheils wieder wegfallen.

§. 26. Das Reiten (ἱππασία) war im homerisch-
heroischen Zeitalter ebenso wenig im Gebrauche als das
Wettrennen eines auf dem Rücken eines Rosses sitzenden
Reiters. Man begab sich entweder zu Fuß oder auf
roßbespanntem Wagen auf Reisen oder in den Krieg.
Doch erwähnt das homerische Epos einen Fall, in welchem der Rücken des Rosses bestiegen wird. Nachdem
nämlich Odysseus und Diomedes des Nachts im Lager
der Troer den stattlichen Rhesus, Herrscher der Thrafer,
welcher kurz zuvor zu den Troern als Bundesgenosse
gekommen war, getödtet hatten, nahmen sie dessen schnee-
weiße Rosse, welche dann Diomedes bestieg (καρπαλίμως
δ' ἵππων ἐπεβήσατο), während Odysseus sie mit einem
Pfeile antrieb. Daß Odysseus ebenfalls eines dieser
schönen Rosse bestiegen habe, wird nicht gemeldet, und er
scheint demnach den Diomedes zu Fuß ins Lager der
Hellenen begleitet zu haben [10]). Hier erscheint also das
Reiten des Diomedes nur als Fall der Noth. Den mit
Gold und Silber ausgestatteten Wagen mitzunehmen,
erschien zu umständlich, da Athene beide Heroen zur
Eile mahnte. Außerdem wird das Reiten nicht erwähnt.
Fälle dieser Art, wie der erwähnte, mochten aber dennoch
vorkommen, so z. B. auf der Flucht, auf der Jagd. Das
κελετίζειν bezeichnet im homerischen Epos nicht das
Reiten oder das Wettrennen auf einem Rosse, sondern
eine Uebungsart im Voltigiren, ein kunstmäßiges Schwingen von einem Rosse auf das andere [11]). Diese die
leichte elastische Beweglichkeit des Körpers bekundende
Uebung muß sehr früh eingetreten sein, da sie den
ältesten Dichtern bekannt geworden war. Sie entspricht
der Kunstfertigkeit der dem Homer ebenfalls bekannten
orchestischen κυβιστητῆρες [12]). Die ersten Uebungen im
Reiten hat aber dennoch Polyphatus in eine frühe Zeit
gesetzt, da er auf diese den Ursprung von den Kentaurenfabel zurückführt. Als nämlich Jrion über Thessalien
herrschte, sei eine Heerde Stiere auf dem Peliongebirge

völlig wild geworden, sei von dem Gebirge herab-
gekommen und habe die Umgegend unsicher gemacht. Da
habe Jrion demjenigen, welcher diese Heerde vertilgen
würde, große Belohnungen zugesagt (χρήματα πάμπολλα).
Hierauf haben sich Jünglinge aus der Umgegend des
Gebirges vereinigt und Rosse daran gewöhnt, ihren
Rücken besteigen zu lassen. Denn vor dieser Zeit sei
dies nicht gebräuchlich gewesen, da man sich des Wagens
bediente. Auf den Rossen sitzend haben sie sich der wilden Ochsenheerde genähert und dieselben mit Pfeilen
geschossen. Wurden sie von jenen angegriffen und verfolgt, so vermochten sie durch die größere Schnelligkeit
der Rosse leicht zu entfliehen. Dann kehrten sie zurück
und schossen abermals mit Pfeilen, bis die Heerde aufgerieben war. Daraus sei der Name Kentauren entstanden (ὅτι τοὺς ταύρους κατεκέντουν), sowie die ganze
Kentaurenfabel [13]). Diese Auslegung des Paläphatus
ist eben auch nur ein Versuch, die Kentauren auf eine
einfache Weise zu erklären. Früher noch als im festlichen Roßwettrennen scheint das Kampfroß im Kriege
seinen Reiter getragen zu haben. Wenigstens hatten
bereits mit Beginn des fünften Jahrhunderts v. Chr. die
asiatischen Herrscher ihre Reiterei und die griechischen
Staaten wenigstens im peloponnesischen Kriege. In der
marathonischen Schlacht stand den Athenern nach dem
Zeugniß des Herodot (οὔτε ἵππου ὑπαρχούσης σφι) noch
keine Reiterei zu Gebote [14]). Das Reiten konnte aber
dennoch schon im Gebrauche sein, nur war gerade noch
keine berittene Streitmacht vorhanden, vielleicht überhaupt
noch nicht, vielleicht nur in diesem Falle nicht. Dagegen
hatten die Perser ihre Reiterei [15]). Ebenso hatten die
Böotier ihre Reiterei in der Schlacht bei Platäa, welche
mit dem Heere der Perser vereinigt war [16]). So hatten
sich die Thessalier schon früh durch ihre wohlgeübte Reiterei ausgezeichnet, wobei ihnen ihre Wohlhabenheit, sowie die Beschaffenheit ihres Landes zu statten kam [17]).
Auch die thrakischen Völker hatten ihre Reiterei und ihre
Rosse standen in hohem Ansehen [18]). Während den den
Völkern des Orients der roßbespannte Streitwagen im
Kriege sich noch Jahrhunderte behauptete, war bei den
Hellenen keine weitere Spur von seinem Gebrauche in
der Schlacht zu finden. Derselbe war auch nur auf
weiten Ebenen Asiens anwendbar, nicht in dem von
Flüssen und Flüßchen durchschnittenen Hügellande von
Hellas. Dagegen behielt er seine Geltung in den großen
Festspielen bis in das vierte Jahrhundert nach Chr.

Das einfache Wettrennen des Reiters mit dem ausgewachsenen Rosse (ἵππῳ κέλητι) wurde zu Olympia in
der dreiunddreißigsten Olympiade eingeführt, der Wettlauf
mit den Füllen oder Fohlen (κέλητι πώλῳ) den 131.

---

10) Iliad. X, 513. 528. 529.   11) Iliad. XV, 679—684.
Vgl. *Hesiod.* Asp. v. 285 seq.   12) Iliad. XVIII, 605. XVI,
730. Odyss. IV, 18 seq. Bellerophon auf dem beflügelten Pegasus
ist oft von Dichtern und als bildlich dargestellt worden. Das
homerische Epos kennt das Reiten; Iliad. O, 679: ὡς δ' ὅτ' ἀνὴρ
ἵπποισι κελητίζειν ἐν εἰδώς. Dann noch: ἀμφ' ἑνὶ δούρατι
βαίνε, κελήθ' ὡς ἵππον ἐλαύνων. Eine kleine Abhandlung de
l'origine de l'equitation dans la Grece par l'Abbé *Gedoyn* in
b. Mém. de l'acad. royal d. inscript. et bell. lettr. Tom. IV,
p. 50 seq. (Amsterd. 1736).

13) *Palaephatus*: περὶ ἀπιστ. ἱστορ. C. 1. p. 4 seq. (ed.
F. F. *Fischer*, Lips. 1777).   14) *Herodot* V, c. III.   15)
Herodot VI, 101.   16) *Herodot* IX, 68. 69.   17) *Plato*,
Menex. c. I, p. 70 A. *Xenophon*, Hell. VI, 1, 4. *Polyb.* IV, 8.
10. *Plato* l. c.: πρωτοῦ μὲν Θετταλοὶ τὰ θαύμασοι ἦσαν ἐν τοῖς
Ἕλλησι καὶ ἐξαυμάζοντο ἐφ' ἱππικῇ τε καὶ πλούτῳ. Volph.
nennt die thessalischen Reiter ἱππεῖς δυνατώτατοι.   18) *Plutarch*,
Kimon c. 7.

48*

Feſtfeier. Auch für die Knaben war ein beſonderes Rennen dieſer Art mit dem ausgewachſenen Roſſe ein= geſetzt worden [19]. Gemälde panathenäiſcher Preisvaſen veranſchaulichen Knaben als Keletizontes [20]. Auch auf Gemmen und Münzen finden wir ſolche dargeſtellt [21]. Eine von dieſer verſchiedene Art des Wettrennens be= zeichnet κάλπη, welche zu Olympia Ol. 71 aufgenommen und Ol. 84 wieder weggelaſſen wurde. Zu dieſem Ren= nen diente eine Stute, von welcher der Reiter bei der letzten Umkreiſung der Bahn herabſprang und neben dem Roſſe hin an dem Zügel ſich feſthaltend zu Fuß den Wettlauf vollendete. Von dieſer Art des Wettrennens war wiederum das verſchieden, welches Pauſanias durch ἀναβάται bezeichnet hat [22]. Dieſes letztere beſtand in einem mit Hengſten ausgeführten Zweigeſpann, auf welchem der ἡνίοχος und der ἀποβάτης ſtanden. Der ἡνίοχος hatte es mit der Leitung der Roſſe zu thun. Der ἀποβάτης aber während der letzten Umkreiſung vom Wagen herabſpringend lief neben dieſem her und ſchwang ſich mit beſonderer Gewandtheit bei der Annäherung an das Ziel wieder auf den Wagen hinauf, daher er auf den oben angeführten attiſchen Steinſchriften ὁ ἐρβιβάζων, ἐγβιβάζων genannt wird [23].

Um dieſelbe Zeit, in welcher bei Conſtantinopel das Roßwettrennen, die alten römiſchen Circenſes, eine hohe Blüthe erreicht hatte, waren dieſe Beſtrebungen auch in Arabien beliebt geworden. Dies geſchah jedoch erſt nach der Blüthe der griechiſchen Staaten und nach dem Untergange des weſtrömiſchen Reichs, kurz vor dem Auf= treten Mahommed's. Im Magazin für die Literatur des Auslandes iſt hierüber Folgendes berichtet worden [24]: „Aber bei den Arabern, denen von jeher das edle Thier ein Theil der Familie war, ſehen wir ſchon früh Wett= rennen eingeführt, die ganz den Zweck hatten, die ver= edelte Pferdezucht zur Nationalſache zu machen. Dies hat auch wol dazu beigetragen, das arabiſche Roß zum edelſten ſeines Geſchlechts in der ganzen Welt zu erhe= ben, ebenſo wie es in neuerer Zeit den Engländern ge= lungen iſt, ihre Pferde zu den ſchönſten von Europa zu machen." — Das älteſte Pferderennen, deſſen die ara= biſche Geſchichte erwähnt und das wegen ſeiner Folgen große Epoche machte, fand kurz vor Mahommed's Auf= treten in Hedſchas ſtatt. Nach der Volksſage liefen Dahis und Gabra um die Wette, die zwiſchen dem Stamme der Abſiden und dem der Dubianiden einge=

gangen worden war. Dahis gehörte dem abſidiſchen Könige Kais, und Gabra dem dubianidiſchen Könige Hudaifah. „Hudaifah, ein bosgafter Mann, fürchtete mit Recht, daß der ausgezeichnete Hengſt Dahis ſeine Stute Gabra überflügeln würde und nahm zur Arglift ſeine Zuflucht. Einer ſeiner Sklaven ſollte auf eine ge= heime Weiſe den Dahis während des Rennens beſchädi= gen und dadurch ſeinen Sieg verhindern." Dieſer Ans ſchlag wurde entdeckt, man griff dann zum Schwerte und die Folge endlich war ein ſchrecklicher vierzigjähriger Krieg. Dies geſchah im 6. Jahrhundert v. Chr. Nach neueren Ermittelungen aber gehörten beide Roſſe, Dahis und Gabra, dem Könige Kais, und vollendeten das Wettrennen gegen die Roſſe Chattar und Hanfa, welche den Könige Hudaifah angehörten. Die ganze Erzählung ſteht mit dem vortrefflichſten arabiſchen Romane in Ver= bindung, in welchem Antas oder Antafah die Hauptrolle ſpielt [25]. Allein jenes Wettrennen war ein geſchichtliches Ereigniß.

Daß im ſechſten Jahrhundert auch bei anderen aſiati= ſchen Völkerſtämmen, wenigſtens in ihren Hauptſtädten, Wettrennen ähnlicher Art ſtattgefunden haben, darf man wol als wahrſcheinlich annehmen, da von Conſtantinopel aus Verbreitung ſolcher Beſtrebungen eintreten konnten. Conſtantinopel war damals die tonangebende Reſidenz in Aſien und Europa, ſowie früher von Rom aus die Circenſes auch in Alexandria, Antiochia und in vielen anderen größeren Städten beliebt geworden waren.

Nachdem wir nun die Hauptbeſtandtheile der Gym= naſtik und Agoniſtik in den hellenſchen Staaten beleuch= tet, welche im Verlaufe der Jahrhunderte mit unbeden= tenden Abänderungen ſich behaupteten, betrachten wir nun in fürzeren Umriſſen die Gymnaſtik der Römer, bei welchen dieſelbe ſchon deshalb nicht eine gleiche hohe Bedeutung erhalten konnte, weil gleich von Anbeginn die friegeriſchen Beſtrebungen derſelben ſchon hinreichende Anſtrengung barboten, wie die decurſio, das rudibus concurrere, praepilatis miſſilibus iaculari [26], außer= dem hier das ganze Staats= und Privatleben von ganz anderer Art waren und die Gladiatorenkämpfe auf der Arena des Amphitheaters ſowie die Circus, ferner die Venationes mit wilden Thieren, endlich die Circenſes der Schauluſt volle Befriedigung zu gewähren vermoch= ten. Mit der Gymnaſtik der Griechen hatten dieſe rö= miſchen Schauſpiele wenig oder gar nichts gemein, mehr noch waren ſie mit der Athletif verwandt. Außerdem fehlten hier jene großen allgemeinen panegyriſchen Feſt= ſpiele, wie die großen Olympien, Pythien, Nemeen und

---

19) *Pausan.* V, 8, 3. *Africanus* bei Euſeb. χρον. I, 'Ελλ. ὀλυμπ. p. 42. *Pausan.* VI, 2. 4. 12, 1. 13, 6. *Plin.* h. n. XXXIV, 19, 14. 20) Vergl. Mon. d. inst. di corr. atch. I, pl. 21, 9b und pl. 22, f. 3 b. Mus. Blacas ed. *Panofka* I, 16, a. Collect. of engr. fr. anc. vas. *Tischbein*, (Hamilt. vas) vol. I, pl. 52. 53. Erflärung p.141. *Laborde*, Coll. d. vas. Tom. I, p. 19. 21) Mus. Borbon. vol. III, tab. 48. *Winckelmann*, Descr. d. pietres grav. p. 465 seq. *Lippert*, Dact. II, n. 898, p. 233. Auch in der Gemmenſammlung im Antiquarium des älte= ren Muſeums habe ich einige dieſer Darſtellungen bemerkt. 22) *Pausan.* V, 9, 2. 23) Mehr habe ich in der Gymnaſtik und Agoniſtik der Hellenen I, S. 570. 571, Note 11 hierüber mitge= theilt. 24) Magazin für die Lit. b. Ausl. 1841, Nr. 72, 16. Jan. S. 285 fg. Nr. 73, S. 290 fg.

25) Magazin für die Literatur des Ausl. l. o. Nr. 72, S. 285 fg. Ueber die ritterlichen Feſtſpiele der Araber in Spanien vgl. Herder's Jdeen zur Philoſophie der Geſchichte, Thl. III, S. 39 (Miniatur=Bibliothek). 26) *Livius* XXVI, 51: paucos dies — exercendis navalibus pedestribusque copiis absumpsit. Primo die legionus in armis quatuor milliam passuum decurrerunt, — tertio die rudibus inter se in modum iustae pugnae con= currerunt, praepilatisque missilibus iaculati sunt, — quinto die iterum in armis decursum est (von dem jüngern Scipio in His= 'pania).

Jsthmien, in welchen die Agonistik den Kern der Festlichkeiten bildete. Im letzten Jahrhundert des Freistaates und während der Kaiserzeit begann man endlich der griechischen Gymnastik einige Aufmerksamkeit zuzuwenden. Wenigstens wurden einige Uebungsarten und gymnastische Spiele geschätzt, wie das vielseitige Ballspiel.

In den älteren Zeiten wurden zu Festspielen Athleten, namentlich Faustkämpfer, aus anderen Staaten herbeigeholt. So berichtet Livius, daß bei der ersten Feier der großen römischen Spiele (ludi Romani Magnique varie appellati) durch Tarquinius Priscus Faustkämpfer (pugiles) aus Etrurien herbeigerufen worden seien 27). Denn auch die griechische Cultur war auch die Gymnastik nach Etrurien gekommen. Als Anicius seinen Triumph über die Illyrier feierte, wurden Faustkämpfe unter Hornmusik (μετὰ σαλπιγκτῶν καὶ βυκανητῶν) vorgeführt 28). Späterhin wurden zu Rom die lateinischen und die griechischen Faustkämpfer unterschieden 29). Caligula ließ bei den Gladiator-Kämpfen ausgesuchte campanische und afrikanische Faustkämpfer auftreten 30). Zu Patavium wurden zur Zeit Nero's ludi cestici gehalten, welche laut der Sage von Antenor, dem Trojaner, gegründet sein sollten 31). Unter dem Kaiser Constantius fanden zu Constantinopel noch Certamina pugilum statt 32). Auch waren zu Rom und in anderen Städten Italiens, so auch zu Neapel (worüber Ignarra de palaestra Neapolitana eine Specialschrift geliefert hat) während der Kaiserzeit Gymnasia und palaestrae hergestellt worden. Tarent, Kroton, Rhegium, auf Sicilien Syrakus und Katana hatten ihre Gymnasien und Palästren, worüber Strabon, Livius, Athenäos Bericht erstatten. Auch die Bäder hatten ihre besonderen palaestrae und sphaeristeria 33).

In keinem Zweige agonistischer Bestrebungen ist aber jemals so viel Betriebsamkeit und glänzendes Gepränge entwickelt worden, als in den Ludi Circenses der Römer, daher wir dieselben auch auf überaus zahlreichen Münzen und anderen Bildwerken vorgestellt finden 34). Schon während der Zeit des Freistaates, noch mehr aber während der Kaiserherrschaft gewährten die Circenses dem Volke wie dem Senate, den Pro-

letarier wie dem Patricier das höchste Vergnügen, und jeder Zuschauer hatte seine Vorliebe für eine der vier Farben. So begünstigte der Kaiser selbst stets seine Lieblingsfarbe, was unter Caligula, Nero und Commodus oft mit Lebensgefahr für diejenigen verbunden war, welche einer anderen Farbe zugethan waren. Die Rennbahnen (circi) waren zu den großartigsten Bauwerken geworden. Der Circus maximus in Rom war mit Bildwerken und Denkmälern bis zum Uebermaß ausgestattet, und selbst in den Provinzen konnte man schöne Rennbahnen neben den Amphitheatern finden, auf welchen noch manche Ueberreste existiren. Die vier Farben waren die weiße, rothe, grüne und blaue. Die beiden letzteren waren die beliebtesten und hatten die größere Masse unter den begünstigenden Parteien. Auch die Kaiser waren die Gönner und Begünstiger einer dieser beiden letztgenannten Farben und in dem ungeheuren Circus zu Constantinopel hatten dieselben jene zwei erstgenannten Farben, die weiße und die rothe, endlich völlig verdrängt. Desto grimmiger lagen dann die grüne und die blaue einander selbst in den Haaren und es erfolgten oft genug blutige Auftritte in der byzantinischen Residenz, wobei natürlich die Anhänger dieser Farben mit in den blutigen Kampf hineingeriethen. Die Grünen und Blauen hießen hier πράσινοι, βένετοι 34a). Der in solchen Dingen von einem höchst unkaiserlichen Fanatismus ergriffene Nero konnte allein 1808 circensische Siegeskränze aufweisen. So waren auch Vitellius, Domitianus, Commodus, Caracalla für solche die Kaiserwürde herabsetzenden Lustbarkeiten exaltirt. Caracalla ließ um 782 Siegeskränzen geschmückten Cuprepes umbringen, wol vorzüglich aus Neid, theils weil er seine andere Farbe begünstigte als er selber 34b). Die Wagenlenker (agitatores, ἡνίοχοι) waren äußerst geübte, rüstige junge Männer, welche einzig und allein dieser Kunst oblagen und hierin ihren beträchtlichen Erwerb fanden. Die Kampfrosse waren die ausgesuchtesten und mit großer Sorgfalt eingeübt (οἱ ἀθληταὶ ἵπποι ἀξιονικότατοι) 34c). Zu den genannten vier Farben hatte Domitianus noch die goldene und die purpurne hinzugefügt, welche nach seinem Untergange wieder abgeschafft wurden 35). Nach der Darstellung des Dio Cassius waren es nicht die goldene und die purpurne, sondern die goldene und die silberne Farbe (τὸ μὲν χρυσοῦν, τὸ δὲ ἀργυροῦν), welche Domitianus zu den alten Farben hinzugefügt hatte 36).

Das pädagogische und ästhetische Element in der

---

27) *Livius* I, 35. *Dionys.* Ital. Antiquit. Rom. VII, 72. 28) *Polybius* XXX, 13, 11. 29) *Sueton.* August. Octav. c. 45: Spectavit autem studiosissime pugiles, et maxime Latinos, non legitimos atque ordinarios modo (die zunftmäßigen und geschulten), quos etiam committere cum Graecis solebat, sed et catelvarios oppidanos, inter angustias vicorum pugnantes temere et sine arte. Nur die ersteren, die Latini et Graeci waren demnach wirkliche ausgebildete Athleten, die letzteren dagegen, die catervarii, waren Raufbolde auf den Straßen, welche bloß im Vertrauen auf ihre starke Faust den gefährlichen Kampf wagten. Vergl. *Cicero*, de legibus II, 15, 18. 30) *Tacit.* Annal. XVI, 21: *Sueton,* Calig. c. 18. 31) *Sueton,* Calig. c. 18. 32) *Ammian. Marcellin.* XIV, 7, 3. 4. (p. 20 ed. *Wagner*). 33) Cf. *Vitruvius*, de architectura V, 11. 34) So z. B. Wettrennen mit dem Ziergespann in den Annali di corrisp. archeol. vol. 42, 1870, Tav. d'agg. L. M. N. Auf Gefäßen der Kaiserzeit vielfach abgebildet. So auf einer schönen Urne, welche zu Trier aufgefunden wurde. Vergl. von Wilmowsky, Archäologische Funde in Trier und Umgegend (Trier 1873) Taf. II.

34a) Eine Monographie hierüber hat einer Wilken geliefert: über die Parteien der Rennbahn vornehmlich im byzant. Reiche, Berlin 1827 (in d. Abhandl. der preuß. Akademie zu Berlin). 34b) Vergl. *Dio Cass.* LXVII, 4. LXX, 1, 5. LXXVII, c. 1. 10. LXXVIII, 4. 34c) *Dio Cass.* LIX, c. 17. 35) *Sueton,* Domitian. c. 7. Ueber die Meta im Circus und über den Wagenlenker hat Georg Zoëga, antike Basreliefs von Rom, deutsch von F. G. Welcker, Gießen 1835, S. 266 fg. und 271 fg. (N. XXXIV. XXXV) vieles erörtert, und zwar größtentheils nach Bianconi, Descrizione de' circhi seq., über welche Kunst ich in der Gymnastik und Agonistik der Hellenen Bd. I, S. 153 fg. gehandelt habe. 36) *Dio Cass.* LXVII, c. 4.

Gymnastik wurde von den Römern zwar nicht in gleicher Weise gewürdigt, wie von den Griechen, doch wurde es auch nicht ganz unberücksichtigt gelassen. So soll nach dem Zeugniß des Plutarchos der ältere Cato seinen Sohn selbst im Faustkampfe, im Reiten, im Speerwurfe, sowie in der gesammten Waffenkunst unterrichtet haben [37]). Cicero hat besonders den praktischen Standpunkt hervorgehoben, daß nämlich der Körper geübt und so vorbereitet werden müsse, daß er den Entschlüssen des Geistes in der Ausführung der Unternehmungen, in Anstrengung und Mühsal genügend entsprechen und nachkommen könne [38]). Die Hauptübung und Abhärtung der jungen Römer bestand freilich im tirocinium des Heerlagers und auf Feldzügen, womit die kriegerischen Waffenübungen verbunden waren [39]). Während des Freistaats machten die Römer sich mit der hellenischen Athletik nichts zu schaffen. Dennoch hat Dionysius von Halikarnaß die Agonistik der Römer in ihren großen Festspielen (ludis magnis) während der ältesten republikanischen Zeit von den Hellenen abgeleitet, wie es von ihm auch in anderen Einrichtungen geschehen ist, welche einen ganz anderen Ursprung hatten [40]).

Der Philosoph Seneca verwirft die gymnastischen und agonistischen Bestrebungen und möchte dieselben aus dem Gebiete der liberalen Studien ausgeschlossen wissen [41]). Er war als ein philosophus morosus solchen Dingen überhaupt nicht zugethan, sondern lehrte in den unsicheren und gefahrvollen Zeit unter Nero nur die Befreiung des Geistes von Furcht und Hoffnung (nihil timendum, nihil concupiscendum). Nichtsdestoweniger begann um diese Zeit die Gymnastik in Rom sich immer mehr Eingang zu verschaffen. Der jüngere Plinius hebt hervor, daß sein Zeitgenosse, der jugendliche Greis Sparinna noch täglich der Gymnastik, namentlich dem Ballspiel, obliege [42]). Die Bäder und die Villen hatten ihre Palästra oder wenigstens ein Sphäristerium zum Ballspiel. In den römischen Festspielen traten während der Kaiserzeit auch Athleten in den gymnischen Wettkämpfen auf, römische, etruskische und griechische [43]). Die älteren ehrbaren Römer waren freilich mit der Aufnahme der griechischen Agonistik unzufrieden und hatten dieselbe von Rom fern zu halten [44]). In den griechischen Städten Unteritaliens und Siciliens hatte die Gymnastik natürlich ihre Geltung ebenso wie in den Städten Griechen-

lands. So hatte Neapolis ein berühmtes Gymnasium [45]), in welchem einst Nero seine vermeintlich glänzenden Leistungen in musikalischer Virtuosität producirte.

Während der Kaiserzeit und schon früher hatte der Ruhm der Hieroniken und der Periodoniken ihre Geltung und ihre immer mehr vergrößerten Emolumente bewirkt, daß in den Städten Kleinasiens, Griechenlands und Italiens förmliche Athletengilden sich bildeten, welche stets bereit waren, den großen Festspielen ihre Künste zu produciren, wobei ihnen ein beträchtliches Honorar zu Theil wurde. Die Schriftsteller dieser Zeit berichten weniger hierüber, als eine große Anzahl Steinschriften, welche sich auf diese Gilden und einzelne berühmte Athleten beziehen [46]). Die Athleten führten auch den Namen iselastici (von ἐλαύνειν, ihrem feierlichen Einzuge in die Stadt oder den Ort, welchem sie angehörten). Dieselben waren Sieger in großen Festspielen und wurden durch Emolumente honorirt [47]). Ebenso bildeten die Agonisten in den musikalischen Wettkämpfen Gilden oder Zünfte und hatten ihre Privilegien und Emolumente. Nach der Annahme der christlichen Religion und nach dem Aufhören der großen Festspiele konnten sich natürlich auch diese Gilden nicht länger behaupten. In den Städten Kleinasiens während ihre Existenz noch einige Zeit länger. Die Gymnastik und Agonistik der Hellenen hatte seit ihrer ersten Ausbildung im Verlaufe der Jahrhunderte wol so manche Modalität erfahren, ihr ursprünglicher Typus war jedoch dem Grundprincipe nach sich immer gleich geblieben. Daher war es hier nicht erforderlich die späteren Jahrhunderte des Hellenismus noch specieller in Betracht zu ziehen. Wir wollen nun das betrachten, was im Verlaufe des Mittelalters in diesen und ähnlichen Beziehungen geschehen ist und wenden uns zunächst zu den Byzantinern, welche, wenn auch nicht in jeder Beziehung, doch in so mancher Hinsicht, wie in der Sprache und einigen Instituten das altgriechische Leben fortgesetzt haben, nur nach der Einführung des Christenthums in ganz anderer Weise.

Abtheilung II.

Die Gymnastik während des Mittelalters.

K. 1. Nachdem die vier großen Festspiele durch die christlichen oströmischen Kaiser eingestellt worden waren, und mit diesen zugleich alle übrigen agonistischen Festlichkeiten, hatte zwar die Gymnastik der alten Griechen ihren wichtigsten Haltpunkt verloren, doch hörte dieselbe

---

37) *Plutarch,* Cat. maior. c. 5. c. 20.   38) *Cicero,* de officiis I, c. 23: Exercendum tamen corpus et ita afficiendum est, ut obedire consilio rationique possit in exequendis negotiis et in labore tolerando.   39) Vgl. *Plutarch,* Tit. Quint. Flaminius c. I, p. 369. Vgl. *Livius* XXVI, c. 51.   40) Antiquit. Rom. VII, 67—73.   41) *Seneca,* Epist. 89.   42) *Plinius,* Epist. III, 1. Er fügt hinzu: Inde illi post septimum et septuagesimum annum aurium oculorumque vigor integer; inde agile et vividum corpus solaque ex senectute prudentia.   43) *Tacit.,* Annal. XIV, 20, wo ein quinquennium ludicrum ad morem Graeci certaminis erwähnt wird.   44) *Tacit.* l. c.: degeneretque studiis externis juventus, gymnasia et otia et turpes amores exercendo. Dann weiter: quid superesse, nisi ut corpora quoque nudent et cestus adsumant, easque pugnas pro militia et armis meditentur?

45) *Sueton,* Neron. c. 40.   46) Vergl. *Octav. Falconerius,* Not. ad inscript. athlet. p. 2317. 2322 seq. und p. 2332 seq. (im Thesaur. Gronov. Tom. VIII). Corp. inscr. Graec. ed. *Boeckh,* N. 406. 1364. 1427. 1428. 2723. Vgl. *Pollux,* Onom. IV, 89.   47) *Plinii* Epist. X, 119: Athletae, Domine, ea, quae pro iselasticis certaminibus constituisti, deberi sibi putant statim ex eo die, quo sunt coronati. Nihil enim referre, quando sint patriam invecti, sed quando certamine vicerint, ex quo invehi possint. Augustus hatte die Privilegien der Athleten respectirt und neue hinzugefügt. *Sueton,* Aug. c. 45: Athletis et conservavit privilegia et amplavit.

in den Städten mit griechischer Bildung noch nicht sofort
gänzlich auf, sondern es behaupteten sich noch einige
Jahrhunderte hindurch erstens das diätetische Element
der Gymnastik, zweitens die 'athletische Kunstfertigkeit;
das erstere seit Galenus von den methodischen und diätetischen Aerzten nachdrücklich empfohlen und vertreten,
das zweite als erheiternde Ergänzung bei großen Festlichkeiten · noch nicht ganz verschmäht. Denn selbst in
Constantinopel kommen während des christlichen Zeitalters bisweilen noch Athleten bei festlichen Veranlassungen
vor. Dieselben waren aus Städten herbeigeholt worden,
in welchen man die athletischen Uebungen noch nicht
unterdrückt hatte. Unter dem Kaiser Constantius wurden
einst in der Residenz noch Certamina pugilum aufgeführt, wie Ammianus Marcellinus berichtet [47a]. So
wird uns in der byzantinischen Residenz selbst noch ein
Pädotribe genannt, welcher einer Palästra vorstand.
Derselbe hieß Andreas. Er war mit dem Heere des
Belisarius unter Justinian gegen die Perser ausgezogen.
Als nun zwei stattliche Kriegsmänner aus dem Heere
der Perser hervortraten und einen byzantinischen Krieger
zum Zweikampfe aufforderten, trat Andreas hervor, um
den Wettkampf anzunehmen. Er besiegte den einen nach
dem anderen. Seine Palästra in Byzanz scheint nur
ein Privatinstitut, vielleicht nur für Knaben gewesen zu
sein [48]. Es fehlte ·auch nicht an Kaisern, welche sich
in den gymnastischen Uebungen auszeichneten. So wird
der Kaiser Basilius von Genesius als ein überaus starker
Held beschrieben, welcher sich auch in allen gymnastischen
Leistungen bewährte [49]. Noch länger als in Constantinopel hat man sicherlich in den entfernteren Städten
mit griechischer Cultur, wie Alexandria, Antiochia, Ephesus, Smyrna, Pergamum, Korinth, Athen u. s. w.
der Gymnastik und Agonistik gehuldigt, wenn auch
immerhin keine öffentlichen Kampfspiele mehr aufgeführt
wurden. Es ließ sich ja doch nicht auf einmal alles
über Bord werfen, und was in häuslichen Kreisen geschah, konnte man nicht hindern. Außerdem aber fehlten
im christlichen byzantinischen Reiche zwei Hauptelemente
der altgriechischen Gymnastik ebenso wie in den neueren
christlichen Staaten. Erstens die völlige Nacktheit in
den speciellen gymnischen Uebungsarten, mithin auch die
Einölung; zweitens das Sklavenwesen. Im alten
Griechenland verrichteten die Arbeit nur Sklaven, der
freie Mann konnte von frühester Jugend auf der Gymnastik obliegen. Sklaven waren von dieser Sphäre völlig
ausgeschlossen. Und mit der Aufhebung der großen und
kleinen öffentlichen Spiele fehlte ein drittes Hauptelement,
welches im alten Hellas anregend und begeisternd gewirkt hatte. Die byzantinische Jugend hatte aber dennoch ihre vielseitigen Leibesübungen. Das Ballspiel
wurde vielfach von jüngeren Männern und Jünglingen und Männern getrieben. Die Jagd war eine
Lieblingsbeschäftigung der jüngeren Männer aus wohlhabenden Familien, wozu auch die Falkenjagd gehörte.
Ein Oberfalkenier wird unter den Hofbeamten erwähnt.
Andronicus III. hatte in seiner Jugend Tausende der
kostbarsten Hunde, worüber sein Großvater Andronicus II. oft genug unwillig wurde. Die drei auseinander folgenden Kaiser aus dem Geschlechte der Comnenen,
Alexius, Johannes, Manuel, Vater, Sohn und Enkel
waren rüstige Kriegsmänner und vermochten alle Strapazen des Marsches wie der Feldschlacht leicht zu ertragen. Sie waren demnach gewiß durch vielseitige
körperliche Uebungen durchgebildet und abgehärtet. Dies
läßt sich auch von dem Kaiser Andronicus I. annehmen,
welcher einen festen Körper hatte und jeder Krankheit
ein ganzes Jahr hindurch Trotz zu bieten vermochte, wie
er selber versicherte. Die uns zu Gebote stehenden Nachrichten sind nicht ausreichend, um hierüber Ausführliches
mitzutheilen, da die byzantinischen Autoren nur selten
auf solche Dinge Rücksicht genommen haben. Häufiger
werden die Ludi Circenses der Byzantiner erwähnt, weil
dieselben oft Tumulte und schlimme Händel der Factionen
veißführten. Diese Ritterspiele waren das Nachbild
der römischen Circenses. Nur war hier der Hippodromos von weit größerem Umfange als die altrömischen,
und der Eifer und die Wuth der Parteien traten hier
weit stärker auf als im alten Rom, weil hier die Kaiser
nicht dieselbe Macht hatten, solches Treiben in Schranken zu halten, wie die römischen Kaiser, welchen sofort
10,000 Prätorianer zur Hand waren. Die byzantinischen Circenses bedürfen hier keiner näheren Auseinandersetzung, da sie wie einst in Rom, von vier Factionen
waren und von den vier Farben, wie einst in Rom,
nur die grüne und die blaue das Feld behaupteten [50].
Die christlich byzantinischen Kaiser haben nur in so weit
ihre Theilnahme bethätigt, als sie bei großen Festen
theils in eigener Person, theils durch einen Stellvertreter
an einer besonders ausgeschmückten Balustrade den Vorsitz führten. Eigene Gespanne scheinen sie nicht auf die
Rennbahn gebracht zu haben. Dies war nur Sache
reicher Aristokraten, welche eine bedeutende Pferdezucht
unterhielten. Die Byzantiner hatten vortreffliche Pferde,

47[a]) *Ammian. Marcell.* XIV, 7, 3. 4. p. 20 (ed. *Wagner*).
48) *Procopius*, de bello Petsico I, p. 145 (ed. *Dindorf*). 49)
Genesius, Regum libr. IV, 60, p. 126. 127 gibt folgende Beschreibung: Ἐν δὲ ταῖς κατὰ κυνηγεσίαν καὶ σφαιρισμὸν ἀχθο-
φορίαν τε καὶ πρὸς ἅλματα γενναιότητα πάνυ περιδέξιος ἦν ὁ
ἄναξ Βασίλειος, ὥστε κατὰ κυνηγεσίαν μὲν καθυπιστερεῖν τῶν
Κενταύρων, κατὰ δὲ σφαιρισμὸν Ἀλκινόου τοῦ βασιλέως ὑπερ-
βάλλειν τοὺς σφαιριστάς, κατὰ πάλην Ἀρισταίου καὶ Αἰακοῦ
ἀλκιμώτερος καὶ αὐτοῦ Ἡρακλέους ἐφάμιλλος, ὑπεραναβεβη-
κέναι δὲ τοῖς πηδήμασι Ἀζιλλέως, κατά τε τὸ φέρειν ἄχθη
ῥᾳδίως περὶ πολλὰ διευπορήσαι τοῦ Ἕκτορος, — ἐν
δὲ τῷ διωκεῖν Ἀλκιμήδον καὶ Ὀδυσσέως ὑπέρτερος, Ἐρεχθέως
δὲ καὶ Κίλμιγος καθ᾽ ἱππασίαν τεχνημονέστερος, Εὐρυμέδον-
τός τε καὶ Ἀλκμονος κατὰ πυγμαίαν στερρότερος, περὶ τε
δρόμον Ἀριστομήδοντος Δικταίου τε καὶ Πριάμου ὠκύτερος,
καὶ ἐν τῷ τοξάζεσθαι Ὑμεναίου καὶ Ἀστερίου πολλὰ εὐστοχώ-
τερος· ἐξ ὧν ὀλίγαστι διαγράφομαι. Dann folgen die Beispiele
zu diesen hyperbolischen Angaben (p. 127, seq. ed. *Lachmann*).

50) Eine bildliche Darstellung von einem Wettrennen im
großen Hippodrom zu Constantinopel gewährt die Revue archeologique Tom. II, pl. 28 (1845). Ein Viergespann hat sich bereits
dem Ziele genähert. Auf einer Balustrade befinden sich die Musici.

besonders viel arabische, und ihre Reiterei war im Kriege ausgezeichnet.

Im Gebiete der Orcheſtik haben die Byzantiner weit weniger geleiſtet als die alten Griechen, auch weniger als die Römer im Gebiete der Pantomimik. Die Chriſtuslehre ſtand der hohen Ausbildung in dieſen Kunſtzweigen entgegen. An theatraliſchen Spielen hat es jedoch nicht gefehlt. Theater wenigſtens werden von den byzantiniſchen Autoren, namentlich von Prokopios unter Juſtinianus I. mehrmals erwähnt, ſogar ſolche, in welchen wunderbar wollüſtige Situationen geſtattet waren, wie Prokopios berichtet.

K. 2. Die übrigen europäiſchen Völker im Mittelalter hatten theils keine Kunde von der Gymnaſtik und Agoniſtik der Griechen erhalten oder hatten dieſelbe nicht beachtet und aufgenommen. Den Gebildeten unter den Völkerſchaften Italiens und ſelbſt des ſüdlichen Galliens konnte dieſe Gymnaſtik der Griechen nicht ganz unbekannt geblieben ſein, da dieſe Völkerſchaften in früherer Zeit mit den Griechen in die vielſeitigſte Berührung gekommen waren und Unteritalien ſowie Sicilien ſelbſt Griechen bewohnt hatten. Das Mittelalter mit der chriſtlichen Religion hatte aber ein ganz anderes Gepräge erhalten, in welchem jene antike Gymnaſtik keine Stelle finden konnte. Die altitaliſche Cultur war nach dem Untergange des weſtrömiſchen Reichs und nach dem Eindringen fremder Völkerſtämme, der Gothen, Heruler, Longobarden, Vandalen, Gepiden natürlich größtentheils zurückgetreten und die neuen Völkerſtämme hatten ihre eigenen Sitten und Bräuche zur Geltung gebracht. An Waffenübungen und mancherlei Spielen im Freien kann es jedoch nicht gefehlt haben. Welche Waffenſpiele und körperliche Uebungen bei den alten Deutſchen den Römern bekannt geworden waren, hat Tacitus in der Germania entwickelt. Im ſchnellen Laufe waren ſie ſo geübt, daß ſie mit einem im ſchnellen Laufe begriffenen Roſſe gleichen Schritt zu halten vermochten. Daher im Kriege den Reiterſcharen Fußgänger beigegeben waren, welche ihnen in allen Wechſelfällen des Kampfes die erſprießlichſten Dienſte leiſteten, ſchwer Verwundete und vom Pferde gefallene Reiter ſofort umſtanden und beſchützten. Jeder Reiter hatte ſich ſeinen Fußſoldaten ſelbſt ausgeſucht, kannte alſo deſſen Befähigung und konnte um ſo zuverſichtlicher auf den Feind losgehen. Cäſar hat uns hierüber den lehrreichſten Bericht hinterlaſſen[51]), mit welchem auch Tacitus übereinſtimmt, obgleich ſeine Worte dieſe Sitte weniger beſtimmt bezeichnen[52]). Alles hatte

bei ihnen mehr oder weniger Beziehung auf den Krieg. So ſelbſt ihre Beluſtigungen, wie der kühne Tanz zwiſchen emporgerichteten Schwertern und ſpitzigen Wurfgeſchoſſen. Dieſen Tanz führten nackte Jünglinge aus, welche ſich mit verwegenen Sprüngen zwiſchen dieſen ſcharfen Waffen kunſtgerecht bewegten[53]). Dieſer Schwerttanz wurde von den Deutſchen auch noch im ſpäteren Mittelalter geübt, ſowie noch viele andere Tanzarten mit ſeltſamen Namen, wie der Bügel-, Reif-, Laternen- und Fackeltanz, der Schäfflertanz, ſowie Springtänze verſchiedener Art an verſchiedenen Orten und zu verſchiedenen Zeiten[54]). Daß ſich die deutſchen Jünglinge auch im Ringen im Scherz und Ernſt als Kraftprobe geübt haben werden, darf man wol vorausſetzen, da dieſes ja überall und zu allen Zeiten, wenn auch nur regellos und tumultuariſch, geübt wird. Schon kleine Knaben ringen noch heutigen Tages überall im Scherz und Ernſt mit einander. Natürlich geſchieht dies blos zufällig, aus eigenem Antriebe, ohne Unterricht und Anleitung. Ebenſo darf man über Uebungen im Sprunge urtheilen. Ueber Gräben zu ſpringen bot ſich überall Gelegenheit dar. Der König der Tentonen, Teutoboch, ſoll fähig geweſen ſein, über vier bis ſechs Pferde hinwegzuſpringen, was nur die geübteſten gymnaſtiſchen Künſtler unſerer Zeit vermögen[55]). Dies gehört der Zeit des Marius an, jenes der Zeit Cäſar's und des Tacitus. Fortſchritt und Rückſchritt werden wol bald in dieſer bald in jener Beziehung ſtattgefunden haben. Ueber die folgenden Jahrhunderte bis zur Volkerwanderung ſtehen uns von gleichzeitigen Autoren keine Nachrichten zu Gebote. Nur über die noch immer in den Ländern, welche einſt römiſche Provinzen geweſen waren, aufgeführten Circenſes erhalten wir einige Nachrichten. So erſuchten die Treviri in Gallien nach gänzlicher Zerſtörung ihrer Stadt den Kaiſer zunächſt um Aufführung der Circenſes, ſowie daſſelbe auch in Rom noch während der Kaiſerzeit trotz allen Unglücksfällen geſchehen war[56]). Während der Völkerwanderung galt nur der kriegsrüſtige bewaffnete Mann. An körperliche Uebungen und gymnaſtiſche Beluſtigungen mochte nur ſelten noch gedacht werden. Aus der Zeit des Aeneas Sylvius, welcher im fünfzehnten Jahrhunderte (geboren 1405) lebte, laſſen ſich wol einige

Nach der Erklärung von U. J. H. Becker, Anmerkungen und Excurſe zu Tacitus, Germania C. 6, p. 47, war dieſe Sitte nicht ſo allgemein, ſondern nur in älterer Zeit im Gebrauche, ſpäter nur noch bei einzelnen Stämmen oder in beſonderen Fällen.

53) Tacitus, Germ. c. 24: Nudi iuvenes, quibus id ludicrum est, inter gladios se atque investas fromeas saltu jaciunt. Exercitatio artem paravit, ars decorem etc. Vgl. Caesar, bell. Gall. 6, 21. 54) Vgl. Wilh. Angerſtein, Volkstänze im deutſchen Mittelalter u. ſ. w., Berlin; und Karl Müllenhoff, über den Schwerttanz, in den Feſtgaben für Homeyer, Berlin 1871) S. 96 fg. Mit dem Ausgange des Mittelalters beginnen wieder Nachrichten über den Schwerttanz, ibid. S. 113. Ueber den Schwerttanz in Breslau 1623 von den Kürſchnermeiſtern und ihren Geſellen ausgeführt S. 121. 55) Florus III, 3, §. 10: Certe rex ipse Teutobochus, quantum senesque equos transilire solitus etc. 56) Juvenal. X, 78 sq. Salvianus, de provident VI, p. 232 (ed. Rittersh. Alt. 1611).

51) Caesar, de bello Gallico libr. I, c. 48: Genus hoc erat pugnae, quo se Germani exercuerant. Equitum millia erant sex; totidem numero pedites velocissimi ac fortissimi: quos ex Omni copia singuli singulos suae salutis caussa delegerant. Cum his in proeliis versabantur, ad hos se equites recipiebant: hi si quid erat durius concurrebant: si quis graviore valnere accepto equo decidat, circumsistebant: si quo erat longius prodeundum aut celerius recipiendum, tanta erat horum exercitatione celeritas, ut iubis equorum sublevati, curſum adaequarent. 52) Tacitus, Germ. c. 6: eoque mixti proeliantur, apta et congruente ad equestrem pugnam velocitate peditum.

Rückschlüsse auf die früheren Perioden machen. Dieser Schriftsteller hat de mor. Germanorum folgende Beschreibung von den Sitten der Deutschen zu seiner Zeit gegeben: „Die in Deutschland geborenen Knaben lernen eher reiten als reden. Im vollen Laufe des Rosses sitzen sie fest im Sattel, tragen die langen Lanzen ihrer Gebieter. Im Ertragen der Kälte und Hitze abgehärtet erliegen sie keiner Anstrengung. Kein suevischer, kein fränkischer Reiter begibt sich unbewaffnet auf den Weg. Der deutsche Krieger trägt seine Waffen so leicht wie seine Glieder. Nicht allein adelige Herren, sondern auch gewöhnliche Bürger aus dem Volke haben in ihren Wohnhäusern Rüstkammern (armamentaria), und bei jedem plötzlichen Erscheinen eines Feindes, auch schon auf das bloße Gerücht hin treten sie sofort bewaffnet aus dem Hause. Es ist zum Erstaunen und fast unglaublich, welche Fertigkeit sie besitzen, ihre Rosse zu beherrschen, zu leusen, zu schwenken, im Kreise herumzutummeln, mit welcher Kunst sie den Bogen führen und Pfeile absenden, welche Gewandtheit ihnen eigen ist in der Handhabung der Lanze, mit welcher Leichtigkeit sie den Schild hin und her bewegen [56a], welche Erfahrung sie haben in der Geschicklichkeit das Schwert zu zücken, und mit welcher Kunst und Fertigkeit sie mit den Kriegsmaschinen und schwerem Geschütz umgehen". Alles dieses war natürlich aus den früheren Perioden auf die späteren übergegangen. Auch an Kinderspielen fehlte es dem Mittelalter nicht und gewiß waren solche auch schon bei den alten Deutschen zu finden [57]. Zingerle p. 3 behandelt zunächst die Klapper (auch Suarra genannt). Dann erwähnt er viele Kinderspiele, welche keinerlei gymnastische Elemente enthalten, bis auf das Reiten auf dem Steckenpferde, welches ebenfalls nur geringe Bedeutung hat. Dann kommt er zu dem noch jetzt beliebten Kreiselspiel und Schussern (Spicken, Spidern). Wichtiger waren das Ballspiel, an welchem auch Mädchen theilnahmen, und der Reigen (S. 35 fg.). Das Ballspiel wurde gewöhnlich auf dieselbe Weise geübt, wie noch gegenwärtig. Doch hatte man außerdem noch verschiedene Arten desselben. Eine besondere Art wird von Aeneas Sylvius beschrieben, welche er zu Basel im J. 1438 ausgeführt gesehen hat. „Sie hängen einen Ring auf, und bemühen sich den Ball durch diesen Ring hindurch zu werfen. Sie schlagen dabei den Ball mit einem Stück Holz oder

Stock, wie noch gegenwärtig, und hierbei werden Lieder gesungen und Kränze gewunden. Ein besonderes Spiel hieß Schlaggün. Dasselbe bestand darin, daß man eine Kugel im Kreise der Spielenden mit solcher Geschwindigkeit herumtrieb, daß es den Spielenden schwierig wurde, während dieselbe vorüber sauste, mit einem Stocke dieselbe zu berühren" (S. 30). Ein Kindertanzspiel bezeichnete man mit dem Namen: „die goldene und die faule Brücke", von Fischart, von Geiler von Keisersberg und von Meister Altswert erwähnt (S. 40). Sogar der Todtentanz wurde von Kindern in einem Fangspiele nachgeahmt, wie W. Wackernagel nachgewiesen hat. Ebenso wurde der Plumpsack geübt (S. 41). Fangspiele waren ferner das Schaf- und Wolfspiel. Zu den Fangspielen gehörte auch das Geierspiel. Als Knabe habe ich ein Fangspiel mitgespielt, wobei einer, gewöhnlich der kühnste, auf hohen Stelzen einherschritt, dabei riesige Schritte machte und den Vogel Greif einen der fliehenden zu ergreifen strebte. Die Spielenden fürchteten sich vor diesem Ergreifen des Stelzengreifs wie vor dem leibhaften Satan. Das Schaukelspiel war im Mittelalter ebenso beliebt, wie bei den alten Griechen und noch in der neueren und neuesten Zeit. Das Blindemausspiel dürfte wol mit unserem Blindekuhspiel verwandt sein (S. 44). Alle übrigen von Zingerle noch erwähnten Spiele waren reine Gesellschaftsspiele, Kinderbelustigungen ohne irgend welche gymnastische Bestandtheile zu enthalten. Zingerle beschließt sein Büchlein S. 69 mit den Worten: „Wir schließen hiermit diese Skizze, die uns zeigt, daß im Mittelalter die Kinder großentheils schon an denselben Spielen und Unterhaltungen sich erlustigten, an denen sich vorzüglich die Landkinder noch heute erfreuen."

K. 3. Die Turniere. Mitten im Mittelalter hatte sich eine besondere Art von Wettkämpfen in Frankreich, Deutschland, England, Italien, Spanien ausgebildet, welche zwar weniger mit der reinen griechischen Gymnastik als mit der Agonistik verwandt, doch bedeutende und anstrengende Vorübungen voraussetzten. Die Turnierfähigkeit setzte die größte Gewandtheit im Reiten, Voltigiren und die mögliche Fertigkeit im Gebrauche der Waffen, namentlich des Streitkolbens voraus. Den Ursprung oder die erste Aufführung dieser Ritterspiele haben sich diejenigen Wissenschaften, bei welchen sie am meisten emporblühten, streitig gemacht. Man darf jedoch mit Sicherheit annehmen, daß dieselben in Frankreich und England einige Zeit früher eingeführt worden waren als in Deutschland. Denn der deutsche Machthaber, welcher sie in Deutschland zuerst aufführen ließ, hatte von ihrem Bestehen in anderen Ländern, namentlich in Frankreich und England, Kunde erhalten. Heinrich der Vogler war es, welcher durch seinen Geheimschreiber Philippsen hierüber Belehrung empfing. Dieser hatte nämlich große Reisen gemacht und Turniere in England und Frankreich aufführen gesehen [58]. Wir beschränken uns hier auf eine kurze Be-

---

[56a] Eine Charakteristik der gewaltigen Fertigkeit der Franken, die Waffen zu führen, hat *Sidonius Apollinaris* Carm. V, 246 seq. gegeben:

Excussisse citas vastum per inane bipennes
et plaga praecisse locum olypeumque rotaro
ludus et inlotlas praecedere saltibus hastas
inque hostem venisse prius; puerilibus antlis
est belli maturus amor; si forte premantur
seu numero seu sorte loci, mots obruti illos
non timor, invicti perstant animoque supersunt
iam prope post animam.

[57] Vergl. J. V. Zingerle, das deutsche Kinderspiel im Mittelalter, 2. Aufl. Innsbruck 1873. Vgl. Kinderlied und Kinderspiel, alemannisches aus der Schweiz, Leipzig 1857.

---

[58] Selbst bei den Kreuzfahrern in Palästina, auf Cypern, zu Pyrus wurden Turniere abgehalten. Vgl. *A. Ch. Gidel*, Etudes

49

schreibung der wichtigsten Thatsachen bei diesen Ritterspielen. In Deutschland allein sind sechs und dreißig Städte Augenzeugen von Schauspielen dieser Art gewesen. Gewöhnlich wurden sie außerhalb der Ringmauern auf einem ebenen freien Platze gehalten, welcher wol größtentheils mit Sand bedeckt werden mochte. Eigentlich hatte nur der Kaiser das Recht, Turniere abhalten zu lassen. Jedoch hatte er dieses Recht auch den Reichsfürsten ertheilt. Ebenso der rheinischen, baierischen, fränkischen und schwäbischen Ritterschaft. Auf dem Turnierplatz wurde nach vollendeten Festlichkeiten zugleich bekannt gemacht, wo das nächstfolgende Turnier stattfinden sollte. Die specielle Leitung fiel den Turniervögten anheim, welche auch Turnierkönige genannt wurden, entsprechend unseren Schützenkönigen. In der südwestlichen Hälfte Deutschlands wenigstens wurden gewöhnlich vier Turniervögte erwählt, und zwar nach den vier großen Landschaften Rhein, Baiern, Franken und Schwaben. Diese Turniervögte (auch untere Turniervögte genannt) hatten ebenfalls das Recht, Turniere auszuschreiben, jedoch nur einmal, da mit diesem Wahlamte kein erbliches Recht verbunden sein konnte.

Daß man schon im frühen Mittelalter, in welchem so zahlreiche gewaltige Ritter, Grafen, Herzöge, Fürsten auf ihren Burgen und Schlössern hausten, auf den Gedanken kam, Ritterspiele zu veranstalten, in welchen man vor aller Welt die Stärke und Wucht des markigen Armes zeigen konnte, war den damaligen Verhältnissen ganz entsprechend.

> Sieh, diese Sehne war so stark,
> Dies Herz so fest und wild,
> Die Knochen voll von Rittermark,
> Der Becher angefüllt.

Die stattlichen thatlustigen Burgritter lassen sich in so mancher Beziehung mit den homerischen Helden vergleichen, welchen die Ausführung kühner Thaten als das Hauptziel ihres Lebens erschien. Die Verschiedenheit der Religion bewirkte in dieser Beziehung keinen großen Unterschied. Wie die homerischen Helden sich theils durch Edelmuth, Innigkeit und Theilnahme, theils durch Rauf-

sur la littérature Grecque moderne (Paris 1866) S. 48 fg. Besondere Ereignisse bei einzelnen Turnieren werden in verschiedenen Schriften, welche Abschnitte der Geschichte des Mittelalters behandeln, beschrieben. Nicht selten hatte der gewaltsame Zweikampf einen tödtlichen Ausgang. So wurde der Graf Guillaume de Dampierre in einem Turniere zu Trazegnß getödtet. Vergl. de Reiffenberg, Histoire du comßte de Hainaut II, p. 227 mit einer bildlichen Darstellung. Bisweilen wurden die Feinde die Gelegenheit benutzt zu haben, ihren Groll auszulassen, wodurch natürlich dem einen das Lebenslicht ausgeblasen wurde. Es mochte auch der Fall eintreten, daß beide tödtliche Wunden erhielten. Es kam vor, daß kurz vor Beginn des Turniers ein gewaltiger Ritter mit geschlossenem Visir angekommen war, seinen Stammbaum und sein Wappen angab, worauf er nicht abzuweisen werden konnte. Er suchte sich seinen Gegner, einen alten Feind, aus, welcher die Aufforderung zum Kampfe nicht ablehnen konnte, ohne seine Ritterehre zu verletzen. Der gewaltige Ritter streckte ihn mit dem ersten Speerstoß zu Boden und eilte von dannen, bevor man genauere Kenntniß über ihn erlangt hatte.

und Raublust auszeichneten, so die Ritter des Mittelalters. Die edelsten Charaktere begegnen uns hier neben unbändigen Raufbolden, bei welchen Bürger und Bauer keine Geltung hatten. Die homerischen Helden kannten und trieben ihre agonistischen Spiele, die Anfänge der nur späteren hoch ausgebildeten Gymnastik und Agonistik. So schreckliche, gefahrvolle Kampfspiele, wie die Turniere, waren ihnen fremd. Als Aias und Diomedes den gefahrvollen Lanzenkampf begonnen hatten, wobei das Leben des einen auf dem Spiele stand, machte der Kampfrichter Achilleus diesem gefährlichen Wettkampfe schnell ein Ende. In dem Turnierspiele aber sind viele stattliche Ritter zu Grunde gegangen. Den Ursprung oder die erste Aufführung dieser Turniere haben sich diejenigen Nationen, bei welchen sie am meisten geblüht, wie bereits bemerkt worden ist, streitig gemacht. Gewiß ist, daß dieselben in Frankreich und England früher eingeführt worden waren als in Deutschland. Nachdem der deutsche Kaiser Heinrich, der Vogler genannt, ein Heer von mehr als 60,000 Mann, darunter über 6000 zu Roß zusammengebracht, wozu aus allen deutschen Landen und Gauen Fürsten, Herzöge, Grafen, Bischöfe, Ritter und adelige Herren ihr streitbares, wohl gerüstetes Contingent geliefert, und mit dieser kampflustigen Macht die in großen Scharen herangezogenen Ungarn aufs Haupt geschlagen und zurückgetrieben hatte, war es sein Wunsch Siegesfestlichkeiten zu begehen, bevor die vielen hohen stattlichen Herren in ihre Heimath zurückkehrten. Nun hatte er von den Turnieren in England und Frankreich gehört, ohne über deren Einrichtung und Ausführung Genaueres zu wissen. Da wurde nun zunächst Meister Philippsen, der kaiserlichen Majestät Secretarius, um Rath gefragt, welcher Turniere in den bezeichneten Ländern mit angesehen hatte. Nach dessen Rathschlägen wurden nun die Turnier-Gesetze und Regeln sowie die Turnier-Aemter eingesetzt. Zunächst wurden nun zwölf Gesetze in zwölf Artikeln aufgestellt, von welchen das erste Gesetz über die Zulassung zum Turnier handelt. Dieses erste Gesetz zeigt gleich eine erstaunliche Strenge in Beziehung auf die ritterliche Ehre und Ehrbarkeit derer, welche zum Turnier zugelassen werden sollten, mit starker Strafandrohung im Uebertretungsfalle. Nur Ritter vom echten Adel, gegen deren unsträflichen Wandel, Tugend und Ehrbarkeit nichts einzuwenden war, sollten theilnehmen können. Wenn ein adeliger Ritter Frevelhaftes begangen hatte und sich dennoch den Theilnehmern beizugesellen wagte, oder auch wenn er die zwölf aufgestellten Gesetze nicht mit Gebühr zu beachten Lust zeigte, so sollte er in der folgenden Weise (nach den Worten Rüxner's in seinem Turnierbuche Eingang XI) bestraft werden: „Und welcher füro an diesen zwölf Artikul einen oder mehr nach gehaltenen Thurnier verächtet und brechet, daß dann derselbe in offenem Thurnier vor aller menniglich geschmeht, geschlagen und mit im umb das Pferd gethurniert, er auch selbst auf die Schranken gesetzt werden soll, bey peen (poena) und verlust seines Adlichen Namens, Schild und Helms." So sollten auch die Tugenden und guten Thaten der

Ahnen nicht beachtet werden, wenn der zur Theilnahme
sich meldende selbst nicht Tugend und Ehrbarkeit im
Leben gezeigt habe. Im zweiten Artikel wird jedem dieselbe Strafe angedroht, wer wider des Kaisers Gebot
und Verbot, gegen das heilig römisch Reich frevenlich
thäte und verächtlich handelte, mit Worten, Werken,
heimlich oder öffentlich. Der dritte Artikel droht denjenigen, welche Frauen oder Jungfrauen entehrt oder geschwächt, mit denselben Strafen. Der vierte Artikel droht
dem Ehrlosen, welcher siegelbrüchig oder meineidig geworden und dennoch am Turniere Theil zu nehmen
sucht. Der fünfte Artikel bedroht diejenigen, welche
ihren Herrn verrathen oder selbstflüchtig geworden, oder
ihre unverschuldeten Bürger umgebracht u. s. w. Die
vier folgenden Artikel wurden von den Turniervögten
aufgestellt, während die vorhergehenden von den bezeichneten hohen regierenden Herren von Baiern, Franken,
Schwaben, von den Rheinlanden und vom Kaiser selbst
entworfen worden waren. Sie enthalten sämmtlich
Strafandrohungen gegen solche, welche Schlimmes begangen haben, z. B. der sechste Artikel: "Welcher vom
Adel geboren und herkommen were, der seinen Bethge-
nossen heimlich oder öffentlich umbracht, auch raht und
that daran gebe, daß sein eigener Herr ermordet oder
todt geschlagen würde, mit demselben soll man in offnem
Thurniere umb das Roß thurnieren und ihn auf die
Schranken setzen, nach ausweisung des Thurniers Frey-
heit und Gerechtigkeit." (Rüxner, Thurnierbuch S. XIIII.)
Der siebente Artikel bedroht diejenigen, welche vom Adel
geboren und herkommen Kirchen, Clausen, Wittwen und
Waisen beraubt u. s. w. In dieser Weise sind sämmtliche 12 Artikel abgefaßt und zeigen consequent und
durchgängig, daß jeder wirkliche Turnierritter vom Adel
tadel- und makellos erscheinen solle, wo nicht, trifft ihn
eine entehrende Strafe. Somit wurden die Turniere
gleichsam Examinationsanstalten der ritterlichen Ehren-
haftigkeit in jeder Beziehung. Die Turnierbeamten
betreffend wurden zu jedem Turnier vier hochadelige Herren
zu Turniervögten erkoren, welchen vier Grießwertel Beistand leisteten. Bei dem ersten, durch den Kaiser Heinrich im Jahr 938 zu Magdeburg (Meydburg, Magdburg)
abgehaltenen Feste dieser Art waren die vier Turniervögte
Carl, Herr zu Hohenheuwen, Turniervogt für das Land
Schwaben, Georg, Herr zu Wolffartshausen, Turniervogt für das Land Baiern, Megnolyb, Herr zu Erbach,
Turniervogt für den Rheinstrom, Crust von Grumbach,
Turniervogt für das Land Franken[59]). Die vier Grießwertel, welche ganz besonders die gesetzliche Ordnung zu
beobachten hatten, waren ebenfalls hohe ritterliche Herren,
hatten die Qualität der Rosse und der gesammten Ausrüstung der zum Turnier Antretenden zu untersuchen,
auch den hierbei anwesenden Musikmeistern ein Zeichen
zu geben, wenn sie aufblasen sollten[60]). Außerdem
wurden noch besondere Aufseher (zwischen die Seyle,
Seile) gewählt, ebenfalls adelige Herren, welchen be-

sondere Zweige der Aufsicht obgelegen haben mögen.
In dem zu Rotenburg abgehaltenen Turniere wurden
diesen Beamten auch noch einige Gesellschaftsvögte beigegeben[61]). Eine besondere Bestimmung war ferner,
daß keiner ein beißendes oder ausschlagendes Pferd auf
den Turnierplatz bringen, und an der Ausrüstung desselben sollte sich nichts befinden, was stechen oder schneiden
könnte. Es sollten auch keine anderen Waffen in Anwendung kommen als der Turnierkolben und das Ritter-
schwert, natürlich auch der Spieß, der wuchtige Ritter-
speer, welcher hier vor Rüxner nicht erwähnt wird, und
alle Waffen sollten einander gleich sein[62]). Bei der
Einschreibung der Ritter in das Verzeichniß sollten drei
Ernholde (Ehrenholde) gegenwärtig sein. Ferner wurden
zu der Schauer und Helmtheilung hochadelige Frauen
und Jungfrauen aus den vier Landen, vom Rheinstrom,
von Schwaben, von Baiern und von Franken gewählt,
welche dann auch den Turnierdank auszutheilen hatten
und Abends bei dem festlichen Tanze eine Hauptrolle
spielten[63]).

Zum ersten Turnier hatten sich so viele stattliche
ritterliche Männer gemeldet, daß man sich genöthigt sah,
vier besondere Turniere zu veranstalten, das erste einen
Dienstag Nachmittags, das zweite die folgende Mittwoch
Vormittags, das dritte an demselben Tage Nachmittags,
das vierte den folgenden Donnerstag Vormittags. Bei
dem ersten Turnier zu Magdeburg wurden 390 Helme
aufgetragen, d. h. 390 Turnierritter vertheilt, unter welchen sich 11 Fürsten und 28 Grafen befanden. In
Rüxner's Thurnierbuche findet man die Fürsten und
Grafen ihrem Namen, Stande und Titel nach aufgeführt.
Der Pfalzgraf vom Rhein ließ 84 Helme auftragen,
unter den Turnierrittern befanden sich 7 Fürsten und 16
Grafen. Der Herzog von Schwaben ließ 82 Helme
auftragen, unter den Turnierenden waren 9 Fürsten und
16 Grafen und Herren[64]). Fürst Berchtold, Herzog
von Baiern, ließ 96 Helme auftragen, darunter 8 für
Fürsten und 15 für Grafen. Herzog Conrad zu Franken ließ
80 Helme auftragen, unter dieser Turniergruppe 4 Fürsten und 22 Grafen. Otto, Herzog in Düringen (Thüringen), des Kaisers Heinrich ältester Sohn, erschien
mit 112 Helmen, mit 8 Fürsten und 28 Grafen[65]).
Herzog Arnold von Baiern mit 45 Helmen, darunter

59) Rüxner, Thurnierbuch p. XIX. 60) Rüxner l. c.
p. XXI.

61) Rüxner l. c. p. XXXVI. 62) Rüxner l. c. p. XXI
XXII. 63) Rüxner l. c. p. XXIII. XXIV. Dann p. XXXV
wird bemerkt (in Beziehung auf das Turnier zu Rotenburg): "Also
ward den Dienstag und Mittwoch nach rechter Ordnung Adelich und
wol geturnirt, und auff den Donnerstag das Gestech in hohen
Zeugen fürgenommen, also kamen zu früer Tagzeit auf die Ban
im 56 Helmen, und waren länger denn drey stund auf der Ban
(Bahn), stachen gut ding. Also wurden die Dank ausgeben."
Dieser von Frauen und Jungfrauen dargereichte Dank wird sehr
oft erwähnt und die Namen der hochadeligen Damen werden aufgeführt. Dann p. XXXVI: "Also ward der Abendtanz und das
dstlich Ritterspiel mit Tanzen, Freuden und aller Kurzweil
vertrieben und geendet. Darnach auf den Freytag ein jeder sein
Thurnierbrief, damit schieden die lieben wehrten Gäste u. s. w."
64) Rüxner p. XXIII. XXIV. XXV. 65) Rüxner p. XXV.
XXVI.

Herzöge und Markgrafen. Herzog Heinrich zu Sachsen, des Kaisers jüngster Sohn, erschien mit 85 Helmen, darunter Herzöge, Fürsten und Burggrafen. Dann werden noch mehrere andere Fürsten und Grafen mit einer kleineren Zahl von Helmen aufgeführt. Zu den sämmtlichen vier Turnieren waren gegen 2000 Helme aufgetragen worden. Im ersten Turnier 390 Helme, im zweiten 523 Helme, im dritten 523 Helme, im vierten gegen 522 Helme[66]). Diese vier Turniere, welche an drei Tagen ausgeführt wurden, bildeten das erste Hauptturnier zu Magdeburg. Im J. 942 wurde das zweite Gesammtturnier zu Rotenburg an der Tauber abgehalten, und zwar durch Herzog Conrad von Franken, welcher die Mechtild, Tochter des Kaisers Heinrich, zur Gemahlin hatte. Rotenburg im oberen Franken war seine eigentliche Residenz, obgleich er auch Herzog von Lothringen war und Conrad von Worms genannt wurde. Die vier Turniervögte waren hier Ludwig, Graf zu Eberstein in Sachsen, Ludwig, Graf zu Sarweden, Tibotto, Graf zu Andechs, Friedrich, Graf zu Helfenstein, Herr an der Filß. Die hier erschienenen Fürsten, Grafen, edelen Herren und Ritter werden von Rürner größtentheils mit Namen, Titeln und Würden aufgeführt (p. XXXII). Die Ordnung und Ausführung waren natürlich ziemlich dieselben wie im Turnier zu Magdeburg. Das zu Rotenburg bestand nur in zwei Abtheilungen oder zwei Turnieren. Das dritte Turnier fand zu Costenz (Constanz) am Bodensee statt, und wurde vom Herzog Ludolf von Schwaben und Almanien (Alemannia) im J. 948 abgehalten. Die Turniervögte wurden hier auch Turnierkönige genannt. Herzöge, Fürsten, Markgrafen, Grafen, Freiherren und Ritter waren in großer Zahl erschienen und die Schauer und Helmtheilung durch adelige Frauen und Jungfrauen fand hier ebenso wie im ersten und zweiten Turnier statt. Auch hier wurden zwei Turniere wie zu Rotenburg abgehalten. Den Schluß bildete auch hier ein festlicher Abend-Tanz, wobei besonders diejenigen Damen, welche den Dank ausgetheilt hatten, eine bevorzugte Rolle spielten (Rürner p. XLI. XLII). Im J. 968 folgte das vierte Turnier zu Merseburg an der Saale, vom Markgrafen Ribak zu Meißen, Grafen von Merseburg veranstaltet, und es erschienen zu diesem Turnier überaus viele Fürsten, Grafen und edele Herren, welche selbst an den Wettspielen sich betheiligten (p. XLIII. XLIV), namentlich Herzöge aus Schlesien, Böhmen, Oesterreich, Baiern, Franken, Sachsen, Askanien, Meißen u. s. w. Auch hier werden von Rürner die Turnvögte, Grießwertel, die edelen Frauen und Jungfrauen zur Helmtheilung und zum Ausspenden des Turnierdankes genauer beschrieben und Abbildungen beigegeben (p. XLIV. XLV). In größeren Zwischenräumen wurde das fünfte Turnier zu Braunschweig (996), das sechste zu Trier an der Mosel im J. 1019, das siebente zu Halle in Sachsen im J. 1042, von Kaiser Heinrich III. veranstaltet, das achte zu Augsburg im J. 1080, das neunte zu Göttin-

gen im J. 1119 mit gewaltigem Rennen und Stechen der Turnierritter (Rürner p. LXXI), das zehnte zu Zürich, von Welpho, Herzog zu Baiern und zu Spolet, Markgraf in Corsica und Herr zu Sardinien, im J. 1165 abgehalten, wozu eine erstaunlich große Zahl von Fürsten (34), Herzögen, Grafen und adeligen Herren erschienen (Rürner p. LXXXI). Rürner bemerkt hierbei Folgendes: „Dann kamen die in den hohen Zeugen (d. h. die vollständige Ausrüstung des Turnierritters zu Roß), die auf den Donnerstag stechen wollten, auf die Ban (Bahn), — — — damit sie auf den Donnerstag zum Gesellenstechen gerüst wären. Also ward verordnet, daß alle, die in das Gesellenstechen wollten, sollten zur rechten Zeit in den Schranken sein. Denn so bald die Glocke eilffe schlüge vor Mittag, so würde man die Schranken beschließen und keinen mehr zulassen, auch aufblasen und anheben zu stechen." Das elfte Turnier wurde zu Köln am Rhein (1079), das zwölfte zu Nürnberg im J. 1177, das dreizehnte zu Worms am Rhein (1209), das vierzehnte zu Würzburg (1235), das fünfzehnte zu Regensburg (1284) abgehalten, also mitten in der Zeit der Kreuzzüge, sowie schon vor und nach denselben und doch waren gar viele hochadelige und adelige Turnierritter zugegen, obgleich in den Kreuzzügen viele ihren Tod gefunden hatten. Man kann hieraus ersehen, wie sehr groß die Zahl der hochadeligen und adeligen Herren damals in den Marken Deutschlands war. Das sechzehnte Turnier fand zu Schweinfurt am Main im J. 1296 statt und wurde von der Ritterschaft im Lande Franken veranstaltet. Das siebzehnte Turnier wurde von der Ritterschaft im Lande Schwaben im J. 1311 zu Rauensburg abgehalten. Das achtzehnte Turnier wurde zu Ingelheim von der Ritterschaft am Rheinstrom im J. 1337 durchgeführt. Das neunzehnte Turnier wurde von der Ritterschaft in Franken im J. 1362 zu Bamberg angeordnet, das zwanzigste Turnier zu Eßlingen am Neckar in Schwaben im J. 1374. In der Chronik der Reichsstadt Nürnberg wird im J. 1441 ein Turnier erwähnt, welches Markgraf Albrecht von Brandenburg am Sonntage nach Martin abhielt. Die Auslagen des nürnberger Raths betrugen 235 Pfund 16 β, 8 H. Diese Nachricht gewährt die Zeitschrift des germanischen Museums zu Nürnberg 1873 (vom Monat Mai). Wir übergehen die folgenden Ritterspiele und erwähnen nur das letzte und sechs und dreißigste zu Worms im J. 1487, in welchem Turnier Konrad von Ahlfingen den letzten Dank erhielt und „zu Blatt" getragen wurde. Endlich wird von Rürner noch eine isolirte Festlichkeit dieser Art beschrieben, welche Maximilian, König von Böheim und Erzherzog zu Oesterreich, Herzog zu Burgund u. f. w. dem Kaiser Ferdinand zu Ehren in und um Wien zu Lande und zu Wasser mit größtem Glanze veranstaltet hat, zu welchem Feste fast aus allen Staaten Europas höchst vornehme, selbst viele Bischöfe, Erzbischöfe, päpstliche Nuntii erschienen waren.' Zu diesem Zwecke war auf der Burg-Pastei ein überaus schöner und weiter Saal hergestellt worden, mit Leinwand ausgeschmückt und herrlich bemalt, mit 14 hohen

---

66) Rürner p. XXVI. XXVII. XXVIII.

Säulen, welche Marmorsäulen glichen, mit übergoldeten Capitälern, mit Gold, Silber und Seide allseitig ausgeziert, sechzig Schritt lang und dreißig Schritt breit. Auf der Donau wurden zugleich Schifferstechen mit Galeeren und Brigantinen abgehalten. Das Turnier zu Lande war zunächst ein Fuß-Turnier, also nicht zu Roß mit hohen Zeugen, worauf das zu Roß folgte. In beiden Turnieren kamen die mannigfaltigsten Wettkämpfe und Gefechte zur Ausführung. In Beziehung auf das Turnier zu Fuß bemerkt Rüxner (p. IV): „von zwölf Uhr nachmittag bis zu Untergang der Sonnen gegen allen, so das widerspiel bestreiten wollten, mit Ritterlicher gewapneter Hand, als mit dreien Stößen des Spieß und fünf Streichen des Schwerdts nach Thurniers Brauch zu verfechten." Vorher hat er bemerkt: „daß auch daselbst das Rennen über die Blanken nachfolgend dem Scharmützel, so außerhalb der Statt auf einem Wißmat (Wiesenmatten, Wiesen), genannt Roßhaw, zu Roß und zu Fuß, so einem stattlichen Angriff und ziemlichen Ernst gleich gesehen, gehalten worden, welchem der vierdte froy Thurnier nachfolgen soll". In Beziehung auf die Wettkämpfe zu Schiff p. II ibid.: „In diesen Schiffen waren lauter Hussain, deren ein jeder hatt sein Torzischen, wie gehört, auf der Seiten, fein Copi oder langen Rennspieß mit einem Fähnlein, rot und weiß, ein Türckischen Sebel und einen Streitkolben oder Büchsen." Man erkennt aus dieser Zurüstung, daß diese Wettspiele doch ziemlich ernst und gefahrvoll werden konnten. S. IV heißt es: „Der in den dreien obgemeldten Stößen mit dem Spieß die mehrern am höchsten und zierlichsten brechen wird, der sol nach Erkenntniß der Richter den Spießdanck haben." Ebendaselbst heißt es: „Zum dritten soll keiner mit anderen Spießen oder Schwerdtern thurnieren, dann mit denen, so ihnen von den Richtern gegeben und zugelassen werden. Zum vierten, wo einer die Schranken mit dem Leib oder Spieß berüren oder under den Gürtel treffen würde, der sol in diesem Thurnier keinen Danck haben. Zum fünften, wo einem das Schwerdt aus der Hand fiele oder sich an die Schranden damit zu behelfen halten würde, solle keinen Danck erhalten noch erlangen mögen. Zum sechsten, wo einer bloß gestoßen oder geschlagen würde, soll keinen Danck erhalten, ausgenommen in der Folia. Zum siebenden, alle Stöß und Streich, die über die vorgemeldte Zahl geschehen, ob sie schon gebrochen weren, sollen nicht paffirt werden". Man sieht hieraus, daß zahlreiche penible und strenge Verhaltungsregeln aufgestellt worden waren, um die ritterliche Ehre rein und hoch zu halten. Ferner (p. V): „Welcher in den fünf Streichen des Schwerts am besten und zierlichsten schlaben wird, dem soll nach Erkenntniß der Richter der Danck des Schwerdtes gegeben werden". Ferner: „Der in der Folia sich mit dem Spieß am besten erzeigen und deren am meisten brechen, darunter die Mantenatores nicht ausgeschlossen sollen werden, soll nach Erkenntniß der Spießdanck in der Folia haben. Welcher sich in der Folia mit dem Schwerdt am tapfersten, besten und zierlichsten schlagen und sich halten würde sollen die Mantenatores

sowohl als die Aventurier, nach Erkanntniß der Richter den Danck des Schwerdts in der Folia haben." Die Mantenatores erschienen auf der Bahn in gelben, dranen und weißen Farben. Sie waren hohe Herren, z. B. der Erzherzog Carl, Marcus Antonius Spinola, Graf zu Tarzerola, Hauptmann der Trabanten des Königs von Böhmen, Karl Ludwig, Freiherr zu Zelting, Herr zu Zierendorff, Hans von Pannowitz zu Mechawitz. Auch die Aventurier waren hohe adelige Herren. Unter den Rüstzeugen werden hier auch Dolche, Rapierscheide und Schweinsspieße erwähnt (p. VIII). Das gesammte Fußturnier war in elf Parteien getheilt. Auf die erste Partei kamen „ein und vierzig Edelleut und Aventurier auf Landisknechtisch wohl gerüst mit Harnisch, Sturmhauben und langem Spieß, all in roten Kleidern, je drei und drei in einem Glied." In Beziehung auf die elfte und letzte Partei: „Ihr Rapier, Dolchen und Gürtel waren aufs herrlichste und schönste vergüldt, auf dem Haupte hatte jeder ein Helmlein, darauf ein schön Herz von leibfarbem Atlas gemacht und inmitten des Herzens steckt ein übersilberter Pfeil mit Feuerwerk zugericht. Und alsbald sie zu den Herrn Mantenatores mit dem Schwerdt zugeschlagen, hat man das Herz angezündet, mit der weil hat das Herz so viel Schuß und Feuerwerk von ihm geben, daß ein Parthei die andere vor Feuer und Rauch nicht hat sehen können, auch sie allenthalben redlich und tapfer geweheret" (p. XVII. XVIII). Das Roßturnier bestand aus vierzehn Parteien. Zum Schlusse bemerkt Rüxner p. XXXV: „daß keiner vom Adel aufm Kampfplatz kommen ist, der sich nicht tapfer und trefflich in allen ritterlichen Wehren erzeigt hab." Es würde uns zu weit führen, die lange Entwicklung Rüxner's hier weiter zu verfolgen, zumal da bei ihm der Gang der Festlichkeiten die Hauptsache bildet, die eigentlichen Wettkämpfe nur beiläufig berührt werden.

Trotz aller kriegerischen Tüchtigkeit, welche sich in diesen Ritterspielen manifestiren konnte, waren bei doch weniger kriegerische Vorübungen oder Waffenübungen in Bezug auf vorkommende Kriege und Schlachten, als große festliche Zusammenkünfte, in welchen die Macht und Herrlichkeit des hohen Adels und der damals überaus zahlreichen stattlichen Ritter der Mitwelt gezeigt werden sollte. Denn einfache Waffenübungen werden ja überall in kleineren Kreisen vorgenommen werden, und zwar öfter in einem und demselben Jahre, während die großen kostspieligen prunkvollen Turniere gewöhnlich in langen Zwischenräumen von zehn, zwanzig, dreißig und vierzig Jahren nur einmal veranstaltet wurden. Dazu kommt, daß der Gebrauch der Streitwaffen in einer Schlacht, wo augenblicklich ohne lange Besinnung Mann gegen Mann von allen seinen Waffen und Kräften Gebrauch machen mußte, vom regelrechten Gebrauche der Waffen im Turniere doch ziemlich verschieden war. Wol aber konnten diese Turniere fremden Nationen Respect gegen die Wehrkraft und gegen den Kampfmuth der deutschen Nation einflößen, da in den Turnieren selbst Herren von hohem Adel, Fürsten, Herzöge und Grafen ihr Leben nicht schonten und so mancher in diesen Festspielen sein Leben verloren hat. Die specielle Ausführung der verschiedenartigen Wettkämpfe wird in den uns erhaltenen Turnierbüchern nicht ausführlich beschrieben, sondern nur gelegentlich berührt. Sie bestanden auch keineswegs nur aus lauter Kampfarten mit scharfen Waffen, sondern auch andere gymnastische Uebungsweisen fanden hier statt. Außer den Wettkämpfen im Stein- und Stangenstoßen, Lanzenstechen, im hohen Zeugstechen, von Turnierkolben Gebrauch machen, werden auch das Ringen, Springen, Laufen und das Tanzen erwähnt, und noch viele andere nur zur Kurzweil dienende Vergnügungsarten. Die glänzenden Aufzüge im vollen Ornat und in stattlicher Rüstung, in welcher die hohen Herren auf dem Turnierplaz einherzogen, bildeten einen Haupttheil der Festlichkeiten [67]). Der gefahrvollste Act war jedenfalls das Lanzenstechen in vollem Zeug, in welchem zwei Turnierritter mit voller Gewalt auf einander losstürmten. Natürlich bildeten Panzer, Schild und Turnierhelm gute Schutzwaffen und die Lanzen waren ohne eiserne Spizen, doch war der gewaltige anprallende Stoß immerhin gefahrvoll genug. Mit diesen Lanzen wurde nur zu Roß turniert, zu Fuß nur mit Kolben und Schwert. So mancher ist vom Pferde heruntergestoßen worden und mancher ist ums Leben gekommen. Bisweilen sind auch nur die Pferde todt auf der Stelle geblieben und der Reiter unbeschädigt davon gekommen. Rüxner gewährt einige Beispiele (p. XLI): „und zulezt in der Folia sind so auf einmal dreißig mit einander getroffen, die so gewaltig auf einander gerennt, daß zweier Roß in puncto auff dem Plaz todt blieben, jedoch geschah den darauff sizenden Personen nichts, dann die Lackeyen waren geschwind da, huben für von den Rossen und brachten sie also ohne Schaden weg." Dann ebendaselbst über den Gebrauch des Spießes: „Und wann einer sein Spieß nicht gleich zum ersten gebrochen, hat er sich von stund an gewendt und wieder gebraucht, biß der Spieß brochen, und dann von den Spießen zu der Handwehr griffen, im umkehren tapfer an einander abgelehrt und zu den Köpfen geschlagen, auf den Rücken hinden und forn, wie sie einander treffen können, hat alles gleich golten, doch hat man der Roß verschont und keins getroffen worden, in summa einander sehr wol abgericht" u. s. w. Hier ist von einem wirklichen Scharmüzel bei den bezeichneten Festlichkeiten zu Wien die Rede.

Ueber die Vertheilung des Turnierdankes auf dem vierten Turnier derselben wiener Festlichkeiten (p. XLVII): „Welcher am zierlichsten und schönsten auf dem Plaz erscheint, dem soll zu nacht auf dem Tanz ein Dank geben werden. Welcher sein Spieß am zierlichsten füren und brechen wird, nach Ordnung des Rennen, der soll ein Dank haben. Welcher seine fünf Streich mit dem Schwert um zierlichsten und besten verbringet, der sol

ein Dank haben, gleichfalls auch in der Folia. Welcher mit besser und schönster Invention zum Thurnier erscheinen wird, der soll ein Dank haben, auch soll ein Kranz vom Lorberbaum gereicht werden dem so die beste Libverey und Reim führen würde. Auf dem Plaz werden vorhanden seyen Spieß und Schwerdter für die Mantenatores und Aventurier." Man ersicht hieraus, daß die stattliche äußere Erscheinung und die prächtige Ausrüstung in Beziehung auf den Ritterdank nicht weniger Geltung hatten als die Auszeichnung in den Kampfspielen. Und hieraus darf man folgern, daß es ein Hauptzweck der Turniere war, die Gesammtheit des hohen Adels und der Ritter in ihrer ganzen Herrlichkeit zur Anschauung zu bringen. Je mehr dann aber der Bürgerstand in den Städten zur Wohlhabenheit, zu Macht und Ansehen gelangte, desto mehr mußten der Glanz des hohen Adels und die Herrlichkeit des Ritterthums in den Hintergrund treten und somit mußten die Turniere endlich ganz eingehen. — Endlich möge hier noch eine Stelle Plaz finden, aus deren Inhalte man sich einen Begriff bilden kann von dem, was der Ausdruck Folia bedeutet (p. LVII): „Wie sie nun ir Rennen tapffer und herrlich vollbracht, haben sie angefangen in großer menig (Menge) durch einander zu rennen in die Folia, wie man es gemeiniglich nennet, in welcher auch die Hochgenannten zween Fürsten, Erzhertzogen zu Oesterreich, sampt ettlichen Rittern im Spießbrechen und anderen Wehren, als Schwerdtschlag, sich dermaßen erzeigt, daß sie von einem ganzen Umbstand einhelliglich ein Lob erlangt, und mit demselben der schwachen Christenheit angezeigt und ein Beispiel geben, wie sie fürstliche Durchleuchtigkeit mit sampt iren Rittern mitter Zeit, so sie die not erfordern würd, gegen den Bluthund und Erbfeind (die Türken) der Christenheit fürstlich und unverzagt halten würden; Es seyen auch ihre fürstliche Durchleuchtigkeit in dem Ring herumb zierlich, tapfer und ansehenlich mit anderen Ritterlichen Personen, und nachdem über die Brück der Liebhaberin, wie Ueberwinder, gezogen oder gerennt, nach vollbrachtem Thurnier ire Hend in die Höch und Luft geworffen, mit schönen Federn, welches ein Zeichen der Victorien oder des Siegs in der Folia gewest ist." Aus dieser Beschreibung scheint hervorzugehen, daß die Folia in dem Zusammenrennen ganzer Gruppen, welche zu Roß gegen einander anstürmten, bestanden habe, nicht in dem Wettkampfe einzelner gegen einander. Den Schluß der bezeichneten wiener Festlichkeiten machte die Erstürmung eines an der Donau zu diesem Behuf künstlich erbauten Städtleins (p. LX): „Wie das Städtlein am Wasser gar schön und lustig gebauwet, weiter auch, was mit Munition und darinnen zu Roß und zu Fuß in der Besazung gelegen sey. Und wie es zum Sturm beschloffen, leztlich mit streitender Hand durch fromb ehrlich Landsknecht erobert worden." Ueberhaupt haben sich diese wiener Festlichkeiten durch großartige Anstalten und Manöver vor den früheren regelmäßigen Turnieren gar sehr ausgezeichnet, auch dadurch, daß sie zugleich zu Lande und zu Wasser ausgeführt wurden. Wir schließen hiermit diesen kurzen Bericht über die Turniere und bitten

---

67) Selbst von den Kreuzfahrern in Palästina, auf Cypern und zu Torus wurden, wie schon bemerkt, Turniere abgehalten; vgl. *H. Ch. Gidel, Etudes sur la littérature Grecque moderne* p. 48 seq. (Paris 1866).

um gütige Nachsicht, wenn hierbei vieles Einzelne übergangen ist und nur die Hauptmomente berücksichtigt worden sind. Ein schönes Turnierbuch ist mir 1842 von dem bereits verstorbenen damaligen Kustos, späteren Director des Münz- und Antiken-Cabinets, Joseph Bergmann, in Belvedere zu Wien in der ambraser Sammlung gezeigt worden. Da ich damals nicht daran gedacht habe, jemals ein Wort über die Turniere verlauten zu lassen, so habe ich dasselbe nur flüchtig durchblättert, und erinnere mich nur noch, daß die schönen, buntfarbigen Abbildungen stattlicher Turnierritter die Hauptsache bildeten. Franz Tschischka, Kunst und Alterthum in dem österreich. Kaiserstaate (Wien 1836) hat dieses Werk als Freidal's Turnierbuch bezeichnet (S. 39). In derselben ambraser Sammlung werden auch ritterliche Turnierrüstungen aufbewahrt, wie die des Grafen Christoph von Fuggers, sowie Kampfrüstungen, Prunkrüstungen, Hochzeitsrüstungen (Tschischka l. c. S. 36.) Das Turnier spielt überhaupt einige Jahrhunderte hindurch im Staats- und Familien-Leben eine bedeutende Rolle, welche hier nicht weiter entwickelt werden kann [65].

§. 4. Was nun zwischen der Turnier-Periode und der neueren Turnkunst liegt, wollen wir hier nur flüchtig berühren, wobei einige schon oben angegebene Thatsachen hier des Zusammenhangs wegen wiederholt werden müssen. In Italien brachte im 16. Jahrh. der Arzt Mercurialis die althellenische Gymnastik und deren heilsame Einwirkung auf Kräftigung und Gesundheit des Leibes durch seine diätetische ars gymnastica wieder in Erinnerung. Er hatte namentlich die späteren griechischen methodischen Aerzte, wie den Antyllos, den Oribasios und ganz besonders den Galenos, in dessen Werken die Schriften des Hippocrates enthalten sind, fleißig gelesen und hatte in denselben auch die gymnastischen Uebungen vielfach beleuchtet gefunden. Dies bewog ihn seine diätetische Gymnastik auszuarbeiten, deren erste Auflage 1573 die vierte 1601, und später noch die fünfte und sechste Auflage erschienen, wie bereits oben entwickelt worden ist. Er hat sein Werk in Anerkennung der Nützlichkeit desselben und im hohen Selbstvertrauen dem Kaiser Maximilian II. gewidmet. Er war einer der vorzüglichsten Aerzte seiner Zeit, war auch mit den classischen Werken des Alterthums vertraut und vermochte nach dem damaligen Standpunkte der schriftstellerischen Production immerhin etwas Vorzügliches zu leisten. In Beziehung auf die moderne philologische und antiquarische Wissenschaft muß sein Werk als ungenügend und mangelhaft erscheinen, zumal da in ihm stets mehr der Arzt als der Alterthumsforscher hervortritt. Auf die Agonistik der Athleten hat er nur geringe Rücksicht genommen, obgleich Galenos sich über dieselbe an vielen

Stellen sehr reichhaltig ausgesprochen hat. Um dieselbe Zeit, in welcher Mercurialis blühte, war in Frankreich ein Polyhistor Peter Faber mit einem Agonisticon hervorgetreten, welches auch in Gronow's Thesaurus Aufnahme gefunden hat. Dieses Agonisticon ist ganz anderer Art als die Gymnastik des Mercurialis. Auf das diätetische Element oder auf Wiederbelebung der antiken Gymnastik ist hier keine Rücksicht genommen. Die Athletik bildet hier das Hauptthema, allein in einer so arg durch einander geworfenen Weise der behandelten Gegenstände, daß er selber aufrichtig gesteht: „Farraginem quandam congessimus." Es ist allerdings eine buntfarbige congeries, welche auch den muthigsten und wißbegierigsten Leser zur Verzweiflung treiben kann. Sein Landsmann, der viel spätere Burette, Histoire des athletes I, p. 285 fg. hat schon bemerkt: „l'extrème confusion, qui y régne et qui est capable de pousser à bout la patience des lecteurs les plus appliqués" [69]. Uebrigens haben beide, Mercurialis und Peter Faber, einander beurtheilt. Faber hat vieles in der ars gymnastica des Mercurialis zu tadeln gefunden, weil er ihm natürlich an Erudition weit überlegen war. Mercurialis hebt Faber's Verdienste mit folgenden Worten hervor: „Eruditissimus Galliae ocellus, Petrus Faber, qui non modo summa ingenuitate in libris suis agonisticis incredibili doctrina refertis, non erubuit profiteri, sese magnopere ex libris de re gymnastica nostris profecisse, verum etiam segetem, quam ego primus illius paene obliteratae artis, renovavi, ita singulari studio et ubertate propagavit exornavitque, ut ab omnibus pro tanto beneficio sibi gratias immortales agi mereatur."

§. 5. Im Verlaufe des siebzehnten, weit mehr im Verlaufe des achtzehnten Jahrhunderts haben viele wissenschaftliche Männer, wie Locke, Rousseau, Basedow den Einfluß der Leibesübungen auf Gesundheit, Kraft, Gewandtheit, Beweglichkeit des Körpers hervorgehoben. Großes und Entschiedenes in der Praxis ist jedoch dadurch noch nicht erreicht worden. Basedow's Philanthropium zu Dessau hatte nicht den erstrebten dauernden Erfolg und war daher auch nicht von langer Dauer. Seine Schriften haben jedoch vielfach gewirkt, namentlich in Beziehung auf die Erziehung der Kinder in den ersten Lebensjahren. Er war einer der ersten, welcher mit allem Eifer auf eine neue, von der damals bestehenden Erziehungsweise abweichende ausging und dazu aufzufordern wagte. Er hat in seiner Weise gewirkt so viel er vermochte, unterstützt und angefeindet, belobt und belohnt und gescholten. „Laßt uns answachen", rief er ins deutsche Volk hinein, „und neue Menschen schaffen nach dem Bilde, das Menschen ähnlich ist! Lasset uns seinen Körper nicht mehr brechen auf den langweiligen Bänken der staubigen Schule: — —

---

68) Vergl. K. Bartsch, Germanistische Studien, Bd. II, S. 57. Wien 1875. In Conrad Grünenberg's, Ritters und Bürgers zu Costenz, Wappenbuche (vom Jahr 1483), herausgegeben von dem Herrn Grafen Stillfried-Alcantara und A. Ph. Hildebrandt, Görlitz 1875 (noch nicht vollendet) kommen auch Abbildungen aller Ritterordenszeichen, Banner, Turniere u. dergl. vor.

69) In den Mémoires de l'acad. des inscriptions etc. Tom. I. III.

durch frühe beständige Uebungen wollen wir ihn härten gegen den Strahl der Mittagssonne und gegen den Frost des beeisten Nordwindes. Gleich dem Spartaner wollen wir ihn hungrig treiben durch das verwachsene Dickicht auf die Spur des Wildes, tauchen in die kalte Flut und setzen auf die steile Klippe; da soll er finden nach Arbeit sein erworbenes Mahl, Tanz, Freude und Spiel u. f. w." Das war eine kernhafte Sprache, wie solche später der Turnmeister L. Jahn im Munde zu führen pflegte, beide nicht ohne Erfolg, wenn auch keineswegs mit allgemeinem, alle Schichten der Bevölkerung aufregendem Erfolge. Das ist in Deutschland, in welchem die Volksschichten aus verschiedenen Elementen bestehen, auch gar nicht möglich. In Hunderten von kleineren Städten wurde weder zu Basedow's noch zu Jahn's Zeit von den Turnübungen Notiz genommen, und auch hatten dieselben weder Turnplätze, noch Turnlehrer und Turngeräth. Noch weit weniger wurde in den Dörfern hierauf Rücksicht genommen. Weniger als Basedow hat Pestalozzi großes Gewicht auf die gymnastische Durchbildung der Jugend gelegt, obgleich er Director einer Erziehungsanstalt in Yverdun war. Ihm lag die Bildung und Veredelung des Geistes und des Herzens weit näher als die Kräftigung des Leibes, wie dies bei allen mehr auf das religiöse Element, auf Gottesfurcht und Tugendhaftigkeit, gerichteten Männern der Fall war. Der Körper ist ihnen bei aller Vollkraft doch nur die vergängliche Hülle des zur Ewigkeit erkorenen Geistes. J. H. Campe hat vieles Vortreffliche, Durchdachte über die Erziehung in den ersten Lebensjahren seinen Zeitgenossen mitgetheilt. Nach seiner Ansicht würde zu frühes Beginnen mit den Turnübungen nicht rathsam sein. Er meinte, daß man die erste Bildung des Knaben der allmälig, aber auch stetig wirkenden Natur überlassen und später ihr entsprechend blos nachhelfen müsse (Allg. Revision des gesammten Schul- und Erziehungswesens Bd. V, S. 13—138). J. J. Rousseau war bekanntlich noch weiter gegangen als Campe. Einige Goldkörner über die richtige Erziehung in der frühesten Lebensperiode kann man auch in A. von Knigge's gesammelten poetischen und prosaischen kleineren Schriften, wie S. 31—41, finden. Vieth hat durch seine Encyclopädie der Leibesübungen mehr theoretisch als praktisch gewirkt[70]). Der erste bedeutende Mann im Gebiete der praktischen Ausbildung durch Leibesübungen war J. C. F. GutsMuths, welcher zunächst eine Gymnastik für die Jugend, enthaltend eine praktische Anweisung zu Leibesübungen, ein Beitrag zur nöthigsten Verbesserung der körperlichen Erziehung, von welcher die erste Auflage 1793, die zweite Auflage 1804 zu Schnepfenthal erschien, wo er an der dortigen Erziehungsanstalt wirkte. Später, 1817, erschien von ihm ein Turnbuch für die Söhne des Vaterlandes (Frankfurt a. M.). Beide Werke sind mit zahlreichen Abbildungen ausgestattet. Mehr noch das Turnbuch als die Gymnastik. In der Vorrede zur Gymnastik berichtet er zugleich, was anderwärts bereits für die gymnastischen Uebungen geschehen war S. XIII: „Mit Uebergehung alles Uebrigen weise ich nur noch ganz vorzüglich auf Dänemark hin. Nicht blos die dortigen Land- und See-Kadetten-Akademien, sondern überhaupt 11 öffentliche und 4 Privatanstalten haben die Leibesübungen aufgenommen. Selbst im Schullehrerseminar werden Anstalten getroffen, diesen Theil der physischen Bildung bis in die Landschulen zu verbreiten. Am 5. Nov. 1799 eröffnete Herr Nachtigall in Kopenhagen unter Unterstützung und Begünstigung der weisen dänischen Regierung ein öffentliches gymnastisches Institut mit 5 Zöglingen, die jetzt (1870) bis zu 30 gestiegen sind. Unter seiner Direction arbeiten acht Gehülfen." GutsMuths war ein verständiger, gediegener praktischer Mann und hatte in diesem Gebiete bereits Bahn gebrochen, bevor L. Jahn in die Oeffentlichkeit getreten war. „Die erste Ausgabe meiner Schrift, bemerkt der Verfasser, hat das deutsche und auswärtige Publicum mit einer Güte und Nachsicht aufgenommen, die sie wol dadurch verdiente, weil sie einen Gegenstand, der durch Alterthum in Vergessenheit gerathen war, zuerst wieder praktisch pädagogisch aufzustellen strebte. Man hat sie fast überall bei gymnastischen Uebungen zum Grunde gelegt, und sie wurde ins Dänische, Englische und ins Französische übersetzt." Dies in der Vorrede p. XIV im J. 1804. Demnach waren demnach unter diese Zeit, wenn auch nicht allerwärts, doch an mehreren Orten verschiedener Länder gymnastische Uebungen zu finden. Das Hauptziel in den Bestrebungen desselben hat er S. 2 angegeben: „Da setzten einige Völker des Alterthums (die Griechen) absichtlich körperliche Uebungen an die Stelle der vormaligen natürlichen Gymnastik (der Arbeit), um jene Folgen zu vermeiden und dem Körper des Bürgers mehr Stärke und Gewandtheit zu ertheilen. Das war wol die Veranlassung der künstlichen Gymnastik. Man formte sie bald zu besonderen Absichten: zur Bildung des Soldaten, die kriegerische; zum festlichen Schauspiel, die athletische; zur Heilung körperlicher Uebel, die medicinische; aber die echte blieb für Jung und Alt einzig die pädagogische." In seiner Gymnastik für die Jugend hatte er also nur das pädagogische Element im Auge. In seinem Turnbuche für die Söhne des Vaterlandes, welches einige Jahre nach den Freiheitskriegen erschien, hatte er seinen Plan erweitert und zugleich das kriegerische Element mit aufgenommen, also die Wehrkraft für die künftigen Vaterlandsvertheidiger. In seiner Gymnastik hebt er die harmonische Ausbildung des Geistes und des Körpers hervor (S. 84): „Laßt uns demnach der körperlichen Erziehung mehr Ton und Kraft geben, dem, was ich Verfeinerung nannte, wirksam entgegen-

---

70) E. u. A. Vieth, Versuch einer Encyclopädie der Leibesübungen, Thl. 1. 2. Halle 1793 und 1794, hat ziemlich alle verschiedenen Arten der gymnastischen Uebungen aufgefaßt und zugleich alles, was bei den verschiedenartigen Völkern der Erde in dieser Beziehung vorgekommen ist, erwähnt. Der erste Theil seines Werkes erschien 1793, also in demselben Jahre, in welchem GutsMuths die erste Auflage seiner Gymnastik für die Jugend drucken ließ. GutsMuths konnte erst in der zweiten Auflage (1804) Vieth's Werk benutzen, im Fall dies überhaupt geschehen ist.

beiten; und so sei denn unsere Absicht bei der Gymnastik: Gründung einer innigeren Harmonie zwischen Geist und Leib." Hierbei beruft er sich auf Platon's Urtheil über dieselbe Harmonie, welche durch Gymnastik und Musik erstrebt werden solle. Die Gymnastik allein mache wild und unbändig, die Musik allein weichlich und weibisch (de republ. III, p. 410. 411). Die ersten Wirkungen der Turnkunst auf den jugendlichen Körper bezeichnet GutsMuths mit folgenden Worten (S. 86): 1) „Sie setzt die Muskeln und den ganzen Körper in Bewegung; 2) sie roborirt die Haut; 3) sie richtet die Muskeln und Glieder zu gewissen Bewegungen ab, gibt ihnen Fertigkeit; 4) sie übt die Sinne." Dann entwickelt er weiter die wichtigen Folgen der Muskelbewegung, namentlich die Belebung der Circulation und der Absonderungen S. 94 bemerkt er: „man ist ein ganz anderer Mensch, wenn man täglich eine Zeitlang den Körper im Freien übt, und ein ganz anderer nach langem ruhigem Sitzen im Zimmer". S. 100: „Die echte Bildungsmethode steigt von der Sinnlichkeit auf, und das, was Pestalozzi Kunstanschauung nennt, vindicirte ich schon ehemals im umfassenderen Sinne der Gymnastik". S. 103. „Ich glaube hier mit Rousseau (in s. Emile) zusammenzutreffen, wenn er sagt: „Voulez-vous donc cultiver l'intelligence de votre elève, cultivez les forces qu'elle doit gouverner, exercez continuellement son corps, rendez le robuste et sain pour le rendre sage et raisonnable, qu'il travaille, qu'il agisse, qu'il coure, qu'il crie, qu'il soit toujours en mouvement, qu'il soit homme par la vigueur, et bientot il le sera par la raison." Nachdem nun GutsMuths eindringlich den großen Einfluß der Gymnastik auf die Gesundheit des Körpers und die Heiterkeit des Geistes in Betracht gezogen, bemerkt er (S. 105): „Für den Verlust der Jugendkraft und Gesundheit, sagt ein weiser Mann, entschädigt uns nichts, schlechterdings nichts! Nicht Reichthum, nicht Ehre, nicht Gelehrsamkeit, nicht Weisheit, — — ja nicht die erhabenste Tugend, nicht das göttlichste Verdienst!" Dieser Gedanke ist kühn, aber durchaus wahr!" S. 108 sq. wird bemerkt: „Alles bisherige bezog sich nur auf Erhaltung und Stärkung der Gesundheit, aber ohne Zweifel liegt in den obigen ersten Wirkungen der Leibesübungen auch ein sehr wirksames Mittel, in sehr vielen Fällen die verlorene Gesundheit wiederherzustellen und den schwächlich gewordenen Körper zu stärken." Wir haben hierzu bereits oben aus der Gymnastik der Griechen belehrende Beispiele beigebracht. S. 121 erwähnt er folgenden Ausspruch eines Arztes: „Die Gymnastik der Alten verdiente sorgfältig studirt und mit schicklicher Abänderung eingeführt zu werden. Sie würde, denk ich, ein vortreffliches Mittel abgeben können, unsere durch Empfindelei entnervten Männer und Frauen, Jünglinge und Jungfrauen, Knaben und Mädchen wieder stark, gesund und dauerhaft zu machen." — Es ist zu bewundern, mit welch ergreifenden und eindringlichen Worten GutsMuths die erste Hälfte seiner Gymnastik für die Jugend zur Empfehlung der Leibesübungen ausgestattet hat, und noch mehr zu

bewundern bleibt es, daß diese eindringlichen Belehrungen damals dennoch nicht allgemein durchgedrungen, größere Erfolge und zahlreichere Anstalten hervorgerufen haben. Im Folgenden werden nun die Einwendungen beleuchtet, welche zur Zeit GutsMuths, wie auch noch später, namentlich von der großen Masse gegen die gymnastischen Uebungen gemacht werden können und vielfach auch gemacht worden sind (S. 152 fg.). Einige von diesen Einwendungen haben allerdings einen gewissen Grad von Berechtigung, z. B. der Mangel an Zeit. Abgesehen von dem überaus vielseitigen Drängen und Treiben in unserem Geschäftsleben kommen Verhältnisse vor, welche das Turnen fast unmöglich machen. Wenn z. B. ein Handwerks- oder Handlungslehrling mit pflichtmäßigem Gehorsam seinem Meister oder seinem Principal von frühem Morgen bis spät Abends zu Diensten gestanden hat, wie soll er nach sieben oder acht Uhr, zumal während des Winters, noch Lust und Kraft zu den Turnübungen haben, welche ohne bedeutende Anstrengungen nicht ausführbar sind? Ebenso steht es mit dem Handlungsdiener und dem Handwerksgesellen, welche durch ihre Arbeit von früh bis Abends wol Verlangen nach den Turnübungen haben, welche ohne bedeutende Anstrengungen nicht ausführbar sind? Ebenso steht es mit dem Handlungsdiener und dem Handwerksgesellen, welche durch ihre Arbeit von früh bis Abends wol stets ermüdet sind und sich lieber einer ruhigen Erholung hingeben, als den Anstrengungen in einer Turnanstalt. In diesen Fällen bliebe doch höchstens der Sonntag übrig, obwol z. B. der Kaufmannsdiener auch an diesem Tage nicht ganz frei bleibt. Nun denke man vollends an Lehrlinge oder Gesellen eines Grobschmiedes, eines Zweckschmiedes, eines Stellmachers, Maschinenbauers, Tischlers, eines Zimmermanns, Maurers, welche den ganzen Tag hindurch schwere Arbeit vollbracht haben. Alle diese werden schwerlich Abends noch Verlangen nach den Turnübungen haben. Bei den Griechen und Römern war dies freilich ganz anders, da bei diesen Völkern alle schweren Arbeiten den Sklaven zufielen und die Banausen die Handwerke betrieben. Die Söhne freier bemittelter Bürger konnten nach Belieben den gymnastischen Uebungen obliegen. In unseren Verhältnissen bleibt dies nur den Söhnen der vornehmen Familien, welche zum Studiren bestimmt werden und nach drei Uhr Nachmittags die Schulbänke verlassen haben, möglich; ebenso den Studirenden, welche nur 4 bis 6, manche nur 2 bis 4 Stunden den Vorlesungen widmen. Andere Einwendungen, z. B. Gefahr einer körperlichen Verletzung, sind wol weniger wichtig, obwol auch so mancher sich schon oft genug durch gewaltige Sprünge Verrenkungen, Leistenbrüche u. s. w. zuzog. Eine dritte Einwendung, Verwilderung des Geistes mit Ungeschliffenheit hat kein Gewicht. Man könnte höchstens einen stets schlagfertigen Uebermuth durch zu großes Selbstvertrauen auf seine überlegene Kraft und Gewandtheit annehmen. Allein dies würden doch nur äußerst seltene Fälle sein. Wer seine eigene Kraft kennt, wird auch die Kraft anderer richtig abschätzen.

K. 6. Wir betrachten nun die einzelnen Uebungsarten, wie dieselben sowol in der Gymnastik für die Jugend als im Turnbuche von GutsMuths aufgeführt und durch kleine Abbildungen in leichten Umrissen veran-

A. Encykl. d. W. u. K. Erste Section. XCVIII.

50

chaulicht worden sind. GutsMuths beginnt, wie dies nicht anders möglich ist, mit dem Gehen und Laufen. Er will dies insofern als eine gymnastische Uebung betrachten, als hierbei Anstand und Schönheit, Dauer und Schnelligkeit erzielt werden sollen. Der Schritt soll nicht tanzmeisterlich oder zimperlich, sondern naturgemäß, ungezwungen, der Gang ein anständiger sein (S. 184 fg). Im Turnbuche S. 35 wird bemerkt: „Das Laufen ist nicht blos eine der natürlichsten, sondern auch der heilsamsten Uebungen für die Gesundheit und Stärkung des Körpers, besonders der Brust, wenn es nicht auf eine ungeschickte Art übertrieben wird. Ueberdem dient es zur Rettung in tausend Gefahr drohenden Vorfällen des täglichen Lebens." Wie weit man es im Laufen bringen kann, haben die Wettläufer in den Festspielen der Griechen, dann die Hemerodromen, und ebenso die Wettläufer unserer Zeit vielfach dargethan. Eine Hauptbedingung bilden natürlich lange Beine, welche einen größeren Schritt gestatten. Zur Schnelligkeit im Laufen oder zum Schnelllaufe darf man nur nach und nach gelangen. Uebereilung gleich vom Anfange an könnte nachtheilig werden. Dann werden verschiedene Laufarten angegeben, der Schnelllauf, der Langlauf, der Schlängellauf, auf welche wir hier nicht weiter eingehen wollen, da ihr Verständniß leicht genug ist. In der Gymnastik für die frühere Jugend (p. 193) gibt er Vorschriften und Regeln über den großen und langsameren, über den kleinen, aber schnelleren Schritt. Dann folgt die Uebung im Springen und es werden unterschieden der Hochsprung ohne Anlauf und der Hochsprung mit Anlauf (Turnbuch S. 50 fg.), ebenso der Vorsprung, der Aufsprung, der Niedersprung. In der griechischen Gymnastik galt nur der Weitsprung, d. h. die größte Entfernung des Niedersprunges vom Absprunge, der größte übersprungene Raum. Der Sprung hatte nur seine Stelle im Pentathlon und fand nicht als isolirter Wettkampf statt. Im Turnen hat der Sprung seine isolirte Geltung. GutsMuths hat außerdem noch den Sturmsprung und den Kreissprung erwähnt (S. 55. 59), auf deren Beschreibung wir hier nicht weiter eingehen wollen [71]. Der Weitsprung mit dem Stabe (S. 70—85) werden in der Turnkunst wol stets die beliebtesten Sprungweisen bleiben. Die Griechen brauchten keine Stäbe, sondern ihre Sprungträger (Halteren). GutsMuths geht nun zum Ringen über (Gymnastik S. 274, Turnbuch 185) und hat mehrere Schemata dieser Uebungsart bildlich veranschaulicht. In keinem Gebiete ist der Unterschied zwischen dem Ringkampfe der Griechen und dem modernen Turnkunst

so bedeutend als hier. Ein solcher Ringkampf, wie er bei den Griechen von den Epheben in der Palästra und von den Agonisten auf den Schauplätzen der großen Festspiele statt fand, war in dem modernen Turnen gar nicht möglich. Dazu fehlte hier die völlige Nacktheit des Leibes, die Einölung desselben und das Bestreuen mit feinem Staub. Dennoch können viele Schemata dieses Ringkampfes auch in unserem Turnen zu Anwendung kommen und vieles ist seit der Zeit von GutsMuths hinzugekommen, um diesem Wettkampf mehr Mannigfaltigkeit zu gewähren. Doch genug über diese Bestrebungen des Genannten und wir gehen nun zu dem berühmteren Meister der Turnkunst, dem nächst GutsMuths wichtigsten Begründer derselben über, zu Friedrich Ludwig Jahn, dessen Leben vor 20 Jahren Heinrich Pröhle (Berlin 1855) in einem Buche von 425 Seiten genauer beschrieben hat.

Jahn's innere Welt war durch seinen originellen bizarren Lebensgang und durch die großen Ereignisse, mit welchen er in Berührung gekommen, zu excentrisch, oft zu stürmisch geworden, als daß dies dem bedächtigen, reflectirenden Charakter des edleren Theils des deutschen Volkes auf die Dauer zusagen konnte. Der echt deutschen Natur entsprechen ruhige Bedächtigkeit, Vorsicht und Umsicht, ein sicherer Schritt mehr als stürmischer Durchbruch, hastiges Vorwärts und sich überstürzender Fortschritt. Und die sogenannten Fortschrittsmänner sind stets nur ein Bruchtheil des deutschen Volkes gewesen. Sind dem jemals alle deutschen erwachsenen Männer während den Wahlen ohne Ausnahme zur Wahlurne getreten? Oft genug ist seit der Hälfte, weil ihnen die politischen Angelegenheiten weniger Sorge machen, als ihre eigenen häuslichen Geschäfts-, Betriebs-, Industrie- und Handelsangelegenheiten. Von diesen hängt die Zustand ihrer Existenz, weil mehr als von den politischen Gestaltungen. Dies liegt im Charakter des deutschen Volkes. Anders gestaltet sich das Verhältniß, wenn die Kriegsfurie ihre Fahne wehen läßt, die patriotische Begeisterung entzündet, zu gewaltigen Thaten fortreißt, um einen modernen Feind den Boden des Vaterlandes nicht betreten zu lassen ohne, wenn dies bereits geschehen, ihn hinauszutreiben. Ueber Jahn's Charakter hat Heinrich Pröhle in seiner Biographie desselben ein Urtheil kund gegeben, welches hier wörtlich aufgeführt zu werden verdient: „Um dieser falschen Tendenz entgegen zu arbeiten oder vielmehr um dieselbe gar nicht aufkommen zu lassen, mußte ein Mann an der Spitze stehen, der mit der reinsten Gesinnung völlige Ruhe, die Leidenschaftslosigkeit des wahren Weisen verband. Diese letzteren Eigenschaften fehlen Jahn ganz und gar. Er ist, wie aus allem, was er begann, klar hervorgeht, heftig, leidenschaftlich, wider seine Gegner erbittert und was das Schlimmste scheint, mit sich selbst, mit seinen Ansichten und Meinungen nicht im Klaren, wie dies seine Vorlesungen und Schriften darthun. Dabei hascht er nach Paradoxen, nach blendenden Witzwörtern und bemüht sich, seinem Ausdruck eine alterthümliche Energie zu geben, die oft, beinahe Stil der Bibel, ihre Wirkung auf die Jugend um so weniger verfehlen kann, als auch durch eine ge-

---

71) Vergl. die Abbildungen in der Gymnastik für die Jugend S. 210. 216. 246. 255. Im Turnbuche werden noch mehrere specifische Arten des Sprunges, wie der Sprung im Ellik, der Sprung im Seil (S. 164. 109), der Tiefsprung (S. 120) u. s. w. aufgeführt. S. 186 wird über das Stelzengehen gehandelt. S. 137 fg. über das Schlittschuhlaufen; S. 155 fg. über das Klimmen oder Klettern und das Steigen; S. 165 über das Fortgleiten auf dem Reck (das Gleiten); über das Klimmen am Mast u. f. w. S. 171, am Seile und der Strickleiter S. 172 fg.

wiſſe Frömmelei ſich unſere jetzige Zeit charakteriſirt. Kommt noch hinzu, daß dem Jahn eine große Rauheit, Biderbheit (Burſchikoſität) in ſeinem Aeußeren, in ſeinem ganzen Betragen eigen, die den Knaben und Jünglingen nur gar zu ſehr gefällt, ſo konnte es nicht fehlen, daß er die Liebe, ja die enthuſiaſtiſche Verehrung ſeiner Turner in eben dem Grade gewinnen als der Anſtalt ſelbſt ſchädlich werden mußte u. ſ. w." Im Folgenden entwickelt Pröhle den ſchiefen Entwicklungsgang der Jahn'ſchen Turnerei und den Dünkel der Knaben über ihre vermeintlich erhabenen Beſtrebungen. Dann bemerkt er: „dieſe ausgeſprochene Tendenz des Turnweſens konnte wol allerlei argen Unfug veranlaſſen, ohne daß blos deshalb eine förmliche Revolutionirung Deutſchlands oder auch nur irgend ein bedrohlicher Aufſtand gegen die Regierung zu befürchten war"[72]). Wir wenden uns nun zu ſeiner Turnkunſt zur Einrichtung der Turnplätze, dargeſtellt von F. L. Jahn und Ernſt Eiſelen, Berlin 1816, welches Buch ſeltſamer Weiſe niemals eine zweite Auflage erlebt hat, wie die Gymnaſtik von GutsMuths. Jahn beginnt ebenſo wie GutsMuths mit dem Gehen, dem Gange. „Ein guter Gänger ſein iſt eine große Kunſt, ſie aber auf dem Turnplatze zu üben, wäre zu zeitraubend, daher muß ſie ſchon beim Kinde durch ſeine früheſten Umgebungen gelehrt werden; denn ein jeder weiß, wie ſchwer es hält, frühere ſchlechte Angewohnheiten im Gange wieder abzulegen. Zunächſt alſo ſoll im Gange Anſtand, eine gerade natürliche Haltung ſtattfinden, ohne alle Künſtelei und Ziererei[73]). Dauer im Gehen erlangt man nur durch viele Uebung. Dauer im Gehen wird durch größere Wanderungen und Fußreiſen am beſten, ebenſo Schnelligkeit durch den Schnellgang in Anfangs kürzeren, dann größeren Entfernungen auf verſchiedenartigen Bodenflächen, auf Blachfelde, über Anhöhen und im tiefen Sande. Ebenſo ſoll das Steigen, das Laſtſteigen und Ledigſteigen geübt werden"[74]). Dann wird das Laufen, die Laufbahn, die Rennbahn beſchrieben. Zunächſt folgt dann der Schlängellauf, für welchen eine beſondere Bahn in folgender Weiſe einzurichten iſt: „Auf feſtem raſigen Boden werden drei Kreiſe beſchrieben, deren Mittelpunkte in einer geraden Linie liegen. Zu beiden Seiten des Umfanges wird der Raſen 9 Zoll breit ausgeſtochen, ſodaß eine 18 Zoll breite Bahn entſteht. Jedem Kreiſe kann man 21 Fuß 4 Zoll Durchmeſſer geben, dann hat die ganze Bahn ziemlich genau 200 Fuß (= 100 Schritt). Zwei an einander liegende gleiche Kreiſe muß die Schlängelbahn wenigſtens haben, weil man in einem Kreiſe bei der Neigung des Leibes zur Kreismitte nur entweder links oder rechts laufen kann; in einer doppelkreiſigen oder mehrkreiſigen Bahn aber nothwendig abwechſelnd ſchlängeln muß." Dann Laufveränderungen:

A. ſchnurrecht ohne alle Krümmung: das Rennen.
B. ſchlängelnd, in Bogen und Kreislinien: der Schlängellauf.
C. zickzackend, in geraden Linien und Winkeln: der Zickzacklauf[75]).

Ueber die Haltung während des Laufes gibt er nun ſpeciell Vorſchriften und Vorſichtsregeln. Das Schnellrennen ſoll in der Rennbahn geübt werden, und ebenſo das Dauerrennen. Hierbei werden zugleich die nöthigen Vorſichtsmaßregeln ertheilt. Dann folgt der Schneckenlauf. Der Vorläufer beſchreibt genau eine Schneckenlinie. In der Mitte wendet er ſich mit einem Haken um und läuft durch den gelaſſenen Zwiſchenraum zurück. Die folgenden halten ſich wieder genau an ihren Vordermann. Der Kibitzlauf iſt eine Art Zickzacklauf. Der Rücklauf, das Rückwärtslaufen iſt mehr ein ſchnelles Trippeln (alſo wol in ſehr kleinen Schritten) und kann ohne Gefahr nur auf dem Blachfelde geübt werden. Der Sturmlauf bezeichnet das Erklimmen ziemlich ſteiler Anhöhen, was mitunter aus Steigen, Laufen und Klettern zuſammengeſetzt iſt, eine wichtige Uebung zur Stärkung der Schenkel, Kniee und Waden und zum Heben der Bruſt. Soviel über die wichtigſten Laufübungen, über welche Jahn natürlicher Weiſe ausführlicher gehandelt hat[76]). Er geht nun zum Springen über.

§. 7. Der Sprung der Griechen war eine eigenthümliche Uebungsart und gehörte nur dem Pentathlon, dem Fünfkampfe an. Da das homeriſche Epos den Pentathlon noch nicht kannte, hatte es auch den Sprung unter ſeinen Wettſpielen noch nicht aufzuweiſen. Während der geſchichtlichen Zeit der griechiſchen Gymnaſtik und Agoniſtik wurde der Sprung nur mit Halteren, d. h. Sprunggewichten, Sprungträgern geübt, wol zumeiſt, um dem Sprunge und ſeiner Richtung, beſonders dem Niederſprunge größere Sicherheit zu gewähren. Dagegen ſind in dem Sprunge der modernen Turnkunſt nicht jene Halteren, ſondern die Sprungſtangen, Sprungſtäbe im Gebrauche, welche allerdings eine größere Mannigfaltigkeit in den Springweiſen geſtatten, je nachdem dieſelben länger oder kürzer, oder je nachdem der Springer dieſelben ganz oben oder in der Mitte gefaßt hält. Ueber die Sprungvorübungen hat Jahn Folgendes mitgetheilt: „Die Sprungvorübungen ſind alle darauf berechnet, die unteren Glieder zu ſtärken und gelenkig zu machen, und eine gute Haltung beim Springen, wie im Allgemeinen, anzugewöhnen. Dieſe, ſowie die Sprungvorübungen, welche frei, — ohne Vorrichtung — gemacht werden, können nicht genug empfohlen werden; ſie ſind nicht blos vorbereitend für die genannten Uebungen, ſondern überhaupt von großem Nutzen für die allgemeine Ausbildung des Leibes. Mit ihnen muß jede Unterweiſung im Turnen anfangen; in ihnen muß jeder Turner durchaus Fertigkeit und Ausdauer erlangen"[77]). Im Folgenden werden nun ganz erſtaunlich viele Sprungar-

---

72) H. Pröhle, Fr. Ludw. Jahn's Leben S. 409—411.
73) S. 3. Das einfache Luſtwandeln, περίπατος, ambulatio war ebenſo nach den Aerzten der Griechen und Römer als nach den Aerzten unſerer Zeit ein diäteliſches Mittel zur Erhaltung oder Herſtellung der Geſundheit, gehört alſo eigentlich nicht in das Bereich der Gymnaſtik. 74) Ibid. S. 4. 5.
75) Ibid. S. 9. 76) Turnkunſt S. 12—13. 77) Ibid. S. 15.

ten und die nöthige Haltung des Leibes und der Glieder bei Ausführung derselben beschrieben, worauf wir hier nicht näher eingehen wollen [78]. Dann wird das Schwingen erwähnt, welches zum gemischten Sprunge gehört [79]. Das Schwingen wird mit Hülfe eines Schwingels ausgeführt. Als Vorübungen erwähnt Jahn 1) Hüpfen, 2) Hocken, 3) Grätschen, Spreizen, Kreuzen. Dieselben sollen sowol frei als am Schwingel geübt werden; dagegen 1 Hurten, Heben, Wippen, Hochwippen, Haudeln nur am Schwingel [80]. Schwerlich wird die gegenwärtige Turnkunst von allen diesen speciellen Operationen Gebrauch machen. Jahn's Eigenthümlichkeit bestand vorzüglich darin, in seiner Entwiklung bis zu den geringfügigsten Unterabtheilungen fortzuschreiten. Wir können ihm hierin nicht folgen, ohne unsere Darstellung zu überladen. Dann erörtert er in ähnlicher Weise das Schweben und als Schwebezug den Liegebaum, den Schwebebaum, den Schwebepfahl [81].

Hierauf geht Jahn zu den Rekübungen über, einem vielseitigen Zweige der Turnkunst, welche noch gegenwärtig einen wichtigen Theil derselben ausmachen, sowol für Knaben als für erwachsene Jünglinge. Die Rekübungen gehören zu den anstrengendsten und erfordern eine bedeutende Kraft, um sie längere Zeit durchzuführen. Dieselben kräftigen aber auch ganz besonders die Arme, Schultern und Rücken. Schwächliche vermögen dieselben nur wenige Minuten auszuhalten. Jahn hat hierüber zunächst Folgendes bemerkt: „Alle Rekübungen lassen sich zunächst in zwei Abtheilungen zusammenfassen: A. die Hangübungen, wo der Turner sich übt in alle Arten des Hanges zu kommen, sich darin zu erhalten und zu bewegen; B. die Schwungübungen, wobei der Turner alle Arten des Schwunges in seine Gewalt zu bekommen sucht. Dann: aller Hang am Rek ist entweder 1) Seithang, wobei die Schulterlinie des Turners mit dem Rek gleichlaufend ist; oder 2) Querhang, wobei die Schulterlinie die Richtung des Reks rechtwinkelig durchschneidet. Nun folgt eine ungeheuere Zahl von Abtheilungen und Unterabtheilungen im Gebiete der Rekübungen, auf welche wir uns hier unmöglich weiter einlassen können [82]. Hierauf geht Jahn zu den Barrnübungen über, welche eine noch größere Zahl von Abtheilungen gestalten würden als die Rekübungen, von Jahn jedoch weit kürzer behandelt worden sind [83]. Dann folgt VIII, S. 104 fg. das Klettern, zunächst eine Beschreibung des Klettergerüstes [84], von welchem zugleich ein Seil zum Herablassen herabhängt. Ferner beleuchtet er das Wirken in seinen verschiedenen Arten, das Schießen, das Schocken, das Stoßen, das Schleudern, das Gellen, das Schirken, das Ziehen, das Schieben, das Heben, das Tragen, das Strecken und gelangt endlich zum Ringen, wobei er zunächst über die Haltung, den Ringgriff und die Vor-

78) S. 16—34.   79) S. 35 fg.   80) 39.   81) S. 72 fg.   82) Siehe die Abbild. Taf. I, K. Text S. 76—95. 83) S. 96—103. Abbild. Taf. I, H.   84) S. 104 fg. Taf. II, Zeichnung R.

übungen handelt. Sich wehrhaft, den Gegner wehrlos zu machen ist Zweck und Ziel des Ringkampfes, Mann an Mann, die letzte Kraftäußerung, wo der Leib selbst die einzige Wehr und Waffe [85]. Dann folgt XVI, S. 145 der Sprung im Reisen.

Weiter wollen wir Jahn's Darstellung nicht verfolgen, sondern zum Schlusse nur noch ein allgemeines Urtheil desselben über Turnen aufführen (S. 218 fg.): „Alles Turnen hat sein Gesetz und seine Regel, seine Schule und Zucht, sein Maß und sein Ziel. Die höchste Eigenthümlichkeit beim Einzelnen und die höchste Volksthümlichkeit bei Allen. Lehre und Leben bilden hier keinen Gegensatz. Beide sind einträchtig und eins. Daher ist es möglich und findet wirklich statt, daß auf einem und demselben Turnplatze jeder Turner sein eigen Gepräge erhält nach seinem eigenen Schrot und Korn. Die Turnkunst als Pflegerin der Selbstthätigkeit führt auf geradem Wege zur Selbständigkeit. Sie fördert die leibliche Gesammtausbildung des Menschen durch gesellige Regsamkeit in lebensfrischer Gemeinschaft. Bei den Turnübungen muß sich immer eins aus dem anderen ergeben ohne Drillerei, so die freie Eigenthümlichkeit der Einzelnen durch ihr Schalten gefangen nimmt. Die Turnübungen in Folge und Folgerung ergänzen sich wechselseitig und können und müssen umzechig getrieben werden. Die richtige Vertheilung von Rast und Last gewährt die Dauerkraft. Indem einige müde geturnte Glieder feiern, arbeiten die anderen wieder. Die Turnkunst ist gegen jede Einseitigkeit. Links und rechts sind ihre Bedingnisse (dies war bereits auch Platon's Ansicht), wovon keine erlassen werden darf. Sie will einen ganzen Mann, und ist mit keinem zufrieden, dessen Leib in Brüche gehet. Uebereinstimmung und Folgerechtheit entwickeln die allseitige Kraft." Hiermit verlassen wir den alten Turnmeister und wenden uns zu den weiteren Bestrebungen, welche nach seiner Zeit sich unter den Deutschen und in einigen anderen Ländern langsam entwickelten.

§. 8. Auf die ungeheuere Zahl von Turnschriften, welche während der letzten drei Decennien von Turnlehreru im Druck erschienen sind, können wir hier nicht, die einzelnen beurtheilend, eingehen, sondern heben blos einige der wichtigsten größeren Werke hervor. In den bedeutendsten Schriften dürfen wir wol die drei Theile von Adolf Spieß zählen, deren erster Theil das Turnen in den Freiübungen, der zweite das Turnen in den Hangübungen, der dritte das Turnen in den Stemmübungen umfaßt [86]. Seine allgemeinen Ansichten und Urtheile stützen sich großentheils auf Jahn's Anschauungen und er hat auch Jahn's technische Wortformen beibehalten. Seine Eintheilungen und Unterabtheilungen gehören ihm allein an. Wir wollen hier zunächst nur einige seiner Grundansichten aufführen. Thl. I, S. 3 fg. wird bemerkt: „In der Turnkunst haben alle besonderen Uebungen ihren Vereinigungspunkt im allgemeinen

85) S. 140—144.   86) Basel 1840—1843.

Zwecke; ihre Mannigfaltigkeit bezeugt nur, wie viele einzelne Kräfte für denselben entwickelt werden sollen. Es erfordert darum die wissenschaftliche Anordnung und Betreibung der Turnkunst, daß alle besonderen Theile derselben in sich geordnet, wieder als Glieder eines zusammenhängenden Ganzen hervortreten, daß jede Intuart in ihrer Bedeutung erkannt, ihrem Umfange nach erschöpft und für das Ganze wohlthätig angewendet werde. — — Man überläßt mehr dem Leben diese Vorbereitung und Ausbildung, begnügt sich mit den Gelenkübungen, unter welchem Namen eine Anzahl trefflicher, aber zu keinem Ganzen erweiterte Reihe von Uebungen bekannt ist. Viele Turner bleiben daher, bei oft erlangter Meisterschaft in verschiedenen Turnarten, ungeübt und ungeschickt in Darstellungen, wo der freie Leib nur Uebung hat." Dann (S. 4): „von diesem Gesichtspunkte ausgehend ist nun hier der Versuch gemacht, diesem Bedürfnisse in einer geordneten Darstellung der «Freiübungen» abzuhelfen." Im zweiten Theile (S. 3) beginnt er mit folgender Ansicht: „Bei jeder That im Leben gilt es, auf den inneren Bestimmungsgrund zurückzugehen, das Wesen derselben selbst zu erkennen. Auch bei der Turnkunst sollen die werkthätigen Erscheinungen der vielgestalteten Uebungen in ihrer inneren Entstehung und Zusammensetzung gesucht werden, und zum Bewußtsein gelangen, welcherlei Kräfte bei jeder Turnübung im Spiel sind. Jede Untersuchung soll in einem Unterrichten zu Tage kommen, bei welchen alles Begriffene auch begreiflich wird, jeder Ausdruck den Gegenstand verständlich und treffend, und vor allem in der Muttersprache bezeichnet. Alles das gilt vom Turnen, gleichwie von jeder Wissenschaft und anderen Kunst." Der erste Theil seiner Turnschriften umfaßt demnach die Freiübungen, d. h. diejenigen Uebungen, welche der frei sich bewegende Leib, ohne irgend welches Turngeräth, ausführt. Alle Glieder des Leibes bewegen sich hier unbehindert ganz frei und vollbringen die in Angriff genommene Turnart. S. 5 bemerkt derselbe: „Indem die Freiübungen zunächst die Thätigkeiten der verschiedenen Leibestheile als solche und in den gewöhnlichsten Zuständen des Leibes üben, bilden sie an sich die Turnart, welche die Anfangsgründe aller Turnübungen enthält. Darum, und der einfachsten Vorkehrungen wegen, welche dabei erforderlich sind, können Schüler in frühem Lebensalter aus diesem Unterrichte mit Nutzen Theil nehmen. Der Thätigkeitstrieb des Alters, welches in so entschiedener Leibesentwicklung lebt, kann allseitiger und gesetzmäßiger geübt und gepflegt werden." Ferner bemerkt derselbe: „Aus allem, was bisher von dieser Turnart gesagt worden, ergibt sich, wie einfach und kunstvoll zugleich die Darstellungen derselben sein können, und wie gerade darum für das Turnen des weiblichen Geschlechts die Freiübungen eine Auswahl von Uebungen enthalten müssen, welche dem Zwecke und Bedürfniß in vieler Hinsicht entsprechen." — „Da die Freiübungen aber eine umgränzte Ausdehnung der Uebungen innerhalb der besonderen Turnart zulassen, die von der einfacheren und leichteren Stufe zusammengesetzteren und schwierigeren

hinaufsteigen, bleiben sie nicht nur Vorübungen, sondern sie bilden neben allen anderen Turnarten ein stets sich erweiterndes Glied, und bieten eine Reihe von Uebungen für Turner jeder Alters- und Fertigkeitsstufe." Nun folgt erstens ein vorbereitender Theil zu den Uebungen und dann die speciellen Turnarten, wie Gehen, Hüpfen, Springen, Standdrehen, Fußgang, dann die Stellungen im Gebiete dieser Freiübungen [87]: Stellungen nach den verschiedenen Fußgelenkthätigkeiten, Drehstellungen, Spreizstellungen, Kniebeugstellungen oder Hockstellungen, Fußübungen; Kniebübungen, Beinübungen, mit zahlreichen Unterabtheilungen, Rumpfübungen, Armübungen (S. 72), Kegelschwenken oder Bogenschwenken, Ellenbogenübungen (80 fg.), Handübungen, Kopfübungen. Dann die Gangarten und Schrittstellungen (93 fg.), Gangarten in den Hockstellungen u. s. w. Weiter wollen wir die Freiübungen hier nicht in Betracht ziehen. Die Zahl der Unterabtheilungen ist viel zu groß, als daß wir weiter darauf eingehen können.

Im zweiten Theile wird das Turnen in den Hangarten für beide Geschlechter, im dritten Theile das Turnen in den Stemmübungen für beide Geschlechter in ähnlicher Weise entwickelt. In der Einleitung zum zweiten Theil bemerkt er über seine Grundansichten in Beziehung auf die Hangübungen Folgendes [88]: „Bei Abfassung dieser Schrift hatte ich einerseits im Auge, alle bekannten und nicht bekannten Turnübungen, welche im hangenden Zustande, an den verschiedensten Geräthen dargestellt werden, in ein Gegliede einzuordnen, in welchem dann die Hangarten wieder, nach Gattungen eingereiht, auf ihre einfachsten Zustände zurückgeführt werden können und von diesen aus sich zu ihren zusammengesetzteren Verbindungen entwickeln lassen, damit der Turner sich gewöhne, alles, was er übt, mit Hinblick auf bestimmte Art der Thätigkeit auszuführen, und befähigt werde, den Umfang der Uebungen auf sicherem Wege selbst zu erweitern, und daß er endlich mit ordneter Einsicht stets das besondere Verhalten einzelner Glieder, sowie auch das des ganzen Leibes in diesem Zustande beherrschen lerne und mit Strenge bauen lasse." Dann: „Im vorbereitenden Theile zu den Uebungen sind die Hangthätigkeit an und für sich, die verschiedenen Hanggattungen, Hanglagen, Grundhang, Hangzustände und Hanggeräthe beschrieben, worauf die Hangübungen selbst folgen und zwar so, daß jede Hangart der verschiedenen Hanggattungen im einfachsten Zustande betrachtet wird, wovon sich dann die Nebenarten anreihen, und zuletzt die Glieder- und Gelenkthätigkeiten während des hangenden Zustandes. Daran schließt sich das Hangeln, Zuckhangen und hangeln, Hangschwingen und Hangdrehen in den gleichen Hangarten [89]."

Im dritten Theile wird also das Turnen in den Stemmübungen in Betracht gezogen, an welches sich endlich noch ein Anhang über die Liegeübungen anschließt. Im vorbereitenden Theil (S. 1 fg.) wird bemerkt: „Stemmen heißt der Zustand des Leibes, wobei

---

[87] S. 47 fg. 56 fg.   [88] Vgl. S. 7.   [89] S. 11.

derselbe durch Streckkraft einzelner oder mehrerer Leibestheile auf eine Stützfläche oder auf mehrere Stützflächen gehalten wird. Der Widerstand, welcher beim Stemmen von den Leibestheilen gegen die Last und das Fallen des Leibes ausgeübt wird, ist abhängig von der Kraft der Streckmuskeln; es ist somit das „Strecken" die Grundthätigkeit zum Stemmen, die Grundbewegung der das Stemmen ausübenden Glieder. Alle Leibestheile, welche willkürlich strecken können, sind geeignet, dem ganzen Leib oder einzelne Theile desselben, im Stemmen oder Stehen zu erhalten; es kommt somit der Streckseite des Leibes vornehmlich die Ausübung der Stemmthätigkeit zu." In Beziehung auf die Stemmgeräthe wird S. 34 fg. bemerkt: „Faßt man nun die Stemmübungen, ihre Verschiedenheit namentlich in Betreff des Stemmens auf den verschiedenen Leibestheilen, ferner in Betreff der Arten und Richtungen, in welchen sich der stemmende Leib fortbewegen kann, näher ins Auge, so ist es begreiflich, wie einerseits eine große Anzahl von Stemmgeräthen erforderlich ist, und wie andererseits auch viele Geräthe sich zur Darstellung von Stemmübungen eignen. Auf vielen einzelnen Stemmflächen und Geräthen sind bestimmte Stemmarten oder nur einzelne Stemmübungen darstellbar, welche eben von der besonderen Beschaffenheit der ersteren abhängig sind" u. s. w. Die Zahl der aufgeführten Uebungsarten im Stemmen ist nun erstaunlich groß und wir können hier dieselben nicht der Reihe nach in Betracht ziehen. Vier Tafeln mit Abbildungen von Turngeräthen sind dieser dritten Abtheilung beigegeben. Ein brauchbares Merkbuch ist auch H. E. Dieter's Merkbüchlein für Turner, 7. Aufl., Halle in der Buchhandlung des Waisenhauses erschienen. Hier sind viele neue Schemata des Turnens aufgeführt worden, welche man in früheren Turnschriften nicht findet. Eine interessante Abhandlung über die Leibesübungen an der Realschule zu Lippstadt, Lippstadt 1857, wurde mir in demselben Jahre von dem Verfasser Director Ostendorf zugeschickt. Man findet hier viel neue belehrende Ansichten. So sind über die Heilgymnastik und die diätetische Gymnastik sehr viel Schriften erschienen. Eine der frühesten ist wol die Gymnastik aus dem Gesichtspunkte der Diätetik und Psychologie von C. F. Koch, Magdeb. 1830. Derselbe hat später noch einige andere kleine Turnübungen betreffende Schriften herausgegeben. Seit dieser Zeit sind wenigstens ein halbes Hundert andere erschienen. Hier möge nur noch eine erwähnt werden: A. Löwenstein, über Rückgratsverkrümmung und die Heilgymnastik, Berlin 1869. Die diätetische Heilgymnastik ist überhaupt seit drei Decennien von Aerzten und Turnlehrern vielseitig in größeren und kleineren Schriften behandelt worden. Es würde zu weit führen, dieselben hier auch nur nach den Namen der Autoren hier sämmtlich zu erwähnen.

K. 9. Im Verlaufe der letzten Decennien hat man sich erfolgreich bemüht, das gesammte Gebiet des Turnens immer besser zu organisiren, sowie seit längerer Zeit bereits eine lehrreiche Turnzeitung als Organ der Turnlehrer und Turner sich geltend gemacht hat. Große

allgemeine und kleinere Turnfeste mit dem Gauturnen und Schauturnen sind bereits oft und an verschiedenen Orten mit glänzendem Erfolge aufgeführt worden. Die größeren Turngemeinschaften haben zugleich die Feuerwehr-Uebungen in ihr Gebiet gezogen, wobei die Steig- und Kletterübungen besonders hervorzuheben sind. Leider sind auch principielle Parteiungen in das Turnwesen eingedrungen. Wie H. Pröhle, Jahn's Leben S. 272, berichtet, waren die sogenannten Struve-Turner endlich gegen den alten Jahn empört, seitdem er in dem frankfurter Parlamente seine conservative Richtung gezeigt und seine Stimme für einen Kaiser hatte bekannt werden lassen. Ja die älteren Turner von der Hasenhaide sollen damals über die Entartung der Struve-Turner geweint haben. Die letzteren sollen die Absicht gehabt, den alten Jahn in Frankfurt zu ermorden. Wenigstens haben sie denselben in seinem verborgenen Schlupfwinkel aufgesucht und mißhandelt. Da hätte ja wirklich ein Kampf auf Leben und Tod zwischen diesen beiden Turngemeinschaften entstehen können.

Auf dem sechsten deutschen Turntage in Dresden bildete die Verbesserung des Grundgesetzes der deutschen Turnerschaft den Hauptgegenstand der Berathung. Die Hauptpunkte des Grundgesetzes wurden beibehalten und weitere Förderungsmittel der deutschen Turnsache dazu aufgenommen. Die sämmtlichen Turnvereine Deutschlands und Deutsch-Oesterreichs sind in fünfzehn Kreise eingetheilt, von denen jeder seinen Vertreter im Ausschusse haben soll. Dem Kreise Oesterreich hat der Turntag wegen der bedeutenden Größe des Kreises jetzt vier Vertreter genehmigt. Außer den Kreisvertretern, die von ihren Kreisen gewählt werden, besteht der Ausschuß aus fünf vom Kreise frei gewählten Mitgliedern. Die Kreise sind meist in Gaue getheilt, die ihre jährlich wechselnden Vororte bestimmen. So z. B. zählt der dreizehnte deutsche Turnkreis (Thüringen) zwölf Gaue. Der Ausschuß legt seine Rechenschaft dem alle vier Jahre stattfindenden Turntage dar. Auf je tausend zur deutschen Turnkasse steuernden Mitglieder der Turnvereine wird ein Abgeordneter gewählt. Vereine welche über fünfhundert Mitglieder haben, wählen sich für sich einen Abgeordneten.

Zum Schlusse haben wir nur noch die ehrenwerthe Bemühung der Turnbuchhandlung von G. F. Lenz in Berlin zu erwähnen, welcher eine Zusammenstellung der Schriften über Leibesübungen, eine bis 1862 vollständige Literatur der Turnkunst im Druck gegeben hat. Eine zweite Auflage erschien im J. 1862. Hier findet man auf vierzehn enggedruckten Seiten eine außerordentliche Anzahl größerer Werke und kleinerer Schriften, Schulprogramme u. s. w. über das Turnen aufgeführt, und eben deshalb wäre es hier eine überflüssige Bemühung, die Schriften für alle gegen das Turnen namhaft zu machen. Dasselbe kostet nur drei Silbergroschen und kann sich dasselbe jeder, auch der Unbemittelte verschaffen. Auch meine Schriften über die Gymnastik und Agonistik der

Hellenen sind S. 3 aufgeführt. I. Theagenes, II. Olympia, III. die Gymnastik und Agonistik der Hellenen in zwei Bänden mit 36 Tafeln Abbildungen, Leipz. 1841. Uebergangen ist in dem Verzeichniß von Lenz noch eine Schrift über die Pythien, Nemeen und Isthmien, nächst den Olympien die gefeiertesten Festspiele in Hellas (Leipz. 1841) mit drei Tafeln mit Abbildungen.

Hier nur noch einige Worte über die theatralische oder Schaugymnastik der Vereiter und Seiltänzer. ·

K. 10. Theatralische oder Schaugymnastik.

Die theatralische Gymnastik (d. h. das Gesammtgebiet gymnastischer Productionen, athletischer Kraftäußerungen und Bravourstücke), welche vor einem versammelten Publicum für Geld auftritt und auf Bewunderung der Zuschauer berechnet ist, hat in unserer Zeit so eminente Fortschritte gemacht, daß alles, was die alte Welt in dieser Beziehung geleistet hat, schwerlich damit verglichen werden kann, und daß auch die bedeutenden Kunststichmata der modernen Turnkunst dagegen nicht aufkommen. Die Productionen, welche nur durch die äußerste Elasticität, Geschmeidigkeit und Biegsamkeit des menschlichen Körpers in täglicher Uebung möglich sind, haben eine so hohe Stufe der Vollkommenheit erreicht, daß kein anderes organisches Wesen unseres Planeten bei aller Gelehrigkeit nicht im Stande sein würde Aehnliches hervorzubringen, selbst das Eichhörnchen nicht, welches gleichsam fliegend sich von dem Zweige des einen Baumes auf den Zweig eines benachbarten schwingt. Das Ungeheuerste, das Unglaubliche wird zur Ausführung gebracht. Man möchte glauben, diese Künstler bestehen aus knochenlosen Leibern, da sie auf die mannigfachste Weise sich zu biegen vermögen und unzählige Glieder des Leibes mit einander in Verbindung bringen, welche der gewöhnliche Mensch nicht entfernt einander zu nähern vermag. Ich habe erlust in Weimar einen jugendlichen schlanken schönen Gymnastiker dieser Art über die Rücken von vier nebeneinanderstehenden Pferden hinwegspringen gesehen. Er vermochte außerdem ganz Außerordentliches auszuführen. Dazu die Erstaunen erregende Tragbarkeit, indem Personen, immer die eine über der andern, von dem auf dem Boden stehenden emporgehalten werden, welche, indem sie herabspringen, wieder ihre kunstvollen Bewegungen ausführen.. Ganz unbekannt waren allerdings diese Leistungen den alten Griechen nicht[90]. Besonders scheint zu Alexandria und zu Antiochia, den späteren Metropolen des Hellenismus, viel hierin geleistet worden zu sein, sowie es auch hier an Seiltänzern nicht fehlte, welche noch im Mittelalter aus Asien kommend auch zu Constantinopel dieselben Künste aufzuführen vermochten, welche noch gegenwärtig an den modernen Akrobaten bewundert werden. Im Allgemeinen aber standen im Alterthum theatralisch-gymnastische Künste mehr mit der Orchestik, insbesondere mit der Pantomimik, in näherer Verwandtschaft, als mit der eigentlichen griechischen Gymnastik. Und auch die gegenwärtige Schaugymnastik dieser Art von Künstlern hat eigentlich mit der reinen Gymnastik

---

[90] Vgl. Xenoph., Conviv. c. 7. 9.

---

der alten Hellenen nichts zu schaffen, da weder Wettlauf, Sprung Discus- und Speerwurf, noch Ringkampf (dieser jedoch bisweilen), Pentathlon und Pankration hier zur Aufführung kommen. Den Wettlauf üben und zeigen in unserer Zeit besondere Wettläufer, welche ankündigen, in wenigen Minuten einen bestimmten Raum zu durchmessen. Besondere Sprünge kommen in der modernen Theater-Pantomimik vor. Auch kommt es vor, daß ein neuer Hercules, welchen stolzen Namen er auch wol adoptirt hat, zum Ringkampfe mit ihm auffordert und demjenigen einen Preis zusagt, welcher ihn zu besiegen vermag. Doch bleiben alle diese Productionen extravagante Einzelnheiten, welche eine eigentliche Vergleichung mit der alten griechischen Gymnastik nicht gestatten. Die gegenwärtige Turnkunst hat jedoch Einiges aus dieser modernen Schaugymnastik adoptirt.

(J. H. Krause.)

GYMNASTIK (medicinische), Heilgymnastik, schwedische Gymnastik. Jene auf die Stellungsänderung der Skelettheile (ausnahmsweise auch einzelner weicher Wandungen) gerichteten Bewegungen erfolgen durch sogenannte willkürliche Muskeln, sind somit selbst der Willkür unterworfen und insofern der Erziehung zugänglich. Es bedarf keiner besonderen Beobachtungsgabe, um wahrzunehmen, daß das Benehmen einer größeren Anzahl von Individuen eines unter sonst gleichen Verhältnissen lebenden Volkes oder Stammes große Verschiedenheiten zeigt, bedingt durch mannigfache Nüancirung der gewöhnlichsten Bewegungen in Folge einer ungleichen Uebung des gesammten Muskelsystems. Wenn in diesem Falle gewissermaßen das Product einer ungleichen individuellen Muskelerziehung vor Augen tritt, so wird dagegen eine schärfer ausgeprägte und noch umständlichen auch eine größere Anzahl von Individuen einschließende Nüancirung des Bewegungsmodus hervortreten, wenn eine der größeren oder auch nur beschränkteren Gruppe von Individuen eines Volkes erziehungsmäßig methodisch angeordnete Muskelbewegungen in den Vordergrund treten. Im Alterthume finden wir bei den Griechen solche methodische Muskelbewegungen in den Gymnasien oder Gymnastierien, worin junge Leute in den nöthigen Leibesübungen behufs der Aufführung von Festchören unterrichtet wurden. Die dadurch erwachsenden Kosten hatte ein für einen gewissen Zeitraum erwählter Gymnastarch zu tragen. In einer anderen Art von Gymnasten wurden bei den Griechen, und späterhin auch bei den Römern, die in den Wettkämpfen auftretenden Athleten (Fechter) geübt und ausgebildet. Diese Ausbildung besorgten sogenannte Gymnasten (Fechtmeister), denen auch die Untersuchung und Prüfung jener in die Kampfschule Aufzunehmenden hinsichtlich ihrer Körperbeschaffenheit und Gesundheit, ihres Alters, auch wol ihres Temperaments oblag. Von daher entstammt die Bezeichnung Gymnastice (Gymnastik) für systematische oder methodische Muskelbewegungen oder Leibesübungen.

Die Gymnastik des griechischen Alterthums war einerseits eine agonistische, insofern die vorgenommenen

Uebungen dazu befähigen sollten, in den verschiedenartigen Preiswettkämpfen aufzutreten, andererseits war sie eine ästhetische, nämlich darauf berechnet, in ausdrucksvoller und kräftiger Weise die Schönheit und Gewandtheit des menschlichen Körpers zur Anschauung zu bringen. Die bei den Römern vorzugsweise geübte Gymnastik sollte die Jugend kriegstüchtig machen, es war also eine militärische Gymnastik; in den Kämpfschulen -oder Athletenhäusern wurde außerdem bei ihnen die eigentlich agonistische Gymnastik getrieben. Einzelne gymnastische Specialitäten sind bei den verschiedenen Culturvölkern, nicht minder aber auch bei rohen Naturvölkern, mehr oder weniger verbreitet in Gebrauch gekommen. Eine mehr umfassende, allseitige Gymnastik, wodurch die körperliche und indirect auch die geistige Ausbildung gefördert werden sollte, wurde aber durch Vieth, GutsMuths, Salzmann in den Erziehungsplan für die Jugend aufgenommen, und daraus ist weiterhin das durch Jahn, Eiselen· gepflegte Turnen hervorgegangen. Alle genannten Arten methodischer Muskelbewegungen, die in zahlreiche Unterarten zerfallen, lassen sich aber unter dem Begriffe der **pädagogischen Gymnastik** zusammenfassen; ein heilkünstlerischer, eigentlich therapeutischer Gesichtspunkt macht sich dabei nicht geltend, wenn man auch diesen oder jenen methodischen Muskelbewegungen die Fähigkeit, Erkrankung abzuhalten oder prophylaktisch zu wirken, vindicirte. Hippocrates statuirt sogar einen gewissen Gegensatz zwischen Gymnastik und Medicin in den Worten: gymnastice non opus habet permutatione, sed medicina, was soviel sagen soll, daß die Gymnastik keinerlei Veränderung im Zustande des Körpers erstrebt, wol aber die Medicin. Nach Plato und Galenus beschäftigt sich die Gymnastik, gleichwie die Diätetik, mit Gesunden, beide gehören ins Gebiet der Hygieine und stehen der Medicin gegenüber.

Seit dem vierten Decennium des 19. Jahrh. gelangte jedoch in Schweden die Gymnastik zur Geltung, die sich einerseits als pädagogische Gymnastik, gleich dem deutschen Turnen, charakterisirte, andererseits aber auch die Beseitigung bestimmter krankhafter Zustände ins Auge faßte. Rasch verbreitete sich diese Form der Gymnastik, unter Voranstellung der medicinisch-therapeutischen Seite, während des fünften und sechsten Decenniums in den verschiedenen Ländern Europas, zunächst unter den Bezeichnungen **schwedische Gymnastik** oder **Ling's Gymnastik**. Zur Unterscheidung von der pädagogischen Gymnastik dienten aber die Benennungen **medicinische Gymnastik** oder **Heilgymnastik**. Man hat diese Gymnastik ferner als **Bewegungsheilmethode** oder **Bewegungsheilkunde** bezeichnet, um den wesentlichen Charakter derselben, die Hebung krankhafter Zustände durch methodisch angeordnete Bewegungen hervorzuheben. Das ist die Uebersetzung des von Georgii eingeführten griechischen Namens Kinesitherapie, den man unrichtig auch in Kinesipathie umgeändert hat. Kinesiatrik (Schreber) drückt dasselbe aus, wogegen die Bezeichnung Kinesiologie (Dally) nicht das Rechte trifft.

Man wird nicht in Abrede stellen dürfen, daß die

Geschichte der Medicin darthut, wie hin und wieder einzelne Curmittel der Heilgymnastik bereits vor dem Bekanntwerden des schwedischen Verfahrens in Anwendung gekommen sind; nichtsdestoweniger steht es aber auch wiederum fest, daß die Heilgymnastik erst von Schweden aus zum Range einer rationellen Curmethode sich erhoben hat. Den Anstoß dazu gab der im J. 1777 geborene schwedische Nationaldichter und Fechtmeister àn Lund P. H. Ling, welcher 1831 bei den Reichsständen den Antrag stellte, die Gymnastik, namentlich eine für militärische Ausbildung berechnete Wehrgymnastik, zur Nationalsache zu machen. Nach Bewilligung der nöthigen Gelder eröffnete Ling 1834 in Stockholm das gymnastische Staats-Centralinstitut, dem er jedoch bereits 1839 durch den Tod entrissen wurde. · Ling's Schüler Branting übernahm das ledig gewordene Directorat des Instituts, an dem bisher von Ling auch die Heilgymnastik gelehrt und geübt worden war. Neben dem Centralinstitut gründete dann Sätherberg, der 1846 bei Branting die Heilgymnastik erlernt hatte, ein gymnastisch-orthopädisches Institut in Stockholm, und hatte sich derselbe dabei alsbald einer Staatsunterstützung zu erfreuen. Außerdem entstanden noch in Lund und in Christiania gymnastische Anstalten im Sinne Ling's. C. U. Sondén, als Arzt, besonders in irrenärztlicher und staatsärztlicher Hinsicht im Norden eine bedeutende Autorität, führte in seiner dem Drucke übergebenen „Rede über Gymnastik als Bildungsmittel und Heilkunst, gehalten in der allgemeinen skandinavischen Naturforscherversammlung zu Kopenhagen am 8. Juli 1840", zuerst dem gesammten ärztlichen Publicum die neue Heilmethode vor; er bespricht im Näheren durch Ling eingeführte passive Bewegungen (Streichen, Klopfen, Hacken, Erschüttern, Drücken) und findet, daß die Heilgymnastik bei den meisten Krankheiten zulässig sei, etwa Fieber und Entzündungen ausgenommen.

England machte schon 1842 die erste Bekanntschaft mit der Heilgymnastik. Dieselbe kam aber dort besonders in Aufnahme, als der bisherige Lehrer am stockholmer Centralinstitute, Oberlieutenant Georgii, der zur Begründung eines gymnastischen Instituts nach Paris berufen worden war und durch den Ausbruch der Februarrevolution von 1848 an der Ausführung behindert wurde, nach London ging und dort ein Institut errichtete, das sich alsbald eines großen Vertrauens zu erfreuen hatte.

Nach Rußland wurde die schwedische Gymnastik ganz frühzeitig durch einen Schüler Ling's, den schwedischen Officier C. F. de Ron verpflanzt. Derselbe trat zuerst in Helsingfors, dann seit 1837 in Petersburg als gymnastischer Lehrer auf, gründete mit bedeutenden Opfern ein gymnastisches Institut und heilte daran zahlreiche Kranke, darunter auch zwei namhafte Aerzte. In Folge dessen forderte der Kaiser vom Obermedicinalcollegium einen Bericht über diese Angelegenheit, der entschieden zu Gunsten der „neuen auf anatomisch-physiologische Grundsätze basirten" Gymnastik ausfiel, und wurde darauf dem Ron'schen Institute ein jährlicher Zuschuß von 10,000 Silberrubeln bewilligt unter der

Bedingung, daß dasselbe theils gewisse ihm zuzusendende Kranke behandle, theils Lehrer ausbilde. Schon 1846 bis 1849 wurden daselbst jährlich 200 bis 250 Kranke behandelt.

Deutschland wurde die schwedische Gymnastik zunächst von Preußen aus eingeführt. Schon 1845 wurden zwei Officiere, Rothstein und Techow, nach Stockholm geschickt, um sich dort für militärische Zwecke gymnastisch auszubilden. In Folge ihres günstigen Berichts wurde 1846 die Errichtung einer Staatscentralanstalt beschlossen, die auch 1847 in Berlin eröffnet wurde. Diese Anstalt verfolgte wesentlich die Bildung von Turnlehrern für das Militär, cultivirte also in der Hauptsache pädagogische Gymnastik; doch wurden auch schon gymnastische Heilübungen für die Geisteskranken der Charité daselbst eingeführt. Gleichzeitig wurden die Aerzte durch eine kleine Schrift: Die schwedische nationale und medicinische Gymnastik, von Prof. Herm. Eberh. Richter. Leipzig und Dresden, 1845 auf die neue Curmethode aufmerksam gemacht, und es erschienen auch: P. H. Ling's Schriften über Leibesübungen; aus dem Schwedischen übersetzt von H. F. Maßmann, Magdeb. 1847. Dieses Buch enthält wesentlich nur Bruchstücke, die nach Ling's Tode von Dr. Liedbeck und Georgii, Lehrern an dem stockholmer Centralinstitute, zusammengestellt wurden. Eine mehr erschöpfende Darstellung lieferte das Werk von H. Rothstein: Die Gymnastik nach dem System des Gymnasiarchen P. H. Ling. 1. Th. 444 S. Berlin 1848; 2. Th. Pädagogische Gymnastik, 218 S. Berlin 1847; 3. Th. Heilgymnastik, 130 S. Berlin 1847; 4. Th. Wehrgymnastik, Berlin 1851. — Ferner hatte der Kreisphysikus A. C. Neumann in Graudenz im J. 1847 in Stockholm die schwedische Heilgymnastik studirt, auch an seinem eigenen schwächlichen Körper erprobt und hierauf in seine Praxis aufgenommen, indem er ein eigenes Institut dafür errichtete. Dies gab dem preußischen Ministerium Veranlassung, den Dr. Neumann auf Staatskosten 2 Jahre lang zum Besuche der heilgymnastischen Anstalten in Stockholm, Petersburg und London zu entsenden und derselbe veröffentlichte seinen Bericht durch Herausgabe folgenden Werkes: Die Heilgymnastik oder die Kunst der Leibesübungen, angewandt zur Heilung von Krankheiten, nach dem System des Schweden Ling und seiner Schüler Branting, Georgii und de Ron, sowie nach eigenen Ansichten und Erfahrungen. Berlin 1852 8. 431 S. Dieses für die physiologische und therapeutische Seite der Heilgymnastik Epoche machende Werk erschien dann wieder umgearbeitet unter dem Titel: Therapie der chronischen Krankheiten vom heilorganischen Standpunkte. Die Heilgymnastik oder die Kunst der Leibesübungen, angewandt zur Heilung von Krankheiten, der großen Idee des Schweden Ling gemäß nach eigenen Ansichten und Erfahrungen geordnet von Dr. A. C. Neumann. 2. Aufl. Leipzig 1857, 390 S. Als Einleitung oder zur näheren physiologischen Begründung

sollten aber 2 andere Werke des nämlichen Verfassers dienen: Das Muskelleben des Menschen in Beziehung auf Heilgymnastik und Turnen, Berlin 1855 254 S. Lehrbuch der Leibesübung des Menschen in Bezug auf Heilorganik, Turnen und Diätetik, Berlin 1856, 1. Bd. Allgemeine Bewegungs- und Körperstellungslehre, 284 S. 2. Bd. Besondere Bewegungslehre des Menschenleibes, 320 S. Seit Anfang des Jahres 1853 siedelte Neumann nebst einem Theile seiner gymnastischen Gehülfen nach Berlin über und eröffnete hier aus eigenen Mitteln einen gymnastischen Cursaal, welcher bald von Kranken sowol, wie von in- und ausländischen Aerzten sehr besucht wurde. Als Neumann späterhin auch die pädagogische Gymnastik theilweise mit aufnahm, nannte er seine Anstalt Institut für Heil- und pädagogische Gymnastik. Weiterhin ist dann in 2 anerkannten berliner Privatinstituten, in jenem von Eulenburg und in dem orthopädisch-gymnastischen Institute von Berend, unter Beiziehung von in Stockholm gebildeten Gymnasten, die Heilgymnastik in ziemlich ausgedehntem Maße zur Anwendung gelangt. — In Dresden wurden im Frühjahre 1853 gleichzeitig zwei heilgymnastische Anstalten eröffnet, die eine von Dr. Flemming jun., die andere vom Turnlehrer Eichhorn, der vom Professor H. E. Richter und vom Dr. Friedrich unterstützt wurde. Um die gleiche Zeit gründete auch Turnlehrer Nitzsche, unter Beihülfe des Dr. O. L. Göpel, in Freiberg ein Institut für schwedische Heilgymnastik. Allmälig aber schossen derartige Anstalten an den verschiedensten Punkten Deutschlands auf, in Gießen, Cassel, Stettin, Frankfurt am Main, Bonn, Halle und anderwärts. Sehr gewöhnlich fand die Heilgymnastik mehr oder weniger nur als Beihülfe anderer Anstaltszwecke (Orthopädie, Wasserheilkunde, Kiefernnadelbäder, Elektricität, chronische Krankheiten, Turnübungen) hervor, und wurden derartige Institute auch mehrfach von einfachen Turnlehrern errichtet, sodaß man sich in Baiern zu der zweckgemäßen Verordnung veranlaßt fand, den Betrieb der Heilgymnastik von einer Concession abhängig zu machen, die in der Regel nur Aerzten zu ertheilen sei.

Nach Oesterreich wurde die schwedische Heilgymnastik durch Dr. Melzier verpflanzt. Nachdem derselbe 1851 mit Dr. Eulenburg am stockholmer Institute gelernt und ein Privatissimum Branting's benutzt hatte, eröffnete er im August 1852 in Wien ein Institut. Streng und Andere errichteten nach ihm heilgymnastische Institute.

In Frankreich lernte man zunächst durch A. Georgii (Kinésithérapie ou Traitement des maladies par le mouvement selon la méthode de Ling, Par. 1847) die medicinische Gymnastik kennen; sie kam in Paris im Hôpital des enfants malades zur Anwendung, und Blache konnte alsbald über recht günstige Erfolge bei Behandlung des Weitstanzes berichten. Durch Ch. Heifer (Traité de gymnastique raisonnée, au point de vue orthopédique, hygiénique et médical etc. Par. 1854) wurde sie dann auch in Strasburg geübt.

51

Technik der Heilgymnastik.

Die in der Heilgymnastik zur Verwendung kommenden Bewegungen unterscheidet man als active, passive und duplicirte.

1) Die activen Bewegungen, die von jeher in der pädagogischen Gymnastik zur vollsten Anerkennung gekommen sind, hat man von verschiedenen Seiten her als außerhalb der Heilgymnastik liegend darzustellen versucht. Von solcher Uebertreibung hielten sich Ling und dessen londoner Schüler fern; sie betrieben vielfach active Uebungen. Man wird auch H. E. Richter, dem beredten Kämpfer für pädagogische sowol als medicinische Gymnastik, nur durchaus beistimmen dürfen, wenn er sich über diesen Punkt dahin äußert, daß zahlreiche Unterleibs- und Brustkranke, Skrofulöse und beginnende Tuberkulöse, Bleichsüchtige, Nervenschwache, Hypochondristen und Andere längst, bevor ein Cursaal in Deutschland existirte, auf den Turnplätzen gebessert oder geheilt, manchmal zu ganz andern Menschen gemacht worden sind.

2) Die passiven Bewegungen, an den meistentheils ruhenden Muskeln durch eine von außen einwirkende Kraft ausgeführt, zerfallen in 2 aus einander zu haltende Arten. a) Es sind Bewegungen, die in den verschiedenen Gelenken vor sich gehen, je nach deren Anordnung als Beugung, Streckung, Obduction, Abduction, Rollung sich darstellen, und die in gleicher Weise auch durch willkürliche Muskeln ausführbar sind. Bei Gelenksteifigkeit, bei Muskel- und Sehnenverkürzungen werden derartige passive Bewegungen passen. Auch kann man mittels solcher passiven Bewegungen wol eine Art Eindrückung von Gefäßstämmen erreichen, und dadurch vielleicht in deren Stromgebiete die Aufsaugung fördern oder Congestion erzeugen. b) Durch gewisse von fremder oder auch von eigner Hand ausgeführte Manipulationen (Reiben, Streichen, Pochen, Klopfen, Drücken, Kneten, Hacken) werden die betroffenen Körpertheile und deren Contente in eigenthümliche Bewegung versetzt. Solche Manipulationen können bei Nervenleiden als Beruhigungs-, Ableitungs- oder örtliches Erregungsmittel wirken, sie können örtliche Blutanhäufung vermehren oder beschränken, die Aufsaugung oder Umbildung beeinflussen, Muskelcontractionen erwecken, seien es typische (der ausgedehnten Gebärmutter oder der Gedärme durch Druck, durch Reibung) oder restectorische (Zuckungen paralytischer Muskeln durch Hackung oder Punkterschütterung). Es wird bei den Manipulationen wesentlich darauf ankommen, daß der richtige Fleck des Körpers getroffen wird, oder daß die Einwirkung immer eine bestimmte Richtung nach dem Verlaufe der Gedärme, der Gefäße, der Nerven, der Ausführungsgänge u. f. w. einhält.

3) Die duplicirten Bewegungen, deren therapeutische Verwendung eingeführt zu haben das wesentliche Verdienst der schwedischen Gymnastik ist, bilden die wichtigste Seite der Heilgymnastik. Die Bezeichnung stützt sich auf den Umstand, daß simultan auf bestimmte Körpertheile zweierlei Bewegungen einwirken, passive durch ein äußeres Medium ertheilte und active von dem betheiligten Individuum selbst ausgeführte. Der Arzt nämlich oder der nach seiner Anweisung handelnde Heilgehülfe, der in der heilgymnastischen Schule als Gymnast bezeichnet wird, sucht einem Körpertheile eine genau bemessene Stellung zu ertheilen, der Kranke aber wirkt durch einzelne willkürliche Muskeln oder Muskelgruppen diesem Bemühen entgegen, und so gestaltet sich ein localisirter lebendiger Widerstand zwischen dem Kranken und dem Gymnasten. Ist der Gymnast gut geschult, dann lassen sich die duplicirten Bewegungen mit großer Genauigkeit localisiren. Sie mächen es auch möglich, die Blutströmung nach einzelnen Theilen hin zu leiten und damit auf die örtliche und allgemeine Ernährung oder Innervation kräftig einzuwirken, ohne daß man zu fürchten hätte, dabei die Herzthätigkeit und das Athemholen so sehr in Unruhe zu versetzen, wie etwa durch Turnübungen; sie werden deshalb in der gymnastischen Krankenbehandlung stets eine bedeutende Rolle spielen. Mit A. E. Neumann darf man übrigens einen Unterschied darin finden, ob die betheiligten Muskeln oder Muskelgruppen bei Einleitung des Widerstandes sich in excentrischer Contraction, das heißt in Verlängerung befinden, oder ob sie im Zustande concentrischer Contraction, das heißt der Verkürzung des Muskelbruchs, in Anspruch genommen werden. Wenn abwechselnd excentrische und concentrische Contraction dabei obwaltet, so wird diese hin und her duplicirte Bewegung von Neumann als doppeltduplicirte Bewegung bezeichnet. Für einzelne Fälle wird die eine oder die andere dieser Modificationen den Vorzug verdienen, obwol man sich der Annahme nicht verschließen kann, daß Neumann zu weit geht, wenn er denselben ganz verschiedenartige Wirkungen beimißt, der concentrischen namentlich eine Steigerung der Resorption, der excentrischen eine Steigerung der Neubildung zuerkennen will.

Außer diesen Hauptarten der Bewegung unterscheidet man auch wol allgemeine (allgliederige, alltheilige) Uebungen, die den gesammten Körper mehr oder weniger gleichförmig in Anspruch nehmen, von localisirten (einzelgliederigen, einzeltheiligen). Letztere hat Georgii als specifische, Stromeyer als specialisirte bezeichnet.

In einer frequentirten heilgymnastischen Anstalt sind die dem anordnenden sachverständigen Arzte beihelfenden Gymnasten nicht zu entbehren. Im medicinisch-mechanischen Institute des Dr. G. Zauder in Stockholm ist zwar der Versuch gemacht worden, die Bewegungen anstatt durch Menschenhände, d. h. Gymnasten, durch Maschinen oder besonders construirte Apparate auszuführen, und es wurde dieser mechanischen Gymnastik namentlich nachgerühmt, daß man mittels derselben auf bestimmte isolirte Muskelgruppen zu wirken und die Stärke der Bewegungen einigermaßen zu regeln im Stande sei. Dagegen hat aber der Lehrer am Centralinstitute in Stockholm Dr. J. J. Hartelius (Gymnastika Jakttagelser, Stockh. 1865) wohlbegründete Einsprache erhoben. Uebrigens bedarf man in einer solchen Anstalt ebenso gut weibliche wie männliche Gymnasten. Wol die Hälfte der Patienten pflegt dem weiblichen Geschlechte anzugehören; davon stehen die meisten als Jungfrauen in den Entwicklungsjahren, mit skoliotischer Anlage und mit solcher Nervenreizbarkeit behaftet, daß die bei passiven und duplicirten Bewegungen und Firirungen unvermeidlichen und tagtäglich sich wiederholenden Bemühungen, falls sie durch Männerhände ausgeführt würden, zu gerechten Bedenken Anlaß geben müßten.

Besonderen Werth legt die Heilgymnastik auf die sogenannten Ausgangsstellungen, d. h. jene Muskel- und Gelenkhaltungen, welche während einer bestimmten Uebung einzelner Theile vom übrigen Körper, der unterdessen mehr oder weniger ruht, eingenommen werden. Zur Herstellung fester Ausgangsstellungen dienen auch einzelne eigenthümliche Geräthschaften, namentlich Klappgestelle, der schräge Schwebebaum (Wippmast), das Spanngestell. Ein eigenthümliches, zur Brusterschütterung brauchbares, elastisch vibrirendes Wippbret wurde von Dr. Sätherberg eingeführt.

Wenn ein bestimmtes therapeutisches Ziel durch Gymnastik erreicht werden soll, so müssen methodische, hinsichtlich der Aufeinanderfolge und der Dauer genau bestimmte Bewegungen zur Ausführung kommen, welche der Gymnast als Stellvertreter des Arztes überwacht und je nach der Besonderheit des Falles durch eigenes Eingreifen vervollständigt. Es war deßhalb nicht zu umgehen, daß eine gewisse Terminologie erschaffen wurde, um die ärztliche Verordnung, gleichsam das heilgymnastische Recept, dem Kranken oder dem Gymnasten kurz und bündig vor Augen zu führen. Die schwedische Schule nahm sich bei der Erschaffung einer solchen Terminologie in gewisser Beziehung die systematische Botanik zum Muster: die auszuführende active, passive oder duplicirte Bewegung wird in der Form eines Hauptwortes angegeben, die dabei anzunehmende Ausgangsstellung aber wird als Beiwort vorgesetzt. So wird z. B. die bei gespreizter Stellung der Beine ausgeführte Vorwärtsbeugung des Oberkörpers als „spaltstehende Vorbeugung" bezeichnet. So einfach freilich gestaltet sich die heilgymnastische Terminologie selten, die consequente Durchführung derselben führt vielmehr zu ganz ungeheuerlichen, die Brauchbarkeit entschieden beschränkenden Benennungen, wie „Linksstreckrechtsgang stehende Kopfrückbeugung" oder „Rechtsecklinksecklinksstreckhochspalt sitzende Links-Arm-Rollung". Die Sache wird auch dadurch nicht gerade geändert, wenn in der schriftlichen Anweisung, welche der Arzt dem Gymnasten giebt, Abkürzungen vorgenommen werden, sodaß z. B. eine solche Anweisung bei Neumann lautet: L. str. l. w. sp. b. lgd. ○—○, das „Linksstrecklinkswend-spaltbeinliegende Haltung" bedeutet.

Die Heilgymnastik läßt sich für einzelne therapeutische Methoden verwerthen, und zwar nach H. E. Richter's Darstellung für ableitende, zertheilende, stuhlbefördernde Curen.

a) Als ableitende Methode kommt die Heilgymnastik fast bei allen Kopf-, Brust-, Unterleibs- und Rückenkrankheiten einleitend zur Anwendung, und auch bei der weiteren heilgymnastischen Behandlung spielt die ableitende Wirkung oftmals eine Rolle. In solcher Weise wirken zunächst Bewegungen der Hände, Vorder- oder Oberarme, der Füße, des Unter- oder Oberschenkels, der Hüft- und Lendengegend, und zwar je nach Umständen bald passiv, bald duplicirt, bald activ ausgeführt, indem jede dieser Bewegungsweisen, wenn sie hinreichend lange, kräftig und exact ausgeführt werden, dazu dient, das Blut in die Extremitäten reichlicher einströmen zu machen. Insbesondere dienen hierzu Rollungen (Trichterkreisung mit den Fußspitzen, mit dem Oberschenkel), Beugungen und Streckungen (des Unterfußes im Zehen- und Fersenstand), Tibial- und Fibulardrehung des Fußes, Radial- und Ulnarbewegung der Hand, Arendrehungen (des Vorderarms, des Rumpfes). Von den Manipulationen gehören hierher Streichungen, Reibungen, Hackungen, Klopfungen u. dgl.

b) Als zertheilende Cur kann man es bezeichnen, wenn die Heilgymnastik bei Blutstauungen in der Leber, in varikösen Venen, ferner bei Exsudaten und Infiltrationen in Anwendung kommt. Also wirken allgemeine active Bewegungen, z. B. die Morgenpromenaden bei vielen Brunnencuren, außerdem passive Bewegungen bei den verschiedenen Manipulationen des Knetens, Drückens, Klopfens, Streichens, Erschütterns u. f. w.

c) Stuhlbeförderung ist von jeher eine Aufgabe der Gymnastik überhaupt gewesen, und der Heilgymnastik fällt diese Aufgabe in verstärktem Grade anheim. Sie benutzt dazu active und duplicirte Bewegungen der Bauch- und Lendenmuskeln, sowie mancherlei Manipulationen, namentlich die erschütternden und erregenden, wie Walkungen, Knetungen, Hackungen, Streichungen, Zirkelreibungen u. f. w. auf die Därme, besonders den Dickdarm, vom Blinddarm anfangend und zum Colon adscendens, Colon transversum, Colon descendens fortschreitend, alles bei möglichst straffgespannten Bauchdecken. Die stuhlbefördernden Curen durch Heilgymnastik haben nicht selten einen ziemlich raschen, entschiedene Ueberzeugung schaffenden Erfolg, indem Patienten, welche schon an immense Gaben drastischer Abführmittel gewöhnt waren, binnen wenigen Wochen durch Gymnastik ohne alle Arznei geregelten Stuhl bekamen. Daher sind auch gerade diese Curen geeignet, der Heilgymnastik neue Freunde zu erwerben. Auch ist die stuhlfördernde Wirkung der Heilgymnastik wahrscheinlich die Hauptsache bei manchen derselben zugeschriebenen Heilungen bei Hypochondrie, Leberleiden, Blähungsbeschwerden, Kopfaffectionen.

Die Anwendung der Heilgymnastik bei den wichtigern Krankheitsclassen gestaltet sich in der Hauptsache folgendermaßen:

Bei Kopfkrankheiten, besonders Hirn- und Hirnhautaffectionen, passen vor allem Ableitungen zu den Armen und Beinen, die anfangs vielleicht nur durch rein passive Bewegungen bewirkt werden, sowie stuhlbefördernde gymnastische Einwirkungen; ferner gewisse Kopfbewegungen, anfangs oder überhaupt passive, in anderen Fällen auch active und duplicirte, wie Kopfbeugen (rechts, links, vor- oder rückwärts, gerade oder

51*

in seitlicher Drehung), Kopfdrehungen, Kopfrollungen; desgleichen Bearbeitungen der Kopf- und Nackengegend durch Reibung, Sägung, Drückung, Erschütterung, Hackung, Klopfung. Bei Geisteskranken und Hypochondristen wird neben den ableitenden und stuhlbefördernden Bewegungen überhaupt pädagogische Gymnastik in Anwendung kommen. Bei allgemeiner nervöser Empfindlichkeit, Schlaflosigkeit, Chorea, Epilepsie wird die ableitende Methode am Platze sein, und wird durch besondere Uebungen eine Beherrschung der willkürlichen Muskeln erzielt werden müssen.

Brustkrankheiten verlangen im Allgemeinen ableitende Uebungen, die Athmung fördernde Stellungen, gewisse active, passive oder duplicirte Armbewegungen, wie Rollen, Beugen, Heben, ferner Oberkörperbewegungen und gewisse Manipulationen am Brustkasten, bezüglich an den zur Einwirkung auf die Brustorgane geeigneten Stellen des Rückens, der Lenden und Hypochondrien, z. B. Sägungen und Streichungen (am besten in die Intercostalräume hinein), Punktirungen und Erschütterungen (ebenso), Klopfungen (z. B. mit gespreizten Fingern über den ganzen Brustkorb), Klatschungen (ebenso), Pochungen (in den Rücken), Reibungen und Bürstungen, Drückungen unter den Rippen hinein. Vor allem wird der Heilgymnastiker zu erwägen haben, ob die Natur der vorliegenden Krankheit eine Erweiterung oder Verengerung des Brustkorbes, eine Beförderung oder Beschränkung der Einathmung oder Ausathmung verlangt, und auf welchen Theil des Brustkorbes speciell eingewirkt werden soll. Dies gilt auch von den beiden wichtigsten Brustkrankheiten, gegen welche die Heilgymnastik sich bisher bewährt hat, der Lungentuberkulose und dem Emphysem. Die Lungentuberkulose oder die dazu führenden krankhaften Zustände verlangen im Allgemeinen eine Erweiterung des Brustkorbs. Jenes Lungenemphysem, welches sich aus einem mit Absonderung zähen Schleimes verbundenen Bronchialkatarrhe zu entwickeln pflegt, beide Lungen befällt und cyanotische Blutmischung, Hinabschiebung des Zwerchfells, des Herzens und der epigastrischen Organe, und mancherlei Unterleibsbeschwerden (Magen- und Darmkatarrhe, Blähungs- und Hämorrhoidalbeschwerden) in seinem Gefolge hat, erfordert gewissermaßen die entgegengesetzten Uebungen und Stellungen, als die Tuberkulose, nämlich brustkorbverengernde, bauchmuskelstärkende, zwerchfellhinaufdrängende.

Bei Unterleibskrankheiten wird vorzugsweise die stuhlbefördernde Gymnastik in Anspruch zu nehmen sein. Außerdem passen Ableitungen an die Extremitäten, namentlich verschiedene Oberschenkelübungen, die, gleich den Rumpf- und Rückenbewegungen, nach der Natur des Falles bald activ, bald passiv, bald duplicirt auszuführen sind. Bei Leberkrankheiten oder Blinddarmaffectionen werden die Einwirkungen wesentlich auf die rechte Körperseite zu richten sein, bei Milzkrankheiten dagegen auf die linke Seite.

Bei Paralysen passen vornehmlich Manipulationen, mittelst deren man im gelähmten Muskelbauche Empfindung, Contractilität, Bluteinströmung und Ernährung hervorzurufen oder zu steigern sucht, periodische Drückungen, Reibungen, Hackungen, Klopfungen und andere Erschütterungen, besonders im extendirten Zustande des Muskels. In manchen Fällen wendet man ähnliche Manipulationen auch auf das Kreuzbein, längs der Wirbelsäule, im Nacken oder selbst auf den Schädel an. Wo der Nervenstamm von außen erreichbar ist, wie z. B. der Ischiadicus hinter dem Trochanter, da kann man auch versuchen, dessen Erregbarkeit durch periodische Drückungen zu steigern. Bei vielen Lähmungen handelt es sich vornehmlich oder auch gänzlich um Beseitigung von Contracturen, welche den Gebrauch des Gliedes hindern. In solchen Fällen bewähren sich als Hauptmittel passive Gelenkbewegungen: Hin- und Herbiegen des steifen Gelenkes, Kreisbewegungen desselben, Rotirungen, Ziehungen, Schüttelungen u. dgl. Bei chronischen Muskelrheumatismen sind Sägungen und Knetungen des kranken Muskels, der dabei in verkürzter und erschlaffter Haltung sein muß, auch Reibungen, Klopfungen, Knetungen, manchmal als zertheilendes und schmerzlinderndes Mittel, in Gebrauch.

Bei Rückgratsverkrümmungen, zumal bei der gewöhnlichsten Form, der Skoliose, ist schon von der früheren Orthopädie die Gymnastik, in der Form passiver Bewegungen, die mit oder ohne Maschine ausgeführt wurden, vielfach herbeigezogen worden. In neuer Zeit hat die Heilgymnastik in größerem Maße bei diesen Krankheitsformen Anwendung gefunden; man wird aber doch Parow beistimmen müssen, der in seinem Institute zahlreiche Skoliosen behandelt hat, und wiederholt sich dahin ausspricht, daß der Orthopäd ebensowol der Gymnastik als der Mechanik bedürfe. Es unterliegt aber keinem Zweifel, daß die mehr durchgreifende Behandlung der Skoliose nach den Principien der Heilgymnastik die meisten Erfolge aufzuweisen hat. Ist das zweite Stadium der Skoliose (die muskuläre und ligamentöse Form der Autoren) eingetreten, wo die an der concaven Biegung der Wirbelsäule liegenden Muskeln, Sehnen, Bänder, Knorpel sich verdichtet und verkürzt haben und der Wille des Kranken unvermögend ist, diese Verkürzungen aufzuheben, dann bedarf es einer mechanischen Ausdehnung in verkürzte Weichtheile, die durch verschiedene mit einander zu verbindende Verfahrungsweisen herbeigeführt werden kann. Zunächst kommt Dauerhaltungen in Betracht, nämlich längere Zeit hindurch einzuhaltende Stellungen, bei denen die verkürzten Weichtheile gedehnt und möglichst ebenso lang werden, als die gleichnamigen der anderen Seite. Dazu dienen die verschiedenen Streckbetten und Streckmaschinen, das Hängenlassen des Körpers an nur einer oberen Extremität, die Lagerung des Körpers mit der convexen Seite der Krümmung auf besonders vorgerichteter Unterlage, das andauernde Stehen auf einem Beine. Unter den Manipulationen, die gewöhnlich mit Dauerhaltungen verbunden werden, steht an das Zurückdrücken der verkrümmten Wirbelsäule von der convexen Seite her; auch können theilweise passive Kopf-, Hals-, Hüft- und Rumpfbewegungen zu gleichem Zwecke dienen. Alle duplicirten Bewegungen, welche concentrische Contraction an der convexen Seite oder excentrische Contraction auf der concaven Seite der Krümmung bewirken, müssen den bezeichneten Heilzweck fördern, nicht minder aber auch einzelne active Bewegungen. Endlich entsprechen diesem Zwecke noch verschiedene Geräthe und Maschinen, welche auf passiv-mechanische Weise dahin wirken, die Krümmungen auszugleichen und die retrahirten Theile zu dehnen, nämlich verschiedene aus der älteren Orthopädie bekannte Arten von Corsets, Pelotten, Kreuzen, Gürteln, Riemen, Sandsäcken, Zuggewichten u. dgl.

Die Heilgymnastik hatte in der ersten Hälfte des 6. Decenniums die jedem neuen Heilmittel unvermeidlich zufallende Phase des Auspofauntwerdens vollständig durchzumachen. Bereits 1851 stellte Prosector von Düben die Anforderung, es solle jeder in Stockholm das Staatsexamen ablegende Arzt den Nachweis beibringen, daß er eine gewisse Zeit lang medicinische Gymnastik geübt habe. H. E. Richter trägt aber nicht zu stark auf, wenn er bereits 1854 die Betreibung der Leibesübungen, unter heilwissenschaftlicher Aegide fortwährend außerordentlich hoch stellt, aber trotzdem findet, daß „eine Summe von Unwissenschaftlichkeiten, Albernheiten, Uebertreibungen, Schwärmereien, Pedantereien, Prätentionen, Charlatanerien, Geldspeculationen, Rivalitäten und sonstigen Menschlichkeiten dahinein gemengt worden sind." Vergleicht man die zahlreichen Berichte über die heilgymnastische Praxis jener Zeit mit einem erschöpfenden Register der den Menschen befallenden Krankheiten, so wird man nur wenigen Krankheitsformen begegnen, die keine Stelle in jenen Berichten gefunden haben: alle sind durch die neue Methode der Heilung angeführt worden. Bald genug trat aber hierin eine gewisse Ernüchterung ein, und das hülfesuchende Publicum so gut wie die Aerzte begannen das der Heilgymnastik offen stehende Feld gehörig einzuengen. Einen Beweis dafür lieferte H. E. Richter durch eine im J. 1858 unternommene tabellarische Zusammenstellung in Krankheitsformen, welche nach den je 1 bis 3 Jahre umfassenden Berichten in 8 zumeist besuchten heilgymnastischen Anstalten (Neumann, Berend, Melicher, Sätherberg, Ullrich, Parow, Löwenstein, Münchenberg) zur Behandlung gekommen waren:

Verkrümmungen, Contracturen	1145 Fälle
(darunter Skoliosen 568)	
Lähmungen	188 „
Krämpfe, Neuralgien, Hyperosthesien	112 „
Hypochondrie	6 „
Hysterie	5 „
Geisteskrankheiten, bef. Blödsinn	15 „
Bleichsucht und allgemeine Schwäche	123 „
Skrofeln	17 „
Gicht und Rheumatismus	18 „
Brustkrankheiten, bef. Tuberkulose	110 „
Herz- und Gefäßkrankheiten	34 „
Unterleibskrankheiten, bef. Hämorrhoiden und Stuhlverstopfung	151 „
Hernien	20 „
Uteruskrankheiten, Menstruationsfehler	13 „
Augenübel	18 „
Ohrenübel	8 „
Kropf, Krebs, Furunkel, Skorbut u. s. w.	14 „
	1997 Fälle.

Von den Behandelten litten also 57 Procent an Verkrümmungen und ähnlichen Contracturen, und davon waren die Hälfte Skoliotische. Dann folgten verschiedenartige Lähmungen mit 9 Proc., chronische Unterleibskranke mit 7½ Proc., Nervenkranke mit 7 Proc., Bleichsucht und Muskelschwäche mit 6 Proc., Lungenkrankheiten, besonders Tuberkulose, mit 5½ Procent.

(Fr. Wilh. Theile.)

Ende des achtundneunzigsten Theiles der ersten Section.

Druck von F. A. Brockhaus in Leipzig.

Allgemeine
Encyklopädie der Wissenschaften und Künste.

Allgemeine

Encyklopädie

der

Wissenschaften und Künste

in alphabetischer Folge

von genannten Schriftstellern bearbeitet

und herausgegeben von

J. S. Ersch und J. G. Gruber.

Mit Kupfern und Charten.

Erste Section.

A — G.

Herausgegeben von

Hermann Brockhaus.

Neunundneunzigster Theil.

GYMNESIAE—GYZELS, und Nachträge: GARA—GWALIOR.
NEBST REGISTER
über die I. Section, die Buchstaben A—G umfassend.

Leipzig:
F. A. Brockhaus.

1882.

Allgemeine
Encyklopädie der Wissenschaften und Künste.
Erste Section.
A—G.

Neunundneunzigster Theil.

GYMNESIAE—GYZELS, und Nachträge: GARA—GWALIOR.

NEBST REGISTER

über die I. Section, die Buchstaben A—G umfassend.

GYMNESIAE.

GYMNESIAE (Γυμνήσιαι) wurden von den Griechen die balearischen Inseln genannt, deren einige der
Alten nur zwei, andere sieben zählten (*Dionysius Periegetes* B. 457, dazu *Eustath.* p. 185 ed. *Bernhardy*).
Strabon erwähnt diese Inseln mehrmals. Ueber beide
Namen bemerkt *Diodor.* V, 17: ὀνομαζόμεναι Γυμνήσιαι, διὰ τὸ τους ἐνοικοῦντας γυμνοὺς τῆς ἐσθῆτος
βιοῦν κατὰ τὴν τοῦ θέρους ὥραν. Den Namen *Ba-
leareis* leitet er von βάλλειν ab (ἀπὸ τοῦ βάλλειν ταῖς
σφενδόναις λίθους μεγάλους κάλλιστα τῶν ἁπάντων
ἀνθρώπων). Vergl. *Dionysius Periegetes* v. 457, dazu
Eustath. p. 185 ed. *Bernhardy.* Einige der Alten hatten
unter den Gymnesiae sieben Inseln zusammengefaßt.
Die meisten und besten Autoren haben jedoch nur zwei
Inseln darunter begriffen, Majorca und Minorca, welche
im frühesten Zeitalter bereits den Phöniziern bekannt
geworden waren, ebenso wie Malta und die übrigen
großen und kleinen Inseln des Mittelmeeres. Die Zahl
der Bewohner wurde im Alterthum auf 30,000 angesetzt.
Der Boden stand an Fruchtbarkeit den Nachbarinseln
wenig nach, hatte jedoch, wie einige melden, weder Wein-
noch Oelbau (*Diodor.* V, 17). Viehzucht war hier im
blühenden Zustande (κτήνη καλὰ καὶ παντοδαπά). Vorzüglich zeichneten sich die Maulthiere durch Größe und
Stärke aus. Das weibliche Geschlecht stand hier in
hohem Ansehen (μάλιστα ὄντες φιλογύναιοι) und wenn
von den Seeräubern eine Jungfrau oder Frau entführt
worden war, so boten sie zur Auswechselung drei bis
vier Männer dafür an (*Diodor.* l. c.). Die Inseln
hatten viele Grotten, Höhlen, welche zu Wohnungen eingerichtet wurden. Auch schafften sie solche künstlich an
Felsenabhängen (*Diodor.* l. c.). Gold- und Silbermünzen
sollen sie nicht geduldet haben, sodaß ihr Handel nur im
Umtausch der Waaren bestehen konnte. Als sie einst als
Hülfstruppen den Karthagern Dienste geleistet hatten,
kauften sie für den erhaltenen Sold sofort Wein und
Frauen ein, um keine Münzen mit nach Hause zu bringen
(*Diodor.* l. c.). Wahrscheinlich fand dies blos in der
ältern Zeit statt, während in der römischen Kaiserzeit hier
sich die Sitten und Bräuche verändert hatten. Nach
Plinius h. n. XIV, 6 hatten sie zu seiner Zeit auch
Weinbau und dieser Autor saud ihren Wein lobenswerth.
Ihre Bewaffnung bestand nur in Schild und Wurfspieß

und in drei Schleudern, mit welchen sie selbst ziemlich
schwere Steine mit großer Kraft und Sicherheit abzusenden verstanden. Da sie oft mit Seeräubern gemeinschaftliche Sache machten, ergrimmten die Römer darüber,
unterwarfen die Inseln (u. c. 631) und schickten 3000
römische Colonisten aus Hispania hierher, welche natürlich die besten Strecken des Landes besetzten. Palma und
Pollentia wurden nun ansehnliche Städte auf der größeren
Insel (Balearis maior). Vergl. *Strab.* III, 5, 167,
168 ed. *Casaub.*). Der Consul Metellus, welcher diese
Inseln den Römern unterwarf, erhielt den Namen Ba-
learicus. Die Stadt Palma lag auf der östlichen, Pollentia auf der westlichen Seite der größern Insel, deren
Länge *Strab.* l. c. auf 600, die Breite auf 200 Stadien
angesetzt hat. Artemidorus aber hatte die doppelte Länge
und Breite angenommen (*Strab.* l. c.). Die kleinere Insel
hat Strabon in einer Entfernung von 70 Stadien von
der Stadt Pollentia (also von der Westküste) gesetzt. Die
Bewohner dieser Inseln sollen zuerst Kleider mit breit-
besetzten Kanten (χιτῶνας πλατυσήμους) getragen haben
(*Strab.* l. c.). Außer der Fruchtbarkeit zeichnete sich das
Land dieser Inseln noch dadurch aus, daß schädliche oder
giftige Thiere hier gar nicht gefunden wurden (*Strab.*
l. c. p. 168). Kaninchen (λαγιδεῖς, an Hasen kann hier
wol nicht gedacht werden) hatten diese Inseln ursprünglich
nicht. Endlich brachte man ein männliches und ein weibliches Kaninchen hierher, welche sich bald so stark vermehrt haben sollen, daß sie Häuser und Bäume unter-
gruben, worauf man Jagd auf sie machte und sie zur
Nahrung verwendete, wie *Strab.* l. c. (p. 168) berichtet.
Die Gymnesiae insulae werden auch in der Notitia
dignitatum et administrat. Occidentis, Tom. II*, p.
362 ed. *Böcking* erwähnt.   (*Krause.*)

GYMNIAS im Gebiete der alten kolchischen Landschaft war schon zur Zeit des Xenophon eine bedeutende
und wohlhabende Stadt. *Xenophon.* Anab. IV, 7, 19
nennt sie πόλιν μεγάλην καὶ εὐδαίμονα. Die Nachbarn
dieser Stadt wenigstens werden Skythini genannt, und
wahrscheinlich war auch die Stadt selbst von ihnen bewohnt. Der Name Gymnias ist aber ein griechischer und
wahrscheinlich hatten sich griechische Handelsleute und
Colonisten in derselben niedergelassen und den Producten-
Handel in die Hände genommen. Als die zehntausend

1

Griechen hier ankamen, begab sich der Vorsteher der Stadt zu ihnen und erbot sich ihnen als Führer in das ihrer Stadt feindliche Land zu dienen, wo sie große Beute machen, plündern und das Land verwüsten könnten. Am fünften Tage würden sie einen Berg erreichen, von welchem aus sie den Pontus Euxinus erblicken würden. Dies geschah, und die Freude der Griechen war groß, als sie das Meer erblickten. In der Stadt aufgenommen und bewirthet wurden die Griechen nicht, was als Beweis dienen kann, daß die Bewohner der großen Masse nach keine Griechen waren. *Xenoph.* Anab. IV, 7, 20 — 27. Die wohlhabende Stadt wurde also von den benachbarten barbarischen Stämmen wol oft in Gefahr gebracht, vermochte sich aber stets zu behaupten. Vergl. *Diodor.* XIV, 29. Noch im Mittelalter kommt der Name der Stadt vor. Jetzt soll dieselbe Comasur oder auch Kumakie heißen (Rennel zu *Xenoph.* l. c. S. 146 fg.). Nach Jaubert, Reise durch Armenien und Persien, wird dieselbe aber gegenwärtig Dsjennés genannt (S. 274). Die türkische Macht hatte sich schon im 13. Jahrh. bis zum Pontus hin ausgedehnt. Daher diese Stadt ihnen im genannten Jahrhundert bereits angehörte und natürlich einen türkischen Namen erhalten hat.   (*Krause.*)

GYMNOCARPOS, eine von Forskål aufgestellte Gattung der Paronychieen, einer Abtheilung der Caryophylleen mit folgenden Merkmalen: Der fünfspaltige Kelch hat eine krugförmige Röhre mit einem durch den drüsigen verdickten Ring zusammengezogenen Schlunde und linealische, am Raude häutige, innen schwach gefärbte, an der mützenförmigen Spitze kurz begrannte, zuletzt abstehende Zipfel. Die fünf borstenförmigen Kronblätter sind den Kelchbuchten eingefügt; die fünf den dreikantigen, am Grunde der Kelchzipfel angewachsenen Fortsätzen eines perigynischen Rings eingefügten Staubgefäße wechseln mit den Kronblättern ab, die Staubfäden sind borstenförmig, die Staubbeutel zweifächerig und springen der Länge nach auf. Der ungestielte Fruchtknoten ist einfächerig. Das einzige doppelwendige Eichen steht an der Spitze des grundständigen freien Nabelstranges. Der Griffel ist lang, fadenförmig, an der Spitze dreifurchig oder undeutlich dreizähnig. Die fast pergamentartige, geschlossen bleibende Schlauchfrucht wird von dem verhärteten Kelche eingeschlossen. Der abwärts gerichtete, längliche Samen ist mit einer häutigen, glatten Schale bedeckt. Der ringförmige Keim schließt das mehlige Eiweiß ein; das Würzelchen ist nach oben gerichtet.

Aus dieser Gattung ist nur eine Art, G. fruticosus *Persoon*, bekannt, ein sparrig-ausgebreiteter, im nördlichen Afrika und steinigen Arabien einheimischer kleiner Strauch mit weißlicher Rinde, gegenüberstehenden, stielrunden, dicken, fadenförmigen oder keilförmig-lanzettlichen, stachelspitzigen Blättern, eiförmig-dreikantigen, kleinen, trockenhäutigen, ganzrandigen Nebenblättern, büschelig-geknäuelten Blüthen, sehr kleinen Deckblättchen und sitzenden achsel- und endständigen Knäueln.   (*Garcke.*)

GYMNOPAEDIEN (γυμνοπαιδίαι, Hesychius und Suidas haben weniger richtig γυμνοπαιδία und γυμνοπαιδεία), eins der glänzendsten, viele Jahrhunderte hindurch begangenen Feste der Spartaner, welches sich namentlich durch die hierbei auftretenden anmuthigen Männer- und Knabenchöre auszeichnete. Aufzüge, rhythmischer Chortanz, Gesang mit musikalischer Begleitung bildeten die Hauptbestandtheile des Festes. Die orchestischen, gymnischen und musikalischen Productionen waren hier zu einem harmonischen Ganzen verschmolzen, und wie mächtig hier auch die reine Festfreude in den Vordergrund trat, so machte sich doch auch die religiöse Beziehung geltend. Namentlich galt die Feier der Verehrung des Apollon, dessen Altar und dessen Statue sich auf dem Schauplatze des Festes befanden. O. Müller, Dorier II, 323, 3 hatte behauptet, daß hier die religiöse Beziehung fast ganz ausgeschlossen gewesen sei und nur die reine Festfreude obgewaltet habe. Allein kein hellenisches Fest entbehrte ganz einer religiösen Grundlage. Auch war gewöhnlich ein Opfer zu Ehren einer Gottheit damit verbunden. Die altgläubigen Spartaten glichen hierin am meisten den altgläubigen Römern, bei welchen während der älteren Zeit alle Festlichkeiten auch ihre religiöse Beziehung hatten. Suidas (v. p. 854, T. I ed. *Gaisf.* T. I, p. 1155 ed. *Bernh.*) hat dieses Fest auf Lykurgos zurückgeführt und bemerkt, daß man hier die Götter durch Hymnen gepriesen habe (εἰς θεοὺς ὕμνους ἄδοντες). Eine so frühe Einsetzung wird jedoch von anderen griechischen Autoren nicht angenommen. Eusebios (*Xρον.* I, p. 286, ed. Ancyr. Venet. 1818) hat die erste Feier in das dritte Jahr der 27. Olympiade gesetzt. Nach der Angabe des Herodot (I, 82) wurde dieses Fest zuerst zu Ehren der im thyreatischen Kampfe mit den Argeiern gefallenen dreihundert Spartaner gefeiert, also erst Ol. 59. Wahrscheinlich aber bleibt, daß dasselbe schon früher bestanden und zu Ehren der gefallenen Krieger nur glänzender und mit manchen Erweiterungen begangen worden ist. Laut einer Angabe des Etymologicum magnum v. wäre dieses Fest sogar erst zu Ehren der mit Leonidas bei dem Engpasse Pylä gefallenen Schar tapferer Spartiaten eingesetzt worden. Allein das mehr frühere Treffen bei Thyrea hat mehr Gewicht in dieser Beziehung als der Untergang der Spartiaten bei Pylä. Trauer-Ceremonien konnten wol mit dem bereits bestehenden Feste verbunden werden. Die kommenden großen Ereignisse waren wenig dazu geeignet neue Feste anzuordnen. Plutarch (de musica c. 9) erwähnt eine erste und zweite Reform in der dorischen Musik und führt die erstere auf Terpandros, die letztere auf Thaletas, Xenodamos, Xenokritos, Polymnestos und Sakadas zurück. Von diesen sei auch die Anordnung der gymnopädischen Chöre und Gesänge ausgegangen (τούτων γὰρ εἰρηγησαμένων τὰ περὶ τὰς γυμνοπαιδίας τὰς ἐν Λακεδαίμονι). O. Müller hat angenommen (Dor. II, 322, 3), daß die Gesänge der erwähnten dorischen Liederdichter Ol. 58 in den Gymnopädien eingeführt worden seien. Ueber den Inhalt jener Gesänge, über ihre Rhythmen und ihre Verbindung mit den Chören geben die altgriechischen Autoren keine Nachricht. Um so mehr müssen wir eine Angabe des Athenäos (XIV, 28, 630) in Betracht ziehen, welcher die orcheſtiſchen Darſtellungen der ſceniſchen Poeſie in die tragiſche, komiſche und ſatyriſche abgetheilt hat. Dieſem entſprechend hat er auch drei orcheſtiſche Darſtellungen der lyriſchen Poeſie angenommen, die πυῤῥίχη, die γυμνοπαιδικὴ und die ὑπορχηματική. Daun paralleſirt er die drei letzteren und bemerkt: ἔοικε δὲ ἡ γυμνοπαιδικη τῇ καλουμένῃ ἀναπάλη παρὰ τοῖς παλαιοῖς. Γυμνοὶ γὰρ ὀρχοῦνται οἱ παῖδες πάντες, ἐῤῥύθμους φοράς τινας ἀποτέμνοντες καὶ σχήματά τινα τῶν χειρῶν κατὰ τὸ ἀπαλὸν, ὥςτ᾽ ἐμφαίνειν θεώρημά τι τῆς παλαίστρας καὶ τοῦ παγκρατίου, κινοῦντες ἐρ-ρύθμως τοὺς πόδας. Die der älteren Orcheſtik angehörende ἀναπάλη war jedenfalls mit lebendigen Bewegungen der Chöre verbunden. Die Bezeichnung ἀναπάλη war ſpäter aus dem Gebrauche verſchwunden und iſt von Suidas und Heſychius gar nicht erwähnt worden. So viel iſt gewiß, daß ſich die gymnopädiſchen Chöre durch ihre feierliche, ernſte und anmuthige Haltung auszeichneten. Die Knabenchöre wenigſtens führten ihren Reigen ganz nackend aus, wahrſcheinlich auch die Männerchöre, was bei den Hellenen überhaupt, am wenigſten bei den Spartanern auffallen konnte. Während der Chortänze wurden die Päane der genannten Liederdichter abgeſungen (*Plutarch*, de mus. c. 9; Athenäos XV, 678, c.), vielleicht auch die älteren Kriegslieder des Tyrtäos. Der Anfang der Chortänze ging in ruhiger, gemeſſener Haltung vor ſich, wurde aber in weiterem Fortſchreiten immer bewegter und ahmte hierbei die beliebteſten Evolutionen gymniſcher Wettkämpfe nach, namentlich des Ringens und des Pankrations, wie Athenäos (XIV, 631, b. c) berichtet. Hierauf ſchritt man zur Durchführung der feierlichen Pyrrhiche, welcher zu Sparta und auf Kreta bereits von fünfjährigen Knaben eingeübt wurde (*Athen.* XIV, 630. 631). Auch zu Athen war dieſer Waffentanz aufgenommen worden, und die Epheben, πυρριχισταί genannt, führten denſelben während der Feier der großen und kleinen Panathenäen auf. Ihre Einübung, Ausſtattung, Beköſtigung erhörten hier zu den Leiſtungen der Choregie (*Isaeos* π. τ. Δικαιογ. κλήρ. §. 36. *Lysias* ἀπολογ. δωροδ. §. 1, 697 seq.). Die Bedeutung des Feſtes zu Sparta hat auch Pauſanias (III, 11, 7) hervorgehoben: Χορος δὲ οὗτος ὁ τόπος καλεῖται πᾶς, ὅτι ἐν ταῖς γυμνοπαιδίαις (ἑορτὴ δὲ εἴ τις ἄλλη καὶ αἱ γυμνοπαιδίαι διὰ σπουδῆς Λακεδαιμονίοις εἰσὶν) οἱ ἐφηβοι χορὺς ἱστᾶσι τῷ Ἀπόλλωνι. Hier auf dieſer Stelle der Agora ſtanden die Bildſäulen des Apollon, der Artemis und ihrer Mutter der Leto. Man ließ ſich durch kein betrübendes Ereigniß in der Durchführung der begonnenen Feſtlichkeiten ſtören. Vergl. *Thucydid.* V, 82. Nach der unglücklichen Schlacht bei Leuctra gelangte die traurige Botſchaft nach Sparta, als man eben den letzten Tag der Gymnopädien zu feiern und den Männerchor aufzuführen im Begriff ſtand. Die Feſtlichkeiten aber nahmen ihren Fortgang und endeten mit der herkömmlichen Feierlichkeit, als wäre nichts vorgefallen (*Xenoph.* Hellen. VI, 4, 16). Daſſelbe be-

richtet Plutarch (Agesil. c. 29). Die Anführer (προστάται) der Chöre hatten ihr Haupt mit Palmblättern geſchmückt zum Andenken an den erwähnten blutigen Kampf bei Thyrea, wo von den 300 Spartiaten nur einer übrig geblieben war, welcher eben nach Thyrea zurückkehrte und ſich den Tod gab (Herodot I, 82; Athenäos X, 678, b. c; Pauſan. II, 38, 5; III, 9, 7; X, 9, 6). Wie ſorgfältig man darauf bedacht war, daß die Chöre nur aus ſtattlichen, anſehnlichen Theilnehmern beſtand, kann man daraus abnehmen, daß der junge hinkende Ageſilaos im Knabenchore an einen wenig bemerkbaren Platz geſtellt wurde, um das ſchöne Ebenmaß des Chores durch den hinkenden Knaben nicht beeinträchtigen zu laſſen (*Plutarch*, Agesil. c. 2; Apophthegm. Lac. c. 6, p. 851 ed. Wittenb.). Daß die gymnopädiſchen Waffentänze Kraft und anſtrengende Ausdauer erforderten, darf man aus verſchiedenen Andeutungen der alten Autoren folgern. Platon (Geſetze I, 633, d) läßt einen Spartaner über die anſtrengenden Uebungen der Knaben und Jünglinge zu Sparta ſprechen und in Beziehung auf die Gymnopädien Folgendes bemerken: ἔτι δὲ κᾆν ταῖς γυμνοπαιδίαις δειναὶ καρτερήσεις παρ᾽ ἡμῖν γίγνονται, τῇ τοῦ πνίγους ῥώμῃ διαμαχομένων, καὶ πάμπολλα ἕτερα, σχεδὸν ὅσα οὐκ ἂν παύσαιτό τις ἑκάστοτε διεξιῶν. Hier bezeichnet πνίγους ῥώμη die Gewalt der Sonnengluth. Alſo fiel das Feſt gerade in die heißeſten Sommertage. Die Scholiaſten zu dieſer Stelle des Platon haben hieraus unzuläſſige Folgerungen gezogen, ſofern ſie angenommen, daß die in Parteien getrennten Knaben einander ſo lange geſchlagen haben, bis die eine Partei den Sieg gewonnen. Dies hat bereits Heſychius (Tom. I, p. 866 ed. *Alb.*, p. 449; T. I ed. *Maur. Schmidt*) mit folgenden Worten widerlegt: γυμνοπαιδία· ἔνιοι μὲν ἑορτήν φασι Σπαρτιατικήν, ἐν ᾗ τοὺς ἐφήβους κύκλῳ περιϊέναι τὸν ἐν Ἀμυκλαίῳ βωμὸν τύπτοντες ἀλλήλων τὰ νῶτα· ταῦτα δὲ ἐστι ψευδῆ· ἐν μὲν ἀγορᾷ ἑορτάζουσι· ἀληγαὶ δὲ οὐ γίνονται, ἀλλὰ πρόσοδοι χορῶν γεγυμνωμένων. *Suidas* v. γυμνοπαιδία (und v. Λυκόργος p. 636, Tom. II ed. *Bernh.*) erwähnt nur die Abhärtung und Nacktheit, ſowie die hierbei ſtattfindenden gymniſchen Darſtellungen. — Während der Feier dieſes Feſtes waren gewöhnlich zahlreiche Fremde zu Sparta anweſend, um ſich am Anſchauen der Chortänze und am Anhören der feierlichen Päane zu erfreuen (*Plutarch*. Agesil. c. 28. 29). Laut einer Angabe des Plutarch (Lycurg. c. 15) wurden die ἄγαμοι vom Anſchauen der Feſtlichkeiten ausgeſchloſſen (εἴργοντο γὰρ ἐν ταῖς γυμνοπαιδίαις τῆς θέας), was wol nur nach den Geſetzen des Lykurgos ſtattfinden ſollte, aber ſchwerlich zur Ausführung gekommen iſt. Denn die Unverheiratheten konnten ja doch in ihrer Zeit nach der Feſtfeier ſich verheirathen, und Entſagungsgelübde waren hier nicht herkömmlich. Ich habe in der Gymnaſtik und Agoniſtik der Hellenen Thl. II, S. 828—831 das Wichtigſte über die Gymnopädien zu Sparta beigebracht. Außerdem hat O. Müller, Dorier I, 158; II, 312. 322. 338. 343 hierüber nach

1*

feiner Weiſe gehandelt. So manches iſt auch in älteren Werken, wie in der Graecia feriata im Theſaurus von Meurſius zu finden. (*J. H. Krause.*)

GYMNOSOPHISTEN (vom griechiſchen γυμνός und σοφιστής, wörtlich nadte Sophiſten oder Weiſe), bei den griechiſchen und römiſchen Schriftſtellern der Name der brahmaniſchen Büßer und Einſiedler, ſpäter auch der frommen Männer und Geiſtlichen unter den Bud- dhiſten Indiens.

Die erſte kurze Erwähnung der brahmaniſchen Ein- ſiedler findet ſich bei Herodot[1]). Das Wiſſen von Indien war überhaupt gering bis zum Feldzug Alexander's des Großen dahin. Die ihn begleitenden Schriftſteller Oneſikritos, Nearchos, Ariſtobulos[2]) bringen erſt ge- nanere Nachrichten nicht nur über das Land im allge- meinen, ſondern auch ſpeciell über die Einſiedler und Büßer; man traf auf ſolche jenſeits des Indus im Laude des Tariles. Noch beſſer, überhaupt die ein- gehendſten des griechiſchen Alterthums ſind die Nachrichten des Megaſthenes. Er lebte bei Sibyrtos, dem Satrapen von Arachoſien, während der Regierung des Seleukos Nikator und ward von letzterem im 302 v. Chr. als Ge- ſandter an den indiſchen König Sandrokottos (ind. Landragupta) von Palibothra geſandt. Wahrſcheinlich beſuchte er mehremale Indien. Sein uns nur als Frag- ment erhaltenes Buch τὰ Ἰνδικά[3]) diente den ſpätern Schriftſtellern, namentlich Arrian[4]) und Strabo[5]), als Hauptquelle, und enthält zum erſtenmal die bei den macedoniſchen Schriftſtellern noch nicht vorkommende Benennung γυμνοσοφισταί. Die frühern Schriftſteller bedienten ſich des einheimiſchen (indiſchen) Namens Brahmanen ſowol für die Büßer wie die in öffentlichen Angelegenheiten und als Rathgeber der Könige thätigen Perſonen. Megaſthenes unterſcheidet zwiſchen Brahmanen und Sarmanen (Σαρμᾶναι), von welchen letztern die im Walde lebenden (Ὑλόβιοι, ind. Vanaprastha) die ge- ehrteſten waren, die er auch eigentlich die Philoſophen nennt. Ptolemäus[6]) kennt ein Volk Tapassoi (ind. Tapasja, b. h. Büßer) im Süden der Tapti bis zu den Quellen des Kavêri, ferner nennt er ein Volk Gymno- sophistae an den Quellen des Ganges, was natürlich nur ſo zu verſtehen iſt, daß ſich dort Gymnoſophiſten verſammelten. Den bisherigen Schriftſtellern entlehnte Nachrichten finden ſich bei Cicero (Tusc. Quest. II, 10), Plinius (H. N. VII, 2, 4), Apuleſus (Floril. 1 u. 2), Diogenes Laertios (Prooem. I. und VI.), Aelianus (Var. Hist. IV, 20), Tertullianus (Advers. Marcian. I, 13), Auguſtinus (De civitate Dei IV, 17), Suidas. Von mehr Bedeutung iſt wieder Alexander Polyhiſtor, der zwiſchen 80—60 v. Chr. ſchrieb, und in zwei ſeiner Schriften Ἰνδικά und Φιλοσόφων Διαδοχαί Nachrichten

von den Brahmanen und den Samanäern (Σαμαναῖοι) d. i. den frommen Männern der Buddhiſten gibt. Er iſt der erſte claſſiſche Schriftſteller, der die letztern ſo nennt. Die Berichte im Leben des Apollonius von Tyana[7]) ſind wenig zuverläſſig; ganz unglaubwürdig iſt die ſich dort findende Behauptung, daß auch in Aethiopien Gymnoſophiſten geweſen wären. Einen er- freulichen Gegenſatz zu ihm bietet der Gnoſtiker Barbeſanes (ſyr. Bar Deſan), um 150 n. Chr. zu Edeſſa geboren, der ſeine Nachrichten über Indien von den dortigen Eingeborenen Damabanus und Sandanes, die als Bot- ſchafter zum römiſchen Kaiſer Antoninus Pius geſandt wurden, empfing[8]). Er theilt die Gymnoſophiſten eben- falls ein in Brahmanen und Samander. Weitere Be- richte bringen Hierokles (zu Ende des 6. Jahrh.) und nach ihm Stephanus von Byzanz[9]). Mit Vorſicht auf- zunehmen ſind die Berichte des Alexanderromans des Pſeudo-Kalliſthenes[10]) (abgeſchloſſen um 400 v. Chr.). Die darin vorkommenden Briefe indiſcher Büßer an Alexander den Großen ſind offenbar vom Verfaſſer er- dichtet. Die ſpäteſten belangreichen Nachrichten gibt Damasklios in ſeiner Lebensbeſchreibung des Iſidorus[11]). Die hier gegedenen Nachrichten ſtammen von Brahmanen her, die gegen Ende des 5. Jahrh. n. Chr. zu dem frühern römiſchen Conſul Severus nach Alexandrien kamen, in beſſen Hanſe gaſtfrei aufgenommen wurden und nach ihrer Weiſe lebten. Nur auf die Buddhiſten iſt zu be- ziehen, was Clemens von Alexandrien[12]) (zu Anfang des 3. Jahrh.), Euſebius (Anfang des 4. Jahrh.) und Hie- ronymus[13]) (Anfang des 5. Jahrh.) über die Gymno- ſophiſten berichten.

Auf den Inhalt der genannten Berichte wird es genügen nur in ſoweit einzugehen, als ſie durch die neuern indiſchen Forſchungen beſtätigt werden, oder zu den letztern eine Ergänzung bilden, wobei es allerdings auch nöthig iſt, das Reſultat der indiſchen Forſchung in den Hauptzügen mit zu berückſichtigen. Vergl. hierzu die ſchon in dem Werke enthaltenen Artikel Brahmanen (I. Sect., 12. Theil, S. 217—223), Buddha, Bud- dhismus (Ebenda. 13. Theil, S. 330—336), Indien von Benfey (II. Sect., 17. Theil, S. 187—207).

Ueber den Urſprung des brahmaniſchen Büßerlebens iſt nur in den indiſchen Quellen etwas zu finden. In der älteſten, vorvediſchen Zeit konnte es nicht entſtanden ſein, da das ariſche Volk damals, noch in viele kleine Stämme getheilt, kämpfend vorwärts ging. Biçramitra

---

1) III, 100.   2) Fragmenta scriptorum de rebus Alex. Magni ed. *C. Müller.*   3) Herausgegeben unter dem Titel: Me- gasthenis Indica. Fragmenta collegit, commentationes et indices addidit *E. A. Schwanebeck.* Bonn 1846; und in Fragmenta histor. graec. ed. *C. Müller* II.   4) Indica ed. *C. Müller.* 5) XV, 1, 64 etc.   6) VII, 1, 51.

7) *Philostratus,* Vita Apoll. III, 1319; IV, 10 etc.   8) *Porphyrius,* De abstinentia ab usu animalium IV, 17—18.   9) *Müller's* Fragm. Hist. Graec. IV, p. 429—430. Die hier an- gegebene Stelle findet ſich bei Stephanus unter dem Worte Βραχ- μᾶνες.   10) Pseudo-Callisthenes. Pfinus ed. *C. Müller* II, p. 102 etc.   11) Bei Photius in ſeiner Biblioth. pag. 246a in der Beſſer'ſchen Ausgabe.   12) Strom. ed. *Potter* I, pag. 301, 360.   13) Adverſus Jovian. I. handelt von der Ge- burtt Buddha's, welche Stelle ſich bei Ratramnus (im 9. Jahrh. in De nativitate Chriſti III) wiederfindet, wobei aber die Buddhi- ſten aus Unwiſſenheit als eine Abtheilung der Brahmanen ange- geben werden.

ist in den Hymnen des Rigveda ein Rischi, der durch seine Leitung des Opfers und seine Fertigkeit in der Dichtung und Götteranrufung den Judra gnädig stimmt und dem König Sudas den Sieg verschafft. Später im Râmâjana wird derselbe Viçramitra als König und Einsiedler geschildert, der sich durch Kasteiungen die Gunst der höchsten Götter erwirbt. Erst nachdem man feste Wohnsitze genommen, Staaten gegründet und sich das Volk in Kasten getrennt hatte, konnte jene den Brahmanen eigenthümliche Lebensweise entstehen. Sie wurde durch das warme Klima und die reiche Natur des Landes gefördert. Es war keine große Noth des äußern Lebens zu bekämpfen, der Geist konnte leicht zu höherem Leben erwachen. Bald zeigte sich denn auch die Neigung, sich der Contemplation hinzugeben, über den Ursprung und das Wesen der höchsten Gottheiten nachzudenken und zur Gewißheit zu gelangen. Diese frühesten Bestrebungen der Speculation sind in den Upanishad's enthalten. Sie finden sich hier bei den Indern in einer vollständigern und unmittelbarern Form als bei irgend einem andern Volke, und gehören der Sprache nach der vorepischen Zeit an. Hier finden sich auch die ersten Anfänge jener Richtung, sich in die Einsamkeit zurückzuziehen, um die höchste Erkenntniß zu erlangen. Im Brihad-Aranjaka erklärt Jâgujavalkja seinen zwei Frauen, daß er seine Wohnung verlassen, um eine andere Lebensweise zu beginnen, und deshalb sein Vermögen unter sie theilen wolle. Nachher beweist er ihnen, daß die Unsterblichkeit oder höchste Seligkeit nicht durch irgend einen Besitz, sondern nur durch die Erkenntniß des Geistes erlangt werden könne, und zieht in die Einsamkeit fort.

Eine weitere Entwickelung des Einsiedlerlebens zeigen die epischen Gedichte des Râmâjana und Mahâbhârata, und zwar in verschiedenen Phasen, von denen die erstere der Unmittelbarkeit der Schilderung wegen offenbar die ältere ist. Die Einsiedeleien sind hier in der Einsamkeit der größten Wälder, fern von den Wohnungen der Menschen, theils einzeln, theils mehrere vereinigt in einem âçrama-mandala d. i. Kreis von Einsiedeleien. Dieses Zusammenleben ist das Gewöhnliche und das Alleinwohnen erscheint als Ausnahme sowol im Râmâjana als auch im Mahâbhârata, wo Dushjanta die Einsiedelei des Kanva von vielen Einsiedlern bewohnt findet. Agastja wohnt allein, jedoch in der Nähe seines Bruders und der andern Einsiedler; doch mag das Alleinwohnen das Ursprüngliche gewesen sein, weil die Ueberlieferung den ersten Râma sich in die Einsamkeit zurückziehen, und den Sohn des Bhrigu, Kanava, allein an den Ufern des Pajôshnî büßen läßt. Agastja gilt in der Sage als Leiter der brahmanischen Ansiedelungen des Südens in das Gebiet der Ureinwohner, die vor seiner Macht wichen. Früher wurden die Einsiedler sehr oft von den Ureinwohnern überfallen und ermordet.

Im Mahâbhârata wohnen die Einsiedler nicht mehr unter den Ureinwohnern, deren Grausamkeiten preisgegeben, sondern entweder im innern Lande in wohlgeordneten Reichen oder, wenn in Grenzländern, doch in der Nähe von sie beschützenden Königen, in zahlreichen Einsiedeleien, ungestört sich ihren Uebungen und Beschäftigungen hingebend, von den Königen besucht und geehrt. Besonders in der Gegend an der Sarasvatî wohnte eine große Anzahl Einsiedler. Es sind nicht mehr die ursprünglichen Einsiedler der Vorzeit, welche die Pândava auf ihrer Pilgerfahrt vorfinden, sondern nur die Sagen und Legenden von ihren heiligen Thaten, und wenn sie auf dem Mahêndra den ersten Râma und die Nachkommen des alten berühmten Rischi erblicken, so ist dies nur der dichterische Ausdruck für die geglaubte irdische Unsterblichkeit der heiligen Männer. Es ist das Andenken an ihre Ueberlieferung, das jetzt als das bedeutungsvolle Moment des altindischen Einsiedlerlebens hervortritt. Die tîrtha (eigentl. Furt, Badestelle an heiligen Flüssen), die Stätte, wo sie gelebt und ihre Thaten verrichtet haben, sind dadurch geheiligt, und der Besuch bringt jetzt dieselben Früchte wie früher die Opfer.

In seiner vollständigen Organisation findet sich das Einsiedlerleben im Gesetzbuch des Manu dargestellt und die griechischen Berichte bilden hierzu schätzbare Ergänzungen. Hiernach zerfiel die ganze Lebenszeit des Brahmanen in 4 Stadien oder âçrama (eigentlich Ruhe, Ruheort, daher auch Einsiedelei). Das Erste war das Stadium des Brahmakârin oder des Schülers. Der junge Mann trat in die Lehre bei den Einsiedlern, die in Hainen vor den Städten in geschlossenen Gehegen müßigen Umfangs (âçrama-mandala, Einsiedlerkreise) wohnten. Jeder Schüler hatte einen besondern Erzieher (guru), der den gesammten Unterricht leitete und die Ceremonien verrichtete; daneben aber oft auch noch andere Lehrer, die ihn in den Wissenschaften unterrichteten. Die Einsiedlerkreise waren überhaupt eine Art Schulen. Der Schüler mußte in denselben nicht 37 Jahre, wie Megasthenes angibt, verbleiben, sondern so lange, bis er die Veden gelernt hatte, was nach dem Gesetz 36 oder 18 oder 9 Jahre dauern sollte, oder nur so lange, als der Schüler zur Erlernung brauchte. Den Schülern war es untersagt, sich zu räuspern und auszuspucken; wer es that, wurde den Tag über aus der Versammlung als ein die Regel Uebertretender ausgestoßen.

Nach vollendetem Unterricht trat der Schüler in das zweite Lebensstadium, das des Grihastha d. i. des Familienvaters (eigentlich des im Hause wohnenden) ein. Er führte nun ein freieres, weniger durch Vorschriften beengtes Leben, durfte Fleisch essen, doch nicht von Thieren, die der Mensch bei der Arbeit hilft, eine angemessene Kleidung und Schmuck tragen. Ferner mußten die Personen dieses Stadiums viele Frauen nehmen, jedoch nicht wie Megasthenes meint, daß sie, wenn Diener fehlten, ihren Mangel durch Hülfeleistung der Kinder ersetzen sollten, sondern weil es ihre Pflicht war, Söhne zu erzeugen, damit die Opfer an die Manen verrichtet werden könnten, durch deren Unterlassung sie ihre Stellen in den Himmeln verlieren und vor dem Ablauf ihres Tugendverdienstes wiedergeboren werden müßten. Das Gesetz schrieb daher auch unter andern vor, daß sie sich nach 8 Jahren von einer unfruchtbaren Frau trennen sollten.

Hatte der Brahmane als Grihastha Runzeln und graue Haare bekommen, sowie die Nachkommenschaft seiner Nachkommenschaft gesehen, so war es seine Pflicht aus dem Dorfe in den Wald zu ziehen; er trat damit in das dritte Lebensstadium, ward Waldbewohner (ind. Vânaprastha, was Megasthenes ganz richtig mit 'Υλό-βιοι wiedergegeben hat). Doch war es auch gestattet, und dies ist wahrscheinlich die älteste Form gewesen, aus dem ersten Stadium gleich in das dritte oder vierte, das nur eine Steigerung des dritten war, überzugehen. In den Wald nahm er das heilige Feuer mit, lebte von wildwachsenden Früchten (namentlich der Banane, die deshalb auch Musa sapientium heißt), Blättern (der Stechpalme, Akanthos), Wurzeln, wildem Korn und allenfalls auch Reis, falls andere Nahrungsmittel mangelten. Als Getränk diente nur Wasser, das sie mit der hohlen Hand schöpften, oder mit Kräutern vermischte Molken. Irgend eine andere Nahrung, insbesondere berauschende Getränke oder Fleisch von Thieren auch nur zu kosten galt im höchsten Grade für verunreinigend und wurde als ein dem Mangel an Frömmigkeit ähnliches Vergehen betrachtet. Die Kleidung bestand aus Baumrinde (valkala) oder dem Felle einer schwarzen Gazelle. Nach Hierokles kleideten sich einige auch mit Zeug von Asbest, das im Alterthum linum genannt wurde: „solche Kleider brauchten, wenn schmutzig und fleißig geworden; nicht in Wasser gewaschen zu werden, sondern wurden in die Flammen geworfen, und dann rein und glänzend wieder herausgezogen". Zu der sehr bei den vorkommenden Angabe, daß sie ganz nackt gewesen seien, hat offenbar nur der Name Gymnosophisten verleitet. Schlafen durften sie nur auf bloßer Erde, höchstens nachdem sie darauf Blumen gestreut oder ein Fell ausgebreitet hatten. Sie verrichteten in der Einsamkeit die fünf täglichen Opfer, beschäftigten sich mit dem Lesen des Veda und dem Studium der Upanishad, stets den Betrachtungen hingegeben zur Reinigung ihres Leibes, zur Vermehrung der Wissenschaft und Frömmigkeit, zur Vollendung des Geistes. Nach Hierokles scheint eine Sekte der Büßer besonders den Sonnengott verehrt zu haben, dessen besondere Verehrung sich allerdings vom 1. Jahrh. v. Chr. bis zum 6. n. Chr. nachweisen läßt. Nach dem Pseudo-Kallisthenischen Alexanderroman richteten sie beim Gebet ihr Gesicht nicht sowol gegen die östliche Himmelsgegend, wo die Sonne aufgeht, sondern zum Himmel empor. Nach Damaskios verstehen sie es durch ihre Gebete Regen und Dürre herbeizuführen, sowie Seuchen und jedes andere Uebel abzuwenden, weshalb sie sich eines von keiner Beschwerde heimgesuchten Lebens erfreuten. Ihre Frauen konnten sie bei den Söhnen zurücklassen oder mitnehmen, in welchem Falle sie sich jedoch jedes geschlechtlichen Umgangs mit ihnen zu enthalten hatten. Das Gesetz schrieb ihnen auch verschiedene Arten von tapas d. h. Bußübungen, Kasteiungen zur Abtödtung der Leidenschaften vor, woher die Benennung

Tapasja (und Tapassoi bei Ptolemäus) für Einsiedler entstanden ist. Er soll durch stets gesteigerte Kasteiungen seinen Körper ausdörren, z. B. sich in der heißen Jahreszeit fünf Feuern bloßstellen, d. h. vier angezündeten Scheiterhaufen und der Sonne. Letzteres ist wahrscheinlich die ursprünglichste Form der Kasteiungen gewesen, da tapas eigentlich „Hitze" bedeutet. Ferner soll er sich in der Regenzeit dem Regen unbekleidet preisgeben, in der kalten Zeit ein nasses Kleid anlegen. Ueber einige Bußübungen berichten auch die macedonischen Schriftsteller: einer stand aufrecht auf der Erde, hielt mit beiden Händen ein etwa drei Ellen langes Stück Holz und stand bald auf dem einen bald auf dem andern Fuße; ein anderer saß, ein dritter lag auf der Erde mit Steinen auf dem Rücken, dem Sonnenschein und Regen sich preisgebend. Am schwersten war es mit nackten Füßen auf der von glühender Sonne erhitzten Erde zu stehen. Andere, die sich so schweren Kasteiungen nicht unterwarfen, verweilten im Schatten der heiligen Bäume. Ueberhaupt verharrte jeder den ganzen Tag über in seiner Stellung.

Das vierte Stadium des Sannjâsin (d. i. des Niederlegers aller Neigungen) oder Bhikshu (d. h. des von Almosen lebenden), auch Jati (d. i. Bezwingers der Sinne und Leidenschaften) ist, wie schon erwähnt, nur eine Steigerung des vorhergehenden Stadiums, weshalb es z. B. Megasthenes gar nicht besonders anführt. Der Einsiedler muß jetzt allein und ohne Feuer von Almosen leben, Stillschweigen beobachten, und seine Gedanken stets auf den höchsten Geist richten, den Tod nicht wünschend noch fürchtend. Geschah es einmal, daß sie mit einem Menschen gesprochen hatten, so zogen sie sich, wie Bardesanes berichtet, zur Sühne in die Einsamkeit zurück und sprachen mehrere Tage lang gar nichts; auch fasteten sie deshalb öfters. Mit Fasten ist wol auch zu deuten, wenn Aler. Polyhistor berichtet, daß manche nur jeden 3. Tag (andere jeden Tag) Nahrung zu sich nahmen.

Die Vânaprastha und Sannjâsin waren beim Volke hochgeehrt. Die Könige verkehrten mit ihnen durch besondere Boten, ließen sie um Rath fragen, die Götter durch sie verehren und besänftigen. Die meisten Einsiedeleien befanden sich an den Ufern des heiligen Stromes Ganges namentlich an den Quellen desselben im Himalaja, wohin Ptolemäus ein ganzes Volk der Gymnosophisten versetzt, und auf diesem Gebirge überhaupt; doch gab es solche auch anderwärts an Flüssen und in Hainen.

Nicht alle Büßer befolgten jedoch die angegebenen Regeln in voller Strenge. So erzählt z. B. der Alexanderroman von Büßern am Ganges, die sich beschauliche Leben mit ihren ehelichen Pflichten verbanden. Sie suchten in den Monaten Juli und August ihre im Binnenlande lebenden Frauen auf, verweilten 40 Tage bei denselben und lehrten dann wieder in ihre Einsiedeleien zurück. Gebar nunmehr die Frau einen oder zwei Söhne, so enthielt sich ihr Gatte während seines ganzen Lebens des Umgangs mit ihr und fein Sohn ward statt seiner mit der Führung der Angelegenheiten der Familie betraut. Blieb dagegen eine Frau fünf Jahre lang unfruchtbar, so trennte sich ihr Mann ganz und gar von ihr; es ist dies eine Verschärfung der oben angegebenen Bestimmung, wornach im Falle der Unfruchtbarkeit erst nach 8 Jahren die Trennung zu erfolgen hatte. Andere legten sich Kasteiungen auf oder lebten im Walde, entzogen sich aber weder dem Umgang mit den Menschen noch den bürgerlichen Pflichten. Es sind dies Priester, Aerzte, Wahrsager u. dergl. Von ihnen berichtet namentlich Megasthenes, auf dessen Angaben nun überhaupt noch näher einzugehen ist.

Megasthenes rechnet zu den Brahmanen 1) die Personen des ersten und zweiten Lebensstadiums, über die schon alles Nöthige gesagt wurde; 2) die siebente der Abtheilungen, in die er das ganze indische Volk theilt; aus ihr wurden die hohen weltlichen Staatsbeamten und die Rathgeber der Könige ernannt, doch kommt sie hier nicht in Betracht. 3) Die erste Volksabtheilung, der Priester. Diese gehören eigentlich schon richtiger zu den Sarmanen, d. i. zu der andern der zwei Unterabtheilungen, in die Megasthenes die Gymnosophisten eintheilt, da sie sich wie die Büßer kleiden und Kasteiungen unterwerfen. Sie waren von jeder körperlichen Arbeit befreit und hatten nur die Verpflichtung, den Göttern Opfer für das allgemeine Wohl zu bringen. Auch die Laien mußten sich ihrer Vermittelung bedienen, sonst wurden die Opfer von den Göttern nicht angenommen. Eine andere ihrer Obliegenheiten war, dem Staate bevorstehendes Unglück und die Witterung der Jahreszeiten vorauszusagen. Privatleuten zu prophezeien hielten sie dagegen unter ihrer Würde. Der König berief zu Anfang eines jeden Jahres eine große Versammlung, um die Witterung für das laufende Jahr zu bestimmen. Jeder theilte mit, was er in dieser Beziehung und in Betreff des Gedeihens der Früchte, Thiere und des Heils des Staates aufgezeichnet und beobachtet hatte. Der König trug dann Sorge, daß dem drohenden Unglück vorgebeugt wurde. Wer dreimal Falsches geweissagt hatte, dem ward fürs ganze keine andere Strafe auferlegt, als daß er während seines ganzen künftigen Lebens Schweigen beobachten mußte; wer dagegen Wahres gesagt hatte, wurde von Staatslasten und Abgaben befreit. Auch erhielten sie große Geschenke für ihren Rath. Unter den eigentlichen Sarmanen versteht Megasthenes in erster Linie die Personen des 3. und 4. Lebensstadiums, ohne jedoch, wie bemerkt, das letztere ausdrücklich zu erwähnen. Es sind seine Hylobioi. Doch führt er auch noch 3 andere Arten an, zu deren letzter zwei sich jedoch in den indischen Schriften die Urbilder nicht finden. Die erste, wichtigste, davon sind die Aerzte, die eigentlich richtiger Magier (eine Art Jogin[14]) waren. Sie übten vermöge ihrer vermeintlichen Kenntniß des Göttlichen die Heilkunde aus. Als Büßer werden sie (von den macedonischen Schriftstellern) dadurch bezeichnet, daß sie auf

14) Von joga, d. i. Contemplation, Meditation.

den Bergen wohnten und sich in Gazellenhäute kleideten. Sie trugen Säcke, voll von Wurzeln und Heilmitteln, und suchten mittels Zauberei, Sprüchen und Auflegen von Amuleten zu heilen. Nach Megasthenes lebten sie mäßig, sich von Reis und Mehl nährend, hielten sich zwar nicht im Walde auf, waren aber doch Büßer, weil sie in denselben Stellungen verharrten. Wer sie gastfrei aufnahm, schenkte ihnen alles, um was sie baten. Nach den Vânaprastha waren sie die geehrtesten, weil sie sich bestrebten, den Menschen direct zu nützen. Auch glaubte man, daß sie Männer und Frauen fruchtbar machen konnten. Die zweite Art bilden Leute, die als Wahrsager im Lande umher wanderten, der Gebräuche und Reden bei Verstorbenen kundig waren, und die dritte besiedtere, Leute, welche die Regeln für ein gottesfürchtiges Leben und die Ueberlieferungen von den Verstorbenen kannten. Eine Art Jogin waren endlich auch die Brahmauen, von denen Damasklos erzählt. Sie gehörten weder zu den in den Gebirgen weilenden Brahmanen noch zu den Städte bewohnenden Indern, sondern führten ein einfaches zwitterartiges Leben, indem sie bei den erstern dienten, nach den Städten gingen und holten, was jene bedurften und dann wieder zu ihnen zurückkehrten. Während ihres Aufenthalts in Alexandrien nährten sie sich von Datteln, Reis, ihr Getränk war Wasser, auch badeten sie sich im Hanse des Römers nach einheimischem Gebrauch, vermieden aber alles Ungehörige.

Hauptsächlich nur auf die weniger streng lebenden Büßer scheint sich zu beziehen, was die macedonischen Schriftsteller über die denselben erwiesenen Ehrenbezeugungen sagen. Hiernach beschenkte sie jeder, der sie begegnete, mit Feigen oder Trauben (letzteres wol ein Irrthum, da es am Indus keine Trauben gab), auch mit Oel, mit dem sie sich salbten. Sie durften überhaupt alles zum Verkauf Ausgestellte nehmen. Der Zutritt zu den Häusern der Reichen, sogar zu den Frauengemächern war ihnen erlaubt, und sie nahmen theil an den Mahlzeiten der Besitzer, die sich gern mit ihnen unterhielten. Im Genuß solcher Hochachtung wurden sie hochmüthig; so gingen sie z. B. auf Einladung zu niemand, sondern verlangten, daß der Einladende zu ihnen komme. In Folge dessen mußte Alexander der Große, als er von ihnen hörte, und mit ihnen bekannt werden wollte; zuerst den Onesikritos zu ihnen senden, dann erst kamen einige zu ihm. Demselben Onesikritos gegenüber weigerte sich einmal der noch zu erwähnende Kalanos jede weitere Belehrung zu ertheilen, wenn er nicht gleich ihm seine Kleider auszöge, und sich mit auf die Steine hinlege. Ein anderer blieb nur kurze Zeit bei Alexander und ließ ihm dann sagen, er (Alexander) möge selbst zu ihm kommen, wenn er etwas Weiteres von ihm hören wolle.

Während die eben geschilderten Brahmanen eine in sich abgeschlossene Kaste bildeten, zu der niemand Zutritt hatte, der nicht als Brahmane geboren war, bildeten die nun zu betrachtenden, und bei den griechischen Schriftstellern ebenfalls unter dem Namen der Gymnosophisten mit inbegriffenen Samanäer, d. h. die frommen Männer der Buddhisten, eine freie Vereinigung, zu der jeder Inder beitreten konnte, welcher Kaste er auch angehören mochte, wenn er sich dem geistlichen Stande widmen wollte und den allgemeinen Ordenssatzungen genügte. Buddha erkannte zwar die Kasten an, aber er eröffnete allen Menschen die Aussicht, daß sie sich durch die Annahme seiner Lehre von den Banden ihrer Geburt befreien und das Gesetz der Wiedergeburt aufhören machen könnten, und diese Lehre fand nicht nur in Indien, sondern durch Missionen auch in China, Japan, überhaupt dem ganzen mittleren und östlichen Asien eine weite Verbreitung. Endlich widmeten sich auch Frauen dem geistlichen Leben. Der Name Σαμαναῖοι stammt ab vom indischen Çamana, und es ist dies die Prakritform des schon oben erwähnten Çramana (bei Megasthenes Σαρμᾶναι), worunter die brahmanischen Büßer verstanden sind. Anfangs wurden diese letztern auch allein so genannt, erst in der Zeit des Königs Açoka (263—226 v. Chr.) ging der Name auf die frommen Männer der Buddhisten über, und ward nun überhaupt im Gegensatz zu den Brahmanen angewendet. In buddhistischen Schriften kommt übrigens viel häufiger der Name Bhikshu statt Çramana vor, weil sich nur wenige Buddhisten durch ihre Kasteilungen besonders auszeichneten, während die Brahmanen darin ihre Haupttugend suchten. Bei den Buddhisten galt die Erkenntniß nicht, was schon daraus hervorgeht, daß diejenigen Menschen, die über die höchsten Wahrheiten nicht nachgedacht hatten, durch die Benennung Prithaggana d. h. die Abgesonderten von denen unterschieden wurden, die es gethan hatten, diesen dagegen der Name Arja gegeben worden ist, wie sie die Inder im Gegensatz zu den Barbaren nannten. Die dem geistlichen Stande sich widmenden Frauen heißen Bhikshuni.

Eine hierarchische Organisation bildete sich frühzeitig aus, da die Bhikshu außer in der Regenzeit, die sie bei Hausvätern oder ihnen wohlwollenden Brahmanen verbrachten, zusammen lebten und Versammlungen (sangha) bildeten, in denen sie ihre Lehrer hörten und sich über ihre Angelegenheiten beriethen. Solche Versammlungen waren sehr zahlreich und der Ort, wo sie stattfanden, meist im Garten oder im Wald gelegen, hieß vihâra. Anfangs wechselten die Bhikshu ihren Aufenthalt oftmals in den verschiedenen vihâra, bald jedoch blieben sie den Versammlungen treu, in die sie aufgenommen waren, und es entstanden förmliche Klöster (ebenfalls vihâra genannt), welche die Könige den Bhikshu erbauten. Der erste, der eine Menge solcher Gebäude errichtete, war König Açoka. In ihrer Nähe befanden sich Tempel und gewöhnlich auch stûpa (Topen), die über heiligen Reliquien erbaut waren. Die Topen können ihrer gewölbten Gestalt halber allerdings auch, wie bei Alexander Polyhistor, als Pyramiden bezeichnet werden.

Der Aufnahme in den geistlichen Orden ging ein Unterricht vorher; der Novize (Çramanera) erhielt darauf die erste upasampadâ genannte Weihe, die ihm erst nach vollendetem 20. Jahre ertheilt werden durfte. Er erhielt dann den Titel Çramana oder Bhikshu.

Ihre Gesammtheit bildete, wie bereits angegeben, den sangha oder Bhikshusangha. In ihr erhielten die Mitglieder den Rang nach ihrem Alter; die angesehensten wurden deßhalb Sthavira, Greise, genannt, die ältesten von diesen Sthavirâh Sthavirânâm, die Alten der Alten. Ihnen übertrug der Gründer des Buddhismus den Unterricht im Gesetz, wenn er es nicht selbst that. Nach seinem Tode leiteten die würdigsten von ihnen die Versammlungen und hießen daher die Sanghasthavira.

Die einzelnen Grade hießen von unten an Srotaâpanna, Sakridâgâmin, Anâgâmin und Arhat. Bei den südlichen Buddhisten konnten alle Gläubigen die ersten drei Grade erhalten, bei den nördlichen nur die Bhikshu. Höher als diese sind noch die Çrâvaka; d. h. die Zuhörer; so wurden sie besonders genannt mit Bezug auf ihre Lehrer. Der Titel bezeichnet solche unter ihnen, welche die höchste Erkenntniß erlangt haben. Wenn sie zugleich die ältesten waren, erhielten sie die Benennung Mahâçrâvaka, welches mitunter mit Sthavira gleichbedeutend gebraucht wird. Die Titel Srotaâpanna, Sakridâgâmin und Anâgâmin bezeichnen nicht einen Rang in der Hierarchie, sondern nur Stufen der Erkenntniß und der Tugend, Arhat d. i. die Würdigen dagegen einen solchen, weil er einen durch seine Kenntnisse und übernatürliche Fähigkeiten den übrigen sehr überlegenen Bhikshu bedeutet. Streng genommen bestand daher nur aus gewöhnlichen Bhikshu, und den vornehmeren, den Arhat.

Diese Arhat sind es, welche Alexander Polyhistor mit dem Namen Σεμνοί bezeichnet. Sie waren ganz nackt und behaupteten die Zukunft voraussagen zu können. Den Gebrauch der Nacktheit hatten die Gaina (Dschaina), eine Sekte des Buddhismus, von ihnen angenommen; eine Abtheilung der frommen Männer der letztern wird nämlich Digambra genannt, was eigentlich den Raum zur Kleidung haben, dann so viel wie nackt bedeutet. In der heiligen Sprache der Brahmanen gilt Digambra auch als Benennung der Bhikshu überhaupt. Die bei demselben Schriftsteller Σεμναί genannten Frauen führten ein jungfräuliches Leben und nahmen offenbar unter den dem geistlichen Leben sich widmenden Frauen (Bhikshuni) denselben Rang ein, wie die Arhat unter den Bhikshu.

Wer in den Samander oder Bhikshu aufgenommen zu werden wünschte, wandte sich an den Vorsteher einer Stadt oder eines Dorfes, er wurde hierauf vor den sangha geführt und geprüft, ob er nicht wegen körperlicher Gebrechen oder persönlicher Verhältnisse unfähig sei, in das Kloster aufgenommen zu werden. Bestand er die Prüfung, so mußte er geloben, die klösterlichen Satzungen genau zu befolgen. Es ist zwar darin nicht gesagt, daß er allem Besitz zu entsagen hatte, wie Bardesanes angibt, doch lief die Bestimmung praktisch allerdings darauf hinaus, da es vorgeschrieben war, von Almosen zu leben. Hatten die Eintretenden Frauen und Kinder, so sorgten für letztere die Könige, die erstern wurden der Obhut der Verwandten überlassen. Die eigenthümliche Tracht der buddhistischen Geistlichen hieß kivara, und bestand aus drei Theilen, einem sanghâ genannten doppelten, einem untern und einem obern Kleide. Letzteres wird wol das von Bardesanes genannte Oberkleid sein, das nach ihm der Novize nach der Aufnahme empfing. Ferner durften sie keine Bärte tragen und mußten sich die Kopfhaare abschneiden. Im vihâra bestand ihre Beschäftigung in nichts weiter, als daß sie sich den ganzen Tag über göttliche Dinge unterhielten. Für ihren Unterhalt sorgten die Könige; an jedem Kloster war ein Hausmeister angestellt, der die wirthschaftlichen Arbeiten besorgte. Wenn die Geistlichen in die Speisehalle eingetreten waren, so wurde mit einer Glocke ein Zeichen gegeben, worauf sie ihre Gebete verrichteten. Auf ein zweites solches Zeichen brachte dann der Hausmeister jedem eine besondere Schüssel, da nie zwei zusammen aus einer aßen. Die Schüsseln enthielten gewöhnlich Reis, doch wurde auf Wunsch zur Abwechselung auch Gemüse und verschiedene Arten von Früchten (Mango u. a.) gereicht. Die Mahlzeiten wurden sehr schnell beendet. Von sonstigen Gebräuchen sei nur noch das Sündenbekenntniß erwähnt, das die Buddhisten vor öffentlicher Versammlung ablegten, um sich von den Sünden zu reinigen, da sie die qualvollen Sühnen und Bußen, womit dies die Brahmanen zu erreichen vermeinten, keine Wirkung beilegten, sondern die Sühnung auf ihren Ursprung, die Reue, zurückführten.

Die Samaneer oder Bhikshu standen ebenfalls wie die brahmanischen Büßer und Einsiedler bei den übrigen Indern in hohem Ansehen und wurden ebenso, wie jene, auch von den Königen um Rath gefragt u. s. w.

Das Leben betrachteten beide Klassen als eine nothwendige, ihnen von der Natur auferlegte Verpflichtung, der zu gehorchen sie genöthigt waren, und sie bestrebten sich deshalb die Seele von dem Körper zu befreien. Es kam vor, daß, obgleich sie sich scheinbar ganz wohl befanden, sie doch ohne irgend eine Veranlassung dem Leben entsagten. Sie theilten in solchen Fällen niemand vorher ihre Absicht mit, und niemand hinderte sie daran, dieselbe auszuführen. Die Gestorbenen wurden als selig gepriesen, und jeder der Hinterbliebenen theilte seinen verstorbenen Verwandten seine Wünsche mit. So sehr war man davon überzeugt, daß das Leben nach dem Tode ein dauerhaftes und besseres sein würde, und daß ein Verkehr unter den Seelen stattfinde. Die Freunde und Verwandten entließen die Ihrigen ganz mit demselben Gleichmuth zum Tode wie zu einer weiten Reise. Die Ueberlebenden priesen die Verstorbenen als selig, weil ihnen das Los der Unsterblichkeit zu theil geworden sei, und beklagten sich dieses Glück noch entbehren zu müssen. Den Einsiedlern war zwar durch das Gesetz nicht vorgeschrieben, dem Leben zu entsagen, doch beweisen zwei Thatsachen, daß sie es oft gethan haben. Der schon erwähnte, unter Alexander berühmt gewordene Kalanos (eigentlich hieß er Sphines [sanskr. Sphinas] und wurde nur von den Griechen Kalanos genannt, weil er sie mit dem gewöhnlichen Begrüßungsworte

kaljâna anredete) [15]) bestieg in Persien freiwillig den Scheiterhaufen [16]). Dasselbe that der Buddhist Zarmanochegas (wol vom indischen Çramanâkârja, d. i. Lehrer des Çramana), der die Gesandtschaft [17]) des Königs Poros (ind. Paurava) an Kaiser Augustus begleitete. Da ihn bisher kein Unglück betroffen hatte, so beschloß er dem Leben zu entsagen, damit ihm in den letzten Tagen seines irdischen Daseins nicht etwa noch ein Unheil widerfahre, und bestieg nackt und gesalbt zu Athen den Scheiterhaufen, nachdem er vorher verordnet hatte, folgende Inschrift auf sein Grab zu setzen: „Hier ruht Zarmanochegas aus Indien aus Bargoza (Barygaza), der nach der einheimischen Sitte der Juder sich selbst den Tod gab".

Wie sich nachweisen läßt, daß die Lehren der Gymnosophisten einen Einfluß auf die Lehren der Gnostiker, Manichäer und Neuplatoniker ausgeübt haben, so liegt auch die Vermuthung nahe, daß ihre Gebräuche auf die Entstehung ähnlicher Gebräuche im Christenthum eingewirkt haben. Das ganze Mönchswesen dürfte sich in seiner fertigen Organisation, wie es in Aegypten entstand, wol auf das Einsiedlerwesen der Brahmanen und das Klosterleben der buddhistischen Geistlichen gründen. Ferner ist ein Einfluß des Buddhismus nicht zu verkennen in der bei den christlichen Priestern gebräuchlichen Tonsur, sowie in dem Gebrauche der Glocken und Rosenkränze. Erstere waren bei den Buddhisten viel früher im Gebrauch als bei den Christen, und beim Gebet bedienten sich die Juder der akshamâlâ genannten Kränze. Endlich ist die Lehre Buddha's in der Philosophie Arthur Schopenhauer's auch ein Factor des modernen geistigen Lebens geworden.

Literatur: [Christian Lassen], Gymnosophista, sive Indicae philosophiae documenta. 1. Bd. 1. Heft (so viel erschienen). Bonn 1832.— Derselbe, Indische Alterthumskunde. 4 Bde. Leipzig 1844—62. Bd. 1 und 2. 2. Aufl. 1866, 1873. Letztgenanntes Werk diente für die vorstehende Abhandlung als Quelle.
(T. Pech.)

GYMNOPSIS De Candolle (Gymnolomia Humboldt, Bonpland und Kunth, Heliomeris Nuttall) ist eine Gattung der Compositen mit folgenden Merkmalen: Blüthenköpfchen verschiedenehig, mit einreihigen, geschlechtslosen Strahlblüthen und fruchtbaren hermaphroditischen Scheibenblüthen. Die Hülle ist halbkugelig oder breit-glockenförmig, mit 2—3 reihigen Deckblättern, von denen die äußeren krautartig ein wenig kürzer, die inneren dünn, alle meist schmal sind. Blüthenboden gewölbt oder kegelförmig mit concaven oder zusammengefalteten, die zweigeschlechtigen Blüthen einschließenden Deckblättchen. Strahlblüthen abstehend, ganzrandig oder

15) Plutarch, Alex. 65. 16) Bei seiner Verbrennung ließ Alexander die Trompeten erschallen, das Heer den Schlachtruf anstimmen und Charts, Fragm. 15, p. 117 b. S. Nearchos, Fragm. 37, p. 71 b, und Charts, Fragm. 15, p. 117 b. 17) Hierüber bei Strabo XV, 1, 73, und im Fragment des Nikolaus von Damascus bei Müller, Fragm. Hist. Graec. III, p. 419.

knum gezähnt, weibliche Blüthen regelmäßig, mit kurzer, oft behaarter, gleicher oder am Grunde verbreiterter Röhre und cylindrischem oder schmalglockigem an der Spitze 5theiligem Saume. Staubbeutel am Grunde ungetheilt oder mit 2 kleinen Oehrchen. Griffel der zweigeschlechtigen Blüthen stumpf oder mit einem kurzen Spitzchen. Achänen der Strahlblüthen schmal, taub, die der zweigeschlechtigen schwach-zusammengedrückt-vierkantig, an der Spitze stumpf oder mit einem sehr kurzen, gezähnelten Ringe gekrönt.

Zu dieser Gattung gehören Arten, von denen die meisten in Mexiko und Centralamerika, nur wenige in Südamerika einheimisch sind und aus aufrechten, ästigen, kahlen oder behaarten krautartigen, selten strauchigen Gewächsen mit gegenüberstehenden unteren und wechselständigen oberen, ungetheilten, gezähnten oder gelappten Blättern bestehen. (*Garcke.*)

GYMNOSPERMEN. Mit diesem Namen werden im Gegensatz zu den Angiospermen die drei Familien der Cycadeen, Coniferen und Gnetaceen bezeichnet, bei denen die sogenannte weibliche Blüthe nur aus einer nackten, nicht von einem Fruchtknoten eingeschlossenen Samenknospe mit einer Hülle besteht, wie dies zuerst R. Brown[1] nachwies. Mit dieser Ansicht könnte man sich aber nicht befreunden und A. Richard trat ihm sofort in einer besondern Schrift[2] entgegen, worin er diese Hülle für ein Perigon erklärte, während andere wie Blume[3] und später Baillon[4], Parlatore[5] und Diffon[6] die Hülle als einen aus Karpellen gebildeten Fruchtknoten, welcher einen nackten Keru umschließt, ansahen. Hieran reihen sich verschiedene andere Fragen, welche bis vor kurzer Zeit in der widersprechendsten Weise beantwortet wurden, durch die wichtigen Untersuchungen von Straßburger[7] aber zunt großen Theil ihrer Lösung entgegengeführt sind, sodaß jetzt im Grunde nur zwei Anschauungsweisen einander gegenüberstehen. Nach der einen sind die betreffenden Gebilde perigon- und fruchtknotenlose Samenknospen, welche nur von einem oder in seltenen Fällen von einem doppelten Integumente umgeben sind. Der Kern wird als Achse angesehen, die Samenknospen sind demnach veränderte Sprößchen und jede stellt für sich eine weibliche Blüthe dar. Diese Blüthen erscheinen in den verschiedenen Gattungen theils terminal, theils axilär, im letzten Falle gewöhnlich von schuppenförmigen Deckblättern gestützt, mit denen sie einen zapfenförmigen Blüthenstand bilden. Hierbei ist aber nicht genug hervorzuheben, daß die Zapfenschuppen niemals die Bedeutung offener Karpellblätter haben, selbst bei den Abietineen, einer Abtheilung der Coniferen, nicht, denn innere, die Samenknospen tragende Schuppe vielmehr einen secundären, aus der Achsel der äußern

Schuppe entspringenden Blüthenstand repräsentirt. Diese Ansicht ist namentlich von A. Braun[8] und Eichler[9] entwickelt worden. Nach der andern Anschauungsweise stellt das, was dort als Samenknospe gedeutet wird, einen Fruchtknoten vor. Das Eichen ist auf den nackten Keru reducirt, dem aber gleichfalls Arencharakter zuerkannt wird, wonach also jeder Fruchtknoten eine ganze Blüthe darstellt; die Hülle macht die Fruchtknotenwandung aus und besteht aus zwei verwachsenen Karpellblättern. Sind zwei Hüllen vorhanden, so ist die äußere ein Discus. Die Zapfenschuppen müssen gleichfalls als Deckblätter oder schuppenartige kleine Zweige angesehen werden.

Beide Ansichten stimmen hiernach darin überein, daß der Kern als Achse und jede Samenknospe oder jeder Fruchtknoten als ganze Blüthe gedeutet wird und unterscheiden sich namentlich nur in der Auffassung der den Kern umschließenden Hülle.

Die erste Ansicht stützt sich hauptsächlich auf Analogien. Bei den Cycadeen stehen die weiblichen Reproductionsapparate offen auf unzweifelhaften Blattorganen und nehmen an diesen ähnlich wie Fieberblättchen und in derselben Weise, wie dies z. B. bei den Leguminosen und bei den Aconiteen an den Rändern des Fruchtblattes der Fall ist, ihren Ursprung; es findet fouach kein wesentlicher Unterschied zwischen diesen und den Samenknospen angiospermer Pflanzen statt. Diese Gebilde stimmen aber im wesentlichen mit den weiblichen Blüthen der Coniferen überein und da diese beiden Familien auch sonst nahe verwandt sind, so ist eine gleiche Deutung auch für die Coniferen zulässig, die Unterschied besteht nur darin, daß die Samenknospen bei letzterem axenbürtig sind. Selbst und die dritte hierhergehörige Familie, die Gnetaceen, läßt sich diese Auffassung der betreffenden Organe anwenden. Zwar sind hier bald 2, bald 3 Hüllen vorhanden, von welchen aber nur den inneren die Natur von Integumenten zukommt; die äußerste Hülle muß, weil sie in ähnlicher Weise auch bei den männlichen Blüthen außerhalb der Staubgefäße vorkommt, als Perigon gedeutet werden; ein Fruchtknoten fehlt demnach selbst bei dieser schon weiter fortgeschrittenen, den Angiospermen noch näher stehenden Familie.

(*Garcke.*)

GYMNOSTACHYS, eine von Robert Brown aufgestellte Gattung der Araceen mit folgenden Merkmalen: Die Blüthen sind zwitterig und stehen in lockeren Aehren entweder ganz ohne Hülle oder mit einer sehr kleinen Hülle versehen. Die vier schuppenartigen Abschnitte der Blüthenhülle, sowie die ihnen gegenüberstehenden vier Staubgefäße finden sich in je zwei Kreisen. Die Staubfäden sind kurz, dick und etwas zusammengedrückt, die Beutel zweifächerig, endständig und öffnen sich nach außen. Der Fruchtknoten ist länglich, einfächerig

1) In Appendix zu Capt. King's Voyage. Vermischte Schriften IV, 103.   2) Commentatio botanica de Coniferis et Cycadeis. 1826.   3) Rumphia, vol. III, p. 208 seq.   4) Adansonia, vol. I et V.   5) Studi organographici sui fiori etc. delle Conifere. Fiorenz 1864.   6) In verschiedenen Aufsätzen in den Transact. of the bot. society of Edinburgh.   7) Die Coniferen und die Gnetaceen, eine morphologische Studie. 1872.

8) Ueber Polyembryonie 1860 und über eine Mißbildung von Podocarpus chinensis in den Monatsberichten der Berlin. Akad. d. Wissensch. Oct. 1869.   9) Excursus morphologicus de formatione florum Gymnospermarum in Martii Flora Brasil., fasc. Coniferae.

mit einem aus der Spitze herabhängenden Eichen; die Narbe ist sitzend, die Beere eiförmig oder kugelig. Der Same hat eine angedrückte, ziemlich dünne Schale. Der kurze Keim befindet sich in der Achse des ziemlich harten Eiweißes. Das Würzelchen ist nach oben gerichtet.

Aus dieser Gattung ist nur eine Art, G. anceps *R. Brown*, bekannt, welche in Australien vorkommt, ein Kraut mit knolligen Wurzeln, sehr langen grasartigen grundständigen Blättern und mit Aehren, welche in den Achseln blattartiger Deckblätter längs des hohen, sonst blattlosen Schaftes dicht gedrängt stehen. (*Garcke.*)

GYMNOSTOMUM. Die Moosgattung Gymnostomum wurde im Jahre 1782 von Hedwig (Fundamenta hist. natur. Musc. II, 87) wegen des fehlenden Mundbesatzes der Kapsel aufgestellt und benannt. Er rechnete dazu drei Arten: G. pyriforme, truncatulum und pusillum, von denen die beiden ersten von Linné zur Gattung Bryum gezogen waren. In einem spätern von Schwägrichen herausgegebenen Werke Hedwig's erscheint diese Gattung in 15 Arten (G. truncatulum, ovatum, pennatum, Heimii, aestivum, recurvirostrum, microstomum, japonicum, obtusum, prorepens, pulvinatum, rutilans, tenue, fasciculare, pyriforme) und Bridel führt im ersten Bande seiner 1826 erschienenen Bryologia universalis hiervon 50 Arten auf, unter denen sich einige befinden, welche man früher zur Gattung Anoectangium zog. In neuerer Zeit ist von den Bryologen auch die Gattung Gymnostomum ganz aufgegeben und die Arten derselben sind nach ihrer sonstigen Verwandtschaft andern Gattungen zugetheilt, namentlich den Gattungen Pottia, Schistidium und Weisia.

(*Garcke.*)

GYMNOTUS (Ichthyologie). Der in den Flüssen Südamerikas lebende elektrische oder Zitteraal ist der Repräsentant einer neuerdings in 5 Gattungen mit etwa 20 Arten zergliederten Familie Gymnotini, welche den eigentlichen Aalen zunächst sich anschließt, also in der Jos. Müller'sche Ordnung der Physostomi gehört. Eine Uebersicht der Familie hat Kaup in Wiegmann's Archiv 1856, XXII. a, S. 78 gegeben unter folgender allgemeiner Charakteristik: aalähnlich mit rundem Rücken ohne Flossen, aber mit entwickelten Brustflossen und sehr ausgedehnter Afterflosse, welche den After sehr weit nach vorn, selbst bis zur Kinnhaut gedrängt hat und nach hinten bis ans Schwanzende reicht oder nur dessen Spitze frei läßt; ihre Strahlen sind gegliedert und gegen die Spitze einfach oder zweimal gegabelt. Der Körper ist meist comprimirt, der Rachen mit Zähnen auf dem Zwischenkiefer oder Unterkiefer, selten hechelförmige auf dem Gaumenbeine, aber keine auf dem Vomer. Der Schultergürtel ist abweichend von den gewöhnlichen Aalen an dem Kopfe aufgehängt. Am 5. Wirbel pflegen die Rippen zu beginnen. Mugen und Blindsack in pylorischen Anhängen. Unter dem 2. bis 4. Halswirbel liegt eine birn- oder herzförmige Blase und zwar eine äußere, leicht zerbröckelnde, welche eine zweite dünne durchsichtige mit Gallert gefüllte enthält, die leicht herausgenommen werden kann und einerseits mit dem Gehörknöchelchen, andererseits durch

einen dünnen Strang mit der Schwimmblase in Verbindung steht. Die Weibchen haben sackförmige Eierstöcke, deren Ausführungsgänge von denen der Aale abweichen. Eine anatomische Monographie der hierhergehörigen Gattungen fehlt leider noch.

Die gegenwärtig angenommenen Gattungen sind: 1) Sternarchus *Schneid.* mit kleiner normaler Schwanzflosse mit 3 Arten, nämlich St. albifrons *Schneid.* (Gymnotus albifrons *Pallas*, Spicil. VII, 36, tb. 6, fig. 1); St. Bonapartei *Castelneau* mit plötzlich abgestutztem Schwanze und St. oxyrhynchus *Müller* und *Troschel*, Hovaeichtyol. 16, tb. 2 mit dünnet, langer, nach unten gebogener Schnauze und kleinem Munde. Alle drei haben zwei Haufen Kegelzähne im Zwischenkiefer und zwei Reihen Zähne jederseits im Unterkiefer, in der Haut des Rückens einen freien langen peitschenförmigen Faden. — 2) Rhamphichthys *Müller* und *Troschel* ohne alle Zähne, die vordern Nasenlöcher am vordern Rande des Maules, der After an der Kehle noch vor den Augen. Ihre Arten sind kurzschnäuzig bei Rh. Artesii *Kaup*, Wiegm., Archiv 1856. 81. Taf. 3, Fig. 2 und Rh. Mülleri *Kaup* ebendas. Fig. 3 — oder langschnäuzig wie Rh. lineatus (*Castelneau*) *Kaup* ebendas. Fig. 4; Rh. pantherinus (*Castelneau*) *Kaup* ebendas. 82. Fig. 5; Rh. marmoratus (*Castelneau*) *Kaup* ebendas. Fig. 6; Rh. Reinhardti *Kaup* ebendas. Fig. 7; Rh. Blochi *Kaup* (= Rh. rostratus [*Cuvier*] *Müller*, *Troschel*); Rh. Schomburgki *Kaup* ebendas. 83. Fig. 9; Rh. Schneideri *Kaup* ebendas. Fig. 10. — 3) Sternopygus *Müller*, *Troschel* mit hechelförmigen Zähnen, mit comprimirtem Kopfe und den vordern Nasenlöchern an der Oberseite; vier Arten: St. macrurus (*Cuvier*) *Müller*, *Troschel*, *Kaup* a. a. O. 84; St. virescens (*d'Orbigny*, Voy. Amer. merid. tb. 15, fig. 2) = St. tumifrons *Müller*, *Troschel* = St. microstomus *Reinhardt*, *Kaup* a. a. O.; St. lineatus *Müller*, *Troschel* in Schomburgk's Fauna Guiana 640; St. Troscheli *Kaup* a. a. O. 85. — 4) Carapus *Müller*, *Troschel* mit nur einer Reihe Kegelzähnen und deprimirtem Kopfe, mit großen Schuppen; zwei Arten: C. fasciatus (*Pallas* = Gymnotus fasciatus *Pallas*, G. brachyurus *Bloch*, G. carapo *Linné*, G. inaequilabiatus *d'Orbigny*) mit schwärzlichen schiefen Querbinden und C. albus (*Pallas*) *Kaup* a. a. O. 85 fast schwarz mit Spuren von Querbinden. 5) Gymnotus *Linné* mit sammetweicher Haut ohne Spur von Schuppen, oben mit 50, unten mit 60 spitzen Zähnen, und hinter den mittlen noch 6 Zähne; Brust mit Afterflosse mit dicker, den Strahl verhüllenden Haut. — Sämmtliche Arten bewohnen die Flüsse des warmen Südamerika und von allen hat Gielechicus die Anatomen und Physiologen viel und sehr eingehend beschäftigt mit dem Bau und den Functionen seines elektrischen Organes, worüber eine große Reihe von Abhandlungen veröffentlicht worden ist. Das elektrische Organ liegt an der Unterseite des Schwanzes und bildet den größern Theil desselben, gebildet aus zwei Längsbündeln aus einer großen Anzahl häutiger, nahe aneinander liegender, fast horizontaler

2*

Blättchen und durch Längshäute in prismatische Zellen getheilt. Diese Zellen erfüllt eine Gallerte und zahlreiche Nerven geben zu denselben. Das Thier ertheilt die elektrischen Schläge willkürlich und große Individuen so starke, daß sie Pferde und Maulthiere betäuben. Nach mehrfach wiederholten Schlägen aber schwindet die elektrische Kraft vollständig und entwickelt sich erst nach mehrtägiger Ruhe wieder. Man vgl. *M. Faraday*, Philos. Transact. 1839 p. 1—12; Humboldt und Bonpland, Beobachtungen aus der zool. und vergleichenden Anatomie 2. Lieferung 1808; *Knox*, Edinbg. Journ. science 1824. I, 96; Kupffer und Keferstein in Zeitschrift ration. Medicin 1858. II, 347; Valentin, neue Denkschrift der allgemeinen schweizer Gesellschaft 1842. VI.

(*Giebel*.)

GYNAECEUM (γυναικεῖον, γυναικωνῖτις, von Hesychius v. durch οἶκος γυναικῶν erklärt) bezeichnet im altgriechischen Wohnhause die Frauenwohnung. Γυναικεῖον kommt indeß bei altgriechischen Autoren wol gar nicht in dieser Bedeutung vor, vielleicht bei den späteren, dagegen ist γυναικωνῖτις die richtige, überall gefundene Bezeichnung. Ueber die Wohnung der Frauen im heroischen Zeitalter gewährt nur das homerische Epos, insbesondere die Odyssee einige Auskunft. Einiges bieten auch die griechischen Tragiker dar. Indeß ist Thalamos die gewöhnlichere Bezeichnung für die Gemächer der Ehefrau und deren Töchter. Von den Tragikern aber werden die letzteren gewöhnlich παρθενῶνες genannt, wie im Herrscherpalaste zu Theben (*Euripid*. Phoen. 86 seq. Vergl. *Aeschyl*. Prom. 649). Im Anaftenhause des Odysseus auf Ithaka bewohnt die Penelope einen besonderen θάλαμος, auch οἶκος genannt, im oberen Stock, von welchem ans eine Treppe den Zugang zu dem im unteren Areal liegenden Männersaale gestaltet. Dieses obere Stock nennt der Dichter auch ὑπερῷον (εἰς ὑπερῷ' ἀναβᾶσα, ὑπερῷάιον εἰςαναβᾶσα, κατέβαιν' ὑπερῷάια) Od. XVII, 506; XIX, 53, 594; XXI, 350. 354; XXIII, 85; II. II, 514). Im Hause des kolchischen Herrschers Aetes haben dessen Töchter, die Chalkiope und Medeia, jede ihren Thalamos (*Apollon. Rhod.* Argonaut. III, 250). In der geschichtlichen Zeit haben wir das noch einfache Wohnhaus von dem späteren mit Peristylen oder Säulenhallen ausgestatteten zu unterscheiden. Wahrscheinlich war im älteren griechischen Wohnhause die schon im homerischen Epos erwähnte αὐλή, etwa mit dem Atrium der älteren Römer zu vergleichen, der Raum, welchem die Gynaeconitis angehörte. Diese γυναικωνῖτις mochte in dem älteren Wohnhause der Unbenittelten den Haupttheil desselben ausmachen, da die Hausfrau als οἰκουρὸς und als eine die gesammte Wirthschaft leitende und verwaltende Schaffnerin fast stets zu Hause blieb, während der Ehemann den größten Theil des Tages außerhalb des Hauses zubrachte, mochte er nun der Feldwirthschaft, einem Handelszweige oder irgend einer anderen Beschäftigung seine Zeit widmen, oder wie die Heliasten ein Richteramt verwalten. Aus Aristophanes Eccl. 312 fg. darf man folgern, daß unbemittelte Familien nur ein oder wenige Wohnzimmer gemeinschaftlich inne hatten. Erst nach den Perferkriegen begannen die Reichen sich größere und schönere Wohnhäuser herstellen zu lassen, wie Kallias zu Athen. Das von dem Redner Lysias (de caede Eratosth. c. 3, §. 1) beschriebene Wohnhaus des Euphiletos zu Athen hatte zwei Stockwerke. Die Ehefrau des Euphiletos hatte lange im oberen Stock gewohnt, bis sie von einem Kinde entbunden in das untere Stock gezogen war, um der Wartung ihres Kindes bequemer obliegen zu können. Hier war noch kein Peristyl vorhanden. Die Andronitis und die Gynaeconitis waren noch einfache Wohnzimmer. In der späteren Zeit, als die Wohnhäuser geräumiger und stattlicher geworden, befand sich die Gynaeconitis stets im hinteren Theile des Hauses (im μυχὸς τῆς οἰκίας). In des wohlhabenden Ischomachos Hanse sanden sich die ἀνδρονῖτις und die γυναικωνῖτις im unteren Areal neben einander, waren jedoch durch eine verriegelte Thür (θύραν βαλανείῳ ὡρισμένην) von einander abgesondert. Die Gynaeconitis befand sich hier hinter der Andronitis. Das Haus des begüterten, der Oekonomie obliegenden Ischomachos gehörte zu den größeren. Die weibliche Dienerschaft, die Sklavinnen, hatten ihren Aufenthalt und trieben ihre Arbeit in den mit der Gynaeconitis verbundenen Räumen, sowie die männliche Dienerschaft, die Sklaven, in den Nebenräumen der Andronitis. Ohne besondere Genehmigung des Hausherrn war es dem männlichen und weiblichen Dienstpersonale nicht gestattet, mit einander in Berührung zu kommen (*Xenoph*. Oecon. c. 9, §. 5). Den wichtigsten Theil der Gynaeconitis bildete auch in der geschichtlichen Zeit der im homerischen Epos so oft erwähnte Thalamos. Hier und in den Nebenräumen wurden die werthvollsten Gegenstände (τὰ πλεῖστον ἄξια) aufbewahrt, da dies der sicherste Ort war (ὁ θάλαμος ἐν ὀχυρῷ ὄν). Im Grundrisse des Vitruvius (VI, 7) gehört zum Thalamos ein Amphithalamos, welcher jedoch nur den größeren Wohnhäusern mit einem Peristyl angehören konnte. Denn in dem von Xenophon beschriebenen Hause des Ischomachos zu Athen ist von einem Amphithalamos noch keine Rede. In den späteren stattlicheren Häusern der Reichen konnte die mit verschiedenen Nebenräumen verbundene Gynaeconitis wol nur dem vielumfassenden Peristyl angehören. *Vitruv*. VI, 7, 2: In his locis introrsus constituuntur oeci magni, in quibus matres familiarum cum lanificis habent sessionem. In prostadii autem dextra ac sinistra cubicula sunt collocata, quorum unus thalamus, alterum amphithalamus dicitur. Circum autem in porticibus triclinia quotidiana, cubicula etiam et cellae familiariacae constituuntur. Haec pars aedificii *Gynaeconitis* appellatur. Aus dem Peristyl führten Thüren in den Thalamos und Amphithalamos, sowie in die zusammenhängenden Arbeitszellen der bei schäftigten Sklavinnen. Achilles Tatins hat in seinem Romane eine besondere Beschreibung eines Thalamos gegeben, in welchem die Leutippe mit ihrer Mutter und einer Dienerin (θαλαμηπόλος) zu Tyrus ihren Aufenthalt hatte. Der Gesammtraum des Thalamos bestand hier aus vier Gemächern, zwei zur Rechten und zwei zur Linken. Durch einen schmalen Gang (στενωπός) wurden dieselben von einander geschieden, welcher Gang in seiner Front durch eine Thür verschlossen werden konnte. Sobald dies geschehen, waren alle vier Zimmer zugleich verschlossen. Die beiden hinteren Zimmer hatten Mutter und Tochter inne. Von den beiden vorderen bewohnte das eine die θαλαμηπόλος, das andere diente, wie es scheint, zur Aufbewahrung der Garderobe und anderer häuslicher Wirthschaftsgegenstände. Achilles Tatius, ein Alexandriner (τῶν περὶ Κλειτοφῶντα καὶ Λευκίππην, λογ. II, c. 19, p. 75 ed. Mitscherlich, Scr. erot. Graec. vol. I), mochte sein Schema des Thalamos aus alexandrinischen Häusern entlehnt haben, in welcher ägyptischen Stadt während der Herrschaft der Ptolemäer griechische Cultur zur vorherrschenden geworden war. — Im römischen Hause unter den Königen und in den ersten Jahrhunderten der Republik stand der torus genialis im Atrium, und hier beschäftigte sich die Hausfrau mit ihrem Dienstpersonal mit Wollarbeiten (lanificium). Livius I, 57: sed nocte sera deditam lanae (Lucretiam) inter lucubrantes ancillas in medio aedium sedentem inveniunt. Besondere Schlafgemächer mochten damit in nächster Verbindung stehen. In den späteren großen und prächtigen Palästen reicher Römer befanden sich sämmtliche Wirthschaftsräume im Peristyl, welcher zugleich die Wohnung der Hausfrau, der Kinder, der Sklaven und Sklavinnen, Arbeitszellen, Küche, Wasch- und Badezimmer umfaßte, in welchem auch alles Wirthschaftsmaterial aufbewahrt wurde. In diesen großen Palästen hatten die Säulengänge des Peristyls ein oberes Stock und hier waren die größeren Zimmer für den Sommer- und Winteraufenthalt eingerichtet. Hier befanden sich die stattlichen Triclinia, die Bibliothek und Pinakothek (Vitruv. VI, 7). Dies gilt in gleicher Weise von den späteren griechischen und römischen Palästen. Wir haben hiermit die Grenze der Beschreibung der griechischen γυναικωνῖτις bereits überschritten und müssen hier abbrechen. Es wäre Luxus, hier die zahlreichen großen Prachtwerke über Architektur der Griechen und Römer, sowie die glänzenden Folio-Ausgaben des Vitruvius namentlich aufzuführen. Das Wichtigste über die γυναικωνῖτις der Griechen habe ich im Deinokrates, Hütte, Haus und Palast der alten Welt S. 542, 543 beigebracht. *(J. H. Krause.)*

GYNAECIA. Dieser griechische Pluralis, der im Allgemeinen auf weibliche Verhältnisse hinweist, hat in der Medicin eine doppelte Bedeutung. Einmal wurden die gesammten den weiblichen Geschlechte eigenthümlichen Affectionen als gynaecia (pathemata) bezeichnet. In beschränkterem Sinne aber wurden auch die natürlichen Proßluvien aus den nichtschwangern und aus den geschwängert gewesenen weiblichen Fortpflanzungsorganen, die Menstrualabgänge und die Lochien, in der Bezeichnung Gynaecia zusammengefaßt. *(Fr. Wilh. Theile.)*

GYNAEKOLOGIE ist einfach der griechische Ausdruck für: die Lehre vom Weibe. Diese in der Medicin recipirte Benennung wird von den Aerzten bald in weiterem, bald in engerem Sinne genommen, im letztern Falle aber hat man wiederum Verschiedenartiges damit bezeichnet.

Die Gynäkologie in weiterer Bedeutung wird einerseits die Eigenthümlichkeit des weiblichen Organismus in anatomischer und physiologischer Beziehung, insbesondere hinsichtlich der Fortpflanzungsvorfälle, zu untersuchen haben, andererseits aber auch die gesammten dem weiblichen Organismus eigenthümlichen pathologischen Zustände durchforschen. Solche Auffassung liegt in der That zu Grunde, wenn unter den ärztlichen Praktikern jene, welche sich ganz speciell mit den Krankheitszuständen des weiblichen Geschlechts vertraut gemacht haben, als Frauenärzte oder Gynäkologen unterschieden werden.

In engerem Sinne ist das Wort Gynäkologie zur Anwendung gekommen, wenn darin die mancherlei Beziehungen des weiblichen Organismus zum Fortpflanzungsvorgange zusammengefaßt wurden. Einen genügenden Beleg für diese Bedeutung liefert schon der Titel eines für seine Zeit ganz tüchtigen medicinischen Werkes: Lehrbuch der Gynäkologie oder systematische Darstellung der Lehren von Erkenntniß und Behandlung eigenthümlicher gesunder und krankhafter Zustände, sowohl der Schwangeren, Schwangern und gebärenden Frauen, als der Wöchnerinnen und neugeborenen Kinder, von C. G. Carus. 2 Bde. Leipzig 1820. 2. Aufl. 1828. Hier sind die eigentlichen Weiber- oder Frauenkrankheiten von der Gynäkologie ausgeschlossen, und der Inhalt der letztern fällt im Ganzen mit dem zusammen, was man sonst unter der Bezeichnung Geburtskunde, Geburtslehre oder Geburtshülfe zusammenzustellen pflegt.

Gerade umgekehrt ist aber auch wieder von Andern jener Theil der Pathologie und Therapie, welcher sich dem weiblichen Organismus eigenthümlichen abnormen Zustände zum Objecte hat, unter der Bezeichnung Gynäkologie zusammengefaßt worden. Das erhellt genugsam aus dem Titel eines 30 Jahre nach dem Carus'schen Werke erschienenen Buches: Klinik der Geburtshülfe und Gynäkologie von I. Chiari, C. Braun und I. Spaeth. Erlangen 1852. *(Fr. Wilh. Theile.)*

GYNAEKOMASTIA bezeichnet jenen Zustand des männlichen Körpers, wo die sogenannte Brustdrüsengegend durch bedeutenderes Volumen eine gewisse Aehnlichkeit mit dem normalen weiblichen Typus erlangt hat. Sehr gewöhnlich handelt es sich dabei nicht um Volumszunahme der Milchdrüse selbst, sondern es besteht nur eine ungewöhnliche Fettablagerung in dieser Gegend und dadurch bedingte Hervorwölbung, die ja auch beim weiblichen Geschlechte mit oder ohne gleichzeitige Vergrößerung der Milchdrüse vorkommt und dann als Hypertrophie gedeutet wird. Dieser uneigentlichen oder falschen Gynäkomastie haben schon die Aerzte des Alterthums Aufmerksamkeit geschenkt. In der unter des Galenus Namen in der Literatur eingeführten Schrift „Definitiones medicae", die sicherlich aber von einem spätern Compilator verfaßt ist, lautet §. 403 folgendermaßen: Gynaecomasthos bezeichnet die ungewöhnliche Zunahme des unter den Milchdrüsen gelegenen Fettes beim Manne.

Auch ist es wol auf diese falsche Gynäkomastie zu beziehen, wenn Paulus Aegineta (De re medica, Libr. VI. cap. 46) schon besondere Vorschriften für die Exstirpation der vergrößerten männlichen Brust gibt.

Sehr häufig kommt aber auch die wahre Gynäkomastie vor, das heißt eine ungewöhnliche Volumszunahme der männlichen Milchdrüse. Durch mehrere eigene Beobachtungen dazu veranlaßt gab Professor Wenzel Gruber (Mémoires de l' Acad. imp. des Sc. de St. Petersbourg. VII. Serie T. X. Nr. 10) eine Zusammenstellung der in der Literatur verzeichneten Fälle. Man kann aber nach Gruber 2 Hauptformen unterscheiden.

1) Gynäkomastie mit gut ausgebildeten Geschlechtstheilen, die wieder in 2 Unterarten auftritt. a) Es findet keine Milchabsonderung durch die vergrößerten Brüste statt. Gruber hat 7 hierher gehörige Fälle selbst an Leichen beobachtet, 5 bei jungen Leuten bis zu 20 Jahren, 2 bei Greisen. Die abnorme Entwickelung war bald einseitig, bald doppelseitig vorhanden. Die einzelne vergrößerte Drüse hatte ein Gewicht von 3½ bis 9 Drachmen, ja bei einem achtundsiebzigjährigen Greise, wo das interstitielle Fett nicht gut wegzunehmen war, überstieg dieses Gewicht drei Unzen. Die Anzahl der Milchgänge variirte in den untersuchten Fällen von 15 bis 20, und bei dem Greise von 78 Jahren erreichten dieselben eine Dicke von ¾ Linien. Die Milchgänge verloren sich bei den Greisen schon nach wenigen dichotomischen Theilungen im fibrösen Strome, setzten dagegen bei den jüngern Individuen ihre Verästelung bis gegen den Rand des Drüsenkörpers fort, wo sie mit zwei oder drei blinden Enden aufhörten. b) Es findet in einer vergrößerten Drüse Milchabsonderung statt. Hierzu würden die hin und wieder erzählten Fälle gehören, wo Männer Kinder gesäugt haben sollen. Gruber's literarische Mittheilungen bezüglicher Fälle rechtfertigen aber im Ganzen dessen Behauptung, daß man hierbei vielfach an der Grenze des Fabelhaften hinstreift, und daß die Berichterstatter dergleichen Fälle nicht nach Selbstbeobachtung, sondern nach Hörensagen verzeichnet haben. Sobald wirkliche Milchabsonderung in männlichen Brustdrüsen muß Gruber aber wenigstens für einen von Schnitzer in Heilbronn (Würtemb. Correspondenzblatt VI, 33) beschriebenen und von diesem selbst beobachteten Fall zugestehen; derselbe betraf einen zweiundzwanzigjährigen robusten Soldaten.

2) Gynäkomastie mit unvollständig ausgebildeten oder misgebildeten Geschlechtstheilen. Gruber hat in der Literatur zahlreiche Fälle verzeichnet gefunden, wo der gynäkomastische Typus mit Kleinheit der Hoden und des Penis, mit Hypospadie, mit Epispadie, mit Hermaphroditismus lateralis zusammentraf.

(*Fr. Wilh. Theile.*)

GYNAEKOMYSTAX, die griechische Uebersetzung des Wortes Weiberbart, wird hin und wieder in schalkhaft-humoristischer Weise die Behaarung der weiblichen Scham genannt, die also den männlichen Bart ersetzen oder doch wenigstens mitvertreten soll. Dagegen macht das Humoristische sich weniger geltend, wenn man

auch ein mit Barthaaren ausgestattetes Weib Gynäkomystax genannt hat. (*Fr. Wilh. Theile.*)

GYNAEKOPOLIS, eine ägyptische Stadt, wie Andropolis, Hauptort des Nomos, welcher von ihm seinen Namen erhalten hatte (Nomos Gynaecopolites). Dieselbe lag in Unterägypten in der Nähe des Nils zwischen den Städten Hermupolis (Ἑρμούπολις) und Momemphis (Μόμεμφις), Strabon. XVII, I, 803 (*Casaub.*) nennt sie Γυναικῶν πόλις. Vgl. *Plinius*, hist. nat. V, 9. Stephanus Byzant. s. v. Münzen dieser Stadt existiren noch aus der Zeit des Hadrianus. Vgl. *Eckhel*, Doctr. Num. P. I, 5. IV, 106. (*Krause.*)

GYNANDROPSIS, eine von De Candolle aufgestellte Gattung der Capparideen, welche mit Cleome nahe verwandt ist und sich fast nur durch den stielartig verlängerten Stempelträger, an dessen Spitze die Staubgefäße eingefügt sind, unterscheidet. Die übrigen Merkmale stimmen fast genau mit Cleome überein. Die Kelchblätter sind abstehend und fallen bald ab, die Kronblätter ganzrandig oder sein gezähnt, verkehrt-eiförmig und mit langem Nagel versehen, in der Knospenlage dachziegelig und fast gleich lang. Fruchtknoten gestielt, lang, mit zwei Placenten und zahlreichen Eichen; Griffel kurz oder verlängert, Narbe klein oder kopfförmig, zweilappig. Kapsel fast sitzend oder meist gestielt, zusammengedrückt oder stielrund, oft verlängert. Samen nierenförmig oder freisrund, zusammengedrückt mit runzeliger oder höckeriger Schale, Keimblätter einwärtsgekrümmt, an einander liegend.

Hierher gehören einjährige kahle oder behaarte oder auch drüsige Kräuter mit aus 3 bis 7 Blättchen zusammengesetzten Blättern, beblätterten Trauben und weißen oder rothen, oft abändernden Blüthen, welche in den Tropenländern beider Hemisphären einheimisch sind.

Als De Candolle diese Gattung bekannt machte, rechnete er 9 Arten dazu, von denen aber einige, insbesondere G. denticulata und heterotricha und pentaphylla nicht getrennt werden können. Folgende Arten sind dagegen als gut unterschieden anzusehen:

1) G. pentaphylla *De Candolle*. Eine aufrechte krautige Pflanze von 1 bis 2 Fuß Höhe oder bisweilen am Grunde auch strauchig und dann höher, selten nur 3—4 Zoll hoch; die jungen Zweige und Blätter sind gewöhnlich behaart; die mittlern Blätter bestehen meist aus fünf Blättchen, die obern aus drei, diese Blättchen sind verkehrt-eiförmig oder verkehrt-lanzettlich, spitz und zugespitzt oder auch stumpf, gezähnt, gesägt oder ganzrandig; die Blüthentrauben sind mit langen oder dreizähligen Deckblättern besetzt; die Frucht ist schmal-linealisch, gewöhnlich weichhaarig oder mit kleinen Borsten bedeckt, 2—4 Zoll lang; der Stempelträger ist ¾—2 Zoll lang; der Griffel ändert in Länge sehr ab, bisweilen ist die

Narbe faft fißend. Hierher gehört außer Cleome pentaphylla-*Linné* auch Gynandr. denticulata und heterotricha *De Candolle*, fowie Cleome Eckloniana *Schrader*, Cl. acuta *Schumacher* und *Thonning* und Cl. affinis *Blume.*

In den Tropenländern Afrikas und Afiens fehr verbreitet, aber von ihr aus oft verwildert, fo auch in Amerika.

2) G. triphylla *De Candolle.* Ziemlich kahl; Blätter fämmtlich dreizählig, die blüthenftändigen fißend, die übrigen geftielt. Hierher gehört Cleome triphylla *Linné* und vielleicht auch Gynandropsis sessilifolia *De Candolle.*

Das Vaterland diefer Art ift Weftindien.

3) G. palmipes *De Candolle.* Ziemlich kahl; Blätter 5 — 7zählig, Blättchen ganzrandig, ihre Stielchen find durch eine Haut mit einander verbunden.

Diefe Art wächft in Cayenne.

4) G. brachycarpa *De Candolle.* Klebrigweichhaarig; Blätter 3 — 5zählig, Blättchen ganzrandig; Frucht kahl, eiförmiglänglich, kürzer als der Fruchtträger. Hierher gehört Cleome brachycarpa *Vahl.*

Die Heimath diefer Art ift Peru.

5) G. hispidula *De Candolle.* Steifhaarig; Blätter fünfzählig, Blättchen ganzrandig; Schote mit wenigen fteifen Haaren befeßt, kürzer als der Fruchtträger. Hierher gehört Cleome hirsuta *Ruiz* und *Pavon.*

Diefe Art kommt in Peru vor.

6) G. speciosa *De Candolle.* An der Spiße ift diefe oft 3 Fuß hohe Pflanze weichhaarig; Blätter 5—7zählig, Blättchen fchwachgefägt, länglich, zugefpißt. Hierher gehört Cleome speciosa *Humboldt, Bonpland* und *Kunth.*

Das Vaterland diefer Art ift Neugranada.

7) G. trichopus *Bentham.* Aeftchen anfangs weichhaarig, zuleßt kahl; Blätter 5—7, länglich, zugefpißt, weichhaarig, Blattftiele lang und nebft den Blüthenftielchen ftark behaart; Blüthenboden verlängert und nebft dem f ß Fruchtftiele kürzer als der drüfigweichhaarige Kapfelur en

Sie wächft in Columbien.

8) G. viscida *Bunge.* Drüfigklebrig; Stengel fteifhaarig; Blätter 3 — 5zählig, Blättchen verkehrteiförmig, fpiß, gezähnelt, drüfigweichhaarig; Schoten länglichlinealifch; Blüthenboden drüfig.

Die Heimath diefer Art ift China.

9) G. viscosa *Blume.* Drüfigbehaart; Blätter 3—5 zählig, Blättchen verkehrteiförmig, keilig oder länglich; Schote länglich, fißend, geftreift, drüfigrauhhaarig.

In Java einheimifch.

10) G. Candelabrum *Sweet.* Weichhaarig; Blätter 5 zählig, Blättchen breiteiförmig, zugefpißt, die blüthenftändigen dreizählig, fißend; Schoten rauh, länger als der Stiel.

In Südamerika einheimifch.

11) G. Mülleri *Bentham.* Aufrecht, drüfigweichhaarig; Blättchen 3 oder 5, lanzettlich oder länglichlinealifch, die oberften ¹⁄₂—1 Zoll lang, an einem langen Stiele; Blüthen gelb, an kurzen Stielchen in den obern Blattachfeln, eine endftändige beblätterte Traube bildend; Kelchblätter ¹⁄₂—1 Zoll lang, fchmal, zugefpißt, ungleich; Kronblätter länglich, in einen langen Nagel verfchmälert; Staubgefäße 5—7; der ftielartig verlängerte Blüthenboden oft 1¹⁄₂ Zoll lang; Kapfel linealifch, 2—2¹⁄₂ Zoll lang, nicht geftreift, aber von kurzen Drüfenhaaren rauh, an der Spiße mit dem langen Griffel verfehen.

Ferd. v. Müller hielt diefe in NeuHolland einheimifche Art früher für den Repräfentanten einer eigenen Gattung und nannte fie Roeperia cleomoides.

(*Garcke.*)

GYNDES, ein Fluß mit ftarker Strömung, das Gebiet der Dardanier und einen Theil Armeniens durchftrömend und fich endlich in den Tigris ergießend. Seine Quellen feßt *Herodot* I, 189 in die Gebirge der Matiener. Als *Cyrus* mit feinem Heere gegen Babylen fich in Bewegung feßte, gelangte er an den Fluß Gyndes, und wollte mit feinen Truppen über denfelben feßen. Da fprang plößlich eins feiner weißen Roffe in die Wellen, um an das jenfeitige Ufer zu kommen. Allein die reißende Strömung riß es mit fich fort, bis es unterging. Darüber ergrimmte *Cyrus* dermaßen, daß er befchloß, den Fluß zu demüthigen. Er ließ durch fein Heer dreihundertundfechzig Graben herftellen, wodurch natürlich die Strömung gebrochen und der Uebergang leicht wurde. Wahrfcheinlich lag diefem Unternehmen mehr noch die Abficht zu Grunde, den dürren Boden durch Bewäfferung fruchtbar zu machen (*Herodot* I, 8, 189. 190), was fchon vor Cyrus und nach Cyrus ebenfalls gefchehen ift. Noch gegenwärtig find Spuren folcher Canäle fichtbar. Herodot ift dreimal auf diefen Fluß und die Canalifirung deffelben durch Cyrus zurückgekommen (I, 189, 190, 202, V, 52). Noch viele andere Autoren haben denfelben erwähnt. (*Tibull.* VI, I, 174. *Seneca de ira* III, 21. *Ammianus Marcellinus* XXIII, 6, *Orosius* II, 6.) *Herodot* l. c. hat den Fluß als fchiffbar bezeichnet. Durch eine rafche Strömung zeichnete fich überhaupt die Flüffe diefer Regionen aus. Ob der Gyndes (Gindes, Sindes) bei *Tacit.* Annal. XI, 10 mit dem Gyndes des Herodot identifch ift, kann man auf fich beruhen laffen. Bei Ptolemäus findet man diefen Namen nicht, und ebenfo wenig bei Plinius. Wahrfcheinlich hat der Fluß fpäter einen andern Namen erhalten. (*Krause.*)

GYNERIUM, eine von Humboldt und Bonpland aufgeftellte Gattung der Gramineen mit folgender Charakteriftik: Der Blüthenftand ift eine Rispe, die Aehrchen find zweihäufig, zweiblüthig, die eine Blüthe ift fißend, die andere geftielt. Die männliche Blüthe befteht aus zwei lanzettlichen, häutigen, gekielten, ungleichlangen Klappen, zwei häutigen Spelzen, von denen die untere fpiß oder faft ftachelfpißig, einnervig, concav, ungleich gerandet, die andere kürzer, zweikielig ift, aus zwei Staubgefäßen und zwei fehr kleinen, nebeneinander ftehenden, etwas dicken, flachen

Schüppchen; in der weiblichen Blüthe sind gleichfalls zwei Klappen und zwei Spelzen vorhanden, von denen die untere pfriemlich und auf der Außenseite mit sehr langen Haaren besetzt, die obere klein und zweifielig ist; die beiden Staubgefäße sind steril; der Fruchtknoten ist kahl; die beiden Griffel sind endständig, die Narben federig mit einfachen, fast gezähnelten Haaren besetzt, die beiden Schüppchen häutig, schwach gewimpert, ganzrandig und um die Hälfte kleiner als der Fruchtknoten; die Caryopse ist frei, länglich, zusammengedrückt, zweihörnig.

Zu dieser Gattung gehören folgende Arten:

1) G. saccharoides *Humboldt* und *Bonpland*. Halme rasenförmig, sehr hoch (bis 12—15 Fuß), Blätter sehr lang (4—5 Fuß lang, 2 Zoll breit), lederartig, gestreift, mit dickem behaartem Mittelnerven, sonst kahl, Rispe sehr ästig, einseitig, locker, 5—6 Fuß lang. Hierher gehört Gyn. sagittatum *Aublet* und G. procerum *Palisot de Beauvois*.

Die Heimath dieser Art ist Cumana, Brasilien und Guiana.

2) G. argenteum *Nees*. Halm stielrund, kahl, bis zur Spitze mit Blattscheiden besetzt, 12—15 Fuß hoch, Blätter linealisch, gekielt, am Rande knorpelig-gesägt, starr, kahl, Rispe aufrecht, dicht zusammengezogen, an der Spitze ein wenig nickend, 2 Fuß lang, Aehrchen 4—6 blüthig, Blüthen abstehend, pfriemlich-zugespitzt, Klappen lang geschwänzt.

Diese Art wächst in Brasilien und Chili und wird wegen der schönen, seidenartig-federigen Blüthenrispen jetzt vielfach unter dem Namen Pampasgras cultivirt.

3) G. speciosum *Nees*. Blätter linealisch, am Kiel und am Rande knorpelig-gesägt, Rispe steif, dicht, ährenförmig, Aehrchen 4—6 blüthig, Blüthen weiß, Bälge zweizähnig, untere Spelze borstig, zugespitzt.

Das Vaterland dieser Art ist Chili.

4) G. Quila *Nees*. Blätter linealisch, gekielt, am Raude knorpelig-gesägt, Rispe dicht, zusammengezogen, an der Spitze nickend, Aehrchen dreiblüthig, Blüthen abstehend zugespitzt.

Aendert mit niedrigem (1—3 Fuß hohem) Halme und länglicher dichter Rispe ab, wohin Gyn. pygmaeum und Gyn. Neesii *Meyen* gehören.

Chili ist die Heimath dieser Art.

5) G. parviflorum *Nees*. Halm aufrecht, einfach oder am Grunde ästig, oberwärts zusammengebrückt, 10—15 Fuß hoch, Blätter schwertförmig, an der Spitze des Halmes genähert, 4—6 Fuß lang, am Grunde mit langen Haaren besetzt, Rispe einseitig, locker, ruthenförmig, 2—3 Fuß lang, blattlos, Aehrchen länglich-lanzettlich, etwas rauh, meist einblüthig, Klappen lanzettlich, zugespitzt, sehr dünn, ungleich, untere Spelze länglich-lanzettlich, spitz.

Das Vaterland der Art ist Brasilien.

Als sechste Art wird noch Gynerium zeelandicum *Steudel* erwähnt, aber höchst wahrscheinlich gehört diese Pflanze einer andern Gattung an. *(Garcke.)*

GYNOCARDIA, eine Gattung der Bixaceen, wurde von R. Brown aufgestellt und ist durch folgende Merkmale charakterisirt: Blüthen zweihäusig; Kelch becherförmig, 5 zähnig oder in 3—5 Zipfel zerreißend. Blumenblätter 5, vor den 5 Schuppen stehend. Männliche Blüthe: Staubgefäße zahlreich, Staubbeutel linealisch, am Grunde angeheftet. Weibliche Blüthe: Staminodien 10—15, Placenten 5, mit zahlreichen Eichen. Beere sehr groß, fast kugelig. Samen unregelmäßig verkehrt-eiförmig, Samenschale dick-krustig. Eiweiß ölig-fleischig, Keimblätter flach.

Hierher gehört nur eine, in Ostindien einheimische Art, Gyn. odorata R. Brown (Chaulmoogra odorata Roxburgh, Chilmoria dodecandra Hamilton); ein Baum mit kurzgestielten, ungetheilten, ganzrandigen Blättern und achselständigen oder aus dem Stamme hervorbrechenden, büschelig-gestellten Blüthen. *(Garcke.)*

GYNOSTEMMA, eine von Blume aufgestellte Gattung der Cucurbitaceen, zu welcher Enkylia Griffith, Pestalozzia Moritzi und einige Arten von Zanonia gehören. Die wesentlichsten Unterscheidungsmerkmale sind folgende: Blüthen zweihäusig. Männliche Blüthe: Kelch kurz mit 5 kleinen Zipfeln; Blumenkrone radförmig, 5 theilig mit lanzettlichen, in der Knospenlage eingerollten Abschnitten, Staubgefäße 5, Fäden verwachsen, Beutel doppelt, in einer Längsritze aufspringend, mit kleinen Fächern, Fruchtknoten fehlt. Weibliche Blüthe: Kelch und Blumenkrone mit denen der männlichen Blüthe übereinstimmend, Staubgefäße fehlen. Fruchtknoten kreisrund, 2—3 fächerig, Griffel 2—3, am Grunde verwachsen, an der Spitze divergirend, Narben ausgerandet oder 2lappig, Eichen in den Fähnen zwei, dem inneren Winkel angeheftet, hängend. Beere klein, rund, gebuckelt, 1—3 samig. Samen zusammengedrückt, ungeflügelt, mit warziger, krustiger Schale.

Die hierher gehörigen, früher zur Gattung Zanonia gerechneten drei Arten wachsen auf Bergen im tropischen und subtropischen Asien; es sind kletternde, kahle oder behaarte Sträucher mit wechselständigen, handförmig 3—5zähligen häutigen Blättern und eiförmig-lanzettlichen, gefägten Blättchen, einfachen Ranken, kleinen, in achselständigen lockeren Rispen stehenden, grünlichen oder weißen Blüthen und erbsengroßen Früchten. *(Garcke.)*

GYÖNGYÖS (d. i. Perle), Stadt im ungarischen Comitat Heves, am Südfuß des Mátragebirges in reizender Lage, 37 Kilometer WSW. von Erlau, mit 15,830 meist ungarischen und katholischen Einwohnern, ist Sitz eines königl. Gerichtshofs und zweier Stuhlrichter, eines Steuer- und eines Postamts, hat mehrere katholische Kirchen, ein schönes im J. 1400 gegründetes Franziskanerkloster, ein im J. 1856 gegründetes Spital der barmherzigen Schwestern, ein sechsklassiges Obergymnasium. Der ungarische Adel besitzt hier viele schöne Häuser und Gärten, ringsum ist trefflicher Wein- und Obstbau und vorzügliches Ackerland. Die Einwohner beschäftigen sich, neben verschiedenen Gewerben, mit Gartencultur und Landwirthschaft und treiben starken Handel mit Wein, Getreide, Vieh, Obst. In der Nähe sind seit 1699 Gold- und Silberadern abgebaut worden; noch jetzt hat

Gyöngyös ein Kupfer- und Silberwerk. Eine 11 Kilometer lange Eisenbahn führt nach Vamos-Györk zur Verbindung mit der Linie Pest-Kaschau. — Der benachbarte Ort Gyöngyös-Pata, 10 Kilometer westlich im Hügellande gelegen, hat 2448 Einwohner.
(*Otto Delitsch.*)

GYÖNGYÖSI (Stephan), einer der ältesten ungarischen Dichter und der eigentliche Schöpfer der ungarischen Volkspoesie, geb. 1620 im gömörer Comitat. Er lenkte schon in seinem 20. Lebensjahre durch seine Geistesgaben und Bildung die Aufmerksamkeit des Grafen und nachmaligen Reichspalatin Franz Wesselényi auf sich, der ihn zum Intendanten seiner Burg Fülek machte. Aus Dankbarkeit feierte Gyöngyösi in einem Gedicht „Márssal társalkodo Muranyi Vénus" (erste Ausgabe, Kaschau 1664) die Heldenthaten der Gemahlin seines Gönners, der Gräfin Maria Szecsényi. Diese hatte nämlich die Festung Murány hartnäckig gegen die königlichen Truppen unter Führung Wesselényi's vertheidigt, war aber dann in Liebe zu dem feindlichen Führer entbrannt, hatte ihm die Festung in die Hände gespielt und war selbst seine Gemahlin geworden. Zur Belohnung für diese Huldigung schenkte die Gräfin dem Dichter das Gut Baluska, das aber in der Folge, 1695, durch Kauf an Stephan Kohárh überging. 1653 verließ Gyöngyösi den Hof seines Gönners, vermählte sich und ward vom gömörer Comitat zuerst zum Gerichtstafelbeisitzer, dann (1681) zum Deputirten für den ödenburger Reichstag und 1686 zum Vicegespan erwählt, welches Amt er mit Talt, Eifer und Rechtsinn bis ans Ende seines Lebens verwaltete, indem er außerdem noch 1687 Deputirter auf dem Reichstag zu Presburg gewesen war. Er starb im September 1704. Von seinen dichterischen Wirken ließ er nach dem oben genannten ersten Werke lange nichts in die Oeffentlichkeit gelangen, dann aber folgten die übrigen Werke rasch aufeinander. Es sind „Roszakoszoru" (Leutschau 1690), ein Kranz geistlicher Lieder, dem Grafen Stephan Kohárh gewidmet; „Porábol megelemedett Phoenix" (Leutschau 1693, dann Oedenburg 1748, Ofen 1763, Klausenburg 1768), ein episches Gedicht oder, nach Toldy, vielmehr eine Biologie, die in 4 Büchern und 30 Gesängen den Grafen Keményi verherrlicht; „A czalard Cupidónak kegyetlenségét megesmerő, és mérges nyila it kérulő tiszta életnek Geniusa" (1694; Oedenburg 1734; Ofen 1751 und 1772), Cupido, in beschreibendes Gedicht in 4 Gesängen, worin allegorische Figuren auftreten, mit didaktischer Tendenz; „Palinodia Hungariae, az az, á maga gyálmota lanságán kesergő, es abban á kardos griffnek szanya o lá folgamodó Nympha" (Leutschau 1695), ein Gedicht, geschrieben nach der Wahl Esterházy's zum Palatin, worin der traurige Zustand Ungarns beschrieben und dieses dem mächtigen Schutze Esterházy's empfohlen wird; zuletzt: „Uj életre hozatott Chariklia" (Leutschau 1700, Ofen 1735, 1763), ein versificirter Roman in 13 Büchern nach Heliodor's Aethiopica. Als großer Verehrer des Alterthums hat Gyöngyösi in den unaufhörlichen Entlehnungen aus den alten Mythologie zwar wenig

Geschmack gezeigt, doch fehlt es ihm weder an Gefühl noch an Darstellungstalent. Sein Hauptruhm besteht aber in der glücklichen Handhabung der Volkssprache; hierin übertraf er alle seine Vorgänger. Eine Gesammtausgabe seiner Werke, von A. Dugonics nach alten Handschriften und Ausgaben gesichtet, mit einer Biographie Gyöngyösi's sowie dessen und Wesselényi's Porträit und einem literarischen Commentar versehen erschien unter dem Titel: „Gyöngyösi Istvánnak költe ményes maradvány; Dugonics kiadása" (2 Bde. Presburg und Pest 1796, Landerer). — Ein anderer Stephan Gyöngyösi lebte im 17. Jahrh., empfing seine Ausbildung in Debreczin, besuchte dann die Hochschulen in England und Holland, begab sich zuletzt in die Schweiz und schrieb hier „Adnotationes quaedam in centum quinquaginta psalmos" (Tiguri 1687). — Gregor Gyöngyösi, General des Ordens der Paulaner, Verfasser einiger lateinischer Werke, starb 1520. — Johann Gyöngyösi, ungarischer Dichter, geb. zu Kraszna 4. Nov. 1741, reformirter Pastor zu Uj-Torda in Siebenbürgen, gest. 15. März 1818, erwarb sich einen Namen durch leichtfließende Gedichte. Sie erschienen unter dem Titel: „Gyöngyösi Janos magyar versei" („Ungarische Gedichte", herausgegeben von Alexander Szacsvay, Wien 1790; 2. Aufl. Pest 1802). — Paul Gyöngyösi de Péteny, geb. 26. April 1707 zu Kaschau, Leibarzt der Kaiserin Elisabeth von Rußland, starb 26. April 1770, Verfasser mehrerer lateinischer Schriften. Von zwei andern Paul Gyöngyösi de Péteny war der eine katholischer Probst zu Eforna (geb. 20. Juli 1779, gest. 16. März 1857), der andere ein gelehrter reformirter Theolog, zuletzt Professor zu Frankfurt a. O., Verfasser lateinischer Schriften (geb. 1668 in Ungarn, gest. 1743).

Quelle: C. von Wurzbach, „Biographisches Lexikon des Kaiserthums Oesterreich" 6. Theil. (Wien 1860.)
(*T. Pech.*)

GYPOGERANUS (γυψ vultur, γερανος grus) (Ornithologie) wurde von Illiger in seinem Prodr. Mam. Av. 1811. S. 234 der in seiner Art und Gattung einzige, höchst eigenthümliche Schlangenadler Südafrikas genannt. Er hatte schon vorher andere Gattungsnamen, von Cuvier Serpentarius, von Dumeral Secretarius, von Vieillot Ophiotheres erhalten und wurde er auch als Art mit einem Dutzend verschiedener Namen belegt. Seiner Organisation nach repräsentirt er einen eigenen Familientypus unter den falkenartigen Raubvögeln, mit denen er in der Schnabelform und in der kräftigen Zehenbildung am nächsten übereinkommt, dagegen durch den franichslangen Hals und den ebensolchen hohen Beinen von allen Falkengruppen sich auffällig unterscheidet. — Ausgewachsen mißt er drei Fuß Länge, ist von sehr schlankem Körperbau, aschgrau, am Bauch und der Kehle weiß, aber die Schwingen, Schenkel, die langen Nackenfedern und Obhälften der Schwanzfedern sind schwarz, die beiden mittlern Steuerfedern haben vor der weißen Spitze eine schwarze Binde, die übrigen nur einen weißen Endsaum. Der Augenkreis ist roth, Beine und Wachshaut

3

orangegelb, der Schnabel, kürzer als der Kopf, ist ein stark comprimirter Falkenschnabel, aber mit geraden Kieferrändern, ohne zahnartigen Vorsprung und mit stark hakiger Spitze des Oberschnabels, bis unter die Augen klaffend; die schmal elliptischen Nasenlöcher öffnen sich in der großen Wachshaut schief von unten und hinten nach vorn aufsteigend. Die Zügelgegend und der Augenkreis sind nackt. Die sehr hohen Läufe bekleiden vom Halbgürtel hinten zwei Reihen Schilder. Die Zehen erscheinen an den langen Läufen sehr kurz, am kürzesten die sogar etwas höher eingelenkten Hinterzehen, alle mit Halbgürteln bekleidet, mit sehr rauhen Sohlen, mit starken Krallen und die drei vordern durch große Bindehäute verbunden. Am obern Augenlide stehen 30 sehr starre, lange, nach hinten gekrümmte Borsten, am untern 15 schwächere, kürzere und minder gekrümmt. Den Nacken zieren sehr lange schmale Federn schopfartig, nach diesen ist er wegen der Aehnlichkeit mit der Feder hinter dem Ohre der Schreiber Secretär genannt. Die Flügel angelegt bis auf die Mitte des Schwanzes reichend, zeigen vorn an der Ecke einen stumpfen Sporn und werden von 28 Schwingen gespannt, wovon 10 am Handtheil stehen; von diesen hat die erste die Länge der siebenten, die dritte bis fünfte sind die längsten; der Dunenfittig ist vierfederig. Von den zwölf Schwanzfedern sind die beiden mittlen viel länger als die übrigen, welche nach der äußern hin stark stufig verkürzt erscheinen. Die Conturfedern haben einen kleinen flaumigen Afterschaft. Die von ihnen gebildeten Federfluren gleichen wesentlich denen der Falken, aber die Raine zwischen denselben sind mit Dunen bekleidet. Die Oberflur steigt sehr breit und vielfederig am Halse herab und spaltet sich gleich zwischen den Schultern in zwei breite Aeste, welche frei enden und erst mit zwei schwachen Federreihen wieder beginnen und dann auf dem Kreuze zu einer breiten Flur wieder vereinigen. Die sparrige Unterhalsflur theilt sich vor der furcula in zwei Aeste, jede derselben sondert alsogleich einen sehr breiten äußern Ast ab, während die schmalen Aeste der Brustflur neben dem Kiele des Brustbeines hinablaufen und womit getrennt von einander eine Strecke vor dem After enden. Die Schulterfluren und Schenkelfluren sehr vielfederig, aber die Unterschenkel sparrig mit kurzen Conturfedern bekleidet. — Das Knochengerüst zwar im Allgemeinen raubvogelartig zeigt doch mehr sehr auffällige Eigenthümlichkeiten. Am Schädel hat der Interorbitalwand einer kleinen Hautinsel und der Querflügel des Riechbeines fällt eine weite offene Lücke lassend niedrig ab, um sich mit schmaler Spitze an einen kleinen Punkt des Thränenbeines anzulegen. Dieses ist sehr breit, doch holt weit nach hinten verlängert, im absteigenden Theile dünn. Superciliarfortsätze fehlen, die Naseneinsenkung ist ansehnlich, die Gaumenbeine breit und ganz flach, mit stumpfer Seitenecke; die Flügelbeine eulenähnlich, Halswirbel 13, rippentragende Wirbel 9, wovon die 2 ersten untere Dornen haben, alle beweglich gegeneinander, nur der letzte mit den Beckenwirbeln verwachsen, Schwanzwirbel 8, der letzte niedrig und breit; von den 9 Rippenpaaren die beiden ersten kurz ohne Sternokostalien, die sechs folgenden

mit solchen aber auch relativ kurzen, das letzte sogar mit bloß rudimentären, welcher die Rippe nicht erreicht. Merkwürdig erscheint der fast völlige Mangel der Rippenäste, nur die 4. Rippe trägt einen sehr kurzen, mit seiner Spitze sehr wenig von der Rippe abstehenden Ast, die drei folgenden sind anstatt der Rippenäste sehr wenig verbreitert und es könnte nur durch die Untersuchung eines ganz jungen Skelets entschieden werden, ob diese Verbreiterungen als selbständige Ossificationen entstehen, also als angewachsene Rippenäste zu deuten wären. Wie dieses Vorkommen ganz eigenthümlich ist, so weicht auch die Form des Brustbeines von dem aller Raubvögel ab, indem dessen abnorme Höhe dieser Keil nach hinten sich schnell zur Sternalplatte erniedrigt und allein den spitzen Winkel bildet, mit welchem die Platte ohne Bucht, ohne Ausschnitte oder Linsen, nur mit sanft gebogenen Seitenwänden endet. Der Kiel erhebt sich ganz allmählich aus der Platte und die Abgrenzung bei den Brustmuskeln ist nicht angedeutet. Die furcula zeigt nicht die Stärke, welche sie bei den Tagraubvögeln gewöhnlich hat, ihre Schulterenden sind sogar schmäler als der mittle Theil, welcher nach vorn grubig ausgehöhlt ist und mit einem breiten astförmigen Manubrium fast den ganzen ausgeschweiften Rand der Cristasterni durch Symsonchondrose festverbunden innig anliegt. Die Furculaäste spreizen fast unter einem Halbkreis. Der Becher dehnt sich in gerader Richtung von vorn nach hinten und der bei allen Raubvögeln mehr oder minder herabgebogene hintere Theil liegt hier in der Richtung des Vordern. Das ovale Loch ist von enormem Umfange, die Schambeine erscheinen von der Seite gesehen fast ganz gerade und biegen ihre nur schwach gegeneinander. Der Oberarm mißt fast die doppelte Länge des Schulterblattes und ragt etwas länger über das Hüftgelenk hinaus; der Vorderarm [et]was länger als der Humerus, das Handtheil nur von ⅓ Länge des Radius, der schmächtige Daumen mit sehr ausgebildetem gelbhornigen Nagel. Die Fibula reicht nicht bis zur Mitte der Tibia, welche am untern Ende gewöhnlich eine für den Durchgang der Sehne des gemeinschaftlichen Zehenstreckers bestimmte Knochenbreite besitzt, die aber hier fehlt. Der Metacarpus des Daumens endet viel höher als der Tarsus, daher ist Daumen höher eingelenkt als die Vorderzehen, zugleich sehr viel kürzer. — Pneumatisch sind alle Rumpfknochen, Oberarm und Oberschenkel. Die ganze Skeletbildung zeigt daher keine wesentliche Annäherung an die Sumpfvögel, wohl aber die hauptsächlichsten Eigenthümlichkeiten der Raubvögel, nur mit einigen auffälligen Besonderheiten.

Das Vaterland des Sekretärs oder Stelzenfalken erstreckt sich in Afrika vom Senegal bis zum Cap. Ueberall liebt er die Einsamkeit und hält nur mit seinem Weibchen Freundschaft. Mißtrauisch und vorsichtig läßt er sich in den weiten offenen Ebenen nicht leicht von dem Jäger beschleichen, läuft lieber am Boden umher, und fliegt nur niedrig und über weite Strecken. Das einfache Nest wird auf einem hohen Baume angelegt, immer mit Wolle ausgefüttert und enthält zwei bis drei Eier von der Größe der Gänseeier, auf weißem

Grunde fein roth punktirt. Die Jungen wachsen sehr langsam heran, sodaß sie erst im 7. Monat auf den schwachen
Beinen sich aufrecht halten können. Seine gewöhnliche
Haltung ist steif und stolz, aber im Kampfe mit den
Schlangen, die seine liebste Nahrung sind, zeigt er doch
große Gewandtheit und Leichtigkeit in den Bewegungen.
Kann er eine ruhig liegende Schlange nicht von oben
her überraschen und mit Schnabelhieben ihren Schädel
zerschmettern, so greift er sie umkreisend an, fängt die
tödtlichen Bisse mit dem Flügel auf und schlägt so gewaltig auf das zischende Ungethüm ein, daß dasselbe be-
täubt niedersinkt. Er frißt die giftigen und die giftlosen
Schlangen und wird deshalb auch von den Eingeborenen
und von den Ansiedlern verehrt. Außer Schlangen frißt
er auch Eidechsen, Frösche und junge Schildkröten. Der
alte Levaillant fand in dem Magen eines erlegten
Schlangenadlers elf ziemlich große Eidechsen, drei arm-
lange Schlangen, elf junge Frösche und eine große Menge
von Heuschrecken und andern Insecten, wonach der
Schlangenadler die ihm gezollte Verehrung wirklich
verdient.

Von einer zweiten Art schreibt Alphonso Milne
Edwards in seiner Paläontologie der fossilen Vögel-
Ueberreste aus tertiären Ablagerungen.   (*Giebel.*)

GYPS, schwefelsaurer Kalk, ein Mineral. Man
unterscheidet wasserhaltenden und wasserleeren oder den
eigentlichen Gyps, aus 0,33 Kalkerde, 0,45 Schwefelsäure
und 0,22 Wasser bestehend, und dem selteneren Anhydrit
oder Muriacit (weil er stets das Steinsalz begleitet,
welches aus 0,42 Kalkerde und 0,58 Schwefelsäure besteht
und kein Wasser enthält). Der Gyps ist nicht sonderlich
hart, sein specifisches Gewicht ist 2,2—2,4. Er ist in
4,60 Theilen kalten sowol als warmen Wassers löslich
und findet sich daher in vielen Quellwassern, welche davon
einen faden, erdartigen Geschmad annehmen, auch gibt
es Quellen, welche wirklichen Gypsstoff absetzen. Gewöhnlich kommt der Gyps als festes Gestein in ganzen Felsen-
massen, häufig als Krystallform in den Adern der Felsen
vor und nur in manchen Fällen macht er in weicher
Form einen vorwaltenden Bestandtheil eines Bodens
aus, was dann gewöhnlich in der Nähe von Gypslagern
der Fall ist. Häufig ist der Gyps mit andern Bestandtheilen, namentlich mit Eisen verbunden, wovon er verschiedene Farben erhält und gebändert, gestreift, marmorirt
erscheint, weshalb solcher Gyps, wie der Marmor, zu verschiedenen Gegenständen verarbeitet wird. Die reinsten
Varietäten des Gypses sind aber ganz weiß und erscheinen
bisweilen in schönen, durchsichtigen, oft ziemlich großen
Krystallen, wie das Marienglas oder Fraueneis. Der
Gyps verliert schon in mäßiger Hitze sein Krystallwasser,
wird dabei lockerer und mürber, zerfällt und heißt nun
gebrannter Gyps. Wird dieser gebrannte Gyps mit
Wasser in Berührung gebracht, so verschlingt er dasselbe
unter Erwärmung begierig und nimmt seine ursprüngliche
Härte schnell wieder an, indem er das eingesaugte Wasser
im Zustande des Krystallwassers mit sich verbindet, wobei
eine Ausdehnung oder Zunahme des Umfangs stattfindet.
Hierauf gründet sich seine Anwendung zu Estrich, Mörtel,

Kitt, Stuccatur u. s. w. Das Brennen des Gypses
geschieht auf folgende Weise: Man häuft den rohen Gyps
in viereckigen Räumen, die zu beiden Seiten und an
der hintern Seite eine Mauer haben, so auf, daß er am
Boden kleine Gewölbe bildet. Auf diese Gewölbe schüttet
man den übrigen Gyps und bringt in die Gewölbe das
Brennmaterial. Indem die Flamme die ganze Masse
des Gypses durchdringt, wird das Wasser ausgetrieben.
Ausschließlich zu Gypsabdrücken, oder zum Gießen bestimmter Gyps wird in Frankreich mit großer Sorgfalt
in hölzernen Kästen in einem schwach geheizten Backofen
gebrannt. Der Gyps darf in den Kästen eine Schicht
von höchstens fünf Centimetern Höhe bilden. Der stark
gebrannte Gyps absorbirt das Wasser nur langsam oder
gar nicht und liefert keine feste Verbindung mehr mit
dem Wasser; man nennt solchen Gyps todtgebrannt,
d. h. er ist zusammengesintert oder in anfangende Schmelzung übergegangen. Man muß deshalb beim Brennen
vorsichtig zu Werke gehen. Reiner Gyps, z. B. Gypsspath,
brennt sich übrigens nicht so leicht todt, als der gewöhnlich unreinere Gyps. Daß der Gyps hinreichend
gebrannt ist, erkennt man daran, daß ein Probestückchen,
zerbrochen, im Feuer nichts Krystallinisches mehr erkennen
läßt. In starker Weißglühhitze schmilzt er für sich zu
einer undurchsichtigen, weißen, emailleartigen Substanz,
noch leichter mit Flußspath, welche Masse man zum
Emailiren gußeiserner Geräthe vorgeschlagen hat. Auch
mit Thon (Thonerdesilicat) schmilzt er in starker Weißglühhitze zu Glas, und befördert sogar das Schmelzen
des Thons, weshalb er auch in Porzellanfabriken als
Zusatz zur Glasur sowie auch zur Masse selbst verwendet
wird. Für sich läßt er in der Hitze keine Säure und
fahren, wird aber durch glühende Kohlen in Schwefel-
calcium verwandelt, weshalb auch das Brennen desselben,
mit Kohlen oder Holz geschichtet, verwerflich ist. Der
gebrannte Gyps wird in bedecken Fässern aufbewahrt,
damit die Feuchtigkeit der Atmosphäre keinen nachtheiligen
Einfluß auf ihn übt. Am besten ist es, den Gyps eine
kurze Zeit vor seiner Anwendung zu pulvern. Das
Pulvern geschieht auf Stampfmühlen, Walzmühlen oder
in Pulverisirtrommeln. Zu den feinen Gußarbeiten muß
der gepulverte Gyps sein gesiebt werden. Wenn Wasser
organische Körper und Gyps enthält, so erleidet letzterer
durch die organischen Körper eine allmälige Zersetzung.
Es bildet sich nämlich aus dem Schwefel des Gypses
und dem Wasserstoff der organischen Körper Schwefelwasserstoffgas, wodurch sich die Entstehung mancher
Schwefelquellen erklären läßt. Um alten Gyps wieder
brauchbar zu machen, bringt man in einen aufrecht-
stehenden Wasserbehälter von Eichenholz, welches fünf
Hectoliter faßt, ¹⁄₈ Kilo Aetzkalk und setzt, wenn sich dieser
ganz aufgelöst hat, 1¹⁄₂ Liter Schwefelsäure zu. Nachdem
dieses Wasser gut umgerührt ist, übergießt man damit
den alten Gyps und läßt, nachdem man den Schaum
von der Oberfläche fleißig abgenommen hat, nach zwei
Stunden das Wasser ablaufen, welches dann zurück in
den Wasserbehälter bringt und durch neuen Zusatz von
Aetzkalk und Schwefelsäure, sowie durch Ergänzung des

3*

vom Gypse eingesaugten Wassers wieder zu neuer Bearbeitung verwendet. Der Gyps, welchen man so behandeln will, muß sehr trocken sein. Den so behandelten
Gyps bringt man an einen trockenen, luftigen Ort, bis
er seine Feuchtigkeit verloren hat, worauf er gebrannt
und gemahlen wird und zu jeder Verarbeitung benutzt
werden kann.

Der Gyps ist ein sehr wichtiges Material für technische und bildende Kunst und für die Landwirthschaft
und findet deshalb vielfältige Anwendung, besonders
in gebranntem Zustande. Der gebrannte Gyps dient:
1) Zur Anfertigung von Estrichen. 2) Zur Bereitung von Mörtel. 3) Zur Darstellung von Kitten.
4) Zur Erzeugung künstlicher Steine. 5) Zur Glasur in den Porzellanfabriken. 6) Als Modellmasse
zum Gießen von Bronze oder Gußeisen oder zur
Vervielfältigung galvanoplastischer Abdrücke. Um den
gebrannten und gepulverten Gyps zu Formstücken oder
Bildwerken zu verwenden, rührt man ihn mit reinem
Wasser in einem mit Oel ausgestrichenen Gefäß an,
wobei dafür zu sorgen ist, daß der Brei durchaus gleichmäßig und besonders ganz frei von Luftblasen ist. Statt
reinen Wassers kann man auch eine dünne Leimauflösung,
saure Milch und andere Flüssigkeiten anwenden und
dem Gyps dadurch eine gewünschte Farbe, größere Härte,
Durchscheinbarkeit oder andere Eigenschaften mittheilen.
Der Grad der Consistenz des Gypsbreies richtet sich nach
dem beabsichtigten Zwecke. Zu Figuren und Abdrücken,
welche die Originale auf das Genaueste wiedergeben sollen,
bereitet man eine dünne Masse, welche Zeit hat die
dünnsten Räume auszufüllen und sich den zartesten
Vertiefungen anzupassen. Was die Gypsformen anlangt, so macht man entweder Modelle von Wachs, über
welche durch fortgesetzte Aufstriche von Gyps eine Form
hergestellt wird, aus welcher, wenn sie die erforderliche
Dicke erlangt hat, das Modell durch Erhitzen herausge-
schmolzen wird. Um die Form öfters benutzen zu können,
wird sie mittels einer Säge in möglichst große Stücke
zerschnitten, welche man für jeden Abguß mit möglichst
dünnem Gypsbrei wieder zusammenfittet. Bei sehr
großen Modellen von Thon, welche Masse sich aus der
ganzen Hohlform schwer entfernen lassen würde, und die
auch Zersägen über dem Modell nicht gestattet, legt man,
ehe der erste Gypsüberzug aufgestrichen wird, einen
Faden so über das Modell, daß er dasselbe passend in
zwei Hälften theilt. Indem man ihn durch die fertig
aufgestrichene, aber noch nicht vollständig erhärtete Gypsmasse abzieht, schneidet man aus dieser die beiden Formstücke, deren Trennungsflächen mit einer in Oel getauchten
Feder bestrichen werden, damit sie nicht wieder zusammen-
backen. Ueber Modellen, welche zerstört werden
können, sind aber die Formen nach dem angegebenen
Verfahren nur in den seltenen Fällen herzustellen, wo die
Theilung durch einen Faden genügt, um die Formstücke
von der Unterlage loslösen zu können. Formen des
menschlichen Körpers können nur auf die Art hergestellt
werden, daß man den abzuformenden, vorher von allen
Härchen befreiten, gut eingeölten Theil ringsum mit

Gypsbrei umgibt, wobei derselbe gehörig unterstützt sein
muß. Um die Form frei abheben zu können, muß man
sie in mehrere Stücke zersprengen oder zersägen, indem
man mittels eines feinen Bossirholzes in die Formmasse,
so lange sie noch weich ist, an der passenden Stelle Ein-
ritzungen bis fast an die Haut macht. Ist der Gyps
vollständig erhärtet, so treibt man in diese Klüfte kleine
Keile und zerbricht dadurch die Form in einzelne Stücke,
die behufs des Abgießens wieder mit Fäden verbunden
werden. Die Anfügestellen sind auf den Abgüssen als
erhabene Nähte zu bemerken und werden, um die Treue
des Bildes nicht zu beeinträchtigen, in der Regel nicht
verputzt. Bei der Abformung großer Statuen kann man
durch aufgesetzte Thonblättchen oder geöltes Kartenpapier
die Figur mit lauter offenen Kästchen überziehen,
in welche der Gypsbrei gegossen wird. Die Trennung
der einzelnen Formtheile erfolgt sehr leicht, und die
Wiedervereinigung geschieht auf die angegebene Weise.
7) Zur Darstellung eines neuen plastischen Stoffes, welcher
in der Luft mit der Zeit die Härte und Polirfähigkeit
des Marmor annimmt (Gypshärten). Das Härten
des Gypses geschieht entweder mittels Alaun oder kiesel-
saurem Kali. Das Härten mit Alaun wird vollführt,
indem man den rohen Gyps in einem Flammenofen,
der mit heißer Luft geheizt wird, brennt, nach dem Erkalten in eine Auflösung von Alaun taucht, ihn dann
trocknet und abermals brennt. Nach dem Erkalten wird
der alaunte Gyps gemahlen und gefärbt. In neuerer
Zeit hat man das Verfahren in der Weise verbessert, daß
man den Gyps vor dem Brennen mit gepulvertem Alaun
mischt und dann nur einmal erhitzt. Aehnlich wie mit
Alaun soll der Gyps auch mit Borax gehärtet werden
können. Das Härten durch kieselsaure Alkalien
oder die Verkieselung des Gypses kann selbst mit unge-
branntem gepulverten Gyps vorgenommen werden, besser
geht aber die Umwandlung des schwefelsauren Kalkes in
kieselsauren Kalk vor sich, wenn man gegossenen Gyps
mit einer Lösung von Wasserglas zusammenbringt. Die
Masse wird auf der Oberfläche hart und nimmt ein
glänzendes Ansehen an. Bei zu schneller Umwandlung
ist aber die Verkieselung nur oberflächlich, und einige
Tage der Luft ausgesetzt, erhält die kieselhaltige Schicht
Sprünge und löst sich leicht ab. Um Gyps zu
verkieseln ist es deshalb nothwendig, mit schwachen
Lösungen zu arbeiten und den Gyps durch dazwischen-
gebrachte Körper, wie Kreide, Talkerde, feinen Sand
u. f. w., poröser zu machen oder besser noch den Gyps
mit dem flüssigen Silicat anzurühren und dann die
Verkieselung durch Eintauchungen zu vervollständigen.
8) Zum Gießen (Darstellung von Gypsabgüssen). Um
Gypsabgüsse darzustellen, bedient man sich eines dünnen
Breies von 1 Theil des feinsten, gebrannten Gypses
und 2½ Theilen Wasser, oder man versetzt auch den
Gyps mit ½ oder ¼ feinen Ziegelmehls von noch niemals naß gewordenen Ziegeln. Zu sehr feinen Formen
setzt man auch noch etwas gebrannten Kalk, während
man Abdrücke sehr feiner Gegenstände, z. B. Cameen,
Medaillen u. f. w., am besten aus gebranntem Alabaster

gewinnt. Damit der Gyps an der Form des nachzubildenden Gegenstandes nicht anhafte, wird letztere mit einer Oelschicht überzogen. Besonders hat man mit dem Anhaften des Gypses beim Abformen anatomischer Gegenstände zu kämpfen, mögen diese frisch und mit Oel bestrichen sein oder in Spiritus gelegen haben. Desgleichen beim Abformen von in Wachs gravirten Gegenständen oder beim Ausgießen des Gypses in vertiefte Formen. Anatomische Präparate, welche in einer Lösung von Chlorzink statt in Spiritus aufbewahrt wurden, zeigen jenen Fehler nicht. Ueberhaupt kommt einer Chlorzinklösung die Eigenschaft zu, das Anhaften des Gypsbreies an die Form vollständig zu verhindern. Kleinere Präparate legt man zu diesem Behuf einige Stunden vor dem Abformen in eine Lösung von Chlorzink von 20—25°; bei größeren Gegenständen oder bei Wachsfiguren reicht ein Bestreichen derselben mit der genannten Lösung hin. Vertieft gravirte Formen werden zuerst mit einer Mischung von Seifenwasser und Oel, dann mit einer 40—50° starken Lösung von Chlorzink ausgepinselt. Statt das Gypspulver in Regen- oder abgekochtes und wieder abgekühltes Brunnenwasser einzurühren, kann man auch saure Milch oder Molke zu diesem Bedarf anwenden, worin der Gyps sehr bald eine große Härte annimmt. Damit beim Einrühren keine Luftblasen in den Gyps kommen, muß dasselbe sehr sorgfältig und ruhig geschehen, und damit der Gypsbrei weder zu dünn noch zu dick wird, muß man die entsprechende Menge Wasser anwenden. Zu Figuren wird der Gyps etwas dünner eingerührt als zu Formen u. s. w. Uebrigens kann man den Gyps behufs des Gießens auch härten. Um eine Figur abzugießen, wird erst eine hohle Form von Gyps darüber gemacht und in diese, nachdem sie von der Figur abgelöst worden ist, abermals Gyps gegossen, welcher nach der Entfernung der Form die Figur treu darstellt. Bei diesem Verfahren muß die abzugießende Form zerstört werden. Man kann aber auch ein Verfahren anwenden, bei welchem die Form, das Modell nicht zerstört wird, doch verursacht dieses Verfahren weit mehr Schwierigkeiten als das erstere. Die Modelle, über welche man Gypsformen macht, müssen vorher wegen der Nässe des Gypses durch passende Anstriche, z. B. von Schellackfirniß, und dann von Oel dünn überzogen werden. Modelle von Marmor darf man aber nicht einfetten, sondern man muß ihre Oberfläche mit dünner Spiegelfolie belegen. Sobald man die Gypsabgüsse von dem Modell genommen hat, trocknet man sie in der Sonnen- oder Ofenwärme und streicht sie dann mit erwärmtem Oel, oder einer salbenartigen Mischung von Seife, Baumöl und Wasser aus. Bestand die Form aus mehreren Stücken, so werden diese dann genau zusammengepaßt und die Fugen mit Wachs, dünnem Gyps u. s. w. verkittet. Was das Gießen des Gypses anlangt, so macht man zunächst in die geölte Form eine Oeffnung, damit die Luft entweichen kann, gießt dann den Gyps ein, biegt die Form nach allen Seiten, gießt den Gyps, wenn er steif zu werden anfängt, aus der Form, sodaß nun der schon fest gewordene Gyps darin sitzen bleibt. Man

wiederholt dieses Verfahren so oft, bis die Figur die nöthige Dicke hat. Bei sehr kleinen Gegenständen braucht man den Gyps gar nicht wieder aus der Form zu gießen. Ist der Gyps getrocknet, so löst man das Modell in möglichst großen Stücken behutsam ab, indem man von Stelle zu Stelle Spalten macht. Bei Anfertigung von Gypsabdrücken ist die geringe Festigkeit der Masse ein großer Uebelstand. Man begegnet demselben aber auf eine sehr leichte Weise durch folgendes Verfahren: Nachdem der mit Wasser eingerührte Gyps in die vorher gehörig zugerichtete Form gegossen worden ist, fährt man mit einem Pinsel darin umher, damit er in alle Vertiefungen gut eindringt; dann läßt man ihn einige Zeit stehen und überstreut hierauf die Oberfläche allenthalben in ziemlich großer Menge mit gepulvertem, trockenem Gyps. Die Härte, welche der Guß dadurch erlangt, ist mit derjenigen nach dem gewöhnlichen Verfahren gar nicht zu vergleichen und in allen Fällen genügend. Will man insbesondere Gypsabgüsse von Münzen machen, so windet man einen Streifen Schreibpapier, der etwas breiter als die Höhe der beiden zu gießenden Formen zusammengenommen ist, 2—3 mal sehr fest um den Rand der Münze, schließt diesen Papierring mit einer Stecknadel, richtet die Münze so, daß sie genau in die Mitte der Papierhülse kommt, und bringt nun in den obern Raum Gyps, zuerst mit einem Haarpinsel so ein, daß alle Züge mit einer dünnen Gypslage bedeckt werden. Auf diese wird dann schnell so viel Gyps gegossen, daß er den Rand des Papiers erreicht. Ist der Gyps fest geworden, so wendet man das Ganze um und verfährt ebenso nach der andern Seite. Vorher werden die abzuformenden Münzen mit reinem Baumöl schwach eingefettet. Man kann diese Abgüsse sehr dauerhaft machen, wenn man sie eine halbe Stunde in geschmolzenes, weißes Wachs legt. Um Gypsabgüsse zu färben, versieht man den Gyps vor dem Einrühren mit einer beliebigen Farbe oder man rührt ihn mit gefärbtem Wasser an. Um Gypsabgüssen Glanz und ein schönes Ansehen zu geben, streicht man sie 1—2 mal mit warmem reinen Seifenwasser an und trocknet und reibt sie mit feiner Leinwand, oder man stäubt den noch feuchten Gypsabguß mit ein wenig sehr fein geschlämmtem Federweiß ein, trocknet ihn und überreibt ihn dann mit Federweiß mittels des Finger so lange, bis die Oberfläche schön glänzt. Um Gypsbüsten ein marmorähnliches Ansehen zu geben, löst man 600 Gramm Alaun in der Wärme auf, taucht die gut getrocknete Gypsbüste ¼ — ½ Stunde hinein und läßt sie dann abtropfen; wenn sie erkaltet ist, bringt man einen Theil der Auflösung mittels eines Schwammes darauf und fährt damit fort, bis der Alaun eine krystallisirte Schicht über der ganzen Oberfläche bildet; dann läßt man die Büste trocken werden und polirt sie erst mit Glaspapier, dann mit Leinwand, die man schwach mit reinem Wasser befeuchtet hat. Um Gypsbüsten zu reinigen, kocht man aus Stärke einen dicken Kleister, trägt denselben mit einem nicht zu harten Pinsel dick auf und läßt ihn an einem luftigen Orte hinreichend trocknen. Der Kleister wird sich in dünnen Blättchen ablösen und mit ihm zugleich der

Schmuz, welcher an den Gypsfiguren haftet. Um Gyps-figuren so darzustellen, daß sie, im Freien aufgestellt, die Einflüsse der Witterung vollkommen vertragen, bereitet man eine Masse aus 30 Theilen feinem Gypsmehl und 1 Theil fein gepulvertem gebrannten Kalk. Man rührt zuerst den Gyps mit Leimwasser an, löscht dann den Kalk mit Wasser zu Brei und rührt ihn sehr gut unter den Gyps. Aus dieser Masse werden die Figuren geformt, welche man dann gut austrocknen läßt und hierauf einige-mal mit siedendem Leinöl bestreicht. Ist dieses vollkommen eingetrocknet, so gibt man noch einen Anstrich von Leinöl-firniß und zuletzt von weißer Oelfarbe. Oder man kann auch aus bloßem Gypsbrei dargestellte Gegenstände in erwärmtem Zustande wiederholt mit einer heißen Mischung von 3 Theilen Leinölfirniß und 1 Theil weißem Wachs tränken, bis sie nichts mehr davon einfangen, aber auch nichts davon auf der Oberfläche zurückbleibt; zuletzt bronzirt man die Gegenstände oder gibt ihnen einen Anstrich von beliebiger Farbe. 9) Zum Stereotypiren. 10) Der ungebrannte Gyps findet zuweilen in Stücken als Bau-stein Anwendung; da aber der Gyps im Wasser nur schwer löslich, aber nicht unlöslich ist, so löst sich mit der Zeit der Gyps durch Feuchtigkeit auf, und deshalb ist die Anwendung des Gypssteins zum Bauen ver-boten.

Dagegen findet der ungebrannte Gyps als Blatt-dünger eine sehr ausgedehnte Anwendung. Er wirkt Wunder, wenn er im Frühjahr oder Herbst auf die dreit-blätterigen Gewächse, mit zarten saftigen Stängeln, ins-besondere auf die Leguminosen, gestreut wird. Haupt-sächlich ist aber der Gyps das Blattdüngungsmittel für die Kleearten. Nächstdem erweist er sich für Buchweizen als sehr nützlich. Dagegen bringt er auf Halmfrüchte angewendet fast gar keine Wirkung hervor. Bei den Oelfrüchten hat man öfter, bei den Kartoffeln, Wurzel-gewächsen, dem Kohl vereinzelt gute Wirkungen wahr-genommen; öfter sehr wirksam und sicher hat man ihn auch auf Kleegrasfaaten und Kunstweiden, die vor-herrschend aus Haigras bestehen, gefunden, während er dagegen auf natürlichen Wiesen-fast gar keine Wirkung hervorbringt. So wirksam sich aber auch der Gyps auf künstlichen Weiden erweist, so sollte man ihn doch daselbst aus dem Grunde nicht anwenden, weil er nach vielfachen Beobachtungen das Auflaufen der Weidethiere veranlaßt. Auch auf Klee, der zu Samen bestimmt ist, sollte der Gyps nicht aufgestreut werden, weil gegypster Klee zu frech wächst und wenig der geringen Samen liefert.

Je weniger der Gyps mit kohlensaurem Kalk versetzt ist, desto wirksamer erweist er sich. Der Gyps wirkt nur dann erst düngend, wenn er durch Wasser aufgelöst ist. Nach Liebig fixiren 56 Kilo gebrannter Gyps so viel Ammoniak im Boden, als 3125 Kilo reiner Pferdeharn. Die Zersetzung des Gypses durch das kohlensaure Ammoniak geht übrigens allmälig vor sich, und daraus erklärt Liebig die Wirkung des Gypses auf mehrere Jahre. Der Gyps verlangt zur Entwickelung seiner düngenden Kraft einen Boden, welcher locker, krümelich, tiefgrundig

und trocken ist, sich in gutem Düngerzustande befindet und nicht bereits von Natur sehr gypshaltig ist. Leichte sandige Bodenarten, lehmiger Sand, mergeliger Lehm, sandiger Kalkboden in trockener Lage und mit durchlassen-dem Untergrunde sind die Bodenarten, auf denen sich die Gypsdüngung am besten und sichersten bewährt. Dagegen bringt sie auf schwerem Thon- und Lehmboden, sowie auf nassen und kalten Feldern nur eine geringe und meist gar keine Wirkung hervor. Ebenso wenig leistet sie auf magern, kraftlosen Feldern, selbst wenn diese im Uebrigen die erwähnten günstigen Eigenschaften besitzen. Wo infolge der Nähe des Meeres oder größerer Waldungen ein feuchteres Klima ist, und häufigere atmosphärische Nie-derschläge sich ereignen, da wirkt der Gyps sicherer und stärker als in trockenen Gegenden. Feuchte Witterung nach dem Ausstreuen des Gypses befähigt ihn deshalb zu einer schnellern Wirksamkeit, wogegen trockene Witter-ung seine Wirkung hemmt. Je feiner und reiner, dem Alabaster sich nähernd der Gyps ferner ist, desto größer sind seine Wirkungen. Von solchem reinen Gyps bringen 4 Hectoliter auf den Hectar sowol bei Klee als Hülsen-früchten die genügendste Wirkung hervor, und eine größere Menge zeigt sich ohne angemessene größere Erfolge. Auf die Kleearten streut man den Gyps dann am besten aus, wenn sie im Frühjahre 8 bis 10 Linien hoch sind und den Boden schon völlig mit den Blättern bedecken. Andere empfehlen das Ausstreuen des Gypses so zeitig als möglich im Frühjahre, da es nicht nöthig sei, daß er auf den Blättern der Pflanze liegen bleibe. Ist letztere Annahme noch zweifelhaft, so ist es dagegen erwiesen, daß die Gypsdüngung im Spätherbst ebenso erfolgreich ist als im Frühjahre. Gut ist es übrigens, den Gyps früh oder am Abend auszustreuen, damit er auf den durch den Thau feuchten Blättern haften bleibt. Am wirk-samsten zeigt sich die Gypsdüngung in mäßig feuchten, milden, warmen Jahrgängen ohne einzelne lange anhaltende Perioden von übermäßiger Hitze, Trockenheit, Nässe. Die günstigste Zeit zum Ausstreuen des Gypses ist ge-kommen, wenn sich jene milden grauen Frühjahrstage mit warmen Nächten einstellen, wo Nebel und Regen mit einander kämpfen, die Sonne nur dann und wann die Wolken durchbricht, und bisweilen sanfte milde Regen-schauer eintreten. Die Wirkung des Gypses, namentlich auf den Klee, ist eine ganz außerordentliche; die Blätter mehren sich und erlangen zugleich eine tiefere, glänzendere Farbe, einen größeren Umfang und werden saftiger; gleichzeitig wird der Klee dichter und höher, die Stengel-bildung also vermehrt und beschleunigt. Die Wirkung des Gypses gibt sich bei passender, feuchtwarmer Witterung oft schon nach 6 — 8 Tagen zu erkennen; im Boden aber ist sie noch in künftigen Jahre, ja, oft nach meh-reren Jahren wahrzunehmen. Der Mehrertrag an Klee nach der Gypsdüngung kann auf 15—25 Procent über eine Mittelernte angenommen werden.

Außer zum Ueberstreuen der Kleearten u. s. w. ver-wendet man den Gyps sehr vortheilhaft noch zum Ueberstreuen frisch gepferchter Stellen, des Mistes in den Ställen und auf der Düngerstätte und zum Einstreuen in die Jauchenbehälter. Der Gyps bindet nämlich in allen diesen Fällen das Ammoniak im Mist und in der Jauche, sodaß sich dieses nicht mehr ungenützt in der Luft verflüchtigen kann, und dem Mist und der Jauche wird dadurch der kraftvollste Bestandtheil erhalten. Zugleich wird durch die Anwendung des Gypses in den Ställen die Gesundheit der Thiere besser bewahrt, indem dieselben nicht mehr den durchdringenden ätzenden Wirkungen des Ammoniaks ausgesetzt sind.

In Betreff der Wirkung des Gypses als Blattdüngung sind die Ansichten noch sehr verschieden. Nach Stöckhardt wirkt der Gyps hauptsächlich durch seine Schwefelsäure, welche theils aus den Humusbestandtheilen des Bodens Ammoniak löslich macht und dieses den Pflanzen in der Zeit, wo sie zur Erzeugung von Blättern und Stängeln besonders geneigt ist, darbietet, theils aber die Fähigkeit der Pflanzen, Ammoniak aus der Luft einzusaugen, in größerem Maße vermehrt. Liebig dagegen behauptet, der Gyps wirke nicht durch den Schwefel auf die Pflanzen ein, sondern er fixire das Ammoniak aus der atmosphärischen Luft und führe den Pflanzen Stickstoff zu. Gegen diese Behauptung hat man aber mit Recht angeführt, daß das Ammoniak nur spurenweise in der Luft angetroffen werde. Am allgemeinsten ist die Ansicht verbreitet, der Gyps wirke dadurch, daß er den Pflanzen Schwefel zuführe. Man stützt diese Ansicht auf die Erscheinung, daß sich der Gyps am wirksamsten auf die Leguminosen erweise, wo der Schwefel in größerer Menge zur Bildung des Legumens nothwendig sei; ferner darauf, daß überall da, wo der Gyps im Boden vorkomme, die Anwendung desselben als Blattdünger ohne allen Erfolg sei. Man hat infolge dieser Thatsache die Behauptung aufgestellt, daß der Schwefel durch den Gyps den Pflanzen angeführt werde, und zwar als geschwefeltes Wasserstoffgas, weil nämlich Vogel nachgewiesen hat, daß sich Schwefelwasserstoffgas bilde, wenn Gyps mit Wasser, worin eine organische Substanz sich befindet, in Verbindung gebracht und einer erhöhten Temperatur ausgesetzt wird. Eine andere Erklärungsweise der Wirkungsweise des Gypses hat Caillat aufgestellt. Derselbe sucht nachzuweisen, daß durch Einäscherung der Futterhüllengewächse bei hoher Temperatur die in ihnen enthaltenen schwefelsauern Salze eine theilweise Zersetzung erleiden; derselbe thut ferner dar, daß, wenn man diese Gewächse, statt sie einzuäschern, mit verdünnter reiner Salpetersäure behandelt, man in den Pflanzen immer mehr Schwefelsäure findet, als man bis jetzt durch die Analyse erhielt. Mittels in verschiedenen Gegenden und auf verschiedenen Bodenarten vorgenommenen Gypsdüngungen hat er sich nun überzeugt, daß in der Luzerne und in dem rothen Klee, wenn sie gegypst wurden, mehr Schwefelsäure enthalten ist, als in denselben Pflanzen, wenn sie in selbigem Boden gewachsen, ohne gegypst zu werden. Mehrere Chemiker, namentlich aber Boussingault, fanden vor Caillat, daß eine der Wirkungen des Gypses darin besteht, in den Cruten die Menge aller unorganischen Substanzen, besonders aber des Kalks, zu vermehren. In dieser Beziehung stimmen die Resultate aller Versuche Caillat's

mit jenen seiner Vorgänger überein. Da nun einerseits in gegypsten Pflanzen mehr Schwefelsäure enthalten sei als in nicht gegypsten, andererseits aber in jenen auch mehr Kalk gefunden werde als in diesen, so müßte man wol annehmen, daß diese beiden in den gegypsten Pflanzen gefundenen Körper sich wenigstens zum Theil zum schwefelsauren Kalk verbunden in den Pflanzen befänden und als aufgelöster Gyps in sie eingedrungen seien. Man könnte zwar behaupten, die Schwefelsäure sei im Zustande schwefelsaurer Alkalien in die Pflanzen gedrungen und mit andern Basen als dem Kalk in Verbindung darin geblieben, daß letzterer als kohlensaures Salz eingeführt werde und vorzüglich mit organischen Säuren verbunden sich vorfinde, sodaß kein schwefelsaurer Kalk als solcher in der Pflanze enthalten sei. Um diesen Einwurf zu beseitigen, hat Caillat gezeigt, daß sich der schwefelsaure Kalk bei hoher Temperatur in Berührung mit den Verbrennungsproducten einer organischen Substanz mit dem schwefelsauren Kalk der Fall sei. Es sei daher anzunehmen, daß die Schwefelsäure oder doch ein guter Theil derselben sich als schwefelsaurer Kalk in den Pflanzen befinde und nicht gänzlich als schwefelsaures Kali oder Natron, weil beim Einäschern gegypster Ernten ein Theil ihrer Schwefelsäure verloren gehe. Es sei auch kaum zu bezweifeln, daß die Pflanzen den Gyps aus dem Boden, in welchen er gebracht werde, als solchen aufsaugen können. Aus sämmtlichen Versuchen glaubt Caillat schließen zu dürfen: 1) Daß der schwefelsaure Kalk in den gegypsten Futterhülsengewächsen in größerer Menge vorhanden ist, als in denselben Pflanzen, welche in dem nämlichen Boden gewachsen sind, ohne einen Gyps erhielten. 2) Daß, wenn man bis jetzt dieses Salz in den gegypsten Gewächsen nicht in so großer Menge fand als Caillat, die Ursache das Einäscherungsverfahren ist, welches man anwendet, um die Mineralsubstanzen der Pflanzen zu bestimmen, wobei man einen Theil des Gypses zersetzt. 3) Daß sich der Gyps wie eine assimilirbare Substanz verhält, daß er als solcher in die Pflanzen eingeführt wird, deren Wachsthum er begünstigt, und daß er sich ihren organischen Geweben einverleibt, zu deren Entwickelung und Functionen er unentbehrlich zu sein scheint. Doch will Caillat nicht behaupten, daß diese Wirkungsweise des Gypses die einzige sei; er erkennt mit Boussingault an, daß ein Quantum kohlensauren Kalks, einem cultivirten Erdreich beigemengt, beim Vorhandensein kohlensaurer Alkalien in dem Boden oder im Dünger einerseits kohlensauren Kalk, andererseits schwefelsaure Alkalien erzengt, welche von den Pflanzen aufgesaugt werden könnten. Er erkennt sogar mit Liebig an, daß ein Antheil des kohlensauren Ammoniaks der Atmosphäre und des Düngers bei Gegenwart von Gyps in schwefelsaures Ammoniak übergehen könne; diese seien aber sehr untergeordnete Ursachen der Wirksamkeit des als Düngemittel angewendeten Gypses. Daß endlich der schwefelsaure Kalk, welcher in die Pflanze eindringt, sich in weit beträchtlicherer Menge in den Blättern, Blüthen, jungen Trieben und allen zarten Theilen befinde, als in den Stengeln, und sich in größerem Mengen-verhältniß in den ersten Monaten des Wachsthums der Pflanze vorfinde, als nachdem sie ihre volle Größe erreicht habe. Die gegypsten noch jungen Futterkräuter könnten mithin unter gewissen Umständen bei den kräuter-fressenden Wiederkäuern schneller Auflaufen verursachen als solche Kräuter, welche bereits ihre volle Entwicke-lung erreicht hätten. Noch eine andere Theorie der Wirkungsweise des Gypses stellt Hennies auf. Nach demselben scheint die Hauptwirkung des Gypses darin in bestehen, daß in einem gut gedüngten, gut gelockerten und in gutem Culturzustande sich befindenden Boden durch Verwesung der darin enthaltenen animalischen und vegetabilischen und durch Verwitterung der mineralischen Stoffe eine Gährung entstehe, wodurch Ammoniak ge-bildet werde, das dann durch darauf gestreuten Gyps angezogen und so den Pflanzen zur Nahrung erhalten werde, andernfalls sich aber in der Luft verflüchtigen würde. Hieraus gehe hervor, daß man von dem Gyps in einem gut gedüngten und gut gelockerten Boden, und zwar bei solchen Gewächsen, als Klee, Erbsen u. s. w., welche gleichsam das Vermögen haben, durch ihre breiten, saftigen Blätter das aus dem Boden aufsteigende und durch den Gyps gebundene Ammoniak auffangen zu können, die meiste Wirkung spüre, dagegen in einem magern Boden, wenn derselbe hauptsächlich nicht ge-hörig gelockert sei, die Saat dünn stehe, und bei Ge-wächsen, die nicht in gleichem Grade das Vermögen besäßen, Nahrungsmittel aus der nächsten Umgebung an sich zu ziehen, die Wirkung des Gypses eine geringe oder gar nicht zu spürende sei, und der Boden, welcher schon in seiner Mischung Gyps enthalte, das Ammo-niak bei der Gährung gar nicht entweichen lasse. In der neuesten Zeit nimmt man an, daß der Gyps kein Pflanzennahrungsmittel im gewöhnlichen Sinne des Wortes sei, daß er vielmehr als Lösungs-, Aufschließungs-und Verbreitungsmittel sämmtlicher mineralischer Nähr-stoffe, namentlich der Kalisalze, im Boden wirke; sei derselbe an jenen Nährstoffen erschöpft, so bleibe der Gyps ohne Wirkung.   (*William Löbe.*)

GYPSALA wird im Itinerarium *Antonini Au-gusti* (332, p. 158 ed. *Parthey* und *Pinder*) als ein Ort an der Straße von Macedonia nach Constantinopolis, und zwar zwischen Traianopel und Constantinopel auf-geführt.   (*Krause.*)

GYPSARIA wird als der Name von drei gewiß nur wenig bedeutenden Städten aufgeführt. Erstens ein Gypsaria in Arabea Petraea und zwar unter den πόλεις μυσόγειοι, bei *Ptolemäus* V, 17, 4. Zweitens als Stadt und Bischofssitz in Mauritania Caesariensis und zwar als Hafenplatz; *Ptolemäus* IV, 2, 2 (Γυπάρα ἢ Γυπαρία λιμήν), nicht fern vom Promontorium mag-num. Drittens als ein Ort an der tripolitanischen Küste zwischen Sabrata und Pisnida. Nach der Tabula Peu-tinger. (ad Cypsaria oder Gypsaria taberna). Der Geographus Ravennas (lib. III, p. 766 ed. *Gronov.*) hat nicht Gypsaria, sondern Cipsaria.

                 (*Krause.*)

GYPSOPHILA. Die zu der Familie der Caryo-phylleen gehörige Gattung Gypsophila wurde von Linné aufgestellt, benannt und zur Decandria Digynia gestellt. Als Charakteristik für dieselbe gibt er den einblät-trigen, glockigen, kantigen Kelch, die eiförmigen, sitzenden fünf Blumenblätter und die kugelige einfächerige Kapsel an und rechnet dazu folgende 11 Arten: G. repens, prostrata, paniculata, tomentosa, altissima, Struthium, fasti-giata, perfoliata, muralis, rigida und saxifraga, von denen die beiden letzten jetzt allgemein zur Gattung Tunica gezogen werden. Im ersten Bande von De Candolle's Prodromus systematis naturalis vom Jahre 1824 ist die Gattung schon in 36 Arten vertreten, welche in zwei Sectionen gebracht sind, nämlich 1) Struthium, bei denen die Kelchschuppen fehlen und 2) Petrorhagia mit 2—4 gegenüberstehenden trockenhäutigen Schuppen am Grunde des Kelchs, nur durch 4 Arten vertreten, von denen drei zu Tunica gehören. Nach den jetzt geltenden Ansichten über die Abgrenzung dieser Gattung müssen von dieser jedoch außer den bereits erwähnten Arten noch G. ochro-leuca *Sibthorp* und *Smith*, G. graminea *Sibthorp* und *Smith*, G. armerioides *Seringe*, G. cretica *Sibthorp* und *Smith*, G. compressa *Desfontaines*, G. dianthoi-des *Sibthorp* und *Smith* und G. multicaulis *Poiret* zur Gattung Tunica gebracht werden und einer noch größeren Anzahl muß man das Artenrecht absprechen. Auch die nur in einer Art vertretene Gattung Fiedleria (F. illyrica *Reichenbach*), von Linné zu Saponaria, von Grisebach zu Gypsophila gestellt, wird am zweck-mäßigsten mit Tunica vereinigt. Andererseits pflegt jetzt die Gattung Banffya, zu De Candolle's Zeit nur in einer Art, B. petraea *Baumgarten*, bekannt, zur Gat-tung Gypsophila gebracht zu werden, wie dies auch mit Dichoglottis und Heterochroa der Fall ist, ja einige Autoren möchten sogar Ankyropetalum *Fenzl* nicht von Gypsophila getrennt wissen. In dieser Weise ist die Gattung Gypsophila in dem neuesten systematischen Werke von Bentham und Hooker aufgefaßt und folgender-maßen charakterisirt: Kelch kreiselförmig-röhrig oder glockig, 5 zähnig oder 5 spaltig, 5 nervig und zwischen den Nerven häutig. Kronblätter 5 mit schmalem Nagel und einer ungetheilten oder ausgerandeten Platte, ohne Schuppen. Blüthenboden klein. Staubgefäße 10. Fruchtknoten ein-fächerig, vieleiig. Griffel 2 oder sehr selten 3. Kapsel kugelig oder eiförmig, bis zur Mitte oder tiefer vier-klappig. Samen fast nierenförmig, seitlich angeheftet. Keim peripherisch.

Hierher gehören einjährige oder ausdauernde, meist meergrüne, im südlichen Europa, besonders in der Nähe des mittelländischen Meeres und im außertropischen Asien einheimische Kräuter, von denen nur wenige drüsig-weich-haarig oder steifhaarig sind mit flachen oder seltener nadelförmigen Blättern und meist kleinen, zahlreichen, in Rispen oder bisweilen in den Gabelungen einzeln stehenden Blüthen. Nur eine Art ist in Australien einheimisch, G. tubulosa *Boissier*, welche auch unter dem Namen Dichoglottis tubulosa *Jaubert* und *Spach* und Dich. australis *Schlechtendal* beschrieben ist.

Mit der von Bentham und Hooker gegebenen Charakteristik der Gattung stimmt Boissier im Wesentlichen überein, bringt aber einige Arten der bisher zu Saponaria gerechneten Sectionen Proteinia und Bolanthus hierher, während er andererseits die Selbständigkeit der Gattung Ankyropetalum anerkennt. Hierdurch geht ein Merkmal verloren, welches bisher in erster Linie zur leichten Unterscheidung der Gattungen Saponaria und Gypsophila benutzt wurde; bei den meisten Arten der Gattung Saponaria sind nämlich die Kronblätter am Schlunde plötzlich in einen linealischen Nagel zusammengezogen, während sie sich bei der Gattung Gypsophila allmählich keilförmig verschmälern, doch ist der Kelch bei sämmtlichen Arten von Saponaria vielnervig und niemals kreiselförmig.

Bekannt sind aus dieser Gattung ungefähr 50 Arten.
(Garcke.)

GYPSVERBAND (chirurgischer). Der pulverförmige gebrannte oder geglühte Gyps besitzt die Eigenschaft, durch Zusatz von Wasser eine brei- bis teigartige Masse zu bilden, die aber bald erstarrt, weil das Wasser die Stelle des durchs Glühen ausgetriebenen Krystallwassers ersetzt, also in den ersten Zustand übergeht. Dieser rasche Uebergang von ungeformten Breiartigen zur starren Festigkeit macht den Gyps geeignet zu chirurgischer Benutzung, namentlich zu sogenannten Contentivverbänden. Das Umgießen einzelner Körpertheile mit einer breiartigen Gypsmasse, die beim Erstarren eine umschließende Kapsel bildet, soll auch schon bei den Arabern in Gebrauch gewesen sein.

In der Neuzeit lernte der englische Consul Eaton in Indien den Gyps als ein bei Knochenfracturen anwendbares Verbandmittel kennen und machte das englischen Chirurgen mit dieser Thatsache bekannt. Englische, deutsche und niederländische Chirurgen (Multray, Kevl, Kluge, Rust, Hendriksz in Gröningen, Schröber in Amsterdam) griffen daher in besonderen Fällen dazu, fracturirte Extremitäten mit einem Gypsbrei zu umgießen. Rust namentlich wandte dieses Verfahren mit Erfolg bei Unterschenkelfracturen an. Ihm folgte in Frankreich J. Eug. Boisset (Gaz. méd. de Paris, 1856, Nr. 23) nach. Dieser umkapselte den fracturirten Unterschenkel ringsum mit Gypsbrei, machte aber dann die Vorderseite desselben in einer Breite von 1½ Zoll wieder frei, indem er in dem Momente des Erstarrens den aufliegenden Gypsbrei wieder wegnahm; die also geschlitzte Gypskapsel sollte genauer und fester anliegen. Boisset fand zugleich, daß in dem festwerdenden Gypse die Temperatur etwa eine Stunde hindurch allmälig zunimmt, höchstens aber um 7—8° R. Diese Temperaturerhöhung schadet nichts; das Glied, welches zuerst von der Berührung des Gypsbreies erkaltete, wird dadurch wiederum erwärmt. Die gegen diese Methode erhobenen Bedenken fallen nach Boisset weg, wenn man die Gypskapsel erst beim Eintritte der zweiten Periode der Callusbildung umlegt, wo die Crepitation aufgehört hat, die Anschwellung des Gliedes geschwunden ist und die im Niveau der Fractur möglichen Bewegungen nicht mehr schmerzhaft empfunden

werden. — Um diese Zeit berichtete auch Wm. Sweeting (Lond. med. Gaz. 1838, XX, p. 232) über günstige Erfolge bei Behandlung von Unterschenkelfracturen mit Gypsübterguß oder Gypsbrei.

Besondere Erwähnung verdient aber das vom Bataillonsarzte Williame geübte Verfahren zur Herstellung eines Gypsverbandes, weil darin entschieden ein vorbereitender Schritt zur Herstellung des späteren Gypsverbandes liegt. Williame umhüllte das Glied mit nach der Gliedform zugeschnittenem Calicot, legte darüber eine dünne Schicht Watte, die er mit Gyps einpulverte und darüber abermals Calicot. Dieser trocken angelegte Verband wurde hierauf erst durchfeuchtet und mit den Händen sanft angedrückt, wobei er sich im Erstarren den Contouren des Gliedes vortrefflich anschmiegte.

Als wirksames Contentivmittel benutzte dann Dieffenbach (Casper's Wochenschrift, 1836, Nr. 27) den Gypsumguß bei Behandlung des Klumpfußes. Das Verfahren wird folgendermaßen beschrieben. In einem glatten Kasten von Eichenholz, der eingeölt wurde, bringt man den ebenfalls eingeölten kranken Unterschenkel des Kindes in die normale Stellung, hält ihn aber schwebend darin, und füllt nun den Kasten mit dem bereit gehaltenen rasch erstarrenden Gypsbrei. Sobald der Brei zu erstarren beginnt, wird die den kranken Fuß haltende Hand etwas zurückgezogen, ohne daß aber der Fuß aus seiner normalen Stellung kommt. In dieser Gypshülle verbleibt das Bein 3 bis 4 Wochen. Dann wird die obere Hälfte der Hülle mittels des Meisels abgenommen, um das Glied herausnehmen zu können. Nach erneuter Einölung kommt es wiederum in die untere Hälfte der Gypshülle, und wird von oben her mit aufgegossenem Gypsbrei bedeckt. Ist diese Erneuerung der Gypshülle ein paar vorgenommen worden, dann wird zu einer leichteren Verbandart gegriffen, wobei der kleine Kranke transportabler ist, oder bei ganz kleinen Kindern wird auch dieser leichtere Verband gleich zu Anfang angelegt. Durch Heftpflasterstreifen nämlich, die über den Fuß weg zur Wade hinaufgeführt werden, kommt der Fuß in die normale Richtung; darüber wird ihm der Fuß und den Unterschenkel umfassende Binde gelegt, und theils mittels eines groben Maurerpinsels verdünnter Gypsbrei aufgestrichen, was nach erfolgter Trocknung noch 3 oder 4 Mal wiederholt wird. Nach vollständiger Austrocknung bekommt diese Gypshülle am folgenden Tage noch einen Lacküberzug (Colophonium in Weingeist gelöst), um das Abbröckeln zu verhüten. Nach Umständen wird dieser Gypsverband durch einen ganz ähnlichen ersetzt, der jedoch an der empfindlichen, etwa excoritirten Stelle ein Fenster erhält. — Die später eingeführte Tenotomie bei Behandlung des Klumpfußes hat den Gypsverband keineswegs ganz zu verdrängen vermocht. Unter den deutschen Chirurgen greifen Stahl, Barbeleben, Hueter, Klopsch und Andere noch immer dazu, falls der Klumpfuß nur benutzt man jetzt statt des Gypsumgusses einen Gypsbindenverband.

Als Zusatz zu einem Contentivverband wurde dann

der Gyps von G. W. Lafargue (Appareil inamovible instantanement solidifiable. Thèse. Montpellier 1839) empfohlen. Lafargue schlug nämlich vor, dem Sentin'schen Kleisterverbande zum Zweck raschern Erhärtens Gypspulver zuzusetzen, also einen Gypskleisterverband oder richtiger einen Kleistergypsverband anzulegen. Einen solchen Verband hat auch später, während des Krimkrieges im J. 1855, im Nordhospitale der Russen Dr. Blechmann bei einfachen und complicirten Fracturen mit Erfolg in Anwendung gebracht. Da nämlich bei den zahlreichen dort behandelten Schußfracturen der nach Pirogoff's Vorschrift angelegte Gyps sich häufig ablöste oder schon während der Application trocknete, der bloße Kleisterverband aber mit noch größeren Mängeln behaftet erschien, so griff Blechmann zu dieser Verbandmodification, welche von Neuffer (Zeitschr. für Chirurgie und Geburtshülfe, 1856, 1) folgendermaßen beschrieben wird. Man nimmt soviel gekochtes Amylum (Buchbinderkleister), als voraussichtlich zum Verbande des gebrochenen Gliedes erfordert wird, und mischt diesem ohne Zusatz von Wasser soviel pulveriges Gyps zu, daß eine vollständig homogene Masse von der Consistenz des Milchrahms entsteht. Ist der Kleister schon an und für sich sehr consistent, so verarbeitet man die Masse tüchtig; je länger und kräftiger diese Verarbeitung geschieht, um so dünner wird die Masse. Natürlich wird der consistenteren Kleistermasse weniger Gyps zugesetzt. Sonst ist es gleichgültig, ob der Kleister frisch bereitet oder älter, warm oder kalt, dünn oder dick ist. Im Mittel rechnet man gleiche Volumina Kleister und Gyps. Der Gyps muß aber dem Kleister zugesetzt werden, und nicht auf einmal, sondern allmälig. Den zugesetzten Gyps muß der Gehülfe, wie beim Teigkneten, kräftig mit dem Kleister zu vereinigen suchen, indem er die Finger rasch der Hohlhand zu bewegt und gleich wieder streckt. Die Durcharbeitung der Masse muß so lange fortgesetzt werden, bis keine Gypspartikelchen und keine Kleisterklumpen mehr sicht- und fühlbar sind, bis die ganze Masse die gleichmäßige weiße Färbung des Gypses besitzt und die Rahmconsistenz bekommen hat. Die also beschaffene Masse wird dann mittels eines starken Leimpinsels oder mit der flachen Hand auf die umgelegten Binden oder sonstigen Verbandstücke wiederholt aufgetragen, sobald eine starre Kapsel entsteht. Die Ausgänge der Schußcanäle, sonstige Wunden, Excoriationen u. s. w. läßt man nach Belieben frei. In einer Stunde etwa pflegt der Verband trocken zu sein und hinreichende Festigkeit zu besitzen, um den Kranken nöthigenfalls zu Wagen weiter zu schaffen.

Einen plötzlichen Aufschwung nahm die chirurgische Anwendung des Gypses, als Dr. A. Mathysen zu Harlem eine kleine Broschüre (Nieuwe Wyze van aanwending van het Gips-Verband by beenbreuken. Eene bydrage tot de militaire Chyrurgie, Harlem 1852, 19 pp.) herausgab, worin ein andersartiger Gypsverband empfohlen wurde, der, in Kriegszeiten sowol wie in der Civilpraxis anwendbar, vor allen bisher bekannten Fracturverbänden den Vorzug verdienen sollte. · Van der Loo

zu Venloo, Mathysen's Freund, lernte diesen Gypsverband zu Anfang des J. 1853 kennen, suchte dessen Anwendung der von ihm vorbereiteten Gypsverbandstücke in den Spitälern von Lüttich, Löwen, Brüssel, Paris, und verfaßte nach seiner Rückkehr unter Mathysen's Zustimmung Abhandlungen über den Werth des neuen Gypsverbandes, die er mit Modellen der Verbandstücke zur Prüfung an die Akademien von Brüssel, Paris, Wien, Berlin, Petersburg schickte. Die zuerst von Mathysen empfohlenen Applicationsnormen sind darin etwas abgeändert. Es wird eine vierfache Weise des Gypsverbandes empfohlen, die auch in der späteren Schrift von Mathysen (Du bandage plâtré. Liège 1854) festgehalten wird.

a) Verband mit Rollbinden. Nachdem man nichtappretirten Baumwollenstoff, alte Leinwand oder Flanell mit trockenem Gypspulver durch Reiben mit der Handfläche auf beiden Seiten imprägnirt hat, schneidet man die Stoffe in 5—6 Centimeter breite Streifen, rollt diese locker auf und bewahrt sie bis zur Anwendung in blechernen Büchsen. Das fracturirte Glied wird zuerst mit einer gewöhnlichen Binde oder mit Watte umhüllt, dann nimmt man die Gypsrollbinde, überstreicht sie auf beiden Seiten mit einem von Wasser durchtränkten Schwamme, oder taucht sie einen Augenblick in Wasser, und legt sie dann wie eine gewöhnliche Rollbinde an. Nur müssen die einzelnen Gänge sich ³/₄ oder ⁴/₅ ihrer Breite nach decken. Will man den Verband einer Wunde wegen fenstern, so schneidet man die Binde von der Wunde ab und legt die Bindengänge so an, daß sie die Wunde ganz frei bleibt. Soll der Verband abnehmbar eingerichtet werden, so schneidet man ihn nach dem Anlegen mit der Sentin'schen Schere auf. Bei gänzlicher Entfernung des Verbandes muß man denselben vorher wohl durchfeuchten.

b) Verband mit Bindenstreifen nach Scultetus. Auf einem Kissen legt man 25—30 mit Gyps imprägnirte Streifen, die sich zu ³/₄ ihrer Breite decken, nach Art einer Scultet'schen Binde zurecht, und darüber kommt eine Schicht gewöhnlicher Bindenstreifen zu liegen. Zuerst werden nun die gewöhnlichen Bindenstreifen angelegt, dann durchfeuchtet man 2—3 gegypste Streifen und legt sie an, schreitet aber damit von unten nach oben fort, bis alle Streifen angelegt sind. Da die Gypsstreifen an der Vorderfläche des Gliedes sich kreuzen, so wird der Verband am festesten. Um ihn auch an der hintern Seite zu verstärken, kann man hier einige gegypste Streifen der Länge nach anbringen. Um diesen Verband zu fenstern, verfährt man wie bei den Rollbinden. Man kann auch die Scultet'schen Streifen so anlegen, daß man abwechselnd einen gewöhnlichen und einen gegypsten Streifen folgen läßt, wodurch eine sehr innige Vereinigung erreicht wird.

c) Zweilappiger Verband. Die Bindestreifen sind hierbei fürzer als beim Scultet'schen Verband, und lassen, wenn sie umgelegt werden, nach vorn einen Zwischenraum von 1—1½ Zoll übrig. Sie werden dann vorn durch zwei lange Gypsstreifen befestigt, welche an die Grenze des freien Interstitiums reichen. Jetzt werden die gegypsten Streifen angelegt und vorn und hinten durch je zwei Längsgypsstreifen befestigt. Soll dieser Verband unverrückbar werden, so bringt man am vordern Interstitium noch einige gegypste Querstreifen an. Mit deren Hinwegnahme ist der Verband wieder verrückbar geworden. Um das Auseinanderweichen der zwei Klappen zu begünstigen, kann man gleich nach dem Anlegen mit einem Spatel vorn 1 oder 2 Falze bilden. Man kann auch dadurch einen zweiklappigen Verband herstellen, daß man nach Anlegung der trockenen Scultet'schen Streifen ein Flanellstück imprägnirt, welches zwei Drittheile des Gliedumfanges umfaßt, dasselbe durchfeuchtet, dann an der Innenseite mit einer dünnen Schicht Watte bedeckt und auf die Hinterseite des Glieds legt. Ist dieses Verbandstück erhärtet, so deckt man das vordere Interstitium durch ein zweites gegypstes Stück, das gleichfalls mit einer dünnen Schicht Watte bedeckt worden war, sodaß es die Ränder des hintern Stückes etwa 1 Zoll weit zu beiden Seiten überragt. Einige gegypste Cirkeltouren, die sich leicht wieder abnehmen lassen, können die Klappen noch besser zusammenhalten.

d) **Kataplasmenverband.** Man schneidet aus wollenem Stoffe eine Form, die der Länge und dem Umfange des Gliedes entspricht, imprägnirt sie reichlich mit Gyps, legt sie wohldurchfeuchtet an, nachdem man das Glied vorher mit Watte umhüllt hat, und bedeckt sie mit einer Lage gewöhnlicher Scultet'scher Streifen. Man kann auch eine Form aus zwei gleichen Blättern Flanell schneiden, die nur auf einer Seite imprägnirt werden; nach erfolgter Durchfeuchtung legt man die Gypsflächen beider Blätter aufeinander, und damit umhüllt man nun das Glied. Man erspart in diesem Falle die Wattenunterlage und die Befestigungsstreifen; deshalb müssen aber die Ränder der Form so eingerichtet sein, daß sie sich nach vorn decken und über einander vergypsen lassen.

Diese Beschreibungen beziehen sich zunächst auf Unterschenkelfracturen. Van der Loo gibt aber auch Verfahrungsweisen an, um das Hüft- und Schultergelenk unbeweglich zu machen. Ueberhaupt soll sich der Gypsverband, außer bei Fracturen, auch bei Verrenkungen, Verstauchungen, Gelenkgeschwülsten, Verkrümmungen, kurz überall, wo Seutin's Kleisterverband angewendet wird, bewähren. Als besondere Vorzüge desselben werden geltend gemacht: Einfachheit, da nur Baumwollenzeug oder Wollenstoff nebst Gyps und Wasser erforderlich ist; leichte Anlegbarkeit, die selbst die Anwesenheit geschickter Gehülfen überflüssig macht; Schnelligkeit der Anlegung; rasches Festwerden des Verbandes; vollständige Retention und unschädliche Contentivwirkung, da der festwerdende Gyps sich nicht zusammenzieht, keine Anschwellung der Zehen oder Finger nach sich zieht; wegen der Unverrückbarkeit sind besondere Vorrichtungen zur Extension und Contraextension, die sonst bei schiefen Fracturen permanent in Wirksamkeit sein müssen, ganz überflüssig; die Durchfeuchtung des mit Gyps imprägnirten Verband-

stückes kann gleichgut mit kaltem und mit warmem Wasser geschehen, ja bei mangelndem Wasser könnte unbedenklich selbst Urin genommen werden; die Porosität des Gypsverbandes hält die Hauttransspiration nicht zurück, und Wunden, Geschwüre, Schorfe können frei gelassen werden, ohne daß der Verband an Festigkeit verliert; der Gypsverband ist sehr billig und bei allen Arten von Fracturen anwendbar; der Verletzte kann nach Festwerden des Verbandes das Lager verlassen u. s. w.

Im historischen Interesse ist hier gleich die Bemerkung anzufügen, daß Mathysen späterhin in einem Briefe an die belgische Akademie diese bedeutsame chirurgische Erfindung vollständig für sich allein in Anspruch nimmt, und dabei gegen seinen Freund Van der Loo, der sich doch mit seltener Aufopferung dem raschen und ausgebreiteten Bekanntwerden des Gypsverbandes unterzogen hatte, in Ausdrücken sich ergeht, die jeden mit dem Sachverhalte näher Bekannten nur höchlich verletzen müssen.

Den propagandistischen Bemühungen Van der Loo's gelang es, rasch in allen Ländern die praktische Prüfung des Gypsverbandes herbeizuführen, und unbedenklich darf behauptet werden, daß Mathysen's Verfahren überall glänzender Erfolge sich zu erfreuen hatte. Es mag genügen, beispielsweise auf den Bericht hinzuweisen, welcher der Gesellschaft der wiener Aerzte durch Dr. Ceßner (Wiener med. Wochenschr. 1854, Nr. 21 und 22) abgestattet wurde. Nach ihm ist das ungemein schnelle Festwerden des Gypsverbandes, innerhalb 5—6 Minuten, oder doch spätestens innerhalb einer halben Stunde, ein entschiedener Vorzug vor dem Kleisterverbande. Das schnellere oder langsamere Festwerden hängt übrigens vom Material und vom Grade der Durchfeuchtung ab. Alte Leinwand, Flanell, wollene Decken bewährten sich nicht gleich gut zur Imprägnirung mit Gyps, als der aus Brüssel bezogene nicht geschlichtete Calicot. Der Gyps muß fein gepulvert und gehörig gebrannt sein, er bindet dann mit Wasser nie mehr. Gyps, welcher bereits mit Wasser gelöscht wurde, kann wieder zermahlen und gelöscht werden, er erstarrt aber langsamer und wird weniger fest. Sollte einmal eine Verzögerung der Erstarrung wünschenswerth erscheinen, so kann man dieselbe dadurch erzielen, daß man Leimwasser zur Durchtränkung der Binden verwendet. Es ist vortheilhaft, wenn man den 1½ Zoll breiten Rollbinden nicht mehr als eine Elle Länge gibt. Der Gypsverband verdient nach Ceßner wirklich das Lob eines sehr einfachen Verbandes, er läßt sich mit bereits vorgerichteten Binden in sehr kurzer Zeit ausführen, und erfordert auch keine besondere technische Gewandheit. In einem Falle, wo keine gegypsten Binden vorräthig waren und doch schnell ein Contentivverband angelegt werden sollte, führte folgendes Verfahren zum Ziele. Das Glied wurde mit gehörig durchfeuchteten, aus alter Leinwand geschnittenen Binden umwickelt, dann wurde mit der Hand Gypspulver aufgestreut, welches an der feuchten

Binde haften blieb, und an der Unterseite des Gliedes wurde das Gypspulver noch mit Papier angedrückt. Ueber den Gyps kam wieder eine nasse Binde zu liegen. Noch zweimal wurde dieses Verfahren wiederholt. Die Erstarrung des Gypses erfolgte langsamer als bei Mathysen's Verfahren, die Festigkeit des Verbandes ließ aber gleichwol nichts zu wünschen übrig. Bei kleinen Kindern ist der Gypsverband dadurch werthvoll, daß der einmal erhärtete Verband von Durchnässung keinen Schaden erleidet.

Die verheerenden Kriege, welche nach dem Bekanntwerden des Mathysen'schen Gypsverbandes in kurzen Zwischenzeiten aufeinander folgten, gaben insbesondere reiche Gelegenheit, die Verwendbarkeit desselben bei Schußfracturen einer eingehenden Prüfung zu unterziehen. Der russische Chirurg Pirogoff will dem Gypsverbande nicht die Alleinberechtigung bei Behandlung der Fracturen zuerkennen, schlägt aber seine Vorzüge in der Kriegschirurgie ungemein hoch an. Dabei änderte er die ursprüngliche Technik ab, und bezeichnete den nach seiner Norm angelegten Verband als Gypsklebeverband. Er findet es nämlich an Mathysen's Verfahren tadelnswerth, daß die mit Gypspulver imprägnirten Rollbinden und Scultet'schen Binden bei den Manipulationen des Anlegens leicht den Gyps fallen lassen und die Schichten deshalb nicht gleichmäßig dick werden, daß die Durchfeuchtung der vorbereiteten Binden Schwierigkeiten hat, und daß auch außerdem der Gyps leicht vom Verbande abbröckelt. Er hat deshalb jenes den Bildhauern und Gypsformern längst bekannte Verfahren, Leinwand in gegebenen Faltungen durch Bestreichen mit Gypsbrei steif zu machen, auf die Behandlung einfacher und complicirter Fracturen übertragen. Sein Verfahren ist in Kürze folgendes: Grobe Leinwand wird compressenartig mehrfach übereinander gelegt, und daraus werden längliche, 3 bis 6 Zoll breite Verbandstücke gebildet, die er Schienen nennt, wenn sie nach der Länge des Gliedes angelegt werden, dagegen Streifen, wenn sie um das Glied herumgeführt werden. Die Schienen erhalten etwas mehr Länge als das verletzte Glied; die Streifen bekommen eine solche Länge, daß sie das Glied anderthalb bis zwei Mal umspannen. Bei einfachen Fracturen legt man zunächst eine gypsfreie Hülle um die Gliedmaße. Im Felde kann man hierzu für die untere Extremität einen aufgeschnittenen leinenen Strumpf, eine Unterhosenhälfte, für die obere Extremität ein Hemdärmel nehmen, wobei jedoch, um allen Druck zu vermeiden, die Nähte weggeschnitten werden müssen. Dabei legt man auf die Knochenvorsprünge und in die Vertiefungen der Weichtheile Baumwolle, Werg, Charpie, um das Glied möglichst gleichförmig zur Cylinder- oder Kegelform abzurunden. Nun werden die Schienen in die aus gleichem Volumina Gyps und Wasser zubereitete Gypsmasse getaucht, auf die in gehöriger Extension gehaltene Extremität gelegt und angedrückt. Diese Schienen können sich entweder der Länge nach mit den Rändern decken, so daß das Glied von ihnen vollständig umhüllt wird, oder nach Umständen bleiben auch Längsinterstitien zwischen ihnen erhalten. Dann werden die Streifen gegypst und quer über die Schienen applicirt, sodaß sie das ganze Glied umhüllen oder nach Umständen auch querverlaufende Interstitien zwischen sich lassen. Statt der Streifen kann man auch kurze Rollbinden nehmen. Zuletzt erhält dieser Verband noch eine mehr oder weniger dicke Gypsbreilage, die man mit der flachen Hand darüber verstreicht. Derselbe ist bei einer Unterschenkelfractur durchschnittlich in zehn Minuten vollendet, und nach acht Minuten kann er durch Erhärten des Gypses ganz steif sein. Würde das Anlegen des Verbandes wegen besonderer Umstände längere Zeit erfordern und wäre deshalb ein langsameres Erhärten wünschenswerth, so erreicht man dies, indem dem Wasser für den Gypsbrei eine geringe Menge dünngekochten Tischlerleims (1/2 Löffel auf 2 Pfund Wasser) zugesetzt wird. Der Verletzte kann nach Anlegung dieses Verbandes transportirt werden, und der Verband kann liegen bleiben, wenn nicht etwa das rasche Senken einer vorhandenen Anschwellung eine Aenderung nöthig macht. Bei complicirten Fracturen ist eine passende Fensterung des Apparats durch geeignete Legung der Gypsschienen und Gypsstreifen leicht zu erreichen. Um das spätere Aufschneiden und Abnehmen der Gypskapsel zu erleichtern, kann man auch vorn zwischen den zwei Längsschienen ein Interstitium lassen, worin ein mit Oel getränktes Band gelegt wird, und außerdem die Streifen da, wo sie über der vordere Lücke streifen, mit Oel träufen. Jedenfalls wird dieser Gypsklebeverband Pirogoff's als ein ausnehmend wohlfeiler zu bezeichnen sein, da 1/2 Centner Gyps etwa 2 Mark kostet und die gewebten oder gestrickten Stoffe, welche daneben noch in Anwendung kommen, auch billig zu beschaffen sind. Ein Verband erfordert wenigstens zwei und höchstens sieben Pfund Gyps.

Als entschiedenster Verfechter des Gypsverbandes bei Schußverletzungen im Kriege hat sich übrigens der österreichische Regimentsarzt R. Neudörfer (Handbuch der Kriegschirurgie 1. Hälfte, Leipzig 1864) bekannt gemacht. Nach seinen wesentlich im Kriege von 1859 gesammelten Erfahrungen stellt Neudörfer den Satz auf, daß der Gypsverband bei ganz recenten Fracturen so wenig, wie bei älteren, Nachtheile bringt, sondern in den meisten Fällen, zumal bei den auf den Verbandplätze gebrachten Fracturen Vortheile gewährt, die von keinem anderen wie immer gearteten Verbande erreicht oder ersetzt werden. Mit eingeübten Gehülfen läßt sich der Gypsverband für die untere Extremität in 6—8 Minuten, für die obere Extremität in noch kürzerer Zeit herstellen. Das Glied wird mit Watte oder anderen passenden Substanzen gefüttert, darauf kommen als Schienen eine oder mehrere Lagen zugerichteter Schusterspan; d. h. 1/2 Linie dicke Lamellen von Lindenholz,' und über diese werden die in Gypsbrei eingetauchten Leinwandstreifen gelegt. Ueber den Wundöffnungen werden aus dem trockenen Verbande Fenster geschnitten, um dieselben mit Baumwolle oder Charpie, die mit einem Wundwasser getränkt sind, zu bedecken; darüber kommen dann Fettlappen, die mit einem zu einer Cravatte gefalteten dreieckigen Tuche befestigt werden. Dieser Verband kann ein provisorischer oder auch ein definitiver sein. Zwei Reihen von Gypsstreifen sind zu einem provisorischen Verbande auf dem Schlachtfelde ausreichend, wodurch das verletzte Glied in den ersten Tagen gegen alle Insulten sichergestellt wird.

Als eine Modification des Gypsverbandes benutzt Neudörfer auch einen Gypskataplasmenverband, der durch Einschlagen eines genügend consistenten Gypsbreies in vorher ausgebreitete Tücher ganz nach Art der gewöhnlichen Kataplasmen bereitet und so angelegt wird, daß das zu fixirende Glied durch zwei einander mit den Rändern berührende Gypskataplasmen gänzlich bedeckt ist. Einige Cirkeltouren einer gewöhnlichen Rollbinde drücken die Kataplasmen gleichmäßig an das Glied an, bis der Gyps erstarrt ist. Dieser Verband ist leicht und schnell herzustellen und mancher Modificationen in der Anlegung fähig. Läßt man die Ränder der Kataplasmen etwas von einander abstehen, so wird es ein gefensterter Verband, legt man dagegen die Kataplasmen mit den Rändern über einander, so erhält man einen schalenförmigen Verband. Er eignet sich vorzüglich für jene Fälle, wo kleinere Gelenke fixirt werden sollen; er läßt aber keine allgemeine Anwendung zu, weil es zu schwer ist für ganze Extremitäten und doch nicht genug Festigkeit besitzt, und weil die schalenförmig erhärteten Gypskataplasmen verhältnißmäßig leicht Sprünge und Risse bekommen.

In den 1867 erschienenen Anhange zum Handbuche der Kriegschirurgie empfiehlt Neudörfer überdies, beim Wundverbande der Charpie Baumwolle zu substituiren, oder auch Gypspulver, das im Falle der Noth überall ohne Nachtheil als directes Verbandmittel auf die Wunden gebracht werden kann, namentlich aber bei dünner, profuser oder eitriger Eiterung von großem Nutzen ist. Bei Oberschenkelschußfracturen wird ein solcher Gypspulververband so hergerichtet, daß man ein achtfach gefaltetes Leintuch unter das zerschossene Bein legt, mehrere Pfunde Gyps hineinthut und diesen allmälig zu unter die Extremität schiebt, daß allmälig auf beiden Seiten ein Wall von Gyps entsteht und überdies alle verwundeten Partien mit einer reinen Linien dicken Gypsschicht bedeckt sind. Dann wird das Leintuch gleich einer Scultet'schen Binde über einander geschlagen und mit kurzen Bindenstücken befestigt. So oft sich der Gyps mit Eiter imprägnirt, wird derselbe vorsichtig entfernt und durch neuen ersetzt.

Auch andere Chirurgen haben dem Gypsverbande die vollste Anerkennung bei Schußfracturen nicht vorenthalten. Lücke bezeichnete das sofortige Anlegen des Gypsverbandes auf dem Verbandplatze als die dringendste Indication bei Schußfracturen, im Spitale aber sollte nach ihm kein Verwundeter mit Schußfractur ohne Gypsverband bleiben. Professor Wagner sprach sich auf der dresdener Naturforscherversammlung dahin aus, daß der gewöhnliche Gypsverband für den Transport von Verwundeten ausgezeichnete Dienste leiste, daß er jedoch bei deren Ankunft im Lazarethe entfernt werden muß, auch daß er im Stadium der Reaction gefährlich werden

kann, wenn er nicht exact angelegt ist und sorgfältig überwacht wird. Schon zurückhaltender spricht sich Löffler in dem medicinischen Generalberichte über den dänischen Feldzug von 1864 über den Gypsverband aus: der frühzeitige Gypsverband werde gewöhnlich nicht vertragen, der nach Ablauf der ersten Woche angelegte Gypsverband werde besser vertragen, nach Ablauf der dritten Woche angelegt werde er fast ausnahmslos vertragen. Geheimer Sanitätsrath Berend in Berlin will den Gypsverband in der ersten Woche nach Schußfracturen nur mit großer Vorsicht angewendet wissen, in seiner Praxis hat er den einfachen Holzschienenverband als den hauptsächlich benutzten und auch mit den wenigsten Uebelständen verbundenen eingeführt; bei weiter vorgerückter Heilung könne man diesen mit einem Gypsverbande vertauschen; der Gypsverband habe allerdings bei einfachen Fracturen, sowie beim Transporte als provisorischer Verband manche Vorzüge, bei Resectionen indessen, z. B. im Ellenbogengelenke, verdiene der Schienenverband wegen der größeren Reinlichkeit den Vorzug. Stromeyer endlich äußert sich in seiner im J. 1868 erschienenen Kriegschirurgie ziemlich abweisend dahin: der Gypsverband, bei Fracturen der Oberextremität ganz überflüssig und lästig, finde bei einfachen Fracturen der Unterextremitäten seine vorzüglichste Berechtigung, habe indessen bei Schußfracturen im Kriege keinen besonderen Werth, ja sei vielmehr in vielen Beziehungen gefährlich. Auch Dumreicher in Wien ist im Ganzen ein Gegner des Gypsverbandes.

Indessen hat der Gypsverband in seinen verschiedenen Modificationen im deutsch-französischen Kriege von 1870 überall wieder die vielfachste und ersprießlichste Anwendung bei den einfachen und complicirten Fracturen und Gelenkverletzungen, bei Distorsionen, zum Theil auch bei Resectionen. Im Ganzen hat man nur bereits bestehende Entzündung mit bedeutender Anschwellung als Contraindication gegen seine Anlegung gelten lassen.

Besondere Erwähnung verdienen überdies folgende auf den Gypsverband bezügliche Einzelheiten:

Bei der Wahl des Gypses kommt es nach Dr. B. Fränkel weniger darauf an, was für eine Sorte man nimmt, als vielmehr darauf, daß der Gyps gut und frisch geglüht ist. Seine Beschaffenheit prüft man dadurch, daß man ihn in einer eisernen Pfanne über Feuer bringt. Ist er nicht genug oder aber schon vor zu langer Zeit geglüht, so entwickelt er Dämpfe und über die Pfanne gehaltene polirte Platte beschlägt. Ist der Gyps überglüht, so entwickelt er selbst bei der stärksten Erhitzung keine Dämpfe und ist überhaupt unbrauchbar. Durch Erwärmen und Austreiben von Dämpfen kann man also einen schlechteren Gyps verbessern. Am besten ist es, nicht zu große Quantitäten Gyps auf einmal in die Pfanne zu nehmen. In einer heißen Pfanne kann man in 10—15 Minuten die für eine Oberschenkelfractur erforderliche Menge wasserhaltigen Gypses ausglühen. Ferner erstarrt der Verband schneller, wenn man den Gyps mit warmem Wasser anrührt, zumal wenn man schwefelsaures Kali oder Wasserglas darin gelöst hat. Verzögert wird das Erstarren des Gypsbreies durch

Gummilösung. Zu concentrirten Lösungen von schwefelsaurem Kali oder von Wasserglas erstarrt der Gyps so rasch, daß er kaum aufgestrichen werden kann.

Um die Sprödigkeit des Gypsverbandes zu mindern und seine Festigkeit zu vermehren, hat Neudörfer (Allg. militärärztliche Zeitung, 1871, Nr. 26) einen Beisatz von Flachs oder Hanf in folgender Anwendung empfohlen. Zunächst wird der Gypsbrei bis zur Rahmconsistenz angerührt, darein werden die aufgerollten trockenen Mullbinden getaucht und in einfacher, höchstens doppelter Lage angelegt. Jetzt wird dem Breie mehr Gyps zugesetzt, daß er die Consistenz weicher Butter bekommt, und davon wird eine Lage von 1—1½ Centimeter Dicke auf die Binden gleichmäßig aufgetragen und verstrichen. Dann werden 2—4 dünne und flach gemachte Bündel von Flachs- oder Hanffasern (etwa 1 Quentchen für einen Verband) der Länge nach auf den noch weichen Brei gelegt und in diesen eingedrückt. Hierauf wird der ganze Verband in üblicher Weise geglättet und polirt, auch mit den nöthigen Einschnitten behufs der Fensterung oder der Abnahme versehen. Weniger zweckmäßig fand es Neudörfer, die Flachs- oder Hanffasern gleich auf die Mullbinden zu legen und den Gypsbrei darüber zu streichen, obwol auch dadurch der Verband an Haltbarkeit gewinnt.

Um das sonst sehr umständliche und mühsame Reinigen der Hände von dem anhaftenden Gyps zu erleichtern, empfiehlt Primararzt Böhm in Wien, die Hände vorher mit Fett einzureiben, ehe man zur Bereitung des Gypsbreies oder zur Anlegung des Gypsverbandes schreitet.

Besonderer Beachtung verdient die Behaarung der mit Gyps zu umhüllenden Glieder. Einölen des Gliedes genügt nicht, um das Einkitten der Haare in den erstarrenden Gyps zu verhüten, und die Abnahme der Gypshülle kann dann nicht schmerzlos erfolgen. Man hat aus diesem Grunde das zu verbindende Glied rasirt. Im Ganzen ist es aber gebräuchlich, das Glied mit einer Binde oder einem Leinwandstücke zu umhüllen, bevor die mit Gypsbrei imprägnirten Stücke aufgelegt werden. Dem entgegen erachtet es Neudörfer (Anhang zur Kriegschirurgie) als das zweckmäßigste, den Gypsverband direct auf die Haut zu legen, ohne Baumwolle oder Binden als Zwischenlage zu gebrauchen; nachdem die Extremität gut eingeölt oder eingefettet worden, sollen die ersten Gypsstreifen oder Gypsöschen direct auf die Haut gelegt werden, weil nur dann ein genaues Anliegen des Verbandes, wenigstens in den ersten Tagen, möglich wird; denn wenn ein Zwischenkörper eingelegt wird, dann liegt der Verband gleich vom ersten Tage an nicht fest um das Glied und erfüllt somit den Zweck nur unvollkommen, und dazu gesellt sich noch der andere üble Umstand, daß jener Zwischenkörper sich leicht faltet, die Haut drückt und reibt.

Die spätere Abnahme des starren Gypsverbandes, zumal von einem noch nicht vollständig geheilten Gliede, erfordert besondere Rücksichtnahme. B. Fränkel in Berlin hat concentrirte Kochsalzlösung empfohlen, um die Abnahme eines Gypsverbandes zu erleichtern. Es ist nämlich der Gyps löslich in 122 Theilen concentrirter Kochsalzlösung. Bestreicht man einen Gypsverband damit, so wird der Gyps, soweit die Lösung eindringt, schon nach einigen Minuten so morsch, daß ein scharfes Messer keinen erheblichen Widerstand findet. Auf den dadurch bewirkten Schnitt kann man nochmals Kochsalzlösung wirken lassen. Hat man solchergestalt die Kochsalzlösung 3 bis 4 Mal einwirken lassen, so wird der Gypsverband zuletzt durchbrochen. — Zur bequemeren Abnahme der Gypshülle sind aber auch besondere Gypsscheeren von Bruns, von Böhm, von Szymanowski angewendet worden. — Zumeist jedoch ist man darauf bedacht gewesen, sogleich beim Anlegen des Gypsverbandes geeignete Vorkehrungen für die spätere bequemere Abnahme desselben zu treffen. Man hat durch ein eingelegtes Leitband die spätere Eröffnung des geschlossenen Gypsverbandes zu erleichtern gesucht; oder man hat dem Verbande längslaufende Interstitien gegeben, indem man einen gespaltenen Gypsverband über einen Gypskataplasmenverband anlegte. Das gleiche Ziel hat auch Neudörfer bei seinem im Anhange zur Kriegschirurgie empfohlenen modificirten Gypsverbande im Auge, dessen Anlegung sich auf drei Zeitabschnitte vertheilt: a) Einhüllung der Extremität in Gypsstreifen. b) Bedecken dieser Streifen mit einer bis zu 3 Linien dicken Gypsbreihülle. c) Poliren des Verbandes durch wiederholtes Ueberstreichen mit der in Wasser getauchten Hand. Wird nun nach Anlegung des Gypsstreifens erst ein trockener Bindenstreifen, der den Verband oben und unten überragt, der Länge nach aufgelegt, und kommen zugleich an beiden Seiten desselben Drähte zu liegen, die man nach Vollendung des ganzen Verbandes durch die Gypsmanier herauszieht, so ist die auf jenem Streifen lagernde Gypsmasse von der übrigen Gypshülle durch zwei senkrechte Furchen abgetrennt und der späteren Abnahme vorgearbeitet worden. Wirkt man nämlich auf die beiden Enden des Longitudinalstreifens, dann hebt sich auch die darauf liegende Partie der Gypshülle ab und bleibt an dieser Stelle nur noch die Gypsbindenlage, die sich mit der Enticère durchschneiden läßt. Nach einer späteren Mittheilung (Allg. militärärztliche Zeitung, 1870, Nr. 26. 27) will Neudörfer die Theilung der in Erstarrung begriffenen Gypshülle nicht mehr durch eingelegte Drähte herbeiführen, sondern dadurch, daß nach erfolgter Glättung des ganzen Verbandes mittels eines bereit liegenden Messers beliebig viele, mit der Längsaxe der Extremität parallel laufende Furchen eingeschnitten werden.

Der baiersche Militärarzt Port empfahl früher bei Schußfracturen einen gespaltenen Gypsverband als Gypstransportverband. Die Erfahrungen des Feldzugs von 1870 haben ihn jedoch davon überzeugt, daß seine eigenen amovirten Gypsverbände sowol als die gewöhnlichen gefensterten Gypsverbände die Fehler haben, sich rasch mit Blut und Eiter zu imprägniren, und ist er deshalb zu dem zwar schwerer anzulegenden, aber auch leichter rein zu erhaltenden Gypsgitterverbande nach Szymanowski übergegangen. Seine jetzigen Verbände für die unteren Extremitäten bestehen aus hölzernen Unterlagsschienen, die an der Stelle der Verwundung oder Fractur unterbrochen und durch Telegraphendrahtstäbe ersetzt werden, die entweder unmittelbar in die Schienen eingelassen sind, oder in Ringschrauben, die an den Schienen sitzen. Man legt die Schienen, die mit Watte gepolstert sind, an das mit einer Rollbinde umwickelte Glied und darüber den Gypsverband; die verwundete Stelle bleibt aber frei, sodaß die Wundflüssigkeiten austreten können. Durch Biegung der starken Drahtstäbe kann man außerdem den verletzten Gliedern beliebige Stellung geben.

Der Vorschlag vom Stabsarzte Hugo Senftleben (Deutsche Klinik, 1868, Nr. 33. 34), fertige Gypsverbandkapseln, die über einem Modell oder am gesunden Menschen angefertigt werden sollen, auf den Medicin- und Ambulancewagen in größeren Mengen mit ins Feld zu nehmen, scheint nirgends Anklang gefunden zu haben. In der That fehlt es nicht an vorbereiteten Verbandkapseln aus anderem Material, die durch größere Leichtigkeit sowol wie durch geringere Zerbrechlichkeit den Gypsverbandkapseln den Rang ablaufen.

Jene Art des Gypsschienenverbandes, wobei Schusterspan zum Schienenmaterial genommen wird, bezeichnete Neudörfer speciell als Gypsspanverband. Diesen hat Professor Völckers in Kiel verbessert, sodaß er die anzulegenden Spanstreifen aus Föhrenholz anfertigen läßt.

Als ein anderes zum Gypsschienenverbande dienliches Material hat Dr. C. Haber (Berliner klin. Wochenschrift, 1870, Nr. 34) Wollfilz empfohlen. Zugeschnittene lange Filzstücke werden wiederholt mit anfangs dünnerem, dann dickerem Gypsbrei eingerieben. Die hierdurch erhaltenen Filzgypsschienen werden an der gehörig eingefetteten Extremität angelegt, mit Gazebinden in einfacher Lage befestigt, und durch aufgestrichenen Gypsbrei verstärkt. Die Umwickelung mit Gazebinden und das Aufstreichen von Gypsbrei wird mehrmals wiederholt.

Bei Oberschenkelschußfracturen fand Dr. Max Salomon (Deutsche Klinik, 1871, Nr. 9) in den österreichischen Lazarethen in den Jahren 1864 und 1866 den gewöhnlichen Gypsverband ungenügend wegen der leichten Durchtränkung mit Eiter sowol als wegen nicht ausreichender Haltbarkeit. Er empfiehlt daher für solche Fracturen folgenden Schienengypsverband. Bei fortwährender Extension und Contraextension wird das fracturirte Glied von den Zehen an mit Flanellbinden in der ganzen Länge umwickelt mit Ausnahme der Gegend der Schußöffnungen, wo der ganze Umfang des Schenkels in einer Länge von 4 Zoll oder auch noch mehr freigelassen wird. Von einem Tischler angefertigte Bretchen oder Schienen, die 3 Zoll breit, 1/4 Zoll dick sind, und 2 bis 4 Fuß Länge haben, werden mit Leinwand umgeben und mit Leinwand umwickelt, und wo möglich in der Dreizahl auf die Flanellbinde in passender Lage gelegt, wobei eine Wattirung am Knie- und Fußgelenke nicht fehlen darf. In der Gegend der Schußverletzung haben diese Schienen in einer etwa einen halben Fuß langen Strecke einen Wachstafftüberzug. Während nun die aufgelegten Schienen sorgfam fixirt werden, legt man, von den Zehen anfangend, Gypsbinden an, sodaß die Extremität in der ganzen Länge, mit Ausnahme der durchschossenen Partie, eine dicke Bindenlage erhält, und über diese kommt dann noch eine Gypsbreischicht. Die Vortheile dieses Verbandes sind nach Salomon leichte Zugänglichkeit der Wunden, große Reinlichkeit, bedeutende Festigkeit; auch ist der Verwundete in diesem Verbande außer Stand gesetzt, willkürlich die Lage des Beins zu ändern.

(Fr. Wilh. Theile.)

GYPSWASSER. Gyps oder schwefelsaurer Kalk ist gleichmäßig in kaltem wie in heißem Wasser löslich, und zwar nach Bucholz in 460 Theilen, nach Giese in 380—385 Theilen. Gewöhnliches Wasser enthält deshalb sehr häufig Gyps in mehr oder weniger großer Quantität. Manche Thermen führen merkliche Mengen Gyps, z. B. Ezleno, Uriage, die Euganeen 14—16 Zehntausendtheile. Die Wässer von Driburg, von Pyrmont enthalten viel Gyps, desgleichen viele Schwefelwässer. Sodann findet sich Gyps in größerer Menge in vielen Soolen, weil das Chlornatrium dessen Löslichkeit steigert; die Soolen von Jartfeld, Hall am Inn, Artern, Halle, Dürrenberg führen 34 — 56 Zehntausendtheile Gyps. Auch bestehen die sogenannten Dornsteine, welche beim Gradiren vieler Soolen am Dornwerke abgesetzt werden, meistens aus Gyps mit etwas kohlensaurem Kalk und können zur Gypsdüngung verwendet werden.

Als Gypswasser bezeichnet man die natürlich vorkommenden fast gesättigten Lösungen von Gyps. Dieselben enthalten noch Erdcarbonate, theils mit, theils ohne Schwefelwasserstoff. Meyer-Ahrens (Prager Vierteljahrsschrift. 1868. 4. p. 46) gab eine Aufzählung der schweizerischen Gypswasser. Im Bereiche der berner Alpen kommen sie mehrfach vor. Am Südabhange derselben gehören hierher die heißen Quellen von Lenf in Wallis, desgleichen die weniger Gyps führenden Quellen von Brieg und von Saas, beide im Rhonethale und ohne Einrichtungen zum Curgebrauche. Die am Nordabfalle der berner Alpen vorkommenden Gypswasser sind nach ihrem physikalischen Verhalten doppelter Art. Es enthalten Schwefelwasserstoff, der durch chemische Reagentien nachweisbar ist, so die Schwefelquellen am Gurnigel, an der Leuk, in Schwefelberg, in Seiffigen; oder Schwefelwasserstoff, den vielleicht das Geruchsorgan wahrnimmt, ist nicht durch chemische Reagentien nachweisbar, so in den Quellen von Weißenburg im Canton Bern, die keinen Schwefelwasserstoffgeruch geben, und in den Quellen von Faulensee und Rindermald bei Abelboden mit merklichem Schwefelwasserstoffgeruche. Nach Dr. Müller in Bern verdanken diese Gypswasser des berner Oberlandes ihren Ursprung den zum Theil mächtigen Gypslagern, welche die verschiedenen Formationen der Juragebilde durchziehen, vom Genfersee bis zum Thunersee. Die charakterisirenden Bestandtheile außer dem Gypse sind kohlensaurer Kalk, Strontian und Magnesia, häufig auch Lithion. Spuren von Schwefelmetallen zeigen die meisten der schwefelwasserstoffhaltigen Gypswasser, wenngleich dergleichen in wägbarer Menge nur im Gurnigelwasser durch von Fellenberg dargestellt worden sind.

Unter den im Allgemeinen an Kohlensäure reichen Quellen Graubündtens kommen einzelne vor, worin ebenfalls Gyps begleitet von Schwefelwasserstoffgas in den Vordergrund tritt, z. B. Alveneu im Albulathale, le Prese im Puschlavthale, St. Peter in dem einsamen Walserthale. In dem benachbarten Veltlin bei Bormio werden die dortigen altberühmten Bäder ebenfalls durch sehr reiche Gypsthermen gespeist. Die Thermen von Baden im Canton Aargau stehen jenen von Leuk, Brieg u. s. w. vermöge ihres Gypsgehaltes nahe.

Unter Frankreichs Thermen zählt Contrexéville im Departement Vogesen, welches vorzüglich gegen Steinbeschwerden in Gebrauch ist, zu den Gypswassern.

(Fr. Wilh. Theile.)

GYRENBAD. Unter diesem Namen sind zwei Mineralbäder in der Schweiz bekannt, die beide im Canton Zürich gelegen sind.

a) Das äußere Gyrenbad, Gyrenbad im Turbenthale, liegt am südlichen Abhange des Schauenberges, 720 Meter über dem Meere, südöstlich von Winterthur. Das Wasser der hier entspringenden Mineralquelle hat 8° R., ist klar, geschmack- und geruchlos, enthält kohlensaure Kalk- und Talkerde, Eisenoxyd, Kieselerde und kohlensaures Gas, nur wenig fixe und flüchtige Bestandtheile und hat in seinen Mischungsverhältnissen Aehnlichkeit mit dem Wasser von Weißenburg im Canton Bern. Das Wasser wird regelmäßig nur zu Bädern benutzt, und findet bei Rheumatismen, chronischen Hautausschlägen, krampfhaften Beschwerden, Geschwüren, Hämorrhoidalbeschwerden Anwendung. Es verursacht leicht einen Badeausschlag.

b) Das innere Gyrenbad, südöstlich von Zürich, ist in seiner Mischung dem äußern Gyrenbade ähnlich, nur noch ärmer an fixen Bestandtheilen.

(Fr. Wilh. Theile.)

GYRISOINI wird von *Plutarch*, Sertor. c. 3 als eine Stadt in Hispania Tarraconensis im Gebiete der Oretani, in der Nähe der Stadt Castulo angegeben. Als Sertorius als römischer Chiliarch eine Heeresabtheilung in Hispania befehligte und sein Standquartier in Castulo (ἐν τῇ πόλει Κάστλωνι) hatte, wo er überwinterte, lebten seine Soldaten im Ueberflusse und waren größtentheils betrunken. Als dies die Einwohner der Stadt bemerkten, riefen sie des Nachts die Bewohner der benachbarten Stadt Gyrisoini herbei (μετεπέμψαντο νυκτὸς ἐπικουρίαν παρὰ τῶν ἀστυγειτόνων Γυρισοινῶν), überfielen des Nachts in den Häusern die römische Besatzung und machten dieselbe größtentheils nieder, sodaß Sertorius nur mit einem kleinen Theile derselben zu entkommen vermochte. Er sammelte nun alle, welche sich gerettet hatten, um sich, bemerkte, daß die Stadtthore geöffnet geblieben, durch welche die Nachbarstadtbewohner gekommen waren, drang in die Stadt ein, verschloß schleunigst die Thore und metzelte nun alles in der Stadt nieder. Nun ließ er seine Soldaten die Kleider der Getödteten anziehen und sich mit ihren Waffen ausstatten

und rückte gegen die Stadt Gyrisoini vor. Diese Schar wurde natürlich als die ausgesendete betrachtet, mit Freuden in die Stadt eingelassen, wo die wehrlosen Bewohner schonungslos niedergemacht wurden. Diejenigen aber, welche sich den Römern sofort ergaben, wurden als Sklaven verkauft. Sertorius stand seit dieser Zeit in dem Rufe eines eben so schlauen als tapfern Feldherrn. *Plutarch.* l. c. c. 3. 4. *(Krause.)*

.GYROCARPEEN. Von *Endlicher* wird diese Pflanzengruppe als eigene Familie angesehen und zwischen Lauraceen und Santalaceen gestellt, während *Bentham* und *Hooker* dieselbe als Unterfamilie der Combretaceen betrachten und den Hauptunterschied von den eigentlichen Combreteen, der ersten Unterfamilie der Combretaceen, in dem Aufspringen der Antheren mit Klappen finden, da die Staubbeutel der Combreteen sich in Längsritzen öffnen. Sie rechnen außer *Illigera* und *Gyrocarpus*, welche schon *Endlicher* hierher brächten, noch *Sparattanthelium* zu dieser Unterfamilie. Die Gattungen werden in. folgender Weise diagnostirt:

1) *Illigera Blume.* Blüthen hermaphroditisch. Kelchröhre schmal eiförmig, über dem Fruchtknoten zusammengezogen, mit fünftheiligem Saume, dessen Zipfel abstehen, länglich und stumpf sind, bald abfallen und in der Knospe klappig aneinander liegen. Die 5 Blumenblätter haben den Kelchzipfeln gleiche Länge, sind linealisch-länglich, stumpf unter dem perigynischen Discus eingefügt und liegen in der Knospe gleichfalls aneinander. Die fünf Staubgefäße wechseln mit 5 Drüsen ab, ihre Fäden sind weichhaarig, priemlich-fadenförmig, am Grunde zu jeder Seite mit 2 spatelförmigen oder röhrigen Drüsen versehen, in der Knospe gerade; die Bentel find länglich und springen mit zwei seitlichen Klappen auf, der Pollen ist groß, kugelig und mit kleinen Stacheln besetzt, der Fruchtknoten einfächerig, der Griffel fadenförmig, gefurcht, die Narbe breit, nierenförmig, wellenförmig, das einzige Eichen hängt aus der Spitze des Fachs herab. Die Frucht kugelförmig, breit 2—4 flügelig, einsamig der Same cylindrisch oder kugelig mit häutiger Schale umgeben, die Keimblätter sind flach gewölbt.

Aus dieser Gattung sind 6 im tropischen Indien und auf den malaiischen Inseln einheimische Arten bekannt, es sind kletternde Sträucher mit schlanken, stielrunden, gestreiften Zweigen, wechselständigen, gestielten, fast lederartigen dreizähligen Blättern, ziemlich großen in lockeren gestielten Trugdolden stehenden Blüthen und großen Früchten.

2) *Gyrocarpus Jacquin.* Die Blüthen find getrennten Geschlechts, die männlichen zahlreich. Der Kelch derselben ist 4—7 theilig, seine Zipfel sind gleich oder ungleich, länglich-spatelförmig, stumpf und decken sich in der Knospe dachziegelig. Die Blumenblätter fehlen. Die 4—7, dem Kelchgrunde eingefügten Staubgefäße wechseln mit oder in gleicher Anzahl vorhandenen Staminodien ab; die länglichen Antheren springen mit zwei Klappen auf, die Blüthenstaub ist sehr klein, kugelig, kleinstachelig. Der Fruchtknoten fehlt. Weibliche oder hermaphroditische Blüthen sind nur wenige vorhanden, ihre Kelchröhre ist eiförmig, die beiden Kelchzipfel sind

länglich, stumpf und wachsen nach der Blüthezeit aus. Blumenblätter und Staubgefäße fehlen in diesen Blüthen. Der Fruchtknoten ist einfächerig und enthält nur ein aus der Spitze des Fachs herabhängendes Eichen. Die harte Nuß ist von den spatelförmigen, lederartigen, flügelförmig auswachsenen beiden Kelchzipfeln gekrönt. Der Same ist länglich, stielrund, mit lederartiger Schale versehen, die Keimblätter sind gestielt, zusammengerollt.

Nur eine, in den Tropenländern einheimische Art ist aus dieser Gattung bekannt, ein hoher Baum mit starken Zweigen, wechselständigen langgestielten, großen, ungetheilten oder gelappten, häutigen Blättern und kleinen, aber sehr zahlreichen in dichtgedrängten, verzweigten deckblattlosen Trugdolden stehenden männlichen Blüthen.

3) Sparattanthelium *Martius*. Die Blüthen sind polygamisch-zweihäusig. Die Kelchröhre ist eiförmig, über dem Fruchtknoten zusammengeschnürt, der 4—7 theilige Kelchsaum fällt erst spät ab, seine Zipfel sind gleich oder ungleich, abstehend, stumpf, weichhaarig und decken sich dachziegelig. Blumenblätter fehlen. Die 4—7 Staubgefäße sind dem Grunde der Kelchzipfel eingefügt, die Staubbeutel länglich oder linealisch, der Blüthenstaub ist sehr klein, kugelig und körnig. Der Fruchtknoten ist einfächerig, der Griffel ziemlich dick, die Narbe schief-kopfförmig, stumpf, bisweilen ausgerandet; das einzige Eichen hängt aus der Spitze des Fachs herab. Die Frucht ist eine eiförmige, stielrunde oder kantige Steinfrucht mit lederartigem oder holzigem, einsamigem Steine. Der Same ist länglich-eiförmig, mit schwammiger Schale, die blattartigen, geknitterten Keimblätter sind um das Würzelchen gerollt.

Die drei hierher gehörigen, im tropischen Amerika einheimischen Arten sind Bäume oder kletternde Sträucher mit stielrunden Zweigen, wechselständigen gestielten, länglichen, eiförmig-lanzettlichen zugespitzten, ganzrandigen Blättern und kleinen deckblattlosen, einwärtsgekrümmten, in endständigen, vielblüthigen Trugdolden stehenden Blüthen. (*Garcke*.)

GYROMANTIE (griech. *γυρομαντεία*), das Wahrsagen aus einem Kreise, falls nämlich die diesem Worte zu Grunde liegende, in den Schriften der Griechen und Römer nur einmal, bei Artemidor, vorkommende Lesart *γυρομάντεις* (Wahrsager aus einem Kreise) richtig ist, was aber bezweifelt wird. Andererseits wird vermuthet, die Kunst und dann wol auch das Wort (gebildet aus *γῦρος*, der Kreis, und *μαντεία*, Wahrsagekunst) seien erst im Mittelalter aufgekommen. Vielleicht ist einer mittelalterlichen Quelle, die aber der Verfasser nicht zu ermitteln vermochte, die Beschreibung des Gegenstandes entnommen, welche sich in „Encyclopédie des Gens du Monde" (22 vols. Paris 1833—44) findet. Dort werden im Artikel Divination (verfaßt von A. Savagner in Dijon) die verschiedenen Arten des Wahrsagens alphabetisch aufgezählt, wobei über Gyromantie gesagt wird: „Man ging im Kreise herum und drehte sich um einen Kreis, auf dessen Boden Buchstaben oder andere bezeichnende Charaktere niedergeschrieben waren, so schnell, daß der sich Drehende in Schwindel

kam und zuletzt fiel, und aus den Buchstaben nun, die sein Körper bedeckte, wurden Weissagungen für die Zukunft gezogen." Ganz ähnlich lauten die Beschreibungen auch in andern, darunter den deutschen Encyklopädien, und es scheint, daß sie alle aus derselben (obigen französischen?) Quelle stammen.

Die Erklärer Artemidor's bezweifeln, wie bemerkt, die Richtigkeit der Lesart *γυρομάντεις*, und meinen, es sei nur eine entstellte Wiederholung des vorhergehenden Wortes *τυρομάντεις*, daher zu streichen (Reiske), oder wollen lieber *ἀλευρομάντεις* (Reiff) oder *γυομάντεις* (Schneider, Griech. Ler.) lesen. Letztere beiden Lesarten würden dem Sinne nach ziemlich auf eins hinauskommen, da *γύρις* Pollen, feines Weizenmehl bedeutet, also Gyrimantie dasselbe was Aleuromantie (f. diesen Artikel in I. Section 3. Bd. S. 18) sein würde, d. i. das Wahrsagen aus Mehl [1]. Ueber diese Art des Wahrsagens berichtet A. Wuttke: „Im Harz macht man am Andreasabend auf den Tisch ein spitziges Häuflein von Mehl; wenn dasselbe am andern Morgen auseinandergefallen ist, muß man in dem Jahre sterben" [2].

(*T. Pech*.)

GYROSTEMON. Diese von Desfontaines aufgestellte Gattung ist von den verschiedenen botanischen Schriftstellern verschieden untergebracht worden. De Candolle stellt sie an das Ende der Tiliaceen mit der Anfrage, ob sie vielleicht den Malvaceen oder Euphorbiaceen näher verwandt sei. Bartling führt sie unter den ihrer systematischen Stellung nach zweifelhaften Gattungen auf und endlicher rechnet sie zu den Phytolaccaceen, wo sie mit Codonocarpus die kleine Unterabtheilung der Gyrostemoneen bildet. Dieser Ansicht schließen sich Bentham und Hooker an, bringen aber noch Didymotheca und Tersonia zu den von ihnen als dritte Tribus der Phytolaccaceen betrachteten Gyrostemoneen. Die Gattung Gyrostemon ist nun in folgender Weise diagnostirt: Die Blüthen sind zweihäusig und stehen in beblätterten Trauben. Der Kelch ist krautig, verkehrt kegel- oder scheibenförmig, undeutlich 5—7 lappig. Männliche Blüthe: Staubgefäße 8—50, um das drüsenartige Rudiment des Fruchtknotens ein- bis mehrreihig eingefügt, mit sehr kurzen Fäden, Antheren am Grunde angeheftet, länglich oder verkehrt-eiförmig, stumpf, am Grunde ausgerandet, in seitlichen Ritzen aufspringend. Weibliche Blüthe: Staminodien fehlend. Fruchtknoten kugelig oder kreisförmig, aus 4—50 unter einem freien oder zusammengewachsenen, an der Spitze verbreiterten Centralsäule angewachsenen, zusammengedrückten, einfächerigen Karpellen bestehend; Narben mit den Karpellen in gleicher Anzahl, am Grunde ein wenig verwachsen, pfriemlich, auf der Innenseite und an den Rändern mit kleinen Wärzchen besetzt; Samenknospen in den Fächern einzeln, dem inneren Winkel angeheftet, aufsteigend, krummläufig. Frucht kugelig-kreiselförmig,

1) Vergl. Artemidori Oneirokritica, ed. *J. G. Reiff*, II, 172, 404 (Lipsiae, 1805). 2) Deutscher Volksaberglaube der Gegenwart, S. 48 (Hamburg 1860).

5

aus 4—50 lederartigen, von der Achse sich lösenden, in Rücken- und Bauchnaht auffspringenden Karpellen. Samen nierenförmig, zusammengedrückt mit krustiger, quer runzeliger Schale und einem kleinen runzeligen Mantel; Samenkeim fast ringförmig, das spärliche, mehlige Eiweiß umschließend; Keimblätter halbstielrund; Würzelchen ziemlich lang.

Hierher gehören kahle, ästige Sträucher mit ruthenförmigen, stielrunden Zweigen, wechselständigen, sitzenden, linealischen, etwas fleischigen Blättern, höckerigen oder undeutlichen Nebenblättern, kleinen achselständigen oder in endständigen Trauben stehenden, sehr kurz gestielten Blüthen und mit zwei Deckblättchen besetzten Blüthenstielchen.

Die Arten wachsen wie sämmtliche Gyrostemoneen nur in Australien. Desfontaines beschrieb aus dieser Gattung zwei Arten, G. ramulosus und cotinifolius, welche letztere aber in neuerer Zeit zu Codonocarpus gestellt ist. Diese beiden Gattungen unterscheiden sich freilich fast nur durch das Auffspringen der Karpelle, welches bei Codonocarpus nur in der Bauchnaht, bei Gyrostemon dagegen in der Bauch- und Rückennaht statt-findet. Daher müssen außer Gyr. cotinifolius, wozu auch G. pungens *Lindley* und G. acaciaeformis *F. Müller* gehören, noch G. pyramidalis *F. Müller* und G. attenuatus *Hooker* zur Gattung Codonocarpus gebracht werden und es verbleiben bei Gyrostemon nur folgende drei Arten:

1) G. ramulosus *Desfontaines*. Ein aufrechter, sehr verzweigter Strauch von 3 bis 8 Fuß Höhe mit linealisch-stielrunden, meist dicken, 1—3 Linien langen Blättern und kleinen, an achselständigen, zurückgeschlagenen, 2—4 Linien langen Stielchen stehenden Blüthen. Der geöffnete Kelch variirt von 1—2 Linien im Durchmesser. In der männlichen Blüthe finden sich 30—50 in mehreren Reihen im Centrum der Blüthe stehenden Staubgefäße. Der Fruchtknoten der weiblichen Blüthe ist klein, fast halbkreisförmig, die Zahl der Karpelle schwankt zwischen 15—20; die Griffel sind linealisch und ziemlich lang. Die Frucht ist verkehrt-ei-kreiselförmig oder mehr oder weniger birnförmig, an der Spitze etwas eingedrückt.

2) G. brachystigma *Ferd. Müller*. Zweige lang, binsenartig mit wenigen meist kleinen, entfernt stehenden linealisch-stielrunden etwas dicken Blättern, von denen die oberen etwa einen Zoll lang sind. Männliche Blüthe unbekannt. Weibliche Blüthen sehr klein, in den Blattachseln sitzend. Fruchtknoten 4—10, gewöhnlich 6-fächerig, mit vorstehenden Kanten. Narben eiförmig, flach, rings um die etwas verdickte, centrale Scheibe oder an der Spitze des Säulchens. Frucht breit-kreiselförmig oder meist halbkugelig, an der Spitze deutlich eingedrückt, vor dem Auffspringen mit hervortretenden Kanten.

3) G. cyclotheca *Bentham*. Ein sehr ästiger Strauch, entweder niedrig und ausgebreitet oder aufrecht und 4—5 Fuß hoch. Blätter schmal linealisch und flach oder linealisch-stielrund und fast fadenförmig, spitz oder mit hakenförmiger Spitze, ½—1 Zoll lang. Blüthen

klein, an sehr kurzen achselständigen, zurückgekrümmten Stielchen oder vollständig sitzend. Staubgefäße in den männlichen Blüthen ungefähr 8—12, in einem einfachen Kreise rings um die flache centrale Scheibe stehend. In der weiblichen Blüthe finden sich 8—12, selten mehr Karpelle; Griffel oder Narbe linealisch, ziemlich lang, ringförmig um die kleine, kaum verbreitete Spitze des Säulchens stehend. Frucht fast kugelig, kaum oder gar nicht eingedrückt an der Spitze, etwa 3 Linien im Durchmesser haltend, mit stark hervortretenden Kanten. Hierher gehören: Cyclotheca australasica *Moquin Tandon* und Didymotheca pleiococca *Ferd. Müller*. (*Garcke.*)

GYROWETZ (Adalbert), fruchtbarer Componist, geb. 19. Febr. 1763 zu Budweis in Böhmen, wo sein Vater Chordirigent war. Der Sohn zeigte schon früh großes Talent zur Musik und trat, zuerst von seinem Vater, dann dem Organisten Hepanorsky unterrichtet, schon in der Jugend in Concerten auf. Er besuchte darauf das Piaristen-Gymnasium seiner Vaterstadt, sowie nach Absolvirung desselben die Universität zu Prag, um Jura und Philosophie zu studiren. Als Schüler der ersten Anstalt componirte er Litaneien, Hymnen u. s. w., auf der Universität Menuette und Walzer für die k. k. Artillerie. Eine langwierige Krankheit unterbrach seine Studien und erschöpfte zugleich seine materiellen Mittel, sodaß er mühsam an der Spitze, etwa 3 Linien im Durchmesser haltend, mit stark hervortretenden Kanten. Er beschloß daher durch die Musik seinen Unterhalt zu suchen, und nahm eine Stelle als Hausssecretär bei dem musikliebenden Grafen Fünfkirchen an, in der er Symphonien, Quartette und Clavierstücke componirte, welche alle so wohl gefielen, daß er zu seiner weiteren Ausbildung nach Italien zu gehen beschloß. Sein Weg führte ihn über Wien, wo er mit Mozart bekannt wurde, welcher eine Symphonie Gyrowetz's öffentlich vortrug. Während der Reise in Italien war er anfangs Secretär des Fürsten Ruspoli, ward in Rom mit Goethe bekannt, und studirte dann zwei Jahre den Contrapunkt beim Kapellmeister Sala in Neapel, wobei er sich durch Compositionen seinen Unterhalt verdiente; für den König schrieb er daselbst 12 concertirende Tonstücke für die Lyra, welche dieser leidenschaftlich liebte. Nach mehrmonatlichem Aufenthalt in Mailand begab sich Gyrowetz 1789 über Genua nach Paris, wo er im Hause des Verlegers Imbault gastliche Aufnahme fand, da man dort bereits seine Werke kannte, aber unter dem Namen Haydn's; Gyrowetz mußte sich über seine Autorschaft auszuweisen, wodurch er nicht nur zu Ansehen gelangte, sondern auch Aufträge zu Compositionen erhielt. Die hereinbrechende Revolution nöthigte ihn nach London zu gehen, damals den Sammelplatz vieler berühmter Musiker. Er kam hier im October 1789 und fand eine ausgezeichnete Aufnahme; der Prinz von Wales ließ sich ihn vorstellen und der Herzog von Cumberland, ein großer Musikfreund, wurde sein Gönner. In den Professional concerts wurden seine Werke aufgeführt und Salomon engagirte ihn nebst Haydn zu seinen Unternehmungen. Haydn war in England schon durch seine Compositionen sehr populär, aber als er persönlich erschien, fühlte er sich durch sein vorgerücktes Alter den Enthusiasmus bedeutend ab; man hatte ihn für jünger gehalten. Gyrowetz war es, der dem geliebten Meister nun doch die verdiente Anerkennung und ausgezeichnete Aufnahme erwirkte. Neben den musikalischen Leistungen ging eine fortwährende fleißige compositorische Thätigkeit einher, und die Verleger bemühten sich, Werke von Gyrowetz zu erlangen. Im besondern Auftrag componirte er eine italienische Oper „Semiramis"; sie sollte im Pantheon, das damals an Stelle des weggebrannten Kingstheater für die Oper eingerichtet wurde, aufgeführt werden, und es sollten Mr. Mara und Sign. Pacchierotti darin singen. Die Proben waren schon abgehalten, als das Pantheon in der Nacht vom 13.—14. Jan. 1792 abbrannte, und dabei die Partitur der „Semiramis" mit zu Grunde ging. Am 9. Febr. gab Gyrowetz sein Benefiz-Concert in Hannover square rooms, das ihm Geld und Ehre einbrachte. Doch war das Klima in England seiner Gesundheit nicht zuträglich und er begab sich nach siebenjähriger Abwesenheit nach Wien zurück. Hier erhielt er bald eine Anstellung im Kriegsministerium, und ward in dienstlichen Angelegenheiten nach München und Mannheim gesandt. Als er darauf mit Depeschen wieder nach Wien zurückgekehrt war, ernannte ihn Baron Braun, der Intendant des Hoftheaters, zum Kapellmeister an demselben, welche Stellung er von 1804 bis Ostern 1831 inne hatte. Er führte in dieser Zeit eine große Menge Opern, Singspiele, Operetten auf und componirte die Musik zu Melodramen und Balleten, die seinen Namen lange populär machten. Die beliebtesten Stücke waren unter den Opern: „Agnes Sorel" (1806), „der Augenarzt" (1811), „die Prüfung" (1813), „Helene" (1816), „Felix und Adele" (1831); unter den kleinern Singspielen: „die Junggesellenwirthschaft", „der Sammetrock", „Aladin", „das Ständchen" (1809); bei den Melodramen: namentlich „Mirina" (1806). Auch schrieb er neben den schon genannten „Semiramis" noch einige große italienische Opern für Mailand und Wien, von denen „Frederica Adolfo" (Wien 1812) besonders gefiel. Von den Balleten hatte vorzugsweise „die Hochzeit der Thetis" großen Erfolg. Gyrowetz componirte auch Vieles für die Kirche (seine 19. Messe im Alter von 84 Jahren); ferner Cantaten, Chöre für Frauen- und Knabenstimmen, viele ein- und mehrstimmige Gesänge, italienische und deutsche Canzonetten. Im Instrumentalfach war er besonders bewandert; er war in dieser Blüthezeit ein ebenso fertiger Clavier- als Violinspieler, kannte die Natur aller Blasinstrumente und verstand somit auch zweckmäßig und effectvoll für dieselben zu setzen. Es existiren von ihm über 60 Symphonien und eine Menge Serenaden, Ouverturen, Märsche, Tänze, ferner Quartette und gegen 60 Streichquartette, zum größten Theil verlegt in Wien, Augsburg, Offenbach, Paris, London. Für das Clavier schrieb er 30 Hefte Trios, 40 Sonaten, 12 Nocturnos, eine große Anzahl Tänze und verschiedene kleinere Stücke. Alles ist indeß in den Hintergrund gedrängt und vergessen, so gefällig und melodisch auch jede Richtung vertreten war. Im Symphonie- und Quartettstil überragte ihn Haydn, die Bühnenwerke hatten zu wenig drama-

tischen Gehalt. Der Geschmack wechselte mehrmals in der langen Lebensbahn, die Gyrowetz durchlief; es traten auf: Gluck, Mozart, Haydn, Beethoven, Mendelssohn, Schumann, selbst Wagner kreuzte in seinem ersten Auftreten die Wirksamkeit Gyrowetz's. Schladebach's „Universallexikon der Tonkunst" (Bd. II) schreibt über ihn: „Die Beliebtheit, deren sich seine Sachen zu ihrer Zeit erfreuten, ist freilich jetzt geschwunden, und kein Mensch bekümmert sich mehr um diesen letzten Ausläufer der wiener Tonschule, wie man Gyrowetz wol nennen kann; seine Manier ist leicht, gefällig und eingänglich; in Form und Inhalt verzichtet er auf alle Bedeutsamkeit und Tiefe, und in seinen spätern Sachen ist er handwerksmäßig trocken und schablonenhaft geworden, sowie seine ursprüngliche Naivität in Philiströsität umgeschlagen ist." W. H. Riehl würdigt ihn in seinen „Musikalischen Charakterköpfen", S. 195—217 (Stuttgart 1853), in dem Kapitel: „Göttliche Philister". Nach Niederlegung seines Amtes als Hofkapellmeister von einer kleinen Pension höchst dürftig lebend, blieb Gyrowetz zwar munter, froh gelaunt, jovial, wohlwollend und gefällig gegen fremde Kunstgenossen und treu seiner Kunst bis an sein Lebensende (seine im 84. Lebensjahre componirte Messe wurde schon oben erwähnt), aber er entfremdete sich immer mehr der Welt, sowie ihn auch diese nicht mehr verstand. In seinem letzten Lebensjahre interessirte ihn lebhaft das Auftreten der Jenny Lind; er fehlte in keiner Vorstellung, kenntlich am Zopf, denn auch hierin wollte er vom Altgewohnten nicht lassen. Im Jahre 1848 schrieb er auf Veranlassung des Dichters Frankl eine zwar fragmentarische und lückenhafte, aber in dem, was sie dietet, interessante Selbstbiographie, gedruckt unter dem Titel: „Biographie des Adalbert Gyrowetz" (Wien 1848. 8, mit lithographirtem Portrait). Ein anderes Portrait in folio, lithographirt von Kriehuber, erschien in Wien bei Spina. Gyrowetz starb am 19. März 1850 im 87. Lebensjahre.

Quellen: „Allgemeine deutsche Biographie", 10. Bd. (Leipzig 1879; der Artikel über Gyrowetz ist von C. F. Pohl verfaßt); C. von Wurzbach, „Biographisches Lexikon des Kaiserthums Oesterreich", 6. Theil (Wien 1860).

(T. Pech.)

GYRTO, nach Livius XXXVI, 10. und XLII, 54 ein fester Platz in Thessalien, von den Griechen Gyrtone (Γυρτώνη) genannt. Antiochus von Syrien, welcher in dieser Region schon viele Städte erobert hatte, ließ Gyrto unangetastet, ebenso später der macedonische König, da bereits Römer unter T. Minucius Rufus die Stadt besetzt hatten. Livius l. c. Diese Stadt muß am Peneus unterhalb-Larissa gelegen haben. Pompon. Mela II, 3, 16 nennt sie Gyrtona. Ptolemäus III, 14, 43 erwähnt dieselbe im Gebiete von Stymphalia. Strabon IX, 5, 439 erwähnt Gyrtone als eine schon dem homerischen Epos bekannte Stadt. Dieses Gebiet sollen in uralter Zeit die Perrhäber, dann die Lapithen besessen haben. Strabon l. c. Später gehörte dieses ganze Gebiet den Lorissäern. Nach Strabon l. c. p.441 muß Gyrto am Peneios, und zwar an dessen Ausflusse gelegen haben

(τὰ περὶ Γυρτῶνα καὶ τὰς ἐκβολὰς τοῦ Πηνειοῦ).
Daß Gyrto und Gyrtone zwei verschiedene Städte be=
zeichnen, hat nicht die geringste Wahrscheinlichkeit. S. F.
W. Hoffmann, Griechenland und die Griechen I, 262,
300, 567 scheint dies angenommen zu haben. Livius
l. c. kennt nur Gyrto und Ptolemäus l. c. nur Gyrtone.
Nur Strabon l. c. hat beide Namen, Gyrton und Gyrtone,
die letzteren Namen jedoch nur als homerische Bezeichnung.
Ueber die Lage der Stadt und ihre muthmaßlichen Ueber=
reste (jetzt Μαγοῦλα oder bei Makrychorio) hat C. Bur=
sian, Geographie von Griechenland (I, 65 Note 2) Eini=
ges beigebracht. Er hat auch beide Namen Gyrton und
Gyrtone für eine und dieselbe Stadt gehalten. Auch
Thucydid. II, 22. Polibius XIV, 5. Plinius hist. nat.
IV, 9. Pompon. Mela II, 3. und Stephan. Byzant. s. v.
haben diese Stadt erwähnt. (Krause.)

Gyrus, f. Gehiru.

GYTHITES (Γυθίτης) oder richtiger Gypsitis
(Γυψῖτις νῆσος), eine kleine Insel im arabischen Meer=
busen an der äthiopisch=ägyptischen Küste, welche von
Ptolemäus IV, 7, 36 und von Stephanus Byzant. s. v.
erwähnt wird. Dieselbe ist jedenfalls in der heutigen
Bai von Suakim zu suchen. (Krause.)

GYTHIUM (Γύθιον und Γύθειον), eine zu ihrer
Zeit wichtige Küstenstadt des südlichen Peloponnesus,
innerhalb des großen Meerbusens zwischen Malea und
Taenarum. Ihre Gründung führten die Bewohner auf
Herakles und Apollon zurück, welche, nachdem sie wegen
des delphischen Dreifußes in harten Conflict gerathen,
nach endlicher Aussöhnung gemeinschaftlich Gythium her=
gestellt haben. Daher auf dem Markte der Stadt die
Standbilder des Apollon und des Herakles zu sehen
waren, zu welchen auch noch die Statue des Dionysius
hinzugekommen war. Pausan. III, c. 21, 7. Vor der
Stadt lag oder liegt die kleine Insel, welche einst Kranaë
(Κραναή) genannt wurde und dadurch namhaft geworden
war, daß laut des homerischen Epos hier Paris der ent=
führten Helena zum erstenmal beigewohnt haben soll.
(Paus. III, 22, 1). Ackerbau und Viehzucht sollen hier
im besten Zustande gewesen, auch einiger Weinbau be=
trieben worden sein. In der Nähe befand sich der kleine
Fluß Gythius (Pompon. Mela II, 3, p. 166 ed. Gron.:
in Laconico Gythius et Eurotas). Nach der Angabe
des Xenophon Hell. VI, 5, 32 hatte die Stadt schon
frühzeitig Mauern. Als Nabis zu Sparta regierte, wurde
Gythium von den Römern belagert, jedoch ihnen bald
übergeben (Livius XXXIV, 30). Später wurde die
Stadt von Nabis wieder erobert, während Philopoemen
noch in der Gegend von Sparta verweilte (Livius
XXXV, 27). Drei Stadien von der Stadt befand sich
einer jener uralten Steine, welche die Griechen als ἀργοὶ
λίθοι verehrten. Auf diesem Steine soll Orestes sich
niederlassen und daselbst von seinem Wahnsinn befreit
worden sein (ἀργὸς λίθος bezeichnet einen unbearbeiteten,
naturgeschaffenen Steinblock, als Symbol einer Gottheit,
oft waren es Meteorsteine). Der bei Gythium wurde im
dorischen Dialect Ζεὺς Καππώτας genannt (Pausan. III,
22, 1). Dreißig Stadien von der Stadt die Ueberreste

eines Castells (Φρουρίου ποτέ [ἐμοὶ δοκεῖν] καὶ οὐ
πόλεως). Drei kleine Inseln lagen davor, wovon der Ort
den Namen Trinasos (Τρινασοῦ καλουμένης τείχη) er=
halten hatte. Hier soll sich ein Hafen der Stadt Gythium
befunden haben. Strabon VIII, 5, p. 363 ed. Casaub.
bezeichnet aber Gythium selbst als Hafen oder Schiffs=
station (ἐπίνειον) von Sparta. Hier stand einst die
Flotte der Spartaner, als Themistokles einen geheimen
Plan, diese Flotte zu vernichten, dem Aristides mittheilte.
Dieser letztere erklärte nun in der Volksversammlung zu
Athen, daß das, womit Themistokles umgehe, zwar für
Athen nützlich, jedoch nicht ehrbar (honestum) sei, wor=
auf der Plan verworfen wurde (Cicero de officiis III,
c. 12). Später wurde die Schiffsmacht der Spartaner
dennoch im Hafen von Gythium durch Tolmidas ver=
nichtet. Wenigstens verbrannten die Athener die Schiffs=
werfte (νεώρια) und eroberten Gythium (Diodor. XI,
84), wobei natürlich auch viele Schiffe zu Grunde gingen.
In späteren Jahrhunderten gehörte Gythium zum achä=
ischen Bunde, in welche Zeit die oben erwähnte Erobe=
rung der Stadt durch die Römer fiel. Noch später ge=
hörte Gythium den Römern, für welche der Besitz dieser
Küstenstadt nicht ohne Wichtigkeit war. Einige Inschriften
und Münzen der Stadt existiren noch Corp. inscript.
Graec. ed. Boeckh. N. 1325. 1392. Eckhel Doct. num.
P. I, 5. II, 285. Mionnet II, p. 226. Der heutige
Name der Stadt ist Palaeopolis. Vgl. O. Müller
Dorier II, 453. Manso Sparta III, 445. Poppo,
prolegom. ad Thucyd. I, 2, p. 198, n. 12. Eine Special=
schrift ist von G. Weber, de Gytheo et Lacedae=
moniorum rebus navalibus, Heidelberg 1833. Einige
Ruinen aus der römischen Zeit haben Reisende aufge=
funden. Vgl. Ludw. Roß, Morgenblatt 1836, N. 265.
Plinius Nat. hist. VI, 39 zählt Gythium zum dritten
Erd=Circulus in Beziehung auf die Länge des Gnomons
und seines Schattens. Diesen Circulus hat er vom
Imaus bis Gades gezogen. (Krause.)

GYTHIUS, ein kleiner Fluß im Süden des Pelo=
ponnesus, welcher seine Quellen in der Abdachung der
Skala=Höhen hat und in derselben Richtung wie der
Eurotas an der Südküste dem Meere zuströmt. Wendete
man sich von der Mündung des Eurotas rechts an der
Küste hin, so gelangte man zur Mündung des Gythius,
welcher gegenwärtig Vasili=Potamos genannt wird.
Pausanias hat ihn nicht erwähnt. Vgl. Hoffmann,
Griechenland und die Griechen Buch V, S. 1047.
(Krause.)

GYTHONES (bei Ptolemäus Γύθωνες III, 5,
20) Gothones, bei Tacitus Germania c. 43, Guttones
bei Plinius, histor. nat. IV, 28, Κοτινοὶ bei Diocass.
LXXI, 12, die Βούτωνες bei Strabo VII, 290, sind
jedenfalls ein und derselbe Volksstamm, dessen Name
von den verschiedenen griechischen und lateinischen Autoren
beliebig gestaltet und mit verschiedener Endung ausge=
stattet worden ist. Die sämmtlichen genannten Schrift=
steller wissen von keinen andern Wohnsitzen derselben, als
an der Weichsel oder im äußersten Norden Germaniens,
da, wo es von Skandinavia nur durch das Meer getrennt

ist, in welchem Skandinavien ja in uralter Zeit auch die Gothi, Gotthi, Γόνϑοι ihre Wohnsitze gehabt haben sollen, wovon wol der Name Gothland noch heutiges Tages als Beweis betrachtet werden könnte. Die Gothen lassen wir aber außer Acht und betrachten nur die Gythones oder Gothones. *Ptolemäus* l. c. hat dieselben neben die Wenden, Venedi (ὑπὸ τοὺς Ὀυενέδας) in die Nähe der Weichsel gesetzt (παρὰ μὲν τὸν Ὀυιστούλαν ποταμὸν). Ptolemäus hat bei dieser Angabe offenbar ältere Werke benutzt. Denn bereits Pytheas hatte an der Ostseeküste die Guttones kennen gelernt und als ein germanisches Volk betrachtet (H. Müller, Marken des Vaterlandes S. 130 hat dieselben jedoch für Kelten gehalten, wofür wol gültige Beweise nicht aufzubringen sind). Vgl. *Plinius* histor. nat. **XXXVII**, 2. *Tacitus* Germania c. 43: *Trans Lygios* Gothones regnantur, paulo jam adductius quam ceterae Germanorum gentes. Aus der weitern Mittheilung geht hervor, daß sie von Königen regiert wurden. Einige Ausleger des Tacitus haben hier ohne Weiteres unter Gothones die Gothen verstanden. Dies bleibt aber sehr bedenklich. Wahrscheinlicher ist wol, daß der große Gothenstamm zur Zeit des Tacitus gar nicht innerhalb der Marken Germaniens seßhaft war. Wäre dies der Fall gewesen, so hätte man in Rom bald eine genauere Kenntniß davon erlangt. Ob diese Gothones aber doch etwa ein verwandter Nebenzweig des großen Gothen-Volkes gewesen sind, ist nicht leicht zu ermitteln. Wir wollen aber nichts dagegen einwenden, wenn dies angenommen wird. In den zwei nächsten Jahrhunderten tauchen die Gothones, Gythones, Guttones nicht mehr auf, während die Gotti, Γόνϑοι, Gothi bereits auf dem Schauplatz getreten sind, mit den Römern schon unter Caracalla in Berührung kommen, ihre Wohnsitze an der Nordküste des Pontus, am asow'schen Meere hin behaupten und von hier aus die kühnsten Streifzüge ausführen. Die weitere Geschichte der Gothen ist in dem betreffenden Artikel bereits entwickelt.

(Krause.)

GYULA, Hauptort des ungarischen Comitats Békés, ein alter aus zwei zusammenhängenden Flecken, Deutsch-Gyula und Magyarisch-Gyula bestehender hübsch gebauter Ort, an der weißen Körös und an der Alföld-Fiumaner Eisenbahn (Linie Csaba-Großwardein), Sitz eines königl. Gerichtshofs und zweier Stuhlrichter, eines Bauamtes, eines städtischen Bezirksgerichts, eines Steuer- und Postamts, hat ein Schloß, ein Casino, eine Hauptschule, ein Comitatsspital und 18,495 Einwohner, die sich hauptsächlich mit Viehzucht und Weinbau beschäftigen. Die Industrie beschränkt sich auf eine Spiritusbrennerei und einige Mahl- und Oelmühlen, die Märkte sind stark besucht. In den nahen Sumpfniederungen werden viele Schildkröten gefangen. In der Nachbarschaft liegen die Dörfer Gyula-Vári (3 Kilom. östlich) an der weißen Körös, mit 2845 Einwohnern, Tabaksbau und Spiritusbrennerei, und Gyula-Varsánd (5 Kilom. südöstlich) im Comitat Arad mit 2396 Einwohnern,

meist griechischer Confession. — Nicht zu verwechseln ist Gyula-Jováncza, Dorf im ungarischen Comitat Tolna, 5 Kilom. von der Kapos und 48 Kilom. nördlich von Fünfkirchen, mit 2771 meist ungarischen und katholischen Einwohnern, Acker- und Weinbau und einer Schloßruine. — Dies ist das in Körner's „Zriny" erwähnte Gyula.

(Otto Delitsch.)

GYULAY (spr. Dschúloj), österreichisches Adelsgeschlecht magyarischen Ursprungs, stammt aus Siebenbürgen, wo auch sein Stammgut Maros-Németh liegt. Als Stammvater wird Gyula, einer der Heldenführer und oberster Feldherr der Hunnen, als diese in Europa eindrangen, bezeichnet. Nach Lehotzky bekleidete unter König Salomo von Ungarn (1063 — 1075) ein Otto Gyulay die Würde des Palatins. Derselbe Gewährsmann erwähnt ferner Stephan Gyulay, welcher 1495 Praepositus Varadiensis war und aus dessen Ehe mit der Tochter des Kanzlers Simon Pech Franz Gyulay, der Rath des Fürsten Apasi stammte. Dieser hinterließ die Söhne Franz, der General wurde, und Stephan, und von letzterem entsprossen aus der Ehe mit einer Tochter des Paul Banfi die Söhne Joseph und Ladislaus, und eine Tochter Katharina, in der Folge Gemahlin von Gabriel Alvinczi. Außerdem sind noch bekannt: Philipp Gyulay, Praepositus Agrigensis und Gesandter zu Venedig, der nebst seinen Brüdern Ladislaus und Georg Nikolaus zu Anfang des 16. Jahrh. genannt wird; Wolfgang Gyulay, Bischof zu Agram, ebenfalls im 16. Jahrh.; Paul Gyulay, Secretär des Königs Stephan Bathory, durch sein tragisches Schicksal denkwürdig.

Den zuletzt genannten Paul Gyulay ließ der Prätendent der siebenbürgischen Krone, Kaspar Bekeš, ausbilden, indem er ihn als erkannt hatte, welche Talente Paul besaß, machte er ihn zu seinem Secretär und Kanzler bei Siebenbürgen, welche Würde Paul auch unter Stephan's Nachfolgern, Christoph und Sigismund Bathory, behielt. Letzterer, ein Werkzeug der Jesuiten, gab den Einflüsterungen von Paul's Feinden Gehör, welche diesen des Verraths beschuldigten, und verordnete seine Ermordung, die auch 1587 durch Kriegsleute vollzogen ward, welche in die Behausung Gyulay's eindrangen. Während seines Aufenthalts an der Seite des Königs schrieb er: „Commentarius rerum a Stephano rege adversus magnum Moscoviae Ducem gestarum anno **MDLXXX**". (Claudiopoli 1581. 4.) Ferner existirt von ihm ein 1585 an Georg Sibrik gerichteter Brief, der später von Michael Turkovič aus dem Lateinischen ins Ungarische übersetzt und unter dem Titel „Tanátsi tükör i. e. Consilii speculum." (Hermannstadt 1663. 4.)

gedruckt wurde. Die Schrift galt als eine Art Ver-
waltungsnorm und wurde neuernannten Statthaltern
vorgelesen.

Zu größerem Ansehen kam aber das Geschlecht der
Gyulay erst im 17. Jahrh., und es zählte seitdem eine
Reihe von Mitgliedern, die hohe Militärämter bekleideten
und sich in österreichischen Kriegsdiensten auszeichneten.
Franz (I.) von Gyulay war Schloßhauptmann von
Déva, Varad und Boros-Jenö, oberster General der
Hajdonical-Städte, Obergespan der Comitate von Bihar,
Zaránd und Arad; er erward sich Ruhm in den Kämpfen
gegen die Türken bei Lippa und am Eisernen Thor.
Sein Enkel, Franz (II.) von Gyulay, oberster Königs-
richter des ujvarhelyer-szekler Stuhls, ward 1694 in den
erblichen Freiherrn- und 1701 in den Grafenstand erhoben.
Er war zweimal verheirathet, zuerst mit Klara, geb.
Barakonyi, dann mit Maria, geb. Kapi, und hatte aus
jeder Ehe einen Sohn, Franz (III.), und Stephan
(III.), letzterer 1758 als Feldmarschalllieutenant gestorben,
welche die Stifter zweier Linien wurden.

Die ältere Linie, von Graf Franz (III.) gestiftet,
bekennt sich zur katholischen Kirche. Aus der Ehe des
Grafen Franz mit Maria Bánffy ging hervor Graf
Samuel (I.), geb. 1719 zu Nádaska im tornaer
Comitat, welcher im österreichischen Erbfolgekriege, ferner
im siebenjährigen Kriege (in der Expedition auf Berlin,
dann bei Meißen, Maxen, Torgau, Teplitz — 2. Aug.
1762 — Münchenfrei, Freiberg) tapfer kämpfte, 1777
Feldmarschalllieutenant, später auch Commandant der
Festung Karlsberg wurde und als solcher zu Blutrath
in Siebenbürgen am 24. April 1802 starb. Seiner Ehe
mit Anna Bornemißa entstammten drei Söhne: Graf
Ignaz, Graf Samuel (II.) und Graf Albert, von
denen-der erste und dritte das Geschlecht fortpflanzten
und zu hohen militärischen Ehren gelangten. Ignaz,
Graf Gyulay (s. den besondern Artikel) von Maros-
Németh und Nádaska, gestorben als Feldzeugmeister am
11. Nov. 1831, hatte aus der Ehe mit Julia, Baronesse
Edelsheim, einen Sohn, Franz (IV.), Graf Gyulay
(s. den besondern Artikel), ebenfalls als Feldzeugmeister
gestorben am 22. Sept. 1868. Der jüngste der Brüder,
Albert, Graf Gyulay von Maros-Németh und Nádaska,
geboren zu Ofen, 12. Sept. 1766, zeichnete sich zuerst
1788—89 im Kriege gegen die Türken aus, nahm dann
an den Feldzügen gegen Frankreich theil, ward als Oberst
und Führer einer Infanterieabtheilung 1799 in der
Schlacht von Magnano schwer verwundet. An den Folgen
dieser Verletzung hatte er zeit seines Lebens zu leiden
und sie nöthigten ihn wiederholt vom Kriegsdienste zurück-
zutreten. 1809 führte er mit vielem Erfolg das Commando des 8. Armeecorps in Italien, schlug unter anderem
die Franzosen am 30. April auf dem Monte Ceroni.
1813 hatte er ein Divisionscommando im Reservecorps,
1816 trat er in Ruhestand und starb als Feldmarschalllieutenant und wirklicher Geheimrath am 27. April 1835
zu Pest. Aus seiner Ehe mit Julia, Gräfin Wynants
(gest. 1824), stammen drei Söhne: Graf Samuel (III.),
geb. 19. April 1803, Feldmarschalllieutenant, 1838 ver-

mählt mit Hermine von Hoffmeister-Hoffenegg (gest.
24. März 1878); Graf Albert, k. k. Kämmerer, Geheimer
Rath, Feldzeugmeister, geboren 1805, gestorben 22. Jan.
1868, und Graf Ludwig, gestorben 1845. Graf Samuel (III.) war 1880 der letzte Sprößling des Geschlechts
der Gyulay, da sein einziger Sohn, Ignaz Franz,
geboren am 24. Dec. 1839, am 12. März 1873 als k. k.
Kämmerer und Rittmeister gestorben ist, nachdem auch
schon früher die jüngere Linie erloschen war.

Die jüngere Linie, gestiftet von Graf Stephan
(III.), bekannte sich zur reformirten Kirche. Aus der
Ehe Stephan's mit Judith Bánffy stammten drei Söhne
und eine Tochter: Graf Franz (VI.), vermählt mit
Karolina Gräfin Haller; Graf Joseph, vermählt mit
Maria Freiin Josika; Graf Ladislaus, und Katharina,
vermählt mit Gabriel Alvinczy. Graf Joseph hatte eine
Tochter, Gräfin Katharina, vermählt mit Adam Graf
Bethlen, und zwei Söhne: Graf Stephan (IV.), vermählt mit Kora, Gräfin Bánffy, und Graf Franz (VII.),
vermählt mit Susanna Kacsándy. Ein Sohn der letzten
beiden ist Graf Ludwig, geboren 1800, gestorben am
18. März 1869 zu Pest ohne Kinder, mit dem die jüngere
Linie im Mannsstamm erloschen ist (1873 erlosch sie auch
im weiblichen).

Quellen: Oesterreichisches Militär-Konversations-
Lexikon. Herausgegeben von J. Hirtenfeld, 3. Bd.
(Wien 1852). — (C. H. Kneschke), „Deutsche Grafen-
häuser der Gegenwart" 3. Bd. (Leipzig 1854). — „Histo-
risch-heraldisches Handbuch zum Taschenbuch der gräflichen
Häuser" (Gotha 1856). — „Franz Graf Gyulay" in
Unsere Zeit, III, 393 — 397. Leipzig 1859. Behandelt
auch das Geschlecht der Gyulay.) — „Der Krieg in
Italien. I. Artikel. Ueber Magenta nach Mailand"
(Ebendas., III, 529 — 545). — C. von Wurzbach,
„Biographisches Lexikon des Kaiserthums Oesterreich",
6. Theil (Wien 1860). — „Allgemeine deutsche Biographie",
10. Bd. (Leipzig 1879; enthält nur Artikel über Ignaz
und Franz Graf Gyulay, ersterer bearbeitet von v. Janko,
der andere von v. Hoffinger).   (T. Pech.)

GYULAY (Ignaz, Graf von Maros Németh und
Nádaska), k. k. österreichischer Feldzeugmeister, ward 11.
Sept. 1763 zu Hermannstadt geboren. Er trat 1781
in die Armee ein, nahm 1789 am Feldzuge gegen die
Türken als Major theil, ward 1790 Oberstlieutenant
und Commandant eines Freicorps, das seinen Namen
trug, und zeichnete sich bei der Einnahme von Czettin
aus. An den Kämpfen der Jahre 1793 — 1796 nahm
er hervorragenden Antheil, zum Theil als Führer eines
kleinen Freicorps, namentlich bei Erstürmung der Lands-
burger Linie, bei Schweigenheim, Kaiserslautern, Memmingen (hier behauptete er mit 1200 Mann 8 Stunden
lang das Feld gegen 8000 Franzosen), vor Kehl. 1797
ward er Generalmajor. Im Feldzuge 1799 wird sein
Name in den Berichten über die Schlachten bei Ost-rach
und Stockach mit Auszeichnung genannt. Dem dem
Treffen von Mößkirch, sowie später dem von Gundelfingen
leitete er mit Erfolg den Rückzug und ward darauf 1800
zum Feldmarschalllieutenant befördert. In der Schlacht

bei Hohenlinden warf er die Division Richepanse, ohne jedoch die Katastrophe abhalten zu können, und deckte dann wieder erfolgreich den Rückzug. Im Feldzuge 1805 stand Gyulay bei der Armee des Erzherzogs Ferdinand und schloß im Auftrag des Fürsten Liechtenstein den Frieden von Preßburg ab. 1806 ward er Geheimrath und Banus von Kroatien, Dalmatien und Slavonien. 1809 befehligte er unter Erzherzog Johann mit Auszeichnung das 9. Armeecorps in Italien, vertheidigte dann Krain und siegte bei Gräz. 1813 zum Feldmarschall ernannt, befehligte er in demselben Jahre in der Schlacht bei Dresden das 3. Armeecorps, welches den linken Flügel bildete. Bei der darauf folgenden entscheidenden Schlacht bei Leipzig (16—19. October) hatte er im Westen dieser Stadt die Verbindung zwischen der Hauptarmee und Blücher zu unterhalten, und die Angriffe der übrigen Colonnen zu erleichtern. Er vollführte dies mit der größten Tapferkeit, und ihn trifft die Schuld nicht, daß dann doch den Franzosen die Rückzugslinie nach dieser Seite hin, über das Dorf Lindenau nach Weißenfels zu, geöffnet wurde. Gyulay erhielt den Befehl, den Feind zu verfolgen; bei Neukösen kam es zu einem Treffen mit Bertrand, wobei Gyulay eine den Oesterreichern drohende Katastrophe dadurch verhinderte, daß er an der Spitze eines Bataillons selbst in den Kampf eingriff. Im Verlauf des weitern Rückzuges der Franzosen eroberte er Hochheim und blokirte Kassel, worin er jedoch dann von den Generälen York und Sacken abgelöst wurde. Im nächsten Feldzuge rückte Gyulay über Basel nach Langres vor, wandte sich dann gen Bar sur Aube und verhinderte die Franzosen an dem Uebergang über diesen Fluß. Besondere Anerkennung erwarb er sich in den Gefechten bei Brienne und la Ferté. Beim erstern (29. Jan. 1814) nahm er das von 12,000 Mann Garde unter Mortier vertheidigte Dorf Dieuville nach blutigem Kampfe ein. Nachdem er noch am Einzug der Verbündeten in Paris theilgenommen hatte, kehrte er hochgeehrt und mit zahlreichen Orden geschmückt nach Oesterreich zurück. Hier führte er das Generalcommando ad interim und begab sich nach Abschluß des Friedens 1815 in sein früheres Amt als Banus von Kroatien zurück. 1823—29 ward er Generalcommandant von Böhmen, darauf wieder Generalcommandant von Oesterreich, 1830 Präsident des Hofkriegsraths und starb als solcher 11. Nov. 1831.

(*T. Pech.*)

GYULAY (Franz, Graf von Maros Németh und Nádaska), k. k. österreichischer Feldzeugmeister, Sohn des Vorigen, ward 1. September 1798 zu Pest geboren. Im 18. Lebensjahre trat er als Lieutenant in das Regiment seines Vaters ein, avancirte schnell und war schon 1837 Generalmajor, obgleich er bei der damaligen Friedenszeit keine Gelegenheit gehabt hatte, sich vor dem Feinde auszuzeichnen. Aber er war diensteifrig und pünktlich, welche Eigenschaften er auch energisch von seinen Untergebenen forderte. Zugleich wußte er sich aber auch deren Liebe zu erwerben, indem er eifrig bemüht war, für ihr materielles Wohl zu sorgen: für die Officiere und deren Witwen gründete er einen Unterstützungsfond,

half ihnen oft über die Noth des Augenblicks und ermöglichte manchem armen, aber verdienten Officier das Avancement durch Bestreitung der Equipage. 1846 wurde er Feldmarschalllieutenant, 1847 Divisionär und Militärcommandant im Küstenlande zu Triest.

Hier gab ihm das Jahr 1848 Gelegenheit, seine Geistesgegenwart, Umsicht und Energie zu zeigen. In Venedig und Istrien war der Aufstand ausgebrochen; die mit Ausnahme weniger Schiffe im Hafen von Pola concentrirte österreichische Marine war in Gefahr von den Feinden genommen zu werden. Da stellte sich Gyulay aus eigener Initiative an die Spitze derselben, entließ die unzuverlässigen italienischen Officiere und Mannschaften, und rettete so nicht nur alle Schiffe in den dalmatinischen Küstenstationen, sondern auch jene, welche bereits auf der Fahrt nach Venedig begriffen waren, und durch Vermittelung der österreichischen Gesandtschaften auch die außerhalb des adriatischen Meeres befindlichen Fahrzeuge. Darauf befestigte er alle Küstenpunkte, sodaß die italienische Flotte unter Admiral Albini, welche 23. Mai vor Triest erschien, nach wochenlangem Harren und vergeblichen Versuchen zu lauben am 4. Juli unverrichteter Sache wieder abziehen mußte.

Anfang Juni 1849 ward Gyulay Kriegsminister und entwickelte unter sehr schwierigen und dringenden Verhältnissen eine große und umsichtige Thätigkeit. Bei der Einnahme von Raab, 28. Juni, befand er sich an der Seite des Kaisers und nach dem für die kaiserlichen Waffen ungünstigen Treffen bei Acs eilte er aufs neue von Wien herbei, um an Ort und Stelle Maßregeln zu treffen. Die Durchführung der Reorganisation der ungarischen Truppen, die Revision des gesammten Befestigungswesens, die Aufstellung permanenter Sanitätsbataillone, die Einführung stricter Avancements-Vorschriften, das Militärgesetz vom 7. Mai 1850 sind zum größten Theil Werke Gyulay's. Diese Verdienste, nicht Coterierücksichten veranlaßten im Juli 1850 seine Absendung nach Italien, als Corpscommandant, damit er in den dortigen Verhältnisse genau kennen lerne und seiner Zeit den greisen Heldenmarschall Radetzky ersetzen könne. Zugleich wurde er zum Feldmarschall ernannt, sowie später zum Militär- und Civilgouverneur von Mailand. In letzterer Eigenschaft vertrat er jenes militärische Polizeiregiment, das die moralischen Hebel verschmäht, und in Bajonnet und Flinte die einzige Grundlage politischer Herrschaft sieht. Dadurch erweiterte er immermehr die Kluft zwischen Volk und Regierung[*].

Im Februar 1857 wurde Erzherzog Ferdinand Max Generalgouverneur des Lombardisch-Venetianischen Königreichs. Zugleich trat Radetzky in Ruhestand, und an seiner Stelle erhielt Gyulay das Commando der zweiten Armee, d. i. der Armee in Italien. In dieser wichtigen Stellung trafen ihn die Verwickelungen des Jahres 1859, welche in ihrem zu einem Kriege gegen Victor Emanuel

*) Als einmal Radetzky ermahnt wurde, sich vor den Dolchen der Mailänder zu hüten, sagte er: „Sie thun mir nichts; sie wissen, daß nach mir ein Aergerer kommt."

und Napoleon III. führten. Gyulay soll trotz seines Widerstrebens genöthigt gewesen sein, das Commando zu behalten, und erhielt nach dem Rücktritt des Erzherzogs Max auch das Generalgouvernement der italienischen Provinzen. Am 29. April 1859, 35 Stunden nach dem Landen der ersten Franzosen in Genua, überschritt er den Ticino und die piemontesische Grenze, und rückte in den nächsten Tagen, ohne Widerstand zu finden, bis an den Po und die Sesia vor. Auf diese kühne Offensive folgte jedoch ein unsicheres Umhertappen und ein zweckloses Zerstreuen der Truppen bis zu den Alpen. Die Franzosen hatten inzwischen Zeit gewonnen, Truppen und Material herbeizuschaffen und schienen eine Offensive von Voghera aus vornehmen zu wollen. Um sich der feindlichen Absicht zu vergewissern, unternahm Gyulay 20. Mai die sogenannte forcirte Recognoscirung, welche in die blutige Metzelei bei Montebello und Casteggio ausartete, aber sonst keinen wesentlichen Nutzen brachte. Gyulay erwartete den Angriff auf dem linken Flügel, zwischen Pavia und Piacenza; den Vordrang der Piemontesen nach Vercelli, die Forcirung der Sesia durch diese und die Franzosen, sowie das Eindringen Garibaldi's am Lago Maggiore in die Lombardei hielt er nur für Demonstrationen. Allein schon bald mußte er bemerken, daß sein rechter Flügel umgangen war, er zog sich auf das linke Ufer des Ticino zurück, den auch die Franzosen bei Turbino und Buffalora unangefochten überschritten. Es kam zur Schlacht am 4. Juni bei Magenta, welche Gyulay nöthigte, die Ticino- und Polinie aufzugeben, sowie sich auf die Adda zurückzuziehen, dem, wahrscheinlich auf höherer Weisung, der Rückzug auf die Minciolinie folgte.

Gyulay, der stramme Soldat, hatte sich nicht als ein tauglicher Feldherr erwiesen. Seine Fehler bestanden darin, daß er nach Ueberschreiten des Ticino durch Unthätigkeit oder planloses Experimentiren die Zeit vergeudete, statt die Concentrirung der Piemontesen und Franzosen zu hindern, daß er dann, als diese zur Offensive vorrückten, ihren Bewegungen folgte, sie aber nicht kreuzte (noch am 3. Juni hätte ein concentrirter Angriff Gyulay's zwischen Ticino und Sesia ziemlich günstige Chancen gehabt), daß er mit dem Fortschritt der Operationen immer mehr die Gewalt über seine Corpscommandanten verlor, die auf eigene Faust handelten; der Mangel der Oberleitung trat besonders bei Magenta hervor, und Gyulay selbst verließ an diesem Tage erst um 12½ Uhr Mittags sein Hauptquartier.

Nicht unerwähnt dürfen auch seiner, zum Theil ganz im Stile Tilly's gehaltenen Proclamationen bleiben, die seiner Zeit ein allgemeines Aufsehen erregten. Er schlägt sich darin mit der Revolution herum, droht die Orte „mit Feuer und Schwert" zu vernichten, welche mit ihr gemeinsame Sache machen würden. Am 30. April erließ er an die Bevölkerung Pavia's eine Proclamation, welche die Einsetzung eines Standgerichts verkündet, das über alle Verbrechen und Vergehen (es sind deren fünfzehn aufgezählt, darunter solche, wie Offenhalten eines Kaffeehauses über eine bestimmte Zeit, Aufnahme von Fremden ohne Anmeldung) nur Eine, die Todesstrafe, ver-

hängen sollte. Doch hatte Gyulay in Wirklichkeit einen viel humanern Charakter, als er sich in seinen Proclamationen zeigt und überhaupt sein Ruf war. Nach einstimmigem Zeugniß hat er die strengste Mannszucht gehalten, das Eigenthum vor willkürlichen Eingriffen einzelner geschützt und Mäßigung und Schonung in der Behandlung der piemontesischen Bevölkerung bewiesen.

So groß die Erbitterung gegen Gyulay war, so bürdete ihm doch die öffentliche Meinung gleich von Anfang an die Schuld am Mißerfolg des Feldzuges nicht allein auf. Als der andere Schuldige wurde die Operationskanzlei in Wien bezeichnet. Wie sich die Sache wirklich verhielt, läßt sich zur Zeit noch nicht mit Bestimmtheit angeben; Gyulay's eigene Rechtfertigung ruht noch im Archiv, ebenso die Aufzeichnungen seiner bedeutendsten Mitarbeiter. Erst die Veröffentlichung dieser Papiere wird volles Licht über die Verhältnisse dringen. Einige Aufklärungen hat aber doch schon das k. k. Generalstabswerk über den „Krieg in Italien 1859" (3 Bde., Wien 1872 — 76) gebracht. Man erachtet darnach als absolut sicher erwiesen, daß Gyulay gleich von Anfang an die ihm zur Verfügung gestellten Truppen nicht für ausreichend erachtet, aber die begehrte Verstärkung nicht erhalten habe, weil man erwartet hätte, der Hauptkriegsschauplatz werde am Rhein sein; ferner daß Gyulay's Selbständigkeit, wie die mancher Feldherren früherer Tage, von Wien aus stark beeinflußt worden sei, endlich daß er an der Verzögerung am Tage der Schlacht nicht selbst schuld gewesen, sowie ihm die geplante Fortsetzung derselben an andern Tage durch unzeitige, auf eigene Faust getroffene Dispositionen der Untercommandanten unmöglich gemacht worden sei. Jedenfalls erfolgte der Rückzug in bester Ordnung.

Am 16. Juni legte Gyulay das Commando der 2. Armee nieder und nahm am fernern Feldzuge als Oberst des Regiments welches seinen Namen führte, ohne jedoch wieder vor den Feind zu kommen. Nach dem Kriege trat er in Ruhestand und starb den 22. Sept. 1868 in Wien.

Gyulay war nur vier Jahre verheirathet mit der 1839 verstorbenen Gräfin Antonie Wratislaw-Mitrowicz; die Ehe blieb kinderlos und Gyulay selbst Wittwer. Die Katastrophe, von welcher Oesterreich 1866 betroffen wurde, brach sein patriotisches Herz, er fühlte sein Ende nahen und übertrug mit Zustimmung des Kaisers seinen Namen auf den von ihm adoptirten Sohn seiner verstorbenen Schwester, Leopold Freiherr von Edelsheim (nun Edelsheim-Gyulay genannt, geb. 10. Mai 1826, k. k. Kämmerer, Geheimer Rath, General der Cavalerie und commandirender General zu Budapest); der auch der Erbe seines großen Vermögens wurde. *(T. Pech.)*

GYZELS (Pieter), Genre- und Landschaftsmaler, geb. zu Antwerpen. Ueber sein Geburtsjahr ist man nicht einig; nach Pilkington soll er 1636 geboren sein, was nicht möglich ist, da er ein Schüler des Jan Bruegel (Sammt-Bruegel) war, der bereits 1625 gestorben ist. Eher ist Bryan zu glauben, der ihn 1610 geboren werden läßt, doch ist das von ihm angegebene Sterbejahr 1670 nicht richtig, da der Künstler nach dem Buche der Lucasgilde zu Antwerpen 1650 Meister wurde und 1690 starb. Ueber seine Lebensschicksale weiß keiner seiner Biographen das Geringste mitzutheilen. Er malte im Stil seines Lehrers zierliche Landschaften, die er mit Thieren und Menschengruppen reizend zu staffiren verstand. Seine Bilder sind so geistreich und frei, so anmuthig und reizend gemalt, daß sie sehr oft für Werke des Jan Bruegel galten und als solche auch theuer bezahlt wurden. Die beiden Bilder des Louvre, zwei Dorfansichten, galten lange für Werke seines Lehrers. Aber auch dann, wenn die Bilder unter seinem Namen auf den Kunstmarkt kamen, sind für jene Zeit hohe Preise für dieselben gezahlt worden. So erzählt Immerzeel, daß im J. 1735 ein Bild seiner Hand, Insecten, Früchte und Blumen vorstellend, mit 410 (holländ.) Gulden bezahlt wurde; im J. 1738 wurde eine Bauernkirmeß gar mit 1000 Gulden bezahlt. Seine Bilder kommen nicht sehr häufig vor. Berlin besitzt zwei Landschaften, darunter die eine mit einer Dorfansicht mit vielen Figuren und dem vollen Namen: P. Gysens bezeichnet ist; vorzüglich ist die andere mit einem stattlichen Schloß am Weiher und einer Hirschjagd als Staffage. Auch Dresden besitzt mehrere Bilder von ihm. Die Schreibart seines Namens variirt, er wird auch geschrieben Gysses, Gyssels, Gyzens. Vergl. C. Weyermann, Immerzeel, Kramm.

(J. E. Wessely.)

Nachträge.

6*

GARA, ungarisches Adelsgeschlecht im 14. und 15. Jahrh., dem mehrere Palatine entstammten (s. den Artikel Gara in I. Sect. 53. Bd. S. 405). Von dem daselbst erwähnten Palatin Ladislaus Gara ist noch nachzutragen, daß er sich gegen König Matthias für Kaiser Friedrich III. erklärte, von dem ersteren 1459 entsetzt, von letzterem wieder eingesetzt wurde und 1460 starb. Aus demselben Geschlecht stammte Katharina Gara, die zweite Gemahlin des Grafen Heinrich V. von Görz, mit dem sie wegen der Rohheit des Mannes eine sehr unglückliche Ehe führte. Was über sie bekannt ist, findet sich schon im Artikel Görtz, Grafen von Friaul (I. Sect. 72. Bd. S. 159) angegeben. Einige Beiträge zur Charakteristik des Verhältnisses zu ihrem Gemahl finden sich im Artikel „Zur Geschichte des Grafen Heinrich V. von Görz (1444—1451)" (in „der österr. Geschichtsschreiber. Herausg. von Jos. Chmiel", II. Bd. 3. Hft. Wien 1842). Es sind hier mehrere Briefe des Grafen Heinrich V. an seine Gemahlin abgedruckt. Vergl. ferner: *Coronini*, „Tentamen genealogico-chronologicum promovendae seriei comitum et rerum Goritiae" (Viennae 1753) und *F. Schweitzer*, „Abrégé de l'histoire des comtes de Gorice." (Triest 1851.)

(T. Pech.)

GEBLÄSE (franz. machine soufflante, soufflerie, soufflet, engl. blast, blast-engine) nennt man diejenigen Vorrichtungen, mittels welchen atmosphärische Luft aufgefangen, zusammengepreßt und namentlich auf den Hüttenwerken durch Lutten oder Röhren nach jenem Theile eines Schmelzofens gebracht wird, in welchem eine hohe Temperatur oder eine Oxydation verschiedener Stoffe erzeugt werden soll. Im erstern Falle wird dieselbe durch ein Brennmaterial, im anderen aber unmittelbar über den erhitzten oder geschmolzenen Körper geleitet, dessen Oxydation bezweckt wird. Die durch Gebläse dem Herde oder dem Ofen zugeführte atmosphärische Luft wird der Wind, die Menge derselben, sowie die Richtung, welche man derselben gibt, die Windführung oder Windleitung genannt. Sie wird mit Flantschenverbindung aus Gußeisen oder auch aus Blech hergestellt. Das Endstück der Windleitungsvorrichtung ist ein konisches Eisenrohr, die sogenannte Düse, Deute oder Deuze. Von der Weite der Düsenmündung hängt hauptsächlich die Pressung des ausströmenden Windes ab. Windmesser (Manometer) nennt man die Vorrichtung zur Bestimmung der Pressung der Luft. Man hat solche mit Skalen (Wasser- und Quecksilber-Manometer) und solche mit Gewichten.

Die Gebläse werden hauptsächlich bei hüttenmännischen und verwandten metallurgischen Processen, die eine gleichförmige Ausströmung der Luft aus den Düsen erfordern, in Anwendung gebracht, um die Menge des zum Brennen nothwendigen Sauerstoffs zu vermehren, und unterscheiden sich von den Essen oder Schornsteinen, in welchen durch Luftverdünnung ein natürlicher Luftzug hervorgebracht wird. Die Aufgabe eines Gebläses besteht daher in der Verdichtung einer gegebenen Windmenge auf die erforderliche Pressung und in der Fortschiebung derselben in die Windleitung.

Eine ähnliche Art von Maschinen zur Bewegung der Luft sind die Luft- oder Wettermaschinen in den Grubenbauen, welche den Zweck haben, Luft oder, wie sich der Bergmann ausdrückt, Wetter in Bewegung zu setzen. Man unterscheidet daher Wetterbläser, welche die verdichtete Luft in Grubengebäude oder an bestimmte Punkte derselben, während die Gebläse die verdichtete Luft in die Schmelzöfen blasen. In der Regel wirken die Wettermaschinen, wie solche vorzugsweise auf Steinkohlengruben verwendet werden, luftverdünnend (saugend); sie sollen bedeutende Luftmengen mit verhältnißmäßig geringen Geschwindigkeiten bewegen, sind aber öfters den Gebläsevorrichtungen zur Erzeugung schwacher Pressungen nachgebildet.

Da die Functionen der Gebläse nach der Art, auf welche sie das Einsaugen und Auspressen der Luft bewirken, auf sehr mannigfachen Wegen ausgeführt werden können, so ist ihre Verschiedenheit und Zahl sehr groß. Die ältesten Gebläse bestanden aus zusammengenähten Thierhäuten, Bälgen, mit einer Oeffnung zum Einfangen und einer zum Ausblasen der Luft. Den Namen Bälge übertrug man später auf viele Arten von Gebläsen und gebraucht jetzt noch die Benennungen, Bälge, Spitzbälge und Gebläse häufig als gleichbedeutend. Hieraus entstanden die in den Schmiedewerkstätten u. s. w. üblichen Leder-Blasbälge, welche entweder einfach oder doppelt sind. Hieraus sind gegen Ende des 16. Jahrh. die Balgengebläse aus Holz hervorgegangen, die gegenwärtig noch vielfach in Anwendung stehen, aber bei bedeutendem Windverluste keine hohe Pressung geben und oft viel Triebkraft erfordern. Ein einfacher Lederbalg hat ganz die Gestalt und Einrichtung eines gewöhnlichen Blasebalges, wie er bei Küchen- und Stubenfeuern angewendet zu werden pflegt. Der doppelte Lederbalg mit Reservoir hat unter dem Deckel noch einen feststehenden, mit ihm durch eine Ledereinfassung verbundenen Boden. Ausgetrocknetes und steif gewordenes Leder veranlaßt jedoch eine schwierigere Beweglichkeit und vermehrt dadurch leicht den schädlichen Raum, d. h. denjenigen Theil des innern Gebläseraumes, welcher während des Luftauspressens stets mit comprimirter Luft gefüllt bleibt. Man hat deshalb und ferner wegen der leichten Zerstörbarkeit und Kostbarkeit der Ledereinfassung Bälge ganz aus Holz construirt. Sie bestehen aus pyramidalen oder keilförmigen Kasten von Holz, von der Form eines aufgeblasenen einfachen ledernen Balges, wurden zuerst 1620 am Harz angewendet und werden wegen ihrer nach vorn, gegen die Düse, spitz zulaufenden Gestalt, wie die Lederbälge, Spitzbälge genannt. Bei Holzbälgen ist daher der Ledermantel durch ein hölzernes Gehäuse mit zertrümmerter Rückwand ersetzt. Solche mit unbeweglichem Oberkasten und beweglichem Boden wurden von dem Schweden Widholm anfangs dieses Jahrhunderts eingeführt, sind unter dem Namen Widholmsgebläse bekannt und haben sich seit dieser Zeit auch in andere Länder verbreitet. Wegen ihrer minder kostbaren und leichten Herstellung und Unterhaltung findet man sie zuweilen auch auf kleinen Kupfer-, Blei- und Silberhütten und bei Frischfeuern.

Als die Hüttenprocesse eine große Verbesserung erfuhren, fing man auch an die Gebläse zu verbessern. Es entstanden nach und nach mehrere Arten derselben, von welchen bald diese, bald jene angewendet wurden, die sich aber nach der Art, auf welche sie das Einsaugen und Auspressen der Luft bewirken, von einander wesentlich unterscheiden. Von größter Wichtigkeit sind:

Die Kolbengebläse, bei denen das Einsaugen und Auspressen der Luft mittels eines Kolbens bewerkstelligt wird. Sie zerfallen nach dem Materiale, aus welchem sie bestehen (Holz oder Eisen), oder nach der Gestalt des Gefäßes, in welchem sich der Kolben bewegt, in Kastengebläse und Cylindergebläse, sind mechanisch vollkommener als die Balgengebläse und unterscheiden sich in der Form der Windräume. Die prismatischen Kasten der ersten Art werden in der Regel aus starken Holzbohlen, oder auch aus Eisen- und Marmorplatten gebildet, in denen sich der massive gußeiserne Kolben entweder in verticaler oder horizontaler Richtung bewegt. Man hat daher stehende und liegende Kastengebläse, die entweder einfach- oder doppeltwirkend sind. Während bei jenen das Ansaugen und Ausblasen der Luft abwechselt, wird bei diesen gleichzeitig Luft angesaugt und ausgeblasen, also sowol beim Auf- als beim Niedergange des Kolbens Wind erhalten. Der Vorzug der Doppelbläser besteht in der größeren Einfachheit und darin, daß sie einen weniger absetzenden Wind geben.

Ersetzt man den parallelopipedischen Kasten eines Kastengebläses durch Cylinder, so erhält man ein sogenanntes Cylindergebläse, das in der Regel aus Eisen gegossen wird, große Dauerhaftigkeit besitzt und eine bedeutende Menge stark gepreßten Windes liefert, mithin fast allen Anforderungen vollkommen genügt. Es ist die wichtigste von den Engländern eingeführte Gebläsemaschine, deren Anwendung bei Schacht- und Herdöfen, vorzugsweise aber bei Eisenhochöfen, allgemein geworden ist. Ihr Werth wird durch den Umstand erhöht, daß man in dem Cylinder mit geringerem Verluste die Luft auf einen beliebigen Grad zusammenpressen kann. Sie sind fast ohne Ausnahme doppeltwirkend und bestehen aus einem ausgebohrten, oben und unten mit Deckeln luftdicht verschlossenen gußeisernen Cylinder, in welchem ein dichtschließender massiver Kolben auf- und abwärts, ähnlich wie der Dampfkolben der Dampfmaschine, bewegt wird. An jedem Deckel sind Saug- und Druckventile angebracht; erstere öffnen sich gegen das Innere des Cylinders, letztere gegen außen. Von den Druckventilen sind Kanäle zum Windsammler geführt, an welchen sich die Windleitung schließt. Bei Bewegung des Kolbens wird daher stets gleichzeitig auf einer Seite desselben Luft in den Cylinder gesaugt, auf der andern zunächst verdichtet und dann in die Windleitung ausgeblasen. Der schädliche Raum ist der zu Ende des Hubes zwischen dem Kolben und dem nächstgelegenen Cylinderdeckel befindliche, mit verdichteter Luft gefüllte Raum, der jedoch den Wirkungsgrad, der bei guter Construction 0,7 beträgt, nicht vermindert. Die Liederung des Kolbens besteht jetzt meist aus Leinwand in einer Mischung von Leimwasser und Graphitpulver getränkt. Für hohe Pressungen, wie z. B. bei Bessemergebläsen, hat sich die Metalliederung bewährt. Von großer Wichtigkeit für den guten Gang des Gebläses sind die Ventile, von denen Klappen- und Tellerventile, bei Schiebergebläsen aber Schieberventile angewendet werden. Als Umtriebmaschine dient vorzugsweise die Dampfmaschine mit Expansion; doch gibt es auch Wasserrad- und Turbinengebläse.

Neben den Cylindergebläsen kommen bei den Hüttenwerken noch zahlreiche andere Arten von Gebläse vor, die aber von geringerer Bedeutung sind, ja oft nur ein historisches Interesse haben. Zu ihnen gehören:

Die hydraulischen oder Wassergebläse, bei denen das Wasser als Sperrungs- oder Liederungsmittel, oder auch als Motor der Luft dient und die Stelle eines Kolbens vertritt. Die Ansammlung der comprimirten Luft geschieht in einem beweglichen oder unbeweglichen Windkasten; die ersteren werden Tonnengebläse, die letzteren Wasser- Trommelgebläse oder Kettengebläse genannt. Die Tonnengebläse sind verschiedener Art, je nachdem die Luft aus dem Gebläse oder Kasten mittels einer senkrechten oder mittels einer rotirenden Bewegung des Kastens oder der Tonne getrieben wird. Sie erhielten ihren Namen von der Aehnlichkeit, welche der Haupttheil desselben seiner äußern Gestalt nach mit einer Tonne hat. Das Gebläse besteht aus zwei oder mehreren cylindrisch geformten Tonnen in horizontaler Lage und oszillirender Bewegung, welche bis 120 Grad beträgt, ist einfach und wohlfeil, aber in allen Fällen, in denen viel und stark gepreßte atmosphärische Luft er-

fordert wird, wegen des verbleibenden bedeutenden schädlichen Raumes nicht empfehlenswerth.

Das Glockengebläse, auch das hydraulische,
hydrostatische, oder auch das Baader'sche Tonnengebläse genannt, ist ein mit Wasser gelieberts Kastengebläse. Das Wasser vertritt hier die Stelle eines feststehenden Kastens, während der Cylinder beweglich ist.
Es wurde in früheren Zeiten in einigen Bergwerken angewendet, um den Gruben frische Wetter zuzuführen,
und ist dem Bergmanne unter dem Namen „Harzer
Wettersatz" bekannt. Später wurde es von Baader
wesentlich verbessert und für Hüttenwerke brauchbar gemacht. Man kann dasselbe als ein Cylindergebläse betrachten, dessen Kolben aus Wasser besteht, hat jedoch
viel Unvollkommenheit durch seinen bedeutenden schädlichen Raum.

Das Schraubengebläse, auch Schnecken-, Spiral-,
Rotations- oder Waldborngebläse, nach seinem Erfinder
Cagniard-Latour auch Cagniar-Delle genannt, erhält
man, wenn die archimedische Wasserschnecke oder Tonnen-
mühle als Gebläse angewendet wird. Man läßt nämlich an der oberen Mündung einer solchen Maschine
Wasser einfließen, welches dieselbe in Umdrehung setzt
und die mit von oben herabgeführte Luft in einem
Kasten absetzt. Die Cagniardelle besteht aus einer
schraubenförmigen Platte, welche an einer schräg liegenden
Welle befestigt und mit einem cylindrischen Mantel umgeben ist, der unten in einen schwach ansteigenden Conus
endigt. Das Ganze rotirt in einem mit Wasser gefüllten
Behälter. Die Construction ist mit vielen Schwierigkeiten
verbunden und der hohe Kostenaufwand haben ihr keinen
weiteren Eingang verschafft, obgleich ihre Leistungen sehr
befriedigend sein sollen. Der Cagniardelle ähnlich in der
Wirkung ist Steckner's rotirendes Wassergebläse und
Lüder's Schöpfrad- oder Rabwassergebläse; mit letzterem
wird in Mägdesprung am Harze ein Frischfeuer betrieben.

Zu den Gebläsen mit unbeweglichem Windkasten,
bei welchen das Wasser zugleich als Motor, Lieberungs-
und Sperrungsmittel dient, welche einen continuirlichen
Luftstrom geben, und welche man auch mit dem gemeinschaftlichen Namen Wassersäulengebläse zu verstehen
pflegt, gehört zunächst:

Das Wassertrommelgebläse, das einfachste, aber
auch in Hinsicht auf Kraftaufwand das unvollkommenste.
Es gehört zu den ältesten Gebläse-Vorrichtungen und
hat zum Zweck, die Luft, welche herunterfallendes Wasser
mit sich fortreißt oder absperrt, in einen Behälter (Trom-
mel, umgestürzte Tonne) zu führen und durch den Druck
einer Wassersäule auszublasen. Wegen seiner Wohlfeilheit
und Dauerhaftigkeit ist das Gebläse in gebirgigen Gegenden, wie in den Alpen, wo hohe Wasserfälle vorhanden
sind und keine starke Pressung des Windes erforderlich
wird, angewendet.

Das Ketten- oder Paternostergebläse ist eine
Erfindung von Henschel in Kassel, ein vervollkommnetes
Wassertrommelgebläse, in welchem der Zutritt der Luft
auf bestimmte Weise regulirt wird. Es ist eine in um-
gekehrter Richtung bewegte Scheibenkunst und nach der
Aehnlichkeit, welche man zwischen ihm und dem Rosen-
kranze bemerken wollte, das Paternostergebläse oder kurzweg das Henschel'sche Gebläse genannt. Demselben
liegt das Princip des Seiles ohne Ende zu Grunde und
besteht im Wesentlichen aus einer luftdichten eisernen,
nach der Gestalt der Kettenlinie gebogenen Röhre, durch
welche eine Kette führt, die mit aus zweitheiligen Klappen
bestehenden Scheiben oder Schaufeln versehen ist. Das
Gebläse war nur auf einigen Hütten des Oberharzes
eingeführt, hat keine allgemeine Anwendung gefunden;
sein Gebrauch ist ganz erloschen, da es beträchtliche An-
lagekosten und häufige Reparaturen veranlaßt.

Das ebenfalls von Henschel erfundene Wassersäulengebläse besteht aus mehreren übereinander stehenden gußeisernen Cylindern, die durch mittels Ventilen
bedeckten Röhren mit einander in Verbindung stehen.
Es ist von sehr sinnreicher, aber gleichzeitig sehr complicirter Construction, kostet in der Anlage mehr als ein
Cylindergebläse, liefert zwar von allen Wassergebläsen den
größten Nutzeffect, hat aber noch weniger Eingang gefunden als das Kettengebläse. Dagegen ist:

Das Dampfstrahlgebläse eine Erfindung neuerer
Zeit. Bei ihm strömt Wasser oder Dampf mit so großer
Geschwindigkeit durch eine Röhre, daß die Spannung
in der letzteren unter die atmosphärische sinkt, daher
durch seitliche Oeffnungen in der Röhre Luft eintritt,
welche vom Wasser oder Dampf mechanisch mitgerissen
und schließlich durch Abgabe der lebendigen Kraft verdichtet wird. Da bei diesem Gebläse die Luft mit dem
Wasserdampf austritt, ist es nur dort verwendbar, wo
der Gehalt an Dampf dem betreffenden Hüttenprocesse
keinen Nachtheil bringt. Dasselbe kommt bei Gasgene-
ratoren, wo ein solcher Gehalt sogar vortheilhaft ist, zum
Einblasen von Luft in den geschlossenen Raum unter dem
Rost (Erzeugung von Unterwind) in Benützung.

Bei den metallurgischen Processen haben in neuerer
Zeit ferner die Windradgebläse, auch unter den
Namen Fächergebläse, Centrifugalgebläse, Centrifugalventilatoren und kurzweg Ventilatorge-
bläse und Ventilatoren bekannt, mehrfachen Eingang
gefunden, da sie in der Anwendung sehr bequem und
leicht transportirbar, auch mit geringen Anlage- und
Unterhaltungskosten verbunden sind, nur geringe bewegende
Kraft bedürfen und einen großen Nutzeffect bei einem
ziemlich vollkommen gleichmäßigen Windstrom haben. Doch
eignen sie sich nicht zur Erzeugung höherer Pressungen
und sind deshalb für den Hochofenbetrieb unbrauchbar.
Bei den Kupolöfen und Holzkohlenhochöfen, namentlich aber
bei Schmiedefeuern, bedient man sich derselben mit gutem
Erfolge und sind als Exhaustoren statt der Essen und
Schornsteine zu empfehlen. Das gewöhnliche Venti-
latorgebläse besteht aus einem freistunden Gehäuse
von Eisenblech mit centralen Oeffnungen zu beiden Seiten,
durch welche die Luft eingezogen, und einer Oeffnung an
der Peripherie, durch welche die Luft ausgetrieben wird.
Innerhalb dieses Gehäuses dreht sich, durch irgend eine
Triebkraft bewegt, eine mit gekrümmten Flügeln versehene

Welle. Die vor den Flügeln verdichtete Luft strömt über dieselben hinweg in den durch die Flügel während der Rotation luftverdünnten Raum, wodurch viel Geräusch und zugleich ein nicht unbeträchtlicher Kraftverlust entsteht. So einfach der Mechanismus und die Wirkungsart aller hierher gehörigen Gebläse auch ist, so verschieden ist doch ihre Construction. Von den vielen aufgekommenen Verbesserungen derselben verdienen die von Rittinger, Colt, Schiele, Lloyd, Fallize, Clark namentliche Erwähnung. Die specielle Einrichtung derselben, wie der Ventile, Stopfbüchsen, Liederungen u. f. w. muß hier, als zu weit führend und zur technischen Ausführung gehörig, übergangen werden.

Die Bezeichnung Ventilator bezieht sich übrigens auf den früheren ausschließlichen Gebrauch dieser Vorrichtungen zur Hervorbringung eines Wetterwechsels bei dem Bergbau, um mittelst Einsaugens von verunreinigter das Nachströmen von reiner atmosphärischer Luft zu bewirken. Vorzüglich hat der ausgedehnte Grubenbau auf Stein- und Braunkohlen dazu beigetragen, dieser Art Maschinen, welche als Wettermaschinen bezeichnet werden, große Verbreitung und zweckmäßige Verbesserungen zu geben. Mit Gebläsen verglichen sollen Wettermaschinen bedeutende Luftmengen mit verhältnißmäßig geringen Geschwindigkeiten bewegen und nur geringe manometrische Differenzen erzeugen, während Gebläsemaschinen in den meisten Fällen kleinere Mengen Luft mit bedeutenden Geschwindigkeiten, daher starken manometrischen Differenzen liefern, sobaß letzteres Moment erzeugend für die Geschwindigkeit wirkt. Daher haben auch die den besten Gebläsemaschinen nachgebildeten Wettermaschinen sich weniger gut bewährt, als solche, welche den Gebläsevorrichtungen zur Erzeugung schwacher Pressungen nachbildet sind. Von ihnen haben solche mit hin- und hergehender Bewegung, also intermittirender Wirkung, zu denen Kolbenmaschinen und Glockenmaschinen gehören, mehrfache Anwendung gefunden. Die Kolbenmaschinen sind den einfach wirkenden Kasten- oder Cylindergebläsen nachgebildet. Von den Glockenmaschinen ist der harze Wettersatz, bei dem Baader'schen Glockengebläse entspricht, häufig mit Nutzen beim Schachtabteufen angewendet. Die ebenfalls hierher gehörige Wettermaschine von Strube (Strube's Wetterpumpe) hat in England, besonders auf Steinkohlengruben in Wales, viel Beachtung gefunden; sie hat Aehnlichkeit mit den in Holland bei Entwässerungen gebräuchlichen Kastenpumpen. Von den Maschinen mit rotirender Bewegung, den eigentlichen Ventilatoren, sind als Wettermaschinen Centrifugalventilatoren bemerkenswerth, von denen die Wettertrommel schon seit langer Zeit beim Bergbau zur Ventilation einzelner Baue verwendet wird. Zu den Ventilatoren für ganze Grubenbaue, die stets saugend angewendet werden, daher besonders construirt an der Peripherie offen und zum Theil ohne eigentliches Gehäuse sind, gehören die von Rittinger, Combes, Letorat und Guibal, welche die Luft tangential fortbewegen, von denen der letztere mit großen Erfolgen auf den Staatsgruben bei Saarbrücken und ferner in Westfalen und

Schlesien angewendet ist und die Luft mit schlagenden Wettern gemengt zu Tage brachte. Zu den Ventilatoren mit schiefen Flächen oder Schraubenflächen, welche die Luft durchschneiden und in der Richtung der Achse herausdrängen, gehört der Ventilator von Lesoinne, die pneumatische Schraube von La Motte und der Schneckenventilator von Pasquet, die bei mäßig auftretenden schlagenden Wettern gebraucht werden. Die Wetterräder, zu denen die Ventilatoren von Fabry, Lemielle, Root, Evrard und Cook gehören, entsprechen den Rotationspumpen, leisten viel bei starken Depressionen, sind aber theurer als die Centrifugalventilatoren.

Die hüttenmännischen Processe erfordern eine gleichförmige Ausströmung der Luft aus den Düsen, daher eine eben so gleichförmige Einströmung vom Gebläse her in die Windleitung. Von den oben bezeichneten Gebläsen sind es nur die Wassertrommelgebläse, die Cagniardelle und der Ventilator, welche ohne besondere Vorrichtungen diesen Forderungen zum Theil genügen. Die meisten Gebläse, welche durch die ungleichmäßige Bewegung eines Krummzapfens in Umtrieb gesetzt werden, entlassen den Wind stoßweise, was auf den Ofengang unvortheilhaft einwirkt. Um daher eine gleichförmige Dichtigkeit jener durch das Gebläse dem Schmelzofen zugeführten Luft zu erzielen, verbindet man durch Kuppelung mehrere einzelne Gebläse, die man in einer gewissen Reihenfolge durch eben so viele Düsen in einen gemeinsamen Windsammlungskasten blasen läßt, aus welchem der Wind mehr gleichmäßig ausströmt. Gekuppelte Gebläse besitzen eine gemeinschaftliche Schwungradwelle mit unter 90 Grad verstellten Kurbeln. Oder man läßt auch noch zweckmäßiger das Gebläse in einen eingeschlossenen Raum, den Regulator, Windregulator, münden, welcher groß genug ist, um ungeachtet des periodischen Windzuflusses die Luft mit fast gleichförmiger Geschwindigkeit der Düse zuzuführen. Man unterscheidet Windregulatoren mit veränderlichem (Kolbenregulator) und solche mit unveränderlichem Volum. Die ersteren heißen auch Trockenregulatoren, sind ausgebohrte eiserne Cylinder, in welchen sich ein genau schließender, mit einem passenden Gewicht beschwerter Kolben bewegt. Die letzteren mit unveränderlichem Volum kommen bei allen neueren und größeren Gebläsen in Anwendung; sie bestehen analog den Dampfkesseln aus zusammengenieteten Blechtafeln, sind cylindrisch oder auch kugelförmig geformt, auf einer gußeisernen Platte fundirt und enthalten keinen anderen beweglichen Theil als ein Sicherheitsventil. Gemauerte Regulatoren werden unterirdisch angelegt und mit in Cement gelegten Steinen ausgefüttert. In der Nähe der Düsen ist eine Regulirungsvorrichtung, meist ein Schieber eingeschaltet zur Abänderung der ausströmenden Luftmenge. Wasserregulatoren sind unten offene Kästen, welche mit Wasser gesperrt sind.

Der Effect oder Wirkungsgrad eines zu hüttenmännischen Processen verwendeten Gebläses besteht in dem Verhältnisse der eingesogenen Luft zu der ausgeblasenen (Windeffect), und in dem Verhältnisse der zum Betriebe dienenden Kraft (Krafteffect). Als ein vorzügliches Mittel, die Wirkung zu vermehren, ist die Anwendung erhitzter Gebläseluft bekannt. Man war früher der Ansicht, daß die kälteste Gebläseluft auf die Verbrennung am günstigsten wirke. Allein diese Ansicht wurde 1799 von dem englischen Admiralitäts-Physicus Seddler vollständig widerlegt, indem er fand, daß durch Anwendung erhitzten Sauerstoffgases bei Lothrohrversuchen ein bedeutend höherer Hitzgrad erreicht werde als durch Anwendung eines Sauerstoffgases von gewöhnlicher Temperatur. Später, im J. 1822 machte Leuchs den Vorschlag, die zu den Schmelzöfen verwendete Gebläseluft zu erwärmen und zugleich mit derselben eine Quantität Wasserdampf in die Oefen strömen zu lassen, wodurch die Hitze gesteigert und an Brennmaterial gespart werde. Allein auch dieser Vorschlag vermochte nicht die Aufmerksamkeit der Metallurgen und Chemiker auf einen so wichtigen Gegenstand zu leiten. Erst Nielson zu Glasgow überzeugte 1830 auf den Eisenhütten an der Clyde durch mehrfache Versuche von den sehr erheblichen Vortheilen, welche die erhitzte Gebläseluft im Vergleich zur erkalteten den Schmelzprocessen gewähre, indem durch dieselbe sowol das Aufbringen, als auch das Ausbringen erhöht und der Brennmaterialaufwand wesentlich vermindert wurde. Derselbe setzte im Verein mit Macintosh und Wilson diese Versuche beim Hochofen der Clyde-Eisenhütte bei Glasgow in größerem Maßstabe fort, indem zuerst Luft von 93° C., dann von 138° C. und endlich von 322° C. angewendet wurde. Die glänzenden Resultate dieser Versuche verbreiteten sich schnell durch England, Frankreich und Deutschland, und auf vielen Hüttenwerken dieser Länder wurden Lufterhitzungsapparate besonders für Eisenhochofen-Processe eingerichtet. Versuche, welche man in Würtemberg zu Wasseralfingen, auf der Muldenerhütte nächst Freiberg in Sachsen, zu Gleiwitz und Malapane in Schlesien, der Ilsenburger Eisenhütte am Harze u. a. bestätigten diese günstigen Erfolge, und bewiesen, daß selbst mit dieser Effect, den die erwärmte Gebläseluft im Vergleich zur kalten auf den Hochofenproceß ausübt, durch die größere Wärmemenge zu erklären ist, welche durch sie in den Ofenraum gebracht wird. Die Erwärmung der Gebläseluft geschieht zuweilen in einem besonderen Apparate, der so angelegt ist, daß der von dem Gebläse kommende Wind seinen Weg durch denselben nach dem mit heißer Luft zu speisenden Ofen nimmt und durch die Düse möglichst nahe liegt. Da solcher Apparat aber mit einem Brennmaterial-Consum verbunden ist, so suchte man die Luft mit jener Hitze zu erwärmen, welche durch die Gichtflamme des Ofens oder durch aus einer gewissen Tiefe des Ofens abgeleitete brennbare Gase erlangt wird.

Zu erwähnen bleiben hier noch kurz die Lothrohrgebläse, Gebläse-Vorrichtungen zur Hervorbringung einer Lothrohrflamme ohne Beihülfe der menschlichen Lunge behufs Erzeugung eines beträchtlich höhern Hitzgrades als sich durch eine gewöhnliche Lothrohrflamme erreichen läßt. Dieselben bestehen in gewöhnlichen Balgen- und in Gasometer-Gebläsen. Zu ersterem gehört die bekannte Glasblase-Vorrichtung (Glasblase-Tisch),

bei welcher der Strom von atmosphärischer Luft oder Sauerstoff an der Dochtflamme durch einen Blasebalg hervorgebracht wird. Die Gasometer-Gebläse mit beweglichem Luftbehälter dienen zur Hervorbringung einer Löthrohrflamme für chemische Zwecke. Löthrohrgebläse, welche ein Gemenge von Wasserstoff und Sauerstoff ausblasen, nennt man Knallgas- (Hydro-Oxygen-) Gebläse, die auf sehr verschiedene Weise construirt sind, bei denen jedoch die Vermeidung der Explosion ein Hauptzweck ist. Sie werden zu verschiedenen technischen Zwecken, zum Löthen der Metalle, zum Löthen der Bleiplatten bei Schwefelsäurekammern u. f. w. angewendet.

Aus der zahlreichen Literatur zu vorstehendem Artikel sind außer den verschiedenen berg- und hüttenmännischen und sonstigen technischen Zeitschriften hervorzuheben: Wehrle, Lehrbuch der Probir- und Hüttenkunde, Wien 1841; Schubarth, Handbuch der technischen Chemie 4. Aufl. Berlin 1851; Scheerer, Lehrbuch der Metallurgie, Braunschweig 1846/53; Kerl, Handbuch der metallurgischen Hüttenkunde, 2. Aufl. Freiberg 1861/65; Derselbe, Grundriß der Eisenhüttenkunde, Leipzig 1875; v. Hauer, Hüttenwesenmaschinen, 2. Aufl. Leipzig 1876; Lottner, Bergbaukunde, Berlin 1869—72.

(*C. Reinwarth.*)

GEEL (Johannes Franciscus van), holländischer Bildhauer, geb. 18. Sept. 1726 zu Mecheln, war ein Schüler des Peter de Vald. Im J. 1784 wurde er Professor der Zeichenakademie seiner Vaterstadt und später Bildhauer des Cardinals Jan Hendrick, Erzbischofs von Mecheln; 1817 ward er Professor der Bildhauerkunst zu Antwerpen und im nächstfolgenden Jahre Bildhauer des Prinzen de Mean, Erzbischofs von Mecheln. Er starb 30. Jan. 1830 zu Antwerpen. Zu seinen besten Werken zählt man: die Statue der heil. Hieronymus und Ambrosius für die Jacobskirche in Antwerpen (1824); die Berufung der Apostel Simon Petrus und Andreas für die Andreaskirche; den Gottesdienst und die Zeit, zwei allegorische Statuen für den Palast des Erzbischofs; drei Apostelstatuen in der Liebfrauenkirche zu Mecheln; einen Prometheus; die Gruppe Mars und Venus; Neptun; Maria und Magdalena in der Metropolitankirche zu Mecheln.

(*T. Pech.*)

GEEL (Joost van), holländischer Maler und Dichter, geb. 20. Oct. 1631 zu Rotterdam, war anfangs zum Handel bestimmt, widmete sich aber bald eifrig den Wissenschaften und der Malerei. Auf letzterem Gebiete war er wahrscheinlich ein Schüler von Gabriel Metzu, wenigstens zeigt sein Stil einige Aehnlichkeit mit diesem letztern. Zu seiner weitern Ausbildung machte er mehrere Kunstreisen in Deutschland, Frankreich und England. Hier genoß er das Wohlwollen Cromwell's, der ihm 1657 die Erlaubniß ertheilte, alles nach Belieben zeichnen zu dürfen. Er hat sich auch als Maler von Seen und Seehäfen bekannt gemacht, und sein eignes von ihm selbst gemaltes Porträt, das sich noch im Museum zu Amsterdam befindet, und von Houbraken gravirt wurde, läßt darauf schließen, daß er auch Porträtmaler gewesen ist. Seine Gedichte haben keinen hervorragenden Kunst-

7

werth, zeichnen sich aber durch einen friedlichen, Freude und Liebe athmenden Geist aus. Sie sind von Cornelius van Arkel herausgegeben (Rotterdam 1724. 4.) und sind theils erbaulichen, theils gemischten Inhalts, theils auch Gelegenheitsgedichte bei Geburts- und Sterbefällen. Hinzugefügt ist noch eine Rede „der gekreuzigte Christus", welche van Geel wahrscheinlich in einer Versammlung von Collegen zu Rijnsburg gehalten hat. Er starb 31. Dec. 1698 zu Rotterdam.

Quelle: A. J. van der Aa, Biografisch Woordenboek der Nederlanden, voortgezet door K. J. R. van Harderwijk en G. D. E. Schotel. 7. Deel (Haarlem 1862).

(*T. Pech.*)

GEERARDS oder Gherards (Marcus), flandrischer Künstler, geb. 1526 zu Brügge. Er bildete sich im Atelier von Martin de Vos in Antwerpen zum Maler aus, wobei er sich zugleich der Bildhauerkunst, Architektur und Gravirkunst widmete. Während der Unruhen, die seine Vaterstadt 1559 betrafen, als die flandrischen Handelsschiffe von den Engländern beunruhigt und angegriffen wurden, folgte er einem vortheilhaften Anerbieten der letztern, und zog sich nach London zurück, wo er bis zu seinem Tode, um 1585, gearbeitet zu haben scheint. Von seinen Werken wird aus meisten geschätzt: das Porträt eines Mannes, im Museum zu Wien, und eine architektonische Zeichnung, im Besitz der Stadt Brügge; der Plan dieser Stadt in der Mitte des 16. Jahrh. Seine Bildhauerwerke sind nicht mehr bekannt. Er hat die Manier, auf seinen Genrebildern und Landschaften oft eine kleine Person in groteske Stellung in eine Ecke des Bildes zu placiren.

(*T. Pech.*)

GEORG, Landgraf von Hessen-Darmstadt, eine Zeit lang Vicekönig von Catalonien, war der zweite Sohn des Landgrafen Ludwig VI. aus dessen zweiter Ehe mit der Prinzessin Elisabeth Dorothee, der Tochter Herzogs Ernst des Frommen von Sachsen-Gotha. Er war geboren in Darmstadt am 25. April 1660. Die durch Geist, Wissenschaft und Charakter hervorragende Mutter — die 1678 Witwe geworden war und bis zum J. 1688 über ihren Sohn Ernst die Vormundschaft und zugleich für diesen die Landesregierung führte —, war eifrig besorgt für die streng religiöse Erziehung und wissenschaftliche Ausbildung ihrer Söhne, namentlich für eine sorgfältige Unterweisung in der Kriegswissenschaft. Die nachgeborenen Söhne deutscher Höfe pflegten damals in die Kriegsdienste eines mächtigen Monarchen zu treten, in denen sie hohe Stellung und Ruhm erlangen konnten. Die sorgende Mutter bemühte sich auch ihrem Sohne Georg eine solche Stellung zu verschaffen. Nachdem er mit seinem Bruder Ernst Ludwig einen Aufenthalt von einem Jahre in Paris genommen, wo beide mit großer Aufmerksamkeit von Ludwig XIV. und dem Herzoge von Orleans behandelt wurden, kehrten sie im October 1686 wieder nach Darmstadt zurück.

Die Feldzüge, welche das Haus Habsburg gegen die Türken Jahrhunderte zu führen hatte, wurden seit vielen Jahren als die beste Kriegsschule erachtet, in welcher sich junge militärische Talente sicher und um-

fassend heranbilden konnten. Es war Sitte geworden, daß in die österreichischen Kriegsheere deutsche Fürstensöhne als Freiwillige eintraten und unter dem Doppeladler Oesterreichs ihre ersten Sporen verdienten. Auch Landgraf Georg nahm in dieser Weise an dem Feldzüge von 1687 Antheil und zwar unter dem Schutze seines nahen Verwandten, des Herzogs von Neuburg, welcher Oberst eines Regiments war, das zur Hauptarmee des Herzogs von Lothringen gehörte, zu der auch die oberrheinischen Kreistruppen, mit Einschluß des Contingents von Hessen-Darmstadt gehörten. Der Feldzug ging für den Kaiser glücklich zu Ende, und Landgraf Georg kehrte dann mit dem Kurfürsten von Baiern über München nach Darmstadt zurück.

Aber die kriegerischen Zeitläufte ließen ihn nicht lange ruhen. Er wurde bestimmt, an dem glorreichen Kampfe, welchen christliche Waffen im Dienste der Republik Venedig, damals noch die Mitbeherrscherin der Weltmeere, auf der Halbinsel Morea gegen die Ungläubigen führten, rühmlichen Antheil zu nehmen. Dasselbe that er bei dem Feldzuge im J. 1688, zu dem er ein von ihm errichtetes Regiment stellte. In diesem Feldzuge zeichnete sich der neunzehnjährige Jüngling bei der Belagerung von Negroponte rühmlichst aus. Nur mit Mühe vermochte man ihn aus dem Kampfe um einen Thurm, den er in Besitz nehmen sollte, zu reißen. Die Belagerung wurde aufgehoben und die Armada zog sich zurück.

Nach seiner Rückkehr aus dem Orient hielt sich Landgraf Georg in Darmstadt auf, wo er bis zum Anfang des J. 1691 verblieb. Dann begab er sich nach dem Haag. Der König Wilhelm III. von England, der ihn durch seinen kriegerischen Ruhm und seine Zuneigung entschieden zu sich fesselte, eröffnete ihm Aussichten auf eine ruhmvolle Laufbahn in Irland. Landgraf Georg entschloß sich nach Irland zu gehen, obgleich ihm der Kaiser ein Regiment gegeben hatte, und an dem Kampfe gegen die irländisch-französische Armee sich zu betheiligen. Er nahm rühmlichen Antheil an der blutigen Schlacht bei Aughrim am 12. Juli, in der er eine Wunde empfing.

Er eilte nun mit einem Urlaub von vier Wochen im März 1692 nach Wien, um dem Kaiser für ihm verliehene Regiment und seine Ernennung zum Generalmajor zu danken. England hatte einen großen Eindruck auf ihn gemacht, und die Aussichten, die sich dort unter seinem Gönner Wilhelm eröffnet, waren für ihn außerordentlich günstig. Er wollte deshalb auch schon am 10. April seine Rückreise nach dem Haag antreten. Allein eine andere Bestimmung wartete seiner. Der Krieg gegen die Türken machte seine Theilnahme zu einer Ehrensache, der er sich auch um so freudiger unterzog, da es ihm vergönnt war, unter einem der größten Feldherren der Zeit, unter dem Markgrafen Ludwig von Baden sich im Waffenhandwerk weiter auszubilden, außerdem aber auch am kaiserlichen Hofe die freundlichste Aufnahme fand, namentlich von seiner Base, der Kaiserin Eleonore. Landgraf Georg nahm an dem Feldzuge des

J. 1692 in Ungarn unter dem Oberbefehl des Markgrafen von Baden Antheil. Am 5. Nov. kehrte er glücklich aus dem Felde nach Raab zurück. Im J. 1693 war er an der Seite des Markgrafen, der am Rhein das Commando über das kaiserliche Heer zu führen hatte; 1694 finden wir ihn aber wieder in Ungarn. Vielleicht aus Veranlassung einer beabsichtigten Vermählung mit der verwittweten Pfalzgräfin von Neuburg, jedenfalls aber auch von der Anschauung ausgehend, daß er durch den Uebertritt zur katholischen Kirche im kaiserlichen Dienst sicherer und schneller vorankäme, war er wahrscheinlich Ende 1693 zum Katholicismus übergetreten.

Die Verwickelung der politischen Verhältnisse drachte den Landgrafen bald auf einen andern Schauplatz, auf dem er seine hervorragende Thätigkeit entfalten konnte. Ludwig XIV. suchte seinen Plan durchzusetzen und seinen zweiten Enkel zum König von Spanien zu machen. Alle seine Bemühungen, jeden Einspruch der übrigen europäischen Mächte gegen eine Störung des politischen Gleichgewichts Europas zu unterdrücken, waren nicht auf die Dauer von Erfolg. Wilhelm III. von England stiftete die große Allianz und Kaiser Leopold trat derselben energisch bei. Im Frühjahre 1695 ging Landgraf Georg von Wien aus mit den österreichischen Hülfstruppen als commandirender General nach Spanien und zwar nach Catalonien und nahm ehrenvollen Antheil an dem Kriege der großen Allianz, der auch in Catalonien im J. 1688 begonnen hatte und der mit abwechselndem Glück geführt wurde. Wir können an dieser Stelle nicht die einzelnen Phasen des langen Kriegs berühren, sondern nur das Auftreten des Landgrafen Georg darin verfolgen. Die eigentliche Aufgabe, welche den Franzosen im catalonischen Kriege gestellt war, die Belagerung und Einnahme von Barcelona, erfolgte Ende August 1697. Bei der Vertheidigung Barcelonas zeichnete sich Landgraf Georg in hervorragender Weise aus. Die nächste Folge des Falls von Barcelona war der endliche Abschluß des Friedenswerks zu Ryswick im J. 1697. Landgraf Georg ging auf Befehl des Königs Karl nach Madrid, wo ihm die höchsten Ehrenbezeigungen zu Theil wurden. Der König ernannte ihn zum Ritter des goldenen Vließes, zum Kammerherrn und Obersten der königlichen Garde zu Pferd und dann zum Vicekönig von Catalonien.

Bei der Aussichtslosigkeit des Königs von Spanien auf natürliche Erben war mit dem Friedensschluß zu Ryswick der Kampf der Diplomatie und der politischen Parteien am spanischen Hofe um die Successionsfrage in den Vordergrund getreten. Außer dem Herzog Philipp von Orleans und dem Herzog Victor Amadeus von Savoyen, die ihre Ansprüche indessen bald fallen ließen, traten hauptsächlich drei Bewerber um die spanische Krone auf, Kaiser Leopold für seinen zweiten Sohn Karl, der Kurprinz von Baiern und Ludwig XIV. für seinen zweiten Enkel, den Herzog Philipp von Anjou. Hätte der Kaiser Leopold im Anfang des J. 1698, wie die österreichische Partei in Madrid, namentlich die Kö-

nigin, es wünschte und betrieb, den Erzherzog Karl mit 10,000—12,000 Mann nach Spanien gesendet, die spanische Monarchie wäre für Oesterreich gewonnen gewesen. Der günstige Zeitpunkt wurde aber für das Haus Habsburg verloren, die Aussichten für das Haus Bourbon wurden immer günstiger.

Dem Landgrafen Georg war im November 1699 von seiten des kaiserlichen Hofes wegen seiner bei der Vertheidigung von Barcelona bewiesenen Tapferkeit, sowie wegen seiner unermüdlichen Thätigkeit für die österreichische Sache eine hohe Ehre zu Theil geworden. Er wurde zum Feldmarschall ernannt. Da er einsah, daß die Franzosen am spanischen Hofe zuletzt obsiegen würden, daß dann seines Bleibens in Spanien nicht mehr sein werde, so sprach er den Wunsch aus, sich nach der nahe in Aussicht stehenden Wendung der Dinge nach Oesterreich wieder zurückzuziehen und im kaiserlichen Dienste in einem anderen Lande für sich einen neuen Wirkungskreis eröffnet zu sehen.

König Karl II. starb am 3. Nov. 1700, nachdem er auf das Drängen der französischen Partei, namentlich des Cardinals Porto Carrero in seinem Testamente den französischen Prinzen zu seinem Nachfolger bestimmt hatte. Der neue König Philipp V. hielt am 21. April 1701 seinen Einzug in Madrid und die Partei der Königin, die deutsche, wurde verdrängt. Auch Landgraf Georg wurde Ende Februar 1701 seiner Stelle als Vicekönig von Catalonien entsetzt und der Graf von Palma, der Neffe des Cardinals, trat für ihn ein. Der Abschied des Landgrafen, welcher der volksthümlichste Mann in Catalonien geworden war, erfüllte Stadt und Land mit allgemeiner Trauer. Als er sich im Hafen der Stadt, der sie so ruhmvoll vertheidigt, einschiffte, rief er die prophetischen Worte aus: „Ich werde nicht allein zurückkehren, sondern mit einem anderen König von Spanien!" Er hielt Wort, er kam später mit Karl III. zurück. Vorerst eilte er durch Italien nach Wien, wo er bald zu -großen Unternehmungen vom Kaiser Leopold berufen wurde. Er begab sich dann zur Ordnung seiner Angelegenheiten noch einmal nach Darmstadt, und eilte dann Ende Februar 1702 nach London, um auf Befehl seines Kaisers auf ausdrücklichen Wunsch der Königin Anna von England an einer großen See-Expedition gegen Spanien thätigen Antheil zu nehmen. Er ging an Bord der vereinigten Flotte nach Lissabon, um den König von Portugal für die Sache zu gewinnen und fand sich dann bei Cadix ein, wo er den erfolglosen Angriff auf diese Stadt leitete. Derselbe mißglückte infolge der Meinungsverschiedenheiten der Oberbefehlshaber der Alliirten. Landgraf Georg war Ende November 1702 an Bord der Flotte, welche auf der Heimfahrt im Hafen von Vigo die spanische Silberflotte wegnahm und die beste, ja einzige spanische Flotte zerstörte, nach England zurückgekehrt und hielt sich bis Mitte Januar 1704 in London auf. Er war mit den Interessen seines Kaisers vollauf beschäftigt, wie er seither im Felde sich ausgezeichnet, ebenso geschickt bewegte er sich jetzt als Diplomat und Unterhändler. Es war ihm die Hauptrolle

7*

in den Vorverhandlungen zwischen den beiden alliirten See=
mächten und Oesterreich in London übertragen; er betrieb
die persönliche Erscheinung des österreichischen Kron=
prätendenten in England und Portugal, und vor allem
die Vorbereitungen zur Ausrüstung der großen See=
Expedition, die im Anfang des J. 1704 Karl nach Por=
tugal bringen und dann an den Küsten Spaniens neue
Eroberungsversuche machen sollte. Am 19. Sept. brach
endlich Erzherzog Karl von Wien auf, um seine Ansprüche
auf die spanische Krone geltend zu machen. Er traf
im Haag am 3. Nov. ein und landete am 6. Jan. 1704
in Portsmouth, wo ihn Landgraf Georg begrüßte und
sogleich von ihm zum Generalcapitän der in Portugal
gegen Spanien zu errichtenden Armee ernannt und mit
dem Commando und der Einrichtung aller Kriegsdis=
positionen betraut wurde. Am 16. Jan. 1704 lichtete
die englische Flotte unter dem Admiral Rooke in Ports=
mouth endlich die Anker für Portugal. An Bord des
englischen Admiralschiffs befanden sich der Erzherzog und
sein Gefolge, darunter der Landgraf Georg und sein
Bruder Heinrich. Der Landgraf hatte diesmal, weil er
die Ankunft des Königs „Karl III." voraus in Lissabon
anzeigen sollte, förmliche Creditive an den König von
Portugal als kaiserlicher Gesandter vom Kaiser Leopold
erhalten. Am 23. Jan., auf demselben Wege, in der
Bai von Biscaya trennte er sich nebst seinem Bruder
vom Könige, um nach Lissabon auf einem englischen
Schiffe vorauszueilen. Er kam am 31. Jan. im Tajo,
die englische Flotte mit dem König Karl an Bord kam
erst, weil sie durch widrige Winde genöthigt worden
war, wieder nach England zurückzukehren, nach einer
zweiten glücklicheren Seefahrt am 8. März im Tajo an.
Landgraf Georg war von nun an die eigentliche Seele
aller Unternehmungen und Angriffe, die zur See in
Spanien gemacht wurden; er hatte gelobt, Madrid vor
Barcelona und Catalonien aus zu erreichen und den
König Karl dort einzuführen. Er war es, der ihn be=
stimmte, eine Landung vor Barcelona mit der englischen
Flotte mit der englischen Flotte versuchen zu laffen.
Am 28. Mai kam die Flotte in Sicht von Barcelona.
Der Landgraf war als Lenker und Leiter aber in einer
üblen Lage aus Mangel der nöthigen Truppenzahl und
wegen der Schwierigkeiten, welche ihm Admiral Rooke
bereitete. Die Verabredungen, welche er mit den An=
hängern der österreichischen Partei in der Stadt getroffen
hatte, daß sie, sobald die Stadt zur Uebergabe durch
einen Trompeter aufgefordert würde, die Thore öffnen
wollten, gingen nicht in Erfüllung. Die Beschießung
der Stadt wurde begonnen, da aber nichts in der Stadt
vorging, weil die Anhänger Karl's den Muth verloren
hatten, wurden die ausgeschifften Streitkräfte wieder ein=
geschifft, und die Flotte zog am 1. Juni wieder ab. Der
Landgraf fühlte sich über die verunglückte Expedition tief
gebeugt und tröstete sich erst wieder, als beschlossen wor=
den war, einen Angriff auf Gibraltar zu unternehmen.
Am 1. Aug. erschien die Flotte in der Bai im Angesicht
der Stadt Gibraltar und landete 2400 englische und
holländische Marinesoldaten am Landhafen unter dem

Befehl des Landgrafen. Darauf sandte dieser einen
Tambour mit einer Aufforderung zur Uebergabe der
Festung an den Gouverneur Don Diego da Salinas
und beraumte ihm bis zum Morgen des 2. Aug. einen
Termin zur Beantwortung an. Zugleich ließ er dem
Stadtmagistrat ein königliches Schreiben einhändigen,
worin König Karl die Einwohner von Gibraltar mit
Verpfändung seines königlichen Wortes, ihnen alle unter
Karl II. genossenen Freiheiten und Gerechtsame ver=
bürgend, zur Unterwerfung aufforderte, widrigenfalls sie=
ber Admiral zu seinem tiefen Bedauern, anstatt wie seine
Kinder als Feinde behandeln und ihre Stadt beschießen
würde. Ein beigeschlossener Brief des Landgrafen, der,
mit schlagenden Gründen auf die Flotte und die gelan=
deten Truppen hinwies, drängte zu schneller Entschei=
dung. Es erfolgte von beiden Seiten nach kurzen Be=
rathungen des Kriegsraths und des Stadtvorstandes
eine entschieden ablehnende Antwort. Nun rückten etwa
20 Schiffe zur Beschießung vor. Am 3. Aug. früh
fünf Uhr begannen dieselben ein furchtbares Feuer auf
die Festungswerke und die Stadt zu eröffnen, sodaß
innerhalb fünf Stunden über 15,000 Schüsse abgefeuert
und alle Spanier von ihren Batterien verjagt waren.
Am Nachmittag sandte der Landgraf von neuem einen
Tambour mit der Forderung der Uebergabe der Stadt
ab, worauf der Gouverneur, nachdem er dem Magistrat
die Unmöglichkeit gegen die Uebermacht der Flotte die
Stadt halten zu können, erklärt hatte, in einem Schrei=
ben an den Landgrafen sich zu einer ehrenvollen Capi=
tulation bereit erklärte. Die Capitulation wurde abge=
schlossen und der Landgraf rückte an der Spitze eines
Theils der Alliirten in die Stadt ein und ließ alle
Werke besetzen. Bald nachher ernannte König Karl den
Landgrafen zum Gouverneur von Gibraltar. Als solcher
empfing er den König als solchen in Gibraltar im fol=
genden Jahre.
   Landgraf Georg war gleich von Anfang, als er die
oberste Leitung der Civil= und Militärangelegenheiten
übernommen hatte, vom Mangel und von Schwierigkeiten
jeder Art umlagert und blieb es, so lange er in Gibraltar
— trotz seines ununterbrochenen Aufenthalt von 12
Monaten — verblieb.
   Die Höfe von Madrid und Versailles, die den
Verlust von Gibraltar in seiner vollen Bedeutung er=
faßten, waren entschlossen, den Felsen zu Land und zur
See zu belagern und ihn mit Aufbietung aller Kräfte,
es koste, was es wolle, wieder zurück zu erobern. Mit
großer Energie und mit Benutzung verrätherischer Mittel
wurde die Belagerung unternommen und Landgraf Georg
würde in eine sehr unglückliche Lage gekommen sein, da
seine Streitkräfte dem ihm gegenüberstehenden Macht lange
nicht gewachsen waren, wenn nicht nach langem Harren
der englische Leake mit 24 Kriegsschiffen, von
denen einige holländische waren, in der Bai von Gibraltar
eingelaufen wäre. So war Gibraltar für diesmal in der
letzten Stunde entsetzt, wenn auch der Landgraf tief be=
dauern mußte, daß der von ihm verlangte, so dringend
nothwendige Succurs von 4000 Mann sich nicht an

Bord befand und er nur mit etwa 500 Marinesoldaten vom Admiral Leake unterstützt werden konnte, so lange dieser vor Gibraltar blieb. Die Belagerer setzten mit großer Energie die Belagerung fort, das Feuer aber, welches nachts von den englischen Schiffen unterhalten wurde, hinderte sie an dem schnelleren Fortschritt ihrer Werke, an denen sie, einen allgemeinen Sturm vorbereitend, arbeiteten. Vom 18. Dec. an traf endlich der lang ersehnte Succurs nach und nach in Gibraltar ein, aber immerhin nicht in der Stärke, die der Prinz erwartet hatte. Nach Eintreffen des Succurses trat Admiral Leake mit der Flotte die Heimkehr nach Lissabon an. Hierauf trat, hervorgerufen durch die rauhere Jahreszeit und als natürliche Folge der Verstärkung des Platzes, auf längere Zeit im feindlichen Lager und in der Festung größere Ruhe ein, welche der Landgraf unermüdet zu den langgehegten und gewünschten Entwürfen für die Wiederherstellung und Erweiterung der Festungswerke benutzte. Die Gefahr wuchs aufs Neue, als Gibraltar zum zweitenmal seit dem 26. Febr. vom französischen Admiral Paintis von 14 Kriegsschiffen, die sich in Cadiz gesammelt hatten, von der Seeseite eingeschlossen worden war. Landgraf Georg erwartete darum um so ungeduldiger die englische Flotte unter Admiral Leake zum abermaligen Entsatz. Aber auf die Nachricht, daß Admiral Leake mit der englischen Flotte im Anzuge sei, verließen die meisten französischen Schiffe die Bai von Gibraltar, um sich zeitig durch die Flucht zu retten. Als die englische Flotte, aus 35 Linienschiffen bestehend, von denen 23 englische, die übrigen holländische und portugiesische waren, am 21. März in die Bai erschien, waren nur noch 5 französische Schiffe da. Auch sie lichteten schnell die Anker und suchten ebenfalls das Weite. Sie wurden aber von der englischen Flotte scharf verfolgt und theils genommen, theils zerstört. Marschall Tessé, welcher die Belagerung Gibraltars leitete, hielt jetzt der Ankunft der englischen Flotte jede weitere Anstrengung für durchaus nutzlos und schickte sich, ehe er zur Aufhebung der Belagerung den ausdrücklichen Befehl von den Königen von Frankreich und Spanien erhalten hatte, zur Räumung der Batterien an. Zur Zerstörung der feindlichen Werke schlug Landgraf Georg einen Ausfall der Besatzung vor, drang aber mit seinem Vorschlag trotz aller seiner von ihm angeführten Gründe nicht durch. Der Ausfall unterblieb, aber der Landgraf konnte die Vereitelung dieses von ihm stark gehegten Wunsches lange nicht verwinden. Ihn ergriff eine immer größere Sehnsucht, endlich aus dem „Loch" zu kommen, wo ihm theils der Ungehorsam der höheren englischen Officiere, theils ihr Neid manche Verdrießlichkeiten, ja Erschwerungen und Nachtheile im Dienst bereiteten. In den ersten Tagen des Mai bewerkstelligte Tessé die vollständige Aufhebung der Belagerung; er zog mit Sack und Pack und seinem gesammten Belagerungspark stillschweigend ab und richtete seinen Marsch nach Cadiz. Landgraf Georg bemühte sich nach dem Abzuge des Feindes vor allem die Breschen auszufüllen, die Trümmer zu entfernen, welche die Beschießung der Stadt hervorgebracht und viele nöthige neue Werke in Angriff zu nehmen. Allein dazu fehlte es schon vor allem an Geld und jeder nöthigen Unterstützung. Die Anerkennung der Verdienste des Landgrafen um die Vertheidigung und Erhaltung der Festung war allgemein und unbeschränkt. In der That, unter den vorliegenden Umständen war das Maß seiner Verdienste voll geworden, er hatte nicht allein Tapferkeit und Kaltblütigkeit den größten Gefahren entgegengesetzt, sondern auch die größte Geduld und Ausdauer, wie die edelste Selbstbeherrschung unter allen unsäglichen Schwierigkeiten bewiesen. Selbst seine Gegner in der Festung mußten sich vor seinen Verdiensten beugen, jede Anklage mußte verstummen.

Die wichtigste Angelegenheit, die schon im Sommer 1705 nicht allein die Aufmerksamkeit der Alliirten in Spanien und England, sondern auch die ganze Seele des Landgrafen in Anspruch nahm, war die nähere Bestimmung, auf welchen Punkt im Sommer 1705 die vereinigten Kräfte in Spanien zu richten seien, und wem das oberste Commando anvertraut werden sollte. Der Landgraf hielt in erster Linie einen Angriff auf Barcelona für geboten, wo er durch Agenten einen guten Erfolg vorzubereiten bemüht war. Das von ihm erhoffte Obercommando in dem neuen Feldzuge wurde ihm aber nicht zu Theil, dieses wurde dem Grafen Peterborough und dem Admiral Shovel übertragen. Doch wurde weiter durch den Herzog von Marlborough, dem die Entscheidung überlassen war, bestimmt, daß Landgraf Georg in Catalonien Antheil am Landcommando haben sollte. Die Ausrüstungen der neuen Expedition waren gegen Mitte Mai vollendet, und Landgraf Georg begab sich, dazu aufgefordert, nach Lissabon zur Berathung. An seine Stelle als Gouverneur von Gibraltar trat provisorisch sein Bruder Heinrich. Die Würfel waren nach der Berathung in Lissabon gefallen. Die Eroberung Barcelonas und Cataloniens wurden als Aufgabe des Sommerfeldzugs festgestellt und Landgraf Georg eilte nach Gibraltar zurück, um dort noch das Nöthige anzuordnen.

Am 16. Aug. 1705 kam die Flotte vor Barcelona an. Die Festungswerke Barcelonas waren, als die Flotte anlangte, in gutem Zustande; sie waren so ausgedehnt, daß eine regelmäßige Belagerung eine Truppenmacht von wenigstens 30,000 Mann erfordert hätte. Die Garnison war beinahe von gleicher Stärke wie die 8000 Landungstruppen an Bord der alliirten Flotte. Kaum hatte die Flotte sich im Angesicht der Stadt vor Anker gelegt, als auch sogar die Besatzung eine Kanonade auf einige feindliche Fahrzeuge eröffnete, die sich dem Ufer stark genähert hatten. Die Umstände waren schon auf den ersten Blick für eine Belagerung, auch für den Kühnsten und Muthigsten so ungünstig, daß die Klugheit gebot, von dem beabsichtigten Angriffe Barcelonas abzustehen. Außerdem erhob sich die Bevölkerung nicht sogleich zu Gunsten der erschienenen Flotte, weil die Gefahr für die Einzelnen dem Vicekönig gegenüber, der entschlossen war, sich unter den Trümmern begraben zu lassen, zu groß war. Er war dazu um so mehr entschlossen, da er die aufrührerischen, Karl III. zugeneigten Bewohner, die er nur mit der furchtbarsten Strenge im Zaume halten konnte, nicht zu schonen hatte. Ein Kriegsrath, den Peterborough zusammenrief, und an dem auch Landgraf Georg Antheil nahm, sprach sich einstimmig gegen jeden Angriff aus, und substituirte einen anderen Plan eines Angriffs auf Spanien. Diese Entscheidung des ersten Kriegsraths war den Wünschen und Hoffnungen König Karl's und des Landgrafen Georg schnurstracks entgegen, weshalb sie schriftlich entschieden dagegen protestirten und sich dahin äußerten, daß eine Aufgabe der Expedition unter den obwaltenden Umständen der gemeinschaftlichen Sache zum größten Schaden und den britischen Waffen zur Schande gereichen würde. Der Kriegsrath blieb indessen auf seiner Ansicht beharren und stützte sich mit den gewichtigsten Gründen. Nach einigen Tagen erhoben sich dann aber Meinungsverschiedenheiten zwischen den Officieren der Landarmee und denen der Flotte. Namentlich war es der Admiral Shovel, der alles that, um des Königs und des Landgrafen Plan zum Austrag zu bringen. Allein trotz aller seiner und des Landgrafen Bemühungen erklärte sich der Kriegsrath wiederholt gegen einen Angriff auf die Stadt, aber die Truppen, die Munition, die Vorräthe und die Zelte waren bereits ungeachtet nach und nach ans Land geschafft worden. König Karl selbst betrat am 28. Aug. unter großem Jubel und Zulauf des Volkes das Land und ritt nach dem Lager. Der ausdauernden loyalen Treue und dem unermüdlichen Eifer des Admirals Shovel verdankte der König die Fortsetzung der nun auch schwach und langsam vorrückenden Belagerung. Dieses langsame Vorrücken machte die Truppen unzufrieden und muthlos. Peterborough, der die Hoffnungslosigkeit eines Sturms auf die Stadt einsah, fiel endlich auf einen tollkühnen Plan, den eigentlich der Landgraf Georg in ihm angeregt hatte. Seine Aufmerksamkeit richtete sich auf die Bergcitadelle Montjuich, welche an Stärke jedes andere Befestigungswerk übertraf, aber die schwächsten Punkte, die verwundbare Ferse der Stadt deckte. Der Gedanke, diese Bergcitadelle anzugreifen, machte sich lebhaft und plötzlich in dem excentrischen Wesen Peterborough's geltend; gerade auf die Sicherheit der Besatzung, die diesen Punkt für uneinnehmbar hielt, baute er seinen tollkühnen Plan, den er sorgfältig selbst seinen Vertrautesten verbarg, und durch Vorbereitungen, die auf einen beabsichtigten Abzug deuteten, verdeckte. Er machte sich mit den besten Wegen, die zum Gipfel führten durch Schluchten und Höhlungen, vertraut, und war sogar einmal, nur von einem einzigen Adjutanten begleitet, bis beinahe zur Höhe unvermerkt gelangt. Er bewahrte sein Geheimniß trotz der bittersten Vorwürfe, die ihm auch der Landgraf machte; im Lager und in Barcelona feierte man bereits den Abzug der Belagerer.

Als am 13. Sept. Peterborough für den beabsichtigten, aber bis dahin geheim gehaltenen Angriff alles vorbereitet hatte, überraschte er den Landgrafen mit der Nachricht der in der nächsten Nacht vorzunehmenden Expedition und forderte ihn auf, an dem kühnen Wagniß theilzunehmen. Der Landgraf Georg nahm mit Freuden die ihm angebotene Rolle an, und theilte seinem Könige den beabsichtigten nächtlichen Angriff mit. Mit dem frohen Muthe des Gelingens schied der Landgraf von seinem König, dem er bis zum Tode treu und begeistert für sein Recht ergeben blieb. Die zwei tapferen Männer, die bis dahin sich mit ihren Ansichten vielfach gegenüber gestanden hatten, eilten nun in tiefem Gespräch über die Unternehmung in der Stille der Nacht dahin. Gegen 10 Uhr erreichten sie die Vorhut, die nun der Oberbefehlshaber selbst führte, nämlich direct auf Montjuich. Die Wege dahin waren schwierig und oft so enge, daß sie nur von Einzelnen zu begehen waren. Erst nach mehreren Stunden angestrengten Marsches erreichten sie die Höhe von Montjuich. Der Angriff auf die überraschten Belagerten erfolgte nach der gut ausgedachten Anordnung des Oberbefehlshabers und eine Bastion der Außenwerke war bald genommen. Dann aber wurde der Kampf schwieriger, die sich rasch sammelnden Spanier, welche aus den inneren Werken hervordrangen, kämpften mit dem größten Muthe, und erhielten bald auch Verstärkung durch Theile der alarmirten Besatzung der Stadt. Landgraf Georg führte in einem kritischen Augenblicke, als ein feindlicher Führer seinen Truppen, um die Angreifer zu täuschen, die Losung: „Lange lebe König Karl", laut ausrufen ließ, die erste Abtheilung. Diese drang hitzig vor, wurde aber plötzlich von einem mörderischen Feuer von vorn und von der Seite empfangen. Landgraf Georg war die ganze Nacht zu Pferde geblieben, und als der Pulverdampf sich verzogen, sah man ihn, ob er gleich seine Wunde eine Zeit lang zu verbergen suchte, matt vom Pferde herabgleiten. Zwei Flintenkugeln hatten ihn tödlich verwundet. Der eine Schuß hatte ihn die große Ader am rechten Schenkel getroffen, der andere war ihm durch den Leib gegangen. Sein Bruder Heinrich befand sich in diesem Augenblicke an der Seite seines Bruders und entging kaum demselben Schicksal; eine Flintenkugel durchlöcherte seinen Hut. Der Kampf wurde noch mit Wuth und mit wechselndem Erfolg weiter geführt, zuletzt aber entschied das Auffliegen einer Kapelle, welche als Pulvermagazin diente, das Schicksal der Festung. Die Besatzung bot gegen Sicherheit ihre Uebergabe freiwillig an. Dieser glänzende Ausgang des tollkühnen Unternehmens, welches dem tapferen Landgrafen den Tod brachte, änderte vollständig die Lage und die Aussichten der Armee und Flotte vor Barcelona.

In dem Augenblicke, als der todtesmuthige, opferbereite Landgraf die beiden tödtlichen Schüsse erhalten, und der Schmerz, den er anfangs verbergen wollte, ihn zu den Füßen seines Bruders Heinrich vom Pferde abfinken machte, versagten die Umstände dem Lord Peterborough, bei dem Sterbenden in seinen letzten Augenblicken zu sein. Er hatte mitten im heißen Kampfe nur Zeit, ihn auf ein Häuschen am Abhange des Bergs hinabtragen zu lassen. Das Blut entströmte beiden Wunden so reichlich, daß sein Leben in Ermangelung eines Arztes, der sie ihm verbunden und ihm beigestanden hätte, schnell erlosch. Eine halbe Stunde später war es erloschen und sein Bruder Heinrich stand weinend bei der kalten auf dem Boden ausgestreckten Leiche. Landgraf Heinrich bewahrte des Bruders blutiges Hemd auf und brachte es später nach Darmstadt als theuere Reliquie des großen tapferen Todten mit. Da alles noch in ungewissem Zustande war, so konnte ihn Peterborough vorläufig nicht mit militärischen Ehren beisetzen lassen, weshalb vorläufig von ihm ein Kloster in dem eine halbe Stunde von Barcelona liegenden Grazia gemiethet wurde, wo sein einbalsamirter Körper im Staat ausgestellt wurde. Noch vor der Einnahme der Stadt Barcelona ward der einbalsamirte Körper in zwei Särgen, deren Schlüssel Landgraf Heinrich mit nach Deutschland brachte, in den Gewölben desselben Klosters zu Grazia vorläufig beigesetzt, um die irdischen Ueberreste entweder später mit militärischen Ehren in der Hauptkirche von Barcelona zur letzten Ruhe zu bringen oder nach Darmstadt in die Gruft seiner Ahnen. Beides unterblieb, der Sarg verblieb in Grazia und das Verbleiben wurde von dem preußischen Generalconsul Jul. v. Minutoli constatirt. Tragisch wie der Tod des Landgrafen, ist auch die Geschichte seines todten Herzens, welches in der fürstlichen Gruft in Darmstadt beigesetzt werden sollte. Auf dem Transport wurde das englische Packetboot, welches es überführen sollte, von einem französischen Kreuzer genommen, die Herausgabe des todten Herzens aber von Ludwig XIV. verweigert. Erst im Februar 1711 schlug diesem nicht mehr schlagenden Herzen die Stunde der Befreiung. Es wanderte endlich von Paris über Strasburg nach Darmstadt, wo es im März zur ewigen Ruhe in die Gruft der Ahnen gelangte.

Die glänzende Einnahme von Montjuich rief eine begeisterte Bewunderung im Heere und in der Flotte hervor, und zog bald den Fall von Barcelona nach sich. Am 23. Oct. zog König Karl III. feierlich in Barcelona ein, und wurde von neuem als König von Spanien öffentlich verkündigt. König Karl schlug seine Residenz fortan in Barcelona auf.

Landgraf Georg's von Hessen-Darmstadt Bedeutung in dem spanischen Successionskriege ist von englischen Geschichtsschreibern nicht nach Verdienst gewürdigt worden. Es ist das Verdienst Dr. Heinrich Künzel's, dieses Versäumniß nachgeholt zu haben, indem er das Leben und die Briefwechsel des Landgrafen nach den Originalpapieren des britischen Museums und den Archiven in London, Darmstadt, Wien, Paris, Madrid, Lissabon, Venedig und im Haag, Gibraltar, Barcelona, Stuttgart und Wallerstein bearbeitete. (Wien, Braumüller, 1869. Neue Ausgabe. [Erste Ausgabe, Friedberg 1859.])

(Dr. Walther.)

GEORG II.[1], ältester Sohn und Nachfolger des

Landgrafen Ludwig V. von Hessen-Darmstadt, ward den 17. März 1605 geboren. In seiner Jugend hatte er sich eine gelehrte Bildung zu eigen gemacht, weshalb er auch „der Gelehrte" benannt wurde, namentlich war er in der heiligen Schrift, mit der er täglich sich beschäftigte und die er schon vor seinem 18. Lebensjahre dreimal in deutscher, zweimal in lateinischer und einmal in französischer und spanischer Sprache, und während seiner fünfunddreißigjährigen Regierung noch achtundzwanzigmal durchgelesen hatte, sehr bewandert; auch hatte er sich im 16. Lebensjahre (1621) auf Reisen durch fast ganz Europa begeben, und war namentlich an dem Hofe Philipp's V. von Spanien (1621) hochgeehrt worden[2]. Auf seiner Rückreise erfuhr er am 24. Mai 1622 in Würzburg, daß sein Vater von den Mansfeldischen Truppen gefangen und Darmstadt eingenommen sei. Auf dessen Anweisung suchte er daher Zuflucht am kursächsischen Hofe, wo er seine nachherige Gemahlin Sophie Eleonore, Tochter des Kurfürsten Johann Georg I., kennen lernte, und sich den 9. Juni 1625 zu Dresden mit ihr verlobte. Den 27. Juni 1626 starb sein Vater, Georg folgte ihm in der Regierung, und vermählte sich am 1. April 1627 zu Torgau mit seiner Braut. Dem Testament seines Vaters gemäß war das Hauptziel seiner Regierung die Vergrößerung und Befestigung seiner Besitzungen, und das dies nur mit Hülfe des Kaisers und durch eine Stärkung der kaiserlichen Macht geschehen konnte, so schloß er sich, wie ihm ebenfalls sein Vater vorgezeichnet hatte, auf das Engste an den Kaiser an.

Eine sehr schwierige und folgenreiche Aufgabe trat sofort bei dem Antritt seiner Regierung in dem noch unerledigten Ausgleich mit Hessen-Cassel wegen der marburger Erbschaft an ihn heran. Schon im J. 1623 war dieselbe Hessen-Darmstadt zugesprochen und Landgraf Moritz von Hessen-Cassel verurtheilt worden, zum Ersatz der von ihm seit achtzehn Jahren von deren Hälfte genossenen Einkünften 17 Millionen an Hessen-Darmstadt zu zahlen, wofür Ludwig aber so ausgedehnte Pfandschaften verlangte, daß dem Landgrafen Moritz nur die Residenz und die nächsten Laude verblieben. Da dieser darein nicht willigte und ihm deshalb kaiserliche Execution drohte, so legte er zur Rettung seines Hauses den 17. März 1627 die Regierung in die Hände seines Sohnes Wilhelm V. nieder. Sofort knüpfte nun dieser mit dem Kaiser Verhandlungen wegen Aufschubes der Execution in seinen Erblanden, und mit Georg wegen Erlangung eines gütlichen Vergleiches an. Die ersten Verhandlungen mit letzterem versprachen wegen dessen hohen Forderungen wenig Erfolg. Vergeblich war auch, daß beide Landgrafen in dem Schlosse Romrod bei Alsfeld zusammenkamen, und Georg feierte darauf am 30. Mai mit großem Pomp das hundertjährige Jubiläum

---

so ausführlich nach den Quellen dargestellt hat, daß dazu nur sehr Weniges nachzutragen war.

1) Die Quellenschriften über Georg II. sind von Walther im „Literärischen Handbuch für Geschichte und Landeskunde von Hessen" Nr. 486—493, sowie im 1. Supplement Nr. 188—190 verzeichnet. Dieser Artikel gründet sich hauptsächlich auf Rommel's Geschichte von Hessen Bd. VIII und IX, der die Geschichte Georg's

2) S. die Reisen des Landgrafen Georg II. von Scriba in „Malten's Weltkunde" 1843, und Baur im „Archiv des histor. Vereins für das Großherzogthum Hessen" 10, 36 fg.

der ihm zugefallenen Sammtuniversität Marburg. Wilhelm betrieb jedoch unablässig die Sache, und nach wiederholter Zusammenkunft der beiderseitigen Räthe und einem persönlichen Besuch in Darmstadt gelang es ihm, trotz des Widerspruchs seines Vaters den 24. Sept. 1627 den hessischen Hauptaccord feierlich abzuschließen, wonach dem Hause Darmstadt das ganze Oberfürstenthum zufiel nebst der niederen Grafschaft Katzenellenbogen und die Herrschaft Schmalkalden bis zur Bezahlung des auf die letztere gesetzten Pfandschillings von 100,000 Fl., Cassel dagegen die Hälfte der marburger Universitätsrenten behielt, welcher Vertrag dann am 22. Jan. 1628 vom Kaiser bestätigt ward.

Sofort nach dem Abschluß dieses Accordes versagte nun Georg als strenger Anhänger der Concordienformel alle reformirten Prediger, Lehrer und Beamten aus den ihm verpfändeten Grafschaften, führte überall lutherischen Gottesdienst ein, gestattete dagegen nirgends das reformirte Glaubensbekenntniß[3]), und ordnete darauf in allen seinen Landen, namentlich aber in jenen Grafschaften eine Kirchenvisitation an, welche eine Reihe tiefeingreifender Anordnungen und Verbesserungen zur Folge hatte und den tiefen Ernst beweisen, mit dem sich der fromme Fürst die Hebung des religiösen Lebens in seinem Lande angelegen sein ließ[4]).

Nicht minder aber als die Hebung des sittlichen Lebens lag ihm der wissenschaftlichen Bildung am Herzen. Dem Testamente seines Vaters zufolge errichtete er das Gymnasium zu Darmstadt, das den 12. April 1629 durch seinen Kanzler Anton Wolf von Todenwart eingeweiht wurde, und dessen erster Rector Magister Balthasar Klinkerfues war. Besondere Vorliebe bewies er für Geschichte; er veranstaltete eine sorgfältige Sammlung aller Urkunden seines Hauses und sah sich, veranlaßt durch den marburger Erbstreit, frühzeitig nach staatsgelehrten Männern um, welche im Stande wären, die Geschichte seines Hauses zu schreiben. Schon 1628 berief er deshalb den berühmten Sammler der Reichssatzungen Melchior Goldast zu diesem Zweck nach Gießen; da dieser aber einen Ruf als Kanzler nach Bückeburg annahm, übertrug er (1639 und 1640) diese Aufgabe den marburger Professoren Conrad Bachmann und Johann Balthasar Schuppius, ferner Johann Conrad Dietrich und Johann Peter Lotichius, aber vergebens, bis endlich Johann Mylius 1648 eine mühseligslose hessische Stammtafel zusammenbrachte. Nachdem aber ein gutes Einvernehmen mit dem Landgrafen von Hessen-Cassel hergestellt war, nahm Johann Justus Winkelmann, der 1638—1648 Informator seiner Prinzen Ludwig und Georg gewesen war, 1648 seine hessische Chronik in Angriff, die jedoch erst 1697 im Druck erschien (s. Rommel 8, 84; 9, 169 fg. 436 fg.). Seiner streng lutherischen Richtung gemäß umgab er sich mit Theologen der crassesten anti-calvinistischen Gesinnung, wie Balthasar Menzer II., sein Oberhofprediger und beständiger Begleiter, Justus Feuerborn, Peter Hader-

korn, Meno und Phil. Ludwig Hanneken und Joh. Steuber; desgleichen mit Rechtsgelehrten und Staatsmännern, welche die absolute Machtvollkommenheit des Kaisers und die unbedingte Ergebung gegen denselben vertraten, wie Philipp Ludwig und Conrad Fabricius, J. J. Gambsen, Theod. Reinking, Justus Sinold, gen. Schütz, wozu noch der Kanzler Anton Wolf von Todenwart, und der Gesandte Joh. Jak. von Todenwart kamen. (Rommel 8, 3 fg. 9, 435.)

Von seinem Vater hatte er das Land in großer Finanznoth überkommen, welche durch fortwährende Einquartierungen gesteigert wurde. Nach dem Abschluß des hessischen Hauptvergleichs daher Georg seine Landstände in Marburg (12. Dec. 1627), und diese verwilligten ihm nicht nur die zu leistende Kriegssteuer, sondern auch nach der kaiserlichen Bestätigung dieses Vergleichs (den 28. Febr. 1628) eine so ausgedehnte zwanzigjährige Rente, daß er im Stande war, nicht nur seine Schulden zu bezahlen, sondern auch sein Gebiet durch Landeserwerbungen zu vergrößern. (Rommel 8, 59. 60.)

Da erschien den 6. März 1629 das Restitutionsedict. Zwar traf dasselbe die hessischen Lande nicht, da Landgraf Philipp vor dem passauer Vertrag reformirt hatte, dennoch hielt sich Georg davor nicht sicher und suchte durch eine allgemeine Kirchenvisitation im Sinne der unveränderten augsburgischen Confession und durch sechs jährliche Buß-, Fast- und Bettage dem ersten Sturme der Reaction zu begegnen. Dennoch versuchte der deutsche Ordensmeister Johann Caspar von Stadion das deutsche Ordenshaus zu Marburg zum Katholicismus zurückzuführen, wozu ihn der Kaiser besondere Commissarien ernannte; allein trotzdem der Kaiser ihn an die ihm und seinem Vater in dem marburger Erbstreite erwiesene Gnust erinnerte, berief sich Georg darauf, daß Landgraf Philipp das von seinem Vorfahren gestiftete Ordenshaus mit der Kirche St. Elisabeth schon dreizehn Jahre vor dem passauer Vertrag reformirt habe, und entging dadurch der Gefahr. (Rommel 8, 65—67.) Dagegen half es ihm nichts, daß er sich der Klage des Landgrafen Wilhelm bei dem Kaiser und dem Kurfürsten zu Mainz wegen der Zuwendung des Stiftes Hersfeld an des Kaisers Sohn Leopold Wilhelm und der gewaltsamen Einführung der Gegenreformation des Stifts anschloß, sowie der Klage desselben bei dem Reichshofrath. (Rommel 8, 67—69.) Auch mußte Georg es sich gefallen lassen, daß zwei Augustiner von Wien, unterstützt von dem Abt zu Fulda, die Wiederherstellung des Augustiner-Mönchsklosters zu Schmalkalden verlangten, und daselbst ein kaiserlicher Oberst den öffentlichen Gesang lutherischer Lieder verbot. (Rommel 8, 70.) Auch wurde Darmstadt in diesem Jahre von der Pest heimgesucht, sodaß Georg mit seinem Hofstaat und der Kanzlei Zuflucht auf dem Schlosse Lichtenberg im Odenwald suchen mußte (Rommel 9, 405 Anm.). Mit Landgraf Wilhelm stand derselbe damals auf einem so freundschaftlichen Fuße, daß er als Pathe dessen erstgeborenen Sohnes Wilhelm (später als Landgraf der VI.) vom 19. Juli 1629 an neun Tage in

---

3) Heppe, „Kirchengeschichte beider Hessen" 2, 84.   4) Ebenda 2, 75 fg.

Caffel war. Aber dies Verhältniß ward bald getrübt. Schon im August desselben Jahres ließ er denselben bei der Behauptung der hessischen Landeshoheit über die Grafschaft Walded, welche schon unter Landgraf Moritz streitig geworden war, im Stich, obschon seine Mitwirkung dabei ein Hauptzweck der Nebenverträge zum hessischen Hauptaccord war. (Rommel 8, 38. 73. 74.) Wahrscheinlich ließ sich deshalb Landgraf Wilhelm bei der Taufe des erstgeborenen Sohnes Georg's Ludwig (als Landgraf der VI.), geboren den 25. Jan. 1630, durch Melchior von Lehrbach als Pathe vertreten. Und als darauf Wilhelm bei ihm anfragte, wie man sich gegen das Restitutionsedict schützen könnte, antwortete er am 25. Juni 1630, da man in Niederhessen von der philippinischen Religion und Kirche abgefallen und sich aller Greuel des Calvinismus theilhaftig gemacht habe, daß er nur dann des Religionsfriedens fähig und gegen jede katholische Anfechtung gesichert sei, wenn er sich mit Mund und Herz zur unveränderten augsburgischen Confession bekenne und darnach sein Land reformire. Das war eine Zumuthung, die gegenüber einem Fürsten, wie Landgraf Wilhelm, der eher Land und Leben dahingegeben hätte, als in eine Religionsveränderung zu willigen, ganz aussichtslos war. Dennoch begannen nun zwischen beiden Fürsten eine Reihe von Wechselschriften mit zutraulichen Briefen; als aber Georg das grobe Geschütz seiner Theologen heranführte, wandte sich Landgraf Wilhelm 1633 mit der Bitte an ihn, ihn mit weitern Zumuthungen und Disputationen zu verschonen. (Rommel 8, 71—73.)

Als weiser Landesvater hatte unterdessen Georg, durch seine Sorge dazu in den Stand gesetzt, seinen Haushalt, ungeachtet bedeutender Ausgaben für größere Gütererwerbe, bestens geordnet, und den 5. Jan. 1631 den Landständen seinen letzten Willen über die etwaige Vormundschaft und Handhabung des Glaubensbekenntnisses nebst einem Erziehungsplan für seinen Erstgeborenen, sowie einen Geheimraths- und Sparungsordnung vorlegen lassen. (Rommel 8, 104.) Zugleich gründete er aus väterlicher Sorgfalt für die Erziehung seines Erstgeborenen und seiner späteren Söhne eine besondere Hofschule, wo dieselben mit mehreren Söhnen von Adel, und zwar diese auf seine Kosten, erzogen und unterrichtet wurden[5].

Je mehr unterdessen die Uebermacht des Kaisers stieg, desto mehr schloß sich Georg diesem an, und er wußte dessen Gunst in dem Grade zu erlangen, daß dieser ihm auf dem Kurfürstentage zu Regensburg (im Juni 1630) die Grafschaft Isenburg als Reichslehn zusprach, welches der Graf Wolfgang Heinrich wegen Landfriedensbruchs und Theilnahme an der mansfeldschen und braunschweigischen Besatzung von Darmstadt im J. 1621 verlustig gemacht hatte, wie das Reichshofgericht am 9. Nov. 1630 bestätigte, worauf sich Georg den 1. März 1631 in den Besitz der isenburgischen Güter setzte. (Rommel 8, 194. 105.)

Eine wenig ehrenvolle Rolle spielte Georg aus

Dankbarkeit gegen den Kaiser in Sachen der protestantischen Fürsten. Schon zu Anfang des J. 1630 hatten die sächsischen Herzöge und Landgraf Wilhelm zur Abwehr der Drangsale der kaiserlichen Heere und des Restitutionsedictes mit dem Kurfürsten von Sachsen eine Verabredung zur Vereinigung aller protestantischen Fürsten beschlossen, und auf dem regensburger Reichstage, den außer Georg II. kein protestantischer Fürst besuchte, hatte Landgraf Wilhelm durch seinen Stellvertreter von dem Kaiser die Aufhebung des Restitutionsedictes und einen allgemeinen Religionsfrieden verlangt. Der Kaiser, dem auch die katholischen Fürsten wegen der allgemeinen Bedrückung schwere Vorwürfe gemacht hatten, überließ die Milderung und den Aufschub der Vollstreckung des Edictes einer Vergleichsverhandlung der katholischen Fürsten, und diese faßten den Entschluß, die Protestanten durch einen Compositionstag zu Frankfurt zu beschwichtigen und Georg nahm sich, und zwar hinter dem Rücken seines Schwiegervaters, des Kurfürsten von Sachsen, dieser Sache mit solchem Eifer an, daß dieser die Versammlung der Protestanten, welche der Vergleichsverhandlung vorangehen sollte, verschieben mußte. Als aber nun Gustav Adolf herannahte, und der Kurfürst von Sachsen deshalb auf den 6. Febr. 1631 die protestantischen Fürsten zu einem Convent nach Leipzig berief, an dem Landgraf Wilhelm, Kur-Brandenburg, Anhalt und Baden-Durlach und die nächsten Hauptkreise theilnahmen, erschien Georg nicht. Durch die Siege Gustav Adolf's ermuthigt, vereinigten sich jetzt jene unter dem Schutze der Reichsverfassung dahin, weder das Restitutionsedict, noch die ihnen von ihren Glaubensgenossen und Unterthanen zugefügten Beleidigungen und Lasten länger dulden zu wollen, und verabredeten die Aufkündigung der Quartiere und Kriegssteuer an kaiserliche und liguistische Heere, sowie sich zu rüsten. (Rommel 8, 106 fg.)

Da aber die leipziger „Schlußverwandten", ungeachtet der Mahnungen Gustav Adolf's, keine Anstalten zur Ausführung ihrer Beschlüsse machten, und dieser dem Landgrafen Wilhelm, infolge der mit ihm im vorigen Jahre gepflogenen Verhandlungen, als Preis der ersten Schildererhebung nicht nur Schutz und Trutz, sondern auch Restitution aller verlorenen Rechte und Länder zusagte, so verließ dieser Leipzig, eilte in seine Heimat und rüstete mit Herzog Bernhard von Sachsen-Weimar zur Ausführung jener Beschlüsse. Der Kaiser, die Kurfürsten von Cöln und Mainz und selbst Tilly mahnten ihn selben ab, vor allem aber stellte ihm Georg die verderblichen Folgen des dem Kaiser verdächtigen und verderblichen leipziger Schlusses vor und verwahrte sich gegen die Werbung in seinen Landen. Wilhelm antwortete entschieden auf alle Vorwürfe und forderte ihn auf, sich lieber nach Frankfurt zu dem so lange verzögerten Compositionstage zu begeben, als den 27. Juni zeigte ihm Georg aus Langenschwalbach, wo er sich im Bade befand, an, daß der Compositionstag den 3. Aug. anfangen werde, die Evangelischen möchten acht Tage früher erscheinen. (Rommel 8, 113. 114.)

Durch den Fall von Magdeburg sah sich Landgraf

---

5) Walther, „Die Hofschule Georg's II." im a. Archiv 8, 467 fg.

Wilhelm plötzlich von aller Bundesgenossenschaft verlassen und von Tilly bedroht; er suchte daher am 16. Mai 1631 mit Berufung auf den Erbvertrag von 1628, der bestimmte, daß beide Landgrafen in solchen gemeinsamen Gefahren für einen Mann stehen sollten, Hülfe bei Georg. Allein Georg antwortete ihm, und zwar mit Fug und Recht, daß jener Erbvertrag die Restriction enthalte, daß, wenn Einer von beiden sich ohne des Andern Einwilligung in eine Einung begebe, der Andere zu einiger Hülfleistung nicht verpflichtet sei. Die Gefahr Landgraf Wilhelm's rühre aus dem leipziger Schluß, dessen er, Landgraf Georg, willens auf anderem Wege zu vermitteln, sich keineswegs theilhaftig gemacht. Die Verpflichtung des Erbvertrags, in solchen Fällen zu warnen, habe er als getreuer Blutsverwandter zeitig erfüllt. Er rieth ihm daher, seine Truppen zu entlassen, und entweder durch die Zahlung einer Contribution oder durch Aufnahme kaiserlicher Truppen sich Rettung zu verschaffen. (Rommel 8, 115 fg.) Gustav Adolf drang aber immer siegreicher vor und Landgraf Wilhelm schloß nun den 12. Aug. 1631 mit demselben zu Werben ein festes Bündniß, und als dieser den Sieg bei Leipzig errungen, überwies er dem Landgrafen Wilhelm zum Unterhalt seiner Truppen ganz Hessen mit Einschluß der Länder des Landgrafen Georg, sowie die umliegenden Landschaften, ersuchte ihn aber zugleich, falls er die Länder des Landgrafen Georg zu Darmstadt zu seinen Quartieren und Contributionen ziehe, nichts in deren Staat (Verfassung) zu ändern, damit der Kurfürst von Sachsen (Georg's Schwiegervater) dadurch nicht gereizt würde. (Rommel 8, 155.)

Nach jenem Siege Gustav Adolf's drängte sich nun Georg sofort in eine Friedensvermittlerrolle zwischen dem Kaiser und dem Schwedenkönig, die aber für beide Theile zum Nachtheil war. Denn da der Kurfürst von Sachsen die Vermittelung Georg's angenommen, und der Kaiser damit einverstanden war, so zog letzterer seine Truppen aus der Lausitz nach Schlesien zurück; sofort fiel nun nach Anordnung Gustav Adolf's der Kurfürst in Böhmen ein, nahm Prag und hätte nach Oesterreich vordringen können, aber er mußte davon abstehen, weil dessen Feldherr Arnheim infolge der Rathschläge des mit dem Kaiser correspondirenden Landgrafen Georg im geheimen Einverständniß mit Wallenstein stand. (Rommel 8, 168 fg.)

Ebenso eifrig, aber auch ebenso erfolglos betrieb in gleicher Zeit Georg das Zustandekommen des von den katholischen Fürsten verheißenen Compositionstags. Derselbe trat zwar im August 1631 zu Frankfurt zusammen; da aber keine Partei von ihren Rechten etwas nachgeben wollte, waren alle froh, daß Gustav Adolf herannahte und die Tagenden einen Vorwand hatten auseinander zu stieben, und zwar zum großen Verdruß Georg's, denn ohne Gustav Adolf's Dazwischenkunft wäre das Restitutionsedict pünktlich vollzogen und das Papstthum wieder in seine Rechte eingesetzt worden. (Rommel 8, 169 fg.)

Infolge des Vordringens Gustav Adolf's hatte schon der schwedische und hessen-cassel'sche Legat Hermann Wolf

Brandschatzung und Quartiere von dem Amte Alsfeld und selbst von Darmstadt gefordert, als plötzlich Gustav Adolf selbst am Main erschien. Von allen Seiten verlassen und dem Sieger preisgegeben, setzte Georg seine einzige Hoffnung auf gütliche Unterhandlung, auf den Einfluß seines Schwiegervaters, und auf die Milde des glaubensverwandten Königs. Gustav Adolf, gegen Georg eingenommen, weil er sich nicht dem leipziger Bunde und den protestantischen Fürsten angeschlossen und sich statt dessen in einem geheimen Spiele mit dem wiener Hof eitlen und betrügerischen Versprechungen hingegeben hatte, und voll Abneigung gegen jede Neutralität verlangte von demselben unbedingte Vereinigung und Eröffnung seiner Festen. Die erste Gegenvorstellung Georg's (durch den Kammerherrn von Schwalbach) war so fruchtlos, daß derselbe seinen Oheim Philipp zu Busbach um persönliche Vermittelung ersuchte, und in größter Eile seine Stände in Gießen versammelte. Letztere erklärten einstimmig, daß keine verantwortliche Ursache vorhanden sei, aus dem hochbetheuerten kaiserlicher Majestät schuldigen Gehorsam zu treten, sich mit der königlichen Majestät von Schweden zu vereinen, feste Plätze zu übergeben, und dadurch die Mittelstraße der Parteilosigkeit zu verlassen. Während dem traf aber die Nachricht ein, daß der Schwedenkönig nach der Einnahme von Frankfurt und Höchst sich der hessischen Feste Rüsselsheim am Main nähere, und falls man es zur offenen Thätlichkeit kommen lasse, das ganze Land mit Feuer und Schwert heimsuchen wolle. Sofort begab sich Georg mit seinem Oheim, seinen Räthen und zwei Landständen nach Höchst zum König und erlangte von ihm nach vielen Bitten und Vorstellungen eine feste erträgliche Neutralität, indem ihm dieser mit Rücksicht auf dessen Schwiegervater, und um zu sehen, wo ihn die angezettelten Friedenstractate hinaus wollten, gestattete, wie derselbe sich ausdrücklich vorbehielt, „in kaiserlicher Devotion zu beharren", sowie dessen Landen, mit Einschluß Philipp's zu Busbach und Friedrich's zu Homburg, einstweilen alle Kriegssteuer und Einquartierung erließ und nur die Mainfeste Rüsselsheim zum Zweck des Kriegs, bezüglich für dessen Dauer verlangte. Der König theilte diesen Vertrag dem Landgrafen Wilhelm mit und Georg selbst, nachdem ihn seine Landstände gebilligt, Georg aber und dem Kurfürsten von Mainz. Nach Abwendung dieser Gefahr hielt es aber Georg für gerathen, zu einer regelmäßigen Kriegsverfassung und neuer Werbung zu schreiten, wozu ihm seine Stände bereitwillig die erforderlichen Mittel bewilligten. Auch trat sein Bruder Johann unter Herzog Bernhard von Weimar in schwedische Dienste. (Rommel 8, 170 fg.)

Es schien, als ob es Georg mit dem Friedenswerke Ernst sei, denn gleich nach Auflösung des frankfurter Compositionstages hatte er seinem Vetter, dem Landgrafen Wilhelm, die letzten Vorschläge der Protestanten mitgetheilt und ihn aufgefordert, sich dem Friedenswerke anzuschließen; auch Gustav Adolf nahm sich daher der Sache an, trat mit mehreren Reichsfürsten in einen Briefwechsel und forderte insbesondere den Landgrafen Wilhelm darüber zu einem Gutachten auf. Als dieses den 23. Dec. 1631 eingegangen, wiederholte Georg zu Anfang des folgenden Jahres seine Friedensanträge. Aber Gustav Adolf erkannte jetzt, daß Georg nichts anderes bezwecke, als sich neben der Gunst des Kaisers desto länger der ihm von Schweden zugestandenen Befreiung der Kriegslasten zu erfreuen, und erklärte ihm deshalb, daß er nicht eher die Waffen niederlegen werde, als bis er den Gegner hinreichend geschwächt und sich in den Stand gesetzt habe, ihm Gesetze vorzuschreiben und daß er keine Exemtion derjenigen mehr dulden könne, welche für die allgemeine Sache keine Lasten tragen wollten. (Rommel 8, 176 fg.) Dennoch nahm er sich seiner an, als im Mai desselben Jahres Landgraf Wilhelm einen Theil seiner Truppen infolge der Kriegsereignisse in die Gegend von Frankenberg, Marburg und Kirchhain verlegen mußte, und er bei Gustav Adolf darüber Beschwerde führte. (Rommel 8, 193 fg.)

Nach dem Falle Gustav Adolf's that aber Georg, da auch der Kaiser zu einem billigen Frieden geneigt war, ernstliche Schritte zu dessen Herstellung. Als im Februar 1633 die protestantischen Kurfürsten sich unter Oxenstierna bei dem Kurfürsten von Sachsen, als dem Haupte des leipziger Bundes, versammelten, um zu berathen, was nun geschehen solle, fand sich daher auch Georg ein und begab sich nach Leitmeritz, wo die kaiserlichen Räthe versammelt waren, und soll da eine der Krone Schwedens zu leistende Entschädigung, die Wiederherstellung der Pfalz, und andere Mittel einer allgemeinen Pacification als unabweisbare Forderungen der Zeit bezeichnet haben, wie er sich denn auch später bemühte, die Friedensvermittelungsvorschläge Christian's IV., Königs von Dänemark, durchzusetzen. (Rommel 8, 226 fg.)

In eine mißliche Lage kam aber Georg durch den Beschluß des heilbronner Bundes, seine Neutralität evangelischer Stände zu dulden. Er ersuchte zwar sofort den Bundesdirector Oxenstierna, ihn bei der durch die Einräumung der Feste Rüsselsheim theuer genug erkauften Neutralität zu belassen, aber vergebens. Hierauf erbot er sich zu einer einmaligen Kriegssteuer und statt Stellung von Mannschaft und Pferden zu einem Geld- oder Fruchtbeitrag, sowie dem Bunde jede Freundschaft zu erweisen, der katholischen Partei seine Festungen zu verschließen, und im Nothfall die Hülfe des Bundes dagegen in Anspruch zu nehmen, knüpfte aber daran noch eine Reihe unausführbarer und die Reformirten kränkenden Gegenbedingungen; so wollte er z. B. keinen reformirten Oberbefehlshaber, sowie keine reformirten Truppen in seinem Lande dulden. Obgleich sein Schwiegervater der Kurfürst von Sachsen als Vermittler auftrat und auch Oxenstierna aus Rücksicht auf diesen wünschte, daß der heilbronner Schluß gegen Georg nicht in seiner ganzen Strenge vollzogen werde, so erklärten dennoch die Fürsten und Stände des Bundes, man hoffe, daß Georg nach dem Beispiel seiner Vorfahren zur Rettung der evangelischen Stände und der deutschen Freiheit sich mit ihnen verbinde; wenn er aber dadurch sein Gewissen zu verletzen meine, so sei es wenigstens billig, daß er die Lasten

der Verbündeten theile, ordentliche Beiträge liefere, dem Feinde keinen Vorschub leiste, die Festen und Häuser seines Landes zu ihrer Sicherheit und im Nothfall zur Aufnahme ihrer Truppen bewahre und öffne, und jene Gegenbedingungen, wodurch er mit der einen Hand nehme, was er mit der andern gebe, fallen lasse. Worauf Georg sich jedoch nur erbot, eine freiwillige Hülfe dem allgemeinen evangelischen Wesen zum besten leisten zu wollen. Als aber der in seinem Sold stehende regensburgische Syndicus J. Jacob Wolf von Todenwart in schwedische Gefangenschaft gerieth, sah sich Georg genöthigt, um dessen Befreiung zu erlangen, den Forderungen des Bundes sich zu fügen, wobei ihm aber auf sein fürstliches Wort hin die förmliche Unterzeichnung des Bundes erlassen und die Feste Rüsselsheim ihm wieder zugestellt wurde. (Rommel 8, 252 fg.)

Nun verlangten einem Versprechen Gustav Adolf's gemäß Kurpfalz und die wetterauischen Grafen von Oxenstierna und dem heilbronner Bund die Rückgabe ihrer Güter von Georg, mit denen der Kaiser vor zehn Jahren dessen Vater bereichert hatte, nebst der seitdem von Hessen-Darmstadt genossenen Früchten und Zinsen. Auch Ludwig Philipp, Administrator der Pfalz, verlangte Oxenberg und die pfälzische Hälfte von Umstadt, Graf Wolfgang Heinrich von Isenburg seine Gerechtsame und fünf Dörfer im Dreieich, Conrad Ludwig von Solms-Braunfels sein Viertheil an Stadt und Amt Bußbach, Friedrich Ludwig von Löwenstein-Wertheim sein Schloß Habisheim zurück. Der heilbronner Bund ließ ernstliche Mahnungen an Georg ergehen, Oxenstierna aber, besonders von Kursachsen und durch den Umstand veranlaßt, daß Georg nur durch Hülfe von Oberhessen der Execution wegen der an Schweden zu zahlenden Contribution entgehen konnte, versuchte eine gütliche Vermittelung, worauf Georg mit jedem Einzelnen in Unterhandlungen trat, die aber zunächst zu keiner Entscheidung führten. (Rommel 8, 254—56.)

Unterdessen hatte sich Landgraf Wilhelm in den Besitz der eroberten und von Schweden ihm ausschließlich überlassenen geistlichen Stifter gesetzt. So vor Allem von Fulda. Aber die ansehnlichsten Lehen, welche das Haus Hessen von diesem Hochstift besaß, hierunter die Grafschaft Nidda und das Amt Bingenheim, waren in den Händen von Hessen-Darmstadt. Wilhelm verlangte dieselben von Georg, der ihm aber das Recht dazu absprach, da dies nur auf dem wandelbaren Kriegsglück beruhe, und Wilhelm stand daher davon ab. (Rommel 8, 260 fg.)

Eine schwere Zeit brach nun durch die Niederlage der Protestanten bei Nördlingen (24. Sept. 1634) über sein Land herein. Vom Main bis zum Rhein, sammt einem großen Theil von Oberhessen ward dasselbe von Alliirten und Kaiserlichen, da er weder Freund noch Feind war, furchtbar mit Brand und Erpressungen heimgesucht, und nur die festen Plätze vermochten sich davor zu bewahren. Selbst Darmstadt sammt seinem Schloß ward von Herzog Bernhard und den Franzosen eingenommen und besetzt. Georg weilte größtentheils in Gießen, und räumte,

8*

trotz des Vertrags mit Schweden, dem kaiserlichen Feldherrn Gallas die Mitbesetzung von Rüsselsheim ein und
darauf dem Grafen von Mansfeld unter Vorbehalt
eigener Garnison den Mainpaß. (Rommel 8, 347 fg.)
Der den 30. Mai 1635 von Kursachsen mit dem
Kaiser geschlossene prager Friede war das Werk Georg's
und seines Kanzlers Anton Wolf von Todenwart und
des Geheimraths von Liebethal. Georg empfand es
wol schmerzlich, daß seine und Kursachsens erste heil-
samere Rathschläge zu Prag wesentlich geändert waren,
aber aus verschiedenen Gründen hielt man ihn dennoch
für den Haupturheber aller derjenigen geheimen Friedens-
artikel, welche auf eine Proscription seiner nächsten Nachbarn abzielten. Diesem Frieden traten bis Ende August
1635 die meisten Stände des Reichs bei, aber trotzdem
in demselben ausbedungen war, daß die neutralen Stände
keinerlei Berechtigung auf Erstattung der erlittenen Kriegs-
schäden hätten, mußten sich die Rechtsgelehrten Georg's
mit der weitaussehenden Frage beschäftigen, ob diese
Stände auch an diesen, ihrem Herrn unvortheilhaften
Artikel gebunden seien. (Rommel 8, 351 fg.)

Dieser Friede, für welchen Georg die Reichsstädte,
die wetterauischen Grafen und seinen Schwager Herzog
Georg von Lüneburg gewann, führte ihn auf die höchste
Stufe seines Ansehens und seiner Gebietsvergrößerung.
Denn während der Kurfürst von Sachsen die Ober- und
Niederlausitz und die vier magdeburger Aemter von Querfurt nicht nur für seine männlichen, sondern auch für seine
weiblichen Erben davontrug, wodurch die Gemahlin
Georg's eine nahe Anwartschaft darauf erhielt, schenkte
ihm der Kaiser die ganze Grafschaft Isenburg-Bübingen,
befahl allen Unterthanen des geächteten Grafen, denselben
als ihren rechtmäßigen Herrn anzuerkennen, sicherte ihm
den letzten Rest der pfälzischen Güter am Rhein: Kaub,
Guttenfels und Pfalzgrafenstein zu, und war sogar
willens, ihm die Grafschaft Eberstein in Schwaben zuzuwenden. (Rommel 8, 370, 804 und 9, 404 fg.)

Treulich die Erbverträge mit Darmstadt beachtend,
war Landgraf Wilhelm, als ihn im Jahre 1635 Herzog
Bernhard und seine Verbündeten zur Entsetzung des
von den kaiserlichen Truppen belagerten Frankfurts zu
Hülfe riefen, und er schon bis Butzbach vorgerückt war,
auf die Anmahnung Georg's, daß darin eine Verletzung
seines Gebiets, des Erbvertrags und der Pflicht gegen
den Kaiser liege, umgekehrt, zumal da auch sein Land
von den Kaiserlichen bedroht ward. Da stellte zu Anfang des folgenden Jahres der Kaiser an Georg die
Aufforderung, seine Truppen mit den Kaiserlichen zu vereinigen; Georg wohl einsehend, daß er dadurch in einen
gefährlichen Conflict mit Landgraf Wilhelm geriethe, da
seine Truppen möglicherweise gegen denselben, weil er
dem prager Frieden noch nicht beigetreten war, geführt
werden könnten, so befragte er seine Stände. Diese
antworteten ihm, daß mit Rücksicht auf das stamm-
verwandte Niederfürstenthum in gegenwärtiger Lage die
verlangte Vereinigung mit dem kaiserlichen Heere allzu-
gefährlich sei, eine Niederlage der kaiserlichen Partei das
Verderben Hessen-Darmstadts aufs höchste steigern würde,

ein Sieg derselben aber, um sich Genugthuung zu verschaffen, eine Religionsveränderung dieses Nachbarlandes
und andere hochbeschwerliche Verwickelungen herbeiführen
könnte, und bezeichneten ihm daher als ein sicheres heil-
bringendes Mittel die Aussöhnung des Landgrafen Wilhelm mit dem Kaiser, wodurch dieser bei Land und
Leuten bleiben und dem eigenen Lande die Erhaltung
einer kostspieligen und es aussaugenden Armee erspart
werde; allein demungeachtet legte Georg dem prager
Frieden gemäß, seinen schon durch Hunger und Pest
heimgesuchten Unterthanen neben der Kriegscontribution
eine Reichssteuer auf, unterstützte das kaiserliche Heer
durch Lebensmittel, brachte sein Kriegsvolk bis auf sechs
Regimenter, und stellte diese in kaiserlichen Dienst bei
Mainz, Coblenz und an der Lahn auf. (Rommel 8,
401 fg.)

Da der Kaiser die wichtige Festung Hanau, deren
Grafen noch nicht amnestirt waren, gern in seine Gewalt bringen wollte und durch den General Lamboy belagern ließ, suchte Georg den Befehlshaber Ramsay und
etliche Räthe der Stadt für den Kaiser zu gewinnen.
Landgraf Wilhelm aber, der auf Andrängen seiner staats-
klingen und energischen Gemahlin Amalie Elisabeth, einer
Tochter des Grafen Philipp Ludwig II. von Hanau,
und auf den Rath seines Generals Melander die Unterhandlungen mit dem Kaiser abgebrochen hatte, vereinigte
sich mit dem schwedischen Feldmarschall Lesle zum Entsatze von Hanau, was ihm am 14. Juni 1636 gelang. Bei dem Hin- und Herzuge der Verbündeten
durch Oberhessen hatten die Bewohner schwer zu leiden;
man nannte sie abgefallene, kaiserliche Schelme; besonders
waren es die Schweden, welche die ganze Gegend von
Frankenberg bis Marburg und Rauschenberg mit Brand
und Raub verheerten und jedes Standes und Geschlechtes
verschonten, während Wilhelm den Seinen bei Todesstrafe gebot, in dem Gebiete seines Vaters eine solche Huhn
zu scheuchen, wenn auch vergebens. Lesle verlangte nun
brohend von Georg, sich als Freund oder Feind zu erklären und verlangte einen Monatssold für seine Truppen,
Georg aber verschmähte im Vertrauen auf die ihm vom
General Götz zugesagte Hülfe jede Verhandlung. Da
aber dieser verzog, so fand sich sein Bruder Landgraf
Johann, der jetzt in kaiserliche Dienste getreten war, mit
Landgraf Wilhelm bei Lesle in Kirchhain ein; die von
Lesle verlangte Kriegssteuer wurde von 200,000 Thlr.
auf die Hälfte herabgesetzt, ein Theil davon sogleich
theils in Geld, theils in Leder, Schuhen und anderer
Kriegsbekleidung entrichtet, für den Rest verbürgten sich
die oberhessischen Landstände, und als Geiseln stellten sich
zwei Ritter Reinhard Erbschenk zu Schweinsberg und
Georg Metternich von Hertingshausen, Erbküchenmeister.
Sobald aber der Feind den Rücken wandte, verbot Georg
bei harter Strafe die Auszahlung an die Schweden,
und die Stände mußten es geschehen lassen, daß die
Geiseln dem schwedischen Lager folgten. (Rommel 8,
417 fg.)

Bald darauf (den 24. Juli) ging Landgraf Wilhelm
neue Friedensverhandlungen mit dem Kaiser ein, und-

diese waren schon so weit vorgeschritten, daß er sein schwedisches Hülfsheer entließ, seine Truppen in die Winterquartiere vertheilte und die kaiserliche Bestätigung erwartete. Aber statt dessen fiel der kaiserliche Generalfeldmarschall Joh. von Göß, unterstützt durch Landgraf Georg in seine Lande ein, eroberte das von Wilhelm eingenommene Amöneburg zurück, nahm mehrere hessische Städte ein, zog aber bald darauf nach Westfalen ab, wo Wilhelm mit seinen Truppen stand. (Rommel 8, 420 fg.)

Da erklärte den 18. Aug. 1636 Ferdinand II. den Landgrafen Wilhelm auf dem Kurfürstentage zu Regensburg in die Acht und verpflichtete bis zur Ernennung eines besondern Administrators die Diener, Landstände, Lehnsleute und Unterthanen seinem Sohne, dem Könige von Ungarn (nachherigen Kaiser Ferdinand III.). Aller Wahrscheinlichkeit nach war dieser unerwartete Schritt das Werk Georg's; denn Joh. Jak. von Todenwart war damals in Regensburg und dessen Bruder Anton als darmstädtischer Kanzler in Wien, und am 3. Nov. wundert sich Georg in einem Schreiben an Göß, daß das kaiserliche Patent, das ihn zum Administrator Niederhessens mache, noch nicht angelangt sei, bis dahin müsse er sich ruhig verhalten, empfahl ihm aber einstweilige Schonung der niederhessischen Quartiere, und versprach ihm, wenn er ihm zu den Erblanden Wilhelm's wirklich verhelfe, eine Belohnung von 100,000 Gulden eine jährlich 5000 Gulden einbringende niederhessische Grafschaft. Den 21. Nov. erhielt nun Georg zu einem beliebigen, zeitgemäßen Gebrauch ein kaiserliches Patent, wodurch er zum Administrator Niederhessens und aller Patrimonialgüter Landgraf Wilhelm's ernannt und sämmtliche Unterthanen dieses Fürstenthums angewiesen wurden, ihm den Eid der Treue zu leisten. Den Kaiser scheint er dazu bewogen zu haben, daß er unterdessen zu einer entschiedeneren Stellung zu ihm übergetreten war und seine Truppen der Belagerung Magdeburgs, sowie dem Feldzuge Kursachsens gegen Baner hatte beiwohnen lassen. Diese Truppen rief er jedoch zurück, als die Ausfälle Ramsay's, des schwedischen Befehlshabers von Hanau, seine Grenzen bedrohten, und beabsichtigte, diesen Ort dem Kaiser in die Hände zu spielen, was aber durch Ramsay's Standhaftigkeit vereitelt wurde. Nach dem Siege Baner's bei Wittstock über die Sachsen sandte Georg seinem Schwiegervater 5500 Mann unter Anführung seines Bruders Johann zu, und war willens, als der Vortrab des siegreich vordringenden Baner's schon bis Schmalkalden und Alsfeld streiften, sein Heer auf 12,000 Mann zu Fuß und 4000 zu Pferd zu bringen. (Rommel 8, 430 fg.)

Nach Wilhelm's Entfernung aus seinen Landen zur Erlangung auswärtiger Hülfe traten am 8. Febr. 1637 mit Bewilligung beider Landgrafen die Stände beider Hessen zu Treysa zusammen, um zwischen beiden Landgrafen einen dauernden Frieden zu stiften. Als Grundlage desselben wurde die Niederschlagung aller beiderseitigen und vergangenen Ansprüche und Beleidigungen anerkannt. Georg sollte die Kriegsentschädigungsforderung fallen

lassen, und die Aussöhnung seines Vetters mit dem Kaiser erwirken; Wilhelm dagegen sollte die bei Leste's Ueberzug im vorigen Jahre weggeführten Gefangenen erlösen, die hessischen Erbverträge halten, und Hessen-Darmstadt wider die Ansprüche seiner jüngeren Brüder an der marburger Erbschaft unterstützen und schadlos halten. Allein Georg erklärte den 23. April seinen in Gießen versammelten Ständen: Der Landgraf von Hessen-Cassel, welcher von ihm Unbilliges verlange, und den Kaiser nicht achte, hege keine ernstliche Absicht zum Vergleich; seine eigene Geduld sei erschöpft. Wenn er gemäß dem Wunsche seiner Stände die Aussöhnung desselben mit dem Kaiser bewirke, und seine eigene Entschädigungsforderung fallen lassen solle, so verlange er vorher, daß sich derselbe dem Kaiser unterwerfe, gegen die undefugten Ansprüche seiner Brüder Sicherheit leiste, eine schleunige Handlung wegen Ablösung der Herrschaft Schmalkalden eingehe, die Gefangenen in Minden unentgeltlich erlöse, Hessen-Darmstadt keinerlei Beschwerden oder Beschädigung mehr zufüge, sich zur genauen Beobachtung der Erbverträge verpflichte und sich in allen Nebenpunkten schiedlich erweise. Zur schleunigen Verhandlung über diese Bedingungen, zu Gießen oder Marburg, durch beiderseitige Räthe und Stände sei er bereit; der Abschluß müsse jedoch binnen 14 Tagen geschehen; nach Ablauf dieser Frist werde er sich nicht mehr gebunden erachten und auf dem Wege Rechtens fortschreiten. Die Räthe Wilhelm's ertheilten ihm aber darauf eine spitzige Antwort, und er richtete nun seine Beschwerden und Ermahnungen ausschließlich an die niederhessischen Stände und an Melander. (Rommel 8, 442 fg.)

Unterdessen (den 15. Febr. 1637) war Ferdinand II. gestorben, und Georg hatte in allen Kirchen seines Landes dessen Todesfeier begehen lassen. Ferdinand III., sein Nachfolger, trat ganz in die Fußstapfen seines Vaters. Er überhäufte Georg mit außerordentlichen Huldbewilligungen: erneuerte am 24. April (einen Tag nach jener Antwort, die Georg seinen in Gießen versammelten Ständen ertheilte) die Achtserklärung gegen Landgraf Wilhelm, die Bestallung Georg's zum kaiserlichen Administrator von dessen Landen und die Anordnung der Huldigung und Eidesleistung sämmtlicher Stände und Unterthanen. Dazu erhob er Georg zum oberrheinischen Kreisobersten, ein Amt, das früher Landgraf Moritz verwaltet hatte, bestätigte den mit Hessen-Cassel so vortheilhaft abgeschlossenen Hauptvergleich, gab zur Einführung der Primogenitur festgesetzte Erbstatut, bestätigte die 1635 erhaltene Schenkung von Isenburg und Büdingen und des letzten Restes der pfälzischen Güter am Rhein. Er bestätigt wiederholt, das ganze Gebiet des Landgrafen von jeder Kriegsbeschwerde und Einquartierung zu befreien, und erhob den Kanzler Anton Wolf von Todenwart und dessen Bruder Joh. Jakob, Gesandter in Wien, sowie den Marsilius Wolf von Todenwart, Oberamtmann der niedern Grafschaft Katzenellenbogen, zu Reichsfreiherren. (Rommel 8, 477 fg.)

Um sich mit Hülfe des Kaisers in den Besitz Niederhessens setzen zu können, überließ Georg demselben sechs

Regimenter und war unablässig bemüht, ihm Anhänger zu verschaffen, indem er sich als Inhaber confiscirter Länderstücke oder Gerechtsame nur mit denjenigen geächteten Reichsständen verglich, welche sich dem prager Friedensschluß unterwarfen, wie mit dem jungen Grafen Philipp Reinhard von Hohen-Solms und dem Grafen von Sain-Wittgenstein. Auf sein Ersuchen bewilligten seine Stände dem Kaiser eine Beisteuer von 6000 Fl., als dieser alle Reichskreise zu einer Unterstützung seiner Heere aufsprach, und ließen sich auch im Februar 1639 die Fortsetzung dieser Steuer gefallen, falls nur die ihnen verheißene Befreiung von jeder kaiserlichen Einquartierung besser als bisher gehalten würde. Denn die Schutzbriefe des Kaisers wurden fast nirgends geachtet. Dazu kamen Pest und Hungersnoth, sodaß ganze Dörfer ausstarben und verschwanden und Georg seinen Unterthanen auf drei Jahre die drückendsten Steuern erlassen mußte. (Rommel 8, 478 fg.)

Als der geächtete Landgraf Wilhelm den 21. Sept. 1637 in Ostfriesland gestorben war und das Hessenvolk dem jungen Landgrafen Wilhelm VI., der unter der Vormundschaft seiner Mutter Amalie Elisabeth stand, gehuldigt hatte, glaubte Georg, daß nun der Zeitpunkt gekommen wäre, sich in den Besitz Niederhessens zu setzen. Wie an alle Kurfürsten und Fürsten des Reiches, so hatten sich die hessischen Stände mit der Todesanzeige insbesondere an Georg mit der Bitte gewendet, sich des jungen Landgrafen treulich anzunehmen, damit er und sein Erbland zu kaiserlichen Hulden gebracht und aus der Kriegsbedrängniß gerissen würde. Da übersandte Georg am 8. Oct. den Statthaltern und Ständen von Hessen-Cassel die so lange zurückgehaltenen kaiserlichen Ächtsbriefe, entschuldigte diese Verzögerung mit einer langwierigen Krankheit und Badecur und mit der bisher von den hessischen Ständen gewährten Hoffnung eines Vergleichs mit ihm und dem Kaiser, erinnerte an die von Landgraf Wilhelm beharrlich fortgesetzten Feindseligkeiten, erklärte sich nunmehr für bereit und als kaiserlicher Commissar für verpflichtet, die ihm aufgetragene, und zur Erhaltung des Sammt-Hauses ersprießliche Administration der niederhessischen Lande (mit Ausnahme der rotenburger Quart und der auswärtigen Eroberungen) zu übernehmen, verlangte von ihnen unbedingte Unterwerfung unter den Kaiser, Eidesleistung für sich selbst, als nunmehrige Regenten und Fürsten von ganz Hessen, und stellte ihnen endlich Amnestie und eine milde und gerechte Regierung für den einen Seite vor, auf der andern aber die in dem kaiserlichen Gehorsamsbrief angedrohten Strafen, Verlust ihres Lebens, ihrer Ehren, Güter und Freiheiten, Execution der herbeigerückten ansehnlichen Kriegsmacht, sowie des ganzen Landes und der Einwohner völligen Untergang. Wenige Tage darauf drohte dann der kaiserliche Feldmarschall Göß, der mit der Execution in Hessen beauftragt war und an der thüringischen Grenze lauerte, im Falle der nicht sofortigen Unterwerfung mit einer in hundert Jahren nicht zu überwindenden Verwüstung des Landes und Beherbergung und Unterhalt seines Heeres. Allein die hessischen Statthalter und

Räthe gaben diesem eine trotzige Antwort und schrieben am 12. Oct. an Landgraf Georg: „Von einem so nahen Blutsverwandten und erverbrüderten Fürsten hätten sie Rath, Trost, Hülfe, Aussöhnung, nicht Verunglimpfung ihres verstorbenen Landesherrn, nicht Entsetzung seines unschuldigen nunmehr durch die Erbhuldigung in Besitz seines Erblandes gesetzten Sohnes erwartet; die erst jetzt publicirte durch den Tod Landgraf Wilhelm's erloschene kaiserliche Declaration könne nicht auf dessen Nachfolger ausgedehnt werden; dem Begehren des Landgrafen stünde auch das Recht näherer Verwandten und das die vormundschaftliche Regierung bestimmende Testament Landgraf Wilhelm's entgegen; die Folgen der von ihm beabsichtigten Umwälzung würden ein hartnäckiger innerer Krieg und die nothgedrungene Erneuerung und Befestigung auswärtiger Bündnisse sein." Zugleich forderten sie die hessischen Stände, Prälaten, Ritter und Städte zur Treue gegen den jungen Landesherrn auf, und erließen am 14. Oct. an ihre Brüder im Oberfürstenthum eine Aufforderung, mit ihnen zusammenzutreten, um bis zur rechtlichen Erkenntniß der Sache von Landgraf Georg einen Aufschub der angedrohten Execution, zum besten des gesammten Landes und des jungen Landgrafen zu erlangen. (Rommel 8, 488 fg.)

Landgraf Georg, der sofort dem Kaiser die Widersetzlichkeit der casselschen Regierung gemeldet und den Kurfürsten von Sachsen und den Herzog Georg von Lüneburg auf seine Seite gebracht hatte, übersandte am 16. Oct. den casselschen Statthaltern und Räthen zur Widerlegung ihrer Einwürfe eine Druckschrift, stellte ihnen die Bedingungen der Aussöhnung nach dem Sinn des prager Friedens und nach dem am 23. April 1617 zu Gießen dem Landgrafen Wilhelm zugemutheten harten Verzichtleistungen und Bürgschaften (s. o.) und forderte zugleich die niederhessischen Stände zu einem Landtage seines Gebiets nach Alsfeld auf den 26. Oct., wo sie sich und das Land ihm und den Bevollmächtigten des Kaisers unterwerfen sollten. Allein die casselschen Statthalter untersagten den 22. Oct. den Ständen die Theilnahme an diesem Landtage und ersuchten den Kaiser, welchem sie die geschehene Huldigung und Georg's bedrohliches Einschreiten berichteten, ihren jungen unschuldigen Landesfürsten nicht ungehört zu verdammen, die Execution zu verschieben und behufs einer gütlichen Vergleichung andere weniger betheiligte Commissarien (Mainz, Cöln, Magdeburg, Sachsen-Eisenach) zu ernennen. Georg aber, die casselsche Regierung als noch nicht amnestirt verwerfend, verwies den Ständen ihre „stolze Verhärtung", befahl ihnen noch einmal, auf dem auf vier Wochen aufgeschobenen Landtag zu Alsfeld (den 25. Nov.), wo sie über seine landesväterlichen Absichten vollständig unterrichtet werden sollten, unfehlbar zu erscheinen, und entdeckte ihnen zugleich, daß, kraft einer mit dem Kaiser getroffenen Abredung zur Sicherung des Reichs die Söhne Landgraf Wilhelm's von der Beherrschung der niederhessischen Lande einstweilen „removirt" werden sollten. (Rommel 8, 491 fg.)

Die casseler Statthalter, einen Zwiespalt der Stände

befürchtend, ertheilten nun ihre Einwilligung zu einer von Georg in Marburg begonnenen Unterhandlung, versprachen deren Förderung und eine Friedensermahnung an Amalie. Aber der zuvor mit Georg's Zustimmung auf den 22. Nov. nach Cassel berufene Landtag wiederholte sowol die Weigerung des Besuchs des Landtags zu Alsfeld, als auch der neuen Eidesleistung und beschworen Georg, sich durch Zurückhaltung der kaiserlichen Achtsbriefe, durch Genehmigung der im Testamente Landgraf Wilhelm's angeordneten vormundschaftlichen Regierung, durch Entfernung der kaiserlichen Truppen, durch Auswirkung der kaiserlichen Gnade sich den ewigen Dank des jungen Fürsten, den unsterblichen Ruhm der Uneigennützigkeit zu verschaffen und dem unschuldigen Lande, dessen wohlversehene Festen einen verzweifelten Widerstand leisten würden, den Jammer eines Bürgerkrieges zu ersparen, und wandten sich zugleich an den Kaiser, an den Grafen Götz und an die zur Vermittelung geneigteren Reichsstände. Der Landgräfin Amalie aber stellten sie den 13. Dec. durch zwei Abgesandte die Gefahr „der Wilhelmslinie", und die bisherigen Verhandlungen mit Georg und den Reichsständen und die Nothwendigkeit einer gütlichen Handlung mit dem Kaiser und Hessen-Darmstadt vor. (Rommel 8, 494 fg.)

Auf jene Meldung Georg's hatte aber Ferdinand III. demselben sofort ein neues Mandat übersandt, in dem er dessen Verfahren bestätigte, die Widersetzlichkeit der niederhessischen Regierung mißbilligte, das Testament Landgraf Wilhelm's, sowie die dessen Sohn geleistete Huldigung für nichtig erklärte, und bei Strafe der Execution allen Beamten und Unterthanen des Niederfürstenthums befahl, binnen Monatsfrist dem kaiserlichen Administrator Pflicht und Gehorsam zu leisten und sich den Anordnungen des prager Friedens zu fügen, das Kriegsvolk mit dem kaiserlichen Heere zu vereinigen, die eroberten Länder zurückzugeben und von allen fremden Bündnissen sich loszusagen. Dieses Mandat sandte nun Georg den niederhessischen Ständen zu, fügte etliche fürstliche Verheißungen und Warnungen hinzu und lud alle ober- und niederhessischen Stände zu einer Verhandlung darüber nach Alsfeld ein. Allein bei der Bekanntmachung desselben beauftragte Erbmarschall weigerte sich dessen, und auch die niederhessischen Städte widersetzten sich den Ansinnen standhaft. (Rommel 8, 495 fg.) Als jedoch Georg mit einem schärferen Mandat drohte und auch die benachbarten Fürsten die niederhessischen Ritter an casseler Räthe bräugten, verstanden sich diese dazu, Bevollmächtigte zu der Unterhandlung zu Marburg zu senden, und da denselben hier die Größe der seitens des Kaisers drohenden Gefahr, welcher entschlossen sei, seinen Willen mit Gewalt durchzusetzen, eröffnet wurde, und Georg einen Theil der Abgeordneten für sich gewonnen hatte, so schlossen sie mit demselben, als kaiserlichem Commissar, am 23. Jan. 1638 zwei Verträge, einen allgemeinen und besondern, ab, durch welche Hessen-Cassel dem prager Frieden unterworfen, Amalie zwar als Vormünderin ihres Sohnes anerkannt wurde; aber in allen wichtigen Angelegenheiten mit dem ihr beigegebenen Vormundschafts-

rathe, bevor ein Beschluß gefaßt werde, mit Georg in Berathung treten solle. Auch wurde den Bewohnern Niederhessens jenem Frieden gemäß freie Ausübung der reformirten Religion zugesichert, und dem Sohne Amaliens die Abtei Hersfeld überlassen. Schon wurde Georg als Friedensstifter beider Hessenlande begrüßt, allein Amalie, der diese Verträge zur Ratification vorgelegt wurden, verwarf dieselben, weil darin alles auf Schrauben gestellt war, und sie theils unbillige, theils unausführbare Bestimmungen enthielten. (Rommel 8, 506 fg.)

Da nahmen sich die Kurfürsten von Cöln und Mainz, die durch vertraute Unterhändler der casseler Räthe zu der Ueberzeugung gelangt waren, daß man durch Georg nicht zu einem nachbarlichen Frieden und zum Wiederbesitz ihrer Stifter in Westfalen und Hessen gelange, und dies nur durch einen andern minder parteiischen kaiserlichen Commissarius zu erreichen sei, der Sache an. Der Kurfürst von Cöln stellte dem Kaiser vor, daß man wegen des Vordringens des Herzogs Bernhard mit den französischen Truppen um jeden Preis Hessen beschwichtigen und die wohlgeübten hessischen Truppen zur Vereinigung mit dem Reichsheere gewinnen müsse. Dazu kam Bernhard's Sieg bei Rheinfelden (1. März 1638) und die Nothwendigkeit, die mit der Execution gegen Hessen beauftragten kaiserlichen Truppen des Feldmarschalls Götz gegen diesen zu verwenden, sowie daß der zwischen Frankreich und Schweden zu Hamburg geschlossene Vertrag nicht einmal die Kaiserwürde Ferdinand's III. anerkannte und gegen Oesterreichs Erblande gerichtet war. Der Kaiser entzog daher Georg II. die ertheilte Vollmacht und übertrug sie dem Kurfürsten von Mainz, und dieser wandte sich zuerst an Amalie und die casselschen Statthalter und Stände. Zur Beförderung und Ergänzung des zu schließenden Vertrags schloß Amalie am 30. Mai mit Georg einen Eventualvergleich, in dem dieser nothgedrungen auf jede Nachforderung wegen Kriegsbeschädigung und Verletzung der Hausverträge, auf die in dem marburger Vertrage stipulirte Zurückbehaltung und stärkere Belastung der Pfandschaft Schmalkalden, und die Niederschlagung der für Universitäts-Privilegien versprochenen Summen, sowie auf die Verlegung der hessischen Sammtgerichte nach Marburg verzichtete, Amalie als Vormünderin und Verweserin des Niederfürstenthums anerkannte, und sich auf eine für beide Linien verbindliche allgemeine Bekräftigung des Hauptaccords, des Erbvertrags und der Nebenrecesse von 1627 und 1628 dergestalt beschränkte, daß bei Verletzung derselben jeder Theil in seine vorigen Rechte zurücktreten sollte. Dieser Vergleich, der auf Verlangen Amaliens auch die völlige Religionsfreiheit aller reformirten Stände enthielt, wurde darauf in Mainz abgeschlossen, und von Amalie ratificirt. Als aber der Kaiser endlich im August 1639 denselben confirmirte, waren die Religion betreffenden Bestimmungen derart verändert, daß Amalie, zumal da Baner und Bernhard siegreich gegen die Kaiserlichen gewesen waren und die Umstände sich dadurch gänzlich verändert hatten, sich ihrer Verpflichtung entbunden erklärte. (Rommel 8, 513—527.)

Wie in Hessen-Cassel, so hatte sich auch in Hessen-Darmstadt durch den während der Friedensverhandlungen eingetretenen Waffenstillstand der Wohlstand wieder gehoben, zudem noch Georg den Landleuten die Frohnden und Zinsen erließ. Aber schon im August 1639 rückten die Schweden unter Königsmark ein, der besonders Schmalkalden heimsuchte und eine früher dem Feldmarschall Lesle versprochene Kriegssteuer einforderte. Er ward aber mit einer von den Landständen verbürgten Summe von 60,000 Thlrn. befriedigt, wogegen er die Hauptorte des Landes verschonte und der Universität Marburg einen Schutzbrief ertheilte. Darauf rückte das weimarische Heer unter Longueville ein und Georg sah sich nun genöthigt, zu dessen Beschwichtigung sowie zur gänzlichen Befreiung der zu Hoffstaat ausgesetzten Städte und Aemter von Marburg, Gießen, Kirchhain, Staufenberg und Königsberg die Vermittelung, der unterdessen aus Ostfriesland nach Cassel zurückgekehrten Landgräfin Amalie und seines Schwiegersohnes, des Herzogs von Braunschweig-Lüneburg anzurufen, welche ihm auch die verlangte Hülfe durch einen zu Marburg am 11. Jan. 1640 auf drei Monate geschlossenen Vertrag wirklich verschafften. Darüber erkannten die Stände seine landesväterliche Fürsorge an und bewilligten daher, nachdem jene Drangsale überstanden waren, demselben nicht nur die Beitreibung aller Rückstände der früher bewilligten Reichs-, Kreis- und Landsteuern, sondern fügten auch noch freiwillig fünf Schreckenberger von je 100 Steuergulden hinzu, sodaß er nun anfs neue seine Besitzungen durch Ankäufe vermehren konnte. (Rommel 8, 572 fg.)

Auf die Kunde, daß der Kaiser nach Ablauf des Waffenstillstandes beabsichtige, die Landgräfin Amalie zur Unterwerfung zu zwingen, hatte diese dem Drängen Baner's nachgegeben und sich diesem, sowie dem mit ihm vereinigten Herzog Georg von Lüneburg und dem weimarischen Heere angeschlossen und somit an dem neu entbrannten Kriege theilgenommen. Dennoch dauerte ihr durch jene Vergleichsverhandlungen hervorgerufenes freundliches Verhältniß mit Georg fort, und dieses wurde auch nicht gestört, als er, und zwar wider seinen Willen, die Veranlassung war, daß ihr Land abermals schwer von den Kaiserlichen heimgesucht wurde. Longueville hatte nämlich nach seinem Abzuge eine kleine Heeresabtheilung unter Volmar von Rosen (dem Tollen) und Kohlhaas zur Besatzung der Festen Friedberg und Braunfels zurückgelassen. Zu ihrer Vertreibung rief Georg mainzische und kaiserliche Truppen herbei, welche dieselben hart bedrängten. Da eilte der Oberst Reinhold von Rosen, ein furchtbarer Parteigänger und Mitdirector des weimarischen Heeres, zu deren Hülfe herbei, verstärkte jene Besatzungen, erstürmte Homburg vor der Höhe und erfüllte alles bis Höchst und Mainz mit Schrecken. Der Kurfürst von Mainz und Georg riefen nun den Kaiser um Hülfe an, und alsbald nahten der Erzherzog Leopold Wilhelm mit Piccolomini, Breda und Mercy über Frankenberg aus Westfalen herbei, schlugen bei Kirchhain ihr Hauptlager auf, eroberten Amöneburg und schickten sich an die Reste des weimarischen Heeres zu vernichten. Eine kleine Be-

satzung in Friedberg zurücklassend, die alsbald von dem Erzherzog und Piccolomini aufgehoben wurde, suchte Rosen, ungeachtet der Vorstellungen Amaliens, den ungleichen Kampf aufzugeben und den übermächtigen Feind nicht in ihr Land zu ziehen, unter den Mauern von Ziegenhain Schutz und aus Rache darüber ließen nun die Kaiserlichen die Stadt Treysa und einige benachbarte Ortschaften in Brand aufgehen. (Rommel 8, 596 fg.)

Unterdessen waren Friedensverhandlungen zwischen den streitenden Parteien eingeleitet worden. Nachdem ein Collegialtag der Kurfürsten in Nürnberg stattgefunden hatte, um über die Wiederherstellung des Friedens zu berathen, wurde auf den 26. Juni 1640 ein allgemeiner Reichstag, der erste seit 1613, nach Regensburg berufen. Die Absicht des Kaisers war keine andere, als die Ausführung des prager Friedensschlusses, die Stärkung des kaiserlichen Heeres zu dem europäischen Kriege und die Unterwerfung von Hessen-Cassel und Braunschweig. Letztere waren daher gar nicht eingeladen. Als aber Amalie und Braunschweig in stets stärkeren Eingaben ihr Sitz- und Stimmrecht geltend zu machen suchten, wurden endlich vom Kaiser deren Abgesandte, nachdem fast ein Jahr hindurch die Verhandlungen darüber gedauert hatten, ausgewiesen. Landgraf Georg jedoch, der auf diesem Reichstage, wie einst sein Vater, zu der Verhandlung mit den unzufriedenen Reichsstädten beauftragt war, hatte seinen Abgesandten eine versöhnliche Politik vorgeschrieben, und trat der österreichischen Stimme, obgleich Amalie unter anderem eine billige Wiederherstellung der marburger Erbschaft gefordert hatte, nicht bei und behielt sich allenthalben die sächsische Erbverbrüderung und die hessischen Hausverträge von 1627 und 1628 vor. Die von dem Kaiser und der Reichsversammlung zur Schwächung der feindlichen Heere beschlossenen Abberufungspatente rieth er so abzufassen, daß dabei allen Reichsständen Hoffnung zu einer annehmbaren Behandlung gemacht werde; ferner bewilligte er die dem Kaiser zugestandene Reichssteuer von 120 Römermonaten nicht ohne den vorsichtigen Zusatz, daß kein Staub für den andern haften dürfe. Die gegen ihre erhobene Klage der Grafen von Isenburg blieb indeß noch erfolglos, und die Sache des Pfalzgrafen, der von Kaiser und Reich die Kurwürde, von Baiern sein Erbland, von Mainz die Bergstraße, von Darmstadt Umstadt, Otzberg und Caub zurückverlangte, wurde seinem Wunsche gemäß abermals einer kaiserlichen Verhandlung überlassen. (Rommel 8, 606—612.)

In demselben Jahre schloß Georg mit den Verbündeten, Frankreich, Schweden und dem evangelischen Bunde zu Marburg einen Vertrag wegen Einstellung aller Feindseligkeiten gegen sein Land und endlich selbst gegen kaiserliche und Haßfeldische Truppen die Hülfe Amaliens. Indeß die Ruhe war nur eine vorübergehende, denn bald lagerten sich Baiern, bald Schweden und Franzosen ein.

Den 24. Nov. 1642 schloß dann Georg mit dem wiedereingesetzten Hause Isenburg auf Betrieb der Kurfürsten und der wetterauischen Grafen einen Vergleich, wodurch Hessen-Darmstadt zwar auf die Grafschaft verzichtete, aber doch das Recht der Nachfolge im Falle des Aussterbens des isenburgischen Mannsstammes, sowie die Aemter Kelsterbach und Kleeberg, das Dorf Peterweil und einige im Amte Rüsselsheim gelegene Ortschaften, besonders das Dorf Königsstetten erhielt; auch verzichtete Isenburg auf einige andere Gerechtsame, und Hessen-Darmstadt wurde das hohe Geleit zu Geinsheim und das Kirchenpatronat zu Sprendlingen vorbehalten. Dieser Vertrag wurde 1643 vom Kaiser und im westfälischen Frieden bestätigt.

Den 28. April 1643 starb Georg's kinderloser Oheim Landgraf Philipp zu Butzbach, dessen Apanage nun an Hessen-Darmstadt zurückfiel, wodurch Georg sich im Stande sah, die Abfindungssumme der homburgischen Nebenlinie bis auf 30,000 Fl. zu erhöhen und seinem jüngern, des Kriegs überdrüssigen Bruder Johann unter Vorbehalt der Primogenitur und anderer Hoheitsrechte die ganze Herrschaft Eppstein erblich, das Amt Braubach aber mit Inbegriff der hessischen Hälfte von Ems, sowie das Kirchspiel Katzenellenbogen gegen eine wieder lösliche Pfandsumme von 40,000 Thlrn. zu übergeben; Johann nahm seinen Wohnsitz zu Braubach und starb 1651 ohne Nachkommen. (Rommel 8, 649 fg.)

Ermuthigt durch die großen Dienste, welche die hessischen Waffen bei Kempen und Allersheim den Alliirten geleistet und unterstützt durch den Protest der Seitenlinie Hessen-Rotenburg, entschloß sich nun Amalie im J. 1643 zum Schrecken Georg's mit Hülfe Schwedens und Frankreichs den hanauischen Erbschaftsproceß wieder anzuknüpfen, indem sie erklärte, daß derselbe nunmehr in ein anderes Stadium getreten sei und ihn als einen Hauptunder des großen Kriegs mit den allgemeinen Friedenstractaten verbinden wolle. Christine von Schweden hatte ihr schon im Juni d. J. erklärt: sie wolle sich zwar kein Richteramt zwischen den beiden hessischen Hauptlinien anmaßen, weil aber Hessen-Darmstadt sich stets der gemeinsamen Sache der Schweden und Protestanten widrig gezeigt habe, so wolle sie sowol Hessen-Cassel als Rotenburg bei der Besitznahme oberhessischer Oerter und bei den Friedenstractaten unterstützen, doch nur unter der Bedingung, daß keinerlei Religionsänderungen weder bei der Universität noch in Oberfürstenthum überhaupt vorgenommen würden. Zugleich bestätigte ihr dieselbe ausdrücklich die Quartiere der Wetterau, des Stifts Fulda und des Oberfürstenthums, beauftragte ihre Feldherren zu ihrer Unterstützung und fügte ein ansehnliches Geschenk von Schießbedarf hinzu. Auch Frankreich versprach im October dieses Jahres Amalien, ihr die Hessen-Cassel schon von Gustav Adolf zugestandenen oberhessischen Quartiere, sowie am Rhein, unverkümmert zu lassen und die hessen-casselschen Ansprüche auf marburgische Erbschaft zu unterstützen. (Rommel 8, 651—655.)

Sofort ließ nun Georg, um die kriegführenden Mächte und die öffentliche Meinung zu gewinnen, eine kurze Erzählung und die rechtliche Ausführung des verglichenen Erbstreites drucken und zu Paris, Stockholm, Kopen-

hagen, sowie bei dem Reichsausschuß zu Frankfurt und bei dem Friedenscongreß vertheilen. Das marburgische, von Landgraf Moritz angenommene, aber in dem Punkte der Religion verletzte Testament, den unter drei Kaisern durchgesetzten, durch das regensburgische Urtheil für Hessen-Darmstadt siegreich entschiedenen Proceß, und die Ausführung desselben kurz berührend, berief sich Georg auf den mit Landgraf Wilhelm, Juliane und Hermine von Rotenburg unter Zuziehung der Landstände feierlich beschworenen, von Ferdinand II. bestätigten, erblichen, alle vergangenen und künftigen, bekannte und unbekannte, Forderungen und Klagen Hessen-Cassels und Rotenburgs auf ewige Zeiten vernichtenden Hauptaccord; und erklärte, daß die, ohne offenbaren Meineid, ohne Verachtung göttlicher und menschlicher Gerechtigkeit nicht mehr zu bestreitende längst abgeurtheilte, privatrechtliche Erbschaftssache weder mit den politischen Ursachen des großen Kriegs, noch mit den Verhandlungen des allgemeinen Friedens irgend etwas gemein habe.

Amalie behauptete dagegen den Zusammenhang dieses Streites mit der großen gewaltsamen Reaction des Hauses Habsburg, mit der parteiischen Justiz des Reichshofraths, mit der planmäßigen Verfolgung der reformirten Glaubenslehre und stützte ihre Wiederherstellungsklage auf die ihrem Hause in dem ganzen marburger Proceß zugefügte übermäßige Verletzung. Georg antwortete darauf; seine Räthe und Schriftsteller suchten das fluchwürdige des Rechtsbruches darzuthun, die Amaliens dagegen suchten denselben zu rechtfertigen. Da entdeckte Amalie einen bisher übersehenen Rechtsanspruch. Das wahnsinnsvolle Testament Ludwig's IV. zu Marburg enthielt nämlich zwei wichtige, weder in dem kaiserlichen Urtheile, noch in dem Hauptaccord berücksichtigte Stellen, aus welchen nicht nur die Wiederkehr des Erblassers, die Strafe eines etwaigen Ungehorsams keineswegs auf die Kinder und Enkel der eingesetzten Erben auszudehnen, sondern auch eine Substitution des durch den Tod des Landgrafen Moritz purificirten, durch keinen Verzicht Landgraf Wilhelm's, Julianens und Hermann's entkräfteten fürstlichen Familienfideicommiß gefolgert wurden. Sofort wurden nun mehrere Rechtsfragen aufgestellt und verschiedenen Facultäten zur Beantwortung vorgelegt. Die Rechtsgelehrten zu Frankfurt a. O., Greifswalde, Utrecht, Leyden, Franecker, Gröningen, Basel, Bourges, Orleans, Paris und Padua entschieden zu Gunsten Hessen-Cassels, dagegen die zu Cöln, Altdorf und Rostock zu Gunsten Hessen-Darmstadts. (Rommel 8, 655—660.)

Der Krieg, der unterdessen mit erneuter Wuth begonnen hatte, brachte über das Land Georg's mancherlei Drangsale. Nachdem der baierische General von Wahl im April 1642 trotz aller Gegenvorstellungen Georg's sich in der Grafschaft Nidda und Katzenellenbogen eingelagert hatte, erpreßte der schwedische Befehlshaber zu Erfurt eine ansehnliche Kriegssteuer. Ihm folgte im Juni 1643 Königsmark, der sich in Kirchhain und Alsfeld festsetzte, und nicht eher abzog, als bis ihm auf mehrere Monate ein starker Tribut zugestanden ward. Im folgenden Jahre nahm Türenne Winterquartiere im Lande, ihm

A. Encykl. d. W. u. K. Erste Section. IC.

9

folgten die Baiern, und als Türenne zu Anfang des J. 1645 bei Rüsselsheim über den Main setzen wollte, bot ihm der erschreckte Georg 50,000 Fl. als Brandschatzungs-summe an, verglich sich aber bald darauf, als derselbe zu Hagenau stand, gegen Befreiung seiner Lande mit ihm auf 27,000 Thlr. (Rommel 8, 651. 679.) Aber noch Schwereres wartete auf ihn und seine Lande.

Nachdem Amalie vergeblich die Wiedereinsetzung in die marburgische Erbschaft bei dem Friedenscongreß zu Münster und Osnabrück gesucht, ihren Gesandten Sitzungs- und Stimmrecht streitig gemacht worden waren, der Kaiser sich geweigert hatte, diese Sache mit den aus-wärtigen Mächten zu verhandeln, und Georg sich hart-näckig jedem Ausgleich widersetzte, entschloß sie sich im Ver-trauen auf ihre siegreichen Truppen und auf den Wunsch ihrer Verbündeten, den Erbstreit als ein Haupthinderniß des allgemeinen Friedens beendigt zu sehen, zu den Waffen zu greifen. Dies war um so nothwendiger, als Georg neue Kriegswerbungen veranstaltete und die Be-wegungen Melander's, der nunmehr in kaiserliche Dienste getreten und zum Oberfeldherrn ernannt war, den Plan der Höfe zu Wien und München verriethen, einer Ver-einigung der Schweden und Franzosen mitten in Hessen mit Hülfe Georg's einen festen Damm entgegen zu setzen, zu welchem Zweck der Kaiser diesem dieselben Quartiere Oberhessens, der Wetterau, der Abtei Fulda und des Westerwaldes zugesichert hatte, welche Amalie von den Alliirten erhalten hatte. Da befahl diese dem General Geiso, sich mit 4000 Mann von den Franzosen zu trennen, bei Mainz über den Rhein zu setzen und in Oberhessen einzurücken. Nach einem vergeblichen Versuch auf Fried-berg eroberte er den 6. Nov. 1645, zog hierauf den 10. Nov. vor Marburg und forderte den Befehlshaber der Stadt und des Schlosses, Christian Willich, einen siebzigjährigen Greis, unter dem Vorwande der Winter-quartiere zur Uebergabe auf. Willich vermochte die Stadt nicht zu behaupten, übergab sie den 12. Nov. und zog sich auf das Schloß zurück, wohin sich auch die in Mar-burg sich aufhaltenden beiden ältesten Söhne Georg's und der junge Herzog Ernst August von Braunschweig geflüchtet hatten. Geiso schritt nun zur Belagerung des Schlosses, das er bei Tag und bei Nacht beschoß. Willich vertheidigte sich tapfer, aber Geiso setzte demselben immer mehr zu, gestattete jedoch jenen Prinzen freien Abzug. Georg versprach zwar dem Commandanten Entsatztruppen und befahl ihm sich aufs äußerste zu vertheidigen, aber diese Truppen blieben aus, und Geiso machte Anstalten zu einem Generalsturm. In der Ueberzeugung, daß er bei den stark beschädigten Mauern das Schloß nicht halten könne, übergab nun Willich den 15. Jan. 1646 dasselbe gegen einen ehrenvollen Abzug. Mit seiner Garnison nach Gießen eskortirt, ließ Georg, der wegen der Uebergabe höchst erbittert war, denselben vor ein Kriegsgericht stellen, das ihn zum Tode verurtheilte, worauf er auf dem Markte zu Gießen enthauptet ward.

Nachdem Geiso die Schlösser Rauschenberg, Blanken-stein und Wolkersdorf besetzt hatte, erließ Amalie ein Manifest, worin sie das Recht und die Nothwendigkeit

der Besitznahme der marburger Erbschaft darthat, ver-wies den darmstädtischen Ständen ihre Zumuthung, Mar-burg wieder zu räumen und eine braunschweigische Ver-mittelung anzunehmen, und ließ sich, ungeachtet einer Protestation Georg's vom 16. Febr. 1646 an das Ober-fürstenthum, in der er dieselbe des Landfriedensbruchs und der Verletzung beschworner Verträge beschuldigte, am 26. Febr. die Stadt Marburg und die Landschaft huldigen. Die Professoren und das geistliche Ministerium zu Marburg verweigerten indeß diesen Eid.

Darauf rief Georg seinen Neffen Christian Ludwig von Braunschweig, die Fürsten des erbverbrüderten Hauses Sachsen, die zu Osnabrück und Münster versammelten Reichsstände und die auswärtigen Mächte und deren Feldherren theils zur Vermittelung, theils zur Hülfeleistung an. Da aber dies vergebens war, so entschloß er sich, das Glück der Waffen zu versuchen, ward im Einver-ständniß mit dem treulosen kaiserlichen Feldmarschall Melander, der in Westfalen stand, ein Heer von 6000 Mann, stellte dieses unter den Oberbefehl des ebenfalls aus hessen-casselschen Diensten getretenen Grafen Ernst Albrecht von Eberstein, und erhielt zudem noch von dem Kaiser vier Regimenter, schloß mit dem König von Spanien durch den Gouverneur der Niederlande, Castel Rodrigo, einen geheimen Subsidien-Tractat, erhielt von seinem Schwager, dem Grafen Ulrich von Ostfriesland, die Zusage eines Beistandes von 2500 Mann, und er-klärte endlich, eine kostbaren Kleinodien in Frankfurt ver-setzend, eher seinen Kopf als ein einziges Dorf des Ober-fürstenthums verlieren zu wollen. Und so begann den der für beide Theile so höchst verderbliche Bruderkampf, der erst durch den westfälischen Frieden beendigt wurde und zum größten Nachtheil Georg's ausfiel. (Rommel 8, 691—697.)

Anfangs schienen die Schweden am wenigsten ge-neigt, sich in den hessischen Hausstreit zu mischen, weil sich das Gerücht verbreitet hatte, die zur Austilgung der lutherischen Religion führende Eroberung Marburgs sei unter schwedischem Namen geschehen, wie denn auch Georg, der sich in ununterbrochenem Briefwechsel mit Torstenson und Wrangel stand, zuversichtlich von diesen erwartete, daß sie ihn als einen gegen Schweden neutralen Fürsten in seinem Privatkampfe nicht hindern würden. Beide Feldherren verlangten daher nur die Entfernung der kaiser-lichen Regimenter, Georg erklärte aber dieselben für seine Söldner, und als nun Eberstein Butzbach, Nidda, Solms-Lich und Wetzlar mit der kaiserlichen Hülfsschaar besetzt hatte und bei Gießen den Zuzug des baierischen Heeres erwartete, eilte Wrangel, der unterdessen Paderborn in die Hände der Landgräfin geliefert und derselben in Cassel einen Besuch abgestattet hatte, mit Geiso nach Oberhessen, nahm eine feste Stellung vor Homberg a. d. Ohm und erstürmte am 25. Juni die mainzische Festung Amöne-burg, mit kaiserlichen und baierischen Truppen besetzt war. Schon den 1. Juli erschien der Erzherzog Leopold mit Hatzfeld, Galen und Johann von Werth, fast 20,000 Mann stark, von dem Main her vor Gießen, wo ihn Georg bewillkommnete. Leopold entschlossen, dem schwedischen Feldherrn, vor dessen Vereinigung mit Türenne eine Schlacht zu liefern, verschanzte sich vor Schweinsberg und Homberg a. d. Ohm, während die Schweden und Hessen auf dem mardorfer Felde, durch Kirchhain und Amöneburg gedeckt, lagerten. Aber es kam zu keiner Hauptschlacht und der Erzherzog sah sich nach einigen hitzigen Reitergefechten aus Mangel an Lebensmitteln und durch eine verderbliche Pferdeseuche genöthigt, den Rückzug unter die Kanonen von Friedberg anzutreten. Geiso verfolgte ihn und besetzte darauf Schweinsberg und Homberg a. d. Ohm und sandte den Obristen Moß zur Zerstörung des von Georg in Schmalkalden angelegten Werbeplatzes ab.

Auf Amaliens inständiges Ersuchen erschien endlich Türenne und vereinigte sich mit Wrangel, aber beide Feldherren, statt nach Torstenson's Weisung Georg zu entwaffnen, zogen an dem kaiserlichen Lager bei Friedberg vorbei dem Oberlande zu und nöthigten Geiso, ihm mit einer Hülfsschaar bis nach Aschaffenburg zu folgen. Alsbald aber stießen baierische Truppen unter Kaspar von Mercy zum Grafen Eberstein, und dieser griff nun die vom Major J. Fr. von Uffeln nur schwach besetzte Stadt Kirchhain an. (15. Aug.) Geiso eilte zu deren Entsatz herbei; allein bevor er ankam, hatte Uffeln nach tapferm Widerstand und gegen freien Abzug nach Ziegenhain die Feste übergeben. Darauf wurde Geiso am 18. Aug. von Mercy und Eberstein so plötzlich in der Nachbarschaft dieser Feste überfallen, daß seine Reiter sich mit dem Verlust aller Bagage und sieben Standarten nur durch die Flucht retten konnten, und Eberstein Rauschenberg und Blankenstein wiedereroberte. Die entschlossene und heldenmüthige Amalie sandte aber sofort alle verfügbaren Truppen zur Unterstützung Geiso's ab, der nun 4000 Mann stark seinen Gegner von der Schwalm bis in den eberdorfer Grund drängte, Kirchhain wiedernahm und darauf den 30. Sept. die von der Bürgerschaft unter ihrem Bürgermeister Conrad Haas mit spartanischem Heldenmuth vertheidigte Stadt Alsfeld belagerte und durch seine Uebermacht den 5. Oct. eroberte.

Inzwischen hatte Georg den Feldmarschall Melander, Amalie den schwedischen General Gustav Adolf von Löwenhaupt zur Hülfe gerufen. Aber bevor die Schweden eintrafen, hatte sich Melander mit Eberstein bei Gießen vereinigt und Wollersdorf und Kirchhain wieder erobert und stand schon in den kaiserlichen Lager bis zu Ziegenhain zurückgewichenen Geiso mit seiner überlegenen Macht anzugreifen, als Melander von dem Kurfürsten von Cöln gegen den hessischen General Karl Rabenhaupt, der die Festung Zons mit solchem Glück belagerte, daß sie der Uebergabe nahe war, zu Hülfe gerufen ward und schleunigst dahin abzog. Jetzt hatte Geiso wieder die Oberhand, eroberte die Stadt Herbstein ohnweit Ulrichstein und setzte sich am Vogelsberg fest. Nun stieß auch Graf Löwenhaupt mit 2000 Mann zu ihm, mit dessen Hülfe er die von Eberstein belagerte Stadt Biedenkopf entsetzte und ohnweit Frankenberg den Grafen Eberstein, der mit Hülfe zweier kaiserlichen Regimenter und 800 kursächsischer Reiter einen Einfall in Niederhessen beabsichtigte, am

20. Nov. überraschte und so vollständig schlug, daß dieser mit hundert Reitern über die Eder in den Westerwald fliehen mußte. Während nun Geiso die Burgen Wollersdorf und Rauschenberg wieder eroberte und schleifte, hielt es Georg für gerathen, unter Vermittelung des Herzogs Wilhelm von Sachsen-Weimar mit Amalie einen Waffenstillstand bis zum 1. April des folgenden Jahres einzugehen. (Rommel 8, 697—707.)

Um diese Zeit kehrte auch Georg's trefflicher Staatsmann J. Chr. von Boyneburg, den derselbe beim Beginn des Streites mit Amalie an die Königin Christine nach Stockholm abgesandt hatte, mit trostlosen Nachrichten zurück, von wo dagegen Prinz Friedrich von Hessen, als Aeltester der rotenburger Linie bei seiner Vermählung mit Eleonore, der Schwester Karl Gustav's, mit einer Vollmacht in der marburgischen Erbschaftssache und auf die niedere Grafschaft Katzenellenbogen vertröstet und mit andern Versprechungen zurückkehrte. Christine überließ auch Amalien den trefflichen General Kaspar Cornelius Mortaigne, einen gebornen Niederländer.

Den 14. März 1647 kam nun der Separatwaffenstillstand in Ulm zwischen Frankreich, Schweden und Baiern zu Staude, der einen Hauptwendepunkt in dem marburger Erbstreit bildet. Denn Amalie war demselben nur unter dem Vorbehalt beigetreten, daß Kurbaiern und Kurcöln sich von allen Gegnern der Alliirten, namentlich von Hessen-Darmstadt, gänzlich trennten, und Kurcöln insbesondere in seinen Landen weder Werbungs- noch Sammelplätze, noch Kriegscontributionen gestatte. Georg war hierdurch seiner mächtigsten Bundesgenossen beraubt, und gerieth nun, als der Waffenstillstand mit Amalie zu Ende ging, in die größte Bedrängniß. Die Schweden eroberten das von den Kaiserlichen und etlichen hessen-darmstädtischen Truppen besetzte Schweinfurt und nöthigten die Bischöfe von Würzburg und Bamberg, in der ihnen nothgedrungen gestatteten Neutralität zu verharren. Zu gleicher Zeit rückte Türenne an den Rhein, nahm dem Kurfürsten von Mainz Höchst und Aschaffenburg weg, rückte dann in die obere Grafschaft Katzenellenbogen ein, legte derselben eine unerschwingliche Brandschatzung auf (zu deren Tilgung die armen Unterthanen Pferde, Rinder und Kirchenglocken hergeben mußten), besetzte das Hauptthat und das von den fürstlichen Töchtern bewohnte Schloß von Darmstadt und bemächtigte sich der von Georg noch immer zurückgehaltenen pfälzischen Städtchens Oberg.

Unterdessen waren auch Königsmark und Rabenhaupt über den Main gegangen, hatten die von kaiserlichen und darmstädtischen Truppen besetzte Stadt Salmünster überrumpelt, ohne den Willen Amaliens durch die hessischen Obristen de Groot das von hutteneische Schloß Steckelberg erobert und derselben das von Georg wiedereingenommene und stark befestigte Kirchhain nebst der ganzen Besatzung und dem Geschütz in die Hände geliefert.

Zwar hatte Wrangel es versucht, zwischen Georg und Amalie einen Frieden zu Wege zu bringen, aber derselbe zerstieß sich besonders an der Weigerung Georg's

9*

die niedere Grafschaft Katzenellenbogen, welche Christine dem Prinzen Friedrich von Hessen zugesagt hatte, abzutreten. Beide Theile rüsteten nun von neuem. Georg wandte sich an den zum Statthalter in Brüssel ernannten Erzherzog Leopold und an Karl von Lothringen, und Melander versprach ihm vier neue Regimenter. Bevor aber diese eintrafen, hatte Amaliens trefflicher Feldherr Mortaigne im Mai und Juni Friedberg, Reifenstein, Merlau, Königsberg, Blankenstein und Burgsolms eingenommen, war darauf in die niedere Grafschaft Katzenellenbogen eingerückt, hatte im ersten Anlauf die Schlösser St. Goarshausen, Katz und Hohenstein genommen, durch Belagerung das Städtchen Kaub und die Schlösser Guttenfels und Reifenberg gezwungen, sich ihm zu ergeben, Pfalzgrafenstein (die Pfalz) erobert und rückte nun durch Rabenhaupt verstärkt und fast 6000 Mann stark vor Rheinfels. Amalie wünschte diese Feste unverletzt und ohne Blutvergießen zu erhalten, aber der tapfere Vertheidiger derselben, Obrist von Koppenstein, der von Ehrenbreitstein eine Verstärkung von kaiserlichen Truppen an sich gezogen hatte, verweigerte die Uebergabe. Als jedoch nach einer achttägigen Belagerung, während welcher Mortaigne durch eine Kanonenkugel tödtlich verwundet wurde, Obrist Rabenhaupt sich zum Sturm anschickte, erschien Georg's Befehl zur Uebergabe (den 4. Juli 1647). Worauf derselbe von allen Seiten verlassen, durch Wrangel und Türenne bedroht, seiner eigenen schon sehr schwierig gewordenen Truppen nicht mehr mächtig, und sein Verderben voraussehend, sich zu einem neuen vierwöchentlichen Waffenstillstand und zu einer vorläufigen, durch den Landgrafen Johann vermittelten Vergleichsverhandlung verstand. (Rommel 8, 707—714.)

Demungeachtet hatte Georg, sobald er Kunde erhalten, daß die Kündigung des ulmer Waffenstillstandes betrieben werde, sich an den Erzherzog Leopold in Brüssel, an Karl von Lothringen und an den Kaiser gewandt und diesem die bisher geleistete unverbrüchliche Treue, den bittern Lohn derselben, seine vergeblichen Hülfsgesuche und die nahe Gefahr seiner Hauptfestung Gießen vorgestellt und dadurch bewirkt, daß dieser nun einen Hauptschlag gegen Amalie auszuführen beschloß. So geschah es denn, daß zu gleicher Zeit der kaiserliche Oberbefehlshaber Melander (jetzt Graf von Holzapfel) vereint mit den Baiern unter dem Grafen von Gronsfeld, den sich vor ihm aus Böhmen zurückziehenden Wrangel verfolgend, mit 20,000 Mann gegen Ende Octobers 1647 in Hessen bis Gudensberg einrückte, wo nach der kurcölnische Feldherr Lamboy am 11. Nov. mit 4000 Mann und dem darmstädtischen General Eberstein, nachdem er die hessen-casselschen Quartiere in Ostfriesland zerstört und die von Rabenhaupt und Königsmark belagerte Stadt Paderborn entsetzt hatte, zu ihm stieß und nun von den hessischen Landständen einen Brandschatzung von 100,000 Fl. und eine gleich starke monatliche Kriegssteuer verlangte. (Rommel 8, 718 fg.)

Diese überraschende Coalition weckte die Hoffnungen aller Freunde des Kaisers wieder auf. Georg rief den nach Cassel zur Vergleichsverhandlung abgesandten Herrn von Boyneburg zurück und belegte ihn, unter dem Vorwand, seine Instructionen überschritten zu haben, mit Arrest, und die katholischen Gesandten des Friedenscongresses suchten alle bisherigen Zugeständnisse des Grafen von Trautmannsdorf wieder rückgängig zu machen. (Rommel 9, 412 fg.)

Melander machte aber geringe Fortschritte in Hessen. Aus Mangel an Lebensmitteln zog er mit seinen Truppen hin und her, seinen Drohungen mit Brand und Verheerung setzte Amalie die Drohung entgegen, dafür an cölnischen Stiftern Rache nehmen zu wollen, und der wohlbesetzten Festung Cassel wagte er sich nicht zu nahen. Er schlug daher den Weg der Unterhandlung ein, indem er durch die hessische Ritterschaft Amalie von den Schweden und Franzosen abzuziehen und dem Kaiser oder einer dritten Partei zuzuführen suchte, desgleichen suchte Gronsfeld dieselbe zu überreden, sich mit der so glorreich errungenen Duldung und Achtung ihrer bisher im Reiche verworfenen Religion zu begnügen; allein Amalie setzte dem den standhaftesten Widerstand entgegen, da sie Kunde von dem hatte, was die kaiserlichen und katholischen Friedensgesandten zu Münster und Osnabrück planten. (Rommel 8, 721 fg.)

Da trennte sich Gronsfeld, noch 10,000 Mann stark, von Melander und zog nach Franken, weil ihm derselbe verdächtig schien und Maximilian nicht wollte, daß er weiter als bis zur Weser vorrücke. Melander, dessen Heer auf 9000 Mann zusammengeschmolzen war und an Allem Mangel litt, verweilte zwar noch in Hessen, ohne jedoch etwas zu unternehmen. Da suchte Georg denselben in dessen Lager auf und rieth ihm sich schleunigst mit dem General Enkefort, dem Eroberer von Memmingen, und mit Lamboy, der zur Vertheidigung des Rheins zurückgerufen war, zu vereinigen, um alle Orte von Friedberg bis Höxter, welche in dem Besitz der Schweden und Hessen seien, zu erobern, um dadurch die beabsichtigte Vereinigung Türenne's mit den Schweden zu vereiteln. Melander unternahm es aber nur, dem Günstling des Kaisers wenigstens die Hauptstadt des Oberfürstenthums wieder zu überliefern. Die Stadt selbst, die er mit einer auserlesenen Mannschaft belagerte, ging nach tapferer Gegenwehr über, aber der Commandant des Schlosses, Obrist Stauf, behauptete sich mannhaft, und richtete sein Geschütz so trefflich, daß selbst Melander in seiner am Fuße des Berges gelegenen Wohnung während der Mahlzeit an Brust und Kopf schwer verwundet wurde (18. Dec.). Unmuthig, ohne Winterlager, und mit dem Fluch der Hessen beladen, zog er über Fulda ab, Georg seinem Schicksal überlassend. Dieser bedroht durch den ännt Entsatz Amaliens herbeigeeilten Wrangel, der selbst die von Melander in Gießen zurückgelassenen Geschütze in Anspruch nahm, erschreckt durch das siegreiche Vordringen der Schweden und Franzosen an der Donau, und dringend darauf aufmerksam gemacht, daß in Folge des von Schweden und Frankreich bei dem Friedenscongreß gestellten Antrags, in der hessischen Streitsache einen Machtspruch zu thun, in der längern Verzögerung eine große Gefahr für ihn liege, entschloß sich endlich, den im vergangenen Jahre unter günstigeren Aussichten abgebrochenen Vergleich zum Abschluß zu bringen, und sandte zu diesem Zweck seinen erstgeborenen achtzehnjährigen Sohn, Ludwig VI. mit vier Räthen nach Cassel, wo ihn Amaliens Sohn Wilhelm VI. aufs freundlichste empfing und Amalie ihm die Rückgabe des beträchtlichen Theiles des Oberfürstenthums zusicherte. (Rommel 8, 725 fg.)

Jetzt trat auch ein beiden hessischen Fürstenhäusern befreundeter Vermittler, Herzog Ernst der Fromme von Sachsen-Gotha, der Bruder Bernhard's, auf. Der verhängnißvolle Hauptaccord von 1627 ward vernichtet, die wechselseitig eroberten Fahnen und Geschütze wurden zurückgestellt, und ein Exemplar des von Herzog Ernst, Amalie und Georg sowie den drei Landgrafen von Rotenburg unterzeichneten Vergleichs dem Friedenscongreß zu Osnabrück zugesandt, der denselben am 14. April 1648 mit allen seinen Nebenvergleichen bestätigte. Nach Ausscheidung der zur marburgischen Erbschaft nicht gehörigen Patrimonialländer, als der ganzen niederen Grafschaft Katzenellenbogen, der Herrschaft Schmalkalden und des hessen-casselschen Antheils an Umstadt, welche die hessen-casselschen Linie wieder zufielen, ward diese Erbschaft in der Weise getheilt, daß Georg zu seiner gießener Hälfte noch folgende zu dem Theilungsreceß von 1605 für Hessen-Cassel bestimmten Aemter und Städte erhielt: das Amt Königsberg mit den stellersheimschen Gütern, die Aemter Blankenstein, Biedenkopf und Battenberg, den Grund Breitenbach, das Gericht Haßfeld, Allendorf a. d. Lumbde, und die Herrschaften Eppstein und Itter [7]. Marburg selbst (Schloß und Stadt) trat Georg gegen Entrichtung von 60,000 Gulden an Hessen-Cassel ab, die Universität selbst anfangs gemeinsam, da aber hierdurch wegen der Sicherstellung der beiderseitigen confessionellen Interesse mancherlei Mißhelligkeiten entstanden, so vereinigten sich am 19. Febr. 1650 beide fürstlichen Häuser dahin, daß gesonderte Vermögen der Universität zu theilen und zwei gesonderte Hochschulen zu errichten. Georg, anfangs zwischen Darmstadt, Grünberg, Alsfeld und Gießen schwankend, entschied sich endlich für letztere Stadt, wohin dieselbe schon früher einmal wegen einer in Marburg herrschenden Seuche verlegt worden war. (Vergl. insbesondere Rommel 9, 431.) In Betreff der kirchlichen Verhältnisse beider Lande ward zwar der status quo garantirt, jedoch in dem marburgischen Theil von Oberhessen die Wiederaufrichtung reformirter Kirchengemeinden unbeschadet der lutherischen Einkünfte zugestanden. Für die niedere Grafschaft Katzenellenbogen wurde insbesondere gestattet, daß in den Städten, wo

zwei Kirchen sich befänden, die Reformirten sich einer derselben bedienen könnten.

Durch diese und andere mehr oder weniger wichtige Vereinbarungen wurde der dreiundvierzigjährige Streit beigelegt. Amalie nahm sich nun sofort kräftig Georg's an, als Turenne dessen Lande schwer heimsuchte, indem sie denselben in einem eigenhändigen Schreiben vom 9. Mai 1648 bat, nach dem zwischen Hessen-Cassel und Darmstadt geschlossenen Vertrag und Frieden, das Land Georg's von allen Kriegslasten und den französischen Truppen zu befreien (f. hess. Zeitschr. 4, 157 fg.). Georg selbst besuchte darauf im Juli 1648 mit mehreren benachbarten Fürsten seine Gegnerin Amalie in Wießbaden, wo sie die Kur gebrauchte, und bewies ihr seine Achtung, welchen Besuch dann Amalie in Rüsselsheim erwiederte. (Rommel 8, 731 fg. 765 fg.)

Georg erhielt darauf den wichtigen Auftrag, dem westfälischen Frieden gemäß, den Kurfürsten von der Pfalz, Karl Ludwig, in die Unterpfalz wieder einzusetzen, wobei dieser den Antheil an Umstadt und das Schloß Oßberg vor ihm wiedererhielt, sowie Kaub, Guttenfels und den Pfalzgrafenstein am Rhein; ebenso setzte er in der Unterpfalz den Pfalzgrafen Leopold wieder in den Besitz von Veldenz trotz des Widerspruchs des Erzbischofs von Trier. Auch verschaffte er dem unter hessischen Schutz stehenden Städtchen Cronenberg das vom katholischen Clerus in Beschlag genommene Gotteshaus wieder, und schlichtete nebst dem Kurfürsten von Mainz den Streit der Grafen von Waldeck mit dem Bischof von Paderborn über die Grafschaft Pyrmont und deren geistlichen Gerichtsbarkeit. (Rommel 9, 417 fg.)

Insbesondere beschigte er dem westfälischen Frieden gemäß seine Territorialstreitigkeiten mit Solms-Braunfels und Hohensolms, Isenburg und Stolberg-Gain, denen er die entzogenen Ortschaften zurückgab. Solms-Braunfels erhielt sein Viertheil an Stadt- und Amt Butzbach zurück, Hohensolms kam gegen Abtretung seines Sechstheils an Kleeberg wieder in den Besitz von Niederweisel, Hergern und Oberstadt, die Grafen von Isenburg erhielten ihre Lande wieder, wobei aber Hessen-Darmstadt das Amt Kelsterbach, den isenburgischen Antheil an Kleeberg, Königsstetten im Amt Rüsselsheim, Peterweil bei Homburg vor der Höhe, sowie das hohe Geleit zu Geinsheim und die niedere und kirchliche Gerichtsbarkeit zu Sprendlingen erhielt (f. o. S. 65) auch zeigte Georg die isenburgischen Ansprüche auf Hüttenberg und auf die Jagden im Dreieich auf hessischem Boden und verlangte die eventuelle Nachfolge im Falle des Aussterbens des Mannsstammes des isenburgischen Hauses in dessen Landen (Rommel 9, 415 fg.).[1]

Nachdem der Kurfürst Johann Philipp von Mainz die an Kurpfalz verpfändeten Aemter an der Bergstraße nebst der wichtigen Festung Starkenburg zurückerhalten, beeilte sich Georg, sich mit demselben wegen des gemeinsamen kaiserlichen und kurfürstlichen Wahlgeleits durch die obere Grafschaft Katzenellenbogen zu vergleichen. Während die Grafen von Katzenellenbogen und deren Nachfolger, die Landgrafen, Kurmainz gegenüber stets die

---

6) Das dem Landgrafen Johann eingeräumte Amt Braubach nebst dem Kirchspiel Katzenellenbogen sollte dagegen diesem bis zu seinem und seiner männlichen Leibeserben Ableben verbleiben, wonach es aber Hessen-Cassel freistehen sollte, dieses Bezirk gegen Entrichtung des Pfandschillings einzulösen. 7) Die definitive Abtheilung dieser Herrschaften geschah erst 1650, als das 1648 dem Landgrafen Georg zugefallene Amt Rosenthal nebst Wiesenfeld, Münchhausen, Bringhausen und Bromskirchen gegen Abtretung der casselschen Hälfte von Itter vom Landgrafen Wilhelm eingetauscht wurde. (Rommel 9, 415.)

Grenze des Rheins bis in die Mitte des Stromes behaupteten, lautete Georg hinsichtlich der Mainfestung Rüsselsheim nur das freie Geleitsrecht des mainzischen Marktschiffes und Leinpfades zwischen Frankfurt, und Mainz an. Hessen-Darmstadt behielt sein Schiff- und Brückenrecht zu Rüsselsheim, das Erzstift zu Kostheim und Hochheim, seit 1661 auch zu Höchst (Rommel 9, 417 fg.).

Als am 12. Febr. 1650 Amalie ihre Tochter Charlotte mit dem Kurfürsten Karl Ludwig von der Pfalz in Caffel vermählte, wohnte der Feier auch Georg mit seinen beiden ältesten Söhnen Ludwig und Georg bei und vollzog dabei im freundlichsten Verkehr mit Amalie alle noch unerledigten Punkte des hessischen Einheitsvertrags. Darauf feierte Georg den 5. Mai die Eröffnung der von ihm gegründeten Universität Gießen. (Rommel 8, 780 fg.)

Im J. 1653 besuchte Georg mit zwei ausgezeichneten Rechtsgelehrten, dem Kanzler der gießener Universität Justus Sinold, genannt Schütz, und seinem Hofkanzler Ph. L. Fabricius die Reichsversammlung zu Regensburg, wo er im Einverständniß mit dem jungen Landgrafen Wilhelm VI. von Hessen-Caffel die Sanction des Reiches zu der von den abgefundenen Landgrafen zu Homburg und Rotenburg wieder heftig angefochtenen hessischen Primogenitur sich verschaffte. Auch der kirchliche Hoheitsstreit über das mit Kurpfalz gemeinsame Amt Umstadt ward der Entscheidung des Reichstages übergeben. (Rommel 9, 419.)

Während Georg auf diesem Reichstage weilte, wohin ihm auch seine Gemahlin zu dem Krönungsfest der Kaiserin Eleonore gefolgt war, hatte der eifrig katholische Pfalzgraf Philipp Wilhelm von Neuburg durch die Zustimmung des Kurfürsten von Sachsen eine Verlobung mit der zweiten Tochter Georg's, Elisabeth Amalie, durchgesetzt. Den 24. Aug. 1653 ward die Vermählung zu Darmstadt gefeiert, nachdem Georg seine Tochter zur Beibehaltung der evangelischen Religion verpflichtet hatte. Kaum hatte jedoch dieselbe ihren Einzug in Düsseldorf gehalten, so ließ sie sich durch ihren Gemahl und dessen Beichtvater zur Abschwörung ihres Glaubens bereden. Georg wurde durch diesen Abfall so schmerzlich berührt, daß er, als 1654 der junge König Ferdinand IV. um die Hand seiner jüngern Tochter Louise Christine werben ließ und der wiener Hof mit zur Bedingung setzte, daß sämmtliche Kinder dieser Ehe der Religion ihres Vaters folgten, den Widerspruch seiner Theologen benutzte, um die Einwilligung zu verzögern. In demselben Jahre starb zwar der junge König, aber bald hatte Georg Gelegenheit, dem wiener Hof zu zeigen, daß er dessen Politik nicht mehr so unbedingt als seither ergeben sei. So wenig 1657 der Kaiser Ferdinand III. starb, widerrieth er seinem Schwager Johann Georg II., dem Nachfolger Johann Georg I. von Sachsen, die Eile, womit er die Kaiserwahl des Erzherzogs Leopold betrieb, und wenn er auch das Hoffager des neuen Kaisers zu Frankfurt besuchte, so entzog er sich doch allen Hoffesten und begab sich schleunig nach Darmstadt zurück, um jede Kriegswerbung

zu dem beginnenden nordischen Kriege sowol in seinem eigenen als in den unter seiner Vormundschaft stehenden Landen der beiden jungen Markgrafen von Culmbach und Baireuth zu verhindern. Dem rheinischen Bunde, welchen der Primas von Mainz betrieb, trat er nur ungern bei, setzte seine Festungen in den Vertheidigungsstand, und hielt sich fortan, nachdem er die kaiserlichen Lehen empfangen, ganz in den Grenzen der Reichsneutralität, und als der Kaiser im J. 1661 eine vorläufige Türkensteuer von ihm begehrte, erklärte er unumwunden, daß er erst den verfassungsmäßigen Beschluß der Reichsstände erwarten müsse. Bald darauf, am 11. Juni, verschied Georg, nachdem ihm nach der Rückkehr von der Vermählung seines jüngern Sohnes mit einer Prinzessin von Holstein bedenkliche Anfälle von Schwindel und Geisteskrankheit befallen, an einem Schlaganfall im 57. Lebensjahre.

Es ist nicht zu leugnen, daß man gegen Georg wegen der Hingabe an den Erbfeind der Politik Philipp's des Großmüthigen, sowie wegen seines Verhaltens in dem hessischen Erbstreit und theilweise auch in der protestantischen Sache eingenommen ist, und daß er dadurch über sein Land ein unsägliches Elend und eine langjährige Entkräftung gebracht hat[*]), allein demungeachtet war derselbe ein frommer, edler und staatskluger Fürst und ein wahrer Vater seines Landes. Seine Gemahlin ehrte daher sein Andenken durch ein Denkmal in dem südlichen Theil der Stadtkirche zu Darmstadt und durch zwei typographische Denkmale in Großfolio: Das Ehrengedächtniß zu Darmstadt und das Mausoleum zu Gießen, zu welchem noch der „unverwelkliche Cedernbaum" des Professors und Leibarztes Joh. Tack gehört. Seiner treuen Fürsorge hatte das Land es zu verdanken, daß es sich allmählich von den Verwüstungen des Krieges wieder erholen konnte, und wie sehr er die Finanzen seines Hauses zu heben verstand, beweist, daß er im J. 1658 von dem Grafen Joh. Chr. Ferdinand von Heusenstamm für 22,000 Fl. die Güter und Rechte von Gräfenhausen nebst der dortigen Burg, und im J. 1661 von dem Grafen Emil Maximilian Wilhelm von Schönburg für 21,000 Fl. die Hälfte von Eberstadt nebst vielen Zinsen zu erkaufen vermochte. Seine besondere Sorgfalt wandte er der neuen Landesuniversität zu und sorgte zugleich für zweckmäßige Landesvertheidigungsanstalten. Wie treu sein Herz für sein Land schlug und wie tief er die Pflichten eines Regenten erkannt hat, ersieht man aber aus seinem Testamente vom 4. Juni 1660, worin er in einer für die damalige Zeit musterhaften Weise seinem Nachfolger Vorschriften einer frommen und gerechten Landesregierung ertheilt (ein Auszug bei Rommel 9,473—513).

<hr/>

*) Die Schuldenlast war seit dem Frieden auf 8 Millionen Fl. gewachsen. Hierzu trugen aber namentlich die Opfer an Geld und Mannschaft bei, welche Georg und sein Vater dem Hause Habsburg gebracht hatten. Noch im J. 1772 betrugen die baar geleisteten Vorschüsse nebst Zinsen 2,257,382 Fl. und vergeblich waren alle Klagen bei dem wiener Hofe. (Rommel 9, 102 und 425 fg.)

In seinem Hause hatte Georg manches Leid erfahren müssen. Sein jüngster Bruder Friedrich war im J. 1636 zur katholischen Kirche übergetreten, wo er es bis zum Cardinal und zum Fürstbischof von Breslau brachte[9]). Von den 15 Kindern, welche ihm seine Gattin Sophie Eleonore geboren, überlebten ihn nur zwei Söhne Ludwig (sein Nachfolger) und Georg, der Kriegsdienste unter dem König Karl Gustav von Schweden nahm und mit der Herrschaft Itter abgefunden wurde; ferner zwei verheiratete Töchter: Elisabeth Amalie, welche, wie schon erwähnt, an den Kurfürsten Philipp Wilhelm von der Pfalz vermählt ward und zur katholischen Kirche übertrat, und Louise Christiane, um deren Hand Ferdinand III. für seinen Sohn werben ließ, dem sie aber Georg verweigerte (s. o.), worauf dieselbe sich mit Christian Ludwig Grafen von Stolberg vermählte; sodann vier unverheirathete Töchter: Anna Sophie, die Aebtissin zu Quedlinburg wurde; Henriette Dorothea, die sich 1667 mit dem Grafen Johann von Waldeck vermählte; Philippine Auguste, die Kanonissin zu Gandersheim ward, und Marie Hedwig, die sich 1671 mit dem Herzog Bernhard von Sachsen-Meiningen vermählte.
(A. Raszmann.)

Giustiniani (Familie aus Genua), Genealogie. Die von dem Verfasser der geschichtlichen Abtheilung über diese Familie auf die Nachträge verwiesene Genealogie (s. Sect. I, Thl. 68, S. 341) Professor Karl Hopf, hat nicht gebracht werden können, indem derselbe inzwischen verstorben ist. (R.)

GORDON (Georg Hamilton), vierter Graf von Aberdeen, britischer Staatsmann, ist am 28. Jan. 1784 zu Edinburg geboren. Er stammt aus dem alten schottischen Adelsgeschlecht der Gordon (s. d. Artikel über dasselbe in I. Sect. Bd. 74. S. 338 u. fg.); seine niederen Titel waren Viscount Formatine, Baron Haddo, Methie, Traves und Kellie. Nach dem frühen Tode seines Vaters kam er als elfjähriger Knabe nach London, wo er unter dem Schutz seiner Verwandten, der Herzogin von Gordon, in die höchsten aristokratischen und politischen Cirkel eingeführt wurde und die Aufmerksamkeit Pitt's auf sich zog. Seine Erziehung empfing der junge Lord Haddo, wie er damals hieß, in der Schule zu Harrow, zugleich mit Palmerston, Peel und Byron und ging 1801 nach Cambridge. Diesen Ort verließ er jedoch bald wieder, um den gleichmächtigsten bei den Friedensverhandlungen ernannten Lord Cornwallis nach Amiens zu folgen und Paris zu besuchen. Hier wurde er dem ersten Consul vorgestellt, machte die Bekanntschaft Moreau's, Talleyrand's und vieler andern Größen der Revolutionszeit. Alsdann begab er sich über Italien nach Griechenland, bereiste Kleinasien und kehrte über Rußland und die Ostsee 1804 in sein Vaterland zurück. In demselben Jahre empfing er von der Universität Cambridge das Diplom eines Doctors der schönen Künste.

9) S. die betreffenden Schreiben beider Brüder, "Archiv" 12, 170 fg.

Schon 1801 war er seinem Großvater im Besitz der Güter des Hauses und des Titels eines Grafen von Aberdeen gefolgt. Im J. 1806 ward er zum Repräsentativpeer von Schottland erwählt und unterstützte als solcher im Oberhause das Tory-Ministerium, dessen Leiter damals der Herzog von Portland war, ohne sich jedoch sonderlich bemerklich zu machen. Er beschäftigte sich überhaupt mehr mit classischen Studien, gründete die „Athenian society", deren Mitglieder Athen besucht haben mußten, ließ in der „Edinburgh Review" eine Abhandlung über die Topographie des alten Troja erscheinen, in der er mehrere Irrthümer Gell's berichtigte, und schrieb später als selbständiges Werk unter dem Titel: „Inquiry into the principles of beauty in Grecian architecture" (London 1822) erschien.

Das Jahr 1813 stellte ihn mitten in die große Politik. Er ward als Gesandter nach Wien gesandt, um den Beitritt Oesterreichs zur Coalition gegen Napoleon herbeizuführen. Nach mancherlei Schwierigkeiten gelangte er zum Ziel, schloß den Allianz- und Subsidienvertrag von Teplitz ab und war an der Seite der verbündeten Monarchen in den Schlachten bei Dresden und Leipzig. Hierauf eilte er nach Neapel, um Murat zu bestimmen, sich öffentlich von Napoleon loszusagen, traf aber bann noch eilig genug wieder im Lager der Verbündeten ein, um am Congreß von Chatillon theilzunehmen, wo er im Gegensatz zu Castlereagh und den andern englischen Diplomaten große Mäßigung und Versöhnlichkeit Napoleon gegenüber an den Tag legte. Nachdem die Verhandlungen gescheitert, zog Aberdeen am 31. März 1814 im Gefolge des russischen Kaisers und des Königs von Preußen in Paris ein. Hierauf begleitete er die Monarchen nach England, wo seine Verdienste am 18. Juni desselben Jahres durch die Erhebung zum Peer von Großbritannien mit dem Titel eines Viscount Gordon belohnt wurden.

Im politischen Leben Aberdeen's trat jetzt wieder eine Pause ein. Seine erste Gemahlin, eine Tochter des Marquis von Abercorn, war gestorben. Er verheiratete sich zum zweitenmal mit deren Schwägerin, der Witwe des Viscount Hamilton (gest. 1833), verbrachte die meiste Zeit auf seinen Gütern, tried mit Eifer und Erfolg Landwirthschaft und erschien nur im Parlament, um die Maßregeln des Ministeriums Liverpool zu unterstützen. In seinen eigenen politischen Grundsätzen neigte er sich jedoch mehr dem strengen Toryismus Wellington's zu als den liberalen Anschauungen Canning's, und als der letztere 1827 nach dem Ausscheiden Liverpool's die Premierschaft übernahm, ging Aberdeen zur Opposition über. Im Januar 1828 trat Wellington an die Spitze der Regierung und nun ward Aberdeen zuerst zum Kanzler des Herzogthums Lancaster sowie bald darauf zum Staatssecretär für die auswärtigen Angelegenheiten ernannt, in welcher Eigenschaft Aberdeen sich der Sympathie für Don Miguel und überhaupt des Absolutismus verdächtig machte, den Staatsstreich Karl's XII. wenigstens nicht mißbilligte, aber sich gleichwol unter dem Druck der öffentlichen Meinung beeilte, die Julirevolution und den Barrikadenkönig anzuerkennen.

Mit dem Sturz Wellington's trat auch er aus dem Ministerium. Seine Thätigkeit bestand nun in der Opposition gegen die Reformbill und in der Sorge für die schottische Kirche, deren Zerfall er jedoch nicht abzuwenden vermochte. Im ersten Ministerium Peel bekleidete er 1834—35 einige Monate lang das Amt eines Colonialministers, und als 1841 unter Leitung desselben Staatsmannes ein neues Torykabinet zu Stande kam, erhielt Aberdeen abermals das Portefeuille des Auswärtigen. Er wurde jetzt freiern Ideen zugänglicher, suchte die langwierigen Differenzen mit Amerika auszugleichen (namentlich in der Oregonfrage) und das gute Einvernehmen mit Frankreich auszugleichen, wofür sich besonders günstiger Boden fand, als nach dem Rücktritt Thier's Guizot, ein Freund Aberdeen's, die Geschäfte übernommen hatte. Es kamen gegenseitige Besuche der regierenden Häupter von Frankreich und England zu Stande. Dabei wurden jedoch die alten continentalen Verbündeten Englands, vor allem Oesterreich und Rußland, durchaus nicht vernachlässigt, und als Kaiser Nikolaus 1844 nach England kam, glaubte er nach einer Unterredung mit Aberdeen schließen zu können, daß dieser den orientalischen Plänen Rußlands nicht abgeneigt sei. Den Handelsreformen Peel's schloß sich Aberdeen vollkommen an; er war überhaupt nie ein entschiedener Anhänger des Schutzolls gewesen. Als jene Reformen 1846 die Auflösung des Ministeriums zur Folge hatten, trat Aberdeen den Anhängern Peel's bei, welche eine Mittelstellung zwischen den Protectionisten und den Liberalen einnahmen. Dabei bekämpfte er sehr entschieden die auswärtige Politik Palmerston's und stimmte 1850 für das gegen diesen von Derby beantragte Tadelsvotum.

Im Februar 1851 ward an Aberdeen der Antrag gestellt, in die von Lord Derby gebildete Regierung zu treten. Er lehnte ab, stellte sich aber nach dem Rücktritt Derby's im December selbst an die Spitze des Ministeriums, in welchem neben seinen Gesinnungsgenossen Gladstone, Graham und Newcastle auch sein alter Gegner Palmerston, das ehemalige Haupt des Whigkabinets Russel und der Radicale Malesworth einen Platz fanden. Eine solche Coalition, die nur aus einer ganz abnormen politischen Lage hervorgehen konnte, trug den Keim des Verfalls in sich, der durch die orientalische Krisis beschleunigt wurde. Aberdeen war Friedensfreund von Princip und Temperament, dabei achtete er in Rußland einen alten und zuverlässigen Alliirten Englands und hegte ein nicht unbegründetes Mistrauen gegen die Politik Louis Napoleon's. Er stand daher von vornherein im Widerspruch mit der öffentlichen Meinung, die der russischen Anmaßung gegenüber ein energisches Auftreten verlangte, und Volkswillen gedrängt mußte er jedoch wider Willen vorwärtsgehen, und seine verzweifelten Beschwichtigungsversuche dienten nur dazu, den befürchteten Bruch unvermeidlich zu machen. Zum Kriege gezwungen, führte er ihn mit, einer Lauheit und Verdrossenheit, die allgemeines Misvergnügen erregte, und das Unglück der englischen Armee in der Krim rief einen Ausbruch des Unwillens her-

vor, der sein Ministerium stürzte. Im Februar 1855 legte er das Amtssiegel in die Hände Palmerston's, der die Katastrophe vorhergesehen und wol auch gefördert hatte; und der ein Jahr nachher den Frieden unter Bedingungen abschloß, die, wie Aberdeen nicht mit Unrecht im Oberhause bemerkte, „ihm selbst eine Anlage auf Landesverrath zugezogen hätten".

Auch nach seinem Rücktritt behielt Aberdeen das ungeschmälerte Vertrauen der Königin; auf ihren besondern Wunsch empfing er den Hosenbandorden, und sowol in Familien- wie in Staatsangelegenheiten, wie in den Ministerkrisen von 1858 und 1859), wurde sein Rath eingeholt und seine Vermittelung nachgesucht. Auch im Oberhause genoß er eines bedeutenden Ansehens, und obwol ein mittelmäßiger Redner, hörte man doch stets mit Achtung auf seine Stimme, in der sich eine langjährige Erfahrung und eir redlicher, wenn auch oft von Vorurtheilen befangener und nicht immer ganz consequenter, Charakter aussprach. Der bonapartistischen Politik seines Nachfolgers blieb er entschieden feindlich. Seiner Feder werden die mit „Senex" unterzeichneten Artikel zugeschrieben, welche 1859 während des italienischen Krieges in den „Times" erschienen, und welche die Sache Oesterreichs gegen Napoleon vertheidigten. Er starb zu London den 14. Dec. 1860. Seine erste Ehe war kinderlos geblieben; aus der zweiten hatte er vier Söhne, deren ältester Georg John James, Lord Haddo, geb. 28. Sept. 1816 zu Stanmore, liberaler Abgeordneter für Aberdeenshire, gest. 22. März 1864, als fünfter Graf von Aberdeen folgte. Ein anderer Sohn Alexander Hamilton Gordon, geb. 1817, nahm am Krimkrieg theil, seit 1863 General, der vierte Sohn, Arthur Hamilton, geb. 1829 zu London, war Abgeordneter im Unterhaus für Beverley 1854—57. Auf George John James folgte dessen ältester Sohn George Hamilton Gordon, geb. 1841 als sechster Graf von Aberdeen. Da dieser 27. Jan. 1870 ohne Nachkommen starb, folgte ihm als siebenter Graf sein Bruder Johann Campbell Hamilton Gordon, geb. 3. Aug. 1847. — Ein Bruder Georg Hamilton Gordon's, des vierten Grafen zu Aberdeen, William Gordon, geb. 1785, trat früh in die Marine; nahm an den langen Streitigkeiten zwischen England und Frankreich theil, ward 1855 Viceadmiral. Er vertrat 1820—54 die Grafschaft Aberdeen im Unterhaus. Unter Peel war er Lord der Admiralität. Er starb zu Exmouth im Februar 1858. — Als Ergänzung zu den biographischen Notizen über Patrick Gordon, dem Günstling Peter's des Großen, in dem schon citirten Artikel über das Geschlecht der Gordon (S. 349) sei noch die Abhandlung von A. Brückner, „Ein Beitrag zur Geschichte Rußlands im 17. Jahrhundert" (in Raumer's historischem Taschenbuch, herausg. von W. H. Riehl. V. Folge, 9. Jahrgang, Leipzig 1879) angeführt. *(T. Pech.)*

GUYANA (Guiana, Guayana) heißt im weitern Sinne derjenige Theil Südamerikas, welcher im Osten vom atlantischen Ocean, im Norden und Westen vom Orinoco, im Südwesten vom Rio Negro und im Süden vom Amazonenstrome wie eine Insel umschlossen ist.

Dieses Land erstreckt sich von 4° südl. Br. bis 8° 40′ nördl. Br. und von 52° 15′ bis 74° 30′ westl. L. von Paris, über 200 Myriameter von Osten nach Westen, 120 Myriameter von Norden nach Süden und hat 4000 □ Myriameter Flächeninhalt. Der nördliche Theil dieses Landes gehört zur Republik Venezuela, der südliche zu Brasilien; das zwischen Brasilien und Venezuela liegende Colonialgebiet der Europäer, welches die Colonien Britisch-Guyana, Niederländisch-Guyana (Surinam) und französisch Guyana (Cayenne) umfaßt, wird gewöhnlich Guyana im engern Sinne genannt.

Der Name Guyana ist hergenommen von dem der Guayanes-Indianer, welche zur Zeit der Entdeckung in Süden des Orinoco zwischen dem Rio Caroni und der Sierra Imataca wohnten und deren Ueberreste, zum großen Theil die Nachkommen der von den catalonischen Kapuzinern zur Niederlassung in ihren Missionen auf den Savanen von Caroni herangezogenen Indianer, noch gegenwärtig den größten und besten Theil der Bevölkerung der venezolanischen Provinz Guyana bilden. Ein großer Theil dieses Gebietes ist noch völlig unaufgeschlossen. Jahrhunderte lang ist es das Land der geographischen Mythen gewesen, das Land des großen Sees von Parime und das prächtige El Dorado, dem Erforschung so viele abenteuerliche und kühne Unternehmungen, wie die eines Nicolaus Federmann, Ulrich von Hutten, Sir Walter Raleigh veranlaßte, und erst in neuester Zeit haben wir durch Robert Schomburgk über die Gegenden, nach welchen jene Mythen zuletzt versetzt worden waren, einigen Aufschluß erhalten[1]).

Ueber den eigentlichen Entdecker Guyana's sind die gleichzeitigen Schriftsteller keineswegs einig. Die Entdeckung dieses Gebietes wird von einigen dem Alonzo de Hojeda, der sich im J. 1499 in Begleitung des Vespucci befand, von anderen dem Columbus selbst, von noch anderen aber dem Vadro Nunnez, ja sogar dem Diego de Ordas zugeschrieben, der erst 1531 an der Küste Guyanas gelandet sein soll. Das Innere des Landes wurde zuerst von Abenteurern verschiedener Nationen durchstreift, um den fabelhaften See von Parime und das El Dorado zu entdecken. Die werthvollsten Berichte über das Laub sind die des bekannten Sir Walter Raleigh, der drei Expeditionen nach Guyana in den J. 1595, 1597 und 1617 unternahm.

Die ersten namhaften Colonisationsversuche sind jedenfalls von den Holländern seit dem J. 1581 ausgegangen,

---

[1]) Von der Bedeutung der Reisen Robert Schomburgk's für die Aufschließung eines bis dahin großentheils noch unbekannten Ländergebiets erhält man wol die beste Vorstellung, wenn man das Vorwort liest, welches Alexander von Humboldt der 1841 von D. A. Schomburgk, dem Bruder Robert's, herausgegebenen Uebersetzung des Reisewerks dieses letztern vorangeschickt hat. Humboldt sagt:

„Die denkwürdige geographische Entdeckungsreise des Herrn Robert Schomburgk, deren Resultate hier mitgetheilt werden, hat mir am späten Abend eines vielbewegten Lebens einen großen Genuß verschafft. Nach einer mehr als zweihundert geographischen Meilen langen, mit immer gefahrlosen Flußreise auf dem Meta, Orinoco ..... war ich an den Fuß des mächtigen Gebirgsstockes Duida gelangt, in die indische Mission der Esmeralda. Was jenseits lag im Osten gegen die Quelle des Orinoco, die Gebirgskette Pacaraima, den Esequibo und die Meeresufer der Guyana hin, war, wie eine unbekannte Welt, verschlossen. Nur vereinzelte Notizen über die Wanderungen ganz ungebildeter unwiderstehlicher Europäer ließen Vermuthungen über das Flußnetz wagen, welches eine weite fast menschenleere, aber mit der üppigsten Tropenvegetation geschmückte Einöde durchsließt. Ich machte damals Vorschläge über die Richtungen und Wege, auf welchen jener Theil des südamerikanischen Continents aufgeschlossen werden könnte. Diese Wünsche, welche ich in meinem Reiseberichte nach Rückkunft aus Mexiko so lebendig ausdrückte, sind nach vierzig Jahren erfüllt, reichlich erfüllt worden. Mir ist nach die Freude geworden, eine so wichtige Erweiterung unseres geographischen Wissens erlebt zu haben, die Freude auch, daß ein so kühnes, wohlgeleitetes, die höchste benöste Ausdauer erheischendes Unternehmen von einem jungen Manne ausgeführt worden ist, mit dem ich mich durch Gleichheit der Bestrebungen, wie durch die Bande eines gemeinsamen Vaterlandes, verbunden fühle ....."

A. Encykl. d. W. u. K. Erste Section. IC.

Man sieht, daß Robert Schomburgk als der eigentliche Entdecker Guyana's zu betrachten ist. Es dürfte daher auch am Orte sein, der obigen Darstellung, bei welcher wir neben vielen anderen noch später zu erwähnenden Quellen hauptsächlich den Werken Robert Schomburgk's und seines Bruders Richard gefolgt sind, einige kurze Lebensnotizen über den erstern voranzuschicken.

Robert Hermann Schomburgk, geb. am 5. Juni 1804 zu Freiburg an der Unstrut, erlernte die Handlung in Naumburg und beschloß dann, sein Glück in den vereinigten Staaten zu versuchen, wo er als Theilnehmer an einer Tabaksfabrik in Virginien eintrat. Es glückte ihm jedoch hier nicht, und nach mancherlei Schicksalen gelangte Schomburgk 1830 fast mittellos nach Westindien, wo er sich genöthigt fand, in verschiedenen Stellungen sein Leben zu fristen. Bei einem längeren Aufenthalt auf Anegada trieb ihn seine Wißbegierde, diese kleine Insel in allen Beziehungen zu erforschen, wozu er sich noch speciell von dem englischen Gouverneur aufgemuntert fand. Seine die Resultate dieser Forschung zusammenfassende Arbeit, durch welche er erwähnenden Quellen zur genauern Kenntniß der für die Schifffahrt gefährlichen Untiefen beitrug, legte er der londoner geographischen Gesellschaft vor. Sie erregte Aufsehen, fand Anerkennung und verschaffte ihm einflußreiche Gönner in England. Im J. 1834 rüsteten die geographische Gesellschaft in London und einige Freunde der Botanik Schomburgk zu einer wissenschaftlichen Expedition nach Guyana aus, deren Resultate er in seinen bereits vorstehend erwähnten epochemachenden Reisewerken niederlegte. Am 19. Dec. 1840 schiffte sich Schomburgk abermals nach Südamerika ein und landete am 22. Jan. 1841 in Georgetown, der Hauptstadt von Britisch-Guyana. Ueber drei Jahre brachte er mit der höchst mühsamen Arbeit der Grenzregulirung zu, bereiste dabei von neuem das ganze Land von den Mündungen des Orinoco und Essequibo bis in die Gebirge des Innern und traf im Juni 1844 wieder in England ein. Als Anerkennung seiner Verdienste wurde er von der Königin zum Ritter geschlagen und erhielt eine Anstellung im Staatsdienste. Im August 1848 wurde er zum britischen Consul und Geschäftsträger bei der dominikanischen Regierung ernannt, wo er im Mai 1850 einen für England vortheilhaften Handelsvertrag zu Stande brachte und den Frieden mit dem Kaiser Souloque vermittelte. Im J. 1857 als Generalconsul nach Siam versetzt, unternahm er dort mehrere Reisen, infolge deren er über San Domingo wie über Siam im „Journal of the K. Geographical Society" interessante Berichte veröffentlichte. Er kehrte im April 1864 krank nach Europa zurück und starb am 11. März 1865 zu Schöneberg bei Berlin.

Moritz Richard Schomburgk, der Bruder Robert's, unternahm als Botaniker 1840 in Begleitung seines berühmten Bruders auf Kosten des Königs von Preußen die Reise nach Guyana, deren Resultate er in einem unten näher anzugebenden Werke niederlegte.

10

obschon die Spanier den ganzen Küstenstrich bis zur Mündung des Essequibo bereits früher vereinzelt bewohnt haben müssen, da die Holländer die Spuren einer frühern Bodencultur vorfanden. Bereits in den J. 1580—1596 hatten die Holländer dort mehrere Niederlassungen gegründet, aus denen sie jedoch 1596 von den Spaniern mit Hülfe der Indianer vertrieben wurden. Durch dieses Mißlingen keineswegs abgeschreckt, gründete Jost van der Hooge an dem Flusse Pomurun eine neue Colonie, die er Nova Zelandia nannte, und welche sich auch bereits im J. 1613 in blühendem Zustande befunden haben muß. Schon 1602 hatten die zeeländischen Kaufleute van Peer, van Rhee, de Moor, de Vries und van Hoorn die Küste von Guyana unter dem Commando van Ryk Hendrikszoon's befahren lassen, weswegen ihnen von den Generalstaaten ein Octroi ausgefertigt wurde, das ihnen Convoi-Freiheit verlieh.

Im J. 1621 verpflichteten sich die Generalstaaten, die Colonisten mit Negersklaven aus Afrika zu versehen, und jetzt begann van Peer, der mit seinen Colonisten vom Orinoco vertrieben worden war, eine neue Colonie am Berbice zu gründen, worauf im J. 1654 eine neue Colonisationsgesellschaft unter dem Befehle David Pieterse de Vries den Texel verließ und im September auf der Insel Mecoria, zwischen den Flüssen Cayenne und Wja, landete. Auch hier fanden die Colonisten bereits ein altes Kastell, das die Franzosen erbaut haben mußten, wie auch van der Hooge im J. 1596 in Essequibo (wo er in der Nähe des Zusammenflusses der beiden Ströme Cuyuni und Mazaruni auf einer sehr glücklich gewählten kleinen Insel, Kykoverall genannt, eine Ansiedelung gegründet hatte) ein solches gefunden hatte, dessen Erbauer wahrscheinlich die Portugiesen gewesen waren.

Seit dieser Zeit fingen die Ansiedelungen der Holländer in Guyana an, sich auszubreiten. Im J. 1667 erhielten dieselben noch dadurch einen bedeutenden Zuwachs, daß Karl II. von England, in Gemäßheit des in diesem Jahre abgeschlossenen Friedens von Breda, die englischen Ansiedelungen von Paramaribo an die Holländer gegen ihre Colonie Neu-Amsterdam in Nord-Amerika (den jetzigen Staat New-York!) austauschte.

Diese verschiedenen Versuche scheinen auch mehrere Engländer veranlaßt zu haben, an der sogenannten „wilden Küste" Colonien zu gründen; denn van der Hooge fand bereits an dem Surinamflusse eine Gesellschaft von Colonisten unter dem Kapitän Marshall, welche an der Stelle eines frühern großen Indianerdorfes Paramaribo, circa sechszig an der Zahl, eine Ansiedelung gegründet hatten, welche sie jedoch wegen der häufigen Einfälle der Karaiben wieder verlassen haben mußten.

Diese Versuche der Holländer und Engländer waren das Signal für die anderen Nationen, sich jetzt gegenseitig in ewigem Wechsel zu verdrängen und wieder neu anzusiedeln. So nahmen 1640 die Franzosen, welche ebenso wie die Holländer schon früh die Küsten von Guyana zum Zweck des Tauschhandels mit den Eingeborenen besuchten, die frühere Ansiedelung von Paramaribo in Besitz, die sie aber aus denselben Gründen wie die

Engländer aufgeben mußten, bis sich 1652 die Engländer abermals dort ansiedelten. Auch im Innern der Generalstaaten brachen Kämpfe aus, die den gedeihlichen Fortgang der Colonisation an der Küste wesentlich hinderten, bis 1678 mit der Familie van Peer ein Vertrag abgeschlossen wurde, wonach dieser die Colonie Berbice für „ewige Zeiten" verbleiben sollte[2]).

Die Portugiesen endlich gründeten vom Amazonenstrome aus Niederlassungen.

Zwischen diesen Colonien der verschiedenen europäischen Nationen haben fortwährend sehr viele Reibungen und Kämpfe stattgefunden, sodaß sie dadurch viel gelitten haben und wiederholt fast ganz zu Grunde gerichtet worden sind. Die Streitigkeiten über den Besitz des Landes im Norden des Amazonenstromes bis zum Flusse Oyapock sind seit zwei Jahrhunderten zwischen Portugiesen und Franzosen theils durch gewaltsames Vordringen, theils mit den Waffen der Diplomatie fast ununterbrochen fortgeführt worden und sind noch gegenwärtig zwischen Frankreich und Brasilien nicht beigelegt.

Das wechselnde Kriegsglück der letztvergangenen zwei Jahrhunderte brachte auch die Colonien Berbice, Essequibo und Demerara aus den Händen der Holländer in die der Franzosen, Engländer und Spanier, bis sie endlich durch eine Uebereinkunft zwischen Großbritannien und den Niederlanden im J. 1814 an ersteres mit der Bedingung abgetreten wurden, daß es den holländischen Besitzern freistehen solle, unter gewissen Beschränkungen mit Holland in Handelsbeziehungen zu bleiben.

Politisch zerfällt Guyana in fünf Theile, nämlich in zwei größere: Im N. und NW. das spanische, die jetzige Provinz (der Republik Venezuela) Guyana und im S. und SW. das portugiesische (jetzt ein Theil der brasilianischen Provinz Para) und in drei kleinere am antillischen Meere, das britische, niederländische und französische Guyana.

Die orographische Beschaffenheit, die Mineralien und den Lauf der Hauptflüsse Guyana's behandeln wir weiter unten bei der Schilderung der einzelnen Landestheile ausführlich.

Das Klima von Guyana ist mit Ausnahme der höheren Theile des Innern sehr heiß, doch ist die mittlere Temperatur der Küste, obgleich dem Aequator näher gelegen, nicht ganz so hoch wie die mehrerer Theile der antillischen Küste Venezuelas, was der fortdauernden unmittelbaren Einwirkung des Seepassatwindes zuzuschreiben sein dürfte. Die mittlere jährliche Temperatur von Georgetown beträgt 26,37 Cels., die von Paramaribo 26,68 von Cayenne 26,10 und von Para 27,0. Bezeichnend für den klimatischen Charakter dieses Theiles von Guyana ist die große Gleichmäßigkeit der Wärme und die große Feuchtigkeit. Der Unterschied des wärmsten Monats (October oder November) und des kühlsten (Januar oder

2) Auch die französischen Colonien hatten die Engländer 1654 weggenommen, mußten sie aber 1664 räumen. Im J. 1676 nahmen die Holländer dieselben in Besitz, mußten sie aber 1677 wieder abtreten.

Februar) des Jahres beträgt in Georgetown und Paramaribo nur 1,₅₅ Celf., in Cayenne 1,₃₅, in Para 1,₆₃. — Die jährliche Regenmenge beträgt in Georgetown 95, in Paramaribo 205, in Cayenne 138, in Para 71½ engl. Zoll. — Man unterscheidet zwei Hauptjahreszeiten, den Winter (Regenzeit) Mai bis Juli und den Sommer (trockene Zeit) August bis October; außerdem kommt ein zweites Maximum der fallenden Regenmenge im December und Januar vor, doch nicht regelmäßig an allen Punkten, und eine wahre trockene Zeit ist gar nicht vorhanden. Der Nordostpassat ist das ganze Jahr hindurch vorherrschend, während der Regenzeit ist er mehr östlich; südliche Winde kommen sehr selten, westliche fast gar nicht vor. Das Klima der Küste von Guyana ist wegen seines für die Gesundheit nachtheiligen Einflusses sehr verrufen, jedoch nicht mit Recht. Zwar ist es für den Europäer erschlaffend und auf die Dauer schädlich, aber im Ganzen doch nicht so verderblich, wie das der meisten westindischen Inseln, der Ostküste von Mexiko und des Isthmus von Panamá. Die außerordentlich große Mortalität in Niederländisch- und Britisch-Guyana ist viel mehr dem dortigen wenig geregelten, um nicht zu sagen ausschweifenden Leben der Colonisten und der Bevölkerung, namentlich dem übermäßigen Genusse geistiger Getränke und dem Mangel ordentlichen Familienlebens als dem Klima zuzuschreiben, und wenn auch die Mortalität unter den Deportirten in Cuyenne sehr groß gewesen ist, so muß in Anschlag gebracht werden, daß auch in europäischen Bagnos und Zuchthäusern die Sterblichkeit außerordentlich hoch zu sein pflegt. Ebenso ist die große Mortalität der Truppen in Surinam, die in Europa geworden werden, zu einem wesentlichen Theile sittlichen Ursachen zuzuschreiben. Einzelne Plätze sind allerdings sehr ungesund, und namentlich gelten die Gegenden, in welchen durch die Mischung von Süß- und Seewasser das sogenannte brackische Wasser entsteht, für besonders fiebererzeugend, dies ist aber in demselben und oft noch in viel höherm Grade auf den meisten tropischen Küstenebenen der Fall. Auch das gelbe Fieber, welches von Zeit zu Zeit diese Küste heimgesucht hat, ist lange nicht so schlimm wie in Westindien. Nach einer starken Epidemie im J. 1804 blieb die Küste lange Jahre ganz davon verschont; in neuerer Zeit ist dasselbe jedoch an der ganzen Ostküste von Südamerika bis nach Rio de Janeiro oft wiedergekehrt und hat in einzelnen Jahren viele Opfer gefordert. Bemerkenswerth ist auch die verhältnißmäßig geringe Kindermortalität in Surinam und das fast gänzliche Fehlen der Tuberculose, wogegen unter den Farbigen viele schlimme Hautkrankheiten und insbesondere auch die Lepra häufig sind, gewiß aber auch überwiegend aus moralischen Ursachen. Wenn aber in Guyana das Klima für Weiße kaum so ungesund ist wie in Westindien und ihnen selbst körperlich anstrengende Arbeiten erlaubt, so eignet der Küstenstrich von Guyana sich doch sicher nicht zu eigentlicher europäischer Colonisation. Dagegen scheint das höher gelegene Innere des Landes mehrfach ganz passend dazu. Um dieses jedoch empfehlen zu können, mangelt es noch an der nöthigen Er-

fahrung; denn auch in meteorologischer Beziehung ist das Innere uns noch fast völlig unbekannt. Schomburgk hat im Innern sehr heiße Gegenden gefunden, aber auch Indianerdörfer, wo er bei heiterm, schönem Wetter die Temperatur kalt fand. In der Hauptsavanenregion ist die jährliche Regenmenge geringer als an der Küste. Man hat dort nur eine Regenzeit, die gewöhnlich mit Ende April beginnt und im Juli oder Anfang August endet. Während den trockenen Monate herrscht ein gleichmäßiges Klima. Die klare heiße Luft lagert bei beständigem Ostwinde oft Monate lang ohne eine Veränderung, ohne Regen über dieser Region. Die mittlere Temperatur schwankt dann zwischen 80—86° F. (26°,₆ und 30° Celf.).

Die Flora des Landes gehört in Fülle und Mannigfaltigkeit zu den reichsten Südamerika's. Keine Einflüsse hemmen die Ausbildung der Pflanzen; Bäume und Gesträuche haben eine üppige Fülle der Aeste und Zweige. Kryptogamen und Gräser treten auch hier, wie weiter im Süden des Festlandes, als baumartige Gewächse auf. Ihrer geographischen Verbreitung nach läßt die Flora sich in vier Regionen eintheilen: die Region der Küste, des Urwaldes, der Sandsteinformation, der Savane.

Die Region der Küste umsäumen Rhizophora, Avicennia, Conocarpus und mehrerer Ficusarten. Etwa 5—6 Kilometer von der Meeresküste und den Flußmündungen treten Leguminosen, Laurinen, Melastomaceen und Palmen auf.

Die Region des Urwaldes erstreckt sich an Essequibo, Demerara, Berbice und Corentyn bis an die Quelle dieser Flüsse und bis 940 Meter Höhe im Gebirge. Unterholz fehlt oder tritt nur an lichten Stellen und in der unmittelbaren Ufervegetation der Flüsse auf. Die Bäume gehören fast ausschließlich den Bignoniaceen und Erythroxylen an, und verlieren ihr Laub während der trockenen Jahreszeit. Gleichen Schritt mit der raschen Entwiklung der Bäume und Gebüsche hält das Wachsthum der für die Baumstämme und Aeste bedeckenden wunderlieblichen Orchideen.

Die Region der Sandsteinformation liegt am Maçaruni und am Cutuni. Die Verschiedenheit der Höhen, Gesteinschichten und des Feuchtigkeitsgrades veranlaßt hier eine reiche Abwechslung der Vegetation. Cinchonen, Proteaceen, Ternströmiaceen, Coriaceen, Bellogien, riesenhafte Erdorchideen und baumartige Farren treten auf. Die Waldung zeichnet sich durch ihre dicke, lederartige, glänzende Belaubung aus. Sie hält sich gewöhnlich in den Thälern und steigt nur bis zur Hälfte der Bergabhänge empor. Ein großer Theil der Berge ist kahl, jedoch mit Grasmatten bedeckt, auf denen in großer Abwechslung schönblühende Sträucher und Kräuter vorkommen. Die Gräser unterscheiden sich von denen der Savane durch ihr frisches Grün, ihren zartern Bau. Die Vegetation hat das ganze Jahr hindurch nicht still.

In der Region der Savane ist die Dammerde mit Ausnahme einiger Strecken an der Sohle der Einsenkungen nur dünn, wodurch die Vegetation eine wesentliche Veränderung erleidet. Die Gräser mit ihren gelben Halmen

10*

sind rauhhaarig. Sie bestehen größtentheils aus Cype-
raceen und sind durch eine Menge stachlichter, holziger
krautartiger Pflanzen aus den Familien der Rubiaceen,
Myrtaceen, Malvaceen, Convolvulaceen u. s. w.
durchsetzt. Der Wuchs der isolirt stehenden Bäume ist
ein niedriger, namentlich auf den Erhebungen. Die
sumpfigen Niederungen der Savane werden größtentheils
von der Mauritia flexuosa eingenommen. In der trockenen Jahreszeit, wo die Bäche in der Savane versiegen,
verliert nur ein geringer Theil der Bäume das Laub.
In der Regenzeit zeigt die Savane einen üppigen Rasen-
teppich, durchwirkt von einem prachtvollen Blumenflor,
wie Neurocarpum longifolium, Pavonia speciosa,
Myrica, Iris Commelyna, die zartblaue Abolboda
Aubletii, die schwefelgelben Fugosien, die schneeweißen
isolirt stehenden Myrtaceen, die Vanille duftenden Blüthen
der Rhopola nitida u. s. w. Von ganz besonderer und
überraschender Schönheit sind die Ufersäume des obern
Rupununi.

Fast die Hälfte des Landes ist von Waldung bestanden. Der Reichthum an Waldproducten ist außerordentlich; die Urwälder enthalten eine Fülle von Bau-
und Nutzhölzern und denjenigen Gewächsen, welche den
Menschen wichtige Producte für die Medicin und die
Industrie liefern. Unter den Bäumen der Urwälder
zeichnen sich viele durch ihre riesigen Dimensionen aus,
wie der Davillo (Hura crepitans), vorzüglich zum Schiffs-
bau geeignet, der Volador (Gyrocarpus americanus),
aus dessen Stamm große Barken (Bongos) gemacht
werden, der Tacamahaco (Icica Tacamahaca), der ein
sehr nützliches Harz und sehr gutes Bauholz liefert und
aus dessen Rinde die Indianer der venezolanischen Provinz Guyana ihre tragbaren Piroguen oder Canoes ver-
fertigen, mit denen sie die von Stromschnellen und Katarakten erfüllten Ströme der Provinz befahren, die Mora
excelsa an den Küstenflüssen von Guyana, gegen welche
nach Schomburgk unsere kolossalsten Eichen nur Zwerge
bilden und deren Holz jetzt viel für die englische Marine
benutzt wird; der riesige Acuyari; Red Cedar in Britisch
Guyana (Icica altissima), aus dessen Stamme Boote,
welche 70—80 Personen fassen, gemacht werden; der
Enamara (Diplerix odorata), der auch die aromatischen
Tonkabohnen liefert; der Carabo (Carapa Guianensis);
der Siripiri, Greenheart und Seelhart der Colonisten
(Nictandra Rodiaei); der Dalamaballi, Bladhaert,
Bruinhart und Incurruptible der Colonisten (Voucapoua
americana *Aubl.*), ausgezeichnet zu Wasserbauten; der
Marisiballi oder Groenhart oder Ebène verte (Bigognia
Leucoxylon *L.*); der Bullytree oder Boerowe (Lucuma
mammosa *Gaertn.*); das Eisenholz (Siderodendron
triflorum *Pohl.*), Hyriballi Itaballi, die Ita-Palme
(Mauritia flexuosa), 10 Meter hoch an sumpfigen Flußufern, wo sie, wie namentlich am Maini dermaßen vorherrscht, daß kein anderer Baum zu sehen ist — ein dem
Leben der dortigen Indianer unentbehrlicher Baum,
dessen lange, starke Blätter ihnen zum Dachstroh, dessen
Zweige und Aeste ihnen zum Gerüste der Hütte und
dessen Mark ihnen zur Speise dient — der Torchtree,

10 Meter hoch, wird von den Indianern zu Fackeln, die
sie bei Jagd und Fischfang viel gebrauchen, angewandt.
Die äußeren härteren Theile werden zu eingelegter Arbeit
in der Kunstschreinerei, zu Spazierstöcken, Billard-Queues
u. s. w. benutzt. Der Hyawaballi (Icica heptaphylla),
welcher auch ein werthvolles Gummi liefert; der Itiriri-
bourmaballi oder Tiger-wood (Machaerium Schom-
burgkii); der Courabarilla oder Purple heart, Pur-
purhart, Bois violet (Copaifera pubiflora); der Locusttree (Hymenaea Courbaril), aus der Rinde dieses und
des vorigen Baumes machen die Indianer auch ihre leichten
Borkenkähne; der Wallaba (Eperua falcata *Aubl.*). —
Die Regierung von Britisch-Guyana ertheilt Concessionen
zum Holzfällen in Parzellen von 100—300 acres zu
1 sh. 3 d per acre. Die Culturpflanzen, die wir im
Einzelnen gleich noch näher erwähnen, gedeihen vorzüglich und werden am meisten gebaut die sogenannte Angostura-Fieberrinde (Cuspa oder Cupare, Bonplandia
trifoliata) in der venezolanischen Provinz Guyana, wo
ganze Wälder davon angetroffen werden; Mais, Ba-
nauen, Yams, Arrow-root, Cassave, süße Kartoffeln,
Reis, Zuckerrohr, Cacao, Tabak, Kaffee, Baumwolle,
Indigo, Rourou oder Arnotto (Bixa Orellana) verschiedene Gewürzpflanzen (im franz. Guyana), fast alle
dem tropischen Amerika eigenthümlichen Fruchtarten,
ferner der Brodfruchtbaum, der Mango (Mangifera
indica), Orangen, Weintrauben und mehrere andere
aus der alten Welt und Australien eingeführte Frucht-
bäume und Gartenpflanzen.

Die Yamswurzel, welche in drei Varietäten Buck-
Yam (Common Yam), Guinea- und Barbadoes-
Yam auftritt, gedeiht üppig. Sie hat sich derartig eingebürgert, daß sie, außer in diesen angebauten Arten,
noch in mehreren anderen Arten wild wächst.

Die Batate, süße Kartoffel (Convolvulus batatas),
ist eine einheimische Pflanze, wird jedoch nicht hinreichend
für den Bedarf angebaut.

Cassava oder Cassada, auf welches wir weiter
unten noch näher zurückkommen, wird in jeder indianischen Niederlassung und von Europäern überall in Gärten
angebaut. Das Cassareep oder Cassaripa der Indianer,
der eingedickte Saft der bittern Cassava (Janipha Mani-
hot), ist ein wirksames antiseptisches Mittel und dient
vielfach zur Bereitung von Saucen und zur Würze des
Fleisches.

Der Pisang (Plantain, Musa Paradisiaca), die
Hauptbrodfrucht des Landes, der Ersatz für den Weizen,
der nicht gedeiht und nicht gebaut wird, gedeiht üppig
und wird überall gebaut. Die großen sammetartigen
Blätter dienen zum Verband bei Entzündungen, der Stamm
liefert eine Menge Faserstoff zu Papier- und sogar zur
Zeugfabrikation, liefert vorzügliches Dachstroh und Vieh-
ftren. Die Pisangtraube hat ein Gewicht von 20—35 Pfd.

Die Banane (Musa Sapientum) trägt Trauben mit 160—180 Früchten, zusammen 70 Pfund an
Gewicht.

Der Reis wird in sehr beschränktem Maße angebaut, obgleich der Boden sich in weitem Umfange be-

fonders dazu eignet. Auf der Insel Leguam und den anderen Essequibo-Werdern, am Berbice und Powerun, wo man besonders Reis baut, wird derselbe außerordentlich großkörnig und erträgt drei Ernten im Jahr.

Das Zuckerrohr (Saccharum officinarum), das Stapelproduct der Colonie, wurde um das J. 1600 eingeführt, bald nachdem die Spanier Amerika in ihren Besitz genommen hatten. Da der Boden, namentlich der fette Boden der Küstenstufe mit seiner von Meersalz geschwängerten tiefen Dammerde, sich dem Zucker überaus günstig erwies, so wurden viele große Vermögen durch den Anbau gemacht und die Zuckerkultur bildete bald das Hauptgeschäft der Colonie. Es werden drei Varietäten angebaut: Creole cane, der cane creolia Cuba's (Saccharum commune), Bourbon cane (S. Bourboni) von der Insel Bourbon, dort von Java aus eingeführt, wo es einheimisch ist, und Otaheiti cane, entdeckt von Bougainville, der es 1740 auf Jsle de France (Bourbon) und auf Martinique einführte, von wo es 1795 nach Cayenne kam. Andere Varietäten sind White-, Violet-, Purple-, Mont Blanc-, Ribbon- und Gingham-Cane. Das Zuckerrohr ergibt durchschnittlich an 18 Procent krystallisirbaren Zuckers.

Der 1721 eingeführte Kaffee wurde früher in großer Ausdehnung gepflanzt und bildete ein Hauptstapelproduct, hat aber bei dem Mangel an Arbeitskräften dem Zucker, dem Pisang u. s. w. Platz machen müssen. Doch findet man bis 40 Leguas im Binnenlande noch die Reste früherer Kaffeeplantagen.

Baumwolle tragen mehrere Arten einheimischer Bäume, welche seit alter Zeit von den Indianern, namentlich den Macusi, angepflanzt werden. Diese Indianer weben aus ihrer Baumwolle Halsbinden, Hängematten und andere Artikel, welche sich durch ihre Leichtigkeit, sowie durch ihre Stärke und Dauerhaftigkeit auszeichnen. Baumwolle war ebenfalls früher ein Hauptstapelartikel und hat gleichfalls aufgegeben werden müssen. Berbice- und Demerara-Baumwolle galt vor fünfzig Jahren auf dem londoner Markte als die feinste Sorte und erlangte dort die höchsten Preise. Noch auf der großen loudouer Weltausstellung von 1851 erhielt Baumwolle von einer verwilderten 30 Jahre vorher aufgegebenen Baumwoll-Indianerplantage in Demerara eine Prämie.

Tabak wächst wild und findet sich gewöhnlich bei Indianerdörfern; er steht an Güte kaum dem Havana-Tabak nach und das große Blatt verarbeitet sich leicht in Cigarren. Tabak wurde hier seit dem J. 1600 angebaut.

An Stärke liefern Pfeilwurz (Arrow Root) 20 Procent, süße Cassave 26, bittere Cassave 24, Yamswurzel, Pisang, Batate gegen 18 Procent.

Von den Gewürzpflanzen wurde der Zimmt im J. 1772 eingeführt und gedeiht in Gärten und Plantagen. Einige wilde Zimmtbaumarten sind in der Colonie einheimisch. Versuche mit der Muskatnuß sind gelungen. Eine wilde Abart, die Accawai, oder Awacacai-Muskatnuß ist einheimisch und wird von den Indianern als ein Mittel gegen Kolik angewandt.

Ingwer gedeiht vortrefflich und wird dem ostindischen vorgezogen.

Capsicum, welches den Cayennepfeffer liefert, findet sich in Menge in mehreren an Form und Farbe verschiedenen Arten. Pickles, bestehend aus Essig, Kohl, Bohnen und dergl., mit Capsicum eingemacht, bilden einen Handelsartikel, der in bedeutender Quantität ausgeführt wird.

Pfeffer, Nelkenpfeffer oder Piment und Carbamom gedeihen vortrefflich und werden in Ueberfluß gewonnen.

Färbestoffe liefern eine Menge Pflanzen. Die Indigopflanze wurde früher mit Erfolg angebaut, wird aber gegenwärtig vernachlässigt. Das Orlan ist einheimisch und liefert die Farbe, mit welcher die Indianer sich Stirn, Wange und Kopf roth bemalen. Schwarze Farben liefern das Campecheholz und die Lana, letztere gibt ein besonders starkes Schwarz. Pisang gibt ein reiches Carmoisin.

Gummi, Kautschuk und Harze liefern unter anderen der India-Rubber-Tree, der Simiri (der Locusttree Hymenaea courbaril), der Gum-Elemi-Baum (Icica carana), die Hya-Hya (Milk tree).

Oele liefern zahlreiche Pflanzen. Der Holzapfelbaum (crab-tree) liefert das Carapaöl, ein beliebtes Haaröl; das Oel des Laurus wird in der Medicin sehr geschätzt. Cocos nurifera liefert ein vorzügliches, vielfach verwendetes Oel. Ricinus communis, ein zierlicher Strauch mit welchen das Ricinus-Oel (Castor-Oil) gewonnen wird.

Die Fauna Guyanas ist ebenfalls sehr reich; am reichsten an Insekten und Vögeln, ärmer, wie Südamerika überhaupt, an Säugethieren. Im Ganzen hat sie mit der des übrigen tropischen Südamerika die meiste Aehnlichkeit.

Die von Rich. Schomburgk während seines vierjährigen Aufenthalts in Britisch-Guyana gemachten und nach Europa gebrachten Sammlungen enthalten 22 Arten Mollusken, 78 Gattungen Fische in 139 Species, darunter 27 Gattungen in 39 Species Salzwasserfische; 76 Arten Amphibien, nämlich 8 Arten Schildkröten, 23 Eidechsen, 33 Schlangen, 6 Frösche, 5 Kröten und eine Caecilia; 424 Arten Vögel, darunter (nach Cabanis) 83 Oscines (Singvögel), 93 Clamatores (Schreivögel), 77 Scansores (Klettervögel), 43 Raptatores (Raubvögel), 15 Rasores (Hühner), 55 Grallatores (Watvögel) und 16 Natatores. (Schwimmvögel) und 63 Arten Säugethiere, nämlich 11 Affenarten, 2 Cheropteren (Fledermäuse), 8 Nager, 6 Beutelthiere, 3 Pachydermen (Dickhäuter), 4 Wiederkäuer, 3 Faulthiere, 6 Arten Gürtelthiere, 3 Insektenfresser, 23 Raubthiere und 2 aus der Ordnung Cetacea (ein Delphin in den Flüssen und eine Seekuh an den Küsten, die auch weit landeinwärts wandern soll).

Die Menge der Insekten ist eine wahrhaft unbeschreibliche. Zum großen Ungemach anderer Geschöpfe dringt eine sausende, flatternde, hüpfende, zappelnde und krabbelnde Thierwelt in jegliche Räumlichkeit ein, eine

Thierwelt, welche an Zahl der Individuen und Arten fast der der Pflanzenwelt gleichkommt. Unter den zahlreichen Insekten zeichnen sich viele durch unvergleichlichen Metall= glanz, merkwürdige Größe und sonderbare Formen aus. Dagegen tritt auch diese Klasse nicht nur der menschlichen Thätigkeit am feindseligsten entgegen, wie die Ameisen und Kakerlaken (Blattae), sondern ist auch für den Be= wohner am lästigsten wie die Mosquitos, Sand= und Stechfliegen, Sandflöhe u. f. w., zu denen sich auch noch Skorpionen, Tausendfüße und andere Peiniger ge= sellen.

Unter den Mollusken sind einzelne, welche von den Indianern gegessen werden, wie Ampullaria Urceus.

Krustaceen, welche an den Steil= und Korallenküsten Central=Amerikas wichtige Nahrungsmittel darbieten, sind an den flachen Schlammküsten von Guyana seltener, nur Krebse finden sich an diesen schlammigen Küsten, sowie auch in den Kanälen und Gräben der Plantagen in großer Menge.

Fische sind in großem Ueberfluß vorhanden. Be= sonders viel gefangen wird in den großen Strömen in der Nähe der Stromschnellen der Pacu oder Haimari der Eingeborenen (Macrodon Trahira *Müll.*), der 12—18 Pfund schwer wird, ein sehr wohlschmeckender Fisch, welcher die gewöhnliche Nahrung der Indianer an diesen Flüssen ausmacht. Auch der Zitteraal (Gymnotus electricus) kommt in den Flüssen Guyanas vor. Es finden sich in denselben auch schädliche Fische aus der Familie Trygones, die mit ihren Knochenstacheln gefährliche Wunden verur= sachen. Außerordentlich fischreich sind die Seen auf dem niedrigen Küstenlande im brasilianischen Guyana zwischen dem Aruari und dem Oyapock.

Unter den Amphibien nennen wir zuerst die Schildkröten, deren mehrere sehr schmackhaft sind. Eine der fettesten, deren Eier auch viel aufgesucht werden, ist Podocnemis expansa, eine Flußschildkröte. Von mehreren Arten der zum Theil 6—7 Fuß Länge erreichenden Ei= dechsen werden die Eier, sowie das Fleisch gegessen, wie denn auch die Indianer das Fleisch eines kleineren Kai= man (Alligator, amerikanisches Krokodil), welcher nebst mehreren größeren Arten in Flüssen lebt, für eine Delikatesse halten.

Schlangen sind zahlreich vertreten, obgleich sie in den angebauten Landestheilen gegenwärtig bei weitem nicht so häufig sind, wie es früher der Fall war. Es gibt über 60 Species Schlangen in Britisch=Guyana und unter ihnen wenigstens 5 giftige Arten. Die giftigste und gefährlichste, deren Biß absolut tödtlich sein soll, Crotalus mutus, lebt nur in dichten feuchten Wäldern, während eine andere ebenfalls sehr gefährliche Schlange (Crot. atrox *Lin.*) über ganz Guyana verbreitet ist. Crot. horridus, die Klapperschlange, deren Biß sich nur in wenigen Fällen tödtlich zeigt, lebt auf den trockenen Savanen und in dem in denselben auftretenden niederen Gebüsche. Der Gebrauch des Guaco (Mikanio Guaco), der in Guyana wild wächst, gegen das Schlangengift ist den Indianern unbekannt.

Von besonderem Interesse sind die Vögel nicht nur durch die Menge ihrer Arten und Individuen sondern auch durch die große Pracht ihres Gefieders, wie in einigen Fällen durch die Lieblichkeit ihres Gesanges und endlich durch die köstlichen Bissen, die sie für die Tafel liefern. Ein sehr gesuchtes Vogelwild bilden namentlich viele Arten der sehr verbreiteten Papageien, so Psittacus menstruus *Lin.*, Ps. ochrocephalus und Ps. aestivus und verschiedene Taubenarten. Durch ihr schönes Ge= fieder ausgezeichnete Vögel sind besonders auch Kolibris, wogegen der schöne Phasianus cristatus nur selten ge= funden wird. Durch ihren lieblichen Gesang zeichnen sich aus Cyphorinus cantans *Cab.*, der berühmte Mu= sicien de Cayenne, der Flageoletbird der Colonisten und Thryothorus platensis *Pr. Neuw.*, ein niedlicher Zaunkönig, der in der Nähe menschlicher Wohnungen, namentlich auch in den Coloniestädten, sich aufhält und dort sein Nest unter den Galerien der Häuser baut.

Gegenüber den anderen Klassen des Thierreiches ist die Anzahl der in Guyana einheimischen Säugethiere eine sehr beschränkte. Unter ihnen herrschen die Carni= voren vor. Hervorzuheben sind unter den Raubthieren der Puma (Felis Concolor) und der Jaguar (Felis Onca), das furchtbarste Raubthier des Landes, so wild, so gewandt und beinahe so stark wie der echte Tiger. Er wird bis 4 Fuß lang, ausschließlich des Schwanzes, und an 3 Fuß hoch. Der Kopf ist flach, breit, schlangen= artig, mit gewaltiger Stärke des Gebisses, das Fell prächtig, auf falbem Grunde am Rücken länglich, an den Seiten ringförmig gestreift, an den Beinen gefleckt. Die Färbung dunkelt mit zunehmendem Alter und wird zuletzt fast ganz schwarz. Am häufigsten ist er im Gebirge des Binnenlandes; Rothwild, Schweine und Kühe sind die Lieblingsspeise der mächtigen Katze. Der Jaguar jagt in großen Herden gesellt und wird selbst wegen seines schönen, werthvollen Felles von Indianern und Negern viel ge= jagt. Er hat eine große Scheu vor Wasser und geht über keinen Fluß, über den er nicht springen kann. Der Jaguar greift niemals einen Menschen an.

Unentbehrlich, um der Menge von Ratten, Mäusen, Fledermäusen, Eidechsen Einhalt zu thun, ist die Hans= katze (Felis); sie gedeiht vortrefflich, ist aber mehr ver= wildert als in Europa, weil sie gewöhnlich nicht in der= selben häuslichen Weise groß gezogen wird.

Zu den kleineren Raubthieren gehören: der Igel (Erinaceus), der Waschbär (Procyon lotor), das Stink= thier, Skunt oder Chinga (Mephitis), die Fischotter (Lutra) u. f. w.

Zu den am häufigsten vorkommenden Nagern ge= hört der Aguti, Goldhase (Dasyprocta Aguti), welcher hier die Stelle des wirklichen Hasen vertritt. Sein Fleisch bildet einen Hauptbestandtheil der Nahrungsmittel der Indianer. Sein Haar ist sanft und fein, er ist eines der schmucksten Thiere, läuft mit erstaunlicher Geschwindig= keit, wohnt im Walde und wird oft gezähmt. Dasselbe ist der Fall mit einem andern Nager, dem Labba oder Indianer (dem Paca=Coelogenys Paca), welches allgemein für das schmackhafteste Wildpret in Guyana gilt. Es wohnt in Erdhöhlen im Walde, wird oft ge=

zähmt und als Hausthier gehalten, hat ausdrucksvolle den Augen der Gazelle ähnliche Augen, ist sehr anmuthig in seinen Bewegungen, schwimmt vortrefflich, läuft sehr schnell und ist äußerst wachsam, sobaß es dem Europäer fast unmöglich ist, es ohne Beistand des Indianers zu erjagen.

Die Armadille, Gürtelthiere (Dasypus), welche gern gegessen werden, finden sich in ganz Guyana, namentlich auf den großen Savanen. Die Zahl der Ringe bei den Gürtelthieren ist sehr verschieden; es gibt Dasypus tricinctus, D. quinquecinctus, D. sexcinctus u. s. w. Die größte Art hat 17 Gürtel und wird circa 3 Fuß lang.

Ferner sind zu nennen der Ameisenbär (Myrmecophaga) sowie verschiedene Pachydermata, unter andern der Tapir und das Wildschwein.

Das Pferd gedeiht vortrefflich; dennoch werden die Pferde meistens aus den vereinigten Staaten eingeführt; das einheimische Pferd eignet sich vorzüglich zum Reit- und Rennpferde, weniger zum Wagenpferde.

Von Hirschen kommen vor Cervus rufus, jedoch nur einzeln in den Wäldern; C. simplicicornus, häufig in den Vorwäldern der Küste; C. savanarum, eine neue Species, die nur in den großen Savanen vorkommt und dort ein Hauptnahrungsmittel bildet, dessen Fleisch aber, besonders bei älteren Thieren, zäh und hart ist, und noch eine kleine, jedoch sehr seltene Art. Auch das Fleisch mehrerer Affenarten wird von den Indianern gern gegessen, eine Ausnahme machen nur die Karaiben, die nur in der Noth einen Affen essen, dagegen das Fleisch des Ameisenbären für eine große Delikatesse ansehen, während die übrigen Indianer dasselbe nur nothgedrungen essen. — Verwildert kommen auch Rindvieh-Herden auf der Central-Savane von Britisch-Guyana vor, wahrscheinlich abstammend von Herden der portugiesischen Ansiedelungen am Rio Branco.

Die Bevölkerung dieses weiten Gebietes ist außerordentlich gering. Mit Ausnahme des Küstenstriches am atlantischen Meere, auf welchem Holländer, Engländer und Franzosen Colonien gegründet haben, und wo die dort seßhaften Indianer großentheils zum Christenthum übergegangen sind, sowie eines kleinen Theils der venezolanischen Provinz Guyana, in welchem gleichfalls ein Theil der Urbevölkerung christianisirt und zum seßhaften Leben geführt worden ist, wird das ganze Gebiet fast allein von unabhängigen, uncivilisirten Indianern bewohnt, die zwar vielen verschiedenen Stämmen angehören, ihrer Gesammtzahl nach aber jetzt wol kaum 30,000 Seelen betragen. Wir nennen unter ihnen zunächst die Karaiben (Cariben, Caribisi, in Cayenne auch Galibi genannt), die Warraus und Arawaks (Aruaks), in der Nähe der Nordküste. Die zwischen den Mündungen des Cuyuni und des Orinoco wohnenden Warraus sind die geschicktesten Verfertiger von Corials und größeren Fahrzengen, besonders aus der Icica altissima; die Macusis wohnen am Essequibo, am obern Mahu, in einem Theile der Sierra Pacaraima und weiter im Innern; die Turamas am Essequibo; die Wapisianos am obern Rupununi. Die Waccawais oder Auawais sind ein Hauptstamm; die Guainaus und Maiangkongs leben im Innern; die Tupuyer sind vortreffliche Bootsleute im französischen Guyana. Wenig bekannt sind die Oyampis im Tumucumaque-Hochlande und im Quellengebiet des Oyapoç; die Saracolets, welche mit den Boni-Negern im französischen Guyana verkehren; die Rucuyennes am obern Lava an der Grenze des unbekannten Innern zwischen dem niederländischen und französischen Guyana, welche letztere zahlreiche Dörfer auf weiten Savanen besitzen und mit den Oyampis Tauschhandel treiben. Sie sind ihren Sprachen nach zum Theil verschieden, haben aber in ihrem Stammcharakter viele Verwandtschaft und werden zu der karaibisch-brasilianischen Race gezählt. Am verbreitetsten unter den Indianern sind die Karaiben, welche von Alters her wegen ihrer auf Sklavenjagd ausgehenden Raubzüge gefürchtet sind.

Die Hautfarbe dieser Eingeborenen ist rothbraun, etwas glänzend, dem Kupfer sehr ähnlich, der Wuchs ist untersetzt, der Mann wird circa 5½ Fuß groß, das Weib ist etwas kleiner, die Glieder sind jedoch fleischig, abgerundet und proportionirt, aber nicht muskulös. Arme und Beine sind verhältnißmäßig kurz, der Rumpf verhältnißmäßig lang, auch der Kopf etwas zu groß. Handgelenk und Fußknöchel sind sehr klein, das Kopfhaar ist schwarz, lang, grob und straff. Bart und Haar am Leibe wachsen nicht, was davon etwa erscheint, wird nicht geduldet, sondern ausgerupft; der Mund ist klein, die Zähne sind, wenn nicht durch die Gewohnheit des Tabakkauens geschädigt, gut; die Augen sind schwarz und etwas schräg gestellt, die Gesichtszüge sind regelmäßig, der Gesichtsausdruck ist mild, aber leer, und bekundet Gelassenheit, Gleichgültigkeit, ohne jede lebhafte Gemüthsbewegung. Die Stimme ist sanft, leise und wohltönend. Sie sind jedoch sehr schweigsam. Das Weib ist schwer, bescheiden und keusch. Die Gestalt ist in der Jugend oft schön, allein bei zunehmendem Alter werden die Gesichtszüge grob, es tritt eine schlotterige Beleibtheit ein, welche abstoßend wirkt. Die Mannbarkeit und demnach auch das Alter tritt früh ein. Der Indianer wird gewöhnlich Buck oder holländisch Bok genannt, ein Ausdruck, welcher aus dem Aruak Loffo Mensch corrumpirt ist.

Die Tracht des Indianers besteht nach heimischem Brauche in einem Tuchstreifen um die Hüften, welcher mit einem um den Leib gebundenen Bindfaden befestigt wird; bei dem Weibe in dem Queue, einer kurzen Schürze, welche vielfach mit Glasperlen und Muscheln verziert ist. Um die Mundwinkel werden die Stammzeichen blau tätowirt, der Leib wird mit rothen und blauen Streifen bemalt. Zum Schmuck dienen Halsbänder von glitzernden Samenkörnern und Zähnen, Ohrringe von Metall und Steinen und glockenförmige Knochen, welche durch ein in die Unterlippe gebohrtes Loch gesteckt werden. Dazu kommt ein Kopfputz von prächtigen Papagei- oder Macawfedern, an einem Ring von Flechtwerk, der vermittels einer Schnur unter dem Kinn befestigt wird. Diese Tracht ist aber schon seit längerer Zeit größtentheils abgekommen. Der Mann trägt Hemd und Hosen, das Weib Rock und Kleid. Kinder gehen nackt.

Polygamie ist die Regel. Der Mann hält so viele Frauen, wie seine Umstände ihm zu ernähren gestatten.

Die Hütte des Indianers ist kegelförmig und besteht aus der cylinderförmigen Wand an der Grundflur und dem hohen, spitz auslaufenden Dache mit Palmlaubdeckung. Der Hausrath besteht in vielfach von ihnen selbst sehr geschickt verfertigten Hängematten, Kochtöpfen, Cassave-Geräth, dem großen Paiwori-Trog, Kalabaschen, bedeckten Körben und Färbestoffen; dazu kommen Hunde, zahme Affen, die oft von den Weibern selbst gesäugt und großgezogen werden, Papageien und eine Menge Federvieh. Um die Hütte pflanzen die Indianer Cassave, Kürbisse, Pfefferstaude und Baumwollenbaum (Gossypium).

Bei dem überschwenglichen Reichthum an Nahrungsmitteln aller Art, welche Wald, Flüsse und das ganze Meer bieten, bedarf ein so geschickter Fischer und Jäger wie der Indianer es ist, des Ertrages seines Ackers an Cassave, Kürbissen und dergleichen fast nur als Zukost. Gedörrte Fische bilden einen wesentlichen Theil seiner täglichen Nahrung. Zu dem erlegten Wilde rechnet der Indianer auch den Affen, der in großer Menge vorhanden ist und dessen Fleisch er sehr schmackhaft findet. Neben der süßen Cassave (Janipha), aus welcher die Indianer ihr gewöhnliches Brod bereiten, verwenden sie auch den giftigen Saft der bittern Cassavewurzel in sehr nützlicher Weise. Sie bereiten daraus einen Hauptbestandtheil des „Pfeffertopfes", das Cassareep. Der Pfeffertopf ist eine in einem irdenen Topfe mit Cassareep, Wasser und rothem Pfeffer gekochte Fleisch- oder Fisch-Suppe, welche das tägliche Gericht der Indianer bildet, die dazu ihr Cassave-brod, das sie in die Suppe eintunken, essen. Das Cassareep wird zu einem dicken Syrup eingekocht. Darin gekochtes Fleisch hält sich eine lange Zeit frisch und bekommt einen pikanten Geschmack.

Das üblichste Getränk ist Paiwori. Dasselbe wird aus geröstetem Cassavebrod bereitet, welches die Weiber durchkäuen und in einen über glimmendem Feuer stehenden Topf thun, der mit Wasser verdünnten Cassavesaft enthält, worauf das Getränk zwölf Stunden gekocht wird. Es wird sodann in irdene Krüge gefüllt, wo Weingährung erfolgt. Paiwori nennen die Indianer auch eine Festlichkeit oder ein Gelage, bei welchem die Gesellschaft sich aus dem gefüllten großen Paiwori-Trog, wie ihn jeder Hausstand besitzt, selbst einschenkt. Die Gesellschaft erscheint bei einem solchen Paiwori wol noch im Gala-Anzuge alten Stils, den Leib roth, schwarz und blau gestreift und mit Figuren von verschiedenen Mustern bemalt, Arm- und Fußgelenke mit Bändern von blauen Glasperlen, und Halsbändern von polirten Baccari-, Labba- und Affenzähnen. Das Trinken und Tanzen währt die ganze Nacht hindurch. Der Tanz wird mit Gesang begleitet. Unter schwermüthigen Tönen, in Reihen geordnet, einander die Hände auf die Schulter legend, gehen die Tänzer gemessenen Schrittes im Kreise herum. Voran tritt ein Führer, welcher mit einem langen Bambusstabe, an dessen Ende mit Körnern gefüllte rasselnde Kapseln hängen, den Takt schlägt. Der Gesang und der stampfende

Tritt der Tänzer bewegen sich nach dem Takt. Darauf theilen sich die Reihen und gehen stampfend gegeneinander vorwärts und rückwärts. Wilde Ausbrüche erschallen, die Reihen einigen sich wieder zu einem großen Kreise; die Tänzer reichen einander die Hände und nun folgt ein wild rasender Wirbeltanz.

Die Indianer rauchen fast fortwährend ihre langen, von Baumbast umwundenen Cigarren, oder kauen Tabaksblätter, aus denen sie kleine Kügelchen zusammenrollen. Sie benutzen zum Kauen gewöhnlich grüne Tabaksblätter, welche mit der salzigen Asche der Houja, einer Wasserpflanze, zubereitet werden.

Die Männer bringen einen großen Theil ihrer Zeit rauchend in der Hängematte zu, während die Frauen kochen, alle Haushaltsarbeiten verrichten und besonders eifrig die Baumwolle ihres Gartens spinnen, die später auch sehr geschickt verwebt wird. Sie benutzen als Spindel einen mit einer Scheibe von Knochen versehenen Stock, an dessen Ende sie die Baumwolle stecken.

Obgleich der Indianer oft müßig ist, versäumt er doch das, was er für sein Geschäft ansieht, nicht, und zeigt sich, wenn es darauf ankommt, tüchtig und thätig. Er ist vor allem Fischer und Schiffer, wie alle Angehörigen der von jeher seefundigen karaibischen Völkerschaften, dann auch Jäger. Beim Fischfange in den Flüssen wenden die Indianer meistens die Wurzel der Haicari, einer Papillionacea an, welche eine stark narkotische Substanz enthält. Sie schließen eine Stelle im Flusse durch zwei Steindämme ab, welche je eine Oeffnung haben. Nachdem eine hinreichende Anzahl von Fischen in die Stelle eingeschwommen ist, was in den fischreichen Flüssen rasch geschieht, werden die Haicari-Wurzeln eingelegt und die beiden Oeffnungen mit Flechtwerk abgesperrt. Die durch das Gift betäubten Fische kommen in Menge an die Oberfläche des Wassers, wo sie dann leicht gefangen werden. Das Gift hat keine nachtheilige Wirkung auf das Fleisch der Fische, da es durch das Kochen wieder entfernt wird. Außerdem bedienen sie während des Fischfanges besonders des Bogens und Pfeils, welcher zu diesem Zwecke eine harpunenartige Vorrichtung hat; der lange Pfeilschaft ist von Rohr (wie bem Zuckerrohr) und in dasselbe wird ein Stock von Hartholz eingesetzt, welcher eine eiserne Spitze mit Widerhaken trägt. An dieser Spitze ist eine Schnur befestigt, deren anderes Ende der Fischer, wenn er schießt, in der Hand behält, um seine Beute damit ans Land zu ziehen.

Die Indianer bewähren ihre Tüchtigkeit aber vorzüglich als Flußschiffer. Sie fahren Ladungen in ihren gebrechlichen Kähnen auf den so schwierigen Flüssen zuberg und zuthal und machen nur sehr wenige Portagen. Die Gewandtheit, Behändigkeit, Rüstigkeit, Umsicht und Geistesgegenwart, mit welcher sie in den Kähnen die Kararakte hinunterschießen, die Stromschnellen hinaufrudern oder den Kahn mit einem Bugsirtau hinaufziehen, während ein Theil ihrer Mannschaft zu diesen Seiten des Fahrzeuges im wirbelnden Strom hinaufwatet, um es aufrecht zu erhalten, sind wahrhaft bewundernswürdig.

Ohne ihren Beistand wäre es bisher Europäern unmöglich gewesen, das Land zu bereisen, das im Innern noch wild und unwegsam und nur durch die Flüsse zugänglich ist, die doch auch für Europäer unschiffbar sind.

Der einheimische Glaube der Indianer anerkennt einen großen guten Geist, den Schöpfer der Welt, den Makanaima. Ihm wird aber keine religiöse Verehrung gezollt. Alles Uebel kommt von den Kanaima, den bösen Geistern, welche der Paiman, Zauberer, zu beschwören und zu versöhnen hat. Kanaima heißt aber ursprünglich und eigentlich derjenige, welcher auf eine heimliche Weise, namentlich durch Gift, Rache übt. Die furchtbare Rachgier ist wol der schlimmste Zug im Charakter des Indianers, zumal er sie fast immer auf eine schleichende, heimliche, hinterlistige Weise zu befriedigen sucht. Der Indianer selbst ist unaufhörlich in Furcht vor dem Kanaima, und das ist es hauptsächlich, was ihn so mißtrauisch macht. Er verrammelt Nachts ängstlich die Thür seiner Hütte und schöpft bei jedem Geräusche Verdacht. Die Indianer bereiten ein fürchterliches Gift aus den Knollen einer Pflanze, welche sie Wassy nennen; keiner von ihnen ließ sich aber durch die größten Versprechungen bewegen, Richard Schomburgk die Pflanze zu zeigen; sie behaupteten, wenn die Weißen erst das Gift kennten, so würden sie ein Gegengift ausfindig machen. Sie schneiden die Knolle in dünne Scheiben, trocknen diese in der Sonne und zerstoßen sie zu einem feinen Pulver, das wie Arsenik aussieht. Der Kanaima sucht sein Opfer im Schlafe zu überraschen und strent, wenn es ihm gelingt, dem Schläfer etwas von dem Pulver auf den Mund und in die Nase, damit er es einathme. Heftiges Brennen in den Eingeweiden, zehrendes Fieber, unstillbarer Durst sind die Folgen und binnen vier Wochen stirbt der Vergiftete unter den furchtbarsten Qualen. Gelingt es dem Kanaima, seinen Feind im Felde oder Walde mit einem vergifteten Pfeile zu erschießen, so zerfleischt er ihm die Zunge mit den giftigsten Schlangenzähnen, sodaß dieselbe zu einer unförmlichen Masse anschwillt und der Verwundete in den wenigen Stunden, die er noch zu leben hat, niemand mittheilen kann, wer der Kanaima war.

Obgleich die Indianer oft in Dorfschaften zusammenleben und des wo ihnen bestellten Ackers wegen gewissermaßen feste Wohnsitze haben, so sind sie doch sämmtlich sehr wanderlustig, verändern oft ihre Wohnplätze und besuchen auch mehr oder weniger die Ansiedelungen der Weißen, mit denen sie im allgemeinen in friedlichem Verkehr stehen. Aber nur in dem spanischen Theile des Landes haben die Weißen sich ihrer angenommen. Nachdem man sich von den verderblichen Folgen des anfänglichen Systems der Eroberung und Colonisation für die Ureinwohner überzeugt hatte, wurden die noch nicht colonisirten, von unabhängigen Indianern bewohnten Gebiete im spanischen Amerika und insbesondere auch in der venezolanischen Provinz Guyana der Kirche zur „geistlichen Eroberung" überlassen, und in Folge davon gelang es dort, durch die Missionare einen großen Theil der Indianer in feste Wohnplätze zu sammeln und mit der Einführung des

Christenthums sie zu ordentlichem Anbau des Bodens zu gewöhnen und zu einem gesitteten Leben und theilweise höher Intelligenz heranzubilden.

Die damals am Caroni, in dem jetzigen Canton Upata bestehenden dreißig blühenden Dörfer mit 16,000 indianischen Einwohnern sind freilich mit dem Aufhören der spanischen Herrschaft in Verfall gerathen. Gleichwol ist das ehemalige spanische Guyana noch jetzt der einzige Theil des weiten Gebietes, in welchem Indianer unvermischten Blutes — die Ueberreste der Bevölkerungen jener Missionen — noch getragen durch die Tradition aus jener glücklichen Zeit, ein mindestens halbgesittetes Leben führen. In den übrigen Theilen des Landes hat es den Eingeborenen immer an dem für ihre Erhaltung nothwendigen gesetzlichen Schutze vor den Colonisten gefehlt, und ihnen ist hier die Berührung mit den Weißen auch immer nur verderblich gewesen. Am meisten haben sie von den Portugiesen gelitten. Die Holländer, Franzosen und Engländer haben zwar auch die Indianer aus den von ihnen in wirklichen Besitz genommenen Landstrecken vertrieben und auch hin und wieder selbst Sklavenjagden gegen die Eingeborenen angestellt, allein das bot nur vereinzelt, da sie ihre Colonisation von Anfang an ganz auf die Arbeit afrikanischer Sklaven gründeten. Gleichwol wurden die Indianer noch bis auf den heutigen Tag auch von diesen Colonisten, wo sie mit ihnen in Verkehr treten, in der Regel übervortheilt und betrogen, namentlich mit Hülfe des Branntweins, und erst in der neuesten Zeit haben in diesen Colonien, nachdem durch die Aufhebung der Sklaverei in denselben die Arbeitskräfte der Indianer sehr erwünscht wurden, sich mehr und mehr Stimmen nach Schutzgesetzen für die Indianer erhoben, die unter einer menschlichen und vernünftigen Leitung sich als ganz geeignet zu einer Arbeiterbevölkerung in den Colonien gezeigt haben. Selbst angenommen jedoch die politischen und kirchlichen Verhältnisse dieser Nationen erlaubten die Adoptirung einer dem alten spanischen System der geistlichen Eroberung ähnlichen Behandlungsweise der Indianer, so würde dies für deren Erhaltung und Civilisirung doch wahrscheinlich schon deshalb unnütz sein, weil, wie wir später noch näher sehen werden, der Besitz des größten Theiles der von den Indianern bewohnten Gebiete zwischen Engländern, Holländern, Franzosen und Brasilianern noch streitig ist, und die jetzt in Guyana rasch abnehmende indianische Bevölkerung bis zur endlichen Regelung jener Grenzen voraussichtlich ganz ausgestorben sein wird.

Außer den unabhängigen Indianern sind noch besonders zu erwähnen die ebenfalls unabhängigen Neger am obern Maroni und seinen Zuflüssen, nämlich die Busch-Neger (Bosh-Neger) und die Bonis. Der Ursprung der erstern schreibt sich aus dem J. 1663 her, wo die aus Brasilien vertriebenen Juden nach dem holländischen Guyana einwanderten und eine große Zahl Neger mitbrachten. Um sich hier dem geltenden Gesetze, wonach ihnen für jeden Neger eine Kopfsteuer auferlegt wurde, zu entziehen, zogen sie sich ins Innere, in die sogenannte Juden-Savane am Surinam zurück und veranlaßten ihre Neger, in die Wälder zu fliehen, in der Meinung, sie würden zu günstiger Zeit zu ihnen zurückkehren. Diese aber zogen die Freiheit vor, bauten Dörfer, sammelten die flüchtigen Sklaven von Surinam und wurden bald so zahlreich und mächtig, daß sie zum öftern die niederländische Colonie in Schrecken versetzten. Nach vielen blutigen Kämpfen mit den Negern, bei denen ganze Banden Sklaven aus der Colonie zu diesen übergingen, sahen sich die Niederländer endlich im J. 1760 zu einem förmlichen Vertrage mit ihnen gezwungen, in welchem sie als ein unabhängiges und freies Volk anerkannt wurden. Nach einer Clausel dieses Vertrages verpflichteten sie sich, die flüchtigen Neger-sklaven aus Surinam, die sogenannten Marron-Neger als Feinde zu behandeln, und noch bis in die neueste Zeit wurden sie von dem niederländischen Gouvernement dafür bezahlt, die Marron-Neger, welche an den Zuflüssen des obern Maroni zahlreich vorhanden sind und dort in Dörfern in völliger Sicherheit leben, von der Colonie fern zu halten. Zur Zeit des Abschlusses dieses Tractats betrug die Zahl der Buschneger 25,000 bis 30,000 Seelen, gegenwärtig ist dieselbe auf 4000 reducirt, vorzüglich in Folge der Syphilis und der in Guyana überhaupt so schrecklich verbreiteten und unheilbaren Lepra. — Die Buschneger leben in einem Zustande von Halbcivilisation in Dörfern und zerfallen in drei Gruppen, deren jede unter einem Häuptling, Gran-man genannt, steht; in die Awfo-Neger oder Aukaner, 1300 an Zahl, welche am Maroni und seinen Zuflüssen von der linken Seite, besonders am Tapanahoni wohnen, die Saramaca-Neger, ungefähr 2000 am obern Surinam, und die Peku- (Beku-) Neger oder Matuaris (Mutingas), 800 an der Zahl am obern Saramaca. Zu diesen kommen noch die Polygondons am Zusammenflusse des Lava und des Tapanahoni, welche von aufständischen schwarzen Soldaten abstammen, die ihre Officiere ermordet hatten und hierher geflüchtet waren. Die Buschneger stehen seit lange mit den Colonisten in Surinam in Verkehr, sie liefern ihnen fast alles Bauholz, welches sie auf den Flüssen herabflößen, und arbeiten auch auf den Plantagen, wo sie namentlich zum Fällen von Brennholz gebraucht werden. Sie sprechen ein sehr verdorbenes Neger-Hollän-disch und haben auch in ihrer Kleidung und Einrichtung der Wohnungen Aehnlichkeit mit der Lebensweise der Sklaven auf den Plantagen, jedoch sind sie wieder ganz dem Heidenthum verfallen und werden mehr als von ihren Häuptlingen von ihren Lukumans oder Wahrsagern beherrscht. — Die Boni-Neger sind entflohene Sklaven aus dem französischen Guyana, die sich nach ihrem ersten Anführer Boni nannten und sich am rechten Ufer des Awa (Lava) niedergelassen haben, wo sie sich mit den Buschnegern verbündeten, von diesen jedoch vielfach unterdrückt wurden und deren Lebensweise und Sprache sie auch angenommen haben. Ihre Zahl beläuft sich auf etwa nur 700, die auf 7 Dörfer am obern Awa vertheilt sind. Mit den ihnen zunächst im Innern woh-neuden Indianern, den Saracolets, leben sie im Kampfe und machen die denselben entführten Gefangenen zu Sklaven; mit einer zahlreichen indianischen Völkerschaft,

den Roucouyens, welche zehn Tagereisen den Fluß aufwärts wohnen, stehen sie jedoch in regelmäßigem Tausch-verkehr. Bis zur Emancipation der Sklaven im franzö-sischen Guyana war es ihnen verboten, den Fluß herab-zukommen, gegenwärtig werden sie als freie Bewohner auf dem französischen Territorium betrachtet und gegen die Buschneger in Schutz genommen. Außer den Busch-negern und den Bonis gibt es auch noch aus Brasilien entflohene Neger am obern Tapanahoni, die durch das Innere dahingekommen sind und Akalayouas genannt werden.

Literatur. Außer den Reisewerken von Hum-boldt und Codazzi sind hier noch zu nennen: Nieuwe Caerte van het wonderbaer ende goudrijke landt Guiana — nieuwelick besocht door Sir *Walter Ralegh* — in het jaer 1594, 95 ende 1596. — Sir *Walter Ralegh Knt*, The discovery of the em-pire of Guiana etc. Reprinted from the edit. of 1596 etc., edit. by Sir *Rob. H. Schomburgk*. London 1848. 8. Mit Karte. — Korte en wonderlijcke beschryvinge van de seltsame wanschepsels van menschen, die ghevonden worden in het coninck-ryck Guiane, aen het *Meyr Parime*. Als mede von de Satyrs, en van de vrouwen die Amazonen genoemt worden. Amsterdam. 4. Mit Holzschnitten. — Gründlicher Bericht von Beschaffenheit und Eigen-schaft, Cultivirung und Bewohnung, Privilegien und Beneficien das in Amerika zwischen dem Rio Orinoque und Rio de las Amazonas — in Guiana gelegenen Landes, welches die . . . . . westindische Compagnie der vereinigten Niederlande an Friedrich Casimir Grafen zu Hanaw, Rieneck, Zweibrücken u. s. w. — ewig und erb-lich — den 18. Juli 1669 cedirt und überlassen hat u. s. w. Frankf. 1669. 4. Mit 1 Karte. — Robert H. Schom-burgk's Reisen in Guyana und am Orinoco während der Jahre 1835—39. Nach seinen Berichten und Mit-theilungen an die Geographische Gesellschaft in London herausgegeben von O. A. Schomburgk. Mit einem Vorwort von Alex. von Humboldt und dessen Ab-handlung über einige wichtige astronomische Positionen Guiana's. Mit 6 colorirten Ansichten und einer Karte. Leipzig 1841. — R. H. Schomburgk, Karte von Britisch Guiana nebst den Quellen des Parime u. s. w. Leipzig 1848. fol. — R. H. Schomburgk, Stein u. Hörschelmann, Handbuch der Geographie und Stati-stik u. s. w. 7. Auflage. Leipzig 1855—63. Band I, 3. Abtheilung.

I. Britisch-Guyana.

Britisch-Guyana besteht aus den ehemaligen nieder-ländischen Colonien Essequibo, Demerara und Berbice. Diese Colonien wurden im März 1781 von den Eng-ländern unter Sir George Rodney in Besitz genommen, im Jahr darauf aber von den Franzosen unter Kersaint erobert, darauf beim Abschluß des Friedens im J. 1783 an die Niederländer zurückgegeben, im J. 1796 aber von den Engländern wieder genommen. Obgleich durch den Frieden von Amiens im J. 1802 den Niederländern zurückgegeben, wurden sie aufs neue von den Engländern im J. 1803 in Besitz genommen und darauf endlich, wie wir bereits oben (S. 74) gesehen haben, den letzteren durch die in London am 13. Aug. 1814 abgeschlossene und am 12. Aug. 1815 vervollständigte Convention abgetreten. Bis zum J. 1831 bildete Berbice mit der Hauptstadt New-Amsterdam eine abgesonderte Colonie mit einem eigenen Gouverneur, durch die Verfassung vom 21. Juli 1831 wurde dieselbe aber mit den Colonien von Essequibo und Demerara zu einer Colonie unter dem Namen Britisch-Guiana vereinigt.

Unter großbritannischer Herrschaft nahmen Ackerbau und Handel mit raschen Schritten zu, wie auch bereits 1812 die Dampfmaschinen zum Treiben der Zuckermühlen allgemein eingeführt wurden. Die Zählung vom J. 1817 ergab für die Districte Essequibo und Demerara 97,163, für Berbice 24,529 Neger, folglich besaßen alle drei Districte vereint 101,712 Sklaven, während zu derselben Zeit die freie Bevölkerung aus 8000 Individuen bestand. Allen statistischen Berichten zufolge ist dies die größte Neger-Bevölkerungszahl, welche die Colonie bis jetzt noch besessen hat, die aber bereits im J. 1819 durch das Wüthen des gelben Fiebers namhaft geschwächt wurde.

Canning's großer Entschluß, die Lage der ganzen britischen Sklavenbevölkerung in den gesammten Colonialbesitzungen zu verbessern, diese selbst der Emancipation entgegenzuführen, wurde im J. 1823 dem britischen Unterhause vorgelegt und eine Copie dieser Vorlage dem damaligen Gouverneur von Britisch-Guyana, Murray, zugesendet. Aus unbekannten Gründen unterließ es dieser, den Beschluß zu publiciren, ohne es jedoch verhindern zu können, daß er bekannt wurde. Die erste Kunde von dem Bestehen einer solchen Publication, nach welcher von England aus etwas für die Freiheit der Sklaven gethan werden sollte, hatten einige Head-men — schwarze Sklavenaufseher auf den einzelnen Plantagen, unter deren Leitung die übrigen Sklaven arbeiten — durch einen Diener des Gouverneurs erhalten und bald war auf der ganzen Ostküste das Gerücht verbreitet: der Befehl zu der vollständigen Befreiung der Sklaven sei von England in der Colonie angelangt; aber der Gouverneur und die Brodherren der Sklaven verheimlichten denselben und suchten seine Ausführung zu hintertreiben. Auf dieses Gerücht hin bildete sich eine Verschwörung unter sämmtlichen Sklaven der Ostküste, nach welcher sich die Verschwörer aller Europäer auf den Plantagen bemächtigen wollten, um dann vereint nach der Coloniestadt zu ziehen und ihre Freiheit mit Gewalt zu fordern. Der Plan zu diesem Aufstande war von zwei jungen Negern, Paris, einem Bootsmanne der Plantage Good Hope, und Jack Gladstone, von der Plantage Success, entworfen.

Unter dem Siegel der größten Verschwiegenheit war dieser Plan zur Reife gediehen und der 18. Aug. als der Tag des Ausbruchs bestimmt. Am Morgen desselben loderte der Aufstand in hellen Flammen auf und schnell hatten sich die Empörer fast aller Plantagenbesitzer, sowie überhaupt aller Weißen bemächtigt, die theils gebunden, theils in

den Stock gespannt von den entfesselten und rachsüchtigen Sklaven auf das grausamste mißhandelt wurden. Bei der ersten Kunde von der Empörung stellte sich der Gouverneur an die Spitze eines Detachements der Colonial-Cavallerie, mit dem er unmittelbar nach der Ostküste aufbrach, um den Aufruhr zu dämpfen; die Uebermacht der wüthenden Empörer nöthigte ihn jedoch zum schleunigsten Rückzug. Während der Nacht wurden alle Freie bewaffnet, damit sie bei Anbruch des Morgens mit den regulären Truppen und dem übrigen Militär nach der Küste abgehen und die gefangenen Europäer befreien könnten.

Die Insurgenten, 2000 an der Zahl, hatten sich bei der Plantage Bachelor's Adventure gesammelt. Eine ziemliche Anzahl war mit Gewehren versehen, mit denen sie jedoch nicht umzugehen wußten, während die übrigen Waldmesser, auf Stangen befestigte Bajonette, und dergleichen führten. Ehe Colonel Leahi, Commandeur der regulären Truppen, zu wirklichen Thätlichkeiten schritt, suchte er die zügellosen Massen zu bereden, ihre Waffen niederzulegen und bemühte sich, ihnen den Grund ihrer gesetzlosen Auflehnung auseinander zu setzen, worauf ihm zur Antwort wurde: „Ihr Verlangen nach Freiheit und nichts anderes sei der Grund ihrer Empörung. Bereits habe der König den Befehl zu ihrer Befreiung nach der Colonie gesandt, ohne daß sie ein Wort davon erfahren hätten; die Freiheit werde ihnen nur ungesetzlicher und unrechtmäßigerweise vom Gouverneur im Verein mit den Plantagenbesitzern vorenthalten, deswegen hätten sie sich gegenseitig verbündet, um ihr Recht mit Gewalt zu suchen."

Ungeachtet der Gegenvorstellungen des Colonel, daß ihre Behauptung durchaus falsch, daß von vollkommener, bürgerlicher Freiheit noch kein Wort in jenem königlichen Befehle zu lesen sei, verharrten die Insurgenten auf ihrem Entschlusse, und als auf eine letzte Aufforderung zum Niederlegen der Waffen nur eine höhnische Antwort erfolgte, sah sich Colonel Leahi genöthigt, den Befehl zum Feuern zu geben. Nach einem mörderischen Blutbade wurden die Insurgenten vollkommen gesprengt und mit Hinterlassung einer Menge von Todten und Verwundeten vollständig in die Flucht geschlagen. Während Colonel Leahi und seine Truppen vom 20. bis 30. Aug. mit dem Aufsuchen der Waffen auf den verschiedenen Plantagen und der Rädelsführer, von denen sie sich auch mehrerer bemächtigten, beschäftigt waren, verfolgte und durchzuckte Herr Hillhouse mit einem bedeutenden Commando Karaiben und Warraus die Wälder, um sich der zerstreuten und flüchtigen Neger zu bemächtigen. Viele, die man mit den Waffen in der Hand gefangen genommen hatte, wurden auf der Stelle erschossen oder aufgeknüpft, unter ihnen der eine der Anführer, Paris, während anderen weniger Betheiligten eine Strafe von 200—1000 Hieben zuerkannt wurde.

Das größte Aufsehen aber erregte die Verurtheilung von John Smith, einem Missionär der Londoner Missionsgesellschaft, in dessen Kirche und deren nächster Umgebung der Plan zur Insurrection geschmiedet worden war. Die

11*

Anklage gegen ihn ging dahin, daß er die Neger nicht allein durch seine Predigten zum Aufstand angefeuert habe, sondern auch mit dem ganzen Complot bekannt gewesen sei, ohne daß er davon Anzeige gemacht hätte. Er wurde für schuldig erklärt und vom Kriegsgericht, als des Hochverraths überführt, zum Tode verurtheilt, mit der Vergünstigung, sich an die Gnade des Königs wenden zu dürfen. Als die Begnadigung von England einlief, war Smith schon im Gefängnisse gestorben.

Die Kosten, welche dieser Aufstand der Colonie verursachte, beliefen sich auf 200,000 Dollars. Dies war der letzte Versuch der Neger, ihre Freiheit mit Gewalt zu erlangen; denn der ewig denkwürdige 1. Aug. 1838 kürzte die Lehrlingszeit, die anfänglich auf vier Jahre angesetzt war, auf zwei Jahre ab, da man fühlte, daß während dieser Zeit die Colonie nur noch mehr würde leiden müssen, und man gab den bis dahin mißhandelten Sklaven das freiwillig, was sie mehr als einmal vergebens durch Empörung erstrebt hatten.

Den Plantagenbesitzern Guyana's wurden von den 20 Millionen Pfd. Sterl., welche das Parlament als Entschädigung im Ganzen bewilligte, 4,268,809 Pfd. Sterl. zuerkannt, während der Werth der sämmtlichen Sklaven Guyana's, nach dem Kaufpreise von 1822—30 berechnet, circa 9½ Millionen betrug.

Die Emancipation der Sklaven hatte in Guyana zunächst eine nicht günstige Wirkung. Der bedürfnißlose, träge Farbige hörte nun auf zu arbeiten, da der äußere Antrieb fehlte. Die befreiten Sklaven konnten jetzt ein jeder bei den niedrigen Preisen des Landes so viel Boden erwerben, wie für ihren Unterhalt genügte. Bei dem Mangel an Händen stieg der Arbeitslohn auf das Dreifache, und Arbeiten, welche zu bestimmten Zeiten vorgenommen werden mußten, allerdings auch ungemein anstrengend waren, konnten gar nicht oder nur höchst unvollständig gefördert werden. Die Wirkung dieses Zustandes auf die Production und den Wohlstand der Colonie konnte anfänglich nur höchst verderblich sein. Die Baumwollcultur mußte zuerst aufgegeben werden, da sie mit der der nordamerikanischen Sklavenstaaten nicht Schritt halten konnte, die Kaffeeplantagen folgten nach und die Zuckerplantagen, welche anfänglich auch hatten aufgegeben werden müssen, hoben sich nur langsam wieder. Da die dem Klima gewachsenen Schwarzen nicht zu regerer Thätigkeit zu bewegen waren, so versuchte man es mit Einwanderungen fremder Arbeiter, der Kulis aus Ostindien, der Portugiesen aus Madeira und selbst von Nordländern, Deutschen und Kanadiern; aber zumal die letzteren unterlagen bald dem Klima. Im J. 1842 waren mit dem Aufwand von fast einer Million Gulden 20,000 Menschen eingeführt, davon 10,000 Portugiesen, welche in wenigen Jahren auf 2000 zusammenschmolzen und 400 Deutsche, von denen nach fünf Jahren nur noch zwanzig übrig waren. Die Deutschen waren meist Würtemberger und Rheinländer und wurden durch einen gewissenlosen Auswanderungsagenten Namens Ries 1839—41 nach Britisch Guyana verlockt. Wiewol sie der größern Zahl nach fast nur auf den schattigen Kaffeefeldern arbeiteten, so brach doch schon bald nach ihrer Ankunft das gelbe Fieber unter ihnen aus, das besonders im zweiten und dritten Jahre in einem solchen Grade unter ihnen wüthete, daß es nahezu alle hinwegraffte. Seitdem ist die Einführung freier Arbeiter, namentlich von solchen, welche dem Klima gewachsen sind, (aus Afrika, Ostindien u. s. w.) Bedingung für das Fortbestehen der Colonie geworden, deren Zustand sich in Folge dessen, wie wir später sehen werden, auch wieder gehoben hat.

Britisch-Guyana, in England häufig auch Demerara (nach dem Fluß, an welchem die Hauptstadt liegt) genannt, die einzige Besitzung Großbritanniens in Südamerika, grenzt im Norden an den atlantischen Ocean, im Osten an Niederländisch-Guyana (Surinam), von dem es durch den Fluß Corentyn geschieden wird, im Süden an Brasilien, von dem es durch das Acarai- oder Wassarai-Gebirge, das Quellgebiet des Corentyn und des Essequibo geschieden wird, im Westen an Brasilien und Venezuela. Die Grenzen des Gebietes sind aber nur gegen das atlantische Meer und zum Theil gegen Holländisch-Guyana scharf bestimmt. Nach der brasilianischen Seite hin in den unbekannten Gegenden des Innern wurde bisher gewöhnlich als Grenze der kleine Fluß Anai an seiner Mündung in den Rupununi (3° 52' 30'' nördl. Br. und 58° 32' westl. L. von Greenwich nach Schomburgk) angesehen. Portugal hat aber früher das Land bis zu dem Essequibo, der unter ungefähr 58° westl. L. (von Greenwich) von Süden nach Norden fließt, ostwärts für sich in Anspruch genommen, wogegen die Engländer neuerdings ihre Grenze gegen Brasilien noch über den Rio Anai hinaus gegen Westen, nämlich bis zum Rio Cotinga (oder Zuruma), dem nördlichen Hauptzweig des Rio Branco, der unter 60° 3' westl. L. (von Greenwich) in den obern Rio Branco (oder Tatutu) mündet, vorzuschieben versucht und auch bereits 1842 zur Behauptung dieser Grenze einen Grenzposten am Cotinga errichtet haben. Somit umfaßt das streitige Gebiet hier einen Flächenraum von ungefähr 2 Breitengraden von Westen nach Osten bei einer ungefähr gleich großen Ausdehnung von Norden nach Süden, also einen Flächeninhalt von 882 ☐ Meilen. Ebenso weit haben, weiter nördlich, die Engländer ihre Westgrenze gegen Venezuela vorgeschoben. Nach der Karte des englischen Grenzcommissars, unseres Landsmanns Robert Schomburgk, läuft nämlich die Grenze des britischen Gebietes gegen Venezuela, welche, nach Codazzi, an der Mündung des Rupununi in den Essequibo (3° 35' 30'' nördl. Br. und 60° 43' westl. L. von Paris nach Codazzi, 3° 57½' nördl. Br. und 58° 3' westl. L. von Greenwich nach Robert Schomburgk) anfängt, den Rio Cotinga aufwärts bis zu seinen Quellen und nach der Wasserscheide zwischen dem Rio Apaunanga (oder des Rio Caroni) und dem Rio Caco (Berg Jrutibul unter ungefähr 5° 25' nördl. Br. und 60° 45' westl. L. von Greenwich) und von diesem Punkt über das unbekannte Gebirgsland (Arimagua-Gebirge nach Codazzi) in der mittlern Richtung gegen Nordost zum Rio Cuyuni, den sie an der Mündung des Rio

Otomong (unter ungefähr 6° 50′ nördl. Br. und 60° 15′ westl. L. von Greenwich) schneidet. Von hier geht sie anfangs gegen Nordosten nach einem Gebirgszuge im Norden des Rio Cuyuni (Sierra Imataca nach Codazzi), den sie unter ungefähr 60° westl. L. von Greenwich trifft, läuft nun unter diesem Parallel bis zum Rio Amacura oder Amacuru, dem sie von da an abwärts bis zu seiner Mündung in den Orinoco unter ungefähr 60° 20′ westl. L. von Greenwich folgt, wobei jedoch zu bemerken, daß die Karten von Robert Schomburgk und seinem Bruder Richard, der später diese Gegenden besuchte, in der Zeichnung dieser Grenzlinie sehr große Abweichungen zeigen. Demnach würde Venezuela von dem ihm nach seinen auf spanische Karten gestützten Ansprüchen zustehenden Gebiete reichlich 1078 ☐Meilen an England verlieren. — Das gesammte Gebiet, welches hiernach zwischen Britisch-Guyana einerseits und Brasilien und Venezuela andererseits streitig ist, beträgt also über 1960 ☐ Meilen und da auch von dem von Brasilien und Venezuela in Anspruch genommenen Gebiete ein erheblicher Theil wieder zwischen diesen beiden Staaten streitig ist, so folgt daraus, daß auf den Besitz des Innern von Guyana gegenwärtig drei Staaten Anspruch machen. Zwar sind die erwähnten Ansprüche der Engländer in keiner Weise berechtigt; denn die Holländer, in deren Besitz die Engländer getreten sind, haben niemals ähnliche Ansprüche erhoben und hatten im Westen des Essequibo auch erweislich nur am untern Cuyuni und am untern Mazaruni einzelne Ansiedelungen angelegt, welche aber, als die Engländer in den Besitz dieses Theiles der holländischen Colonien kamen, längst aufgegeben waren, während die Spanier schon sehr früh auf einzelnen Entdeckungsreisen und durch angelegte, wenn auch wieder zerstörte Niederlassungen weit über die von dem englischen Grenzcommissair gezogene Grenze vorgedrungen sind. Dennoch ist, bei der Zählgkeit der Engländer in der Verfolgung einmal erhobener noch so ungerechter Ansprüche, gegen schwache Nationen anzunehmen, daß sie über kurz oder lang den Besitz des beanspruchten weiten Gebietes, wenigstens zum größten Theil, erlangen werden. Alsdann würde Britisch-Guyana ein Territorium von ungefähr 7840 ☐Meilen und damit einen durch seine reichen Waldungen, seine Fruchtbarkeit, sein mildes Klima und sein wunderbar reich verzweigtes Wassernetz sehr werthvollen Theil des Innern umfassen und den größten Theil des im Besitze europäischer Mächte befindlichen Guyana ausmachen, während es in der Ausdehnung, in welcher es aus dem unbestrittenen Besitz der Holländer in den der Engländer übergegangen ist, den kleinsten Theil des europäischen Guyana bildet und nur wenig über 980 ☐Meilen umfaßt. Wirklich in Cultur genommen ist indeß von diesem Gebiete erst ein ganz schmaler Landstrich längs der Küste zwischen dem Essequibo und dem Corentyn und am untern Laufe des Demerara und des Berbice.

Seiner Bodenbeschaffenheit nach bildet das Land im Ganzen genommen eine schiefe Ebene, die sich, von der Höhe von 251 Meter über dem Meere am Fuße des Acarai- oder Waffarai-Gebirges und von der Südgrenze der Colonie nach der fast im Niveau des Meeres liegenden Küstenstufe hinunterzieht. In der Entfernung von 95 Kilom. nördlich vom Acarai setzt quer über die Ebene der breite Gebirgsgürtel Acca Canacu in Bögen von Nordosten nach Südwesten, Westen und Nordwesten, vom Corentyn, dem östlichen Grenzfluß der Colonie, nach dem Takutu (obern Branco, im Flußgebiet des Amazonenstromes) und im Abstande von 80 Kilom. nördlich vom Cauacu und im parallelen Bogen vom Berbice zum Cotinga, dem rechten Quellarm des Branco, der breite Gebirgsgürtel Pacaraima. In den Zwischenräumen vom Acarai im Süden bis zum Canacu im Norden und vom Corentyn im Osten bis zum Takutu im Westen und dann wieder vom Canacu im Süden bis zum Pacaraima im Norden und vom Corentyn im Osten bis zum Cotinga erstrecken sich die weiten Flächen der grasbestandenen Savane. Vom Pacaraima-Gebirge bis zum Meere erstreckt sich eine weite gewellte, braunbestandene Ebene, aus der sich einige isolirte Hügelzüge 10—200 Meter über das Meer erheben. Diese Ebene ist im Norden, z. B. zwischen den Flüssen Bazima und Barama nur noch 35½ Meter über dem Meere hoch, und von dort findet ein schneller Abfall bis zur Küstenstufe statt.

Dem Lande liegt eine niedrige Alluvialfläche als Küstenstufe vor, welche zwischen den Flüssen Essequibo, Demerara und Berbice eine Breite von 32—36 Kilom. zwischen Berbice und Corentyn eine Breite von 65 Kilom. hat. Dieselbe liegt nur wenige Zoll über dem Niveau von Hochwasser und wird daher häufig überschwemmt. Oestlich vom Essequibo wird die Küstenfläche im Süden von einer Reihe 10—70 Meter hoher Sandhügel begrenzt, westlich vom Essequibo reicht sie bis an die Imataca-Berge. Sie besteht hauptsächlich aus blauem Thon, gemischt mit Sand, Schlamm, Eisenoxyden, Pflanzenresten und bildet einen schwarzen Marschboden von fast unerschöpflicher Fruchtbarkeit, weshalb denn auch die Küstenstufe von den Zuckerplantagen dicht besetzt ist. Zwischen den Plantagen und dem gehobenen Lande zieht sich ein schmaler Saum von Sumpfland hin, die schwimmende Savane genannt, mit einem üppigen Wuchs von hohen Gräsern, Binsen, Röhricht.

Der größte Theil der Küste, namentlich von 54°—61° westl. L. (von Greenwich), liegt im Niveau der Hochfluth und muß durch Dämme und Schleusenwerke gegen dieselbe geschützt werden. Die Wassertiefe am Meeresstrande nimmt nur sehr allmählich zu, weshalb die Küste mit mehrere Meilen breiten Schlamm- und Sandbänken besetzt ist, wie sie vom Amazonenstrom, vom Orinoco und den anderen Gewässern fortwährend angespült werden und die bei über 1—1½ Meter Wasser haben. Auch ist die Küste mit einem undurchdringlichen Dickicht von Manglebäumen besetzt. Das Meerwasser ist bis 12 Seemilen weit, infolge der Menge der darin schwimmenden erdigen Stoffe von einer gelblich grauen Schlammfarbe, wogegen die Flüsse in Guyana oberhalb des Fluthbereiches vollkommen klares Wasser führen. Wegen des Mangels an Landmarken hält es für die Seefahrer schwer, sich an tiefer flachen Küfte zurechtzufinden, und die geringe Tiefe des Wassers macht es Schiffen von über 4 Meter Tiefgang unmöglich, sich der Küste zu nähern. Auch für kleinere Fahrzeuge ist die Landung sehr beschwerlich, Schiffe der genannten Art müssen in einer Entfernung von drei Seemeilen von der Küste vor Anker gehen.

Die absatzweise quer durch die schiefe Ebene in rechten Winkel, gegen deren Senkungsrichtung sich hinziehenden, breiten Gebirgsgürtel, welche einander parallele Bögen von Osten nach Südwesten, Westen und Nordwesten beschreiben, bilden jedoch keine eigentlichen, ununterbrochenen Gebirgsketten, sondern bestehen aus Gürteln von einzelnen kürzeren Bergzügen, die neben und nacheinander, durch ebene Längenthäler von einander geschieden, verlaufen. Sie steigen in der Hebungsrichtung von Osten nach Westen allmählich auf und erreichen mithin ihre größte Höhe im westlichen Auslauf. Obgleich nicht von beträchtlicher Höhe sind sie doch sehr malerisch, namentlich im Gegensatze zu der flachen Küstengegend. Sie sind von mannigfacher theilweise erstaunlicher Gestaltung und enthalten mehrere der größten Naturwunder.

Das Acarai-Gebirge zieht sich in geringer Entfernung nördlich vom Aequator, wo es die Südgrenze der Colonie bildet, hin. Es beginnt mit niedrigen Hügeln im Osten an den Hauptquellen des Corentyn, des östlichen Grenzflusses der Colonie, und erreicht allmählich die Höhe von 784 und von 1255 Meter im Südwesten an den Hauptquellen des Essequibo, des Hauptflusses der Colonie, ist dicht mit Wald bestanden und besteht aus Granit und Gneis, durchsetzt von Trappgängen. Die am Acarai beginnende schiefe Ebene hat am Nordfuße desselben die Höhe von 251 Meter über dem Meere.

Das Canacu- (Cunacu-Cunucunu-Coratumu-) Gebirge zieht sich gegen 95 Kilom. nördlich vom Acarai vom König-Friedrich-Wilhelm IV.-Katarakt des Corentyn und vom König-Wilhelm IV.-Fall des Essequibo zum Takutu (dem obern Branco im Flußgebiet des Amazonenstromes) hin, und besteht aus einem 48 Kilom. breiten Gürtel von neben und hinter einander verlaufenden Bergzügen. Dieser Gürtel beschreibt einen weiten Bogen von Osten nach Westen, der sich aus einer Folge von vier durch die durchschneidenden Flußthäler des Essequibo, des Rewa und des Cuitaro von einander geschiedenen Bögen zusammensetzt. Das Canacu-Gebirge besteht aus Gneis, Granit und Sienit mit Basalt und Dioritgängen, ist 628—784 Meter hoch und steigt meistens in senkrechten Seiten oder in Stufen, welche Winkel wie Dach und Esse machen, auf. Es ist theils mit Waldung, theils mit Gras bestanden, beides ist, wie von Menschenhand, scharf von einander abgegrenzt. Die senkrechten Felstafeln sind glatt, höchstens mit Moos bewachsen. Der Gestalt nach sind die Canacu-Berge entweder Kegelberge oder Pyramiden.

Eine der merkwürdigsten Felsbildungen, eines der größten unter den Naturwundern, an denen dieses Land so reich ist, ist der Ataraigu (Teufelsstein), eine freistehende Pyramide von solidem Granit am westlichen Ufer des Cuitaro, eines Nebenflusses des Rupununi, wo sie auf dem Gipfel eines dicht bewaldeten Kegelberges steht. Dieser Berg hat am Fuße eine Höhe von 130 Meter, auf dem Gipfel eine Höhe von 261 Meter über dem Meere, und darüber hinaus ragt aus der Waldung die aus einem Stein bestehende Granitpyramide nur von purpurgrauem Moos bekleidet, in einer Neigung von 70°. gegen den Horizont mit seltsam gestreiften und gefurchten Seiten zu einer Höhe von circa 408 Meter über dem Meere empor. Der Ataraigu erscheint am Anhub des letzten Bogensegmentes des Canacu, und hier tritt anstatt des bis dahin vorwaltenden Gneises plötzlich Granit auf, der nunmehr bis zum Auslauf am Takutu (Branco) vorherrscht. Mit dem Ataraigu beginnt eine Gruppe von Granitkegelbergen mit massiven Felsgipfeln, die sich nach Nordwesten hinzieht.

In einem Abstande von 80 Kilom. nördlich vom Canacu in einem damit ganz parallelen Bogen von Nordosten nach Südwesten, Westen und Nordwesten setzt das Pacaraima-Gebirge quer durch die Mitte des Landes. Wie das Canacu ist das Pacaraima-Gebirge nicht eine einzelne Gebirgskette, sondern ein Zug von hinter- und nebeneinander verlaufenden Bergzügen und Berggruppen. Die Breite des Zuges beträgt, wie beim Canacu, gegen 40—50 Kilom. Der Bogen, welchen der ganze Zug beschreibt, gliedert sich wieder in eine Folge kleinerer Bögen, zwischen deren Endpunkten die Flüsse hindurchströmen. Die Nordseiten stellen kühn ansteigende, oft bis 600 Meter hohe, senkrechte Steilwände dar. Die Höhe steigert sich fortwährend vom Anhub des Gebirges im Osten bis zum Auslauf im Westen. Der östliche Theil des Gebirges besteht aus rauhen Hügeln, die von weiten Thälern und Savanen durchzogen sind, in denen viele Felsen zerstreut umherstehen; Gneis, Granit, Sienit nebst Diorit sind das vorherrschende Gestein. Die Waldung ist dünn. Im westlichen und nordwestlichen Theile herrscht Sandstein vor und bildet hohe Tafelberge, die höchsten im Pacaraima. Das ganze Gebirgsland ist dicht mit Wald bestanden. Die nördliche Reihe des Pacaraima tritt im Osten des Landes zuerst bei den Klippen auf, welche den Itabu und den 30 Kilom. weiter oberhalb befindlichen Christmas-Katarakt des Berbice bilden, wo am westlichen Ufer des Flusses, in 33 von Felsenhügeln, gegen 33 Meter hoch, mit mauerartig steilem Abfall steht. Die südliche Reihe derselben tritt 55 Kilom. südöstlich vom Christmas-Katarakt in den Klippen des Wonotobo-Kataraktes am Corentyn auf. Dieser erste Anhub des Pacaraima setzt sich dann weiter südwestlich in einer Linie von isolirten Bergen fort. Am Essequibo in der Mitte des Zuges tritt das Gebirge in den mächtigen Formen des Maccari, des Nappu und des Macarupan auf. Das Maccari, in der Felsgruppe des Gebirges steigt in mehreren Stufen mit je 47 Meter hohen senkrechten Steilwänden auf, deren obere Flächen dicht bewaldet sind. Der Gipfel, eine massive Sandsteintafel, ist 400 Meter hoch. Der Macarapan, in der Südreihe des Gebirges liegt 48 Kilom. südlich vom Maccari an der Nordseite der Mündung des Rupununi, der sich in den Essequibo ergießt; es ist eine prächtige Granitmasse, die sich mit senkrechten Seiten 1255 Meter über die Savanen erhebt. Obgleich die Höhe dieser Berge eine nicht sehr beträchtliche ist, macht doch ihr senkrechtes Aufsteigen unmittelbar aus der weiten flachen Savane und an den Flußufern sie zu einer höchst imponirenden Erscheinung. Der Macarapan galt vor Schomburgk als der höchste Berg in der Colonie. Weiter westlich und nordwestlich setzen sich in gleichen Abständen von einander die Bergreihen des Pacaraima fort. Zwischen die beiden äußeren Reihen treten im Westen und Nordwesten fortwährend neue Bergzüge ein. Im mittlern Pacaraima bespült den Nordfuß desselben der Sipuruni und den Südfuß der Rupununi, welche beide Flüsse im Abstande von 100 Kilom. am Westufer des Essequibo münden. Unterhalb der Mündung des Sipuruni (4° 46' nördl. Br.) setzt sich das am Ostufer des Essequibo auslaufende Ende des Gebirges (Nordzug) mit der Berggruppe Twasinski fort, welche am Westufer des Essequibo etwa 345 Meter emporragt. Der Twasinski tritt am Essequibo-Westufer zuerst mit der Felsengruppe Comuti oder Taquiari hervor, welche von weitem an zwei etwa 50 Meter hohen freistehenden Granitsäulen erkennbar ist. Von einer dieser beiden Säulen, welche sich wie ein riesiger indianischer Wasserkrug mit aufliegendem Deckel ausnimmt, hat die Stelle den Namen; denn Wasserkrug heißt in der Sprache der Arawauken Comuti, in der Sprache der Karaiben Taquiari. Am gegenüberliegenden Ostufer des Essequibo tritt das auslaufende Bogenende des Pacaraima, der Berg Akaiwanna, 314 Meter hoch, in den Fluß vor, welcher dadurch sehr eingeengt und gezwungen wird, eine Doppelschlinge in der Form eines S von zehn Kilom. zu machen. Die Stelle ist so voll von Klippen-Eilanden und Stromschnellen, daß Schiffahrt (Kahnfahrt) hier unmöglich wird. Der Pacaraima biegt an der Confluenz der Flüsse Rewa, Rupununi und Essequibo in seinem bogenförmigen Verlauf nach Westen um und setzt sich dann weiter nach Nordwesten fort als Wasserscheide zwischen den Stromgebieten Ireng-Branco und Amazonenstrom und Potero, Majaruni und Essequibo.

Bereits in seinem östlichen Striche, wo er anfangs noch nicht seine volle Höhe entwickelt, imponirt der Pacaraima durch die Menge der Bergzüge, welche sich nebeneinander in dem großen und breiten Zuge folgen, durch die Mannigfaltigkeit der kühn sich aufschwingenden Gestaltungen und durch das reiche Farbenspiel. Die Höhe der Pässe über der Savanenfläche erreicht hier 345 Meter, die der Gipfel 816 Meter über dem Meer. Der rauhe Rücken besteht hauptsächlich aus Granit, welcher durch: setzt ist von Porphyr- und Dioritgängen und von Quarzadern, die, stark mit Mica versetzt, das Gebirge mit dem goldglitzernden Schimmer umwinden, welche die Sage vom El Dorado veranlaßte. In der Fernsicht, im Hintergrunde der grauen Savanenfläche spielt die Färbung des Gebirges in Blaßroth, Violet, Purpur und einem zarten Kobaltblau.

An seinem nordwestlichen Ende entfaltet der Pacaraima seine volle Großartigkeit. Hier besteht der obere

Theil des Gebirges aus Sandstein, welcher in Stufen aufsteigt, deren Seiten über 314 Meter senkrecht und glatt anstehen: Der so aufgebaute Tafelberg ruht auf einer schräg abfallenden Unterlage von Granit. Dabei tritt Quarz mit starker Mischung von goldglänzender Mica in großer Mächtigkeit auf. Das Gebirge ist hier überall hoch, und wo der Baumwuchs nur irgend wurzeln kann, dicht bestanden, während weiter östlich die Gebirgswaldung nicht sehr dicht ist. Nahe am nordwestlichen Ende des Pacaraima erscheint dann die großartige Gestalt des gewaltigen Roraima, eines der größten Naturwunder, ein vielfach vergrößerter Königstein. Wie eine Feste der Titanen steht auf einer mächtigen Böschung, die aus einer Waldung der Savane sich erhebt, eine senkrechte Felswand, auch in der Breite vollkommen gerade. Oben ist die Wand mit scharfer Kante abgeschnitten. Das Ganze bildet ein sehr regelmäßiges Parallelogramm von nahezu 15 Kilom. Länge. Die Böschung, die Grundlage des steilen Felsens, besteht aus grauem hartem Diorit. Die senkrechte Felswand, die sich darüber erhebt, besteht aus Schichten von weißem, blaßrothem und blaßgelbem Sandstein und rothem Thonschiefer. Die Savane am Fuße der Böschung liegt 942 Meter, die Spitze der Böschung am Fuße der senkrechten Felswand 1632 Meter, die Oberfläche des Felsens 2353 Meter über dem Meeresspiegel. Die West- und die Nordseite des Felsens fallen senkrecht glatt ab. Die Ost- und die Südseite haben einige thurmartige Vorsprünge. Riesige schwarze Tafeln stehen an der röthlichen Mauer. Die Nachtheit der Felswände wird nur durch einige Grasstauden, Moos und die Wolkenumhüllung unterbrochen. Eine größere und mehrere kleinere Flüsse springen von der Kante der Oberfläche in die Tiefe, wie Silber- und Perlenbänder an der glitzernden Felswand flatternd. Einer dieser Flüsse ist ein Quellfluß des Cotinga, welcher durch den Rio Branco und den Rio Negro in den Amazonenstrom fällt. Die Oberfläche des Roraima ist bewaldet, wie man aus den am Rande dieser Oberfläche stehenden Bäumen ersieht. Eine Ersteigung der Gipfelfläche, die wiederholt versucht worden ist, erscheint auf allen Seiten, es sei denn etwa mit einem Luftballon, unmöglich. Dieser Gipfel gehört noch zu den unerforschten Punkten der Erde.

Das 1100 Meter über dem Meere liegende Plateau, auf dem der Roraima steht, zieht sich zum Cotinga (dem obern Branco) hinunter. Es enthält eine überaus prachtvolle Flora. Auf demselben stehen noch andere Tafelberge von einer der des Roraima ähnlichen Bildung.

Im Norden des Roraima und von fast gleicher Höhe mit demselben schaut der Waatipu (Sonnenberg) über die Savane, ein Tafelberg von grauen und blaßgelben Schichten eines feinkörnigen Sandsteins.

Weiter nördlich springt die Maririma wie eine Insel steil 1100 Meter aus der grauen Savane empor. An der Westseite des Roraima steht der gleichfalls sehr steile Kukenam, wo der Fluß Kukeman, später Caroni genannt, entspringt, welcher bei Ciudad-Bolivár in den Orinoco fällt.

Im Südwesten des Roraima steht der Merume, ein verkleinerter Roraima mit einem schräg abfallenden Fuße und einem steilen Felsgipfel. Auf demselben entspringt der Mazaruni, einer der fünf Hauptflüsse des Landes, 738 Meter über dem Meere.

Am Nordwestende des Pacaraima, 80 Kilom. nordöstlich vom Roraima, steht der Ayangcanna, dessen 1588 Meter über dem Meere liegenden Gipfel eine Krone von scharfen Felszacken schmückt. An demselben entspringen der Ireng (Branco), der Potaro (linker Nebenfluß des Essequibo) und einige Quellwasser des Mazaruni.

Im Norden zwischen den Flüssen Cuyuni und Barama bis an die Quellen des Waini, 80—95 Kilom. von der Meeresküste und demselben parallel, zieht sich das Imataca-Gebirge hin. Dasselbe ist von unerheblicher Breite und Höhe.

Ungefähr halbwegs zwischen der Sierra Acarai und dem Canaru, letzterm parallel, zieht sich der Carawaimintoh und westlich von den Quellen des Quitaro ein gegen 377 Meter hoher dichtbewaldeter Hügelzug von unbeträchtlicher Breite hin.

Eine besonders hervortretende Eigenthümlichkeit des Landes sind die großen Savanen, welche sich vom Acarai bis zum Canaru in einer Breite von 95 Kilom., vom Canaen bis zum Pacaraima in einer Breite von 80 Kilom. und vom Corentyn quer durch bis zum Ireng und Branco ziehen. Die Savanen sind, gleich den Pampas des Laplatastromes und den Llanos des Orinoco, eine weite langgefurchte Fläche, unterscheiden sich jedoch ihrem Charakter nach dadurch wesentlich von denselben, daß sie lange nicht so gleichförmig, sondern meistentheils wellenförmig sind und da und durch Hügelgruppen, isolirte Granit- und Gneisfelsen von oft 500—600 Fuß Höhe unterbrochen werden, was dem Ganzen einen eigenthümlichen landschaftlichen Charakter verleiht. Waldungen, von Schomburgk Oasen genannt, hier von stundenweiter, dort von geringer Ausdehnung, am häufigsten von kreisförmigem Umfange steigen, wie Inseln aus dem Meere, aus den Savanen auf. Die Kämme der Anhöhen stehen der überwiegenden Mehrzahl nach etwa 10—32 Meter über den Einsenkungen der Furchen. Sie sind meistens mit Gras bestanden, der Baumwuchs ist dünn und niedrig. Der Boden besteht größtentheils aus blauem und grauem Alluvialthon und Sand. Die Einsenkungen enthalten Striche von schwarzem Humus mit starkem Beisatz von Pflanzenresten, und solche Stellen besitzen eine sehr hohe Fruchtbarkeit. Sie werden von den Indianern vorzugsweise zu Cassavegärten benutzt. An kleineren Flüssen und an den Windungen der größeren findet sich ein gelber Lehm, der feines Gras in Menge hervorbringt. An den höheren Stellen ist der Boden dürftiger, er enthält dort eine Menge von Eisenkies, auch der Graswuchs ist dort dünner. Der riesige Baumwuchs verliert sich allmählich in den Savanen und ersetzt sich durch vereinzelte niedrige Bäume und durch Gestrüpp. Die Windungen der Flüsse sind jedoch immer durch einen breiten Saum von Waldung ausgezeichnet. Zur Viehweide gewährt die Savane Gras und Wasser in großem Ueber-

fluß. Auch mangelt es nirgends an schattengebenden Bäumen. Doch wird die weite Savane bisher fast nur von Wild beweidet, Vieh- und Pferdezucht ist von keiner Bedeutung. Die Savane bildet mit den freundlichen Baumgruppen in der weiten Grasflur, ihren breiten Flüssen und ihrer malerischen Gebirgsumrandung einen überaus prächtigen Park.

Ueber die Niveau-Verhältnisse des Landes ist das folgende zu sagen: Die schiefe Ebene, welche die Oberfläche des Landes, abgesehen von den denselben durchkreuzenden Gebirgen, darstellt, hat an ihrem obern Anfange, am Nordfuß des Acaraigebirges, der Südgrenze des Landes, eine Höhe von 251 Meter über dem Meere; am Südfuß des Canacugebirges 185 Meter, am Corentyn, der Mündung des New River 157 Meter, um untern Quitaro 130 Meter, am Fuß des Wonotobo-Katarakt am Corentyn 157 Meter, am Südfuß des Pacaraima 94 Meter, in der Ebene zwischen Corentyn und dem obern Berbice 104 Meter, am Mazaruni, an der Mündung des Merume 82 Meter, am Rupununi an der Mündung des Rewa 64 Meter, am Essequibo an der Mündung des Rupununi 63 Meter, am Potarofluß, am Fuß des Kaieteur-Falles 97 Meter, am Potaro 3 Kilom., unterhalb des Kaieteur 61 Meter, am Essequibo, am Fuß des Comuti 56 Meter, in der Ebene zwischen Berbice und Demerara 53 Meter, am Mazaruni am Austritt aus den Sandsteinbergen des Pacaraima 47 Meter, in der Ebene zwischen den Flüssen Barima und Barama 35 Meter, am Baramaflusse oberhalb der Mündung 32 Meter, am Cuyunifluß, am Fuße des Matope-Katarakts 10 Meter, am Demerarafluß am Fuße des Orroru-Mallali-Katarakts 8 Meter, an der Küstenstufe 3 Meter bis zum Niveau des Meeres.

Das Gestein anlangend sind, wie überall, in Südamerika, Granit und Sienit vorherrschend. Einen großen Theil der Oberfläche nimmt Gneis ein. Quarz, Porphyr und Feldspat lagern über dem Granit und unter dem Gneis. Diortgänge durchsetzen an vielen Stellen sämmtliches Gestein. Auch die Alluvialstufe der Küste ruht auf Granit. Im Binnenlande tritt mit der größern Bodenhebung überall Granit und Sienit zu Tage. Die Quarzadern von geringer Mächtigkeit enthalten eine Menge von Mica. Am Fuß des Pacaraima bildet weißer Quarz Hügelreihen. Quarz und Porphyr von außerordentlicher Härte und von bedeutender Mächtigkeit steht in Massen und in regelmäßiger Schichtung oder in Schieferform bei den dünnen Indialättern an. Im nordwestlichen Pacaraima besteht die obere Gebirgsregion aus Sandstein, welcher, in mächtigen Stufen aufsteigend, dort die großen Tafelberge bildet. Zuoberst liegt dort gewöhnlich eine Schicht von grauem Sandstein, dann folgt ein hartes Conglomerat von Quarzblöcken, Quarz-, Kies-, Feldspat- und Sandsteinblöcken, dann kommen Schichten von weißem und von blaßrothem Sandstein und von Thonschiefer. Im Westen, am Cotinga und Ireng, liegen ebenfalls dünne Schichten von grauem, gelbem und blaßrothem Sandstein auf mächtigen Schichten von weißem Sandstein und Conglomerat. In der Savane besteht die Oberfläche aus blauem, rothem, buntem und weißem Thon und enthält Eisenkies und andere Eisenoxyde in großer Menge. Der in den Einsenkungen vorkommende, Pflanzenreste enthaltende schwarze Lehm ist ein höchst fruchtbarer Ackerboden. Der gelbe Lehm an den Flußufern erzeugt feine Gräser und liefert eine vorzügliche Viehweide. Der Thon liegt auf Sandstein und einem besonders viel milchweißen Quarzkies enthaltenden Conglomerat von großer Mächtigkeit. Zu Norden folgen darauf grauer Thonschiefer, Kalkschiefer, Glimmerschiefer, Gneis, Granit, Sienit mit Diorit und Porphyr. Vom Rewa bis zum Quitaro besteht der Grundboden der Savane aus Gneis, worauf dann plötzlich Granit in Masse zu Tage tritt und bis an das Stromgebiet des Branco vorwaltet.

Fünf größere Flüsse durchschneiden in parallelem Laufe die schiefe Ebene des Landes von Süden nach Norden, wo sie sich in den atlantischen Ocean ergießen und von dort aus mit ihren zahlreichen und ausgebreiteten Nebenflüssen das sonst schwer zugängliche Land eröffnen, sodaß es nach allen Richtungen hin bereist werden kann. Neben den fünf größeren Flüssen ziehen noch mehrere kleinere nordwärts dem atlantischen Ocean zu. Im Südwesten des Landes, durch den nordwestlichen Theil des Pacaraima von diesen Flüssen geschieden, zieht dagegen der Branco und großen Nebenflüssen in gerade entgegengesetzter Richtung nach Süden als ein Theil des Amazonenstrom-Gebietes.

Alle diese Flüsse sind starke wasserreiche Ströme. In der Fluthzeit treten sie aus. Bei dem bisherigen Zustande des Landes könnte man nur auf den Wasserstraßen in das Binnenland eindringen. Es sind aber keineswegs sehr bequeme Wasserstraßen. Felsenbarren, die Wurzeln der Gebirge, setzen überall in Menge durch die Flußbetten und bilden lange Reihen von Katarakten und Stromschnellen, von welchen viele die erstaunlichsten und großartigsten Naturschauspiele darstellen. Dazu gehört der Kaieteur, der größte Wasserfall der Erde, den wir später noch genauer beschreiben. An eine Flußschifffahrt im europäischen Sinne ist unter solchen Umständen freilich nicht zu denken. Allein der Indianer ist ein überaus gewandter und rüstiger Schiffer und bugsirt seinen kunstreichen, leichten Baumrindenkahn die meisten wild wirbelnden Fälle und Stromschnellen hinauf, oder schießt darin hinunter, sodaß nur an einzelnen Stellen Portagen benutzt zu werden brauchen.

Die fünf in den atlantischen Ocean mündenden Hauptflüsse sind: der Essequibo, der Corentyn, der Berbice, der Demerara und der in das Mündungs-Aestuar des Essequibo sich ergießende Mazaruni.

Der Essequibo (genannt nach Don Juan Essequibal, Officier unter Diego Columbus), der Hauptstrom des Landes, entspringt an der Südgrenze in der Sierra Acarai, circa 65 Kilom. vom Aequator und läuft erst 95 Kilom. nach Nordosten und dann 110 Kilom. nach Nordwesten, worauf er einen im ganzen nördlichen Lauf einhält. Seine Gesammtlänge beträgt etwa 990 Kilom. Er läuft die ersten 95 Kilom. durch ein schönes

Bergthal des Acarai, verläßt den Acarai an dessen Nordecke bei dem 941 Meter hohen Berge Quangou, läuft nördlich bis zur Mündung des von Nordwesten her einfallenden Flußes Cassi Kityou, nordöstlich bis zur Mündung des Cuyurini, der am Caraiwime entspringt und nordwestlich mit vielen Fällen bis zum großen König Wilhelm IV.-Fall (3° 15′ nördl. Br.) einen der größten Fälle in diesem an solchen großartigen Naturwundern reichen Lande. Von 2° nördl. Br. bis hierher beträgt die Breite 138 Meter, hier wird der Fluß aber von steilen Felsufern bis zu 50 Meter Breite eingeengt; die Tiefe beträgt gegen 2 Meter. Zwischen Cuyurini und hier hat der Fluß bereits 16 kleinere Fälle. Der König Wilhelm IV.-Katarakt beginnt mit dem Manarowa-Fall, welcher aus zwei je 6 Meter hohen Stufen besteht. Das Wasser fällt hier in einen etwa 16 Meter breiten Pfuhl, worauf der eigentliche König Wilhelm IV.-Fall folgt. Der Fluß macht als ein weißes Schaumband erst eine Schlinge nach Südosten zwischen glatten Gneiswänden, gießt sich darauf in voller Masse tobend eine 200 Meter lange schiefe Ebene hinab und springt über vier, zusammen gegen 8 Meter hohe Stufen mit solcher Gewalt, daß kein Boot sich den Wallungen am Fuße nahen kann. Dabei ist hier keine Portage vorhanden; denn beide Ufer steigen schroff, steil und hoch an, jedoch geht am Westufer des Nebenarm des Flußes ab, an dessen Ufer glatte Felsen liegen, über die man klimmen kann. Der Hauptfall ist eine Stufenfolge von 200 Meter Länge und 60 Meter Breite. Die dritte Abtheilung des Katarakts ist der Murray-Fall, eine Folge von Stufen in denen eine Menge von Klippen und kleinen baumbestandenen Eilanden emporragen. Der Fall bildet ein überaus prächtiges Schauspiel mit seiner braunen schäumenden Wassermasse, die von dichtem, frischem Laubgrün reichen tropischen Blumen durchzogen ist. Der Fuß des König Wilhelm IV.-Katarakt liegt in einer von 66 Meter über dem Meere. Beide Ufer des Essequibo sind überall mit Waldung, soweit die Ueberschwemmung in der Regenzeit reicht, mit riesiger Mora bestanden. An der Mündung des Rupununi (links) liegt, 200 Seemeilen von seiner Mündung, der Essequibo 64 Meter über dem Meere. Die hohen grauen Ufer haben besonders schöne schlanke Waldung. Bis dahin treten Gneis-, Granit- und Sienit-Bänke und -Klippen fortwährend in und durch den Fluß und bilden Eilande, Wasserfälle und Stromschnellen. An der Stelle, wo der Pacaraima über den Essequibo setzt (oder genauer ausgedrückt, wo der Essequibo zwischen den Enden zweier Bogen des Pacaraima durchfließt), treten an der Westseite des Flußes der Comuti (oder Taquiari), an seiner Ostseite der Akaiwanna weit in den Fluß vor, der dadurch sehr eingeengt und genöthigt wird, eine Doppelschlinge (ein S) zu machen. Unterhalb des Rupununi tritt weder an dem einen noch an dem andern Ufer Fels zu Tage. Die schlammigen Ufer bestehen aus blauem Alluvialthon. Der in der Nähe der Savanen niedrigere Baumwuchs erhebt sich hier zu größerer Stärke und Höhe.

12

Von der Insel Olnd (120 Kilom. weit vom Meere) an bis Bartika Grove an der Mündung des Flusses Mazaruni hat man, der Werder und Klippen wegen, die den Fluß in mehrere Kanäle theilen, nirgends beide Ufer in Sicht. Auf dieser Strecke befinden sich elf Stromschnellen. Von der Mündung des Mazaruni an, 70 Kilom. vom Meere, erweitert sich unter 7° nördl. Br. die Mündungsbucht des Essequibo bis auf 30 Kilom. Die Mündungsbucht enthält viele zum Theil große Werder; durch drei der größten: Warken oder Hog Island (33 Kilom. lang, 6 Kilom. breit), Leguan (20 Kilom. lang, 6 Kilom. breit) und Tiger Island, wird die Mündung in vier Einfahrten getheilt. Die Seedampfer legen bei Warken an, die Flußdampfer gehen noch 80 Kilom. weiter zuberg.

Der Mazaruni, der beträchtlichste Nebenfluß des Essequibo, oder vielmehr die andere Hälfte des Flußpaares Essequibo-Mazaruni (die Flüsse des Landes scheinen meistens in einer oder der andern Art paarweise aufzutreten), entspringt am Marume in nordwestlichen Auslaufe des Pacaraima in einer Höhe von 738 Meter über dem Meere, nahezu 70° westl. Br. von Greenwich und läuft im Bogen nach Osten und Süden bis 67° 8'30" westl. L. von Greenwich und 5° 24'23" nördl. Br., wobei der Fluß bis auf 654 Meter Höhe fällt. Er läuft darauf in Windungen nach Westnordwest bis zur Mündung des Cako unter 5° 47'11" nördl. Br. und 60° 44' westl. L.

Der Cako hat an der Mündung 100 Meter Breite, entspringt an den prächtigen Tafelbergen Carotigu, welcher bis an den kahlen Gipfel bewaldet ist, und Ibropu, welcher durch einen schönen Wasserfall ausgezeichnet ist, und fließt durch ein Gebirgsthal mit freundlicher Grasflur südwärts dem Mazaruni entgegen. Der Mazaruni fällt hierauf in einer Reihe von großen Katarakten am Fuße des Chichi-Kataraftis bis auf eine Höhe von 400 Meter herab, gleitet darauf in dieser Höhe bis zum Sericongo-Fall hin, wo er in einer Folge von Stufen von einer Höhe von 391 Meter bis auf 163 Meter fällt, und tritt im Waaima-Katarakt unter 6° 24'14" nördl. Br. aus dem Sandsteingebirge, stürzt sich durch eine Schlucht mit an beiden Seiten steil ansteigenden Sandsteinwänden und gelangt aus einer Höhe von 45 Meter in die Ebene. Bis zur Tobeco-Stromschnelle unter 5° 25'29" nördl. Br. 59° 44'40" westl. L. von Greenwich, 130 Kilom. von der Mündung des Essequibo, welcher hier eine große Windung nach Süden macht, entfernt, reicht am Mazaruni der Fuß des gebobenen Landes, worauf die Küstenstufe beginnt. Bis dahin besteht das Grundgestein aus Granit und Sienit mit schmalen Quarzadern, Porphyr- und Dioritgängen. Die Maritiaru-Berge erheben sich gegen 630 Meter über das brandende Flußufer. Man findet hier Eisenkiesconglomerat, Talk, Graphit, gelben Ofer und seinen Töpferthon. Vom Tobeco ab zieht der Mazaruni in starken Windungen nach Nordosten und Südosten zum Essequibo. Der untere Lauf des Mazaruni enthält viele Sandbänke und eine Menge Werder, welche meistens be-

waldet sind. Das anliegende Land ist marschig. Nur bei der Stromschnelle Turesi, 112 Kilom. von der Mündung, ist der Fluß eine Strecke frei von Werdern, sodaß hier beide Ufer gleichzeitig in Sicht sind, was sonst im untern Flusse nirgends der Fall ist. Die Stromschnelle Vaninzeec, 65 Kilom. von der Mündung, ist so reißend, daß gewöhnlich eine kleine Portage zu machen ist. Dieselbe besteht aus 5 Stufen, die im Bogen auf einander folgen und durch bewaldete Werder von einander getrennt sind; das Wasser stürzt hier mit großer Gewalt herab und verbreitet Schaumgestöber rund umher. Etwa 105 Kilom. von der Mündung nimmt der Mazaruni links bei dem sehr steilen und namentlich auch durch den heftigen Wellenschlag am Fuße gefährlichen Fall Itukin, den Purini und 13 Kilom. von der Mündung den heftlichen Cuyuni auf, und ergießt sich dann in der Breite von 22 Kilom. in das Mündungsästuar des Essequibo. In der Mündung des Mazaruni liegt das Eiland „Kykoverall" (Aussicht über Alles), sogenannt nach einer (wie bereits oben S. 74 erwähnt) einst von dem Holländer Jost van der Hooge hier erbauten Feste.

Der Puruni läuft mit dem Cuyuni parallel. Das von diesem Flußpaar durchzogene Land ist eine Ebene, deren Gestein hauptsächlich aus Granit, Sienit, Quarz, Taif, Hornblende, Diorit und Trapp besteht. Die höchste Stelle zwischen Cuyuni und Puruni liegt 100 Meter über dem Meere. Am Cuyuni kommt goldhaltiger Quarz, wie auch in seinem Alluvium Gold vor; jedoch, soweit man es bisher gefunden hat, nicht in hinreichender Menge, um sich bauwürdig zu erweisen. Das Land ist mit dichter und hoher Waldung bestanden.

Etwa 100 Kilometer oberhalb des Mazaruni mündet der Potaro. Dieser Fluß, welcher hier ½ Kilom. breit ist und in südöstlicher Richtung einbiegt, entspringt am Ostabhange des Ayangcanna, im Nordwestauslauf des Pacaraima, nordöstlich vom Roraima, an demselben Berge, an welchem der Ireng, der Hauptquellfluß des Branco, welcher in entgegengesetzter Richtung zum Amazonenstrom zieht, entspringt. Der Potaro fließt in seinem obern Theile in der Höhe von 440 Meter über dem Meere und bildet dann in der Entfernung von 72 Kilom. von seiner Mündung eines der großen Naturwunder, an welchem dieses Land so reich ist, den Kaieteur, den größten Wasserfall der Erde (59° 19' westl. L. von Greenwich, 5° 8' nördl. Br.). Der Fluß ist hier über 100 Meter breit und 6½ Meter tief, und stürzt an einer Felswand, die nicht nur senkrecht ist, sondern sogar etwas überhängt, 200 Meter in gerader senkrechter Richtung und dann über mehrere ebenfalls senkrechte Absätze 282 Meter tief hinunter. Die Farbe des Wassers vor dem Fall ist slennabraun, in dem senkrechten Wasserspiegel ein klares Hellbraun, das in allen Regenbogenfarben sich bricht. Bei seinem Beginn hat der Fall eine Höhe von 432 Meter, am Fuße eine Höhe von circa 120 Meter. Nach dem Schäumen und Wirbeln des siebenden Kessels am Fuße rinnt der Fluß ruhig und glatt durch ein schmales Thal nach Nordwest und Südost. Die Fülle von Staubregen und Dunst, welche den Kaieteur umzieht, macht es meistens schwierig, einen vollständigen Anblick des Wasserfalls zu gewinnen. Die Erhabenheit des Schauspiels wird noch gehoben durch die riesige dicht belaubte Waldung, welche die gewaltige Felsumrahmung des Wasserfalls rings umschließt.

In dem Curiebrong, einem Nebenfluß des Potaro, welcher in der Höhe von 377 Meter von Westen und Nordwesten nach Süden läuft, befindet sich der Amailah, ein anderer großartiger Katarakt. Der Curiebrong nimmt hier den Fluß Amaila auf, welcher von Westnordwest kommt, wendet sich plötzlich nach Osten, indem er das vereinigte Wasser in einem tiefen und engen Bette zusammenfaßt, stürzt sich über eine 8½ Meter hohe Felsstufe: in ein 7½ Meter breites, 32 Meter langes Felsenbett, von welchem er 45 Meter in senkrechter Richtung hinabfällt, wobei er an Felsvorsprüngen nach verschiedenen Richtungen abprallt, und verschwindet in Dunstwolken eingehüllt zwischen Felswänden, aus denen er weiter unten wieder hervortritt. In der Regenzeit hat der Fall großartige Dimensionen. An der in einer Breite von 32 Meter ganz geraden obern Felskante schießen aus unterirdischen Kanälen in röhrenartigen runden Goffen Wasserstrahlen von circa 8 Zoll im Durchschnitt in die fallenden Wassermassen.

Der Rupununi, der beträchtlichste Nebenfluß des Essequibo im Binnenland, entspringt im Süden des Canacu in einer Höhe von 234 Meter über dem Meere, durchschneidet den Canacu in einem engen Thale, dann weiter nordwärts die prächtige Fläche der mittlern Savane (Rupununi-Savane) in ihrer ganzen Breite, fließt dann ostwärts am Südfuß des Pacaraima hin und mündet südlich vom hohen Macarapan, indem der Pacaraima sich vom Essequibo aus fortsetzt, links in einer Höhe von 63 Meter nach einem Laufe von 350 Kilometer Länge. Die Breite an der Mündung beträgt etwa 300 Meter. Die niedrigen Ufer bestehen aus grauem Thon, gelbem oder rothem Lehm. Die Ufer wie der Nebenflüsse des Rupununi sind sämmtlich mit Waldung bestanden, die jedoch nicht den Hochwuchs der Essequibo-Bewaldung hat. Kein Fels ist an den Ufern zu sehen. Die Breite beträgt auch im mittlern Laufe gegen 300 Meter; die Strömung ist schnell. Im untern Laufe sind die Ufer steil und 5 Meter hoch. Sandbänke setzen quer durch den hier seichten Fluß. In der trockenen Jahreszeit besteht der Fluß nur aus einer Reihe großer stehender Lachen. Das Wasser des Flusses ist gelblich-weiß und sticht merklich von dem schwarzen Wasser des Essequibo ab.

Der Rewa, ein Nebenfluß des Rupununi, entspringt im Caucu und hat einen Lauf von 150 Kilom. nach Nordnordost durch die Savane. Er ist an der Mündung 95 Meter, bei der Mündung des Quitaro 55 Meter breit. Er macht starke Windungen, ist für Kähne schiffbar und hat eine schnelle Strömung. Die Ufer sind wie am Rupununi dicht mit Wald bestanden, jedoch nicht so hoch wie am Essequibo. Vom obern Rewa bis zu seinem Nebenfluß, dem Quitaro, bildet Gneis das vorherrschende Gestein, worauf am Quitaro Granit auftritt, aus welchem das dort stehende merkwürdige Naturwunder, die riesige Pyramide Ataraipu, besteht. Auf dem Gneis am Rewa lagern mächtige Schichten von Eisenhydrooxyd. Der Rewa liegt an der Mündung 64 Meter hoch, bei der Mündung des Quitaro 154 Meter hoch über dem Meere.

Der Quitaro, ein Nebenfluß des Rewa, entspringt am Nordostfuße des Carawaiminto-Gebirges in einer Höhe von 282 Meter über dem Meere und mündet links in den Rewa. Er ist für die Indianerkähne schiffbar, obgleich Granitbänke den Fluß durchsetzen und Wasserfälle bilden. Oestlich vom Quitaro finden sich Dioritgänge. Die Ufer des Quitaro sind in derselben Weise wie die des Rewa bestanden. In der Waldung am Rewa und Quitaro herrscht die schöne Bertholletia excelsa (Brasilnußbaum) vor, welche große Holzungen bildet.

Zwischen dem Potaro und Rupununi, gegen 100 Kilometer nördlich von diesem, ergießt der Sipuruni sein dunkelbraunes Wasser in der Breite von 100 Meter links in den Essequibo. Er entspringt im Pacaraima, tritt in dem Maringbouf-Fall aus dem Gebirge und hat einen außerordentlich gewundenen Lauf durch die Ebene längs des Nordfußes des Pacaraima. Er fließt in einer Höhe von ungefähr 94 Meter über dem Meere. Oberhalb der Mündung wird der Burroburro auf, der in starker Strömung aus Südwesten kommt. An diesem Flusse herrscht ein überaus kräftiger und üppiger Pflanzenwuchs. Der Burroburro fließt durch das Gebirge in einem engen dicht bestandenen Thal mit vielen Katarakten, dann in nordnordöstlicher Richtung ohne viele Windungen durch die Ebene.

Der Corentyn, der östliche Grenzfluß, bildet mit dem Essequibo, dem Hauptflusse des Landes, insofern ein Flußpaar, als er zusammen mit letzterm das ganze Gebiet umschließt und in der Nähe desselben entspringt. Er entspringt unter 1° 45' nördl. Br. im Acarai in zwei Hauptquellflüssen, circa 150 Kilom. vom Essequibo in einer Höhe von 282 Meter über dem Meere. Von diesen Quellflüssen ist der rechte, der Cutari, 46 Meter breit und 6 Meter tief; der linke, der Gramatau, 41 Meter breit und 3 Meter tief. Der Corentyn zieht sich in seinem obern Laufe eine Strecke nach Nordwest hin, sodaß er sich dem Essequibo bis auf 48 Meter nähert, hält jedoch im allgemeinen eine Richtung nach Norden und Nordnordost ein. Er nimmt in einer Höhe von 160 Meter über dem Meer den New-River auf, welcher ebenfalls im Acarai entspringt, nach Nordnordost fließt und in der Mündung circa 400 Meter breit und 10 Meter tief ist. Der Corentyn ist in seinem obern Laufe voll von Werbern und Katarakten. Das Gefälle sinkt allmälig auf 131 Meter, eine Höhe, von welcher der Fluß im König Friedrich Wilhelm IV.-Katarakt, in zwei Stufen bis zu 116 Meter herabstürzt. Der König Friedrich Wilhelm IV.-Katarakt liegt 290 Kilom. von der Mündung entfernt. Der Fluß springt zwei größere und einige kleinere steile Granitstufen hinunter und hat hier eine Breite von einem Kilometer. Vom Corentyn bis zum Berbice erstreckt sich in einer Höhe von 102 Meter eine raube meistens mit Gesträpp bestandene Ebene. Der Fluß ist unterhalb des König Friedrich Wilhelm IV.-Katarakt etwa 2 Kilom. breit. Dann folgen in stetem Wechsel Stromschnellen und kurze Strecken mit ruhiger Strömung, jedoch fallen die Stromschnellen immer so wenig steil ab, daß die Indianer ihre Kähne hinaufwinden können, ohne umzuladen. Darauf folgt eine Strecke, wo der Fluß ruhig zwischen großen Werdern fließt, sodaß er sich bis zu 5 Kilom. verbreitert. Dann treten 130 Kilom. von der Mündung eine Menge Granitklippen im Flusse auf, und es folgt der große Wonotobo-Katarakt. Der Fluß fällt hier in drei Strömen über eine nordöstlich-südwestlich streichende, mächtige Granitstufe, welche oben und unten schräg, in der Mitte steil abfällt in ein 1632 Meter breites, 400 Meter langes Becken, aus dessen nordwestlichem Ende er in einer Breite von 337 und einer Tiefe von 22 Metern fortfließt. Im untern Laufe macht der Corentyn außerordentlich große Windungen, z. B. zwischen den Mündungen der kleinen Flüsse Maipuri und Paruri, wo er fast einen vollständigen Kreis zieht, sodaß der Landweg zwischen den beiden Mündungen zehnmal kürzer ist als der Wasserweg. Nach dem Wonotobo folgen die Ufer niedrige westöstlich streichende Hügelzüge und Flußeilande mit Granitboden. 80 Kilometer von der Mündung tritt der Fluß in die glatte Alluvialküstenstufe, die nur wenige Fuß über dem Niveau des Meeres liegt.

Das unter 5° 55'—6° nördl. Br. liegende Mündungsästuar ist 16—28 Kilom. weit, die Einfahrt ist durch Schlamm- und Sandbänke erschwert, jedoch durch Fahrwasser von drei Meter Tiefe zugänglich. Für Schiffe von zwei Meter Tiefgang ist der Fluß 240 Kilom. zuberg fahrbar. Die Kähne der Indianer gelangen im Corentyn bis 214 Meter Höhe, ungefähr halbwegs zwischen dem New-River und der Quelle. Der Corentyn ist überall an beiden Ufern waldbestanden. In der Küstenstufe findet sich Hochwald, in welchem die Mora vorherrscht.

In der Mitte des im Osten vom Corentyn, im Westen vom Essequibo eingeschlossenen Gebietes bilden die parallel neben einander herfließenden atlantischen Ocean zustließenden Ströme Berbice und Demerara ein Flußpaar.

Der Berbice entspringt unter 3° 20' nördl. Br. am nordöstlichen Ende der Felsanhöhe des König Friedrich Wilhelm IV.-Fall am Essequibo. Bei vielen Windungen, in denen der Fluß sich an einer Stelle dem Demerara bis auf 15 Kilom. nähert, hält er im Ganzen eine nördliche Richtung ein. In seinem obern Laufe besteht er aus einer Reihe von breiten Lachen und schmalen Strömen. Aus einer 50—60 Meter breiten, 2 Kilom. langen Lache, tritt er ohne merkliche Strömung in der Breite von 5 Metern hervor, erweitert sich zu einer Breite von 10 Metern und wird dann wieder so schmal, daß ein Indianerkahn kaum hindurchkommen kann. Die Baumäste reichen von beiden Seiten nach dem andern Ufer hinüber. Tacooba (Baumstämme, die quer über den Fluß liegen) sperren die Fahrt. Der Fluß, der eine starke Strömung hat, erweitert sich dann bis zu 10, 15, 40 und 50 Metern Breite. Im Christmas-Katarakt, 200 Kilom. von der Mündung, fällt der Fluß 2½ Meter, darauf im Itabu, 30 Kilom. weiter stromabwärts, 5 Meter. Von dem Itabu zieht sich bis zum Christmas-Katarakt an dem rechten Flußufer ein senkrecht abfallender Zug von Felshügeln hin, und links vom Itabu ragt ein Felskegel 31 Meter über den Fluß empor. Es sind die ersten Anfänge der Nordreihe des Pacaraima-Gebirges, welches von der aus das Land bis an das Branco-Amazonenstrom-Thal quer durchzieht. Auf den Itabu folgt weiter eine Reihe von Fällen und Stromschnellen, die letzten sind die Marlissa-Stromschnellen, 150 Kilom. von der Mündung. Die Ebene zwischen Berbice und Corentyn liegt 102 Meter, die Ebene zwischen Berbice und Demerara 53 Meter hoch über dem Meere. In seinem untern Laufe erreicht der Berbice eine Breite von 60 Metern, bei Fort Nassau, dem frühern Hauptorte der County Berbice, eine Breite von 150 Metern. Der Berbice mündet unter 6° 21' nördl. Br. in einem 8 Kilom. breiten Aestuar. Für Fahrzeuge von 2½ Meter Tiefgang 265 Kilom. weit schiffbar, wird aber seit länger Zeit wenig befahren, weil er an dem von Wasserpflanzen überwachsen ist.

Der Demerara entspringt unter 4° 40' nördl. Br. am Maccari-Gebirge im Pacaraima und läuft mit Ausnahme einer kurzen östlichen Strecke in nördlicher Richtung. Das anliegende Land ist niedrig und wird während eines großen Theils des Jahres überschwemmt. Unter dem Thon und Sand der Oberfläche ziehen sich Trapp- und Hornblendenflöze hin. An verschiedenen Stellen tritt Granit zu Tage, darunter ein besonders schöner mit Purpurfeldspath. Das Land zwischen dem Berbice und dem Demerara ist gegen 53 Meter hoch. Die Katarakte und Stromschnellen endigen mit dem 15 Kilom. von der Mündung entfernten Orura-Cobra-Katarakt. Der Demerara fällt hier in der Länge von 500 Meter über eine Dioritschwelle von 28 Metern auf 8 Meter. Am Fuße des Falles ergießt der Fluß sich in einen weiten Pfuhl, in welchem sich eine Menge von Klippen und Fels-Eilanden befindet. Die Mündung unter 6° 30' nördl. Br. ist über 1½ Seemeilen breit, jedoch durch Sand- und Schlammbänke gesperrt und Schiffen nur irgend größerm Tiefgang nur in einem schmalen Fahrwasser zugänglich. Das Gestade der Mündungsbucht ist mit einem Dickicht von Avicannia und Mangebäumen überzogen. Das Ufer hat einen Waldsaum, in welchem die Königspalme vorherrscht. Trotz der Stromschnellen gelangen Fahrzeuge von einigem Tiefgang bis 120 Kilom. zuberg. Die Länge des Flusses beträgt gegen 330 Kilom.

Im Nordwesten des Landes, zwischen Essequibo und Orinoco, münden noch einige Flüsse, die zwar nicht an sich, jedoch deshalb von Bedeutung sind, weil sie eine fruchtbare, die ansehnlichsten Plantagen enthaltenden Bezirke der Colonie bewässern. Durch Arme mit einander in Verbindung stehend, bilden sie zugleich ein ausgedehntes Wasserstraßennetz.

Der Waini entspringt am Ostende des Itacama-

Gebirges, durchzieht die Alluvial-Ebene, die sich bis an diesen Bergzug erstreckt, 96 Kilom. weit in nordöstlicher und 96 Kilom. weit in nordwestlicher Richtung und ergießt sich in ein Mündungsästuar von 8—16 Kilom. Breite. Er nimmt links den Barama auf, welcher in nordwestlicher Richtung fließt und eine Länge von 150 Kilom. hat.

Der Pomerun (Pomeroon) mündet nach einem 95 Kilom. langen nordöstlichen und 50 Kilom. langen nordwestlichen Lauf unter 7° 36′ nördl. Br., 64 Kilom. nordwestlich von der Mündung des Essequibo. Der Fluß hat auf der Mündungsbarre bei Ebbe 3 Meter, bei Fluth 4 Meter Wasser; weiter oben ist das Wasser 13 Meter tief. Die Mündung des Pomerun ist etwa fünf Kilometer breit, die Ufer sind niedrig. Neben dem Pomerun ergießen sich die kleinen Flüsse Arapia und Tapacuma ins Meer. Die Landschaft zwischen dem Tapaxuma und Pomerun gilt für das ergiebigste Zuckerland in der Colonie. Die Holländer gründeten 1550 ihre ersten Niederlassungen am Pomerun.

Der Barima läuft 150 Kilom. weit in nordöstlicher und 150 Kilom. weit in nordwestlicher Richtung und mündet in das Orinoco-Aestuar.

Das von diesen Gewässern durchzogene Alluvial-Land ist in der Nähe des Gestades meistens gelber Lehm und liegt nur wenig über der Hochfluth. In einer Entfernung von 15 Kilom. von der Meeresküste kommen 5—7 Meter hohe Bänke und Hügel von feinem Sand vor. Der Waini enthält kleine Eilande von grauem Granit, und am Westufer finden sich Granitmassen nahe an der Oberfläche und Granithügel. Am untern Waini besteht das Land aus einer niedrigen sumpfigen Fläche. Oberhalb des Barama ist das Land nicht so sumpfig, die Ufer sind einen halben Meter höher. Am Barama liegen Gneis und Glimmerschiefer der Oberfläche nahe. Der Gneis ist mit Adern von grauem, weißem oder farbigem Quarz durchsetzt. Die Ufer des Barama stehen in seinem untern Lauf 4½ Meter, in seinem obern Lauf 5 Meter über dem Wasser. Ueberall am Barama findet sich Eisenkies, und das Wasser ist dermaßen mit Eisen gesättigt, daß die Klippen sämmtlich einen schwarzen Ueberzug haben. Am Barima liegen gleichfalls Granit und Gneis neben einander und bilden, durch den Fluß setzend, eine Menge von Katarakten. Das Alluvium besitzt überall eine hohe Fruchtbarkeit, die höchste „die schwarze Marsch" der Niederung im Bereiche der Hochfluth, welche einen reichen Gehalt von verwitterten Pflanzenstoffen hat und mit Seesalz gesättigt ist.

Im Südwesten zieht sich die anderwärtig von Süden nach Norden abfallende Oberfläche des Landes zum Quellgebiete des durch den Rio Negro zum Amazonenstrom-Gebiete gehörenden Rio Branco hinunter.

Der Hauptquellfluß dieser Branco ist der Ireng, welcher am Ayangcanna, dem Nordwestauslauf des Pacaraima, 80 Kilom. nordöstlich vom Roraima entspringt. Die Quelle befindet sich in einer Schlucht am Westabhange des Berges, an dessen Ostabhang der Potaro vom Essequibo-System, der den Kaieteur-Wasserfall bildet, entspringt. Der Ireng ist sofort an der Quelle ein

kräftig rinnender 2 Meter breiter Bach, wird alsbald zwischen den gegen 500 Meter über den Fluß emporragenden steilen Sandsteinwänden der Schlucht ein reißender Strom und bildet den großen Orindowie-Fall. Der hier 56 Meter breite Fluß bahnt sich erst eine Strecke in kurzen, schäumenden Wellen und stürzt dann, eine weiße Schaummasse, aus der mächtige Dunstwolken emporwirbeln, über eine Folge von Stufen, von denen eine in senkrechter Richtung 46 Meter hoch ist, im ganzen über 80 Meter hinunter. Von diesem Katarakt bis zum Roraima besteht das Gestein fast ausschließlich aus Sandstein. Vom Orindowie ab fließt der Ireng als ein starker Fluß zwischen etwa 6 Meter hohen und 200 Meter breiten Ufern nach Südosten, biegt dann nach Südwesten um, nimmt den Cotinga auf und bildet den etwa 400 Meter breiten Branco, der eine schnelle Strömung hat.

Der Talutu entspringt im Caraweimea, fließt nordwärts am Westende des westlichen Canacu vorbei und mündet im Ireng. Der Talutu ist breit, aber seicht und nur in der Regenzeit schiffbar; er hat schwach fließendes gräuliches Wasser. Die Mündung des Talutu liegt 50 Meter über dem Meer.

Der Cotinga, der rechte Quellarm, entspringt am Waetipu im nordwestlichen Auslauf des Pacaraima, südöstlich vom Roraima und unfern von der Quelle des Cako (Mazaruni-Essequibo-Gebiet) und läuft nach Südosten. Er hat am Zusammenfluß mit dem Ireng, der nunmehr Rio-Branco bildet, 200 Meter Breite. Der Rio Branco mündet nach 640 Kilom. in den Rio Negro unter 1° 20′ südl. Br.

An nutzbaren und werthvollen Mineralien ist das Land reich. Die Granitbrüche an der Mündung des Mazaruni bei Penal-Settlement liefern einen vorzüglichen Bau- und Pflasterstein. Feiner weißer Thon findet sich bei Orcala am Berbice und feiner grauer Thon unterhalb der Curubrungmündung am Paruni, ebendaselbst Graphit und gelber Oker. Guter rother Thon für Ziegel und gemeine Töpferwaaren ist überall verbreitet. Eisenkies findet sich weit und breit in Menge, namentlich im Alluvium der Küstenstufe und an der Oberfläche der Savane, wo er glitzernd auf dem Rücken der Anhöhen liegt. Eisenerze von großer Mächtigkeit stehen an bei Karinambo oberhalb des König Wilhelm IV.-Fall am Essequibo. Jaspis von schöner rother, hellrother oder purpurner Färbung, auch Bergkrystall und Achat kommen häufig im westlichen Pacaraima vor.

Das Gold, welches einst der Sage nach einen so großen Glanz über das Land verbreitete, hat bisher thatsächlich noch keine Ausbeute geliefert. Man hielt Glimmerschiefer und Eisenkies für Gold und meinte, hier wichtige Goldstöße entdeckt zu haben. Im J. 1721 sandte die holländische Regierung den deutschen Bergmann Hildebrand hierher, der auch wirklich am ersten Katarakt des Cuyuni-Goldquarz fand, ein kunstgerechtes Bergwerk erbaut und einen Schacht abteufte. Allein der Goldertrag war so äußerst gering, daß das Werk für nicht baumwürdig erachtet und wieder aufgegeben wurde. Im J. 1866 eröffnete die British Gold Mining Company ein Gewerk am Cuyuni, 65 Kilom. oberhalb des Flusses, wo eine Quarzader von 5 Meter Mächtigkeit erschürft worden war, die den Gneis und Schiefer durchsetzte, sich jedoch in der Tiefe in dünne Bänder zersplitterte. Der Quarz enthielt Gold, allein die Ausbeute war wieder so geringfügig, daß die Kosten bei weitem nicht aufgebracht wurden und das Gewerk wieder aufgegeben werden mußte. Dabei fragt es sich jedoch, ob es nicht mehr die Höhe der Arbeitslöhne oder die kostspielige Beförderung der Maschinen über die Katarakte und dergl. als die Armuth des Gesteins war, was das Unternehmen zum Stillstand brachte. Es ist eben noch nicht entschieden, ob bauwürdiger Goldquarz im Lande vorhanden ist oder nicht. Dasselbe gilt vom Gold im Alluvium, von welchem mehrfach Spuren vorkommen, wie am Cuyuni, 83 Kilom. oberhalb der Goldminen, am Talutu u. s. w. Schomburgk vermuthet Gold- und Silberminen in dem Pacaraima-Gebirge.

Die Bevölkerung von Britisch-Guyana betrug ohne die Indianer nach den letzten Zählungen vor der Emancipation der Sklaven

in Demerara und Essequibo 1829:

Weiße	3006
Freie Farbige	6360
Sklaven	69,368
Total	78,734

in Berbice 1833:

Weiße	570
Freie Farbige	1661
Sklaven	19,320
Total	21,551.
Also in ganz Britisch-Guyana	100,285.

Nach der Sklavenémancipation im J. 1838 nahm die Bevölkerung anfänglich ab, hob sich dann aber, namentlich als durch die Einfuhr freier dem Klima gewachsener Arbeiter consolidirtere Zustände herbeigeführt wurden, allmälig wieder. Nach dem Census von 1851 war die Bevölkerung mit Ausschluß der britischen Truppen (ungefähr 1000 Mann):

	Weiße	Mischlinge	Neger	Ostindier	Indianer	Total
In Demerara ländliche Bevölkerung	5121	3796	37,383	3401	558	50,259
„ Essequibo „ „	1758	1845	18,548	2332	442	24,925
„ Berbice „ „	450	707	19,300	913	1000	22,370
ganze ländliche Bevölkerung	7329	6348	75,231	6646	2000	97,554
Georgetown	3730	6774	14,133	871	—	25,508
Neu-Amsterdam	499	1632	2346	153	3	4633
ganze städtische Bevölkerung	4229	8406	16,479	1024	3	30,141
ganze Bevölkerung von Britisch-Guyana	11,558	14,754	91,710	7670	2003	127,695.

Danach hatte die Bevölkerung in ungefähr 20 Jahren im ganzen um 27% oder jährlich im Mittel um 1½% zugenommen, was wol überwiegend der Einwanderung zuzuschreiben war. Am meisten hatte die Zahl der Weißen angenommen, nämlich um 226% und diese Vermehrung (7,927) war ganz der Einwanderung von Malta und Madeira zu verdanken, deren Bewohner sich als sehr nützlich erwiesen und deshalb zur Einwanderung auf Kosten der Colonien freie Ueberfahrt erhalten hatten. Die Neger, deren Zahl sich nur wenig vermehrt hatte, hatten ebenfalls nur einen kleinen Zuschuß durch Einwanderung aus Westindien und Afrika erhalten. Die Ostindier waren sämmtlich eingeführte Kulis und so gut wie eingeführte Sklaven anzusehen, und, zieht man die Zahl der verschiedenen Einwanderer sowie die Zahl der 1851 aufgeführten Indianer ab, so ergibt sich, daß die Bevölkerung in der angegebenen 20-jährigen Periode durch innern Zuwachs oder Ueberschuß der Geburten über die Sterbefälle nur sehr wenig, vielleicht gar nicht zugenommen hatte. Die in der vorstehenden Tabelle aufgeführte Zahl der Indianer umfaßt nur die innerhalb oder in der

Nähe des cultivirten Theiles der Colonie ansässigen. Außerdem wohnten ungefähr 3000 an den obern Zuflüssen des Essequibo und des Corentyn.

Nach der Zählung von 1861 betrug die Bevölkerung von ganz Britisch-Guyana: 148,026.

Nach der Zählung von 1871 betrug die Bevölkerung:

Eingeborene	113,570
Von den westindischen Inseln Eingewanderte	13,385
Von Madeira und von den Azoren Eingewanderte	7925
Von anderen nicht näher angegebenen Plätzen Eingewanderte	9635
Ostindier	48,976
Total	193,491.

Im J. 1874 betrug die Gesammtbevölkerung der Colonie 218,909, einschließlich der Truppen der Garnison. Da aber die Vermehrung der Bevölkerung seit 1851 durch die während dieser Periode stattgehabte Einwanderung mehr als erklärt wird, scheint daraus hervorzugehen, daß die creolische Bevölkerung mehr ab- als zugenommen hat, eine Thatsache, welche. zu um so ernsteren Besorgnissen Veranlassung gibt, als dieselbe durch die Erfahrung einiger kleiner westindischer Inseln, · auf denen geringe oder gar keine Einwanderung stattgefunden hat, bestätigt zu werden scheint; dabei darf man jedoch nicht außer Acht lassen, daß in der angegebenen Periode die Colonie von der Cholera und den Pocken stark heimgesucht worden war, Krankheiten, die sich beide, namentlich für das hohe Alter und die Jugend, sehr verhängnißvoll erwiesen hatten. Im J. 1876 betrug die Gesammtbevölkerung ausschließlich der eingeborenen Indianer und der Truppen der Garnison 216,000. Die Zahl der eingeborenen Indianer wird übrigens äußerst verschieden angegeben und ist daher als sehr unsicher zu betrachten. Während dieselbe nach der mitgetheilten Tabelle im J. 1851 9003 betragen haben soll, hat sie sich nach anderen Schätzungen in jenem Jahre auf etwa 7000 belaufen, soll in den sechziger Jahren 9000—10,000 und nach der Angabe eines hochgestellten Beamten des Superintendent of Rivers and Creeks, Herrn M. Clinton, einer unbezweifelten Autorität auf diesem Gebiete, gar 20,000—21,000 betragen haben. Am 31. Dec. 1878 hatte sich die Gesammtbevölkerung bereits wieder bedeutend und zwar auf 239,263 gehoben und war im J. 1879 auf 248,110 gestiegen.

Die Hauptbeschäftigung der Bevölkerung bildet der Ackerbau, vorzüglich Plantagenbau. Der angebaute Theil der Colonie beschränkt sich auf die Meeresküste und auf eine kurze Strecke an den Flüssen Berbice und Demerara. Die Plantagen wurden von den Holländern ursprünglich so viel wie möglich in der Gestalt eines Parallelogramms angelegt. Die hauptsächlichsten unter den producirten Artikeln waren: Zucker, Rum, Syrup, Baumwolle und Kaffee. Im J. 1747 genügten noch zwei Schooner, um die Ernte von 559 Halbfässern Zucker nach Europa zu bringen. Der Anbau von Baumwolle und Kaffee nahm seinen Anfang im J. 1752. Unmittelbar nach der Wiedereroberung des Landes durch die Engländer im J. 1796 erhielt der gesammte Anbau, wie bereits oben erwähnt, einen gewaltigen Impuls, der seine steigenden Wirkungen bis zu dem Jahre der Sklavenemancipation 1838 äußerte. Von da an fand eine sehr bedeutende Abnahme der Production statt. So betrug

beispielsweise die Zahl der Plantagen, auf welchen ein einträglicher Anbau betrieben wurde, im J. 1831: 322; dreißig Jahre später aber nur noch 160. Diese Abnahme war indessen nicht allein, wie in Westindien, der Sklavenemancipation zuzuschreiben, sondern sie rührte großentheils auch daher, daß man sich lediglich auf die Production von Zucker beschränkte, für deßen Absatz die Pflanzer bis zu der neuen Zollreform gleichsam ein Monopol in England hatten. In neuester Zeit ist es durch zahlreiche Kuli-Einwanderung und Aufhebung aller Verkehrsbeschränkungen gelungen, den Rückgang aufzuhalten, so daß die Zahl der Plantagen sich im J. 1879 bereits wieder auf 275 gehoben hatte, von denen betrieben:

Zuckerbau	113
Pisang (Plantain)	46
Viehzucht	90
Cacao- und Kaffeebau	16
Kokosnüsse	10.

Während der Ackerbau früher ausschließlich auf großen Plantagen durch Sklaven betrieben wurde, wird er jetzt auch von kleineren Grundbesitzern gepflegt. Die Plantagenwirthschaft erhielt durch die Emancipation der Negersklaven einen empfindlichen Schlag, und viele Plantagenbesitzer sind dadurch ruinirt worden; denn die freigewordenen Neger gaben die ordentliche Arbeit in den Plantagen auf, begnügten sich damit, wenige Stunden für hohen Tagelohn zu arbeiten und gewannen im übrigen ihre sehr geringen Lebensbedürfnisse durch Bebauung des nunmehr sehr billig gewordenen Landes.

Nach und nach hat sich, nachdem ein großer Theil der Plantagen weit unter ihrem frühern Kaufpreise in die Hände neuer Besitzer übergegangen war, die Plantagenwirthschaft, wie gesagt, mit Hülfe der eingeführten Arbeiter (namentlich der Kulis und Portugiesen von Madeira) wieder gehoben, beschränkt sich aber jetzt fast ausschließlich auf Zucker und Rum; Baumwolle und Kaffee wurden bald nach 1838 nicht mehr exportirt, die erstere wurde gar nicht mehr, der letztere nur in einer sehr geringen Quantität angebaut. Neuerdings werden zur Ausfuhr noch etwa Kaffee und Indigo erzeugt. Sonst werden alle wichtigeren Nahrungspflanzen und Früchte der tropischen Zone gebaut, davon aber nur weniges ausgeführt, z. B. Arrow-Root. Wie die Production der Hauptartikel durch die Emancipation der Sklaven gelitten hat, zeigt die folgende Tabelle:

Jahr	Zucker holl. Pfd.*)	Rum Gallonen	Melasse Gallonen	Kaffee holl. Pfd.	Baumwolle holl. Pfd.
1836	107,806,249	2,980,296	4,035,569	4,275,732	656,902
1837	99,851,195	1,975,260	3,405,906	4,066,200	803,200
1838	88,664,885	2,086,052	3,132,675	3,143,543	614,920
1839	60,061,240	2,328,566	1,349,012	3,008,978	285,942
1840	62,031,921	2,102,378	1,801,742	1,693,309	60,490
1841	52,043,897	1,543,652	1,584,806	1,214,010	19,200

*) 100 holländische Pfund = 110 englische Pfund.

Der Werth der jährlichen Ausfuhr betrug 1836: 2,135,000, 1839 aber sank er unter 1,000,000 Pfd. Sterl., erst sehr allmälig hob er sich wieder und betrug:

1855	. . 1,331,371	Pfd. Sterl. [3]
1859	. . 1,228,843	„ „
1860	. . 1,513,452	„ „
1861	. . 1,583,649	„ „
1862	. . 1,365,295	„ „
1863	. . 1,679,386	„ „
1864	. . 1,845,352	„ „
1865	. . 2,089,639	„ „
1866	. . 2,170,967	„ „
1867	. . 2,365,777	„ „
1868	. . 2,232,212	„ „
1869	. . 2,164,014	„ „
1870	. . 2,164,015	„ „
1871	. . 2,748,720	„ „
1872	. . 2,462,703	„ „
1873	. . 2,217,432	„ „
1874	. . 2,761,837	„ „
1875	. . 2,338,121	„ „
1876	. . 3,031,069	„ „
1877	. . 3,049,157	„ „
1878	. . 2,507,571	„ „
1879	. . 2,715,535	„ „

Die in den letzten Jahren im ganzen bemerkbare Zunahme ist der sehr vermehrten Ausfuhr von Zucker und Rum zu verdanken, während fast alle übrigen Ausfuhrartikel eine Abnahme zeigen. Nur der Holzhandel scheint eine Ausnahme zu bilden, welcher namentlich in Folge der durch die Hölzer von Britisch-Guyana auf den großen Weltausstellungen in London und Paris erregten Aufmerksamkeit eine gewisse Bedeutung erlangt hat. Die Ausfuhr geht größtentheils nach Großbritannien, dann den britischen Colonien in Nordamerika, Westindien und nach den vereinigten Staaten.

Der Werth der Einfuhr, welche größtentheils aus Großbritannien und den vereinigten Staaten kommt, betrug:

1855	. . . 886,016	Pfd. Sterl.
1859	. . . 1,179,901	„ „
1860	. . . 1,145,959	„ „
1861	. . . 1,339,713	„ „
1862	. . . 1,107,181	„ „
1863	. . . 1,211,979	„ „
1864	. . . 1,508,560	„ „
1865	. . . 1,359,292	„ „
1866	. . . 1,530,675	„ „
1867	. . . 1,498,524	„ „
1868	. . . 1,618,378	„ „
1869	. . . 1,572,275	„ „
1870	. . . 1,572,275	„ „
1871	. . . 1,897,183	„ „

1872	. . . 2,013,553	Pfd. Sterl.
1873	. . . 1,764,571	„ „
1874	. . . 1,873,219	„ „
1875	. . . 1,837,151	„ „
1876	. . . 1,983,165	„ „
1877	. . . 2,229,908	„ „
1878	. . . 2,150,714	„ „
1879	. . . 2,065,045	„ „

Die wenn auch verhältnißmäßig geringe, doch immer bemerkenswerthe Abnahme der Einfuhr der beiden letzten Jahre gegen das Vorjahr 1877 wird durch die niedrigen Marktpreise namentlich von Wolle und Baumwolle im J. 1878 und für das J. 1879 durch die allgemeine Flauigkeit des Handels in England und den Colonien erklärt.

Der Tonnengehalt der eingelaufenen Schiffe betrug:

1856	 146,005
1859	 141,705
1860	 170,732
1864 [4]	 316,943
1865	 329,131
1866	 336,983
1867	 318,958
1868	 361,092
1869	 377,448
1870	 409,365
1871	 441,428
1872	 463,282
1873	 446,009
1874	 443,981
1875	 425,430
1876	 432,504
1877	 519,986
1878	. . . . . . 554,981.

Die britische Regierung hat für die Colonie Silbermünzen prägen lassen und zwar seit 1809 (während des periodischen Besitzes des Landes) und noch im J. 1852 sogenannte „Colony Tokens" Stücke zu 1 Gurd (Dollar) oder 3 Gulden, zu 2, 1, ½, ¼ und ⅛ Gulden. Außer den eben gedachten für die Colonie geprägten Münzen sind im Umlauf: die englischen Silbermünzen (welche hier den gemeinsamen Namen Bitts führen), spanische und mexicanische Silberpiaster, spanische, mexicanische, mittel- und südamerikanische goldene Onzas und Dublonen, die englischen Goldmünzen und die Goldmünzen der vereinigten Staaten von Nordamerika. — Mit dem 1. Juli 1850 ist auch die englische Kupfermünze eingeführt worden. — Ein locales Privatpapiergeld sind die Noten der Britisch-Guyanabank, welche im J. 1836 mit 4,200,000 Gulden oder 300,000 Pfd. Sterl. auf Actien in Georgetown gegründet wurde. Ein anderes sind die Noten der Colonial-Bank in London, welche hier eine Zweigbank hat.

---

3) Für die J. 1856, 1857 und 1858 fehlen die amtlichen Berichte sowol für die Aus- als für die Einfuhr.

4) Für die J. 1857, 1858, 1861, 1862 und 1863 fehlen die amtlichen Berichte.

Maße und Gewichte sind die alten englischen, zum Theil auch noch die alten amsterdamer. Man rechnet im Verkehr 100 holländische Pfund (alte amsterdamer Handelspfund) = 110 englische Pfund. — Die Tierce oder das halbe Oxhoft Zucker enthält 42, das Faß Zucker enthält 31½, die Tonne Rum 84 alte englische Wein-Gallons.

An guten Verkehrswegen fehlt es, obgleich in den letzten Jahren manches dafür gethan ist, noch immer. Zwischen den beiden Städten Georgetown und New-Amsterdam findet eine regelmäßige Dampfschiffsverbindung statt. Auch ist eine Eisenbahn zwischen denselben jetzt ausgeführt. Von Georgetown geht auch mehrmals monatlich ein Dampfpacketboot nach S. Thomas im Anschluß an die britisch-westindische Postdampferlinie. Eine Telegraphenleitung, um sämmtliche Ortschaften zu verbinden, ist in Ausführung begriffen und hat Anschluß an das große amerikanische Netz.

Die geistige Cultur, sowol die sittliche wie die intellectuelle, steht auf einer verhältnißmäßig sehr niedrigen Stufe, obgleich für Kirchen und Schulen jetzt bedeutende Mittel aufgewendet werden. Die wenigsten der gebildeten Weißen sind verheirathet, die meisten leben vielmehr im Concubinat mit Farbigen, Negerinnen und Indianerinnen. Den aus diesen Verbindungen entsprungenen Kindern haftet, trotz ihrer oft großen körperlichen und geistigen Begabung, trotz vielfach in Europa erhaltener guter Erziehung und eines vom Vater ererbten oft großen Vermögens, ihrer Farbe wegen ein unvertilgbarer Makel an, der sie mit glühendem Haß gegen die Weißen erfüllt, ein Haß, welcher der Fluch dieser wie aller ehemals Sklaven haltenden Colonien der Europäer germanischer und zumal angelsächsischer Race ist.

Die größte Zahl der Einwohner bekennt sich zu protestantischen Confessionen. Zu kirchlichen Zwecken ist die Colonie in sieben zig Kirchspiele eingetheilt, davon sieben ausschließlich der schottischen, acht ausschließlich der englischen Kirche angehören, während Georgetown in Demerara und New-Amsterdam in Berbice Geistliche beider Kirchen in sich vereinigen. Die Geistlichen dieser beiden Kirchen, nebst denen der römisch-katholischen und der wesleyanischen Kirche werden von der Colonialregierung aus öffentlichen Mitteln unterhalten. Ueber die ganze Colonie zerstreut finden sich auch unabhängige Missionäre, welche ausschließlich von freiwilligen Beiträgen ihrer Gemeinden existiren. Im J. 1879 beliefen sich die öffentlichen Kosten für die Unterhaltung der Geistlichen auf circa 20,000 Pfd. Sterl.

In den verschiedenen von der Regierung unterstützten Schulen, deren Zahl 182 im J. 1879 betrug, erhielten 1878 circa 13,544 und 1879 circa 14,954 Kinder Unterricht. Von dieser Zahl waren 162 Primärschulen, 11 Kleinkinderschulen und 9 Missionsschulen. Eine gute höhere Schule (Queen's College) besteht in Georgetown.

An Wohlthätigkeitsanstalten (deren wir mehrere noch weiter unten bei Beschreibung der Stadt Georgetown

erwähnen werden) ist die Colonie verhältnißmäßig reich. Wir heben hier insbesondere die Krankenhäuser hervor. Die Gesammtzahl der in dem öffentlichen Hospital von Demerara und Essequibo einschließlich des Seemannshauses befindlichen Kranken betrug Anfang 1878: 325, Anfang 1879: 372. Die Gesammtzahl der im Laufe des Jahres aufgenommenen Kranken betrug 1878: 5878 und 1879: 6353. In dem Colonial-Hospital von Berbice befanden sich Anfang 1878: 65 und Anfang 1879: 73 Kranke. Im Laufe des Jahres waren aufgenommen 1878: 1231, 1879: 1281.

In dem öffentlichen Irrenhause der Colonie wurden aufgenommen 1877: 110, 1878: 96, 1879: 91 Geisteskranke. Im Anfang dieses Jahres befanden sich 266 Geisteskranke im Irrenhause, von denen im Laufe des Jahres 12 geheilt wurden und 39 starben; am Schluße des Jahres befanden sich darin 306 Geisteskranke.

In dem allgemeinen Hospital für Aussätzige in Mahaica befanden sich zu Anfang des J. 1879: 206 Kranke; im Laufe des Jahres wurden aufgenommen 42.

In dem Hospital für Aussätzige auf Kaw-Island unter Aufsicht der Medicinal-Beamten des dort befindlichen Gefängnisses befanden sich Ende 1879: 58 Kranke, von denen 36 Kulis und 4 Chinesen waren.

Unter den übrigen Wohlthätigkeitsanstalten verdient hier noch eine besondere Erwähnung ein erst im Laufe des J. 1879 gegründetes öffentliches Besserungshaus für jugendliche männliche Verbrecher in Onderneeming. Die Gesammtkosten der öffentlichen Wohlthätigkeitsanstalten betrugen, mit Ausschluß des eben erwähnten Besserungshauses, im J. 1878: 40,761 Pfd. Sterl., im J. 1879: 42,320 Pfd. Sterl.

Die Einkünfte der Colonie betrugen:

Jahr	Betrag		
1857	. . . 282,997	Pfd.	Sterl.
1858	. . . 272,995	„	„
1859	. . . 275,619	„	„
1860	. . . 279,952	„	„
1861	. . . 301,761	„	„
1864[5])	. . . 311,524	„	„
1865	. . . 309,372	„	„
1866	. . . 304,817	„	„
1867	. . . 275,209	„	„
1868	. . . 290,881	„	„
1869	. . . 311,337	„	„
1870	. . . 354,131	„	„
1871	. . . 379,647	„	„
1872	. . . 449,060	„	„
1873	. . . 361,932	„	„
1874	. . . 305,457	„	„
1875	. . . 352,136	„	„
1876	. . . 363,808	„	„
1877	. . . 389,872	„	„
1878	. . . 409,258	„	„
1879	. . . 395,740	„	„

5) Die amtlichen Ausweise für 1862 und 1863 fehlen.

13

Die Ausgaben der Colonie betrugen:

1857 . . . 280,608 Pfd. Sterl.
1858 . . . 272,132 „ „
1859 . . . 263,195 „ „
1860 . . . 314,910[6]) „ „
1861 . . . 325,032 „ „
1864 . . . 270,344 „ „
1865 . . . 300,894 „ „
1866 . . . 310,878 „ „
1867 . . . 307,061 „ „
1868 . . . 297,349 „ „
1869 . . . 293,636 „ „
1870 . . . 325,855 „ „
1871 . . . 338,053 „ „
1872 . . . 391,219 „ „
1873 . . . 399,990 „ „
1874 . . . 381,103 „ „
1875 . . . 355,979 „ „
1876 . . . 343,735 „ „
1877 . . . 380,566 „ „
1878 . . . 417,995 „ „
1879 . . . 387,642 „ „

Die Schuld der Colonie betrug:

1853 . . . 307,200 Pfd. Sterl.
1861 . . . 505,844 „ „
1864 . . . 593,617 „ „
1865 . . . 559,517 „ „
1866 . . . 660,646 „ „
1867 . . . 661,037 „ „
1868 . . . 636,606 „ „
1869 . . . 649,940 „ „
1870 . . . 582,423 „ „
1871 . . . 512,864 „ „
1872 . . . 411,492 „ „
1873 . . . 474,955 „ „
1874 . . . 412,766 „ „
1875 . . . 408,537 „ „
1876 . . . 354,821 „ „
1877 . . . 323,563 „ „
1878 . . . 303,663 „ „
1879 . . . 249,739 „ „

Die Besatzung der Colonie, die nicht sowol zur etwaigen Vertheidigung derselben gegen äußere Angriffe, als (wie auch eine hauptstädtische Miliz) vorzüglich zur Aufrechterhaltung der innern Sicherheit dient, besteht gewöhnlich aus einem Detachement Artillerie im Fort Frederick William, einem britischen Linienregimente und einigen Compagnien eines der beiden westindischen Negerregimenter, welche hauptsächlich aus den aufgebrachten Sklavenschiffen rekrutirt werden, und welche, obgleich

6) Die in diesem Jahre eingetretene bedeutende Steigerung der Ausgaben rührt großentheils allein von den Verwendungen für Einführung fremder Arbeiter her, wozu 50,944 Pfd. Sterl. bewilligt wurden, um dafür namentlich Chinesen zu gewinnen, auf welche man fortan sein Hauptaugenmerk zu richten beschlossen hatte.

wenige dieser Neger wol ganz freiwillig sich anwerben lassen, doch unter ihren englischen Officieren vortreffliche Soldaten für diese Tropenländer abgeben, deren Tapferkeit namentlich auch gegen aufständische Neger und Farbige wiederholt erprobt worden ist.

Britisch-Guyana zerfällt in die drei ehemals unter holländischer Herrschaft „Colonien" genannten Counties Essequibo, Demerara und Berbice, welche wieder in 11 Kirchspiele zerfallen, die alle längs der Seeküste ausgebreitet liegen und nur am untern Berbice und Demerara etwas weiter landeinwärts sich erstrecken. Die Hauptstadt von Britisch-Guyana ist Georgetown.

Georgetown, das ehemalige holländische Stabroek, oft auch Demerara genannt, liegt unter 6° 49′ 20″ nördl. Br. und 58° 11′ 30″ westl. L. (von Greenwich Leuchtthurm) auf dem östlichen oder rechten Ufer des Demeraraflusses. Die Stadt ist regelmäßig angelegt und hat noch ganz das Ansehen einer holländischen Stadt, wiewol sich gegenwärtig nur noch wenige Holländer daselbst aufhalten; denn die meisten derselben verließen die Colonie, als sie an Großbritannien abgetreten wurde. Die Straßen sind durchgängig breit und werden in der Mitte von Kanälen durchschnitten, die unter sich und mit dem Flusse in Verbindung stehen; die beiden Seiten der so von einander getrennten Straßen sind durch eine Menge Brücken verbunden. Nicht allein wegen der ungemeinen Feuchtigkeit der Atmosphäre, sondern auch infolge der Lage der Stadt unmittelbar an der Küste auf einem angeschwemmten Boden sind die zwei bis drei Stockwerk hohen Häuser fast durchgängig aus hartem Holze auf 3—4 Fuß über der Erde hervorstehenden Pfeilern aufgeführt und bis unter das Dach mit starken Bretern beschlagen, sowie mit Schindeln desselben Holzes gedeckt, und das Ganze, je nach dem Geschmack des Besitzers, mit einer dunklern oder hellern Oelfarbe angestrichen. Freundliche, mit schönen Orangenbäumen und den herrlichsten Blumen geschmückte Gärten umgeben die mit Veranda's und Porticos gezierten Häuser, was den Straßen, die auch fortwährend durch den sogenannten Towngang — eine Art Reinlichkeitspolizei — sauber und rein erhalten werden, das freundlichste Ansehen verleiht. Zu den Reinlichkeitsverordnungen gehört auch die, daß sich kein Schwein auf der Straße treffen lassen darf, widrigenfalls es als vogelfrei, wie in unseren größern Städten die Hunde, welche keine Steuermarke tragen, erklärt ist, und dem Towngang als willkommene Beute anheimfällt.

Die weiße Bevölkerung besteht dem größten Theile nach aus Engländern. Die Neger bilden gegenwärtig die bei weitem größere Zahl der Einwohner und die Waterstreet, die sich unmittelbar am Ufer des Demerara hinzieht und nur von Kaufleuten bewohnt wird, deren Waarenlager und Werfte sich in den Fluß hinein erstrecken, ist wol die einzige ausschließlich von Europäern bewohnte Straße.

In dem noch jetzt Stabroek genannten Stadttheile erhebt sich in der Nähe des Demerara das neue Stadthaus, welches sämmtliche officielle Bureaus in sich schließt. Das in den J. 1829—1834 mit einem Kostenaufwande von 50,000 Pfd. Sterl. errichtete, in sich abgeschlossene imposante Gebäude ist aus Mauersteinen erbaut und mit reicher Stuccatur versehen. Auf dem schönen großen freien Platze vor der Hauptfaçade des Stadthauses finden alle öffentlichen Executionen statt. Seitwärts davon liegen die Hauptwache und die freundliche schottische Kirche, etwas weiter entfernt erhebt sich die aus Mauersteinen erbaute Kathedrale der bischöflichen Kirche, deren Aufbau gegen 26,000 Pfd. Sterl. kostete. Die nicht minder imponirende, wiewol nur aus Holz erbaute Christuskirche wurde auf Actien errichtet. Das Gotteshaus der katholischen Gemeinde ist seit mehreren Jahren, wo Guyana zu einem apostolischen Vicariat unter dem Titularbischof von Oriense mit fünf Priestern erweitert wurde, ebenfalls zur Kathedrale erhoben worden. Außer den obengenannten kirchlichen Gebäuden befinden sich acht Kapellen in Georgetown, die unter der Obhut der Wesleyaner, der Baptisten, der londoner Missionsgesellschaft und der Mico Charities stehen. Auffallend ist es, daß nur äußerst wenige Neger zur Staatskirche, die größte Zahl dagegen zum Katholicismus und zu den verschiedenen kirchlichen Secten, namentlich zur Baptisten-Gemeinde, übergehen.

Sehr bemerkenswerth sind auch das (bereits oben erwähnte) Colonialhospital für 300 Kranke, in baulicher Beziehung ein Muster für die Tropen, und der neue Marktplatz in der Nähe des Regierungsgebäudes, der von den elegantesten Läden umgeben ist. Diesen schließen sich die reinlichen Fleischerläden an, welche sich wiederum bis zu den großen über den Fluß gebauten Schlachthäuse hinziehen, in welchem alles Vieh geschlachtet und gereinigt werden muß, und aus welchem alle Abgänge unmittelbar in den darunter hinströmenden Fluß fallen, wo sie augenblicklich von den gierigen Hai- und anderen Raubfischen aufgefangen oder von der Fluth hinweggeschwemmt werden.

Nicht weit von dem Colonialhospital befindet sich das (gleichfalls oben schon erwähnte) Hospital für kranke Seeleute, an welches sich unmittelbar das Irrenhaus anschließt. Von sonstigen Wohlthätigkeitsanstalten besitzt die Stadt noch ein Waisenhaus und ein im J. 1858 errichtetes besonderes Leprosen-Spital (Leper-Asylum).

Verschiedene Bauken vermitteln den Geldverkehr und auch eine Sparbank hat günstige Resultate ergeben.

Die Errichtung wissenschaftlicher Anstalten ist von Zeit zu Zeit versucht worden, vielfach ohne Erfolg; besser gelang es mit einer 1844 gegründeten Royal Agricultural and Commercial Society, welche Ende 1878: 369 und Ende 1879: 399 Mitglieder zählte, und im J. 1879 ist es gelungen, ein geselligen und literarischen Zwecken gewidmetes Athenäum genanntes Institut mit 103 Mitgliedern wieder zu eröffnen. Auch zwei Schauspielhäuser besitzt die Stadt, die jedoch wenig besucht werden. Die Presse liefert mehrere politische Zeitungen, darunter eine officielle "The Royal Gazette", welche einen um den andern Tag zu erscheinen pflegen.

Da es der Stadt ganz an süßem Wasser fehlt, behalf man sich früher lediglich mit Cisternen, deren jedes Haus eine hatte, wobei aber oft drückender Wassermangel entstand. Neuerdings sind mit großem Glück artesische Brunnen gebohrt, durch welche jetzt die Einwohner hinreichend mit Wasser versorgt werden.

Die Stadt hat eine schöne öffentliche Promenade an dem "Ring", einer Straße, an welcher sich eine Allee der reizenden Kohlpalme (Oreodoxa oleracea) vom westlichen Ende der Stadt eine Stunde weit dem Flusse entlang hinzieht. Sie wird von den Einwohnern täglich Nachmittags stark besucht, aber von allen besseren Klassen niemals zu Fuß, sondern zu Pferde und mehr noch zu Wagen, meist in zweirädrigen Gigs, in welchen die Wohlhabenderen auch fast alle Wege in der Stadt machen. Auf der westlichen Seite dieser Allee ziehen sich unter ihrem Schatten die Wohnungen der Plantagenbesitzer mit den daranstoßenden Siedereien und Wirthschaftsgebäuden derselben hin. Diese Besitzungen sind von den reizenbsten Gärten umschlossen und von denen der Nachbarn durch die herrlichen Hecken des Barbadoes Pride (Poinciana pulcherrima) u. s. w. getrennt. Die Häuser selbst sind förmlich eingehüllt von der lieblichen Jacaranda rhombifolia und procera, der Cassia fistula mit den langen herabhängenden Schoten, der Cassia multijuga, dem Coral-Tree (Erythrina Corallodendron) u. f. w.; in dem dunkelgrünen Laube der Orangen glühen die goldenen Früchte, und die prachtvolle Aeschynomene coccinea und grandiflora mit ihren großen Schmetterlingsblumen, sowie die feenartigen Blüthen der Ixora coccinea leuchten zwischen den schönen Hecken hervor.

Unmittelbar in der Nähe der Mündung des Demerara liegt das aus Lehm und Faschinen erbaute kleine Fort Frederick William. Obgleich die Befestigung an und für sich nur äußerst schwach ist und dem Feuer einer vordringenden Flotille nur kurze Zeit würde widerstehen können, dürfte einer solchen die Landung doch schwer fallen, da nicht allein das Fort, sondern überhaupt die ganze Küstenlinie in dem morastigen Grund, in der geringen Tiefe des Wassers und in der Ebbe und Fluth die kräftigsten und mächtigsten Vertheidigungswaffen findet. Die Besatzung des Forts besteht aus einem Detachement Artillerie unter dem Commando eines Majors.

In der Nähe des Forts erhebt der herrliche Leuchtthurm sein Haupt. Derselbe ist ungefähr 100 Fuß hoch, hat gegen 30,000 Dollars gekostet und alles Material zu demselben wurde, mit Ausnahme des Holzes der Treppen im Innern, aus England eingeführt.

Oestlich von diesem Fort blickt das schöne unbewohnte Camphouse, Wohnung der früheren Gouverneure, zugleich damals Commandeure der Truppen waren, verstohlen durch das dichte Belaubung riesiger Bäume; daran schließen sich die schönen, großen und geräumigen Kasernen, und die beiden Militärhospitäler begrenzen den gewaltigen Exercierplatz.

13*

Der cultivirte Küstenstrich zwischen dem Demerara und dem Effequibo heißt die „Westküste" und enthält eine Reihenfolge der fruchtbarsten Zuckerplantagen, die nur von dem kleinen Dorfe Williamstown unterbrochen werden, welches eine große Kirche enthält und dessen meist farbige Bewohner größtentheils Handwerker sind. Jenseits des Effequibo heißt der cultivirte Küstenstrich die „Arabische Küste" (Arabian Coast), an der sich, nicht weit von der Mündung entfernt, die beiden Negerdörfer Catharinensburgh und Queenstown befinden; auf einer der größeren Inseln an der Mündung des Flusses, auf Wackenaam liegt das Dorf Frederickburgh, die Ufer des untern Effequibo selbst sind fast ganz unbewohnt. Oestlich von Georgetown erstreckt sich bis zur Mündung des kleinen Flusses Mahaica 25 engl. Meilen weit die „Ostküste", der fruchtbarste District des ganzen Küstenlandes, und auf dieser Küste liegen die noch unbedeutenden, auf ehemaligen verlassenen Plantagen entstandenen Dörfer Buxton und Victoria. Am westlichen Ufer des Mahaica liegt das rasch sich vergrößernde Dorf gleichen Namens. Von hier bis zur etwa 50 engl. Meilen entfernten Mündung des Berbice zieht sich, die ersten 25 engl. Meilen weit, eine lange Reihe aufgegebener und in Weideland umgeschaffener Plantagen hin.

An der Mündung des Berbice, auf seiner Ostseite, liegt die zweite größere Stadt der Colonie, Berbice oder Neu-Amsterdam, unter 6° 14' nördl. Br. und 57° 22' 40" westl. Br. (von Greenwich); erst 1796 gegründet, nachdem die ältere Stadt dieses Namens, 50 engl. Meilen stromaufwärts wegen ihrer weniger günstigen Handelslage aufgegeben war. Die Stadt dehnt sich 1½ engl. Meilen weit am Fluß aus, ist gut weitläufig gebaut und wird von einer Menge Kanälen durchschnitten, die, durch die Ebbe und Fluth gespült, einen sehr günstigen Einfluß auf den Gesundheitszustand üben, sodaß Berbice nur äußerst selten und niemals so heftig wie Georgetown vom gelben Fieber heimgesucht wird. Die Stadt hat ungefähr 6000 Einwohner, ist gut gebaut, hat drei Kirchen und ein hübsches Regierungsgebäude, sowie einige andere ansehnliche öffentliche Gebäude, darunter ein vortreffliches Hospital aus Mauersteinen. Die Privathäuser sind von schönen Gärten umgeben. Ungefähr 1½ engl. Meilen unterhalb der Stadt wird der Fluß durch eine Insel, Crab Island, in zwei Kanäle getheilt, und vor derselben liegt eine Barre, die nur 7 Fuß Wasser hat und auf der das Wasser in neuerer Zeit sich immer mehr vermindert, was den übrigens bedeutenden Handelsverkehr Neu-Amsterdam's sehr beeinträchtigt, da dieser Barre wegen nur kleinere Schiffe an die Stadt kommen können. Crab Island gegenüber auf der Ostseite des Flusses liegen die Ruinen des alten Fort St. Andrews, welches früher den Eingang des Flusses vollkommen beherrschte. Etwas unterhalb der Stadt mündet der kleine Fluß Canje in den Berbice, und daselbst liegen gegenwärtig die von Pallisaden umgebenen und durch eine Batterie vertheidigten Kasernen. Kleine Seeschiffe können den Berbice ungefähr 40 engl. Meilen aufwärts bis zu den Ruinen des ehemaligen Fort

Nassau befahren, und so weit hinauf sind auch die Ufer des Flusses bewohnt. Jenseits dieser Grenze beginnt das Gebiet der unabhängigen Eingeborenen. Auf dem Küstenstriche zwischen der Mündung des Berbice und dem Corentyn, dem Grenzfluß gegen das holländische Guyana, befinden sich nur einzelne Meiereien und Zuckerplantagen, die sich ebenso sparsam und vereinzelt auch an dem westlichen Ufer des Corentyn etwa eine Stunde weit stromaufwärts erstrecken; mehrere früher daselbst befindliche bedeutende Missionen der Herrnhuter sind eingegangen. — Am obern Berbice entdeckte Robert Schomburgk im J. 1836 die berühmte Victoria Regia.

Die politische Verfassung von Britisch Guyana hat, seit das Land aus den Händen der Holländer in die der Engländer übergegangen ist, nur geringe Veränderungen erfahren. Sie enthält noch jetzt Eigenthümlichkeiten, welche sie von denen aller anderen englischen Colonialbesitzungen unterscheiden; die eingeführten Hauptveränderungen sind die Eintheilung der Colonie in Wahldistricte, eine neue Festsetzung in Betreff des Wahlrechts und Einführung der offenen anstatt der bis dahin üblichen geheimen Wahlen gewesen. An der Spitze der Regierung steht ein von der Krone ernannter Gouverneur. Der Gouverneur, der Attorney-General (General-Staatsanwalt), der General-Administrator der Zölle und der Gouvernements-Secretär sind die vier wichtigsten der fünf officiellen Mitglieder des Court of Policy genannten gesetzgebenden Körpers; derselbe besteht außerdem aus 5 von einem Wählercollegium auf drei Jahre gewählten Mitgliedern, welche nach dem Dienstalter austreten. Das Wählercollegium besteht aus 7 Mitgliedern, die von den Einwohnern auf Lebenszeit gewählt werden. Sie haben bei Vacanzen zwei geeignete Personen zu präsentiren, unter denen der Gouverneur und die Mitglieder des Wählercollegiums wählen. Wer in den Court of Policy gewählt wird, muß bei Strafe von 1000 Dollars die Wahl annehmen und den Huldigungseid leisten. Zur Wahlfähigkeit ist der Besitz einer Plantage und ein Aufenthalt von drei Jahren in der Colonie erforderlich. Jedes Mitglied des Court of Policy hat Stimmrecht, der Gouverneur aber ein Entscheidungsvotum und überdies ein Bestätigungsrecht, sowie ein absolutes Veto über alle zur Discussion gebrachten Bills. Neben dem Court of Policy steht noch ein sogenanntes College of financial representatives, welches aus sechs finanziellen Vertretern besteht, die von dem Wählercollegium auf zwei Jahre gewählt werden. Einmal jährlich tritt ein aus den Mitgliedern des Court of Policy und des College of financial representatives zusammengesetzter sogenannter Combined Court zusammen, welches es obliegt, über die jährlichen Ausgaben und Steuern zu beschließen. Alle von den gesetzgebenden Versammlungen angenommenen Gesetze sind noch der Bestätigung der Königin von England unterworfen, und ebenso kann diese Ordonnanzen (Orders in Council) erlassen, welche unabhängig von den Courts Gesetzeskraft haben. So beschränkt auch der Antheil des Combined Court an der Festsetzung des Budgets der

Colonie ist, so hat dieser Antheil doch immer zu vielen Controversen und Schwierigkeiten Veranlassung gegeben. Von der Regierung wird nämlich für den Gouverneur das Recht in Anspruch genommen, alle gesetzgeberischen Beschlüsse in Geldangelegenheiten zu veranlassen und dem Combined Court nur das Recht zugestanden, einen Ausgabeposten herabzusetzen, nicht aber zu erhöhen.

Die Gerichtsverfassung der Colonie hat seit den Zeiten der holländischen Herrschaft bis vor verhältnißmäßig kurzer Zeit keine Veränderung erfahren, und das römische Recht bildet noch heute den wesentlichsten Bestandtheil des Civilrechts. Im J. 1844 wurde ein Verfahren vor Geschworenen in Civilsachen je nach der Wahl der Parteien, 1846 das Verfahren vor der Jury in Criminalsachen eingeführt, und in demselben Jahre wurde der englische Criminalcodex zum Gesetz der Colonie erhoben. Die Gerichtspflege wird in allen Civilsachen von einem Gerichtshofe geübt, welcher aus einem von der britischen Regierung ernannten Oberrichter und zwei Puisne Judges besteht; in Criminalsachen aber ist derselbe Gerichtshof unter Beistand von drei aus respectabeln Einwohnern gewählten Assessoren competent. Außerdem gibt es in jeder Stadt eine Polizei und einen mit den gewöhnlichen Befugnissen einer summarischen Gerichtsbarkeit ausgestatteten besoldeten Magistrat. Georgetown insbesondere hat eine wohlgeordnete Municipalverwaltung unter einem Mayor und einem Stadtrath.

Die Polizeiverwaltung ist sehr gut, und das aus etwa 300 Mann bestehende militärisch geordnete Polizeicorps steht unter einem Generalinspector. Auch für die Gesundheitspolizei bestehen sehr gute Einrichtungen.

In der Colonie existirt auch Gefängnisse und ein bedeutendes Strafgefängniß (Penal Settlement) am Mazaruni, welches etwa siebenzig engl. Meilen von Georgetown entfernt, ganz isolirt in der Wildniß liegt.

Literatur: Sir *R. H. Schomburgk*, Description of British Guiana, geographical and statistical. London 1840. — R. H. Schomburgk, Geographisch-statistische Beschreibung von Britisch-Guyana. Aus dem Englischen von O. A. Schomburgk. Nebst 1 Karte. Magdeburg 1841. — R. H. Schomburgk, Reisen in Britisch-Guiana in den Jahren 1840—44. Auf Befehl des Königs von Preußen. Nebst einer Fauna und Flora Guyana's nach Vorlagen von J. Müller, Ehrenberg, Erichson, Klotsch, Troschel, Cabanis u. a. Mit Abbildungen und einer Karte von Britisch-Guyana, aufgenommen von R. H. Schomburgk. Thl. 1 und 2. Leipzig 1847—48. 4. — *R. H. Schomburgk*, Expedition to the lower parts of the Barima- and Guiania-Rivers in British-Guiana and Excursion of the Barima- and Cuyuni-Rivers in 1841 in Journal of the Royal Geogr.-Society. Vol. XII (1842). — *Robert Schomburgk*, Visit to the Sources of the Takutu in British-Guiana. Daselbst Vol. XIII (1843) mit Karte. — *Robert Schomburgk*, Journal of an Expedition from Pirara to the upper Corentyne and from thence to Demerara. Daselbst Vol. XV (1845) mit Karte. — Wilhelm Stricker, Dr. med., Reisen der

Brüder Schomburgk in Britisch-Guyana. Ein Auszug für das größere Publikum und die Jugend bearbeitet. Mit einer Karte. Frankfurt a. M., Franz Benjamin Auffarth, 1852. — *R. Premium*, Eight Years in British-Guyana; being the journal of a residence in that province, from 1840 to 1848 inclusive. With anecdotes and incidents illustrating the social condition of its inhabitants and the opinions of the writer on the state and the prospects of our sugar colonies generally. Edited by his friend. London 1850. — *H. G. Dalton*, The history of British-Guiana etc. London 1855. 2 Bände. 8. Mit Illustr. und Karte. Webber, Britisch-Guyana. London 1873. — Die einschlägigen Parliamentary Papers insbesondere: *Statistical Abstract* for the several Colonial and other possessions of the United Kingdom in each year. From 1864 to 1878. — Education Department Reports on the Philadelphia International Exhibition of 1876. Vol. II. Presented to both Houses of Parliament by Command of Her Majesty. London 1877. — *Papers* relating to Her Majesty's Colonial possessions. — Reports from 1878 and 1879. Presented to both Houses of Parliament etc. September 1880.

II. Niederländisch-Guyana.

Wir haben oben bereits im allgemeinen Theil (S. 74) kurz der Gründung von Niederländisch-Guyana durch die Holländer gedacht. Wir geben nun im Folgenden eine genauere Schilderung der auf jene Gründung bezüglichen Vorgänge.

Die erste ganz verbürgte Nachricht von einer Niederlassung am Suriname, wo schon früher die Franzosen seit 1540 unter Poncet de Bretigny von dem Lande Besitz genommen haben sollen, ist die, daß Lord Willoughby of Parham mit der Erlaubniß König Karl's II. von England im Anfang der fünfziger Jahre des 17. Jahrh. ein auf eigene Kosten ausgerüstetes Schiff dahin absandte, um im Namen seines Herrn davon Besitz zu ergreifen. Er fuhr in den Suriname ein und fand eine gute Aufnahme bei den Indianern, mit welchen er einen Vertrag abschloß, und bald erhob sich eine neue Niederlassung an den Ufern dieses Flusses. Ihr schlossen sich unter anderen auch im J. 1654 französische von den Galibi-Indianern aus Cayenne vertriebene Colonisten an. Kurze Zeit nach seiner ersten Expedition schickte Lord Willoughby drei andere Schiffe, unter denen sich ein mit zwanzig Kanonen armirtes befand, nach Surinam, und einige Jahre später erschien er persönlich daselbst und überzeugte sich von der glücklichen Lage der Colonie und von der unerschöpflichen Fruchtbarkeit der Flußufer. Als er dann nach der Heimath zurückkehrte, sorgte er für die Absendung von Menschen und Munition nach der Colonie.

Am 2. Juni 1662 verlieh Karl II. die Colonie an Lord Willoughby und an Laurent Hibe, den zweiten Sohn des Earl of Clarendon und ihren Nachkommen zu gleichen Theilen „für ewige Zeiten". Das Original dieser Urkunde befindet sich noch heutigen Tages im britischen Staatsarchiv.

Unter der weisen Verwaltung Lord Willoughby's entwickelte sich die Colonie alsbald in erfreulicher Weise. Die Zahl der Colonisten am Suriname, welche sich anfänglich auf nur etwa 350 Köpfe belaufen hatte, stieg bald — nachdem sich die Ansiedelungen bis an etwa 42 Kilometer landeinwärts ausgebreitet hatten — auf 4000. Auf der Mehrzahl dieser Pflanzungen wurden Tabak und „Letterhout", ein zur Marqueterie besonders geeignetes Holz, sowie andere derartige Hölzer gebaut.

Den Berichten englischer Reisender aus jener Zeit entnehmen wir, daß sich an dem Flusse Comewine, den sie Comonique nennen, circa 42 Kilom. von seiner Mündung entfernt, eine von ihnen Flamlands genannte niederländische Colonie befand, die auf gutem Fuß mit den Indianern lebte und ihnen Letterhout und andere Artikel verkaufte.

Als im J. 1666 der Krieg zwischen England und den Niederlanden ausgebrochen war, ließen die Stände der Provinz Zeeland drei mit dreihundert Marinesoldaten bemannte Kriegsschiffe zu einer Expedition nach dem Suriname ausrüsten. Diese vom Admiral Abraham Krynszoon, Viceadmiral Caluwaard und General Lichtemberg befehligten Streitkräfte erschienen den 26. Febr. 1667 vor dem Suriname. Der englische Gouverneur Biam, der in Abwesenheit Lord Willoughby's anische Oberbefehl führte, mußte capituliren. Die Zeeländer pflanzten die Fahne des Prinzen von Oranien auf dem Wall einer am Ufer des Suriname liegenden Festung auf und gaben derselben den Namen Zélandia. Die alte Stadt Paramaribo erhielt den Namen Nieuw Middelburg.

Die Sieger legten den Bewohnern unter anderen Contributionen auch die von zehntausend Pfund Zucker auf und schickten viele von ihnen nach der Insel Tabago.

Nachdem der holländische Commandant die Festung Zélandia mit einigen neuen Palißaden hatte versehen lassen, legte er in dieselbe eine mit Proviant auf sechs Monate versehene Garnison, ließ seine auf 400,000 Fl. geschätzte Bente auf seine Schiffe bringen und segelte ab, um die übrigen englischen Besitzungen anzugreifen.

Im Monat Juli 1667 wurde der Friede zu Breda geschlossen, in welchem den Holländern der definitive Besitz von Surinam zugestanden wurde. Zum Unglück für die neuen Besitzer der Colonie wurde dieses Ereigniß in Westindien zu spät bekannt.

Der englische Commodore John Hermans ging, als er den Verlust von Surinam erfuhr, mit 7 Schiffen und 1200 Mann Landungstruppen von Jamaica ab, nahm unterwegs den Franzosen Cayenne ab und fuhr im October 1667 in den Suriname ein. Nachdem die Garnison und die Colonisten einigen vergeblichen Widerstand geleistet hatten, wurde die Colonie von den englischen Soldaten geplündert, und die mehr als fünfhundert Bewohner wurden vollständig ruinirt. Die zeeländische Garnison, von welcher bei dem Angriff auf die Festung Zélandia mehr als fünfzig Manu getödtet waren, wurde mit ihrem Comman-

danten De Rama gefangen genommen und nach der Insel Barbados gebracht.

Lord Willoughby, welcher zur Zeit Gouverneur von Barbados war, hatte mit großer Betrübniß von der Besitzergreifung von Surinam gehört; sein Verdruß wurde aber noch größer, als er erfuhr, daß der inzwischen geschlossene Vertrag von Breda den seitdem erfochtenen Sieg des Commodore Hermans nutzlos mache.

Sofort ließ er drei Schiffe unter dem Befehl seines Sohnes Henry mit der Weisung abgehen, alles aufzubieten, um die Colonisten von Surinam zu bewegen, ihm nach Antigoa und Mont-Serrat mit ihren Sklaven und Zuckermühlen zu folgen. Zwölfhundert dieser Colonisten folgten seiner Aufforderung. Alle diese Ereignisse versetzten begreiflicherweise die Colonisten, welche nicht mehr wußten, wer ihr legitimer Souverän sei, in große Verwirrung. Endlich im J. 1669 mußte die Colonie auf Befehl König Karl's II. von England den Holländern förmlich ausgeliefert werden, aber erst nach Ueberwindung großer Schwierigkeiten gelang es Lord Willoughby, die Colonie, wie er durch den Frieden von Breda dazu verpflichtet war, den holländischen Behörden in statu quo wieder zu übergeben.

Später bestimmte der im Februar 1674 abgeschlossene Friede von Westminster, welcher allen Streitigkeiten zwischen England und den Niederlanden ein Ende machte, daß Surinam gegen die im J. 1664 von den Holländern eroberte nordamerikanische Provinz Neu-Niederland, welche nunmehr den Engländern zufiel und von ihnen New York genannt wurde, für alle Zeiten im Besitz der Niederlande bleiben solle. Der Tausch wurde alsbald vorgenommen, und seit jener Zeit blieb der Besitz von Surinam unbestritten den Holländern.

Trotzdem sollten die Holländer noch längere Zeit hindurch sich ihres neuerrungenen Besitzes nicht in Ruhe erfreuen; denn abgesehen von dem nachtheiligen Einfluß, welchen das Verlassen der Colonie von Seiten vieler Colonisten, die den Engländern gefolgt waren, auf das Gedeihen Surinam's übte, ließen die täglichen Einfälle der Karaiben den Colonisten kaum die Zeit, sich mit der innern Verwaltung der Colonie zu beschäftigen; täglich fielen Colonisten unter den Streichen der Indianer.

Andererseits befand sich die Provinz Zeeland, welcher die Colonie gehörte, fortwährend im Streit mit den Generalstaaten in Betreff der Souveränetätsrechte über diese Besitzung. Ueberdies vermochte die Provinz Zeeland nicht, die bedeutenden Ausgaben zu bestreiten, deren es zur Vertheidigung und Aufrechterhaltung der Colonie bedurfte. Infolge dessen verstand sie sich im J. 1680 dazu, die ganze Colonie an die niederländisch-westindische Compagnie, welche sich soeben unter dem Protectorat der Generalstaaten gebildet hatte, um den Preis von 23,036 Pfd. Sterl. zu verkaufen. Der Verkauf begriff nicht nur den Boden der Colonie in sich, sondern auch die Baulichkeiten, die Kriegsvorräthe und die Munition, unter welcher sich 50 Kanonen befanden.

Die westindische Compagnie erhielt zugleich von den

Generalstaaten Befreiung von allen Steuern für die Dauer von zehn Jahren. Troßdem fand die Compagnie nach einigen Monaten, daß die zur Erhaltung der Colonie nothwendigen Ausgaben für sie allein zu hoch seien, sie trat daher zwei Drittheile derselben, das eine an den Stadtrath von Amsterdam, das andere an das Haus Sommelsdyck, pro rata des Preises, den sie bezahlt hatte, ab, und alle drei bildeten nunmehr gemeinschaftlich eine Gesellschaft, welche unter der Sanction der Generalstaaten die ausschließliche Verwaltung der Angelegenheiten dieser Colonie inne hatte.

Nachdem der Handel abgeschlossen war, kam Herr Cornelius van Aarsen, Chef des Hauses Sommelsdyck und in dieser Eigenschaft Eigenthümer eines Drittheils der Colonie mit 300 Mann Truppen und einigen zur Deportation Verurtheilten nach Surinam. Am 14. Nov. 1683 nahm er als Generalgouverneur im Namen der neuen Eigenthümer Besitz von der Colonie.

Im Augenblick der Ankunft van Sommelsdyck's befand sich die Colonie Surinam im Zustande völliger Anarchie. Seiner weisen Verwaltung war es vorbehalten, die Wunden, welche zwei auf einander folgende Einfälle der Colonie geschlagen hatten, zu heilen. Handel und Landbau lagen darnieder. Alles mußte von neuem begonnen werden.

Der Eifer, mit welchem van Sommelsdyck sich die Wiederherstellung der Ordnung in der Colonie angelegen sein ließ, wurde vielfach mißdeutet. Die Errichtung eines Polizeigerichts, welches die täglich in der Colonie vorkommenden Vergehen bestrafen sollte, gab den einer geregelten Polizeiverwaltung abholden Colonisten zu mannichfachen Beschwerden Anlaß. Man zieh den Gouverneur eines grausamen und despotischen Charakters, den er unter dem Schein der Religiosität verberge, wie er denn unter anderm eines Tages einen indianischen Häuptling, der sich, wie man behauptete, nur eines kleinen Vergehens schuldig gemacht hatte, habe köpfen lassen. Verschiedene Beschwerden gegen ihn wurden bei der Regierung des Mutterlandes geltend gemacht, fanden aber keine Erhörung. Auch hatte die Regierung alle Ursache mit ihm zufrieden zu sein. Seine Bemühungen hatten sich in der That für das Gedeihen der Colonie erfolgreich erwiesen; er hatte einen vortheilhaften Frieden mit den Karaiben, den Warraus und den Arawaks, sowie mit einem Negerstamm abgeschlossen, welcher sich am Copename niederlassen hatte, nachdem die Engländer die Colonie verlassen hatten.

Allen Hoffnungen jedoch, die man auf seine Verwaltung gesetzt hatte, machte seine Ermordung ein jähes Ende. Im J. 1688 wurde er auf offener Straße von Soldaten niedergemacht; die darüber aufgebracht waren, daß sie, nach ihrer Behauptung wie Neger zum Graben von Kanälen verwendet würden und nur ungenügende und ungesunde Rationen erhielten. Nachdem sie diese Schandthat vollbracht hatten, bemächtigten sich die Soldaten des Platzes und organisirten einen Aufstand, dessen die Behörden nur nach vieler Mühe Herr werden konnten.

Im folgenden Jahre wurde der zum Nachfolger van Sommelsdyck's ernannte Herr van Scherpenhuysen mit Truppen und Munition von Amsterdam nach Surinam gesandt. Bei seiner Ankunft fand er alles in der größten Verwirrung. Er war eben mit Erfolg bestrebt, namentlich durch Reformen des Gerichtswesens und der Verwaltung einen bessern Zustand der Dinge herbeizuführen, als der Krieg zwischen Frankreich und den Niederlanden ausbrach. Im Mai 1689 machte Admiral Ducasse, welcher eine französische Escadre im karaibischen Meere befehligte, mit neun Kriegsschiffen und einer großen Anzahl leichterer Schiffe völlig unerwarteterweise einen Angriff auf die Colonie Surinam. Aber Herr de Chaillon, der Sohn van Sommelsdyck's, hatte seine Maßregeln so gut getroffen, daß er das feindliche Geschwader in dem Augenblicke, wo sich dasselbe anschickte, das Fort Zeelandia zu überfallen, in völlige Verwirrung brachte und dasselbe zwang, am 11. Mai unter dem Schutz des nächtlichen Dunkels schleunigst wieder die offene See zu gewinnen.

Von da an erfreute sich die Colonie äußerer Ruhe, und man konnte sich wieder mit der innern Verwaltung und der nur zu lange vernachlässigten Bebauung der Pflanzungen beschäftigen.

Im J. 1712 brachen abermals Feindseligkeiten zwischen Frankreich und den Niederlanden aus und führten zu einem erneuten diesmal erfolgreicheren Angriffe der französischen Flotte auf die holländische Colonie. In dem am 24. Oct. 1712 endlich zwischen Frankreich und den Niederlanden abgeschlossenen Frieden wurde dem Holländern eine Contribution von 56,618 Pfd. Sterl. auferlegt, die sie bei dem großen Mangel an Gold und Silber in der Colonie hauptsächlich in Zucker, Negersklaven und Waaren abtragen mußten.

Kaum war die unglückliche Colonie von äußeren Feinden befreit, als ihr durch innere Feinde noch größere Gefahren erwuchsen. Die Indianer, welche anfänglich die Colonie beunruhigt hatten, verhielten sich, seit der Gouverneur van Sommelsdyck Frieden mit ihnen abgeschlossen hatte, durchaus ruhig; dagegen brach im J. 1726 ein offener Aufstand unter den Negersklaven aus, die eine Zeit lang überall in der Colonie Schrecken verbreiteten und dieselbe Holland zu entreißen drohten. Einige flüchtige Neger hatten seit langer Zeit ein Asyl in den Wäldern von Surinam gesucht, aber bis zu dem genannten Jahre war ihre Zahl zu gering, als daß sie ernsthafte Besorgnisse hätten einflößen können. Um diese Zeit aber wurden sie so zahlreich, daß sie der Colonie furchtbar zu werden drohten. Sie wußten sich Gewehre und Lanzen zu verschaffen und plünderten, mit diesen neuen Waffen sowie mit ihren alt gewohnten Pfeilen und Bogen versehen, die Kaffee- und Zuckerplantagen. Die Neger hatten sich meistentheils an den Ufern des obern Copename und Saramaca niedergelassen. Mehrere Truppen-Detachements und eine Anzahl von Einwohnern zeteten und diesbale Expeditionen führten zu keinem andern Resultat, als den Negern Versprechungen abzuzwingen, die sie entschlossen waren nicht zu halten. Im J. 1730 ließ man elf unglückliche gefangene Neger auf barbarische Weise hinrichten, um ihre Gefährten abzuschrecken und sie zu veranlassen, sich zu unterwerfen. Aber die verübten Grausamkeiten hatten eine ganz entgegengesetzte Wirkung. Die Rebellen von Sarameca wurden dadurch zu einem so furchtbaren Groll aufgestachelt, daß sie Jahre lang die Existenz der Colonie ernsthaft bedrohten.

Diesem Zustande der Dinge wurde endlich durch zwei in den J. 1761 und 1762 resp. mit den Negerstämmen der Duca und der Saramea abgeschlossene Friedensverträge ein Ende gemacht. In Gemäßheit derselben sollten die genannten Negerstämme jährlich eine gewisse Anzahl Waffen und Munition erhalten, wogegen sie ihrerseits versprachen, sich stets wie treue Verbündete zu verhalten, alle Deserteure gegen eine angemessene Prämie auszuliefern, sich nie in größerer Anzahl als zu fünf oder sechs bewaffnet in Paramaribo zu zeigen und ihre Ansiedelungen in gehöriger Entfernung von dieser Stadt und ihren Pflanzungen zu halten; die Saramea-Neger ließen sich an den Ufern des Flusses dieses Namens und die Dura in der Umgegend des Joca-Kreel in der Nähe des Maroni nieder; einige Weiße sollten als Gesandte bei diesen Stämmen residiren.

Von dieser Zeit an erfreute sich die Colonie eines hohen Gedeihens; überall herrschte Ordnung und Ruhe, die nur durch gelegentliche Negeraufstände und später durch die Wirkungen der politischen Bewegungen in Europa gestört wurden.

Im J. 1770 verkaufte das Haus Sommelsdyck seinen Antheil an der Colonie an die Stadt Amsterdam für die Summe von 63,636 Pfd. Sterl. In den Colonialbesitz theilten sich also jetzt zu zwei Drittheilen der Stadtrath von Amsterdam und zu einem Drittheil die westindische Compagnie. Das Statut der Surinam-Gesellschaft, welches die für die Ausbeutung der Colonie gewährten Privilegien enthielt, wurde den niederländischen Generalstaaten unter Gewährung eines Darlehens von 5 Millionen Pfd. Sterl. zu 6 Proc. Zinsen erneuert.

Nach verschiedenen Wechselfällen während der Kriege der Revolutionszeit und der folgenden Jahre bestätigte, wie wir bereits bei der Geschichte von Britisch-Guyana gesehen haben, der Friede von 1814 die Engländer in dem Besitze der früher holländischen Colonien: Berbice, Essequibo und Demerara, während den Holländern nur die das heutige Niederländisch-Guyana bildende Colonie Surinam verblieb.

Von da an entwickelte sich die Colonie Surinam nach der Art aller transatlantischen Pflanzercolonien langsam aber stetig, ohne daß die Geschichte derselben seitdem bis zum J. 1862 besonders bemerkenswerthe Momente darböte. In dem genannten Jahre aber trat, durch die nach langen sehr gründlichen Voruntersuchungen und Berathungen endlich erklärte Aufhebung der Sklaverei in den niederländisch-amerikanischen Colonien, eine große für die socialen und volkswirthschaftlichen Verhältnisse Surinam's folgenreiche Veränderung ein. Nach dem betreffenden Gesetz wurde am 1. Juli 1863 die Sklaverei in der Colonie Surinam aufgehoben. Infolge dieser Aufhebung

wurde den Sklavenbesitzern eine Entschädigung zugestanden, die mit einigen Ausnahmen auf 300 Fl. pro Kopf festgesetzt wurde ohne Unterschied, ob die Sklaven zu Plantagen gehörten oder Privatsklaven waren. Die freigelassenen Sklaven wurden längstens auf die Dauer von zehn Jahren unter die besondere Aufsicht des Staates gestellt und während dieser Zeit zu regelmäßiger Arbeit verpflichtet. Solche, die zu Plantagen gehört hatten oder an diese Arbeit gewöhnt waren, mußten mit Besitzern, die sie sich selbst (unter gewissen Beschränkungen) wählen konnten, Contracte über Pflanzer- und Culturarbeit abschließen; diejenigen, welche nicht an derartige Arbeiten gewöhnt waren, mußten Verträge mit Herren ihrer Wahl über Arbeiten oder Dienstleistungen, zu denen sie tauglich waren, abschließen. Diejenigen, welche nachwiesen, daß sie ein Handwerk, Gewerbe oder Handel betrieben und dadurch sich und ihre Familie ernähren konnten, erhielten dazu die Genehmigung gegen Entrichtung der bestehenden Patentsteuer, die aber jedes Jahr erneuert werden mußte. Müßiggang und erwerbloses Umherziehen wurden hier bestraft.

Die durch die Sklavenemancipation zu einem dringenden Bedürfnisse gewordene freie Colonisation wurde von der Regierung in der Art befördert, daß sie fünf Jahre hindurch für die Einführung freier Arbeiter Prämien bewilligte; der Gesamtbetrag dieser Prämien durfte jedoch, dem Gesetze gemäß, die Summe von einer Million Fl. nicht übersteigen.

Der Name der Colonie wird verschieden abgeleitet. Gewöhnlich nimmt man an, daß Suriname (Serraname, Zuriname) von dem Namen eines Indianerstammes, der Surinen herkomme, der gegenwärtig am Amazonenstrome wohnt und ehemals auch diese Küsten besucht und bewohnt haben soll. Nach anderen wäre er aus Surriham entstanden, einem Namen, den Lord Willoughby der Colonie zu Ehren des Earl Surrey beigelegt haben soll.

Niederländsch-Guyana oder Suriname, wie die Holländer schreiben, grenzt gegen Norden an den atlantischen Ocean, gegen Westen an Britisch-Guyana, gegen welches (gegen Osten) die Grenze bildet, gegen Osten an Französisch-Guyana mit dem Marowyne als Grenzfluß und gegen Süden an Brasilien. Ganz bestimmt ist nur die nördliche Grenze und die gegen Britisch-Guyana, so weit der Corentyn bekannt ist; die gegen Französisch-Guyana ist dadurch unbestimmt, daß, wie erst in neuerer Zeit bekannt geworden, der Marowyne aus zwei Flüssen entsteht und von den beiden Regierungen noch nicht festgestellt ist, welcher von beiden als der obere Marowyne anzusehen sei, indessen wird vorläufig der Lava als Grenzfluß angenommen. Ueber die Grenze gegen Süden endlich ist niemals etwas vereinbart worden, gewöhnlich wird, daselbst das Tumucumaque-Gebirge, aus dem die meisten Flüsse von Niederländisch-Guyana entspringen, als Grenze angenommen, jedoch ist dieses Gebirge noch völlig unbekannt. Die Niederländer verlegen dasselbe unter 2° nördl. Br. Nach den im J. 1817 zwischen Brasilien und Frankreich für Französisch-Guyana als provisorisch angenommenen Grenzen fällt ein großer Theil des südlichen Niederländisch-Guyana

den Franzosen zu (f. unten S. 124). Wegen dieser Un-
ficherheit in Betreff der Grenzen ist der Flächeninhalt
der Colonie nicht genauer anzugeben. Nach den Ansprüchen der Niederländer liegt ihr Territorium zwischen
dem 2°. und 6°. nördl. Br. und zwischen dem 54°. und 57°.
westl. L. von Greenwich und umfaßt einen Flächenraum
von 2450 □Meilen. Einigermaßen bekannt sind aber
von diesen nur etwa 700 □Meilen, wenn man den
Posten Victoria unter 5° 2' nördl. Br. als den südlichsten gut bekannten Punkt annimmt, und schon dieser
bekannte Theil des Gebietes übersteigt den Flächeninhalt
des Mutterlandes um etwa 120 □Meilen. Der Theil
der Colonie, auf welchem sich Plantagen, die noch im
Anbau begriffenen eingerechnet, befinden, beträgt noch
nicht 400,000 surinamische Acker gleich circa 30 □Meilen,
und der davon wirklich bebaute Theil nur circa 120,000
surinamische Acker gleich 10 □Meilen.

Die Bodenbeschaffenheit ist wesentlich dieselbe wie
in Britisch-Guyana (f. oben S. 85). Das niedrige
Marschland oder die Alluvialebene bildet der Küste entlang einen Landstrich von 7—14 Kilom. Breite. Darauf
folgt landeinwärts Diluvialbildung, deren Breite im östlichen Theile der Colonie 21, im westlichen circa 38 Kilom.
beträgt. Sie besteht größtentheils aus Lehmboden, zum
Theil auch aus weißem Sande; das dem erstern kommen
dichte Urwälder vor, in welchen die Mora excelsa ein
wichtiges Bauholz liefert; auf dem Sandboden herrscht
die Form der Savanen vor, die sich durch zahlreiche
Mauritia-Palmen, sowie durch Gebüsche von Moko-Moko
(Calladium arborescens) und Euterpe-Arten auszeichnen.
Diese Region bildet den Uebergang zu dem höhern, gebirgigen Innern, in welchem sich bis jetzt nur einige
Etablissements für Holzfällung finden.

Unter den Haupt-Flüssen von Niederländisch-
Guyana ist der wichtigste der Suriname. In seinem
obern Laufe noch unbekannt, tritt er unter 4° 40' nördl.
Br. in die Küstenebene ein und ist von hier an bis zu
seiner Mündung unter 5° 52' 30" nördl. Br. und 55°
15'. westl. L. von Greenw. für große Flußbarken schiffbar.
Der Suriname ist einer der schönsten Flüsse der Colonie.
Er liegt zwischen dem französischen Cayenne und dem
englischen Berbice circa 108 Kilom. von dem erstern
und 54 Kilom. von dem letztern. Die Entfernung der
beiden Ufer an der Mündung beträgt etwa drei Kilom.
Große Schiffe können in seine breite Mündung einlaufen
und Seeschiffe bei 18 Fuß Tiefgang bis zur Stadt Paramaribo (unter 5° 15' 48" nördl. Br. und 55° 13' 30"
westl. L. von Greenw.) gelangen.

Gleich an der Mündung bietet sich dem Auge des
von der See Einfahrenden ein prachtvolles Schauspiel.
Die Fülle der Vegetation, welche in ihrer üppigen Pracht
bis an die Meeresküste reicht, bildet einen wunderbaren
Contrast gegen die Nacktheit der europäischen Küsten.
Die von Schlingpflanzen durchflochtenen Bäume lassen
ihre in den mannichfachsten Schattirungen schillernden
Zweige bis auf die Wasserfläche herunterhängen. Das
entzückte Auge des Reisenden betrachtet mit Erstaunen die
Riesenbäume, welche in den Himmel hineinzuragen schei-

nen. Die Ceder, der Cocosbaum, die Palme mit ihren
gewaltigen Laubkronen steigen hoch empor, während
der Loterhout, der Tamarindenbaum u. a. sich neben ihnen
ausbreiten. Da findet sich der Baumwollenbaum (Cotton-
tree) mit seinen grünen Blättern, seinen großen gelben
Blumen und seinen schneeweißen Kapseln, in welchen die
schwarzen Körner reifen, das Zuckerrohr, dessen silber-
farbige und blattreiche Staude sich in den Lüften wiegt
und andere Pflanzen. Wie vom Erdboden losgelöste und
vom Winde fortgetragene Blumen flattern Schmetterlinge
und Colibris über die Pflanzen hin, deren Saft sie einfangen, während sich von dem azurblauen Himmelsge-
wölbe Scharen von Flamingos mit ihrem glänzend
rosenrothen Gefieder abheben.

An der linken Seite der Flußmündung von der See
aus gerechnet liegt das Fort Braamspunt, welches bis
in das Meer hineinragt; auf demselben Ufer erheben sich
das Fort Amsterdam und die Redoute Leyden; zur rechten
zeigen sich in der Ferne das Fort Purmerend, das Fort
Zlandia und die Gebäude der Hauptstadt Paramaribo.
Den Hintergrund dieses wunderbaren Schauspiels bilden
den Horizont begrenzende ungeheure Waldungen. Die
Redoute Leyden und das Fort Purmerend liegen in einer
Entfernung von 8 Kilom. von Braamspunt. Beide
dienen mit ihren starken Batterien zur Vertheidigung der
Passage in Kriegszeiten und unterstützen die Operationen der
Festung Amsterdam. Weiter flußaufwärts findet man
auf dem rechten Ufer einen zweiten Warnungsposten,
Jagt-Lust genannt.

Etwa sechs Kilometer südlich von seiner Mündung
nimmt der Suriname von Osten her den Commowyne
(Comowini) auf, der aus dem Zusammenfluß verschiedener kleiner Küstenflüsse entsteht und sich während
seines Laufes noch der Cottica und eine bedeutende Anzahl großer Kreeks ergießen. Der Commowyne ist bemerkenswerth durch seine erstaunliche Breite
und den wundervollen Anblick, welchen seine mit etwa
sechszig herrlichen Plantagen besetzten Ufer bieten. Am
Zusammenfluß des Commowyne und des Suriname befindet sich eine Landzunge, auf welcher inmitten eines
kleinen Sumpfes auf Felsgrund die Festung Amsterdam
liegt, deren Bau 1733 begonnen und 1747 vollendet
wurde. Sie hat über vier Kilometer im Umfang und
ist von einem breiten Graben und mit Pallisaden
eingehegten Gange umgeben. Im Nordwesten dienen
Sümpfe und undurchdringliche Wälder der von fünf
Bastionen flankirten ein regelmäßiges Fünfeck bildenden
Festung als Wälle. Die Festungsmauern haben eine
Dicke von sechs Fuß und sind mit Schießscharten versehen. In dem Fort befinden sich bedeutende Vorräthe
an Lebensmitteln und Munition, die für die Bedürfnisse
einer starken Garnison genügen würden; die Garnison
ist aber, da die Vertheidigung der Colonie es nicht erfordert, niemals bedeutend: An ihrer Spitze steht ein
Artilleriehauptmann mit dem Titel Commandant. Die
Festung gewährt gleichzeitig dem Commowyne und dem
Suriname Deckung. Alle Schiffe, welche einen dieser
beiden Flüsse befahren, sind ihrem Feuer und später dem

der Redonten Leyden und Purmerend ausgesetzt. Jedes in den Suriname einfahrende Schiff gebt in einer gewissen Entfernung von dem Fort, wo es überdies durch eine sumpfige Barre zum Langsamfahren gezwungen ist, vor Anker, hißt seine Flagge auf und übergibt seine Papiere dem Commandanten behufs Erlangung der Erlaubniß zur Fortsetzung seiner Fahrt. Ein Schiff, das sich dieser Verordnung entziehen wollte, würde Gefahr laufen, sofort in den Grund geschossen zu werden.

Von dem Fort Amsterdam aus sieht man am entgegengesetzten Ufer die Mauern der Festung Zélandia, welche die Ostseite von Paramaribo deckt. Sie wurde von den Holländern erbaut und bildet wie die Festung Amsterdam ein von fünf Bastionen flankirtes regelmäßiges Fünfeck. Zwei dieser Bastionen beherrschen den Fluß. Das Fort Zélandia ist klein, vermag aber vermöge seiner Lage und insbesondere seiner breiten Gräben, die es unangreifbar machen, starken Widerstand zu leisten.

Der Commowyne und der Suriname bespülen die fruchtbarsten, bestbebauten und schönsten Theil der Colonie. Die beiden Flüsse, welche sich vereinigt in den Ocean ergießen, bieten in den Regel in ein wunderbar imposantes, bisweilen aber auch ein sehr trauriges Schauspiel. In der Regenzeit treten sie aus und richten durch Ueberschwemmungen große Verheerungen unter Thieren und Menschen an.

Drei bis vier Meilen im Westen des Suriname münden der Saramaca und in den blauen Bergen entspringende Copename (Cupuname) — beide schiffbar — in einer gemeinsamen Mündungsbucht. Der Saramaca, ein kleiner Fluß, welcher die Provinz Berbice in Britisch-Guyana von Niederländisch-Guyana trennt, entspringt im Innern dieses leztern. Bemerkenswerth ist er nur durch seine rapide Strömung.

Der Marowyne (der Maroni der Franzosen) entsteht unter 4° 20′ nördl. Br. und 54° 34′ westl. L. von Greenw., circa 35 Meter über dem Meere, aus dem Zusammenfluß des Lava (Awa der Franzosen) und des Tamanhoni (Tapanoni), welche wahrscheinlich beide in dem Tumucumaque-Gebirge entspringen und beide in ziemlich paralleler Richtung ungefähr aus Südwesten herbeifließen. Der Lava, der östlichere, ist der breitere und wasserreichere und wol als der Hauptfluß anzusehen. Mehrere Meilen oberhalb seiner Mündung ist er weit ausgedehnt und mit vielen Inseln erfüllt, südlich vom dritten Breitengrade aber wird er schmal, wasserärmer und wegen der vielen Stromschnellen und Katarakte in seinem in einem schmalen Felsenthale liegenden Bette schwierig zu befahren. Trotz dem ist er im J. 1861 bis nahe zu seinen Quellen im Tumucumaque-Gebirge von einer holländisch-französischen Expedition verfolgt worden. Der Tamanhoni, welcher bis 3° 28′ nördl. Br. verfolgt wurde, hat einen stärkern Fall und entspringt wahrscheinlich auf dem höhern, mehr westlich gelegenen Theile des Gebirges. Der Maroni durchläuft von seinen Quellen bis zu seiner Mündung eine Strecke von etwa 216 Kilom. Der Fluß hat viele Stromschnellen, deren unterste in einer Entfernung von etwa 72 Kilom. von seiner Mündung bei Armina liegen.

Ueberdies ist sein unterer Lauf durch viele Inseln behindert, und da auch seine Mündung unter 5° 56′ nördl. Br. und 53° 58′ westl. L. von Greenw. durch die vielen Sandbänke für das Einlaufen von Schiffen gefahrvoll ist, so hat er für Guyana als Wasserstraße ins Innere nicht die Bedeutung wie die meisten bisher genannten Flüsse. Die Ufer an seinem untern Laufe sind jedoch fruchtbar, und weiter aufwärts ist er bis zu seinem Ursprunge von schönen Hochwäldern umgeben. An seiner Mündung hat der Marowyne übrigens eine so große Aehnlichkeit mit dem Suriname, daß leicht Irrungen vorkommen, infolge deren Schiffe, welche irrthümlich in den Marowyne statt in den Suriname eingefahren waren, an seinen Klippen zerschellten. Um den Unfällen, von welchen fremde Schiffe in dieser Weise bedroht sind, vorzubeugen, hat die Regierung in einer Entfernung von etwa 20 Kilom. von der Mündung des Suriname eine mit einigen Kanonen versehene Redonte errichten lassen, von welcher aus Schiffscapitäne, die über ihren Curs unsicher sind, orientirt werden.

Der Cottica, dessen Ufer ebenso schön sind wie die des Commowyne, in welchen er sich ergießt, hat seinerseits wieder drei Arme; der erste derselben behält den Namen Cottica, der zweite führt den Namen Perica, der dritte den Namen Kruis-Crique (Kreuzkreef).

Der Nikery ist ein kleiner Fluß, der sich theils in den Copename, theils in den Corentyn ergießt. An seinen Ufern befindet sich ein unten noch näher zu erwähnender von Europäern bewohnter Posten (eine Art Dorf), der für einen der bedeutendsten in der Colonie gilt.

Von dem Corentyn, welcher die Grenze zwischen Niederländisch- und Britisch-Guyana bildet, ist bereits oben bei Britisch-Guyana ausführlich die Rede gewesen. Im Ganzen ist die Bewässerung des Landes eine sehr reiche, und der niedrige Küstenstrich wird außer durch die größeren Flüsse auch noch durch eine Menge Kreefs und Kanäle der sich verzweigenden Flüsse durchschnitten.

Die Zahl der Kreefs (engl. creek, franz. crique), deren Wasser sich mit dem dieser Flüsse mischt, ist außerordentlich groß. Sie alle zu nennen, würde zu weit führen. Wir wollen nur die hauptsächlichsten hier namhaft machen, zuvor aber noch zur Verdeutlichung dieses Begriffs bemerken, daß man sich unter einem Kreef nicht etwa eine kleine Bucht oder ein stehendes Wasser vorstellen darf, die Kreefs sind vielmehr kleine natürliche Gewässer, welche sich theils in Flüsse theils ins Meer ergießen. Die reichsten und bedeutendsten Pflanzungen liegen alle an den Ufern dieser Kreefs, welche wohlthätige Frische und Fruchtbarkeit um sich her verbreiten. Die bemerkenswerthesten Kreefs sind die folgenden: Am linken Ufer des Suriname die Kreefs Paralt, Para und Copina, am rechten Ufer der Kreef Savanach; in den Marowyne ergießen sich die Kreefs Wana und Joda, in den Cottica die Kreefs Matanico, Mott, Barbacoeba, Canipori und Pafameca, in den Commowyne die Kreefs Tempaly, Pirwinica, Mappany, Serva und Conpy, die beiden erstgenannten am rechten, die drei anderen am linken Ufer.

In den Sarameca, einen für Handel und Industrie un-
wichtigen Fluß, ergießt sich nur ein erwähnenswerther
Kreek, der Wanica.

Die Mineralien von Niederländisch-Guyana sind
wie die des ganzen Guyana bis jetzt sehr wenig bekannt.
Die Fabel vom El-Dorado im Innern ist mit der Erforschung desselben ebenso hinfällig geworden, wie die seit
Jahrhunderten festgehaltene durch die Entdeckungen Robert
Schomburgk's endlich zerstreute geographische Mythe von
der unermeßlichen Laguna Parima und dem Mar del
Dorado. Doch ist in anderen Theilen des Gebiets, nicht
nur im spanischen und französischen Guyana — worauf
wir später noch zurückkommen — sondern auch, was uns
hier zunächst interessirt, in Niederländisch-Guyana Gold
in nicht unerheblicher Menge gefunden worden. Die
Goldproduction von Surinam ist nach einem im J. 1880
erschienenen Berichte des Directors der Münze von
Washington in den letzten Jahren stetig in die Höhe
gegangen; ihr Werth betrug:

1876	49,990 Gulden
1877	293,880 "
1878	407,059 "
1879	679,914 "

Erwähnenswerth sind ferner die reichen Brauneisen-
steinlager in Niederländisch-Guyana.

Die Bevölkerung der Colonie betrug Ende December 1860 — ohne die jedoch wenig zahlreichen in Surinam Boden genannten unabhängigen Indianer und ohne
die Buschneger, aber mit Einschluß des Militärs und der
Besatzung der anwesenden Kriegs- und Handelsschiffe —
53,017 Seelen,

nämlich 16,016 Freie und
37,001 Sklaven.

In den folgenden Jahren ist auf die neueste Zeit
hat eine wesentliche Abnahme der Bevölkerungszahl nicht
stattgefunden. Die Zahl der Freien nahm naturgemäß
in Folge der im J. 1862 ins Leben getretenen Sklaven-
befreiung zu. Sie würde noch bedeutender gewesen sein,
wenn nicht, wie fest steht, die ehemalige Sklavenbevölkerung mindestens um 1 Procent jährlich durch den Ueberschuß der Sterbefälle über die Geburten abnähme. Die
dadurch bewirkte Differenz der Bevölkerungszahl gegen
die der früheren Jahre wird aber zum großen Theil
durch die Einfuhr freier Arbeiter aus Europa, Westindien
und Asien wieder ausgeglichen.

Die Bevölkerung betrug — immer mit Ausschluß
der Indianer und der Buschneger:

1861	51,918 Seelen
1862	52,963 "
1863	51,816 "
1865	50,821 "
1866	50,341 "
1867	50,097 "
1868	50,778 "
1869	50,719 "
1870	50,210 "

1871	50,282 Seelen
1872	50,032 "
1873	52,105 "
1874	51,834 "
1875	51,329 "
1876	51,255 "
1877	51,537 "
1878	51,414 "

Die Producte sind dieselben wie in Britisch-
Guyana, und auch hier ist das Zuckerrohr das Haupt-
culturgewächs, früher wurde in Surinam außer Zucker
auch noch ziemlich viel Kaffee, Baumwolle und Cacao
zur Ausfuhr erzeugt, die Aufhebung der Sklaverei wirkte
hier anfänglich ebenso nachtheilig auf die Production,
wie dies in der britischen Nachbarcolonie der Fall war.
Hatten schon verschiedene Ursachen, insbesondere die
Kriege in Europa im Anfange dieses Jahrhunderts, in
Folge deren die Holländer bekanntlich die sämmtlichen
Britisch-Guyana bildenden Colonien einbüßten, dahin
gewirkt, den Zustand der Colonie Surinam zu einem im
Vergleich mit dem des vorigen Jahrhunderts wenig
blühenden zu machen, so mußte die längere Zeit drohende
und dann seit dem J. 1862 zur Ausführung gelangte
Aufhebung der Sklaverei noch viel nachtheiliger wirken.
Die schon seit dem Verbot der Einfuhr von Sklaven
eingetretene Verminderung der Arbeitskräfte hatte fortwährend vermindernd auf die Größe des bebauten Areals
eingewirkt. Viele einst blühende Plantagen wurden verlassen und die Landungsplätze, wo ehemals Schiffe dar-
ken an- und abfuhren, standen öde und leer. Daher
wurde für die Fortdauer der Cultur in der Colonie der
verbesserte Betrieb durch Dampfmaschinen und die Einführung freier Arbeiter zur unerläßlichen Bedingung.
In ersterer Beziehung geschah viel, und auch an der
Einführung freier Arbeiter hat es nicht gefehlt. Zwar
sind die Versuche mit der Colonisation durch Bewohner
des europäischen Festlandes unglücklich ausgefallen. So
namentlich der im J. 1846 gemachte bedeutendste Versuch
dieser Art, die Ansiedlung von einigen hundert gelderh-
schen Bauernfamilien auf Saramaca auf einem Groningen
genannten Terrain und ein späterer Versuch der Ansiedelung von Deutschen, meistens Würtembergern, auf Albina
am Marowyne, wo sie sich vorzüglich mit Fällung von
Holz und dem Holzhandel beschäftigten. Trotz großer
Fürsorge der Colonialregierung mußten diese Ansiedelungen, nachdem sie eine Zeit lang ein kümmerliches Dasein gefristet hatten und ein großer Theil der Ansiedler
Krankheiten, besonders dem gelben Fieber, erlegen war,
fast ganz wieder aufgegeben werden. Erfolgreicher war
die Einführung freier Arbeiter aus Madeira, West-Indien,
Niederländisch- und Britisch-Ostindien und China. Die
durch die Sklavenemancipation herbeigeführte Verschlechterung der Zustände spiegelt sich anschaulich in der folgenden Tabelle über die Zahl der im Anbau befindlichen
Plantagen ab.

Während im vorigen Jahrhundert 460 Plantagen
bebaut wurden, waren angebaut:

14*

1849 . 276 Plantagen . 50,706 Acker*) . — Hektaren				1864 . 261 Plantagen . 29,375 Acker . — Hektaren		

1849 . 276 Plantagen . 50,706 Acker*) . — Hektaren
1850 . 273 „ 48,815 „ — „
1852 . 256 „ 48,142 „ — „
1853 . 256 „ 48,724 „ — „
1854 . 255 „ 47,175 „ — „
1855 . 272 „ 44,351 „ — „
1856 . 260 „ 47,061 „ — „
1857 . 250 „ 44,993 „ — „
1858 . 248 „ 42,993 „ — „
1859 . 246 „ 44,098 „ — „
1860 . 248 „ 42,667 „ — „
1861 . 240 „ 40,346 „ — „
1862 . 229 „ 39,639 „ — „
1863 . 236 „ 31,318 „ — „

*) Der furinamische Acker hat 42,533 Aren.

1864 . 261 Plantagen . 29,375 Acker . — Hektaren
1865 . 275 „ 30,397 „ — „
1866 . 243 „ 29,569 „ — „
1867 . 276 „ 31,130 „ — „
1868 . 267 „ 32,121 „ — „
1869 . 266 „ 31,056 „ — „
1870 . 284 „ 30,821 „ 13,212
1871 . 274 „ 28,552 „ 12,241
1872 . 291 „ 27,817 „ 11,930
1873 . 254 „ 27,019 „ 11,592
1874 . 290 „ — „ 11,896 „
1875 . 250 „ — „ 11,181 „
1876 . 276 „ — „ 11,741 „
1877 . 310 „ — „ 11,831 „
1878 . 334 .. — „ 11,719 ..

Die Hauptprodukte dieser Plantagen waren:

Jahr	Zucker Kilogramm	Melasse Liter	Rum u. Branntwein (Dram) Liter	Kaffee Kilogramm	Baumwolle Kilogramm	Cacao Kilogramm
1850	15,363,000	2,786,000	. . 284,000 . . .	372,000	448,000	81,000
1855	17,142,000	2,966,000	. . 608,000 . . .	227,000	511,000	114,000
1860	16,500,000	3,132,000	. . 604,000 . .	241,000	277,000	250,000
1865	7,706,000	. 1,397,000	. . 129,000 . .	117,000	171,000	327,000
1870	11,021,000	1,868,000	. . 324,000 . .	8,000	240,000	528,000
1871	11,713,000	1,141,000	. . 590,000 . .	4,000	110,000	539,000
1872	11,833,000	1,285,000	. . 558,000 . .	900	118,000	822,000
1873	12,374,000	1,886,000	. . 802,000 . .	27,000	87,000	814,000
1874	10,947,000	1,241,000	. . 916,000 . .	400	57,000	1,102,000
1875	8,903,000	1,134,000	. . 757,000 . .	600	65,000	1,153,000
1876	10,062,000	1,542,000	. . 748,000 . .	300	64,000	1,347,000
1877	10,971,000	1,640,000	. 1,254,000 . .	100	95,000	1,398,000
1878	7,823,000	1,311,000	. . 718,000 . .	50	84,000	556,000

Angebaut wird auf diesen Plantagen noch heute wie früher hauptsächlich das Zuckerrohr, während der Anbau von Kaffee und Baumwolle ungemein abgenommen hat. Der genaue Ertrag dieser wie anderer Producte des Plantagenbaus ergibt sich aus der unten folgenden Tabelle.

Viel gebaut, vorzüglich als Nahrungsmittel für die Arbeiter auf den Plantagen wird auch die Banane, und zwar entweder auf eigenen Plantagen oder zusammen mit Kaffee und Cacao, deren junge Anpflanzungen des Schutzes gegen die Sommerhitze bedürfen, welchen ihnen die Bananenpflanzen gewähren, während da, wo die Bananen als Nahrungsmittel nicht einen so hohen Werth haben, wie z. B. in Venezuela, die schnellwachsenden Erythrinen (E. umbrosa, Corallodendron u. a.) dazu benützt werden.

Die Viehzucht ist in Surinam ganz ungenügend; es werden noch gesalzenes Fleisch und Speck in großen Quantitäten eingeführt; die Industrie ist noch ganz unentwickelt.

Der Handel hat sich, seitdem er im J. 1848 allen Nationen freigegeben ist, bedeutend gehoben. Dem Werthe nach betrug die

	Einfuhr:	Ausfuhr:
1848	1,692,581 Gulden	3,032,762 Gulden
1849	1,898,176 „	2,684,992 „
1850	2,087,562 „	2,877,102 „
1851	1,881,146 „	2,493,379 „
1852	1,862,548 „	2,777,662 „
1853	2,041,186 „	3,080,795 „
1854	2,152,697 „	3,052,599 „
1855	2,401,284 „	3,393,525 „
1856	2,578,339 „	4,279,830 „
1857	2,992,193 „	5,559,390 „
1858	3,492,074 „	3,374,037 „
1859	2,846,604 „	3,343,445 „
1860	3,056,946 „	4,524,001 „
1861	3,276,885 „	3,488,930 „
1862	2,877,787 „	3,579,138 „

	Einfuhr:		Ausfuhr:			Einfuhr:---		Ausfuhr:
1863	3,678,947	Gulden	3,103,099	Gulden	1871	3,997,917 Gulden	2,902,052 Gulden
1864	4,811,582	„	3,118,736	„	1872	3,688,434 „	3,247,540 „
1865	4,504,520	„	2,235,399	„	1873	3,952,223 „	3,181,274 „
1866	4,449,222	„	2,438,422	„	1874	3,645,370 „	2,616,803 „
1867	4,323,857	„	2,824,995	„	1875	3,125,415 „	2,409,335 „
1868	3,972,819	„	3,054,647	„	1876	3,183,252 „	2,762,568 „
1869	3,596,446	„	2,600,449	„	1877	3,453,837 „	3,780,529 „
1870	4,042,111	„	2,657,871	„	1878	3,629,927 „	2,026,876 „

Zur Ausfuhr gelangten folgende Hauptartikel:

Jahr	Zucker Amst. Pfund*)	Melasse Gallonen	Rum und Branntwein Gallonen**)	Kaffee Amst. Pfund	Baumwolle Amst. Pfund	Cacao Amst. Pfund
1849	31,121,202	841,347	75,263	617,898	725,675	118,495
1850	31,130,447	773,648	79,257	753,963	906,740	165,021
1851	26,280,441	718,630	65,082	52,225	965,537	109,146
1852	32,422,584	771,012	80,817	1,131,503	1,183,015	179,100
1853	33,083,018	950,112	104,408	666,618	677,705	194,254
1854	33,756,839	820,360	134,324	720,277	606,464	224,276
1855	34,747,531	823,617	169,107	459,638	1,036,309	232,431
1856	32,823,499	820,047	107,266	383,707	807,190	245,041
1857	31,896,993	854,994	112,267	716,649	556,023	324,644
1858	25,168,103	629,290	118,628	134,101	775,059	361,337
1859	25,275,219	622,811	100,454	665,214	544,108	451,757
1860	33,375,667	870,173	167,510	488,069	561,580	507,465
1861	31,723,369	673,723	191,001	139,735	478,875	504,208
1862	32,775,681	775,233	166,039	126,021	451,920	657,177
1863	27,365,364	625,183	123,732	281,540	372,155	615,922
1864	20,441,713	499,277	78,570	181,008	278,150	760,539
1865	15,612,805	388,033	35,666	237,484	348,353	661,849
1866	18,557,326	435,983	75,594	28,154	228,010	911,775
1867	21,164,179	520,738	78,128	18,523	482,585	1,010,659
1868	22,593,182	562,888	61,374	41,908	520,209	1,303,760
1869	19,600,220	484,266	58,542	15,441	354,870	860,422
1870	11,021,000	1,368,000	324,000	8,000	240,000	528,000
1871	11,713,000	1,141,000	590,000	4,000	110,000	539,000
1872	11,833,000	1,285,000	558,000	900	118,000	822,000
1873	12,374,000	1,886,000	802,000	27,000	87,000	814,000
1874	10,947,000	1,241,000	916,000	400	57,000	1,102,000
1875	8,903,000	1,134,000	757,000	600	65,000	1,153,000
1876	10,062,000	1,542,000	748,000	300	64,000	1,347,000
1877	10,971,000	1,640,000	1,254,000	100	95,000	1,398,000
1878	7,823,000	1,311,000	718,000	50	84,000	556,000

*) 100 alte amsterdamer Pfund = 110 engl. Pfund.
**) Die Gallone ist die alte englische Weingallone = 3,785,310 Liter.

Hinsichtlich der vorstehenden Zahlen ist noch insbesondere darauf aufmerksam zu machen, daß die im Vergleich zu den unmittelbar vorhergehenden und nachfolgenden Jahren geringe Ausfuhr der Jahre 1858 und 1859

eine Folge der ungewöhnlich ungünstigen Zuckerernte war.
Die Ernte des J. 1848 war dagegen eine sehr günstige.
Die Einfuhr gestaltete sich folgendermaßen. Es
kamen aus:

	Schiffe			Lastenzahl			Werth		
Jahr	Nieder-lande	Nord-amerika	Andere Staaten	Nieder-lande	Nord-amerika	Andere Staaten	Niederlande (Gulden)	Nordamerika (Gulden)	Andere Staaten (Gulden)
1849	61	30	79	7,098	2,871	1,961	1,073,617	587,746	236,813
1850	91	28	127	—	—	—	1,236,499	648,966	202,097
1851	65	27	96	—	—	—	1,024,338	540,808	316,000
1852	60	33	79	—	—	—	1,040,416	512,406	309,725
1853	56	30	124	6,330	2,781	4,005	1,151,205	448,091	441,890
1854	58	25	86	6,452	2,798	2,807	1,371,057	455,738	325,901
1855	56	40	123	6,618	4,228	4,840	1,192,120	713,958	495,206
1856	47	30	139	5,392	3,492	4,212	1,320,599	706,763	550,978
1857	58	31	93	7,185	3,308	4,730	1,625,170	812,569	554,454
1858	40	28	134	4,844	3,088	5,876	1,633,935	1,005,149	852,988
1859	35	27	129	3,797	3,029	4,521	1,391,030	882,649	572,924
1860	50	31	138	5,526	3,422	5,503	1,587,222	922,481	547,243
1861	44	38	146	5,170	4,212	5,671	1,443,727	1,032,296	800,811
1862	40	38	132	4,991	3,545	5,750	1,313,868	790,740	773,179
1863	34	35	145	4,458	3,502	5,697	1,567,112	901,921	1,209,913
1864	30	40	156	3,548	3,845	6,330	2,206,326	967,714	1,637,541
1865	26	43	115	3,232	3,915	6,064	2,234,551	1,006,986	1,262,982
1866	25	34	98	3,088	3,085	5,554	2,083,048	1,038,145	1,328,028
1867	24	29	113	3,095	2,593	5,114	1,906,195	1,021,092	1,396,564
1868	23	31	111	2,672	2,829	5,934	1,735,756	926,470	1,310,592
1869	21	30	132	2,626	2,359	6,026	1,648,537	771,892	1,176,017
1870	24	38	143	2,952	3,199	5,641	847,605	583,497	1,126,769
1871	26	26	152	3,082	2,345	7,013	1,873,000	748,000	1,876,000
1872	15	34	133	3,691	5,690	12,843	1,268,000	1,022,000	1,398,000
1873	22	29	137	5,067	4,977	21,617	1,617,000	835,000	1,500,000
1874	25	33	146	5,011	5,288	16,173	1,403,000	751,000	1,491,000
1875	17	27	148	4,050	5,228	11,827	1,192,000	691,000	1,243,000
1876	15	31	129	3,363	6,359	9,907	1,228,000	914,000	1,040,000
1877	16	25	160	3,518	5,397	11,969	1,176,000	902,000	1,374,000
1878	22	13	161	4,474	2,696	14,580	1,414,000	522,000	1,692,000

Von der Ausfuhr gingen nach:

	Schiffe			Lastenzahl			Werth		
Jahr	Nieder-lande	Nord-amerika	Andere Staaten	Nieder-lande	Nord-amerika	Andere Staaten	Niederlande (Gulden)	Nordamerika (Gulden)	Andere Staaten (Gulden)
1849	72	32	78	8,290	3,101	1,701	2,241,551	267,534	175,837
1850	95	26	124	—	—	—	2,263,562	294,242	319,298
1851	70	29	93	—	—	—	1,891,005	335,065	267,309
1852	60	33	96	—	—	—	2,018,054	482,777	276,882
1853	56	33	102	5,949	3,155	3,241	1,860,256	504,985	665,554
1854	61	25	197	6,839	2,661	3,135	2,129,162	445,882	477,556
1855	55	35	118	6,099	3,745	4,695	2,039,146	592,860	761,519
1856	47	33	135	5,543	3,771	3,629	2,512,451	886,278	881,102

	Schiffe			Lastenzahl			Werth		
Jahr	Nieder- lande	Nord- amerika	Andere Staaten	Nieder- lande	Nord- amerika	Andere Staaten	Niederlande (Gulden)	Nordamerika (Gulden)	Andere Staaten (Gulden)
1857	52	36	84	6,567	3,761	3,750	3,592,185	857,352	1,109,853
1858	41	26	135	5,142	2,864	6,666	2,001,494	360,476	1,012,067
1859	32	25	123	3,843	2,899	4,879	1,644,671	623,027	1,075,747
1860	43	39	135	5,889	4,314	5,103	2,180,153	1,088,325	1,255,588
1861	45	32	146	5,322	3,616	5,835	1,813,424	520,461	1,155,944
1862	33	38	134	4,044	3,532	6,016	1,433,639	730,783	1,414,716
1863	36	33	144	4,521	3,381	6,065	1,377,115	654,624	1,071,360
1864	21	41	160	2,567	4,147	6,671	964,417	979,100	1,175,219
1865	12	39	122	1,510	3,640	7,699	683,911	680,602	870,884
1866	16	31	102	2,079	2,890	6,150	733,165	766,732	938,524
1867	19	32	109	2,714	2,997	5,134	775,890	867,957	1,181,147
1868	24	34	103	2,579	3,169	5,397	968,720	923,802	1,162,123
1869	22	26	118	2,738	2,183	5,514	1,026,119	650,016	900,314
1870	20	31	141	2,441	2,660	5,813	1,782,505	901,410	1,358,196
1871	24	29	150	3,045	2,553	6,600	764,428	632,042	1,505,582
1872	22	28	130	5,034	4,932	12,571	944,000	548,000	1,754,000
1873	25	39	119	5,654	6,798	18,232	897,000	560,000	1,724,000
1874	28	32	152	6,206	6,026	15,361	773,000	553,000	1,290,000
1875	19	27	151	4,252	5,311	12,424	439,000	682,000	1,288,000
1876	16	29	131	3,461	5,875	9,889	505,000	872,000	1,385,000
1877	18	24	162	4,091	5,036	12,493	716,000	973,000	2,091,000
1878	20	17	161	3,776	3,696	14,517	377,000	505,000	1,143,000

Der übrigens sehr beschränkte Binnenverkehr vollzieht sich fast ausschließlich zu Wasser, theils auf den vielen natürlichen Wasserstraßen, theils auf gegrabenen Kanälen, von denen der Kanal von Saramaca, der (wie bereits oben erwähnt) diesen Fluß mit dem Suriname verbindet, der bedeutendste ist. Vermittels der natürlichen und künstlichen Wasserstraßen findet ein ununterbrochener Wasserverkehr zwischen den beiden Grenzflüssen der Colonie, dem Corentyn und dem Marowyne, statt. Ueberhaupt zeigt sich auch in Surinam die große Kunst und der Fleiß, mit welchem die Holländer das Wasser sich dienstbar zu machen und zu ihrem Vortheil zu verwenden verstehen. Ueberall finden sich Kanäle, Deiche und Schleusen, und die ganze Cultur der Colonie beruht überhaupt wesentlich auf diesen Wasserbauten. Größere Landstraßen gibt es dagegen nicht. Der Küstenverkehr zwischen den verschiedenen Theilen der Provinz und mit den Hauptplätzen im französischen und britischen Guyana wird regelmäßig durch niederländische und englische Schooner vermittelt, und seit längerer Zeit sind dafür auch Dampfboote eingeführt. Mit Georgetown besteht eine regelmäßige Postpacketlinie im Anschluß an die dortige britische Dampfpacketlinie.

Die in Niederländisch-Guyana gangbaren Münzen sind die niederländischen, und es curfiren außer niederländischen Münzen noch spanische Thaler und Dollars (zu 2,ss Fl.) und französische Fünffrankenstücke (zu 2 Fr. 37 Cent., westindische Währung). Auch amerikanische Goldmünzen kommen viel vor. Von den Noten der J. 1865 errichteten surinamischen Bank waren im J. 1877 durchschnittlich für 600,000 Gulden im Umlauf. Die Bank ist gesetzlich verpflichtet, ihre Notencirculation und die von ihr übernommenen Depositen durch mindestens 40 Procent in vorräthigem niederländischem Baargelde gedeckt zu halten. Ihr Kapital beträgt 1 Million Gulden.

Maße und Gewichte waren in Niederländisch-Guyana bis zum J. 1875 die alten amsterdamer; seitdem aber sind die neuen niederländischen mit den französischen völlig übereinstimmenden Maße und Gewichte eingeführt. Als Fußmaß galt bis zur Einführung der neuen Maße der amsterdamer-rheinländische Fuß. Die Kette hatte 66 Fuß. Abweichend von den niederländischen Maßen war nur das Feldmaß. Der surinamische Acker (den wir auch in der obigen Tabelle über das Flächenmaß der Plantagen bis zum Jahre 1874 zur Anwendung gebracht haben) hatte 10 ☐Ketten oder 43,560 ☐Fuß = 42,9338 Aren.

Flüssigkeiten wurden im Großhandel gewöhnlich nach dem alten englischen Wein-Gallon = 3,78510 Liter verkauft.

Beim Handelsgewicht rechnete man im Verkehr 100 alte amsterdamer Pfund = 110 engl. Pfund.

Der Zustand der geistigen Cultur ist dem in Britisch-Guyana sehr ähnlich. Nach den Confessionen vertheilte sich die Bevölkerung wie folgt:

Im J. 1853 gehörten zu

	Freie	Sklaven	Total
den Reformirten . .	1,100	1,500	2,600
„ Lutheranern . .	600	—	600
„ Herrnhutern . .	1,100	17,900	19,000
„ Katholiken . .	2,000	5,000	7,000
„ Israeliten .	1,500	—	1,500
	6,300	24,400	30,700

Im J. 1862 betrug die Seelenzahl der reformirten Gemeinde in Paramaribo ungefähr 6000, die der Gemeinde zu Nickerie (welche gewissermaßen eine Filiale der reformirten Gemeinde in Paramaribo bildet)[1] 1100. Die der evangelisch-lutherischen Gemeinde in Paramaribo betrug im genannten Jahre 2645.

Der katholischen Gemeinde gehörten ungefähr 3500 Europäer und freie Eingeborene, nebst etwa 8000 getauften Sklaven an. Die niederländisch-israelitische Gemeinde bestand aus 708, die portugiesisch-israelitische Gemeinde aus 686 Personen.

Im J. 1869 betrug die Seelenzahl der reformirten Gemeinde in Paramaribo 7000. Getauft wurden in derselben 298 Personen; als Mitglieder der Gemeinde aufgenommen 172 und 5 Paare kirchlich eingesegnet. In der Gemeinde zu Nickerie wurden getauft 25 Kinder und 3 Erwachsene, 8 Personen als Mitglieder aufgenommen und keine Paare kirchlich eingesegnet. In der evangelisch-lutherischen Gemeinde wurden 124 Personen getauft und als neue Mitglieder aufgenommen 56. Bei der katholischen Gemeinde wurden 859 Personen getauft, unter denen sich 163 Indianer befanden. 49 Paare wurden getrant, darunter 3 indianische.

Die niederländisch-israelitische Gemeinde bestand in jenem Jahre aus 647, die portugiesisch-israelitische aus 667 Personen.

Im J. 1871 bestand die Seelenzahl der reformirten Gemeinde noch aus 7000. Getauft wurden in dieser Gemeinde in diesem Jahr 286 Personen, neu aufgenommen in dieselbe 89 Mitglieder, getraut 13 Paare. In der Gemeinde zu Nickerie wurden getauft 57 Kinder und 9 Erwachsene, 19 Personen als Mitglieder aufgenommen und 6 Paare eingesegnet.

In der evangelisch-lutherischen Gemeinde wurden 1871 getauft 130 Personen, neu aufgenommen 52 Mitglieder.

In der katholischen Gemeinde wurden 634 Personen nebst 87 Indianern getauft, 63 Paare eingesegnet, unter welchen sich 23 indianische befanden.

Die niederländisch-israelitische Gemeinde bestand aus 592 Personen. Die portugiesisch-israelitische aus 668 Personen.

Im J. 1877 bestand die reformirte Gemeinde in Paramaribo aus ungefähr 5000 Seelen. Getauft wurden bei derselben in diesem Jahre 203 Kinder, 50 Personen als Mitglieder aufgenommen und 6 Paare kirchlich ein-

gesegnet. Die Gemeinde zu Nickerie bestand aus 1480 Personen, die Gesammtzahl der Getauften betrug 38.

In der evangelisch-lutherischen Gemeinde wurden 127 Personen getauft und 38 als Mitglieder aufgenommen. 5 Paare wurden kirchlich eingesegnet.

In der katholischen Gemeinde wurden 718 Personen getauft und 51 Paare kirchlich eingesegnet. Die Mitgliederzahl dieser Gemeinde betrug 13,000.

Die niederländisch-israelitische Gemeinde bestand aus 625, die portugiesisch-israelitische aus 660 Personen.

Im J. 1878 war die Seelenzahl der niederländisch-reformirten Gemeinde in Paramaribo noch immer unverändert. Es wurden in diesem Jahre in derselben 203 Kinder getauft und 58 Personen neu aufgenommen. Die Gemeinde zu Nickerie bestand aus 1480 Personen, getauft wurden 22.

In der evangelisch-lutherischen Gemeinde wurden 117 Personen getauft, zu Mitgliedern aufgenommen 47, 3 Paare kirchlich eingesegnet.

In der katholischen Gemeinde wurden 1878 667 Personen getauft und 20 Paare kirchlich eingesegnet. Die Seelenzahl derselben wurde auf 13,000 geschätzt.

Die niederländisch-israelitische Gemeinde zählte 663, die portugiesisch-israelitische Gemeinde 662 Personen.

Ueber die Thätigkeit der Herrnhuter, welche sich in rühmlicher Weise um den Unterricht, ehemals der Sklaven, neuerdings der freien Schwarzen, in der christlichen Religion, sowie im Lesen und Schreiben bemühten und bemühen, sind sehr vollständige statistische Angaben bekannt. Ende 1859 waren 30 Missionäre der Brüdergemeinde über die ganze Colonie verstreut und auch in den entferntesten Ansiedelungen hatten sie Stationen errichtet. Auf 67 Plantagen wurde für die Neger regelmäßig Gottesdienst gehalten, auf 109 wurden sie durch Reiseprediger besucht.

Zu Ende 1860 waren auf 176 Plantagen nicht weniger als 27,108 Sklaven der Sorge der Herrnhuter anvertraut. Von diesen waren 17,616 (12,319 Erwachsene und 5297 Kinder), also fast die Hälfte aller Sklaven der Colonie getauft, während 9487 bloß Schulunterricht genossen. In demselben Jahre wurden 1650 Personen von ihnen getauft und zwar 909 Erwachsene und 741 Kinder von Sklaven.

Im J. 1862 traten der Brüdergemeinde 897 neue Mitglieder bei, 515 Erwachsene und 614 Kinder wurden getauft. Ende 1862 waren 31 Missionäre in der Gemeinde in Surinam thätig. 95 Plantagen wurden von Reisepredigern besucht, während die Neger von 65 Plantagen dem daselbst gehaltenen Gottesdienste regelmäßig beiwohnten. Die Gesammtzahl der der Fürsorge der Missionäre anvertrauten Personen betrug am 31. Der. 1862: 27,548 (wovon 18,867 Getaufte und 8681 Ungetaufte). Dieselben vertheilten sich auf die Stadt Paramaribo auf 163 Plantagen und auf die Missionsposten Bambey, Ober-Surinam und Ober-Saramaca (auf welchen beiden letzteren Plätzen sich Buschneger befanden).

Im Juni 1869 waren in den Kirchenregistern der Brüdergemeinde 24,156 Personen eingetragen. Die Anzahl der Missionäre betrug 32. Besucht wurden von den Missionären 182 Plantagen. Es hatten sich 522 bis dahin noch dem Götzendienste huldigende Neger zum Unterricht in der christlichen Religion angemeldet. Getauft wurden 467 Erwachsene und 959 Kinder und kirchlich eingesegnet 134 Paare.

Im Juni 1871 waren in die Kirchenregister der Gemeinde 23,703 Personen eingetragen. Die Anzahl der Missionäre betrug 31. Besucht wurden von diesen Missionären 180 Plantagen. Zum Unterricht in der christlichen Religion hatten sich 381 Heidenneger angemeldet. Getauft wurden 334 Erwachsene und 769 Kinder; 497 Getaufte wurden als Mitglieder aufgenommen und 145 Paare wurden kirchlich getraut.

Am 31. Dec. 1877 zählte die Brüdergemeinde 21,936 Mitglieder, von denen auf Paramaribo 6647, auf die ländlichen Districte 14,789 und auf die Buschneger 550 kamen. Im J. 1877 hatten sich 222 Personen bei der Gemeinde zur Aufnahme gemeldet, 112 Erwachsene und 610 Kinder wurden getauft und 66 Paare kirchlich eingesegnet. Ende December 1878 zählte die Brüdergemeinde 21,636 Personen, wovon auf Paramaribo 6592, auf die ländlichen Districte 14,481 und auf die Buschneger 563 kamen. Im J. 1878 hatten sich 154 Personen bei der Gemeinde zur Aufnahme gemeldet, 130 Erwachsene und 540 Kinder wurden getauft und 68 Paare kirchlich eingesegnet.

Nach den Herrnhutern hat sich die katholische Kirche, die seit längerer Zeit zu Paramaribo einen apostolischen Vicar hat, der Neger am meisten angenommen und es hat sich in Folge dessen die Zahl der Farbigen, welche noch dem Götzendienst ergeben sind, von Jahr zu Jahr vermindert.

Die Israeliten hat Nachkommen der ersten aus Portugal stammenden im J. 1644 von Brasilien nach Niederländisch-Guyana eingewanderten Juden, die sich dort völlig abgeschlossen und ganz unvermischt erhalten haben und einen Beweis liefern, daß auch die weiße Race sich in dem dortigen Klima erhalten kann. Zwar hat ihre Zahl sich eher vermindert als vermehrt; dies ist aber nicht einer physischen Degeneration, sondern vielmehr dem Umstande zuzuschreiben, daß, wie überhaupt in Surinam, so auch unter ihnen die Zahl der gesetzlichen Ehen verhältnißmäßig gering ist und die außerehelich, in der Regel mit Mulattinnen erzeugten Kinder in der Religion der Mutter erzogen werden. Die Zahl der unehelichen Geburten übertrifft aber auch in Niederländisch wie in Britisch-Guyana durchgängig weit die der ehelichen.

Für das Schulwesen geschieht verhältnißmäßig viel und in der Hauptstadt ist dasselbe wohlgeordnet. Dort befanden sich Ende 1860 außer einer Haupt- und drei städtischen Armenschulen (2 für Knaben und 1 für Mädchen) noch 16 Privatschulen, eine von den Schwestern eines religiösen Ordens geleitete katholische Schule und 6 Bewahranstalten. Außerdem gab es noch eine Stadtschule zu Nickerie mit 41 Schülern. — Schulen der Brüdergemeinde für Sklavenkinder gab es auf 48 Plantagen, in welchen auf 31 Plantagen 993 Kinder von den

Missionären selbst, auf 17 Plantagen 416 Kinder von Negern unter Aufsicht der Missionäre unterrichtet wurden. In ihrem Lehrerseminar zu Beethutzen hatten die Herrnhuter Ende December 18 Zöglinge, darunter auch einige junge Buschneger, welche die Missionäre auf Veranlassung der Regierung zu ihrer Ausbildung dorthin abgeschickt hatten. Als Unterrichtssprache wird für die Mulatten- und freien Negerkinder und selbst in einigen Schulen für Creolen das sogenannte Neger-Englisch, ein aus englischen, holländischen und afrikanischen Wörtern gebildetes Idiom, gebraucht, in welches auch das neue Testament übersetzt ist, und in welchem es auch einige von den Herrnhutern verfaßte Lese- und Lehrbücher gibt. Der Versuch, dieses allgemein von den Farbigen gesprochene Idiom durch Einführung der holländischen Sprache zu verdrängen, soll auf große Schwierigkeiten stoßen. Im J. 1862 gab es außer der Hauptschule, den 3 städtischen Armenschulen und der von den katholischen Schwestern geleiteten Anstalt noch 15 Privatschulen und 3 Bewahranstalten; an diesen Schulen wirkten 20 Lehrer und 12 Lehrerinnen. In denselben wurden im J. 1862 unterrichtet 939 Knaben und 843 Mädchen, 1863 1020 Knaben und 843 Mädchen. In der Stadtschule zu Nickerie gab es 1862 77 Schüler. Ueberdies wurden 1862 die Kinder auf 32 Plantagen von Missionären der Brüdergemeinde unterrichtet, während auf 18 Plantagen Klein-Kinderschulen unter ihrer Aufsicht von Negern geleitet wurden.

Im J. 1869 befanden sich im städtischen Districte 23 Schulen mit 2618 Schülern, diejenigen mit eingerechnet, welche auf den Schulen der Brüdergemeinde in Paramaribo Unterricht genossen. Die Gesammtzahl der Schüler in den Schulen dieser Gemeinde in den ländlichen Districten betrug auf 19 Schulen in den Missionsposten und Plantagen 1462. In der Centralschule zu Paramaribo befanden sich 589 Schüler, welche auf Kosten der Regierung unentgeltlichen Unterricht erhielten. Die Bewahranstalten mit eingebriffen, zählte die Colonie 56 Schulen, welche Ende December 1869 von 4950 Kindern besucht wurden. Das Lehrerpersonal für sämmtliche Schulen bestand aus 19 Hauptlehrern und Hauptlehrerinnen, 15 Hülfslehrern und Hülfslehrerinnen. Ende 1871 befanden sich in dem städtischen District 23 Schulen mit 2836 Schülern, die Schüler der Brüdergemeinde mit eingebriffen. Die Gesammtzahl der Schüler in den Schulen dieser Gemeinde in den ländlichen Districten betrug auf 18 Schulen in den Missionsposten und Plantagen 1204.

Am 1. Sept. 1877 trat die Verordnung vom 8. Dec. 1876 in Betreff der vorläufigen Regelung des Volksunterrichtes in Kraft. Durch dieselbe wurde Eltern und Vormündern die Verpflichtung auferlegt, an Orten, wo dazu Gelegenheit vorhanden sei, ihren Kindern oder Mündeln im Alter von 7-12 Jahren regelmäßig durch die dazu befugten Personen Unterricht ertheilen zu lassen. Die Nichtbefolgung dieser Verordnung sollte mit einer Geldbuße bis zu 100 Fl. für jedes Kind bestraft werden.

Ende 1877 zählte die Colonie im Ganzen 55 Schulen, nämlich in Paramaribo 2 Stadtarmenschulen für

Mädchen, 1 Regierungsschule, 27 Privatschulen, von denen 19 regierungsseitig unterstützt wurden, mit zusammen 1643 Schülern und 1558 Schülerinnen; in den Districten 11 Regierungsschulen, 12 regierungsseitig unterstützte Schulen der Brüdergemeinde und 2 von katholischen Schwestern geleitete Schulen, von denen eine unterstützt wurde mit 1490 Schülern und Schülerinnen. Das Lehrerpersonal bestand in Paramaribo außer den Unterlehrern aus 27 in vier Klassen eingetheilten Lehrern und Lehrerinnen.

Ende 1878 zählte die Colonie im Ganzen 61 Schulen, nämlich in Paramaribo 2 Stadtarmenschulen für Mädchen, 1 Regierungsschule, 2 regierungsseitig unterstützte Schulen der Brüdergemeinde, 6 von den katholischen Schwestern geleitete Anstalten, von denen 3 unterstützt wurden, und 21 Privatschulen, darunter 13 regierungsseitig unterstützte mit zusammen 1743 Schülern und 1661 Schülerinnen; in den ländlichen Districten 13 Regierungsschulen, 13 regierungsseitig unterstützte Schulen der Brüdergemeinde und 3 regierungsseitig unterstützte Anstalten der katholischen Schwestern mit zusammen 1454 Schülern und Schülerinnen. Ferner gab es noch 2 regierungsseitig unterstützte Schulen der Brüdergemeinde bei den Buschnegern auf Maripaston am Obersaramaca und auf Ganse in Ober-Surinam.

In Paramaribo gingen durchschnittlich täglich zur Schule 2482 Schüler, in den Districten 1162 oder je 72 und 79 Procent der eingeschriebenen Kinder. Die Zahl war am geringsten in Saramara mit 69 Procent und am größten in Nickerie und Coronie mit je 86 und 83 Procent. Der günstige Zustand in den beiden letztgenannten Districten ist zum Theil den Strafen und Verfügungen zuzuschreiben, welche daselbst in Folge der oben erwähnten neuen Unterrichtsverordnung vom J. 1876, im Laufe des J. 1878 erlassen worden waren. Dagegen hat weder in den übrigen Districten noch in Paramaribo eine so strenge Befolgung jener Verordnung stattgefunden.

Das Lehrerpersonal bestand in Paramaribo: aus 35 in vier Klassen eingetheilten Lehrern und Lehrerinnen, 20 Unterlehrern und Unterlehrerinnen, 1 Unterlehrerin für das Englische und 1 Unterlehrerin für das Französische; in den Districtschulen, die Buschnegerschulen mit gerechnet, aus 25 Lehrern.

An Wohlthätigkeitsanstalten ist Surinam lange nicht so reich wie das benachbarte Britisch-Guyana. Früher bestand nur ein Hospital und eine im J. 1827 gegründete Wohlthätigkeitsgesellschaft (Surinaamsche Maatschappy van weldadigheid), welche außer durch die Sorge für Kranke und Arme auch durch unentgeltlichen Unterricht für Kinder und durch eine Sparcasse wohlthätig wirkte und noch wirkt. Längere Zeit fehlte es an einem Waisenhause, nachdem das frühere im J. 1821 abgebrannt war. Neuerdings aber in der zweiten Hälfte der siebziger Jahre ist eine wohlthätige Stiftung zur Aufnahme der von der Regierung Unterhaltenen (Greise, Gebrechliche und Waisen) entstanden; dagegen fehlt es noch immer an hinreichenden Krankenhäusern, besonders

für die vielen Leprosen. Es besteht nur ein solches in Batavia am untern Coppename und ein eigenes Militärhospital.

Im J. 1862 wurden durch die surinaamsche Maatschappy 7 Personen erhalten. Der Fonds der Sparbank dieser Maatschappy, welcher am 31. Dec. 1861: 37,298 Fl. betrug, war am 31. Dec. 1862 auf 37,739 Fl. gestiegen.

In dem Leprosenhospital wurden 1862 aufgenommen: 1 Freier und 12 Sklaven.

Am 31. Dec. 1878 zählte die Maatschappy 87 Mitglieder und Beitragende (donateurs). An 6 Bedürftige wurden 360 Fl. vertheilt. Für Kleidung der bedürftigen Pfleglinge der Maatschappy, 70 an der Zahl, wurden 919 Fl., für Fußbekleidung 944 Fl. verwendet. Für den Unterricht derselben sorgte die Regierung. Das Vermögen der Maatschappy betrug 15,111 Fl. Die oben erwähnte wohlthätige Stiftung zur Aufnahme von Greisen u. s. w. ließ Ende des Jahres ihren Bestand 173 Greisen und Gebrechlichen und 20 Waisen angedeihen; außerdem wurden noch 10 Greise und Gebrechliche außerhalb der Stiftung verpflegt. Unter der Aufsicht von Directoren der Stiftung waren um die genannte Zeit 476 Waisen und unter Aufsicht des Generalagenten der Stiftung 32 Waisen von Einwanderern untergebracht.

Die evangelisch-lutherische Gemeinde unterstützte 24 Arme; die beiden israelitischen Gemeinden unterstützten 20 Personen und 26 Familien.

Außerdem hatte sich noch ein sogenanntes Comité Dorcas zur Bekleidung von Kindern gebildet, durch welches im genannten Jahre 44 Kinder bekleidet und versorgt wurden, welche unter dem besondern Schutz der Regierung standen.

Eine neu gebildete katholische Waisenanstalt „Livorno" entsprach vollkommen ihrem Zweck, hülfsbedürftige Waisen der katholischen Gemeinde zu tüchtigen praktischen Landbauern zu erziehen. Sie zählte 32 Knaben. Die Arbeit der Kinder auf dem Felde bestand hauptsächlich in der Anpflanzung von Cacao.

Außerdem bestanden noch verschiedene andere Gesellschaften und Genossenschaften zu dem Zwecke, gegen jährliche oder monatliche Beiträge der Mitglieder Kranken ärztliche Hülfe, Medicamente, Versorgung und Pflege zu verschaffen, an Greise und Gebrechliche wöchentliche Unterstützungen zu vertheilen und in Sterbefällen für die Begräbnißkosten zu sorgen.

An der Spitze der Regierung der Colonie steht ein von dem König ernannter Gouverneur, welcher die Befehle des Königs durch den Minister der Colonien empfängt, dem er auch Bericht über alle seine Regierungshandlungen und insbesondere auch über alle Verhandlungen in dem Colonialrath abzustatten hat. Er ist Befehlshaber der in der Colonie anwesenden Land- und Seemacht, sowie der Miliz. Er ernennt alle Civilbeamte, vorbehältlich der Bestätigung durch den König; er kann Beamte suspendiren und Personen, deren Anwesenheit in der Colonie er für schädlich erachtet, unter Aufsicht stellen und aus der Colonie entfernen; auch ist er befugt, Polizeiverfügungen und Verordnungen zu erlassen, welche, wenn die angedrohten Strafen nicht 8 Fl. Geld- oder 8 Tage Gefängnißstrafe überschreiten, der königlichen Bestätigung nicht bedürfen. Er hat das Recht der Begnadigung und der Suspension von gerichtlichen Urtheilen, sowie überhaupt, sehr ausgedehnte Befugnisse. Ihm zur Seite steht ein Colonialrath (Colonial Raad), bestehend aus dem Generalstaatsanwalt, dem Administrator der Finanzen und sechs der angesehensten Einwohner der Colonie (zur Hälfte in der Colonie wohnhafte Grundbesitzer, zur Hälfte Stellvertreter abwesender Grundbesitzer), welche sechs Mitglieder gewöhnlich zugleich die Deichinspectionen (Heemraadshap) in den acht Divisionen versehen, in welche die Colonie außer Paramaribo eingetheilt ist. Die Aemter der Mitglieder des Colonialrathes sind unbesoldete Ehrenämter und der Colonialrath hat nur eine berathende Stimme.

Die Justizverwaltung wird ausgeübt von dem Gerichtshof von Surinam, von dessen Erkenntnissen an den hohen Rath der niederländisch-westindischen Besitzungen appellirt werden kann, von Untergerichten (Collegie van kleine zaken), von Deichgerichten (Regtbanken van gedelegeerde heemraden), welche dieselben Strafen erkennen können wie die Untergerichte, von deren Urtheil ebenso wie von demjenigen der letztern die Appellation an den Gerichtshof von Surinam geht.

Außerdem bestehen für die Districte Nickerie und Coronie Gutsbesitzer-Gerichte.

In der Colonie gelten die niederländischen Gesetze und die mit Gesetzeskraft daselbst erlassenen besonderen Verordnungen.

Der General-Staatsanwalt (Procureur Generaal) ist auch der Chef der administrativen Polizei, bei deren Wahrnehmung ihm ein Polizeilieutenant und 17 Agenten zur Seite stehen, und als solcher ist er auch mit der Aufsicht über die öffentlichen Wege und Straßen in Paramaribo und der Umgegend beauftragt.

Die Gesundheitspolizei steht unter einem Staatsarzt und einem Staats-Wundarzt, welchem die Inspection der Hospitäler und Apotheken und die Untersuchung der mit der Lepra (in Surinam Boasie genannt) Behafteten behufs ihrer Absonderung besonders auf die Schulkinder obliegt.

Im J. 1862 waren in Paramaribo thätig: 8 Doctoren der Medicin, Wundärzte und Geburtshelfer, 8 Apotheker und 11 Hebammen, in den Divisionen und ländlichen Districten 1 Doctor der Medicin und 12 Wundärzte, unter denen 4 Gesundheitsbeamte.

Im J. 1878 waren in Paramaribo thätig: 5 Aerzte, Doctoren, Wundärzte und Geburtshelfer, 11 Apotheker und 8 Hebammen, in den ländlichen Districten 2 Heil- und Entbindungskundige, 8 Districts-Wundärzte und Geburtshelfer, welche zugleich städtische Wundärzte waren, und 2 Hebammen, außer einer Anzahl Frauen, denen in Folge der Verordnung von 1872 gestattet ist, bei Entbindungen Beistand zu leisten.

Das Finanzwesen wird unter der Aufsicht des Gouverneurs von dem Administrateur van Finantien verwaltet. Ein jährliches Budget wird von diesem unter Beirath des Colonialraths entworfen und an den Colonialminister gesandt, nach dessen Zustimmung es dem Könige zur Genehmigung unterbreitet wird. Bis zum Eintreffen dieser Genehmigung gilt das Budget des vorhergehenden Jahres. Das Budget zeigt regelmäßig ein Deficit, welches durch den Ueberschuß desjenigen der ostindischen Colonien gedeckt wird. Dieser jährliche Zuschuß schwankt seit 1849 zwischen 145,695 Fl. und 1,044,919 Fl. Die Einnahmen der Colonie fließen hauptsächlich aus einer von jedem Einwohner zu zahlenden Personalsteuer, welche in 10 Klassen von 5 Fl. — 120 Fl. zerfällt. Die übrigen Hauptposten der Einnahme sind Ein- und Ausfuhrzölle, Loots- und Tonnengelder, der Ertrag zweier Regierungsplantagen, die Abgabe von 6 Procent von dem auf den Zuckerplantagen gewonnenen Branntwein (Dram) und Melasse und 8 Procent auf das verkaufte Holz, eine Landtaxe von 4 bis 20 Cents für den Acker Land; die Erbpacht einiger in Paramaribo gelegenen Grundstücke; die Häusersteuer daselbst; Brücken- und Wegegelder; Steuer für Equipagen, Patentsteuer, Stempelsteuer, Verkaufssteuer, Erbschaftssteuer; die Abgabe der westindischen Bank u. s. w. Es betrugen die

	Einnahme:		Ausgabe:	
1849	878,934 Gulden		943,862 Gulden	
1850	940,180	„	1,042,399	„
1851	862,314	„	975,723	„
1852	824,622	„	1,044,891	„
1853	874,093	„	869,197	„
1854	800,321	„	885,063	„
1855	786,628	„	877,109	„
1856	890,533	„	969,766	„
1857	1,115,980	„	1,154,640	„
1858	1,001,329	„	1,361,386	„
1859	945,034	„	1,259,090	„
1860	1,074,169	„	1,187,760	„
1861	934,032	„	1,229,640	„
1862	967,219	„	1,574,858	„
1863	1,136,083	„	2,181,002	„
1864	1,013,541	„	1,865,158	„
1865	917,307	„	1,716,133	„
1866	731,997	„	1,718,728	„
1867	704,209	„	1,178,740	„
1868	814,700	„	1,089,279	„
1869	740,880	„	1,158,092	„
1870	791,891	„	1,135,876	„
1871	851,178	„	1,128,561	„
1872	921,006	„	1,157,424	„
1873	979,251	„	1,173,531	„
1874	926,379	„	1,245,958	„
1875	851,415	„	1,215,092	„
1876	925,492	„	1,374,105	„
1877	1,156,700	„	1,737,215	„
1878	1,188,000	„	1,807,263	„
1879	1,234,600	„	1,682,293	„
1880	1,330,700	„	1,637,668	„

15*

Das Militär dient nur zur Aufrechterhaltung der innern Sicherheit und besteht aus einer aus den Eingeborenen gebildeten Bürgermiliz und aus einer Anzahl in Europa geworbener Soldaten, von denen der größere Theil im Fort Zélandia bei Paramaribo, der kleinere im Fort Amsterdam liegen, welches, wie bereits oben erwähnt, am Suriname auf der Südseite der Mündung des Comowyne gelegen ist und zusammen mit dem genüber liegenden Fort Leyden und der Redoute Purmerend auf der Westseite des Suriname den Zugang in beiden Flüssen beherrscht. Die übrigen Soldaten sind auf verschiedene Posten an der Küste und im Innern vertheilt.

Die bewaffnete Bürgermacht zählte am 31. Dec. 1878 in Paramaribo 28 Officiere und 447 Gemeine, in den ländlichen Districten 18 Officiere und 1389 Gemeine. Das reguläre Militär zählte 14 Officiere, unter denen 3 Gesundheitsbeamte und 394 Gemeine.

In den Militärhospitälern wurden 1878: 5774 Personen, unter denen 1294 Militär= und 4480 Civilpersonen, 96 Personen mehr als 1877 verpflegt.

Die Colonial-Marine besteht gewöhnlich aus einer Corvette und einem Dampfschiffe, zwei Schoonern und zwei Kanonenbooten, welche in der Colonie stationirt sind; einige andere Kriegsschiffe befinden sich abwechselnd bei Surinam und bei Curaçao.

Eingetheilt ist die Colonie in das Gebiet der Stadt Paramaribo mit Vorstädten, in 8 Verwaltungsbezirke (Divisien) und 2 Districte. Dazu kommen noch zwei Etablissements, nämlich Albina, eine Colonie von Europäern am Marowyne, die 1823 angelegte, bereits erwähnte Leprosenanstalt in Batavia am Coppename und die verschiedenen Forts und Militärposten.

Hauptstadt der Colonie ist Paramaribo unter 5° 44' 30'' nördl. Br. und 55° 12' 54'' westl. Länge von Greenwich (Gouvernementstreppe) am linken Ufer des Suriname 3½ Meilen oberhalb seiner Mündung gelegen. Ursprünglich lag die Stadt Paramaribo 30—40 Kilometer weiter flußaufwärts als gegenwärtig, sie hieß damals Parembourg oder nach alten Kirchenregistern Surinamsburg, ein Name, den man, als die Stadt im J. 1667 von den Holländern eingenommen wurde, in den von Niew=Middelburg ummodelte, der aber niemals in Gebrauch gekommen sein soll. Die Schwierigkeiten, welche sich den von Europa kommenden Schiffen bei der Erreichung der Stadt entgegenstellten, die Angriffe und Kriege, denen sich die Stadt beständig ausgesetzt sah und die Verwüstungen, die sie in Folge dessen zu erleiden hatte, bestimmten die Einwohner, die Stadt zu verlassen und sich dahin zu begeben, wo die damals erst wenige Häuser zählende jetzige Hauptstadt lag, welcher aber das Fort Zélandia unmittelbaren Schutz gewährte. Die Entstehung des Namens Paramaribo wird auf verschiedene Weise erklärt. Einige behaupten, der Name rühre von dem Zusatz of Parham her, den Lord Willoughby seinem Namen beifügte; andere führen ihn auf den Fluß Para zurück; noch andere wollen

wissen, der Name sei einem indianischen Flecken Panaribo entnommen, dessen sich die Europäer bemächtigt hätten, weil er sich in einer höhern und bequemern Lage befunden habe, und auf welche sie eine Redoute errichtet hätten, die jetzt einen Theil der Festung Zélandia bilde. Aus dem Namen, der auf indianisch oder galibi nach einigen „Flecken der Freunde", nach anderen Blumengarten bedeutet, sei dann der Name Paramaribo corrumpirt worden.

Die Lage der Stadt Paramaribo darf als eine sehr günstige bezeichnet werden. Der Suriname, welcher hier noch Ebbe und Fluth hat, fließt an der Stadt vorüber, welche auf einem Plateau liegt, dessen Boden aus Sand und Kies untermischt mit „Caddy", einer Zusammensetzung von feinen Muscheln und Korallenstückchen, besteht. Die Stadt liegt etwa 16 Fuß über dem Niedrigwasserstande des Flusses, hoch genug, um gegen jede Ueberschwemmung, selbst bei der höchsten Fluth und in der Regenzeit geschützt zu sein. Das Plateau der Stadt wird von mehreren, durch holländische Betriebsamkeit in Kanäle umgewandelten Strömen durchschnitten. Einer derselben ist der bereits mehrerwähnte, den Suriname mit dem westlich gelegenen Saramaca verbindende Kanal; alle diese Ströme haben Ebbe und Fluth. Auf diese Weise ist für die Entwässerung der Stadt sehr gut gesorgt, und jetzt, wo das Gebüsch und Gestrüpp, welches auf jedem noch so leichten südamerikanischen Boden üppig wuchert, hinweg geräumt ist, dürfen sich die Bürger Paramaribo's rühmen, daß auf dem ganzen langgestreckten Gebiet Guyana's vom Orinoco bis zum Amazonenstrom keine gesündere Stadt als die ihrige zu finden sei.

Dieser günstige Gesundheitszustand der Stadt ist übrigens zum großen Theil der verständigen Verfahrungsweise zuzuschreiben, welche man bei ihrer Erbauung beobachtete. Als der eigentliche Gründer der Stadt und Colonie überhaupt, Cornelius van Aerssen, Herr van Sommelsdyck im J. 1683 an der Küste von Niederländisch-Guyana landete, bestand, wie er schrieb, Paramaribo „aus nur fünfundzwanzig Wohnungen, von denen mehr als die Hälfte Schnapsläden waren". Aber unter der kräftigen Verwaltung van Sommelsdyck's nahm alsbald auch die Stadt, die von nun an Jahr für Jahr besser gebaut, an der raschen Entwickelung der Colonie Antheil. Ihre eigentliche Bedeutung und ihre Hauptverschönerungen verdankt die Stadt hauptsächlich dem Gouverneur Nepveu zu Anfang des vorigen Jahrhunderts. Sie konnte damals durch ihre Ausdehnung und die günstige Lage ihres Hafens für die schönste und am vortheilhaftesten gelegene Stadt in ganz Südamerika gelten. Sie mochte 800—900 Häuser zählen, als sie am 21. Jan. 1821 von einer furchtbaren Feuersbrunst heimgesucht wurde. Kaum hatte die Stadt sich von diesem verheerenden Brande erholt, als sie im J. 1832 von einer noch heftigern Feuersbrunst betroffen wurde, bei welcher mehr als 1500 Häuser von den Flammen verzehrt wurden. Noch lange Zeit sah man der Stadt die Spuren dieser Verheerung an, welche erst sehr allmälig getilgt wurden. Die schlimmste Zeit sowol für die ganze Colonie als insbesondere für die Stadt Paramaribo waren die Jahre von 1840 bis in den 'Anfang der sechziger Jahre. Nachdem aber die anfänglich übeln Wirkungen der Sklavenemancipation verwunden waren, äußerten sich die wohlthätigen Folgen derselben nach allen Seiten hin und auch namentlich für die Stadt Paramaribo.

Jetzt hat die Stadt ein durchaus freundliches und elegantes Aussehen; die Straßen sind breit, fast durchweg vollkommen gerade und nach holländischer Weise mit Kies oder Muschelsand bestreut; sie sind größtentheils zu beiden Seiten mit 25 bis 30 Fuß hohen Orangen- und Tamarindenbäumen besetzt; mehrere derselben werden auch der Länge nach in der Mitte von schiffbaren Kanälen durchschnitten, welche vom Flusse ausgehen und für den Waarentransport dienen. Auch die großen und regelmäßig gebauten öffentlichen Plätze sind von schönen Bäumen wie Erythrinen, Mimosen und Mangobäumen beschattet. Die Häuser sind größtentheils aus mehr oder weniger kostbarem Holz, einige aus Backsteinen und nur einige wenige aus Sandstein erbaut; die Fenster haben anstatt der Scheiben Gazevorhänge und sind zum Schutz gegen die Hitze mit Jalousien versehen. Fast jedes Haus ist von einem geräumigen Garten umgeben. Der Hafen ist mit bequemen Landungsplätzen versehen.

Unter den öffentlichen Gebäuden in Paramaribo ist besonders hervorzuheben das Gouvernementsgebäude auf einem mit schönen Anlagen gezierten großen Platze (het Plein) im nordöstlichen Theile der Stadt, nahe dem am Flusse gelegenen Fort Zelandia. Der aus Backsteinen aufgeführte Bau wurde im J. 1710 unter dem Gouverneur Goyen vollendet, seitdem aber fast von jedem Gouverneur ausgebaut und verschönert. In einer der Alleen, welche das Gebäude umgeben, fand am 16. Juli 1688 die vom Seite 103 berichtete Ermordung des Gouverneurs van Sommelsdyck statt. Auf demselben Platze, wo das Gouvernementsgebäude liegt, etwa 100 Schritte von demselben entfernt an dem Ufer des Flusses, liegt das Fort Zelandia, dessen wir bereits mehrfach gedacht haben. Man gelangt zu demselben von dem Platze aus über eine Zugbrücke. Es befindet sich darin das Militär- und Civilgefängniß. Die Garnison des Forts besteht gewöhnlich aus einem Bataillon Jäger und Kanonieren. An der entgegengesetzten Seite desselben Platzes liegt auch das aus Backsteinen erbaute, 1774 begonnene und 1841 vollendete Controlgebäude oder neue Stadthaus, in welchem sich die Rechnungskammer und verschiedene Verwaltungsbureaux befinden und in welchem auch das Niedergericht seine Sitzungen hält. Vor der Façade dieses Gebäudes steht der Stein, den der berühmte Seefahrer La Condamine, in Veranlassung seiner Reise um die Welt, dort aufstellen ließ. Auf dem Steine sind die vier Himmelsgegenden angegeben. Der mit einem Uhrwerk versehene Thurm des Stadthauses gewährt eine schöne Aussicht über die ganze Stadt und die umliegenden Plantagen. Das alte Stadthaus ist 1821 abgebrannt. Erwähnenswerth sind ferner: das Gerichts-

haus, ein massives Gebäude, das Gouvernementssecretariat, ein in neuerer Zeit angelegtes hölzernes Gebäude, das stattliche Concordia genannte Haus einer Freimaurerloge, das Theater, das Clubhaus u. s. w. In der schönen Grave-Straat befindet sich rechts vom Plein die aus Holz erbaute katholische Kirche, ursprünglich ein Schauspielhaus. Im J. 1785 erhielten die Katholiken von den Generalstaaten die Erlaubniß, das seiner ursprünglichen Bestimmung entzogene Gebäude zu einer katholischen Kirche zu machen. An Kirchen besitzt Paramaribo außerdem noch eine reformirte und eine lutherische, beide nach dem Brande der ältern aus Backsteinen neu aufgebaut, und eine Kirche der Brüdergemeinde, ein geräumiges aber einfaches mit Palmen und andern tropischen Gewächsen umgebenes Bethaus. Gefälliger in der Bauart als alle diese Gotteshäuser ist die 1838 vollendete deutsch-jüdische Synagoge, wogegen die 1729 erbaute Synagoge der portugiesischen Juden viel unansehnlicher ist.

Von Wohlthätigkeitsanstalten ist die bedeutendste in Paramaribo das im J. 1759 vom Gouverneur Crommelin gegründete Militärhospital, welches seit dem Brande des städtischen Krankenhauses auch zum städtischen Hospital dient. Das aus Holz erbaute geräumige Gebäude enthält sehr schöne und für die Kranken bequem eingerichtete Säle, ist mit einer guten Apotheke versehen und wird von geschickten Aerzten und Wundärzten geleitet. Außerdem ist noch zu erwähnen: das Waisenhaus, die Wees-kamer, ein schönes aus Holz erbautes Gebäude.

Der Hauptmarkt wird unter einer Reihe von Tamarindenbäumen an der Wasserseite abgehalten, wo vorzüglich Fische, aber auch alle inländischen Früchte und Gemüse in Menge zum Verkauf gestellt werden. Auch auf noch anderen Plätzen der Stadt werden Lebensmittel und sonstige Waaren feilgeboten. Die Hauptmagazine befinden sich am Flusse im Norden der Stadt, Läden für den Detailhandel gibt es in der Stadt sehr viele. Die Stadtwage, ein viereckiges aus Sandsteinen erbautes Gebäude, befindet sich auf dem Wasser. Dort versammeln sich die Commissionäre und Fuhrleute, weil hier die Landung von den Schiffen aus stattfindet. In demselben Local befindet sich auch die Bank.

Die Zahl der Bewohner von Paramaribo betrug:

1869	.	.	.	.	.	:	20,373 Seelen
1870	.	.	.	.	.	.	20,477 „
1871	.	.	.	.	.	.	21,548 „
1877	.	.	.	.	.	.	21,299 „
1878	.	.	.	.	.	.	21,265 „

Die Zahl der Weißen in Paramaribo ist sehr gering; von den anfässigen nicht zu den europäischen Beamten gehörenden Weißen bilden einen großen Theil; beinahe die Hälfte, Juden, von denen viele reiche Plantagenbesitzer sind, die meisten aber Handel treiben. Handwerke werden beinahe ausschließlich durch farbige betrieben; die Arbeit ist theuer und schlecht. Die socialen Verhältnisse sind den oben von uns geschilderten in Britisch-Guyana ähnlich; doch gilt hier Reichthum mehr als Reinheit des Blutes, da der Kastengeist nicht so exclusiv ist wie bei der angelsächsischen Race.

Die erste Gesellschaft bilden die Beamten; nach ihnen stehen die Administratoren der Plantagen in großem Ansehen. Ihre Zahl ist sehr groß, da die Eigenthümer der Plantagen sich meistens in Europa aufhalten und die Administratoren größtentheils ein sehr gutes Einkommen haben. Die Hauptfreuden des Lebens sind auch hier eine gute Tafel und sonstige materielle Genüsse. Unmäßigkeit im Genuß geistiger Getränke und eheliche Zuchtlosigkeit sind womöglich noch größer als in Britisch-Guyana. Ob gleich für Schulen viel gethan ist, wächst doch ein großer Theil der Kinder ohne allen Unterricht auf und die Erziehung der Jugend ist durchweg eine sehr schlechte, wie dies bei der allgemeinen häuslichen Sittenlosigkeit nicht anders sein kann.

Der Handel von Paramaribo ist bedeutend, da sich in dieser Stadt der ganze Aus- und Einfuhrhandel der Colonie concentrirt. Der Hafen ist sicher und kann durch Schiffe von 18—19 Fuß Tiefe allezeit erreicht werden; tiefergehende Schiffe müssen die Springfluthen benutzen. Die Ufer an der Mündung des Flusses verändern sich bedeutend durch An- und Abspülungen, und deshalb ist in derselben Weise fehlte, das Fahrwasser durch Tonnen bezeichnet.

Das Klima von Paramaribo ist, wie das ganz Guyana's (siehe oben S. 74) und namentlich aller dem Meere nahegelegenen Plätze heiß, feucht und ungesund, jedoch für Europäer nicht so verderblich wie man gewöhnlich annimmt und die große Mortalität hat wesentlich auch sittliche Gründe. Für gutes Trinkwasser, an welchem es früher in der Stadt Paramaribo in sehr fühlbarer Weise fehlte, ist neuerdings durch artesische Brunnen ausgiebig gesorgt worden.

Die früher blühenden Vorstädte von Paramaribo sind jetzt zum Theil unbewohnt.

Die übrige Bevölkerung von Surinam ist fast ganz auf den Plantagen zerstreut, deren es mehrere mit 5—600 Bewohnern gibt.

Die größte Zahl der Plantagen liegt in der sogenannten die jetzigen acht Division umfassenden alten Colonie, zwischen dem Saramaca und Marowyne, und in diesem Theile sind am meisten cultivirt: die Seeküste zwischen dem Meere und den ihm parallel laufenden Cottica und untern Commowyne, der Landstrich auf der Nordseite dieser beiden Flüsse und die Ufer zu beiden Seiten des Suriname, wogegen am Saramaca nur hier und da Plantagen zu finden sind. Die größte Anzahl der Plantagen baut Zuckerrohr, namentlich die am Suriname und auf der Nordseite des Commowyne; auf den zunächst der See gelegenen Plantagen wurde früher der jetzt fast gänzlich eingestellte Baumwollenbau betrieben und die am weitesten ins Innere sich hineinziehenden sind meist Holzplantagen oder Holzgründe, welche für den inländischen Gebrauch Balken und Breter liefern. Sie erstrecken sich am weitesten landeinwärts am Surinam bis in die Nähe des Postens unter 5° 2' nördl. Br. jetzt des südlichsten Grenzpostens, während früher die Grenzposten bedeutend südlicher vorgeschoben waren, z. B. am Marowyne bis zu seiner Entstehung aus dem Lava und dem Tapanahoni.

Eigentliche Ortschaften gibt es außer der Hauptstadt in der alten Colonie gar nicht. Joden Savanna, 14 Kilom. südlich von Paramaribo, früher ein wohlhabendes Dorf am Suriname, besteht jetzt nur noch aus einigen Häusern, und nur die 1686 erbaute jetzt verfallene steinerne Synagoge, sowie die prächtigen Grabsteine daselbst, zeugen noch von dessen ehemaliger Bedeutung. Die im Westen des Saramara gelegene neue Colonie, welche sich bis zur Grenze von Britisch-Guyana hinzieht und aus den beiden bereits erwähnten Orten Nickerie und Coronie besteht, ist noch wenig cultivirt. Nur an untern Nickerie-Flusse und an der Seeküste finden sich einige Plantagen und an dem erstern ist eine Ortschaft angelegt, Nickeriepunt oder Nieuw-Rotterdam, woselbst sich eine Kirche, eine Schule, eine Kaserne, einige Amtswohnungen und einige gut gebaute Privathäuser befinden. Außerdem ist nur noch zu erwähnen das bereits mehrfach genannte Batavia am untern Coppename, der Detentionsort für Leprose mit einer gut gebauten katholischen Kirche und etwa 500 Bewohner, völlig abgelegen, um das Entweichen der Kranken zu erschweren.

Literatur: Beschryvinge van Guyana waer inne gelegen is de lantstreke genamet Serrename etc. s' Gravenhage. 4. — *J. D. Hl.*, Beschryvinge van de volk-plantinge Zuriname. Met landkaart en Kopere plaaten. Leeuwarden 1718. 4. — *T. Pistorius*, Korte en zakelyke beschryving van de colonie van Zuriname. Met plaaten. Amsterdam 1763. 4. — *Hartsink*, Beschryving van Guyana etc. 2 deelen. Met kaarten en afbeeldingen der forten. Amsterdam 1770. 4. — Ausführliche historisch-physikalische Beschreibung der Colonie Suriname; aus dem Französischen mit Anmerkungen begleitet (von F. H. W. *Martini*). Mit Kupfern. 2 Theile. Berlin 1775. — Beschreibung von Guyana. Aus dem Holländischen (von A. *Wittenberg*). 1. (und einziger) Theil. Mit einer Vorrede und Zusätzen von J. E. *Fabri*. Mit Kupfern und Karten. Berlin 1784. — J. F. Ludwig, Neueste Nachrichten von Surinam. Herausgegeben und mit Anmerkungen erläutert von P. F. *Binder*. Jena 1789. — P. *Fermin*, Description générale historique, géographique et physique de la colonie de Surinam. Enrichie de figg. et d'une carte. 2 tms. Amsterdam 1796. — *J. G. Stedmann*, Narrative of a five years expedition against the revolted negroes of Surinam, in Guyana, on the wild Coast of South America from the year 1772—1777. With 80 engravings from drawings made by the author. 2 volumes. London 1796. 4. — Baron A. von Sack, Beschreibung einer Reise nach Surinam und des Aufenthalts daselbst in den Jahren 1805—1807 und 1810—1812, sowie von des Verfassers Rückkehr nach Europa über Nordamerika. 2 Abtheilungen. Berlin 1821. 4. Mit Kupfern. — *M. D. Teenstra*, De Landbouw in de Kolonie Suriname, vooraufgegaan door eene geschieden natuurkundige beschouwing dier Kolonie. Groningen 1835. 2 Bde. 8. Mit Kupfern und Karten. — *P. J. Benoit*, Voyage à Surinam. Description des possessions néerlandaises dans la Guyane. Avec 100 dessins pris sur Nature par l'auteur, lithographiés par Madou et Lauters. Bruxelles 1839. 1858. G. F. — *W. H. Lans*, Bydrage tot de kenntnis der kolonie Suriname. s' Gravenhage 1842. — *M. D. Teenstra*, Bydrage tot de ware beshouwing von de zoo hoog geroemde uitbreiding des Christendooms onder de heidenen in de kolonie Suriname. Amsterdam 1844. — *G. B. Bosch*, Reizen naar Suriname. Utrecht 1844. — Nederlandsch Guyana, of beschouwing van den oorsprung der Kolonie Suriname; de voormalige en tegenwordige staatshuishoudelyke inrigtingen aldaar etc., in: Bydragen tot de kennis der Nederland en vreemde Kolonien etc. Jaarg. 1844, 45, 46. Utrecht. 8. — Suriname in: Staatkundig en Staathuishoudkundig jaarboekye voor 1849—1880, uitgegeven door de Vereeniging voor de Statistiek in Nederland. 1—32. Jaargang. Amsterdam, by C. S. Wittkamp. — *F. W. Hatmann*, Over de beschaving von Negers in Amerika, door kolonisatie met Europeanen, of beschouwingen omtrent de maatschappelyke vereeniging der Negers in Africa, den staat, waarin zij door den zoogenaamden Slavenhandel komen, en later door abolitie en emancipatie overgaan. 1. deel. Nederlanders in het verkeer met Negers te Suriname. Amsterdam 1850. — *West-Indie*, Bydragen tot de bevordering van de kennis der nederlandsch westindische kolonien. 1. Afl. Harlem 1854, 1855. — *J. C. A. van Siypesteiyn*, Beschryving van Suriname; historisch-geographisch- en statistisch overzigt uit officielle bronnen byeengebragt. Gravenhage 1854. — A. Kappler, Sechs Jahre in Surinam oder Bilder aus dem militärischen Leben dieser Colonie und Skizzen zur Kenntniß feiner socialen und naturwissenschaftlichen Verhältniffe. Stuttgart 1854. — F. Volß, Physikalisch-geographische Forschungen in Surinam in: Petermann's geographischen Mittheilungen, Bd. I (1855). — Eerste Rapport der Staats-Commissie, tot het voorstellen van maatregelen ten anzien der slaven in de Nederland Kolonien Suriname. Uitgegeven ap last van den Minister van Kolonien. s' Gravenhage 1855. 8. — Almanak voor de Nederlandsche West-indische Bezittingen voor het yaar 1856—1861. s'Gravenhage. 6 Bände. 8. — G. A. von Klöden, Ueber die niederländischen und französischen Besißungen in Guyana. In Zeitschrift für allgemeine Erdkunde. Neue Folge, Bd. 4 (1858). — Friedmann, Zustände von Niederländisch-Guyana im Jahre 1858. Daf. Neue Folge, Bd. XI (1861). — Niederländisch Ost- und West-Indien u. f. w. München 1860. 8. — Verslag van het beheer en den staat der Nederlandsche Bezittingen en Kolonien in Ost- en West-Indien over 1853 ingediend door den Minister van Kolonien. Utrecht 1858. 8. — Verslag van het beheer en den staat der West-Indische bezittingen etc. over 1860. Zitting vo de Tweede Kamer der Staaten-Generaal 1862—1863. (LXVII)

fol. — *J. Wolbers*, Geschiedenis van Suriname. Amsterdam 1861. 8. Mit Abbildungen. — *W. G. Palgrave*, Dutch Guyana. With Plan and Map. London 1876.

III. Französisch-Guyana.

Als der eigentliche Entdecker Guyana's, mithin auch des französischen Guyana ist, wie bereits oben in dem allgemeinen Theile erwähnt wurde, Vincente James Pinzon zu betrachten. Während des größten Theils des 16. Jahrh. beschränkten sich die Reisen der Europäer nach Guyana wesentlich auf Expeditionen von Abenteurern, welche zu dem Zwecke auszogen, den fabelhaften See von Parime und das Goldland zu entdecken. Eigentliche Colonisationsunternehmungen von seiten der Engländer und der Holländer fanden, wie oben gezeigt worden, zu Ende des 16. und während des 17. Jahrh. im heutigen britischen und niederländischen Guyana statt. Die ersten französischen Unternehmungen nach dem heutigen französischen Guyana datiren vom J. 1604. In diesem Jahre nämlich unternahm der Capitaine de la Ravardière eine Reise nach Cayenne, welche sein Reisegefährte Jean Moquet beschrieben hat.

Im J. 1626 besetzten die Franzosen auch das jetzt holländische Surinam, wußten aber die Vorzüge dieses Landstriches nicht zu schäßen. Auf diesem flachen und sumpfigen Boden, der erst durch langwierige Kanalisationsarbeiten fruchtbar gemacht werden konnte, fühlten sie sich unbehaglich, während der entzückende Anblick der kleinen Inseln und der Hügel des Flusses Cayenne sie anlockte. Im J. 1633 gaben sie Surinam wieder auf und überließen das Land den Holländern, welche, durch die in ihrer Heimath gemachten Erfahrungen belehrt, den Werth des Landes besser zu schäßen verstanden und sich daselbst dauernd niederließen. Von den seit jener Zeit von Frankreich aus nach Cayenne unternommenen zahlreichen Expeditionen wollen wir hier nur diejenigen erwähnen, welche der Gründung der heutigen Colonie vorgearbeitet haben.

Im J. 1643 bildete sich die Compagnie de Rouen, welcher in einem königlichen Freibriefe alle zwischen dem Amazonenstrom und dem Orinoco liegenden Länder zu dem Zwecke überlassen wurden, daselbst Niederlassungen anzulegen. Die von dieser Gesellschaft unternommene Expedition war nicht unbedeutend; dreihundert Personen gingen unter der Führung Poncet de Brétigny's, eines eiteln, grausamen, jähzornigen und zur Leitung eines solchen Unternehmens wenig geeigneten Mannes nach Guyana. Hier ließen sie sich auf der Insel Cayenne nieder und befestigten den Berg Ceperon, um sich gegen die Angriffe der Eingeborenen zu schüßen. Die Ermordung de Brétigny's durch die Indianer versetzte bald darauf die Colonie in eine höchst prekäre Lage.

Im J. 1652 bildete sich in Paris die sogenannte Compagnie der Douze-Seigneurs. Unter diesen zwölf Herren werden ein Herr de Roiville, welcher zum Führer der Expedition erkoren wurde, derselbst Abbé de Laboulaye, Generalintendant der Marine, und der Abbé de Marivault als die hervorragendsten genannt.

Die aus 700—800 Mitgliedern bestehende Gesellschaft, welcher ein Fonds von etwa 40,000 Frcs. zu Gebote stand, schiffte sich am 2. Juli 1652 in Hâvre ein. Es war ihr aber ein trauriges Loos beschieden; schon vor der Abfahrt hatte sie das Unglück, den Abbé de Marivault, der in der Seine ertrank, durch den Tod zu verlieren; während der Ueberfahrt wurde de Rolville ermordet und die unter so traurigen Auspicien begonnene Expedition hatte auch wenig Erfolg; die Gesellschaft vermochte die von der Compagnie de Rouen übernommene Colonie nur zwei Jahre lang nothdürftig gegen die Indianer zu behaupten. Als dann die Holländer das Land unbesetzt fänden, ließen sie sich daselbst unter der Führung von Guérin-Springer nieder und blieben dort bis 1663.

Endlich im J. 1664 machten die Franzosen den ersten ernsten Colonisationsversuch in Guyana unter de la Barre, der als der eigentliche Gründer der Colonie zu betrachten ist.

Antoine Lefébure de la Barre war der Sohn des Sieur de la Barre, der als Vorsteher der pariser Kaufmannschaft (prévôt de marchands de Paris) eine wichtige Rolle bei den während der Minderjährigkeit Ludwig's XIV. herrschenden Unruhen gespielt hatte. Antoine war anfänglich Rath im pariser Parlament gewesen und hatte dann viele andere öffentliche Stellungen inne gehabt, in denen allen er sich die allgemeine Achtung erwarb. Im J. 1664 gründete er dann die Gesellschaft der France équinoxiale und wurde vom König Ludwig XIV. zu seinem Verweser in allen Ländern Südamerika's mit dem Titel eines capitaine de vaisseau ernannt. Aber auch diese Compagnie de la France équinoxiale hatte keinen langen Bestand, indem die Regierung, welche fand, daß die auf einander eifersüchtigen Einzelgesellschaften sich gegenseitig schadeten, anstatt Hülfe zu leisten, daß sie nur mit unzureichenden Mitteln ausgerüstet und daher machtlos seien, verschmolz sie alle zu einer einzigen unter dem Namen einer Compagnie royale des Indes occidentales.

Ein königlicher Freibrief vom 11. Juli 1664 verlieh der neuen Gesellschaft zu ausschließlichem Eigenthum mit allen Hoheitsrechten Canada, die Antillen, Akadien (Neuschottland), New-Foundland, Cayenne und die Länder der Südamerika vom Orinoco bis zum Amazonenstrom mit der Befugniß, in diesen Ländern vierzig Jahre lang allein Handel zu treiben. Die Compagnie erhielt das Recht, ihre Officiere und ihre Justizbeamten, ihre Priester und ihre Missionäre zu ernennen, Krieg zu erklären und Frieden zu schließen; während der König sich nur den Huldigungs- und Lehnseid und die Abgabe einer Goldkrone von dreißig Mark bei jedem Regierungswechsel vorbehielt.

De la Barre aber wurde in seiner Eigenschaft als Verweser des Königs in allen südamerikanischen Ländern desselben mit dem Titel Capitaine de vaisseau bestätigt. Er traf nun in Cayenne mit dem Befehle ein, die dort ansässigen Holländer mit bewaffneter Hand zu vertreiben. Als die Holländer sich so zahlreichen und mächtigen Gegnern gegenüber sahen, versuchten sie keine weitere Vertheidigung, sondern capitulirten. Die Franzosen nahmen demnach wieder Besitz von der Colonie, deren Verhältnisse jetzt unter der Leitung ihres geschickten Gouverneurs, welcher sich als ebenso guter Verwalter wie als kühner Seemann erwies, eine festere Gestalt gewannen.

Im Mai 1665 kehrte de la Barre nach Frankreich zurück. Nach dem bald darauf eintretenden Bruch Frankreichs mit England veranlaßte er die Expedition eines Geschwaders nach Amerika, wurde zum Chef desselben ernannt und leitete die Unternehmung in der glänzendsten Weise bis zum Frieden von Breda.

Inzwischen war die Colonie von den Engländern in Besitz genommen und verwüstet worden. Der Vater Morelet, Pfarrer von Cayenne, hatte sich mit den Resten der Colonie in die Wildniß geflüchtet, hatte dieselbe dann aber wieder hergestellt und sie dem Bruder de la Barre's Cyprien Lefébure de Lézy übergeben, der sie bis zur Rückkehr seines Bruders im J. 1668 verwaltete. Im J. 1670 verließ de la Barre abermals Guyana und nahm wieder Dienste in dem Kriege gegen Holland. Die Zeit seiner Abwesenheit, während deren die Colonie wieder unter der Leitung de Lézy's stand, war keine glückliche für dieselbe. Am 5. Mai 1676 bemächtigten sich die Holländer unter dem Befehl des Admiral Binkes abermals der Colonie. Allein trotz der von ihnen ausgeführten Belagerungsarbeiten und trotz der zahlreichen Garnisonen, welche sie auf die Vertheidigung der Insel Cayenne verwendeten, sollten sie sich ihrer Eroberungen nicht lange erfreuen; denn schon in demselben Jahre waren die erneuten Anstrengungen der Franzosen, sich wieder in den Besitz von Cayenne zu setzen, erfolgreich. In dieser Zeit nämlich hatte Ludwig XIV., welchen die, auch bei der neucreirten Compagnie des Indes occidentales an allen Gesellschaften herrschende Unordnung und die Niederlagen, welche das Lilienwappen durch die Schuld der Gesellschaft wiederholt erlitten hatte, verstimmten, beschlossen, die Colonie direct der Krone zu unterstellen. Er betrachtete dieselben fortan als transatlantische Provinzen, deren Ehre oder bedrohte Integrität das Mutterland zu schützen habe und ernannte direct unter ihrem Befehl stehende Officiere zu Gouverneuren dieser Colonie.

Am 21. Dec. 1676 gelang es den Franzosen, die Holländer aus Cayenne zu vertreiben und dasselbe dauernd zurückzugewinnen.

Im J. 1688 kehrte de la Barre als Gouverneur dahin zurück, ließ einige neue Gebäude u. a. die Erlöserkirche in der Stadt Cayenne aufführen, verstärkte die Befestigungswerke derselben und verlieh ihr im Ganzen ein besseres Ansehen. Inzwischen nahmen die kriegerischen Unternehmungen der Franzosen von Cayenne aus sowol nach der Seite von Surinam als in der Richtung des Amazonenstroms mit wechselndem Erfolge ihren Fortgang. Einen unglücklichen Ausgang nahm, wie wir bereits oben bei der Geschichte von Niederländisch-Guyana sahen (siehe S. 103), eine unter Dreasse unternommene französische Expedition gegen Surinam. Die Aussicht auf eine Plünderung der holländischen Stadt

Colonie hatte viele Leute aus Cayenne auf seine Schiffe gelockt. Er erlitt aber eine Niederlage und flüchtete sich mit den französischen Colonisten, die sich ihm angeschlossen hatten, nach Martinique; ein Verlust an Menschen, den die Colonie, welche deren sehr dringend bedurfte, bitter empfand. Zwar machte Cassard (wie wir gleichfalls bereits oben gesehen haben) im J. 1713 die von Ducasse erlittene Niederlage wieder gut; aber das einmal gegen die Auswanderung nach Cayenne durch wiederholte Niederlagen erweckte Vorurtheil wurde dadurch nicht aus der Welt geschafft. Der im J. 1713 abgeschlossene Friede von Utrecht sprach Frankreich definitiv den Besitz des zwischen dem Oyapod und dem Maroni liegenden Theiles von Guyana zu. Das den Franzosen zugewiesene Gebiet bot Raum genug für eine bedeutende Colonie. Die Colonisten bedauten aber nur einen sehr kleinen Theil dieses Gebiets, und die Hülfsquellen selbst dieses kleinen Theiles wurden nur in sehr mangelhafter Weise ausgebeutet.

Auch die verschiedenen von der Regierung in der Folgezeit unternommenen Colonisationsversuche hatten nur einen sehr dürftigen Erfolg. Besonders traurig fiel ein im J. 1763 unternommener Colonisationsversuch aus. Nach dem zwischen Frankreich und England im J. 1763 abgeschlossenen Frieden faßte der damalige französische Minister, Herzog von Choiseul, den Plan, für den durch jenen Frieden besiegelten Verlust von Canada dadurch einen Ersatz zu schaffen, daß man eine große Anzahl europäischer Ackerbauer in Guyana ansässig und diese Colonie dadurch für Frankreich Vortheil bringend mache. Aber nächst dem in jener Zeit herrschenden Vorurtheil der Europäer gegen eine Niederlassung in der Gegend des Aequator ließen Unbesonnenheit und Unerfahrenheit in der Wahl der Mittel das Unternehmen gänzlich mißglücken. Einen bejammernswerthen Anblick, sagt der Gouverneur Malouet, von dem wir bald noch näher zu reden haben, bot die nach Cayenne strömende Menge unbesonnener Menschen aus allen Gesellschaftsklassen, die rasch reich zu werden hofften, und unter welchen sich, außer einigen Bauern, Kapitalisten, junge Leute von guter Erziehung, ganze Handwerkerfamilien, Bürgersleute, Adelige, viele Civil- und Militärbeamte und sogar eine Komödianten- und Musikantentruppe befanden.

Die Zahl der Mitglieder der Expedition belief sich auf vierzehntausend. Sie wurden von Frankreich aus befördert, ohne daß zuvor die unter solchen Umständen gewöhnlichen Vorsichtsmaßregeln ergriffen worden wären. Nichts von dem, was bei dem Garnisonswechsel des Kleinsten, wohlversehenen Detachements von Soldaten beobachtet zu werden pflegt, geschah bei der Beförderung einer aus den heterogensten Elementen bestehenden und disciplinirten Menschenmasse, welche nach einer langen und beschwerlichen Seefahrt sich finden sollte als die Wüste von Guyana, d. h. ein mit Wasser oder undurchdringlichen Wäldern bedecktes Land. Die Colonisten landeten nicht auf der Insel Cayenne selbst, wo sie wenigstens Schutz und einige Lebensmittel gefunden haben würden, sondern an den sumpfigen Ufern eines Flusses,

wo diese ihrem Vaterlande entrückten, von einer beschwerlichen Ueberfahrt erschöpften, unerfahrenen Menschen in einer undurchdringlichen Wildniß ihrem Schicksal überlassen blieben. Die Regierung hatte die Ernährung dieser Menschenmasse auf zwei Jahre übernommen; die dazu erforderlichen Lebensmittel sollten auf einmal aus dem Mutterlande herbeigeschafft werden, verdarben aber größtentheils schon auf der langen Reise, und was nicht auf der Reise verdarb, wurde in dem heißen Klima bald ungenießbar. Die Insel Cayenne hätte, wie gesagt, den Auswanderern mannichfache Hülfsmittel bieten können. Aber der an sich nicht unrichtige, jedoch in verkehrter Weise zur Anwendung gebrachte Gedanke, die neue Colonie von der alten getrennt zu halten, führte dazu, daß die Colonisten an den Ufern des Kuru auf einer sandigen Landzunge unter theilweise überschwemmten kleinen Inseln, in elenden Schuppen untergebracht wurden. Hier nahmen sie bald, der Langweile und all der Unordnung überlassen, welche der Müßiggang bei einer von fern in eine fremde Zone gebrachten, dem Elend und ansteckenden Krankheiten preisgegebenen Bevölkerung hervorzubringen pflegt, ein klägliches Ende. Um den Jammer dieser furchtbaren Tragödie voll zu machen, sollten fünfzehnhundert Menschen, welche dem Tode durch Hunger und Krankheit entgangen waren, den Tod in den Fluthen erleiden: Die Ländereien, auf welchen diese Unglücklichen vertheilt waren, wurden von einer Ueberschwemmung heimgesucht, der sie sämmtlich zum Opfer fielen. Für die vierzehntausend jammervoll umgekommenen Colonisten hatte man die Summe von dreißig Millionen Franken verausgabt. Drei Jahre später beschloß man, eine neue Niederlassung an dem Flusse Synnamary zu gründen. Der Minister, Herzog de Praslin, war es, welcher das Unternehmen hauptsächlich betrieb, die Bildung einer Gesellschaft zur Ausführung der Expedition veranlaßte und die Regierung zu bedeutenden Vorschüssen vermochte. Aber auch dieses Unternehmen, welches der Gesellschaft 800,000 Frcs. kostete, mißlang vollständig. Die Schuld daran trugen wieder, wie bei dem vorigen Unternehmen, die mangelhaften Anordnungen und die schlechte Wahl des Ansiedelungsortes. Im J. 1776 endlich sollte ein drittes Colonisationsunternehmen im französischen Guyana, welches die früheren sowol an Großartigkeit als an schwindelhafter und leichtsinniger Betreibung womöglich noch übertraf, völlig mißlingen.

Mit der Entwickelung Cayenne's ging es unter den geschilderten Verhältnissen so langsam vorwärts, daß sich im J. 1776, also anderthalb Jahrhunderte nach der ersten Niederlassung, erst 1300 Weiße und 8000 Sklaven in der Colonie befanden. Die Ausfuhr betrug in jenem Jahre nicht mehr als circa 485,000 Frcs., während das Mutterland die für die damalige Zeit ungeheuere Summe von 60 Millionen Francs ganz umsonst für die Colonie verausgabt hatte.

Endlich kam es der Regierung zum Bewußtsein, daß die Erfolglosigkeit ihrer bisherigen Unternehmungen der notorischen Unfähigkeit ihrer Beamten beizumessen sei. Sie beschloß daher als ihren Commissar nach Guyana einen ausgezeichneten Mann abzusenden, welcher eine ganz neue Entwickelung der Colonie bewirken und zeigen sollte, was sich auf diesem fruchtbaren Boden erreichen lasse. Im J. 1776 wurde Malouet (geb. in Riom 1740, gest. in Paris 1814) von der französischen Regierung mit dem Auftrage nach Cayenne geschickt, die Verhältnisse der Colonie nach bestem Ermessen zu regeln. Bevor er irgend etwas unternahm, wollte Malouet selbst alles in Augenschein nehmen und machte sich mit den verschiedenen auf den benachbarten Colonien üblichen Culturen vertraut. Von Surinam brachte er den Ingenieur Guizan mit und engagirte denselben mit Bewilligung der holländischen Regierung für den Dienst in der französischen Colonie. Den vereinigten Bemühungen dieser beiden intelligenten Männer gelang es, in kurzer Zeit die Verhältnisse der Colonie ganz umzugestalten. Mit dem Ackerbau wurde der Anfang gemacht. Man gab die bis dahin allein angebauten hochgelegenen Gegenden, deren Fruchtbarkeit sich rasch verlor, auf und nahm das niedrige unter Wasser stehende Land in Angriff. Trockenlegung der Sümpfe, allgemeine Verbesserung der Gesundheitsbedingungen, Drainage, Kanalisation, kurz alle wichtigen Arbeiten in der Colonie datiren aus der Zeit dieser geschickten Verwaltung und eröffneten eine glückliche Periode für das französische Guyana, dessen Bevölkerung und Handelsverkehr sich im J. 1790 fast verdoppelt hatten. Allerdings waren es Jahre des tiefen Friedens, während welcher die Colonisten keine andere Sorge hatten als die für einen gedeihlichen Anbau der Colonialproducte.

Aber bald sollte sich die Wirkung der französischen Revolution auch jenseits des Meeres fühlbar machen. Am 11. April 1793 wurde Jeannet-Oubin, ein Neffe Danton's abgesandt, um das französische Guyana zu republikanisiren; auf der Corvette l'Oiseau traf das Decret ein, welches kurzer Hand die Abschaffung der Sklaverei verfügte, und die Colonie sah sich in Folge dessen in einen vollständig anarchischen Zustand versetzt. Jeannet-Oubin war einer jener unbedeutenden Menschen, welche zur energischen Bethätigung im Bösen wie im Guten gleich unfähig sind. Obgleich der Widerstand, auf den er im Colonialrath stieß, ihn veranlaßte, sich auf die Partei der Schwarzen zu stützen, um Anhänger unter denselben zu gewinnen, fügte er dem Lande doch nicht so viel Schaden zu, wie er hätte thun können und ließ es geschehen, daß strenge Maßregeln, welche den Zweck hatten, eine Fortdauer der Arbeit zu erzwingen, getroffen wurden. Gleichwol thaten die häufigen Aufstände der Schwarzen und später die Seekriege, welche den Verkehr mit dem Ausland unterbrachen, dem Gedeihen des Landes bedeutenden Eintrag, und eine große Anzahl Wohnungen der Colonisten stand in Folge dessen öde und verlassen da.

Um das J. 1799 wurde Burnel zum Nachfolger Jeannet-Oubin's ernannt. Das Auftreten des von dem Directorium abgesandten neuen Gouverneurs, dem überdies ein übler Ruf vorangegangen war, machte ihn jedoch in kurzem bei den Colonisten so verhaßt, daß sie sich seiner kurzer Hand entledigten und ihn mit einem gerade abgehenden Schiffe nach Hause schickten.

Auch das Gesetz vom 2. März 1802, welches die damals noch unentbehrliche Sklaverei wiederherstellte, vermochte den einmal angerichteten Schaden nicht wieder gut zu machen.

Von 1800—1809 stand an der Spitze der Regierung des französischen Guyana ein viel angefeindeter und angegriffener, aber doch unleugbar sehr bedeutender Mann, Victor Hugues.

Selbst seine vielen Feinde können nicht umhin, ihm große Eigenschaften zuzuerkennen. Victor Hugues war ein Mann aus einem Guß, wie die Revolutionszeit deren viele in die politische Arena führte, feurig, fieberhaft erregt, unversöhnlich, vor nichts zurückschreckend, wenn es galt ein Princip zu wahren. Während seiner langen Verwaltung verstand er es, die Ordnung in der Colonie aufrecht zu erhalten und dieselbe durch seine Energie vor einem Sklavenaufstande wie dem von San Domingo zu bewahren. Er fügte dem Handel der den Franzosen damals feindlich gegenüber stehenden Engländer auf den von ihm in Cayenne ausgerüsteten Kaperschiffen bedeutenden Schaden zu, während er die französische Colonie wesentlich bereicherte.

Ein unauslöschlicher Makel auf dem Namen Victor Hugues bleibt jedoch, daß er am 12. Jan. 1809 ohne Noth und ohne Vertheidigung mit einer feindlichen Schar von 500 Portugiesen und 100 Engländern capitulirte und Cayenne den Portugiesen auslieferte. Ob er sich zu dieser Capitulation wirklich, wie es in dem Capitulationsdocument ausgesprochen war, durch die Furcht vor einer von den Feinden zu bewirkenden Befreiung der Sklaven und einer systematischen Niederbrennung der Colonistenwohnungen gezwungen fand, muß dahingestellt bleiben. Thatsache ist, daß die zur Vertheidigung des Landes von Victor Hugues ergriffenen Maßregeln sehr mangelhaft waren und dem, was der nunmehr kaiserliche Commissar bei anderen Gelegenheiten geleistet hatte, sehr wenig entsprach.

Uebrigens gestaltete sich die Uebergabe der Colonie an die Portugiesen zu einem Glück für dieselbe. Unter portugiesischer Herrschaft, unter welcher die Colonie von 1809—1817 stand, gedieh sie besser, als es unter der französischen Herrschaft der Fall gewesen war. In dieser Periode, während welcher die Colonisten sich ausschließlich mit dem Anbau des Landes beschäftigten, entwickelte sich das jetzt französische Guyana mit größerer Stetigkeit als je zuvor.

Bei der Feststellung der Besitzverhältnisse aller durch die napoleonischen Kriege in Mitleidenschaft gezogenen Länder in dem wiener Verträgen im J. 1815 wurde in der Schlußacte im Artikel 107 bestimmt, daß Portugal das französische Guyana wieder an Frankreich zurückgeben habe. Zur Ausführung gelangte diese Bestimmung aber erst zwei Jahre später im J. 1817.

Von der Art wie die zwischen Frankreich und Portugal streitige Grenzfrage damals geregelt wurde, wird weiter unten näher die Rede sein. Um jene Zeit aber war der Zustand der Colonie wie gesagt ein höchst blühender. Aus der Zeit der nun wieder eingeführten französischen Herrschaft ist bis auf unsere Tage wenig Erfreuliches zu melden. Im J. 1818 machte die Regierung in Französisch-Guyana einen völlig vergeblichen Versuch, die Theepflanze einzubürgern. Mit sehr großen Kosten ließ man dreißig allen Berufsarten, nur nicht dem Staude der Ackerbauer angehörenden Manillesen kommen, die sich fünfzehn Jahre lang in Cayenne umhertrieben, ohne irgend etwas Nützliches zu unternehmen. Im Anfang der zwanziger Jahre dieses Jahrhunderts wurde noch zu verschiedenen Malen die Gründung größerer Niederlassungen von Europäern in Guyana versucht, die aber sämmlich scheiterten; der letzte derartige Versuch fand im J. 1823 statt, seitdem scheint man es aufgegeben zu haben, das Land von Europa aus zu colonisiren.

Dem Umstande, daß alle Colonisationsunternehmungen in Französisch-Guyana so unglücklich ausfielen und dem Ungeschick der Franzosen zur Colonisation überhaupt ist es ohne Zweifel zuzuschreiben, daß das französische Guyana in der ganzen Welt und auch bei den Franzosen selbst in den Ruf eines für Leben und Gesundheit aller dahin Uebersiedelnden Verderben bringenden Landes gekommen ist, während das Land doch unter wirklich guter Verwaltung alle Bedingungen der Gedeihens bieten würde.

Vermehrt wurde dieses Vorurtheil neuerdings noch dadurch, daß die französische Regierung seit dem J. 1852 Guyana als Strafcolonie benützte. Die ersten Deportirten erhielt Französisch-Guyana in Gemäßheit eines Decrets vom 22. Febr. 1852, welches die Ergebnisse der Arbeiten zweier in den J. 1850 und 1851 niedergesetzten Commissionen zusammenfaßte. Dasselbe verfügte, daß die entlassenen Gefangenen, welche des Bannbruches schuldig gemacht hätten und die den geheimen socialistischen Gesellschaften Affiliirten dahin geschickt werden sollten. Diesem Decret folgte ein zweites vom 27. März desselben Jahres, welches für die seither verhängten Deportationen maßgebend geworden ist. Dasselbe gestattete unter gewissen in dem Decret näher ausgeführten Bedingungen die Deportation von bereits in den Bagnos befindlichen Verbrechern, falls sie darum nachsuchen sollten. Erweitert wurde dieses Decret dann durch ein Gesetz vom 30. Mai 1854, welches die Bagnos im Princip aufhob. Dasselbe bestimmte, daß künftig alle zu Zwangsarbeiten (Travaux forcés) Verurtheilten in die Strafcolonien zu deportiren seien, und ermächtigte zugleich die Regierung, auch die schon früher zu Zwangsarbeiten Verurtheilten zu deportiren. d. h. die Bagnos sobald wie möglich aufzuheben. Außer diesen europäischen Deportirten werden in Gemäßheit eines Decrets vom 29. Aug. 1853 seit einer Zeit auch alle zu schweren Strafen verurtheilten afrikanischen Verbrecher nach Cayenne geschickt. Seit im J. 1864 in Neu-Caledonien eine neue Strafcolonie gegründet wurde, werden alle weißen französischen Verbrecher dahin geschickt, in Französisch-Guyana aber nur noch schwarze Verbrecher internirt. (Das Nähere über die Strafcolonien siehe untèn S. 126.)

Endlich hat die im J. 1848 in den französischen Colonien plötzlich ausgeführte Emancipation der Sklaven, deren Zahl in Französisch-Guyana damals 12,631 betrug, auch hier anfänglich sehr verderblich auf die Cultur eingewirkt, und die schädlichen Folgen dieser unvorbereiteten Maßregel können nur sehr allmälig überwunden werden. Die Zahl der cultivirten Hectaren sank dadurch beinahe um die Hälfte; am meisten hat der Anbau des Zuckerrohres und der Baumwolle abgenommen.

Eine nur sehr theilweise Wiederbelebung der durch die plötzliche Aufhebung der Sklaverei hervorgerufenen Schädigung aller wirthschaftlichen Verhältnisse bewirkte das Indemnitätsgesetz von 1849, welches der Colonie eine Entschädigungssumme für die Freilassung der Sklaven im Belaufe von 7,824,009 Frcs. zugestand, was auf 12,631 Sklaven vertheilt, eine mittlere Entschädigung von 619 Frcs. ergeben haben würde. In Wahrheit stellte sich jedoch die Entschädigungssumme etwas geringer dadurch, daß 300,000 Frcs. von der genannten Summe zur Gründung einer Bank angewendet wurden (siehe unten S. 129).

Französisch-Guyana, La Guyane française oder Cayenne wird im O. von Surinam, gegen welches der Maroni die Grenze bildet, im NO. vom atlantischen Meer und im S. und SW. vom brasilianischem Gebiet begrenzt.

Diese letztere Grenze ist von der ersten Zeit der Ansiedelungen an streitig gewesen, so oft dieselbe wiederholt in Verträgen zwischen Frankreich und Portugal ausdrücklich bezeichnet worden ist, hat doch bis heute darüber keine Einigung erreicht werden können. Näher bezeichnet wurde die Grenze zuerst in dem Vertrage, welchen Frankreich (neben Verträgen mit anderen Mächten) am 11. April 1713 zu Utrecht mit Portugal abschloß. Im Artikel 8 dieses Vertrages gab Frankreich alle Rechte und Ansprüche auf, die es auf das Eigenthum der Länder des Cabo do Norte habe oder haben könnte, welche zwischen dem Rio das Amazonas und dem Rio Japoe oder dem Vincent Pinçon gelegen seien, indem diese Länder mit allen Souverainetätsrechten an die Krone von Portugal übergehen sollten. Ein ganzes Jahrhundert lang haben darnach Frankreich und Portugal sich darüber gestritten, welcher Fluß unter dem Namen Japoc gemeint sei. Während die Portugiesen und gewiß mit größerm Recht darunter den Fluß Oyapoc verstanden wissen wollten, der unter 3° 55′ nördl. Br. mündet, behaupteten die Franzosen, auf den Zusatz „oder den Fluß Vincent Pinçon" und darauf gestützt, daß Japoe im Indischen „Fluß" bedeute und daher ebenso gut zur Bezeichnung jedes andern Flusses wie des Flusses Oyapoc gewählt sein könne, es sei darunter ein anderer, südlicher mündender Fluß gemeint, ohne denselben jedoch genauer angeben zu können. Bei verschiedenen Gelegenheiten setzten sie daher und verschiedene Flüsse dafür, und schwankten namentlich zwischen dem Rio Caroswini und dem Rio Aruari oder Araguari, deren Mündungen einen ganzen Breitengrad von einander entfernt liegen. Die Angelegenheit wurde daher, nachdem verschiedene Separat-Verträge geschlossen, aber nicht zur Ausführung

16*

gekommen waren, aufs neue bei dem wiener Congresse zur Sprache gebracht und es wurde daselbst im Artikel 107 der Schlußacte folgendes festgesetzt:

S. A. R. le Prince Régent du Portugal et du Brésil s'engage à restituer à S. M. Très-Chrétienne la Guyane Française jusqu'à la rivière d'Oyapock, dont l'embouchure est située entre le quatrième et le cinquième degré de latitude septentrionale; limite que le Portugal à toujours considérée comme celle qui avait été fixée par le Traité d'Utrecht.

Man hätte glauben sollen, der Grenzstreit zwischen Frankreich und Portugal sei damit wenigstens so weit entschieden, daß an der Küste der näher bezeichnete Oyapock Fluß als Grenze für Französisch-Guyana festgestellt sei, wie denn auch Alexander von Humboldt in einem eigenen Memoire über die Grenzen zwischen Französisch- und Portugiesisch-Guyana dies als feststehend angenommen hat. Nach der Auslegung der französischen Diplomatie bestimmt jedoch der bezeichnete Paragraph einfach, daß Portugal, unverzüglich Französisch-Guyana, von ihm prätendirten Grenzen" zurückzugeben habe, und überläßt die Feststellung der definitiven Grenzen einer spätern „dem Sinne des Artikel 8 des Tractates von Utrecht" entsprechenden Vereinbarung. Damit ist — da auch die alliirten Mächte, mit Ausnahme von Oesterreich, dieser Interpretation zugestimmt hatten und Portugal danach wie wir oben (S. 122) gesehen haben, genöthigt war, im J. 1817 das bis dahin noch zurückbehaltene französische Guyana mit diesen „provisorischen" Grenzen zurückzugeben — der Streit wieder ganz auf den frühern Stand zurückgebracht. Zuletzt sind darüber Verhandlungen zwischen französischen und brasilianischen Bevollmächtigten in den Jahren 1855 und 1856 zu Paris geführt, bei welchen von beiden Seiten ein überaus gelehrter historisch-geographischer Apparat zur Unterstützung ihrer Behauptungen beigebracht worden ist. Da aber über die von beiden Seiten gemachten Propositionen keine Vereinigung hat erreicht werden können, so sind die Verhandlungen abgebrochen worden, und gegenwärtig ruhen die Verhandlungen ganz. Danach ist als Grenze zwischen dem französischen und brasilianischen Guyana jetzt die in der Convention zwischen Frankreich und Portugal im J. 1817 bei Herausgabe von Französisch-Guyana angenommene „provisorische Grenze" anzusehen. Dies ist gegen Süden der Oyapock und der parallel von 2° 24' nördl. und gegen Westen der 322.° östl. L. von Ferro oder der 58.° westl. L. von Paris. Zwar hat Frankreich längere Zeit hindurch, während der Restauration und in den ersten Jahren der Juliregierung stillschweigend diese Grenze auch als definitive anerkannt, und seit dem Jahre 1856 ruht der Streit, wie erwähnt, wieder völlig; man kann aber mit ziemlicher Gewißheit voraussagen, daß Frankreich über kurz oder lang seine auf den utrechter Vertrag gestützten Ansprüche aufs neue geltend machen und durchzusetzen wissen würde. Denn wenn auch das Gebiet, über welches beide Regierungen in Streit sind, an sich nur geringen Werth hat, da es fast unbewohnt und zu europäischer Colonisation nicht geeignet ist, so ist doch für Frankreich

die Ausdehnung seiner Grenzen gegen Süden von großer Wichtigkeit. Diese Ausdehnung würde nämlich die französischen Besitzungen in Berührung mit den Mündungen des Amazonenstromes bringen, dessen ungeheuere Bedeutung als Verkehrsstraße für einen großen Theil des Innern von Südamerika bis nach Peru, Ecuador und Neu-Granada hin sich zu zeigen schon angefangen hat.

Wegen des noch schwebenden Grenzstreites mit Brasilien läßt sich über den Flächeninhalt von Französisch-Guyana auch nichts mit Bestimmtheit angeben. Legt man die angeführte provisorische Grenze gegen Brasilien zu Grunde, so würde Französisch-Guyana einen Flächeninhalt von ungefähr 1000 ☐Meilen haben. Nimmt man aber die Grenze als den französischen Ansprüchen gemäß festgestellt an, so würde der Flächeninhalt des Landes auf 6000 ☐Meilen anwachsen.

Das Innere dieses großen Gebietes ist zwar theilweise erforscht, namentlich neuerdings durch, eine im Auftrage des französischen Ministers des Unterrichts und der Marine im J. 1877 unternommene Expedition des Marinearztes Dr. Jules Crevaux, welche sich bis zu dem Tumucumaque-Gebirge erstreckte. Genauer bekannt ist jedoch nur das Küstengebiet zwischen der Mündung des Maroni und derjenigen des Oyapock und in wirklicher Cultur befindet sich nicht völlig eine ☐Meile.

Die Küste ist durchgängig ebenso flach und sumpfig wie in Surinam und Britisch-Guyana, unterscheidet sich aber dadurch, daß an derselben einige höhere Punkte, die Montagne d'Argent („Silberberge" so genannt, weil man sie in früheren Zeiten für silberhaltig hielt) auf dem linken Ufer der Oyapock-Mündung vorkommen, und daß einige Inseln, Gruppen von kleinen Inseln und auch vereinzelte Felsenriffe im Meer liegen. Diese letzteren sind die Gruppen der Connétables 28 Kilom. im Norden der Mündung des Appruague, bestehend aus dem hohen und kahlen Grand-Connétable (von ungefähr 1 Kilom. Umfang), dem Petit-Connétable und mehreren anderen niedrigen sämmtlich unbewohnten Felseninseln. Unter den übrigen größtentheils bewohnten Inseln ist vor allen die in unmittelbarer Nähe der Küste liegende Insel Cayenne zu nennen, nach welcher nicht nur die auf ihr befindliche Hauptstadt, sondern vielfach auch die ganze Colonie benannt wird. Wir werden von dieser Insel weiter unten bei Gelegenheit der Schilderung der Stadt Cayenne noch näher zu reden haben. Ungefähr 15 Kilometer im NW. von der Insel Cayenne liegen die Islots de Remire Cayenne, eine Gruppe von fünf kleinen bewaldeten Inseln, Vater, Mutter, Sohn und die beiden Töchter genannt, die schönste unter ihnen, die Isle-de-la-Mère ist bewohnt und gilt für sehr gesund. 36 Kilometer nordwestlich von Cayenne gegenüber der Mündung des Kuru, etwa 12 Kilometer von derselben entfernt, liegen die Isles du Salut, von zwei oder drei Inseln. Die bedeutendste dieser Inseln heißt l'Isle Royale, die zweite l'Isle Saint Joseph und die dritte l'Isle du Diable, welchen Namen früher dieser ganze Archipel führte. Den Namen Isles du Salut erhielten die Inseln von den unglücklichen Auswanderern der Jahre 1763—64, deren Schickſale oben erzählt worden ſind. Die armen Getäuſchten hofften auf dieſen Inſeln, auf welchen ſie landeten, einen ſegenbringenden Aufenthalt zu finden und nannten ſie daher „Inſeln des Heiles“. Nach dem jammervollen Ende dieſer Coloniſten blieben die Isles du Salut lange Zeit unbewohnt, ſpäter errichtete man da ſelbſt eine Heilanſtalt für Leproſen, die einige Zeit darauf nach Mana verlegt wurde. Als endlich durch das Geſetz vom 27. März 1852 die Transportation von Sträflingen nach Cayenne beſchloſſen wurde, erſchienen dieſe Inſeln, beſonders die für ſehr geſund geltende Isle Royale, zur Aufnahme der Strafgefangenen ſehr geeignet (ſiehe auch unten S. 126).

Das Innere des Landes, namentlich das früher ganz unbekannte Tumucumaque=Gebirge iſt neuerdings im J. 1877, wie bereits oben erwähnt, von Dr. Jules Crevaux bereiſt und erforſcht worden. Dieſe Gebirgs kette, welche die Flußbetten des Maroni und des Yary von einander trennt, iſt nach der Schilderung des fran zöſiſchen Reiſenden weniger bedeutend, als man bis dahin allgemein annahm. Nach ſeiner Angabe über ſteigt die Höhe des Gebirges nirgends 400 Meter über dem Meeresſpiegel. In Folge dieſer geringen Höhe fällt das Thermometer auf den Bergen nicht mehr als 2—3 Grad unter die Temperatur der Ebene. Die Ve getation an den höchſten Punkten iſt die in den heißen Zonen allgemeine. So wächſt auf den Gipfel der Berge unter anderm die Ananas, welche die am Fuße des Tumu cumaque=Gebirge wohnenden Rucuſen=Indianer man nennen. Die Bewohner von Franzöſiſch=Guyana halten meiſtens das Tumucumaque=Gebirge für den einzigen Sitz der Goldablagerungen, die ſich jetzt in allen Flüſſen von Franzöſiſch=Guyana, namentlich auch im Appruague (ſiehe unt. S. 126) finden. Aller Wahrſcheinlichkeit nach iſt jedoch auch in den Anſchwemmungen am Fuße des Tumucumaque=Gebirges reichlich Gold vorhanden, von deſſen Ausbeutung man ſich jedoch bis jetzt durch die Schwierigkeiten der Communication hat abhalten laſ ſen. Daß das Tumucumaque=Gebirge Jahrhunderte lang als Sitz des ſabelhaften See Parime und des Eldorado betrachtet wurde, iſt bereits oben erwähnt worden.

Im übrigen ſind die Bodenverhältniſſe des Feſtlandes von Franzöſiſch=Guyana und das Klima und die orga niſche Welt deſſelben denen von Britiſch= und Niederländiſch= Guyana ganz entſprechend.

Unter den Flüſſen von Franzöſiſch=Guyana ſind die folgenden zu nennen. Vor allen den Maroni, den wir als Grenzfluß zwiſchen Franzöſiſch= und Niederländiſch= Guyana bei der Schilderung der Flüſſe der letztge nannten Colonie bereits behandelt haben. 56 Kilo meter öſtlich von dem Maroni fließt der Iracubo, 76 Kilom. öſtlich von dem Iracubo der Caruabo. 80 Ki lometer vom Iracubo entfernt fließt der Kuru. Der ganze zwiſchen den beiden ebengenannten Flüſſen und der Meeresküſte liegende Landſtrich wird nach der Seite des Meeres hin von einem Gürtel von Mauglebäumen begrenzt. Innerhalb dieſes Gürtels, der eine Ausdehnung

bis zu vier Kilometer hat, befinden ſich Savanen, welche nur hie und da in ziemlich großen Entfernungen von Gebüſch, einzelnen Flüſſen und langſam fließenden Waſſer gräben (Criques) unterbrochen werden. 40 Kilom. öſtlich vom Kuru entfernt fließt der Cayenne, welcher an der Weſtſeite der Inſel Cayenne mündet. Nicht weit entfernt von dem Fluſſe Cayenne an der Oſtſeite der Inſel Cayenne mündet der Oyac (auch Ouya, Mahuri und La Comte genannt), ein ſchöner Fluß, der in ſeiner Mündung nahezu 1½ Kilometer breit, 3 Faden tief und an ſeinen ziemlich hohen Ufern mit großen Bäumen be waldet iſt. 30 Kilometer nordweſtlich von dem Cayenne münden der Rio Macuria und 84 Kilometer nordweſtlich von dem Macuria der Sinamari. Der Macuria bietet 14 Kilom. aufwärts großen Schiffen vortreffliche Aufer plätze. Zwiſchen dem Sinamari und dem Iracubo fließt der kleine Fluß Canamana. 28 bis 30 Kilom. von dem Mahuri fließt der Kaw, ein ſchöner Fluß, deſſen Lauf ſich aber nur 100 Kilometer weit erſtreckt. Zwiſchen der Mündung dieſes Fluſſes und der des Mahuri dehnt ſich die un geheuere Ebene von Kaw aus, und auf dieſer befindet ſich eines der beſtangebauten von den zwölf Quartieren, in welche Franzöſiſch=Guyana für die Zwecke der Ver waltung eingetheilt iſt, und von welchen unten noch näher die Rede ſein wird. Der als ſtreitiger Grenzfluß zwiſchen Franzöſiſch=Guyana und Braſilien bereits mehrfach ge nannte Oyapoc, einer der ſchönſten Flüſſe Südamerika's, entſpringt wahrſcheinlich unter 2° 24′ nördl. Br. auf dem unbekannten waldbedeckten Berglande im Oſten des Tumucumaque=Gebirges, fließt in der Richtung gegen ONO, dehnt ſich der Küſtenebene zu einem tiefen und breiten Fluſſe aus und mündet im Oſten am Cap Orange unter ungefähr 3° 55′ nördl.Br. und 51° weſtl. L. von Greenwich inmitten einer 16 Kilom. breiten Meeres bucht, in welcher ſich noch zwei andere Flüſſe, öſtlich der Curipi und weſtlich der Uanari ergießen. An ſeiner Mündung am rechten Ufer liegt das alte Fort St. Louis. Er iſt ſchwer und gefährlich zu befahren, der er faſt ſeinen ganzen Ausdehnung nach von Strom ſchnellen erfüllt iſt. Er iſt jedoch wichtig, weil er durch Portagen den Verkehr auf ſeinem Stromgebiet mit dem des Maroni einerſeits und dem des Amazonenſtromes andererſeits ermöglicht und zwar letzteres durch den Yary, welchen der mehrgenannte franzöſiſche Reiſende, Dr. Jules Crevaux, im J. 1877 von ſeiner Mündung bis zu ſeiner Quelle und umgekehrt zum erſtenmal vollſtändig be fahren hat. Im darauf folgenden Jahre 1878 hat der ſelbe Reiſende einen andern bis dahin noch völlig unbekannten Nebenfluß des Amazonenſtromes, den Paru befahren und beſchrieben.

Der im Süden der Montagne d'Argent fließende Uanari iſt von dem Oyapock nur durch eine niedrige Landzunge getrennt, deren nördliche Spitze ſich in Geſtalt eines hohen Hügels auf nicht unbeträchtlichen Höhe, die den Namen Montagne à Lucas führt, über das Niveau des Meeres erhebt. An der Mündung iſt er etwa 8 Ki lom. breit. Eine vier Kilom. vom Meere entfernte Inſel theilt ihn in zwei Fahrrinnen, von denen die an der westlichen Seite gelegene für die bessere gilt. Der Appruague ist auf einer Strecke von etwa 5 Kilom. für große Schiffe zugänglich und mündet etwa 16 Kilom. im Nordwesten von dem Oyapock. Eine gewisse Berühmtheit hat der Appruague durch das goldhaltige an seinen Ufern liegende Gebiet erlangt. Eine sogenannte Compagnie d'Appruague, welche von der Regierung die Concession zur Ausbeutung dieses goldhaltigen Gebietes erlangt hatte, existirte zwar noch im J.

1863, fristete aber ein so kümmerliches Dasein, daß man schon damals ihrer baldigen gänzlichen Auflösung entgegensah. Die Schuld dieses Mißerfolges soll jedoch weniger an dem Mangel an Gold, das vielmehr nach Angabe der neuesten Reisenden nicht nur in diesem Flusse, sondern in allen Flüssen von Guyana als Goldsand zu finden wäre, als an den unzulänglichen Mitteln dieser Compagnie gelegen haben.

Die Bevölkerung von Französisch-Guyana betrug:

	Seelen (worunter)	Einwanderer	Indianer	Militärpersonen	Außerhalb der Gefängnisse befindliche Deportirte
1859	22,356	1909	1760	1148	299
1862	24,951	2171	1700	1170	168
1866	25,174	2765	1800	1180	558
1867	25,287	3516	1800	974	691
1868	25,151	3134	1825	1181	537
1869	17,708	2941	—	—	953
1870	17,951	2801	1825	964	704
1871	17,396	2717	1771	990	683
1872	17,235	3089	1953	965	649
1873	17,185	3432	1694	834	970
1874	16,414	4584	1686	958	1468
1875	16,733	3735	2000	926	1400
1876	17,230	4750	2300	1084	1380
1877	17,161	4955	2300	999	1225

Die vorstehende Tabelle gibt nur die Zahl der außerhalb der Gefängnisse befindlichen Deportirten in Französisch-Guyana an. Ueber die Zahl der in den Gefängnissen befindlichen fehlt es an näheren Angaben. Die Sterblichkeit unter den Deportirten war anfänglich sehr groß, verminderte sich aber sehr, nachdem man über die Ansiedelungsorte Erfahrungen gesammelt hatte. Die meisten Deportirten wurden früher zunächst nach den Isles du Salut und den ihnen benachbarten Isle-de-la-Mère gebracht. Auf den ersteren wurde ein Central-Depot errichtet, an welches die von Frankreich kommenden Schiffe anfänglich die Sträflinge der Bagnos von Brest und Rochefort abgaben, und wo später nach Aufhebung jener Bagnos bis zum Jahre 1864 in jedem Jahre die von Toulon aus Deportirten gelandet wurden. Die Deportirten wurden dann in verschiedene Kategorien getheilt und blieben entweder definitiv auf den Inseln oder wurden nach den anderen Strafanstalten der Colonie gebracht. Auf der Isle Royale befanden sich die eigentlichen Sträflinge. Die Isle de Saint Joseph diente den entflohenen und wieder eingeholten Verbrechern, den sogenannten repris de justice, und die Isle du Diable den zur Deportation verurtheilten politischen Verbrechern zum Aufenthalt.

Auf der Isle Royale mußten seinerzeit, um sie für ihre neue Bestimmung geeignet zu machen, bedeutende Erdarbeiten vorgenommen werden. Zunächst galt es, den höher gelegenen Theil der Insel zur Aufnahme der Strafgefangenen, ihrer Aufseher u. s. w. herzurichten. Das

Lager, d. h. die Baracken, in welchen die Deportirten in Rotten untergebracht wurden, die Kasernen der Soldaten und der Aufseher, die Gensdarmerie-Kasernen, die Wohnungen des Commandanten der Insel, der Officiere und der verschiedenen Beamten, das Hospital, die Kirche, die Magazine und Werkstätten nahmen den ganzen Raum in Anspruch. In dem niedriger gelegenen Theile der Insel erbaute man einen Quai, ein Kohlendepot, Werfte, Schmieden und Werkstätten zur Vornahme der für die Dampfschiffe nöthigen Reparaturen.

Als alle diese Bauten vollendet waren, zeigte sich, daß kein Platz für den Kirchhof mehr übrig war. Aber auch, wenn der Raum dazu vorhanden gewesen wäre, würde es in Betracht der geringen Dicke der den felsigen Untergrund der Insel bedeckenden Erdschicht unmöglich gewesen sein, einen Kirchhof zu beschaffen, und doch erschien eine der Gesundheit nicht nachtheilige Fortschaffung der Leichen um so bringlicher, als die Sterblichkeit auf der Isle Royale besonders groß war. Denn die schon an und für sich naturgemäß große Sterblichkeit auf einer Insel, auf welcher sich etwa zweitausend Personen aufhielten, wurde noch dadurch erhöht, daß die Kranken von Kuru, einem der ungesündesten Punkte Guyana's, nach dem Hospital der Isle Royale gebracht zu werden pflegten. Es blieb daher nichts anderes übrig, als in derselben Weise wie bei dem an der südfranzösischen Küste gelegenen Gefängniß des Château d'If das Meer zum Kirchhof der Strafgefangenen auf der Isle du Salut zu machen. Nur daß man hier nicht wie dort die-

Todten vom Felsen herabstürzte. Sobald ein Deportirter gestorben war, wurde er in ein durch einige Steine beschwertes Leichentuch aus grobem Leinen gehüllt und in einen für alle verstorbenen Deportirten gleichmäßig dienenden Sarg gelegt. Durch die Klänge einer Todtenglocke aufmerksam gemacht, fuhr sodann ein Boot von dem Hafendamme ab nach der Westspitze der Insel, wohin inzwischen der Sarg auf einem gewundenen Felspfade gebracht worden war. Das Boot nahm die Leiche ein und fuhr ins offene Meer hinaus. In einer gewissen Entfernung hielt es an, der Sarg wurde geöffnet, die Leiche ins Meer geworfen, wo sie rasch eine Beute der hier besonders raubgierigen Haifische wurde, und das Boot fuhr mit dem leeren Sarge wieder zurück.

Die ersten Strafanstalten auf dem Festlande wurden auf dem linken Ufer des Oyapock angelegt, nämlich an der Mündung desselben in Montagne d'Argent und ungefähr 8 Meilen weiter aufwärts in St. Georges. Beide Ansiedelungen haben sich als sehr ungesund erwiesen und es wurde alsbald nur St. Georges für schwarze Sträflinge bestimmt, denen das Klima nicht nachtheilig ist. Die wichtigste Strafanstalt ist jetzt die von Cayenne. Nächstdem sind zu nennen: die von Kuru, die am Flusse Oyar oder de la Comte, welcher, wie oben erwähnt, auf der Ostseite der Insel Cayenne mündet, die ungefähr 8 Meilen südlich von Cayenne nahe bei einander liegenden Strafetablissements St. Augustin, Ste. Marie und St. Philippe, und endlich die am Maroni, dem Grenzflusse gegen Niederländisch-Guyana gelegenen St. Laurent und St. Louis, gegenüber dem ehemaligen holländischen Militärposten Albina. Diese letzteren gehören unter den gefundenen Lage wegen unter allen Strafanstalten in Französisch-Guyana am besten. Die Ufer des Maroni bilden nämlich deshalb die gesündeste Gegend Guyana's, weil schon an der Mündung dieses Flusses höheres sandiges Land vorhanden ist, und weil die von großen Sandbänken beinahe geschlossene Mündung es dem Seewasser erschwert, weit landeinwärts in den Fluß zu dringen; 4 Stunden von der See entfernt kommt daher im Maroni schon reines süßes Wasser vor, während in dem Delta der anderen Flüsse Guyana's bei einem gleichen Abstande vom Meere nur schlammiges Brackwasser zu finden ist.

Die Deportirten werden zu Arbeiten an den Landstraßen, an öffentlichen Bauten, beim Entladen der Schiffe, in den Werkstätten der Pantoffel- und Hutmacher, Möbilientischler, Schmiede u. s. w. verwendet. Der größte Theil aber ist mit dem Fällen und Bearbeiten von Holz (welches auch auf Dampfmühlen zu Bretern geschnitten wird) für die französische Marine oder den Gebrauch der Colonialregierung auf den Antillen beschäftigt. Sie erhalten täglich einen Lohn von 5 bis 10 Cent. und werden je nach der Güte ihrer Leistungen in verschiedene Klassen eingetheilt. Die außerhalb der Gefängnisse befindlichen haben auch Freistunden, während welcher sie für eigene Rechnung arbeiten dürfen.

Die Tracht der Deportirten besteht aus einem Hemb, einer Hose von grauem Leinen und einem Strohhute. Nur die in den Gefängnissen befindlichen tragen Ketten und die traditionelle rothe und gelbe Tracht der Galeerensklaven.

Nach zweijährigem Aufenthalte durften die Deportirten, so lange deren noch aus Frankreich nach Cayenne gebracht wurden, also bis zum Jahre 1864, wenn sie sich während dieser Zeit gut geführt hatten, sich verheirathen, oder falls sie schon vor ihrer Verurtheilung verheirathet waren, ihre Familien aus Frankreich nachkommen lassen.

Nach nach dem Ablauf ihrer anfänglich in der Regel auf zehn Jahre, später verschieden bemessenen Strafzeit durften die Deportirten nicht ohne Erlaubniß die Colonie verlassen, erhielten aber, wenn sie verheirathet waren, alsdann Ländereien, auf welchen sie Kaffee, Zucker und Reis bauten, und das nöthige Vieh.

Zur Aufsicht der Strafanstalten ist seit 1854 ein eigenes militärisch organisirtes Wächtercorps eingerichtet, die geistliche Leitung derselben aber den Jesuiten anvertraut, die sich freiwillig zu dieser schweren Aufgabe erboten und auch nicht ohne günstigen Erfolg unter den Sträflingen gewirkt haben.

Seit dem J. 1864 werden — und zwar in Folge damals erlassener Gesetze — keine Strafgefangenen aus Frankreich mehr nach Cayenne deportirt, vielmehr seit der Deportation Verurtheilten, wie bereits oben S. 123 bemerkt, nach Neu-Caledonien gebracht.

Die Hauptbeschäftigung der Bevölkerung von Französisch-Guyana bildet der Ackerbau. Außer den bei Britisch-Guyana und Surinam aufgeführten Culturpflanzen werden auch noch einige aus Ostindien eingeführte Gewürzpflanzen, insbesondere der Gewürznelkenbaum und der einheimische Orleanbaum (Ruru, Bisca Orellana Lin.), welchem aus den Samen des Baumes bedeckender klebriger, in der Medicin und Färberei vielfach zur Anwendung kommender Stoff abgewonnen wird, in bedeutendem Umfange angebaut.

Producirt wurden:

Im Jahre	auf Hectaren	Klg. Zuckerrohr	Klg. Kaffee	Klg. Baumwolle	Klg. Cacao
1866	6662	795,500	73,275	1750	79,210
1867	6672	1,375,499	107,424	883	56,581
1868	5668	420,590	60,463	262	56,331
1869	5309	418,414	135,614	1105	30,965
1870	7126	432,204	60,079	1580	54,556
1871	6878	410,594	57,453	1501	51,828

Im Jahre	auf Hectaren	Klg. Zuckerrohr	Klg. Kaffee	Klg. Baumwolle	Klg. Cacao
1872	7696	232,024	38,873	1500	46,351
1873	6682	262,800	40,250	1700	47,779
1874	6656	243,984	48,028	1750	52,430
1875	6222	232,865	38,600	1541	58,218
1876	6633	178,760	40,000	1000	69,000
1877	6495	86,500	42,500	1125	73,000

Außer den genannten Producten werden noch erzeugt Melasse und Syrup, Tafia (Branntwein), Gewürznelken, Ruru (Orlean), Pfeffer, Caneel und Muskatnüsse, Bananen, Cassave, Reis, Mais u. f. w.

Unter allen Culturen ist die des Orlean oder Rucu die älteste, und dieselbe liefert jetzt auch einen Hauptausfuhrartikel. Diese Culturpflanze wird wie Kaffee, Cacao, Baumwolle und Gewürze nicht in besonderen großen Plantagen, sondern von den meisten Grundbesitzern gleichzeitig mit den übrigen genannten Pflanzen cultivirt, wogegen der Anbau des Zuckerrohrs und die Production von Zucker, Syrup und Branntwein nur im Großen auf eigenen Plantagen geschehen kann, weshalb auch diese Productionen am meisten durch die Emancipation der Sklaven gelitten haben. Die zur Nahrung cultivirten Gewächse sind dieselben wie in Britisch- und Holländisch-Guyana.

Die Zahl der Arbeiter in diesen Culturen betrug:

1866	6454	Arbeiter
1867	6813	"
1868	6675	"
1869	6255	"
1870	5459	"
1871	5266	"
1872	5312	"
1873	5288	"
1874	5449	"
1875	4937	"
1876	4988	"
1877	4709	"

Der Werth der erzeugten Produkte betrug:

1867	415,328	Frcs.
1868	793,611	"
1869	670,275	"
1870	480,807	"
1871	570,330	"
1872	451,592	"
1873	451,971	"
1874	520,153	"
1875	661,156	"
1876	601,913	"
1877	597,180	"

Die Viehzucht der Colonie ist ganz unbedeutend. Rindvieh, Pferde und Maulthiere werden in großen Mengen eingeführt.

Der Handel von Französisch-Guyana ist, obgleich durch mannichfache Schutzmaßregeln gehemmt, doch freier als der einiger anderer französischer Colonien.

In Gemäßheit eines Decrets vom 24. Dec. 1864 ist der Hafen von Cayenne für alle auswärtigen Schiffe, auch für nichtfranzösische, geöffnet. Waaren aller Art, von überall her und unter jeder Flagge werden gegen einen Einfuhrzoll von drei Procent zugelassen. Nichtfranzösische Schiffe haben überdies eine surtaxe de pavillon zu bezahlen, welche beträgt: für Schiffe aus europäischen und aus nichteuropäischen Ländern am Mittelmeer 10 Frcs., aus Ländern am atlantischen Ocean, mit einbegriffen die Capstadt und das umliegende Gebiet, 10 Frcs.; aus allen übrigen Ländern 20 Frcs.

Die in Cayenne eingeführten Waaren dürfen ein Jahr lang im sog. entrepôt fictif, d. h. in Privatlägern verbleiben. Für diese Aufbewahrung im Entrepôt ist eine Gebühr zu zahlen, welche je nach Umfang und Beschaffenheit der Waare zwischen 15 und 75 Centimes schwankt. Für Zucker, Tabak, Rum, Stockfische und Farbehölzer bestehen besondere Vorschriften.

Nach Ablauf der Frist von einem Jahre muß von den betreffenden Waaren der Zoll bezahlt werden.

Die in der Colonie producirten und in dieselbe eingeführten Waaren dürfen unter jeder Flagge und nach jedem Hafen unentgeltlich ausgeführt werden.

Dem Werthe nach betrug die

	Einfuhr:		Ausfuhr:	
1866	9,740,032	Frcs.	1,870,816	Frcs.
1867	10,699,239	"	2,154,870	"
1868[1]	7,857,843	"	1,755,058	"
1869	8,238,125	"	2,530,425	"
1870	6,700,461	"	1,185,150	"
1871	7,340,668	"	1,060,291	"
1872	5,903,413	"	459,370	"
1873	7,126,511	"	606,309	"
1874	6,571,067	"	681,211	"
1875	7,354,991	"	522,942	"
1876	8,012,820	"	507,967	"
1877	7,700,971	"	371,330	"

1) Der sehr verschiedene Betrag der jährlichen Summen der Ein- und Ausfuhr erklärt sich aus dem wechselnden Verlaufe des Handelsverkehrs mit dem Mutterlande.

Die Schiffsbewegung war folgendes:

	Einkommende Schiffe			Ausgehende Schiffe		
	aus Frankreich	aus anderen Ländern	Total	nach Frankreich	nach anderen Ländern	Total
1866	93	25	118	92	22	114
1867	110	26	136	103	22	125
1868	98	16	114	102	16	118
1869	97	20	117	73	22	95
1870	91	27	118	103	26	129
1871	88	22	110	89	17	106
1872	65	17	82	78	17	95
1873	64	16	80	62	17	79
1874	65	24	89	68	22	90
1875	61	21	82	70	20	90
1876	67	25	92	66	25	91
1877	68	24	92	73	27	100

Die Münze in Französisch-Guyana ist eine eigenthümliche, man rechnet seit 1821 gesetzlicher Bestimmung gemäß nach Franken (Francs) in 100 Centimen, der Franken wird auch bisweilen noch in 20 Sous de francs (Franken-Sous) getheilt. Die Währung ist aber nicht die französische, sondern die sogenannte westindische, in welcher wie auf der Insel Guadeloupe 185 Franken = 100 Franken französisches Silbercourant sind, sodaß 100 Franken von Französisch-Guyana $54^9/_{37}$ Franken französisches Silbercourant sind. Früher und bis zum J. 1821 rechnete man in Französisch-Guyana nach Livres zu 12 Sous zu 12 Deniers in der älteren dortigen Colonialwährung, dem sogenannten westindischen Courant, welche Währung um ein Drittel geringer war als die ehemalige französische Tournois-Valuta.

Außer den einheimischen und französischen Münzen sind hauptsächlich Silberpiaster spanischen, mexikanischen und südamerikanischen Ursprungs (gewöhnlich zu zehn Franken westindischer Währung) sowie goldene Onzas oder Doublonen des nämlichen Ursprungs im Umlauf.

Die Noten (Banque de la Guyane) in Cayenne haben theilweise den Charakter von Staatspapiergeld, theilweise den von Privatpapiergeld. Diese Actienbank ist in der Colonie ausschließlich berechtigt zur Ausgabe von Noten zu 500, 100 und 25 französischen Franken, welche von den öffentlichen Kassen an Zahlungsstatt angenommen werden. Der Gesammtbetrag der Noten und aller anderen Verbindlichkeiten der Bank darf das Dreifache des eingezahlten Kapitals nicht überschreiten, die umlaufenden Notensummen nicht über das Dreifache des Baarvorraths hinausgehen.

Die Bank wurde im Mai 1855 mit einem aus den Indemnitätsgeldern (siehe oben S. 123) von der Regierung dazu angewiesenen Kapital von 300,000 Frcs. eröffnet.

Das Wechselrecht ist das französische.

Maße und Gewichte sind die alten pariser.

Die Hauptverkehrswege im Innern sind auch hier wie in Britisch- und Niederländisch-Guyana die Flüsse, doch ist hier der Binnenverkehr ein noch viel beschränkterer. Die größeren Flüsse sind etwa 56—70 Kilometer weit aufwärts, wo die Stromschnellen anfangen, für größere Fahrzeuge schiffbar; weiter landeinwärts nur für leichtere Boote, auch sind ihre Mündungen allgemein, der Sandbänke wegen, nicht leicht zugänglich.

Außer den oben aufgeführten Flüssen enthält Französisch-Guyana noch eine große Anzahl kleinerer, sowie viele selbständige Wassergräben, die Flußarme stehen nämlich hier wie in ganz Guyana vielfach unter sich und mit den Verzweigungen anderer Flüsse in Verbindung, wodurch viele langsam fließende Wassergräben (holländisch kreeks, englisch creeks, französisch criques) — wie wir bereit oben (S. 106) in dem Abschnitte über Niederländisch-Guyana bereits näher gedacht haben — entstehen. Es würde daher auch hier wie in Surinam, wenn die Franzosen mit derselben Betriebsamkeit und Intelligenz wie die Holländer vorgehen wollten, ein das ganze Land bedeckendes, der Schiffahrt höchst förderliches Netz von Kanälen hergestellt werden können.

Bisher gibt es in der Colonie nur 7 von Menschenhand gegrabene Kanäle. Es sind die folgenden:

1) Die 8000 Meter lange und 10 Meter breite Crique fouillée, welche die Insel in ihrer ganzen Breite durchschneidet und die beiden Flüsse Cayenne und Mahuri mit einander verbindet.

2) Der 6600 Meter lange und 14 Meter breite Kanal Torcy am rechten Ufer des Mahuri.

3) Ein Kanal, welcher rechtwinkelig in den oben erwähnten mündet und eine Verbindung zwischen dem letztern und dem Meere herstellt, in das er einen Theil seines Wassers ergießt.

17

4) Ein dem Kanal Torcy parallel laufender, hinter den am linken Ufer desselben liegenden Wohnungen fließender Kanal, welcher zum Zweck der Trockenlegung dieser Wohnungen gegraben wurde und nach dem Meere zu mit einer Schleuse versehen ist; er ist 6000 Meter lang und durchschnittlich 8 Meter breit.

5) Der Kanal Laussat, welcher die Stadt Cayenne im Süden durchschneidet und sich mit seinen beiden Endpunkten ins Meer ergießt.

6) Der von Jesuiten gegrabene Canal du Collège; er führt zu einer schönen Zuckerplantage, welche ursprünglich zu einem Jesuitencollegium diente, von welchem der Kanal seinen Namen erhalten hat.

7) Ein Kanal, der nach der Gabrielle führt, eine ehemals dem Grafen Artois, jetzt dem Staate gehörende Besitzung.

Die besten Hafenplätze der Colonie und die geschützten sind der von Cayenne und der der Isle Royale von der Gruppe der Isles du Salut.

Zwischen diesen Inseln und Cayenne findet jetzt der Verkehr großentheils durch Dampfboote statt, welche auch die Verbindungen der verschiedenen Straf-Etablissements im Innern mit der Hauptstadt unterhalten.

In der geistigen Cultur steht Französisch-Guyana Britisch- und Niederländisch-Guyana vielleicht noch nach. Das Erziehungswesen liegt, unter der Oberaufsicht des Gouverneurs und des directeur de l'intérieur, fast allein in den Händen der religiösen Orden, nämlich der Schwestern von St. Joseph und St. Paul und der Brüder von Ploërmel, welche ihr Mutterhaus auf den französischen Antillen haben und deren Thätigkeit unter der frühern Sklavenbevölkerung sehr anerkennenswerth war. Gegenwärtig gibt es in der Colonie ein Collège mit einem Director und 10 Lehrern und in der ganzen Colonie 9 freie Elementarschulen für Knaben und Mädchen, in welchen 1100 Kinder unterrichtet werden. Durch die Bestimmungen des vielberufenen neuesten Ferry'schen Unterrichtsgesetzes, welches bekanntlich die Lehrthätigkeit der geistlichen Orden in Frankreich sehr beschränkt, wird das Unterrichtswesen in der Colonie in keiner Weise berührt.

Die kirchlichen Angelegenheiten stehen unter einem apostolischen Präfecten, der von der Regierung ernannt und von dem Papste bestätigt wird, und der ein Einkommen von 9000 Frcs. vom Staate hat. Die Colonie zerfällt in 12 Kirchspiele, welche mit 12 Priestern oder Vicaren besetzt sind, die vom Staate eine Besoldung von 60,000 Frcs. erhalten. Die Geistlichen werden wie alle für die französischen Colonien bestimmten Geistlichen in dem Seminar Du Saint-Esprit in Paris gebildet.

In Cayenne besteht auch eine Buchdruckerei, in welcher ein officielles Journal erscheint und welche auch einige werthvolle Schriften historischen und statistischen Inhalts über die Colonie geliefert hat.

Die Verwaltung anlangend, so sind die Befugnisse der Gouverneure und Commandanten für alle französischen Colonien, außer den Antillen und der Insel Réunion, durch ein Decret vom 30. Jan. 1867 geregelt. Nach diesem Decret liegt die gesammte Verwaltung, insbesondere auch die Besteuerung, sowol die Feststellung der Steuergesetze als die Eintreibung der Steuern in den Händen des Gouverneurs, welche darüber in Local-Decreten beschließen. Ausgenommen davon sind nur die Zölle, deren Regelung sich die Regierung des Mutterlandes vorbehalten hat. Die von den Gouverneuren und Commandanten erlassenen Verordnungen unterliegen der Genehmigung des Colonial-Ministers, werden aber provisorisch zur Ausführung gebracht.

In Guyana wie in einigen anderen französischen Colonien gibt es überdies seit elf Jahren in Gemäßheit einer mit Genehmigung des Ministers der Marine und der Colonien erlassenen Verordnung des Gouverneurs vom 31. Aug. 1870 eine Ackerbau-, Handels- und Industrie-Kammer. Sie besteht aus fünfzehn Mitgliedern, welche von einer Notabelnversammlung, bestehend aus den hundert höchstbesteuerten Grundeigenthümern und Pächtern und sämmtlichen die Patentsteuer 1. und 2. Klasse zahlenden Kaufleuten und Industriellen gewählt werden. Alle Wähler müssen ein Alter von einundzwanzig Jahren haben, in der Colonie seit länger als sechs Monaten domicilirt oder patentirt und im Besitze ihrer bürgerlichen und politischen Rechte sein. Die Mitglieder der Kammer müssen ein Alter von fünfundzwanzig Jahren haben, Gutsbesitzer, Kaufleute oder Industrielle sein, sich im Vollbesitz ihrer bürgerlichen und politischen Rechte befinden und seit länger als sechs Monaten ihr Domicil und ein Grundstück oder ein Geschäft in der Colonie haben. Wählbar sind außerdem frühere Gutsbesitzer, Kaufleute und Industrielle, welche ihr Geschäft fünf Jahre lang betrieben haben.

Die Wählerversammlungen werden von dem Gouverneur auf den Antrag des nächsthöchsten Colonialbeamten, des Directors des Innern (directeur de l'intérieur) einberufen und tagen unter dem Vorsitze eines Mitgliedes des Conseil privé, eines aus zwei von den heimischen Regierung unter den angesehensten Einwohnern der Colonie ernannten, dem Gouverneur zur Seite stehenden Rathes. Dem Präsidenten stehen vier Notabeln zur Seite, nämlich die beiden ältesten und die beiden jüngsten der anwesenden Notabeln. Das so zusammengesetzte Bureau ernennt einen Secretär aus der Mitte der Versammlung.

Die Mitglieder der Kammer werden in geheimer Abstimmung aus einer einzigen Wahlliste und mit absoluter Majorität der anwesenden Wähler gewählt. Die Kammer wird jährlich zu einem Drittheil erneuert. Die austretenden Mitglieder sind wieder wählbar. Der Präsident, der Vicepräsident und die Schriftführer werden von der Kammer selbst aus ihrer Mitte mit absoluter Stimmenmehrheit auf ein Jahr gewählt. Die Kammer kann sich versammeln, so oft sich eine Frage darbietet, welche die von ihr zu vertretenden Interessen berührt. Der Zusammentritt der Kammer findet statt auf Convocation des Präsidenten, welcher den Gouverneur von dieser Berufung in Kenntniß zu setzen hat, oder auf die Aufforderung des Gouverneurs, wenn er der Kammer eine Frage zur Entscheidung vorzulegen hat. Alljährlich überreicht die Kammer, bevor sie über das Colonialbudget beschließt, der Regierung eine Denkschrift, in welcher sie ihre Ansichten über alle den Ackerbau, den Handel und die Industrie betreffenden Fragen darlegt. Die Kammer hat zu beschließen über alle neu zu erlassenden Gesetze in Betreff des Ackerbaus, des Handels und der Industrie, der Abtretung von Staatsgrund, des Wasser- und Waldwesens, der Arbeitsregulative, der Einwanderung, des Wegewesens, des technischen Unterrichts, der öffentlichen Belohnungen, der Ausstellungen, der Hafenarbeiten, der Fluß- und Küstenschifffahrt, der Creditanstalten, der Steuern, Zölle, Entrepots u. s. w. Sie erhält von der Regierung officiell oder auf ihr Verlangen alle für ihre Berathungen wichtigen Mittheilungen. Die Kammer correspondirt durch Vermittelung ihres Präsidenten direct mit dem directeur de l'intérieur über die ihrer Berathung unterliegenden Angelegenheiten. Sie kann sich in mehrere Commissionen theilen, welche das Recht haben, sich, in der Zeit zwischen den Sessionen der Kammer zu versammeln, und die ihnen von dieser übertragenen Untersuchungen anzustellen. Der directeur de l'intérieur hat Zutritt zu den Sitzungen der Kammer und muß gehört werden, so oft er es verlangt. Die Kammer hat auch das Recht, Personen, deren Aussagen sie über irgend welche Angelegenheit zu vernehmen wünscht, vor sich zu laden; sie hat jedoch eine lediglich berathende Stimme, und ihre Beschlüsse sind daher für den Gouverneur nicht verbindlich. Derselbe ist vielmehr noch immer der alleinige Inhaber der Regierungsgewalt und verwaltet gemeinschaftlich mit den drei Administrationschefs, einem Zahlmeister (ordonnateur), einem Director des Innern und einem General-Procurator, die verschiedenen Dienstzweige, während ein Controleur über die Ordnung der Geschäfte die Aufsicht ausübt und wenn nöthig, die Beobachtung der Gesetze und Reglements reclamirt.

Die Municipal-Verfassung von Französisch-Guyana ist durch ein Colonial-Decret vom 3. Juni 1835 geregelt; dasselbe theilt die ganze Colonie in Quartiers oder Communen, es sind deren außer dem Stadtquartier die folgenden zwölf: Isle de Cayenne, Tour de l'Isle, Tonne Grande, Mont-Lineri, Macouria, Oyapoek, Approuague, Kaw, Sinamary, Kuru, Iracubo und Mana.

Nur die Stadt Cayenne hat einen Municipalrath, welcher aus zwölf von dem Gouverneur ernannten Municipalräthen besteht; aus ihrer Mitte wählt der Gouverneur den Maire und die beiden Adjuncten, welche drei Jahre lang ihr Amt verwalten. Der Municipalrath wird auf 6 Jahre gewählt und alle 3 Jahre erneuert.

In den übrigen Quartieren außer Cayenne gibt es je einen commissaire-commandant und einen lieutenant commissaire. Die Maire und die commissaires-commandants haben unter der Autorität des directeur de l'intérieur die Gesetze, Ordonnanzen, Decrete und Regulative über die allgemeine Verwaltung der Municipal- und Rural-Polizei, die gerichtlichen Functionen, welche ihnen durch Gesetze und Regulative übertragen sind, und die Verwaltung des Civilstandes zur Ausführung zu bringen.

Der Municipalrath von Cayenne hat nur das Recht, seine Ansichten über die Angelegenheiten in Betreff der städtischen Verwaltung und die Fragen, welche ihm von der höheren Behörde vorgelegt werden, auszusprechen. Er wird namentlich zu Rath gezogen bei den von der Verwaltung der Brücken und Wege alljährlich auszuführenden Arbeiten und über die Budgets der wohlthätigen Anstalten. Ein eigentliches Municipalbudget gibt es nicht. Die Ausgaben der Communalverwaltung werden in das Colonialbudget aufgenommen.

Die Justiz-Pflege wird von Friedensrichtern, einem Tribunal erster Instanz, einem höchsten Gerichtshof und einem Assisengerichtshofe ausgeübt. In Cayenne besteht ein Friedensgerichts- und Polizei-Gerichts-Tribunal, welches die Stadt Cayenne und die fünf umliegenden Quartiere umfaßt. Für die ganze Colonie besteht nur ein Tribunal erster Instanz, zusammengesetzt aus einem Richter, einem Richter-Lieutenant, einem Richter-Auditeur, einem Procurator und 2—3 Substituten. Dasselbe erkennt über Appellationen von Urtheilen der Friedens-Gerichte in Civil- und Handelssachen und als Corrections-Tribunal über die Urtheile der Polizei-Gerichte, Contraventionen gegen die Gesetze über den auswärtigen Handel, die Douanen und die indirecten Steuern u. s. w. Der höchste Gerichtshof besteht aus einem Präsidenten, zwei Räthen und einem Rath-Auditeur. Der Procureur des Tribunals von Cayenne und seine Assistenten versehen den Dienst des Staatsanwalts. Der höchste Gerichtshof erkennt in Appellation über die Urtheile des Tribunals erster Instanz und über Delicte und Uebertretungen, welche die Competenz der Polizei-Gerichte überschreiten. Der Assisen-Gerichtshof für die Criminal-Justiz besteht aus dem Präsidenten des höchsten Gerichtshofes, zwei Räthen, vier aus den Einwohnern gewählten Assessoren, dem Procureur und einigen Substituten.

Die französischen Gesetzbücher sind, und zwar der Code civil seit 1805, der Code de Commerce seit 1820 und der Code pénal seit 1829, mit gewissen Modificationen eingeführt. Durch ein Gesetz vom 8. Jan. und drei Decreten vom 6. März 1877 ist die Anwendung des Code pénal auf die meisten Colonien und unter ihnen Guyana nur insofern beschränkt, als durch diese gesetzlichen Bestimmungen die Gouverneure und Commandanten mit dem Rechte bekleidet werden, Strafen in Administrations- und Polizeisachen mit absoluter Geltung bis zu fünf Tagen Gefängniß und 15 Franken Geldbuße und unter Vorbehalt der innerhalb vier Monaten einzuholenden Genehmigung der heimischen Regierung zu 15 Tagen Gefängniß und 100 Franken Geldstrafe zu verhängen.

Für die Finanzen Guyana's wie aller französischen Colonien ist das Princip maßgebend, daß nur ganz bestimmte Ausgaben dem Staate und alle anderen den Colonien selbst zufallen. Ein Decret vom 26. Sept. 1855

17*

hat die Vertheilung der Einnahmen und Ausgaben für die Colonien auf das Staatsbudget und die Local-Budgets der Colonien geregelt. Nach diesem Decret fallen auf das Staatsbudget unter dem Namen Services coloniaux die folgenden Einnahmen und Ausgaben:

I. Einnahmen.

1) Der vorkommenden Falls dem Staatsschatz durch die Colonien zu leistende Beitrag, in Gemäßheit zweier Senatus-Consulte vom 3. Mai 1854 und vom 4. Juli 1866 und eines Decrets vom 13. Juni 1872. Zu einem Beitrag zum Staatsbudget können die Colonien nur angehalten werden, wenn die Einnahmen ihres Local-Budgets die Ausgaben übersteigen.

2) Der Erlös der Verkäufe und Abtretungen von dem Staate gehörenden Gegenständen.

II. Ausgaben.

1) Die Militärausgaben;
2) die allgemeinen Verwaltungsausgaben, und
3) die der Localregierung der Colonien bewilligten Zuschüsse.

In Betreff der vorstehend unter 2 aufgeführten Ausgaben für die allgemeine Verwaltung werden die Colonien in zwei Gruppen getheilt. Für diejenige der beiden Gruppen, zu welcher Französisch-Guyana gehört, begreifen diese Ausgaben in sich: die Justiz, den Cultus, die Unterstützung des öffentlichen Unterrichts, die Hafenarbeiten und die Gehalte einiger Beamten.

Alle vorstehend nicht specificirten Ausgaben fallen den Colonien zur Last, welche dieselben aus ihren Localeinnahmen bestreiten. Die Einnahmen und Ausgaben der o nien werden in den verschiedenen Colonien verschieden, für Guyana von dem Gouverneur im Conseil privé ou d'administration festgestellt.

Die Local-Einnahmen von Guyana sind: Die an Stelle der Grundsteuer tretenden Ausfuhrzölle auf die Colonialproducte, die Steuern auf die Ländereien, auf welchen dem Ausfuhrzoll nicht unterworfene Producte cultivirt werden, die Häuser-, Personen-, Patent-, die Einschreibe-, Stempel- und Hypothekensteuer, die Einfuhrzölle, die Entrepot- und Schiffahrtsabgaben, die Steuern auf die Fabrikation und den Verkauf von geistigen Getränken, die Einnahmen aus der Post und aus den Colonial-Grundstücken, und endlich die erforderlichen Falls aus dem Staatsbudget zu leistenden Subventionen für die Colonie.

Die Local-Ausgaben sind: Die dem Mutterlande von der Colonie eventuell zu leistende Contribution; die Gehalte der Beamten, des directeur de l'intérieur, der Finanz, des Unterrichts, des Wegewesens, der Polizei und aller übrigen Beamten, die von der Colonialregierung bewilligten Pensionen, die Kosten der Steuer- und Zoll-Erhebung, der Finanz-Verwaltung und der Hospitäler, die Gerichtshöfe, die Möblirung der Regierungsgebäude, die Kasernirung der Gensdarmerie, große Reparaturen und Unterhaltungskosten der Colonial-Gebäude; Unterhaltungskosten der öffentlichen Wege und Kanäle, Unterstützung armer Creolen und Einwanderer, die Ausgaben

für Findlinge, Geisteskranke und mit ansteckenden Krankheiten behaftete Personen, Zinsen und Amortisationen der von der Regierung autorisirten Anleihen und alle anderen den Colonien in Gemäßheit von Gesetzen oder Decreten zur Last fallenden Ausgaben.

Zur Abschließung von Anleihen müssen die Colonialregierungen vorgängig durch Decrete autorisirt sein, welche auf den Vorschlag des Ministers der Marine und der Colonien von der Regierung des Mutterlandes erlassen werden. Aus den Einnahme-Ueberschüssen wird in jeder Colonie ein Reservefonds gebildet, dessen Maximum für Guyana auf 1,000,000 festgesetzt ist. Der Reservefonds dient zur Deckung der Deficits und zur Bestreitung außerordentlicher Ausgaben, welche durch unvorhergesehene Ereignisse nothwendig werden. Alle Darlehen aus dem Reservefonds an Private oder an öffentliche Anstalten sind untersagt.

Das Militär steht wie in allen französischen Colonien unter dem Minister der Marine und der Colonien. Der Oberbefehl über das Militär steht in der Colonie dem Gouverneur zu. Neben diesem gibt es in Guyana wie in Neucaledonien einen Militärcommandanten, welcher den Gouverneur im Fall seiner Abwesenheit vertritt und in dessen Hand sich alsdann der Oberbefehl über die Landtruppen der Colonie befindet. Die in der Colonie verwendeten Truppen bestehen aus Infanterie- und Artillerie-Détachements der Marinetruppen.

Die Gensdarmerie in der Colonie wird ebenso wie das Geniecorps von dem Kriegsdepartement geliefert. Eingeborene Truppen gibt es in Guyana nicht.

Der Marinedienst ist in Guyana durch ein Decret vom 16. April 1856 organisirt worden.

Die Besatzung in der Colonie besteht gewöhnlich aus etwa 1200 Mann Infanterie, 80 Mann Artillerie und 200 Gensdarmen.

Hauptstadt und einzige Stadt in der Colonie ist Cayenne unter 4° 56' 15" nördl. Br. und 52° 16' 30" westl. L. von Greenw., auf der Nordwestseite der bereits oben (s. S. 124) erwähnten Insel gleichen Namens. Die Insel wird im Norden von der See, im Westen von dem Flusse Cayenne, im Osten von dem Flusse Oyac und im Süden von einem diese beiden Flüsse verbindenden Rivière-du-Tour de l'Isle genannten Kanal begrenzt und hat einen Umfang von 50 Kilometern. Ihr nördlicher Theil bietet verschiedene Hügel und Erhöhungen dar, in ihrem südlichen Theile aber ist sie niedrig und in der Regenzeit sehr feucht. Auf ihr befindet sich auch die einzige 16,000 Meter lange und 7 Meter breite Landstraße der Colonie, welche, ungepflastert, wegen ihres sehr sandigen Bodens immer trocken ist und zu einem am linken Ufer des Mahuri errichteten Landungsplatze genannten Landungsplatze führt.

Von der Rhede aus gewährt die Stadt Cayenne einen sehr malerischen Anblick. Die hier und da steil aufsteigenden grünen Berge, die Gruppen von Palmen und Cocosbäumen zwischen den Häusern der Stadt, die Bauart, die das ganze Bild umrahmenden

Manglobäume, alles vereinigt sich, um Cayenne als den Typus einer Creolenstadt erscheinen zu lassen.

Dieser Eindruck wird noch verstärkt, wenn man ans Land steigt. Die Menschen wie die Häuser haben ein durchaus tropisches Gepräge, die Häuser haben keine Fensterscheiben, zum Schutz gegen Hitze und Regen dienen um die Häuser laufende Galerien, welche durch beweg= liche Jalousien und grüne Matten geschlossen sind und der Luft freien Durchzug gewähren.

Die Bewohner verstehen sich hier auf diese dem Klima angepaßte Bauart besser als die Leute auf den Antillen, welche zu sehr auf Nachahmung des europäischen Baustils bedacht sind. Die Stadt, welche einen Umfang von 3400 Meter und einen Flächeninhalt von 70 Hec= taren hat, zählt 500 Häuser und ungefähr 6000 Ein= wohner. Sie besteht aus dem alten eng und schlecht gebauten Theile und aus dem umfangreichern neuen Theile, welcher besser gebaut ist und breite Straßen hat. An eigentlich schönen Bauten fehlt es in der Stadt; jedoch sind das Hotel des Gouverneurs mit sehr hübschen Façade, die demselben gegenüberliegende Artilleriekaserne, vor welcher sich eine dicht belaubte Allee von Manglo= bäumen hinzieht, die Gendarmeriekaserne, das Hospital, das palais de justice, die Kirche u. f. w. ganz ansehn= liche ihrem Zwecke entsprechende Gebäude. Sehr hübsch ist ein ganz mit Palmenbäumen besetzter, place des pal= mistes genannter Platz. Vor der Stadt befindet sich der Jardin d'acclimatisation.

Die Stadt ist auf der Seeseite stark befestigt und auf der Landseite durch Moräste und Wald geschützt.

Der Hafen der Stadt, an der Mündung des Cayenne= flusses ist der beste der Colonie, aber nur für Schiffe mittlerer Größe zugänglich.

Cayenne ist Sitz der obersten Regierungs= und Justizbehörden und des apostolischen Vicars von Fran= zösisch=Guyana, die Stadt ist ferner der Stapelplatz für den ganzen auswärtigen Handel der Colonie.

Das Klima der Stadt ist sehr feucht, aber nicht gerade ungesund.

Von den übrigen Communen der Colonie sind, außer den schon erwähnten Strafetablissements, zu nennen: Isle de Cayenne mit 2700 Einwohnern, La Tour de l'Isle mit 1500 Einw., Remire Bourg auf der Nord= ostseite der Insel Cayenne mit den Ueberresten eines schönen ehemaligen Jesuitencollegiums; Kourou, befestigtes Bourg an der Mündung des kleinen Flusses gleichen Namens im Westen von Cayenne mit 1000 Einwohnern; Sinnamary, bourg mit 1000 Einw. am Flusse gleichen Namens im Westen des vorigen, bekannt als die Grab= stätte der während der ersten französischen Revolution dahin Deportirten. Appruague, bourg am Flusse gleichen Namens im Osten von Cayenne mit 2000 Einwohnern, und St. Pierre d'Oyapoc oder Fort St. Louis am gleich= namigen Flusse, ehemals eine Hauptmission der Jesuiten, welche aber jetzt wie das im J. 1744 von einem englischen Corsaren zerstörte Fort gänzlich verschwunden ist. Das Quartier dieses Namens hat jetzt nur eine Bevölkerung von etwa 600 Seelen, die am Oyapock zerstreut lebt.

Literatur: *A. Biet*, Voyage de la France équinoxiale en l'Ile de Cayenne, entrepris par les François en 1652 avec un dictionnaire de la langue du même pays. Paris 1664. 4. — *L....M....B...* (*L. Rudhomme*) Voyage à la Guyane et à Cayenne fait en 1789 et années suivantes. Orné de cartes et de gravures. Paris an. VI (1798). — (Vicomte de Galard-Tarraube) Tableau de Cayenne ou de la Guyane française. On y a joint des observations nautiques , recueillies par l'auteur lui même. Paris an. VII. — *Leblond*, Description abrégée de la Guyane française. Paris 1814. 8. — *A. de Humboldt*, Mémoire sur la fixation des limites des Guyanes française et portugaise in: T. Schoell, Archives hist. et diplomat. ou Recueil de pièces offic. etc. inédites. T. I. Paris 1818. 8. — *Labotia*, De la Guyane française et de ses colonisations. Paris 1843. — *Ternaux-Compans*, Notice historique sur la Guyane française. Paris 1843. 8. — (*J. Leche= valier*) Note sur la fondation d'une nouvelle colo= nie dans la Guyane française ou premier aperçu d'un nouveau mode de population et de culture pour l'exploration des régions tropicales, suivi de plusieurs pièces et documents. Paris 1844. — Gu= yane française in: Annuaire de l'Economie poli= tique et de la Statistique par M^m Guillaumin, Jo= seph Garnier, Mme Block. Paris 1844—1880. — *W. de Nouvion*, Extraits des auteurs qui ont écrit sur la Guyane. Paris 1844, 8. — *De Saint-Amant*, La Guyane française, ses mines d'or et ses autres richesses. Paris 1856. 8. — *G. Léjean*, L'Intérieur de la Guyane franç. in: Bullet. d. l. Soc. de Géogr. 4. Série T. XI (1856). — Voyages et travaux des missionnaires de la compagnie de Jésus publiés par les pères de la même compagnie pour servir de complément aux lettres édifiantes. I. Mission de Cayenne et de la Guyane française avec une carte géographique. Paris 1857. — *Car= pentier*, Résumé des voyages et explorations dans les rivières de la Guyane. Paris 1857. 8. — (M—F. de Montézon) Mission de Cayenne et de la Guyane franç. Avec une carte géographique. Paris 1857. 8. — Aperçu économique sur la transportation à la Guyane française in: Revue coloniale. Deuxième Série. T. XVIII und XIX (1857 und 1858). — Résumé comparatif et raisonné du commerce de la Guyane française en 1856 et 1857 in: Revue coloniale. 2. Série T. XX (1858). — *D'Avézac*, Délimitation des Guyanes française et brésilienne in: Bullet. d. l. Société de Géographie. 4 Série. T. XIV (1857) u. Revue coloniale 2. Série. T. XIX (1858). — Die französischen Strafcolonien in Guyane in: Zeitschr. für Allgem. Erdkunde. N. F. IV. (1858.) — Tableaux de population, de culture, de commerce et de navigation, formant pour l'année 1858 la suite des tabl. insérés dans les Notes statist. sur les colonies françaises. — Dieselben pour 1859. Paris 1861—62. 2 Bde. 8. — *Alf. de Saint-Quan=*

tin, Recherches sur la fixation des limites de la Guyane française avec le Brésil etc. Paris 1858. 8. Mit 8 Karten und in: Revue Coloniale 2. Série. T. XX (1858). — Fr.. Attibert, Vier Jahre in Cayenne, a. d. Fr. von Lindenberg. Regensburg 1859. 8. — *Sibour*, Nos relations avec les nègres et les indiens du Haut-Maroni (Guyane française, in: Revue maritime et coloniale. T. I. 1861). — *Ronmy*, Excursion dans le Haut-Maroni mit 1 Karte daselbst. — *G. Vidal*, Voyage d'exploration dans le Haut-Maroni, Guyane française, das. T. V. 1862, mit Karte. — A. Kappler, Holländisch-französische Expedition ins Innere von Guyana, Sept.—Nov. 1861, in: Petermann's geographischen Mittheilungen, 1862. — *Joaq. Caetano da Silva*, L' Oyapoc et l'Amazone : Question brésilienne et française, Paris 1861. 2 Bde. 8. (vergl. Göttinger gel. Anzeigen (1863) Stück 20.) — *F. Bouger*, La Guyane française. Notes et souvenirs d'un voyage exécuté en 1862—1863. Ouvrage, illustré de types, de scènes et de paysages p. Riou et de figures d'histoire naturelle p. Rapine et Delahaye. Paris 1867. 4. — Enquête sur le régime commercial des colonies françaises. Paris 1877. — *Jules Delarbre*, Les colonies françaises, leur organisation, leur administration. Paris 1878. — Dr. *Jules Crevaux*, Voyage d'Exploration en Guyane, exécuté en 1877, sous les auspices de la société de Géographie par ordres des ministres de la Marine et de l'instruction publique, (Extrait) in der Revue maritime et coloniale. Tome 60. Paris 1879. — Dr. *Jules Crevaux*, Exploration de l'Oyapock et du Parou, de l'Ipa et du Yapuro. Rapport au Ministre de la Marine et des colonies. Ebend. Tome 65. Paris 1880.

Nachdem wir im Vorstehenden das Ländergebiet, welches Guyana im engern Sinne ausmacht, sowol im allgemeinen als nach den einzelnen Staaten, in welche dasselbe zerfällt, ausführlich behandelt haben, erübrigt nur noch, im Folgenden, der Natur der Sache nach kurz, das Erforderliche über die beiden den Namen Guyana führenden respective die Republik Venezuela und das Kaiserreiche Brasilien angehörenden Provinzen mitzutheilen.

IV. Das venezolanische Guyana.

Die venezolanische Provinz Guyana (spanisch Guayana) liegt zwischen 1° 8' und 10°.2' nördl. Br. und zwischen 60° 40' und 71° 34' westl. L. von Paris und umfaßt mithin den bei weitem größten Theil der Republik Venezuela, deren ganzes Gebiet sich von 1° 8' bis 12° 16' nördl. Br. und 60° 30' bis 75° 38' westl. L. von Paris erstreckt. Die Provinz Guyana grenzt gegen Norden an die Provinzen Guarico, Barcelona und Cumana, gegen Osten an den Golf von Paria, das atlantische Meer und Britisch-Guyana, gegen Süden an Brasilien und gegen Westen an Neu-Granada und die Provinz Apure. Ihr Flächeninhalt beträgt nach Codazzi 20,149 □ Leg. oder 11,334 □Meilen. Ihren Namen hat die Provinz, wie das ganze Guyana (s. oben S. 73), von den Guayanos-

Indianern, welche zwischen dem Rio Caroni und der Sierra Imataca wohnten und deren Ueberreste, in den ehemaligen blühenden Missionen der Kapuziner vereinigt, noch jetzt den besten Theil ihrer Bevölkerung bilden. — Das Territorium dieser ausgedehnten Provinz, welche durch den Orinoco von dem übrigen Theil Venezuela's getrennt ist, bildet gewissermaßen eine Welt für sich und besteht aus schroffen Bergzügen, Plateaux und Ebenen, die mit frischen Weiden und ungeheueren Urwäldern bedeckt sind. Die Bergzüge gehören dem System der oben ausführlich beschriebenen Sierra Parime an, von welcher zahlreiche unter einander wieder verflochtene Zweige gegen Nordosten und Osten die Provinz bis in die Nähe des Orinoco durchziehen, sich jedoch sämmtlich zu keinen bedeutenden Höhen erheben. Ein großer Theil dieses mit den ausgedehntesten Urwäldern bedeckten unebenen Landes ist noch völlig unerforscht.

Von den Hauptflüssen der Provinz ist zunächst der Orinoco zu nennen. Die eigentliche Quelle des Orinoco (Orinucu in der Sprache der Tamanaken-Indianer) ist, obgleich R. Schomburgk gründliche Forschungen über ihre wahrscheinliche Lage angestellt hat, noch nicht aufgefunden. Der Fluß ist noch ganz unbekannt bis zu dem kleinen Wasserfall Raudal de los Guaharibo, bis wohin Alex. von Humboldt, der den Orinoco aufwärts bis zur entferntesten christlichen Mission, Esmeralda, vorgedrungen war, nach sicheren Erkundigungen den Lauf beschrieben hat. Kurz vor seinem Eintritt in die Provinz Guyana unter 4° 4' 50" nördl. Br. und 70° 29' 16" westl. L. macht der Orinoco in einer Höhe von 228 Meter über dem Meere bei der Vereinigung mit dem von Westen her ihm zufließenden R. Guaviare eine erste große Biegung (Primera Inflexion del Orinoco). Bei der Vereinigung mit dem Guaviare vertauscht der Orinoco sodann plötzlich seine westliche Richtung mit der von Süd nach Nord, die er 38 Leg.[2] weit ungestört behält, bis sich ihm die granitischen Felsen entgegenstellen, welche einige Zweige der Sierra Parime bis dahin aussenden und durch welche sein Lauf hin- und hergeworfen und in der mittleren Richtung gegen Nordnordost abgelenkt wird. Dies ist die Region des durch Al. von Humboldt's Schilderungen so berühmt gewordenen großen Raudales, unter welchen die von Maypures (Mission S. Jo sé de Maypures) und Atures die bekanntesten sind. Unterhalb des letzteren kehrt fein Lauf wieder in den 84 Leg. unterhalb der Verbindung mit dem Guaviare liegenden Mündung des Rio Meta (6° 20' nördl. Br. 70° 4' 29" westl. L.) beibehält. Von da läuft der Strom 13 Leguas weit gegen Nord-Ost bis zu dem berühmten Engpasse (Estrecho) von Barraguan, in welchem die oberhald und unterhalb desselben 1500 bis 2500 Toisen[3] betragende Strombreite auf 889 Toisen eingeschränkt ist, wendet sich dann gegen Osten und endlich wieder nach Norden bis in die Nähe von Caycara 1½ Leg. unterhalb der Mündung des Apure 2½ Leguas weit, woselbst er die Richtung gegen

2) Eine Legua = 5555,55 Met.   3) Eine Toise = circa 2 Met.

Often einschlägt, welche er nun bis zu seiner Mündung nicht wieder verläßt. Während des Laufes von seiner ersten bis zu seiner zweiten großen Biegung erhält der Orinoco wiederum sehr bedeutende Zuflüsse, besonders von Westen her, welche ihm alles auf den ausgedehnten, sanft geneigten, den Anden von Neu-Granada und Merida im Osten und Süd-Osten vorliegenden Ebenen gesammelte Wasser zuführen. Unter diesen Nebenflüssen interessirt uns hier insbesondere der als Verbindungsstraße für die Provinzen von Barinas und Apure mit der See so wichtige Rio Apure, der auf dem Paramo del Batallon im S. von La Grita entspringt und nach einem Laufe von 213 Leguas, von denen 188 schiffbar sind, unter 7° 36′ 23″ nördl. Br. und 69° 7′ 13″ westl. L. von Paris in den Orinoco mündet.

Die zweite große Inflexion des Orinoco zwischen Caycara und Cabruta findet statt an der Einmündung des verhältnißmäßig unbedeutenden von Westen herkommenden Rio Apurito, einem Arme des Rio Apure, unter 7° 38′ 55″ nördl. Br. und 68° 57′ 35″ westl. L. von Paris, in einer Höhe von 63 Meter über dem Meere. Von hier an hat der Strom nunmehr bei seinem fernern Laufe ununterbrochen Wälder auf seinem rechten und Llanos auf seinem linken Ufer. Von der Einmündung des Rio Apurito an fließt der Orinoco nun 36 Leg. weit gegen Osten bis zum Raudal von Camiseta in der Boca del Infierno (Höllenthor, 7° 22′ nördl. Br. und 67° 10′ 31″ westl. L.), wo er eine kleine Wendung gegen Norden macht, um gleich darauf seine frühere Richtung wieder einzunehmen. Diese Stelle ist die beschwerlichste, welche der Strom auf der ganzen Ausdehnung von seiner Mündung bis zum Rio Meta für die Schifffahrt darbietet, jedoch setzt sich die Befahrung desselben, selbst mit ansehnlichen Fahrzeugen, kein merkliches Hinderniß entgegen, und selbst Dampfschiffe können diese Stelle leicht passiren. Auf seinem Laufe von Cabruta bis zu diesen Stromschnellen nimmt der Orinoco außer mehreren kleineren Flüssen den auf der Sierra Parima entspringenden Rio Caura auf, nach dem Raudal Caroui der bedeutendste Fluß, den er unterhalb seiner zweiten großen Biegung noch empfängt. Einige Leguas unterhalb des Raudals von Camiseta geht die Richtung des Stromes allmählich in die gegen Ostnordost über, mit welcher er nach einem Laufe von 10 Leg. den Engpaß (Angostura) erreicht, an welchem Santo Tomas de la Nueva Guyana oder de la Angostura (jetzt Ciudad Bolivar) wahrscheinlich nahe unter demselben Meridian mit den Quellen des Orinoco liegt. In diesem Engpasse, der obern Grenze der oceanischen Ebbe und Fluth. und der Beschiffung durch Seeschiffe, ist der Orinoco, obgleich auf den vierten Theil seiner gewöhnlichen Breite eingeengt, doch noch bedeutend breiter, als der Rhein bei Cöln, nämlich nach Humboldt's Messungen 958 Meter. Von Ciudad Bolivar bis zu seiner Mündung (Punta Barima) hat der Orinoco noch einen Raum von 3° 52′ Länge zu durchlaufen und nimmt auf diesem Wege noch den R. Caroni auf, den größten Zufluß, den er überhaupt auf seiner rechten Seite erhält.

An der Mündung des Caroni in den Orinoco bietet sich ein eigenthümliches Schauspiel dar. Das schwarzbraune Wasser des Caroui strömt nämlich mit solcher Gewalt in den Orinoco, daß es, zu einem riesigen Bande zusammengedrängt, noch eine Legua weit in dem hellgelben Wasser des letztern zu sehen ist, bevor es sich mit ihm vermischt.

Schon an der Mündung des Caroni hört man das gewaltige Getöse der in diesem Flusse besonders häufigen Saltos (Wasserfälle). Der von der Mündung aus erste schon sehr bedeutende Salto, dem aber noch bedentendere folgen, führt den Namen Revaloso. Er ist etwa 85 Meter breit, stürzt in einer Höhe von 20 Metern in drei verschiedenen Absätzen herab und zerstiebt an seinem Fuße in feine weiße Dunstwolken. Der Anblick dieses Saltos macht einen überwältigenden Eindruck durch die ungeheure Wassermasse, welche gleich einem riesigen Schleier die grauschwarzen Felswände herabfällt, um sodann, Nebelwolken gleich, vom Luftzuge weit hinweggeführt zu werden. Die ganze Strecke des Orinoco von Ciudad Bolivar bis zur Mündung ist das ganze Jahr hindurch für größere Seeschiffe, selbst beim niedrigsten Wasserstande für beladene Schooner und mäßige Briggs schiffbar. Vierundvierzig Leguas unterhalb Angostura, zwischen Piacoa und S. Rafael de Barrancas dehnt der Strom sich in einer Breite von 4 Leg. aus, und hier fängt das große Delta an, durch welches der Orinoco in siebenzehn Kanälen (Cañoes) auf einer Küstenausdehnung von 15 Leguas mündet.

Wenige Leguas oberhalb des Beginns des Delta bei Yaya zweigt sich am linken Ufer der große Caño Manamo nach Norden zu vom Hauptstrome ab; letzterer wird die Fahrtstraße der von Ciudad Bolivar nach Trinidad segelnden Schiffe. An der Mündung des Caño Manamo in den Orinoco befindet sich der Malpaso von Yaya, eine Stelle des Orinoco, die durch ihre Seichtheit bereits mehreren Schiffen den Untergang gebracht hat. Das Fahrwasser ist hier ungemein schmal und verändert sich so oft, daß schon deshalb allein der Orinoco nur mit Hülfe eines sichern Lootsen befahren werden darf. Das linke Ufer dieser Gegend des Orinoco ist hoch und bietet einen wilden Anblick durch die gewaltigen Massen der von der starken Strömung herabgerissenen Uferstrecken mit ihren halb im Wasser liegenden Bäumen dar.

Einige Leguas unterhalb Zacupana theilt sich der Hauptstrom (Caño grande) des Orinoco in zwei Arme, von denen der südliche unter dem Namen des Caño Imataca, der nördliche unter dem Caño Zacupana bekannt ist, beide sind von gleicher Breite von circa 3500 Meter und vereinigen sich nach einer 14 Meilen langen Trennung 10 Meilen westlich von Cap Barima, und bilden die 20 Seemeilen breite Hauptmündung des Orinoco, die Boca de Navios, die sich jedoch, sobald man von der See aus kommend, die Punta Barima umsegelt hat und in das Bett des Orinoco eingelaufen ist, sehr verengt und nur 5200 Meter breit ist. Hier endigt dieser Strom, der seiner Größe nach ein Strom zweiten Ranges, der fünfte derjenigen Amerika's, der dritte Süd-Amerika's und der erste Venezuela's ist. Sein ganzer Lauf beträgt 426 Leg., von denen 420 Leg. schiffbar sind.

Der Rio Negro, von den Indianern Curana, d. h. schwarz genannt wegen seines scheinbar schwarzen Wassers, tritt aus dem Gebiete von Neu-Granada unter dem Namen des Rio Guainia in das von Venezuela ein. Unter 2° nördl. Br. und 70° westl. L. von Paris, wo er aus der Richtung gegen Osten plötzlich in die gegen Südsüdost übergeht, nimmt er den Namen Rio Negro an. Das Flußgebiet des Rio Negro umfaßt in Venezuela nur ungefähr 800 ☐Leg.; denn der Fluß verläßt dieses Gebiet bald wieder, um bei der Piedra oder Glorieta de Cocui (unter 1° 53′ 42″ nördl. Br. und 69° 58′ 39″ westl. L. von Paris), welche hier als Grenze gegen Brasilien angenommen wird, auf brasilianisches Gebiet überzugehen.

Der Rio Cuyuni, der unter ungefähr 6° nördl. Br. und 64° westl. L. von Paris in der Sierra Rinocote entspringt, fließt anfangs gegen Norden, wendet sich aber dann gegen Osten und verharrt in dieser Richtung, bis er seine Gewässer dem uns als Hauptfluß in Britisch-Guyana bekannten R. Essequibo zuführt. Seine ganze Länge beträgt 180 Leguas, von denen 143 schiffbar sind. Seine Hauptzuflüsse sind der Rio Avechica von Westen, der Yuruari und der Curumu von Norden und der Masarumi, der ihm kurz oberhalb seiner Mündung von Südsüdwest zufließt. Die Mündung des Cuyuni liegt ungefähr 17 Leguas oberhalb derjenigen des Essequibo in den Ocean. Zwischen dem R. Essequibo und dem südlichsten Mündungsarme des Orinoco münden mehrere bedeutende Küstenflüsse ins Meer, unter welchen der Rio Waini (8° 25′ nördl. Br. und 59° 35′ westl. L. von Greenwich) und der Rio Barima, welcher mit dem vorigen durch einen natürlichen Kanal in Verbindung steht, die größten und für die Ausfuhr des prachtvollen Bauholzes, von dem dieser Theil der Küste bedeckt ist, von besonderer Bedeutung sind.

Eigenthümlich ist allen Flüssen des venezolanischen Guyana wie den meisten Flüssen der übrigen Guyana — die große Anzahl von Stromschnellen, die ihre Befahrung größtentheils nur mittels leichter, zum Theil aus Baumrinden (besonders des Tacamahaco) angefertigten Canoes möglich macht, welche über die unfahrbaren Stellen getragen werden können. Auf diese Weise ermöglichen die Flüsse einen sehr ausgedehnten Verkehr, selbst von einem Flußgebiet in das andere, wie z. B. vom Rio Caura, der in den Orinoco fällt, ein Tragplatz (Arrastradeza oder Portage) zum Rio Parime führt, welcher, wie wir bereits oben bei der Schilderung der Flüsse von Britisch-Guyana erwähnt haben — durch den Rio Branco in den Amazonenstrom mündet. Ebenso ist ein Verkehr durch den Rio Caroni, der aus der Vereinigung des Yuruari und Cukenam entsteht, vermittels dieser Flüsse mit dem Rio Cotinga und anderen Zuflüssen des Rio Branco und in den Regenzeit sogar (mit dem uns gleichfalls schon bekannten) Rupununi, einem Zufluß des Rio Essequibo, möglich.

Das Klima der Provinz ist durchgehends sehr heiß und feucht, auf den Ebenen und Savanen jedoch nicht ungesund, während in den den Ueberschwemmungen der großen Flüsse ausgesetzten Gegenden, sowie in den dichten feuchten Urwäldern Fieber häufig vorkommen. Wegen der sehr heftigen und lange anhaltenden Regen verursachen die Flüsse jährlich große Ueberschwemmungen, und während eines Theils des Jahres stehen sehr ausgedehnte Flächen der Urwälder ganz unter Wasser. Der Orinoco fängt Ende März an zu steigen und wächst oft bis zu 10 Meter über sein Niveau.

Die Bevölkerung beträgt, abgesehen von den unabhängigen Indianern, etwa 22,000 Seelen, und demgemäß ist die Provinz mit durchschnittlich nur etwas mehr als einem Einwohner auf die ☐Meile die menschenleerste der Republik Venezuela. Diese Einwohner, die zur Hälfte aus Mestizen und Weißen, zur andern Hälfte aus civilisirten Indianern bestehen, sind fast ganz auf den nördlichen dem Orinoco benachbarten Theil der Provinz beschränkt. Der bei weitem größte Theil des Territoriums wird nur von unabhängigen indianischen Völkerschaften bewohnt, welche jedoch wenig zahlreich sind, im Ganzen wol kaum 16,000 Individuen zählen und über ein Gebiet von 16,000 ☐Leg. zerstreut sind. Sie nähren sich theils vom Fischfang und von dem mehligen Marke der Murichi-Palme (Mauritia flexuosa) des amerikanischen Sagobaumes, theils von der Yuca und Banane, welche sie, in kleinen Gesellschaften angesiedelt, an den Flußufern cultiviren, theils endlich von den Früchten, welche ihnen die große Familie der Palmen in den Savanen darbietet, und von der Jagd verschiedener Thierarten.

Ausfuhrproducte liefert die ungeheure Provinz, abgesehen von dem gleich näher zu erwähnenden erst neuerdings in den Handel gekommenen Gold, noch sehr wenige. Von den Savanen am Rio Caroni geht einiges Vieh nach Trinidad und Westindien. Von den reichen Waldproducten des Innern wird gegenwärtig noch fast gar nichts in den Handel gebracht, da auch die Ausfuhr der sogenannten Angostura-Fieberrinde neuerdings sehr abgenommen hat und auch das Schlagen von Nutzholz an der Küste noch bei weitem nicht den Umfang erlangt hat, dessen es fähig wäre.

Die Minen, aus welchen das Gold gewonnen wird, liegen drei Tagereisen südlich vom Orinoco und circa 60 Leguas vom kleinen Hafenplatz Puerta de las Tablas. Dieselben wurden vor circa 30 Jahren entdeckt, haben aber erst in den letzten 6 Jahren einen großen Aufschwung genommen. Das Gold wird hauptsächlich aus Quarzadern gewonnen, welche in regelmäßig bergmännischem Betriebe bearbeitet werden. Als Reductionswerk (Pochwerk) dient die sogenannte California Mill, und die Amalgamation geschieht mit Quecksilber. In der Nähe befindliche große Waldungen liefern Holz im Ueberfluß für den Betrieb der Schächte und die Heizung der Dampfkessel; das nöthige Wasser findet sich in dem nahen Flusse Yuruary. Der den Minen zunächst gelegene Ort heißt Guacipati.

Die Verbindung mit Europa wird via Trinidad

bewerkstelligt, von wo dreimal monatlich Dampfer den Orinoco hinauffahren. Die Hauptbergwerke heißen El Callao und Potosi; ersteres gehört einer venezolanischen, letzteres einer englischen Gesellschaft. — Der Ertrag der Minen belief sich im J. 1880 auf circa 12 Millionen Mark und ist stark im Zunehmen. Das gewonnene Gold geht fast ausschließlich nach London. Die Arbeiter in den Bergwerken sind meistens Schwarze von den westindischen Inseln, die einen sehr hohen Lohn, circa 10 Mark pro Tag, erhalten. Ganz neuerdings sind auch in dem hier vorhandenen Alluvialboden bedeutende Quantitäten Gold gefunden worden.

Die Provinz zerfällt in vier Cantone und 34 Parochien. Erstere sind: 1) Angostura mit 8 Parochien und ungefähr 15,000 Einwohnern. 2) Alto Orinoco oder Caicara mit 4 Parochien und ungefähr 2000 Einwohnern. 3) Bayo Orinoco oder Miacoa mit 5 Parochien und circa 1200 Einwohnern und 4) Upata mit 17 Parochien und circa 3500 Einwohnern.

Hauptstadt der Provinz ist Ciudad Bolivar, ursprünglich Santo Tomas de la Nueva Guayana, gewöhnlich aber Angostura genannt, unter 8° 8' 11" nördl. Br. und 66° 15' 21" westl. L. von Paris, am rechten Ufer eines Engpasses (Angostura) 3° 52' südlich von der Mündung des Orinoco gelegen. Die Stadt wurde erst 1764 gegründet und S. Tomas de la Nueva Guayana genannt zum Unterschiede von dem 32 Leguas weiter abwärts, etwa zwölf Meilen östlich von der Mündung des Caroni gelegenen S. Tomas, jetzt Bieja-Guayana, einem 1591 von Antonio de Berrio gegründeten Orte, der damals die Hauptstadt der Provinz Guayana war, jetzt aber ganz verfallen ist. Die Stadt liegt amphitheatralisch an dem Abhange eines Hügels von Hornblendschiefer, der von aller Vegetation entblößt ist. Die bedeutenden Straßen der Stadt laufen mit dem Strome parallel und werden von den den Hügel ansteigenden kleineren Straßen im rechten Winkel durchschnitten. Die Straßen selbst sind, wie in allen Städten Venezuela's, schlecht unterhalten und entbehren oft selbst der Macadamisirung.

Eine rühmliche Ausnahme hiervon macht die sich am Ufer des Orinoco hinziehende Calle de coco, der Sitz der deutschen Kaufleute, die sich vermöge ihrer prächtigen Gebäude und ihrer schönen breiten Trottoirs mit der elegantesten Straße einer europäischen Stadt messen kann. Die Häuser sind zum großen Theil auf dem kahlen Felsengrund erbaut, meist massiv und aus zwei Stockwerken bestehend, woraus hervorgeht, daß die Stadt bisher noch von keinem Erdbeben heimgesucht wurde, dabei bequem und dem Klima ganz angemessen eingerichtet. Sie sind sämmtlich mit flachen Dächern, Azoteas, versehen, auf denen die Einwohner den Abend ändringen, um den frischen Seewind, der um diese Zeit einzutreten pflegt, zu genießen. Diese Azoteas sind meist durch Treppen mit einander verbunden, sodaß man mitunter eine ganze Straße lang auf denselben hinwandeln und nachbarliche Besuche abstatten kann. Der belebteste Spaziergang der Stadt am Abend ist die mit der Calle de coco gleichlaufende und von dieser ostwärts gelegene

Alameda, die sich dicht am Flusse hinzieht und auf der einen Seite mit schönen Häusern, am Flusse hin jedoch mit Alleen von Almendron und riesigen Ceibas geziert ist. Die unter der spanischen Herrschaft begonnene mit Hülfe von Geldbewilligungen der republikanischen Regierung nothdürftig vollendete Kathedrale bildet die einzige nennenswerthe Kirche der Stadt, welche ihres geringen Alters wegen auch an sonstigen bemerkenswerthen öffentlichen Gebäuden einen auffallenden Mangel hat. Die westwärts gelegene Vorstadt Perro seco hat häßliche Straßen mit hüttenähnlichen Häusern und ist fast nur von Indianern bewohnt. Hier werden die unregelmäßigen Straßen oft durch riesige schwarze Felsblöcke mit halbabgerundeten Gipfeln unterbrochen, Gestrüpp von Cactus, Agaven und Fourcroyen überzieht diese Plätze in dieser Vorstadt und gibt ihr einen eigenthümlichen, der hier lebenden Menschenrasse vollkommen entsprechenden Charakter großer Verwilderung. Perro seco zieht sich bis an den kleinen Fluß San Rafael hin, der in der Nähe in den Orinoco mündet.

Die Umgegend der Stadt hat wenig Reiz; aber der Anblick des Orinoco, dessen geringste Breite bei Ciudad Bolivar, wie bereits oben bemerkt, 957 Meter beträgt — während einige Leguas höher hinauf und weiter hinab der Strom in einer Breite von circa 2300—2500 Meter dahinfließt — und der hier eine von Südwest nach Nordost sich hinziehende große Fahrstraße bildet, ist großartig.

Ciudad Bolivar gegenüber an andern Ufer des Orinoco liegt das Städtchen la Soledad, das bereits zur Provinz Barcelona gehört. Mitten im Orinoco, zwischen Ciudad Bolivar und la Soledad liegt ein riesiger Granitfelsen, la piedra del medio, an welchem man den Wasserstand des Stromes durch die markirten Linien, welche das jedesmalige Hochwasser zurückläßt, bequem messen kann. Man ersieht daraus, daß bei Angostura zur Regenzeit der Orinoco im Durchschnitt zu 7—7½ Meter über den gewöhnlichen Wasserstand steigt, während er im Delta gelegentlich bis zu 23—25 Meter anschwillt. Bei Hochwasser macht der ungeheure Strom einen beängstigenden Eindruck durch die rasende Strömung, mit welcher er dahin rauscht und kleine Inseln, losgerissene Uferstrecken, auf denen sich hin und wieder noch Thiere aufhalten, Riesenbäume, kurz alles mit sich fortreißt, was seiner entfesselten Wuth im Wege ist. Nicht selten überschwemmt der Strom bei Ciudad Bolivar die Quais und bringt in die Nähe der Häuser.

Die Stadt bildet den Haupthafen des großen Flußgebietes des Orinoco, ist aber wegen ihrer zu großen Entfernung von der Mündung des Stromes als Hafen nicht sehr günstig gelegen. Der Fluß ist zwar bis zur Stadt zu allen Jahreszeiten mit Seeschiffen mittlerer Größe zu befahren, dieselben bedürfen aber, um an die Stadt zu gelangen, der Hülfe von Schleppdampfern.

Die Stadt hat in den Unabhängigkeitskriegen eine hervorragende Rolle gespielt, dabei aber viel gelitten. Ihre Bevölkerung, welche im J. 1807 auf 8500 Seelen geschätzt wurde, war am Ende des Krieges auf 3000 Seelen gesunken. Nach dem Frieden erholte die Stadt sich rasch und erwuchs zu einem wichtigen Handelsemporium mit großen fremden besonders deutschen Handelshäusern und, zählt gegenwärtig etwa 13,000 Einwohner.

Der Ausfuhrhandel befördert namentlich die Producte der der Stadt naheliegenden reichen Provinzen, insbesondere Rinderhäute, Jaguarfelle, die im Handel unter dem Namen „Pantherfelle" gehen, und von denen jährlich mehrere Tausend von hier nach Europa gesandt werden, Rehfelle, Tabak von Upata und Barinas, Kaffee, Tonkabohnen, Angosturabittern, dessen Hauptingredienz die bittere Rinde des in der Gegend von Upata wachsenden Cuspare ist, Ochsenhörner und Dividivi (Samenschoten der Caesalpinia coriaria), welche bei la Soledad in Menge wachsen.

Die Stadt ist der Sitz des Gouverneurs und des Bischofs der Provinz Guyana, und hat ein Collegium mit einem Priesterseminar und verschiedene öffentliche Schulen.

Das Klima der Stadt ist nicht so heiß, wie ihre Lage vermuthen lassen sollte (mittlere Jahrestemperatur nach Codazzi 26,₆₆° C.), weil die Hitze durch den regelmäßigen Passatwind vom Meere her gemäßigt zu werden pflegt; jedoch gilt das Klima namentlich nach der Regenzeit für sehr ungesund, wozu eine im Südosten der Stadt liegende kleine Laguna von stehendem Wasser wol wesentlich beiträgt; intermittirende Fieber herrschen hier das ganze Jahr hindurch. Dagegen erfreut sich der gegenüberliegende Ort la Soledad einer sehr gesunden Lage und bietet den Bewohnern von Ciudad Bolivar während der dort herrschenden Krankheitszeit einen Zufluchtsort.

Die namhafteren unter den übrigen Städten und Flecken der Provinz sind: das bereits vorhin erwähnte Guyana Vieja, eigentlich San Tomas de Guayana, 32 Leguas östlich von Ciudad Bolivar, am Orinoco gelegen. Upata unter 7° 49′31″ nördl. Br. und 64° 54′ westl. L., 293 Meter über dem Meere, in einer schönen und gesunden Savane gelegene Villa (Flecken) mit 3000 Einw., Hauptort des Cantons gleichen Namens. Dieser Canton umfaßt schöne Landschaften am Rio Caroni, die sich ebenso trefflich zum Ackerbau wie zur Viehzucht eignen. In diesen Landschaften lagen die 30 Missionen der katalonischen Kapuziner, in welchen sich im Jahre 1797 nahezu 16,000 Viehzucht und Ackerbau treibende Indianer befanden; gegenwärtig sind diese Landschaften aber fast völlig wieder verödet. Die Entdeckung reicher Goldalluvionen in diesem Canton hat neuerdings eine immer auch unerhebliche Einwanderung veranlaßt. Piacoa unter 8° 14′ 45″ nördl. Br. und 64° 14′ 16″ westl. L. unbedeutender Flecken an gleichnamigen südlichen Arme des Orinoco und Hauptort des Cantons Bajo Orinoco, dessen Gebiet größtentheils aus dem niedrigen, sumpfigen und den periodischen Ueberschwemmungen unterworfenen Delta-Lande des Orinoco besteht.

Las Tablas, an der Mündung des Rio Caroni, Hafenplatz von Upata. Die Stadt bildete im J. 1867 den Mittelpunkt einer Einwanderung, welche namentlich auch durch die in der Nähe bei den Dörfern Caratal und Tupuquen neu entdeckten Goldminen (s. ob. S. 136) angelockt war. Die Einwanderer standen unter der Lei-

tung eines Dr. Henri M. Price, welchem die Provinzialregierung ein sehr beträchtliches Ländergebiet unter dem Namen „Price Grant" überlassen hatte.

Caroni, an Flusse gleichen Namens, 4 Leguas südlich vom vorigen, früher eine bedeutende Mission, jetzt ein freundlich gelegenes kleines Indianerdorf mit einer in Verfall begriffenen großen Kirche.

Tumeremo, ungefähr 6 Leg. östlich von dem am obern Yuruari, einem nördlichen Zuflusse des Rio Yuruan gelegenen Tupuquen, das schönste Indianerdorf der früheren katalonischen Missionen, freundlich gelegen, reinlich, mit gut gebauten Häusern, die wie in allen früheren Missionsdörfern mit Ziegeln gedeckt sind und, 10—15 Schritte von einander entfernt, gerade Straßen bilden.

Caicara unter 7° 38′.55″.nördl. Br. und 68° 57′ 35″ westl. L. am Orinoco gelegen, da, wo der Fluß seine Richtung von Süden nach Norden gegen die von Westen nach Osten vertauscht, gegenüber der Mündung des Apure. Obgleich Hauptort des den nordwestlichen Theil der Provinz umfassenden Cantons Alto Orinoco ist Caicara eine elende Villa mit wenigen Häusern.

Literatur: Stein und Hörschelmann, Handbuch der Geographie und Statistik für die gebildeten Stände. Neu bearbeitet unter Mitwirkung mehrerer Gelehrten von J. E. Wappäus, 7. Aufl., Bd. I., 3. Abth. — Das ehemalige spanische Mittel- und Süd-Amerika nebst den europäischen Besitzungen von J. E. Wappäus. Leipzig 1868—71 (S. 430—495). — E. F. Appun, Unter den Tropen. Wanderungen durch Venezuela, am Orinoco, durch Britisch- und den Amazonenstrome, in den Jahren 1849—1868. Erster Band. Venezuela. Mit reichs vom Verfasser nach der Natur aufgenommenen Illustrationen. In Holzschnitt ausgeführt von R. Brend'amour und Comp. in Düsseldorf. (Jena 1871.) — The Emigrant's Vade-Mecum or Guide to the „Price-Grant" in Venezuelan Guyana. London 1868. — The London Venezuelan-Guayana. Mutual Emigration Society. (London 1869.) — Carl Sachs, Aus den Llanos. Schilderung einer wissensch. Reise nach Venezuela. Mit Abbildungen (Leipzig 1879, Veit u. Co.).

V. Das brasilianische Guyana.

Der auf der Nordseite des Amazonas gelegene Theil der brasilianischen Provinz Para wird auch unter dem Namen des brasilianischen Guyana zusammengefaßt. Es schließt sich in seiner physischen Beschaffenheit im Allgemeinen dem übrigen Guyana an, bildet aber den am wenigsten erforschten Theil dieses großen Gebietes und ist, je weiter gegen Osten, bestoweniger besiedelt, auch größtentheils noch von Urwäldern bedeckt, in welche nur hie und da vom Amazonas aus die Ansiedelungen vorgedrungen sind. Der an Britisch-Guyana grenzende, zwischen dem Rio Branco und Takutu liegende Theil dieser Provinz war früher von einem wilden Indianerstamme, den sogenannten Wapishianni, bewohnt, welche diese Gegend aber, um den Verfolgungen der Brasilianer zu entgehen, verließen und sich nach dem Britisch-Guyana gehörenden rechten Ufer des Takutu begaben. Von hier aus nahmen sie nach und nach das Gebiet der nunmehr gänzlich ausgestorbenen Amaripa- und der im Aussterben begriffenen Atorai- und Taruma-Indianer, zwischen dem Takutu, Rupununi und Rewa, in Besitz. Die erwähnten Verfolgungen der Brasilianer bestanden in förmlichen Sklavenjagden (Descimentos), welche unter der Sanction der Regierung gegen die Indianer angestellt wurden. Die Niederlassungen derselben wurden zur Nachtzeit unter heftigem Schießen überfallen, in Brand gesteckt und ihre Bewohner, Männer, Weiber, Greise und Kinder, gefangen hinweggeführt, um der brasilianischen Regierung oder einzelnen Fazendairos (Besitzer von Landgütern)' als Soldaten, Ruderer oder Feldarbeiter lebenslängliche Dienste zu leisten.

Die erwähnenswerthen Ortschaften in diesem Gebiete sind:

Obidos (Obybos) unter 1° 56' 7" südl. Br. und 55° 25' 52" westl. L. von Greenwich, ursprünglich eine Mission der Kapuziner (Pauxis) auf dem nördlichen hier nahezu 30 Meter hoch, steil und kahl emporsteigenden Ufer des Amazonas, an der sogenannten Enge von Pauxis oder Obidos, in welcher der Fluß aber doch in imposanter Größe erscheint, da er hier infelsos ist. Der Ort wurde im Jahre 1758 zu einer Villa (Flecken) und 1855 zu einer Cidade (Stadt) erhoben und ist jetzt Sitz eines Municipalgerichtes. Nur eine geringe Zahl großer Schiffe findet hier sichern Ankerplatz. Der jährliche Werth der Ausfuhr wird auf 400,000 Milreis[7]) geschätzt. Der wichtigste Handel ist der mit Cacao und Kautschuk; Tabak, Sarsaparilla, Paranüsse und Vieh bilden die übrigen Ausfuhrartikel. Die Stadt besteht aus etwa 150 sämmtlich mit Ziegeln gedeckten Häusern, welche ziemlich unregelmäßig in vier Straßen, einigen Gassen und zwei Plätzen vertheilt liegen. Ungemein großartig ist der Blick von der Stadt auf den Strom, der in einem Bogen nach Südwest und Südost sich unabsehbar ausdehnt. Der hohen Lage von Obidos wegen sollen intermittirende Fieber daselbst doch endemisch sein, und Fremde sollen dort besonders auch an Leber- und Milzkrankheiten leiden.

Faro, auf der Nordseite des Amazonas, 8 Leg. von demselben an einem schönen fischreichen See gelegen, zu welchem sich dort der die Grenze gegen die benachbarte Provinz Amazonas bildende R. Jamunda ausdehnt, eine kleine Villa, deren Bewohner ziemlich viel Cacao und etwas Baumwolle in der fruchtbaren Umgegend bauen.

Alemquer, ungefähr 10 Leg. ostwärts von Obidos und ebensoweit landeinwärts vom Amazonas, ursprünglich eine Mission der Kapuziner unter den Rhamunbas-Indianern, an einem Ausfluß des großen Surubiu-Sees, jetzt eine kleine Villa, deren meist indianische Einwohner etwas Ackerbau und Viehzucht treiben, wozu die Umgebungen des Sees sehr geeignet sind.

Monte Alegre oder Montalegre unter 2° 1' 40" südl. Br. und 53° 35' 51" westl. L. von Greenwich auf der Nordseite des Amazonas an der Mündung des Rio

---

7) Ein Milreis = circa 2 Mark.

Gurupatuba, ungefähr 12 Leguas unterhalb Santarem, auf einem steil zum Flusse abfallenden Hügel, ursprünglich eine Mission der Jesuiten, im J. 1758 zur Villa erhoben. Eine Zeit lang schien der Ort aufzublühen, als die Regierung daselbst Sägemühlen und eine Fabrik von Fischleim (Grudo) betrieb; jetzt ist er wieder sehr gesunken und macht den Eindruck des Verfalls, obgleich die Villa Sitz eines Municipalgerichtshofes ist.

Praynha unter 1° 51' 35" südl. Br. und 53° 23' 11" westl. L. von Greenwich, an demselben Ufer 10 Leg. unterhalb des vorigen Ortes, eine erst in neuerer Zeit dadurch entstandene Parochie, daß sich die Einwohner des benachbarten Dorfes Nostra Signora do Outeïro hierher zogen, als die Amazonasdampfschiffe hier eine Station zur Einnahme von Holz anlegten.

Almeyrim unter 1° 34' 17" südl. Br. und 52° 27' 11" westl. L. von Greenwich, ungefähr 15 Leguas unterhalb des vorigen Ortes, eine der ältesten Ortschaften am Amazonas, die mit den Resten einer auf europäischen Verwiesenen gebildeten Ansiedelung um das von den Holländern erbaute Forte do Desterro herum gegründet wurde, jetzt eine kleine dorfähnliche Villa, meist von Indianern bewohnt, die sich von der Einsammlung von Waldproducten und vom Fischfang nähren.

Macapa unter 0° 0' 50" südl. Br. und 50° 59' 30" westl. L. von Greenwich, am linken Ufer des Amazonas, 50 Leguas südwestlich vom Cabo do Norte und 25 Leg. nordöstlich von der Stadt Belém, nur 1 Leg. vom Aequator gelegen, die nördlichste größere Ortschaft in Brasilien, ziemlich bedeutende und gut gebaute Villa, seit 1856 Cidade, Hauptstadt der Comarca gleichen Namens und Sitz eines Communal- und Municipalgerichts; der Hafen der Stadt, welcher eine gute Ankerplätze darbietende Rhede bildet, ist durch ein ansehnliches Fort geschützt. In der Umgegend findet sich vortreffliches Nutz- und Bauholz.

Literatur: J. E. Wappäus, Handbuch der Geographie und Statistik des Kaiserreichs Brasilien. Leipzig 1871. — C. F. Appun, „Unter den Tropen", Wanderungen durch Venezuela u.s.w. II. Band (Britisch-Guyana) Jena 1871.

(Emil Lehmann, unter Benutzung eines unvollendeten Manuscripts über Britisch-Guyana von W. Bentheim.)

GUYENNE (oder Guienne), Name einer altfranzösischen Provinz, deren geographische und historische Verhältnisse wir nachstehend auseinanderzulegen haben.

Die Revolution, die 1789 anhob, hat das mächtige Frankreich nicht nur innerlich von Grund aus umgewandelt, sie hat auch der äußeren geographisch-administrativen Gestalt dieses großen Landes eine vollständig neue Physiognomie aufgeprägt, welche die uralte Gliederung der Ländermasse zwischen den Pyrenäen und dem Wasgau, wie sie durch eine Geschichte vieler Jahrhunderte auf Grund der ethnographischen und der politischen Zustände Frankreichs sich herausgebildet hatte, gänzlich zertrümmern und systematisch nivelliren sollte. Obwol

18*

nun im Verlaufe von rund neunzig Jahren die neue Eintheilung in Departements sich in Frankreich selbst, wie
im Sprachgebrauch der übrigen Welt vollständig eingebürgert hat, so hat sie doch die Namen der alten Provinzen keineswegs aus dem Munde und aus der Erinnerung des französischen Volkes verdrängt. Die Namen
der alten Landschaften und Gouvernements, welche recht
deutlich das allmälige Zusammenwachsen des französischen Reiches aus fränkischen, lothringischen, burgundi-
schen- und aquitanischen Theilen erkennen ließen, sind
auch den heutigen Franzosen noch immer geläufig. Denn
die bestimmt entwickelten Verschiedenheiten physischer, so-
cialer und sprachlicher Art in Frankreich knüpfen sich an die
alten Provinzen, nicht an die modernen Departements.
Es ist nun das aquitanische Frankreich, die westliche
Hälfte des südlichen Frankreich, als dessen Kern wir die
Landschaft Guyenne anzusehen haben.

Zunächst geographisch betrachtet, so war Guyenne
ein Haupttheil des alten Aquitanien. Mit diesem Namen bezeichneten die Römer bis auf Kaiser Augustus
zunächst nur das von iberischen Völkern bewohnte Gebiet
im alten Gallien zwischen dem westlichen Pyrenäen und
der Garonne. Als Augustus im J. 27 v. Chr. bei der
Neugestaltung des römischen Reiches den großen gallischen
Ländercomplex systematisch neu organisirte, schlug er zu
der „Proving Aquitania" noch das Gebiet von 14 keltischen Stämmen nördlich von der Garonne, sodaß
die Provinz sich jetzt östlich und nördlich bis zu den
Cevennen und bis zu einer Linie ausdehnte, die in ziemlicher Nähe dem linken Ufer des Stromlaufes der Loire
folgte. Die Westgrenze bildete der Atlantische Ocean und
der Golf von Biscaya. Bei der Theilung der großen
römischen Provinzen in kleinere seit Diocletian's Zeitalter
zerfiel Aquitanien in zwei Provinzen, nämlich in Aquitania prima, deren Hauptort Bourges, und Aquitana
secunda, deren Centralplatz Burdigala war; als dritter
Theil galt Novempopulonia, der südlichste Strich in
den Pyrenäen, mit der Hauptstadt Clausa. Im Mittelalter, im Verlaufe der historischen Bewegungen, deren wir
nachher zu gedenken haben, entschwindet allmälig das alte,
noch unter den Karolingern und den ältern Capetingern
gebräuchliche Name Aquitanien. Dafür hat sich im Südwesten aus dem Namen Vasconia der noch heute übliche
Name Gascogne entwickelt, und für ein ausgedehntes
Gebiet auf beiden Seiten der mittlern und untern Garonne und der Gironde war der Name Guyenne herr-
schend geworden.

Man unterschied bis zur französischen Revolution
Nieder- und Ober-Guyenne. Das erstere bestand
aus den Landschaften Bordelais mit dem Lande Medoc
an der Gironde, wie an der untern Garonne und Dordogne — die „Landvogtei Guyenne", oder Guyenne
im engsten Sinne, mit der Hauptstadt Bordeaux (Burdigala) —, Basadois[1]), Périgord und Agenois. Das

zweite umfaßte die Landschaften Ober- und Nieder-
Querey und Rouergue. In der Gegenwart ist die alte
Guyenne zerlegt in die Departements Gironde, Dor-
dogne, Lot-Garonne und Lot und Aveyron.

Politisch wurde jedoch bis zur Revolution der Name
des Gouvernements Guyenne über ein erheblich größeres
Gebiet ausgedehnt. Im 11. Jahrh. war das Land durch
Heirath (s. unten) mit Gascogne verbunden worden, also
mit dem Gebiete, welches jetzt in seiner Hauptmasse die
Departements Landes, Ober-Pyrenäen, Gers, sowie den
südlichen Theil von Ober-Garonne, Tarn-Garonne und
Lot-Garonne ausmacht. Dazu aber war im Norden seit
der Mitte des zwölften Jahrhunderts durch die für das
Schicksal dieses Landes verhängnißvolle Herzogin Eleonore
von Guyenne (s. unten) und deren Verbindung mit Heinrich Plantagenet noch ein weiterer Strich gekommen; und
in Combination mit Saintonge, Angoumois und Limousin
bildete Guyenne die größte der alten Provinzen, und
auch in seiner Beschränkung auf das eigentliche Guyenne
und die Gascogne das größte der alten französischen administrativen Gouvernements, obwol es nicht den Umfang
des römischen und karolingischen Aquitaniens erreichte.

Ehe wir zu der historischen Darstellung vorschreiten,
geben wir noch einige geographische Details, speciell
über die eigentliche Kernlandschaft Guyenne. Das
Land ist physisch anzusehen als die Hauptmasse des Strom-
gebietes der mittlern und untern Garonne und ihres mächtigen Neben- oder Zwillingsflusses Dordogne, der unterhalb von Bordeaux, von rechts herkommend, mit ihr sich
verbindet und den mächtigen „Liman" bilden hilft, den
man Gironde nennt. Dieses Land gehört zu den werthvollsten Theilen des französischen Reiches. Das Tiefland
der Garonne und der Dordogne ist außerordentlich fruchtbar. Zwischen den Isothermen von 12° und 13° belegen
(die mittlere Temperatur von Bordeaux beträgt 10° 5'),
gehört es zum größten Theil der Pflanzenregion der
Oliven, Maulbeerbäume und Südfrüchte an. Von der
allergrößten Bedeutung aber für den Wohlstand der Bevölkerung und für deren ausgedehnten Handelsverkehr ist
der Weinbau, der bekanntlich in diesem Theile Frankreichs eine außerordentliche Ausdehnung gefunden hat,
und dessen Producte für den Handel von Bordeaux von
ungeheurer Wichtigkeit sind. Der Name der Landschaft
Medoc zwischen der Gironde und dem Ocean erinnert
sofort an eine große und in der ganzen Welt bekannte
und geschätzte Familie der edelsten südfranzösischen Roth-
weine. Das Land Périgord ist in analoger Weise durch
seine Trüffeln berühmt, neben denen aber auch Schätze
des Bodens, Eisen, Kupfer, Steinkohlen durchaus nicht
fehlen. Dagegen sind die von den Ausläufern der
Cevennen bedeckten Striche rauher, und in der seiner
Zeit politisch mit Guyenne verbundenen Landschaften
walten meist rauhe Verhältnisse ob. In dem ehemaligen Limousin ist das Land nur wenig fruchtbar,
Kastanien und Haidekorn bilden die Hauptnahrung der
Bewohner. Dagegen ist die Viehzucht bedeutend; die
Pferde aus Limousin gehören neben den Percherons und
den normännischen zu den besten Frankreichs. Auch die

---

1) Historisch war die Grafschaft Vasadois, welche die
Garonne überspringt und bis zur Dordogne reicht, und Bordelais
von Agenois trennt, zuerst lange Zeit ein Theil der Gascogne.

Gascogne ist mit Ausnahme des Adourthales minder begünstigt. Einerseits bedecken die Vorberge der Pyrenäen einen Theil des Landes, welcher darum vorzugsweise auf Production von Schinken, Holz, Korkeichen, Marmor und Steinkohlen angewiesen ist. Andererseits ist der große Küstenstrich am Ocean, von den Pyrenäen bis zur Mündung der Gironde; in einer Länge von mehr als 50, und einer Breite von 20 Stunden, les Landes, die Halden genannt, nicht viel mehr als eine größtentheils baumlose Sandsteppe, in welcher nur sehr spärlich Dörfer und Ansiedelungen zerstreut liegen. Die Unfruchtbarkeit dieses Küstenstrichs hat ihren wesentlichen Grund in einer harten, aus Quarzsand bestehenden Bodenschicht von mäßiger Dicke; kurzes und spärliches Moos, verschiedene Gattungen von Haidekraut, Ginster, und im Sommer nach Abtrocknung der in den Niederungen sich sammelnden Wassermassen ein kurzes Gras, machen die Vegetation aus. Der Strand ist überall so sandig und flach, daß die Häfen nur Fischerbooten zugänglich sind; der durch eine Lücke in der Kette der Dünenbildung gebildete Hafen von La Tête de Buch am Etang d'Arcachon dient nur der Küstenschiffahrt. Die große Ausfuhr des Landes folgt daher den Strömen Adour und Gironde. Namentlich die letztere und die weithin schiffbaren Flüsse Garonne und Dordogne sind seit der Römerzeit die großen, hochwichtigen Verkehrsadern gewesen, zu denen in unserm Jahrhundert treffliche Landstraßen und Eisenbahnen getreten sind. Für die Schifffahrt ist es bedeutungsvoll, daß durch die Gironde die Fluth bis tief in das Land hinein fühlbar vordringt. Die Fluth ist bis über Bordeaux hinauf fühlbar. Die Gironde trägt die größten Dreimaster mit voller Ladung. Die großen Kauffahrer können noch bei Bordeaux anlegen, wo die Garonne bei der Ebbe 16', bei Fluth 27'' tief ist. Auf der Dordogne gelangen Seeschiffe aufwärts bis nach Libourne.

Die bedeutendste Stadt dieses Landes war schon in den Zeiten der römischen Herrschaft Burdigala, heute Bordeaux genannt. Auf dem linken Ufer der Garonne belegen, da wo sich der Strom seeartig zu ¾ Stunden Breite erweitert, und noch 15 Meilen vom Ocean entfernt, besitzt sie durch das Eindringen der Fluth, dessen wir gedachten, doch die Vortheile einer großen Seestadt. Ursprünglich die Hauptstadt eines nach Aquitanien vorgeschobenen Zweiges der keltischen Biturigen, der Bituriges Vivisci; in der Römerzeit (von der noch erhebliche Reste sich erhalten haben), bereits höchst bedeutende Handelsstadt, berühmt als die Heimath des Dichters Ausonius (geb. zwischen 300 und 310 n. Chr.), seit dem 4. Jahrh. die Hauptstadt von Aquitania secunda; im Mittelalter der Centralpunkt des Herzogthums Guyenne, und in den langen Kriegen zwischen England und Frankreich bis zur Mitte des 15. Jahrh. (s. unten) der Hauptstützpunkt der englisch-normannischen Macht auf der Südwestküste von Frankreich; ist Bordeaux in der Gegenwart der alles überragende See- und Handelsplatz des südwestlichen Frankreich, das große Emporium dieser Länder zwischen Loire, Ocean und Pyrenäen, soweit nicht der Rayon von Nantes reicht, und zugleich eine sehr bedeutende Fabrikstadt. Bordeaux zählte bei dem Census von 1876 nach sicheren Angaben 215,140 Einwohner. (Zu Brède bei Bordeaux ist 1689 Montesquieu geboren.)

Hinter dieser prächtigen Metropole treten die übrigen Städte der Guyenne insgesammt weit zurück. In diesem Lande, dessen unendlich reiche Geschichte mit einer Masse feiner Details bis zu Julius Cäsar zurückreicht, ist natürlich die Zahl denkwürdiger Orte sehr groß. Wir begnügen uns hier, zum Abschluß der geographischen Uebersicht nur die namhaftesten hervorzuheben. Im Nordosten gelangt man von Bordeaux über den lebhaften Handelsplatz an der Dordogne, Libourne, nach der wichtigsten Stadt der alten Landschaft Périgord, nämlich nach Perigueux, die 1876 ihrerseits 24,169 Einwohner zählte. Folgt man dagegen von Bordeaux aufwärts dem Laufe der Garonne, so ist hier der wichtigste Ort Agen, das römische Aginum, die Geburtsort Joseph Scaliger's, auf dem rechten Ufer des Stromes unter einem Kegelberge. In dem Berglande zwischen der mittleren Dordogne und Garonne liegt dann am Lot die alte Hauptstadt von Ober-Quercy, nämlich die an römischen Alterthümern reiche Stadt Cahors, während als Hauptplatz von Nieder-Quercy die blühende Stadt Montauban am Tarn (1876 mit 26,952 Einwohnern) gilt, und Rhodez am Aveyron die wichtigste Stadt der Landschaft Rouergue ausmacht. Unter den Städten dagegen der Gascogne nennen wir, um von den modernen Badeorten der Pyrenäen und am Ocean zu schweigen, nur die alte Landeshauptstadt Auch am Gers, und die heutzutage namhafteste Stadt des Landes, nämlich Bayonne (mit 1876: 27,416 Einwohnern), die an die Stelle des antiken Lapurdum getreten ist, und ihren modernen Namen aus dem baskischen Bayo Ona, d. i. guter Hafen, erhalten hat. Festung und Schlüssel zu den Pässen der westlichen Pyrenäen, ist Bayonne als Fabrikplatz und, nur eine Stunde vom Ocean entfernt, wichtig als Handels- und Hafenplatz im Mündungsgebiet des Adour.

Die hieran sich knüpfende geschichtliche Skizze soll in der Kürze die Geschichte des Landes Guyenne behandeln, seitdem und so lange dasselbe eine selbständige historische Entwickelung gehabt hat. Genau es zu sagen, es kann davon nur die Rede sein von dem Augenblick, wo das römische Reich auseinander fiel; und bis herab zur Mitte des 15. Jahrh., wo Guyenne für immer mit Frankreich verbunden wurde, und als ein integrirender Theil dieses Staats nunmehr seine weitere geschichtliche Leitung und Bestimmung durch die starke französische Centralgewalt erhielt. Denn abgesehen von vielen interessanten Details, so liegt die allgemeine Bedeutung der Geschichte von Guyenne in dem beständigen und durch viele Jahrhunderte fortgesetzten Gegensatze dieses Landes, seines Volkes und seiner Beherrscher gegen Frankreich. Zuerst begegnet man, nach dem Untergange der römischen Weltherrschaft, dem zähen Gegensatz der Aquitanier, das heißt der romanisirten Kelten und Iberier, die hier relativ nur wenig mit Germanen fühlbar durchsetzt waren, gegen das neue, im Norden Galliens unbedingt dominirende fränkische Element, und zwar bis zu der Zeit der großen fränkischen Karolinger. Und wieder von der Mitte des 12. bis zur Mitte des 15. Jahrh. ist das Land, nicht ohne fühlbaren Sympathien der Bevölkerung, in dreihundertjährigen Fehden zwischen England und Frankreich ein breiter und starker Stützpunkt der britischen Macht auf dem Festlande gegen das französische Königthum. Allemal aber war Bordeaux ein Hauptbollwerk dieses zähen Gegensatzes, bis endlich auch auf dieser Seite der mächtige Zug des Franzosenthums zur Vereinigung des alten Galliens zu einem großen Staate es siegreich davontrug.

Wirklich bedeutsam treten die Kämpfe zwischen aquitanischen Machthabern und den Franken des Nordens erst seit der Zeit der ausgehenden Merovinger und entgegen. Aquitania secunda war nebst einigen benachbarten Strichen seit 419 den Westgothen seitens der Römer überlassen worden, und damit begann die Zeit, wo dieser deutsche Stamm für mehrere Jahrzehnte allmälig die Uebermacht im südwestlichen Gallien erward. Indessen schon 507 erschütterte der kolossale Frankenkönig Chlodwig durch die Siegesschlacht bei Vouglé unweit Poitiers die gallische Stellung der Westgothen vollständig, und dehnte seine Herrschaft südwestlich bis weit über die Garonne hinaus aus. Nur bald hernach die tiefe Zerrüttung des fränkischen Reiches unter den innern Kämpfen der merovingischen Fürsten ließ für lange es zu einer soliden und die stammfremden Elemente assimilirenden Thätigkeit nicht kommen ließ. In Aquitanien zumal konnte, besonders in den Städten, das keltisch-romanische Wesen sich an dauernde behaupten. Noch zur Zeit des gewaltigen Major domus Karl Martell, noch im 8. Jahrh., suchen Basconen und Aquitanier ihre Volksthümlichkeit auch durch ein Ringen nach politischer Selbständigkeit zu sichern. So namentlich unter dem aus merovingischem Blute stammenden Herzog Eudo von Aquitanien, der selbst vorübergehend die spanischen Arabern sich verbündete, die er noch 721 energisch bekämpft hatte. Aber die arabische Gefahr für das Abendland wurde so drohend, daß sich Eudo schließlich selbst mit Karl Martell alliiren mußte, mit ihm. 732 die furchtbare Schlacht bei Poitiers gewann, und dann auch weiter treu zu demselben hielt. Als nun Eudo 735 starb, wollten seine Söhne Hunald und Hatto sich der fränkischen Oberhoheit wieder entziehen. Aber Karl griff sofort so wuchtig zu, daß sie sich wohl fügen mußten. Hunald konnte Aquitanien allerdings als Herzog behalten. Aber er war nicht gesonnen, dauernd die nordische Herrschaft zu ertragen. So kam es denn schon unter des großen Martell (gest. 741) Nachfolgern Karlmann und Pipin zu neuen Reibungen. Sein Abfall veranlaßte 742 einen blutigen Krieg, in welchem der Herzog empfindlich gedemüthigt wurde. Da ihn verdrossen, gab er die Herrschaft auf, zog sich selbst nach einem Kloster auf der kleinen Insel Rhé zurück, und überließ Aquitanien seinem Sohne Waifar.

Als die Reichsversammlung zu Poitiers den starken Pipin, den trefflichen Karolinger, zum fränkischen König

gewählt hatte, beschloß dieser nach Erledigung anderer politischer Schwierigkeiten im J. 759, den Herzog Waifar, der doch immer nur durch Tributzahlung oder durch bestimmte Geschenke die fränkische Oberhoheit bisher anerkannt hatte, nun endlich zu einer fühlbaren Abhängigkeit zu zwingen. Er verlangte daher, Waifar sollte die in seinem Herzogthum liegenden Güter fränkischer Kirchen zurückgeben und solche Franken, die sich unter seinen Schutz gestellt hatten, ausliefern. Als Waifar das ablehnte, entbrannte ein wilder und langwieriger Kampf, der lange sehr schwankte. Erst 767 und 768 trugen es die Franken davon. Zuerst ergaben sich die Basconen, und es verlieh oder bestätigte Pipin dem Lupus, einem Neffen Hunald's, die Herzogswürde über dieses Volk. Waifar dagegen fand auf der Flucht seinen Untergang. Ueber das eigentliche Aquitanien aber wurden nun fränkische Grafen gesetzt[2]).

Damit erlosch jedoch der Gegensatz in diesem Lande gegen die Franken keineswegs. Kaum war Pipin gestorben, noch 768, so erhob sich der alte Hunald aus seiner klösterlichen Zurückgezogenheit, und veranlaßte einen Aufstand gegen Pipin's großen Sohn Karl, der aber schon 769 ein klägliches Ende nahm. Seitdem wurde das trotzige Land durch Ansiedelung fränkischer Lehnsleute nach Kräften gebändigt. Wirklich unruhig zeigten sich unter des großen Karl's Herrschaft wiederholt nur noch die Basconen unter ihren Herzögen, damals Nachkommen des aquitanischen Waifar. Dagegen erhob Karl seinerseits einen seiner Söhne, Ludwig (den "Frommen"), schon als Kind zum "König" von Aquitanien. Als Ludwig seinem kaiserlichen Vater im J. 814 in der Regierung folgte, bestimmte er 817 nun wieder seinerseits einem seiner Söhne, Pipin, den ebenfalls zum König erhob, als Königreich Aquitanien, das Land der Basconen, und andere südgallische Bezirke. Pipin behielt das Land, bis Ludwig nachher (gegen 833) sich entschloß, auf Grund der berüchtigten Conflicte mit Pipin dem aquitanischen Söhne das Land dem unbankbaren Pipin zu entziehen, und dasselbe dem jüngsten Sohne, Karl, zuzusprechen. Die großen politischen Bewegungen im fränkischen Reiche, die sich hieran knüpften, berühren wir nicht. Genug; erst als Pipin (838) gestorben, als ferner die nationale Partei dieses Landes unter Graf Emeno von Poitiers, die die Fürstenkrone für den gleichnamigen Sohn Pipin's forderte, und später dieser scheinbar gebändigt, Kaiser Ludwig selbst 840 gestorben, und weiterhin die mörderischen Bruderkämpfe zwischen seinen Söhnen ausgefochten waren: erst da erhielt durch den Vertrag von Verdun 843 König Karl (der "Kahle") als der Herrscher des westfränkischen oder französischen Reiches auch den staatsrechtlich ihm nicht mehr bestrittenen Besitz von Aquitanien.

Materiell aber war Karl noch lange nicht Herr in diesem Lande. Der wenig fähige Fürst, der sich ohnehin durch die Einfälle der Normannen und die Un-

2) Wolfram's von Eschenbach Epos "der heilige Willehalm" feiert des Grafen Wilhelm von A. Sarazenenschlacht (793) bei Carcassonne.

botmäßigkeit der Bretonen und der großen Vasallen schwer bedrängt sah, war nicht im Stande, so schnell der Gegnerschaft der zäh particularistischen aquitanischen Romanen Meister zu werden, die dem jungen Pipin immer wieder zufielen. Noch 845 konnte Karl nicht umhin, diesem seinen Gegner und Neffen die selbständige Herrschaft über Aquitanien (mit Ausnahme von Poitou, Saintouge und Angoumais, aber mit Auvergne und Gascogne zuzugestehen. Als nachher Pipin in unerwarteter Trägheit weder die normännischen Corsaren abzuwehren, noch im Innern Ordnung und Sicherheit zu schaffen verstand, huldigten nun zwar 849 die meisten Großen des Landes dem König Karl, und Pipin selbst wurde 852 durch den Grafen Sancius (Sancho) von Vasconien gefangen und an Karl ausgeliefert, der ihn in das Kloster von St. Medardus zu Soissons als Mönch verwies. Als aber auch König Karl die Hoffnungen des Landes täuschte, zu willkürlich und gewaltthätig antrat, knüpfte die Aquitanier gegen Karl's Bruder Ludwig dem Deutschen 853 Verbindungen an. Ludwig war rücksichtslos genug, ihnen 854 seinen gleichnamigen Sohn als Führer zu schicken; der aber (854) hatte kein Glück, und mußte schnell wieder aus dem Lande weichen. Denn da eben damals Pipin aus seiner Haft entkommen war, so fiel diesem jetzt wieder alles zu. Es half Karl wenig, daß er im October 855 einen seiner unmündigen Söhne, der auch Karl hieß, in Limoges vor einer Anzahl befreundeter Aquitanier als aquitanischen König krönen ließ. Als aber Pipin endlich den Fehler machte, sich 857 gegen die Franken mit den auch in seinem Lande als gemeinschädliche Räuber und Mordbrenner mit Recht tief verabscheuten Normannen zu verbünden (die unter anderem Bordeaux zweimal überrumpelt und verheert hatten, nun aber durch Hülfe Poitiers verloren gehen konnten), und als rechter Abenteurer endlich auch wieder zu dem Heidenthum zurücktrat, da wurde er 864 von den Aquitaniern selbst, namentlich durch Graf Ramnulf von Poitou, dem tüchtigsten Anhänger der fränkischen Herrschaft, gefangen genommen. Ein fränkischer Reichstag zu Pistres an der Seine verurtheilte ihn zum Tode, und Karl ließ ihn wenigstens in engste Haft zu Senlis bringen.

Damit war nun allerdings ein gefährlicher Gegner der fränkischen Herrschaft aus dem Wege geräumt, und 872 konnte Karl's Sohn, Ludwig, den Grafen Bofo von Bourges an die Spitze der aquitanischen Verwaltung treten. Allein, noch immer sollten lange Jahrhunderte vergehen, ehe das aquitanische Element mit dem fränkischen des Nordens fühlbar zu einem gemeinsamen französisch politisch und ethnisch verschmolz. Allerdings wurde nun in der Zeit nach Karl's des Kahlen Herrschaft das alte Aquitanien zersplittert. Die aquitanische Herzogswürde wurde getheilt. Ein erheblicher Theil des südlichen Galliens wurde unter die Grafen von Toulouse gestellt. Ebenso stand die Gascogne als unmittelbares Kronlehen unter besonderen Herzögen. Der Name Aquitanien, oder Guyenne (wie es im 10. Jahrh. heißt) wurde auf einen Theil von Guyenne

im engern Sinne, und auf Saintonge, Poitou und Angoumais beschränkt, und dieses Gebiet unter die Grafen von Poitou gestellt, denen hier das Herzogsamt übertragen war. Nun aber unterlag seit Karl dem Kahlen das französische Reich für mehrere Menschenalter jener unheilvollen Entwickelung, welcher nachmals seit dem Falle der Hohenstaufen auch das deutsche Reich für lange Jahrhunderte verfallen sollte. Unter den schwachen Karolingern, die seit 877 auf Karl den Kahlen folgten, und noch unter den ersten Capetingern (seit 987) bis gegen Ende des 11. Jahrh., wiederholte sich die Geschichte der alten keltischen Stämme auf diesem Lande vor Julius Cäsar. Bei der Schwäche der französischen Krone — deren Träger unter den letzten Karolingern nur die Landschaften von Soissons, Laon, Beauvais und Amiens besaßen, wozu Hugo, der erste Capet, noch sein Herzogthum Francien und Paris und Orleans fügte — wurden die vielen unmittelbaren kleineren und namentlich die größeren Lehen der Krone gegenüber immer selbständiger, und bei Zunahme des Systems der Erblichkeit immer unabhängiger: ein Zustand, welcher die äußerste Schwäche des Gesammtreiches und zahllose innere Fehden naturgemäß nach sich zog. Es lag auf der Hand, daß gerade Guyenne, auf dem Hintergrunde der Vorgeschichte und der Ethnographie dieses Landes, zu solchen Abfplitterungen von der Krone besonders prädestinirt war.

In dieser Gestalt und unter natürlicher Benutzung der politischen Verhältnisse, der auswärtigen Schwierigkeiten, auf welche die Karolinger stießen, und wiederholter Thronwechsel, entwickelte sich die starke und selbständige Stellung der Herzöge von Aquitanien oder Guyenne, wie wir deren verschiedene in der Zeit vom Beginn des 10. bis zur Mitte des 12. Jahrh. kennen lernen. Ohne alles Detail der Geschichte ihrer oft wechselnden äußern Macht zu geben, bemerken wir, daß auf Wilhelm dem "Frommen" seit 918 sein Neffe Wilhelm II., Graf von Auvergne, folgte. Dieser verlor indeß das aquitanische Herzogthum nach 929 durch seinen Gegner, den König Rudolf (den Burgunder, der 923 die französische Krone an sich gerissen hatte und sie bis 936 behauptete), an den Grafen Raimund II., Pons von Toulouse. Aber König Ludwig IV., der "Ueberseeische", verband, um sich im Süden sichere Anhänger zu verschaffen, in J. 951 das Herzogthum Aquitanien wieder bleibend mit der Grafschaft Poitou, und verließ es sammt Auvergne 951 bei Raimund Pons' Tode dem Grafen Wilhelm (als Graf von Poitou I., als aquitanischer Herzog) III., genannt "Werghaupt" (Tête d'Etoupes), der nachher im J. 954 harte Kämpfe mit den Magyaren zu bestehen hatte, die damals noch einmal in Frankreich einfielen und sich auch Aquitanien vordrangen. Als dann Ludwig starb und seine Witwe Gerberga dem mächtigen Herzog Hugo von Francien auch Aquitanien als Preis für die Erhebung ihres Sohnes Lothar zum König verschaffte, wußte 956 Wilhelm dessen Angriffe auf Poitiers mit Erfolg abzuschlagen. Sein Nachfolger wurde 963 sein Sohn Wilhelm IV. "der Eisenarm" (Fier-à-bras), dem wieder 994 sein Sohn

Wilhelm V. „der Große" (oder „der Heilige") folgte. Dieser Herzog wird als Beschützer der Armen und als Vater der Mönche gepriesen. Viele Kirchen wurden von ihm erbaut, und seit seiner Jugend wallfahrtete er jährlich nach Rom oder zum Grabe des S. Jago von Compostella nach Gallicien. Schon als Knabe in den Wissenschaften unterrichtet, bewahrte er die Neigung zu denselben auch als Mann, und erholte sich gern von den Staatsgeschäften bei den Büchern, die er in Menge in seiner Burg sammelte. Damit verband er aber auch einsichtige Klugheit und große Energie in weltlichen Dingen. Die Neigung der aquitanischen Großen, sich gegen die herzogliche Herrschaft aufzulehnen, unterdrückte er mit starker Hand. Durch die Vermählung mit der Witwe des Grafen Boso von la Marche dehnte er seine Herrschaft bis zum Rhone aus, und seine Macht war bedeutender als die seines Königs. Dieser letztere, Robert (996—1031), ehrte ihn als seinen Freund vor allen andern großen Machthabern Frankreichs, und nicht minder stand Wilhelm mit den Königen von Leon und Navarra, mit Knud dem Großen von Dänemark und England, und mit dem deutschen Kaiser Heinrich II. in freundschaftlicher Verbindung. Seine Tochter Agnes wurde 1043 die Frau des deutschen Königs Heinrich III.

Erst der vierte Nachfolger dieses jedenfalls sehr bedeutenden Mannes (der 1029—1030 starb) war einigermaßen mit ihm zu vergleichen. Es hatten seit 1030 regiert Wilhelm VI., der 1037 kinderlos starb, und dann dessen Bruder Odo, der in einer Fehde mit dem Grafen Gottfried Martell von Anjou fiel, und Peter, welcher den Namen Wilhelm VII. annahm (er starb 1045). Ein dritter Bruder, Guido Gottfried, wurde um 1058 unter dem Namen Wilhelm VIII. Herzog von Aquitanien und Graf von Poitou. Schon 1052 aber hatte er das Herzogthum bis an die Pyrenäen ausgedehnt.

Das Herzogthum Gascogne (von welchem allmälig jedoch die Grafschaften Armagnac, Fezenzac und Astaras und die Vicegrafschaft Bearn abgetrennt waren, deren Besitzer dann lange ein unmittelbares Lehnsverhältniß zur Krone behaupteten) war damals durch Erlöschen der alten Herzogslinie erledigt, und Graf Bernhard II. von Armagnac wollte als Sprößling einer Nebenlinie sich des Landes bemächtigen. Guido Gottfried aber, auf Heirathsansprüche gestützt, zwang den Grafen von Armagnac, ihm die Gascogne gegen eine Geldsumme abzutreten. Er vereinigte nachher dieses Herzogthum mit Aquitanien und machte sich nicht weniger durch seine Persönlichkeit, als durch die Ausdehnung seiner Herrschaft geachtet. Mit Ehrfurcht gegen die Kirche und deren Repräsentanten, mit einnehmender Freundlichkeit und wohlwollendem Sinne verband er eine unerbittliche Strenge gegen Widersetzliche und gegen Ruhestörer. Die Großen des Landes zähmte er mit Kraft, sodaß die immer wiederkehrenden Gewaltthätigkeiten seltener wurden, und selbst Reisende und Bauern sich einer damals seltenen Sicherheit erfreuten.

Sein Sohn Wilhelm IX., der von 1087 bis 1127 regierte, versuchte sich mit sehr vorübergehendem Erfolge erobernd gegen die mächtige Grafschaft Toulouse. Die

selbstständige Geschichte von Guyenne nach der seit dem neunten Jahrhundert entwickelten Art schließt dann ab mit seinem Sohne Wilhelm X. Dieser Mann ist einerseits dadurch interessant, daß er dem damals in verschiedenen Theilen von Frankreich bemerkten Streben der Städte nach einer gemeinheitlichen Verfassung in seinem Gebiete, zuerst in La Rochelle, entgegenkam, was für Poitiers nachher seine Tochter Eleonore fortsetzte. Der eigenthümliche Charakter der damals in französischen Städten gebildeten „Communen", bestand in einer erblichen Verbindung der Bürger, zu einer Gesammtheit (communio, pax oder amicitia genannt); in der Befugniß zur Selbsthülfe gegen Verletzung der ihnen zugestandenen Gesetze und Rechte; in dem Besitze einer mehr oder minder ausgedehnten Gerichtsbarkeit; in der eigenen Wahl der Beamten zur Ausübung derselben, und zur Verwaltung der städtischen Gemeindeangelegenheiten, und in dem Rechte polizeiliche und administrative Bestimmungen anzuordnen. Theils dadurch, theils durch die Festsetzung der dem Herrn schuldigen Leistungen und durch Aufzeichnung des Rechtsherkommens, der Coutumes, Person und Eigenthum der Bürger gegen Willkür und Gewalt zu sichern, war der Zweck dieser Communen.

Andererseits sollte sich durch seine intime Annäherung an das französische Königshaus für dieses mit einem Male die glänzende Aussicht einer unmittelbaren Machterweiterung bis an die Pyrenäen eröffnen. Bereits König Philipp I. hatte eine größere territoriale Erweiterung der unmittelbaren Besitzungen der Krone ermöglicht, indem er 1094 von dem Grafen von Bourges die Landschaft Berry erkaufte. Jetzt aber regierte der kräftige und intelligente Ludwig VI. (1108—1137), dem der Herzog von Guyenne am Ausgange seiner Regierung einen großartigen Gewinn zuführte; daß durch die Schuld eines Weibes dieser große Erwerb wider alles Erwarten noch einmal für Jahrhunderte den französischen Königen aus der Hand gleiten sollte.

Wilhelm X. nämlich hatte beschlossen, eine Wallfahrt nach Gallicien zum Grabe des S. Jago (des Apostels Jakobus) in Compostella Vergebung für seine Sünden zu suchen. Er hatte keinen Sohn. Er übergab daher, für den Fall, daß er auf der Reise sterben sollte, seine zwei Töchter in seinem Testamente dem Schutze des Königs von Frankreich, seines Lehnsherrn. Er bestimmte, daß die jüngere seine Besitzungen in Burgund — die ältere dagegen, Eleonore, alles andere erhalten und sich mit des Königs Dauphin verheirathen sollte.

Ludwig VI. sah selbst bereits seinem Ende entgegen, als Boten aus Guyenne ihm meldeten, daß Herzog Wilhelm auf der Wallfahrt im April 1137 gestorben war, und ihn zugleich über die bedeutungsvollen Bestimmungen seines letzten Willens unterrichteten. Unter diesen Umständen schickte er seinen Sohn, Ludwig, mit einem glänzenden Gefolge und tüchtigen Rathgebern nach Guyenne, und in Bordeaux wurde die Hochzeit des sechzehnjährigen Dauphins von Frankreich mit der jungen Erbherzogin Eleonore von Guyenne in Gegenwart zahlreicher Großen des Landes gefeiert, welche letztere zugleich dem neuen französischen Herzoge ihre Huldigung leisteten.

Kurz darauf starb König Ludwig VI., und Eleonorens Gatte bestieg als König Ludwig VII. den Thron. Die Ehe mit der aquitanischen Herzogstochter war indeß keine dauernd glückliche. Namentlich hatte die ernste und, wie die junge Königin sagte, „mönchische" Haltung des Königs auf dem Kreuzzuge (vom Juni 1147—1149) nach Palästina, die üppige und sinnliche Dame, überhaupt eine Persönlichkeit von mehrfach bedenklichem Charakter, ihm in der Art entfremdet, daß sie nun ihrem Leichtsinn nachgab, ihre Würde vergaß, und durch ihre Lebensweise Ludwig's ganzes Mißfallen erregte. Schon damals dachte der König an eine Scheidung. Sein großer Minister, der berühmte Abt Suger von St. Denis, rieth ihm dringend ab von der Ausführung dieses für das Reich voraussichtlich höchst schädlichen Entschlusses. Als aber Suger am 13. Jan. 1152 gestorben war, trat das Unheil ein. Ludwig ließ sich nur zu gern einreden, daß er mit Eleonoren in zu naher Verwandtschaft stehe — obwol diese Verwandtschaft nur darin bestand, daß die Gemahlin des alten Hugo Capet, Adelheid, und Herzog Wilhelm IV. von Aquitanien Geschwister gewesen, Ludwig und Eleonore also im sechsten Grade miteinander verwandt waren. Die Ehe wurde also im März 1152 durch die Kirche getrennt. Die großen Besitzungen der geschiedenen Königin entfielen wieder der Hand der Franzosen. Aber es sollte noch schlimmer kommen. Noch hatte Ludwig gehofft, daß diese Länder wenigstens an seine und Eleonorens Töchter fallen sollten. Statt dessen überraschte ihn die Nachricht, daß seine bisherige Gattin schon zu Pfingsten desselben unheilvollen Jahres 1152 ihre Hand in zweiter Ehe einem französischen Fürsten gereicht hatte, dem wahrscheinlich schon früher ihre Neigung galt. Es war Herzog Heinrich von der Normandie. Politisch konnte keine Verbindung der leichtsinnigen Fürstin für Frankreichs Zukunft gefährlicher sein, als gerade diese.

Die französischen Könige befanden sich seit 1066 in einer politisch nichts weniger als bequemen Lage gegenüber einem ihrer stärksten Vasallen; eine Lage, wie sie sich auch in andern Theilen der europäischen Welt aus dem durch das Lehenssystem entwickelten Verhältnissen herausgebildet hat — obwol nur selten mit so historisch weittragenden Folgen, wie damals in den französisch-englischen Beziehungen. Bekanntlich hatte einer der gewaltigsten Männer des früheren Mittelalters, der Herzog Wilhelm von der Normandie, in der Geschichte als „der Eroberer" berühmt, im J. 1066 die furchtbare Siegesschlacht über Harald von England gewonnen, und seit diesem ersten ungeheuern Erfolg die Krone von England an sich gerissen und im schnellen Siegeslaufe bis 1070 das ganze angelsächsische Reich bis zur Schottengrenze erobert. Die ganze Geschichte Europas in der folgenden Zeit trägt die fühlbaren Spuren der merkwürdigen Folgen, welche die Ausbreitung der Normannen über England nicht nur für dieses Land nach sich gezogen hat. Am meisten jedoch wurde südlich von dem Aermelsund

das französische Reich dadurch berührt. Zunächst erfuhren die Bemühungen der Capetinger, die Macht ihrer Krone auf Kosten der großen Vasallen zu stärken, dadurch eine sehr erhebliche Störung. Nur der Umstand kam wiederholt den französischen Königen zu statten, daß doch die neuen normännischen Herren Englands noch lange durch Empörungen ihrer neuen Unterthanen beschäftigt wurden. Dazu trat weiter der Vortheil, daß in der Familie der neuen Beherrscher Englands häufige Zwistigkeiten ausbrachen, und daß England und die Normandie nicht immer in einer und derselben Hand vereinigt blieben.

Nichtsdestoweniger fehlte es nicht an Reibungen zwischen England und Frankreich, die ihre Quelle in der französischen Oberlehenshoheit über die Normandie hatten. Allein erst die verhängnißvolle zweite Ehe der aquitanischen Eleonore trieb den Gegensatz zwischen den französischen Königen nördlich und südlich vom Aermelsund auf eine gefahrvolle Spitze. Die Sache war diese. Wilhelm's des Eroberers zweiter Nachfolger, sein Sohn Heinrich I., der 1135 ohne Hinterlassung legitimer Söhne starb, hinterließ als Regentin in England seine Tochter Mathilde, welche, früher mit Kaiser Heinrich V. von Deutschland vermählt, nach dessen Tode in zweiter Ehe 1129 die Hand dem Grafen Gottfried von Anjou reichte, zubenannt Plantagenet, von seiner Gewohnheit, statt der Feder eine blühenden Ginsterzweig auf seinen Helm zu stecken. Heinrich hatte Mathilden zur Erbin aller seiner Länder bestimmt. Diese Erbschaft zu ergreifen, wurde die fürstliche Dame jedoch durch ihren Vetter, Heinrich's Neffen, den Grafen Stephan von Boulogne gehindert, welcher durch rasches Zugreifen zuerst England sich gewonnen hatte, und nachher auch die Normandie mit Erfolg gegen die Angriffe der durch aquitanische Hülfe verstärkten Angiovinen vertheidigen konnte. Erst 1144 konnte Graf Gottfried in den Besitz der Normandie gelangen, während Königin Mathilde, die 1139 den Krieg um England eröffnet hatte, bis 1147 unter wechselnden Glücksfällen sich hier hielt, dann aber das Land wieder räumte. Erst ihr und Gottfried's Sohn Heinrich sollte der Erbschaft des Großvaters froh werden. Als Graf Gottfried 1150 ihm die Normandie zutheilte, konnte er, 17 Jahre alt, unter Ludwig's VII. Zustimmung dieses Land übernehmen; und als 1151 Gottfried starb, trat er auch in den Besitz von Anjou, Maine und Touraine ein. Da war es nun für Ludwig VII. von Frankreich auch politisch höchst widerwärtig, daß ein so mächtiger Vasall durch die, dem König persönlich so tief verletzende, schnelle Verheirathung mit der nun von Ludwig getrennten Eleonore nun auch noch die gewaltige Ländermasse von Poitou bis zu den Pyrenäen erwarb. Im Besitze alles Landes von Rouen bis südlich zum Adour, war Heinrich Plantagenet weit mächtiger als sein Suzerän, und hatte nun noch dazu die nächsten Ansprüche auf die englische Krone. In seinem Groll benutzte Ludwig VII. den Umstand, daß die Capetinger um die Hälfte ihrer Besitzungen brachte, einen Formfehler begangen und ihn, der in aus ihrem

u19

Gatten wieder ihr Oberlehensherr geworden war, nicht um seine Zustimmung zu der neuen Heirath gefragt hatte, noch im Sommer 1152 zum Vorwand für einen Krieg. Es war der erste Anfang der zahllosen Kämpfe zwischen Frankreich und England, die aus Eleonorens Drachensaat hervorgehen sollten. Der Krieg wurde jedoch so schlaff geführt, daß Heinrich, eine durchaus hochbegabte Natur, schon zu Anfang 1153 sich nach England einschiffen und in diesem Lande den König Stephan zu einem Vertrage zwingen konnte, durch welchen dieser den jungen Herzog von Anjou und Guyenne zu seinem Nachfolger bestimmte. Und als Stephan zu Ende des J. 1154 starb, war Heinrich II. Plantagenet zugleich König von England und Herr des größten Theiles von Frankreichs Westhälfte.

Damit war für mehrere Jahrhunderte das Verhältniß hergestellt, welches begreiflicherweise die Quelle einer immer wieder sich erneuernden Rivalität zwischen Frankreich und England werden mußte. Die französischen Könige konnten nicht umhin, sich bei jeder Gelegenheit gegen den Druck zu erheben, den die englische Uebermacht auf sie ausübte, zumal die Plantagenets andauernd auf weitere Ausdehnung ihrer Besitzungen auf französischem Boden bedacht waren. Die Schicksale des Landes Guyenne treten im Verlaufe dieser endlosen Kämpfe sehr oft in den Hintergrund. Wir haben daher auch nur ab und zu noch Veranlassung, auf das Detail des Näheren einzugehen.

Die Kriege zwischen England und Frankreich entbrannten nicht lange nach Heinrich's II. Thronbesteigung mit großer Heftigkeit, nachdem Ludwig VII. eine Zeit lang die Kriegsfahne hatte ruhen lassen. Schon 1159 erhob Heinrich nämlich die Kriegsfahne wieder, um die Ansprüche seiner Gattin auf die Grafschaft Toulouse geltend zu machen. Alle Rücksichten französischer Politik und dazu noch persönliche Motive nöthigten Ludwig VII., sich dem kräftig zu widersetzen. Er eilte persönlich nach Toulouse und hinderte seinen gewaltigen Gegner diesmal wirklich an der Eroberung dieser wichtigen Stadt. Dagegen gelang es ihm nicht, eine andere bedeutende Ausdehnung des Hauses Plantagenet auf französischem Boden zu hemmen. Denn im J. 1166 nämlich fand Heinrich Gelegenheit, die Oberhoheit auch über die Bretagne zu gewinnen, und übernahm die Regierung dieses Landes. Da wollte Ludwig VII. nicht ruhig bleiben. Schon zu Anfang des J. 1167 eröffnete er den neuen Krieg, und erhielt 1168 erhebliche Chancen, weil ein starker Theil des Adels von Poitou, die Grafen Albert von la Marche und Wilhelm von Angoulème, Aimar von Lusignan und andere aquitanische Herren, wie auch verschiedene Bretagner, sich gegen die Herrschaft des Hauses Plantagenet auflehnten und an Frankreich anschlossen. So entbrannte wieder eine weithin das Land schädigende Fehde, die jedoch, wie es im deutschen und französischen Mittelalter hunderttausendmal der Fall war, nach vielem Waffengeklirr, Blutvergießen und Mordbrennerei ohne eigentliches großes Ergebniß mit einem Frieden zu Montreuil am 6. Jan. 1169 abschloß, ohne Heinrich zu schädigen.

Großen Gewinn hatte gerade Aquitanien nicht von dem Frieden. König Heinrich II. hatte einen seiner jüngeren Söhne, Richard, als „Löwenherz" in der Geschichte bekannt, mit der Verwaltung von Poitou und Guyenne betraut. Aber Richard — nur in der Sage der untadelhafte Held — war wie seine Brüder der echte Sohn seiner leidenschaftlichen und sinnlichen Mutter Eleonore. In seiner von London so fernen Provinz sehr selbständig gestellt, schaltete er hier ziemlich nach eigenem Gutdünken. Die wilden Fehden unter den hier in Masse siedelnden Baronen bald unter einander, bald wider den Lehnsherrn, ruhten niemals, und keiner scheint ein größeres Vergnügen daran gefunden zu haben als Richard selbst, der sich inmitten von Treubruch und Hinterlist, wovon die Lieder der Troubadours in jener Zeit Zeugen sind, zum Muster des Faustrechts und des Ritterthums dieser Tage ausbildete. Der berühmte französische Troubadour Bertrand de Born, mit dem er sich wiederholt geschlagen hat, ertheilte ihm in seinen Liedern den wenig schmeichelhaften Beinamen „En Oc e No" (Herr Ja und Nein). Wirkte er nun auch nicht ohne Erfolg für die Beseitigung der Räuber und Wegelagerer; bändigte seine eiserne Faust immerhin nicht wenige der unruhigen Barone, die er seinem Vater als Gefangene nach England schickte, so war doch im allgemeinen seine Gewaltherrschaft sehr unpopulär, zumal er in seinem Uebermuthe auch die Ritterdamen nicht verschonte. Und wie er bei dem durch den Mund des Landes, namentlich Bertrand de Born, mächtig unterstützten Aufstande seiner Brüder Heinrich und Gottfried gegen ihren Vater im J. 1183 mit löwenmuthiger Tapferkeit bis zu des alten Königs Ankunft die Provinz behauptete, so machte er doch noch in den letzten Tagen seines Vaters dem Greise durch Abfall zu Philipp II. von Frankreich (seit 1180) in dem 1188 entbrannten Kriege das Ende schwer. Er mußte es später als König noch in harten Kampfe mit demselben Monarchen seit 1194 büßen.

Unter Richard's Bruder und Nachfolger, dem jämmerlichen Johann (1199—1216), schnellte die Schale der englischen Macht jäh empor. Die Franzosen kamen entschieden in Vortheil, und traf sie anfangs wesentlich im Norden mit Glück kämpften und 1204 die Normandie eroberten, so fielen gleich nachher auch Maine, Touraine und Poitou in ihre Hände. Und als Johann einige Jahre nachher sich mit dem deutschen Kaiser Otto IV. und anderen Fürsten des Continents gegen Philipp II. alliirte (1211), und seinerseits zu Anfang des J. 1214 eine Flotte und ein Heer von England nach Rochelle führte, tief in Guyenne eindrang und bis nach Anjou und der unteren Loire vorrückte, da entschied der Sieg Philipp's II. bei Bouvines (27. Juni 1214) in Flandern über Otto's IV. deutsche, britische und belgische Krieger für lange die Uebermacht der Franzosen. In dem Frieden, den Johann gleich nachher schließen mußte, konnte er auf französischem Boden nur wenige Plätze, wie Rochelle, Bordeaux, und andere, sowie die Gascogne wirklich behaupten. Auch sein Nachfolger Heinrich III. (1216—1272) konnte lange nichts Rechtes mehr gegen die Franzosen ausrichten. Die 1225 nach Bordeaux und Guyenne geschickte Expedition der Engländer, die allerdings Poitou zurückgewann, und 1226 mit einem Waffenstillstande schloß, und 1230 wiederholt wurde, mehrte den britischen Machtruhm nur wenig. Ja, in einem 1242 neu-eröffneten Kriege; ging Poitou schnell wieder verloren. Bestimmt geregelt aber wurden die Verhältnisse zwischen England und Frankreich erst durch den Vertrag vom 20. Mai 1259 zwischen Heinrich III. und Ludwig IX. Der letzter gab die Städte und Sprengel von Limoges, Cahors und Périgord an seinen Lehensträger, den König von England zurück, zahlte Entschädigung für das Land Agenois, und ließ ferner in englischen Händen Bordeaux, Bayonne und die Gascogne. Dafür leisteten Heinrich und seine Erben als Pairs von Frankreich und Herzöge von Aquitanien dem König von Frankreich und seinen Erben die Huldigung. Normandie, Anjou, Maine und Poitou wurden seitens der Engländer definitiv aufgegeben.

Die Art des Mittelalters ließ es nun allerdings nicht wohl zu, daß sich fortan so ungetrübt friedliche Verhältnisse zwischen Frankreich und England erhielten, wie sie die Gegenwart im Sinne hat, wenn von tiefem Frieden die Rede ist. Indessen dauerte es doch nunmehr bis zum 14. Jahrh., die neue große Kriege zwischen den mächtigen Staaten des westlichen Europas ausbrachen, und bis eine neue Generation brittischer Ritter und Staatsmänner den Franzosen noch einmal ein sehr ausgedehntes Gebiet im Süden ihres Landes von Guyenne aus entrissen. Noch einmal hatte England sich im Nachtheil befunden, als der ebenso gewaltthätige und rechtsverachtende, als politisch hochbegabte, schlaue und pfiffig-listige König Philipp IV. von Frankreich, „der Schöne" (seit 1285 regierend), der bekannte blutige Henker der Tempelritter, dem sehr tüchtigen, aber durch große Schwierigkeiten in Frankreich immerhin höchst erfolgreichen Beziehungen mit Schottland und Wales andauernd beschäftigten Eduard I. (seit 1273 regierend) gegenüberstand. Dieser Sohn des dritten Heinrich, der als Prinz wiederholt als Statthalter in Guyenne fungirt hatte, erfuhr es, daß die alte Lehensverbindung mit Frankreich, die bis auf den großen zweiten Heinrich für die Franzosen so drückend gewesen war, jetzt ihre wesentlichen Nachtheile gegen England kehrte. Ein zufälliger Conflict zwischen englischen und normännischen Seeleuten bei Bayonne führte zu einer ausgedehnten Fehde auf dem Meere und an der englischen Landgrenze in Südfrankreich (1292). König Philipp, der die Beschäftigung seines Nachbars in Großbritannien mit kalter Berechnung und diplomatischer Geschicklichkeit benutzte, erließ 1293 eine Vorladung an den König von England als seinen Lehensmann; zur Verantwortung wegen der gegen das Verfahren der Engländer erhobenen Klagen. Eduard I., der diesen sehr unbequemen Handel schnell auszugleichen wünschte, schickte seinen Bruder Edmund, den Stiefvater der Königin von Frankreich, mit ausgedehnten Vollmachten nach Paris. Dieser schloß zu Anfang des J. 1294 einen geheimen Vertrag ab, wonach der König von Frankreich „zur Wiederherstellung und Genugthuung.

seiner lehensherrlichen Ehre" sechs Plätze in der Gascogne übergeben werden sollten, — in der Art, daß Philipp, in jeden derselben einen Bevollmächtigten senden möge, die Gewalt jedoch den englischen Beamten bleibe. Dafür aber sollte die Ladung Eduard's vor den französischen Pairshof zurückgenommen werden. Philipp, eifrig auf Täuschung der Engländer ausgehend, leitete seinerseits sogar die Vermählung seiner Schwester Margarethe mit Eduard ein, und dieser ließ sich wirklich täuschen. Um den Beweis vollkommensten Vertrauens an Philipp zu geben, ließ Eduard nämlich die ganze Gascogne in die Hände Philipp's stellen, nach feierlicher Zusicherung der Rückgabe. Dieselbe erfolgte jedoch nicht; vielmehr ließ der pfiffige Franzose nun erst recht seinen Gegner noch einmal vor sein Pairsgericht rufen, und als Eduard natürlich nicht erschien, denselben seiner Lehen für verlustig erklären. Die Versuche des Königs Eduard, diese Perfidie durch Angriffe auf Frankreich zu strafen, zu denen er verschiedene verbündete Fürsten auf dem Continent gewann, hatten keinerlei Erfolg. Und als er nun selbst gegen Frankreich kräftig rüstete, hetzte Philipp 1295 die Schotten zum Kriege, die Walliser zur Empörung gegen Eduard. Das ist diesen beiden Völkern nun freilich sehr übel bekommen. Aber in Guyenne hat damals Frankreich es davon getragen. Wohl konnten Eduard's Truppen, die er 1294 nach der Gascogne warf, Bayonne und eine Menge andere Orte rasch zurückgewinnen. Aber im J. 1296 trug der Graf Robert von Artois über die Briten bei Tarta einen so entschiedenen Sieg davon, daß diese sich auf die Vertheidigung einiger haltbaren Plätze beschränken mußten und den größten Theil von Guyenne verloren. Nachher gab die schottische Frage und die nichtsdestoweniger ernsthaft erstrebte Vermählung Eduard's I. mit Philipp's Schwester Margarethe und seines ältesten Sohnes mit Philipp's Tochter Isabella den Anlaß zur Herstellung eines Waffenstillstandes (1297), der wiederholt verlängert wurde. Im September 1299 wurde jene Margarethe wirklich die Gattin Eduard's, und in Sachen der Besitzfrage im Vergleich auf den „status quo" geschlossen. Es war nachher der Bruch zwischen Frankreich und der römischen Curie, das dem klugen Philipp bestimmte, zur vollständigen Gewinnung des Königs von England demselben durch den Vertrag von Paris am 20. Mai 1303 das Herzogthum Guyenne freiwillig zurück zu geben, sobald Eduard als Herzog dieses Landes und als Pair von Frankreich sich wiederum zu Treue und Gehorsam gegen den König von Frankreich verpflichtete. Damals fand dann auch die Verlobung der französischen Prinzessin Isabella mit Eduard's I. gleichnamigem ältestem Sohne statt.

Diese letztere Verbindung sollte aber nachmals für England und Frankreich verhängnißvoll werden. Als nämlich im J. 1328 mit König Karl IV. von Frankreich die männliche Nachkommenschaft Philipp's des Schönen ausstarb, behauptete der junge, thatkräftige, hochbegabte Eduard III. von England durch den Vertrag von 1327 nominell, seit 1331, nur erst 18 Jahre alt, kräftvoll selbständig regierte, als Sohn des zweiten Eduard und

19*

der französischen Isabella, der Tochter Philipp's des Schönen, das nächste Anrecht auf den französischen Thron zu haben. Die Abneigung des französischen Volks und der Barone gegen die Engländer war jedoch viel zu stark, als daß Eduard III. mit diesen Ansprüchen hätte durchdringen können. Man berief sich — gleichviel mit welchem Recht — in diesem Falle auf das sogenannte Salische Gesetz, welches eine weibliche Rechtsfolge ausschließen sollte, und so bestieg ein Sohn des Grafen Karl von Valois den französischen Thron: der Sohn eines Bruders von Philipp dem Schönen. Der neue französische König, Philipp VI., mit dem also dank der besonders durch den Grafen Robert von Artois bestimmten Entscheidung der Stände im J. 1328 der Seitenzweig der Valois oder Valesier das fürstliche Erbe der Capetinger übernahm, wurde nun zwar auch von Eduard III. seit 1329 sowol im allgemeinen, wie 1331 speciell als Oberlehensherr für Guyenne anerkannt. Aber das damit eingeleitete erträgliche Verhältniß zwischen beiden Reichen wurde sehr bald in bedenklicher Weise gestört, und zwar weniger noch durch Eduard's Ehrgeiz und Thatendurst, als durch die Schuld der Franzosen. Seit 1331 war der tapfere König von England in die schottischen Angelegenheiten tief verstrickt; nun aber nährte Philipp VI. — unwillig über die Aufnahme des mit ihm zerfallenen, und aus guten Gründen 1332 geächteten Grafen Robert von Artois in England, der seit 1334 Eduard zur Wahrnehmung seiner Rechte auf Frankreich aufstachelte — den Widerstand der Schotten durch Geld und Truppen. Der durch Eduard vertriebene Schottenkönig David Bruce lebte seit 1333 in Frankreich. Außerdem fanden immer neue Reibungen auf der Grenze von Guyenne statt, und wurden britische Schiffe genommen oder geplündert. Philipp VI. strebte ersichtlich dahin, die Engländer vollständig aus Südfrankreich zu vertreiben, und trieb zum Kriege, weil er glaubte, Eduard werde nicht zu gleicher Zeit mit Erfolg gegen Frankreich und Schottland fechten können. Die Feindseligkeiten, die seit 1339 begannen, schleppten sich durch manche tapfere Thaten auf beiden Seiten zunächst bis 1343 hin, wo ein Waffenstillstand geschlossen wurde. Aber nach einer Pause von zwei Jahren wurde der Krieg 1345 erneuert, und nunmehr in großem Stile. Der Kampf begann 1345 in Guyenne mit gegenseitigen Verwüstungen des Landes und mit Belagerung der festen Plätze. Eduard hatte nach Guyenne den Grafen von Derby mit einem kleinen Heere geschickt. Graf Bertrand von Lille-Jourdain, dem König Philipp den Oberbefehl in Périgord, Limousin und Saintonge übertrug, sammelte die streitfähigen Männer dieser Cantone zu Bergerac, um den Engländern den Uebergang über die Dordogne zu wehren. Aber die englischen Truppen warfen ihn über den Fluß zurück, da sein Fußvolk nur zu schnell die Flucht ergriff und die Reiter mit sich fortriß. Derby überschritt den Strom und griff Bergerac mit solchem Erfolg an, daß die Stadt am 24. August in seine Hände fiel. Ebenso kamen fast viele Schlösser und kleine Plätze in seine Gewalt. Als Derby nach Bordeaux zurückgekehrt war, erschien Lille-

Jourdain mit 10,000 Mann wieder im Felde und griff Schloß Auteroche an, wurde aber jetzt vom Grafen Derby überfallen und aufs Haupt geschlagen. Diesmal kehrte Derby erst nach neuen bedeutenden Erfolgen, zu denen die Eroberung von Angoulême gehörte, im Winter nach Bordeaux zurück.

Die große Entscheidung fiel jedoch nicht in Guyenne. Zur Entlastung dieses Landes, auf welches Philipp VI. im Frühjahr 1346 ein gewaltiges Heer warf, erschien Eduard III. im Juli desselben Jahres mit starker Macht in der Normandie, bedrohte selbst Paris. Als er dann vor Philipp's Anmarsch unter erheblichen Schwierigkeiten über die Somme zurückgewichen war, kam es am 26. Aug. 1346 bei Crecy (nördlich von Abbeville) zu jener großen mörderischen Hauptschlacht, in welcher die 60,000 Mann und 12,000 Reiter Philipp's von Eduard's und seines tapferen Sohnes 30,000 Engländern dank der Uebereilung Philipp's, und dank der Tüchtigkeit der vorzüglichen britischen Bogenschützen, und der Tapferkeit der trefflich geführten übrigen Truppen, gänzlich geschlagen wurden. Nach Art der Kriege des Mittelalters hatte dieser Sieg freilich keine unmittelbar weittragenden Folgen; doch konnten die Engländer nun ungestört Calais belagern, das sich ihnen endlich nach elfmonatlicher Belagerung im J. 1347 ergab. Inzwischen waren auch Eduard's Mittel allmälig erschöpft, und die Annäherung des Ausbruchs der entsetzlichen Pest (genannt der „schwarze Tod‟), die gegen Mitte des 14. Jahrh. das halbe Europa entvölkerte, veranlaßte ihn, die Vermittelung des Papstes Clemens VI. anzunehmen, durch welche ein Waffenstillstand erzielt wurde (28. Sept. 1347).

Dieser Waffenstillstand ist zwar von Zeit zu Zeit verlängert worden, und dauerte bis über Philipp's Tod (22. Aug. 1350) hinaus. Ganz hörten jedoch die Feindseligkeiten nicht auf; denn theils konnte in dem südlichen wie im nördlichen Frankreich an den beiderseitigen Grenzen der Rachheit und Raublust Einzelner nicht Einhalt gethan werden, theils war auch der Waffenstillstand nicht auf die Bretagne ausgedehnt worden, wo die Engländer ihr Uebergewicht nun auch behaupteten. Als dann auf dem französischen Throne Philipp's Sohn Johann folgte (1350—1364), damals 31 Jahre alt, dieser König, den man „den Guten‟ genannt hat, obwol er unbedacht und zufahrend, und bei großer Tapferkeit und Kühnheit, doch ausschweifend und kein Freund der Bürger war; — mißlangen alle Versuche der Franzosen, den Waffenstillstand zu einem wirklichen Frieden zu gestalten. Denn einerseits waren die Hoffnungen Eduard's III. durch seine letzten Erfolge gesteigert, und andererseits lehnte Johann das sehr verständige und sehr billige Verlangen der Engländer, die Lehensabhängigkeit ihrer festländischen Besitzungen von der französischen Krone völlig aufzuheben, hartnäckig ab. So entbrannte 1355 der blutige Krieg von neuem. Eduard's vierundzwanzigjähriger Sohn, der „schwarze Prinz‟, durch seinen Vater zum Statthalter von Guyenne ernannt, zog von Bordeaux aus, welches in allen diesen südlichen Kämpfen Ausfallsthor und starker Stützpunkt der englischen Heerführer blieb, noch im Herbst dieses Jahres bis vor die Wälle von Toulouse und verheerte, ohne auch Widerstand in offenem Felde zu finden, das Land bis nach Carcassonne und Narbonne, während sein Vater nur momentan in der Normandie erschienen war. Von durchschlagender Bedeutung wurde dagegen das Jahr 1356. König Johann schlug sich damals nicht ohne Glück mit den britischen Scharen in der Normandie und belagerte Evreux, als er die Botschaft erhielt, daß der schwarze Prinz mit 2000 Reitern und 6000 Schützen die Garonne überschritten hatte und verheerend durch Auvergne und Limousin gegen die Loire vordrang. Unter diesen Umständen eilte der französische König, Evreux zur Ergebung zu zwingen, und zog dann mit 50,000 Mann gegen den schwarzen Prinzen aus, der damals in der Landschaft Berry bis nach Vierzon nördlich von Bourges vorgedrungen war. Da die Engländer sich mit der Belagerung von Romorantin südlich von Blois aufhielten, so konnte das französische Heer, welches die Loire bereits überschritten, ihnen den Rückweg nach Guyenne verlegen, und so sah sich der kühne Prinz von Wales genöthigt — da die französischen Machthaber billige Vergleichsvorschläge nicht annehmen wollten, sondern auf für die Engländer schimpfliche Bedingungen drangen, am 19. Sept. 1356 bei Maupertuis unweit Poitiers die Schlacht anzunehmen, wo er mit seinen 8000 gegen die 50,000 Mann des Königs Johann (darunter 20,000 schwer gerüstete Reiter oder Gensdarmen) zu fechten hatte. Die treffliche Leitung des Kampfes gab aber den Engländern einen vollständigen Sieg in die Hand. König Johann fiel selbst als Gefangener in die Gewalt des jungen Siegers, der ihn zunächst nach Bordeaux führte, wo vorerst ein Waffenstillstand auf zwei Jahre verabredet wurde. Bei der tiefen Zerrüttung, in welche die politische Noth das französische Reich damals stürzte — es ist bekanntlich unter anderem die Zeit der Jacquerie —, entschloß sich der gefangene König Johann in die harten Friedensbedingungen zu willigen, die Eduard III. von ihm forderte. Der Widerspruch der Stände erlahmte, als Eduard III. im Herbst 1359 den Krieg in Nordfrankreich wieder eröffnete und 1360 selbst Paris bedrohte. Am 8. Mai 1360 kam zu Bretigny bei Chartres ein Friedensvertrag unter folgenden Bedingungen zu Stande. Außer dem, was die Engländer bereits in Gascogne und Guyenne besaßen, erhielten sie ganz Poitou, Saintonge, Angoumois, Périgord, Quercy, Rovergue, Limousin, und im Norden einige Striche zur Vergrößerung des Gebietes von Calais. Die Krone von Frankreich entsagte der Souveränetät über alle diese Landschaften; dagegen gab Eduard III. seinerseits alle Ansprüche auf, die er auf die alten Erdgüter seines Hauses in Anjou und Normandie, und (siehe oben) auf den französischen Thron hatte.

Der Haß der Franzosen gegen die Engländer war aber zu groß, und die Interessen des französischen Reiches durch diese Abtretungen zu schwer verletzt, als daß dieser neugeschaffene Zustand dauernd sich hätte erhalten können. Es dauerte nicht sehr lange, so sah sich der Prinz von Wales, der jetzt den gesammten englischen Besitz

auf französischem Boden als Fürst von Aquitanien regierte, genöthigt, wieder die Waffen zu ergreifen. Seine Herrschaft war unbeliebt, denn er gab in seinem Bereiche alle Aemter und Ehrenstellen an englische Barone, und verlangte Steuern, welche der gascognische Adel zu zahlen verweigerte. Seine glänzende Hofhaltung erschöpfte seine Einkünfte. Und als zu anderen Streitpunkten noch der Umstand trat, daß der Prinz einigen Söldnerhaufen, mit denen er in Spanien eine Fehde bestanden, Plünderungen in Frankreich erlaubte, weil er trotz aller Anstrengungen sie nicht zu bezahlen vermochte — da eröffnete Johann's, der im J. 1364 gestorben war, Sohn und Nachfolger, König Karl V. „der Weise" (1364—1380) von Frankreich, im J. 1369 den Krieg.

Diesmal standen alle Chancen zu Gunsten der Franzosen. Die Unzufriedenheit in den Ländern der Engländer, welche Karl V. heimlich zu nähren gewußt hatte, wuchs mit dem Sinken der Furcht vor der englischen Macht. König Eduard III. war ein alter Herr geworden. Der Prinz von Wales aber hatte aus Spanien, man sagte infolge einer Vergiftung, ein verzehrendes inneres Leiden mitgebracht, welches ihn sicher dem Tode entgegenführte. Und nun besaß die französische Krone gerade damals einen Kriegshelden ersten Ranges. Es war dieses der berühmte Bertrand du Guesclin, der im J. 1313 auf dem Schlosse Motte Broon bei Rennes in der Bretagne geboren, bis zu seinem Tode 1380 der Stolz Frankreichs gewesen ist.

Karl V., der den neuen Krieg mit List von langer Hand vorbereitet, hatte schon im November 1368 die Allianz des Königs Heinrich von Castilien gewonnen, und als er seine Rüstungen vollendet hatte, beanspruchte er die Oberlehenshoheit über die englischen Besitzungen in Frankreich unter sehr sophistischer Deutung des Vertrags zu Bretigny, nahm als „Oberlehensherr" offene Beschwerden der gascognischen Stände gegen den Prinzen von Wales an, und rief denselben unter dem 25. Jan. 1369 vor den Pairshof zu Paris.

Der kühne Prinz erwiderte nun zwar, „er werde kommen, aber den Helm auf dem Kopfe, und mit 60,000 Mann". Aber der Erfolg entsprach diesmal den tapfern Worten nicht. Gleichzeitig begann der Krieg im Norden durch Wegnahme der Grafschaft Ponthieu seitens der Franzosen, und im Süden durch Erhebung verschiedener gascognischer Barone. Als dann die Herzöge von Berry und Anjou mit starker Macht von Auvergne und Languedoc aus gegen Guyenne vorgingen, hielt ihnen der schwarze Prinz, obwol er nicht mehr zu Pferde steigen konnte, energisch stand. Trotzdem war die Abneigung gegen die Herrschaft Englands vielfach so stark, daß — gelockert durch die heimliche Arbeit des Klerus von Toulouse, und durch die seitens des Königs Karl V. verfügte Vermehrung der städtischen Privilegien — Cahors und sechzig andere Plätze zu Frankreich abfielen. Als dann im Juli 1370 die Franzosen ihre Bewegungen gegen Limousin richteten, fiel auch der Bischof von Limoges sammt den Einwohnern treulos von England ab. Das rächte der schwarze Prinz auf schreckliche Weise. Er

nahm Limoges mit Sturm, ließ 3000 Einwohner nieder-
hauen, die anderen als Gefangene fortführen, und die Stadt
einäschern. Dann aber mußte der todkranke Mann in Anfang des J. 1371 nach England zurückkehren, wo er 1376
tiefbetrauert starb. Sein Bruder, der Herzog von Lancaster, sein Nachfolger als Chef der Guyenne, konnte ihn
nicht ersehen. Zum Unheil für die Briten war auch ein
anderer ihrer damals besten Heerführer, Johann Chandos,
schon 1369 gefallen. Dagegen ernannte Karl V. auf Rath
seiner Stände den trefflichen Bertrand du Guesclin
nach dem Falle von Limoges zum Connétable von Frankreich, und hatte allen Grund, sich dieser Wahl zu freuen.
Die Franzosen nahmen jetzt das System an, jede große
Schlacht mit den Engländern zu vermeiden, deren Schützen
und überlegene Taktik sie fürchten gelernt hatten. Desto
besser verwahrten sie die zahllosen festen Plätze ihres
Landes. Dagegen ermüdete Guesclin die tapfern Gegner
durch fortwährende Ueberfälle, Verfolgungen und kleinere
Gefechte, in denen er eine erstaunliche Meisterschaft besaß. Ebenso geschickt war er aber auch, vielfach durch
die Sympathien der feindlichen Unterthanen gefördert, in
Eroberung der britischen Festungen im Norden wie
im Süden Frankreichs, die er dann überaus stark besetzte. Secundirt durch eine spanische Flotte, die an den
Küsten glücklich operirte, eroberte Guesclin 1372 Poitiers
und endlich fast ganz Poitou; auch Rochelle fiel in die
Hände der Franzosen, wie vorher schon der beste Feldherr der Engländer, der Captal von Buch; 1373 verloren die Engländer auch den Rest von Poitou, den sie
noch inne hatten. Im J. 1374 war die englische Herrschaft in Guyenne und Gascogne fast nur noch auf
Bordeaux und Bayonne mit ihrem Gebiet reducirt, zu
denen noch einige feste Plätze im Innern kamen. Nun
wurde zwar ein Waffenstillstand geschlossen; aber zum
Frieden gelangte man nicht, weil Eduard III. begreiflicherweise die Ansprüche auf die verlorenen Länder nicht
aufgeben wollte. Und als der alte König von England
am 21. Juni 1377 starb und sein Land seinem elf- oder
dreizehnjährigen Enkel Richard II. hinterließ, für den ein
Regentschaftsrath regierte, so setzten die Franzosen ihre
Angriffe auf Guyenne sofort mit neuem Erfolg fort.

Erst nach Karl's V. Tode (1380) kam es im J.
1381 zu einem Waffenstillstand, der bann wiederholt erneuert wurde, weil die Könige von England und Frankreich sich in den folgenden Zeiten durch endliche innere
Schwierigkeiten beschäftigt sahen. Durch die Räumung
von Breß und Cherbourg, erzielte Richard II. im J. 1396
endlich einen Waffenstillstand auf 25 Jahre. Als nachmals Richard im J. 1399 entthront, durch seinen Better
Heinrich IV. ersetzt, und auch dieser 1413 gestorben
war, ist es seinem gewaltigen Sohn Heinrich V. (1413
—1422) beschieden gewesen, die Pläne Eduard's III. auf
Frankreich noch einmal mit imposantem Erfolge wieder
aufzunehmen.

Die Zustände Frankreichs hatten unter Karl's V.
Sohn und Nachfolger Karl VI. (1380—1422) einen
höchst verworrenen Charakter angenommen. Die wüthenden Parteiungen in diesem Lande hatten bereits zu verschiedenen heimlichen Verbindungen mit dem englischen
Hofe Anlaß gegeben, als König Heinrich V., der selbst
nach der Krone dieses Landes lüstern war, im März
1415 eine Reihe kolossaler Forderungen nach Paris
schickte, die außer anderen Punkten die Herausgabe
sämmtlicher Provinzen in sich schlossen, welche die
Engländer jemals auf dem französischen Continent besessen hatten, und selbst noch darüber hinausgingen.
Was man bei der zur Zeit sehr kläglichen Lage der französischen Wehrkraft in Paris dagegen anbot, in der
Hauptsache nämlich die Abtretung des französischen Theiles
der Guyenne, fand König Heinrich ungenügend, und
als auch sein zweiter, etwas ermäßigter, Antrag verworfen wurde, brach er alle weiteren Unterhandlungen ab.
Rasch erfolgte nun im Spätsommer 1415 die Landung
eines starken englischen Heeres an der Küste der Normandie. Die Stadt Harfleur im Norden der Seine-
mündung wurde belagert und erobert; 23. Sept. Aber
dieser Kampf hatte das Heer des Königs erheblich geschwächt, und als nun ein überlegenes französisches Heer
unter König Karl VI., seinem Dauphin Ludwig, und dem
Connétable d'Albret von Rouen her sich näherte, mußte
Heinrich auf Calais retiriren. Stark verfolgt, hatte er
doch, nordwestlich von Arras, bei St. Pol, unweit des
Schlosses Agincourt (oder Azincourt) am 24. Oct.
1415 das mehrfach überlegene französische Heer sich
gegenüber. Nur ein Siege konnte ihn retten. Und am
25. Oct. brachte auch hier wiederum die Trefflichkeit der
englischen Bogenschützen und des tapferen Königs ausgezeichnete Leitung den Engländern einen gewaltigen Sieg.
Nur daß, auch hier, die Siegesehre zunächst das einzige war, was die Briten aus diesem Feldzuge mit nach
Hause brachten.

Noch immer weigerte sich der französische Hof, auf
die Bedingungen einzugehen, unter welchen Heinrich V.
jetzt Frieden machen wollte: nämlich Abtretung von Harfleur und jener Provinzen, die einst Eduard III. durch
den Vertrag von Bretigny erhalten hatte. Während
aber in Frankreich, namentlich in Paris, die Parteiwuth
ihren höchsten Grad erreichte, erneuerte Heinrich V. im
August 1417 den Krieg in der Normandie, deren
Eroberung im Frühjahr 1419 durch Einnahme von
Rouen vollendet wurde. Die Parteiwuth in Frankreich
war jetzt aber so entsetzlich, daß die burgundische Partei,
ihren Herzog Philipp den Guten an der Spitze, sammt
der Königin Isabeau, die ihren Sohn, den damaligen
Dauphin Karl (VII.) glühend haßte, am 21. Mai 1420
mit Heinrich V. einen Vertrag zu Troyes schloß, vermöge dessen Heinrich Karl's VI. Tochter, Katharina
heirathen, und statt des Dauphins Thronfolger in Frankreich werden, schon jetzt aber die Verwaltung übernehmen
sollte. Nun sollten dem Dauphin alles Land entrissen
werden. Heinrich V. eroberte in der That nahezu ganz
Frankreich bis zur Loire. Als aber sowol der englische
Held (31. Aug. 1422), wie der alte Karl VI. (22. Oct.
1422) rasch nach einander starben, sollte im Sinne der
Engländer und ihrer Partei in Frankreich Heinrich's V.

und der französischen Katharina nur erst neun Monate alter Sohn Heinrich VI, für den sein trefflicher Oheim, der Herzog von Bedford, die Regentschaft führte, als der Erbe von Frankreich gelten. Das Weitere kurz zusammen zu fassen: Englands Glück stieg zur Zeit noch immer, und die Lage Karl's VII. schien verzweifelt, als während der im October 1428 durch die Engländer begonnenen Belagerung von Orleans das Erscheinen der berühmten Johanna d'Arc im Frühjahre 1429 jenen wunderbaren Umschwung in der Lage dieses Königs herbeiführte, seit welchem die Sache der Engländer in Frankreich unaufhaltsam abwärts sich neigte.

Als dann erst der Herzog von Bedford zu Rouen am 14. Sept. 1435 gestorben war, und nun die englische Politik schlecht und zwieträchtig geleitet wurde, kam es 1444 zu einem Waffenstillstand, bei welchem die Engländer Maine und Anjou an Frankreich zurückgaben. Die Schlaffheit des englischen Regiments seit dieser Zeit und der neue nationale Aufschwung gab nun aber den Franzosen die Hoffnung, die verhaßten Gegner aus ihrem Lande vollständig zu vertreiben. Als daher im März 1449 eine englische Söldnerschar unter dem Ritter Franz von Surienne den Waffenstillstand durch Plünderung der bretagnischen Stadt Fougères verletzte, und dafür weder bei dem Herzog von Somerset, dem englischen Statthalter der Normandie, noch in London Genugthuung zu erlangen war, da rüstete Karl VII. energisch zum Kriege. Und diesmal trugen es wieder die Franzosen davon. Diesmal stand ihnen das Glück in erstaunlicher Weise zur Seite. Bis zum August 1450, wo sich auch Cherbourg ergab, war die gesammte Normandie zurückgewonnen.

Der glückliche Ausgang des Kampfes im Norden, und die unter Heinrich VI. zunehmend sich steigernde Schwäche, Zerrüttung und Rathlosigkeit der englischen Regierung, bestimmte Karl VII. nun auch sofort die Eroberung von Guyenne und Gascogne in Angriff zu nehmen. Schon gegen Ende des J. 1449 hatte ein französisches Heer unter dem Grafen von Foix die Stadt Mauleon zur Uebergabe genöthigt. Jetzt im Herbst 1450, wurde ein Theil des Kriegsvolkes, welches die Normandie erobert hatte, nach Guyenne geschickt, wo nun Bergerac und andere Plätze sich ergeben mußten. Im Frühling 1451 übernahm der Graf von Dunois als Generallieutenant des Königs die Führung des Kriegs. Durch gute Mannszucht und durch Bezahlung der nöthigen Lebensmittel suchte er die Stimmung des Volkes zu gewinnen. Die schnelle Einnahme von Blaye, Bourg, Libourne, Castillon und anderer Plätze, beschleunigt durch die Bestätigung aller ihrer Privilegien, bahnte dem Grafen Dunois den Weg auf dem rechten Ufer der Dordogne und Gironde. Nun ging es gegen Bordeaux. Die Stadt wär der Krone Englands besonders treu ergeben; Handelsinteressen hin und städtischer Verkehr fesselten sie an die mehrhundertjährige englische Herrschaft. Jetzt aber waren die Einwohner durch die städtische Stärke und Schnelligkeit der Franzosen und durch die sehr geringe Aussicht auf Hülfe aus London entmuthigt. Die Stände der Stadt und

der Landschaft Bordelais schickten daher dem Grafen Dunois Botschafter entgegen, und schlossen am 12. Juni 1451 für sich und den noch übrigen englischen Besitz in Guyenne folgenden Vertrag: „Wenn bis zum 23. Juni nicht zu Hülfe von Bordeaux ein englisches Heer erschiene, so sollte an diesem Tage diese Stadt und die übrigen noch unter englischer Herrschaft stehenden Städte und Schlösser an Frankreich übergeben werden, und die Einwohner dessen Könige Treue schwören. Dagegen wurde ihnen allgemeine Amnestie zugesichert, ihnen alle ihre Rechte, Gesetze, Freiheiten und Einrichtungen bestätigt. Sie sollten nur die althergebrachten Abgaben zahlen; wer auswandern wollte, sollte unter einer Frist von sechs Monaten und mit sicherem Geleit seine Habe mitnehmen dürfen. Endlich wurde die Einrichtung eines obern Justizhofs für Bordelais und einer Münzstätte in Bordeaux zugesagt."

Da keine Hülfe aus England erschien, so öffneten die Einwohner von Bordeaux den Franzosen ihre Thore, und leisteten dem König Karl VII. den Eid der Treue. Dagegen schwuren Dunois und seine Begleiter, daß der König ihre Rechte, Freiheiten und Gesetze bewahren werde. Fast alle übrigen Orte und Herren des Landes unterwarfen sich jetzt ebenfalls der französischen Herrschaft. Nur Bayonne vertheidigte sich funfzehn Tage lang, und ergab sich erst am 21. Aug., um der Erstürmung zu entgehen. Als Strafe für diesen Widerstand mußte die Stadt mann 20,000 Thaler zahlen, und dem König Karl VII. die Ernennung ihres Maire überlassen. Das Banner der französischen Könige wehte jetzt siegreich bis an den Pyrenäen.

Noch aber hatten die Franzosen einen neuen Krieg zu bestehen, ehe dieser glänzende Gewinn ihnen sicher blieb. Die lange englische Herrschaft hatte doch auch viele Sympathien für England erzeugt. Und nun geschah es, daß die französische Regierung ihr Wort nicht hielt. Die Freiheiten und Rechte des Landes wurden nur zu schnell verletzt, der mit Dunois geschlossene Vertrag nur schlecht gehalten, und namentlich belegte man das Land Guyenne gleich anderen Provinzen Frankreichs mit sehr zahlreichen und drückenden Abgaben. Auf die dagegen erhobenen Vorstellungen wurde nur erwiedert, daß diese Auflagen erforderlich wären für die Besoldung des zur Sicherheit des Landes nöthigen Kriegsvolkes.

So entstand schnell eine allgemeine Mißstimmung. Und im Einverständniß mit mehreren angesehenen Baronen des Landes, ja selbst mit dem Erzbischof von Bordeaux, eilten der Herr von Esparre und einige Bürger von Bordeaux im J. 1452 nach London, forderten die britische Regierung zur Wiedereroberung von Guyenne auf, und versprachen die Hülfe der Einwohner. Die schwache Besatzung, welche Graf Dunois zurückgelassen hatte, ließ die Sache nicht als besonders schwer erscheinen. Wirklich schickte König Heinrich VI. den damals berühmtesten englischen Feldherrn, den alten achtzigjährigen Talbot, Grafen von Shrewsbury, im Oct. 1452 mit 5000 Mann nach der Gironde. Die Bürger von Bordeaux öffneten ihm die Thore und überlieferten ihm die französische Besatzung. Mit ungestümer Eile ging Talbot weiter und gewann, durch die Barone des Landes unterstützt, und durch 4000 Mann frischer Truppen verstärkt, binnen einigen Wochen die Guyenne wieder für England.

Nun aber sammelte Karl VII. ein gewaltiges französisches Heer, dem er im Frühlinge 1453 selbst folgte. Nach Einnahme einiger kleinen Plätze begannen die Franzosen im Juli dieses Jahres die Belagerung von Castillon am rechten Ufer der untern Dordogne. Als sich Talbot am 17. Juli zum Entsatz näherte, hoben die Franzosen die Belagerung auf, und zogen sich in eine benachbarte, stark verschanzte, durch 300 Feuerröhre vertheidigte Stellung zurück. Hier griff sie der alte Talbot, der ein halbes Jahrhundert lang ihr Schrecken gewesen war, mit allzu heftigem Ungestüm an. Das Feuer der französischen Kanonen zerriß die Reihen der Engländer; bald fielen die Franzosen wuchtig aus und brachten den Engländern eine vollständige Niederlage bei; 4000 Engländer fielen, unter ihnen Talbot selbst und sein tapferer Sohn. Der größte Theil der Fliehenden, die sich nach Castillon retteten, fiel schon am folgenden Tage durch Capitulation mit dieser Stadt in die Hände der Sieger.

Nun wurden die übrigen Städte des Landes, namentlich im Bordelais, sehr schnell von den Franzosen wieder erobert. Bordeaux wurde belagert, und die Einwohner mußten sich einschließen, am 9. Oct. 1453 zu capituliren. Sie mußten 100,000 Goldthaler zahlen, und übergaben alle ihre Privilegien der Gnade des Königs Karl VII. Dagegen wurde allgemeine Amnestie bewilligt; von dieser wurden nur zwanzig Parteigänger der Engländer ausgenommen, die Frankreich verlassen mußten. Die englische Besatzung erhielt freien Abzug. Am 19. Oct. zogen die französischen Truppen wieder in Bordeaux ein. Der König zeigte sich gegen die Stadt sehr milde. Schon im April 1454 gab er ihr die Privilegien zurück, namentlich die Municipalverfassung, und behielt sich nur die Ernennung des Maire vor. Die Strafcontribution setzte er auf 30,000 Goldthaler herab.

Damit war der jahrhundertlange Kampf der Franzosen um die Gewinnung von Aquitanien für immer abgeschlossen. Zwar erkannte die englische Regierung diese Thatsache nur factisch, nicht aber durch einen besonderen Friedensschluß auch staatsrechtlich an. Aber Frankreich wurde in seinem Besitze von Guyenne nicht wieder angefochten; dieß um so weniger, weil England gegenüber der wachsenden Erstarkung des französischen Reiches in der nächsten Zeit durch einen langwierigen Bürgerkrieg beschäftigt wurde. So zählte fortan die Guyenne zu den schönsten und blühendsten Provinzen Frankreichs, dessen Schicksale sie seit 1453 ununterbrochen getheilt hat.

(F. G. Hertzberg.)

GUZERATE, Gudschrat oder Gujerat, im Sanskrit Garashtra, ist der Name eines Ländercomplexes auf der Nordwestküste der vorderindischen Halbinsel,

welcher Jahrhunderte lang einen mächtigen selbständigen Staat, vor und nach dieser Periode aber entweder ein Vicekönigthum des Reiches von Delhi oder eine bloße Provinz desselben von bald größerem bald geringerem Umfang bildete, gegenwärtig aber, vielfach getheilt und zerstückelt, den mittleren Theil der indobritischen Präsidentschaft Bombay umfaßt. Selbst der Name Guzerate ist aus der heutigen politischen Eintheilung von englisch Ostindien verschwunden, wird aber, wiewol nur als Bezeichnung eines geographisch-historischen Begriffes, noch allgemein gebraucht, ganz in ähnlicher Weise, wie die Namen der alten Provinzen, in welche Frankreich vor der Revolution getheilt war, sich forterhalten haben und noch heute in Jedermanns Munde sind, obgleich sie schon längst alle Bedeutung in politischer Beziehung verloren haben. Bemerkt möge auch noch werden, daß gegenwärtig unter dem Namen Guzerate gewöhnlich nur der östliche Theil des sogenannten Reiches begriffen wird, der sich, im Gegensatze zu jener, früher den westlichen Theil der letzteren bildenden großen Halbinsel, welche in älterer Zeit vorzugsweise den Namen Guzerate führte, gegenwärtig aber immer allgemeiner und auch officiell Kattiwar genannt wird, gewissermaßen als continentaler bezeichnen läßt. Auch umfaßt der Name Guzerate, in seiner gegenwärtigen engeren Bedeutung, nicht einmal die ganze continentale Hälfte des früheren so genannten Reiches, sondern allein die innerhalb derselben gelegenen Staaten zahlreicher, zu der englischen Regierung in dem Verhältnisse der Vasallenschaft stehender gebornener Fürsten, unter denen der Hauptbestandtheil von dem Mahratten-Staate des Gaicowar von Baroda der umfangreichste ist. Die den Engländern unmittelbar angehörenden, von ihnen direct verwalteten, eine kleine und zwar der nördlichen Division der Präsidentschaft Bombay bildenden Territorien werden, wenn von Guzerate die Rede ist, in der Regel hierunter nicht mitbegriffen.

Geographische Verhältnisse

Beide Hälften des früheren Reiches Guzerate, die von der genannten Halbinsel Kattiwar gebildete, und die derselben östlich auf dem Festlande gegenüberliegende, die letztere mit Inbegriff der schon erwähnten, unmittelbare Besitzungen der Engländer darstellenden Collectoraten der nördlichen Division der Präsidentschaft Bombay, nehmen die zwischen 20° und 24° 45′ nördl. Breite, sowie 69° und 74° 20′ östl. Länge von Greenw. gelegene Raumesausbreitung ein. Die innerhalb dieser Grenzlinien gelegene Ländermasse umfaßt, mit Ausschluß desjenigen Theiles derselben, welcher gegenwärtig unmittelbar der englischen Regierung unterworfen ist, ein Areal von 41,536 engl. □Meilen, von denen 21,686 auf das feste Land, 19,850 aber auf die Halbinsel Kattiwar kommen. Rechnet man hierzu die gegenwärtigen englischen Collectorate Ahmedabad — 4356 engl. □Meilen — ; Broach — 1319 engl. □Meilen — ; Kaira — 1869 engl. □Meilen — und Surat — 1629 engl.

□Meilen — die, größtentheils umgeben und eingeschlossen von den erwähnten tributären und Vasallen-Staaten, für welche, wie bereits erwähnt wurde, in neuerer Zeit die Collectivbenennung Guzerate mehr und mehr gebräuchlich geworden ist, früher, während eines längeren oder kürzeren Zeitraumes, Bestandtheile des alten Reiches dieses Namens bildeten, so ergibt sich für das Gesammtareal dieses letzteren die Anzahl von 50,709 engl. □Meilen.

Grenzen dieses Ländercomplexes sind: gegen Norden, die in administrativer Beziehung zu der Präsidentschaft Bengalen oder Calcutta gehörende politische Agentschaft Radschputana, der Meerbusen von Catsch und der südliche Theil des, die gleichnamige Insel zum größten Theil umgebenden, dieselbe sowol zur Insel genannten sandigen, mit Salztheilen geschwängerten, wie irrthümlich oft angegeben wird, gänzlich, sondern nur zum kleinsten Theil schlammigen und moorartigen, in der Regenzeit überfluteten, während der trockenen Monate aber die dürre, nur hin und wieder durch sumpfige, mit Wasser bedeckte Stellen unterbrochene, von dem ausgewitterten Seesalze weißschimmernde Ebene bildenden Meeresbodens, deren Areal tausende von englischen Quadratmeilen enthält, wiewol lange nicht 7000, worauf dasselbe von Alexander Burnes geschätzt wurde; gegen Osten die Agentschaft Udaipur oder Meywar von Radschputana, die Agentschaft West-Malwa der unter der Präsidentschaft Calcutta stehenden politischen Agentschaft Central-Indien und das zu der nördlichen Division der Präsidentschaft Bombay gehörende Collectorat Kandeisch; gegen Süden verschiedene Collectorate der südlichen Division der letztgenannten Präsidentschaft, der Golf von Cambay und das arabische Meer; gegen Westen das letztere und das Rann.

Bei der wesentlichen Verschiedenheit, welche sowol mit Bezug auf die äußere Conformation als die innere Textur zwischen der peninsularen und der continentalen Hälfte von Guzerate im weiteren Sinne besteht, erscheint es zweckmäßig nicht allein der näheren geographischen, sondern auch alle übrigen Verhältnisse derselben getrennt von einander zu betrachten.

I. Die Halbinsel Kattiwar.

Kattiwar, Kattiwar oder Kattiwar, von den Arabern Sez Irah; d. h. die Insel, genannt, liegt zwischen 20° 42' und 23° 10' nördl. Breite, sowie 69° 5' und 72° 14', mit einem Flächeninhalte von, wie bereits bemerkt wurde, 19,850 engl. □Meilen. Die Grenzen dieser Halbinsel sind im Norden und Nordwesten der Meerbusen von Catsch und das südliche Rann; im Westen und Süden das arabische See; in Südosten der Meerbusen von Cambay; im Nordosten eine von der südöstlichen Spitze des südlichen oder kleinen Rann nach dem Einmündung des Flusses Bunas in den Golf von Cambay gezogene Linie, dieß das sich aus-

dem continentalen Guzerate in die Halbinsel Kattiwar hineinerstreckende britische Collectorat Ahmedabad in feiner Mitte der Breite nach durchschneidet. Westlich von dem genannten Flusse, in der Richtung von Nordeu nach Süden zu dem westlichen Ende des Meerbusens von Cambay, ist das Land, niedrig und flach; aus Alluvialboden bestehend, der sich bis zu dem südlichen Rann hinerstreckt. Es ist nicht unwahrscheinlich, daß diese alluviale Niederung einmal Meeresgrund und die gegenwärtige Halbinsel in einer früheren Erdperiode eine vollkommene Insel gewesen ist, gleich der nördlich von ihr gelegenen Insel.

Kattiwar selbst ist ein Hügel- und theilweise Gebirgsland, in welchem der Boden von der Küste allenthalben nach dem Innern zu wellenförmig aufsteigt. Dasselbe wird auch von mehreren längeren und kürzeren Bergketten unregelmäßig durchzogen. Unter ihnen ist die centrale, Mandwa genannte, eine von denen, die sich am höchsten über das Meeresniveau erheben. Aus ihr nehmen auch die meisten der Flüsse, von denen Kattiwar bewässert wird, und die, sich in das Rann, den Meerbusen von Catsch, die arabische See und den Golf von Cambay ergießen, ihren Ursprung. Am bemerkenswerthesten von ihnen sind der Bhadur, nördlich, nach einem Laufe von mehr als 80 engl. Meilen in der Richtung von Osten nach Südwesten durch mehr als die Hälfte von der Breite der Halbinsel, bei Ruosvie Bunder in die arabische See ergießt; ein unweit des Bhadur entspringender, ebenfalls Bhadur genannter, aber kürzerer, nach Osten strömender und in den Meerbusen von Cambay einmündender Fluß; zwei ebenfalls nicht lange, nach Norden fließende und in den Golf von Catsch einmündende, von denen der östliche Mutchu, der westliche Aji genannt wird, und endlich der etwas südlich von den vorigen entspringende Satringa, welcher sich, nachdem er eine Menge sehr wasserreicher Zuflüsse des südwestlich von der centralen Mandwa-Kette gelegenen Gebirgszüge von Babriawar erhalten hat, in den Golf von Cambay einmündet.

Andere erwähnenswerthe Gebirgszüge sind die etwa 12 engl. Meilen lange Kette der Junaghur-Berge im Südwesten des Centralgebirges, mit 6 bis 7 Piks; das Gebirge von Hurda unweit der Westküste, in der Mitte derselben; die Hügelkette in der, in den Golf von Catsch hineinragenden, Okamandal genannten Nordwestspitze der Halbinsel; die diesem letzteren gegenüber, im östlichsten Theile der Halbinsel, sich nördlich von der Mündung des Satringa bis zu dem Orte Bhownuggur erstreckende Reihe der Palitanna-Berge, unter denen die Berge Dollitanna und Seroi besonders hervorragen. Die wildeste Gebirgsgegend sind die in dem nordöstlichen Theile der Halbinsel, wo die Chotala genannten Berggruppen sich erheben. Andere Berg- und Hügelreihen, welche an Höhe die schon erwähnte centrale Mandwa-Kette noch übertreffen, durchziehen die südliche Hälfte der Halbinsel. Sie führen nach der Stadt

20

Joonagurh, in deren Nähe sie gelegen sind, den Namen der Joonagurh- (Jhunaghar-) Kette. Der aus Granit bestehende, Girnar genannte Berg, dessen Höhe von Einigen auf 2500, von Andern auf 3500 Fuß geschätzt wird, ist der höchste dieser Berge. Noch südlicher als letztere breitet sich, in dem am Eingange in den Golf von Cambay gelegenen Districte Babrawar oder Babriawar, der theils hügelige theils bergige, von zahlreichen Schluchten, schmalen und tiefen Thälern durchschnittene, höhlenreiche und fast unzugängliche, Gir genannte Landstrich aus.

Die meisten übrigen Gebirgs- und Hügelzüge auf der Halbinsel haben nur eine unbedeutende Höhe und ihre hervorragendsten Spitzen reichen nicht über 1000 Fuß Meereshöhe hinauf. Sie bestehen hauptsächlich aus tertiärem Kalk und Sandsteinen und sind neptunischer Bildung. Plutonische und vulkanische Formationen, wie sie auf der nördlichen Nachbarinsel Catsch so häufig gefunden werden, kommen auf Kattiwar ungleich seltener vor. Als eine solche ist hauptsächlich die mächtige Basalteruption hervorzuheben, welche sich von dem continentalen Guzerate in die Halbinsel hinein erstreckt und daselbst die schon erwähnte Gebirgsgruppe Palitanna bildet. Fast alle Berg- und Hügelketten auf Kattiwar sind mit Waldwuchs bedeckt.

Boden. Im Allgemeinen ist der Boden auf der Halbinsel nicht besonders fruchtbar, trotzdem daß sie durch zahlreiche, von den Gebirgsknoten in ihrer Mitte entspringende, sich nach der Nord-, Ost-, Süd- und West-küste hinabgebende Flüsse bewässert wird, von denen die bedeutendsten bereits erwähnt wurden, sondern theils sandig, theils aus Dschangeln bestehend, ungleich, zerrissen und daher wenig zum Ackerbau in größerer Ausdehnung geeignet. Die Districte der Insel, in denen letzterer durch ungünstige Bodenverhältnisse am wenigsten beeinträchtigt wird und die sich deshalb vor den andern durch Fruchtbarkeit auszeichnen, sind Gohilwar am Meerbusen von Cambay, Hallar im Norden und Nordwesten der Halbinsel; Muchucantha und Jhallawar im Norden und Nordosten derselben.

Klima. Das Klima von Kattiwar gilt für ungesund, wenigstens für Europäer, obgleich nicht in allen Theilen der Halbinsel in gleichem Maße. Im Widerspruche hiermit hält Mac Murdo dasselbe nicht für die europäische Constitution nachtheilig und Ritter nennt es sogar im Allgemeinen trockenes und gesundes. In den heißesten Sommermonaten, Juli und August, steigt das Thermometer bis auf 40° Cels., während es in den kältesten bis nahe an den Gefrierpunkt, aber niemals bis ganz zu diesem, sondern nur bis auf 6°, höchstens 5° Cels. herabsinkt. Die mittlere jährliche auf Kattiwar herabfallende Regenmenge beträgt 20 Zoll. In den Monaten Mai bis September herrschen heiße Süd- und Südwestwinde vor, im December und Januar Nord- und Nordostwinde. In den übrigen Monaten wehen hauptsächlich Westwinde. Während des Herrschens der Nord- und Nordostwinde bedeckt sich bei Nacht und in den ersten Morgenstunden alles mit einem dichten

Nebel, der aber immer sich nach Sonnenaufgang vollkommen zertheilt. Einige Gegenden der Halbinsel zeichnen sich durch eine ganz besondere Insalubrität des Klimas aus. Zu ihnen gehört in erster Stelle die schon genannte, so sehr zerklüftete, höhlen- und schluchtenreiche, fast unzugängliche Landschaft Gir in dem mittleren Districte Kattiwar. Die Ungesundheit dieser Gegend ist so groß, daß die Seebees, ein schon vor langen Jahren von der Ostküste von Afrika daselbst eingewanderter und seßhaft gewordener Volksstamm, allein im Stande sind, den tödtlichen Einwirkungen des Klimas, welche sich besonders in den letzten Monaten des Jahres geltend machen, auf die Dauer Widerstand zu bieten. So oft Angehörige anderer auf Kattiwar angesessener Volksstämme, durch Mangel an Wasser und Unterhaltes in der Niederung veranlaßt werden, sich mit ihren Heerden in diese Berggegend zu begeben, wo Gras und Trinkwasser, wiewol beides von schlechter Beschaffenheit, immer reichlich vorhanden sind, werden sie alsbald von tödtlichen Fiebern und Unterleibskrankheiten befallen, sodaß stets nur sehr wenigen von ihnen vergönnt wird, mit für lange Zeit und selbst für immer geschwächter Gesundheit, nach der Niederung zurückzukehren. Diese so besondere Insalubrität der Landschaft Gir schützt auch alle diejenigen, welche sich, um Verfolgung aus politischen oder anderen Gründen zu entgehen, dort hinbegeben, noch mehr gegen die Verfolgung ihrer Feinde, als die Unzugänglichkeit des Terrains im Allgemeinen und die Verborgenheit der ihnen Zufluchtsstätten gewährenden vielen Höhlen daselbst.

Erzeugnisse aus dem Thier- und Pflanzenreiche. Die Fauna von Kattiwar ist artenreich und interessant. Von gezähmten und domesticirten Thieren sind zu erwähnen: das Pferd, dessen Zucht daselbst in älterer Zeit mit besonderer Sorgfalt betrieben wurde, sodaß die Pferde von dieser Halbinsel, namentlich für den Zweck des Kriegsdienstes, für die vorzüglichsten in ganz Indien galten. Die Zucht derselben ist später aber mehr und mehr vernachlässigt worden, infolge dessen ihre Schönheit, Stärke und Ausdauer allmälig sehr vermindert sind, und auch ihre Zahl bedeutend abgenommen hat; das sehr zahlreiche Rindvieh, welches, namentlich die Desam genannte Rasse, in dem Grade vorzüglich ist, daß es hinter den besten, in England gezüchteten Rassen nicht zurücksteht; der Büffel, ebenfalls von vorzüglicher Größe und Stärke; der Esel, welcher aber schwächlich und von kleiner Statur ist, und eine Art kleiner, schwächlicher und wenig geschätzter Kameele.

Von wilden und in ungezähmtem Zustande lebenden Thieren sind die bemerkenswerthesten: die unter dem Namen des Löwen von Guzerate (Felis Leo guzeratensis *Schreber*) bekannte Varietät von F. Leo *Linn.*, bei welcher das Männchen entweder gar nicht oder doch nur sehr kurz gemähnt ist; der Leopard (Felis leopardus *Temminck*); der Chitah oder Jagd-Leopard (Felis jubata *Schreber*); der Wolf (Canis pallipes *Sykes*), der Schakal (Canis aureus *Linn.*); mehrere Arten von Füchsen, wilden Katzen, Hirschen, wilden Schweinen und Antilopen, unter welchen letzteren der schöne, gegenwärtig auch in Europa gezüchtete Nylgau (Antilop. picta *Pallas*) besonders erwähnenswerth ist. Stachelschweine kommen in Menge vor. Zu gedenken ist auch einer Art von Wanderratte (Mus giganteus *Hardwicke*), die, doppelt so groß als die gewöhnliche Ratte, plötzlich, ohne daß man weiß woher, zur Erscheinung gelangt, oft den größten Schaden anrichtet und ebenso plötzlich, ohne daß man weiß wohin, wieder verschwunden ist. Es sind Jahre vorgekommen, in denen die von dieser Rattenart an den Feldfrüchten dem Getreide verursachten Vernichtungen so bedeutend waren, daß infolge hiervon Hungersnoth entstand. Das J. 1814 z. B. war ein solches, und die Erinnerung an dieses, zum Unterschiede von andern Jahren „Rattenjahr" genannte Jahr hat sich in den Traditionen der Bevölkerung von Kattiwar erhalten. Auch die gestreifte Hyäne (Hyaena striata *Zimmermann*) ist daselbst nicht selten, während der Königstiger (Felis tigris *Linn.*), wie häufig derselbe auch in dem continentalen Guzerate ist, auf der Halbinsel nur selten und ausnahmsweise angetroffen wird. Auch sollen in den Bergwäldern und Dschangeln daselbst wilde Esel und wilde Rinder vorkommen, von denen die ersteren, wie gesagt wird, die gezähmten an Schönheit und Größe weit übertreffen, die letzteren aber hinsichtlich dieser beiden Eigenschaften weit hinter ihren im Naturzustande lebenden Familiengenossen, wie z. B. dem Bison, dem Gaur (Bos Gaurus *Traill*) und dem Arni-Büffel (Bos Arni) beträchtlich zurückstehen.

Sehr zahlreich sind auf Kattiwar auch die Vögel vertreten. Unter ihnen machen sich der Flamingo, die Argala oder die sogenannte Adjutanten-Vögel und der Saurus oder Riesenkranich in erster Stelle bemerkbar. Außer diesen und zahlreichen Arten von Raubvögeln sind auch Trappen, Wachteln, Feldhühner, namentlich eine sehr schöne, schwarz-weiß gesprenkelte Art, und viele andere Vögel aus den verschiedensten Familien, Gattungen und Arten mehr oder weniger zahlreich vorhanden.

Aus der sehr artenreichen Flora von Kattiwar können hier nur diejenigen Gewächse hervorgehoben werden, welche entweder wichtigere Nahrungsmittel und Artikel des Handels und der Ausfuhr liefern, oder aber in ökonomischer und technischer Beziehung für die Bevölkerung von Nutzen sind. Die hauptsächlichsten von ihnen sind der Reis, dessen Anbau hauptsächlich in der alluvialen Fläche längs der Seeküste, namentlich der nördlichen, stattfindet. Wichtiger noch als dieser sind, als Nahrungsmittel für die Bevölkerung von Kattiwar, die Hirse oder Bajra (Holcus spicatus); Jowar (Holcus sorghum); Weizen; Gerste; Kobra (Paspalum scrobiculatum); Gram (Cicer arietinum) und türkisches Korn (Zea Mays). Das letztere so wie die beiden Hirsearten bilden den Hauptbestandtheil der pflanzlichen Nahrung der Bevölkerung, namentlich der untern und ärmern Klassen. Auch Zuckerrohr wird in beträchtlicher Menge angebaut, aber der daraus gewonnene Zucker ist von geringer Güte, besteht hauptsächlich nur in Melasse (Goor in der Volkssprache) und eignet sich wenig für den Handel und die Ausfuhr. Zum Zweck des letzteren wird hauptsächlich nur Baumwolle angebaut. Von auf der Halbinsel wachsenden Palmen sind die Dattelpalme (Phoenix dactylifera) und die Palmyra- oder Fächerpalme (Borussus flabelliformis) zu erwähnen. Beide lieben die Nähe der See und werden deshalb auch vorzugsweise auf den sandigen Küstenstrichen angepflanzt; die Palmyra hauptsächlich wegen des massenhaft aus ihr durch Einschneiden ihres Blüthenstieles gewonnenen zuckerhaltigen Saftes, aus welchem theils durch Gährenlassen und Destilliren, das Toddi genannte, arakähnliche, stark spirituöse Getränk, theils aber durch Einkochen und Verdicken eine Art braunen, nicht zur Ausfuhr gelangenden und ausschließlich zum Gebrauch der eingeborenen Bevölkerung dienenden Zuckers bereitet wird. Ein ähnliches geistiges Getränk wie das Toddi wird auch durch Destillation der getrockneten, ähnlich wie Rosinen schmeckenden Blumenblätter (Petala) der sehr häufig vorkommenden Mhowa (Bassia latifolia), eines Baumes aus der Familie der Sapotaceen, dargestellt. Den meisten Europäern ist dieses letztere Getränk widerlich, fast ekelerregend, die Eingeborenen aus den unteren Volksklassen trinken es hingegen gern.

Von eigentlichen Fruchtbäumen, von denen auf der Halbinsel Kattiwar eine nicht unbeträchtliche Anzahl angetroffen wird, sind hauptsächlich die Manga (Mangifera indica), von der mehrere Spielarten äußerst wohlschmeckender Früchte vorkommen; der Jack (Artocarpus integrifolia), dessen an dem Stamme herauswachsende Früchte, in welchen die Samenkörner von einem festen, honigsüßen, eben so nahrhaften als wohlschmeckenden Fleische umgeben liegen, die größten sind, welche überhaupt von Bäumen getragen werden, und nicht selten einen Umfang und eine Schwere erreichen, daß eine einzige von ihnen die Last eines Mannes bildet; die Wassermelone und die häufig vorkommende Buchanania latifolia, deren Früchte an Geschmack den Mandeln gleichen, hier zu nennen. Eine ebenso intensive als angenehme Säure, sowol für culinarische als medicinischen Gebrauch und auch zur Bereitung von Sorbets, Confituren u. f. w. wird aus den Schoten von Tamarindus indica und dem Fleische der Früchte von Adamsonia digitata erhalten; welche letztere, vorzugsweise die Strandgegenden liebend, durch den kolossalen Umfang ihres Stammes sowol als ihrer großen weißen Blüthen wegen die Aufmerksamkeit auf sich zieht. Die gleichfalls sehr großen Früchte derselben dienen den Fischern, um ihre Netze tragend zu erhalten, während das Holz dieses Baumes eine so große Leichtigkeit besitzt, daß ein Stück desselben, groß genug um einem einzelnen Mann als Floß zum Fischen und dem Fange von Wasservögeln zu dienen, ohne Mühe von demselben auf seiner Schulter, selbst über weitere Strecken Weges getragen werden kann.

20*

Gleichwie, wegen der durch die geographische Lage der Halbinsel Kattiwar bedingten Differenz sowol zwischen der Tages- als Nachtwärme, als auch der noch viel bedeutenderen zwischen den Temperaturverhältnissen der Sommer- und der Wintermonate, welche oben näher bezeichnet wurde, die Cocospalme daselbst nicht mehr gedeiht, so findet auch die Banane (Musa paradisiaca und M. sapientum) auf dieser Halbinsel nicht mehr ein ihr zusagendes Klima. Ihre Früchte sind kleiner und von viel geringerem Wohlgeschmacke und Nahrungswerthe als in den dem Aequator näher gelegenen Gegenden, in dem continentalen Indien sowol als auf den indischen Inseln, weshalb die Banane unter den Nährpflanzen daselbst auch nur eine untergeordnete Stelle einnimmt und auch verhältnißmäßig nur wenig angepflanzt wird. Von Gemüsen, Küchenkräutern u. s. w. kommt auf Kattiwar eine beträchtliche Anzahl vor.

Bevölkerung. Die Bevölkerung der Halbinsel Kattiwar, deren Gesammtzahl im J. 1874 (Statem. exhibiting the moral and material progress and condition of India, during the year 1872—77. Present. pursuant to Act of Parliament. Pag. 180) auf 2,321,833 Seelen geschätzt wurde, ist eine aus verschiedenen ethnographischen Bestandtheilen zusammengesetzte. Die einzelnen dieselbe bildenden Volksstämme lassen sich aber in vier Hauptgruppen zusammenfassen, nämlich: 1) die Rabschputen, welche in die vier Unterabtheilungen der Tribus der Jhareja, die Jhalla, Goil und Jetwa oder Jaitwa zerfallen; — 2) die Katties, welche ursprünglich eine Volkseinheit bilden, gegenwärtig aber in die drei Stämme der Walla, Khader und Kooman getheilt erscheinen; — 3) die Kulies, Khants, Seedees oder Sindees oder auch Bawaro genannten Stämme; — 4) die Kunbis, Meres, Ahars, Rhebarris genannten, und andere, wie diese, hauptsächlich Ackerbau treibende Stämme. Zu den erwähnten Bestandtheilen der Bevölkerung kommen noch, wiewol in geringerer Zahl, Mahratten und muhammedanische Hindu, sowie auch einzelne Parsis und Araber, hauptsächlich in den Küstenstädten.

Von den hier genannten Volksstämmen sind die Rabschputen der zahlreichste. Unter ihnen ist aber die Tribus der Jhareja die vorherrschende und am meisten angesehene. Die Rabschputen waren auch im Besitze der politischen Macht auf der Halbinsel, bis ihnen dieselbe durch die Mahratten, als dieser kriegerische Stamm angefangen hatte, seine große historische Rolle zu spielen, entrissen wurde, wie weiter unten näher mitgetheilt werden wird. Die Mahratten stehen aber auch jetzt noch, wiewol sie schon lange wieder von der Bühne der Weltgeschichte abgetreten sind, in mannichfachen Beziehungen zu der Halbinsel und üben auf die Verhältnisse daselbst einen wesentlichen Einfluß aus. Auch hierauf wird weiter unten zurückgekommen werden.

Die Jharejas, welche hauptsächlich den westlichen Theil von Kattiwar inne haben, bildeten einen Zweig der Rao von Catsch, als sie im J. 800 n. Chr. diese Insel verließen, unter Führung von Jam Rawut das

Rann durchzogen, sich auf Kattiwar niederließen und daselbst eine Art von Feudalherrschaft gründeten. Die schon in früherer Zeit nach der Halbinsel ausgewanderten, und an dem Ufer des Meerbusens von Catsch, in dem Districte Hallar, seßhaft gewordenen Jaitwa-Rabschputen mußten dem Andrange ihrer neu angekommenen Stammesgenossen weichen, und ebenso auch die Beherrscher einiger kleiner, in dieser Gegend gegründeter muhammedanischer Staaten.

Die Rabschputen in Kattiwar sind groß und schön gebaut, höher als die Volksstämme im Dekhan, nicht aber auch zugleich von einer ihrer höheren Gestalt entsprechenden größeren Körperstärke. Ihre Gesichtsbildung ist eine länglich-ovale, ihre Nase ist meistens eine stark gebogene, ihre Augen sind groß, aber ohne besonderes Leben und Feuer im Blick. Ihre Hautfarbe ist im Allgemeinen, vorzugsweise aber bei den Vornehmen, besonders hell, ihr Gesichtsausdruck im Allgemeinen ein angenehmer. Ihre Frauen sind fast ohne Ausnahme wohlgebaut, häufig von auffallender Schönheit der Gesichtsbildung. Die Gesinnung der Rabschputen ist die kriegerische; sie verabscheuen den Ackerbau wie alle anderen, mit körperlicher Anstrengung verbundenen Geschäfte und Arbeiten, welche sie den Kunbis, Ahars und andern weniger kriegerischen Stämmen überlassen, und sie selbst nur auf die Vertheidigung der betreffenden Ortschaften gegen feindliche Angriffe beschränken.

Die Rabschputen sind äußerst indolent, wenn nicht dringende Nothwendigkeit sie zu körperlicher Anstrengung treibt, stolz auf Geburt und Rang, woraus ein Ehrgefühl entsteht, welches sie von niedrigen und gemeinen Handlungen zurückhält. Sie beleidigen selten einen Andern, ertragen aber auch keine Beschimpfung noch ein Unrecht und bleiben in manche solche widerfahrene, erbitterte, rachsüchtige und grausame Feinde. Die Frauen der geringeren Volksklassen sind, im Gegensatze zu den vornehmen, welche sich die größten Freiheiten erlauben, keusch und tugendhaft. Die Rabschputen sind Hindus, verehren die Kuh und beten Shiwa oder Mahadewa sowie andere Hindugottheiten an. Sie essen das Fleisch von Ziegen, Schafen und wilden Schweinen, ziehen demselben aber ein Gericht aus Milch und Bajra (Holcus spicatus), ihre Lieblingsspeise, weit vor. Dem Genuß von Opium und dem schon erwähnten, theils aus dem Safte der Palmyrapalme, theils aus den Blumenblättern der Bassia latifolia bereiteten Getränk sind sie sehr ergeben.

Dreißig oder vierzig Jahre früher als die Jharejas Rabschputen von der Insel Catsch waren die Katties, nach welchen die Halbinsel Guzerate jetzt fast allgemein den Namen trägt, ein Theil derselben aber schon in sehr alter Zeit genannt wurde, daselbst eingewandert. Sie waren, einer glaubwürdigen Ueberlieferung zufolge, von Ufern des Indus gekommen, indem sie, wie Ritter (Erdkunde von Asien, Bd. IV., Abth. 2, S. 1073) sich ausdrückt, „dem Wandertriebe folgten, der allen Anwohnern des Indus, im Gegensatze der festgesiedelten Gangesanwohner eigen zu sein scheint, gegen

Süd und Süd-Ost, wie die Turkmannen vom Oxus stets gegen Nord und Nord-West ziehen. Sie mußten mit ihren Heerden das wüste Rnn durch- oder um- ziehen, und drangen so von Nord-Ost her über Ihalla- war in Kattiwar ein, wo sie in der Umgebung des Or- res Thau das reichste Weideland für ihre Heerden vor- fanden. Sie nahmen sehr große Räume der Halbinsel ein, ohne sich in gleich bestimmter Weise in dieselben wie die Ihareja zu theilen."

Die Katties sind ebenso kriegerisch gesinnt wie die Radschputen, unterscheiden sich jedoch in physischer Beziehung von diesen durch einige charakteristische Züge. Sie stehen über der Mittelgröße, sind oft über sechs Fuß hoch, und, im Verhältniß hiermit, stark und kräftig gebaut. Nicht selten gewahrt man unter ihnen Individuen mit keinem schwarzen, sondern helleren und selbst blonden Kopfhaar und blauen Augen. Sie sind noch tapferer aber auch grausamer als die Radschputen, und über- treffen diese an körperlicher wie an geistiger Energie. Die Frauen der Katties sind groß und muskulös, werden aber immer als gut aussehend, häufig selbst als auf- fallend schön geschildert. Sie sind sittsam, keusch, tugend- haft und häuslich. Die bei ihnen herrschende Sitte, die Töchter nicht vor dem 16. bis 17. Lebensjahre zu ver- heirathen, was, mit Hinblick auf den bei den meisten übrigen Volksstämmen in Indien bestehenden Gebrauch, nach welchem die Töchter schon vor dem zehnten Jahre, häufig aber noch viel früher, vermählt werden, auffallend spät genannt werden kann, ist die Hauptursache der höheren körperlichen und sittlichen Entwickelung bei den Frauen der Katties. Die lezteren gehen keine Wechsel- heirathen mit andern Stämmen ein, und die Männer entführen die jungen Mädchen, auf die ihre Wahl sich gerichtet hat, mit Gewalt.

Die andern genannten, weniger kriegerisch als die Radschputen und Katties gesinnten und sich haupt- sächlich dem Ackerbau, der Viehzucht und anderu fried- lichen Beschäftigungen widmenden Stämme, wie die Cu- lies, Kants, Seedees, Kunbis, Meres u. f. w., welche zwischen den beiden zahlreicheren und mächtigeren der Radschputen und Katties zerstreut und isolirt er- scheinen, sind entweder fragmentarische Ueberreste der Ur- bevölkerung der Halbinsel, oder aber, wie namentlich die Culies, spätere Einwanderer, von denen nicht bekannt oder doch nicht überliefert worden ist, wann und von wo dieselben dorthin gelangten.

Besonderer Erwähnung werth erscheinen, des großen und eigenthümlichen Einflusses wegen, den sie auf die Be- völkerung von Kattiwar, in gleichem Maße als auf die des continentalen Guzerate, namentlich auf den aus Radschputen bestehenden Theil derselben ausüben, die lezteren stammverwandten sogenannten Bhats und Cha- runs, welche sich als kastenartig abgeschlossene erbliche Ge- nossenschaften darstellen, von Vielen selbst als besondere Un- terkasten der Sudra oder vierten Hauptkaste betrachtet wer- den. Die Charuns, welche sich, wie ebenfalls auch die Bhats, göttlichen Ursprungs rühmen, bestehen aus den Machilis, vornehmlich Kaufleuten, und den Marus,

einer Art von Barden. Beide Hauptabtheilungen zerfallen aber zusammen wieder in 120 Unterabtheilungen. Sämmt- liche, zu denselben gehörende Männer geben vor beson- dere Gebete und geheime Gebräuche zu kennen, welche die Wirkung haben, sich die beiden von den Radsch- puten am höchsten verehrten Gottheiten, Shiwa und dessen Gemahlin Parvati, vorzugsweise geneigt zu machen. Die Bevölkerung aber glaubt hieran. Theils aus diesem Grunde, theils aber auch weil die Charuns lesen und schreiben können, was bei den Radschputen im Allgemeinen nur selten und ausnahmsweise der Fall ist, und gewissermaßen die Aufbewahrer der halbmythi- schen Stammbäume und Geschlechtsregister der einzelnen Stämme und ihrer Häuptlinge sind, welche sie in Hymnen und Lobgesängen zu verherrlichen pflegen, haben sie sich schon seit sehr alter Zeit ein so besonderes Ansehen zu erwerben gewußt, daß sie fast für heilig gelten. Es besteht bei den Radschputen sogar der Glaube, daß derjenige, welcher das Werkzeug oder die Veranlassung davon gewesen ist, daß das Blut von einem Charun oder einem Mitgliede seiner Familie vergossen wurde, hierfür den Vernichtetwerden anheimfalle. Infolge dessen aber kommt es mitunter vor, daß Charuns, wenn sie sich schon zur äußerst selten geschieht, Häuptlinge ihre an sie gerichteten Bittgesuche abschlagen sollten, einen ihrer Verwandten oder sogar sich selbst tödten, und durch dieses vergossene Charunsblut die Nemesis auf diejeni- gen, von welchen sie sich für gekränkt glauben, herab- zubeschwören. Allgemein herrscht die Ueberzeugung, daß von den Charuns ein Jeder, die Alten wie die Jungen, die sechzigjährige Matrone wie das Kind von fünf Jah- ren, ohne Unterschied jeden Augenblick zu sterben bereit sein müsse, den die Ehre ihrer Familie oder die Tribus, zu welcher sie gehören, dieses Opfer verlangen sollte. Die Furcht vor den für unausbleiblich gehaltenen Folgen hiervon für diejenigen, welche die Veranlassung hierzu geben, hält Jedermann davon zurück, einen Charun zu diesem Aeußersten zu treiben, sodaß selbst in jeder ande- ren Beziehung höchst unzuverlässige und ein Verbrechen scheuende Räuber und andere Missethäter sich hiervor sorg- fältig in Acht nehmen, Uebereinkünften, die sie mit Cha- runs schlossen, stets getreu bleiben und diesen gemachte Ver- sprechungen, selbst wo es sich um größere Geldsummen handelt, immer genau erfüllen. Die Charuns dienen auch vielfältig, wie wol gegenwärtig, wo infolge des zuneh- menden Einflusses der englischen Regierung auf die in- nern Zustände der Halbinsel die Wege ungleich sicherer geworden sind als sie früher waren, nicht mehr so häufig als in älterer Zeit Reisenden zum Schutze und zur Begleitung. Sie sind in dieser Beziehung äußerst zuverlässig, indem sie keinen Augenblick anstehen, sich lieber zu verwunden oder selbst zu tödten, als Angriffe auf die Person und das Eigenthum derer zu dulden, die sich unter ihren Schutz gestellt haben.

Die Bhats, welche im Allgemeinen weniger als die Charuns bekannt sind, scheinen nur wenig von diesen lezteren verschieden zu sein, üben aber einen ge- ringeren Einfluß auf die Bevölkerung aus und stehen auch in minderem Ansehen. Sie bestehen hauptsächlich aus herumziehenden Barden und beschäftigen sich auch mit dem Erzählen von Legenden und dem Recitiren von Chroniken. In ihren Gesängen werden diejenigen, welche sich freigebig gegen sie erweisen, gepriesen und erhoben, während sie diejenigen, von denen sie sich beleidigt oder vernachlässigt glauben, mit Satiren und Spottgesängen verfolgen, die sich hauptsächlich auf die Unechtheit des Ursprungs der betreffenden Häuptlinge und deren angeborene Niedrigkeit beziehen. In einzelnen Fällen, wo ein Bhat sich besonders schwer gekränkt fühlt, befestigt er das Bild seines Beleidigers und zugleich, als Zeichen seiner Verachtung desselben, einen Pantoffel an die Spitze einer langen Stange, mit welcher er, unter dem Absingen von Liedern, welche sich auf die Schlechtigkeit und Ehrlosigkeit der betreffenden Person beziehen, so lange durch das Land zieht, bis es den Angehörigen und Freunden dieser letzteren gelingt, eine Versöhnung des Bhat mit derselben herbeizuführen.

Religiöse Verhältnisse. Die herrschende Religion auf der Halbinsel Kattiwar ist der Brahmaismus und zwar, wie schon bemerkt, der Cultus des Shiwa und der Parvati oder Durga, seiner Gemahlin. Zu ihm bekennen sich die Radschputen, Katties, so wie auch die meisten andern auf der Halbinsel lebenden Volksstämme. Außer den Anbetern der genannten und anderer Gottheiten des Brahmaismus, finden sich daselbst auch noch zahlreiche Jains, Jaina's oder Srawaks. Dieselben gehören jener merkwürdigen, aus dem Buddhismus, zur Zeit wo dieser bereits mehr und mehr zum Verfall gekommen war, hervorgegangenen Sekte an, in deren Satzungen sich das Bestreben ausspricht, denselben zu seiner ursprünglichen Reinheit zurückzuführen, wiewol sie sich in verschiedenen Hauptpunkten, wie z. B. darin, daß sie das von Buddha verworfene Institut der brahmaischen Kasteneintheilung wieder anerkannte, durchaus von dessen Lehre entfernte. Buddha gilt bei den Jaina's nicht als Stifter ihrer Religion, sondern nur als einer ihrer Heiligen, und nicht einmal als der Erste von diesen. Letzterer ist Pârsvanâtha, dem sie die Stiftung ihrer Sekte zuschreiben und den sie am höchsten verehren. Buddha (Gautama oder Sakjamuni) erscheint bei ihnen als Bodhisatwa hinter Indra und den andern Gottheiten des Brahmaismus, welche sie in ihre Mythen, wiewol nicht als Gegenstände göttlicher Verehrung aufgenommen haben, ähnlich wie solches auch in dem älteren Buddhismus der Fall war, nicht aber als identisch mit dem von ihnen am höchsten verehrten und angebeteten, Gott gewordenen Gina. Bei der Stiftung des Jainathums, ursprünglich, wie bereits bemerkt, in der Absicht den Buddhismus zu seiner früheren Reinheit zurückzuführen, glaubte man das Mittel hierzu in einer noch strengeren Askese zu finden, als sie von letzterer anempfohlen und vorgeschrieben wird. Dieselbe durchdringt alle Lebensverhältnisse der Jaina's. Sie gipfelt und findet ihren höchsten Ausdruck in der vierten Sannjasinirvâna genannten Unterabtheilung, deren Angehörige früher völlig nackt gingen und von denen man glaubt, daß sie gar nicht sterben, sondern sich blos allmälig auflösen und in das Nirvâna übergehen. Nicht ganz so streng ist die Abtheilung der Mahavrata, die früher bis auf einen Schamgürtel nackt gingen und ein beschauliches, mit Fasten und gänzlicher Entsagung von allen sinnlichen Genüssen verbundenes Leben führten. Noch weniger streng aber ist die Askese bei der Unterabtheilung der Anuvrata's, welche früher ebenfalls das Gelübde der Entsagung und Contemplation thaten, sich gegenwärtig aber nur zur Armuth, Keuschheit, Wahrheitsliebe und dem Wohlwollen gegen alle Mitgeschöpfe verpflichten. Die erste oder niedrigste Stufe unter den Jaina's nehmen die Srawaks (Sravakas) ein, welche kein Gelübde ablegen, sich verheirathen, wiewol nur einmal im Leben, und allein die allgemeinen religiösen Pflichten ausüben. Sie bilden die bei weitem größte Mehrzahl der Jaina's. Im Großen und Ganzen gehören sie der dritten großen Hauptkaste, jener der Vaisia's, an. Sie zeichnen sich durch ihren Lebenswandel im Allgemeinen vortheilhaft vor der übrigen Bevölkerung aus. Aus diesem Grunde fanden sie auch in Akbar dem Großen (1556—1605) einen besondern Beschützer.

Das Dogma der Jaina's ist mit dem des Buddhismus in seiner ursprünglichen Gestalt sehr übereinstimmend. Sie nehmen die Ewigkeit der Materie, eine ewige, sich aus und durch sich selbst gestaltende Weltordnung, sowie die Seelenwanderung an. Durch Beschauung und Entsagung, und zwar in dem Maße schneller als die Askese eine strengere ist, löst und befreit die Seele sich von der Materie und gelangt zu dem Nirvâna, dem Gottwerden, der ewigen Ruhe und Seligkeit. Hauptpflichten sind die Verehrung der Heiligen des Jainathums, das Lesen der heiligen Schriften derselben, Gehorsam und Ehrerbietung gegen die Lehrer und geistlichen Oberherren, völlige Besiegung aller Begierden und Leidenschaften, Gleichgültigkeit gegen Freude und Leid, sowie das höchste Wohlwollen gegen alle Mitgeschöpfe bis zu den niedrigsten. Nichts was Leben hat darf getödtet werden, da in einem jeden Thiere sich dasselbe geistige Princip, welches den Menschen beseelt, zum Zweck seiner endlichen Läuterung, im Durchgange durch die verschiedensten Verkörperungen verkörpert befindet. Die strenger gesinnten Jaina's halten die Frauen für unbefähigt, jemals in den Zustand der höchsten Heiligkeit zu gelangen, während andere, wie die Cvetâmbara, d. h. die weiße Gewänder tragenden, solches zugeben. Die strengsten Asketen leben, gleich den buddhistischen Mönchen, in Klöstern und im Cölibat bei einander. Mit Ausnahme der Sudras werden die Angehörigen aller übrigen höheren Kasten zum Uebertritt in die Religion der Jaina's zugelassen. Ihre Priester, namentlich die höheren, sind meistens Jaina's gewordene Brahmanen. Auf Kattiwar, wie überhaupt in Guzerate, sind die Jaina's, deren älteste Tempelbauten bis in das elfte Jahrhundert n. Chr. zurückgehen, von jeher besonders zahlreich gewesen. Ihre Blüthezeit daselbst, wo die Jaina's fast zur Vorherrschung gelangt waren und der Shiwa-Cultus vor ihnen mehr und mehr, endlich ganz in den Hintergrund trat, fällt in das 12. Jahrh. und dauerte bis zu Ende des 13. Sogar ein König von Guzerate trat im J. 1187 zu der Religion der Jaina's über. Der Shiwaismus erhob sich aber wieder und beide Religionsformen bestanden nebeneinander bis um die Mitte des 14. Jahrh., wo die Shiwaiten die Jaina's zu unterdrücken anfingen und diese vor jenen zurücktreten mußten. Die letzteren gelangten aber zeitweilig wieder mehr auf den Vordergrund, wie um die Mitte des 15. Jahrh. und, wie bereits bemerkt wurde, in der letzten Hälfte des 16. und bis in den Anfang des 17., während der Regierung von Akbar dem Großen. Später gelangten die Shiwaiten wieder zur Vorherrschaft auf Kattiwar, die Jaina's blieben aber neben ihnen fortbestehen, wiewol als der der Zahl und dem politischen Einflusse nach minder mächtigere Theil der Bevölkerung auf der Halbinsel. Dieses Verhältniß besteht auch noch heute. Von der Ausbreitung und der Bedeutenheit des Jainaismus daselbst in früheren Zeiten bieten noch zahlreiche prächtige Tempelbauten dieser Religion, wie namentlich die auf den Palitannabergen, den Beweis.

Gegenwärtige politische Eintheilung und Verhältnisse. Die Halbinsel Kattiwar wurde früher in zehn, Prants genannte Provinzen oder Hauptdistricte eingetheilt. Dieselben waren: Jhalawar, Mutchut-Kaunta und Hallar im Norden der Halbinsel, von Ost nach Westen gerechnet, welche vom südlichen Rann und dem Golf von Catsch bespült werden; Okaman-dal, die äußerste, gegen Westen gerichtete Spitze der Halbinsel; Hurda oder Burda und Sorath (Saurashtra) in ihrem Westen und Südwesten an der arabischen See gelegen; östlich und nordöstlich von letzterem Districte, Babrawa oder Babriawa, Dund-Surveja und Gohilwar, am Golf von Cambay und endlich Kattiwar, nicht am Meere liegend, sondern im Innern der Halbinsel, von den Districten Sorath, Hallar, Gohilwar und Babrawa eingeschlossen.

Gegenwärtig bildet Kattiwar eine unter einem politischen Agenten (Political Agent) und vier Assistenten (Assistants) stehende Agentschaft der nördlichen Abtheilung (Division) der zu der anglo-britischen Präsidentschaft Bombay gehörenden inländischen Fürstenthümer (Native Principalities). Die vier gleichfalls Prants genannten Unterabtheilungen dieser Agentschaft, jede mit einem englischen Assistent-Agenten an ihrer Spitze, sind:

1) Jhalawar mit den Unterdistricten Drangdra, Bithulgad; Wankanir, der Station Wadwan; dem Hauptquartier der Truppen Wadwan; Chohla; Bhoila; Than; Luktur; Durfara; Sayela; Patri; Chura; Subamba; Jusdun; Shauka; Muli; Limri, wo sich noch ein besonderer britischer Unterassistent befindet; Bujana und Wunobe.

2) Sorath, enthaltend die Unterdistricte Junaghar; Wakawad; Jafferabad; Bhilka; Bantwa, mit einem besonderen Unterassistenten; Kubá;

Lakhapadur; Purbandar; Menbarda; Jaitpur; Bugguwa; Deban; Manukwara, wo das Hauptquartier der Truppen in dieser Abtheilung sich befindet, und Chitui.

3) Halar, bestehend aus den Unterdistricten Nowanagar; Gowridar; Morvi; Pal; Dhrole; Hubala; Kotra Sangani; Gabla; Malia; Kotharia; Jalia Demani; Kotra Rajali; Drapha mit den vier Taluks (Unterbezirken) Drapha; Satubar Wari; Mulila Deri und Umrapur; der radschputische Unterdistrict Bayati thana mit den dreizehn Taluks Radschpura; Jshwuria; Rhabwa; Kankfiali; Shabpur; Buldhoi; Lodhika; Mowa; Khirafra; Birpur Khureyri thana; Bindalii; Sifang Chandii; Mengni thana; Kanpur; Birva und Rabôlot mit einem besonderen Unterassistenten.

4) Gohilwar, mit den Unterdistricten Bhownagar; Chank; Palitanna; Datha; Maleh; Chamardi; Lathi; Paliad und Sonpuri.

Von diesen vier Hauptabtheilungen nimmt Halar den nordwestlichen, Jhalawar den nordöstlichen, Sohilwar den südöstlichen und Sorath den südwestlichen Theil der Halbinsel ein. Auch sind außer diesen Haupt- und Unterabtheilungen, eingeschlossen und umgeben von ihnen, noch die unter unmittelbarer Herrschaft des Gaicowar von Baroda stehenden Districte Amreli, Korinar, Dhari, Damnagar, Danturwa und Okamanbal zu erwähnen, sowie ebenfalls der südliche Theil des von dem continentalen Guzerate sich in die Halbinsel hineinerstreckenden, schon oben genannten, direct unter britischer Verwaltung sich befindenden Collectorates Ahmadabad, mit den von ihm getrennten aber zu ihm gehörenden, auf der Westküste des Golfs von Cambay gelegenen beiden Städten Bhaunaggarh und Gogo, nebst der ersterer gegenüberliegenden kleinen Insel Perim. Von ihnen, wie auch von dem Collectorate Ahmadabad überhaupt, wird weiter unten umständlicher die Rede sein. Als blos in geographischer, nicht aber in irgend einer politischen Hinsicht zu Kattiwar gehörend, ist die an der Südküste der Halbinsel, unter 20° 52' nördl. Br. und 71° östl. L. gelegene, von derselben nur durch einen sehr schmalen, allein für Fischerboote befahrbaren Kanal getrennte kleine, nicht mehr als 31,□Kilometer enthaltende, seit 1535 im Besitze der Portugiesen sich befindliche Insel Diu (sanskr. Dwipa, d. h. Insel) hier zu nennen.

Auf der Halbinsel Kattiwar wimmelt es von eingeborenen Fürsten. Es hat der britischen Regierung während der letzten siebenzig Jahre und länger viele Mühe und Anstrengung gekostet, um unter dieser Unzahl von kleineren und größeren Häuptlingen Ruhe, festere und besser geordnete Verhältnisse zu begründen. Im Anfange dieses Jahrhunderts waren die meisten dieser Häuptlinge ebenso unternehmende als grausame Piraten, den alle benachbarten Meere unsicher gemacht wurden, während die Mahratten unter dem Gaicowar von Baroda, bei den periodischen Einfällen und Raubzügen, welche dieselben von dem Festlande nach der

Halbinsel unternahmen, sie ihrer zur See gemachten Beute, welche der Mahrattenfürst als ihm schuldigen Tribut betrachtete, größtentheils wieder beraubten. Hierbei fanden aber immer sehr beträchtliche Verwüstungen des Bodens statt. Um diesem Uebel abzuhelfen, schloß die englische Regierung im J. 1807 mit dem genannten Häuptlinge der Mahratten einen Vertrag, infolge dessen derselbe sich mit einer Heeresabtheilung, der eine gewisse Anzahl englischer Truppen zugefügt waren, nach der Halbinsel begab, um durch Uebereinkunft mit den verschiedenen Häuptlingen daselbst, die denselben bis dahin abgepreßten, dem Betrage nach schwankenden, bald größeren, bald geringeren Contributionen, in eine feste, ihrerseits regelmäßig zu zahlende Abgabe umzuwandeln. Uebereinkünfte dieser Art wurden mit nicht weniger als 153 Häuptlingen auf der Halbinsel geschlossen. Dieselben verpflichteten sich den betreffenden Tribut regelmäßig abzutragen, gegenseitig ihre Besitzungen zu respectiren und für die Sicherheit der Landstraßen Sorge zu tragen. Der Gesammtbetrag des im J. 1807 dem Gaicowar zuerkannten Tributes von Kattiwar belief sich auf 90,741 Pf. Sterl. Im J. 1817 verpflichtete sich derselbe, niemals wieder Truppen dorthin zu senden, und die höchste Autorität über die Halbinsel ging von ihm auf die englische Regierung über.

Die Häuptlinge auf Kattiwar sind fast sämmtlich Rabschputen. Mit Ausnahme einiger der vornehmsten Familien besteht bei ihnen der Gebrauch, daß bei dem Ableben des Vaters das Eigenthum desselben unter allen seinen Söhnen vertheilt wird. Die letzteren werden alsdann die Bhayad, d. h. Brüderschaft des Bhat; d. h. des Chefs der Familie genannt. Es mußten deshalb 1807 besondere Uebereinkünfte mit den Bhats für die Ruhe des Landes und mit jedem Mitgliede jeder einzelnen Bhayad über den von ihnen zu zahlenden Tribut geschlossen werden. Obwol seit 1807 gegen 80 der kleineren Staaten auf Kattiwar aufgehört haben zu bestehen, so hat doch das erwähnte System der Erbschaftstheilung so viele Häuptlingschaften neu entstehen lassen, daß die Gesammtzahl derselben 418 beträgt. Vor 1807 übten alle ihre eigene Jurisdiction aus, obschon diese sich selten über mehr als zwei Dörfer, oft nur über ein einziges, selten sogar nur über einen Theil eines Dorfes erstreckte. Blutige Grenzstreitigkeiten; Mord, Raub und Verbrechen aller Art, um sich auf Kosten ihrer Nachbarn zu bevortheilen, kamen unter diesen kleinen Häuptlingen täglich vor.

Das Verbrechen des Kindes oder richtiger Mädchenmordes herrschte unter den Jharejas und Jaitwa-Rabschputen auf Kattiwar allgemein, bis im J. 1807, Colonel Walker zwanzig Häuptlinge und deren Bhayads zu überreden vermochte, sich schriftlich zur Abschaffung dieses hergebrachten Gebrauches zu verpflichten und zugleich der englischen Regierung das Recht der Bestrafung derjenigen, welche sich fortan dieses Verbrechens schuldig machen würden, zuzugestehen. Im J. 1825 wurde auch ein Fonds zur Abschaffung des Kindesmordes gegründet, in der Absicht, um hieraus den ärmeren Jha-

rejas die Mittel zu verschaffen, die Ausstattung, Mitgift und andere ihnen durch die Verheirathung ihrer Töchter verursachten Kosten zu verschaffen. Die Furcht nämlich der Aeltern, diese Kosten bei der einstigen Verheirathung ihrer Töchter nicht bestreiten zu können, wird als einer der Beweggründe zu diesem Verbrechen angesehen. Dasselbe besteht übrigens, zumal in Rabschputana, auch unter den Vornehmeren und Reicheren; sogar bei den Jats und Tugas, obschon bei ihnen der Gebrauch herrscht, daß der Bräutigam, anstatt eine Mitgift von den Aeltern der Braut zu empfangen, denselben die Ausstattung der letzteren zu bezahlen hat. Der Mädchenmord war allgemein verbreitet, bis die strengsten Maßregeln seitens der englischen Regierung, wozu namentlich auch die gehörte, in den betr. Kindesmorde ergebenen Land- und Ortschaften anhaltend eine strenge Controle über das Verhältniß männlicher und weiblicher Geburten zu einander, sowie über die Zahl der daselbst anwesenden Mädchen zu halten, dieses Verbrechen immer seltener hat werden lassen. Im J. 1871 befanden sich auf Kattiwar 24,409 des Kindesmordes mehr oder weniger verdächtige Personen unter polizeilicher Aufsicht.

Im J. 1831 wurde auf der Halbinsel auch ein Criminalgerichtshof errichtet, mit dem politischen Agenten als Präsidenten, den Assistenten als Räthen und eingeborenen Häuptlingen als Beisitzern, ausschließlich zur Unterdrückung des Kindesmordes und anderer Hauptverbrechen. Im J. 1863 wurden die so zahlreichen Häuptlinge auf Kattiwar, welche wie bereits bemerkt, sämmtlich die Jurisdiction über die Bewohner des ihnen zustehenden Länderbesitzes ausübten, hinsichtlich des letzteren neu klassificirt. Die mächtigsten der Häuptlinge erhielten die Civil- und Criminalgerichtsbarkeit, unter den englischen politischen Assistenten die Befugtheit von Zilla- (Unter-) oder Girasslas. Zum Präsidenten dieses Gerichtes wird von der englischen Regierung, aus einer ihr angebotenen Zahl von Häuptlingen, einer gewählt.

Auf Kattiwar befinden sich vier Häuptlinge der ersten Klasse, welche alle sowol dem Gaicowar von Baroda als auch der englischen Regierung Tribut zahlen, und offene Briefe (Sanads) von letzterer besitzen, wodurch ihnen das Recht ertheilt wird, wenn sie keinen natürlichen Nachfolger besitzen, einen solchen zu adoptiren. Der erste von ihnen ist ein Muhammedaner, der Nawab (Nabob) von Junaghur, dessen Dynastie im J. 1735 von einem Glückssoldaten gegründet wurde. Er und die übrigen Häuptlinge schlossen 1818 mit der Regierung von Bombay einen Vertrag, durch welchen sie sich verpflichteten, der Piraterie zu entsagen. Im J. 1846 schlossen beide Theile einen zweiten Vertrag, bei welchem der Nawab von Junagarh Verzicht auf die Abgaben leistete, welche bis dahin von Schiffen hatten gezahlt werden müssen, die bei Sturm und Unwetter in den Häfen seines Gebietes Zuflucht suchten. Der Tribut, den derselbe jährlich zu zahlen hat, beträgt 7000 Pf. Sterl.; sein Einkommen beläuft sich auf 200,000 Pf. Sterl.; die Bevölkerung seines Staates ist 380,900 Seelen stark. Daselbst befinden sich gegenwärtig 39 Schulen mit 2300 Schülern.

Nächst diesem Häuptlinge ist der Jam von Nauanagarh der mächtigste, ein Jhareja-Radschput mit einer sehr zahlreichen Bhayad. Die Familie kam von Catsch nach Kattiwar und gründete im J. 1542 Nauanagarh, nachdem sie die Jaitwar-Familie, in deren Besitz dieser District früher war, von dort vertrieben hatte. Das Land des Jams ist in der Unterabtheilung Halar an dem Golf von Catsch gelegen und enthält die beiden Hafenörter Pofhetra und Seraia, welche zu den besten in ganz Indien gerechnet werden. Der Jam ist zu einem jährlichen Tribute von 12,000 Pf. Sterl. aus einem Jahreseinkommen von 150,000 Pf. Sterl. verpflichtet. Die Zahl seiner Unterthanen beläuft sich auf 290,847 Seelen. Für die Geistesbildung derselben bestehen 26 Schulen mit 12,768 Schülern. Der dritte von den Häuptlingen erster Klasse ist der Thakur von Bhaunagarh. Sein Staat gilt für den am besten regierten auf der Halbinsel. Seine Vorfahren ließen sich unter Segik, von dem die Häuptlinge von Bhaunaggarh, Lath und Palitanna abstammen, im J. 1200 n. Chr. auf Kattiwar nieder. Die Hauptstadt wurde 1742 von Ban Sing gegründet. Die auf ihn folgenden Thakurs von Bhaunaggarh gaben sich die größte Mühe die Piraterie zu unterdrücken und an deren Stelle der Handelsschiffahrt zu höherem Aufschwung zu bringen. Hierdurch wurde die Veranlassung zu näheren Beziehungen zwischen diesem Staate und der Regierung von Bombay gegeben, namentlich von 1740—1770, welche indessen auch später immer bestanden. Der Thakur besitzt ein Einkommen von 258,911 Pf. Sterl. und zahlt einen Tribut von 16,219 Pf. Sterl. im Jahr. Die Bevölkerung von Bhaunaggarh beläuft sich auf 403,754 Seelen, welche 80 Schulen mit 4353 Schülern besitzen. Der vierte Häuptling dieser ersten Klasse ist der Rai-Sahib von Drangadra, dessen Staat eine Bevölkerung von 87,940 Seelen zählt mit 15 Schulen und 550 Schülern. Sein Einkommen beträgt 30,000 Pf. Sterl., der von ihm zu zahlende Tribut 8794 Pf. Sterl. Zu bemerken ist auch noch, daß jeder dieser vier genannten Häuptlinge eine kleine Armee von 2000—3000 Mann unterhält.

Die Zahl der Staaten zweiten Ranges auf Kattiwar, deren Häuptlingen die höchste Gerichtsbarkeit, wiewol nur über ihre eigenen Unterthanen zugestanden ist, beträgt neun. Es sind: Murvi, Wankanir, Palitanna, Dharol, Limri, Rajkot, Gondal, Wadhwan und Jafirabad. Mit Ausnahme der letzteren sind alle sowol dem Gaicowar als dem britischen Gouvernement tributpflichtig, stehen von ihnen außerdem

auch noch dem Nawab von Junagarh. Jafirabad wird von dem Sedi Nawab von Jinjira beherrscht. Die Bevölkerung dieser einzelnen Staaten beträgt zwischen 20,000 und 130,000 Seelen; ihr Gesammtbetrag beläuft sich auf 464,864 Seelen. Sie besitzen 95 Schulen mit 8075 Schülern. Der Gesammtbetrag ihrer Einkünfte ist 266,700 Pf. Sterl. Vier dieser Häuptlinge zweiten Ranges, nämlich die von Murvi, Limri, Rajkot und Gondal haben ihre Erziehung auf dem Collegium zu Rajkumar genossen. Außer den genannten gibt es auf Kattiwar noch zehn andere tributäre Häuptlinge zweiten Ranges, welche aber nicht die höhere Justiz ausüben dürfen wie die ersteren. Von ihnen ist der Rana von Porbander der mächtigste.

Im October 1872 wurde auf der Halbinsel die Eisenbahnlinie zwischen Wadwan und Viramgaon zuerst in Betrieb genommen. Dieselbe ist für die Entwickelung der Halbinsel von besonderer Wichtigkeit dadurch, daß sie die Gegenden, in denen die Cultur der Baumwolle vorzugsweise getrieben wird, durchzieht und somit die Ausfuhr dieses wichtigsten unter den Producten der Halbinsel erleichtert. Die genannte Linie schließt sich bei Ahmadabad an die Bombay-Baroda- und Central-Indien-Bahn an, durch welche sie mit dem ganzen vorderindischen Eisenbahnnetze in Verbindung steht.

Die bemerkenswerthesten Städte auf Kattiwar sind hauptsächlich die folgenden: 1) Amreeli oder Umreylee in der Mitte der Halbinsel an dem Thobee, einem Nebenflusse des Sitronji gelegen, der sich 70 engl. Meilen südlicher in den Golf von Cambay ergießt, ist mit einer festen Mauer und Thürmen umgeben und enthält in 2000 Häusern gegen 30,000 Bewohner. Der gleichnamige Taluk, d. h. Unterdistrict, mit der Stadt Amreeli, bildet, wie schon oben bemerkt, ein Besitzthum des Gaicowar von Baroda. 2) Koonbla an dem Flusse Naula, einem Nebenflusse des Sitronji, unter 21° 22' nördl. Br. und 71° 20' östl. L. von Greenw. gelegen. 3) Choteyla, unweit der nördlichen Grenze von Kattiwar, unmittelbar an dem Fuße eines steilen, beträchtlich hohen, nach dieser Stadt genannten Berges unter 22° 24' nördl. Br. und 71° 11' östl. L. von Greenw. gelegen, ist der Hauptort eines kleinen Districtes mit einer Bevölkerung von 1840 Seelen, die einen jährlichen Tribut von 259 Rupieen an die englische Regierung zahlt. 4) Bugguera, in der Mitte des Districtes Kattiwar, unweit der bereits oben erwähnten wilden, unzugänglichen und ungesunden Gebirgsgegend Gir, unter 21° 30' nördl. Br. und 70° 59' östl. L. von Greenw. gelegen, es ist der Hauptort eines kleinen Unterdistrictes (Taluk), der 16 Dörfer mit 7452 Einwohnern enthält und dem Gaicowar einen jährlichen Tribut von 3114 Rupieen zahlt. 5) Cheetal, unter 21° 44' nördl. Br. und 21° 44' östl. L., gleich Choola an dem Flusse Tobi gelegen. 6) Dwarka oder Dwarika, auch Jigat genannt, an der Nordwestküste in dem Districte Okamandal, unter 22° 15' nördl. Br. und 69° 1' östl. L., berühmt wegen der daselbst befindlichen, sich durch impo-

21

nirende Großartigkeit und Schönheit auszeichnenden Tempels des Krishna oder Dwarkanath, d. h. des Herrn von Dwarka. Dieser Tempel liegt auf einer Anhöhe und erhebt sich von derselben bis zu 140 engl. Fuß. Sein innerer Raum hat eine Länge von 78 bei einer Breite von 66 Fuß. Das Gebäude ist, im ältesten und reinsten Tempelbaustil der Juder, aus dem grünlichen Sandstein ausgeführt, aus welchem die Anhöhe, welche seine Grundlage bildet, hauptsächlich besteht. Durch einen Säulengang ist mit diesem Tempel ein kleinerer, der Deoki, der Mutter von Krishna geweihter, verbunden. Ihm gegenüber, an der andern Seite des Haupttempels, befindet sich ein dritter, noch kleinerer Tempel, in welchem Krishna als Madhu Rae, d. h. als Fürst der Vergifter, verehrt wird. Achtzehn engl. Meilen nördlich von Dwarika liegt Amrara, welches von Einigen für Muldwarka oder das alte Dwarka gehalten wird, wo Krishna den Tod gefunden haben soll. 7) Serala oder Serryah, der schon genannte, dem Jam von Nauanagarh gehörende, in der Abtheilung (Prant) Hallar 22° 18′ nördl. B. und 69° 47′ östl. L. an dem Flusse gleichen Namens, 2½ Meilen von der Mündung desselben in den Golf von Catsch gelegene, bedeutenden Handel treibende Hafenort. 8) Porbander, unter 21° 37′ nördl. Br. und 69° 45′ östl. L., in der gegenwärtigen Assistent-Agentschaft Sorath an dem arabischen Meere gelegen, treibt, obschon wegen einer vor dem Eingange in den Hafen sich ausbreitenden Bank keine größeren Schiffe als von höchstens 80 Tonnen Gehalt in denselben einlaufen können, einen lebhaften Handel mit der gegenüberliegenden Küste von Afrika und verschiedenen Küstenörtern von Sinde, Belutschistan, Arabien, dem persischen Meerbusen, Concan und Malabar. Der Ort selbst besitzt 60—80 Handelsfahrzeuge von verschiedener Größe. Er gehört einem Rabschputen-Häuptlinge oder Rana aus der Tribus der Jaitwas, der auch Herr über den oben genannten, früher einen besondern Prant bildenden, gegenwärtig aber zu der Abtheilung Sorath gezogenen District Hurba oder Wurba ist, hinfür aber dem Gaicowar von Baroda einen Jahrestribut von 3000 Pf. Sterl., und der englischen Regierung die Hälfte der in Porbander fälligen Hafengelder, im Betrage von 3000 bis 3500 Pf. Sterl. zu zahlen hat. 9) Bhaunaggarh, unter 21° 45′ nördl. Br. und 72° 80′ östl. L. in dem, in die Halbinsel sich hineinerstreckenden Theile des britischen Collectorates Ahmadabad unweit der Ostküste des Meerbusens von Cambay an einem kleinen Flusse gelegen, dessen Mündung einen guten und sichern Hafen bildet, treibt beträchtlichen Seehandel. Obgleich unter der Jurisdiction und Verwaltung von Ahmadabad stehend, ist dieser Ort doch die Residenz des schon oben, als eines der vier größten und vornehmsten der Häuptlinge auf Kattiwar erwähnten Thakur von Bhaunaggarh. 10) Rajkot oder Rajfota, in der Assistent-Agentschaft Hallar unter 22° 18′ nördl. Br. und 70° 50′ östl. L. gelegen, gehört mit dem, die Stadt umgebenden, 55 Dörfern mit 20,000 Bewohnern enthaltenden Terrain, einem rabschputischen

Thakur oder Häuptlinge, dessen Einkommen 34,500 Rupieen beträgt, von denen er 17,000 als Tribut an die englische Regierung zu zahlen hat. In Rajfot befindet sich eine christliche Gemeinde und Kirche. Der Häuptling von Rajfot, dessen schon Erwähnung geschah, gehört der Neunzahl von eingeborenen Chefs auf der Halbinsel an, denen die höchste Gerichtsbarkeit, wiewol nur über ihre eigenen Unterthanen, zugestanden ist. 11) Junaghar, als Hauptstadt des gleichfalls schon des ersten unter den vier großen Häuptlingen auf Kattiwar genannten, muhammedanischen Nawab von Junaghar, liegt in der Assistent-Agentschaft Sorath unter 21° 31′ nördl. Br. und 70° 31′ östl. L. Die Stadt ist schlecht gebaut und macht mit ihren engen, schmuzigen Straßen ohne Leben und Treiben in ihnen und einer Bevölkerung, die sehr verschieden von 5000 bis zu 30,000 geschätzt wird, den Eindruck der Armuth und des Verfalls. Der Palast des Nawab ist ein unbedeutendes Gebäude an einem der Bazars gelegen. Die Stadt ist umgeben von einer Wallmauer, die mit zahlreichen massiven Thürmen und crenelirten Zinnen versehen ist, innerhalb von welcher, im Nordosten des von ihr eingeschlossenen Terrains, sich auch noch ein sehr umfangreiches Fort befindet, dessen Grundfläche ein unregelmäßiges Trapez bildet. 12) Gogo, unter 21° 39′ nördl. Br. und 72° 15′ östl. L. auf dem östlichen Ufer des Golf von Cambay, in geringer Entfernung südlich von Bhaunaggarh gelegen, gehört mit einem kleinen, die Stadt umgebenden Territorium, gleichwie letztgenannter Ort, in administrativer Beziehung zu dem Collectorate Ahmadabad. Ungefähr ¾ engl. Meilen von der Stadt entfernt befindet sich ein vortrefflicher, theilweise durch die kleine Insel Perim geschützter Ankerplatz. Gogo bringt die tüchtigsten eingeborenen Matrosen (Lascars) hervor. Schiffe können sich daselbst mit Trinkwasser und Proviant versehen. Namentlich während des Südwestmonsuns bietet Gogo denselben einen sichern Aufenthalt. Die Eingeborenen haben bereits seit längerer Zeit, durch sich selbst aufgelegte Abgaben und freiwillige Beiträge und Geldgeschenke, viele Verbesserungen des Ortes sowol als der benachbarten Localitäten zu Stande gebracht. Die gegenüberliegende Insel Perim ist zwei engl. Meilen lang und eine breit. Sie wird von Kattiwar durch einen Kanal getrennt, der stellenweise 75 Faden tief ist, während seine Breite von Einigen auf 500 Yards, von Andern auf 2 engl. Meilen angegeben wird. Auf der Insel befinden sich Ueberreste eines beträchtlichen Festungswerkes, sowie die eines alten Tempels mit einem Standbilde von Buddha. Die Insel selbst ist in geologischer Hinsicht wegen der großen Menge organischer Ueberreste, welche sich in dem sie zusammensetzenden Conglomerate abgelagert finden, besonders interessant. Man hat daselbst Ueberreste von Elefanten, Mastodon, Hyppopotamus, Rhinoceros, von Schweinen, Hirschen, Ochsen, Schildkröten und kolossalen Sauriern gefunden. Unter diesen Knochen sind die von Mastodon latidens die häufigsten, oft von riesenhafter Größe. Auf Perim, dessen Lage 21° 38′ nördl. Br. und 72° 19′ östl. L., ist auch ein Leuchtthurm errichtet.

Zum Schluſſe dieſer Aufzählung der namhafteſten und bemerkenswertheſten ſtädtiſchen Wohnplätze auf Katiwar möge auch noch des berühmten Tempel- und Wallfahrtsortes Somnath oder Somnath Pattan, im Sanſkr. Patana Somanatha, abgeleitet von Soma oder Somas, dem Monde als Zeugendem, Erwähnung geſchehen. Derſelbe liegt 20° 55′ nördl. Br. und 70° 23′ öſtl. L. nordweſtlich von der Inſel Diu an der Südweſtküſte der Halbinſel, und wird von der arabiſchen See beſpült. Die Stadt bildet ein unregelmäßiges Viereck, welches von einer neun Fuß dicken, über anderthalb engl. Meilen langen, mit 36 viereckigen und 2 runden Thürmen verſehenen Ringmauer umgeben iſt, in deſſen inneren Raum zwei Thorwege führen. An drei Seiten tragen Erdwälle und an der vierten, der weſtlichen, die See noch zur Verſtärkung des Ortes bei. Alle Wälle und Thürme ſind aus koloſſalen, blos durch ihre gegenſeitige Schwere und nicht durch Cement mit einander verbundenen Steinquadern aufgeführt. Alle Außenſeiten der Ringmauer, Thürme u. ſ. w. zeigen ſich mit Scenen und Perſonen aus der brahmaniſchen Mythologie überladen, welches allerdings durch die Zeit ſowol, als noch mehr durch abſichtliche Verwüſtung ſeitens fanatiſcher Muhammedaner ſehr gelitten haben. Die Lage der Stadt mit der Ausſicht auf die See und den zum Schutze gegen Einfälle von Seeräubern befeſtigten Hafenort Billawal iſt eine ſehr angenehme. Die Bevölkerung der Stadt, etwa 5000 Seelen, beſteht gegenwärtig hauptſächlich aus Muhammedanern, welche eine Anzahl von Moſcheen beſitzen, unter denen die Jooma (Djuma) Musjid genannte die großartigſte, ſich durch den Bauſtil, in welchem ſie aufgeführt wurde, am meiſten auszeichnende iſt. Der große, altberühmte Tempel von Somnath iſt im Nordweſten der Stadt auf einer Anhöhe ſo gelegen, daß man ihn aus der Entfernung von 25 engl. Meilen von der See aus ſehen kann. Das Hauptgebäude beſteht in einer weiten oblongen Halle, mit deren innern Ende eine kleine viereckige Räumlichkeit, das Allerheiligſte, in Verbindung ſteht. Die Seiten des Gebäudes ſind nach den vier Cardinalpunkten gerichtet, und der Haupteingang befindet ſich an der Oſtſeite. Außer ihm ſind noch zwei andere Eingänge vorhanden. Die Thore ſind in dem ägyptiſchen Stil, oben enger als unten, ungewöhnlich hoch und weit. Sie erhöhen den Eindruck der Großartigkeit, den das ganze Gebäude macht. Der mittlere Raum des Innern nimmt ein Achteck von Pfeilerbogen ein, auf dem eine flache gewölbte Kuppel ruht. Allenthalben aber zeigen ſich die Spuren des Verfalles durch die Zeit und der Zerſtörung durch Muthwillen und Fanatismus. Alles, was zu ſeiner Ausſchmückung und Zierde diente, iſt ſchon längſt zerſtört oder weggeraubt worden. Auch ſämmtliches Sculpturwerk, mit dem die Außenſeite dieſes Tempelbaues in überreicher Fülle geſchmückt war, iſt Gegenſtand abſichtlicher Zerſtörung und zwar einer ſo ſorgfältigen und methodiſchen geweſen, daß von den abgebildeten Göttergeſtalten auch nicht eine einzige der Verſtümmelung entging. Die meiſten, namentlich diejenigen, welche in mehr als menſchlicher Größe dargeſtellt waren, ſind kaum noch zu erkennen. Die Länge des innern Raumes, das viereckige Allerheiligſte nicht mitgerechnet, beträgt 96 Fuß. Von dem hiſtoriſch berühmten Lingam, dem Symbole des Shiwaismus als bildliches Zeichen der Fortpflanzung, deſſen Verehrung vorzugsweiſe in dieſem Tempel ſtattfand, iſt keine Spur mehr übrig geblieben, mit Ausnahme des ſogenannten Koteswara, d. h. mit einer Million Lingams verſehen, in der Nähe des Tempels. Es iſt dieſes ein koloſſaler, rother, mit einer Unzahl kleiner Lingams bedeckter Steincylinder. Die Pracht des Tempels von Somnath vor ſeiner Verwüſtung beſchreibt Mirchond in folgender Weiſe: „Somnath war ein Götzenbild in einem Tempel unweit der Meeresküſte, welches die Hindu anbeteten, hauptſächlich während der Dauer von Mondfinſterniſſen. Dieſelben glaubten, daß die Seelen der Verſtorbenen, nachdem ſie die früher von ihnen bewohnten Leiber verlaſſen, nach Somnath kämen, um daſelbſt neue Leiber zu erhalten. Auch glaubten ſie, daß die See Somnath anbete, wovon die periodiſche Ebbe und Fluth ihnen als ein Zeichen galt. Von den entfernteſten Gegenden Indiens kamen Wallfahrer, dieſen Abgott anzubeten. Für den Unterhalt des Tempels waren 10,000 Dörfer angewieſen, und derſelbe enthielt ſo viele Koſtbarkeiten, daß noch niemals ein König auch nur den zehnten Theil davon in ſeiner Schatzkammer beſeſſen hatte. Zweitauſend Brahmanen verrichteten den Dienſt in dem Tempel, und außer ihnen waren noch 300 Barbiere, ebenſo viele Muſikanten und 500 Tanzmädchen an demſelben angeſtellt. Der Unterhalt dieſer Aller aber wurde aus den dargebrachten Opfergeſchenken der Wallfahrer beſtritten. An einer goldenen Kette von 400 Pfund Schwere hing eine Schelle, durch welche zum Anſchlagen zum Gebete gerufen wurde.“ Selbſt Fürſtentöchter wurden nicht für zu gut gehalten, um zu Somnath Tempeldienerinnen zu ſein. Nach Feriſhta ſoll die Zahl der Pilger dorthin, beſonders in den Nächten der Mondfinſterniſſe, zwei bis dreimalhunderttauſend betragen haben.

Die Zerſtörung des Tempels zu Somnath durch Mahmud von Gazna (Ghizni) bei ſeiner zwölften und letzten Expedition nach Indien im J. 1025 n. Chr., derjenigen, bei welcher er ſich ſelbſt den Namen des Götzenbildzerſtörers beilegte, indem er das am höchſten verehrte Symbol im Innern der Tempelhalle, nach Einigen ein Standbild des Shiwa, nach Anderen blos ein ſchwarzer, ſäulenförmiger, fünf Ellen hoher, mit drei Ellen ſeiner Länge aus der Erde hervorragender Stein, eigenhändig vernichtet hatte, — bildet einen der erſten und wichtigſten Anhaltspunkte für die ältere Geſchichte von Guzerate. Es wird deßhalb weiter unten hierauf zurückgekommen werden. Allgemein verbreitet, obgleich keineswegs ſicher bewieſen, was auch ſchon daraus hervorgeht, daß Feriſhta dieſes Umſtandes nicht erwähnt, iſt die Sage, daß Mahmud bei ſeinem Rückzuge aus Indien nach der Verwüſtung von Kattiwar, die Flügel des Hauptthores des Tempels von Somnath als Siegeszeichen mit ſich nach Gazna geführt habe, und

21*

daß dieselben zu Thoren seiner eigenen Grabesstätte ver=
wendet worden seien. Bekanntlich ließ der damalige
Generalgouverneur von englisch Indien, Lord Ellen=
borough, bei dem Zurückzuge der Engländer aus
Gasna im J. 1842, diese Thorflügel mitnehmen, um
dieselben an der Stelle, von wo sie gewaltsam wegge=
raubt seien, wieder anbringen zu lassen, um hierdurch
ein vor 800 Jahren geschehenes Unrecht wieder gut zu
machen. Solches aber sollte mit größter Feierlichkeit ge=
schehen, und es waren schon die Fürsten und Häuptlinge
von Sirhind, Rajwara, Malva und Guzerate
zur Beiwohnung dieses Acts eingeladen. Derselbe fand
aber nicht statt, indem die Regierung in England es für
ungerecht und zugleich unpolitisch erklärte, durch eine so
augenfällige Begünstigung des Hinduismus alle An=
hänger des Islam empfindlich zu kränken. Die Ansicht,
daß diese Thore aus Sandelholz bestünden, ist von vielen
Seiten, wie es scheint, mit Grund bestritten worden.

Eine Prinzessin, Ahella Bhae, aus der mahrat=
tischen Fürstenfamilie der Holkar von Judore, hat in
der Mitte dieses Jahrhunderts in der Nähe des alten
Tempelgebäudes einen neuen Tempel des Shiwa er=
bauen lassen. Villawal oder Bairawall, zwei engl.
Meilen westlich von Somnath, ist ein guter Hafen für
Handelsschiffe und der dort getriebene Handel ist nicht
unbedeutend.

II. Das continentale Guzerate.

Grenzen. Die geographischen Grenzen des con=
tinentalen Guzerate sind gegen Westen die große oder
westliche, und das kleine oder südliche Rann, die schon
oben erwähnte ideale, von der Einmündungsstelle des
Saburmatti in den Golf von Cambay nach der südöst=
lichsten Spitze des kleinen oder südlichen Rann gezogene,
die Halbinsel Kattiwar von dem Continente trennende
Linie und der Golf von Cambay in ihrer ganzen
Länge; gegen Norden, Westen, Osten und Süden ist die
Grenze dieses Landes aber dieselbe, welche schon oben,
als die von Guzerate im weiteren Sinne, d. h. mit
Einschluß der Halbinsel Kattiwar näher bezeichnet
wurde. Diesem ungeachtet aber ist die östliche Grenze hier
näher in Betracht zu ziehen, weil dieselbe zugleich eine
geographische ist, ein Umstand, durch den die eigenthüm=
liche Bodenbeschaffenheit von Guzerate, und dessen
specifischer Charakter wesentlich bedingt wird. Die Ost=
grenze wird nämlich, wenn auch nicht ganz, doch größten=
theils durch Gebirgszüge gebildet. Im Süden, von 20°
bis 21° 28' nördl. Br., ist es das nördliche Ende der
westlichen Ghauts, welches hier weiter von der Küste
gegen Osten zurückweicht, als die dem Meere näher ge=
legene südlichere Erstreckung dieser meridionalen Kette.
Das Thal des von Osten nach Westen strömenden, sich
nördlich von der Hafenstadt Surat in den untern Theil
des Golfes von Cambay ergießenden Tapti, trennt
das Nordende der westlichen Ghauts von dem west=
lichen Ende der fast weiter als jenes nach Westen hin=
ziehenden, fast in der Richtung einer Parallele, zwischen
73° 29' und 79° östl. L. verlaufenden Kette des Saut=

puragebirges. Das letztere wird von dem, mit ihm
fast parallel von Osten nach Westen sich erstreckenden
Vindhjagebirge durch das Thal der Narbudda,
welche sich nördlich von Broach in den Golf von Cam=
bay ergießt, abgeschieden. Das Westende des Vindhja
bildet den dritten Theil der östlichen Gebirgsgrenze von
Guzerate von Süden nach Norden betrachtet. Dasselbe
spaltet sich zuletzt in eine südlichere, Barria genannte
Hügelkette, und einen nördlicheren, sich südlich von
dem, in die nordöstlichste Bucht des Golfs von Cam=
bay einmündenden Flusse Myhes oder Mhye, in
dem Districte Launawara der zu Guzerate gehörenden
politischen Agentschaft Rewalkanta ausbreitenden und
zugleich endigenden, nach ihm genannten Zweig. Noch
nördlicher erstrecken sich die letzten, den Namen der Berge
von Dongorpore führenden westlichen Ausläufer der
Aravallikette aus Rabschputana bis zur Grenze
von Guzerate und über dieselbe hinaus.

Beschaffenheit des Landes. Der größte Theil
des continentalen Guzerate besteht, wie schon aus dem=
jenigen hervorgeht, was über die seine östliche Grenze
bildenden Gebirgszüge bemerkt wurde, in dem Abfall des
Landes von diesen letzteren nach dem Meere. Der öst=
liche Theil dieses, im Verhältniß zu seiner Ausdehnung
in die Länge, nicht sehr breiten Landstriches ist daher
ungleich höher über dem Meere gelegen als sein west=
licher, von dem Golf von Cambay und den beiden
Ranns bespület, zu denen es sich sehr allmälig herab=
senkt. Es bildet aber nicht eine zusammenhängende,
schief von Osten nach Westen geneigte Ebene, sondern
erscheint stellenweise selbst als niedrigeres Gebirgs= oder
richtiger Hügelland, sowohl von den westlichen Ghauts
sowohl als der Sautpurakette, namentlich aber von
ersterer, eine Anzahl von Hügelreihen, deren Richtung
eine mit der jener Gebirgszüge sich kreuzende ist, weit
gegen Westen, theilweise selbst bis zur Küste hinerstreckt.
Mitunter sind diese Hügelreihen auch keine zusammen=
hängende, sondern bestehen nur aus isolirten, aber ein=
ander in der Richtung von Ost nach West folgenden,
und somit eine bestimmte Linie darstellenden Hügeln und
Felsengruppen, wie die von Parnua, Rola und anderen.
Nur selten übersteigt die Höhe derselben 300—400 Fuß.
Der nördliche, Guzerate begrenzende Theil der Ghauts,
sowie auch die Sautpura=Kette, besteht meistens aus
plutonischen Formationen, unter denen Basalt vorherrscht,
welche sich auch, wie schon bemerkt wurde, bis in Kat=
tiwar hineinerstrecken und daselbst die Gruppe der Pali=
tanna=Berge bildet. Der Reichthum dieser Gebirgsketten,
sowie von Guzerate im Allgemeinen, an Metallen und
werthvollen Mineralien überhaupt, ist nur unbedeutend.
Am häufigsten kommen Eisenerze vor, und namentlich die
Umgegend der Mündung des Tapti enthält ausgebrei=
tete Ablagerungen des schwarzen, nicht nur mit einer
großen Menge von Eisentheilen, sondern auch hier und da
mit Platina vermischten Sandes. Man glaubt, daß der
ganze Boden des Golfes von Cambay aus einem ähn=
lichen Sande bestehe. Zu erwähnen sind auch die Car=
neole von vorzüglichster Schönheit, welche bei Raj=

peepia auf dem linken Ufer der Narbubba in großer Menge gefunden werden. Die ausgebreitetsten Ebenen befinden sich in dem nördlichsten Theile, westlich von den, in der Richtung von Nordost nach Südwest in Guzerate hineintretenden Ausläufern der Aravalli-Kette, wo dieses Land überhaupt die größte Breite besitzt.

Guzerate ist ein von Flüssen reich bewässertes Land. Des Tapti und der Narbudda, welche dasselbe, um in den Golf von Cambay einzumünden, in der Richtung von Osten gegen Westen durchschneiden, sowie des aus Nordost nach Südwest, aus dem Districte Amjherra der Provinz Central-Indien, nach der nordöstlichsten Einbucht des genannten Golfes herabfließenden Myher oder Mhye ist bereits gedacht worden. Auf letzteren folgt der Saburmatti, welcher fast genau in der Richtung von Norden nach Süden von dem Aravalli-Gebirge herabfließend, sich, der Mündung des Myher gegenüber, in die nordwestlichste Einbucht des Meerbusens von Cambay ergießt. In das südliche oder kleine Rann, der Insel Catsch gegenüber, mündet der gleichfalls von der Aravalli-Kette entspringende und in der Richtung von Nordost nach Südwest verlaufende Bunaß ein, während sich in das nordöstliche Ende des großen Rann der Looni ergießt. Dieser letztere kann aber kaum noch den Flüssen von Guzerate zugezählt werden, da allein sein unterstes Ende einen Theil der Grenze zwischen dieser Landschaft, speciell der Agentschaft Palanpore, und der Provinz Radschputana bildet. Außer diesen genannten Haupt- und ihren Nebenflüssen wird Guzerate noch von zahlreichen anderen kleineren, welche in der Richtung von Ost nach Westen dem Golf von Cambay zufließen, vielfach durchschnitten.

Klima. Die mittlere Temperatur in dem continentalen Guzerate ist im Allgemeinen noch etwas höher als auf der Halbinsel Kattiwar. Am niedrigsten ist sie in seinem südlicheren Theile in der Nähe der Küste, wo die Seewinde, sowie auch in den Gebirgsgegenden, wo die Wälder und Dschangeln, von denen dieselben großentheils bedeckt werden, abkühlend auf die Atmosphäre einwirken. Im Allgemeinen ist das Klima ungesund, wenngleich nicht ganz in dem Grade wie das der genannten Halbinsel. Die ungesundeste Jahreszeit ist die während des Herrschens des Südwest-Monsuns, wo sich zu der hohen Temperatur, eine besondere, zu einer Menge von Krankheiten Veranlassung gebende Feuchtigkeit der Atmosphäre gesellt. Die größte Höhe erreicht die Temperatur in dem zwischen der Narbudda und dem Saburmatti gelegenen Landstriche, wo während der Zeit vom 20. März bis 20. Mai heiße Winde wehen, welche die Lufttemperatur im Freien bis auf 47, im Innern der Häuser auf 42 Centesimalgrade erhöhen. Infolge hiervon werden Viele, und nicht blos Europäer, sondern auch Eingeborene, Opfer des Sonnenstiches. Hierzu kommt noch in den Gegenden, wo der Boden weniger fest und mehr sandig ist, die Menge feinen Sandes, welchen die heißen Südwestwinde mit sich führen. Die kühlere Jahreszeit beginnt erst gegen Ende des October; in den Wintermonaten sind Reif und Frost gar nicht ganz selten. Die Menge des fallenden Regens ist auf dem continentalen Guzerate größer als auf Kattiwar, indem sie 30 Zoll beträgt. Vorzugsweise zeichnet sich die nordöstliche Küstengegend des Golfes von Cambay, sowie die westlich von beiden Ranns begrenzte, durch besondere Insalubrität aus.

Erzeugnisse aus dem Thier- und Pflanzenreiche. In zoologischer Hinsicht stimmt das continentale Guzerate sehr mit der Halbinsel Kattiwar überein, und die meisten der auf letzterer vorkommenden Thiere werden auch dort gefunden. Die unter dem Namen des Löwen von Guzerate unterschiedene, entweder kurzmähnige oder ganz mähnenlose Varietät dieser Katzenart kommt daselbst aber ungleich seltener vor. Dagegen ist auf dem Festlande der gestreifte Königstiger ungleich häufiger als auf der Halbinsel, wo derselbe nur ausnahmsweise hin- und wieder angetroffen wird. Der gefleckte Leopard, der Chitah oder Jagd-Leopard und die andern, oben bei der Betrachtung von Kattiwar namhaft gemachten Arten wilder Katzen, Hunde, Antilopen, Hirsche, Wildschweine u. s. w., sind auf dem Continente nicht minder häufig als auf der Halbinsel. Auch die domesticirten Thiere sind dieselben. Die Pferdezucht ist hier wie dort von ihrem früheren hohen Standpunkte sehr herabgesunken. Eine viel wichtigere Stelle unter den Hausthieren als auf Kattiwar nimmt aber auf dem Festlande das Kamel ein, dessen Zucht, namentlich in den Ebenen zu beiden Seiten des Saburmatti vielfach und sorgfältig betrieben wird, und das auch eine sehr brauchbare Rasse liefert. Büffel sind allenthalben häufig, in den südlicheren Districten jedoch von größerer Stärke und Schönheit als in den nördlicheren. Auch das Rind wird allenthalben gezüchtet. Zwischen den Vögeln und anderen Vertebraten von Guzerate und denen, welche schon oben als auf Kattiwar vorkommend genannt wurden, findet keine erwähnenswerthe Verschiedenheit statt.

Auch die Erzeugnisse des Pflanzenreiches stimmen mit denen der Halbinsel Kattiwar wesentlich überein, obschon die Flora der letzteren bei weitem nicht so artenreich ist als die des Festlandes. Die hauptsächlichsten, sowol für das eigene Bedürfniß der Bevölkerung dienenden als für die Ausfuhr und den Handel bestimmten Culturgewächse sind dieselben. Unter ihnen nehmen das Zuckerrohr und die Baumwollenpflanze die erste Stelle ein. Hauptnahrungsmittel der Bevölkerung sind auch hier die oben genannten verschiedenen Hirsearten. Außer ihnen wird aber auch in verschiedenen Gegenden, namentlich den nördlicheren, sowie auch in den zwischen dem Tapti und der Narbudda gelegenen, Weizen massenhaft angebaut. Die Dattel- und die Fächer- oder Palmyrapalme (Borassus flabelliformis) finden sich unweit der Küste allenthalben. In dem südlichsten Theile, bis zu 22° nördl. Br., findet sich auch schon, wiewol nicht sehr häufig, die auf Kattiwar nicht mehr gedeihende Kokospalme. Besonders zu erwähnen ist auch noch der, wenngleich überall in Indien, doch nirgendwo sonst in Exemplaren von gewaltigerem Umfange und größerer Schönheit als in Guzerate, namentlich an den Ufern des untern Laufes der Narbudda und des Tapti vorkommende Cubbir-bur oder Banianenbaum (Urostigma [Ficus] indicum), Asvattha im Sanskrit. Ritter berichtet in seiner classischen Monographie dieses, dem Westen zuerst durch den Zug Alexander's des Großen nach dem Indus bekannt gewordenen, als ein wahres Wunderwerk der Natur erscheinenden Feigenbaumes und anderer ihm nahe verwandter Urostigma-Arten (Erdk. v. Asien Bd. IV., Abth. 2, S. 687—89), nach den Beschreibungen von J. Fryer, J. Forbes und J. Copland, von einem auf einer etwas erhöhten Insel in der Narbudda wachsenden, sich vor allen übrigen näher bekannt gewordenen, durch seine riesigen Verhältnisse ausgezeichneten Asvattha-Baume, daß derselbe in früherer Zeit (1680) wol 30,000 Menschen in seinen Schatten habe aufnehmen können. Diesen Umfang besitze derselbe seit 1783, wo eine furchtbare Ueberströmung der Narbudda, begleitet von einem heftigen Orkane, einen Theil der Insel und zugleich einen Theil des Baumes fortgerissen habe, nicht mehr. Jetzt aber habe der damals stehengebliebene Theil desselben, dicht um die ältesten, Nebenstämme des Hauptstammes gewordenen Luftwurzeln des letzteren gemessen, noch einen Umfang von nahe 2000 Fuß und bildet einen ganzen Wald. Vor jener Sturmfluth habe die Zahl der, ursprünglich aus dem Hauptstamme entstandenen, durch ihre Luftwurzeln sich immer weiter ausbreitenden älteren und größeren Nebenstämme allein 1350, die der jüngeren und kleineren 3000 betragen. Aus der Ferne betrachtet gleiche dieser Baum einem großen dunkelgefärbten Berge. Wenn die Narbudda über ihre Ufer trete und die Nachbardörfer unter Wasser setze, so finde, bis letzteres sich wieder verlaufen habe, die Bevölkerung unter dem dicht verwachsenen Laubdache dieses Baumes eine Zufluchtsstätte. Für die Engländer von Broach und Surat, sei dieser Baum oft wochenlang das Zeltlager ihrer großen Jagdexcursionen gewesen; häufig nähmen Hirten mit ihren Heerden und Karawanen unter ihm ihr Obdach, und Truppen, 6000—7000 Mann stark, fänden noch jetzt auf ihren Märschen das erwünschteste Lager an ihren Rasttagen unter ihm und die herrlichste Kühlung.

Bevölkerung. Wie auf der Halbinsel Kattiwar ist auch in dem continentalen Guzerate die Bevölkerung eine sehr gemischte, aber die Bestandtheile sind nicht ganz dieselben. Die Mahratten sind, wie auf ersterer, so auch auf letzterem der herrschende Volksstamm, zugleich auch verhältnißmäßig zahlreicher als auf der Halbinsel. Zahlreicher noch als diese ist das Volkselement der Radschputen, aus den schon oben genannten und noch einigen andern Tribus daselbst vertreten. Unter ihnen ist die Kaste der Brahmanen stark vertreten. Die meisten Grundbesitzer und eingeborenen Beamten, Dorfhäuptlinge u. s. w. gehören derselben an. Auch die Unterkasten der Charuns und Bhats, von denen ausführlicher gesprochen wurde, als von der Bevölkerung auf Kattiwar die Rede war, nehmen unter der radschputischen Bevölkerung von Guzerate eine noch bedeutendere Stelle ein, als auf letztgenannter Halbinsel. Die Volksstämme der Culies, welche seit dem entferntesten Alterthum in Guzerate ansässig und von dort, wie man annehmen muß, nach Kattiwar auswanderten, sind, namentlich an beiden Ufern des Myher und längs des oberen Laufes der anderen nördlicheren Flüsse, zahlreich verbreitet. In den nordwestlichen Grenzgegenden bilden sie selbst den Hauptbestandtheil der Bevölkerung. Sie sind im Allgemeinen von kräftigem Körperbau, kühner, unternehmender Sinnesart, zu Raub und Diebstahl geneigt, gelten dessenungeachtet aber für ehrlich und zuverlässig, wenn sie speciell in Dienst genommen werden, um fremdes Eigenthum zu beschützen oder Gelder von einem Ort nach einem andern hinzubesorgen. Obgleich die Culies sich zum Brahmaismus bekennen, so essen sie doch Fleisch, namentlich von Büffeln, sind auch dem Mißbrauche geistiger Getränke ergeben und berauschen sich auch mit Opium und Bang (Hanfextract). Die Katties, welche gegen Ende des achten Jahrhunderts von den Ufern des Indus sowol in die nach ihnen genannte Halbinsel, als auch in das continentale Guzerate einwanderten, und von denen man annimmt, daß sie ursprünglich aus Centralasien hergekommen seien, wurden bereits oben näher besprochen und beschrieben. Sie sind auf dem Continente verhältnißmäßig nicht so zahlreich als auf der Halbinsel. Kundies kommen sehr zahlreich im südlicheren und mittleren Theile von Guzerate, minder häufig in dessen nördlicheren Theile vor. Sie betreiben dort, wie auf der Halbinsel, vorzugsweise Ackerbau.

Zwischen diesen mächtigeren und zahlreicheren Volksstämmen, zerstreut leben mehrere kleinere und für die ethnographischen Verhältnisse von Guzerate im Allgemeinen minder wichtige. Zu ihnen gehört unter andern jener der Dunjas. Dieselben sind wohlgebaut, thätig und haben eine gewisse niedrigere Culturstufe erreicht. Sie werden aber von den andern Stämmen verachtet, nicht selten auch verfolgt und mißhandelt, theils weil sie in dem Rufe stehen Zauberei zu treiben, theils aber auch wegen ihrer, von der übrigen Bevölkerung für schimpflich angesehenen Beschäftigungen und der Weise, wie sie ihren Unterhalt gewinnen. Die Dunjas betreiben nämlich hauptsächlich den Dschangels Jagd und Fischfang, sammeln daselbst auch wilde Früchte und andere, auf den Bazars verkaufbare Erzeugnisse des Pflanzen- und Thierreichs. Ungleich wichtiger als diese kleinen Stämme, auch in ethnologischer Beziehung ein viel größeres Interesse beanspruchend, ist der weitverbreitete Stamm der Kattiwar nicht vertreten, in Guzerate aber zahlreichen Bhils oder Bills. Die Bhils sind daselbst gegenwärtig die dieses Land östlich begrenzenden Gebirgsstrecken, namentlich das nördliche Ende des weiteren Ghauts, sowie sich die in Guzerate hineinerstreckenden westlichen Ausläufer des Vindhya-Gebirges zwischen dem Tapti und der Narbudda. Wahrscheinlich aber sind sie in früherer Zeit sowol in östlicher als in westlicher Richtung weiter als jetzt verbreitet gewesen und haben sich, um der Verfolgung zu entgehen, aus der Ebene mehr in die jetzt von ihnen bewohnten Gebirgsgegenden zurückgezogen. Solches geschah unter anderen, um nur ein Beispiel anzuführen, zu Anfang des 17. Jahrh. unter dem Großmogul Mohámmed Jehanghir, dem Sohne und Nachfolger von Akbar dem Großen, der nicht lange nach seiner Thronbesteigung, um die Bhils und zugleich auch die Culies auszurotten, einen Feldzug gegen dieselben unternahm, der Tausenden von ihnen das Leben kostete. Im Allgemeinen gelten die Bhils für Ueberreste der ältesten, aus der Zeit vor der arischen Einwanderung herstammenden Bevölkerung von Indien. Uebrigens hat von jeher unter denen, die mit den ethnologischen Verhältnissen dieses Landes am vertrautesten waren, eine Verschiedenheit ihrer Ansichten über den Ursprung dieses Volksstammes bestanden und besteht noch heute. Mountstuart Elphinstone z. B. hielt die Bhils in Guzerate, ebenso wie die Khorek in östlichen Theile von Vorderindien und andere wenig oder gar nicht civilisirte Stämme, für mit den arischen Hindu nicht stamm- oder rassenverwandte Aboriginer, und auch, in ihrer äußern Erscheinung, für von denselben verschieden. Sir John Malcolm dagegen war der Ansicht, daß die Bhils, ein Ausdruck, der häufig in einem viel zu weiten Sinne und für Stämme gebraucht werde, die mit den eigentlichen und wirklichen Bhils nichts gemein hätten als einen sehr niedrigen Culturzustand und besonderen Hang zur Räuberei, namentlich die im Vindhya-gebirge lebenden, sich von den Landleuten der benachbarten Gegend gar nicht merkbar unterschieden, wiewol sie roher wären und in wilden Gebirgsgegenden lebend, eine rohere Sprache redeten. Die letzteren sind aber von Anderen, z. B. Kapitän William Miles, für reine Guzerati gehalten. Nach Malcolm sind die Bhils also kein der Rasse nach von den arischen Hindu verschiedenes, sondern nur ein, im Vergleich mit diesen, in der geistigen und socialen Entwickelung weit zurückgebliebenes Volk: Was die Veranlassung hierzu, sowie zu der Absonderung gegeben hat, in der sie viele Jahrhunderte gelebt haben und noch leben, ist unbekannt geblieben. Sie verehren die Hindu-Gottheiten; namentlich die niedrigeren und opfern der Sita-Maga oder Shetula, der Göttin der Menschenblattern. Auch beten sie Mahadewa (Shiva) und Durga an, sowie auch Bhairawa, den Sohn von Shiva.

Zu anderen Gebräuchen unterscheiden sich die Bhils von denen der Hindu. So z. B. machen sie bei dem Tode ihrer Häuptlinge aus Erz das Bild eines Pferdes oder Stieres, mit welchem der Bhant oder Priester alljährlich in den Dörfern umherreist und unter Verrichten gewisser Ceremonien an den Verstorbenen erinnert. Sie begraben ihre Todten, statt sie nach der Sitte der Hindu zu verbrennen. Sie behaupten aber Kastenunterschiede zu haben, und mit Bezug auf die Nahrung, das Heirathen der Witwen u. s. w. die Ansichten der Hindu zu theilen. Elphinstone bemerkt jedoch, daß sie das Fleisch von Rindern und Schweinen äßen und dem Trinken von Palmwein und Arak sehr ergeben seien. Die in dem

Gebirge lebenden Bhils wohnen in Haufen kleiner Hütten unter Navacas genannten Häuptlingen. Sie sind klein von Statur, aber kräftig und können große Anstrengungen aushalten. Ihre Gesichtszüge haben nichts besonderes Charakteristisches. Ihr Haar und Bart werden als kraus und dicht, aber nicht wollig geschildert. Sie sprechen munter, ihr Gesicht ist offen und der Ausdruck ihrer Augen und ihres Mundes gutmüthig. Die wild in den Bergen herumschweifenden Bhils tragen, ein kleines Tuch um die Lenden ausgenommen, - selten Kleidung; ihre Waffen sind Pfeil und Bogen. Dieselben sind meistens Räuber und Diebe, jedoch nicht eigentlich blutdürstig, sondern von Natur gutmüthig. Bei den Ackerbau treibenden treten alle guten Eigenschaften ihres Charakters, wozu auch große Liebe zu ihren Kindern gehört, noch mehr hervor.

Daß übrigens, und in welchem Maße die Bhils unter verständiger Leitung bildungsfähig und praktisch verwendbar sind, beweisen die beiden in der Präsidentschaft Bombay bestehenden, aus ihnen zusammengesetzten Corps Polizeisoldaten, das eine Khandesh Bhil Corps 840, das andere Gujrat Bhil Corps 503 Mann enthaltend. Im J. 1818 gelangte Khandesh an England, und 1826 kam Mountstuart Elphinstone, damals Gouverneur von Bombay, auf die Idee, landwirthschaftliche Colonien unter den Bhils anzulegen und zugleich ein Regiment aus ihnen zu bilden. Mit der Leitung der Agricultur-Colonien wurde Kapitän Ovans beauftragt, während dem Lieutenant Outram die Aufgabe zu Theil wurde, diese kein Gesetz und keine Ordnung kennenden Barbaren zu disciptliniren und ein Civilbeamter, Willoughby, Ruhe und Ordnung unter den wilden Bhils von Rajpeepla stiften sollte. Outram begann sein Werk damit, daß er an die Spitze eines kleinen Detachements Truppen die Bhils in ihren Verstärkungen angriff, dieselben eroberte und ihre Vertheidiger nöthigte, um Gnade zu bitten. Als Outram den Bhils den Beweis seiner Uebermacht geliefert hatte, sandte er das Detachement Truppen zurück und begab sich, unbewaffnet und ohne alle Begleitung, zu denen, die er kurz zuvor noch bekämpft hatte. Die Bhils erwiderten das in sie gesetzte Vertrauen. Outram nahm die ihm von denselben gebotene Gastfreundschaft an, war ein aufmerksamer Zuhörer, wenn sie ihre Legenden erzählten, lehrte sie manche einfache mechanische Kunstgriffe, verband ihre Wunden, theilte Arzneimittel unter ihnen aus, nahm an ihren Tigerjagden Antheil und erwarb sich dadurch, daß er sich durch Eigenschaften auszeichnete, welche sie an sich selbst am meisten hochschätzten, ihre Bewunderung. In weniger als einem Jahre hatte er ein Corps von Bhils organisirt, welches, als Outram 1835 den Befehl darüber niederlegte, 600 wohldisciplinirte Leute zählte. Die beiden Corps von Bhils bestehen noch heutigen Tages und dienen sowol die Polizei zu handhaben, als auch um einem unruhigen Volksstamme eine zweckmäßige Ableitung und Beschäftigung zu bieten.

Die in Guzerate vorherrschende Religionsform ist der Brahmaismus. Die Zahl der Djainas ist daselbst viel geringer als auf Kattiwar. Muhammedaner werden vorzugsweise in den Städten angetroffen. Diejenigen von ihnen, welche der Bora genannten Sekte des Islam angehören, sind im Allgemeinen arbeitsame, wohlhabende und einflußreiche Mitglieder der Gesellschaft. Die Parsis leben fast alle in den größeren Städten, wo sie sich durch Betriebsamkeit, einen ruhigen und anständigen Lebenswandel sowie kaufmännische Geschicklichkeit und Klugheit hervorthun.

Das numerische Verhältniß, in welchem in dem continentalen Guzerate die einzelnen, daselbst vertretenen Volksstämme zu einander stehen, läßt sich nicht mit einiger Sicherheit angeben. Selbst die Zahl der Gesammtbevölkerung ist nicht genau bekannt. Es ist indessen wahrscheinlich, daß sie zwischen vier und fünf Millionen beträgt.

Gegenwärtige politische Eintheilung und Verhältnisse. Wie bereits zu Anfang dieses Artikels bemerkt wurde, umfaßte das Territorium, welches den continentalen Theil des alten Guzerate bildet, sowol zur Zeit wo dieses ein selbständiges Staatswesen darstellte als auch damals, wo dasselbe als Vicekönigthum oder als Provinz zu dem Reiche Delhi gehörte, verschiedene Bestandtheile. Einige hiervon sind nämlich integrirende, unmittelbar zur Präsidentschaft Bombay gehörende Theile des inobritischen Reiches geworden, während die anderen, und zwar die, die Mehrzahl ausmachenden, eingeborene Fürsten besitzen, die aber Vasallen der englischen Regierung sind und zu derselben in einem, nicht bei allen gleichen Verhältnisse der Abhängigkeit und Tributpflichtigkeit stehen. Diese letzteren Vasallenstaaten der Engländer aber bilden, gleich den schon erwähnten auf der Halbinsel Kattiwar, unter politischen Agenten, theils zur Beihülfe bei ihrer Verwaltung, theils allein zu ihrer Beaufsichtigung, gestellte Unterabtheilungen (Agencys) der nördlichen Abtheilung (northern Division) der in der Präsidentschaft Bombay mitbegriffenen eingeborenen Fürstenthümer (Native Principalities). Die diesen letzteren gehörenden aber stellen folgende, von einander getrennte politische Agentschaften dar.

1) Pahlanpore, unter einem politischen Superintendenten (Political Superintendent), der nördlichste Theil des continentalen Guzerate, nördlich von Radschputana, östlich von der politischen Agentschaft Mahikanta, südlich von den britischen Collectoraten Ahmadabad und Kaira, westlich von beiden Ranns begrenzt, umfaßt 11 größere und eine Anzahl kleinerer Fürstenthümer. Die ersteren sind: Pahlanpore, Suilgaon, Radhanpore, Bhabar, Tharad mit Morwara, Khankrej, Deodar, Wao, Terwara und Warye. Von den zahlreichen kleineren Fürstenthümern sind nur Santalpore und Charchut zu erwähnen. Der Hauptstaat in der genannten Gruppe ist der nördlichen Theil dieser Agentschaft einnehmende Staat von Pahlanpore, welcher gegen Ende des 17. Jahrh. von einem Häuptlinge der Afghanen aus dem Tribus der Lohanen gegründet wurde. Der genannte afghanische Stamm hatte sich während der Regierung des Großmoguls

Humayun (1530—1556), in Besitz der gegenwärtig zu Präsidentschaft Bengalen gehörenden Landschaft Behar gesetzt, und Akbar der Große dem Haupte desselben den Titel Dewan verliehen. Von diesen Dewans von Behar leiten auch die jetzigen Häuptlinge von Pahlanpore ihren Ursprung ab. Im J. 1682 war Futteh Khan Dewan von Shalore, gegenwärtig einem Districte der Agentschaft Johkpore oder Marwar in Radschputana. Derselbe empfing von dem Großmogul zu Lehen auch noch die Districte Pahlanpore, Deesa und Sacchore. Futteh Khan starb 1688; sein einziger Sohn Peer Khan kam aber nicht zur Nachfolge, da sein Oheim Kumaul Khan ihn für geisteskrank erklärte und die Regierung usurpirte. Dieser trat aber (1698) Shalore und Sacchore an Marwar ab, sodaß seiner Familie allein Deesa und Pahlanpore verblieben. Dieselbe machte die Stadt Pahlanpore, unter 24° 12' nördl. Br. und 72° 23' westl. L., zur Haupt- und Residenzstadt, was dieselbe auch bis heute noch geblieben ist. Der gegenwärtige Dewan von Pahlanpore hat an den Gaicowar von Baroda einen jährlichen Tribut zu zahlen, den die Regierung von Bombay im J. 1809 auf 5000 Pf. Sterl. festsetzte. Früher, bis 1848, befanden sich die finanziellen Verhältnisse dieses Staates in der größten Verwirrung, sodaß es die größte Mühe machte, die geordneten jetzt daselbst bestehenden Zustände herzustellen. Zarawar Khan, Dewan vor Pahlanpore zur Zeit des Seapoy-Aufstandes, blieb den Engländern treu und empfing hierfür von denselben, obgleich er einen Sohn hatte, das Recht, bei Mangel an natürlicher Nachfolge, einen Nachfolger zu adoptiren. Der Raumeinhalt dieses Staates beträgt 2700 engl. □Meilen, die Bevölkerung 215,972 Seelen, die Revenuen 40,000 Pf. Sterl. Der Dewan unterhält eine kleine Armee von 294 Reitern und 697 Fußgängern.

Nächst Pahlanpore ist Radhanpore der wichtigste Staat in der Pahlanpore-Staatengruppe. Derselbe nimmt mit etwas mehr als 800 engl. □Meilen und einer Bevölkerung von 91,579 Seelen die untere Hälfte von den nordwestlichen, von den Bunaß und den kleineren Flüssen Surruswatti und Rupan durchströmten Theil der politischen Agentschaft Pahlanpore ein. Der Boden ist daselbst sandig und theilweise stark mit Seesalz geschwängert. Hauptzeugnisse desselben sind Baumwolle, Weizen und die andern, als Hauptproducte von Guzerate oben genannten Getreidearten. Das Klima bietet daselbst eine große Verschiedenheit. In den Monaten April, Mai, Juni, Juli erreicht die Luftwärme eine außerordentliche, fast nicht zu ertragende Höhe. Im August und September herrschen die periodischen Regen und die Wärme ist erträglich; die Monate October und November sind wieder sehr heiß, dagegen oben ist das Klima von December an bis zum April, wo wieder die excessive Hitze eintritt, im höchsten Grade angenehm. Die Production des Salzes macht einen Hauptgegenstand der Betriebsamkeit der Bevölkerung aus. Die Salzpfannen von Unwerpura sind von der englischen

Regierung von dem Nawab von Radhanpore gegen eine Entschädigung von 11,048 Rupieen im Jahre übernommen worden. Gegründet wurde dieser Staat in den ersten Jahrzehnten des 17. Jahrh. von einem persischen Abenteurer aus Ispahan Namens Bahadar Khab, dem das betreffende Territorium von dem Großmogul als Lehen übertragen war. Der Ahnherr der jetzt daselbst herrschenden Familie ist, soweit die Ueberlieferung zurückreicht, Shir Khan Babi, der im J. 1663 Thanadar, d. h. Lehnträger von Chowal war. Sein Enkel Mahommed Khan Jehan war der erste aus seiner Familie, der 1715 als Foujdar von Radhanpore ernannt wurde. Derselbe hinterließ zwei Söhne, Kumabubun und Mahommed Unwar. Wenige Tage nach dem Tode ihres Vaters gab Mubariful Mulk, damals Subahdar, d. h. Statthalter von Guzerate, dem ältesten, Kumabudun die Pergunnas Summi und Murjepur und zugleich auch den Titel Jowan Murd Khan, während dessen Bruder zum Foujdar von Radhanpore ernannt wurde. Im J. 1765 starb Murd Khan und ihm folgte sein ältester Sohn Gajiuddin in den Pergunnas Summi und Murjepur, sein zweiter Sohn aber in Radhanpore nach. Der letztere starb 1787 kinderlos. Gajiuddin starb 1813 und hinterließ zwei Söhne, Shir Khan und Kumaludin Khan. Der erstere erhielt Radhanpore, der jüngere Summi und Murjepur. Im J. 1814 starb Kumaludin und nun kam Shir Khan in den Besitz sämmtlicher drei Pergunnas als deren Nawab. Shir Khan starb 1825 und ihm folgte, unter allgemeiner Zustimmung der Bevölkerung, Jurawar Khan, wiewol derselbe Sohn einer Sclavin war. Da derselbe aber erst dreijährig war, so wurde, bis zu seiner Volljährigkeit, Sirbah Bebi, die zweite Frau von Shir Khan, zur Reichsverweserin ernannt. Im J. 1837 trat Jurawar selbst die Regierung an. Derselbe regierte noch 1874 und hatte vier Söhne. Es konnte das Gujerati lesen und schreiben. Auch ihm ist von der Regierung das Recht der eventuellen Adoption eines Nachfolgers verliehen. Die Staatseinkünfte belaufen sich auf 50,000 Pf. Sterl. Der Nawab unterhält 248 Reiter (sowars) und 362 Fußsoldaten, hauptsächlich für Zwecke der Polizei. Radhanpore bezahlt weder an den Gaicowar noch an die englische Regierung Tribut. Die Regierung zu Bombay nöthigte den Gaicowar 1813 sich fortan aller Einmischung in die inneren Angelegenheiten dieses kleinen Staates zu enthalten. Schon im J. 1756 hatte der damals herrschende Gaicowar die von dem Subahdar von Guzerate auf Mahommed Unwar übertragene Nawabschaft von Radhanpore durch eine Staatsschrift (Sunnud) bestätigt. In dem ganzen Staate befand sich 1874 erst eine Schule.

Von den andern kleineren Staaten in der politischen Agentschaft Pahlanpore, welche, ausgenommen Kankrej, das dem Gaicowar jährlich 512 Pf. Sterl. Tribut zahlt, ist keiner weder der englischen Regierung noch auch dem genannten Mahratten-Fürsten tributpflichtig. Die erwähnenswerthesten von ihnen sind:

Deodar, gleichfalls im Nordwesten der Agentschaft mit einem Areal von etwa 80 engl. ☐Meilen und einer Bevölkerung von 2000 Seelen, hauptsächlich aus Radschputen und Kulies bestehend, die in Dörfern wohnen, von denen jedes selbst beschützt, während die englische Regierung den Schutz des ganzen Staates gegen äußere Feinde auf sich genommen hat. Die ersten Beziehungen zwischen Deodar und der Regierung zu Bombay fanden 1819 statt. Die Engländer enthalten sich aller Einmischung in die inneren Angelegenheiten dieses Ländchens und üben allein die Aufsicht über die Beziehungen desselben zu den benachbarten kleinen Staaten aus. Der wie das Land genannte Hauptort Deodar liegt unter 24° 9' nördl. Br. und 71° 49' östl. L.

Warye, gleichfalls im Nordwesten von Pahlanpore gelegen, wird von dem Bunaß durchströmt und hat eine hauptsächlich aus Jutts bestehende Bevölkerung von 20,000 Seelen. Der gleichnamige Hauptort ist unter 23° 47' nördl. Br. und 71° 29' östl. L. gelegen. Zu erwähnen ist schließlich noch die innerhalb der Agentschaft Pahlanpore unter 23° 46' nördl. Br. und 72° 3' östl. L. an dem Suraswatti, einem Nebenflusse des Bunaß gelegene, dem Gaicowar von Baroda gehörende Stadt Pattan oder Anhulwar Pattan, in und unweit welcher sich beträchtliche Ueberbleibsel der alten Stadt Anhulwara befinden. Noch jetzt sind, wie Augenzengen berichten, die Grundlagen der Ringmauer erkennbar, welche ein regelmäßiges Trapez von einem Umfange von fünf engl. Meilen bilden, außerhalb welcher, namentlich im Süden und Osten, sich die von einer zweiten Mauer umgebenen Vorstädte ausbreiteten. Die heutige Stadt hat das Material zu ihrer Erbauung fast ganz aus den zerstörten Tempeln, Palästen und andern Prachtgebäuden der alten genommen. Sie ist von einer Mauer aus Backsteinen umgeben. Daselbst bestehen nicht unbedeutende Fabriken und Manufacturen, wo Waffen, namentlich Säbel und Lanzenspitzen, schöne, mit Gold und Silber durchwebte Kleidungsstoffe, feineres irdenes Geschirr, sowie mannichfache andere feinere Thonwaaren u. s. w. verfertigt werden. Die Stadt zählt über 30,000 Einwohner.

2) Die politische Agentschaft Myhecauntha oder Mahicantha. Dieselbe umfaßt die Zillas Kuthofout; Nani Marwar mit Ausschluß von Ebur und drei andern Taluks; Saburkanta; den unter einem besonderen politischen Assistenten (Political Assistent) gestellte kleine Staat Ebur und die ebenfalls unter einem besonderen politischen Assistenten stehenden Districte Watrakcantha, Rewarcanta, Bawiti Zillab, zu denen noch die drei schon erwähnten, in dem Zillah Nani Marwar gelegenen, aber in politischer Beziehung davon ausgeschlossenen Taluks kommen. Die Agentschaft Myhecauntha, zwischen 23° 14' und 24° 28' nördl. Br. sowie 72° 41' und 74° 5' gelegen, wird nördlich von Radschputana, speciell von den hauptsächlich von Bhils bewohnten Gebirgsdistricten Meywar und Serohi, östlich von Dongurpore, einem kleinen Staate in Radschputana, südöstlich von den

Districten South oder Saunte und Lunawara der politischen Agentschaft Rewacauntha, südlich von dem zu dem Reiche des Gaicowar gehörenden Districte Balasinore, und westlich von der politischen Agentschaft Pahlanpore, sowie von verschiedenen Besitzungen (Vergunnahs) der genannten Fürsten begrenzt. Die Länge dieses Landstriches von Nordwest gegen Südost beträgt etwa 100, seine Breite von Südwest nach Nordost ungefähr 60 engl. Meilen, sein Flächeninhalt ungefähr 4000 ☐Meilen. Die Bevölkerung wird in den neuesten Angaben auf 447,000 Seelen geschätzt.

Schon oben, wo von den politischen Verhältnissen auf der Halbinsel Kattiwar, und wie dieselben sich durch Zwischenkunft und Vermittelung der britischen Oberherrschaft allmälig geordnet und besser gestaltet hatten, die Rede war, wurde der Raubzüge gedacht, welche früher seitens des Gaicowar von Baroda, zur Eintreibung des ihm von den Häuptlingen daselbst zu zahlenden Tributes, alljährlich wiederholt unternommen wären, und wie sehr die Bevölkerung von Kattiwar hierunter hätte zu leiden gehabt. Aehnliche periodische, verwüstende Expeditionen zu gewaltsamer Erhebung des ihm zustehenden Tributes, wo von den betreffenden, ihm tributpflichtigen Häuptlingen geraubt wurde, was nur zu rauben war, fanden aber auch immer von Baroda aus nach den dieses Reich nördlich und östlich begrenzenden Landschaften Myhecauntha und Rewacauntha statt. Die Regierung von Bombay nöthigte deshalb, zur Abhülfe dieses auf der Bevölkerung der genannten Gegenden mit furchtbarer, kaum zu ertragender Schwere lastenden Uebels, im J. 1812 den Gaicowar, mit den Häuptlingen der Myhecauntha und Rewacauntha, hinsichtlich der Zahlung einer festgesetzten, regelmäßigen Abgabe von denselben zu ihm, ähnliche Uebereinkünfte zu schließen, wie von ihm schon früher (1807) mit den Häuptlingen auf Kattiwar geschlossen waren. Die Regierung zu Bombay garantirte dem Gaicowar diese Abgabe, während der letztere von allen unmittelbaren Verhandlungen mit jenen Häuptlingen Abstand that. Diese Maßregel hat auf alle Verhältnisse der Bevölkerung dieser Gegend einen überaus wohlthätigen Einfluß ausgeübt. Die Gesammtrevenue aller kleinen Staaten in Myhecauntha wird auf 50,000—55,000 Pf. Sterl. im Jahre geschätzt, von denen der Gaicowar alljährlich 13,840 Pf. Sterl. als Tribut erhält. An die englische Regierung wird kein Tribut bezahlt. Zur Aufrechthaltung der Ordnung dient hauptsächlich ein Corps von 1000 Reitern (Sowars), die unter dem Befehle des politischen Agenten stehen, aber von diesem unterhalten werden. In nähere Beziehungen zu der Bevölkerung von Myhecauntha trat die englische Regierung erst 1818, als mit anderen Besitzungen des Peishwa der Mahratten auch Ahmadabad in den unmittelbaren Besitz der ostindischen Compagnie gelangt und in ein Collectorat derselben umgeschaffen war. Hierdurch lernte die Regierung zu Bombay alle inneren Zustände, wie den Geist der Bevölkerung in den benachbarten Gegenden kennen und konnte, ohne stürmisch und gewaltsam in die

bestehenden Verhältnisse einzugreifen, da, wo es Noth that, auf die Verbesserung derselben wohlthätig einwirken. Ihr erstes Bestreben war auf die Aufrechthaltung der Ordnung und Ruhe, sowie auf die Abschaffung von verbrecherischen Gewohnheiten und Gebräuchen, wie die Tödtung der neugeborenen Mädchen, der Wittwenverbrennung (Sattie) u. a. m. gerichtet. Die Regierung suchte zuerst die Häuptlinge von der Unmenschlichkeit und dem Verbrecherischen der erwähnten, von Alters her bestehenden Volksgebräuche zu überzeugen und ihre Mitwirkung zu erreichen, um diese Gewohnheiten und Gebräuche aufhören zu lassen. Ein Hauptmittel zu diesem Zwecke war die Stiftung eines noch bestehenden Criminalgerichtes, dessen Präsident der politische Agent, dessen Räthe und Beisitzer aber eingeborene Häuptlinge sind.

Unter den zu der Agentschaft Myhecauntha gehörenden kleineren Staaten ist Edur, unter einem eigenen Assistenten stehend, zugleich aber dem Gaicowar tributpflichtig, an erster Stelle zu erwähnen. Dieser kleine radschputische Staat wurde von Anund Sing und Race Sing, Söhnen des berühmten Radscha von Joudpore, Ajeet Sing, im J. 1724 gegründet. Ihr älterer Bruder, Souba (Vicekönig oder Statthalter) von Guzerate für den Großmogul, hatte ihnen die betreffenden Districte angewiesen. Später erwarben sie auch noch die Districte Ahmadnagar, Morasa und Bayer. Sie hatten eine Menge von Streitigkeiten mit den Radschputen, den rechtmäßigen Besitzern der genannten Districte zu bestehen und vermochten sich auch nur mit Mühe gegen den Gaicowar stehend zu erhalten. Im J. 1812 fand eine Theilung des Staates in der herrschenden Familie statt. Der eine Zweig derselben, dessen Haupt Sugram Sing, übernahm Ahmadnagar, der andere dagegen Edur. Das letztere befand sich von 1837 bis 1859 unter directer Verwaltung der Engländer. Als nämlich im J. 1833 Jowan Sing von Edur gestorben war, zwangen die Söhne desselben seine Wittwe, sich mit der Leiche des Fürsten verbrennen zu lassen trotz des strengen Verbots der Satties. Aus Furcht vor Strafe flohen die Söhne in das Gebirge; später erhielten sie Amnestie.

Im J. 1843 folgte der Häuptling von Ahmadnagar, Tukht Sing, auf dem Throne von Joudpore nach, weshalb seine Besitzungen in Myhecauntha an den älteren Zweig der Familie zurückfielen und mit Edur vereinigt wurden. Die Bevölkerung dieses Staates beträgt gegenwärtig 217,382 Seelen mit 18 Schulen und 915 Schülern. Der gegenwärtige Maharadscha von Edur ist noch minderjährig und unter Vormundschaft. Er ist gleich dem Häuptlinge von Joudpore, zu dessen Familie er gehört, ein von der „Sonnendynastie" abstammender Rathor Radschput. Die Staatseinkünfte belaufen sich auf 60,000 Pf. Sterl., von denen 3033 Pf. jährlich als Tribut an den Gaicowar gezahlt werden. Der Staat Edur unterhält eine kleine Armee von 921 Reitern und Fußsoldaten, die aber fast ausschließlich nur im Dienste der Polizei gebraucht werden. Außer den genannten befinden sich in Myhecauntha noch 78 kleine Häuptlinge, unter denen 18 Radschputen und 13 Kulies sind, und von denen viele Familien angehören, die offenkundig nur von Raub leben. Sie alle zahlen an dem Gaicowar Tribut. Unter ihnen befinden sich gegenwärtig 30 Schulen und der Besuch derselben ist in fortdauernder Zunahme.

3) Die politische Agentschaft Rewacauntha. Dieselbe ist zwischen 21° 23′ und 23° 33′ nördl. Br. sowie 73° 3′ und 74°.18′ östl. L. gelegen. Rewacauntha wird nördlich von Myhecauntha, östlich von dem kleinen Staate Banswara in Radschputana und den Districten Dohud, Jabooah und Allee der politischen Agentschaft Bhopawar in der Provinz Central-Indien, südlich von dem Collectorate Kandeish, von welchem es durch den Tapti getrennt wird, sowie von dem hauptsächlich von Bhils bewohnten District Wufrawi, westlich aber von den Besitzungen des Gaicowar und den britischen Collectoraten Kaira und Surate begrenzt. Der Flächeninhalt beträgt 4879 engl. □Meilen, die Bevölkerung 487,647 Seelen. Sie besteht hauptsächlich aus Bhils und Mewassis, einem ebenfalls uralten und in der Entwickelung zurückgebliebenen, den Bhils ähnlichen Volksstamme. Die Rewacauntha umfaßt die Staaten Rajpipla; Soauth oder Sauth; Chota Udepur; Kadana; Deoghur; Baria; Sanjeli; Lunawara; Bhabarwa; Balasinar; Umita; Sankera Mewas mit 28 Häuptlingsschaften; Pandu Mewas, und die 7 unter Aufsicht des politischen Agenten stehenden kleinen Herrschaften Baria; Rampur; Lunawara; Wabia; Panda; Dorfa und Wafawa. Die Zahl der kleinsten Häuptlinge in der Rewacauntha beträgt 59. Chota Udepur, Deoghur Baria, Lunawara, Soauth und Balasinur dürfen die höhere Gerichtsbarkeit ausüben, die Ausübung der höhern ist einzig und allein dem Radscha von Rajpipla zugestanden. Seit 1859 besteht daselbst ein höherer Gerichtshof unter dem Titel Rewa Caunta Criminal Court, dessen Wirksamkeit, gleich der des ihm ähnlichen in der Agentschaft Myhecauntha, hauptsächlich gegen schwerere Verbrechen, namentlich gegen die Sattïes, den Mädchenmord u. s. w. gerichtet ist. Auch von diesem Gerichtshofe ist der englische politische Agent der Vorsitzer und sind die Beisitzer eingeborene Häuptlinge. Seit dem Bestehen dieses Gerichtshofes hat die Zahl der genannten und anderer Verbrechen zusehends mehr und mehr abgenommen.

Der bedeutendste Staat in der Rewacauntha ist Radschpipla, zwischen 21° 23′ und 21° 59′ nördl. Br. sowie 73° 5′ und 74° östl. L. gelegen. Seine Grenzen sind gegen Norden die Narbudda, gegen Osten der District Ukraunee Pergunna, gegen Westen das britische Collectorat Broach, gegen Süden Wasrawi und der früher dem Gaicowar von Baroda gehörende, jetzt mit dem Collectorate Surate vereinigte District Mandavee. Der Flächeninhalt dieses kleinen Staates beläuft sich auf 1650 engl. □Meilen, die Einwohnerzahl auf 150,000. Es befinden sich daselbst gegenwärtig 11

Schulen mit 433 Schülern. Ein großer Theil von Radschpipla, namentlich der gebirgige, wird von einer rohen, auf einer niedrigen Culturstufe stehenden, aus Radschputen und Bhils zusammengesetzten Bevölkerung bewohnt. Das niedrigere, hauptsächlich von Ackerbau treibenden Kunbis bewohnte Flachland, bietet dagegen in dem blühenden Zustande der Dörfer daselbst und dem allenthalben herrschenden Wohlstande den Beweis für die höhere Gesittung dieses Volksstammes und seiner nach geordneten, ruhigen und gesetzlich geregelten Zuständen hinstrebenden Sinnesart. Dieser Landstrich wird von dem kleinen Flusse Kurgun, an welchem der Hauptort Nandobe gelegen ist, bewässert. Die Beherrscher des Reiches Delhi versuchten schon in älterer Zeit, wiewol ohne Erfolg, Radschpipla sich tributär zu machen. Die Häuptlinge daselbst erboten sich aber, anstatt eines Tributes, ein kleines Contingent von Reitern und Fußsoldaten zu stellen, wenn solches seitens Delhi aus verlangt werden sollte. Es gelang erst Akbar dem Großen, dieses Truppencontingent in einen regelmäßigen Tribut umzuwandeln. Dieser Tribut wurde aber nur so lange bezahlt, als die muhamedanischen Beherrscher von Delhi im Staube waren, ihre Autorität in Radschpipla aufrecht zu halten. Später, als die Mahratten sich zu Herren von Guzerate gemacht hatten, machte, unter Zustimmung des Peishwa, der Gaicowar Damajee Rao, die Ansprüche des Großmoguls auf Zahlung von Tribut seitens Radschpipla für sich geltend, infolge dessen sich der Radscha dieses Staates auch bereit erklärte, dem Gaicowar einen jährlichen Tribut von 40,000 Rupieen zu zahlen. Radschpipla war der erste, dem Gaicowar tributpflichtig werdende Staat in Guzerate, nachdem diese mahrattische Fürstenfamilie daselbst zur Herrschaft gelangt war. Später wurde dieser Tribut von dem Gaicowars immer mehr erhöht, bis er endlich die mit den Einkünften von Radschpipla in keinem Verhältnisse stehende Höhe von einem Lak (100,000) Rupieen erreichte. Durch Zwischenkunft der Regierung von Bombay wurde aber (1821) dieser Tribut wieder auf 60,000 Rupieen vermindert. Sie garantirte nicht nur dem Gaicowar diesen Tribut, sondern nahm auch die Erhebung desselben, für ihn auf sich. Im J. 1859 wurde dem Radscha von Radschpipla auch noch die Zahlung einer jährlichen Summe von 2000 Pf. Sterl. für den Unterhalt der schon erwähnten unter dem Namen des Gujerat Bhil Corps errichteten Abtheilung von Polizeisoldaten auferlegt. Eine Zeit lang wurde das innere Ruhe dieses kleinen Staates durch Streitigkeiten über die Thronfolge getrübt. Ram Sing, den sein Vater Ajiib Sing von der Nachfolge ausgeschlossen hatte, gelangte indessen, durch Hülfe von arabischen, in Dienst genommenen Söldlingen zu derselben, zeigte sich aber bald unfähig zu regieren. Es wurde daher, unter Zustimmung der englischen Regierung, die Maßregel genommen, daß Pertaab für seinen unfähigen Verwandten die Zügel der Regierung übernehmen solle. Der Oheim von Pertaab, Rhar Sing, bewies indessen die illegitime Geburt des-

22*

selben und feine eigenen näheren Anrechte an den Thron. Da er aber blind war, so wurde unter Zustimmung sowol von dem Gaicowar als von der Regierung zu Bombay sein Sohn Verisalji zum Radscha von Radschpipla ernannt. Er mußte sich verpflichten, dem Gaicowar den festgesetzten Tribut zu zahlen, die wilden Stämme in Ruhe zu halten, keinen Verbrecher den Händen der Justiz zu entziehen und mit Bezug auf einige näher formulirte Fälle, wenn solche sich vorthun möchten, jedesmal die Entscheidung der Regierung zu Bombay zu überlassen. Radscha Verisalji war im J. 1810 geboren.

In diesem Staate befindet sich, hauptsächlich für die Aufrechthaltung der Ruhe und den Dienst der Polizei und Justiz ein kleines Corps von 100 Reitern und 285 Fußsoldaten, welche eine jährliche Ausgabe von 47,000 Rupieen nöthig machen.

In Radschpipla, drei englische Meilen östlich von Rumudra, sind die berühmten Carneolminen gelegen, deren bereits oben, wo von den Erzeugnissen von Guzerate die Rede war, Erwähnung geschah. Diese Steine werden von Kaufleuten nach Cambay gebracht, wo dieselben, nachdem sie daselbst geschliffen und polirt worden, zu den schönen Schmucksachen verwendet werden, wegen welcher der gesammte Ort berühmt ist. Der Ertrag dieses Steines hat sich in neuerer Zeit aber sehr vermindert und beläuft sich gegenwärtig kaum noch auf 1000 Rupieen im Jahr.

Die denselben Namen tragende Hauptstadt von Radschpipla, gelegen unter 21° 47′ nördl. Br. und 73° 29′ östl. L. wurde von einem Radschputen Namens Chokrana, der sich seinem Vater, dem Radscha von Udjeia vereinigt und nach dieser Landschaft zurückgezogen hatte, zum Wohnsitz erwählt. Sie hieß damals allein Pipla und liegt nahe dem Gipfel eines steilen und hohen, fast unzugänglichen Berges. Seitdem dieser Ort die Residenz von Chokrana geworden, erhielt es den Namen Radschpipla. Gegenwärtig aber wird es das alte Radschpipla genannt, zum Unterschied von einem in der Nähe später entstandenen Orte gleichen Namens. Das alte, fast unzugängliche und noch minder leicht einnehmbare Radschpipla wurde eine sichere Zufluchtstätte für die Radschas dieses Staates bei den Einfällen mächtiger Feinde, und widerstand selbst einmal einer von dem Gaicowar gegen dasselbe entsandten starken Truppenmenge.

Mit Beziehung auf die andern, von der Agentschaft Rewacauntha umfaßten kleineren Staaten ist noch zu bemerken, daß Odeypur und Deoghur Baria von Chohan Radschputan aus derselben Familie gegründet und im J. 1803, durch den für die Regelung der politischen Verhältnisse in diesem Theile des westlichen Indiens so wichtigen Vertrag von Surji Argengaum, von der englischen Regierung gegen den Scindia von Gwalior in Schutz genommen wurden. Wie Radschpipla ist auch Odeypur dem Gaicowar, Dloghur Baria dagegen den Engländern tributpflichtig; Sauth dem Scindia; Lunawara dem letzteren und zugleich auch dem Gaicowar.

4) Die politische Agentschaft der Paunch Mehals. Dieselbe liegt innerhalb des Collectorates gleichen Namens und wird westlich von Rewacauntha, nördlich von Banswara in Radschputana, östlich von der Agentschaft Bhowapur in Central-Indien, südlich aber von dem Districte Radschpur letztgenannter Agentschaft begrenzt. In dem Paunch Mehals ist vorzugsweise die kleine, 1860 an den Scindia abgetretene Staat Narakot, mit dem Hauptorte Jambajora zu erwähnen. Derselbe hat eine Bevölkerung von 6887 Seelen und ist der Regierung und dem Gouvernement von Bombay zugleich tributpflichtig. Es befindet sich daselbst eine Schule. Narakot ist größtentheils mit Wald bedeckt. Die herrschende Familie gehört dem Volksstamme der Kulies an, die Bevölkerung besteht aus Kulies und aus Nakras, einem den Bhils nahe verwandten Stamme. Die Nakras sind roh, wild und nur mit Mühe in Ruhe zu erhalten.

5) Baroda. Die diesen Namen [1] führende fünfte politische Agentschaft der nördlichen Abtheilung der zu der Präsidentschaft Bombay gehörenden, unter eingeborenen Fürsten stehenden Länder, umfaßt die auf dem Festlande von Guzerate gelegenen Besitzungen des zu den vorhergehenden schon wiederholt erwähnten Gaicowar von Baroda oder bloß Gaicowar, des mächtigsten von allen zu den Engländern in einem Verhältnisse der Vasallenschaft befindenden Fürsten in der genannten westlichen Hauptabtheilung ihres indischen Reiches. Der auf der Halbinsel Kattiwar gelegenen Besitzungen desselben, nämlich Amreli, Korinar, Dhari, Damnagar, Danturwa und Okamandal, sowie der Tributpflichtigkeit, in der die meisten Häuptlinge daselbst zu ihm stehen, wurde schon gedacht, als die gegenwärtigen politischen Verhältnisse der Kattiwar zur Sprache kamen. Ebenso wurde auch bereits bemerkt, daß die Stadt Pattun der Anhalwar Pattun in der Agentschaft Pahlanpore diesem Fürsten gehöre. Der Hauptbestandtheil des Reiches Baroda auf dem Festlande, dessen Flächeninhalt nicht genau bekannt ist, aber annähernd auf mehr als 5000 engl. ☐Meilen geschätzt werden kann, wird nördlich von Pahlanpore, nordöstlich von Myhecauntha, östlich von Rewacauntha, südlich von der Agentschaft Kandeish gehörenden Landstrich der Mevassi und dem Tapti, südwestlich von den Collectoraten Broach und Cambay, nordwestlich auf eine kleine Strecke von dem südlichen Rann begrenzt. Die englischen Collectorate Ahmababad und Kaira trennen dieses Reich in eine nördliche und eine südliche Hälfte. Außerhalb der unmittelbaren Grenzen desselben steht, in ähnlicher Weise wie die genannten Districte in Pahlanpore in dem continentalen Guzerate, in dem Verhältnisse von Lehen- und Tributpflichtigkeit zu dem Gaicowar, auch noch der, nördlich von Radschpipla, östlich von der Agentschaft Kandeish, südlich von dem Territorium der Daung Radschas, westlich von dem Collectoraten Surate und Broach begrenzte, zwischen 20° 55′ nördl. Br. sowie 72° 46′ und 73° 51′ östl. L. gelegene, 450 engl. ☐Meilen mit

einer hauptsächlich aus Bhils bestehenden Bevölkerung von 33,000 Seelen kleine Staat Wufravi oder Wufraved.

7 Die Gesammtbevölkerung von Baroda beträgt 2,600,000 Seelen. Die Staatseinkünfte belaufen sich nach der Angabe in dem officiellen „Statement exhibiting the moral and material Progress and condition of India" von 1874 auf 150,000 Pf. Sterl., während Thornton sie in der neuesten Ausgabe seiner „Gazetteer of the East-India Company" sie ungleich höher, nämlich auf 668,744 Pf. Sterl. anschlägt.

Hauptstadt des Reiches Baroda und Residenz des Gaicowar ist die Stadt Baroda. Sie liegt unter 22° 16' nördl. Br. und 73° 14' östl. L. unweit des kleinen Flusses Biswamintri, über den eine aus zwei Reihen über einander liegender Bogen bestehende steinerne Brücke führt. Die Stadt ist mit Festungswerken versehen, die aber nicht von Bedeutung sind, da sie allein aus einfachen, mit Thüren in ungleichem Abstande von einander und einigen doppelten Thorwegen versehenen Mauern gebildet werden. Zwei breite, gerade Straßen theilen das Innere der Stadt, indem sie sich rechtwinkelig kreuzen, in vier gleiche Theile oder Quartiere. An der Stelle, wo beide Hauptstraßen sich schneiden, befindet sich der Hauptmarktplatz und in feiner Mitte ein viereckiger Pavillon, mit drei Bogen an jeder Seite, einem flachen Dache, Springbrunnen und Sitzplätzen. Die Häuser sind meistens aus Holz erbaut, mit schief abfallenden, aus Dachziegeln bestehenden Dächern. Die Residenz des Gaicowar ist ebenfalls aus Holz, mit aus demselben Material errichteten, über einander laufenden Galerien, macht aber trotz ihres großen Umfanges keinen Eindruck. Aehnlich ist auch die Wohnung des britischen, bei dem Gaicowar als Resident fungirenden, politischen Agenten. Das Cantonnement der englischen Truppen liegt außerhalb der Stadt, und besteht in einer Anzahl von aus Mauersteinen aufgeführten Häusern mit schrägen, mit Ziegeln gedeckten Dächern. Sie haben eine obere Etage, hölzerne Verandas, aber statt der Glasfenster Holzgitter. Jedes Haus liegt in einem, von einem lebenden Zaun umschlossenen Garten. Die englische Kirche, ein kleines, aber zierliches und dem Zwecke entsprechendes Gebäude in gothischem Stil, faßt ungefähr 400 Personen. Die Bevölkerung wird auf 140,000 Seelen angegeben.

Der Gaicowar unterhält eine Armee von 6059 Mann Infanterie und Cavalerie, worin die Subsidientruppen, die er der englischen Regierung zu stellen hat, und welche in 5 Regimentern Infanterie, jedes von 800 Mann, 2 Regimentern Cavalerie und einer Compagnie Artillerie bestehen, inbegriffen sind. Im J. 1858 verpflichtete sich der damalige Gaicowar Kundi Rao auch noch zur Errichtung eines Corps von 8000 Mann Cavalerie zur Aufrechthaltung der Ruhe und Ordnung in den ihm tributären Districten. Hierfür wurde ihm der Unterhalt eines „Guzerate Irregular Horse" genannten, von englischen Officieren commandirten Cavaleriecorps erlassen. Kundi Rao, der im J. 1856 zur Re-

gierung gelangt war, trat auch an die Regierung das Land für die durch seine Staaten gehende „Bombay and Baroda and Central-India" genannte Eisenbahn ab. Derselbe hob auch die Sklaverei auf und gestand der englischen Regierung zu, an der Seeküste seines Territoriums neue Häfen anzulegen. Ebenso trat er an die Regierung zu Bombay die Controle über die Salzbereitung in seinen Ländern ab.

Kundi Rao starb am 28. Nov. 1870, und ihm folgte, da er keinen Sohn hinterließ, vorläufig fein jüngster Bruder, Malhar Rao, als Gaicowar. Der letztere war damals schon seit Jahren Gefangener zu Patra, weil er sich in eine Verschwörung gegen seinen Bruder eingelassen hatte.

Da die Rani, Wittwe von Kundi Rao, sich bei dem Tode desselben in Schwangerschaft befand, sodaß die Möglichkeit bestand, sie könne einen Sohn und gesetzmäßigen Nachfolger des verstorbenen Gaicowar gebären, so erschien es der englischen Regierung zweckmäßig, Malhar Rao zwar den Titel von Gaicowar zu verleihen, ihn bis nach der Niederkunft der Rani aber factisch nur als Regent von Baroda zu betrachten. Auf Ansuchen der Fürstin wurde ihr sowol von der Regierung zu Bombay als auch von Malhar Rao zugestanden, die Zeit bis zu ihrer Niederkunft in dem englischen Residenzgebäude, unter specieller Aufsicht des englischen politischen Agenten und Residenten, des Colonels Phayre und dessen Gemahlin zuzubringen. Der Umstand, daß die Rani eine Tochter gebar, nahm alle Erwägungen, welche sich der factischen Erhebung von Malhar Rao zum Gaicowar bis dahin widersetzt hatten, alsbald hinweg. Derselbe hatte, während er noch Regent war, eine Frau seiner Range Namens Mahalsabi, Tochter eines kleinen Landbesitzers in der Nähe von Punah, geheirathet.

Malhar Rao, der nach seiner Erhebung auf den Thron von Baroda zum Großkreuz des Ordens vom Stern von Indien ernannt war und dem die Regierung zu Calcutta auch das Recht der eventuellen Adoption eines Nachfolgers verliehen; und das Salut von 21 Kanonenschüssen zugesprochen hatte, war aber aus Gründen, die nicht ganz klar geworden sind, von Haß gegen den schon genannten, als englischen Residenten und politischen Agenten zu Baroda angestellten Colonel, jetzt General Phayre erfüllt, und machte sich im J. 1874 des Verbrechens des einen Mordversuchs gegen denselben schuldig. Hierfür gefangen genommen, ward derselbe aus Baroda entfernt, zu Calcutta vor Gericht gestellt, und zur Thronentsetzung und bleibenden Internirung in Allahabad verurtheilt. Sein minderjähriger Sohn wurde indessen unter einer Regent- und Vormundschaft zum Gaicowar ernannt.

Die frühere Geschichte des Staates Baroda mehr speciell, und ebenso seiner Herrscher, der Gaicowars, gehört der Geschichte von Guzerate im Allgemeinen an, und dürfte füglicher weiter unten, wo die letztere in ihren Hauptzügen zur Betrachtung kommen wird, als an dieser Stelle besprochen werden. Die Gaicowars sind nämlich, nachdem der mächtige, zahlreiche und kriegerische Stamm, die Maharatten oder Mahratten in der letzten Hälfte des 17. Jahrh. angefangen hatte, seine große welthistorische Rolle zu spielen, um alle bestehenden politischen Verhältnisse auf der vorderindischen Halbinsel entweder umzustoßen oder doch tief zu erschüttern, aus denselben hervorgegangen, und gehörten der Conföderation ihrer Fürsten an. Kaum aber sind irgendwo anders alle früheren politischen Zustände und Verhältnisse durch die Eroberungszüge der Mahratten mehr verändert und umgestaltet worden als in Guzerate. Die Geschichte dieses Landes während der beiden letzten Jahrhunderte ist die der Gaicowars von Baroda.

6) Die politische Agentschaft Cambay. Sie umfaßt einen Theil des Landstriches zwischen den beiden, in den Meerbusen gleichen Namens mündenden Flüssen Myhe im Osten und Saburmattie im Westen und liegt zwischen 22° 9′ und 22″ 41′ nördl. Br. sowie 72° 20′ und 73° 5′ und enthält ein Areal von etwa 500 geogr. □Meilen mit etwas mehr als 50,000 Einwohnern. Die Grenzen dieser Agentschaft sind: gegen Norden das englische Collectorat Kaira, gegen Süden der Golf von Cambay, gegen Westen das Collectorat Ahmadabad, gegen Osten der westlichste Theil von Baroda. Cambay steht unter einem Nawab, einem Vasallen der englischen Regierung, der in der Hauptstadt Cambay residirt, ein Einkommen von 50,000 Pf. Sterl. hat und der englischen Regierung zur Zahlung eines jährlichen Tributs von 6000 Pf. Sterl. verpflichtet ist, wozu noch 3409 Pf. Sterl. als Antheil der letzteren an den Hafengeldern, Zöllen u. s. w. kommen. Der gegenwärtige Nawab von Cambay ist ein Abkömmling von Momim Khan, dem zweiten dieses Namens, der im J. 1746 herrschte und sich zehn Jahre später der Stadt Ahmadabad bemeisterte, von wo er aber nach hartnäckiger Vertheidigung während einer langen Belagerung durch die Mahratten verjagt wurde. Die letzteren behaupteten, wie in allen Ländern, wohin sie ihre Raub- und Eroberungszüge gerichtet hatten, so auch in Cambay das Recht auf Tributzahlung zu haben. Ueber die Frage aber, wem dieser Tribut zukomme, entstand ein Zwist zwischen dem Gaicowar und dem Peishwa, aus welchem dieser siegreich hervorging. Durch den Friedensschluß von Bassein im J. 1802, durch den die Föderation der Mahratten für immer aufgelöst wurde, gelangte Cambay in den Besitz der englisch-ostindischen Compagnie. Der Nawab von Cambay ist contractmäßig zum Unterhalt einer kleinen Armee von 1700 Reitern und Fußsoldaten mit einigen Stücken Feldgeschützen verpflichtet. Dieselbe dient aber nicht sowol zu kriegerischen Zwecken als zur Aufrechthaltung der Polizei, zur Eintreibung der Zölle und Abgaben, zur Verhütung von Schmuggelhandel u. s. w.

Die alte verfallene Hauptstadt dieses kleinen Staates, gleichfalls ist unter 22° 18′ nördl. Br. und 72° 39′ östl. L. an dem nördlichen Ebbe des nach ihr genannten Meerbusens auf dem nördlichen oder rechten Ufer von dem Aestuarium des in ihm einmündenden Myhe gelegen, welcher daselbst eine zur Zeit der Ebbe nur zwei Faden, während der Fluth aber mehr als vier Faden betragende Tiefe hat. Die Stadt hat gegenwärtig nur noch einen Umfang von drei engl. Meilen und ist von einer Mauer aus Backsteinen umgeben, in der sich Schießlöcher für Infanterie befinden, und aus der sich 52 Thürme von unregelmäßiger Gestalt erheben, besitzt aber weder Festungsgräben noch eine Esplanade. Das Geschütz, mit dem die erwähnten Thürme armirt sind, ist wie die Festungswerke dieses Orts überhaupt von weniger Bedeutung. Der Palast des Nawab ist umfangreich, wohlerhalten, aber in einem unreinen und unschönen Baustil aufgeführt. Die Hauptmoschee, Zumna Mosseid genannt, dagegen ist ein nicht unschönes Gebäude. Dieselbe war früher ein dem Brahmacultus geweihter Tempel und wurde erst in eine Moschee verwandelt, als die Muhammedaner Herren von Guzerate geworden waren.

Cambay war in älterer Zeit ein sehr wichtiger Handels- und Hafenort. Tieffenthaler sah daselbst (im J. 1751) 70 Handelsschiffe vor Anker liegen. Auch war daselbst der dort verfertigten baumwollenen, seidenen und mit Gold oder Silber durchwebten Stoffe wegen berühmt. Theils aber dadurch, daß der Hafen von Cambay mehr und mehr unnahbar geworden ist, und auch jetzt noch seine Unsicherheit fortwährend zunimmt, theils aber durch die seitens des Nawabs anhaltend ausgeübte Unterdrückung und Erpressung, haben sowol die Schiffahrt auf diesen Ort, als auch die Betriebsamkeit und Gewerbthätigkeit seiner Bewohner sehr bedeutend abgenommen. Einer gewissen Blüthe erfreuen sich gegenwärtig noch die zu Cambay bestehenden Schleifereien der schönen Agate, namentlich aber Carneole, die wir bereits erwähnt wurde, als von dem kleinen Staate Radschpipla die Rede war, in letzterem gefunden werden. Ihre Lagerstätte ist daselbst eine kurze Strecke an dem Ufer der Narbudda, etwa dreißig Fuß unterhalb der Oberfläche. Die Behandlung dieser Steine ist die folgende: sie werden, wenn sie der Erde entnommen sind, zwei Jahre lang und länger dem Einflusse der Sonnenstrahlen ausgesetzt, die je länger solches geschieht, um so tiefer und glänzender wird ihre Farbe. Werden sie, anstatt der directen Einwirkung der Sonne, jener des Feuers bloßgestellt, so erhalten sie selten einen vorzüglichen Glanz, zersplingen auch bei der späteren Behandlung nicht selten. Hierauf kocht man sie zwei Tage lang in Oel, worauf man sie erst nach Cambay schickt, um dort geschliffen und polirt zu werden. Die Farbe der Carneole von Radschpipla bei ihrer Gewinnung aus der Erde ist verschieden und zeigt alle Uebergänge von Weiß, Gelb, Gelbroth und dunkelm Roth bis fast zu Schwarz. Cambay ist ein alter Ort, der unter verschiedenen Namen vorkommt. Sein gegenwärtiger ist aus dem älteren Kumbavati oder Cambayet hervorgegangen. Als Guzerate ein selbständiges Königreich geworden war (im J. 1397 n. Chr. unter Muzaffir Schah), wurde Cambay der Hauptort des ihn umgebenden Landstriches. Im Anfange des 16. Jahrh.

erscheint derselbe als eine schöngebaute, von Kaufleuten aus allen Weltgegenden, Künstlern, fleißigen und geschickten Handwerkern erfüllte Stadt, die den Vergleich mit einer der Städte in dem damals vorzugsweise blühenden Flandern aushalten konnte. Auch die Umgegend von Cambay zeichnete sich zu jener Zeit durch Fruchtbarkeit und reiche Cultur aus.

7) Die kleine Agentschaft Surat oder Surate. Dieselbe liegt zwischen der nördlichen und der südlichen Hälfte des gleichnamigen Collectorates, indem sie die letztere östlich begrenzt, und selbst östlich von Baroda, nördlich von dem Collectorate Broach, und südlich von der Agentschaft Thana begrenzt wird. Ihre westlichen Grenzen sind die beiden Hälften des Collectorates Surate und, was ihren zwischen beiden in der Mitte gelegenen Theil betrifft, der Eingang in den Golf von Cambay. Die Agentschaft besteht aus den drei Districten Sachin, Baundsda und Dharampore. Von ihnen ist der kleine Staat Baundsda oder Bansda der wichtigere. Derselbe wird gegen Westen und Norden von dem Collectorate, gegen Süden von dem kleinen Staate Dharampore, und östlich von dem Districte Daung begrenzt. Die Lage von Baundsda ist zwischen 20° 55' und 21° nördl. Br. sowie 73° 8' und 73° 28' östl. L. Sein Flächeninhalt beträgt 320 engl. □Meilen, seine Bevölkerung etwa 25,000 Seelen. Die Staatseinkünfte belaufen sich auf 47,000 Rupieen oder 4700 Pf. Sterl., von denen der Tribut von 780 Pf. Sterl. abgeht, den der Radscha jährlich an die englische Regierung zu zahlen hat, und der von dem Peischwa der Mahratten, von dem Baundsda 1802 an die englisch-ostindische Compagnie abgetreten wurde, auf diese übergegangen ist. Der Radscha unterhält eine geringe Anzahl von Truppen, über welche die englische Regierung keine Controle ausübt; zu polizeilichen Zwecken. Die Hauptstadt Baundsda liegt unter 22° 44' nördl. Br. und 73° 25' östl. L.

Es wurde bereits zu Anfange dieses Artikels bemerkt, daß außer einer nicht unbeträchtlichen Anzahl von größeren und kleineren, gegenwärtig unter der Beaufsichtigung der Regierung von Bombay gestellten, den Engländern in verschiedenen Verhältnissen von Vasallenschaft und Tributpflichtigkeit stehenden Staaten eingeborener Fürsten und Häuptlinge, denselben, von welchen bis jetzt die Rede gewesen ist, auch noch verschiedene, von den jetzt unmittelbar den Engländern gehörende, integrirende Theile der Präsidentschaft Bombay bilden, den Provinzen des britisch-indischen Reiches, zu dem alten Guzerate gehört hätten, sowol zur Zeit, wo dieses ein Königreich und selbständiges mächtiges Staatswesen darstellte, als auch damals, wo dasselbe entweder als ein Vicekönigthum (Soubah) oder blos als eine Proving des Reiches von Delhi von und in Abhängigkeit von letzterem bestand. Die hier gemeinten Provinzen sind die in der nördlichen Abtheilung der Präsidentschaft Bombay gehörenden, unter Regierungscommissärs (Commissioners) stehenden Collectorate Ahmadabad, Kaira, Broach und Surate.

1) Das Collectorat Ahmadabad. Dasselbe, von dem bereits bemerkt wurde, daß es sich aus dem continentalen Guzerate in die Halbinsel Kattiwar hineinerstrecke, auch von einer den Anfang der letzteren bildenden idealen Linie von der südlichen Spitze des kleinen Rann nach der nordwestlichen Einbucht des Golfs von Cambay, dem Aestuarium des Flusses Saburmattie, in seiner Mitte durchschnitten werde, hat zur Grenze gegen Norden die Besitzungen des Gaicowar von Baroda, gegen Osten das britische Collectorat Kaira und den Golf von Cambay, gegen Süden und Westen Theile von Kattiwar, nämlich die Divisionen Ihalawar und Gohilwar. Sein Flächeninhalt beträgt 4356 engl. □Meilen mit einer Bevölkerung von 700,000 Seelen. Im Allgemeinen ist das Land niedrig und eben, sodaß es den Eindruck macht, als wäre es in einer noch nicht allzuweit zurückliegenden Zeit von der See bedeckt gewesen. Ein Strich Landes in der Richtung der angedeuteten Linie von dem Golf von Cambay nach dem kleinen oder südlichen Rann ist jetzt noch dann und wann zur Zeit der Hochfluth von dem Meereswasser bedeckt. In dem Unterdistricte (Pergunna) Gogo, unter 21° 40' nördl. Br. befinden sich einige Felspartien; doch von hier bis zu der Stadt Ahmadnaggar in dem continentalen Theile dieses Collectorates werden feine Berge, Felsen, und überhaupt wird umfangreichere Steine gefunden, als auf einer von Gogo nach dem letztgenannten Orte gezogenen Linie. Erst hinter Ahmadnaggar beginnt das Hügelland, aus welchem die Steine für den Bau von Ahmadabad gewonnen wurden, wo selbst auch in der Umgegend eine Anzahl von Gebäuden in dem reinsten und geschmackvollsten perfischen Stil, wiewol mehr und mehr verfallend, noch jetzt die Aufmerksamkeit auf sich ziehen. Der Boden ist größtentheils sandig und so wenig fest, daß in der trockenen Jahreszeit die Räder der Fuhrwerke bis fast an die Achsen einsinken. Während der Regenzeit sind die Wege aber völlig unbefahrbar. Der Mangel an Steinen ist die Hauptursache davon, daß in Ahmadabad selbst längst bessere, in jeder der beiden Jahreszeiten brauchbare Landstraßen angelegt werden können. Mit Bezug auf diesen Uebelstand ist die Ahmadabad durchschneidende Bombay-Baroda-Eisenbahn die größte Wohlthat für das Land geworden. Das Klima daselbst ist, während der heißen Jahreszeit, in hohem Grade ungesund, und in den Mittagsstunden die Hitze im Freien für Europäer fast unerträglich. Der Hauptfluß ist der, fast direct in der Richtung von Norden nach Süden aus Radschputana, wo derselbe in der Nähe der Stadt Mairpur in Udeipur seinen Ursprung hat, herabkommende und sich in den nordwestlichsten Theil des Golfes von Cambay ergießende Saburmattie.

Der Zustand der Bevölkerung in diesem Collectorate ist im Allgemeinen ein günstigerer als in vielen andern Gegenden Vorderindiens, namentlich aber im Dekan. Selbst in den Dörfern sind die meisten Häuser aus gebackenen Steinen aufgeführt und mit Ziegeln bedeckt. Viele haben selbst zwei Etagen, und ein gewisser Grad von Wohlstand, Bekanntschaft mit höheren Lebensgenüssen und das Bestreben, sich dieselben durch Fleiß und Betriebsamkeit zugänglich zu machen, sind allenthalben sichtbar. Selbst die geringere Klasse ist verhältnißmäßig gut gekleidet. Auch durch ihre Intelligenz, ihren Gemeinsinn und das bei ihr im hohen Grade entwickelte Bewußtsein der Rothwendigkeit, sich zu höherer geistiger und materieller Cultur zu erheben, unterscheidet sie sich von den Bewohnern vieler andern, namentlich ganz in ihrer Nähe gelegenen Provinzen in sehr günstiger Weise. Solches fällt aber um so mehr auf als die Zeit, wo in Ahmadabad Gesetzlosigkeit, innere Zwiste und Uneinigkeit herrschten, wo die Bodencultur noch wenig und in einer für das Bedürfniß kaum ausreichenden Weise betrieben wurde, von Industrie, Gewerbthätigkeit, überhaupt von einem geistigen Leben und Streben so gut wie nicht die Rede war, verhältnißmäßig noch gar nicht sehr fern liegt.

Speciell ist die Hauptstadt Ahmadabad unter 23° nördl. Br. und 72° 36' östl. L. an dem linken oder östlichen Ufer des Saburmattie gelegen, hier zu erwähnen: Diese Stadt, welche im J. 1412 von Ahmad Shah, König von Guzerate, zur Zeit, wo letzteres ein selbständiges Reich bildete, gegründet wurde, war eine der größten und prächtigsten des Orients, während sie jetzt nur noch einen Umfang von nahe an sechs engl. Meilen hat. Sie ist von einer hohen Festungsmauer umgeben, über welche sich alle fünfzig Yards unregelmäßige Thürme erheben, und zwölf Hauptthore und einige kleinere Pforten führen in ihr Inneres. Im J. 1780 wurde von Ahmadabad gesagt, daß ihre Festungsmauer von „inmenser" Ausdehnung mit Hinblick auf die Größe der Stadt von bemerkenswerther Stärke wäre. Damals, wo diese Stadt kein Verfall befand, wurde ihre Bevölkerung noch auf mehr als 100,000 Seelen geschätzt. Noch jetzt bieten sich in Ahmadabad allerwege Spuren seiner früheren Größe und Herrlichkeit, wo dasselbe zahllose prachtvolle Moscheen und Paläste, jetzt gerade und breite Straßen, eine Menge von Wasserleitungen, Springbrunnen und Karewanserais (Seraes), vom Staat unterhaltene Logirhäuser für die vielen, diese Stadt besuchenden Fremden enthielt. Das prachtvollste Gebäude ist die von Ahmad Shah, dem Gründer von Ahmadabad, gestiftete Jumna Musjed genannte Hauptmoschee, neben welcher sich das Mausoleum des genannten Fürsten und seiner Söhne, und etwas weiter davon entfernt auf dem Kirchhofe, die Grabmäler anderer Glieder seiner Familie befinden. Andere Prachtgebäude sind die Moschee von Sujaat Khaun, die, obschon nicht so großartig als die vom Sultan Ahmad erbaute, doch noch zierlicher ist, sowie die sogenannte elfenbeinerne, an der das Innere in ebenso reicher als künstlicher Weise mit eingelegten, natürlichen Blumen aus edeln und bunten Steinen besteht ist, welche von Blätterwerk aus Perlmutter umgeben sind. Unweit der Stadtmauer befindet sich ein künstlicher, Kokarea genannter Teich (Tank) von einer engl. Meile im Umfange, zu dem eine runde, ihn ringsumgebende Treppe aus behauenen Steinen hinabführt. Vier Kuppeln tragende, auf Pfeilern ruhende Thore bilden die Zugänge zu diesem Teiche oder künstlichem See, in dessen Mitte sich eine kleine Insel mit einem Sommerpalast und Gartenanlagen befindet. Die aus vierzig gemauerten Bogen bestehende Brücke, welche früher die Insel mit dem Lande verband, ist jetzt zerstört. Zwei Meilen von der Stadt, an dem Saburmattie liegt Shahbagh, d. h. Kaisergarten, ein prachtvoller, mit Springbrunnen, Wasserleitungen und einer Menge der schönsten und seltensten Bäume und Pflanzen aller Art geschmückter Garten, welcher einen jetzt verfallenen Palast, der aber auch noch gegenwärtig seine frühere Großartigkeit, Eleganz und Schönheit erkennen läßt, ringsum einschließt. Diese prachtvolle Anlage wurde von Shah Jehan gemacht, als derselbe Vicekönig von Guzerate für seinen Vater, den Großmogul Jehangir, war.

Ahmadabad war früher wegen seines Handels und seiner zahlreichen Fabriken und Manufacturen berühmt, wo prächtige mit Gold und Silber durchwebte und andere Stoffe aus Seide und Baumwolle, Gegenstände aller Art aus edeln Metallen und Stahl, sowie emaillirte, lackirte und zierlich aus Holz geschnittene Waaren verfertigt wurden. Auch wurde daselbst vortreffliches Papier gemacht, und befanden sich daselbst viele geschickte Miniatur- und Porträtmaler. Hauptgegenstände des Handels waren Baumwolle, Seide, Indigo und Opium. Die Blüthe von Ahmadabad ging aber zu Grunde, als die Raubzüge der Mahratten Guzerate verwüsteten. Später, als die Engländer Herren über dieses Land geworden waren, verhinderte die Concurrenz, welche die britische Industrie der eingeborenen machte, das Wiederaufblühen diesen letzteren.

Wie schon bemerkt, wurde Ahmadabad von dem Beherrscher von Guzerate, Ahmad (1411—1443) im J. 1412, an der Stelle der älteren Stadt Dessavul gegründet. Im J. 1572 wurde, mit dem übrigen Guzerate, auch Ahmadabad von Akbar dem Großen erobert und dem Reiche Delhi einverleibt. Der zunehmende Verfall dieses letzteren aber war die Ursache davon, daß die Vice-Könige (Subahs) von Guzerate in zunehmendem Maße nicht sowol thatsächlich als allein nur noch dem Namen nach den Großmoguls unterworfen waren. Unter diesen Zuständen fanden die Einfälle der Mahratten statt, und stritten Heerführer dieser letzteren, sowie von dem Hofe zu Delhi ernannte Statthalter um die Herrschaft über Ahmadabad, als im J. 1737 zwischen diesen letzteren und Mahratten-anführer Dammadschi Gaicowar, ein Uebereinkommen stattfand, infolge dessen beide sowol die Herrschaft über Ahmadabad als die Einkünfte hiervon unter sich theilten. Dammadschi Gaicowar wurde indessen bald nachher von dem Peishwä der Mahratten gefangen genommen. Der Subah des Großmoguls benutze diese Gelegenheit sich zum alleinigen Herrn über Ahmadabad zu machen, verstattete aber Dammadschi den ihm zukommenden Antheil an den Einkünften davon erheben zu lassen. Nachdem der genannte Mahrattenanführer seine Freiheit wieder erhalten hatte, vereinigte er seine Heeresmacht mit der des Peishwa, welcher seinerseits jetzt Ansprüche auf den Besitz von Guzerate machte. Ahmadabad wurde 1755 von den Mahratten eingenommen, im J. 1780 aber von den Engländern unter General Goddart erstürmt und erobert. Die Engländer traten jedoch Ahmadabad wieder an die Mahratten ab, in deren Besitz dasselbe bis 1818 blieb, wo es, nach dem Umsturze der Herrschaft des Peishwa, wieder an die Engländer kam. Diese haben seitdem Manches gethan, um den Staat sowol als die Stadt Ahmadabad wieder aus dem Verfalle, in den sie während der Mahrattenherrschaft gekommen war, wieder zu erheben. Die Stadtmauer wurde z. B. 1834 mit einem Kostenaufwande von 250,000 Rupieen ausgebessert und theilweise neu hergestellt, ebenso auch ein Wasserwerk, um mittels Röhrenleitungen alle Theile der Stadt mit Wasser aus dem Sabarmatie zu versehen. Auch eine neue Kirche wurde 1848 in Ahmadabad gegründet, nachdem schon früher, 1846, eine englische Gouvernementsschule daselbst gegründet war. Auch befinden sich mehrere inländische (vernacular) Schulen. Ueberhaupt läßt sich die englische Regierung die Hebung des Schul- und Unterrichtswesens daselbst sehr angelegen sein und die Bevölkerung, deren Zahl sich auf etwa 150,000 Seelen beläuft, kommt ihr hierin mitwirkend entgegen. Im Allgemeinen ist der gegenwärtige Zustand der Stadt ein nicht ungünstiger, wenngleich die Industrie und der Handel daselbst noch lange nicht wieder die Höhe erreicht haben, auf der sie vor der Mahrattenherrschaft standen und dieselbe wahrscheinlich auch nicht wieder erreichen werden.

2) Das Collectorat Kaira. Dasselbe, zwischen 22° 12' und 23° 33' nördl. Br. sowie 72° 30' und 73° 27' östl. L. mit einem Flächeninhalte von 1869 engl. □Meilen und einer Bevölkerung von gegen 600,000 Seelen, wird nördlich von der politischen Agentschaft Myhecauntha, östlich und südlich von dem Flusse Mohe, westlich von den Besitzungen des Gaicowar von Baroda und dem Collectorate Ahmadabad begrenzt. Der Boden ist im Allgemeinen sandig, bringt aber doch Tabak, Zucker, Opium, Baumwolle und Indigo in nicht unbeträchtlicher Menge hervor. Außer der, diese Landschaft durchschneidenden Strecke der Baroda-Bombay-Eisenbahn, zwischen Baroda und Ahmadabad, ist daselbst eine Anzahl guter Landstraßen vorhanden, wie namentlich die zwischen Baroda und Ahmadabad, die von Malva und Lunawara nach Ballasinor, Kapperwang und Ahmadabad sich erstreckende und mehrere andere, obgleich in ihnen im Sommer wegen des geringen Zusammenhaltes des sandigen Bodens, in der Regenzeit aber wegen dessen Aufweichens, die Räder der Karren und Wagen oft tief einsinken.

Die Bevölkerung dieses Landstriches steht mit Bezug auf Intelligenz und Vorwärtsstreben weit hinter der von Ahmadabad zurück, ist auch allzusehr an dem Althergebrachten gehaftet und allen Neuerungen, selbst wenn diese

augenscheinliche Verbesserungen sind, abgeneigt. Nirgends zeigt sich ihr Vorurtheil hiergegen und ihre Anhänglichkeit an das Alte so deutlich als in ihrem Acker- und Landbaue. So-z. B. schlugen alle Versuche der englischen Regierung im J. 1843, um den altmodischen, von den Vorältern der gegenwärtigen Bevölkerung an ihre Nachkommenschaft überlieferten, schwerfälligen, unnöthige Arbeit und Körperanstrengung erfordernden Pflug, durch den ungleich zweckmäßigeren modernen amerikanischen zu verdrängen, eine lange Reihe von Jahren fehl, und auch jetzt noch ist dieser letztere nicht allgemein, sondern nur stellenweise in Gebrauch. Auch die Stiftung inländischer Schulen ist mit vieler Mühe seitens der englischen Regierung verbunden gewesen. Kaira gelangte infolge verschiedener Tractate und Uebereinkünfte zwischen der englisch-ostindischen Compagnie und dem Gaicowar von Baroda, deren erste die vom 3. Mai 1803 war, bei welcher das Fort zu Kaira an erstere abgetreten wurde, in den dauernden Besitz der Engländer.

Die zehn hauptsächlichsten Städte in diesem Collectorate sind Kaira, Kappermang, Norsud, Nerriad, Mahmudabad, Mahtur, Mahunda, Nepar und Umrut. Die wichtigste von ihnen ist unter 22° 26' nördl. Br. und 72° 54' östl. L. an dem Zusammenflusse zweier kleiner Flüsse, des Watral und des Seri, über welchen letzteren eine der neueren Zeit angehörende steinerne Brücke führt, in einer schönen und fruchtbaren, mit Gärten, zahmen und wilden Fruchtbäumen bedeckten Gegend gelegene Hauptstadt Kaira. Dieselbe ist von beträchtlichem Umfang und von einer mit Bastionen versehenen Mauer umgeben, hat aber enge und unebene Straßen. Die Häuser sind meistens solide gebaut, hoch und luftig mit schiefen Ziegeldächern, und an dem Holzwerke ihrer Giebel und Verandas reich mit Schnitzwerk verziert. In der Mitte der Stadt befindet sich ein umfangreicher Tempel der Jainas und eine Schule derselben. Der erstere besteht aus einer Anzahl einzelner Räume, von denen einige nur durch das Besteigen von Treppen, theils unter der Erde, theils oberhalb derselben gelegene, zugänglich sind. Auch in diesem Tempel befindet sich eine Menge kunstreichen Schnitzwerkes aus altem, dunkelfarbigem Holze. In einem nahe gelegenen unterirdischen Tempel der Jainas befinden sich, auf einem Altar sitzend, vier Statuen aus weißem Marmor, die von den Anhängern dieser Religion für heilig gehalten und angebetet werden. Ueber dem Tempel liegt der Gerichtshof (Adawlut), ein nicht unschönes Gebäude mit Säulen in griechischem Stil. Dasselbe enthält auch die Wohnung des Richters. An dieses Gebäude stößt das umfangreiche, stark gebaute Gefängniß. Die englische Kirche ist ein massenhafter, aber plumper und unschöner Bau. Auch befinden sich in Kaira mehrere inländische Gouvernementschulen. Das Truppencantonnement ist außerhalb der Stadt gelegen, durch einen kleinen Fluß von ihr getrennt. Das Klima von Kaira ist sehr heiß und ungesund. Wechselfieber und andere Malariakrankheiten sind infolge davon sehr häufig.

23

3) Das Collectorat Broach. Daſſelbe, nörd= lich von dem Fluſſe Myhe und dem Territorium des Gaicowar, öſtlich von letzterem ſowie von Radſch= pipla und Wuſrawi, ſüdlich von dem, daſſelbe von dem Collectorate Surate trennenden Fluſſe Kim und weſtlich von dem Golf von Cambay begrenzt, nimmt, zwiſchen 21° 22' und 22° 11' nördl. Br. ſowie 72° 30' und 73° 10' öſtl. L. gelegen, einen Flächenraum von 1319 engl. ☐Meilen ein. Broach wird von zwei Flüſſen, der Narbada, die an der gleichnamigen Hauptſtadt vorbei= fließend, für Boote bis zu 50 Tonnen Gehalt befahrbar iſt, und dem bei Tunkaria Bunder ſich in die See ergießenden Dhadur in der Richtung von Oſten nach Weſten durchſchnitten. Das Klima von Broach gilt für geſünder als das der meiſten anderen Abtheilungen von Guzerate, wiewol es in den Monaten December, Januar und Februar daſelbſt mitunter ſo kalt iſt, daß das Thermometer des Morgens in offener Luft auf 5° Celſ. ſinkt. Von dem Anfange des März bis zum Ein= tritte der Regenzeit wehen heiße Winde aus Oſten und Nordoſten nur hin und wieder, während die herr= ſchenden weſtliche und ſüdliche ſind. Die mittlere Regen= menge beträgt 33 Zoll. An guten Wegen zum Gebrauche von Karren und Wagen iſt nirgends Mangel. Die vor= nehmſten Bodenerzeugniſſe ſind Jowari (Holcus Sor= ghum), das hauptſächlichſte Nahrungsmittel der Bevöl= kerung, Baumwolle, in verſchiedenen Gegenden auch Weizen und Reis. Der letztere iſt aber, die Pergunna (Unterdiſtrict) Hanſote ausgenommen, wo eine regel= mäßige Irrigation der Reisfelder ſtattfindet, während dieſel= ben anderswo allein durch den Regen bewäſſert werden, von nur mittelmäßiger oder geringer Güte. Auf alluvia= len Gründen wird auch hin und wieder Tabak angebaut. Die Bevölkerung beſchäftigt ſich außer dem Ackerbau auch mit der Bereitung von Leder, der Fabrication größerer inländiſcher Papierarten und dem Weben baumwollener Stoffe.

Die mit dem Collectorate gleichnamige Hauptſtadt deſſelben liegt unter 21° 42' nördl. Br. und 73° 2' öſtl. L. auf dem nördlichen oder rechten Ufer der Narbada un= gefähr 30 engl. Meilen von ihrer Mündung. Broach, jetzt der Sitz der engliſchen Behörden, iſt mit größter Wahrſcheinlichkeit, wie auch Ritter (Erdkunde v. Aſien, Bd. IV, Abth. 1, S. 513) annimmt, der im Sanſkrit Bhrigucacha, nach den Weiſen Bhrigu genannte alt= berühmte Handelsort Bargaza des Ptolemäus, deſſen auch Arrian (Peripl. Maris Erythraei) als des Ortes gedenkt, wo der großartigſte und wichtigſte Handel mit dem Weſten getrieben wurde, und von wo der Verkehr, in zehn Tagereiſen, mit Μιδεανα (Pultanah?); öſtlich aber, innerhalb einer gleichen Zeit, mit dem großen Em= porium Τάγαρα (jetzt Dioghir in der Nähe von Au= rengabad in Maharaſtra, dem Lande der Mah= ratten) ſtattfände. Die Narbada beſitzt bei Broach, ſelbſt während der Ebbe eine Breite von faſt zwei engl. Meilen, dagegen aber iſt ſie, ſogar zur Zeit wo die Fluth in ſie hineindringt und den Abfluß ihres Gewäſſers verlang= ſamt, nur von einer geringen Tiefe. Es befindet ſich

aber in ihr ein, wiewol enger und ſchwer zu findender, jedoch für Schiffe von großer Tonnenlaſt befahrbarer tiefer Kanal. Im Allgemeinen iſt die Beſchaffenheit des Fluſſes jedoch nicht von der Art, um Broach zu einem Hafenplatz für größere Schiffe zu machen und eignet er ſich mehr für Fahrzeuge von nur bis funfzig Tonnen Ge= halt. Die Stadt war früher weit bedeutender und blü= hender, auch ungleich ſtärker bevölkert als gegenwär= tig, wo ſie zunehmenden Verfall zeigt. Ihr Han= del und ihre Betriebsthätigkeit haben mehr und mehr abgenommen und ſie ſelbſt hat ein ärmlicheres Vor= kommen erhalten. In neuerer Zeit haben jedoch, nicht ohne Erfolg, ſeitens der engliſchen Behörden mannig= fache Beſtrebungen ſtattgefunden um den faſt ganz zu Grunde gegangenen Handel wieder zu heben. In= folge hiervon haben auch die Ausfuhr wie die Ein= fuhr wieder nicht unbeträchtlich zugenommen. Broach liegt auf einer künſtlichen Bodenerhöhung, die ſich etwa 80 Fuß über dem Meeresſpiegel erhebt, an dem Fluß= ufer. Die Stadt iſt mit einer Ringmauer umgeben, die an der Flußſeite ausgebeſſert, an den anderen Seiten aber verfallen iſt. Die Stadt enthält etwa 3500 Häuſer mit 13,000 Bewohnern gemiſchter Art. Die beſten und größ= ten Häuſer werden von den Muzmudars des Diſtrictes Broach, Hindukaufleuten und Bankiers, einigen wenigen Parſis und Muhammedanern bewohnt.

Umfangreicher als die eigentliche Stadt ſind die Vorſtädte mit über 18,000 Einwohnern, hauptſächlich aus kleinen Kaufleuten, Fiſchern, Handwerkern aller Art und Dhobis beſtehend. Hier beſindet ſich auch ein geräu= miger Bazar und die Magazine für Baumwolle. Früher war Broach berühmt wegen der feinen und ſchönen Stoffe, die daſelbſt aus letztgenanntem Stoffe verfertigt und in denen europäiſche Behörden, namentlich die ſchotti= ſchen Plaids, kunſtreich nachgeahmt wurden. Auch be= ſtanden daſelbſt von jeher zahlreiche Webereien für ge= ringere Kattunſtoffe. Die letzteren beſtehen auch heute noch; die der feineren und koſtbareren haben ſich aber ſehr vermindert, da ſie die Concurrenz mit den aus England eingeführten Baumwoll=Manufacturen nicht aushalten können. Eine große Anzahl der Webern beſteht in Parſis, die ſchon vor länger als ſechs Jahr= hunderten ſich in Broach niedergelaſſen haben, Die meiſten von ihnen ſind jetzt verarmt; ſie zeigen aber noch immer den intelligenten Fleiß und die Arbeitsluſt ihrer Vorfahren. Von den reicheren Parſis ſind viele Schiffs= beſitzer und Makler. Für die frühere Bedeutung von Broach ſpricht auch der holländiſche Kirchhof daſelbſt aus den J. 1646 bis 1770, wo die holländiſch=oſtindiſche Compagnie eine Handelsfactorei zu Broach beſaß. Da= ſelbſt beſindet ſich auch ein Hinduhoſpital für Thiere aller Art, wie Pferde, Hunde, Katzen, Affen, Pfauen und andere Vögel ja ſelbſt Inſekten. In Broach ſind die verſchiedenſten Nahrungsmittel im Ueberfluß vorhanden und äußerſt billig, auch von beſonderer Güte. Die Ba= zare werden mit Geflügel, Früchten, Gemüſe u. ſ. w. von den benachbarten Dörfern in Fülle verſehen, während die Narbada und ebenſo das benachbarte Meer eine

Menge Arten vortrefflicher Fluß- und Seefische liefern. Mitunter kommen daselbst funfzig Pfund schwere Karpfen vor.
·· In Broach finden sich mehrere englische Gouverne-
ments-Schulen, sowie in noch größerer Zahl inländische.
Der großen Wahrscheinlichkeit, daß das heutige Broach
das Barygaza von Arrian und Ptolemäus sei,
wurde schon gedacht. Seit der muhammedanischen Herrschaft über Indien, und auch während Guzerate einen
eigenen Staat bildete, 1411 bis 1583, gehörte Broach
zu demselben. Nachdem Akbar der Große in letztgenanntem Jahre das Reich Guzerate mit dem Staate
Delhi vereinigt hatte, wurde Broach ein District hiervon, und von einem kleinen Nawab verwaltet. Im
J. 1685 aber von den Mahratten erobert und der
Nawab im Vasall des Peißhwa. Dieser Zustand
dauerte bis 1772, wo die Engländer dasselbe unter
General Wedderburn, der hierbei um das Leben
kam, einnahmen. Sie traten aber diesen District im J.
1783 bei dem Friedensschlusse von Punah, an den
Scindia wegen einiger ihnen von diesem geleisteter
Dienste ab. Im J. 1803, bei neuen Verwickelungen zwi-
schen ihnen und den Mahratten, nahmen sie Broach
aber diesen letzteren wieder ab. Bei dem Vertrage von
Serji Angengaum verzichtete der Scindia auf diese
Landschaft definitiv zu Gunsten der englisch-ostindischen
Compagnie.

4) Das Collectorat Surat. Oben, wo von
den größeren und kleineren Besitzungen eingeborener Fürsten die Rede war, welche, früher zu Guzerate gehörend, gegenwärtig Theile der englischen Präsidentschaft
Bombay bilden, wurde der politischen Agentschaft
Surate mit ihren Unterdistricten Sachin, Bansda
und Dharampur gedacht; auch bemerkt, daß das
Collectorat gleichen Namens von der erwähnten politischen Agentschaft größtentheils umgeben wäre. Die physikalischen Verhältnisse dieses Collectorats, dessen Grenze
bereits angegeben wurden, als von der gleichnamigen
Agentschaft die Rede war, stimmen fast ganz mit denen
der nördlich von ihm gelegenen, an ihn angrenzenden
und bis 1843 auch in administrativer und juridischer
Beziehung mit ihm verbundenen Districtes Broach überein. Ebenso besteht auch zwischen der Bevölkerung beider Collectorate, ihrer Zusammensetzung, ihrer Beschäftigung, ihrem Sein und Treiben und ihren gesellschaftlichen Zuständen nach eine große Uebereinstimmung.

Am bemerkenswerthesten in dem Collectorate Surat ist die gleichnamige, unter 21° 10' nördl. Br. und
72° 52' östl. L., auf dem linken oder südlichen Ufer des
Tapti gelegene Hauptstadt. Der Tapti ist bei der
Stadt nur für Boote von 40 bis 50 Tonnen, und
auch nur während der Fluth befahrbar; größere Seeschiffe müssen 15 engl. Meilen unterhalb derselben vor
Anker gehen. Die Rede ist aber während der Spring-
fluth, wenn südliche und westliche Winde herrschen und
oft plötzlich, an Heftigkeit zunehmen, sehr gefährlich,
weshalb alsdann die Schiffe, um sich zu retten, entweder
in den Fluß einlaufen, wie wenig Tiefe derselbe auch
haben möge, oder nach der Westseite des Golfes von

Verim hinter die Insel Verim flüchten müssen. Die Stadt
hat die Gestalt eines Bogens, dessen Sehne der Fluß
bildet, und einen Umfang von 6 engl. Meilen. Sie ist
befestigt, hat ein in der Mitte ihrer Flußseite gelegenes
Fort, welches mit Bastionen, einem Glacis und über-
decktem Wege versehen ist. Auch ist die ganze Stadt von
einer Wallmauer mit halbkreisförmigen Bastionen umgeben. Das Innere derselben ist häßlich. Die Straßen
sind eng und krumm, die meistentheils aus Fachwerk von
Holz mit Mauersteinen errichteten Häuser hoch, ragen
auch mit ihren oberen Etagen über die unteren nach der
Straße zu hinaus. Das Palais des früheren Nawab
ist ein nicht unschönes Gebäude von mäßigem Umfange.
In der Nähe des Forts findet sich eine Anzahl gut
gebauter und geräumiger, meistens von Engländern bewohnter Häuser. Die gleichfalls gut gebauten, theilweise selbst schönen Wohnhäuser in der früheren, außerhalb der Ringmauer gelegenen französischen Factorei,
sind jetzt verlassen und dem Verfalle anheimgegeben.
Dasselbe ist mit dem Hauptgebäude der früheren holländischen Factorei der Fall, welches zu seiner Zeit das
schönste Gebäude in ganz Surate war.

In der letzten Hälfte des vorigen Jahrhunderts war
Surate ein großartiger Handelsort und auch, wenn
nicht ganz in gleichem Maße, seiner Manufacturen wegen
berühmt. Damals waren die Straßen daselbst mit malerischen Gruppen von Eingeborenen aus allen Gegenden Indiens und der Nachbarländer in ihren verschiedenen
Kleidertrachten, theils zu Fuß gehend, theils auf Elefanten, Kamelen, Pferden oder Maulthieren reitend; mit
europäischen Equipagen voll englischer, und von Ochsen
gezogener Hackeries voll eingeborener Damen, mit Türken, Persern, Arabern, Armeniern und europäischen Matrosen und andern Seeleuten erfüllt. Auf den Bazars
aber wurden die köstlichsten und reichsten, theilweise mit
Gold und Silber durchwebten Kleiderstoffe, Seidenzeuge
aller Art, sowie eine zahllose Menge anderer Handelsartikel von größerem oder geringerem Werthe feilgeboten.
Dieser großartige Handel von Surat hat sich jetzt in
gleichem Maße, als Bombay sich mehr und mehr zu
seiner gegenwärtigen hohen Bedeutung in jeder Beziehung und nach allen Richtungen hin erhob, allmälig sehr vermindert. Nichtsdestoweniger ist der Handel
von Surat, vorzüglich der Ausfuhr von Baumwolle
und Korn wegen, noch immer nicht ganz unbedeutend. In
Surat ist das englische Volkselement zahlreich vertreten
und herrscht daselbst unter den Engländern ein angenehmer
Ton im geselligen Verkehr mit einander. Die englische
Kirche ist ein geräumiges, nicht unschönes Gebäude. Zu
erwähnen ist auch der umfangreiche, malerisch gelegene
Kirchhof mit zahlreichen, prächtigen, aber theilweise jetzt
schon verfallenen Grabmälern von Beamten der ostindischen Compagnie aus älterer Zeit.

Surat hat nicht selten durch das Uebertreten des
Tapti über seine Ufer sehr gelitten, wie namentlich im
J. 1837 zweimal. Infolge dessen wird schon seit einer
längeren Reihe von Jahren jährlich die Summe von
40,000 Rupieen sowol für die Regulirung des Strom-

23*

bettes und feiner Vertiefung, als auch für die Verbesserung der Salubrität der Stadt durch Erweiterung der Straßen u. s. w. verwendet. Die Bevölkerung beläuft sich auf 150,000 Seelen. Surat hat keineswegs das ihm oft, indem die Stadt, von der hier die Rede ist, mit der oben besprochenen Agentschaft Surat verwechselt wird, zugeschriebene hohe Alterthum. Die authentische Geschichte gedenkt dieser Stadt nämlich nicht früher als im J. 1530, wo dieselbe von den Portugiesen entdeckt und erobert wurde. Der Ueberlieferung nach zählte sie damals 10,000 Familien. Eine Armee suchte die Stadt außerhalb ihrer Ringmauer zu vertheidigen, ergriff aber sehr bald die Flucht, sobaß die Portugiesen ohne ferneren Widerstand in dieselbe eindringen und sie ausplündern konnten. Hierauf wurden sowol die Stadt, als auch einige im Hafen liegende Schiffe verbrannt. Die Portugiesen wiederholten solches im nächsten Jahre, als Surat sich bereits etwas erholt hatte und die Einwohner mit dem Wiederaufbau davon beschäftigt waren. Im J. 1612 verlieh der Großmogul Dschehangir den Engländern die Erlaubniß zu Surat eine Handelsfactorei zu errichten, und 1657 wurden sämmtliche Etablissements der englisch-ostindischen Compagnie in Ostindien unter die Oberaufsicht und Controle des Präsidenten und Rathes (President and Council) zu Surat gestellt. Im J. 1692 wurde der Sitz dieser höchsten Behörden jedoch von Surat nach Bombay verlegt, indem König Karl der Zweite von England die durch seine Vermählung mit der portugiesischen Prinzessin Katharina im J. 1661 ihm zugefallene Insel Bombay in dem Jahre 1669 an die englisch-ostindische Compagnie abgetreten hatte. Wenige Jahre vorher (1664), als Sir George Oxender Gouverneur von Surat war, wurde die Stadt und Umgebung von dem Mahrattenführer Sewadji angefallen. Die Engländer vertheidigten aber nicht nur die Factorei gegen den feindlichen Angriff so tapfer, daß die Mahratten sich derselben nicht bemeistern konnten, sondern gewährten auch einer Anzahl von Unterthanen des Großmoguls Aurangzeb, die sie in die Factorei aufnahmen, Schutz ihrer Person und ihres Eigenthums. Aus Dankbarkeit hierfür sprach Aurangzeb die Engländer von allen Abgaben frei, welche alle anderen in Surat Handel treibenden Nationen an ihn zu zahlen hatten. Während der ersten Hälfte des 18. Jahrh., wo sich das Reich zu Delhi immer mehr seinem Zusammensturze näherte, war Surat Schauplatz großer, anhaltender Unruhen, indem die Anhänger des Großmoguls, mahrattische Befehlshaber und Andere, dahin strebend, dieses Land seinen rechtmäßigen Gebieten abzunehmen, sich um den Besitz davon stritten. Dem britischen Gouvernemente zu Bombay, dem, im Interesse des englischen Handels, viel daran gelegen war, die Ruhe in Surat wieder herzustellen, gelang es nicht, eine vermittelnde Rolle zwischen den streitenden Parteien zu spielen und auf freundlichem Wege wieder geordnete Verhältnisse daselbst zu schaffen, weshalb dasselbe sich 1759 genöthigt sah, das Fort zu Surat anzugreifen und sich zum Herrn desselben und somit auch der Stadt zu machen. Die

Engländer stellten hierauf einen Nawab an, dem sie die Civilregierung von Surat übertrugen, während sie sich selbst die Vertheidigung desselben gegen Angriffe von außen vorbehielten. Beide Theile erklärten nur für den Beherrscher von Delhi zu handeln und stellten sich unter die obere Autorität desselben. Solches geschah aber britischerseits nur dem Scheine nach, da der Hof zu Delhi schon längst nicht mehr im Stande war, diese Autorität factisch zu handhaben. Factisch war der Nawab von Surat nur ein von den Engländern angestellter und von ihnen abhängiger Beamter, dessen Selbständigkeit allein eine scheinbare war. Dieser Zustand dauerte bis 1799, wo der Nawab starb und, mit Zustimmung und selbst auf Wunsch der eingeborenen Bevölkerung, die englische Regierung, 1800, die ganze Civil- und Militärverwaltung des Landes an sich zog, dem Erben des verstorbenen Nawab aber allein den Titel desselben unter dem Genusse einer reichlichen Pension zusprach. Dieser Zustand dauerte bis 1842, wo der letzte Nawab ohne männliche Erben starb. Die tituläre Würde desselben hörte auf, wiewol die englische Regierung seine Familie in dem Genusse eines Theiles der früheren Einkünfte und Privilegien desselben ließ.

Hinblick auf die Geschichte von Guzerate, sowol seines insulären, der Halbinsel Kattiwar, als seines continentalen Theiles, im Zusammenhange.

Obschon bei der Erwähnung der hauptsächlichsten Bestandtheile des nicht zu allen Zeiten in gleicher Weise begrenzten, sondern bald mehr bald weniger umfangreichen Guzerate, welche gegenwärtig theils, ein unter eigenen, eingeborenen Fürsten stehende Vasallenstaaten, zu der britisch-indischen Präsidentschaft Bombay gehören, theils aber unmittelbare Provinzen und Verwaltungsbezirke letzteren, sogenannte Collectorate bilden, schon von der allmäligen Entwickelung derselben aus ihren früheren Verhältnissen zu ihren gegenwärtigen, die Rede war, so scheint es doch zweckmäßig, zum Schlusse dieses Artikels noch einen kurzen Blick auf die Geschichte dieses Theiles der Nordwestküste der vorderindischen Halbinsel zu werfen.

Die älteste Geschichte von Guzerate speciell, ist noch dunkler wie die von Indien im Allgemeinen, namentlich in chronologischer Beziehung. Es fallen nämlich aus letzterer, namentlich aus der des Dekan, wie legendenhaft, wenig fest begründet und fragmentarisch dieselbe auch sein möge, doch hin und wieder einzelne, wenn auch nur sehr spärliche Streiflichter auf den Gurjâra oder Gurjarâshtra, d. i. Guzerate genannten, außerhalb des, im Sinne der alten sanskritischen Inder, nördlich von dem Vindhyagebirge und der Narbada begrenzten Dekan gelegenen Landstrich. In keiner der Mittheilungen der älteren griechischen Schriftsteller über Indien vor Alexander dem Großen, wird eines Guzerate anzutreffen in Indien erdacht, obgleich Skylax, Hecataus von Milet, Herodot und Ktesias ihre Nachrichten über dieses

Land den Perfern verdanken, der erfte von ihnen aber felbft während der Regierung von Darius Hyftaspes in Judien war. Das Reich der Achämeniden umfaßte nämlich einen Theil von dem Nordweften diefes Landes, namentlich das Flußgebiet des Indus, wenn auch nicht mit Beftimmtheit anzugeben ift, wie weit fich das perfifche Indien gegen Often und Süden erftreckt hat. Daß feine Ausdehnung gegen Süden aber eine weitere war, als früher geglaubt wurde, geht mit ziemlicher Sicherheit aus der von Prinfep entzifferten Infchrift in Guzerate hervor, die eines höheren Beamten in diefer Provinz gedenkt, deffen Namen und Titel perfifche find und zu dem Schluffe berechtigen, daß Surafhtra oder Surat vor der Zeit von Chandragupta, dem Sandrokottos der Griechen, einem Zeitgenoffen von Seleukos Nikator, Sitz eines perfifchen Satrapen war. Hieraus aber läßt fich weiter zurückfchließen, daß das fpätere Guzerate während der Herrfchaft der letzten Achämeniden eine perfifche Satrapie gebildet habe. Alle näheren und beftimmteren Angaben hierüber fehlen aber, namentlich auch darüber, welchen Einfluß der Umfturz des Perferreiches auf die Verhältniffe von Guzerate ausgeübt hat.

Der Zug Alexander's des Großen nach dem Indus, durch den zuerft der Schleier höher gelüftet wurde, von dem bis dahin Indien faft gänzlich vor den Blicken der claffifchen Völker des Weftens verhüllt gewefen war, erftreckte fich weder unmittelbar bis nach Guzerate, noch ift bekannt geworden, daß derfelbe, wie unendlich folgenreich er für einen großen Theil von Indien auch gewefen ift, in irgend einer Weife auf Guzerate eingewirkt habe. Zur Kenntniß deffelben hat diefer Kriegszug durchaus nicht beigetragen. Auch die nach dem Tode von Alexander entftandene Herrfchaft der Ptolemäer in Aegypten, fowie die der Seleuciden in Syrien hellten das auf diefem Lande ruhende Dunkel nicht auf, welche näheren Beziehungen zwifchen Seleukos Nikator, zu deffen Reiche die von Alexander gemachten Eroberungen am Indus mit gehörten, und dem Könige Chandragupta auch beftanden, und in welchem reichen Maße auch durch Megafthenes, den Gefandten des erfteren nach Palibothra am Ganges an den Hof des letzteren (295 v. Chr.), die fchätzenswertheften Nachrichten über die Volks-, Staats- und Naturverhältniffe Indiens verbreitet wurden.

Ob in jener entlegenen Zeit Guzerate ein eigenes Staatswefen bildete, oder aber zu anderen Staaten auf der vorderindifchen Halbinfel in einem Verhältniffe der Abhängigkeit und in welchem geftanden habe, ift völlig unbekannt. Und doch hätten die Handels- und Schifffahrtsverbindungen, welche unter den Ptolemäern und Seleuciden, zwifchen den Ländern des Rothen Meeres, fowie den am Golf von Perfien gelegenen und dem in Rede ftehenden Theile der Nordweftküfte von Indien ftattfanden; wie fie fchon, durch Phönizier und Araber betrieben, in einer viel älteren, faft noch vorhiftorifchen Zeit, ftattgefunden hatten, Auffchluß über die Staatsverhältniffe von Guzerate geben können. Die Mündungen

der Narbada und des Tapti (Barygaza und Surafhtra) waren nämlich vorzugsweife die Stellen, wohin die erwähnten Handelsfchiffe aus dem Weften ihre Fahrten richteten. Erft viel fpäter berichten der Kosmograph Ptolemäus und Arrian in feinem Periplus des erythräifchen Meeres über diefe Orte. Ihrer wurde bereits gedacht, wo von dem heutigen britifchen Collectorate Broach die Rede war. Ptolemäus nennt die ganze Umgegend des Meerbufens von Surat — bei ihm Surafte, bei Arrian Suraftria — Larike ($\Lambda\alpha\rho\iota\kappa\eta$), welchen Namen Todd (Transact. of the Roy. As. Soc. I, 208) auf die Dynaftie Lar bezieht, welche in diefer Gegend einmal geherrfcht hat.

Wichtiger als die Herrfchaft der Ptolemäer und die der Seleuciden wurde für Guzerate das griechifch-baktrifche Reich, welches gegen das J. 256 v. Chr., um die Zeit, wo fich das fpäter fo mächtige Reich der Parther unter den Arfaciden bildete und anfing fich über Perfien auszubreiten, aus den griechifchen Colonien entftand, die von Alexander dem Großen in Baktriana gegründet waren. Diefelben machten fich unter Theodotus von den Seleuciden unabhängig. Zwei Fürften aus der Reihe der griechifch-baktrifchen Könige, deren Reihenfolge trotz der vielfeitigen, fehr genauen Forfchungen und Combinationen hierüber von Bayer, Laffen, Grotefend und Andern noch immer ein wenig feft begründetes ift, da fie fich wefentlich und hauptfächlich nur auf die Legenden der zahlreich gefundenen Münzen derfelben ftützt, find hier befonders hervorzuheben, weil die Heereszüge nach Indien unternahmen und Stifter von Reichen dafelbft wurden. Der erfte von ihnen war Demetrius, Sohn von Euthydemus, welcher zietzte gegen 209 vor Chr. die von Theodotus gegründete Dynaftie vom Throne ftieß und auch in den J. 208 bis 205 mit Antiochus dem Großen Krieg führte. Wie weit fich das von Demetrius gegründete baktrifch-indifche Reich erftreckt hat, ift nicht bekannt. Weit über die Grenzen deffelben hinaus erftreckten fich aber die Eroberungen, welche gegen das J. 160 v. Chr. der zweite diefer gedachten griechifch-baktrifchen Könige, Menandros, in Indien machte. Diefelben dehnten fich nämlich im Süden bis Barygaza aus, umfaßten alfo auch Guzerate und mit diefem den ganzen, etwa zwifchen 22° und 34° nördl. Br. fowie 65° und 75° öftl. L. gelegenen Diftrict. Als Grenzen derfelben werden die Dfchamna, Pathalene oder das Land der Indusmündungen unterhalb von Tatha, fowie auch die Küfte Teffariofton und das Königreich Segertis oder Segefte angegeben. Diefes letztere wird aber von Laffen für den Küftenftrich von Barygaza gehalten. Erinnerungen an das griechifch-indifche Reich von Menandros haben fich auch in Indien erhalten, denn in der Legende von dem Streite zwifchen Krifhna und Jarafendha, der mächtige Griechenkönig (Javanábhipa) Herr von Maru und Narca, welches letztere Wort, „Hölle" bedeutend, völlig fynonym mit Pátála ift, wovon Pathalene abgeleitet wurde. Ueber das Verhältniß von Guzerate zu den griechifch-indifchen

Königen ist nichts bekannt geworden. Ebenso wenig weiß man auch, ob die neuen, großartigen Staatsveränderungen in Indien, veranlaßt dadurch, daß in den Jahren zwischen 126 und 116 turanische Volksstämme aus Innerasien, nachdem sie in erstgenanntem Jahre das griechisch-baktrische Staatswesen umgeworfen hatten, in Indien einwanderten, um daselbst das sogenannte indoscythische Reich zu gründen, irgend eine und welche Rückwirkung speciell auf Guzerate gehabt haben. Diese sogenannten Scythen, deren eigentlicher Name Yue-tschi ist, als Nomaden am obern Hoang-ho lebend, wurden 163 von den Hiongnu theils gegen Westen nach den Ländern jenseit des Jaxartes, theils gegen Süden nach Kleintibet verdrängt. Die ersteren, auch die großen Yue-tschi genannt, stießen in ihrem neuen Vaterlande auf ebenfalls turanische oder scythische Nomadenstämme, die im Chinesischen Szu, im Indischen Çaka, im Griechischen Sakai genannt werden, und drängten dieselben ihrerseits weiter gegen Westen. Aber auch die Yue-tschi werden wieder durch andere Stämme fortgeschoben und schoben infolge hiervon die Szu weiter nach Süden. So gelangten die Yue-tschi, von anderen Stämmen geschoben und noch andere sich vorausschiebend, endlich 126 v. Chr. dahin, in das griechisch-baktrische Reich einzudringen, dasselbe umzustürzen und an seiner Stelle ein neues zu gründen. Dieses Ereigniß, dessen Justinus und Strabo gedenken, der letzere mit den Worten: „die berühmtesten der Nomaden (in Centralasien) sind diejenigen, welche den Griechen Baktrien wegnahmen. Es sind die Asii, die Pasiani, die Tochari und Sacraurauli, welche vom jenseitigen Ufer des Jaxartes aus, nach dem Territorium der Sogdianer und Sacer kamen", ist insofern von größter Wichtigkeit, als auf der Stelle der Einfluß des griechischen Bildungselementes auf Indien dadurch sehr geschwächt, auch sehr bald hernach gänzlich aufgehoben wurde.

Von diesem indisch-scythischen Reiche, über welches von indischen, griechischen, römischen und chinesischen Schriftstellern längere oder kürzere Mittheilungen gemacht wurden, bemerkt Ptolemäus, daß dasselbe Surashtra, wahrscheinlich mit Einschluß der Halbinsel Kattiwar, also Guzerate, mit dem Delta des Indus, das sogenannte Pattalene, und das ganze Pandschab umfaßt habe. Von den näheren Zuständen Guzerates während dieser Periode ist aber nichts bekannt. Das Reich der Indoscythen dauerte auch nicht lange, da dasselbe schon im J. 56 v. Chr. wieder zu Grunde ging. Veranlassung hierzu gab theils der Umstand, daß die scythischen Einwanderer, bei der Stiftung ihres neuen Reiches, dasselbe nach den fünf Hauptstämmen, aus denen sie bestanden, in fünf kleinere, eine Bundesgenossenschaft bildende Staaten getheilt hatten, infolge dessen innere Kriege entstanden, als der Fürst eines derselben sich, etwa im J. 63 v. Chr., auch die übrigen unterwerfen wollte; theils aber der Angriff auf sie von Seiten des Königs Vicrâmâditja. Dieser berühmte, halb mythisch gewordene indische Fürst, dessen eigentliches Erbreich Malwa, dessen Residenz aber Uggájeni, das gegenwärtige Oudjein,

das Ozene von Arrian war, wo alle Künste und Wissenschaften ihr augusteisches Zeitalter feierten, hatte sich nämlich die Wiederherstellung der politischen Einheit Indiens zur Aufgabe gemacht. Er fing mit der Vertreibung der Scythen aus den Ländern am Indus an, welche ihm auch gelang. Dieses Ereigniß erschien von so besonders hoher Wichtigkeit, daß eine neue Zeitrechnung, welche noch heute am meisten in Gebrauch ist und mit dem Jahre 56 vor Christus beginnt, die Vicramâditiasche Aera, im Indischen Çâtâbda, d. h. Sakerjahr, zur Erinnerung an dasselbe und datirend von ihm, eingeführt wurde.

König Vicrâmâditja soll in der Folge seine Herrschaft über Dakschinapanatha, d. h. ganz Dekan oder Dekan in weiterem Sinne; Madhjabeça, das Land zwischen dem Himalaja, dem Vindhya und den beiden Meeren; Kaschmir; Surashtra und die Länder im Osten des Ganges ausgedehnt haben. Somit wurde Guzerate auch in diesem, aus einer Menge einzelner kleinerer Theile gebildete einheitliche Reich aufgenommen, aber über seine näheren Verhältnisse und Zustände während der Regierung des genannten Fürsten ist ebenso wenig bekannt geworden, als zur Zeit, wo dasselbe zu den griechisch-indischen und indo-scythischen Reiche gehörte. Dasselbe ist auch während der Regierung der Nachfolger des Vicrâmâditja der Fall. In dem Maße, als nach dem Beginn der christlichen Zeitrechnung die Culturstaaten des Alterthums allmälig zu Grunde gingen und diejenigen Völker der Gegenwart, welche die herrschenden werden sollten, sich noch in der allerfrühesten Kindheit ihres staatlichen Lebens befanden, wurden die unmittelbaren Beziehungen zwischen dem europäischen Westen und Indien immer seltener, bis sie endlich ganz aufhörten, und nahm nicht nur das Interesse an diesem, gewissermaßen von Jahr zu Jahr ferner rückendem Lande mehr und mehr ab, sondern auch dasjenige, was durch die Macedonier, Seleuciden, Ptolemäer und baktrischen Griechen den classischen Völkern des Alterthums bekannt geworden war, fiel in stets zunehmendem Maße der Vergessenheit anheim. Indien bedeckte sich aufs Neue mit dem Schleier, der dasselbe bis auf Alexander den Großen verhüllt hatte. Dieser Schleier verdichtete sich im Lanfe der Jahrhunderte, welche zwischen dem Beginn der christlichen Aera und dem Zeitpunkte liegen, wo der Islam seine große welterschütternde und civilisatorische Sendung antrat, immer mehr, bis die Nachfolger und Anhänger des arabischen Propheten, theils als friedliche Schiffer und Handelsleute, theils als fanatische Eroberer mit dem Schwerte in der Hand, ihn höher und höher aufhoben. Das Abendland war, für die genaueren Nachrichten, welche die Schriftsteller des zu Grunde gegangenen classischen Alterthums über Indien hinterlassen hatten, der Vergessenheit anheimgegeben, diesés Land nur noch für ein fernliegendes, fast unerreichbares, märchenhaftes Wunderland galt, erhielt erst wieder Kunde von demselben, als die Kreuzzüge den Occident mit dem Orient in Berührung brachten und sich, als Folge und Nachwirkung hiervon, allmälig der ·Handelsverkehr des Mittelalters zwischen den südlichen und südöstlichen Ländern Europas und dem fernsten Osten, auf den Wegen durch `den persischen Meerbusen und das Thal des Euphrat, sowie durch das Rothe Meer und über Aegypten, herausbildete. Hauptsächlich aber waren es die Araber, welche sich an diesem Verkehr bis zu den Ländern im Süden des Mittelmeers bethätigten.

In Indien selbst aber hatten während des langen Zeitraumes, wo dasselbe außerhalb des Kreises der Beobachtung und des Interesses der europäischen Völker gelegen hatte, große und theilweise folgenreiche Ereignisse stattgefunden. Syrische oder nestorianische Christen nämlich, Juden und Anhänger der persischen Lehre von Zoroaster (Guebern), gegen welche letzteren, als Anbeter des Feuers, sich die Verfolgungssucht der Araber, seit Muhammed, bei ihren Bekehrungs- und Eroberungszügen so vorzugsweise richtete, aus ihren Heimathsländern vor dem Islam fliehend, fanden in Indien eine gastliche Aufnahme. Der Handelsverkehr der Araber mit Indien nahm stets zu, und auch chinesische Schiffe besuchten die indischen Häfen in wachsender Anzahl. Alle diese Ereignisse aber gingen von Europa unbemerkt vor sich.

`.Die aus Persien ausgewanderten Guebern oder Parsis ließen sich aber hauptsächlich an der Ostküste des Golfs von Cambay, in dem continentalen Guzerate nieder, wo sie auch jetzt noch, wie in Broach, Surat und andern Orten zahlreich vorkommen. Von Guzerate ist, was jenen Zeitraum betrifft, hauptsächlich zu erwähnen, daß, wie bereits oben bemerkt wurde, auf der Halbinsel Kattiwar um das J. 800 die Jhareja-Radschputen unter Dscham Rawat von Katsch aus .einwanderten, nachdem jetzt schon ein halbes Jahrhundert zuvor, von den Ufern des Indus kommend, die Katties daselbst gewaltsamerhand und als Eroberer niedergelassen hatten. Zugleich gewann in dem erwähnten Zeitraum der Shiwa-Cultus in Guzerate, namentlich aber auf der Halbinsel, immer größere Ausbreitung. Derselbe gipfelte in der Anbetung des Idoles in dem berühmten, gleichfalls schon erwähnten Tempel zu Somnath Patan, sanscr. Pathana Somanatha, den viele Hunderttausende von Wallfahrern jährlich zu besuchen pflegten. Auch gelangte damals, sowol auf der Halbinsel als dem Festlande von Guzerate, namentlich auf ersterer, der aus dem Buddhismus hervorgegangene Dschaina-Cultus, in welchem eine gewisse Annäherung an den Brahmaismus, gleichsam der Versuch einer Versöhnung der Lehre von Buddha mit letzterem, nicht zu verkennen ist, zu weiterer Verbreitung.

Mit dem Anfang des 2. Jahrtausends nach Chr. beginnt jene für alle indischen Verhältnisse so hochwichtige Periode, wo der Islam sich gewaltsam in Indien eindrängte, seinen Streit mit dem Brahmaismus begann und in politischer Beziehung, unter einer Reihenfolge verschiedener muhammedanischer Regenten-Familien zu der Vorherrschaft gelangte, welche derselbe. bis in die neueste Zeit,

wo das englische Staatselement daselbst zu seiner gegenwärtigen Machtvollkommenheit erstarkte, wenn auch nicht mit Bezug auf die Zahl seiner Anhänger, doch factisch über Indien ausgeübt hat. Diese Periode ist aber auch speciell .für Guzerate von besonderer Wichtigkeit, da dasselbe eigentlich erst jetzt in die Weltgeschichte eintritt. Wenigstens gehören die ersten, sicher begründeten Nachrichten über diese Landschaft aus dem Mittelalter, keiner frühern als dieser Periode an.

Als Soboktegin, ursprünglich ein türkischer Sklave aus Centralasien, der aber zum Islam übertrat und sich später zum Oberbefehlshaber der Truppen von Alephthegin, dem Statthalter von Khorassan und Gazna, dem heutigen Ghyzni in Afghanistan, für die Samaniden-Herrscher in Bochara emporschwang und später, 977 n. Chr., unter dem Titel eines Emir Naßereddin, einstimmig zum Herrscher über Gazna ausgerufen und zum Begründer jener Weise, nach Mirchond, Stifter der Dynastie der Gazneviden wurde, im J. 997 gestorben war, folgte ihm nach einer kurzen Zwischenregierung von Jsmael, sein zweiter Sohn Mahmud. Dieser, ein noch fanatischerer Anhänger des Islam und mehr erbitterter Feind des Brahmaismus und seines Bilderdienstes als sein Vater, der selbst siegreich die Anhänger dieser Religion bekämpft und den Grund dazu gelegt hatte, daß dieselbe in den Ländern am rechten oder westlichen Ufer des Indus später niemals wieder Fuß fassen konnte, dessen Heere jedoch niemals diesen Fluß überschritten hatten, faßte bei seiner Thronbesteigung den Entschluß, jedes Jahr einen Kriegszug gegen die brahmanischen Inder zu unternehmen. Zwölf dieser Kriegszüge führte er auch in den Jahren seiner Regierung von 997 bis 1030 wirklich aus. Einer von ihnen aber, und zwar der zwölfte, im J. 1025 n. Chr. Geburt, dem Jahr 416 der Hegira, war direct gegen Guzerate und namentlich gegen den Somnath-Tempel auf Kattiwar gerichtet.

Guzerate war einer der zwölf Staaten, aus welchen, nach Ferishta, Indien, soweit die Muhammedaner bei ihren Eroberungszügen keinen lernten, damals zusammengesetzt war. Ueber die Erstürmung des Somnath-Tempels, dessen Einrichtung und das daselbst angebetete Idol wurde bereits oben gesprochen. Die Zerstörung aller Tempel und besonders der Götzenbilder des Brahmaismus lag Mahmud selbst noch mehr am Herzen, als die Wegführung der ungeheueren, in den ersteren seit Jahrhunderten aufgehäuften Schätze, deren Angabe bei Ferishta kaum glaublich erscheinen. Obgleich die Unternehmungen von Mahmud gegen Indien jedesmal nur von kurzer Dauer waren, indem er nach einer jeden von ihnen nach Ghyzni zurückkehrte, so waren ihre Wirkungen aber um so eingreifender und von um so größerer Dauer. Sie trugen auch in ähnlicher Weise dazu bei, die dem Islam angehörenden westlichen Völker über alle Verhältnisse Indiens zu unterrichten, wie der Zug Alexander's von Macedonien ·solches mit Bezug auf die classischen Völker des Alterthums es gethan hatte. Die Nachfolger von Mahmud besaßen aber weder seine Energie, seinen Unternehmungsgeist noch auch seinen Fanatismus. Infolge hiervon wurde das von ihnen ererbte indische Reich nicht nur durch sie nicht vergrößert, sondern sie hatten auch nicht die Kraft dasselbe so zusammenzuhalten, daß nicht Städte davon verloren gegangen wären. Der letzte der Gazneviden-Dynastie, Khosru Malik, starb im J. 1186.

Auf die Dynastie der Gazneviden sind sechs andere, muhammedanische Dynastien in Indien gefolgt, nämlich die der Ghuriden zu Delhi von 1186—1288; die der Kildschi von 1288—1321; die der Toghluk von 1321—1398; die der Sadat von 1414—1478; die der Lodi-Afghanen von 1448—1526 und die der Baberiden von 1526 bis auf die neueste Zeit, wo Indien seine politische Selbständigkeit verlor und Besitzthum der Engländer wurde. Zwischen diese Dynastien fielen noch die kurzdauernden Eroberungszüge der Nachfolger Dschenghis Khans, seit 1241, und die von Timur in den J. 1398—1414. Hauptsitz der Fürsten dieser Dynastie blieb aber immer Delhi. Aus der Dynastie der Ghuriden machte Muhammed Ghure 1178 einen unglücklichen Eroberungszug nach Guzerate, welches sich von der Herrschaft der Gazneviden befreit hatte und sich damals unter einem nicht muhammedanischen indischen Fürsten Namens Bhima befand. Muhammed wurde von diesem geschlagen und konnte nur mit Mühe seinen Rückzug nach Gazna bewerkstelligen. Wichtiger für Guzerate ist die Dynastie der Toghluk. Während nämlich nach dem Tode von Thoghluk dem Zweiten im J. 1394, innere Streitigkeiten zwischen drei Parteien und endlich Bürgerkriege in Delhi stattfanden, welche der Eroberung und Verheerung dieser Stadt durch Timur im J. 1398 vorausgingen, hatten sich fast alle Statthalter von Delhi, namentlich die der von der Hauptstadt entfernteren Provinzen, factisch unabhängig von dem Size der Regierung gemacht.

Unter ihnen befand sich auch Zafir Khan, der Abstammung eines zum Islam übergetretenen Radschputen. Dieser nahm den Titel Muzaffir-Khan an, und erklärte sich zum unabhängigen Herrscher über Guzerate. Er wurde Stifter einer muhammedanischen Dynastie, welche bis 1573 herrschte. Muzaffir Khan regierte bis 1411 und ihm folgte bis 1443 sein Sohn Ahmad. Von diesem Fürsten, der viel zur Vergrößerung und zur Blüthe des Reiches beitrug, ist schon oben wiederholt, namentlich als dem Stifter von Ahmadabad, die Rede gewesen. Unter seinen Nachfolgern vergrößerte sich Guzerate immer mehr, wie denn im J. 1507 Cambay zu demselben kam und 1531 auch Malwa. Guzerate war auch der Theil des indischen Festlandes, der zuerst mit Europäern in nähere Berührung kam, als die Portugiesen unter Alphonso und Francesco Albuquerque im J. 1503 zuerst nach Indien gekommen waren. Als dieselben in den J. 1520 und 1521 Din zu erobern suchten, wurden sie von dem Könige von Guzerate zurückgeschlagen, gelangten aber später, 1534, durch einen Vertrag mit demselben in den Besitz dieser kleinen Insel, wie auch in den der Daman genannten.

Als Baber, der Stifter der nach ihm genannten letzten muhammedanischen Dynastie zu Delhi, die unter dem Namen jener der Großmogule allgemeiner bekannt ist, im J. 1530 starb, folgte ihm sein Sohn Humajun. Dieser suchte und fand Gelegenheit zu einem Kriege mit Bahadur, dem Könige von Guzerate, der von 1526—1535 regierte. Bahadur wurde besiegt und sein Reich für eine kurze Zeit Provinz des von Delhi. Bahadur kam aber wieder in Besitz desselben als unabhängiger Fürst. Zeitweise war Guzerate ein sehr mächtiger und auf die politischen Verhältnisse der ganzen westlichen Hälfte von Indien einflußreicher Staat. Im J. 1572 aber war dasselbe durch innere Kriege sehr geschwächt und in Parteien zerspalten. Infolge hiervon lud einer der Reichsgroßen den Großmogul Akbar den Großen ein, sich Guzerate's zu bemächtigen. Muzaffer Schah, der letzte König dieses Reiches, dankte nach kurzem Widerstande zu Gunsten Akbar's ab, und erhielt Agra zur Residenz. Später aber (1581) bemächtigte er sich wieder des Scepters von Guzerate, wiewol nur für kurze Zeit, indem er schon 1583 von Akbar besiegt wurde. Seit dieser Zeit verlor Guzerate seine Selbständigkeit und war entweder ein Vicekönigreich oder eine bloße Provinz des Reiches von Delhi. Nach der von Abul Fazel, dem berühmten Minister von Akbar, unter dem Namen Ayim Akbari, d. h. Spiegel des Akbar herausgegebenen Lebens- und Regierungsgeschichte seines Herrn, war Guzerate während Akbar's späterer Regierung eine der großen Statthalterschaften oder Subahs, in welche das ganze Reich des Großmoguls damals vertheilt wurde.

Unter den beiden nächsten Nachfolgern von Akbar, Dschehangir 1605—1627, unter dem die Engländer ihre erste Handelsfactorei zu Surat stifteten, und Schah Dschehan, 1627—1656, erfreute sich der Brahmaismus, namentlich auch der Shiwa-Cultus, derselben einsichtsvollen Toleranz, welche Akbar dieser Religionsform gegenüber gezeigt hatte. Eines besonderen Wohlwollen genossen aber vorzugsweise die Dschainas, von denen oben ausführlicher die Rede war. Der Nachfolger von Schah Dschehan dagegen, Aurengzeb, 1656—1707, war ein kaum weniger fanatischer Anhänger des Islam als Mahmud von Gazna gewesen war. Unter ihm fand eine grausame Verfolgung des Brahmaismus und schonungslose Zerstörung seiner Tempel und Götzenbilder statt. Hierunter aber hatte Guzerate, namentlich aber Kattiwar, wo während der Regierung von Akbar und seiner beiden ersten Nachfolger der Shiwa-Cultus einen neuen Aufschwung genommen hatte, vorzugsweise zu leiden.

Diese harte Verfolgung von Aurengzeb gegen die Nichtbekenner des Islam und zugleich sein Streben nach Ausbreitung seiner Macht im Dekan, zumal in Maharashtra, dem Lande der Mahratten gab die Hauptveranlassung dazu, daß dieser alte, sich der Kriegerkaste zuzählende, kräftige und unternehmende Volksstamm, der von jeher mit größter Abneigung gegen den Islam erfüllt war, in seiner neugebildeten

Staatsform die Bühne der Weltgeschichte betrat, um ein Jahrhundert lang auf derselben eine sehr hervorragende, alle politischen Verhältnisse Indiens theils erschütternde, theils umwerfende Machtstellung einzunehmen. Die Erhebung der Mahratten gegen Aurengzeb verbitterte die letzte Regierungszeit desselben, indem seine ganze Macht nicht zu der Unterdrückung derselben hinreichte. Guzerate aber gehört zu den indischen Ländern, wo die Erhebung der Mahratten vorzugsweise alle Verhältnisse umgestaltet hat. Der mächtigste und einflußreichste unter den, der britisch-indischen Regierung tributären eingeborenen Fürsten, auf der Halbinsel Kattiwar sowol als dem continentalen Guzerate, ist der bereits oft genannte Gaicowar von Baroda. Baroda war nämlich ein Glied des großen, von den Häuptern der Mahrattenstämme geschlossenen Staatenbundes, und der Herrscher über dasselbe, Gaicowar genannt, einer von den Mahrattenfürsten, die den unbedeutenden Radscha von Sattara, einen Nachkommen des nach Duff 1680, nach Elphinstone aber erst 1682 gestorbenen Sewadji, von welchem das neue Mahrattenreich gestiftet wurde, als ihren Oberherren anerkannten. Peladji Gaicowar folgte 1721 seinem Oheim Dunnadji Gaicowar als zweiter Befehlshaber des Mahrattenheeres und dehnte seine verheerenden Raubzüge bis nach Guzerate aus. Badji Rao, der erste Peishwa, d. h. leitender Minister, verlieh ihm den Titel eines Führers der königlichen Truppen. Peladji wurde 1732 von dem Radscha von Joudpor ermordet. Ihm folgte sein Sohn Damadji, der die Macht seines Heeres noch mehr ausbreitete und zugleich stärker befestigte. Hierauf suchte derselbe sich der Autorität des Peishwa zu entziehen und ließ sich in eine Verschwörung gegen denselben ein. Er wurde aber verrätherisch gefangen genommen und erhielt seine Freiheit nicht zurück, als durch Abtretung der einen Hälfte seiner Besitzungen an den Peishwa und die Erklärung, daß er die andere Hälfte als Lehen von demselben inne habe. Damadji starb 1768. Die Nachfolge wurde von zweien seiner Söhne einander bestritten, ging aber endlich auf Syadji, einen Prinzen von schwachem Geistesvermögen über, mit Ausschluß von Govind Rao, seinem älteren Bruder. Als Syadji aber 1792 starb, folgte ihm Govind Rao. Diesem folgte 1800 sein ebenfalls geistesschwacher Sohn Annund Rao. Ein illegitimer Bruder Canodji maßte sich die Regierung an, wurde aber sehr bald hierauf von Rawadji, dem Minister des verstorbenen Govind Rao, verdrängt.

Nicht lange nachher bat Rawadji um die Unterstützung der britischen Regierung gegen Mulhar Row, einen Verwandten von Govind Rao, der zur Hülfe von Canodji mit seiner Truppenmacht herangezogen war und Feindseligkeiten gegen den Gaicowar begonnen hatte. Die Regierung zu Bombay sandte Truppen ab, um zu verhindern, daß die Regierung von Annund Rao umgestoßen würde. Mulhar Row suchte sich dem Verlangen der britischen Regierung zu unterwerfen, ließ aber, während der Unterhandlung hierüber, verrätherisch die englischen Truppen angreifen. Dieser Anfall wurde von Sir William Clark abgeschlagen und Mulhar Row mußte sich den Engländern auf Discretion ergeben. Am 15. März 1802 wurde zwischen letzteren und Rawadji eine Convention zu Gunsten von Annund Rao geschlossen. Die englische Regierung gab dadurch, daß sie direct mit dem Gaicowar unterhandelte, die Unabhängigkeit desselben von dem Peishwa zu erkennen. In dem betreffenden Vertrage war stipulirt, daß der Gaicowar englische Truppen zu seiner Unterstützung erhalten, dafür aber die bis dahin von ihm in Dienst gehaltenen arabischen Söldlinge entlassen solle. Die letzteren aber verweigerten ihre Zustimmung hierzu zu geben, bis sie den ihnen noch schuldigen Sold erhalten hätten. Sie verursachten tumultuarische Auftritte, und verschafften auch Canodji Gelegenheit, sich von Baroda entfernen zu können. Der commandirende englische Officier, Major Walker, rief Hülfe von Bombay herbei. Baroda wurde von einer englischen Heeresmacht belagert und in wenigen Tagen übergeben. Andere Uebereinkünfte zwischen dem Gaicowar und den Engländern folgten hierauf; und am 21. April 1805 wurde ein allgemeiner Defensivvertrag zwischen beiden Theilen geschlossen. Der Gaicowar verpflichtete sich hierbei zu dem Unterhalte der ihm von der englischen Regierung zu liefernden subsidiären Truppen, sowie zu der Rückbezahlung gewisser, ihm von den Engländern vorgeschossener Summen und der hiervor verfallenen Zinsen.

Zwischen dem Gaicowar und dem Peishwa entstanden später territoriale Streitigkeiten, welche die Veranlassung zu der Auflösung des Mahrattenbundes gaben. Zur Schlichtung dieser Zwistigkeiten nämlich wurde Gunjabhar Shastri, ein rechtschaffener und geschickter Beamter des Gaicowar zu Punah gesandt, aber zu Bunderpor verrätherisch ermordet. Infolge hiervon fanden Feindseligkeiten zwischen der englischen Regierung und dem Peishwa statt, welche zuerst die Demüthigung des letzteren, später aber die Aufhebung seiner Stellung und Würde herbeiführten. Der Peishwa mußte seine Rechte auf Gujerate an die englische Regierung abtreten und der Gaicowar erhielt eine Vergrößerung seines Grundgebietes. Annund Rao starb 1819 und ihm folgte Syadji Rao. Die neuere Geschichte von Baroda wurde schon oben mitgetheilt, wo von diesem Staate die Rede war. Ebenso geschah auch bereits nähere Erwähnung des Verhältnisses, in welchem, hinsichtlich eines jährlich an den Gaicowar zu zahlenden Tributes, die von dem eingeborenen Häuptlingen auf der Halbinsel Kattiwar sowol als auf dem continentalen Guzerate zu dem genannten Fürsten von Baroda sich befinden. —

Hauptsächlichste Quellen: Ritter, C., Erdkunde von Asien, Bd. IV, Abthl. 2. Berlin 1836. — *Briggs, J.,* History of the Rise of the Mahomedan Power in India till Y. 1612. Translated from the Original Persian of Mohamed Kasim Ferishta. With Notes. London 1829. Vol. I. — *Elliot, Sir*

H. M., The History of India as told by its own Historians. The Muhammedan Period. London 1867—1872. Vol. II. London 1869. — *Ali Mohammed Khan*, The Political and Statistical History of Gujerat. Translated from the Persian by *James Bird*. London 1835. — *Wheeler, J. T.*, The History of India from the earliest Ages. 4 Vol. London 1867—1875. — *Duff, J. G.*, History of the Mahrattas. 3 vol. London 1828. — *Thorn, W.*, Memoir of the War in India conducted by General Lord Lake and Maj. General Sir Arthur Wellesley Duke of Wellington fr. 1803—1806. London 1818. 8. — *Mac Murdo, J.*, Account of the Province of Cutch and of the Countries lying between Guzerate and the River Indus. Int. Transactions of the Lit. Soc. of Bombay, London 1820. Vol. II, p. 205—241. — *Arriani*. Periplus Maris, Erythraej. Ed. Hudson. London 1698. — *Bayer, S.*, Historia Regni. Graecorum. Bactriani. Petropol. 1788. — *Lassen, Chr.*, Zur Geschichte der griechischen und indoscythischen Könige in Baktrien, Kabul und Indien. Bonn 1838. — *Thornton, E.*, Gazetteer of the Territories under the East-India Company. 2. Edit. London 1857. Statement exhibiting the Moral and Material Progress and Condition of India. London 1872—1878. (*O. Moknike.*)

GWALIOR (im englischen Gwalior oder Gwalior-Territories).

Geographische Verhältnisse.

Gwalior ist ein mächtiger und sehr wichtiger, innerhalb der zu der Präsidentschaft Calcutta oder Bengalen gehörenden Proving Central-Indien gelegener, unmittelbar unter der Herrschaft der maharattischen Fürstenfamilie Scindia oder Sindia, dessen jedesmaliges Haupt den Titel Maharadscha Scindia führt, stehender Vasallenstaat des britischindischen Reiches. Nebst den Staaten anderer eingeborener, den Engländern tributaerer und von ihnen in größerer oder geringerer Abhängigkeit sich befindenden Fürsten, wie dem des Holkar von Indore, jenem der Begum von Bhopal, den der Fürsten von Thar und Dewas, den Bardelfhband-Staaten und den Besitzungen zahlreicher kleinerer Fürsten, deren Länder sämmtlich von den Engländern ihnen übertragene Lehen sind, ist auch das Reich Gwalior in dem theils gebirgigen, theils mehr plateauförmigen Landstriche gelegen, welcher sich im Innern der vorderindischen Halbinsel, zwischen dem Stromgebiete des Ganges und dem der Narbada ausbreitet. Es läßt sich dieser, von 21° bis 27° 50′ nördl. Br. und von 74° 10′ bis 83° 15′ östl. L. von Greenw. erstreckende, Raum aber als ein großes Dreieck betrachten, dessen nach Süden gerichtete Hypothenuse von der Narbada und dem Son, von denen die erstere sich in den Golf von Cambay, der letztere aber sich in den Ganges ergießt, die eine, westliche, Kathete von dem Chittorx genannten Gebirgszuge und dem Flusse Chambal, die andere, östliche, aber von dem Thal des Ganges gebildet wird.

Von dem räumlichen Inhalte dieses so begrenzten Dreiecks kommen 33,119 engl. □Meilen auf das Reich Gwalior. Dasselbe bildet aber kein zusammenhängendes Ganzes, sondern besteht aus einer größeren Hälfte und einer Anzahl kleinerer, theilweise gänzlich von derselben getrennter und entfernt von ihr gelegener Städte. Das Ganze liegt 21° 8′ und 26° 50′ nördl. Br. sowie 74° 45′ und 29° 21′ östl. L. von Greenw. Der Haupttheil hat in der Richtung von Norden gegen Süden eine Länge von 246 bei einer Breite von 146 engl. Meilen. Seine Grenzen sind gegen Nordost der Fluß Chambal, durch den es von den Districten Agra und Etawah der Nordwest-Provinzen getrennt wird; im Osten Bundelkhand sowie die Divisionen Jabalpur und Narbada des Hauptcommissariats (Chief Commissionership) der Centralprovinzen; im Süden die Vasallenstaaten Bhopal und Dhar; im Westen die Staaten Radschguth, Jhalawar und Khotah; im Nordwesten endlich gleichfalls der Chambal, der an dieser Stelle Gwalior von Dholpur und Radschputana scheidet.

Dieser Haupttheil von Gwalior bildet eine eigene Assistent-Agentschaft (Assistent-Agency) von Centralindien. Die kleineren, von ihm abgesonderten Stücke dieses Staates sind gelegen: 1) in der Residentschaft (Residency) Indore; 2) in der Agentschaft Bhopal, nämlich die Districte Bhilsa, Guni Basoda, Mullogarb, Shujowalpur, Sonkash, Sandurst und ein Theil von Cachora; 3) in der Agentschaft West-Malwa die Districte Mundisor, Runijab, Ujjain, Angor und Bynsoba; 4) in der Agentschaft Bhopawar die Districte Amjhera, Deltoun, Sagor, Bagh, Bankanir und Munawar; 5) in der Agentschaft Guna die Districte Bujrungarh, Owri, Ragbugarh, Bhadowra, Parone, Dhurnuba, Garrab und Sirsi. Der Haupttheil von Gwalior besteht aus den Districten Lashkar-Gwalior, Gird-Gwalior, Tonwurgarh, Shikarwari, Susbada, Narwar, Jhausi und Isagarh. In seiner jetzigen Begrenzung umfaßt Gwalior also hauptsächlich Theile von Malwa; aber auch solche, die zum Dekan und der alten Provinz Agra gehörten.

Bodenbeschaffenheit, Klima, Producte.

Im Süden und Südosten von Gwalior erstrecken sich das Vorgebirge und theilweise niedrigere Bergrücken von der nördlich von der Narbada parallel mit derselben verlaufenden Kette des Vindhya-Gebirges bis in dasselbe hinein, und wird diese Landschaft außerdem auch noch, meistens in der Richtung von Norden gegen Süden, von mehreren anderen, theils mehr selbständigen, theils aber in einander verschmelzenden und Plateaus von geringerer oder größerer Ausdehnung bildenden Berg- und Hügelzügen durchzogen. Gwalior ist deshalb wesentlich als ein Gebirgsland zu betrachten. Hauptsächlich nur sein nördlicher, dem Chambal von Radschputana getrennter Theil, der felsig und stellenweise auch sandig ist, besitzt eine geringere Elevation des Bodens. Ungeachtet seiner gebirgigen Beschaffenheit wird Gwalior von einer beträchtlichen Anzahl von Flüssen bewässert. Der südlichste von ihnen, der von Osten nach Westen dem Golf von Cambay zuströmt, ist der Tapti, von welchem aber nur der allersüdlichste Theil des Landes durchschnitten wird. Nördlich von demselben, in gleicher Richtung und fast parallel mit ihm, fließt die sich ebenfalls in den Meerbusen von Cambay ergießende Narbada. Sie nimmt aber nur eine geringe Anzahl von den vielen kleineren Flüssen in sich auf, indem die meisten und beträchtlichsten derselben, wie die Chambla, Sipra, der Chota Kalli Sind, Newui, Parbutty und andere sich in den Chambal ergießen. Dieser letztere fließt längs der Nordwest-Grenze von Gwalior, indem er dasselbe von den Districten Jeypur, Kerowly und Dholpur trennt, wendet sich alsdann gegen Südost, bildet, wie bereits bemerkt, die Grenze zwischen den Districten Agra und Etawah der Nordwest-Provinzen und Gwalior, um sich, etwa 20 engl. Meilen von der Nordost-Spitze derselben, in die Dschamna zu ergießen. Fast parallel mit dem Chambul, aber weiter östlich fließt der mit Bezug auf Länge und Wassermenge zwar hinter ihm zurückbleibende, aber keineswegs unbedeutende Sind. Nachdem dieser letztere in der Erstreckung von fast dreißig engl. Meilen die Grenze zwischen Gwalior und Bandelhand gebildet hat, ergießt er sich ebenfalls in die Dschamna und zwar kurz unterhalb der Verbindungsstelle des Chambal mit derselben. In dem nördlichen Theile des zwischen dem Chambal und dem Sind gelegenen Gebirgszuges entspringen einige kleinere Flüsse oder eigentlich nur Gebirgsbäche, wie der Koari, der Asan, Sank und andere, die nach kurzem Laufe in östlicher oder nordöstlicher Richtung sich auf der linken Seite dem Sind in denselben ergießen.

Die klimatischen Verhältnisse von Gwalior sind nicht allenthalben dieselben. In seinem nördlichen Theile, wo wie bereits bemerkt wurde, der Boden mit einiger Elevation besitzt, theilweise auch felsig und sandig ist, ist das Klima, während der Regenzeit und auch noch in der ersten Zeit nachher, im höchsten Grade ungesund, namentlich bösartige Fieber erzeugend. Man schreibt diese Erscheinung dem Umstande zu, daß die Feuchtigkeit, wegen der unterhalb der Diluvialschicht sich befindenden Lage von festem Sandsteine nicht durch die tieferen Bodenschichten absorbirt werden kann, sondern in der Oberfläche aufbewahrt bleibt und daselbst der Verdunstung anheimfällt. Infolge dessen findet eine höchst beträchtliche Entwickelung feuchter Dämpfe aus dem Boden statt, die sich durch die Schnelligkeit, mit der alle aus organischen Substanzen bereiteten Gegenstände sich mit Schimmel bedecken, zu erkennen gibt. Während der trocknen und heißen Jahreszeit ist aber auch in diesem Theile von Gwalior das Klima nicht besonders ungesund. In den höher gelegenen westlicheren, mittleren und südlichen Gegenden wird das Klima als mild, gleichmäßig, angenehm und gesund geschildert. Der Stand des Quecksilbers in dem Thermometer zeigt, das Ende des Jahres ausgenommen, worauf plötzlich große Veränderungen darin auftreten, eine bemerkenswerthe Gleichmäßigkeit. Die kühlere Jahreszeit umfaßt die Monate von Anfang des November bis zu Ende des Februar. Hierauf folgt die heiße Jahreszeit;

um bis zu der Mitte des Juni zu dauern, wo die Regenperiode eintritt. Dieselbe dauert bis zu Ende des Septembers. Die mittlere Regenmenge beträgt 50 Zoll. Der Stand des Thermometers während dieser Periode ist von 20°—21° Cels. zeigt auch nur unbeträchtliche Schwankungen, die sich auf nicht mehr als 5 Centesimaltheile belaufen. Nach der Regenzeit wird die Lufttemperatur kälter und kälter bis zum Eintritt des Wintersolstitiums, wo die größte Kälte stattfindet, und das Thermometer sinkt nicht selten auf 1—2 Centesimalgrade unter den Gefrierpunkt. Während der heißen Jahreszeit dagegen steigt dasselbe mitunter bis auf 40° Cels., namentlich bei dem Herrschen der Süd- und Südwestwinden. Diese letzteren, meistens nur von kurzer Dauer, sind aber verhältnißmäßig milder als in andern Gegenden von Vorderindien. Die Nächte sind aber, wie heiß es auch über Tag sein möge, stets kühl und erfrischend.

Das in Culturzustand gezogene Land verhält sich zu dem Gesammtareal wie 1 zu 3,76; der noch culturfähige wie 1 zu 3,411, der nicht culturfähige wie 1 zu 2,140. Den letzteren Theil von Gwalior nehmen unzugänglichere, steilere Gebirgsgegenden, dichte Urwälder und von Tigern bevölkerte Dschangels ein. Die fruchtbarsten, am besten angebauten und am dichtesten bewohnten Gegenden sind die Flußthäler. Die Flora ist die specifisch tropisch- und subtropisch-indische, sich durch Artenreichthum, Großartigkeit und üppige Fülle auszeichnend. Auch die Fauna trägt denselben specifischen Charakter. Hauptbodenerzeugnisse, insofern diese als Gegenstände der Cultur, sowol für eigenen Bedarf der Bevölkerung als zum Zweck des Handels und der Ausfuhr erscheinen, sind hauptsächlich Baumwolle, Reis, Mais, Weizen, Delsamen, Zuckerrohr, Farbestoffe, namentlich Saflor, Opium, verschiedene Baumharze, Bäu- und Nutzholz. Das Thierreich liefert Honig und Wachs in Menge. An einigen, wiewohl nur beschränkten Stellen, finden sich Steinkohlen und Eisenerze.

Bevölkerung.

Die Bevölkerung von Gwalior wird auf 2,500,000 Seelen geschätzt. In seinem nordöstlichen Theile ist dieselbe eine sehr gemischte, indem sie außer den Mahratten, in deren Händen sich die Herrschaft über dieses Land befindet, aus Bundelas, Jauts, Rabschputen, den verschiedensten Kasten und Unterkasten angehörenden Hindu sowie Muhammedanern besteht. Die letzteren stammen hauptsächlich aus jener Zeit her, wo Gwalior eine Provinz (Soubah) von dem Reiche des Großmoguls zu Delhi aus der letzten Dynastie, jener den Baberiten bildete, bevor noch das Mahratten ihr neues Staatswesen gegründet und ihre großartiger aber kurzdauernde, welthistorische Rolle zu spielen angefangen hatten. Mit Ausnahme eines schmalen Landstriches, im Süden der Narbada sind die letzteren aber nirgendwo in Gwalior, wie ihrer Machtstellung, so auch ihrer Zahl nach vorherrschend. In den östlichen und südwestlichen Gegenden der Brahmanen an. Sir John Malcolm, der genaueste Kenner aller Volksverhältnisse in Central-Indien, dessen

24*

Bestrebungen zur Verbesserung und Ordnung der politischen Zustände daselbst eben so umfassend als fruchtbringend gewesen sind, erklärt, „daß nirgendwo anders in Indien die Zahl der Brahmanen eine so große und ihre Vertheilung in Unterkasten eine so mannigfaltige sei als in Gwalior". Er fügt aber auch hinzu, „daß nirgendwo sonst, dieselben so wenig als dort, durch Vermögen, Kenntnisse und Einfluß auf die Bevölkerung ausgezeichnet seien, sowie auch, daß die letztere nirgendwo anders so wenig Achtung sowol für die Brahmanen selbst als auch für die von ihnen verkündete Lehre und die mit dieser Religion verbundenen Gebräuche und Ceremonien zu erkennen gebe." Die Zahl der Radschputen ist eine sehr beträchtliche, aber auch diese zeigen nur eine geringe Hochachtung für die Brahmanen wie für den Brahmaismus überhaupt, eine weit geringere, als sie für die Charuns und Bhats, von denen in dem Artikel Guzerate ausführlicher die Rede war, an den Tag legen.

Gegenwärtige politische Verhältnisse.

Ueber die früheren politischen Zustände des gegenwärtigen Reiches Gwalior und seine Entstehung infolge der Zerrüttung und des Umsturzes, den alle Staatsverhältnisse in dem mittleren und nördlichen Theile der vorderindischen Halbinsel durch das plötzliche, fast meteorgleiche Auftreten der Mahratten und die schnelle Ausbreitung ihrer Macht, von dem arabischen Meere bis zum Meerbusen von Bengalen, wird weiter unten ausführlicher die Rede sein. Hier möge von den früheren politischen Verhältnissen dieses Reiches allein derjenigen Erwähnung geschehen, die mit denen, welche gegenwärtig daselbst bestehen, sich in nächstem und unmittelbarem Zusammenhange befinden. Im J. 1857 nahm das Contingent, das der den Titel Maharadscha führende Scindia von Gwalior der englischen Regierung zu stellen verpflichtet ist, nicht aber der Scindia selbst, an dem Aufstande der Seapoys Theil. Derselbe flüchtete nämlich mit seinem geschickten Minister Dinkar Rao nach Agra und stellte sich daselbst der englischen Regierung zur Disposition. Letztere vertraute seiner Handlungsweise und vergrößerte seine Besitzungen durch die Pargunnahs (kleine Lehen) von Jaund-Rimuch. Im J. 1859 verlieh die englische Regierung ihm das unbeschränkte Recht der Adoption seines Nachfolgers, zu welchem er auch, unter dem Titel von Ranoji Rao Scindia, einen siebenjährigen Knaben vorläufig für die Zeit von sieben Jahren ernannte. Diese Adoption wurde im J. 1872 von dem Maharadscha für definitiv und von der englischen Regierung für gültig erklärt. Bei einem Vertrage, der am 12. Dec. 1860 zwischen dem Maharadscha und der englischen Regierung vollzogen wurde, fand ein Austausch von Territorien statt, indem ersterer seine sämmtlichen Besitzungen im Süden der Nárbada, den sogenannten Paunch Mahals, mit Ausnahme von sieben Dorfschaften gegen Ländereien an dem Flusse Betwa abtrat. Jene übrigen sieben Dorfschaften aber wurden von ihm 1861 gegen Ländereien an den Pahuj abgetreten. Der Maharadscha

verstand sich gleichzeitig zu der Zahlung von 2000 Pf. Sterl. für den Unterhalt des sogenannten Malwa Bhil Corps, einer von Sir John Malcolm errichteten Abtheilung von Polizeisoldaten, hauptsächlich für die Aufrechthaltung der Ruhe und Ordnung in Central-Indien; sowie auch zu einem beträchtlichen Beitrage zu dem für die Anlage des großen Heerweges zwischen Bombay und Agra. Der Maharadscha ist mit dem Großkreuze des Sterns von Indien decorirt und zu einem Salut von 19 Schüssen berechtigt. Seine Einkünfte belaufen sich auf 854,961 Pf. Sterl. Die 58 Districte (Pargunnad), aus welchen das Territorium des Scindia besteht, enthalten 12,390 Dörfer, die eine Landrente von 655,883 Pf. Sterl. tragen. Die Zölle u. s. w. tragen 60,000 Pf. Sterl. ein, während der Tribut, den eine Anzahl kleiner Lehnträger dem Scindia zu entrichten hat, demselben 139,078 Pf. Sterl. im Jahre einbringt. Die Ausgaben belaufen sich auf 947—948,000 Pf. Sterl. im Jahre. Vor einigen Jahren hat der Scindia sich einen prachtvollen Palast im italienischen Stil, auf der Ebene südöstlich von dem Fort, in seiner Hauptstadt Gwalior erbauen lassen. Die Vorderseite dieses Palastes ist 426, jede der Seitenfronten 528 Fuß lang. Auch zu der Anlage der beiden Staatseisenbahnen, die sein Territorium durchschneiden, sind von dem Maharadscha Scindia beträchtliche Geldvorschüsse gemacht worden. Er selbst steht an der Spitze der Verwaltung seines Staates und hat dieselbe in eigenen Händen. Seine Armee, die er den bestehenden Contracten gemäß, sobald die Nothwendigkeit hiervon eintreten sollte, der englischen Regierung zur Disposition stellen muß, beläuft sich auf 22,539 Officiere und Mannschaften. Im Februar 1873 wurde von dem Maharadscha ein großes Feldlager und Manöver zu Gwalior abgehalten, bei welchem Gelegenheit er selbst das Commando über 5000 Mann Infanterie, 3470 Cavaleristen sowie 40 Stücken Geschützes führte und mit seinen Truppen bivouakirte.

Die Hauptstadt Gwalior, welche dem Reiche des Scindia den Namen gegeben hat, ist insbesondere ihres alten und in der indischen Kriegsgeschichte berühmten Fortes wegen merkwürdig. Dasselbe liegt unter 26° 13' nördl. Br. und 78° 15' östl. Lr. von Greenw. auf einem völlig isolirten Felsen, obwol sich nördlich von ihm, in einem Abstande von 2100 Fuß ein conischer, mit aus Stein aufgeführten Festungswerken bedeckter Hügel, und gegen Süden, Südwesten und Südosten, in der Entfernung von 1—4 engl. Meilen, noch mehrere andere, ähnliche Felsenhügel erheben. Unweit von Gwalior, an dessen Ostseite fließt der kleine Fluß Sawanrika vorbei, welcher den größten Theil des Jahres austrocknet und allein während der Regenperiode mit Wasser angefüllt ist.

Der Felsen von Gwalior und ebenso auch die andern erwähnten Hügel in seiner Nähe bestehen aus einem eisenschüssigen, stellenweise mit Basalt überdeckten Sandstein. Wie es scheint ist letzterer früher gänzlich von dem Basalt überlagert gewesen. Hierfür sprechen wenigstens die zahllosen Massen größerer und kleinerer Basaltstücke, von denen der Fuß dieser Hügel ringsum bedeckt ist. Der Sandstein des Hügels, auf dem das Fort Gwalior erbaut wurde, besteht aus horizontalen Schichten. Diese ragen aber allenthalben nicht gleich weit nach außen hervor, sodaß, infolge hiervon, die Seiten dieses Hügels, von seinem Gipfel bis zu seinem Fuße, nicht nur völlig senkrecht erscheinen, sondern an einigen Stellen der obere Theil sogar den unteren nach außen überragt. Hierzu haben Natur und Kunst in gleichem Maße beigetragen. Die größte Länge dieses Felsens von Nordost gegen Südwest beträgt anderthalb engl. Meilen; seine größte Breite 900 Fuß. Die Höhe, welcher an seinem nördlichen Ende am bedeutendsten ist, beläuft sich auf 1842 Fuß. An seiner östlichen Seite sind mehrere roh aus dem Felsen gehauene kolossale Relieffiguren sichtbar. Der Gipfel des Felsens ist von einer Brustwehr aus Stein umgeben, welche genau dem Maße der auf ihm sich befindenden Fläche entspricht. Da die letztere überwiegend allenthalben dasselbe Niveau besitzt, so scheint diese Brustwehr, obschon sie allenthalben eine gleiche Höhe hat, doch, von unten und aus der Ferne betrachtet, an einigen Stellen höher als an anderen zu sein.

Der Zugang zu dem Innern des von dieser Brustwehr umgebenen Raumes auf dem Gipfel, befindet sich an dem nördlichen Ende der Ostseite des Felsens. Er besteht anfangs aus einer gemauerten, aufsteigenden Wege, hier nach aber aus in den Stein gehauenen Stufen, die so breit und zugleich so niedrig sind, daß Elefanten ohne Mühe diese Treppe anwärts gehen können. Nach außen wird dieselbe durch eine hohe und dicke Mauer aus Quadersteinen geschützt, während eine Anzahl Geschütze so gestellt ist, daß sie von ihm aus bestrichen werden kann. Der Weg bis in das Innere der ummauerten Gipfelfläche führt durch sieben auf einander folgende massive Thore. Das erste derselben trägt den Namen Hatipol oder Elefantenthor nach dem an ihm befindlichen Standbilde dieses Thieres.

Die Citadelle liegt an dem Nordostende des eingeschlossenen Raumes auf dem Felsgipfel und gewährt einen überraschenden Anblick. Mit ihr verbunden ist ein großartiger, alter Palast mit einer Anzahl zu ihm gehörender Kioske und anderer Gebäude. Die Festung selbst besteht hauptsächlich in sechs hohen, äußerst massiven, durch eben solche Mauern verbundenen runden, bastionartigen Thürmen. Innerhalb der diese Bauwerke umgebenden Außenmauer befinden sich mehrere sehr umfangreiche Teiche, um aus ihnen die Garnison mit Trinkwasser versehen zu können. Nach dem Urtheil englischer Officiere würden aber zur Vertheidigung dieser umfangreichen Festungswerke wenigstens 15,000 Mann Truppen erforderlich sein.

Die alte Stadt Gwalior, im Sanskrit Gawarlor, breitet sich im Osten von der Basis jenes Felsens aus. Sie ist von nicht unbeträchtlichem Umfang; da eine Straße allein schon die Länge einer englischen Meile besitzt, ist aber unregelmäßig gebaut und schmuzig, wiewohl sich in ihr eine Anzahl guter und selbst schöner Häuser aus Stein befindet. Eines der merkwürdigsten und

schönsten Gebäude daselbst ist das Grabmal von Muhammed Ghons, eines berühmten muhammedanischen Heiligen aus der Zeit Akbar's des Großen. Dasselbe ist aus weißem Sandstein errichtet mit einer Kuppel aus blauen Porzellanziegeln. Des neuen Palastes des Scindia im großartigsten italienischen Stil geschah schon früher Erwähnung. Der Laschkar oder das Campement der Truppen des Scindia, dessen Ausdehnung einige englische Meilen beträgt, liegt am Südwestende des Felsens. Diese Oertlichkeit ist zugleich auch die eines lebhaften Handels und Verkehres, welcher aber in früherer Zeit, wo die Zahl der Truppen, welche der Scindia unterhielt, eine viel bedeutendere war als gegenwärtig, noch viel beträchtlicher war. Die zum Aufenthalt der Truppen und für andere militärische Zwecke dienenden Gebäude daselbst werden als unbedeutend, eng und schmuzig geschildert. Von Industrie, Kunstfleiß und Fabrikwesen ist bei der Bevölkerung von Gwalior, eine Stückgießerei sowie eine Pulverfabrik, welche beide von dem Scindia unterhalten werden und für ihn arbeiten, allein ausgenommen, so gut wie nicht die Rede.

Ueber die Zeit, wo das Fort in Gwalior erbaut worden ist, besteht eine Verschiedenheit der Meinungen. Nach Ferishta soll solches schon vor der christlichen Zeitrechnung geschehen sein; nach Andern aber, z. B. Richardson, stammt dasselbe erst aus der letzten Hälfte des achten Jahrh. n. Chr., wo es von Surja Sena, einem kleinen Radscha, dessen Besitzungen in der Nähe des Felsens lagen, erbaut wurde. Als im J. 1023 Mahmud von Ghuzne, nach Ferishta seine elfte, oder eigentlich schon funfzehnte*), speciell gegen Kalindschar und Gwalior gerichtete Expedition nach Indien unternahm, gelang es ihm nicht sich Kwes Felsenfortes zu bemächtigen. Er gab die Belagerung auf und begnügte sich mit einem Geschenke begnügend. Im J. 1196 wurde es entweder von Bahauddin oder Kutbuddin Sibak, welche beide Befehlshaber in dem Heere von Ghiyas-ud-din Muhammed, dem Stifter der zweiten muhammedanischen Dynastie in Indien, jener der Ghariben (1186—1288) waren, nach langer Belagerung eingenommen. Die Muhammedaner verloren es aber schon 1211, woraufhin ein Scindia ud-Din nach einer jahrelangen Blokade 1231 zum zweiten Mal eingenommen wurde. Von den Verwickelungen und Verwirrungen, welche, gleichzeitig mit und nach dem Einfalle von Timur in Indien und dessen Besitznahme von Delhi stattfanden, 1397—1398. Gebrauch machend, bemächtigte sich im J. 1399 ein Hindufürst Namens Narsingh Rai Gwaliors. Erst im J. 1519 gefangen eingeführt wieder in den Besitz der Muhammedaner und zwar in die von Obtabik, dem Herrscher zu Delhi aus der Dynastie der Lodi-Afghanen, 1448—1526. Als der letztere in der Schlacht bei Panipat

*) Ueber die 16 Züge von Mahmud nach Indien vergl. Note D in den Appendix zur History of India von H. M. Elliot (London 1869), S. 434—481, wo diese Unternehmungen, nach dem Tabakat i Akbari von Nizam-ud-Din Ahmad, mit Bezug auf die Zeit, wo sie stattfanden, näher besprochen werden.

gegen Baber 1526 gefallen war, bemächtigte sich ein Patane des Fortes Gwalior. Baber verstand aber ihm dasselbe durch eine List abzugewinnen. Im J. 1543 wurde Humayun, der Sohn und Nachfolger von Baber vertrieben und Gwalior fiel in die Hände seines glücklichen Nebenbuhlers Sher Shah. Nachdem Humayun aber wieder zur Herrschaft gelangt war, eroberte dessen Sohn und Nachfolger Akbar 1556 Gwalior und bestimmte das Fort zum Aufenthaltsort vornehmer Staatsgefangener. Als solches wurde es nicht nur von Akbar, sondern noch ungleich häufiger von Aurengzeb benutzt, der eine nicht unbeträchtliche Anzahl ihm lästiger nächster Verwandten zuerst daselbst gefangen hielt, später aber töten ließ. Bei der Zersplitterung des Reiches zu Delhi kam Gwalior in den Besitz von Dsat Rana von Gohud. Im J. 1779 wechselte dasselbe wieder den Besitzer und gelangte an den Scindia, der daselbst eine Garnison hinverlegte. Am 3. Aug. desselben Jahres aber schon eroberten die Truppen der englisch-ostindischen Compagnie das Fort, stürmender Hand von den Mahratten, und zwar ohne große Mühe und mit einem geringen Verluste. Der Angriff fand um Mitternacht heimlich und von den Mahratten gänzlich unbemerkt statt. Die Engländer übergaben das Fort der Rana von Gohud. Madhadji Scindia nahm Gwalior aber 1784 der genannten Fürstin wieder ab, worauf die Engländer dasselbe 1803 zum zweiten Mal eroberten, an den Scindia aber, wie es hieß, als Zeichen besonderer Freundschaft, 1805 wieder zurückgaben. Im J. 1844, nach der Schlacht von Maharadschpur, wurde das Fort von Gwalior dem Contingente des Scindia unter englischen Officieren besetzt. Seitdem ist es im ungestörten Besitze desselben geblieben. Es ist ihm aber von der englischen Regierung untersagt worden. Aus- und Verbesserungen an dem Fort vornehmen zu lassen.

Nächst Gwalior ist die wichtigste und nennenswertheste Stadt in dem Territorium des Maharadscha Scindia das 1693 Fuß über dem Meere, unter 23° 10' nördl. Br. und 75° 47' östl. L., auf dem rechten Ufer des Flusses Sipra gelegene Ujjain oder Dudjein. Diese Stadt bildet ein Oblongum von sechs engl. Meilen im Umfange und ist von einer Steinmauer mit runden Thürmen umgeben. Die Häuser sind theils aus Stein, theils aus Holz, theils aus mit Mauersteinen gefülltem Fachwerke aufgeführt. Sie sind entweder mit Ziegeln gedeckt oder haben platte Dächer. In den meisten Straßen stehen sie dicht aneinander gedrängt. Die Hauptstraße, wo die Häuser meistens zwei Etagen besitzen, von denen die obere zur Wohnung des Besitzers, die untere aber zu seinem Laden und Magazin dient, bildet zugleich den vornehmsten Bazar. Die Stadt enthält vier Moscheen und eine große Anzahl von Hindutempeln. Auch befindet sich dort ein geräumiger und bequem eingerichteter, sich aber keineswegs durch äußere Schönheit auszeichnender Palast des Scindia. In der Nähe dieses Palastes befindet sich ein altes Thor, von dem gesagt wird, daß es zu einem von Vicramaditja erbauten Fort gehört habe. An dem südlichen Ende der Stadt liegt ein astronomisches Observatorium, welches von Jai Singh, Radscha von Amber oder Jeipur, der

Minister der Großmoguls Muhammed Shah, 1719—1748, ein berühmter Gelehrter und großer Freund der Astronomie war, errichtet wurde. Die Stadt wird reichlich mit Wasser versehen, theils aus der Sipra, theils aber aus zwei großen Teichen. Die ganze Umgegend von Ujjain ist mit einer Menge umfangreicher, prächtiger und wohlunterhaltener Gärten bedeckt, die aber meistens von Muhammedanern herrühren, indem hauptsächlich erst seit Baber, 1526—1530, der sich selbst besonders für Gartenbau und Baumzucht interessirte, der Sinn hierfür allgemeiner verbreitet wurde. In der Weise wie einzelne dieser Gärten, deren Alter bereits mehrere Jahrhunderte beträgt, im Laufe der Zeit von Besitzer zu Besitzer übergegangen sind, wie in deren Namen, gelangt gewissermaßen die ganze stürmische und wechselvolle Geschichte dieses langen Zeitraumes zum Ausdruck.

Ungefähr eine Meile nördlich von dem gegenwärtigen Ujjain liegen die Ruinen der alten Hauptstadt von Malwa, die nach einer brahmanischen Legende, infolge einer über sie von der Gottheit verhängten Strafe plötzlich soll vernichtet worden sein. Andere schreiben seine Zerstörung einer Ueberströmung durch die Sipra, noch Andere einem Erdbeben zu. Letztere Annahme scheint aber der Umstand, daß das Stein bestehende Ringmauer dieser Ruinenstadt noch wohlerhalten ist, nicht zu rechtfertigen. Eine dritte Annahme ist die, daß die Stadt bei Gelegenheit eines fürchterlichen, Sand und Erde mit sich führenden Orkanes hierdurch verschüttet worden sei. Aber die Beschaffenheit des Erdreichs in dieser Gegend widerspricht auch dieser letzteren Annahme.

Fünf Meilen nördlich von Ujjain spaltet sich die Sipra in zwei Arme, und bildet auf diese Weise eine kleine felsige Insel, auf welcher sich ein niemals fertig gewordener Palast befindet. In der Nähe dieser Insel anheimgegeben ist. Infolge der Vortrefflichkeit des zu ihm verwendeten Materials, welches von einem alten Hindutempel herrühren soll, findet dieser Verfall aber ungleich langsamer statt, als man denken möchte. Die Insel war mit dem linken Ufer des Flusses durch zwei Brücken verbunden, von denen jetzt aber nur noch eine erhalten blieb. In der Nähe derselben befindet sich eine Arkade, Spuren von kunstreichen Wasserwerken, anderen Lustgebäuden, Gärten u. s. w.

Ujjain, vielleicht das alte Ozene von Ptolemäus, ist eine der sieben von den Hindu für heilig gehaltenen Städte. Ihre Geographen ziehen auch den ersten Meridian durch dasselbe. Die Hauptblüthe dieser Stadt soll während der, für das augustische Alter, der indischen Kunst- und Wissenschaft geltenden Regierung von Vickramáditja, sowie in der nächsten auf diesen hochverehrten nichtsdestoweniger aber halb mythischen Fürsten folgenden Jahrhunderten stattgefunden haben. Aber auch schon vor demselben soll Ujjain eine stark bevölkerte und mächtige Stadt gewesen sein. Nach der ceylonesischen Chronik Mahawanso soll Piyadaso oder Asoka, Dhammasoko, ein Enkel von Chandragupta, dem Sandrokottos des Megasthenes und Freunde von Seleukos Nikator, im J. 225 v. Chr. Vicekönig von Ujjain ge-

wesen sein. Sein Vater, Bindusara, König von Pailli-
pura oder Patna, der seines Sohnes gewaltsame, blut-
dürftige und unzuverlässige Sinnesart kannte und fürchtete,
habe ihm diese Stelle als eine Art ehrenvollen Verban-
nungsorts zugewiesen. Der Mahavanso berichtet gleichfalls, daß der buddhistische Oberpriester Dhammarakhito
im J. 157 v. Chr. mit 40,000 seiner Schüler und Anhänger aus dem Tempel Dassbinagiri zu Ujjain ausgezogen wäre, um bei der Legung des Grundsteines von
dem Haupttempel zu Amarabhapura auf Ceylon zu
assistiren.

Im Beginn des elften Jahrh. unserer Zeitrechnung,
als Mahmud von Ghyzne seine Einfälle in Indien
machte, war Ujjain der Sitz eines unabhängigen über
Malwa herrschenden Rabscha. Es scheint auch, daß dasselbe nicht eher als im J. 1310 in den Besitz der Muhammedaner gelangt ist. Unter Dilumar Ghori, dem
Vicekönig des Patanenherrschers zu Delhi, erhielt Ujjain
seine Unabhängigkeit im J. 1387 zurück; der Sitz der
Regierung von Malwa wurde aber zuerst nach Dhâr,
später nach Mandu verlegt. Im J. 1561 wurde mit
Malwa auch Ujjain von Akbar erobert. Um die Mitte
des vorigen Jahrhunderts fiel dasselbe in die Hände der
Mahratten und wurde Sitz des Scindia, bis Daulat
Rao im J. 1810 seine Residenz nach Gwalior verlegte.
Mitunter wird Ujjain auch Avanti und Visala genannt.

Rückblick auf die Geschichte von Gwalior.

Wie sich schon aus dem ergibt, was über die Geschichte des Felsenfortes, neben der Hauptstadt Gwalior,
sowie über die der Stadt Ujjain bemerkt wurde, innet
der in Rede stehende britisch-indische Vasallenstaat den
Theil des indischen Bodens ein, welcher vorzugsweise der
classische genannt werden kann. Bildeten die Gegenden,
welche gegenwärtig die Herrschaft des Maharadscha Scindia constituiren: doch einen Theil des mächtigen, sich
weit über Vorderindiens ausdehnenden Reiches von Vicrâmâditja, jenem berühmten Könige, der die Macht der
sogenannten Indo-Scythen östlich vom Indus vernichtete;
auf den sich die bis auf den heutigen Tag bei den Hindu
bestehende Jahreszählung, die Samvat oder Sakabda genannte Zeitrechnung, (Aera Vicramâditja) bezieht; an
dessen erleuchtetem Hofe Künste und Wissenschaften blühten,
deren Mäcen, er war, und die neun Perlen der Dichtkunst, unter ihnen Kalidasa, glänzten. Aber wie die
ganze älteste und ältere Geschichte Indiens, und mit ihr
selbst die Periode von Vicramâditja, von welchem noch
nicht einmal erwiesen ist, ob der Name ihm allein oder
auch mehreren seiner Nachfolger angehört, und ob das,
was unserer ihm geschehen ein soll, nicht unter mehreren
Fürsten gleichen Namens geschehen ist, mit einem mythischen oder historischen Nebel umhüllt ist, der nur hin
und wieder von einzelnen Streiflichtern historischer That-
sächlichkeit erhellet, so ist solches auch mit den,
in der Gegenwart das Reich Gwalior bildenden Ländern
der Fall.

Die eigentliche Geschichte desselben, wie die von
Vorderindien überhaupt, beginnt nicht früher als mit dem
Zeitpunkte, wo Mahmud von Ghyzne zuerst den indischen
Boden betrat, und daselbst durch seine Eroberungszüge
den Islam verbreitete, welcher letztere zur politischen
Herrschaft über dem Brahmaismus gelangen, und dieselbe handhaben sollte, bis sich die der neuern und
neuesten Geschichte angehörende Machtstellung der Engländer in Indien herausbildete. Das gegenwärtige Gwalior stellte insofern das Schicksal aller jener Länder,
welche nach der heutigen politischen Eintheilung von Eng-
lisch-Indien, die Provinzen Central-Indien und Central-
Provinzen bilden, als sie bald eine engere bald eine
weitere Begrenzung hatten, und abwechselnd entweder
eigene Staatswesen darstellten, oder aber nur Theile eines
größeren waren. In diesem letztern Verhältnisse aber
stand das gegenwärtige Gwalior zu dem Reiche von
Vicrâmâditja und dessen nächsten Nachfolgern. Zur Zeit,
wo Mahmud von Ghyzne auftrat, gehörte der größte Theil
von Gwalior, vielleicht selbst das ganze, zu dem den
Raum zwischen dem Chambal und der Narbada füllenden
Reiche Malwa, einem der zwölf selbständigen Staaten,
welche in Indien, soweit dasselbe den Muhammedanern
bekannt wurde, zu jener Zeit bestanden. Der Expedition
von Sultan Mahmud gegen Gwalior und Kalindschar,
1023, und seines vergeblichen Bestrebens, sich der Bergfestung bei der Stadt Gwalior zu bemeistern, wurde bereits gedacht und eben so auch der Schicksale dieses Fortes
und mit ihm der dasselbe umgebenden Landschaft unter
den nachfolgenden muhammedanischen Dynastien bis
auf Baber, sowie unter dessen Nachfolgern Humaiun, Akbar
den Großen und Aurengzeb. Gwalior verblieb der
Dynastie der Baberiden, wenn auch unter manchen thatsächlich, doch dem Namen nach bis zu jener Zeit, wo die
Regierung zu Delhi immer schwächer wurde, und der
Auflösungsproceß, von welchem das Reich des Großmoguls
ergriffen war, immer rascher zunahm und dasselbe mehr
und mehr auseinander fallen machte. Einer der Haupt-
factoren in diesem Auflösungsprocesse des Reiches Delhi
aber war das Entstehen der Mahrattenherrschaft unter
Sevadschi, dem Gründer derselben, in den J. von 1674—
1680 nach Duff, oder 1682 nach Elphinstone, seinem
Todesjahre. Diese Herrschaft war aber für Gwalior von
den allerwichtigsten, bis in viel Gegenwart fortdauernden
Folgen. Aba das Reich, welches jetzt diesen Namen trägt,
einem der Mahrattenführer sein Entstehen verdankt.

Ranodji Scindia, ein Sudra aus dem Ackerbau
treibenden Stamme der Kumbie, war erblicher Häuptling
eines kleinen ländlichen Districtes. Er kommt zuerst vor
als Hausbediener von Balaji Wiswanath, der in
den J. 1714—1720 die Stelle des Peischwa, d. h. des
alle Geschäfte führenden ersten Ministers bei dem Rabscha
der Mahratten bekleidete. Ranodji Scindia empfahl
sich durch seine Zuverlässigkeit, sodaß er zuerst in die
Leibgarde versetzt wurde, später aber zu höheren und
wichtigeren Staatsämtern, endlich zur höchsten Würde
gelangte. Als er im J. 1750 starb, folgte ihm in seiner
Stellung, als Chef der Familie Scindia, Madhadji Scindia,
einer seiner natürlichen Söhne. Dieser nahm Theil an
der Schlacht bei Paniput im J. 1761, wo die Macht der

Mahrattenconföderation von Ahmed Schah Durani fast vernichtet wurde. Madhadji entkam nur mit Mühe dem Blutbade. Die Niederlage selbst hatte aber für die persönlichen Verhältnisse desselben keine nachtheiligen, sondern eher günstige Folgen, indem er die Schwächung, welche die Macht des Peishwa durch den Verlust der Schlacht von Paniput erlitten hatte, zur Verstärkung seiner eigenen zu benutzen verstand.

Er bemächtigte sich wieder einzelner Gebiete von Malwa die ihm früher gehört hatten, aber durch die erwähnte Schlacht verloren gegangen waren, erhob allenthalben Contributionen, zwang die Häuptlinge in Radschputana, und andere in seiner Nähe, ihm Tribut zu zahlen und brachte eine stets größer werdende Heeresmacht in dem Dekan zusammen, um sowol den Peishwa als auch andere Fürsten im centralen Indien einzuschüchtern und davon abzuhalten, sich seinen auf die Gewinnung einer bedeutenden Machtstellung gerichteten Plänen zu widersetzen. Mit den Engländern kam er zuerst in eine keineswegs freundliche Berührung, als er 1779 vereint mit dem Peishwa und dem Holkar, die Truppen der englischostindischen Compagnie verhinderte einen Marsch nach Punah zu unternehmen, und später sich einen Theil von Broach abtreten ließ. Er gelangte zu immer anwachsenden Besitzungen in Malwa, welche die Grundlage und der Ausgangspunkt seiner Macht wurden. Schon im J. 1741 hatte der schwache Großmogul Muhammed zu Delhi die Provinz Malwa an den Peishwa als erbliches Leben-Jaghier verliehen. Von dem Peishwa aber war dasselbe an Ranodji übertragen worden und von diesem auf Madhadji Scindia übergegangen. Hierdurch, sowie durch anderen, stets an Umfang zunehmenden Ländererwerb machte sich der letztere allmählich zum factischen Gebieter über ganz Malwa. Im J. 1779 bemeisterte er sich, wie bereits erwähnt wurde, der Bergfestung zu Gwalior, welche zuletzt der Rana von Gohud zugehört hatte. In der Nacht des 3. Aug. 1780 drangen aber die Engländer unter Major Popham und Kapitän Bruce ein und verjagten die mahrattische Garnison aus demselben.

Im folgenden Jahre machten die Engländer unter Colonel Camac einen Einfall in Malwa, drangen auch bis Seronje vor, zogen sich aber von dort wieder vor der ihnen weit überlegenen Heeresmacht von Madhadji Scindia zurück. Die Engländer, von den Mahratten verfolgt, hatten jedoch das Glück diesen letzteren eine Niederlage zu bereiten. Infolge hiervon wurde zwischen ihnen, und Madhadji ein Friedenstractat geschlossen, in welchem die Engländer sich verpflichteten sämmtliches Land auf dem rechten Ufer der Dschamna an Madhadji Scindia zu überlassen, während dieser sich verband das Fort zu Gwalior und die umliegende Gegend wieder an die Rana von Gohud auszuliefern und dieselbe in dem Besitze desselben nicht mehr zu stören. Im J. 1782 bei dem zu Selywe geschlossenen Tractate zwischen dem Peishwa und der englisch-ostindischen Compagnie erklärte die letztere Madhadji Scindia zum soweränen Fürsten, und übernahm die Garantie hierfür. Im J. 1784 belagerte der Scindia das Fort zu Gwalior an der Spitze von 70,000

Mann und nöthigte dasselbe endlich zur Uebergabe an ihn. In dem nächstfolgenden Jahre begab er sich nach Delhi, wo der Großmogul Schah Allum ihn zum Minister ernannte. Die Intriguen einer ihm feindlichen Partei zwangen ihn aber sehr bald wieder zum Austritt aus dieser Stellung. Madhadji fand hierin eine Veranlassung zu neuen Unternehmungen, die noch kühner und weittragender als seine früheren waren. Fast immer aber war das Glück ihm günstig. Im J. 1788 eroberte er selbst Agra. Oberbefehlshaber seines zahlreichen und tapfern Heeres war ein geborener Savoyarde Namens de Boigne, der sich in französischen Diensten zu einem tüchtigen Offizier gebildet hatte. Derselbe hatte die Armee von 18,000 Mann regulärer Infanterie und 8000 Mann irregulärer, 2000 Mann irregulärer Cavalerie, sowie 600 Mann persische Reiter organisirt, mit welcher Madhadji 1790 innerhalb weniger Wochen, in den Schlachten von Patna und Maärta das Heer des Radscha von Joudpur vernichtete. Schon früher, 1788, hatte Madhadji sich der Stadt Delhi sowie deren nächsten Umgebung zu bemeistern gewußt, und Ghulam Kabir, der an dem Hofe von Schah Allum die Hauptrolle spielte und jede eigene Willensäußerung dieses Fürsten zu unterdrücken wußte, aus seiner Stellung verjagt, ihn gefangen nehmen und foltern lassen, sodaß er infolge hiervon starb. Zu gleicher Zeit aber hatte Madhadji einen überwiegenden Einfluß an dem Hofe des Peishwa zu Punah.

Als derselbe endlich im Jahre 1794 starb, erstreckte sich sein Gebiet von dem Flusse Tapti im Süden bis nach den Districten von Delhi im Norden, und von dem Meerbusen von Cambay im Westen bis an den Ganges im Osten. Innerhalb dieser Grenzen aber lagen Kandeish, ein Theil des Dekan, der größte Theil von Malwa, die Districte Agra und Delhi und der mittlere und beste Theil des Duab. Sein Nachfolger war sein fünfzehnjähriger Großneffe Daulat Rao Scindia. Dieser wandte die ersten Jahre, nachdem er zur Macht gelangt war, weniger zu kriegerischen Unternehmungen als zu falschen und verrätherischen Intriguen an, um eine unbeschränkte Macht über dem Peishwa zu gewinnen. Im J. 1803 machte er im Bunde mit dem Radscha von Berar Ragodji Bhonsla einen Einfall in das Gebiet des unter den besonderen Protection der englisch-ostindischen Compagnie stehenden Nizam von Hyderabad. Infolge dessen kam es zwischen den Mahratten und den Engländern, deren numerische Stärke noch nicht den achten Theil ihrer Gegner erreichte, zu einer Schlacht, in welcher Sir Arthur Wellesley, dem spätern Herzoge von Wellington befehligt wurden, am 23. Sept. 1803 bei Assye zu einer Schlacht, in der die Mahratten eine furchtbare Niederlage erlitten. Der Rest ihres Heeres wurde am 28. Nov. desselben Jahres, bei Argaum in Berar, noch einmal von demselben britischen Feldherrn geschlagen.

Um dieselbe Zeit hatte im Norden von der Narbada der englische Oberbefehlshaber Lord Lake den Mahratten kaum weniger empfindliche Schläge zugefügt. Derselbe erstürmte im Beginn vom September 1803 Allygarh und vernichtete wenige Tage später bei Patpergant auf dem

linken Dschamna-Ufer, beinahe gegenüber von Delhi, die
geübte und wohldisciplinirte, von einem Franzosen Namens
Bourquien befehligte Armee des Scindia fast gänzlich,
und säuberte hierauf das Duab von den Mahratten. Die
englischen Truppen besetzten augenblicklich Delhi und auch
Agra ergab sich nach einem kurzen Widerstande sehr bald
denselben. Der Rest von den Truppen des Scindia im
Norden der Narbada wurde von Lord Lake einige Wochen
später bei Laswari auseinandergesprengt.

Um seinem gänzlichen Verderben zu entgehen, entschloß sich Daulat Rao Scindia zur Annahme sämmtlicher, ihm von der englischen Regierung bei dem Friedensschluß von Serji Anjengaum, welcher zu Ende des J.
1803 stattfand, gestellter Bedingungen. Die letzteren aber
waren: Abstand zu thun von seinen sämmtlichen Festungen, Städten und Territorien in dem Duab; überhaupt
aller Ansprüche auf dasselbe sowie auf das rechte Ufer
der Dschamna zu entsagen, auch gleichen Abstand zu thun
von seinen sämmtlichen Festungen, Städten und Territorien nördlich von den Besitzungen der Radschas von
Zeypur und Judepur sowie überhaupt von sämmtlichen
Ansprüchen und Rechten auf diese Gegend. Daulat Rao
Scindia verlor durch diesen Tractat den ganzen Theil
seiner Besitzungen welcher nördlich von dem Chambal
und östlich von dem 76. östl. Meridian gelegen war.
Zugleich bemächtigten sich die Engländer des Fortes zu
Gwalior in der Absicht, dasselbe seiner früheren Besitzerin,
der Rana von Gohud, wieder zu überliefern.

Dieses Vornehmen gelangte aber nicht zur Ausführung, indem die britische Regierung, wie bereits bemerkt wurde, sehr auffallender Weise, zwei Jahre später,
1805, bei einem neuen, zwischen ihr und Daulat Rao
Scindia geschlossenen Vertrage, den von Mustaphapur,
die Festung, „als Zeichen besonderer Freundschaft" dem
letzteren zum Geschenk machte. Daulat Rao erkannte
den Werth und die besondere Wichtigkeit hiervon sehr
wohl, weshalb er in einem Truppencampemente, am Fuße
des die Festung tragenden Felsens, seine Residenz nahm.
Von diesem Campemente war schon oben, wo die Stadt
Gwalior zur Sprache kam, ausführlicher die Rede. Im
J. 1817 faßte Daulat Rao mit einem Bundesgenossen,
dem Fürsten von Nagpur, Appa Sahib Bhonsla, den
Plan, die britische Macht in Indien zum Umsturz zu
bringen und zog für diesen Zweck so viele Truppen, wie
er nur konnte, zusammen. Als diese seine Pläne aber
zur Kenntniß der englischen Regierung gelangten und
der Generalgouverneur, Marquis von Hastings, mit
einem mächtigen Heere gegen ihn bis an den Chambal
vorrückte, gerieth Daulat Rao in solche Furcht, daß er
auf alle ihm von den Engländern gestellten Bedingungen
eines neuen Vertrages, der am 5. Nov. 1817 geschlossen
wurde, ohne Zaudern einging. Zu diesen Bedingungen
gehörte unter anderen, daß er sich den Engländern
zur Unterdrückung der Pindarris und anderer Räuberscharen verbinden und zu diesem Zwecke ein Corps Cavalerie von 5000 Mann, befehligt von englischen Offizieren, stellen sollte.

Die Pindarris, von dem Worte Pind, d. h. Raub im

Hindustani genannt, waren ursprünglich Räuberscharen,
welche die Mahrattenconföderation, von der fast alle politischen Verhältnisse der vorderindischen Halbinsel theils
umgeworfen, theils tief erschüttert wurden, hatte entstehen
lassen. Hierzu trug der Umstand bei, daß die Heere der
Mahratten selbst grausam und plünderungssüchtig wie
kaum jemals andere und ihre Hauptanführer nur darauf
gerichtet waren, sich durch Eroberungszüge selbständige
Herrschaften zu gründen. Während diese Erschütterung
und Unsicherheit aller Verhältnisse der einzelnen Staaten,
namentlich aber des centralen Indiens fortdauerten,
erwuchsen, hierdurch begünstigt, aus den Räuberbanden
der Pindarris allmählich Heerhaufen, sogenannte Darrahs,
aus diesen endlich, aus Ueberläufern aller Staaten, ganze
Raubheere und Raubvölker, die nach hunderttausenden
zählten und nicht selten Heere von 40,000 und mehr
Reitern in das Feld stellten, die blitzschnell hervorbrachen,
ringsum, ohne die geringste Schonung von Menschen-
leben und fremdes Eigenthum, auf die grausamste Weise
alles durch Feuer und Schwert vernichteten, um später
ebenso schnell wieder zu verschwinden. Den ersten wesentlichen Aufschwung hatten diese Räuberscharen, welche
sich selbst den Namen Pindarri als einen Ehrentitel beilegten, seit der Schlacht bei Paniput im J. 1761 genommen, wo die verbündeten Mahrattenheere von Ahmed
Schah Durani eine so bedeutende Niederlage erlitten.
Ihre Pferde pflegten die Pindarris, wenn es galt schnelle
Raubzüge zu machen, mit Opium und Gewürzen zu berauschen, um dieselben zu den außerordentlichsten Leistungen
fähig zu machen. Ihre Grausamkeit war ohne Gleichen.
So z. B. hieben sie den Frauen, jungen Mädchen und
selbst Kindern stets die Arme ab, allein um die Mühe
des Abziehens von den Armringen derselben zu ersparen.
Die Furcht vor ihnen war so groß, daß nicht selten bei
dem Anzuge eines Schwarmes von Pindarris die Bewohner ganzer Dörfer ihre Häuser in Brand setzten und
lieber freiwillig in den Flammen umkommen wollten als
jenen Martern durch diese Räuber bloßgestellt zu sein. Schon
hatten sie die Circars an der Mündung der Kistna überfallen, um wiederholte Streifzüge auf dem Gebiete des Nizam und anderer, den Engländern befreundeter Fürsten zu
machen, und 1812 das große Emporium Mirzapur am
Ganges, in der Nähe von Benares auf britischem Grund-
gebiete auszurauben.

Seitdem waren sie immer mächtiger geworden. In
den Chefs der Mahratten, nicht blos an dem Peishwa,
sondern auch dem Scindia und Holkar, fanden sie heimliche Beschützer und Begünstiger ihres Treibens, wenn jene
Fürsten sich auch über sie, gegenüber den Engländern, als
allgemein schädliche und der Vertilgung würdige Störer
der öffentlichen Ruhe aussprachen. Namentlich waren
der Scindia und Holkar, in deren Ländern sie sich theilweise angesiedelt hatten und wo sie Duldung erfuhren,
ihnen, wenn auch im Geheimen, zugethan. Sie sahen in
den Pindarris das Material für die Vermehrung ihrer
eigenen Armee durch undisciplinirte Truppen, bedienten
sich derselben auch, gegen einen geringen Sold, nicht nur
im Kriege mit anderen Staaten, sondern auch bei ihren

zahlreichen Fehden mit den anderen mächtigeren Mah-
rattenhäuptlingen, dem Namen nach ihren Bundesgenossen.

Um diesem Unwesen ein Ende zu machen, faßte
die englische Regierung endlich, 1817, den Beschluß zu
einem Vertilgungskriege gegen die Pindarris, bei welchem
die Truppen aller drei Präsidentschaften, unter dem
Oberbefehle des Generalgouverneurs Lord Hastings und
den Generälen J. Malcolm, Adams und Marthall sich
gemeinschaftlich bethätigen sollten. Kaum war der Anfang dieses Krieges gemacht, als der Peishwa der Mahratten, wiewol scheinbar Freund und Bundesgenosse der
Engländer, sich als Verräther an diesen sowie als Beschützer
der Pindarris zeigte. Er büßte für diesen Verrath und
seine bewiesene Falschheit in dem Gefängnisse zu Punah,
während man ihn, 15. Juni, zugleich zu der Erklärung
nöthigte, daß er seine Stellung als Peishwa, und somit
als Oberer der Mahrattenfürsten für aufgehoben und
nicht mehr bestehend ansehe.

Der Scindia hatte, wie bereits erwähnt, den Engländern 5000 Mann berittener Hülfstruppen unter englischen Offizieren gesandt. Der Holkar aber, obschon
contractlich zu einer ähnlichen Hülfsleistung verpflichtet,
ward seinem Worte untreu und schloß sich dem Radscha
von Berar, der Sache der Pindarris und dem Peishwa
an, der auch schon den englischen Residenten zu Punah,
Mountstuart Elphinstone, gröblich beleidigt hatte. Hierfür aber mußte er bald nachher büßen. Noch bevor das
Jahr 1817 zu Ende gelaufen war, hatte sich das Schicksal der Pindarris schon in drei Hauptschlachten und
vielen kleineren Gefechten entschieden. Ihre größte, äußerst
blutige Niederlage fand am 26. und 27. Nov. bei
Hurringabad an der Narbada statt, wie todesmuthig und
verzweiflungsvoll sie auch fochten. Sie wurden theils
vernichtet, theils so vollkommen auseinandergesprengt,
daß später von ihnen, als Feinden der öffentlichen Ruhe,
kaum noch die Rede war. Am 16. Dec. wurde auch der
Radscha von Berar in offener Feldschlacht besiegt, seine
Residenz Nagpur von den Briten eingenommen und er
selbst ein Gefangener in seinem eigenen Palaste. Ebenso
wurde auch die Heeresmacht des Holkar, von der ein
großer Theil aus Pindarris und andern freibeuterischen
Abenteurern bestand, in der Landschaft Ujjain am obern
Chambal völlig auseinandergesprengt.

Daulut Rao Scindia starb 1827. Da er keine
männlichen Nachkommen besaß, so wurde sein nächster
Verwandter Mugut Rao, ein Knabe von elf Jahren,
unter dem Namen Ali Jah Junkobji Scindia zum Maharadscha von Gwalior ernannt. Bei diesem zeigte sich
sehr bald eine besondere Grausamkeit und Freude am
Blutvergießen. Er schoß z. B. am Tage seiner Vermählung mit Pfeilen unter die versammelten Zuschauer,
von denen einer getödtet wurde. Er starb kinderlos 1843.
Sein nächster Verwandter Bhagerat Rao, obschon nicht
älter als acht Jahre, wurde nun dem Namen Ali
Jah Jyabji Scindia sein Nachfolger, die Regentschaft
und Vormundschaft über den jugendlichen Maharadscha
aber, mit dem Titel von Mama Sahib, dem mütter-

lichen Oheim des verstorbenen Maharadscha übertragen.
Dieser mußte aber sehr bald den von dem Militär unterstützten, gegen ihn stattfindenden Hofintriguen weichen,
worauf die Zügel der Regierung in die Hände der erst
zwölfjährigen Maharani, der Witwe des verstorbenen
Maharadscha, geriethen. Dieselbe war in gleichem Maße
unwissend und in allen Regierungsgeschäften ebenso
unerfahren als leidenschaftlich, heftig, muthwillig und
schwankend von Gemüthsart.

Infolge dessen bildeten sich in dem Reiche des Scindia
Parteien, das Staatswesen verlor seinen innern Zusam-
menhalt und es traten an Anarchie grenzende Zustände
ein. Am meisten trugen mehrere kriegerisch gesinnte Häuptlinge, die einen zahlreichen, wohlbewaffneten und gleich
ihnen kriegslustigen Anhang hatten, der, wie sie selbst,
von der die Mahratten so sehr auszeichnenden Begierde
nach Raub und Kriegsbeute erfüllt war, hierzu bei. Dieser
Zustand und mit Recht die Aufmerksamkeit der englischen
Regierung auf sich und erfüllte dieselbe um so mehr mit
Besorgniß, als ihre eigenen und unmittelbaren Besitzungen
auf weite Strecken an die des Scindia angrenzend waren
und sehr zu befürchten stand, daß, wenn die Anarchie in
den letzten fortschritte, die nach Raub und Plünderung
verlangenden Kriegerscharen die Oberhand daselbst gewinnen sollten, sie sehr bald die Grenzen überschreiten
und verwüstende Einfälle in die Nachbarländer unternehmen würden. Leitender Minister der Maharani war
Daba Khasji Wala. Die Truppen bemächtigten sich
seiner Person, wiewol weniger aus Haß gegen ihn als
um durch ihn ihre Geldgier befriedigt zu sehen. Hierdurch
entstand ein Conflict zwischen denjenigen der Mahratten-
krieger, die ihren Minister gefangen hielten und denen, die
der Maharani zugethan waren. Auf die Nachricht aber,
daß die Engländer zu Agra eine Armee zusammengezogen
hätten für einen Angriff auf das Gebiet des Scindia,
machten beide Parteien kurz zuvor ein für-kurz-
dauerndes und wenig bedeutendes Scharmützel zwischen
ihnen stattgefundenen hatte, gemeinschaftliche Sache. Daba
Khasji Wala wurde von den Mahratten den Engländern
überliefert, während sie mit dem größten Eifer alle Vorbereitungen und Zurüstungen für einen Krieg mit denselben trafen. Jetzt verschwand alle Ordnung in dem
Reiche des Scindia; die Pächter (Zemindars) hörten auf
ihren Pachtschilling zu bezahlen und die Macht der
Regierung erstreckte sich gerade so weit, als das
Militär wollte, daß dieselbe sich erstrecken solle.

Sowol um volle Sicherheit für die Ruhe der gemeinschaftlichen Grenzen zu erhalten, als auch zur Wiederherstellung von Ruhe und Ordnung in dem Reiche des
Scindia, und damit die Regierung desselben in Uebereinstimmung mit den sich hierauf beziehenden Tractaten
zwischen dem Scindia und der englischen Regierung statt-
fände, beschloß die letztere ihre Truppen vorrücken zu
lassen. Dieselbe hatte es für nothwendig erachtet hauptsächlich auf eine starke Verminderung der Armee des Scindia zu dringen. In diesem Sinne sprachen sich auch die
Proclamationen aus, welche von dem Generalgouverneur
bei dem Uebergange des englischen Heeres auf das Terri-

torium des Scindia, (Ende December 1843, erlassen wurden. Am 21. genannten Monats hatte die englische Armee unter Sir Hugh Gough, bei welcher der General-gouverneur Lord Ellenborough gegenwärtig war, schon den Chambal überschritten. Am 26. campirte dieselbe bei Hingona nur 23 engl. Meilen von dem Fort von Gwa-lior in nordwestlicher Richtung entfernt. Drei Tage später stand sie der Mahrattenarmee gegenüber und zwar 15 engl. Meilen nordöstlich von Gwalior in einer Stellung, die durch die beiden Dörfer Maharadschpur und Chonba gedeckt wurde. In einem heftigen Treffen, in welchem die Engländer durch die wohlgerichtete und gut bediente Artillerie der Feinde einen bedeutenden Ver-lust erlitten, verloren die letzteren endlich alle Punkte ihrer gut gewählten Position und fand ein Blutbad unter ihnen statt. Die demselben entkamen, flüchteten mit Zurücklassung von 56 Stücken Geschützen und sämmt-licher Ammunition nach Gwalior. Auf jeder Seite hatten sich etwa 14,000 Mann gegenübergestanden. Von den Engländern wurden 106 getödtet, 684 verwundet und 7 vermißt. Fast gleichzeitig mit diesen Erfolgen der Hauptarmee unter dem Höchstcommandirenden schlug Generalmajor Grey mit einem 8—9000 Mann starken Corps, mit welchem er von Bandalthand ausgerückt war, bei Chaudpur den Sind überschritten und seinen Marsch nach Puniawar, 12 engl. Meilen südwestlich von Gwa-lior gerichtet hatte, daselbst, 29. Dec., eine zweite Mah-rattenarmee von etwa 12,000 Mann mit 24 Geschützen. Der Verlust der Engländer belief sich auf nicht mehr als 25 Todte und 189 Verwundete. Sämmtliches Ge-schütz fiel in die Hände der Sieger. Am 4. Jan. 1844 wurde das Felsenfort von Gwalior Eigenthum der eng-lisch-ostindischen Compagnie.

In dem schon oben erwähnten, Laschkar genannten permanenten Campemente am Fuße des die Festung tragenden Felsens, schienen noch gegen 5000 Mann mahrattischer Truppen, welche reichlich mit Artillerie und Ammunition versehen waren, einen hartnäckigen Widerstand bieten zu wollen. Es gelang aber mit ihnen in Unterhandlung zu treten und sie dadurch, daß man ihnen ihren rückständigen Sold auszahlte und außerdem ein dem Solde von drei Monaten gleichkommendes Geld-geschenk machte, zu bewegen sämmtliche Artillerie sowol als Handwaffen freiwillig zu übergeben und friedlich aus-einander zu gehen. Die Engländer standen das Fort wieder an den Scindia ab, machten aber die Bedingung, daß keine Ausbesserungen und Veränderungen an dem-selben vorgenommen würden.

Am 13. Jan. 1844 ward ein Tractat geschlossen, in welchem alle früheren Vereinbarungen zwischen dem Scindia und der englischen Regierung, insofern dieselben durch die Stipulation dieses neuen Tractates nicht auf-gehoben oder modificirt wurden, Bestätigung erhielten. Das Truppencontingent zur Beschirmung von dem Lande des Scindia, zu dessen Unterhalt bei dem Tractate von Serji Anjengaum, von dem 30. Dec. 1803, die Ein-künfte von gewissen Ländereien angewiesen waren, wurde vergrößert, während die Einkünfte von anderen Ländereien

sowol für den Unterhalt der zu dem Contingente über dessen frühere Stärke hinzukommenden Truppen als auch für die Besoldung der Civilbeamten dienen sollten, die in den von der englischen Regierung für den Scindia verwalteten Districten angestellt werden sollten. Zur Zah-lung von Schulden des Scindia an die englische Regie-rung aus früherer Zeit, an Kriegskosten sowie zur Deckung verschiedener anderer, entstanden durch die schlechte Ver-waltung des Reiches in letzter Zeit, sollten innerhalb 14 Tagen, von dem Tage wo der Tractat geschlossen wurde angerechnet, sechsundzwanzig Lak Rupieen an die Engländer gezahlt werden. Geschähe solches nicht, so würde ein be-stimmter Theil von dem Territorium des Scindia zur Bezahlung jener Schulden und für den Unterhalt der Civilverwaltungsbeamten dienen. Die Armee des Scindia, außer dem Contingente, welches derselbe zu der possidiren zu stellen habe, dürfe in keinem Falle mehr als 9000 Mann betragen, und unter diesen nicht mehr als 3000 Infanteristen.

Während der Minderjährigkeit des Maharadscha solle der britische Resident eine Controle über alle Handlungen der Regierung ausüben, und diese in einem Regentschafts-rathe bestehen. Von den Staatseinkünften solle die Summe von drei Lak Rupieen als Apanage der Maha-rani eingehalten werden. Der vortreffliche Charakter aber und die besondere Befähigung für die Regierungs-geschäfte, welche der junge Maharadscha Jah Jadji früh-zeitig zu erkennen gab, gaben Veranlassung, daß demselben, noch vor Ablauf seiner Minorennität, schon die Verwal-tung seiner Herrschaft übertragen wurde. Die Krönungs-feierlichkeit wurde aber bis zum J. 1853, wo derselbe seine Volljährigkeit erreichte, ausgesetzt. An das hier zu-letzt Bemerkte schließt sich dasjenige an, was oben über die gegenwärtigen politischen Verhältnisse von Gwalior und dem jetzt herrschenden Maharadscha Scindia bemerkt worden ist.

Hauptsächlichste Quellen: *Thorn, W.*, Me-moir of the War in India conducted by General Lord Lake and Major General Sir Arthur Wellesley Duke of Wellington from 1803—1806. 4. London 1818. — *Grant Duff, J.*, His-tory of the Mahrattas. 3 Vol. 8. London 1826. — *Malcolm, Sir J.*, Memoir of Central-India incl. Malva. 3. Edit. 3 Vol. 8. London 1826. Hierin: Vol. 1. Pag. 426—462. Rise, Progress and Annihilation of the Pindarries. — Origin of the Pindarries, pre-ceded by historical Notices of the different Mah-ratta-States. By an Officer. 8. London 1818. — *Fitzclarence*, Journal of a Route across India 1818. 8. London 1819. — *Prinsep, H. T.*, Narrative of the Political and Military Transactions of British India under the Administration of the Marquis of Hastings, 1813—1818. 4. London 1820. — *Robert-son, H. D.*, Selection of Papers from the Records of the East-India House. London 1826. Der vierte Band enthält: The early History of the Mahratta Country. — *Mountstuart Elphinstone*, British Terri-tories in the Decan, in Asiatic Journal 1827. Vol.

XXIII. P. 613—620, 773—782; Vol. XXIV. P. 11 seq. — *Malcolm, Sir J.,* Political History of India from 1784—1823. 2 Vol. 8. London 1826. — *Thornton, E.,* A Gazetteer of the Territories under the East-India Company. New (2) Edition. 8. London 1857. — *Wheeler, J. T.,* The History of India from the earliest Ages. 4 Vol. 8. London 1867—1872; Vol. 2. London 1869. — *Elliot, Sir H. M.,* The History of India as told by its own Historians. The Mahommedan Period. 4 Vol. 8. London 1867—1872. Vol. II. Pag. 434—478. — *Briggs, J.,* History of the Rise of the Mahomedan Power in India till Y. 1612. Translated from the Original Persian of Mohamed Kasim Ferishta. With Notes. 8. London 1829. Vol. I. Statement exhibiting the Moral and Material Progress and Condition of India. Ordered by the House of Commons to be printed. Fol. London. 1870 und folgende Jahre. (*O. Mohnike.*)

Ende des neunundneunzigsten Theiles und Schluß der ersten Section.

Register

zur

Ersten Section

der

Allgemeinen Encyklopädie,

die Buchstaben A bis G umfassend.

———————

Die größern (fetten) arabischen Ziffern zeigen den Theil, die kleinern die Seitenzahl des betreffenden Theils an. Zusätze zu den Stichwörtern stehen in Parenthesen ( ), die Verfassernamen, sofern sie unterzeichnet sind, in Klammern [ ].

A.

A (Grundlaut) [Grotefend] 1,1.
—(Schriftzeichen)[Grotefend]1,1.
—(Abkürzung) [Grotefend] 1, 2.
—(Abkürzung im röm. Recht) [Spangenberg] 1, 3.
— (in d. Musik) [Fröhlich] 1, 3.
Aa (Flüsse und Gewässer) 1, 3.
— Peter van der (Rechtsgelehrter); Peter van der Aa (Buchhändler); Heinr. van der Aa (Gelehrter) [Ebert u. a.] 1, 4.
Aaberli, s. Aberli 1, 94.
Aacanbhala, s. Indra.
Aach, Ach (Gewässer) 1, 4.
— (Bergstädtchen) [Kaiser] 1, 5.
Aachen (Reg.-Bez.) [Heyse] 1, 5.
— (Stadt) [Heyse] 1, 6.
Aachener Bäder [Burbach] 1, 9.
— Friedensschlüsse [Hassel] 1, 10.
— Kirchenversammlungen [Gutenberger] 1, 12.
— Mark, s. Lüttichau.
Aad, Aade, s. Aa 1, 3.
Aaekyrkehye [Rühs] 1, 13.
Aagard (Gebrüder) [Baur] 1, 13.
Aageson (Sueno) [Baur] 1, 13.
Aahaus, Ahaus [Grote] 1, 14.
Aal (Thierkunde), s. Muraena.
— (Pflanzenkunde), s. Morinda.
— (Fang) [Riemann] 1, 14.
— (Waarenkunde) [Albers] 1, 15.
— (diätetisch) [Burbach] 1, 15.
— (Bruch im Tuche), s. Walkmühle.
Aalbach [Stein] 1, 16.
Aalbeke [Stein] 1, 16.
Aalborg [Rühs] 1, 16.
Aalen [Pahl] 1, 16.
Aalholm 1, 17.
Aalst [v. Hammer] 1, 17.
Aalst [Hassel] 1, 17.
Aalten [Hassel] 1, 17.
Aam, s. Ohm.
Aana [v. Hammer] 1, 17.
Aar (in der Schweiz) [Wirz]; A. (in Deutschland) [v. Arnoldi und Hassel] 1, 17.
Aarassus [Ridlefs] 1, 17.
Aarau [Wirz] 1, 17.
Aarauer Friede [Meyer von Knonau] 1, 18.
Aarberg [Wirz] 1, 18.
Aarburg [Wirz] 1, 18.

Aardenborg [Hassel] 1, 18.
Aargau [Meyer von Knonau, Delius, Wirz] 1, 18.
Aargletscher [Wirz] 1, 22.
Aarhus [Rühs] 1, 22.
Aaron [Gesenius] 1, 22.
— al Raschid, s. Harun.
— (Halbinsel) [Hassel] 1, 23.
— Insel 1, 23.
Aaronsburg [Hermann] 1, 23.
Aarschot, s. Aerschot 1, 478.
Aarsens, Aersens (F. von) [Baur] 1, 23.
Aartgen, s. Aertgen 1, 479.
Aarwangen [Wirz] 1, 23.
Aas ob. Aa (Fluß) [Hassel] 1, 24.
— (diätetisch) [Burbach] 1, 24.
— (polizeilich) [Heute u. Rausch] 1, 24.
— (in Zusammensetzungen) 1,24.
Aasi, Asi el Azi, s. Arius, im Art. Orontes.
Aasrayaścha, s. Agni 2, 201.
Aassim [v. Hammer] 1, 24.
Aastrup 1, 25.
Ab (indo-pers. Wort) [H. Albers u. v. Hammer] 1, 25.
— (chald. Monat) [Grotefend] 1, 25.
— (im Arab.), s. Abu 1, 210.
Aba, Abus (Theil des Taurus) [Rommel] 1, 25.
— s. Abä 1, 289.
— (Wollentücher) [Albers] 1, 26.
— berfum ist etiam (ägypt. Kloster) [Hartmann] 1, 26.
Ababde (Ababdeh), auch Ababde u. Ababdeh [Hartmann] 1, 26.
Abac (Vater) 1, 26.
Abaca (Flachsart) [Albers] 1, 26.
Abacaenum, s. Abacinon 1, 31.
Abacinare, Abbacinare [v. Arnoldi] 1, 26.
Abacon ob. Pucaio [Hassel] 1, 26.
Abacus [Stieglitz] 1, 26.
Abad (indo-pers. Wort) [Albers u. v. Hammer] 1, 26.
— (maurische Dynastie) [Hassel] 1, 26.
Abadan [v. Hammer u. Rommel] 1, 28.

Ababas [Rommel] 1, 28.
Ababioten [Stein] 1, 28.
Abä [Spohn] 1, 28.
Abälard, s. Abailard 1, 29.
Abäos, s. Abä 1, 28.
Abäthmen [Kastner] 1, 28.
Abäußerung, s. Leibeigenschaft.
Abaff, s. Apaft 4, 879.
Abagat, s. Abgar 1, 110.
Abailard [Tennemann] 1, 29.
Abaja [Hartmann] 1, 31.
Abaka, s. Abaa 1, 26.
Abakainon 1, 31.
Abakal [Petri] 1, 31.
Abakes [Petri] 1, 31.
Abalaf und Abaleßzischer See [Petri] 1, 31.
Abalbe, s. Ababbe 1, 26.
Abalienatio — Abalienatus, s. Cessio 21, 149.
Aballaba, s. Applebb 5, 7.
Aballo, s. Avallon 6, 490.
Abalus [Ridlefs] 1, 31.
Abaltane [Sprengel] 1, 31.
Aban, s. Ab 1, 25.
Abana, s. Amana 3, 309; Chrysorrhoas 17, 165.
Abanalot [Petri] 1, 31.
Abancay [Petri] 1, 31.
Abandon [Jacobsen] 1, 32.
Abanec, Abanes [Petri] 1, 32.
Abannä, Abemnä 1, 32.
Abannatio [v. Arnoldi] 1, 32.
Abano (Flecken) [Röder] 1, 32.
— (Peter von) [Sprengel] 1, 33.
Abanta [Spohn] 1, 34.
Abantes, s. Eubäa 38, 434.
Abanteus, s. Eubäa 38, 434.
Abantia, s. Amantia 3, 310.
Abantias [Ridlefs] 1, 34.
Abany, Abony [Rumo] 1, 34.
Abaptista-on, s. Trepan.
Abara 1, 34.
Abaraner, s. Aaron 1, 34.
Abarbalää, Abarbareä [Ridlefs] 1, 34.
Abarbanel, s. Abrabanel 1, 150.
Abargale, Abergale [Hartmann] 1, 34.
Abarigraham, s. Wanäprasten.
Abarim [Gesenius] 1, 34.
Abarimon 1, 34.

Abaris [Sprengel] 1, 34.
Abaritschedi, s. Brahma 12, 209.
Abarneus [Spohn] 1, 34.
Abarnus ober Abarnis, auch Abarpis [Spohn] 1, 34.
Abaron [Rommel] 1, 34.
Abarus [Rommel] 1, 34.
Abas (Mythol) [Ridlefs] 1, 34.
— (Fluß), s. Alazon im Art. Alasan 2, 317.
— (Gewicht) [Albers] 1, 35.
Abasen, Abassen, Abchasen, Amchasen [v. Hammer u. Rommel] 1, 35.
Aba-Samuel, s. Samnet.
Abasa Pascha und Abasa Hassan Pascha 1, 40.
Abaseni [Rommel] 1, 40.
Abasia, Abasia, s. Habesch.
Abasis, s. Oase.
Abasen, s. Abasa 1, 35.
Abassus, s. Abbas. [1, 40.
Abassin, Aba-Sin [Ranngießer]
Abastanae [Ranngießer] 1, 40.
Abatanot, s. Abanatot 1, 31.
Aba-chauvée [Albers] 1, 40.
Abate grosso, auch Abia grosso [Röder] 1, 40.
Abatia [Sprengel] 1, 40.
Abaton, s. Artemisia 5, 449.
Abatos, s. Osiris.
Abatzis [Albers] 1, 40.
Abauj, Abaujvarer Gespanschaft [Rumy] 1, 40.
Abauzit (F.) [Meyer von Knonau] 1, 41.
Abawi [Hartmann] 1, 42.
Abax [Germar] 1, 42.
Abba, s. Abt 1, 195.
— (Ort) 1, 42.
— (Fluß) [Seiberh] 1, 42.
— Abraham [Hartmann] 1, 42.
Abbafen, s. Baake 7, 5.
Abbad [v. Hassel] 1, 42.
Abba Gomes, s. Abt 1, 195.
Abbadie (Jal.) [Baur] 1, 42.
Abbar, s. Akbar 1, 110.
Abbas, Abassiben (die Khalifen) [Kosegarten] 1, 43.
— (in Persien), Abbas I.— III. [Kosegarten] 1, 45—47.
Abbassi, Abassi [Albers] 1, 46.
Abbate (Maler) 1, 47.

Abflauen, Abflechen, Abflichen [Lehmann] 1, 96.
Abflechern [Pohl] 1, 96.
Abfluß, Ausfluß (Hydraulik) [Langsdorf] 1, 96. [6, 289.
— (Bergbau), f. Holzberei- tung.
Abfoderung, f. Avocatorium 6, 508.
Abfolge [Hoffbauer] 1, 103.
Abführen, f. Draht (Drahtzieherei) 27, 313. [1, 107.
Abführende Methode [Sprengel]
Abgaben, Gemeindelasten, f. Ge- meinde 57, 103 u. Steuern.
Abgang, abgeben (dramaturgisch) [Schütz] 1, 109; A. (im Sinne des Verlustes u.f.w.) [Lehmann u. Lampadius] 1, 110.
Abgar, auch Abagar, Abbar, Ac- bar, Achar, Agar, Agbar u. Augar, Collectivname der Be- ...] herrscher des Ossenänischen Reichs; darunter: A. Ahsto der Stumme. A. Bar Abgar, A. Maanu Alofa, A. Uchomo der Schwarze, A. (Maanu Bar Aja- cet), A. (Maanu Bar Maanu), A. Severus, A. Bar Maanu [Mehnke] 1, 110—114.
Abgatorium, f. Abchuvorium 1, 56.
Abgebrochenheit, f. Redensguren.
Abgehen, f. Abgang 1, 109.
Abgekürzt, abgeledigt, abgerissen, f. Heraldische Figuren.
Abgesandter, f. Gesandter 62, 249.
Abgeschmackt, Abgeschmacktheit, f. Geschmad 63, 81.
Abgeschnitten, f. Heraldische Fi- guren.
Abgesehte Stellen in Seiden- zeugen, f. Seidenweberei.
Abgetheilte Farben, abgewechselte Tincturen, f. Tincturen.
Abgewahren, Abgewährzettel, f. Kur.
Abgewöhnen, f. Gewöhnen, Ge- wohnheit 66, 134.
Abgießen (Flüssigkeiten) [Kastner] 1, 115; Abgüsse in Formen, f. Glockengießerei 70, 83, Mo- delliren, Stückgießerei.
Abgleichen, abstutiren, abziehen [Poppe] 1, 115.
Abgott, f. Gott 75, 395.
Abgottschlange. f. Boa 11, 105.
Abgulten, f. Abfindung 1, 95.
Abguß, Abgüsse, f. Abgießen 1,115.
Abhaaren, abhären des Wildes, f. Haar.
Ab(Ent-)haaren, abhähsen f. Ger- ben 60, 324.
Abhängen, abfüllhen, f. Schützen.
Abhängigkeit [Mellin] 1, 115.
Abhärtung [Burbach u. Ritter] 1, 117.
Abhalten [Jacobson] 1, 121.
Abhaubimg, (Gruber] 1, 121.
Abhang, f. Gebirge 55, 263.
Abhaspeln, f. Zeugstellen.

Abhauken, f. Beizen 8, 386, u. Falle 41, 234.
Abhauen (Bergbau) 1, 122.
— (der Bäume),. f. Holzberei- tung.
Abheben (Bergwesen) [Lehmann] 1, 122; A. (Baumwesen), f. Ab- tragen 1, 199.
Abhellen [Kastner] 1, 122.
Abber [Kanngießer] 1, 122.
Abhjijit [Majer] 1, 122.
Abhira, f. Kasten. [1, 122.
Abholzen, abtreiben. [Lampe]
Abhorrenten, Abhorreta, Ah- horrenta [Hassel] 1, 122.
Abhoubsiste, f. Abheben 1, 122..
Abhüten, abweiden, f. Hutung.
Abhütten, ablösen [Lehmann] 1, 123. [1, 123.
Abia (König v. Juda) [Gesenius] — (Stadt) [Spohn] 1, 23...
Abiad Bahr [Hartmann] 1, 123.
Abia Grosso, f. Baxe Grosso 1, 40.
Abi-Amu, f. Gihon 67, 198.
Abian [Rommel] 1, 123. :
Abi-Atred [Kanngießer] 1, 123;
Abib [Grotefend] 1, 123.
Abi Guncher [Kanngießer] 1, 23.
Abida [Majer] 1, 123.
Abies, f. Pinus.
Abieta, Abinta [Worbs] 1, 124.
Abigail, f. David 23, 209. —
Abigas, f. Amigas 1, 124.
Abita, Abita ob. Abella (in Syrien) [Richlefs u. Gesenius] 1, 124.
— (in Afrika), f. Abyla 1, 232.
Abildgaard (Nicolai) [v. Gehren] 1, 124. [1, 125.
— (Pet. Christ.) [v. Gehren]
Abildgaardia [Sprengel] 1, 125.
Abilene, f. Abila 1, 124.
Abiumun [Richlefs] 1, 125.
Abimeled [Gesenius] 1, 126.
Abingdon (engl. Stadt) [Hassel] 1, 126. [1, 126.
— (amerik. Ort) [Hermann]
Abington [Hermann] 1, 126.
Ahinta, f. Abieta 1, 124.
Abi intestato, f. Erbrecht 40, 342.
Abingen [Petri] 1, 126.
Abiponer [Majer u. Bater] 1,126.
Abira [Worbs] 1, 132.
Abiram, f. Korah.
Abirrung der Firsterne, f. Fir- sterne 44, 469; A. des Lichts, f. Licht.
Abisag, f. David 23, 209.
Abisai [Gesenius] 1, 133.
Abisama [Rommel] 1, 133.
Abiscaa [Stein] 1, 133.
Abischgam [Majer] 1, 133.
Abishag, f. Gihon 67, 198.
Abissaros ober Abisarus [Kann- gießer] 1, 133.
Abithandeß [Gesenius] 1, 133.
Abithbi [Hassel] 1, 133.
Abiu, f. Aaron 1, 22.
Ablehrern, Abterischen, Abkehr- zettel [Lehmann] 1, 133.

Abtkuren [Kanngießer] 1, 133.
Abklären [Kastner] 1, 133.
Abflage f. Fehde 42, 233.
Abklatschen, f. Buchdruckerkunst 14¹, 220, Schriftgießerei.
Abklopfen, Abklopf-Eisen, «Ka- sten, «Nabel, «Stein (im Glas- hütten), f. Glas 69, 1.
Abköhlen, f. Abkütten 1, 123.
Abkommen (Jagdsprache), f. Schießgewehr; A. treffen, f. 1, 145.
— Abfinden 1, 95, Vergleich.
Abkömmling (Nachkomme); f. Erbrecht 40, 342.
Abkraube [Hassel] 1, 134.
— (Gärtnerei) [Dietrich] 1, 135.
— (Baarenbereitung) [Poppe] 1, 135. [1, 135.
— (bei Kohlenmeilern) [Lautrop]
Abkühler [Kastner] 1, 135.
Abkühlen (medicinisch) [Burbach] 1, 134.
Abkürzen (Rechenkunst) [Märtens] 1, 135.
Abkürzungen (sprachlich) [Grote- fend] 1, 135. [1, 137.
— (Diplomatik) [b. Arnoldi]
Ablach [Kaifel] 1, 139.
Ablacttiren, f. Ablactiren.
Abläufer, f. Weberei.
Abläutern, f. Abhellen 1, 122, Abklären 1, 133, Weberei.
Ablamcourt (Nikolaus Perrot, Herr von); A. (Nicolaus de Fremont d') [Baur] 1, 139.
Ablania, f. Trichocarpus.
Ablaniat, Ablajem [Petri] 1, 140.
Ablaß des Wassers, f. Abfluß 1, 96. [genzen.
— Sünden-Erlaß, f. Indul-
Ablauf [Stieglitz] 1, 140.
Ablaufbant, f. Bleu 10, 381.
Ablaufen lassen (ein Schiff)(Brau- bach] 1, 140. [kunst.
— (die Uhr), f. Uhrmacher-
— (Jägersprache) f. Zeug- stellen.
Ablaufflächen, f. Blei 10, 394.
Ablegen, absenden, f. Senter.
— (Schriftsatz) [Poppe] 1, 141.
— (Bergmannssprache) [Leh- mann] 1, 141.
Ablegung (derivaten), f. Stamm.
Ableimen [Rommel] 1, 142.
Ableiben, Lieheln, Zitteln, f. Leits- bundarbeit.
Ablösung, f. Abfindung 1, 95.
Ablörschen [Lampadius] 1, 142.
Ablöschen [Lampadius] 1, 142.
Ablösen, Ablösung, f. Bauern 8, 159, Dienstmannen 25, 47, Vostan, Wachsen, Zehnten.
Ab» und Aufmarsch, f. Marsch.
Abmelierung 1, 142.

Abmeißeln, f. Meißel.
Abmessen [Lehmann] 1, 142.
Abmessung [Mellin] 1, 142.
Abnahe, f. Abenatis 1, 69.
Abnarben, si Gerben 60, 324.
Abnehmen [Lehmann] 1, 44.
Abner [Gesenius] 1, 145.
Abniden [u. v. Windell] 1, 145.
Abnicum [Rommel] 1, 145.
Abnobisches Gebirge [Molter] 1, 145.
Abnutung [Jacobson] 1, 146.
Abo [v. Schubert] 1, 146.
Aboab, f. Rabbinische Literatur.
Abobas, f. Abonis 1, 433.
Abo brica, f. Abebrica 1, 427.
Abobiacum [Nesi] 1, 146.
Abolboba [Sprengel] 1, 146.
Abolla [B. v. Schmidt] 1, 147.
Abomei, Abomey 1, 147.
Abon, Abona, Abonis 1, 147.
Abonabance [Hassel] 1, 147.
Abonis, f. Abon 1, 147.
Abonitichas [Richlefs] 1, 147.
Abonnement, Abonniren, Abon- nent [Schütz] 1, 147.
Abony [Rumy] 1, 147.
Aborake [Rommel] 1, 147.
Aboras, f. Abora 1, 148.
Aborigines [Kanngießer] 1, 147.
Aborras, Aboras [Kanngießer] 1, 148.
Aborthus, f. Fehlgeburt 42, 236.
Abos, Abus 1, 48.
Abotis, f. Abutibsh 1, 227.
Abpelzen, si Gerben 60, 324.
Abplattung der Erde [Erxleben]1,48.
Abpochen, f. Abdreiten 1, 50.
— u. Aufprogen des Gebührte, f. Probzeugen.
Abpußen, f. Bewerfen 9, 384.
Abquiden, f. Amalgamation 3, 303.
Abrabanel (Rabbi Don Jfaak) [Hartmann] 1, 150.
— Jehuda [Hartmann] 1, 153.
Abracababra [Grotefend] 1, 153.
Abracalan, f. Abracababra 1, 153.
Abracenia [Rommel] 1, 154.
Abrabatas [Kanngießer] 1, 154.
Abraffen [Teichmann] 1, 154.
Abraham Ibn Sabäh, al Abram (König von Yemen) 1, 155.
Abraham, auch Abram, (biblisch) [Gesenius] 1, 155.
— (Rabbinen): A. Ben Rabbi Chaja ob. Chija; A. Bar Chas- bai, Ben Samuel Levita; A. Cohen, Jriva (Herrera); A. Ben David, Levita, genannt Harischon; A. Ben David, Le- vita, genannt Hafschschein; A. Ben Jakob; A. Ben Jsaak Za- balon [Hartmann] 1, 157—159.
— a Sancta Clara [Ebert] 1, 160.
— Schellensis, f. Schellensis 30, 360.
— (Ital.), f. Abramsen 1, 162.
— (Nic.), f. Abram 1, 162.

Abrahamfalva, f. Abrahamsdorf 1, 161.
Abrahamiten. 1) Aeltere, f. Paulicianer; 2) Neuere in Böhmen [Petri] 1, 160.
Abrahamsbaum, f. Vitex agnus.
Abrahamsdorf [Rumy] 1, 161.
Abrahaminsel, f. St. Maria.
Abrahamson [Hanns Friedrich Werner von) [Gräter und v. Gehren] 1, 161. [1, 162.
Abrahams Blaine [Hermann]
Abrafalene, f. Pollux.
Abram (Nic.) [Baur] 1, 162.
Abramis oder Abramus [Lichtenstein] 1, 162.
Abramion 1, 162.
Abrantes (Don Alvarez von) [Haffel] 1, 162.
Abrantes [Stein] 1, 162.
Abrasar, f. Abraxas 1, 163.
Abrasia, f. Dryandra 28, 38.
Abraum (Torfwesen) [Haut]; A. (Bergbau) [Lehmann]; A. (Landwirthschaft); A. (Bauwesen) [Leger] 1, 163; A. (Forstwirthschaft), f. Abholgen 1, 122.
Abraxas, Abrasar [Gruber] 1,163.
Abrechnen, f. Compensation 18, 388.
Abrecken [Lampadius] 1, 165.
Abreiro [Stein] 1, 165.
Abreißen, f. Riß, Zeichnung.
Abrexos, Abrojos, f. Abrolhos 1, 165. [1, 165.
Abreich (Friedr. Ludw.) [Baur]
Abrets, les [Haffel] 1, 166.
Abrettene [Richleß] 1, 166.
Abreu (Don Joseph Antonio) [Bourgoing] 1, 166.
Abriani [Paul] 1, 166.
Abrichten, Abrichtung (Jägerei) [a. d. Winckell] 1, 166.
— (Technologie) [Poppe] 1, 166.
— (Bauwesen) [Leger] 1, 166.
— (Bergbau) [Lehmann] 1, 167.
Abries [Haffel] 1, 167.
Abrim [Hartmann] 1, 167.
Abrincatae, f. Avranches 6, 509.
Abrio, f. Abuyo 1, 227.
Abroaße, Abroßam [Albers] 1, 167.
Abröschen [Poppe] 1, 167.
Abrogiren, Abrogation [Günther] 1, 167. [1, 165.
Abrojos, Abrolhos, f. Abrexos
Abroma [Sprengel] 1, 167.
Abron [Haffel] 1, 167.
Abrona [Rommel] 1, 167.
Abroncha, f. Annulata 4, 186.
Abrostola [Zinken gen. Sommer] 1, 167.
Abrotanum, f Artemisia Abrotanum 5, 449.
Abrotonum 1, 167
Abrubbanya [Benigni] 1, 167.
Abrücken, Abrückwellen, f. Panstermühlen.
Abrufungsschreiben, f. Avocatorium 6, 508.

Abrus [Sprengel] 1, 168.
Abruzzo [Röder] 1, 168.
Absägen, abschroten, f. Holzbereitung.
Absäugen, f. Senker.
Absage-Brief, f. Fehde 42, 233.
Absalom [Gesenius] 1, 168.
Absalom's Haar, f. Berenice 9, 92.
Absalon, auch Axel u. Ouide gen. [v. Gehren] 1, 169.
Absarus, f. Apsarus 5, 12.
Absatz, Absehen (allgem. Bedeutung 1, 170. [1, 170.
— und Abschnitt (Musik) [Wendt]
— (Bauwesen) [Leger] 1, 170.
— (Bergbau) [Lehmann] 1, 170.
— (Handel) [Rau] 1, 171.
Absberg [Fenkohl] 1, 172.
Absceß, f. Eiterbeule 33, 40.
Abschätzung der Güter, f. Boden 11, 138, Bonitiren 11, 397, Güter 98, 161, Taxiren.
Abschatz (Hans Asmann, Freih. von) [Raßer] 1, 172.
Abscheerer, f. Tuchscheerer, Weber, Wollenmanufactur.
Abscheron, Abschera, f. Baku 7,208.
Abscheu [Hoffbauer] 1, 173.
Abschichtung der Kinder [Bergmann] 1, 173.
Abschied (gewöhnl. Bedeutung,) f. Amt 3, 424. [1, 173.
— (Diplomatik) [v. Arnoldi]
— (Protokolle der schweiz. Tagsatzungen) [Meyer v. Knonau] 1, 174.
Abschlag, auf Abschlag zahlen, abschlägliche Zahlung leisten, f. Zahlung.
— bei Gräben, Wasserabschlag, f. Abzugsgraben 1, 234, graben. 76, 214.
Abschlagen [v. Biberstein] 1,174; A. (in der Bedeutung v. Trennen bei Gewerben), f. Kürschner; A. (Militär- u. Jägerspr.), f. Angriff 4,98, Vertheidigung.
— abwerfen (Deichbau), f. Wuppe.
Abschneiden [v.Biberstein] 1,174.
Abschnitt, Abschnittswinkel (Geometrie) [Schön] 1, 174.
— Abschnittslinie (Bauwesen) [Leger] 1, 175.
Abschoß, f. Nachsteuer.
Abschrecken (Jägersprache) [a. d. Winckell]; A. (Technol.) 1,175.
Abschreiben [v. Schlieben] 1,175.
Abschriften [v. Schlieben] 1,175.
Abschrift, f. Copie 22, 112.
Abschüssig, f. Abholzig 1, 122, Abschuß 1, 175.
Abschüssen [Kastner] 1, 175.
Abschuß, abschüssig [Kastner] 1, 175.
Abschußlage, f. Schwimplage.
Abschwefeln, f.
Schwefelausbringen, Steintöpten.
Abschwemmen [Körte] 1, 175.
Abschwören [Mittermaier] 1,176.

Abscisse, f. Coordinate 19, 241, Abschnitt 1, 174.
Abscission, f. Redesiguren.
Abscius [Kanngießer] 1, 176.
Absdorf u. Aboisdorf (in Oesterreich) [v. Liechtenstern]; A. (in Böhmen) [André]; A. (in Preußen) [Stein] 1, 176.
Absehen [a. d. Winckell] 1, 176.
Absehen [Lehmann] 1, 176.
Abseus, f. Giganten 67, 141.
Abshera, f. Abscheron 1, 173.
Absicht, Absichtlichkeit [Wendt] 1, 176.
Absiden, f. Apsiden 5, 13.
Absimar [v. Bacßko] 1, 177.
Absintion, abtonßen [Lehmann] 1, 177.
Absinen (vom Pferde) [b. Bieberstein] 1, 177.
Absine, f. Abasa 1, 35.
Absolute, das [Sachs] 1, 177.
Absolutio, absolviren, f. Judicium.
Absolution (dogmatisch) [Andrä] 1,179; A.(histor.) [Petri] 1,180.
Absolutum decoretum, f. Calvin 14, 169. [1, 182.
Absonden, abthun [a. d. Winckell]
Absonderung im allgemeinen u. in Gedanten [Hoffbauer] 1,182.
— oder Structur der Gebirgsmaßen [Kühn] 1, 182.
— der Mineralien [Germar] 1,184.
— (physiologisch) [Meckel] 1,185.
— der Güter, f. Gütergemeinschaft 98, 200.
Absorbiren, Absorbtion, f. Einsaugung 32, 340.
Abspannung [Burdach] 1, 189.
Abspißen, f. Drechseln 27, 358.
Abspringen [Lehmann] 1, 190.
Abfprung (Gymnastik) [von Muthel]; A. (Jägerei) [a. d. Winckell]; A.(Forstkunde)1,190.
Abspülen, f. Spülen.
Abstadt 1, 190.
Abstammung, f. Etymologie 38, 395, Genealogie 57, 336, Stammbaum.
Abstand (im allgem.), f. Entfernung 35, 50. [punkt.
— (vom Scheitel), f. Scheitel-Abstandsgeld [Zeichmann] 1, 190.
Abstechen, Abstich (Hüttenkunde) [Lampadius] 1, 190.
— (Deich- u. Gartenbau), f. Damm 22, 128, Graben 76, 214, —
— (im Gewerben), f. Sammtfabrik, Spißentöppeln, Weberstuhl, Wollenmanufacturen, Stecheisen.
Abstecken (im allgem.) [Schlieben] 1, 191. [3 u.]
— (Taktik) [v.Bieberstein] 1,191.
— (Bauwesen) [Leger] 1, 191.
— (Jägerei) f. Eingestelltes Jagen/ Lauf.

Acarnar, f. Achernar 1, 296.
Aoarus (Milbe) [Ritſch] 1, 249.
— aegyptius, f. Arctiscoon 5, 166, Astoma 6, 140, Bdella 8, 247, Cheyletus 21, 159, Ixodes, Leptus, Limnocharis, Oribata, Siro, Smaridia.
— (Conchyl.) [Nitſch] 1, 252.
Acalabaſtan (Stein) 1, 253.
Acaſſo (Stein) 1, 253.
Acarutta (Stein) 1, 253.
Accabuſſere [v. Arnoldi] 1, 253.
Accab, f. Acab 1, 239.
Acoa Laurentia, ſt Laurentalia.
Accarigi, Accariſi, Accariſus (Albrecht, Franz, Jakob, Johannes) [Baur] 1, 253.
Accelerando, f. Zeitmaß, muſikaliſches.
Acceleration, f. Bewegung 9, 373.
Acceleratores, f. Muskeln.
Acceandones, f. Gladiatores 68, 368.
Accenſt [Günther] 1, 253.
Accent, Accentuation, f. Betonung 9, 337.
Accentor [Merrem] 1, 254.
Acceptanten, f. Unigenitus.
Acceptation [Schin] 1, 254.
Acceptilatio (juriſtiſch) [Unterholzner] 1, 255.
— (theologiſch) [Wegscheider] 1, 256.
Accepturaria, f. Acerra 1, 279.
Accessio, f. Zuwachs.
Acceſſit, f. Preisſchriften.
Accessorius, f. Muskel.
Acci 1, 256.
Accioatura (Fröhlich) 1, 256.
Acciajoli, Acciajuoli [Baur u. Rogſiſt] 1, 257.
Accibens u. Accidentes, f. Subſtanz, Weſen, Weſentlich, Zufällig.
Accidentalier, f. Synergiſten.
Accidentien, f. Neben-Einkünfte u. Sportein.
Accipenser, f. Acipenser 1, 326.
Accipiter, Accipitres, Accipiter aegyptius [Merrem] 1, 258.
— carolin, f. Falco columbarius 41, 194.
Accise (etymologiſch u. hiſtoriſch) [Hüllmann] 1, 259.
— (staatswirthschaftl.) [v. Boſſe] 1, 261.
— (politiſch) [Cramer] 1, 262.
Accismus, f. Redefiguren.
Accius (Lucius), auch Attius [v. Hauff] 1, 264.
Aco, f. Alo 2, 294.
Accocelaos (Gutd-Muthe) 1, 264.
Accolade (Fröhlich) 1, 264.
Accolejer (Geschlecht) [Günther] 1, 264.
Accolti, begli. Accolti, de Accoltis (Familie) [Baur u. Ebert] 1, 264.
Accomach, Accomat 1, 266.
Accomodatio [de Wette] 1, 266.

Accompagnement, f. Begleitung 8, 349.
Accord (Muſik.) [Weber] 1, 268.
— Accordiren (juriſtiſch), f. Vergleich und Vertrag.
Accordirte Punkte, f. Linzer Frieben.
Accorso, Accursius (Franz, Cervoi, Wilh.) [Niemeyer] 1, 270—271.
— (Mariangelo) [Mohnike] 1, 272.
Accrebitren, f. Beglaubigung 8, 344.
Accubita u. Accubitalia [Günther] 1, 273.
Accum [Hollmann] 1, 273.
Accunnio [Röder] 1, 273.
Accursus, f. Accorso 1, 270.
Accusative, f. Casus 21, 119.
Acbab, auch Aslam [Majer] 1, 273.
Ace, Acre, f. Alo 2, 294.
Aceca (Stein) 1, 273.
Acelium, f. Asolo 6, 105.
Acençaon, f. Ascension 6, 49.
Acenteturn, Acenteta, f. Kryſtall.
Acephala [Meckel] 1, 273.
Acephali, f. Atepbali 2, 291.
Acephalia [Meckel] 1, 274.
Acephalocystis [Nitſch] 1, 275.
Acer, Ahorn (Sprengel) 1, 276.
Acera (Mollusken) [Medel] 1, 278.
— (Insekten) [Germar] 1, 279.
Aceras [Sprengel] 1, 279.
Acerenza (Cirenza, Acherontia) [Röder] 1, 279.
Acerno [Röder] 1, 279.
Aternus, f. Klonowig.
Acerra (kirchliches Gefäß) [Günther u. Petri 1, 279.
—, Acerrae. (Stadt) [Röder] 1 279.
Acervulus, f. Gehirn 56, 64.
Acesta, f. Segesta.
Acetabulum (Maßkunde) [Schön] 1, 279.
— (Zoologie) [Meckel] 1, 279.
Acetoso, f. Rumex acetosa.
Acetosella, f. Oxalis acetosella.
Acetum [Burbach] 1, 279.
Acevedo (Antonio Maria) 1, 280.
Ach (Gewäſſer), f. Aach 1, 4, Ache 1, 293.
— (Orte) [Liechtenstein] 1, 280.
— (Dorf) [v. Koch und Winkelhoſer] 1, 280. [1, 295.
— (Joh. v.), f. Aken (Joh. v.)
Achab, f. Ahab 2, 235.
Achachica (Stein) 1, 280.
Achaea (Spohn) 1, 280.
Achäer, f. Griechenland 80, 1 fg.
Theſſalien, Kreta.
Achaeta (Spohn) 1, 280.
Achaetena (Spohn) 1, 280.
Achaeon (Spohn) 1, 280.
Achaeorum litus, f. Cypros; auch Achaion acta 1, 290.
— portus, f. Troas.
Achagua [Majer] 1, 280.
Achaia (in Meſſenien) (Spohn) 1, 280.

Achaïa (unbek.) (Spohn) 1, 280.
— (auf Rhodos) (Spohn) 1, 281.
— (im Peloponnes) [Grotefend] 1, 281.
Achäer, f. Griechenland 80, 1 fg.
Theſſalien, Kreta.
Achäiſcher Bund [Matthiae] 1, 282.
Achaja (Stein) 1, 289.
Achaimenes (Stifter der perſ. Achämeniden) [Kanngießer] 1, 289.
— (Golt) [Friedemann] 1, 290.
Achaion acta (Achaeorum litus) 1, 290.
Achaïos (Mythologie); A. (griech. Tragiter) [Jacobe] 1, 290.
Achaïs (Kanngießer) 1, 290.
Achaïus (ſchott. König) [Haſſe] 1, 290.
Achalgori [Rommel] 1, 290.
Achalim [Röder] 1, 290.
Achalzike, f. Achista 1, 308.
Achamantis, f. Danaiben 22[1],220.
Achamot, f. Gnoſticismus 71, 223.
Acham (Gelenius) 1, 290.
Achana (Rommel) 1, 291.
Achania (Sprengel) 1, 291.
Acharaka (Kanngießer) 1, 291.
Achard (Anton, Franz) [Meyer von Knonau] 1, 291.
Achardene (Rommel) 1, 291.
Acharitanum [Friedemann] 1, 291.
Acharman (Rommel) 1, 291.
Acharna,.. Acharnae, Acharnae, Acharneus, Acharnaeus, Achavoicus, Acharnites, f. Attika 6, 215.
Acharu, f. Achne 1, 310.
Acharya, Aſcharia, f. Braminen 12, 217.
Achas, f. Ahas 2, 236.
Achasa (Achosa) [Rommel] 1, 291.
Achastier [Majer] 1, 291.
Achat, Achates (Mineralogie) [Friedemann] 1, 292.
— (Archäologie) [Keferſtein] 1, 292. [1, 293.
—, Achatbach (Conchyl.) [Nitſch]
Achatjaspis, f. Jaspis.
Achatmutter, f. Naja haemachates.
Achau, f. Guntramsborf.
Achberg (Raſſet) 1, 293.
Achdschista, f. Achista 1, 308.
Ache [v. Koch u. v. Hagzi] 1, 293.
Acheen, f. Atſchin 6, 208.
Achel (Haſſel) 1, 293.
Acheloides [Richlefs] 1, 293.
Acheloos (mythologiſch) [Richlefs] 1, 293.
— (geographiſch) (Spohn) 1, 294.
Achem, Achim, f. Atſchin 6, 208.
Achemunain, Achemunain, Achmunain, f. Hermopolis.
Achen, in der (Thal) [v. Koch] 1, 295.
— (Joh. van) [Weiße] 1, 295.
Achenium (Sprengel) 1, 295.
Achenrain 1, 295.
Achenthal [v. Koch] 1, 295.

Achenwall (Gottfr.) [Baur] 1, 296.
Acher (Fluß) u. Achern (Stadt u. Dorf) [Moſter] 1, 296.
Acherbus, f. Attila 6, 215.
Achernar- oder Acarnar [Fritſch] 1, 296.
Acherini [Friedemann] 1, 296.
Acheron (Siebler und Spohn) 1, 296.
Acherontia (Stadt) [Siebler] 1, 297.
— (Insektenkunde) [Zinken gen. Sommer] 1, 297.
Acheruſia (Höhle in Bithynien) [Richlefs] 1, 297.
— (Seen) (Spohn) 1, 297.
— (Sumpf in Neapel) [Siebler] 1, 297.
Achery, d'Achery, Acherius (Don Lucas, eig. Joh. Lucas) [Baur] 1, 297.
Acheta [Germar] 1, 297.
Achetum, f. Acherini 1, 296.
Achibona [Kanngießer] 1, 297.
Achigan [Haſſel] 1, 298.
Achifria, Naria, f. Nifaria, Icarus.
Achil-Kelef [v. Hammer] 1, 298.
Achilla [Friedemann] 1, 298.
Achillas [Drumann] 1, 298.
Achillea (Schafgarbe) [Sprengel] 1, 298.
— (Insel) (Spohn) 1, 299.
Achilleion (in Troas u. in Messenien) (Spohn) 1, 299.
Achilleum, Achilleum, Bicus Achilleus [Rommel] 1, 299.
Achilleos Dromos [Rommel] 1, 299.
Achilleus, Achilleus [Richlefs] 1, 299.
— (der Trugſchluß) [Hoffbauer] 1, 303.
Achilles Tatius [Paſſow] 1, 304.
Achilles-Sehne (Anatomie), f. Flechse 45, 134.
— (Chirurgie) [Seiler] 1, 302.
Achilleus Portus (Spohn) 1, 306.
Achillini (Aler., Joh. Philotheus, Claudius) [Sprengel] 1, 306.
Achillis. insula, f. Achilleos Dromes 1, 299, Leuke.
Achill-Island [Haſſel] 1, 296.
Achim (in Braunschweig) [Haſſel] 1, 307.
— (in Hannover) [Haſſel und Schlichthorſt] 1, 307.
Achimenes [Sprengel] 1, 307.
Achioti [v. Hammer] 1, 307.
Achior [Gesenius] 1, 307.
Achiroë [Richlefs] 1, 307.
Achista (Lichtenstein) 1, 307.
Achis (König der Philiſter) [Gesenius] 1, 308.
Achiſabe (Abdul-Haſim) [v. Hammer] 1, 308.
Achista, Achalzife, Achelzat, Achalzike [v. Hammer] 1, 308.
Achiſtata, Aſiſtata. [Rommel] 1, 309.
Achiver, Achaier, f. Achaia 1, 281.

Adiabene [Kanngießer] 1, 410.
Adiaba, s. Adida 1, 414.
Adiare, s. Galla's 52, 429.
Adiantum [Sprengel] 1, 410.
Adiaphora [Köppen] 1, 410.
Adiaphoristen, Adiaphoristischer Streit [Mohnike und Petri] 1, 413.
Adiba [Gesenius] 1, 414.
Adibi [Major] 1, 414.
Adibias, auch Adibyas, Adityas, Aditya u. Adibinanana [Major] 1, 415.
Adienus [Richleß] 1, 415.
Adiga, s. Ada 1, 356; Etsch 38, 375.   [1, 373.
Adigitange, s. Adaquightinga
Adilabad 1, 415.   [415.
Adil-Dschiltoos [d. Hammer] 1, Adils (König über Upsala) [Gräter] 1, 416.
Adimantus, s.-Peloponnesischer Krieg, Manichäer.
Adimari (Familie) 1, 416.
Adimci [Rommel] 1, 416.
Adimonia [Germar] 1, 416.
Adisabron [Kanngießer] 1, 416.
Adisseschen, auch Adyseschen, Seschen, Secken, auch Ananden, Ananta und Wassugy [Major] 1, 416.
Aditen, s. Ad 1, 355.
Adithaim [Gesenius] 1, 417.
Adithirugia, auch Atithipubichia [Major] 1, 417.   [417.
Adiwarage Perunal [Mजेत] 1' Adja, s. Agha 2, 191.
Adjectiv [Vater] 1, 417.
Adjectus [v. Löhr] 1, 418.
Adjeroub, Adjeroutc, s. Adscherub s, 457.
Adji-Su [Kanngießer] 1, 418.
Adjodin, s. Abschobin 1, 459.
Adjudicatio [v. Löhr] 1, 418.
Adjustir-Bank, Adjustir-Wage, s. Münzkunde.
Adjutant [b. Bieberstein und v. Schmid] 1, 418.
— Commandant [v. Schmid] 1, 419.
Adjutantgeneral, s. Jesuiten.
Adjoghur, s. Adischgarb 1, 459.
Adlecti [Günther] 1, 419.
Adler (Thierkunde), s. Aquila 5, 28; Falco 41, 190; Harpe und Vultur.
— (Mythologie u. Kunst) [Gruber] 1, 419.
— und Antinous (Astrognosie) [Fritsch] 1, 419.
— (Feldzeichen) [v. Schmid] 1, 420.   [1, 420.
— (Wappenkunst) [Siebenkees] — Orden -[Gottschalk und b. Baczko] 1, 420.   [421.
— (Georg Christian) [Baur] 1, Adlerfeldt (Gustav),, s. Karl XII.
Adlerflügel, s. Strombus.
Adlerstein, s. Aëtii 1, 479.
Adlerzange [Poppe] 1, 422.

Ad libitum, s. Zeitmaß, musikal.
Ablung, Adelung (Jac.) [Baur] 1, 422.   [1, 422.
Adlzreiter (Johann) [Feßmaier] Admab, s. Adama 1, 395.
Admete [Richleß] 1, 422.
Admeto, s. Admete 1, 422.
Admetos (thessal. König) [Richleß] 1, 423.
Adminiculator [G.C.Petri] 1,423.
Administration, s. Staatsverwaltung.
— s. Reichs- und Staatsverweser.
Admiral (Etsch) -1, 423.
—, auch Admiralis, Ammiralis, Archithalassus, Thalassiarchus (Schneckenarten) [Nitzsch] 1, 425.
Admiralis Sepulturae 1, 426.
Admiralität (Etsch u. Jacobßen] 1, 424.   [426.
Admiralitäts-Inseln [Albers] -1, Admirals-Briefeu, Admiralschaft, s. Admiral 1, 426.
Admiralschnecke,[s.Admiral 1,425.
Admirals-Flagge, s. Bulla 14[1],7.
—Inseln, auch Admiranten, Amiranten [Stein] 1, 426.
Admiral-Tuch [Poppe] 1, 426.
Admissälturte [Nitzsch] 1, 426.
Admission [Andreä] 1, 426.
Admissionales [Andreä] 1, 426.
Admont [v. Diechtenstern] 1, 427.
Adna [v. Hammer] 1, 427.
Adnet [v. Koch u. Winkelhofer] 1, 427.
Adnotatio, s. Rescript.
Adobrica 1, 427.
Adoba [Spangenberg] 1, 427.
Adolf von Nassau (König der Deutschen) [v. Arnoldi] 1, 427.
— von Nassau (Sohn Wilhelm's des Reichen von Nassau-Katzenelnbogen) [v. Arnoldi] 1, 429.
— von Nassau (Sohn des Grafen Johann des Mittlern von Nassau-Siegen) [v. Arnoldi] 1, 430.
— (Sohn des Fürsten Ludwig Heinrich zu Nassau-Dillenburg) [v. Arnoldi] 1, 430.
— (Prinz von Nassau, Sohn des Fürsten Heinrich zu Nassau-Dillenburg) [v. Arnoldi] 1, 430.
— II. (Fürst von Anhalt) [de Marées] 1, 431.
— Friedrich (Herzog von Holstein-Eutin, König von Schweden) 1, 431.
Adolfsburg [Seibert] 1, 432.
Adolfsbo'r 1, 432.
Adolfseck [v. Arnoldi] 1, 432.
Adollam, s. Adullam 1, 461.
Adolzfurt [Röder] 1, 432.
Adonai [Gesenius] 1, 432.
Adoneus 1, 432.
Adoni, eigentlich Abavani [Albers] 1, 432.

Adonia (Davids Sohn), s. David 23, 209.
— (Fest), s. Adonis 1, 433.
Adomibeset [Gesenius] 1, 433.
Adonis (Fluß) [Richleß] 1, 433.
—, Adonia (Cultus und Fest) [Gruber] 1, 433.
— (Pflanzengattung) [Sprengel] 1, 434.
Adonischer Vers, s. Metrik.
Adonized [Gesenius] 1, 435.
Adony [Rumy] 1, 435.
Adoption (römisches Recht); A. (bei den Teutschen) [Spangenberg] 1, 435. 436.
Adeptireen (kanonisches Recht) [Andreä] 1, 437.
—, Adoptianer (Kirchengeschichte) [G. E. Petri] 1, 437.
Adora, auch Adoraim [Gesenius] 1, 438.   [1, 438.
Adoration, Adoritem [Günther] Adoreus (mons)[Richleß] 1, 438.
Adorf (in Sachsen) [Engelhardt] 1, 438.
— (in Walded) 1, 438.
Adorium [Germar] 1, 438.
Adorno [Röder] 1, 438.
Adorst, s. Awaren 6, 509.
Adouciren (des Eisens); A. (der Uhrmacher, Stahlfabrikanten, Diamantschleifer) [Lampadius und Poppe] 1, 439.
Adouplet, s. Abuplet 1, 462.
Adour [Hassel] 1, 439.
Adowa, auch Adama, Aдua [Hartmann] 1, 439.
Adoxa [Sprengel] 1, 439.
Adproportation [Bergmann],1,439.
Adva [Stein] 1, 439.
Adraa, s. Edrei 31, 116.
Adrabäicampi [Richleß] 1, 439.
Adragant, s. Tragant.
Adraiste [Kanngießer] 1, 439.
Adramitae, s. Hadramaut.
Adrammelech(Gottheit);A.(Sohn des Sanherib)[Gesenius]1,439.
Adrampttium, auch Adramptteum, Adramptteos [Kanngießer] 1, 440.
Adrana [Richleß] 1, 440.
Adranos (Gottheit) [Richleß] 1, 440.
—, von Adramum (a. Geogr.) [Friedemann u. Röder] 1, 440.
Adrante, Adrantis, auch Adranis [Richleß] 1, 440.
Adrapsa [Kanngießer] 1, 440.
Adrastea (griech. Göttin), s. Nemesis; A. (Tochter des Königs Melissteus auf Kreta); A. (altbrit. Göttin) [Richleß] 1, 440.
— (Landschaft u. Stadt) [Kanngießer] 1, 441.
Adrastos (hervorragende Personen des Alterthums) [Richleß] 1, 441.
— (Sohn des phrygischen Königs Gordius) [Kanngießer] 1, 441.
— von Aphrobisias [Krug] 1, 441.

Adresponsus, f- Apokristarius 4, 412.
Adresse, Abdresse (Etsch] 1, 441.
Adrets (François de Beaumont, Baron) [Hassel] 1, 442.
Adria, ehemals Atria (Stadt) [Röder] 1, 443.
— (Joh. Jac.) 1, 443.
Adrian, Adrianus, auch Hadrianus (P. Aelius, röm. Kaiser [v. Rotted u. Gruber] 1, 443.
— Adrianus (griech. Rhetor) [Beßer] 1, 446.
— I.-VI. (Päpste) [Voigt] 1, 447—453.
— (Cardinal) [Ebert] 1, 453.
— Adrianus (Patriarch d. griech.-russ. Kirche) [Bußle] 1, 454.
Adrianz 1, 454.
Adriani (Stadt) 1, 454.
— (Giovambatista u. Marcello) [Wachler] 1, 454.
Adrianisten [G. C. Petri] 1, 455.
Adrianopel [Hassel] 1, 455.
Adrianopolis, s. Justinianopolis.
Adrianopheros, s. Adriani 1, 454.
Adriatisches Meer [Albers und Hassel] 1, 457.
Adrichomius (Christian) 1, 457.
Adrogation, Arrogation, s. Adoption 1, 435.
Adrop [Kästner] 1, 457.
Adru, f. Agra-2, 205.
Adrumetiner, s. Prädestinatianer.
Adrumetum, auch Hadrumetum [Friedemann] 1, 457.
Adschamiba, s. Abschmjer 1, 458.
Adschara [Rommel] 1, 457.
Adschem-Dalan, s. Janitscharen.
Adschem [Hartmann] 1, 457.
Adschia, Agia [Rommel] 1, 458.
Adschmjer, auch Ajmer (ind. Reich) [Major] 1, 458.
— Ajmer (Stadt) [Albers] 1,459.
Adschobin [Kanngießer] 1, 459.
Adschygarb [Albers] 1, 459.
Adscriptitii [Dickson] 1, 459.
Adsel [G. C. Petri] 1, 459.
Adervoibichan, auch Aderboischan, Aderboischan und Aderbaigan [Rosegarten] 1, 459.
Adstertor [Unterholzner] 1, 460.
Adsjerub, f. Abscherub 1, 457.
Adstringentien, Adstringentia [Kästner] 1, 461.
Adua [Hartmann] 1, 461.
Aduaca Tungrorum, s. Abuatucum 1, 461.
Aduatuca [Richleß] 1, 461.
Aduatuci [Richleß] 1, 461.
Aduatucum [Richleß] 1, 461.
Adula [Richleß u. Wirz] 1, 461.
Adule, Adulis [Hartmann] 1,461.
Adullam [Gesenius] 1, 461.
Adunim, richtiger Adummim, [Gesenius] 1, 462.
Aduna,[s. Fußus 39, 61.
Abuplet [Nitzsch] 1, 462.
A-dur, s. Tonart.

2*

Ahaetulla=Schlange, f. Coluber 21, 307.
Abagewe, Abegewe, s. Auga 6,338.
Abala (Obola) und Abaliba (Oboliba) [Gesenius] 2, 236.
Abalibama (Obolibama) [Gesenius] 2, 236.
Abanas [Hartmann] 2, 236.
Abanta, Janta, Ante, s. Anta 4, 249.
Abarun, Abrum [Sprengel] 2, 236.
Abas (jüd. König) [Gesenius] 2, 236.
Abasia (israel. Könige) [Gesenius] 2, 257.
Abasverus oder Achaschwerosch [Gesenius] 2, 238.
Abatebaum [Ritter] 2, 238.
Abaus, s. Aabaus 1, 14.
Abausen [Schlichthorst und Seiberth] 2, 239.
Abbi [b. Hammer] 2, 239.
Abblm Bar [b. Hammer] 2,239.
Abe (Fluß) [Seiberth] 2, 239.
— (Ort), s. Aa 1, 3.
Abeba [Gesenius] 2, 239.
Abbsa, Al=Abbsa, gewöhnl. Lachsa 2, 239.
Abi [b. Hammer] 2, 239.
Abia [Gesenius] 2, 239.
Abimelech, s. David 23, 209.
Abitophel, s. Absalom 1, 168.
Ab kas. al, s. Ab, Abiten 1, 355.
Abbeckscher See [Stein] 2, 239.
Abben [Haffel] 2, 239.
Able, Obrt, Pfriemen [Poppe] 2, 240.
Abfelsebt von (Familie) [Dörfer]
Abben [Grote] 2, 240.
Abfeld, s. Alfeld 3, 76. [steum.
Abbfirsche, s. Lonicera Xylosllsbarf [Stein] 2, 240.
Abbmarkt [Dörfer] [Baur] 2, 240.
Abm 2, 240.
Abmabad, s. Abmedabad, im Art. Gujerate 99, 152; Amabnagur, s. Abmednagur 2, 247.
Abmeb I. (Sultan) [b. Hammer] 2, 240. [241.
— II. (Sultan) [b. Hammer] 2, 2, 242.
— ben Farfb 2, 245.
— ben Ismail, f. Samaniden.
— ben Muhammeb (Abu Amru) 2, 245.
— ben Tulun, f. Tuluniden.
— Chab Abbalh, f. Kunbahar.
— Efenbi (gew. Abschem Efenbi [v. Hammer] 2, 245.
— Efenbi (Seib) [b. Hammer] 2, 245.
— Efenbi (El=habsch Kasabadi) [v. Hammer] 2, 245.
— Kemal Pascha Sade [v. Hammer] 2, 246.
— Khan, f. Mongolen.
— Moallimsade (Mola) [b. Hammer] 2, 246. [2, 246.
— Pascha (Dichter) [b. Hammer]

Ahmeb Pascha (Großwesstre) [b. Hammer] 2, 246.
— Pascha (Statthalter von Aegypten) [v. Hammer] 2, 246.
— Resmi Efenbi [v. Hammer] 2, 247.
— Tschelebi Paraparasabe [b. Hammer] 2, 247.
Ahmebabad, Ahmababab, f. Gujerate 99, 152.
Ahmebi [b. Hammer] 2, 247.
Ahmebnagur, Amabnagur [Kanngießer] 2, 247. [2, 247.
— (Fluß) [Hollmann] 2, 247.
Ahnen, ahnben, Ahnung [Hoffbauer] 2, 247. [248.
—, Ahnenrecht [Wittermaier] 2,
Aho= Elf 2, 249.
Ahogibas [Ritter] 2, 249.
Ahorn (Acer, naturgesch.), f. Acer 1,176; A.(forstwirthsch.) [Laubel]; A. (ökonom.-technol.) [Ritter] 2, 261.
— (Dorf) [b. Schultes] 2, 252.
Ahobai, f. Cerbera 16, 66.
Ahr (Fluß) 2, 252.
— oder Aar (Raubvogelgattung) [Merrem] 2, 252.
Ahrberg (Ort) [Kaiser] 2, 252.
Ahrbt, f. Kar 1, 17.
Ahrensfelb [Günther] 2, 253.
Ahrensboek [Dörfer] 2, 253.
Ahrensburg [Dörfer] 2, 253.
Ahrenborf, f. Arnsborf 5, 300.
Ahriman [Kanngießer] 2, 253.
Ahr-Tojon, f. Jakuten.
Ahrun, f. Aharum 2, 236.
Ahrweiler, Aarweiler [v. Stramberg] 2, 257.
Ahse (Aschenberg) 2, 257.
Ahtschipse, f. Abschipe, im Art. Abasia 1, 35.
Ahugo, f. Ajax 2, 277.
Ahun [Haffel] 2, 257.
Ahus [v. Schubert] 2, 257.
Ahwas, Ahwaz, Ohawisa [Kanngießer] 2, 258.
Ahyto, f. Hatto. [197.
Ai (Faulthier), f. Bradypus 12,
— (Stadt) [Gesenius] 2, 258.
(norb. Myth.) [Grüter] 2, 258.
Aias, f. Ajax 2, 277.
Aibasschewo [Petri] 2, 258.
Ai-Bed, Jbeg, f. Mameluken.
Aibga [Rommel] 2, 258.
Aibling [Hazzi] 2, 258.
Aice, f. Kibbee.
Aich, f. Aach 1, 4.
— (Orte) [v. Liechtenstein und Röder] 2, 258.
Aicha, Eiche [Andre] 2, 258.
Aichach [v. Hazzi, Mildbiller und Kaiser] 2, 258.
Aichberg [b. Liechtenstein und b. Koch-Sternfeld] 2, 259.
Aiche, Aigen [Schön]; A. (Schifffahrtskunde) [Wraubach] 2,259.
Aichelburg [Röber] 2, 259.

Aichen (Ort) [Kaiser] 2, 259.
Aicher (Otto) [Baur] 2, 259.
Aichinger (Karl Friedr.) [Baur] 2, 259.
Aichspalt (Peter) [Erhard] 2,259.
Aiciffus, f. Agylos 2, 40.
Aibab, Aibjab, Ab=b, Abhab [Hartmann] 2, 261.
Aiban, Aibam (Bischof) [G. E. Petri] 2, 262.
Aibar [Petri] 2, 262.
Aibe-be-camp, Aibe-Major, f. Abjutant 1, 418.
Aibeen [Hartmann] 2, 262.
Aiberbeitzan, f. Abserbibschan 1, 459.
Aibeplos (Spohn] 2, 262.
Aibes [b. Bosse] 2, 262.
—, f. Oabes, im Art. Pluto.
Aibin [b. Hammer] 2, 263.
Aibinbschit [b. Hammer] 2, 263.
Aiboneau [b. Hammer] 2, 263.
Aibos (Myth.) [Ricksets] 2, 263.
— (Jbos, in der Türkei) [b. Hammer] 2, 264.
Aigen [b. Liechtenstern und Winkelhofer] 2, 264.
Aigle, Aelen (in der Schweiz) [Wirz] 2, 464. [2, 264.
— l'Aigle (in Frankreich) [Haffel]
Aiglerus, Anglerius [G. E. Petri] 2, 265.
Aignan oder Agnan (Anianus) [Petri] 2, 265.
Aignant [Haffel] 2, 265.
Aignay le Duc [Haffel] 2, 265.
Aigre 2, 265.
Aigrefeuille [Haffel] 2, 265.
Aigrette, f. Arbea Nigretta 5, 173.
Aigue, Egue [Wirz] 2, 265.
Aiguebelle [Röber] 2, 265.
Aigueperse [Haffel] 2, 265.
Aigues-Caubes [Haffel] 2, 265.
— Mortes [Haffel] 2, 265.
Aiguillon (Stabt u. Dorf) [Haffel] 2, 265.
— (Marie Magbalene von Bigneroo, Herzogin); A. (Armand Bigneroo Duplessis Richelieu, Herzog v.), f. Richelieu.
Aigulf [G. E. Petri] 2, 265.
Aigurande, auch Agurande [Haffel] 2, 266.
Aii [Kanngießer] 2, 266.
Aikens oder M'Kees-Fall, f. Susquehannah.
Aikman (William) 2, 266.
Ailanthus [Sprengel] 2, 266.
Ailesbury, f. Aylesbury 6, 517.
Ailhaub (Joseph); A. Castelles (Job. Kasp., Baron de la Pellet) [Sprengel] 2, 266.
Ailly (Stadt) [Haffel] 2, 266.
— be Alliaco [Baur] 2, 266.
Aireb, f. Etsherleb 38, 362.
Aisa [Haffel] 2, 267.
Ainaflar, f. Tataren.

Aimar, f. Ribault.
Aimar Bernay, f. Wünschelruthe.
Aimara (Bater] 2, 267.
Aimargues [Haffel] 2, 267.
Aime, f. Aixme 2, 276. [458.
Aimeer, Ajmeer, f. Abschmyr 1,
Aimery de Pegulsain, f. Troubadours.
Aimo (von Montfaucon) [Meyer von Knonau] 2, 267.
Aimoin ob. Haimo, lat. Aimoinus, Ainonius, Annonius [Baur u. Ebert] 2, 268.
Aimoutiers [Haffel] 2, 268.
Ain (Buchstabe, Stabt) [Gesenius] 2, 268. [268.
— (Fluß u. Depart.) [Haffel] 2,
Ainabachti, f. Lepanto.
Ainab [Rommel] 2, 269.
Ainaba [b. Hammer] 2, 269.
Ainabschit [b. Hammer] 2, 269.
Ainal [Hartmann] 2, 269.
Ainay le Chateau [Haffel] 2, 269.
Aincarga, f. Aingerbe 2, 270.
Ainbling, Ainling [Kaiser] 2, 269.
Aine, f. Aisne 2, 272.
Ainegbi [b. Hammer] 2, 269.
Ain hamma, f. Abslath 1, 309.
Ainimsi [Rommel] 2, 269.
Ainling, f. Ainbling 2, 269.
Ainos, f. Ainu [Bater] 2, 269.
Ainos [Stein] 2, 269.
Ain Schemes, f. Heliopolis.
Ainsworth (Heinr.; Rob.) [Baur] 2, 269.
Aintab [b. Hammer] 2, 270.
Ainu, f. Kinos 2, 269.
Ainzerbe, auch Aintzarba [v. Hammer] 2, 270.
Air (Ansehen) [Roller] 2, 270.
— (Krankheit) [Schnurrer] 2, 270. [518.
— u. Airbrie, f. Ayr 6, 517.
Aira [Sprengel] 2, 270.
Airaner (G. E. Petri] 2, 271.
Aire, Laire (Flüsschen] 2, 271.
— (Stäbte) [Haffel] 2, 271.
Airola [Röber] 2, 272.
Airolo, Eriels [Wirz] 2, 272.
Airvault [Haffel] 2, 272.
Aisb [Jaced] 2, 272.
Aisch [b. Hammer] 2, 272.
Aislingen [Kaiser] 2, 272.
Aisne [Haffel] 2, 272.
Aissé 2, 273.
Aissuaries [Stein] 2, 273.
Aistersheim [b. Liechtenstern und Winkelhofer] 2, 273.
Aistulph, Astolf (longobarb. König) [Baur] 2, 273.
Aita ob. Anta [b. Hammer] 2,274.
Aitinger (Sebastian) [b. Gehren] 2, 274.
Aitsulen [J. Ch. Petri] 2, 274.
Aiton (Wilh.) [Sprengel] 2,274.
Aitonia [Sprengel] 2, 275.
Aitoua [Stein] 2, 275.
Aitrach, Aitterach [v. Hazzi und Kaiser] 2, 275.
Aitrang [Kaiser] 2, 275.

Aitzema (Leo ab, holl. Lieuwe van) [Baur und v. Kampen] 2, 275.
Aix, lat. Aquae Sextiae (inFrankⱾreich) [Haſſel u. Burbach] 2,275.
—, lat. Aquae Allobrogum, Gratianae, Sabaudicae (in Savoyen) [Röder u. Burbach] 2, 276.
Aix la Chapelle, ſ. Aachen 1, 6.
Aixe [Haſſel] 2, 276. [276.
Aiyme, Aime, Ayme [Röder] 2,
Aizenay [Haſſel] 2, 276.
Aizon, ſ. Abderrhaman II. 1, 62.
Aizoon [Sprengel] 2, 276.
Aja, Ajath, ſ. Ai 2, 258.
Ajabire, Ayabtre (Stadt) [Stein] 2, 276.
Aja Buruni [Rommel] 2, 276.
Ajaccio [Haſſel] 2, 276.
Aja-Dagi, Aju-Dagh, Sinab-Dagi [Rommel] 2, 277.
Ajag, ſ. Aleutiſche Inſeln 3, 18.
Ajaja, ſ. Platulea Ajaja.
Ajakalah [Rommel] 2, 277.
Ajak Diwan, ſ. Diwan 26, 206.
— Naibi, ſ. Naibi.
Ajala, ſ. Santara.
Ajaien, Ajati [O.G. Petri] 2, 277.
Ajalen [Geſenius] 2, 277.
Ajan, Ajana, Ajam 2, 277.
Ajar [Ritzſch] 2, 277.
Ajar Daneſch, ſ. Bidpai, im Art. Bilpai.
Ajas, Aïas, ſ. Aas 1, 470; Ajar 2, 277; Aeus 4, 379.
Ajaſaluf, ſ. Ephyeſus 35, 318.
Ajas Paſcha (Großweſir) [v. Hammer] 2, 277.
— Ajaſch (Ort) [v. Hammer]; A., Ajazzo 2, 277.
Ajath, ſ. Ai 2, 258.
Ajar (griech.Held)[Ricklefs]2,277.
— (Schnecke) 2, 279.
Ajazzo, ſ. Ajas 2, 277.
Ajello [Röder] 2, 279.
Ajinga 2, 279.
Ajomama, Agiomama [Stein] 2, 279.
Ajos Oros, ſ. Athos 6, 195.
— Stephanos, ſ. Meteora.
Ajou 2, 279.
Ajovea [Sprengel] 2, 279. [34.
Ajubiten, Ejubiten, ſ. Arabien 5,
Ajuga [Sprengel und Burbach] 2, 279.
Ajuinschil, ſ. Helix.
Ajurinbi [v. Hammer] 2, 280.
Ajuru 2, 280.
Ajus Locutius [Ricklefs] 2, 280.
Akaba, ſ. Cloth. [Petri] 2, 280.
Akabe [Friedemann u.Hartmann]
Akabene, ſ. Meſopotamien.
Akademie, Akademiker [Tenne-mann] 2, 280.
Akademien [Wachler] 2, 280.
Akademiſche Würden, ſ. Univerſi-täten.
Akadine, ſ. Palice.
Akäne [Schoen] 2, 284.
Akakalis [Ricklefs] 2, 284.

Akaleſion, ſ. Arkabien 5, 318;
Hermes.
Akaleſios [Ricklefs] 2, 284.
Akaletes [Ricklefs] 2, 284.
Akalia [Martin] 2, 284.
Akalios, oder Akacius (Biſchöfe) [v. Baczko] 2, 285.
Akalus, ſ. Akeſios 2, 292.
Akalandros 2, 285.
Akalanthis, ſ. Picribes.
Akalephe, ſ. Acalypha 1, 240.
Akalkalaki, auch Aghalkolaki[Rom-mel] 2, 286.
Akalle, ſ. Akafallia 2, 284.
Akalyfte, ſ. Aghalzyche 2, 191.
Akamanthis; Akamas [Ricklefs] 2, 285.
Akamas [Ricklefs] 2, 285.
Akamba [Hartmann] 2, 286.
Akampſis [Ricklefs] 2, 286.
Akamni, ſ. Aktzhin 6, 208.
Akanias oder Arkanjas [Majer] 2, 286.
Akanſchib, Jakanſchib, Jakalſchi [Rommel] 2, 286.
Akanthabolus [Ritter] 2, 286.
Akanthis [Ricklefs] 2, 286.
Akanthon, ſ. Aitolia 2, 125.
Akanthos [Ricklefs] 2, 286.
Akanthus, Kanthon (in Aegypten) [Hartmann] 2, 286.
Akanticon, ſ. Piſtacit.
Akar, Akara [v. Hammer] 2, 286.
Akarnan [Ricklefs] 2, 287.
Akarnanien, Akarnanen [Spohn] 2, 287. [288.
Akaren, auch Ekron [Geſenius] 2,
Akaſte 2, 288.
Akaſtos [Ricklefs] 2, 288.
Akataleftiſcher Bers, ſ. Metrit.
Akataleptie [Tennemann] 2, 288.
Akatholiken [Samauf] 2, 288.
Akaba [v. Hammer] 2, 288.
Akbar (mong. Kaiſer) [Albers] 2, 289.
Akbarabah, ſ. Agra 2, 205.
Akbarpor [Kanngießer] 2, 289.
Akbeſch-Ben-Hedſchabi [Haſſe] 2, 289.
— Ben-Nafu. [Haſſe] 2, 289.
Akbüt [v. Hammer] 2, 290.
Akdengtis, ſ. Agäiſches Meer 2, 2.
Ake [Spohn] 2, 290.
Akeeſia, ſ. Blighia 11, 22.
Akena, ſ. Achenium 1, 295.
Akenippe [Friedemann] 2, 290.
Akenſide [Eichenburg] 2, 290.
Akephali (Kopfloſe) [Friedemann, 2, 291
— (Sekte) [Petri] 2, 291.
Aker (in Kurdiſtan) [Kanngießer] 2, 291. [2, 291.
— (in Schweden) [v. Schubert]

Akerkuf, ſ. Agerkuf 2, 189.
Akerman, ſ. Akkerman 2, 294.
Akerö [v. Schubert] 2, 291.
Akerſtröm [v. Schubert] 2, 291.
Akes [Kanngießer] 2, 291.
Akeſamenos, ſ. Periböa.
Akeſas, Aleſius [Horner] 2, 291.
Akeſia, ſ. Lemnos.
Akeſines [Kanngießer u. Friede-mann] 2, 292.
Akeſinos, Aceſinus [Rommel] 2, 292.
Akeſios (Beiname des Apollo) [Ricklefs] 2, 292.
— (Biſchof), ſ. Novatianer.
Akeſtes [Ricklefs] 2, 292.
Akeſtoriden (Geſchlecht) [Däber-lein] 2, 292.
Akhiſſar [v. Hammer] 2, 292.
Akia [v. Hammer] 2, 292.
Akiba (Ben Joſeph) [Hartmann und Geſenius] 2, 292.
Akidiſſell [v. Schubert] 2, 293.
Akibalia [Ricklefs] 2, 293.
Akibalios, ſ. Orchomenes.
Akibos, Akibon [Spohn] 2, 293.
Akif, Akaſif [Rommel] 2, 293.
Akiliſere [Rommel] 2, 293.
Akinaſis [Rommel] 2, 293.
Akindynos, ſ. Heſychiaſten.
Akinetos [Ricklefs] 2, 293.
Akis, ſ. Agä 2, 1.
Akis (Myth.) [Ricklefs]; A. (a. Geogr.) [Friedemann] 2, 293.
Akis, auch Acis (Käfergattung) [Germar] 2, 293.
Akisla, ſ. Aghalzyche 2, 191.
Akifkata, ſ. Akiſkata 1, 309.
Akjaſi [v. Hammer] 2, 294.
Akkabion Teichos (Accabious Murus) [Friedemann] 2, 294.
Akkalan, ſ. Achil-Kelek 1, 298.
Akkadhören, ſ. Hydroparaſtaten, im Art. Enoſiticiſmus 71, 223.
Akkaron, ſ. Ekron 33, 87.
Akkerman, auch Akerman, Aſpro Caſtro, Alba Julia, Belgoro-dof (v. Wichmann) 2, 294.
Akkim [Water] 2, 294.
Akkojunli, Akſche, ſ. Akhlat 1, 309.
Akkum und Akkumer Ee, ſ.Weſter-aftum.
Aklansk, Olkansk [Petri] 2, 294.
Aklat, ſ. Achlath 1, 309.
Aklibes oder Oklibes 2, 294.
Akliman, ſ. Snöpe.
Akmetſcheb, ſ. Achtmetſcheb 1, 328.
Akmon [Ricklefs] 2, 294.
Akni, ſ. Joſephsland.
Ako, Acco, auch Acca, Acre, St. Jean d'Acre [Geſenius] 2, 295.
Akometen [Petri] 2, 295.
Aköste [Ricklefs] 2, 295.
Akologie [Seifer] 2, 296.
Akolutbi, Akolythi [Petri] 2, 296.
Akomabaum [Ritter] 2, 296.
Akonai, ſ. Aconitum 1, 332.
Akontia, ſ. Aktzia 2, 305.
Akontias, ſ. Ameiten.
Akontion [Mohnike] 2, 297.

Akontios, Acontius [Mohnike] 2, 297.
Akontisma 2, 297.
Akoſcher Kub [Kanngießer]2,297.
Akpa, Akpabiarſuf, Akparnak, Ak-parngaf, Akparſaf, Akpartluf, ſ. Alca Torda 2, 407.
Akra, Acre (a. Geogr.) [Rommel, Friedemann u. Ricklefs]; A. (n. Geogr.) [Water] 2, 297.
Akrabatene [Geſenius] 2, 297.
Akrä (in Atolien) [Spohn] 2, 298.
— (in Sicilien) [Friedemann] 2, 298.
Akrä [Ricklefs] 2, 298.
Akrä-Komion [Rommel] 2, 298.
Akräos, ſ. Akraa 2, 298.
Akräpheus [Ricklefs] 2, 298.
Akräphia, Akräphiä, Akräphnion, Akräphnia [Spohn] 2, 298.
Akragas, ſ. Agrigentum 2, 298.
Akratophoros [Ricklefs] 2, 298.
Akratopotes, Akratos [Ricklefs] 2, 298.
Akriae [Spohn] 2, 298.
Akridophagi, ſ. Heuſchreckeneſſer.
Akrilla [Friedemann] 2, 298.
Akrisioniten, Akriſioniades, ſ. Akri-ſios 2, 298.
Akriſios [König] 2, 298.
Akritas [Ricklefs u. Spohn]2,298.
Akroama [Günther] 2, 298.
Akroamatiſch, Akroamatiker [Krug u. Hoffbauer] 2, 299.
Akroaſis, ſ. Akroamatiſch 2, 299.
Akroathon, ſ. Athos 6, 195.
Akrochiriſmos [Woller] 2, 300.
Akrokorinthos, ſ. Korinthos.
Akrolithen 2, 300.
Akroliſſos [Ricklefs] 2, 300.
Akron, ſ. Efron 33, 87.
— (Arzt) [Sprengel] 2, 300.
Akronychii [Fritſch] 2, 300.
Akropolis 2, 300.
— (iber. Stadt) [Rommel] 2, 301.
Akropolita (Georgius) [v. Baczko] 2, 301. [901.
— (Geo. Geſchichtſchr.) [Baur] 2,
Akroreia [Spohn] 2, 301.
Akrorita [Ricklefs] 2, 301.
Akroſtichon 2, 301.
Akrotatos [Kanngießer] 2, 301.
— (König) [Kanngießer] 2, 301.
Akroteria, 2, 302.
Akrothoon, Akrothoos [Ricklefs] 2, 302.
Akrub, ſ. Abſcherub 1, 457.
Akſai, Jachſai, [Rommel] 2, 302.
Akſala-Barbol, Akſaluf-Barbi [Petri]. [2, 302.
Akſchebr, Akſchehr [v. Hammer]
Akſchemſeddin (Scheich) [v. Ham-mer] 2, 302.
Akſchild, eig. Abu Bekr Muham-med (Statthalter von Aegyp-ten) [Rommel] 2, 303.
Akſchinſt [Petri] 2, 303.
Akſerai [v. Hammer] 2, 303.
Akſior, ſ. Luxor. [303.
Akſu [v. Hammer u. Rommel] 2,

Alſum, ſ. Axum 6, 516.
Altba (Myth.) [Ridlefs] 2, 804.
—, Alte, ſ. Attila 6, 215.
Altben [Ridlefs] 2, 804.
Altloe (König) [Ridlefs] 2, 804.
Altar [Rommel] 2, 804.
Altafd, auch Kambulat [Rommel]
2, 304.
Altau [Petri] 2, 304.
Alte [Spohn] 2, 304.
Al-Tengis [Rommel] 2, 304.
Altriſteten, ſ. Monophyſiten.
Altor [Ridlefs] 2, 304.
Altſchai [v. Hammer] 2, 804.
Altu [Dutſen] 2, 304.
Altuboja-Sera [Petri] 2, 304.
Altuminton, ſ. Acimincum 1, 326.
Altun, ſ. Aleutiſche Inſeln 3, 18.
Altujcha [Rommel u. Bater] 2,304.
Altuſchi, ſ. Dasyprocta 23, 159;
Psittacus militaris.
Altuſtei oder Altutmatiſt [Tenne-
mann] 2, 305.
Altuſtit, ſ. Schall.
Altutan, ſ. Aleutiſche Inſeln 3,18.
Altu-Thor, ſ. Thor.
Altutia [Friedemann] 2, 305.
Altyphas [Spohn] 2, 305.
Al [arab. Artitel] 2, 305.
Ala [Ritſch] 2, 305.
Ala lata 2, 305.
Alaba [Sidler] 2, 305.
Alabama, auch Alebama, Aliβama
[Herrmann] 2, 305.
Alabamba [Ridlefs] 2, 305.
Alabaſch [Spohn] 2, 305.
Alabaſter [Keferſtein und Bur-
bach] 2, 306.
Alabaſtertute [Ritſch] 2, 306.
Alabaſtrites [Keferſtein] 2, 306.
Alabaſtrum [Keferſtein] 2, 306.
— Alabaſtropolis (Stadt); Ala-
baſtrites (Berg) [Hartmann]
2, 306.
Alabes [Piechtenſtein] 2, 306.
Alablad, ſ. Ablat 1, 139.
Alabon, Alabie, Alabus [Sidler]
2, 307.
Alabona, ſ. Alauona 2, 327.
Alabuta [Schreger] 2, 307.
Alacananba ·Ganga, ſ. Ganges
53, 341.
Alach, auch Alich, Alch [Domini-
cus] 2, 307.
Alacoque (Margarethe) 2, 307.
Alacranes, Alcranes [Stein] 2,
307.
Alabag, ſ. Alatagh 2, 818.
Alabin, ſ. Alaebbin 2, 307.
Alabjchabjtar [v. Hammer] 2,307.
Alabjcham [v. Hammer] 2 807.
Alabuti, Alabulia, Alabulat Ili,
ſ. Marach.
Alä Axombes und Alä Axaphe-
nibes, ſ. Attila 6, 215.
Ala Dobin (Ebbyn, Arzt) [Spren-
gel]; A. (Gelſchul), ſ. Gelb-
ſchulen; A. (der ſog. Alte vom
Berge), ſ. Iſmaeliten; A. Pa-
ſcha; A. Eswed; A. Chalweti;

A. Arabi; A. Fangri; A. Tufſi
[v. Hammer] 2, 307. 308.
Alãſa, auch Aleſa, Hafeſa [Sidler]
2, 308.
Alãſius Halãſus [Sidler] 2, 808.
Alaſoea (Lafoõs) [Stein] 2, 808.
Alagna [Röber] 2, 308.
Alagoa [Stein] 2, 308.
Alagon [Stein] 2, 308.
Alagonia (Myth.) [Ridlefs] 2,808.
— (a. Geogr.) [Spohn] 2, 308.
Alai [v. Hammer] 2, 308.·
Alaia [v. Hammer] 2, 308.
Alain, ſ. Alanus 2, 315; Char-
tier 21, 158.
Alainos, auch Althainos [Ridlefs]
2, 308.
Alais [Haſſel] 2, 308.
Alajon, ſ. Alagon 2, 308.·
Alajor, ſ. Alayor 2, 328.
Alatenijche [v. Hammer] 2, 309.
Alatoreiſch [Rommel] 2, 809.
Alattagza, ſ. Dipus Jaculus 25,
479.
Alalãi [Hartmann] 2, 309.
Alalahun, ſ. Lahun.
Alalgenia, ſ. Alagonia 2, 309.
Alalit, ſ. Aleria 3, 15.
Alalit, ſ. Diopſib, im Art. Augit
6, 362.
Alaltomenae (maceb. Stadt) [Rid-
lefs] 2, 309.
—, Alaltomenion (böot. Stadt)
[Spohn] 2, 309.
Alaltomeneis [Ridlefs] 2, 309.
Alaltomenia [Ridlefs] 2, 309.
Alama, Albama [Stein] 2, 309.
Alamat [Fritjch] 2, 309.
Alamonga, ſ. Almunga 3, 184.
Alamanni u. Alamannorum pa-
gus, ſ. Alemanni 3, 5.
— (Luigi) [v. Orelli] 2, 309.
Alamat, ſ. Roſette.
Alambic, Alembic, ſ. Helm.
Alan, auch Alanus, Alen, Allyn
(William) 2, 310.
Aland und Alandblede, ſ. Cypri-
nus 20, 430.
— (Fluß) [Stein] 2, 311.
Aland- [v. Schubert] 2, 311.
Alandbroal, Althenbroal oder Land-
roal [Stein] 2, 312.
Alandsgraben [Stein] 2, 312.
Alanen, Alani, Alauni [Rom-
mel und Gratter] 2, 312.
Alangium [Sprengel] 2, 314.
Alanguer, Alenquer [Stein] 2,314.
Alani u. Alani montes, ſ. Ala-
nen 2, 312.
Alanje, Alhange [Stein] 2, 314.
Alanjon (Eb.) [Sprengel] 2,314.
Alant, ſ. Inula Helenium.
Alantin (Alantſtoff, Inuſin, Hene-
lin) [Stein] 2, 314.
Alanus, Alanus ab Insulis (Er-
barb) 2, 315; A. (Wilb.), ſ.
Alan 2,310; A. (Joh.) 2, 316.
Alapajew [Petri] 2, 316.

Alapi, ſ. Myiotheres.
—, ſ. Zring.
Alarcon 2, 816.
Alard, Marbus (Franz); A. (Wilh.
Lamperti, Nifol! und Matthias
·Andreas) [Dörfer und v. Ha-
lem] 2, 316.
Alaria [Ritjch] 2, 816.
Alarich I. (König der Weſtgothen)
[b. Bacjto] 2, 316.　[317.
— II. (König der Weſtgothen) 2,
Alaringen [Delius] 2, 317.
Alaro (Fluß) [Röber]; A. (Fleden)
[Stein] 2, 317.　[2, 317.
Alarobbi, auch Algrobbi [Ridlefs]
Alaſan, auch Alazon, Alazonius,
Abas [Rommel] 2, 317.
Alaſchehr [v. Hammer] 2, 318.
Alaſchfa oder Alaſta [Herrmann]
2, 318.
Alaſeja [Petri] 2, 318. [2, 318.
Alaſtverring-Berge [Herrmann]
Alaſto, ſ. a Laſto.
Alaſona [v. Hammer] 2, 318.
Alaſparus, ſ. Alcros 3, 191.
Alaſſac [Haſſel] 2, 318.
Alaſſona [v. Hammer] 2, 318.
Alaſtor [Ridlefs] 2, 318.
Alata, Galata (in Dalmatien)
[Ridlefs] 2, 318.
— und Alyta (in Arabien) [Rom-
mel] 2, 318.　[318.
— (in Aegypten) [Hartmann] 2,
Alatagh [v. Hammer] 2, 315.
Alatamba [Herrmann] 2, 218.
Alatau, Alaſof, auch Ulutau, ſ.
Uralgebirge.
Alatiten, ſ. Strombus.
Alatrium, Alatri [Sidler] 2, 319.
Alatür, auch Alator [Petri] 2,319.
Alauda (Lerche) 2, 319.
Alaun [Schreger und Keferſtein]
2, 322.　[2, 324.
— Erbe (mineralog.) [Keferſtein]
— Erbe (chemiſch-reine) [Schre-
ger] 2, 324.　[275.
— Erbemetalloib, ſ. Alumium 3,
— Erze [Lampabius] 2, 325.
— Fabrikation [Lampabius] 2,
325.
— Hütten [Lampabius] 2, 326.
— Leber, ſ. Leber.
— Mebl [Lampabius] 2, 326.
— Molfe [Schreger] 2, 326.
— Mutterlauge, ſ. Mutterlauge.
— Nieberjchlag [Lampabius] 2,
326.
— Probe [Lampabius] 2, 326.
— Roblauge [Lampabius] 2,326.
— Robjub, Alaun-Gutjub.
Bitriol-Rob- und Gutjub.
— Roth [Schreger] 2, 326.
— Schiefer [Blöbe] 2, 326.
— Stein [Blöbe] 2, 327.
— Wachs [Lampabius] 2, 327.
— Zuder [Schreger] 2, 327.
Alaunum [Rommel] 2, 327.
Alaunus 2, 327.　[2, 327.
Alauona, Alabona [Friedemann]

Alava [Stein] 2, 327.
—　[2, 898.
Alawerbi [Stein] 2, 327.
Alaymo (Marc Anton) [Sprengel]
2, 328.
Alazon, Alazonius, ſ. Aloſen. —
Alazonen [Rommel] 2, 328.
Alb, Alp, Alf, Elbe (Flüſſe) [Blig
und Molter] 2, 329.
—, Alp (Gebirge) [Babl] 2, 328.
— (würt. Landvogtei) 2, 329.
Alba, Albe; Albati [Petri] 2,329.
— (a. Geogr.) [Sidler] 2, 329.
— (mittl. Geogr.) [Delius, Mol-
ter und Kaiſer] 2, 330.
— (neuere Geogr.) [Röber] 2,332.
— (Ferb. Alvarez von Toledo,
Herzog von) [v. Rottel] 2,832.
Albacete [Stein] 2, 336.
Albaiba [Stein] 2, 336.
Alban (Stadt) [Haſſel] 2, 336.
— (der Heilige) 2, 336.
Albana, ſ. Albanus 2, 342.
Albanenſes, ſ. Katharer.
Albani, ſ. Albanier 2, 340.
— (Carbinäle) [Baur] 2, 836.
— (Francesco) [Weiſe] 2, 338.
Albania [Rommel und Rann-
giefser] 2, 338.
Albaniana, ſ. Albiniana 2,-369.
Albanien (das alte) [Rommel]
2, 338.
— (das neue) 2, 339.
Albanier (Arnauten, Stipetar)
[v. Hammer, Stein u. Bater]
2, 340.
Albaninte 2, 341.
Albano [Stein] 2, 341.
Albanopoli [Stein] 2, 341.
Albaſin, Albasin [Petri] 2, 843.
Albangulben [b. Arnolbt] 2, 841.
Albanum Prädium und Muni-
cipium; Albanus lacus; Al-
banus mons [Sidler] 2, 842·
Albanus (Fluß) u. Albana (Stadt)
[Rommel] 2, 342.
Albanus Mons [Ridlefs] 2,842.
Albany (in ben Hubvonsbaiſil-
bern) [Herrmann] 2, 342.
— (im Staate Newyort) [Herr-
mann] 2, 343:　[343.
— (pennf. Ort) [Herrmann]
Albarracin [Stein] 2, 343.
Albaſtin, Albaſin [Petri] 2, 843.
Albategnius, Mohammed Ben Ge-
ber [Matani Schaubach] 2,343.
Albatera [Stein] 2, 344.
Albati, ſ. Alba 2, 329.
Albi, Dealbotores (relig. Ge-
fellſchaften) [Petri] 2, 344.
Albatros, ſ. Diomedea 25, 312.
Albagen [Haſſel] 2, 344.
Albayba [Stein] 2, 344.
Al Azim, ſ. Albaſin 2, 343.
Albbeck, Alpeb [Kaiſer] 2, 344.
Albemarle (Graffch.); Albemarle-
jund [Herrmann] 2, 344.
— (Graf und Herzog), ſ. Keppel;
Mont.　[544.
Alben [Röber u. Winkelhofer] 2,
Albendorf [Menzel] 2, 344.

Albeneſpara, f. Albuneſpara 2,401.
Albenga, f. Album Ingaunum 2, 372.
Albenreut (Neu- u. Alt-) [André] 2, 344.
Albenſer Geſpanſchaften, f. Weiſſenburger Geſpanſchaften.
Alber, Albertus (Erasmus) 2, 345.
Alberche [Stein] 2, 345.
Albergaria, f. Apungsrecht 6, 266.
Albergotti (vier Gelehrte u. Biſchöfe) 2, 345.
Alberich I. und II. (Alberico), (Markgraf v. Spoleto) 2, 345.
—, Albericus (Philoſoph) [Tennemann] 2, 346.
—, Albericus (Geſchichtſchreiber) [Baur] 2, 346. [361.
—, Alberic d'Aig, f. Albert 2,
—, Alberico de Roſate, Roxiati (Rechtsgelehrter) 2, 346.
Albern, Albernheit [Maaß] 2, 346.
Albernau (Engelhardt] 2, 347.
Alberoni (Julius) [Baur] 2, 348.
Alberſchwende (Kaiſer] 2, 354.
Albert (Stadt), f. Ancre 4, 13.
— oder Albrecht (Name) 2, 354.
— I.—V. Adalbert, Adelbert (Erzbiſchöfe von Magdeburg [Rathmann] 2,354—357.
— oder Alberic von Aix 2, 361.
— v. Stade (Wächter u. Schlichthorſt] 2, 361.
— der Große, f. Albertus Magnus 2, 364.
— (Heinrich) [Rochlitz] 2, 161.
Alberti (Flecken) [Rumy] 2, 361.
— (Benedict), f. Florenz 45, 326.
— (Leon Battiſta) [Sickler] 2,361.
— (Leander) 2, 362.
— (Salomo) [Sprengel] 2, 362.
— (Valentin) [Baur und Fiſcher] 2, 362.
— (Michael) [Sprengel] 2, 362.
— (Georg Wilh.) 2, 363.
— (Joh.) [Baur] 2, 363.
— di Villanova (Franz) 2, 363.
— (Jul. Guſt.) [Baur] 2, 363.
— (Joh. Chriſtoph Endw.) [Baur] 2, 363. [366.
Albertiner, f. Albertusthaler
Alberts, f. Albrechts 2, 398.
Albertus Aquenſis und Stabenſis 2, 361.
— Magnus (Albert der Große) [Buhle] 2, 364. [366.
Albertusgülben [Schmieder] 2,
Albertusthaler, auch Albertiner, Kreuzthaler, Burgunderthaler [Schmieder] 2, 366.
Albertus, f. Alber 2, 345.
Albi 2, 367.
— Dealbatores, f. Albati 2, 344.
Albia [Richleß] 2, 369.
Albicius, f. Albizzi 2, 372.
Albiga, f. Alby 2, 405.
Albigaunum, f. Album Ingaunum 2, 372.
Albigenſer, Albienſer [Petri] 2, 367.

Albigi, f. Albizzi 2, 372.
Albin (Foſſiliengattung) [Germar] 2, 368.
— (Stadt) [Haſſel] 2, 369.
— (Joſ.) [Haſſel] 2, 369.
Albinagii jus(droit d'Aubaine), f. Fremblingsrecht 49, 119.
Albineſpara, f. Albuneſpara 2,401.
Albingaunum, f. Album Ingaunum 2, 372.
Albiniana, auch Albaniana, Albimana, Albamana 2, 369.
Albino [Röder] 2, 369.
Albinos(Blaſarbe,Dondos,Kakerlaken, Leucaethiopes) [Schnurrer] 2, 369. [370.
Albinovanus (Pedo) [Haus] 2,
Albini, Albechowa, f. Albgau in Alba (mittl. Geogr.) 2, 330.
Albintemelium, Albintimilium, f. Album Intemelium 2, 372.
Albinus (Philoſoph) [Tennemann] 2, 370.
— (röm. Feldherr), f. Severus.
—, f. Alcuin 2, 420.
— (Peter) 2, 370.
— (Bernhard u. Bernhard Siegfried) [v. Kampen] 2, 370.
Albion (Myth.), f. Albion 3, 4.
— (Geogr.), f. Britannien [2,371.
Neu-Albion.
— (ſächſ. Heerführer) [v. Marées]
Albireo [Fritſch] 2, 371.
Albis (Dom.), f. Alba 2, 329.
— (a. Geogr.) [Richleß] 2, 371.
— (Bergkette) [Wirz] 2, 371.
Albiſola [Röder] 2, 372.
Albiſſon [Baur] 2, 372.
— Intemelium, jetzt Albenga [Sickler] 2, 372.
Albizzi, begli Albizzi, auch Albigi (Familie) [Baur] 2, 372.
Alblaſſerwaard u. Ablaß [Haſſel] 2, 373.
Albo (Albt), f. Abbo 1, 49.
— (Joſ.) [Hartmann] 2, 373.
— Sarrab (in Schweden) 2, 373.
Albocella [Friedemann] 2, 373.
Alboin (longob. König) [v. Rotteck] 2, 373.
Albon (Jakob von, Marquis von Fronſac); A.(Anton von, Erzbiſchof von Lyon); A. (Claude Camillus Franz, Graf von) [Baur] 2, 374.
Albona (Gebirge) [Röder] 2,375.
—, f. Abnoba, in Abnobiſches Gebirg 1, 145.
Albor, Alvor [Stein] 2, 375.
Alboraß, f. Muhammed.
Albordy [Kanngießer] 2, 375.
Albornoz (Ägidius Alvarez Carillo) [Baur] 2, 376.
Albourn [Haſſel] 2, 376.
Albrac, f. Aubrac 6, 272.
Albrecht (Geogr.) [v.Bachzo und Bleß] 2, 377.
— (Name), f. Albert 2, 354.

Albrecht v.Anhalt, f.Anhalt 4,115;
A.,Markgraf von Brandenburg 2, 378. [büller] 2, 377.
— IV. (Herzog in Baiern) [Mil-
— I. oder Adelbert (Markgraf von Brandenburg) [de Marées] 2, 378.
— II. (Markgraf von Brandenburg [Stein] 2, 381.
— mit dem Beinamen Achilles u.Ulyſſes(Markgraf von Brandenburg) [Stein] 2, 381.
— (erſter Herzog von Preußen) [v. Bachzo] 2, 384.
— Friedrich (zweiter Herzog von Preußen) [v. Bachzo] 2, 385.
— von Habsburg (Herzog von Oeſterreich, deutſcher Kaiſer) [Wartinger] 2, 389.
— der Große(Herzog von Braunſchweig und Lüneburg [v. Boſſe] 2, 386.
— I. oder II. (Herzog zu Mecklenburg) [v. Kampß] 2, 387.
— (König v. Schweden) [v. Gehren] 2, 388.
— von Meißen, f. Albrecht von Sachſen 2, 394.
— I. von Oeſterreich (Herzog von Oeſterreich, deutſcher Kaiſer) [Wartinger] 2, 389.
— II. (Herzog von Oeſterreich, der Lahme)[Wartinger] 2, 391.
— III. (Herzog von Oeſterreich, mit dem Zopfe) 2, 392.
— IV. (Herzog von Oeſterreich, der Geduldige) 2, 392.
— V. (von Oeſterreich, als deutſcher Kaiſer A. II.) [Rumy] 2, 393.
— VI. (der Verſchwender, Herzog von Oeſterreich) 2, 393.
— der Stolze (Markgraf von Meißen) 2, 394.
— der Unartige (Landgraf von Thüringen und Markgraf von Meißen) [v. Kampß] 2, 387.
— (der Beherzte, Herzog zu Sachſen) [Haſſel] 2, 395.
— (Joh. Wilh.) [Erhard] 2, 397.
Albrechts, Alberts [Stein] 2, 398.
Albrechtsberg (Lichtenſtern] 2, 398. [2, 398.
Albrechtsberger (J. G.) [Rochlitz]
Albrechtsfeld [Engelhardt] 2,398.
Albrechtsthal, f. Weilerthal.
Albreda (Gebirge) [Röder] 2, 398.
Albret oder Lebret (Familie) [Baur] 2, 398.
Albrich (Joh.) [Rumy] 2; 399.
Alb-See (v. Hazzi] 2, 399.
Albrizzi (Joh.) [Baur] 2, 399.
Abucaſis, f. Abulfaſem 1, 223.
Albuera (Stein] 2, 400.
Albufeira (Stein] 2, 400.
Albuginea und Albugo (v. Auge 6,399; Geſchlechtsapparat63,1.)
Albula (Fiſchgattung) [Lichtenſtein] 2, 400.

Albula, Albula(Berg)[Wirz]2,400.
— (Fluß), f. Tiberis.
Albulae Aquae, jetzt Acque zolfe 2, 400.
Album 2, 401.
Album graecum und Album nigrum [Burdach] 2, 401.
Albunea (Krebsgattung)[Lichtenſtein] 2, 401. [2, 400.
— (Nymphe), f. Albulae Aquae
Albuneſpara, auch Albeneſpara, Albineſpara [Delius] 2, 401.
Albuquerque (Städte) [Stein] 2, 402. [402.
— (Alfonſo d') [Niemeyer] 2,
Alburgh 2, 404.
Alburnus [Siffler] 2, 404.
Albus [Schmieder] 2, 404.
Alburus (Titus) [Zennemann] 2, 404.
Albuzinßta 2, 405.
Alby [Haſſel] 2, 405.
Alcoa, Alt [Merrem] 2,405.
Alcaçar, Alcacer, eigentl. Alkazar [Stein] 2, 408.
Alcaſa, f. Alcaße 2, 408.
Alcaſa [Stein] 2, 408.
Alcaße, Alcaïde [Ritter] 2, 408.
Alcamo [Röber] 2, 408.
Alcanede oder Alcanhede [Stein] 2, 408.
Alcaniß [Stein] 2, 408.
Alcanna, f. Anchuſa 4, 11; Lawſonia.
Alcantara [Stein] 2, 408. [409.
Alcantara-Orden [Gottſchalf] 2,
Alcaraz [Stein] 2, 409.
Alcarrazas [Kaſtner] 2, 409.
Alcarria, Algarria(Stein] 2, 409.
Alcarra, f. Pelecanus.
Alcaudete [Stein] 2, 409.
Alcavala [v. Boſſe] 2, 409.
Alce [Friedemann] 2, 410.
Alcea [Sprengel] 2, 410.
Alceat, f. Inula.
Alcedo, Königsfiſcher, Eisvogel (Wörter, u. b. Bildungen] 2, 410.
Alcest [Haſſel] 2, 414.
Alcester [Haſſel] 2, 414.
Alchabur (Chabur [Stein] 2, 414.
Alchata, f. Pterocles setarius.
Alchemie (im Allgem.) [Sprengel] 2, 414; u. A. (im Orient) [v. Hammer] 2, 417.
Alchemilla [Sprengel und Burdach] 2, 417.
Alchemiſten, f. Alchemie 2, 414.
Alchinbuß, f. Alſenß 3, 135.
Alchornea [Sprengel] 2, 418.
Alchymie, f. Alchemie 2, 414.
Alciati (Andreas) [Spangenberg] 2, 418.
Alciati (Joh. Paul) 2, 419.
Alcimus (Hoheprieſter) [Geſenius] 2, 419.
—, oder Latinus Alcimus Alethius (Geſchichtſchr.) [Ebert] 2, 419.

3*

Alcimus Avitus, f. Avitus 6,506.
Alcina, f. Wedelia.
Alcino, f. Montalcino.
Alcinoie, f. Alcyonius 2, 422.
Alcira [Stein] 2, 419.
Alcis [Braun] 2, 419.
Alcoa [Stein] 2, 419.
Alcobaça [Stein] 2, 419.
Alced [John] 2, 419.
Alceitim, f. Alcoutim 2, 420.
Alcer [Fritsch] 2, 420.
Alcora [Stein] 2, 420.
Alcorneque [Sprengel] 2, 420.
Alcossua [Stein] 2, 420. [420.
Alcoutim, Alcoitim [Stein] 2,
Alcoy [Stein] 2, 420.
Alcudia [Stein] 2, 420.
Alcuin (Alcwin, Albinus, Alcuinus) [Ricmeyer] 2, 420.
Alcyon, f. Alcedo 2, 410. [firn.
Alcyone, f. Plejaden; SiebengeaAlcyonium, Seehand [Meckel] 2, 422.
Alcyonitae (Peter) [Baur] 2, 422.
Alban [Petri] 2, 422.
Aldborough [Hassel] 2, 423.
Aldea Gallega [Hasse] 2, 423.
Aldeša [Sprengel] 2, 423.
Aldebaran [Fritsch] 2, 423.
Aldebert (der Adelbert) 1, 395; Albert 2. 354. [1, 395.
Aldebertiner, f. Adelbert (Ketzer)
Aldego [Röder] 2, 423.
Aldegonde (Philipp von Marnix, Herr von MontaSainteaA.) [v. Arnoldi und v. Kampen] 2, 423.
Aldegrever (Albrecht), auch Altegraf, Albert von Westfalen [Weise] 2, 425.
Abelmus, auch Abelmus, Abelheim, Abelin [Baur] 2, 427.
Aldenaar, Aldenahr, f. Altenahr 3, 283. [426.
Aldenburg (Kloster) [Wagner] 2,
— (Dietrich u. Herm.) [v.Bactjo] 2, 426.
—, Grafen von, Aldenburgischer Tractat, f. Bentinct 9, 46; Kniphausen; Oldenburg.
Aldenhoven [Heyse] 2, 426.
Alderamin [Fritsch] 2, 426.
Alderete (Diego Gracian b'); A. (Bernh.) 2, 426.
Alderman [Ritter] 2, 427.
Aldernev, franz. Aurigny [Hassel] 2, 427. [2, 427.
Aldersbach, Allersbach [v. Hazzi]
Aldier, Albionen [v. Arnoldi] 2, 427.
Aldini (Tobias) [Sprengel] 2,428.
Aldinarii, f. Aldier 2, 427.
Aldobrandini (Familie) [Baur] 2, 428. [2, 428.
Aldobrandinische Hochzeit [Sickler]
Aldred 2, 429.
Aldrich (der Heilige) 2, 429.
— (Heinr.) [Baur] 2, 429.
Aldringer, f. Altringer 3, 272.
Aldrovanda [Sprengel] 2, 429.

Aldrovandi (Ulysses) [Ebert] 2, 429.
— (Pompejus) [Baur] 2, 430.
Al Dschesira, f. Mesopotamien.
Aldstone Moor [Hassel] 2, 430.
Alduabis, f. Doubs 27, 321.
Alduides [Stein] 2, 430.
Alduin, f. Auduin 6, 282.
Albus, f. Manutius.
Ale, f. Bier 10, 131.
Alea (Myth.) [Riclefs] 3, 1.
— (a. Geogr.) [Spohn] 3, 1:
Aleander (Hieronymus der Ältere) [Erhard] 3, 1.
— (Hieronymus der Jüngere) [Erhard n. Spangenberg] 3, 3.
Alebama, f. Alabama 2, 805.
Alebion [Riclefs] 3, 4.
Alector, f. Gallus 53, 220.
Alectoria [Sprengel] 3, 4.
Alectorides, Hühnsteljer [Merrem] 3, 4.
Alectorolophus [Sprengel] 3,4.
Alectra [Sprengel] 3, 4.
Alectrion [Nitsch] 3, 4.
Alegambe (Philipp) [Baur] 3, 4.
Alegranza [Stein] 3, 5.
Alegre (Yves, Baron von) 3, 5.
Alegria de Dulanci [Stein] 3, 5.
Aleïson [Spohn] 3, 5.
Alektosei, f. Afghanen 2, 140.
Alekto, f. Erinnyen 37, 127.
Alektor [Riclefs] 3, 5.
Alektryomantie (Grotefend) 3, 5.
Alektryon [Riclefs] 3, 5.
Aleman (Mattheus) 3, 11.
— (Louis Augustin) 3, 11.
Alemanni, Allemanni, Alamanni (im allgemeinen) [Wilcken] 3, 6.
Alemannen (Bolk u. Land) [Pfister] 3, 7.
Alemannien (Herzogthum) [Delius] 3, 9.
Alemannorum pagus (Alemannengau; Theil des Herzogth. Alemannien) [Delius] 3, 11.
Alembrothsalz [Burbach] 3, 11.
D'Alembert (Jean le Rond) [Tennemann] 3, 11.
Alemtejo, Alentejo [Hasse] 3, 12.
Alen, f. Aalen 1, 16.
— v., v. Olen, f. Honbefoeter.
Alençon (Stadt) [Hassel] 3, 13.
— (Herzoge von) [Hasse] 3, 13.
Alenquez [Stein] 3, 13.
Aleo, f. Diosturen 25, 404.
Aleochara (Sonnenkäfer) [Germar] 3, 14.
Aleos [Riclefs] 3, 15.
Alep, Aleppo, f. Haleb.
Aleph, f. A 1, 1.
Alepyrum [Sprengel] 3, 15.
Aler (Paul) [Lange] 3, 15.
Alera, f. Aller 3, 161.
Aleria [Friedemann] 3, 15.
Ales (Städtchen) [Röder] 3, 15.
— (Aler. ab), f. Alesius 3, 16.
Alesa, f. Alaesa 2, 308.
Alesbury, f. Aylesbury 6, 517.

Aleschki(Alefi, ruff. Oleſch)[Rommel] 3, 15.
Alesa 3, 15.
Alesä [Spohn] 3, 16. [3, 16.
Aleso (Marco Perez der Weise) [Spohn] 3, 16.
Alesius (Alexander), auch Alexander ab Ales [Wohnlte] 3, 16.
Aleski, f. Aleschki 3, 15. [3, 17.
Alessandria (della Voglia) [Röder]
Alessandro Alessandri, f. Alexander ab Alexandro 3, 44.
Alessandrona, f. Alexandria 3,47.
Alessani [Röder] 3, 17.
Alessi (Galeazzo) 3, 17.
Alessio (Offenberuffl) [n. Hammer und Stein] 3, 17.
Alesus, f. Alaesa 2, 308.
Aletes (Myth.) [Riclefs] 3, 17.
— (a. G.) [Friedemann] 3, 17.
Aleth [Hassel] 3, 17.
Aletes [Riclefs] 3, 17.
Aleris, f. Jtaliea.
Aletium, f. Lecce.
Aletris [Sprengel] 3, 18. [3, 18.
AletschaThal u. aGletscher [Wirz]
Aletum [Röder] 3, 18.
Alenaš [Riclefs] 3, 18.
Aleuritis [Sprengel] 3, 18.
Aleuromantie (Grotefend) 3, 18.
AleutischeInseln [Hermann] 3,18.
Alexander (drei maceb. Könige) 3, 19. 20. 27.
— der Große [v. Rottec und Drei] 3, 20.
— (Polysperchons Sohn), f. Polyperdion. [machob.
— (Lysimachos Sohn), f. Lysi-
— von Phera 3, 27.
— (Könige von Epirus) 3, 27.
— b.Atolier (Grammatiker) 3, 31.
— I. Balas (syr. König) [Geleniuß] 3, 28. [feniuß] 3, 28.
— II. Zebinas (syr. König) [Ge-
— Jannäus (König der Juden) [Geleniuß] 3, 29. [3, 29.
— (zwei jüd. Prinzen) [Geleniuß]
— Polyhistor 3, 31.
— (Sohn der Kleopatra) [Drimann] 3, 29.
— Philaletheß [Sprengel] 3, 30.
— von Agä [Krug] 3, 30.
— von Aphrodisiaß [Krug] 3,30.
— der Paphlagonier 3, 30.
— (griech. Rhetor) [Bechr] 3, 31.
— Severuß (röm. Kaiser) [Günther] 3, 31.
— von Lykopolis 3, 31.
— von Tralles [Sprengel] 3, 32.
— (byzant. Kaiser) 3, 32.
— I.—VIII. (Päpste) [Voigt] 3, 32—38.
— I.—III. (Könige v. Schottland) [Hasse] 3, 38—40.
— von Bernay 3, 41.
— Jaroslawitsch Newski (ruff. Großfürst) [Buble] 3, 42.
— de Villa Dei [Baur] 3, 44.
— (Fürst v. Georgien) [Rommel] 3, 44.

Alexander ab Alexandro (Alessandro Alessandri) [Ebert] 3, 44.
— (König von Polen) [v. Bactjo] 3, 45.
— Farnese, f. Farnese 41, 460.
— (William) [Baur] 3, 45. [3, 46.
— (Natalis, frz. Noel) [Baur]
— a S. Joanne a Cruce, f. Fleury 40, 235.
AlexandersaBad, f. Sichersreuth.
AlexandersaPapagei, f. Psittacus Alexandri.
Alexandra (Myth.), f. Kassandra.
— (jüb. Königin) [Geleniuß] 3, 46.
Alexandreer, f. Alexander von Aphrodisias; Eklektifer.
Alexandreschata und Alexandrette, f. Alexandria 3, 47.
Alexandria (a. Geogr.) [Kammgießer u. Manso] 3, 47.
— (jetzt Standerit, in Aegypten) [Hartmann] 3, 47.
— (in Italien), f. Alessandria 3, 17.
— Alexandrest (in Rußland) [Petri] 3, 55. [3, 55.
— (in Nordamerika) [Herrmann]
— Troas, f. Troja.
Alexandrinus, Alexandrinifche Geleprte, f. Alexandria (in Aegypten) 3, 47.
—, f. Alexandrinifche Schule 3,49;
Aegyptifche Alterthümer 2, 27.
— (Bresmaß) [Wendt] 3, 55.
Alexandrinus (Diofpengel] 3, 56.
Alexandrion [Geleniuß] 3, 56.
Alexandrinifche Schule (Buble, Sprengel u. Tennemann] 3,49;
— Münzen [Stieglitz] 3, 54.
Alexandropolis, f. Aga in Kilikia 2, 1.
Alexandros [Riclefs] 3, 56.
Alexandrow oder Alexandrewst [Petri und Rommel] 3, 56.
Alexanor [Riclefs] 3, 57.
Alexei Michailowitsch (ruff. Zar) [Buble] 3, 57.
— Petrowitsch (ruff. Großfürst) [Buble] 3, 64.
Alexeref [Petri] 3, 72.
Alexiares [Riclefs] 3, 72.
Alexin [Petri] 3, 72.
Alexitafos (Myth.)[Riclefs] 3,72.
Alexinos [Tennemann] 3, 72.
Alexipharmaca und Alexiterium, f. Gifte 67, 81; Gegengifte 56, 46.
Alexis (griech. Dichter) [Jacobs] 3, 73.
— (Guillaume) 3, 73.
— bef Arco [Weise] 3, 73.
Alexisbad [Gottschall] 3, 73.
Alexius I. Komnenus (oſtröm. Kaiser) [v. Bactjo] 3, 73.
— II. Komnenus (oſtröm. Kaiser) [v. Bactjo] 3, 73.
— III. Andronikus Komnenus 4, 51.
— III. Angelus (oſtröm. Kaiser) [v. Bactjo] 3, 74.

Altland, s. Alt 3, 227.
Altmann (Joh. Georg) [Baur] 3, 268.
Altmart [Stein] 3, 268.
Altmorschen [Hassel] 3, 268.
Altmühl [Kaiser] 3, 268.
Altmünde (Hassel) 3, 269.
Altodouro [Stein] 3, 269.
Altom, s. Rechine.
Altonare (Donat. Ant. v.) (Sprengel) 3, 269. [3, 269.
— (Glasius oder Biagio) [Baur]
Altomünster [v. Hazzi] 3, 369.
Alton [Hassel] 3, 270.
Altona [Dörfer] 3, 270.
Altonaischer Tractat, Receß, Vergleich [Dörfer] 3, 270.
Altorf (in der Schweiz) [Wirz] 3, 271.
— s. Altdorf 3, 230.
Altorfer (Joh. Jal.) [Meyer b. Knottan] 3, 271. [3, 271.
Altranstädt (Engelhardt u. Stein)
Altranstädter Friede (Hasse) 3,271.
Altreu [Wirz] 3, 272.
Altringer (Joh. auch Albringer) [Rele] 3, 272.
Altsattel [André] 3, 272.
Altschottland, s. Danzig 23, 94.
Altshausen [Alschhausen [Kaiser] 3, 272.
Altstab [Wirz] 3, 279.
Altstadt, s. Hradisch; Schongau; Steupen; Waldenburg.
Altstätten [Wirz] 3, 273.
Altürier [Wüttenbach] 3, 273.
Altün oder Telezkischer See; A. (Berg) [Petri] 3, 273.
Altun-Kupri [Kanngießer] 3, 273.
Altuntsch [v. Hammer] 3, 273.
Altura [Stein] 3, 273.
Altvaterrecht, s. Leibzucht. [273.
Altwasser (in Schlesien) [Fischer] 3,
— (in Mähren) [André] 3, 274.
Altzelle, s. Klosterzelle; Zelle.
Aluata [Medel] 3, 274.
Alucita [Zinken, gen. Sommer] 3, 274.
Aluce, s. Strix.
Alubel, oder Sublimirtöpfe [Lampabius] 3, 274.
Alumen [Keferstein] 3, 274.
Aluminit [Keferstein] 3, 275.
Alumium [Schreger] 3, 275.
Aluntium [Friedemann] 3, 276.
Alurnus [German] 3, 276.
Alusa, Musso [Rommel] 3, 276.
Alusu (Musotta) [Rommel] 3, 276.
Aluta, s. Alt 3, 227.
Alutae [Ridlefs] 3, 276.
Aluterus [Lichtenstein] 3, 276.
Alva de Tormes [Stein] 3, 276.
— v Astorga [Pet. v.] 3, 276.
Alvar [Kanngießer] 3, 276.
Alvarabo (Stadt) [Stein] 3, 276.
— (Don Pedro und Alfonso), s. Cortez 21, 374; Pizarro.
Albarez (Franz) [Baur] 3, 276.
— (Emanuel) [Baur] 3, 277.

Alvarez (Mariano) 3, 277.
Alveld (Augustin), auch Alfeld, Alfeld, Alfeldinus [Erhard] 3, 277.
Alvenau [Wirz] 3, 277.
Alvend [Kanngießer] 3, 277.
Alvensleben (Flecken und Dorf) [Stein] 3, 277. [3, 278.
— von (Adelsfamilie) [Lucanus]
— (Phil. Karl, Graf v.) [Stein] 3, 279.
Alveoli, s. Kiefer; Zähne.
Alverca, Alberca [Stein] 3, 279.
Alverdissen [Hassel] 3, 280.
Alvinc, Alvintz Winzendorf Wengs, Vintz [v. Benjani] 3, 280. [3, 280.
Alvinczy (Jos. Freih.) [Rumy]
Alvito [Stein] 3, 282.
Alvos [Ridlefs] 3, 282.
Alvos [Stein] 3, 282.
Alringer (Joh. Baptistav.) [Gruber] 3, 282.
Alyattes, s. Shyaxares.
Alybe [Friedemann] 3, 283.
Alydus [German] 3, 283.
Alym, s. Alim 3, 126.
Alypon, s. Convolvulus 19, 228.
Alyselmindus s. Taenia.
Alyxia [Klug] 3, 283.
Alyson [Klug] 3, 283.
Alyssum [Sprengel] 3, 283.
Alytarchia [Spangenberg] 3, 284.
Alyxia [Sprengel] 3, 285.
Alz [v. Hazzi] 3, 285.
Alsales [Sprengel] 3, 285.
Alzen (Olzen) Alzenau, Leschkirch.
Alzenau 3, 285.
Alzet [Wüttenbach] 3, 285.
Alzey 3, 285.
Alzitos, s. Hamaxitos; Troas.
Amad, Amat, s. Amaget 3, 299.
Amada [Hartmann] 3, 285.
Amadabad, Ahmedabad s. Guzerate 99, 152.
Amaban, s. Hamadan.
Amade oder Omode (ungar. Familie) [Rumy] 3, 285.
Amadeus I.—VII (Grafen von Savoyen u. Piemont) [Hasse] 3, 286—290.
— VIII. u. IX. (Herzoge von Savoyen) [Hasse] 3, 291—295.
Amadia, Aamabia (Stadt in Kurdistan) [v. Hammer] 3, 296.
— , Amadiah (Landschaft in Kurdistan) [Kanngießer] 3, 297.
Amadis [Gruber] 3, 297.
— Tute (Schnecke), s. Conus Amadis 19, 220.
Amadoca [Rommel] 3, 298.
Amad Rubbari [Kosegarten] 3, 298. [3, 298.
Amaduzzi (Joh. Christoph) [Baur]
Amagdet (Amad) [Rüthel] 3, 299.
Amagetobria, s. Magetobria.
Amaguana, Amana, auch Maguana, s. Bahamainseln 7, 121.
Amahata, s. Amhara 3, 355.

Amäl [v. Schubert] 3, 299.
Amalagan (Alamagan) s. Labronen.
Amalago, s. Piper Amalago.
Amalarich, s. Amalrich 3, 307.
Amalasuntha, auch Amalasuintha, Amalesuenta [Niemeyer] 3, 300.
Amalchium Mare [Ridlefs] 3, 301.
Amalet und Amalefitter [Geschius] 3, 301.
Amaler, s. Gothen 75, 98.
Amalfi (neapol. Stadt) [Wachsmuth] 3, 301.
— (Prinzessin von, Constantia d' Avalos) 3, 302.
Amalgam (natürliches) [Bläbe]; A. (künstliches) [Kastner]; A. (in technischer Hinsicht) [Lampabius]; Kiemawer'sches A. [Kastner] 3, 302. 303. [303.
Amalgamation (Lampabius) 3,
Amalgamations-Beschickung, Amalgamir-Erz-Sieden und Mahlen, Amalgamir - Erz - Rösten, Amalgamir-Lauge, Amalgamir-Probe, Anxalgamir-Silbereinschmelzen, Amalgamir-Silbertreiben, Amalgamir-Werk [Lampabius] 3, 304. 305.
Amalia (Gemahlin Günther's vo Schwarzburg) [Helbach] 3, n905.
Amalie (Elisabeth, Landgräfin v. Hessen-Kassel) [Justi] 3, 305.
— (Anna, Prinzessin von Preußen) [Rödlih] 3, 306.
Amalienbad [Stein] 3, 307.
Amalienburg, s. Kopenhagen.
Amalienruhe (Emmrich) 3, 307.
Amallicalab, s. Pelew-Inseln.
Amalric (oder Almaric, Amauri) [Tennemann] 3, 308.
Amalrich, Amalrichus, Amalric (König der Westgothen) [Niemeyer] 3, 307.
— , Amaury, s. Kypros und Jerusalem.
Amaltheia [Ridlefs] 3, 308.
Amaltheus oder Amalteo [Ebert] 3, 308.
Amana (Sixtin) [Baur] 3, 308.
Amana (im Libanon) [Gesenius] 3, 309. [7, 121.
— , Amaguana, s. Bahamainseln
Amanafсye (russ. Globode) Amanaf (Fluß) [Petri] 3, 309.
Amanbay 3, 309.
Amanb, St.- (Städte, Fluß) [Hassel] 3, 309.
— Montrand St.- (Stadt) [Hassel] 3, 309. [3, 309.
— St.- (Johann v.) [Sprengel]
Amanbus (General Diocletians), s. Aelianus VIII. 2, 44.
— (nach Einigen Petrus, nach Andern Johannes) [v. Bazzo] 3, 309.
Amantia [Sprengel] 3, 309.
Amonos [Sprengel] 3, 310.
Amans, St.- [Hassel] 3, 310.
Amantea [Röder] 3, 310.
Amantia [Ridlefs] 3, 310.

Amantini [Ridlefs] 3, 310.
Amantius (Barthol.) [Baur] 3, 310.
Amanuata praedia, s. Bauerngut 8, 172.
Amanuensis [Günther] 3, 310.
Amarus, s. Hom; Taurus.
Amapalla [Stein] 3, 310.
Amaquemecan, s. Chichimeten 21, 159. [3, 310.
Amara (Käfergattung) [German]
—, auch Dewa-Amara, Amara-Sinba (gelehrter Indier) [Majer] 3, 310.
Amarante [Stein] 3, 311.
Amaranthen Orden, s. Christina (Königin v. Schweden) 17, 101.
Amaranthi [Rommel] 3, 311.
Amaranthus [Sprengel] 3, 311.
Amaxot s. Amexot 3, 354.
Amardus, s. Marbud.
Amarelle, s. Prunus armeniaca.
Amareś, s. Bactriana 7, 207.
Amargura 3, 312.
Ama(e)riscoggin, Androscoggin, Antoroscoggin, s. Sagadahof.
Amarones, s. Alcedo 2, 410.
Amarus, s. Amersfe 3, 314.
Amarumapun, Beni [Stein] 3, 312.
Amarus, s. Cyprinus 20, 480.
Amaryllis [Sprengel] 3, 312.
Amarynkeus [Ridlefs] 3, 313.
Amaranthos [Ridlefs] 3, 314.
Amasäus (Roumul.) [Baur] 3,314.
Amasia, auch Amasfa (das alte) [Ridlefs] 3, 314.
— (das jetzige) [v. Hammer] 3,314.
Amasenus, jetzt Amaseno und Sabino [Sickler] 3, 315.
Amasfa, s. Amasea 3, 314; Umisia 3, 362.
Amasfe (ägypt. Pharao) [Gruber] 3, 315.
Amasonia [Sprengel] 3, 316.
Amassra, s. Amastris 3, 316; Mythistratos.
Amastris, jetzt Amasra [Ridlefs und v. Hammer] 3, 315.
Amatha, s. Nereiden.
Amatheus, s. Amathus 3, 316.
Amathis [Ridlefs] 3, 316.
Amathusia (Myth.), s. Amathus 3, 316.
Amathusia (Entomol.) [Zinken, gen. Sommer] 3, 316.
Amati (Familie) [Rodlih] 3,316.
Amatia [Medel] 3, 317.
Amatician [Stein] 3, 317.
Amatfineg, Amatygnar, s. Aленten 3, 18.
Amato, s. Amatus 3, 317.
Amatosoa, s. Tosoa.
Amatus (Amato) [Ebert] 3, 317.
— Lusitanus [Sprengel] 3, 317.
Amauri und Amaury, s. Amalrich 3, 307.
Amauroši, s. Staar.
Amauſen, Amauſa [Kaſtner] 3, 317.
Amazichi, s. S. Maura.

Amazia (jüd. König) [Gesenius] 3, 917.

Amazing, s. Berberei 9, 64.

Amazonen (ethnograph.) [Rommel] 3, 317.

— (mythol.) [Ricklefs] 3, 318.

— (im allgem.) [Gruber] 3, 320.

— Eisvogel, s. Alcedo amazona 2, 411.

— Fluß, s. Maranyon.

— Papagei, s. Psittacus.

— Stein, s. Feld-Spath 42, 407.

Amba [Hartmann] 3, 323.

Ambacht, Ambachtia, Ambactus [v. Arnoldi] 3, 323.

Ambagibalis, Ambaginalis Charta [v. Arnoldi] 3, 324.

Ambala Puscha 3, 324.

Ambaniroute, s. Madagaskar.

Ambara, s. Anbar 4, 7.

Ambarlu oder Ambarliener [Kanngießer] 3, 324.

Ambarri [Sickler] 3, 324.

Ambarvalen, s. Arvalische Brüder 5, 466.

Ambasciare, Ambassiare, Ambasciator [v. Arnoldi] 3, 324.

Ambast'ba, s. Kasten.

Ambassadeur, s.Gesandter 62, 249.

Ambassae [Kanngießer] 3, 325.

Ambe, s. Lotterie; Verrenkungen.

Ambelaka, Ambelaki, Ambelasia [Stein] 3, 325.

Ambelania [Sprengel] 3, 325.

— Ambra [Schreger] 2, 325.

— (in Zusammensetzungen) 3, 326.

— (Stadt) [Kanngießer] 3, 326.

— Amper (Fluß), s. Ammer 3, 368.

Amberg [Ried u. v. Hazzi] 3, 327.

Amberg [v. Schubert] 3, 327.

Ambergau, s. Ammergau 3, 368.

Amberger [Weise] 3, 327.

Amberieux [Hassel] 3, 328.

Ambert [Hassel] 3, 328.

Ambiani 3, 328. [328.

Ambiatinus vicus [Ricklefs] 3,

Ambil, s. Philippinische Inseln

Ambioriz, f. Cäsar 14², 37.

Ambitarius vicus, f. Ambiatinus 3, 328.

Ambitus, f. Amts-Erschleichung 3, 425; und Candidatus 15, 81.

Ambivareti u. Ambivariti 3,328.

Amblada [Ricklefs] 3, 328.

Amblau, Amblaw, auch Belauw [Hassel] 3, 328.

Ambleste 3, 328.

Ambleteuse [Hassel] 3, 328.

Amblotia [Medel] 3, 328.

Amblyobus [Germar] 3, 328.

Amblygonit [Germar] 3, 328.

Amblyopie, Amblyopia, f.Staar.

Amblys, f. Osmia.

Amboina (Insel u. Stadt) [Albers und Hassel] 3, 329.

Amboise (Stadt und Familie) [v. Stramberg] 3, 330.

— (Georg von, Cardinal) [Baur] 3, 332.

Ambora, f. Mithridatea.

Ambosat [v. Hoyer] 3, 334.

Ambohe [Poppe] 3, 333.

Ambohschale, Chavette, Schaborte, f. Amboße 3, 333. [334.

Amboßabbleißmaschine [Poppe] 3,

Amboßschmiede [Poppe] 3, 334.

Amboßbock, f. Amboße 3, 333.

Amboten [Schön] 3, 334.

Amboy und Amboy Bai, f. Perth Amboy.

Amboyna, f. Amboina 3, 329.

Ambra, f. Amber 3, 325.

Ambra-Insel, f. Baltje 7, 242.

Ambrachau [Delius] 3, 335.

Ambrakia [Spohn] 3, 335.

Ambras, Amras, Omras 3, 336.

Ambrakrauch, f.Anthospermum äthiopicum 4, 276.

Ambraz, f. Ambrakia 3, 335.

Ambreades 3, 336.

Ambresbury, f. Amesbury 3, 355.

Ambrette, f. Centaurea moschata 16, 44.

Ambriß, Ambriß,Ambriz 3,336.

Ambrogi (Anton Maria) [Baur] 3, 336.

Ambrones [Meyer v. Knonau]

Ambrosia (Wryth.)[Ricklefs]3,336.

Ambrosia (Pflanzeng.) [Sprengel] 3, 337.

Ambrosianischer Lobgesang, Ambrosianische Münzen und Ambrosiaster, f. Ambrosius (Bischof) 3, 337.

Ambrosini (Bartholom. und Hyacinth) [Sprengel] 3, 337.

Ambrosinia [Sprengel] 3, 337.

Ambrosius (Bischof) [Augusti] 3, 337; Ambrosianische Münzen [Schieder] 3, 338.

— Cantabulsensis (Traversari) [Ebert] 3, 338.

— Aurelianus (brit. Feldherr) [v. Rotted] 3, 338.

— (Erzbischof von Moskwa) [Buble] 3, 338.

— (Ant. Maria) 3, 338.

Ambrohto (Joh. Baptist) [Rumy]

— (Ambrosius Samuel) [Rumy]

Ambryn, f.Heilige Geistarchipel.

Ambryssos [Ricklefs] 3, 339.

Ambubajae 3, 339.

Ambülhl (Joh. Ludw.) [Meyer v. Knonau] 3, 339.

Ambulatores [Merrem] 3, 340.

Ambulia, Ambulios, Ambuloi [Ricklefs] 3, 340.

Amburbium, Amburbiale 3, 340.

Amboa [Kanngießer] 3, 340.

Amdorf [Gittermann] 3, 340.

Amebabat, Ahmebabad, f. Guzerate 99, 152.

Amebam, Amidon, f. Stärke.

Amednagur, f.Ahmednagur 2,247.

Ameilschoß, f. Meilschoß.

Ameisflas [Kanngießer] 3, 340.

Ameise, f. Formica, im Art. Formicariae 46, 312.

Ameisen-Aether, f. Aether 2,98.

— Bäder [Schreger] 3, 340.

— Geist [Schreger] 3, 341.

— Oel [Schreger] 3, 341.

— Saft (ausgepreßter) [Schreger] 3, 341. [3, 341.

— Säure [Kastner u. Schreger]

Ameisensaure Salze [Kastner] 3, 342.

Ameiva [Merrem] 3, 343.

Amelanchier, f. Pyrus.

Ameland [Hassel] 3, 343.

Amelberga, f. Hermenfrit.

Amelen-Metz, f. Stärke.

Amelgarb, f. Jeanne d'Arc 5, 117.

Amelia, f. Ameria 3, 350.

— (amerif. Insel und Grafschaft) [Stein] 3, 343.

Amelieth [Hassel] 3, 344.

Amelius (eig. Gentilianus) [Tennemann] 3, 344.

— (Martin) [Wolter] 3, 344.

Amellus [Sprengel] 3, 344.

Amelon, f. Alorus 3, -191.

Amelot de la Houssaye (Abraham Nikolaus,lat.Hussaeius)[Baur] 3, 344.

Amelote (Denis) 3, 345.

Amelungborn [Hassel] 3, 345.

Amelungen [Hassel] 3, 345.

Amemphinos, f. Alorus 3, 191.

Amen [Magnib und Hök] 3, 345.

Amenanus [Friedemann] 3, 346.

— Am Ende (Christian Karl) [Meyer] 3, 346.

Amendement 3, 346. [3, 346.

Amenoba (Ferrantes) [Sickler]

Amenorrhoe, f. Menstruation.

Amenophis, f. Phamenophis.

Amen's Cave [Herrmann] 3, 346.

Amentaceae [Sprengel] 3, 346.

Amenus [Gruber] 3, 347.

Amerbach (Johann; Bruno; Basilius; Bonifaz)[Meyer v. Knonau] 3, 349.

— (Bitus) 3, 350.

Amercote, f. Amerkot 3, 354.

Amerdat [Grotefend] 3, 350.

Amergin, f. Druiden 27, 486.

Ameria, jetzt Amelia [Sickler u. Röber] 3, 350.

Amerika [Hassel] 3, 350.

Amerimnon [Sprengel] 3, 354.

Amerimum Castellum [Sickler] 3, 354.

Ameriola 3, 354.

Ameriscoggin (Androscoggin,Amtoras coggin), f. Sagabahot.

Amerkot, auch Amarcot, Amarcote 3, 354.

Amersfoort [Hassel] 3, 354.

Amersham, Egmondesham [Hassel] 3, 354.

Ames, Amesius (Wilh.); A. (Nathanael); A. (Fisher) [Baur]

— (Joseph) 3, 355. [3, 355.

Amesbury, Ambresbury [Hassel]

Amestris, f. Xerxes.

Amethyst [Germar] 3, 355.

Amethystea [Sprengel] 3, 355.

Ameville [Röber] 3, 355.

Amfila,. f. Ambhila 3, 394.

Amga [Petri] 3, 355.

Ambara [Hartmann] 3, 355; Amharische Sprache [Gesenius] 3, 355.

Amharia [Ricklefs] 3, 358.

Amherst (Geogr.) 3, 358.

Amhurst (Nicolas) 3, 358.

Amia [Lichtenstein] 3, 358.

Amianth, f. Asbest 6, 42.

Amianthoid, f. Strahlstein.

Amice, Amicus (ital. Gelehrte) 3, 358.

Amiconi, Amigoni (Giacomo) [Weise] 3, 359.

Amicus, f. Amico 3, 358.

Amid, Amiba (Stadt) [Rommel] 3, 359.

Amiclanus, f. Alorus 3, 191.

— (türk. Sandschak) [v. Hammer] 3, 359. [3, 359.

— Amid (Bergkette) [Hartmann]

Amidon, f. Stärkemehl.

Amiens (Stadt) [Hassel] 3, 360.

— (Friede von) [Pöhl] 3, 360. 361.

Amit Bochari [Kojegarten] 3, 361.

Amillarus, f. Aloros 3, 191.

Amilo [Friedemann] 3, 361. ·

Amilos [Spohn] 3, 361.

Amin, Amyn, f. Abbassiben 1, 43.

Aminna, Aminas [Bater] 3, 361.

Aminaeum Binum [Spangenberg] 3, 361.

Aminophis, f. Narkissos.

Aminias, f. Narkissos.

Aninies, f. Alpheios 3, 217; Ares 6, 318. [362.

Amiot, auch Amyot [Baur] 3,

Amir, f. Kantalugenes.

Amiral, Ammiralis, Amiranten, f. Admiral 1, 423; Admiralitäts-Inseln 1, 426.

Amirola [Sprengel] 3, 362.

Amis, f. Minnesinger.

Amista [Ricklefs] 3, 362.

Amisobaros [Ricklefs] 3, 362.

Amisus [Ricklefs] 3, 362.

Amite 3, 363.

Amiternum [Sickler] 3, 363.

Amlach, f. Aleuten 3, 18. [368.

Amling (Philipp.) [de Marées] 3,

— (Karl Gustav) [Weise] 3, 363.

Amisbagen [Nuchs] 3, 363.

Amlwch [Hassel] 3, 363.

Ammaea [Rommel und Ricklefs] 3, 364.

Ammaelfa Juga [Friedemann] 3, 364.

Ammanati [Bartol.] 3, 364.

Ammann, f. Amtmann 3, 426.

— (Jost; Jedoens, Josse) [Meyer v. Knonau] 3, 364. [3, 364.

— (Joh. Jac.) [Meyer v. Knonau]

— (Paul) [Sprengel] 3, 364.

— (Joh. Konrad; Joh.) [Meyer v. Knonau u. Sprengel] 3, 365.

Ammannia [Sprengel] 3, 365.

Altland, s. Alt 3, 227.
Altmann (Joh. Georg) [Baur] 3, 268.
Altmark [Stein] 3, 268.
Altmischtil [Tuchsen] 3, 268.
Altmorichen [Hassel] 3, 268.
Altmühl [Kaiser] 3, 268.
Altmübde [Hassel] 3, 269.
Altodeuro [Stein] 3, 269.
Altom, s. Zechine.
Altonare (Donat.Ant.v.)[Sprengel] 3, 269.   [3, 269.
— (Glasus oder Biagio) [Baur]
Altomünster [o. Hazzi] 3, 369.
Alton [Hassel] 3, 270.
Altona [Dörfer] 3, 270.
Altonaischer Tractat, Receß, Vergleich [Dörfer] 3, 270.
Altort (in der Schweiz) [Wirz] 3, 271.
— s. Altorf 3, 280.
Altorfer (Joh. Jal.) [Meyer b. Knonau] 3, 271.   [3, 271.
Altranstädt (Engelhardt u. Stein)
Altranstädter Friede [Hasse] 3,271.
Altren [Wirz] 3, 272.
Altringer (Joh., auch Aldringer) [Rele] 3, 272.
Altrittel [Andre] 3, 272.
Altschottland, s. Danzig 23, 94.
Altshausen, Alschhausen [Kaiser] 3, 272.
Altstad [Wirz] 3, 279.
Altstadt, s. Hradisch; Schongau; Steppen; Waldenburg.
Altstätten [Wirz] 3, 273.
Altrier [Wittenbach] 3, 273.
Altün oder Teleztischer See; A. (Berg) [Wirz] 3, 273.
Altun-Kupri [Kanngießer] 3,273.
Altuntasch [v. Hammer] 3, 273.
Altura [Stein] 3, 273.
Altwasserrecht, s. Leibzucht.   [3, 273.
Altwasserin (Sößelson) [Fischer]
— (in Mähren) [Andre] 3, 274.
Altzelle, s. Klosterzelle; Zelle.
Aluata [Wedel] 3, 274.
Alucita (Linken, gen. Sommer) 3, 274.
Aluca, s. Strix.
Alubel, oder Sublimirtöpfe [Lampadius] 3, 274.
Alumen [Keferstein] 3, 274.
Aluminit [Keferstein] 3, 275.
Alumium [Schreger] 3, 275.
Alunium [Friedemann] 3, 276.
Alurnus (Germar) 3, 276.
Alus, Alusta [Rommel] 3, 276.
Alstu (Alustia) [Rommel] 3,276.
Aluta, s. Alt 3, 227.
Alutae [Ricklefs] 3, 276.
Aluterns [Lichtenstein] 3, 276.
Alva de Tormes [Stein] 3, 276.
— ϟ Astorga (Pet. v.) 3, 276.
Alvar [Kanngießer] 3, 276.
Alvarado (Stadt) [Stein] 3, 276.
— (Don Pedro und Alfonso), s. Cortez 21, 374; Pizarro.
Alvarez (Franz) [Stein] 3, 276.
— (Emanuel.) [Baur] 3, 277.

Alvarez (Mariano) 3, 277.
Alveld (Augustin), auch Alfeld, Alefeld, Alselbinus [Erhard] 3, 277.
Alvenau [Wirz] 3, 277.
Alvend [Kanngießer] 3, 277.
Alvensleben (Flecken und Dorf) [Stein] 3, 277.   [3, 278.
— , von (Adelsfamilie) [Lucanus]
— (Phil. Karl, Graf v.) [Stein] 3, 279.
Alveoli, s. Kiefer; Zähne.
Alverca, Alberca [Stein] 3, 279.
Alverdissen [Hassel] 3, 280.
Alvincz, Alvinz Winzendorf, Benze, Binza [v. Benigni] 3, 280.   [3, 280.
Alvincze (Jof. Freib.) [Rumy]
Albito [Stein] 3, 282.
Albona [Ricklefs] 3, 282
Alvor [Stein] 3, 282.
Alringer (Joh. Baptistav.) [Gruber] 3, 282.
Alyattes, s. Kyaxares.
Alybe [Friedemann] 3, 283.
Alydus (Germar) 3, 283.
Alym, f. Ulim 3, 126.
Alypon, s. Convolvulus 19,228.
Alyselmindus f. Taenia.
Alyxia [Klug] 3, 283.
Alyson [Klug] 3, 283.
Alyssum [Sprengel] 3, 283.
Alytarchia [Spangenberg] 3, 284.
Alz [v. Hazzi] 3, 285.
Alzales [Sprengel] 3, 285.
Alzen (Olzen, Alzenau, s.Leschkirch.
Alzenau 3, 285.
Alzer [Wittenbach] 3, 285.
Alzey 3, 285.
Amakitos, s. Hamazites; Troas.
Amad, Amat, f. Amager 3, 299.
Amado [Hartmann] 3, 285.
Amababab, Ahmdabad f. Guzerat 99, 152.
Amaban, f. Hamaban.
Amabe oder Omobe (ungar. Familie) [Rumy] 3, 285.
Amabeus I.—VII (Grafen von Savoyen u. Piemont) [Hasse] 3, 286—290.
— VIII. u. IX. (Herzoge von Savoyen) [Hasse] 3, 291—295.
Amabia, Aamabia (Stadt in Kurdistan) [v. Hammer] 3, 296.
— Amabiah (Landschaft in Kurdistan) [Kanngießer] 3, 297.
Amadis (Gruber) 3, 297.
— Lute (Schnede), f. Conus Amadis 19, 220.
Amadoca [Rommel] 3, 298.
Amad Rubbari [Kosegarten] 3, 298.   [3, 298.
Amaduzzi (Joh. Christoph) [Baur]
Amager (Amad) [Rühe] 3, 299.
Amagetobria, s. Magetobria.
Amaguana, Amna, auch Magaguana, f. Bahamainseln 7, 121.
Amah [Schön] 3, 299.
Amahara, f. Amhara 3, 355.

Amâl [v. Schubert] 3, 299.
Amalagan(Alamagan)(.Ladronen.
Amalago, f. Piper Amalago.
Amalarich, f. Amalrich 3, 307.
Amalasuntha, auch Amalafuintha, Amalesuentis [Riemeyer] 3,300.
Amalchium Mare [Ricklefs] 3,301.
Amalek und Amalekiter [Gesenius] 3, 301.
Amaler, f. Gothen 75, 98.
Amalfi (neapol. Stadt) [Wachsmuth] 3, 301.
— Erzbischof von, Constantia b' Marcurio, f. ... 3, 302.
Amalgam (natürliches) [Blöde]; A. (künstliches) [Kastner]; A. (in technischer Hinsicht) [Lampadius]; Kiemayer'sches A.[Kastner] 3, 302. 303.   [303.
Amalgamation [Lampadius] 3,
Amalgamir-Beschedung, Amalgamir-Erz-Sieben und Maßsen, Amalgamir-Erz-Rösten, Amalgamir-Lauge, Amalgamir-Probe, Amalgamir-Silbereinschmelzen, Amalgamir-Silbertreiben, Amalgamir-Werk[Lampadius] 3, 304. 305.
Amalia (Gemahlin Günther's von Schwarzburg) [Hellbach] 3, 305.
Amalie (Elisabeth, Landgräfin v. Hessen-Kassel) [Justi] 3, 305.
— (Anna, Prinzessin von Preußen) [Döring] 3, 306.
Amalienbad [Stein] 3, 307.
Amalienburg, f. Kopenhagen.
Amalienruhe (Emmrich) 3, 307.
Amalicalab, f. Pelew-Inseln.
Amalric (oder Almaric, Amauri) [Tennemann] 3, 308.
Amalrich, Amalrichus, Amasric (König der Belgathßen) [Riemeder] 3, 307.   [rusalem.
— Amaury, f. Kypros und Jerusalem.
Amaltheus oder Amalteo [Ebert] 3, 308.
Amana (Sixtin) [Baur] 3, 308.
Amana (im Libanon) [Gesenius] 3, 309.   [7, 121.
— , Amagaana, f. Bahamainseln.
Amanaftche (russ.Geobode; Amanat (Fluß) [Petri] 3, 309.
Amanbay 3, 309.
Amanb, St.= (Städte, Fluß)[Hassel] 3, 309.
— Montranb St.= (Stadt) [Hassel] 3, 309.   [3, 309.
— St.= (Johann s.) [Sprengel]
Amandus (General Diocletians), f. Aelianus VIII. 2, 44.
— (nach Einigen Petrus, nach Andern Johannes) [v. Baczko] 3, 309.
Amanos [Sprengel] 3, 309.
Amonoa [Sprengel] 3, 310.
Amans, St.= [Hassel] 3, 310.
Amantea [Röder] 3, 310.
Amantia [Ricklefs] 3, 310.

Amantini [Ricklefs] 3, 310.
Amantius (Barthol.) [Baur] 3, 310.
Amanuata praedia, f. Bauerngut 8, 172.
Amanuensis [Günther] 3, 310.
Amanus, f. Hom; Taurus.
Amapalla [Stein] 3, 310.
Amaquemecan, f. Chichimefen 21, 159.   [3, 310.
Amara (Käfergattung) [Germar]
— , auch Dema-Amara, Amara-Sinba (gelehrter Indier) [Majer] 3, 310.
Amaranthe [Stein] 3, 311.
Amaranthen Orden, f. Christina (Königin v. Schweden) 17,101.
Amaranthi [Rommel] 3, 311.
Amaranthus [Sprengel] 3, 311.
Amarfot f. Amerfot 3, 354.
Amardus, f. Mardus.
Amarelle, f. Prunus armeniaca.
Amarenos, f. Bactriana 7, 207.
Amargura 3, 312.
Ama(e)riscoggin, Androscoggin, Antoraescoggin, f. Sagabahol.
Amarus, f. Cyprinus 20, 430.
Amarsur, f. Amersfir 3, 314.
Amarumayn, Beni [Stein] 3,312.
Amaryllis [Sprengel] 3, 312.
Amarynkeus [Ricklefs] 3, 313.
Amarynthos [Ricklefs] 3, 314.
Amarusus (Romul.) [Baur] 3,314.
Amasea, auch Amasfa (das alte) [Ricklefs] 3, 314.   [3,314.
— (das jetzige) [v. Hammer]
Amasenus, jetzt Amaseno und Babino [Sißler] 3, 315.
Amasia, f. Amasea 3, 314; Amisia 3, 362.
Amasis (ägypt. Pharao) [Gruber] 3, 315.
Amasonia [Sprengel] 3, 316.
Amaffra, f. Amasfris 3, 316; Mytistrates.
Amastris, jetzt Amasra [Ricklefs und v. Hammer] 3, 315.
Amatheia, f. Nereiden.
Amatheus, f. Amathus 3, 316.
Amathus [Ricklefs] 3, 316.
Amathusia (Myth.), f. Amathus 3, 316.
Amathusia (Entomol.) [Linken, gen. Sommer] 3, 316.
Amati (Familie) [Rochsih] 3, 316.
Amatian [Wedel] 3, 317.
Amatitlan [Stein] 3, 317.
Amatkneg, Amatgnar, f. Aleuten 3, 18.
Amato, f. Amatus 3, 317.
Amatofoa, f. Tofoa.
Amatus (Amato) [Ebert] 3, 317.
— Lusitanus [Sprengel] 3, 317.
Amauri und Amaury, f. Amalrich 3, 307.
Amausen, Amausa [Kastner] 3, 317.
Amarichi, f. S. Maura.

Amazia (jüb. König) [Gesenius] 3, 317.

Amazirg, s. Berberei 9, 64.

Amazonen (ethnograph.) [Rommel] 3, 317.

— (mythol.) [Ridlefs] 3, 318.

— (im allgem.) [Gruber] 3, 320.

— Eisvogel, s. Alcedo amazona 2, 411.

— Fluß, s. Maranhon.

— Papagei, s. Psittacus.

— Stein, s. Feld-Spath 42, 407.

Amba [Hartmann] 3, 323.

Ambach, Ambachia, Ambactus [v. Arnoldi] 3, 323.

Ambagibalia, Ambaginalia Charta [v. Arnoldi] 3, 324.

Ambala Pußcha 3, 324.

Ambaniroule, s. Madagaskar.

Ambara, s. Anbar 4, 7.

Ambarlu oder Ambarliener [Ranngießer] 3, 324.

Ambarri [Sidler] 3, 324.

Ambarvalen, s. Arvalische Brüder 5, 466.

Ambasciare, Ambassiare, Ambasciator [v. Arnoldi] 3, 324.

Ambaßt'ha, s. Kasten.

Ambassadeur, s. Gesandter 62, 249.

Ambassae [Ranngießer] 3, 325.

Ambe, s. Lotterie; Verrenkungen.

Ambelada, Ambelati, Ambelakia [Stein] 3, 325.

Ambelania [Sprengel] 3, 325.

Amber, Ambra [Schreger] 2, 325.

— (in Zusammensetzungen) 3, 326.

— (Stadt) [Ranngießer] 3, 326.

— Amper [Fluß], s. Ammer 3,368.

Amberg [Ried u. v. Hazzi] 3,327.

Amberg [v. Schubert] 3, 327.

Ambergau, s. Ammergau 3, 368.

Amberger [Weiße] 3, 327.

Amberieux [Fischel] 3, 328.

Ambert [Haßel] 3, 328.

Ambiani 3, 328. [328.

Ambiatinus vicus [Ridlefs] 3,

Ambil, s. Philippinische Inseln.

Ambiorix, s. Cäsar 14ᵃ, 37.

Ambitarinus vicus, s. Ambiatinus 3, 328.

Ambitus, s. Amts-Erschleichung 3, 425; Candidatus 15, 81.

Ambivareti u. Ambivariti 3, 328.

Amblada [Ridlefs] 3, 328.

Amblau, Amblauw, auch Belauw [Haßel] 3, 328.

Amblesie 3, 328.

Ambleteuse [Haßel] 3, 328.

Amblotia [Medel] 3, 328.

Amblyohns [Germar] 3, 328.

Amblygonit [Germar] 3, 328.

Amblyopie, Amblyopia, s. Staar.

Amblye, s. Osmia.

Amboina (Insel u. Stadt) [Albers und Haßel] 3, 329.

Amboise (Stadt und Familie) [v. Stramberg] 3, 330.

— (Georg von, Cardinal) [Baur] 3, 332.

Ambora, s. Mithridatea.

Ambosat [v. Hoyer] 3, 334.

Amboße [Poppe] 3, 333.

Amboßschale, Chavette, Schabotte, s. Amboße 3, 333. [334.

Amboßschleifmaschine [Poppe] 3,

Amboßschmiede [Poppe] 3, 334.

Amboßstod, s. Amboße 3, 333.

Amboten [Schön] 3, 334.

Amboy und Amboy Bai, s. Perth Amboy.

Amboyna, s. Amboina 3, 329.

Ambra, s. Amber 3, 325.

Ambra-Insel, s. Balize 7, 242.

Ambradgau [Detius] 3, 335.

Ambrakia [Spohn] 3, 335.

Ambros, Amras, Omras 3, 336.

Ambrastrauch, s. Anthospermum äthiopicum 4, 276.

Ambrag, s. Ambrakia 3, 335.

Ambreabes 3, 336.

Ambresbury, s. Amesbury 3, 355.

Ambrette, s. Centaurea moschata 16, 44.

Ambriß, Ambrith, Ambriz 3, 336.

Ambregi [Anton Maria] [Baur] 3, 336. [3, 336.

Ambrones [Meyer b. Knonau]

Ambresia [Myth.] [Ridlefs] 3,336.

Ambrosia (Pflanzeng.) [Sprengel] 3, 337.

Ambrosianischer Lobgesang, Ambrosianische Münzen und Ambrosiaster, s. Ambrosius (Bischof) 3, 337.

Ambrosini (Bartholom. und Hyacinth) [Sprengel] 3, 337.

Ambrosinia [Sprengel] 3, 337.

Ambrosius (Bischof) [Augusti] 3, 337; Ambrosianische Münzen [Schmieder] 3, 338.

— Camaldulensis (Traversari) [Ebert] 3, 338.

— Aurelianus (brit. Feldherr) [v. Rotted] 3, 338.

— (Erzbischof von Moskwa) [Buhle] 3, 338.

— (Ant. Maria) 3, 336.

Ambroß (Joh. Baptist) [Rump] 3, 339. [3, 339.

— (Ambrosius Samuel) [Rump]

Ambryon, s. Heilige Geistarchimet.

Ambrossos [Ridlefs] 3, 339.

Ambubajae 3, 339.

Ambühl (Joh. Ludw.) [Meyer v. Knonau] 3, 339.

Ambulatores [Merrem] 3, 340.

Ambulia, Ambulios, Ambulioi [Ridlefs] 3, 340.

Amburbium, Amburbiale 3, 340.

Amdoa [Ranngießer] 3, 340.

Amdorf [Gittermann] 3, 340.

Amedabat, Ahmedabad, f. Gujerate 99, 152.

Amedam, Amidon, s. Stärke.

Amedanagar, s. Ahmednagur 2,247.

Ameilsches, s. Meilsches.

Ameipsias [Ranngießer] 3, 340.

Ameise, s. Xerxes.

Ameisen, im Art. Formicariae 46, 312.

Ameisen-Aether, s. Aether 2, 98.

— Bäder [Schreger] 3, 340.

— Geist [Schreger] 3, 341.

— Oel [Schreger] 3, 341.

— Saft (ausgepreßter) [Schreger] 3, 341. [3, 341.

— Säure [Kastner u. Schreger]

Ameisensaure Salze [Kastner] 3, 342.

Ameiva [Merrem] 3, 343.

Amelanchier, s. Pyrus.

Ameland [Haßel] 3, 343.

Amelberga, s. Hermenfrit.

Amelen-Mehl, s. Stärke.

Amelgard, s. Jeanne d'Arc 5, 117.

Amelia, s. Ameria 3, 350.

— (amerik. Insel und Grafschaft) [Stein] 3, 343.

Amelieth [Haßel] 3, 344.

Amelius (eig. Gentilianus) [Tennemann] 3, 344.

— (Martin) [Wolter] 3, 344.

Amellus [Sprengel] 3, 344.

Amelon, s. Morus 3, 191.

Amelot de la Houssaye (Abraham Nikolaus, lat. Hussaeius) [Baur] 3, 344.

Amelotte (Denis) 3, 345.

Amelungborn [Haßel] 3, 345.

Amelungen [Haßel] 3, 345.

Amemphaeos, s. Morus 3, 191.

Amen [Bagritg und Höst] 3,345.

Amenanus [Friedemann] 3, 346.

— Am Ende (Christian Karl) [Weisel] 3, 346.

Amenbement 3, 346. [3, 346.

Amendola (Ferrantee) [Sidler]

Amenorrboe, s. Menstruation.

Amenophis, s. Phamenophis.

Amen's Cave [Herrmann] 3, 346.

Amentaceae [Sprengel] 3, 346.

Amenthes [Gruber] 3, 347.

Amerbach (Johann; Bruno; Basil; Bonifaz) [Meyer v. Knonau] 3, 349.

— (Vitus) 3, 350.

Amercote, s. Amerfort 3, 354.

Amerbat (Grotefend) 3, 350.

Amergin, s. Druiden 27, 486.

Ameria, jetzt Amelia [Sidler u. Röder] 3, 350.

Amerika [Haßel] 3, 350.

Amerimnon [Sprengel] 3, 354.

Amerinum Castellum [Sidler] 3, 354.

Ameriola 3, 354.

Americscoggin (Androscoggin, Antoroscoggin), s. Sagabahof.

Amerfort, auch Amarcot, Amarcote 3, 354.

Amersfoort [Haßel] 3, 354.

Amersham, Egmonbesham [Haßel] 3, 354.

Amerus 3, 354.

Amesbury, Ambresbury [Haßel] 3, 354.

Ameshy [Hassel] 3, 355. [3, 355.

Amestris, s. Xerxes.

Amethyst [Germar] 3, 355.

Amethystea [Sprengel] 3, 355.

Ameville [Räder] 3, 355.

Amflia, s. Amphilia 3, 394.

Amga [Petri] 3, 355.

Amhara [Hartmann] 3, 355; Amharische Sprache [Gesenius] 3, 355.

Amharia [Ridlefs] 3, 358.

Amhurst (Geogr.) 3, 358.

Amhurst (Nicolas) 3, 358.

Amia [Lichtenstein] 3, 358.

Amianth, s. Asbest 6, 42.

Amianthoid, s. Strahlstein.

Amico, Amicus (ital. Gelehrte) [Weise] 3, 359.

Amicus, s. Amico 3, 358.

Amid, Amida (Stadt) [Rommel] 3, 359.

— (türk. Sandschak) [v. Hammer] 3, 359. [3, 359.

— Amid (Bergfette) [Hartmann]

Amidon, s. Stärkemehl.

Amiens (Stadt) [Haßel] 3, 360.

— (Friede von) [Pahl] 3, 360.

Amigas, Abigas [Friedemann] 3, 361.

Amif Bochari [Kosegarten] 3,361.

Amillarus, s. Alteos 3, 191.

Amildo [Friedemann] 3, 361.

Amilos [Spohn] 3, 361.

Amin, Amyn, s. Abbassiben 1, 43.

Amina, Aminas [Bater] 3, 361.

Amineum Vinum [Spangenberg] 3, 361.

Aminias, s. Karfissos.

Aminios, s. Alpheios 3, 217; Arkadia 5, 318. [362.

Amiot, auch Amyot [Baur] 3,

Amir, s. Kantakuzenes.

Amiral, Ammiralis, Amiranten, s. Admiral 1, 423; Admiralitäts-Inseln 1, 426.

Amirola [Sprengel] 3, 362.

Amis, s. Minnesänger.

Amisia [Ridlefs] 3, 362.

Amisobarcos [Ridlefs] 3, 362.

Amisus [Ridlefs] 3, 362.

Amitern 3, 363.

Amiternum [Sidler] 3, 363.

Amiad, s. Aleuten 3, 18. [363.

Amling (Wolfg.) [de Marées] 3,

— (Karl Gustav) [Weise] 3, 363.

Amlishagen (Mulch) 3, 363.

Amlwch [Haßel] 3, 363.

Ammaea [Rommel und Ridlefs] 3, 364.

Ammaebara [Friedemann] 3, 364.

Ammaebar Juga [Friedemann] 3, 364.

Ammanati [Bartol.] 3, 364.

Amman, s. Amtmann 3, 426.

— (Jost; Jobocus, Jost) [Meyer b. Knonau] 3, 364. [3, 364.

— (Joh. Jak.) [Friedemann]

— (Paul) [Sprengel] 3, 365.

— (Joh. Konrad; Joh.) [Meyer v. Knonau u. Sprengel] 3,365.

Ammannia [Sprengel] 3, 365.

Ritzsch] 3, 421; s. Charadrius 16, 148; Corvus 19, 393; Numenius; Sturnus; Xanthornus. [bische Figuren.
Amsel (Wappenkunde), s. Heral-
Amselgrund und Amselloch, s. Sächsische Schweiz. [421.
Amserfeld, Amselfeld [Stein] 3,
Amsvarii [Ridlefs] 3, 421.
Amsoldingen [Wirz] 3, 421.
Amsonia [Sprengel] 3, 421.
Amstädten 3, 421.
Amsteg [Wirz] 3, 421. [422.
Amstel und Amstelland [Fesca] 3,
Amstelveen [Hassel] 3, 422.
Amsterdam (in Holland) [Hassel] 3, 422. [3, 424.
— (in den holl. Colonien) [Hassel]
Amswartnir [Gräter] 3, 424.
Amt (im allgemeinen) [v. Bosse und Meyer v. Knonau] 3, 424.
— (staatsrechtlich) [Mittermaier] 3, 424.
Amtbor (Christoph Heinr.) [Dörfer und Nasser] 3, 427.
Amtitz [Engelhardt] 3, 428.
Ammmann [v. Arnoldi, v. Bosse, Petri und Siebenkees] 3, 426.
Amts-Adel [Mittermaier] 3, 425.
— Entsetzung [Mittermaier] 3, 425. [3, 425.
— Erschleichung [Spangenberg]
Amtsfolge, s. Gerichtsfolge, im Art. Frohnen 50, 286. [67, 270.
Amtsgilde, Amtsrolle, s. Gilde
Amtsjässigkeit, s. Schriftsässigkeit.
Amtsjigda, s. Aleutische Inseln 3, 18.
Amtschreiber [v. Bosse] 3, 426.
Amtschwestern, s. Johanniter; Hospitaliter.
Amtsvoigt [v. Bosse] 3, 426.
Amtswappen, s. Standeswappen.
— Ehrenwappen, Würdewappen [Siebenkees] 3, 426.
Amu, s. Drus.
Amubarsa [Friedemann] 3, 428.
Amubis [Ridlefs] 3, 428.
Amul [Kanngießer] 3, 428.
Amulete [Grotesend] 3, 428.
Amulet-Münzen [Schmieder] 3, 431.
Amulfrien [Poppe] 3, 431.
Amulius, s. Romulus.
Amulo 3, 431.
Amun, auch Ammun, Amon, Ammus [Gruber] 3, 431.
Amrund (König von Schweden im 8. Jahrh.) [v. Gehren] 3, 434.
— (König von Schweden im 11. Jahrh.) [v. Gehren] 3, 434.
Amur [Petri] 3, 434.
Amurath, s. Murad.
Amurette (amourette) Amurettchen [Ritzsch] 3, 435.
Amusetten [v. Hoyer] 3, 435.
Amusium [Ritzsch] 3, 435. —
Amusteag-Fall, s. Merrimack.
Amwald (Georg) [Sprengel] 3, 435.

Amwell [Hetrmann] 3, 435.
Amydetes [Germar] 3, 435.
Amygdon, Amylon, s. Stärkemehl.
Amygdalatum, Amygdaloit, s. Mandelmilch, Mandelstein.
Amygdalus [Sprengel] 3, 435.
Amylta [Ridlefs] 3, 436.
Amyclae [Sickler] 3, 436.
— s. Lakonite.
Amyclaios [Ridlefs] 3, 437.
Amyklas [Ridlefs] 3, 436.
Amykos [Ridlefs] 3, 436.
Amylon, Amylum (Amydon), s. Stärkemehl. [431.
Amymone (Myth.) [Ridlefs] 3, — (Zool.), s. (Cyclops) Kotlops.
Amyn, s. Abbasiden 1, 43.
Amynander 3, 437.
Amyntas (macedonische Könige) 3, 437.
— (König von Galatien) 3, 438.
— (Dunbarzt) [Sprengel] 3, 438.
Amyntor [Ridlefs] 3, 438.
Amyot (Jacob) [Baur] 3, 438.
Amyr, s. Fatimiden 42, 67.
Amyrault, Amyraldus (Moses) [Baur] 3, 439.
Amyris [Sprengel] 3, 439.
Amyrus, s. Thessalia Hestiäotis.
Amystis [Kanngießer] 3, 440.
Amythaon [Ridlefs] 3, 440.
An, s. A (Schriftzeichen) 1, 1.
— s. A (Zeichen der Abkürzung) 1, 3.
— (Bücherkunde) [Ebert] 3, 440.
— s. Anad 3, 446.
Anab [Gesenius] 3, 441.
Anabaptisten, s. Taufe; Wiedertäufer.
Anabarja, Anabarjus, s. Anazarbus 4, 7.
Anabasis, s. Perca.
Anabasis [Sprengel] 3, 441.
Anabaton [Buhle] 3, 442.
Anabei [Rommel] 3, 442.
Anabil, s. Anabalis 4, 15.
Anableps [Lichtenstein] 3, 442.
Anaboli, Anapoli, s. Napoli.
Anabolus, s. Psittacus.
Ana combia, s. Coluber pullatus 21, 307.
Anacapri, s. Caprrae 15, 445.
Anacardium [Sprengel u. Schreger] 3, 442. [322.
Anacathartica, s. Brechmittel 12,
Anacharsis [Gruber] 3, 442.
Anacreon, s. Anakreon 3, 443.
— *Inselu 3, 443.
Anachronismus 3, 443.
Anaconda, s. Coluber pullatus 21, 307.
Anacyclus [Sprengel] 3, 443.
Anacypta [Germar] 3, 443.
Anadara [Ritzsch] 3, 443.
Anademia [Sprengel] 3, 443.
Anabi, s. Brahm 12, 209.
Anadiploste 3, 443.
Anaboli, Anatoli, s. Natolien.

Anadür, s. Anadyr 3, 444.
Anadyomene [Ridlefs] 3, 443.
Anadyr, Anadür (Fluß) [Anadürsches Meer; Anadürsches Land-spitze, Anadürscher Ostrog) [Petri] 3, 444.
Anaea, s. Anaitis 3, 447.
Anämas [Mechsi] 3, 444.
Anästhesie, s. Empfindung 34, 110.
Anaseto (Paolucci oder Paul Lucas) [v. Rottec] 3, 444.
Anagallis [Sprengel und Schreger] 3, 445.
Anagippen, Anaglyptice, s. Bildnerei 10, 177. [3, 445.
Anagnia, s. Anagni [Sickler]
Anagnosten [Günther] 3, 445.
Anagogia 3, 445.
Anagramm [Wintter und Grotesend] 3, 445. [3, 446.
— (Urkundensprache) [v. Arnoldi]
Anagyris [Sprengel] 3, 446.
Anagyrus, s. Attika 6, 215.
Anab [Rommel und Ridlefs] 3, 446.
Anaqvib, s. Anaitis 3, 447.
Anahuac [Majer und Gutsmuths] 3, 447.
Anaia [Ridlefs] 3, 447.
Anaideia [Ridlefs] 3, 447.
Anaitie [Gruber und v. Hammer] 3, 447.
Anaf, s. Enafim 34, 178.
Analalupteria 3, 449.
Analampteria [Petri] 3, 449.
Analamptica, s. Katoptrik.
Anales, s. Dioscuren 25, 404.
Analsaffica, s. Licht.
Anallea, auch Anarglia, Analria [Rommel] 3, 449.
Anafletus (Bischof); A. II. (Papst) [Baur] 3, 449. 450.
Analneterien [Drumann] 3, 450.
Anafteron [Jacobs] 3, 450.
Analria, s. Anallea 3, 449.
Analrufte, s. Metrik.
Anafteé, s. Sabiten.
Anatorion, s. Akarnania 2, 287; Ambrafia 3, 335.
Anafutan, Onekotan, s. Kurilen.
Analabus, s. Skapulier.
Analekten 3, 451.
Anaiemma, s. Mittelmesser.
— (Gnomonik) [Raupach] 3, 451.
Analeptisch 3, 452.
Analgeé, s. Acarus 1, 249.
Analogie (angenommene Bedeutung) [Hoßbauer] 3, 453.
— (etymologische Erklärung; wiss.) [Grotefend und v. Hammer] 3, 453.
Analogum 3, 457.
Analysis (im allgemeinen) [Hoßbauer] 3, 458. [458.
— (Mathematik) [Maertens] 3,
— (Chemie) [Schreger] 3, 463.
— der Potenzen; [Maertens]; Analytik, analytisch [Maertens] 3, 463. [Analytik]
— Diophantea, s. Unbestimmte

Analyse krummer Linien, s. Krumme Linien. [463.
Analzim, Analcime [Blöde] 3, 464.
Anam und Anamboa, s. Südanam; Annamaboa 4, 177.
Anamba 3, 463.
Anamenia [Sprengel] 3, 463.
Anamim [Gesenius] 3, 464.
Anamis [Kanngießer] 3, 464.
Anammelech, s. Abrammelech 1, 439.
Anamosa, s. Namosa.
Anamorphose, s. Perspective.
Anan (Ben David) [Hartmann] 3, 464.
Ananas (Pflanzenkunde), s. Bromelia 13, 84.
— (Gärtnerei) [Ritter] 3, 464.
Ananasspindel [Ritzsch] 3, 466.
Ananchitis [Keferstein] 3, 466.
Ananbea, Ananten, s. Abifsschen 1, 416. [bera 3, 466.
Anania (Johannes von) [Spangen-
Ananias [Gesenius] 3, 466.
Ananiapta [Grotefend] 3, 466.
Ananuri [Rommel] 3, 466.
Ananmus [Gesenius] 3, 466.
Anape, Anapofie [Rommel und v. Hammer] 3, 467.
Anaphe (Insel), s. Sporaden; Anaphaios (Beiname des Apollo) [Ridlefs] 3, 467.
Anaphlystos, s. Attika 6, 215.
Anaphora, s. Figuren, rhetorische 44, 141.
Anapofie, s. Anape 3, 467.
Anapus, Anapis, jetzt Alfeo (Fluß in Sicilien) 3, 467.
— (Fluß in Akarnanien) 3, 467.
Anar [Gräter] 3, 467.
Anarchie [v. Rottec] 3, 467.
Anarei Montes [Rommel] 3, 469.
Anargabia, s. Anaftea 3, 449.
Anaria, s. Jschia 24, 320.
Anariaccae [Rommel] 3, 469.
Anarismandi [Kanngießer] 3, 469.
Anaritae, Anariti [Rommel] 3, 469.
Anarrhichas [Lichtenstein] 3, 470.
Anarrhinum [Sprengel] 3, 470.
Anarta [Zinken, gen. Sommer] 3, 470.
Anarti [Ridlefs] 3, 470.
Anas, Ente, Gans, Schwan und Eider (Naturgeschichte) [Merrem] 3, 470; Jagd derselben [v. Bildungen] 3, 472.
— (a. Geogr.) [Friedemann] 3, 472.
Anasamus [Ridlefs] 3, 475.
Anasarca, s. Wassersucht.
Anapadiäi, s. Hypospadiäi.
Anaspis [Germar] 3, 475.
Anasser [Sprengel] 3, 474.
Anaftus, Anayos, s. Biave.
Anaftasia, Anaftasiopolis (alte Geogr.) 3, 475. [475.
— (Heilige); M. (in Neapel) 3,
Anaftasius I.—IV. (Päpste) [Voigt] 3, 475.

4*

Anaſtaſius I. u. II. (byzant. Kaiſer) [v. Barzĉ] 3, 475. 476.
— von Sinai, Sinaita (alte Schriftſteller) [Baur] 3, 476.
— von Konſtantinopel, ſ. Leo der Iſaurier.
— (röm. Bibliothekar und Secretär) [Baur] 3, 476.
Anaſtatica [Sprengel] 3, 476.
Anaſtomoſie, ſ. Gefäße 55, 454.
Anaſtrophe, ſ. Strophe; Militär. Evolutionen der Griechen.
Anaſus, Aniſus, ſ. Ens, im Art. Oeſterreich.
Anatacan, Anataghan, Anatajan, ſ. Ladronen.
Anatas, auch Oiſanit, Octaëdrit [Blöde] 3, 477.
Anathan, ſ. Anab 3, 446.
Anathema 3, 477.
Anatheruᴀ [Sprengel] 3, 477.
Anatoth [Geſenius] 3, 477.
Anatifa [Nitzſch] 3, 477.
Anatina [Nitzſch] 3, 477.
Anato, Anattu, ſ. Aleutiſche Inſeln 3, 18.
Anatocismus, ſ. Wucher; Zinſen.
Anatole, ſ. Horae.
Anatoli, Anaboli, ſ. Natolien.
Anatolius [v. Hammer] 3, 478.
Anatolius von Alexandrien (Biſchof) [Baur] 3, 478.
— (Rechtsgelehrter) [Spangenberg] 3, 478.
Anatomie [Meckel] 3, 478.
Anatomiſches Theater [Auguſtin] 3, 483.
Anatomus [Nitzſch] 3, 483.
Anatriplologie, ſ. Einreibungen 32, 338.
Anattu, ſ. Aleutiſche Inſeln 3, 18.
Anaulax [Nitzſch] 3, 483.
Anauros [Spohn] 3, 484.
Anavinga, ſ. Samaba.
Anar [Ridlefs] 3, 484.
Anaxagoras [Tennemann] 4, 1.
Anaxander und Anaxandrides, ſ. Sparta.
Anaxandrides (aus Kamirus) [Jacobs] 4, 3. — [mann] 4, -3.
Anaxarch (aus Abdera) [Tennemann] 4, 3.
Anaxarete, ſ. Iphis.
Anaxeton [Sprengel] 4, 3.
Anaxias [Ridlefs] 4, 3.
Anaxibia [Ridlefs] 4, 3.
Anaxilaos, ſ. Rhegium.
Anaxilaus [Tennemann] 4, 4.
Anaximander [Ritter] 4, 4.
Anaximenes (aus Milet) [Ritter] 4, 4.
— (aus Lampſatus) [Beſſer] 4, 6.
Anagiros [Ridlefs] 4, 6.
Anago [Ridlefs] 4, 6. [4, 6.
Anaba Malbonado (Don Diego)
— (Don Pedro), ſ. Emanuel von Portugal 34. 14.
Anazarbus, auch Anabarzus und Anabarja [Ridlefs] 4, 7.
Anbar (Ambara, Enbar, jetzt Fetugia) [v. Hammer] 4, 7.

Anbauer, ſ. Neubauer. [min.
Anberabmen, Anberaumen, ſ. Termbert, ſ. Adam 1, 358.
Anbinden, ſ. Abbinden 1, 48.
Anblaſen (in religiöſer Hinſicht) [Gruber] 4, 7
— (weibmänniſch) [aus dem Winkell 4, 7. [8, 116.
Anblatten, ſ. Bauholzverbindung.
Anbot, ſ. Muthung; Verſteigerung.
Anbringen, ſ. Bürichen 13, 581.
Anbruch [Lehmann] 4, 7.
Ancaniſtum, ſ. Ancenis 4, 8.
Ancaon, Serra b', ſ. Eſtrella 38, 336.
Ancaſter 4, 7.
Ance, ſ. Anſe 4, 229.
Ancenis [Haſſel] 4, 8.
Anceus [Lichtenſtein] 4, 8.
Ancharano (Peter aus) [Spangenberg] 4, 8.
Ancher, Anker (Familie) [v. Gehren und Baur] 4, 8. [4, 9.
Anderſen (Joh. Pet.) [Baur]
Andesmos [Ridlefs] 4, 9.
Anchiale [Ridlefs] 4, 10.
Anchialos, jetzt Achioly [Ridlefs] 4, 10.
Anchialus (Joſ. von) [Baur und Erſch] 4, 10.
Anchiloos, ſ. Thränenfiſtel.
Anchiroe, ſ. Achiroe 1, 307.
Anchiromachus 4, 10.
Anchiſae portus, ſ. Onchesmus.
Anchiſes [Ridlefs] 4, 10.
Anchiſia [Spohn] 4, 11.
Anchomenus [Germar] 4, 11.
Anchuſa [Sprengel] 4, 11.
Ancile [Günther] 4, 11.
Ancilema [Sprengel] 4, 11.
Ancilla, ſ. Ananca 3, 483.
Ancillon (Familie) [Baur] 4, 11.
Ancillon, ſ. Acaena 1, 289.
Anckarſtröm (J. J.), ſ. Guſtav III. 98, 126.
Ancon [Sickler] 4, 12.
Ancona [Röber] 4, 12. [4, 13.
Ancovarius Mons [Friedemann]
Ancre, ſ. Nicda.
Ancre, auch Albert (Stadt) [Haſſel] 4, 13.
— (Marſchall von Frankreich) [Baur] 4, 13.
Ancub 4, 14.
Anculae, Ancuſi [Ridlefs] 4, 14.
Ancus Marcius, ſ. Marcius.
Ancy le Franc [Haſſel] 4, 14.
Ancyllus [Nitzſch] 4, 14.
Ancylodon (Fiſchgattung) [Lichtenſtein] 4, 14.
— (Cetacea) [Meckel] 4, 14.
Ancyloſis, ſ. Ankyloſis 4, 149.
Ancylus [Nitzſch] 4, 14.
Anchra, Ancyranum monumentum und Angora, ſ. Anſyra 4, 150.
Ancyraß 4, 15.
Anda [Friedemann] 4, 15.
Andabilis, auch Andavilis [Ridlefs und v. Hammer] 4, -15.

Anbacht und Andächtelei [Maaß] 4, 15.
Andabſchan 4, 17.
Andagiri, Andigri 4, 17.
Andagoſt, ſ. Agades 2, 162.
Andaja, ſ. Duero 28, 195.
Andaluſien (Bandalugia) [Haſſel] 4, 17.
— Neu-, ſ. Cumana 20, 338.
Andaluſt [Germar] 4, 19.
Andaman (Groß- und Klein-, oder Andamaniſche Inſeln) 4, 20.
Andania, ſ. Meſſenia.
Andante, ſ. Takt- und Zeitmaß.
Andará [Kanngießer] 4, 20.
Andavilis, ſ. Andabilis 4, 15.
Andavourante, ſ. Betanimener 9, 316.
Andaye [Haſſel] 4, 20.
Andeb (für Aintab) 2, 270.
Andecavi, ſ. Andegavi 4, 21.
Andebod, Ander [v. Hazzi] 4, 20.
Ander [Wirz] 4, 21.
Andegabi, auch Andecavi, Andes, Andi [Sickler] 4, 21.
Andeica [Spohn] 4, 21.
Andef [Röber] 4, 21.
Andelage, Andelane, Andelaue, Andelago, Andelangus, Bantilangus [v. Arnoldi] 4, 21.
Andelfingen [Wirz] 4, 21.
Andelu, ſ. Andlau 4, 27.
Andelys, les [Haſſel] 4, 21.
Andenne [Haſſel] 4, 21.
Andenne, ſ. Beſter Aſen.
Ander, St., ſ. Santander.
Anderab 4, 21.
Anderaſſa [Hartmann] 4, 21.
Andereden, auch Anderitum [Sickler] 4, 22.
Anderica [Kanngießer] 4, 21.
Andernach, ſ. Anberebon 4, 21.
Anderlecht [Haſſel] 4, 22.
— An der Lenk und An der Matt, ſ. Simmenthal; Urſeren.
Andernach [b. Stramberg] 4, 22.
Andersdorf (Ondrzegow) [André] 4, 22. [Waſa 98, 6.
Anderſon (Sorenz), ſ. Guſtav (Aler.); [nach Hutten] 4, 23.
— (Georg) 4, 23.
— (Joh.) [Fab, 24.
— (Adam) 4, 24.
— (John) 4, 24.
— (William) 4, 24.
— (Jafo) 4, 24.
Andersonia [Sprengel] 4, 25.
Andes (a. Geogr.) [Sickler] 4, 25.
— Andi, ſ. Andegabi 4, 21.
— (Gebirge), ſ. Cordilleras 19, 281.
Andetrium, ſ. Andretium 4, 25.
Andeuten [Maaß] 4, 25.
Andbrimmer (Andbrimnir), [Gräter] 4, 25.
Andi, ſ. Andegabi 4, 21.
— Anti (Stamm der Lesgher) [Rommel und Bater] 4, 26.

Andreas I.—III. (Könige von Un-
garn) [Rumy] 4, 37—42.
— (Gemahl der Königin Johanna
von Neapel), s. Neapel.
— (Augustiner-Chorherr und Ge-
schichtschreiber) [Baur] 4, 43.
— (Cardinal von St. Sixt) [Meyer
v. Knonau] 4, 43.
Andreasberg [Hassel] 4, 44.
Andreasbergzolith, s. Kreuzstein.
Andreas-Gülden und Thaler, s.
Gulden 97, 75; Thaler.
Andreasinsel, St. [Rumy] 4, 44.
Andreaskreuz, s. Andreas (Apostel)
4, 36.
Andreasorden (schott.), s. Distel-
orden 26, 89.
— St. (russ.) [Buhle] 4, 44.
Andreaswalde (Koszinowen) [v.
Baczko] 4, 45.
Andrewa, s. Andery 34, 217.
Andreemötliche Festung 4, 45.
Andreini (Familie) 4, 45.
Andreini (Publius Faustus)
[Ebert] 4, 45.
Andreua [Klug] 4, 46.
Andreolith, s. Kreuzstein.
Andreossy (François) 4, 46.
Andreä (Don Juan) 4, 46.
Andretium [Ricklefs] 4, 46.
Andreus, s. Andreä 4, 54.
Andrews, s. Andreä 4, 36.
—, oder St. Andrews (in Schott-
land) [Hassel] 4, 47.
—, Andreas (Lancelot, Bischof
von Winchester) [Baur] 4, 47.
Andrewsia [Sprengel] 4, 47.
Andria, Andrion (in Kreta) s.
Kreta.
— (in Neapel) [Hassel] 4, 47.
Andrichau [Schultes] 4, 47.
Andrieus, s. Andreä 4, 54.
Andrinopel, s. Adrianopel 1, 455.
Andrielli (Mich. Aug.) [Spren-
gel] 4, 47.
Andripura, s. Indrapura.
Andriscus, s. Pseudo-Philippus.
Androcymbium [Sprengel] 4,
47. — [Keferstein] 4, 48.
Andbodamas und Androdamant
Androgeos [Ricklefs] 4, 48.
Androgyn und Androgynia, s.
Hermaphrodit; Zwitterbildung.
Andromache [Ricklefs] 4, 38.
Andromachos (aus Sicilien), s.
Tauromenium.
— (aus Kreta, Leibarzt Nero's);
A. der Jüngere (ebenfalls Arzt)
[Sprengel] 4, 49.
Andromachus, s. Abgar 1, 110.
Andromeda (Myth.) [Ricklefs] 4,
49.
— (Sternbild) [Fritsch] 4, 49.
Andromeda (Pflanzengattung)
[Sprengel] 4, 50. — [v. 4, 51.
Andromedes (Conchol.) [Nitzsch]
Andron, s. Gynaeceum 99, 12.
Andronicus (Livius) 4, 53.
Andronikos I. Komnenus (griech.
Kaiser) [v. Baczko] 4, 51.

Andronikos II., der Ältere (griech.
Kaiser) [v. Baczko] 4, 53.
— III., der Jüngere (griech. Kai-
ser) [v. Baczko] 4, 53.
— IV., s. Johannes Paläologos.
— Kallistos [Tennemann] 4,
54.
Kyrrestes [Hornet] 4, 53.
— v. Rhodus [Krug] 4, 53.
Andropbagen, s. Anthropophagen
4, 288.
Androphonos [Ricklefs] 4, 54.
Androphylax, s. Wendlandia.
Andropogon [Sprengel] 4, 54.
Andropolis [Hartmann] 4, 54.
Andros, auch Tauros, Lasia, No-
nagria, Epachris, Antandros
und Hydrussus, jetzt Andro
(Insel im Archipelagus) [Stein]
4, 54.
— Islas del Espiritu Santo
(Bahamas-Inselgruppe) [Has-
sel] 4, 54.
— (Sir Edmund) [Ebeling] 4, 54.
Androsace [Sprengel] 4, 55.
Androsaemum [Sprengel] 4, 55.
Androsceggin, Antorasceggin, s.
Sagadahof.
Androtion (ökonom. Schriftsteller)
[Sprengel] 4, 55. [55.
— (griech. Redner) [Becker] 4,
Androuet du Cerceau (Jacques)
4, 55.
Andrussa [b. Hammer] 4, 55.
Andry (Nic.) [Sprengel] 4, 55.
Andryala [Sprengel] 4, 56.
Andschu (Nabob sagt ebbn hassan
ben bschemaleddin hossein) [Rose-
garten] 4, 56.
Andujar, Anduzar [Hassel] 4, 56.
Anebia (babyl. König) [Kanngießer]
4, 56.
Anesele, Anewelle, Anebellunge,
Angefelle, Angebelle [v. Ar-
nold] 4, 56.
Anegaba (eine der Jungfernin-
seln) [Hassel] 4, 56.
— de Fuera (nordamer. Insel)
[Stein] 4, 57.
Aneitean [Hassel] 4, 12.
Anel (Dominicus) [Sprengel] 4,
4, 57. [57.
Anemia [Sprengel] 4, 58.
Anemo, s. Amone 3, 880.
Anemocius, eig. Windhäuser
[Baur] 4, 58.
Anemeneum [Kästner und Schre-
ger] 4, 58.
Anemoreia, Anemoleia 4, 58.
Anemurium [Ricklefs] 4, 59.
Anenossa [Benigni] 4, 59.
Anerbe [Bergmann] 4, 59.
Anesus, Anisus, s. Ens, im Art.
Oesterreich.
Anet [Hassel] 4, 59.

Anethum [Sprengel] 4, 59.
Aneurisma, s. Pulsadergeschwulst.
Anezi (Paolo) [Sidler] 4, 59.
Anfahren [Lehmann und Lam-
padius] 4, 59. [60.
Anfall (Bergwelen) [Lehmann] 4,
—, Anfallspunkt der Dachflächen
(Baut.), s. Dach 22², 9.
— (Rechtswiss.), s. Einstandsrecht
40, 38; Näherrecht; Stamm-
güter.
Anfallen, s. Fährte 41, 56.
Anfallsgelb, s. Lehnwaare.
Anfang (chronologisch) 4, 60; A.
(artistisch) [Grotefend] 4, 65.
(eines Tonstücks) [Weber]
4, 66.
Anfangsbohrer, Anfangsstangen
(Bergbau), s. Bergbau 9, 99;
Erdbohrer 36, 270. [stellen.
Anfesseln, Anfüllen, s. Vogelherd-
Anfeuerung [v. Hoyer] 4, 68.
Anführen (Forstw.) [Laurop] 4, 68.
— (im Grubenbau) [Freiesleben]
4, 68.
Anfrischen, Abfrischen [Zeichmann]
[Sprengel] 4, 68.
Anführungszeichen, s. Gänsefüß-
chen, im Art. Interpunktion.
Anfußen (Fußen), s. Blocken
11, 36.
Anga, s. Agamana 2, 168.
Anga's (Bebangas) [Majer] 4, 69.
Angabd 4, 69.
Angara [Petri] 4, 69.
Angaria, f. Agamena 34, 262.
Angariae,Parangariae [Spangen-
berg] 4, 69.
Angivarii 4, 104.
Angaxija, s. Comorren. 18, 368.
Ange,Ange b'er, Angelceb [Scheu-
ber] 4, 69.
Angeben, Angeberei, s. Denun-
ciant 24, 154. [6, 464.
Angedingtes Recht, s. Austräge
Angeiographie, s. Archäologie 5,
124.
Angel, Angeln, Angelhaken, Fisch-
angeln [Poppe] 4, 70.
Angela von Brescia, s. Ursuli-
nerinnen.
Angelbach, f. Angelloch 4, 76;
Anglachgau 4, 96.
Angelberg (Kaiser) [Baur] 4, 74.
Angeli, Angli' (Volk), s. Angeln
4, 77.
— (Jakob, gen. de Scarparia)
[Baur] 4, 74.
— (Pietro degli Antonio) [Baur
und Ebert] 4, 74.
— (Battista; Giulio; Marco)
[Sidler] 4, 75. [los 4, 77.
Angelia und Angelela, s. Ange-
Angelica [Sprengel und Schre-
ger] 4, 75.

Angelicae. s. Barnabiten 7, 405.
Angelici (ref. Secte) [Petri] 4, 75.
—, Ordre des Angeliques, s.
Constantin-Orden 19, 153.
Angelini (Scipio) [Sidler] 4, 76.
Angelis (Dominico d') 4, 76.
— (Filippo b') [Sidler] 4, 76.
— (Franc. Antonio) 4, 76.
— (Hieronimo d') 4, 76.
— (Johannes ab), s. Angelos
4, 77.
— (Stephan) [Paul] 4, 76.
Angelloch, früher Angelbach [Ber-
ger] 4, 76.
Angeln, das, Angelfischerei [Nie-
mann] 4, 71.
— auch Angli, Angeli (ältere
Geogr. und Geschichte) [Rick-
lefs und Dörfer] 4, 77.
— (neuere Geogr.) [Rühs] 4, 77.
Angelo, St. (Orte in Italien)
[Stein] 4, 77.
— (Mich.), s. Buonarota 14¹, 41;
Cerquozzi 16, 74. [458.
Angeloni (Franc.), s. Bellori 8,
Angelos (Myth.) [Ricklefs] 4, 77.
—, Puebla des los A. (mexic.
Stadt) [Stein] 4, 77. [77.
— (Juan de los), [Mobnitz] 4,
Angelot, s. Ange 4, 69.
Angelsachsen [Hassel] 4, 68.
Angelsächsische Bibelübersetzungen
[de Wette] 4, 89.
— Münzen [Schmieder] 4, 90.
Angelstern, s. Polarstern.
Angelucio [Sidler] 4, 90.
Angeluo 4, 91. [292.
— (Joh.; Andr.), s. Engel 34,
— (Joh.), s. Scheffler.
Angenehm, s. Empfindung 44,
110; Gefühl 56, 1.
Angennes(Geschlecht)[Hassel]4,91.
Anger, s. Rain; Umgeld.
— (Fluß) und Angerort (Flecken
im Bergischen) [Ziehenberg]
4, 91.
— (in Niederösterreich) 4, 91.
Angerapp [v. Baczko] 4, 91.
Angerbach, s. Ala 1, 3.
Angerberg [v. Hazzi] 4, 91.
Angerblume, s. Bellis perennis 8,
453.
Angerburg und Angerburgscher
See [v. Baczko] 4, 91.
Angeriscow, s.Engerzau 34, 262.
Angerkraut, s. Polygonum avi-
culare.
Angerman [b. Schubert] 4, 92.
Angermanland [v. Schubert] 4, 92.
Angermans-Carpland, s. Lief-
Lappmark 6, 64. [94.
Angermeyer (Albert) [Weise] 4,
Angermühlen, s. Anger 4, 91.
Angermünde, Neu-A. [Stein]
4, 94. [4, 94.
Angermund [Aschenbach u. Sickel]
Angern [Stein] 4, 94.
Angeronalien, Angeronatien [Rick-
lefs] 4, 94.
Angerort, s. Anger 4, 91.

Annäherung [Grotefend] 4, 172.
Annoch [Hassel] 4, 174.
Annahme, s. Acceptation 1, 254;
— Admission 1, 426; Adoption
1, 435.
Annalen [Wachler] 4, 174.
Annalis Lex (Annaria lex)
[Spangenberg] 4, 177.
Annalto, Annotto, s. Orlean.
Annam, Anam, s. Südanam;
Tunkin.
Annamaboa, Annamabub [Has-
sel] 4, 177.
Annamatia [Rumy] 4, 178.
Annan [Hassel] 4, 178.
Annapolis [Hassel u. Ersch] 4,178.
Annaten [Andreé u. Petri] 4,178.
Annathal [Andreé] 4, 181.
Annava, s. Emanuel von Portu-
gal 34, 14.
Anne von St. Anne (geogr. Name)
[Ersch] 4, 181.
— (Ann')-Brunbel (in Mary-
land) [Ersch] 4, 181.
Annecy 4, 181.
Annehmen [a. b. Windell] 4, 182.
Annenfestung (St. Anna) [Rom-
mel] 4, 182.
Annenorden, St. [Buhle und
Gottschalt] 4, 182.
Anneslia, s. Masaniello.
Anneslia [Sprengel] 4, 182.
Annet, s. Scilus.
Annexe (droit d'annexe, d'at-
tache, lettres d'attache)
[Spangenberg] 4, 182.
Annibal, s. Hannibal.
Annibi, s. Serica.
Anniferis [Tennemann] 4, 182.
Anniti, s. Abnicum 1, 145.
Anninisches Kupferbergwerf
[Petri] 4, 183. [4, 183.
Annius (Joannes) [Wachler]
Anno (Köln. Erzbischof) [Voigt]
4, 185.
Annobon, s. Annabon, im Art.
Bonanno 11, 380. [186.
Annona (Mythol.) [Ricklefs] 4,
— (röm. Recht) [Spangenberg]
4, 186.
Annonay [Hassel] 4, 186.
Annone (Joh. Jak.) [Fürster v.
Knonau] 4, 186.
Annonius, s. Aimoin 2. 268.
Annotto, s. Orlean.
Annuitäten, s. Renten.
Annulata [Medel] 4, 186.
Annulis inguinalis, s. Unterleib;
Geschlechtsapparat 63, 1.
Annulus Palatii [Spangenberg]
4, 187.
Annunciaden-Orden (saebmischer
Orden) [Gottschalt] 4, 187.
— , weibl. (2 Nonnenorden)
[Petri] 4, 187.
Anobisches Gebirg, s. Abnobisches
Gebirg 1, 145.
Anobium [Germar] 4, 188.
Anoda, s. Sida.
Anodon [Merrem] 4, 188.

Anodonta [Nitzsch] 4, 189.
Anodyna, s. Nervenmittel.
Anoectangium [Sprengel] 4,
190.
Anolis [Merrem] 4, 190.
Anoma 4, 191.
Anomöer, s. Arianer, im Art.
Arius 5, 311.
Anomalie (grammat.) [Grotefend
und v. Hammer]; Al. (astron.)
[Gerling] 4, 191.
Anomalocardia [Nitzsch] 4. 191.
Anomalon, s. Ichneumonides.
Anomatheca [Sprengel] 4, 193.
Anomia, Anomie [Nitzsch] 4, 193.
Anomides [Germar] 4, 194.
Anonica [Nitzsch] 4, 194.
Anonymität, Anonymus, s. Na-
menlosigkeit.
Anonymus Belae regis Nota-
rius, s. Bela 8, 407.
Anopäa, s. Oeta.
Anopheles [Germar] 4, 195.
Anoplotherium [Germar] 4, 178.
Anoplura [Germar] 4, 195.
Anoplus [Germar] 4, 195.
Anopterus [Germar] 4, 195.
Anordia, Anordie 4, 195.
Anordnung (im allgemeinen)
[Druker] 4, 195.
— (Bauwesen) [Leger] 4, 197.
— (Malerei und Bildhauerei)
[Meyer] 4, 197.
Anesia, s. Andropsonos 4, 54.
Anostomus [Lichtenstein] 4, 199.
Anosi, s. Pflanzen; Holz-
cultur. [8, 116.
Anpfropfen, s. Baubolzverbindung
Anpolschen, s. Kirren.
Anquetil du Perron (Louis
Pl.) 4, 199.
— (ARM. Hyac.) [Baur] 4, 199.
Anquiden [Lampadius] 4, 200.
Anquichmüble [Lampadius] 4,201.
Anquichsilber [Lampadius] 4, 201.
Anredera [Sprengel] 4, 201.
Anreichern [Lampadius] 4, 201.
Anreißen, s. Abstecken 1, 191.
Anrichten (Hüttenwesen) [Lampa-
dius] 4, 201. [Steinmeß.
— (bei den Steinmeßen), s.
Anrüchig, s. Ehre 31, 407.
Anrufungsformeln [v. Arnoldi]
4, 201.
Ansa, s. Ansé 4, 229.
Ansäen, s. Säen; Holzcultur.
Ansässigkeit, s. Landsässigkeit;
Wohnsitz.
Ansäume (Andrea) [Sidler] 4,202.
Ansana, s. Antinoopolis 4, 308.
Ansarier (Sejenus) 4, 202.
Ansatz (Anatomie), s. Knochen.
— (Musik) [Fröhlich] 4, 202.
Ansbach, Onolzbach [Fürsten-
thum] [Senkohl] 4, 202.
— (Stadt) [Senkohl] 4, 203.
und Bairreuth (Geschichte)
[v. Lang] 4, 204.
Anschar, s. Ansgar 4, 232.
Anschauung [Hoffbauer] 4, 226.

Anschauungslehre 4, 227.
Anschießen, s. Körnen; Soogen.
Anschlag (Musik) [Fröhlich] 4,227.
— (Gymnastik) [Guts Muths]
4, 228.
— (in andern Bedeutungen), s.
Zau-Anschlag 8, 111; Fenster
42, 452; Kaus-Anschlag; Korn-
mühlen; Pacht; Steuer-An-
schlag; Schießgewehr; Thüre;
Uhren.
Anschlagen (Bergwesen) [Leh-
mann] 4, 228.
— (Forstwesen) 4, 228.
— (Jägersprache) 4, 228.
— (Schießübung), [4, 228.
Anschlagende Noten [Fröhlich]
Anschneiden, Anschnitt (Berg-
wesen) [Lehmann] 4, 229.
— (Jägersprache) [a. b. Windell]
4, 229. [18, 100.
Anschovis, Ansjovis, s. Clupea
Anschreibe, s. Erdwehner 36, 270.
Anschütz (Joh. Matthäus) [Baur]
4, 229.
Anschweißen, s. Zuwachs.
Anse, Ance [Hassel] 4, 229.
Ansegille, s. Sené.
Anselmus (Bischof von Lucca)
[Baur] 4, 229. [4, 229.
— von Canterbury [Tennemann]
— Scholasticus ob. Laudunensis
[Baur] 4, 230.
— (Bischof von Ermeland) [v.
Baczko] 4, 231.
— (Georg) [Baur] 4, 231.
— de virgine Maria, eig. Peter
Gribours [Baur] 4, 231.
Anset [Germar] 4, 231.
Ansform, s. Solomezteil.
Ansgar, oder Anschar (Apostel)
[Dörfer] 4, 232.
Ansiari (Anscarii), s. Amste-
varii 3, 421.
Ansioen, s. Schmelzen.
Ansio, s. Schaggae. [4, 308.
Ansiné u. Ansola, s. Antinoopolis
Ansitzen (Freiersleben) 4, 233.
Ansion (Georg) [Baur] 4, 233.
— (in Südcarolina), s. Bonka
12. 125.
Ansläuner [Bergmann] 4, 234.
Anspielen, Anspielung [Hoffbauer]
4, 234.
Ansprechen [a. b. Windell] 4, 234.
Ansprüche (Prätensionen) [Span-
genberg] 4, 240. [4, 241.
Anspruchswarpen [Siebenkees]
Anstalt, s. Magdeburg 6,402.
Anstalten, s. Anstaltung 4,
152; Anstalt.
Anstand (Bergmann) 4, 241.
— oder Ansitz (Jägersprache)
[a. b. Windell] 4, 241.
— (in Absehrücher u. moralischer
hinsicht) [Mehmann] 4, 242.
— , s. Lehrwaare; Näherrecht.
Anstecken, s. Abstecken 1, 191.

Anstecken [Lehmann] 4, 243.
Ansteckiel, Ansteckröhre, s. Kiel-
stecke; Kunstaß.
Ansteckende Krankheiten [Schnur-
rer] 4, 243.
Ansteckung [Schnurrer] 4, 244.
— (Verbutung derselben) [Bur-
dach] 4, 246.
— (in Bezug auf die Pestsen-
zungen) [Nürnberger] 4, 247.
Anstecken [Lehmann] 4, 247.
Anstrengung [Burdach] 4, 247.
Anstrich (der Gebäude) [Stieglitz]
4, 248. [4, 248.
— (feuer- u. wetterfester) [Ritter]
Anstruther [Hassel] 4, 249.
Anstülpung, Anlehnung, s. Stütz-
punkt.
Ant., s. Anti-. 4, 291.
Anta, s. Tapir.
— , s. Aita 2, 274. [4, 249.
— , Shanta (Negerreich) [Ersch]
Antac, s. Wieler.
Antaei collis[Friedemann]4,249.
Antaeopolis [Hartmann] 4, 249.
Antaides [Ricklefs] 4, 249.
Antag [v. Arnoldi] 4. 249.
Antagonismus, Antagonist 4,249.
Antalia, s. Antiochia 4, 311.
— Antalis, ob. Antalis, Tantalia
[v. Hammer] 4, 249.
Antalsidas, Antalcidas 4, 250.
Antalem [Ersch] 4, 250.
Antam, St., s. Antonio 4, 344.
Antanahstalsi, s. Dilogie 25, 209.
Antandros [Cranmer] 4, 250.
Antae, St. de Tozal, gew. Santo
Antonio [Stein] 4, 250.
Antara ben schebdoo elabtl [Rose-
garten] 4, 250.
Antarabus [Ricklefs] 4, 251.
Antaretischer Pol, s. Pol.
Antaret [Nitzsch] 4, 251.
Antavarter u. Antarimer, s. Ma-
dagascar.
Anteambulones [Günther] 4,251.
Antecessores [Spangenberg]
4, 251. [4, 251.
Antegast, auch Antegast [Molter]
Anteia [Ricklefs] 4, 251.
Anteias [Ricklefs] 4, 251.
Antejustinianisches Recht, s. Rö-
mische Gesetzgebung; Theo-
dosius.
Antelmy (Pierre Thomas) 4, 252.
Antelope, s. Antilope 4, 302.
Antemnanum, s. Lingenes.
Antennae, auch Antemna [Sid-
ler] 4, 252.
Anten 4, 252. [11, 277.
Antemisophyllum, s. Boethavia
Antennaria (Pflanzengattung)
[Sprengel] 4, 252.
— (Zoolog.) [Medel] 4, 252.
Antennar.as, s. Lophius.
Antenor (ein Trojaner) [Ricklefs]
4, 252.
Antenor (Gattung der Mantel-
thiere) [Nitzsch] 4, 252.

Anton (Gottfried) [Baur] 4, 335.
— (Karl Gottlob von) [Ebert] 4, 335.
Antonacum oder Antunacum, s. Andernach 4, 22.
Antoncava, s. Madagaskar.
Antonello da Messina 4, 341.
Antongil, s. Madagaskar. Manghabai.
Antoni (Dorf) [Hassel] 4, 342.
— (A. B. Papacino), s. Papacino.
Antonia (Burg zu Jerusalem), s. Jerusalem.
— (zwei röm. Frauen) 4, 342.
Antonianer, Antonier, Antonierherren, s. Antonius 4, 351.
Antoniano (Silvio) 4, 342.
Antonides, s. v. d. Goes 72, 211.
Antonienthal (Wirz) 4, 342.
Antonii [Rommel] 4, 312.
Antonikez (Don Josef) [Weise] 4, 342.
Antonin, St. [Hassel] 4, 342.
Antonina, s. Belisar 8, 425.
Antonini (Joseph und Hannibal) 4, 342.
Antoninus (zwei röm. Kaiser) Titus A. Pius, Marcus Aurelius A. [v. Rotteck] 4, 342. 343. Letzterer als Philosoph [Tennemann] 4, 344. [4, 344.
— (Neuplatoniker) [Tennemann]
— Liberalis (Gruber) 4, 344.
Antonio, St., auch Antam (Insel), A., San, de Bejar (Stadt) [Stein] 4, 344.
— San, de Recife, s. Pernambuco.
— (drei Künstler) [Sickler und Weise] 4, 344.
Antoniupolis [Ricklefs] 4, 345.
Antonius (röm. Patriciergeschlecht) . [Gruber] 4, 345.
— (Marcus, der Triumvir [v. Rotteck] 4, 346.
— (der Heilige) [Petri] 4, 351.
— von Padua (Franziskanermönch) [Baur] 4, 354.
— oder Antoninus (Erzbischof von Florenz) [Baur] 4, 355.
— (Aelius, Gelius) Nebrissensis (span. Polyhistor) [Mohnike und Baur] 4, 355.
— Diogenes (griech. Dichter) [Passow] 4, 356.
— Musa, s. Musa.
— (Nic.) [Baur] 4, 344.
Antonomasia (Gruber) 4, 357.
Antonskraut, s. Epilobium angustifolium 35, 478.
Antons-Orden, s. Antonius der Heilige 4, 351.
Antorascoggin, s. Sagadahok.
Antreiben (Metallurgie); A. Werkbleitreiben; A. (Jägersprache) [a. d. Winckel] 4, 357.
Antri [Kanngießer] 4, 357.
Antrim (in Irland) [Hassel]; A. (in New-Hampshire) 4, 357.

Antritt, s. Appuls 5, 8; Krähenbütte (Vogelherd); Treppe.
Antron (Gruber) 4, 357.
Antros [Hassel u. Sickler] 4, 357.
Antsianofe, s. Madagaskar.
Antuates [Meyer v. Knonau] 4, 357.
Antweiler [v. Stramberg] 4, 358.
Antwerpen (Bisthum) [Delius] 4, 358; A. (Provinz u. Stadt) [Hassel] 4, 358. 359.
Antwort, s. Comet 18, 346; Fuge 50, 439.
Anubis, s. Hermanubis.
Anui [Petri] 4, 359.
Anunbejò [v. Schubert] 4, 359.
Anurogrammum [Kanngießer] 4, 360. [23, 128.
— (Conchologie), s. Altes Weib
Anus (Anat.), s. Darmkanal 3, 259.
Anvari, s. Vilpai.
Anville (Joh. Bapt. Bourguignon d') [Baur] 4, 360.
d'Anville (Cap) [Tirsch] 4, 361.
Anwachs, s. Anlandung 4, 152; Zuwachs.
Anwallen, s. Soose-Sieben.
Anwalt [Mittermaier] 4, 361.
Anwari, s. Vilpai.
Anwartschaft [Spangenberg] 4, 362. [4, 362.
Anweisung (Bergw.) [Lehmann]
— (Forstkunde), s. Forst 46, 864;
Holzanweisung.
— (Rechts- und Handelskunde) [Siebenkees, Spangenberg und Schütz] 4, 362.
Anpantium [Sickler] 4, 363.
Anpur [Sickler] 4, 363.
Anychia [Sprengel] 4, 363.
Anyos [Stephan] [Rumy] 4, 364.
Anysis (ägypt. Pharao) [Gruber] 4, 361.
Anytos, s. Sokrates; Titanen.
Anza, Anjasca [Röder] 4, 364.
Anzabas, s. Pylus.
Anzah [Rommel] 4, 364.
Anzain [Hassel] 4, 364.
Anzasca, s. Anja 4, 364.
Anzeige (juristisch) [Mittermaier] 4, 364. [4, 365.
—, indicatio (Med.) [Gmelin]
Anzeigen (Seerecht) [Jacobsen] 4, 365.
Anzeinbaj, s. Diablerets 24, 418.
Anzeli, auch Inseli oder Sinsili [Kanngießer] 4, 366.
Anzerma (Stein) 4, 366.
Anzeta, Anzita, s. Anzitene 4, 370.
Anziehung (Attraction) [Schweigger] 4, 366.
Anzito, Ansito, s. Schaggas.
Anzitene [Rommel] 4, 370.
Anzo, s. Antium 4, 384.
— (Fluß) [Hartmann] 4, 370.
Anzu (taufaf. District) [Rommel und Vater] 4, 370.
Anzugsgeld [Loß] 4, 370.

Aodon [Lichtenstein] 4, 371.
Aoidoi [Jacobs] 4, 371.
Aonia, Aones, s. Böotien 11, 252.
Aonides, s. Musen.
Aoristus [Müller] 4, 373.
Aornus, s. Avernus 6, 500.
— (a. Geogr.) [Kanngießer] 4, 378.
Aorst, s. Avaren 6, 509.
Aorta, s. Pulsader.
Aosta [Röder] 4, 378.
Aotus (Pflanzengattung) [Sprengel] 4, 378.
— (Nachtasse) [Meckel] 4, 379.
Aous [Ricklefs] 4, 379.
Aomin [Tirsch] 4, 379.
Apachen, Appachen, s. Apatschen 4, 386.
Apactis [Sprengel] 4, 379.
Apasi von Apa Nagy Falu (Michael I. u. II.) (Fürsten von Siebenbürgen)[Benigni]4,379.
Apalachen [Antonischamm]; A. (Gebirge); Apalache-Bai4,380.
Apalachicola, s. Apalachen 4, 380.
Apalatoa, s. Cyclas 20, 399.
Apalexikatos, s. Asklepios 6, 100.
Apalus [Germar] 4, 380.
Apalytra [Germar] 4, 381.
Apame, s. Berenite 9, 91.
Apamea (Schmetterlingsgattung) [Zinken, gen. Sommer] 4, 381.
—, Apamia (a. Geogr.) [Kanngießer und Ricklefs] 4, 381.
Apamene, Apamia, s. Apamea 4, 381.
Apancomene [Ricklefs] 4, 382.
Apanormia (Stein) 4, 382.
Aparchae, s. Opfer.
Apargia [Sprengel] 4, 382.
Aparinesseo u. Aparnsee, s. Abersee 1, 94.
Apanage (b. Kampf) 4, 382.
Apate [Germar] 4, 383.
Apatelae, s. Acronicta 1, 339.
Apathi [Rumy] 4, 383.
Apathie [Maaß] 4, 383.
Apathin, Apatin [Rumy] 4, 384.
Apatit [Germar] 4, 384.
Apatsches, Apaches [Majer] 4, 386. [4, 386.
Apaturia [Zinken, gen. Sommer]
Apaturia [Ricklefs] 4, 386.
Apaturien [Döderlein] 4, 387.
Apaza, auch Kalugeritza [Benigni] 4, 387.
Apatingan 4, 387. [sen.
Apaulia, s. Hochzeitfeier der Griechen.
Apaortene [Kanngießer] 4, 387.
Apeiba, s. Aubletia 6, 272.
Apel (Joh. Aug.) [Heinroth] 4, 387.
Apelbern [Albrecht v.] [v. Baczko] 4, 388.
Apeläus [Grotefend] 4, 388.
Apelles (Der Makedonier), s. Achäischer Bund 1, 282.
— (Maler) [Meyer] 4, 388.
— (Wetsteinschneider) [Horner] 4, 390.

Apelles (Ketzer) und Apelliten, s. Marcioniten. [4, 390.
Apelliton aus Teios [Tennemann]
Apemosyne, s. Aïdemenes 3, 262.
Apen [v. Halem] 4, 390.
Apenautismos, Apenautismos, s. Abannatio 1, 32.
Apenburg (Groß-) [Stein] 4, 390.
Apenina, s. Peninus.
Apennen [v. Arnoldi] 4, 391.
Apenninen 4, 391. [391.
Apenrade [Rühs und Dörfer] 4,
Apepsie, s. Verdauung.
Aper, s. Sus.
Aper (Marcus) 4, 391.
Apera [Sprengel] 4, 391.
Aperantes, s. Thessalien.
Aperbach, s. Eberbach 29³, 96.
Aperea, s. Anaema 3, 444.
Aperopia 4, 391.
Aperta [Ricklefs] 4, 391.
Apertae [Ricklefs] 4, 391.
Apesantios [Ricklefs] 4, 392.
Apfelbaum (Pflanzen- und Forstkunde), s. Holzapfelbaum; Pyrus; A. (Landwirthschaft) [Ritter] 4, 392.
Apfelbaumrinde[Schreger]4,395.
Apfelgebirge, s. Daurisches Gebirge, im Art. Daurien 23, 202.
Apfelfreus, s. Kugelstabfreus.
Apfelmost u. Apfelwein, s. Apfelbaum 4, 392.
Apfelnapftra [Schreger] 4, 395.
Apfelregal, s. Orgel.
Apfelsäure [Schreger] 4, 395.
Apfelsaft [v. Giese] 4, 395.
Apfelpomade, s. Apfelbaum 4, 392.
Apfelsinen, s. Citrus 17, 822.
Apfelstedt [Galletti] 4, 396.
Apfaia, s. Britomartis 13, 59.
Apfaka [Ricklefs] 4, 396.
Apfatitio [Ricklefs] 4, 396.
Apfanes, s. Alchemilla 2, 417.
Aphaniptera [Germar] 4, 396.
Aphanistioum [Germar] 4, 396.
Aphanit [Germar] 4, 396.
Aphar, s. Thasar (Safar).
Apharetidae, s. Aphareus 4, 396.
Aphareus [Ricklefs] 4, 396.
Aphebas [Ricklefs] 4, 396.
Aphefa [Gesenius] 4, 396.
Aphelandra [Sprengel] 4, 396.
Aphelia [Sprengel] 4, 397.
Aphelium, s. Sonnenferne.
Apheßes [Ricklefs] 4, 397.
Aphefas, s. Thessalien.
Aphidii [Germar] 4, 397.
Aphidna, s. Aphidii 4, 397.
Aphidnon Kara-Hissar, s. Apamea in Phrygien 4, 381.
Aphis, s. Aphidii 4, 397.
Aphle, s. Aginis 2, 193.
Aphneios, s. Aerope 1, 478.
Aphodius [Germar] 4, 398.
Aphorismen [Gruber] 4, 399.
Aphorismos minor et maior, s. Bann 7, 321.

Appellanten, s. Unigenitus.
Appellation [Spangenberg] 5, 1.
Appellationen nach Rom, s. Papstthum.
Appellativa, s. Nennwörter.
Appenweier [Molter] 5, 3.
Appenzell (Geschichte) [Meyer v. Knonau] 5, 3.
— (Staatskunde) [Pütz] 5, 4.
— (Flecken) [Wirz] 5, 6.
Apperception, s. Bewußtsein 9, 387.
Appet;r s. Gelüst 57, 85.
Appiades, Appia via, s. Appius, im Art. Claudia gens 17, 390.
Appiano, s. Piombino; Pisa.
Appianos [Wachsmuth] 5, 6.
Appingadam, Dam [Haffel] 5, 7.
Appius, s. Claudia gens 17, 390.
Applebo [Haffel] 5, 7.
Appledore 5, 7.
Applicate, s. Coordinaten 19, 241.
Applicatur, s. Fingersetzung 44, 258.
Appliciren [Pfaff] 5, 7.
Appoggiato [Fröhlich] 5. 7.
Apollonio (Giacomo) [Sickler] 5, 7.
Apono [Bar. Mednyansky] 5, 7.
Apposition [Bater] 5, 7.
Approche, Approchiren, s. Fortification 46, 427. [1, 439.
Appropriation, s. Abpropriation
Appronage, Approuat, s. Apruague 5, 12.
Approvisionniren 5, 8. [172.
Approximation, s. Annäherung 4,
Appulö [Gerling] 5, 8.
Aprasin [Ranngiefser] 5, 8.
Apragin (Graf) [Haffe u. Buhle] 5, 9.
Après de Mannevillette (Jean Babt. Ric. Denis d') [Esch] 5, 10.
Apri [Ridlefs] 5, 10.
Apricosenbaum (Pflanzenkunde), s. Prunus armeniaca; A. (Gartenbau) [Ritter] 5, 10.
Apricosenpflaume [Ritter] 5, 11.
Apries, s. Ägypten 2, 16; Amasis 3, 315.
Aprigliano, s. Aprustum 5, 12.
April, Aprilis [Grotefend] 5, 11.
Aprilblume, s. Anemone nemorosa 4, 58.
Aprilmuschel, s. Pecten.
A priori (und a posteriori), s. Erkenntnis 37, 154.
Apronianum senatusconsultum [Spangenberg] 5, 12.
Aprosio (Lodov.) [Esch] 5, 12.
Aprosius [Friedemann] 5, 12.
Aprostasion [Döberlein] 5, 12.
Apruague, Appronage, Approuat 5, 12.
Aprustum 5, 12.
Apselus, s. Kimopes 3, 184.
Apsara [v. Hammer] 5, 12. [12.
Apsarus (Absarus) [Rommel] 5,
Apscharon [Rommel] 5, 13.

Apscubes (Myth.), s. Nereiden; A. (Naturgesch.) [Lichtenstein] 5, 13.
Apfiden oder Apfidenlinie [Herling] 5, 13. [5, 13.
Apfilae oder Apfitii [Rommel]
Apfines [Bäcler] 5, 13.
Apfintbii [Ridlefs] 5, 13.
Apsis [Germar] 5, 13. [14.
Apforus, Apforrus [Ridlefs] 5,
Apfus [Ridlefs] 5, 14.
Apfyrtis und Apfyrtides, s. Apsorus 5, 14.
Apfyrtos (Bruder der Medea), s. Medea; A. (Schriftsteller) [Sprengel] 5, 14.
Apt [Haffel und Sickler] 5, 14.
Aptenodytes [Merrem] 5, 14.
Aptera (Insektenkunde) [Germar] 5, 17.
Aptera (auf Kreta), s. Kreta.
Apterichthys, s. Sphagebranchus.
Apterogyna [Klug] 5, 18.
Apteronotus [Lichtenstein] 5, 18.
Aptinus [Germar] 5, 18. [18.
Aptuchi fattum [Friedemann] 5,
Apua 5, 18.
Apuchowet, s. Abuchowa(tische Pulvermühlen 1, 211.
Apula, s. Apulum 5, 21.
Apulambu, s. Suluinseln. [5, 18.
Apulejae Leges [Spangenberg]
Apulejus (L. Ap. Saturninus), s. Marius.
— (Lucius, eig. Celsus) [Buhle] 5, 18. [glia.
Apulia, Apulien, s. Neapel; Apu-
Apulum [Ridlefs] 5, 21.
Apure (Stein) 5, 22.
Apus [Lichtenstein] 5, 22.
Apxre, s. Apertae, im Art. Apertae 4, 391.
Apyrexie, s. Fieber 44, 41.
Apyrit [Germar] 5, 22.
Aqua, Aquae (a. Geogr.) [Friedemann, Sickler, Rumy und Ridlefs] 5, 22.
— (Wafserleitungen, Aquäducte) [Sickler] 5, 23. [25.
— (Mineralquellen) [Ritter] 5,
— aeruginis, s. Cupri ammoniata, s. Kupfer.
— Anhaltina, s. Terpenthin.
— aromatica Bor., s. Salvia.
— calcis s. calcariae, s. Kalk.
— Coloniensis, s. Wafser. [ter.
— destillata communis, s. Wafs-
— fortis, s. Salpeterfäure.
— hungarica, s. Wafser. [na.
— laxativa Viennensis, s. Sen-
— lithargyri acet. composita, s. Blei 10, 403.
— minerales s. aetheriae s. Mineralwafser. [s. Kalk.
— ophthalmica caerulea Hass.,
— ophthalmica Plenkii, s. Quecksilber.
— phagedaenica, s. Quecksilber.
— regia, s. Salpetersalzfäure.
— saturnina, s. Blei 10, 403.

Aqua sulphurato-acidula, s. Schwefel.
— Tofana, s. Tofana.
— vegeto-mineral. Goul., s. Blei 10, 403.
— viridis Hartmanni, s. Kupfer.
— vitae, s. Weingeist.
— vulneraria Thedenii, s. Schwefelfäure. [Salvia.
— vulneraria vinosa Bor., s.
Aquäbucte, s. Wafserleitungen.
Aquäbuctus, s. Gehörorgan 56, 117; Gehirn 56, 64.
Aquamanile, Aquamanus [G. E. Petri] 5, 23.
Aquamarin [Germar] 5, 26.
Aquambo [Erfch] 5, 26. [26.
Aquapendente, Acquapendente 5,
— (Hieron. Fabricius v.) [Sprengel] 5, 26.
Aquapim [Erfch] 5, 27. [257.
Aquarellmalerei, s. Gouache 76,
Aquaria 5, 27.
Aquarier, Aquarii, s. Gnostiker, im Art. Gnosticismus 71, 223.
Aquarius (Entomologie) [Germar] 5, 27.
— (Astronomie), s. Thierkreis.
Aquaria [Sprengel] 5, 27.
Aquasparta [Röber] 5, 27.
Aquatinto, s. Tuschmanier.
Aquavit (Aqua vitae), s. Branntwein 12, 272; Weingeist.
Aquaviva, Acquaviva [Baur u. Ebert] 5, 27. [gau.
Aquaviva districtus, s. Lüttich·
Aqui, Acqui (Freib. Menu von Minutoli] 5, 28.
Aquifolium, s. Ilex.
Aquila (Raubvögelgattungen) [Merrem] 5, 28.
— (Adter in der Bibel) [Gesenius], s. Adter 1, 419.
— (Stadt; zwei ital. Schriftsteller) [Röber u. Erfch] 5, 29.
— (Uebersetzer des Alten Testaments) [de Wette] 5, 29.
— (Franc. Faraonius; Pietro) [Weiße] 5, 30. [29.
Aquilano, d'Aquila, s. Aquila 5,
Aquilar del Campo [Erfch] 5, 31.
Aquilaria (Pflanzengattung) [Sprengel] 5, 31. [31.
— (a. Geogr.) [Friedemann] 5,
Aquileja (in Oberitalien) [Sickler und Röber]; A. (in Rhätien) [Ridlefs] 5, 31.
Aquilia Lex [v. Löhr] 5, 31.
Aquilina stipulatio, s. Aquilius Gallus 5, 32.
Aquilicia [Sprengel] 5, 32.
Aquilius Manius; Galus A. Gallus [Dirksen]; A. Sabinus 5, 32.

Aquillus [Ridlefs] 5, 32.
Aquilo, s. Boreas 12, 21.
Aquilonia Hirpinorum [Sickler] 5, 32.
Aquin (Louis Claube d'); A. de Chateau Lyon (Pierre Louis) 5, 32.
Aquinas (Thomas), s. Thomas.
Aquincum, s. Acincum 1, 326.
Aquino (Stadt), s. Aquinum 5,33.
— (Thomas von), s. Thomas.
— (Karl de) [Baur] 5, 32·
— (Phil.), s. Aquinum 5, 33.
Aquinum, jetzt Aquino (Stadt) [Röber]; Aquino (Phil. von, eig. Mardochai) 5, 33.
Aquisgranum, s. Aachen 1, 5.
Aquitania [Sickler] 5, 33.
Aquitanisches Meer [Haffel] 5, 33.
Aquula Labyrinthi, s. Gehörorgan 56, 117; Ohr.
Ar, s. Moab.
Ar, Arn, s. Ahr 2, 252.
Ara (Relig., Gesch. u. Aftron.), s. Altar 3, 229. 250.
— (Geogr.) 5, 33.
—, Arra, Arras (Ornith.), s. Psittacus.
Arab·Schah (Ahmed Ben, arab. Geschichtschreiber) 5, 33.
— Sultan (Sinaneddin Jufsuf Efendi, osman. Gelehrter) [v. Hammer] 5, 33.
Araba [Hartmann] 5, 33.
Arababschi, s. Ali Pascha (Großvezier) 3, 122.
Arabat, Arbat, Ribat (Festung) [Rommel] 5, 33.
Araber, s. Arabien 5, 34.
Arabeêken, s. Groteske 94, 188.
Arabghir [v. Hammer] 5, 33.
Arabii Emporium [Rommel] 5, 33.
Arabiba 5, 34.
Arabien, Arabistan (geogr.) [Rommel und Winer] 5, 34.
— (geschichtl.) [Rommel] 5, 39.
Arabische Sprache [Gesenius] 5, 44.
— Schrift (Geschichte u. Charaktere derselben) [Gesenius] 5,53.
— Literatur [Gesenius] 5, 58.
— Arab. Literatur (in Bezug auf Medicin und Naturgeschichte) [Sprengel] 5, 69.
— Bibelübersetzungen [de Wette u. Gesenius] 5, 77.
— Münzen [Tychsen] 5, 80.
Arabischer Meerbufen, s. Rothes Meer. [5, 80.
Arabier (rel. Sekte) [G. E. Petri]
Arabies, s. Arabitae 5, 82.
Arabin, s. Zaila.
Arabingara [Ranngiefser] 5, 81.
Arabis, s. Britomartis 13, 59.
Arabis, Arabius (Flufs), s. Arabitae 5, 82. [5, 81.
Arabia (Pflanzeng.) [Sprengel]
Arabisch, s. Arabien 5, 84.

5*

Arabissus [Rommel] 5, 82.
Arabistan, s. Arabien 5, 34.
Arabitae, auch Arbitae, Arabien [Kanngießer] 5, 82.
Arabo, s. Raab.
Arabos [Ricklefs] 5, 82.
Arabscha, s. Ebn Arabscha.
Aracari [Merrem] 5, 82.
Aracci, s. Aracillum 5, 84.
Arach, s. Araca, Aracca.
Arachis [Sprengel] 5, 82.
Arachne (Myth.) [Ricklefs] 5, 82.
— (Sonnenuhr d. Alten) [Schaubach] 5, 82.
Arachnolithen [Germar] 5, 83.
Arachnides [Germar] 5, 83.
Arachnoidea tunica, s. Gehirn 56, 64; Spinnwebenhaut.
Arachesia [Kanngießer] 5, 84.
Arachtos, s. Ambrakia 3, 335.
Aracia [Kanngießer] 5, 84.
Aracillum [Friedemann] 5, 84.
Aracus, s. Erekli 36, 418.
Arad (in Palästina) [Winer] 5, 84.
— [5, 84.
— (ungar. Gespanschaft) [Rumy]
— Alt- und Neu- (zwei ungar. Marktflecken) [Rumy] 5, 84.
— (Insel, im Persischen Meerbusen) [Rommel] 5, 85.
Araba, s. Myiothores cantans.
Ara-bag, s. Agridag 2, 222.
Arabon [Rommel] 5, 85.
Arabsch [v. Hammer] 5, 85.
Aracucia [Friedemann] 5, 85.
Aradus (Wanzengattung) [Germar] 5, 86.
— hebr. Arwad, od. Arod (Stadt) [Ricklefs] 5, 86.
Arae (Grotesand) 5, 86.
Aräometer, s. Gewicht 66, 1; Senkwage.
Aräostylos, s. Säulenordnung.
Arafa [Rößler] 5, 87.
Arafat [Rößler] 5, 87.
Aragaji, s. Armenat 5, 356.
Aragi, s. Aragui 5, 90.
Aragis von Benevent, s. Adelgis 1, 401.
Aragoa [Stein] 5, 88. [88.
Aragen (span. Prov.) [Stein] 5,
— (span. Fluß) [Stein] 5, 89.
Aragona [Röder] 5, 89.
Aragonit [Germar] 5, 89.
Aragui, Aragwi, Aragi [Rommel] 5, 90.
Araithos, i. Ambrakia 3, 335.
Araja (Franz) 5, 90.
Arafan [Rommel] 5, 90.
Arafet [Rommel] 5, 90.
Arasynthos, s. Marnanion 2, 287.
Aral (See) [Kephalides] 5, 90.
Araler, s. Khiwa; Konrater.
Aralia [Sprengel] 5, 92.
Aram (armen. Held) [Rommel] 5, 92. [Wiener] 5, 92.
— (geogr. Name im Alt. Test.)
— semitische Sprache [Winer] 5, 93.
Aramagara [Kanngießer] 5, 94.
Aramais, s. Armenat 5, 356.

Aramakutan, Charawatekan, s. Kurilen. [Bootes 12, 4.
Aramech, s. Arkturus 5, 329;
Aramena, s. Anton Ulrich (Herzog von Braunschweig) 4, 336.
Aramon, Aramont s. Soliman II.
Aramont [Hassel] 5, 94.
Arati (salsch Iran, Provinz) [Rommel] 5, 94. [5, 94.
— (Thal in Catalonien) [Stein]
Aranda de Duero (span. Villa) [Stein] 5, 94.
— (Don Pedro Abarca y Bolea, Graf von) [Fischer] 5, 94. (
Arandis [Friedemann] 5, 95.
Argenbrantobolg [Schreger] 5, 95.
Aranea [Germar] 5, 95.
Araneides [Germar] 5, 96.
Araneologie [Germar] 5, 99.
Aranjuez [Hasse u. Ritter] 5, 99.
Arantius, s. Aranzi 5, 100.
Aranvilla [Rumy] 5, 99.
Aranyos [Benigni] 5, 99.
Aranyoser Stuhl, auch Arathyos Szek [Benigni] 5, 100.
Aranyos Marot, Gülden Marot, Marowce [Rumy] 5, 100.
— Megyes, slaw. Stary Medwes [Rumy] 5, 100. [5, 100.
Aranzi (Jul. Cäsar) [Sprengel]
Aranzi, s. Stanowoi.
Arapatat [Benigni] 5, 100.
Arablos [Ricklefs] 5, 201.
Arapotes, s. Mareotis.
Arar, Araris (Sicler und Rommel) 5, 101.
Arara v. Araracanga, s. Psittacus.
Ararat [Rommel] 5, 101.
Araratia [Rommel] 5, 101.
Araraucoles [Friedemann] 5, 101.
Ararene [Rommel] 5, 101.
Araris, s. Arar 5, 101.
Aras (Fluß), s. Araxes 5, 106.
— Are oder Arius (isländ. Priester u. Geschichtschreiber) [Baur] 5, 101.
Arasaya [Ricklefs] 5, 101.
Arasca [Wirz] 5, 102.
Arasch, s. Truchmenen.
Araspes, s. Abrabatas 1, 154.
Arat, s. Psittacus.
Arathis, Atarsatis, s. Acht 1, 319;
Atargatis 6, 159.
Arator 5, 102.
Aratos, Arattos (Fluß), s. Ambrakia 3, 335.
— (griech. Staatsmann und Feldherr) [Gruber] 5, 102.
— (aus Soliin Ciliciten [Schaubach] 5, 102.
Arau oder Aara (Vogel) [Merrem] 5, 103.
— s. Aarau 1, 17.
Araugamen, Araucanier 5, 103.
Araucara, s. Columbea 18, 341.
Arauco und Araugamier, s. Araucanen 5, 103.
Araujo [Stein] 5, 104.

Arauraca, Auraraci [Rommel] 5, 104.
Arauso [Sicler] 5, 104.
Arawaken, s. Arrowaken [5, 407.
Araxes (Fluß in Armenien) [Kanngießer und Rommel] 5, 104.
— jetzt Benbemyr (Fluß in der Provinz Persis) [Kanngießer] 5, 104.
Araxa 5, 105.
Araxebe de Bispo [Stein] 5, 105.
Arazzi, s. Tapeten.
Arba, s. Arbe 5, 105.
Arbacula, s. Albocella 2, 373.
Arbela, s. Islam.
Arbaces [Kanngießer] 5, 105.
Arban [Rößler] 5, 105.
Arbanon, Elbanon, s. Albanier 1, 110. [2, 840.
Arbas 5, 105.
Arbelahay, Arpatschai 5, 105.
Arbela, s. Arabat 5, 33.
Arbau (Toinet) [Roller] 5, 105.
Arbe, s. Pinus pinea.
— (Insel) [Räder und Ricklefs] 5, 105.
Arbedo [Wirz] 5, 106.
Arbeit [v. Bosse] 5, 106.
Arbeitsgewinn [v. Bosse] 5, 107.
Arbeitslohn [v. Bosse] 5, 108.
Arbeiter (fromme oder gottselige; Pios Operarios, Congregation) [G. E. Petri] 5, 110.
— oder Handwerker-Compagnie (der Artillerie) [v. Hoyer] 5, 110. [5, 111.
Arbela (in Assyrien) [Kanngießer]
—, Arabeia (in Sicilien) [Sicler] 5, 111.
— (in Galiläa) [Winer] 5, 111.
Arbelitis, s. Arbela 5, 111.
Arberg, s. Apberg 2, 262.
Arbergaria, Arbergeria, s. Ajungshecht 6, 266.
Arbetion, s. Constantius 19, 174; Valens.
Arbii, s. Arbis 5, 111.
Arbit, s. Arbela 5, 111.
Arbitage, s. Wechselkunde.
Arbitramentator, s. Arbitrator 5, 112. [s. Arbitrium 5, 112.
Arbitramentum, Arbitriamentum,
Arbitraria actio (Unterholzner) 5, 112.
— poena, s. Strafe.
Arbitratio, s. Arbitrium 5, 112.
Arbitrator [Spangenberg] 5, 112.
Arbitrium [Spangenberg] 5, 112.
Arbogas [v. Sdukert] 5, 112.
Arbogast (Ludw. Franz Anton) 5, 113. [tiger] 5, 113.
Arbogastes (ein Gallier) [Böt-

Arbogastes (Graf von Trier) [Böttiger] 5, 115.
Arbogastus (Bischof von Straßburg) [Böttiger] 5, 115.
Arbois [Hassel] 5, 115.
Arbon, Arben [Wirz] 5, 115.
Arbongau, Arbonergau [Delius] 5, 115. [306.
Arbor ooeli, s. Abenanthera 1,
— felix, s. Arbon 5, 115.
— vitae, s. Gehirn 56, 64; Lebensbaum.
Arboran, s. Bithynische Inseln.
Arborer, s. Gallier.
Arborius (Aemil. Magnus) 5, 115.
Arbrek [v. Schubert] 5, 115.
2'Arbreste [Hassel] 5, 115.
Arbrissel, oder Arbriseles (Robert von) [Baur] 5, 115.
Arbroath, s. Aberbrothof 1, 87.
Arbucala, s. Albocella 2, 373.
Arburg, s. Aarburg 1, 18.
Arbuthnot (John) [Fischenburg] 5, 116. [ser] 5, 116.
Arbutus (Sprengel und Schre-
Arc (zwei Flüsse) 5, 117. [117.
—, en Barrois (Stadt) [Hassel] 5,
—, Aly (Jeanne d') [Böttiger] 5, 117. [5, 122.
Area, Arche, Archemmuschel [Nitzsch]
Arcachon Arcasson [Hassel] 5, 122.
Arcade (Baukunst), s. Bogenstellung(Tanzkunst), s. Tanztouren.
Arcaeus, s. Arce 5, 123.
Arcana [Augustin] 5, 123.
Arcani disciplina, s. Mysterien, christliches.
Arcano, s. Berni 9, 197.
Arcanum duplicatum, s. Kali. ?
Arcasson, s. Arcachon 5, 122.
Arce, de (Arcaeus) [Sprengel] 5, 123.
Arcembold (Joh. Angelus [v. Gehren] 5, 123.
Archäologie (Gruber] 5, 124.
Arch..., s. Archi...
Archäanactidae [Rommel] 5, 125.
Archäopolis [Rommel] 5, 125.
Archaeus, s. Paracelsus.
Archagathos, s. Agathokles von Syrakus 2, 176.
Archagatus [Sprengel] 5, 125.
Archaismus [Grotefend] 5, 125.
Archanbrapolis, s. Anbropolis 4, 54. [Buhle 14', 150.
Archanbros, s. Archileles, im Art.
Archangel (Gouv. und Stadt) [v. Wichmann] 5, 125, 127.
— (histor.) [Buhle] 5, 127.
Archangelskoi (Kupferhütte) [Petri] 5, 132.
— Sobor [Buhle] 5, 132.
Arche (Wrucheigattung), s. Arca 5, 122; A. (Senne), s. Seine 5, 130(?); A. (Schiff), s. Argha 5(?); A. (Dämme); A. (zwei Gebirgsrücken) [v. Koch-Sternfeld] 5, 133.

Archegetes [Ricklefs] 5, 133.
Archeion, f. Tempel.
Archelais [Ricklefs] 5, 133.
Archelaos (Philosoph) [Tennemann] 5, 133. [133.
— (König von Makedonien) 5,
— (Feldherr, des Mithradates);
A. (König von Aegypten); A.
(König von Kappadocien) [Drumann] 5, 133.
— (Bildhauer) 5, 134.
Archemachos (aus Euböa) [Jacobs] 5, 134.
—, f. Opheltes.
Archena [Stein] 5, 134.
Archenartige Muscheln [Nitzsch] 5, 134. [5, 134.
Archenholz (Joh. Wilh. v.) [Baur]
Archenmuscheln, f. Arca 5, 122.
Archers [Hoyer] 5, 136.
Archestratos [Jacobs] 5, 136.
Archetypus, f. Typus.
Archeus [Delius] 5, 136.
Archi... [G. E. Petri] 5, 136.
Archia [Ricklefs] 5, 137.
Archias (Schauspieler) [Jacobs] 5, 137. [5, 137.
— (Licinus, Dichter) [Jacobs]
Archiater [Augustin] 5, 138. —
Archidamas, f. Sparta.
Archidiaconat [Delius] 5, 138.
Archidiaconus [G.E.Petri] 5, 139.
Archierens [Andrés] 5, 141.
Archierosyna [Andrés] 5, 141.
Archigallus, f. Galli 53, 46.
Archigenes [Sprengel] 5, 141.
Archigetes, f. Archegetes 5, 133.
Archileuto, Arcileuto, f. Laute.
Archilevita, f. Archidiaconus 5, 139.
Archilochos [Jacobs] 5, 141.
Archimandrit [G.E.Petri] 5, 143.
Archimedes [Märtens] 5, 143.
Archimedische Schnecke oder Wasserschraube [Langsdorf] 5, 145.
Archinto [Baur] 5, 152.
Archipelagus [Stein] 5, 153.
Architekt, f. Baumeister 8, 200.
Architektonik [Krug] 5, 153.
Architektur, f. Baukunst 8, 122.
Architekturschnecke, f.Trochus; Solarium.
Archithalassus, f. Admiral 1, 425;
Consus 19, 217.
Architheles, f. Buthus 14¹, 150.
Architrav, f. Säule, Unterbalken.
Archiv [Delius, Kieshaber und Wedekind] 5, 154.
— -Copien, f. Copien 22¹, 112.
Archivrecht [Spangenberg] 5, 159.
Archivolte, f. Bogen 11, 297.
Archonten [Döderlein] 5, 159.
Archontici, f. Gnostiker, im Art.
Gnosticismus 71, 223.
Archoti, f. Kantafus. [381.
Archous, f. Apamea Chesenes 4,
Archytas [Gruber] 5, 161.
Arcilacis [Friedemann] 5, 162.
Arcimboldo (Giuseppe) [Sickler] 5, 162.
Arcis-sur-Aube [Hassel] 5, 162.

Arcites [Germar] 5, 162.
Arciviola di Lira, f. Lyra.
Arckenholz (Joh.) [v. Gehren] 5, 162.
Arco (Familie) [Baur] 5, 163.
Arcobriga [Friedemann] 5, 163.
Arcole (Dorf; Schlacht daselbst) [Schulz] 5, 163.
Arcole's Inseln, f. Buonaparte's Archipel 11, 380.
D'Arçon 5, 165.
Arcos [Stein] 5, 165.
Arctaunum [Ricklefs] 5, 1C5.
Arctia [Zinken, gen. Sommer] 5, 166.
Arcticit, f. Stapolith. [5, 166.
Arctiscon tardigradum [Nitzsch]
Arctium [Sprengel und Schreger] 5, 166.
Arctomys [Meckel] 5. 167.
Arctopithecus, f. Hapale.
Arctopus [Sprengel] 5, 167.
Arctornis [Zinken, gen.Sommer] 5, 167.
Arctotheca [Sprengel] 5, 168.
Arctotis [Sprengel] 5, 168.
Arcuccio [Ritter] 5, 168.
Arcubius [Peter] [Baur] 5, 168.
Arcularia, f. Buccinum 13, 273;
Nassa.
Arculphus 5, 169.
Arcus, f. Pulsader; Schambein.
Arcy (Patrice d') 5, 169.
Arcyria [Sprengel] 5, 169.
Arda, Arzus (Fluß, a. Geogr.)
[Ricklefs] 5, 169. [5, 169.
— (Fluß, n.Geogr.) [v. Hammer]
Ardaburius, f. Asper 6, 110.
Ardasti, f. Kisten.
Ardagh [Hassel] 5, 169.
Ardala-Hög [v. Schubert] 5, 169.
Ardalides [Ricklefs] 5, 169.
Ardania... [Friedemann] 5, 169.
Ardasses und Ardasiner Seide, f. Seibe.
Ardatow [Petri] 5, 170.
Ardauda, f. Feobobia 42, 456.
Ardea (Reiher, Vogelgattung) [Merrem] 5, 170:
— (a. Geogr.) [Sickler] 5, 170.
Ardebil [Hassel] 5, 180.
Ardechor Babelan, f. Sassaniden.
Ardeel (Aarech) [v. Arnold] 5, 180.
Ardee [Hassel] 5, 181.
Ardelan [Kesegarten] 5, 181.
Ardelica, Ariolica, f. Peschiera.
Ardemans (Don Teodoro) [Weiße] 5, 181.
Arden, Bahar el A., f. Jordan.
Ardenburg, f. Aardenberg 1, 18.
Ardennen (Gebirge) [Wyttenbach] 5, 181.
— (Gau) [Delius] 5, 181.
— (Departement) [Hassel] 5,182.
Ardenti, f. Akademien 2, 2C0.
Ardeola, f. Ardea minuta und brasiliensis 5, 171 u. 176.
Ardepat, f. Kademir.
Arderikka [Ricklefs] 5,. 182.

Arbern (John) [Sprengel] 5, 181.
Ardes 5, 192.
Ardesi'an [Müller und Kanngießer] 5, 182.
Ardey (Gebirge; Geschlecht) [Stork] 5, 182.
Ardey (auch Steinsberg) [Wirz] 5, 183.
Ardfert [Hassel] 5, 183.
Ardgis, f. Ardsilisch 5, 184.
Ardglaß [Hassel] 5, 183.
Arbiai [Ricklefs] 5, 183.
Ardibehescht [Grotefend] 5, 183.
Ardila [Stein] 5, 183.
Ardingo, f. Erding 36, 401.
Arbion, f. Albia 2, 367.
Ardisia [Sprengel] 5, 183.
Arboinna, Arbuinna [Ricklefs] 5, 183.
Ardonea (jetzt Arbona) [Sickler] 5, 183.
Ardorf [Gittermann] 5, 183.
Ardoye [Hassel] 5, 184.
Ardrah 5, 184.
Ardre, f. Erdre 36, 408.
Ardres [Hassel] 5, 184.
Ardsilisch [im Art. Arrabschán, auch Argán [Müller] 5, 184.
Ardschir, f. Sassaniden.
Ardstisch (in der Walachei) [Benigni und v. Hammer] 5, 184. [5, 184.
— (in Armenien) [v. Hammer]
— babiresti, f. Wan (See).
Arduenna, f. Ardennen 5, 181.
Arbüser (Joh.) [Meyer v. Knonau] 5, 184.
Arduina [Sprengel] 5, 185.
Arduino (Sante); A. (Peter) [Sprengel] 5, 185.
Arbulfur, f. Alborsj 2, 375.
Arbyes 5, 185.
Arbys, f. Lybien.
Are (Maß) [Schoen] 5, 185.
— (Wüste), f. Solmitiation.
Area und Areshuta, f. Linderfäder.
Area, f. Circus 17, 287; Theater.
—, Areal, f. Fläche, Flächeninhalt 45, 28.
Areb, f. Sac Rupie.
Arebja, f. Dembea 23, 437.
Arebkir, f. Arabghir 5, 33.
Arebo, Arben 5, 185.
Areca (Palmengattung) [Sprengel und Ritter] 5, 185.
— (Geogr.), f. Karek.
Arech, f. El-Arisch 5, 256.
Arecomii volcae [Sickler] 5, 185.
Arehj [Rommel] 5, 186.
Aragonis, f. Mopsos.
Areios [Myth.) [Ricklefs] 5, 186.
— (a. Geogr.) [Ricklefs] 5, 186.
Areion, f. Poseidon.
Aremberg [v. Stramberg] 5, 186.
Aremorica, f. Armorica 5, 365.
Arena, f. Circus 17, 287; Theater.
— (Antonius de) [Mahnke] 5,187.

Arenacum 5, 189. [gel] 5, 189.
Arenaria (Pflanzen.) [Sprengel] 5, 191.
— (Gattung der Vögel) [Merrem] 5, 191.
— (Muschelgattung), f. Mya.
Arenas [Stein] 5, 192.
Arenda, Arende, f. Pacht.
Arendal [v. Schubert] 5, 192.
Arendalit, f. Pistacit.
Arendsee, f. Pacht.
Arendonk [Hassel] 5, 192.
Arendsee [Stein] 5, 192.
Arene [Ricklefs] 5, 192.
Arenicola [Meckel] 5, 192.
Arensberg, f. Arnsberg 5, 387.
Arensburg (Stadt auf Oesel) [Petri] 5, 193.
— (Schaumb.-lipp. Amt) [Hassel] 5, 192.
— (Kloster), f. Arnsburg 5, 390.
Arens-Crone, f. Teutsch-Crone.
Arensdorf, f. Arnsdorf 5, 390.
Arenswalde, Arnswalde [Stein] 5, 193.
Arents (Thomas) [Moser] 5, 193.
Arenz de Mar [Stein] 5, 193.
Arcopagos [Döberlein] 5, 193.
Areopolis [Rommel] 5, 194.
Arequa, f. Tacazzé.
Arequipa [Stein] 5, 194.
Arere [Gruber] 5, 194.
Aretäus [Sprengel] 5. 201.
Aretas [Rommel] 5, 201.
Arete, f. Aristipp 5, 264.
Arethon, f. Ambrakia 3, 335.
Arethusa (Myth.) [Ricklefs] 5,201.
— (in Thracien, a. G.) [Ricklefs] 5, 201. [5, 201.
— (in Armenien, a.G.) [Ricklefs]
— (in Apamene, a. G.) [Ricklefs] 5, 201. [5, 201.
Arethusa (Pflanzen.) [Sprengel]
Aretia, f. Androsace 4, 55.
Aretino (Pietro oder Peter von Arezzo) [Bouterwek] 5, 202.
Aretium, f. Arezzo 5, 203.
Aretuß (Bellegrino) [Musari.
Areus (Spart. Könige), f. Sparta.
— (Philosoph) [f. Didymus 24, 549.
Areva [Friedemann] 5, 208.
Arevalo (Span. Villa) [Stein] 5, 208.
— (Roderich Sanctius; Herr von) 5, 208.
Arezibo, f. Porto Rico.
Arezzo [Räder] 5, 203.
Arfberg (Heinrich Dusener v.) [v. Backso] 5, 208.
Arfbejaur, f. Pitea Lappmark.
Arg, Argern, Arger, Ärgerniß [Maaß] 5, 203; Arglist, Argwohn [Maaß] 5, 205.
— (mythol.) f. Arg rub Argba;
Arge und Opis; Argus; Argei [Grotefend] 5, 205.
—, Al-Arg oder Al-Arbsch [Rommel] 5, 207.
Arga, f. Egra 31, 279.
Argades, f. Acab 1, 239.

Aristolaos 5, 267.
Aristolochia [Sprengel u. Schreger] 5, 267.
Aristomachos (Myth.) [Ricklefs] 5, 267.
—, s. Achäischer und Ätolischer Bund 1, 282; 2, 125.
Aristomenes, s. Messenien.
— (Lustspieldichter) [Kanngießer] 5, 267. [5, 268.
— (ein Akarnanier) [Drumann] 5, 267.
Ariston, s. Sparta; Telestas.
Aristonoos 5, 268.
Aristophanes [Kanngießer] 5, 268.
— von Byzantion [Wellauer] 5, 271.
Aristophon [Becker] 5, 272.
Aristotelea [Sprengel] 5, 273.
Aristoteles [Buhle] 5, 273.
— von Bologna [Buhle] 5, 303.
Aristotelische Schriften [Buhle] 5, 287.
— Philosophie [Buhle] 5, 287.
— Schule [Buhle] 5, 296.
Aristoxenos [Rochlitz und Krug] 5, 304.
Aristus [Germar] 5, 304.
Arithmetik [Brandes] 5, 304.
— (Geschichte ders.) [Grotefend] 5, 309. [310.
Arithmomantie [Grotefend] 5,
Arius [Kanngießer] 5, 311.
Arius (Fluß), s. Arii 5, 241.
— (aus Alexandrien) [Tennemann] 5, 311.
—, Arianer, Arianismus [G. E. Petri] 5, 311.
Arivald, auch Arioaldus, Ariobaldus (longob. König) [Niemeyer] 5, 317.
Ariza [Stein] 5, 317.
Arizanti, s. Medien.
Arjeplag, s. Piteå Lappmark.
Arjoch, s. Abraham 1, 155.
Arjonia [Sprengel] 5, 317.
Arka (a. Geogr.) [Ricklefs] 5, 317.
— (ungar. Dorf) [Rumy] 5,317.
Arkadia (in Griechenland) [Gruber] 5, 318.
— (in Aegypten und Polen), s. Heptanomis; Lupia.
Arkadier [Grotefend] 5, 320.
— (Akademie der) 5, 324.
Arkadios von Antiochia [Passow] 5, 325.
Arkadius (oström. Kaiser) [v. Bachto] 5, 325.
Arkansas 5, 326.
Arkas (a. Geogr.) [Ricklefs] 5,326.
—, s. Bootes 12, 4.
Arkel, s. Gorkum.
Arkesilaos, s. Kyrene. [326.
— (Philosoph) [Tennemann] 5,
Arkeutos, s. Antiochia 4, 311.
Arkevolti (R. Salomo Ben Elchanan Jacob) [Hartmann] 5,327.
Arkito 5, 328.
Arkische, s. Pyrus torminalis.
Arkter [Winer] 5, 328.

Arklow [Hassel] 5, 328.
Arkona [Kolegarten] 5, 328.
Arkonnesos [Ricklefs] 5, 329.
Arkot, Arrukate 5, 329.
Arktinos [Jacobs] 5, 329.
Arktophylax, s. Bootes 12, 4.
Arkturus [Fritsch] 5, 329.
Arkwright (Rich., Ritter) [Baur] 5, 330.
Arlan, s. Abasa 1, 35.
Arlant [Hassel] 5, 330.
Arlanza und Arlanzon [Stein] 5, 330. [5, 330.
Arlaub (Jakob Anton) [Horner]
Arlberg, Adlersberg 5, 330.
Arle [Gittermann] 5, 330.
Arlequin, Arlequino, s. Harlekin; Pantomime.
Arles (franz. Städte) [Hassel] 5, 331. 332.
— (Kirchenversammlungen das.) [Gutenberger] 5, 331.
Arlesgalter, s. Kaßgåtter.
Arlesheim [Wirz] 5, 332.
Arletius, eig. Arlt (Joh. Kaspar) [Menzel] 5, 333.
Arlon (Arlunum, Orolanum) [Hassel, Wyttenbach u. Delius] 5, 333. [333.
Arlotto Mainardo (Piovano) 5,
Arlsbeere, Elsbeere, s. Pyrus torminalis. [5, 333.
Arlt (Joh. Kaspar), s. Arletius.
Arm (anatom.), s. Gliedmaßen 69, 455.
— (techn.), s. Anker 4, 143; Hebearme, Hebel, Hebekopf; Krummzapfen; Kunstrad; Treppe.
— (dürftig), s. Arme, Armenwesen 5, 350.
Armactica, Harmozila, s. Altospolis 2, 301.
Armaba [Hasse] 5, 334.
Armabill, s. Dasypus 23, 164.
Armabilla, s. Armada 5, 334.
Armabille [Lichtenstein] 5, 335.
Armagh [Hassel] 5, 335.
Armagnac (Gesch.) [Hassel] 5,336.
—, Johann IV. Graf v. [Hassel] 5, 338. [5, 339.
—, Johann V. Graf v. [Hassel]
— Jakob v., Herzog v. Nemours [Hassel] 5, 341.
Armagnaken (Krieg der) [Hassel] 5, 342.
Armalchar (Armarcales), s. Naarmalcha. [5, 344.
Armancon und Armance [Hassel]
Armand (Franz Armand Huguet) [Schütz] 5, 344.
Armania, Armanische Arimania (femina), Arimarius, Herermannus, Herimannus, Herzmann; Armandia, Arimanaria, Arimanbia, Armania, Arimania [v. Arnoldi] 5, 345. [347.
Armano (Vincenzio) [Weiße] 5,
Armant, Arment, s. Hermonthis.
Armarcales, s. Naarmalcha.

Armaria, s. Almareyn 3, 181.
Armariae, s. Armann 5, 345.
Armasäos 5, 347.
Armatchiko [Hartmann] 5, 347.
Armateur, s. Seeräuberei.
Armatur (im gewöhnl. Sinne) s. Waffen; A. (in der Civilbaukunst) [Leger] 5, 347.
Armauria [Rommel] 5, 347.
Armavir [Rommel] 5, 347.
Armband, s. Band 7, 299; Schmuck.
Armbanborden, s. (Orden der treuen) Freundschaft 49, 179.
Armbrust, auch Armborst, Armbst, Arbrost [v. Arnoldi und Kiefhaber] 5, 348.
— (Papierzeichen) [Kiefhaber] 5, [349.
Armbruster (Armbrustschützen) [Kiefhaber] 5, 349.
— (Joh. Michael) 5, 349.
Arme, Armenwesen [Fischer] 5,350.
Armenarzt [Augustin] 5, 355.
Armenpolizei [Rau] 5, 353.
Armenrecht [Spangenberg] 5,355.
Arne (freiwillige) [G. E. Petri] 5, 355.
— Jesu Christi, s. Fontevraud 46, 198. [388.
— Katholiten, s. Augustiner 6, von Lyon, s. Waldenser.
— der Mutter Gottes, s. Piaristen.
Armee, Armeecorps, s. Krieg; Heer.
Armenak (Stammvater der Armenier) [Rommel] 5, 356.
— (Distrikt des Sandschaf Itschil) [v. Hammer] 5, 356.
Armenie, auch Harmene [Ricklefs] 5, 356.
Armenien [Rommel, Bandtke, Vater und de Wette] 5, 356.
Armenische Mönche [G. E. Petri] 5, 361.
Armenienstadt [Rumy] 5, 361.
Armenierstadt [Germar] 5, 361.
Armenica, s. Armenien 5, 356.
Armenita [Sidler] 5, 361.
Arment, s. Hermonthis.
Armenthärmchen, s. Voluta paupercula.
Armentieres [Hassel] 5, 361.
Armeria [Sprengel] 5, 362.
Armesfild (Karl von), s. Karl XII. von Schweden.
Armgeburt [Biedemann] 5, 362.
Armieu 5, 362.
Armillarsphäre [Gerling] 5, 362.
Arminius (Jakob, eig. Hermanni ob. Hermansen) [G. E. Petri] 5, 363.
Armiro, s. Thebae Phtioticae.
Armleuchter, s. Chara 16, 148.
Armoika, s. Taffent.
Armofata, s. Arsamosata 5, 418.
Armojon, Armoja, s. Ormuz.
Armschienen, s. Rüstung.
Armsul [Hassel] 5, 366.

Armstrong (John) [Eschenburg] 5, 366.
Armuth, s. Armenwesen 5, 350.
Armuyden, s. Arnemuiden 5,378.
Armuja, s. Ormus.
Arna, Arne (Städte, a. Geogr.) 5, 367.
— (n. Geogr.) [Stein] 5, 267.
Arnald, s. Arnulbe 5, 367; Arnaub 5, 368.
Arnalbus Villanovanus [Sprengel] 5, 367.
Arnarion, f. Ägion 2, 13.
Arnäs [v. Schubert] 5, 368.
Arnau, Arnavia [Andrée] 5, 368.
Arnaub-Belgrad, f. Arnaut 5,375.
— (Troubadours) 5, 368.
— (George d') 5, 368.
— (Franz) [Baur] 5, 369.
Arnaud, Jacques Thomas Marie de b') 5, 369. [369.
Arnauld (Familie) [G. E. Petri] 5, 374.
— de Ronsil (Georg) [Sprengel] 5, 374.
— de Nobleville (Ludw. Daniel) [Sprengel] 5, 375.
Arnaut, auch Arnaub [v. Hammer] 5, 375.
Arnauten, s. Albanier 2, 340.
Arnay le Duc [Hassel] 5, 375.
Arnd (Jos.) [Bobl] 5, 375.
Arndt (Joh. Gottfr.) [Sonntag] 5, 377. [berg] 5, 377.
Arndts (Friedr.) [Suibert Seiberg] 5, 377.
Arne (Myth.) [Ricklefs] 5, 377.
— (a. Geogr.), s. Arna 5, 367.
— (Thomas Augustin u. Michel [Rochlitz] 5, 377.
Arneburg [Stein und Gutenberger] 5, 378.
Arnebille, s. Arnebo 5, 378.
Arnebo (in Spanien) [Stein]; A. (in Peru) 5, 378.
Arnet, f. Bos 12, 58.
Arnel [Röder] 5, 378.
Arnelsäs [Stein] 5, 378.
Arnemuiden, auch Armuyden 5, 378.
Arnen, f. Arnen 2, 72.
Arnebal, f. Arnual 5, 394.
Arngast [Hollmann] 5, 378.
Arnhem [Hassel] 5, 378.
Arnhemland 5, 379. [5, 379.
Arnica [Sprengel und Schreger]
Arnim (Joh. Georg v.) [Rese] 5, 379. [5, 380.
— (Georg Abraham v.) [Stein]
— (Albr.Heinr. v.) [Stein] 5,380.
Arnis [Dörfer] 5, 380. [5, 381.
Arnisäus (Henning) [Sprengel]
— von (Myth.), s. Poseidon.
— (Fluß in Toscana) [Röder]; A. (Fluß und Dorf in Abyssinien) [Sprengel] 5, 381.
— , auch Aquila (Erzbischof von Salzburg) [Baur und Winkelhofer] 5, 381. [5, 381.
Arnobius (der Ältere [G. E. Petri]
— (der Jüngere) [G. E. Petri] 5, 382.

Arnold (aus Brescia, Kleriker) [Voigt] 5, 382.
— (Benedictinermönch zu Braunschweig) [Dörfer] 5, 384.
— (Gottfr.) [v. Gehren] 5, 384.
— (Benedict) [Ebeling] 5, 384.
Arnoldi (Barthol.) [Erhard] 5, 386.
Arnold (Dan. Heinr.) [v. Gatzko] 5, 386.
Arnolfo (Arnoul) 5, 387.
di Lapo (Architekt und Bildbauer) 5, 387.
— (Arzt) [Buhle] 5, 387.
Arnon, f. Aroer 5, 396.
Arnopogon [Sprengel] 5, 387.
Arnoseris, f. Lapsana.
Arnould (Sophie) [Schütz] 5, 387.
Arnpech (Veit) [Weissmair] 5, 387.
Arnsberg (Grafschaft; Amt und Stadt) [Suibert Seibertz] 5, 387.
— (Geschlecht) [Suibert Seibertz] 5, 389.
Arnsburg, Arensburg (Kloster) [Bayrer] 5, 390.
— (Flecken) [Hellbach] 5, 390.
Arnsdorf (Flecken und Dörfer) [v. Hayti, Engelhardt u. Fischer] 5, 390.
—, Arensdorf (Geschl.) 5, 390.
Arnshaug (v. Spittler) 5, 391.
Arnstadt [Hellbach] 5, 391.
Arnstein (Geschlecht; Prämonstratenserabtei) [v. Arnoldi] 5, 392.
— (in Baiern) [Jäck] 5, 393.
— (im Mansfeldischen) [Gottschalt] 5, 393.
Arnsteins, Arnzen (Joh.); A. (Heinr. Joh.); A. (Otto) [Baur] 5, 394.
Arnual [Wettenbach] 5, 394.
Arnulf (teutscher König) [Böttiger] 5, 394.
Arnus, f. Arno 5, 381.
Aroa, Aree, f. Patrae.
Aroer [Winer] 5, 396.
Arogbage, f. Arachosia 5, 84.
Aroideen, f. Arum 5, 462.
Arotzallas [Rumy] 5, 396.
Arolsberg [Stein] 5, 396.
Arolsen [Barnhagen] 5, 396.
Arom, f. Rechtsh.
Aromata, f. Gewürze 66, 198.
— (a. Geogr.) [Friedemann] 5, 396.
Aromataris (Joseph de) [Sprengel] 5, 396.
Arona [Röder] 5, 396.
Aronia [Sprengel] 5, 397.
Aronsit (Hartmann) 5, 397.
Arosa [Wirz] 5, 397.
Arosis [Kanngießer] 5, 397.
Arotrebä [Friedemann] 5, 397.
Arouna, f. Dialium 24, 454.
Arovastania, f. Arbestanous 5, 467.
Arpa, f. Harfe.
[Arpactus, f. Gorutes 74, 460.
Arpad (ungar. Herzog) [Rumy] 5, 397.

Arpajon [Hassel] 5, 398.
Arpalu, Arpalschai [Rommel und v. Hammer] 5, 398.
Arpe (Pet. Friedr.) [Dörfer] 5, 398.
Arpeggio [Fröhlich] 5, 399.
Arpent [Schoen] 5, 399.
Arphachsad [Winer] 5, 399.
Arpharap, f. Artaeos 5, 437.
Arpi, f. Argos Hippium 5, 227.
Arpinella, f. Harfe.
Arpino, f. Arpinum 5, 400;
Josephin, im Art. Cesari 16, 81.
Arpinum (jetzt Arpino) [Röder und Sickler] 5, 400.
Arqua, Arquato, f. Petrarca.
Arquata, f. Numenius.
Arquebusade, Arquebusie und Arquebusiren, f. Schußwunde; Schießgewehr.
Arques [Hassel] 5, 400.
Arquien de la Grange, f. Johann III. Sobieski.
Arra, Arras, f. Psittacus.
Arrabida [Stein] 5, 400.
Arrabo [Rumy] 5, 400.
Arrabona [Rumy] 5, 400.
Arragau, f. Aargau 1, 18; Augstgau 6, 376.
Arraf [Schreger] 5, 400.
Arrakan, f. Birma 10, 231.
Arrakim, f. Rakim (Petra).
Arran [Hassel] 5, 401.
Arrancubioja [Stein] 5, 401.
Arrapachitis [Kanngießer] 5, 401.
Arras [Hassel] 5, 401.
Arrat, f. Adour 1, 439.
Arrapolos [Stein] 5, 401.
Arreau [Hassel] 5, 401.
Arrebo (Andreas) [v. Gehren] 5, 401.
Arrechi, f. Arrichi 5, 406.
Arredondo (Don Isidore) [Weise] 5, 402.
Arrenbator, Arrenbe, f. Pacht.
Arretium, Arrezzo, f. Arezzo 5, 203.
Arrhephoria, f. Pallas-Athene.
Arrest [Mittermaier] 5, 402.
Arreste bei Schiffen [Jacobsen] 5, 402.
Arrestprozeß [Mittermaier] 5, 402.
Arrest [Spangenberg] 5, 402.
Arria, f. Pätus.
Arrianus (von Nikomedia) [Passow] 5, 402.
— (röm. Rechtsgelehrter) [Spangenberg] 5, 405.
Arrichi, Arrechi [Rommel] 5, 406.
Arriège [Hassel] 5, 406.
Arriere- (und Avant-) Garde, f. Heerzug.
Arrisana [Stein] 5, 406.
Arringo [Hartmann] 5, 406.
Arrius Menander [Spangenberg] 5, 406.
Arro [Petri] 5, 406.
Arroba [Schoen] 5, 406.
Arroe- (Insel); Arroeskjöbing (Stadt) [Kähse] 5, 407.
Arrogation, f. Adoption I, 435.

Arronches [Stein] 5, 407.
Arreux [Hassel] 5, 407.
Arrowaken, Arrowauken, Arrwacken [Vater] 5, 407.
Arrowsmith's Island 5, 407.
Arroyo [Stein] 5, 407.
Arruas, f. Tarquinius.
Ars [Hassel] 5, 407.
Arsa [Friedemann und Röder] 5, 407.
Arsaces, Arschak [Rosegarten] 5, 408.
Arsacia [Kanngießer] 5, 412.
Arsaciden (pers. Dynastie) [Rosegarten] 5, 410.
— (armen. Dynastie) [Rosegarten] 5, 411.
— Inseln, f. Neu-Georgien.
Arsae [Rommel] 5, 413.
Arsames, Arsames (pers. Geschichtsname) 5, 413.
— (russ. Stadt) [Petri] 5, 413.
Arsamosata [Rommel] 5, 413.
Arsinoe [Ritter] 5, 413.
Arschot, Arscot, f. Aerschot 1, 478.
Arschte, f. Karabulafen.
Arsenal, f. Zeughaus.
Arsenaria [Friedemann] 5, 413.
Arsene, f. Arethusa 5, 201.
Arsenit (in mineralog. Hinsicht) [Germar] 5, 413.
— (in hüttenmänn. Hinsicht) [Lampadius] 5, 415.
— (in chemischer Hinsicht, mit seinen Zusammensetzungen) [Schreger] 5, 416.
— (in medicinal-poliz. Hinsicht) [Schreger und Greve] 5, 421.
— (in toxikol. Hinsicht) [Schreger, Henke und Schweigger] 5, 424.
— (in techn. Hinsicht) [Kurrer und Fischer] 5, 429.
Arsenius (Patriarch von Constantinopel), f. Michael Paläologus.
— (Erzbischof von Monimbasia) 5, 432.
— (griech. Erzbischof) [Buhle] 5, 432.
— (Hieromonach des Troizkischen Klosters) [Buhle] 5, 432.
Arsent (Franz und Wilhelm) [Meyer v. Knonau] 5, 433.
Arseo, Arschim, Arjew 5, 433.
Arses, f. Artaxerxes Ochus 5, 439.
Arsia, f. Arsa 5, 407.
Arsili (Franz) 5, 433.
Arsinoë (myth.) [Ricklefs] 5, 433;
A. (historisch) [Drumann] 5, 433; A. (geogr.) [Hartmann u. Ricklefs] 5, 434.
Arsippos, f. Asklepios 6, 100.
Arsis (Pflanzeng.) [Sprengel] 5, 435.
— (in der Musik), f. Takt.
Arsissa, f. Wan.
Arsitis, f. Hyrtanien.
Arsot [Petri] 5, 435.
Arsogen [v. Schubert] 5, 435.

Arskei, f. Arak 5, 435.
Arslan, f. Ghazneviden 66, 238;
Seldschugiden; Tatarn.
Arslen [Schlichthorst] 5, 435.
Arsuf, Orsuf [Möller] 5, 435.
Art (Species), f. Gattung 54, 397.
— (schweiz. Flecken) [Wirz] 5, 435.
— (Abassen-Stamm) [Rommel] 5, 436.
Arta [v. Hammer und Stein] 5, 436.
Artaba [Ritter] 5, 436.
Artabanus I.—IV. (pers. Könige) [Rosegarten] 5, 436.
Artabastes, f. Artavasdes 5, 438.
Artabazes, f. Pontus.
Artabazos 5, 437.
Artabri [Friedemann] 5, 437.
Artäi [Kanngießer] 5, 437.
Artäos (med. König) [Kanngießer] 5, 437.
Artaga, f. Acht 1, 318.
Artagerra [Rommel] 5, 438.
Artafe 5, 438.
Artafi, Artafoi, f. Arta 5, 436.
Artanes [Ricklefs] 5, 438.
Artaphernes 5, 438.
— I. und II. [Rommel] [5, 438.
Artarata (Artachat) [Rommel] 5, 438.
Artaxerxes I.—III. (pers. Könige) 5, 439.
Artaxias I.—III. (Könige von Armenien) [Rommel] 5, 439.
Arteaga (Stefano) [Rochlitz und Baur] 5, 439.
Artedi (Pet.) [Germar] 5, 439.
Artedia [Sprengel] 5, 440.
Artemidoros (Geograph) 5, 440.
— (der Daldianer, Philosoph u. Naturforscher) [Sand] 5, 440.
— Capito, f. Hippokrates.
Artemis [Gruber] 5, 441.
Artemisia (Pflanzeng.) [Sprengel und Schreger] 5, 449.
— (Zool.), f. Branchiopoda 12, 229. [5, 449.
Artemita (Insel), f. Artemisia
— (Stadt, a. Geogr.) [Rommel] 5, 450.
Artemon (Name mehrerer Männer des Alterthums) 5, 450.
— oder Artemas (ein Irrlehrer) [Rommel] 5, 450.
Artemoniten [G. E. Petri] 5, 450.
Arteria, f. Pulsader.
Artern [Stein] 5, 450.
Artevelde (Jak. und Phil.), f. Flandern 45, 48.
Arthonia [Sprengel] 5, 451.
Arthritis, f. Gicht 66, 427.
Arthrocephala [Lichtenstein] 5, 451.
Arthrobia, f. Knochenverbindung.
Arthropodium [Sprengel] 5, 451.
Arthur, Artus (Fürst der Siluren) [Hasse] 5, 452.
Arthus, Artur (Herzog von Bretagne) [Hasse] 5, 453.
— Claesson, f. Aertgen 1, 479.

Ascona [Wirz] 6, 63.
Asconius Pedianus; (O.) [Wellauer] 6, 63.
Ascophora [Sprengel] 6, 63.
Asculo (Salabin von) [Sprengel] 6, 63. [6, 63. 64.
Asculum, jetzt Ascoli s[Sickler]
Ascurum [Friedemann] 6, 64.
Ascyrum [Sprengel] 6, 64.
Asdod, s. Azotus 6, 527.
Asdrubal, s. Hasdrubal.
Asdschebi [Kolegarten] 6, 64.
Ase, s. A als Schriftzeichen 1, 1.
Asega und Asegabuch, s. Friesisches Recht 51, 397; Rustringer.
Aseka [Winer] 6, 64.
Aseki, Assaki, s. Sultan.
Asel [Gittermann] 6, 64.
Asele, auch Angermanlands-Lappmark [v. Schubert] 6, 64.
Aselli [Kaspar] [Sprengel] 6, 66.
Asellota [Lichtenstein] 6, 66.
Asellus [Lichtenstein] 6, 66.
Asen, als [Graeter, Niemeyer u. Braun] 6, 66.
Aser, Aser [Winer] 6, 70. [459.
Aserbeidschan, s. Aserbidschan 1,
Asfeld [Claudius Franz Bidal, Marquis von; M. [Jakob Vincenz Bidal] [Baur] 6, 70.
Asferia, s. Assesia 6, 118.
Asfi, s. Asafi 6, 40. [6, 70.
Asfun oder Asfrun [Hartmann]
Asgard, s. Asen 6, 66; Asgaard 6, 40.
Asgaarda-Berge, s. Aland 2, 311.
Asgill [Joh.] [Baur] 6, 70.
Asham, Ascham (Roger) [Baur] 6, 71.
Ashbourne [Hassel] 6, 71.
Ashburton [Hassel] 6, 71.
Ashby de la Zouch [Hassel] 6, 71.
Ashford [Hassel] 6, 71.
Ashtoe, s. Hyrax syriacus.
Ashton under Line [Hassel] 6, 71.
Asia, Asia minor, Asia proprior, Asiana dioecesis, s. Kleinasien; Asien 6, 72.
Asiago [Römmel] 6, 71.
Asiarchae, s. Abytarchia 3, 284.
Asichon [Römmel] 6, 71.
Asida [Germar] 6, 71.
Asider, s. Chalibäder 16, 192.
Asido [Friedemann] 6, 72.
Asien [Wahl] 6, 72.
—, Klein-, s. Natolien.
Asii 6, 94. [6, 94.
Asilus [Naubfliege] [Wiedemann] —, s. Cynothos 20, 421; Sylvia Trochilus.
Asinara [Röber] 6, 94.
Asinarii [G. E. Petri] 6, 94.
Asindulum [Wiedemann] 6, 95.
Asine 6, 95.
Asinius Pollio [Hauff] 6, 95.
AsinorumOrdo[G.E.Petri]6,96.
Asinus, s. Equus Asinus 36, 116.
Asio, s. Strix.
Asiongeber, s. Eziongeber.

Asios [Ricklefs] 6, 96.
Asiotis [Remmel] 6, 96.
Asloth, s. Siut.
Asir [v. Hammer] 6, 96.
Asiraca s. Delphax 23, 397.
Asisinates, Asisium, s. Asisi 6, 127.
Asjaden, s. Ostjaken.
Asjuur, s. Hosein.
Ask, s. Asen 6, 66.
Askalabos, s. Demeter 23, 442.
Askalabotes, s. Gecko 55, 358.
Askalaphos [Ricklefs] 6, 96.
Askalon, Askalán [Müller] 6, 96.
Askania, Ascanius lacus [Ricklefs] 6, 96.
Askanien, Aschanien, Aschanien, Ascherslében [de Marées und Gottschalt] 6, 97.
Askanios [Ricklefs] 6, 98.
Askatanjas, s. Imaus.
Askerund [v. Schubert] 6, 98.
Asketen, s. Asceten 6, 50.
Askew, auch Askwa, Askue, Ascough [Anna] [Döbnitz] 6,98.
Askitae, s. Aschon 6, 71.
Askiten [G. E. Petri] 6, 99.
Asklepiades(Philosophen) [Tennemann] 6, 99; A. (Dichter) [Passow] 6, 99; A. (Arzte) [Sprengel] 6, 100.
Asklepiaden, s. Asklepios 6, 100.
Asklepiodoros 6, 100. [100.
Asklepiodotos [Tennemann] 6, 100.
Asklepios, bei den Römern Aesculapius [Ricklefs] 6, 100;
Asklepios [Sprengel] 6, 103.
Asklestos [v. Schubert] 6, 104.
Askobrogiten, Askobruiter, Askobrugier, Askobrupiten, Askobruten, s. Askiten 6, 99.
Askolia [Römmel] 6, 104.
Askondrita, s. Archontiker, im Art. Gnosticismus 71, 223.
Askra, Askre [Gruber] 6, 105.
Askwsnages [Joh.], s. Tritheiden.
Aslani, s. Löwenthaler.
Aslodberget, s. Dalarne 22, 66.
Asling 6, 105.
Asman, Asmon, s. Acht 1, 317.
Asmanshäuserwein [Ritter] 6, 105. [mer] 6, 105.
Asmisade Haseli Tsenbi [v. Hammodaeus, s. Troy 37, 430.
Asmodi, s. Tobias.
Asmonäer, s. Maккabäer.
Asna, s. Esne 38, 133.
Asnevand [Kanngießer] 6, 105.
Asola [Aselum] [Röber] 6, 105.
Asolo, a. Geogr.] [Gruber] 6, 105.
Asopos [Flüsse, a. Geogr.] [Gruber] 6, 105.
— [Myth.] [Ricklefs] 6, 106.
— (Stadt, a. Geogr.) 6, 106.
Asow (Stadt), Asowsches Meer [Petri] 6, 107. [6, 107.
Aspach [Winkelborn u. v. Hazzi]
Aspalathus [Sprengel] 6, 107.
Aspar [v. Baçzto] 6, 107.
Asparagin, Asparagin [Schreger] 6, 108.

Asparagolith, Spargelstein, s. Apatit 4, 384. [ger] 6, 108.
Asparagus [Sprengel und Schreber]
Aspasia [Jacobs] 6, 109.
— oder Milto [Jacobs] 6, 109.
Aspasii, s. Aspii 6, 113.
Aspe, s. Populus.
— (span. Villa) [Stein] 6, 110.
Aspect, s. Planeten.
Aspenbos [Ricklefs] 6, 110.
Aspenstedt [Rese] 6, 110.
Asper, Aspre, Acchia, Aktiche (türk. Münze) [Schmieder] 6, 110.
— (Hans) [Horner] 6, 110.
Asperen [Hassel] 6, 110. [110.
Asperg, Hohen-Asperg [Pahl] 6,
Aspergillus [Sprengel] 6,111.
Asperifolien [Sprengel] 6, 111.
Aspermont [Sprengel] 6, 111.
Aspermont, oder Stauchenberg, Stauchaspermont[Wirz] 6,111.
Aspern (Schlacht bei), s. Esslingen 38, 230. [Weise] 6, 111.
Aspertino (Amico und Guido) [Weise] 6, 111.
Asperugo [Sprengel] 6, 111.
Asperula [Sprengel] 6, 111.
Asphalasias [Ricklefs] 6, 112.
Asphaliaios, s. Asphaliaios 6, 112.
Asphalt, s. Pech.
Asphodelus [Sprengel] 6, 112.
Asphyrie, s. Scheintod.
Aspic [v. Hoyer] 6, 112.
Aspidiota [Lichtenstein] 6, 112.
Aspidium [Sprengel] 6, 113.
Aspido, s. Mufone.
Aspidophorus, Aspidophoroides, s. Agonus 2, 203.
Aspii oder Aspasii [Kanngießer] 6, 113.
Aspiration, s. Spiritus.
Aspirationen, s. Gebet 55, 208.
Aspis [Zool.] [Merrem] 6, 113.
— (a. Geogr.) [Friedemann] 6, 113.
Aspisii Montes [Rommel] 6,113.
Aspistes [Germar] 6, 113.
Aspisaurus [Lichtenstein] 6, 113.
Asplebon [Gruber] 6, 113.
Asplenium [Sprengel] 6, 114.
Aspön [v. Schubert] 6, 113.
Aspona [Ricklefs] 6, 114.
Asporena, Asporenum 6, 114.
Asprafamia [Kanngießer] 6, 114.
Asprospiti, Asprospiti [Stein] 6, 114.
Asprella [Sprengel] 6, 114.
Aspremont (François de la Mothe Billebert, Bicomte d') [Hasse] 6, 114.
Aspremont, s. Barne.
Aspro Castro, s. Akkerman 2, 294.
Asprognisi, Aspronisi, s. Santorin.
Asprospiti, s. Asprospiti 6, 114.
Aspropotamo, s. Acheloos 1, 294.
Aspsungitani [Rommel] 6, 115.
Asquab, Asguas, s. Weiße Indianer; Wallis.
Assai (Musik) [Weber] 6, 115.
Assat (Fluß), s. Kisten.
Assafeni, Assakani [Kanngießer] 6, 115.

Assam, Ascham [Kanngießer] 6, 115.
Assamebbin Ameb Ben Mossli-hebbin, s. Taschlapprifade.
Assanen, s. Asanen 6, 41.
Assar [Hartmann] 6, 116.
Assaratos, s. Dardanos 23, 109.
Assarhaddon (affyr.König)[Winer] 6, 116.
Assarium, s. As 6, 38.
Assasinen, s. Ismaeliten.
Assatbal [Wirz] 6, .116.
Assbach [Haefner] 6, 116.
Asse [Hassel] 6, 116. [116.
Asseburg (Geschl.) [Lucanus] 6,
Assecuranz, s. Versicherung.
Asseseld, s. Aschseld 6, 59.
Assel, s. Oniscus.
Asseln (Joh.) [Weise] 6, 127.
Assemani 6, 117.
Assen (voll. Ort) [Hassel] 6, 118.
(Joh. Walther), 6, 118.
Assne, s. Esne 38, 133.
Assenheim [Wagner] 6, 118.
Assens 6, 118. [6, 118.
Asser (inb. Festung) [Kanngießer]
— (Geistlicher) 6, 118.
Assertorisch, s. Apoditisch 4, 410.
Assesia [Ricklefs] 6, 118.
Asseschores, s. Beisitzer 8, 877.
Assiuan, s. Asfun 6, 70.
Assiante, Albantie 6, 118.
Assiento [Hasse] 6, 119.
Assignate, s. Papiergeld.
Assignation, s. Anweisung 4, 362.
Assi, s. Thalassina.
Assini, Assin 6, 120.
Assimilation, s. Ernährung 37, 246; Berähnlichung.
Assinghausen [Suibert Seiberth] 6, 120. [Nadowessier.
Assinniboiner, Assinnipoilen, s.
Assiratum [Höd] 6, 120.
Assisi [Röber] 6, 120.
Assisen [Röber] 6, 120.
Assisi, Assisium [Röber] 6, 127.
Assisi (G. E. Petri) 6, 127.
Assistenten (G. E. Petri) 6, 127.
Assiut, s. Siut.
Asslant, Asslangerich 6, 127.
Association, s. Einbildungskraft 32, 261; Vorstellungen.
Assomption [Hassel] 6, 127.
Assonany [Gräter] 6, 127.
Assonia [Sprengel] 6, 130.
Assoros, Assorus [Ricklefs und Sickler] 6, 130.
Assos 6, 130.
Asspelt, s. Aichspalt 2, 259.
Assuan, s. Syene.
Assuci, s. Barne.
Assuncion, La [Stein] 6, 130.
Assumption [Stein] 6, 131.
Assumtio, s. Impanatio; Maria.
Assur, s. Assyrii 6, 131. [27, 20.
Assuritani, Assurrani, s.Donatisten Assyria;-, s. Assyrii 6, 131.
Assyrii [Kanngießer] 6, 131.
Assyria-Star [Friedemann und Sickler] 6, 133.

Aſtabat [Stein] 6, 133.
Aſtabeni [Kanngießer und Rommel] 6, 134.
Aſtaboras [Hartmann] 6, 134.
Astacini [Lichtenſtein] 6, 134.
Astacus [Lichtenſtein] 6, 134.
Aſtä [Ridleſs] 6, 134.
Astaeolus [Ritſch] 6, 134.
Aſtakeni, ſ. Aſtakeni 6, 115.
Aſtakos (Myth.) [Ridleſs] 6, 134.
— (a. Geogr.) [Ridleſs] 6, 134.
Aſtankina [Petri] 6, 135.
Aſtapa [Friedemann] 6, 135.
Aſtapus, ſ. Aſtaboras 6, 134.
Aſtava [Kanngießer] 6, 135.
Aſtaroth, ſ. Aſtarte 6, 135.
Aſtarte [Gruber] 6, 135.
Aſtaſoba, Aſtuſapes, ſ. Mareb; Nil.
Aſtata, ſ. Parivoa.
Aſtathyi, ſ. Paulicianer.
Astatus, ſ. Cephus 16, 57.
Aſterios, ſ. Europa (Myth.) 39, 168.
Aſtelephus, Aſtelphus, Atelphos [Rommel] 6, 136.
Astelia [Sprengel] 6, 136.
Aſtenberg [Snidert Seibertz] 6, 136.
Asterphanus [Sprengel] 6, 136.
Aster (Pflanzengattung) [Sprengel] 6, 137.
— (Fluß), ſ. Aſterabad 6, 137.
Aſterabad [Roſegarten u. Kanngießer] 6, 137.
Aſterga, Aſtracha, ſ. Oſtergau.
Aſteria, Aſterie [Ridleſs] 6, 137.
Aſterion [Ridleſs] 6, 137.
Aſterios [Ridleſs] 6, 137.
Aſteriscus (krit. Zeichen) [Grotefend] 6, 137; A. (Geräthſchaft im griech. Ritus) [G. E. Petri] 6, 138.
Aſterismus, ſ. Sternbilder, Sterndeutung.
Aſteriten [Germar] 6, 138.
Aſterius (arianiſcher Schriftſteller) [G. E. Petri] 6, 138.
— (Biſchof von Amaſa [G. E. Petri] 6, 138.
Asterocephalus [Sprengel] 6, 139.
Asterodia, ſ. Endymion 34, 223.
Aſteroiden [Fritſch] 6, 139.
Asteropeia [Sprengel] 6, 139.
Asterophora [Sprengel] 6, 139.
Asteropterus, ſ. Leyssera.
Aſtfala, ſ. Oſtfala.
Aſtfelde [Haſſel] 6, 139.
Aſthenie, ſ. Browniſches Syſtem, im Art. Brown (John) 13, 105.
Aſthimentgau [Delius] 6, 140.
Aſthma, ſ. Engbrüſtigkeit 34, 228.
Aſti [Röber] 6, 140.
Aſtibaras (med. König) [Kanngießer] 6, 140.
Aſtichja, ſ. Scija 30, 408.
Aſtigi [Friedemann] 6, 140.
Aſtifa, ſ. Attae 6, 154.
Aſtingi, ſ. Bandaſen.
Aſtolf, ſ. Aiſtulph 2, 278.

Astome [Ritſch] 6, 140.
Astomalla [Wiedemann] 6, 141.
Aſtorga [Stein] 6, 141.
Aſtori 6, 141.
Aſtrabad, ſ. Aſterabad 6, 137.
Aſtrachan [Petri] 6, 141.
Aſträa (in der Myth. und Aſtron.), ſ. Aſtraia 6, 147. [147.
— (in der Zoologie) [Meckel] 6,
Aſtragaloi [Jacobs] 6, 147.
Astragalus (Pflanzeng.) [Sprengel und Schreger] 6, 147.
— (Anat.), ſ. Gliedmaßen 69, 455. [8, 120.
— (Bauſunde), ſ. Bauglieder
Aſtraios [Ridleſs] 6, 147.
Aſtraia [Ridleſs] 6, 147.
Aſtralgeiſt, Aſtralgeiſter [Horſt] 6, 148.
Aſtrallampe, ſ. Lampe.
Aſtrampſychos (griech. Schriftſteller) 6, 153.
Astranthus [Sprengel] 6, 153.
Astrantia [Sprengel] 6, 153.
Astrapäus [Germar] 6, 153.
Aſtrapyalith, ſ. Blitzröhre 11, 83.
Astrateia [Ridleſs] 6, 153.
Aſtrephia [Sprengel] 6, 153.
Aſtricus, ſ. Stephan (König von Ungarn).
Aſtringen, ſ. Oſtringen.
Aſtrios, ſ. Sternſaphyr.
Aſtrobi, Aſtrybi [Kanngießer] 6, 154.
Aſtrognoſie, ſ. Sternkunde.
Astroites [Germar] 6, 154.
Aſtrolabium, ſ. Winkelmeſſer.
Aſtrologie, ſ. Sterndeuterei.
Astroloma [Sprengel] 6, 154.
Astronium [Sprengel] 6, 154.
Aſtronoe, ſ. Acht 1, 318.
Aſtronomie, ſ. Stern- und Weltkunde.
Aſtruc (Joh.) [Sprengel] 6, 154.
Aſtrybi, ſ. Aſtrobi 6, 154.
Aſtunawend [Möſler] 6, 164.
Aſtur, ſ. Falconidae 41, 203; Pellagra.
Aſtura (Fluß und Inſel) [Sidler] 6, 154. [6, 154.
— (Fluß. a. G.) [Friedemann]
Aſtures [Friedemann] 6, 154.
Aſturica [Friedemann] 6, 155.
Aſturicani [Rommel] 6, 155.
Aſturien [Haſſel] 6, 155. [Nil.
Aſtuſapes, Aſtaſoba, ſ. Meroe
Asturum lucus [Friedemann] 6, 156.
Aſtyages (med. König) [Kanngießer] 6, 156.
Aſtyanax [Ridleſs] 6, 156.
Aſtydameia [Ridleſs] 6, 156.
Aſtynome [Ridleſs] 6, 157.
Aſtynomen [Döberlein] 6, 157.
Aſtyoche [Ridleſs] 6, 157.
Aſtyocheia [Ridleſs] 6, 157.
Aſtyochos [Ridleſs] 6, 157.
Aſtypaläa [Ridleſs] 6, 157.
Aſtyphile, ſ. Aſtypalaia 6, 157.
Aſtyres, ſ. Aſtures 6, 154.

Aſuan, Aſvan (Osvan), ſ. Syene.
Aswari, ſ. Abaja 1, 31.
Aſyl, ſ. Freiſtätte 49, 92.
Aſymptote [Schoen und Märtens] 6, 157. [158.
Aſymptotenwinkel [Schoen] 6,
Aſyndeton, ſ. Redefiguren.
Aſynien, ſ. Aſen 6, 66.
Aſzalo (Numu) 6, 158.
Aſzöb (Rumy) 6, 158.
Atabalipa, Atahualpa, ſ. Peru.
Atabeten, ſ. Arabien 5, 33; Mohammedaniſche Münzen.
Atabulus [Sidler] 6, 158.
Atabyrios [Ridleſs] 6, 158.
Atachi [Rommel] 6, 158.
Atair [Fritſch] 6, 158.
Ataf [v. Hammer] 6, 158.
Atalanit, ſ. Salzkupfer.
Atakapas, ſ. Attakapas 6, 210.
Atalanta [Ridleſs] 6, 159.
Atalaya [Stein] 6, 159.
Atalif, ſ. Uleſsen. [26, 214.
Atalikowa, Otalikowa, ſ. Dnepr
Atarazia [Tennemann] 6, 159.
Atarbechis, ſ. Aphroditespolis 4, 400. [214.
Atar Ennabi, ſ. Atter Ennabi 6,
Atargatis 6, 159.
Atarna 6, 159.
Ataroth [Winer] 6, 160.
Ataulf (Athulfus, Athaulfus, Athiulfus, Atha-ulf)[Niemeyer] 6, 160.
Atax, ſ. Hydrachna.
Ataxia [Ritter] 6, 160.
Atbara, ſ. Meroe; Tacazze.
Atchi Kunipi 6, 160.
Atchu [Petri] 6, 160.
Ate [Ridleſs] 6, 160.
Ateb [Rommel] 6, 161.
Ategna [Friedemann] 6, 161.
Ateius, ſ. Capito 21, 44.
Atel, Atol, ſ. Wolga.
Atelecyalus [Lichtenſtein] 6, 161.
Ateles [Meckel] 6, 161.
Atelfuſu, ſ. Moldau.
Atella [Sidler] 6, 161.
Ater-Gau, ſ. Atter-Gau 6, 215.
Aternum, ſ. Pescara.
Ateſch, Atetſchgan, Ateſchgab, ſ. Feuerdienſt 43, 251; Parſen.
Ateſinus, ſ. Salzach.
Ath [Haſſel] 6, 161.
Athabeg, ſ. Abimelech 1, 126.
Athai, Athalingi, ſ. Abel 1, 379.
Athal, Athalu, Athalsunthe 3, 300.
Athaleb, oder Al-Athaleb [Rommel] 6, 162.
Athalia (Gemahlin des jüd. Königs Joram) [Winer] 6, 162.
Athalia (Art der Blattweſpen) [Germar] 6, 162.
Athamania und Athamantiſches Feld 6, 162.
Athamanta [Sprengel] 6, 162.
Athamas [Ridleſs] 6, 162.

Atha Melik, bſchowaini (Ala eddin) [Roſegarten] 6, 163.
Athana, ſ. Aben 1, 407.
Athanagild (Atto, König der Weſtgothen) [Niemeyer] 6, 164.
Athanarich (Atto, Häuptling der Weſtgothen) [Niemeyer] 6,165
Athanasia [Sprengel] 6, 165.
Athanaſius, Athanaſianer [G. E. Petri] 6, 166.
Athanaſianiſches Glaubensbekenntniß, ob Symbolum Athanasianum (Auguſti) 6, 171.
Athapuscow-See, Athapescow, Arathapescow (Guts Muths) 6, 171.
Atheismus [G. E. Petri] 6, 171.
Athelney [Haſſel] 6, 172.
Athelſtan, ſ. Adelſten 1, 403.
Athelſtanesford [Haſſel] 6, 172.
Athem [Schreger] 6, 172.
Athen (das alte) [Müller] 6, 228; A. (Culturgeſchichte u. Staatsverfaſſung) [Gruber] 6, 248.
— (das neue) [v. Hammer] 6, 258. [ber] 6, 259.
— (panoramiſche Anſichten) [Gruber] [Athene.
Athenaea (Myth.), ſ. Pallas
Athenaea (Pflanzeng.) [Sprengel] 6, 173. [6, 173.
Athenäon (a. Geogr.) [Rommel]
— Gelehrtenſchule [Jacobs] 6,173.
Athenäos (Grammatiker) [Jacobs] 6, 194; A.(der Mathematiker); A. (Stifter der pneumatiſchen Schule) [Sprengel] 6, 176.
Athenagoras (Demagog in Syrakus) [Döberlein] 6, 176.
— (chriſtlicher Philoſoph) [G. E. Petri] 6, 176.
Athenagorum, ſ. Dubh.
Athenaid (Eudoria) [v. Baczko] 6, 177.
Athener, ſ. Pallas-Athene.
Athener (Volk) [Grotefend] 6,241; (Geſchichte derſelben) [Kanngießer] 6, 245.
Athenion, ſpäter Areſtion (Tyrann von Athen) [Gruber] 6, 177.
Athenodoros [Tennemann] 6,178.
Athens, ſ. Ohio.
Atherina [Lichtenſtein] 6, 175.
Atherix [Wiedemann] 6, 178.
Atheorma, ſ. Balggeſchwulſt 7,235.
Atheropogon [Sprengel] 6, 178.
Atherosperma [Sprengel] 6,178.
Atheſte, ſ. Eſte 38, 375.
Athias (Joseph) [Hartmann] 6, 179. [cianer.
Athinganer, Attinganer, ſ. Pauli-
Athleten, ſ. Gymnaſtif 98, ¹323.
Athlone [Haſſel] 6, 179. [179.
Athmen (phyſiologiſch) [Meckel] 6, 187; A. (der Gewächſe), ſ. Ausdünſtung 6, 425; Blatt 10, 342; Holz; Pflanzenkunde; Wurzeln.

6 *

Athoci, f. Katharer.
Athoi [G. E. Petri] 6, 194.
Athol, f. Schottland.
Ather, Athyr [Gruber] 6, 194.
Athorne, f. Parsen.
Athos [v. Hammer] 6, 195.
Athrabalos, f. Tripolis.
Athristie [Gruber] 6, 195.
Athritae, f. Arsae 5, 413.
Athruphyllum[Sprengel]6,196.
Athrys [Rickleß] 6, 196.
Athy [Haffel] 6, 196.
Athyrium [Sprengel] 6, 196.
Atienza [Stein] 6, 196.
Atigne, f. Montenegro.
Atilia lex [Unterholzner] 6, 196.
Atimia, f. Ehre 31, 407.
Atina (neapol.Stadt) [Röder u. Sickler] 6, 196.
—, Athiniah, f. Attila 6, 215.
Atinga, f. Diodon 25, 285.
Atinia lex [Unterholzner] 6, 196.
Atintanes [Rickleß] 6, 197.
Atkira [Hartmann] 6, 197.
Atkarsk [Petri] 6, 197.
Atkyns (Sir Robert, der Ältere und der Jüngere) [Haffe] 6, 197 u. 198.
Atlantisches Meer 6, 203.
Atlas (geogr.) [Gruber] 6, 198.
— (mythisch) [Grotefend] 6, 199.
—, Atlantes, Atlantides, Atlantis (mythisch und historisch) [Grotefend] 6, 200.
— (in verschiedener Bedeutung) [Grotefend] 6,.202.
Atlirco [GutsMuths] 6, 203.
Atmat, f. Memel (Fluß).
Atmosphäre, f. Luft. . . [203.
Atmah-Indianer [GutsMuths] 6,
Atoma, f. Atoma 6, 140.
Atome; Atomi,Elementa corporum individua, Atomes[Pfaff] 6, 203.
Atonie, f. Irritabilität.
Atopa, f. Dascillus 23, 152.
Atoffa, f. Smerdis.
Atougnia [Stein] 6, 205.
Atouni [Hartmann] 6, 205.
Atractocera, f. Simulium. [205.
Atracasomen [Lichtenstein] 6,
Atractylis [Sprengel] 6, 205.
Atragene [Sprengel] 6, 205.
Atrament-Stein, f. Vitriol.
Atramitae, f. Hadramaut.
Atraphaxis [Sprengel] 6, 205.
Atrato, f. Darien 23, 113.
Atrebatii, Atrebates [Sickler] 6, 206. . . .
Atreiden, Atriden, f.Atreus 6,206;
Agamemnon 2,169; Menelaos.
Atresia, Atreta, f. Geschlechtstheile, weibliche 63, 10.
Atreus [Rickleß] 6, 206.
Atria ob. Hadria [Sickler] 6, 206.
Atricapilla, f. Muscapa atricapilla; Sylvia atricapilla.
Atrichia, f.Soenopinus.
Atriden, f. Agamemnon 2, 169.
Atripalda [Röder] 6, 207.

Atriplex [Sprengel] 6, 207.
Atrium, f. Ades 1, 472. [207.
Atronzä-Marjam [Hartmann] 6,
Atropa [Sprengel] 6, 207.
Atropatene [Kanngießer] 6, 207.
Atrophie, f. Auszehrung 6, 465.
Atropos, f. Moiren. .
Atropus (Amphibiol.), f. Vipera;
A. (Ichthyol.) [Lichtenstein] 6, 208.
Atsar [Rommel] 6, 208.
Atschaf, f. Atschu 6, 160.
Atschitbasch [v. Hammer] 6, 208.
Atschitkolo, f. Gorys 74, 459.
Atschitsei, f. Alghanen 2, 140.
Atschin, Achem, Achim 6, 208.
Atschinsk [Petri] 6, 208.
Atschuk, auch Abschuk, Atschu, Atschuef, Atschujew [Rommel u. v. Hammer] 6, 208.
Atta (Ameisen) [Klug] 6, 208.
— (Geogr.), f. Attene 6, 213.
Attacca [Weber] 6, 209.
Attacotti [Sickler] 6, 209.
Attacus [Zinten, gen. Sommer] 6, 209.
Attab [Rumy] 6, 209.
Attagen, f. Tetrao Tetrix; Cupido 20, 348; Lagopus; Umbellus.
Attagenus, [f.Dermestes 24,206.
Attaignant [Gabriel Charles de l') [Ersch] 6, 209.
Attat, Attatu,. Attu (Insel der Aleuten) [Petri] 6, 210.
— Benares, f. Attad 6, 263.
Attalapas [GutsMuths] 6, 210.
Attaleni [Kanngießer] 6, 210.
Attalum, f. Kuban.
Attalena [Wirz] 6, 210.
Attalia [Rickleß] 6, 210.
Attalos 6, 210. [6, 210.
Attalus (aus Rhodus)[Schaubach]
Attancourt [Haffel] 6, 210.
Attar, oder Ferid thyn attâr [Rosegarten] 6, 210.
Atiata [Hartmann] 6, 211.
Attel [v. Hazzi] 6, 211.
Attelabus [Germar] 6, 211.
Attena(Ulr.)[Gittermann] 6,211.
Attendorn [Suibert Seiberß] 6, 213.
Attene [Rommel] 6, 213.
Attenhausen, f. Ottobeuern; Ursperg.
Attentat [Spangenberg] 6, 213.
Atter [Kanngießer] 6, 213.
Atterbury (Francis) [Eschenburg] 6, 213. [Hartmann] 6, 214.
Ater Ennabi oder Atar Ennabi
Attergau [Delius] 6, 215..
Attersee, früher Atarse, Atarseo [Winkelhofer] 6, 215.
Atterwasch (Dorf); Atterwascher See [Engelhardt] 6, 215.
Attes, f. Atys 6, 260.
Attich, f. Sambucus Ebulus.
Atticus (Pomponius); f. Pomponius..
— Herodes, f. Herodes.

Attigny [Haffel] 6, 259.
Attika (a. Geogr., Chorographie, Boden, Producte, Topographie) [Müller] 6, 215. .
— (jetziger Zustand) [Gruber] 6, 257.
Attifites, f. Atschuk 6, 208.
Attisos [Tennemann] 6, 259.
Attila [v. Rotted] 6, 259.
Attilia gens, f. Reguli; Ruli; Serrani; Veri.
Attilia (röm. Station), f. Altenburg 3, 237.
Attinganer, f. Paulicianer. [129.
Attinghausen, f. Attinghausen 2,
Attiret [Weiße] 6, 262.
Attirhotz [Wirz] 6, 263.
Attitude, f. Stellung.
Attitulare, f. Titel.
Attleborough 6, 263.
Attmann, f. Tuna.
Atto von Vercelli, f. Hatto.
Attock [Kanngießer] 6, 263.
Attonsi, f. Tonsur.
Attorney 6, 263.
Attowai, f. Sandwich-Inseln.
Attractio, f. Anziehung 4, 366.
— aggregat.,f.Cohäsion 18,204.
— elect. etc., f.Verwandtschaft, chemische.
Attribute [Wegscheider] 6, 263.
Attrition, f. Buße 14[1], 142.
Attu, f. Attad 6, 210.
Attuaner-Gau [Delius] 6, 264.
Attuaria (Gattuarien) [Delius] 6, 264. [6, 264.
Attuatica; Aduatiker [van Alpen]
Atunpadgan, f. Aserbidschan 1, 459.
Aturia [Kanngießer] 6, 265.
Atweb [v. Schubert] 6, 265.
Atya, f. Peneus. [6, 265.
Atychia [Zinten, gen. Sommer]
Atylus, f. Gammarus 53, 308.
Atymnius, f. Sarpedon.
Atypus [Germar] 6, 266.
Atyra [Rickleß] 6, 266.
Atys [Rickleß] 6, 266. [2,412.
Atzel, f. Picae; Alcedo ispida.
Atzelspecht, f. Picus medius.
Atzung, Atzungsrecht [v. Arnolbi und v. Baczko] 6, 266.
— (in Baiern) [v. Hazzi] 6, 267.
— Aue (in der Schweiz) [Wirz] 6, 267.
Aub; Auw 6, 267.
Aubagne [Haffel] 6, 267.
Aubaine,Droitd'A., f. Fremdenrecht 49, 119.'
Aube [Haffel] 6, 267.
Aubel [Haffel] 6, 268.
Aubenas [Haffel] 6, 268.
Aubenton [Haffel] 6, 268.
D'Aubenton, f.Daubenton 23,191.
Aubert (zwei Bischöfe); A. de Puicshot) f. Troubadoures; A. (Bilh.); Peter; Jean Louis);
. f.A. (Jacques)[Sprengel]6,268.
— du Bayet [Baur] 6, 268.

Aubertia [Sprengel] 6, 269.
Aubespine [Baur] 6, 269.
Aubeterre [Haffel] 6, 269.
Aubiers (les) [Haffel] 6, 269.
Aubignac (Franz, Hedelin b' Schütz) 6, 270.
Aubigné (Theodor Agrippa d' [Baur] 6, 271.
Aubigny [Haffel] 6, 272.
Aubin, St., oder St. Albin (zwei schweiz. Dörfer) [Wirz] 6, 272.
— St., und St. Aubin du Cormier (zwei franz. Städte [Haffel] 6, 272.
— (Augustin de St.); A. (Charles Germain de St.-); A. (Gabriel Jacq. de St.-) [Weiße 6, 272.
Aublet (Fusée) [Sprengel] 6,272.
Aubletia [Sprengel] 6, 272.
Aubrac [Abbrac) Orden [Gottschall] 6, 272.
Aubrays's, f. Abraxas 1,.167.
Aubriet [Claube] 6, 273.
Aubrig [Wirz] 6, 273. [273.
Auburg [Goyneburg-Lengsfeld] 6,
Aubuffon [Stadt] [Haffel] 6, 273.
— [Pierre b'] [Wilken] 6, 273.
Aucas, f. Arauganer 5, 103.
Auch [Haffel] 6, 276.
Aucha, Auchetä [Worbs] 6, 277.
Auchenia (Gattung der Wiederkäuer) [Meckel] 6, 277.
— (Insektenkunde) [Germar] 6, 277. [277.
Auchenopteren [Lichtenstein] 6,
Auchetä, f. Aucha 6, 277.
Auciacensis pagns, f. Uffgau..
Auction, f. Versteigerung.
Auctor [Spangenberg] 6, 277.
Auctoritas (röm. Recht) [Unterholzner]; A. (Urkundensprache) [v. Arnolbi] 6, 278.
Aucuba [Sprengel] 6, 278.
Aub, Aubß, f. Dube.
Aube [Haffel] 6, 278.
Aubebert (Jean Baptiste) 6, 279.
Aubefroi, f. Troubadours.
Aubenarbe, f. Dubenarbe.
Aubert [J. E. Petri] 6, 279.
Aubieny, Aubientia [v. Arnolbi];
Aubiencia (Obergerichtshof in Spanien) [Stein] 6, 280.
Aubierne [Haffel] 6, 280.
Aubiffrebi (Joh. Baptist) [Baur] 6, 280.
Aubiguier (Bilat b') 6, 281.
Aubinäus [Grotefend] 6, 281.
Aubinet (Nicolas) [Médard) [Schütz] 6, 281.
Aubitor, Aubitorium [Spangenberg] 6, 281.
Aubitorium (Bauk.), f. Saal.
Aubius, f. Aubianer 6, 282.
Auboin, Aubovinus, Albuin, Aubvoin (longob. König) [Niemeyer] 6, 282. . . .' [6, 282.
Aubovinus (longob.König) [Weiße]
Aubran (Künstlerfamilie) [Weiße]
Audumla, f. Othin. . . .'

Audura, s. Eure 39, 122.
Aue (Flüsse) [Hassel] 6, 283.
— (Landstriche) [Stein] 6, 284.
— (die goldene und die blaue) [Sellbach] 6, 284.
— (sächs. Bergstadt) [Engelhardt] 6, 284.
Auel [Hassel] 6, 284.   [284.
Auenstein (Gaustein) [Wirz] 6,
Auerbach (in Sachsen) [Engel-
hardt] 6, 284.
— (in Baiern) [Jäck] 6, 285.
— (in Hessen) [Wagner] 6, 285.
Auerberg (der) [Gottschalk] 6, 285.
— (in Hessen), s. Auerbach 6, 285.
Auerbirkhuhn und Auerhahn, s.
Tetrao.
Auerhahnenjagd [a. d. Winckell]
6, 285.
Auerhammer [Engelhardt] 6, 286.
Auerochs, s. Bos Urus 12, 58.
— (Jagd desselben) [a. d. Win-
ckell] 6, 286.   [6, 286.
Auersberg (fürstl. Haus) [Stein]
—, der (in Sachsen) [Engelhardt]
6, 287.   [6, 287.
—, der (in Baiern) [Schneider]
Auerstädt (Dorf, Reg.-Bez. Merse-
burg) [Stein] 6, 287.
— b. Schlacht bei) [Schulz] 6, 287.
Auf 6, 289.
Aufarbeiten [Lampadius] 6, 289.
Aufarbeitsstein [Lampadius] 6,
289.
Aufsat, s. Zaila.
Aufbereitung [Schreger] 6, 289.
**Aufbewahrung der Nahrungsmit-
tel, Naturalien**, s. Nahrungs-
mittel; Naturalien.   [8, 116.
Aufblatten, s. Bauholzverbindung
Aufbolzen [Jeger] 6, 289.
Aufbrechen [Jägerei] [a. d. Win-
ckell] 6, 289.
— (Hüttenwesen), s. Eisenfrischen,
im Art. Eisen 32, 404.
Aufbringen (Bergbau) [Lehmann]
6, 291; A. (Geschützwesen), s.
Batterie 8, 99; Geschütz 63,
117; A. (Seewesen) [Jacobsen]
6, 291.
Aufbruch [a. d. Winckell] 6, 291.
Aufdingen, s. Zunft.
Aufdocken, s. Fangleine.
Aufenau [Dahl] 6, 291.
Aufenthalts-Charten [v. Kampß]
6, 291.
Auferstehung [Wegscheider] 6,292.
Auffahren [Lehmann] 6, 292.
Auffahrt, s. Batterie 8.
Brücke 13, 128; Feldschanzen
42, 362; Floß 45, 417; Lehn-
waare; Treppe.
Auffallend [Maaß] 6, 292.
Auffenstein, s. Stramberg] 6, 292.
Auffliegend [Heraldischefiguren]
Aufflößen [Jeger] 6, 293.
Aufführung (eines Schauspieles),
s. Mimik und Stil.
— (Musik) [Fröhlich] 6, 294.
Aufgabe [Maaß] 6, 296.

Aufgau, s. Ulffgau.
Aufgeben, s. Kohlen.
Aufgebot (kirchliches) [Wagniß]
6, 297.   [298.
— (der Vasallen) [v. Hoyer] 6,
Aufgehen [Grotefend] 6, 298.
Aufgeld [Hufeland und Fries-
leben] 6, 300.
Aufgiehen [Schreger] 6, 302.
Aufgüsse [Schreger] 6, 302.
Aufhaltung der Accorde [Fröh-
lich] 6, 303.
— (Restraint), s. (See-) Ver-
sicherung.
Aufheber, s. Muskeln.
Aufhena (Sichler) 6, 303.
Aufhus (Sichler) 6, 303.
Aufkauf [v. Bosse] 6, 303.
Aufkirchen [Kaiser und b. Hazzi]
6, 306.
Aufklärung [G. E. Petri] 6, 306.
Aufkündigung [Spangenberg] 6,
308.
Auflaben [Teichmann] 6, 308.
Auflage, s. Steuer.
— (von Büchern), s. Druckschrif-
ten 29, 362.   [6, 309.
Auflassung (rechtlich) [Bergmann]
—, aufsässig (bergmännisch), s.
Zeche.
Auflauf der See, s. Brandung
12, 267; Seestürzungen.
— **Aufstand**, s. Aufruhr 6, 319.
Auflaufen, auch Vorlaufen (Berg-
und Hüttenkunde) [Lampadius
und Müller] 6, 309.
Auflösende Arzneimittel [Schre-
ger] 6, 310.
Auflösung (chemische) [Auflösungs-
presse (Wasser-, Luft-, Filtrir-
presse) [Schreger] 6, 310.
— (Musik) [Weber] 6, 311.
Auflösungszeichen oder Auflöser
[Weber] 6, 316.   [63, 117.
Aufmarschiren (Cheffbauer) 6,
317.   [Winckell] 6, 318.
Aufnehmen (Jägersprache) [a. d.
— (Bergrecht und Zeichenkunst),
s. Muthen; Plan; Riß.
Aufona, Auvona, s. Avon 6, 509.
Aufpfropfen, s. Bauholzverbin-
dung 8, 116.-
Aufrecht [Maaß] 6, 318.
Aufresne (Jean Rival) [Schütz]
6, 318.
Aufrichten [Maaß] 6, 319.
Aufrichtigkeit [Maaß] 6, 319.
Aufrollung [v. Bieberstein] 6, 319.
Aufruhr [b. Kampß] 6, 319.
— (Geschützkunst), s. Geschütz-
richtung, im Art. Geschütz 63,
118; Richten b. Geschütze; Distr.
— (als Abgabe), s. Weistat.
Aufsatbach, s. Dach 22¹, 9.
Aufsätze der Steinmetzer, s. Käm-
pfer.

Aufschärfen, s. Aufbrechen 6, 289.
Aufschiebling, Anschiebling, s.
Dach 22¹, 9.
Aufschiftsparren, s. Dach 22¹, 9.
Aufschlag (Musik), s. Tattschlag;
A. (der Kugeln), s. Kugel- und
Schußweite; A. (in Salzwer-
ken), s. Soogen; A. (Forst-
wesen), s. Holzcultur; A. (beim
Vogelfang), s. Vogelfang.
Aufschlagewasser [Müller] 6, 321.
Aufschrift [Grotefend] 6, 321.
Aufschriften (Diplomatik) [v. Ar-
noldi] 6, 325.
Aufsicht (des Staats) [v. Bosse]
6, 330.   [6, 332.
— (pädagogische) [G. E. P.]
Aufstand, s. Aufruhr 6, 319 ɛ ri
— (Bergbau), s. Grubenbericht.
Aufstauung (Stauung, Stem-
mung, Anschwellung, Aufschwel-
lung, Rückstauung) [Spangersch]
6, 332.
Auf- und absteigende Linie, s.
Verwandtschaft.
Aufsteigung (ascensio) [Gerling]
6, 333.
Aufstellung der Truppen, s.
Schlachtordnung; Lager; Quar-
tier; Position; Parade.
Aufstoßen (Jägersprache) [a. d.
Winckell] 6, 334.
—, s. Verdauung.   [schlag.
Aufstrich und Auftact, s. Takt
Auftragsloch, s. Schachtzimmerung.
Auftragung, s. Schmelzösen.
Auftreibung, s. Sublimation.
Auftritt (Baukunst), s. Treppe.
— (im Schauspiel) [Wendt und
Sühl] 6, 334.
Aufwand [Rau] 6, 337.
Aufwiegelung, s. Aufruhr 6, 319.
Aufziehen [Maaß] 6, 338.
Aufzug (im Drama), s. Auftritt
6, 334.
— (bei Festen), s. Fest 43, 291.
— (des Militärs), s. Parade.
Auga (Delius) 6, 338.
Augana, s. Auga 6, 338.
Augaros, s. Abgar 1, 110.
Auge (Myth.) [Ricksse] 6, 338.
— **Augein, Augen** (Baukunst),
s. Säulenordnung; Verzierung;
A. (Berg- und Hüttenkunde)
[Lehmann, Müller und Lampa-
dius] 6, 338 u. 339; A. (Jä-
gersprache) [a. d. Winckell] 6,
339; A. (Gärtnerei) 6, 339.
Augea [Sprenger] 6, 357.
Augeia [Ricksse] 6, 357.
Augela, Augila, s. Gättanuah
Augen-Arzneien [Schreger] 6,348,
— auflösende, ausbreitende, s. Aba-
cinare 1, 26.
— **Bäder** [Schreger] 6, 348.
— **Becher** [Schreger] 6, 348.
— **Butter** [Schreger] 6, 348.

Augen-Feuchtigkeiten [Schreger]
6, 348.
— **Glas** [Romershausen] 6, 350.
— **Häute** (Schreger] 6, 350.
— **Holz** [Lampadius] 6, 339.-
— **Krankheiten** [v. Walther] 6,
350.
— **Licht** [Schreger] 6, 355.
— **Linse**, s. Augen-Feuchtigkeiten
6, 348.
— **Maaß** [v. Schlieben] 6, 356.
— **Salben**, s. Augen-Arzneien
6, 348. [nigung 9, 262.
— **Schein** (Bergbau), s. Beschei-
— **Schwarz** [Schreger] 6, 357.
— **Sprossen**, Aug.- Sprossen,
Aug.-Enden, s. Geweih 65, 350;
Gewicht 66, 1.   [357.
— **Trichter** [Romershausen] 6,
— **Trost**, s. Euphrasia 39, 109.
— **Wännchen** [Schreger] 6, 357.
— **Wasser**, s. Augen-Arzneien 6,
348.
Auger (Nicolas) [Schütz] 6, 358.
— (Athanasius) [Baur] 6, 358.
Augereau (Pierre François Char-
les, Duc de Castiglione) [Hasse]
6, 359.
Augia [Sprenger] 6, 361.
Augias (Myth.), s. Augeia 6, 357.
— (à las), s. Au 6, 267.
Augilae, Augilitae 6, 362.
Augit (Germar] 6, 362.-
Augment [Schreger] 6, 364. -
Augmentatio, s. Bergsförderung,
Fuge 50, 439.   [6, 365.
Augsburg (Bisthum) [Beyschlag]
— (Stadt) [Beyschlag] 6, 370.
— **bürgerliche Confession** (Glau-
bensbekenntniß69, 138; Symbol-
bole.
Augst, s. Augst 2, 132; Augusta
Rauracorum 6, 387.
Augstgau, Augstgau, Augustowe
[Delius] 6, 376.
Augurelii (Joh. Aurelius) [Rit-
ter] 6, 376.
Augurium, s. Mantif; Wahrsagerei.
August (röm. Kaiser und Monat),
s. Augustus 6, 397.
— s. (Könige von Polen) [v. Baczko]
6, 399.
— **II. u. III.** (Könige von Polen
und Kurfürsten von Sachsen)
[v. Baczko] 6, 377. 379.
— (Kurfürst von Sachsen) [Weiße]
6, 380.
— (Erzbischof von Magdeburg)
[Rathmann] 6, 384.
— (Fürsten von Anhalt), s. An-
halt 4, 117.
— **Wilhelm** (Prinz von Preußen)
[Stein] 6, 386.   [6, 400.
Augusta, Augustus (als Titel)
— (in Nordamerika) 6, 386.
— (a. Geogr.) [Friederich, Sickler
und Meyer v. Knonau] 6, 387.
Augustale [v. Arnoldi] 6, 387.-
Augustales [Spangenberg] 6,387.
Augustalis Präfectus, s. Præfecten.

Augustamnica [Hartmann] 6, 388.
Augustdor [Schnieder] 6, 388.
Augustenburg (auf der Insel Alsen) [Dörfer] 6, 388.
— (in Schwarzb.-Sondershausen) [Hellbach] 6, 388.
Augustenthal [Emmrich] 6, 388.
Augustin, St. [Stein] 6, 395.
Augustiner-Eremiten [G. E. Petri] 6, 388. [39.
Augustinerinnen [G. E. Petri] 6,
Augustine's-Quare, St. [Hassel] 6, 393. [Rumy] 6, 393.
Augustini ab Hortis (Christian)
Augustinisten, s. Jansenisten.
Augustinus (der Heilige) [Augusti und G. E. Petri] 6, 393.
— von Olmütz [Wohnite] 6, 395.
— (Ant.), s. Augustin (Don Antonio) 2, 233.
Augustobona, oder Augustomana [Sickler] 6, 396. [6, 396.
Augustobriga, oder Augustobrica
Augustodunum, s. Autun 6, 487.
Augustomagus, s. Senlis.
Augustonemetum, s. Clermont in Auvergne 18, 57.
Augustopolis [Rommel] 6, 396.
Augustoritum, s. Limoges.
Augustow, Augustowo [Schultes] 6, 396.
Augustowa, s. Aughgau 6, 376.
Augustulus-[Deuber] 6, 396.
Augustus (Cajus Julius Cäsar Octavianus) [v. Drech] 6, 397.
—, semper Augustus; Augustus (als Titel) [v. Arnoldi] 6, 400.
— (als Monatsname) [Grotefend] 6, 401.
Augustusburg [Engelhardt] 6, 402.
Aubauzen, Ubauzen [Fenkohl] 6, 402.
Aubb, s. Dube.
Aul, s. Nogaier.
Aulacus [Flug] 6, 403.
Aulaeticibos [Ridlefs] 6, 403.
Aulaeum, s. Theatermaschinerie.
Aulax [Sprengel] 6, 403.
Aulenberf [Kaiser] 6, 403.
Aulerci [Sickler] 6, 403.
Auletes, s. Ptolemäus. [289.
Aulinga-villa, s. Altenötting 3,
Aulis [Mund.] [Ridlefs] 6, 403.
— (Stadt), s. Böotien 11, 252.
Aulita, s. Aulita 6, 511.
Aulnay [Hassel] 6, 403.
b'Aulnoy, s. b'Aunoy 6, 405.
Aulon [Ridlefs] 6, 404.
Aulopus [Lichtenstein] 6, 404.
Aulostoma, s. Blos.
Aulrumen, s. Alrunen 3, 221.
Ault [Hassel] 6, 404.
Aulus (Conchol.), s. Solen.
— (franz. Dorf) [Hassel] 6, 404.
Aulzinguren, Uljinguren, s. Uiguren, Ungern.
Auma [Jahn] 6, 404.
Aumale (Grafsch. und Herzogth.), ; s. Lothringen.
— (Stadt) [Hassel] 6, 404.

Aumentazione, s. Vergrößerung; Fuge 50, 439.
Aumil 6, 404.
b'Aumont (Joh.) [Baur] 6, 404.
Aunabjofi, s. Aunisjofi 6, 405.
Auneau [Hassel] 6, 404.
Aungervöle, Angerville (Richard) [Baur] 6, 405.
Aunis, s. Rochelle.
Aunisjofi [v. Schubert] 6, 405.
b'Aunoy (Marie Katharine Jumelle) [Gruber] 6, 405.
Aupa, Aupe, Aupengrund, s. Riesengebirge; Schneekoppe.
Aups, Aulps [Hassel] 6, 405.
Aura [Ridlefs] 6, 405.
Aurach, Aurica, Auraha (Flüsse) [Fenkohl] 6, 405.
— (Vogteiamt), s. Wahrper
Aurana, s. Urana. [411.
Aurangabad, s. Aurengabab 6,
Aurantios, s. Palästina.
Aurantia [Sprengel] 6, 405.
Auraria maior, s. Abrubbanya 1, 167.
Aurasius [Gruber] 6, 406.
Auratus [Ridlefs] 6, 406.
Auratus Daurat, s. Dorat 27, 86.
Auray [Hassel] 6, 406.
Aurbach (Joh. v.), oder u. Urbach (Erhard] 6, 406. [2, 193.
Aurea Chersonesus, s. Agimötha
Aureatum -[v. Kaiser] 6, 406.
Aurelia, s. Chrysalis 21, 209.
— und Aureliana [Meyer u. Knonau] 6, 407.
— aquensis [Ridlefs] 6, 407.
— gens [Gruber] 6, 407.
— lex [Zepernid] 6, 407.
Aureliani urbs, s. Orleans.
Aurelianus (Lucius Valerius Domitius) [Deuber] 6, 409.
Aurelius, s. Aurelia gens 6, 407; Ambrosius Aurelianus 3, 338.
Aurengabab, Aurangabab, Aurungabad [Kanngieber] 6, 411.
Aureng-Zeyb (Aurungzeb) [Böttiger] 6, 411.
Aureolus, s. Gallienus 53, 165; Claudius II. 17, 412.
Aureß, Aurez, s. Aurafiuß 6, 406.
Aureus Mons (a. Geogr.) [Ridlefs] 6, 412.
— (nummus), s. Solidus.
Aurgelmer, s. Jetten.
Aurich (ostfries. Stadt) [Gittermann] 6, 412. [6, 414.
— (ostfries. Amt) [Gittermann]
Auridalcum [Referstein] 6, 415.
Auricula (Anat.), s. Ohr.
— (Conchol.) [Nitsch] 6, 415.
Auricularia, Auricularius [v. Arnoldi] 6, 415.
Auriculus [Nitsch] 6, 416.
Aurifaber (Joh.) [Erhard] 6, 416.
— (Joh.) [v. Baczko] 6, 417.
— (Andreas) [v. Baczko] 6, 417.
Auriga, Aurigator, s. Fuhrmann 50, 467.

Aurigena [Ridlefs] 6, 417.
Aurigny, s. Alberney 2, 427.
Aurifel, s. Primula Auricula.
Aurillac [Hassel] 6, 417.
Aurin, s. Gratiola offic. 88, 133.
Aurinia (Pflanzeng.) [Sprengel] 6, 417.
— s. Alrunen 3, 221.
Aurinius, s. Mecculanus 2, 83.
Auriol [Hassel] 6, 417.
Auripigment, s. Rauschgelb.
Auriscalpium [Nitsch] 6, 418.
Aurispa [Ritter] 6, 418.
Aurivillius (Karl) [Baur] 6, 418.
Aurivittis, s. Fringilla Carduelis 50, 216.
Aurogallus, s. Luther. [418.
Aurolsmünster [Winkelhofer] 6,
Aurora (Myth.), s. Eos 35, 217.
Aurora (Naturgesch.), s. Coluber 21, 310; Petitaous; Murex.
— (Geogr.), s. Neu-Debriben.
Aurunci, s. Ausones 6, 449.
Aurungabab, s. Aurengabab 6, 411.
Aurus [Ridlefs] 6, 419.
Aus 6, 419.
Ausa, s. Ausetani 6, 440.
Ausancalio [Ridlefs] 6, 419.
Ausara [Rommel] 6, 419.
Ausbeute (Bergwesen); Ausbeutebogen, Ausbeutezettel [Freiesleben, Lehmann u. Schmieder] 6, 419. 420.
— Bote und Ausbeute-Münzen, s. Ausbeute 6, 419.
Ausbringen [Lehmann] 6, 421.
Ausbruch [Ritter] 6, 421.
Ausbürger, s. Bürger 13, 364.
Auscha, Ausche, Auscht, Austie [André] 6, 422.
Ausclisae 6, 422.
Auschwitz, s. Oswiczim. [422.
Auscii, auch Ausci [Sickler] 6,
Ausdehnung [Schweigger] 6, 422.
Ausding, s. Leibzucht.
Ausdruck (arithmetischer und analytischer) [Mertens] 6, 423.
— (in den schönen Künsten) [Mimit; Stil.
Ausdünftung (exhalatio) [Schreger] 6, 423.
— der Körper im Allgemeinen [Ritter] 6, 423.
— (in der Atmosphäre) A. (der lebenden Pflanzen) [Schreger] 6, 422.
— des menschlichen Körpers [Meckel und Ritter] 6, 426.
Ausdünstungsstoff [Schreger] 6, 438.
Ausena [Stein] 6, 440.
Auser, s. Serchio.
Ausetani, Authetani 6, 440.
Ausfall [Rour] 6, 440.
Ausfertigung, s. Ausguten 6, 443.
Aussteuer [s. 459. [Klage.
Ausflucht, s. Einrede, im Art.
Ausfluß, s. Abfluß 1, 96.

Ausfobern, herausfobern, s. Zweikampf. [6, 440.
Ausführen, Ausführung [Maaß]
Ausfuhr, s. Handel.
Ausgabe [Rau] 6, 441.
— eines Buchs, s. Druckschrift 29 ', 362.
Ausgäbren [Freiesleben] 6, 441.
Ausgeben [a. d. Winkell] 6, 442.
Ausgebogen, ausgebreitet, s. Heraldische Figuren.
Ausgehen (in Urkunden) [v. Arnoldi] 6, 442.
— des heiligen Geistes, s. Trinität.
Ausgehendes (Bergbau), s. Lagerstätte.
Ausgehende Zeit, s. Frist 51, 423.
Ausgesessene, Ausbürger, s. Bürger 13, 364.
Ausgießen [Spangenberg] 6, 442.
Ausglühen [Lampadius] 6, 443.
Ausguten, auch Abguten, Ausfertigen, Ausgeben, Ausweisen [v. Arnoldi] 6, 443.
Aushalt, s. Leibzucht.
Aushalten [Lehmann] 6, 443.
Aushauchung [Meckel] 6, 443.
Aushauen [Freiesleben u. Lampadius] 6, 443.
Aushaue-Eisen, s. Kartätschen.
Aushebung, s. Conscription 19, 109; Recrutirung.
Auft 6, 444. [444.
Austimum, Aurinum [Sickler] 6,
Ausstae [Rommel] 6, 444. [312.
Auskommen, s. Einkommen 32,
Ausköthe, s. Köthe.
Auskutter [Freiesleben] 6, 444.
Auslaben, s. Laben.
Auslaber, s. Electricität 33, 139.
Auslage (Staatswirthschaft) [v. Boße] 6, 444.
— (Fechtkunst), s. Lager.
Auslassung (grammatisch), s. Auslassungszeichen [Grotefend] 6, 445. 446. [447.
— (Harmonielehre) [Weber] 6,
Auslaufen [Lehmann] 6, 448.
Auslaugen [Schreger] 6, 448.
Auslausen [Lehmann] 6, 448.
Ausläutern, Ausläuthen, s. Durchforstung 28, 377.
Auslegung, s. Erklärung 37, 166.
Ausleute, Ausmänner, Ausmärker [v. Arnoldi] 6, 448.
Ausleger, s. Küstenbewahrer.
Auslösung [Spangenberg] 6, 449.
Ausmachen, s. Reisen; Marberjagd; Spur.
Ausmärker, s. Auslente 6, 448.
Ausmarsch, s. Marsch.
Ausmauern, s. Grubenmauerung, im Art. Grube 94, 306.
Ausnahme [Grotefend] 6, 449.
Ausnang, s. Altdorf [3, 231]; Weingarten.
Ausones [Sickler u. Ritter] 6, 449.
Ausonius (Decius Magnus) [Ritter] 6, 450.

Averruncanus, Averruncus [Ricklefs] 6, 501.
Aveis (auf Münzen), s. Münzen.
—, auch Asses, Asseris (in Graubünbten) [Wirz] 6, 501.
Aversa [Röder] 6, 502.
Aves, s. Vögel.
Avesbury (Rob.) 6, 502.
Avesnes [Hassel] 6, 502. [vesta.
Avesta, s. ABC 1, 53; Sendavesta
Aveslad 6, 502.
Aveyron, s. Aveiron 6, 495.
Avicenna [Sprengel] 6, 502.
Avicennia [Sprengel] 6, 502.
Avicula, s. Anonica 4, 194; Meleagrina.
Avienus (Rufus Festus) [Schaubach] 6, 502. [6, 503.
Avigliana (Collianum) [Röder]
Avignon [Hassel und Gutenberger] 6, 503.
— Körner, s. Rhamnus.
Avignonet [Hassel] 6, 503.
Avila (Provinz und Stadt in Spanien) [Stein] 6, 503.
— (Ludw. b'; Joh. b'; Augustin b'; Gil Gonsalez b') [Baur] 6, 504 u. 505.
Aviler, s. Daviler 23, 225.
Aviles [Stein] 6, 505.
Avis 6, 505.
Aviones [Ricklefs] 6, 505.
Avis, Avisorden, s. Aviz 6, 508.
Avisamentum [Spangenberg] 6, 505. [505.
Avislo, Avisobrief (Siebenkees) 6,
Avitus (Marcus Mäcilius), röm. Kaiser [Deuber] 6, 505.
— (Alcimus Ecdicius, Erzbischof zu Vienne) [Winkerhalder] 6, 506.
Aviz [Stein] 6, 508.
Avizorden [Gottschall] 6, 508.
Avlona, s. Balona.
Avocation der Acten [Spangenberg] 6, 508. [(Hasse] 6, 508.
Avocatorium; Dehortatorium)
Avodiacum, s. Abuzacum 1, 227.
Avoir du pois, s. Troy-Gewicht.
Avola (Aula) 6, 509.
Avolb, St. [Hassel] 6, 509.
Avon [Hassel] 6, 509.
Avosetta, s. Recurvirostra. [365.
Avougena, s. Bissago-Inseln 10,
Avoyer, s. Schultheiß; Voigt.
Avrab, Avras, s. ABC 1, 53.
Avranches [Hassel] 6, 509.

Avrigni (Hyacinth Robillard b') [Baur] 6, 509. [509.
Avtar und Awaren [Rommel] 6,
Awatscha [Petri] 6, 510.
Awchasen, s. Abchasen, im Art. Abasa 1, 35.
Awe, s. Loch Awe.
Aweri, s. Uari.
Awit [v. Schubert] 6, 510.
Awlita [Rommel] 6, 511.
Awränische Eisenhütten [Petri] 6, 511.
Awtas [Rommel] 6, 511.
Ax (franz. Stadt) [Hassel] 6, 511. [6, 511.
— (Flüsse in England) [Hassel]
Axamenta, s. Salier.
Axberg [v. Schubert] 6, 511.
Axe (Gerling) 6, 511.
Axenkäfer, s. Diaperis 24, 468.
Axel (holl. Stadt) [Hassel] 6,512.
—, s. Absalon 1, 169. [512.
Axelsön (Familie) [b. Gehren] 6,
Axen (Peter) [Dörfer] 6, 513.
Axenberg, Achsenberg [Wirz] 6, 513.
Axewall [v. Schubert] 6, 513.
Axholm (engl. Insel) [Hassel] 6, 513. [6, 513.
— (schwed. Schloß) [v. Schubert]
Axia (a. Geogr.) 6, 513.
Axia (Pflanzeng.) [Sprengel] 6, 513.
Axiacä [Rommel] 6, 513.
Axiakes [Rommel] 6, 513.
Axieros, s. Demeter 23, 442.
Axilla, s. Gliedmaßen, ober 69, 455.
Axim, Assim, s. Assin 6, 120.
Axinaea [Sprengel] 6, 513.
Axinit (Germar) 6, 513.
Axinomantie [Horst] 6, 514.
Axiokersa, s. Demeter 23, 442.
Axiom, s. Grundsatz.
Axiopolis [Ricklefs] 6, 514.
Axios [Ricklefs] 6, 515.
Axis (Anat.), s. Halswirbel, im Art. Hals. [48.
— (Zool.), s. Cervus Axis 22¹,
Axius, s. Thalassina.
Axminster [Hassel] 6, 515.
Axolotl [Merrem] 6, 515.
Axona, s. Aisne 6, 489.
Axones [Döderlein] 6, 515.
Axt, s. Bauhandwerk 8, 113; Streitart. [6, 616.
Axt (Orden von der) [Gottschall]

Axtlaufen, s. Axinomantie 6, 514.
Axtorn, s. Faltenberg 41, 250.
Ayuch, s. Kommenen.
Ayum [Hartmann] 6, 516.
Ayur [Ricklefs] 6, 516.
Aybiis, s. Ayiris 6, 525.
Axyris [Sprengel] 6, 516.
Ay (in Frankreich) [Hassel] 6,516.
—, Tour b', s. Waadt.
—, Pulo b', s. Banda-Inseln 7, 301. [Baur] 6, 516.
Ayala, Ajala (Peter Lopez be)
Ayamonte [Stein] 6, 517.
Ayar (Grotefend) 6, 517.
Ayas Kaloffo, s. Agä 2, 1.
Aye-Aye, s. Chiromys 21, 177.
Ayen (Rishn) Albari, s. Albar 2, 289.
Ayenar 6, 517.
Ayenia [Sprengel] 6, 517.
Aylesbury [Hassel] 6, 517.
Aylesford [Hassel] 6, 517.
Aylesloort, s. Mae 6, 284.
Aym, s. Höllengeister.
Ayme, s. Aixme 2, 276.
Aymon, Grafen, s. Amadeus V. 3, 287; Savoyen.
Aymouriers [Hassel] 6, 517.
Ayr [Hassel] 6, 517.
Ayraut (Pierre) 6, 518.
Ayrdie [Hassel] 6, 518.
Ayrenhoff (Cornelius von) 6,518.
Ayrer (Jacob) [Rassel] 6, 518.
— (Georg Heinr.) [Baur] 6,519.
Ayrmann (Christoph Friedrich) [Baur] 6, 519.
Ayscough (Samuel) 6, 519.
 Aytta, s. d. Zutshm.
Aza [Rommel] 6, 519.
Azab [Hartmann] 6, 519.
Azabitis [Rommel] 6, 519.
Azabo, s. Ageez 2, 185.
— (a. Geogr.) [Hartmann] 6, 519.
Azale [Hartmann] 6, 520.
Azalea [Sprengel] 6, 520.
Azambuja [Stein] 6, 520.
Azambuja, Johann II. von Portugal.
Azamor 6, 520.
Azan, Aizud [Ricklefs] 6, 520.
Azani [Ricklefs] 6, 520.
Azania, Azenia, s. Arkadia 5, 318; Barbaria 7, 353.
Azanis, Azanitis, s. Azani 6, 520.
Azaphias, s. Höllengeister.

Azara (Ortschaften) [Lanngieße u. Rommel] 6, 520.
— (José Nicolas be) [Fischer] 6, 520. [6, 523.
Azara (Pflanzeng.) [Sprengel]
Azarafiten [Rommel] 6, 523.
Azarole, s. Mespilus Azarolus.
Azay le Rideau, A. le Feron [Hassel] 6, 523.
Azcapozalco [Majer] 6, 523.
Aze, s. Gallas 52, 429.
Azeca, s. Habesch.
Azebarach, s. Melia.
Azeghar [Lanngieße] 6, 523.
Azeitao, Azentao [Stein] 6, 524.
Azena, s. Agami 2, 188.
Azenia, s. Atiila 6, 215. [459.
Azerbidschan, s. Aserbidschan 1,
Azergue, s. Nil.
Azeytao, s. Azeitao 6, 524.
Aziel, s. Höllengeister.
Azima, s. Monetia.
Azimech, s. Spica.
Azimo, s. Ageez 2, 185.
Azimuth [Braubach] 6, 524.
Azimuthaluhr (Raupach) 6, 524.
Azincourt [Hassel] 6, 525.
Azinheira [Stein] 6, 525.
Azis, s. Siut.
Aziris [Rommel] 6, 525.
Azlan, s. Acbab 1, 273.
Azmannsdorf (Ehrbard) 6, 526.
Azmer, Azmir, Aschmere, s. Abschmyr 1, 458. [109.
Aznaf Sageb, s. Äthiopien 2,
Azo 6, 526.
Azola (Sprengel) 6, 526.
Azorella (Sprengel) 6, 526.
Azorische Inseln, Azoren (Stein) 6, 526.
Azorus [Ricklefs] 6, 527.
Azot, s. Stickstoff.
Azoth (Schreger) 6, 527.
Azotleucinsäure (Schreger) 6,527.
Azotus, Azod (Winer) 6, 527.
Azoamon, s. Höllengeister.
Aztekem (GuthsMuths) 6, 527.
Azua [Stein] 6, 527.
Azubene (Fritsch) 6, 527.
Azur, s. Höllengeister.
Azurblau (Azurban, Lasurblau, Ultramarin; Azureum) (Schreger) 6, 528.
Azur-Natter, s. Coluber Natrix.
Azumiten (G. C. Petri) 6, 528.
b'Azyr, s. Bicz b'Azyr.
Azzaps 6, 528.
Azzolini (Decio; Lorenzo) 6, 528.

B.

B (als Sprachlaut und Schriftzeichen) (Grotefend) 7, 1.
— (in der Musik) [Weber] 7, 4.
Baabersche Grabirung, s. Grabirung 77, 316. [7, 5.
Baaf, Baase, auch Buse(Braubach)
Baasen (bei Kanal- und Deicharbeiten) [Burmester] 7, 9.

Baaken (als Leuchtthürme), s. Leuchtthurm.
Baaf, s. Bel 8, 397.
Baalab, s. Kirjath Searim.
Baalath (Winer) 7, 9.
Baalbeit (Hartmann) 7, 9.
Baals [Hassel] 7, 9.
Baaltis, s. Bel 8, 397.

Baan (Johann van der, u. Jakob) 7, 9.
Baanes, s. Paulicianer.
Baar- (Grabgrafschaft) [Leger] 7, 10.
—, s. Baragau, s. Bertholdsbaara 9, 237.
— (in Podolien), s. Bar 7, 340.

Baarden, Barden, s. Fischbein 44, 322.
Baarlaub, s. Barlaub 7, 395.
Baarle, s. Barläus 7, 394.
Baarmeister, s. Salzwerke.
Baaßa (in Habesch), s. Schangalaet. [7, 110.
— (König von Israel), s. Baesa

Bärenthal, eig. Beerthal [Röder] 7, 110.
Bärentraube, s. Arbutus uva ursi 5, 117.
Bärenwalde (Engelhardt) 7, 110.
Beringer, s. Beringer 9, 135.
Bärlapp, s. Lycopodium.
Bärle, s. Barlaeus 7, 394.
Bärstadt, s. Schazlar.
Bärseite, Bärpipe, s. Orgel.
Bärringer, s. Perninger. [110.
Bärwalde, Beerwalde (Stein) 7,
Bärwaldischländchen (Stein) 7, 110. [7, 110.
Bäska (israel. König) [Winer]
Bäsfeld [Hassel] 7, 111.
Baßrode 7, 111.
Bäßler (Joh. Bernh.) [Baur] 7, 111.
Baetaen, s. Vipera B.
Bätana, Baitana, Bathona, s. Ariaka 5, 233; Bedr 8, 316.
Baeterrae, s. Beziers 9, 395.
Bätifa [Ukert] 7, 111.
Bätis, s. Guadalquivir 95,'398.
Baetius, s. Gehrosia 55, 442.
Baetulo, s. Badalona 7, 85.
Bäuchen, Bülten [Schreger] 7, 112. [Knonau] 7, 113.
Bäumler (Marcus) [Weyer von Baeza (Stein) 7, 113.
Baffern, s. Zuckersiederei.
Baffetas, auch Baftas [v. Kurrer u. Ritter] 7, 113.
Baffin (William) 7, 113.
Baffinsbai [Hassel] 7, 114.
Baffinsstraße [Hassel] 7, 114.
Baffo Sultane, s. Murad III.
Bären, oder Bogen [b. Schubert] 7, 114.
Bagaba, s. Babafe 7, 85.
Bagabania [Ricklefs] 7, 114.
Bagarala, s. Jekaterinenburg.
Bagatelle, s. Bagatino 7, 115.
Bagatino, Bagattino, Bessimo, Piccato [Schmieder] 7, 115.
Bagaudae, ob. Bacaudae 7, 115.
Bagband, auch Backband [Gittermann] 7, 115.
Bagdad (Stadt und Khalifat) [v. Haumer] 7, 115.
— [georg. Festung] [Rommel] 7, 116.
Bagdadschif [Rommel] 7, 116.
Bagember [Hartmann] 7, 116.
Bageora, s. Bagjura 7, 118.
Bagger (Hans Otesan) [b. Gehren] 7, 116.
Baggern [Poppe] 7, 117.
Bagbirma (Bagirma), oder Begberme [Hassel] 7, 117.
Baghras, Bagras, s. Taurus.
Bagia [Kanngießer] 7, 117.
Bagisara [Kanngießer] 7, 117.
Bagistanus-mons [Kanngießer] 7, 117.
Bagjura; auch Babgiura, Bbageoura, Baioura, Batjoura, Babjoura, Bageora, Baschura [Hartmann] 7, 118.

Baglioni (Joh. Paul und Astorre) [Baur] 7, 118.
— (Giovanni) 7, 118.
Bagliri [Sprengel] 7, 118.
Bagmutty, Bhagamuty [Hassel] 7, 119.
Bagnagar, s. Golkonda 73, 342.
Bagna luna, s. Banjaluka 7, 809.
Bagnarols, s. Bagniols 7, 119.
Bagneau, s. Speren.
Bagnères; B. de Bigorre; B. de Luchon [Hassel] 7, 119.
Bagni; B. Giastinelli; B. di Palazzi; B. di Stigliano; B. de Roselle; B. a Restone; B. a Ripoli; B. a Baccanella; B. di Aqua; B. bel re Porsenna; B. di S. Michele; B. della Rogna; B. bella Persa [Röder] 7, 119.
Bagnols [Hassel u. G. E. Petri] 120. [7, 119.
Bagnuoli [Röder] 7, 120.
Bagolino [Röder] 7, 120.
Bagoos [Kanngießer] 7, 120.
Bagous (Germar) 7, 120.
Bagraba (a. Geogr.) [Kanngießer] 7, 120.
—½⅝, Megerba.
Bagrae, Bagbras, s. Taurus.
Bagrathion [Hasse] 7, 120.
Bagre, s. Silurus. [247.
Baguari, s. Ciconia Maguari 17,
Babamas, oder Lukaien [Hassel] 7, 121. [122.
Bahar, auch Barre [Ritter] 7,
— (Provinz) [Hassel] 7, 122.
—; B. el Abiab; B. el Azref; B. Belame; B. Nagasch [Hartmann und Hassel] 7, 123.
Bahariden, s. Mamluken.
Baheire, s. Bahar 7, 123; Menzale.
Babgiura, s. Bagjura 7, 118.
Babi, Bay (Stein) 7, 124.
Bahia (Pflanzengattung) [Sprengel] 7, 124.
— de todos los Santos (Allerheiligenbai);B.(Stadt);B.(Capitanat) [Hassel] 7,124.125.
— de Carlos; B. del Espiritu Santo; B. sin fronbo; B. nuevo [Stein] 7, 125.
Bahil [Samuel] 7, 125.
Babjouba, s. Bhuda 10, 155.
Babingen, s. Balingen 7, 240.
Bahman (Grotefend) 7, 126.
Bahn, s. Ambossschleifmaschine, 3, 334; Hammeramboß.
— (preuß. Stadt) [Hassel] 7,126.
Bahol (Stein) 7, 126.
Bahrdt (Karl Friedrich) [b. Gehren und Erhard] 7, 126.
Bahrein (Inseln) [Hassel] 7, 130. [mel] 7, 131.
—, Bahhrain (Provinz) [Rom-

Babrenburg [Hassel] 7, 131.
Babri, s. Bahar 7, 123.
Bahrecht [v. Arnoldi] 7, 131.
Bahrum [Hassel] 7, 132.
Bai (Braubach) 7, 132.
Baibut [Rommel und v. Hammer] 7, 132.
Baibar [Rommel] 7, 132.
Baibu Chan, oder Baibu ogul [Rosegarten] 7, 132.
Baier (Familie) [Baur] 7, 133.
Baiern (Geschichte) [Festmaier] 7, 184; B. (Recht) [Mittermaier] 7, 160; B. (Geogr. u. Staatskunde) [Delius] 7, 163.
Baif (Lazare) [Baur] 7, 180.
Baigaba, s. Schangalla.
Bailalith, s. Augit 6, 363.
Bailalsee [v. Wichmann] 7,181.
Bail, s. Bailafan 7, 182.
Bailadan [Wösler] 7, 182.
Bailisborough, Bailhbourough [Hassel] 7, 183.
Baillage, Bailliff, s. Balley 7,265.
Bailleria [Sprengel] 7, 183.
Baillet (Abrian) 7, 183.
Baillent [Hassel] 7, 183.
Baillon, oder Ballonius (Wilh.) [Sprengel] 7, 183. [7, 184.
Bailly (Jean Sylvain) [Baur]
Bailo, s. Balley 7, 265.
Bain [Hassel] 7, 186.
Bainbridge (John) 7, 186.
Baindt [Röder] 7, 186.
Baintree [Hassel] 7, 186.
Bairam, s. Beiram 8, 374.
Beirut, s. Berut, Berytos 9, 251.
Baitar (Ebn) [Sprengel] 7, 186.
Baitaria [Sprengel] 7, 186.
Baithofus, s. Saboc.
Baja [Rumy] 7, 187.
Bajadere [Ritter] 7, 187.
Bajabur [Asghary] Abulgazi Chan [Buble] 7, 188.
Bajae [Sickler u. Röder] 7, 188.
Bajamout [Hartmann] 7, 189.
Bajan [b. Hammer] 7, 189.
Bajan-Ulla [Petri] 7, 189.
Bajanismus, s. Bajus 7, 197.
Bajas [Hassel] 7, 189.
Bajasib, Bajaset (Stadt) [Stein] 7, 189. [mer] 7, 189.
—, Bajazet I. (Ilbirim) [v. Ham-
— II. [b. Hammer] 7, 191.
— (Sohn Suleiman's) [v. Hammer] 7, 194.
— (Sohn Ahmeb's I.) [v. Hammer] 7, 195.
— (Bajazet) Bey, s. Nogair.
Bajazzo [Schulz] 7, 195.
Bajna, oder Bojna [Rumy] 7, neu 8, 237.
Bajocasses, Biducasses, s. Bayeux [Schmieder] 7, 196.
Bajoire [Schmieder] 7, 196.

Bajoli, Bajoleuser, s. Kathare
Bajonet [v. Hoyer] 7, 197.
Bajophoros, s. Palmsonntag.
Bajot (Simon und Michael) [Generisch] 7, 196. [197
Bajtai (Anton von) [Rumy] 7
Bajulus, s. Balley 7, 265.
Bajus, oder de Bay (Michael de) [G. E. Petri] 7, 197.
Baka 7, 199. [199
Babahanva (Fluß) [Rumy] 7
—, auch Bukunza, Bukanee, (Stadt) [Rumy] 7, 199. [900
Bakace (Thom.) [Generisch] 7,
Bakchas, s. Dionysos 25, 358.
Bakohi und Antibakohi Insulae, s. Bakshiab 7, 201.
Bakschaben [Döberlein] 7, 200.
Bakschias und Antibakschias 7, 201.
Bakchios [Sprengel] 7, 201.
Bakchos, s. Dionysos 25, 358.
Bakchylibes [Passow] 7, 201.
Bake (Reinhard) [Baur] 7, 202.
Baker, Baker's Point; Baker's Island; Bakerstown [Hassel] 7, 202. [Baur] 7, 202.
Baker, Henry (Naturforscher)
— (Richard) [Baur] 7, 202.
— (Thomas, Mathematiker), s. Gleichungen 17, 425.
Bakewell [Hassel] 7, 203.
Bakhtischwab [Sprengel] 7, 203.
Bakhtjari [Ritter] 7, 203.
Bakhuisen, oder Bakbuizen (Ludolf, niederl. M r) [Gittermann] 7, 204. ale
— (Ludolf, der Jüngere, Maler) [v. Kampen] 7, 205.
Baki, oder Abibal-Bafi [b. Hammer] 7, 205. [7, 205. 206.
Bafics (Paul und Peter) [Rumy]
Bafis (Gacis) 7, 206.
Baffer (Abrian); B. (Jakob); B. (Joh. de); B. (Pistorius); B. (Meeuwe Meinbertszoon) [v. Kampen] 7, 206.
Baknang [Röder] 7, 206.
Bafony [Rumy] 7, 207.
Bafonybel [Rumy] 7, 207.
Bafsan [Rommel] 7, 207.
Baktegan [Kanngießer] 7, 207.
Baftria, Baftriane [Hist] 7, 207.
Bafu [Rommel] 7, 208.
Bafum [Hollmann] 7, 209.
Bala (in Palästina) [Winer] 7, 209.
— (engl. Flecken) [Hassel] 7,209.
Balaban, s. Scanderbeg.
Balabalagam [Hassel] 7, 209.
Balaban, s. Scanderbeg.
Balabes [Hassel] 7, 209.
Balachanek [Petri] 7, 209.
Balachian [Schnurrer] 7, 209.
Balachna [J. Ch. Petri] 7, 209.
Balaena, s. Wallfisch und Wallfischfang.
Balaghaur, s. Gat 54, 346.
Balaguer [Stein] 7, 209.
Balafiana [Rommel] 7, 209.
Balalaika [Buble] 7, 210.
Balambangam [Hassel] 7, 210.

Balambuan [Haffel] 7, 210. [210.
Balamir (Balamber) [Böttiger] 7,
Balanae myristicae, Behen-
Nüffe, f. Hyperanthera.
Balance, Balancier, f. Gleichge-
wicht 69, 322.
Balaneae, auch Balanää, Bala-
näa, Balanea [Ridlefs] 7, 210.
Balaninus (Germar] 7, 210.
Balaniten [Voigt] 7, 213.
Balanus [Rißch] 7, 211.
Balari, f. Sardinien.
Balaruc [Haffel] 7, 214.
Balachew [Petri] 7, 214.
Balasalbra, f. Blasenborn 10, 322.
Balasore [Haffel] 7, 214.
Balata [v. Hammer] 7, 214.
Balatonsee, f. Plattensee.
Balatro [Jacobs] 7, 214.
Balayan, f. Lucon.-
Balajea, f. Baumwollenmanufac-
turen 8, 215.
Balbaos-Inseln, f. Neu-Guinea.
Balbaftro, Barbaftro [Stein] 7,
Balbazes, f. Spinola. [214.
Balbeck, f. Hieropolis, im Art.
Heliopolis.
Balbes, f. Chieri 16, 312.
Balbi (Gaspard) [Baur] 7, 216.
— (Hieronymus) [Baur] 7, 215.
— ober de Balbis (Joh.) [Baur
und Mohnite] 7, 215.
Balbinus (Bohuslaus Aloyfius)
[Baur] 7, 21-.
— (Clobius) [Böttiger] 7, 216.
Balbis, f. Balbel 7, 215.
Balbisia [Sprengel] 7, 218.
Balbra, f. Sibamerilla.
Balbriggan [Haffel] 7, 218.
Balbus (Lucius Cornelius); B.
(Cornelius); B. (Luc.Lucilius);
B. (Q. Lucilius); B. (Luc.);
B. (Publ. Octavius); B. (Luc.
Octavius) 7, 218.
— (Pier.), f. Balbi 7, 215.
Balch [Haffel] 7, 218.
Balchash, f. Mongolei. [7, 24.
Balbachin, f. Babylonische Zeuge
Balbafferoni (Pompeo) [Hen-
del v. Donnersmarck] 7, 218.
Balbaya, f. Heinrich.
Balde (Jakob) [Mohnike] 7, 219.
— (Philipp) [Baur] 7, 220.
Baldelli (Franz) 7, 221.
Baldenburg [v. Bagzko] 7, 221.
Balder, auch Baldur, etc. [v.
Gehren] 7, 221.
Baldericus, Balderich, eig. Baudry
(zwei franz. Bischöfe) [Baur]
7, 221
Balbern [Rüber] 7, 221.
Balb-Head; Balb-Island [Haffel]
7, 222. [222.
Balbinger (Bernardino) [Müller] 7,
Balbinger (Ernst Gottfr.) [v.
Gehren] 7, 222.
Baldini (Joh. Franz) 7, 224.
Baldinucci (Philipp) 7, 224.
Balbo, f. Montte-Balbo.
Baldock [Haffel] 7, 224.

Baldovini (Francesco) [Müller]
7, 224.
Balbrian, f. Valeriana.
Balduin I.—V. (Könige von Je-
rusalem) [Böttiger] 7, 225.
226, 227. [Baur] 7, 228.
— (Franz) [Spangenberg und
— (Friedr.) [Baur] 7, 230.
— (Jakob)[Spangenberg] 7,228.
— (Thomas, Erzbischof von Can-
terbury) [J. G. Petri] 7, 227.
Balduina [Sprengel] 7, 230.
Balduinftein [v. Arnoldi] 7, 230.
Baldung (Hans) [Weife] 7, 230.
Baldur, f. Balder 7, 221.
Baldursbergs-Hüfa [v. Schubert]
7, 231. [berg] 7, 231.
Balbus de Ubaldis [Spangen-
Bale, Baleus (Joh.) 7, 231.
Balearica, f. Grus.
Balearische Inseln [Stein] 7, 231.
Balechou (Jean Jacques) [Weife]
7, 231. [Weife] 7, 231.
Balen (Heinr. und Joh. van
Balestra (Antonio) 7, 232.
Balfouria [Sprengel] 7, 232.
Balffron [Haffel] 7, 232.
Balfroich, Balfruich [Kanngießer]
7, 232.
Balg (Jägerei) [a. b. Windell]
[bei muſik. Inſtrum.) [We-
ber] 7, 232.
Balga [v. Bagzko] 7, 289.
Balgclavia, Balgclaviatur [We-
ber] 7, 235.
Balhorn [Haffel] 7, 239.
Bali (Inſel) [Haffel] 7, 239.
— (afrik. Königr.) [Hartmann] 7,
240.
— Beli, Birgens (inb. Götter-
welt) 7, 240.
Balicababra, Sabrabschil,f.Patras.
Balicourt (Margarethe Therefe)
[Schütz] 7, 240.
Balikefzri [v. Hammer] 7, 240.
Balingen [Rüber] 7, 240.
Baliol (Joh, König von Schott-
land) [Rüber] 7, 241.
Balipatna, f. Patna.
Baliftes [Lichtenſtein] 7, 241.
Balije [Haffel] 7, 242.
Balk [Höch] 7, 242.
Balkan, f. Hämos.
Balkar [Rommel] 7, 244.
Balken (in Inſtrumenten) [We-
ber] 7, 244. [guren.
— (Heraldif), f. Heraldiſche Fi-
— Wage, f. Wage.
Balfis, f. Saba.
Ballon, f. Altan 3, 228.
Ball [Schütz u. Roller] 7, 244.
— f. Ballipiel 7, 249; Tanz;
Deſtillir-Kolben 24, 287.
— (iriſches Dorf) [Haffel] 7, 248.
Ballabe [Bouterwel u. Weber]
7, 248.

Ballantire, Ballantree [Haffel]
Ballas, f. Rubin. [7, 251.
Ballaſt [Jacobfen] 7, 251.
Balle (Nicolai Edinger) [v. Geh-
ren] 7, 251.
Ballen, f. Buchbruderkunft 14[1],
220; auch Formſchneider, im
Art. Holzſchneidekunſt; Papier;
Waaren. [guren.
— (Kugeln), f. Heraldiſche Fi-
Balleuben (Joſ. u. Wilh.), f. Bel-
lenden 8, 445.
Ballenefz-Inſeln [Stein] 7, 252.
Ballenſtedt [Gottſchalt] 7, 252.
Ballerini (Hieronymus und Pe-
ter) [Baur] 7, 253.
Ballerop [Haffel] 7, 253.
Ballet [Schütz] 7, 253.
Balletmeiſter [Schütz] 7, 262.
Balletmuſik [Schütz u. Weber]
7, 263. [kunſt.
Balletänzer, f. Tänzer und Tanz-
Balliere [Poppe] 7, 264. [7, 265.
Balszerfen (Jakob) [Sprengel]
Balley, auchBailli, Baillif, Bal-
lage [Rüber] 7, 265.
Ballhehe, f. Keifbehe.
Ballhorn (Joh.) [Ebert] 7, 265.
Ballimore [Haffel] 7, 265.
Ballina (Bickerf) [Haffel] 7, 265.
Ballinahinh [Haffel] 7, 266.
Ballinafill [Haffel] 7, 266.
Ballinasloe [Haffel] 7, 266.
Ballinrobe [Haffel] 7, 266.
Ballon (franz. Flecken) [Haffel]
7, 266.
Ballonen, f. Ball 7, 244.
Ballonne, f. Tanzſchrift.
Ballot, f. Glas 69, 1. [7, 266.
Ballota [Sprengel u. Schreger]
Ballotabe, f. Sprung.
Ballotte, f. Tanzſchrift.
Ballfpiel [Ritter] 7, 249.
Balls Pyramibe [Haffel] 7, 266.
Bállfa [b. Windell] 7, 266.
Ballſton [Haffel] 7, 266.
Ballubshiftan [Alberö] 7, 266.
Bally [Haffel] 7, 268.
Ballycaftle [Haffel] 7, 268.
Ballycotton [Haffel] 7, 268.
Ballymet (Emanuel) 7, 269.
Ballyhays [Haffel] 7, 269.
Ballymena [Haffel] 7, 269.
Ballymoney [Haffel] 7, 269.
Ballynahinch [Haffel] 7, 269.
Ballyragget [Haffel] 7, 269.
Ballyfhannon [Haffel] 7, 269.
Balme (la) [Haffel] 7, 269.
Balmerino (Balmarino) [Haffel]
7, 269. [269.
Balogh (in Ungarn) [Runß] 7,
— von Defa (Peter) [Zipfer]
7, 270.
Balomon [Kanngießer] 7, 270.
Balon, Baelchen, f. Basgau.
Balfa, f. Tavira.
Balfam (balsamus, balsamum)
[Schreger] 7, 270.
— Balfambach, Balfamgraben
[Delius] 7, 276.

Balfamer-Gau [Delius] 7, 277.
Balfamine, f. Impatiens Balea-
mina. [7, 274.
Balfamiren (Ritter u. Schreger)
Balsamita [Sprengel] 7, 277.
Balfamo, f. Caglioftro 14[1], 73.
Balfamon (Theodor) [Spangen-
berg u. Baur] 7, 278.
Balte (ruff. Stadt) [v.Wichmann]
7, 278. [mer] 7, 278.
— (Schloß in Kurbiſtan) [v.Ham-
— Liman [v. Hammer] 7, 278.
Balteus [Jacobs] 7, 278.
Balthafar (Landgraf von Thürin-
gen) [Gafetti] 7, 279.
— (Graf zu Naffau), f. Naffau.
— (Auguftin); B. (Auguftin
von); B. (Jakob Heinrich);
[b. b. Landen] 7, 280; B. (Phi-
lipp Jak. von) 7, 280.
— (Franz Urs u. Joſ. Ant. Felir)
[Weper v. Knonau] 7, 281.
Baltia, f. Mälus 1. 31.
Baltica (Martin) [Baur] 7, 281.
Baltimor, Baltimor-Tupiale,
Baltimorus, f. Xanthornus.
Baltimora [Sprengel] 7, 281.
Baltimore (in Irland) [Haffel]
7, 282.
— (in Maryland) [Haffel] 7,282.
Baltinglaß [Haffel] 7, 282.
Baltiſches Meer, f. Offee.
Baltiksport [Petri] 7, 282.
Baltftan, f. Klein-Tibet.
Baltrum, f. Leé Baur.
Baltrum [Gittermann] 7, 283.
Baltſchif [v. Hammer] 7, 283.
Balu, f. Mafuah.
Balu (Jean) [Baur] 7, 283.
Baluze (Etienne) 7, 284.
Balve [Seiberh] 7, 284.
Balvierzyößv 7, 284.
Balzac (Jean Louis Guez, Herr
von) 7, 285.
Balzen (a. b. Windell) 7, 285.
Balzheim [Rüber] 7, 285.
Bamafip (Grotefend) 7, 285.
Bamba [Haffel] 7, 285.
Bamban, f. Mandinganao.
Bambarra [Haffel] 7, 286.
Bamberg (ehem. Hochftift und
Biöthum) [Jäch u.Delius]7,286.
— (Landgericht) [Jäch] 7, 291.
— (Stadt) [Jäch] 7, 292.
Bamberger (Joh. Peter) [Baur]
7, 295.
Bambla, f. Myiotheres Bambla.
Bambocciam [Weife] 7, 296.
Bamboo, f. Porcellan, Steingut.
Bamborough [Haffel] 7, 296.
Bambuf [Haffel] 7, 296.
Bambufe [Sprengel u. Schreger]
7, 296.
Bambyke, f. Hierapolis.
Bamceny [Haffel] 7, 297.
Bameffe, Baemis, Baemis [v.Ar-
nolbi] 7, 297.
Bamff, f. Banff 7, 306.
Bamian [Haffel] 7, 297.
Bamoth [Winer] 7, 298.

Bampton [Haßel] 7, 298.
Bamß, f. Sattel.
Bamp [Buble] 7, 298. [298.
Bau, Banuß; Banat [Rumy] 7,
Bán (Orte) [Rumy] 7, 298.
Ban, f. Labronen.
Banagapilly [Haßel] 7, 298.
Janagban, Banagber [Haßel] 7,
Banalbufar, f. Mallorca. [298.
Banale und Banal-Tafel, f. Kro-
atien.   [Gränze.
Banal-Militär-Gränze, f. Militär-
Bananiſta, Bananen-Wenzel, f.
Sylvia.
Banara [Sprengel] 7, 299.
Banat, f. Ban 7, 298.
Banbury [Haßel] 7, 299.
Banca [Haßel] 7, 299.
Bancalaan, f. Palawan, im Art.
Paragoa; Sulu-Inſeln.
Bancallary [Haßel] 7, 299.
Bance [Haßel] 7, 299.
Banchus, f. Ichneumonides.
Banco, f. Bant 7, 310; Macbeth.
Bancut [Haßel] 7, 299.
Bancut [Haßel] 7, 299.
Band, [Haßel] 7, 299.
— (Bergbau) [Fiſcher] 7, 300.
— (Orden des gelben Bandes)
[Gottſchalf] 7, 300.
Bando (Inſeln) [Haßel] 7, 301.
— oriental [Haßel] 7, 301.
Bandage, Bandagiſt, f. Bruch
14, 186; Verband. [7, 302.
Bandello (Matteo) [Bouterwef]
Bandſchriften, Bandmanufacturen
[Poppe] 7, 300.
Bandfiſch, f. Cepola 16, 57.
Bandi [Haßel] 7, 302.
Bandinelli, oder Baccio 7, 302.
Bandini (Angiolo Maria) [Baur]
7, 303.
— (Salvatio Antonio) [Hen-
del v. Donnersmard] 7, 503.
Banditen [Mittermair] 7, 304.
Bandläfer, f. Epomis 36, 62.
Band-Kurulu, f. Trogon fasci-
atus.
— Natter, f. Coluber Situla;
Coluber lemniscatus 21, 310.
Bandon (Drobib) [Haßel] 7, 304.
Band-Nattu, f. Rallus torquatus.
— — Rüden, f. Taenia notus.
— — Schlange, f. Coluber Cala-
marius 21, 308.
— — Specht, f. Picus maior.
— — Trappe, f. Otis bengalensis.
Bandura [Buble] 7, 305.
Banduri (Anselm) [Baur] 7, 305.
Bandusia (Blandusia) [Sidler]
7, 305.
Bandwurm [Nitſch] 7, 305.
Baßered [Stein] 7,305. [7,305.
Banſalva, auch Apatlan [Rumy]
Banff, Bamff [Haßel] 7, 306.
Banfſia [Generſich] 7, 306.
Bang, Bangiuß (Thomas); B.
(Matthias); B. (Peter); B.
(Thr.) [Baur] 7, 306.

Bang, f. Cannabis 15, 92. [307.
Bangalur, Bangalore [Haßel] 7,
Bangia [Sprengel] 7, 307.
Bangigkeit, f. Angſt 4, 104.
Bangor [Haßel] 7, 307.
Banguey, f. Sulub.
Banho, f. Baños 7, 333.
Banianenbaum, f. Ficus 44, 22.
Banier, Banier, f. Banner 7, 327.
— (Antoine) [Baur] 7, 307.
Baniſter (Joh.) [Sprengel] 7,308.
Banisteria [Sprengel] 7, 308.
Banja, Banſchas-Inſeln 7, 309.
Banjak, f. Poggy-Inſeln.
Banjaluka, Bagnaluka [v. Ham-
mer] 7, 309.
Banjanen [Haßel] 7, 309.
Banjarmaſſin [Haßel] 7, 309.
Bant (im Allgemeinen) 7, 330.
— (Geldanſtalt) [v. Boße] 7,310.
— Banca, Bancha, Bancus (Ge-
richt) [v. Arnolbi] 7, 316.
Banfpor 7, 318.   [60.
Bankert, Baſtard, f. Baſtard 8,
Bankert (Juſtus und Abrian)
[v. Kampen] 7, 318.
Bankerut, f. Falliment 41, 285.
Banks (John) [Müller] 7, 318.
— (Joſeph) [Niemeyer] 7, 319.
Banksia [Sprengel] 7, 320.
Bankſteinsel [Haßel] 7, 321.
Banfs-Straße, f. Baß-Straße
8, 57.   [7, 321.
Bann und Bannen (b. Arnolbi)
—: (Fluß) [Haßel] 7, 324.
Bannager 7, 324.
Banner, Banier (Banner, Panier)
[b. Arnolbi] 7, 324.
— (Joh.), auch Bannier, Baner,
Banier, (ſchwed. Feldmar-
ſchall) [Reſe] 7, 327.
Bannitza (Joh. Pet. u. Joſ. Bernh.
von) [Baur] 7, 332.
Bannedburn [Haßel] 7, 333.
Bannrecht [Mittermaier] 7, 323.
Bannreidel, Bannreiß, f. Laßrei-
bel, Laßreiß.
Baßo, Bando [Stein] 7, 333.
Banocz, Banowce, f. Sotaken.
Bañolas [Stein] 7, 333.
Baños [Stein] 7, 333.
Banow [André] 7, 333.
Banoweß, f. Ban 7, 298.
Banquo, f. Macbeth.
Banſchas-Inſeln, f. Banja 7, 309.
Bantam [Haßel] 7, 333.
Bantapan, f. Zebu.
Banteln [Haßel] 7, 333.
Banti [Schüß] 7, 333.
Bantia [Sidler] 7, 333.
Bantry [Haßel] 7, 333.
Banu oder Benu [Koßegarten] 7,
Banya [Zipler] 7, 334.   [333.
Banyawagu, f. Bali 7, 239.
Banz (Herrſchaft) [Jäd] 7, 334.
— Banzgau [Delius] 7, 336.
Baobab, f. Adansonia 1, 373.
Baoban, f. Irland.
Baol [Haßel] 7, 336.
Bapaume [Haßel] 7, 336.

Baphe, Baphia, f. Roth (rothe
Farbe).
Barbiuß, f. Baſiliſen 8, 32.
Baphomet, f. Tempelritter.
Baptaé [Jacobs] 7, 337.
Baptana [Kanngießer] 7, 337.
Baptiſta [Sprengel] 7, 337.
Baptiſten, f. Taufgeſinnte.
Bar, f. Antibari 4, 334.
— (ſprachlich) 7, 337.
— (Gau), Bargau, Pagus Bar-
rensis [Delius] 7, 337.
—, le Barrois (Herzogthum in
Frankreich) [v. Stramberg] 7,
337.
— (in Podolien) [v. Wichmann]
7, 340.
— (Georg Ludw.) [Reſe] 7, 340.
— le Duc (franz. Stadt) [Haſ-
ſel] 7, 339.
— ſur Aube (franz. Stadt)
[Haßel] 7, 339.
— ſur Seine (franz. Stadt)
[Haßel] 7, 339.
Bara- (Gau), f. Bertho-
besbara 9, 257.
—, Paros, f. Paros.
Baraba ob.Barabinskiſche Steppe
[Petri] 7, 340.   [7, 10.
Baraberga, Barsburg, f. Baar
Barabras [Haßel] 7, 341.
Baracos [Haßel] 7, 341.
Barabaeus, f. Monophyſiten.
Baragun [Rommel] 7, 341.
Barahona y Soto (Luis) 7, 341.
Baraiche [Haßel] 7, 341.
Baraf, f. Kathai.
Barate [Kanngießer] 7, 341.
Barath, f. Lager; Kaſernen.
Baralipton, f. Schlüſſe.
Baramis, f. Schlüſſe.
Baramos, f. Makarius.   [342.
Barranca de Malambo [Stein] 7,
Baranom 7, 342.
Barantola, f. Laſſa.
Barantſchinofſiſche Eiſenhütten, f.
Blagobat 10, 803.   [342.
Barany (Johann) [Gamauf] 7,
Baraque, la, f. Chambertin 21,
158.
Baraſti-Grün, f. Grün.
Barat (Nif.) [Mohnike] 7, 342.
Barath, f. Dalona.
Baratier (Joh. Phil.) [Baur] 7,
Barotomja, f. Sarotow.   [342.
Baratta, Baruta, f. Tauſchhandel.
Baratterie [Jacobſen] 7, 344.
Barauras, f. Barabras 7, 341.
Barage, f. Miſſionen.
Barbacenia [Sprengel] 7, 344.
Barbacoa [Haßel] 7, 344.
Barbabico, f. Barbatigo 7, 253.
Barbaboro [Bartholom.] [Baur]
7, 344.
Barbaboeds (Inſel)[Haßel] 7,344.
— (Krankheit von) [Schnurrer]
7, 345.
Barbariſſos, oder Barbariſſos,
[Ridleſs] 7, 346.

Barbantane [Haßel] 7, 346.
Barbar und Barbara [Grotefend
7, 346.
— in Sennaar, f. Sennaar.
Barbarea [Sprengel] 7, 347.
Barbarei, f. Barberei 9, 64.
Barbarelli (Giorgio), [Weiße] 7
349.
Barbaren [Grotefend] 7, 347.
Barbari [Mohnike] 7, 349.
Barbaria 7, 353.
Barbarigo, oder Barbabico [Baur]
7, 353.
Barbarismus (Rhetorif) [Grote-
fend] 7, 348.   [349.
— (Kirchengeſch.) [Mohnike] 7,
Barbaro, f. Barbari 7, 349.
Barbarossa (Horuk, und Hay-
rabin) [Böttiger] 7, 353.
Barbarus, f. Barbari 7, 349.
Barbas, f. Höllengeiſter und Dä-
monen.
Barbastro, f. Balbaſtro 7, 214.
Barbatos, f.Höllengeiſter und Dä-
monen.
Barbabara (Luigi) [Henkel von
Donnersmard] 7, 355.
Barbagan (Arnould Guillaume,
Herr von) [Baur] 7, 355.
— (Etienne) [Baur] 7, 355.
Barbe, f. Cyprinus 20, 431.
Barbeau de la Bruyère (Jean
Louis) [Baur] 7, 356.
Barbelio [Mohnike] 7, 356.
Barberini [v. Stramberg] 7, 356.
Barbeßeur, f. Barbeßieux] 7, 359.
Barbesola, Barbefula 7, 358.
Barbet, f. Hund.
Barbeß, f. Baldenſer.
Barbetta, Barbette, f. Parus bi-
armicus.   [358.
Barbette (Paul) [Sprengel] 7,
Barben du Bourg (Jak.) [Spren-
gel] 7, 358.
Barbevia [Sprengel] 7, 358.
Barbeyrac (Karl) [Sprengel] 7,
358.
— (Joh.) [Tennemann] 7, 358.
Barbezieux (Stadt) [Haßel] 7,
(Mr.), f. Louvois.   [359.
Barbiano (Grafen von) 7, 359.
Barbican, f. Pogonias.
Barbier (Auguſtin) 7, 359.
— d'Aucour (Jean) 7, 360.
Barbieri (Giovanni Francesco)
[Weiße] 7, 360.
Barbiermeffer, f. Meſſerfabrif.
Barbierß, auch Barry Berry
[Schnurrer] 7, 361.
Barbiton, Barbitos 7, 361.
Barbosa (Anton); B. (Auguſtin)
[B.(Eduard); B.(Dom Joſeph);
B. (Peter); B. (Dom Vinc.);
B.-Machado (Diego) 7, 361.
362.
Barbou 7, 362.
Barbour (J.), f. Bruce 18,115.
Barbud, f. Barbiton 7, 361.

Barbuda [Haſſel] 7, 362.
Barbula (Moosgattung) [Sprengel] 7, 362. [7, 363.
— (Pflanzengattung) [Sprengel]
Barbuſi, ſ. Cyprinus 20, 481.
Barby 7, 363.
Barbyſes, Barbyſſos, ſ. Keras.
Barca, ſ. Barka 7, 389.
Barcellos (Billa) [Stein] 7, 363.
—, Barcelos (Don Pedro de) [Baur] 7, 364. [7, 364.
Barcelona (in Spanien) [Stein]
— (in Südamerika) [Haſſel] 7, 364.
Barcerouetta ſ. Barcelona 7, 364.
Barcelonette [Haſſel] 7, 365.
Barcelore [Haſſel] 7, 365.
Barcelos, ſ. Barcellos 7, 364.
Barcena, ſ. Dembea 23, 437.
Barchent [Poppe] 7, 365.
Barchfeld [Haſſel] 7, 365.
Barchochebas, ſ. Meſſias.
Barcin, Barcyn [Stein] 7, 365.
Barclaja (Aloyſia Louiſe) [Wobnitz] 7, 368. [7, 368.
Barclay (Alexander) [Wobnitz]
—, Barclay (Familie) [Wobnitz] 7, 365.
— de Tolly [Haſſel] 7, 369.
Barcos (Martin de) [G. E. Petri] 7, 372.
Bardaa oder Bardhaa [Möller u. Rommel] 7, 372.
Bardarios, ſ. Arios 6, 515.
Bardas, ſ. Michael III.
Barbaune, ſ. Ober.
Barde (Jean de la, Marquis de Marolles [ur Seine) [Baur] 7, 373.
Barden (Braun) 7, 373.
Bardengau (Delius) 7, 375.
Bardeſanes oder Bardiſanes [G. E. Petri] 7, 375.
Bardewiek [Haſſel] 7, 378.
Bardi (Giovanni, Pietro und Hieronyme) 7, 378.
Bardiet [Bouterwek] 7, 378.
Bardiglione, ſ. Marmor.
Bardili (Chriſt. Gottfr.) [Tennemann] 7, 379.
Bardines, ſ. Chryſorrboas 17, 165.
Bardiê, ſ. Berdis 9, 76.
Bardo [Men u. v. Minutoli] 7, 379.
Bardon (Michel Franz d'Andrée) [Weiſe] 7, 379.
Bardone, ſ. Biola di Bardone; Baryton 7, 471; Orgel.
Bardou Hille [Haſſel] 7, 380.
Bardorf [Haſſel] 7, 380.
Bardou, ſ. Boindin 11, 388.
Bardhaa, ſ. Bardaa 7, 372.
Bardſey [Haſſel] 7, 380.
Bardstown [Haſſel] 7, 380.
Barduen, Barduin, ſ. Barnkon 7, 471; Orgel.
Bardum, ſ. Bartum 7, 461.
Bardylis, ſ. Illyria.
Barebone [Haſſel] 7, 380.

Barèges, ſ. Barrèges 7, 426.
Bareia-See, ſ. Kirgiſen-Steppe.
Barelly [Haſſel] 7, 380.
Barenbruch [Stein] 7, 380.
Bareſund [v. Schubert] 7, 380.
Baret, ſ. Barret 7, 428.
Baretti (Giuſ.) [Müller] 7, 380.
Barfteur [Haſſel] 7, 380.
Barfuß (Joh. Albrecht Reichsgraf von) [Reie] 7, 381.
Barfüßer [G. E. Petri] 7, 381.
Barga (Stadt) [Röder] 7, 382.
— Burat, ſ. Burſten 14¹, 49.
Bargau, ſ. Bar (Gau) 7, 387.
Barge, Barges [Röder] 7, 382.
Bargelli, Barigelli, ſ. Bargillen 7, 382.
Bargement [Haſſel] 7, 382.
Bargen [Meyer von Knonau] 7, 382. [v. Arnoldi] 7, 382.
Bargilben, Barigilbi, Bargilbon
Bargiri [v. Hammer] 7, 384.
Bargos, ſ. Margos.
Bargu [v. Widmann] 7, 384.
Barguſi 7, 384.
Barguſin [v. Wichmann] 7, 384.
Barguſinsk [v. Wichmann] 7, 384.
Bargyla, ſ. Karien.
Bargylia 7, 384.
Bargytus, ſ. Phönizien.
Barhebräus [Hoffmann] 7, 384.
Bari (Proving) [Müller] 7, 386.
— (Stadt) [Röder] 7, 387.
Baring (Daniel Eberhard) [Baur] 7, 387.
Baringau [Delius] 7, 387.
Baris [Germar] 7, 387.
Bariſon, ſ. Sardinien.
Bariſoni (Albertin) 7, 388.
Barita, Barite (Werrem] 7, 388.
Bariton, ſ. Baryton 7, 471.
Barium, ſ. Bari 7, 387.
Barius [Kanngießer] 7, 388.¹
Barjac [Haſſel] 7, 388.
Barjols [Haſſel] 7, 388.
Barka [Haſſel u. Müller] 7, 389.
Barkaib [Müller] 7, 389.
Barkani, Barkanii [Kanngießer] 7, 389.
Barkas 7, 389. [7, 389.
Barkaſſe, Barke, Barka, Barkſchiff
Barken [v. Schubert] 7, 389.
Barker, ſ. Totanus.
— (R.) [Weiſe] 7, 390.
Barkey (Miſch.) [Baur] 7, 390.
Barkhauſen (inter. Ludw. Wilibald) [Baur] 7, 390.
Barkhauſia [Sprengel] 7, 390.
Barkjarok (Seldſchukenfürſt) [Roſegarten] 7, 391.
Barling [Haſſel] 7, 391.
Barkisland, ſ. Haliſax.
Barklay, ſ. Barclay 7, 365.
Barkol (ägypt. Fürſt) [Roſegarten] 7, 392.
Barlaam (Aman) [Buhle] 7, 392.
Barlaam (Baur u. G. E. Petri) 7, 392. [7, 392.
Barläus (Kaspar) [v. Kampen]

Barland, Baarland (Adrian) [Baur] 7, 395.
Barleria [Sprengel] 7, 395.
Barleſie (Marin) 7, 396.
Barletta, Barulum (neap. Stadt) [Röder] 7, 396.
—, oder Barelete (Gabriel) [G. E. Petri] 7, 396.
Barlong, ſ. Parallelogramm.
Barlow (Joel) 7, 397.
—, Barlowe (William und Thomas) 7, 396.
Barmekiden [Roſegarten] 7, 397.
Barmen, ſ. Wipper.
Barmherzig-Barmherzigkeit [Märtens] 7, 401. [tri] 7, 402.
Barmherzige Brüder [G. E. Petri und Auguſtin] 7, 404.
— Schweſtern [G. E. Petri und Auguſtin] 7, 404.
Barmouth [Haſſel] 7, 404.
Barnabäi, ſ. Ranzar.
Barnabas [Stille] 7, 404.
— Archipel, ſ. Carolinen 15, 209.
Barnabiten [G. E. Petri] 7, 405.
Barnadesia [Sprengel] 7, 405.
Barnards Caſtle [Haſſel] 7, 405.
Barnauel [Haſſel] 7, 405.
Barnaut [v. Wichmann] 7, 406.
Barnave (Anton Peter Joſeph Maria) 7, 406. [7, 407.
Barnes (James) [G. E. Petri]
— (Joſua) [Jacobs] 7, 407.
— (Juliane) [Baur] 7, 406.
— oder Barns (Robert) [Baur] 7, 406.
Barnet, oder Chipping Barnet [Haſſel] 7, 408.
Barnevelb [Haſſel] 7, 408.
Barneveldt (Eilande) [Haſſel] 7, 408. [409.
— (Jan van Olden) [Ritter] 7,
Barnim (Herzoge von Pommern) I.—X. [v. d. Landen] 7, 409–410.
Barnimſche Kreiſe [Stein] 7, 411.
Barns (Rob.), ſ. Barnes 7, 406.
Barnsdorf [Haſſel] 7, 412.
Barnsley [Haſſel] 7, 412.
Barnſtaple [Haſſel] 7, 412.
Barnſtein, ſ. Ziegel.
— (Stadt), ſ. Bernſtein 9, 216.
Barnstorf [Haſſel] 7, 412.
Barntrup [Haſſel] 7, 412.
Barnuevo (Don Sebaſtian de Herrera) [Weiſe] 7, 412.
Baro, ſ. Baron 7, 416.
— (Equinarius), ſ. Baron 7, 417.
Baroccio, ſ. Barozzi 7, 424.
Barocco (Grotefend) 7, 412.
Baromatrometer [Ritter] 7, 413.
Barometer [Ritter] 7, 413.
Baron (Mittermaier) 7, 416.
— (Eginhard) [Spangenberg] 7, 417.
— (Jean u. Bon.) [Weiſe] 7, 421.
— (Hyac. Theod. und Theod. B. de Henouville) 7, 421.
Baronet, ſ. Baron 7, 416.

Baronius, eig. Baronio (Cäſar) [Baur] 7, 422.
Baros, ſ. Sumatra.
Barosma [Sprengel] 7, 423.
Barotti (Giovanni Andrea) 7,423.
Barovit, auch Baroveit, Borveit, Borweit [v. d. Landen] 7, 424.
Barozzi (Geſchlecht) 7, 424.
—, ob. Barozzie (Federico) [Weiſe] 7, 424.
Barquiſimeto [Haſſel] 7, 424.
Barr [Haſſel] 7, 424. [(Stadt).
Barra (in Neapel), ſ. Neapel
— (Negerreich) [Haſſel] 7, 425.
— Bhi [Wedekind] 7, 425.
Barraconda [Haſſel] 7, 425.
Barragon [Haſſel] 7, 425.
Barralat [Rommel] 7, 425.
Barral (Pietre, Abbé) 7, 425.
Barramahal [Haſſel] 7, 425.
Barranca [Haſſel] 7, 425.
Barrau [Haſſel] 7, 425.
Barre (de la B.). — B. (Louis François Joſeph de la); B. de Beaumarchais (Antoine de la); B. de Beaumarchais (Joſeph) [Weiſe] 7, 426.
Barreaux [Haſſel] 7, 426.
Barrèges les Bains [Haſſel] 7, 426.
Barrelier (Jaca.) [Baur] 7, 427.
Barrême 7, 427.
Barrem [Haſſel] 7, 427.
Barrere (Peter) [Sprengel] 7, 427.
Barreria [Sprengel] 7, 427.
Barret, Barretmacher, ſ. Strumpfſtricker.
— (Jean Jacq. de) 7, 428.
Barri (Gabriel) 7, 428.
Barriere (Dominique) [Weiſe] 7, 429.
— (Jean de la) [Baur] 7, 428.
— (Pierre) [Baur] 7, 428.
— Tractat [Weiſe] 7, 428.
Barriga Negra [Haſſel] 7, 429.
Barrin, ſ. Kentudy.
Barringron (Stadt und Ortſchaft in Nordamerika) [Haſſel] 7,429.
— (Lords) [Baur] 7, 429.
Barringtonia [Sprengel] 7, 430.
Barrini, ſ. Katharer.
Barrios (Michael) [Hartmann] 7, 430.
Barcitus, ſ. Bardiet 7, 378.
Barrois, ſ. Bar 7, 387.
Barroluber [Haſſel] 7, 430.
Barros (Joâo de) [Baur] 7, 431.
Barrofe (Miguel de) [Weiſe] 7, 431.
Barrow (Dörfer in England u. Fluß in Irland) [Haſſel] 7, 432.
— (Heinr.), ſ. Brown (Rob.) 13, 102; Independenten.
— (Iſaak) 7, 432.
Barry (Spranger) [Schütz] 7, 432.
— (James) [Weiſe] 7, 432.
Bars 7, 433.
Barſa, ſ. Bas, Baß 8, 1.
Barſalli, ſ. Salum.
Barſanianer, ſ. Aleçhaſi 2, 291.

Barsch, s. Perca. [7, 433.
Barschaft, Barscalous [v.Arnoldi]
Barschau [Fischer] 7, 434.
Barscher Gespanschaft, s. Bars 7,
Barschli [Rommel] 7, 434. [433.
Barsebai, s. Mamluken.
Barsinghausen [Hassel] 7, 434.
Barsom [Kanngießer] 7, 434.
Barsting, s. Perca.
Barsujeb, s. Pilpai.
Barsumas, s. Nestorianer.
Barsumameb [Rosegarten] 7, 434.
Bart (anat. und physiol.), s.
Haar.
— (historisch) [Leonhardi] 7, 435.
— der christlichen Geistlichen [G.
E. Petri] 7, 438.
— -Ammer, s. Emberiza Schoe-
niclus 34, 25.
Barte [Emmrich] 7, 439.
Barten [v.Baczko] 7, 439.
Bartenstein (Stadt in Ostpreußen)
[v.Baczko] 7, 439.
— Schloß und Stadt in Wür-
temberg [Röder] 7, 439.
Bartfeld 7, 439.
Bart-Grundel, s. Cobitis 18, 113.
Barth (Land und Stadt) [Gustav
v. b. Landen] 7, 440.
— (Caspar von) 7, 440.
— (Jean de) [Ritter] 7, 442.
— (Joh. Aug.) [Fischer] 7, 443.
Barthe, s. Barth (Stadt) 7, 440.
Barthel Albizzi, s. Albizzi 2, 372.
— (Joh. Caspar) 7, 443.
Barthelemy (Jean Jacques) [Wach-
ler] 7, 444.
— (Pierre), s. Lange, heilige.
—, St. [Hassel] 7, 444.
— de Chilliane, St. [Hassel] 7,
444. [7, 446.
Barthez (Paul Joh.) [Sprengel]
Bartholin [Sprengel] 7, 446.
Bartholine [Sprengel] 7, 445.
Bartholomäer, s. Bartholomiten
7, 454.
Bartholomäus (der Apostel) [G.
E. Petri] 7, 447. [448.
— Brixiensis [Spangenberg] 7,
— Coloniensis 7, 448.
— de Martyribus (Erzbischof v.
Braga) [G. E. Petri] 7, 448.
— Holzhäuser, s. Bartholomiten
7, 454.
— -Nacht [v. Rotteck] 7, 450.
Bartholomeu, oder Bartholo-
mäer [G. E. Petri] 7, 454.
— von Genua [G. E. Petri] 7,
455. [455.
Battrich (Georg) [Sprengel] 7,
Bart-Käfer, s. Leistus.
Bartfe, s. Barth (Stadt) 7, 441.
Bart-Kneiper, Druschel, s. Vul-
sella. [Monasa.
Bartling und dessen Arten, s.
Bart-Männchen, Bart-Meise, s.
Parus biarmicus.
— Münzen [Schmieder] 7, 439.
Bartoldy (Georg Wilh.) [Mohnike]
7, 455.

Bartoli (Cosmus); B. (Georg);
B. (Daniel) 7, 456.
— (Pietro Santo, gen. Peru-
gino) [Weise] 7, 456.
— (Joseph); B. (Minerva); B.
(Dominikus) 7, 456. 457.
Bartolo, s. Bartolita 7, 457.
Bartolomeo, le Chillan, s. Chillan
16, 340.
Bartolommei (Hieronymus und
Matthias Maria) 7, 457.
Bartolozzi (Francesco) [Weise]
7, 457.
Bartolus [Spangenberg] 7, 457.
Barton (Fleden) [Hassel]
7, 458.engt [7, 459.
— (Benj. Smith) [Sprengel]
— (Elisabeth) [G. E.Petri] 7,458.
Bartonia [Sprengel] 7, 459.
Bartrach, s. Kisala.
Bartramia [Sprengel] 7, 459.
Barrsaj von Nagy Bartsa (sieben-
bürg. Fürst) [Benigni] 7, 460.
Bartsch (Nebenfluß der Oder) 7,
461.
— (Joh.), s. Bartsia 7, 461.
Bartsia [Sprengel u. Ritter] 7,
461. [mann] 7, 461.
Bartum, auch Barbum [Hart-
Bart-Umber, s. Soioena.
— Vogel, s. Bucco 13, 276;
Pogonias.
Baru [Hassel] 7, 461. [7, 461.
— (Buch Baruch) [de Wette]
Baruchsberd, oder Berwachsberd
[Müller] 7, 462. [7, 462.
Baruffaldi (Girolamo) [Gruber]
Barus [Hassel] 7, 463.
Barut, Bairut, s. Berytos 9, 251.
Baruth (preuß. Herrsch.) [Stein]
7, 463.
— (sächs. Marktfl.) [Engelhardt]
7, 463.
— von (Geschlecht) [Worbs] 7,
463.
Barygaza [Kanngießer] 7, 463.
Baryllion, -um, s. Senkwage.
Baryosma Gäertn., s. Dipteryx
Willd. 25, 475. [7, 463.
Baryt (mineralog.) [Keferstein]
— (chemisch und pharmatolog.)
[Schreger] 7, 465.'
Barytmagnet [Ritter] 7, 469.
Baryton [Weber] 7, 471.
Barytonon [Grotefend] 7, 469.
Baryum [Schreger] 7, 466.
Baryxylon [Schreger] 7, 472.
Barzäus (Joh.) [Meyer v. Kno-
nau] 7, 472.
Barzelletten [Mohnike] 7, 472.
Bas, Batz (franz. Insel) [Hassel
— le, s. Lebas. [8, 1.
Basalt (Geol.) [Keferstein] 8, 1.
Basalte (Archäol.) [Keferstein] 8,4.
Basaltglas, s. Hyalith.
Basaltit; Basaltin; Basaltblende
[Keferstein] 8, 4.
Basaltjaspis [Germar] 8, 4.

Basan (Landschaft) [Winer] 8, 5.
— (Pierre François) 8, 4.
Basanites [Keferstein] 8, 5.
Basar [v. Hammer] 8, 5.
Basch 8, 5.
Baschara, s. Bagjura 7, 118.
Basch-Inseln, s. Bashee 8, 27.
Baschilo, Balbilo, Baschlo [Hart-
mann] 8, 5. [(A. L. von).
Baschilow (Semen), s. Schlözer
Baschkiren [v. Wichmann] 8, 5.
Basci, s. Bassi 8, 50.
Basdahl [Schlichthorst] 8, 6.
Base, s. Basse 8, 42.
Basedow (Joh. Bernh.) [Tenne-
mann und Niemeyer] 8, 6.
Basel (Bisth., Geogr.) [Delius]
8, 9. [Kronau] 8, 10.
— — (Geschichte) [Meyer von
— (Kanton und Stadt, Geschichte
u. neuere Staatskunde) [Meyer
von Kronau und Hendel von
Donnersmarck] 8, 12. [Petri]
8, 22.
— (Kirchenversammlung) [G. E.
— (russ. Colonie) [Petri] 8, 27.
Baseler Tauffstein, s. Staurolith.
Basella [Sprengel] 8, 27.
Bas en Stadt, Geschichte [Ritter]
8, 27.
Baseprincip [Schreger] 8, 27.
Bashee, oder Baschi [Hassel] 8,
27. [Baur] 8, 28.
Bashunsen (Heinr. Jak. van)
Basianus, s. Basilicata 8, 30.
Basil, s. Basilius 8, 35.
Basika, Basilea, Basula (Raphael
Chasim) [Hartmann] 8, 28.
Basilan [Hassel] 8, 28.
Basileia [Ricklefs] 8, 28.
Basileus [Grotefend] 8, 29.
— (Joh.), s. Abalus 1, 31; Basel
(Kanton) 8, 12. [5, 311.
Basilianer, Semiarianer, s. Arius
— Mönche, s. Basilius d. Gr.
8, 35.
Basilicata [Müller] 8, 30.
Basilicum, Basilienkraut, s. Oci-
mum.
Basilicae 8, 31.
Basilides [G. E. Petri] 8, 31.
Basilikon [G. E. Petri] 8, 32.
Basiliken (Basilica) [Spangen-
berg] 8, 32.
Basilipotamo, s. Eurotas 39, 170.
Basilisk [Merrem] 8, 34. [35.
— (altes Geschl.) [v. Hoyer] 8,
Basiliskus [v. Baczko] 8, 35.
Basilius (b. Große, Kirchenlehrer)
[G. E. Petri] 8, 35. [8, 39.
— (von Ankyra) [G. E. Petri]
— (Erzbischof von Selencia) [G.
— I. u. II. (griech. Kaiser) [v.
Baczko] 8, 39
Basilinus [Erbard] 8, 40.
Basilusse, s. liparische Inseln.
Basis, s. Baumwollenmanufactu-
ren 8, 215.
Basings, s. Seidenmanufactur.
Basing, s. Senegal.

Basingstoke, Basinge (John) [Has-
sel] 8, 41.
Bashnus (Bisinus) [Galetti] 8, 41.
Basire (Isaak) 8, 41.
Baß 8, 42. [8, 42.
— (in der Chemie) [Schreger]
Basken [Hassel] 8, 42.
Baskerville (John) [Baur] 8, 42.
Basmadyy (Ibrahim), s. Seib
Effendi.
Basnage [Baur] 8, 43.
Basora, s. Bassra 8, 53.
Basrelief, s. Relief.
Baß (Muf.) [Weber] 8, 45.
— (Eiland) [Hassel] 8, 46.
— (Henr.) [Sprengel] 8, 46.
Bassa, s. Pascha.
Bassacides [Ricklefs] 8, 47.
Bassaeus (M.), s. Tabernaemon-
tanus.
Bassand, s. Sula.
Bassano (Stadt) [Röder] 8, 46.
— (Alvaro de) [Baur] 8, 46.
Bassaraba, s. Kantakuzen.
Bassarat, s. Bassacides 8, 47.
Bassareus [Ricklefs] 8, 47.
Baßberg, s. Sebastiansberg.
Baßbrummer, s. Orgel.
Baßclarinett, Basset-Horn 8, 49;
Clarinett 17, 370.
Baßclausel, s. Tonschluß.
Basse (la) [Hassel] 8, 47.
Bassein [Hassel] 8, 47.
Bassetin (Olivier) [Müller] 8, 47.
Basseterre, Baßetiff-Tapeten, s.
Weberei; Haute-lisse.
Bassenheim, s. Waldbott.
Bassentwaide [Hassel] 8, 48.
Basse [Hassel] 8, 48.
Basse-Taille [Weber] 8, 48.
— Terre [Hassel] 8, 48.
Basset, Bassetchen, Bassettel (im
Kartenspiel) 8, 48.
Basset-Horn [Weber] 8, 49.
Basseto, s. Basset 8, 48.
Basseville, s. Baßville 8, 57.
Baßflöte, s. Flöte 45, 275.
Baßgeboren (v. Arnoldi) 8, 49.
Baßgeige, s. Violon.
Baßhorn, s. Serpent. [binien.
Baßt (Ehg. v. Bconti bei), s. Sar-
— (Ferd.) [Sprengel] 8, 50.
(Laura Maria Katharina) 8, 50.
Bassia [Sprengel] 8, 50.
Bassiana [Rumy] 8, 50.
Baßianberg, s. Sebastiansberg.
Bassianen [Rommel] 8, 51.
Baß-Instrumente [Weber] 8, 51.
Baßin (s. Hammer) 8, 51.
Baßist, s. Baß 8, 45. [8, 51.
Basso; Basso continuo [Weber]
Bassompierre (v.Stramberg)8,52.
Baßon, s. Fagott 41, 116.
Bassones [Hassel] 8, 53.
Bassora, s. Bassra 8, 53.
Basso Relievo, s. Relief.
Bassorium, Bassorium [Schreger]
Bassovia [Sprengel] 8, 53.
Baß-Pommer, s. Orgel.
Bassra [Müller] 8, 53.

Baßschlüssel, s. Noten.
Baßstimme [Weber] 8, 54.
Baßstraße [Hassel] 8, 57.
Baßtrompete, s. Trompete.
Baßum [Hassel] 8, 57.
Baßuegedon,s.Calamianen14³,97.
Bassus (Insektengatt.), s. Ichneumonides.
— (Coltius) [Passow] 8, 57.
Baßville, Basseville (Nicolas Jean Hugo de) [Baur] 8, 57.
Bast [Poppe] 8, 58.
— (Friedr. Jakob) [Passow] 8,58.
Basta (Georg, Graf) [Benigni und Genersich] 8, 59.
Bastam [Möller] 8, 60.
Bastard [v. Arnoldi] 8, 60.
— (Artillerie) [v. Hoyer] 8, 62.
Bastarda, s. Viola.
Bastard-Baltimor; Bastard-Drossel, s. Xanthornus spurius.
—»Baumläufer, s. Certhia trochilus 21, 146.
—»Frosch, s. Rana paradoxa.
—»Käfer, s. Necydalis.
—»Kranich, s. Psophia cristata.
—»Muschel, s. Anonica 4, 194.
—»Nachtigall, s. Sylvia Hippolais.
—»Schlange, s. Langaha.
—»Schwärmer, s. Zyaena.
—»Waldhuhn, s. Tetrao hybridus.
—»Wasserhuhn, s. Phalaropus.
—»Wespe, s. Larra. [8, 62.
Bastarnae,Basternae[Wachsmuth]
Bastei, s. Sächsische Schweiz.
Bastelberg, s. Sebastiansberg.
Bastholm (Christian) [v. Gehren] 8, 63.
Bastia [Hassel] 8, 66.
Bastianberg, s. Sebastiansberg.
Bastide (Wortbedeutung; Orte in Frankreich) [Hassel] 8, 66.
— (Marc und Philippe) [Mohr] 8, 66.
Bastille [v. Rotteck] 8, 67.
Bastimentos [Hassel] 8, 69.
Bastkohle, s. Braunkohle 12, 300.
Bastogne [Hassel und Wyttenbach] 8, 70. [8, 69.
Bastonnade 8, 70.
Bastuli (Bascusi) 8, 70.
Bat, Bath, s. Batowce, s. Frauenmartt 48, 379.
Bata (magyar.Dorf)[Rumy] 8,70.
—, Batta (magyar. Flecken) [Rumy] 8, 70.
Bataculo, Batecuso [Hassel] 8, 70.
Bataillon, s. Schlachtordnung des Fußvolks; Heeresabtheilung.
Bataillons-Arzt, s. Militär-Arzt.
—»Kasse, s. Lager.
—»Geschütz, s. Geschütz 63, 117.
Batalha [Stein] 8, 70.
Batamita, Batemita [Hassel] 8,'70.
Batan 8, 70.
Batang [Hassel] 8, 70.
Batarbe [v. Hoyer] 8, 70.
Batarra, s. Battarra 8, 98.
Bataszek, s. Battaszek 8, 98.

Bataaten, s. Convolvulus Batatas 19, 228; Kartoffeln.
Batava Castra [Kruse] 8, 83.
Batavi, Patavi; Batavia (Land) [Kruse] 8, 70.
Batavia (Stadt) [Hassel] 8, 83.
—, s. Wollenzeuge.
BatavischeRepublik,s.Niederlande.
Batavodurum [Kruse] 8, 83.
Batavorum oppidum [Kruse] 8, 83.
Bate (ind. Insel und Stadt) [Hassel] 8, 84.
— (Georg) [Sprengel] 8, 84.
Bateia [Ricklefs] 8, 84.
Batelau, Battelau [André] 8, 84.
Batemburg [Hassel] 8, 84.
Batemburger, s. Taufgesinnte.
Batenier, Bathanier, s. Ismaeliten.
Baten-Kaitos [Fritsch] 8, 84.
Batgao, s. Bhatgong 9, 405.
Bath (engl. u. amerik. Orte) [Hassel] 8, 84.
— (in Ungarn), s. Frauenmarkt 48, 379. [lemäus.
Bathalesia, Bathalmius, s. Ptolemäus.
Bathar [Rumy] 8, 85.
Bathgate 8, 85.
Bathorben (Gottschalk) 8, 85.
Barbori von Somlyó (siebenbürg. Fürstenfam.) [Benigni] 8, 86.
Bathos (Wortbedeutung) 8, 90.
— (siebenbürg. Flecken) [Benigni] 8, 90.
Bathumi [Rommel] 8, 90.
Bathurst, S. Maria (in Sierra Leone) [Hassel] 8, 91.
— (Radulph) [Sprengel] 8, 91.
— (Allen und Henri) 8, 91.
Bathychaeten [Rommel] 8, 91.
Bathyllus [Schütz] 8, 91.
Bathys [Ricklefs u. Sickler] 8, 92.
Batignano, s. Roselaa.
Batina [Kanngießer] 8, 92.
Batis (Ichthyol.), s. Raja.
— (Pflanzeng.) [Sprengel] 8, 92.
Batiscan [Hassel] 8, 92.
Batif, s. Leinwand.
Batjoura, s. Bagjura 7, 118.
Batn, Bathn [Möller] 8, 92.
— el Beklara, s. Nil.
— Max [Rommel] 8, 92.
Batnae od. Batna [Ricklefs] 8,92.
Batnier [Hassel] 8, 92.
Bato I. und II. [Justi] 8, 92.
Batoni (Pompeo Girolamo) [Gruber] 8, 93.
Bator [Rumy] 8, 94. [8, 94.
Bartorfesz, Batorkesz [Rumy]
Batrachia [Merrem] 8, 94.
Batracht [Voigt] 8, 96.
Batrachoides, s. Batrachus 8,96.
Batrachomomachia, s. Homeros.
Batrachos [Architekt] 8, 96.
Batrachus [Lichtenstein] 8, 96.
— (Krankheit), s. Froschgeschwulst 50, 339. [Back 7, 49.
Batsch, Batscher (Gespanschaft), s.
— (Aug. Joh. Georg Karl), s.
Batschia [Sprengel] 8, 96.

Batschian [Hassel] 8, 97.
Bätshad [v. Schubert] 8, 97.
Batta(ind.Wort)[Webelius]8,97.
— (in Ungarn), s. Battaszek 8, 98.
Battaer [Hassel] 8, 97.
Battaglia [Röder] 8, 98.
Battaglini [Marco] 8, 98.
Battalos 8, 98.
Battara, Batarra (Giovanni Antonio) [Baur] 8, 98.
Battarrea [Sprengel] 8, 98.
Battaszek, Bataszek (Rumy und Gamauf) 8, 98.
Batteriefeder (technol.), s. Gewehr 65, 338.
Batteriebau, s. Fortification 46, 427; Küstenbatterie. [100.
Batteriebewegungen [v.Hoyer] 8,
Batterie-Chirurgus,s.Militärarzt.
Batteriegeschütz, Batteriestücke [v. Hoyer] 8, 100.
Batteriesau [Hassel] 8, 100.
Batteur (Charles) [Gruber] 8, 100.
Batthyani, s. Batthyani 8, 103.
Batti, Bhatti, s. Batnier 8, 92.
Battiferri (Laura) 8, 101.
Battiren, s. Tanzschritt; Battuta 8, 103.
Battista 8, 101.
Battle [Hassel] 8, 102.
Battologie 8, 102.
Battos [Ricklefs] 8, 102.
Battuca [Hassel] 8, 102.
Battuecas 8, 103.
Batun, s. Bathyani 8, 103.
Battus [Linten, gen. Sommer] 8, 103.
Battuta (Mufti) [Weber] 8, 103.
— (Fechtkunst) [Roux] 8, 103.
Battyan (Joseph Graf von) [Gamauf] 8, 105. [8, 104.
Battyany, aus Batthyani (Grafen u. Fürstenfam.) [Generich und Rumy] 8, 103.
—, auch Batthyani (Ignaz, Graf, Bischof v. Erlau) [Rumy] 8, 104.
Batua (Batuwe, Betuwe) [Delius] 8, 106.
Baturin [Petri] 8, 106.
Batus [Rumy] 8, 106.
Batuwe, s. Batua 8, 106.
Bau, s. Baum (im Allgemeinen) [Gruber] 8, 107.
— Bauen; alte Baue (Bergw.) [Lehmann] 8, 108.
— (Jägersprache) [u. d. Windell] 8, 108.
—»Akademie, Bau-»Schule, s. Kunst-Akademie, Kunst-Schule.
Bauanschlag, Bauüberschlag [Leger] 8, 111.

Bauart [Leger] 8, 120.
Baubegnadigung 8, 146.
Baubo [Ricklefs] 8, 148.
Bauch (anat. und physiol.), s. Unterleib.
Bauchblasß, Bauchschlächtigkeit, s. Dampf 22, 211.
Bauchbruch, s. Bruch 14, 217.
Bauchflossen [Lichtenstein] 8, 148.
Bauchfell, s. Gastrobranchus.
54, 342. [12, 229.
Bauchflemen, s. Branchiogastra
Bauchpilze [Sprengel] 8, 148.
Bauchredner [Höcl] 8, 148.
Bauchschnitt [Seiler] 8, 149.
Bauchstich (Chirurg.) [Seiler] 8, 150.
— (Thierarzneikunde), s. Trommelsucht.
Baucis, s. Philemon.
Baucium, s. les Baux 8, 229.
Bauconica, s. Oppenheim.
Baud, le, s. Lebaud. [153.
Baubart (Wilh.), s. Kampen] 8,
Baudeau (St.), s. Oeconomisten.
Baudelocque (Jean Louis) 8,154.
Baudelot von Dairval (Karl Cäsar) [Hase] 8, 154.
Bauden, s. Riesengebirge.
Baudepartement, s. Staatswirthschaft.
Bauder (Joh. Friedr.) 8, 155.
Baudet (Stephan) [Weiße] 8, 156.
Baudewien, auch Baudewin (Johannes und Christoph) [Mohnike] 8, 156.
Baudicourt, s. Karl VII—VIII. von Frankreich.
Baudier (Michel) [Baur] 8, 156.
Baudin (Nicolas) [Baur] 8, 156.
— (Pierre Charles Louis) [Baur] 8, 157.
Baudis (Wolf Heinr. von), auch Baudys, Baudißen, Baudißen, Baudiz; B. (Gust. Adolf); B. (Wolf Heinr.) [Rese] 8,157.158.
— (Gottfr. Bernh., Vater und Sohn) [Baur] 8, 158.
Bauduius (Dominicus) (v.Kampen] 8, 158. [8, 159.
Bauduoche (Peter) [Spangenberg]
Baudot de Juilly [Baur] 8, 159.
Baudouin (François), s. Balduin 7, 228.
— (Jean) [Baur] 8, 159.
Baudoja, s. Baudoche 8, 159.
Baudry, s. Baldericus 7, 221.
Bauen (Wening) 8, 147.
Bauer (historisch) [Wittermaier] 8, 159. [168.
— (rechtlich) [Mittermaier] 8,
— (Georg Lorenz) [Baur] 8, 187.
— (Joh. Gottfr.) 8, 186.
— (Joh. Jakob) [Baur] 8, 186.
— (W. Karl Ludw.) [Fischer] 8, 186.
Bauera [Sprengel] 8, 188.
Bauerbach [Emmrich] 8, 188.
Bauerflöte, s. Orgel.
Bauergroschen [Schmieder] 8,172.

Bauerngraben [Gottſchalſ] 8, 188.
Bauerngut [Mittermaier] 8, 172.
Bauernkrieg [Schmid] 8, 177.
Bauerſchubert (Joſ.) [Baur] 8,
  188.   [28, 15.
Bauerwetzel, ſ. Drüſenkrankheiten
Bauerwitz [Fiſcher] 8, 189.
Baufremont, ſ. Burgund 14 [1], 86;
  Ligue; Beauſremont 8, 255.
Bauge [Haſſel] 8, 189.
Baugeräthe, Baugeſchirr, Bau-
  zeug [Leger] 8, 113.
Bauglieder [Leger] 8, 120.
Bauhaſt halten [Lehmann] 8, 108.
Bauhandwerk, Bauhandwerker
  [Leger] 8, 113.
Bauhauder [Webelind] 8, 189.
Bauherr [Leger] 8, 148.   [189.
Bauhin [Meyer von Knonau] 8,
Banhinia [Sprengel] 8, 190.
Bauhof [Leger] 8, 146.
Bauholz [Leger] 8, 114.
Bauholzverband, Bauholzverbin-
  dung [Leger] 8, 116.
Bauhunſt (techn.) [Leger] 8, 109.
  — (äſth.) [Gruber] 8, 119. 122.
  — (Geſchichte) [Stieglitz] 8, 126.
  — (in polit. Hinſicht) [Leger] 8,
  145.
Baulacre (Leonhard) [Meyer von
  Knonau] 8, 191.
Baulaß [Baur] 8, 191.
Bauleibung, ſ. Todfalls-Recht.
Bauli [Sickler] 8, 191.
Baulot, ſ. Steinſchnitt.
Baulowa [v. Hammer] 8, 191.
Baum (bot.) [Sprengel] 8, 191.
  — (technol.) 8, 195.
Baumann (Th. Jac.), ſ. J. Pet.
  Eüßmilch.   [195.
  — (Nikolaus) [Gittermann] 8,
Baumannſche Hammerwerke, ſ.
  Hüttenſteinach
Baumannshöhle [Haſſel] 8, 199.
Baumannsinſeln [Leger] 8, 199.
Baumaterialien 8, 114.
Baumé (Anton) [Schreger] 8, 199.
Baume, de la, ſ. Labaume.
  — les Dames [Haſſel] 8, 199.
Baumeiſter, Baukünſtler [Gruber]
  8, 110.   [8, 200.
  — Baumeiſterthum [v. Arnoldi]
  — (Friedr. Chriſt.) [Tennemann]
  8, 200.
Baumen [a. d. Windell] 8, 200.
Baum-Ente, ſ. Ente 35, 26.
Baumer (Joh. Paul); B. (Joh.
  Wilh.) [Erhard] 8, 201.
Baumfalke, ſ. Falco subbuteo
  41, 193.   [baum.
Baumſalle, Prügelſalle, ſ. Schlag-
Baumfink, ſ. Fringilla monti-
  cola 50, 210.
Baumfroſch, ſ. Hyla.
Baumgärtner(Albr.Heinr.)[Baur]
  8, 204.
  — (Hieronymus; auch Baum-
  gärtner) [Baur] 8, 205.
Baumgarten (Alex. Gottf.) [Ten-
  nemann] 8, 206.

Bannmgarten (Conr.), ſ. Woſſen-
  ſchieß.
  — (Siegmund Jak.) [Niemeyer]
  8, 205.
Baumgartenia [Sprengel] 8, 207.
Baumgrille, ſ. Cicada 17, 186.
Baumhacker, ſ. Picus; Trogon;
  Sitta.
Baumholz [Lauroy] 8, 207.
Baumkäfer, ſ. Sinodendron.
Baumlerche, ſ. Alauda aborea
  2, 319.   [21, 310.
Baumnatter, ſ. Coluber scandens
Baumöll[Schreger u.Grebe]8,207.
Baumpicker, ſ. Sitta.   [4, 289.
Baumpieper, ſ. Anthus arboreus
Baumrinde, ſ. Baum 8, 191.
Baumrinden-Papier und Baum-
  rindenzeuge, ſ. Papierfabrica-
  tion; Leinenmanufacturen.
Baumſchlag [Wendt] 8, 209.
Baumſchnepfe, ſ. Upupa Epops.
Baumſchule, ſ. Pflanzung.
Baumſperling, ſ. Fringilla mon-
  tana 50, 216.
Baumſtämpel, ſ. Waldhammer.
Baumwanze, ſ. Cydnus 20, 412.
Baumwinde, ſ. Winde.
Baumwolle(Naturgeſchichte, Cul-
  tur und Handel) [Kurrer und
  Schreger] 8, 209.
  — (hiſtoriſch) [Jäd] 8, 215.
Baumwollengarn [Poppe] 8, 215.
Baumwollengras, ſ. Eriophorum
  polystachyon 37, 137.
Baumwollenkrämpelmaſchinen,
  Krämpelmaſchinen.
Baumwollenmanufacturen[Poppe
  und Höd] 8, 215.   [cation.
Baumwollenpapier,ſ.Papierfabri-
Baumwollenſammetdruck[Kurrer]
  8, 218.   [Spinnmaſchine.
Baumwollenmaſchine, ſ.
Baumwollenweberei, ſ. Baum-
  wollenmanufacturen 8, 215;
  Weberei.   [Kühle.
Baumwollenoberflüſſe,ſ.Weber-
Baumzucht, ſ. Forſt 46, 364;
  Pomologie.
Baunach [Jäd] 8, 222.
Bauordnung 8, 146.
Baupolizei 8, 147.
Baur, auch Bauer, Bawer (Friedr.
  Wilh. von) [Reſe] 8, 222.
Bauſch (Joh. Lorenz) [Sprengel]
  8, 223.
Bauſe(Joh.Friedr.)[Weiße]8,223.
Bauske [Petri] 8, 224.
Bauſſet, ſ. Beauſſet 8, 268.
Bauſteine 8, 119.
Bauſtetten [Röder] 8, 224.
Bautaze 8, 146.
Bautſch [André] 8, 229.
Bauten, de. Bubiſſin [Engelhard]
  8, 224.
  — (Schlacht bei) [Schulz] 8,226.
Bauwürdig [Fiſcher] 8, 108.
Baur, les (Flecken und Familie)
  [v. Stramberg] 8, 229.
Bavay [Haſſel] 8, 231.

Bavius (M.) [Gruber] 8, 231.
Bavo, Bavon, ſ. Bameſſe 7, 297.
Bawens, ſ. Taufgeſinnte.
Bawr(Joh. Wilh.)[Weiße]8, 231.
  — (W. von), ſ. Baur 8, 222.
B   [Haſſel] 8, 232.   [232.
Barter (Andr.) [Tennemann] 8,
  — (William) [Jacobs] 8, 232.
Bay, ſ. Bai 7, 132.
  — (Ind. und Fr.), ſ. Zapolya.
Bayadere, ſ. Bajadere 7, 187.
Bayahonda [Stein] 8, 233.
Bayamo (S. Salvador de); [Haſ-
  ſel] 8, 233.
Bayans [Haſſel] 8, 233.
Bayard (Pierre du Terrail de)
  [v. Rotteck] 8, 233.
Bayas, ſ. Jſes.
Bayer (Berg.), ſ. Beier 8, 368.
  — (Don Francisco Perez) [Baur]
  8, 236.   [234.
  — (Gottf. Siegfr.) [Baur] 8,
  — (Joh. Wolfg.) [Jäd] 8, 236.
Bayersdorf [Fenſobl] 8, 237. -
Bayen ſ Subida (Don Francisco
  und Don Ramon)[Weiße]8,237.
Bayeux, Bajocaſſes, auch Bidu-
  caſſes [Haſſel] 8, 237.
Bayf, ſ. Baif 7, 180.
Baygorrh [Haſſel] 8, 237.
Bayla [Kannigießer] 8, 237.
Bayle (Franz) [Sprengel] 8, 240.
  — (Pierre) [Tennemann] 8, 238.
Baylen [Haſſel] 8, 240.
Bayley oder Bayly (Anſelm,
  Nathanael u. Thomas Butter-
  worth) [Baur] 8, 241.
Bayon [Haſſel] 8, 241.
Bayona, Bajona [Haſſ.] 8, 241.
Bayonne [Haſſel] 8, 241.
Bayreuth, Baireuth(Fürſtenthum)
  [Fenſobl] 8, 242.
  — — (Stadt) [Fenſobl] 8, 242.
Bay-Salz, Boy-Salz, ſ. Salz.
Baza [Stein] 8, 244.
Bagadois [Haſſel] 8, 244.
Bagalata [Kannigießer] 8, 244.
Bajan [v. Stramberg] 8, 244.
Bazar, ſ. Baſar 8, 5.
Bazarab, Baſarab, ſ. Walachei.
Bazas [Haſſel] 8, 246.
Bazend, ſ. Baumeſta.
Bazibgurs [Haſſel] 8, 246.
Bazin, ſ. Taſſet.
  — Pößing, ſ. Pöſing. [8, 246.
  — (Guido Auguſtin) [Sprengel]
Bazira [Kannigießer] 8, 246.
Bazne, Baaßen [Benigni] 8, 246.
Bazoche-Gouet [Haſſel] 8, 246.
Bazoches les Galleras; B. ſur
  Hoësne [Haſſel] 8, 247.
BB (als Buchſtaben), ſ. B 7, 2.
BB bbb [Baur], ſ. Verſetzungs-
  zeichen.
B cancellatum, ſ.B (Muſik) 7,4.
  — —,ſ. Chromatiſche Zeichen 21,
  196;Verſetzungszeichen; Kreuz.
Bdolla [Germar] 8, 247.
Bdellium [Schreger] 8, 247.
B-dur, ſ. Tonart.

Beachy Head [Haſſel] 8, 247.
Beacon [Haſſel] 8, 247.
Beaconsfield [Haſſel] 8, 247.
Beacul [Haſſel] 8, 247.
Beale [Haſſel] 8, 247.
Beaminſter [Haſſel] 8, 247.
Beamſter [Haſſel] 8, 247.
Beania, ſ. Lea.
Beantia Commers. [Sprenge
  8, 247.
Beanuß [Mohnike] 8, 247.
Bear, Bearbai, B. Haven, B
  Lake, B.Sund [Haſſel] 8, 24[
Bearn, Benearnia [v. Stramberg
  8, 248.   [25[
Beat (Saint-, Stadt) [Haſſel] [
  — (St.-, Heiliger) [Meyer vo
  Knonau] 8, 250.
Beateberg [v. Schubert] 8, 25[
Beaten (G. E. Petri] 8, 251.
Beateninſeln [Stein] 8, 251.
Beatification, ſ. Heiligſprechung
  Seligſprechung.
Beaton, ſ. Beton 9, 336.
Beattie (James) [Tennemann u
  Eiſchenburg] 8, 251.
Beatus Rhenanus, ſ. Rhenanu
  8, 252.
Beaubourg(PierreTrochon, Sieu
  de) [Weiße] 8, 252.
Beaubrunn, Bobrun (Heinr. u
  Karl) [Weiße] 8, 253.
Beaucaire [Haſſel] 8, 253.
  — de Péguillon(François)[Baur]
  8, 254.
Beauchamp (Joſeph) [Baur] 8,254.
Beaufort (Orte) [Haſſel] 8, 256.
  — (Cuſt., ſ. Septfons.
  — (Louis de) [Baur] 8, 256.
Beaufortia [Sprengel] 8, 256.
Beaufremont, Baufremont [v.
  Stramberg] 8, 255.
Beaugency [Haſſel] 8, 257.
Beaugenbre (Anton) [G. E. Pe-
  tri] 8, 257.
Beauharnais (Alexander Bicomte
  de) [Baur] 8, 257.
Beauharnoisia[Sprengel] 8, 258.
Beaujeu [Haſſel] 8, 258.
Beaujolais [Haſſel] 8, 258'
Beaulen [Haſſel] 8, 258.
Beaulieu (Orte) [Haſſel] 8, 258.
  — (Louis le Blanc, Herr von)
  [Baur] 8, 258.
Beaumanoir (Philippe de) [Span-
  genberg] 8, 258.
Beaumarchais (Pierre Auguſtin
  Caron de) [Gruber] 8, 259.
Beaumaris [Haſſel] 8, 261.
Beaumeſſe (Y u t Angliviel de
  la) 8, 262a ren
Beaumont (Orte) [Haſſel] 8, 262.
  — (Chriſtophe de) [Baur] 8, 263.
  — (Francis) [Eiſchenburg] 8, 262.
  — Marie le Prince de) [Baur]
  264.

Beaumont (Jean Baptiste Elie de) [Baur] 8, 265.
Beaune [Haffel] 8, 265.
Beaupré [Haffel] 8, 266.
Beaupreau [Haffel] 8, 266.
Beaurain (Jean de) [Baur] 8,266.
Beauregard [Haffel] 8, 266.
Beaurepaire [Haffel] 8, 266.
Beausobre (Wellesobrius) [Baur u. Meyer v. Knonau] 8, 266.
Beauffet (le) [Haffel] 8, 268.
Beauvais (Stadt) [Haffel] 8,268.
— (Nicolas Dauphin und Charles Nicolas Dauphin) [Weise] 8, 269.
— (With.) [Hase] 8, 269.
Beauval (Jean Pitel, Sieur de; Jeanne Olivie) [Schütz] 8, 269 u. 270.
Beauvarlet (Jacques Firmin) [Weise] 8, 270.
Beauvau [Erich] 8, 271.
Beauvilliers [Baur] 8,272.
Beauvoir [Haffel] 8, 272.
Beauzée (Nicolas) [Baur] 8, 272.
Beaver [Haffel] 8, 273.
Beazee [Haffel] 8, 273
Bebe (ägypt. Dorf) [Hartmann] 8, 273.
— (Zwerg), s. Zwerge.
Bebel (Ort) [Hartmann] 8, 273.
— (Geschlecht) [Rump und Genersich] 8, 273.
Bebel (Heinr.) [Tonj] 8, 274.
Bebenburg (Lupold od. Leopold von, Bischof von Bamberg) [Erhard] 8, 281.
Bebenhausen [Memmingen] 8,281.
Bebii Montes [Ridlefs] 8, 282.
Bebryce [Ridlefs] 8, 282. [282.
Bebrytes (Ridlefs u. Sidler) 8,
Bebung (Musik) [Weber] 8, 282.
Bec (le) und Bec d'Ambes [Haffel] 8, 282.
Becancour [Haffel] 8, 282.
Becanus (eig. Job. van Gorp) [Sprengel] 8, 282.
— (Martin) [Bedhaus] 8, 283.
— (With.) [Mohnike] 8, 283.
Becaffine, s. Scolopax Gallinago und S. Gallinula.
Beccabelli (Luigi) 8, 283.
Beccafumi, s. Mecherino.
Beccari (Agostino) 8, 283.
— (Jac. Bartolomeo) 8, 283.
Beccaria (Familie) 8, 283.
— (Cesare, Bonesana de) [Spangenberg] 8, 284.
— (Giambattista) 8, 284.
Beccles [Haffel] 8, 285.
Beccus, s. Beccus.
Beccuti (Francesco) 8, 285.
Beccelli (Giulio Cesare) 8, 285.
Becerra (Gaspar) [Weise] 8, 285.
Bechai, s. Rabbinen.
Bechant, s. Bachant 7, 29.
Becher, s. Trinkgeschirr.
— (Sternbild) [Fritsch] 8,286.
— (Joh. Jak.) [Sprengel] 8,286.
Becherel [Haffel] 8, 286.

Becherflechten, s. Capitularia 15, 135.
Becherlehn, s. Lehen. [21, 310.
Bechernatter, s. Coluber Nympha
Bechhofen (Fenkohl); Bechhofen [Jäd] 8, 286.
Bechin Kreis (Bechynie); Bechiner Kreis (Andre) 8, 286.
Bechiri, auch Bechires [Ridlefs] 8, 286.
Bechis [Hartmann] 8, 286.
Bechium, s. Bacchium 7, 27.
Bechofen, s. Bechhofen 8, 286.
Bechtheim (Dahl) 8, 286.
Bed (Geogr.) [Dörfel] 8' 287.
— (Dominikus) [Baur] 8, 287.
— (Heinr.) [Schütz] 8, 288.
— (Joh. Jobst, oder Jodocus) [Baur] 8,287.
— (Kaspar Achatius) [Spangenberg] 8, 287. [287.
— (Matthias Friedr.) [Baur] 8,
Bedastag [v. Schubert] 8, 289.
Bedem, s. Becum 8, 306.
Becten (Pelvis) [Wiedemann] 8, 289.
— (Musik) [Weber] 8, 293.
Beckeneigungsmesser, s. Klisteometer.
Beder (Christiane Amalie Luise) [Schütz] 8, 298.
— (Daniel) [Sprengel] 8, 294.
— (Ferd.) [Seiberg] 8, 295.
— (Joh. Rud.) [Baur] 8, 294.
— (Karl Friedr.) [Baur] 8,297.
— (Peter) [Mohnike] 8, 293.
— (With. Gottl.) [Hase] 8,296.
Bedhelmen, s. Abo 1, 146.
Beckers, s. Abukir 1, 214.
Beckmann (Joh.; Nikolaus) [Baur] 8, 304. [Jäd] 8, 304.
— (Nikolaus, Rechtsgelehrter)
Beckmann (Gust. Bernh. u. Otto Dav. Heinr.) [Baur] 8, 307.
—, auch Beckmann (Joh. Chr.) [Baur und de Marées] 8, 206.
Becs oder Betse [Rump] 8, 308.
Becle, oder Betse (Alt- und Neu-) [Rump] 8, 308. [8, 308.
Becola, Betola od. Beßla [Rump]
Becskerek, od. Betöskerek (Groß- und Klein-) [Rump] 8, 308.
Beb, Beba, de C. Petri 8, 312.
Bedam.
Beda (G. C. Petri) 8, 308.
Bedam (Maaß) 8, 312. [313.
Bedahe [Haffel] 8, 312.
Bedaium [Ridlefs] 8, 312.
Bedale [Haffel] 8, 312.
Bedarrieur [Haffel] 8, 312.
Bedbur (Bebber) u. Bedburg 8, 312.
Bebe, s. Bedemund 8,315; Steuern.
Bedeckt [Weber] 8, 313.

Bedeckter Weg, s. Fortification 46, 427.
Bedeckung [v. Hoyer] 8, 313.
Bedefaspel, s. Wolben.
Bedel [v. Hammer] 8, 314.
Bedell (William) [G. C. Petri] 8, 314.
Bedemund, auch Beddemund, Bettemund [b. Arnoldi] 8, 315.
Bedenhoftel [Haffel] 8, 316.
Bedenten [Maaß] 8, 316.
Beder, Bebor 8, 316.
Bedertesa [Haffel] 8, 316.
Bedeutung [Maaß] 8, 316.
Bedeutsamkeit [Maaß] 8, 317.
Bedford (Geogr.) [Haffel] 8, 317.
— (Herzoge von) s. Heinrich VI. von England; Ruffel.
Bedingung (allgemein) [Gruber] 8, 318.
— (jurist.) [Spangenberg] 8,319.
Bedlam, s. Irren-Anstalten.
Bedlis (auch Betlis) [v. Hammer und Rommel] 8, 320.
Bedmar (Alfons de la Gueda, Mq. de), s. Venedig.
Bednore (Bednur) [Haffel] 8, 321.
Bedonis burgum, s. Bibburg 10, 99. [Baur] 8, 321.
Bedos de Celles (Dom française)
Bedr (Geogr.) [Möller] 8, 322.
— el Dschemali [Rosegarten] 8, 322.
— Schirwani [Rosegarten] 8, 322.
Bedrotus (Jac.) [Mohnike] 8,322.
Bedschap [Haffel] 8, 323.
Bedschember, s. Bagember 7, 116.
Bedürfniß [Gruber] 8, 324.
Beduinen [Rommel] 8, 325.
Bedwin, auch Great-Bedwin [Haffel] 8, 330.
Beeder [Haffel] 8,330. [turen.
Beehermann, s. Wollenmanufac-
Beef-Island, s. Jungfern-Inseln.
Beejapoor [Haffel] 8, 330.
Beef (Dav.) 8, 330.
Beelzebub, s. Belzebub 8, 468.
Beena [Haffel] 8, 330.
Beenhafe, s. Bönhase 11, 251.
Beer (Fluß und Flecken) [Haffel] 8, 330. [330.
— (M. Ferd. With.) [Erhard] 8,
Beerblau, s. Beerenblau 8, 332.
Beerbaum, f. Beerenblau 8, 332.
Beerre (Bocca) [Sprengel] 8, 330.
Beeren (Groß- u. Klein-) [Schulz] 8, 331.
Beerenblau [Schreger] 8, 332.
Beerenstein, s. Bernstein 9, 209.
Beerenthal [Memminger] 8, 332.
Beerfelden [Dahl] 8, 332.
Beergelb und Beergrün, s. Gelb 56, 347; Grün 95, 1.
Beeting, Beeringfraße, f. Beringstraße 9, 139.
Beerlap, Baerlap, f. Lycopodium.
Beero (Biru) [Haffel] 8, 333.
Beeroth [Winer] 8, 333.
Beerseba [Winer] 8, 333.
Bees (St.); St. Bees Head [Haffel] 8, 333.

Beeskow 8, 333.
Beesterb [Winer] 8, 333.
Beet, Ackerbeete [Teichmann] 8, 333.
Beetjuanen [Haffel] 8, 334.
Befahren (Bergw.) [Freiesleben] 8, 334. [8, 335.
— (Jägerspr.) [a. b. Winckell]
Befangen, Befangenheit [Maaß] 8, 335.
Befaria, s. Bejaria 8, 391.
Befehl [v. Bosse] 8, 336.
Befestigen, Befestigung, s. Fortification 46, 427.
Beffart (Karl von) [v. Baczko] 8, 337.
Beffrois [Wendt] 8, 337.
Befort (Belfort) [Haffel] 8, 337.
Befriedigung [Leger] 8, 337.
Befruchtung der Gemächse [Sprengel] 8, 337.
Befugniß, s. Recht.
Beg, Begh (Bev) 8, 339.
Bega, Bega (in Ungarn) [Rumy] 8, 340.
Bega (Cornelius) [Weise] 8, 340.
Begamber, Begameder, Begember, s. Bagember 7, 116.
Begarelli (Antonio) 8, 340.
Begattung, s. Zeugung.
Begehren [Weise] 8, 340.
Begehren, Begehrungsvermögen [Maaß] 8, 341.
Begeisterung [Bouterwek] 8, 343.
Beger (Lorenz) [Hase u. Molter] 8, 342.
Begharden, s. Beguinen 8, 354.
Beghirme, f. Bagbirma 7, 117.
Begia, Beja, Bege, Banjab 8,344.
Begierde, s. Begehren 8, 341.
Beglaubigung [v. Arnoldi] 8, 344.
Begleitung [Weber] 8, 349.
Beglerbeg, s. Beg 8, 339.
Begonia [Sprengel u. Schreger] [8, 351.
Begräbnißhümpen, s. Sterbemünze.
Begriff [Mellin] 8, 352. [zen.
Begschehri [v. Hammer] 8, 353.
Begtasch [v. Hammer] 8, 353.
Begue de Presle (Achille Quillaume le) [Baur] 8, 353.
Beguelin (Nicol.) [Meyer v. Knonau] 8, 353.
Beguillet (Edme) [Baur] 8, 354.
Beguinen, Begbinen, Begginen [G. C. Petri] 8, 354.
Begun (Abraham) [Weise] 8, 356.
Behabur (Than u. Ober-) [Rosegarten] 8, 356.
Behachein [v. Hammer] 8, 357.
Behaim, Böheim (Martin) [Baur] 8, 357.
Behalt [v. Arnoldi] 8, 359.
Beham (Bartholomäus); B.(Hans Sebald) [Haffel] 8, 359.
Behandigungsgüter, Hobsgüter, f. Bauerngut 8, 172.
Behandlung [Gruber] 8, 359.
Behang [a. d. Winckell] 8, 360.

Behari [d. Hammer] 8, 360.
Beharistan, s. Dschami 28, 72.
Beharren [Maaß] 8, 360.
Behaupten [Maaß] 8, 361.
Behduroo [Haffel] 8, 362.
Behemoth [Horst] 8, 362.
Behen-Nüsse, s. Hyperanthera.
— Öl, s. Hyperanthera.
Beheeni [v. Hammer] 8, 362.
Behlict [Emmrich] 8, 363.
Behmer(Friedr.Ehrenreich) 8,363.
Behörde [v. Bosse] 8, 363.
Behr(Georg Heinr.)[Baur] 8,364.
Behram [Kosegarten] 8, 364.
Behrend, s. Berent 9, 93.
Behrens (Konr. Barthold, Rud.
Aug. und Georg Henning)
[Baur] 8, 365.
Behut, s. Himalaya.
Bedutsamkeit [Maaß] 8, 366.
Beich (Joachim Franz) [Weise]
8, 366.
Beichlingen [Stein] 8, 366.
Beichte [Wegscheider] 8, 367.
Beithawi [Kosegarten] 8, 367.
Beiblebende Thiere, Beibelder, s.
Amphibia 3, 389. [8, 368.
Beier (auch Bayer) [Schneider]
Beisall [Gruber] 8, 368.
Beigarten, s. Saufang.
Beisen, s. Jenissei.
Beiserman [Petri] 8, 369.
Beil (Joh. Dav.) [Schütz] 8, 369.
Beila, s. Racknaß.
Beilager, s. Vermählung.
Beilbauch, s. Salmo.
Beilbrief, s. Bodmerei 11, 157.
Beilengries [Beilngries] 8, 370.
Beilküter, s. Serropalpus.
Beilstein (Geol.) [Germar] 8,
370. —
— (in Nassau) [v. Arnoldi] 8,
370. 371. 372.
— (in Würtemberg) [Memmin-
ger] 8, 372.
Bein u. Beinbrüche, Beinfraß,
Beinhaut, Beinweiche, s. Kno-
chen.
Beinbruch (Mineral.), s. Kalktuff.
Beinglas, s. Glas 69, 1.
Beinkleider [Schreger] 8, 372.
Beinkohle, s. Kohle.
Beinschwarz, s. Schwarz.
Beinstein, s. Remethal.
Beinwurm, s. Filaria medinen-
sis 44, 154.
Beira (Provincia da) [Haffe] 8,
474. [374.
Beiram (Fest) [v. Hammer] 8
— (türk. Heiliger) [b. Hammer]
8, 374.
Beirampascha[v.Hammer] 8,375.
Beireis (Gottfr.Christoph)[Baur]
8, 375.
Beirut, s. Berytos 9, 251.
Beisasse, s. Bürger- und Stadt-
rechte 13, 366.
Beischeer, s. Konieh.
Beischlaf, Beischläferin, s. Ehe
31, 280; Zeugung.

Beisitzer (Assessores) [Spangen-
berg] 8, 377.
Beispiel [Gruber] 8, 377.
Beißen, s. Zähne.
Beißkäfer, s. Anthis 4, 257.
Beistand, s. Hilfe 8, 154.
— (gerichtl.), s. Advocat 1, 463;
Anwalt 4, 361.
Beistimmung, s. Beifall 8, 368.
Beitage, s. Graubündten 88, 168.
Beitaribees, oder Ebn Beitar
[Sprengel] 8, 378.
Beit-el-Fatib [Rommel] 8, 378.
Beitelstein (Botestagno) 8, 378.
Beith [Haffel] 8, 378.
Beitler (Wilh. Gottlob Friedr.)
[Baur] 8, 378.
Beitöne [Weber] 8, 379.
Beitreiben, s. Jagen.
Beitreten, s. Beifall 8, 368.
Beitritt (Jagdw.), s. Tritt.
Beize, s. Falke 41, 247; Tau-
benjagd.
Beize [Weise] 8, 383.
Beiwort [de Marées] 8, 383.
Beizeichen [v. Arnoldi] 8, 384.
Beizen (Kunst und Gewerbe)
[Schreger] 8, 386. [8, 386.
— (Druck- u. Färbel.) [Kurrer]
Bejzwa [André] 8, 390.
Beja(in Portugal)[Haffe] 8,391.
— (in Nubien), s. Bodscha 11;
162; Dongola 27, 47.
Bejar [Stein] 8, 391.
Bejaria [Sprengel] 8, 391.
Bejart [Schütz] 8, 392.
Bela Rubru, s. Potasche 11, 162.
Bejast ob. Bejasiten [Rommel]
8, 392.
Bejawer [Haffel] 8, 393.
Bejeda und Amba-Hai [Hart-
mann] 8, 393.
Bejzigbur [Haffel] 8, 393.
Bejnoal [Haffel] 8, 393.
Bef, Beck (Jal. Christoph) [Meyer
von Knonau] 8, 393.
Bekehrung, s. Buße 14[1], 142.
Bekennen, Bekenntniß,s.Bekennt-
niß 64, 378; Glaubensbekennt-
niß 69, 138; Recognition.
Bêtês (ungar. Marktflecken) [Ru-
my] 8, 393. [8, 393.
— (ungar. Gespanschaft) [Rumy]
— (Kaspar) [Benigni] 8, 394.
Bekker (Balthasar) [v. Kampen]
8, 395.
— (Elisabeth) [Gittermann] 8,
396. [Weise] 8, 396.
Bekleidung oder Drapirung
Bekriechen, s. Besahren 8, 835.
Bel [Gesenius] 8, 397.
— (ungar.Orte) [Rumy] 8,402.
—, St. (franz. Flecken) [Haffel]
8, 402.
— (Dr. Andreas) [G. E. Petri]
8, 403.

Bel, Belius (Matthias und Karl
Andreas) [Baur] 8, 402.
Bela (Myth.), s. Abellio 1, 69.
— (Stadt im Lande der Belut-
sch) [Haffel] 8, 404.
— (Ungar. Stadt)[Rumy] 8,404.
— I.—V. (Könige von Ungarn)
[Genersch] 8, 404. 405. 406.
407. [sich] 8, 407.
— (Prinz von Ungarn) [Gener-
—, oder Belus (Palatin von
Ungarn) [Rumy] 8, 407.
Belae Regis anonymus Nota-
rius [Rumy] 8, 407.
Belabre [Haffel] 8, 408.
Belab, Bellad 8, 408.
— Allah [Hartmann] 8, 408.
— anes [Rommel] 8, 409.
— el Dscherib (Biledulgerib)
[Haffel] 8, 409.
— el Kobeli, s. Haschib.
— el Nubah, s. Nubien.
— Ibn Allan [Rommel] 8, 409.
Belagerung und andere belage-
bürige Artikel, s. Fortification
46, 427.
Belagerungs-Münzen, s. Noth-
münzen.
Belaja (Fluß im asiat. Rußland)
[Petri] 8, 409. [ngow.
— (Weißcha, Belamtscha, s. Tscher-
Bel-Alcazar [Stein] 8, 409.
Belamcauba [Sprengel] 8, 409.
Belbeis [Haffel] 8, 409.
Belbina 8, 409.
Belbo, s. Tabaro.
Belchire [Mobuite] 8, 409.
Belcastro [Röder] 8, 411.
Belchers [Haffel] 8, 411.
Belchier (John) [Baur] 8, 411.
Belchite [Stein] 8, 411.
Belcz, ob. Belz [Schultes] 8,411.
Beldenaf (Jens Andersen) [v.
Gehren] 8, 411.
Bele, s. Barangaren.
Beleb [v.Hammer] 8, 412.
Beledern [Weber] 8, 412.
Belef, Belew, auch Bjelew [v.
Wichmann] 8, 412.
Belegen (vom Rechnungswesen),
s. Rechnungswesen.
— (beim Bergw.) [Freiesleben]
8, 413.
Belei, auch Ebelei [Petri] 8,413.
Beleidigung, s. Injurie.
Belele [Seibert] 8, 412.
Belem [Haffe] 8, 413.
Belemnit [Voigt] 8, 414.
Belén [Rumy] 8, 414.
Belenus, s. Abellio 1, 69.
Belene [Rumy] 8, 414.
Beleran, s. Pityusen. [End-
Belerium, Belerium, s. Lands-
Belesta, s. Arbates 5, 105.
Belessen [Hartmann] 8, 414.
Belesta [Haffel] 8, 415.
Beleuchtung, s. Licht 8, 415. [415.
Beleuchtungsgas [Schreger] 8,
Belfast [Haffel] 8, 417.

Belford [Haffel] 8, 418.
Belfort, s. Bsfort 8, 337.
Belforte [Röder] 8, 418.
Belgae (Volk in Gallia u. Bel-
gium), s. Gallia 53, 123.
— (Volk in Britannien) [Kruse]
8, 418.
Belgard [Stein] 8, 419.
Belgern (Stadt); Alt-B. (Dorf)
[Stein] 8, 420.
Belgien [Haffel] 8, 420.
Belgiojoso [Röder] 8, 420.
Belgium, s. Gallia 53, 123.
Belgorod [v.Wichmann] 8, 420.
Belgrad (in Serbien) [Rumy]
8, 420. [Hammer] 8, 422.
— (Dorf am Bosporus) [v.
Belgrabbischif [v.Hammer] 8,422.
Belgrado (Jakob) 8, 422.
Belgram [Haffel] 8, 422.
Belhaven, s. Alexandria 3, 47.
Belial [Horst] 8, 422. [450.
Beliane, Beliani, s. Belliene 8,
Belias, s. Euphrat 39, 110.
Belibes, s. Danaiboth 22, 220.
Belibor (Bernardsforest de)[Baur]
8, 424.
Beliene, Belsene, Belienes, s.
Belliene 8, 450.
Belier hydraulique, s. Stoßheber.
[Haffel] 8, 424.
Belin [Haffel] 8, 425.
Belion, s. Tima.
Belis (Bot.) [Sprengel] 8, 425.
— (Myth.), s. Abellio 1, 69.
Belisar (v. Baczto) 8, 425.
Belita (Klug) 8, 468.
Belij [Stein] 8, 426. [426.
Belkney,Belknap (Jeremy) [Baur]
Bell (John) 8, 427. [8, 426.
Bella (Kom. Dorf) [Rumy] 8,
427.
— (Stephan bella) [Weise] 8,427.
Bellac [Haffel] 8, 427.
Belladonna (chemisch) [Schreger]
8, 427.
— (toxikol.) [Schreger] 8,429.
— (Thierheilk.) [Greve] 8,429.
Bellaise (Julien)[Mohnike] 8,430.
Bellamont, s. Ochsenhausen.
Bellamy (Jac.) [Gittermann] 8,
431.
— (Joseph) [Baur] 8, 430.
Bellange (Jacob) [Weise] 8, 431.
Bellardia [Sprengel] 8, 431.
Bellarmino (Robert) [Ø. E. Pe-
tri] 8, 431.
Bellary [Haffel] 8, 434.
Bellas [Stein] 8, 434.
Bellatrix [Rumy] 8, 434.
Bellay (Fritsch) 8, 434.
Bellay (Guillaume du; Jean du
und Martin du) [Wachler] 8,
434. 435.
— (Jean François du, Seigneur
du Resnel), s. Resnel.
— (Joachim du)[Wachler] 8,435.

Belle-Alliance [Schulz] 8, 435.
Belleau (Remi) 8, 438.
Bellecourt (Jean-Claude-Gilles Colson de) [Schulz] 8, 438.
Belleb Ullah, s. Belab Allah 8, 408.
Bellefontaine [Hassel] 8, 440.
Bellesforêt (François de) 8, 440.
Bellesörs [v. Schubert] 8, 440.
Bellegarde (Orte in Frankreich) [Hassel] 8, 440. [8, 440.
— (schweiz. Alpenthal) [Wirz]
— (Adelsgeschl. u. Gelehrte)[Baur] 8, 440.
Belleisle [Hassel] 8, 442.
Belle-Isle, Bellisle (Charles Louis Auguste Fouquet u. Louis Charles Armand Fouquet, Grafen von) [Baur] 8, 442.
Belletay [Wirz] 8, 444.
Bellemont(eig.Jean Bapt.Colbert de Beaulieu) [Schütz] 8, 445.
Bellen [a. d. Winckel] 8, 445.
Bellenave [Hassel] 8, 445.
Bellenden, auch Ballantine(Wilh.) 8, 445.
Bellendena [Sprengel] 8, 445.
Bellenz, s. Bellinzona 8, 452.
Bellerophontes, auch Bellerophon, Hipponoos [Nickles] 8, 445.
Bellerose (Pierre le Messier) [Schütz] 8, 447.
Bellesme [Hassel] 8, 447.
Belleteste (B...) 8, 447.
Belleval (Pet. Richier de) [Sprengel] 8, 447.
Bellevalia, s. Hyacinthus rom.
Belleville (Stadt) [Hassel]8, 448.
— (Henri Legrand) [Schulz] 8, 448.
— (Redon de, Baron) [Rese] 8, 448. [ger] 8, 449.
Bellevue (Stadt und Memnin-
Belley (Stadt) [Hassel] 8, 449.
— (Augustin) [Wachler] 8, 449.
Bellezice, s. Labarpe.
Belli (Valerio de') [Hase] 8, 449.
Bellidiastrum Cassin, s. Arnicᵃ
Bellidiastrum 5, 379.
Belliene (Beliene) [Hassel] 8, 450.
Bellièvre [Baur] 8, 450.
Bellin (Jacques Nicolas) [Baur] 8, 450. [8, 451.
Belling (Wilh. Sebast. von)[Rese]
Bellinghambai [Hassel] 8, 452.
Bellingwolde [Rese] 8, 452.
Bellini (Gentile und Giovanni) [Weiße] 8, 452.
— (Lorenz) [Sprengel] 8, 452.
Bellinzona [Wirz] 8, 452.
Bellis [Sprengel] 8, 453.
Bellisle, s. Belle-Isle 8, 442.
Bellium [Sprengel] 8, 453.
Bellmann (Karl Michael) [v. Gehren] 8, 455.
Bellmont (Joh. Arnold, Freiherr von); B. (Philipp Franz von) [Erhard] 8, 456.
Bellona, s. Enyo 35, 206.

Belloni (Girolamo) [Hendel d. Donnersmarck] 8, 457.
Bellonia [Sprengel] 8, 458.
Bellonion [Weber] 8, 458.
Bellori (Giovanni Pietro) [Baur] 8, 458. [459.
Bellosse (Augustin) [Sprengel] 8, 459.
Bellovaci 8, 459.
Bellovar (Benigni) 8, 459.
Bellowes [Niemeyer] 8, 459.
Belloy, Beloy, auch Belloi, Beloi (Pierre de); B. (PierreLaurent, Buirette de) und B. (Jean Baptiste de) [Baur] 8, 460.
Bellucci (Antonio) 8, 461.
Beluga (Ludw.) [Baur] 8, 461.
Belluno [Müller] 8, 461.
Bellve (Belve) [Rumy] 8, 453.
Belm [Hassel] 8, 462. [462.
Belmont(franz. Städte) [Hassel] 8, —, s. Troubadours.
— auch Bellmonn, Bellmund (in d. Schweiz)[Wirz] 8, 462. [462.
Belmonte (Röder und Stein) 8, 462. [Zipfer] 8, 462.
Belnay (Georg Aloys) [Rumy] 8, 462.
Belo-Chrobati [Worbs] 8, 462.
Belos-Otero [Petri] 8, 464.
Belot, auch Beloe [Petri] 8, 464.
Belon (Pierre) [Baur] 8, 464.
Belopolje [Petri] 8, 465.
Belos (Baal), s. Bel 8, 397.
— (griech.Myth.) [Nickles]8,465.
Belosselsky (Fürst) 8, 465.
Belo-Serbi [Worbs] 8, 465.
Belo-Serbi, Bieloserbi[Petri]8,466.
Belostoma [Germar] 8, 466.
Belotbi [Rommel] 8, 466.
Below, von (Rese) 8, 466.
Belowi, s. Matuah.
Belp [Wirz] 8, 466.
Belpuß (Thomas) [Rese] 8, 466.
Belriet, s. Lehbrict 8, 363.
Belsamen (Gesenius) 8, 466.
Belsen [Memminger] 8, 466.
Belsunce de Castel-Moron (Henri François Xavier de) 8, 467.
Belte, s. Oftsee.
Beltek [Hassel] 8, 467.
Beltern, s. Tatern.
Belurbdet [Hassel] 8, 467.
Belubschöen; Belubschistan [Hassel] 8, 467.
Beluga, s. Acipenser 1, 326.
Beluneum, s. Belluno 8, 461.
Belus [Hassel] 8, 467.
Belus (Fluß in Palästina) [Wiener] 8, 467.
— (Baal), s. Bel 8, 397.
Belussia (ungar. Ort) [Rumy] 8, 468.
Belvedere [Jahn, Röder u. Stein] 8, 468.
Belvisia [Sprengel] 8, 468.
Belzebub, oder Belzebul [Gesenius] 8, 468.
Belza [Stein] 8, 469.
Bema, s. Manichäer. [8, 469.
Bembel, auch Bambel [Rommel]

Bemberg, s. Bebenburg 8, 281.
Bembex [Klug] 8, 469.
Bembidium [Germar] 8, 469.
Bembix [Sprengel] 8, 469.
Bembo (Pietro) [Wachler] 8, 469.
— (Dogev. Benedig), f. Benedig.
Bemerken, s. Beobachtung 9, 59.
Beminster, s. Beaminster 8, 247.
Bemmet (Malerfam.) [Weiße] 8, 471. 472.
Bempflingen(Memminger)8,472.
Ben (hebr.u. arab.), f. Beni 9, 29.
— (in Schottland) [Hassel] 8, 472.
Benai, f. Binaje 10, 199.
Benalbafsar [Hassel] 8, 472.
Benard (Laurent) [Mohnike] 8, 472.
Benares [Hassel] 8, 473. [472.
Benatek [André] 8, 474.
Benaun [Hassel] 8, 474.
Benavarre [Stein] 8, 474.
Benavente [Stein] 8, 474.
Ben Agus [Rommel] 8, 474.
Benbecula [Hassel] 8, 474.
Benbenafe, s. Rabbinen.
Benchesdorf, f. Bencdef 9, 1.
Bencio (Hugo) [Sprengel] 8, 474.
Bencivenni, Bencivienni (Giuseppe) [Baur] 8, 474. [474.
Bencoolen, Benkulen [Hassel] 8, Ben Cowse [Hassel] 8, 475.
Benczin, f. Bentschen 9, 52.
Benb [v. Hammer] 8, 475.
Benda (Tonkünstlerfam.) [Wendt] 8, 475. [Gröningkezer]8, 477.
— (Fluß) [Langgießer]8, 477.
Bendamu [Rumy] 8, 477.
Bendemir 8, 477.
Bender (Joh. Balfius, Freih. v.) [Rese] 8, 477.
— (beffarab. Festung) [b. Wichmann] 8, 477.
— (perf. Orte) 8, 477.
Bendereghi, gewöhnl. Bend-Crefli [v. Hammer] 8, 478.
Bendideia [Wellauer] 8, 478.
Bendis [Wellauer] 8, 478.
Bendleben [v. Hellbach] 8, 478.
Bendorf 8, 478.
Bene [Röder] 9, 1.
Benedef (siebenbürg. Flecken) [Benani] 9, 1.
— τι-Szent B. (ungar. Flecken) [Rumy] 9, 1.
Benedetti (Aler.) [Sprengel] 9, 1.
Benedetto, St., di Polirone [Röber] 9, 1.
Benedict von Nursia, f. Benedictiner 9, 8.
— I. — XIV. (Päpste) [Voigt] 9, 1—9, 5.
— (der Heilige) [J.E.Petri]9,6.
— von Macra [Voigt] 9, 7.
Benedictbeuern [Mitbiller] 9, 7.
Benedicti (Laurenz von Nedozer) [Zipfer u. Rumy] 9, 8.

Benedictiner; Benedictinerinnen [G. E. Petri, Gamauf und Rumy] 9, 8.
Benedictis (Jacobus de), auch Jacoponus [Mohnike] 9, 20.
Benedictus, Sanct [Gamauf] 9, 21. [Pfründe.
Beneficien, Beneficiaten, f. Beneficium Legis [v. Löhr] 9,21.
Benckendorf (Karl Friedr. von) [Baur] 9, 21.
Benemhammed [Hartmann] 9,22.
Beneschau, Beneffow, Beneschow (in Böhmen) [André] 9, 22.
— (schles. Flecken) 9, 22.
Benesesch [Hassel] 9, 22. [33.
Benesuef, Benesuief, f. Benisuef 9.
Benetnasch [Fritsch] 9, 22. [22.
Benevento [Müller u. Sickler] 9,
Benevoli (Ant.) [Sprengel] 9, 23.
Benezech (Pierre) [Baur] 9, 23.
Benezet (der Heilige), f. Brücken-brüder 13, 169.
— (Ant.), f. Neger.
Benfelden [Hassel] 9, 23.
Bengalen [Hassel] 9, 23.
Bengali, Bengalus, f. Fringilla 50, 214.
Bengalisches Feuer, f. Kunstfeuer.
Bengel, Bengasi [Hassel] 9, 26.
Bengayen, f. Celebes 16, 10.
Bengel (Joh.Albrecht) [Pahl]9,26.
Bengermon [Hassel] 9, 28.
Bengel, Benglerbund [b.Arnoldi] 9, 28.
—, f. Geißler 56, 242.
Bengo [Hassel] 9, 28.
Bengston (J., Erzbischof d. Upsala), f. Karl VIII., König v. Schweden.
Benguela [Hassel] 9, 28.
Ben Hinnom, f. Ge-Hinnom 56, 63.
Beni (arab.) [Rumy] 9, 29.
— (Paolo) [Baur] 9, 29.
Beniamin [Niemeyer] 9, 34.
Benibejar, f. Guadalquivir 95, 400.
Benicarlo [Stein] 9, 29.
Benidorm [Stein] 9, 29.
Beni Faisara und Beni Gerar, f. Bihuda 10, 155.
Beniganim [Stein] 9, 29.
Benigno, S. [Röder] 9, 29.
Benihassen [Hassel] 9, 30.
Benimamet, f. Balencia.
Beni Messab [Hassel] 9, 30.
Beniu [Hassel] 9, 30. [9, 30.
Beninga (Eggerif) [Gittermann]
Benini (Gianvicenzo) [Hendel d. Donnersmarck]; B.(Vincenzio) 9, 31.
Beniowsky, Benyowsky (Moritz Aug. von) [Baur] 9, 31.
Benifuef, Benesuef [Hassel] 9, 33.
Benivieni [Sprengel u. Mohnike] 9, 33.
Benjamin (der Heilige) 9, 34.
— (Ben Jona) [Hartmann] 9, 35.

8*

Bergreichenstein [Anbré] 9, 130.
Bergleife [Germar] 9, 130.
Bergfláfva [v. Schubert] 9, 131.
Bergstabt [Anbré] 9, 131.
Berghabtl, s. Ratiborziz.
— unserer lieben Frauen (böhm. Städtchen) [Anbré] 9, 131.
Bergstraße [Dahl] 9, 131.
Bergsträßer (Joh. Anbr. Benignus) [Baur] 9, 132.
Bergtheer, s. Erdharz 36, 400.
Bergu [Hassel] 9, 133.
Bergues [Hassel] 9, 134.
Bergule, auch Bergulan [Rickles] 9, 134.
Bergum [Hassel] 9, 134.
Bergvilten [v. Schubert] 9, 134.
Bergwert [Rumy] 9, 134.
Bergwerke, s. Bergbau 9, 99.
Bergwerksmünzen [Hase] 9, 134.
Bergzabern [Eisenmann] 9, 134.
Berhampoor [Hassel] 9, 135.
Beri (Ambrosius Bethmann) [Mendel] 9, 135.
Berich [Hassel] 9, 135.
Bericht [Spangenberg] 9, 135.
Berigard (Claude Guilermet von) [Tennemann] 9, 135.
Bering, auch Beringer, etc. (Ahnen des Hauses Anhalt) [v. Marées] 9, 136.
— (Bitus) [v. Gehren] 9, 136.
Beringer, s. Bering 9, 135.
— (Diepold) [Mohnike] 9, 136.
— (Erich) [Baur] 9, 138.
— (Joh. Barthol. Adam) [Baur] 9, 138.
— (Michael) [Baur] 9, 138.
Beringhausen [Seibert] 9, 138.
Beringinsel [Petri] 9, 138.
Beringstraße [Hassel] 9, 139.
Berinia [Sprengel] 9, 139.
Beris [Wiedemann] 9, 139.
Berislawl, s. Chazaren 16, 231.
Berissa [Rickles] 9, 140.
Berisstl, s. Slavonien.
Berith, s. Höllengeister und Dämonen.
Berja [Stein] 9, 140. [monen.
Berka (an der Ilm) [B. (an der Werra) [Zahn] 9, 140.
— (in Hannov.) [Hassel] 9, 140.
Berkaat (el) [Hassel] 9, 140.
Berkach [Emmrich] 9, 140.
Berkan, Perkan, s. Wollenmanufacturen.
Berkel [Abrah.] [Mohnike] 9, 140.
Berkeley (County in Virginia) [Hassel] 9, 141.
— (George) [Tennemann und Eschenburg] 9, 141.
Berkenhout (John) [Baur] 9, 142.
Berkeŝ, auch Saroŝ Berkeŝz, Saroŝ Magyar Berkeŝz [Rumy und Benigni] 9, 142.
Berketeśioś, s. Slavonien 9, 154.
Berthamstead [Hassel] 9, 143.
Berkhan (Georg Heinr.) [Baur] 9, 143.
Berkhey (Johannes le Francq van) [Gittermann] 9, 143.
Berki, Nagy-Berki (Rumy) 9, 144.

Berkhah- oder Berkley-Sound, s. Falklands-Inseln 41, 270.
Berkley [Hassel] 9, 144.
Berkmann, s. Berckmann 9, 74.
Berkofdscha (v. Hammer) 9, 144.
Berkowiy [Petri] 9, 144.
Berŝ [Hassel] 9, 144. [145.
Berlanga, Verlanga [Stein] 9, Berlenburg 9, 145.
Berlenga a Prata [Stein] 9,145.
Berlepsch (Landgut) [Hassel] 9,145.
— (Friedr. Ludw. von) 9, 145.
Berlichingen (Dorf in Württemberg) [Pahl] 9, 147.
— (Götz oder Gottfried von) [Deuber] 9, 147.
Berlin (preuß. Hauptstadt) [Stein] 9, 147.
— (verſch. anb. Orte) 9, 153.
— (Joh. Dan.) 9, 153.
Berlinchen [Stein] 9, 153.
Berliner Blau und Berliner-Blut-farbe, s. Blau und Blausäure 10, 348. 355.
— Eisen, s. Schwanenhals.
— Roth, s. Roth.
Berlingas, s. Berlenga 9, 145.
Berlinghieri (Francesco) 9, 154.
Bermeja, s. Sierra Nevada.
Bermejo [Stein] 9, 154.
Bermeo [Stein] 9, 154.
Bermioŝ [Rickles] 9, 154.
Bermudas [Hassel] 9, 154.
Bermuda Hundred [Hassel] 9,154.
Bermudas [Hassel] 9, 154.
Bern (Stadt und Canton, Geschichte) [Meyer von Knonau] 9, 155; B. (Staatst.) [Wirz] 9, 164. [9, 166.
— (Hauptstadt b. Cantons) [Wirz]
— (Amtsbezirk) [Wirz] 9, 166.
Bernaldo 9, 166.
Bernalbus, s. Bernolbus 9, 203.
Bernard (Charles) 9, 166.
— (Claude) [Baur] 9, 166.
— (Edward) [Baur] 9, ·167.
— (Jacques) 9, 167.
— (Jean Frederic) 9, 168.
— (Joh. Stephan) 9, 168.
— (John) [Baur] 9, 168.
— (Pierre Joseph) [Baur] 9,168.
— (Salomon) [Weise] 9, 166.
— (Samuel) [Weise] 9, 167.
Bernardi (Giov.) 9, 169.
Bernardia, s. Adelia 1, 402.
Bernardiner, s. Franz von Assisi 47, 433.
Bernardicz [Anbré] 9, 169.
Bernardin de St.-Pierre, s. St.-Pierre. [9, 169.
Bernardino (Bernhardin) [Wirz]
Bernardinus Comitanus, s. Tomitanus.
Bernardo Tolomei, s. Olivetaner.
— St. (Geogr.) [Stein] 9, 169.
— Bernardus, f. Bernolbus 9, 203.
Bernay [Stein] 9, 169.
Bernburg, Anhalt-B. (Herzog-

thum u. Stadt) [Gottschalk] 9, 169. 170. [bach] 9, 171.
Berncastel, Berntastel [Wyttenbach] 9, 171.
Berne (Dollmann) 9, 171.
Berned (in Baiern) [Fenkohl] 9, 172. [ger] 9, 172.
— (in Württemberg) [Memmin-Bernegger (Matthias) [Baur] 9, 172.
Bernetay [Hassel] 9, 172. [172.
Berners (Juliane), s. Barnes 7, 406. [9, 172.
Bernhard (König von Italien) — (Herzog von Aquitanien) 9, 172. [9, 202.
— (Abt von Reichenau), s. Berno — (Graf v. Anhalt u. Herzog v. Sachsen) [de Marées] 9, 172.
— II.—VII. (Fürsten von Anhalt), s. Anhalt 4, 117.
— (Herzog von Sachsen-Weimar) [Reſe] 9, 173.
— I. (Stifter der Linie Sachsen-Meiningen) [Emmrich] 9, 183. [Joh. Müller] [Baur] 9, 187.
— von Clairvaur [G. E. Petri] 9, 187. [Baur] 9, 193.
Bernhardi (Ambrosius Bethmann) — (Aug. Friedr.) [Gruber] 9, 190 und 14¹, 182.
Bernhardia [Sprengel] 9, 193.
Bernhardim (der Heilige) [Baur] 9, 193. [9, 194.
—, Berhardino (Bergpaß) [Wirz]
Bernhardiner, s. Cistercienser 17, 301.
Bernhards-Berg, St. (der große [Wirz u. Menu von Minutoli] 9, 194.
— (der kleine) [Wirz] 9, 196.
Bernhausen [Memminger] 9, 196.
Bernhold (Joh. Balthasar) [B. (Joh. Georg Sam.); B. (Joh. Wilh.) [Baur] 9, 196.
Berni (Francesco) [Bouterwek] 9, 197. [terland.
Bernicia, s. Heptarchia; Northum-Bernier (austral. Insel) [Hassel] 9, 197.
— (Etienne Alexander Jean Baptiste Marie) [Baur] 9, 198.
— (François und Jean) [Baur] Bernina [Wirz] 9, 199. 9, 198.
— (Giovanni-Lorenzo) [Müller] 9, 199.
Bernis (François-Joachim Comte de Lyon Cardinal de) [Jacobs] 9, 199.
Berno, Bern oder Bernhard (Abt von Reichenau) [Molter] 9,202.
—, s. Cluny 18, 96. [9, 202.
Bernolat (Anton von) [Rumy] Bernolbus [Molter] 9, 203.
Bernoulli (Meyer von Knonau) 9, 203.
Bernsbach, s. Beyerfeld 9, 390.
Bernsdorf [Engelhardt] 9, 209.
Bernstadt, auch Bernstädtel (in der sächſ. Oberlauſiy) [Engelhardt] 9, 209.
— (in Schleſien) 9, 209.

Bernstatt [Memminger] 9, 209.
Bernstein (Agtstein, gelber Amber) [Schreger] 9, 209.
— (mineral.) [Keferstein] 9,211.
— (Stabt in der preuß. Neumark) [Mohnike und Stein] 9, 216.
— (Flecken in Niederungarn) [Rumy] 9, 216. [213.
Bernsteincampher [Schreger] 9, Bernsteinkenilesse[Schreger] 9,213.
Bernsteinöl [Schreger] 9, 213.
Bernsteinsäure [Schreger] 9,214.
Bernsteinsalz, flüchtiges, s. Bernsteinsäure 9, 214. [216.
Bernsteintincturen [Schreger] 9, Bernstorff (Dorf) [Hassel; B. (Landgut) 9, 217.
— (Joh. Hartwig Ernst u. Andr. Peter, Grafen von) [v. Gehren] 9, 217. 218.
Bernthobald, Berthold [de Marées] 9, 221.
Beruua [Rickles] 9, 221.
Beroald, Beroalde (Matthäus u. Francois) [Baur] 9, 222.
Beroaldo (Filippo) [Baur] 9, 222.
Beroë (Mythol.) [Rickles] 9, 221.
— (a. Geogr.) [Rickles] 9, 221.
Beröa [Rickles] 9, 221.
Beroldingen (von) [Meyer von Knonau] 9, 223.
Beroldsheim, Beroldsheim, Berolzheim [Fenkohl] 9, 223.
Beroſoŝ [Wachter] 9, 223.
Berosus s. Hydrophilii.
Berquen (Ludw. v.) 9, 224.
Berquin (Arnauld) [Reſe] 9, 225.
— (Louis de) [Baur] 9, 224.
Berre [Hassel] 9, 225.
Berreuth [Engelhardt] 9, 225.
Berrhöa [Rickles] 9, 222.
Berruguete (Alonſo) [Weiſe] 9, 226. [226.
Berryner (Joſ. Iſaac) [Baur] 9, Berry (Geogr.) [Hassel] 9, 227.
— (Karl Ferd. von Artois, Herzog von) [Hassel] 9, 227.
Berſeba, s. Beerſeba 8, 333.
Berŝmanuŝ (Gregorius) [de Marées] 9, 230. [9, 233.
Bertano (Giov. Battista) 9, 232.
Bertaud, oder Bertaut (Jean) 9, 233. [233.
Bertels (Joh.) [Wyttenbach] 9, Berterosa [Sprengel] 9, 233.
Bertha [Meyer v. Knonau] 9, 233.
Berthar, s. Baſinuŝ 8, 41.
Berthe, s. Hertha.
Bertheller (Philibert) [Meyer von Knonau] 9, 234.
Berthelot, s. Regnier.
Berthelsdorf, s. Brüder-Unität 13, 171; Niesky 9, 234.
Bertheau (George François) [Berthier (George François) 9, 234.
— (Alex., Fürſt von Neuſchâtel) [Deuber] 9, 235.
— Bertier (Guillaume François) [Baur] 9, 235.

Birkarlar, f. Bjurå 10, 211.
Birkaugen, f. Falkenaugen 41,250.
Birke (bot., pharmal., technisch),
  f. Betula 9, 350. [225.
— (Forstwirthschaft) [Laurop] 10,
— (arab.) [Rommel] 10, 228.
Birken, oder Betulina (Siege-
  mund von) [Nese] 10, 228.
Birkenau [Dahl] 10, 229.
Birkenfeld (Hollmann) 10, 229.
Birkenbead (John) [Müller] 10,
  230. [227.
Birkenholz (technol.) [Leger] 10.
Birkenstock (Joh. Melchior von)
  10, 230. [10, 231.
Birket el Hadschi (Hartmann)
  — Karun, Kern, Querren, f.
    Möris.
  — Mariut, f. Mareotis.
Birkhahn und Birkhuhn, f. Te-
  trao Tetrix. [10, 231.
Birma, auch Bhurma [Hassel]
Birmingham [Hassel] 10, 235.
Birnam [Dahl] 10, 236.
Birnbaum (der gemeine, wilde)
  [Laurop] 10, 236.
  — (veredelter, und Birnsorten)
    [Putsche] 10, 237.
  — (Miechuchob) 10, 243.
Birnbaumer-Wald 10, 243.
Birnbaumholz [Leger] 10, 242.
Birnkäfer, f. Apion 4, 404.
Biro (Martin) [Samauf] 10,243.
Biron (Armand de Gontaut, Ba-
  ron von) [Nese] 10, 243.
  — (Karl von Gontaut, Herzog
    von) [Nese] 10, 244.
  — (Karl Armand von Gontaut,
    Herzog von) [Nese] 10, 246.
  — (Ludwig Anton von Gontaut,
    Herzog von) [Nese] 10, 246.
  —, Bieren, Büren (Herzöge v.
    Eurland) [Hassel] 10, 246.
Biroslav [Rommel] 10, 252.
Birr (irl. Stadt) [Hassel] 10, 252.
  — (schweiz. Dorf) [Wirz] 10,252.
  — (Anton) [Meyer v. Knonau]
    10, 252.
Birr (Wirz) 10, 252.
Birse, f. Birzi 10, 253.
Birsect (Wirz) 10, 253.
Birsig, f. Birs 10, 252.
Birset [Petri] 10, 253.
Birstein [Hassel] 10, 253.
Birtha, f. Zeugma.
Birthelmen [Benigni] 10, 253.
Biruma, f. Brahma 12, 209.
Biruni, f. Abu Riban 1, 226.
Birzi, Birze oder Birse [Petri]
  Bis [Weber] 10,253. [10,253.
  — unca, f. Unca.
Bisaccia [Röder] 10, 253. [253.
Bisaccioni (Graf Majolino) 10,
Bisaltae [Ricless] 10, 254.
Bisaltes [Ricless] 10, 254.
Bisaltia, f. Bisaltae 10, 254.
Bisam, Molchus [Schreger] 10,
  254. [52, 429.
  — (Sitz der Gallas), f. Gallas
Bisan [Hartmann] 10, 255.

Bisano, f. Celebes 16, 10.
Bisanthe [Ricless] 10, 255.
Bisanj, f. Besançon 9, 258.
Bisayer, f. Bissayer 10, 266.
Biscaino (Bartolommeo) 10, 255.
Biscara [Hassel] 10, 255.
Biscari [Röder] 10, 256.
Biscaya [Hassel] 10, 256.
  — (Neu-) [Stein] 10, 257.
Bisceglia [Röder] 10,257. [257.
Bischarein, Bischarye [Hassel] 10,
Bischbes [Hassel] 10, 257.
Bischdorf [Rumy] 10, 257.
Bischhausen [Hassel] 10, 257.
Bischof (Karl August Lederecht)
  [Baur] 10, 257.
  — (Getränk) [Schreger] 10,258.
Bischoff (Melchior) [Erhard] 10,
  260.
Bischoffsberger (Bartholomäus)
  [Meyer v. Knonau] 10, 260.
Bischofswerder (Joh. Rudolph v.)
  [Förster] 10, 260.
Bischofsaal, auch Bischofsaal [Rö-
  der] 10, 259.
Bischofsberg, f. Johannesberg.
Bischofsburg [v. Baczko] 10, 258.
Bischofsgottern [Stein] 10, 258.
Bischofsgrün 10, 258. [258.
Bischofsheim (Gau) [Delius] 10,
  — (vor. der Rhön, in Bayern)
    [Eisenmann] 10, 258.
  — (Nectar-B., Rhein-B. und
    Tauber-B., in Baden) [Leger]
    10, 258. [259.
  — (kurhess. Dorf) [Hassel] 10,
Bischofsdori [Delius] 10, 259.
Bischofsmerle, f. Tangata Epi-
  scopus. [palis L.
Bischofsmütze, f. Voluta Episco-
Bischofsstein (in Ostpreußen) [v.
  Baczko]; B. (im Eichsfelde)
  [Lingemann] 10, 259.
    [10, 259.
Bischofswerber [v. Baczko u. Stein]
Bischofswerda [Engelhardt] 10,
  259. [10, 259.
Bischofzell [Wirz] 10, 259.
Bischof (Johann) [Hassel] 10,261.
  — (Nikolaus), f. Croben 50,262.
Bischweiler, Bischwiller [Hassel]
  10, 261.
Biscioni (Anton Maria) 10, 261.
Biscroma 10, 262.
Biscuit [Schreger]; B. (im Bau-
  wesen) [Leger] 10, 262.
Biscutella [Sprengel] 10, 262.
Bisenz (Nowo Bzenec, Bzancz)
  [Andre] 10, 262.
Bisenz 10, 262.
Biserrula [Sprengel] 10, 263.
Bisetzkische Kupferhütte [Petri]
  [287.
Biserta, Bizerta, f. Bizera 10,
Bishaggara [Hartmann] 10, 263.
Bishop (Geogr.: B. and bis
  Clerk; B.'s Castle; B.'s Is-
  land; B. Stortford; B.'s Walt-
  ham; B.'s Wearmouth) [Hassel]
  10, 263. [10, 263.
Bisignano [Röder und Sickler]

Bisinus, f. Basinus 8, 41.
Bisjothiob [Hoffmann] 10, 263.
Biskini [Hassel] 10, 263.
Bisley [Hassel] 10, 263.
Bismart [Stein] 10, 263.
Bismuth, f. Wismuth.
Bisnagur, f. Karnatik.
Bisperberg, f. Beloberg 9, 343.
Bisperode [Hassel] 10, 263.
Biß (morbus) [Seiler] 10, 264.
Bissagos [Hassel] 10, 265.
Bissao, f. Bissagos 10, 265.
Bissaro, f. Birago 10, 219.
Bissayer [Hassel] 10, 266.
Bissen (Dorf) [Hassel] 10, 266.
Bissendorf [Hassel] 10, 266.
Bissener, Bisseni [Rumy] 10, 266.
Bissenprang [Hassel] 10, 268.
Bissert [Petri] 10, 268.
Bissingen (in Würtemberg) [Röder];
  B. (in Bayern) [Eisenmann]
  10, 268.
Bisson [Stein] 10, 268.
Bistrau [Andre] 10, 269.
Bissupur [Hassel] 10, 268.
Bitter, Bistre [Schreger] 10, 268.
Bitterfeld (Joh. Heinr.) [Rumy]
  10, 268. [269.
Bistom, Bistonia, f. Bistoues 10,
Bistones [Ricless] 10, 269.
Bistorta und Bistorta-Wurzel, f.
  Polygonum. [mente.
Bistouri, f. Chirurgische Instru-
Bistrica, Bistrija [Schultes] 10,
  269. [269.
Bistritz (Baron Mednyanszky) 10,
  (Flüße in Siebenbürgen) [Be-
    nigni] 10, 270. [270.
  — (Fluß in Ungarn) [Rumy] 10,
  — (Stadt in Siebenbürgen) [Be-
    nigni] 10, 270. [271.
Bistritzer-District [Benigni] 10,
Bistriz (Neu-) [Andre] 10, 269.
Bißritz [Andre] 10, 271.
Bißstra [Rumy] 10, 269.
  —, Bißtro [Rumy] 10, 269.
Bitaube (Paul Jeremias) [Nese]
  10, 271.
Biteck (Groß-) [Andre] 10, 272.
Bitetto [Röder] 10, 272.
Bitgau [Delius] 10, 272.
Bither, f. Bether 9, 322.
Bithron [Hoffmann] 10, 274.
Bithyä, f. Bithynia 10, 274.
Bithynia [Ricless] 10, 274.
Bithynium [Ricless] 10, 275.
Bitie [Horner] 10, 275.
  — bitis, f. Vipera atropos.
Bitis-Natter, Bitis-Schlange, f.
  Vipera Bitis.
Bitißa, f. Betulia 9, 329.
Bitoglia, f. Bitoglia.
Bitom, Bißtoma 26, 190.
Biton 10, 275.
Bitonto [Röder] 10, 275.
Bitpal [Hassel] 10, 275.
Bitsch 10, 285.
Bitsch, Bitsche (Stadt) [Hassel]
  10, 275.

Bitsch (T.   ) [Spangenberg]
  10, 275 par
Bitschweiler [Hassel] 10, 275.
Bitschwinda [Rommel] 10, 276.
Bittaeus [Germar] 10, 276.
Bitte [Märtens] 10, 276.
  —, Recht der ersten B., f.
    teutscher Kaiser.
Bitterrebe [Schreger] 10, 277.
Bitterfeld [Stein] 10, 276.
Bitterholz, f. Quassia.
Bitterkalt [Keferstein] 10, 280.
Bitterklee, f. Menyanthes.
Bitterling, f. Cyprinus 20, 482.
Bittermandeln, f. Mandeln.
Bittersalz (mineral.) [Keferstein]
  10, 281.
  — (chemisch, arzneilich und tech-
    nisch) [Schreger] 10, 281.
Bitterstoff (künstlicher) [Schreger]
  10, 282. [283.
  — (natürlicher) [Schreger] 10,
  — der Aloë, f. Angusturabitter
    4, 113; Brucin 13, 123.
  — der Bryonia alba, f. Quas-
    siabitter.
  — der Chinarinde, f. Cinchonin
    17, 262; Chinin 16, 383.
  — der Citronen, f. Citronen-
    bitter 17, 228. [bitter.
  — der Coloquinten, f. Quassia-
  — der Daphnearten, f. Daphnin
    23, 108. [Moosbitter.
  — der isländ. Flechten, f.
  — der Gentiana lutea, f. Gen-
    tianin 58, 284. [bitter.
  — der Kaffeebohnen, f. Kaffee-
  — der Kockelskörner, f. Picro-
    toxin.
  — des Opium, f. Morphin
  — der Sennablätter, f. Senna-
    bitter.
  — der Squilla, f. Scillitin.
  — der Strychnosarten, f. Strych-
    nin. [quassiabitter.
  — der Syringa vulg., f. Sy-
  — des Trifolium fibr., f. Quas-
    siabitter. [f. Wallnußbitter.
  — der grünen Wallnußschalen,
  —, Welterscher, f. Bitterstoff(künst-
    licher) 10, 282.
Bitterstoffige Arzneimittel [Schre-
  ger] 10, 284.
Bittersüß, f. Solanum.
Bitterwasser (Bittersalzwasser)
  [Schreger] 10, 285.
Bittion, f. Bitie 10, 275.
Bittschrift [Spangenberg] 10,285.
Bittye [Baron Mednyanszky, Ga-
  maut und Rumy] 10, 285.
Bittygoren [Rumy] 10, 285.
Bitusion, f. Bethulia 9, 329.
Bitumen, f. Erdharz 36, 400.
Biturer und Bituriges [Sickler]
  10, 286. [Rumy] 10, 286.
Bitzina, auch Bitzena, Bitzina
Biumi (Paul Hieron.) [Spren-
  gel] 10, 286.
Biveronius (Jakob) [Meyer von
  Knonau] 10, 286.

Bivona [Röber] 10, 286. [286.
Bivonaea Cand. [Sprengel] 10,
Bivouac, Beiwacht, f. Lager.
Bixa [Sprengel] 10, 286.
Bijamo [Hartmann] 10, 287.
Bijan, Bijen, f. Bilan 10, 255.
Bijaro, Bijarro (Pietro) [Baur]
10, 287.
Bijarr, f. Wunderlich.
Bijati [Krule] 10, 287.
Bije [Hassel] 10, 287.
Bijera, Bijerta [Hassel] 10, 287.
Bijone [Ricklefs] 10, 287.
Bijpa [Ricklefs] 10, 287.
Bijälbo [v.Schubert] 9, 408.
Bijärträ [v.Schubert] 9, 408.
Bjeloi und Bjelopolje, f. Beloi
8, 464; Belopolje 8, 465.
Bjeluga, f. Acipenser 1, 326.
Bjerkander (Clas) [Sprengel] 10,
140.
Bjetno [v.Schubert] 10, 141.
Bjeschexl, Besbexl 10, 142.
Björtö [v.Schubert] 10, 211.
Björn [v.Gehren] 10, 212.
Björneborg [v.Schubert] 10,212.
Bjuräker [v.Schubert] 10, 286.
Bjursrö [v.Schubert] 10, 286.
Bjurs Klubben, f. Löfänger.
Bjurslös, f. Kongsbögen.
Blaarer (Adelsfamilie) [Meyer
v. Knonau] 10, 287.
— (Ambrosius) [Pfister]10, 288.
— (Gerrich) [Pfister] 10, 289.
— (Hans) [Meyer v. Knonau]
10, 289.
— (Margarethe) [Meyer b. Kno-
nau] 10, 289. [10, 290.
— (Melchior) [Meyer v. Knonau]
Blaceas [Lichtenstein] 10, 291.
Blachwanze, f. Acanthia 1, 240.
Black (Joseph) 10, 291.
Blackburn (auch Blackburne)[Has-
sel] 10, 291.
— (Will.) 10, 291. [291.
Blackburne (Francis) [Erich] 10,
Blackburnia [Sprengel]10,292.
Blackfisch, f. Sepia.
Blackfoot-Indianer, f. Schwarz-
Blackbrad [Hassel] 10, 292. [füßer.
Blackheath [Hassel] 10, 292.
Blackley [Hassel] 10, 292.
Blackled (Thomas) [Reje] 10,
292. [293.
Blackmore (Richard) [Müller] 10,
Blackneß [Hassel] 10, 294.
Blackpool [Hassel] 10, 294.
Black River [Hassel] 10, 294.
Black Rock [Hassel] 10, 294.
Blackrode [Hassel] 10, 295.
Blackstone (William) [Spangen-
berg] 10, 295. [10, 296.
Black Warrior oder Cabo [Hassel]
Blackwater [Hassel] 10, 296.
Blackwell (Alexander und Elisa-
beth) [Baur] 10, 297.
— (auch Blackwall, Anthony)
[Baur] 10, 296.
— (Thomas) [Baur] 10, 296.
Blackwellia [Sprengel] 10, 298.

Blackwood (Adam und Henry)
10, 298. [f. Kahn.
Bladt und Bladung (Blattung),
Bladen (schles. Flecken) [Fischer]
10, 298. [298.
— (in Nordkarolina) [Hassel] 10,
Bladensburg [Hassel] 10, 298.
Bladhia [Sprengel] 10, 298.
Bläblsucht, f. Trommelsucht.
Blähungen, f. Verdauung.
Blaëne [Ricklefs] 10, 298.
Blaes oder Blasius (Gerard)
[Sprengel] 10, 298.
Bläser, f. Blasen 10, 322.
Blößbad [Röber] 10, 299.
Bläße, f. Blaß 10, 339.
Bläßling, f. Fulica 51, 73.
Blaeus [Spangenberg] 10, 299.
Blätter, f. Blatt 10, 342. [346.
Blätterdurchgang [Schreger] 10,
Blättererde, f. Ersig 38, 217.
Blättererz, f. Tellur.
Blättergrün [Schreger] 10, 347.
Blätterig, f. Textur.
Blätterkohle, f. Schwarzkohle.
Blätterschwämme, f. Agaricus 2,
Blätterton, f. Thon. [172.
Blätterzeolith, f. Stilbit.
Blau (auch Blaeum, Blauw und
Caesius, Wilh. u. Joh.) [Ebert]
10, 299. 300.
Blaufarbe, f. Albinos 2, 369.
Blaffert, Blappert [Hase]10,302.
Blagay (v. Stramberg) 10, 303.
Blagodat [Hassel] 10, 303.
Blagrave (John) 10, 303.
Blaim [Hassel] 10, 303.
Blainville (de) [Baur] 10, 303.
Blair (Hugo) [Baur] 10, 304.
— (John) [Baur] 10, 304.
— (Patrik) [Sprengel] 10, 304.
— Athol (in Schottland) [Hassel]
10, 306. [tel] 10, 306.
— Gowrie (in Schottland) [Has-
Blairia [Sprengel] 10, 305.
Blaise (in Frankreich) [Hassel]
10, 306. [Wirz] 10, 306.
— St. (im Canton Neuchatel)
Blaisois, f. Blois 11, 89.
Blaiton [Hassel] 10, 306.
Blake (Robert) [Baur] 10, 306.
Blakea [Sprengel] 10, 307.
Blakely [Hassel] 10, 307.
Blakeney [Hassel] 10, 307.
Blamont [Hassel] 10, 307.
Blampin (Thomas) [Mohnike]
10, 307.
Blamütler [Hase] 10, 308.
Blanca, f. Blaños 10, 313.
Blanc de Ceruse, B. d'Espagne,
B. de Perles, f. Schminke.
— vera, f. Bergkunst.
Blanc (le) [Hassel] 10, 308.
Blanca (Münzkunde), f. Blanka
10, 313.
Blanco, f. Blanquillos (span. Insel)
[Stein] 10, 308. [10, 308.
Blancard (Stephan) [Sprengel]
Blancas (Geronymo de) [Baur]
10, 308.

Blanchard (François, Luftschiffer)
10, 309.
— François, Wilh., Elias u.
Jean Bapt., Gelehrte) 10, 309.
— (Jac. u. Gabriel, Künstler)
[Weise] 10, 309.
Blanchelande (Philibert François
Rouxel de) [Baur] 10, 310.
Blanchet (Pierre), f. Pathelin.
— (Thomas) [Weise] 10, 310.
Blanco (Bianco, bei Wechseln :c.)
[v. Bosse] 10, 310.
— (Vorgebirge) [Hassel] 10,312.
Blancso [Hassel] 10, 312.
Blandford [Hassel] 10, 312.
Blandfordia [Sprengel] 10,312.
Blandusia, f. Biograd 10, 214.
Blandona, f. Biograd 10, 214.
Blandovia [Sprengel] 10, 312.
Blandrata [Baur] 10, 312.
Blanes [Stein] 10, 313.
Blanitja [Hassel] 10, 313.
Blanka [Hase] 10, 313.
Blanka, f. Bandußia 7, 305.
Blankenau [Hassel u. v. Bacsko]
10, 314.
Blankenberg, f. Blamont 10,307.
Blankenburg (im Braunschwei-
gischen) [Hassel] 10, 314.
— (im Schwarzburg-Rudolstadt)
[v. Hellbach] 10, 31⁵.
— (Adelsfamilie)(v.Stramberg)
10, 316. [10, 317.
(Chrift. Friedr. von) [Hassel]
Blankenese [Deckx] 10, 318.
Blankenbay (Galletti) 10, 318.
Blankenheim (Wettenbach) 10,
Blankenstein [Justi] 10, 319. [319.
Blankenthal (Joh. Teunißt) [Weise]
10, 321.
Blanquefort [Hassel] 10, 321.
Blanquet, f. Blanco 10, 310.
Blantac [Hassel] 10, 321.
Blanfingen [Leger] 10, 321.
Blaneko [Andre] 10, 321.
Blaintyre [Hassel] 10, 321.
Blaps [Germar] 10, 321.
Blarer, f. Blaarer 10, 287.
Blares 10, 322.
Blas, San [Hassel] 10, 322.
Blaich, f. Blasendorf 10, 326.
Blase (Harnblase), f. Harnblase.
— (Chemie), f. Destillirblase
24, 286.
Blasebalgtöhrohr, Blasemaschi-
nen u. Blasröhr, f. Löthrohr.
Blasen, Bläser (Technol.) [Mül-
ler] 10, 322. [10, 326.
— (Musit), f. Blasinstrumente
Blasendorf [Benigni] 10, 326.
Blaseneidechfe, Blasenträger, f.
Anolis bullaris 4, 190.
Blasenfuß, f. Aphidii 4, 397.
Blasenschnecke, f. Bulla 14¹, 7.
Blasenschwanz, f. Cysticercus
20, 438.

Blasenstein [Rump] 10, 322.
Blasentang, f. Fucus 50, 396.
Blasenwürmer, f. Cysticercus
20, 438.
Blasewitz [Engelhardt] 10, 324.
Blasheim [Hassel] 10, 324.
Blasshorn, f. Buccinum 13, 269.
Blasia [Sprengel] 10, 324.
Blasien, St. [Leger] 10, 324.
Blasienzella (Galletti) 10, 326.
Blasinstrumente [Weber]10,326.
Blasius, St. 10, 339.
— (Ger.), f. Blaes 10, 298.
Blasiushift [Hassel] 10, 339:
Blaslett [Hassel] 10, 339.
Blastovich, Blastovica (Andreas)
[Rump] 10, 339.
Blasonniren, f. Wappenkunde.
Blasphemie, f. Gotteslästerung
76, 60.
Blaß [Menke] 10, 339.
Blaßfo 10, 341.
Blasianus, f. Steropes.
Blastus [Sprengel] 10, 341.
Blatnicja [Zipler u. Rumy] 10,
342.
Blatt (Baukunst) [Leger] 10, 342.
— (Jäger bz.) [a. d. Windell]
10, 342.
— (Pflanzenkunde) 10, 343.
— (Musit) [Weber] 10, 345.
—, Wandernbes, f. Mantis.
—, Blättergewebe (thierisches)
[Schreger] 10, 347.
Blatta [Germar] 10, 348.
Blattariae, f. Orthoptera.
Blattel-Heben [Müller] 10, 348.
Blattenberg, f. Plattenberg.
Blattendorf 10, 348.
Blatter, Blattern, f. Pocken.
Blatternatter, f. Coluber gutta-
Blatterstein, f. Saußurit. [tus.
Blattfisch, f. Haltica.
Blattgold [Schreger] 10, 348.
Blattkäfer, f.Chrysomela 17,163.
Blattlaus, f. Aphidii 4, 397.
Blattlauskäfer, f. ·Coccinella
18, 147.
Blattsilber [Schreger] 10, 347.
Blattstein, f. Tortrix.
Blatum bulgium 10, 348.
Blau (Farbe) [Schreger] 10, 348.
—, die (Fluß) [Pabst] 10, 379.
— (Felix Anton) [Baur]10,379.
Blaubeuren[Memminger]10,379.
Blaublomm (Ludwig) [Spangen-
berg] 10, 380.
Blaue Gebirge [Hassel] 10, 380.
Blauen, der [Leger] 10, 380.
Blauenstein (in Ungarn) [Rumy]
10, 380.
— (Ritol.) [Meyer von Knonau]
10, 380.
Blauerde [Schreger] 10, 348.
Blauer Montag, f. Handwerks-
recht; Zünfte.
Blaufarben (Kurrer, Lampadius
u. Schreger) [Engelhardt]
10, 354. [10, 354.
Blaufeuer, chinesisches [Schreger]

Voëbodi [Rumy] 11, 164.
Voëce, s. Voethius 11, 287.
Böcke [Meyer von Knonau] 11, 164. [11, 165.
Böckelmann (Joh. Friedr.) [Baur]
Böckh (Christian Gottfried) [Baur] 11, 165. [Baur] 11, 166.
Böckh, eig. Böcken (Placidus)
Böckingen (Memminger) 11, 166.
Böckmann (Karl Wilh.) [Molter] 11, 168.
Böcler (Joh. Heinr.) [Ebert] 11, 166.
Böcmann, oder Böckmann (Joh. Lorenz) [Molter] 11, 167.
Böddiger [Hassel] 11, 169.
Bödefeld [Seiberh] 11, 169.
Boedgeroens [Hassel] 11, 169.
Boedigheim [Leger] 11, 169.
Bödiker (Joh.) [Baur] 11, 169.
Boëdromios [Ricklefs] 11, 170.
Böhlen (Belen) [v. Hellbach] 11, 170. [11, 170.
Bösler (Joh. Friedr.) [v. Hellbach]
Böhn (Anbr.) [Baur] 11, 176.
— (Jakob) [Rähe] 11, 170.
Böhme (Fluß) [Hassel] 11, 177.
— (Joh. Gottlob und Joh. Ehrenfried) [Baur] 11, 177.
Boëhmen [Andreä] 11, 178.
Böhmer, Böhmlein (Ornith.), s. Ampelis garrulus 3, 387.
— (Juristen-Familie) [Spangenberg] 11, 240. [241.
— (Georg Rud.) [Sprengel] 11, Böhmera [Sprengel] 11, 241.
Böhmer-Wald, s. Böhmen 11, 178.
Böhmisch-Aicha, s. Aicha 2, 258; B.-Brod, s. Brod 13, 75.
Böhmische Brüder [Schaaff] 11, —Hütte, s. Stubenbach. [242.
Böhmisten [G. E. Petri] 11, 174.
Böhöhme (Rumy) 11, 250. [250.
Böt (Aug. Friedr.) [Baur] 11, Bösensörde [Seiberh] 11, 250.
Böl (Peter) [Weise] 11, 250.
Bölberger Mineralwasser [Schreger] 11, 251.
Bölchen, Balon, s. Wasgau.
Bölhorst, s. Minden.
Bölsten, s. Koppen.
Böllingen, s. Heilbronn.
Bönsch [a. b. Windell] 11, 251.
Bön [Hassel] 11, 251.
Bönhase [Wohnize] 11, 251.
Bönicke (Christian) [Baur] 11, 251.
Bönnigheim [Memminger] 11, Bönttrift [Hassel] 11, 252. [251
Böon, Boum, s. Boris 27, 140
Böotarchen, s. Böotien 11, 252.
Böotien [Müller] 11, 252.
Böotos [Ricklefs] 11, 274.
Börde [Schlichthorst] 11, 274. [274.
Boerhaavia [Sprengel] 11, 277.
Boerius (N.), s. Boyer 12, 165.
Börnecke [Hassel] 11, 279.
Börner (Entomol.), s. Lucanus.

Börner (Immanuel Karl Heinr.) [Fischer] 11, 279. [278.
— (Gelehrtensam.) [Baur] 11,
Borro, s. Buro 14[1], 130.
Borringe [v. Schubert] 11, 279.
Börry [Hassel] 11, 279.
Börse [v. Bosse] 11, 280.
Börstel [Hassel] 11, 281.
Böschenstein (Joh.) [Baur] 11, Böschung, s. Mauer. [281.
Böse, s. Gut. [282.
— (Mag. Joh. Georg) [Rese] 11,
Borsenmeers Archipel, s. Niedrige Inseln.
Bösig (Bösig) [Anbreä] 11, 283.
Bösingfeld [Hassel] 11, 283.
Boethius (Anicius Manlius Torquatus Severinus) [Hand] 11, 283.
— (Hector) [Hand] 11, 287.
Boethus (Bildh.) [Horner] 11, 287.
— (Flavius, aus Ptolemais); B. (aus Tarsus, Dichter); B. (Platoniker); B. aus Sidon (Peripatet.); B. (Stoiker); B. (Epicuräer); B. (Arzt) [Hand] 11, 287. 288.
Boëtie (Etienne de la) [Baur u. Tennemann] 11, 288.
Boëtius (Christian Friedr.)[Weise] 11, 289.
— (Julfinus); B. (M. Sebastian); B. (Epo); B. (ab Holbinga); B. (Anselmus) [Hand] 11, 288. [289.
Böttcher (J. F.), s. Böttger 11, Böttchers Bohrer, s. Bulla Terebellum 14[1], 10.
Böttger (Joh. Friedr.) [Hempel] 11, 289.
Boeuf [Hassel] 11, 293.
Bözberg (Wirz) 11, 293.
Bözenburg, Bözenburg [Stein] 11, 293.
Boffrandi (Germain) 11, 294.
Bogen [Hassel] 11, 294.
Bog (Worbs) 11, 294.
Bogan (Zacharias) 11, 294.
Bogas [Hartmann] 11, 294.
Bogatil oder Bogatoi [Petri] 11, 294. [11, 295.
Bogatzky (Karl Heinr. von) [Baur]
Bogba, oder Bogbo-oola [Petri]
Bogbau, s. Moldau. [11, 295.
— (Martin) [Sprengel] 11, 295.
Bogbanich (Bogbanios, Emrich Daniel) [Rumy] 11, 295.
Bogbanowitsch (Hippolit) [v. Wichmann] 11, 296.
Bogbinskoje Solähoje Osero, s. Bogba 11, 295.
Bogbo [Hassel] 11, 296.
Bogboi, s. Mantschu.
Bogbicha, Bodticha, s. Tenedos.
Bogen (Geometrie) [v. Schlieben] 11, 297.
— (Baukunst) [Leger] 11, 297.
— (Waffe) [v. Hammer] 11, 297.
— (Musik) [Weber] 11, 298.

Bogen (Flecken u. Grafengeschlecht) [Eisenmann] 11, 307.
Bogenberg (Eisenmann) 11, 308.
Bogenflügel oder Bogenklavier [Weber] 11, 299.
Bogenführung, s. Bogen 11, 298;
Bogenstrich 11, 305. [301.
Bogenhammerklavier [Weber] 11,
Bogenhausen[Eisenmann]11,308.
Bogenindianer [Hassel] 11, 309.
Bogeninstrumente [Weber] 11,
Bogenkäfer, s. Toxicum. [301.
Bogennatter, s. Coluber Natrix 21, 310.
Bogenquartett [Weber] 11, 305.
Bogenschuß, s. Schuß.
Bogenstrich [Weber] 11, 305.
Bogenzirkel, Stellzirkel, s. Zirkel.
Bogerman (Joh.) [v. Kampen] 11,
Boghas [v. Hammer] 11, 309.
Boghêsha [v. Hammer] 11, 309.
Bogiela [Hassel] 11, 309.
Bogislaff (14 Herzoge von Pommern) [v. d. Landen] 11, 309.
Boglio, Beuil [Röder] 11, 317.
Boglion, Bollion, Bullion 11, 317.
Boglipoor [Hassel] 11, 317.
Bogmaarus [Lichtenstein] 11, 317.
Bogner [Hassel] 11, 317.
Bogobuchom [Petri] 11, 317.
Bogomilen, s. Manichäer.
Bogorodez, auch Bogorobitz [Petri] 11, 317.
Bogorobljezoje [Petri] 11, 317.
Bogorobet [Petri] 11, 317.
Bogoslawsk, s. Turez.
Bogota [Hassel] 11, 317.
Bogslab [v. Schubert] 11, 318.
Bogurphaus [Baur] 11, 318.
Bogurdien, s. Schabacz.
Boguslav, s. Bogislaff 11, 309;
Boteslaus 11, 353.
Boguslawl [v. Wichmann] 11, 318.
Boguslfar [Petri] 11, 318.
Boha [Hartmann] 11, 318.
Bohabin, s. Saladin.
Bobabich (Joh. Bapt., auch Joh. Taufer) [Baur] 11, 318.
Bobain [Hassel] 11, 318.
Bobat, s. Auslug 6, 451. [bußh.
Bobbanetz, Bobbanetsch, s. Perbobemund I. [Marcus, Fürst v. Tarent) [Halen] 11, 318.
— II.-VI. (Fürsten von Antiochien) [Halen] 11, 323. 324.
Bohel, Boblius (Samuel) [Mohmund und Baur] 11, 324.
Bobse, s. Laubholz 8, 114; Sägemühle. [Doch 222, 9.
Boblenbad, Bohlensparren, s.
Bohlenschwelle, s. Schwelle.
Bohlingen [Leger] 11, 324.
Bohn [Sp.] [Sprengel] 11, 325.
— (M. Joh. Splw.) [Erhard] 11, 325.
Bohne (bot.), s. Phaseolus.
Bohnen (glätten), s. Poliren;
Schreiner.

Bohnen (Pferdekunde), s. Kunben.
Bohnenbaum, s. Cytisus Laburnum 20, 439.
Bohnenberger (Gottlieb Christoph) [Baur] 11, 327.
Bohnenerz [Keferstein] 11, 328.
Bohnenkaper, s. Zygophyllum.
Bobol, Bofsl [Hassel] 11, 328.
Bobrau [Fischer] 11, 328.
Bohren, Bohrer und Bohrmaschinen [Poppe] 11, 328.
Bohrfliege, s. Trypanea.
Bohrkäfer, s. Ptinus.
Bohrmuschel, s. Pholas L.; Terebratula.
Bohrpholabe, s. Pholas pusilla.
Bohrwurm, s. Teredo.
Bohle (August) [Rese] 11, 330.
Bohun [v. Stramberg] 11, 331.
Bahus (v. Schubert) 11, 332.
Bohus-Slott (v. Schubert) 11, 332.
[Rumy] 11, 333.
Bohuslo (Georg und Samuel v.)
Boi, Boy, s. Wollenzeuge.
Boigny [v. Stramberg] 11, 333.
Boiladen, s. Bojar 11, 344.
Boileau (Nikolaus, gen. Despreaux) [Rese] 11, 333. [338.
Boinbin (Nicolas) [Wohnize] 11,
Boineburg, s. Bonneburg 12, 173.
Boirel (Antoine und Nicolas) [Baur] 11, 338.
Bois, du, s. Dubois 28, 121.
Boisalz, s. Salzwerke.
Bois-belle, s. Henrichemont.
Boisblanc [Hassel] 11, 338.
Bois commun; B. d'Amont [Hassel] 11, 338. [11, 338.
Bois-Dauphin [v. Stramberg]
Boisgelin (Kanal) [Hassel] 11, 339.
— (Jean de Dieu Raymond de Cucé) [Rese] 11, 339.
Bois-le-Duc, s. Herzogenbusch.
Boismont (Nicolas Thyrel de) [Baur] 11, 340. [340.
Boisot (Ludw.) [v. Kampen] 11,
— (R. Sim.) s. Boizot 11, 344.
Boisrobert (François Métel de) 11, 340. [11, 341.
Boissard (Jean Jacques) [Baur]
Boisse (Pierre de) [Baur] 11, 341. [342.
Boisseson d'Aumontel [Hassel] 11,
Boissieu (Barthélemy Camille) [Baur] 11, 342. [11, 342.
— (Denis Salvaing de) [Baur]
— (Jean Jacques de) [Weise] 11, 342.
Boissy (Louis de) 11, 342.
Boislam und Boislawitsch, s. Serbien. [343.
Boitet de Frauville (Claude) 11,
Boitra [Benigni] 11, 343.
Boiya [Benigni] 11, 343.
Boizenburg (in Mecklenburg 11, — (in der Uckermark), s. Baerburg 11, 293. [11, 343.
Boivin (Louis und Jean) [Baur]
Boizot (Louis Simon) 11, 344.
Bojador [Hassel] 11, 344.

Bonnet (Familie) [Oittermann] 11, 405.
— (Karl) [Sprengel] 11, 406.
— (Pierre u. Jacques) 11, 408.
Bonnetable [Hassel] 11, 408.
Bonnetia [Sprengel] 11, 408.
Bonneval (Geogr.)[Hassel]11,408.
— (Claude Alexander) [Baur] 11, 408.
Bonneville[Röder]11,410. [410.
Bonnier d'Arco (Ange) [Baur]11,
Bonnieux [Hassel] 11, 410.
Bonnivard (Franz von) [Meyer von Knonau] 11, 410. [412.
Bonnus (Hermann) [Baur] 11,
Bononcini (Giovanni Maria; Giovanni; Antonio) 11, 412.
Bononia, s. Bologna 11, 358.
— (a. Geogr.) [Ricklefs] 11, 412.
Bononischer Stein, s. Phosphor.
Bonosus (Bischof von Sardika), s. Maria.
— (Quintus), s. Probus.
Bonplandia [Sprengel] 11, 413.
Bonsecours [Hassel] 11, 413.
Bonstetten (Wirz) 11, 413.
Bontain [Hassel] 11, 413.
Bontekoe (Cornel.) [Sprengel] 11, 413.
Bontius (Ärzte) [Baur] 11, 413.
— (Jak.) [Sprengel] 11, 413.
Bontjida [Benigni] 11, 414.
Bonus eventus [Ricklefs]11,414.
Bonvicino (Alessandro) 11, 414.
—(Benedetto)(Hendelv.Donners-mard] 11, 414.
Bonvouloir [Hassel] 11, 414.
Bony [Hassel] 11, 414.
Bonyha [Benigni] 11, 414.
Bonzanigo (Giuseppe) (Henckel v. Donnersmard] 11, 414.
Bonzen 11, 415.
Boochampor [Hassel] 12, 1.
Boog, s. Bratspille [12, 292; Hed.
Boom [Hassel] 12, 1.
Boona [Ricklefs] 12, 1.
Boonbee, Bundy [Hassel] 12, 1.
Boone [Hassel] 12, 1.
Boonen (Arn. u. Kaspar) 12, 1.
Boopis [Sprengel] 12, 1.
Boops [Lichtenstein] 12, 1.
Boos (gräfl. Haus) [v. Stram-berg] 12, 402.
— (bair. Flecken) 12, 1.
Boosbater, s. Utica.
Booskaj de Kis Maria (Stephan) [Benigni] 12, 2.
Boosnab [Hassel] 12, 2.
Boot [Braubach] 12, 2.
— (Arnold) [Sprengel] 12, 3.
Bootan und Booton, s. Butan 14¹, 147; Buton 14¹, 155.
Bootes [Fritsch] 12, 4.
Booth (Bartou) [Müller] 12, 3.
Boothake, s. Strombus chira-
Bopaul [Hassel] 12, 4. [gra L.
Bopfingen [Pahl] 12, 4.
Bopin [Hassel] 12, 4.
Boppard [v. Stramberg] 12, 4.
Bopyrus [Lichtenstein] 12, 6.

Bor, Borri (Pieter Kristians-zoon) [Baur] 12, 7.
Bora [Hartmann] 12¹ 7.
— (Katharina von), s. Luther.
Boracit [Keferstein] 12, 7.
Boracium [Schreger] 12, 7.
Borago [Sprengel u. Schreger]
Borah [Hassel] 12, 8. [12, 8.
Borat, Alborat, s. Muhammed.
Borang [Hassel] 12, 8.
Borås [v. Schubert] 12, 8.
Borassus [Sprengel] 12, 9.
Borax [Schreger] 12, 9.
Boraxglas, s. Borax 12, 9; Bo-raxsäure 12, 10. [12, 10.
Boraxsäure (mineral.) [Keferstein]
— (chemisch) [Schreger] 12, 10.
Boraxsulmiat, s. Salzsäure.
Boraxweinstein, s. Weinsteinsäure.
Borba (Stein) 12, 13.
Borberek, s. Alvincz 3, 280.
Borbonia [Sprengel] 12, 13.
Borborianer ob.Vorboriten[Moh-nike] 12, 13.
Borborus (Wiedemann] 12, 14.
Borchhorst, auch Borchorst, 12,14.
Borchloen, s. Looz.
Borcholten, Bordolbus (Joh. v.) [Baur] 12, 14.
Borchmard (Ernst Sam. Jakob) [Schulze] 12, 15.
Bord [Poppe] 12, 15. [12, 15.
Borda oder Al-B. [v. Hammer]
— (Jean Charles) [Baur] 12, 15.
Bordazar de Artagu (Antonio) [Baur] 12, 16.
Borde, auch de Laborde (Jean Benjamin de la) [Baur] 12,17.
— (Jean Baptiste de la); B. (Jean Joseph de la); B. (Fran-çois Louis Joseph de la); B. (Adelaide de la) [Baur] 12,18.
Bordeaux, auch Bourdeaux, Bor-beaumoire [Hassel] 12, 18.
Bordell (Wittermann] 12, 20.
Bordenave (Toussaint) [Spren-gel] 12, 20.
Bordentown [Hassel] 12, 20.
Bordes (Charles) 12, 20.
Bordesholm [Dörfer] 12, 20.
Bordeu (Theoph. de) [Sprengel]
Bordiren, s. Verbrämen. [12, 21.
Bordoe, s. Färberne 41, 95.
Bordone, s. Scaliger.
Bordoni (Faustina), s. Hasse.
Borduen und Borbun, s. Bary-ton 7, 471; Orgel.
Borbur [v. Hammer] 12, 21.
Borea, s. Jaspis.
Boreadä, s. Boreas 12, 21.
Boreas [Ricklefs] 12, 21.
Boref 12, 22.
Boref (Petr.) [Sprengel] 12, 22.
Borelli (Joh. Alfons) [Sprengel] 12, 22.
Boreslos, s. Brulos 13, 216.
Boren Galla, s. Galla's 52, 429.
Boreray [Hassel] 12, 23.
Boretsch, s. Borago 12, 8.
Boreus [Germar] 12, 23.

Borgå [v. Schubert] 12, 23.
Borgarucci, Borgarutius (Pros-per); B. (Borgaruccio) [Baur] 12, 24.
Borgas, s. Borghas 12, 24.
Borgå-Stift [b. Schubert] 12, 24.
Borgentreich [Hassel] 12, 24.
Borgenssel [v. Schubert] 12, 24.
Borghas [v. Hammer] 12, 24.
Borghese [v. Stramberg] 12, 25.
Borghetto [Röder] 12, 26.
Borghini (Vincenzo); B. (Raffa-ele); B. (Maria Selvaggia) [Baur] 12, 26.
Borgholm [v. Schubert] 12, 27.
Borghos [Hassel] 12, 27.
Borgholzhausen [Hassel] 12, 27.
Borgia (abel. Familie) [Baur] 12, 27—30.
Borgne [Hassel] 12, 31.
Borgo (in Siebenbürgen) [Be-nigni] 12, 31.
— (in Italien) [Röder] 12, 31.
Borgondio, s. Burgundio 14¹,103.
Borgund [v.Schubert] 12, 31.
Borhassira (Hoffmann] 12, 31.
Borich (Genersich] 12, 31.
Borie, eig. Beaurieu (Gilb. Ba-lentin Felix, Freih. von)[Baur]
Boristenis 52, 73. [12, 32.
Borispol [Petri] 12, 32.
Borissoglebsk [Petri] 12, 32.
Borissow, auch Borysow [Petri] 12, 33. [12, 33.
Borja (span. Ciudad) [Stein]
— bi S. Francesco (Stadt in Columbia) [Hassel] 12, 33.
Bork [v. Stramberg] 12, 33.
Borke, s. Rinde; Schorf.
Borkelo [Hassel] 12, 35.
Borken (hess. Stadt) [Petri] 12, 35.
— (westfäl. Stadt) 12, 35.
Borkenkäfer, s. Bostrichus12,89.
Borkhausen (Moritz Balthasar) [Baur] 12, 35.
Borkum (Oittermann] 12, 36.
Borlace, Borlase (William)[Baur] 12, 36. [12, 37.
Borlach (Joh. Gottfr.) [Baur]
Borlase, s. Borlace 12, 36.
Bormes [Hassel] 12, 37.
Bormida [Röder] 15, 37.
Bormio, s. Worms.
Bormisko's [Ricklefs] 12, 37.
Born, s. Wasser u.Wasserleitung; auch Bäder 7, 44.
— (Rechtsgelehrte u.Philosophen) [Baur] 12, 37. [38.
— (Ignaz Edler v.) [Baur] 12,
Borna (Engelhardt] 12, 41.
Borneo [Hassel] 12, 41.
Bornfahrt und Bornmeister, s. Salzwerke.
Bornheimer Berg, auch Bergen [Hassel] 12, 42.
Bornhem [Hassel] 12, 42.
Bornhöved (Dörfer] 12, 42.
Bornholm 12, 42.
Bornhoven (Vogel] 12, 42.

Bornos [Stein] 12, 43.
Bornstädt (im Reg.-Bez. Potsdam) [Stein] 12, 43. [12, 43.
— (im Reg.-Bez. Merseburg) [Reis] 12, 43.
Bornstedt (auch Bornstädt), von Reis] 12, 43.
Bornu, s. Burnu 14¹, 129.
Bornum [Hassel] 12, 43.
Bornumhausen [Hassel] 12, 43.
Borobodo [Hassel] 12, 43.
Boroctra (Delius] 12, 43.
Borodino (russ. Dorf) (v. Wich-mann] 12, 43.
— (Schlacht bei) [Schulz] 12, 43.
Boroër, s. Kaffern.
Borobratel (Boruhrabel) 12, 46.
Boron, s. Boracium 12, 7.
Boron-Eisen, s. Eisen 32, 404.
Boronia [Sprengel] 12, 46.
Boronkali und Boronkalin, s. Kali und Kalin.
Boronryd, s. Boracium 12, 7.
Boronplatin, s. Platin.
Boronwasserstoffgas, s. Boracium
Bovoros, s. Mosambik. [12, 7.
Boros (Germar] 12, 46.
Borosba, s. Terek. [47.
Borotola, Barantola [Hassel] 12,
Boroughbridge [Hassel] 12, 47.
Boromitsch (Boromip) [Petri]
Borowoi [Petri] 12, 47. [12, 47.
Borowoj [Petri] 12, 47. [12, 47.
Borowsty (Georg Heinr.) [Baur]
Borreby [v.Schubert] 12, 48.
Borrelisten, s. Wiedertäufer.
Borrera [Sprengel] 12, 48.
Borri, Borro (Cristoforo) [Baur] 12, 48. [Baur] 12, 48.
— — (Giovanni Francesco)
— — Borrius, s. Bor 12, 7.
Borriana, Burriani[Stein]12,49.
Borrichius (Andreas) [Hand] 12,
— (Claus) [Hand] 12, 51. [49.
Borriol [Stein] 12, 51.
Borro, s. Borri 12, 48. [54.
Borromäische Inseln [Müller] 12,
Borromei [v. Stramberg u. Hen-ckel v. Donnersmard] 12, 51.
Borromeo (Karl) [v. Stramberg] 12, 53.
Borromini (Francesco) 12, 55.
Borrowdale [Hassel] 12, 56.
Borrowstowneß [Hassel] 12, 56.
Borsdorf und Borsdorfer Aepfel, s. Porschdorf.
Borselen (v. Stramberg] 12, 402.
Borsinötischer Salzsee [Petri] 12,
Borsippa 12, 56. [56.
Borstische Festung [Petri] 12, 56.
Borsmonostra [Samauf] 12, 56.
Borsna [Petri] 12, 56.
Borste [Sprengel] 12, 56.
Borsten (von Schweinen) [Schre-ger] 12, 56.
— (zu Bürsten) u. Borstenpinsel, s. Bürstenmacher 14¹, 237.
Borstendorf [Engelhardt] 12, 57.
Borstensäule der Schweine, s. Bräune 12, 200.
Borszek [Benigni] 12, 57.

Bort [Haffel] 12, 57.
Borten [Poppe] 12, 57.
Bortfeld [Haffel] 12, 57.
Borthari, f. Bructeri 13, 126.
Bortschalo [Rommel] 12, 57.
Boructuari, f. Bructeri 13, 126.
Borum, f. Elis 33, 340.
Boruski [Worbs] 12, 57.
Borys Labill., f. Baumgartenia 8, 207.
Borys Willd. [Sprengel] 12, 57.
Borysthenes, f. Dniepr 26, 214.
— (König der Scythen) [Ricklefs] 12, 58. [10, 188.
Borzen, Borczen, f. Biliner Stein
Borzone (Luciano); B. (Giov. Battista); B. (Carlo); B. (Francesco) 12, 58.
Bos (Säugethiergattung) [Meckel] 12, 58. [12, 59.
— (Fischgattung) [Lichtenstein]
Bos, auch Bosch, Boß oder Bosch (Heronimus) [Weise] 12, 59.
— (Joh. Ludwig van der) [Weise] 12, 60. [12, 60.
—, Bosus (Lambert) [Baur]
—, du, f. Dubos 28, 124.
Bosa 12, 60.
Bosau [Stein] 12, 60.
Bosborum, f. Modania.
Bosc (Pierre Thominos du) [Baur] 12, 60.
— d'Antic (Paul) [Baur] 12, 61.
Boscan-Almogaver (Juan) [Müller] 12, 61. [12, 63.
Boscastel, [Haffel]
Boscastel, Botereaux (Haffel oder Jeronymo de) (Bittermann) 12, 63.
—, Boschi (Jeron.), f. Bos 12, 59.
Boschiavo 12, 64.
Boschini (Marco) 12, 64.
Boacia (Sprengel) 12, 64.
Bosco (Röber) 12, 64. [12, 64.
Boscovich (Roger Joseph) [Garß]
Bose (Familie) [Baur] 12, 65—67.
—, f. Boble 11, 330.
Bosea (Sprengel) 12, 68.
Bosbicha, f. Tenedos.
Boebschetagh (v. Hammer) 12, 68.
Bosenstein, [Leger] 12, 68.
Bosham [Haffel] 12, 68.
Bosio (Giacomo und Antonio) [Baur] 12, 68.
Boskowitz [André] 12, 69.
Boskuntschak [Petri] 12, 69.
Bosna, Bosnien [Stein] 12, 69.
— Seraj, Serajevo [Stein und Rumi] 12, 71. [12, 69.
Bosnialen u. Bosnien, f. Bosna
Boso, Boson (König von Provence) [Baur] 12, 71.
Bosor, f. Bezer 9, 395.
Bosporus [v. Hammer] 12, 72.
— Cimmerius [Rommel] 12, 72. [54, 65.
403.
Bosquet, Bosket, f. Gartenkunst
— (François de) [Baur] 12, 77.
Bosscha (Herm.) (Gittermann) 12,
Bosschaert, f. Wilibrod. [77.
Bosse (Abraham) 12, 78.

Bossect (Benj. Gottl.) [Baur] 12, 78.
Bosserville [v. Stramberg] 12, 78.
Bossi, oder Bosso (adel. Familie) [Baur] 12, 79.
— (Giuseppe) [Henkel v. Donnersmarck] 12, 79.
Bossiaea (Sprengel) 12, 80.
Bossiney [Haffel] 12, 80.
Bossiren, f. Bossiren.
Bossu (Dorf u. Geschlecht) 12, 403.
— (Reisenberg) [Bauer] 12, 80.
—, f. Lebossu.
Bossuet (Jacq. Benigne, Bischof v. Meaux) [Baur] 12, 80.
— (Jacq. Benigne, Bischof von Troyes) [Baur] 12, 86.
— (Charles) [Baur] 12, 86.
Bostagh, f. Bergi 9, 123.
Bostan, Bostandschi, Bostandschi Baschi 12, 87. [87.
Boston (in England) [Haffel] 12,
— (in Amerika) [Haffel] 12, 87.
Bostra, f. Bozra 12, 184.
Bostrichthys [Lichtenstein] 12, 88.
Bostrichus [Germar] 12, 89.
Bostrychia [Sprengel] 12, 89.
Bostrychoides, Bostrichthoides, f. Bostrichthys 12, 88.
Bosuc [v. Hammer] 12, 90.
Boswellia [Sprengel] 12, 90.
Boswell (James) [Baur] 12, 90.
Bosworth [Haffel] 12, 90.
Boszni [Haffel] 12, 90.
Bota, f. Bezer 9, 395.
Botalli (Leonh.) [Germar] 12, 90.
Botanif, f. Pflanzenkunde.
Botanybaijucher [Schreger] 12, 91.
Botany Island [Haffel] 12, 91.
Botão [Stein] 12, 91.
Botargum [Schnurrer] 12, 91.
Botaud [Henkel v. Donnersmarck] 12, 91.
Botaurus, f. Ardea stellaris, A. Nyoticorax und A. minuta 5, 176. 178.
Botaya [Sprengel] 12, 91.
Botbing, f. Ding 25, 230.
Botenwein, Botwein, f. Bodenwein 11, 145.
Botenweise [v. Bosse] 12, 91.
Boteraß, f. Boutraß 12, 158.
Boterug, f. Boscastel 12, 63.
Botero (Giovanni) [Baur] 12, 92.
Botetourt [Haffel] 12, 93.
Bothereius, f. Boutrays 12, 158.
Both (Joh. und Andreas [Gittermann] 12, 93.
Bothed (b. Schubert] 12, 94.
Bothenheilingen [v. Hellbach] 12, 94.
Bothmer [Haffel] 12, 94. [94.
Bothnien, Botten, f. Bothnischer Meerbusen [b. Schubert] 12, 94.
Bothriocephalus [Nitsch] 12, 94.
Bothrischer, f. Gesandter 62, 249.
Bothwell (Dorf) [Haffel] 13, 99.
— (Graf), f. Maria Stuart.
Botin (Anders oder Andreas v.) [Baur] 12, 99.

Botocuden, f. Brasilien 12, 281.
Botol Tabago Sima [Haffel] 12, 100.
Boton, de (Abr. Ben Moses u. Abr. Ben Jakob) [Hartmann] 12, 100.
Botocyani, f. Bottuschan 12, 103.
Botorrus, f. Boutrays 12, 158.
Botril (Moses) [Hartmann] 12, 100.
Botryceras [Sprengel] 12, 100.
Botrychium [Sprengel] 12, 100.
Botrytes, f. Cadmia 14², 22.
Botryocephalus, f. Bothryocephalus 12, 94.
Botrysolith, f. Datolith 29¹, 112.
Botrys [Ricklefs] 12, 101.
Borynis [Sprengel] 12, 101.
Bott (Jean de) 12, 101.
Bottalla (Giov. Maria) 12, 101.
Bottani (Giuseppe u. Giovanni) 12, 101. [Baur] 12, 101.
Bottari (Giovanni Gaetano)
Bottingen [Leger] 12, 102.
Bottnia [Wünß] 12, 103.
Bottn, f. Dinotomum hepaticum 29¹, 309.
Bottenau [Leger] 12, 102.
Bottenberf [Stein] 12, 102.
Bottiaa, auch Bottiäis, Bottia [Ricklefs] 12, 102.
Bottiäi [Ricklefs] 12, 102.
Bottichius [Baur] 12, 103. [103.
Botzen [Haan] 12, 103. [108.
Botosani, f. Bottuschan 12, 103.
Bou, Ben Sima, f. Bin Son 10, 12, 104.
Bouc [Haffel] 12, 104.
Boucanier, f. Fribustier 45, 236.
Bouchaim [Haffel] 12, 104.
Bouchamp (Amaulry) [Spangenberg] 12, 104.
Bouchardon (Edmé) 12, 104.
Bouchaud (Matthieu Antoine) [Spangenberg] 12, 104.
Bouche (Honoré, Balthazar und Charles François) [Baur] 12, 105.
Boucher (Franz) [Weise] 12, 106.
— (Jean) [Baur] 12, 105.
— d'Argis (Vater und Sohn) [Baur] 12, 106. [12, 404.
Bouderaumont [v. Stramberg]
Bouches du Rhône, f. Rhone-Mündungen.
Bouchet (Guillaume); B. (Jean); B. (Jean) [Baur] 12, 106. 107. [405.
Boucault [v. Stramberg] 12, 107.
Boucquet, f. Bouquet 12, 130.
Bouard (Jean Baptiste) [Henkel von Donnersmarck] 12, 107.
Boubeuse, la [Haffel] 12, 107.
Boubeviliers [Henkel v. Donnersmarck] 12, 108. [12, 108.
Boubet (Jean und Pierre Jean) [Baur] 12, 108.
Boubry [Henkel von Donnersmarck] 12, 108.

Boufflers (Adelsgeschl.) 12, 110.
— (Stanislaus, Marquis von) [Reße] 12, 110.
Bougainville (Jean Pierre und Louis Antoine) 12, 111.
— (Geogr.) [Haffel] 12, 113.
Bougeant (Guill. hyac.) 12, 113.
Bougie, f. Kerze. [12, 113.
Bougier (Karl Joseph) [Molter]
Bouguer (Pierre) [Baur] 12, 113.
Boubier (Jean) [Baur] 12, 114.
Bouhours (Dominique) [Baur] 12, 115. [115.
Bouillart (Jacques) [Baur] 12,
Bouillaud (Israel) [Baur] 12, 115.
Bouille, la [Haffel] 12, 116.
Bouillé (François Claude Amour, Marquis von) [Baur] 12, 116.
Bouillet (Jean und Jean Henri Nicolas) [Baur] 12, 119.
Bouillon und Bouillontafeln, f. Fleisch 45, 154. [115.
— (Stadt) [Haffel] 12, 119;
— (Gottfr. von) [Hasen] 12, 119; B. (Robert de la Mard, Marschall von); B. (Henri de la Tour d'Auvergne, Herzog von); B. (Frédéric Maurice de la Tour d'Auvergne, Herzog von); B. (Emanuel Leodoib de la Tour, Cardinal von) [Baur] 12, 124.
Bouin [Haffel] 12, 125. [125.
Boujeiah, f. Bugia 13, 414.
Bouka, [Haffel] 12, 125.
Boujainvilliers (Henry, Comte de) [Tennemann] 12, 125.
Boulanger (Joh.) [Baur] 12, 126.
— (Jules César) [Baur] 12, 126.
— (Nicolas Antoine) [Baur] 12, 126. [12, 127.
Boulay, teutsch Bolchen [Haffel]
— (César Egasse du); B. (Edmond du) [Baur] 12, 127.
Boulée (Etienne Louis) 12, 127.
Boulen, Boleyn, f. Heinrich VIII. von England.
Boulanger (Andreas) 12, 128.
Boulliau, f. Bouillaud 12, 115.
Boullier (David Renaud) [Baur] 12, 128.
Boulogne, oder Boulogne (Ludwig; Bon; Geneviève u. Madeleine; Ludwig) [Haffel] 12, 128.
Boulogne (zwei franz. Städte) [Haffel] 12, 129.
— (Balduin, Graf von), f. Balduin I., König von Jerusalem 7, 225. [Hafen] 12, 130.
Boulogne, la [Haffel] 12, 130.
— (Gustavius III., Graf von)
Boulou, le [Haffel] 12, 130.
Boulton (Mathew) 12, 130.
Bounty [Haffel] 12, 131.
Bouquet, (Martin) 12, 130.
Bouquier, f. Aubkir 1, 214.
Bouque Jolof, f. Bob Jalof 14¹, 90.
Bourbon (Insel) [Haffel] 12, 133.
— (Dynastie) [Haffe u. Haffel] 12, 131.

Braidalbin [Haffel] 12, 224.
Braila, f. Brahilow 12, 209.
Braine [Haffel] 12, 224.
Brainerd [Haffel] 12, 224.
Braintree [Haffel] 12, 224.
Braithwaite 12, 224.
Brake [Hollmann] 12, 224.
Brakel [Haffel] 12, 224.
Brakel (Joh. von) 12, 224.
Braken, f. Brack 12, 194.
Brakenburg (Regner) [Weife] 12, 225. [194.
Brakenheim, f. Brackenheim 12.
Braline (Filcher) 12, 225.
Brama (Fifchgattung) [Lichtenftein] 12, 225. [431.
— (Braffen), f. Cyprinus 20,
Bramah's hydromechanifche Preffe, f. Preffe.
— rollende Papierform, f. Papierfabrication.
Bramante (Lazzari) [Müller] 12, 225.
Bramantino (Agoftino di und Bartolomeo B., eig. Suardi) [Müller] 12, 227.
Bramaputra [Haffel] 12, 228.
Bramdanan [Haffel] 12, 228.
Bramber [Haffel] 12, 228.
Bramer (Benj.) [Grah] 12, 228.
— (Leonhard) [Weife] 12, 228.
Brampton [Haffel] 12, 229.
Brampur, Brampor 12, 229.
Bramfche [Haffel] 12, 229.
Bramfegel etc., f. Segel.
Bramftedt (Dörfer und Schlichthorft] 12, 229.
Bramwald [Haffel] 12, 229.
Brancacci, Brancaccio [Baur] 12, 412. [412.
Brancas (Geflecht) [Baur] 12.
Branchia, Branchien, f. Kiemen.
Branchiogastra [Lichtenftein] 12, 229. [2
Branchiopoda [Lichtenftein] 12.
Branchiostega [Lichtenftein] 12, 230. [12
Branchiostegi [Lichtenftein]
Branchos [Ricklefs] 12, 230.
Brancker oder Branker (Thomas) [Grah] 12, 230. [230.
Branco de Malambo [Haffel] 12,
Brand (Militärw.) [v.Hoyer] 12, 230. [12, 232.
— (Jägerfpr.) [a. d. Winckell]
(in medicin.-chirurg. Beziehung) [Seiler und Grebe] 12, 233.
— (des Getreides) [Schreger] 12, 242.
— (Adam) [Baur] 12, 243.
— (Chriftian Hilfgott; Joh. Chriftian und Friedr. Aug.) [Weife] 12, 244.
— (Wilh. von) [Refe] 12, 244.
— von Tzerftedte[Spangenberg] 12, 244.
Brandao, Brandano, Brandam (Antonio; Francisco und Alexander) [Baur] 12, 245.
Brandeis [André] 12, 245.
Brandel [Röder] 12, 245.

Brandel (Peter) [Weife] 12, 245.
Brandenberg [Leger] 12, 245.
Brandenburg (die Mark) [Stein] 12, 245.
— (Provinz) [Stein] 12, 251.
— (Biethum) [Stein] 12, 250.
— (an der Havel) [Stein]12,253.
— (an der Tollenfe, Neu-B.) [Hoffmann] 12,254. [12, 294.
— (in Oftpreußen) [v. Bactko]
— (in Würtemberg) [Röder] 12, 254.
— (Ballei des Johanniter-Ordens) [Stein] 12, 253.
Brandenftein (Katharine von), f. Wilhelm III, Herzog zu Sachfen. [12, 255.
Brander (Fahrzeuge) [Braubach]
— (GeorgFriedr.)[Baur]12,255.
Brandes (Georg Friedr. u. Ernft) [Spangenberg] 12, 256. [257.
— (Joh. Chriftian) [Dörig] 12.
Brandfeber und Brandfleck, f. Brand (medicin.) 12, 233.
Brandfuchs, f. Equus 36, 134.
Brandgaffe, f. Lager.
— gut Beliel, von (Familie) [Seibert]12, 259. [12, 230.
Brandis (Geogr.) 12, 259.
Brandftift, Brandbügeln, f. Brand Brandmüller (Gregorius) [Weife] 12, 259.
Brandolefe (Pietro) [Henckel b. Donnersmarck] 12, 259.
Brandolini (Aurelio; B. Rafaëllo) [Müller] 12, 260.
Brandopfer und Brandopferaltar, f. Opfer; Stiftshütte.
Brandpappe, Glauppappe, f. Pappe. [19; 78.
Brandraketen,f.Raketen;Congreve.
Brandfchahung [b.Boffe]12,260.
Brandfchleter [Germar] 12, 263.
Brandbow[chfinia [Betri] 12, 263. [Pferb], f. Equus 36, 134.
Brandftiftung (Mittermaier] 12, 263. [Zündbüchter.
Brandftopinen, f. Stopinen;
Brandt (Gerhard) [Baur] 12, 299.
— (Sebaftian) [Müller] 12,264.
— (Graf), f. Struenfee.
Brandbuch, f. Brand 12, 290.
Brandung (Gittermann] 12, 267.
Brandwein, f. Brantwein 12,272.
Brandbwine [Haffel] 12, 267.
Brandford [Haffel] 12, 268.
Branich (Joh. Clemens; Graf) 12, 268.
Braniciene, [.Paffarowih.
Branker, f. Brancker 12,230.
Brunovice (Georg) [Seherfich] 12, 268.
Brankoman (Benigni) 12, 268.
Branna [André] 11, 269.
Brannenberg [b.Schubert] 12, 269.
Branfche, Brandfchenfchuller
Branfel 12, 269.
Branfu, f. Branti 12, 269.

Brant (Seb.), f. Brandt 12, 264.
Branta [Ritzfch] 12, 269.
Brante, f. Tatze.
Branti [Hartmann] 12, 269.
Brantome(Geogr.)[Haffel]12,270.
— (Peter von Bourdeille) [Refe und Wachler] 12, 270.
Brantwein [Schreger u. Grebe]
— 12, 275. [Witting] 12, 276.
Brantweinbrennen [Schreger u. Brantweinbrennerei; Brantweingeräthfchaften [Witting und Schreger] 12, 278.
Brantweinprobe [Witting] 12, 279. [12, 279.
Brantweinreinigung [Witting]
Brantweintraul[Schreger]12,279.
Braöwa, Brahowa, f. Prahowa.
Braschi, Braschio (Gioban Batifta) [Baur] 12, 280.
Brasenia [Sprengel] 12, 280.
Brasfback [Wachsmuth] 12, 280.
Brasilien [Haffel] 12, 281.
Brafilienholz, f. Rothholz.
Brask (Hans) [b. Gehren] 12'285.
Brass, f. Jungferninfeln.
Brassac [Haffel] 12, 286.
Brassa-Sund; Braffan [Haffel] 12, 286. [fel] 12, 286.
Brassavola (Ant. Mufa) [Spren-Braßau; f. Braffa-Sund 12, 286.
Braffen [Braubach] 12, 286.
Brassia [Sprengel] 12, 286. —'
Brassica [Sprengel u. Schreger] 12, 286. [12, 290.
Brassolis [Zincken, gen. Sommer] Braffos [Haffel] 12, 290.
Braßberger (Gebhard Ulrich) [Baur] 12, 290.
Braten, Bratfpieß, Bratenwender [Poppe] 12, 291. [29L
Bratenfonntag [v.Arnoldi] 12.
Brathys-[Sprengel] 12, 291.
Bratowlchtchfinia [Betri] 12, 291.
Bratfche [Germar] 12, 291.
Brateli, f. Buräten 14 49.
Bratfpille.[Braubach] 12; 292.
Brattia; f. Brazia 12, 321.
Bratufpantium [Sicflen] 12, 299.
Bratuari (Vincenzi) [Bauk] 12, 292.
Braubach [Vogel] 12, 292. [413.
Brauen, f. Bier 10, 13; Brand polizei 12, [413.
Brauer (Joh. Nicolaus Friedr.) [Wolter] 12, 292.
Braubhaus, Brauerei [Leger] 12, — Pfinghberg, f. Potsdam.
Braula [Germar] 12, 293.
Braulio; f Braulius, Braule [Baur] 12, 294.
Bräun (Farbe) [Schreger]12,294.
Braun (Heinr.) [Baur] 12, 297.
— (Joh.) [Baur] 12, 296.
— (Carl Adolf und Joh. Friedr. von) [Baur] 12, 297.
Braunau (Stadt im Erzherzth. Oesterreich) [Winkßbofer] 12, 298.

Braunau (Stadt in Böhmen) [André] 12, 299.
Braunes [Sprengel] 12, 299.
Brauneck [Jenkobi] 12, 299.
Brauneifenftein, f. Eifen 32, 404.
Braunelle, f. Sylvia modularis.
Braunerz [Germar] 12, 299.
Braunefe 12, 299.
Braunkalk [Germar] 12, 299.
Braunkohle (mineralog.) [Keferftein] 12, 300.
— (chemifch) [Schreger] 12, 302.
Braunkohlenformation[Keferftein] 12, 301.
Braunkohlenöl[Schreger]12,303.
Braunlage [Haffel] 12, 303.
Braun (Menockers, f. Titan.
Braunrotb, f. Roth.
Braunebach [Röder] 12, 303.
Braunsberg(StadtinOftpreußen) [b.Bactko] 12, 303.
— (Stadt in Mähren) [André] 12, 303. [Röbhe] 12, 303.
Braunfchweig (Gefchichte) [v.
— (Staat, Stadtgericht u. Stadt) [Haffel] 12, 306. [12, 310.
— (Flecken in Holftein [Dörfer] Braunfeifen [André] 12, 310.
Braunfpath, f. Braunkalk 12,299.
Braunfpecht, f. Picus molucoensia.
Braunfteinkiefel,f.Granat 79,145.
Braunfteinmetall [Schreger] 12, 319.
Braunftein- oder Manganoxyb (pharmac.) [Schreger] 12, 314.
— (technifch) [Kurrer] 12, 315.
Braunmoor von Ruggen [Molter] 12, 316.
Braupolizei [b.Boffe] 12, 316.
Braurenia [Ricklefs] 12, 318.
Braufethon, f. Thon.
Braut; Brautgefchenke; Brautfranz; Brautfafelgelder; Brautbieb [Spangenberg] 12, 318. 319.
Brauweiler [Heyle] 12, 319.
Braunmer (Adrian) [Weifel 12, Brava, f. Bravo 12, 320. [319.
— (Geogr.)[Haffel]12,319. [319.
— Blätter [b.Schubert] 12, 319.
Braualla-Heb. [v.Schubert] 12, 320.
Bravisten [v.Schubert] 12, 320.
Bravo [Weber] 12, 320.
— Rio, f. Rio. del Norte.
Bravour [Weber] 12, 320.
Brawe (Joachim Wilh. von) [Refe] 12, 320.
Bray, [Haffel] 12, 321.
Braya [Sprengel]12; 321.
Braylam [b.Kirchmann]12, 321.
Brazza [Röder] 12, 321.
Breage [Haffel] 12, 321.
Brby [André] 12, 321.
Breaker, f. Mergul-Archipel.
Brebeuf (Guillaume de) [Baur] 12, 322.
— (Jean de) [Baur] 12, 321.
Brebiötte (Pierre) [Weife] 12, 322.
Brèccie [Germar] 12, 322. [322.

10*

Bridelia [Sprengel] 13, 2.
Bridgend [Hassel] 13, 2.
Bridgeneth [Hassel] 13, 2.
Bridgenorth [Hassel] 12, 2.
Bridgport [Hassel] 13, 2.
Bridgetown [Hassel] 13, 3.
Bridgewater [Hassel] 13, 3.
Bridgewaterscher Kanal [Hassel] 13, 3. [118.
Bridlington, f. Burlington 14¹.
Bridport [Hassel] 13, 3.
Brie (in Frankreich) [Hassel] 13, 4.
—, f. Brice 13, 2.
Brief (im Allgemeinen) [Hassel, Briefstil (Gruber)] 13, 4.
—, Beibrief (diplomatisch) [v. Arnoldi] 13, 12.
— (geschworner) [Meyer v. Knonau] 13, 13.
Briefadel [Mittermaier] 13, 13.
Briefsammlungen der Gelehrten [Ebert] 13, 14. [17.
— (orientalische) [v. Hammer] 13,
Briefstellerkunst der Morgenländer [v. Hammer] 13, 9.
Briefwechsel [Nürnberger] 13, 19.
Brieg [Fischer] 13, 20 u. 21.
Briegleb (Joh. Christian) [Baur] 13, 22. [13, 22.
Brief (niederländ. Stadt) [Hassel]
— (R. Jehuda) [Hartmann] 13,
Brien, f. Irland; O'Brien. [22.
Brienne [Hassel] 13, 22.
Brienne-le-Chatel (le Chateau) [v. Stramberg] 13, 23.
Brienz, Brienzersee [Wirz] 13, 28.
Bries [Zipser u. Rumy] 13, 28.
Briesen, Brydeck 13, 29.
Brieskowscher See [Stein] 13, 29.
Brietes [Horner] 13, 29.
Brieux, St. [Hassel] 13, 29.
Briey [Hassel] 13, 29.
Briezen, f. Treuenbrietzen; Wriezen.
Briga [Röder] 13, 29.
Brigabannis [Ricklefs] 13, 29.
Brigach [Hassel] 13, 29.
Brigade [Leonhardi] 13, 29.
Brigaecum 13, 30.
Brigancii, Brigans, Brigantae, f. Brigade 13, 29.
Brigant (Jacques le) [Baur] 13, 30.
Brigantes 13, 30.
Brigantia [Ricklefs] 13, 30.
Brigantii [Ricklefs] 13, 30.
Brigantine, Brigg [Braubach] 13, 31.
Briga, auch Brieg [Wirz] 13, 31.
Briggs (Henry) [Gerth] 13, 31.
— (Wilh.) [Sprengel] 13, 32.
Brighella [Müller] 13, 32.
Brighertasto, f. Bricherasto 13, 2.
Brighton [Hassel] 13, 32.
Brigitte u. Brigittenorden [Baur] 13, 33.
Brignais [Hassel] 13, 34.
Brignolia [Sprengel] 13, 34.
Brignolles [Hassel] 13, 34.
Briguet (Sebastian) [Meyer v. Knonau] 13, 34.

Brihuega [Stein] 13, 35. [13, 35.
Bril (Matthäus u. Paul) [Weise]
Brillanten; Brillantiren, f. Edelsteine 31, 63; Steinschneiderei; Steinschleiferei.
Brillant-Faden und Taffet, f. Seidenmanufactur. [384.
Brillantfeuer, f. Feuerwerk 43,
Brillen (mathem. Berechnung ders.) [Mästen] 13, 35.
— (diätetischer Gebrauch ders.) [Schreger] 13, 40.
Brillendrossel, f. Turdus perspicillatus.
Brillenente, f. Anas perspicillata, im Art. Ente 35, 44.
Brilleneule, f. Strix perspicillata.
Brillenmacher, Brillenschleifer [Poppe] 13, 42. [f. Naja.
Brillennatter und Brillenschlange,
Brillente, f. Anas Clangula, im Art. Ente 35, 30.
Brillon [Seiberh] 13, 42.
Brimfield [Hassel] 13, 43.
Brimo (Mythol.) [Ricklefs] 13, 43. [Weise] 13, 43.
Brinckmann (Phil. Hieronymus)
Brindisi [Müller u. Sickler] 13, 43. [44.
Brindley (John) [Ebert] 13, 43.
Brindschock [Hassel] 13, 44.
Brinje [Wedekind] 13, 44.
Brinon [Hassel] 13, 44.
Brinsen-Käse, f. Bries 13, 28.
Brionische Inseln [Stamio] 13, 44.
Briennais [Hassel] 13, 44.
Brione [Hassel] 13, 44.
Brioube [Hassel] 13, 44.
Briour [Hassel] 13, 44.
Briquebec [Hassel] 13, 44.
Brisa, Brisar; Brisacea [Ricklefs] 13, 44.
Brisau, Breisachgau, Brisgau, f. Breisgau 12, 341.
Brisau [André] 13, 44.
Brise [Braubach] 13, 45.
Briseis [Ricklefs] 13, 45.
Brisgavi [Ricklefs] 13, 45.
Brisseau [Hassel] 13, 45. [45.
Brisseau (Peter) [Sprengel] 13,
Brisson (Barnabé) [Baur und Spangenberg] 13, 45.
— [Mathurin Jacques] [Baur]
Brisset (Jean Pierre) [Baur]
— (Peter) [Sprengel] 13, 46.
Brissot [Hassel] 13, 48.
Britannia [Hassel] 13, 50.
Britannicus [Wachsmuth] 13, 2.
— (Johannes Angelus) [Baur] 13, 57.
Briten [Hassel] 13, 51. [147.
Brithym Salz, [Gauberit 69,
Britisches Amerika [Hassel] 13, 56.
— Reich [Hassel] 13, 51.
— — in Asien, f. Ostindische Compagnie.

Brite, Britto (Bernardo de und Francisco de) [Baur] 13, 57.
— (Guilielmus) [Baur] 13, 58.
Britolagae [Ricklefs] 13, 58.
Britomartis [Ricklefs] 13, 59.
Britz 13, 59. [382.
Brivates Portus, f. Brest 12,
Brives la Gaillarde [Hassel] 13, 59.
Briviesca [Stein] 13, 59.
Brizellum, jetzt Brescello [Sickler und Röder] 13, 59.
Brizen [Haan] 13, 60.
Brizenthal, Brisenthal [v. Kochsternfeld] 13, 60.
Brizham [Hassel] 13, 60.
Brizia, f. Brescia 12, 367.
Briza [Sprengel] 13, 60.
Brizard (Gabriel) [Baur] 13, 60.
Brizio, Bricci, Brizzi (Francesco) [Weise] 13, 61.
Brizo [Ricklefs] 13, 61.
Brjutsch (v. Wichmann) 13, 59.
Broach [Hassel] 13, 61.
Broad (Gebirge) [Hassel] 13, 61.
Broadhaven; Broadkill; Broadlaw; Broad Munn; Broadwater [Hassel] 13, 61.
Brocardi (Pellegrino) [Hendel v. Donnersmard] 13, 61.
Brocat, f. Brokat 13, 83. [61.
Broccardo (Antonio) [Müller] 13,
Broccoli, f. Brassica 12, 286.
Brockern, f. Brocksteen 13, 91.
Brochmand (Jasper oder Kaspar Rasmussen) (v. Gehren) 13, 62.
Brocken (Jägersprache), f. Fraß; Kirrung.
—, der (Dessus u. Hassel) 13, 62.
Brockenstraw (Hassel) 13, 63.
Brockes (Bartholo Heinr.) [Weise] 13, 63.
Brockhagen [Hassel] 13, 65.
Brockmann (Joh. Franz Hieronymus) [Hassel] 13, 67.
Brodmannen [Wiarda] 13, 67.
Brodville [Hassel] 13, 68.
Brod [Schreger] 13, 68.
Brod, Böhmisch- und Deutsch-B. (in Böhmen) [André] 13, 75.
— Ungarisch-B. (in Mähren) [André] 13, 75. [75.
— (in Slavonien) [Benigni] 13,
— (in Illyrien) [Haan] 13, 76.
Broba, de, f. Huß.
Brodeau (Familie) [Baur] 13, 76.
Brodez, Brodca [André] 13, 76.
Brodera, auch Brodrah, Baroda [Hassel] 13, 76.
Broderie, f. Spitzen.
Broderich (Stephan), f. Ludwig II. v. Ungarn; Mohacz, Schlacht b. [Baur] 13, 76.
Brodgasbryng [Schreger] 13, 75.
Brodhagen (Peter Heinr. Christ.) [Baur] 13, 76.
Brodbete [Hassel] 13, 77.
Brodiaea [Sprengel] 13, 77.
Brodkäfer, f. Anobium 4, 188.
Brody [Schultes] 13, 77.

Bröder (Christian Gottlob) [Baur] 13, 77. [13, 78.
Broeck (Crispin van den) [Weise]
Broek [Hassel] 13, 77. [13, 78.
Broekhuizen (Joh. van) [Jacobs]
Bröml, oder Brömlebro-Strömen [v. Schubert] 13, 79.
Brömlebreischer Friede (v. d. Landen) 13, 79.
Broezingen [Leger] 13, 79.
Brogitarus, f. Dejotarus 23, 353.
Broglie (Adelsgeschlecht) [Baur] 13, 79—81.
Brogni, Brognier, de Brouiae (Joh.) [Baur] 13, 81.
Brogniart (Auguste Louis) [Baur] 13, 82.
— (Alex. Theod.) 13, 82.
Brogniartin, f. Glauberit 69, 147.
Brognoli (Antonio) [Hendel v. Donnersmard] 13, 82.
Broich [Hassel] 13, 82.
Broke 13, 83.
Brokat; Brokatel; Brokatpapier [Poppe] 13, 83.
Brokenbai [Hassel] 13, 83.
Broken Island [Hassel] 13, 83.
Bromagus ob. Bromagum [Hendel v. Donnersmard] 13, 83.
Brombeere, f. Rubus.
Bromberg 13, 83. [13, 83.
Bromberger Kanal [b. Bacyto]
Brome (Alex.); B. (Rich.) [Müller] 13, 84.
Bromelia [Sprengel] 13, 84.
Bromelien [Sprengel] 13, 84.
Bromios [Ricklefs] 13, 85.
Bromioskos, f. Bormioskos 12, 37.
Bromkes [Hassel] 13, 85.
Brommith oder Bronnißü [Petri] 13, 85.
Bromögrove [Hassel] 13, 85.
Bromus [Sprengel] 13, 85.
Bromyard [Hassel] 13, 87.
Bronchien, Bronchialbrüsten, f. Luftwege.
Bronchorst, oder von Branchorst (Joh.) [Baur] 13, 87.
Bronchus [Germar] 13, 88.
Brongniart, f. Brogniart 13, 82.
Brongeé [Hassel] 13, 88.
Bronhorst (Flecken) [Hassel] 13, 88.
— (Peter van; Joh. van und Joh.) [Weise] 13, 88.
Bronte [Müller] 13, 88.
Brontes [NißH] 13, 88.
Brontes, f. Kyklopen; Uleiota.
Bronteus, f. Tantalos. [88.
Brontia, Bronte [Keferstein] 13,
Bronze [Schreger] 13, 88.
Bronzirbronze; Bronziren [Schreger] 16, 89.
Brooke (Grafsch.) [Hassel] 13, 89.
— (Henry) [Müller] 13, 89.
Brookhaven [Hassel] 13, 90.
Brooklyn [Hassel] 13, 90.
Brooks [Hassel] 13, 90.
Brookville [Hassel] 13, 90.
Broome [Hassel] 13, 90.

Brunnenfeier [Braun] 13, 231.
Brunner, oder v. Brunn [Joh. Konr.] [Meyer von Knonau] 13, 232.
Bruno, der Große (Erzbischof von Köln), s. Otto I.
— (Stifter des Karthäuserordens), s. Karthäuser.
— (aus dem freih. Geschlechte von Querfurt) [v. Baczko] 13, 233. [233.
— (Geschichtschreiber) [Baur] 13,
— (der Heilige) [Baur] 13, 234.
— (Giordano) [Gruber] 13, 234.
Brunonia [Sprengel] 13, 238.
Brunow [v. Stramberg] 13, 238.
Brunquell [Joh. Salomo] [Spangenberg] 13, 239. [13, 239.
Bruns (Paul Jacob) [Gesenius]
Brunsberg [Hassel] 13, 239.
Brunsbo [v. Schubert] 13, 240.
Brunsbüttel [Dörfel] 13, 240.
Brunshausen [Hassel u. Schlichthorst] 13, 240.
Brunskappel [Seibertz] 13, 240.
Brunstein [Hassel] 13, 240.
Brunften, s. Näffen.
Brunsvigia [Sprengel] 13, 240.
Brunswick [Hassel v. Donnersmarck] 13, 240. 241.
Brunsus, Bruno, eig. Braun (Konr.) [Baur] 13, 242.
— (Jordan), s. Bruno (Giordano) 13, 234.
Brunn [Hassel] 13, 242.
Brusa, s. Brussa 13, 244.
Brusantini, auch Brugiantini (Vincenzo) [Müller] 13, 242.
Brusch, s. Breusch 12, 392.
—, Bruschius (Kaspar) 13, 243.
Bruscio [Henckel v. Donnersmarck] 13, 243.
Brusco (Girolamo) [Henckel v. Donnersmarck] 13, 243.
Brusinarzsie [Henckel v. Donnersmarck] 13, 243.
Brusson [Henckel v. Donnersmarck] 13, 243.
Brussa [v. Hammer] 13, 244.
Brust (anat.=physiol.), s. Menschlicher Organismus. [13,244.
— (weibliche, diätet.) [Schreger]
Brustossen [Lichtenstein] 13, 246.
Brustkrankheiten, s. Herzkrankheiten; Lunge; Wassersucht.
Brustlehne, Brustriegel, s. Brüstung 13, 210.
Bruststimme [Weber] 13, 246.
Brustwerk [Weber] 13, 250.
Brut, s. Brüten 13, 210.
Bruto oder Bruti (Giammichele) [Müller] 13, 250.
Bruton [Hassel] 13, 252.
Bruttig [v. Stramberg] 13, 252.
Bruttii [Sickler] 13, 252.
Bruttium, s. Oenotrer.
Brutto, s. Netto.
Brutus (DecimusJunius)[Wachsmuth] 13, 252.

Brutus (Luc. Junius) [Wachsmuth] 13, 252.
— (MarcusJunius)[Wachsmuth] 13,253. [Spangenberg]13,257.
— (M. Junius, Rechtsgelehrter)
Bruun (Joh. Norbahl) [v. Gehren] 13, 257.
Bruve [Hassel] 13, 257.
Bruyius, Bruyhius (Adam), s. Gedächtnißkunst 55, 401.
Bruyere (Jean de la) 13, 257.
Bruyeres [Hassel] 13, 258.
Bruyn (Cornelius de) [Weise] 13, 258.
Bruys (François) [Baur]13,258.
—, Brusius, Bruyius (Peter v.) 13, 258.
Bruzella [Henckel v. Donnersmarck] 13, 259.
Bry (Theod. de; B. (Joh. Theod. de und Joh. Israel de) [Weise] 13, 259.
Bryan [Hassel] 13, 259.
Bryant (Jacob)[Jacobs]13,259.
Bryax (Germar) 13, 261.
Ervennius, s. Nicephorus.
Bryges [Ricklefs] 13, 261.
Bryonia [Sprengel] 13, 261.
Bryony [Schreger] 13, 262.
Bryophyllum[Sprengel]13,262.
Bryum [Sprengel] 13, 263.
Brzesc [Petri und v. Wichmann] 13, 263.
Brzezko [Schultes] 13, 263.
Brzezan, oder Brzezany [Schultes] 13, 263.
Brzezina [André] 13, 264.
Brzeznow.Brzizen[André]13,264.
Brzostek [Schultes] 13, 264.
Brzozow [Schultes] 13, 264.
Bsura, s. Bzeichel.
Bu [Horst] 13, 264.
Bua, Bobua [Röder] 13, 264.
Buache (Phil.) [Baur] 13, 264.
— (Jniel) [Baur] 13, 264.
Buali, s. Loango.
Buarcos [Stein] 13, 264.
Buasbaille, s. Hebriden.
Buat (Louis Gabriel, Graf von) [Baur] 13, 265.
Bubainen [v. Baczko] 13, 265.
Bubastion [Mentze] 13, 267.
Bubastis [Schmincke] 13, 265.
Bubastus [Hartmann] 13, 267.
Bubean [Hassel] 13, 267.
Bubenberg [Meyer v. Knonau] 13, 267. [mard] 13, 268.
Bubenecz [André] 13, 268.
Bubendorf [Henckel v. Donnersmarck] 13, 268.
Bubert, s. Samenbarre.
Bubidon [Henckel v. Donnersmarck] 14¹, 219. [mard] 14¹,
Bublitz [Stein] 13, 268.
Bubo, s. Strix Bubo.
Bubon [Sprengel] 13, 268.
Bubroma [Sprengel] 13, 268.
Bucarelli, s. Prinz-Wales-Insel.
Buccari, Bufari [Haan] 13, 269.

Buchianico [Müller] 13, 269.
Buccino [Müller] 13, 269.
Buccinum [Ritzsch] 13, 269.
Buccio (Renallo) [Müller] 13,274.
Bucco (Vogelgattung) [Merrem] 13, 274. [13, 276.=
— (Pflanzengattung) [Sprengel]
Bucina [v. d. Landen] 13, 276.
Bucelin, eig. Buzlin (Gabriel) [Meyer v. Knonau] 13, 276.
Bucentes [Wiedemann] 13, 277.
Bucentoro, Bucentaurus [Müller] 13, 277.
Bucephala 13, 278.
Bucer (Martin) [Weise] 13, 278.
BucerOS [Merrem] 13, 281.
Buch, s. Bücher (in Zusammensetzungen) 13, 347.
— (Blättermagen), s. Magen.
— s. Tête de Buch.
— (im Canton Schaffhausen) [Henckel v. Donnersmarck] 13, 287. [288.
— (preuß. Dörfer) [Stein] 13.
— am Forst (in Baiern) [Jäck] 13, 288.
— am Irchel (im Canton Zürich) [Henckel v. Donnersmarck] 13, 287. [Haan] 13, 288.
— Kloster-Buch (in Sachsen)
Bucha [Stein und v. Hellbach] 13, 288.
Buchan (William) [Baur] 13,288.
Buchanan (George) [Stein] 13, 288.
Buchanania [Sprengel] 13, 292.
Buchannes [Hassel] 13, 292.
Buchara, Buchdrei, Bucharen, s. Buthara, 11, 417.
Buchau (in Würtemberg) [Memminger] 13, 292.
— (in Böhmen) [André]13,292.
Buchberg (Dorf im Canton St.-Gallen) [Henckel v. Donnersmarck] 13, 292. [13, 292.
— (Berge in Böhmen) [André]
Buchbinder [Poppe] 13, 292.
Buchdruckerfirniß, s. Firniß 44, 313.
Buchdruckerkäfer,s.Bostrichus12, 89. [14¹, 220.
— (Buchdruckerkunst (techn.)
— (Geschichte) [Dahl u. Ebert] 14¹, 224. [295.
Buchdruckerwerkstatt [Fritsch] 13,
Buche (bot.), s. Fagus 41, 118.
— (Forstwirthschaft) [Laurop] 13, 295.
Bucheggberg [Henckel v. Donnersmarck] 13, 296.
Buchel (Arnold) [Baur] 13, 297.
Buchen (bürgl. Orte) [Henckel v. Donnersmarck] 13, 296.
—, Buchenland, Buchenia 13, 305.
Buchenberg [Eisenmann] 13, 298.
Buchenflechte, s. Lichen.

Buchenhof [Emmrich] 13, 298.
Buchenholz [Leger] 13, 296.
Buchenſee Buchenſee [Emmrich] 13, 298. [13, 298.
Bucher (Anton von) [Eisenmann]
— (Joh.Peter)[v.Gehren]13,299.
Buchfink, s. Fringilla coelebs 50, 215.
Buchgold, s. Blattgold 10, 347.
Buchhalterei [v. Bosse] 13, 290.
Buchhandel [Ebert] 14¹; 296.
Buchheim, s. Buchen 13, 297.
Buchholz (Sam.) [Baur] 13,300.
Buchholzer (Andr. H.), s. Buchholz 13, 301.
Buchholz u. Buchholzer, s. Buchholz13,303; Buchholzer13,303.
Buchholz (in Preußen) [Stein] 13. 301.
—, St. Katharinenberg im Buchholz (in Sachsen) [Haan]13,301.
—, Buchholz (Joh.), s. Huß.
— (Andr. Heinz.) [Stein] 13, 301.
Buchia [Sprengel] 13, 302.
Buchta (Joh. Simon) [Melz] 13, 302. [13, 303.
Buchlau und Buchlowitz [André]
Buchloe [Eisenmann] 13, 303.
Buchlau [v. Buchlau 13, 303.
Buchsi, Büchelm- oder Buchsefern- bi [Schreger] 13, 297.
Buchholzer, Buchholzer (Abraham) [Baur] 13, 303.
Buchsitz, s. Buchholz 13, 300.
— (Christ. Friedr.) [Schreger] 13, 303. [13, 307.
Buchsitz (Mineral.) [Germar]
Buchsinia, Buchenwald [Delius] 13, 305.
Buchsorn, s. Friedrichshafen.
Buchos (Pierre Joseph) [Baur] 13, 306.
Buchozia [Sprengel] 13, 307.
Buchse [Henckel v. Donnersmarck] 13, 307. [66.
Buchsäuerling, s. Gießhübel 67,
Buchsee [Henckel v. Donnersmarck] 13, 307.
Buchsgau [Delius] 13, 307.
Buchstaben, s. Schrift.
Buchstabenmuschel, runde, s. Venus scripta. [13, 308.
Buchstabenrechnung [Märtens]
Buchsweiler, Bouxweiler [Hassel] 13, 313.
Buchi, s. Bai 7, 132.
Buchweizen, Heidekorn (bot.), s. Polygonum fagopyrum.
— (ökonomisch) [Putsche]13,313.
Bucida [Sickler] 13, 314.
Bucida [Sprengel] 13, 315.
Buckfaß [Hassel] 13, 315.
Bucinarische Jnseln [Müller] 13.
Buckau [Hassel] 13, 315. [315.
Buckau, Buckow [Stein] 13, 315.
Bucke [Hassel] 13, 315.
Buckel [Detmold] 13, 315.
Buckelfaser, s. Erodium 37, 326.
Buckingham (Geogr.) [Hassel] 13, 318.

Bukharen [Hassel] 13, 418.
Bukharie [Hassel] 13, 419. [419.
Buki, Bukki, Buchi [Delius] 13,
Bukowina [Küstel] 13, 419.
Bukurescht, Bucharest, Bukarest
[Benigni] 13, 420.
Bukureßd [Benigni] 13, 421.
Bulacan [Hassel] 14¹, 1. [1.
Bulach (Neu-Bulach)[Röder]14¹,
Bulak [v. Hammer] 14¹, 1.
Bulam [Hassel] 14¹, 1.
Bulan [Hassel] 14¹, 1.
Bulanes [Worbs] 14¹, 1.
Bulanitgöl [v. Hammer] 14¹, 1.
Bularchos 14¹, 1.
Bulbine [Sprengel] 14¹, 1.
Bulboceros [Germar] 14¹, 2.
Bulbocodium [Sprengel] 14¹, 2.
Bulbetaa, s. Bulleraa 14¹, 14.
Bulen, Buleyn, Boleyn (Anna),
s. Heinrich VIII., König von
England.
Bulgarei, Bulgarien[Stein]14¹,2.
Bulgaren(Bolgaren)[Petri]14¹,2.
Bulgaria [Sprengel] 14¹, 3.
Bulgaris(Eugenios)[Baur]14¹,3.
Bulgarus [Spangenberg] 14¹, 4.
Bulhach, s. Bulak im Art. Kahira.
Bulien [Braubach] 14¹, 4.
Bulifas [Rommel] 14¹, 4.
Bulimie, Bulimos, s. Hunds-
bunger.
Bulimus [Nitzsch] 14¹, 4.
Bull [Müller] 14¹, 6.
— (Inseln) [Baur] 14¹, 6.
— (Georg) [Baur] 14¹, 7.
— (John) [Müller] 14¹, 6.
Bulla [Nitzsch] 14¹, 7.
—, s. Gryllus.
Bullaea, s. Bulla 14¹, 7.
Bullamer, s. Sierra Leona.
Bullant (Jean) 14¹, 10.
Bullaria [Sprengel] 14¹, 10.
Bullart (Isaak) 14¹, 10.
Bullau, Maimbullau (in Baiern)
[Dahl] 14¹, 10.
—, Waldbullau (im Großh. Hes-
sen) [Dahl] 14¹, 10.
Bulle, bulla [v. Arnoldi] 14¹, 11.
Bulle, auch Boll [Henkel von
Donnersmark] 14¹, 14.
Bulleraa, auch Bulbetaa, Bolder-
aa, die [Petri] 14¹, 14.
Bulles [Hassel] 14¹, 14.
Bullet [Hassel] 14¹, 14.
Bullet (Jean Baptiste) [Baur]
14¹, 14.   [14¹, 14.
Bulliard, Butliard (Pierre) [Baur]
Bulliarda [Sprengel] 14¹, 15.
Bullinger (Heinr.) Meyer von
Knonau] 14¹, 15.
Bullinus [Hassel] 14¹, 18.
Bullion [v. Bosse] 14¹, 18.
Bullis [Mickles] 14¹, 18.
Bulloab, Bullnab[Hassel]14¹,19.
Bulloch [Hassel] 14¹, 19.
Bully [Hassel] 14¹, 19.
Bulsowan [v. Hammer] 14¹, 19.
Bulteau (Louis u. Charles) [Baur]
14¹, 19.

Bulteel (John) [Müller] 14¹, 19.
Bultwer (Joh.) 14¹, 19.
Bumalda [Sprengel] 14¹, 20.
Bumelia [Sprengel] 14¹, 20.
Bumm [Hassel] 14¹, 20.
Bunar [v. Hammer] 14¹, 20.
Bunchosia [Sprengel] 14¹, 21.
Buncombe [Hassel] 14¹, 21.
Bund (im staatsrechtlichen Sinne)
[b. Bosse] 14¹, 21.
— (in Hinsicht auf Helvetien)
[Meyer v. Knonau] 14¹, 25.
25.   [14¹, 24.
— der Alten Minne [Weber] 14¹,
— des grimmen Löwen [v. Ar-
noldi] 14¹, 24.
Bunde, auch Bunba, Bonba
[Gittermann] 14¹, 27.
Bundelcund [Hassel] 14¹. 27.
Bundeßlade [Hoffmann] 14¹, 28.
Bunbi, s. Boonbee 12, 1.
Bundhbuh, s. Bauernkrieg 8,177.
— (Joh. Kaspar) [Baur] 14¹,30.
Bunbuf [v. Hammer] 14¹, 31.
Bunel (Jak.) [Weise] 14¹, 31.
— (Pierre) 14¹, 31.
Bungarus [Merrem] 14¹, 31.
Bungay [Hassel] 14¹, 32.
Bungo, s. Bugo 13, 416.
Bunias [Sprengel] 14¹, 32.
Bunit (Joh. van) [Weise] 14¹, 32.
Bunium [Sprengel] 14¹, 32.
Bunkershill [Hassel] 14¹, 32.
Buntwoa [Andree] 14¹, 32.
Bunnos [Hassel] 14¹, 32.
Bunnengau [Delius] 14¹, 32.
Buno, s. Cluver 18, 105.
Bunpur [Hassel] 14¹, 33.
Bunßlaf, Staat des, s. Nagpur.
Bunt, s. Harbe 41, 410.
Buntenbod [Hassel] 14¹, 33.
Bunt Bleierz, s. phosphorsaures
Blei 10, 397.
Buntkupfererz, s. Kupfer.
Buntspecht, s. Picus.
Buntwalla [Hassel] 14¹, 33.
Bunzau [Hassel] 14¹, 33.
Bunzlau [Müller] 14¹, 40.
14¹, 33.   [bre] 14¹, 37.
— Alt-B. (böhm. Flecken) [An-
— Jung-B. (böhm. Stadt) [An-
dré] 14¹, 37.   [38.
— (sächs. Stadt) [Worbs] 14¹,
Buochs [Henkel von Donners-
mark] 14¹, 39.   [14¹, 39.
Buonacorsi (Filippo) [Baur]
Buonafede (Appiano) [Baur]
14¹, 40.
Buonamici (Filippo und Castruc-
cio) [Baur] 14¹, 40.
Buonanni (Filippo), s. Bonanni
11, 380.
Buonaparte (Napoleon und dessen
Familie), s. Napoleon.
Buonaparte's Archipel u. Buona-
parte's Golf, s. Bonaparte's
Archipel 11, 380; Bonaparte's
Golf 11, 381.

Buonaroti (Michel Angelo) [Keil]
14¹, 41.   [Keil] 14¹, 44.
— — (der Jüngere) [Müller u.
Buona Bista [Stein] 14¹, 45.
— (Strainberg) 14¹, 45.   [45.
— (Grammatiker) [Müller] 14¹,
Buoncompagno (Familie) [v.
Buoni (Jacopo-Antonio) [Henkel
b. Donnersmarck] 14¹, 46.
Buonconvento [Müller] 14¹, 46.
Buonmattei, oder Buonmattei
(Benedetto) 14¹, 46.
Buono (zwei Architekten) 14¹, 46.
Buontalenti (Bernardo)14¹, 238.
Buphaga [Merrem] 14¹, 46.
Buphagos (Mickles)14¹, 47. [47.
Buphthalmum [Sprengel] 14¹,
Bupleurum [Sprengel] 14¹, 47.
Buprestis [Germar] 14¹, 48.
Buquoy, Bucquoi (Karl Bona-
ventura von Longueval, Graf
von) [Retse] 14¹, 238.
Bur [v. Hammer] 14¹, 48.
Bur, oder Bura [Hartmann] 14¹,
49.   [49.
Bura, Buraitos [Mickles] 14¹,
Burikten [v. Wichmann] 14¹, 49.
Buraßos, s. Bura 14¹, 49.
Burano [Röder] 14¹, 49.
Burbach [v. Arnoldi] 14¹, 50.
Burb Jalof [Hassel] 14¹, 50.
Burburata [Hassel] 14¹, 50.
Burcard, Burdcard 14¹, 50.
Burdgana [Mickles] 14¹, 50.
Burchamert [Stein] 14¹, 51.
Burchard [Galletti] 14¹, 52.
Burchard II. (Bischof von Halber-
stadt) [Retse] 14¹, 53.
Burchard (Burkard von Biberach)
[Baur] 13¹, 54.
Burohardus [Sprengel] 14¹, 54.
Buchelius [Sprengel] 14¹, 55.
Burchelia [Müller] 14¹, 55.
Burchard (Jacob) [Mohnike] 14¹,
56.   [56.
— (Joh. Heinr.) [Sprengel] 14¹,
— (Joh. Ludw.) [Gese-
nius] 14¹, 58.
Burchardt [Stein] 14¹, 60.
Burdegala und Burbigala [Sich-
ler] 14¹, 60.
Burdenton [Hassel] 14¹, 60.
Burdi [Hassel] 14¹, 60.
Burding, Burdofurt, s. Burg-
bann 14¹, 75.
Burdßeiß, s. Burtscheid 14¹,138.
Burdwan [Hassel] 14¹, 60.
Bure, Burdué (Andreas und
Joh. Thomä) [Baur] 14¹, 60.
Burf [Hartmann] 14¹, 61.
Bureau [v. Bosse] 14¹, 61.
Bureaukratie [v. Bosse] 14¹, 61.
Bureja, s. Majagan. [14¹, 62.
Buret (Pierre Jean) [Baur]
Burforb [Hassel] 14¹, 62.
Burg, Feste, Burgum, Burgus
[v. Arnoldi] 14¹, 62.

Burg (Oeffnung einer B., Oeff-
nungsrecht; Enthalt einer B.)
[v. Arnoldi] 14¹, 71.
— (Stadt und Dorf in Preußen)
[Stein] 14¹, 73.
— (Marktflecken in Preußen)
14¹, 74.
— (niederländ. Stadt) [Hassel]
14¹, 74.   [14¹. 74.
— (Stadt auf Femern) [Dörfer
— (Dr. Joh. Friedr.) [Fischer]
14¹, 74.
— des Bibers, s. Castor 15, 338.
Burgau [Delius] 14¹, 74.   [75.
— (in Baiern) [Eisenmann] 14¹,
Burgbann und urgbing [v. Ar-
noldi] 14¹, 75.
Burgberg, s. Jägerndorf.
Burgbernheim [Fentobst] 14¹, 76.
Burgbing, s. Burgbann 14¹, 75.
Burgdorf (in Hannover u. Braun-
schweig) [Hassel] 14¹, 77.
— (im Canton Bern) [Henkel
v. Donnersmarck und Meyer
v. Knonau] 14¹, 77. 78.
Burgebrach [Jäck] 14¹, 78. [78.
Burger [Meyer b. Knonau] 14¹,
Burgermeister von Deißßau
(Joh. Sieph.) [Dahl] 14¹, 78.
Burg Fahrenbach [Fentobst] 14¹,
79.
Burgfeld [van Alpen] 14¹, 79.
Burgfrauen [b. Arnoldi] 14¹, 70.
Burgfriede [v. Arnoldi] 14¹, 66.
Burg Geinhausen, s. Gelnhausen
57, 66.   [306.
Burggemünden, s. Gemünden 57,
Burggraf [v. Arnoldi] 14¹, 67.
— [André] 14¹, 80.
Burghardt(Gottfr.Heinr.)[Fischer]
14¹, 80.   [tobst] 14¹, 80.
Burghaun [Fentobst] 14¹, 80.
Burghaslach [Eisenmann u. Fen-
tobst] 14¹, 80.
Burghaus, s. Burgleß 14¹, 71.
Burghausen [v. Koch-Sternfeld]
14¹, 81.
Burghauß (Niklas Aug. Wilh.,
Reichsgraf v.)[Fischer]14¹, 81.
Burgheim, s. Burtheim 14¹, 113.
Burgheßler [Stein] 14¹, 81.
Burghut [v. Arnoldi] 14¹, 68.
Burgi, s. Bürgis 14¹, 83.
Burgißtein [Henkel b. Donners-
marck] 14¹, 81.
Burgknechte, s. Burgbann 14¹, 68.
Burgkunstadt, Burgkundstadt
[Jäck] 14¹, 82.
Burglehn, Burgmann [v. Arnoldi]
14¹, 68.   [82.
Burglengenfeld [Eisenmann] 14¹,
Burgmair (Hans) [Weise] 14¹,
Burgo [Stein] 14¹, 82.   [240.
Burgörner [Stein] 14¹, 82.
Burgos [Hassel] 14¹...82. 83.
14¹, 83.   [14¹, 84.
Burg-Scheidungen [Stein] 14¹,
Burg-Schwalbach[Vogel]14¹,84.
Burgsdorf (Friedr. Aug. Ludw.
von) [Baur] 14¹, 84.

Burgfeß, Burghaus [v. Arnoldi] 14¹, 71. [14¹, 85.
Burgstabel, Burgstall [v. Arnoldi]
Burgstädt, Burgstädtel [Haan] 14¹, 86.
Burgstall [a. d. Winkel] 14¹, 86.
Burg-Steinfurt, s. Steinfurt.
Burgthann [Fentobl] 14¹, 86.
Burgtonna [Galletti] 14¹, 86.
Burgund, (Land der Burgunder) [Hasse] 14¹, 86. [102.
Burgunder Weine [Hasse] 14¹,
Burgundischer Kreis [Hasse] 14¹, 102.
Burgundius, auch Burgundio [Spangenberg] 14¹, 103.
— (Nic.), s. Bourgoing 12, 149.
Burgvoigt, s. Burggraf 14¹, 67.
Burgwedel [Hasse] 14¹, 103.
Burgwerben [Stein] 14¹, 103.
Burg-Windheim, s. Windheim.
Burhafe [Hollmann] 14¹, 103.
Burhampur [Hasse] 14¹, 103.
Burhinus, s. Charadrius magnirostris 16, 198.
Buri [Friedr. Karl von] [b. Gehren] 14¹, 108.
Buria [Stein] 14¹, 104.
Burias [Hasse] 14¹, 104.
Buridinga[a (Puribinga) [Delius] 14¹, 105.
Buriban (Job.) [Tennemann] 14¹, 104. [Baur] 14¹, 105.
Burigny [Jean Levesque de]
Burii, auch Buri [Nickles] 14¹, 106. [Landen] 14¹, 106.
Burislaff, auch Burisleiff [b. d.
Burja (Abol) [Baur] 14¹, 106.
Burjasot [Stein] 14¹, 107.
Burk (Marcus Philipp) [Pohl] 14¹, 107. [107.
— (Philipp David) [Pohl] 14¹,
Burkard, s. Burchard 14¹, 56.
Burke (Edmund) [Müller] 14¹, 108. [112.
— (Grafschaften) [Hasse] 14¹,
Burken, auch Osterburken [Hasse] 14¹, 113. [14¹, 113.
Burkersdorf [Hasse und [Jäck]
Burkheim (bad. Herrschaft und Stadt) [Leyser] 14¹, 113.
—, Burgheim (bair. Flecken) [Eisenmann] 14¹, 113.
Burlamaqui [Meyer v. Knonau] 14¹, 113.
Burleigh, oder Burlay [Walther] [Tennemann] 14¹, 114.
— (Cecil), s. Cecil 22¹, 21.
Burlet (Gruber) 14¹, 114¹
Burlington (in England) [Hasse] 14¹, 118. [118.
— (in Nordamerika) [Hasse] 14¹,
Burlos, s. Burlos 13, 216.
Burluk [Petri] 14¹, 118.
Burmann (Gelehrte) [Hand] 14¹, 118.
— (Gottlob Wilh.) [Rese] 14¹, 121.
Burmannia [Sprengel] 14¹, 122.

Burnet (Gilbert) [Müller] 14¹,
— (Thomas) 14¹, 126. [122.
Burney (Dr. Charles) [Wendt] 14¹, 126.
Burnham [Hasse] 14¹, 127.
Burniska [Nicklefs] 14¹, 127.
Burnley [Hasse] 14¹, 127.
Burns (Rob.) [Müller] 14¹, 127.
Burntisland [Hasse] 14¹, 129.
Burntwood-Indianer, s. Simes (Sioux).
Burnu, Bornu [Hasse] 14¹, 129.
Burnum [Nicklefs] 14¹, 130.
Buro (Fischgattung) [Lichtenstein] 14¹, 130.
Buro (Insel) [Hasse] 14¹, 130.
Burra (Insel) [Hasse] 14¹, 130.
— (Berg) [Rommel] 14¹, 130.
Burray [Hasse] 14¹, 130.
Burremputer, s. Bramaputra 12, 228. [14¹, 130.
Burriel (Antonio Marco) [Baur]
Burrus (Afranius) [Wachsmuth] 14¹, 131. [272.
Bursa, Bursen, s. Collegien 18,
Bursa (in Natolien), s. Brussa 13, 14¹, 132. [Salum. [244.
Bursera (Gattung der Infusionsthiere) [Nitsch] 14¹, 131.
— (Pflanzengattung) [Sprengel] 14¹, 132. [132.
Burser (Joachim) [Sprengel] 14¹,
Bursera [Sprengel] 14¹, 132.
Bursfelde [Hasse] 14¹, 132.
Burstbant [Delius] 14¹, 132.
Bursteun [Hasse] 14¹, 132.
Burtenbach [Eisenmann] 14¹, 132.
Burtmeß [Petri] 14¹, 132.
Burten [Hasse] 14¹, 132.
Burton (Robert, William und John) [Baur] 14¹, 133.
Burtonia [Sprengel] 14¹, 133.
Burträst [v. Schubert] 14¹, 133.
Burtscheid (bei Aachen) [Beyse] 14¹, 133. [14¹, 134.
— (Mineralwasser) [Schreger]
Burundiqua [Nicklefs] 14¹, 134.
Burunnah [Rommel] 14¹, 134.
Buruh, s. Molukken.
Burun [v. Hammer] 14¹, 134.
Burutten [Hasse] 14¹, 134.
Burwa [Hasse] 14¹, 134.
Bury (Geogr.) [Hasse] 14¹, 134.
— (Arthur), s. England, englische Kirche 34, 287, 390.
Burzen [Benigni] 14¹, 135.
Burzenland [Benigni] 14¹, 135.
Bus (Cäsar de), s. Doctrinaires; Ursulinerinnen.
Busacchino [Müller] 14¹, 135.
Busan [Petri] 14¹, 135.
Busau [Hasse] 14¹, 136.
Busbec, Busbeg, Busbeck (Augier Ghislen) [Baur] 14¹, 136.
Busbeckia [Henkel b. Donnersmark] 14¹, 136.
Busca [Müller] 14¹, 137.
Busch (Egbr. Christoph Benj.) 14¹, 137.
— (Heinr.) [Mohnike] 14¹, 137.

Buschbad [Schreger] 14¹, 137.
Busche (Hermann von dem) [Naßmann] 14¹, 137.
Buschetto [Müller] 14, 138.
Buschmänner, s. Hottentotten.
Buschreiber, s. Ardea 5, 170.
Buschspinne, s. Mygale.
Buschtiehrad [Andre] 14¹, 138.
Buschwenzel, s. Sylvia. [139.
Busco, Busto [Schultes] 14¹, 139.
Busen, s. Brust 13, 244.
— (Insel) 14¹, 139.
Busenbaum (Hermann) [Beckhaus] 14¹, 139.
Busenreich, s. Jagd.
Busento [Müller] 14¹, 139.
Buseo [Benigni] 14¹. 140.
Bushwanas, s. Beetjuanen 8, 334.
Busbire, s. Abuschähr 1, 226.
Busir, Busiris, s. Abusir 1, 226.
Busiris [Schinde] 14¹, 140.
Busf [Schultes] 14¹, 142.
Bussweit [v. Schubert] 14¹, 142.
Busfaco, Busaco [Stein] 14¹, 142.
Busfaher [Hasse] 14¹, 142.
Busfang [Hasse und Schreger] 14¹, 142. [41, 203.
Busfard, Buß-Aar, s. Falconidae
Busset [Kosegarten] 14¹, 142.
Busse [Weitscheider] 14¹, 142.
Busse [Memminger] 14¹, 145.
Busseto [Röber] 14¹, 145.
Busfiri [Kosegarten] 14¹, 145.
Busfolino [Müller] 14¹, 146.
Busfobacza [Stein] 14¹, 146.
Busfy [Hasse] 14¹, 146.
Busfy-Rabutin, s. Rabutin.
Bustard [Hasse] 14¹, 146.
Bustrophedon 14¹, 146.
Busubschmir, s. Pilpai.
Busuluf [Petri] 14¹, 147.
Busurja, s. Pilpai. [97.
Buswagan, s. Calamianen [Hasse]
Butan oder Tangustan [Hasse] 14¹, 147.
Bute (Geogr.) [Hasse] 14¹, 148.
— (John Stuart, Graf) 14¹, 148.
Butea [Sprengel] 14¹, 150.
Buteo 1, Falco 41, 193.
Butera 14¹, 150.
Bute [Nicklefs] 14¹, 150.
Butgenbach [Hasse] 14¹, 150.
Butkrotum, s. Burrinto 14¹, 150.
Buthus [German] 14¹, 150.
Butini (Familie) [Meyer v. Knonau] 14¹, 150.
Butjabinger oder Butjabinger-land [Eisenmann] 14¹, 151.
Butler (Geogr.) [Hasse] 14¹, 152.
— (Samuel) [Müller] 14¹, 152.
— (Joseph) [Baur] 14¹, 154.
Buto [Hartmann] 14¹, 154.
Butomas [Sprengel u. Schreger] 14¹, 154.
Buton, Butong [Hasse] 14¹, 155.
Butowig [Andre] 14¹, 155.
Burrinto 14¹, 155.
Butschowig [Andre] 14¹, 155.

Butsets [Benigni] 14¹, 155.
Butsum [Benigni] 14¹, 155.
Buttelstedt [Hasse] 14¹, 155.
Butteln [Jäck] 14¹, 155.
Butter (animalische) [Schreger] 14¹, 156. [413.
— (mineralische), s. Arsenik 5,
Butterfisch, s. Centronotus 16, 50. [14¹, 158.
Buttermilch [Schreger u. Grebe]
Buttermilchern, s. Silberhornern.
Buttermure Water [Hasse] 14¹, 158.
Butternußöl, s. Oel.
Buttersäure [Schreger] 14¹, 158.
Butterstoff [Schreger] 14¹, 159.
Butterworth [Hasse] 14¹, 159.
Buttstedt [Hasse] 14¹, 159.
Buttiglitera d'Asti [Röber] 14¹, 159.
Buttlar [Hasse] 14¹, 159.
Button (Thomas), s. Nordpol-Expeditionen.
Butturini (Mattia) [Henkel v. Donnersmard] 14¹, 159.
Butua [Nicklefs] 14¹, 160.
Butuan [Hasse] 14¹, 160.
Butul [Hasse] 14¹, 160.
Butyrinus [Lichtenstein] 14¹, 160.
Butzbach [Wagner] 14¹, 160.
Butzhseth, s. Butzseth 14¹, 168.
Buzlin, s. Bucelin 13, 276.
Buuren auch Buyren [Hasse] 14¹, 160. [14¹, 160.
Busch, Foder Busch [Hartmann]
Buvaliden oder Bujiden [Kosegarten] 14¹, 162.
Buxar [Hasse] 14¹, 162.
Buxbaum, s. Buxus 14, 168.
— (Job. Christ.) [Baur] 14¹,162.
Buxbaumia [Sprengel] 14¹, 163.
Buxdorf (Wilfor Theoderich von) [Fischer] 14¹, 168.
Buxentum, jetzt Busento [Sidler] 14¹, 163.
Buxheim [Eisenmann] 14¹, 168.
Buxhörden (Friedr. Wilh., Graf von) [Hasse] 14¹, 163.
Buxtehude [Hasse] 14¹, 165.
Buxton [Hasse] 14¹, 165.
Buxtorf (Familie) [Meyer von Knonau] 14¹, 165.
Buxus (Burbaum) [Sprengel u. Grebe] 14¹, 168.
Buyren, s. Buuren 14¹, 160.
Busfeth [Hasse] 14¹, 168.
Busias [Rump] 14¹, 168.
Busjischeck Haus [Wedelind] 14¹, 168.
Busjot (Geogr.) [Stein] 14¹, 168.
— (Franc. Leon. Nic.) 14¹, 169.
Busjordjemifor, s. Pilpai.
Busjarbbai [Nicklefs] 14¹, 169.
Byam (Geogr.) [Hasse] 14¹, 169.
— Martin [Hasse] s. Byblos 14¹, 169.
Byblia [Nicklefs] 14¹, 169.
Byblis [Sprengel] 14¹, 169.
Byblos [Nicklefs] 14¹, 169.

Bychow (Staroi) [v. Wichmann 14¹, 170.
Bye (Jacques de; Cornelys; Marlus) 14¹, 170.
By-Elfven [v. Schubert] 14¹,170.
Bygbed [v. Schubert] 14¹, 170.
Bygonbarry [Haffel] 14¹, 170.
Byllienes, f. Bullis 14¹, 19.
Bynaeus (Ant.) [Baur] 14¹, 170.
Byng (George u. John[Baur]14¹, 170.

Bynkershoek (Cornelius van) [Spangenberg] 14¹, 171.
Byragbur [Haffel] 14¹, 172.
Byrgana, f. Burchana 14¹, 50.
Byrge, f. Bürgi 13; 379.
Byrne (William) 14¹, 172.
Byrom (John) [Müller] 14¹,240.
Byron (Geogr.) [Haffel] 14¹,172.
Byron (John) [Baur] 14¹,173.
Byrrhii (Germar) 14¹, 174.
Byrrhus (Germar) 14¹, 174.

Byrsonima [Sprengel] 14¹, 174.
Bystel [v. Schubert] 14¹, 174.
Byß (Joh. Rud.) [Jäck] 14¹,174.
Byssolith, f. Strahlstein.
Byssomya [Nitzsch] 14¹, 174.
Byssus(Muschelseide)(Nitzsch]14¹, 175.
Byssus, Byssum (Seidengewebe) [Schreger] 14¹, 176.
— (Pflanze)[Sprengel] 14¹,176.
Bystropogon[Sprengel]14¹,176.

Dythmus (Germar) 14¹, 176.
Bytté, f. Halster 41, 309.
Byturus (Germar) 14¹, 176.
Byzantium [Nidlefs u. Wachsmuth] 14¹, 176.
Byzantinische Münzen [Hase] [14¹, 179.
Byzas [Kanngießer] 14¹, 180.
Byzenos [Nidlefs] 14¹, 181.
Bzovius, Bzowski (Abraham) 14¹, 181.

C.

C (als Schriftzeichen und Sprachlaut) [Grotefend] 14², 1.
— (als Abkürzungszeichen) [Grotefend] 14², 5.
— (in den Arzneiformeln)[Schreger] 14², 5.   [14², 5.
— (in der Logik) [Grotefend]
— (in der Mufik) [Weber] 14², 6.
Cabaceiro [Haffel] 14², 6.
Cabaco, f. Guatemala 96, 53.
Cabale 14², 6.
Cabaletta (Weber) 14², 6.
Caballeria [Sprengel] 14², 6.
Cabalunga, f. Samar.
Cabanes, les [Haffel] 14², 6.
Cabanis (Pierre Jean Georges) [Baur] 14², 6.
Cabarras [Haffel] 14², 7.   [7.
Cabarrus (François, Graf) 14²,
Cabell [Haffel] 14², 7.
Cabenda, auch Cabende, Cabinde, Gabinde [Haffel] 14², 7.
Caberea [Tilesius] 21, 1.
Cabes [Haffel] 14², 7.
Cabeffa, f. Camphora 15, 57.
Cabesterre [Haffel] 21, 1.
Cabeza (Geogr.) [Haffel] 14², 7.
— de Vaca (Alvar Nuñez) 14², 8.
Cabeza de Buey; C. de Maria Cabezzo, f. Cabeza 14², 7.
Cabo verde, f. Vorgebirge, grünes.
Cabomba [Sprengel] 14², 8.
Cabo Roxo [Haffel] 21, 1.
Cabot (Sebastiano) 14², 8.
Cabra [Stein] 21, 1; C. (Geschichte) [v. Stramberg] 14², 9.
Cabral, auch Cabrera (Pedro Alvarez) 14², 9.
Cabras [Haffel] 21, 2.
Cabrella [Stein] 14², 10.
Cabrera (ein Gras) [Sprengel] 14², 10.   [ter 14², 10.
Cabrera(bucinarische Insel)[Müller]
— (balearische Insel) [Stein] 14², 10.
— (P. Alvarez], f. Cabral 14², 9.
— (Don Juan Thomas Henriquez de, Herzog von Medina del Rio Secco) [Baur]14², 10.
— (Burg und Familie in Spanien) [v. Stramberg] 21, ².
— (spanisches Geblet und Grafengeschlecht) [v. Stramberg]21, 4.
Cabrerets [Haffel] 14², 10.
Cabres [Haffel] 14², 10.

Cabroll [Haffel] 14², 11.
Cabu Abbas [Leonbarbi] 21, 4.
Cabureibalsam[Schreger] 14², 11.
Caburrum, f. Cavore 15, 416.
Cacagne [Haffel] 14², 11.
Cacalia [Sprengel] 14², 11.
Cacamo, Caccamo 14², 14.
Cacao [Schreger] 14², 11.
Cacaobutter [Schreger] 14², 12.
Cacaomühle[Romershausen]14², 13.
Cacaoseife [Schreger] 14², 13.
Cacault (François) [Baur] 14², [14.
Caccamo, Cacamo [Müller] 14², 14.
Caccia (Ferdinando) [Baur] 14², 14.
Caccianiga (Francesco) 14², 14.
Cacella [Stein] 14², 14.
Caceres   Neucaceres [Stein]
Caceao, auch Cachee (Haffel]
Cacbapaves [Stein] 14², 14.
Caches, Cachee, f. Cachao 14², 14.
Cachet, lettre de cachet, f. Verhaftbefehl.   [Quarz.
Cacholong, f. Chalcedon, im Art.
Cachopos [Stein] 14², 14.
Cachrys [Sprengel] 14², 14.
Cacicus, Cacique, f. Caßicus 15, 275.
Cacicula-[Germar] 14², 15.
Caconcia [Sprengel] 14², 15.
Caçorla, Caçorla [Stein] 14², 15.
Cacus [Sprengel] 14², 15.
Cactus Coccinellifer [Schreger] 14², 15.
Cadaba [Sprengel] 14², 15.
Cabu Mosto (Aloys u. Ludwig) 14², 15.
Cabaval [Stein] 14², 16; C. (Geschichte)[v. Stramberg]21,4.
Cabenac, f. Capbenac 15, 115.
Cabenat [Haffel] 14², 16.
Cabeng [Weber] 14², 16.
Cabereita [Haffel] 14², 19.
Caberouffe [Haffel] 14², 19.
Cabet de Gaßicourt (Charles Louis) 14², 20.
— (Louis Claude) 14², 19.
Cabiac [Haffel] 14², 20.
Cabillac [Haffel] 14², 20.
Cabis, Cabiz (Stein] 14², 20.
Cadmia (Mineral.) [Schreger] 14², 21.   [Stein] 14², 22.
— (antiquar. Mineral.) [Refer-

Cabmium [Schreger] 14², 22.
Cabore [Müller] 14², 25.
Caboubal, f. Georges Caboubal 60, 131.
Cabounüffe [Schreger] 14², 25.
Cabovius (Johann) [Gittermann] 21, 5.
Cabura [Haffel] 14², 25.
Cabucceti [Schmieder] 14², 25.
Cabucifer [Nidlefs] 14², 26.
Caburci 14², 27.
Cabus 14², 27.
Caecilia (Schlangengatt.) [Merrem] 14², 27.
— (die Heilige) [Wendt] 14², 28.
Caecilius(Geschlecht)[Wachsmuth] 14², 30.
— Statius [Jacobs] 14², 31.
Caecina [Wachsmuth] 14², 31.
Caecubus [Müller] 14², 31.
Caecilius (Aurelianus) [Sprengel] 14², 32.
Caement [Schreger] 14², 32.
Caementation [Schreger] 14², 33.
Caementirgeräthe [Schreger] 14², 33.
Caementier- oder Brennstahl, f. Eisen 32, 404.
Caen [Haffel] 14², 33.
Caenina [Wachsmuth] 14², 34.
Caenys [Müller] 14², 34.
Caepio (gens Servilia) [Wachsmuth] 14², 34.
Caerbiff, f. Carbiff 15, 176.
Carre [Wachsmuth] 14², 35.
Caerleon [Wachsmuth] 14², 35.
Caerleon [Haffel] 14², 35.
Caernarvon [Haffel] 14², 36.
Caernws [Haffel] 14², 37.
Caerphilly [Haffel] 14², 37.
Caesalpinia, Caesalpini, f. Indigo.
Caesalpinia (Pflanzeng.) [Sprengel] 14², 37.
— crista [Schreger] 14², 37.
Caesalpinus, f. Cäfalpini 22¹, 48.
Caesar (Cajus Julius und Lucius [Haken] 14², 38.
— (Lucius); C. (Lucius Julius); C. (Sextus) [Haken] 14², 69.
Caesarea [Nidlefs] 14², 69.
Caesaria, f. Arfa 5, 317.

Caesarion [Haken] 14²,⁻ 69.
Caesarius (Fr. Le.) [Wyttenbach] 14², 70.   [bach] 14², 70.
— (gen. Heisterbacensis) [Wytten-
Caesena, f. Cesena 16, 85.
Caesta (a. Geogr.)[Nidlefs]14²,70.
Caesia(Pflanzeng.)[Sprengel]14², 70.
Caeso u. Caesiomorus, f. Scombriden.
Caesonia, f. Caligula 14², 134.
Caesulia [Sprengel] 14², 70.
Caesur, f. Metrif; Berß.
Caffarelli du Falga (Louis Marie Joseph Maximilian) [Baur] 14², 70.
Caffaro, auch Caffaro Taschisellone [Müller] 14², 71.
Caffee, f. Coffea arab. 18, 194.
Caffeth, f. Cagots 14², 76.
Caffieri 14², 71.   [72.
Caguvan, Caguayon [Haffel] 14²,
Cagliari (Stadt) [Haffel] 14², 72.   [Leonbarbi] 21, 5.
— (Provinz, Bezirk und Stadt)
— (Pl.), f. Caliari 14², 180.
Cagliostro (Alessandro, Graf von) [Baur] 14², 73.
Cagnoli (Antonio) [Henkel von Donnersmard] 14², 75.
Cagots [Haffel] 14², 76.
Caguayan, f. Cagayan 14², 72.
Cahamba [Haffel] 14², 76.
Cahotia [Haffel] 14², 76.
Cahors [Haffel] 14², 76.
Cahusac (Flecken)[Haffel]14²,77.   [(Louis de) 14², 77.
Caïcos [Haffel] 14², 77.
Caillard(Antoine Bernard)[Baur] 14², 77.   [Garb] 14², 77.
Caille (Nicolas Louis de la)
Caitur [Haffel] 14², 81.
Caïman, f. Crocodilus 21, 450.
Caiman [Haffel] 14², 81.
Cairngorm [Haffel] 14², 81.
Caïston [Haffel] 14², 81.
Caithnefs [Haffel] 14², 81.
Caja, f. Cajus 14², 84.
Cajana (v. Schubert) 21, 6.
Cajanus [Sprengel] 14², 82.
Cajare [Haffel] 14², 82.
Cajazzo [Müller] 14², 82⁻
Cajeput [Schreger] 14², 82.
Cajeta [Müller] 14², 82.
Cajetan (genannt Thomas de Bio; nebst mehreren andern) [Baur] 14², 83.

11*

Calvados [Haffel] 14², 168.
Calvarienberg, f. Golgotha 73, 337.
Calvart (Dénis) [Weiße] 14², 169.
Calvert [Haffel] 14², 169.
Calvi (neapol. Stadt) [Müller] 14², 169. [169.
— (franz. Stadt) [Haffel] 14²,
— (Insel), f. Ponza.
Calvin (Johann) Meyer von Knonau] 14², 169.
Calvisiana Actio, Calvisianum judicium. — Calvisianum senatusconsultum [Pernice] 14², 179.
Calvisius (Name mehrerer Männer) (Gruber] 14², 178.
— (Seth) [Garth] 14², 178.
Calvisson [Haffel] 14², 179.
Calvör (Kaspar und Henning) [Baur] 14², 179.
Calvörde [Haffel] 14², 180.
Calvomontensis pagus [Delius] 14², 180.
Calw [Memminger] 14², 181.
Calycanthus [Sprengel] 14², 181.
Calycera [Sprengel] 14², 181.
Calycopheris, f. Getonia 64, 468.
Calydermos [Sprengel] 14², 182.
Calymenia, f. Oxybaphus.
Calymperes [Sprengel] 14², 182.
Calyplectus [Sprengel] 14², 182.
Calypso [Sprengel] 14², 182.
Calyptomena, f. Pipra; Rupicola.
Calyptra [Germar] 21, 25.
Calyptraea [Nitzsch] 14², 182.
Calyptranthes [Sprengel] 14², 182. [228.
Calyptrion, f. Corynostylis 19,
Calyptrus, f. Calyptraea 14², 182.
Calystegia, f. Convolvulus 19,
Calythrix [Sprengel] 14², 183.
Calythymenia, f. Oxybaphus.
Calytriplex [Sprengel] 14², 183.
Calza (Orden) [Gottschalf] 14², 183. [25.
Camalbulenfer, (Herrmann) 21,
Camaleçon [Haffel] 15, 1.
Camalodunum 15, 1. [15, 1.
Camanioc, f. Manioc.
Camaracum, f. Cambrai 15; 6.
Camarabe [Haffel] 15, 1.
Camarala [v. Stramberg] 21, 26.
Camarea [Sprengel] 15, 1.
Camares, f. Pont de Camares.
Camaret [Haffel] 15, L
Camargue [Haffel] 15, 1.
Camarina [Müller] 15, 1.
Camarines [Haffel] 15, 2.
Camarinum [Müller] 15, 2.
Camax [Sprengel] 15, 2.
Cambacérès (Jean Jacques Régis) 15, 2.
Cambai [Haffel] 15; 3.
Cambamoa [Haffel] 15, 4.

Cambay [Haffel] 15, 4.
Cambden, f. Camden 15, 12.
Cambert 15, 4.
Cambermell [Haffel] 15, 4.
Cambiaso (Luca) [Weiße] 15, 4.
Cambiatore (Tommaso) [Müller] 15, 4.
Cambine [Haffel] 15, 4.
Cambium [Sprengel] 15, 5.
Cambo [Haffel] 15, 5.
Cambodscha, Cambodia [Haffel] 15, 5.
Cambodunum [Ridleß] 15, 5.
Cambogia [Sprengel] 15, 5.
Cambon (Joseph) 15, 5.
Camborne [Haffel] 15, 6.
Cambout [v. Stramberg] 21, 26.
Cambrai (Stadt) [Haffel] 15, 6. (Cameracum; kirchl. Geogr.) [Delius] 15, 6.
Cambrai-Gau [Delius] 15, 7.
Cambray [v. Stramberg] 15, 8.
Cambresis [v. Stramberg] 15, 8.
Cambria [Haffel] 5, 10. [15, 10.
Cambridge (in England) [Haffel]
— (in Nordamerica) [Haffel] 15, 11. [12.
— (Richard Owen) [Baur] 15,
Cambrils [Stein] 15, 12.
Cambry (Jacques) [Baur] 15, 12.
Cambucunum [Haffel] 15, 12.
Camden, Cambden (Geogr.) [Haffel] 15, 12.
— (Samuel, Cambenus (William) [Baur] 15, 12.
Camelae [Ridleß] 15, 13.
Caméléoniens [Leufart] 21, 27.
Camelina [Sprengel] 15, 13.
Camellia [Sprengel] 15, 13.
Camelopardalis [Medel] 15, 14.
Camelus [Medel] 15, 14; [Ziesius] 21, 28.
Camera, f. Camele 15, 29.
Cameta obscura, f. Kammer.
Cameraria [Sprengel] 15, 15.
Camerarius (Joachim) [Erhard] 15, 15.
— (Joachim und Rud. Jac.) [Sprengel] 15, 17. [15, 17.
Camerer (Joh. Friedr.) [Dörfer]
Cameri [Müller] 15, 18.
Cameria [Müller] 15, 18.
Camerino [Müller] 15, 18.
Camerones [Haffel] 15, 18. [19.
Camers [v. Stramberg] 15,
Camertum [Müller] 15, 19.
Camers, f. Camerinum 15, 2; Clusium 18, 103.
Camet (Joh.) [Baur] 15, 19.
Camete [Ridleß] 15, 20.
Camestres (Grotefend] 15, 20.
Camicosa [Sprengel] 15, 20.
Camicus [Müller] 15, 20.
Camilla [Ridleß] 15, 20.
Camillus [Nitzsch] 15, 21.
Camillus [Wachmuth] 15, 21.
Cominatzin [Baur] 15, 21.

Caminha (v. Stramberg] 15, 22.
Camino, f. Trevifo.
Camisarbe (Baur] 15, 22.
Cammanoce, f. Jungfernin͕seln.
Camoena, f. Camele 15, 20.
Camoens (Luis de) [Keil] 15, 24.
Camoghè (der) [Henckel v. Donnersmarck] 15, 28.
Camonica (Val) [Müller] 15, 28.
Camorta [Haffel] 15, 28.
— bi Roma, f. Rom.
Campagna [Haffel] 15, 28.
Campan [Haffel] 15, 28,
— (Joanne Louise Henriette Genet) [Niemeyer] 15, 28.
Campana [Müller] 15, 30.
Campana via; Via Domitiana f. Campania 15, 34.
Campanella (Thomas) [Gruber] 15, 30.
Campania; Campanus Morbus; Campanus Pons [Müller] 15, 34. [ter] 15, 36.
Campana (Giannantonio) [Müller]
Campanopsis [Sprengel] 15,37.
Campanula- [Sprengel] 15, 37.
Campanula-ria [Tilesius] 21, 31.
Campanus morbus und C. pons, f. Campania- 15, 34.
Campanus,Campano(Joh.)[Baur] 15, 37.
— (Joh.) [Baur] 15, 37.
Campanus. Sinus, Golfo di Napoli, f. Neapel. [38.
Campbell (Geogr.) [Haffel] 15,
— (Familie)[v.Stramberg]15,38.
— (Duncan) [Dorst] 15, 44.
— (John) 15, 46.
Campbelltown [Haffel] 15, 47.
Campêche [Haffel] 15, 47.
Campeche [Haffel] 15, 49.
Campechebolz, auch Blauholz, Blutholz [Kurrer] 15, 49.
— (arznelich) [Schreger] 15, 53.
Campelia [Sprengel] 15, 54.
Campell (Kaspar) [Meyer von Knonau] 15, 54.
Campen [Haffel] 15, 54.
Camper (Peter) [Niemann] 15, 54.
Campestres [Merrem] 15, 56.
Camphergeist, f. Camphora 15, 57.
Camphergel, f. Camphersäure 15, 56; Camphora 15, 57.
Camphersäure [Sprengel] 15,56.
Camphora [Schreger] 15, 57.
Camphuys (Joh.) 15, 60.
Camphuysen (Theod. Raphael) 15, 61.
Campi [Müller] 15, 61.
Campi canini, f. Pilitio.
— Maroi [Müller] 15, 61.
— Phlegraei,f.PhlegraeiCampi.
Campiano [Müller] 15, 61.
Campibano Maggiore (Leonhardi] 21, 31.
— Milis, f. Milis.

Campiglia [Müller] 15, 61.
Campione (Henckel v. Donnersmarck] 15, 61. · [15, 61.
Campiftron (Jean Galbert de)
Campium [Schreger] 15, 62.
Camper (Luis de) [Keil]; C. (Giulio); C. (Antonio); C. (Vincenzo) [Weiße] 15, 62.
Campobasso [Müller] 15, 62.
Campodunum [Ridleß] 15, 62.
Campo Formio [Müller] 15, 63.
Campoloro [Haffel] 15, 63.
Campomanes (Don Pedro Rodriguez, Graf de] [Haffel] 15, 63. [67.
Campomanesia [Sprengel] 15,
Campo Mayor [Stein] 15, 67.
Campona [Ridleß] 15, 67.
Camfor Reggio [Müller] 15, 67.
Campos [Stein] 15, 67. [67.
Campotejar [v. Stramberg] 15,
Camprdeon [Stein] 15, 67.
Campremoldo di Sopra [Müller] 15, 67.
Campste [Haffel] 15, 67.
Campsis [Sprengel] 15,67. [67.
Campsotrichum [Sprengel] 15,
Camptocerus [Germar] 15, 68.
Campus Laborinus [Müller] 15, 68.
— Martis, f. Rom. [68.
Campus Setenus [Ridleß] 15,
Campylanthus [Müller] 15, 68. [chus 16, 89.
Campylirhynchus,f.Centorhyn-
Campylomyza [Germar] 15, 68.
Campylopus [Sprengel] 15, 68.
Campylosus [Germar] 15, 68.
Campylus(Pflanzeng.)[Sprengel] 15,· 68.
— (Insektengatt.) [Germar]15,68.
Campynema [Sprengel] 15, 68.
Camrup [Haffel] 15, 68.
Camsin, f. Chamsin 16, 136.
Camuni [Müller] 15, 68.
Camus (Antoine le und Nicolas) [Baur] 15, 69. [69.
— (Armand Gaston) [Baur]
— (CharlesEtienne Louis)[Baur] 15, 69.
— (Etienne le) [Baur] 15, 69.
— auch Canaye (Jean Pierre) [Baur] 15, 68.
Canabac [Haffel] 15, 71.
Canada [Haffel] 15, 71.
Canabische Seen [Haffel] 15, 74.
Canahia [Sprengel] 15, 74.
Canale (Fieden) [Doan] 15, 74.
— (Antonio) [Weiße] 15, 74.
— (Giuseppe) [Weiße] 15, 74.
Canales [Müller] 15, 74.
Canaletto (Bernardino) [Weiße] 15, 75.
Cananbaigua [Haffel] 15, 75.
Cananore [Haffel] 15, 75.
Canara [Haffel] 15, 75.
Canarias [Haffel] 15, 75.
Canarienfect, und Canarienzucker, f. Wein; Zucker.

Canarienvogel, s. Fringilla Canaria 50, 218.
Canarina [Sprengel] 15, 77.
Canarium [Sprengel] 15, 77.
Canaye, s. Camus (J.P.) 15, 78.
Cancale [Hassel] 15, 78.
Cancar, Cancao [Hassel] 15, 77.
Cance [Hassel] 15, 78.
Cancellaris; Cancellarius [Ritsch] 15, 78.
Cancelle [Weber] 15, 78.
Cancer [Lichtenstein] 15, 78.
Canche [Hassel] 15, 79.
Cancionero [Blanc] 21, 32.
Cancrofagus, s. Ardea caerulea etc. 5, 171.
Cancroma [Merrem] 15, 79.
Canda [Tilesius] 21, 33.
Canbalicas [Ridlefs] 15, 80.
Candanum [Rump] 15, 80.
Candé [Hassel] 15, 80.
Candelaber, s. Leuchter.
Candeln [Reyer] 15, 80.
Candes [Hassel] 15, 80.
Candia, s. Kreta. [81.
Candiani Campus [Müller] 15,
Candibat (theologischer) [Schaaff] 15, 83.
Candidatus [Schinde] 15, 81.
Candicen,Candis-Zucker,s.Zucker.
Candit [Germar] 21, 33.
Candoglia [Hendel v. Donnersmard] 15, 85.
Candolle (Pyramus) [Meyer v. Knonau] 15, 85.
Candollea [Sprengel] 15, 85.
Candy [Sprengel] 15, 86.
Canegaio [Hendel v. Donnersmard] 15, 86.
Canel [Hassel] 15, 86.
Canelata oder Canelate [Müller] 15, 86.
Canella [Sprengel] 15, 86.
Canella, Zeylonica, s. Cinnamomum 17, 273. [15, 86.
Canellae albae cortex [Schreger]
Canelli [Müller] 15, 86.
Canens [Ridlefs] 15, 87.
Canephora [Sprengel] 15, 87.
Canet [Stein] 15, 87.
Cange, du, s. Dufresne 28, 199.
Canicatti [Müller] 15, 87.
Canies [Stein] 15, 87.
Canigou [Hassel] 15, 87.
Caninefaten, s. Bataver 8, 70.
Canini (Giovanni Angelo)[Weise] 15, 87.
Canini Campi [Müller] 15, 87.
Canino [Müller] 15, 87.
Canis [Wretel] 15, 87.
Canisius, org. de Houdt (Peter, Heinr. u. Jac.) [Baur] 15, 90.
Canisy [Hassel] 15, 91.
Canitz (Friedr. Rud. von) [Jacobs] 15, 91.
Canijares (D. Joseph de) 15, 92.
Canna [Sprengel] 15, 92.
Canna, Cannay [Hassel] 15, 92.
Cannabis [Sprengel] 15, 92.

Cannabis sativa [Schreger] 15, 93. [15, 93.
Cannae, jetzt Canne [Wachsmuth]
Cannegießer, Canngießer (Leonhard Heinr. Ludw. Georg v.) [Baur] 15, 94.
Canneliren, s. Stule.
Cannes (Geogr.) [Hassel] 15, 94.
— (Francisco) [Baur] 15, 94.
Canngießer, s. Cannegießer 15, 94.
Cano (Melch.), s. Canus 15, 112.
— (Alonso) [Weise] 15, 95.
Canobia (Canobbio)-Thal [Hendel von Donnersmard] 15, 95.
Canonical, s. Stift.
Canonicut [Hassel] 15, 95.
Canopus (Pflanzengattung) [Germar] 15, 95.
— fabeolatus [Nitsch]. [uopus.
— (Archäol. und Astron.), s. Kanori [Merrem] 15, 95.
Canosa, s. Canusium 15,.112.
Canossa [Voigt] 15, 95.
Canot (Pierre Charles) [Weise] 15, 97.
Canourgue (la) [Hassel] 15, 97.
Canova (Antonio) [Gruber] 15, 97.
Canovai (Stanislao) [Hendel v. Donnersmard] 15, 100.
Cancoora, s. Plabera.
Cansiera [Sprengel] 15,.101.
Canso [Hassel] 15, 101.
Canstatt [Memminger] 15, 101.
Canstein (Geogr.) [Seiberth] 21, 33.
— (Karl Hildebrand, Freih. v.) [Baur] 15, 102. [21, 33.
— (Raban, Freih. v.) [Seiberth]
Cantabile [Hassel] 15, 102.
Cantabri, Cantabria. 15, 103.
Cantal [Hassel] 15, 103.
Cantanhilda [Hassel] 15, 104.
Cantara [Müller] 15, 104. [104.
Cantarini (Simon) [Weise] 15,
Cantate, Cantatille, Cuntatina [Weber] 15, 104.
Cantecroy, Canticrobe [v. Stramberg] 21, 34.
Cantel- (Pierre Joseph) 15, 105.
Canteleu [Hassel] 15, 105.
Cantelmi [v. Stramberg] 21, 35.
Canter (Wilh. u. Theod.) 21, 37.
Canterbury [Hassel] 15, 105.
Canterins Mons [Müller] 15, 105.
Cantherani (Sebastiano) [Hendel v. Donnersmard] 15,.105.
Cantharellus [Nitsch] 15, 105.
Cantharides [Schreger] 15, 106.
Cantharibin [Schreger] 15, 106.
Cantharibingift [Schreger] 15, 108.
Cantharus (Conchyl.) [Nitsch] 15, 108.
— (Ichthyol.), s. Sparus.
Canthium [Sprengel] 15, 108.
Canthropes [Nitsch] 15, 109.

Cantiano [Müller] 15, 109. [37.
Canti carnascialeschi [Blanc] 21,
Cantilena [Weber] 15, 109.
Cantimpré, Cantipratum [v. Stramberg] 15, 109.
Cantin [Hassel] 15, 109.
Cantius, J., s. Kanthi.
Canto [Weber] 15, 109. . [109.
Canton [Meyer v. Knonau] 15,
— (Stadt in China), s. Kuangtung.
— (John) [Garh] 15, 110.
Cantor, s. Gesang 62, 276; Schulen.
— (Staat) [Hassel] 15, 111.
Cantua [Sprengel] 15, 111.
Cantyre [v. Stramberg] 15, 111.
Canuane, Canaounan [Hassel] 15, 111.
Canulejus 21, 38.
Canzler [Herrmann] 21, 38.
Canus, eig. Cano (Melchior) [Baur] 15, 112. [15, 112.
Canusium, jetzt Canosa [Müller]
Canutario, Monte [Müller] 15, 113.
Canvey [Hassel] 15, 113.
Cany [Hassel] 15, 113.
Cany (Israel Gottlieb) [Baur] 15, 113.
Canzone (Poetik) [Gruber] 15, 114. [15, 114.
—, Canzonetta (Musik) [Weber]
Caorle [Müller] 15, 114.
Caorsin, Caorsin (Guillaume) 15, 114.
Caoutchouc, s. Erdharz 36, 400. [Schreger] 21, 39.
Cap, s. Vorgebirge.
— (Insel) [Hassel] 15, 114.
Capaccio (Stadt) [Müller] 15, 115. . [15, 115.
— (Giulio Cesare) [Müller] 15,
Capacidit (Gark u. Schreger]
Cap Breton [Hassel] 15, 115.
Capbenac [Hassel] 15, 115.
Cape Barren [Hassel] 15, 115.
Capece [v. Stramberg] 15, 115.
Cape. Coast oder Cape Corse [Hassel] 15, 116. .
Cape Lobetai [Hassel] 15, 116.
Cape Sear [Hassel] 15, 116.
Cape Girardeau [Hassel] 15, 116.
Capel Cerrig [Hassel] 15, 116.
Capell (Österr. Herrengeschlecht) [v. Stramberg] 15, 116;
— (Eduard) [Baur] 15, 117.
— (Rud.) [Baur] 15, 117.
Capella (Astron.) [Fritsch] 15,118.
— (Marcianus Mineus. Felix) [Jacobs] 15, 118.
— (Galeazzo Flavio Capra) [Jacobs] 15, 121.
Capelle, la [Hassel] 15, 122.
Capellen (Geogr.) [v. Stramberg] 15, 122.
— (van der) [v. Kampen]15,123.
Capellendorf [Erhard] 15, 123.

Capello (Bianca), s. Medici.
Capellhaun [v. Schubert]15,124.
Cape Mai [Hassel] 15, 124.
Capena [Müller] 15, 125.
Capens Porta [Müller] 15, 125.
Caper, Caperei, s. Seeräuberei.
Capestang [Hassel] 15, 125.
Capestrano, Capistrano 15, 127.
Capetinger [Herrmann] 15, 125.
Cap Hayti, früher Cap Henry [Hassel] 15, 127.
Capibava [Ridlefs] 15, 127; C. [Rump] 21, 42.
Capillaria (Pflanzen.) [Sprengel] 15, 127. . . fina.
— (Thierwurm),s.Trichocepha-
Capilupi (Lelio, Camillo u. Ippolito) [Müller] 15, 127.
Capis [Hassel] 15, 127.
Capistrano (Joh. v.) [Rauschnick und v. Stramberg] 15, 127.
Capistrum [Nitsch] 15, 130.
Capitain [v. Hover] 21, 42.
Capital [v. Bossel] 15, 130.
Capitäle, s. Säulenordnungen.
Capitana [v. Hover] 21, 44.
Capitanata [Müller] 15, 132.
Capitel, s. Domherr; Stift. [133.
Capitelsmünzen [Zepernick] 15,
Capitulum [Müller] 15, 135.
Capito (Vogelgattung) [Merrem] 15, 135. [44.
Capito (CajusAteius)[Dirksen]21,
Capitolinus, Capitolinus Mons und Capitolium, s. Rom.
Capitolo [Blanc] 21, 44.
Capitularia [Sprengel] 15, 135.
Capitulat, maßäumbisches [Meyer v. Knonau] 15, 135.
Capitulation, s. Festung, im Art. Fortification 46, 427; Werbung. [15, 135.
Capitulum (a. Geogr.) [Müller]
Capiji, s. Capitium 15, 135.
Capmany (Antonio de) [Baur] 15, 135.
Capnoides [Sprengel] 15,. 135.
Capnophyllum [Sprengel] 15, 135.
Capo, s. Vorgebirge. . : [135.
— di Lago [Hendel v. Donnersmard] 15, 136.
— d'Istria [Haan] 15, 136.
Caporali (Cesare) [Müller] 15, 136.
Capotasto [Weber] 21, 44.
Capparis (Pflanzengatt.) [Sprengel] 15, 137.; .
— spinosa [Schreger] 15, 137.
Cappel (im Baden) [Reger] 15, 137. .
— (in Hessen) [Hassel] 15, 138.
— (im Zürichschen) [Hendel v. Donnersmard] 15, 138.
Cappelus (Familie) [Baur] 15, 139.
Cappeler (Moriz Anton) [Meyer v. Knonau] 15, 141. . [139.
— Krieg [Meyer v. Knonau] 15,

Cappeln [Dörfer] 15, 141.
Capperonnier (Claude, Jean und Jean Augustin) [Baur] 15, 141.
Capponi [Baur] 15, 142.
Capra (Ziege) [Meckel] 15, 143.
Capra, s. Capella 15, 121.
Capreae Palus, s. Caprilia 15, 146.
Capraja [Müller] 15, 143.
Caprara(Geogr.) [Müller] 15, 144.
— (Aeneas Sylvius, Albrecht und Alexander, Grafen von) [Baur] 15, 144. [144.
— (Johann Baptist) [Baur] 15,
Capraria [Sprengel] 15, 145.
Capraria, s. Capraja 15, 143.
Caprarola [Müller] 15, 145.
Caprasia (Insel), s. Capraja 15, 148. [Müller] 15, 145.
—, auch Caprasiae (a. Geogr.)
Caprasiae Ostium s. Padus.
Capreae, jetzt Capri [Müller] 15, 145.
Caprella [Lichtenstein] 15, 146.
Capreoli [Meckel] 15, 146.
Capretta (Gaudenzio Erich) [Hendel v. Donnersmarck] 21, 45.
Capri, s. Capreae 15, 145.
Capriata (Pier Giovanni) [Baur] 15, 146.
Capriccio [Weber] 21, 45.
Capride [Hassel] 15, 146.
Caprification [Sprengel] 15, 146.
Caprifolium [Sprengel] 15, 146.
Caprilia [Müller] 15, 146.
Caprimulgus [Merrem] 15, 146.
Caprino, Cantine di [Hendel v. Donnersmarck] 15, 149.
Caprinus [Ritsch] 15, 149.
Caproe, s. Zeus.
Caprotina [Ricklefs] 15, 149.
Capsa [Ritsch] 15, 150.
Capsula [Ritsch] 15, 150.
Capsella [Sprengel] 15, 151.
Capsicum(Pflanzengatt.)[Sprengel] 15, 151.
— annuum [Schreger] 15, 151.
Capstr [Hassel] 15, 152.
Capsularia [Ritsch] 15, 152.
Capsus [Germar] 15, 152.
Capta [Ricklefs] 15, 152.
Capua (a. Geogr.) [Wachsmuth] 15, 152.
— (n. Geogr.) [Müller] 15, 153.
Capuan Pascha, s. Capitain 21, 42.
Capulus, s. Pileophis.
Capura, s. Daphna indica 23, 97.
Capule [Hassel] 15, 154.
Caput Bubuli (a. Geogr.) [Ricklefs] 15, 154. [ger] 15, 154.
Caput Mortuum(Chemie) [Schreger]
Capuzi (Antonio) [Hendel von Donnersmarck] 15, 154.
Capvern [Hassel] 15, 154.
Capwolfen, die [Fritsch] 15, 154.
Capytium, s. Capitium 15, 185.
Cara [Hassel] 15, 154.
Carabeöl [Schreger] 15, 154.
Carabici [Germar] 15, 154.

Carabus [Germar] 15, 156.
Caracalla [Haken] 15, 157.
Caracara [Merrem] 15, 159.
Caracas, Caraccas, s. Venezuela.
Caracci, s. Carracci 15, 218.
Caraccioli (Ser Gianni, Anton. Galeazzo, Lukw. Ant.) [Fischer] 15, 160. [15, 162.
Caradrina [Zinken, gen. Sommer]
Caraffa (v. Stramberg) 15, 162.
Caraga [Hassel] 15, 167.
Caragana, s. Robinia.
Caraglio 15, 167.
Carages, s. Maguindanao.
Caraiben [Hassel] 15, 167.
Caraïbische Inseln; Caraïbisches Meer [Hassel] 15, 168.
Caraïts [Müller] 15, 168.
Carallia [Sprengel] 15, 168.
Carelluma [Sprengel] 15, 168.
Caranja [Hassel] 15, 168.
Caranna [Schreger] 15, 168.
Caranx und Caranxomorus, s. Scomber.
Carapa [Sprengel] 15, 168.
Carapiches [Sprengel] 15, 168.
Carapus, s. Gymnotus.
Caraffo [Hendel von Donnersmarck] 15, 169.
Caraffon, s. Cordilleren 19, 281.
Carauna, s. Rallus Carauna.
Caravaggio, s. Merigi.
— (Flecken) [Müller] 15, 169.
Carbo (Vogel) [Merrem] 15, 169.
Carbo (An. Papir.), s. Pompejus; Sylla.
Carbon, Carboneum, s. Kohlenstoff.
Carbonara, Capo [Müller] 15, 169. [Neapel.
Carbonari (und Calderari), s.
Carbonaria [Müller] 15, 169.
Carbonarien [Delius] 15, 169.
Carbonisaum edictum [Pernice] 15, 169.
Carbonne [Hassel] 15, 170.
Carbunkel, Karfunkel (Mineral.), s. Granat 79, 145. [170.
— — (Chirurg.) [Seiter] 15,
Carburi (Marco, Graf); C. (Marino, Graf) [Hendel v. Donnersmarck] 15, 171.
Carcagente, Carcaigente, [Stein] 15, 171.
Carcarelös [Stein] 15, 171.
Carcaffonne [Hassel] 15, 171.
Carcharias und Carcharinus, s. Squalus. [15, 172.
Carcine, jetzt Corace, [Müller]
Carcinom, s. Krebs.
Cardamine (Pflanzengattung) [Sprengel] 15, 172.
— pratensis [Schreger] 15, 172.
Cardomomum, s. Amomum 3, 379.
Carban's Regel [Garh] 15, 174.
Carbanus (Hieronymus) [Garh] 15, 172.

Cardaria [Sprengel] 15, 175.
Cardea, s. Carna 15, 199.
Carben [v. Stramberg] 15, 175.
Cardi, s. Civoli 15, 340.
Cardiaca, Cardialia [Schreger] 15, 175.
Cardiacera [Germar] 21, 45.
Cardiff, Caerdiff [Hassel] 15, 176.
Cardigan [Hassel] 15, 176.
Cardinal 15, 176. [177.
Cardiospermum [Sprengel] 15
Cardiesa [Ritsch] 15, 177.
Cardita [Ritsch] 15, 177.
Cardinm [Ritsch] 15, 178.
Cardona (Stadt) [Stein]15,180;
C. (Geschichte derselben) [v. Stramberg] 21, 45.
Cardonen, s. Carduus 15, 181.
Cardone (Dénis Dominique) [Baur] 15, 180.
Cardopatum [Sprengel] 15, 181.
Cardoville [Müller] 15, 181.
Carbude, auch Carbucci (Bartolomeo); C.(Vincencio) [Weiße] 15, 181.
Carduelis, s. Fringilla 50, 216.
Carduncellus, s. Onobroma.
Carduus [Sprengel] 15, 181.
Careggi (Campo Reggio) [Müller] 15, 182.
Careglio [Müller] 15, 182.
Caremage [Hassel] 15, 182.
Carency [v. Stramberg] 21, 47.
Carennac [Hassel] 15, 182.
Carentan [Hassel] 15, 182.
Carenum [Germar] 21, 48.
Caretta [Merrem] 15, 182.
Carex (Pflanzengatt.) [Sprengel] 15, 184. [15, 184.
— arenaria (arzneil.) [Schreger]
Carey (Henry) [Müller] 15, 184.
Cargados [Hassel] 15, 184.
Cargilia [Sprengel] 15, 185.
Carhair, Kerahes [Hassel]15,185.
Cariaco [Stein] 15, 185.
Cariama, s. Biophia.
Carianer [Hassel] 15, 185.
Cariati [Müller] 15, 185.
Caribant [Delius] 15, 185.
Caribert, s. Cherebert 21, 49.
Carica [Sprengel u. Schreger] 15, 186.
Caricae, s. Feigen, im Art. Ficus carica 44, 22.
Caricatur 15, 185.
Caries, s. Knochenfraß.
Carignano [v.Stramberg]15,185.
Carillon, s. Glockenspiel 70, 98.
Carimata oder Coremata [Hassel] 15, 197.

Carini [Müller] 15, 187.
Cariñena [Stein] 15, 187.
Carinola [Müller] 15, 187.
Carinthin, s. Hornblende.
Carinus, s. Carus 21, 102.
Carion (Johann) 21, 48. [48.
—, s. Ctenostoma 20, 295.
Cariöbroot [Hassel] 15, 187.
Carissa [Sprengel] 15, 187.
Carissimi (Giacomo) 15, 187.
Cariteo [Müller] 15, 187.
Carla le Comte 15, 188. [188.
Carla de Roquefort [Hassel] 15,
Carlabes, s. Bic en Carlabes.
Carlat (v. Stramberg) 15, 188.
Carlsberg [v. Schubert] 15, 188.
Carlsby [v. Schubert] 15, 188.
Carlencas, s. Jouvenel.
Carlentini [Müller] 15, 188. Carlet' [Stein] 15' 188.
Carli (Geogr.) [Hassel] 15,189.
— (Dionysius) [Baur] 15, 189.
— (Giov. Girolamo) 15, 189.
— (Gian Rinaldo) [Baur] 15, 189.
Carlier (Claude) [Baur] 15, 191.
Carlin, Carlino [Baur] 15, 191.
Carlina (Pflanzenname) [Sprengel] 15, 191.
— (arzneil.) [Schreger] 15, 191.
Carlingford [Hassel] 15, 191.
Carlisle [Hassel] 15, 192.
Catlo [v. Schubert] 15, 192.
Carlone [Weiße] 15, 192.
Carlopago [Benigni] 15, 193.
Carlos, s. C. (Geogr.) [Stein und Hassel] 15, 193.
—, s. Alfaques 3, 75.
—, s. Isla de Leon.
Carletta [Stein] 15, 194.
Carlovacze, s. Carlowitz 21, 48.
Carlovecz, s. Karlstadt.
Carlom, auch Catherlogh [Hassel] 15, 194. [21, 48.
Carlowig (Geogr.) [Leonhardi]
— von [Kabitsch-Baron v. Lindenthal] 22 1, 18.
Carlowiher Friede 21, 49.
Carlowizia [Sprengel] 15, 194.
Carlscrona [v.Schubert] 15, 194.
Carlsbal, s. Carlshaga 15, 196.
Carlshamn [v.Schubert] 15,195.
Carlstoga [v. Schubert] 15, 196.
Carlöö [v.Schubert] 15, 196.
Carlsßad [v. Schubert] 15, 196.
Carlshen [v. Schubert] 15, 196.
Carlsvarb [v. Schubert] 15, 196.
Carlstonbourse [Hassel] 15, 196.
Carlsudovica [Hassel] 15, 196.
Carlssee (Joseph Dacre) [Baur] 15, 196.
Carmagnola [Müller] 15, 197.
Carmagnie 15, 197.
Carmeaux [Hassel] 15, 197.
Carmenae [Ritsch] 15, 197.
Carmenta, auch Carmentis [Ricklefs] 15, 197.
Carmer (Joh. Heinr. Casimir, Graf von) [Baur] 21, 49.

Carmignano [Müller] 15, 197.
Carnein [Schreger] 15, 197.
Carminativa [Schreger] 15, 198.
Carmis, Scarmis [Delius] 15, 198. [199.
Carmena (Städte) [Stein] 15, 199.
Carmona (Pflanzeng.) [Sprengel] 15, 199.
Carmentelle 15, 199. [15, 199.
Carna, auch Carnea [Ricklefs]
Carnates, s. Carnow 15, 203.
Carnation, s. Farbe 41, 410.
Carneiro (Melchior, Ant., Ant. Mariz, Diego Gomez) 15, 199.
Carneol, s. Chalcedon, im Art. Quarz.
—, s. Chalindoa.
Carneval, s. Fastnacht, im Art. Fastnachtspiele 42, 56.
Carni [Ricklefs] 15, 199.
Carnicobar [Hassel] 15, 199.
Carniola, s. Sanglieder 8, 122; Säulenordnung.
Carnot [Hassel] 15, 200.
Carnot (Lazare Nicolas Marguérite) [v. Röder] 15, 200.
Carnow [Worbs] 15, 203.
Carnuntum [Rump] 15, 203.
Carnus [Germar] 21, 50.
Carnstadt [Hassel] 15, 204.
Cato (Annibale) 15, 204.
Carocolla, s. Helix.
Carocolus [Nitzsch] 15, 205.
Carolath [v. Stramberg] 21, 50.
Caroli (Nathanael) [Ammerich] 15, 205.
Carolina (Rechtsgesch.), s. Karl V.; Recht, peinliches. [rena.
— (in Spanien), s. Sierra Morena.
— (in den Ver. St.) [Hassel] 15, 205.
Caroline [Hassel] 15, 209.
Carolinas [Sprengel] 15, 209.
Carolinen [Hassel] 15, 209.
Caromb [Hassel] 15, 209.
Caron (Loys le, François, Raymond, Nicol.) 15, 209.
Carona [Hendel von Donnersmarck] 15, 210.
Caros [Stein] 15, 210.
Carosgau [Delius] 15, 210.
Carosselli (Angelo) [Weise]15,210.
Carota, s. Beta 9,315; Daucus 23, 195.
Carouge, s. Cassious 25, 275.
Carouge (Stadt) 15, 211. [211.
— (Bernard Augustin) [Garb]15,
— (ix Montagne)[Hassel]15,211.
Caroxylon [Sprengel] 15, 211.
Carpentaria [Hassel] 15, 211.
Carpentier (Pierre) [Baur] 15, 211.
Carpentras [Hassel] 15, 212.
Carpesium [Sprengel] 15, 212.
Carpha [Sprengel] 15, 212.
Carpbalas [Sprengel] 15, 212.
Carpi (Stadt) [Müller] 15, 212.
— (Hugo da) [Weise] 15, 212.
— (Jacob Berengar v.) [Sprengel] 15, 212.

Carpini (Joh. de Plano) 15, 212.
Carpinus [Sprengel] 15, 213.
Carpio (Stadt) [v. Stramberg] 15, 213. [213.
— (Burg) [v. Stramberg] 15,
Carpioni (Giulio) 15, 214.
Carpis [Rump] 15, 214.
Carbobalsamum [Schreger] 15, 214.
Carpodetus [Sprengel] 15, 214.
Carpodon [Sprengel] 15, 214.
Carpona (in Ungarn), s. Karpfen.
Carpow (Jakob und Paul Theod.) [Baur] 15, 214.
Carppow [Baur] 15, 215. [218.
Carta (Jean Louis) [Baur] 15,
Carracci (Ludovico, Agostino, Annibale, Paolo, Antonio und Francesco) [Weise] 15, 218:
Carrach (Johann Tobias und Johann Philipp) [Baur] 15, 221.
Carranza (Bartholomäus von) [Baur] 15, 221.
Carrar [Hassel] 15, 222.
Carrara (Stadt) [Müller]15,222.
— (Pier Antonio) [Müller] 15, 222.
Carré (Louis) [Gerb] 15, 222.
Carrea, s. Pollentia.
Carrichtera [Sprengel] 15, 223.
Carrid [Hassel] 15, 223.
Carridfergus, [Hassel] 15, 223.
Carrier (Jean Bapt.) 15, 223.
Carrieta (Rosalba) [Hendel von Donnersmarck] 15, 224.
Carrieres (Louis de) 15, 224.
Carrio, Carrion (Ludw.) [Baur] 15, 224. [15, 225.
Carrion de los Condes [Stein]
Carroccio [Voigt] 15, 225.
Carron [Hassel] 15, 225.
Carronaden, s. Carron 15, 225; Kanonen.
Cars (Laurent) 15, 225.
Carseoli [Müller] 15, 225.
Carstens (Asmus Jakob) [Weise] 15, 225.
Cartagena [Müller] 15, 226.
Cartagena [Stein] 15, 226.
Cartago [Hassel] 15, 227.
Cartama [Stein] 15, 227.
Cartari (Vincenzio) 15, 227.
Carte (Thomas) 15, 227.
Carteja [Becker] 15, 228.
Cartell [Stein] 15, 230.
Carter [Hassel] 15, 230.
Carteret (John, Graf Granville) 15, 230.
— (Philipp) 15, 231.
— (Geogr.) [Hassel] 15, 231.
Cartesius, s. Descartes 24, 235.
Carthäuser [Fink] 21, 51.
Carthagische Münzen, s. Punische Münzen.
Carthame, s. Punische Sprache.
Carthago [Becker] 21, 56.
— (Religion der Carthager) [Gesenius] 21, 96.

Carthaminsäure, s. Catthamus 15, 231.
Carthamus [Sprengel] 15, 231.
— tinctorius [Kurrer] 15, 231.
Cartheuser(Joh. Friedr. u. Friedr. Aug.) [Baur] 15, 239.
Cartier, auch Quartier (Jacques) [Baur] 15, 240.
Cartilaginei, s. Knorpelfische und Fisch, im Art. Piscis.
Carton [Weise] 15, 240.
Cartonema [Sprengel] 15, 241.
Cartouche (Louis Dominique) [Baur] 15, 241.
Cartwright (Thomas) 15, 242.
— (William) [Müller] 15, 242.
Caruanca [Rump] 21, 101.
Carum (Pflanzengatt.) [Sprengel] 15, 242.
— (arzneil.) [Schreger] 15, 242.
Carumloae [Nitzsch] 15, 243.
Carur [Hassel] 15, 243.
Carus [Friedr. Aug.] 21, 102. [15, 243.
Caruso (Giovan Battista) [Baur]
Carvajal, eig. Caravajal (Joh. v., Bernhardin, Lorenz, Galindez u. Franz) [Baur] 15, 243.
Carver (John) [Baur] 15, 244.
Carviol, s. Brassica 12, 286.
Carwy [Hassel] 15, 244.
Cary (Felix) [Baur] 15, 244.
Caryohium [Nitzsch] 15, 245.
Caryedon [Germar] 15, 245.
Caryocar [Sprengel] 15, 245.
Caryocatactes [Merrem] 15, 245.
Caryophillaeus [Nitzsch] 15,246.
Caryophylli aromatici [Schreger] 15, 246.
Caryophyllinus, s. Caryophyllaens 15, 246.
Caryophyllus (Wurmgattung), s. Caryophylaea 15, 246. [Sprengel] 15, 246.
— (Gewürznelkenbaum) [Sprengel] 15, 246.
Catyota [Sprengel] 15, 247.
Caryosfort [Hassel] 15, 247.
Casa (Giovanni della) [Müller] 15, 247.
Casa del Campo [Stein] 15, 253.
Casale [Stein] 15, 253.
Casati (Ubertino de, J. Bapt. u. Gregorius) 15, 253.
Casal Maggiore [Müller] 15, 254.
Casalnuovo [Müller] 15, 254.
Casalongo, s. Piarilsen.
Cassius Sinus [Müller] 15, 254.
Casamanza [Hassel] 15, 254.
Casamari, (Kloster) 15, 254.
Casamatta (Francesco) [Hendel v. Donnersmarck] 15, 254.
Casanova (Familie) 21, 102.
— (Francesco) [Weise] 21, 204; 21, 203. [21, 104.
— (Giovanni) [Weise] 15, 254;
— (Jakob T. de Seingalt) 21,] 103.
— (Marco Anton.) 21, 102.
Casapula [Müller] 15, 255.

Casar (de Caceres), s. Cazar 15, 419.
Casarabonela [Stein] 15, 255.
Casaregi (Giovanni Bartolomes) [Müller] 15, 255. [15, 265.
Casas (Bartholome de las) [Baur]
Casati (Cristofero) [Müller] 15, 257.
Casatschia oder Casaucia [Hendel von Donnersmarck] 15, 257.
Casaubon (Isaak) [Jacobs]15,248.
— (Meric) [Jacobs] 15, 262.
Casca, s. Cäsar 14⁹, 37.
Cascade [v. Hoyer] 21, 204.
Cascaes [Stein] 15, 257.
Cascalho [Germar] 21, 104.
Cascante [Stein] 15, 257.
Cascarilla [Sprengel] 15, 257. [258.
Cascarillae Cortex[Schreger]15,
Casciano a Bagni [Müller] 15, 258.
Cascine (realis) [Müller] 15, 258.
Casco [Hassel] 15, 258.
Casearia [Sprengel] 15, 278.
Casearius (Joh.) [Baur] 15, 258.
Caselle [Müller] 15, 258.
Casenenue (Pierre de), s. Menage.
Casernen [Rump] 15, 258.
Caseta nuova [Müller] 15, 262.
Casey; Caseyville[Hassel] 15,262.
Cashvell [Hassel] 15, 262.
Cashwell [Hassel] 15, 262.
Casignetus [Germar] 21, 104.
Caslinum [Hassel] 15, 262.
Casino [Müller] 15, 262.
Casnum [Müller] 15, 263.
Casiri [Baur] 15, 263.
Caskets [Hassel] 15, 263.
Casma [Stein] 15, 263.
Casmenae [Müller] 15, 263.
Casnonia [Germar] 21, 104.
Casole [Müller] 15, 263.
Casoni (Guido) [Müller] 15, 263.
Casotti (Giambattista) [Müller] 15, 264.
Casparson (Joh. Wilh. Chr. Gust.) [Baur] 15, 264.
Caspe [Stein] 15, 264.
Casperia, Casperula [Müller] 15, 264.
Caspi [Ricklefs] 15, 264.
Cassa (Mednyanszky) 15, 264.
Cassagne (Jacques) 15, 264.
— Beguites [Hassel] 15, 265.
Cassana (Geogr.) [Hassel] 15, 265.
— (Malerfamilie) 15, 265.
Cassander (Georg) [Stein] 15,265.
Cassange [Hassel] 15, 266.
Cassano (Geogr.) [Müller] 15, 266. [266.
— (Schlacht von) [Schulz] 15,
Cassard (Jacques) [Müller]15,267.
Cassava, Casabe [Schreger] 15, 267.
Casse [v. Bosse] 15, 267. [267.
Cassebohm (Joh. Friedr.) 15,269.
Cassebruch auf dem Damme [Hassel] 15, 269. [15, 269.
Cassel (Kreis und Stadt) [Hassel]
—, Montcassel (Stadt) [Hassel] 15, 272.

Caffel (Joh. Phil.) [Baur] 15,272.
Caffelius (Aulus) [Baur] 21, 105.
Caffengeld [v. Bosse] 15, 268.
Caffenueil [Hassel] 15, 272.
Cafferio (Julius) 15, 272.
Cassia (Pflanzengatt.) [Sprengel] 15, 273.
— absus; C. caryophyllata; C. fistularis; C. Marylandica [Schreger] 15, 273.
— Senna [Schreger] 15, 273.
Cassiae cinnamomeae cortex [Schreger] 15, 274.
— flores [Schreger] 15, 275.
— ligneae cortex [Schreger] 15, 275.
— (Via) [Müller] 15, 275.
Cassianus, Bassus, f. Geoponica 59, 262. [21, 105.
— (Joh. Maximilian) [Wiggers]
Cassiaquari [Stein] 15, 275.
Cassibili [Müller] 15, 275.
Cassican, f. Barita 7, 388.
Cassious, Calsite [Merrem] 15, 275.
Cassida (Germar) 21, 106.
Cassidea (Nitzsch) 15, 282.
Cassienmarck, f. Cassia fistularis 15, 273.
Cassis [v. Stramberg] 15, 282.
Cassina [Sprengel] 15, 282.
Cassui (Giovanni Domenico) [Garb] 15, 282.
— (Jacques) [Garb] 15, 285.
— (Jacques Dominique, Comte de) [Garb] 15, 287.
— de Thury (César François) [Garb] 15, 286. [287.
—, Cassini's-Insel [Hassel] 15, 287.
Cassinia [Sprengel] 15, 287.
Cassinoide [Garb] 15, 288.
Cassiodorus (Magnus Aurelius) [Lorenz] 21, 106.
Cassiere [b. Bosse] 15, 288.
Cassis (Conchyol.), f. Buccinum 13, 269.
Cassis (Flecken) [Hassel] 15, 288.
Cassiterides (Vogel) 21, 109.
Cassius (mehr. röm. Staatsmänner u. Feldherren) [Hafen] 15, 288—300.
— (Anbr. u. Christian) 21, 113.
— Bassus, f. Cassianus, im Art. Geoponica 59, 262.
— Dio, f. Dio Cassius 25, 275.
Cassuben [Worbs] 21, 114.
Cassupa [Sprengel] 15, 301.
Cassuvium pomiferum, f. Anacardium occidentale 3, 442.
Cassyta [Sprengel] 15, 301.
Castaglione Castiglione (Ginseppe) 15, 301.
Castagneda, f. Castanheda 15,302.
Castagnetten, f. Tanz. 15,301.
Castagno (Andrea del) [Weise]
Casabanas [Hassel] 15, 301.
Castala, f. Caçoria 14², 15.
Castaldi (Corn.) 15, 302.
— (Pomsio) [Hendel von Donnersmarck] 15, 301.

Castalia (Muschelg.) [Nitzsch] 15, 302.
— (Bot.), f. Nymphaea.
Castalio, f. Castaglione 15, 301;
Castellio 15, 307.
Castalla (Stein) 15, 302.
Castanea (Kastanien) [Sprengel] 15, 302.
— vesca (Schreger) 15, 302.
Castanheda (v.Stramberg) 21,114.
Castanheda,Cassagneda (Fernando Lopez de) [Baur] 15, 302.
Castanheira [Stein] 15, 303.
Castanienstoff [Schreger] 15, 303.
Castanera (Peter Aste) [Schreger] 15, 303. [309.
Castel(in Italien), f. Castello 15, 304.
— (in Frankreich)[Hassel]15,304.
— (in Deutschland) [Wottenbach u. Eisenmann] 15, 303. [304.
— (della Pietra (Fleden) [Baur] 15, 304.
— Maschio (Fleden) [Saan] 15, 304. [b.Stramberg] 21, 115.
— Rodrigo (Geogr. u. Gesch.)
— San Pietro (Dorf) [Hendel v.Donnersmarck] 15, 304.
Castela [Sprengel] 15, 305.
Castelane [Hassel] 15, 305.
Castelberg (Leger) 15, 305.
Castelfaben (Stein) 15, 306.
Castelbolm [b. Schubert] 15, 306.
CastelinCav.,f.PrivaAdans.Juss.
Castell (Eisenmann) 15, 306.
Castellamare (b. Bürggraf 14¹, 67.
Castellaneta (Müller) 15, 307.
Castellaro (Müller) 15, 307.
Castellazzo (Hendel b. Donnersmarck) 15, 307.
Castellazzo (Müller) 15, 307.
Castelleone (Müller) 15, 307.
Castelli (Benedict) (Garb) [Fischer] 15, 307. [15, 307.
Castellietti (Cristofano) [Müller]
Castellio, auch Chatillon, Chastillon, Castalio (Sebastian) [Fischer] 15, 308.
Castellioneus, f. Castiglione 15¹
Castello (Bernardo); C. (Giov. Battista); C. (Maria u. Bernardino); C. (Valerio) [Weise] 15, 311.
Castellon (Müller) 15, 311.
Castellos (Dom.) [Baur] 15, 311.
Castelmoron [Hassel] 15, 312.
Castelnau [Hassel] 15, 312.
— (Jacques, Marquis von); C. (Michel de) [Baur] 15, 312.
Castelnaubaty [Hassel] 15, 313.
Castelò [Hendel von Donnersmarck] 15, 313. [15, 313.
Castelvetro (Lodovico) [Weise]
Castera [Hassel] 15, 314.
— f. Anquetil du Perron 4,199.

Castevosi [Müller] 15, 314.
Casti (Giambattista) [Müller] 15, 314.. [317.
Castiglione (Geogr.) [Müller]15, 315.
— (Graf Balbassare) [Müller] 15, 315.
— (Bonaventura) (Hendel von Donnersmarck] 15, 316.
— (Christoph) [Spangenberg] 15, 315.
— (Francesco) [Weise] 15, 317.
— (Giovanni Benedetto) [Weise] 15, 316. '
— (Giuf.),f. Castaglione15,301.
— (Salvadore) [Weise] 15, 317.
Castiglioneus, f.JatrophaCurcas.
Castilbon (Jean) 15, 317.
Castilien (Geogr.) [Stein] 15, 317. [317.
— (Geschichte) [Rauschnid] 15,
Castilla [Stein] 15, 334.
Castilleia [Sprengel] 15, 334.
Castillo [Stein] 15, 334.
Castillon [Hassel] 15, 334.
— (Joh. Franz u. Friedr. Adolf Maximilian Gustav) [Baur] 15, 334.
Castine [Hassel] 15, 335.
Castle (Geogr.) [Hassel] 15¹ 335.
Castlereagh [Hassel] 15, 335.
— (Heinr. Rob. Stewart, Lord, MarquisVondonderry)[v.Bosse] 15, 335. [15, 337.
Castnia (Zinken, gen. Sommer)
Castor, Biber (Wechel) 15, 338.
— (Bonaventura) [Hendel von Castoreum, Bibergeil, (chem., pharmakol.)[Schreger] 15,339; 21. 116. [340.
— (Thierheilkunde) [Greve] 15,
—, Axungia Castorei [Schreger] 15, 340.
—, Oleum destill. Castorei [Schreger] 15, 340.
Castorin [Schreger] 15, 343.
Castra (Richlefs) 15, 344.
Castrat (Weber) 21, 116.
Castration, f. Geschlechtsapparat 63, 1.
Castres [Hassel] 15, 344.
Castries (Flecken) [Hassel]15,344.
— (Charles Eugène Gabriel de la Croix, Marquis de) [Baur] 15, 344.
Castriotto, f. Scanderbeg.
Castris [Richlefs] 15, 345.
Castro (mit Beinamen, Orte in Italien) [Müller] 15, 345.
— (Orte auf der Pyrenäischen Halbinsel und in Peru) [Stein] 15, 345.
— (mehrere Personen) [Baur] 15, 346. 347². [15, 347.
Castrum (in Italien) [Müller]
— Hectulis (in Mösien [Richlefs] 15, 347.
Castua, Kästau [Saan] 15, 348.
Castulo 15, 348.

Casturis [Rump] 15, 348.
Casuarina [Sprengel] 15, 348. [348.
Casuarius, Casuar [Merrem] 15,
Casuistik [Märtens] 21, 117.
Casummar, Casminar [Schreger] 15, 349.
Casurgis [Richlefs] 15, 349.
Casus (Grotefend) 21. 119.
Casus irreducibilis [Garb] 15, 349.
Casventus [Müller] 15, 349.
Cat, le, f. Lecat.
Catabrosa [Sprengel] 15, 349
Catadromus (Germar] 21, 122
Catalauni, f. Chalons 16, 116.
Cataldo, San [Müller] 15, 350.
Catalina, San [Hassel] 15, 350.
Catalpa [Sprengel u. Schreger] 15, 350.
Catalonien [Stein] 15, 350.
Catana (Müller] 15, 351.
Catananche [Sprengel] 15, 352.
Catanbuanes [Hassel] 15, 352.
Catania oder Catanea [Müller] 15, 353.
Catanjaro [Müller] 15, 353.
Catapaches [Stein] 21, 122.
Cataphracta [Lichtenstein] 15, 353.
Cataplasma, f. Umschlag.
Catapodes [Lichtenstein] 15, 354.
Cataputiae min. sem., f. Euphorbia 39, 103.
Cataract, f. Staar, grauer.
Cataraqui, f. Lorenz.
Catarrhaota, f. Lestris. [14.
Catarrhactes, f. Aptenodytes 5,
Catarrova [Stein] 15, 354.
Catascopus [Germar] 15, 354.
Cataugbaua [Hassel] 15, 354.
Catawbas [Hassel] 15, 354.
Cateau Cambresis[Hassel] 15,354.
Catechu [Schreger] 15, 354.
— (techn.) [Kurrer] 21, 122.
Catechusteff [Schreger] 15, 355.
Catel (Guillaume de) [Baur] 15, 355.
Catelet, le [Hassel] 15, 356.
Catephia [Zinken, gen. Sommer] 15, 356.
Cateretes, f. Nitidula.
Catespaea [Sprengel] 15, 356.
Catesby (Marcus) [Baur] 15, 356.
Catha, f. Celastrus 16, 10.
Cathaminstes, f. Georysaus 60, 237.
Catharina [Hassel] 15, 356.
Catharinea [Sprengel] 15, 356.
Catharinus (Ambrosius) [Baur] 15, 356. [tur.
Catharista u. Cathartes, f. Vul-
Cathartin [Schreger] 21, 123.
Cati [Stein] 15, 357.
Catiitina (Lucius Sergius) [Saften] 15, 357. [15, 367.
Catillon fur Sambre [Hassel]

Catinat (Nicolas von) [Herrmann] 15, 367.
Cat-Island, s. St. Salvader.
Catius [Richlefs] 15, 371.
Catlenburg [Hassel] 15, 371.
Catmandu [Hassel] 15, 371.
Cato (Marcus Porcius, der Ältere, der Censor) [Haten] 15, 371.
— (Söhne und Enkel desselben: Marcus Porcius, Cajus Porcius, Lucius Porcius) [Haten] 15, 876; C. (Marcus Porcius Salonianus oder Saloninus) [Hassel] 15, 377.
— (Marcus Porcius, der Jüngere, gen. von Utica) [Haten] 15, 377; (Sohn desselben) [Haten] 15, 385; C. (Cajus); C. (Porcius) [Haten] 15, 385. 386.
Catocola [Zinden, gen. Sommer] 15, 386.
Catoce [Hassel] 15, 386.
Catonia [Sprengel] 15, 386.
Catops, s. Cholena 21, 191.
Catorce [Stein] 13, 386.
Catoriges, Catorigis, s. Caturiges 15, 398. [398.
Catorimagus, s. Caturiges 15,
Catron (Franç.) [Baur] 15, 386.
Cats (Jacob) [b. Kampen] 15, 387.
Cattajo [b. Stramberg] 21, 123.
Cattaneo, Cataneus (Giovanni Maria [Baur] 15, 388.
Cattani da Diacceto (Francesco, der Ältere und der Jüngere) [Müller] 15, 389.
Cattaragus [Hassel] 15, 389.
Cattaro 15, 389.
Catteau-Calleville (Jean Pierre Guill.) 12, 389.
Catten, s. Chatten 16, 209.
Cattier (Bolt) [Hassel] 15, 389.
— (Philipp) 15, 390.
Cattolica [Müller] 15, 390.
Cattuarii, s. Chatruarii, im Art. Chasuarii 16, 198.
Cattywar [Hassel] 15, 390.
Catullus (Cajus Valerius) [Jacob] 15, 390.
— Messalinus [Haten] 15, 393.
Catulus (Cajus Lutatius) [Haten] 15, 393.
— (Quintus Lutatius, Vater u. Sohn) [Haten] 15, 394. 395.
Catumbela [Hassel] 15, 398.
Caturigae, s. Caturiges 15, 398.
Caturiges [Kruse] 15, 398.
Caturus, s. Acalypha 1, 240.
Catus [Hassel] 15, 399.
Caub [Vogel] 15, 399.
Catca [Stein] 15, 399.
Caucuna [Müller] 15, 399.
Caucus, s. Cyprinus Caucus 20, 433.
Caudata, s. Batrachia mutabilia caudata 8, 95.
Caubebec [Hassel] 15, 399.
Caubete [Stein] 15, 400.

Caubies [Hassel] 15, 400.
Caudisona [Lendart] 21, 124.
Canbium, caubinische Engpässe; caubinisches Joch [Haten] 15, 400.
Candiverbera [Lendart] 21, 124.
Causaincourt (Dorf) [b. Stramberg] 15, 402.
— oder Causincourt (Aug., Graf von) [Baur] 15, 402.
Caulonia [Müller] 15, 402.
Caumartin 15, 402. [403.
Caumont (n. Geogr.) [Hassel] 15,
— (Geschlecht) [b. Stramberg] 21, 124.
Caune [Hassel] 15, 403.
Caunes, les [Hassel] 15, 403.
Caunpur [Hassel] 15, 403.
Causalität [Bouterwek] 15, 403.
Causang [Hassel] 15, 405.
Causens, s. Chaussée 16, 226.
Caussade [Hassel] 15, 405.
Caustica, s. Akustik 2, 131.
Cauterets [Hassel] 15, 405.
Cauterium [Schreger] 15, 405.
Caution, s. Sicherheitsstellung.
Cauvet (Gilles Paul) 15, 405.
Caux [Hassel] 15, 406.
Cava, la [Müller] 15, 406.
Cavaceppi (Bartolommeo) [Müller] 15, 406.
Cavado [Stein] 15, 406.
Cavaglia [Müller] 15, 406.
Cavaillon [Hassel] 15, 406.
Cavalaire [Hassel] 15, 406.
Cavalcanti (Guido) [Müller] 15, 406.
Cavalerie, s. Reiterei. [406.
—, la (Stadt) [Hassel] 15, 407.
Cavaler maggiore [Müller] 15, 407.
Cavalese [Haan] 15, 407.
Cavallieri (Francesco Bonaventura) [Garth] 15, 407.
Cavallo (Insel) [Müller] 15, 408.
— (Tiberius) [Baur] 15, 408.
Cavalucci (Antonio) 15, 409.
Cavally [Hassel] 15, 409.
Cavan [Hassel] 15, 409.
Cavanilles (Antonio Josef) [Baur] 15, 409.
Cavares, oder Cavari 15, 410.
Cavargere [Müller] 15, 410.
Cavatine, s. Arie 5, 238.
Cavay [Hassel] 15, 410.
Cavazzi (Giov. Anton.) 15, 410.
Cavé (Edward) [Müller] 15, 411.
— (William) [Baur] 15, 411.
Cavedone (Giacomo) [Weise] 15, 411.
Cavendish (Henry) [Baur] 15.
— (Sir Thomas) [Haten] 15, 412.
Cavery [Hassel] 15, 415.
Caverporam [Hassel] 15, 415.
Cavia [Meckel] 15, 415.
Cavicco (Jacopo) [Müller] 15, 416.
Cavii [Richlefs] 15, 416.
Cavino (Giovanni) 15, 416.
Cavite [Hassel] 15, 416.

Cavore [Müller] 15, 416.
Cayamarca [Stein] 15, 416.
Cayatambo [Stein] 15, 416.
Cayton (Flecken) [Hassel] 15, 416.
— (William) [Ebert] 21, 125.
Caya [Stein] 15, 416.
Cayambe [Stein] 15, 416.
Cayemites [Hassel] 15, 416.
Cayenne [Hassel] 15, 416.
Cayennepfeffer [Schreger] 15, 416.
Cayes, le [Hassel] 15, 417.
Cayet, auch Cayes, Cabier (Pierre Victor Palma) [Baur] 15, 417.
Cayluds (Anne-Claude Philippe de Tubières, de Grimoard, de Pestels, de Levis, Graf von) [Weise] 15, 417.
Caylur, s. Cailur 14², 81.
Cayo [Hassel] 15, 419.
Cayor [Hassel] 15, 419.
Cayos de los Martyres [Hassel] 15, 419.
Cayuga [Hassel] 15, 419.
Cajalla [Stein] 15, 419.
Cajar de Caceres [Stein] 15, 419.
Cazaubon [Hassel] 15, 419.
Cazegut [Hassel] 15, 419.
Cazenobia [Hassel] 15, 419.
Cazères [Hassel] 15, 419.
Cazos (Pierre Jacques) 15, 419.
Cazorla, s. Caçorla 14³, 15.
Cazotte (Jacques) [Jacobs] 15, 420. [421.
Cazonis des Bezirs [Hassel] 15,
Cea [Stein] 16, 1.
Ceanothus [Sprengel] 16, 1.
Ceba (Stadt) [Müller] 16, 1.
— (Ansaldo) [Müller] 16, 1.
Cebagat [Hassel] 16, 1.
Ceblepyris [Mtzsch] 16, 1.
Cebolla [Stein] 16, 2.
Cebrero [Stein] 16, 2.
Cebrio [Germar] 16, 2.
Cebrionides, s. Cebrio 16, 2.
Cebrionites [Germar] 16, 3.
Cechi (Giammaria) [Müller] 16, 3.
Cecco d'Ascoli [Müller] 16, 3.
— (Ruccoli) [Müller] 16, 4.
Cecomius, s. Carallus 15, 156.
Cecidomyia [Germar] 16, 3.
Cecil [S s f] 16, 4.
— (Sir William, Lord Burleigh) [Loren(z)] 22¹, 21.
Cecilia [Richlefs] 16, 4.
Ceciliana [Richlefs] 16, 4.
Cecropia [Sprengel] 16, 4.
Cecrops (Crustaceengatt.) [Lichtenstein] 16, 5. [16, 5.
— (Schmetterlingsgatt.) [Germar]
Cedar [Hassel] 16, 5.
Cebitins [Haten] 16, 5.
Cedrela (Pflanzengatt.) [Sprengel] 16, 6.
— febrifuga [Schreger] 16, 6.
Cebria [Schreger] 15, 6.
— (William) [Hassel] 15, 6.
Cedrota [Sprengel] 15, 6.
Cedrossen, s. Citrus medica 17, 324.

Cedronella, s. Melissa. [324.
Cebroöl, s. Citrus medica 17,
Cefalo, s. Mesurata.
Cefalu, Cefalî [Müller] 16, 6.
Cei (Francesco) [Müller] 16, 6.
Ceisan, s. Seisan.
Ceilbes [Hassel] 16, 6. [16, 6.
Ceillier, Cellier (Remy) [Baur]
Cejonius oder Cejonius [Haten] 16, 6.
— (C.), Commodus Verus; C. (C.) Aurelius Annius Commodus, s. Commodus 18, 364.
Celabuffae [Richlefs] 16, 7.
Celaenorrhinus [Germar] 16, 7.
Celano (Thomas von) [Fink] 16, 7.
Celarent [Grotefend] 16, 10.
Celastrus [Sprengel] 16, 10.
Celbridge [Hassel] 16, 10.
Celebes [Hassel] 16, 10.
Celemantia [Kruse] 16, 11.
Celeië [Richlefs] 16, 13.
Celia [Müller] 16, 13.
Celer (Fabius, P. und P. Egnatius) [Haten] 16, 13. [14.
— (mehrere andere b. N.) 16,
Celeres [Jacobs] 16, 14.
Celerum [Richlefs] 16, 15.
Celesisum [Richlefs] 16, 15.
Celigni (Senckel von Donnersmarck) 16, 15.
Cella (Joh. Jakob) [Baur] 16, 15.
Cellî [Richlefs] 16, 15.
Cellano [Müller] 16, 15. [16.
Cellarius (Geschlecht) [Baur] 16,
Celle (in Hannover) [Hassel] 16, 17.
— (in Frankreich) [Hassel] 16, 18.
Cellini (Benvenuto) [Müller] 16, 18.
Cellino [Müller] 16, 21.
Cellot (Louis) [Baur] 16, 21.
Celonites [Germar] 16, 21.
Celorico [Stein] 16, 21.
Celosia [Sprengel] 16, 21.
Cels (Jacques Martin) [Baur] 16, 21.
Celsa [Kruse] 16, 21.
Celst (Minio), s. Celfse 16, 28.
Celsia [Sprengel] 16, 22.
Celsius (Andreas) [Baur] 16, 22.
— (Claus) 16, 22.
— (Olof) [v. Gehren] 16, 23.
Celsus (Cornelius) [Schilling] 16, 23.
— (Julius) [Haten] 16, 26.
— (P. Juventius) [Spangenberg] 16, 27.
— (Luc. Publius); C. (Tit. Cornelius) [Haten] 16, 27.
— (Julius); C. (Minos); C. (von Siena) [Fischer] 16, 28.
— (der Philosoph), s. Origenes.
— (Marius), s. Marius Celsus.
Celten (Kannießer) 21, 125.
Celtes (Conrad) [Erhard] 21, 135.
Celtiberer (Werner u. Kruse] 16, 29.
Celtis [Sprengel] 16, 32.
Celyphus [Germar] 16, 32.
Cema [Müller] 16, 33.

Cembromes=Del, f. Del; Pinus.
Cemenelium [Müller] 16, 33.
Cena [Müller] 16, 33.
Cement, f. Caement 14², 32.
Cenangium [Sprengel] 16, 33.
Cenarrhenes [Sprengel] 16, 33.
Cenchris [Leudart] 21, 140.
Cenchrus [Sprengel] 16, 33.
Ceneda, f. Ceneta 16, 33.
Cenere [Hendel v. Donnersmard] 16, 33.
Cenestum [Müller] 16, 33.
Cenis, le Mont=Cenis [Hendel v. Donnersmard] 16, 33.
Cenini (Bolf) [Ridlefs] 16, 34.
— (Angelo und Giacomo Maria) [Müller] 16, 34.
Cennini, Cennino [Hendel v. Donnersmard] 16, 34.
Ceno [Müller] 16, 34.
Cenomani [Müller] 16, 34.
Cenomyce [Sprengel] 16, 35.
Censores, Census [Bähr] 16, 35.
Cenforinus (Lucius) [Haken] 16, 44.
Censorius [Haken] 16, 44.
Censur (bei den Römern), f. Censores 16, 35.
— (der Bücher), f. Preßfreiheit.
Census, f. Censores 16, 35.
Centallo [Müller] 16, 44.
Centaurea [Sprengel u. Schreger] 16, 44.
Centaurella, f. Andrewsin 4, 47.
Centaurium minus [Sprengel] 16, 44.
Centella f. Hydrocotyle.
Centellas [Stein] 16, 44.
Centenius (Cajus); C. (Marcus) [Haken] 16, 44.
Centgerichte [Didt] 16, 45.
Centime, Centimetre, f. Decimal= Syftem 23, 280; Franz, Münz, Maaß= und Gewichtskunde, im Art. Frankreich 47, 404. 405. [16, 46.
Centlivre (Susanne) [Müller]
Centner, f. Maaß u. Gewicht.
Cento (Stadt) [Müller] 16, 47.
— (röm. Kriegswefen) [Müller] 16, 47.
Centones [Müller] 16, 47.
Centorbi, f. Centoripa 16, 48.
Centoripa [Müller] 16, 48.
Centotheca [Sprengel] 16, 49.
Centovalli [Hendel v. Donnersmard] 16, 49.
Centralbewegung [Kämy] 21, 141.
Centralfeuer [Kämy] 21, 142.
Centralkraft [Kämy] 21, 142.
Centrifugalkraft, f. Centralkraft 21, 142.
Centrifugalmaschine [Kämy] [143.
Centranoden, f. Sphyraena.
Centranthera [Sprengel] 16, 49
Centhranthus [Sprengel] 16, 49.
Centre [Haffel] 16, 49.
Centrionemus [Germar] 16, 49.
Centrina, f. Squalus.

Centrinus, f. Centorhynchus 16,
Centris [Germar] 16, 49. [89.
Centriscus [Lichtenftein] 16, 49.
Centrogaster [Lichtenftein] 16, 50.
Centrolepis [Sprengel] 16, 50.
Centrolophus [Lichtenftein] 16, 50.
Centronotus [Lichtenftein] 16, 50.
Centrophorum [Sprengel] 16, 50.
Centropodus [Lichtenftein] 16, 50.
Centropomus, f. Perca, Percoi= dea.
Centropus, f. Cuculus 20, 302.
Centrotus [Germar] 16, 50.
Centumcellae [Müller] 16, 51.
Centumviralgericht [Spangenberg] 21, 145.
Centunculus [Sprengel] 16, 51.
Centuriae [Bähr] 16, 51.
Centurinum oppidum [Müller] 16, 55.
Centurio, f. Centuriae 16, 51.
Ceolbo (Pietro) [Hendel von Donnersmard] 16, 55.
Cephaëlis [Sprengel] 16, 56.
Cephalanthera [Sprengel] 16, 56.
Cephalanthus [Sprengel] 16, 56.
Cephalantus, f. Gaster.
Cephalaria [Sprengel] 16, 56.
Cephaleia, Jurine, f. Tarpa.
Cephalica [Schreger] 16, 56.
Cephaloculus, f. Polyphemus.
Cephalodien [Schreger] 16, 56.
Cephalodium [Müller] 16, 56.
Cephalopholis, f. Percoides.
Cephalops [Germar] 16, 56.
Cephalopterus, f. Coracina 19, 255; Ampelis 3, 387.
Cephalotes, f. Cryptocerus 20, 251; Broscus 13, 96.
Cephaloti [Lichtenftein] 16, 56.
Cephalotrichum [Sprengel] 16, 57.
Cephalotus [Sprengel] 16, 57.
Cephaloxys [Sprengel] 16, 57.
Cephalus, f. Orthagoriscus.
Cephenemyia [Germar] 16, 57.
Cephus [Germar] 16, 57.
Cepola [Lichtenftein] 16, 57.
Ceperinus (Jac.) [Eicher] 16, 57.
Cer (Mineral.) [Germar] 16, 58.
Cer (Fluß) [Haffel] 16, 60.
Ceram [Haffel] 16, 60.
Cerambyoini [Germar] 16, 61.
Cerambyx [Germar] 16, 61.
Ceramium [Sprengel] 16, 62.
Ceramius [Germar] 16, 62.
Ceram Lant 16, 62.
Ceranthera [Sprengel] 16, 62.
Cerapbron [Germar] 16, 62.
Cerapterus [Germar] 16, 62. 62.
Cerafin, Cerafium [Sprengel] 16,
Cerastes [Leudart] 16, 62.
Cerastis [Germar] 16, 62.
Cerastium [Sprengel] 16, 62.

Cerasus, f. Prunus.
Ceratanthera amomoides, f. Globba marantina 70, 39.
Cerate [Schreger] 16, 63.
Ceratina [Germar] 16. 63.
Ceratiola [Sprengel] 16, 63.
Ceratium (ein Pilz) [Sprengel] 16, 63. [63.
— (Hornthierchen) [Nitzsch]
Ceratocarpus [Sprengel] 16, 63.
Ceratocephalus [Sprengel] 16, 63.
Ceratochloa [Sprengel] 16, 63.
Ceratonema [Sprengel] 16, 63.
Ceratonia [Sprengel u. Schreger] 16, 63. [64.
Ceratopetalum [Sprengel] 16, 64.
Ceratophrys [Nitzsch] 16, 64.
Ceratophya [Germar] 16, 66.
Ceratophyllum [Sprengel] 16, 66.
Ceratopogon [Germar] 16, 66.
Ceratosanthes [Sprengel] 16, 66.
Ceratospermum, f. Diotis 25, 421.
Ceratostemma [Sprengel] 16, 66.
Ceraturgus [Germar] 16, 66.
Cerauniafinter, f. Blitzröhren.
Cerbalus [Müller] 16, 66.
Cerberus [Sprengel] 16, 66.
Cercaria [Nitzsch] 16, 66.
Cerceris [Germar] 16, 69.
Cercis [Sprengel] 16, 69.
Cercoocarpus [Sprengel] 16, 69.
Cercopidae, f. Cicadariae 17, 186.
Ceropis [Germar] 16, 69.
Cercus, f. Nitidula.
Cercyon [Germar] 16, 69.
Cerbа (Joh. Ludw. de (a) [Baur] 16, 69.
Cerbagne [Stein] 16, 70.
Cerbon [Haffel] 16, 70.
Ceré. S. [Haffel] 16, 70.
Cerealia, f. Demeter 23, 442.
Cerealien [Sprengel] 16, 70. 70.
Cerealis (Anicius) [Haken] 16'
— (Petilius), f. Petilius Cerealis.
— (Sextus) [Haken] 16, 70.
— (ein Sicilier) [Haken] 16, 71.
Cereatä [Müller] 16, 71.
Cerebral=Syftem, f. Gehirn 56, 64; Nerven.
Ceretlis [Müller] 16, 71. [ben.
Ceremoniel, f. Böllerrecht; Bürzenija [Müller] 16, 71.
Ceropsis [Nitzsch] 16, 71.
Cererium [Schreger] 16, 59.
Cereš (Mythol.), f. Demeter 23, 442.
— (a. Geogr.) 16, 71.
Ceresia [Sprengel] 16, 72.
Cerefola, oder Cerafola (Domenico) [Müller] 16, 72.
Ceret [Haffel] 16, 72.
Cereus [Sprengel] 16, 72.
Cerfennia [Müller] 16, 72.
Ceria [Germar] 16, 72.
Cerigo [Haffel] 16, 72.
Cerigotto [Haffel] 16, 72.

Cerilly [Haffel] 16, 72.
Cerin [Schreger] 16, 72. [73.
Cerini (Giuseppe) [Müller] 16, Cerin=Stein, f. Cer 16, 58.
Cerinthe [Sprengel] 16, 73.
Cerith, f. Haffel 16, 73.
Cerithium, f. Mures.
Cerium (Pflanzengatt.) [Sprengel] 16, 73.
—St.Metall, f. Cererium 16, 59.
Cerizay [Haffel] 16, 73;
Cernay [Haffel] 16, 73. [73.
Cerne, Cerne Abbas [Haffel] 16, Cernes [Rump] 16, 74.
Cernon [Haffel] 16, 74.
Cernua, f. Percoides. [74.
Cero de la Giganta [Stein] 16, Cerocoma [Germar] 16, 74.
Ceropagia [Sprengel] 16, 74.
Ceropales [Germar] 16, 74.
Cerophytum [Germar] 16, 74.
Ceroplatus, f. Platyura.
Ceroxylon [Sprengel] 16, 74.
Cerquozzi (Michel Angelo) [Weife] 16, 74. [74.
Cerrajon be Martos [Stein] 16, Cerrano [Müller] 16, 74.
Cerretti (Luigi) [Müller] 16, 74.
Cerreto [Müller] 16, 75.
Certaldo [Müller] 16, 75.
Certallum [Germar] 16, 75.
Certhia [Nitzsch] 21, 146.
Certofa [Müller] 16, 75.
Ceruchus [Germar] 21, 148.
Cerussa, f. Blei 10, 403; Pißfäure 38, 223; Spießglanz.
Cervantes Saavedra (Miguel de) [Keil] 16, 75.
Cervantesia [Sprengel] 16
Cervera [Stein] 16, 80. [81.
Cervia (Pflanzeng.) [Sprengel] 16, Cervia (Geogr.) [Müller] 16, 81.
Cervicina [Sprengel] 16, 81.
Cervieres [Haffel] 16, 81.
Cervignano 16, 81.
Cervione [Haffel] 16, 81.
Cervo [Müller] 16, 81.
Cervus (Thon) 22¹, 25.
Cerylon [Germar] 16, 81.
Cés [Weber] 16, 81. [48.
Cefalpini (Andr.) [Sprengel] 22¹, Cefare (Logit) [Grotefend] 16, 81.
—, S. (Ort.) [Müller] 16, 81.
Cefari (Giufeppe) [Weife] 16, 81. [82.
Cefarotti (Melchior) [Müller] 16
Cefius (Antius) [Haken] 16, 84.
— Baffus [Haken] 16, 84.
Cefembre [Haffel] 16, 84.
Cefena [Müller] 16, 84.
Cefenatico [Müller] 16, 85.
Cefennius Lento, f. Lento.
Ceferma [Müller] 16, 85.
Cefes [Weber] 16, 85.
Ceferiat [Haffel] 16, 85.
Cefetius Flavus [Haken] 16, 85.
Cefi [Müller] 16, 85.
12*

Cefonius, f. Cejonius 16, 6.
Cessio [Spangenberg] 21, 149.
Cestius (Cajus) [Hafen] 16, 85.
— (Cajus) [Hafen] 16, 86.
—(Cajus, Gallus) [Hafen] 16, 86.
— Macedonicus [Hafen] 16, 85.
Cestona [Stein] 16, 86.
Cestracion, Cestorrhinus, f. Squalus.
Cestrum [Sprengel] 16, 86.
Cetacea [Thon] 21, 150. [rath.
Cetacenin und Cetaceum, f. Wall-
Cetara, f. Cava 15, 406.
Cetaria [Müller] 16, 86.
Ceterach [Sprengel] 16, 86.
Cethegus (Cajus Cornelius) [Ha-
ten] 16, 87.   [16, 87.
— (Cnejus Cornelius) [Hafen]
— (Marcus Cornelius) [Hafen]
16, 86. 87.
— (Publius Cornelius) [Hafen]
16, 87.
Cethosia [Germar] 16, 88.
Cetina (Gutierre de) [Keil]16,88.
Cetium [Ricklefs] 16, 88.
Ceton [Hassel] 16, 88.
Cetonia [Germar] 16, 88.
Cetorhinus, f. Squalus.
Cetraria [Sprengel] 16, 88.
Cetraro [Müller] 16, 88.
Cette [Hassel] 16, 88.
Cetti (Giovanni) [Henckel von
Donnersmard] 16, 89.
Cettina 21, 158.
Ceuta [Hassel] 16, 89.
Ceutocerus [Germar] 21, 158.
Ceutorhynchus [Germar]16,89.
Ceva (Thom., Joh. u. Christoph)
[Garth] 16, 90.
Cevadin, f. Hordein.
Cevallia [Sprengel] 16, 90.
Cevennes, Sevennen [Hassel] 16,
90.
Ceylon, f. Seylon.
Cezan [Hassel] 16, 90.
Ceze [Hassel] 16, 90.
Cezimbra [Stein] 16, 90.
Ch (als Schriftzeichen u. Sprach-
laut), C. 14*, f.
Chabanais [Hassel] Ig' 90.
Chabanon (N. de) [Baur] 16, 91.
Chabasit [Germar] 16, 91.
Chabaud (Ant.) 16, 91.
Chabéris 16, 91.
Chabert (Joh. Bern. Marquis
de] 16, 91.
— (Philibert) 16, 92.
Chablis [Hassel] 16, 92.
Chablais [Henckel von Donners-
mard] 16, 92.
Chabtis [Hassel] 16, 92.
Chaboras 16, 93.
Chabot (Franz.) 16, 93.
Chabraea [Sprengel] 16, 93.
Chabraeus, Chabrei, auch Cha-
brey (Dominicus) [Eicher] 16,
93.
Chabrias [Kruse] 16, 94.
Chachaw [Beer] 16, 98.

Chacim [Stein] 16, 98.
Chacon, Ciacconius [Peter und
Alfonso] 16, 98.   [98.
Chactawe, Choctaws [Hassel] 16,
Chadara, f. Grewia.
Chabibscha, auch Chabiga [Rom-
mel] 16, 98.
Chaerophyllum [Sprengel] 16,
181.
Chaetanthera[Sprengel]16,202.
Chaetaria [Sprengel] 16, 202.
Chaetochilus, f. Schwenkia.
Chaetocrater, f. Casearia 15, 258.
Chaetodipterus,f.Chaetodon16,
207.
Chaetodon [Lichtenstein] 16,207.
Chaetomium [Sprengel]16,209.
Chaetophora [Sprengel]16,209.
Chaetophorus [Germar]16,209.
Chaetospora [Sprengel]16,209.
Chaeturus [Sprengel] 16, 216.
Chaetuvri [Ricklefs] 16, 216.
Chagaing [Hassel] 16, 98.
Chagaramus [Hassel] 16, 99.
Chagny [Hassel] 16, 99.
Chagra [Stein] 16, 99.
Chagrin, f. Fischhäute; Leder.
Chabans [Hassel] 16, 99.
Chaibar [Rommel] 16, 99.
Chaibones, [Ricklefs] 16, 99.
Chaikia Lopeya, f. Ramondia.
Chailland [Hassel] 16, 99.
Chaillé les Marais [Hassel]16,99.
Chailletia [Sprengel] 16, 99.
Chaillevette [Hassel] 16, 99.
Chaillot, f. Paris.
Chais (Charles) [Eicher] 16, 99.
Chaise, la, f. Lachaise.
— Dieu (Stadt) [Hassel] 16, 100.
Chaiturus, f. Leonurus.
Chaiwan [Rommel] 16, 100.
Chaiz (Dominique) [Henckel von
Donnersmard] 16, 100.
Chajat, f. Natrumbad.
Chaktawe, f. Chactawe 16, 98.
Chalabre [Hassel] 16, 101.
Chalais [Hassel] 16, 101.
Chalal Söl, f. Taurien.
Chalamont [Hassel] 16, 101.
Chalaronne [Hassel] 16, 101.
Chalcas, f. Murraya.
Chalcedon, f. Luxn.
Chalcides   (Sauriergeschlecht)
[Leuckart] 16, 101. [16, 101.
— (Schenkelwespen) [Germar]
Chalcibica [Ricklefs] 16, 101.
Chalcidici [Leuckart] 16, 101.
Chalcidites, f.Chalcides16,101.
Chalcidius 16, 101.
Chalcia [Germar] 16, 101.
Chalcis [Hassel] 16, 102. [102.
Chalbäa, Chalbäer [Gesenius] 16,
Chalbäische Bibelübersetzungen,
f. Targum.
— Christen, f. Nestorianer.
Chaled [Rommel] 16, 111.
Chaleb, f. Berda 9, 221.
Chalepus, f. Hispa.
— [Germar] 21, 158.
Chales (de), f. Challes 16, 115.

Chalestra [Ricklefs] 16, 112.
Chalinitis [Ricklefs] 16, 112.
Chalcedon [Ricklefs] 16, 112.
Chalkhilt [Müller] 16, 112.
Chalkhilt [Müller] 16, 112.
Chalkhilte (a. Geogr.) [Ricklefs]
16, 112. 113.
Chalkhlros [Ricklefs] 16, 113.
Chalkhope [Ricklefs] 16, 113.
Chaltis (Myth.) [Ricklefs] 16,
113.
— (Gebirge u. Stadt) 16, 113.
— (syr. Stadt) [Ricklefs]16,113.
Chalkdon [Ricklefs] 16, 113.
Chalkonbylas (Laonikos) [Kann-
giesser] 16, 114.
Chalkelith, f. Uran.
Chalkon [Ricklefs] 16, 115.
Chalkonbylas 16, 115.
Chalkosthenes [Horner] 16, 115.
Challans [Hassel] 16, 115.
Challe (Claude Francois Milliet
de) [Garth] 16, 115.
Chalonne [Hassel] 16, 116.
Chalonnois [Hassel] 16, 116.
Chalons sur Marne [Hassel] 16,
116.
— f. Saone [Hassel] 16, 116.
Chales [Ricklefs] 16, 117.
Chalosse [Hassel] 16, 117.
Chalotais (Louis René de Cara-
dene de la) [Baur] 16, 117.
Chaluet [Henckel von Donners-
mard] 16, 117.
Chalumeau [Weber] 16, 118.
Chalybon [Ricklefs] 16, 118.
Chalybes [Rommel] 16, 118.
Chalybon, f. Berda 9, 221.
Chalybonitis [Ricklefs] 16, 119.
Chalybsonans [Horner] 16, 119.
Cham, Noah's Sohn, f. Ham.
— (in der Schweiz [Henckel von
Donnersmard] 16, 119.
— (in Bayern) 16,120.
— (in Anam) [Hassel] 16, 120.
Chama [Ritsch] 16, 120.
Chämä [Ricklefs] 16, 121.
Chamade schlagen, f. Festung, im
Art. Fortification 46, 427.
Chamaedorea [Sprengel]16,121.
Chamaedris, f. Teucrium.
Chamaelancium [Sprengel] 16,
121.
Chamaeledon, f. Azalea pro-
cumbens 6, 520.
Chamaeleon,[.Braunstein12,310.
Chamaelirium, f. Veratrum lu-
teum.
Chamaemeles[Sprengel]16,121.
Chamamène [Ricklefs] 16, 121.
Chamaemyia, f. Oscinis.
Chamaereges[Sprengel]16,121.
Chamaerops [Sprengel]16,121.
Chamagne [Hassel] 16,121.
Chamagrostis, f. Knappia.
Chamal (Affena) [Hassel]16,121.
Chamaikere [Hassel] 16, 121.
Chamas (St.) [Hassel] 16, 121.
Chamaatopterus,f.Melolonthas.
Chamat, f. Hama.
Chamawi [Ricklefs] 16, 122.

Chamba, f. Gamba 53, 300.
Chambave [Müller] 16, 122.
Chamberlayn, od. Chamberlaine
(William) [Müller] 16, 122.
Chamberlayne (Edward u. John)
[Baur] 16, 122. [16, 122.
Chambers (Ephraim) [Müller]
— (William) [Baur] 16, 123.
Chambersburgh [Hassel] 16, 124.
Chambertin [Schreger] 21, 158.
Chambéry [Henckel von Donners-
mard] 16, 124.
Chambly [Hassel] 16, 125.
Chambon(Geogr.)[Hassel]16,125.
— (Ant. Beneb.) 16, 125.
Chambord [Hassel] 16, 125.
Chamboy [Hassel] 16, 125.
Chambra [Hassel] 16, 125.
Chambrai (Jacq. Franz.) 16,125.
Chambray, sonst Broglie [Hassel]
16, 125.
Chambre (Maria Cuveau de la,
Pierre Cuveau de la und Fran-
cois Jshart de la) [Baur] 16,
125. [mard] 16, 126.
Chambrier[Henckel von Donners-
Chamier (Daniel) [Baur] 16,127.
Chamilla, f. Anthemis 4, 254;
Matricaria. [16, 128.
Chamillard (Michel de) [Baur]
Chamillart (Etienne) [Baur] 16,
128.
Chamille, f. Matricaria Chamo-
milla;Anthemis nobilis4,254.
Chamilly 16, 128. [129.
Chamier (Geogr.) [Rommel] 16,
— (Eleager) 16, 129.
Chamira [Sprengel] 16, 129.
Chamises [Sprengel] 16, 129.
Chamitis f. Bolax 11, 351.
Chamoisi [Schreger] 16, 129.
Chamomillae flores, f. Matri-
caria.
Chamond, S. [Hassel] 16, 129.
Chamouni [Gottschald] 16, 129.
Chamousset (Claude Humbert
Piarron de) 16,132. [16,132.
Champagne (Geogr.) [Hassel]
— (Philipp de) [Weiße] 16, 132.
Champagnevier, f. Wein.
Champagner, f. Wein.
Champagnole [Hassel] 16, 133.
Champagny [Hassel] 16, 133.
Champaign [Hassel] 16, 133.
Champanagur [Hassel] 16,133.
Champceney, de, f. Rivarol.
Champdeniers [Hassel] 16, 133.
Champ Dieu [Hassel] 16, 133.
Champeaux (Will. von) 16, 133.
Champeix [Hassel] 16, 133.
Champéri [Henckel von Donners-
mard] 16, 133.
Champfort (Sebastian-Roch-Ni-
colas de) 16, 133.
Champier (Symphorien) 16, 134.
Champignone, f. Pilze.
Champigny [Hassel] 16, 134.
Champion, f. Ritterwesen.
Championnet (Jean Etienne)
[Baur] 16, 135.

Champlain [Haffel] 16, 135.
Champlemy [Haffel] 16, 135.
Champlitte [Haffel] 16, 135.
Champronb en Gatine [Haffel] 16, 135.
Champrour [Haffel] 16, 135.
Champtercier [Haffel] 16, 136.
Champtoce [Haffel] 16, 136.
Champtoceaur [Haffel] 16, 136.
Chamfin [Schnurrer] 16, 136.
Chamueca [Stein] 16, 136.
Champne [Richlefs] 16, 136.
Chanac [Haffel] 16, 136.
Chanas [Stein] 16, 136.
Chanceaur [Haffel] 16, 136.
Chancellor [Richard] 16, 136.
Chanchamago, f. Ucayale.
Chancy [Henckel von Donnersmarck] 16, 136.
Chanda [Haffel] 16, 137.
Chanbani, f. Chinnani 16, 386.
Chanbeleur [Haffel] 16, 137.
Chanbercona [Haffel] 16, 137.
Chanbernagere [Haffel] 16, 137.
Chanberry, Chanbrée [Haffel] 16, 137.
Chanbherry [Haffel] 16, 137.
Chanbieu (Antoine de la Roche) [Eicher] 16, 137. [138.
Chanbler (Samuel) [Baur] 16,
— (Mary) [Müller] 16, 139.
— (Richard) [Baur] 16, 139.
Chanbore [Haffel] 16, 140.
Chanbos (Joh. Graf von), f. Du Guesclin 28, 209.
Chanbpur [Haffel] 16, 140.
Chanbraghti [Haffel] 16, 140.
Chanbrée, f. Chanberry 16, 137.
Chanet, le [Henckel von Donnersmarck] 16, 140.
Changamera [Haffel] 16, 140.
Chang-cheu, f. Tschang-tscheu.
Change nehmen [a. d. Windell] 16, 140.
Changeur (Pierre Nic.) 16,140.
Changore, f. Tschanbschor.
Channa [Lichtenstein] 16, 140.
Chanocarpus, f. Rhyzomorpha.
Chanoerrier (Anton) [Eicher] 16, 140.
Chanos, f. Mugil. [141.
Chantelle le Chatel [Haffel] 16,
Chanteloup [Haffel] 16, 141.
Chantilly [Haffel] 16, 141.
Chantonay [Haffel] 16, 141.
Chantransia, f. Lemanea.
Chantreau (Pierre Nicolas) [Baur] 16, 141.
Chaum [Haffel] 16, 141.
Chatut (Pierre) 16, 141.
Chanja [Stein] 16, 141.
Chao [Petri] 16, 141.
Chao de Couce [Stein] 16, 142.
Chao Hing Fu, f. Tschao Hing Fu.
Chaolan [Haffel] 16, 142.
Chaon (Insel), f. S. Nicholas.
Chaonia [Richlefs] 16, 142.
Chaos [Richlefs] 16, 142.
Chaource [Haffel] 16, 142.
Chapala [Haffel] 16, 142.

Chapel [Haffel] 16, 142.
Chapelain (Jean) [Jacobs]16,142.
Chapelier (Ifaak René Gui le) 16, 143.
Chapelle (Geogr.) [Haffel]16,144.
— (Claude Emmanuel Luillier) [Jacobs] 16, 144.
Chaperon (Nicolas) 16, 145.
Chapetones, Chapatonis, Gachupines [Stein] 16, 145.
Chapman (F. H. von) 16, 145.
— (George) [Müller] 16, 145.
Chapuiers [Haffel] 16, 145.
Chapone, Mistris [Müller] 16, 145.
Chappe (Claude) [Baur] 16, 146.
— d'Auteroche (Jean) [Baur] 16, 146. [16, 147.
Chappuzeau (Samuel) [Eicher] 16, 148.
Chaptalia [Sprengel] 16, 147.
Chapuis (Claude und Gabriel) 16, 148.
Chaputzepf [Stein] 16, 148.
Chara [Sprengel u. Schreger] 16, 148.
Characinus, f. Salmo.
Charabe, f. Räthfel.
Charabria [Richlefs] 16, 148.
Charadrius [Nitsch] 16, 148.
Charabros [Richlefs] 16, 154.
Charafter [Bouterwef] 16, 154. [16, 154.
Charafteriftischer Ton [Weber] 16, 156.
Charag [Richlefs] 16, 156.
Charar [Richlefs] 16, 157.
Charaxes [Germar] 16, 157.
Charbonniere [Haffel] 16, 157.
Charbuy (François Nicolas) 16, 157.
Charcas [Haffel u. Stein] 16,157.
Chard [Haffel] 16, 157.
Charbin (Jean) [Baur] 16, 157.
— (Jean-Bapt. Simeon) [Weise] 16, 158.
Chardinia [Sprengel] 16, 158.
Chareas [Horner] 16, 158.
Charemon [Horner] 16, 158.
Charente [Haffel] 16, 158. [159.
Charentou (Geogr.) [Haffel] 16,
— (Joh. Nic.), f. Mariana.
Chaerephanes [Horner] 16, 159.
Chares (Felbherr) 16, 159.
— (Bildhauer) [Horner] 16, 160.
Charette, f. Benbéefrieg.
Charfreitag [Franke] 16, 160.
Chargalbschin [Petri] 16, 162.
Chargé d'Affaires, f. Gefandter 62, 249.
Charibert [Wachter] 16, 162.
Charibemos [Krufe] 16, 163.
Charietto [Wachter] 16, 163.
Charis [Richlefs] 16, 164.
—, f. Phoxon.
Charillo [Richlefs] 16, 164.
Charilaos, oder Charillos [Werner u. Krufe] 16, 164.
Chariomer [Wachter] 16, 165.
Charis [Richlefs] 16, 166.
Charite, la [Haffel] 16, 166.
Charites [Richlefs] 16, 166.

Chariton [Jacobs] 16, 169.
Charkieh [Haffel] 16, 169.
Charkow [Rommel] 16, 169.
Charlatan, Charletan 16, 170.
Charlburg [Haffel] 16, 170.
Charlemont (Flecken in Irland) [Haffel] 16, 170.
— (in d. Niederlanden), f. Givet.
Charleroy [Haffel] 16, 170.
Chartes [Geogr.] [Haffel] 16, 170.
— (Jacq. Alex. César), f. Luftschiffahrt.
— (Harby, Geogr.) [Haffel] 16, 171.
Charleston [Haffel] 16, 171.
Charlestown [Haffel] 16,171.172.
Charleval [Haffel] 16, 172.
Charleville (Stadt) [Haffel] 16, 172.
— (Dorf) [Rumy] 16, 172.
Charlevoir (Pierre François Xavier de) [Baur] 16, 172.
Charlier, f. Gerson Charlier (Jean) 62, 16.
— (Charles) 16, 172.
Charlieu [Haffel] 16, 173.
Charlotte [Haffel] 16, 176.
— Amalie [Emmrich] 16, 173.
— Caroline Auguste [v. Boffe] 16, 174.
— Elisabeth, f. Orleans.
Charlottenbourg [Haffel] 16, 176.
Charlottenbrunn [Schreger] 16, 176.
Charlottenburg (preuß. Stadt) [Stein] 16, 176.
— (ungar. Dorf) [Rumy] 16, 176.
Charlotten-Insel, f. Queen Charlotte Island.
Charlottetown [Haffel] 16, 176.
Charlotteville [Haffel] 16, 176.
Charly fur Marne [Haffel] 16, 177.
Charmas [Horner] 16, 176.
Charmes [Haffel] 16, 177.
Charnetton (Jean Bapt.) 16, 177.
Charmey, Bal et pays de) [Henckel von Donnersmarck] 16, 177.
Charmides 16, 177.
Charmodaon [Richlefs] 16, 178.
Charmutthaa [Rommel] 16, 178.
Charnage, f. Jarnages.
Charnières, de (Garb) 16, 178.
Charned (John) 16, 178.
Charnois (Jean Charles le Vacher) 16, 178.
Charny [Haffel] 16, 178.
— (Jean, f. S. Miguel de Charo.
Charolais [Haffel] 16, 178.
Charolles [Haffel] 16, 178.
Charon (Myth.) [Richlefs] 16, 178.
— (Gefchichtfchreiber) 16, 179.
Charonbas [Jacobs] 16, 179.
Charoneia oder Charonea [Krufe] 16, 180.
Charoneion, f. Nomophylakion.

Charopos [Richlefs] 16, 181.
Charops [Richlefs] 16, 181.
Charoft (Armand Joseph de Bethune, Duc de) 16, 181.
— (Stabt) [Haffel] 16, 182.
Charpentier, Carpentarius (François) [Baur] 16, 183.
— (Joh. Friebr. Wilh. von) [Baur] 16, 183.
— (Peter) [Eicher] 16, 182.
— Coffigny de Palma (Joseph François) [Baur] 16, 184.
Charpey [Haffel] 16, 184.
Charpie [Seiler] 16, 184.
Charpiefchraube [Seiler] 16, 187.
Charrière (Frau von St. Hyacinthe de) 16, 187.
Charron (Pierre) 16, 188.
Charroux [Haffel] 16, 189.
Charruas [Stein] 16, 189.
Chartas [Horner] 16, 189.
Charte, f. Berfaffung; Landkarten; Spielkarten.
— Partie [Braubach] 16, 189.
Chartier (Stabt) [Haffel] 16,189.
— (Alain, Jean und René)21,158.
Chartrain [Haffel] 16, 189.
Chartre [Haffel] 16, 189.
Chartres [Haffel] 16, 189.
Chartreute, la grande Ch. [Haffel] 16, 189.
Chartruitius, eig. Hartwich [Rumy] 16, 190.
Charybbis [Müller] 16, 190.
Chafan [Beer] 16, 191.
Chascolytrum [Sprengel] 16, 191.
Chasbim, f. Chalbäer 16, 102.
Chasma (Fluß) [Benigni] 16, 191.
— (Flecken) [Rumy] 16, 191.
Chasme, f. Leucadendron.
Chasmodia [Germar] 16, 191.
Chasna [Henckel von Donnersmarck] 16, 191.
Chaß, [Haffel] 16, 192.
Chafielav [Haffel] 16, 192.
Chafferat [Henckel von Donnersmarck] 16, 192.
Chafferon, die, oder Sucheiron [Henckel von Donnersmarck] 16, 192.
Chaffibder [Beer] 16, 192.
Chaftel Cenfor [Haffel] 16, 196.
Chafteler (Joh. Gabr. Marquis von) [Schulze] 16, 197.
Chaftelet (Gabriele-Emilie le Tonnelier de Breteuil, Marquise bu) 16, 196.
Chaftellain (Claude) 16, 197.
Chaftelluz, Chatelluy (François Jean, Marquis von) [Baur] 16, 197.
Chafuarii [Richlefs] 16, 198.
Chazarvar, oder Chazarvar [Rumy] 16, 198.
Chatam (Will. Pitt, Graf von) [v. Boffe] 16, 198.
Chatanga [Petri] 16, 202.
Chateaubourg [Haffel] 16, 202.

Chodowiecki (Johann Karl) [Bandtke] 17, 30.
— (Dan.) Weise] 17, 30.
Chodzesen, Chodziesen 17, 31.
Chöriles, Chörilus [Becker] 17, 56.
Choffard (Pierre-Philippe) 17, 32.
Choffin (David Stephan) 17, 32.
Chogdar [Haffel] 17, 32.
Choin (Ludw. Alb. Joly de) 17, 32.
Choiseul (franz. Adelsfamilie) [Cramer] 17, 32.
— (Geogr.) [Haffel] 17, 41.
— Gouffier (Maria Gabr. August Lor., Graf von) [Cramer] 17, 40.
Choisia [Sprengel] 17, 41.
Choify (Geogr.) [Haffel] 17, 41.
— (François Timoléon, Abbé von [Baur] 17, 41.
Choit, f. Soongarten.
Choctaws, f. Chactaws 16, 98.
Cholera [Schurrer] 17, 42.
Choleriker, f. Temperament.
Cholet [Haffel] 17, 48.
Cholena [Germar] 21, 191.
Cholides [Germar] 17, 48.
Cheikowskoi [Petri] 17, 48.
Cholm [Petri] 17, 48. [178.
Cholmobata, f. Charmodaon 16,
Cholmogori (v. Wichmann) 17, 48.
Cholsithen, f. Concretionen, animale 19, 16; Gallensteine 53, 38.
Cholostearin [Schreger] 17, 49.
Cholostearinfäure [Schreger] 17, 49.
Choloma [Petri] 17, 50.
Choltig [André] 17, 50.
Cholula [Stein] 17, 50.
Cholus [Germar] 17, 50.
Cholzen [André] 17, 50.
Chomel (Noël, Peter Joh. Bapt. und Joh. Bapt. Ludw.) [Sprengel] 17, 50.
Chomelia [Sprengel] 17, 50.
Chomerac [Haffel] 17, 50.
Chompré (Pierre und Etienne Martin) 17, 50.
Chonbi, f. Konda.
Chondrachne [Sprengel] 17, 50.
Chondria [Sprengel] 17, 50.
Chondrilla [Sprengel] 17, 50.
Chondrodendron, f. Monispermum. [17, 51.
Chondropterygii [Lichtenstein] 49.
Chondrosium [Sprengel] 17, 51.
Chondrus [Sprengel] 17, 51.
Chone [Müller] 17, 51.
Chonos, f. Oniao.
Chonoe, f. Chiloe 16, 342.
Chonte Fu, f. Tchonte Fu.
Choper [Petri] 17, 51.
Choperß [Petri] 17, 51.
Chopin (René) 17, 51.
Chor (Muf.) [Weber] 17, 51.
— (in der Trag.) [Wellauer] 21, 191.
Choragus [Germar] 17, 53.
Choral [Weber] 17, 53.
Chorbavia, Corbavia, f. Korbau.

Chordaria [Sprengel] 17, 55.
Chordauloblon [Weber] 21, 196.
Chordostylum [Sprengel] 17, 55.
Chorea Sancti Viti [Schneider] 17, 55.
Choregraphie, f. Tanz.
— [Koller] 21, 196.
Choretrum [Sprengel] 17, 56.
Chorisia [Sprengel] 17, 59.
Chorispermum oder Chorispora [Sprengel] 17, 59.
Choristea [Sprengel] 17, 59.
Chorisandra [Sprengel] 17, 59.
Chorizema [Sprengel] 17, 59.
Chorley [Haffel] 17, 59.
Chorographie, f. Erdbeschreibung, im Art. Erde 36, 271.
Chorol [Petri] 17, 59.
Choroschowa [Petri] 17, 59.
Chorosz 17, 59.
Chortiß [Petri] 17, 59.
Chorton [Weber] 17, 60.
Chorub [Haffel] 17, 60.
Chorycyum 17, 60.
Chorzellen 17, 60.
Chorzene [Rommel] 17, 61.
Chosas; die Chosaiten [Rommel] 17, 61.
Chosgoten, f. Sisan.
Chosleborg [André] 17, 61.
Chotiefchau [André] 17, 61.
Chotin [Chotim [b.Wichmann] 17, 61.
Chotieghur [Haffel] 17, 61.
Chotmynsk ob. Chotmilfch [Petri] 17, 61. [21, 196.
Chotsch [Zipfer] 17, 61; [Rumy]
Chotschin, f. Chotim 17, 61.
Chotusiß [André] 17, 62.
Chotzemiß [André] 17, 62.
Chouankörner [Sprengel] 17, 62.
Chouans, f. Bendée. [17, 62.
Chouet (Johann Robert) [Eicher]
Chout [Wedekind] 17, 62.
Choužé sur Loire [Haffel] 17, 63.
Chowal [Haffel] 17, 63.
Chowan [Haffel] 17, 63.
Chowghat [Haffel] 17, 63.
Chowri [Haffel] 17, 63.
Chragliero, f. Craßova.
Chrast [André] 17, 63.
Chrauftowiß [André] 17, 63.
Chretes [Rumy] 17, 63.
Chrestiens de Troyes [Müller] 17, 63.
Chrisma, f. Salböl.
Chrismen [v. Arnoldi] 17, 63.
Chrift [Märtens] 17, 65.
— (Johann Friedr.) [Gruber] 17, 65.
— (Joh. Ludw.) 17, 66.
Chriftburg (ehemal. Schloß) [Raufchnid] 17, 66.
— (Stadt) 17, 67.
Chriftchurch [Haffel] 17, 67.
Chriftenberg, der [Jufti] 17, 67.
Chriftenthum [Märtens] 17, 69.
Chriftenthum [Märtens] 17, 69.
Chriftian (Geogr.) [Haffel] 17, 98.

Christian(Bischof u. Apostel der Preußen) [Voigt] 17, 69.
— I.—VII. (Könige von Dänemark) [b.Gehren] 17, 71. 73. 76. 77. 80. 81. 82.
— I. (der Aeltere, Fürst von Anhalt) [Rese] 17, 87.
— (Herzog, herzogl. Prinz von Braunschweig) [Rese] 17, 88.
— (Wilhelm, Prinz von Brandenburg) [Rese] 17, 95.
Christiana Hundred [Haffel] 17,98.
Christiani (Wilhelm Ernst und Conrad) [Dörfer] 17, 98.
Christiania (Stadt) [b. Schubert] 17, 98. [17, 99.
— oder Aggershus [b.Schubert]
Christianopel [v. Schubert] 17,99.
Christiansand [v. Schubert] 17,99.
Christiansand-Stift [v.Schubert] 17, 100.
Christiansburg [Haffel] 17, 100.
Christiansfeld [Dörfer] 17, 100.
Christianshaab [Haffel] 17, 100.
Christianstad [v.Schubert] 17,100.
Christianstad-Län [v. Schubert] 17, 100. [100.
Christianstadt (preuß. Stadt) 17, (Stadt auf S. Croix) [Haffel] 17, 100.
Christiansund [v.Schubert] 17,100.
Christich, f. Ostoja.
Christina (Königin von Schweden) [b. Gehren] 17, 101.
Christinaftad, f. Kristina.
Christineßamm [v. Schubert] 17, 109.
Christineßtad [v.Schubert] 17,109.
Christliche Kirche [Märtens] 17, 109.
— Religion [Märtens] 17,120.
Christologie [Märtens] 17, 120.
Christoph (Papst) [Voigt] 17, 120.
— (griech. Kaiser), f. Constantin 19, 154; Romanus.
— I.—III. (Könige von Dänemark) [v.Gehren] 17, 120. 121.
— (Herzog von Baiern), f. Baiern 7, 147.
— (Herzog von Würtemberg [Pfifter] 17, 121.
— (auch Henri, Regent auf Haiti), f. Hanti.
Christopherson (John) 17, 128.
Christophsorden, St. [Gottschalck] 17, 128. [guna.
Christoval de Laguna, St., f. Laschristus [Märtens] 17, 128.
Christusorden [Gottschalck]17,131.
Chrom, Chromium [Schreger] 17. 132. [196.
Chroma, Chromatisch [Weber] 21, Chromatius 17, 138.
Chromia [Richfes] 17, 138.
Chromis (Schtyol.), f. Labrus.
Chromis [Germar] 17, 138. Chromis [Germar] 17, 138. [Kurrer] 17, 138. [Nachtrag 21,197.
Chromung [Schreger] 17, 145.
Chronik [Gramberg] 21, 198.
Chroniken, f. Annalen 4, 174.

Chronische, langwierige Krankheiten [Seiler] 17, 145.
Chronodistichon, f. Chronogramm 17, 148.
Chronogramm [Grotefend] 17, 148.
Chronologie [Grotefend] 17, 148.
Chronometer, f. Seeuhren; Taktmesser.
— (Muf.) [Weber] 21, 204.
Chroolepus [Sprengel] 17, 159.
Chropin [André] 17, 159.
Chroscienski (Albert Stanislaus) [Bandtke] 17, 159.
Chronostichon, f. Chronogramm 17, 148.
Chrubim [André] 17, 160.
Chrysalis [Germar] 21, 209.
Chrysanthemum [Sprengel] 17, 160.
Chrysaor [Richfes] 17, 161.
Chrysaoreus [Richfes] 17, 161.
Chrysëis [Richfes] 17, 161.
Chrysës [Richfes] 17, 161.
Chrysides [Germar] 17, 161.
Chrysippos (Myth.) [Richfes] 17, 161.
— (Philosoph) [Petersen] 21,209.
Chrysis [Germar] 17, 161.
Chrysithrix [Sprengel] 17, 162.
Chryslus, f. Körös. [162.
Chrysobalanus [Sprengel] 17, Chrysoberyll [Germar] 17, 162.
Chrysocolla factitia, f. Borax 12, 9.
— nativa, f. Grünfarben; Kupferaho.
Chrysocoma [Sprengel] 17,162.
Chrysogaster [Germar] 17, 162.
Chrysogonum [Sprengel] 17,162.
Chrysoleros, f. Byzantium 14, 76.
Chrysoloras [Garh] 17, 162.
Chrysolampus [Germar] 17,163.
Chrysolith [Germar] 17, 163.
— (künstliche) [Sprengel] 17,163.
Chrysolopus [Germar] 17, 163.
Chrysoloras (Johannes; Demetrius) [Jacobs] 21, 229.
— (Manuel) [Jacobs] 21, 226.
Chrysomallos [Richfes] 17, 163.
Chrysomela [Germar] 17, 164.
— septempunctata [Schreger] 17, 164.
Chrysomelinae [Germar]17,164.
Chrysonoë [Richfes] 17, 164.
Chrysopeleia [Richfes] 17, 164.
Chrysopha, f.HemerobiusPerla.
Chrysophis [Germar] 17, 164.
Chrysophora, f. Melolantha.
Chrysophyllum [Sprengel] 17, 164.
Chrysopia [Sprengel] 17, 164.
Chrysopolis (Geogr.) [Müller] 17, 164.
— (a. Geogr.) [Richfes] 17, 164.
— f. Amphipolis 3, 395.
Chrysopras [Germar] 17, 165.
Chrysops [Germar] 17, 165.
Chrysoptera [Entomol.] [Germar] 21, 229.
Chrysorrhoas [Richfes] 17, 165.

Circiniani (Niccola und Antonio) 17, 285. [285.
Circinotrichum [Sprengel] 17,
Circipani [v. d. Lanken] 17, 285.
Circitores [Bähr] 17, 285.
Cirknitz, s. Czirknitz 20, 456.
Cirknitzer See, s. Czirknitzer See 20, 456.
Circulatio chemica u. Circulirgefäße [Schreger] 17, 286.
Circulirösen, s. Oefen. [20.
Circumcellionen, s. Donatisten 27,
Circumcisi [Schmid] 17, 286.
Circumflex [Grotefend] 17, 286.
Circumscriptio [Bähr] 17, 287.
Circum- und Contravallationslinien [v. Hoyer] 17, 287.
Circus [Bähr] 17, 287.
Circus (Weihe, Vogels.) [Voie] 17, 291.
Cirella [Müller] 17, 292.
Cirencester [Hassel] 17, 292.
Cirillo (Domenico) [Saur] 17,292.
Ciro [Müller] 17, 293.
Ciron [Hassel] 17, 293.
Cirpsis [Rumy] 17, 293.
Cirq, S. [Hassel] 17, 293.
Cirratulus [Leudart] 17, 293.
Cirrhitus, s. Cyprinus 20, 430.
Cirrhitus [Lichtenstein] 17, 294.
Cirrolumbricus, s. Cirratulus 17, 293.
Cirrolus [Sprengel] 17, 294.
Cirronereis [Leudart] 17, 294.
Cirsium [Sprengel] 17, 294.
Cis (Wust) [Weber] 17, 294.
— (Käferg.) [Germar] 17, 294.
Cisa [v. d. Lanken] 17, 295.
Cisalpinische Republik, s. Lombardisch-venet. Königreich.
Cisano [Rumy] 17, 295.
Ciscis, s. Cisis 17, 300.
Cise-Fluß [v. d. Lanken] 17, 295.
Ciserano [Rumy] 17, 295.
Cisio-Janus [Grotefend] 17,295.
Cisis [Weber] 17, 300.
Cisliano [Rumy] 17, 300.
Cismar [Dörfer] 17, 300.
Cismone [Rumy] 17, 300.
Cisna [Rumy] 17, 300.
Cisner (Nicolaus) 17, 300.
Cissing [Hassel] 17, 300.
Cisplatina [Hassel] 21, 256.
Cisampelos [Sprengel u. Schreger] 17, 300.
Cisites, s. Horia.
Cissopis [Voie] 17, 300.
Cissus [Sprengel] 17, 301.
Cista [Rumy] 17, 301.
Cistela [Germar] 17, 301.
Cistelides, s. Stenelytra.
Cistena [Leudart] 17, 301.
Cistercienser [Fink] 17, 301.
Cisterna [Müller] 17, 318.
Cistophori [Schwieber] 17, 318.
Cistus [Sprengel] 17, 319.
Citadelle, f. Fortification 46,427.
Citation [Spangenberg] 17,320.
Citeaux [Hassel] 17, 321.
Citharexylon [Sprengel] 17,321.

Citharinus, s. Salmo.
Citillus, s. Arctomys 5, 167.
Citium [Rumy] 17, 321.
Citlaltepetl, oder Pico de Orizaba [Stein] 17, 321. [321.
Citoyen [Meyer v. Knonau] 17,
Citrin [Germar] 17, 321.
Citroema [Sprengel] 17, 321.
Citronat, s. Citrus 17, 322 fg.
Citronbiscuit, f. Zuckerbackwerk.
Citronen-Crème [Schreger] 17, 322. [liqueur, f. Liqueur.
— - Elixir, ob. Essenz, Citronen-
— - Gallerte ob. Gelée [Schreger] 17. 322. 329.
— - Naphtha, f. Citrus 17, 322.
— - Oel, f. Oel.
— - Säure, f. Citrus 17, 326.
Citrus [Sprengel und Schreger] 17, 322.
Citta [Sprengel] 17, 329.
Città [Müller] 17, 329.
Cittabella [Müller] 17, 329.
Cittabini (Celso) [Müller] 17,329.
— (Peter Franz) [Rumy] 17,329.
Citta nuova [Rumy und Müller] 17, 330.
— vecchia [Rumy] 17, 330.
Citula, f. Scomber. [330.
Ciutanovich (Andr.) [Rumy] 17,
Ciudad de las Palmas, f. Palmas.
— bella Hacha, f. Hacha. [330.
— real (in Spanien) [Stein] 17,
— (in Amerika) [Hassel] 17, 330.
— Rodrigo [Stein] 17, 330.
Cimbabella [Stein] 17, 330.
Ciuña b'alcamo [Müller] 17,330.
Cium [Rumy] 17, 331.
Ciutim [Rumy] 17, 331.
Civetta [Leudart] 17, 831.
Cividale [Rumy] 17, 831.
Civezzano [Rumy] 17, 332.
Civillis (Claudius, oder Julius) [Hafen] 17, 382.
Civillina, Monte [Henckel von Donnersmark] 17, 335.
Civilliste, f. Finanzen 44, 196.
Civilrecht [Spangenberg] 17,335.
Civilverdienstorden [Gottschald] 17, 336.
Civita, Civitas [Bähr] 17, 337.
Civita [Müller] 17, 339.
Civita nova, f. Noviodunum.
Civitella [Müller] 17, 340.
Civo [Rumy] 17, 340.
Civoti ob. Cigoli [Weise] 17, 340.
Civray [Hassel] 17, 341.
Cizerro [Leonhardi] 21, 256.
Cizius, f. Flata, unter Flabba 45, 19.
Cizzago [Rumy] 17, 341.
Clackmannan [Hassel] 17, 341.
Cladanthus [A. und K. Sprengel] 17, 341. [17, 341.
Cladius [Germar] 17, 341.
Cladobates [Leudart] 21, 256.
Cladobotryon [A. und K. Sprengel] 17, 341.

Cladonia [A. und K. Sprengel] 17, 341.
Cladosporium [A. und K. Sprengel] 17, 342.
Cladostephus [A. und K. Sprengel] 17, 342.
Cladostyles, f. Evolvulus.
Clai, f. Elaius 17, 354.
Claiborne [Hassel] 17, 342.
Clair, S. (in Frankreich) [Hassel] 17, 342. [17, 342.
— — (in Nordamerika) [Hassel]
Clairac [Hassel] 17, 342.
Clairaut (Alexis Claude) [Garh] 17, 342. [Hellbunkel.
Clairobscur, f. Grau in Grau;
Clairon (Claire Josephe Hippolyte, Leyris be la Tude) 17,345.
Clairvaux (Orte) [Hassel] 17,346.
— Clara vallis (Abtei) [v. Stramberg] 17, 346. [17, 348.
— (Geschichte des Klosters) [Fink]
Clair [Hassel] 17, 354.
Clajus (Joh.) [Rese] 17, 354.
Clam, auch Clam, Klamm [Rumy] 17, 355.
— Clam - Gallas, Clam - Martinitz (Familie) [Stramberg] 17, 355.
Clambus [Germar] 17, 356.
Clameck [Hassel] 17, 356.
Clandestina, f. Lathraea.
Clanis [Bähr] 17, 356.
Clanius [Bähr] 17, 356.
Clanricard, f. Irland.
Claoxylon [A. u. K. Sprengel] 17, 357. [257.
Clapperton (Hugh) [Rümy] 21,
Claproth (Julius [Spangenberg] 17, 357. [17, 357.
Clar de Lomagne, S. [Hassel]
Clara (Geogr.) [Hassel] 17, 357.
— (Santa) [Stein] 17, 357.
— Clarissinnen [Schmid] 17,357.
— (Cl. in Schubert] 17, 359.
Clare (Geogr.) [Hassel] 17, 359.
— Clarence (Familie) [Stramberg] 17, 359. [366.
Clarenbach (Adolph) [Schmid] 17, 359.
Clarence, f. Clare 17, 359.
Clarendon (Geogr.) [Hassel] 17, 367. [17, 367.
— (Edward Hyde, Graf von)
Clarenthal (Vogel) 17, 370.
Claret, f. Wein.
Clarias, f. Silurus.
Claribel, die [Henckel von Donnersmark] 17, 370.
Clarine, f. Trompete.
Clarinett, des [Weber] 17, 370.
Clarino [Weber] 21, 259.
Clariona [A. und K. Sprengel] 17, 374. [17, 375.
Clarisia [A. und K. Sprengel]
Clarissinnen, f. Clara 17, 357.
Clarke [Clarke-Insel] [Hassel] 17, 375.
— (Name mehrerer engl. Gelehrten [Baur] 17, 375. [377.
— (Eduard Daniel) [Kämy] 17,

Clarke (Heinr. Jakob Wilh., Herzog von Feltre) 17, 380.
Clarone [Weber] 21, 259.
Claronifsi [Hassel] 17, 381.
Clarus (Julius) [Spangenberg] 17, 381.
Clary und Aldringen [v. Stramberg] 17, 381. [382.
Clossicus (Julius) [Hafen] 17,
— (Cäcilius) [Hafen] 17, 388.
Classisch [Jacobs] 17, 384.
Classibium [Bähr] 17, 386.
Claterna [Bähr] 17, 386.
Clathrus [A. und K. Sprengel] 17, 386.
Clatra [Ricksefs] 17, 386.
Clauberg (Joh.) [Beckhaus] 17,
Claucene, f. Murraya. [386.
Claub, S. [Hassel] 17, 388.
Claubt, S. [Hassel und v. Stramberg] 17, 388.
— (Jean u. Jsaac) [Baur]17,389.
Claude Lorrain, f. Gelée] 56,455.
Claudea [A. und K. Sprengel] 17, 389.
Claudia Gens [Hafen] 17, 390.
Claudius (röm. Matrone) [C.(Bestalin) [Hafen] 17, 390.
— (Pulchra), f. Afer (Domitius) 2, 194.
— (Quinta) [Hafen] 17, 390.
— (Ruffina) [Hafen] 17, 391.
Claudiae Leges [Spangenberg] 17, 391. [21, 259.
Claudiopolis [Rumy] 17, 391.
Claudius (altrömische Geschlechter) [Hafen] 17, 391 — 415.
— (Helvetier . dieses Namens) [Meyer von Knonau] 17,415.
— (Matthias) [Rese] 17, 416.
— Allobrox [Eicher] 17, 415.
— Mons a. Geogr.) [Rumy] 17, 391. [17, 417.
Claudsberg (Christlieb von) [Garh]
Clausel, f. Clausula 17, 418; Tonschluß.
— (Mus.) [Weber] 21, 263.
Clauthorn, f. Christinehaab 17, 100.
Clausilia [Leudart] 17, 417.
Clausing [Rumy] 17, 417.
Clausthal [Hassel] 17, 417.
Clausula [Spangenberg] 17,418.
Clausulius [Leudart] 17, 419.
Clavdoline, Aeoline, Aeolobico (Mus.) [Weber] 21, 263.
Clavaria [A. u. K. Sprengel] 17, 419.
Clavatular [Leudart] 17, 419.
Clavecin, f. Clavier 21, 264.
— viele [Weber] 21, 264.
Clavena (Nicolas, Christoph und Jacopo Antonio) [Henckel von Donnersmark] 17, 419.
Claviana [Ricksefs] 17, 420.
Claves, f. Schlüssel; Clavier 21, 420.
Claves Terminorum [v. Arnoldi]
Clavicera, f. Ceratina 16, 63.

Cognitores [Spangenberg] 18, 203.

Cognolato (Gaetano) [Henckel von Donnersmarck] 18, 203.

Cognomen, s. Nomen.

Cogolo [Rumy] 18, 204.

Cohäßen [Küng] 18, 204.

Cohäßen [Haßel] 18, 216.

Cohausen (Joh. Heinr.) [Baur] 18, 217.

Cohobiren [Schreger] 18, 217.

Cohorn (Louis Jacq.) [v. Hoyer] 18, 219. [18, 217.

— (Menno, Baron v.) [v. Hoyer]

Cohors [Bähr] 18, 219.

Coica, s. Psittacus pileatus.

Coiffier, s. Effiat 31, 165.

Coignet (Gilles) 18, 221.

Coimbature [Haßel] 18, 221.

Coimbra [Stein] 18, 221.

Coincy [Haßel] 18, 221.

Coing (Joh. Franz) [v. Cölbern] 18, 221. [222.

Cointe (Charles le) [Baur] 18,

— (Gedeon le) [Eicher] 18, 222.

Coiny (Jacques Jos.) 18, 222.

Coiron [Haßel] 18, 222.

Coistin [Baur] 18, 222.

Coiter, auch Copter, Koyter (Volcherus) [Baur] 18, 223.

Coix [Sprengel] 18, 223.

Coka [Schreger] 18, 224.

Coke, Cooke (Sir Eduard) [Baur] 18, 224.

Col de Balaques [Stein] 18, 224.

Colabba [Haßel] 18, 224.

Colair [Haßel] 18, 224.

Colalto, s. Collalto 18, 269.

Colan [Haßel] 18, 225.

Colanica, s. Lanerk.

Colangabu [Haßel] 18, 225.

Colapiani [Mühlefs] 18, 225.

Colapis (a. Geogr.) [Rumy] 18,

Colaptes [Voie] 18, 225. [225.

Colapur [Haßel] 18, 225.

Colar [Haßel] 18, 225.

Colardeau (Charl. Pierre) 18, 225.

Colares [Stein] 18, 226.

Colaris [Voie] 18, 226.

Colaspis (Germar) 18, 226.

Colasse [Haßel] 18, 226.

Colatorium, s. Filtrirapparat 44, 182.

Colatur (chem.) 18, 226.

Colax (Pflanzeng.) [Sprengel] 18, 226. [18, 226.

— (Schmetterlingeg.) [Germar]

— (Fliegeneg.) [Germar] 18, 226.

Colares [Mühlefs] 18, 226. ·

Colbert (Jean Baptiste, Marquis von Seignelay und Colbert-Cher, Baron von Seaur, von Linieres, von Ormois) [Cramer] 18, 226.

— (Duc d'Estouteville, u. Michel, Doctor der Sorbonne) 18, 239.

Colbert's-Insel, s. Bonaparte's Archipel 15, 380.

Colbjörnsen [v. Gehren] 18, 239.

Colchagua [Stein] 18, 241.

Colchester [Haßel] 18, 241.

Cholchicum (Pflanzeng.) [Sprengel] 18, 241.

— autumnale (arzneil.) [Schreger] 18, 241.

Colcothar [Schreger] 18, 243.

Colden (Cadwallader) [Baur] 18, 243.

Coldenia [Sprengel] 18, 243.

Coldewey (Ehrenreich Gerh.) [Gittermann] 21, 281.

Coldingen [Haßel] 18, 244.

Coldingham [Haßel] 18, 244.

Coldis [Bindler] 18, 244..

Coldstream 18, 245.

Coleanthus, s. Schmidtia.

Colebrooksale [Haßel] 18, 245.

Colebrookia [Sprengel] 21, 281.

Colenfeld [Haßel] 18, 245.

Colentum [Rumy] 18, 245.

Coleonema [Sprengel] 21, 282.

Coleoni (Bartolommeo) [Henckel von Donnersmarck] 18, 245.

Coleoptera [Germar] 18, 245.

Coleopteriten, s. Versteinerungen.

Coler (Christoph) [Baur] 18, 248.

— (Johann) 18, 248.

— (Johann), s. Spinoga.

— (Joh. Christoph) [Baur] 18, 248.

Coleraine [Haßel]. 18, 248.·

Coleshill [Haßel] 18, 248.

Colet (John) [Baur] 18, 249.

Colette [Haßel] 18, 249.

Colette 18, 249.

Coleus [Sprengel] 21, 282.

Colford [Haßel] 18, 249.

Colias [Germar] 18, 249.

Coticaria 18, 250.

Colico [Rumy] 18, 250.

Coligni, Coligny [v. Stramberg] 18, 250. [261.

Colignon (Franz) [Cramer] 18

Coligny, s. Coligni 18, 250.

Colima [Stein] 18, 261.

Colin [Rumy] 18, 262.

Colines, Colinct, Colinaeus (Simon de) [Baur] 18, 263.

Colisäum, s. Coloßeum. 18, 329.

Colins [Voie] 18, 264.

Coll [Haßel] 18, 264.

Colla (a. Geogr.) [Mühlefs] 18, 264.

— (Chemie; Kleber, Pflanzenleim) [Schreger] 18, 264.

Collado (Luigi) [v. Hoyer] 18, 267.

— (Didacus) [Baur] 18, 267.

— de Plata (Geogr.) [Stein] 18, 267.

Colladon [Sprengel] 18, 267.

Colladon (Germain, Nikolaus, David u. Theod.) [Eicher] 18, 267.

Colladonia [Sprengel] 18, 268.

Collaea [Sprengel] 18, 268.

Collaert (Adrian u. Joh.) 18, 268.

Collab [Haßel] 18, 269.

Collantes (Francisco) 18, 269.

Collalto. (Geogr. und Geneal.) [v. Stramberg] 18, 269.

Collalto (Antonio) [Henckel v. Donnersmarck] 18, 271.

Collane [Rumy] 18, 271.

Collarium [Sprengel] 18, 271.

Collaterale Werke [Hoyer] 21, 282.

Collateral-Verwandtschaft, s. Verwandtschaft.

Colletia [Bähr] 18, 271.

Collatina, auch Collina [Mühlefs] 18, 271.

Collatinus, s. Tarquinius.

Collaturrecht, s. Verleihung.

Colle, bi S. Lucia (Geogr.) [Rumy] 18, 271.

— (Francesco Maria) [Henckel v. Donnersmarck] 18, 271.

— (Rafael bal) 18, 272.

Collé (Charles) 18, 272.

Collecte, s. Liturgie.

Collectiv und Distributiv [Hoffbauer] 18, 272.

Collectiv-Glas, s. Brennglas 12, 362; Mikroskop. · · ·

Colleges, s. Universität.

Collegia [Bähr] 18, 272.

Collegial-Chef, s. Präsident [Drais] 18, 274.

Collegialverfassung, s. Collegial-Chef 18, 274.

Collegianten, s. Rheinsburger.

Collegium, s. Collegia 18, 272.

Collema [Sprengel] 18, 276.

Collenuccio (Pandolfo) 18, 276.

Collet (Philibert und Pierre) [Baur] 18, 276.

Colletes [Germar] 18, 277.

Collotet (Guillaume u. François) 18, 277.

Colletia [Sprengel] 18, 277.

Colleton [Haßel] 18, 277.

Colli (Hippolytus) [Eicher] 18, 278.

Collier (Jerem.) [Baur] 18, 278.

— d'Harleville (Jean François) 18, 279.

Collini (Cosmus Alex.) [Baur] 18, 279.

— (Joh.) [Garb] 18, 279.

— (Wil., Physiolog) 18, 281.

Colliniana, s. Conobea. 19, 103.

Collinson (Peter u. John) [Baur] 18, 282.

Collinsonia [Sprengel] 18, 282.

Collinus (Rudolf; auch zum Büel) [Eicher] 18, 282.

Collio. [Rumy] 18, 284. .

Collisure. [Haßel] 18, 284. ·

Colliquatio [Schreger] 18, 284.

Colliuris [Germar] 18, 284.

Collogat Pettah [Haßel] 18, 284.

Colloquia [Eicher] 18, 285.

Colloredo (Geogr. und Geneal.) [v. Stramberg] 18, 285.

— (Jos. Maria, Graf v.) [Küster] 18, 285..

Collot d'Herbois (Jean Marie) [Baur] 18, 290.

Collumpton [Haßel] 18, 291.

Collutorium [Sprengel] 18, 291.

Collyria [Schreger] 18, 291.

Collyribianer. [Schmib] 18, 291.

Collyris, s. Colliuris 18, 284.

Collyrit [Germar] 18, 292.

Colma di Sadcaja [Rumy] 18, 293.

Colman (Eichenburg) 18, 293.

Colmars [Haßel] 18, 293.

Colmberg oder Kolbenberg (von Lang) 18, 293. [294.

Colmenac de Oreja [Stein] 18, viejo [Stein] 18, 294.

Colmenares (Diego be) [Baur] 18, 294.

Colmore [Haßel] 18, 294.

Colmbroof [Haßel] 18, 294.

Colne [Haßel] 18, 294.

Colobachne [Sprengel] 18, 294.

Colobicus [Germar] 18, 294.

Colobothes, s. Saperda.

Colobus, s. Cercopithecus.

Colocaia [Germar] 18, 294.

Colocci (Angelo) [Blanc] 18, 294.

Colochynthin [Schreger] 18, 294.

Colocynthis, s. Cucumis 20, 302.

Cologania [Sprengel] 18, 295.

Cologna [Rumy] 18, 295.

Cologne, s. Cöln 18, 183.

— (in Frankreich) [Haßel] 18, 295.

— (in der Lombardei) [Rumy] 18, 295. · ·

Cologno [Rumy] 18, 295.

Colognola [Rumy] 18, 295. ·

Coloman (König von Ungarn) [Rauschnif] 18, 295. ·

Colombe, S. [Haßel], 18, 299.

Colombey aux belles femmes [Haßel] 18, 299.

Colombia [Leonhardi] 22, 54.

Colombier (Jean) [Baur] 18, 299.

Colombiere (Marc de Bullon, Sieur de) [Baur] 18, 300.

Colombine, s. Masken, italienische.

Colombini, Colombino (Johann) [Baur] 18, 300.

Colombinlad, s. Malerlad.

Colombo (Christophoro) [Hasen] 21, 282; s. auch Colon 18, 302.

— (Renaldo) [Baur] 18, 300.

Colombo radix [Schreger] 18, 301.

Colomia [Rumy] 18, 302.

Colombia [Leonhardi] 22, 54.

Colon (Columbus) [v. Stramberg] 18, 302.

Colona, s. Columbia 18, 336.

Colonat [Spangenberg] 21, 306.

Colonia [Wortbdb.] 18, 302.

— (Griechenland u. Rom [Bähr] 18, 302. [183.

Colonia Agrippina, s. Cöln 18,

Colonia Apuleusis Augusta [Rumy] 18, 309.

— Aquarum Vivarum [Rumy] 18, 309.

Colónia Claudii ober Claudiana Augusta [Rumy] 18, 309.
— Equestris, f. Rhon.
— Julia [Rumy] 18, 310.
—' — Celsa, f. Celsa.'
— Hispella, f. Spello.
— Marcia, f. Marthana.
— Martia Julia ober Colonia Claudia Augusta Pia Veteranorum [Rumy] 18, 310.
— Senensis, f. Siena.
— Septimanorum Juniorum, f. .. Bezierd 9, 395.
— Ulpia, f. Clebe 18, 65.
— bel Sacramento [Stein] 18, 310.
Colonialhandel [Rau] 18, 310.
Colonien (serbische", in Ungarn, Slavonien und Kroatien, f. Serbler ob. Serben in Ungarn).
— (teutsche, in Ungarn u. Siebenbürgen, und Coloniewesen; teutsches, in Ungarn, f. Teutsche in Ungarn u. Siebenbürgen).
Colónna (a. Geogr. u. Geneal.) [v. Stramberg] 18, 312.
— (Angelo Michele) [Weise] 18, 325.
—. (Carolus) [v. Stramberg] 18, 324.
— (Vittoria) [Blanc] 18, 324.
— von Fels (Geneal.) [v. Stramberg] 18, 325.
Colonnade, f. Säulen. '' 326.
Colonne (milit.) [v. Hoyer] 18, 326.
— (Guido balle ob. belle) [Blanc] 18, 326. 327.
Colonus u. Cronsay [Hassel] 18, 328.
Colophonia, Colophonium [Schreger] 18, 329.
Colophonit, f. Granat 79, 145..
Colophonsäure [Schreger] 18, 329.
Colops (a. Geogr.) [Rumy] 18, 329.
Coloquinten, f. Cucumis] 20, 302.
Coloredo [Hassel] 18, 329.
Coloratur, f. Rellema.
Colorimeter, f. Farbenmesser, und
Coloriren, f. Farbengeben, im Art. Farbe 41, 410.
Coloriten, f. Augustiner, 6, 388.
Colorno 18, 329.
Colostrum [Bähr] 18, 329.
Colostrum, f. Milch.
Colot (Germain, Laurent, Philipp und Franz) 18, 331.
Colpocephalum, f. Liotheum.
Colpodes. [Germar] 18, 331.
Colpodium (Sprengel) 18, 331
Colposon, f. Fusanus 51, 123.
Colquhoun [Pariß] 18, 331.
Colquhounia [Sprengel] 18, 331
Colsmannia [Sprengel] 18, 332.
Golu, ob. Colso [Hassel] 18, 332.
Coluber [Thon] 21, 307.
Colubraria [Thon] 18, 310.
Colubrina [Lichtenstein] 18, 332.
Colubrine [v. Hoyer] 18, 322.
Colubrini [Thon] 21, 311.
Coluscius, ober Colusitne Pierius Salutatus [Baur] 18, 332.

Columb, S. [Hassel 18, 333.
Columba [Boie] 18, 333.
Columba [Hassel] 18, 334.
Columbanus (Sanctus), auch Columba [v. Cölln] 21, 311.
Columbaria, sc. insula 18, 334.
Columbarium [Bähr] 18, 334. t
Columbarium (a. Geogr.) 18, 334.
Columbelle, f. Voluta. [talit.
Columbeisen, Columbit; f. Tan
[Hassel] 18, 334.
— [Fluß in Nordamerika [Hassel] 18, 335. [22, 54.
— (in Südamerika), f. Colombia
Columbia (Pflanzen.) [Sprengel] 18, 336.
Columbiana [Hassel] 18, 336.
Columbida [Boie] 18, 336.
Columbigallina [Boie] 18, 336.
Columbit [Schreger] 18, 337.
Columbium, f. Tantalum.
Columbwurzel, f. Colombo 18, 301.
Columbsäure, f. Tantalsäure.
Columbo [Hassel] 18, 337.
Columbretes [Stein] 18, 337
Columbus (Christoph) f. Colombo 21, 282.
— (Geogr.) [Hassel] 18, 337.
Columello (Lucius Junius Maderatus R.) [Bähr] 18, 337
Columellia [Sprengel] 18, 338.
Columna (Aegibius de) [Baur] 18, 339.
— (Fabius) [Baur] 18, 359.
Columna rostrata [Bähr] 18, 339.
Columnea [Sprengel] 18, 340.
Colutes [Sprengel] 18, 340.
Colutea [Sprengel] 18, 340.
Colvius [Andreas u. Peter] 18, 341. t
Colwith (Alexander) 18, 341.
Colydium [Germar] 18, 341.
Colymbea [Sprengel] 18, 341.
Colymbetes, f. Dyticus 28, 490.
Colymbidae [Boie] 18, 341.
Colymbus [Boie] 18, 341.
Colzim [Hassel] 18, 342.
Comacina, sc. insula 18, 342.
Comagena [Rumy] 18, 342.
Comander (Johannes) Dorf
mann] [Escher] 18, 342.
Comandra [Sprengel] 18, 342.
Comaromium, f. Komorn.
Comarum [Sprengel] 16, 342.
Comatula [Thon] 18, 314.
Comapaguar [Hassel] 18, 342
Comb Martyn [Hassel] 18, 343.
Combefis (François) [Baur] 18, 342.
Combes (Franz) [Baur] 18, 343.
Combination [Garh] 18, 343.
— rische Analyse, f. Syntaktische Analyse, f. Syntaktik.
Combo [Hassel] 18, 343.
Combreteae [Sprengel] 18, 343.
Combretum [Sprengel] 18, 343.
Combraube [Hassel] 18, 343. t
Comburg [Pabst] 18, 343.

Combustion, f. Verbrennung.
Comenius (Joh. Amos) [Zipfer] 18, 344. [345.
Camephorus [Lichtenstein] 18,
Comerio [Rumy] 18, 346.
Comer-See [Rumy] 18, 346.
Comes, Comites [Bähr] 18, 346.
— (in der Musik), f. Gefährte.
— Natalis, f. Noël Conti.
— Siculorum [Rumy] 18, 348.
Comesperma [Sprengel] 18, 348.
Comestor (Peter) [Baur] 18, 348.
Cometes [Sprengel] 18, 348.
Cometi (Ciro) [Hendel von Donnersmarck] 18, 349.
Comilla [Hassel] 18, 349.
Comines, f. Commines 18, 361.
Comisa [Rumy] 18, 349.
Comitat ober Gespanschaft [Melzer u. Zipfer] 18, 349.
Comites, f. Comes 18, 346.
Comitia, Comitium [Bähr] 18, 352.
Comitial, f. Reichstag.
Comitio, f. Palatinat, Pfalzgraf.
Comna [Hassel] 18, 358.
Commambino (Federigo) [Garh] 18, 358.
Commanbits, f. Factorei 41, 33.
Commelin (Hieronymus, Jacob und Abraham) [Baur] 18, 359.
— (Jan, Kaspar und Isaak) [Baur] 18, 359.
Commelina [Sprengel] 18, 360.
Commelineae [Sprengel] 18, 360.
Commelyn, f. Commelin 18, 359.
Commenda, Commenderie, f. Komthurei.
— (Geogr.) [Hassel] 18, 360.
Commenjurabel [Garh] 18, 360.
Commercy [Hassel] 18, 360.
Commercon (Philibert) [Baur] 18, 360.
Commersonia [Sprengel] 18, 361.
Commenda. [Sprengel] 18, 361.
Commines (Geogr.) [Hassel] 18, 361.
—, Comines, Comineus (Philippe de la Clite de, Herr von Argenton) [Baur] 18, 361.
— (Militärw.) [v. Hoyer] 18, 364.
Commiphora [Sprengel] 18, 364.
Commire, Comirius (Jean) [Baur] 18, 364. [Hassel] 18, 364.
Commissionairnunn Commissions
Commodo [Hassel] 18, 364.
Commodore 18, 364.
Commodus, T. Aurelius Antonius [Vorenß] 18, 364.
Commotia [Richleß] 18, 366.
Commune, f. Gemeinde 57, 91.
Communeros, Freimaurerei 49, 49. 21
Communication idiomatum. [Mertens] 21, 317.
Communi dividundo actio, f. Theilungsklage.

Communion, f. Abendmahl 1, 71.
Communio naturarum [Mertens] 21, 318.
Communis [Richleß] 18, 366.
Como [Rumy] 18, 366.
Comoa [Hassel] 18, 367.
Comobo [Hassel] 18, 367.
Comocladia [Sprengel] 18, 368.
Comorin [Hassel] 18, 368.
Comorren, Commorren [Hassel] 18, 368.
Comotes [Hassel] 18, 368.
Compactaten, f. Vertrag.
—, Prager ober Böhmische, f. unter Böhmen 11, 189.
Compagni (Dino, b. i. Ardobrandino) [Blanc] 18, 368.
Compagnie (Kriegsgeschichte) [Leonhardi] 18, 369.
—, merkantilische, f. Handelsgesellschaft.
Companom . (Pompejus und Marius) [Baur] 18, 371.
Comparateur [Kämh] 18, 371.
Comparatio, f. Gradation 77,310.
Comparetti (Andrea) [Hendel b. Donnersmarck] 18, 373.
Compaß [Kämh] 18, 373.
Compensationspendel [Racine] 18, 388. 389.
Compensationsrost [Racine] 18, 389. 18, 389.
Compensationsunruhe [Racine]
Competenz [Spangenberg] 18, 390.
— (Rechtswohlthat derselben), f. Alimente 3, 126.
Comphyre [Hassel] 18, 390.
Compitalia [Bähr] 18, 390.
Complement ober Ergänzung [Garh] 18, 390
Complexion, f. Combination 18, 343; Naturell.
Complutum, f. Alcala de Henares 2, 408.
Compluvium, f. Aedes 1, 473.
Composita [Grotefend] 21, 319.
Compositae [Sprengel] 18, 391.
Compositio, chemische, f. Synthesis. f. Metallgemisch.
Compositon [Weber] 21, 319.
—'(der Färber), f.
—(der Metalle), f. Metallgemisch.
Compost [Schreger] 18, 392.
Compostela [Stein] 18, 392.
Compretti [Schrege.] 18, 392.
Compressen, f. Verband.
Compressibilität [Kämh] 18, 392.
Compressionsmaschine [Römershausen] 18, 397.
Compressorium [Weber] 21,321.
Compromiß, f. Arbiter 5, 111; Schiedsrichter.
Compsa (a. Geogr.) [Bähr]18,401.
Compsanthus [Sprengel]18,401.
Compsus, f. Cyphus 20, 427.
Comptoir 21, 339.
Comptonia [Sprengel] 18, 401.
Comptonit [Germar] 18, 401.

Consentia [Bähr] 19, 116.
Consentius (Publius) 19, 116.
Conservationsbriefen [Kämh] 19, 116.   [Kämh] 19, 117.
Conservater der 'Electricität '
Conservatorium [Fink] 19,-117.
Conserve [Schreger] 19, 118. '
Consetius 19, 118.
Consistieri (Job. Baptista und Paul) [Fink] 22¹, 110.
Consilium [Bähr] 19, 118.
Consistorium [Märtens] 19, 118.
Consiva 19, 119.
Consivius, s. Consevius 19,118.
Consolato del mare, s. Seerecht.
Console, s. Kragstein..
Consolida major; s. Symphytum offic.
— media, s. Ajuga pyramidalis 2, 279.,
— minor; s. Prunella vulgaris.
Consolibiren [b. Boffe]' 19,, 119.
Consonanten, s. Mitlaut.   .:
Consonanz, s. Ton.
— [Weber] 21, 336.
Constabel 19, 121.
Constans I. u. II. (oström. Kaiser) [Lorent] 19, 121. 122. ,
Constant de Rebecque [Fischer]' 19, 123.
Constantia (n. Geogr.) 19, 124.
— (n. Geogr.) 19, 124.
Constantin (Papst) [Sugh] 19,124.
— (Robert) [Baur]
Constantina (in Spanien) [Stein] 19, 125.   [set] 19, 125.
—, Constantine (in Algier) [Hassel]
Constantiniana [Kumi] 19, 125.
Constantinogorsk [Rommel] 19, 125.   [126. 128.
Constantinopel [Leonhardi] 19,
Constantin-Orden' [Gottschald] 19, 153.
Constantinus I.—XIII. (west- u. oström. Kaiser) [Lorent] 19, 159—172.
Constantius I. Chlorus und C. II. (röm. Kaiser) [Lorent] 19,174. '75.
Constanz, s. Kosnitz. · · · e
Constanzer-See, s. Bodensee 11,   [144.
Constellation, s. Sternbilder; Sterndeutung.
Constitnens [Schreger] 19, 178.
Constitution, s. Verfassung.
Constrictor, s. Constrictores 21, 338.
Constrictores [Thon] 21, 338.
Construction (Sprachw.) [Grotefend] 19. 178.
— (Geom.) [Garh] 19, 180.
Consualia, s. Consus 19, 195.
Consuanetes 19, 182.
Consuegra [Stein] 19, 182.
Consul [Grotefend u. Bähr] 19, 182.
Consulat (das römische) [Grotefend] 19, 185.   [19, 192.
—, Handels-Consulat [Leonhardi]
Consumtion [b. Boffe] 19, 193.

Consus 19, 195.
Consuvius, s. Consevius 19,118.
Contagio, s. Ansteckung 4, 244.
Contarini · (Geschlecht) [Hendel v. Donnersmarck] 19, 195.
— (Gasparo) [Hendel v.-Donnersmarck] 21, 338.
Contat (Louise be Parny) 19,201.
Conte (Primo del) [Hendel v. Donnersmarck] 19, 202.
Contemplation [Schmid] 19, 202.
Content, s. Chocolate 17,·28.
Contessa (Karl Wilhelm ' Salice-C. u. Christian Jakob Salice-C.) 19, 205.
Conteville [Hassel] 19, 206.
Conti (aus dem Hause Bourbon), s. Conty 19, 216.
— röm. Fürstenhaus [b. Stramberg] 19, 206.
— (Giambattista, Graf) [Hendel v. Donnersmarck] 19, 208.
— (Giusto de; Geschlecht Balmontone) [Blanc] 19, 208.
— (Francesco) [Fink] 22¹, 111.
Contichi [Hassel] 19, 209.
Contile (Lucia) [Blanc] 19, 209.
Continentalsystem, s. Napoleon.
Contingent, s. Contschale-Kriegsmacht.
Conto [Süpke] 19, 209.
Contor [Süpke] 21, 339. .
Contortae [Sprengel] 19, 210.
Contorneati, Conturniati, Orotoniati numi [Schreger] 19, 210.
Contour, s. Umriß.
Contov [Stein] 19, 211.
Contra-arithmetische Proportion, s. Proportion.
Contrabaß [Weber] 21, 340.
Contract, s. Vertrag.
Contrafagott, s. Fagott 41, 116.
Contrageometrische Proportion [Garh] 19, 211.
Contra-harmonische Proportion [Garh] 19, 211.
Contrajagen, s. Jagen.
Contralto, s. Stimme.
Contra Margum, s. Castra Augusta Flaviensis 15, 344.
Contractave, s. Tabulatur.
Contrapunkt [Weber] 21, 340.
Contrast, s. die Nachträge zu C.
Contratône, s. Tablatur.
Contravallations-Linien [v. Hoyer] 19, 212.
Contravision, s. Vision. [186.
Contrayerva, s. Dorstenia 27,
Contre-Alt, s. in den Nachträgen zu C.
Contre-Admiral, s. Admiral 1,423.
Contre-Approschen [v. Hoyer] 19, 212, trägen zu C. 21, 344.
Contrebande [Rau]-f. in den Nachträgen zu C.
Contre-Batterien [v. Hoyer] 19, 212.
Contrefait, s. Bild. [213.
Contre-Gallerien [v. Hoyer] 19,

Contregarde [v. Hoyer] 19, 213.
Contre-Marsch, s. Marsch.
Contre-Minen, s. Gegenminen.
Contrescarpe [v. Hoyer] 19, 214.
Contrescouille [Schreger] 19, 214.
Contributa, s. Julia Contributa.
Contribution, s. Kriegssteuer; Steuerpflichtigkeit.
Controle, Controleur, s. Finanzwesen, im Art. Finanzen 44, 196; Rechnungsführung.
Controverse [Märtens] 19, 214.
Contubernales [Bähr] 19, 215.
Contucci (Andrea) 19, 215.
Contumacia [Spangenberg] 21, 345.   [210.
— (Geogr.) 19, 206.
Conturniati, s. Contorneati 19' 210.
Conturß [Schreger] 19, 215.
Contusion, s. Quetschung.
Conty (v. Stramberg) 19, 216.
Conus(Mollusca)[Thon] 19,217.
— (Fossilia) [Thon] 19; 220.
Convallaria (Pflanzeng.) [Sprengel] 19, 221. ·
— majalis [Sprengel] 19, 221.
Convennole oder Convenevole da Prato [Blanc] 19, 221.
Conventionsfuß [Süpke] 19, 222.
Conventualen, s. Franz von Assisi 47, 429.
Conventus [Bähr] 19, 225.
Convergirend [Garh] 19, 225.
Conversano 19, 225.
Convertiten [Kumi] 19, 226.
Convex, s. Concav 19, 2.
Convexlgläser, s. Vergrößerungsgläser.
Convexspiegel [Kämh] 19, 227.
Convivium [Bähr] 19, 227.
Convolvulae [Sprengel] 19,228.
Convolvulus [Sprengel] 19,228.
— (chem. u. medicin.) [Schreger] 19, 228.
Convoy [Brauboch] 19, 230.
Convulsion, s. Krampf.
Convulsionaire, s. Jansenisten.
Conway [Hassel] 19, 230.
Conyza [Sprengel] 19, 230.
Conz (Geogr.) [Wyttenbach] 19, 230.
— (Karl Philipp) 22¹, 111.
Conza 19, 231.
Coof (Jakob) [Kämh] 19, 231.
Coote (Eduard), s. Cote 18, 224.
Cookia [Sprengel] 19, 240.
Coosteinhabt, s. Kenaikjajagoff.
Cootesluß 19, 240.
Cootstraße, auch Barlottensund [Hassel] 19, 240.
Coolgreny [Hassel] 19, 240.
Coolhaas (Kaspar u. Wilhelm) [Baur] 19, 240.   [241.
Cooninrloo (Gilles) [W if] 19,
Cooper. [Hassel] 19, 241:. e
— (John Gilbert)[Baur]21,346.
— (Samuel) [Baur] 21,346:
— (Thomas) [Baur].21, 346:
Coopmans (Georg und Gabso) [Baur] 19, 241.

Coorbinaten [Garh] 19, 241.
Coorg (District); Coorgas [Boll] [Hassel] 19, 244.
Coornhert, s. Cornhert 19, 325.
Coote (Eyre) 19, 244.
Cootehill [Hassel] 19, 244.
Cootwyt, (Johann) 19, 244.
Cap. ob. Copus [Fischer] 19, 245.
Copaifora [Sprengel] 19, 245.
Copaiva, s. Copaifera 19, 245.
Copaivabalsam, Balsamus de Copaiva [Schreger] 19, 246.
Copal [Schreger] 19, 246.
Copalchi-ob. Copalferrinde [Schreger] 19, 247.
Copalin [Schreger] 19, 247.
Copan [Hassel] 19, 247.
Copeland [Hassel] 19, 247.
Copernicanisches Weltsystem [Garh] 19, 247. · [19, 248.
Copernicus (Nicolaus) [Garh]
Copet, auch Coppet 19, 252.
Cophosus [German] 19, 252.
Copeland' 19, 252. "
Cophias [Thon] 21, 347.
Copialbücher, s. Copien 22¹, 112.
Copiapo [Stein] 19, 252. ·
Copien, Copiren [v. Arnold] 22¹, 112. ·
Copirsaal, s. Copien.
Copirmaschine, Copist, s. Schreib- und Zeichnungsmaschinen; Schreiber.
Coppenpriigge [Hassel] 19, 253.
Copper [Hassel] 19, 253.
Coprophagi [German] 19, 253.
Coprosma [Sprengel] 19, 253.
Coptis [Sprengel] 19,'253.
Coptodera [German] 19, 254.
Coptogaster, s. Scolytus.
Coptorus, s. Zygops.
Copula [Grotefend] 19, 254.
Coquelay de Chausfepierre (C. G.) [Baur] 19, 254.
Coquereau (Charles Jacques Louis) [Baur] 19, 254. '
Coquet [Hassel] 19, 254.
Coquille (Guy) [Baur] 19, 254.
Coquimbo [Stein] 19, 255.
Coquinasa 19, 255.
Cora 19, 255.
Corachiana [Hassel] 19, 255.
Coracias, s. Coracina 19, 255.
Coracina (Boie) 19, 255.
Coracinus [Lichtenstein] 19, 255.
Coracocinto [Stein] 19, 256. '
Coral (el) de Calatrava [Stein] 19, 256. · · [348.
Corallaria(Zoophyta)[Thon]21,
Corallenachat [German] 19, 256.
Corallenerz, s. Quedsilber. .·
Corallen-Inseln,Madreporen-Inseln [Kämh] 19, 256.
Corallen [Schreger]· 19, 259.
Corallenschwamm, ·s. Cellaria 17, 619.   [348.
Coralia (Corallen) [Thon] 21,
— -(chem.) [Schreger] 19,259.
Corallina [Thon] 19, 260. ·

Cotereau (Claude) [Baur] 20, 24.
Cotes (Roger) [Barth] 20, 24.
Côtes du Nord, s. Nordküsten.
Cotesischer Satz (Garh) 20, 25.
Cotgang [Haffel] 20, 26.
Cotharina 20, 26.
Cotignac [Haffel] 20, 26.
Cotilla (Stein) 20, 26.
Cotin (Charles) 20, 26.
Cotinga [Boie] 20, 26.
Cotiote [Haffel] 20, 27.
Cotison (König der Dacier) 20,27.
Cotobamba (Stein) 20, 27.
Cotocache 20, 27. [27.
Cotolendi (Charles) [Baur] 20,
Cotonéaster, s. Mespilus.
Cotopazi (Stein) 20, 27.
Cotswold [Haffel] 20, 27.
Cotta (röm. Geschlecht) [Becker]
20, 27.
— Giambattista) [Blanc] 20,30.
— (Joh.) (Henkel v. Donners-
marck] 20, 30. [30.
— (teutsche Familie) [Baur] 20,
— (Joh. Friedr.) [Baur] 20, 30.
— (Geogr.) [Winkler] 20, 31.
Cottanahower [Haffel] 20, 31.
Cottapatam [Haffel] 20, 31.
Cotte (Robert de) 20, 31.
Cottenham [Haffel] 20, 31.
Cottin (Sophie Ristaud) [Baur]
20, 31.
Cottische Alpen, s. Cottius 20, 32.
Cottius (Zander) 20, 32.
Cotton (Barthol.Haffel]20,33.
— (Pierre) [Baur] 20, 33.
— (John) [Baur] 20, 34.
— (Karl) 20, 34.
— (Robert) [Baur] 20, 34.
— des Houssayes (Jean Bapt.)
[Baur] 20, 34.
Cottonery, s. Tellur.
Cottula (Lichtenstein) 20, 34.
Cottula (Sprengel) 20, 35.
Cotumni (Dominicho) 20, 35.
Coturnix [Boie] 20, 35.
Cotuy, s. St. Domingo 26, 426.
Cotyle [Boie] 20, 36.
Cotyledon (Sprengel) 20, 36.
Cytyledones, s. Samen.
Coua, s. Coccygus 18, 150.
Couce (Stein) 20, 36.
Couches [Haffel] 20, 36.
Coucy-le-chatel und Coucy-la-
ville (v. Stramberg) 20, 36,
40. [40.
Coudrette (Christoph) [Haffel] 20,
Coudures [Haffel] 20, 40.
Couepia, s. Acia 1, 324.
Couéron [Haffel] 20, 41.
Coubé Berac [Haffel] 20, 41.
Coulan [Haffel] 20, 41.
Coulanges (Phil. Eman., Mar-
quis de) 20, 41. [20, 41.
— la Bineuse (Geogr.) [Haffel]
Coule, auch Goule (Fink] 21, 412.
Coulemou (Stein) 20, 41.
Couleuvre [Haffel] 20, 41.
Coulibeuf [Haffel] 20, 41.

Coutiffen (Stieglih] 21, 412.
Coulomb (Charles Augustin)
[Kämh] 20, 41.
Coulommiers [Haffel] 20, 43.
Coulon (Louis) [Baur] 20, 43.
Coulonge [Haffel] 20, 44. [44.
Coulonges les vovaux [Haffel] 20,
Coulteria (Sprengel] 20, 44.
Couma (Sprengel] 20, 44.
Coumarouna,s.Dipteryx25,475.
Coumarin (Schreger] 20, 44.
Coumaffi, s. Cumaffi 21, 338.
Coupe des pierres (v. Hoyer] 20,
Couperin (Fink] 20, 44. [44.
Coupiac [Haffel] 20, 45.
Coupiren (im Jagdm.) [a. d.
Windell] 20, 45.
— (in der Musik] (Fink] 20, 46.
Couplet (Copla), s. Bergbau.
Couplet (Pierre François le)
[Baur] 20, 48. [20, 47.
— des Dortreaux (Pierre) (Garh]
Coupon (v. Boffe u. Süpfe]20,47.
Cour d'Amour, s. Liebeshof.
Coura (Stein) 20, 48.
Courafari (Sprengel] 20, 48.
Couraver (Pierre François le)
[Baur] 20, 48.
Courcelles (Thomas, Pierre,
Etienne Chardon und David
Cornelius de) [Baur] 20, 50.
Courchetet b'Esnans (Luc) [Baur]
20, 50.
Courier, s. Gesandte 62, 249.
Courland, s. Kurland.
Couron be France, s. Krone.
Couronble [Haffel] 20, 50.
Couronpita (Sprengel] 20, 50.
Courpierre [Haffel] 20, 50.
Cours (des Geldes) [v. Boffe]
20, 50. [bach] 20, 51.
— (in der Schiffahrt] [v. Zach-
— (im Jagdwesen)[a. d.Windell]
20, 52.
Coursetia (Sprengel] 20, 52.
Court de Gebelin (Antoine) 20,52.
Courtalin [Haffel] 20, 53.
Courtanvaur (Franç. Cäsar de
Tellier, Marquis v.] [Kämh]
20, 53. [20, 53.
Courte Cuiffe (Jean de) (Eicher
Courten (With. u. Peter) [Baur]
20, 53. [54.
— (Geogr.) [Haffel] 20,
— (Geschlecht) [v. Stramberg]
21, 414.
Courtépée (Claude) [Baur] 20,54.
Courteron [Haffel] 20, 54
Courthejon [Haffel] 20, 54
Courtris de Sandras (Gatien be)
20, 54. [54.
Courtin (Antoine be) [Baur] 20,
Courtine [v. Hoyer] 20, 54.
Courtivron (Gaspard le Com-
paffeur be Créqui-Montfort,
Marquis de) [Garh] 20, 55.
Courtois (Guill.] [Weife] 20, 55.
— (Jacques) [Weife] 20, 55.
Courrai [Haffel] 20, 56.
Courrée (Jean Claude de la)
[Baur] 20, 56.

Courville [Haffel] 20, 57.
Courvoifier (Jean Bapt.) [Baur]
20, 57.
Couriance [Haffel] 20, 57.
Couferans [Haffel] 20, 57.
Coufin (Jacq. Antoine Joseph)
[Garh] 20, 58.
— (Jean) [Weife] 20, 57.
— (Louis) [Baur] 20, 57.
Coufer ob. Kuffer (Joh. Sigism.)
[Fink] 20, 58. [59.
Coufich, Duouifheb [Haffel] 20,
Coufant (Pierre) [Baur] 21, 424.
Coufou (Nicolas u. Guillaume)
20, 59.
Coutances [Haffel] 20, 59.
Coutarea (Sprengel] 20, 59.
Couthon (Georg) [Baur] 20, 60.
Coutinho (Dom. Franc.) [Baur]
20, 60.
Couto, Coucto [Baur] 20, 60.
Coutouhea (Sprengel] 20, 61.
Couraos [Haffel] 20, 61.
Coutumes, s. Französische Gesetz-
gebung 48, 135.
Couture (Geogr.) [Haffel] 20, 61.
— (Jean Baptiste) [Baur]20,61.
Couvay (Jean) 20, 61.
Couvet (Henkel von Donners-
marck] 20, 61.
Couvin [Haffel] 20, 63.
Couvreur, s. Lecouvreur.
Couzeranit (Germar] 20, 63.
Cova Perella, s. Ciubabela 17,
380.
Covarruvias [Baur] 21, 425.
Cove [Haffel] 20, 63.
Covelicacae 20, 63.
Covellinas [Haffel] 20, 63.
Covelong [Haffel] 20, 63.
Coventry [Haffel] 20, 63.
Coventry- und Orford-Kanal
[Haffel] 20, 63.
Covern (v.Stramberg] 21, 425.
Coverte (Robert) [Kämh] 20, 63.
Covilha (Stein] 20, 64.
Covilham, Covilan (Pedro be)
[Baur] 20, 64.
Covillard (Robert) [Baur] 20,65.
Covington [Haffel] 20, 65.
Covina (Becker] 20, 65.
Cowania (Sprengel] 20, 66.
Cowbridge [Haffel] 20, 66.
Cowell [Baur] 20, 66.
Cowes [Haffel] 20, 66.
Cowley (Abraham) [Baur] 20, 66.
— (engl. Schiffscapitän) [Baur]
20, 67.
Cow Pasture [Haffel] 20, 67.
Cowper (William, Graf, Groß-
fansler) [Baur] 20, 67.
Cowper (William, Wundarzt)
[Baur] 20, 68.
— (William, Esq., Schriftsteller)
69.
Cowries (Hebelin] 20, 69.
Cows Island, s. Vache.
Cox (Geogr.) [Haffel] 20, 70.
— (Gernb.) [Baur] 20, 70.
— (Rich., Bischof) [Baur] 20,69.

Cox (Sir Rich., Geschichtschreiber)
[Baur] 20, 70.
Coxe (William) [Baur] 20, 70.
Coxelus (Germar] 20, 72.
Coxiba (Elias von) [Adrian] 20,
72. [20, 72.
Coyer (Gabriel François) [Baur]
Coypel (Noel) [Weife] 20, 72.
— (Antoine) [Weife] 20, 73.
— (Charles Antoine) [Weife] 20,
73. [13.
— (Noel Nicolas) [Weife] 20,74.
Coylever (Anton) 20, 74.
Cozes [Haffel] 20, 74.
Cozja (Lorenz) [Baur] 20, 74.
Cozzando (Leonhard) [Baur]20,74.
Craanen (Theodor von) [Baur]
20, 75. [fell] 20, 75.
Crabbe (Peter) [Baur] 20, 75.
Crabeth (Dieterich und Walter)
[Wittemann] 20, 75.
Crabra, aqua, s. Aqua 5, 24.
Crabro (Germar] 20, 76.
Crabronites (Germar] 20, 76.
Cracau, s. Crakau 21, 426.
Cracbede (Samuel) [Baur] 20, 76.
Cracbede (Joseph von) [Weife]
20, 76.
Craesus, s. Nematus.
Craffort, s. Crawford.
Crafordia (Sprengel] 20, 77.
Craig (Nikolaus und Andreas)
[Baur] 20, 77.
— (Thomas) [Baur] 20, 77.
Crail [Haffel] 20, 77.
Crailsheim (Pabft] 20, 77.
Craitonit, s. Crichtonit 20, 151.
Crakau [Bandtke] 21, 426.
Cralach (Emmrich] 20, 78.
Craled, Craiud, Cralug, Cralach
20, 78. [20, 78.
Crambe (Pflanzen,) [Sprengel]
— maritima (Schreger] 20, 78.
Crambites (Germar] 20, 78.
Crambus (Germar] 20, 78.
Cramer (Caspar) (Erbard] 20,
79. [20, 85.
— (Franz Heinrich) [Seibert]
— (Gabriel) [Eicher] 20, 79.
— (Johann Andreas) [Kämh]
20, 81. [20, 83.
— (Joh. Andreas) [v. Gehren]
— (Johann Jacob u. Joh. Rud.)
[Eicher] 20, 79.
— (Joh. Ulrich, Freih. von) [v.
Gehren] 20, 81.
— (Karl Friedr.) 20, 84.
— (Karl Gottlob) [Emmrich] 20,
86. [86.
Cramer'sche Säure (Schreger] 20,
Cramme [Haffel] 20, 86.
Cramond [Haffel] 20, 86.
Cranach (Lukas, der Ältere und
der Jüngere) [Weife]20,86.89.
Cranborne [Haffel] 20, 90.
Cranbrook [Haffel] 20, 90.
Cranchia (Thon] 20, 90.
Cranenburg (Schlichthorft]20,90.
Crangon.[Thon] 20, 90.

14*

Crania (Fossilia) [Thon] 20,91.
— (Mollusca) [Thon] 20, 91.
Craniaceae [Thon] 20, 92.
Cranichis [Sprengel] 20, 92.
Cranioides [Thon] 20, 92.
Craniolaris [Sprengel] 20, 92.
Cranioscopie, f. Gall 52, 400.
Craniospermum [Sprengel] 20, 92.
Craniotome, f. Anisomeles 4, 141. [92.
Cranmer (Thomas) [Baur] 20,
Cranſac [Haſſel] 20, 96.
Cransberg [Vogel] 20, 97.
Cranß (Heinr. Joh. Nepom., Baron von) [Sprengel] 20, 97.
Cranz (Geogr.) [Schlichthorſt] 20, 97.
— (Albrecht), f. Kranz.
— (Aug. Friedr.) [Baur] 21,429.
— (David) [Baur] 20, 97.
— (Geſchichte) [v. Stramberg] 21, 430.
Craonne [Haſſel] 20, 98.
Crapelet (Charles) [Baur] 20, 98.
Crapone [Baur] 20, 98.
Craponne [Haſſel] 20, 98.
Craspedia [Sprengel] 20, 98.
Craspedon [Sprengel] 20, 98.
Craspedosoma [Thon] 20, 98.
Craspedum [Sprengel] 20, 98.
Crassatella (Mollusca) [Thon] 20, 98.
— (Fossilia) [Thon] 20, 99.
Crassatellacea [Thon] 20, 99.
Craſſet (Jean) [Baur] 20, 99.
Craſſier (Wilhelm, Baron von) [Baur] 20, 99.
Crassina [Thon] 21, 433. .
Crassipedes [Thon] 20, 100.
Craſſo [Baur] 20, 100.
Craſſot (Jean) [Baur] 20, 100.
Crassula [Sprengel] 20, 100.
Craſſus [Bähr] 20, 101.
Craſton (Johannes) [Baur] 20; 102.
Crataegus, f. Mespilus.
Cratander (Andreas) [Eicher] 20, 103.
Cratea [Rump] 20; 103.
Crateranthemum[Thon]20,103.
Craterella [Sprengel] 20, 103.
Crateria [Sprengel] 20, 103.
Craterium [Sprengel] 20, 104.···
Crateva [Sprengel] 20, 104.···
— (Adam, eig. Kraft) [Erhard] 20, 104.
— f. Krafftheim.
Cratomus [Germar] 20, 105.
Cratopus [Germar] 20, 105.
Cratosomus [Germar] 20, 105.
Cratoxylon [Sprengel] 20, 106.
Craß v. Scharfenſtein [b. Stramberg] 21, 433. ···
Crau [Haſſel] 20, 106. [20, 106.
Crauer (Franz Regis) [Eicher]
Crabant [Baur] 20, 106.
Craveggia [Schreger] 20, 106.

Crawen [Haſſel] 20, 106.
— Crawford [Geogr.] [Haſſel]20,106.
— (Abair) ; C. (David) [Baur] 20, 106.
Crax [Boie] 20, 107.
Crapenberg, f. Tiefenort.
Craver (Kaspar de) [Weiſe] 20, 107.
Crayford [Haſſel] 20, 108.
Crayonmanier, f. Zeichnung.
Creadion [Boie] 20, 108.
Creance [Haſſel] 20, 108.
Crebillon (Prosper Jolyot de, der Aeltere) [Blanc] 20, 108.
— (Claude Prosper Jolyot de, der Jüngere) [Blanc] 20, 109.
Creeb [Haſſel] 20, 110.
Credere, bei Rau 21, 434.
Credibilium 20, 110.
Credit [Sülpke] 21, 435.
Credito, f. Geſandten und Geſandtſchaftsrecht 62, 949.
Credition [Haſſel] 20, 110.
Creditorum concursus [Mittermaier] 20, 110.
Creditſyſtem, Creditinſtitut, Crebitberein [Rau] 20, 117.
Credo, f. Jura.
Cree [Haſſel] 20, 121.
Creech (Thomas) 20, 121.
Creeks ob. Muscogulgen [Haſſel] 20, 122.
Creglingen [Pahl] 20, 122.
Creil [Haſſel] 20, 122.
Crell (Chriſtoph Ludw.) [Baur] 20, 125. [Baur] 21, 437.
— (Joh. Chriſtoph u. Samuel)
— (Joh. Friedr.) [Baur]20,125.
— (Lorenz Florens Friedr. von) [Schreger] 20, 126.
— (Ludw.Chriſt.) [Baur]20,124.
— (Michael) [Baur] 20, 125.
— (Nicolaus) [Baur] 20, 122.
Crema 20, 126.
Cremanium, f. Melastoma.
Cremastocheilus [Germar] 20, 126.
Creme [Schreger] 20, 126.
Cremera 20, 126.
Cremiency [Haſſel] 20, 126.
Cremodoeus [Sprengel] 20,126.
Cremona [Bähr] 20, 126.
Cremonini (Cesare) [Blanc] 20, 127.
Cremor (C. calcis, tartari, Thermarum) [Schreger] 20, 127.
Crempe [Dörfer] 20, 127.
Crenatula [Thon] 20, 127.
Crenea [Sprengel] 20, 128.
Crenias [Sprengel] 20, 128.
Crenilabrus, f. Perca.
Crenius (Thomas) [Ebert] 20, 128.
Creodus [Sprengel] 20, 129.
Creoſen 20, 129.
Creoſium, f. Crebilium 20, 110.
Creon [Haſſel] 20, 129.
Creophaga [Germar] 20, 129.··
Creophilus [Germar] 20, 129.
Crepidaria, f. Pedilanthus.

Crepibolithen [Thon] 20, 129.
Crepidula (Mollusca) ; C. (Fossilia) [Thon] 20, 129.
Crepidulina [Thon] 21, 439.
Crepis [Sprengel] 20, 130.
Crepia, f. Crepa 20, 150.
Crepu (Nicolas) 20, 130.
Crepundia [Bähr] 20, 130.
Crepuscularia [Germar] 20,130.
Creps en Laonais [Haſſel] 20, 130.
Crequi [b. Stramberg] 21, 439.
Crescendo, f. muſikaliſche Farbengebung.
— (Muſ.) [Fink] 22¹, 114.
Crescent [Haſſel] 20, 130.
Crescentia [Sprengel] 20, 130.
Crescentiis, de, f. Crescenzi 20,
Crescentius 20, 131. [131.
Crescenzago (Congregation v.) [Fink] 21, 444.
Crescenzi (Pietro) 20, 131.
Crescimbeni (Giovan Mario be) [Blanc] 20, 131.
Cresconius (Flavius C.Corippus) [Bähr] 20, 132.
Creseis [Thon] 20, 133.
Creſell [Stein] 20, 134.
Cresol (Louis) [Baur] 20, 134.
Crespel (Emanuel) [Baur] ·20, 135.
Crespi (Giov. Battiſta) 20, 136.
— (Giuseppe Maria) [Weiſe] 20, 135.
— (Jean) 20, 136.
Crespin (Daniel) [Ebert]20,137.
— (Johannes) [Ebert] 20, 136.
Crespy und Crespy en Laonnais [Haſſel] 20, 137.
Cressa [Sprengel] 20, 137.
Creſſey (Hugo Paul) [Baur] 20,
137. [marck] 20, 138.
Creſſener (Hendel von Donners-
Creſt [Haſſel] 20, 138.
Creſti, f. Paſſignano. [138.
Creſtin (Guillaume) [Baur] 20,
Cretenet (Jacob) [Fink] 20, 138.
Cretenſes, f. Donatiſten 27,·20.
Creti (Donato) 20, 140.
Cretin, f. Cretin 20, 138; Cretinismus 20, 140.
Cretinismus[Schnurrer]20,140.
Cretio, f. Erbrecht 40¹, 342.
Crett-Balluet (François) [Baur] 20, 144.
Creuilly [Haſſel] 20, 145.
Creuſe [Haſſel] 20; 145.
Creusia [Thon] 20, 145.
Creuſot [Haſſel] 20, 146.
Creuz (Friedrich Karl Kaſimir, Freih. don) [Reſe] 20, 146.
Creuzburg [Haſſel] 20, 147.
Creuz-Latouche(Jacques Antoine) [Baur] 20, 148. [148.
Cretvecoeur [Germar] [Haſſel] 20,
— (Phil. von) [Baur] 20, 148.
Crevenna (Pietro Antonio) [Ebert] 20, 148. [Baur] 20, 149.
Crévier (Jean Baptiste Louis)

Crevillent [Stein] 20, 150.
Crevoferne [Haſſel] 20, 150.
Crex [Boie] 20, 150.
Crexa [Rump] 20, 150.
Cribraria [Sprengel] 20, 150.
Cricetini [Thon] 21, 444.
Cricetus [Thon] 21, 444.
Crichton (James) 20, 151.
— (Robert) 20, 151.
Crichtonit [Schreger] 20, 151.
Crichtowel [Haſſel] 20, 151.
Crickleth [Haſſel] 20, 151.
Cricklade [Haſſel] 20, 151.
Cricomphalos [Thon] 20, 151.
Cricostoma [Thon] 20, 151.
Cricostomata [Thon] 20, 152.
Crieff [Haſſel] 20, 152.
Criel [Haſſel] 20, 152.
Criſa [Haſſel] 20, 152.
Crimberobe [Haſſel] 20, 152.
Crimen [Bähr] 20, 152.
Criminalſproceß, Criminalrecht, f. unter K.
Crimiſa [Bähr] 20, 155.
Crimiſus 20, 156.
Crinanfanal [Haſſel] 20, 156.
Crinefius (Chriſtoph) [Zipfer] 20,
Criniger [Boie] 20, 156. [156.
Crinitus(David von Claracagowa) [Zipfer] 20, 156.
— (Pietro) 20, 157. [157.
Crinodendron [Sprengel] 20,
Crinoidea [Thon] 20, 157.
Crinolin [Schreger] 21, 450.
Crinum [Sprengel] 20, 160.
Criocerides, f. Eupoda 39, 118.
Crioceris [Germar] 20, 160.
Criopodermon [Thon] 20, 161.
Criopus, f. Criopodermon 20, 161. [20, 161.
Criquetot bit la hantcur [Haſſel]
Crisia [Thon] 20, 161.
Crisium, f. Kreuz in Kroatien; Körös in Siebenbürgen.
Crisp (Tobias) [Baur] 20, 161.
Crispina (Bruttia) 20, 161.
Crispinus 20, 161. [161.
Crispo (Joh. Baptiſt) [Baur] 20,
Crispus (Beiname mehrer. röm. Familien) [Bähr] 20, 162.
— (Sohn Conſtantin's d. Großen) [Lorenz] 20, 162.
— (Stephan) [Rump] 20, 163.
Cristaria, f. Sida.
Cristatella [Thon] 20, 163.
Cristellaria [Thon] 20, 163.
Criſtina, S. [Stein] 20, 164.
Criſtophe, S. [Stein] 20, 164.
Criſtoval, S. [Stein] 20, 164.
Critamus [Sprengel] 20, 164.
Crithmum [Sprengel] 20, 164.
Crito, f. Kriſo.
Critton (Georg) [Baur] 20, 164.
Crivellari (Bartolomeo) 20, 164.
Crivelli (Antonio) 21, 450.··
Croab [Haſſel] 20, 164.
Croaten, Croatien, Croatiſche Geſchichte, Sprache und Literatur, f. Kroatien etc.

Cuneus [Thon] 20, 345.
Cuneus Aureus 20, 345.
Cunha, f. Acunha 1, 355.
Cuni, f. Kumanier.
Cunibert¹[Baur] 20, 345.
Cunich (Raymund) [Rumy] 20, 346.
Cunila [Sprengel] 20, 346.
Cunina 20, 346.
Cuniß [Hassel] 20, 346.
Cunthat [Hassel] 20, 346.
Cunnacalich [Hassel] 20, 346.
Cunningham (Geogr.) 20, 346.
— (Alexander Esq.) [Baur] 20, 347.
— (James) [S   ] 20, 347.
— (John) 20, Näßgel [348.
Cunninghamia [Sprengel] 20,
Cunno (Anton Werner) [Baur] 20, 348.
— (Joh. Christ.), und Cunonia [Sprengel] 20, 348.
— (Siegmund Andreas) [Baur] 20, 348.
Cunolites [Thon] 20, 348.
Cupani (Franz), nud Cupania [Sprengel] 20, 348. [20, 349.
Cupar, und C. of Angus [Hassel]
Cuper (Gisbert) [Ebert] 20, 349.
Cuperly [Leonhardi] 22¹, 128.
Cupes (Germar) 20, 349.
Cuphea [Sprengel] 20, 349.
Cupido (Myth.) 20, 349.
Cupido [Germar] 20, 349.
Cupoloofen, f. Oefen.
Cupra [Zander] 20, 349.
Cupresseus, Cypresse (botan.) [Sprengel] 20, 350.
— (forstw.) [Laurop] 20, 350.
— marinus (Zoophyta) [Thon] 20, 351.
Cupularia, f. Lunulites.
Cupulita [Thon] 20, 351.
Cura 20, 351.
Curae 20, 351. [351.
Curaeus (Joachim) [Worbs] 20,
Curanga, f. Gratiola.
Curare-Gift [Schreger] 20, 352.
Curas (Hilmar) [Ebert] 22¹, 128.
Curaffao [Hassel] 20, 352.
Curaffao-Früchte, f. Citrus aur. 17, 822.
Curatella [Sprengel] 20, 352.
Curatores [Bähr] 20, 353.
Curcas und Curcasine, f. Jatropha.
Curcellaeus (de Courcelles, Stephanus) [Escher] 20, 354.
Curco, Korykos, f. Cilicia 21, 240.
Curculigo [Sprengel] 20, 355.
Curculio [Germar] 20, 356.
Curculionides [Germar] 20, 356, 359.
— (technisch) [Kurrer] 20, 360.
— (arzneil. u. chem.) [Schreger] 20, 363.
Curcumarotunda, f. Kämpheria.
Curée oder Curée-Machen [a. b. Windell] 20, 363.

Curemonte [Hassel] 20, 363.
Cures [Zander] 20, 363.
Curetis (Germar) 20, 364.
Curia (a. Geogr.) 20, 364.
Curia, Curiae [Bähr] 20, 364.
—, Curie und Curialien, f. Gericht 61, 23; Kanzlei; Landstände.
— gene, f. Curius 20, 375.
Curiatstimme, f. Votum.
Curicta [Rumy] 20, 366.
Curicum, f. Curicta 20, 366.
Curilis 20, 366.
Curimates, f. Salmo.
Curinus, f. Curis 20, 375.
Curio (drei Römer aus der Gens Scribonia) [Becker] 20, 366.
— (Coelius Secundus) [Escher] 20, 370.
— (Horatius Augustinus und Leo) [Escher] 20, 374.
— (Johann) [Erhard] 20, 374.
Curiosi [Rumy] 20, 374.
Curis 20, 375.
Curius, Manius Curius Dentatus [Becker] 20, 375.
Curnus [Hassel] 20, 377.
Currentschrift, f. Schriftarten.
Curritut [Hassel] 20, 377.
Curruca [Boie] 20, 377.
Currybarry [Hassel] 20, 377.
Cursay [Hassel] 20, 377.
Cursiv-Schrift, f. Buchdruckerkunst 14¹, 220; Schriftarten.
Cursores [Boie] 20, 377.
Cursorii [Germar] 20, 378.
Cursorius [Boie] 20, 378.
Curta [Rumy] 20, 378.
Curtia [Sprengel] 20, 378.
Curtiana [Rumy] 20, 378.
Curtine [v. Hoyer] 20, 378.
Curtis (Wilh.) [[Sprengel] 20, 379.
Curtisia [Sprengel] 20, 380.
Curtis-Insel [Hassel] 20, 379.
Curtius¹ (Quintus Curtius Rufus) [Bähr] 22¹, 128.
— (Michael Conrad) [Rese u. b. Gehren] 20, 380.
Curucucuz [Stein] 20, 381.
Curulis [Bähr] 22¹, 133.
Curquaty [Stein] 20, 381.
Curven, f. Linien.
Curzola (Insel) [Zipser] 20, 381.
— (Stadt) [Rumy] 20, 381.
Cusano 20, 382.   [20, 382.
Cusanus (Nicolaus) [Wöttenbach]
Cusco, f. Cuzco 20, 395.
Cuscuta (Pflanzenz.) [Sprengel] 20, 384.
— europaea und epithymum [Schreger] 20, 384.
Cuspa-Baum [Schreger] 22¹,134.
Cusparia febrifugae cortex [Schreger] 20, 384.
Cuspidia [Sprengel] 20, 385.
Cuspinianus (Johann) 20, 385.
Cusset [Hassel] 20, 386.
Cusset [Hassel] 20, 386.
Cusso, f. Hagenia.

Cusson (Peter) [Sprengel] 20, 386.
Custine (Adam Philipp, Graf von, und Reinhold Philipp, Graf von) [Rese] 20, 386.
Custos 20, 390.
— (Buchdr.) 22, 134.
Cusu teuru [Stein] 20, 391.
Cusum oder Cusis [Rumy] 20, 391.
Cusus 20, 391.
Cutch, f. Cutsch 20, 392.
Cuterebra [Germar] 20, 391.
Cutheis [Rumy] 20, 391.
Cuthenus (Martin) 20, 391.
Cutilae [Zander] 20, 391.
Cutina 20, 392.
Cutriguren, f. Kuturguren.
Cutsch (Proving) [Hassel] 20, 392.
— (Meerbusen) [Hassel] 20, 392.
— Bahar [Hassel] 20, 392.
— Gundawar [Hassel] 20, 392.
Cuttat [Hassel] 20, 392.
Cutter 20, 393.
Cuvette, f. Cunette 20, 393.
Cuviera (Pflanzeng.) [Sprengel] 20, 393.
— (Zoophyta) [Thon] 20, 393.
— (Mollusca) [Thon] 20, 393.
Cuvieria (Crustacea) [Thon] 20, 394.
— (Zoophyta) [Thon] 20, 394.
Cuy [Thon] 22¹, 134.
Cuyabuga [Hassel] 20° 394.
Cuyck (Joh.; Anton; Zimannes u. Heinrich v.) [Baur] 20, 394.
Cuyo [Distrikt] [Stein] 20, 394.
— (Insel) [Hassel] 20, 395.
Cuyo [Stein] 20, 395.
Cyamopsis [Sprengel] 20, 395.
Cyamus, f. Nelumbium; Nymphaea.
Cyan [Thon] 20, 395.
Cyan, Cyanammonium, Cyanbarht, Chanbleioxyd, Cyangas, Cyankali, Cyankalium, Cyanmetalle, Cyannatron, Cyanogène, Cyanquecksilber, Cyansilber, f. Blaustoff unter Blausäure 10, 355.
Cyanaea [Thon] 20, 395.
Cyanella [Sprengel] 20, 396.
Cyanit (Germar) 20, 396.
Cyanocorax [Boie] 20, 396.
Cyano-Cyclas, f. Cyclas 20,399.
Cyanotis, f. Tradescantia.
Cyanourin [Schreger] 20, 397.
Cyathea [Sprengel] 20, 397.
Cyathinae, f. Primuleae.
Cyathocrinites [Thon] 20, 397.
Cyathodes [Sprengel] 20, 397.
Cyathophorum [Sprengel] 20, 397.
Cyathula [Sprengel] 20, 397.
Cyathus, f. Sextuarius.
— (Schwäheg.) [Sprengel] 20, 397.
Cybbanthera [Sprengel] 20,398.
Cybele, f. Stenocarpus.
Cybelion [Sprengel] 20, 398.

Cycadeae [Sprengel] 20, 398.
Cycas (Pflanzeng.) [Sprengel] 20, 398.   [ger] 20, 398.
— circinalis u. revoluta [Schreger] 20, 398.
Cyobramus, f. Strongylus.
Cychreus [Thon] 20, 398.
Cychrus (Germar) 20, 398.
Cycladeae [Thon] 20, 399.
Cyclades, f. Archipelagus 5,153;
    Kykladen; Heilige Geistarchipel.
Cycladina [Thon] 20, 399.
Cyclamen [Sprengel und Schreger] 20, 399.
Cyclanthus [Sprengel] 20, 399.
Cyclas (Mollusca) [Thon] 20, 399.
— (Mollusca fossil.) [Thon] 20, 400.
Cyclemis [Thon] 20, 400.
Cyclica (Germar] 20, 400.
Cyclidium [Thon] 20, 400.
Cyclobranchiata [Thon] 20, 400.
Cyclocephala (Germar] 20, 401.
Cyclocotyla [Thon] 20, 401.
Cyclogaster, f. Cyclopterus 20, 403.
Cycloïde, f. Kykloïde 20, 413.
Cycloides [Thon] 20, 402.
Cycloïmbr. Cyclometrie, f. Cykloïmber 20, 416.
Cyclolites [Thon] 20, 402.
Cyclomides, f. Curculionides 20, 356.
Cyclomorpha [Thon] 20, 402.
Cyclonus [Germar] 20, 402.
Cyclopen-Inseln [Hendel von Donnersmarck] 20, 402.
Cyclophorus (Mollusca) [Thon] 20, 402.
— f. Niphobolus.
Cyclopia [Sprengel] 20, 403.
Cyclopidae [Thon] 20, 403.
Cyclops, f. Kyklops.
Cyclops (Crustaceea) [Lichtenstein] 20, 403; [Thon] 22¹, 135.
— Mollusca] [Thon] 22¹, 135.
Cyclopterus [Lichtenstein] 20, 403.
Cyclorytes [Thon] 22¹, 134.
Cyclosterma [Thon] 20, 403.
Cyclostoma (Mollusca) [Thon] 20, 403.   [20, 404.
— (Mollusca fossilia) [Thon]
Cyclostomi [Lichtenstein] 20,405.
Cyclus (arithmet.) [Garß] 20, 405.   [20, 406.
— (chronol.-diplom.) [v. Arnoldi]
Cyder, f. Apfelbaum 4, 392;
    Birnbaum 10, 286.
Cydia (Germar] 20, 412.
Cydonia, f. Pyrus.
Cydros [Boie] 20, 412.
Cyfel, f. Cyclus 20, 405.
Cyklische Dichter, f. Kykliker.
Cykloïde [Garß] 20, 413.
Cykloïmber [Garß] 20, 416.
Cyklometrie und Cyklotechnie; f. Kreismessung.

Cylactis [Sprengel] 20, 416.
Cylades [Germar] 20, 416.
Cylas [Germar] 20, 416.
Cylidrus [Germar] 20, 416.
—, s. Tillus.
Cylinder [Gart] 20, 416.
Cylinderspiegel, s. Spiegel.
Cylinderuhr, s. Gnomonit 71, 202.
Cylindra [Thon] 20, 418.
Cylindria [Sprengel] 20, 418.
Cylindrites [Thon] 20, 418.
Cylindrocerus [Germar] 20,418.
Cylindroeb [Gart] 20, 418.
Cylindromyia [Germar] 20,418.
Cylindrosomata [Lichtenstein] 20, 418. [419.
Cylindrospora [Sprengel] 20, Cylindrus [Thon] 20, 419.
Cylista [Sprengel] 20, 419.
Cylla, Cyllenius, s. Kylla, Kyllenius.
Cyllenis [Germar] 20, 419.
Cylopodas [Germar] 20, 419.
Cyma, s. Inflorescenz.
Cymadusa [Thon] 20, 419.
Cymathophora[Germar]20,419.
Cymation, s. Ornithoglossum.
Cymbachus, s. Rottbollia.
Cymbaria [Sprengel] 20, 419.
Cymbidium [Sprengel] 20,420.
Cymbium [Thon] 20, 420.
Cymbopogon [Sprengel] 20,420.
Cymbra, s. Kebros.
Cymbula [Thon] 20, 420.
Cymindis (Bogdg.) [Boie] 20, 420.
— (Räferg.) [Germar] 20, 421.
Cyminosma [Sprengel] 20, 421.
Cymodocea [Sprengel] 20, 421.
Cymophan, s. Chrysoberyll 17, 162.
Cymothoa [Lichtenstein] 20, 421.
Cynanchum (Pflanzeng.)[Sprengel] 20, 421. [421.
— vincetoxicum [Schreger] 20,
— monspeliacum [Schreger] 20, 421.
— laevigatum, mauritianum, tomentosum u. vomitorium, s. Ipecacuanha.
Cynapin [Schreger] 20, 421.
Cynara [Sprengel] 20, 421.

Cynareae, s.Compositae 18,391.
Cynchramus [Boie] 20, 422.
Cynips [Germar] 20, 422.
Cynipserae [Germar] 20, 423.
Cynniridae [Boie] 20, 423.
Cynocephalus, s. Simia.
— (Hundskopsaffe, Pavian) [Thon] 22¹, 137.
Cynodon [Schreger] 20, 424.
Cynodon [Sprengel] 20, 424.
Cynodontium, s. Didymodon 24, 548. [ger] 20, 424.
Cynoglossum[Sprengel u.Schre-
Cynometra [Sprengel] 20, 424.
Cynomorium [Sprengel und Schreger] 20, 425. [548.
Cynontodium, s.Didymodon 24.
Cynorchis [Sprengel] 20, 425.
Cynosura, s. Kynosura.
Cynosurus [Sprengel] 20, 425.
Cynthia, s. Banessa.
Cynthianta [Cassel] 20, 426.
Cyperaceae [Sprengel] 20, 426.
Cypern, s. Kypros. [20, 426.
Cyperus (Pflanzeng.) [Sprengel]
— perennis [Schreger] 20, 427.
Cyphelium [Sprengel] 20, 427.
Cyphella, s. Peziza.
Cyphocerus [Germar] 20, 427.
Cyphirhinus [Germar] 20, 427.
Cyphomyia [Germar] 20, 427.
Cyphon [Germar] 20, 427.
Cyphus [Germar] 20, 427.
Cypraeus, eig. Kupferschmidt (Johann Adolf) [Dörfer] 20, 427.
Cypreß Swamp [Cassel] 20, 427.
Cypresse, s. Cupressus 20, 350.
Cypressenulisse, s. Santolina.
Cypris terebinthina s.Terpentin.
Cyprian (Ernst Salomo) [Rese] 20, 428.
Cyprianus (aus Floren) [Spangenberg] 20, 429.
— (Joh.) [Rese] 20, 430.
Cyprinodon [Lichtenstein] 20, 430. [ger] 20, 430.
Cyprinus [Lichtenstein u. Schre-
Cypripedium[Sprengel] 20,433.
Cypris [Lichtenstein] 20, 433.
Cypsela [Rumy] 20, 433.
Cypselea [Sprengel] 20, 433.

Cypselus [Boie] 20, 433.
Cyr, St. [Cassel] 20, 434.
Cyrilla [Sprengel] 20, 434.
Cyrillisches Alphabet [Franke] 22¹, 143.
Cyrillus (Hierosolimytanus) [v. Cölln] 22¹, 143.
— (Apostel) [Franke] 22¹, 152.
— (Patriarch von Alexandrien) [Franke] 22¹, 149. [149.
— (von Heliopolis) [Franke]22¹
— (aus Scythopolis) [Franke] 22¹, 152.
— (Bischof von Trier) [Franke] 22¹, 152.
— (Kontaru von Berrhöa) [Franke] 22¹, 157.
— (Lukaris) [Franke] 22¹, 155.
Cyrrestae 20, 434.
Cyrta [Sprengel] 20, 434.
Cyrtandra [Sprengel] 20, 434.
Cyrtanthus [Sprengel] 20, 435.
Cyrtocarpa [Sprengel] 20, 435.
Cyrtochilos [Sprengel] 20, 435.
Cyrtoma [Germar] 20, 435.
Cyrtopodium [Sprengel]20,435.
Cyrtopogum [Sprengel] 20,435.
Cyrtostylis [Sprengel] 20, 435.
Cyrus [Germar] 20, 436.
Cysat (Reinhard Johannes und Johannes Leopold) [Escher] 20, 436. [gel] 20, 437.
Cystanthe (Pflanzeng.) [Spren-
Cysticapnos [Sprengel] 20,438.
Cysticercus (Greve) 20, 438.
Cysticopyde [Sprengel] 20, 437.
Cystimela [Schreger] 20, 438.
Cyatosira [Sprengel] 20, 438.
Cythere, s. Kythera.
Cythere (Crustaceeng.) [Lichtenstein] 20, 438.
Cytherea [Germar] 20, 439.
Cytineae [Sprengel] 20, 439.
Cytinus [Sprengel] 20, 439.
Cytisin [Schreger] 20, 439.
Cytispora [Sprengel] 20, 439.
Cytisus [Sprengel] 20, 439.
Czackia [Sprengel] 20, 440.
Czakot oder Czado, s. Czáko 20, 442, s. Rußland. [257.
Czanga [Rumy] 20, 440.
Czarigrab [Rumy] 20, 440.
Czarkow [Schreger] 20, 440.

Czarnikau, Czarnikow, s. Tscharnikow.
Czártan (Peter) [Rumy] 20, 440.
Cziebe [Rumy] 20, 440.
Cziechen, s. Böhmen 11, 178.
Czechische od. Böhmische Sprache und Literatur [Schaffarik und Rumy] 20, 440.
Czekze [Rumy] 20, 449.
Czegléd [Rumy] 20, 449.
Czegléd (Joh.) [Rumy] 20, 449.
Czell [Rumy] 20, 449.
Czelna [v. Benigni] 20, 450.
Czemanuk de Larno (Andreas) [Rumy] 20, 450.
Czempin, s. Tschempin.
Czent [Rumy] 20, 450.
Czitor [Rumy] 20, 450.
Czerniciewo, s. Tschernigew.
Czernoviciu s (Johann von Lybeo-Monte) [Zipfer] 20, 450.
Czernya [Sprengel] 20, 451.
Czeros, s. Zubero.
Czesinge oder Cesinge (Johann) [Rumy] 20, 451.
Czetény [Rumy] 20, 453.
Czettin [Benigni] 20, 453.
Czettina [Zipfer] 20, 453.
Czibin [Rumy] 20, 453.
Czigan [Rumy] 20, 454.
Cziganb [Rumy] 20, 454.
Cziganfäf [Rumy] 20, 454.
Czigánpocz [Rumy] 20, 454.
Czitor [Rumy] 20, 454.
Czinczar [Rumy] 20, 454.
Czirati de Dienessalva [Rumy] 20, 455. [20, 455.
Czirbesz (Jonas Andreas) [Rumy]
Czirjek, von Sepsi Zsolian (Michael) [Rumy] 20, 455.
Czernitz; Czirknüher-See [Leonhardi] 20, 456.
Czirota [Rumy] 20, 456.
Czirquenicza [v. Benigni] 20, 456.
Czistibor[Fürst, b. Serben][Worbs] 20, 457.
Czortkow [Leonhardi] 20, 457.
Czundorf [Rumy] 20, 457.
Czurog [v. Benigni] 20, 457.
Czuczelari [Rumy] 20, 457.
Czwittinger (David) [Rumy] 20, 457.

D.

D (als Sprachlaut) [Grotefend] 22¹, 1.
— (in der Musik) [Fink] 22¹, 6.
Dabaritta, s. Daberath 22¹, 8.
Dabbussie [Röbiger] 22¹, 6.
Dabelow (Christian Christoph v.) 22¹, 7. [22¹, 7.
Daber, auch Dober [v. d. Lanken]
Daber-Naugard und Dewitscher Kreis [v. d. Lanken] 22¹, 7.
Daberath [Röbiger] 22¹, 8.
Daberstadt (Dominicus) 22¹, 8.
Da Capo [Fink] 22¹, 8.

Dacelo [Boie] 22¹, 8.
Dach [v. Hoyer] 22¹, 9.
— (Simon) [Rese] 22¹, 17.
Dachau [Leonhardi] 22¹, 18.
Dacheröben, Dachröben (Ernst Ludw. Wilh., Freih. b.) [Baur] 22¹, 18.
Dachs, s. Taxus.
Dachsberg, s. Dageburg, 22¹, 18.
Dachsburg, s. Dageburg, in Art. Leiningen. [schiefer.
Dachschiefer, s. Schiefer; Thon-
Dachsfelden, s. Tavannes.

Dachslanben, s. Daxlanden 23, 233.
Dachstein [Leonhardi] 22¹, 18.
Dachsubl [Leonhardi] 22¹, 18.
Dachwich [Dominicus] 22¹, 19.
Dacia und Dacische Kriege [Beder] 22¹, 1. [29¹, 10.
Dacier(Andreas u. Anna)[Jacobs]
Dacuis [Mende] 22¹, 19.
Dacqr, s. W. 6, 511.
Dacrydium [Sprengel] 22¹, 19.
Dacryomyces [Sprengel] 22¹, 19.

Dació (Thomas) [Rumy] 22¹, 19.
Dactylanthia, s. Euphorbia 39, 103.
Dactyliformes [Thon] 22¹, 19.
Dactylis [Sprengel] 22¹, 20.
Dactylites [Thon] 22¹, 20.
Dactylium [Sprengel] 22¹, 20.
Dactylocerus [Thon] 22¹, 20.
Dactyloctenium, s. Eleusine 33, 267.
Dactylopora [Thon] 22¹, 20.
Dactylus [Thon] 22¹, 20.
Dacus, s. Tephritis.

Dacziçze, Datſchitz [Leonhardi] 22², 20.
Daban, f. Deban 23, 312.
Dabaſtiana 22², 20. f.
Dabbaja 22², 20.
Daben, f. Deban 23, 812.
Dabes, f. Cypres.
Dab-gah, f. Derimber 24, 192.
Dabian [Rommel] 22², 20.
Dabuchen [Ritſchl] 22², 20.
Dábala, Dábaloß (Myth.) [Rid-
leſe] 22², 22.
— (Geogr.) 22², 25.
Daedalea [Sprengel] 22², 25.
Daedalene Insulae 22², 25.
Dábalion 22², 25. [22², 25.
Dábnert (Johann Karl) [Baur]
Daeira, f. Dabuchen 22², 20.
Daele (Joh. v.) [Weiſe] 22², 26.
Daben, f. Orgel.
Dämmerung [Kämtz] 22², 26.
Dämonologie (Schinde) 22², 80.
Dänemark (Geſchichte) [v. Mohlte]
22², 36. [harbi] 22², 43.
— (Geogr. u. Statiſtik) [Leon-
Däniſche Literatur und Sprache
(Rubelbach) 29¹, 44. [101.
— Staatsverträge [v. Boſſe] 29¹.
Däbholm [v. d. Laiden] 22², 49.
Dämiſcherwald [Dörfer] 22², 49.
Däßos 22², 49.
Däßingen [Memminger] 22², 49.
Daſar 22², 49.
Daganus, f. Magdeburg: Bisdöfe.
Dagen oder Dagben [Petri] 22², 23. [50.
Dageröheim [Memminger] 22²,
Dagbeſtan [Rommel] 22², 50.
Dagböe, f. Dagen 22², 49.
Dagobert I.—III. (fränk. Könige)
[Lorenh] 22², 51—53.
Dager, Dagß, f. Dager 22², 49.
Dagon [Röbiger] 22², 53.
Dagonau (Jean, Sieur de Baur)
[Baur] 22², 54. [22², 54.
Dagourmer (Guillaume) [Baur]
Dageburg [v.Stramberg] 29¹,18.
Degenäß [v.Schubert] 22², 55.
Dagumba [Kämb] 22², 55.
Dabaß, f. Deheb.
Dabalaf [Kämb] 22², 55.
Dabchour, f. Dajeot.
Dabhan oder Jbn Dabhan [Rä-
biger] 22², 55. [22², 56.
Dabl(Joh.ChriſtianWilh.)[Baur]
— (Michael) [Weiſe] 22², 56.
Dablberg (Erich) [v. Gehren] 22², 56.
Dablen [Petri] 22², 57.
Dahlia (Pflanzeng.) [Sprengel]
22², 58.
— pinnata [Schreger] 22², 58.
Dablienſt [Schreger] 22², 58.
Dablin [Schreger] 22², 58.
Dablmann (Karl und Laurens)
[Baur] 22², 59.
— (Peter) [Baur] 22², 59.
Dabman, f. Parſen.
Dabme 22², 59. — ſ I
Dabn (Eiſenmann) 29¹, 20. ſ

Dahomey [Kämb] 22², 59.
Dajabon, f. Dajabon 23, 233.
Daignan oder d'Rignan (Guil-
laume) [Baur] 22², 60.
Daifolu, f. Japan.
Daillé (Jean) [Baur] 22², 60.
Dailton (Geſchlecht); [(Benjamin
de)[v.Stramberg] 29¹, 20. 23.
Daimbach, Dainbach [Leger] 22², 61.
Daimts [Röbiger] 22², 61. ·
Daira (Thon) 22², 61.
Daire (Louis François) [Baur]
22², 62.
Dairi, f. Japan.
Dais [Sprengel] 22², 62.
Daisbach [Leger] 22², 62.
Daitjäs, Daitejäs, Ditjäs [Rö-
biger] 22², 62.
Daitu [Röbiger] 22², 63. ·
Dafel, f. ...
Dalfe, Dede, Duffey, el Guaren
[Kämb] 22², 63. ·
Dafcpolithen [Schreger] 22², 64.
Dafſchas [Röbiger] 22², 64.
Daftrliomanteia, f. Ring.
Daftyliothef, f. Gemmae 57,256.
Dafſtyliſche Versarten, f. Heça-
meter.
Daftylonomie (Gart) 22², 64.
Dafufa [Zuch] 22², 65.
Dal ober Dalsland (Geogr.) [v.
Schub t] 22², 65.
— (Ritolaus) [Baur] 22², 65.
Dalaborg ober Dalabus [v.Schu-
bert] 22², 65.
Dalai-Lama, f. Lamaismus.
Dalarne, Dalekarlien [v. Schu-
bert] 22², 66.
Dalaró [v. Schubert] 22², 68.
Dalberg (Freiherren von, Käm-
merer von Worms)[v.Linden-
thal] 22², 68.
— (Joh. v.) (Erhard) 22², 75.
— (Karl Theodor Anton Maria
Reichsfreih. von) [v. Linden-
thal] 22, 76.
— (Ritolaus)[Schreger] 22², 79.
Dalbergia [Sprengel] 22², 79.
Dalborſh [v. Schubert] 22², 79.
Dalby [b. Schubert] 22², 79.
Dale (Anton van) [Baur] 22²,79.
— (Samuel), f. Dalea 22², 80.
Dalea [Sprengel] 22², 80.
Dalechamps (Jacques) [Baur]
22², 80.
Dalechampia [Sprengel] 22², 81.
Daleff und Dalefarlien, f. Da-
larne 22², 66.
Dalemenci [Wilhelm] 22², 81.
Dalen (Cornelius van) [Weiſe]
22², 85.
Daleaus (Dirt u. Thierry) [Weiſe]
22², 85.
Dalerne [v.Schubert] 22², 85.
Dalesme (André) [Baur] 22², 85.
Dalham a St. Thereſia (Florian)
[Baur] 22², 85.

Dalheim (in Baben) [Leger] 22², 85.
— (in Luremburg) [Wyttenbach]
29¹, 23.
Dalké [Zuch] 22², 86.
Dalias 22², 87.
Dalibarda (Thomas François)
[Baur] 22², 87.
Dalimil 22², 87. [87.
Dalin (Dlof) [v. Gehren] 22²,
Dallarf, f. Dalarne 22², 69.—
Dalleith 22², 88.
Dalley 22², 88.
Dalaeus, f. Daillé 22², 60.
Dulau, f. Dalheim 22², 85.
Dalles [v. Hoyer] 22², 88.
Dállya [Rumy] 22², 88.
Dalmaſi (Lippo) [Weiſe] 22², 88.
Dalmata, f. Dalmatien 22², 88.
Dalmatien (Geogr.) [Kämb] 22², 88. ·
— (Geſchichte) [Lorenh] 22², 94.
Dalmatifa 22², 103.
Dalmatin (Georg) [Gamauf] 22², 103.
Dalmeny 22², 103.
Dalminium, f.Delminium 23,385.
Dalmunium, f.Delminium 23,385.
Dálnoſi (Benö Martin) [Rumy]
22².104.
Dalnotterhill, f. Kilpatril.
Dalquharn 22², 104.
Dalry [Leonhardi] 22², 104.
Dalrymple (Geogr.) 22², 104.
— (Sir David, Lord New-ha-
les) [Baur] 22², 104.
— (Sir John) [Baur] 22², 105.
Dal Segno [Fint] 22², 105.
Dalshern 22², 105.
Dalton (in England) [Leonhardi]
22², 105.
— (in Nordamerika) 22², 106.
Daltonia [Sprengel] 22², 106.
Dálua ober Dalſa [Rumy] 22², 106.
Dalmiß (Seyneburg-Lengsfeld)
22², 106.
Dalmiß [Petri] 22², 108. [22², 108.
Dam, Apingadam [Leonhardi]
Dam ober Tam (Franz Werner)
[Weiſe] 22², 108.
Dalvajavay [Schreger] 22², 108.
Damaia (Germar) 22², 108.
Daman, Damaner, f. Afghanen
2, 140.
Damanhour [Kämb] 22², 108.
Damaniſche Seg, der [v. d. Lan-
den] 22², 108.
Damar [Röbiger] 22², 108.
Damarin, Et., St.-Amarin,
Emmerin [Leonhardi] 22²,108.
Damas .[v.Stramberg] .29¹,23.
Damascener Klingen. [v. Hoyer]
22², 109. · · · ſenuß.
Dámascenuß, f.JohannesDamas-

Damasciren 22², 111.
Damascius (Ritter) 22², 111.
Damasfens 22², 112.
Damasfa (Wilhelm) 22², 112.
Damasfippos, f. Jlarioß.
Damaßppus 22², 112.
Damasf [Röbiger] 22², 113.
Damasonium [Sprengel] 22², 116.
Damaſt (Fiſcher) 29¹, 23.
Damaſtweberei (Gebß arb)29¹,29.
Damaſuß L (Papſt) [Boigt] 22², 116.
— II. (Papſt) [Boigt] 22², 118.
— (Rechtsgelehrter) [Spangen-
berg] 22², 118.
Damajan 22², 118.
Dambeck [Leonhardi] 22², 118.
Dambeck [Leonhardi] 22², 118.
Damborſchih 22², 118.
Dambournay [Baur] 22², 118.
Damel (Reich des) f. Cayor 15, 419.
Damenifation [Fint] 22², 118.
Damen-Orden [Gottſchald] 22², 119.
Damer [Kämb] 22², 119.
Damerie 22², 120. [31.
Damerfirch, f. Dannemarie 23,
Damgarten [v. d. Landen] 22², 120. [berg] 22², 120.
Damhouber (Jobocus)[Spangen-
Damia 22², 120.
Damiani (Johann von Tuhegli)
[Rumy] 22², 125.
— (Wilhelm Friedrich von Tu-
begli) [Rumy] 22², 125.
— (Peter) [Fint] 22², 120.
Damiani- und -Cosmae-Orden
[Fint] 22², 124. ·[17, 357.
Damianiſſinnen, f. Clariſſinnen
Damianern [Fint] 22², 125.
Damiano, Fra (Hendel b.·Don-
nersmarf) 22², 125.
Damjanovih (Baſilius) [Rumy]
22², 126.
Damjanski [Petri] 22², 126.
Damianuß [Fint] 22², 126.
— (Stadt), f. Damia 22³, 120.—
Damiens (Robert und der Franz.) [Baur].
22², 126. [127.
Damiette (Stadt) [Kämb] 22²,
— (Arm des Ril), f. Aegypten
2, 16.
Damis 22², 127.
—, f. Meſſeniſche Kriege.
—, f. Appollonio b. Thana 4, 440.
Damis (Germar) 22², 127.
Damium, f. Damia 22², 120.
Damjano, St. 22², 126.
Damm [v. d. Landen] 22², 127.
— (Chriſtian Tobias) 22², 128.
— oberDeich [v. Hoyer] 22²,128.
Dammara, f. Agathis 2, 175;
Xylopia.
Dammaraß, f. Hottentotten.
Dammarhara [Leonhardi]22²,141.
Dammarie 22², 14²

Dammarin [Schreger] 22², 142.
Dammarputi [Schreger] 22², 142.
Dammartin (Geogr.) [Leonhardi] 22¹, 142. [berg] 29¹, 32.
— (Geogr. u. Gesch.) [v. Strombeck] 22², 142.
Dammbau [v. Hoyer] 22², 142.
Dammbereiter [v. Hoyer] 22², 142.
Dammbret [v. Hoyer] 22², 142.
Dammbruch [v. Hoyer] 22², 142.
Damme (in Oldenburg) 22², 143.
— (in Belgien) [Leonhardi] 22², 143.
Dammerde [v. Hoyer] 22², 143.
Dammersfeld [Schneider] 22², 143.
Dammgrube [v. Hoyer] 22², 143.
Damm-Hagen, s. Hagen.
Dammholz [v. Hoyer] 22², 143.
Damm-Kavel, s. Loos obere Pfand [v. Hoyer] 22², 143.
Dammläufer ob. Cooper [v. Hoyer] 22², 143.
Dammlücke [v. Hoyer] 22², 143.
Dammmeister [v. Hoyer] 22², 143.
Dammpfähle oder Deichstöcke [v. Hoyer] 22², 143. [143.
Dammplanken [v. Hoyer] 22²,
Dammplatte oder Schladenblech [v. Hoyer] 22², 143.
Dammsche See, der [v. b. Lancken] 22², 143.
Dammsetzer [v. Hoyer] 22², 143.
Dammsted, s. Dammpfähle 22², 143.
Dammwärter, s. Dammmeister 22², 143.
Dammwasser [v. Hoyer] 22², 143.
Damm- oder Lumpenzieher [v. Hoyer] 22², 143.
Damna 22², 144.
Damnii 22², 144.
Damne 22², 144.
Damnonii 22², 144.
Damnonium 22², 144.
Damo 22², 144.
Damocharis [Ritsch] 22², 144.
Damocles 22², 144. [144.
Damokritos ob. Demokritos 22²,
Damon (Sophist und Musiker) [Fink] 22², 144. [144.
— (pythagor. Philosoph) 22²,
— (William, Musiker) [Fink] 22², 145.
Damophila [Fink] 22², 145.
Damophilos, s. Demophilos 24, 48.
Damophon 22², 145.
Damot [Kämtz] 22², 146.
Damoremos [Ritsch] 22², 146.
Dampf [Kämtz] 22², 146.
—, Dämpfigkeit etc. (Thierheilk.) [Grebe] 22², 211. [213.
Dampier (William) [v. Strom- (Geogr.) 22², 215.
Dampiera [Sprengel] 22², 215.
Dampierre (Guide) 22², 215.
— (Guide), s. Flandern 45, 84.
— (August Heinrich Marie Picot de) [Rese] 22², 216.

Dampierre (Heinr. Duval Graf v.) [Rese] 22², 215.
— (franz. Geschlecht) [v. Stromberg] 29¹, 35. [22², 217.
Dampiers-Archipel [Leonhardi]
— Gruppe [Leonhardi] 22², 217.
Dambille 22², 217.
Damvillers [Leonhardi] 22², 217.
Dan (Sohn Jakob's) [Rödiger] 22², 217. [218.
— (bibl. Geogr.) [Rödiger] 22², (n. Geogr.) 22², 218.
— der Stolze (Scherrscher von Schonen) [v. Gehren] 22², 218.
(Pierre) 22², 219. In I.
Dana 22², 219.
Danaë 22², 219.
Danaea [Sprengel] 22², 219.
Danaer [Kießling] 22², 220.
Danaeus, Dameau, (Lambertus) (Fischer) 22², 220.
Danaholmen [b. Schubert] 22², 220.
Danai [Germar] 22², 220.
Danaides [Kießling] 22², 220.
Danaïs [Sprengel] 22², 221.
Danaïs [Kießling] 22², 221.
Danasil [Kämtz] 22², 222.
Danalon (in Afrika), s. Rio grande.
Danaos [Kießling] 22², 223.
Danaster, s. Dniester 26, 216.
Danaus [Germar] 22², 229.
Danavas, s. Daitjas 22², 62; Indra.
Danbach, s. Dambach 22², 118.
Danburg [Leonhardi] 22², 229.
Danby 22², 229. [229.
Danchet (Antoine) [Blanc] 22², 229.
Dandaerts (Sebastian) [Baur] 22², 229.
Danckelmann (von Boynneburg-Lengsfeld) 29¹, 42.
Dandwerth (Kaspar) [Dörfer] 22², 230. [22², 230.
Dancourt (Florent Carton) [Blanc]
Danbaka [Rödiger] 22², 230.
Dandar [Rödiger] 22², 230.
Dandini [Baur] 22², 230.
Dandolo (venet. Geschlecht) [Hasse] 22², 231. [22², 239.
— (Graf Vincenz) [Schreger]
Dandridge 22², 239.
Danduti [Wilhelm] 22², 239.
Danegeld, s. England 34, 287.
Danek [Tychsen] 22², 239.
Danes, Danesius (Pierre) [Baur] 22², 239.
Danese (Giovanni) Henckel von Donnersmarck) 22², 240.
Danet, Danetius (Pierre) [Baur] 22², 240.
Danewert [Wilhelm] 22², 241.
Danfasoa (v. Benigni) 22², 242.
Dange, s. Memel.
Dangé 22², 242.
Dangeau (Germar) 22², 242.
— (Louis de Courcillon, Abbé de) [Blanc] 22², 243.
— (Philippe de Courcillon, Marquis de) [Blanc] 22², 242.

Danger (Leonhardi) 22², 243.
Dangillon, s. les Aix d'Angillon 12, 276. [16, 144.
—, s. la Chapelle d'Angillon
Dangstetten (Leger) 22², 243.
Danbauer, s. Donnauer 27, 50.
Dani (Wilhelm) 22², 243.
Daniel (der Prophet) (de Wette) 23, 1. [ger] 23, 15.
— (syrische Schriftsteller) [Rödiger] 23, 16.
— (Maphrian der Jacobiten) [Rödiger] 23, 16.
—, P. (von der Jungfrau Maria, Karmeliter) [Fink] 23, 21.
—, S. (Einsiedler) [Fink] 23, 21.
— (Stylita) [Fink] 23, 21.
— (Christian Friedrich) [Baur] 23, 23.
— (Gabriel) [Baur] 23, 22.
— (Stephan von Barghas) [Rumi] 23, 23.
— (Geogr.) 23, 24.
Daniele, S. (Geogr.) [Leonhardi] 23, 24.
— (Francesco) [Baur] 23, 24.
Danieletti (Daniele) [Hendel v. Donnersmark] 23, 24. [24.
Danielli (Stephan) [Baur] 23,
Danielsberg (Rumi) 23, 25.
Danielssen (Erasmus) [Baur] 23, 25.
Daniels-Island, s. Bermudas 9, 154.
Danielsville 23, 25.
Daniiow [Petri] 23, 25.
Danilowa [Petri] 23, 25.
Danijschmenb 23, 25.
Dankbarkeit [Köppen] 23, 25.
Dankelmann (Eberh. Christoph Balth. Freih. v.) [Rese] 23, 26. [23, 26.
Dankert oder Danckerts (Weise)
Dankmar, s. Tankmar; Hathoburg.
Danko (Franz) (Weise) 23, 29.
Dannebrog-Orden (Gottschald) 23, 29. [23, 31.
Dannefärb (Jakob) (v. Gehren)
Dannemarie, Damerkirch 23, 31.
Dannemeister (Matthias) [Baur] 23, 31.
Dannemora [v. Schubert] 23, 32.
Dannenberg [Leonhardi] 23, 32.
Dannhauer (Joh. Konr.) [Baur] 23, 32.
Dannhauser (Peter) [Baur] 23, 33.
Dano, s. Guajan.
Danov, Danovius (Ernst Jakob) 23, 33.
Dansborg, s. Trankebar.
Dante Alighieri [Blanc] 23, 34.
— ba Majano [Blanc] 23, 79.
Danthonia [Sprengel] 23, 80.
Dantine, d'Antine (Don Maur Franc.) [Baur] 23, 80.
Danton (Georg Jakob) [Wachsmuth] 23, 80.
Danu [Rödiger] 23, 84.
Danubius [Wilhelm] 23, 84.

Danvers 23, 91.
Danville [Leonhardi] 23, 91.
D'Anville, s. Anville 4, 360.
Danz (Ferd. Georg) [Baur] 23, 98.
— (Joh. Andr.) [Baur] 23, 91.
— (Wilh. Aug. Friedr.) [Baur] 23, 92.
Danzé 23, 93.
Danzer (Jakob) [Baur] 23, 93.
— (Jos. Melchior) [Baur] 23, 94.
Danzig (Franz) [Fink] 29¹, 106.
Danzig (Geogr.) [v. Jedlit] 23, 94.
— (Belagerungen 1807—13) [v. Gansauge] 29¹, 107.
Dao, s. Sunda-Inseln.
Daona 23, 96.
Daorizi 23, 96.
Daphias 23, 96.
Daphne bei Pelusium, s. Taphphanche. [23, 96.
Daphnäa und Daphnäos, s. Daphne
Daphne (Myth.) 23, 96.
— (Geogr.) 23, 96.
Daphne (Pflanzeng.) [Sprengel] 23, 97.
— (min. u. med.) [Schreiger] 23, 97.
— (Mollusca) [Thon] 23, 98.
— (Mollusca) [Thon] 23, 98.
Daphnephoria 23, 98.
Daphnia [Thon] 23, 99.
Daphnis (Schinke) 23, 108.
— (von Miletos) (Schinke) 23, 108. [108.
Daphnis (Insecta) [Thon] 23,
Daphnitis [Sprengel] 23, 108.
Daphnium, Daphnin, [Schreger] 23, 108.
Daphnus 23, 104.
Dapifer, s. Seneschall; Truchseß.
Dapp (Raymund) [Baur] 23, 104.
Dappert oder ob. Olivier) [Baur] 23, 104.
Dappes (Bal des) [Hendel v. Donnersmark] 23, 105.
Dapsa (Entomol.) f. Lycoperdina.
— (Insecta) [Thon] 29¹, 111.
Daptrius (Boie) 23, 105; [Thon] 29¹, 111.
Daptus [Germar] 23, 105; [Thon]
Dar 23, 106.
Dara (Geogr.) [Tuch] 23, 106.
— (Sohn eines mongol. Kaisers) 23, 106.
Darabitta, s. Daberath 22², 8.
Darabat, 23, 107.
Darabaz 23, 107.
Darabl 23, 107.
Darabrae 23, 107.
Darabus oder Daras 23, 107.
Daras 23, 107.
Darah, s. Tafilet.
—, s. Dara 23, 106.
Daras, s. Atlas 6, 198.
Darantasia, s. Tarantaia.
Darapti (Grotefend) 23, 107.
Daras 23, 107.
Darbanja, s. Shangallas.
Darcet (Jean) 23, 107.

15*

Davenant (William und Charles)
Daventry 23, 207.
Daverden (Schlichtborst) 23, 207.
Daverio (Michael Paulus Franz) [Eicher] 23, 207.
Davia (Giovanni Antonio) [Baur] 23, 209. [209.
David (israel. König) [Siłig] 23
— (georgische Könige) [Rommel] 23, 214. [Schottland.
— (Könige von Schottland, s.
— (aus der Familie der osman. Sultane) [Rumy] 23, 215.
— (armen. Philosoph) 23, 214.
— ober Schulkleinod, s. Meister-
sänger.
— (Geogr.) [Leonhardi] 23, 221.
— de Dinant (Ritter) 23, 214.
— Joris ober Georgi, s. Joris.
— Komnenos, s. Komnenen.
— ober Davidis (Franz) (Ol-
mauf und Rumy) 23, 216.
— (Jacq. Louis) [Weise] 23, 219.
— (Jean) [Baur] 23, 216.
— (Jean Pierre) [Baur] 23, 218.
— (Lukas) [Baur] 23, 215.
Davibisten (Secte) [Rumy] 23, 221.
—, s. Joristen. [222.
Davibs, St. (Bermudasinsel) 23,
— (engl. Stadt) [Leonhardi] 23,
Davidsharfe, s. Harfe. [222.
Davidson 23, 229.
Davidsonville 23, 222.
Davidsstab [v. Schubert] 23, 222.
Daviet (Jacques) 23, 222.
Davies (Geogr.) [Leonhardi] 23, 222.
— (John) [Baur] 23, 222.
— (Thomas) [Baur] 23, 224.
Daviesia [Sprengel] 23, 224.
Davila (Enrico Caterino) [Blanc] 23, 224.
Davilla, s. Aviler (Augustin Char-
les) 23, 225.
Davilla [Sprengel] 23, 225.
Davis (Eduard, Filibustier) [Kämtl] 23, 226.
— (Eduard, Maler) 23, 226.
— (John) 23, 225.
Davisbai [Leonhardi] 23, 226.
Davisburg 23, 226.
Davisland, s. Waihu. [226.
Davison (Geogr.) [Leonhardi] 23,
— (William) 23, 226. [225.
Davisstraße, s. Davis (John) 23.
Davitt, b'Wiry (Pierre) [Baur] 23, 228. [23, 228.
Dawes, ob. Davidson [v. Schubert]
Davos [Henkel v. Donnersmarck] 23, 228.
Davoust, s. Echmühl 31, 3.
Davud 23, 230. [230.
Davy (Geogr.) [Leonhardi] 23,
— (Sir Humphry) [Schreger] 23, 230.
Davya [Sprengel] 23, 232.
Davyn, s. Nephelin.
Dawa [Kämtl] 23, 232.
Dawara, s. Gallad 52, 429.
Dawe ob. Dawes [Weise] 23, 232.

Davidow [Petri] 23, 232.
Dawsonia [Sprengel] 23, 232.
Der, Acqs [Leonhardi] 23, 232.
Dazabon [Leonhardi] 23, 233.
Derlanden, Leger] 23, 233.
Daxweiler 23, 233.
Day, (Thomas) [Baur] 23, 233.
Dayals ober Biabjes [Kämtl] 23, 234. [23, 234.
Dayta (Gabriel v. Uljfely) [Rumy]
Daymiel 23, 236.
Dayton [Leonhardi] 23, 236.
Dazille (Jean Barthelemi) [Baur] 23, 236.
Dajincourt (Jos. Jean Baptista) [Döring] 23, 236.
Deati [Rumy] 23, 236.
Deatbar [Rumy] 23, 287.
Deackowater ober Besnier (röm.
kath. Bisthum) [Rumy] 23, 237.
— ob. Jakabares Herrschaft (Ru-
my) 23, 237.
Deals [Leonhardi] 23, 237.
Dean, s. Fliegeninsel 45, 246.
— (Great- ob. Micels) D] 23, 237.
Deane (John) [Weise] 23, 238.
Dearborn [Leonhardi] 23, 288.
Deba (a. Geogr.) [Tuch] 23, 288.
— (n. Geogr.) 23, 288.
Debanbabe [v. Hoyer] 23, 288.
Debembdorf [Fenkbel] 23, 238.
Debenham 23, 238. [23, 2
Debes (Lukas Jakobson) [Baur] 23, 288.
Debeз, de Beз (Ferrand) [Baur] 23, 238.
Debitcommission, Debitiren, Dé-
bitor, Debitum, s. Schulden-
wesen. [289.
Deblai u. Remblai [v. Hoyer] 23,
Deblathaim, s. Diblathaim.
Debonnaire (Aloyfia), s. Bar-
cloja 7, 368.
Debora [Tuch] 23, 240.
Debores, s. Deberoe 26, 225.
Debot [Tuch] 23, 240.
Deboure [Leonhardi] 23, 241.
Debraea [Sprengel] 23, 241.
Debreзin, Debreзin [Gamauf u.
Rumy] 23, 241.
Debris, f. Garaymonte 53, 405.
Debrô [Gamauf] 23, 242.
Debstedt [Schlichtborst] 23, 242.
Debure (Guill. Fráno.) [Baur] 23, 242.
Decacera, s. Decapoda 23, 245.
Decacnemos [Bronn] 23, 242.
Decaotis [Bronn] 23, 244.
Decaadia [Sprengel] 23, 244.
Decantiron [Schreger] 23, 136.
Decanus 23, 244.
Decapitani (Carl Antonio) [Hen-
kel v. Donnersmarck] 23, 245.
Decapoda (Mollusca) [Thon]23,
245.
— (Crustacea) [Thon] 23, 245.
Decapterygii [Thon] 23, 262.
Decaspermum, s. Nelitris.
Decaspora [Sprengel] 23, 263.
Decasfadinm 23, 263.
Decatiren, s. Tuch.

Decatur [Leonhardi] 23, 263.
Decates, f. Deciates 23, 279.
Decebalus, s. Dacia 29, 1.
Decelia, f. Dekeleia 23, 356.
December [Grotefend] 23, 263.
Decembrio (Angelo) [Baur] 23, 263.
— (Pier Candido) [Henkel von
Donnersmarck] 23, 264.
— (Uberto) [Baur] 23, 263.
Decem pagi 23, 265.
Decemprimi, Docemprimatus,
f. Decuriones 23, 310.
Decemviri [Bähr] 23, 265.
Decennalia [Bähr] 23, 271.
Decettius, f. Magnentine.
Deception 23, 271.
Decetia 23, 271.
Dechales (Claude Franз. Milliet)
[v. Hoyer] 23, 271.
Decharge [v. Hoyer] 23, 271.
Deciani (Francesco) [Henkel b.
Donnersmarck] 23, 278.
Decianus (Tiberius) [Spangen-
berg] 23, 278.
Decibius Saza, s. Saza.
Decima, s. Zehent.
Decima (Mus.) [Fink] 23, 279.
— dalla (Angelo) [Henkel von
Donnersmarck] 23, 279.
Decimalbruch, f. Delabit 23, 353.
Decimaleintheilung [Garth] 23,
280.
Decimalmaß; Decimalmaß; De-
cimalminute, f. Decimaleinthei-
lung 23, 280.
Decimalrechnung [Garth] 23, 280.
Decimalsecunde, f. Decimalein-
theilung 23, 280; Secunbe.
Decimalsystem, s. Decimaleinthei-
lung 23, 280; Delabit 23, 353.
Decimalzahl, f. Delabische Zahl
23, 353. [Martius.
Decimanorum colonia, f. Narbo
Decimanus ober Decumanus
[Bähr] 23, 280.
Decimatio [Bähr] 23, 280.
Decimius 23, 281.
Decimole [Fink] 23, 281.
Decisio, Decisium, f. Rechtsent-
scheidung.
Decius, f. Decia gens 23, 271.
— ober de Dezio (Tristan, Lan-
celot und Philipp) [Spangen-
berg] 23, 282.
Deзje 23, 982.
Deз, Werbeз [Graubach] 23, 282.
Decke (Baukunst) [Leger] 23, 282.
— Dafte 22 , 63.
— Deli (verfteinge), f. Opercolites.
Deckengemälde-u. Deckenftild, f.
Decke. [290.
Deckenpfronn [Memminger] 23,
Decker (Thomas) 23, 290.
— (Adolf) [Baur] 23, 290.
— (Jeremias), f. Pelfler 23, 358.
Deckfeder (Job.) [Baur] 23, 291.
Deckneз, Deckgarn [Pfeil] 23, 291.

Declamation [Flemming] 29,
137. [292.
Declaration, f. Declariren 23,
Declarationsgefuch - [Spangen-
berg] 23, 292.
Declariren [Eiselen] 23, 292.
Declieuxia [Sprengel] 23, 292.
Declination [Grotefend] 23, 292.
— und Declinationskreis, f. Ab-
weichung 1, 298.
Declinatorium [Raupach] 23, 297.
Decoct [Schreger] 29, 145.
Decodon [Sprengel] 23, 298.
Decompositio, f. Zersetzung.
Decomposita [Grotefend]23,298.
Decoppet [Abrah. Louis) [Henkel
von Donnersmarck] 23, 299.
Decoration, f. Berzierungsfunst.
Decortiren [Eiselen] 23, 299.
Decostes [Sprengel] 23, 299.
Decrès (Denis, Herzog) 23, 299.
Decrescendo, f. mufit. Farben-
gebung.
Decret [Died] 29, 146.
Decretalen [Died] 23, 800.
DecretumGratiani, f. Gratianus.
Decsane; Decsansky [Rumy] 23,
306.
Decsy (Sam.) [Rumy] 23, 306.
Decumaria [Sprengel] 23, 307.
Decumates Agri[Becker] 23,807.
Decuriones [Bähr] 23, 311.
Decurseio [Bähr] 23, 311.
Decussorium, f. Trepanation.
Dedan, Daben [Tuch] 23, 312.
Deddington [Leonhardi] 23, 313.
Dedefinb (Const. Christian) [Dö-
ring] 23, 313.
—(Friebr.) [Döring] 23, 313.
Dedham [Leonhardi] 23, 314.
Debi, f. Debd 23, 315.
Dedicatio [Bähr] 23, 314.
— f. Zueignungsfchrift.
Dedinowo [Petri] 23, 315.
Dedo ober Debi 23, 315.
Debsfial, f. Daggal 23, 355.
Deductio (Mterth.) 23, 316.
—, f. Beweis, Beweisführung
9, 379.
Deductionen [Pernice] 23, 317.
Deductores [Bähr] 23, 219.
Dee [Leonhardi] 23, 319.
— (Sohn und Arthur) [Baur] 23, 319.
Deelen (Dirk ban) [Gittermann]
Deene, f. Oberraerts 66, 266.
Deensen [Leonhardi] 23, 321.
Deep, Deep-Creef 23, 322.
Deep-Hole, f. Melfiteet.
Deeping-Market' ober 'Market-
Deeping [Leonhardi] 23, 322.
—, f. Deer-Creef 23, 322.
—, f. Derr 24, 216.
Deerfield [Leonhardi] 23, 322.
Deering 23, 322.
Deeringia [Sprengel] 23, 322.
Deer-Jeland; Deer-Jele; Deer-
Park; Deer-Spring [Leonhardi]
23, 322. [23, 322.
Dees, Dionysopolis [v. Benigni]

Deurhoff (Willem) [Gittermann] 24, 296.
Deuriopos [Zauber] 24, 298.
Deunz, s. Bis 6, 38.
Deusdedit oder Deobat (Papst) [Voigt] 24, 298.
Deus ex machina 24, 298.
Deuteria, s. Theodebert.
Deuteronomium, s. Moses.
Deutichem [Leonhardi] 24, 298.
Deutlich, Deutlichkeit 24, 298.
Deuto [Schinde] 24, 299.
Deutsch, s. Manuel.
Deutschmann (Joh.) [Frank] 24, 299.
Deuß [b. Stramberg] 24, 299.
Deußergau, Luzißighowe [v. Stramberg] 24, 301.
Deutzia [Sprengel] 24, 301.
Deba (Fluß) [Zauber] 24, 301.
— (Stadt) [Zauber] 24, 302.
— (in Siebenbürgen) [v. Benigni] 24, 302.
— (in Spanien) 24, 302.
Debabull [Richter] 24, 302.
Debaguel [Richter] 24, 303.
Déval (Matthias) [Gamauf und Rumy] 24, 303.
Debalvathen, s. Münzen.
Debapränaga [Palmblad] 24, 305.
Debaris (Matthäus) 24, 305.
Debarisdis [Richter] 24, 305.
Debaur (n. a.); Dev x ia, [Desvanxia 24, 288.an ia]
Debavagna [Richter] 24, 305.
Devecser [Gamauf] 24, 305.
Développement [b. Hoyer] 24, 305.
Develtus [Zauber] 24, 306.
Déven [Rumy] 24, 306.
Deventer (Stadt) [Leonhardi] 24, 307.
— (Bisthum) [v. Stramberg] 24, 307. [307.
Devertuy [b. Stramberg] 24, 307.
Debertra (Myth.) [Richter] 24, 320. [24, 320.
Deverra (Pflanzeng.) [Sprengel]
D'Eves oder D'ewes (Sir Symonds) [Frank] 24, 320.
Debienne (Charles Jean Baptiste b'Agneau) [Frank] 24, 321.
— (François) [Finf] 24, 321.
Debilotta [Palmblad] 24, 321.
Debille (Anton) [b. Hoyer] 24, 321.
Devise, s. Sinnbild, Sinnspruch.
Debizes [Leonhardi] 24, 322.
Debolution [Died] 24, 322.
Debon [Leonhardi] 24, 325.
Debonport [Leonhardi] 24, 325.
Debonshire (Geogr.) [Leonhardi] 24, 325.
— (mehr. Familien) [v. Stramberg] 24, 326.
— (Georgina Cavendish, Herzogin d.) [Döring] 24, 328.
Devos, f. Bos.
Deboti (Giovanni) [Hendel v. Donnersmarck] 24, 328.
Devotio [Bähr] 24, 328.

Devuz, s. Buz.
Dew, auch Div [Richter] 24, 330.
Dewa (Fluß in Indien) [Palmblad] 24, 338.
— (Fürstenthum in Japan) [Palmblad] 24, 333.
Dewaal, s. Waal.
Dewabatta [Richter] 24, 333.
Dewaghbi [Richter] 24, 335.
Dewagi [Richter] 24, 336.
Dewahbet, s. Dewabatta 24, 333.
Dewajani [Richter] 24, 337.
Dewanabulcha, s. Dionysos 25, 858; Schiva.
Dewa-Ragari, s. Sanskrit.
Dewandren [Richter] 24, 338.
Dewanei [Richter] 24, 342.
Dewanischi, s. Dionysos 25, 358.
Dewanny [Wedefind] 24, 343.
Dewaß [Palmblad] 24, 343.
Dewerkert, s. Dewetas 24, 348.
Dewetas [Richter] 24, 343.
Dewig [v. Stramberg] 24, 347.
Diwos, s. Ahriman 2, 253.
Dezamene [Richter] 24, 348.
Dezamenes [Richter] 24, 348.
Dexia [Germar] 24, 348.
Dezikates [Ritsch] 24, 348.
Dezifreon [Richter] 24, 348.
Dezisbanes [Schütt] 24, 348.
Dezippos [Steinhart] 24, 348.
Dezithea [Richter] 24, 349.
Dexter [Bähr] 24, 349.
— (Flavius Lucius) 24, 349.
Dey oder Dei [Wahl] 24, 349.
Deya 24, 394. [blad] 24, 394.
Deybur oder Dey Sangur [Palmdeyeuxia [Sprengel] 24, 394.
Deyling (Salamo) 24, 394.
Deyr, s. Derr 24, 216.
Deyrab Doon (DeiraDun) [Palmblad] 24, 394.
Deyrout [Kämy] 24, 395.
Deyster (Ludwig van) und seine Tochter Anna van) [Gittermann] 24, 395. [395.
Deyberdun (Georg) [Escher] 24, Dezana (Decianum) [v. Stramberg] 24, 397.
Dezful [Wahl] 24, 395.
D'hafar (arab. Städte) [Wahl] 24, 399.
— oder D'häfer (fatimidischer Khalif) [Wahl] 24, 397.
D'hafar- oder D'hafar-Nämeh [Wahl] 24, 399. [24, 399.
D'häfer, al Malek al D. [Wahl]
Dhagop oder Dhagope [Richter] [Wahl] 24, 399.
D'häber feë' za binilläh (fatimidischer Khalif) [Wahl] 24, 400.
— billäh Abu Näzzer Mubammed Ben Näzzer (abbasib. Khalif) [Wahl] 24, 401.
— al Ghäyr [Wahl] 24' 401.
— al Malek al D. Bihars (Sultan aus der Dynastie der Mamluken) [Wahl] 24, 401.
— (Sultan im arab. Irak) [Wahl] 24, 401.

D'habirebbin, s. D'hebirebbin 24, 405.
Dhalat, s. Dahalat 22¹, 55.
Dhamar [Rommel] 24, 402.
Dhamonce [Palmblad] 24, 402.
Dharmanwantari(Danawandri)(Richter) 24, 402. [blad] 24, 402.
Dbar oder Daramaggur [PalmDburani [Richter] 24, 402.
Dharchan oder Gangri [Palmblad] 24, 403. [403.
Dharma (Geogr.) [Palmblad] 24,
—, Dherma, Dharmadewa, Dharmaradscha (inb. Rel.) [Richter] 24, 403.
Dharmapur [Palmblad] 24, 404.
Dharna-Sitzen [Richter] 24, 404.
Dhat [Palmblad] 24, 404.
Dhawalagiri [Palmblad] 24, 404.
D'hebir [Wahl] 24, 405.
D'hebirebbin [Wahl] 24, 405.
D'häfar, s. D'hafar 24, 399.
Dhjana [Richter] 24, 405.
D'hofär, s. D'hafär 24, 399.
D'hofir [Wahl] 24, 408.
D'hobair, s. D'hebir 24, 405.
Dhalpur, Dholupur [Palmblad] 24, 408.
Dia (Geogr.) [Zauber] 24, 408.
— (Myth.) [Richter] 24, 408.
Diabasis [Thon] 24, 408.
Diabetes [Baumgarten·Crusius] 24, 409.
Diablerets [Hendel v. Donnersmarck] 24, 418.
Diablerie, s. Mysterien.
Diablietes 24, 419.
Diacantha [Sprengel] 24, 419.
Diacanthus [Thon] 24, 419.
Diacaustica [Scherf] 24, 419.
Diachea [Sprengel] 24, 419.
Diachylon, s. Bleipflaster 10, 403.
Diaconen [Frank] 24, 420.
Diaconicum [Frank] 24, 421.
Diaconie [Frank] 24, 422.
Diaconissen [Frank] 24' 422.
Diacope [Thon] 24, 423.
Diacrydium, s. Scammoniumharz.
Diacydonium simplex, s. Pyrus Cydonia.
Diadem [Schinde] 24, 425.
Diadema (Zoophyta) [Thon] 24. 427.
— (Mollusca) [Thon] 24, 427.
Diadeb 24, 427.
Diablfasia, Leiturgia.
Diadoeidia [Thon] 24, 427.
Diadumenianus 24, 428.
Diadumenos [Schinde] 24, 428.
Diaeresis [Baumgarten·Crusius] 24, 429.
Diaetetas [Bähr] 24, 430.
Diaeos, f. Achäischer Krieg 1, 288.
Diätetik [Schreger] 24, 431.
— (für Kranke), s. Krankenbiätetik.
— (für Reconvalescenten), s. Reconvalescentenbiätetit.

Diätetik (der Seele), s. Seelenbiätetik.
Diagnosis [Baumgarten-Crusius] 24, 433. [24, 435.
Diagnostit [Baumgarten-Crusius]
Diagometer [Schreger] 24, 437.
Diagon 24, 437.
Diagonale [Scherf] 24, 437.
Diagonalfläche [Scherf] 24, 437.
Diagoras (der Atheist) [Meier] 24, 439.
— (von Rhodos) 24, 448.
Diagramma (Math.) [Scherf] 24, 449.
Diagramma (Pisces) [Thon] 24, 449. [24, 449.
Diakope [Baumgarten·Crusius]
Diakovär [Gamauf] 24, 449.
Diakria, s. Attika 6, 217.
Diakrisis [Baumgarten-Crusius] 24, 450.
Diaktoros [Richter] 24, 450.
Diaktylit, s. Schal.
Diala [Palmblad] 24, 450.
Dialektit 24, 450.
Dialasis [Sprengel] 24, 454.
Dialium [Sprengel] 24, 454.
Diallele 24, 454.
Dialysis [Thon] 24, 454.
Dialyta [Thon] 24, 455.
Diamant [Finder] 24, 455.
— (chemisch) [Schreger] 24, 459.
— (Geogr.) [Scherf] 24, 461.
Diamante [Leonhardi] 24, 462.
Diamantgrubenbau [Schreger] 24, 460.
Diamant·Harbour [Palmblad] 24, 461. [24, 462.
Diamantini (Giuseppe) [Weise]
Diamantino [Leonhardi] 24, 462.
Diamant-Insel 24, 461.
Diamantpulver[Schreger]24,461.
Diamantspath[Schreger]24, 462.
Diamartyria [Bähr] 24, 462.
Diamastigosis [Bähr] 24, 462.
Diamess, s. Lestromia.
Diametralzahl [Scherf] 24, 463.
Diamorpha [Sprengel] 24, 463.
Diamphora, s. Didymecrater 24, 548.
Diana (Pisces) [Thon] 29¹, 162.
Diana (Geogr.) 24, 464.
—, s. Artemis 5, 441.
—, s. Simia.
Dianae Fanum 24, 464.
— Portus 24, 464.
— Promontorium 24, 464.
Dianaea [Thon] 24, 464.
Diane bon Frankreich 24, 466.
— von Poitiers [v. Bosse]24, 464.
Dianella [Sprengel] 24, 467.
Dianenbart 24, 467. [nen.
Dianenbaum, s. Metallvegetatio·
Dianenpil, f. Helena (St.).
Dianium 24, 467.
Dianthera,f.Dicliptera 24,411; Justicia.
Dianthus [Sprengel] 24, 467.
Diapason [Finf] 24, 468.

K. Encykl. d. W. u. K. Erste Section. Register.

16

Diosmeae [Sprengel] 25, 417.
Diospolis [Zauber] 25, 419.
Diospyros [Sprengel] 25, 419.
Diöszeg [Samauf] 25, 421.
Dioszegi [Samuel] [Rumy] 25, 421.
Diotis [Sprengel] 25, 421.
Diotostephus [Sprengel] 25,421.
Diototheca, f. Morina.
Diosipe [Richter] 25, 421.
Dipaca [Zauber] 25, 421.
Dipcadi, f. Uropetalum.
Dipera, f. Disperis 26, 69.
Diphaca [Sprengel] 25, 422.
Diphilos [Grotefend] 25, 422.
Diphrophoroi, f. Metoiken.
Diphthera [Germar] 25, 423.
Diphtherium, f. Reticularia.
Diphtheng, f. Vocal.
Diphucephala [Germar] 25, 423.
Diphyes [Myth.] [Richter] 25, 423. [25, 423.
Diphyes [Pflanzeng.] [Sprengel]
Diphylleia [Sprengel] 25, 423.
Diphyllus, f. Ditoma 26, 190.
Diphys [Sprengel] 25, 423.
Diphyscium [Sprengel] 25, 423.
Diplachne [Sprengel] 25, 424.
Diplacrum [Sprengel] 25, 424.
Diplanchiss [Thon] 25, 424.
Diplanthera [Sprengel] 25,424.
Diparthena [Sprengel] 25,424.
Diplasia [Sprengel] 25, 425.
Diplasiasmos(gramm.) [Bähr]25, 425.
— (milit.) [Grotefend] 25, 425.
Diplazium [Sprengel] 25, 426.
Diplectrum [Gadelg.] [Boie] 25, 460.
—, f. Satyrium.
Diplocalymma [Sprengel] 25, 426.
Diplochiton [Sprengel] 25, 426.
Diplochlaens [Sprengel]25,426.
Dipiococe, f. Uralepis.
Diplocome [Sprengel] 25, 427.
Diplocomium, f. Meesia.
Diploderma [Sprengel] 25, 427.
Diplodon, Diplusodon 25, 465.
Diplodus, f. Sargus.
Diploë [Baumgarten-Crusius] 25, 427. [460.
Diplogon, f. Diplopogon 25, —, f. Diploppapus 25, 459.
Diploit, f. Latrobit.
Diplolepariae [Germar] 25,428.
Diplolepis [Entomol.] [Germar] 25, 428. [428.
— (Pflanzeng.) [Sprengel] 25,
Diploma [Erhard] 25, 428.
Diplomatie [Eiselen] 25 430.
Diplomatik [Erhard] 25, 441.
Diplomatische Buchstabenkunde, f. Diplomatische Schriftkunde 29¹, 262. [213.
— Chronologie [Erhard] 29¹
— Formelkunde [Erhard] 29¹, 233.
— Kritik oder Schriftprüfungs- kunde [Erhard] 29¹, 252.

Diplomatische Schriftkunde [Er- hard] 29¹, 262. [283.
— Siegelkunde [Erhard] 29¹,
— Sprachkunde [Erhard] 29¹, 296. [303;
— Zeichenkunde [Erhard] 29¹,
Diplomeris [Sprengel] 25, 458.
Diplonyx [Sprengel] 25, 458.
Diploppapus [Sprengel]25,459.
Diplopetalon [Sprengel]25,459.
Diplophractum [Sprengel] 25, 459.
Diplophyllum [Sprengel] 25, 459. [25, 459.
Diplopia [Baumgarten-Crusius]
Diplopogon [Sprengel] 25, 460.
Diploprion [Gadwächs.] [Spren-gel] 25, 460.
— (Pisces) [Thon] 25, 461.
Diploptera [Entomol.] [Germar] 25, 461.
— (Vogelg.) [Boie] 25, 461.:
Diplospora [Sprengel] 25, 462.
Diplosporium,f.Trichothecium.
Diplostachyum,f.Lycopodium.
Diplostegium[Sprengel]25,462.
Diplostema [Sprengel] 25, 462.
Diplostephium [Sprengel] 25, 462.
Diplostoma, f. Saccophorus.
Diplotaxis [Sprengel] 25, 463.
Diplothemium [Sprengel] 25, 463. [25, 463.
Diplotaxaccius [Thomas] [Dieß]
Diplusodon [Sprengel] 25, 465.
Dipobie [Grotefend] 25, 465.
Dipodium [Sprengel] 25, 466.
Dipogonia, f. Diplopogon 25, 460.
Diponos [Schinde] 25, 466.
Diposis [Sprengel] 25, 467.
Dippel [Joh. Konr.] [Franke] 25, 467.
Dippels saures Elixir, f. unter Schwefelsäure.
— Thieröl [Sprenger] 25, 468.
Dippoldiswalde [Gebb] 25, 469.
Dippoldt [Hans Karl] 25, 469.
Dipsaceae [Sprengel] 25, 470.
Dipsacus [Sprengel] 25, 470.
Dipsas [Richter] 25, 471.
Diptam, f. Dictamnus 24, 516; Origanum.
Diptera (Insektenordn.) [Ger-mar] 25, 471.
—, f. Saxifraga.
Dipteris, f. Polypodium.
Dipterix, f. Dipteryx 25, 475.
Dipterocalyx[Sprengel]25,473.
Dipterocarpeae [Sprengel] 25, 473. [474.
Dipterocarpus [Sprengel]
Dipterodon [Thon] 25, 474.
Dipteros 25, 475.
Diptorygia, f. Mulinum.
Dipterygii [Thon] 25, 475.
Dipteryx, Dipterix [Sprengel] 25, 475.
Dipturus, f. Raja.
Diptychon [Bebekind] 25, 475.

Dipus [Thon] 25, 476.
Dipyr [Germar] 25, 480.
Dir [Palmblad] 26, 1:
Dirä, f. Erinnys 37, 130.
Diraphis, f. Livis.
Dirca [Sprengel] 26, 1.
Dircaea [Germar] 26, 1.
Directionslinie [v. Hoyer] 26, 1.
Directorium divini officii [Schinde] 26, 1.
Directorium,französisches[Rausch-mid] 26, 1.
Direnbach [Röber] 26, 6.
Dirhem [Tychsen] 26, 6.
Diribitores [Bähr] 26, 7.
Diribitorium [Bähr] 26 7.
Dirigens [Sprenger] 26, 8.
Dirke [Zauber] 26, 8.
Dirlewang [Eisenmann] 26, 8.
Dirmstein [Eisenmann] 26, 8.
Dirotus [Germar] 26, 8.
Dirphya [Richter] 26, 8.
Dirrhinus [Germar] 26, 8.
Dirflein [v. Arnoldi] 26, 9.
Dis und Disis, f. D. 223, 6.
— (Myth.) [Richter] 26, 9.
Disa [Sprengel] 26, 9.
Disamis [Grotefend] 26, 9.
Disandra [Sprengel] 26, 9.
Disappointment [Kämy] 26, 9.
Disarrhenum [Sprengel]26,10.
Discadceatem, f. Parschke 7, 381.
Discant [Fint] 26, 10.
Discelium, f. Weisia.
Dischidia [Sprengel] 26, 10.
Discina, f. Orbicula.
Disciplin [Köppen] 26, 11.
— (militär.)[v.Gansange]26,11.
Disciplina clericalis [Wachter] 26, 11. [12.
Disciplinarsachen [Bubbeus] 26,
Disciplinenorden (Orden der Disciplinen) [Fint] 26, 19.
Discoboli [Thon] 26, 19.
Discocapnos [Sprengel] 26, 19.
Discoelius, f. Eumenes 39, 76.
Discolithes, f. Orbitulites.
Discontiren [v. Posse] 26, 19.
Discopleura [Sprengel] 26, 20.
Discopora [Thon] 26, 21.
Discordia [Müller] 26, 21.
Discosovia [Thon] 26, 21.
Discovium [Sprengel] 26, 22.
Discret [Sarb] 26, 22.
Discretionsjahre [Dieß] 26, 22.
Discretionstage [Dieß] 26, 24.
Discursus [Köppen] 26, 24.
Discus, f. Diskos 26, 25.
Disdiapason [Fint] 26, 25.
Disemma, Distemma [Spren-gel] 26, 25.
Disertis [Hendel v. Donners-mard] 26, 25.
Disibodus [Fint] 26, 29.
Disjunctiv, f. Conjunctin 19,97.
Diskos [Schinde] 26, 29.
Dismal [Eiselen] 26, 30. [31.
Dismembration [Bubbeus] 26,
Dismoll [Fint] 26, 38.

Disodea, f. Lygodysodes.
Dispache, Dispachentechnung, f. Dispacheurs 26, 38. ए
Dispacheurs [Dieß] 26, 38.
Disparagium [Dieß] 26, 39.K
Disparago, f. Seriphium u. Stoebe.
Dispargum [Wachter] 26, 44.
Dispensation [Bubbeus] 26, 51.
Dispensatores[Spangenberg]26, 69. [468; Pharmakopoea.
Dispensatorium, f. Apotheke 4,
Disperis [Sprengel] 26, 69.
Displicentiae pactum. [Dieß] 26, 70.
Dispoment (Handbłen.) [Dieß] 26, 70. [Petri] 26, 73.
— (in den teutschen Prov.)
Disporum, f. Uvularia.
Disporus [Boie] 26, 74.
Dispositio, Dispositiones[Bähr] 26, 74.
Disposition [Bubbeus] 26, 74.
Dispositionsfähigkeit [Bubbeus] 26, 76. [77.
Dispositionsrecht [Bubbeus] 26,
Disputatio fori [Dieß] 26, 79.
Disputirsätze [Dieß] 26, 80.
Dissen [Oppermann] 26, 80.
Dissenters [Hollmann] 26, 81.
Dissibenten [Franke] 26, 83.
Dissavalvi [Thon] 26, 87.
Dissodon, f. Splachnum.
Dissolena [Sprengel] 26, 87.
Dissonanz, f. Ton. [87.
Dissum-Sandschi [Richter] 26,
Distandra, f. Disandra 26, 9.
Distanz, f. Entfernung 25, 360.
Disteira, f. Hydrus.
Distel, Distelgewächse, f. Carduus 15, 181; Cirsium 17, 294; Compositae 18, 391.
Distelhausen [Leger] 26, 87.
Distelmeyer [Lampert] [Lindner] 26, 87.
Distelorben [Gottschald] 26, 89.
Distemma, f. Disemma 26, 25.
Distephana, f. Tacsonia.
Distephanus, f. Vernonia.
Distephia, f. Tacsonia.
Distißen, f. Thanit 20, 396.
Distichia, f. Neckera.
Distichlis, f. Uniola.
Distichocera [Germar] 26, 90.
Distichon [Grotefend] 26, 90.
Distichopora [Thon] 26, 91.
Distichum [Thon] 29¹ 309.
Distoma, Distomum [Treptin] 26¹, 309. [256.
Distreptus, f. Elephantopus 33,
Distributionsbescheid [Dieß] 26, 91.
Distrigus [Germar] 26, 92.
Distylis [Sprengel] 26, 92.
Disynantaus, f. Gnaphalium 71, 29.
Ditaxis [Sprengel] 26, 92.
Ditaxis [Sprengel] 26, 92.
Diterich [Joh. Samuel] [Döring] 26, 92.

Doggern [Leger] 29¹, 335.
Doggersbant [v. Wißleben] 26, 279. [26, 280.
Degma, Dogmatik [Fagenbach]
Dogmatismus 26, 286.
Dobál oder auch Dahâl [Wahl] 26, 286. [22¹, 55.
Dahalad, Doheled, f. Dahalal
Döbler (Johann Georg) [Döring] 26, 294.
Dohm (Christian Wilhelm v.) [Gronau] 26, 295.
Dohna, Donyn [v. Stramberg] 26, 299.
—und Christoph II., Burggraf von zu [v. Wißleben] 26, 311.
Dohub [Palmblad] 26, 312.
Doł [Tuch] 26, 313.
Dokêten [Dähne] 26, 313.
Dokimastir, f. Probirkunst.
Dolfe [Staubach] 26, 317.
Dolkum [Leonhardi] 26, 317.
Doł, f. Dola 26, 317.
Dola 26, 317.
Dolabella (röm. Familie) 29¹, 335.
Dolabella [Thon] 26, 317.
Dolce (Lodovico) [Blanc] 26, 320.
— (Carlo) [Weiße] 26, 321.
Dolch [v. Hoyer] 26, 321.
Dolci (Sebastian) [Rumy] 26, 322.
Dolbenhorn [Henkel v. Donnersmarck] 26, 322.
Dolbenpflanzen, f. Umbelliferae.
Dolbor [Joh. Rud.] [Escher] 26, 322.
Dôle, la (Gipfel des schweiz. Jura) [Henkel v. Donnersmarck] 26, 324.
— (Stadt) 26, 325.
Dolerit, f. Basalt 8ʳ L.
Dolerus [Germar] 26, 325.
Dolet (Joh. Friedr.) [Fink] 29¹, 338.
Doleschal [Paul] [Zipser] 26, 325.
Dolet (Etienne) [Döring] 26, 325.
Dolgelly [Leonhardi] 26, 326.
Dolgôe Osere [Petri] 26, 326.
Dolgoi [Petri] 26, 326.
Dolgoruki [v. Stramberg] 29¹, 339. [326.
Dolgowinskischer See [Petri] 26, 339.
Doliaria [Thon] 26, 326.
Dolichaeos [Richter] 26, 326.
Dolichê 26, 326.
Dolichenios [Richter] 26, 326.
Dolichiste 26, 326.
Dolichocera [Germar] 26, 326.
Dolicholadium (Dolichlasium) f. Leria.
Dolichonemia, f. Eubaea 20, 296.
Doliehofíix [Boie] 26, 396.
Dolichopeza [Germar] 26, 326.
Dolichopidae [Germar] 26, 326.
Dolichopus [Germar] 26, 327.
Dolichos [Richter] 26, 327.
Dolichios [Sprengel] 26, 327.
Dolichostylis, f. Fulcaldea, im Art. Voigtia.

Dolichurus, f. Pison.
Doliocarpus [Sprengel] 26, 328.
Doliolum [Thon] 26, 328.
Doliones und Dolionis, f. Kyzikos.
Dollophron [Richter] 26, 329.
Dolleš [Richter] 26, 329.
Dolium [Thon] 26, 399.
Döll (Friedr. Wilh.) 26, 331.
Dollar (Numism.) [Fischer] 29¹, 349.
— (Geogr.) [Leonhardi] 26, 331.
Dollart [Gittermann] 26, 331.
Delle (Karl Ant.) [Döring] 26, 337. [26, 338.
Doller (Johann Lorenz) [Döring]
Dollmand [v. Hoyer] 26, 339.
Dollnstein [Eisenmann] 26, 339.
Dollon oder Dolleon [Richter] 26, 339.
Dolland (John) [Kämß] 26, 340.
Dolmar, Dollmar [Wächter] 26, 341.
Dolmatow (auch Dalmatow) [Petri] 26, 341.
Dolmin [Wächter] 26, 341.
Dols 26, 342.
Dolomedes [Thon] 26, 342.
Dolomieu (Déodat Guy Sylvain Tancrède de) [Döring] 26, 342.
Dolomit [Schreger] 26, 343.
Dolon [Richter] 26, 343.
Dolon-Erdeut [Richter] 26, 344.
Dolopathos [Wächter] 26, 344.
Dolopes 26, 344.
Dolopion [Richter] 26, 344.
Dolops [Richter] 26, 344.
Dolus [Subbens] 26, 345.
Dom, f. Domus, Domnus 26, 1.
— (Hauptkirche) [Wiggert] 29¹, 349.
Domainen [v. Bosse] 26, 358.
Domairon (Louis) 26, 369.
Domanit [Germar] 26, 370.
Domat, auch Daumat (Jean) [Spangenberg] 26, 370.
Domausniß [Schreiner] 26, 370.
Dombe [Samauff] 26, 371.
Dombes [v. Stramberg] 26, 371.
Domben [Sprengel] 26, 373.
Dombeya [Sprengel] 26, 375.
Dombeyaceae[Sprengel]26,376.
Dombi (Samuel, von Galfalva) [Rumy] 26, 377.
Dombovár [Samauf] 26, 377.
Dombreßon [Henkel v. Donnersmarck] 26, 377.
Dombrowskaehora [v. Bohueburg-Lengsfeld] 26, 379.
Dombrowski (Joh. Heinr.) [Falkenstein] 26, 379.
Dombühl [Fentobi] 26, 383.
Domcapitel [Died] 26, 388.
Dome [Palmblad] 26, 402.
Domeier (Joh Gabriel) [Döring] 26, 402.
Domène, f. Lac [Henkel v. Donnersmarck] 26, 403.
Domenichi (Lodovico) [Blanc] 26, 403.

Domenico (Bella Maria) [Fink] 29¹, 350. [26, 404.
Domesticus, Domestici[Wächter]
Domfront 26, 421.
Dömbringr [Wächter] 26, 421.
Domicellae [Wächter] 26, 421.
Domicelli, Dormicelli, Dominelli [Wächter] 26, 492.
Domicil [Died] 26, 423.
Domibuca [Richter] 26, 425.
Domibucus [Richter] 26, 425.
Domin (Joseph Franz) [Rumy] 26, 425.
Dominante [Fink] 26, 425.
Domingo (Insel), f. Haiti.
— (Stadt) [v. Gansauge] 26, 426.
Dominica, f. Balens.
— (westind. Insel) [Eiselen] 26, 426. [26, 426.
— (Marquesas-Insel) [Eiselen]
— (im Sinne der Zeitrechnungen) [Wächter] 26, 427.
Dominicale [Died] 26, 430.
Dominicino, f. Lampieri.
Dominici (Bernardo; Maria und Raimundo) [Weiße] 26, 430.
Dominicum [Died] 26, 431.
Dominicus (Jacob) [Erhard] 26, 431.
Dominikaner (und Dominicus v. Gußmann) [Fink] 26, 432.
Dominis (Marcus Antonius de) [Rumy] 26, 453.
Dominium (Geschichte desselben u. römisches Recht) [Died] 26, 454. [26, 480.
— (nach teutschem Rechte) [Died]
— eminens [Died] 26, 502.
— mundi [Died] 26, 503.
Dominus [Grotefend] 27, 1.
— und Domnus [Wächter] 27, 1.
— vobiscum [Died] 27, 2.
Domit, f. Trachyt.
Domitian [Jäd] 27, 3. [3.
Domitiana quaestio [Died] 27,
Domitianus (Titus Flavius, röm. Kaiser) [Rauschnid] 27, 3.
— (Reichsschatzmeister des Kaisers Konstantin) [Rauschnid] 27, 6.
Domitius [Richter] 27, 6.
Domijlaus [Wächter] 27, 7.
Dommartin - jur - Braine, [v. Stramberg] 27, 8.
Domne 27, 8.
Dommel 27, 8.
Dommerich (Joh. Christl.) [Döring] 27, 8.
Domnißrg [v. Eghb] 27, 9.
Domnda 27, 9.
Domnijo, Domnijo, Donijo[Wächter] 27, 9.
Domo b'Ossola 27, 10.
Domofos (Ludwig v.) [Zipser] 27, 10.
Dom-Remy 27, 11.
— (Fluß in Rußland) [Petri] 27, 11. [(England) 27, 12.
— (Flüsse in Schottland und

Dona, f. Donato 27, 28.
Donä (Antonio) [Henkel v. Donnersmarck] 27, 12.
Dona Annua, Annualis [Wächter] 27, 12.
Donabiu [Palmblad] 27, 13.
Donacia [Germar] 27, 13.
Donacina, f. Capsa 15, 150; Donax 27, 37.
Donaghabee 27, 14.
Donald I.—VIII. (Könige von Schottland) [Rauschnid] 27, 14.
Donatello 27, 16.
— (Simone) 27, 17.
Donati (Giovanni u. Marcello, Graf) [Henkel v. Donnersmarck] 27, 17.
— (Bitaliano u. Anton) [Sprengel] 27, 17.
—, f. Donato 27, 18.
Donatia [Sprengel] 27, 18.
Donatianus [Fink] 27, 18.
Donatiberg [Schreiner] 27, 18.
Donatio Constantini [Died] 27, 19.
Donatisten [v. Coelln] 27, 20.
Donativum [Grotefend] 27, 24.
Donato (Franz; Leonhard u. Nicolaus, Dogen von Venedig) [Rauschnid] 27, 26.
— oder Donati (Name mehrerer Dichter u. Gelehrten Italiens) [Blanc] 27, 27.
—, St. (Geogr.) 27, 28.
Donatus (Aelius und Tiberius) [Müße] 27, 28.29.
Donau (Geogr.) [Eisenmann] 27, 30. [27, 31.
— (in Oesterreich) [Schreiner]
Donaualtheim, [Eisenmann] 27, 35. [ring] 27, 35.
Donauer (Georg Friedr.) [Döring]
Donaueschingen [Leger] 27, 35.
Donaukreis 27, 36.
Donaumoos [Eisenmann] 27, 37.
Donaustauf [Eisenmann] 27, 37.
Donauwörth [Eisenmann] 27, 37.
Donax (Mollusca) [Thon] 27, 37.
— (Pflanzen) [Sprengel] 27, 37.
Don Benito, f. Medellin.
Doncaster 27, 42.
Doncherg 27, 42.
Donbangen [v. Stramberg] 27, 43.
Donbi (Jacob be' u. Johann be') [Sprengel] 27, 43.
— dall' Orologio (Francesco Scipione; Graf v. Biove di Sacco) [Henkel v. Donnersmarck] 27, 44.
Dondia [Sprengel] 27, 44.
Dondinia [Sprengel] 27, 45.
Dondra Head oder Cap Dondra [Palmblad] 27, 45.
Donducci (Giovanni Andrea) [Weiße] 27, 45.
Doneau, f. Donellus 27, 45.
Donegal 27, 45. [27, 45.
Donellus (Hugo) [Spangenberg]
Donez [Petri] 27, 46.

Drehthore [v.Hoyer] 27, 361.
Drehung, s. Rotation; Torsion;
Elasticität 40, 69. [40, 69.
Drehwage, s. Torsion; Elasticität
Drehzeb [Rommel] 27, 361.
Drei [Grotefend] 27, 362.
Dreicapitelstreit [Franke] 27, 364.
Dreibecker, Dreimaster, s. Schiff.
Dreieck [Garz] 27, 368.
Dreieckige Zahlen, s. Polygonal-
zahlen.
Dreieckenhain, s. Hain.
Dreieinigkeit [Hagenbach] 27, 370.
Dreieinigkeitsfest [Schinde] 27,
371. [inseln.
Dreieinigkeitsland, s. Süd-Polar-
Dreienberg [Landau] 27, 372.
Dreier (Joh. Conr.) [Fint] 27,
372.
Dreifelderwirthschaft, Dreifelder-
system [Fischer] 27, 373.
Dreigestrichen [Fint] 27, 374.
Drei-Gleichen, s. Gleichen 69,
227. [29¹, 358.
Dreiherrnspitz, der [Schreiner]
Dreikronenkrieg [Rauschnid] 27,
374.
Dreischlitze [v.Hoyer] 27, 375.
Dreißigacker 27, 375. [376.
Dreißigjähriger Krieg [Böse] 27
Dreißig Tyrannen [Herrmann]
27, 394.
Dreistimmig [Fint] 27, 395.
Dreitagsteri [Petri] 27, 395.
Dreizehn-Gemeinden, die [Hen-
ckel v. Donnersmarck] 27, 395.
Dreizehnjähriger Krieg [Rausch-
nid] 27, 397. [404.
Dreizehnter Tag [Wachter] 27,
Drengfurt 27, 404.
Drengot [Gottfried] 27, 404.
Drensteinfurt 27, 404.
Drenthe 27, 404.
Drepana, s. Platypteryx.
Drepanandrum [Sprengel] 27,
405.
Drepania, s. Tolpis.
Drepanis [Boie] 27, 405.
Drepanius [Bähr] 27, 405.
Drepanocarpus [Sprengel] 27,
406.
Drepanon [Zander] 27, 406.
Drepanophyllum [Sprengel] 27,
406.
Drepanum [Zander] 27, 407.
Drepanus [Germar] 29¹, 358.
Drepia 27, 407.
Drepsvarpr [Wachter] 27, 407.
Dreschen [Fischer] 27, 407.
Drescher, Dreschflegel, Dresch-
gärrnet, Dreschmittel, Dresch-
maschine, Dreschmühlen, s.
Dreschen 27, 407.
Dreschlingen [Leger] 27, 416.
Dreschtenne, s. Scheune.
Dresde (Friedr. Wilh.) [Döring]
27, 416. [27, 416.
Dresden (Geogr.) [Herrmann]
— (Schlachten und Gefechte bei
und in) [v.Gansauge] 27, 420.

Dresser (Matthäus) [Erhard] 27,
423.
Dressirung [v.Hoyer] 27, 425.
Dressler (Ernst Christoph) [v.
Gehren] 27, 426.
Dreux [v.Wihleben] 27, 427.
Drevet (Pierre, Vater u. Sohn,
u. Claude) [Weise] 27, 429.
Drewenz 27, 430.
Dreyer (Joh. Karl Heinrich)
[Spangenberg] 27, 430.
— (Johann Matthias) [Döring]
27, 431.
Dreyhaupt (Joh. Christoph v.)
[Bullmann] 27, 432.
Dreysam, Treysam [Leger] 27,434.
Drilburg [Kümd] 27, 434.
Drichorf [v.Arnoldi] 27, 435.
Driesen [Kümd] 27, 435.
Drisa [Wachter] 27, 435.
Drillen, s. Säen.
Drilkenburg(Wilhelm van)[Weise]
27, 435.
Drillich, s. Zwillich.
Drillinge, Drillingskrystalle, s.
Krystalle.
Drillings- und Zwillingssalze
[Schreger] 27, 436. [436.
Drilo oder Drilon [Zander] 27,
Drilus [Germar] 29¹, 358.
Drimago [Rump] 27, 436.
Drimatos [Richter] 27, 436.
Drimia [Sprengel] 27, 436.
Drimo (Myth.) [Richter] 27, 436.
Drimo (Crustacea) [Thon] 29¹,
359.
Drimyrrhizae, s. Scitamineae.
Drimys [Sprengel] 27, 436.
Drin (Drinus) 27, 437.
Drina (Fluß in Bosnien) [Sa-
mauf] 27, 437. [27, 437.
— (District in Serbien) [Rump]
Dringenberg (Geogr.) 27, 437.
— (Ludolf oder Ludwig) [Er-
hath] 27, 437.
Drimo, Drinus, s. Drin 27, 437.
Drios [Zander] 27, 438.
Drippa [Wachter] 27, 438.
Drisa oder Drüsin [Petri] 27,
438.
Dritarachtra [Richter] 27, 438.
Drittel-Glied [v.Hoyer] 27, 438.
Drivesso oder Drivasto [Samauf]
27, 439.
Drije, s. Hendel v. Donners-
marck] 27, 439.
Drnowsty von Dirnowig (Mikul
Mitulon Mitolaus) [v.Stram-
berg] 27, 439.
Dröbach [v.Schubert] 27, 439.
Dröbna [Richter] 27, 439.
Droctulf (der Franke) [Wachter]
27, 440.
— (der Suebe) [Wachter] 27,440.
Dröge (Gerhard) [Mohnike]
440. [27, 455.
Drömling (Geogr.) [Oppermann]
— (Niederlage der Ungarn da-
selbst) [Wachter] 27, 456.
Dreghebia oder Drebogh 27, 441.

Drogo (Pipin's v. Heristall Sohn)
[Wachter] 27, 441.
—, Druogo,Truago(Sohn Karl's
d. Gr.) [Wachter] 27, 442.
— (der Nordmann, Graf von
Venosa) [Wachter] 27, 444.
Drogue amère [Sprengel] 27,
444.
Drognetia [Sprengel] 27, 444.
Drohnen, s. Biene 10, 116.
Drohobicz [Kümd] 27, 444.
Drohobicz [Schreiner] 29¹, 359.
Droit d'Aubaine [Died] 27, 445.
Droit écrit et coutumier [Died]
27, 448.
Droits réunis [v.Boffe] 27, 451.
Droitwich 27, 452. [ring]27,452.
Drollinger (Karl Friedr.) [Dö-
Drolshagen 27, 454.
Drôme [Boie] 27, 454.
Drômedar, s. Camelus 15, 14.
Drômi [Wachter] 27, 454.
Dromia [Thon] 27, 454.
Dromica [Germar] 29¹, 360.
Dromicejus [Boie] 27, 455.
Dromistos nebst Perne [Zander]
27, 455.
Dromius [Germar] 29¹, 360.
Dromomoes [Wachter] 27, 456.
Dromos [Grotefend] 27, 457.
Dronero [Kümd] 27, 457.
Drontheim, s. Trondhjem.
Droschka, bei [Wachter] 27, 457.
Drose, Drosa [Lindner] 27, 458.
Drosera [Sprengel] 27, 458.
Droseraea [Sprengel] 27, 459.
Drosita [Zander] 27, 459.
Drosolo, Drosul (König der Obo-
triten) [Wachter] 27, 459.
Drosometer, Drosostop, s. Thau.
Drosophila [Germar] 29¹, 360.
Drosophyllum [Sprengel] 27,
460.
Drossen [Kümd] 27, 460.
Droste [v.Boffe] 27, 460.
Droste (drei westfäl. Geschlechter)
[v. Boyneburg-Lengsfeld] 29¹,
360.
—, von (genannt von Kerkerint
zu Stapel, Familie)(von Droste,
gen. v. Kerkerint zu Stapel]
27, 460.
Droste-Hülshoff (Clemens Au-
gust v.) [Döring] 27, 463.
Drottmaelt, Drottquaedt, Drott-
quaeba [Wachter] 27, 463.
Drottmar [Wachter] 27, 465.
Drottningholm[Schubert]27,465.
Drovais (Jean Germain) [Weise]
27, 465.
Drossig [b.Egidy] 27, 466.
Droz (Peter Jacquet und Heinr.
Ludw. Jacquet) [Escher] 27,
466.
Drozia, f. Perezia. [466.
Druci [Kümd] 27, 466.
— (oder Auftrieb der Flüssig-
keiten) [b.Hoyer] 27, 473.
— (Chirurgie) [Seiler] 27,474.
Drucken und Bliden 27, 476.

Druckerschwarz, Schwärze ob.
Farbe, s. Schwarzfarben.
Druckfugel [v.Hoyer] 27, 476.
Druckschrift 29¹, 362.
Druckwerke [b.Hoyer] 27, 478.
Druckwerkzeug, Compressorium
[Seiler] 27, 480.
Drubaratschgaben (inb. Myth.),
[Richter] 27, 484.
— (inb. Myth.), s. Dritarachtra
27, 438. [27, 484.
Druden oder Trutten[Grotefend]
Drübeck,Drybeck[Gottschald] 27,
467.
Drud (Ferd.) [Döring] 27, 476.
Druentia [Zander] 27, 486.
Druiben [Richter] 27, 486.
Drummond [b.Stramberg] 27,
502.
Drummondia[Sprengel]27,506.
Druna, s. Drôme 27, 454.
Drupaceae [Sprengel] 27, 506.
Druparia, Drupasia [Sprengel]
27, 506.
Drupatris [Sprengel] 27, 506.
Drury (Robert) [Kümd] 27, 506.
Drüsen [Seiter] 28, 10.
Drüsenabceß, Drüseneiterung,
Drüsenentzündung, s. Drüsen-
krankheiten 28, 15.
Drüsenflechte, s. Herpes.
Drüsengeschwulst, Drüsenge-
schwüre, s. Drüsenkrankheiten
28, 15; Skrofeln. [15.
Drüsenkrankheiten [Seiler] 28,
Drüsenkrebs,s.Drüsenkrankheiten;
u. Krebs.
Drüsenverhärtung, s. Drüsen-
krankheiten 28,15; Skrofeln;
Skirrhus.
Drus [Wachter] 28, 1.
Drusa [Sprengel] 28, 3.
Druse (Mineral) [Germar] 28,3.
— s. Pferdekrankheiten, im Art.
Equus 36, 134.
Drusen [Sprengel] 28, 3.
Drusenloch, s. Drusus (Nero
Claubius) 28, 3.
Drusiana fossa [Wachter] 28, 20.
Drusilla (röm. Gesch.) [Becker]
28, 23. [28, 24.
Drusilla (Entomol.) [Germar]
Drusipara [Zander] 28, 24.
Drusium [Schreger] 28, 24.
Drusus (röm. Fam.) 28, 24.
— (Nero Claubius) [Wachter]
28, 25.
— (Cäsar) [Wachter] 28, 32.
— (desGermanicusSohn)[Wach-
ter] 28, 34.
Drumen [Richter] 28, 34.
Dryadeae [Sprengel] 28, 35.
Dryabes [Richter] 28, 35.
Dryalos [Richter] 28, 36.
Dryander (Franz und Johann)
[Erhard] 28, 36.
— (Jonas) [Sprengel] 28, 37.
Dryandra [Sprengel] 28, 38.
Dryas (griech. Myth.) [Richter]
28, 38.

Dryas (Pflanzeng.) [Sprengel] 28, 88.
Drubent (John) [Döring] 28, 33.
Dryinus [Germar] 28, 44.
Drymaea [Lauber] 28, 44.
Drymaria [Sprengel] 28, 44.
Drymeia [Germar] 28, 45.
Drymirrhizae, s. Scitamineae.
Drynis, s. Drimys 27, 436.
Drymnios [Richter] 28, 45.
Drymodes [Zander] 28, 45.
Drymophila (Vogelsippe) [Boie] 28, 45.   [45.
— (Pflanzeng.) [Sprengel] 28,
Drymopogon [Sprengel] 28, 45.
Drynaria, s. Polypodium.
Dryobalanops [Sprengel] 28,45.
Dryobates [Boie] 28, 45.
Dryocopus [Boie] 28, 46.
Dryomyza [Germar] 28, 46.
Dryope [Richter] 28, 46.
Dryopeia [Sprengel] 28, 46.
Dryopes [Zander] 28, 47.
Dryophanon [Sprengel] 28, 47.
Dryophis [Thon] 28, 47.
Dryophthorus [Germar] 28, 52.
Dryops [Richter] 28, 52.
Dryopteris [Sprengel] 28, 52.
Dryos hyphear. [Sprengel] 28, 52.
Drypetes [Sprengel] 28, 52.
Drypis [Sprengel] 28, 52.
Drypta [Germar] 28, 52.
Dryptodon, s. Grimmia; Tricho-stomum.
Dryst [Zander] 28, 53.
Drysdale (John) [Döring] 28,53.
Drussja, Drysja [Zander] 28, 53.
Drzemno, s. Tschau.
Dsambalaserbo [Richter] 28, 53.
Dsamrasil oder Pagba-Dsamb-Raisja [Richter] 28,. 53.
Dschaafer-esß-Szadit [v. Hammer] 28, 59.
— Dschelebi [v. Hammer] 28, 59.
Dschebbal oder Dschebbal [Rommel] 28, 59.
Dschagarnath [Richter] 28, 60.
Dschainas [Richter] 28, 62.
Dschebdscha-Wuni oder Dschabschi-Wuni [Richter] 28, 65.
Dschelboi-Dun [Richter] 28, 71.
Dschelinber [Richter] 28, 71.
Dscham, s. Dschemschid 28, 83.
Dschama [Richter] 28, 71.
Dschamabagni [Richter] 28, 71.
Dschambuban, Dschambend [Richter] 28, 72.
Dschami [v. Hammer] 28, 72.
Dschamla [Richter] 28, 72.
Dschanil [Palmblad] 28, 73.
Dscharafauiba [Richter] 28, 73.
Dschauf, Dschof [Rommel] 28, 73.
Dschawaf [Palmblad] 28, 73.
Dschayanta- [Richter] 28, 74.
Dsche, Dje [Richter] 28, 74.
Dschebal Schera [Palmblad] 28, 74.
Dschebeise [Rommel] 28, 74.
Dschebel [Palmblad] 28, 74.

Dschebalene [Rommel] 28, 75.
Dschelacs [Rommel] 28, 75.
Dschelaleddin-er-Rumi [Muhammed] [v. Hammer] 28, 75.
Dscheleyne [Rommel] 28, 75.
Dschem [Palmblad] 28, 75.
— (auch Zizymus) [v. Hammer] 28, 75.
Dschemlos [Palmblad] 28, 76.
Dschemfa [v. Hammer] 28, 76.
Dschewaby [Rommel] 28, 76.
Dschewheri [v. Hammer] 28, 76.
Dschewisa [Palmblad] 28, 77.
Dschibba [Rommel] 28, 77.
Dschigina [Richter] 28, 78.
Dschilit [Rumy] 28, 78.
Dschiubemani - Erdeni [Richter] 28, 78.
Dschinbdscheb [Schreger] 28, 78.
Dschingis-Khan [Herrmann] 28, 78.
Dschiokarmisch [Wachter] 28, 80.
Dschofa [Rommel] 28, 81.
Dschoge [Richter] 28, 81.
Dschaubdschad [Richter] 28, 81.
Dschu- (Dsch-) Dschalschamuni [Richter] 28, 82.
Dschura [Richter] 28, 83.
Dschestra [Palmblad] 28, 83.
Dschiben oder Dschethan [Palmblad] 28, 83.
Dschignebie [Schreiner] 29¹, 364.
Dschebi oder Dschebi [Rommel] 28, 83.
Dschemschid [Richter] 28, 83.
Dschennab oder Dschannab [Rommel] 28, 88.
Dscherbi, s. Gerbi 60, 353.
Dschesan [Rommel] 28, 88.
Dschgofi [Richter] 28' 89.
Dschoblab oder Dschobla [Rommel] 28, 89.
Dschof [Rommel] 28, 89.
Dschorach oder Dschorasch [Rommel] 28, 89.
Dsi sin go dai [Richter] 28, 89.
Dso-Maloiba [Richter] 28, 89.
Dsomio [Richter] 28, 90.
Duab [Palmblad] 28, 90.
Duabalschabma [Richter] 28, 90.
Duabuisi [Richter] 28, 90.
Dualinn [Richter] 28' 90.
Dualis [Grotefend] 28, 90.
Dualismus (Philosophie u. Theologie) [Scheidler] 28, 91.
— (religiöser, bei den Germanen und Slawen) [Wachter] 28, 102.   [28, 110.
Duarenus (Franz) [Spangenberg]
Dub, Dubhe 28, 111.
Du Barry (Vicomtesse Marie Johanne) [v. Boffe] 28, 111.
Dubautia [Sprengel] 28, 113.
Dubboi [Palmblad] 28, 113.
Dubecz [Schreiner] 29¹, 364.
Dubentowo [Petri] 28, 114.

Dubenky [Schreiner] 29¹, 364.
Duberria [Thon] 28, 114.
Dubhe, s. Dub 28, 111.
Dubiecko [Schreiner] 29¹, 364.
Dubienfz [Falkenstein] 28, 114.
Dubin, Dobin [Wachter] 28,114.
Dubinfi [Petri] 28, 115.
Dubita (in der Türkei) [Rumy] 28, 115.
— (in der öfterr. Militärgrenze) [v. Benigni] 28, 116.
Dubfi [Petri] 28, 116.
Dubkow [Petri] 28, 116.
Dublé (Charles Louis de la Garherie) [Henckel v. Donnersmarck] 28, 116.
Dublin [Eiselen] 28, 116.
Dubinib v. Mednyanszky]28,120.
Dubno [Petri] 28, 190.
Dubocage de Bléville (Michael Joseph) [Roepell] 28, 120.
Dubois (Wilh.) [v. Boffe] 28,121.
— (Geogr.) [Eiselen] 28, 124.
Dubosia [Sprengel] 28, 124.
Dubos (Jean Baptiste) 28, 124.
Dubossaru [Petri] 28, 125.
Dubourg (Ludw. Fabricius) [Weise] 28, 125.
Dubowa [Schreiner] 29¹, 365.
Dubowica [Schreiner] 29¹, 365.
Dubowsf [Petri] 28, 125.
Dubowofischer See- [Petri] 28, 125.   [28, 195.
Dubrabius (Daniel) [Gamauf]
Dubramnif [Schreiner] 29¹, 365.
Dubreuilia [Sprengel] 28, 126.
Dubreulia, s. Salpa.
Dubrowna [Petri] 28, 126.
Dubysaea, s. Diplusodon 25, 465.
Duc [v. Boffe] 28, 126.
— oder Ducq (Johann le) [Weise] 28, 126.
Duca [v. Boffe] 28, 127.
Du Cange, s. Du Fresne 28, 199.
Ducenarii [Grotefend] 28, 127.
Ducentesima (ec. pars) [Grotefend] 28, 128.
Ducey [Fischer] 28, 128.
Dudesneaս (Andreas und Franz) [v. Stramberg] 28, 130.
— (Joseph) [Fischer] 28, 130.
Duchesnea [Sprengel] 28, 131.
Duchola, s. Omphalea.
Duchs, Dug [Schreiner] 29¹, 366.
Dudtlingen [Leger] 28, 132.
Ducis (Jean Franz.) [Blanc] 28, 132.
Dudstein, s. Traß.
Duclair [Fischer] 28, 133.
Ducloé (Charles Pineau) [v. Boffe] 28, 133.
Ducray-Duminil (François Guilsaume) [Blanc] 28, 133.
Dudaim [Sprengel] 28, 133.
Du Deffant (Marie de Vichy Chamroub, Marquise) [Blanc] 28, 134.
Dudeldorf [Wyttenbach] 28, 134.
Dudelsad [Fink] 28, 135.

Duden [Palmblad 28, 136.
Duderhof [Petri] 28, 136.
Duderstadt [Oppermann] 28,137.
Duderstädter Mark [Wachter] 28, 138.
Dubith, oder Dubich, Dubies (Andreas) [Rumy u. Gamauf] 28, 139.
Dubley (in der engl. Graffch. Worcester, Geogr.) [Eiselen] 28, 142.
— (in Strafford[shire, Familie) [v. Stramberg 28, 143.
Dudresnaya [Sprengel] 28, 153.
Dudwagh [v. Mednyanszky] 28, 153.
Düben [v. Egibz] 28/ 113.
Dübosjar [Rumy] 28, 125.
Düchfer (Freih. v. Haslau) [v. Boyneburg-Lengsfeld] 29¹, 366.
Düdelsheim [Landau] 28, 136.
Duell (Benedictinerabtei) [Leonbardi] 28,'153.
— (das) [Subbens] 28, 153.
Due Miglia [Schreiner] 29¹,366.
Dühn [Fischer] 28, 250.
Dülfen, Dulfen [Fischer] 28, 271.
Dueska [Blanc] 28, 192.
Dümen, Dulmen [Fischer] 28, [278.
Dü, nmer-See [Oppermann] 28, 282.
Düna [Petri] 28, 284.
Duenas [Fischer] 28, 192.
Dünaburg [Petri] 28, 285.
Dünamünde [Petri] 28, 287.
Dünen [Fischer] 28, 292.
Dünenbau [Pfeil] 28, 292.
Dünewald (Joh. Heinr., Graf von) [v. Boyneburg-Lengsfeld] 29¹, 367.
Dünkholber 28, 301.
Düntzirchen (Geogr.) [Fischer] 28, 30¹.
— (Schlacht bei) [v. Wihleßen] 28, 304.   [28, 301.
Dünfirchen ganz[es Fürstthum [v. Stramberg] 28, 306.
Dünnewald (Heinr. Joh. oder Joh. Graf von) [v. Stramberg] 28, 306.
Dünsberg [Landau] 28, 308.
Dünwald [v. Stramberg] 28,315.
Düppiaheim [Fischer] 28, 342.
Dürcheim-Monmartin (Grafen Echrecht v.) [v. Boyneburg-Lengsfeld] 29¹, 368.
Dürer (Albrecht) [Weise] 28,892.
Duerger, Dwerger [Richter] 28, 19².
Duerne [Fischer] 28, 195.
Dürnholz [v.Stramberg] 28,416.
Duero, Duro, Douro [Fischer] 28, 195.
Dürrenbach [Fischer] 28, 420.
Dürrenberg (preuß. Saline) [v. Egibz] 28, 420.
— (Höhenzug in Sachsen) [v. Egibz] 28, 421.
— (im Salzburgischen) [Winkelhofer] 28, 421.
Dürrenenzen [Fischer] 28, 422.

E.

E (als Grundlaut) [Grotefend]
29², 1.
— (musikalisch) [Fink] 29², 4.
Eacles [Thon] 29², 5.
Eadbald [Wachter] 29², 5.
Eaglesbau [Eiselen] 29², 5.
Eaſliſ [Schindel] 29², 5.
Eance [Fiſcher] 29², 6.
Eane [Eiſelen] 29², 6.
Eanne, Ste. [Fiſcher] 29², 6.
Earlom (Rich.) [Weiſe] 29², 6.
Earne oder Erne [Eiſelen] 29², 6.
Easdale [Eiſelen] 29², 6. ..
Eaſo [Zander] 29², 6.
Eaſtbourne [Eiſelen] 29², 6.
Eaſt-Grinſtrad [Eiſelen] 29², 7.
— Jsley, Eaſt-Jsley [Eiſelen]
29², 7.
— Loo [Eiſelen] 29², 7.
— Lothian [Eiſelen] 29², 7.
— Meath [Eiſelen] 29², 7.
— Riding [Eiſelen] 29², 7.
— Thurſo [Eiſelen] 29², 7.
— Wood [Eiſelen] 29², 7.
Eatna [Richter] 29², 7.
— Rabai [Richter] 29², 7.
Eaulne, Eaune [Fiſcher] 29², 8.
Eauze, Eanſe [Fiſcher] 29², 8.
Ebal [Schindel] 29², 8.
Ebalia [Thon] 29², 9.
Ebbe und Fluth [Kämtz] 29², 9.
Ebbehult, Stora [v. Schubert]
29², 18.
Ebbeleſtorp [Wachter] 29², 18.
Ebbelen(Siele)(v.Gehren)29²,29.
Ebetorp [v. Schubert] 29², 30.
Ebdlingham [Fiſcher] 29², 30.
Ebbo, Ebo(Erzbiſchof von Rheims
[Wachter] 29², 30.
— (Biograph des Biſchofs Otto
des Heiligen von Bamberg)
[Wachter] 29², 42.
— Eppo (Biſchof von Worms)
[Wachter] 29², 38.   [43.
Ebdelſchi-Burehan [Richter] 29²,
Ebberelöi-Ralpa, ſ. unter Ralpa.
Ebdecz [Schreiner] 29², 43.
Ebel (Joh. Gottfr.) [Eiſcher] 29²,
49.   [29², 50.
Ebeleben [Boyneburg-Lengsfeld]
Ebeling (Joh. Georg u. Chriſtoph
Daniel) [Fink] 29², 52.
Ebell (Heinr. Karl)[Fink] 29²,52.
Ebeltoſt [v. Schubert] 29², .
Eben und Brunn [Boyneburg-
Lengsfeld] 29², 54.
Ebenacaae [Sprengel] 29², 54.
Ebenan [Schreiner] 29², 55.
Ebenbürtigkeit [Died] 29², 55.
Ebene oder ebene Fläche (math.)
[Garz] 29², 56.
— (phyſikal., mech. u. geogr.)
[Kämtz] 29², 61.   [66.
— bei Caſtelli [Schreiner] 29²,
Ebenezer [Schindel] 29², 66.
Ebenfurth [Eiſenmann] 29², 66.
Ebenhauſen [Eiſenmann] 29², 66.
Ebenholz [Sprengel] 29², 66.

Ebeniſten 29², 67.   [419.
Ebenoxylon, ſ. Diospyrus 25,
Ebenſee [Schreiner] 29², 67.
Ebenthal [Schreiner] 29², 67.
Ebenns [Sprengel] 29², 67.
Ebenmeyer, Ebensweyer[Schrei-
ner] 29², 68.
Eber (Paul) [Erharb] 29², 68.
Eber und Eberbilber [Wachter]
29², 69.   [29², 76.
Eberach, Ebracum [v. Stramberg]
Eberau [Schreiner] 29², 91.
Eberbach (Ciſtercienſerabtei [v.
Stramberg] 29², 91.
— (Dorf und Fluß im Elſaß)
[Fiſcher] 29², 96.
— (Familie) [Erharb] 29², 96.
Eberſche, ſ. Pyrus.
Ebergaſſing [Schreiner] 29², 98.
Eberhard (Geogr.) [Rumy] 30, 1.
— (als Name) 30, 1.
— I. u. II. (Biſchöfe von Augs-
burg) [Jäd] 30, 1.
— I. u. II. (Biſchöfe von Bam-
berg) [Wachter] 30, 2.
— I. u. II. (Biſchöfe von Banz)
[Jäd] 30, 22.
— I. u. II. (Biſchöfe von Con-
ſtanz) [Jäd] 30, 23.
— I. u. II. (Biſchöfe von Eich-
ſtätt) [Jäd] 30, 23.
— (Erzbiſchof von Mainz)[Wach-
ter] 30, 24.
— I., II. u. III. (Biſchöfe von
Michelsberg) [Jäd] 30, 32.
— Schwab (Biſchof von Regens-
burg) [Jäd] 30, 32.
— I., II., III. u. IV. (Biſchöfe
von Salzburg) [Jäd] 30, 33,
34, 36, 37.
— (Erharb, Biſchof von Speier)
[Jäd] 30, 37.   [ter] 30, 37.
— (Erzbiſchof von Trier) [Wach-
— I., II. u. III. (Biſchöfe von
Worms) [Jäd] 30, 44.
— (Herzog von Friaul) [Wach-
ter] 30, 44.   [ter] 30, 48.
— (Herzog der Franken) [Wach-
— (Herzog von Baiern) [Wach-
ter] 30, 74.
— I. (der Erlauchte, Graf von
Würtemberg)[Wachter]30,81.
— II. (der Greiner, Graf von
Würtemberg)[Wachter]30,86.
— III. (der Milbe, Graf von
Würtemberg)[Wachter]30,98.
— IV. (der Jüngere, Graf von
Würtemberg)[Wachter]30,105.
— I. (mit dem Barte, Graf und
Herzog von Würtemberg und
Ted) [Wachter] 30, 106.
— II. (Graf und Herzog von
Würtemberg und Ted) [Wach-
ter] 30, 141.
— III. (Herzog von Würtem-
berg) [Wachter] 30, 166.

Eberharb Ludw.(Herzog von Wür-
temberg) [Wachter] 30, 189.
— (Graf von Nellenburg)[Wach-
ter] 30, 211.   [ter] 30, 214.
— (Graf von der Mark) [Wach-
— (von Monbeim (Teutſch-Or-
densmeiſter)[Wachter] 30, 219.
— (Mönch von Fulda); Eberh.
von Ganbersheim (Geſchicht-
ſchreiber) [Wachter] 30, 220.
— (Joh. Aug. [Döring] 30, 223.
Eberharb-Clauſen[v. Stramberg]
30, 226.   [229.
Eberhart (Daniel) [Wachter] 30,
Eberl (Anton) [Fink] 30, 230.
Eberlin oder Eberlein (Johann)
[Erharb] 30, 231.
Ebermaier(Joh.ErdwinChriſtoph)
[Döring] 30, 238.   [238.
Ebermannſtadt [Eiſenmann] 30,
Ebern [Eiſenmann] 30, 239.
Ebernach [v. Stramberg] 30,239.
Ebernburg [v. Stramberg] 30,
239.
Eberraute, Eberreis, ſ. Artemisia
Abrotanum 5, 449.
Eberoberg, Ebelsberg [Geogr. u.
Geſch.) [Schreiner] 30, 244.
— (in Baiern) [Eiſenmann] 30,
246.
Ebersburg [Gottſchald] 30, 246.
Ebersborf an der Donau (unweit
Wien; und Geſchlecht E.) [v.
Stramberg] 30, 246.
— (in Sachſen und Steiermark)
[Schreiner] 30, 251.
— (Groß-, in Mähren) [Schrei-
ner] 30, 252.
Ebersbrunn [Schreiner] 30, 252.
Ebersmünſter, Ebersheimmünſter
[Fiſcher u. v. Stramberg] 30,
252.
Eberſtein (in Baiern; Geſch.;
Geſchlecht)[v.Boyneburg-Lengs-
feld] 30, 253.   [30, 262.
— (in Oeſterreich) [Schreiner]
— (Wilh. Ludw. Georg b.)
[Döring] 30, 261.
Eberswalb[v. Stramberg]30,262,
ter] 30, 263.
— (Joh. Arnold und Joh. Ja-
cob) [Döring] 30, 270. 272.
Eberthal [Schreiner] 30, 273.
Ebertuſt [Wachter] 30, 273.
Eberwein (Eberwin b. Cronen-
berg) [Jäd] 30, 276.
Ebertourg, ſ. Carlina 15, 191.
Ebesfalva, Erſebetváros [Schrei-
ner] 30, 277.   [30, 278.
Ebioniten oder Ebionäer [Dähne]
Ebiana [Zander] 30, 283.
Eblarn, und Deblarn [Schrei-
ner] 30, 283.
Ebliſ [Richter] 30, 284.   [284.
Ebnat, Ebnath [Eiſenmann] 30,

Ebner von Eſchenbach [b. Boyne-
burg-Lengsfeld] 30, 284.
Ebnet [v. Stramberg] 30, 288.
Ebn Moſſab [Wachter] 30, 289.
Ebo, ſ. Ebbo 29², 30.   [293.
Eboli (Familie) [b. Witleben] 30,
—, Eoli (Geogr.) [Fiſcher] 30,
295.
Ebora [Zander] 30, 295.
Eboracum [Zander] 30, 295.
Ebrach (Flüſſe) [Jäd] 30, 295.
— (Dorf) [Eiſenmann u. Jäd]
30, 296.
Ebrachar [Wachter] 30, 297.
Ebreichsborf, auch Kotbing-Ebers-
borf von Eberºdorf am Moos
genannt [Schreiner] 30, 298.
Ebremar (Patriarch von Jeruſa-
lem) [Wachter] 30, 305.
Ebrémond [Fiſcher] 30, 305.
Ebreuil [Fiſcher] 30, 305.
Ebriach [Schreiner] 30, 305.
Ebrimir (Jäd) [v. Stramberg] 30,
305.
Ebro [Fiſcher] 30, 306.
Ebroin [Wachter] 30, 307.
Ebron [Schindel] 30, 325.
EbudaeInsulae[Zander]30,325.
Ebulo (Petrus u. Eulo) [Wach-
ter] 30, 325.
Ebulus, ſ. Sambucus.
Eburaci [Zander] 30, 351.
Eburia [Germar] 30, 352.
Eburis [Wachter] 30, 352.
Eburna [Thon] 30, 353.
Eburnus, ſ. Eburna 30, 353.
Eburobriga [Zander] 30, 354.
Eburobunum [Zander] 30, 354.
Eburones [Zander] 30, 355.
Eburum [Wachter] 30, 355.
Ebuſus [Zander] 30, 355.
Ecaillon [Fiſcher] 30, 355.
Ecalles [Fiſcher] 30, 356.
Ecaquelon [Fiſcher] 30, 356.
Ecarbanville [Fiſcher] 30, 356.
Ecastaphyllum [Sprengel] 30,
356.   [30,557.
Ecaulſinnes b'Enghien [Fiſcher]
Ecbalium, ſ. Momordia.
Ecbolium, ſ. Justicia.
Eccard (Joh.) [Fink] 30, 357.
— b. Nellenburg (Abt) [Jäd]
30, 357.
— (Meiſter) 40¹, 1.
Echo, Etcho [Jäd] 30, 358.
Eccles (Salomon) [Fink] 30,358.
Eccleſsfelb [Eiſelen] 30, 358.
Eccoptogaster, ſ. Scolytus.
Eccoptus, ſ. Zygops.   [358.
Ecctremocarpus [Sprengel] 30,
Echicius 30, 359.
Echaffautagen [b. Hoyer] 30,359.
Echalar [Fiſcher] 30, 359.
Echallat [Fiſcher] 30, 359.
Echallon [Fiſcher] 30, 359.
Echandelb [Fiſcher] 30, 359.
Echarri [Fiſcher] 30, 359.
Echaſtières [Fiſcher] 30, 359.
Echaubrognes [Fiſcher] 30, 359.

Efel [Rofenban..u] 33, 50.
Efenäs [v. Schubert] 33, 51.
Efern [v. Schubert] 33, 51.
Eferö [v. Schubert] 33, 52.
Efeßß [v. Schubert] 33, 52.
Efhammat [v. Schubert] 33, 52.
Efhe [Richter] 33, 52.
Efholmen [v. Schubert] 33, 52.
Efhummesfoa [Richter] 33, 52.
Efkäla [v. Schubert] 33, 58.
Efkeharbus [Fischer] 33, 58.
Efkieder-Euouvso [Richter] 33, 60.
Efflefia [Meier] 33, 60.
—, Ecclesia (und davon abge-
leitete Wörter), s. Kirche.
Efkslerma [Müller] 33, 75.
Efleftifer (philof.) 33, 81.
— (medicin.) [Theile] 33, 82.
Eflipfe [Dippe] 33, 82.
Efliptif [Dippe] 33, 83.
Efloge 33, 86.
Efnö [v. Schubert] 33, 86.
Efnomos 33, 86. [86.
Eföl und Efel [Schreiner] 33,
Efoßund [v. Schubert] 33, 86.
Efphantos, f. Pythagoreer.
Efpyrofis, f. Palingenefie.
Efregma, f. Sirbonis.
Efron, Akaron 33, 87.
Efhafa, f. Euzsisdung. [33, 87.
Efftröm [Daniel] [v. Schubert]
Efthefis [Franke] 33, 87.
Efthlipfis [Grotefend] 33' 88.
Eftropium, f. Augenkrankheiten
6, 350.
Efttya, f. Eumniae 57, 256.
Efzema, Efhesma, f. Hihflattern.
E la [Fink] 33, 89.
Efa [Röbiger] 33, 90.
Elachia [v. Schubert] 33, 90.
Elachythamnus [Sprengel] 33,
90.
Elaia [Zander] 33, 90.
Elaeae Portus [Zander] 33, 91.
Elaeagneae [Sprengel] 33, 91.
Elaeagnus [Sprengel] 33, 91.
Elaeis [Sprengel] 33, 92.
Elaeocarpeae, f. Tiliaceae.
Elaeocarpus [Sprengel] 33, 92.
Elaeococca [Sprengel] 33, 93.
Elaeodendron [Pflanzengatt.]
[Sprengel] 33, 93.
—, f. Sideroxylon.
Elaeolith, f. Nephelin.
Elaeopten [Döbereiner] 33, 93.
Elaeosaccharn [Döbereiner] 33,93.
Elaeoselinum [Sprengel] 33,
94.
Elaeprinos [Sprengel] 33, 94.
Elaeus [Zander] 33, 94.
Elafusa [Zander] 33, 94.
Efa [Richter] 33, 95. [95.
Elain, Olein [Döbereiner] 33,
Elaiothefion, f. Gymnafium.
Elais [Mhth.] [Richter] 33, 98.
—, f. Elaeis 33, 92.
Elafataeus [Richter] 33, 98.
Elala, f. Marokko.
Elam [Röbiger] 33, 98.

Elampus [Germar] 33, 99.
Elan [Fischer] 33, 99.
Eland oder Eland [Eifelen] 33,
99.
Elanus [Burmeister] 33, 99.
Elaphebolos [Richter] 33, 100.
Elaphidea [Richter] 33, 100.
Elaphidion [Germar] 33, 100.
Elaphifa [Richter] 33, 100.
Elaphion, f. Elaphidea 33, 100.
Elaphitis [Zander] 33, 100.
Elaphoboscum [Sprengel] 33,
100.
Elaphocera [Germar] 33, 100.
Elaphomyces [Sprengel] 33,
100. [101.
Elaphoscorodon [Sprengel] 33,
Elaphrium [Sprengel] 33, 101.
Elaphrus [Germar] 33, 101.
Elapidae [Burmeister] 33, 101.
Elaps [Burmeister] 33, 102.
Elaputten [Richter] 33, 102.
Elara [Richter] 33, 102.
El-Arbd [Rommel] 33, 102.
Elasmotherium [Germar] 33,
103.
Elasos [Richter] 33, 103.
Elasticität [Bernhardt] 40[1], 69,
Elate [Sprengel] 33, 103.
Elateia [Zander] 33, 103.
Elaterides [Germar] 33, 104.
Elaterin [Döbereiner] 33, 101.
Elaterium [Sprengel] 33, 108.
Elaterometer, f. Elasticität 40[1],
Elatine [Sprengel] 33, 108.
Elatineae [Sprengel] 33, 109.
Elato [Fischer] 33, 109.
Elatos [Richter] 33, 109.
Elatostema, f. Procris.
Elatreus [Richter] 33, 109.
Elba, Elva [Richter] 33, 109.
Elbe (die, in Oesterreich) [Schrei-
ner] 33, 111.
— (von ihrem Eintritt in Sach-
* fen bis zur Mündung) 33, 115.
Elbee, f. Benbee.
Elben [Richter] 33, 116.
Elberfeld, f. Wipper.
Elbeu [Eifelen] 33, 116.
Elbe-Leimig [Schreiner] 33, 116.
Elbeuf, Elboeuf [Fischer] 33, 117.
Elbeuf-fur-Seine [v. Stramberg]
33, 117.
Elbing [Sülpfe] 33, 123.
Elbingerode [Gottschalck] 33, 124.
Elbschiffahrts-Acte [Vogel] 33,
125.
Elburg [Richter] 33, 126.
Elburß [Röbiger] 33, 126.
Elfhe [Fischer] 33, 127.
Elfhingen [v. Stramberg] 33,127.
Elfhingen [Fischer] 33, 129.
Elbe 33, 129.
Elben 33, 129. [129.
Elder oder Elbir [Richter] 33,
Elbhrimner [Richter] 33, 130.
Elea [Zander] 33, 130. [132.
Eleale oder Eale [Röbiger] 33,

Eleafar (Männer der jüb. Gefch.)
[Röbiger] 33, 132.
— (Rabbiner) [Röbiger] 33, 133.
Eleaten, Eleatifer 33, 134.
El-Ebwä [Fischer] 33,·134.
Electio Fori [Vogel] 40[1], 71.
— per compromissum [Vogel]
40[1], 71.
Electra [Sprengel] 33, 134.
Electuarium [Döbereiner] 33,134.
Eledona [Burmeister] 33, 134.
Eledone [Burmeister] 33, 134.
Elefant, Lefant [Rumy] 33, 135.
Elegia [Sprengel] 33, 135.
Elegis 33, 135.
Eleia, Elea [Richter] 33, 138.
Eleios, Eleos [Richter] 33, 138.
Eleiotis [Sprengel] 33, 138.
Elef [Schreiner] 33, 138.
Elektra [Richter] 33, 138.
Elektricität [Kämh] 33, 189.·
— (Pflanzenga.) [Sprengel] 33
— (Pflanzenga.) [Sprengel] 33
40[1], 71.
Elektrismirmaschine [Richter] 33,
236. [40[1], 71.
Elektrochemismus [Bernhardt]
Elektromagnetismus [Bernhardt]
40[1], 74.
Elektryon [Richter] 33, 236.
Elektryone [Richter] 33, 236.
Eleleus [Richter] 33, 236.
Elelphakos [Sprengel] 33,236.
Element, elementar 33, 296.
Elementaranalyfe [Döbereiner]
33, 237.
Elemente [Kämh] 33, 297.
Elemi [Döbereiner] 33, 244.
Elena [Pöppig] 33, 245.
Elenchus 33, 245. [33, 246.
Elend, Elendsburg [Gottschalck]
Elenia [Pöppig] 33, 246.
Eleocharis, f. Scirpus.
Eleogenus, f. Scirpus.
Eleogiton, f. Scirpus.
Eleon [Zauber] 33, 246.
Eleonore (Herzogin von Guyenne
und Poitou) [Herrmann] 33,
246. [33, 248.
— (von Castilien) [Herrmann]
— (von Oesterreich) [Herrmann]
33, 248.
— Teller de Meneses (Königin
von Portugal) [Herrmann] 33,
249.
— (Gemahlin Eduard's I. von
Portugal) [Herrmann]33,249.
— (Tochter Eduard's I. von Por-
tugal) [Herrmann] 33, 250.
— (Magdalene Therefia, Gemah-
lin Kaiser Leopold's I.) [Herr-
mann] 33, 250. ·
— Chriftine (Tochter des Königs
Chriftian IV. von Dänemark) [v.
Gehren] 33, 251. [33, 94.
Eleoselinum, f. Elaeoselinum
Elephante [Richter] 33, 252.
Elephantenfuß [Kämh] 33, 253.
Elephantenlaus, f. Anacardium
3, 442; Semecarpus.·
Elephantenorden [Gottschalck] 33,
253. [254.
Elephantiafis [Rofenbaum] 33,

Elephantine 33, 255.
Elephantis [Richter] 33, 256.
Elephantopus [Sprengel] 3[
256.
Elephantusia, f. Phytelephas.
Elephas [Säugethierg.] [Burmei-
fter] 33, 257. [36
— (Pflanzeng.) [Sprengel] 33
Elephenor [Richter] 33, 266.
Eleob [Schreiner] 33, 267.
Eleoß [Rumy] 33, 267.
Elete, f. Horae; Lelete.
Elettaria [Sprengel] 33, 267.
Elenchia [Richter] 33, 267.
Elend [Rumy] 33, 267.
Elens, f. Eleos 33, 138.
Eleufis 33, 267.
Eleufina [Richter] 33, 267.
Eleufine [Sprengel] 33, 267.
Eleufinien [Müller] 33, 268.
Eleufinos [Richter] 33, 296.
Eleufis 33, 296.
Eleuter [Richter] 33, 296.
Eleuthera [Pöppig] 33, 296.
Eleutherä 33, 297.
Eleutheranthera, f. Euxenia,
im Art. Podanthus. [297.
Eleutheria, f. Eleutherios 33,
Eleutheriologie, f. Wille.
Eleutherios [Richter] 33, 297.
Eleutherius [Fink] 33, 298.
Eleutherochaeta,f. Robinsonia.
Eleutherogenon, f. Erigeron 37,
99.
Eleutherolepis, f. Robinsonia.
Eleutheropolis[Röbiger] 33, 298.
Eleutheros [Richter] 33, 299.
Eleutho, f. Eileithyia 32, 215.
Elevation, f. Höhe.
— (bei der Artillerie) [v. Ho-
yer] 33, 299.
Elevatorium (in der Anatomie)
[Seiler] 33, 299.
Elfdalen [v. Schubert] 33, 299.
Elfen [Richter] 33, 301.
Elfenbein 33, 304. [306.
Elfenbeinschwamm[Sprengel]33,306.
Elfenhaufen [Eifenmann]33,306.
Elfkarleby [v. Schubert] 33, 306.
Elfkarö [v. Schubert] 33, 306.
Elflangen [v. Schubert] 33, 306.
Elfroö [v. Schubert] 33, 306.
Elfsborg [v. Schubert] 33, 307.
Elfsborgs-Län [v. Schubert] 33,
307.
Elfsby [v. Schubert] 33, 308.
Elfsnabben [v. Schubert] 33,308.
Elga [Fischer] 33, 308.
Elgeba [v. Schubert] 33, 308.
Elger oder Elger (Ottomar)
[Weise] 33, 308.
Elgersburg 33, 308.
Elghammar [v. Schubert]33,308.
Elgia [Richter] 33, 308.
Elgin (Geogr.) [Eifelen] 33, 308.
— (Gefchlecht) [v. Stramberg]33,
308.
Elgolbar [Fischer] 33, 319.
Elgovae, f. Selgovae.
Elgueta [Fischer] 33, 319.

Elhanne, f. Henne; Lawsonia.
Eli [Röbiger] 33, 319.
Elia, Sau [Fischer] 33, 319.
Elias, Elias von Lauffen [Escher] 33, 319.
Eljakim [Röbiger] 33, 320.
Elias [hebr. Prophet] [Röbiger] 33, 320.
— (mehrere Schriftsteller der syr. Kirche) [Röbiger] 33, 324.
— (St. (Dorf in Kroatien) [Schreiner] 33, 325.
— — (Berg in Nordamerika) [Eiselen] 33, 325.
Elias Beschißi [Röbiger] 33, 326.
Elias Levita [Röbiger] 33, 326.
— Misrachi [Röbiger] 33, 327.
Eliberi, Eliberis, f. Illiberis.
Eliohrysum [Sprengel] 33, 327.
Elicius [Richter] 33, 329.
Elico [Escher] 33, 330.
Elicoci, f. Elui 33, 472.
Elifer; (den Ophran); E. (den Nathan); E. (aus Meß); E. (den Elia) [Röbiger] 33, 330. 331.
Elieus [Richter] 33, 331.
Eligius [Flint] 33, 331.
Elil [Fischer] 33, 332.
Elim [Röbiger] 33, 332.
Elima [v. Schubert] 33, 332.
Elimination [Garth] 33, 332.
Elincourt [Fischer] 33, 337.
Elio (Franz Xavier) [Herrmann] 33, 337.
Elionurus [Sprengel] 33, 338.
Eliot oder Elliot (Joh.) [Franke] 33, 338.
Elipandus, f. Adoptianer 1, 437.
Eliph, St. [Fischer] 33, 339.
Eliphius, St. [Flint] 33, 339.
Elis (Geogr.) [Zauber] 33, 340.
Elis, f. Scolia.
Elisa (der Prophet) [Röbiger] 33, 346.
— (geogr. Bezeichnung) [Röbiger] 33, 346.
Elisabeth (hebr. Name) [Röbiger] 33, 347.
— (Aebtiffin des Klosters Schönau) [Flint] 33, 347.
— (die Heilige, Landgräfin von Thüringen) [Flint] 33, 348.
— (Gemahlin König Johann's von Böhmen) [Herrmann] 33, 359.
— (Gemahlin Christian's II. von Dänemark) [Herrmann] 33, 359.
— oder Isabella (Gemahlin Philipp's II. von Frankreich) [Herrmann] 33, 360.
— oder Isabella von Kragonien (Gemahlin Philipp's III. von Frankr.) [Herrmann] 33, 360.
— (Gemahlin Karl's IX. von Frankr.) [Herrmann] 33, 360.
— (Philippine Maria Helena, Schwester Ludwig's XVI.) [Herrmann] 33, 361.
— (Gemahlin Eduard's IV. von England) [Herrmann] 33, 361.

Elisabeth (Königin von England) [Herrmann] 33, 362.
— (Gemahlin des Grafen Friedrich von der Pfalz) [Herrmann] 33, 364. [mann] 33, 365.
— (Königin von Jerusalem) [Herrmann] 33, 365.
— (Kaiserin von Rußland) [Herrmann] 33, 365.
— (Gemahlin des Kurfürsten Friedrich mit der gebiffenen Wange) [Herrmann] 33, 367.
— (Gemahlin Philipp's II. von Spanien) [Herrmann] 33, 368.
— Farnese (Gemahlin Philipp's V. von Spanien) [Herrmann] 33, 368.
— (Clara Eugenia; Gemahlin des Erzherzogs Albrecht von Oesterreich) [Herrmann] 33, 368.
— Christine (Gemahlin Friedrich's II. von Preußen) [Herrmann] 33, 369.
— (Gemahlin des teutschen Kaisers Albrecht I.) [Herrmann] 33, 369.
— (Gemahlin des teutschen Kaisers Karl IV.) [Herrmann] 33, 369.
— (Gemahlin des teutschen Kaisers Albrecht II.) [Herrmann] 33, 369.
— Christine (Gemahlin Kaiser Karl's VI.) [Herrmann] 33, 370.
— (Gemahlin des Landgrafen Heinrich von Heffen) [Herrmann] 33, 370.
— (Tochter des Markgrafen Moriß von Heffen) [Herrmann] 33, 371.
— (Gemahlin Karl's I. von Ungarn) [Herrmann] 33, 372.
— (Gemahlin Ludwig's I. von Ungarn) [Herrmann] 33, 372.
— (Gemahlin des Königs von Ungarn Johann von Zapolya) [Herrmann] 33, 373.
— (zwei Flüsse in Nordamerika) [Eiselen] 33, 373.
— St., (zwei ungar. Dörfer) [Schreiner] 33, 373.
Elisabethblümchen, f. Helianthemum vulgare.
Elisabeth-City [Eiselen] 33, 373.
Elisabethgrab [Petri] 33, 373.
Elisabethinerinnen [Flint] 33,373.
Elisabethinseln [Eiselen] 33, 374.
Elisabethorden [Gottschald] 33, 374.
Elisabethstadt (b. Benigni] 33,375.
Elisabethtown [Eiselen] 33, 375.
Elisko de Medinilla [Baltasar] [Wolff] 33, 375.
Eliffa, f. Dido 24, 538.
Eliub [Richter] 33, 377.
Eliun [Richter] 33, 377.
Elivagar [Richter] 33, 377.
Elixiria [Döbereiner] 33, 377.

Elixivatio [Döbereiner] 33, 378.
Elijondo [Fischer] 33, 379.
Elk [Eiselen] 33, 379.
Elkana [Röbiger] 33, 379.
Elkane [Sprengel] 33, 379.
Elk Lake [Eiselen] 33, 379.
Elkosch [Röbiger] 33, 379.
Elk River [Eiselen] 33, 380.
Elkton [Eiselen] 33, 380.
Ell, Elly [Fischer] 33, 380.
Ellagfäure [Döbereiner] 33, 380.
Ellak, f. Eßel 38, 404.
Ellbogen [Schreiner] 33, 381.
Ellbogner Kreis [Schreiner] 33, 382.
Ellbrimmer [Richter] 33, 398.
Elle [Fischer] 33, 398.
Elleborine, f. Helleborn.
Elleborus, f. Helleborus.
Ellebolm [v. Schubert] 33, 398.
Ellen [v. Stramberg] 33, 398.
Ellenbroug [Eiselen] 33, 398.
Ellenbach [Eid] 33, 398.
Ellenz [v. Stramberg] 33, 399.
Eller (Geogr. u. Gesch.) [v. Stramberg] 33, 399.
— (Johann Theodor) [Theile] 33, 400.
Eller, f. Alnus 3, 185.
Ellerbach [v. Stramberg] 33, 401.
Ellero [Fischer] 33, 403.
Elleophontes, f. Bellerophontes 8, 445.
Ellesous [Germar] 33, 403.
Ellesmere [Eiselen] 33, 403.
Ellegelles [Fischer] 33, 403.
Elli [Richter] 33, 403.
Ellice's Gruppe, f. Pehstersinseln.
Elliger (Otmar) [Weise] 33, 403.
Elligoun [Eisenmann] 33, 404.
Elliot (William) [Weise] 33, 404.
— (Georg August, Lord Heathfield) [Herrmann] 33, 404.
— (Geogr.) [Eiselen] 33, 405.
Elliottia [Sprengel] 33, 405.
Ellipse (Mathem.) [Sohncke] 33, 405.
Ellipse (mathem. und rhetorisch) [Gräffe] 33, 411.
Ellipsograph, f. Ellipse 33, 405.
Ellipsoid [Sohncke] 33, 413.
Ellipsostomata [Burmeister] 33, 414. [40¹, 77.
Elliptische Functionen [Sohncke]
Elliptoides, f. Ellipse 33, 405.
Ellis (engl. Familie) [v. Stramberg] 33, 414.
— (Geo.) [Gräffe] 33, 415.
— (John) [Theile] 33, 416.
Ellißer [Richter] 33, 417.
Ellisia [Pflanzeng.] [Sprengel] 33, 417.
— —, f. Alnus 3, 185.
Ellis-Insel [Eiselen] 33, 417.
Ellobocarpus [Sprengel] 33, 417. [33, 418.
Ellopia (Entomol.) [Germar]
— (Geogr.) [Zauber] 33, 418.

Ellops [Richter] 33, 418.
Ellora [Richter] 33, 418.
Ellrichshausen [Rusch] 33, 420.
Ellwangen (würt. Amt u. Stadt) 33, 420.
— (Probstei) [v. Stramberg] 33, 421.
Elmatin oder Elmacinus [Röbiger] 33, 426.
Elmarshausen [Landau] 33, 426.
Elmendorf [v. Boyneburg-Lengsfeld] 33, 426.
Elmina oder St. Georg bella Mina [Fischer] 33, 427.
Elmis [Germar] 33, 427.
Elmo, St. [Fischer] 33, 427.
Elmsfeuer, f. Dioskuri 25, 404.
Elmshorn [v. Schubert] 33, 427.
Elmstein [Eisenmann] 33, 428.
Elne [Fischer] 33, 428.
Eloah, f. Elohim 33, 428.
Elodea [Sprengel] 33, 428.
Elobes, f. Elobes.
Elohim, Eloah [Röbiger] 33, 428.
Eloi [Richter] 33, 430.
Elone [Zauber] 33, 430.
Elophilus, f. Helophilus.
Elophorus [Germar] 33, 431.
Elops [Burmeister] 33, 431.
Elorn [Eiselen] 33, 431.
Elorus [Zauber] 33, 431.
Elß-Sgäußa, auch Elß-Sgäußa [Schreiner] 33, 432.
Elouges [Fischer] 33, 432'
Eloy (Geogr.) [Fischer] 33, 432.
— (Nicolas Franç. Jos.) [Theile] 33, 432.
Elpe [Richter] 33, 432.
Elpenor [Richter] 33, 432.
Elphegus, f. Psiadia; E., f. Maielria; Felicia, im Art. After 6,136,
Elpbin [Eiselen] 33, 432.
Elpbinstone [v. Stramberg] 33, 432.
Elpidio, San [Fischer] 33, 439.
Elpidius [v. Stramberg] 33, 439.
Elpinife, f. Miltiabes.
Elrich [Gottschald] 33, 440
Els [Schreiner] 33, 440.
Elsa (Nebenfl. der Ober) [Schreiner] 33, 440. [33, 441.
Elsaß, f. Islan.
Elsaphan oder Elisaphan [Röbiger] 33, 441.
Elsarn oder Elsing [Schreiner] 33, 441.
— und Burgund (Teutsche Osbensbahbeit) [v. Stramberg] 33, 459.
Elsaßa, Elsawa, Elsaß 33, 462.
Elsbeerbaum, f. Pyrus torminalis.
Elsenbeere, f. Prunus Padus.
Elsenheim [Fischer] 33, 462.
Elsfleth [Hollmann] 33, 463.
Elsgau [v. Stramberg] 33, 464.
Elsholtzeia [Sprengel] 33, 465.
Elsholz [Joh. Sigism.] [Theile] 33, 465.
18*

Encauſſe [Fiſcher] 34, 185.
Encelia, ſ. Pallasia.
Encephalium, ſ. Naematelia.
Enchelanae [Zander] 34, 186.
Enchelzae [Zander] 34, 186.
Enchelyopus [Burmeiſter] 34, 186.
Enchelys [Burmeiſter] 34, 186.
Enchiridion [Samuel] 34, 186.
Enchusa [Sprengel] 34, 186.
Enchylaena [Sprengel] 34, 186.
Enchysia, ſ. Laurentia.
Encina [Fiſcher] 34, 187.
— oder Enzina (Juan del) [Wolf] 34, 187.
Encinacerva [Fiſcher] 34, 189.
Encinaſola [Fiſcher] 34, 189.
Enciſo [Fiſcher] 34, 189.
Endevoirt [v.Stramberg] 34, 189.
Enclaven [Delekind] 34, 192.
Enclitica oder Encliticae [Eckſtein] 34, 196.
Encoelites [Roſt] 34, 200.
Encoelium [Sprengel] 34, 201.
Encolpius [Bähr] 34, 201.
Encoubert [Burmeiſter] 34, 201.
Encrasicholus [Burmeiſter] 34, 201.
Encrinites [Roſt] 34, 202.
Encrinus [Burmeiſter] 34, 202.
Encyanthus [Sprengel] 34, 204.
Encyclia [Sprengel] 34, 204.
Encyklopädie [Krug] 34, 204.
— phyſicaliſche) [v. Hammer-...] 34, 206.
Encyklopädiſten, ſ. Encyklopädie 34, 204.
Encyrtus [Burmeiſter] 34, 208.
Ende, von [v.Stramberg] 34, 209.
Endeavour [Eiſelen] 34, 213.
Endeis [Richter] 34, 214.
Endelechius, ſ.Severus Sanctus.
Endellione [Roſt] 34, 214.
Endemann (Samuel) [Döring] 34, 214.
Endemiſche Krankheiten [Roſenbaum] 34, 215.
Enderedorf [Schreiner] 34, 217.
Enderta [Kämk] 34, 217.
Endernagalar 34, 217.
Endery [v. Rommel] 34, 217.
Endespermum [Sprengel] 34, 217.
Endian 34, 217.
Endiandra [Sprengel] 34, 217.
Endibae 34, 218.
Endigetae, ſ. Indicetae.
Endingen [Keder] 34, 218.
Endivien, ſ. Cichorium (Endivia) 17, 243.
Endivis [Gerz] 34, 218.
Endobranchia [Burmeiſter] 34, 218.
Endocarpium, ſ. Frucht (botan.), im Art. Pflanzenkunde.
Endocarpon [Sprengel] 34, 218.
Endogenae, ſ. Pflanzenſyſtem, im Art. Pflanzenkunde.
Endogone [Sprengel] 34, 219.
Endoleuca, ſ. Metalasia.

Endomychus, (Eumorphus 39, 84. [im Art. Pflanzenkunde.
Endopleura, ſ. Frucht (botan.).
Endoptera [Sprengel] 34, 219.
Endor [Röbiger] 34, 219.
Endorrhizeae, ſ. Pflanzenſyſtem, im Art. Pflanzenkunde.
Endosmose und Erosmose [Döbereiner] 34, 219.
Endospermium, ſ. Frucht, im Art. Pflanzenkunde.
Endotriche, ſ.Gentiana 58,242.
Endöus 34, 220.
Endovelicus, Endovolicus, Endovolicus [Richter] 34, 221.
Endrachium, ſ. Humbertia.
Endre (Egent) [Schreiner] 34, 221.
Endreß [Schreiner] 34, 221.
Endreß(Joh.Georg) [Zäd]34,221.
Endrinal [Fiſcher] 34, 221.
Endröby (Johann Nepomuk von) [Rumy] 34, 221. [222.
Endromis (Altert.) [Bähr] 34, 222.
Endromis (Schmetterlingsgatt.) [Burmeiſter] 34, 222.
Endymatia [Bähr] 34, 223.
Endymion [Richter] 34, 223.
Ene [v. Schubert] 34, 224.
Enebæt [v. Schubert] 34, 224.
Enebogen, ſ. Ene 34, 224.
Enebu [v. Schubert] 34, 224.
Eneglaim [Röbiger] 34, 225.
Eneman (Michel) [v. Schubert] 34, 225.
Enemion [Sprengel] 34, 225.
Enen (Joh.) [Wyttenbach] 34, 225.
Enenkl (Joh.) [Döring] 34, 225.
Energumeni [Franke] 34, 226.
Enerthenema [Sprengel] 34, 227.
Eneus [Richter] 34, 227.
Enflade [v. Hoyer] 34, 227.
Engabrunn, auch Engelsbrunn [Schreiner] 34, 228. [231.
Engabba, Engabbi, ſ. Engebi 34,
Engang [Burmeiſter] 34, 228.
Engannim [Röbiger] 34, 228.
Enganno [Eiſelen] 34, 228.
Engano [Eiſelen] 34, 228.
Engastrimanteia, ſ. Bauchredner 8, 148. [401, 139.
Engau (Joh. Rud.) [Erhard]
Engbrüſtigkeit [Omelin] 34, 229.
Engebi [Röbiger] 34, 231.
Engel (Angelus, Joh.) 34, 232.
— (Angelus, Andr.) 34, 232.
— (Samuel) [Zöckert] 34, 232.
— (Joh. Jakob, Karl Chriſtian) [Döring] 34, 233. 238.
— (Johann Chriſtian v.) [Anmelt] 34, 238.
Engelberg (Geogr.) [Hendel v. Donnersmarck] 34, 240.
— (Geſchichte) [Meyer v. Knonau] 34, 243.
Engelbert (Egilberg ſ. von Bergen, Erzbiſchof ·und ·Kurfürſt zu Köln) [Zäd] 34, 247.

Engelbert XXII. (Biſchof zu Paſſau) [Zäd] 34, 247.
— (der Heilige, Erzbiſchof von Köln)(v.Stramberg)40¹,140.
Engelblümchen, ſ. Gnaphalium 71, 29.
Engelblume, ſ. Trollius.
Engelbrecht II. (Graf v. Falkenburg, Erzbiſchof und Kurfürſt zu Köln) [Zäd] 34, 248.
— III. (Graf v. d. Mark, Fürſtbiſchof zu Lüttich) [Zäd] 34, 248. [34, 248.
— der Dalefartier [Herrmann]
— (Hans) [v.Boſſe] 34, 249.
Engelbrechten (Cornelius, Vater und Sohn); E. (Lucas Cornelius) [Weiſe] 34, 250. 251.
Engelhard (Karl) [Zäd] 34, 251.
— (Nikolaus) [Fiſcher] 34, 251.
Engelhardsögeln oder Engelhartszell u. Engelszell [Schreiner] 34, 252.
Engelhardt (Karl Aug.) 34, 253.
Engelhardtia [Sprengel] 34, 254.
Engelholm [v. Schubert] 34, 254.
Engelhuſen (Theodoricus) 34,254.
Engelsberg [Schreiner] 34, 254.
Engelsbrüder, ſ. Gichtel 66, 437.
Engelsbrunn, auch Engelsbrunn [Schreiner] 34, 255.
Engelschall (Joſeph Friedrich) [Döring] 34, 255.
Engelschwemm [Franke] 34,256.
Engelsholm [v. Schubert] 34,257.
Engelsköpfchen, ſ. Acer campestre 1, 277.
Engelstrankwurz, ſ. Arnica montana 5, 379.
Engelsüß, ſ. Poliypodium.
Engelsüßwurzel [Döbereiner] 34, 257.
Engelsfota (v. Schubert] 34, 257.
Engelwurz, ſ. Angelica 4, 75; Ostericum. [257.
Engelwurzel [Döbereiner] 34,257.
Engen [Heymann] 34, 258.
Engenthal [Fiſcher] 34, 262.
Enger [Amtei] 34, 262.
Engerau [Fiſcher] 34, 262.
Engern [Rieſert] 34, 262.
Engerö [v. Stramberg] 40¹, 149.
Engersdorf [Schreiner] 34, 262.
Engersgau [v. Stramberg] 40¹, 151. [34, 263.
Engerström (Joh.) [v. Schubert]
Engesta (Geogr.) [Fiſcher] 34, 263. [34, 263.
— (Geſchlecht) [v. Stramberg]
Enghien-Montmorency [Fiſcher] 34, 285.
Engl von Wagrain [v.Stramberg] 34, 285.
England (Geogr., Gesch., Statiſtit) [Fiſcher] 34, 287.
— (Klein-E.) [Eiſelen] 34, 387.
— (Neu-E.) [Eiſelen] 34, 388.

Englibe [Wachter] 34, 390.
Engliſch-Blau, ſ. Färberei 41, 68.
Engliſche Gartenkunſt, ſ. Gartenkunſt 54, 65.
— Kirche [Eiſelen] 34, 390.
— Krankheit [Roſenbaum] 34, 397.
— Kunſt (Baukunſt, Malerei, Bildhauerkunſt, Kupferſtecherkunſt) 34, 404. 408. 415. 418.
— (Muſit) [Fink] 34, 420.
— Sprache u. Literatur (Gräſſe) 40, 152.
Engliſcher Schweiß (Roſenbaum) 34, 428.
Engliſch-Gelb, ſ. Patentgelb.
— Gewürz [Döbereiner] 34,433.
— Klebpflaſter, ſ. Emplastrum (anglicum) 34, 129.
— Roth [Döbereiner] 34, 434.
Engliſh Cove [Eiſelen] 34, 434.
— Harbour [Eiſelen] 34, 434.
Engonaſi (Aſtron.) [Fiſcher] 34, 434. [435.
— (ein Bildniß) [Richter] 34,
Engtaulia [Burmeiſter] 34,436.
Engsöe, ſ. Mälerſee.
Enguera 34, 436.
Enguibanoó [Bähr] 34, 436.
Engweiler [Fiſcher] 34, 436.
Engyeus [Richter] 34, 436.
Engyon [Zander] 34, 436.
Enhaba, ſ. Enaba 34, 178.
Enharmoniſch [Fink] 34, 436.
Enhydra, Enydra [Sprengel] 34, 439.
Enhydris [Burmeiſter] 34,439.
Enhybrit [Roſt] 34, 439.
Enicho, Enicho [Fiſcher] 34, 439.
Enicos, ſ. Enzebi 35, 205.
Enigo oder Ennigo [Herrmann] 34, 441.
Enimie, Ste. [Fiſcher] 34, 441.
Enin [Pöppig] 34, 441.
Eningia, ſ. Finnland 44, 275.
Enipeus [Richter] 34, 442.
Enipeus [Richter] 34, 442.
Entauskit [Lucanus] 34, 442.
Ente [Wachter] 34, 446.
Enfelabos [Richter] 34, 446.
Entbuyzen [Fiſcher] 34, 447.
Enkianthus, ſ. Eneyanthus 34, 204.
Entirös [v. Stramberg] 34, 447.
Enkoimesia, Incubatio, ſ. Tempelſchlaf.
Entöping [v. Schubert] 34, 448.
Enkratiten [Dähne] 34, 448.
Eukyanthus, ſ. Eneyanthus 34, 204.
Enna [Zauder] 34, 455.
Enne [Fiſcher] 34, 455.
Enneadecaterio, ſ. Meton.
Enneadynamis, ſ. Parnassia (palustris).
Enneaphyllon [Sprengel] 34, 456.
Enneapogon, ſ. Pappophorum.
Enneapyrgae [Zander] 34, 456.

Ennebrattur [Richter] 34, 456.
Ennelangur oder Ennelaugur [Richter] 34, 456.
Ennenst [v. Stramberg] 34, 456.
Ennezat [Fischer] 34, 457.
Enningbaien 34, 457.
Ennios [Richter] 34, 457.
Enniscortby [Eiselen] 34, 457.
Ennistillen 34, 457.
Ennius (oder Quintus Ennius) [Bähr] 34, 457.
Enno Ebzarbona, s. Ebzarb 31, 150.
— I.—III. (Grafen von Ostfriesland) [Gittermann] 34, 459. 460. 462.
— Ludwig (Fürst von Ostfriesland) [Gittermann] 34, 463.
Ennobius [Bähr] 34, 464.
Ennomos [Richter] 34, 466.
Ennosigaeos [Richter] 34, 466.
Eno [b. Schubert] 34, 466.
Eno oder Enonvest [v. Schubert] 34, 466.
Enoch (Ludwig) [Eicher] 34, 466.
Enodia [Richter] 34, 467.
Enodium, s. Molinia.
Enone [Thon] 34, 467.
Enontekis [v. Schubert] 34, 467.
Enope [Zander] 34, 467.
Enoplosus [Burmeister] 34' 467.
Enops [Richter] 34, 468.
Enoptromanteia, s. Mantik.
Enorches [Richter] 34, 468.
Enosichthon, s. Ennosigaeos 34, 466.
Enostose [Theile] 34, 468.
Enourea [Sprengel] 34, 468.
Enquera [Fischer] 34, 468.
Enriquez [v. Stramberg] 34, 468.
Ens, s. Oesterreich.
Ensatae, s. Irideae.
Enschede [Fischer] 34, 483.
Ensenaba (Marquis Garcia de la Silva) [Herrmann] 34, 483.
Entete, s. Musa.
Ensheim, Enzheim [Fischer] 34, 483.
Ensisheim [Fischer] 34, 484.
Ensival [Fischer] 34, 484.
Enslär [v. Schubert] 34, 484.
Enslenia [Sprengel] 34, 484.
Ens Martis, s. Eisensalmiat 33, 12.
Enthena [Tschtein] 34, 485.
Ent (Georg) [Theile] 35, 1.
Entada [Sprengel] 35, 1.
Entaliten, s. Tubuliten.
Entasea [Sprengel] 35, 2.
Entazis [Bähr] 35, 2.
Entbindungs- ob. Entwickelungsapparat, s. Pneumatischer Apparat.
Entbindungskunst [Hohl] 35, 2.
Ente [Merrem] 35, 24.
Entebide [Richter] 35, 48.
Enteles [Sprengel] 35, 48.
Entelechie, s. Aristoteles 5, 202.
Entella [Zauber] 35, 48.
Entellos [Richter] 35, 49.

Enteneieröl [Döbereiner] 35, 49.
Enteneierschalen [Döbereiner] 35, 49.
Entenstott, Entengrün, Entengrütze, Entenlinie, s. Lemma.
Entenfuß, s. Podophyllum.
Enteridium, s. Reticularia.
Enterographa, s. Medusula (Asteriaea).
Entfärbung durch Kohle [Döbereiner] 35, 49. [35, 50.
Entfernung (math.) [Märtens] — (scheinbare), s. Geschf 64, 143.
Entführung [Buddeus] 35, 51.
Entfuseln des Branntweins [Döbereiner] 35, 64.
Entgegengesetzte(negative)Größen s. Größen.
Enthalt, s. Burg 14', 73.
Enthauptung [Buddeus] 35, 66.
Enthelminthologie, Endozoologie, Entozoologie [Treplin] 35, 76.
Enthenis [Richter] 35, 83.
Enthusiasmus [Schelder] 35, 83.
Enthymema [Grotefend] 35, 88.
Entimus [Germar] 35, 88.
Entlibuch [Henckel v. Donnersmarck] 35, 88.
Entobdella [Burmeister] 35, 93.
Entoganum, s. Melicope.
Entomoda [Burmeister] 35, 93.
Entomolithes, s. Trilobites.
Entomologie [Burmeister] 35, 93, 128. [128.
Entomophaga [Burmeister] 35, 128.
Entomostraciten, s. Trilobiten.
Entomotilla [Burmeister] 35, 135. [136.
Entomozaires [Burmeister] 35, Entophyta, s. Pilze.
Entosthodon, s. Weisia.
Entotoea, s. Eingeweidewürmer 32, 277. [136.
Entragues [v. Stramberg] 35, Entraigues [Fischer] 35, 146.
Entraines [Fischer] 35, 146.
Entrames [Fischer] 35, 146.
Entraque [Fischer] 35, 146.
Entrargues [Fischer] 35, 146.
Entrecasteaux [Geogr.] [Fischer] 35, 146.
— (Joseph Antoine Bruny d') [Hermann] 35, 147.
Entre Duro e Minho [Fischer] 35, 148. [35, 149.
Entrena und Entreña [Fischer] Entrevaur [Fischer] 35, 149.
Entrochiten [Roß] 35, 149.
Entzan [v. Hoyer] 35, 149.
Entschädigung [Buddeus] 35,150.
Entschädigung [Watsch] 35, 166.
Entzendorf [Schreiner] 35, 166.
Entzündung (phystt.), s. Feuer 43, 345; Wärme. [167.
— (pathol.) [Rosenbaum] 35.
Enucleator, s. Fringilla 50, 214.

Enuba-Mima [Richter] 35, 204.
Enubos [Richter] 35, 204.
Enula, s. Inula 19, 477.
Envermeu [Fischer] 35' 205.
Enyalios [Richter] 35, 205.
Enydra, s. Enhydra 34' 439.
Enydris [Burmeister] 35, 205.
Envebi (Georg u. Stephan) [Rumy] 35. 205. 206.
Enygria, s. Boa 11, 105.
Enyo (Myth.) [Richter] 35, 206.
Enyo, s. Theridiidae.
Enzersdorf [Schreiner] 35, 206.
Enzian, s. Gentiana 58, 242.
Enzio (König von Sardinien) [b. Witzleben] 35, 207.
Enzmüller (Joachim) [v. Stramberg] 36, 210.
Enzowan [Schreiner] 35, 212.
Eo [Fischer] 35, 212.
Eobanus, s. Hessus.
Eocharis (König der Manen) [Herrmann] 35, 212.
Eogan 35, 213. [213.
Eon de Beaumont [Döring] 35, Eone [Richter] 35, 216.
Eoos [Richter] 35, 216.
Eorbaea [Zander] 35, 216.
Eorosch [Richter] 35, 216.
Eorta [Wachter] 35, 217.
Eos [Richter] 35, 217.
Eosander (Joh. Friedr.) (v. Ganeauge) 35, 219.
Eostra-oder Ostra [Richter] 35, 220.
Epachthe [Richter] 35, 221.
Epacrideae [Sprengel] 35, 221.
Epacris [Sprengel] 35, 222.
Epagathus [Herrmann] 35, 223.
Epagoge [Bähr] 35, 223.
Epaerios [Richter] 35, 223.
Epaltaeos [Richter] 35, 223.
Epanten, s. Concurrenten 19, 21; Cyclus 20, 406.
Epaltios [Richter] 35, 223.
Epaliage [Sprengel] 35, 223.
Epaltes [Sprengel] 35, 224.
Epaminondas [Franke] 35, 224.
Epana [Grotefend] 35, 262.
Epanadiplosis, Epanalepsis, Epanaphora, Epanastrophe, Epanodos, Epanorthosis, s. Epana 35, 264.
Epaphos [Richter] 35, 264.
Epaphroditos [Richter] 35, 264.
Epaphroditus[Herrmann]35,264.
Eparchia [Bähr] 35, 264.
Epee(Charles Michel, Abbé de l') [Herrmann] 35, 265.
Epei [Zander] 35, 266.
Epeios, Epeus [Richter] 35, 266.
Epeira [Burmeister] 35, 267.
Epentheſis [Tschtein] 35, 269.
Epeolus [Burmeister] 35, 270.
Epeoſche [Richter] 35, 270.
Eperatos [Bähr] 35, 270.
Eperies [Schreiner] 35, 271.
Epernan [v. Stramberg] 35, 272.
Epernon [v. Stramberg] 35, 279.

Eperus [Sprengel] 35, 306.
Epetion [Zander] 35, 306.
Epha [Fischer] 35, 306.
Epha (hebr. Maß) [Röbiger] 35, 307. [308.
— (bibl. Geogr.) [Röbiger] 35, Ephebeia, Ephebeion, Ephebi [Bähr] 35, 309.
Ephebus, s. Erica 37, 19.
Ephedra [Sprengel] 35, 312.
Ephektiker, s. Stepticismus.
Ephemera [Burmeister] 35, 312.
Ephemerum, s. Lysimachia 18, 360.
Ephemerae, s. Commelineae.
Ephesische Charaktere [Grotefend] 35, 317.
Epheſia [Richter] 35, 317.
Epheſus 35, 318.
Ephesus [Bähr] 35, 319.
Epheu, s. Hedera. [322.
Ephialtes [Döbereiner] 35, Ephialtes [Bähr] 35, 323.
Ephielis, s. Matatba.
Ephippium[Herrmann]35,326.
Ephippus [Burmeister] 35, 326.
Ephob [Röbiger] 35, 326.
Ephob [Röbiger] 35, 327.
Ephorem [Bähr] 35, 327.
Ephoros [Bähr] 35, 331.
Ephrus 35, 334.
Ephräm Syrus[Röbiger]35,335.
Ephra [Burmeister] 35, 339.
Ephrata, s. Bethlehem 9, 325.
Ephron 35, 339.
Ephvbatia [Richter] 35, 339.
Ephvdor [Bähr] 35, 339.
Ephydra [Burmeister] 35, 339.
Ephydrides oder Ephydriades [Richter] 35, 339.
Ephyra (Gattung der Malepthen) [Burmeister] 35, — (a. G.) 35, 339.
Ephyre 35, 340.
Epicaum [Wachter] 35, 340.
Epibaterium, s. Menispermum.
Epibaterios [Richter] 35, 340.
Epiblema [Sprengel] 35, 340.
Epibole, s. Epana 35, 262.
Epibomios [Richter] 35, 340.
Epicarpus orientalis [Döbereiner] 35, 341.
Epicles [Fischer] 35, 341.
Epicharis, s. Guarea.
— (Bienengattung) [Burmeister] 35, 341.
Epicharmus, der Komiter [Bernhardy] 35', 342.
Epicheirotonia [Bähr] 35, 356.
Epiderema [Grotefend] 35, 356.
Epichorii, Epichthonii [Richter] 35, 357.
Epichysium [Sprengel] 35, 357.
Epioocoum [Sprengel] 35,357.
Epicoena [Grotefend] 35, 357.
Epicykloide [Sohnde] 35, 358.

Epicyklus [Sohnde] 35, 373.
Epidamnios [Richter] 35, 374.
Epidaos [Richter] 35, 374.
Epidauriœ [Richter] 35, 374.
Epidautos [Richter] 35, 374.
Epidaurus [Zander] 35, 374.
Epidaurus limera [Zander] 35, 375.
Epidelios [Richter] 35, 375.
Epidelium [Zander] 35, 375.
Epidemia [Richter] 35, 375.
Epidemie [Rosenbaum] 35, 375.
Epidendron [Sprengel] 35, 430.
Epidermis, Cuticula, s. Oberhaut.
Epidicos [Bähr] 35, 430.
Epidii [Wachter] 35, 431.
Epidiorthosis, s. Epana 35, 262.
Epidot [Germar] 35, 431.
Epidotes [Richter] 35, 433.
Epierres [Fischer] 35, 433.
Epifagus, s. Epiphegus 36, 28.
Epigaea [Richter] 35, 433.
Epigei [Richter] 35, 433.
Epigenesis, s. Zeugung, Zeugungstheorien.
Epigeus [Richter] 35, 433.
Epigeni [Richter] 35, 433.
Epigramm (im Alterthum) [Bähr] 35, 433.
— (Theorie) 35, 439.
Epigraphik [Franz] 40¹, 328.
Epikarpios [Richter] 35, 443.
Epikaste [Richter] 35, 443.
Epikleros [Eckstein] 35, 443.
Epikleros [Bähr] 35, 444.
Epikles [Richter] 35, 448.
Epikoinios [Richter] 35, 448.
Epikrates (Komiker) [Bernhardy] 35, 448.   [448.
— (Politiker) [Bernhardy] 35,
Epiktetos [Steinhart] 35, 449.
Epikurios [Richter] 35, 459.
Epikures [Steinhart] 35, 459.
Epikydes [Herrmann] 35, 477.
Epilachonthes [Bähr] 35, 478.
Epilais [Richter] 35, 478.
Epilepsie, s. Fallsucht 41, 290.
Epilenia [Bähr] 35, 478.
Epilobiaceae, s. Onagrae.
Epilobium [Sprengel] 35, 478.
Epilogus [Grotefend] 35, 479.
Epimachus [Burmeister] 36, 1.
Epimedium [Sprengel] 36, 1.
Epimeliades [Richter] 36, 2.
Epimelios [Richter] 36, 2.
Epimenides [Richter] 36, 2.
Epimetheus [Richter] 36, 2.
Epinac [Fischer] 36, 2. — .
Epinal (Geogr.) [Fischer] 36, 3.
— (Damenstift) [v. Stramberg] 36, 5.
Epinay (Geogr.) [Fischer] 36, 5.
— (Louise Florence Petronelle de la Live d') [Herrmann] 36, 5.
Epinette [Döbereiner] 35, 6.
Epineuil [Fischer] 36, 6.
Epinikia, s. Lyril.   [36, 6.
Epinoy, Epinoy [v. Stramberg]
Epione [Richter] 36, 21.
Epipactis [Sprengel] 36, 21.

Epiphania(Myth.)[Richter]36,21.
— ab Euphratem (a. Geogr.) [Nöbiger] 36, 22.
— ab Orontem (a. Geogr.) [Nöbiger] 36, 22.
Epiphanius (der Heilige) [Wachter] 36, 23.   [36, 24.
— (der Kirchenlehrer) [Gruber]
— (Scholastiaus; — ein Mönch) 36, 28.   [36, 28.
Epiphegus, Epifagus [Sprengel]
Epiphora [Eckstein] 36, 28.
Epiphylla, s. Sphaerococcus (rubens).   [30, 864.
Epiphyllum, s. Echinocactus
Epiphyllis, s. Zoysia.
Epiphytae, s. Pilze.
Epipleris [Eckstein] 36, 29.
Epipleon, s. Netz.
Epipogium [Sprengel] 36, 30.
Epipola [Richter] 36, 30.
Epipolros [Burmeister] 36, 30.
Epiprottos [Bähr] 36, 30.
Epipyrgitis [Richter] 36, 31.
Epirrhema und Antepirrhema, s. Chor 21, 195.   [31.
Epirrhizanthes [Sprengel] 36,
Epirus [Zander] 36, 31.
Epiry [Fischer] 36, 37.
Epis, s. Epos 36, 65.
Episcia [Sprengel] 36, 37.
Episema [Grotefend] 36, 38.
Episinus [Burmeister] 36, 38.
Episkopos [Richter] 36, 38.
Episode 36, 38.
Epistateries [Richter] 36, 40.
Epistates [Bähr] 36, 40.
Epistel 36, 42.
Epistemonarches [Bähr] 36, 43.
Epistemum, s. Priestleya.
Epistephium [Sprengel] 36, 43.
Epistolae obscurorum virorum, f. Obscurorum virorum epistolae.
Epistolographie [Bähr] 36, 43.
Epistrophe, s. Epana 35, 262.
Epistrophos [Richter] 36, 53.
Epistylium [Sprengel] 36, 53.
Epitaphios, s. Lyril.
Epitasis [Eckstein] 36, 54.
Epites [Sprengel] 36, 54.
Epithalamia, s. Lyril.
Epithalamites [Richter] 36, 54.
Epitheton [Grotefend] 36, 54.
Epithinia [Sprengel] 36, 55.
Epitragus [Burmeister] 36, 55.
Epitritus [Grotefend] 36, 56.
Epitropios [Richter] 36, 56.
Epitropos [Bähr] 36, 56.
Epitymbia [Richter] 36, 59.
Epizeuxis [Eckstein] 36, 59.
Epizoa [Burmeister] 36, 60.
Epizoaria [Burmeister] 36, 60.
Epizoafuiltzin [Richter] 36, 60.
Epoche [Sohnde] 36, 60.
Epochnium [Sprengel] 36, 61.
Epochos [Richter] 36, 61.
Epodon [Grotefend] 36, 61.
Epoissess [Fischer] 36, 62.
Epomeo [Fischer] 36, 62.

Epomis [Germar] 36, 62.
Epona [Wachter] 36, 62.
Eponides, s. Rotalia.
Eponymos [Bähr] 36, 63.
Epopeus [Richter] 36, 64.
Epophthalmia [Germar] 36, 64.
Epopöie, s. Epos 36, 65.
Eporedorix [Herrmann] 36, 64.
Epos, Epische Poesie, Epopöie 36, 65.
Eppan [b. Stramberg] 36, 73.
Eppendorf (Heinrich v.) [Erhard] 36, 80.
Eppenstein oder Eppstein (Flecken am Taunus) [Landau] 36, 83.
— (die Dynasten v.) [Landau] 36, 83.
— (Grafen v.) [Landau] 36, 87.
— (Ort in Steiermark) [Schreiner] 36, 87.
Eppich [Döbereiner] 36, 94.
Eppo (Bischof von Zeiz) [Wachter] 36, 95.   [36, 98.
— (Mönch zu Lorch) [Jäd]
Eppstein [Eisenmann] 36, 98.
Eprobosoidea, s. Pupiparae.
Eprouvettes [Döbereiner] 36, 98.
Epsom [Döbereiner] 36, 99.
Epte [Fischer] 36, 99.
Eptingen (in der Schweiz) [Hendel v. Donnersmarck] 36, 99.
— (v., Geschlecht) [Hendel v. Donnersmarck] 36, 100.
Epulae, Epulones [Bähr] 36,102.
Epunamum [Richter] 36, 103.
Eptides [Richter] 36, 103.
Equestria [Bähr] 36, 103.
Equidae [Streubel] 36, 104.
Equile, s. Ammodytes 3, 371.
Equina, s. Equidae 36, 104.
Equiria [Bähr] 36, 104.
Equisetaceae [Sprengel] 36,106.
Equisetum [Sprengel] 36,106.
Equites (Ordo equester. Magister equitum) [Bähr] 36, 107.   [36, 132.
— (Schmetterlingsg.) [Streubel]
Equorea, s. Aequorea 2, 67.
Equula [Streubel] 36, 132.
Equuleus (Sternbild) [Richter] 36, 134.   [36, 134.
— pictoris (Sternbild) [Richter]
Equus (Säugethierg.) [Streubel] 36, 134.   [bel] 36, 149.
— marinus (Sturmhoz.) [Streu-
Equus tuticus (a. Geogr.) 36,149.
Eraclissa [Sprengel] 36, 150.
Erae [Zauber] 36, 150.
Eragtia 36, 150.
Eragrostis, s. Poa.
Eräkröis [Schubert] 36, 150.
Erana [Zander] 36, 150.
Erangelis, f. Galanthus 52, 286.
Erannobea 36, 150.
Eranthemum [Sprengel]36,150.
Eranthis, s. Helleborus.
Erasa [Richter] 36, 151.
Erasicas (Myth.) [Richter] 36, 151.
— (a. Geogr.) [Zander] 36, 151.

Erasippos [Richter] 36, 151.
Erasistratus [Rosenbaum] 36,151.
Erasmus (San)(Schreiner)36,154.
Erasmus (Desiderius) von Rotterdam [Erhard] 36, 155.
Erastria [Streubel] 36, 212.
Erastus (Thomas)[Fichter]36,213.
Erath (Anton Ulrich v.) [v. Arnoldi] 36, 215.
Erato (Myth.) [Richter] 36, 220.
Erato (Pflanzeng.) [Sprengel] 36, 220.
— (Entomol.) [Streubel] 36,221.
Eratones 36, 221.
Eratosthenes (berühmte Griechen; d. ber Kyrenäer) [Bernhardy] 36, 221.
Erau [Fischer] 36, 233.
Erax [Streubel] 36, 233.
Erba (Geogr.) [Schreiner] 36, 234.   [36, 234.
— (Geschlecht) [v. Stramberg]
Erbach (Stadt, Dorf und Bach) [Landau] 36, 234.
— (Grafschaft) [Landau] 36,235.
— (die Grafen v.) [Landau] 36, 235.
Erbaut [Fischer] 36, 240.
Erbauung [Gruber] 36, 240.
Erbe, Erbeinsetzung, Erbfolge, Erbfolger, s. Erbrecht 40¹,342.
Erbendorf [Eisenmann] 36, 243.
Erbersdorf (Neu-) [Schreiner] 36, 243.
Erbeshübbesheim[Landau]36,243.
Erbessos [Zauber] 36, 243.
Erbfolgekrieg (Spanischer) [Hasse] 36, 244.
Erbien [Schreiner] 36, 246.
Erbis, f. Lathyrus sativus.
Erbita oder Herbita [Zander] 36, 246.
Erblassen [Theile] 36, 247.
Erbrau [Fischer] 36, 247.
Erbrechen [Rosenbaum] 36, 247.
Erbrecht (römisches) [Buddeus] -40¹, 342.
— (teutsches) [Died] 40¹, 374.
Erbschaft [v. Arnoldi] 36, 252.
Erbse, f. Pisum.   [gana.
Erbsenstrauch, f. Robinia Cara-
Erbstadt [Landau] 36, 252.
Erbsünde, f. Sünde.
Erchambert [Jäd] 36, 252.
Erchanger, Erchinger [Wachter] 36, 252.
Erchenfried [Jäd] 36, 256.
Eroilla [Sprengel] 36, 256.
Ercilla y Zunniga (Alonzo de) [Döring] 36, 256.
Erciniti, s. Krennfrin.
Ercinoth [Jäd] 37, 259.
Erciéns [Rump] 36, 259.
Erdapfel, f. Helianthus tuberosne; Solanum tuberosum.
Erbarten, f. Erde.
Erdbeben [Kämtz] 36,* 259.
Erdbeerbaum, f. Arbutus 5, 116.
Erdbeere, f. Fragaria 47, 125.
Erdbeerspinat, f. Blitum 11, 28.

Erdbirne, s. Helianthus tuberosus; Solanum tuberosum.
Erdbohrer, auch Bergbohrer [b. Hoyer] 36, 270. [20, 399.
Erdbrod, s.Cyclamen europaeum
Erde (als Weltkörper) [Kämtz] 36, 271.
— (chemisch) [Kämtz] 36, 393.
Erdeichel, s. Lathyrus tuberosus.
Erden (mineralog.) [Germar] 36, 393.
—, Erdarten (landwirthschaftl.) [Schweitzer] 36, 393.
Erdepheu, s. Glechoma hederaceum 69, 290.
Erdfeige, s. Lathyrus tuberosus.
Erdferne [Richter] 36, 396.
Erdfett Gut [Wachter] 36, 400.
Erdgalle, s. Erythraea Centaurium 37, 425.
Erdharz [Germar] 36, 400.
Erding [Eisenmann] 36, 401.
Erdinger [Franz] [Weiße] 36, 402.
Erdisthomicze [Schreiner] 36, 402.
Erdkastanie, s. Sium Bulbocastanum.
Erdkobalt, s. Kobalt.
Erdkohle, s. Braunkohle 12, 300.
Erdkohlrabi, s. Brassica Napus (rapifera) 12, 287.
Erdmandel, s. Cyperus esculentus 20, 426.
Erdmaus, s.Lathyrus tuberosus.
Erdnäße, s. Erdferne 36, 396.
Erdnuß, s. Sium Bulbocastanum; Lathyrus tuberosus.
Erdöb [Rumy] 36, 402.
Erdöbta [Schreiner] 36, 402.
Erdöby (ungar. Grafenfamilie) [Gamauf] 36, 403.
— (Peter, Vater u.Sohn)[Rumy] 36, 404.
— (Simon) [Rumy] 36, 404.
Erdösalva [Schreiner] 36, 406.
Erdonia [Zander] 36, 406.
Erdöß, oder Sylvester (Johann) [Rumy] 36, 406. [36, 408.
Erdö-Szent György [Schreiner]
Erdrauch, s. Fumaria 51, 96.
Erdreichsthal [Schreiner] 36, 408.
Erdre (die) [Fischer] 36, 408.
Erdrosseln, Erdrosselung, Strangulirung [Buddeus] 36, 408.
Erdscheibe, s. Cyclamen europaeum 20, 399.
Erdschichten, s. Geologie 59, 190.
Erdschlacken [Germar] 36, 410.
Erdpinnenkraut, s. Antherolium Liliago 4, 256. [orium.
Erdweihrauch, s. Veronica Teucrium [Schreiner] 36, 410.
Erdwind [b. Hoyer] 36, 410.
—, s. Linaria Elatine.
Erdwurf oder Erdmörfel [b. Hoyer] 36, 410.
Etebia [Streubel] 36, 410.
Erebos [Richter] 36, 411.
Etebus [Streubel] 36, 411.
Erech, s. Chaldäer 16, 102.
Erechtheum, s. Erechtheus 36, 411.

Erechtheus [Richter] 36, 411.
Erechthites, s. Senecio.
Erechthitoides, s. Kleinia.
Etecta [Streubel] 36, 416.
Erection [Theile] 36, 416.
Ereicephyllum, s. Elichrysum 33, 327.
Eref 36, 418.
Erefti oder Stegri[Rumy]36,418.
Eremanthus [Sprengel] 36,418.
Erèmia [Sprengel] 36, 418.
Eremiaphila, s. Ermophila 36, 419.
Eremit, s. Einsiedler 32, 365.
Etamita [Streubel] 36, 419.
Etemtus [Streubel] 36, 419.
Eremobia, s. Eremophila 36, 419.
Eremocallis, s. Erica 37, 19.
Eremocephala, s. Pentzia.
Eremodendron [Sprengel] 36, 419.
Eremodon, s. Splachnum.
Eremophila(Pflanzeng.)[Sprengel] 36, 419.
— (Kerfgatt.)[Streubel]36,419.
Eremophilus [Sprengel] 36, 420.
Eremosis, s. Monoeis.
Eremurus [Sprengel] 36, 420.
Grensrd [Pfalzgraf] [Wachter] 36, 423.
— (König von Thüringen)[Wachter] 36, 423.
Grenhold [Wachter] 36, 423.
Grefone [Richter] 36, 423.
Gresma [Fischer] 36, 423.
Gresos [Richter] 36, 423.
Etesta [Streubel] 36, 423.
Gretbismus [Theile] 36, 423.
Grettia [Zander] 36, 424.
Gretrieus [Richter] 36, 425.
Grettum [Zander] 36, 425.
Ereunetes [Streubel] 36, 425.
Greuthalion [Richter] 36, 425.
Grez Hattaglona [Richter] 36, 425.
Erfahrung [Scheibler] 36, 425.
Erfahrungserkenntniß, s. Erkenntniß a posteriori 37, 163;
Erfahrungswissenschaft, s. Erkenntniß a posteriori 37,163.
Erfelden [Landau] 36, 434.
Grffa (freih. Geschlecht) [b. Bohnenburg-Lengsfeld] 36, 435.
— (Karl Lebrecht Hartmann, Freih. b.) [Döring] 36, 441.
Erff [Wachter] 36, 442.
Erfindung, Erfindungskunst [Scheibler] 36, 443.
— (in der Redekunst) 36, 446.
Erfrischungsmittel [Eiselen] 37, 446.
Erfurt [Erhard] 36, 447.
Ergane [Richter] 36, 476.
Grgestinae [Richter] 36, 476.
Ergastulum [Bähr] 36, 476.
Ergatia [Richter] 36, 476.
Ergatis [Richter] 36, 479.
Ergavia 36, 479.

Ergebenheit, Ergebung 36, 479.
Ergers (die) [Fischer] 36, 480.
Ergershejm [Fischer] 36, 480.
Ergetium [Zander] 36, 480.
Ergeus [Richter] 36, 480.
Erginos [Richter] 36, 480.
Erginus 36, 481.
Ergitia, s. Ergers 36, 480.
Ergavia, s. Aargau 1, 18.
Ergue (die) [Fischer] 36, 481.
Erguel, s. Immerthal.
Ergyne [Thon] 36, 481.
Erhaben 37, 1. [37, 10.
Erhard (Christian Daniel)[Vogel]
— (Johann Benjamin] 37, 15.
— (Johann Gottlieb) [Erhard] 37, 9.
— (Karl Friedrich Eduard) [Döring] 37, 17.
Erhitzung und Erkältung [Rosenbaum] 37, 17.
Eria, s. Octomeria.
Eriachne [Sprengel] 37, 19.
Erianthus, s. Saccharum.
Eriboea [Richter] 37, 19.
Eribotes [Richter] 37, 19.
Erica [Sprengel]-37, 19.
Ericaceae [Sprengel] 37, 21.
Ericale, s. Gentiana 58, 242.
Ericeae, s. Ericaceae 37, 24.
Ericitra (Geogr.) [Fischer] 37, 24.
— (Francisco Xavier de Menezes, Graf v.) [Döring] 37, 24.
Erich I. und II. (Herzoge von Braunschweig, kalenbergischer Linie) [Wachter] 37, 25. 33.
— (zwei Herzoge von Braunschweig, grubenhagenscher Linie) [Wachter] 37, 38.
— I.—VIII. (von Dänemark) [v. Gehren] 37, 38—40.
— (Herzog von Friaul) [Wachter] 37, 42.
— Langbein (Herzog von Lange-gaul) [Wachter] 37, 43.
— I.—V. (Herzoge von Lauenburg) [Wachter] 37, 44.
— I. (Herzog von Pommern), s.
Erich VIII. (von Dänemark) 37, 40.
— II. (Herzog von Pommern) [Wachter] 37, 62.
— (von Sachsen), s. Erich (von Lauenburg) 37, 44.
— I.—II. (Herzoge von Schleswig und Südjütland) [Wachter] 37, 68. 69.
— IX. (der Heilige, König von Schweden) [v. Gehren] 37, 71.
— XIV. (König von Schweden) [v. Gehren] 37, 72.
— (Peter (Vietro)[Wachter]37,77.
— Olai, s. Olai.
Erichsburg Hunnesrüd 37, 77.
Erichtonios, s. Erechtheus.
— [Richter] 37, 77.
Ericinae, s. Ericaceae 37, 21.
Ericinella, s. Erica 37, 19.

Ericoila, s. Gentiana 58, 242.
Eribanos [Zander] 37, 80.
Erie [Eiselen] 37, 81.
Erieur [Fischer] 37, 82.
Erigena (Johannes) [Gruber] 37, 82.
Erigonia [Sprengel] 37, 99.
Erigeron [Sprengel] 37, 99.
Erigon [Zander] 37, 99.
Erigone [Richter] 37, 100.
Erik, s. Erich 37, 25.
Erikapaeos [Richter] 37, 100.
Erike-Barikian [Richter] 37, 100.
Erikstihu [Eiselen] 37, 100.
Eriksberg (v. Schubert) 37, 100.
Eriksgata [Wachter] 37, 101.
Eriksholm [v. Schubert] 37, 107.
Erikule [Zander] 37, 107.
Erik [v. Stramberg] 37, 107.
Eriliz, Heriliz, s. Heerschilz.
Erimbert [Jäck] 37, 107.
Erinaceus [Burmeister] 37, 108.
Erincpu, s. Erinus 37, 131.
Erinea, s. Flotovia.
Erineum [Sprengel] 37, 123.
Ering, Eringum [Eisenmann] 37, 124.
Erinit [Germar] 37, 124.
Erinna [Bähr] 37, 124.
Erinnerung, s. Gedächtniß 55,359.
Erinnyes [Richter] 37, 127.
Erinnys [Richter] 37, 130.
Erinnysche Inseln [Wachter] 37, 131.
Erinus [Sprengel] 37, 131.
Eriobotrya [Sprengel] 37, 131.
Eriocalia [Sprengel] 37, 131.
Eriocalyx, s. Aspalathus 6,107.
Eriocarpha, s. Montagnaea.
Eriocaulon [Sprengel] 37, 131.
Eriocephalus [Sprengel] 37,132.
Eriochilos [Sprengel] 37, 132.
Eriochlaena [Sprengel] 37, 132.
Eriochloa [Sprengel] 37, 132.
Eriochrysis [Sprengel] 37, 133.
Eriocladium, s. Gonospermum.
Eriocline, s. Osteospermum.
Eriocoma,s.Montagnaea;Stipa.
Eriocoryne, s. Frolovia, in Saussurea.
Eriocycla, s. Seseli.
Eriodaphne, s. Persea.
Eriodendron [Sprengel] 37,133.
Erioderma, s. Peltigera.
Eriodes [Streubel] 37, 133.
Eriodesmia, s. Erica 37, 19.
Eriodon [Burmeister] 37, 133.
Eriogaster, s. Phalaena Bombyx (lanestris).
Erioglossum, s. Sapindus.
Eriogonum [Sprengel] 37, 133.
Eriognia, s. Lütkea.
Eriolaena, s. Eriochlaena.
Eriolepis, s. Cirsium.
Erioleuca, s. Trembleya.
Eriolobus, s. Pyrus.
Eriomys [Streubel] 37, 134.
Eriopappus, s. Senecio; Ptilostephium.
Eriope, s. Marsypianthus.

Eriopeltaster, f. Trichiadae.
Eriopetalum, f. Microstemma.
Eriophorum (Pflanzengattung) [Sprengel] 37, 137.
— polytachyon (Baumwollen-gras) [Freib. Menu v. Minu-toli] 37, 137.
Eriophyllum, f. Trichophyllum.
Eriophyton, f. Phlomia.
Eriopis [Richter] 37, 137.
Eriops, f. Panurgus.
Erioptera [Germar] 37, 137.
Eriopteryx, f. Erioptera.
Eriopus, f. Phalaena Noctua (Pteridis).
Eriosoma, f. Rhynchosia.
Eriosolena, f. Pimelea.
Eriosoma [Germar] 37, 138.
Eriospermum [Sprengel] 37,138.
Eriosphaera [Sprengel] 37, 138.
Eriosporangium, f. Sphaeria.
Eriostachys, f. Stachys.
Eriostemon, f. [Sprengel] 37,138.
Eriostomum, f. Stachys.
Eriostylis, f. Grevillea.
Eriosynaphe, f. Ferula.
Eriothrix [Sprengel] 37, 138.
Eriothymus, f. Keithia.
Eriotis, f. Libanotis.
Eriphia [Richter] 37, 138.
Eriphia (Fliegeng.) [Germar 37, 139. [fter] 37, 139.
— (Gattung der Krebſe) [Burmei-], f. Besleria 9, 287.
Eriphus [Germar] 37, 139.
Eriphyle [Richter] 37, 139.
Eripus [Germar] 37, 139.
Erirhinides [Germar] 37, 140.
Erirhinus [Germar] 37, 140.
Eris [Richter] 37, 140.
Erisane [Wachter] 37, 140.
Erisca [Thon] 37, 140.
Erisky [Eiſelen] 37, 140.
Erisma, f. Ditmaria 26, 190.
Erispojus [Herrmann] 37, 140.
Eristalis [Germar] 37, 141.
Eristifer, f. Eukleides 39, 53.
Erithacus [Streubel] 37, 141.
Erithalia, f. Gentiana 58, 242.
Erithalis [Sprengel] 37, 141.
Eritheis, f. Inula.
Erithies [Richter] 37, 141.
Erithrichium, f. Myosotis.
Eriudaphus, f. Trimeria.
Eriunios [Richter] 37, 141.
Eriwan [Rommel] 37, 141.
Erix, f. Eryx 37, 430.
Erizzo(Franz)[Herrmann]37,143.
Erfa [Wachter] 37, 144.
Erfanbald, Erfenbald, Erfimbald, Erfanbold (Biſchof von Strasburg) [Wachter] 37, 144.
— (Erzbiſchof von Mainz) [Wachter] 37, 146.
Erfelenz [v. Stramberg] 37, 149.
Erfenbiel [v. Stramberg] 37,149.
Erfenntlichkeit [Scheibler]37,152.
Erfenntniß [Scheibler] 37, 154.
Erfény oder Orkény [Rumy] 37, 166.

Erfeti Rachu [Richter] 37, 166.
Erfigiſt [Richter] 37, 166.
Erflärung [Scheibler] 37, 166.
Erl [Schreiner] 37, 174.
Erla (in Oeſterreich)o[Schreiner] 37, 175.
— (in Livland) [Petri] 37,'175.
Erlach (Geogr.) [Schreiner] 37, 175.
— (die Herren von, Geſchlecht in Steiermark) [Schreiner] 37, 175.
— (v., ſchweizer. Geſchlecht: Ulrich v., Rudolf v., Johann Ludwig v., Karl Ludwig v. ꝛc.) [Fiſcher] 37, 175 bis 179.
Erlachſtein [Schreiner] 37, 180.
Erlaf oder Erlauf [Schreiner] 37, 180. [37, 181.
Erlanbſen (Jakob) [v. Gehren] 37, 175.
Erlangen (Eiſelen) 37, 182.
Erlau [Schreiner] 37, 183.
Erlaucht [Vernice] 37, 184.
Erläuterung, f. Erklärung 37,166.
Erle, f. Alnus 3, 185.
Erlenbach (Eiſenmann) 37, 186.
Erlenbr(Jarls von Ortney)[Wachter] 37, 186. [186.
Erlenholz, (Ollernholz) [Leger] 37,
Erlenmark [Schreiner] 37, 187.
Erleuchtete [Frante] 37, 187.
Erleuchtung (Theolog.) [Frante] 37, 189.
—, Beleuchtung; Illumination (Baukunſt) [Leger] 37, 190.
Erleuchtungsfreis [Richter] 37, 191.
Erliambolb [Jäck] 37, 192.
Erlhof [Schreiner] 37, 192.
Erlik [Richter] 37, 193.
Erlik-Chan [Richter] 37, 193.
Erlingshundra(v.Schubert]37,193.
Erlingr (norweg. König) [Wachter] 37, 193.
—, Skjalgsſon[Wachter]37,195.
—, Staffi [Wachter] 37, 199.
—, Steinveggr · Baglakonungr [Wachter] 37, 199.
Erloerſortal [Richter] 37, 215.
Erlöſer,Erlöſung(Frante]37,215.
Erlöſiero (Orden des) [Gottſchald] 37, 222.
Erlöſung (Orden der Ritter von der) [Gottſchald] 37, 222.
Ermania [Sprengel] 37, 223.
Ermels (Johann Franz) [Weiſe] 37, 223. [223.
Ermeſyfer Bezirk [Schreiner] 37,
— Gerichtsſtuhl [Schreiner] 37, 223.
Ermenfried, f. Ebroin 30, 307.
Ermenonville [Fiſcher] 37, 224.
Ermenrich [Jäck u. Wachter] 37, 224.
Erment [Gaſtmann] 37, 224.
Ermerich (König der Sweven) [Wachter] 37, 225.
—(teutſche Heldenſage)[Wachter] 37, 225.
Ermes [Petri] 37, 229.

Erminſtreet,Ermingeſtrete[Wachter] 37, 230.
Ermland (v. Stramberg] 37, 231.
Ermo (bi Camaldoli, 1') [Fiſcher] 37, 246.
Ermſchwerb [Landau] 37, 246.
Ermsleben 37, 246.
Ermua (Fiſcher] 37, 246.
Erna [Wachter] 37, 246.
Ernaginum [Wachter] 37, 246.
Ernährung [Theile] 37, 246.
Ernau [Schreiner] 37, 249.
Erndolia, f. Murucuia.
Ernée (Fiſcher] 37, 249.
Ernegem (Fiſcher] 37, 249.
Ernement [Richter] 37, 249.
Erneſtgrün [Schreiner] 37, 249.
Erneſti (Eſchlein) 37, 249.
Ernestia [Sprengel] 37, 259.
Erneuern, f. Wiedergeburt.
Erniebrigung [Frante] 37, 260.
Ernodea [Sprengel] 37, 262.
Ernoburum (Zander] 37, 262.
Ernoldsheim (Fiſcher] 37, 262.
Ernſt (zwei Fürſten von Anhalt) [Wachter] 37, 262. 265.
— u. E. Friedr.(Markgrafen von Baden) [Wachter] 37, 266. 267.
— (Herzog von Baiern) [Jäd] 37, 269.
— (Fr. v. Mengersdorf, Fürſtbiſchof in Bamberg) [Jäd] 37, 270. [met] 37, 271.
— (Landgraf von Heſſen) [Rommel]
— (Graf v. Holſtein-Schaumburg] [Wachter] 37, 273.
— I. (Markgraf von Naſſau) [Wachter] 37, 278.
— I. (Markgraf von Oeſterreich) [Wachter] 37.'280.
— der Eiſerne (Herzog von Oeſterreich) [Wachter] 37, 281.
— (Erzherzog von Oeſterreich) [Wachter] 37, 284. [296.
— (Fürſt zu Paſſau) [Jäd] 37,
— (Kurfürſt von Sachſen) [Herrmann] 37, 297.
— Auguſt (Herzog von Weimar) [Herrmann] 37, 298.
— Auguſt Conſtantin (Herzog zu Sachſen-Weimar) [Herrmann] 37, 299.
— Friedrich (Herzog zu Sachſen-Coburg) [Herrmann] 37, 299.
— Ludwig I. u. II. (Herzog zu Sachſen-Meiningen) [Herrmann] 37, 309.
— (Herzog von S.-Hildburghauſen) [Herrmann] 37, 300.
— Friedrich I. u. II. (Herzoge von S.-Hildburghauſen) [Herrmann] 37, 300.
— Friedrich Karl (Herzog von S.-Hildburghauſen) [Herrmann] 37, 300.
— I. u. II. (Herzoge von Schwaben) [Jäd] 37, 300.' 301.
— (Johann(Herzog von Kurland), f. Biron' 10,'[36. [37, 302.

Ernſt (Pſychol.) [Scheibler] 37, 303. [37, 304.
— (Simon Peter)[v. Stramberg]
Ernſtbrunn [Schreiner] 37, 307.
Ernſtfeuer [v. Hoyer] 37, 307.
Ernstingia, f. Matayba.
Ernſthal (in Sachſen) [Herrmann] 37, 317. [317.
— (in Böhmen) [Schreiner] 37,
Ernte (etymolog.) [Wachter] 37, 317. [37, 319.
— (landwirthſchaftl.) [Schweiger]
Erntebilder (der Aſtron.) [Richter] 37, 323. [323.
Ernyei oder Erney (Rumy] 37'
Erobatus, f. Nigella.
Eroberung [v. Cooer] 37, 324.
Erodendron, f. Protea.
Erodios [Richter] 37, 326.
Erodium [Sprengel] 37, 326.
Erodius [Germar] 37, 326.
Eröffnung [Bubbeus] 37, 327.
Erogatio [Bähr] 37, 333.
Erolſe (Baron b') [Herrmann] 37, 334.
Erolia [Burmeiſter] 37, 334.
Erophaca, f. Phaca.
Erophila, f. Draba 27, 284.
Erophoron, f. Saxifraga.
Eropina, f. Senegambien.
Eros (Myth.) [Richter] 37, 334.
— f. Abguß des Antonius 37, 342. of 37, 342.
Eroteum, f. Freziera 49, 206.
Erotianus [Bähr] 37, 342.
Erotidia [Richter] 37, 344.
Erotifer des Alterthums [Bähr] 37, 344.
Erotylina [Streubel] 37, 356.
Erotylus [Germar] 37, 356.
Erodantes II.[Herrmann]37,358.
Erp (v. Stramberg] 37, 358.
—, Erpe, Herpo (Biſchof von Werben) [Wachter] 37, 359.
Erpe [Wachter] 37, 359.
—, die [Landau] 37, 359.
Erpel, Herpille [v. Stramberg] 37, 359.
Erpenius [Röbiger] 37, 359.
Erpetologie [Burmeiſter] 37, 361.
Erpfendorf [Schreiner] 37, 361.
Erpo [Wachter] 37, 361.
Erpr (Alfason, b. Myth.) [Wachter] 37, 36ter
— (Jönakursſon, norb. Myth.) [Wachter] 37, 362.
Erpreſſung [Bubbeus] 37, 364.
Erps [v. Stramberg] 37, 3c6.
Errard (Garttes) [Wachter] 37,367.
Erreantium [Zander] 37, 367.
Erregbarkeit, f. Incitabilität.
Errigoptia [Fiſcher] 37, 367.
Errol [v. Stramberg] 37, 367.
Erromanga [Fiſcher] 37, 369.
Errüthen [Theile] 37, 370.
Erlaufen [Theile] 37, 371.
Erläuſert [Theile] 37, 371.
— des Kalfes [Leger] 37, 371.
Erlch [Joh. Samuel] 37, 371.
Erſcheinung [Scheibler] 37, 376.

A. Encykl. d. W. u. K. Erſte Section. Regiſter.

19

Eumelos [Richter] 39, 75.
Eumenes (aus Carbia) [Gruber] 39, 76.
— (Könige), s. Pergamenische Bibliothek; Pergamenisches Reich.
Eumenes, s. Vespacea.
Eumenia 39, 80.
Eumenides, s. Erinnyes 37, 127.
Eumenius [Bähr] 39, 80.
Eumenthis [Richter] 39, 82.
Eumerus [Germar] 39, 82.
Eumolpe, s. Polynoë.
Eumolpiden, s. Eleusinien 33, 269; Eumolpos 39, 83.
Eumolpos [Richter] 39, 83.
Eumolpus [Germar] 39, 84.
Eumorphia [Sprengel] 39, 84.
Eumorphus [Germar] 39, 84.
Eunapius [Bähr] 39, 85.
Eunes [Richter] 39, 87.
Entice und Eunicea, s. Nereis.
Eunomia, S. [Finl] 39, 87.
Eunomia (Gattung der Nereiden) [Burmeister] 39, 88.
—, s. Horae.
—, s. Lepidium.
Eunomios [Finl] 39, 88.
Eunomus [Richter] 39, 94.
Eunosta, s. Eunostos 39, 94.
Eunostos [Richter] 39, 94.
Eunuch [Theile] 39, 94.
Eunomitae 39, 97. [97.
Euonymos (Myth.) [Richter] 39,
—, s. Liparische Inseln.
— oder Euonymia (Demes von Alben) [Grotefend] 39, 97.
Euonymus, Euopis, Euosma, s.
Euonymus 39, 271; Euopis in Berchteya 9, 74; Euosma in Euosmia 39, 272.
Euopis [Richter] 39, 97.
Eupalamos [Richter] 39, 97.
Eupalion [Zander] 39, 97.
Eupares [Sprengel] 39, 97.
Eupator (Antiochus V., König von Syrien) [Herrmann] 39, 97.
Eupatoria [Petri] 39, 98.
Eupatoriophalacron, s. Eclipta 31, 12.
Eupatorium [Sprengel] 39, 98.
Eupatriden, s. Theseus.
Eupeithes [Richter] 40[1], 433.
Eupelmus, s. Pteromalini.
Eupen [Daniel] 39, 99.
Eupetalos, s. Daphne 23, 97.
Eupetalum, s. Begonia 8, 351.
Euphaes [Herrmann] 39, 99.
Euphem [Richter] 39, 99.
Euphemia, S. [Finl] 39, 99.
Euphemides [Finl] 39, 100.
Euphemismus 39, 101.
Euphemos [Richter] 39, 101.
Eupheus, s. Apleudes 5, 13.
Euphon [Finl] 39, 102.
Euphonia [Finl] 39, 103.
Euphorbia [Sprengel] 39, 103.
Euphorbiaceae [Sprengel] 39, 105.

Euphorbium, s. Euphorbia 39, 106.
Euphorbos [Richter] 39, 107.
Euphoria, s. Nephelium.
Euphorion [Richter] 39, 107.
Euphormio Lusininus, s. Barclay (Joh.) 7, 367.
Euphranor [Bähr] 39, 107.
Euphrasia (Pharm.) [Theile] 39, 109. [109.
— (Pflanzeng.) [Sprengel] 39
Euphrat 39, 110.
Euphrates [Steinhart] 39, 111.
Euphronia [Sprengel] 39, 112.
Euphromides [Bähr] 39, 112.
Euphrosyne(Pflanzeng.)[Sprengel] 39, 112.
Euphrosyne (Myth.) [Richter] 39, 112.
Euphyllis 39, 112.
Euplassa, s. Rhopala.
Euplea [Zander] 39, 112.
Euploca, s. Tournefortia.
Euplocamus [Germar] 39, 112.
Euploia [Richter] 39, 112.
Euplotes [Richter] 39, 112.
Eupoda [Germar] 39, 113.
Eupolemia [Richter] 39, 113.
Eupolemos [Bähr] 39, 113.
Eupolis [Bähr] 39, 113.
Eupomatia [Sprengel] 39, 121.
Eupompe [Bähr] 39, 121.
Euporia [Zander] 39, 121.
Euprosopus [Germar] 39, 121.
Euprxibae [Grotefend] 39, 121.
Eura (v. Schubert) 39, 121.
Eurajoti oder Eurasiinne [b. Schubert] 39, 121.
Euramphus [Germar] 39, 122.
Euraphis, s. Pappophorum.
Eure (Fluß) [Richter] 39, 122.
— (Depart.) [Fischer] 39, 122.
Eure und Loire (Depart.)[Fischer] 39, 124.
Eurelius (Gunno) [Wachter] 39, 125. [39, 125.
Eurenius (Jöns) [v. Schubert]
Eurhipis [Germar] 39, 125.
Eurhipia, s. Eurhinus 39, 125.
Eurhynchus, s. Eurhinus 39, 125.
Eurich (König der Westgothen) [Wachter] 39, 125.
Euriosma, s. Rynchosia.
Euripides [Bernhardy] 39, 127.
Euripos [Zander] 39, 167.
Euripus, s. Circus 17, 287.
Eurisabe [Richter] 39, 168.
Eurisates, s. Eurysates 39, 177.
Eurit, s. Porphyr.
Europa, Europe (Myth.) [Richter] 39, 168.
— (Geogr.) [Daniel] 40[1], 433.
Europos [Richter] 39, 170.
Europs [Richter] 39, 170.
Eurotas (Myth.) [Richter]39,170.
Eurotas [Zander] 39, 170.
Eurotia, s. Cephaelis.
Eurotia, s. Diotis.
Eurote [Richter] 39, 170.

Eurotium [Sprengel] 40[1], 443.
Eurya [Sprengel] 40[1], 443.
Euryabes [Richter] 39, 170.
Euryale (Myth.) [Richter]39,170.
Euryale (Pflanzeng.) [Sprengel] 40[1], 443.
Euryales [Richter] 39, 170.
Euryanassa [Richter] 39, 171.
Euryandra, s. Tetracera.
Euryanthe, [Sprengel] 40[1], 443.
Eurybasis, s. Weisia.
Eurybates [Richter] 39, 171.
Eurybia(Myth.)[Richter]39,171.
Eurybia (Pflanzeng.) [Sprengel] 40[1], 443.
Eurybiades [Herrmann] 39, 171.
Eurybios [Richter] 39, 172.
Eurybrachis, s. Fulgorina.
Eurycephalus [Germar] 39,172.
Eurychora [Germar] 39, 172.
Euricles, s. Pancratium.
Eurycomus [Sprengel] 40[1], 444.
Eurydamas [Richter] 39, 172.
Eurydera, s. Thyreopterus.
Eurydice, s. Ixia.
Eurydike [Richter] 39, 172.
Euryganeia [Richter] 39, 173.
Euryges [Richter] 39, 173.
Euryloba [Richter] 39, 173.
Eurylaimus[Burmeister]39,173.
Euryleon [Richter] 39, 173.
Eurylepis, s. Erica 37, 19.
Eurylobus [Germar] 39, 173.
Eurylochos [Richter] 39, 174.
Euryloma, s. Erica 37, 19.
Eurymachos [Richter] 39, 174.
Eurymede [Richter] 39, 174.
Eurymedon [Richter] 39, 174.
Eurymenae [Zander] 39, 174.
Eurynome [Richter] 39, 174.
Eurunomos [Richter] 39, 174.
Eurynotus [Germar] 39, 174.
Europe, s. Eumolpus 39, 84.
Euryops, s. Othonna.
Europpaeus [Richter] 39, 175.
Euryptera, s. Leptotaenia.
Eurypus [Germar] 39, 175.
Eurypyga [Burmeister] 39, 175.
Eurypyle [Richter] 39, 176.
Eurypylos [Richter] 39, 176.
Eurysates [Richter] 39, 177.
Euryspermum, s. Leucodendron.
Eurystegia, s. Erica 37, 19.
Eurysternos [Richter] 39, 177.
Eurysternos [Germar] 39, 177.
Eurysthenes [Richter] 39, 177.
Eurystheus [Bähr] 39, 177.
Eurystoma, s. Erica 37, 19.
Eurystomus [Burmeister] 39, 177.
Eurytaenia, s. Leptotaenia.
Euryte [Richter] 39, 177.
Eurytele [Richter] 39, 177.
Eurythalea, s. Gentiana 58,242.
Eurythemis [Richter] 39, 178.
Eurythoë [Richter] 39, 178.
Eurythyrea [Germar] 39, 178.
Eurytia, s. Idaea.

Eurytion [Richter] 39, 178.
Eurytios [Richter] 39, 178.
Eurytis, s. Trichooline.
Eurytoma [Germar] 39, 178.
Eurytos [Richter] 39, 178.
Euscaphis, s. Staphylea.
Euscelus, s. Attelabus 6, 211.
Eusebius (Bischof von Cäsarea) [Dähne] 39, 179. [194.
— (von Alexandria) [Dähne] 39,
— (Bischof von Vercelli) [Gruber] 40, 444.
— (Papst) [Gruber] 40, 445.
Eusefull [Petri] 39, 197.
Eusfne 39, 197.
Eusimara [Röbiger] 39, 197.
Euskirchen 39, 197.
Eusozies, Jussossieis, s. Afghanen 2, 141.
Eusomus [Germar] 39, 197.
Eusondheim (Eisenmann) 39,197.
Eusserthal, Eustethal (Gittermann) 39, 197.
Eustach (Bartolommeo) [Theile] 39, 197. [big] 39, 198.
Eustachius, St. (St. Eustaç)[Pöper]
Eustachya, s. Paederota.
Eustachys, s. Chloris 17, 20.
Eustales [Germar] 39, 199.
Eustathes, s. Melicocca.
Eustathios [Bähr] 39, 199.
— (aus Kappadocien) 39, 199.
— (der Erotiker) 39, 200.
— (Erzbischof von Thessalonich) 39, 201.
— (Antiochenus) 39, 204.
— (Romanus) 39, 205.
Eustegia [Sprengel] 40[1], 440.
—, s. Stegia.
Eustephia [Sprengel] 40[1], 446.
Eustichia, s. Maschalocarpus.
Eustrophus [Germar] 39, 206.
Eustoma, s. Lisianthus.
Eustrephus[Sprengel]40[1],446.
Eutacta [Sprengel] 40[1], 446.
Eutaxia [Sprengel] 40[1], 447.
Eutefnies [Bähr] 39, 206.
Eutelia, s. Rotala.
Euter [Theile] 39, 207.
Euterpe(Myth.)[Richter]39,207.
Euterpe (Pflanzeng.) [Sprengel] 40[1], 447.
Euthalia, s. Belleia.
Euthalies [Gruber] 39, 207.
Euthamia, s. Solidago.
Euthanasia [Theile] 39, 207.
Eutharich [Herrmann] 39, 209.
Euthemis [Sprengel] 40[1], 447.
Euthydemos (König aus Baktrien) [Grotefend] 39, 209. [209.
— (der Sophist) [Steinhart] 39,
Euthybdia [Bähr] 39, 210.
Euthycrates [Bähr] 39, 210.
Euthymenes [Bähr] 39, 210.
Euthymetrie [Garp] 39, 212.
Euthymia, Euthymes [Richter] 39, 212.
— (Abt); S. (Zigabenos, Mönch) [Finl] 39, 212. 213.

Cyſtein (norweg. Könige) [[Wach-
ter] 39, 451. [39, 465.
— (ſchwed. Könige) [Wachter]
— (Erzbiſchof von Ribaros und
Throndheimr) [Wachter] 39,
470.

Cyſtein Glumra [Wachter] 39,
474. [Orri [Wachter] 39, 475.
Cyþing, Ciþing [v. Stramberg]
39, 477.
Cywanowiþ, auch Ewanewiþ,

Iwanowiþ [Schreiner] 39,
488.
Cz [Richter] 39, 489.
Czagulis [Richter] 39, 489.
Czapan [Richter] 39, 489.
Czechiel [Röbiger] 39, 489.

Czeriten [Fiſcher] 39, 492.
Czernin [Richter] 39, 492.
Cżo, ſ. Crenfrid 36, 420.
Czurvedam, ſ. Beda.
Czzelino, ſ. Eſte 38, 238.

F.

F [Grotefend] 40², 1.
Fa [Finſ] 40², 4.
Faaberg [v. Schubert] 40², 4.
Faaborg [v. Schubert] 40², 5.
Faabroe [v. Schubert] 40², 5.
Faaf [Schreiner] 40², 5.
Faal [Schreiner] 40², 5.
Faaskrubsfjord [v. Schnbert]
40², 5.
Faba, ſ. Vicia.
Fabae, ſ. Ocotea; Strychnos.
Fabago, ſ. Zygophyllum.
Fabata (Marquis de la) [Wach-
ter] 40², 5.
Fabaria, ſ. Burchana 14¹, 50.
—, ſ. Sedum Telephium.
Fabarius [Finſ] 40², 5.
Fabbra (Luigi bella) [Theile]
40², 5.
Fabbrica [Schreiner] 40², 6.
Fabel 40², 6. [40², 11.
— (Georg Leopolb) [Döring]
Faber (Baſilius) [Eckſtein]40²,12.
—.(Felix) [Eicher] 40², 13.
— (Johann) [Döring] 40², 14.
— (Aerzte und Naturforscher)
[Zb ile] 40², 15.
— (Johann) [Döring] 40², 15.
— (Joh. Adam) [Döring] 40²,
16. [40², 16.
— (Johann Gottlieb) [Döring]
— (Johann Karl Chriſtoph) [Dö-
ring] 40², 16.
— (Johann Karl German) [Dö-
ring] 40², 17.
Faber (Joh. Ernſt) [Döring]40²,
17. [40², 17.
— (Johann Melchior) [Döring]
— (Johann Heinr.) [Döring]
40², 18.
— (Muſiker und muſ. Schrift-
ſteller) [Finſ] 40², 18.
Fabert (Dominicus) [v. Stram-
berg] 40², 23.
Fabia gens [Bähr] 40², 25.
Fabiana [Sprengel] 40², 37.
Fabianus [Finſ] 40², 37.
Fabiranum [Wachter] 40², 39.
Fabius, ſ. Fabia gens 40², 25.
Fableoure [Gräffe] 40², 39.
Fabopa [Schreiner] 40², 40.
Fabrateria [Daniel] 40², 40.
Fabre (Pierre Jean) [Theile]
40², 41. [40², 41.
— (Jean Claudius) [Gräffe]
— (Pierre) [Theile] 40², 41.
— d'Eglantine (Philippe Franç.
Nazaire) [Döring] 40², 41.
Fabretti (Rafael) [Bähr] 40², 42.

Fabri (Dionyſius) [Wachter] 40²,
45.
— (Heinr.) [Gräffe] 40², 46.
— (Greger) [Rumy] 40², 46.
— (Stephan) [Rumy] 40², 46.
— (Joh.Ernſt) [Eckſtein] 40², 47.
— (Steffano) [Finſ] 40², 50.
Fabriano [Daniel] 40², 50.
Fabricenſis [Bähr] 40², 50.
Fabricia [Sprengel] 40², 51,
Fabricius, Fabricii [Bähr] 40²,
52.
— (Theodor) [Döring] 40², 55.
— (Jacob) [Theile] 40², 55.
— (Franz) [Bähr] 40², 55.
— (Johann) [Bähr] 40², 57.
— (Georg) [Döring] 40², 58.
— (Otto) [Bähr] 40², 60.
— (Vincenz) [Gräffe] 40², 61.
— (Wilh., Hildanus) [Theile]
40², 61.
— (David) [Gittermann] 40²,
62. [6 .
— (Johann Albert) [Bähr] 40²,
— (Johann Andreas) [Döring]
40², 75. [40², 76.
— (Philipp Konrad) [Theile]
— (Friedr. Daniel) [Döring]
40², 76.
— (Joh. Gottfried Andreas)
[Döring] 40², 76. [77.
— (Karl Auguſt) [Döring] 40²,
— (Muſiker u. muſikal. Schrift-
ſteller) [Finſ] 40², 77.
— (Johannes, Montanus), ſ.
Fabritius 41, 3. [41, 1.
— ab Aquapendente, ſ. Fabrizio
— (Johann Chriſtian), ſ. Onto-
mologie 35, 110. [41, 1.
Fabri (im allgemeinen) [Eiſelen]
(in Bezug auf kirchliche Bau-
weſen und Vermögen) [Wach-
ter] 41, 3.
Fabritius (Johannes, gen. Mon-
tanus) [Eicher] 41, 4.
— (Karl) [Weiße] 41, 4.
— (Ludwig) [v. Schubert] 41,4.
Fabrizio (Hieronymus) [Theile]
41, 4.
Fabronia [Sprengel] 41, 6.
Fabronius (Angelus) [Finſ] 41,6.
Fabrettus(Karl hannibal)[Gräffe]
41, 6.
Fabulon [Richter] 41, 7.
Fabyan (Robert) [Gräffe] 41, 7.
Facarbius, les quatre [Eiſelen]
41, 7.
Faccini (Giov. Battiſta) [Finſ]
41, 7. [41, 7.
— oder Facini (Pietro) [Weiße]

Facciolari (Jacopo)[Eckſtein]41,7.
Face [v. Hover] 41, 11.
Facelia, ſ. Phacelia.
Faceno [Schreiner] 41, 15.
Facetiae [Gräffe] 41, 15.
Facetus, ſ. Facetiae 41, 15.
Fachbaum, ſ. Wehr.
Fachgerten [Bähr] 41, 19.
Fachingen [Daniel] 41, 19.
Fachreddin (Ebn Scheich) [Wach-
ter] 41, 19.
Fachwert [Stapel] 41, 22.
Facio ut des etc., ſ. Vertrag.
Facius (Joh. Friedr.) [Döring]
41, 24. [27.
— (Bartholomäus) [Gräffe] 41,
Fackeldiſtel, ſ. Cactus 14², 15;
Echinocactus 30, 364.
Fackelgab [Finſ] 41, 27.
Fackelkraut, ſ. Verbascum Thap-
sus.
Fackellauf [Bähr] 41, 27.
Fackeltanz, ſ. Tanz.
Faden, ſ. Schiff.
Faction 41, 32.
Factor [Eiſelen] 41, 33.
— (math.), ſ. Product.
Factorei [Eiſelen] 41, 33.
Factorielle, ſ. Facultät 41, 33.
Factur [Eiſelen] 41, 33.
Facultät (numeriſche) [Sohnde]
41, 33.
—, ſ. Univerſität.
Facundus [Finſ] 41, 52.
Facþebja [Schreiner] 41, 53.
Faßemostoi [Eiſelen] 41, 53.
Faßen [Pfeil] 41, 53.
— (als Rechtsſymbol) [Wachter]
41, 53.
Faßenbreuß [Richter] 41, 54.
Faßentkraut, ſ. Gnaphium ger-
manicum.
Faßenfreuz [Richter] 41, 54.
Faßenmeß, ſ. Mikrometer.
Faßenpilze, ſ. Hyphomycetes.
Faßenwürmer, ſ. Nematoidea.
Faßhail [Richter] 41, 54.
Faßmblgeti Fryggiar [Richter]
41, 55.
Faßir [Wachter] 41, 55.
Faßiſen [Schreiner] 41, 55.
Faßlepel [Gottſchalb] 41, 56.
Faßer [Gottſchalb] 41, 56.
Faßerpalme, ſ. Borassus 12, 9.
Corypha 19, 397; Rhapis;
Sabal.
Faßertang, ſ. Cystosira.
Faßis [Schreiner] 41, 56.

Faßlein [Pfeil] 41, 56.
Faßvaag [v. Schubert] 41, 56.
Fagred [v. Schubert] 41, 56.
Fagremen [v. Schubert] 41, 56.
Fagno ob. Höhna [Betri] 41, 56.
Faßmlein [v. Hover] 41, 56.
Fahnrich [v. Hover] 41, 56.
Fahrte [Pfeil] 41, 56.
Fähſe (Gottfr.) [Döring] 41, 56.
Faef (Erif) [v. Schubert] 41, 57.
Faeth [Wachter] 41, 57.
Fällen, Fällung, ſ. Praecipitatio.
Fällfors [v. Schubert] 41, 58.
Fällgelb, ſ. Gefälle 55, 452.
Fällungstafeln,ſ.Verwandtſchafts-
tafeln. [ter] 41, 59.
Fälſcher und Fälſchung [Wach-
Fämmnte [v. Schubert] 41, 67.
Fänge [Pfeil] 41, 67.
Fänſal [Richter] 41, 67.
Fänſa [Daniel] 41, 67.
Fäßen [v. Schubert] 41, 68.
Färberchamille, ſ. Anthemis tinc-
toria 4, 255.
Färberdiſtel, ſ. Serratula tinc-
toria.
Färberei, Färbekunſt (Geſchichte
der ält. Zeit) [v. Kurrer] 41,
68. [41, 70.
— (im Mittelalter) [Wach-
— (in neuerer Zeit) [v. Kurrer]
41, 78.
Färberflechte,ſ.Quercusinfectoria.
Färberflechte, ſ. Parmelia Roc-
cella.
Färberröthe, ſ. Rubia tinctoria.
Färberſcharte, ſ. Serratula tinc-
toria.
Färberwaid, ſ. Isatis tinctoria.
Färberwau, ſ. Reseda Luteola.
Färberwurz, ſ. Rubia tinctorum.
Färbeſtoffe [v. Kurrer] 41, 80.
Färber [v. Kurrer] 41, 84.
Färberören [v. Schubert] 41, 84.
Färentuna [v. Schubert] 41, 84.
Färgaryb [v. Schubert] 41, 84.
Färila [v. Schubert] 41, 84.
Färno [Daniel] 41, 84.
Färſen [Wachter] 41, 85.
Färſerne [v. Schubert] 41, 95.
Färon (Sir Peter bar der, oder
Sir Peter Lelp) [Weiße] 41,99.
Fäſch (Sebaſtian) [Finſ] 41,100.
Fäſtberg (Joa. Konrad)[Finſ]41,100.
Faeⅽela, Faeⅽula 41, 101.
Fäſtberg [v. Schubert] 41, 101.
Faⅽinⅼä [Zander] 41, 101.
Fäulniß [Theile] 41, 102.
Fafila, Favila [Wachter] 41,104.

Fafnir [Richter] 41, 105.
Fagagna [Schreiner] 41, 107.
Fagan (Christoph Barthelemi) [Döring] 41, 107.
Fagara, s. Xantoxylon.
Fagatf [Schreiner] 41, 108.
Fage (Raymond La) [Weiße] 41, 108. [41, 109.
Fägell(Kaspar) [v. Stramberg]
Fage's [Sprengel] 41, 112.
Fager oder Fagerthal [Schreiner] 41, 112.
Fagerhult [v. Schubert] 41, 112.
Fagersta [v. Schubert] 41, 112.
Fagervik [v. Schubert] 41, 112.
Faggett [Schreiner] 41, 113.
Fagiana [Schreiner] 41, 113.
Faggiuola, s. Gibellinen 66, 401; Guelfen 96, 156.
Faggot (Jacob) 41, 113.
Fagiuoli (Giam-Battista) 41, 113.
Fagnan 41, 114. [114.
Fagnani (Prosper) [Dief]
Fagnano [Schreiner] 41, 114.
Fagnolles, Fagnuelles [v. Stramberg] 41, 114.
Fago (Nicolo) [Fink] 41, 115.
Fagon (Guy Crescent) [Theile] 41, 115.
Fagonia [Sprengel] 41, 116.
Fagopyrum, s. Polygonum.
Fagotriticum, s. Polygonum.
Fagott [Fink] 41, 116.
Fagraea [Sprengel] 41, 118.
Fagunsap [Eiselen] 41, 118.
Fagus [Sprengel] 41, 118.
Fagutalis [Richter] 41, 119.
Fahtenius (Jonas) [Schnedt] 41, 119.
Faberz [Germar] 41, 119.
Fahlu, s. Fahun.
Fahlunit, s. Triffasit.
Fahne [v. Hoyer] 41, 119.
— (Orden der) [Gottschald] 41, 121.
Fahnen [Germar] 41, 121.
Fahnenberg (Karl Heinr., Freih. v.) [Döring] 41, 144.
Fahnenhafer, s. Avena orientalis 6, 497.
Fahnlehn, s. Fahnen 41, 121.
Fahner (Joh. Christoph) [Theile] 41, 145.
Fahr [Eisenmann] 41, 145.
Fahrafeld [Schreiner] 41, 145.
Fahrbar [Brauhach] 41, 145.
Fahren, s. Anfahren 4, 59.
Fahrende (Fahrende Leute, Fahrende Diet) [Wachter] 41,145.
— Artillerie, s. Artillerie 5,456;
— s. Habe.
Fahrende Ritter [Wachter] 41, 146.
— Sänger [Wachter] 41, 148.
— Schüler [Wachter] 41, 149.
— Spielleute [Wachter] 41, 153.
— Weiber [Wachter] 41, 155.
Fahrenb Pfand [Wachter] 41, 156. [Theile] 41, 156,
Fahrenheit (Gabriel Daniel)

Fahrländer (Sebastian) [Escher] 41, 157.
Fahrmann (Andreas Joseph) [Döring] 41, 158.
Fahrpfennige [Wachter] 41, 159.
Fahrschatz [Wachter] 41, 159.
Fahrt (Seew.) [Brauhach] 41, 159.
— (Bergn.) [Germar] 41, 159.
Fahrtlösung, s. Hostenbitiae.
Fahrwasser [Brauhach] 41, 149.
— (Geogr.), s. Danzig 23, 94.
Fahrzeug, s. Schiff.
Fai [Schreiner] 41, 159.
Faibit oder Faibit (Gangelm oder Anselm) [Fink] 41, 160.
Faido [Schreiner] 41, 160.
Fai Fo, s. Hue-han.
Faigaur (François Louis) [Döring] 41, 161.
Faignient (Noe) [Fink] 41, 161.
Faikawa-Kadschiha [Richter] 41, 161.
Faille (Jean Charles de la) [Garb] 41, 161.
— Jacob Baart de la) [Garb] 41, 161.
Fain (Agathon-Jean François) 41, 162.
Fairex, s. Ortnepinseln.
Fairfax (Geogr.) [Eiselen] 41, 169.
— (Geschlecht) [v. Stramberg] 41, 162.
— oder Fayrfax (Robert) [Fink] 41, 169.
Fairfield [Eiselen] 41, 171.
Fairford [Eiselen] 41, 171.
Fairhaven [Eiselen] 41, 171.
Fairhead [Eiselen] 41, 171.
Fair-Isle [Eiselen] 41, 171.
Fairweather [Eiselen] 41, 171.
Fais, s. Marianen. [41, 171.
Faistenau, Feistenau [Schreiner]
Faistenberger oder Feistenberger (Anton) [Weiße] 41, 171.
Faitz [Schreiner] 41, 172.
Faithorne (William der Aeltere und der Jüngere) [Weiße] 41, 172. [172.
Fajardo (Alfonso) [Wachter] 41,
— (Don Luis de) [Wachter] 41, 175.
Fakír [Richter] 41, 177.
Falaba Daniel) 41, 180.
Falacer [Richter] 41, 180.
Falacrinum [Zander] 41, 180.
Falae [Bähr] 41, 180.
Falagria [Germar] 41, 182.
Falaise [Daniel] 41, 182.
Falasfe 41, 182.
Falaria [Zander] 41, 182.
Falburg, auch Fahlburg [Schreiner] 41, 182.
Falcam [s. Falcão 41, 182.
Falcão oder Falcam (Christovão) [Wolff] 41, 182.

Falcaria (Gattung der Polypen) [Burmeister] 41, 183.
— s. Sium.
Falcata, s. Cryptolobus 20, 252.
Falcatula, s. Trigonella.
Falces [Bähr] 41, 183.
Falcidia Lex [Eckstein] 41, 185.
Falcinellus, s. Ibis; Tringa.
Falde (Joh. Friedr.) [Döring] 41, 186. [41, 187.
— (Joh. Phil. Konr.) [Döring]
— (Gectg) [Fink] 41, 188.
Falckenhagen (Ab.) [Fink] 41,188.
Falckenstein (Joh. Heinr. v.) [Falkenstein] 41, 188.
Falco (Vogelg.) [Burmeister] 41, 190. [199.
Faleo (Geogr.) [Schreiner] 41
Falcon [Eiselen] 41, 199.
Falconara [Schreiner] 41, 199.
Falcone (Aniello) [Weiße] 41, 199.
Falconer (William) [Theile] 41, 200.
Falconeria, s. Pyrenacantha.
Falconet (Charles; André; Noël und Camille) [Theile] 41, 200.
— (Etienne Maurice) [Döring] 41, 201.
Falconidae [Burmeister] 41, 201.
Falconieri (Alexis; Lälius; Alexander und Ottavio) [Fink] 41, 204.
Falconius (Placidus) und Falconi (Achille) [Fink] 41, 204. [205.
— 205.
Falcunculus [Burmeister] 41, 205.
Falcus [Herrmann] 41, 205.
Faldermannia, s. Ziziphora.
Faldistorium [Wachter] 41, 205.
Falerii [Zander] 41, 207.
Falernum [Zauber] 41, 208.
Faletta [Zander] 41, 209.
Falena [Schreiner] 41, 209.
Falieri (Marin Graf de Bal de Marina) [Germar] 41, 209.
Faliscus, s. Fala, Falarica, im Art. Falae 41, 180.
Falk (Joh. Pet.) [Theile] 41, 210.
— (N. D.) [Theile] 41, 210.
— oder Falck (Jeremias) [Weiße] 41, 211.
— (Joh. Dan.) [Döring] 41,211.
Falke (zool.), s. Falco 41, 190.
— (sprachlich) [Wachter] 41, 234.
— (Geschlecht) [v. Hoyer] 41, 243.
— (Jagw.) [Burmeister] 41, 243.
— Faltnerei (hist.-lit.) [v. Hoyer] 41,244; [Pfeil] 41,247.
Falkenau (in Livland) [Petri] 41, 249. [41, 249.
— (in Oesterreich) [Schreiner]
Falkenaugen (Streve) 41, 250.
Falkenberg (im Lippeschen und in Hessen) [Gottschald] 41,250.
— (in Baiern) [Eisenmann] 41, 250.

Falkenberg (Diebrich) [v. Schubert] 41, 251.
Falkenburg (im Rudolstädtischen und am Rhein) [Gottschald] 41, 251.
— in Limburg; Gesch. u. Geschl.) [v. Stramberg] 41, 251.
— (Habrian) [Theile] 41, 258.
Falkenberg [Schreiner] 41, 258.
Falkenbufaten, s. Dukaten 28, 248.
Falkenfels [Eisenmann] 41, 258.
Falkenhayn [Schreiner] 41, 259.
Falkenorden [Gottschalck] 41, 259.
Falkenstein(in Oesterreich)[Schreiner] 41, 261. [261.
— (Gesch.) [v. Stramberg] 41,
— (in Baiern, Rheinpfalz) [Eisenmann] 41, 263.
— (in Sachsen,Oberpfalz)[Eisenmann] 41, 263.
— (in Sachsen) [Gottschald] 41, 263.
— (Burgen, am Harz, Taunus, bei Eing, auf dem Hundsrück) [Gottschald] 41, 263.
Falkia [Sprengel] 41, 267.
Falkirk [Eiselen] 41, 267.
Falkland [v. Stramberg] 41, 267.
Falklandsinseln [Poppig] 41,270.
Falkner [Fink] 41, 275.
Falknerei, s. Falte 41' 243.
Falknergesellschaft [Gottschald] 41, 276.
Falkonett [b. Hoyer] 41, 276.
Falköping [v. Hoyer] 41, 284.
Fall (math.) [Hantel] 41, 276.
— (Rechnrecht) [Wachter] 41, 284.
— (Bergbau), s. Gang 53, 322.
— (Grammonik), s.Casus 21,119.
Fallandi Forab [Richter] 41, 284.
Fallbäume [v. Hoyer] 41, 284.
Fallbach [Schreiner] 41, 284.
Fallenia [Germar] 41, 285.
Fallersleben [Daniel] 41, 285.
Falletti (Girolamo) [Blanc] 41, 285.
Falley, s. Ball 9.
Fallhöhner oderFallhoffner [Richter] 41, 285. [41, 285.
Falliment, Fallissement [Daniel] 41, 287.
Fallingbostel [Daniel] 41, 287.
Fallkraut, s. Arnica montana 5, 379; Inula (dysenterica).
Fallmaschine [Wachter] 41, 287.
Fallopia [Sprengel] 41, 288.
Fallopio (Gabriel) [Theile] 41, 288.
Fallschirm [Hantel] 41, 290.
Fallsucht [Rosenbaum] 41, 290.
Fallstopp [v. Schubert] 41, 302.
Falltant, s. Schweigerthee.
Falugia, s. Siversia.
Falumib [Pfeil] 41, 302.
Falzins [Wachter] 41, 302.
Falmouth (Geogr.) [41, 303.
— [berg] 41, 303.
— (Viscounts von) [v. Stramberg]

Faunalia [Richter] 42, 87.
Fauni (Geogr.) [Wachter] 42, 87.
—, s. Faunus 42, 87.
Faunus [Richter] 42, 87.
Faussebraie [v. Hoyer] 42, 90.
Faust (Bernh. Christoph) [Döring] 42, 91. [93.
— (Sage von) [Sommer] 42,
Faustina [Herrmann] 42, 118.
Faustitas [Richter] 42, 119.
Faustkampf, s. Gymnastik.
Faustpfand, s. Pfand.
Faustrecht [Wachter] 42, 119.
Faustus [Richter] 42, 143.
Favagnana, Favignana, Favagnona [Daniel] 42, 143.
Fabart (Charles Simon und Marie Justine Benoite) [Döring] 42, 143. [144.
Fabelet (Joh. Franz) [Theile] 42,
Faventia 42, 144.
Faverlah (Joannes) [Finf] 42,144.
Faviana [Wachter] 42, 144.
Faviana actio [Bähr] 42, 145.
Faviba [Eiselen] 42, 145.
Favier 42, 145.
Favila [Herrmann] 42, 146.
Favißar [Bähr] 42, 146.
Favolius [Sprengel] 42, 147.
Favonia [Sprengel] 42, 147.
Favonium, s. Dibelta 24, 533.
Favonius, s. Zephyrus.
Favorinus [Bähr] 42, 147.
Fabras (Thomas Mahy, Marquis v. 42, 152.
Favrat (Louis) [Theile] 42, 152.
Fabre (Peter Franz) [Döring] 42, 152.
Faye (Jacob Wilh.) [v. Schubert] 42, 153.
Fayesfelb [v. Schubert] 42, 154.
Fayd [v. Schubert] 42, 154.
Fayal [Eiselen] 42, 154. [156.
Fayibit (Saucelm) [Döring] 42, 154.
Faye (Georges de la) [Theile] 42,
Fayence 42, 156.
Fayette La (Geschlecht) [v. Stramberg] 42, 157.
— (Geogr.) [Eiselen] 42, 178.
Fayetteville [Eiselen] 42, 178.
Fayolle (François Joseph Maria) [Finf] 42, 178.
Fayoum, Fayum, Fium [Daniel] 42, 178.
Fayus, de la Faye (Antonius) [Eiselen] 42, 179. [179.
Fayollo (Commalo) [Blanc] 42,
Fazio (Bartolomeo) [Blanc] 42, 179. [— [niet] 42, 180.
Faznglo, Fazeglo, Fazioli [Dafazzini (Don Giov. B.) 42, 180.
F dur [Finf] 42, 180.
Fè, Santa [Daniel] 42, 181.
Fesea (Sprengel) 42, 182.
Febre (Valentin le) [Weise] 42, 182.
Fèbre (Jacob le) [Finf] 42, 182.

Febris [Richter] 42, 182.
Febronius, s. Hontheim.
Februa, s. Februus 42, 183.
Februar (Grotefend) 42, 182.
Februus [Richter] 42, 183.
Feburre (Jean le); F. de Welp (Antoine le) [Finf] 42, 183. 184.
— de ville Brune (Jean Baptiste le) [Döring] 42, 184.
Feburre (le, Johann) [v. Stramberg] 42, 184.
— de Saint Marc (Charles Hugues le) [Blanc] 42, 185.
Fécamp [Daniel] 42, 185.
Fechenbach (Geogr.) [Eisenmann] 42, 186.
— (Geschlecht) [v. Boyneburg-Lengsfeld] 42, 186.
Fecht [Joh.) [Döring] 42, 187.
Fechtelgerste, s. Hordeum Zeocrithon.
Fichter 42, 188.
Fechtkunst [Scheidler] 42, 190.
Fecialis, s. Fetiales.
Fecundias [Richter] 42, 206.
Fedalah, Fedalle [Daniel] 42,206.
Fedbersen (Jacob Friedr.) [Döring] 42, 206.
— (Berend) [Döring] 42, 207.
Fede (Francesco Maria) [Finf] 42, 208.
— Fede (Cassandra); F. (Danise Teotto) [Finf] 42, 208.
— (Geogr., Sam.-F.) [Schreiner] 42, 209.— [Finf] 42, 209. 210.
Fedeli (Giuseppe und Ruggiero) [Finf] 42, 210.
Feder (Joh. Heinr.) [Döring] 42, 210.
— (Joh. Georg Heinr.) [Döring] 42, 210.
Feder (Burmeister) 42, 219.
Federalaun, [Federsalz] [Bläße] 42, 223.
Federaun [Schreiner] 42, 223.
Federbinse, s. Eriophorum 37, 137.
Federharz, s. Erdharz 36, 401.
Federici (Francesco und Vincenzo) [Finf] 42, 224.
Federlsost [Sprengel] 42, 224.
Federkraft, s. Elasticität 40, 69.
Federn (chemisch) [Steinberg] 42, 224.
— (resfort) [Racine] 42, 224.
Federnelke, s. Dianthus plumarius und D. superbus 24, 467.
Federnfuren, s. Pterylae.
Federnstellung, s. Pterylae.
Feder-See [Daniel] 42, 224.
Federstift, Federwelle [Racine] 42, 224.
Fedia, s. Petrinia; Valerianella.
Fedtt [v. Schubert] 42, 225.
Feen [Richter] 42, 225.

Fegatella, s. Marchantia.
Fegefeuer, s. Feuerprobe 43, 372.
Fegefeuer [Petri] 42, 233.
Fehde 42, 233.
Fehlgebären, Abortus, Mißfall [Mende] 42, 233.
Fehlgeburt [Henke] 42, 236.
Fehme [Wachter] 51, 151.
Fehmgericht [Wachter] 42, 236.
Fehr (Joh. Michael) [Theile] 42, 265.
— (Franz Joseph) u. Fehre (J. al.) [Finf] 42, 266.
Fehrbellin [Hermann] 42, 266.
Feierlichkeit 42, 273.
Feiertage [Finf] 42, 275.
Feiga [Richter] 42, 331.
Feigbohne, s. Lupinus.
Feige, s. Ficus carica 44, 22; Ficus indica 44, 24; Cactus O u 14², 15.
— (Gottesdienst) [v. Boynburg [Bläße] 42, 331.
— (Joh. Gottlieb); F. (Gottlieb); F. Schauspielerehepaar) [Finf] 42, 332.
Feigel, s. Pyrus dioeca.
Feigenbaum, s. Ficus 44, 22.
Feigwarzenkraut, s. Ranunculus Ficaria.
Feiler (Joh.) [Theile] 42, 332.
Feilhofen [Schreiner] 42, 332.
Feilitsch [v. Boyneburg-Lengsfeld] 42, 333.
Feillée, de la [Finf] 42, 337.
Feine (Robinet de) [Finf] 42, 338.
Feingut [Richter] 42, 338.
Feira [Daniel] 42, 338.
Feistritz [Schreiner] 42, 338. 339.
Feithius (Everhardus) [Finf] 42, 339.
Fejerwägh [Rumy] 42, 340.
Fejer Barmeszny [v. Benigni] 42, 340.
Fejöe [v. Schubert] 42, 341.
Feketo-Halom [v. Schubert] 42, 341.
— 4kor [Schreiner] 42, 341.
Feki (Orden des) [Gottschalck] 42, 341.
Felber [Richter] 42, 342.
Felber-Lauern [Schreiner] 42, 342.
Felbiger (Joh. Ignaz v.) [Döring] 42, 343.
Feld (landwirth.) [Schweitzer] 42, 343.
— (militärisch) [v. Hoyer und v. Arnoldt] 42, 345.
— (mechanisch) [Riemann] 42, 366. [42, 390.
Felda [v. Boyneburg-Lengsfeld]
Feldahorn, s. Acer campestre 1, 277.
Feldapotheke, s. Feld 42, 366.
Feldartillerie, s. Feld 42, 345.
Feldbad [Schreiner] 42, 398.
Feldbäckerei, s. Feld 42, 345.
Feldbefestigung, s. Feld 42, 348.
Feldbett, s. Feld 42, 350.

Feldbohne, s. Vicia Faba.
Feldbienst, s. Feld 42, 350.
Feldequipage, s. Feld 42, 351.
Feldflur, s. Feld 42, 344.
Feldgefängniß, Feldsicherheit, s. Feld 42, 351.
Feldgeschrei, s. Feld 42, 359.
Feldgeseilig, s. Feld 42, 352.
Feldbirt, s. Lithospermum arvense.
Feldholder, s. Sambucus Ebulus.
Feldbospital, s. Feld 42, 367.
Felding [Schreiner] 42, 394.
Feldjäger, s. Feld 42, 359.
Feldberren [Schreiner] 42, 394.
Feldkrankheiten, s. Feld 42, 385.
Feldkümmel, s. Lychnis Githago.
Feldlaboratorium, s. Feld 42, 360. 387. [394.
Feldmann (Bernh.) [Theile] 42,
Feldmark [Eiselen] 42, 395.
Feldmarschall, s. Feld 42, 362.
Feldmauer (Joh. und Georg) [Finf] 42, 395. [387.
Feldmedicinalwesen, s. Feld 42,
Feldmessen [v. Hoyer] 42, 395.
Feldmohn, s. Papaver Rhoeas.
Feldmuß [Finf] 42, 400.
Feldnelke, s. Dianthus deltoides 24, 467; Lychnis sylvestris.
Federrant, s. Antirrhinum orontium 4, 333.
Feldpolizei [Eiselen] 42, 408.
Feldraine, s. Feld 42, 344.
Feldrose, s. Rosa arvensis.
Feldrüster, s. Ulmus campestris.
Feldsalat, s. Valerianellaolitoria.
Feldsberg [Schreiner] 42, 403.
Feldschäden, s. Feld 42, 344.
Feldschanzen, s. Feld 42, 362.
Feldsenf, s. Sinapis arvensis.
Feldspath [Breithaupt] 42, 403.
Feldspinat, s. Chenopodium (Bonus Henricus) 16, 273.
Feldwebel, s. Feld 42, 410.
Feldwermuth, s. Artemisia campestris 5, 449.
Feldwinde, s. Convolvulus arvensis 19, 228.
Feldwirthschaft, s. Feldwirthschaft, s. Feld 42, 365.
Feldung, s. Feld 42, 365.
Felegyhäza [Schreiner] 42, 410.
Felibien (André u. Jean Franz.) [Blanc] 42, 410.
Felicer, De (Fortunatus) [Eischer] 42, 411.
Felicia, s. After 6, 156.
Feliciana, s. Myrrhinium.
Felicianus (Felice; Giovanni Bernardo und Porfirio) [Blanc] 42, 411.
Felicissimus [Gruber] 42, 411.
Felicitas [Richter] 42, 412.
Felis (Johannes und Steffano) [Finf] 42, 412. [42, 412.
Felis (Raubthiere) [Burmeister]
Felix I.—V. (röm. Päpste) [Gruber] 42, 427.

Fiorillo (Joh. Wilh. Rafael) [Döring] 44, 296.

Fioringras, s. Gras.

Fiorini (Ippolito) [Fink] 44, 296.

Fiörm (Wachter) 44, 296.

Fioroni (Giovanni Andrea) [Fink] 44, 296.

Fiquelmont (Dorf; Geschlecht) [v. Stramberg] 44, 297.

Firando [Daniel] 44, 297.

Firdös [v. Stramberg] 44, 297.

Firdusi (Firdosi, Firdausi) [Rödiger] 44, 297.

Firensis, s. Cordia 19, 279.

Firenzuola (Geogr.) [Daniel] 44, 301.

— (Agnolo) [Blanc] 44, 301.

Firlei [v. Stramberg] 44, 302.

Firmare manu, s. Formelnkunde 46, 278.

Firmiana, s. Sterculia.

Firmianus (Bähr) 44, 307.

Firmicus (Bähr) 44, 307.

Firmont (Heinrich Essex Edgeworth v.) [Döring] 44, 309.

Firmum (Zander) 44, 313.

Firmung, s. Confirmatio 19, 65.

Firniß (Döbereiner) 44, 313.

— (japanischer) [Döbereiner] 44, 318.

Firola (Burmeister) 44, 318.

Firus oder Firos [Rödiger] 44, 318.

Firusabad, auch Feirusabad [Rödiger] 44, 319.

Firusabadi [Rödiger] 44, 319.

Firuspur, Firospur [Daniel] 44, 320.

Firwiß (Schreiner) 44, 320.

Fis (Fink) 44, 320.

Fisch (Johann Georg) [Döring] 44, 321.

— s. Pisces.

Fischa (Schreiner) 44, 321.

Fischart (Johann, gen. Menzer) (Bilmar) 51, 169.

Fischbach (Daniel) 44, 321.

Fischbed (Landau) 44, 321.

Fischbein (Döbereiner) 44, 322.

— weißes (Döbereiner) 44, 322.

Fischdorf (Schreiner) 44, 323.

Fischerei (Döbereiner) 44, 323.

Fischerich (Bartholomäus) [Döring] 44, 323.

Fischer (Aerzte, Mathematiker u. Naturforscher) (Theile u. Döring) 44, 324—329.

— (Juristen) [Döring] 44, 329—334.

— (Künstler und musikal. Schriftsteller) [Fink] 44, 335—339.

— (Theologen, Pädagogen, Philologen) [Döring u. Eckstein] 44, 340—352.

— (Künstler und Literaten) [Döring] 44, 352—355.

— (Peter) [Bischer] 44,

— (Parteigänger in franz. Diensten) [v. Stramberg] 44, 355.

Fischera (Sprengel) 44, 358.

Fischerei 44, 358.

Fischereigerechtigkeit (Buddeus) 44, 358.

Fischereigerichtsbarkeit, Fischereihoheit; Fischereirecht; Fischereiregal, s. Fischereigerechtigkeit 44, 359. 360. [360.

Fischerring, s. Papst.

Fischfluß (Daniel) 44, 360.

Fischhaber (Gottlob Christian Friedr.) [Döring] 44, 360.

Fischhausen (Daniel) 44, 361.

Fischhandel, s. Fischereigerechtigkeit 44, 359.

Fischhorn (Schreiner) 44, 362.

Fischietti (Domenico) [Fink] 44, 362.

Fischkörner, s. Cocculus 18, 149.

Fischleim (Döbereiner) 44, 362.

Fischleimgummi (Döbereiner) 44, 365.

Fischleimfluß [Döbereiner] 44, 365.

Fischmehle, s. Chenopodium (polyspermum) 16, 273.

Fischmilch (Döbereiner) 44, 366.

Fischotter, s. Lutra.

Fischotterfang (Pfeil) 44, 366.

Fischreiher, s. Ardea 5, 170.

Fischschuppen (Döbereiner) 44, 367.

Fischkessel (Schreiner) 44, 367.

Fischteich (Teichmann) 44, 367.

Fischthran (Döbereiner) 44, 371.

Fischversteinerungen, s. Petrefactenkunde.

Fiscus (Buddeus) 44, 372.

Fistelholz, Fustitholz; Fistelholz (Döbereiner) 44, 382.

Filb Bay (Eiselen) 44, 382.

— Creef (Eiselen) 44, 382.

Filser (Johann) 44, 382.

— (Eduard) (Weise) 44, 384.

— (Johann Abraham) [Fink] 44, 384.

Filhern, s. v. Boyneburg-Lengsfeld) 44, 384.

Filsguard (Eiselen) 44, 386.

Filsing-Bay (Eiselen) 44, 386.

— Creef (Eiselen) 44, 386.

Filh River (Eiselen) 44, 386.

Fisternä (v. Schubert) 44, 386.

Fistum (v. Schubert) 44, 386.

Fischer (J. A. P.) [Fink] 44,

Fissidens, s. Dicranum 24, 516.

Fissilia, s. Olax.

Fissula (Trepin) 44, 386.

Fissura (Theile) 44, 386.

Fisaurina, s. Opegrapha.

Fistel (Theile) 44, 387.

Fistelmesser (Theile) 44, 398.

Fistelstimme (Fink) 44, 398.

Fistuly (Reu.) (Schreiner) 44, 399.

Fistularia, s. Ulva.

Fistulina, s. Boletus 11, 416.

Fitats (Daniel) 44, 400.

Fite (Maria Elisabeth de la) (Döring) 44, 400.

Fittero (Daniel) 44, 401.

Fittler (James) (Weise) 44, 401.

Fittre (Daniel) 44, 401.

Fitz-Alan [v. Stramberg] 44, 401.

— Charles, s. Fitz-Roy 44, 453.

— Gerald [v. Stramberg] 44, 408. [433.

— Gibbon [v. Stramberg] 44, 434.

— Herbert [v. Stramberg] 44, 434.

— James [v. Stramberg] 44, 438. [443.

— Maurice [v. Stramberg] 44,

— Osbern [v. Stramberg] 44, 449.

— Roy [v. Stramberg] 44, 453.

— Stephen [v. Stramberg] 44, 458. [460.

— Walter [v. Stramberg] 44,

— William [v. Stramberg] 44, 462.

Fiumara (Schreiner) 44, 466.

Fiume (Daniel) 44, 466.

— bi Nisi [Daniel] 44, 466.

Fiurenbal [v. Stramberg] 44, 467.

Fivست (Daniel) 44, 467.

Fivizano (Daniel) 44, 467.

Fix (Döbereiner) 44, 467.

Firmillner (Joseph) [Döring] 44, 467.

Firsterne 44, 469.

Fizabad (Daniel) 44, 470.

Fizas (Antoine) [Theile] 44, 470.

Flaach oder Flach (Daniel) 45, 1.

Flaas [b. Schubert] 45, 1.

Flaabd- [b. Schubert] 45, 1.

Flabellaria, s. Hiraea; Polyporus; Zonaria.

Flaccia (Wattbäo) [Fink] 45, 1.

Flaccomirus (Joh. Petrus) [Fink] 45, 1.

Flaccus (Tonkünstler) [Fink] 45, 2.

— s. Calpurnius 14, 166; Horatius; Persius; Valerius.

Flachau (bir) [Daniel] 45, 3.

Flachköte [Fink] 45, 3.

Flachstöpfe (Daniel) 45, 3.

Flachs (Siegmund Andreas) [Döring] 45, 5.

— s. Linum.

— (neuseeländischer), s. Phormium 44. [191.

— (Chemie) [Döbereiner] 51,

— (Johann) [v. Schubert] 45, 5.

Flachsenius (Johann) [v. Schubert] 45, 5.

Flachsgras, s. Eriophorum 37, 137.

Flachskraut, s. Linaria.

Flachsland (Dorf; Geschlecht) [v. Stramberg] 45, 5.

— (Jacob Konrad) [Theile] 45, 6.

Flachseidel, s. Cuscuta 20, 384.

Flacht (Daniel) 45, 7.

Flacius (Matthias) (Gruber) 45, 7.

Flacourtia (Sprengel) 45, 18.

Flaß (Philipp Wilhelm Ludwig) [Döring] 45, 18.

— (Johann Daniel) [Döring] 45, 19.

Flabba, Flatä [Daniel] 45, 19.

Flabbaf [v. Schubert] 45, 19.

Flabenstium (Flaben, Flabisch, Flabes) [v. Boyneburg-Lengsfeld] 45, 19.

Flabenfrieg (Wachter) 45, 20.

Flaberbaum, s. Acer Pseudoplatanus 1, 277.

Fladermannia, s. Ziziphora.

Flabstranb, s. Fredericshavn 48, 413.

Fladt (Anton) [Fink] 45, 22.

Fladungen [v. Boyneburg-Lengsfeld] 45, 22.

Fläche (Sohncke) 45, 23.

Flädebo [v. Schubert] 45, 44.

Flämische Hufen, Flämisch Land, Flämisch Recht (Wachter) 45, 44. [45, 48.

Flämming, Flemming (Wachter) 45, 50.

Fläsch (Daniel) 45, 50.

Fläsfärbiger, Fleßfärbige (Wachter) 45, 50.

Flagellaria (Sprengel) 45, 50.

Flageolet [Fink] 45, 50.

Flaggenband (Schreiner) 45, 53.

Flagghed (Daniel) 45, 53.

Flaius (Schreiner) 45, 53.

Flajani (Giuseppe) (Theile) 45, 53.

Flakafanna [v. Schubert] 45, 53.

Flalar (Wachter) 45, 53.

Flaßbable [v. Schubert] 45, 53.

Flamant (Pierre René) (Theile) 45, 54.

Flamberg (Wachter) 45, 54.

Flambert von Berona (Wachter) 45, 54.

Flamborough- (Daniel) 45, 54.

Flamel (Milolaus) 45, 54.

Flamen (Flamines) 45, 56.

Flamen (Albert) (Weise) 45, 57.

Flaminia (Wachter) 45, 57.

Flamininus (Bähr) 45, 59.

Flaminius 45, 69.

Flamma (Wachter) 45, 71.

Flamme (Hentel) 45, 74.

Flammenbäume, s. Pulox.

Flammersheim [v. Stramberg] 45, 77.

Flammeum, s. Hochzeit

Flamminii (Flamminio) [Fink] 45, 78. [45, 78.

Flammed (Thomas) (Wachter)

Flammosen (Döbereiner) 51, 192.

Flammula, s. Clematis (Flammula) 12, s. Ranunculus Flammula.

Flamula (Bähr) 45, 80.

Flamonia (Zander) 45, 81.

Flamsteed (John) (Barb) 45, 81.

Flanates (Zander) 45, 83.

Flandern (geogr.) [Daniel] 45, 83. [84.

— (histor.) [v. Stramberg] 45,

Fossalta [v. Witzleben] 47, 38.
Fossano [v. Witzleben] 47, 40.]
Fosse (Charles de la) [Weise] 47, 41.
Fossegrim [Wachter] 47, 41.
Fosselinia, s. Clypeola 18, 107.
Fossilien, s. Mineralien.
Fossombronia, s. Junger-
mannia.
Fossores [Germar] 47, 42.
Fossum [v. Schubert] 47, 42.
Fostbraedhralag [Wachter] 47, 42.
Fostbraedhrasaga; Fostbroedhir;
Fostra, Fostri, s. Fostbraedhra-
lag 47, 42.
Fothergill (John) [Theile] 47, 51.
— (Anthony) [Theile] 47, 52.
— (Samuel) [Theile] 47, 53.
Fothergillia [Sprengel] 47, 53.
Fotheringhay-Castle [Daniel] 47, 53.
Fotö [v. Schubert] 47, 53.
Foudaon oder Fochan [Daniel] 47, 53.
Fouché (Joseph, Herzog v. Otran-
to) [v. Stramberg] 47, 53.
Fougères [Daniel] 51, 221.
Fougeria, s. Baltimora 7, 281.
Fougerolles (Franç. de) [Theile] 47, 70. [281.
Fougerouxia, s. Baltimora 7,
Fouïlon d'Escottiers [v. Stram-
berg] 47, 70.
Foulpointe [Daniel] 47, 77.
Fouqué (Heinr. Aug., Baron de
la Motte) [v. Witzleben] 47, 77.
— (Friedr. Heinr. Karl, Baron
de la Motte) [Döring] 47, 78.
— (Karoline, Baronin de la
Motte) [Döring] 47, 86.
Fouquet (Henri) [Theile] 47, 87.
Fouquiera [Sprengel] 47, 88.
Fouquières (Jacques) [Weise] 47, 88.
Fourcroy (Graf Antoine Franç.)
47, 89.
Fourcroya, s. Agave 2, 182.
Fourier (Jean Baptiste Joseph,
Baron de) [Döring] 47, 91.
Fournier (Denys) [Theile] 47, 93.
— (Nicolas) [Theile] 47, 93.
— le Pécuy (Franç.) [Theile] 47, 93.
Foure, des (ob. Desfours, Gra-
sen) [v. Stramberg] 47, 94.
Fousseret [Daniel] 47, 95.
Foustian-fu, s. Fung-tshiang.
Fouzbar [Wekebind] 47, 95.
Foveolaria, s. Dasynema 23, 157.
Foveolia [Burmeister] 47, 96.
Fowen, Foy [Daniel] 47, 96.
Fowla ob. Fonla [Daniel] 47, 96.
Fowler (Thom.) [Theile] 47, 96.
Fox (Rich.); F. (Eduard); F.
(John) 47, 96. 97.
— (Charl. James) [Jacob]47,98.
— (Luke) [Küll] 47, 110.
— (George), s. Duster.
Foy [Heymann] 47, 112.

Froa [Schreiner] 47, 119.
Frabola [Schreiner] 47, 119.
Fracanzano (Antonio) [Theile]
47, 119. [119.
Fracassati (Carlo) [Theile] 47,
Fracassini (Antonio) [Theile] 47, 119.
Fracastor (Hier.) [Theile] 47, 120.
Fracastoria, s. Sideritis.
Fracena, auch Fraggena [Schrei-
ner] 47, 121.
Frachetta (Geronimo) [Döring]
47, 121.
Fraedhern [Schreiner] 47, 121.
Fracht [Jacobson] 47, 121.
Fracidcio [Schreiner] 47, 122.
Fraeger [Wachter] 47, 122.
Fräele [Schreiner] 47, 122.
Fraelse [Wachter] 47, 122.
Fragant [Schreiner] 47, 124.
Fragaria [Sprengel] 47, 125.
Fragcapitularien [Wachter] 47, 126.
— (peinliche), s. Tortur.
Frage (Rechtsfrage) 47, 126.
— (peinliche), s. Tortur.
Fragenstein [Schreiner] 47, 129.
Frageria, s. Lasiorrhiza.
Fragestilde, s. Interrogatoria.
Fragilaria [Sprengel] 47, 129.
Fragnite [Schreiner] 47, 129.
Fragonard (Honoré) [Weise] 47, 130. [lax 11, 351.
Fragosa Ruiz et Pavon, s. Bo-
Fragoso (Joh.) [Theile] 47, 130.
Fragsburg [Schreiner] 47, 130.
Fraguier (Claude Franç.) [Dö-
ring] 47, 130.
Frain [Schreiner] 47, 130.
Fraine [Schreiner] 47, 131.
Frainspitz [Schreiner] 47, 131.
Fraisle [Schreiner] 47, 132.
Fraiss, Frais, Fraitsch [Wachter]
47, 132.
Frakno-Alva [Schreiner] 47, 136.
— Bar [Schreiner] 47, 136.
Frakstein [Schreiner] 47, 136.
Framarina [Schreiner] 47, 136.
Framboisiere (Nicolas Abraham
de la) [Theile] 47, 136.
Framta 47, 137.
Frameries [Daniel] 47, 137.
Främmestad [v. Schubert] 47, 137.
Fränängröforz [Wachter] 47, 137.
Franc (Martin le) [Weise] 47, 137.
Franca, s. Frankenia 47, 138.
Franc-Archers [v. Stramberg] 47,138.
Francavilla [Schreiner und v.
Hoyer] 47, 139.
Francesca [Schreiner] 47, 140.
Franceschini (Marco Antonio)
[Weise] 47, 140.
Francesco (Pietro della) [Weise]
47, 140.
Francfort [Daniel] 47, 141.
Franche Comté, s. Burgund.
Franchesèrbe, Frankeserbe [Wach-
ter] 47, 141.
Francheville (Jos. du Fresne de)
[Döring] 47, 142.

Francheville (Andr. du Fresne de)
[Döring] 47, 143.
Franchi....ont de Frankenfeld [Ni-
colas) [Theile] 47, 143.
Franchise, s. Gesandtschaftsrecht
62, 249. [47, 198.
Franci und Francia, s. Franken
Francia (José Gaspar Rodriguez
de) 47, 143.
— ob. Francica [Schreiner] 47, 143.
Franciacorta [Schreiner] 47, 143.
Francis, St. [Daniel] 47, 144.
Francisca (Waffe) [Wachter] 47, 144. [51, 222.
— (die Heilige) [v. Stramberg]
Franciscea [Sprengel] 47, 145.
Francisci (Joh.) [Theile] 47, 146.
Francisco, San [Daniel] 47, 146.
Francoisia, s. Genetyllis 57, 488.
Franz (Ambrosius); F. (Franz der
Aeltere u. Jüngere); F. (Se-
bastian); F. (Hieronymus); F.
(Joh. Baptist) [Weise] 47, 147.
Frand (Georg) [Theile] 47, 148.
— v. Frandenau (Georg Friedr.)
[Theile] 47, 148.
Francke (Joh.) [Theile] 47, 149.
— (Joh.) [Theile] 47, 149. [ring] 47, 149.
— (Joh. Valentin) [Döring] 47, 150. [Säd] 47, 151.
Franco (Bischof von Lüttich)
— (Bischof von Worms) [Säd]
47, 151. [47, 151.
— (Giovanni Battista) [Weise]
— (Giacomo) [Weise] 47, 152.
— (Niccolò) [Döring] 47, 152.
— (Franz) [Theile] 47, 153.
— (Pierre) [Theile] 47, 153.
Francos [Sprengel] 47, 153.
Francoeuria [Weise] 47, 154.
— [Weise] 47, 154.
— (Gerard) [Theile] 47, 154.
— (Jean Charl.) [Theile] 47, 154.
Francolisi [Schreiner] 47, 155.
Francorum Annales [Wachter] 47, 155.
Franecker, Franeker, Franiker
[Daniel] 47, 166.
Frangepan ob. Frangipani (Ge-
nerals) 47, 167. [227.
Frangipani [v. Stramberg] 51,
Frangula, s. Rhamnus.
Frant (Sebast.) [Döring] 47, 168.
— (Joh. Georg) [Döring] 47, 171.
— v. Lichtenstein (Joh. Simon)
[Döring] 47, 171.
— (Heinr. Aug.) [Döring] 47, 171.
— (Joh. Peter) [Theile] 47, 172.
— (Peter Anton v.) [Döring] 47, 175.
— (Franz Phil.) [Döring] 47, 175.
— (Joh. Phil.) [Döring] 47, 176.
— (Ludwig) [Theile] 47, 176.
— (Ludwig Friedr. v.) [Theile] 47, 177.
— (Othmar) [Döring] 47, 177.
— (Joseph) [Theile] 47, 178.

Franke (Aug. Herm.) [Döring]
47, 179. [196.
— (Gottlieb Aug.) [Döring] 47,
— (Heinr. Gottlieb) [Döring]
47, 196. [197.
— (Joh. Michael) [Döring] 47,
— (Christian Friedr.) [Döring]
47, 197. [47, 198.
— (Egidius Gotthelf v.) [Döring]
Franken, Franci [Wachter] 47,198.
— in Teutschland (Geogr.) [Säd]
47, 219. [47, 225.
Fran-exau (Erasmus) [Theile]
Frankenberg (Dorf) [Schreiner]
47, 224. [196.
— (Schlossruine; Geschichte) [v.
Boyneburg-Lengsfeld] 47, 224.
— (schles. Geschlecht) [v. Stram-
berg] 51, 253.
— (Joh. Heinr., Graf v.) [Dö-
ring] 47, 225.
— (Sylvius Friedr. Ludwig,
Freih. v.) [Döring] 47, 225.
Frankenburg [Schreiner] 47,225.
— (Geschichte) [v. Stramberg]
51, 261.
Frankenhausen [Soolbad] [Theile]
47, 226. [Hoyer] 47, 226.
— (Stadt; Schlacht daselbst) [v.
Frankens [Sprengel] 47, 227.
Frankenius (Joh.) [Theile]47,227.
Frankenmarkt [Schreiner] 47,227.
Frankenscharrenhütte [Gottschald]
47, 227.
Frankenstein [v. Boyneburg-
Lengsfeld] 47, 228.
Frankenthal [Säd] 47, 233.
Frankenwald [Daniel] 47, 285.
Frankfurt a. M. [Heymann] 47, 236.
Frankia, s. Cicca 17, 187;
Gymnarrhena.
Frankling [Schreiner] 47, 244.
Fränkischer Bund [Wachter] 47, 244.
Fränkisches Recht, Frankenrecht
[Wachter] 47,255.
Franklandia [Sprengel] 47,255.
Franklin (Benj.) [Döring]47,255.
— (William) [Theile] 47, 285.
— (Geogr.) [Daniel] 47, 286.
Franklinia, s. Gordonia, im
Art. Gordonien 74, 371.
Frankreich (Geographie, Gesch.
u. Statistik) [Eiselen] 47, 286.
— (Geschichte von 1846—48)
[Eiselen] 51, 262.
Franquevillea, s. Exacum (fili-
forme) 39, 294.
Franseria [Sprengel] 47, 422.
Franz von Lissa; Orden der Fran-
ziskaner [Gruber] 47,428.427.
— von Paula [v. Stramberg]
47, 439.
— Xaver [v. Stramberg] 47,442.
— von Borgia [b. Stramberg]
47, 450. [47, 458.
— von Caraccioli [b. Stramberg]
— von Sales [v. Stramberg]
47, 461.
— Regis [v. Stramberg] 47,467.

Frensdorf u. Abenberg, b. (gräfl. Familie) [Jäck] 49, 145.
—, Frensdorf (Gut i. Oberfranken) [Jäck] 49, 146.
— (kath. Pfarrei im Landgericht Bamberg) [Jäck] 49, 148.
Frentani [Zander] 49, 148.
Frento [Zander] 49, 149.
Frenulum [Theile] 49, 149.
Frenzel (Joachim; Joh. Samuel Traugott; Joh. Theod. Gottlob [Theile] 49, 150.
Fréret (Nikolaus) [Röse] 49, 150.
Frerichs (Joh. Heinr. Friedr.) [Döring] 49, 155.
Fréron (Elie⸗Cath. Katharine) [Röse] 49, 156. [49, 161.
— (Ludwig Stanislaus) [Röse]
Frescomalerei, s. Malerei.
Fresenburg (b. Schubert) 49, 164.
Fresenia, s. Diplopappus 25, 459.
Fresenius (Joh. Phil.); F. (Joh. Friedr.); F. (Friedr. Anton); F. (Joh. Christian Ludwig); F. (Phil. Joseph); F. (August) [Döring] 49, 164. 166—168.
Fresnay le Vicomte (Daniel) 49, 168.
Fresneda [Daniel] 49, 168.
Fresnelia, s. Thuia.
Fresnoy (Charles Alphonse de) [Döring] 49, 168.
Fretteau (Jean Maria Nicolas) [Theile] 49, 169.
Frettia [Fischer] 49, 169.
Fretum Siculum [Zander] 49, 169.
Freude, s. Vergnügen.
Freudenstadt [Daniel] 49, 170.
Freudenthal [Daniel] 49, 170.
— (Mineralquelle) [Theile] 49, 171. [49, 172.
Freudweiler (Daniel) [Döring]
Freund [Wachter] 49, 172.
Freundlich, freundl. Tag, Freundschaft (Rechtswissensch.) [Wachter] 49, 177.
Freundschaft (Orden der treuen, oder vom goldenen Armband) [Gottschald] 49, 179.
Freundschaftseinlein 49, 179.
Frevel [Wachter] 49, 180.
Frey (Joh. Jacob und Joh. Ludwig) [Fischer] 49, 186.
— (Joh. Nicolaus) [Döring] 49, 187.
— (Jacob) [Weise] 49, 188.
— (Joh. Rudolf); F. (Franz Andreas); F. (Joh. Conrad); F. (Friedr. Wilh.); F. (Joh. Rudolf) [Döring] 49, 189—191.
Freyberg, Frisch; Freyberger [v. Boyneburg⸗Lengsfeld] 51, 343.
Freycinet (Louis Claude Desaulses de) [Küts] 49, 193.
Freycinetia [Sprengel] 49, 195.
Freyer (Hieron.) [Niemeyer] 49, 195.

Freyera, s. Myrrhus.
—, s. Mayopia.
Freylinghausen (Joh. Anastasius) [Döring] 49, 195.
Freylinia, s. Capraria 15, 145.
—, s. Beureria 9, 356.
Freyreiß (Georg Wilh.) [Küts] 49, 200.
Freytag (Friedr. Gotthilf); Friebr. Gotthilf) [Jacob] 49, 201. 203.
— (Joh. Heinr.) [Döring] 49, 204.
— (zwei Wundärzte) [Theile] 49, 204. [49, 204.
Freyier (Amédée François) [Küts]
Freziera [Sprengel] 49, 206.
Frezgi (Federigo) [Döring] 49, 206. [49, 207.
Friaul [Daniel] 49, 209.
Frias (Stadt; Herzoge von) [b. Stramberg]⸗ 51, 348.
Frico [Wachter] 49, 213.
Frid (Joh.); F. (Joh. Sohn); F. (Elias); F. (Joh. Georg); F. (Albrecht); F. (Albrecht Phil.); F. (Joh. Heinr.) [Döring] 49, 215—219.
— (Melchior) [Theile] 49, 219. [49, 221.
Fride (Joh. Karl Georg) [Theile] 220.
Fridthal [Wachter] 49, 223.
Frictio (Physik) [Dankel] 49, 227.
— (Medicin) [Theile] 49, 237.
Frictionsräder oder Frictionsrollen [Dankel] 49, 239.
Friderici (Joh. Arnold); F. (Christian Conrad Wilh.) [Döring] 49, 239.
Fridericia, s. Tecoma.
Fridericus a Jesu [Döring] 49, 239.
Fribibald [Wachter] 49, 240.
Fridigild [Wachter] 49, 240.
Fridelin (Sanctus) [Fischer] 51, 36¹. [241.
Fridhammar [b. Schubert] 49⁹
Frieb (Georg Albert); F. (Joh. Jacob) [Theile] 49, 241.
Friedberg [Daniel] 49, 241.
Friede (Gisseln) 49, 244.
— (Orden des Friedens u. des Glaubens) [Gottschald] 49, 260.
Friedeb 49, 260.
Friebel (Joh.) [Döring] 49, 260.
Friedensberg [Petri und b. Schubert] 49, 261.
Friedensfeld [b. Schubert] 49, 261.
Friedenskuß [Gruber] 49, 261.
Friedensrichter, f. England 44, 375; Frankreich 47, 397; Schiedsmann.
Friedenthal [b. Schubert] 49, 262.
Friederici [Dan. Gottlieb] [Döring] 49, 262.
Friedewald [v. Boyneburg⸗Lengsfeld] 51, 361.

Friedland (Schlacht bei) [Hermann] 49, 262.
— (Groß.) 49, 268.
Friedländer (David) [Döring] 49, 268.
— (Michael) [Theile] 49, 270.
Friedlandia, s. Diplodon, im Art. Diplusodon 25, 465.
Friedlieb (Thomas) [Theile] 49, 270.
Friedlingen [Heymann] 49, 271.
Friedreich [Teutsches Reich. [273.
Friedrich (Nikotaus⸗Anton) [Theile] 51, 363.
Friedrich I. u. II., s. Hohenstaufen.
Friedrich (falsche) [Wachter] 49, 281.
Friedrich III. (der Schöne, Herzog von Oesterreich) [Gruber] 49, 282.
Friedrich III. (der Schöne, Herzog von Oesterreich) [Gruber] 49, 286.
— I.—VI. (Könige von Dänemark) [Döring] 49, 292—337.
— I.; F. Wilhelm I.; F. II.; F. Wilhelm II. u. III. (Könige von Preußen) [Voigt] 49, 342—357.
— August I. (König von Sachsen) [Döring] 49, 365.
— I. (König von Schweden), f. Friedrich I. (Landgraf von Hessen und König von Schweden) 50, 108.
— II. u. III. (Könige von Sicilien) [Döring] 49, 382—388.
— I. (König von Würtemberg) [Döring] 49, 390.
— I.—IV. (Kurfürsten von der Pfalz) [Döring] 49, 396—400.
— V. (Kurfürst von der Pfalz) [Röse] 49, 401.
— I.—III. (Kurfürsten von Sachsen) [Döring] 49, 411—422.
— August I. u. II. (Kurfürsten von Sachsen und Könige von Polen) [Döring] 49, 428—437.
— Christian (Kurfürst von Sachsen) [Döring] 49, 446.
— (Patriarch von Aquileja) [Wachter] 51, 385.
— I. u. II. (Erzbischöfe von Bamberg) [Jäck] 49, 446. 447.
— Karl (Herzog von Bamberg u. Würzburg) [Jäck] 49, 447.
— I. u. II. (Fürstbischöfe von Chur) [Jäck] 49, 449.
— I.—III. (Erzbischöfe u. Kurfürsten von Köln) [Döring] 49, 449. 451.
— I. Domherr und Probst zu Augsburg) [Jäck] 49, 452.
— II. u. III. (Domherren zu Straßburg u. Fürstbischöfe von Konstanz) [Jäck] 49, 452. 453.
— II. u. IV. (Fürstbischöfe von Eichstätt) [Jäck] 49, 453.
— I. u. II. (Bischöfe von Eichstätt) [Jäck] 49, 453.
— I.—IV. (Erzbischöfe von Mag⸗

deburg) [Wachter] 51, 371—384. [Jäck] 49, 454.
Friedrich (Bischof von Lüttich) (Erzbischof von Mainz) [Jäck] 49, 454.
— I.—III. (Fürstbischöfe von Regensburg) [Jäck] 49, 455.
— (Bischof von Speier) [Jäck] 49, 456.
— I. u. II. (Fürstbischöfe von Straßburg) [Jäck] 49, 457.
— I.—V. (Bischöfe u. Erzbischöfe von Utrecht) [Wachter] 51, 363—370.
— I. u. II. (Fürstbischöfe von Worms) [Jäck] 49, 458.
— Ferdinand (Herzog von Anhalt⸗Köthen) [Döring] 50, 1.
— (Herzog von Baiern) [Döring] 50, 3.
— (Herzog von Braunschweig) [Wachter] 50, 4.
— (der Aeltere u. der Jüngere) (Herzoge von Braunschweig) [Wachter] 50, 10. 11.
— der Anbädtige (Herzog von Braunschweig) [Wachter] 50, 13.
— Ulrich (Herzog von Braunschweig) [Wachter] 50, 15.
— Karl Ferdinand (Herzog zu Braunschweig⸗Bevern) [Döring] 50, 16.
— August (Herzog zu Braunschweig⸗Lüneburg⸗Wolfenbüttel) [Döring] 50, 17.
— Wilhelm (Herzog von Braunschweig⸗Lüneburg⸗Oels) [Döring] 51, 385.
— Josias (Herzog von Coburg⸗Saalfeld) [Döring] 50, 18.
— I.—III. (Herzoge von Gotha) [Döring] 50, 22—24.
— IV. (Herzog von Sachsen⸗Gotha⸗Altenburg) [Döring] 50, 24. [50, 26.
— (Herzog zu Grabow) [Döring]
— III. u. IV. (Herzoge von Holstein⸗Gottorp) [Döring] 50, 26. 27.
— Karl (Herzog von Holstein⸗Plön) [Röse] 50, 29.
— von Bar; F. II.; F. von Elsburg; F. von Bitsch; F. II.—IV. (Herzoge von Lothringen) [Wachter] 50, 34—40.
— Wilhelm (Herzog von Mecklenburg) [Döring] 50, 41.
— (Herzog von Mecklenburg⸗Schwerin) [Döring] 50, 42.
— Franz (Großherzog von Mecklenburg⸗Schwerin) [Döring] 50, 42.
— I.—III. (Herzoge von Oesterreich) [Wachter] 50, 47—55.
— IV. (teutscher König, als teutscher Kaiser der Dritte) [Wachter] 50, 56.
— V. (Herzog von Oesterreich) [Wachter] 50, 56.
— (Herzog von Sachsen) [Döring] 50, 63.

Frugoni (Carlo Innocenzo) [Döring] 50, 363.
Fruitiers oder Fruytiers (Phil.) [Weise] 50, 364.
Frullania, s. Jungermannia.
Frumentatio [Bähr] 50, 364.
Frunsberg (Georg v.) [Heymann] 51, 446.
Frustesia, s. Gaertnera 52,159.
Frustulia [Sprengel].
Fruticeps [Giebel] 50, 373.
Frutis (Wachter) 50, 373.
Fry (Theodor) [Weise] 50, 376.
— (Elisabeth) [Döring] 50,376.
Frybag, Brybag, Freitag [v. Boyneburg-Lengsfeld] 51, 475.
Frybant, Frygedank, Freibant [Bacher] 50, 380.
Fryelch [v. Schubert] 50, 381.
Fryzien [v. Schubert] 50, 381.
Fryzerub [v. Schubert] 50, 381.
Fryzebal [v. Schubert] 50, 381.
Fryzlefthon [v. Schubert] 50,382.
Fryzlel (Claf) [v. Schubert] 50, 382.
Fryzthey [v. Schubert] 50, 382.
Fualbes (Jacob) 50, 382.
Fuca (Juan de) [Külb] 50,387.
Fucaceae, s. Wasseralgen.
Fuchs (Hans Christoph) [Döring] 50, 388.
— (Gottlieb) [Döring] 50, 389.
— (Joh. Christoph) [Döring] 50, 390.
— (Adolf Friedr.) [Döring] 50, 390.
— (Karl Heinr.) [Döring] 50, 390.
— (Joh. Friedr.) [Döring] 50' — mit der Gans (der) 50, 394.
Fuchsia [Sprengel] 50, 392.
Fuchsinsel [Petri] 50, 392.
Fuchsschwanz, s. Alopecurus 3, 190; Amaranthus 3, 311.
Fucinus Lacus [Lauber] 50, 394.
Fucus [Sprengel] 50, 396.
Fudno [Wachter] 50, 396.
Fülger (Geschlecht) [v. Stramberg] 50, 396.
— (Friedr. Heinr.) [Weise] 50, 397.
Führer (Friedr. Wilh.) [Döring] 50, 398.
Fülel [Schreiner] 50, 398.

Füllehorn (Georg Gust.) [Döring] 50, 399.
Füßtein, Fußstein [v. Stramberg] 50, 402'
Fünf [Grotefend] 50, 404.
Fünffingerkraut, s. Potentilla.
Fünfzahl [Wachter] 50, 406.
Fuentarabia, Fontarabia [Daniel] 50, 411.
Fuente [Daniel] 50, 411.
Fuentes (Don Pedro Henriquez von Toledo u. Azevedo, Graf) [Heymann] 51, 478.
Fuent-Scheu-Fu [Daniel]50,411.
Fürbänger [Gottschald] 50,411.
Fürsprecher [Wachter] 50, 412.
Fürkaller (Joseph) [Döring] 50, 428. [429.
Fürstenau (Georg.) [Daniel] 50, — (Kaspar) [Döring] 50,429.
Fürstenberg (Geogr. u. Geschlecht) [v. Stramberg] 51, 485.
— (bei Nebeim in Westfalen; Geogr. u. Geschl.) [v. Stramberg] 51, 516.
Fürstenbund (Ramsthorn] 50,429.
Fürth [Jäd] 50, 432.
Füßliere [v. Hoyer] 50, 435.
Füßli (Matthias, Vater, Sohn u. Enkel) [Weise] 50, 436.
— (Joh. Melch.) [Weise] 50,436.
— (Hans Rud.) [Weise] 50, 436.
— (Joh.Heinr.) [Weise] 50,437.
— (Heinr.) [Weise] 50, 437.
— (Hans Rud.) [Weise] 50, 438.
— (Heinr.) [Weise] 50, 438.
— (Joh.Heinr.) [Weise] 50, 438.
— (Kaspar) [Weise] 50, 438.
— (Anna u. Elisabeth) [Weise] 50, 438.
— (Joh. Rud.) [Weise] 50, 438.
— (Heinr.) [Weise] 50, 438.
— (Joh.Heinr.) [Weise] 50, 438.
Fügeb [v. Benigni] 50, 439.
Fuge (Maue) 50, 439.
Fugger [v. Stramberg] 50,440.
Fugosia, s. Cienfuegos (Bernard) 17, 248.
Fuhrmann (Astron.) 50, 467.
— (Matthias); F. (Joh. Wilh.); (Wilh. David) [Döring] 50, 467. 468.
Fuirena [Sprengel] 50, 469.

Fuker (Friedr. Jacob) [Rumy] 50, 469.
Fulcaldea, s. Voigtia.
Fulcher [Wachter] 51, 1.
Fulco, Fulcho, Folco, Folcho [Wachter] 51, 16.
Fulda (Friedr. Karl) [Döring] 51, 20.
— [Schneider] 51, 21.
Fuldaisches Leben [Wachter]51,25.
Fulgentius [Bähr] 51, 2₆.
Fulgia, s. Coniocybe 19, 82.
Fulgorellae [Schaum] 51, 58.
Fulica [Giebel] 51, 73.
Fuligo, s. Aethalium 2, 95.
Full [Wachter] 51, 74.
Fulla [Wachter] 51, 80.
Fullartonia [Sprengel] 51, 81.
Fuller (Isaak) [Weise] 51, 82.
Fullers [v. Schubert] 51, 82.
Fulrad, Folrad [Wachter] 51,82.
Fulton [Garh] 51, 83.
Fulwell [v. Schubert] 51, 84.
Fulvius [Bähr] 51, 85.
Fumaria [Sprengel] 51, 96.
Fumariaceae [Sprengel] 51,96.
Funaria [Sprengel] 51, 97.
Funchal [Daniel] 51, 97.
Funckia [Sprengel] 51, 58.
Function [Sohncke] 51, 98.
Fund [Wirt] 51, 103.
Fundamental [Bähr] 51, 106.
Fundanius [Bähr] 51, 106.
Fundatio, s. Stiftung.
Fundi [Zander] 51,107; [Schreiner] 51, 537.
Fundi Populi [Bähr] 51, 107.
Fungi, s. Pilze. [108.
Fungoides, s. Craterium 20,
Funiculus umbilicalis, s. Pflanzenfunke.
Funifera, s. Lagetta.
Funk (Gottfr. Benedict) [Döring] 51, 109.
— (Nicolaus) [Döring] 51, 110.
Funke (Karl Phil.) [Döring] 51, 111. [112.
Funneshafen [v. Schubert] 51,
Furoe [Bähr] 51, 112.
Furoaria, s. Ellobocarpus 33, 417.
Furcellaria [Sprengel] 51, 114.
Furcocerca [Giebel] 51, 114.

Furcularia [Giebel] 51, 114.
Fure [v. Schubert] 51, 114.
Furetiere (Antoine) [Döring] 51, 114.
Furiae, s. Erinnyes 37, 127.
— leges [Bähr] 51, 115.
Furrien [v. Schubert] 51, 116.
Furmer (Bernh. Gerbrand) [Röse] 51, 117.
Furninus [Bähr] 51, 117.
Furor [Bähr] 51, 118.
Furrah oder Farrah [Daniel] 51, 122.
Furthen [Heymann] 51, 537.
Furthner (Anl.) [Döring] 51, 122.
Furttwangen (Daniel] 51, 122.
Furunbal [v. Schubert] 51, 123.
Furunfund [v. Schubert] 51, 123.
Fusanus [Sprengel] 51, 123.
Fusarium [Sprengel] 51, 123.
Fuscina, s. Dicranum 24, 516.
Fusiae leges, s. Furiae leges 51, 115. [123.
Fusicoccum, s. Fusidium 51,
Fusiconia, s. Mnium.
Fusidium [Sprengel] 51,123.
Fusisporium [Sprengel] 51,124.
Fuß (Kmat.) [Theile] 51, 124.
— (Poesie, Musik, Tanz), s. Metril.
— (Längenmaß) [Garh] 51, 136.
— (in sprachl. und rechtl. Beziehung) [Wachter] 51, 539.
— (Nicolaus v.) [Döring] 51,136.
— (Joh. Evangelista) [Döring] 51, 137.
— (Frau) [Döring] 51, 138.
Fußbad [Gruber] 51, 138.
Fußschweiß [Gruber] 51, 138.
Fustibalus [Bähr] 51, 139.
Futurible [Gruber] 51, 139.
Futurum [Grotefend] 51, 139.
Fuur [v. Schubert] 51, 143.
Fuzelier (Louis) [Döring] 51, 144.
Fven [v. Schubert] 51, 144.
Fyrisan [v. Schubert] 51, 144.
Fyt (Joh.) [Weise] 51, 144.
Fryzabab, Feizabad [Daniel] 51, 144.

G.

G (als Schriftzeichen und Sprachlaut) [Grotefend] 52, 1.
G (in der Musik) [Marx] 52' 2.
Gaab (Johann Friedrich v.) [Döring] 52, 3.
Gaal [Gruber] 52, 4.
— (Bernhard) [Weber] 52, 4.
— (Thomas, Vater u. Sohn, u. Pieter) [Weber] 52, 4.
Gaaraufbrechen [Marchand] 52,5.
Gaareisen [Marchand] 52, 5.
Gaargang [Marchand] 52, 5.
Gaarherd [Marchand] 52, 6.

Gaarkupfer [Marchand] 52, 6.
Gaarmachen [Marchand] 52, 7.
Gaarschlacken [Marchand] 52, 7.
Gaarschieden [Marchand] 52, 7.
Gabae [Krause] 52, 8.
Gabala [Krause] 52, 8.
Gabali [Krause] 52, 8.
Gabanholz [Marchand] 52, 9.
Gabara [Gruber] 52, 10.
Gabaza [Wachter] 52, 10.
Gabbatha [Rödiger] 52, 10.
Gabbiani (Antonio Domenico) [Weber] 52, 10.

Gabe [Wachter] 52, 11. [17.
Gabel (sprachlich) [Wachter] 52, — (Geogr.) [Schreiner] 52, 22.
— (dän. Familie) [v. Stramberg] 52, 22.
Gabelcover oder Gabelchover (Oswald) [Theile] 52, 24.
— (Wolfgang) [Theile] 52, 24.
Gabelenz, b. G. (genealogisch) [v. Boyneburg-Lengsfeld] 52, 24.
— (Hans Karl Leopold v. b.) [Döring] 52, 27. [29.
Gabella, Gabelle [Wachter] 52,

Gabelreiterin, Besenreiterin [Wachter] 52, 37.
Gabelung, Kabelung [v. Stramberg] 52, 39.
Gabian (Geogr.) [Daniel] 52, 41.
— (Mineralquellen) [Theile] 52, 41. [41.
Gabiane [Krause] 52, 42.
Gabii [Bähr] 52, 42.
Gabinius (König der Quaden) [Wachter] 52, 47. [52, 47.
— (mehrere des Römers) [Bähr] 52, 47.
Gabie (Johann Baptista) [Bähr] 52, 56.

Gabler (Matthias)[Döring]52,57.
— (Johann Philipp) [Döring] 52, 57. [52, 66.
Gablonec (Jablonetz) [Schreiner]
Gablonz (Schreiner) 52, 66.
Gabolus [Bähr] 52, 67.
Gaberjän (Schreiner] 52, 67.
Gabrantoicorum Sinus [Wachter] 52, 67.
Gabreta, Gabrita, Gaubreta, sylva [Wachter] 52, 67.
Gabriel (Engel) [Röbiger] 52, 69.
— (mehrere bedeutende Männer d. N.) [Bähr] 52, 70.
— (de Saint) [Rösse] 52, 75.
— (Paulus Jos.) [Weber] 52, 75.
Gabrielahütten (Schreiner] 52, 75.
Gabriel de Chinon [Külb] 52, 75.
Gabrieli (Gasparo) [Theile] 52, 76. [52, 76.
— (Andrea u. Johannes) [Marx]
— (Catarina) [Döring] 52, 79.
Gabrielli (ein ital. Geschlecht) [v. Stramberg] 52, 80.
— (Pietro Maria) [Theile] 52,80.
Gabriele (J. Gabriel v.) [Theile] 52, 86.
Gabron (Willem) [Weber] 52, 87.
Gabrosentum [Wachter] 52, 87.
Gabes, s. Cabes 14, 7.
Gabuccini (Hieronymus) [Theile] 52, 87. [87.
Gaby (Jean Baptiste) [Külb] 52,
Gacan (sprach L.); I.—III. Großthane der Thanen) [Wachter] 52, 87. 88. 98. 100.
Gachet [Theile] 52, 101. [101.
Gaçon (François) [Döring] 52,
Gacsaly (Schreiner] 52, 102.
Gad (israel. Stamm) [Röbiger] 52, 102. [102.
— (hebr. Prophet) [Röbiger] 52,
— (v. Stramberg] 52, 102.
Gadagne, Guadagni (Familie)
Gadalbini (Augustinus) [Theile] 52, 105.
Gadanija [Wachter] 52, 105.
Gadara (Gruber) 52, 105.
Gadd (Peter Adrian) [Theile] 52, 106. [106.
Gädßeßen (Johann) [Theile] 52,
Gaddi (Gaddo; Taddeo; Agnolo und Giovanni) [Weber] 52,107.
Gadebusch (Friedrich Conrad) [Döring] 52, 108. [109.
— (Thomas Heinr.) [Döring]52,
— (Georg.) [Daniel] 52, 109.
Gadelius (Erich) [Külb] 52,110.
Gaden, alt Gadem [Wachter] 52, 110. [Döring] 52, 115.
Gaden + Dam (Johann Wilhelm)
Gader, Geber (Gruber] 52, 115.
Gades [Wachter] 52, 115.
Gadisonitis, Gadesonitis [Wachter] 52, 122. [52, 122.
Gaditanum Fretum [Wachter]
Gaditanus Oceanus [Wachter] 52, 127. [128.
Gaditanus Sinus [Wachter] 52,

Gadoides (Giebel] 52, 128.
Gadolin (Jacob) [Döring]52,130.
Gadopsis (Giebel] 52, 130.
Gadschibtz, s. Odessa.
Gaduin (Marchand] 52, 130.
Gäa (Kraule] 52, 131.
Gäbe (Heinrich Moritz) [Theile] 52, 132.
Gäbede (Friedrich Karl Ludwig v.) [Döring] 52, 133.
Gäbler (Kaspar Siegfried) [Döring] 52, 134.
Gähmen [Theile] 52, 137.
Gährung [Loth] 52, 138.
Gährungsmittel, s. Gährung 52, 138. [52, 149.
Gälen (Alexander van) [Weber]
Gälische Musik [Marx] 52, 149.
Gäng (Philipp) [Döring] 52,153.
Gänsbacher (Johann Baptist) [Döring] 52, 153.
Gänseblümchen, s. Bellis 8, 453.
Gänseblume, s. Chrysanthemum (Leucanthemum) 17, 160.
Gänsefuß, s. Chenopodium 16, 273.
Gänsehaut [Theile] 52, 154.
Gänsefüßterich, s. Sceleranthus.
Gänsekraut, s. Potentilla Anserina.
Gänsefresse, s. Capsella 15, 151.
Gänge oder Gänse [Loth] 52, 154.
Gärten des Königs und der Königin [Daniel] 52, 154.
Gärtner (Karl Christian) [Döring] 52, 154. [52, 156.
— (Bernhard August) [Döring]
— (Joseph) [Theile] 52, 157.
— (August Gottlieb v.) [Döring] 52, 158.
— (Fran; v.) [Döring] 52, 158. [159.
— (Karl Friedrich v.) [Theile] 52, 159.
— (Friedrich v.) [Döring] 52,
Gaertnera (Sprengel] 52, 159.
Gaesatae [Wachter] 52, 160.
Gästrikland, Gestrikland, Gestricia [Daniel] 52, 168.
Gaëta (Geogr.) [Daniel] 52,168.
Gaëten; (Antonio di) [Wachter] 52, 171.
— (Antonio) [v. Stramberg] 52, 171.
Gaetano (Giovanni) [Külb] 52, 182.
Gaetuli [Wachter] 52, 182.
Gaetulia [Wachter] 52, 188.
Gaetulicus [Bähr] 52, 191.
Gafas [Daniel] 52, 194.
Gaffarel (Jacques) [Külb]52,194.
Gaften; (Schreiner] 52, 196.
Gafor (Franchinus, auch Gaforio, Gaforus ob. Gaforius) [Marx] 52, 196.
Gagat [Wachter] 52, 197.
Gagasmira [Daniel] 52, 197.
Gage (Thomas) [Külb] 52, 197.
Gagea, s. Zygodon.
— s. Ornithogalum.
Gageel [Loth] 52, 198.
Gagern (die Familie v.) [Scheidler] 52, 198.

Gages (Johann Bonaventura Dumont, Graf v.) [v. Stramberg] 52, 220. [Marx] 52, 226.
Gagliarbe, Gagliarda, Gaillarde 52, 226.
Gagliarbi (Johann Anton) [Theile] 52, 226.
— (Dominico) [Theile] 52, 226.
Gagliardo (Giovanni Battista) [Theile] 52, 227.
Gagnebina [Sprengel] 52, 227.
Gago (Balthasar) [Külb] 52, 227.
Gaguedi Bruce, s. Protea.
Gaguin (Robert oder Ruprecht) [Rösse] 52, 228.
Gahnia [Sprengel] 52, 229.
Gahvliep von der Mühlen (Gustav Kasimir) [Theile] 52, 229.
Gaji (Jean Baptiste) [Bähr] 52, 230.
Gaildorf [Daniel] 52, 240.
Gailenbad [Theile] 52, 240.
— (Karl Andreas) [Bähr] 52, 240.
Gailarb (Gabriel Heinrich) [Rösse] 52, 241.
— (Robert) [Theile] 52, 245.
Gaillardia [Sprengel] 52, 245.
Gaillardotella, s. Rivularia.
Gaïllon [Daniel] 52, 245.
Gaillona, s. Polysiphonia.
Gaillonella, s. Melosira.
Gailonia [Sprengel] 52, 246.
Gaimardia [Sprengel] 52, 246.
Gainsfahrn [Schreiner] 52, 246.
Gainsborough, Ganesborough (Geogr.) [Daniel] 52, 246.
— (Thomas) [Theile] 52, 246.
Gaiodendron, s. Loranthus.
Gairbner (Meredith) [Theile] 52,
Gais [Theile] 52, 248. [248.
Gaisrud [v. Stramberg] 52,248.
Gaissenia, s. Trollius.
Gaitenholz (Alexander Christian) [Theile] 52, 249. [249.
Gaja [Theile] 52, 249.
Galactia [Sprengel] 52, 250.
Galactin [Loth] 52, 250.
Galactites [Sprengel] 52, 250.
Galactodendron utile [Loth] 52, 250. [Loth] 52, 250.
Galactometer oder Galactoskop [Wachter] 52, 251.
Galactophagi [Wachter] 52, 251.
Galactopœca [Theile] 52, 254.
Galactorrhœa [Theile] 52, 254.
Galactruria [Theile] 52, 255.
Galägia [Daniel] 52, 255.
Galam oder Ghalam [Daniel] 52, 257.
Galambutter [Theile] 52, 257.
Galango, s. Alpinia.
Galanino (Balbassare) [Weber] 52, 257.
Galanterie [Daniel] 52, 257.
Galanthus [Sprengel] 52, 286.
Galapagos [Daniel] 52, 287.
Galardia, s. Gaillardia 52, 245.
Galart [Wachter] 52, 288.
Galas, s. Scorzonera.
Galatea (Myth.) [Kranz] 52,288.
Galatea; Galatella, s. Aster 6, 136.

Galateo (Antonio) [Döring] 52, 290.
Galathea, s. Amaryllis 3, 312.
—, s. Marica.
Galatheadae [Giebel] 52, 291.
Galathenium, s. Sonchus.
Galatia (Gruber] 52, 292.
— (Bähr] 52, 303.
Galatsch, Galacz [Daniel]52,304.
Galaxea [Giebel] 52, 304.
Galaxia [Sprengel] 52, 304.
Galaxias [Giebel] 52, 304.
Galba [Ramshorn] 52, 305.
Galbalcyrhynchus [Cabanis]52, 306. [268.
Galbanophora, s. Bubon 13[1].
Galbanum [Theile] 52, 306.
— Don, s. Siber.
Galbula [Cabanis] 52, 307.
Galbulidae, Galbulinae, s. Galbula 52, 307.
Galeagummi [Theile] 52, 311.
Gale (Thomas) [Theile] 52, 311.
— (Theophilus) [Döring]52,311.
— (Thomas, Dechant zu York) [Döring] 52, 312.
Gale, s. Myrica. [313.
Galea aponeurotica [Theile] 52,
Galeana, s. Galinsogea 52, 395.
Galeancon [Theile] 52, 313.
Galeandra, s. Eulophia 39, 74.
Galeano (Giuseppe) [Theile] 52, 313.
Galeanthropia [Theile] 52, 313.
Galearia, s. Trifolium.
Galeati (Dominic Gusman) [Theile] 52, 314.
Galeazzo [Ramshorn] 52, 314.
Galecynus [Giebel] 52, 315.
Galedragon, s. Dipsacus (pilosus) 25, 470.
Galedupa, s. Pongamia.
Galeen (v. Raitenberg) 52, 315.
Galeenmelen [Loth] 52, 324.
Galega [Sprengel] 52, 324.
Galeichthys [Giebel] 52, 325.
Galen [v. Stramberg] 52, 325.
Galenia [Sprengel] 52, 336.
— 52, 336.
Galeobdolon, s. Lamium.
Galeocerdo [Giebel] 52, 345.
Galeodes [Giebel] 52, 346.
Galeolaria [Giebel] 52, 346.
Galeomyomachia [Bähr] 52, 346.
Galeopithecus [Giebel] 52, 347.
Galeopsis [Sprengel] 52, 348.
Galeotherium [Giebel] 52, 348.
Galeotti (Marthus) [Theile] 52, 348.
— (Pio Urbano) [Theile] 52,348.
Galeperdon, s. Lycogala.
Galera, s. Arethusa 5, 201.
Galerida, s. Galerita 52, 349.
Galerita [Cabanis] 52, 349.
Galeritas [Giebel] 52, 349.
Galeritæ (C. Bel. Maximianne) [Ramshorn] 52, 357.
Galeropia [Theile] 52, 358.

Galeruca [Giebel] 52, 358.
Galerucites [Giebel] 52, 358.
Galerus [Bähr] 52, 358.
Galeftruzzi (Giovanni Battifta) [Weber] 52, 359.
Galeus [Giebel] 52, 359.
Galgant, f. Alpinia 3, 220; Cyperus (longus) 20, 426.
Galgantwurzel [Theile] 52, 359.
Galgantwurzelöl [Loth] 52, 360.
Galgulus (Cabanis) 52, 360.
Galiani (Ferdinando) [Döring] 52, 360.
Galiaftrum, f. Molluga.
Galicia, El Reyno de Galicia [Daniel] 52, 367.
Galigal [v. Stramberg] 52, 370.
Galiläa, f. Paläftina.
Galiläer (Gruber) 52, 376.
Galileo (Vincenzo) [Marx] 52, 376.
— (Galilei) [Garz] 52, 380.
Galilarius (Johann) [Döring] 52, 395. [get] 52, 395.
Galinsogea, Galinsoga [Sprengel] 52, 395.
Galiotta (v. Stramberg) 52, 395.
Galipen [Sprengel] 52, 398.
Galipein [Loth] 52, 399.
Galipot, f. Fichtenharz 43, 483.
Galiffonnière (Roland Michel Barrin, Marquis de la) [Döring] 52, 399.
Galifch [Petri] 52, 399.
Galilun [Kurrer] 52, 899.
Gall (Franz Joseph) [Theile] 52, 400.
Galla, Gaals [Wachter] 52, 413. (Name mehr. merkw. Frauen des Altert.) [Ramshorn] 52, 413.
Galläpfel [Kurrer] 52, 413.
Galläpfelaufguß [Theile] 52, 418.
Galläpfeltinctur [Loth] 52, 419.
Galland (Auguft) [Röfe] 52, 419.
— (Anton) [Röfe] 52, 420.
Gallarati (Joseph) [Theile] 52, 422.
Gallaria, f. Medinilla. [423.
Gallas (Matthias, Graf v.) [Röfe] 52, 423.
Galla's (Daniel) 52, 429.
Gallatin (Jean Louis) [Theile] 52, 436.
Galle [Theile] 53, 1.
— (Thierheilkunde) [Theile] 53, 8.
— (Philipp; Theodorus; Cornelis Bater u. Sohn) [Weber] 53, 9.
Gallego (Geogr.) [Daniel] 53, 9.
— de Serna (Johann) [Theile] 53, 10.
Gallen, St., (Canton; Geschichte) [Meyer v. Knonau] 53, 10.
— (Orden von St.) [Gottschalk] 53, 32. [32.
Gallenapparat, ꞏwege[Theile] 53,
Gallenberg (Wenzel Rob., Graf v.) [Döring] 53, 35.
Gallenconcremente, f. Galle 53, 1.
Gallenfarbftoff, f. Galle 53, 1.
Gallenftein, f. Galle 53, 1; Choleftearin 17, 49.

Gallenfieber [Theile] 53, 35.
Gallenfluß, Gallfucht [Theile] 53, 37.
Gallenschleim, f. Galle 53, 1.
Gallenfteine [Theile] 53, 38.
Galler (v. Stramberg] 53, 40.
Gallerte [Theile] 53, 43.
Gallertsäure, f. Galle 53, 1; u. Pectinfäure.
Gallesly (Johann Gottfried) [Theile] 53, 44.
Galetti (Giovanni Andrea) [Döring] 53, 44. [ring] 53, 44.
— (Johann Georg Auguft) [Dö-
Galli, Galiet [Wachter] 53, 46.
Galli (Giovanni Antonio) [Theile] 53, 86.
Gallia (Geogr.) [Wachter] 53, 86.
— (amer. County) [Daniel] 53, 150. [53, 150.
Gallicanifche Kirche [Scheidler]
Gallicenae, f. Drakel.
Gallicium litus [Wachter] 53,162.
Gallicus oceanus [Wachter] 53, 163.
—. fitus [Wachter] 53, 163.
Galli ba Bibiena [Weber] 53,164.
Gallienus (P. Licinius) [Ramsborn] 53, 165.
Gallige Dyskrafie, Cholaemia, Cholofis [Theile] 53, 165.
Gallijambus oder Galliambus [Bähr] 53, 166.
Gallimathias, Galimatias [Wachter] 53, 167.
Gallitta, f. Gallus 53, 220.
Gallitaceae, Gallinae, f. Rasores.
Gallinago, f. Scolopax. [167.
Gallinari (Giacomo) [Weber] 53,
Gallinaria [Zander] 53, 167.
Gallinaria silva [Zander]53,167.
Gallini (Stefano) [Theile] 53, 168.
Gallinsecta [Giebel] 53, 168.
Gallitula, Gallinillinae, f. Ral-Gallio [Bähr] 53, 168. [lidae.
Gallionella [Giebel] 53, 170.
Gallirallus, f, Rallus.
Gallirex (Cabanis) 53, 171.
Gallifch (Friedrich Andreas) [Döring] 53, 171.
Gallifche Kriege [Wachter]53,172.
Gallita (Cabanis) 53, 180.
Gallizenftein, weißer, f. Zinkvitriol.
—, blauer, f. Kupfervitriol.
Gallizin (ruff. Fürftengeschlecht) [v. Stramberg] 53, 180.
— (Amalia, Fürftin v.) [Döring] 53, 198. [53, 209.
— (Dimitri, Fürft b.) [Döring]
Gallizinberg oder Golyczinberg [Schreiner] 53, 210.
Gallo (v. Stramberg) 53, 210.
— (Pietro Anfelmo) [Theile] 53, 213.
Galloche (Louis) [Weber] 53,213.
Gallone [Loth] 53, 213.
Gallopavo (Cabanis) 53, 213.

Galloperdix, f. Ptilopachys.
Gallophafis, f. Phasianus.
Gallot (Jean Gabriel) [Theile] 53, 213.
Galluccio (Carlo) [Theile] 53, 213.
Gallus, Galli [Bähr] 53, 213.
Gallus (Johann, Theolog) [Erhard] 53, 219.
— (Johann, Formfchneider) [Weber] 53, 220.
— (Andreas) [Theile] 53, 220.
— (Pafchalis) [Theile] 53, 220.
— (Gottfried Traugott) [Döring] 53, 220.
— der Heilige [Wachter] 53, 221.
Gallus (Gruppe der Kammhühner) [Cabanis] 53, 220.
Gallusfäure [Loth] 53, 295.
Gallusfäure ob. Galläpfeltinctur [Loth] 53, 233. [234.
Galluszit (Riguzzio) [Döring] 53,
Galmier [Theile] 53, 284.
Galophthalmum [Sprengel] 53, 284.
Galopina [Sprengel] 53, 234.
Galorrhoeus, f. Agaricus 2, 172.
—, f. Euphorbia 39, 103.
Galphimia [Sprengel] 53, 284.
Galswinth,f.Frebegunde 48,405.
Galuppi (Balthazar) [Marx] 53, 285.
Galurus (laturus L.),f.Acalypha.
Galvani (Aloyfius) [Theile] 53, 285.
Galvanismus [Hantel] 53, 236.
Galvanometer und Galvanofkop [Hantel] 53, 265.
Galvanoplaftik [Hantel] 53, 275.
Galvezia [Sprengel] 53, 282.
—, f. Pitavia. [282.
Galway (Gallive) [Daniel] 53,
Gam (Jonas) [Gruber] 53, 282.
Gama (Basco de) [Gruber] 53, 283. [de) 53, 283.
— (Gaspar de), f. Gama (Basco
— (Joanna) (Gruber] 53, 293.
— (João de) [Gruber] 53, 293.
— Stephan be und Chriftoph be) [Gruber] 53, 293. [53, 295.
— (Don Basco Luiz be), (Gruber]
— (Antonius) [Gruber] 53, 295.
— (Emanuel de) [Gruber] 53, 295. [295.
— (Philipp Joseph) [Gruber] 53,
— (Paul Soares be) [Gruber] 53, 295. [53, 296.
— (Anton be Leon b) [Gruber]
Gamala [Gruber] 53, 296.
Gamander [Theile] 53, 299.
Gamay, f. Portembit.
Gamarde [Theile] 53, 299.
Gamauf (Gottlieb) [Döring] 53, 300.
Gamba (Peter, Graf v.) [Döring]
Gambantennn [Wachter] 53, 300.
Gambara [Wachter] 53, 302.
Gambart [Wachter] 53, 303.
Gambetta, f. Totanus.
Gambia [Daniel] 53, 303.

Gambihler (Joseph) [Döring] 53, 305.
Gambrivii [Wachter] 53, 306.
Gaming (Schreiner) 53, 307.
Gamli (ber Alte) [Wachter] 53, 308. [Loth] 53, 308.
Gammaharz oder Colophonifäure
Gammarus [Giebel] 53, 308.
Gammarus [Giebel] 53, 310.
Gamme [Marx] 53, 310.
Gamoearpha (Sprengel] 53, 310.
Gamochilum, f. Cytisus 20, 439.
Gamolepis, f. Othonna. [342.
Gamoplexis, f. Gastrodia 54,
Gamperlin [Weber] 53, 310.
Gamphafantes [Wachter] 53, 310.
Gampsonyx [Cabanis] 53, 311.
Gampsorhynchus [Cabanis] 53, 811.
Gan, Gant [Daniel] 53, 311.
Ganb [Wachter] 53, 312. —
Ganbarae [Weber] 53, 316. —
Ganbari [Wachter] 53, 317. —
Ganbaribes [Wachter] 53, 317.
Ganbaritis [Wachter] 53, 817.
Ganberkefer, Ganberkefa [Daniel] 53, 318.
Ganbersheim [Daniel] 53, 318.
Ganberfemigami [Wachter]53,320.
Ganbia [Daniel] 53, 320.
Ganbicotta [Hößler] 53, 320.
Ganbini (Antonio u. Bernardino) [Weber] 53, 321.
— (Carlo) [Weber] 53, 321.
— (Giorgio) [Weber] 53, 321.
Ganbgerde Folgny (Pierre Louis) [Theile] 53, 321.
Gandola, f. Basella 8, 27.
Ganboffi (Bartolommeo) [Theile] 53, 321.
— (Gaetano) [Theile] 53, 321.
— (Gaetano u. Ubaldo) [Weber] 53, 322.
— (Mauro) [Weber] 53, 322.
Gandulium, f. Hedychium.
Gang (Geogn.) [Giebel] 53, 322.
— und Gäbe [Wachter] 53, 338.
Ganga, f. Pterocles.
Gangani [Wachter] 53, 340.
Gangara, auch Gaetara [Wachter] 53, 340.
Gangaridae [Wachter] 53, 340.
Gange [Zschon] 53, 341.
Ganges [Hößler] 53, 341.
Gangeticus sinus [Wachter] 53,
Gangila, f. Sesamum. [352.
Gänglati und Gänglöt [Wachter] 53, 352. it
Gänglieri [Theile] 53, 352.
Ganglienförper [Theile] 53, 352.
Ganglienmittel [Theile] 53, 354.
Ganglienfyftem [Theile] 53, 354.
Ganglion (Anatomie) [Theile] 53, 354. [53, 357.
—, Ganglium (Chirurgie) [Theile]
Gangotri, f. Ganges 53, 341.
Gängır [Wachter] 53, 360. —
Gangra (Kraule) 53, 361. —
Gängräbr [Wachter] 53, 361.
Ganitroceras, f. Monocera.

Ganitrus, ſ. Elaeocarpus 33, 92.
Ganix [Cabanis] 53, 362.
Ganja, ſ. Corohorus 19, 275.
Ganna [Wachter] 53, 362.
Gannaſcus [Wachter] 53, 362.
Gannat [Daniel] 53, 362.
Ganóczy (Anton v.) [Rumy] 53, 363.
Ganoburum [Wachter] 53, 363.
Ganoidei [Giebel] 53, 363.
Gans (David ben Salomo ben Seligmann) [Caſſel] 53, 366.
— , ſ. Anser 4, 231.
— (Eduard)_ [Döring] 53, 368.
— (ſprachL) [Wachter] 53, 370.
Gansblum, ſ. Draba (verna) 27, 294.
Gant, Gantproceß [Wirf] 53,398.
Gantesviler (Johann Jacob) [Döring] 53, 402.
Ganymedes [Krauſe] 53, 402.
Ganz (Johann Friedrich Ferdinand) [Döring] 53, 404.
Ganzes [Gerz] 53, 404.
Gaom, ſ.Geomin,Geonim, im Art. Indiſche Literatur.
Gara (ungar. Adelsgeſchlecht [Pech] 99, 4⁵.
— (Nicolaus) (Generſich] 53, [405.
Garabuſa [Daniel] 53, 405. [407.
Garamann (Herzog)[Wachter]53, 405.
Garamantes [Krauſe] 53, 405.
Garanceur oder Garancée [Loth] 53, 406.
Garancin [Loth] 53, 406.
Garapha [Krauſe] 53, 407.
Garaphi Montes [Krauſe] 53, 407. [407.
Garavaglia (Giovita) [Weber] 53,
Garave (Claude Touſſaint Marot, Comte de la) [Theile] 53, 408.
Garázba (Nicolaus oder Keresztur) [Rumy] 53, 409.
Garb, Garbeiſ [Daniel] 53, 409.
Garbo (Dino del) [Theile] 53, 409.
— (Thomas del) [Theile] 53, 409.
Garcia (Manuel) [Döring] 53, 410.
Garcias (König von Galicien und Portugal) [Wachter] 53, 410.
— (König von Aſturien u. Leon) [Wachter] 53, 413.
Garcias I. Ximenes; G. II.; G. III., der Zitterer; G. IV., genannt von Najera; G. V., Ramirez (Könige von Navarra) [Wachter] 53, 414—424.
— I. Fernandez; G. II. Sanchez (Grafen von Caſtilien) [Wachter] 53, 428—431.
— † Gelehrte und Dichter) [Gruber] 53, 432.
Gard [Daniel] 53, 439.
Gardane (Joſeph-Jacques) [Theile] 53, 440. [ſel 53, 440.
Gardane-Duport (Charles) [Theile] 53, 440.
Gardar (Klüb] 53, 440.
Gardeil (Jean Baptiſte) [Theile] 53, 440.

Garbeſegen [Daniel] 53, 441.
Gardenia flora (v. Kurrer] 53, 441.
— genipa (v. Kurrer] 53, 441.
Gardgericht, Gardvoigtei, Gardrichter [Wachter] 53, 442.
Gardhariti [Wachter] 53, 442.
Gardhröfa [Wachter] 53, 461.
Gardien (Claude Martin) [Theile] 53, 461. [461.
Gardin (Louis du) [Theile] 53,
Gardiner (John) [Theile] 53,461.
— (Stephan) [Gruber] 53, 462.
Gardingus [Wachter] 53, 465.
Gardini (Francesco Giuseppe) [Theile] 53, 468. [53, 469.
Gardinovacz,Gordinovacz[Rumy]
Gardir [Wachter] 53, 469.
Gardſchuif, ſ. Karbſchuil.
Garegin, ſ. Karetin. [469.
Garelli (Nicolo Pio) [Theile] 53, Garen, ſ. Karen.
Garenciéres (Théophile de) [Theile] 53, 469.
Garengeot (René Jacques Croiſſant de) [Theile] 53, 470.
Garet (Henri) [Theile] 53, 471.
Gargano [Daniel] 54, 1.
Garganus 54, 1.
Gargaphia [Theile] 53, 3.
Gargarus [Theile] 54, 3.
Gargarei [Wachter] 54, 3.
Gargareon, Gargarion [Theile] 54, 2.
Gargariſma [Theile] 54, 2.
Gargarus [Krauſe] 54, 3.
Gargqa [Wachter] 54, 3.
Garge 54, 3.
Gargettos 54, 3.
Gargilius Martialis [Keil] 54, 4.
Gargnano [Haſemann] 54, 5.
Gari [Krauſe] 54, 5.
Garianorinum [Krauſe] 54, 5.
Garibald I.; G. II. (Herzöge von Baiern) [Daniel] 54, 5—8.
— (König der Longobarden) [Wachter] 54, 10.
— (Herzog von Turin) [Wachter] 54, 10. [11.
Garibaldo (Giuseppe) [Theile] 54,
Garibel (Pierre Joseph) [Theile] 54, 11.
Garigliano [Daniel] 54, 11.
Garinbart [Krauſe] 54, 11.
Gariocontme [Theile] 54, 11.
Gariot (Jean Baptiste) [Theile] 54, 11.
Garites [Wachter] 54, 12.
Garizim [Arnold] 54, 12.
Garherd, Garknecht, Garkürfer u. ſ. w., ſ. Gaar (mit Zuſammenſetzungen) 52, 5 fg.
Garküche, ſ. Speiſekaum.
Garlande [v. Stramberg] 54, 13.
Garlid (Thomas) [Theile] 54, 14.
Garmann (Christian Friedrich) [Theile] 54, 15. [15.
Garmiswyl [Theile] 54, 15.
Garmt [Wachter] 54, 15.

Garm [Haſemann] 54, 20.
— (Johann Andreas) [Theile] 54, 21. [21.
Garnefeld (Georg) [Theile] 54,
Garnerin (André Jacques) [Haſemann] 54, 21.
— (Elisa) [Haſemann] 54, 22.
Garnet (Henry) [Haſemann] 54, mann] 54, 22. [22.
Garnet (Henry) [Haſemann] 54,
— (Thomas) [Theile] 54, 27.
Garnier (Anton) [Röſe] 54, 27.
— (Charles George Thomas) [Döring] 54, 27.
— (Johann Jacob) [Röſe] 54,28.
— (Thomas) [Theile] 54, 29.
— oder Garnerius (Johann) [Döring] 54, 30.
— (Noel) [Weber] 54, 30.
— (Philipp) [Döring] 54, 31.
— (Pierre) [Theile] 54, 31.
— (Robert) [Döring] 54, 31.
— (Sebastian) [Döring] 54, 32.
Garnet (Prosper) [Theile] 54,32.
Garofalo (gen. Benvenuto Tiſio) [Weber] 54, 32.
Garonne [Hößler] 54, 33.
Garou [Hößler] 54, 37.
Garphyttan [Haſemann] 54, 37.
Garrault (François) [Döring] 54, 37.
Garret-Denis [Daniel] 54, 38.
Garri (Giorgio und Giovanni) [Weber] 54, 38.
Garrid (David) [Döring] 54, 38.
— (Violette) [Döring] 54, 56.
Garrigues oder Guarigues [Hößler] 54, 58. [58.
Garro oder Gartop [Hößler] 54, 58.
Garroberge, ſ. Garrows 54, 59.
Garrote [Daniel] 54, 58.
Garrotillo [Theile] 54, 59.
Garrows (die [Hößler] 54, 59.
Garrulax [Cabanis] 54, 60.
Gars [Haſemann] 54, 64.
Garſaira, Garſabora [Wachter] 54, 64.
Garſairia [Haſemann] 54, 64.
Garſault (François Alexandre de) [Theile] 54, 65.
Garſtpa [Hößler] 54, 65.
Gartenbrüder (Gruber] 54, 65.
Gartenkunſt [Scheibler] 54, 65.
Gartenrecht, Gartengerechtigkeit [Wirf] 54, 66.
Garter, ſ. Hoſenbandorden.
Garth (Samuel) [Döring] 54,87.
Garthe (Balthasar) [Döring] 54, 89. [89.
Gartner (Benjamin) [Theile] 54,
Gartop oder Garro, ſ. Garro 54, 58.
Gattow [Hößler] 54, 89. [89.
Gartbore (Maxwell) [Theile] 54,
Garuffi (Giuseppe Malateſta) [Döring] 54, 89.
Garnga (Garde] 54, 89.
Garumna, ſ. Garonne 54, 33.
— , ſ. Garumni 54, 90.
Garumni [Wachter] 54, 90.

Garbe (Chriſtian) [Döring] 54, 90.
Garyndaei [Wachter] 54, 121.
Garz [Hößler] 54, 122. [122.
Garzi (Ludovico) [Gruber] 54,
Garzoni (Johann) [Döring] 54, 122.
— (Johanna) [Weber] 54, 123.
— (Peter) [Döring] 54, 123.
Gas [Hanfel] 54, 123.
Gasfanbae [Krauſe] 54, 146.
Gasbeleuchtung [Hanfel] 54,146.
Gaac (Jean Baptiſte und Jean Charles) [Theile] 54, 134.
Gaaca (Pebro de la) [Wachter] 54, 154. [ſerg] 54, 173.
Gaſchin (die Grafen) [v. Stramberg] Gascogne und Gascogner (Geſchichte u. Geogr. des Mittelalters) [Wachter] 54, 174.
— (n.Geogr.) [Hößler] 54, 194.
Gascogniſches Meer [Hößler] 54, 195.
Gascoigne [u.Stramberg] 54,195.
Gasconabe, ſ. Gascogne 54, 195.
Gaſimur [Petri] 54, 196.
Gaſith, Gazith (Gruber] 54, 196.
Gasna [Hößler] 54, 197. [233.
Gaſenanden, ſ. Gagneviden 66,
Gaſometer [Hanfel] 54, 197.
Gaſoros 54, 198.
Gaſotherapie [Theile] 54, 198.
Gasparde grande [Haſemann] 54, 198. [Döring] 54, 198.
Gaspari (Giovanni Batiſta de)
Gasparin (L. A.) [Röſe] 54, 199.
Gasparini [Marr] 54, 200.
Gasparinne [Döring] 54, 200.
Gaspe [Hößler] 54, 201.
Gaß (Joachim Christian) [Döring] 54, 201.
Gaſſandae, ſ. Gaſanbae 54, 146.
Gaſſel (Lucas) [Weber] 54, 201.
Gaſſen [Hößler] 54, 201.
Gaſſenbach [Hößler] 54, 202.
Gaſſenbi (Johann Jacob Baſilien, Graf v.) [Röſe] 54, 202.
— (Peter) [Döring] 54, 202.
Gaſſendiſten, ſ. Gaſſenbi (Peter) 54, 202.
Gaſſer (Achilles Pirminius); G. (Johann Michael); G. (Simon Peter) [Döring] 54, 203—204.
Gaſſerſcher Knoten, Gaſſeriſches Ganglion [Theile] 54, 204.
Gaſſion (Johann v.) [Röſe] 54, 204. [ring 54] 212.
Gaßmann (Florian Leopold) [Döring] 54, 212.
— (Simon) [Weber] 54, 215.
Gaſſolbo [v. Stramberg] 54, 215.
Gaſt (Michiel de) [Weber] 54,215.
— und Giſtium [Wachter] 54, 215.
Gaſtabar, ſ. Bidaſſoa 10, 99.
Gaſtaldi (Girolamo) [Theile] 54, 232. [ter 54, 232.
Gaſtaldus u. Gaſtaldatus [Wach-

Gay-Lussac (Louis Joseph) [Hasemann] 55, 121.
Gaylussacia [Garcke] 55, 128.
Gaylussacit (der) [Hasemann] 55, 129.
Gayophytum [Garcke] 55, 129.
Gayvernon (Leonhard); G. (Simon Franz, Baron) [Röse] 55, 129. 130.
Gaywood (Robert) [Weber] 55, 133.
Gaz [Gruber] 55, 133.
Gaza [Krause] 55, 133.
— (Theodorus) [Bähr] 55, 134.
Gazaca [Krause] 55, 141.
Gazalena 55, 141.
Gazalupeda 55, 141.
Gazan Khan Mahmud Ben Argun (Herrscher von Iran) [Wachter] 55, 141.
Gazan de la Peyrière (Honoré Theophile Maxime, Graf) [Röse] 55, 143.
Gazania [Garcke] 55, 145.
Gazara 55, 150.
Gazatae 55, 150.
Gazaufula 55, 150.
Gazella, s. Antilope 4, 302.
Gazelum 55, 150.
Gazena 55, 150.
Gazer [Gruber] 55, 150.
Gazio (Antonio) [Theile] 55, 150.
Gazith, s. Gasith 54, 196.
Gaziura [Zander] 55, 151.
Gaznaviden, s. Ghaznaviden 66, 238. [151.
Gazola (Giuseppe) [Theile] 55,
Gazometer, s. Gasometer 54, 197.
Gazophylation [Gruber] 55, 151.
Gazoros 55, 152.
Gazuan [Hasemann] 55, 152.
Gazuron [Wachter] 55, 152.
Gazza [Cabanis] 55, 152.
Gbob [Petri] 55, 153.
G dur 52, 3.
Ge, s. Gäa 52, 131.
— (hebr.) [Gruber] 55' 153.
— (braf. Volksstamm), s. Maranhao.
Gea [Wachter] 55, 155.
Geach (Francis) [Theile] 55, 155.
Geanthia [Garcke] 55, 155.
Geanthus [Garcke] 55, 155.
Geapolis [Krause] 55, 156.
Geasler [Krause] 55, 156. [i
Geatlga, s. Ohio.
Geba [Daniel] 55, 157.
Gebadei [Krause] 55, 157.
Gebärende [Theile] 55, 157.
Gebärmutter [Theile] 55, 158.
Gebärmutterkrankheiten [Theile] 55, 161.
Gebärorgan [Theile] 55, 193.
Gebala [Krause] 55, 193.
Gebalena [Krause] 55, 193.
Gebanitae [Krause] 55, 193.
Gebannen [Wirth] 55, 193.
Gebauer (Christian Eusebius); G. (Christian Samuel); G.

(Georg Christian) [Döring] 55, 197. 198.
Gebauer (Joh. Christian Ehrenfried) [Theile] 55, 199.
Gebet (Georg, Vater und Sohn) [Döring] 55, 220. 201.
— **Trif**, s. Atlas 6, 198.
— el **Gumera**, s. Kumri.
— el **Teier**, s. Taubengebirge.
— **Kurin**, s. Taurusgebirge.
— **Selseleh**, s. Selseleh.
Gebenna [Wachter] 55, 201.
Geberden, **Geberdenkunst**, **Geberdensprache**, s. Mimik.
Geberich [Wachter] 55, 202.
Gebes [Krause] 55, 203.
Gebesee [Hößler] 55, 203.
Gebet [Gruber] 55, 209.
Gesangbuch 62, 290. ·
Gebharb (sprachl.) [Wachter] 246. [55, 246.
— (Herzog der Franken) [Wachter]
— (Graf, Vater des Kaisers Lothar II.) [Wachter] 55, 247.
— (Erzbischof von Salzburg) [Wachter] 55, 256.
— (Jacob Louis) [Theile] 55,256.
— (Joh. Georg) [Döring] 55,257.
— G. (Ludw. Albrecht) [Döring] 55, 257. 258.
Gebhardt (Adam Gottlieb); G. (Tora Natalie) [Döring] 55, 258. 260.
Gebia [Siebel] 55, 260.
Gebiet, **Gebieten**, **Gebot**, **Gebieterin**, **Gebietiger** [Wachter] 55, 261.
Gebim, s. Geba 55, 157.
Gebirge [Siebel] 55, 263.
Gebirgsfestig [v. Poten] 55, 282.
Gebis - **Choch** [Hößler] 55, 284.
— **Mta** [Hößler] 55, 284.
Gebläse [Reinwarth] 99, 45.
Geblendete Batterie, s. Batterie 8, 99.
Gebler (Tobias Phil. Freih. b.) [Döring] 55, 284.
Geblera [Garcke] 55, 284.
Geblüt, s. Blut 11, 58; Race.
Gebot (sprachl.), s. Gebiet 55,261.
— (rechtl.) [Wachter] 55, 286.
Gebote (die zehn) [Hasemann] 55, 286.
Gebrannte Wasser, **Gebrannte Weine**, s. Branntwein 12, 272; Braubaus 12,413; Destillation 24, 284.
Gebrannter Borax, s. Borax 12, 9.

Gebrannter Kiesel, s. Kiesel.
— **Schwamm**, s. Schwamm.
Gebranntes Kupfer, s. Kupfer.
Gebrauch [Wachter] 55, 306.
— (kirchl.), s. Gottesdienst 76, 27.
— (rechtl.), s. Herkommen; Observanz; Usus.
Gebräude, s. Bier 10, 131; Braubaus 12, 413.
Gebrochene Accorde, s. Arpeggio 5, 399.
— **Batterie**, s. Batterie 8, 99.
— **Farben**, s. Farbe 41, 410.
Gebrochener Ort, s. Refractus.
Gebsattel, **Gebsibil** (Pfarrdorf und freih. Familie) [v. Soyenburg - Lengsfeld] 55, 308.
Gebühr, **Gebühren** [Wachter] 55, 311.
Gebührten, s. Sporteln.
Gebührentaxe, s. Sporteltaxe.
Gebundene Noten, s. Noten.
— **Rede**, s. Poesie.
— **Violine**, s. Bioline.
Geburt [Theile] 55, 313.
— (gerichtl. - medicin.) [Theile] 55, 335.
Geburtsbett ob. **Gebärbett**) [Theile] 55, 337.
Geburtsfest, s.Geburtstag 55,342.
Geburtsgottheiten [Theile] 55, 338.
Geburtshelfer [Theile] 55, 338.
Geburtshilfe [Theile] 55, 338.
Geburtshilflicher Apparat [Theile] 55, 339.
Geburtskissen [Theile] 55, 339.
Geburtslage [Theile] 55, 339.
Geburtslisten, s. Kirchenbücher; Mortalitätslisten.
Geburtsstörungen [Theile] 55, 340.
Geburtsstuhl ober **Gebärstuhl** [Theile] 55, 341.
Geburtsstuhlbett [Theile] 55,342.
Geburtstag 55, 342.
Geburtszange [Theile] 55, 345.
Geburtszeit, s. Geburt 55, 313; Schwangerschaft.
Gecarcinus [Siebel] 55, 355.
Geckentrieg [Theile] 55, 355.
Gecko [Siebel] 55, 355.
Ged (Will.) 55, 359.
Gedackt 55, 359.
Gedächtniß [Scheidler] 55, 359.
Gedächtnißfeier [Scheidler] 55, 387. [401.
Gedächtnißkunst [Scheidler] 55,
Gedächtnißmünzen, s. Medaillen.
Gedächtnißpredigt u. **Gedächtnißrede**, s. Leichenrede.
Gedächtnißtage der christl. Heiligen u. **Märtyrer**, s. Martyrologium.
Gedärme [Theile] 55, 412.
Gedärmfäule [Theile] 55, 412.
Gedärmvorfall [Theile] 55, 412.
Gedalja (Statthalter von Judäa) [Köbiger] 55, 413.

Gedalja (Familie) [Steinschneider] 55, 414.
Gedaute [Hasemann] 55, 414.
Gedankenstrich, s. Interpunktion.
Gedda, s. Dschidda 28, 77.
Gebbabgummi [Theile] 55, 418.
Geddäischer Apparat, s. Kühlapparat. [418.
Geddes (Alexander) [Döring] 55,
Gedeck 55, 419.
Gedeckter Weg [Bär] 55, 419.
Gedet; **Gedera** [Haarbrücker] 55, 426.
Gedern, s. Geudern 65, 228.
Gedicht 55, 427.
Gediegen 55, 427.
Gedite (Friedr.) [Döring] 55,427.
— (Ludw. Friedr. Gottlieb Ernst) [Döring] 55, 437.
Geding, **Gedingen**, **Gedingniß** [Wachter] 55, 437.
Gedne [Krause] 55, 441.
Gedor [Haarbrücker] 55, 441.
Gedoyn (Nicolaus) 55, 441.
Gedranidae [Krause] 55, 443.
Gedrit [Siebel] 55, 442.
Gedrost ober **Gedrosta** [Krause] 55, 442.
Gedrut [Zacher] 55, 444.
Gedulb [Scheidler] 55, 444.
— (sprachl. u. diplom.) [Wachter] 55, 448.
Geduldsmuskel [Theile] 55, 449.
Gedutb [Hößler] 55, 449.
Geet [Hößler] 55, 449.
— (Johannes Franciscus van) G. (Joost van) [Pech] 99, 49.
Geelen [Hößler] 55, 449.
Geeloint - **Bai** [Hößler] 55, 449.
Geer (Baron Karl de) [Theile und Döring] 55, 449.
— (Louis de) 55, 450.
Geerardts (Marcus) [Pech] 99,50.
Geeria [Garcke] 55, 450.
Geertsberge [Hößler] 55, 451.
Geesa, s. Nil.
Gees (Geer) 55, 451. [451.
Geest, **Geestland** [Wachter] 55,
Geeste [Schlichthorst] 55, 452.· 452.
G...e' s. Gees 55, 451.
Gefährde, s. Far 41, 391.
Gefährlicher Termin, s. Termin.
Gefäll, s. Wasserbau.
Gefälle [Wachter] 55, 452.
Gefällig, **Gefälligkeit**, **Gefallen** 55, 453. [system.
Gefängnißwesen, s. Pönitentiar-
Gefäßblatt [Theile] 55, 453.
Gefäßbrillen, s. Brillen 28, 10.
Gefäßdurchschlingung [Theile] 55, 454.
Gefäße [Theile] 55, 454.
— s. Basen, Basenbilder, Basengemälde, Basenmalerei.
Gefäßfieber [Theile] 55, 455,
Gefäßhaut [Theile] 55, 455.
Gefäßhof, **Gefäßraum** [Theile] 55, 455.

22*

Gentilis (Name mehrerer be-
rühmter Männer der Literatur
und Wissenschaft) [Bähr] 58,
286.
— (Jeannes Valentinus) [Escher
und Bähr] 58, 296.
Gentilität, griechische 58, 300.
—, römische [Wein] 58, 806.
Gentillet (Innocentius) [Escher]
58, 312.
Gentilly [Höfler] 58, 313.
Gentilotti (Johann Benedict)
58, 313.
Gentinos 58, 314.
Gentilis [Loth] 58, 314.
Gentius (König von Illyrien)
[Herzberg] 58, 315. [320.
Gentleman, Gentry [Gneist] 58,
Genz (Friedrich d.) [Baym] 58,
324.
Genzlow (Johann Adolf Fried-
rich d.) [Döring] 58, 392.
Genua (Geogr. u. Gesch.) [Herz-
berg] 58, 392.
— milit. u. kriegsgeschichtlich)
[Woyna] 58, 467.
Genucius 58, 477.
Genueser, s. Genua 58, 466.
Genueser Bant, s. Genua 58,
396. 461. [466.
Genuesisches Geld, s. Genua 58,
Genügsamkeit [Scheidler] 58,478.
Genugthuung, s. Duell 28, 154;
Schadenersatz.
Genugthuung Christi [Hasemann]
58, 483.
Genuia 58, 488.
Genus (in der Naturgesch.), s.
Gattung 54, 397.
— (in der Grammatik, Metrik,
Musik, Beredsamkeit, theol.
Dogmatik) 58, 489.
Genusina [Krause] 58, 489.
Genusfai [Krause] 58, 489.
Genusum, s. Genusina 58, 489.
Genuß, Genußfähigkeit, Genuß-
gier, Genußsinn, Genußsucht
[Scheidler] 58, 489.
Genusus [Krause] 58, 495.
Genzano, s. Genlauo 58, 223.
Geoaris [Krause] 59, 1.
Geocalaceen [Garde] 59, 1.
Geocalyx [Garde] 59, 1.
Geocentrischer Ort [Garth] 59, 2.
Geochorda [Garde] 59, 2.
Geocoris [Siebel] 59, 2.
Geocyklische Maschine, s. Tellu-
rium.
Geodäsie [Wiegand] 59, 2.
Geoden [Siebel] 59, 11.
Geodia 59, 12.
Geodorum [Garde] 59, 12.
Geoffraea, s. Geoffroya 59, 21.
Geoffrin oder Jeoffrin (Claudius
und Marie Therese) [Röse]
59, 12.
Geoffroi 59, 16.
Geoffroy (Claude Joseph; G.
EtienneFrançois); G.(Etienne
Louis) [Theile] 59, 16. 17.

Geoffroy (Joh. Baptist; Julian
Ludwig) [Röse] 59, 17. 18.
— (Etienne Geoffroy St.-Hilaire)
[Theile] 59, 19.
Geoffroya ob. Geoffraea [Garde]
59, 21.
Geoffroya (Med.) [Theile] 59, 22.
Geogenie, s. Geologie 59, 190.
Geoglossum [Garde] 59, 23.
Geognosie [Siebel] 59, 24.
Geognomie, Geogenie, s. Geologie
59, 190.
Geographenbai [Höfler] 59, 135.
Geographie, s. Erde 36, 272 fg.
— (Geschichte und Literatur)
[Hasemann] 59, 135.
Geographi graeci minores
[Kühb] 59, 183.
Geographische Breite, s. Breite
12. 344.
— Länge, s. Länge.
— Maße, s. Maße; Fuß 51, 136;
Schritt, Stadium, Meile.
— Meile, s. Meile. [187.
Geographus Ravennas [Kühb] 59,
Geoire St., [Röse] 59, 190.
Geologie [Siebel] 59, 190.
Geometra, s. Lepidoptera.
Geometrie [Buchhöher] 59, 216.
— (descriptive) [Schlömilch] 59,
244.
Geometrische Analysis, s. Analysis
3, 458; Geometrie 59, 216.
— (Auflösung, Curve, Fläche, s.
Fläche 45, 23; Geometrie 59,
216; Linie.
— Progression, s. Progression.
— Proportion, s. Proportion.
— Reihe, s. Progression.
Geometrischer Beweis, s. Geo-
metrie 59, 216.
— Ort, s. Ort.
— Riß, s. Geometrie, descriptive
59, 244.
Geometrisches Quadrat [Buch-
bindet] 59, 258.
Geomorot 59, 258.
Geonim, s. Jüdische Literatur.
Geonoma [Garde] 59, 259.
Geophila [Garde] 59, 261.
Geopogon [Garde] 59, 262.
Geoponica [Bähr] 59, 262.
Geopyxis [Garde] 59, 276.
Georchis [Garde] 59, 278.
Georg (Heilige) [Kühb] 59, 278.
Georg I., II., III. (Fürsten von
Anhalt); G. Aribert (Fürst zu
Anhalt-Dessau) [Döring] 59,
283. 284. 294.
— (Markgraf von Baden) [Dö-
ring] 59, 295.
— Friedrich (Markgraf von Ba-
den-Durlach) [Röse] 59, 295.
— (Herzog von Baiern) [Döring]
. 59, 302. 59, 303.
— König von Böhmen) [Röse]
— (Markgraf von Brandenburg;
G. Friedrich (Markgraf von
Brandenburg); G. Wilhelm

(Kurfürst von Brandenburg)
[Döring] 59, 310. 311.
Georg (Herzog von Braunschweig-
Lüneburg; G. Wilhelm (Her-
zog von Braunschw.-Lüneb.
[Döring] 59, 314. 319.
— Ludwig (Kurfürst von Braun-
schw.-Lüneb.), s. Georg I. (Kön.
von England) 59, 332.
— (Prinz von Dänemark) [Kühb]
59, 331.
Georg I., II., III. (Könige von
England) [Döring und Dell]
(Doppel-Artikel) 59, 332. 349.
367. 396. 416. 443.
Georg IV. (König von England)
[Dell und Döring] (Doppel-
Artikel) 60, 1. 25.
— (Herzog von Clarence) [Dö-
ring] 60, 38.
— I.—XII. (Könige von Geor-
gien) [Kühb] 60, 38.39.41.44.
— (Kurfürst und Könige von
Hannover), s. Georg, (Könige
von England) 59, 332 fg.—
— I., der Fromme (Landgraf
von Hessen-Darmstadt) [Künzel]
60, 44.
— (Landgraf von Hessen-Darm-
stadt [Walther] 99, 50.
— II. (Landgraf von Hessen-
Darmstadt) [Raßmann] 99, 55.
— und Georg Karl (Prinzen der
hessen-casselschen Linie) [Rom-
mel] 60, 46. 47.
— Ludwig (Herzog von Holstein-
Gottorp.) [Döring] 60, 47.
— (Herzog von Mecklenburg)
[Döring] 60, 48.
— (Markgraf von Meißen) [Dö-
ring] 60, 49.
— Albrecht und Christian (Fürsten
von Ostfriesland) [Herzberg]
60, 50. 62.
— Gustav, Johann und Wilhelm
(Pfalzgrafen bei Rhein) [Dö-
ring] 60, 72. 73.
— I. Wladomirowitsch, G. II.
und G. III. Danillowitsch
(Großfürsten von Rußland)
[Wachter] 60, 73. 77. 80.
— der Bärtige (Herzog von
Sachsen); G. (Herzog von
Sachsen-Meiningen) [Döring]
60, 83. 87.
— I.—III.; G. Wilhelm (Her-
zoge von Schlesien-Brieg) G.
Rudolf (Herzog von Schlesien-
Liegnitz) [Höfler] 60, 97.
100—102.
— (Despot von Serbien), s.
Brankovics, 12, 268.
— (Landgraf von Thüringen)
[Wachter] 60, 103.
— (Georgios Groß-Komnenus,
Kaiser von Trapezunt) [Herz-
b r] 60, 106.
— (König von Würtemberg); G.
(Herzog von Würtemberg)
[Döring] 60, 107.

Georg I.,II.; G., Schenk,Freiherr
von Limburg (Bischöfe von
Bamberg); G. (Erzbischof von
Bremen; (G. (Bischof von
Passau); G. (Erzbischof von
Ravenna); G. (Bischof von
Regensburg) [Wachter] 60,
108. 110. 111.
— (Johann Michael) [Döring]
60, 114.
— (Truchseß von Waldburg)
[Döring] 60, 117.
— (Geogr.) [Höfler] 60, 117.
George Caboubal, s. Georges
Caboubal 60, 131. [118.
— St., bei Mina [Höfler] 60,
— (m. Geogr.) [Höfler].
— b'Or 60, 118. [60, 118.
Georgel (Johann Franz) [Röse]
60, 124.
Georgenbanner, s. Georgenorden
60, 129; Ritterschaft, frän-
kische, schwäbische.
Georgenberg [Höfler] 60, 124.
Georgenborn [Höfler] 60, 124.
Georgenbrunnen[Höfler] 60,124.
Georgenbund, Georgengesellschaft
[Wachter] 60, 125.
Georgenburg [Höfler] 60, 126.
Georgenfeld [Höfler] 60, 129.
Georgengesellschaft, s. Georgen-
bund 60, 125; Georgenorden
60, 129. [126.
Georgenorden [Gottschald] 60
Georgenschild, s. Georgenorden
60, 129. [60, 118.
Georgensee (Staat Neuyork), s.
Georgenthal [Höfler] 60, 130.
Georgenzell [Höfler] 60, 130.
Georges Regiment, s. Militär-
grenze (österreichische).
Georges Caboubal [Röse] 60,131.
Georget (Etienne Jean) [Theile]
60, 136.
Georgetown [Höfler] 60, 136.
Georgi (G. Scythae,Völkerstamm)
[Krause] 60, 137.
— (Christian Andreas; Christian
Siegmund; Friedrich Tran-
gott; Jakob Friedrich; Joaun
Gottlieb) [Döring] 60, 137.
139. [60,139.
Georgia (Moosgattung) [Garde]
Georgia Augusta, s. Göttingen 72,
424.
Georgien (einer der Ver. Staaten
Amerikas) [Höfler] 60, 141.
— (auf dem kaukasischen Isth-
mus) [Höfler] 60, 149. 165.
Georgiew, bie, [Höfler] 60, 179.
Georgiewitz [Höfler] 60, 192.
Georgios [Bartholomäi)
[Kühb] 60, 192.
Georgiewsk [Höfler] 60, 194.
Georg (Friedrich Heinrich) [Dö-
ring] 60, 194.
Georgine (Zierpflanze) [Garde]
60, 194.
Georginenfild [Loth] 60, 195.
Georgios (Name mehrerer be-
rühmter Männer in Staat, Lite-

Gersdorffsburg (Geogr. u. Gesch.)
[v. Boyneburg-Lengsfeld] 61,
476.
Gerfen (Johann) [Röse] 62,1.
Gersinia [Garcke] 62, 6.
Gersom, Gerson [Arnold] 62, 7.
Gerson B. Ascher [Cassel] 62, 7.
— Elchenast ulif [Cassel] 62, 7.
— Thesa [Cassel] 62, 8.
— B. Eliefer [Cassel] 62, 9.
— (Gerschom) B. Jehuda [Cassel]
62, 9.
— — Salomo [Cassel] 62, 12.
— Soncino, s. Soncinaten.
— (Levi ben), s. Levi ben Gerson.
— (Christian) [Döring] 62, 15.
— (Georg Hartog) [Theile] 62,
15.
— (Jean Charlier) [Hasemann]
62, 16.
— (Johann) [Röse] 62, 61.
— (Joseph) [Theile] 62, 63.
Gerfoni, Gersoniden [Steinschnei-
der] 62, 62.
Gersonides, s. Levi ben Gerson.
Gersoniter, s. Gerson 62, 7.
Gersprenz, s. Gernsprinz 62, 421.
Gerstäcker (Karl Wilhelm Fried-
rich) [Döring] 62, 62.
— (Samuel Friedrich) [Döring]
62, 63.
Gerste [Garcke] 61, 64.
— [Löbe] 61, 68.
Gersten (Christian Ludwig) [Dö-
ring] 62, 73.
Gerstenberg oder Gerstenberg
(Georg Friedrich Konrad Lud-
wig.) [Röse] 62, 74. [62, 75.
— (Hans Wilhelm v.) [Döring]
— (Marcus, der Aeltere) [Röse]
62, 84. [62, 90.
— (Marcus, der Jüngere) [Röse]
Gerstenberger (Wigand) [Röse]
62, 90.
Gerstenbergt (Johann Lorenz Ju-
lius v.) [Röse] 62, 93.
Gerstenkorn [Theile] 62, 93.
Gerstenmehl [Theile] 62, 94.
Gerstensyrup [Theile] 62, 94.
Gerstenwasser [Theile] 62, 94.
Gerstenzucker (Karl Friedrich) [Dö-
ring] 62, 95.
Gerstner (Franz Anton v.) [Dö-
ring] 62, 96. [62, 96.
— (Franz Joseph v.) [Döring]
— (Karl Friedrich) [Döring] 62,
97.
Gerstungen (Geogr. u. Gesch.)
[v. Boyneburg-Lengsfeld] 62,
98.
Gersweiler [Hößler] 62, 99.
Gerte [Röse] 62, 99. [100.
Gertman (Matthias) [Röse] 62,
Gertrud, Gertrude [Pott] 62, 100.
— (ber. Frauen dieses Namens)
[Brandes] 62, 101.
Gertrubis (Aebtissin zu Alten-
burg) [Külb] 62, 104.

Gertrubis (Aebtissin des Klosters
Helpede) [Külb] 62, 104.
— (Aebtissin zu Nivelles) [Zacher]
62, 105.
— (zwei heilige Frauen aus
bem fränkischen Königshause)
[Külb] 62, 108.
— van Oesten [Külb] 62, 109.
Gertruydenberg (Geogr.) [Hößler]
62, 110.
— (Belagerung und Einnahme)
[v. Woyna] 62, 110.
— (Friedensverhandlungen da-
selbst) [Herzberg] 62, 113.
Gertus [Krause] 62, 113.
Gersuch, Geruchsinn und Ge-
ruchsorgan (sprachlich) [Scheid-
ler] 62, 120.
— Geruchssinn (physiologisch)
[Theile] 62, 123. [62, 128.
— — (psychologisch) [Scheidler]
— Geruchsorgan (physiologisch)
[Theile] 62, 136.
Gerung (Bischof von Meißen);
G. (Abt von Paulinzelle)
[Brandes] 62, 159.
Gerunium, s. Geronium 61, 448.
Gerus, s. Gerus 62, 119.
Gerusia [Brandes] 62, 160.
Geruzez (Johann Baptist Franz)
[Röse] 62, 162.
Gervais (St., Geogr.), [Hößler]
62, 163.
— (Bab) [Theile] 62, 163.
— (Charles Hubert) [Döring] 62,
163. [163.
— (Pierre Nicolas) [Döring] 62,
Gervaise (Franz Armand) [Döring]
62, 163.
— (Nicolaus) [Röse] 62, 165.
— (Nicolas-) [Theile] 62, 166.
— be Latoude (Jean Charles)
[Röse] 62, 166. [166.
Gervasii (Henricus) [Röse] 62,
— (Laurentius) [Röse] 62, 167.
— (Robertus) [Röse] 62, 167.
Gervasio (Augustin) [Röse] 62, 167.
— (Petrus be) [Röse] 62, 167.
— (Petrus Martyr a Sancto)
[Röse] 62, 168.
Gervasius und Protasius (Hei-
lige) [Külb] 62, 168.
— von Breisach [Röse] 62, 169.
— von Blachester (Shenham)
[Röse] 62, 170.
— ober Gervaise Degrin [Röse]
62, 171.
— be la Court [Röse] 62, 171.
— Durobernensis [Röse] 62, 171.
— (Johannes) von Exeter [Röse]
62, 173.

Gervasius von Lincoln [Röse]
62, 174.
— be Melseleya [Röse] 62, 178.
— Parchensis [Röse] 62, 178.
— ober Gervais de Château-du-
Loir (Erzbischof von Rheims)
[Röse] 62, 178.
— be Reteso (Erzbischof von
Rheims) [Röse] 62, 182.
— Nicobalbus [Röse] 62, 182.
— Tilberiensis [Röse] 62, 187.
— Tornacensis [Röse] 62, 193.
Gervilla (Th. Alex. André Du-
hérisser be) [Röse] 62, 194.
Gervillia [Giebel] 62, 193.
Gervinus (Benedictinerräbte)
[Külb] 62, 194. 195.
Gervicus [Brandes] 62, 196.
Gery (Andreas Wilhelm be)
[Röse] 62, 196. [62, 197.
Gery ober Gerius (Robert) [Röse]
Geryon [Wieseler] 62, 197.
Geryoneis [v. Leutsch] 62, 209.
Geryonia (Pflanzengattung)
[Garcke] 62, 217.
— (Gattung der Scheibenquallen)
[Giebel] 62, 218.
Gerytabes [v. Leutsch] 62, 219.
Ges (Mus.) (sprachlich) [Scheid-
ler] 62, 226.
Gesäß ober Hinterbaden [Theile]
62, 226.
Gesalbter [Haarbrücker] 62, 226.
Gesalich (König der Westgothen)
[Brandes] 62, 228.
Gesammte Hand, s. Gesammt-
eigenthum 62, 230; s. Lehn.
Gesammteigenthum [Heimbach]
62, 230.
Gesammtgut, s. Gesammteigen-
thum 62, 230; Gütergemein-
schaft 98, 200 fg. 249.
Gesammtherrschaft [Heimbach] 62,
249.
— Gesammtrath [Heimbach] 62, 249.
— Gesammtregierung [Heimbach] 62,
249.
Gesammtstimme (Curiatstimme),
s. Votum.
Gesandte, Gesandtschaftsrecht
[Heimbach] 62, 249.
Gesang [Reißmann] 62, 276.
Gesangbuch [Daniel] 62, 290.
Gesangschule [Reißmann] 62, 317.
Gesangunterricht [Reißmann] 62,
318.
Geschäft (Rechtsgeschäft) [Heim-
bach] 62, 318. [330.
Geschäftsführer [Heimbach] 62, 318.
Geschäftsgang [Heimbach] 62, 330.
Geschäftsstyl [Heimbach] 62, 332.
Geschäftsträger [Heimbach] 62,
334.
Geschäftiger, s. Testator, Testa-
mentsvollstrecker. [62, 334.
Geschenkkammer [Haarbrücker] 62,
342.
Geschichte [Herzberg] 62, 343.
Geschichte, s. Malerei.
Geschicke (bergm.) [Reinwarth]
62, 387.

Geschicklichkeit [Scheidler] 62, 387.
Geschiebe [Giebel] 62, 388.
Geschin ober Geschinius, auch
Gessinius (Paul) [Röse] 62,391.
Geschirr (Karmarsch) [62, 391.
[Theile] 62, 392.
— (botanisch), s. Pflanzenkunde
21, 66.
— (grammatisch) [Pott] 62, 393.
— (in rechtlicher Hinsicht) [Heim-
bach] 62, 460.
Geschlechter, römische, s. Gentili-
tät 58, 306.
Geschlechtsapparat, Geschlechts-
organe, Geschlechtstheile, Ge-
schlechtswerkzeuge [Theile]63,1.
Geschlechtsbegriff (Logik) [Scheid-
ler] 63, 28.
Geschlechtscharakter (naturhistor.)
[Theile] 63, 29.
— (sittengeschichtl. u. psych.-an-
thropol.) [Scheidler] 63, 30.
Geschlechtskrankheiten [Theile] 63,
44.
Geschlechtsleben [Theile] 63, 45.
Geschlechtslos, s. Pflanzenkunde.
Geschlechtsreife [Theile] 63, 45.
Geschlechtsregister, s. Genealogie
tafeln., s. Genealogie 57, 336.
Geschlechtsreife [Theile] 63, 45.
Geschlechtstrieb [Theile] 63, 46.
Geschlechtsunterschiede, Ge-
schlechtsverschiedenheiten
[Theile] 63, 47.
Geschlechtsvormundschaft [Heim-
bach] 63, 48.
Geschlossene Fährte [Pfeil] 63, 75.
— Jagd und Zeit [Pfeil] 63, 75.
Geschmack (physiologisch) [Theile]
63, 76. [61,
— (psychologisch) [Scheidler] 63,
Geschmackslehre, Geschmacks-
losigkeit, Geschmacksbildung
(ästhetisch) [Scheidler] 63, 90.
Geschmaus (Hieronymus) [Röse]
63, 98.
Geschmeide [Karmarsch] 63, 99.
Geschmeidig, Geschmeidigkeit
[Scheidler] 63, 100.
Geschnittene Steine, s. Gemmae
57, 256.
Geschöpft [Pfeil] 63, 101.
Geschoß [Bär] 63, 101. [116.
Geschränkt, Schrank [Pfeil] 63,
Geschriebenes Recht, s. Recht.
Gesetz 64, 11.
Geschütze [Pfeil] 63, 116.
Geschütz [Bär] 63, 116.
Geschützfabrication [Bär] 63,131.
Geschützmetall [Reinwarth] 63,
139. [63, 140.
Geschur (Hüttenw.) [Reinwarth]
— (bibl. Geogr.) [Haarbrücker]
63, 140.
Geschwder, s. Geeaber 38, 2.
Geschwänzte Menschen [Theile]
63, 141.
Geschwindigkeit [Jahn] 63, 142.

Girs (Aegibius) [Möbius] 68, 224.
Girstler [Haarbrücker] 68, 225.
Girtanner (Christoph) [Theile] 68, 225.　[220.
Giry (François) [Volbeding] 68,
— (Louis) [Volbeding] 68, 226.
— (Ober Joseph de Baur de) [Volbeding] 68, 226.
Gieberge [Volbeding] 68, 227.
Giesbert (Blaise) [Volbeding] 68, 227.
— (Jean) [Volbeding] 68, 227.
Giesbice oder Giesbid (Paul v.) [Röse] 68, 227.·
Giscala (Johannes v.) [Volbeding] 68, 227.　[230.
Gisco oder Giston [Brandes] 68,
Gisele, s. Giesele 67, 37.
Gisela [Lipsius] 68, 231.
Giselin (Victor) [Röse] 68, 236.
Gisenius (Johann) [Döring] 68, 237.·
Gisilbert (Erzbischof von Bremen) [Brandes] 68, 241. · [243.
— (von Burgund) [Brandes] 68,
— (von Lothringen) [Brandes] 68, 244.
Gisler [Brandes] 68, 245.
Gisleta (Johann und Georg) [v. Stramberg] 68, 250.
Gislebert [Döring] 68, 254.
Gisma [Krause] 68, 255.
Gismondi (Cario Giuseppe) [Volbeding] 68, 255.
Gismondin [Giebel] 68, 255.
Gisors (Anselm Marie de) [Volbeding] 68, 255.
— (Louis Marie Fouquet, Graf v.) [Volbeding] 68, 256.
Gisra [Krause] 68, 256.
Gissing [Bär] 68, 256. ·
Gissonia [Garcke] 68, 256.
Gissübel [Bößgl] 68, 256.
Gisulph I. und II. (Herzoge von Brabant) [Volbeding] 68, 257.
— (Herzog von Friaul) [Volbeding] 68, 258.
— I. und II. (Fürsten von Salerno) [Volbeding] 68, 258.
Gitanae [Krause] 68, 258.
Githago [Garcke] 68, 258.
Githith [Haarbrücker] 68, 259.
Githopsis [Garcke] 68, 260.
Gitiabas [Burkian] 68, 260.
Gittaim [Haarbrücker] 68, 261.
Gittelde [Gottschald] 68, 261.
Gitter [Stapel] 68, 262. ·
Gittermann (Johann Christian Hermann) [Döring] 68, 262.
— (Johann Wilhelm) [Döring] 68, 264. · [68, 266.
— (Rudolf Christian) [Döring] 68, 270.
Giudetti (Giovanni) [Döring] 68, 270.
Giudice (Ambrogio del) [Külb]
— (Prinz von Cellamare) [v. Stramberg] 68, 271.
— (Gaetano del) [Külb] 68, 276.

Giubici (Carlo Maria) [Külb] 68, 276.　[68, 276.
— (Giovanni Battista de) [Külb]
Gingli (Luigia) [Külb] 68, 277.
Giulay, s. Gyulay. · [68, 277.
Giutini (Giorgio, Graf) [Döring]
Giulio Romano [Unger] 68, 277.
Giunta Pisano [Unger] 68, 284.
Giunti (Naumann) 68, 285.
Giuntini (Francesco) [Külb] 68, 287.
Giurgewo [Hößler] 68, 288.
Giustane (Giovanni Pietro) [Külb] 68, 288.　[68, 289.
Giust (mehrere Maler) [Külb]
— (Giuseppe) [Külb] 68, 289.
Giustiniani (Familie aus Venedig) [Hopf] 68, 290.
— (Venetianer in Griechenland) [Hopf] 68, 303. ·
— (Familie aus Genua) I. Genelogie 99, 71. · [341.
Giustiniani (Agostino) [Külb] 68,
— (Andrea) [Külb] 68, 343.—
— (Angelo) [Külb] 68, 343.-
— (Antonio) [Külb] 68, 344.
— (Benedetto) [Külb] 68, 344.
— (Bernardo) [Külb] 68, 344.
— (Decio) [Külb] 68, 346.
— (Fabio) [Külb] 68, 346. ·
— (Giorgio) [Külb] 68, 347.—
— (Giovanni) [Külb] 68, 347.
— (Girolamo) [Külb] 68, 348.
— (Leonardo, Statthalter von Friaul) [Külb] 68, 348..
— (Leonardo, Erzbischof von Mitylene) [Külb] 68, 349.
— (Lorenzo, Patriarch von Venedig) [Külb] 68, 349. ·
— (Lorenzo, ital. Literarhistoriker) [Külb] 68, 350. ·
— (Michele) [Külb] 68, 351.
— (Niccolo Antonio) [Külb] 68, 351.·
— (Orazio) [Külb] 68, 352.
— (Orlatto) [Külb] 68, 353.
— di Moniglia (Paolo) [Külb] 68, 353.
— (Pietro) [Külb] 68, 353.
— (Pompeio) [Külb] 68, 354.
— (Timoteo) [Külb] 68, 354.
— (Vincenzo) [Külb] 68, 355.
Givory [Hößler] 68, 356.·
Givre (Pierre le) [Theile] 68, 356.
Gizama [Krause] 68, 356.
Gjallarbru [Külb] 68, 356.
Gjallarhorn [Möbius] 68, 356.
Gjörwell (Karl Christopherson) [Möbius] 68, 356.
Gjuk, Giuki (Raßmann) 68, 357.
Gjukungar, Giukungar (Raßmann) 68, 358.
Glabella [Giebel] 68, 365.
— s. Glabe.　[365.
Glaber (Rodulphus) [Külb] 68,
Glabraria [Garcke] 68, 365.·
Glabrie, s. Aetlia gens 1, 325, Aetlia lex 1.325. · [367.
Glacan (Neil O') [Theile] 68,

Glacis [Bär] 68, 367.
Gladbach (Geogr.) [Hößler] 68, 367. · [368.
— (Georg Jacob) [Theile] 68, 368. · [68, 368.
— (Johann Adolf) [Theile] 68, 368. · [68, 368.
— (Johann Bernhard) [Theile]
Gladenbach [Hößler] 68, 368.·
Gladiatores [Brandes] 68, 368.
Gladii jus und Gladii ppena, f. Todesstrafe.
Gladiolus [Garcke] 68, 381.
Gladius [Klein] 68, 394.
Gläugenh [Schreiber] 68, 395.
Glässner (Justus Martin) [Döring] 68, 394. · [399.
Gläser (Karl Gottlob) [Döring] 68, 398. · [68, 399.
Glätte oder Glötte [Reinwarth]
Gläubiger [Heimbach] 68, 400.
Glafen (Adam Friedrich) [Seybel] 68, 401. ·
Glagolitisch [Miklosich] 68, 403.
Glamis oder Glammis (Geogr.) [Hößler] 68, 422.·
— (Familie) [v. Stramberg] 68, 422. · [68, 426.
Glamorgan (neue Geogr.) [Hößler]
— (Familie) [v. Stramberg] 68, 426.· [68, 437.
Glamosch oder Gulamusch [Hößler]
Glanäus (Jodocus Ehjarbi) [Döring] 68, 437.
Glandebalae [Theile] 68, 437..
Glandieres de Balsac (Bertrand de) [Külb] 68, 437.
Glandina [Giebel] 68, 438.
Glandorf (Eberhard Gottlieb) [Döring] 68, 438. · [438.
Glandorp (Johann) [Döring] 68,
— (Matthias, Ludwig) [Theile] 68, 439. · [
Glandularia [Garcke] 68, 439.
Glandulina [Giebel] 68, 443.
Glanis (alte. Geogr.) [Krause] 68, 443. · [68, 444.
— (griech. Wahrsager) [v. Leutsch]
Glano [Krause] 68, 451. ·
Glanoventa [Krause] 68, 451.
Glantschnig (Ulrich) [Volbeding] 68, 451. · [68, 453.
Glanvil (Bartholomew) [Külb]
— (oder Glanville, Sir John) [Külb] 68, 454.
— (John) [Külb] 68, 454.
Glanvill (Joseph) [Seybel] 68, 454.·
Glanville (oder Glanvil, Ranulph v.) [Külb] 68, 455. ·
Glanz [Reinwarth] 68, 456. ·
Glanzblende [Reinwarth] 68, 460.
Glanze, Glanzerze [Reinwarth] 68, 460.
Glanzeisenerz, Glanzeisenstein [Reinwarth] 68, 460.
Glanzgras [Nees] 68, 461. ·
Glanzkobalt [Reinwarth] 68, 462.
Glanzkohle [Reinwarth] 68, 462.

Glanzkraut [Garcke] 68, 462.
Glanzlohe [Pfeil] 68, 462.
Glanzmangan [Reinwarth] 68, 462.
Glanzruß [Reinwarth] 68, 462.
Glaphyorhynchus [Giebel] 68, 463.
Glaphyra (Gemahlin des Archelaus) [Külb] 68, 463.
— (eine Heilige) [Külb] 68,464.
Glaphyranthus [Garcke] 68,465.
Glaphyria [Garcke] 68, 465.
Glaphyarus [Giebel] 68, 465.
Glapion (Jean) [Külb] 68, 465.
Glapthorne (Henry) [Külb] 68, 466. · [466.
Glareanus (Heinrich) [Eicher] 68,
Glareola [Giebel] 68, 471.
Glari [Krause] 68, 471.
Glarus [Eicher] 68, 471.
Glas [Loth] 69, 1.
Glasblasen [Loth] 69, 25..
Glasbohren [Loth] 69, 26.
Glaser (Andreas Friedrich Gottlieb) [Döring] 69, 26.
— (Christoph) [Theile] 69, 27.
— (Johann Friedrich) [Theile] 69, 28. · [69, 28.
— (Johann Heinrich) [Theile]
— (Karl Friedrich Wilhelm) [Döring] 69, 28.
— (Nikolaus) [Külb] 69, 29.
Glaser [Reinwarth] 69, 29.
Glasfeuchtigkeit des Auges [Loth] 69, 30.
Glasflüsse, f. Glas 69, 1. ·
Glasgalle [Loth] 69, 30.
Glasgow (in Schottland) [Hößler] 69, 30.
Glashäute oder Glassige Häute [Theile] 69, 31. · [285.
Glashaus, f. Gewächshaus 65,
Glashütten [Theile] 69, 31.
Glaskasten [Löbe] 69, 31.;
Glaskirchen [Löbe] 69, 32.
Glaskörper oder Glasartige Flüßigkeit [Theile] 69, 33. ·
Glaskörperkrankheiten · [Theile] 69, 34.
Glastopf [Reinwarth] 69, 35.
Glaskraut [Garcke] 69, 37.
Glasmacherseife [Loth] 69, 37.
Glasmalerei (chemisch) [Loth] 69, 37. · [Unger] 69, 39.
— Email und Glasur (historisch)
Glaspasten [Loth] 69, 72.
Glasperlen [Loth] 69, 72. ·
Glaß (Johann) [Volbeding]69,73.
— (Salomo) oder Glaßius [Döring] 69, 74.
— (Thomas) [Theile] 69, 74.
Glasschleifen, f. Glas 69, 1.
Glasschmalz [Garcke] 69, 75.·
Glassprengen [Loth] 69, 75.
Glastafel [Theile] 69, 75.
Glastaria [Garcke] 69, .75..
Glasthränen [Theile] 69, 76..
Glastonbury [Hößler] 69, 76.,
Glastrum [Garcke] 69, 76.·

Gnipho (Marcus Antonius) [Volbeding] 71, 191.
Gnitaheide (Raßmann) 71, 193.
Gnoien [Bößler] 71, 195.
Gnom [Böstgl] 71, 195.
Gnoma [Giebel] 71, 196.
Gnome (Gnomische Poesie) [Döring] 71, 196.
Gnomon (Gnomonik) [Schurig] 71, 202.
Gnorimus (Giebel) 71, 222.
Gnoriste [Giebel] 71, 223.
Gnosticismus [Lipsius] 71, 223.
Gnostus (Giebel) 71, 305.
Gnu (Giebel) 71, 305.
Gnülze (Friedrich Andreas Gottlieb) [Döring] 71, 305.
Goa [Bößler] 71, 306.
Goad (Thomas) [Külb] 71, 306.
— (John) [Külb] 71, 306.
Goadby (Robert) [Külb] 71, 307.
Goar (König der Alanen) [Külb] 71, 307.
— St. (Heiliger) [Daniel] 71, 308.
— St. (Stadt) [Bößler] 71, 312.
— (Rheinfels, St.) [v. Stramberg] 71, 313.
— (Jacques) [Külb] 71, 328.
Goaria (Krause) 71, 330.
Goaris (Krause) 71, 330.
Goarshausen [Bößler] 71, 330.
— [v. Stramberg] 71, 336.
Gobaeum (Krause) 71, 336.
Gobannium (Krause) 71, 336.
Gobanus [Külb] 71, 336.
Gobart (Laurent) [Külb] 71, 336.
Gobarus (Stephanus) [Külb] 71, 337.
Gobat (Georg) [Külb] 71, 337.
Gobbo (Pietro Paolo Bonzi, genannt G.) [Külb] 71, 337.
Gobbi (Krause) 71, 338.
Gobel (Jean Baptiste Joseph) [Külb] 71, 338.
Gobelin und Gobelinstapeten, s. Hautelisse. [340.
Gobelinus (Joannes) [Külb] 71, 341.
Gober (Krause) 71, 341.
Gobet (Nicolas) [Külb] 71, 341.
— (Pierre Césaire Joseph) [Külb] 71, 342.
Gobi (Charles le) [Külb] 71, 343. [344.
Gobien (Charles le) [Külb] 71,
Gobiescox (Giebel) 71, 346.
Gobin (Robert) [Külb] 71, 346.
Gobinet (Charles) [Külb] 71, 347.
Gobio [Külb] 71, 347.
Gobioidei (Giebel) 71, 348.
Gobius (Ichthyol.) [Giebel] 71, 349. [352.
Gobius · Johannes) [Külb] 71,
Gobler (Justin) [Külb] 71, 353.
Gobryas (v. Gutschmid) 71, 354.
Goch (Geogr.) [Külb] 71, 355.
— (Johann v.) [Hasemann] 71, 355.
Gochnatia (Garcke) 71, 362.
Gochsheim [Bößler] 71, 363.
Gockel oder Göckel (Balthasar) [Külb] 71, 363.

Gockel (Eberhard) [Theile] 71, 363.
Goclenius (Rudolf, Philosoph) [Külb] 71, 364.
— (Rudolf, Arzt) [Külb] 71, 365.
Godana (Krause) 71, 367.
Godard oder Gildard (Bischof zu Rouen) [Külb] 71, 367.
— (Claude) [Külb] 71, 367.
— (Etienne) [Külb] 71, 368.
— (Guillaume Lambert) [Theile] 71, 368.
— (Jean) [Külb] 71, 368.
— (Pierre François) [Külb] 71, 369.
God'Leb d'Aucour (Claude) [Külb] [369.
— — (Claude, Baron de Saint-Just) [Külb] 71, 370.
Godart (Jean Baptiste) [Külb] 71, 371.
— (Koch) [Külb] 71, 371.
Gobasa (Krause) 71, 372.
Godberg [Bößler] 71, 372.
Godbam (Adam) [Külb] 71, 375.
Godbard (Jonathan) [Theile] 71, 375. [71, 375.
Godbe (Etienne Hippolyte [Külb]
Godeau (Antoine) oder Godelius [Döring] 71, 375.
— (Michel) [Külb] 71, 376.
Godebert (König der Longobarden) [Külb] 71, 377.
Godeberta (die Heilige) [Külb] 71, 377. [71, 378.
Godecharles (Guillaume) [Külb]
Godefredus (v. Admont) [Külb] 71, 378. [71, 379.
— (Abt von St. Alban) [Külb]
— (Bischof von Amiens) [Külb] 71, 379.
— (von Anger) [Külb] 71, 379.
— (genannt Anglus) [Külb] 71, 381.
— (von Aurerre) [Külb] 71, 381.
— (von Bar) [Külb] 71, 383.
— (von Beaulieu) [Külb] 71, 383.
— (von Bleves) [Külb] 71, 384.
— (g Calvus) [Külb] 71, 384. nannt
— (von Coldingham) [Külb] 71, (genannt Collum cervi) [Külb] 71, 384.
— (von Courlon) [Külb] 71, 385.
— (von Enémingen) [Külb] 71, 385.
— (von Eu) [Külb] 71, 386.
— (von Fontaines, Bischof von Cambrai) [Külb] 71, 386.
— (von Fontaines, Kanzler der Universi. Paris) [Külb] 71, 387.
— (von Gr) [Külb] 71, 387.
— (Grossus) [Külb] 71, 387.
— (von Kappenberg) [Külb] 71, 388.
— (von Landaff) [Külb] 71, 390.
— (de Lèves) [Külb] 71, 390.
— (von Limoges) [Külb] 71, 390.
— (von Lorour) [Külb] 71, 391.
— (von Malaterra) [Külb] 71, 391.
— (von Mierse) [Külb] 71, 391.

Godefretus (von Monmouth) [Schulz] (San-Marte) 71, 392.
— (von Sanct-Pantaleon) [Külb] 71, 397.
— (von Paris) [Külb] 71, 399.
— (von Peronne) [Külb] 71, 399.
— (de Tort) [Külb] 71, 399.
— (von Trani) [Külb] 71, 400.
— (von Sanct-Victor) [Külb] 71, 400.
— (von Viterbo) [Külb] 71, 400.
— (von Winchester) [Külb] 71, 402.
— (de Winesall) [Külb] 71, 403.
Godefridi (Peter) [Külb] 71, 404.
Godefroy (Jacques) [Külb] 71, 404.
— (John) [Külb] 71, 404.
— (Pierre) [Külb] 71, 404.
— (Denis) [Heimbach] 71, 405.
— (Theodore) [Külb] 71, 405.
— (Jacques) [Külb] 71, 407.
— (Denis, Historiker) [Külb] 71, 409.
— (Denis, Rechtsgelehrter) [Külb] 71, 409.
— (Jean) [Külb] 71, 410.
— (Jean Baptiste Achille) [Külb] 71, 410. [410.
— (Jean Joseph) [Külb] 71,
Godegisel (König der Bandalen) [Brandes] 71, 411.
Godegrand oder Chrodegang (Bischof von Metz) [Külb] 71, 411.
— — (Bischof von Sees) [Külb] 71, 414.
Godehard oder Gothard, Bischof von Hildesheim) [Külb] 71, 414.
Godelbert [Külb] 71, 418.
Godeleva (Märtprerin) [Külb] 71, 418. [71, 419.
Godelebäus (Wilhelm) [Külb]
Godelheim (Theile) 71, 419.
Godelmann (Johann Georg) [Döring] 71, 419.
Godenstag [Bößgl] 71, 419.
Godesberg (Geogr.) [Bößler] 71, 421. [421.
— (Mineralquelle) [Theile] 71,
— (historisch) [v. Stramberg] 71, 421. [71, 423.
Godescalc oder Gottschalf [Külb]
Godescard (Jean Francois) [Külb] 71, 424.
Godet des Marais (Paul de) [Külb] 71, 425.
Godetia (Garcke) 71, 426.
Godfrey (Thomas) [Külb] 71, 428.
— (Sir Ormenbury) [Külb] 71, 429.
Gobi (Antonio) [Külb] 71, 430.
Godigno (Nicolao) [Külb] 71, 430.
Gobin (Guillaume Pierre de) [Külb] 71, 431.
— (Louis) [Külb] 71, 432.
— (Nicolas) [Külb] 71, 433.
— des Dronais (Jean) [Külb] 71, 434.
Godinella (Garcke) 71, 435.
Godines (Miguel) [Külb] 71, 435.

Godinho (Christovam) [Külb] 71, 435.
— (Manoel) [Külb] 71, 436.
— de Seixas (Manoel) [Külb] 71, 436.
Godinot (Deo-Gratias-Nicolas) [Külb] 71, 436.
— (Jean) [Külb] 71, 437.
Godiva (Bolsebing) 71, 438.
Godman (John D.) [Theile] 71, 438.
Godo oder Gao [Külb] 71, 438.
Godolphin (Familie) [v. Stramberg] 439.
— (John) [Külb] 71, 444.
Godomar (Brandes) 71, 444.
Godonesche (Nicolas) [Külb] 71, 444.
Godouin oder Goubouin (Jean) [Külb] 71, 445.
Godovia, s. Godoya 71, 452.
Godoy (Diego) [Külb] 71, 445.
— (Don Manuel [Döring] 71, 445.
— (Pietro v) [Külb] 71, 451.
— Juan Gil [Külb] 71, 451.
Godoya (Charles) 71, 452.
Godran (Charles) [Külb] 71, 452.
Godrid [Külb] 71, 453.
God save the king (Döring) 71, 453. [berg] 72, 1.
Godunow (Geschlecht) [v. Stramberg] 72, 22.
Godwic (Johann) [Külb] 72, 22.
Godwin (Familie) [v. Stramberg] 72, 22.
— (Franz) [Döring] 72, 31.
— (Ignaz) [Külb] 72, 31.
— (Mary) [Döring] 72, 32.
— (Thomas, Bischof von Bath) [Külb] 72, 32.
— (Thomas, Pfarrer zu Brightwell) [Döring] 72, 32.
— (Thomas, Prediger zu London) [Külb] 72, 33.
— (William) [Külb] 72, 33.
Godwig (Simplicien) [Külb] 72, 37.
Göbel (Georg) [Külb] 72, 38.
— (oder Gebel, Johann) [Külb] 72, 38. [8.
— (Johann Conrad) [Külb] 72, ring] 72, 38.
— (Johann Heinr. David) [Döring] 72, 38.
— (Johann Friedrich Erdmann) [Döring] 72, 39. [72, 39.
— (Johann Samuel) [Döring]
— (Johann Wilhelm v.) [Döring] 72, 40.
— (Karl Christian Traugott Friedemann) [Theile] 72, 40.
— (Matthias) [Külb] 72, 40.
— (Sebastian) [Külb] 72, 41.
— (Severin) [Theile] 72, 41.
Göchhausen (Ernst August Anton v.) [Döring] 72, 41.
Göckel (Christian Ludwig) [Külb] 72, 42. [42.
— (Christoph Ludwig) [Külb] 72,
— (Heinrich Laurenz) [Külb] 72, 43. [43.
— (Philipp Caspar [Külb] 72, 24*

Göckingk (Friedrich Leopold Günther v.) [Döring] 72, 43.
— (Sophie Ferdinande v.) [Döring] 72, 57.
Gockart (Johann) [Theile] 72, 57.
Goedhäus (Johann) [Döring] 72, 58. [Döring] 72, 59.
— (Johann, Enkel des Vorigen)
— (Johann, Sohn des Vor.) [Külb] 72, 59.
Göde (Christian August Gottlieb) [Döring] 72, 59.
— (Henning) [Döring] 72, 61.
Gödecke (Andreas, Theolog) [Döring] 72, 62. [72, 63.
Goes Hoop (Insel) [Höfler] 72, 63. [63.
Gödeler (Elias) [Döring] 72,
Göden (Hans Adolph) [Döring] 72, 63.
Gödens (Wedelsfeld, Geogr.) [Höfler] 72, 64.
Göderrede [Höfler] 72, 64.
Gödicke (Friedrich Wilhelm) [Döring] 72, 64.
Göding [Höfler] 72, 65.
Gödöllö [Höfler] 72, 65.
Gödtke (Isaak Gottfried) [Döring] 72, 65. [72, 66.
Gögardtsinsit(Gelubinjo)[Höfler]
Gögging [Theile] 72, 66.
Gögingen [Höfler] 72, 66.
Göba [Hermann] [Külb] 72, 66. s.eu
Göhrde [Bolbeding] 72, 66.
Göhrensche Höwt [Höfler] 72, 74.
Götumit [Siebel] 72, 74.
Göthel (Martin Christian) [Külb] 72, 74.
Götblin (Peter Christoph v.) [Döring] 72, 75.
— v. Tiefenau (Johann Gabriel Franz Bernhard) [Escher] [Döring] 72, 75.
Göler von Ravensburg, f. Ravensburg.
Göli (deutscher Minnesänger) [Döring] 72, 76.
Gölicke (Andreas Ottomar) [Theile] 72, 76. [72, 76.
Gölis (Leopold Anton) [Döring]
Göllheim oder Gellheim [Höfler] 72, 77.
Göllingen (Kloster und dessen Geschichte) [Hesse] 72, 77.
Gölnitz [Höfler] 72, 101.
Gölnitz (Abraham) [Külb] 72, 101.
Göltzsch [Höfler] 72, 102.
Gömör [Höfler] 72, 102.
Gömörer Gespanschaft [Höfler] 72, 102.
Gönner (Friedrich Gebhard Theodor) [Döring] 72, 102.
Gönningen [Höfler] 72, 107.
Goens (Rycklof van) [Külb] 72,107.
— (Rycklof Michael van) [Külb] 72, 107.

Göntgen(Jonathan Gottlieb) [Döring] 72, 108.
Göny oder Giny [Höfler] 72, 109
Göpel [Löbe] 72, 109.
— (Andreas) [Döring] 72, 109.
— (Johann Andreas) [Döring] 72, 110. [110.
Göpfert (Gottlieb) [Döring] 72,
Goepp (Jean-Jacques) [Külb] 72, 110.
Goeppertia (Garde) 72, 112.
— (Fossil) [Giebel] 72, 112.
Göppingen (Geogr.) [Höfler] 72, 113. [113.
— (Mineralwasser) [Theile] 72,
Göransson oder Göranson (Johann) [Möbius] 72, 113.
Geeratha [Kraule] 72, 113.
Görchen [Höfler] 72, 113.
Görcke (Johann) [Theile] 72,113.
Goerre, f. Goerrerede 72, 64.
— (Hugo Willem) [Külb] 72, 114.
— (Willem) [Külb] 72, 114.
— (Jan) [Külb] 72, 115.
Görenz (Johann August) [Döring] 72, 115. [72, 119.
Görgeny Szent Imre [Höfler]
Görges (Christoph Friedrich) [Döring] 72, 119. [120.
Görig (Dominicus) [Döring] 72,
Göris (Geogr.) [Höfler] 72, 121.
— (mehrere Theologen) [Külb] 72, 121.
Göritz (Karl Wilhelm Friedrich) [Löbe] 72, 121.
Görkau [Höfler] 72, 123.
Görlitz (Geogr.) [Höfler] 72,123.
— (Johann Christian) [Döring] 72, 123. [124.
Görmitz oder Görms [Höfler] 72
Görne [v. Stramberg] 72, 124.
Görres [Höfler] 72, 125.
Görres (Johann Joseph v.) [Döring] 72, 125.
— Guido [Bolbeding] 72, 144.
Görschen, f. Groß-Görschen.
Görz oder Görz (Geogr.) [Höfler] 72, 146.
— (Grafen von Friaul) [v. Stramberg] 72, 147.
Görz v. Schlitz (Familie) [v. Boyneburg-Lengsfeld] 72, 160.
— (Johann Eustach) [Döring] 72, 178.
— (Karl Friedrich Adam) [v. Boyneburg-Lengsfeld] 72, 196.
Görz (Friedrich) [Külb] 72, 198.
— (Johann Friedrich) [Theile] 72, 199.
Görzenthaler [Rößgl] 72, 199.
Görwih (Friedrich) [Döring] 72, 201.
Goes (Geogr.) [Höfler] 72, 202.
Görwih (Friedrich) [v. Stramberg] 72, 202.
— (Bento de) [Külb] 72, 203.
— (Damian de) [v. Stramberg] 72, 206.

Goes (Luiz) [Külb] 72, 207.
— (Manoel de) [Külb] 72, 207.
— (Pero de) [Külb] 72, 208.
— (Hugo von der) [Külb] 72, 209.
— (Jan Antonides van der) [Döring] 72, 211. [211.
— (Wilhelm van der) [Külb] 72, 212. [Döring] 72, 212.
Gösel (Friedrich Wilhelm) [Külb]
Göschen (Georg Joachim) [Döring] 72, 216.
— (Johann Friedrich Ludwig) [Döring] 72, 216.
Göschl (J. M.) [Döring] 72, 217.
Gösefen (Heinrich) [Külb] 72,217.
Göß (Georg Michael Ferdinand) [Döring] 72, 217. [217.
Gössel (Karl Adolf) [Döring] 72,
Gößnih [Höfler] 72, 218.
Gößweinstein [Stenglein] 72,218.
Göta-Elf [Höfler] 72, 219.
Göta-Kanal [Höfler] 72, 219.
Göteborg [Höfler] 72, 219.
Goettecris (Antoni) [Külb] 72, 220.
Goethals (Heinrich); G. (Heinrich); G. (Arnold); G. (Franz); G. (Philipp); G. (Lävin); G. (Franz); G. (Jost); G. (Fesir-Victor) [Külb] 72, 220—222.
Goethals Bercelusse (Jacob) [Bolbeding] 72, 223.
Goethe (Johann Wolfgang v.) [Marggraff] 72, 298.
Goethea (Garde) 72, 367
Goethit [Giebel] 72, 376.
Götsch (Karl) [Külb] 72, 376.
— (Andreas) [Külb] 72, 376.
Götschel (Johann Christoph Friedrich) [Döring] 72, 376.
Götse (Christian Andreas) [Döring] 72, 377.
Götten (Gabriel Wilhelm) [Döring] 72, 377.
— (Heinrich Ludwig) [Külb] 72,
— (Jacob) [Külb] 72, 378. [77.
Götterbilder und Göttertempel der Germanen [Raßmann] 72, 378. [416.
Götterdämmerung [Raßmann] 72,
Göttermutter (deutsche) [Raßmann] 72, 423.
Göttingen [Höfler] 72, 424.
Göttinger Dichterbund [Döring] 72, 425.
Göttling (Johann Friedrich August) [Döring] 72, 437.
Göttner (Franz Xaver) [Külb] 72, 438.
Göttsche (Adolf Christian) [Döring] 72, 439.
Göttweih, Göttweig oder Göttwich [Höfler] 72, 439.
Götz (Grafen v.) [v. Stramberg] 72, 439.
— (von Berlichingen, f. Berlichingen 9, 147. [446.
— (Franz Ignaz) [Theile] 72,
— (Friedrich Christian) [Döring] 72, 446.

Götz (Georg Friedrich) [Döring] 72, 446.
— (Jacob Albrecht Roderich [Döring] 72, 448. [72, 448.
— (Johann Christoph) [Döring]
— (Johann Nicolae) [Döring] 72, 448.
— (Joseph) [Külb] 72, 454. [449.
— (Karl) [Külb] 72, 454.
— (Zacharias) [Külb] 72, 454.
Götze (der) Götzenbild (das), Götzendienst, Götzentempel, Götzenhaus [Hasemann] 73, 1.
Götze (Friedrich Leberecht) [Külb] 73, 9. [73, 9.
— (Friedrich Wilhelm) [Döring]
— (Georg) [Külb] 73, 10.
— (Georg Heinrich) [Külb] 73,10.
— (Gottfried Christian) [Külb] 73, 12. [73, 13.
— (Gottfried Christian) [Külb]
— (Johann Christian) [Döring] 73, 13. [73, 13.
— (Johann Christoph) [Döring] 73, 13.
Götzeus [Garde] 73, 13.
Götzen (Friedrich Wilhelm Graf v.) [Döring] 73, 14.
— (Friedrich Wilhelm Graf v.) [Döring] 73, 14.
— (Johann Graf v.), f. Götz (Grafen v.) 72, 439.
Götzenberger (Franz Borgia) [Külb] 73, 14.
Götzin (Maria Magdalena) [Döring] 73, 15.
Götzinger (Johann Karl) [Döring] 73, 15. [15.
— (Max Wilhelm) [Külb] 73,
— (Wilhelm Leberecht) [Döring] 73, 16.
Goemanie oder Goyas (die) [Höfler] 73, 16.
Göz (Johann Adam) [Döring] 73, 16.
Goes (Joseph Franz, Freih. v.) [Döring] 73, 17.
— (Johann August Ephraim) [Giebel] 73, 18. [73, 18.
— (Johann Melchior) [Döring]
Goezmann (Louis Valentin) [Külb] 73, 44.
Goffard (Anton) [Külb] 73, 44.
Goffaux (François Joseph) [Bolbeding] 73, 44. [45.
Goffe (Johann) [Bolbeding] 73,
— (Thomas, dramat. Dichter) [Bolbeding] 73, 46.
— (Thomas, Theolog.) [Bolbeding] 73, 46.
— (William) [Bolbeding] 73, 46.
Goffin (Hubert) [Külb] 73, 47.
Goffine (Leonhard) [Külb] 73, 48.
Gofridi (Louis) [Bolbeding] 73,
Gog [Haarbrücker] 73, 50. [49.
Gogane [Kraule] 73, 50.
Gogarene [Kraule] 73, 50
Gogari [Kraule] 73, 50.
Gogava oder Gogavinus (Anton Hermann) [Külb] 73, 50.
Gogel (Isaak Jan Alexander) [Külb] 73, 51.
Gogericht, Gograf, f. Gau 54, 405.

Geggra oder Gogra, s. Ganges 53, 341.
Gegiarei [Kranse] 73, 52.
Gegmagog-Hills [Hößler] 73, 52.
Gogol (Nicolai Wassiljewicz) [Wolbeding] 73, 52.
Gogué (Jean Baptiste) [Wolbeding] 73, 54.
Goguelat (François de) [Wolbeding] 73, 55.
Goquet (Antoine Yves) [Döring] 73, 59.
— (N.) [Külb] 73, 60.
Gohard (Pierre) [Külb] 73, 60.
Gohata oder Kobata (die) [Hößler 73, 60. [bching] 73, 61.
Gohseld (Treffen daselbst) [Wolbeding]
Gohier (Jean Baptiste) [Wolbeding] 73, 62. [63.
— (Louis Jérôme) [Döring] 73, Gohl (Johann Daniel) [Theile] 73, 63.
Gohlis [Wolbeding] 73, 63.
Gohoria [Garde] 73, 65. [65.
Gohory (Jacques) [Theile] 73, Gohren (Adolf Wilhelm v.) [Wolbeding] 73, 65. [73, 66.
Goiaricus oder Gojarich [Külb]
Goja, s. Goya 76, 379.
Goibaud du Bois oder Dubois de la Cour (Philippe) [Külb] 73, 66. [bding] 73, 67.
Goisson (Jean Baptiste) [Wol-
— (Joseph) [Wolbeding] 73, 67.
— (Prof. der Thierarzneikunde) [Wolbeding] 73, 67.
Goigourt (Jean Daniel) [Wolbeding] 73, 67.
Gojim [Haarbrücker 73, 68.
Gois (Etienne Pierre Adrienne) [Wolbeding] 73, 68.
— (Edme Etienne François) [Wolbeding] 73, 69.
Goiske (Johann Philipp Kneysin-Rosenland) [Wolbeding] 73, 69.
Goito [Wolbeding] 73, 69.
Gottschal [Hößler] 73, 70.
Golan [Haarbrücker] 73, 72.
Golbéry (Marie Philipp Aimé de) [Wolbeding] 73, 73.
— (Sylvain Meinrad Xavier de) [Wolbeding] 73, 74.
Gold [Reinwarth] 73, 75.
— (Med.) [Theile] 73, 201.
Goldader, Goldaderkuß, Goldaderknoten s. Hämorrhoiden.
Goldalter [Raßmann] 73, 202.
Goldammer, s. Emberiza 34, 22.
Goldap [Hößler] 73, 203.
Goldarbeiten, s. Gold 73, 183.
Goldast von Haiminsfeld (Melchior) [Sichel] 73, 203.
Goldau [Hößler] 73, 208.
Goldbach (Mineralquelle) [Theile] 73, 209.
Goldbachia [Garde] 73, 210.
— torulosa [Zbbe] 73, 210.
Goldbed (Andreas) [Külb] 73,210.
— (Johann Christian) [Theile] 73, 211.

Goldberg (in Medlenburg) [Hößler] 73, 211.
— (Mineralquelle) [Theile] 73, 211. [211.
— (in Schlesien) [Hößler] 73,
— (Schlacht bei) [Bär] 73, 211.
Goldberger'sche Ketten [Theile] 73, 225.
Goldblech [Reinwarth] 73, 225.
Goldbrasse [Giebel] 73, 225.
Goldcronach [Hößler] 73, 225.
Goldbraht, s. Gold 73, 174. 183.
Goldemar [Raßmann] 73, 226.
Goldene Aue (die) [Hößler] 73, 226.
Goldene Bulle [Brandes] 73, 226.
Goldene Gesellschaft [Wolbeding] 73, 236.
— (Horde), s. Mongolen.
— (güldene) Rose [Wolbeding] 73, 236.
— (Sonntage) [Bößgk] 73, 237.
— Goldenstein (der) [Döring] 73, 237.
Goldener Adlerorden [Bößgk] 73, 237.
— Hirschorden [Bößgk] 73, 238.
— Ringorden [Bößgk] 73, 238.
— Sporn [Wolbeding] 73, 240.
Goldenes Buch [Wolbeding] 73, 240. [241.
Goldenes Kalb [Wolbeding] 73,
— Bließ, s. Chrysomallos 17,163;
Argonautenfahrt 5, 219; Jason. [241.
— Bließ (Orden) [Wolbeding] 73, Zeitalter, s. Zeitalter.
Goldenstein [Hößler] 73, 245.
Goldentraum [Hößler] 73, 245.
Goldfasan [Giebel] 73, 245.
Goldferch [Raßmann] 73, 245.
Goldfisch, s. Goldkarpfen 73,277.
Goldfliege [Giebel] 73, 245.
Goldfuß (Georg August) [Sichel] 73, 245.
Goldfussia [Garde] 73, 245.
Goldgelb, Goldmünze [Reinwarth] 73, 249.
Goldglätte [Theile] 73, 273.
Goldhagen (Eustachius Moriy) [Döring] 73, 273.
— (Hermann) [Döring] 73, 274.
— (Johann Eustachius) [Döring] 73, 274. [Döring] 73, 275.
— (Johann Friedrich Gottlieb)
Goldhähnchen [Giebel] 73, 275.
Goldhirsch, s. Sonnenhirch.
Golding (Arthur) [Wolbeding] 73, 276.
Goldingen [Hößler] 73, 277.
Goldinger Thal (das) [Wolbeding] 73, 277.
Goldin [Giebel] 73, 277.
Goldkarpfen oder Goldfisch [Giebel] 73, 277.
Goldkrone [Bößgk] 73, 277.
Goldküste [Hößler] 73, 277.
Goldlad, s. Cheiranthus Cheiri 16, 234.
Goldlauter [Hößler] 73, 280.
Goldmacherkunst, Goldmacherei,

Goldmachen [Reinwarth] 73, 280.
Goldmaulwurf [Giebel] 73, 286.
Goldmayer (Franz Johann Kaspar) [Wolbeding] 73, 287.
Goldmayr (Andreas) [Wolbeding] 73, 287.
Goldmünzen, s. Goldgelb 73,249.
Goldner (Georg Ludwig) [Külb] 73, 288.
Goldnessel [Garde] 73, 288.
Goldoni (Carlo) [Döring] 73,288.
Goldprobe [Loth] 73, 315.
Goldpurpur [Loth] 73, 316.
Goldregen, s. Cytisus Laburnum 20, 439.
Goldruthe (Med.) [Theile] 73,316.
Goldsäure [Reinwarth] 73, 316.
Goldschaum [Reinwarth] 73, 316.
Goldscheidung [Loth] 73, 317.
Goldschist [Hößler] 73, 318.
Goldschlägerei, s. Gold 73,181 fg.
Goldschlägerkunst [Loth] 73, 318.
Goldschmidt (Johann Baptist, früher Heymann Joseph) [Theile] 73, 318.
— (Karl Wolfgang Benjamin) [Wolbeding] 73, 318.
Goldseifen, s. Gold 73, 169.
Goldsilber (Electrum) [Reinwarth] 73, 319.
Goldsmith (Lewis) [Wolbeding] 73, 319.
— (Oliver) [Döring] 73, 320.
Goldstein (Auguste Freiin d.) [Külb] 73, 330.
Goldstern [Garde] 73, 331.
Goldtinctur oder Goldelixir [Theile] 73, 331.
Goldwespen, s. Chrysis 17, 161.
Goldwiß (Sebastian) [Stengelein] 73, 331.
Goldwitzer (Franz Wenzeslaus) [Stengelein] 73, 332.
Gole (Jacob) [Külb] 73, 333.
Golega [Hößler] 73, 333.
Golein [Külb] 73, 333.
Golet-Boghaz [Hößler] 73, 334.
Gotteon de la Grave [Hößler] 73, 334.
Goletti oder Golletti (Antonius) [Wolbeding] 73, 334.
Golfe du Lion [Hößler] 73, 334.
Golfete-de-Coro [Hößler] 73,334.
Golfstrom [Hößler] 73, 334.
Golgasbrud, Golgasfabrikation [Surret] 73, 336.
Golgoi [Kranse] 73, 337.
Golgotha [Haarbrücker] 73, 338.
Goliath [Haarbrücker] 73. 338.
Goliathus [Giebel] 73, 339.
Golitof (Iwan Iwanowitsch) [Wolbeding] 73, 340.
Golius (Jacob) [Döring] 73, 341.
— (Peter) [Wolbeding] 73, 341.
— (Theophilus) [Külb] 73, 342.
Gollonda [Hößler] 73, 342.
Gollenberg [Hößler] 73, 343.

Gollenhofer (Josephine) [Döring] 73, 343. [343.
Goller (Martin) [Döring] 73, Golling (Geogr.) [Hößler] 73, 344.
— (Georg Christoph) [Külb] 73, 344. [73, 344.
— (Johann Wilhelm) [Döring] Gollmid (Friedrich Karl) [Döring] 73, 344.
Gollnow [Hößler] 73, 345.
Gollowin (Familie) [v. Stramberg] 73, 345.
Gollup [Hößler] 73, 346. [346.
Golf (Louis) [Wolbeding] 73, Golo [Hößler] 73, 346.
Golobacz oder Golubacz [Hößler] 73, 346.
Goloe [Kranse] 73, 346.
Golofa [Giebel] 73, 347. [347.
Golot (Johann) [Wolbeding] 73, Golowin (Familie); G. (Iwan Stephanowitsch); G. (Semen Wasiljewitsch); G. (Artaman Michailowitsch); G. (Iwan Michailowitsch); G. (Fedor Alexiewitsch); G. (Alexei Alexiewitsch); G. (Nikolas Fedorowitsch); G. (Michael); G. (Eugen Alexandrowitsch); G. (Iwan) [Wolbeding] 73, 348—350.
Golowkine (Familie) [v. Stramberg] 73, 350.
Golownin (Wassli Michailowitsch) [Wolbeding] 73, 350.
Golscher [Külb] 73, 355.
Golsffen [Hößler] 73, 356.
Golstein (Grafen von) [v. Stramberg] 73, 356.
— (Friedrich Anton Maria, Graf von) [Külb] 73, 358.
Golz (Freiherren und Grafen) [Wolbeding] 73, 358.
— (Georg Friedrich Gottlob) [Döring] 73, 360.
— oder Goltzius (Künstlerfamilie) (Unger) 73, 361. [366.
Golvenus (Bischof) [Külb] 73, Gomadeorum Insulae [Kranse] 73, 366. [366.
Gomara (Geogr.) [Kranse] 73, Gomara oder Gomaria [Garde] 73, 366.
Gomarus (Franz) und die Gomaristen [Hasemann] 73, 367.
Gomatrub [Külb] 73, 369.
Gombauld (Jean Ogier de) [Döring] 73, 370. [73, 371.
Gombert (Nicolaus) [Wolbeding]
— (Thomas François Joseph) [Wolbeding] 73, 371.
Gomberville (Marie le Roi de) [Wolbeding] 73, 371.
Gombes [Kranse] 73, 371.
Gombron [Hößler] 73, 371.
Gomenbradi oder Dromenbrari (José de) [Külb] 73, 372.
Gomeniha [Hößler] 73, 372.
Gomer [Haarbrücker] 73, 372.

Goscelin [Külb] 75, 3. [75, 5.
Gosch (Josias Ludwig) [Döring]
Goschütz [Hößler] 75, 5.
Gosciecki (Franz) [Külb] 75, 6.
Gosed (Geogr. u. Gesch. [Döring] 75, 6.
Gosela [Garde] 75, 10.
Goselini (Giuliano) [Külb] 75, 11.
Gosen (Haarbrücker) 75, 12.
Gosia (Martinus) [Külb] 75, 13.
Goslar [Hößler] 75, 14. [15.
Goslarisches Recht [Heimbach] 75,
Goslawski oder Goslavius (Adam
v. Bebelus) [Külb] 75, 17.
Goslicki oder Goslicius (Lau-
rentius Grimalius) [Külb] 75,
18.
Goslin (Prälat und Staatsmann)
[Külb] 75, 18. [75, 119.
— (Bischof von Bourges (Külb)
Gospich [Hößler] 75, 20.
Gosport [Döring] 75, 20.
Gossampinus [Garde] 75, 20.
Gosse (Etienne) [Külb] 75, 20.
— Georges Alexandre) [Külb]
75, 22.
— (Henri Albert) [Theile] 75, 22.
Gossec (François Joseph) [Dö-
ring] 75, 23. [75, 23.
Gosselies (Hößler) 75, 24.
Gosselin (Anton) [Döring] 75' 24.
— (Charles Robert) [Külb] 75, 24.
— (Guillaume) [Külb] 75, 24.
— (Jean) [Külb] 75, 25.
— (Julian), s. Goselini (Giuli-
ano) 75, 11.
Gosselin (Pascal François Jo-
seph) [Döring] 75, 25.
Gosselman (Karl August) [Külb]
75, 26.
Gossenprot oder Gossenbrot
(Sigismund) [Külb] 75, 26.
Gosset (Sieur) [Külb] 75, 27.
Gossin (Pierre François) [Külb]
75, 27. [28.
Gossler (Christoph) [Döring] 75,
Gossmann (Johanna Constantia)
[Döring] 75, 29.
Gosson (Nicolas) [Külb] 75, 29.
— (Stephen) [Külb] 75, 29.
Gossuin oder Gossouin [Külb]
75, 30.
Gossuin (Constant Joseph César
Eugène) [Külb] 75, 30.
— (Louis Marie Joseph) [Külb]
75, 31. [73, 429.
Gossypianthus, s. Gomphreneen
Gossypium [Garde] 75, 32.
Gostiwit [Brandes] 75, 33.
Gostunus [Külb] 75, 34.
Gostner (Joseph) [Külb] 75, 34.
Goswin (zwei Mönche des 12.
Jahrh.) [Külb] 75, 35.
— (Antou) [Külb] 75, 35.
— (Karl) [Külb] 75, 35.
Gotama, s. Indien (S. 199 fg.
u. 262).
Gotarzes (parthischer König)
[Gutschmid] 75, 36.

Gotelinde [Raßmann] 75, 63.
Goter oder Gother (John) [Külb]
75, 63. [92.
Goth (neap. Familie) [Hopf] 75,
Gotha (Fürstenthum) [Hößler]
75, 63.
— (Stadt) [Hößler] 75, 64.
— (Herzogth. Sachsen-Coburg-
G.) [Heimbach] 75, 65.
Gothalm [Külb] 75, 98.
Gotham [Hößler] 75, 98.
Gothen (Wessel) 75, 98.
Gothik, Gothischer Stil [Unger]
75, 242. [243.
Gothische Baukunst [Unger] 75,
Gothische Bildkunst [Unger] 75,
287.
Gothische Sprache und Literatur
[Raßmann] 75, 294.
Gothisches Recht [Heimbach] 75,
348.
Gothland (schweb. Prov.) [Höß-
ler] 75, 393.
— (schweb. Insel; auch Gott-
land) [Döring] 75, 393.
Gothini [Krause] 75, 393.
Gothofreda, s. Oxypetalum.
Gothofredus, s. Godefroy, 71,
405 fg. [75, 394.
Gothus (Andreas Jona) [Külb]
— (Jonas Petri) [Külb] 75,394.
— (Matthäus) [Döring 75,394.
Goti [Marcaurelio] [Külb] 75,
Gotke [Hößler] 75, 394. [394.
Gotoinslin [Hößler] 75, 394.
Gott (Marc Anton) [Döring]
75, 394.
Gott [Weiße] 75, 395.
Gott (Johann v.), f. Barmher-
zige Brüder 7, 402 fg.
Gottähnlichkeit (die), gottähnlich
[Hasemann] 76, 1.
Gott Amur [Döring] 76, 1.
Gotter (Friedrich Gottseb) [Külb]
76, 6. [76, 6.
— (Friedrich Wilhelm) [Döring]
— (Gustav Adolf, Graf v.) [Dö-
ring] 76, 25.
Gottesanbeterin (Siebel) 76, 27.
Gottesberg [Hößler] 76, 27.
Gottesdienst [Heimbach] 76, 27.
Gottesfreundthafen [Wölßl] 76,46.
Gottesfrieden [Brandes] 76, 47.
Gottesfurcht (die), gottesfürchtig
[Hasemann] 76, 55.
Gottesgab [Hößler] 76, 57.
Gottesgericht, f. Ordalien.
Gottesgnaden, von, f. Gnade.
Gottesbausleute (Eicher) 76, 57.
Gottesheim (Friedrich Heinrich,
Freih. v.) [Külb] 76, 59.
Gotteskasten (der), Gotteskaste
(die) [Hasemann] 76, 60.
Gotteslästerung [Heimbach] 76,
60.
Gottesleugner, Gottesleugnung
[Hasemann] 76, 64.
Gottesurtheil, f. Ordalien.
Gottfried (Herzog der Alamannen)
[Brandes] 76, 67.

Gottfried I.—VI. (Grafen v. Anjou) [Brandes] 76, 67.
— I. (Herzog von Bretagne)
[Brandes] 76, 69.
— II. (Herzog von Bretagne)
[Brandes] 76, 70.
— II. (III.) (Herzog von Bretagne) [Brandes] 76, 70.
— IX. (Herzog von Lothringen) [Brandes] 76, 73.
— I. u. II. (von Niederelsaß)
[Brandes] 76, 76. [119.
— von Bouillon, f. Bouillon 12,
— von Duisson oder Dunjon
[Brandes] 76, 76.
— von Hagenau [Döring] 76, 77.
— von Hohenloß [Döring] 76,
77. [77.
— von Hohenlohe [Brandes] 76,
— von Langres) [Külb] 76, 77.
Gottfried (Bischof von Langres) [Külb]
76, 77.
— von Risen [Döring] 76, 78.
— von Rheims [Külb] 76, 79.
— von Stablo [Külb] 76, 79.
— von Straßburg [Döring] 76,
94. [76, 94.
— (Gesche Margarethe) [Döring]
— (Hildebrand) [Külb] 76, 103.
— oder Gaufridi (Jacques de)
[Külb] 76, 108. [104.
— (Johann Adam) [Döring] 76,
— (Stephan Franz) [Döring]
76, 105.
Gotthard (der Heilige), f. Gode-
hard von Hildesheim 71, 414.
— (St., Geogr.) [Külb] 76,
105. [76, 106.
— (Johann Christian) [Döring]
— (Joseph Friedrich) [Döring]
76, 106.
Gotthold, f. Gottwald 76, 250.
Gotti (Baccio; Carlo und Cosmo)
[Külb] 76, 108.
— (Vincenzio) [Külb] 76, 108.
— (Vincenzo Luigi) [Külb] 76,
108. [76, 110.
Gottifredi (Alessandro) [Külb]
Gottignies (Gilles François de)
[Külb] 76, 111.
Gottleber (Johann Christoph)
[Döring] 76, 112.
Gottleube oder Gottleuba (Höß-
ler] 76, 112.
Gottlieb (Anna) [Külb] 76, 112.
Gottlieben [Hößler] 76, 113.
Gottlos, Gottlosigkeit [Hasemann]
76, 113.
Gottmensch [Hasemann] 76, 114.
Gottorf oder Gottorp [Hößler]
76, 154.
Gottorp oder Gottorf (v. Stram-
berg) 76, 154. [76, 164.
Gottschald (Johann Georg) [Külb]
— (Kaspar Friedrich) [Döring]
76, 164. [ring] 76, 171.
Gottschaldt (Johann Jacob) [Dö-
Gottschalg (Johann Gottlieb)
[Döring] 76, 172.
Gottschalk (der Wendenfürst)
[Hasemann] 76, 172.

Gottschall (der Mönch und Prä-
destinatianer) [Hasemann] 76,
174.
— (Karl August) [Döring] 76,
181. [182.
Gottscheb (Johann) [Döring] 76,
— (Johann Christoph) [Döring]
76, 182.
— (Louise Adelgunde Victorie)
[Döring] 76, 219.
Gottscher [Külb] 76, 245.
Gottscher (Martin) [Külb] 76,
245. [247'
Gottschkiw (Karl) [Döring] 76'
Gottschling (Kaspar) [Külb] 76,
247. [249.
— (Paul Rudolph) [Döring] 76,
Gottselig, Gottseligkeit [Hasemann]
76, 250.
Gottwald (Godeboldus, Bischof
von Meißen) [Brandes] 76,250.
— (Bischof von Utrecht) [Bran-
des] 76, 251.
— (Graf von Henneberg) [Bran-
des] 76, 251.
— (Christoph) [Theile] 76, 251.
Gottowetz (Johann Ernst) [Dö-
ring] 76, 251.
Gouache, Gouachemalerei [Dö-
ring] 76, 257.
Gouan (Antoine) [Theile] 76,257.
Gouania, f. Gouanieen 76, 258.
Gouanieen [Garde] 76, 258.
Gouaj (Yves Maria le) [Döring]
76, 260. [76, 260.
Goubelly (Claude André) [Theile]
Gouda oder Ter-Goum. (Geogr.)
[Hößler] 76, 260.
— (Cornelius van) [Külb]76,260.
— (Jan van) [Külb] 76, 261.
Goudar (Ange) [Külb] 76, 261.
Goubelin (Pierre) [Külb] 76, 263.
Goubimel (Claude) [Külb] 76,266.
Goubin (Antoine) [Külb] 76, 267.
— (Matthieu Bernard) [Külb]
76, 267. [ring] 76, 268.
Goudt (Heinrich, Graf v.) [Dö-
Goue (August Friedrich v.) [Dö-
ring] 76, 268.
Gouet oder Goet [Hößler] 76, 269.
Gouet (Louis Léger be) [Theile]
76, 269.
— von (Louis Léger be) [Theile]
76, 269. [Külb] 76, 269.
Gouffé de Beauregard (Armand)
Gouféia [Garde] 76, 271.
Gouffier (v. Stramberg) 76, 272.
Gouge (Jean) [Külb] 76, 280.
— (William) [Külb] 76, 280.
— (Thomas) [Külb] 76, 280.
— de Cessières (François Etienne)
[Külb] 76, 281.
— de Charpaignes (Martin)
[Külb] 76, 282.
Gougenot (franz. Theaterdichter)
[Külb] 76, 283. [
— (Louis) [Külb] 76, 283.
Gouges (Marie Olympe be) [Dö-
ring] 76, 283.
Gough (Richard) [Külb] 76, 284.

Greban oder Gresban (Arnoul und Simon) [Külb] 88, 455.
Grebby (Robert) [Külb] 88, 457.
Grebel (Conrad) [Külb] 88, 457.
— (Moritz Wilhelm) [Külb] 88, 458.
Grebenitz (Elias) [Külb] 88, 458.
Grebenstein (Geogr. u. Gesch.) [Naßmann] 88, 459.
Greber (Conrad) [Külb] 88, 459.
— (Jacob) [Külb] 88, 460.
Grebner oder Gräbner (David v.) [Külb] 88, 460.
— (Jel. C. v.) [Külb] 88, 461.
— (Paul) [Külb] 88, 461.
— (Thomas und Leonard) [Külb] 88, 462.
Grebo (Negerstamm), s. Kru.
Greca (Antonio la; Felix und Vincenzo) [Külb] 88, 463.
Grecchi (Marcantonio)[Külb] 88, 463.
Greco (Gaetano) [Külb] 88, 463.
— (Gennaro, und mehrere andere Künstler dieses Namens) [Külb] 88, 464.
— (Gioachino und Benjamino) [Külb] 88, 464.
Grécourt (Jean-Baptiste-Joseph Willart de) [Külb] 88, 465.
Greding (Johann Ernst, Theolog) [Külb] 88, 468.
— (Johann Ernst und Karl Wilhelm, Aerzte) [Külb] 88, 468. [mund] [Külb] 89, 1.
Green (August Friedrich Siegmund) [Külb] 89, 1.
— (Georg, Rechtsgelehrter) [Külb] 89, 1.
— (Georg Sigismund, Theolog) [Külb] 89, 2. [Külb] 89, 2.
— (Georg Sigismund, Philolog) [Külb] 89, 2.
— (Georg, Naturforscher) [Külb] 89, 3.
— (John, Prälat) [Külb] 89, 3.
— (Matthew, Dichter) [Külb] 89, 4. [ter] [Külb] 89, 4.
— oder Greene (Robert, Dichter) [Külb] 89, 4.
— (Samuel; Orgelbauer) [Külb] 89, 7. [7.
— (Thomas, Literat) [Külb] 89, 7.
— (Valentin; Benjamin und John, Kupferstecher) [Külb] 89, 8.
Greenbau (Delitsch) 89, 9.
Greene oder Green (amer. General) [Külb] 89, 9.
— (Edward Burnaby, Dichter) [Külb] 89, 11. [89, 11.
— (Maurice, Componist) [Külb] 89, 12.
— (Thomas, zwei Theologen) [Külb] 89, 12. [12.
Greenham (Richard) [Külb] 89, 12.
Greenhill (John und William) [Külb] 89, 12.
Greenia (Garde) 89, 13.
Greenleaf (Simon) [Külb] 89, 13.
Greenock (Delitsch) 89, 14.
Greenockit (Reinwarth) 89' 15.
Greenough (George Bellas, Geolog) [Külb] 89, 15.

Greenough (Horatio, Bildhauer) [Külb] 89, 15.
Greenovia (Garde) 89, 16.
Greenville (Sir Richard) [Külb] 89, 16.
— (Sir Bevil) [Külb] 89, 19.
— (Denis und Sir John) [Külb] 89, 20.
Greenways (Garde) 89, 20.
Greenwich (Delitsch) 89, 20.
Greenwood (John; William; Cornelis und James) [Külb] 89, 22. [Külb] 89, 22.
Greeve oder Greve (Egbert Jan)
Greff (Hieronymus) [Külb] 89, 23.
— (Joachim) [Külb] 89, 24.
— (Joseph) [Külb] 89, 25.
Greffchens, auch Gresgin und Grisgin (Hermann) [Külb] 89, 26. [89, 26.
Greffeville (Charles de) [Külb]
Greffulhe (Graf von) [Külb] 89, 26. [teilles) [Külb] 89, 26.
Grefin (Arsagart, Herr v. Courefinger oder Gräfinger (Johann Wolfgang) [Külb] 89, 27.
Greslinger oder Gressinger (Georg) [Külb] 89, 27. [89,29.
Gregel (Johann Philipp v.) [Külb]
Gregentius (Erzbischof von Taphar in Arabien) [Külb] 89,29.
Greggia (Garcke) 89, 31.
Grego (Marino) [Külb] 89, 31.
Gregoire (Henri) [Külb] 89, 31.
— (Pierre) [Külb] 89, 60.
Gregor, römische Päpste:
Gregor I. oder der Große (Dähne) 89, 61.
— II.—IX. [Külb] 89, 103—195.
— IX. und dessen Decretalensammlung (Heimbach) 89, 215.
— X. [Hasemann] 89, 227.
— XI.—XVI. [Hasemann] 89, 234—283.
Gregor (Christian, Componist) [Külb] 89, 324. [324.
— (William, Geolog) [Külb] 89,
Gregoras (Nicephorus, byzant. Geschichtschreiber) [Külb] 89, 324.
Gregori oder Gregorio (Carlo; Ferdinand und Antonio) [Külb] 89, 329.
— (Giovanni Lorenzo, ital. Componist); G. (teutscher Componist) [Külb] 89, 329.
Gregori (Giuseppe Antonio de') [Külb] 89, 330. [89, 330.
— (Carlo Emanoele de') [Külb]
— (Giovanni Dominico de') [Külb] 89, 331. [89, 331.
— (Giovanni Gaspare de') [Külb] 89, 332. [332.
— (Giovanni Carlo) [Külb] 89,
Gregoria (Heilige) [Külb] 89,334.
Gregoria (Pflanzengattung) [Garde] 89, 334. [335.
Gregoriancius (Paul) [Külb] 89,

Gregorianischer Gesang [Hasemann] 89, 335.
— Kalender, s. Kalender 14,121.
Gregorianus (röm. Rechtsgelehrter)[Külb] 89, 338. [89, 339.
Gregorianus Codex [Heimbach]
Gregorii (Friedrich Quirin und Jsaak) [Külb] 89, 391.
— (Johann Gottfried) [Külb] 89, 392.
Gregorio (ein unbekannter Maler); G. (Giovanni bi', Maler) [Külb] 89, 392. [89, 393.
— (Annibale, Componist) [Külb]
— (Cipriano bi, Francisco de Santo; Modesto bi Santo; Pietro bi S.; Stephano bi Santo, Mönche) [Külb] 89, 393. [Külb] 89, 394.
— (Maurizio, ital. Theolog)
— (Rosario, ital. Archäolog) [Külb] 89, 394.
Gregorius, Fürsten und Feldherren:
Gregorius (ein aus Griechenland stammender Soldat, später Heiliger) [Külb] 89, 395.
— (Statthalter von Afrika unter dem byzant. Kaiser Constans II.) [Külb] 89, 396.
— (Prätendent unter der Regierung des byzant. Kaisers Leo III.) [Külb] 89, 397.
— (König von Schottland) [Külb] 89, 397.
Gregorius, Patriarchen von Constantinopel:
Gregorius I. (der Nazianzener) [Külb] 89, 398.
— II. (Georgios [Külb] 89,401.
— III. (Mammas) [Külb] 89, 402.
— IV. [Külb] 89, 405.
— (Patriarch der griech. Kirche des Orients) [Külb] 89, 403.
Gregorius, Patriarchen von Armenien:
Gregorius I. (der Erleuchter) [Külb] 89, 408.
— II. (Agajafer) [Külb] 89,413.
— III. (der Pahlavunier oder Pehlwier) [Külb] 89, 415.
— IV. (Decha) [Külb] 89, 416.
— V. (Manugh ober Kahavej) [Külb] 89, 418.
— VI. (Abirab) [Külb] 89, 418.
— VII. (Anavarzetsi) [Külb] 89, 418.
— VIII. (Khandzighab) [Külb] 89, 419. [89, 419.
— IX. (Musapeschiantd) [Külb]
— X. (Ragewori) [Külb] 89, 419. [89, 419.
— XI. (Ratim) [Külb]
— XII. [Külb] 89, 420.
— XIII. [Külb] 89, 420.
Gregorius (mehrere weniger bekannte g. ch. Schriftsteller) [Külb] 89, 420.

Gregorius (griech. Schriftsteller über Thierarzneikunde) [Külb] 89, 421. [Külb] 89, 421.
— oder Georgius (Aneponymos)
— (Thaumaturgos) [Külb] 89, 422.
— (von Nazianz) [Külb] 89, 429.
— (Bischof von Nyssa) [Külb] 89, 447.
— (aus Kappadocien, Presbyter) [Külb] 89, 464.
— (der Märtyrer) [Külb] 89,465.
— (von Antiochien) [Külb] 89, 468.
— (von Cäsarea) [Külb] 89,470.
— (Asbestos, Bischof von Syrafana) [Külb] 89, 471.
— (Ceramens, griech. Bischof) [Külb] 89, 472.
— (von Afrika) [Külb] 89, 473.
— (der Asket) [Külb] 89, 473.
— (Pako) [Külb] 89, 474.
— (der Bulgar) [Külb] 89, 474.
— (von Korinth) [Külb] 89, 474.
— (Erzbischof von Thessalonich) [Külb] 89, 476.
— Acindynus [Külb] 89, 476.
— (der Mamigonier) [Külb] 90, 1.
— (Bischof der Proving der Archarunier) [Külb] 90, 1.
— (Diakon in dem Kloster Atom) [Külb] 90, 1.
— (Bischof in Kleinarmenien, dann Einsiedler in Frankreich) [Külb] 90, 2.
— (von Nareg ober Naregatsi) [Külb] 90, 3.
— (Magistros, armen. Fürst und Schriftsteller) [Külb] 90, 4.
— (der Sgewrbier) [Külb] 90, 5.
— (Sohn des Dser) [Külb] 90, 6.
— (von Baiburt) [Külb] 90, 6.
— (Märtyrer des 4. Jahrh.) [Külb] 90, 6.
— (Bischof von Lithbäum) [Külb] 90, 7.
— (auf dem Stein) [Külb] 90, 7.
— (Bischof von Illiberis) [Külb] 90, 9. [90, 11.
— (Bischof in Afrika) [Külb]
— (Bischof von Agrigent) [Külb] 90, 11. [90, 13.
— (Bischof von Langres) [Külb]
— (von Tours, der Geschichtschreiber) [Külb] 90, 15.
— (Schüler des heil. Bonifacius) [Külb] 90, 29.
— (Abt der Maria-Einsiedeln) [Külb] 90, 32. [90, 32.
— (Bischof von Ostia) [Külb]
— (Bischof von Sinuessa) [Külb] 90, 33.
— (von Satina) [Külb] 90, 33.
— (Cardinal und Bischof von Sabina) [Külb] 90, 35.
— (Bischof von Terracina) [Külb] 90, 35.
— (Gegenpapst des Papstes Calixtus II.) [Külb] 90, 36.

Guarauara oder Quarnara [Bentheim] 96, 8. [beim] 96, 8.
Guaraunos oder Warrau [Bentheim]
Guaraqos oder Guarajuz [Bentheim] 96, 12.
Guaraz oder Huaraz (peruan. Prov.) [Bentheim] 96, 13.
Guarbalui (Vorgeb.) [Bentheim] 96, 14. [96, 14.
Guarbein (Warbein) [Reinwarth]
Guarbi (Francesco) [Wessely] 96, 14.
Guarbia [Bentheim] 96, 14.
Guarbiagrele [Bentheim] 96, 14.
Guardian [Reinwarth] 96, 14.
Guardiola [Garde] 96, 14.
Gurea [Garde] 96, 15.
Guari, Huari oder Conchucos Altos (peruan. Prov.) [Bentheim] 96, 16.
Guariento, auch Guarinetto, Guarierro (Maler) [Wessely] 96, 17. [ter] 96, 18.
Guarini (Johann Baptist) [Richguarino von Verona (ber Humanist) [Eckstein] 96, 24.
Guarino (Battista und Alessandro) [Eckstein] 96, 28.
Guariouma, s. Mutisia.
Guarisamey (merif. Stadt) [Bentheim] 96, 29.
Guarneri (ital. Geigenbauer) (Stabe) 96, 29.
Guarochiri, s. Huarochiri.
Gualarapo oder Guachi [Bentheim] 96, 31. [31.
Guastalla (Stadt) [Bentheim] 96, 31.
Guastalla (Herzogthum) [Bentheim] 96, 31.
Guastallinerinnen oder Anglicanerinnen (Orden) [Bentheim] 96, 53.
Guatemala (Geogr. u. Geschichte) [Bentheim] 96, 53—73.
Guatos oder Buatos [Bentheim] 96, 94.
Guattani (Carlo) [Theile] 96, 95.
Guatteria [Garde] 96, 95.
Guatulco, Huatulco (Hafenort) [Bentheim] 96, 101.
Guatufos, Indios Blancos, Pranzas [Bentheim] 96, 101.
Guave, Guabe, Huave [Bentheim] 96, 102.
Guayana, s. Guyana 99, 72.
Guayanas [Bentheim] 96, 102.
Guayaquil, Santiago de Guayaquil in Ecuador) [Bentheim] 96, 102.
Guaycanans oder Guahanas (Volksstamm) [Bentheim] 96, 103.
Guaycuris [Bentheim] 96, 103.
— Waicuros [Bentheim] 96,108.
Guaycurus [Bentheim] 96, 106.
Guayicpos [Bentheim] 96, 106.
Guaymas (merif. Hafenstadt) [Bentheim] 96, 106.
Guaymas (Volksstamm) [Bentheim] 96, 107.

Guaymies, Huamies [Bentheim] 96, 107.
Guaynetas [Bentheim] 96, 107.
Guayra (La), franz. La Goayre (venezuel. Stadt) [Bentheim] 96, 107.
Guayteras [Bentheim] 96, 107.
Guajapares [Bentheim] 96,107.
Guajaves [Bentheim] 96, 108.
Guazuma [Garde] 96, 108.
Guazumoides, s. Corchorus 19,
Guba (Krauje) 96, 115. [275.
— [Ochtigi ba) [Wessely] 96, 1 5.
Guben (Stadt) [Delitsch] 96,115.
— (Kreis) [Delitsch] 96, 117.
Gubernaculum Hunteri [Theile] 96, 117.
— Ublich [Rassmann] 96, 118.
Gubitz (Friedrich Wilhelm) [Wessely] 96, 119.
Gubororo, Cupororo (Fluß) [Bentheim] 96, 119.
Gudt (Michael van der; Gerard van der; Jan van der) [Wessely] 96, 119. [96, 120.
Gudensberger (Ludolf) [Theile]
Gudranbahalen (new. Thal) [Delitsch] 96, 120.
Gudenaa (Fluß) [Delitsch] 96,120.
Gudengart [Rassmann] 96, 120.
Gudensberg [Delitsch] 96, 120.
Gudrün (mhd. Epos) [Rassmann] 96, 121. [144.
Gucrunarhvöt [Rassmann] 96,
Gucrunarkvida hin fyrsta [Rassmann] 96, 145.
— önnur. [Rassmann] 96, 150.
— hin pridja [Rassmann] 96, 153.
Gudsran, s. Parhsmue. [153.
Gudbriant (Jean Baptiste Budes, Graf b.) [Richter] 96, 155.
Guedwiller, Gebweiler (Stadt) [Delitsch] 96, 156.
Guejar-Sierra (flim. Kurort) [Theile] 96, 156.
Guelfen [Reanbes] 96, 156.
Guelfenorden [Perse] 96, 189.
Guelneau de Montbeliard (Philibert) [Theile] 96, 190.
Guepinia [Garde] 96, 190.
Guerande [Bentheim] 96, 190.
Guerard (Bernhard) [Theile] 190. [Francesco) 7, 361.
Guercino, s. Barbieri (Giovanni
Guercife (Otto b.) [Theile] 96, 190.
Guerin (Gilles) [Wessely] 96,192.
— (Jean; Gabriel Christoph) [Wessely] 96, 192.
Guerin (Jean Baptiste Paulin) [Wessely] 96, 193.
— (Joseph Xavier Georges) [Theile] 96, 193. [96, 194.
— (Pierre Narcisse) [Wessely]
— be Mamers (H.) [Theile] 96, 195. [96, 195.
Guertnier (Louis bu) [Wessely]

Guernsey (Insel) [Bentheim] 96, 195. [203.
Guerra (Giovanni) [Wessely] 96,
Guerrazzi (Francesco Domenico) [Perse] 96, 203.
Guerre (Elisabeth-Claude Jaquet de la) [Richter] 96, 205.
Guetteco (Staat und Stadt) [Bentheim] 96, 205.
— (Vicente) [Bentheim] 96, 205.
— (Franz) [Stabe] 96, 206.
Guerrillas [Perse] 96, 207.
Guerrini (Giacomo) [Wessely] 96, 208. [96, 208.
Guerlent (Louis Benoit) [Theile]
Guesclin (Bertrand bu), s. Duguesclin 28, 209.
Guetibe [Krauje] 96, 209.
Guettard (Jean Etienne) [Theile] 96, 209. [210.
Guettarda, s. Guettarbern 96,
Guettardaria, s. Guettarbern 96, 220.
Guettarbeen [Garde] 96, 210.
Guevara (Luis Belez be las Dueñas v) [Bentheim] 96,232.
Guevina [Garde] 96, 234.
Gufer (Reinwarth) 96, 234.
Gugern [Krauje] 96, 235.
Guggenbühl (Jakob) [Theile] 96, 235. [236.
Guglielmi (Pietro) [Stabe] 96,
Guglielmini (Domenico) [Theile] 96, 238.
Gugsingen [Delitsch] 96, 239.
Gubr (bie, im Bergbau) [Reinwarth] 96, 240.
— (Karl Wilhelm Ferdinand) [Garde] 96, 240.
Gubrau [Delitsch] 96, 243.
Gubrauer (Gottschalf Eduard) [Pallmann] 96, 244.
Gui be Bres (Heppe) 96 247.
Guiana, s. Guyana 99, 72.
Guibal (Nicolaus) [Wessely] 96, 248. [249.
Guibert (Nicolas) [Theile] 96
Guibourt (Nicolas Jean Baptiste Guillaume) [Theile] 96, 249.
Guicciarbini (Tommaso Francesco) [Pallmann] 96, 249.
Guichenotia [Garde] 96, 269.
Guicowar (Geogr. u. Gesch.) [Bentheim] 96, 274.
Guibe 96, 291.
Guibetti (Giovanni Tommaso) [Bentheim] 96, 291.
Guibi (Domenico) [Wessely] 96, 291.
— (Raphael) [Wessely] 96, 291.
— (Tomaso) [Wessely] 96, 292.
— von Arezzo (Guido Aretinus) [Wessely] 96, 298. [247.
— be Bres, f. Gui be Bres 96,
— von Lusignan (König von Jerusalem) [Pallmann] 96, 298.
— Reni, s. Reni.
— ba Siena [Wessely] 96, 305.

Guidobono (Bartolommeo) [Wessely] 96, 305.
Guidonia, s. Samyba.
Guibot oder Guibott (Thomas) [Theile] 96, 306. [306.
Guibotti (Paolo) [Wessely] 96,
Guienne, f. Guyenne 99, 139.
Guiera [Garde] 96, 397.
Guignes (Joseph be) 96, 307.
— (Chrétien Louis Joseph be) 96, 307.
Guilandina [Garde] 96, 308.
Guilanbinus (Melchior) [Theile] 96, 308. [96, 308.
Guilbford (Stadt) [Bentheim]
— (Lords und Grafen b.) [Bentheim] 96, 314.
Guildingia [Garde] 96, 314.
Guilielma [Garde] 96, 314.
Guillain (Simon) [Wessely] 96, 314. [315.
Guillaume (Frère) [Wessely] 96,
Guillemeau (Charles) [Theile] 96, 315.
— (Jacques) [Theile] 96, 316.
— (Jean Jacques Daniel) [Theile] 96, 316. [96, 316.
— Jean Louis Marie) [Theile]
Guillemin (Jean Antoine) [Theile] 96, 317.
Guilleminia [Garde] 96, 317.
Guillemot, auch Guillemont (Alexander Karl) [Wessely] 96, 318.
Guillen (Felipe) [Theile] 96, 318.
Guillimann (Franz) [Eicher] 96, 318. [319.
Guillo (Vincente) [Wessely] 96,
Guillochiren 96, 319. [96, 320.
Guillois (Franz Peter) [Wessely]
Guillotin (Joseph Ignace) [Theile] 96, 320.
Guillotine [Theile] 96, 322.
Guimaraens (Mineralquellen) [Theile] 96, 328.
Guinaccia (Teodato) [Wessely] 96, 328.
Guindilba [Garde] 96, 329.
Guinea (Geogr. u. Gesch.) [Bentheim] 96, 329.
Guinea-Golf [Bentheim] 96, 331.
Guinea-Insel [Bentheim] 96, 333.
Guinea-Wurm [Theile] 96, 334.
Guinee [Reinwarth] 96, 341.
Guinegate [Pallmann] 96, 341.
Guioa [Garde] 96, 341.
Guipuycoa [Bentheim] 96, 341.
Guiraoa [Garde] 96, 343.
Guiscard (Robert), Herzog von Apulien, Calabrien und Sicilien) [Pallmann] 96, 343.
Guischardt (Karl Gottlieb, pseud. Cuintus Jcilius) [Pallmann] 96, 352.
Guise (bie Familie) [R. P.] 96, 355.
— (Claudius von Aumale, Herzog von) [R. P.] 91, 358.

26*

Guise (Franz, Herzog von) [R.
P.] 96, 362.
— (Heinrich I. von Lothringen,
Herzog von) [R. P.] 96, 363.
— (Heinrich II. von Lothringen,
Herzog von) [R. P.] 96, 365.
Guislain (Joseph), [Theile] 96,
366. — [96, 366.
Guitainer (Andreas) [Wessely]
Guitarre (Stade) 96, 366.
Guizot (François Pierre Guil-
laume) [Pertz] 96, 372.
Guizotia (Garde) 96, 376.
Gula-Elf (Delitsch) 96, 377.
Gulaping (Maurer) 96, 377.
Gulapingstäg (Maurer) 97, 1.
Guldborg (Ort. Högg) [P.] 97,
74.
— (Friedrich Högg) [P.] 97, 75.
Guldbrand (Johann Wilhelm)
[Theile] 97, 75.
Gulden (Gülden oder Floren)
[Reinwarth] 97, 75.
— (poln.) [Werner] 97, 76.
Güldene oder Goldene Zahl [Rein-
warth] 97, 81.
Guldenmund (Hans) [Wessely]
97, 81.
Güldenstädt (Johann Anton)
[Werner] 97, 81.
Güldenstädtia (Garde) 97, 82.
Gulderfinge (Bastardcavillen,
Citronenäpfel) [Löbe] 97, 82.
Güldisches Silber [Reinwarth]
97, 88.
Guler (Johann, von Wyneyg)
[Escher] 97, 89.
Gulgula [Bentheim] 97, 89.
Gulistan [Werner] 97, 89
Gülle [Löbe] 97, 89.
Gulveig (Naßmann) 97, 90.
Gültig (Hüttenm.) [Reinwarth]
97, 92.
Gulse [Krause] 97, 92. [92.
Gum (alger. Reiterei) [Krause]
Gumara [Krause] 97, 93.
Gumarcaah, s. Guatemala 96, 69.
Gumbelia, s. Grimmieen 91, 345.
Gumbinnen [Delitsch] 97, 93.
Gumillea (Garde) 97, 93.
Gumma (Med.) [Theile] 97, 93.
Gummel (afrit. Stadt) [Bent-
heim] 97, 95.
Gummersbach [Delitsch] 97, 95.
Gummi [Theile] 97, 96.
Gummibaum, Ficus elastica, s.
Ficus 44, 23.
Gummibecken (Geburtshülfe)
[Theile] 97, 99.
Gummiarz [Reinwarth] 97, 100.
Gummigutt, eig. Gummi-Gutti
[Reinwarth] 97, 100.
Gummiharz [Theile] 97, 100.
Gummilack [Reinwarth] 97, 100.
Gummiren [Reinwarth] 97, 101.
Gumpelzhaimer (Adam) [Stade]
97, 101. [Theile] 97, 103.
Gumpert (Christian Gottlieb)
Gumpoldskirchen [Delitsch] 97,
103.

Gumri (russ. Festung) [Bentheim]
97, 103.
Gumteolis, s. Centranthera 18,
49. [107.
Gumti (Fluß) [Bentheim] 97,
Gunabad (pers. Stadt) [Bentheim]
97, 108.
Gunba [Krause] 97, 108.
Gundahari (altburgund. Könige)
[Brandes] 97, 108.
Gundam (Stadt in Afrika) [Bent-
heim] 97, 111.
Gunbawa, Gunbaba [Bentheim]
97, 111.
Gundelfingen (bair. Stadt) [De-
litsch] 97, 111.
— (Heinrich v.) [Escher] 97, 112.
Gundelia [Garde] 97, 112.
Gundelsheimera, s. Gundelia
97, 112.
Gundemar (König der West-
gothen) [Brandes] 97, 112.
Gundermann oder Gundelrebe,
s. Glechoma 69, 219.
Günberrode (Familie) [Schwarz]
97, 114.
—, auch Günterrode (Heinrich v.)
[Schwarz] 97, 133. [97, 135.
— (Hans Heinrich v.) [Schwarz]
—, auch Günterrode (Freih.
Karl v.) [Schwarz] 97, 140.
—, auch Günterrode (Thielemann
oder Dietrich v.) [Schwarz]
97, 143.
— (Moritz Otto v.) [Schwarz]
97, 146.
— (Johann Maximilian, Freih.
v.) [Schwarz] 97, 150.
— (Friedrich Justinian, Freih. v.)
[Schwarz] 97, 153.
— (Hektor Wilhelm, Freih. v.)
[Schwarz] 97, 157.
— (Karoline Friederike Louise
Maximilian v.) [Schwarz] 97,
167.
— (Freih. v., genannt v. Kell-
ner) (Friedrich Karl Hektor
Wilhelm) [Schwarz] 97, 231.
— (Friedrich Maximilian, Freih.
v.) [Schwarz] 97, 233.
— (Friedrich Justinian, Freih. v.)
[Schwarz] 97, 248.
Gunbicota (ind. Stadt) [Bent-
heim] 97, 249.
Gunbiof (König der Burgunden)
[Brandes] 97, 249. [97, 252.
Gunbling (Familie) [Paßmann]
— (Jacob Paul, Freih. v.) [Paß-
mann] 97, 255.
— (Nikolaus Hieronymus) [Paß-
mann] 97, 266.
Gunbobad (burgundischer Kö-
nig) [Brandes] 97, 268.
Gunber (Christian August)
[Wessely] 97, 276. [97, 276.
— (Johann Georg) [Wessely]
Gunbuf (ind. Fluß) [Bentheim]
97, 276.
— (der Kleine, Fluß) [Bentheim]
97, 277.

Gunbuk Tschota (Kleinerer Gun-
buk) [Bentheim] 97, 277.
Gunbulf (Prälat und Baumeister)
[Bentheim] 97, 277.
Gunbulitsch (Johann) [Werner]
97, 280.
Gundula [Krause] 97, 281.
Gunga Sal. (See) [Bentheim] 97,
281. [mann] 97, 281.
Güngnir (nord. Myth.) [Naß-
Gunib (russ. Bergfeste) [Bent-
heim] 97, 285.
Gunjah [Theile] 97, 285.
Gunkar (nord. Sageng.) [Naß-
mann] 97, 285.
Gunneracen (Garde) 97, 288.
Gunnia (Garde) 97, 289.
Gunning (Peter) [Bentheim]
97, 290. [291.
Gunnum (Insel) [Bentheim] 97,
Gunny (Stoff) [Bentheim] 97,
291. [Delitsch] 97, 291.
Guns (ung. Komagh, Freistadt)
Gunsel, s. Glechoma 69, 219.
Gunß (Pieter van) [Wessely] 97,
291. [97, 291.
Gunter (Edmund) [Bentheim]
Guntersblum [Delitsch] 97, 292.
Guntramund (König der Vanda-
len) [Brandes] 97, 295.
Gunthbach (König der Vanda-
len) [Brandes] 97, 296.
Günther XXI. (Graf von
Schwarzburg) [Brandes] 97,
297.
— (Markgraf von Meißen) [Bran-
des] 97, 309.
— V. (Bischof von Bamberg)
[Stenglein] 97, 310.
— (Anton) [Weber] 97, 313.
— (August Friedrich) [Schwarz]
97, 333. [97, 334.
— (Gustav Biedermann) [Theile]
— (Johann Christian) [Theile]
97, 334.
— (Johann Christian, der Dich-
ter) [Tittmann] 97, 334.
— (Johann Christian, der Apo-
theker) [Theile] 97, 347.
— (Karl Friedrich) 97, 347.
— (Ernst Friedrich) 97, 348.
Güntheria (Garde) 97, 348.
Günthersbad [Theile] 97, 349.
Günthersberge, Güntersberge,
[Delitsch] 97, 349.
Guntia [Krause] 97, 349.
Guntold (ein Longobarde) [Bran-
des] 97, 349.
Guntram (König der Franken)
[Brandes] 97, 349.
Guntrambroch [Delitsch] 97, 359.
Guntur, Gunung (Sultan) [Bent-
heim] 97, 359.
— (Stadt) [Bentheim] 97, 359.
— (Bezirk) [Bentheim] 97, 359.
Gunung [Krause] 97, 360.
— Api (Insel) [Bentheim] 97, 360.
Gunung [Bentheim] 97, 360.
Günz (Justus Gottfried) [Theile]
97, 360.
Günzburg (Unter-Günzburg)
[Delitsch] 97, 361.

Gunzelinus [Brandes] 97, 361.
Gunzenhausen [Delitsch] 97, 363.
Gupna [Krause] 97, 363.
Gupia, s. Goupia 76, 304.
Gur (See) [Bentheim] 97, 363.
Guram (afrit. Stadt) [Bentheim]
97, 363.
Guraeus [Krause] 97, 363.
Gurbatha [Krause] 97, 363.
Gure (afrit. Stadt) [Bentheim]
97, 363.
Gurgeln [Theile] 97, 364. [2.
Gurgelwasser, s. Gargarisma 54,
Gurginabalsam [Theile] 97, 364.
Gurgitello [Theile] 97, 364.
Gurboftan [Reinwarth] 97, 364.
Guriamna [Krause] 97, 364.
Guriana [Krause] 97, 364
Gurjew (russ. Stadt) [Werner]
97, 365. [litsch] 97, 365.
Gurk (Fluß in Kärnten) [De-
— (Fluß in Krain) [Delitsch]
97, 365.
— (Marktfl.) [Delitsch] 97, 365
Gurke, s. Cucumis 26, 302.
Gurkfeld [Delitsch] 97, 365.
Gurley (Ralph Randolph) [Bent-
heim] 97, 365.
Gurlitt (Johann Gottfried) [E-
schen] 97, 365.
Gurlt'sche Entsilberungsmethode
[Reinwarth] 97, 370.
Gurma (Prov. in Westafrika)
[Bentheim] 97, 371.
Gurney (Wih Elisabeth, s. Fry)
(Elisabeth) 50, 376.
— (Sir Goldsworthy) [Bent-
heim] 97, 371. [372.
— (Joseph John) [Bentheim] 97,
Gurnigel (Bad) [Theile] 97, 379.
Guronuh oder Kolanuß [Bent-
heim] 97, 380. [381.
Guronäki (Familie) [Escher] 97,
Gurrah oder Droha (Fluß)
[Bentheim] 97, 382.
Gurt [Bentheim] 97, 382.
Gürtel (culturhistorisch) [Peß]
97, 382.
—, Gürtelausschlag, Gürtelrose
(Zoster, Zona) [Theile] 97, 388.
— (Gerbandlehre) [Theile] 97,
389. [361.
Gürtelgeschwür [Theile] 97, 393.
Gürteltier, Armadill, s. Dasy-
pus 23, 164.
Gurtiana [Krause] 97, 394.
Gürtler (Nicolaus) [Escher] 97,
394.
Gururlis [Krause] 97, 395.
Gurung [Bentheim] 97, 395.
Gurwal oder Gurhwal, Gurhhal
(ind. Fürstenth.) [Bentheim]
97, 396.
— oder Gurwhat, Gurhwal,
(District im engl. Jndien)
[Bentheim] 97, 398.
Gurwood (John) [Bentheim] 97,
400.
Gurzganbiton [Krause] 97, 400.
Gusmannia [Garde] 97, 400.

Lightning Source UK Ltd.
Milton Keynes UK
UKHW010937061118
331792UK00011B/2266/P